PRISMA
POCKETWOORDENBOEK

Nederlands
Duits

Bewerking: dr. K.B. Zaich

prisma

Uitgeverij Unieboek | Het Spectrum bv, Houten – Antwerpen

Pocketwoordenboek Nederlands - Duits

Oorspronkelijke auteur: drs. G.A.M.M. van der Linden
Bewerking: dr. K.B. Zaich
Omslagontwerp: Raak Grafisch Ontwerp
Typografie: M. Gerritse

Bijdrage Belgisch Nederlands:
prof. dr. W. Martin
prof. dr. W. Smedts

Auteurs van de bijlage Basisgrammatica Duits:
A. Krijgsman
J. Zonnenberg

ISBN 978 90 491 0065 0
NUR 627
44 13
ISBN met cd-rom 978 90 491 0066 7
43 13

www.prisma.nl
www.prismawoordenboeken.be
www.unieboekspectrum.nl

Prisma maakt deel uit van Uitgeverij Unieboek | Het Spectrum bv
Postbus 97
3990 DB Houten

Welkom bij de Prisma Pockets

De Prisma pockets zijn al jaren **de meest gekochte en gebruikte woordenboeken** op scholen en daarbuiten. Ze hebben een uitstekende reputatie onder docenten, die deze woordenboeken al ruim een halve eeuw aanbevelen.

In geen ander pocketwoordenboek vind je zo veel **betrouwbare informatie**. De inhoud is samengesteld en gecontroleerd door ervaren lexicografen en vertalers. In alle Prisma pockets wordt de officiële spelling toegepast, volgens de regels van de Nederlandse Taalunie.

Dit woordenboek biedt **meer informatie** dan welk ander pocketwoordenboek ook: het bevat ruim 40.000 trefwoorden en duizenden voorbeeldzinnen: alles wat middelbare scholieren nodig hebben. Achterin hebben we bovendien een handige basisgrammatica van de vreemde taal opgenomen.

Geen woordenboek zo **actueel** als de Prisma pockets: we vervangen voortdurend verouderde woorden en uitdrukkingen om plaats te maken voor nieuwe. De Prisma pockets verschijnen elk jaar in een nieuwe editie. Online actualiseren we ze zelfs elk kwartaal. Nodig, want talen zijn altijd in beweging.

Deze pocket is erg **helder en gebruiksvriendelijk** door de overzichtelijke indeling van betekenissen, voorbeeldzinnen en idiomen. De extra kleur en de letterliniaal zijn belangrijke hulpmiddelen waarmee je snel vindt wat je zoekt. We geven extra informatie die je helpt de juiste vertaling te kiezen, waar dat nodig is.

En tot slot: waarom zou je meer betalen? Prisma staat garant voor **voordelige kwaliteit**.

Heb je vragen of opmerkingen? Mail deze dan naar info@prisma.nl. Alvast hartelijke dank!

de Prisma redactie

Gebruiksaanwijzing

In dit woordenboek vind je veel **woorden met hun vertaling**. Soms heeft een trefwoord meerdere vertalingen. Een *bank* kan bijvoorbeeld een zitmeubel zijn, maar ook een geldinstelling. *Bij* kan een zelfstandig naamwoord zijn, maar ook een voorzetsel. Daarom geven we **extra informatie** als dat nodig is, bijvoorbeeld over de betekenis of over de grammatica. Of over hoe je een woord kunt combineren met andere woorden. Hieronder beschrijven we kort wat je kunt aantreffen.

Alle **trefwoorden** drukken we vet en blauw. Varianten erop en verwijzingen ernaar ook. Als een trefwoord meerdere **woordsoorten** heeft, geven we dat aan met blauwe romeinse cijfers. Zoek je bijvoorbeeld de vertaling van *laag* ('niet hoog'), controleer dan of je bij de goede woordsoort zit, het bijvoeglijk naamwoord (II) , en niet bij (I) het zelfstandig naamwoord ('uitgespreide hoeveelheid').

Als een trefwoord meerdere **betekenissen** heeft, dan staan daar blauwe bolletjes voor met de betekenisnummers erin: ❷ . Zoek je dus naar de vertaling van *pak* (in de betekenis 'kostuum'), dan kun je achter elk blauw bolletje controleren of je de juiste betekenis hebt, zodat je de juiste vertaling kiest (en niet die van 'pakket').

Bij een trefwoord vind je ook vaak **voorbeeldzinnen**. Deze laten zien hoe je het woord in een zin kunt gebruiken. Je kunt een werkwoord bijvoorbeeld combineren met een voorzetsel ('*afgaan* op'), of een zelfstandig naamwoord met een werkwoord ('het *anker* lichten').
Een apart type voorbeeldzin is het **idioom**: deze voorbeeldzinnen hebben niet de letterlijke betekenis, maar een meer idiomatische, zoals bv. 'voor aap staan'. Voorbeeldzinnen openen met een blauw sterretje, ★, idiomen met een blauw omgekeerd driehoekje, ▼.

Extra informatie over de betekenis van een woord geven we met **labels**: muz betekent dat het woord te maken heeft met muziek, min betekent dat het woord een minachtende lading heeft. Ook tussen geknikte **haakjes** vind je soms extra informatie, die je helpt de juiste vertaling te kiezen, bijvoorbeeld dat een vertaling alléén gebruikt wordt ⟨bij rugby⟩.

Op **pagina 10** kun je zien hoe dit alles er in het boek uitziet.

Extra tips

★ Als je op zoek bent naar de vertaling van een uitdrukking of idioom, kijk dan bij het **eerste zelfstandig naamwoord** dat daarin voorkomt. 'Goede raad was duur' vind je bij *raad*, niet bij *goed* of *duur*. Staan er meerdere zelfstandige naamwoorden in de zin, kijk dan eerst bij het eerste: 'race tegen de klok' vind je bij het trefwoord *race*.

Als je de gezochte vertaling niet bij het eerste zelfstandig naamwoord vindt, kijk dan bij het tweede, enzovoort.

★ Veel **voorzetsels** (*aan*, *bij*, *met*, *tegen*, *voor*) vind je bij de (werk)woorden waar ze vaak bij voorkomen: 'deelnemen aan' vind je bij *deelnemen*, niet bij *aan*. 'Dol zijn op' vind je bij *dol*, niet bij *op*.

★ Zoek bij de **hele vorm** van het woord, niet bij de vervoeging of verbuiging: 'gediskwalificeerd' vind je dus bij *diskwalificeren*. 'alle' vind je bij *al*.
NB een aantal woorden kun je op meer plekken zoeken: *gebroken* heeft als bijvoeglijk naamwoord een aparte betekenis, die weinig meer te maken heeft met het woord waarvan het is afgeleid: *breken*. Daarom hebben we *gebroken* en andere dergelijke gevallen als apart trefwoord opgenomen.

★ Een aantal woorden kun je op meerdere manieren uitspreken. *Rap* (zeg: 'rap') betekent 'snel' en *rap* (zeg: 'rep') is een muziekstijl. Deze woorden staan in het boek als afzonderlijke trefwoorden:

rap[1] snel [...]
rap[2] [rep] [...]

Hetzelfde geldt voor woorden met meerdere klemtonen:

voorkomen [...]
voorkomen [...]

★ Als je iets in het woordenboek niet begrijpt, zoek dan in de lijsten met **bijzondere tekens** en **afkortingen** hierna. Als die geen uitkomst bieden, mail ons dan: info@prisma.nl.

Duitse basisgrammatica als bijlage achterin

Achter in dit woordenboek vind je een uitgebreide, overzichtelijke uitleg van de basisgrammatica van het Duits, in begrijpelijke taal.

Bijzondere tekens

Voorbeelden van het gebruik van onderstaande tekens worden gegeven op pagina 10.

I, **II** enz. Als een trefwoord meerdere woordsoorten heeft (bv. overgankelijk én onovergankelijk werkwoord), worden deze voorafgegaan door blauw gedrukte romeinse cijfers.

❷ Als een trefwoord meerdere betekenissen heeft, worden deze voorafgegaan door een blauw bolletje. Ook vaste combinaties van het trefwoord met een voorzetsel worden gezien als een aparte betekenis.

★ Na een blauwe ster volgt een voorbeeldzin.

▼ Na een blauw driehoekje volgt een idiomatische uitdrukking.

[...] Tussen rechte haken staat extra grammaticale informatie.

⟨...⟩ Tussen geknikte haken staat extra uitleg over de betekenis of de vertaling daarvan.

~ Een tilde vervangt vaak het trefwoord in voorbeeldzinnen en zegswijzen.

/ Een schuine streep scheidt woorden die onderling verwisselbaar zijn.

≈ Een equivalentieteken geeft aan dat de vertaling een benadering is van het vertaalde. Een exactere vertaling is in dat geval niet te geven.

→ Een pijl verwijst voor meer informatie naar het erop volgende trefwoord.

Lijst van gebruikte afkortingen

aanw vnw	aanwijzend voornaamwoord
aardk	aardrijkskunde
admin	administratie
afk	afkorting
agrar	agrarisch, landbouw
anat	menselijke anatomie
auto	auto's en motoren
audio-vis	audiovisueel
betr vnw	betrekkelijk voornaamwoord
bez vnw	bezittelijk voornaamwoord
bijw	bijwoord
biol	biologie, milieu
BN	Belgisch Nederlands
bnw	bijvoeglijk naamwoord
bouw	bouwkunde, architectuur
chem	chemie
comm	communicatie, voorlichting, reclame
comp	computer
cul	culinaria, voeding
deelw.	deelwoord
dial	dialect
dierk	dierkunde
drukk	drukkerij- en uitgeverijwezen
Du	Duits, Duitsland
econ	economie
elek	elektronica
etw.	etwas
euf	eufemistisch
ev	enkelvoud
fig	figuurlijk
filos	filosofie
form	formeel
geo	geografie
gesch	geschiedenis
gmv	geen meervoud
her	heraldiek
humor	humoristisch
hww	hulpwerkwoord
id.	(verbuiging) identiek
iem.	iemand
infin.	infinitief
inform	informeel
iron	ironisch
jeugdt	jeugdtaal
jmd.	jemand
jmdm.	jemandem
jmdn.	jemanden
jmds.	jemandes
jur.	juridisch, recht
kunst	beeldende kunst
kww	koppelwerkwoord
landb	landbouw
lett	letterlijk
lit	literatuur, letterkunde
luchtv	luchtvaart
lw	lidwoord
m	mannelijk
med	medisch, geneeskunde
media	media: televisie, radio, tijdschriften
mil	militair
min	minachtend, afkeurend
muz	muziek
mv	meervoud
myth	mythologie
natk	natuurkunde
N-D	Noord-Duits, Noord-Duitsland
NL	Nederlands, Nederland
o	onzijdig
omschr	omschrijvend
onb telw	onbepaald telwoord
onb vnw	onbepaald voornaamwoord
onderw	onderwijs en wetenschappen
onov	onovergankelijk (zonder object)
onp	onpersoonlijk
onr.	onregelmatig
onv	onvervoegbaar
Oost	Oostenrijks-Duits, Oostenrijk
o.t.t.	onvoltooid tegenwoordige tijd
oud	ouderwets
ov	overgankelijk (met object)
o.v.t.	onvoltooid verleden tijd
p.	persoon
pers vnw	persoonlijk voornaamwoord
plantk	plantkunde
plat	plat, ordinair
pol	politiek
psych	psychologie
reg	regionaal
rel	religie
samentr.	samentrekking
scheepv	scheepvaart
scheik	scheikunde
sport	sport, lichamelijke oefening
st.	sterk
sterrenk	sterrenkunde
taalk	taalkunde
techn	techniek, mechanica
teg.	tegenwoordig
telw	telwoord
ton	toneel, theater
tw	tussenwerpsel
typ	typografie
uitr vnw	uitroepend voornaamwoord
v	vrouwelijk
v.	van
vakt	vaktaal
v.d.	van de
v.e.	van een
v.h.	van het
viss	visserij
voetb	voetbal
volt.	voltooid
voorv.	voorvoegsel
vr vnw	vragend voornaamwoord
vulg	vulgair
vw	voegwoord
vz	voorzetsel
wisk	wiskunde
wkd vnw	wederkerend voornaamwoord
wkg vnw	wederkerig voornaamwoord
ww	werkwoord
www	internet
Z-D	Zuid-Duits, Zuid-Duitsland
zn	zelfstandig naamwoord
zw.	zwak
Zwit	Zwitsers, Zwitserland

aan I *vz* ❶ [met meewerkend voorwerp] an [+4] ★ *iets aan iem. geven* jmdm. etw. geben ❷ *naar een plaats toe* an [+4] ★ *aan land gaan* an Land gehen ❸ *bij, op, in een plaats* an [+3] ★ *aan de kade* am Kai ★ *aan de muur* an der Wand ★ *aan de piano: Jamie Lidell* am Klavier: Jamie Lidell ★ *aan het raam* am Fenster ★ *aan de Rijn* am Rhein ★ *aan het strand* am Strand ★ *aan zee wonen* am Meer wohnen ❹ *als gevolg van, door* an [+3] ★ *aan koorts sterven* an Fieber sterben ❺ *wat betreft* an [+3] ★ *een gebrek aan vitaminen* ein Mangel an Vitaminen ❻ *vlak naast of bij elkaar* an [+3] ★ *twee aan twee* zwei und zwei ❼ *bezig met* ★ *aan het werk zijn* arbeiten, an der Arbeit sein ★ *aan het eten zijn* beim Essen sein ▾ *het is niet aan mij om dat te zeggen* es ist nicht an mir, das zu sagen ▾ *ik zie het aan je gezicht* ich sehe es an deinem Gesicht II *bijw* ❶ *in werking* an, eingeschaltet ★ *de verwarming is aan* die Heizung ist an ★ *het vuur is aan* das Feuer ist an ❷ *aan het lichaam* an ★ *mijn jas is al aan* ich habe meine Jacke schon an ▾ *er is niets aan* ⟨het is makkelijk⟩ es ist ein Kinderspiel ▾ *er is niets aan* ⟨het is saai⟩ es lohnt sich nicht ▾ inform BN *er is niets van aan* davon ist nichts wahr

aanbakken anbrennen

aanbinden anbinden, befestigen, ⟨van schaatsen⟩ anschnallen

aanblazen ❶ muz anblasen ❷ taalk anhauchen

aanblijven bleiben ★ *iem. laten ~* jmdn. im Amt belassen

aanblik ❶ *het zien* Anblick *m* ★ *bij de eerste ~* auf den ersten Blick ❷ *wat gezien wordt* Anblick *m*

aanbod Angebot *o*, ⟨schriftelijk⟩ Offerte *v* ★ *een ~ aannemen* ein Angebot annehmen, akzeptieren ★ *een ~ afslaan* ein Angebot ablehnen ★ *een ~ doen* ein Angebot machen ★ *een ~ intrekken* ein Angebot zurückziehen / zurücknehmen

aandachtsgebied Interessengebiet *o*

aandachtspunt Schwerpunkt *m*

aandeel ❶ *portie* Beteiligung *v*, Anteil *m* ★ *een ~ in een zaak hebben* an einem Unternehmen beteiligt sein ★ *~ in de winst* Gewinnbeteiligung *v* ❷ *bijdrage* Beitrag *m*, Anteil *m* ★ *een ~ hebben in iets* an etw. teilnehmen / mitwirken ❸ econ Aktie *v* ★ *~ op naam* Namensaktie *v*

aanhikken tegen Mühe / Schwierigkeiten haben mit, sich scheuen vor

aanhoren *luisteren naar* anhören [+4]; zuhören [+3] ★ *het is niet om aan te horen* man kann sich das nicht länger mit anhören

aankruisen ankreuzen

aankunnen *opgewassen zijn tegen* gewachsen sein [+3]; ⟨problemen⟩ bewältigen können

aantonen ❶ *laten zien* ausweisen, darlegen, aufzeigen ❷ *bewijzen* beweisen, nachweisen ❸ taalk → **wijs**

trefwoorden en eventuele varianten zijn vet gedrukt

cijfers in blauwe bolletjes gaan vooraf aan de verschillende betekenissen van een trefwoord

blauwe sterretjes gaan vooraf aan voorbeeldzinnen

Romeinse cijfers gaan vooraf aan een nieuwe woordsoort

woordsoorten zijn cursief gedrukt

omgekeerde blauwe driehoekjes gaan vooraf aan voorbeeldzinnen die minder letterlijk en meer uitdrukking zijn

tussen geknikte haken wordt extra informatie gegeven

onderstreepte labels geven extra informatie over stijl, herkomst of vakgebied

tildes vervangen de vorm van het trefwoord

schuine strepen staan tussen uitwisselbare varianten

komma's scheiden synoniemvertalingen

m, *v* en *o* geven het geslacht van de vertaling aan: mannelijk, vrouwelijk en onzijdig; *mv* duidt op meervoud

voorzetsels die de betekenis van een trefwoord veranderen zijn blauw gedrukt

een cijfer tussen rechte haken geeft de naamval aan

pijltjes verwijzen naar een ander trefwoord

A

a ❶ *letter* A *o* ★ *van a tot z* von A bis Z ★ *de a van Anton* A wie Anton ★ *wie a zegt, moet ook b zeggen* wer A sagt, muss auch B sagen ★ *van a tot z lezen* von A bis Z lesen ❷ *muzieknoot* a *o*
A ❶ *ampère* A ❷ *autoweg* A
aagje ★ *nieuwsgierig* ~ neugierige Liese *v*
aai Streicheln *o*, Liebkosung *v*
aaien streicheln ★ *iem. over de bol* ~ jmdm. über den Kopf streicheln
aak *boot* Schleppkahn *m*, Kahn *m*
aal Aal *m* ★ *zo glad als een aal* aalglatt
aalbes ❶ *vrucht* Johannisbeere *v* ❷ *struik* Johannisbeerstrauch *m*
aalmoes Almosen *o*
aalmoezenier Militärgeistliche(r) *m*
aalscholver Kormoran *m*
aambeeld ❶ *werkblok* Amboss *m* ★ *steeds op hetzelfde* ~ *slaan* immer dieselbe Leier spielen ❷ *gehoorbeentje* Amboss *m*
aambeien Hämorrhoiden *v mv*, Hämorride *v*
aan I *vz* ❶ *bij, op, in een plaats* an [+3] ★ *aan de kade* am Kai ★ *aan de muur* an der Wand ★ *aan de piano: Jamie Lidell* am Klavier: Jamie Lidell ★ *aan het raam* am Fenster ★ *aan de Rijn* am Rhein ★ *aan het strand* am Strand ★ *aan zee wonen* am Meer wohnen ❷ *naar een plaats toe* an [+4] ★ *aan land gaan* an Land gehen ❸ [met meewerkend voorwerp] an [+4] ★ *iets aan iem. geven* jmdm. etw. geben ★ *het is niet aan mij om dat te zeggen* es ist nicht an mir, das zu sagen ❹ *als gevolg van, door* an [+3] ★ *aan koorts sterven* an Fieber sterben ★ *ik zie het aan je gezicht* ich sehe es an deinem Gesicht ❺ *wat betreft* an [+3] ★ *een gebrek aan vitaminen* ein Mangel an Vitaminen ❻ *vlak naast of bij elkaar* an [+3] ★ *twee aan twee* zwei und zwei ❼ *bezig met* ★ *aan het werk zijn* arbeiten, an der Arbeit sein ★ *aan het eten zijn* beim Essen sein **II** *bijw* ❶ *in werking* an, eingeschaltet ★ *de verwarming is aan* die Heizung ist an ★ *het vuur is aan* das Feuer ist an ❷ *aan het lichaam* an ★ *mijn jas is al aan* ich habe meine Jacke schon an ▼ *er is niets aan* ⟨het is makkelijk⟩ es ist ein Kinderspiel, ⟨het is saai⟩ es lohnt sich nicht ▼ inform BN *er is niets van aan* davon ist nichts wahr
aanbakken anbrennen
aanbellen klingeln
aanbesteden ❶ *gelegenheid geven voor prijsopgave* ausschreiben ❷ *opdragen* vergeben
aanbesteding ❶ *het geven van gelegenheid voor prijsopgave* Ausschreibung *v* ★ *openbare* ~ öffentliche Ausschreibung *v* ★ *bij* ~ auf dem Submissionswege ❷ *opdracht* Submission *v*, Zuschlag *m*
aanbetalen anzahlen
aanbetaling Anzahlung *v* ★ *een* ~ *doen* eine Anzahlung machen
aanbevelen empfehlen ★ *warm aanbevolen* wärmstens empfohlen ★ *zich* ~ sich empfehlen ★ *het is aan te bevelen...* es empfiehlt sich,... ★ *ik houd me aanbevolen* ich empfehle mich ★ *wij houden ons aanbevolen voor commentaar* wir freuen uns über Rückmeldungen ★ *iets aan iem.* ~ jmdm. etw. empfehlen
aanbevelenswaardig empfehlenswert
aanbeveling Empfehlung *v* ★ *op* ~ *van* auf Empfehlung von ★ *dit strekt tot* ~ das wird empfohlen
aanbevelingsbrief Empfehlungsschreiben *o*
aanbiddelijk anbetungswürdig
aanbidden anbeten, ⟨dwepen⟩ anhimmeln
aanbidder Anbeter *m*, Verehrer *m* ★ *een stille* ~ ein heimlicher Verehrer
aanbidding Anbetung *v*, Verehrung *v* ★ *de* ~ *van de oude goden* die Verehrung der alten Götter ★ *in stille* ~ in stiller Verehrung
aanbieden anbieten ★ *zich* ~ sich (dar)bieten ★ *iets ter ondertekening* ~ etw. zur Unterzeichnung vorlegen ★ *iem. een cadeau* ~ jmdm. ein Geschenk überreichen
aanbieder ⟨van product⟩ Anbieter *m*, ⟨van internet⟩ Provider *m*, Anbieter *m*
aanbieding ❶ *het aanbieden* Angebot *o* ❷ *koopje* Angebot *o*, Sonderangebot *o* ★ *een speciale* ~ ein Sonderangebot ★ *in de* ~ *zijn* im Angebot sein
aanbinden anbinden, befestigen ★ *schaatsen* ~ Schlittschuhe anschnallen
aanblazen ❶ *doen opvlammen* anblasen, fig anfeuern ❷ muz anblasen ❸ taalk anhauchen
aanblijven bleiben, ⟨van ambt⟩ im Amt bleiben ★ *iem. laten* ~ jmdn. im Amt belassen
aanblik ❶ *het zien* Anblick *m* ★ *bij de eerste* ~ auf den ersten Blick ❷ *wat gezien wordt* Anblick *m* ★ *het was geen prettige* ~ es war kein angenehmer Anblick
aanbod Angebot *o*, ⟨schriftelijk⟩ Offerte *v* ★ *een* ~ *aannemen* ein Angebot annehmen / akzeptieren ★ *een* ~ *afslaan* ein Angebot ablehnen ★ *een* ~ *doen* ein Angebot machen ★ *een* ~ *intrekken* ein Angebot zurückziehen / zurücknehmen
aanboren ❶ *borend openen* anbohren ★ *olie* ~ nach Öl bohren ❷ fig *doordringen tot* vordringen zu [+3] ★ *nieuwe talenten bij jezelf* ~ neue Talente bei sich entdecken
aanbouw ❶ *het (aan)bouwen* Bau *m* ★ *in* ~ *zijn* sich im Bau befinden ❷ *aangebouwd deel* Anbau *m*
aanbouwen anbauen
aanbraden anbraten
aanbranden anbrennen ★ *het eten is aangebrand* das Essen ist angebrannt
aanbreken I *ov ww, beginnen te gebruiken* anbrechen, ⟨noodgedwongen⟩ angreifen ★ *het spaargeld* ~ die Ersparnisse angreifen ★ *een nieuwe fles wijn* ~ eine neue Flasche Wein anbrechen **II** *on ww, beginnen* anbrechen, ⟨plotseling⟩ hereinbrechen ★ *bij het* ~ *van de dag* bei Tagesanbruch
aanbrengen ❶ *plaatsen* montieren, anbringen ★ *een verband* ~ einen Verband anlegen ★ *centrale verwarming* ~ Zentralheizung installieren ★ *veranderingen* ~ Änderungen vornehmen ❷ *verklikken* anzeigen ★ *iem. bij de politie* ~ jmdn. bei der Polizei anzeigen ❸ *werven* (an)werben ★ *iem. als lid* ~ jmdn. als Mitglied werben ❹ *veroorzaken* bringen ★ *deze halsketting brengt geluk* diese Halskette bringt Glück
aandacht Aufmerksamkeit *v*, Interesse *o* ★ ~

schenken aan iets einer Sache Aufmerksamkeit widmen / schenken ★ *dat heeft mijn volle ~* das hat meine ganze Aufmerksamkeit / mein ganzes Interesse ★ *de ~ houden bij iets* sich auf etw. konzentrieren ★ *de ~ in beslag nemen* die Aufmerksamkeit beanspruchen ★ *de ~ richten op* die Aufmerksamkeit lenken auf [+4] ★ *~ vragen voor* um Aufmerksamkeit bitten für ★ *de ~ trekken / opeisen* die Aufmerksamkeit auf sich ziehen ★ *de ~ vasthouden* die Aufmerksamkeit festhalten ★ *de ~ afleiden* die Aufmerksamkeit ablenken ★ *de ~ verslapt* die Aufmerksamkeit / das Interesse lässt nach ★ *de ~ op zich vestigen* die Aufmerksamkeit auf sich ziehen ★ *een en al ~ zijn* voller Aufmerksamkeit sein ★ *met gespannen ~* mit gespannter Aufmerksamkeit ★ *iets onder iemands ~ brengen* jmdn. auf etw. aufmerksam machen

aandachtig **I** *bnw* aufmerksam **II** *bijw* aufmerksam, ‹ironisch› andächtig

aandachtsgebied Interessengebiet *o*

aandachtspunt Schwerpunkt *m* ★ *een ~ van iets maken* etw. zum Schwerpunkt machen

aandeel ❶ *deel, bijdrage* Anteil *m* [**in** an+3], Beitrag *m* [**in** zu] ★ *~ in de winst* Gewinnbeteiligung *v* ★ *een ~ hebben in iets* an einer Sache teilnehmen / mitwirken ❷ econ Aktie *v* ★ *aandelen in een bedrijf hebben* Aktionär eines Unternehmens sein ★ *~ aan toonder* Inhaberaktie *v* ★ *~ op naam* Namensaktie *v* ★ *beursgenoteerd ~* börsennotierte Aktie ★ *preferent ~* Vorzugsaktie *v*

aandeelhouder Aktionär *m*, Aktieninhaber *m*

aandelenkapitaal Aktienkapital *o*, Grundkapital *o*

aandelenkoers Aktienkurs *m*

aandelenmarkt Aktienmarkt *m*

aandelenpakket Aktienportefeuille *o*, Aktienbestand *m*, Aktienpaket *o*

aandenken *souvenir* Andenken *o* ★ *een ~ aan...* ein Andenken an [+4]

aandienen **I** *ov ww, de komst melden van* anmelden **II** *wkd ww* [**zich ~**] *zich doen voorkomen* sich vorstellen, sich melden, sich andienen ★ *zich ~ als...* sich andienen als

aandikken ❶ *dikker maken* dicker machen, ‹ivm. koken› andicken ❷ *overdrijven* übertreiben ★ *iets ~* etw. aufbauschen

aandoen ❶ *aantrekken* anziehen ★ *zijn schoenen ~* sich Schuhe anziehen ❷ *aansteken* anmachen, anschalten, einschalten ★ *het licht ~* das Licht anmachen ★ *de televisie ~* den Fernseher einschalten ❸ *een indruk geven* anmuten, inform rüberkommen ★ *dat doet modern aan* das mutet modern an ★ *dat doet me vreemd aan* das kommt komisch auf mich rüber ❹ *bezoeken* ‹met trein / bus e.d.› anfahren, ‹met vliegtuig› anfliegen, ‹met schip› anlaufen ★ *een stad ~* eine Stadt besuchen ❺ *berokkenen* zufügen, antun ★ *iem. verdriet ~* jmdm. Kummer bereiten ★ *iem. een proces ~* jmdm. den Prozess machen ★ *zichzelf geweld ~* sich Gewalt antun ★ *hij heeft het zichzelf aangedaan* das hat er sich selbst zuzuschreiben

aandoening *kwaal* Erkrankung *v*, Krankheit *v*, Leiden *o* ★ *een ~ aan de nieren* ein Nierenleiden

aandoenlijk rührend, ergreifend ★ *een ~ verhaal* eine rührende Geschichte

aandraaien anziehen

aandragen ❶ *dragen* herantragen, herbeitragen ★ *komen ~ met iets* mit etw. kommen ❷ *opperen* anbringen

aandrang ❶ *aandrift* Nachdruck *m* ❷ *aansporing* Drängen *o* ★ *met ~* nachdrücklich ★ *op ~ van mijn broer* auf Drängen meines Bruders ★ *~ uitoefenen op* Druck ausüben auf +4 ❸ *toevloed* Andrang *m*

aandraven ★ BN *komen ~ met iets* mit etw. kommen

aandrift Impuls *m*, Drang *m*

aandrijfas Antriebsachse *v*

aandrijfriem Transmissions- / Treibriemen *m*

aandrijven **I** *ov ww* ❶ techn (an)treiben ★ *door een motor aangedreven* motorgetrieben ❷ *aansporen* anspornen (**tot** zu), antreiben (**tot** zu), anstacheln (**tot** zu) **II** *on ww, drijvend aankomen* anschwemmen ★ *er kwam een stuk hout ~* ein Stück Holz schwemmte an

aandrijving Antrieb *m*

aandringen *aandrang uitoefenen* dringen, drängen ★ *na lang ~* nach langem Drängen ★ *op ~ van* auf Drängen von, auf Drängen [+2] ★ *~ op iets* auf etw. drängen [+4]

aandrukken (an)drücken, (fest)drücken ★ *zich tegen de muur ~* sich an die Wand drücken ★ *tegen zich ~* an sich drücken

aanduiden ❶ *aanwijzen* bezeichnen ★ *iets met een pijl ~* etw. mit einem Pfeil kennzeichnen ★ *iets nader ~* etw. näher bezeichnen ★ *iets kort ~* etw. kurz erwähnen ❷ *betekenen* bedeuten, bezeichnen ❸ BN *selecteren* selektieren, auswählen

aanduiding ❶ *aanwijzing* Andeutung *v*, Kennzeichen *o* ★ *een nadere ~ geven* näher beschreiben ❷ *beschrijving* Angabe *v*, Bezeichnung *v*

aandurven sich (ge)trauen, wagen, ‹in staat achten› sich (zu)trauen [+3] ★ *alles ~* sich alles trauen ★ *iets ~* sich etw. zutrauen ★ *het niet ~* nicht den Mut dazu haben, es nicht wagen ★ *durf je het aan?* traust du dir das zu? ★ *iem. ~* es mit jmdm. aufnehmen

aanduwen ❶ *aandrukken* andrücken ❷ *door duwen starten* anschieben

aaneen ❶ *aan elkaar vast* aneinander, zusammen ★ *dicht ~ staan* dichtgedrängt stehen ❷ *ononderbroken* nacheinander, hintereinander ★ *twee dagen ~* zwei Tage hintereinander ★ *jaren ~* jahrelang

aaneengesloten ❶ *tegen elkaar geplaatst* zusammengefügt, aneinandergereiht ❷ *ononderbroken* ‹in tijd› hintereinander

aaneenschakeling Aneinanderreihung *v*, Verkettung *v*, Reihe *v*, Kette *v* ★ *~ van ongelukken* Verkettung unglücklicher Umstände

aanfluiting Hohn *m*, Verhöhnung *v* ★ *dat was echt een ~* das war der reinste Hohn

aangaan **I** *ov ww* ❶ *betreffen* angehen, anbelangen, betreffen ★ *wat mij aangaat* was mich betrifft ★ *het gaat mij niet aan* das betrifft mich nicht ★ inform *wat gaat jou dat aan?* was geht dich das an? ❷ *beginnen* eingehen ★ *een huwelijk ~* eine Ehe eingehen ★ *een verbintenis ~*

eine Verbindung eingehen ★ *een lening* ~ ein Darlehen aufnehmen ★ *de strijd weer* ~ den Kampf wieder aufnehmen ★ *een weddenschap* ~ eine Wette eingehen **II** *on ww* ❶ *heengaan* (hin)gehen ★ *achter iem.* ~ hinter jmdm. hergehen ★ *achter iets* ~ hinter etw. her sein ❷ *beginnen te branden, functioneren* angehen ★ *het licht gaat aan* das Licht geht an ❸ *behoren* sich gehören, angehen ★ *het gaat niet aan* es geht nicht an ★ *dat gaat niet aan* das geht nicht an ★ *het gaat niet aan hem te beschuldigen* man kann ihn nicht einfach beschuldigen

aangaande in Bezug auf [+4] ★ ~ *dat onderwerp* was dieses Thema betrifft

aangapen angaffen, anglotzen

aangebonden ★ *kort* ~ *zijn* kurz angebunden sein

aangeboren ❶ biol angeboren ❷ *natuurlijk* angeboren

aangebrand ❶ *aangebakken* angebrannt ❷ *boos* beleidigt, eingeschnappt, pikiert ★ *gauw* ~ *zijn* schnell beleidigt / eingeschnappt sein ❸ BN ⟨van grappen e.d.⟩ *dubbelzinnig* anzüglich, schlüpfrig, obszön

aangedaan ❶ *aangetast* angegriffen ❷ *ontroerd* gerührt, bewegt

aangelegd ★ *kunstzinnig* ~ *zijn* künstlerisch veranlagt / begabt sein ★ *ik ben niet romantisch* ~ ich bin nicht romantisch

aangelegenheid Angelegenheit *v*, Sache *v*

aangenaam *plezierig* angenehm, ⟨van warmte, rust⟩ wohltuend, ⟨van bericht⟩ erfreulich ★ ~ *kennis te maken!* es freut mich, Sie kennenzulernen ★ inform ~*!* sehr erfreut!, angenehm!

aangenomen ❶ *verworven* angenommen ★ *een* ~ *naam* ein angenommener Name ★ ~ *werk* angenommene Arbeit ❷ *geadopteerd* angenommen

aangeschoten ❶ *licht dronken* angeheitert ★ ~ *zijn* einen Schwips haben ❷ *verwond* verwundet

aangeslagen ❶ *ontmoedigd* verstört, betroffen ❷ *met aanslag bedekt* beschlagen

aangetekend **I** *bnw* eingeschrieben ★ ~*e brief* Einschreiben *o* **II** *bijw* ★ *iets* ~ *versturen* etw. als Einschreiben schicken

aangetrouwd angeheiratet ★ ~*e kinderen* Stiefkinder *mv* ★ *haar* ~*e familie* ihre angeheiratete Familie, ihre Schwiegerfamilie ★ ~*e oom* angeheirateter Onkel

aangeven ❶ *aanreiken* (her)reichen, geben ★ *geef mij de schroevendraaier eens aan* reiche mir bitte den Schraubenzieher ❷ *aanduiden* angeben, ⟨niet precies⟩ andeuten, ⟨schetsen⟩ umreißen, ⟨op een meter⟩ anzeigen ★ *de richting* ~ die Richtung anzeigen, ⟨auto⟩ den Blinker setzen ★ *als reden* ~ als Grund angeben ★ *de thermometer geeft 10 graden aan* das Thermometer zeigt 10 Grad ❸ *melden bij een officiële instantie* anzeigen, melden ★ *(de geboorte van) een kind* ~ ein Kind anmelden ★ *hebt u iets aan te geven?* haben Sie etw. zu verzollen? ★ *de dader heeft zichzelf aangegeven* der Täter hat sich gestellt

aangever *melder* Anzeigende(r) *m-v*, ⟨bij politie⟩ Denunziant *m*

aangewezen ❶ *juist* richtig ★ *de* ~ *persoon* die gegebene / richtige Person ★ *het* ~ *middel* das richtige Mittel ❷ BN *wenselijk* erwünscht ▼ ~ *zijn op iets* auf etwas angewiesen sein ▼ ~ *zijn op iem.* auf jemanden angewiesen sein ▼ ~ *zijn op zichzelf* auf sich selbst angewiesen sein

aangezicht Gesicht *o*, Angesicht *o*, Antlitz *o* ★ *van* ~ *tot* ~ *(met)* von Angesicht zu Angesicht (mit) ★ *in het* ~ *van de dood* im Angesicht des Todes

aangezichtspijn Gesichtsschmerz *m*

aangezien da, weil, nachdem

aangifte Anzeige *v* ★ ~ *doen* anzeigen ★ ~ *doen van geboorte* eine Geburt anzeigen ★ ~ *doen van diefstal bij de politie* bei der Polizei Anzeige wegen Diebstahls erstatten ★ ~ *doen van goederen* Waren verzollen ★ ~ *doen van belasting* eine Steuererklärung machen

aangiftebiljet Steuererklärung *v*

aangrenzend angrenzend, benachbart

aangrijpen ❶ *vastpakken* ergreifen ❷ *benutten* (aus)nutzen, ergreifen ❸ *ontroeren* ergreifen, rühren, mitnehmen ★ *zijn dood heeft mij erg aangegrepen* sein Tod hat mich sehr mitgenommen

aangrijpend rührend, ergreifend, bewegend ★ *een* ~*e plechtigheid* eine bewegende Feier

aangrijpingspunt Angriffspunkt *m*

aangroei Zuwachs *m*, Zunahme *v*, Wachstum *o*

aangroeien ❶ *opnieuw groeien* anwachsen ❷ *toenemen* anwachsen

aanhaken **I** *ov ww, vastmaken* anhaken, anhängen, ⟨wagon⟩ ankoppeln **II** *on ww* ~ **bij** einhaken

aanhalen ❶ *vaster trekken* anziehen, zuziehen ★ *connecties* ~ Verbindungen vertiefen ★ *de teugels* ~ die Zügel straffen ❷ *liefkozen* liebkosen ❸ *citeren* anführen, zitieren

aanhalig anschmiegsam, inform verschmust ★ ~ *doen* sich einschmeicheln

aanhaling ❶ *het citeren* Zitieren *o*, Anführung *v* ❷ *citaat* Zitat *o*

aanhalingsteken Anführungszeichen *o*, Gänsefüßchen *o* ★ ~ *open (' of,,)* Anführungszeichen unten ★ ~ *sluit (')* Anführungszeichen oben ★ *enkele / dubbele* ~*s* einfache / doppelte Anführungszeichen ★ ~*s openen / sluiten* Anführungszeichen / Schlusszeichen

aanhang *steunende groep* Anhängerschaft *v*, Anhänger *mv* ★ *de politieke* ~ die politischen Anhänger ★ *de beweging heeft een grote* ~ die Bewegung hat viele Anhänger

aanhangen *steunen* anhängen ★ *het katholieke geloof* ~ sich zum katholischen Glauben bekennen

aanhanger ❶ *volgeling* Anhänger *m* ❷ *aanhangwagen* Anhänger *m*

aanhangig anhängig ★ *een voorstel* ~ *maken* einen Vorschlag einreichen ★ *een zaak* ~ *maken bij de rechtbank* eine Sache vor Gericht bringen

aanhangsel ❶ *aanhangend deel* Anhängsel *o* ★ anat *wormvormig* ~ Appendix *m* ❷ *bijlage* Appendix *m*, Nachtrag *m*, Anhang *m*

aanhangwagen Anhänger *m*

aanhankelijk anhänglich

aanhebben *dragen* anhaben ★ *wat had ze aan?*

aa

was hatte sie an?
aanhechten anheften
aanhechtingspunt Verbindungsstelle *v*, Verbindungspunkt *m*
aanhef *begin van brief* Anrede *v*
aanheffen anfangen, form anheben, ⟨lied, geschreeuw⟩ anstimmen
aanhikken tegen Mühe / Schwierigkeiten haben mit, sich scheuen vor [+3]
aanhoren ❶ *luisteren naar* anhören [+4], zuhören [+3] ★ *ten ~ van* in Anwesenheit von ★ *het is niet om aan te horen* man kann sich das nicht länger mit anhören ★ *iem. ~* jmdm. zuhören ❷ *merken* anhören ★ *het was hem aan zijn stem aan te horen* es war ihm an der Stimme anzuhören
aanhouden I *ov ww* ❶ *niet uittrekken* anlassen, anbehalten ★ *zijn jas ~* die Jacke anlassen ❷ *doen stoppen, arresteren* festnehmen, verhaften, aufhalten ★ *een verdachte ~* einen Verdächtigen festnehmen ❸ *laten voortduren* beibehalten ★ *een noot ~* eine Note anhalten ★ *een kamer ~* ein Zimmer behalten ★ *een betrekking ~* eine Beziehung aufrechterhalten ❹ *uitstellen* aufschieben, verschieben, jur aussetzen **II** *on ww, voortduren* fortwähren, (an)dauern, anhalten ★ *de regen houdt aan* der Regen hält an
aanhoudend I *bnw, zonder ophouden* anhaltend, andauernd, unausgesetzt, fortwährend ★ *~e periode van regen* anhaltende Regenperiode **II** *bijw* andauernd
aanhouder ★ *de ~ wint* Beharrlichkeit führt zum Ziel
aanhouding Verhaftung *v*, Festnahme *v* ★ *het bevel tot ~* der Haftbefehl *m*
aanhoudingsmandaat BN *arrestatiebevel* Haftbefehl *m*
aanjagen ❶ *aandoen* einjagen, einflößen ★ *iem. angst ~* jmdm. Angst einjagen ★ *iem. schrik ~* jmdm. einen Schrecken einjagen ❷ *op gang brengen, versnellen* antreiben, beschleunigen
aanjager ❶ techn Beschleuniger *m* ❷ fig Antreiber *m*
aankaarten anschneiden, zur Sprache bringen
aankijken ❶ *kijken naar* ansehen, angucken, anschauen ★ *elkaar ~* sich ansehen ★ *iem. niet ~* jmdn. nicht angucken / anschauen ★ *schuin ~* schief ansehen ❷ *overdenken* sich überlegen ★ *de zaak nog eens ~* sich die Sache noch einmal durch den Kopf gehen lassen ❸ **~ op** verdächtigen ★ *iem. ergens op ~* jmdn. einer Sache [2] verdächtigen ★ *jij wordt erop aangekeken* man hält dich für den Schuldigen
aanklacht Anklage *v*, jur Klage ★ *een ~ tegen iem. indienen* gegen jmdn. Klage erheben ★ *een ~ intrekken* eine Klage zurückziehen
aanklagen ❶ jur anklagen, verklagen ★ *iem. ~ wegens...* jmdn. anklagen wegen... [+2] ❷ BN *afkeuren* missbilligen
aanklager jur Ankläger *m* ★ *openbaar ~* Staatsanwalt *m*
aanklampen ansprechen
aankleden ❶ *kleren aantrekken* anziehen, ankleiden ★ *kleed je netjes aan* zieh dich hübsch an ★ *zich ~* sich anziehen ❷ *inrichten* ausstatten, einrichten
aankleding *het aankleden* Ausstattung *v*, ⟨versiering⟩ Dekoration *v* ★ ton *de ~ van een stuk* die Ausstattung
aanklikken comp anklicken, klicken auf [+4]
aankloppen ❶ *op deur kloppen* anklopfen ❷ **~ bij** ★ *bij iem. ~* sich an jmdn. wenden
aanknopen I *ov ww* ❶ *vastknopen aan* anbinden ★ fig *er een dagje ~* einen Tag dranhängen ❷ *beginnen* anknüpfen ★ *een gesprek ~* ein Gespräch anknüpfen ★ *contacten ~ (met)* Kontakte knüpfen (mit) [+3] **II** *on ww* **~ bij** anknüpfen an [+4] ★ *bij een vorige les ~* an eine frühere Unterrichtsstunde anknüpfen
aanknopingspunt Anhaltspunkt *m*, Anknüpfungspunkt ★ *het ~ voor een gesprek* der Anknüpfungspunkt für ein Gespräch
aankoeken sich festsetzen, ⟨koken⟩ anbacken
aankomen ❶ *arriveren, naderen* ankommen, eintreffen ★ *ik kom eraan* ich komme ★ *ik kon het zien ~* ich habe es kommen sehen ❷ *raken, treffen* treffen ★ *die klap kwam hard aan* das hat gesessen, das war ein harter Schlag ❸ *aanraken* berühren ★ *niet ~!* nicht berühren! ❹ *verkrijgen* ★ *er is geen ~ aan* es ist nicht zu bekommen ★ *hoe ben je eraan gekomen?* wie bist du da drangekommen? ❺ *langsgaan (bij)* vorbeikommen bei ❻ *zwaarder worden* zunehmen ★ *zij is 10 kilo aangekomen* sie hat 10 Kilo zugenommen ❼ *afhangen van, berusten op* ankommen auf [+4] ★ *nu komt het erop aan* jetzt gilt's ★ *het komt er niet op aan* es kommt nicht drauf an ★ *op een paar euro's komt het (mij) niet aan* auf ein paar Euro kommt es mir nicht an ★ *het erop laten ~* es drauf ankommen lassen ★ *hij laat alles op mij ~* er schiebt alles auf mich ab ❽ *opperen* ankommen ★ *daar hoef je bij hem niet mee aan te komen* damit braucht man ihm nicht zu kommen, damit brauchst du ihm nicht zu kommen
aankomend ❶ *aanstaand* nächst, kommend ★ *~e maandag* nächsten / kommenden Montag ★ *~e week* nächste / kommende Woche ❷ *beginnend* angehend ★ *een ~ onderwijzer* ein angehender Lehrer
aankomst ❶ *het aankomen* Ankunft *v* [mv: Ankünfte] ★ *bij ~* bei Ankunft ❷ sport *finish* Ziel *o*
aankondigen bekannt geben, ankündigen, ansagen ★ *een huwelijk ~* eine Hochzeit bekannt geben
aankondiging ❶ *bekendmaking* Ankündigung *v*, ⟨omroep⟩ Ansage *v*, Bekanntgabe *v*, form Anzeige *v* ★ *tot nadere ~* bis auf Weiteres ❷ BN *advertentie* Anzeige *v*, Annonce *v*, Inserat *o*
aankoop ❶ *het kopen* Kauf *m*, Ankauf *m* ★ *bij ~ van X een Y cadeau* gratis Y bei Kauf eines X ❷ *het gekochte* Kauf *m*
aankoopsom Kaufsumme *v*
aankopen (an)kaufen
aankruisen ankreuzen ★ *een hokje ~* ein Kästchen ankreuzen
aankunnen ❶ *opgewassen zijn tegen* gewachsen sein [+3], ⟨iets⟩ schaffen ★ *iem. ~* jmdm. gewachsen sein ❷ *berekend zijn voor* bewältigen können ★ *een taak ~* eine Aufgabe bewältigen können ★ *hij kan dit werk niet aan* er ist dieser Arbeit nicht gewachsen ★ *hij kan het niet aan* er

schafft es nicht ★ *hij kan veel drank aan* er verträgt viel Alkohol
aankweken anbauen
aanlanden ❶ *aan land komen* anlegen, landen ❷ *terechtkomen* landen ★ *ik weet niet waar hij is aangeland* ich weiß nicht, wo er gelandet ist
aanlandig auflandig
aanleg ❶ *constructie* Bau *m*, Konstruktion *v*, Anlage *v* ★ *de ~ van een park* das Anlegen eines Parks ★ *~ van een weg* Bau einer Straße ★ *de ~ van elektriciteit* das Anlegen von Elektrizität ★ *in ~ zijn* im Bau sein ★ jur *in eerste ~* in erster Linie ❷ *talent* Talent *o*, Begabung *v*, Veranlagung *v* ★ *~ hebben voor* Begabung haben für ★ *~ voor talen* das Sprachtalent, die Sprachbegabung ❸ *vatbaarheid* Anfälligkeit *v*, Veranlagung *v* ★ *~ hebben voor* Veranlagung haben zu [+3], anfällig sein für [+4] ★ *~ tot depressiviteit* Veranlagung zur Depressivität
aanleggen I *ov ww* ❶ *construeren* anlegen, ⟨van brug, weg enz.⟩ bauen ★ *het ~ van een weg* der Bau einer Straße ❷ *regelen* anpacken ★ *hoe zal ik dat ~?* wie soll ich das anpacken? ★ *het zo ~ dat...* es so anpacken, dass... ★ *de zaken handig ~* etw. richtig anpacken ★ *het met iem. ~* sich mit jmdm. einlassen ❸ *van schietwapen* anlegen ★ *~ op* anlegen auf [+4] ★ fig *het op iets ~* es auf etw. anlegen **II** *on ww, aan de wal gaan liggen* anlegen
aanlegplaats Anlegeplatz *m*
aanleiding Anlass *m*, Veranlassung *v* ★ *naar ~ van* bezugnehmend auf [+4] ★ *naar ~ van uw advertentie* bezugnehmend auf Ihre Anzeige, auf Grund Ihrer Anzeige ★ *naar ~ van uw brief* bezugnehmend auf Ihren Brief, auf Ihren Brief hin ★ *~ geven tot* Anlass geben zu [+3] ★ *naar ~ daarvan* deswegen ★ *~ geven tot geklets* Anlass für Gerüchte geben ★ *gerede ~* willkommene(r) Anlass *m* ★ *zonder ~* ohne Anlass ★ *~ geven tot iets* Anlass / Veranlassung zu etw. geben ★ *bij de geringste ~* beim geringsten Anlass ★ *zonder enige ~* ohne jeglichen Anlass
aanlengen verdünnen, verlängern ★ *de wijn ~* den Wein verdünnen ★ *een saus ~* eine Soße verlängern
aanleren ❶ *onderwijzen* anlernen ❷ *eigen maken* lernen
aanleunen tegen (an)lehnen ▼ *zich iets laten ~* sich etwas gefallen lassen ▼ *hij laat zich dat niet ~* er lässt sich das nicht gefallen
aanleunwoning Wohnung *v* mit betreutem Wohnen
aanlijnen anleinen, an die Leine nehmen ★ *de hond ~* den Hund an die Leine nehmen
aanlokkelijk anziehend, verlockend
aanlokken ❶ *aantrekken* (an)locken, anziehen ❷ *bekoren* reizen ★ *het lokt mij niet erg aan* es reizt mich nicht besonders
aanloop ❶ sport Anlauf *m* ★ *een ~ nemen* Anlauf nehmen ❷ *bezoek* Besuch *m*
aanloophaven Anlaufhafen *m*
aanloopkosten Anlaufkosten *mv*
aanloopperiode Anlaufzeit *v*
aanlopen ❶ *naderen* hinlaufen ★ *komen ~* herbeigelaufen kommen ★ *de hond is komen ~* der Hund ist zugelaufen ★ *~ op* zulaufen auf [+4] ★ *tegen iets ~* lett gegen etw. laufen fig auf etw. stoßen ★ *tegen iem. ~* lett mit jmdm. zusammenstoßen fig jmdn. zufällig treffen ★ *ik ben bij toeval tegen dit document aangelopen* mir fiel zufällig dieses Dokument in die Hände ❷ *even langsgaan (bij)* vorbeischauen ❸ *een kleur krijgen* anlaufen ★ *rood ~* rot anlaufen ❹ *tegen iets aan schuren* schleifen (**tegen** an)
aanmaak Anfertigung *v*, Herstellung *v* ★ *in ~ zijn* gerade angefertigt werden
aanmaakblokje Zündwürfel *m*
aanmaakhout Anmachholz *o*
aanmaken ❶ *aansteken* anmachen, anzünden ❷ *gereedmaken, klaarmaken, toebereiden* machen, ⟨eten⟩ zubereiten, ⟨van bestand⟩ erstellen ★ *verf ~* Farbe anrühren ★ *sla ~* Salat anmachen ★ *een bestand ~* eine Datei erstellen
aanmanen ❶ *aansporen* (er)mahnen, auffordern ❷ *sommeren* mahnen ★ *iem. ~ tot betaling* jmdn. zur Zahlung mahnen
aanmaning ❶ *aansporing* Aufforderung *v*, Mahnung *v* ❷ *sommering* Mahnung *v* ★ *eerste ~* erste Mahnung ★ *laatste ~* letzte Mahnung
aanmatigen [**zich ~**] sich anmaßen ★ *zich vrijheden ~* sich Freiheiten herausnehmen ★ *zich een oordeel ~* sich [3] ein Urteil anmaßen ★ *u matigt zich te veel aan* Sie nehmen sich zu viel heraus
aanmatigend anmaßend, überheblich, dünkelhaft ★ *een ~ optreden* ein anmaßendes Auftreten
aanmelden ❶ *presenteren* (an)melden, ankündigen ★ *zich ~* sich anmelden ❷ *opgeven* anmelden (**voor** für +4, zu +3) ★ *zich voor een examen ~* sich zu einer Prüfung anmelden ❸ comp *inloggen* anmelden
aanmelding ❶ *inschrijving* Anmeldung *v* ❷ *aankondiging* Ankündigung *v*
aanmeldingsformulier Anmeldeformular *o*
aanmeldingstermijn Meldefrist *v*
aanmeren festmachen, anlegen
aanmerkelijk ansehnlich, beträchtlich, erheblich
aanmerken ❶ *beschouwen (als)* betrachten (als) ❷ *afkeurend opmerken* beanstanden ★ *overal wat op aan te merken hebben* an allem etw. auszusetzen haben ★ *niets op aan te merken* keine Beanstandungen ★ *iets ~ op* etw. beanstanden ★ *er viel veel op zijn gedrag aan te merken* sein Verhalten ließ zu wünschen übrig
aanmerking ❶ *beschouwing* ★ *in ~ komen* in Frage kommen, in Betracht kommen ★ *niet in ~ komen* nicht in Betracht kommen ★ *in ~ nemen* in Betracht ziehen, berücksichtigen ★ *de omstandigheden in ~ genomen* unter Berücksichtigung der Umstände ★ *in ~ genomen* unter Berücksichtigung von ★ *in ~ genomen dat* unter Berücksichtigung dessen, dass... ❷ *kritiek* Bedenken *o*, Einwand *m* [mv: Einwände] ★ *veel ~en maken* viele Bedenken anmelden ★ *~en maken op iets* Einwände haben gegen etw.
aanmeten I *ov ww, de maat nemen* anmessen **II** *wkd ww* [**zich ~**] *aanmatigen* sich anmaßen ★ *zich een houding ~* anmaßend sein ★ *zich een oordeel ~ over* sich ein Urteil anmaßen über [+4]
aanmodderen pfuschen, schludern ★ *hij moddert maar wat aan met zijn werk* er pfuscht

ziemlich rum bei der Arbeit

aanmoedigen ❶ *aansporen* ermutigen (zu), ermuntern (zu) ❷ *bevorderen* fördern

aanmoediging Ermutigung *v*, Anregung *v*, Förderung *v*

aanmonsteren anmustern, anheuern ★ *~ als matroos* als Matrose anheuern

aannaaien annähen ★ *een knoop ~* einen Knopf annähen ★ fig *iem. een oor ~* jmdm. einen Bären aufbinden

aanname ❶ *acceptatie* Annahme *v* ❷ *veronderstelling* Annahme *v*, Hypothese *v*

aannemelijk ❶ *redelijk* akzeptabel ❷ *geloofwaardig* glaubhaft, glaubwürdig ★ *een ~ voorwendsel* ein glaubhafter Vorwand ★ *~ zijn* glaubhaft sein

aannemen ❶ *in ontvangst nemen* annehmen, entgegennehmen ★ *iemands jas ~* jmds. Mantel nehmen ❷ *geloven, veronderstellen* annehmen ★ *neem dat maar van me aan* das kannst du mir ruhig glauben ★ *er werd algemeen aangenomen dat* es wurde allgemein angenommen, dass ★ *aangenomen dat hij komt* angenommen, er kommt ❸ *accepteren* annehmen ★ *een voorstel ~* einen Vorschlag akzeptieren ★ *iets als vanzelfsprekend ~* etw. als selbstverständlich hinnehmen ❹ *toelaten als werknemer, student, lid, enz.* ⟨in dienst nemen⟩ einstellen, anstellen, ⟨als lid, student...⟩ aufnehmen ❺ *adopteren* adoptieren, annehmen ★ *aangenomen kind* angenommene(s) Kind, Adoptivkind ❻ *eigen maken* annehmen, sich aneignen ★ *een houding ~* eine Haltung einnehmen ★ *een gewoonte ~* sich etw. angewöhnen ★ *een godsdienst ~* eine Religion annehmen ❼ *voor een bepaalde prijs uitvoeren* annehmen, übernehmen ★ *de bouw van een huis ~* den Bau eines Hauses übernehmen

aannemer Bauunternehmer *m*

aanpak Vorgehensweise *v*, Vorgehen *o* ★ *dit vereist een harde ~* hier muss man mit aller Schärfe vorgehen

aanpakken I *ov ww* ❶ *vastpakken* anfassen ❷ *gaan behandelen* anpacken, angehen ★ *een probleem ~* ein Problem angehen ★ *hoe wil je dat ~?* wie willst du das angehen? ❸ *afstraffen* ★ *iem. eens goed ~* jmdn. hart anpacken **II** *on ww, hard werken* anpacken ★ *hij weet van ~* er kann zupacken

aanpalend anliegend, angrenzend, benachbart

aanpappen met sich anbiedern bei [+3]

aanpassen I *ov ww* ❶ *passen* anprobieren ❷ *geschikt maken* anpassen **II** *wkd ww* [**zich ~**] *zich conformeren* sich anpassen [+3] ★ *zich aan de omstandigheden ~* sich den Verhältnissen anpassen

aanpassing Anpassung *v*

aanpassingsvermogen Anpassungsfähigkeit *v*

aanplakbiljet Plakat *o*, Anschlagzettel *m*

aanplakken ankleben ★ *~ verboden!* Plakate ankleben verboten!

aanplant ❶ *het aanplanten* Anbau *m* ❷ *het aangeplante* Anpflanzung *v*

aanplanten anpflanzen

aanporren BN *aansporen* anspornen (**tot** zu), anregen (**tot** zu)

aanpoten ❶ *flink doorwerken* sich ins Zeug legen ❷ *voortmaken* sich beeilen ★ *we moeten nog flink ~* wir müssen uns noch ins Zeug legen

aanpraten aufschwatzen, einreden ★ *iem. een kwaal ~* jmdm. ein Leiden einreden ★ *zich een dure computer laten ~* sich einen teuren Computer aufschwatzen lassen

aanprijzen anpreisen ★ *iets luidkeels ~* etw. lauthals anpreisen

aanraakscherm Berührungsbildschirm *m*

aanraden empfehlen, (an)raten ★ *op ~ van* auf Anraten [+2] ★ *iem. iets ~* jmdm. etw. empfehlen ★ *dat kan ik je niet ~* das kann ich dir nicht empfehlen

aanrader (heißer) Tipp, Geheimtipp *m* ★ *de tentoonstelling is een ~* die Ausstellung ist wirklich empfehlenswert

aanraken berühren, ⟨even⟩ anrühren ★ *verboden aan te raken* bitte nicht berühren

aanraking ❶ *het aanraken* Berührung *v* ★ *zachte ~* sanfte Berührung ❷ *contact* ⟨met personen⟩ Kontakt *m*, ⟨met dingen⟩ Berührung *v* ★ *in ~ komen met* in Berührung kommen mit ★ *met iem. in ~ komen* mit jmdm. in Kontakt kommen ★ *met de wet in ~ komen* mit dem Gesetz in Konflikt kommen / geraten

aanranden angreifen, ⟨seksueel⟩ vergewaltigen ★ *er was een vrouw aangerand* es wurde eine Frau vergewaltigt

aanrander *geweldpleger* Angreifer *m*, ⟨verkrachter⟩ Vergewaltiger

aanranding Angriff *m*, ⟨seksueel⟩ Vergewaltigung *v*

aanrecht Anrichte *v*

aanreiken (herüber)reichen

aanrekenen ❶ *verwijten* anrechnen ★ *het hem niet ~* es ihm nicht vorwerfen ❷ BN *meerekenen, meetellen* mitrechnen, mitzählen

aanrichten ❶ *veroorzaken* anrichten ❷ *voorbereiden* richten, vorbereiten ★ *een feestmaal ~* ein Festessen vorbereiten ★ *een feest ~* ein Fest ausrichten

aanrijden I *ov ww, in botsing komen met* anfahren ★ *zij werd aangereden* sie wurde angefahren **II** *on ww, rijdend naderen* heranfahren ★ *op iem. ~* auf jmdn. zufahren ★ *tegen iets ~* an / gegen etw. fahren

aanrijding Zusammenstoß *m* ★ *ik heb een ~ gehad met een vrachtwagen* ich bin mit einem Lastwagen zusammengestoßen

aanroepen ❶ *roepen naar* anrufen ★ *een taxi ~* ein Taxi rufen ❷ *hulp vragen* anrufen, ⟨sterker⟩ anflehen ★ *alle heiligen ~* alle Heiligen anflehen

aanroeren ❶ *aanraken* berühren, anrühren ★ *de lekkernijen werden niet aangeroerd* die Leckereien wurden nicht angerührt ❷ *ter sprake brengen* anrühren ★ *een probleem ~* ein Problem ansprechen ★ *een teer punt ~* einen wunden Punkt berühren

aanrukken (her)anrücken, (her)anmarschieren ★ *versterkingen laten ~* Verstärkung anrücken lassen ★ *een fles wijn laten ~* eine Flasche Wein auffahren lassen

aanschaf Ankauf *m*, Anschaffung *v*

aanschaffen anschaffen

aanscherpen anspitzen, zuspitzen, fig

verschärfen, präzisieren
aanschieten I *ov ww* ❶ *licht verwonden* anschießen ❷ *gauw aantrekken* fahren in, schlüpfen in ❸ *aanspreken* ansprechen, inform anhauen II *on ww, toesnellen* ★ *komen* ~ angerannt kommen
aanschoppen tegen treten an / gegen [+4]
aanschouwelijk anschaulich ★ ~ *onderwijs* Anschauungsunterricht *m* ★ *iets* ~ *maken* etw. anschaulich machen
aanschouwen erblicken, ⟨aandachtig bekijken⟩ betrachten ★ *ten* ~ *van* angesichts [+2] ★ *het levenslicht* ~ das Licht der Welt erblicken
aanschrijven anschreiben ★ *iem. over iets* ~ jmdn. wegen einer Sache anschreiben, jmdn. schriftlich zu einer Sache auffordern ▼ *goed aangeschreven staan* gut angeschrieben sein
aanschrijving Anordnung *v*
aanschuiven I *ov ww, dichterbij brengen* (her)anschieben, (her)anrücken ★ *een stoel* ~ einen Stuhl anschieben II *on ww* ❶ *aan tafel komen zitten* sich dazusetzen ★ *u kunt hier* ~ Sie können sich hier dazusetzen ❷ BN *in de file staan* im Stau stehen
aanslaan I *ov ww* ❶ *kort raken* anschlagen ★ *een toets* ~ eine Taste anschlagen ❷ *belastingsom bepalen* veranlagen ❸ *waarderen* einschätzen, veranschlagen ★ *iem. hoog* ~ jmdn. schätzen II *on ww* ❶ *starten van motor* anspringen ❷ *succes hebben* einschlagen, ankommen ❸ *beslaan* beschlagen
aanslag ❶ *aanval* Attentat *o*, Anschlag *m* ★ *een* ~ *op iem. plegen* ein Attentat auf jmdn. verüben ❷ fig *inbreuk* Anschlag *m* ❸ *belastingaanslag* Steuerbescheid *m* ★ *voorlopige* ~ vorläufige(r) Steuerbescheid ★ *definitieve* ~ endgültige(r) Steuerbescheid ❹ *indrukken v.e. toets* Anschlag *m* ★ *honderd* ~*en per minuut* hundert Anschläge pro Minute ❺ *afzetting* ⟨van kalk, in ketel⟩ Ansatz *m*, ⟨op tanden, tong⟩ Belag *m*, ⟨op raam⟩ Beschlag *m* ❻ *schietklare stand* Anschlag *m* ★ *zijn geweer in de* ~ *hebben* das Gewehr im Anschlag haben
aanslagbiljet Steuerbescheid *m*
aanslibben anschwemmen ★ *aangeslibde grond* angeschwemmte(s) Land
aansluiten I *ov ww, verbinden* anschließen ★ *telefoon* ~ Telefon anschließen ★ *een huis* ~ *op de waterleiding* ein Haus an die Wasserleitung anschließen II *on ww* ❶ *zonder tussenruimte verbonden zijn* (sich) anschließen, ⟨mbt openbaar vervoer⟩ Anschluss haben ★ *deze trein sluit aan op onze vlucht* dieser Zug hat Anschluss an unseren Flug ★ *de treinen sluiten goed aan* die Züge haben einen guten Anschluss ★ ~*!* aufschließen! ★ *de jurk sluit nauw aan* das Kleid ist eng anliegend ❷ *nauw met elkaar verbonden zijn* ★ *de programma' s sluiten niet op elkaar aan* die Programme passen nicht zusammen III *wkd ww* [**zich** ~] sich anschließen [+3], beitreten [+3] ★ *zich bij een vereniging* ~ einem Verein beitreten ★ *zich bij iemands mening* ~ sich jmds. Meinung anschließen
aansluiting ❶ *verbinding* Verbindung *v* ★ *de* ~ *halen* den Anschluss erreichen ★ *de* ~ *missen* den Anschluss verpassen ★ *in* ~ *op* im Anschluss an [+4] ★ *in* ~ *op ons schrijven* bezugnehmend auf unser Schreiben ❷ *contact* Anschluss *m* ★ *telefoon*~ Telefonanschluss *m* ★ *antenne*~ Antennenanschluss *m* ★ *de* ~ *op het elektriciteitsnet* der Anschluss ans Stromnetz ★ ~ *zoeken bij iem.* bei jmdm. Anschluss suchen ★ *de* ~ *van Griekenland bij de EU* Griechenlands EU-Beitritt
aansluitingstreffer sport Anschlusstreffer *m*
aansluitkosten Anschlussgebühren *mv*
aansmeren ❶ *dichtsmeren* mörteln, mit Mörtel verputzen ❷ *aanpraten* aufschwatzen ★ *iem. iets* ~ jmdn. etw. aufschwatzen
aansnellen anrennen ★ *hij kwam aangesneld* er kam angerannt
aansnijden ❶ *afsnijden* anschneiden ❷ *aankaarten* anschneiden ★ *een onderwerp* ~ ein Thema anschneiden
aanspannen ❶ *vastmaken* anspannen ★ *een wagen* ~ einen Wagen anspannen ❷ *strak trekken* anziehen ❸ jur *beginnen* einleiten ★ *een rechtszaak tegen iem.* ~ gegen jmdn. ein Verfahren einleiten, gegen jmdn. klagen
aanspelen sport anspielen
aanspoelen *aan land drijven* anspülen ★ *er is een lijk aangespoeld* es wurde eine Leiche angespült
aansporen ❶ fig *stimuleren* anspornen (**tot** zu) ★ *iem.* ~ *om te gaan werken* jmdn. zur Arbeit anspornen ❷ lett ⟨een paard⟩ *de sporen geven* die Sporen geben [+3]
aansporing Ansporn *m* ★ *op* ~ *van iem.* auf jmds. Betreiben (hin)
aanspraak ❶ *sociaal contact* Kontakt *m* ★ *hij heeft hier weinig* ~ er hat hier wenig Kontakt ❷ *recht* Anspruch *m* ★ *zijn aanspraken doen gelden* seine Ansprüche geltend machen ★ ~ *hebben op* Anspruch haben auf [+4] ★ ~ *maken op iets* Anspruch auf etw. erheben
aansprakelijk verantwortlich, jur haftbar ★ *hoofdelijk* ~ *zijn* solidarisch haften ★ *wettelijk* ~ gesetzlich haftbar ★ *iem.* ~ *stellen* jmdn. haftbar machen ★ *zich* ~ *stellen* haften (**voor** für) ★ *zich niet* ~ *stellen voor* nicht haften für ★ *iem.* ~ *stellen voor* jmdn. verantwortlich / haftbar machen für
aansprakelijkheid Haftung *v* ★ *wettelijke* ~ Haftpflicht *v*
aansprakelijkheidsverzekering Haftpflichtversicherung *v*
aanspreekbaar ansprechbar
aanspreektitel Anrede *v*
aanspreekvorm Anredeform *v*
aanspreken ❶ *het woord richten tot* ansprechen ★ *iem. met 'jij'* ~ jmdn. duzen ★ *iem. met 'u'* ~ jmdn. siezen ★ *iem.* ~ *over iets* jmdn. wegen etw. ansprechen ★ *ik voel me niet aangesproken* ich fühle mich nicht angesprochen ❷ *gaan gebruiken* anbrechen, angreifen ★ *zijn kapitaal* ~ sein Kapitel angreifen ❸ *in de smaak vallen bij* ansprechen, gefallen ★ *het spreekt mij niet aan* es gefällt mir nicht
aanstaan ❶ *bevallen* gefallen [+3] ★ *het staat me helemaal niet aan* es gefällt mir überhaupt nicht ❷ *in werking zijn* an sein ★ *de televisie staat aan* der Fernseher läuft, der Fernseher ist an ★ *de radio staat aan* das Radio ist an ❸ *op een kier staan* angelehnt sein

aanstaande I *zn* [de], *verloofde* Zukünftige(r) *m-v* ★ *zijn ~ (vrouw)* seine Zukünftige ★ *haar ~ (man)* ihr Zukünftiger II *bnw* ❶ *eerstkomend* nächst, kommend, ⟨op handen zijnde⟩ bevorstehend ★ *de ~ verkiezingen* die bevorstehenden Wahlen ★ *~ vrijdag* kommenden Freitag ★ *het feest is ~* das Fest naht ❷ *toekomstig* (zu)künftig ★ *de ~ moeder* die werdende Mutter ★ *mijn ~ echtgenoot* mein zukünftiger Ehemann

aanstalten Anstalten *mv* ★ *~ maken (om / voor)* Anstalten machen [**om/voor** zu) ★ *~ maken om weg te gaan* Anstalten machen wegzugehen

aanstampen feststampfen

aanstaren anstarren

aanstekelijk I *bnw* ❶ *besmettelijk* ansteckend ❷ *gemakkelijk op anderen overgaand* ansteckend ★ *~e lach* ansteckendes Lachen II *bijw* auf ansteckende Weise

aansteken ❶ *doen branden* anzünden ★ *die brand is aangestoken* es war Brandstiftung ❷ *besmetten* anstecken ★ *zijn vrolijkheid stak iedereen aan* seine Fröhlichkeit steckte alle an

aansteker Feuerzeug *o*

aanstellen I *ov ww* anstellen ★ *vast aangesteld* fest angestellt II *wkd ww* [**zich ~**] sich anstellen, ⟨nuffig⟩ sich zieren ★ *stel je niet (zo) aan!* stell dich nicht so an! ★ *zich belachelijk ~* sich lächerlich aufführen ★ *zich dom ~* sich dumm anstellen

aansteller Wichtigtuer *m*

aanstellerig zimperlich

aanstellerij Gehabe *o*, ⟨nuffig⟩ Geziertheit *v*

aanstelling Anstellung *v*, ⟨voor een ambt⟩ Ernennung *v* ★ *tijdelijke ~* befristete Anstellung ★ *vaste ~* feste Anstellung

aansterken sich erholen, wieder zu Kräften kommen

aanstichten anstiften ★ *~ tot* anstiften zu

aanstichter Anstifter *m* ★ *aanstichtster* Anstifterin

aanstippen ❶ *aankruisen* markieren ❷ *even aanraken* antippen, med betupfen ❸ *even noemen* berühren, erwähnen ★ *iets kort ~* etw. kurz erwähnen

aanstonds (so)gleich, sofort

aanstoot Anstoß *m*, Ärgernis *o* ★ *~ geven* Anstoß erregen ★ *~ nemen aan iets* an etw. Anstoß nehmen [+3]

aanstootgevend anstößig, anstoßerregend

aanstoten anstoßen

aanstrepen anstreichen ★ *~ wat verlangd wordt* Zutreffendes anstreichen

aanstrijken ❶ *doen ontbranden* anzünden ❷ muz anstreichen

aansturen ❶ ~ **op** *sturen naar* ansteuern auf [+4], zusteuern auf [+4] ★ *op een haven ~* einen Hafen ansteuern ❷ ~ **op** *streven naar* hinzielen auf [+4]

aantal ⟨onbepaald⟩ Anzahl *v*, ⟨een verzameling⟩ Menge *v*, ⟨bepaald⟩ Zahl *v* ★ *na een ~ jaren* nach einer Reihe von Jahren ★ *gering in ~* wenig an der Zahl ★ *in ~ overtreffen* zahlenmäßig überlegen sein

aantasten *langzaam vernietigen* anfressen ★ *het metaal is door zuur aangetast* das Metall ist von Säure angefressen ★ *zijn gezondheid is aangetast* seine Gesundheit ist angegriffen ★ *zijn goede naam is aangetast* sein guter Ruf ist beschädigt ★ *de grondslagen van iets ~* etw. in seinen Grundfesten erschüttern

aantasting *langzame vernietiging* ⟨van metaal⟩ Korrosion *v*, Schädigung *v* ★ *een ~ van de rechtsorde* ein Angriff auf die Rechtsordnung

aantekenboek Notizbuch *o*

aantekenen I *ov ww* ❶ *opschrijven, opmerken* (sich) notieren, bemerken ★ *beroep ~* Berufung einlegen *v* ★ *protest ~* Protest einlegen ★ *ik wil hierbij ~ dat* ich will dabei bemerken, dass ❷ *postzending laten registreren* ★ *een brief laten ~* einen Brief einschreiben lassen II *on ww, in ondertrouw gaan* das Aufgebot bestellen

aantekening *het aantekenen, notitie* Notiz *v*, Anmerkung *v*, ⟨ambtelijk⟩ Vermerk *m* ★ *~en maken* sich Notizen machen ★ *van ~en voorzien* mit Anmerkungen versehen ★ *~ van een huwelijk* Aufgebot *o*

aantijging Beschuldigung *v*

aantikken I *ov ww, even aanraken* antippen, ⟨zwemsport⟩ anschlagen II *on ww, oplopen* inform sich zusammenläppern ★ *dat tikt aan* das läppert sich zusammen

aantocht ★ *in ~ zijn* im Anmarsch / Anzug sein

aantonen ❶ *laten zien* aufzeigen, darlegen ❷ *bewijzen* beweisen, nachweisen ❸ taalk → **wijs**

aantoonbaar I *bnw* nachweislich ★ *dit is goed ~* das ist gut nachweisbar II *bijw* nachweislich ★ *deze zin is ~ fout* dieser Satz ist nachweislich falsch

aantreden ❶ *zich verzamelen* antreten ❷ *beginnen* antreten

aantreffen ❶ *tegenkomen* antreffen ❷ *vinden* vorfinden

aantrekkelijk anziehend, ⟨van persoon⟩ attraktiv, ⟨van voorstel⟩ verlockend

aantrekken I *ov ww* ❶ *aandoen* anziehen ★ *trek je schoenen aan!* zieh deine Schuhe an! ★ *andere kleren ~* sich umziehen ❷ *naar zich toe halen* anziehen ★ *tegenpolen trekken elkaar aan* Gegensätze ziehen sich an ★ *zich tot iets aangetrokken voelen* sich zu etw. hingezogen fühlen ❸ *vasttrekken* anziehen ★ fig *de broekriem ~* den Gürtel enger schnallen ❹ *werven* werben II *on ww, zich herstellen* anziehen, steigen III *wkd ww* [**zich ~**] *zich bekommeren om* ★ *trek je van hem maar niets aan!* lass dir von ihm nichts sagen! ★ *zich iets ~ van iets* sich etw. zu Herzen nehmen ★ *zich iets persoonlijk ~* etw. persönlich nehmen ★ *ze trekt zich dat erg aan* sie nimmt das sehr persönlich ★ *zich niets ~ van* sich nichts machen aus ★ *hij trekt zich er niets van aan* er fühlt sich da nicht betroffen

aantrekkingskracht ❶ natk Anziehungskraft *v* ❷ *aantrekkelijkheid* Anziehungskraft *v*

aanvaardbaar akzeptabel, annehmbar

aanvaarden ❶ *beginnen* aufnehmen, antreten ❷ *op zich nemen* übernehmen, auf sich nehmen ★ *de verantwoordelijkheid ~* die Verantwortung übernehmen ★ *een functie ~* eine Stelle antreten ❸ *zich schikken in* akzeptieren, ⟨feiten⟩ hinnehmen ★ *zijn verlies moeten ~* seinen Verlust hinnehmen müssen ❹ *aannemen* annehmen ★ *een geschenk ~* ein Geschenk annehmen

★ *direct te ~* mit sofortiger Übernahme ❺ *zich akkoord verklaren* annehmen ★ *een voorstel ~* einen Vorschlag annehmen

aanvaarding Antritt *m*, Hinnehmen *o*, Akzeptanz *v* ★ *de ~ van zijn lot* die Akzeptanz seines Schicksals ★ *de ~ van een erfenis* der Antritt einer Erbschaft ★ *de ~ van een ambt* der Antritt eines Amtes

aanval ❶ *offensief* Angriff *m* ★ *een ~ doen op* einen Angriff starten auf [+4] ★ *tot de ~ overgaan* zum Angriff übergehen ★ *~ is de beste verdediging* Angriff ist die beste Verteidigung ❷ *uitbarsting* Anfall *m* ★ *een ~ van koorts* ein Fieberanfall ★ *een ~ van woede* ein Wutanfall ❸ sport Angriff *m*

aanvallen I *ov ww, een aanval doen* angreifen, anfallen ★ *iem. ~* jmdn. angreifen ★ *zich aangevallen voelen* sich angegriffen fühlen ★ *iem. op zijn standpunt ~* jmdn. wegen seines Standpunkts angreifen **II** *on ww, afstormen op* angreifen ★ *op zijn eten ~* sich aufs Essen stürzen

aanvallend I *bnw* aggressiv, offensiv **II** *bijw* aggressiv, offensiv

aanvaller ❶ *persoon, groep die aanvalt* Angreifer *m* ❷ sport Angriffsspieler *m*

aanvalsoorlog Angriffskrieg *m*

aanvalsspits sport Angriffsspieler *m*, Spitze *v*

aanvalswapen Angriffswaffe *v*

aanvang Anfang *m*, Beginn *m* ★ *van de ~ af* von Anfang an ★ *bij de ~* am Anfang ★ *een ~ maken met* einen Anfang machen mit ★ *een ~ nemen* seinen Anfang nehmen

aanvangen I *ov ww, beginnen met* anfangen, beginnen ★ *wat zullen we nu met hem ~?* was sollen wir jetzt mit ihm anfangen? **II** *on ww, beginnen* anfangen, beginnen ★ *zijn carrière vangt aan* seine Karriere beginnt

aanvangsdatum Beginndatum *o*

aanvangssalaris Anfangslohn *m*, Anfangsgehalt *o*

aanvangstijd Anfangszeit *v*

aanvankelijk I *bnw* anfänglich, Anfangs- ★ *de ~e snelheid* die Anfangsgeschwindigkeit **II** *bijw* anfangs, am Anfang

aanvaring ❶ lett *botsing* Zusammenstoß *m* ★ *in ~ komen met* zusammenstoßen mit ❷ fig *botsing* Konflikt *m* ★ *in ~ komen met iem.* mit jmdm. aneinandergeraten

aanvechtbaar anfechtbar

aanvechten anfechten ★ *een theorie ~* eine Theorie anfechten

aanvechting Anfechtung *v*, ⟨verleiding⟩ Versuchung *v* ★ *~ voelen om* die Versuchung verspüren zu

aanvegen ausfegen, auskehren

aanverwant ❶ *aangetrouwd* angeheiratet ❷ *nauw betrokken bij* benachbart ★ *de natuurkunde en ~e disciplines* die Physik und benachbarte Disziplinen

aanvinken anhaken

aanvliegen I *ov ww* anfahren [+4] **II** *on ww, vliegend naderen* (her)anfliegen ★ *hij kwam meteen aangevlogen* er kam sofort angesaust

aanvliegroute Anflugroute *v*

aanvoegend taalk → **wijs**

aanvoelen I *ov ww, begrijpen* sich einfühlen in [+4], ⟨van gevoelens⟩ nachempfinden ★ *iem. ~* sich in jmdn. einfühlen ★ *de stemming ~* die Stimmung intuitiv erfassen ★ *zij voelen elkaar goed aan* sie verstehen sich gut miteinander **II** *on ww, bepaald gevoel geven* sich anfühlen ★ *het voelt koud aan* es fühlt sich kalt an ★ *dat voelt plakkerig aan* das fühlt sich klebrig an

aanvoer ❶ *het aanvoeren* Zufuhr *v*, ⟨militair⟩ Nachschub *m* ❷ *het aangevoerde* Zufuhr *v* ❸ *aanvoerleiding* Zuleitung *v*

aanvoerder Anführer *m*, sport Mannschaftskapitän *m*

aanvoeren ❶ *leiden* (an)führen ★ *een team ~* ein Team leiten ★ *de ranglijst ~* die Rangliste anführen ❷ *ergens heen brengen* anliefern ❸ *naar voren brengen* anführen ★ *bewijzen ~* Beweise anführen

aanvoering Anführung *v* ★ *onder ~ van* unter Anführung [+2]

aanvraag ❶ *verzoek* Anfrage *v*, ⟨ambtelijk⟩ Antrag *m* ★ *op ~* auf Anfrage ★ *een ~ indienen* einen Antrag stellen ★ *een ~ voor iets indienen* etw. beantragen ❷ *bestelling* Anforderung *v* ★ *op ~ verkrijgbaar* auf Anfrage erhältlich

aanvraagformulier Antragsformular *o*

aanvragen ❶ *(officieel) verzoeken* beantragen ★ *een studiebeurs ~* ein Stipendium beantragen ★ *ontslag ~* um seine Entlassung bitten ❷ *vragen om toe te sturen* anfordern ★ *inlichtingen ~ over iets* Informationen über etw. anfordern

aanvreten ❶ *aan iets vreten* anfressen ❷ *aantasten* angreifen

aanvullen ❶ *volledig maken* ergänzen ★ *het tekort ~* den fehlenden Betrag ergänzen ★ *elkaar ~* sich ergänzen ★ *de voorraad ~* den Vorrat auffüllen ❷ *vol maken* auffüllen, (aus)füllen

aanvulling Ergänzung *v* ★ *in ~ op* ergänzend zu [+3] ★ *ter ~ van* zur Ergänzung [+2]

aanvuren anfeuern

aanwaaien ❶ *op de bonnefooi langskomen* ★ *ergens komen ~* inform hereingeschneit kommen ❷ *als vanzelf beschikbaar worden* zufliegen, anfliegen ★ *dat waait haar gewoon aan* das fliegt ihr einfach zu ★ *het komt je niet ~* das fällt nicht vom Himmel

aanwakkeren I *ov ww, doen toenemen* schüren ★ *het vuur ~* das Feuer entfachen ★ *verlangens ~* das Verlangen schüren **II** *on ww, heviger worden* zunehmen ★ *de wind is aangewakkerd* der Wind hat zugenommen

aanwas Zunahme *v*, jur Zuwachs *m* ★ *de ~ van de bevolking* das Bevölkerungswachstum

aanwenden *gebruiken* anwenden, benutzen ★ *te eigen bate ~* zu seinem eigenen Nutzen gebrauchen ★ *zijn invloed ~* seinen Einfluss einsetzen ★ *al zijn krachten ~* alle Kräfte aufwenden ★ *alle beschikbare middelen ~* alle verfügbaren Mittel einsetzen

aanwennen [**zich ~**] sich angewöhnen ★ *een gewoonte ~* sich etw. angewöhnen

aanwensel Angewohnheit *v*, min Tick *m*

aanwerven (an)werben

aanwezig ❶ *present* ⟨van personen⟩ anwesend, ⟨van dingen⟩ vorhanden ★ *de ~en* die Anwesenden ★ *erg overvloedig ~ zijn* im Überfluss vorhanden sein ❷ *beschikbaar*

vorhanden ★ *er zijn geen gelden* ~ es ist kein Geld vorhanden
aanwezigheid *het er zijn* Anwesenheit *v*, Gegenwart *v*, ⟨goederen⟩ Vorhandensein *o*, ⟨delfstoffen⟩ Vorkommen *o* ★ *in* ~ *van* in Gegenwart von [+3] ★ *zeg dat niet in* ~ *van de kinderen* sag das nicht vor den Kindern
aanwijsbaar nachweisbar
aanwijzen ❶ *laten zien* zeigen ★ *de barometer wijst mooi weer aan* das Barometer zeigt schönes Wetter an ❷ *bestemmen* bestimmen ★ *iem. als erfgenaam* ~ jmdn. zum Erben bestimmen
aanwijzing ❶ *het aanwijzen, instructie* Anweisung *v* ★ *iem. ~en geven* jmdm. Anweisungen geben ★ *op* ~ *van* auf Anweisung von [+3] ❷ *informatie, inlichting* Hinweis *m* ★ *heeft de politie al ~en over de mogelijke dader?* hat die Polizei schon Hinweise auf den möglichen Täter? ★ *er is geen enkele* ~ *dat* nichts weist darauf hin, dass
aanwinst ❶ *verworven bezit* Erwerb *m* ★ *een nieuwe* ~ eine Neuerwerbung ❷ *waardevolle toevoeging* Gewinn *m* ★ *zij is een* ~ *voor de zaak* sie ist ein Gewinn für die Firma
aanwippen bij vorbeischauen / hereinschauen bei [+3] ★ *even bij iem.* ~ kurz bei jmdm. vorbeischauen
aanwonende Anlieger *m* ★ *alleen voor ~n* Anlieger frei
aanwrijven I *ov ww, verwijten* anhängen ★ *iem. iets* ~ jmdm. etw. anhängen **II** *on ww, wrijven* sich reiben (**tegen** an) [+3]
aanzeggen ansagen ★ *iem. de wacht* ~ jmdm. zum letzten Mal warnen
aanzet Anstoß *m* ★ *zij heeft de* ~ *gegeven* sie hat die Sache angestoßen
aanzetten I *ov ww* ❶ *vastmaken* ansetzen, ⟨naaien⟩ annähen, ⟨schroeven⟩ anschrauben ★ *een knoop* ~ einen Knopf annähen ❷ *aansporen* antreiben, anspornen, bewegen ★ *iem. tot iets* ~ jmdn. zu etw. anspornen ★ *iem. tot een moord* ~ jmdn. zum Mord anstiften ❸ *in werking zetten* einschalten, ⟨motoren⟩ anlassen **II** *on ww* ❶ *vastkoeken* ansetzen ★ *de melk is aangezet* die Milch hat angesetzt ❷ *komen* erscheinen, auftauchen ★ *komen* ~ *met een idee* mit einer Idee ankommen
aanzicht Anblick *m*, Erscheinung *v*
aanzien I *zn* [het] ❶ *het bekijken* Anschauen *o*, Ansehen *o* ❷ *uiterlijk* Aussehen *o* ★ *dat geeft de zaak een ander* ~ dann sieht die Sache ganz anders aus ❸ *achting* Ansehen *o* ★ *in hoog* ~ *staan* in hohem Ansehen stehen ★ *ten* ~ *van* in Bezug / Hinsicht auf [+4] ★ *zonder* ~ *des persoons* ohne Berücksichtigung der Person **II** *ov ww, beschouwen* betrachten, ansehen, anmerken ★ *hoe kunt u dat ~?* wie können Sie das mit ansehen? ★ *ik kan dat niet langer* ~ ich kann das nicht länger mit ansehen ★ *het is niet om aan te zien!* es ist nicht zum Anschauen ★ *laten we het nog even* ~ warten wir es noch ab ★ *de vermoeidheid is hem aan te zien* die Müdigkeit kann man ihm ansehen ★ *men ziet hem zijn leeftijd niet aan* man sieht ihm sein Alter nicht an ★ *men kan het hem* ~ man sieht es ihm an ★ *de zaak laat zich gunstig* ~ die Sache sieht gut aus ★ *naar het zich laat* ~ wie es aussieht ★ *iem. ergens op* ~ jmdn. wegen etw. im Verdacht haben ★ *iem. voor een ander* ~ jmdn. für jmdn. anders halten ★ *iem. niet voor vol* ~ jmdn. nicht für voll ansehen ★ *waar zie je mij voor aan?* wofür hältst du mich?
aanzienlijk I *bnw* ❶ *groot* beträchtlich, bedeutend, ansehnlich ★ *een* ~ *verlies* ein beträchtlicher Verlust ❷ *voornaam* angesehen **II** *bijw, in hoge mate* beachtlich, wesentlich
aanzitten *aan tafel zitten* bei Tisch sitzen ★ *gaan* ~ sich an den Tisch setzen
aanzoek Antrag *m*, ⟨om te trouwen⟩ Heiratsantrag *m* ★ *iem. een* ~ *doen* jmdm. einen Heiratsantrag machen
aanzuigen ansaugen
aanzuiveren begleichen ★ *een tekort* ~ ein Defizit ausgleichen
aanzwellen anschwellen
aanzwengelen ❶ *op gang brengen* ankurbeln ❷ fig *ter sprake brengen* anleiern
aap *dier* Affe *m* ★ *voor aap staan* der Depp sein ★ *iem. voor aap zetten* sich über jmdn. lustig machen ★ BN *iem. voor de aap houden* jmdn. zum Narren halten ★ *zich een aap lachen* sich einen Ast lachen ▼ *daar komt de aap uit de mouw* jetzt kommt die Katze aus dem Sack ★ *zo trots als een aap* stolz wie ein Pfau ▼ *in de aap gelogeerd zijn* in Teufels Küche geraten ▼ *we zijn in de aap gelogeerd!* da haben wir den Salat!
aar Ähre *v*
aard ❶ *inborst, karakter* Art *v*, Charakter *m* ★ *vrolijk van aard zijn* ein fröhlicher Mensch sein ★ *dat ligt niet in zijn aard* das ist nicht seine Art, das liegt nicht in seiner Art ★ *zijn ware aard tonen* seinen wahres Ich zeigen ★ *iemands ware aard verloochent zich niet* man kann sein wahres Ich nicht verleugnen ❷ *soort* Art *v* ★ *van allerlei aard* allerhand ★ *van voorbijgaande aard* vorübergehend ★ *van dien aard dat* derart, dass ★ *van geldelijke aard* finanzieller Natur ★ *niets van dien aard* nichts Derartiges ★ *hij werkt dat het een aard heeft* er arbeitet, dass es eine Art hat
aardappel Kartoffel *v* ★ *gebakken ~en* Bratkartoffeln ★ *gekookte ~en* Salzkartoffeln ★ *zoete* ~ Süßkartoffel *v* ★ fig *praten met een hete* ~ *in de keel* affektiert sprechen
aardappelmeel Kartoffelmehl *o*
aardappelmesje Kartoffelschäler *m*
aardappelpuree cul Kartoffelpüree *o*, Kartoffelbrei *m*
aardas Erdachse *v*
aardbei ❶ *vrucht* Erdbeere *v* ❷ *plant* Erdbeerpflanze *v*
aardbeienjam Erdbeermarmelade *v*
aardbeving Erdbeben *o*
aardbodem Erdboden *m* ★ *van de* ~ *verdwijnen* vom Erdboden verschluckt
aardbol ❶ *planeet aarde* Erde *v* ❷ *globe* Erdkugel *v*
aarde ❶ *aardbol* Erde *v* ★ *hier op* ~ hier auf Erden ❷ *grond* Erde *v*, Boden *m* ★ *zich ter* ~ *werpen* sich auf die Erde werfen ★ *ter* ~ *bestellen* beerdigen ★ *in goede* ~ *vallen* auf fruchtbaren Boden fallen ★ BN *dat zet geen* ~ *aan de dijk* das führt zu nichts
aardedonker stockdunkel

aarden I *bnw* irden, aus Erde ★ *een ~ bloempot* ein irdener Blumentopf II *ov ww* elek erden III *on ww* ❶ *wennen* sich einleben, Wurzeln schlagen, sich (ein)gewöhnen ★ *hij kan hier niet ~* er kann hier nicht heimisch werden ❷ **~ naar** ähnlich sein ★ *hij aardt naar zijn moeder* er ist seiner Mutter ähnlich
aardewerk Keramik *v* ★ *Delfts ~* Delfter Fayencen
aardewerken Keramik-
aardgas Erdgas *o* ★ *vloeibaar ~* flüssiges Erdgas
aardig I *bnw* ❶ *vriendelijk* nett, freundlich ★ *ik vind hem wel ~* ich finde ihn sehr nett ★ *dat is erg ~ van u* das ist sehr nett von Ihnen ★ *hij was erg ~ voor me* er war sehr nett zu mir ❷ *nogal groot* nett ★ *een ~ inkomen* ein nettes Einkommen ❸ *aangenaam, wel leuk* liebenswert, hübsch II *bijw, behoorlijk* ganz schön, ziemlich ★ *~ wat geld kosten* ganz schön Geld kosten ★ *het gaat hem ~ goed* es geht ihm ganz gut
aardigheid ❶ *plezier* Freude *v*, Vergnügen *o* ★ *de ~ is eraf* es hat seinen Reiz verloren ❷ *grap* Spaß *m* ★ *iets voor de ~ doen* etw. aus Spaß tun ★ *voor de ~* zum Spaß
aardigheidje kleine Aufmerksamkeit *v*
aarding Erdung *v*
aardkorst Erdkruste *v*
aardleiding Erdleitung *v*
aardlekschakelaar Sicherungsschalter *m*
aardnoot Erdnuss *v*
aardolie Erdöl *o*
aardrijkskunde Geografie *v*, ⟨schoolvak⟩ Erdkunde *v* ★ *sociale ~* soziale Geografie
aardrijkskundig geografisch, erdkundlich
aards ❶ *van de aarde* irdisch ❷ *wereldlijk* irdisch ★ *~e goederen* irdische Güter
aardschok Erdstoß *m*
aardschol Scholle *v*
aardverschuiving ❶ lett Erdrutsch *m* ❷ fig Erdrutsch *m*
aardwetenschappen Geowissenschaften *mv*
aardworm *pier* Regenwurm *m*
Aarlen Arel *o*, Arlon *o*
aars After *m*
aartsbisdom Erzbistum *o*
aartsbisschop Erzbischof *m*
aartsengel Erzengel *m*
aartshertog Erzherzog *m*
aartsleugenaar notorischer Lügner *m*
aartslui erzfaul
aartsvader Patriarch *m*
aartsvijand Erzfeind *m*
aarzelen zögern ★ *zonder ~* ohne zu zögern ★ *hij aarzelt of hij het moet doen of niet* er zweifelt, ob er es tun soll oder nicht
aarzeling Zögern *o*
aas I *zn* [de/het], *speelkaart* Ass *o* II *zn* [het] ❶ *lokaas* Köder *m* ❷ *dood dier* Aas *o*
aaseter Aasfresser *m*
aasgier ook fig Aasgeier *m*, Schmutzgeier *m*
abattoir Schlachthof *m*
abc ❶ *alfabet* Abc *o* ❷ *eerste beginselen* Abc *o*
abces Abszess *m*
ABC-wapens ABC-Waffen *mv*
abdij Abtei *v*
abdis Äbtissin *v*
abituriënt Abiturient *m*
abject verächtlich, verwerflich
abnormaal unnormal, abnormal
Aboe Dhabi Abu Dhabi *o*
abominabel scheußlich ★ *een ~ boek* ein miserables Buch
abonnee Abonnent *m*, ⟨van telefoon⟩ Fernsprechteilnehmer *m*
abonneetelevisie Pay-TV *o*
abonnement Abonnement *o*
abonneren I *ov ww* abonnieren ★ *ik ben geabonneerd op* ich bin abonniert auf [+4] ★ ook scherts *erop geabonneerd zijn* auf etw. abonniert sein II *wkd ww* [**zich ~**] abonnieren ★ *zich ~ op een tijdschrift* eine Zeitschrift abonnieren
Aboriginal Aboriginal *m*
aborteren *zwangerschap afbreken* med abortieren, abtreiben ★ *zich laten ~* eine Abtreibung vornehmen lassen ★ *een vrucht laten ~* ein Kind abtreiben
abortus ❶ *ingreep* Abtreibung *v* ★ *~ provocatus* Abtreibung *v*, Abortion *v* ❷ *miskraam* Fehlgeburt *v*
abortuskliniek Abtreibungsklinik *v*
abracadabra *toverspreuk* Abrakadabra *o*
Abraham *eigennaam* Abraham ▼ *~ zien* fünfzig werden ▼ *weten waar ~ de mosterd haalt* wissen, wo Bartel den Most holt
abri Wartehäuschen *o*
abrikoos ❶ *vrucht* Aprikose *v* ❷ *boom* Aprikosenbaum *m*
abrupt jäh, abrupt
ABS *antiblokkeersysteem* ABS *o*, Antiblockiersystem *o*
abscis Abszisse *v*
abseilen abseilen
absentie ❶ *afwezigheid* Abwesenheit *v*, form Absenz *v* ★ *de ~ opnemen* die Absenzliste führen ❷ *verstrooidheid* Abwesenheit *v*
absentielijst Abwesenheitsliste *v*
absolutie Absolution *v*, Lossprechung *v* ★ *~ verlenen* Absolution erteilen, lossprechen
absoluut I *bnw* absolut II *bijw* unbedingt, absolut, ⟨ja⟩ ja ★ *~ onmogelijk* absolut unmöglich
absorberen absorbieren
absorptie Absorption *v*
abstract abstrakt
abstractie Abstraktion *v* ★ BN *~ maken van iets* etw. außer Betracht lassen
abstraheren abstrahieren
absurd absurd
abt Abt *m*
abuis I *zn* [het] Versehen *o*, Irrtum *m* ★ *per ~* aus Versehen, versehentlich II *bnw* falsch ★ *~ zijn* sich irren
abusievelijk aus Versehen, versehentlich
acacia Akazie *v*
academicus Akademiker *m* [v: Akademikerin]
academie ❶ *hogeschool* Akademie *v* ★ *militaire ~* Militärhochschule *v* ❷ *geleerd genootschap* ★ *de Academie van Wetenschappen* die Akademie der Wissenschaften
academisch I *bnw* ❶ *van of aan een academie of universiteit* akademisch ★ *~e graad* akademische(r) Grad ❷ *van theoretisch belang* akademisch II *bijw* ★ *~ gevormd* akademisch gebildet

acajou BN *mahoniehouten* aus Mahagoniholz
a capella a cappella
acceleratie Beschleunigung *v*
accelereren beschleunigen
accent[1] [aksent] ❶ taalk *klemtoon* Betonung *v* ★ *het ~ leggen op* betonen ★ *het ~ ligt op de tweede lettergreep* die Betonung liegt auf der zweiten Silbe ❷ *manier van spreken* Akzent *m* ★ *een zwaar Nederlands ~ hebben* einen starken niederländischen Akzent haben ❸ fig *nadruk* Akzent *m*, Nachdruck *m* ★ *het ~ leggen op* den Akzent legen auf [+4]
accent[2] [aksaN] *leesteken* ★ *~ aigu* Akut *m*, ⟨in het Frans⟩ Accent aigu ★ *~ circonflexe* Zirkumflex *m*, ⟨in het Frans⟩ Accent circonflexe ★ *~ grave* Gravis *m*, ⟨in het Frans⟩ Accent grave
accentueren akzentuieren, betonen
acceptabel akzeptabel
acceptatie Akzeptieren *o*, Annahme *v*, ⟨erkenning⟩ Akzeptierung *v*
accepteren *aannemen* akzeptieren, ⟨zich laten welgevallen⟩ hinnehmen ★ *dat soort gedrag accepteer ik niet* so ein Verhalten akzeptiere ich nicht
acceptgiro Überweisungsträger *m*
accessoire ⟨mode etc.⟩ Accessoire *o*, ⟨onderdeel⟩ Zubehörteil *o*
accijns Verbrauchssteuer *v* ★ *vrij van ~* steuerfrei ★ *~ op tabak* Tabaksteuer *v*
acclimatiseren ❶ sich akklimatisieren ❷ fig *zich aanpassen* sich akklimatisieren
accommodatie Unterkunft *v* ★ *een huisje met ~ voor 6 personen* ein Haus, geeignet für 6 Personen
accordeon Akkordeon *o*
account ❶ econ *klant / opdracht* Account *m* ❷ econ *rekening* Konto *o*
accountancy ⟨werk⟩ Rechnungswesen *o*, ⟨leer, wetenschap⟩ Wirtschaftswissenschaft *v*
accountant Wirtschaftsprüfer *m*, Rechnungsprüfer *m*
accountantsverklaring Bericht *m* des Wirtschaftsprüfers
accountmanager Kundenbetreuer *m* [v: Kundenbetreuerin], Accountmanager *m*
accu Akku *m*, ⟨van auto⟩ Batterie *v* ★ fig *de accu weer opladen* den Akku wieder aufladen
accuklem Batterieklemme *v*
acculader Batterieladegerät *o*
accumuleren akkumulieren
accuraat akkurat, genau
accuratesse Genauigkeit *v*, Akkuratesse *v*
ace sport Ass *o*
aceton Azeton *o*
acetyleen Acetylen *o*
acetylsalicylzuur Acetylsalicylsäure *v*
ach ach ★ *ach en wee roepen* Weh und Ach schreien ★ *ach kom!* ach, komm!
achilleshiel Achillesferse *v*
achillespees Achillessehne *v*
acht I *telw* acht → **vier II** *zn* [de] ❶ *getal* Acht *v*, ⟨schoolcijfer⟩ ≈ Zwei ❷ *aandacht* Acht *v* ★ *in acht nemen* in Betracht ziehen ★ *zich in acht nemen* sich in Acht nehmen ★ *zich in acht nemen voor* sich hüten vor [+3] ★ *acht slaan op* achten auf [+4] ★ *geen acht slaan op iets* etw. außer Acht lassen ★ *geef acht!* stillgestanden!
achtbaan Achterbahn *v*
achtbaar ehrenwert
achteloos unachtsam, achtlos
achten ❶ *beschouwen als, menen* halten für, ansehen als ★ *iem. tot iets in staat ~* jmdm. etw. zutrauen ★ *ik acht het mogelijk* ich halte es für möglich ★ *ik word geacht om iets te doen* von mir wird erwartet, dass ich etw. tue ❷ *waarderen* achten, schätzen ★ *gering ~* gering achten
achter I *vz* hinter [+3 / 4], an ★ *~ de boom* hinter dem Baum (sein), hinter den Baum (gehen) ★ *~ het bureau* am Schreibtisch ★ *~ het stuur* am Steuer ★ *~ zich* hinter sich ★ *~ iem. om* hinter jmds. Rücken ★ *~ iem. staan* hinter jmdm. stehen ★ *wij lopen ~ elkaar* wir laufen hintereinander ★ *~ elkaar door* in einem fort ★ *~ de waarheid komen* hinter die Wahrheit kommen **II** *bijw* ❶ *aan de achterkant* hinten ★ *hij woont ~* er wohnt nach hinten hinaus ★ *~ in de auto* hinten im Auto ★ *~ in de tuin* hinten im Garten ★ *~ in de gang* hinten im Gang ★ *~ in het boek* hinten im Buch ★ *van ~ naar voren* von hinten nach vorne ★ *iets van ~ naar voren kennen* etw. von hinten nach vorne kennen ★ *hij is ~ in de dertig* er ist Ende dreißig ❷ *in achterstand* zurück, im Rückstand ★ *hij is ~ bij de anderen* er steht hinter den anderen zurück ★ *~ zijn met werk* mit seiner Arbeit im Rückstand ★ *~ zijn met betalen* mit der Zahlung im Rückstand ★ *~ raken* zurückbleiben
achteraan ❶ *achter* hinten ★ *~ uitstappen* hinten aussteigen ★ *~ komen* hinterher kommen ❷ *achterheen* hinterher ★ *ergens ~ zitten* hinter einer Sache her sein
achteraanzicht Rückansicht *v*
achteraf ❶ *naderhand* hinterher, nachträglich ★ *~ beschouwd / bezien* im Nachhinein betrachtet ★ *~ te betalen* hinterher bezahlen ★ *pas ~* erst hinterher ❷ *afgelegen* abseits, abgelegen ★ *een ~ straatje* eine versteckte Straße ★ *~ wonen* abgelegen wohnen
achterbak Kofferraum *m*
achterbaks heimtückisch, hinterlistig
achterban Basis *v*, ⟨aanhangers⟩ Anhängerschaft *v* ★ *steun van de ~* die Unterstützung der Basis
achterband Hinterreifen *m*
achterbank Rücksitz *m*
achterblijven ❶ lett *niet meekomen* zurückbleiben ★ *hij bleef ver bij mij achter* er blieb weit hinter mir zurück ★ *niet willen ~ (bij de anderen)* nicht (hinter den anderen) zurückstehen wollen ❷ fig *zich niet ontwikkelen* zurückbleiben ★ *~ bij de anderen* hinter den anderen zurückbleiben ★ *achtergebleven zijn* zurückgeblieben sein ❸ *achtergelaten worden* zurückbleiben ★ *drie kinderen blijven achter* es bleiben drei Kinder zurück
achterblijver *iem. die het tempo van de rest niet bijhoudt* Nachzügler *m*, fig Schlusslicht ★ *een paar ~s kwamen pas later over de finish* ein paar Nachzügler kamen erst später über die Ziellinie ★ *in zijn klas behoort hij tot de ~s* in seiner Klasse gehört er zu den Schlusslichtern
achterbuurt sozial schwache(s) Gebiet *o*, ⟨met veel problemen⟩ soziale(r) Brennpunkt *m*
achterdeur Hintertür *v* ★ fig *door een ~tje* durch

ein Hintertürchen ★ fig *een ~tje openhouden* sich ein Hintertürchen offen halten
achterdocht Argwohn *m*, Misstrauen *o* ★ *~ hebben* argwöhnisch sein ★ *~ krijgen* Argwohn schöpfen
achterdochtig argwöhnisch
achtereen hintereinander, nacheinander ★ *maanden ~* monatelang ★ *drie dagen ~* drei Tage hintereinander
achtereenvolgens nacheinander
achtereind ❶ *achterste deel* Hinterstück *o* ❷ *achterwerk* Hinterteil *o* ★ *zo stom als het ~ van een varken* (so) dumm wie Bohnenstroh
achteren hinten ★ *naar ~* nach hinten ★ *van ~* von hinten ★ *van ~ aanvallen* von hinten angreifen, hinterrücks angreifen ★ *van ~ gezien* von hinten gesehen ★ *van ~ naar voren* von hinten nach vorne
achtergrond ❶ *verst weg gelegen deel* Hintergrund *m* ★ *op de ~* im Hintergrund ★ *met een rode ~* mit rotem Hintergrund ★ *zich op de ~ houden* sich im Hintergrund halten ★ *op de ~ blijven* im Hintergrund bleiben ★ *op de ~ raken* in den Hintergrund treten, in den Hintergrund geraten ★ *naar de ~ schuiven* in den Hintergrund rücken ❷ *iemands verleden* Background *m* ★ *met een universitaire ~* mit akademischer Bildung ❸ *reden* Hintergrund *m* ★ *tegen die ~ beschouwd* vor diesem Hintergrund ★ *de ~ van de staking* der Hintergrund des Streiks ★ *tegen de ~ van* vor dem Hintergrund [+2] ★ *de ~ van de beslissing* der Hintergrund der Entscheidung
achtergrondinformatie Hintergrundinformation *v*
achtergrondmuziek Hintergrundmusik *v*
achterhaald überholt
achterhalen ❶ lett *te pakken krijgen* aufspüren ❷ fig *terugvinden* herausfinden ★ *de waarheid ~* die Wahrheit herausbekommen ★ *de ware toedracht is niet meer te ~* wie es sich wirklich zugetragen hat, lässt sich nicht mehr ermitteln ❸ → **achterhaald**
achterheen ★ *ergens ~ zitten* hinter einer Sache [3] her sein
achterhoede ❶ mil Nachhut *v* ❷ sport Abwehr *v* ❸ *achterste deel van gezelschap* Nachhut *v*
achterhoofd Hinterkopf *m* ★ *een klap op het ~* ein Schlag auf den Hinterkopf ★ fig *iets in het ~ hebben* etw. im Hinterkopf haben ★ fig *zij is niet op haar ~ gevallen* sie ist nicht auf den Kopf gefallen
achterhouden ❶ *bij zich houden* zurückbehalten, ⟨verduisteren⟩ unterschlagen ❷ *geheimhouden* verheimlichen, verschweigen ★ *informatie ~* Informationen unterschlagen
achterhuis ▼ *Het ~ - Dagboekbrieven van Anne Frank* Das Tagebuch *o* der Anne Frank
achterin hinten
achterkant Rückseite *v* ★ *aan de ~ van het huis* an der Rückseite des Hauses
achterklap Klatsch *m*, Tratsch *m*
achterkleinkind ⟨jongen⟩ Urenkel *m*, ⟨meisje⟩ Urenkelin *v* ★ *~eren* Urenkel *mv*
achterklep Heckklappe *v*
achterland *gebied erachter* Hinterland *o*
achterlangs hinter... entlang [+3] ★ *~ gaan* hinten herum gehen
achterlaten ❶ *verlaten* zurücklassen ❷ *laten achterblijven* lett zurücklassen, fig hinterlassen ★ *een boodschap voor iem. ~* eine Nachricht für jmdn. hinterlassen ★ *de bagage in het hotel ~* das Gepäck im Hotel zurücklassen ★ *een goede indruk ~* einen guten Eindruck hinterlassen ★ *hij laat drie kinderen achter* er lässt drei Kinder zurück ★ *sporen ~* Spuren hinterlassen
achterlicht Rücklicht *o*
achterliggen ❶ lett zurückbleiben, zurückliegen ★ *~ bij* zurückbleiben hinter [+3] ❷ fig ★ *~ op schema* im Verzug sein
achterlijf Hinterleib *m*
achterlijk ❶ *achtergebleven* zurückgeblieben ❷ *zwakzinnig* zurückgeblieben ★ *~ doen* sich dumm anstellen
achterlopen ❶ *niet de juiste tijd aangeven* nachgehen ★ *mijn horloge loopt vijf minuten achter* meine Uhr geht fünf Minuten nach ❷ *niet bij zijn* hinter seiner Zeit zurückbleiben
achterna hinterher
achternaam Familienname *m*, Nachname *m*
achternagaan ❶ *volgen* folgen [+3], hinterhergehen [+3], nachgehen [+3] ❷ *gaan lijken op* ★ *zij gaat haar moeder achterna* sie tritt in die Fußstapfen ihrer Mutter
achternalopen ❶ nachlaufen [+3] ★ *iem. ~* jmdm. hinterherlaufen, hinter jmdm. herlaufen ❷ fig *verliefd zijn op* nachlaufen [+3] ★ *hij loopt haar achterna* er läuft ihr nach
achternazitten ❶ *achtervolgen* nachsetzen [+3] ★ *de politie zit hem achterna* die Polizei ist hinter ihm her ❷ *controleren* hinterher sein [+3]
achterneef ❶ *zoon van neef / nicht* Neffe *m* zweiten Grades ❷ *zoon van oom- / tantezegger* Großneffe *m*
achternicht ❶ *dochter van neef / nicht* Nichte *v* zweiten Grades ❷ *dochter van oom- / tantezegger* Großnichte *v*
achterom hintenherum
achterop *op de achterkant* hintendrauf
achterophinken ❶ BN lett *niet meekomen* zurückbleiben ❷ BN fig *zich niet ontwikkelen* zurückbleiben
achteropraken ins Hintertreffen geraten
achterover nach hinten
achteroverdrukken unterschlagen
achteroverslaan I *ov ww, snel drinken* hinunterstürzen, hinunterschütten ★ *een borrel ~* einen Schnaps kippen II *on ww, vallen* nach hinten stürzen, hintenüberstürzen ★ fig *daar sla je steil van achterover* da fällst du echt vom Hocker
achterovervallen rücklings zu Boden fallen
achterplecht Hinterdeck *o*
achterpoortje BN fig *achterdeurtje* Hintertrchen *o*
achterpoot Hinterpfote *v*, Hinterfuß *m*
achterruit Heckscheibe *v*
achterruitverwarming Heckscheibenheizung *v*
achterspeler sport Verteidiger *m*
achterstaan sport im Rückstand sein ★ *het team staat achter* die Mannschaft ist im Rückstand
achterstallig ausstehend ★ *~e schuld* ausstehende Schuld ★ *~ onderhoud* überfällige

Instandhaltungsarbeiten
achterstand Rückstand *m* ★ *een ~ oplopen* in Rückstand geraten ★ *een ~ inhalen* den Rückstand einholen
achterstandswijk Problemviertel *o*, sozialer Brennpunkt *m*
achterste ❶ *achterstuk* Hintere *o* ★ fig *niet het ~ van zijn tong laten zien* kein Wort zu viel sagen ❷ *zitvlak* Hintern *m*, Hinterteil *o*
achterstellen zurücksetzen (**bij** gegenüber) ★ *hij voelt zich achtergesteld* er fühlt sich zurückgesetzt ★ *hij wordt bij zijn broers achtergesteld* er wird gegenüber seinen Brüdern zurückgesetzt
achtersteven Achtersteven *m*
achterstevoren verkehrt herum, falsch herum, ‹kleding› links herum ★ *je hebt je trui ~ aan* du hast den Pullover links herum an
achtertuin Garten *m* (hinter dem Haus)
achteruit I *zn* [de] Rückwärtsgang *m* ★ *in zijn ~ zetten* den Rückwärtsgang einlegen **II** *bijw* rückwärts, nach hinten ★ *~!* zurück!
achteruitgaan ❶ *naar achteren gaan* rückwärts gehen, zurückgehen ❷ *verslechteren* zurückgehen, abwärts gehen ★ *zij gaat snel achteruit* es geht schnell abwärts mit ihr ★ *er in salaris op ~* an Gehalt einbüßen
achteruitgang *uitgang* Hinterausgang *m*
achteruitgang *verslechtering* Rückgang *m*, ‹verval› Niedergang *m*
achteruitkijkspiegel Rückspiegel *m*
achtervoegsel Nachsilbe *v*, Suffix *o*
achtervolgen verfolgen ★ *door pech achtervolgd* vom Pech verfolgt ★ *de gedachte achtervolgt me* der Gedanke verfolgt mich ★ *een misdadiger ~* einen Verbrecher verfolgen
achtervolger Verfolger *m*
achtervolging Verfolgung *v* ★ *de ~ inzetten* die Verfolgung aufnehmen
achtervolgingswaan Verfolgungswahn *m*
achterwaarts rückwärts
achterwege ★ *~ blijven* unterbleiben ★ *~ laten* unterlassen
achterwerk *zitvlak* inform Hintern *m*, Gesäß *o*
achterwiel Hinterrad *o*
achterwielaandrijving Hinterradantrieb *m*
achterzijde Rückseite *v*
achthoekig achteckig
achting Achtung *v* ★ *in iemands ~ dalen / stijgen* in jmds. Achtung sinken / steigen ★ *met de meeste ~* hochachtungsvoll ★ *~ hebben voor iem.* Respekt vor jmdm. haben
achtste achte
achttien ❶ achtzehn ❷ → **vier**
achttiende ❶ achtzehnte(r) ❷ → **vierde**
acne med Akne *v*
acquireren ‹aanschaffen› erwerben, ‹klanten, opdrachten› akquirieren
acquisiteur Akquisiteur *m*
acquisitie econ Akquise *v*, ‹overname› Übernahme *v*, ‹aanschaffing› Anschaffung *v*, Erwerb *m*
acrobaat Akrobat *m*
acrobatiek Akrobatik *v*
acrobatisch akrobatisch
acroniem Akronym *o*
acryl Acryl *o*
acrylverf Acrylfarbe *v*
act Nummer *v* ★ *een act opvoeren* inform eine Schau abziehen
acteren ❶ *toneelspelen* spielen ❷ *doen alsof* schauspielern
acteur Schauspieler *m*
actie ❶ *handeling* Aktion *v*, Handlung *v* ★ *in ~ komen* aktiv werden ★ *~ en re~* Wirkung und Gegenwirkung ★ *tot ~ overgaan* aktiv werden ❷ *protestactie* Aktion *v*, Kampagne *v*
actiecomité Aktionskomitee *o*
actief I *bnw* ❶ *in werking, werkend, bezig* aktiv, tätig ❷ taalk ★ *een actieve zin* ein aktiver Satz **II** *zn* [het], *totale bezit* Aktiva *mv* ★ BN *iets op zijn ~ hebben* etw. auf seinem Konto haben
actiegroep Bürgerinitiative *v*
actieradius Aktionsradius *m*, Reichweite *v*, ‹vliegtuig› Flugbereich *m*
actievoerder Aktivist *m*
activa econ Aktiva *mv* ★ *~ en passiva* Aktiva und Passiva ★ *vlottende ~* Umlaufvermögen *o*
activeren aktivieren
activist Aktivist *m*
activiteit Aktivität *v*, Tätigkeit *v* ★ *~en* Aktivitäten
activiteitenbegeleider Beschäftigungstherapeut *m* [v: -therapeutin]
actrice Schauspielerin *v*
actualiseren aktualisieren
actualiteit ❶ *het actueel zijn* Aktualität *v* ❷ *actueel onderwerp* aktuelle(s) Thema *o* ★ *~en* aktuelle Themen
actualiteitenprogramma Magazin *o*
actueel aktuell ★ *~ zijn* aktuell sein ★ *actuele vraagstukken* aktuelle Fragen ★ *dat is nu nog steeds ~* das ist jetzt immer noch aktuell
acupunctuur Akupunktur *v*
acuut ❶ med *plotseling opkomend* akut ★ *acute blindedarmontsteking* akute Blinddarmentzündung ❷ *dringend* akut ★ *in ~ gevaar verkeren* sich in akuter Gefahr befinden ★ *dat is niet ~* das ist nicht dringend
adagio I *zn* [het] Adagio *o* **II** *bijw* adagio
Adam *eigennaam* Adam *m*
adamsappel Adamsapfel *m*
adamskostuum ▼ *in ~* im Adamskostüm
adapter Adapter *m*
addendum ★ *addenda* Addenda
adder Natter *v* ★ fig *een ~ aan zijn borst koesteren* eine Schlange am Busen nähren ★ fig *er schuilt een ~tje onder het gras* die Sache hat einen Haken
additief Additiv *o*
additioneel additional, zusätzlich
adel Adel *m* ★ *de lage(re) adel* der niedrige Adel ★ *hoge adel* Hochadel *m* ★ *van adel zijn* von Adel sein
adelaar *vogel* Adler *m*
adelborst Seekadett *m*
adellijk *van adel* adlig ★ *~ bloed* blaue(s) Blut
adelstand Adelsstand *m* ★ *in de ~ verheffen* in den Adelsstand aufnehmen
adem Atem *m* ★ *buiten adem* außer Atem ★ *buiten adem raken* außer Atem kommen ★ *naar adem snakken / happen* nach Luft

schnappen ★ *op adem komen* wieder zu Atem kommen ★ *zijn adem inhouden* seinen Atem anhalten ★ *een slechte adem hebben* Mundgeruch haben ★ *in één adem* im selben Atemzug ★ fig *van lange adem* langatmig ★ fig *een lange adem hebben* einen langen Atem haben ★ fig *de langste adem hebben* den längeren Atem haben ★ fig *iemands hete adem in de nek voelen* jmdn. im Nacken haben ★ fig *de laatste adem uitblazen* den letzten Atem aushauchen

adembenemend atemberaubend
ademen *ademhalen* atmen
ademhalen atmen ★ *ruimer ~* fig aufatmen ★ *opgelucht ~* erleichtert aufatmen
ademhaling Atmung *v*
ademhalingswegen Atemwege *m mv*
ademloos ❶ *buiten adem* atemlos ❷ *heel stil* atemlos
ademnood Atemnot *v* ★ *in ~ verkeren* Atemnot haben
adempauze Atempause *v*
ademtest Alkoholtest *m*, inform Blastest *m*
ademtocht Atemzug *m* ★ *tot de laatste ~* bis zum letzten Atemzug
adequaat adäquat, angemessen
ader ❶ *bloedvat* Ader *v* ★ *adertje* Äderchen ❷ *bodemlaag* Ader *v* ★ *goudader* Goldader *v* ❸ *kronkelige streep* Ader *v*
aderlaten ❶ *bloed aftappen* Blut abzapfen ❷ fig *veel geld laten* schröpfen, humor zur Ader lassen
aderlating fig *behoorlijk verlies* Aderlass *m*
aderverkalking Arterienverkalkung *v*
ADHD *Attention Deficit Hyperactivity Disorder* ADHS *o*, Aufmerksamkeitsdefizit- / Hyperaktivitätsstörung
adhesie ❶ natk Adhäsion *v* ❷ *instemming* Beifall *m* ★ *~ betuigen met een voorstel* einem Vorschlag beistimmen
ad hoc ad hoc
ad-hocbeleid Ad-hoc-Politik *v*
adieu adieu
ad interim Interims-, einstweilig, vorläufig ★ *minister ~* Interimsminister *m* ★ *regeling ~* Interimsregelung *v*, vorläufige Regelung *v*
adjectief I *zn* [het] Adjektiv *o*, Eigenschaftswort *o* **II** *bnw* adjektivisch
adjudant *toegevoegd officier* Gehilfe *m*
adjunct Stellvertreter *m*, Mitarbeiter *m*, Amtsgehilfe *m*
adjunct-directeur Vizedirektor *m*, stellvertretende(r) Direktor
administrateur Finanzbuchhalter *m*, ⟨algemeen⟩ Verwalter *m*
administratie ❶ *beheer* Verwaltung *v* ❷ BN *overheidsdienst* Behörde *v*
administratief administrativ, Verwaltungs- ★ *~ medewerker* Bürokraft *v*
administratiekantoor Verwaltungsbüro *o*, Geschäftsstelle *v*
administratiekosten Verwaltungskosten *mv*, ⟨verwerkingskosten⟩ Bearbeitungsgebühr *v*
administreren verwalten
admiraal Admiral *m*
adolescent Jugendliche(r) *m/v*
adolescentie Adoleszenz *v*
adopteren ❶ *als eigen kind aannemen* adoptieren ❷ *onder zijn hoede nemen* adoptieren, übernehmen
adoptie Adoption *v*
adoptiefkind Adoptivkind *o*
adoptiefouder ⟨vader⟩ Adoptivvater *m*, ⟨moeder⟩ Adoptivmutter *v* ★ *~s* Adoptiveltern
adoreren anbeten
ad rem *gevat* schlagfertig
adrenaline Adrenalin *o*
adres Adresse *v*, Anschrift *v* ★ *per ~...* per Adresse... ★ *~, postcode, woonplaats* Adresse ★ fig *aan het ~ van* an... gerichtet ★ fig *je bent bij mij aan het verkeerde ~* bei mir bist du an der falschen Adresse
adresboek Adressbuch *o*
adresseren *van adres voorzien* adressieren
adreswijziging geänderte / neue Anschrift *v*
Adriatische Zee Adria *v*
ADSL *Asymmetrical Digital Subscriber Line* DSL *o*
adv *arbeidsduurverkorting* Arbeitszeitverkürzung *v*
advent Advent *m*, Adventszeit *v*
adverteerder Inserent *m*
advertentie Anzeige *v*, Annonce *v*, Inserat *o* ★ *een ~ plaatsen* eine Anzeige aufgeben ★ *op een ~ reageren* auf eine Anzeige reagieren ★ *kleine ~* Kleinanzeige *v*
advertentiecampagne Anzeigenkampagne *v*
adverteren werben ★ *~ op televisie / in een krant* im Fernsehen / in einer Zeitung werben
advies ⟨raad⟩ Rat *m*, ⟨deskundig advies⟩ Gutachten *o* ★ *~ geven* beraten ★ *iem. om ~ vragen* jmdn. um Rat fragen ★ *iem. van ~ dienen* jmdn. beraten ★ *op ~ van* auf Anraten von [+3]
adviesbureau ⟨hulp⟩ Beratungsstelle *v*, ⟨bedrijf⟩ Beraterfirma *v* ★ *juridisch ~* Rechtsberatung *v*
adviesorgaan Beratungsgremium *o*
adviesprijs Preisempfehlung *v*, Richtpreis *m*
adviseren empfehlen, raten, ⟨iemand⟩ beraten ★ *iem. ~* jmdn. beraten ★ *iem. iets ~* jmdm. zu etw. [3] raten, jmdm. etw. empfehlen
adviseur Berater *m*
advocaat ❶ *raadsman* Anwalt *m*, Rechtsanwalt *m* ★ *advocate* Rechtsanwältin ★ *een ~ nemen* sich einen Anwalt nehmen ❷ *drank* Eierlikör *m*
advocaat-generaal stellvertretende(r) Generalstaatsanwalt *m* [v: stellvertretende Generalstaatsanwältin]
advocatencollectief Anwaltskollektiv *o*
advocatenkantoor Rechtsanwaltskanzlei *v*
advocatuur Anwaltschaft *v*
aerobiccen Aerobic *o* machen
aerobics Aerobic *o*
aerodynamica Aerodynamik *v*
aerodynamisch aerodynamisch ★ *~e vormgeving* aerodynamische(s) Design
af I *bnw, voltooid* fertig ★ *het werk is af* die Arbeit ist fertig **II** *bijw* ❶ *vandaan / weg* ab, weg ★ *ver van de weg af* weitab vom Weg ★ *er is een poot af* ein Bein ist ab ★ *af en aan lopen* kommen und gehen ★ *hij reed af en aan* er fuhr hin und her ❷ *naar beneden* ab, hinunter ★ *hij viel van het dak af* er fiel vom Dach herunter ❸ *bevrijd / verlost van* los ★ *daar ben ik van af!* das habe ich hinter mir ★ *zij is van hem af* sie ist ihn los ▼ *af!* weg! ▼ *van nu af aan* von jetzt an ▼ *af en toe* ab

und zu ▾ fig *daar wil ik van af zijn* das will ich nicht beschwören ▾ *goed / slecht af zijn* es gut / schlecht haben ▾ *een bedankje kon er niet af* ein Danke war nicht drin
afasie Aphasie *v*
afbakenen abstecken, abgrenzen, scheepv abbaken ★ fig *een plan ~* einen Plan umreißen
afbeelden abbilden, darstellen
afbeelding ❶ *het afbeelden* Abbildung *v* ❷ *beeld* Abbildung *v*
afbekken anschnauzen
afbellen *afzeggen* telefonisch absagen, inform abtelefonieren
afbestellen abbestellen
afbetalen ❶ *deels betalen* abbezahlen ❷ *helemaal betalen* ablösen
afbetaling econ Teilzahlung *v*, Ratenzahlung *v* ★ *op ~* in Raten ★ *op ~ kopen* auf Ratenzahlung kaufen, inform abstottern ★ *maandelijkse ~* Monatsrate *v*
afbetalingstermijn Zahlungstermin *m*
afbeulen schinden ★ *zich ~* sich abrackern
afbieden BN *afdingen* feilschen
afbijten ❶ *bijtend wegnemen* abbeißen ★ fig *van zich ~* sich nichts gefallen lassen ❷ *verf wegnemen* abbeizen
afbijtmiddel Abbeizmittel *o*
afbinden ❶ med abbinden, ⟨met een klem⟩ abklemmen ❷ *losmaken* abbinden, losbinden ★ *de schaatsen ~* die Schlittschuhe losmachen
afbladderen abblättern
afblaffen anschnauzen
afblazen ❶ *annuleren* abblasen ❷ sport *eindsignaal geven* abpfeifen ★ *de scheidsrechter heeft afgeblazen* der Schiedsrichter hat abgepfiffen
afblijven nicht berühren ★ *van iets ~* etw. nicht anfassen, fig die Finger von etw. lassen ★ *blijf van me af!* rühr mich nicht an! ★ *~!* Hände weg!, Finger weg!
afbluffen ★ *iem. ~* jmdm. über den Mund fahren
afboeken ❶ *boeken* abbuchen ❷ *afschrijven* abschreiben ★ *een bedrag van een rekening ~* einen Betrag von einem Konto abbuchen
afborstelen abbürsten, wegbürsten
afbouwen ❶ *afmaken* fertigstellen, fertig bauen ❷ *geleidelijk opheffen* abbauen
afbraak ❶ lett *sloop* Abbruch *m* ❷ fig Abbröckelung *v* ❸ scheik Abbau *m*
afbraakprijs Schleuderpreis *m* ★ *tegen afbraakprijzen verkopen* zu Schleuderpreisen verkaufen, verschleudern
afbraakproduct ⟨algemeen⟩ Abbauprodukt *o*, scheik Zersetzungsprodukt *o*
afbraakwerken BN *sloopwerken* Abbrucharbeiten *mv*
afbranden **I** *on ww, door brand vernietigd worden* abbrennen, niederbrennen **II** *ov ww, met een brander verwijderen* abbrennen ★ *een verflaag ~* eine Farbschicht wegbrennen
afbreekbaar abbaubar ★ *biologisch ~* biologisch abbaubar
afbreken **I** *ov ww* ❶ *brekend losmaken* abbrechen, ⟨afscheuren⟩ abreißen ❷ *weer uit elkaar halen* ⟨in onderdelen⟩ zerlegen, ⟨vernielen⟩ abreißen ★ *een huis ~* ein Haus abreißen ★ *een tent ~* ein Zelt abbrechen ❸ scheik abbauen ❹ fig *afkraken* zerhacken, verreißen ❺ *beëindigen* abbrechen ★ *de onderhandelingen ~* die Verhandlungen abbrechen ★ *een partij ~* eine Partie abbrechen **II** *on ww, losgaan* abbrechen
afbreking Abbruch *m*, ⟨van woord⟩ Trennung *v*
afbrekingsteken Trennungsstrich *m*
afbrengen ❶ abbringen ❷ *afleiden (van)* ablenken (von) [+3] ★ *iem. van zijn mening ~* jmdn. von seiner Meinung abbringen ★ *iem. van de goede weg ~* jmdm. vom rechten Weg abbringen ▾ *het er goed van ~* gut davonkommen, gut abschneiden ▾ *het er slecht van ~* schlecht abschneiden ▾ *het er levend van ~* lebend herauskommen
afbreuk ★ *~ doen aan iets* einer Sache Abbruch tun
afbrokkelen abbröckeln
afbuigen abbiegen ★ *de weg buigt naar links af* die Straße biegt nach links ab
afdak Schutzdach *o*, ⟨aan huis⟩ Vordach *o*
afdalen (hin)absteigen, heruntersteigen, hinuntersteigen ★ *in de mijn ~* in die Grube einfahren ★ *~de lijn / reeks* fallende Reihe ★ fig *~ in bijzonderheden* ins Detail gehen
afdaling Abstieg *m*, sport Abfahrtsrennen *o*, ⟨rijdend⟩ Abfahrt *v*
afdanken ❶ *wegdoen* abschaffen, ausrangieren ❷ BN *ontslaan* entlassen, kündigen, inform feuern
afdankertje abgetragene(s) / ausrangierte(s) Kleidungsstück *o*
afdekken ❶ *bedekken* abdecken, zudecken ❷ *afruimen* abdecken
afdeling Abteilung *v*, ⟨overheid⟩ Amt *o*, ⟨in ziekenhuis⟩ Station *v*
afdelingschef Abteilungsleiter *m*, Bereichsleiter *m*
afdichten abdichten
afdingen *minder bieden* feilschen, handeln ★ *~ op de prijs* um den Preis feilschen, den Preis herunterhandeln ★ *daar valt niets op af te dingen* da beißt die Maus keinen Faden ab
afdoen ❶ *afzetten* abtun ❷ *afnemen* abnehmen ★ *wat van de prijs ~* einen Preisnachlass geben ★ *dat zal er niets toe- of ~* das wird nichts ausmachen ★ *dat doet er niets aan af dat* das nimmt nicht weg, dass ★ *dat doet aan de zaak niets af* das ändert nichts an der Sache ❸ *afhandelen* erledigen, ⟨terzijde schuiven⟩ abtun ★ *een afgedane zaak* eine beschlossene Sache ★ *die zaak is voor mij afgedaan* die Sache ist für mich erledigt ★ *dat is afgedaan* das ist / wäre erledigt ★ *een schuld ~* eine Schuld ablösen ★ *iets met een grapje ~* etw. mit einem Scherz abtun ❹ *niet meer nuttig zijn* ★ *hij heeft afgedaan* er hat ausgedient ★ fig *hij heeft voor mij afgedaan* der ist für mich erledigt
afdoend ❶ *doeltreffend* wirksam ★ *een ~ middel* ein wirksames Mittel ❷ *beslissend* schlagend, entscheidend ★ *een ~ bewijs* ein schlagender Beweis
afdraaien ❶ *door draaien verwijderen* wegdrehen, abdrehen ❷ *afspelen* spielen ★ *een cassettebandje ~* eine Kassette spielen ❸ *opdreunen* ★ *een verhaal ~* eine Geschichte herunterleiern

afdracht Abgabe *v*
afdragen ❶ *afgeven* abtragen ❷ *verslijten* auftragen, abtragen ★ *kleren ~* Kleider auftragen
afdrijven I *ov ww* med abtreiben, abortieren II *on ww, wegdrijven* abtreiben, ⟨van onweer⟩ abziehen
afdrogen ❶ *droog maken* (ab)trocknen ❷ *een pak slaag geven* durchprügeln
afdronk Nachgeschmack *m*
afdruipen ❶ *druipend vallen* abtropfen ❷ *weglopen* sich trollen
afdruiprek Abtropfgestell *o*
afdruk ❶ *indruk, spoor* Spur *v* ❷ *weergave* Abdruck *m*, ⟨van foto⟩ Abzug *m*, ⟨print⟩ Ausdruck *m*
afdrukken ⟨van boek, krant⟩ abdrucken, ⟨van foto's⟩ abziehen, ⟨printer⟩ ausdrucken
afdruksnelheid Druckgeschwindigkeit *v*
afdrukvoorbeeld comp Druckansicht *v*
afduwen abstoßen, ⟨naar beneden⟩ herunterstoßen, ⟨verdringen⟩ abdrängen ★ *zij werd van de rand afgeduwd* sie wurde vom Rand gestoßen
afdwalen ❶ lett abkommen ★ *van de weg ~* vom Weg abkommen ❷ fig abschweifen ★ *~ van het onderwerp* vom Thema abschweifen
afdwingen ❶ *gedaan krijgen* erzwingen ★ *een bekentenis ~* ein Geständnis erpressen ❷ *inboezemen* abzwingen ★ *respect ~* Ehrfurcht gebieten
affabriekprijs Fabrikpreis *m*
affaire ❶ *kwestie* Affäre *v*, Angelegenheit *v* ❷ *verhouding* Affäre *v*, Verhältnis *o*
affect psych Affekt *m*
affectie Zuneigung *v*
affiche Plakat *o* ★ BN *op de ~ staan* auf dem Programm stehen
afficheren ❶ lett plakatieren, affichieren ❷ fig zur Schau stellen
affiniteit Affinität *v*
affix Affix *o*
afgaan ❶ *naar beneden gaan* hinuntergehen, hinabgehen ★ *de trap ~* die Treppe hinuntergehen ❷ *weggaan (van)* abgehen ★ *van school ~* von der Schule gehen ❸ *het toneel verlaten* abgehen ❹ *weggenomen worden van geheel* ★ *er gaat 10 pond af* es gehen 10 Pfund ab ❺ *langsgaan* abgehen ★ *alle winkels ~* alle Geschäfte abgehen ★ *een lijst ~* die Liste durchgehen ❻ *afgeschoten worden, in werking treden* abgehen, losgehen ❼ *blunderen* sich blamieren ❽ *op bepaalde manier gedaan worden* ★ *het gaat hem goed af* es gelingt ihm gut ★ *het gaat hem gemakkelijk af* das macht er mit links ❾ **~ op** *benaderen* sich wenden an [+4] ❿ **~ op** *vertrouwen op* sich verlassen auf [+4] ★ *~ op de eerste indruk* nach dem ersten Eindruck urteilen ★ *op het uiterlijk ~* nach dem Äußeren urteilen ★ *als we mogen ~ op wat er gezegd is* wenn wir uns darauf verlassen können, was gesagt wurde
afgang ❶ *het afgaan* Abgang *m* ❷ *mislukking* Blamage *v* ★ *wat een ~* welche Blamage!
afgedaan ❶ *afgehandeld* abgehandelt ❷ → **afdoen**
afgeladen ❶ *overvol* gerammelt voll, proppenvoll ❷ *dronken* voll
afgelasten absagen, absetzen ★ *de wedstrijd werd afgelast* das Spiel wurde abgesagt / abgesetzt
afgelasting Absage *v*, Absetzung *v*
afgeleefd altersschwach, abgelebt ★ *een ~e grijsaard* ein abgelebter Greis
afgelegen *ver weg en eenzaam* abgelegen
afgelopen I *bnw* ❶ *jongstleden* letzt, vergangen, vorig ★ *de ~ nacht* letzte Nacht ★ *~ jaar* vergangenes Jahr, letztes Jahr ★ *~ zondag* (am) letzten Sonntag ★ *~ week* letzte Woche ❷ *voorbij* vergangen II *tw* Schluss
afgemat erschöpft, ermattet
afgemeten I *bnw* ❶ *afgepast* abgemessen ❷ *deftig, kortaf* knapp, gemessen II *bijw* ★ *~ spreken* in knappen Worten sprechen
afgepast abgemessen ★ *het is ~* es ist abgemessen
afgepeigerd ausgelaugt, fix und fertig
afgescheiden BN *met voorsprong* mit Vorsprung
afgesproken → **afspreken**
afgestompt ❶ *niet puntig* stumpf ❷ *stomp van geest* abgestumpft
afgetraind durchtrainiert
afgetrapt abgetreten
afgevaardigde ❶ pol Abgeordnete(r) *m* ❷ BN *vertegenwoordiger* Vertreter *m* ❸ BN pol *lid van een provincieraad* Abgeordnete(r) des Provinzrates
afgeven I *ov ww* ❶ *overhandigen* abgeben, ⟨van bewijsstukken en documenten⟩ ausstellen, ⟨van goederen⟩ abliefern ★ *een verklaring ~* eine Erklärung abgeben ❷ *verspreiden* verbreiten ★ *een sterke geur ~* einen starken Geruch verbreiten ❸ sport ★ *de bal ~* den Ball abspielen II *on ww* ❶ *kleurstof loslaten* abfärben ★ *de verf geeft af* das färbt ab ❷ **~ op** *kritiek geven op* ★ *op iem. ~* über jmdn. herziehen ★ *op iets ~* etw. kritisieren III *wkd ww* **[zich ~] ~ met** sich abgeben mit [+3] ★ *zich met iem. ~* sich mit jmdm. abgeben ★ *zich met iets ~* sich mit etw. abgeben
afgezaagd abgedroschen
afgezant Abgesandte(r) *m/v*, Gesandte(r) *m/v* ★ *pauselijk ~* päpstliche(r) Gesandte(r)
afgezien van abgesehen von [+3] ★ *~ daarvan* abgesehen davon
afgezonderd I *bnw* abgesondert, ⟨van personen⟩ zurückgezogen, ⟨van plaats⟩ abgelegen II *bijw, eenzaam* ★ *~ leven* zurückgezogen leben
Afghaan ❶ *bewoner* Afghane *m* ❷ *hond* Afghane *m*
Afghaans I *zn* [het], *taal* Afghanisch II *bnw* afghanisch
Afghaanse Afghanin *v*
Afghanistan Afghanistan *o* ★ *in ~* in Afghanistan
afgieten ❶ *vocht weggieten* abgießen ❷ *door gieten maken* gießen
afgietsel Abguss *m*
afgifte *het overhandigen* Abgabe *v*, ⟨van goederen⟩ Auslieferung *v*, ⟨van bewijsstukken en documenten⟩ Ausstellung *v* ★ *~ van bagage* Gepäckabfertigung *v* ★ *bewijs van ~* Lieferquittung *v*
afglijden ❶ *naar beneden glijden* hinuntergleiten, herunterrutschen ★ *de trap ~* die Treppe hinunterrutschen ❷ fig *afzakken* abgleiten,

abrutschen ★ ~ *naar de criminaliteit* in die Kriminalität abrutschen
afgod ❶ *onechte god* Abgott *m* ❷ *idool* Idol *o*, Abgott *m*
afgoderij Götzendienst *m*
afgooien *naar beneden gooien* hinunterwerfen, herunterwerfen ★ *iets van het dak* ~ etw. vom Dach hinunterwerfen
afgraven ❶ *weggraven* abgraben ❷ *vlak maken* ebnen ★ *een weg* ~ einen Weg ebnen
afgrendelen absperren, abriegeln
afgrijselijk I *bnw* scheußlich, grauenhaft, grässlich **II** *bijw* ★ ~ *lelijk* grauenhaft hässlich
afgrijzen Grauen *o* ★ *met* ~ *vervullen* mit Grauen erfüllen
afgrond Abgrund *m*
afgunst Neid *m*, Missgunst *v*
afgunstig neidisch, missgünstig ★ ~ *zijn* missgünstig sein ★ ~ *maken* neidisch machen ★ ~ *op* neidisch auf [+4]
afhaaldienst Abholservice *m*
afhaalrestaurant Abholrestaurant *o*
afhaken I *ov ww, losmaken* abhängen, abhaken **II** *on ww, niet meer meedoen* aufhören, aufgeben
afhakken abhauen
afhalen ❶ *meenemen* abholen ❷ *van iets ontdoen* abnehmen, ⟨losmaken⟩ lösen, abziehen ★ *het bed* ~ das Bett abziehen ★ *de was* ~ die Wäsche abnehmen ❸ BN ⟨geld e.d.⟩ *opnemen* abheben, aufnehmen
afhameren ❶ *snel afhandelen* schnell abhaken, schnell erledigen ❷ *doen zwijgen* abblocken ★ *iem.* ~ jmdm. das Wort entziehen
afhandelen erledigen, ⟨van onderwerp, thema⟩ abhandeln
afhandig ★ *iem. iets* ~ *maken* jmdm. etw. abspenstig machen
afhangen ❶ *naar beneden hangen* herunterhängen ❷ ~ **van** abhängen von [+3] ★ *dat hangt slechts van u af* das hängt nur von Ihnen ab ★ *dat hangt ervan af* es kommt drauf an ★ *daar hangt veel van af* davon hängt viel ab
afhankelijk ❶ *niet-zelfstandig* abhängig ❷ ~ **van** ★ *het is* ~ *van het weer* es ist vom Wetter abhängig
afhankelijkheid Abhängigkeit *v* ★ *psychische* ~ psychische Abhängigkeit ★ *economische* ~ wirtschaftliche Abhängigkeit
afhelpen van befreien von ★ iron *iem. van zijn geld* ~ jmdn. um sein Geld erleichtern
afhouden abhalten ★ *hij kan zijn ogen niet van haar* ~ er kann seine Augen nicht von ihr abwenden ★ *de vijand van zich* ~ den Feind von sich abhalten ★ *iem. van zijn werk* ~ jmdn. von der Arbeit abhalten ★ *hij is daar niet van af te houden* er ist nicht davon abzuhalten
afhuren mieten
afjakkeren ❶ *uitputten* abhetzen, schinden, ⟨persoon⟩ verheizen ❷ *snel afleggen* herunterrasen, hinunterrasen ★ *een weg* ~ eine Straße hinunterrasen ❸ *afraffelen* hinschludern
afkalven ❶ *afbrokkelen* abbröckeln ❷ fig *minder of kleiner worden* sich verkleinern
afkammen *kleineren* heruntermachen
afkappen ❶ *afhakken* abhauen, abschlagen ❷ *plotseling beëindigen* abrupt beenden, zunichtemachen
afkatten angiften
afkeer Abneigung *v*, ⟨hekel⟩ Abscheu *m*, ⟨walging⟩ Ekel *m* ★ *een* ~ *hebben van iemand / iets* eine Abneigung gegen jmdn. / etw. haben ★ *zij heeft een grondige* ~ *van roken* Rauchen ist ihm zuwider
afkeren abwenden, ⟨afweren⟩ abwehren ★ *zich* ~ *van iem. of iets* sich von jmdm. oder einer Sache abwenden
afkerig abgeneigt [+2] ★ *ik ben er niet* ~ *van* ich bin dem nicht abgeneigt ★ *zij is* ~ *van geweld* sie hat eine Abneigung gegen Gewalt
afketsen I *ov ww, verwerpen* verwerfen ★ *een voorstel* ~ einen Vorschlag verwerfen **II** *on ww* ❶ *terugstuiten (op)* abprallen ❷ *verworpen worden* scheitern (**op** aan) [+3] ★ *daar is de zaak op afgeketst* daran ist die Sache gescheitert
afkeuren ❶ *ongeschikt verklaren (voor)* ⟨v. soldaat, v. dingen⟩ ausmustern, ⟨v. waren⟩ aussortieren ❷ *niet goedkeuren* missbilligen, verwerfen ★ *een doelpunt* ~ ein Tor für ungültig erklären ★ *een idee* ~ eine Idee verwerfen
afkeurend missbilligend
afkeuring ❶ *het niet goedkeuren* Missbilligung *v* ❷ *het ongeschikt verklaren* Missbilligung *v*, ⟨militair⟩ Ausmusterung *v*
afkickcentrum Entzugsklinik *v*, Entzungsanstalt *v*
afkicken eine Entziehungskur machen
afkickverschijnselen Entzugserscheinungen *v mv*
afkijken I *ov ww, leren door te kijken* abgucken, abschauen ★ *dat heeft zij van haar zus afgekeken* das hat sie ihrer Schwester abgeguckt **II** *on ww, spieken (bij)* abschreiben, inform abgucken ★ *bij je buurman* ~ vom Nachbarn abschreiben
afkleden schlank machen
afkloppen ❶ *schoonkloppen* abklopfen ❷ *onheil bezweren* nicht beschreien ★ ~! toi, toi, toi! ★ *dat moet je* ~! wir wollen es nicht beschreien!
afkluiven abnagen ★ *een bot* ~ einen Knochen abnagen
afknappen *knappend breken* zerreißen ★ fig *op iem.* ~ von jmdm. enttäuscht sein, inform von jmdm. genug haben
afknapper Reinfall *m*
afkoelen I *ov ww, koeler maken* abkühlen **II** *on ww* ❶ *koeler worden* abkühlen ❷ fig *rustiger worden* sich beruhigen
afkoeling *het koeler worden* Abkühlung *v*
afkoelingsperiode ❶ lett *tijd waarin iets koel wordt* Kühlzeit *v* ❷ fig *tijd waarin iem. rustig wordt* Verhandlungspause *v*
afkomen ❶ *voltooid worden* fertig werden ❷ ~ **van** *afkomstig zijn van* kommen von [+3] ❸ *naar beneden komen* herunterkommen ★ *kom van het dak af!* komm vom Dach (he)runter! ❹ *aan iets ontsnappen* davonkommen ★ *ergens goed van* ~ irgendwo glimpflich davonkommen ★ *zonder straf ervan* ~ ungestraft davonkommen ★ *er met de schrik* ~ mit dem Schrecken davonkommen ❺ ~ **van** *kwijtraken* loswerden ★ *zij kon niet van die kerel* ~ sie konnte nicht von dem Kerl loskommen ❻ ~ **op** angelockt werden von, zukommen auf [+4] ★ *de dingen op zich af*

laten komen die Dinge auf sich zukommen lassen
afkomst Herkunft *v* ★ *zonder ~* ohne Herkunft ★ *van Duitse ~ zijn* deutscher Herkunft sein
afkomstig van/uit stammend aus [+3], ⟨geboortig⟩ gebürtig aus ★ *dit doosje is ~ uit Parijs* diese Schachtel kommt aus Paris ★ *zij is uit Australië ~* sie ist gebürtige Australierin ★ *dit woord is ~ uit het Engels* dieses Wort stammt aus dem Englischen ★ *van wie is dat idee ~?* wessen Idee ist das?, vom wem ist die Idee?
afkondigen verkünden, ausrufen, erklären ★ *de staat van beleg ~* den Belagerungszustand ausrufen ★ *de noodtoestand ~* den Notzustand verhängen ★ *een amnestie ~* eine Amnestie erlassen
afkondiging ⟨boycot⟩ Erklärung *v*, ⟨huwelijk⟩ Aufgebot *o*, jur Verkündung *v*
afkoopsom Abstandssumme *v*, ⟨bij schadeloosstelling⟩ Abfindung *v*
afkopen ⟨uitbetalen⟩ auszahlen, ⟨vrijkopen⟩ loskaufen, ⟨vooral bij schadeloosstelling⟩ abfinden
afkoppelen abkoppeln, ⟨van wagon⟩ abhängen
afkorten *korter maken* abkürzen ★ *een woord ~* ein Wort abkürzen
afkorting Abkürzung *v*
afkraken verreißen, inform heruntermachen
afkrijgen fertig bekommen
afkunnen ★ *het ~* damit fertig werden, es schaffen
aflaat rel Ablass *m*
aflandig ablandig ★ *~e wind* ablandiger Wind, vom Festland kommender Wind
aflaten I *ov ww, niet opdoen* unten lassen **II** *on ww* ablassen ★ *niet ~* nicht ablassen ★ *een niet ~de stroom woorden* ein unablässiger Wortschwall ★ *niet ~de ijver* unablässiger Eifer
afleggen ❶ *uittrekken* ablegen ❷ *volbrengen, doen* ⟨van bezoek⟩ abstatten, ablegen, machen ★ *een bezoek ~* einen Besuch abstatten ★ *een eed ~* einen Eid ablegen ★ *een examen ~* eine Prüfung ablegen / machen ★ *een bekentenis ~* ein Geständnis ablegen ❸ *zich over een bepaalde afstand verplaatsen* ★ *een afstand ~* eine Strecke ablegen ❹ *verzorgen van dode* waschen ★ *een dode ~* eine(n) Tote(n) waschen ▼ *het ~* den Geist aufgeben ▼ *het tegen iem. ~* bei jemandem den Kürzeren ziehen
afleiden ❶ *wegvoeren* ableiten ★ *de bliksem ~* den Blitz ableiten ★ *de aandacht van iets ~* die Aufmerksamkeit von einer Sache ablenken ❷ *ontspanning geven; storen* ablenken ★ *hij is snel afgeleid* er ist schnell abgelenkt ❸ **~ uit** *concluderen uit* schließen aus [+3], folgern aus [+3] ❹ taalk ableiten (**uit** von +3)
afleiding ❶ *verstrooiing* Zerstreuung *v*, Ablenkung *v* ★ *iem. ~ bezorgen* jmdn. ablenken / zerstreuen ★ *zij heeft ~ nodig* sie braucht Ablenkung ❷ taalk Ableitung *v*
afleidingsmanoeuvre Ablenkungsmanöver *o*
afleren ❶ *verleren* verlernen ❷ *(doen) ontwennen* abgewöhnen ★ *iem. iets ~* jmdm. etw. abgewöhnen ★ *dat zal ik je wel ~* ich werde dir das schon austreiben
afleveren ❶ *komen brengen* abliefern ❷ BN ⟨diploma e.d.⟩ *uitreiken* überreichen, ⟨paspoort⟩ ausstellen, ⟨prijs⟩ aushändigen, ⟨lintje⟩ verleihen
aflevering ❶ *het afleveren* (Ab)Lieferung *v* ❷ *deel van een reeks* ⟨van tijdschrift⟩ Heft *o*, ⟨van boek⟩ Band *m*, ⟨van televisieserie / tijdschrift⟩ Folge *v*
afleveringskosten Lieferkosten *mv*
afleveringstermijn Lieferfrist *v*
aflezen ❶ *uit wijzerstand, gezicht e.d. opmaken* ablesen ❷ *lezen* verlesen
aflikken ablecken
afloop ❶ *eindpunt* Ende *o*, ⟨termijn⟩ Ablauf *m* ★ *na ~ van* nach ❷ *resultaat* Ausgang *m*
aflopen I *ov ww, helemaal langslopen* entlanggehen, entlanglaufen, ablaufen, inform abklappern **II** *on ww* ❶ *naar beneden lopen* herunterlaufen, hinuntergehen ❷ *eindigen* ausgehen, aufhören, zu Ende gehen, enden, ⟨van overeenkomst of ambtstermijn⟩ auslaufen ★ *het contract loopt af* der Vertrag läuft aus ★ *goed ~* gut ausgehen ★ *dat loopt verkeerd af* das geht schief ❸ *hellen* bergab gehen, zu Ende gehen ★ *de weg loopt af* der Weg ist abschüssig ❹ *rinkelen* ablaufen, klingeln ❺ **~ op** zugehen auf, ⟨rennend⟩ zulaufen auf
aflossen ❶ *afbetalen* tilgen ❷ *vervangen* ablösen
aflossing ❶ *afbetaling* Tilgung *v* ★ *vervroegde ~* vorzeitige Tilgung ❷ *vervanging* Ablösung *v*
aflossingstermijn Tilgungsfrist *v*, Tilgungsrate *v*
afluisterapparatuur Abhöranlage *v*
afluisteren abhören, belauschen, abhorchen
afmaken I *ov ww* ❶ *beëindigen* fertig machen, erledigen, fertigstellen, ⟨van een studie⟩ absolvieren ❷ *doden* umbringen, abschlachten ❸ fig *heel negatief beoordelen* abkanzeln, fertigmachen, heruntermachen, vulg zur Sau machen **II** *wkd ww* [**zich ~**] **~ van** ★ *zich van iets ~* sich etw. vom Hals schaffen
afmars Abmarsch *m*
afmatten erschöpfen
afmelden *het vertrek melden* abmelden ★ *zich ~* sich abmelden
afmeren anlegen, ankern ★ *een schip ~* ein Schiff vertäuen
afmeten abmessen, ⟨ruimtelijk⟩ ausmessen, fig abwägen ★ *100 gram meel ~* 100 g Mehl abmessen ★ *iets nauwkeurig ~* etw. genau abmessen ★ *iets ~ aan* etw. messen an [+3] ★ *voordelen tegen elkaar ~* Vorteile gegeneinander abwägen
afmeting *maat* Maß *o*, Ausmaß *m*, Dimension *v* ★ *een beest van gigantische ~en* ein Tier von gigantischen Ausmaßen
afmonsteren I *ov ww, ontslaan* abmustern **II** *on ww, ontslag nemen* abmustern
afname ❶ *vermindering* Abnahme *v*, Rückgang *m*, Verringerung *v* ❷ *afzet* Abnahme *v*
afneembaar *afwasbaar* abwaschbar
afnemen I *ov ww* ❶ *wegnemen* wegnehmen, abnehmen, ⟨van kaart⟩ abheben ❷ *afzetten* abnehmen ❸ *kopen* abnehmen ❹ *laten afleggen* abnehmen ★ *iem. de biecht ~* jmdm. die Beichte abnehmen ★ *iem. een examen ~* jmdm. ein Examen abnehmen ★ *de eed ~* einen Eid abnehmen ★ *een verhoor ~* ein Verhör abnehmen ❺ *schoonpoetsen* abwischen ★ *stof ~* abstauben **II** *on ww, (ver)minderen* abnehmen

★ *de wind is afgenomen* der Wind hat nachgelassen ★ *de koorts neemt af* das Fieber sinkt ★ *hun populariteit neemt af* ihre Popularität nimmt ab
afnemer Käufer *m*, Abnehmer *m*
afnokken ❶ *weggaan* abschwirren, abzwitschern ❷ *ophouden* Feierabend / Schluss machen
aforisme Aphorismus *m*
afpakken abnehmen, wegnehmen ★ *iem. iets ~* jmdm. etw. wegnehmen
afpalen *afgrenzen* abstecken
afpassen *afmeten* abmessen, ‹afmeten d.m.v. passen› abschreiten ★ *geld ~* abzählen
afpeigeren schinden
afperken *afgrenzen* abstecken, abgrenzen
afpersen *afdwingen* abzwingen, ‹onder bedreiging› erpressen ★ *iem. geld ~* von jmdm. Geld erpressen
afperser Erpresser *m*
afpersing Erpressung *v*
afpikken *afpakken* klauen, stibitzen
afplatten abflachen
afpoeieren abfertigen, inform abwimmeln
afpraten *veel praten* besprechen ★ *heel wat ~* über allerhand plaudern
afprijzen reduzieren, herabsetzen
afraden abraten
afraffelen ‹schrijven› hinschmieren, ‹opzeggen› herunterleiern
aframmelen ❶ *slaan* verprügeln, verhauen ❷ BN *afraffelen* ‹schrijven› hinschmieren, ‹opzeggen› herunterleiern
aframmeling Abreibung *v*
afranselen verprügeln, verhauen
afrasteren umzäunen
afrastering Umzäunung *v*, Einzäunung *v*, ‹resultaat› Zaun *m*
afreageren abreagieren
afreizen I *ov ww, bereizen* durchreisen, bereisen ★ *heel Duitsland ~* ganz Deutschland durchreisen **II** *on ww, vertrekken* abreisen, abfahren
afrekenen *betalen* abrechnen ★ *ober, ~!* Herr Ober, zahlen bitte! ★ fig *met hem reken ik nog wel af!* mit ihm werde ich noch abrechnen!
afrekening ❶ *betaling* ‹het afrekenen› Abrechnung *v*, ‹de betaling› Zahlung *v* ★ *de ~ heeft plaatsgevonden* die Zahlung ist erfolgt ❷ *wraakactie, moord* Abrechnung *v*
afremmen I *ov ww, matigen* dämpfen, bremsen **II** *on ww, remmen* (ab)bremsen
africhten dressieren, abrichten
afrijden I *ov ww* ❶ *langsrijden* ausfahren ★ *een weg ~* eine Straße entlangfahren ❷ BN ‹gras› *maaien* schneiden **II** *on ww* ❶ *naar beneden rijden* hinunterfahren ❷ *wegrijden* abfahren, wegfahren, wegreiten ❸ *rijexamen doen* den Führerschein machen
Afrika Afrika *o*
Afrikaan *bewoner* Afrikaner *m*
Afrikaans I *bnw, m.b.t. Afrika* afrikanisch **II** *zn* [het], *taal* Afrikaans *o*
Afrikaanse *bewoner* Afrikanerin *v*
afrikaantje Studentenblume *v*, Tagetes *v*
afrit Abfahrt *v*, Ausfahrt *v*
afroep Abruf *m* ★ *op ~* auf Abruf ★ *hij is op ~ beschikbaar* er hat Bereitschaftsdienst
afroepen *afkondigen* ausrufen ★ *onheil over iem. ~* Unheil auf jmdn. herabrufen
afrokapsel Afrolook *m*
afrollen I *ov ww* ❶ *naar beneden rollen* hinunterrollen, hinabrollen ❷ *uitrollen* abrollen **II** *on ww* ❶ *zich ontrollen* abrollen ❷ *aftuimelen* ★ *de trap ~* die Treppe herunterfallen
afromen lett abrahmen
afronden ❶ *rond maken* abrunden ❷ wisk ‹naar boven› aufrunden ★ *naar boven ~* aufrunden
afrossen ❶ *afranselen* verprügeln, verdreschen ❷ *roskammen* striegeln
afruimen abräumen
afrukken ❶ *met ruk aftrekken* abreißen ❷ *masturberen* ★ *zich ~* sich einen runterholen
afschaffen ❶ *niet langer behouden* abschaffen ★ *de doodstraf ~* die Todesstrafe abschaffen ★ *een wet ~* ein Gesetz abschaffen ❷ BN *laten vervallen* absagen ★ *de wedstrijd is afgeschaft* das Spiel wurde abgesagt
afschampen abprallen (**op** an) ★ *de kogel schampt op de muur af* die Kugel prallt an der Mauer ab
afscheid Abschied *m* ★ *~ nemen* Abschied nehmen
afscheiden ❶ *scheiding aanbrengen* trennen, absondern ★ *zich ~ van* sich abspalten von [+3] ❷ *uitscheiden* biol ausscheiden, scheik absondern
afscheiding ❶ *het afscheiden* Trennung *v* ❷ *wat scheidt* ★ *de ~ tussen de twee kamers* die Trennwand zwischen den beiden Zimmern ❸ med *substantie* Absonderung *v*, Ausscheidung *v*
afscheidingsbeweging Separatistenbewegung *v*
afscheidsfeest Abschiedsfeier *v*
afscheidsgroet Abschiedsgruß *m*
afscheidspremie BN *ontslagpremie* Kündigungsentschädigung *v*
afschepen abwimmeln, abspeisen ★ *iem. met iets ~* jmdn. mit etw. abspeisen
afschermen fig *beschermen tegen* abschirmen ★ *zijn kinderen ~ van de buitenwereld* sein Kinder vor der Außenwelt abschirmen
afscheuren *lostrekken* abreißen, ‹v. boven naar beneden› herunterreißen
afschieten I *ov ww* ❶ *doodschieten* abschießen ❷ *ruimte afscheiden* abschotten, abteilen **II** *on ww* ~ **op** ★ *op iem. ~* auf jmdn. zuschießen, auf jmdn. losgehen
afschilderen ❶ *beschrijven* schildern, darstellen, beschreiben ★ *iets rooskleurig ~* etw. schönfärben ❷ *schilderwerk afmaken* ★ *een huis ~* ein Haus fertig streichen
afschilferen *loslaten* abschuppen, ‹verf› abblättern
afschminken abschminken
afschrift Abschrift *v*, Duplikat *o*
afschrijven *afboeken* abbuchen
afschrijving ❶ *het afboeken* ★ *automatische ~* Dauerauftrag *m* ❷ *bewijs van afboeking* Abschreibung *v*
afschrikken abschrecken
afschrikking Abschreckung *v*
afschrikwekkend abschreckend
afschroeven abschrauben, losschrauben

afschudden ❶ *verwijderen door te schudden* abschütteln ❷ fig *zich bevrijden van* abhängen ★ *een achtervolger van zich ~* einen Verfolger abhängen

afschuimen ❶ *schuim afscheppen* abschöpfen ❷ *afzoeken* durchstreifen

afschuiven ❶ *wegschuiven* fortschieben, wegschieben ❷ *afwentelen* abwälzen ★ *iets op een ander ~* etw. auf einen anderen abwälzen

afschuw Abscheu *m*, Ekel *m* ★ *~ hebben van iemand / iets* sich vor jmdm. / etw. ekeln, jmdn. / etw. verabscheuen

afschuwelijk I *bnw* abscheulich, entsetzlich ★ *~e dingen* abscheuliche Dinge II *bijw* ★ *~ saai* schrecklich langweilig

afserveren ★ *iem. ~* jmdn. abservieren

afslaan I *ov ww* ❶ *wegslaan, terugslaan* wegschlagen ★ *een aanval ~* einen Angriff abschlagen / abwehren ★ *vliegen ~* Fliegen verjagen ★ *van zich ~* sich wehren ★ *hij is niet van zijn boeken af te slaan* er ist nicht von seinen Büchern wegzubringen ❷ *weigeren* ablehnen, ausschlagen ★ *dat sla ik niet af* das schlage ich nicht aus ❸ *in prijs verlagen* herabsetzen, senken II *on ww* ❶ *van richting veranderen* abbiegen ★ *links ~* links abbiegen ❷ *niet meer werken* aussetzen ★ *de motor slaat af* der Motor versagt

afslachten ❶ *in groten getale doden* niedermetzeln ❷ *slachten* abschlachten

afslag ❶ *afrit* Ausfahrt *v* ❷ *prijsvermindering* Preissenkung *v*, Preisermäßigung *v* ❸ *veiling* Abschlag *m*

afslanken I *on ww* ❶ *slanker worden* abnehmen, abmagern, schlanker werden ❷ *kleiner worden* abbauen II *ov ww, slank maken* schlanker machen

afsluiten ❶ *ontoegankelijk maken* (ab)sperren, comp runterfahren ★ *een weg ~* eine Straße sperren ★ *de elektriciteit ~* den Strom abdrehen ★ *het gas ~* das Gas zudrehen ★ *een tuin ~* den Garten einzäunen ★ *zich ~ van de wereld* sich von der Welt absondern ❷ *op slot doen* abschließen, verschließen ❸ *een eind maken aan* abschließen ★ *een carrière ~* eine Karriere beenden ★ *een rekening ~* eine Rechnung abschließen ★ *~d examen* Abschlussprüfung *v* ★ *een afgesloten tijdperk* eine abgeschlossene Ära ❹ *overeenkomst sluiten* abschließen ★ *een contract ~* einen Vertrag abschließen ★ *een verzekering ~* eine Versicherung abschließen

afsluiting ❶ *het afsluiten* Abschluss *m*, ⟨deur / kamer e.d.⟩ Abschließen *o*, ⟨water / gas e.d.⟩ Absperrung *v* ❷ *iets dat afsluit* Verschluss *m*, ⟨versperring⟩ Sperre *v*

afsluitprovisie Abschlussprovision *v*

afsmeken erflehen ★ *iem. iets ~* von jmdm. etw. erflehen

afsnauwen anfahren, inform anschnauzen

afsnijden *wegsnijden* abschneiden

afsnoepen wegschnappen ★ *iem. iets ~* jmdm. etw. wegschnappen

afspeelapparatuur Wiedergabeanlage *v*

afspelen I *ov ww, afdraaien* abspielen II *wkd ww* [**zich ~**] sich abspielen

afspiegelen ❶ *weerspiegelen* abspiegeln, widerspiegeln ❷ *afschilderen* darstellen ★ *iem. als een schurk ~* jmdn. als einen Schurken darstellen

afspiegeling Spiegelung *v*, Spiegelbild *o*

afsplitsen abspalten

afsplitsing ❶ *het afsplitsen* Abspaltung *v*, ⟨v. wegen⟩ Abzweigung *v* ❷ *afgescheiden groep* Absplitterung *v*

afspoelen *schoonspoelen* abspülen

afspraak ❶ *overeenkomst* Vereinbarung *v*, Abmachung *v* ★ *zich aan de ~ houden* sich an die Vereinbarung halten ★ *tegen de ~* gegen die Abmachung ★ *volgens (de) ~* laut Vereinbarung, wie verabredet ❷ *ontmoeting* Verabredung *v*, ⟨zakelijk⟩ Termin *v* ★ *een ~ maken voor volgende week* einen Termin für nächste Woche vereinbaren ★ *een ~ met iem. maken* einen Termin mit jmdm. vereinbaren, ⟨met vrienden etc⟩ . sich mit jmdm. verabreden ★ *een ~ bij de dokter* ein Arzttermin *m*

afspreken *overeenkomen* ⟨zakelijk⟩ (einen Termin) vereinbaren, ⟨privé⟩ (sich) verabreden, abmachen ★ *een dag ~* einen Tag vereinbaren / verabreden ★ *afgesproken!* abgemacht! ★ *dag en uur ~* Tag und Zeit vereinbaren ★ *zoals afgesproken* wie vereinbart ★ *dat is dan afgesproken* das ist dann abgemacht ★ *we hebben afgesproken elk jaar bij elkaar te komen* wir haben vereinbart, uns jedes Jahr zu treffen ★ fig *afgesproken werk* ausgemachte Sache *v*, abgekartete(s) Spiel *o*

afspringen ❶ *wegspringen* (her)abspringen, hinunterspringen, herunterspringen ★ *van een boot ~* von einem Boot herabspringen ★ *op iem. ~* auf jmdn. zuspringen ❷ fig *afketsen* abspringen

afstaan *afstand doen* abtreten, verzichten auf [+4]

afstammeling Nachkomme *m*

afstammen ~ **van** ⟨m.b.t. personen⟩ (ab)stammen von

afstamming Abstammung *v*

afstand ❶ *lengte tussen twee punten* Abstand *m*, Entfernung *v*, Distanz *v*, ⟨traject⟩ Strecke *v* ★ *een grote ~ afleggen* eine große Strecke zurücklegen *v* ★ *op grote ~* in großer Entfernung ❷ *het afstaan* Verzicht *m*, Überlassen *o*, ⟨van hoge functie⟩ Abtreten *o*, ⟨van hoge functie⟩ Abdanken *o* ★ *~ doen van zijn rechten* auf seine Rechte verzichten

afstandelijk zurückhaltend

afstandsbediening Fernbedienung *v* ★ *met ~* mit Fernbedienung

afstandsonderwijs onderw *onderwijs via media* Fernunterricht *m*

afstandsrit Fernfahrt *v*, ⟨te paard⟩ Dauerritt *m*

afstapje Stufe *v* ★ *denk om het ~* Vorsicht, Stufe

afstappen ❶ *van een voertuig of een rijdier stappen* absteigen ❷ ~ **op** zugehen auf [+4] ★ *op iem. ~* auf jmdn. zugehen ❸ ~ **van** fig abkommen von [+3] ★ *van een onderwerp ~* ein Thema fallen lassen

afsteken I *ov ww* ❶ *aansteken* anzünden, entzünden ❷ *uitspreken* ★ *een toespraak ~* eine Rede halten ❸ *een kortere weg nemen* abkürzen ★ *een heel stuk ~* ein ganzes Stück abkürzen II *on ww*, ~ **bij, tegen** *duidelijk uitkomen tegen* sich abheben gegen / von, abstechen gegen / von

afstel Aufgabe *v*, Einstellung *v* ★ *uitstel is geen ~* aufgeschoben ist nicht aufgehoben

afstellen einstellen
afstemmen ❶ *verwerpen* verwerfen, niederstimmen ❷ *instellen* abstimmen, ‹radio› einstellen
afstemming ❶ *verwerping* Ablehnung *v* ❷ *afstelling van radio e.d.* Einstellung *v* ❸ *aanpassing* Abstimmung *v*
afstempelen abstempeln
afsterven absterben
afstevenen op lossteuern auf [+4], zusteuern auf [+4]
afstijgen hinuntersteigen, heruntersteigen, ‹van rijdier› absteigen
afstoffen abstauben
afstompen *stomp maken* abstumpfen
afstoppen sport stoppen
afstotelijk abstoßend, widerlich
afstoten ❶ *wegstoten* abstoßen ★ *de stier heeft zijn hoorns afgestoten* der Stier hat sich die Hörner abgestoßen ❷ *wegdoen* abstoßen ★ *een filiaal ~* eine Filiale abstoßen ❸ fig *afkerig maken* abstoßen ★ *hij stoot mensen af door zijn negatieve houding* er stößt die Leute durch seine negative Haltung ab ❹ med *niet accepteren* ★ *een donororgaan ~* ein Spenderorgan abstoßen
afstotend ❶ natk *niet opnemend* abstoßend ❷ *afstotelijk* widerlich
afstoting *het wegdoen* Abstoßung *v* ★ *~ van een dochtermaatschappij* der Verkauf eines Tochterunternehmens ★ *~ van arbeidsplaatsen* der Abbau von Arbeitsplätzen
afstraffen *stevig straffen, terechtwijzen* bestrafen, ‹verbaal› abkanzeln
afstraffing ❶ *scherpe terechtwijzing* Abkanzlung *v*, Bestrafung *v* ❷ sport ★ *het elftal kreeg een ~* die Mannschaft wurde abserviert
afstralen *afgeven* abstrahlen
afstrepen abhaken, wegstreichen
afstrijken ❶ *aansteken* anzünden, anstreichen ❷ *gelijk strijken* abstreichen, entfernen ★ *een afgestreken eetlepel zout* ein gestrichener Esslöffel Salz
afstropen ❶ *aftrekken van buitenste laag* abziehen ❷ ‹van kleding› *van het lichaam trekken* abstreifen ❸ *zoekend gaan door* absuchen ★ *een gebied ~* ein Gebiet absuchen
afstudeerproject Diplomarbeit *v*
afstudeerscriptie Diplomarbeit *v*, Master-Arbeit *v*
afstuderen das Studium beenden, seinen Universitätsabschluss machen ★ *afgestudeerd zijn* sein Studium absolviert haben
afstuiten ❶ *afketsen* abprallen ❷ **~ op** ★ *~ op iets* scheitern an etw. [+3]
aft Entzündung *v* / Geschwür *o* an der Mundschleimhaut
aftaaien abhauen, verduften
aftakelen *achteruitgaan* abtakeln, herunterkommen, verfallen
aftakeling *achteruitgang* Verfall *m*
aftakking Abzweigung *v*
aftands *afgeleefd* verschlissen ★ *een ~e auto* ein klappriger Wagen
aftapkraan Auslaufhahn *m*, Entleerungshahn *m*
aftappen ❶ *laten uitstromen* anzapfen ★ *iem. bloed ~* jmdm. Blut abnehmen ★ *vaten ~* Fässer anzapfen ★ *een waterleiding ~* eine Wasserleitung anzapfen ❷ *illegaal stroom e.d. uit een leiding halen* ★ *iemands telefoon ~* jmds. Telefon anzapfen
aftasten *(tastend) onderzoeken* abtasten
aftekenen I *ov ww, voor gezien tekenen* paraphieren, abzeichnen **II** *wkd ww* **[zich ~]** *zichtbaar worden* sich abzeichnen ★ *de toren tekende zich scherp af tegen de blauwe lucht* der Turm hob sich scharf vom blauen Himmel ab
aftellen *seconden of dagen terugtellen* abzählen
afterparty Afterparty *v*
aftershave Rasierwasser *o*, Aftershave *o*
aftersun Aftersun-Creme *v*
aftiteling Nachspann *m*
aftocht Abzug *m*, Rückzug *m* ★ fig *de ~ blazen* klein beigeben
aftoppen ❶ plantk *top afhalen van* stutzen, kappen ❷ fig *verminderen* kürzen
aftrainen *geleidelijk minder intensief gaan trainen* das Training abbauen
aftrap Anstoß *m*
aftrappen anstoßen
aftreden I *on ww* abtreten, zurücktreten ★ *de burgemeester treedt af* der Bürgermeister legt sein Amt nieder **II** *zn* [het] ★ *het ~ van de minister* der Rücktritt des Ministers
aftrek ❶ *vermindering* Abzug *m*, Preisnachlass *m* ★ *(twee jaar celstraf) met ~ van voorarrest* (zwei Jahre Haft) unter Anrechnung der Untersuchungshaft ★ *de prijs na ~ van korting* der Preis abzüglich Rabatt ❷ *vraag* Absatz *m* ★ *gretig ~ vinden* reißenden Absatz finden
aftrekbaar absetzbar, econ abzugsfähig
aftrekken ❶ *in mindering brengen (van)* abziehen, ‹verrekenen› verrechnen, ‹fiscaal› absetzen, ‹wiskunde› subtrahieren ❷ *wegtrekken* herunterziehen ❸ *seksueel bevredigen* wichsen ★ *zich ~* sich einen runterholen
aftrekker BN *vloerwisser* Wischer *m*
aftrekpost Abzugsposten *m*, ‹mbt belasting› Absatzposten *m*
aftreksel Aufguss *m*, Extrakt *m* ★ fig *de film is een slap ~ van het boek* der Film ist der reinste Abklatsch des Buchs
aftreksom Subtraktion *v*
aftroeven *te slim af zijn* abtrumpfen
aftroggelen abluchsen, ‹bedrieglijk› abschwindeln
aftuigen ❶ *afranselen* verprügeln, verhauen ❷ *ontdoen van het tuig* scheepv abtakeln, ‹van paard› abschirren
afvaardigen delegieren, abordnen ★ *een delegatie naar Duitsland ~* eine Delegation nach Deutschland entsenden
afvaardiging Abordnung *v*, Delegation *v*
afvaart Abfahrt *v*
afval Abfall *m* ★ *radioactief ~* radioaktive Abfälle, Atommüll *m*
afvalemmer Abfalleimer *m*
afvallen I *on ww, vermageren* abnehmen, abmagern **II** *ov ww, ontrouw worden aan* abfallen
afvallig abtrünnig
afvallige Abtrünnige(r) *m*
afvalproduct Abfallprodukt *o*

afvalstof Abfallstoff *m* ★ *radioactieve ~fen* radioaktive(r) Müll *m*
afvalverwerking Müllentsorgung *v*, Abfallwirtschaft *v*
afvalwater Abwasser *o*
afvalwedstrijd Ausscheidungskampf *m*
afvegen *schoonmaken* abwischen
afvinken abhaken
afvloeien I *ov ww, droogmaken* (ab)löschen **II** *on ww* ❶ *wegstromen* abfließen ❷ fig *geleidelijk minder worden van personeel* ★ *personeel laten ~* Personal abbauen
afvloeiingsregeling ≈ Regelung *v* in Bezug auf den Personalabbau
afvoer ❶ *het afvoeren* Abtransport *m*, ‹naar elders vervoeren› Transport *m* ❷ *afvoerleiding* Ablauf *m*, Abfluss *m*
afvoeren ❶ *wegvoeren* transportieren, ‹van gevangenen› abführen ❷ *schrappen* streichen
afvoerkanaal Abflussrohr *m*, Abwasserkanal *m*
afvoerpijp Abflussrohr *o*
afvragen [**zich ~**] sich fragen
afvuren abfeuern
afwachten *wachten* abwarten ★ *ik kan het nauwelijks ~* ich kann es kaum abwarten
afwachting Erwartung *v* ★ *in ~ van uw antwoord* Ihrer Antwort entgegensehend
afwas *het afwassen* Abwasch *m*
afwasbaar abwaschbar
afwasborstel Spülbürste *v*
afwasmachine Geschirrspülmaschine *v*
afwasmiddel Spülmittel *o*
afwassen I *ov ww, met water schoonmaken* abwaschen **II** *on ww, afwas doen* spülen
afwateren entwässern
afwatering Entwässerung *v*
afweer Abwehr *v*
afweergeschut Flugabwehrkanone *v*, Flak *v*, Flugabwehrgeschütz *o*
afweermechanisme ‹psychologie› Abwehrmechanismus *m*, ‹infectiewerend› Abwehrkräfte *mv*
afweerstof Antikörper *m*, Abwehrstoff *m*
afweersysteem Immunsystem *o*
afwegen ❶ *wegen* abwiegen ❷ *overdenken* abwägen
afwenden *wegdraaien* abwenden
afwennen *afleren* abgewöhnen
afwentelen ❶ *wegrollen* (herunter)wälzen ❷ *afschuiven* abwälzen
afweren *tegenhouden* abwehren
afwerken ❶ *voltooien* fertigstellen ❷ *afhandelen* erledigen, ‹een lijst› abhandeln
afwerking ❶ *het voltooien* Erledigung *v* ❷ *kwaliteit van het voltooide* Verarbeitung *v*, Ausführung *v*
afwerpen *neerwerpen* herunterwerfen, abwerfen
afweten ★ *het laten ~* absagen, versagen
afwezig ❶ lett *absent* abwesend ❷ fig *verstrooid* zerstreut
afwezigheid ❶ *absentie* Abwesenheit *v* ★ fig *schitteren door ~* durch Abwesenheit glänzen ❷ *verstrooidheid* Zerstreutheit *v*
afwezigheidslijst BN *presentielijst* Anwesenheitsliste *v*, Präsenzliste *v*
afwijken *een andere richting nemen* abweichen
afwijking ❶ *het afwijken* Abweichung *v* ★ *in ~ van* abweichend von [+3] ★ *~ van het gemiddelde* Abweichung vom Durchschnitt ❷ med Fehlbildung *v* ★ *lichamelijke ~* körperliche Fehlbildung / Behinderung
afwijzen ❶ *niet toelaten* ablehnen ★ *een sollicitant ~* einen Bewerber ablehnen ★ *ik ben afgewezen voor de opleiding* ich wurde bei dem Studiengang abgelehnt ❷ *niet aanvaarden* abschlagen, zurückweisen ★ *mijn aanvraag werd afgewezen* mein Gesuch wurde abschlägig beschieden ★ *ergens ~d tegenover staan* einer Sache abgeneigt sein
afwijzing Abweisung *v*, Ablehnung *v*
afwikkelen ❶ *afwinden* abwickeln ❷ *afhandelen* erledigen, abwickeln
afwikkeling ❶ *van garen* Abwicklung *v* ❷ *van zaak* Abwicklung *v*
afwimpelen ablehnen, inform abwimmeln
afwinden abrollen
afwisselen I *ov ww, beurtelings vervangen* ablösen ★ *iem. ~* jmdn. ablösen ★ *zon en regen wisselen elkaar vandaag af* Sonne und Regen wechseln sich heute ab **II** *on ww, beurtelings wisselen* sich abwechseln ★ *bergen wisselen daar af met grote vlakten* Berge und weite Ebenen wechseln sich dort ab
afwisselend I *bnw, gevarieerd* abwechslungsreich, bunt **II** *bijw, beurtelings* abwechselnd, wechselweise
afwisseling *variatie* Abwechslung *v*, Wechsel *m* ★ *voor de ~* zur Abwechslung
afzagen *met zaag afscheiden* absägen
afzakken ❶ *naar beneden zakken* heruntersteigen, hinuntersteigen ❷ *stroomafwaarts / zuidwaarts gaan* ★ *een rivier ~* einen Fluss hinunterfahren
afzeggen *meedelen dat men niet komt* absagen
afzegging ❶ *mededeling van niet komen* Absage *v* ❷ *annulering* ‹bestelling› Rückgängigmachen *o*, ‹abonnement› Abbestellung *v*
afzender Absender *m*
afzet *verkoop* Absatz *m*
afzetgebied Absatzgebiet *o*
afzetmarkt Absatzmarkt *m*
afzetten ❶ *afsluiten* absetzen, ‹bouwgrond› abstecken, abstellen ❷ *oplichten* schröpfen, prellen, betrügen ❸ *iem. ergens heen brengen* absetzen ❹ *amputeren* amputieren ❺ *omboorden* besetzen ★ *afgezet met bont* mit Pelz besetzt ❻ *ontslaan* absetzen ❼ *buiten werking stellen* markieren, ausschalten ❽ *verkopen* absetzen ❾ *kwijtraken* loswerden, wegstoßen ★ *zij kon het idee niet van zich ~* der Gedanke ließ sie nicht los ★ *alles van zich ~* alles loslassen ❿ *doen bezinken* sich ablagern, sich absetzen, ‹van slib› ablagern
afzetter Betrüger *m*, inform Halsabschneider *m*
afzetterij Betrug *m*, Schwindel *m*, Prellerei *v*
afzetting ❶ *uit ambt of functie zetten* Absetzung *v* ★ *~ uit een ambt* Amtsenthebung *v* ❷ *wat zich afzet* Ablagerung *v* ★ *een ~ van kalk* eine Kalkablagerung
afzichtelijk grässlich, scheußlich, widerwärtig
afzien ❶ *lijden* sich abmühen ❷ **~ van** absehen von [+3], verzichten auf [+4] ★ *van een voornemen ~* einen Plan aufgeben

afzienbaar → **tijd**
afzijdig abseitig ★ *zich ~ houden van* sich fernhalten / abseits halten von
afzoeken absuchen, afstreifen
afzonderen I *ov ww, afzonderlijk plaatsen* absondern **II** *wkd ww* [**zich ~**] sich absondern
afzondering ❶ *het afzonderen* Absonderung *v* **❷** *eenzaamheid* Zurückgezogenheit *v*
afzonderlijk I *bnw* einzeln ★ *~ geval* Einzelfall *m* **II** *bijw* für sich, einzeln
afzuigen ❶ *door zuigen verwijderen* absaugen **❷** *seksueel bevredigen* lutschen
afzuigkap (Dunst)Abzugshaube *v*, Abzug *m*
afzwaaien ⟨militair⟩ die Militärzeit beenden
afzwakken I *ov ww, zwakker maken* abschwächen **II** *on ww, zwakker worden* nachlassen, schwächer werden
afzwemmen *zwemdiploma behalen* ≈ den Freischwimmer machen
afzweren abschwören ★ *de drank ~* dem Alkohol abschwören
agaat Achat *m*
agenda ❶ *boekje* Terminkalender *m*, ⟨voor school⟩ ≈ Hausaufgabenheft *o* **❷** *lijstje van punten* Tagesordnung *v* ★ *van de ~ afvoeren* von der Tagesordnung streichen
agenderen *op agenda zetten* auf die Tagesordnung setzen
agens Agens *o*
agent ❶ *politieagent* Polizist *m* **❷** *vertegenwoordiger* Vertreter *m*
agentschap ❶ *vertegenwoordiging* Agentur *v*, Vertretung *v*, Filiale *v* **❷** BN *makelaardij* Maklergeschäft *o*
ageren agieren
agglomeratie Agglomeration *v*
aggregaat Aggregat *o*
aggregatie BN onderw *lerarenopleiding* Lehrerausbildung *v*
agio Agio *o*
agitatie *het opruien* Agitation *v*
agiteren agitieren
agnost Agnostiker *m*
agrariër Landwirt *m*
agrarisch landwirtschaftlich, agrarisch
agressie Aggression *v*
agressief aggressiv
agressiviteit Aggressivität *v*
agressor Aggressor *m*
agronomie Agronomie *v*, Landwirtschaftswissenschaft *v*, Landwirtschaftskunde *v*
agronoom Agronom *m*
aha-erlebnis Aha-Erlebnis *o*
ahorn Ahorn *m*
aids AIDS *o*
aidspatiënt Aidspatient *m* [v: Aidspatientin]
aidsremmer Aidshemmstoff *m*
aidstest Aidstest *m*
aio onderw *assistent in opleiding* Promotionsstudent *m* [v: Promotionsstudentin]
air Haltung *v* ★ *zij meet zich een air aan alsof ze alles weet* sie gebärdet sich, als wüsste sie alles
airbag Airbag *m*
airbrush Airbrush *v*
airco Klimaanlage *v*
airconditioning ❶ *regeling van temperatuur* Airconditioning *o* ★ *van ~ voorzien* klimatisiert **❷** *apparaat* Klimaanlage *v*
airhostess BN *stewardess* Stewardess *v*
airmile Bonusmeilen *mv*
A-kant A-Seite *v*
akela Wölflingsgruppenleiter *m*
akelig I *bnw, naar, niet prettig* unangenehm ★ *een ~ mens* ein ekliger / widerlicher Kerl ★ *~ weer* schreckliche(s) Wetter ★ *daar word ik ~ van* davon wird mir schlecht **II** *bijw* ★ *zich ~ voelen* sich schlecht fühlen
Aken Aachen *o*
akkefietje ❶ *onaangenaam karweitje* Drecksarbeit *v* **❷** *klein conflict* ★ *een ~ met iem. hebben* eine Meinungsverschiedenheit mit jmdm. haben
akker Acker *m*
akkerbouw Ackerbau *m*
akkerland Ackerland *o*
akkoord I *zn* [het] **❶** *overeenkomst* Abkommen *o*, jur Vergleich *m*, ⟨afspraak⟩ Vereinbarung *v*, ⟨verdrag⟩ Vertrag *m* ★ *tot een ~ komen* zu einer Einigung kommen ★ *voor ~* unterzeichnet ★ *het op een ~je gooien (met)* sich einigen ★ BN *interprofessioneel ~* Tarifvertrag *m* **❷** muz Akkord *m* **II** *bnw* in Ordnung, inform okay ★ *~ gaan met iem.* mit jmdm. einer Meinung sein ★ *~ gaan met iets* mit einer Sache einverstanden sein ★ *~!* einverstanden!, okay!
akoestiek Akustik *v*
akoestisch akustisch ★ *~ signaal* Schallsignal *o*
akte ❶ *officieel document* Urkunde *v* ★ *akte van beschuldiging* Anklageschrift *v* ★ *akte van geboorte* Geburtsurkunde *v* ★ *akte van overlijden* Sterbeurkunde *v* ★ *akte van overdracht* Übertragungsurkunde *v*, Abtretungsurkunde *v* ★ *akte nemen van iets* etw. zur Kenntnis nehmen **❷** *getuigschrift* Zeugnis *o*, Diplom *o*, Schein *m*, Lizenz *v* **❸** *deel van toneelstuk* Aufzug *m*, Akt *m*
aktetas Aktenmappe *v*, Aktentasche *v*
al I *onb vnw* all, jede(r), ⟨geheel⟩ ganz ★ *al zijn vermogen* sein ganzes Vermögen ★ *al dat / het mooie* alles Schöne ★ *al het werk* die ganze Arbeit ★ *alle plezier was er af* der ganze Spaß war weg ★ *niets van dat al* nichts von alledem ★ *al met al* alles in allem **II** *bijw* **❶** *reeds* schon, bereits **❷** *steeds* stets, immer ★ *hij leest al maar door* er liest in einem fort ★ *al kleiner en kleiner* immer kleiner
à la carte à la carte ★ *~ eten* à la carte essen
à la minute auf der Stelle, sofort
alarm *waarschuwing* Alarm *m* ★ *loos ~* blinde(r) Alarm *m* ★ *~ slaan* Alarm schlagen
alarmcentrale Notruf *m*
alarmeren *ongerust maken* alarmieren
alarminstallatie Alarmanlage *v*
alarmklok Alarmglocke *v* ★ *de ~ luiden* Alarm schlagen (**over** wegen + 2)
alarmnummer Notrufnummer *v*, Notruf *m*
alarmtoestand Alarmbereitschaft *v*, Alarmzustand *m*
Albanees I *bnw, m.b.t. Albanië* albanisch **II** *zn* [de], *bewoner* Albaner *m* **III** *zn* [het], *taal* Albanisch(e) *o*
Albanese Albanerin *v*

Albanië Albanien *o*
albast Alabaster *m*
albatros Albatros *m*
albino Albino *m*
album Album *o*
alchemie Alchimie *v*, Alchemie *v*
alchemist Alchemist *m*
alcohol Alkohol *m*
alcoholcontrole Alkoholkontrolle *v*
alcoholgehalte Alkoholgehalt *m*
alcoholica **I** *zn* [de], *drinkster* Alkoholikerin *v* **II** *de mv, drank* Alkoholika *v mv*
alcoholisch, **alcoholhoudend** alkoholisch, alkoholhaltig
alcoholisme Alkoholismus *m*
alcoholist, **alcoholicus** Alkoholiker *m* [v: Alkoholikerin]
alcoholpromillage (Alkohol)Promille *o*
alcoholvergiftiging Alkoholvergiftung *v*
alcoholvrij alkoholfrei
aldaar ebenda, da, dort ★ *de burgemeester ~* der dortige Bürgermeister
aldoor immerfort, fortwährend
aldus also, so ★ *het verhaal ging ~* die Sache hat sich folgendermaßen / wie folgt zugetragen
alert alert ★ *~ op iets zijn* auf etw. bedacht sein / achten ★ *~ reageren* reaktionsschnell sein ★ *~ zijn* inform auf Draht / Zack sein
Alexandrië Alexandrien *o*
alfa *Griekse letter* Alpha *o*
alfabet Alphabet *o*
alfabetisch alphabetisch
alfabetiseren *alfabetisch rangschikken* alphabetisieren
alfahulp Pflegerin *v*
alfanumeriek alphanumerisch
alfastraling Alphastrahlung *v*
alfawetenschap Geisteswissenschaft *v*
alg Alge *v*
algebra Algebra *v*
algeheel völlig, gänzlich ★ *algehele ontevredenheid* allgemeine Unzufriedenheit
algemeen **I** *bnw* allgemein **II** *bijw* gemeinhin, allgemein ★ *een ~ ontwikkeld man* ein gebildeter Mann **III** *zn* [het] ★ *in het ~* im Allgemeinen
algemeenheid ❶ *het algemeen zijn* Allgemeinheit *v* ★ BN *met ~ van stemmen* einstimmig, einhellig ❷ *gemeenplaats* Gemeinplatz *m*
Algerije Algerien *o*
Algerijn Algerier *m*
Algerijns *m.b.t. Algerije* algerisch
Algerijnse Algerierin *v*
Algiers Algier *o*
algoritme Algorithmus *m*
alhier hier ★ *de school ~* die hiesige Schule
alhoewel obgleich, obschon
alias **I** *zn* [de] Spitzname *m* **II** *bijw* alias
alibi Alibi *o*
alikruik Strandschnecke *v*
alimentatie Alimentation *v*, Unterhaltsbeitrag *m*, ⟨voor kind⟩ Alimente *mv*
alinea Absatz *m*
alk Tordalk *m*
alkali Alkali *o*
alkalisch alkalisch
alkaloïde Alkaloid *o*
alkoof Alkoven *m*
Allah *eigennaam* Allah *m*
allang längst, schon lange
alle → **al**
allebei (alle) beide
alledaags ❶ *van elke dag* alltäglich ★ *~e sleur* Alltagstrott *m* ❷ *heel gewoon* alltäglich, gewöhnlich ★ *een ~ gezicht* ein Durchschnittsgesicht *o*
alledag täglich ★ *het leven van ~* das alltägliche Leben
allee **I** *zn* [de] Allee *v* **II** *tw* BN allez, los, komm
alleen **I** *bnw, zonder andere(n)* allein **II** *bijw, enkel* allein, ⟨slechts⟩ nur, ⟨slechts⟩ bloß ★ *niet ~... maar ook...* nicht nur..., sondern auch... ★ *het idee ~ al* der bloße Gedanke schon
alleenheerschappij Alleinherrschaft *v*
alleenheerser Alleinherrscher *m*
alleenrecht jur Alleinrecht *o*, Monopol *o*
alleenstaand ❶ *zonder levenspartner* allein stehend, ⟨ouder⟩ allein erziehend ★ *~e ouder* allein erziehende Mutter, allein erziehender Vater ❷ *losstaand* vereinzelt ★ *een ~ geval* Einzelfall *m*
alleenverdiener Alleinverdiener *m*
allegaartje Sammelsurium *o*, Durcheinander *o*, Mischmasch *m*
allegorie Allegorie *v*
allegorisch allegorisch
allegro Allegro *o*
alleluja → **halleluja**
allemaal ❶ *alle(n)* alle ❷ inform *klinkklaar* ★ *~ onzin* alles Unsinn
allemachtig **I** *bijw* riesig **II** *tw* ach du lieber Himmel! ★ *wel ~!* du meine Güte!
allemansvriend Jedermannsfreund *m*
allen alle ★ *~ die* alle, die ★ *met zijn ~* alle zusammen ★ *wij ~ weten...* wir alle wissen... → **al**
allengs allmählich, nach und nach
aller- *meest* aller-, Aller-
allerbest ★ *het ~e!* alles Gute!
allereerst **I** *bnw* allererst **II** *bijw* zunächst
allergeen Allergen *o*
allergie Allergie *v*
allergietest Allergietest *m*
allergisch allergisch
allerhande allerhand, allerlei
Allerheiligen Allerheiligen *o* ★ *met ~* an / zu Allerheiligen
allerijl ★ *in ~* in aller Eile
allerlaatst allerletzt
allerlei **I** *bnw* allerlei **II** *zn* [het] Allerlei *o*
allermeest **I** *bnw* allermeist ★ *op zijn ~* am allermeisten **II** *bijw* meist
allerminst **I** *bnw, minst* allerwenigste, allermindeste ★ *op zijn ~* zumindest, mindestens, wenigstens **II** *bijw, helemaal niet* keineswegs, alles andere als, nicht im Geringsten ★ *daar zal zij ~ blij mee zijn* darüber wird sie sich durchaus nicht freuen
Allerzielen Allerseelen *o*
alles all, alles ★ *~ bij elkaar* alles in allem ★ *er was van ~ en nog wat* es gab alles Mögliche ★ *muziek is ~ voor haar* sie lebt für die Musik ★ *jij bent mijn ~* du bist mein Ein und Alles ★ *het heeft er ~*

van es sieht sehr danach aus ★ fig *~ op ~ zetten* alles daransetzen
allesbehalve keineswegs, alles andere als
allesbrander Allesbrenner *m*
alleseter Allesfresser *m*
allesomvattend allumfassend
allesoverheersend vorherrschend
allesreiniger Allesreiniger *m*, Allzweckreiniger *m*
alleszins ❶ *in elk opzicht* in jeder Hinsicht, durchaus ❷ BN *in elk geval* auf jeden Fall, auf alle Fälle
alliantie Allianz *v*
allicht natürlich, selbstverständlich
alligator Alligator *m*
all-in alles inklusive, alles (e)inbegriffen, pauschal
all-inprijs Pauschalpreis *m*
alliteratie Alliteration *v*
allochtoon Mitbürger *m* ausländischen Ursprungs
allooi *goud- / zilvergehalte* Gehalt *m*
allrisk vollkasko
allriskverzekering Vollkaskoversicherung *v*, Vollkasko *v*
allround vielseitig, Allround-
allrounder Alleskönner *m*
allterrainbike *ATB* Tourenfahrrad *o*, Allzweckrad *o*
allure Format *o*, ⟨van personen⟩ Allüre *v* ★ *een vrouw met ~* eine Frau von Format
allusie BN *zinspeling* Anspielung *v*
almaar → **alsmaar**
almacht Allmacht *v*
almachtig allmächtig
almanak Almanach *m*
aloë plantk Aloe *v*
alom überall ★ *alom bekend* weit und breit bekannt
alomtegenwoordig allgegenwärtig
alomvattend allumfassend, alles umfassend
aloud uralt, alt, althergebracht
alp Alp *v*, Alm *v*
alpaca I *zn* [de], *dier* Alpaka *o* II *zn* [het], *wol* ⟨wol⟩ Alpaka *o*, ⟨weefsel⟩ Alpaka *m*
Alpen Alpen *mv*
alpenweide Alm *v*
alpien alpin
alpineskiën alpinschi- / skifahren *o*
alpinisme Alpinismus *m*
alpinist Alpinist *m*
alpino Baskenmütze *v*
als ❶ *zoals, gelijk* wie ★ *even groot als ik* genauso groß wie ich ★ *als het ware* gleichsam, sozusagen ❷ *indien* wenn ★ *als het regent, ga ik niet* wenn es regnet, gehe ich nicht ❸ *(telkens) wanneer* wenn ★ *als het warm weer is, ga ik laat naar bed* wenn das Wetter warm ist, gehe ich spät ins Bett ★ *als ik vakantie heb, ga ik naar mijn oom* wenn ich Ferien habe, fahre ich zu meinem Onkel ❹ *in de hoedanigheid van* als ★ *als vertegenwoordiger van de firma, heet ik u welkom* als Vertreter der Firma heiße ich Sie willkommen ★ *als antwoord geven* zur Antwort geben ★ *als gevolg hebben* zur Folge haben
alsdan (so)dann, danach, darauf
alsjeblieft I *tw, bij verzoek* bitte II *bijw, graag* gefälligst
alsmaar ständig, dauernd, fortwährend
alsmede sowie, wie auch
alsnog hinterher, nachträglich ★ *je kunt het ~ doen* du kannst es immer noch machen ★ *zij mocht ~ meedoen* sie durfte doch mitmachen
alsof als ob
alsook sowie, wie auch
alstublieft I *tw* ❶ *bij overhandigen* bitte (schön) ❷ *bij verzoek* bitte II *bijw, graag* bitte ★ *Wilt u koffie? - Alstublieft!* Möchten Sie Kaffee? - Bitte!
alt ❶ *stem* Alt *m*, Altstimme *v* ❷ *zanger* Alt *m*, Altistin *v*
altaar Altar *m*
altaarstuk Altarstück *o*
alter ego Alter Ego *o*
alternatief I *zn* [het] Alternative *v* II *bnw, de keus latend* alternativ
alterneren abwechseln, alternieren, (periodisch) verändern
althans jedenfalls, wenigstens
altijd immer, stets ★ *voor ~* für immer
altijddurend immerwährend
altruïsme Altruismus *m*
altruïst Altruist *m*
altsaxofoon Altsaxofon *o*
altviool Bratsche *v*
aluminium I *zn* [het] Aluminium *o* II *bnw* aluminium-, Aluminium-
aluminiumfolie Aluminiumfolie *v*
alvast schon einmal ★ *hier heb je ~ honderd euro* hier hast du schon einmal hundert Euro ★ *we zijn ~ begonnen* wir haben schon einmal angefangen
alvleesklier Bauchspeicheldrüse *v*
alvorens bevor, ehe ★ *~ te vertrekken* bevor sie abfuhren
alweer schon wieder
alwetend allwissend
alzheimer Alzheimerkrankheit *v*
a.m. *ante meridiem* a.m., morgens, vormittags, am Vormittag
amai BN *och* ach nein!
amalgaam Amalgam *o*
amandel ❶ *vrucht* Mandel *v* ❷ *boom* Mandelbaum *m* ❸ *klier* ★ *zijn ~en laten knippen* sich die Mandeln herausnehmen lassen
amandelontsteking Mandelentzündung *v*, Angina *v*
amandelspijs Mandelmasse *v*
amanuensis ≈ Gehilfe *m*
amaril Amaryl *m*
amaryllis Amaryllis *v*
amateur ❶ *niet-professional* Amateur *m* ❷ min *sukkel* Stümper *m*
amateurisme Amateurismus *m*
amateuristisch *door of van amateurs* Amateur-, amateurhaft, stümperhaft, dilettantisch
amateurvoetbal Amateurfußball *m*
Amazone Amazonas *m*
amazone *paardrijdster* Amazone *v*
amazonezit Damensitz *m*
ambacht *nijverheid* Handwerk *o*, Gewerbe *o* ★ *twaalf ~en, dertien ongelukken* ≈ vielerlei Gewerbe, keinerlei Erwerbe

ambachtelijk handwerklich
ambachtsman Handwerker *m*
ambassade Botschaft *v*
ambassadeur Botschafter *m*
ambassadrice Botschafterin *v*
amber *barnsteen* Amber *m*, Bernstein *m*
ambetant BN *vervelend* ärgerlich, unangenehm
ambiance Ambiente *o*
ambiëren anstreben, nach etwas streben
ambigu zwei- / doppeldeutig, mehrdeutig
ambitie ❶ *eerzucht* Ehrgeiz *m*, Ambition *v* ❷ *ijver* Eifer *m*
ambitieus ❶ *eerzuchtig* ehrgeizig, ambitiös ❷ *ijverig* eifrig, strebsam
ambivalent ambivalent
Ambon Ambon *o*
ambt Amt *o* ★ *het ambt van rechter* das Richteramt
ambtelijk amtlich, Amts-
ambteloos ohne Amt
ambtenaar Beamte(r) *m*
ambtenarenapparaat Beamtenapparat *m*
ambtenarij ❶ *bureaucratie* Bürokratie *v*, Bürokratismus *m* ❷ *de ambtenaren* Beamtentum *o*
ambtgenoot Amtskollege *m*
ambtsaanvaarding Amtsantritt *m*
ambtseed Amtseid *m*
ambtsgebied Amtsbereich *m*
ambtsgeheim Amtsgeheimnis *o*
ambtshalve von Amts wegen, amtshalber
ambtsketen Amtskette *v*
ambtskledij Amtskleidung *v*
ambtstermijn Amtsperiode *v*, Amtszeit *v*
ambtswoning Amtswohnung *v*
ambulance Krankenwagen *m*
ambulancier BN *verpleger op ambulance* Sanitäter *m*
ambulant *zonder vaste plaats* ambulant
amechtig keuchend, außer Atem
amen amen
amendement Amendement *m*, Abänderungsantrag *m*, Zusatzantrag *m* ★ *een ~ indienen* einen Abänderungsantrag einbringen, amendieren
amenderen amendieren
Amerika Amerika *o*
Amerikaan *bewoner* Amerikaner *m*
amerikaan *grote auto* inform Amischlitten *o*
Amerikaans *m.b.t. Amerika* amerikanisch
Amerikaanse Amerikanerin *v*
amerikaniseren **I** *ov ww* amerikanisieren **II** *on ww* sich amerikanisieren
amethist Amethyst *m*
ameublement Wohnungseinrichtung *v*, Einrichtung *v*
amfetamine Amphetamin *o*
amfibie dierk Amphibie *v*
amfibievoertuig Amphibienfahrzeug *o*
amfitheater Amphitheater *o*
amfoor Amphore *v*
amicaal freundschaftlich
aminozuur Aminosäure *v*
ammonia Ammoniaklösung *v*
ammoniak Ammoniak *o*
ammunitie Munition *v*
amnesie Amnesie *v*, Gedächtnisschwund *m*
amnestie Amnestie *v*
amoebe Amöbe *v*
amok ★ *amok maken* Amok laufen
amoreel unmoralisch
amorf amorph
amoureus *verliefd* amourös
ampel weitschweifig
amper kaum
ampère Ampere *o*
ampersand Et-Zeichen *o*
amplitude Amplitude *v*
ampul *buisje met injectiestof* Ampulle *v*
amputatie Amputation *v*
amputeren amputieren
Amsterdam Amsterdam *o*
Amsterdammer Amsterdamer *m*
amsterdammertje ❶ *paaltje* Poller *m* ❷ *type bierglas (0,3 l)* Bierglas *o* ❸ *biertje (0,3 l)* Bier *o*
Amsterdams Amsterdamer
Amsterdamse Amsterdamerin *v*
amulet Amulett *o*
amusant unterhaltsam, amüsant
amusement Amüsement *o*, Vergnügen *o*
amuseren **I** *ov ww* unterhalten, vergnügen, amüsieren **II** *wkd ww* [**zich ~**] sich amüsieren, sich unterhalten, sich vergnügen ★ *we hebben ons kostelijk geamuseerd* wir haben uns prächtig / königlich amüsiert
anaal anal
anabool anabol ★ *anabole steroïden* anabole Steroide
anachronisme Anachronismus *m*
anagram Anagramm *o*
analfabeet Analphabet *m*
analfabetisme Analphabetismus *m*
analist Laborant *m*, comp Systemanalytiker *m*, scheik Chemielaborant *m*
analogie Analogie *v*
analoog ❶ *overeenkomstig* entsprechend ❷ *niet-digitaal* analog
analyse Analyse *v*
analyseren analysieren
analytisch analytisch
ananas *plant* Ananas *v*
anarchie Anarchie *v*
anarchisme Anarchismus *m*
anarchist Anarchist *m*
anarchistisch anarchistisch
anatomie Anatomie *v*
anatomisch anatomisch
anciënniteit Dienstalter *o*, Anciennitätsprinzip *o*
andante Andante *o*
ander ❶ *verschillend* ander ★ *als geen ~* wie kein anderer ❷ *meer* ★ *onder ~e* unter anderem ★ *onder ~en* unter anderen ❸ *volgend* der / die / das Nächste, der / die / das Zweite ★ *om de ~e dag* jeder zweite Tag
anderendaags, 's anderendaags BN *de volgende dag* am nächsten Tag
anderhalf Anderthalb
andermaal noch einmal
andermans ★ *~ kinderen* anderer Leute Kinder
anders ❶ *op andere wijze (dan)* anders ★ *~ nog iets?* haben Sie sonst noch einen Wunsch? ❷ *op ander moment* ★ *zij is later dan ~* sie kommt

später als sonst ❸ *zo niet, dan* sonst ★ *~ ga ik alleen* sonst gehe ich allein(e)
andersdenkend andersdenkend
andersom andersherum, umgekehrt ★ *ga ~ staan* stell dich andersherum hin
andersoortig andersartig
anderstalig anderssprachig
anderszins irgendwie anders, sonst wie
anderzijds andererseits
Andes Anden *mv*
andijvie Endivie *v*
Andorra Andorra *o*
androgyn androgyn
anekdote Anekdote *v*
anekdotisch anekdotisch
anemie Anämie *v*, Blutarmut *v*
anemoon Anemone *v*
anesthesie Anästhesie *v*
anesthesist Anästhesist *m*
angel ❶ biol Stachel *m* ❷ *vishaak* Angel *v*, Angelhaken *m*
Angelsaksisch angelsächsisch
angina Angina *v*, Mandelentzündung *v* ★ *~ pectoris* Angina *v* pectoris, Herzenge *v*, Herzkrampf *m*
angiografie Angiografie *v*
angiogram Angiogramm *o*
anglicaans anglikanisch
anglicisme Anglizismus *m*
anglist Anglist *m*
anglofiel I *zn* [de] ein anglophiler Mensch *m* **II** *bnw* anglophil
Angola Angola *o*
Angolees angolesisch
angora *wol* Angora *o*
angst Furcht *v*, Angst *v*
angstaanjagend furchterregend, beängstigend
angsthaas Angsthase *m*
angstig ❶ *angst voelend* ängstlich ★ *het maakte me ~* es machte mir Angst ❷ *angstuitdrukkend* ★ *een ~e blik* ein ängstlicher Blick ❸ *angstaanjagend* beängstigend ★ *~e tijden* bange Zeiten
angstvallig I *bnw* vorsichtig **II** *bijw* peinlich genau
angstwekkend beängstigend
angstzweet Angstschweiß *m*
anijs *zaad* Anis *m*
anijslikeur Anisschnaps *m*
animatie ❶ comp media Animation *v* ❷ BN *activiteiten* Animation *v* ★ *voor kinderen is er ~* es gibt Kinderanimation
animatiefilm Zeichentrickfilm *m*
animeren animieren, anregen
animo ❶ *zin om iets te doen* Lust *v* ★ *met ~ aanpakken* energisch in Angriff nehmen ★ *iets met veel ~ doen* etw. mit Lust und Liebe tun ❷ *levendige stemming* Schwung *m*
anjer Nelke *v*
Ankara Ankara *o*
anker scheepv Anker *m* ★ *het ~ lichten* den Anker lichten
ankeren *voor anker gaan* ankern
ankerplaats Ankerplatz *m*
annalen Annalen *mv*
annex mit [+3]
annexatie Annektierung *v*, Annexion *v*
annexeren annektieren, sich einverleiben
anno anno
annoteren kommentieren
annuïteit Annuität *v*
annuleren absagen, annullieren
annulering Annullierung *v*
annuleringsverzekering Rücktrittskostenversicherung *v*
Annunciatie Annunziation
anode Anode *v*
anomalie Anomalie *v*
anoniem anonym
anonimiteit Anonymität *v*
anorak Anorak *m*
anorectisch anorektisch
anorexia nervosa, anorexie Anorexie *v*, Magersucht *v*
anorganisch anorganisch
ansichtkaart Ansichtskarte *v*
ansjovis Sardelle *v*
Antarctica Antarktis *v*
Antarctisch antarktisch
antecedent ❶ *voorafgaand feit* Antezedens *o* [mv: Antezedenzien] ★ *iemands ~en nagaan* Erkundigungen über jmds. Vorleben einziehen ❷ taalk Bezugswort
antedateren vordatieren
antenne ❶ techn Antenne *v* ❷ biol Fühler *m*, Antenne *v*
antiaanbaklaag Antihaftbeschichtung *v*
antibacterieel antibakteriell
antibioticum Antibiotikum *o*
antiblokkeersysteem *ABS* Antiblockiersystem *o*
anticiperen antizipieren
anticlimax *dieptepunt* Antiklimax *v*
anticonceptie Empfängnisverhütung *v*
anticonceptiepil Antibabypille *v*, Antikonzeptivum *o*
antidateren → **antedateren**
antidepressivum Antidepressivum *o*
antidrugseenheid Drogenpolizei *v*
antiek I *zn* [het] Antiquitäten *mv* ★ *handelaar in ~* Antiquitätenhändler *m* **II** *bnw* ❶ *oud* altertümlich ❷ *uit de oudheid* antik ★ *de ~e beschaving* die antike Kultur
antiekbeurs Antiquitätenmesse *m*
antiekwinkel Antiquitätenladen *m*, Antiquitätengeschäft *o*
antigeen I *zn* [het] Antigen *o* **II** *bnw* antigen
antiglobalisme Antiglobalismus *m*
antiglobalist Globalisierungsgegner *m* [v: Globalisierungsgegnerin] ★ *de ~en* die Globalisierungsgegner
antiheld Antiheld *m*
antihistamine Antihistamin *o*
anti-insectenspray Insektenspray *o*
antilichaam Antikörper *m*, Immunkörper *m*
Antillen Antillen *mv*
Antilliaan *bewoner* Antillianer *m*
Antilliaans antillianisch
Antilliaanse Antillianerin *v*
antilope Antilope *v*
antimaterie Antimaterie *v*
antioxidant Antioxidans *o* [mv: Antioxidantien]
antipathie Antipathie *v*

antipode ❶ *tegenvoeter* Antipode *m* ❷ fig Antipode *m*
antiquaar Antiquar *m*
antiquair Antiquitätenhändler *m*, ⟨in oude boeken⟩ Antiquar *m*
antiquariaat Antiquariat *o*
antiquarisch antiquarisch
antiquiteit Antiquität *v*
antireclame schlechte Reklame *v*
antirookcampagne Antiraucherkampagne *v*
antisemiet Antisemit *m*
antisemitisch antisemitisch
antisemitisme Antisemitismus *m*
antiseptisch antiseptisch
antislip Gleitschutz *m*
antistatisch antistatisch
antistof Antikörper *m*, Immunkörper *m*
antiterreureenheid Antiterrorgruppe *v*, Antiterrorkommando *o*
antithese Antithese *v*
antivirusprogramma Antivirusprogramm *o*
antivries Frostschutzmittel *o*
antoniem Antonym *o*
antraciet *delfstof* Anthrazit *m*
antropologie Anthropologie *v*
antropologisch anthropologisch
antropoloog Anthropologe *m*
antroposofie Anthroposophie *v*
Antwerpen Antwerpen *o*
Antwerpenaar Antwerpener *m*
Antwerps Antwerpener
Antwerpse Antwerpenerin *v*
antwoord Antwort *v*, Erwiderung *v* ★ *in ~ op uw schrijven* in Beantwortung Ihres Schreibens ★ *altijd met een ~ klaarstaan* auf alles eine Antwort wissen ★ *~ geven* beantworten
antwoordapparaat Anrufbeantworter *m*
antwoorden I *ov ww* antworten **II** *on ww, als antwoord geven* beantworten, erwidern, ⟨ertegen inbrengen⟩ entgegnen ★ *op een vraag ~* eine Frage beantworten
antwoordenvelop Rückumschlag *m*
antwoordformulier Antwortformular *o*
antwoordnummer ≈ portofreie Antwort *v*
anus After *m*, med Anus *m*
aorta Aorta *v*
AOW ⟨wet⟩ ≈ gesetzliche Altersrentenversicherung *v*, ⟨uitkering⟩ ≈ gesetzliche Altersrente *v*, ⟨premie⟩ ≈ Sozialabgaben für die gesetzliche Altersrentenversicherung *mv*
AOW'er Rentner *m*
Apache Apache *m*
apart I *bnw* ❶ *afzonderlijk* einzeln, gesondert, separat ★ *een ~e ingang* ein separater Eingang ❷ *bijzonder* seltsam, eigenartig, ⟨exclusief⟩ apart **II** *bijw* ★ *iets ~ leggen* etw. beiseitelegen
apartheid Apartheid *v*, Rassentrennung *v*
apartheidswet Rassengesetz *o*
apathie Apathie *v*
apathisch apathisch
apegapen ★ *op ~ liggen* auf dem letzten Loch pfeifen
apennootje Erdnuss *v*
apenstaartje *het teken @* Klammeraffe *m*, At-Zeichen *o*
aperitief Aperitif *m*
apert offenkundig, offensichtlich
apetrots stolz wie Oskar
apezuur ★ *zich het ~ werken* sich abrackern
apk, apk-keuring *algemene periodieke keuring* TÜV *m* ★ *de auto is apk gekeurd* das Auto ist TÜV -geprüft ★ *de auto is door de apk* das Auto ist durch den TÜV
apneu Apnoe *v*, Atemstillstand *m*
apocalyps Apokalypse *v*
apocalyptisch apokalyptisch
apologie Apologie *v*
apostel Apostel *m*
a posteriori *achteraf* a posteriori
apostolisch apostolisch
apostrof Apostroph *m*
apotheek *winkel* Apotheke *v*
apotheker Apotheker *m*
apotheose Apotheose *v*
apparaat *organisatie* Apparat *m*
apparatuur Apparatur *v*
appartement Appartement *o*
appartementsgebouw BN Hochhaus *o*, Etagenhaus *o*, Apartmenthaus *o*
appel *vrucht* Apfel *m* ▼ *door de zure ~ heen bijten* in den sauren Apfel beißen ▼ *voor een ~ en een ei* für einen Apfel und ein Ei ▼ *de ~ valt niet ver van de boom* der Apfel fällt nicht weit vom Stamm ▼ *een ~tje voor de dorst* ein Notgroschen ▼ *een ~tje met iem. te schillen hebben* ein Hühnchen mit jemandem zu rupfen haben
appel ❶ *verzameling van alle aanwezigen* Appell *m* ❷ jur *beroep* Appell *m*
appelboom Apfelbaum *m*
appelboor Apfelentkerner *m*
appelflap cul Apfeltasche *v*
appelleren ❶ jur Berufung einlegen ❷ **~ aan** appellieren an
appelmoes cul Apfelmus *o*
appelsap cul Apfelsaft *m*
appelsien BN *sinaasappel* Apfelsine *v*, Orange *v*
appelstroop Apfelkraut *o*
appeltaart cul Apfelkuchen *m*
appendix *supplement* Anhang *m*
appetijt BN *eetlust* Esslust *v*, Appetit *m*
appetijtelijk appetitlich
applaudisseren Beifall klatschen, applaudieren
applaus Applaus *m*, Beifall *m*
applicatie ❶ *het toepassen* Applikation *v* ❷ comp *programma* Anwendungssoftware *v*
applicatiecursus Fortbildungskurs *m*
apporteren apportieren
appreciëren würdigen, schätzen ★ *iets weten te ~* etw. zu schätzen wissen
après-ski Après-Ski *o*
april April *m* ★ *1 ~* April, April! ★ fig *~ doet wat hij wil* der April macht, was er will
aprilgrap Aprilscherz *m*
aprils → **gril**
a priori a priori
à propos apropos, übrigens
aquaduct Aquädukt *m/o*
aquajoggen Wassergymnastik *v*
aquaplaning aquaplaning *o*
aquarel Aquarell *o*
aquarelleren *iets in waterverf schilderen* mit

Wasserfarben malen, aquarellieren
aquarium Aquarium *o*
ar Pferdeschlitten *m*
ara Ara *m*
Arabië Arabien *o* ★ *in ~* in Arabien
Arabier Araber *m*
arabier *paard* Araber *m*
Arabisch **I** *bnw, m.b.t. Arabië* arabisch **II** *zn* [het], *taal* Arabisch(e) *o*
Arabische Araberin *v*
arachideolie Erdnussöl *o*
arak Arrak *m*
arbeid Arbeit *v* ★ *ongeschoolde ~* ungelernte Arbeit
arbeiden arbeiten
arbeider Arbeiter *m*
arbeidersbeweging Arbeiterbewegung *v*
arbeidersbuurt Arbeiterviertel *o*
arbeidsaanbod Arbeitsangebot *o*
arbeidsbemiddeling Arbeitsvermittlung *v*
arbeidsbesparend arbeitersparend
arbeidsbureau Arbeitsamt *o*
arbeidsconflict Arbeitskonflikt *m*
arbeidscontract Arbeitsvertrag *m*, Dienstvertrag *m*
arbeidsduurverkorting Arbeitszeitverkürzung *v*
arbeidsgeneesheer BN *bedrijfsarts* Werkarzt *m*, Betriebsarzt *m*
arbeidsinspectie ❶ *toezicht* Gewerbeaufsicht *v* ❷ *overheidsinstelling* Gewerbeaufsichtsamt *o*
arbeidsintensief arbeitsintensiv, arbeitsaufwändig
arbeidskracht Arbeitskraft *v*
arbeidsloon Arbeitslohn *m*
arbeidsmarkt Arbeitsmarkt *m*
arbeidsomstandigheden Arbeitsbedingungen *v mv*
arbeidsongeschikt arbeits- / berufsunfähig, erwerbsunfähig
arbeidsongeschiktheid Arbeitsunfähigkeit *v*
arbeidsongeschiktheidsuitkering Erwerbsunfähigkeitsrente *v*
arbeidsovereenkomst Arbeitsvertrag *m*, Dienstvertrag *m* ★ *de collectieve ~* der Tarifvertrag
arbeidsplaats Arbeitsplatz *m*
arbeidsproces *handelingen in productieproces* Arbeitsprozess *m*
arbeidsrecht jur Arbeitsrecht *o*
arbeidsreserve ❶ *reserveaantal arbeidskrachten* Arbeitsreserve *v* ❷ euf *de gezamenlijke werklozen* Erwerbslose *mv*
arbeidstherapie Arbeitstherapie *v*
arbeidstijdverkorting Arbeitszeitverkürzung *v*
arbeidsverleden berufliche(r) Werdegang *m*
arbeidsvermogen ❶ *mate waarin arbeid verricht kan worden* Leistungsvermögen *o* ❷ natk Leistung *v*
arbeidsvoorwaarden Arbeitsbedingungen *v mv*
arbeidzaam arbeitsam, fleißig
arbiter sport Schiedsrichter *m*
arbitrage ❶ sport Schiedsspruch *m* ❷ econ jur Arbitrage *v*
arbitragecommissie Schiedsgericht *o*
arbitrair *willekeurig* willkürlich, form arbiträr
arbodienst Arbeitsschutz *m*
Arbowet Arbeitsschutzgesetz *o*
arcade *booggewelf* Arkade *v*
arceren schraffieren
archaïsch archaisch, altertümlich, frühzeitlich
archaïsme Archaismus *m*
archeologie Archäologie *v*
archeologisch archäologisch
archeoloog Archäologe *m*
archetype Archetyp(us) *m*
archief Archiv *o*
archipel Archipel *m*
architect Architekt *m*
architectonisch architektonisch
architectuur Architektur *v*
architraaf Architrav *m*, Epistyl *o*
archivaris Archivar *m*
archiveren archivieren
arctisch arktisch
Ardennen Ardennen *mv*
Ardenner, **Ardeens** , **Ardens** Ardenner
are Ar *m/o*
areaal Areal *o*
arena Arena *v*
arend Adler *m*
arendsblik Adleraugen *o mv*
argeloos **I** *bnw* arglos **II** *bijw* arglos
Argentijn Argentinier *m*
Argentijns argentinisch
Argentijnse Argentinierin *v*
Argentinië Argentinien *o*
arglistig arglistig
argument Argument *o*
argumentatie Argumentation *v*
argumenteren argumentieren, Argumente vorbringen, begründen
argusogen ★ *iets met ~ bekijken* etw. mit Argusaugen betrachten
argwaan Argwohn *m*, Verdacht *m*, Misstrauen *o* ★ *iemands ~ wekken* jmds. Argwohn erregen ★ *~ koesteren tegen iemand / iets* Argwohn gegen jmdn. / etw. hegen ★ *zij kreeg ~* sie schöpfte Verdacht
argwanend misstrauisch, argwöhnisch
aria Arie *v*
ariër Arier *m*
arisch arisch
aristocraat Aristokrat *m*
aristocratie Aristokratie *v*
aristocratisch aristokratisch
aritmetica Arithmetik *v*
aritmie Arrhythmie *v*, (Herz)Rhythmusstörung *v*
ark Hausboot *o*, Wohnschiff *o* ★ *de ark van Noach* die Arche Noah
arm **I** *zn* [de], *lichaamsdeel* Arm *m* ★ *met de armen over elkaar* mit verschränkten Armen ★ fig *de sterke arm* der starke Arm des Gesetzes, Obrigkeit *v*, (Staats)Gewalt *v* ★ fig *iem. in de arm nemen*, BN *iem. onder de arm nemen* jmdn. zurate / zu Rate ziehen **II** *bnw* ❶ *weinig bezittend* ★ *arm aan* arm an ❷ *meelijwekkend* bedauernswert, beklagenswert, arm
armatuur *wapening van constructie* Armatur *v*, Armaturenbrett *o*
armband Armband *o*, ⟨van stof⟩ Armbinde *v*
arme *weinig bezittende* ★ *de armen van geest* die

geistig Armen
Armeens armenisch
armelijk armselig, ärmlich
Armenië Armenien *o*
armetierig armselig, dürftig, jämmerlich
armlastig Not leidend, bedürftig
armlengte Armlänge *v*
armleuning Armlehne *v*
armoede, **armoe** *het weinig bezitten* Armut *v*, Not *v*, Elend *o* ★ *bittere ~* bittere Armut ★ *in ~ vervallen* in Armut geraten ★ *het is er armoe troef* dort herrscht Armut
armoedegrens Armutsgrenze *v*
armoedig dürftig, ärmlich ★ *die jas ziet er zo ~ uit* die Jacke sieht so schäbig aus
armoedzaaier Hungerleider *m*, Habenichts *m*
armsgat Ärmelloch *o*
armslag Spielraum *m*, Bewegungsfreiheit *v*
armzalig ❶ *armoedig* elend, ärmlich, armselig ❷ *onbeduidend* erbärmlich, armselig, unbedeutend
Arnhem Arnheim *o*
aroma *geur* Aroma *o*
aromatisch aromatisch
aromatiseren aromatisieren
aronskelk Aronsstabgewächs *o*
arrangement muz Arrangement *o*
arrangeren *regelen* arrangieren
arrangeur Arrangeur *m* [v: Arrangeurin]
arrenslee Pferdeschlitten *m*
arrest ❶ *hechtenis* Freiheitsentzug *m*, Haft(strafe) *v* ❷ *gerechtelijke uitspraak* Urteilsverkündung *v*, Urteil *o* ❸ *beslaglegging* Sicherstellung *v*, Beschlagnahmung *v*
arrestant ❶ *gearresteerde* Gefangene(r) *m*, Häftling *m* ❷ *beslaglegger* Vollstreckungsbeamte(r) *m*
arrestatie Festnahme *v*, Verhaftung *v*
arrestatiebevel Haftbefehl *m*
arrestatieteam Einsatzgruppe *v*
arresteren verhaften, festnehmen
arriveren ankommen, eintreffen
arrogant arrogant, überheblich, anmaßend
arrogantie Arroganz *v*, Überheblichkeit *v*
arrondissement Verwaltungsbezirk *m*, Arrondissement *o*
arrondissementsrechtbank jur Landgericht *o*
arsenaal *wapenopslagplaats* Arsenal *o*
arsenicum Arsen *o*
art deco kunst ≈ Jugendstil *m*
artdirector Art-Director *m*
arteriosclerose Arteriosklerose *v*, Arterienverkalkung *v*
articulatie Artikulation *v*
articuleren artikulieren
artiest Künstler *m*, ⟨variété en circus⟩ Artist *m*
artikel ❶ *geschreven stuk* Artikel *m*, Aufsatz *m* ❷ *wetsbepaling* Paragraf *m*, Artikel *m* ★ *volgens ~ 26 van de Grondwet* nach / laut Artikel 26 des Grundgesetzes ❸ *voorwerp* Ware *v*, Artikel *m* ★ *huishoudelijke ~en* Haushaltswaren *v*
artillerie Artillerie *v*
artisanaal BN *handwerk* handwerklich
artisjok Artischocke *v*
artistiek künstlerisch
artritis Arthritis *v*
artrose Arthrose *v*
arts Arzt *m* [v: Ärztin]
arts-assistent Assistenzarzt *m*
artsenbezoeker Ärztevertreter *m*
artsenij Arznei *v*
artwork Werbegrafik *v*
Aruba Aruba *o*
Arubaan Arubaner *m*
Arubaans arubanisch
Arubaanse Arubanerin *v*
as ❶ *verbrandingsresten* Asche *v* ★ *in de as leggen* in Schutt und Asche legen ❷ *spil* Achse *v* ❸ muz As *o*
ASA ASA
asbak Aschenbecher *m*
asbest I *zn* [het] Asbest *m* II *bnw* Asbest-, aus Asbest
asblond aschblond
asceet Asket *m*
ascendant ❶ *dierenriemteken* Aszendent *m* ❷ *overwicht* Einfluss *m*, Autorität *v*
ascese Askese *v*
ascetisch asketisch
ascorbinezuur Ascorbinsäure *v*
aselect willkürlich, beliebig
aseptisch aseptisch
asfalt Asphalt *m*
asfalteren asphaltieren
asgrauw aschgrau
asiel ❶ *toevluchtsoord* Asyl *o* ★ *iem. politiek ~ verlenen* jmdm. politisches Asyl gewähren ❷ *dierenverblijf* Tierheim *o*
asielprocedure Asylverfahren *o*
asielzoeker Asylant *m*
asielzoekerscentrum Asylbewerberheim *o*
asjeblieft → **alsjeblieft**
asjemenou Manometer, ach, du grüne Neune, potz Blitz
aso I *zn* [de] Aso *m* II *afk*, BN onderw *algemeen secundair onderwijs* Sekundarstufe *v*
asociaal asozial
aspartaam Aspartam *o*
aspect ❶ *opzicht* Gesichtspunkt *m*, Aspekt *m* ❷ *vooruitzicht* Perspektive *v*, Aussicht *v*
asperge Spargel *m* ★ *~s steken* Spargel stechen
aspirant *kandidaat* Anwärter *m*
aspiratie ❶ *aanblazing* Aspiration *v* ❷ *eerzucht* Bestrebung *v*, Ambition *v*
aspirientje Aspirin *o*
aspirine Aspirin *o*
assemblage Montage *v*, ⟨resultaat⟩ Montageprodukt *o*
assemblee Versammlung *v*, Assemblee *v*
assembleren zusammenbauen, montieren
assenkruis Achsenkreuz *o*
Assepoester Aschenbrödel *o*, Aschenputtel *o*
assertief selbstsicher
assertiviteit Bestimmtheit *v*
assessment Assessment *o*
assimilatie Assimilation *v*, Gleichstellung *v*
assimileren *gelijkstellen* assimilieren, angleichen
assisenhof BN jur Schwurgericht *o*
assistent Assistent *m*, Gehilfe *m* ★ BN *maatschappelijk ~* Sozialarbeiter *m*
assistentie Assistenz *v*, Unterstützung *v* ★ *iem. ~ verlenen* jmdm. Assistenz leisten

assisteren assistieren, Assistenz leisten
associatie Assoziation *v*, econ Arbeitsgemeinschaft *v*
associatief assoziativ
associëren assoziieren ★ *zich ~* sich assoziieren, sich vereinigen, sich zusammenschließen
assortiment Sortiment *o*, Warenangebot *o*
assuradeur Versicherer *m*
assurantie Versicherung *v*
aster Aster *v*
asterisk Asteriskus *m*
astma Asthma *o*
astmaticus Asthmatiker *m*
astmatisch asthmatisch
astraal astral
astrologie Astrologie *v*
astrologisch astrologisch
astroloog Astrologe *m*, Sterndeuter *m*
astronaut Astronaut *m*
astronomie Astronomie *v*
astronomisch sterrenk astronomisch
astronoom Astronom *m*
Aswoensdag Aschermittwoch *m*
asymmetrisch asymmetrisch
asymptoot Asymptote *v*
asynchroon asynchron
at [verl. td.] → **eten**
ATB ❶ *allterrainbike* ATB *o*, All-Terrain-Bike *o* ❷ *automatische treinbeïnvloeding* ATC, Zugsicherung *v*
atelier ‹v. kunstenaar› Atelier *o*, ‹van fotograaf› Studio *o*, ‹ambachtelijk› Werkstatt *v*
aten [verl. td.] → **eten**
Atheens Athener
atheïsme Atheismus *m*
atheïst Atheist *m*
Athene Athen *o*
atheneum ≈ Gymnasium *o*
atjar ≈ Essiggemüse *o*
Atlantisch atlantisch
Atlantische Oceaan Atlantik *m*, Atlantische(r) Ozean *m*
atlas ❶ *boek met kaarten* Atlas *m* [mv: Atlanten] ❷ *halswervel* Atlas *m*
atleet Athlet *m*
atletiek Leichtathletik *v*
atletisch athletisch
atmosfeer Atmosphäre *v*
atmosferisch atmosphärisch
atol Atoll *o*
atomair atomar
atoom Atom *o*
atoombom Atombombe *v*
atoomgeleerde Atomphysiker *m*
atoomgewicht Atomgewicht *o*
atoomtijdperk Atomzeitalter *o*
atoomwapen Kernwaffe *v*, Atomwaffe *v*
atrofie Atrophie *v*, Gewebsschwund *m*
attaché Attaché *m* ★ *de cultureel ~* der Kulturattaché
attachékoffer Aktenkoffer *m*, Diplomatenkoffer *m*
attachment comp Attachment *o*, Anlage *v*
attaque med *beroerte* Attacke *v*, Anfall *m*
at-teken *het teken @* At-Zeichen *o*, Klammeraffe *m*
attenderen op hinweisen auf [+4], aufmerksam machen auf [+4]
attent ❶ *opmerkzaam* aufmerksam, wachsam ❷ *vriendelijk* aufmerksam, zuvorkommend
attentie ❶ *aandacht* Aufmerksamkeit *v* ★ *ter ~ van X* zu Händen X [+2] ★ *~!* Achtung! ❷ *blijk van vriendelijkheid* Aufmerksamkeit *v*
attest *certificaat* Zeugnis *o*, Attest *o*
attitude Haltung *v*
attractie ❶ *aantrekking* Anziehung *v* ❷ *iets aantrekkelijks* Attraktion *v*
attractief attraktiv
attractiepark Vergnügungspark *m*, Freizeitpark *m*
attributief taalk attributiv ★ *attributieve zin* Attributsatz *m*
attribuut Attribut *o*
atv *arbeidstijdverkorting* Arbeitszeitverkürzung *v*
atv-dag ★ *een ~ hebben* ≈ Überstunden abfeiern
au aua, au
a.u.b. *alstublieft* bitte
aubade Ständchen *o*, Morgenständchen *o*
au bain-marie cul im Wasserbad
aubergine Aubergine *v*, Oost Melanzane *v*
audiëntie Audienz *v*
audioapparatuur Audioapparatur *v*
audiorack Stereoturm *m*
audiovisueel audiovisuell
auditeur-militair Wehrdisziplinaranwalt *m*
auditie ‹spreken› Vorsprechen *o*, ‹zingen› Vorsingen *o*, ‹spelen› Vorspielen *o*
auditorium Auditorium *o*
auerhoen Auerhuhn *o*
augurk saure Gurke *v*, Essiggurke *v*
augustus August *m*
aula Aula *v*, ‹op begraafplaats› Trauerhalle *v*
au pair I *zn* [de] Au-Pair-Mädchen *o* **II** *bijw* au pair
aura *uitstraling* Aura *v*
aureool ❶ *stralenkrans* Heiligenschein *m* ❷ fig *goede reputatie* Aureole *v*
auspiciën Auspizien *mv*
ausputzer sport Libero *m*, Ausputzer *m*
Australië Australien *o*
Australiër *bewoner* Australier *m*
Australisch *m.b.t. Australië* australisch
Australische Australierin *v*
autarkie Autarkie *v*
auteur Verfasser *m*, Autor *m*, ‹van literaire teksten› Schriftsteller *m*
auteursrecht jur *recht van de auteur* Urheberrecht *o* ★ *bescherming van het ~* Urheberschutz *m*
authenticiteit Authentizität *v*
authentiek authentisch
autisme Autismus *m*
autist Autist *m* [v: Autistin]
autistisch autistisch
auto Auto *o*, Wagen *m* ★ *met de auto (gaan)* mit dem Auto (fahren) ★ *tweedehands auto* Gebrauchtwagen *m*
autobiografie Autobiografie *v*
autobiografisch autobiografisch
autobom Autobombe *v*
autobus, BN **autocar** Bus *m*, Omnibus *m*
autochtoon Einheimische(r) *m*

autocoureur Rennfahrer *m*
autodidact Autodidakt *m*
autogas *LPG* LPG *o*
autogordel Sicherheitsgurt *m* ★ *zijn ~ omdoen* sich anschnallen
auto-immuunziekte Autoimmunkrankheit *v*
auto-industrie Autoindustrie *v*
autokerkhof Autofriedhof *m*
autokostenvergoeding Autokostenerstattung *v*
autokraker Autoknacker *m*
autoluw autofrei
automaat *distributieapparaat* Automat *m*
automatiek Automatenstraße *v*, Automatenrestaurant *o*
automatisch automatisch ★ *~e piloot* Autopilot *m*
automatiseren automatisieren
automatisering Automatisierung *v*
automatisme Automatismus *m*
automobilist Autofahrer *m*
automonteur Kraftfahrzeugmechaniker *m*
autonomie Autonomie *v*
autonoom autonom
auto-ongeluk Autounfall *m*
autopapieren Kraftfahrzeugpapiere *o mv*
autopark Fuhrpark *m*, Wagenpark *m*
autopech (Auto)Panne *v*
autoped Roller *m*
autopsie Autopsie *v*
autoradio Autoradio *o*
autorijden Auto fahren
autorijschool Fahrschule *v*
autorisatie Genehmigung *v*, Vollmacht *v*
autoriseren autorisieren
autoritair autoritär
autoriteit Autorität *v* ★ *de ~en* die Behörden *v*
autoslaaptrein Autoreisezug *m* mit Schlafwagen
autosleutel Autoschlüssel *m*
autosloperij Schrottplatz *m*
autosnelweg Autobahn *v*
autosport Motorsport *m*, Autosport *m*
autostoel transp Autositz *m*
autostop ★ BN *~ doen* per Anhalter reisen, per Autostopp fahren, Autostopp machen, trampen
autostopper BN *lifter* Anhalter *m*, Tramper *m*
autostrade BN *snelweg* Autobahn *v*
autoverhuur Autoverleih *m*
autoverzekering Kraftfahrzeugversicherung *v*, Kfz-Versicherung *v*
autovrij autofrei
autoweg Autostraße *v*
autozetel BN transp Autositz *m*
avance Avance *v*
avant-garde Avantgarde *v*
avant-gardistisch avantgardistisch
avatar www Avatar *m*
avenue Avenue *v*
averechts I *bnw* ❶ *andersom ingestoken* links ★ *~e steek* linke Masche *v* ❷ *verkeerd* falsch, verkehrt **II** *bijw* ❶ *andersom ingestoken* ★ *twee rechts, twee ~ breien* zwei rechts, zwei links stricken ❷ *verkeerd* verkehrt ★ *~ uitwerken* sich gegenteilig auswirken
averij Schaden *m*, scheepv Havarie *v* ★ *~ oplopen* Havarie erleiden
aversie Widerwille *m*, Aversion *v*
A-viertje A4-Blatt *o*
avocado Avocado *v*, Avocato *v*
avond Abend *m* ★ *'s ~s* abends, am Abend ★ *op een ~* eines Abends ★ *tegen de ~* gegen Abend
avondeten Abendessen *o*, Abendbrot *o*
avondjurk, BN **avondkleed** Abendkleid *o*
avondkleding ⟨voor dames⟩ Abendkleid *o*, ⟨voor dames⟩ Abendtoilette *v*, ⟨voor heren⟩ Abendanzug *m*
avondklok Polizeistunde *v*, Sperrstunde *v*
avondkrant Abendzeitung *v*, Abendblatt *o*
Avondland Abendland *o*
avondmaal ❶ *avondeten* Abendbrot *o* ❷ rel Abendmahl *o* ★ *viering van het Avondmaal* Abendmahlsfeier *v*
avondmens Nachtmensch *m*
avondrood *rode gloed* Abendrot *o*
avondschool Abendschule *v*
avondspits abendliche(r) Stoßverkehr *m*, Feierabendverkehr *m*
avondverkoop Verkauf *m* nach Ladenschluss
avondvullend abendfüllend
avondwinkel Geschäft *o*, das abends geöffnet ist
avonturier Abenteurer *m*
avontuur ❶ Abenteuer *o*, ⟨riskante onderneming⟩ Wagnis *o* ❷ → **avontuurtje**
avontuurlijk ❶ *vol avonturen* abenteuerlich ❷ *op zoek naar avonturen* abenteuerlustig ★ *een ~ persoon* ein abenteuerlustiger Mensch
avontuurtje Liebelei *v*, Flirt *m*
axioma Axiom *o*
ayatollah Ajatollah *m*
azalea Azalee *v*
azen ~ op *graag willen* lauern auf [+4] ★ *hij aast op die functie* er ist auf diesen Posten aus
Azerbeidzjaans aserbaidschanisch
Azerbeidzjan Aserbaidschan *o*
Aziaat *bewoner* Asiat *m*
Aziatisch asiatisch
Aziatische Asiatin *v*
Azië Asien *o*
azijn Essig *m*
azijnzuur Essigsäure *v*
Azoren Azoren *mv*
Azteeks aztekisch
Azteken Azteken *m mv*
azuren azurn, azurfarben, azurblau, himmelblau
azuur Azur *m*

B

b ❶ *letter* B *o* ★ *de b van Bernard* B wie Berta ❷ *muzieknoot* h *o*
B2B econ *Business to Business* B2B
BA *Bachelor* BA
baai Bai *v*
baak ❶ scheepv Bake *v* ❷ *paaltje* Bake *v*
baal *zak* Ballen *m* ▼ *ergens de balen van hebben* von etwas die Nase voll haben
baaldag schlechte(r) Tag *m*, inform Scheißtag *m*
baan ❶ *betrekking* Stelle *v* ❷ *stuk weg of terrein* ⟨rijstrook⟩ Fahrspur *v*, ⟨rijstrook⟩ Straße *v*, ⟨zwemmen⟩ Bahn *v*, ⟨tennis⟩ Platz *m*, ⟨ijsbaan⟩ Eishalle *v* ★ *baantjes trekken* (seine)Bahnen schwimmen / ziehen ★ *wedloop op de korte baan* Kurzstreckenlauf *m* ★ *ruim baan maken* Platz machen ★ *dat is van de baan* das hat sich erledigt ❸ *strook stof, behang* Bahn *v*, Breite *v*
baanbrekend bahnbrechend
baanrecord Streckenrekord *m*
baansport Bahnrennen *o*
baantjesjager Postenjäger *m*
baanvak ❶ *traject* Bahnstrecke *v* ❷ BN *rijstrook* Fahrstreifen *m*, Fahrspur *v*
baanwachter Bahnwärter *m*
baanwedstrijd Laufwettbewerb *m*
baar **I** *zn* [de] ❶ *draagbaar* (Trag)Bahre *v* ❷ *staaf edelmetaal* Barren *m*, Stange *v* ★ *een baar goud* ein Goldbarren ❸ *golf* Woge *v*, Welle *v* ★ *de woeste baren* die wilden Wogen **II** *bnw, contant* bar
baard *haargroei* Bart *m* ★ fig *de ~ in de keel krijgen* im Stimmbruch sein
baardgroei Bartwuchs *m* ★ *zware ~* starke(r) Bartwuchs *m*
baardig bärtig
baarmoeder Gebärmutter *v*
baarmoederhalskanker Gebärmutterhalskrebs *m*
baarmoederslijmvlies Gebärmutterschleimhaut *v*
baars Barsch *m*
baas *chef* Chef *m*, Boss *m* ★ *zij is de baas* sie führt das Regiment ★ *zijn eigen baas zijn* sein eigener Herr sein ★ *iem. de baas zijn* jmdm. überlegen sein ★ *de baas spelen* den Meister machen ★ *je hebt altijd baas boven baas* jeder findet seinen Meister
baat ❶ *voordeel* Vorteil *m*, ⟨winst⟩ Gewinn *m* ★ *baat vinden bij iets* von etw. Nutzen haben ★ *de gelegenheid te baat nemen* die Gelegenheit nutzen ★ *ten bate van* zugunsten, zu Gunsten [+2] ❷ *opbrengst* Nutzen *m*
babbel *praatje* Schwätzerei *v* ★ *een ~tje maken* einen Schwätzchen haben ★ *hij heeft heel wat ~s* der hat 'ne ganz schön große Klappe ★ *een vlotte ~ hebben* ein flinkes Mundwerk haben
babbelaar ❶ *kletskous* Schwätzer *m*, Plappermaul *o* ❷ *snoep* ≈ Karamellbonbon *m/o*
babbelbox Chatbox *v*
babbelen *kletsen* schwätzen, plaudern, plappern
babbelkous Plappermaul *o*, Schwätzer *m*
babe Babe *o*
babi pangang cul Babi Pangang *o*
baby Baby *o*
babyboom Babyboom *m*
babyboomer Babyboomer *m*
babyfoon Babyfon *o*
babykleding Babykleidung *v*
babyshampoo Babyshampoo *o*
babyshower Babyshower *v*
babysitten babysitten
babysitter Babysitter *m*
babyuitzet Babyausstattung *v*
babyvoeding Babynahrung *v*
babyzalf Babycreme *v*
baccalaureaat onderw Bakkalaureat *o*
bachelor onderw Bachelor *m*
bacil Bazillus *m*, Bazille *v*
back sport *achterspeler* Verteidiger *m*
backhand sport Rückhand *v*, Rückhandschlag *m*
backslash Backslash *m*
backspace comp Rücktaste *v*
backspacetoets comp Rücktaste *v*
back-up comp Sicherungskopie *v*
back-upbestand comp Sicherungsdatei *v*
baco *bacardi-cola* Rum-Cola *v*
bacon Bacon *m*
bacterie Bakterie *v*
bacteriedodend bakterizid
bacterieel bakteriell
bacteriologisch bakteriologisch
bad **I** *zn* [het], *onderdompeling* Bad *o* **II** *ww* [verl. td.] → **bidden**
badcel Badezimmer *o*, Nasszelle *v*
badderen planschen
baden **I** *ov ww, in bad doen* baden **II** *on ww* ❶ *een bad nemen* baden ❷ *~ in* schwelgen in ★ *in het licht ~* in Licht getaucht sein ★ *in weelde ~* im Luxus schwelgen ★ *~ in het zweet* in Schweiß gebadet sein **III** *ww* [verl. td.] → **bidden**
badgast Badegast *m*, Kurgast *m*
badge *naamkaartje* Button *m*
badgoed Badekleidung *v*, Schwimmkleidung *v*
badhanddoek Badehandtuch *o*
badhuis Badehaus *o*
badineren scherzen, spaßen
badjas Bademantel *m*
badkamer Badezimmer *o*
badkuip Badewanne *v*
badlaken Badetuch *o*
badmeester Bademeister *m*
badminton Federball *m*, Badminton *o*
badmintonnen Badminton spielen
badmuts Badekappe *v*, Bademütze *v*
badpak Badeanzug *m*
badplaats ❶ *plaats aan zee* Badeort *m* ❷ *kuuroord* Bad *o*
badschuim Schaumbad *o*
badstof Frottee *m/o*
badwater Badewasser *o*
badzout Badesalz *o*
bagage lett Gepäck *o*
bagagedepot Gepäckaufbewahrung *v*
bagagedrager ❶ *fietsonderdeel* Gepäckträger *m* ❷ BN *imperiaal* Dachgepäckträger *m*
bagagekluis Gepäckschließfach *o*
bagagerek *bagagenet* Gepäckablage *v*
bagageruimte Gepäckraum *m*, ⟨personenauto⟩

Kofferraum *m*
bagatel Bagatelle *v*, Kleinigkeit *v*
bagatelliseren bagatellisieren, verharmlosen
Bagdad Bagdad *o*
bagel Bagel *m*, Brötchen *o*
bagger Schlamm *m*
baggeren **I** *ov ww, uit het water halen* baggern **II** *on ww, waden* waten
baggermachine Bagger *m*
baggermolen Schwimmbagger *v*
bah bah!, bäh!, pfui!
Bahama's Bahamas *mv*
Bahamees Einwohner *m* der Bahamas
bahco verstellbare(r) Schraubenzieher *m*
Bahrein Bahrein *o* ★ *in* ~ in Bahrein
Bahreins bahreinisch
bajes Knast *m*, Kittchen *o*
bajesklant Knastbruder *m*
bajonet Bajonett *o*
bak ❶ *omhulsel* Behälter *m*, Gefäß *o*, ⟨emmervormig⟩ Kübel *m*, ⟨schaal⟩ Schüssel *v*, ⟨kommetje⟩ Napf *m*, ⟨vierkant⟩ Kasten *m* ★ *een bakje troost* ein Kaffee ❷ *bajes* Loch *o*, Kittchen *o* ★ *de bak indraaien* im Kittchen landen ❸ *mop* Witz *m* ❹ BN *krat* Kiste *v* ▾ *hij zal niet aan de bak komen* er wird keine Gelegenheit / Chance bekommen, er wird nicht an die Reihe / nicht drankommen
bakbeest Ungeheuer *o*, Koloss *m*
bakboord Backbord *o*
bakboter Bratfett *o*
bakeliet® Bakelit® *o*
baken scheepv Bake *v*
bakermat Heimat *v*, Wiege *v*
bakerpraatje Ammenmärchen *o*
bakfiets Lieferfahrrad *o*
bakkebaarden Backenbart *m* ★ *met* ~ mit Koteletten
bakkeleien ❶ *ruziën* sich streiten ❷ *vechten* sich raufen
bakken **I** *ov ww* ⟨brood e.d.⟩ backen, ⟨groente, vis e.d.⟩ braten, ⟨aardewerk⟩ brennen **II** *on ww* ❶ *zonnebaden* ★ *in de zon liggen* ~ inform in der Sonne schmoren ❷ BN onderw *zakken voor examen* durchfallen
bakkenist Beiwagenfahrer *m*
bakker Bäcker *m*
bakkerij Bäckerei *v*, Backstube *v*
bakkes Fratze *v* ★ *hou je* ~*!* halt die Klappe / Fresse!
bakkie ❶ *zendapparatuur* CB-Funkgerät *o* ❷ *kopje (koffie / thee)* ★ *slap* ~ Blümchenkaffee *m* ★ ~ *leut* form Tasse *v* Kaffee
bakmeel Mehl *o* mit Backpulverzusatz
bakpoeder Backpulver *o*
bakschieten BN *sjoelen* mit dem "Sjoelbak" spielen
baksteen Backstein *m*, Ziegel(stein) *m* ★ *zakken als een* ~ mit Pauken und Trompeten durchfallen ★ *zinken als een* ~ sinken wie ein Stein
bakvet Bratfett *o*
bakvis *meisje* Backfisch *m*
bakvorm Backform *v*
bakzeil ▾ ~ *halen* klein beigeben
bal **I** *zn* [de] ❶ sport Ball *m*, Kugel *v* ★ *wie kaatst, moet de bal verwachten* wer austeilt, muss auch einstecken können ❷ *bolvormig voorwerp* Kugel *v*, cul Kloß *m*, cul Knödel *m* ★ *een bal gehakt* ein Hackfleischkloß *m* ❸ *testikel* Hoden *m*, inform Eier *mv* ▾ *er geen bal van snappen* nicht die Bohne / nur Bahnhof verstehen ▾ *er geen bal van afweten* keine blasse Ahnung haben **II** *zn* [het], *dansfeest* Ball *m* ★ *gemaskerd bal* Maskenball
balanceren balancieren
balans ❶ *weegschaal* Waage *v* ❷ econ Bilanz *v* ★ *de* ~ *opmaken* die Bilanz aufstellen, die Bilanz ziehen
balanswaarde admin Bilanzwert *m*
baldadig mutwillig, übermütig
baldadigheid Ausgelassenheit *v*, Mutwille *m*, Übermut *m*
Balearen Balearen *mv*
balein **I** *zn* [de], *stok, staafje* Fischbeinstab *m* **II** *zn* [het], *materiaal* Fischbein *o*
balen ★ ~ *van iets* etw. satthaben, die Nase von etw. voll haben
balie ❶ *leuning* Geländer *o*, Balustrade *v* ❷ *toonbank* Schalter *m* ❸ *rechtbank* Gericht *o* ❹ *advocaten* Anwaltschaft *v*
baljurk Ballkleid *o*
balk *stuk hout / metaal* Balken *m*
Balkan Balkan *m*
Balkanstaten Balkanstaaten *mv*
balken iahen
balkon ❶ *uitbouw* Balkon *m* ❷ *ruimte in trein* Plattform *v* ❸ *rang* Balkon *m*
ballade Ballade *v*
ballast *nutteloze lading* Ballast *m*
ballen **I** *ov ww, samenknijpen* ballen, zusammenballen **II** *on ww, spelen met bal* Ball spielen
ballenjongen Balljunge *m*
ballerina Ballerina *v*
ballet *artistieke dans* Ballett *o*
balletdanser Balletttänzer *m*
balletgezelschap Balletttruppe *v*
balletschoen Ballettschuh *m*
balling Verbannte(r) *m*
ballingschap Verbannung *v*, Exil *o*
ballistisch ballistisch
ballon *luchtballon* Luftballon *m* ★ *een* ~*netje oplaten* bei jmdm. auf den Busch klopfen
ballonvaarder Ballonfahrer *m*
ballonvaart ❶ *het ballonvaren* Ballonfahren *o* ❷ *trip* Ballonfahrt *v*
ballonvaren im Ballon fahren / fliegen
ballotage Ballotage *v*
ballpoint Kugelschreiber *m*, Kuli *m*
ballroomdansen Ballroomtanzen *m*
bal masqué Maskenball *m*
balorig ❶ *slecht gehumeurd* widerspenstig ❷ *onwillig* unwillig
balpen Kugelschreiber *m*, Kuli *m*
balsahout Balsa *o*, Balsaholz *o*
balsamicoazijn cul Balsamico *m*, Balsamessig *m*
balsem Balsam *m*
balsemen balsamieren
balspel Ballspiel *o*
balsport Ballsport *m*
balsturig widerspenstig, trotzig
Baltische Zee Ostsee *v*
balts Balz *v*

balustrade Balustrade *v*
balzaal Ballsaal *m*
balzak ❶ *scrotum* Hodensack *m* ❷ *biljartzak* Ballfänger *m*
bamastelsel onderw *bachelor-masterstelsel* Bachelor-Master-Struktur *v*
bamboe Bambus *m*
bami ★ *bami goreng* Bamigoreng *o*
ban ❶ *verbanning* Bann *m* ★ *in de ban doen* verbannen ❷ *betovering* ★ *in de ban zijn van iem.* von jmdm. fasziniert sein
banaal *alledaags* banal
banaan ❶ *vrucht* ★ *een tros bananen* ein Kamm Bananen *m* ❷ *boom* Banane *v*
banaliteit *platvloersheid* Banalität *v*
bananenrepubliek Bananenrepublik *v*
bancair Bank-
band[1] **I** *zn* [de] ❶ *strook van bepaald materiaal* ★ *aan banden leggen* bändigen ★ *uit de band springen* über die Stränge schlagen ❷ *luchtband* Reifen *m* ❸ *transportband* Fließband *o* ★ *aan de lopende band* am Fließband, fig am laufenden Band ★ *werk aan de lopende band* Fließbandarbeit *v* ❹ *boekomslag* Einband *m* ❺ *verbondenheid* Beziehung *v*, Verbindung *v* ★ *banden aanknopen* Bande / Verbindungen (an)knüpfen / eingehen / aufnehmen ★ *banden van vriendschap aanhalen* Verbindungen / Bande der Freundschaft fester / enger knüpfen ★ *banden onderhouden* Bande / Verbindungen pflegen ★ *de banden verbreken* Bande / Verbindungen abbrechen / lösen → **bandje II** *zn* [het], *lint* Band *o*
band[2] [bend] muz Band *v*
bandage Bandage *v*
bandbreedte ❶ *breedte van een band* Bandbreite *v* ❷ *frequentiespreiding* Bandbreite *v* ❸ comp Bandbreite *v*
bandenlichter ≈ Hilfe *m* zum Herausnehmen des Fahrradreifens
bandenpech Reifenpanne *v*
bandenspanning Reifendruck *m*
banderol Banderole *v*
bandiet Bandit *m*
bandje ❶ *cassettebandje* Kassette *v*, Band *o* ❷ *schouderbandje* Träger *m*
bandplooibroek Bundfaltenhose *v*
bandrecorder Kassettenrekorder *m*
bandstoten Einbandspiel *o*, brikolieren
banen ★ *zich een weg* ~ sich einen Weg bahnen
banenplan ≈ Arbeitsbeschaffungsmaßnahme *v* (ABM)
bang bang, ängstlich ★ *bang zijn* Angst haben, (sich) fürchten ★ *bang zijn voor* Angst haben vor [+3] ★ *ik ben bang voor hem* ich fürchte mich vor ihm ★ *bange uren* bange Stunden
bangelijk I *bnw*, *angstig* ängstlich, furchtsam **II** *bijw*, inform BN *zeer* sehr
bangerd, **bangerik** Angsthase *m*
Bangkok Bangkok *o*
Bangladesh Bangladesch *o*
bangmakerij Einschüchterung *v*
banier Banner *o*
banjeren *rondlopen* herumtigern, herumstreifen
banjo Banjo *o*
bank ❶ *zitmeubel* ⟨onbekleed⟩ Bank *v*, ⟨bekleed⟩ Sofa *o* ❷ *geldinstelling* Bank *v* ★ *bank van lening* Leihhaus *o*
bankafschrift Kontoauszug *m*
bankbiljet Banknote *v*, Geldschein *m* ★ ~ *van 20 euro* Zwanzigeuroschein
bankbreuk Bankrott *m* ★ *bedrieglijke* ~ betrügerische(r) Bankrott *m* ★ *eenvoudige* ~ einfache(r) Bankrott *m*
bankcheque Bankscheck *m*
bankdirecteur Bankdirektor *m*
banket ❶ *feestmaal* Bankett *o*, Festessen *o* ❷ *gebak* ≈ Blätterteiggebäck *o* mit Marzipanfüllung
banketbakker Konditor *m*
banketbakkerij Konditorei *v*
banketletter ≈ Mandelgebäck *o* in Buchstabenform
bankgarantie Bankgarantie *v*, Bankbürgschaft *v*
bankgeheim Bankgeheimnis *o*
bankier Bankier *m*
bankieren Bankgeschäfte tätigen
bankkaart BN *bankpas* Geldkarte *v*
bankoverval Banküberfall *m*
bankpas Scheckkarte *v*
bankrekening Bankkonto *o*, Konto *o*
bankrekeningnummer Bankkontonummer *v*
bankroet I *zn* [het] Bankrott *m*, Konkurs *m* **II** *bnw* bankrott
bankroof Bankraub *m*, Banküberfall *m*
banksaldo Bankguthaben *o*
bankschroef Schraubstock *m*
bankstel Couchgarnitur *v*
bankwerker Schlosser *m*
bankwezen Bankwesen *o*
banneling Verbannte(r) *m*
bannen (ver)bannen
banner comp Banner *o*
Bantoe I *zn* [de], *persoon* Bantu *m* **II** *zn* [het], *taal* Bantu *o* **III** *bnw* Bantu
banvloek Bannfluch *m*
bapao Bapao *o*, Bapao-Brötchen *o*
baptist Baptist *m*
bar[1] **I** *zn* [de], *café* Bar *v* **II** *bnw* ❶ *vreselijk* arg ❷ *guur, buiig* rau **III** *bijw* furchtbar, schrecklich ★ *het al te bar maken* es zu bunt treiben ★ *het wordt mij te bar* mir geht der Hut hoch
bar[2] [baar] natk *eenheid van druk* Bar *o*
barak Baracke *v*
barbaar Barbar *m*
barbaars barbarisch
Barbados Barbados *o*
barbarisme Barbarismus *m*
barbecue ❶ *maaltijd* Barbecue *o*, Grillparty *v* ❷ *toestel* Grill *m*
barbecueën grillen
barbeel (Fluss)Barbe *v*
Barbertje ▼ ~ *moet hangen* einen Schuldigen findet man immer
barbiepop Barbie *v*, Barbie-Puppe *v*
Barcelona Barcelona *o*
barcode Strichkode *m*
bard Barde *m*
barema BN *loonschaal* Gehaltsstufe *v*
baren ❶ *ter wereld brengen* zur Welt bringen, gebären ❷ *veroorzaken* erregen ★ *opzien* ~ Aufsehen erregen

barenswee Geburtswehe *v*, Wehe *v*
Barentszzee Barentssee *v*
baret Barett *o*
Bargoens I *zn* [het] Rotwelsch *o*, ⟨moeilijk verstaanbaar⟩ Kauderwelsch *o* **II** *bnw* in Kauderwelsch
bariton Bariton *m*
bark *zeilschip* Bark *v*
barkeeper Barkeeper *m*, Barmann *m*
barkruk Barhocker *m*
barmhartig barmherzig
barmhartigheid Barmherzigkeit *v*
barnsteen Bernstein *m*
barok I *zn* [de] Barock *m/o* **II** *bnw* barock
barometer Barometer *o*
barometerstand Barometerstand *m*
baron Baron *m*, ⟨Duitse⟩ Freiherr *m*
barones Baronin *v*, ⟨Duitse⟩ Freifrau *v*
baroscoop Baroskop *o*
barrel[1] ★ *aan ~s* in Scherben
barrel[2] [berrul] Barrel *o*
barrevoets I *bnw* barfüßig, bloßfüßig **II** *bijw* barfuß
barricade Barrikade *v*
barricaderen (ver)barrikadieren
barrière *hindernis* Barriere *v*
bars barsch, grob, schroff
barst Riss *m*, ⟨in glas⟩ Sprung *m* ▼ *ik snap er geen ~ van* das kapiere ich absolut nicht
barsten ❶ *barsten krijgen* bersten, ⟨aardewerk⟩ springen ★ *tot ~s toe vol* (bis) zum Bersten voll ❷ *uit elkaar springen* (zer)platzen ★ fig *iem. laten ~* jmdn. sitzen lassen
barstensvol brechend voll, gedrängt voll, gerammelt voll, proppenvoll
bas muz *stem, persoon, partij, instrument* Bass *m*
basaal *van de basis* basal
basalt Basalt *m*
base Base *v*
baseball Baseball *m*
Basel Basel *o*
baseline Grundlinie *v*
Basels Baseler
baseren op basieren auf [+3], gründen auf [+4] ★ *gebaseerd zijn op* beruhen auf [+3]
basgitaar Bassgitarre *v*
basilicum cul Basilikum *o*
basiliek Basilika *v*
basilisk *fabeldier* Basilisk *m*
basis ❶ *grondslag, fundament* Basis *v*, Grundlage *v* ❷ wisk Basis *v* ❸ mil Stützpunkt *m*
basisbeurs staatliche Studienbeihilfe *v*
basisch basisch
basiscursus Grundkurs *m*
basisinkomen ❶ *minimuminkomen* Mindestlohn *m* ❷ *inkomen zonder toeslag* Grundgehalt *o*
basisloon Grundlohn *m*
basisonderwijs onderw Grundschulunterricht *m*
basisopstelling sport Spielaufstellung *v*
basisschool onderw Grundschule *v* ★ *op de ~ zitten* in die Grundschule gehen
basisspeler sport Stammspieler *m*
basisvak onderw Basisfach *o*
basisvorming Grundbildung *v*
Bask Baske *m*
Baskenland Baskenland *o*
basketbal I *zn* [de], *bal* Basketball *m* **II** *zn* [het], *spel* Basketball *m*
basketballen Basketball spielen
Baskisch I *bnw, m.b.t. Baskenland* baskisch **II** *zn* [het], *taal* Baskisch(e) *o*
Baskische Baskin *v*
bas-reliëf Basrelief *o*, Flachrelief *o*
bassin ❶ *bekken* Becken *o* ❷ *zwembad* Bassin *o*
bassist Bassist *m*
bassleutel Bassschlüssel *m*
bast ❶ *boomschors* Rinde *v* ❷ *lijf* Leib *m*
basta basta!, Schluss jetzt!
bastaard ❶ *onwettig kind* Bastard *m* ❷ *kruising* ⟨dier⟩ Bastard *m*, ⟨dier⟩ Mischling *m*, ⟨plant⟩ Kreuzung *v*
Bastenaken Bastogne *v*
basterdsuiker Farinzucker *m*
bastion Bastion *v*
bat sport *slaghout* Schläger *m*, Schlagholz *o*
bataljon Bataillon *o*
Batavier Bataver *m*
batch comp batch *o*, Stapel *m*
bate → **baat**
baten nutzen, nützen
batig ★ *~ saldo* Überschuss *m*, econ Aktivsaldo *m*
batikken batiken
batterij ❶ *kleine energiebron* Batterie *v* ❷ BN *accu* ⟨motor, auto⟩ Batterie *v*, Akku *m*
bauxiet Bauxit *m*
bavarois cul Cremespeise *v*, omschr kalt gerührte Creme *v*
baviaan Pavian *m*
baxter BN med *infuus* Infusion *v*, Tropf *m*
bazaar *liefdadigheidsverkoop* Basar *m*
bazelen faseln
bazig herrisch, herrschsüchtig
bazin *vrouwelijke chef* Chefin *v*
bazooka Bazooka *v*
BBQ *barbecue* Barbecue *o*, Grillparty *v*
beachvolleybal Beachvolleyball *m*
beademen beatmen
beademing Beatmung *v* ★ *mond-op-mond~* Mund-zu-Mund-Beatmung ★ *kunstmatige ~* künstliche Beatmung *v*
beagle Beagle *m*
beambte Beamte(r) *m* [v: Beamtin]
beamen bejahen, bestätigen
beamer Beamer *m*
beangstigen beängstigen
beantwoorden I *ov ww* beantworten ★ *een vraag ~* eine Frage beantworten **II** *on ww* **~ aan** entsprechen [+3] ★ *aan de verwachtingen ~* den Erwartungen entsprechen
bearnaisesaus cul Béarnaisesauce *v*, Béarnaisesoße *v*
beat Beat *m*
beatbox Beatboxer *m*
beatboxen beatboxen
beaujolais Beaujolais *m*
beautycase Kosmetikkoffer *m*
beautyfarm Schönheitsfarm *v*
bebloed blutig
beboeten ★ *iem. ~* jmdm. eine Geldstrafe auferlegen
bebop muz Bebop *m*

bebossen bewalden, ⟨opnieuw⟩ aufforsten
bebouwen *gebouwen neerzetten op* bebauen
bebouwing *gebouwen* Bebauung *v*
bechamelsaus cul Béchamelsoße *v*, Béchamelsauce *v*
becijferen beziffern
becommentariëren kommentieren
beconcurreren Konkurrenz machen [+3] ★ *iem. ~* mit jmdm. konkurrieren
bed ❶ *slaapplaats* Bett *o* ★ *naar bed brengen* ins Bett bringen ★ *naar bed gaan* ins Bett gehen ★ *met iem. naar bed gaan* ⟨seks hebben⟩ mit jmdn. schlafen ★ *iem. van zijn bed lichten* jmdn. aus dem Bett heraus verhaften ★ *zijn bedje is gespreid* er setzt sich ins gemachte Nest ❷ *stuk grond voor gewassen* Beet *o* ★ *een bed aardbeien* ein Erdbeerbeet *o*
bedaagd betagt
bedaard ruhig, gelassen
bedacht ❶ *voorbereid* ★ *daar was ik niet op ~* darauf war ich nicht gefasst ❷ *strevend naar* ★ *op zijn voordeel ~ zijn* auf seinen Vorteil bedacht sein
bedachtzaam bedächtig, bedachtsam
bedankbrief Dankschreiben *o*
bedanken I *ov ww, dank betuigen* danken ★ *iem. voor iets ~* sich bei jmdm. für etw. bedanken, jmdm. für etw. danken II *on ww, afslaan* (dankend) ablehnen ★ *daar bedank ik (feestelijk) voor!* dafür bedanke ich mich bestens
bedankje ❶ *dankwoord* Danksagung *v*, Dankeschön *o* ❷ *opzegging* Absage *v*
bedankt danke
bedaren I *ov ww, tot rust brengen* beruhigen, besänftigen II *on ww, tot rust komen* sich beruhigen, sich fassen
bedbank Bettcouch *v*
beddengoed Bettzeug *o*
beddenlaken Betttuch *o*, Bettlaken *o*
bedding ❶ *onderlaag* Schicht *v* ❷ *geul* Bett *o*
bede *smeekbede* Bitte *v*
bedeesd schüchtern, scheu
bedekken bedecken
bedekking Bedeckung *v*
bedekt ❶ *afgedekt* bedeckt ★ *~e lucht* bewölkte(r) / umwölkte(r) Himmel *m* ❷ *niet openlijk* bedeckt, verblümt ★ *in ~e termen* mit verhüllenden Worten
bedelaar Bettler *m*
bedelares, **bedelaarster** Bettlerin *v*
bedelarij Bettelei *v*
bedelarmband Armband *o* mit Anhängern
bedelen betteln
bedelen bedenken ★ *rijkelijk bedeeld* reich bedacht ★ *iem. ruim ~* jmdn. großzügig bedenken ★ *de minst bedeelden* die Benachteiligten
bedeling Armenfürsorge *v*
bedelstaf ★ *tot de ~ brengen* an den Bettelstab bringen
bedeltje Anhänger *m*
bedelven *helemaal bedekken* begraben ★ *onder het puin bedolven worden* unter den Trümmern verschüttet / begraben werden
bedenkelijk *twijfel uitdrukkend* bedenklich
bedenken I *ov ww* ❶ *overwegen* bedenken, erwägen ❷ *verzinnen* ersinnen, erdenken II *wkd ww* [zich ~] *van gedachten veranderen* es sich [+3] anders überlegen ★ *ik heb me bedacht* ich habe es mir anders überlegt
bedenking ❶ *overweging* Erwägung *v* ❷ *bezwaar* Bedenken *o*, Einwand *m* ★ *~en opperen* Einwände erheben
bedenktijd Bedenkzeit *v*
bederf *rotting* Verderben *o*, Fäulnis *v*, Fäule *v*
bederfelijk verderblich
bederven I *ov ww* ❶ *slechter maken* verderben, verpfuschen ❷ *verwennen* verziehen, verwöhnen II *on ww, slecht, zuur of rot worden* verderben, verfaulen
bedevaart Wallfahrt *v*, Pilgerfahrt *v* ★ *op / ter ~ gaan* wallfahren
bedevaartganger Wallfahrer *m*, Pilger *m*
bedevaartplaats Wallfahrtsort *m*
bediende ❶ *dienaar* Diener *m*, ⟨in winkel⟩ Gehilfe *m* ❷ BN *werknemer op kantoor* Angestellte(r) *m*
bedienen I *ov ww* ❶ *helpen* bedienen ❷ rel ★ *een stervende ~* einem Sterbenden die Sterbesakramente erteilen II *wkd ww* [zich ~] *~ van gebruik maken van*, ★ *zich van iets ~* sich einer Sache bedienen
bediening Bedienung *v*
bedieningspaneel Schalttafel *v*, Schaltbrett *o*
bedierf [verl. td.] → **bederven**
bedierven [verl. td.] → **bederven**
bedillen *vitten op* bemängeln
beding Bedingung *v*
bedingen bedingen ★ *een hoge prijs ~* einen hohen Preis erzielen
bedisselen in Ordnung bringen, organisieren
bedlegerig bettlägerig
bedoeïen Beduine *m*
bedoelen ❶ *aanduiden* meinen ❷ *beogen* ★ *de bedoelde persoon* die betreffende Person ★ *als bedoeld in artikel 10* nach Artikel 10
bedoeling Absicht *v*, Zweck *m* ★ *met goede ~en* in besten Absichten ★ *het ligt in mijn ~* es ist meine Absicht
bedoening Betrieb *m*, Getue *o*
bedolf [verl. td.] → **bedelven**
bedolven [verl. td.] → **bedelven**
bedompt dumpf(ig), stickig
bedonderd ❶ *gek* bescheuert, bekloppt ★ *ben je helemaal ~?* bist du völlig übergeschnappt? ❷ *beroerd* beschissen, erbärmlich ★ *er ~ uitzien* mitgenommen / schlecht aussehen
bedonderen beschummeln, beschwindeln, bemogeln
bedorven I *bnw* ❶ *slecht, zuur of rot* verdorben, ⟨van eieren / groenten e.d.⟩ faul ❷ *verwend* verzogen II *ww* [volt.dw.] → **bederven**
bedotten *beetnemen* beschwindeln, bemogeln, betrügen
bedpan BN *ondersteek* Bettschüssel *v*, Bettpfanne *v*
bedplassen Bettnässen *o*
bedraden verdrahten
bedrading ❶ *geheel van snoeren* Verdrahtung *v* ❷ *het aanleggen daarvan* Verkabelung *v*
bedrag Betrag *m*, Summe *v* ★ *ten ~e van* über einen Betrag von

bedragen I *on ww* betragen, sich belaufen auf [+4] II *ww* [volt.dw.] → **bedragen**
bedreigen *gevaar vormen voor* drohen, bedrohen
bedreiging Bedrohung *v*, Drohung *v*
bedremmeld bestürzt, betreten
bedreven *vaardig (in)* erfahren, gewandt, geschickt ★ ~ *zijn in iets* in einer Sache bewandert sein
bedriegen *misleiden* betrügen, beschwindeln, hintergehen
bedrieger Betrüger *m*, Schwindler *m*
bedrieglijk *misleidend* betrügerisch, schwindlerisch, ‹misleidend› trügerisch
bedrijf ❶ *onderneming* Betrieb *m*, Geschäft *o* ★ *gemengd* ~ Mischwirtschaft *v* ❷ *werking* Betrieb *m* ★ *buiten* ~ *stellen* außer Betrieb setzen ★ *in* ~ *stellen* in Betrieb setzen ❸ *deel van toneelstuk* Aufzug *m*, Akt *m* ★ fig *tussen de bedrijven door* unterdessen, nebenbei
bedrijfsadministratie Rechnungswesen *o*
bedrijfsarts Werkarzt *m*, Betriebsarzt *m*
bedrijfsauto transp Firmenwagen *m*
bedrijfschap Unternehmerverband *m* ★ ~ *voor de landbouw* Bauernschaft *v*
bedrijfseconomie Betriebswirtschaft *v*
bedrijfseconoom Betriebsökonom *m* [v: Betriebsökonomin]
bedrijfsgeheim Betriebs- / Firmengeheimnis *o*
bedrijfshulpverlening Betriebssanitätsdienst *m*
bedrijfskapitaal Betriebskapital *o*
bedrijfsklaar betriebsbereit, betriebsfähig
bedrijfskunde Betriebswissenschaft *v*
bedrijfsleider Geschäftsführer *m*, Betriebsleiter *m*
bedrijfsleiding Betriebsleitung *v*, Werksleitung *v*, Betriebsführung *v*
bedrijfsleven *de bedrijven* Geschäftsleben *o*
bedrijfsongeval Betriebsunfall *m*
bedrijfspand Firmengebäude *o*
bedrijfsrevisor BN *registeraccountant* Wirtschaftsprüfer *m*
bedrijfsspionage Betriebsspionage *v*
bedrijfstak Branche *v*
bedrijfsvereniging Berufsgruppenverein *m*
bedrijfsvoering Betriebsführung *v*, Management *o*
bedrijfszeker betriebssicher
bedrijven treiben, ‹misdaad› verüben, ‹zonde› begehen ★ taalk ~*de vorm* Aktiv *o*
bedrijvenpark Industriepark *m*
bedrijvig ❶ *levendig* lebhaft ❷ *ijverig* geschäftig, rührig
bedrijvigheid ❶ *levendigheid* Lebhaftigkeit *v* ❷ *ijver* Geschäftigkeit *v* ★ *in deze industrie heerst grote* ~ in dieser Industrie herrscht Hochbetrieb
bedrinken [**zich** ~] sich betrinken
bedroefd *verdrietig* betrübt, traurig
bedroeg [verl. td.] → **bedragen**
bedroegen [verl. td.] → **bedragen**
bedroeven betrüben
bedroevend I *bnw* traurig II *bijw* erbärmlich ★ ~ *weinig* herzlich wenig ★ ~ *slecht* erbärmlich schlecht
bedrog Betrug *m*, Schwindel *m*
bedrogen I *ww* [verl. td.] → **bedriegen** II *ww* [volt.dw.] → **bedriegen**
bedroog [verl. td.] → **bedriegen**
bedruipen [**zich** ~] sein Auskommen haben
bedrukken *met inkt bewerken* bedrucken
bedrukt *neerslachtig* niedergeschlagen, deprimiert
bedtijd ★ *het is* ~*!* es ist Schlafenszeit!
beducht besorgt, beängstigt
beduiden ❶ *aanduiden* zu verstehen geben ❷ *betekenen* bedeuten
beduidend bedeutend
beduimelen abgreifen, anschmuddeln
beduusd verdutzt, bestürzt, betreten
beduvelen bemogeln, verschaukeln, beschummeln ★ *ben je beduveld?!* bist du verrückt / übergeschnappt?
bedwang ★ *iem. in* ~ *houden* jmdn. in Schach halten
bedwelmen betäuben ★ ~*de middelen* Rauschmittel *o*
bedwingen *onderwerpen* bezwingen
beëdigen ❶ *eed laten afleggen* vereidigen, unter Eid nehmen ❷ *bekrachtigen* beeidigen
beëindigen beenden
beëindiging Beendigung *v*, Einstellung *v*
beek Bach *m*
beeld ❶ *afbeelding, voorstelling* Bild *o* ★ *iets in* ~ *brengen* etw. bildlich darstellen ❷ *beeldhouwwerk* Standbild *o*, Statue *v*, ‹in gips, hout e.d.› Plastik *v*, ‹in gips, hout e.d.› Figur *v* ★ *wassen* ~ Wachsfigur *v* ❸ *indruk, idee* Bild *o* ★ *een* ~ *geven van* ein Bild vermitteln von ★ *een vertekend* ~ *van iets hebben* ein falsches Bild von einer Sache haben ★ *het* ~ *van iem. levendig houden* jmds. Bild lebendig halten ★ *zich een* ~ *vormen van* sich ein Bild machen von [+3]
beeldbuis ❶ techn Bildröhre *v* ❷ *televisie* Mattscheibe *v*
beelddrager Bildträger *m*
beeldend plastisch, bildhaft ★ ~*e kunsten* bildende(n) Künste ★ ~ *kunstenaar* bildende(r) Künstler
Beeldenstorm gesch Bildersturm *m*
beeldenstorm *verwoesting* Bildersturm *m*
beeldhouwen *beelden maken* bildhauern, ‹hout› schnitzen, ‹steen› meißeln
beeldhouwer Plastiker *m*, Bildhauer *m*
beeldhouwkunst Skulptur *v*, Bildhauerkunst *v*
beeldhouwwerk Bildhauerwerk *o*
beeldig reizend, bildschön
beeldmerk Waren- / Markenzeichen *o*
beeldplaat Bildplatte *v*
beeldpunt Bildpunkt *m*, Rasterpunkt *m*
beeldscherm Bildschirm *m*
beeldschoon bildhübsch / -schön
beeldspraak ‹concreet› Sinnbild *o*, ‹abstract› Bildersprache *v*
beeldverbinding Bildverbindung *v*
beeltenis Bildnis *o*, Porträt *o*
been ❶ *ledemaat* Bein *o* ★ *de benen strekken* sich die Beine vertreten ★ *slecht ter been zijn* schlecht zu Fuß sein ★ *niet meer op zijn benen kunnen staan* sich nicht mehr auf den Beinen halten können ★ *zich de benen uit zijn lijf lopen om* sich die Beine ablaufen nach ★ *de benen nemen* ausreißen ★ *met het verkeerde been uit bed*

be

stappen mit dem linken Fuß zuerst aufstehen ★ *met beide benen op de grond staan* mit beiden Füßen auf der Erde stehen ★ *op zijn laatste benen lopen* auf dem letzten Loch pfeifen ★ *op zijn achterste benen gaan staan* sich auf die Hinterbeine stellen ★ *iem. tegen het zere been schoppen* jmdn. vor den Kopf stoßen ★ *op de been zijn* auf den Beinen sein ★ *op de been brengen* auf die Beine stellen ★ *iem. op de been helpen* jmdm. auf die Beine helfen ❷ *bot* Knochen *m*, Bein *o* ★ *ergens geen been in zien* sich kein Gewissen aus etw. machen ❸ wisk Schenkel *m*
beenbreuk Knochen- / Beinbruch *m*
beendergestel Knochengerüst *o*
beenham cul Knochenschinken *m*
beenhouwer BN *slager* Metzger *m*, Fleischer *m*
beenhouwerij BN *slagerij* Metzgerei *v*, Fleischerei *v*
beenmerg Knochenmark *o*
beenmergtransplantatie Knochenmarktransplantation *v*
beenruimte Beinfreiheit *v*
beenvlies Knochenhaut *v*
beenwarmer Stutzen *m*
beer ❶ *roofdier* Bär *m* ★ *een ongelikte beer* ein ungehobelter Klotz ❷ *varken* Eber *m* ❸ *drek* Jauche *v*, Fäkalien *mv*
beerput lett Senkgrube *v*
beest ❶ *dier* Tier *o*, ⟨wild⟩ Bestie *v* ★ fig *het is bij de ~en af* es ist tierisch ★ fig BN *het is een mager ~je* es hat nicht viel auf sich ❷ *ruw mens* Bestie *v*, Biest *o* ★ *zich gedragen als een ~* sich schändlich / unmöglich benehmen ★ *de ~ uithangen* die Sau herauslassen
beestachtig I *bnw, als een beest* bestialisch, viehisch **II** *bijw* ❶ *ruw* bestialisch ❷ *in hoge mate* furchtbar, bestialisch ★ *het is ~ koud* es ist saukalt
beestenboel Schweinestall *m*, Sauwirtschaft *v*
beestenweer Hundewetter *o*, Sauwetter *o*
beet I *zn* [de] ❶ *het bijten* Biss *m* ❷ *hap* Bissen *m* ❸ *wond* Biss *m*, Bisswunde *v* **II** *ww* [verl. td.] → **bijten**
beetgaar halb gar, bissfest
beethebben ❶ *vast hebben* haben, im Griff haben ❷ *bedotten* hereinlegen
beetje Bisschen *o*, Wenig ★ *alle ~s helpen* Kleinvieh macht auch Mist
beetnemen ❶ *beetpakken* ergreifen ❷ *bedotten* anführen, hereinlegen, ⟨bedriegen⟩ beschwindeln
beetpakken greifen, (an)fassen, packen
beetwortel Zuckerrübe *v*
bef *vlek bij dier* Beffchen *o*
befaamd bekannt, berühmt
beffen lecken
begaafd begabt, talentiert
begaafdheid Talent *o*, Begabung *v*
begaan I *bnw* ★ *ik ben met je ~* du dauerst mich **II** *ov ww* ❶ *uitvoeren* begehen, verüben ❷ *betreden* betreten **III** *on ww, zijn gang gaan* ★ *laat mij maar ~* lass mich nur machen
begaanbaar gangbar, begehbar
begeerlijk begehrenswert
begeerte Begierde *v*, ⟨hevig⟩ Gier *v*
begeesteren begeistern
begeleiden *ondersteunen* begleiten, betreuen
begeleider ❶ *adviseur* Betreuer *m*, Begleiter *m* ❷ muz Begleiter *m*
begeleiding ❶ *het vergezellen* Betreuung *v* ❷ *het ondersteunen* Betreuung *v* ❸ muz Begleitung *v*
begenadigd begnadet
begenadigen *gratie verlenen* begnadigen
begeren begehren
begerenswaardig begehrenswert
begerig begierig (**naar** auf+4), gierig
begeven I *wkd ww* [**zich ~**] *gaan* sich begeben (**naar** nach) ★ *zich op weg ~* sich auf den Weg machen **II** *ov ww, het begeven* versagen
begieten begießen
begiftigen bedenken, beschenken
begijn Begine *v*
begijnhof Beginenhof *m*
begin Anfang *m*, Beginn *m* ★ *~ april* Anfang April ★ *aan het ~ van het nieuwe jaar* zum Beginn des neuen Jahres ★ *nog aan het ~ staan* noch in den Anfängen stecken ★ *in het ~* am Anfang ★ *van het ~ af aan* von Anfang an ★ *alle ~ is moeilijk* aller Anfang ist schwer ★ *een goed ~ is het halve werk* frisch gewagt ist halb gewonnen
beginfase Anfangsphase *v*
beginkapitaal *som geld* Start- / Anfangskapital *o*
beginneling, **beginner** Anfänger *m*
beginnen I *ov ww* beginnen **II** *on ww* ★ *om te ~* zunächst ★ *hij begint er altijd weer over* er fängt immer wieder davon an
beginnerscursus Anfängerkurs *m*
beginnersfout typische(r) Fehler *m* eines Anfängers
beginrijm Stabreim *m*, Alliteration *v*
beginsel ❶ *elementaire eigenschap* Prinzip *o* ★ *de (eerste) ~en* die ersten Anfänge ★ *in ~* prinzipiell, grundsätzlich ★ *in ~ aanwezig zijn* im Ansatz vorhanden sein ❷ *overtuiging* Grundsatz *m*
beginselverklaring Grundsatzerklärung *v*
beglazing Verglasung *v* ★ *dubbele ~* Doppelfenster *o*
begluren belauern
begoed BN *gegoed* bemittelt, vermögend ★ *~e burgerij* Großbürgertum *o*
begon [verl. td.] → **beginnen**
begonia Begonie *v*
begonnen I *ww* [verl. td.] → **beginnen II** *ww* [volt.dw.] → **beginnen**
begoochelen betören, blenden
begraafplaats Friedhof *m*
begrafenis *plechtigheid* Beerdigung *v*, Begräbnis *o*
begrafenisonderneming Beerdigungsunternehmen / -institut *o*
begrafenisstoet Leichenzug *m*
begraven ❶ *in de grond stoppen* vergraben ★ *de hond begraaft het bot* der Hund vergräbt den Knochen ❷ *in het graf leggen* begraben, beerdigen, bestatten ★ *een dode ~* einen Toten begraben ★ *hier ligt ~* hier ruht ❸ *bedelven* ★ *zich in zijn werk ~* sich in seine Arbeit vergraben
begreep [verl. td.] → **begrijpen**
begrenzen ❶ *de grens vormen van* begrenzen ★ *begrensd worden door* begrenzt werden von [+3] ★ *de rivier begrenst het land* das Land wird vom Fluss begrenzt ❷ fig *afbakenen, beperken*

begrenzen

begrenzing *het begrenzen* Begrenzung *v*

begrepen I *ww* [verl. td.] → **begrijpen II** *ww* [volt.dw.] → **begrijpen**

begrijpelijk begreiflich, verständlich, fasslich

begrijpen ❶ *verstandelijk bevatten* begreifen, verstehen ★ *begrepen?* verstanden?, inform kapiert? ★ *iem. verkeerd ~* jmdn. missverstehen ❷ *omvatten* enthalten, einschließen ★ *eronder begrepen* mit einbegriffen ▼ *het op iem. begrepen hebben* es auf jemanden abgesehen haben ▼ *ik heb het niet op haar begrepen* sie ist mir nicht geheuer

begrip ❶ *het begrijpen* Fassungskraft *v*, ⟨inzicht⟩ Verständnis *o*, ⟨inzicht⟩ Einsicht *v* ★ *snel van ~ zijn* schnell begreifen ★ *traag van ~ zijn* schwer von Begriff sein ★ *geen ~ voor iets hebben* kein Verständnis für etw. haben ★ *~ tonen* Verständnis zeigen ❷ *denkbeeld* Begriff *m*, Vorstellung *v*

begripsbepaling Begriffsbestimmung *v*

begripsverwarring Begriffsverwirrung *v*

begroeien bewachsen

begroeiing Begrünung *v*, Bewuchs *m*

begroeten *groet brengen* begrüßen

begroeting Begrüßung *v*

begrotelijk teuer, kostspielig

begroten schätzen ★ *de kosten ~ op* die Kosten veranschlagen auf [+4]

begroting ❶ *raming* Kostenvoranschlag *m*, Budget *o*, Etat *m* ★ *een gat in / een tekort op de ~* Etatdefizit *o* ★ *een ~ (op)maken* ein Kostenvoranschlag machen ★ *een ~ overschrijden* einen Etat überschreiten ★ *een ~ sluitend maken* einen Etat ausgleichen ❷ *het stuk* Haushalt *m*, Etat *m* ★ *een ~ indienen* einen Etat einreichen

begrotingsjaar Haushaltsjahr *o*, Etat(s)jahr *o*, Rechnungsjahr *o*, Finanzjahr *o*

begrotingstekort Budgetdefizit *o*

begunstigde Begünstigte(r) *m*

begunstigen begünstigen, bevorzugen ★ *de begunstigde* econ der Empfänger

begunstiger Gönner *m*, Förderer *m*

beha BH *m*, Büstenhalter *m*

behaaglijk *prettig* behaglich

behaagziek kokett, gefallsüchtig

behaard behaart, haarig

behagen I *zn* [het] Behagen *o* ★ *~ scheppen in* Gefallen finden an [+3] **II** *on ww* behagen, gefallen

behalen ⟨goede cijfers⟩ bekommen, ⟨overwinning⟩ davontragen, ⟨prijs / voordeel⟩ gewinnen, ⟨succes / winst⟩ erzielen, ⟨roem⟩ erwerben

behalve *uitgezonderd* außer, ausgenommen

behandelen ❶ *omgaan met* behandeln ★ *iem. streng ~* streng mit jmdm. verfahren ❷ *bespreken* besprechen, behandeln, erörtern ★ *wat wordt in dit boek behandeld?* worüber handelt dieses Buch?

behandeling ❶ *het omgaan met iets* Behandlung *v* ❷ med *verzorging* ★ *zich onder ~ stellen van* sich von...(+3) ärztlich behandeln lassen

behandelkamer Sprechzimmer *o*, Behandlungszimmer *o*

behandelmethode Behandlungsmethode *v*

behang Tapete *v*

behangen ❶ *behang aanbrengen* tapezieren ❷ *hangen aan* behängen

behanger Tapezierer *m*

behappen ★ *iets kunnen ~* mit etw. zurande / zu Rande kommen

beharing Behaarung *v*

behartigen vertreten, wahren

beheer ❶ *beherende instantie* Leitung *v* ❷ *het beheren* Verwaltung *v* ★ *in eigen ~* in Selbstverwaltung, in eigener Verwaltung ★ *iets onder ~ hebben* etw. verwalten ★ *onder ~ staan van* unter Verwaltung stehen von

beheerder Verwalter *m*

beheersen I *ov ww* beherrschen **II** *wkd ww* [**zich ~**] sich beherrschen

beheersing Beherrschung *v*

beheerst beherrscht, gefasst

beheksen behexen, verhexen

behelpen [**zich ~**] sich behelfen

behelzen beinhalten, enthalten

behendig gewandt, geschickt, behände

behendigheid Behändigkeit *v*

behendigheidsspel Geschicklichkeitsspiel *o*

behept met behaftet mit [+3]

beheren ❶ *besturen* verwalten ★ *de erfenis ~* den Nachlass verwalten ❷ *exploiteren* bewirtschaften

behoeden behüten, schützen vor ★ *iem. voor een fout ~* jmdn. vor einem Fehler bewahren

behoedzaam bedächtig, behutsam

behoefte *verlangen* Bedarf *m* ★ *~ hebben aan iets* etw. brauchen / bedürfen ★ *in een ~ voorzien* ein Bedürfnis befriedigen ★ *naar ~* je nach Bedarf ▼ *zijn ~ doen* seine Notdurft verrichten

behoeftig Not leidend, bedürftig

behoeve zwecks [+2] ★ *ten ~ van haar* ihretwillen

behoeven *nodig hebben* brauchen, bedürfen ★ *dit behoeft geen uitleg* dies bedarf keiner Erklärung

behoorlijk ❶ *zoals het hoort* gebührend, gehörig, anständig ❷ *vrij groot* beträchtlich, ordentlich ★ *een ~ bedrag* eine beträchtliche Summe

behoren *betamen* gehören ★ *naar ~* wie es sich gehört ★ *zoals het behoort* wie es sich gebührt / ziemt

behoud ❶ *het in stand houden* Erhaltung *v* ★ *met ~ van salaris* unter Beibehaltung des Gehaltes *v* ❷ *redding* Rettung *v*, Bewahrung *v*, Erhaltung *v*

behouden I *bnw* unversehrt, unverletzt, wohlbehalten **II** *ov ww* ⟨houden⟩ behalten, ⟨in goede staat houden⟩ erhalten, ⟨handhaven⟩ bewahren ★ *een baan ~* eine Stelle erhalten ★ *zijn spontaniteit ~* seine Spontaneität behalten ★ *de overhand ~* die Oberhand erhalten ★ *het natuurgebied ~* das Naturgebiet erhalten

behoudend konservativ

behoudens ❶ *behalve, op... na* abgesehen von [+3], außer [+3] ★ *~ enkele wijzigingen* abgesehen von einigen Änderungen ❷ *onder voorbehoud van* vorbehaltlich [+2] ★ *~ goedkeuring van de leiding* vorbehaltlich der Zustimmung der Leitung

behoudsgezind BN *conservatief* konservativ

behoudzucht Konservativismus *m*

behuisd behaust ★ *goed ~ zijn* eine gute Wohnung haben

be

behuizing ❶ *huisvesting, woongelegenheid* Wohnung *v*, ‹negatief› Behausung *v* ❷ *ombouw* Gehäuse *o*
behulp Hilfe *v* ★ *met ~ van een touw* mit / unter Zuhilfenahme eines Seils
behulpzaam dienstfertig, gefällig, behilflich ★ *iem. ~ zijn* jmdm. behilflich sein
beiaard Glockenspiel *o*
beiaardier Glöckner *m*, Glockenspieler *m*
beide ❶ [bijvoeglijk] beide ❷ [zelfstandig] beide
beiderlei beiderlei ★ *van ~ kunne* beiderlei Geschlechts *o*
Beieren Bayern *o*
beieren ‹luiden› läuten, ‹carillon› (das Glockenspiel) anschlagen
Beiers bayerisch
beige beige
beignet Krapfen *m*
Beijing → **Peking**
beijveren [zich ~] sich bemühen, bestrebt sein
beïnvloeden beeinflussen
beïnvloeding Beeinflussung *v*
Beiroet Beirut *o*
beitel Meißel *m*
beitelen meißeln ★ fig *dat zit gebeiteld* das kann nicht mehr schiefgehen
beits Beize *v*
beitsen beizen
bejaard alt, betagt, bejahrt
bejaarde Alte(r) *m*, euf Senior *m*
bejaardentehuis Altersheim *o*
bejaardenverzorgster Altenpflegerin *v*
bejaardenwoning Altenwohnung *v*
bejaardenzorg Altenpflege *v*
bejegenen begegnen, behandeln ★ *iem. onheus ~* jmdm. unhöflich begegnen
bejubelen bejubeln, zujubeln
bek ❶ *mond van dier* ‹vogel› Schnabel *m*, ‹muil› Maul *o* ❷ vulg *mond van een mens* Schnauze *v*, Maul *o*, Fresse *v* ★ *bekken trekken* Grimassen schneiden ★ *breek me de bek niet open!* hör bloß auf damit! ★ *een grote bek hebben* eine große Schnauze / Klappe haben ★ *houd je bek!* halt das Maul / die Fresse!
bekaaid ▼ *er ~ afkomen* übel davonkommen
bekabelen verkabeln
bekaf hundemüde, todmüde
bekakt affektiert, gemacht
bekeerling Bekehrte *m*, Konvertit *m*
bekend ❶ *befaamd* bekannt ★ *een ~e schilder* ein namhafter Maler ❷ *gekend* bekannt ★ *het is algemeen ~ dat...* es ist gemeinhin bekannt dass... ★ *zoals ~* bekanntlich ★ *~ staan om iets* für etw. bekannt sein ❸ *ervan wetend* bekannt, geläufig
bekende Bekannte(r) *m* ★ *een oude ~* ein alter Bekannter
bekendheid ❶ *het bekend zijn (met)* Wissen *o*, Kenntnis *v* ★ *er werd ~ aan gegeven* es wurde publik gemacht ❷ *faam* Bekanntheit *v*
bekendmaken bekannt geben / machen ★ *zij maakten bekend dat ze gingen trouwen* sie gaben bekannt, dass sie heiraten würden ★ *zich ~ aan iem.* sich jmdm. bekannt machen
bekendmaking Bekanntmachung *v*
bekendstaan bekannt sein (om wegen), gelten (als als)
bekennen I *on ww*, jur *zich schuldig verklaren* gestehen, eingestehen ★ *de dader heeft bekend* der Täter hat gestanden **II** *ov ww* ❶ *toegeven* zugeben, bekennen, gestehen, eingestehen ★ *zijn ongelijk ~* sein Unrecht (ein)gestehen ❷ *bemerken* sehen, erkennen ★ *er was geen mens te ~* es war kein Mensch zu sehen
bekentenis Bekenntnis *o*, Eingeständnis *o*, jur Geständnis *o* ★ *een grote ~* ein umfangreiches Geständnis / Bekenntnis
beker ❶ *mok* Becher *m* ❷ *trofee* Pokal *m*
bekeren bekehren
bekerfinale Pokalendspiel *o*
bekering Bekehrung *v*
bekerwedstrijd Pokalspiel *o*
bekeuren ein Strafmandat erteilen ★ *bekeurd worden* einen Strafzettel bekommen
bekeuring Bußgeld *o*, Strafzettel *m*
bekijken ❶ *kijken naar* betrachten, ansehen, besichtigen ❷ *overdenken* besehen, erwägen ★ fig BN *het voor bekeken houden* genug davon haben
bekijks ★ *veel ~ hebben* großes Aufsehen erregen
bekisting (Ver)Schalung *v*
bekken *kom* Becken *o*
beklaagde Angeklagte(r) *m*
beklaagdenbank Anklagebank *v*
bekladden beschmieren, beklecksen ★ fig *iemands naam ~* jmdn. verleumden
beklag Beschwerde *v* ★ *zijn ~ doen over* sich beschweren über
beklagen I *ov ww* ❶ *medelijden tonen* bedauern, bemitleiden ❷ *betreuren* beklagen **II** *wkd ww* [zich ~] sich beschweren, sich beklagen
beklagenswaardig beklagenswert, bedauerlich, bedauernswert
bekleden ❶ *bedekken* polstern ❷ *vervullen* bekleiden
bekleding *bedekking* Bezug *m*, Polsterung *v*, Verkleidung *v*, Vertäfelung *v*
beklemmen ❶ *vastknellen* einklemmen ❷ *benauwen* beengen, bedrücken
beklemtonen taalk *klemtoon toepassen* betonen
beklijven haften
beklimmen besteigen
beklinken *afspreken* abmachen, vereinbaren
beknellen lett einklemmen ★ *bekneld raken* eingeklemmt werden
beknibbelen ★ *~ op* sparen an ★ *op deze uitgaven kunnen we niet ~* an diesen Ausgaben können wir nicht sparen
beknopt kurz ★ *~e versie* Kurzfassung *v*
beknotten beschränken, ‹personen› einschränken
bekocht hereingelegt, betrogen
bekoelen *koeler worden* abkühlen
bekogelen bewerfen
bekokstoven abkarten, aushecken
bekomen *uitwerking hebben (op)* bekommen ★ *het eten bekomt hem slecht* das Essen bekommt ihm schlecht ★ *wel bekome het u!* wohl bekomms
bekommerd besorgt
bekommeren [zich ~] om/over sich kümmern um
bekomst ★ *zij kreeg haar ~* sie hat ihren Teil abbekommen

bekonkelen abkarten
bekoorlijk anmutig, reizend
bekopen bezahlen ★ *het met de dood* ~ es mit dem Leben bezahlen
bekoren ❶ *verrukken* reizen, entzücken, bezaubern ❷ *verleiden* verführen
bekoring ❶ *aantrekkingskracht* Reiz *m* ❷ *verleiding* Versuchung *v*, Verführung *v*
bekorten abkürzen, verkürzen, kürzen
bekostigen bezahlen, finanzieren ★ *zijn levensonderhoud* ~ den Lebensunterhalt bestreiten
bekrachtigen bekräftigen, ‹wet, verdrag› ratifizieren
bekrachtiging Bekräftigung *v*, Bestätigung *v*, jur Ratifizierung *v*
bekritiseren kritisieren
bekrompen borniert, engstirnig, beschränkt
bekroning *prijs* Krönung *v*
bekruipen *opkomen van gevoelens* beschleichen
bekvechten sich streiten, sich zanken
bekwaam ❶ *kundig* geschickt ❷ *in staat tot* fähig
bekwaamheid Fähigkeit *v*, Befähigung *v*, jur Befugnis *v*
bekwamen ausbilden
bel ❶ *klok- of halvebolvormig voorwerp* Glocke *v*, ‹deurbel› Klingel *v* ★ *op de bel drukken* auf die Klingel drücken ★ *de bel laten gaan* es klingeln lassen ★ *de bel gaat* es klingelt ★ fig *aan de bel trekken* Lärm schlagen ★ fig *dat deed een belletje rinkelen* da klingelte es ❷ *luchtbel* Blase *v* ★ *bellen blazen* Seifenblasen machen
belabberd *slecht* miserabel, elend
belachelijk lächerlich
beladen beladen
belagen bedrängen
belager Bedränger *m*
belanden landen ★ *op iemands bureau* ~ jmdm. auf den Tisch flattern
belang Belang *m*, Interesse *o*, Bedeutung *v* ★ *van* ~ von Belang ★ *het is van* ~ *dat...* es ist wichtig, dass... ★ *dat is niet van* ~ das ist belanglos ★ ~ *hechten aan* Wert legen auf [+4] ★ *algemeen* ~ Gemeinwohl *o* ★ ~ *hebben bij* Interesse haben an [+3] ★ *in je eigen* ~ in deinem eigenen Interesse ★ ~*en in een bedrijf hebben* an einer Firma beteiligt sein ★ *drukte van* ~ viel Betrieb
belangeloos uneigennützig, ‹gratis› gratis, ‹gratis› unentgeltlich
belangenorganisatie Interessenverband *m*, Interessengruppe *v*
belanghebbend interessiert ★ *de* ~*e partijen* die beteiligten Parteien
belangrijk *van betekenis* wesentlich, erheblich, bedeutend, wichtig
belangstellen in Interesse zeigen / haben an [+3], sich interessieren an [+3], sich interessieren für [+4]
belangstellend interessiert
belangstelling Anteilnahme *v*, Teilnahme *v*, Interesse *o*
belangwekkend interessant
belast *verzwaard met last* beladen
belastbaar econ *te belasten* steuerpflichtig
belasten ❶ *last leggen op* belasten (**met** mit) [+3], fig beauftragen (**met** mit) [+3] ★ *zij is belast met de zorg voor jonge kinderen* sie ist zuständig für die Betreuung kleiner Kinder ★ *zich* ~ *met* auf sich nehmen [+4] ★ ~*de verklaring* belastende Aussage ❷ *belasting heffen op* besteuern ★ *te zwaar* ~ zu stark besteuern
belasteren verleumden, diffamieren
belasting ❶ *last, druk* ook fig Belastung *v* ★ *maximale* ~ Höchstbelastung ❷ *verplichte bijdrage* Steuer *v* ★ ~ *heffen* Steuern erheben ★ ~ *ontduiken* Steuern hinterziehen ★ *van de* ~ *aftrekken* von der Steuer absetzen
belastingaangifte Steuererklärung *v*
belastingaanslag ‹bedrag van aanslag› Steuerveranlagung *v*, ‹kennisgeving› Steuerbescheid *m*
belastingadviseur Steuerberater *m*
belastingaftrek Steuerabzug *m*
belastingbetaler Steuerzahler *m*
belastingbiljet Steuerbescheid *m*
belastingconsulent Steuerberater *m*
belastingdienst Finanzamt *o*
belastingdruk Steuerlast *v*
belastingfraude Steuerbetrug *m*, Steuerhinterziehung *v*
belastingheffing Steuererhebung *v*
belastingjaar Steuerjahr *o*
belastingontduiking Steuerhinterziehung *v*
belastingontvanger Finanzbeamte *m-v*
belastingparadijs Steuerparadies *o*
belastingplichtig steuerpflichtig
belastingplichtige Steuerpflichtige *m/v*
belastingschuld Steuerschuld *v*
belastingteruggave Steuerrückerstattung *v*
belastingverhoging Steuererhöhung *v*
belastingverlaging Steuersenkung *v*
belastingvoordeel Steuervorteil *m*
belastingvrij steuerfrei
belastingvrijheid Steuerfreiheit *v*
belazerd ❶ *gek* bekloppt, bescheuert ❷ *beroerd* beschissen, traurig, mies ★ *dat is* ~ das ist unter aller Sau
belazeren hereinlegen, inform bescheißen ★ *ik voel me belazerd* ich fühle mich beschissen
belcanto Belcanto *m*
beleden I *ww* [verl. td.] → **belijden II** *ww* [volt.dw.] → **belijden**
beledigen beleidigen, kränken
belediging Beleidigung *v*, Kränkung *v*
beleed [verl. td.] → **belijden**
beleefd höflich
beleefdheid Höflichkeit *v*
beleg ❶ cul *broodbeleg* Belag *m* ❷ *belegering* Belagerung *v* ★ *de staat van* ~ *afkondigen* den Ausnahmezustand verhängen
belegen abgelagert ★ ~ *kaas* ältere(r) Käse *m*
belegeren belagern
belegering Belagerung *v*
beleggen ❶ *bedekken* belegen ❷ *investeren* anlegen
belegger Anleger *m*
belegging *geldinvestering* Kapitalanlage *v*
beleggingsfonds ❶ *instelling* Kapitalanlagefonds *m* ❷ *effecten* Anlagepapiere *mv*, festverzinsliche(n) Papiere *mv*
beleggingsmarkt Kapitalmarkt *m*
beleggingsobject Investitionsgut *o*

be

beleid ❶ *gedragslijn* Politik *v* ❷ *tact* Umsicht *v* ★ *met ~ te werk gaan* umsichtig vorgehen
beleidslijn Kurs *m*
beleidsmaker Manager *m*
beleidsmedewerker Referent *m* [v: Referentin], Sachbearbeiter *m* [v: Sachbearbeiterin]
beleidsnota ≈ Konzept *o*, ≈ Programm *o*
belemmeren hemmen, behindern
belemmering ❶ *het belemmeren* Hindernis *o*, Behinderung *v*, psych Hemmung *v* ❷ *dat wat belemmert* Hindernis *o*
belendend benachbart, angrenzend
belenen verpfänden, beleihen
belerend belehrend
beletsel Hindernis *o*
beletselteken drukk drei Pünktchen *mv*
beletten hindern, verwehren ★ *iem. de toegang ~* jmdm. den Zutritt verwehren ★ *iem. ~ te werken* jmdn. von der Arbeit abhalten
beleven erleben ★ *spannende avonturen ~* spannende Abenteuer erleben ★ *daar zal hij veel plezier van ~* damit wird er viel Freude haben ★ *er valt hier werkelijk niets te ~* hier gibt es wirklich gar nichts zu erleben ★ *hij beleeft wat met haar* er macht mit ihr was mit
belevenis Erlebnis *o*
beleving Empfinden *o*
belevingswereld Erlebniswelt *v*
belezen belesen
Belg Belgier *m*
belgicisme Belgizismus *m*
België Belgien *o*
Belgisch belgisch
Belgische Belgierin *v*
Belgrado Belgrad *o*
belhamel *kwajongen* Balg *m*
belichamen verkörpern
belichaming Verkörperung *v*
belichten ❶ *licht laten schijnen op* beleuchten ❷ audio-vis belichten
belichting ❶ *het belichten* Beleuchtung *v* ❷ audio-vis Belichtung *v*
belichtingstijd Belichtungszeit *v*
believen **I** *zn* [het] Belieben *o* **II** *ov ww* wünschen
belijden ❶ *bekennen* bekennen ❷ *aanhangen* sich bekennen ★ *het katholieke geloof ~* sich zum Katholizismus bekennen ★ *iets alleen met de mond ~* nur ein Lippenbekenntnis ablegen
belijdenis *geloofsgetuigenis* Bekenntnis *o* ★ *~ doen* ein Glaubensbekenntnis ablegen
Belize Belize *o*
bellen **I** *ov ww, telefoneren* anrufen, ⟨met iem.⟩ telefonieren (mit) [+3] ★ *bel je me?* rufst du mich an? ★ *zij is net aan het ~* sie telefoniert gerade ★ *ik zal je ~* ich rufe dich an **II** *on ww* ❶ *aanbellen* klingeln, läuten ★ *er wordt gebeld* es klingelt ❷ *geluid maken met een bel* läuten, klingeln
bellenblazen Seifenblasen machen
belminuut Telefonminute *v*
belofte Versprechen *o* ★ *valse ~n* falsche(n) Versprechungen ★ *een ~ doen* ein Versprechen geben ★ *een ~ gestand doen* ein Versprechen halten / einlösen ★ *een ~ houden* ein Versprechen einhalten ★ *een ~ breken* ein Versprechen brechen
beloken → **Pasen**
belonen ❶ *betalen* belohnen ❷ *voldoening geven* belohnen
beloning *voldoening voor goede daad* Belohnung *v*
beloop *gang* Verlauf *m* ★ *de zaak op zijn ~ laten* der Sache ihren Lauf lassen
belopen *bedragen* sich belaufen auf [+4], betragen
beloven versprechen
belspel media Telefonshow *v*
beltegoed Guthaben *o*, Startguthaben *o*
beltoon Rufton *m*, Klingelton *m*
beluisteren *luisteren naar* (sich) anhören
belust op begierig auf, min geil auf ★ *~ zijn op* erpicht / versessen sein auf [+4]
belwinkel Telefonladen *m*
bemachtigen ❶ *te pakken krijgen* erstehen, ⟨met geld⟩ sich beschaffen ❷ *buitmaken* sich bemächtigen
bemalen entwässern
bemannen *van personeel / mensen voorzien* besetzen
bemanning Bemannung *v*, Besatzung *v*
bemanningslid Mitglied *o* der Besatzung
bemerken bemerken
bemesten düngen
bemesting Düngung *v*
bemeten ★ *ruim ~ zijn* reichlich bemessen sein
bemeubelen BN möblieren
bemiddelaar Vermittler *m*
bemiddeld begütert, bemittelt, inform betucht
bemiddelen *tussenbeide komen* schlichten
bemiddeling Vermittlung *v*
bemind beliebt
beminnelijk liebenswert / -würdig
beminnen lieb haben, lieben
bemoederen bemuttern
bemoedigen Mut machen, ermutigen
bemoeial ★ *hij is een ~* er steckt seine Nase in alles
bemoeien [**zich ~**] ❶ **~ met** *zich bezighouden met* eingreifen in, sich einmischen in ★ *bemoei je er niet mee!* misch dich nicht ein! ❷ **~ met** *zich bekommeren om* sich kümmern um
bemoeienis ❶ Zuständigkeit *v* ❷ *inmenging* Einmischung *v*
bemoeilijken erschweren
bemoeiziek ★ *~ iem.* Person, die sich in alles einmischt *v*
bemoeizucht Neigung *v*, sich in alles einzumischen
benadelen schaden, benachteiligen
benaderen sich nähern [+3] ★ fig *een probleem anders ~* anders an ein Problem herangehen ★ fig *iem. met een verzoek ~* sich mit einer Bitte an jmdn. wenden ★ fig *hij is door ons benaderd* wir haben Kontakt mit ihm aufgenommen, wir haben uns an ihn gewandt
benadering Annäherung *v*, fig Vorgehensweise *v* ★ *bij ~* annähernd
benadrukken betonen
benaming Bezeichnung *v*
benard bedrängt, misslich
benauwd **I** *bnw* ❶ *moeilijk ademend* beklemmt, beklommen ★ *zij heeft het ~* sie bekommt keine

Luft ❷ *drukkend* drückend, schwül ❸ *angstig* ängstlich **II** *bijw, angstig* ängstlich

benauwen ❶ *beklemmen* bedrücken, beklemmen ❷ *beangstigen* beängstigen

bende ❶ *groep* Bande *v* ❷ *wanorde* Durcheinander *o*, Chaos *o* ❸ *(hele)boel* Haufen *m*, Masse *v*

bendeleider Bandenführer *m*

bendeoorlog Bandenkrieg *m*

beneden I *vz, lager dan, onder* unter [+3], unterhalb [+2] ★ *de kelder ~ het huis* der Keller unter dem Haus ★ *~ de tien jaar* unter zehn Jahren ★ *~ de waarde* unter dem Wert **II** *bijw, onder, omlaag* unten ★ *~ aan / in* unten an / in [+3] ★ *naar ~ brengen* nach unten bringen, hinunterbringen ★ *naar ~ gaan* hinuntergehen, nach unten gehen ★ *naar ~ komen* herunterkommen ★ *ze woont ~* sie wohnt unten / im Erdgeschoss

benedenbuur Nachbar *m* unten

benedenhuis Parterrewohnung *v*

benedenloop Unterlauf *m*

benedenverdieping untere(s) Stockwerk *o*, Parterre *o*, Erdgeschoss *o*

Benedenwindse Eilanden Inseln *mv* unter dem Wind

benedenwoning Parterrewohnung *v*

benefietconcert Benefizkonzert *o*

benefietvoorstelling Benefizvorstellung *v*, Benefizgala *v*

benefietwedstrijd Benefizspiel *o*

Benelux Benelux *v*

benemen nehmen ★ *het uitzicht ~* die Aussicht versperren ★ *de adem ~* den Atem rauben

benen I *bnw* beinern, knöchern **II** *on ww* stiefeln ★ *erop af ~* drauf zustiefeln

benenwagen ▾ *met de ~ gaan* auf Schusters Rappen gehen

benepen ❶ *benauwd* beklemmt, bedrückt ❷ *bekrompen* kleinlich, engstirnig

beneveld getrübt ★ *licht ~* angeheitert, (leicht) angetrunken, beschwipst

benevens samt [+3], mit [+3]

Bengaals, **Bengalees** bengalisch

bengel *deugniet* Bengel *m*, Schlingel *m*

bengelen *slingeren* baumeln

benieuwd neugierig, gespannt ★ *~ naar* neugierig nach [+3], gespannt auf [+4]

benieuwen neugierig / gespannt sein ★ *het zal mij ~* da bin ich mal gespannt

benig *waar been in zit* knochig

benijden beneiden, neidisch sein auf [+4] ★ *beter benijd dan beklaagd* besser Neider als Mitleider

benijdenswaardig beneidenswert

Benin Benin *o*

benjamin Nesthäkchen *o*, Benjamin *m*

benodigd erforderlich, benötigt, nötig

benodigdheden Benötigte(s) *o*, Erforderliche(s) *o* ★ *alle ~* alles Erforderliche

benoemen ❶ *naam geven* benennen ❷ *aanstellen (als)* ernennen

benoeming *aanstelling* Ernennung *v*

benul Ahnung *v*, inform Schimmer *m* ★ *geen flauw ~ van iets hebben* keine blasse Ahnung von etw. haben, inform keinen blassen Schimmer von etw. haben

benutten wahrnehmen, (be)nutzen ★ *de gelegenheid ~* die Gelegenheit wahrnehmen / nutzen

benzedrine Benzedrin *o*

benzeen Benzen *o*

benzine Benzin *o*, inform Sprit *m*

benzinemotor Benzinmotor *m*

benzinepomp ❶ *toestel* Zapfsäule *v*, Tanksäule *v* ❷ *station* Tankstelle *v*

benzinestation Tankstelle *v*

benzinetank Benzintank *m*

benzineverbruik Benzinverbrauch *m*

beo Beo *m*

beoefenaar ⟨van muziek⟩ Musiker *m*, ⟨van sport⟩ Sportler *m*, ⟨van de wetenschap⟩ Wissenschaftler *m*

beoefenen ausüben, ⟨sport⟩ treiben

beogen vorhaben, beabsichtigen, bezwecken

beoordelen beurteilen

beoordeling Bewertung *v*, Beurteilung *v*

bepaald I *bnw, vastgesteld, welomschreven* bestimmt, festgelegt, festgesetzt **II** *bijw, zeker* durchaus, bestimmt, entschieden

bepakking Gepäck *o*

bepakt ▾ *~ en bezakt* mit Sack und Pack

bepalen *vaststellen* festlegen, festsetzen, bestimmen

bepaling ❶ *vaststelling* Bestimmung *v* ❷ *voorschrift* Anordnung *v* ❸ *beding* Bedingung *v*, Voraussetzung *v*, ⟨in een contract⟩ Klausel *v* ❹ taalk Bestimmung *v* ★ *bijwoordelijke ~* Adverbialbestimmung *v*

beperken I *ov ww* beschränken, einschränken ★ *de oplage is beperkt tot vijftig exemplaren* es gibt eine begrenzte Auflage von fünfzig Exemplaren ★ *snelheid ~* Geschwindigkeit beschränken ★ *dat beperkt de mogelijkheden* das beschränkt die Möglichkeiten ★ *iem. ~ in zijn mogelijkheden* jmdn. in seinen Möglichkeiten einschränken ★ *de uitgaven ~* die Ausgaben beschränken **II** *wkd ww* [**zich ~**] ★ *zich ~ tot* sich beschränken auf [+4]

beperking ❶ *grens* Grenze *v*, Schranke *v* ❷ *inkrimping* Beschränkung *v*

beperkt beschränkt, begrenzt

beplanten bepflanzen

beplanting *gewassen* Bepflanzung *v*

bepleiten plädieren für, eintreten für, befürworten

bepraten ❶ *bespreken* besprechen, bereden, durchsprechen ❷ *overhalen* überreden, bereden, inform beschwatzen

beproefd erprobt, bewährt

beproeven ❶ *proberen* versuchen ❷ *op de proef stellen* erproben, testen, prüfen

beproeving ❶ *tegenspoed* Schicksalsschlag *m* ❷ *proef* Heimsuchung *v*

beraad Erwägung *v*, Überlegung *v* ★ *iets in ~ nemen* etw. in Erwägung ziehen ★ *na rijp ~* nach reiflicher Überlegung

beraadslagen beraten, beratschlagen ★ *met iem. ~ over iets* sich mit jmdm. über etw. beraten

beraadslaging Beratung *v*, Beratschlagung *v*

beraden [**zich ~**] sich überlegen, sich besinnen

beramen ❶ *ontwerpen* planen, entwerfen, min anzetteln ❷ *begroten* veranschlagen

Berber *lid van volk* Berber *m*
berber *tapijt* Berber *m*
berde ▾ *iets te ~ brengen* etwas zur Sprache bringen
bere- super-
berechten jur verurteilen
beredderen erledigen, in Ordnung bringen
bereden *te paard* beritten
beredeneren erörtern, erläutern ★ *hoe beredeneer je dat?* wie erläuterst du das?
beregelen regeln
beregoed riesig
bereid *genegen (tot / te)* bereit ★ *iem. tot iets ~ vinden* jmdn. bereitfinden zu etw.
bereiden bereiten, ⟨eten⟩ zubereiten
bereidheid Bereitschaft *v*
bereiding Bereiten *o*, ⟨eten⟩ Zubereitung *v*, ⟨productie⟩ Erzeugung *v*, ⟨productie⟩ Herstellung *v*
bereidwillig bereitwillig, hilfsbereit
bereik *gebied binnen reikwijdte* Reichweite *v*, Bereich *m* ★ *binnen mijn ~* in meinem Bereich ★ *buiten ~* außer Reichweite ★ *dat ligt buiten mijn ~* das ist außerhalb meiner Reichweite, das geht über meinen Horizont
bereikbaar erreichbar
bereiken *aankomen te / komen tot* erreichen
bereisd weit gereist
berekend op geeignet für ★ *~ zijn op* etw. [4] gewachsen sein ★ *deze ruimte is er niet op ~* dieser Raum ist dazu nicht geeignet
berekenen ❶ *uitrekenen* aus- / errechnen ❷ *in rekening brengen* an- / berechnen
berekenend berechnend, eigennützig
berekening Berechnung *v* ★ *uitkomst van de ~* Ergebnis *o* ★ *naar menselijke ~* nach menschlichem Ermessen
berenklauw plantk Bärenklau *m*
berenmuts Bärenfellmütze *v*
beresterk bärenstark
berg ❶ *grote heuvel* Berg *m* ★ *ergens als een berg tegenop zien* einer Sache mit Furcht entgegensehen ❷ *hoop* Berg *m*, Haufen *m*
bergachtig bergig, ⟨hoge bergen⟩ gebirgig
bergafwaarts lett bergab
bergbeklimmen bergsteigen
bergbeklimmer Bergsteiger *m*
bergbewoner Bergbewohner *m*
Bergen ❶ *plaats in België* Mons *o* ❷ *plaats in Noorwegen* Bergen *o*
bergen ❶ *ruimte bieden aan* unterbringen ❷ *opbergen* aufbewahren, ⟨vlag, zeil⟩ einholen
Bergenaar ❶ *inwoner van België* Einwohner *m* von Mons ❷ *inwoner van Noorwegen* Bergener *m*
Bergens ❶ *van / uit plaats in België* von Mons ❷ *van / uit plaats in Noorwegen* Bergener
Bergense ❶ *inwoonster van België* Einwohnerin *v* von Mons ❷ *inwoonster van Noorwegen* Bergenerin *v*
bergetappe sport Bergetappe *v*
berggeit Bergziege *v*
berghelling Berghang *m* ★ *tegen de ~* am Berghang
berghok Abstellraum *m*
berghut Berghütte *v*
berging ❶ *het bergen* Bergen *o*, Bergung *v* ❷ *berghok* Abstellraum *m*, Abstellkammer *v*, ⟨schuur⟩ Schuppen *m*
bergingsoperatie Bergungsarbeiten *v mv*
bergkam Gebirgskamm *m*
bergketen Gebirgskette *v*
bergkristal Bergkristall *m*
bergloon Bergungskosten *mv*
bergmassief Gebirgsmassiv *o*
bergmeubel Mehrzweckschrank *m*
bergopwaarts lett *de berg op* bergauf
bergpas Gebirgspass *m*
bergplaats Aufbewahrungsort *m*, ⟨in huis⟩ Abstellraum *m*, ⟨voor fietsen⟩ Unterstellraum *m*
Bergrede rel Bergpredigt *v*
bergrug *bergkam* Gebirgsrücken *m*
bergruimte ❶ *hok* Stauraum *m*, Abstellraum *m*, min Rumpelkammer *v* ❷ *capaciteit* Stauraum *m*
bergschoen Bergschuh *m*
bergsport Bergsport *m*
bergtop Gipfel *m*, ⟨rond⟩ Bergkuppe *v*
bergweide Alm *v*
beriberi Beriberi *v*
bericht Bericht *m*, Nachricht *v*, Meldung *v*, ⟨advertentie⟩ Anzeige *v* ★ *een kort ~* eine Kurzmeldung
berichten berichten, melden, mitteilen
berichtgeving Berichterstattung *v*
berijden *rijden op* reiten
berin Bärin *v*
Beringstraat Beringstraße *v*
berispen zurechtweisen, tadeln, rügen ★ *zijn baas heeft hem berispt* sein Chef hat ihm einen Verweis / eine Rüge erteilt
berisping Zurechtweisung *v*, Tadel *m*, Rüge *v*, Verweis *m*
berk Birke *v*
Berlijn Berlin *o*
Berlijner Berliner *m*
Berlijns berlinisch
Berlijnse Berlinerin *v*
berlinerbol cul Berliner *m*
berm Böschung *v*
bermtoerisme ≈ Erholung *v* am Straßenrand
bermuda Bermudashorts *mv*, Bermudas *mv*
Bermuda-eilanden Bermudas *mv*
Bern Bern *o*
Berner Berner
beroemd berühmt
beroemdheid ❶ *het beroemd zijn* Berühmtheit *v*, Ruhm *m*, Berühmtsein *o* ❷ *beroemd persoon* Berühmtheit *v*
beroemen [zich ~] **op** sich rühmen auf [+2], min sich brüsten mit
beroep ❶ *vak* Beruf *m*, ⟨ambacht⟩ Handwerk *o*, ⟨ambacht⟩ Gewerbe *o* ★ *een ~ uitoefenen* einen Beruf ausüben ❷ *oproep* Appell *m* ★ *een ~ doen op iemands gezond verstand* einen Appell an die Vernunft richten ★ *een ~ doen op iemands eergevoel* an jmds. Ehrgefühl appellieren ❸ jur Berufung *v* ★ *tegen een vonnis in hoger ~ gaan* gegen ein Urteil Berufung einlegen ★ *in hoger ~ veroordeeld worden* in zweiter / letzter Instanz verurteilt werden
beroepen [zich ~] **op** sich berufen auf, jur sich beziehen auf ★ *zich op iem. ~* sich auf jmdn. berufen

beroeps Profi *m*
beroepsbevolking Erwerbstätigen *m mv*, Berufstätigen *m mv*
beroepsdeformatie med *stoornis* Berufsdeformation *v*, Fachsimpelei *v*
beroepsethiek Berufsethos *o*
beroepsgeheim Berufsgeheimnis *o*
beroepsgroep Berufsklasse *v*
beroepshalve berufsbedingt
beroepsinstantie Berufungsinstanz *v*
beroepskeuze Berufswahl *v* ★ *adviesbureau voor ~* Berufsberatungsstelle *v*
beroepskeuzeadviseur Berufsberater *m*
beroepsleger Berufsheer *o*
beroepsmatig berufsmäßig
beroepsmilitair Berufssoldat *m*
beroepsonderwijs onderw ⟨op school⟩ Berufsschulunterricht, ⟨in bedrijf⟩ Berufsausbildung ★ *middelbaar ~* ≈ Fach- / Berufsoberschule *v*
beroepsopleiding Berufsausbildung *v*
beroepsschool BN onderw *vakschool* Berufsschule *v*
beroepssporter Berufssportler *m*, Profi *m*
beroepsverbod Berufsverbot *o*
beroepsvoetbal Profifußball *m*
beroepsziekte Berufskrankheit *v*
beroerd I *bnw* elend, erbärmlich, inform mies ★ *ik word er ~ van* davon wird mir schlecht ★ *een ~ boek* ein erbärmliches Buch ★ fig *hij is nog te ~ om...* er entblödet sich nicht zu... ★ fig *nooit te ~ zijn om te helpen* immer hilfsbereit sein **II** *bijw* ★ *hij is er ~ aan toe* es geht ihm sehr schlecht ★ *er ~ uitzien* elend aussehen ★ *zich ~ voelen* sich elend fühlen
beroeren ❶ *even aanraken* an- / berühren, streifen, anfassen **❷** *verontrusten* auf- / erregen
beroering Erregung *v*, Aufruhr *m* ★ *in ~ brengen* in Aufruhr versetzen
beroerte med Schlaganfall *m*
berokkenen zufügen, bereiten ★ *iem. schade ~* jmdm. Schaden zufügen ★ *iem. leed ~* jmdm. Kummer bereiten
berooid mittellos
berouw Reue *v* ★ *~ over iets hebben* etw. bereuen
berouwen bereuen
berouwvol reuevoll
beroven ❶ *bestelen* berauben **❷ ~ van** *wegnemen van* berauben von ★ *zich van het leven ~* sich umbringen, sich das Leben nehmen ★ *iem. van het leven ~* jmdn. umbringen
beroving Raub *m*, Diebstahl *m*, ⟨overval⟩ Überfall *m*
berucht berüchtigt, verrufen
berusten ❶ ~ in *zich schikken in* sich fügen in [+4], sich ergeben in [+4], sich abfinden mit ★ *in zijn lot ~* sich mit seinem Schicksal abfinden **❷ ~ bij** verwahrt werden bei **❸ ~ op** sich gründen auf [+4], beruhen auf [+3]
berusting Ergebenheit *v*
bes ❶ *vrucht* Beere *v* **❷** muz *muzieknoot* b *o* **❸** *oude vrouw* Mütterchen *o*
beschaafd ❶ *geestelijk ontwikkeld* gebildet ★ *in ~e kringen* in gebildeten Kreisen ★ *een ~e maatschappij* eine zivilisierte Gesellschaft **❷** *goed opgevoed* gebildet, kultiviert, gepflegt ★ *~e manieren* gute Manieren ★ *in ~e termen* höflich ausgedrückt
beschaamd beschämt, ⟨verlegen⟩ verschämt ★ *~ zijn* beschämt sein ★ *iem. ~ maken* jmdn. beschämen
beschadigen beschädigen, inform ramponieren
beschadiging ❶ *het beschadigen* Beschädigung *v* **❷** *kapotte plek* Schaden *m*, Beschädigung *v*
beschamen ❶ *beschaamd maken* beschämen **❷** *teleurstellen* enttäuschen
beschamend beschämend
beschaving *cultuur* Zivilisation *v*, Kultur *v*
bescheiden ❶ *niet opdringerig* anspruchslos, bescheiden **❷** *matig* bescheiden, einfach
bescheidenheid ❶ *het bescheiden zijn* Bescheidenheit *v*, Anspruchslosigkeit *v* **❷** *geringheid* Einfachheit *v*, Schlichtheit *v*
beschermeling Schützling *m*, Protegé *m*, min Günstling *m*
beschermen ❶ *behoeden* (be)schützen **❷** *begunstigen* fördern
beschermengel Schutzengel *m*
beschermer Beschützer *m*
beschermheer Förderer *m*, Schirmherr *m*, Gönner *m*
beschermheilige Schutzheilige(r) *m*
bescherming *beveiliging* Schutz *m* ★ *iem. in ~ nemen* jmdn. in Schutz nehmen ★ *onder ~ van* im / unter dem Schutz [+2]
beschermingsfactor Schutzfaktor *m*
beschermvrouwe Schirmherrin *v*, Förderin *v*, Gönnerin *v*
bescheuren [zich ~] sich tot- / kranklachen ★ *om je te ~!* zum Totlachen!
beschieten ❶ *schieten op* beschießen, unter Beschuss nehmen **❷** *betimmeren* vertäfeln
beschieting Beschuss *m*, Beschießung *v*
beschijnen bescheinen, beleuchten
beschikbaar verfügbar, zur Verfügung stehend ★ *~ zijn / hebben* zur Verfügung stehen / haben
beschikbaarheid Verfügbarkeit *v*
beschikken I *ov ww, regelen* entscheiden ★ *de mens wikt, God beschikt* der Mensch denkt, Gott lenkt **II** *on ww* **❶ ~ over** verfügen über [+4] ★ *over veel geld ~* über viel Geld verfügen ★ *u kunt over het bedrag ~* sie können über den Betrag verfügen **❷** *beslissen* entscheiden ★ *gunstig ~ op* stattgeben [+3] ★ *afwijzend ~ op een verzoek* etw. ablehnen
beschikking ❶ *zeggenschap* ★ *ter ~ stellen* zur Verfügung stellen **❷** *besluit* Verfügung *v*
beschilderen ⟨verven⟩ anstreichen, bemalen, inform anmalen
beschimmelen ★ *beschimmeld* schimmelig, verschimmelt
beschimpen beschimpfen, verhöhnen
beschoeiing ❶ *handeling* Uferbefestigung *v* **❷** *wand* Uferbefestigung *v*
beschonken betrunken ★ *in ~ toestand* inform im Suff *m*
beschoren beschert
beschot ❶ *bekleding* Vertäfelung *v*, Holzverkleidung *v* **❷** *afscheiding* Bretterwand *v*, bretterne Trennwand *v*
beschouwen ❶ *bezien* besehen ★ *alles wel beschouwd* alles in allem ★ *op zichzelf beschouwd*

an und für sich ❷ ~ **als** betrachten als
beschouwend beschaulich
beschouwing ❶ *overdenking* Betrachtung *v* ★ *buiten ~ laten* außer Betracht lassen ❷ *bespreking* Betrachtungsweise *v* ★ *buiten ~ laten* außer Acht lassen, außer Betracht lassen
beschrijven *omschrijven* beschreiben ★ *met geen pen te ~* unbeschreiblich
beschrijving ❶ *het beschrijven* Beschreibung *v*, Darstellung *v*, Schilderung *v* ❷ *hoe iets beschreven is* ★ *dat tart elke ~* das spottet jeder Beschreibung
beschroomd verlegen, verschüchtert, schüchtern, zaghaft
beschuit ≈ Zwieback *m*
beschuitje cul Zwieback *m*
beschuldigde Beschuldigte(r) *m*, jur Angeklagte(r) *m*
beschuldigen beschuldigen ★ *iem. van diefstal ~* jmdn. des Diebstahls beschuldigen
beschuldiging Beschuldigung *v*, ⟨aanklacht⟩ Anklage *v* ★ *iem. in staat van ~ stellen* jmdn. unter Anklage stellen
beschut windgeschützt
beschutten (be)schützen
beschutting Schutz *m*
besef ❶ *bewustzijn* Bewusstsein *o* ❷ *begrip* Erkenntnis *v* ★ *niet het minste ~ hebben* nicht die geringste Ahnung haben ★ *hij kwam tot het ~ dat...* er kam zu der Erkenntnis, dass...
beseffen einsehen, begreifen, sich einer Sache bewusst sein
besje → **bes**
beslaan I *ov ww* ❶ *innemen* (aus)füllen ❷ *bekleden met metaal* bekleiden ★ *een paard ~* ein Pferd beschlagen **II** *on ww, vochtig worden* beschlagen ★ *de ruiten zijn beslagen* die Fenster sind beschlagen
beslag ❶ *deeg* Teig *m* ❷ *metalen bekleedsel* Beschlag *m*, ⟨hoefijzers⟩ Hufbeschlag *m* ❸ *het in bezit nemen* Beschlag *m*, jur Arrest *m*, jur Pfändung *v*, jur Beschlagnahme *v* ★ *~ leggen op iemands tijd* jmds. Zeit beanspruchen, jmds. Zeit in Anspruch nehmen
beslagen ❶ → **beslaan** ❷ BN *onderlegd* bewandert ★ *goed ~ zijn in iets* gut in etw. beschlagen sein ★ *~ ten ijs komen* gut beschlagen / bewandert / gerüstet sein
beslaglegging Beschlagnahmung *v*
beslapen schlafen
beslechten schlichten, bereinigen, beilegen
beslissen ❶ *besluiten* beschließen, form verfügen ★ *je moet nu ~* du musst dich jetzt entscheiden ❷ *uitkomst bepalen* entscheiden ★ *zij wist de wedstrijd in haar voordeel te ~* sie konnte den Wettkampf für sich entscheiden
beslissend entscheidend, ausschlaggebend, bestimmend
beslisser Entscheider *m*
beslissing ❶ *besluit* Entscheidung *v*, Entschluss *m*, pol Beschluss *m* ★ *een ~ nemen* einen Entschluss fassen, eine Entscheidung treffen ❷ *uitslag* Ausschlag *m*
beslissingsbevoegd entscheidungsbefugt
beslissingswedstrijd Entscheidungsspiel *o*
beslist I *bnw, resoluut* energisch, entschlossen ★ *een ~ antwoord* eine entschiedene Antwort ★ *ze was heel ~ in haar optreden* sie trat sehr energisch auf **II** *bijw, absoluut* bestimmt, entschieden ★ *~ niet* bestimmt nicht ★ *hij heeft ~ gelijk* er hat absolut Recht
beslommering Beschäftigung *v*, ⟨zorg⟩ Sorge *v* ★ *de dagelijkse ~en* die täglichen Mühen
besloten ❶ *niet openbaar* geschlossen ❷ *vast van plan* entschlossen
besluipen beschleichen
besluit ❶ *einde* Schluss *m* ❷ *beslissing* Entschluss *m* ★ *een ~ nemen* einen Entschluss fassen ★ *niet in staat zijn een ~ te nemen* sich nicht entschließen können
besluiteloos unschlüssig, unentschlossen
besluiten I *ov ww* ❶ *het besluit nemen te* beschließen, entscheiden ★ *hij besloot te verhuizen* er beschloss umzuziehen ★ *iem. doen ~ om* jmdn. veranlassen zu ❷ ~ **met** *eindigen met* beschließen mit [+3] **II** *on ww, beslissen* sich entscheiden
besluitvaardig entschlossen, resolut
besluitvorming Entscheidung *v*, admin Beschlussfassung *v*
besmeren bestreichen, beschmieren, ⟨bevuilen⟩ beschmutzen
besmettelijk ❶ *op anderen overgaand* ook fig ansteckend ❷ *gauw vuil wordend* schmutzempfindlich ★ *een ~e kleur* eine empfindliche Farbe
besmettingsgevaar Ansteckungsgefahr *v*
besmettingshaard Ansteckungs- / Infektionsherd *m*
besmeuren beschmutzen, verschmutzen, besudeln ★ *met bloed besmeurd* blutverschmiert
besmuikt I *bnw* anrüchig **II** *bijw* verschmitzt
besneeuwd verschneit
besnijden ❶ *snijden in* beschneiden ❷ *besnijdenis toepassen* beschneiden
besnijdenis *bij mannen* Beschneidung *v*
besnoeien *snoeien* beschneiden, kürzen
besodemieterd *gek* bescheuert, bekloppt ★ *ben je ~?* spinnst du?
besodemieteren verarschen
besogne Angelegenheit *v*, Geschäft *o* ★ *veel ~s hebben* viel am / auf dem Hals haben
bespannen ❶ *trekdieren spannen voor* bespannen ❷ *iets spannen op* bespannen, ⟨met snaren⟩ besaiten, ⟨met doek⟩ beziehen
besparen ❶ *bezuinigen* (ein)sparen, (er)sparen ❷ *niet belasten met* ★ *bespaar me die onzin!* (er)spar mir den Unsinn!
besparing ❶ *het sparen* Einsparung *v* ❷ *het gespaarde* Ersparnis *v*
bespelen spielen ★ *het orgel ~* (auf der) Orgel spielen *v*
bespeuren (ver)spüren, wittern
bespieden bespitzeln, belauern, nachspionieren
bespiegelen reflektieren, beschaulich nachdenken ★ *~d* beschaulich, besinnlich
bespiegeling Betrachtung *v*, Überlegung *v* ★ *~en houden* Betrachtungen anstellen
bespioneren nachspionieren
bespoedigen beschleunigen, vorantreiben
bespottelijk lächerlich
bespotten verspotten
bespraakt redegewandt, beredt

bespreekbaar diskutabel, erwägenswert ★ *dit thema is niet voor iedereen ~* dieses Thema ist für viele tabu ★ *dat is hier wel ~* darüber kann man hier offen reden
bespreekbureau Vorverkaufskasse *v*, Vorverkaufsstelle *v*
bespreken ❶ *spreken over* besprechen ★ *een boek ~* ein Buch besprechen ❷ *reserveren* reservieren
bespreking ❶ *gesprek* Besprechung *v* ★ *onderwerp van ~* Gesprächsthema *o* ★ *in ~ zijn* in einer Besprechung sein ★ *een ~ hebben met iem.* eine Besprechung mit jmdm. haben ★ *een punt in ~ brengen* einen Punkt ins Gespräch einbringen ★ *~en voeren* Besprechungen führen ❷ *recensie* Besprechung *v*, ⟨boek⟩ Rezension *v*, ton Kritik *v*
besprenkelen besprengen, anfeuchten
bespringen ❶ *springen op* fig sich stürzen auf [+4] anspringen ❷ *dekken* decken
besproeien ❶ *begieten met wat* besprengen, besprühen ❷ *begieten met bestrijdingsmiddelen* spritzen
bespuiten bespritzen
bessensap cul Johannisbeersaft *m*
bessenstruik Beerenstrauch *m*, ⟨aalbessen⟩ Johannisbeere *v*
best I *bnw* ❶ *overtreffende trap van goed* best, sehr gut ★ *het beste van iets maken* das Beste aus etw. machen ★ *de op een na beste* der Zweitbeste ❷ ⟨als aanspreekvorm⟩ lieb ★ *beste Bart* lieber Bart ❸ *goed* ★ *dat is best, maar...* alles schön und gut, aber... ★ *het beste!* alles Gute! **II** *bijw* ❶ *overtreffende trap van goed* am besten ★ *dat weet jij het best* das weißt du am besten ❷ *uitstekend* ausgezeichnet ❸ *tamelijk* ziemlich ★ *hij is best aardig* er ist ziemlich nett ❹ *vast* bestimmt ★ *het is best mogelijk* es ist durchaus möglich ★ *het zal best lukken* es wird bestimmt klappen ★ *ik kan me dat best indenken* ich kann mir das gut vorstellen **III** *tw* ★ *mij best, hoor* von mir aus **IV** *zn* [het] ★ *zijn best doen* sein Bestes tun ★ *op zijn best* bestenfalls ▼ *ten beste geven* zum Besten geben
bestaan I *on ww* ❶ *leven, zijn* existieren, ⟨niet voor personen⟩ bestehen ★ *spoken ~ niet* es gibt keine Gespenster ★ *er bestaat geen reden tot ongerustheid* es gibt keinen Grund zur Beunruhigung ★ *hij bestaat niet meer voor mij* er existiert für mich nicht mehr ★ *blijven ~* bestehen bleiben ★ *ergens geen twijfel over laten ~* über etw. keine Zweifel zulassen ★ *de cursus bestaat uit 10 lessen* der Kurs besteht aus 10 Lektionen ★ *er goed van kunnen ~* gut davon leben können ★ *daar kun je niet van ~* davon kann man nicht leben ❷ *mogelijk zijn* möglich sein, geben ★ *hoe bestaat het!* wie ist es möglich! ★ *dat bestaat niet!* das gibt es nicht! **II** *zn* [het] ⟨v. mensen⟩ Existenz *v*, ⟨v. bedrijven etc⟩ Bestehen *o* ★ *het honderdjarig ~* das hundertjährige Bestehen ★ *de school viert haar tienjarig ~* die Schule feiert ihr zehnjähriges Bestehen ★ *de strijd om het ~* der Kampf ums Dasein ★ *middelen van ~* Existenzgrundlage *v* ★ *zijn ~ vinden in* sein Brot verdienen mit [+3]
bestaansminimum Existenzminimum *o*
bestaansrecht Existenz- / Daseinsberechtigung *v*
bestaansreden Daseinsberechtigung *v*
bestaanszekerheid Existenzsicherheit *v*
bestand I *zn* [het] ❶ *verzameling gegevens* Bestand *m*, ⟨van computer⟩ Datei *v* ❷ *wapenstilstand* Waffenstillstand *m* **II** *bnw* beständig, gewachsen ★ *~ zijn tegen iem.* jmdm. gewachsen sein ★ *~ tegen hitte* hitzebeständig ★ *tegen die verleiding was hij niet ~* der Verführung konnte er nicht widerstehen
bestanddeel Bestandteil *m*
bestandsbeheer Hauptgruppe *v*, Hauptgruppenfenster *o*
bestandsnaam Dateiname *m*
besteden ❶ *uitgeven* verwenden (**aan** für / zu) ❷ *gebruiken, aanwenden* anwenden, verwenden ★ *ik wil daar geen tijd aan ~* ich möchte keine Zeit darauf verwenden ★ *aandacht ~ aan iemand / iets* jmdm. / einer Sache Aufmerksamkeit schenken ★ *zorg ~ aan* Sorgfalt verwenden auf [+4] ★ *het is aan haar niet besteed* sie ist es nicht wert
besteding Aufwand *m*
bestedingsbeperking Sparen *o*
bestedingspatroon Konsumverhalten *o*, ⟨overheid⟩ Ausgabenpolitik *v*
besteedbaar verfügbar
bestek ❶ *eetgerei* Besteck *o* ❷ *bouwplan* Bauplan *m* ★ *volgens ~ gebouwd* nach Plan gebaut ❸ BN *prijsopgave* Kostenvoranschlag *m*
bestekbak Besteckfach *o*
bestel ⟨ordening⟩ Ordnung *v*, ⟨systeem⟩ System *o* ★ *maatschappelijk ~* Gesellschaftssystem / -ordnung
bestelauto Lieferwagen *m*
bestelbon Bestellschein *m*
bestelen bestehlen, inform beklauen
bestelformulier Bestellformular *o*
bestellen ❶ *iets laten komen, reserveren* bestellen, anfordern ❷ *thuis bezorgen* liefern, ⟨post⟩ zustellen, ⟨post⟩ austragen
besteller ❶ *bezorger* Lieferant *m*, ⟨postbode⟩ Zusteller *m*, ⟨postbode⟩ Briefträger *m* ❷ *opdrachtgever* Besteller *m*, Auftraggeber *m*
bestelling ❶ *het bestellen* Bestellung *v* ★ *een ~ doen* eine Bestellung aufgeben ❷ *bezorging van post* Zustellung *v*
bestelnummer Bestellnummer *v*
bestelwagen Lieferwagen *m*
bestemmen bestimmen, vorsehen
bestemming *doel* Bestimmung *v*, Ziel *o* ★ *plaats van ~* Bestimmungsort *m*
bestemmingsplan Flächennutzungsplan *m*
bestemmingsverkeer Anliegerverkehr *m*
bestempelen ❶ *een stempel drukken op* stempeln ❷ *aanduiden als* bezeichnen, min abstempeln
bestendig beständig, dauerhaft ★ *~ weer* beständige(s) Wetter
bestendigen aufrechterhalten, beibehalten
besterven I *ov ww* ★ *het ~ van het lachen* sterben vor Lachen ★ *hij bestierf het van de schrik* er erblasste vor Schrecken **II** *on ww, licht rotten van vlees* abhängen
bestijgen er- / besteigen
bestoken ❶ *aanvallen* beschießen, belegen ❷ fig *lastigvallen* belästigen, zusetzen

be

bestormen fig *massaal bezoeken* bestürmen
bestorming *aanval* (An)Sturm *m*
bestraffen ❶ *straffen* (be)strafen ❷ *berispen* rügen, tadeln
bestraffing Bestrafung *v*
bestralen med bestrahlen
bestraling Bestrahlung *v*
bestralingstherapie Strahlentherapie *v*, Röntgentherapie *v*
bestraten pflastern
bestrating ❶ *het bestraten* Pflasterung *v* ❷ *wegdek* Pflaster *o*
bestrijden bekämpfen, ⟨betwisten⟩ bestreiten ★ *de misdaad ~* das Verbrechen abstreiten ★ *de waarheid van iets ~* die Wahrheit einer Sache bestreiten
bestrijding Bekämpfung ★ *ter ~ van de criminaliteit* zur Bekämpfung der Kriminalität
bestrijdingsmiddel Bekämpfungsmittel *o*
bestrijken ❶ *besmeren* bestreichen ❷ *betrekking hebben op, gaan over* abdecken ★ *dit boek bestrijkt alle onderwerpen van het vak* dieses Buch deckt alle Themen des Fachs ab
bestrooien bestreuen
bestseller Bestseller *m*, Verkaufsschlager *m*
bestuderen studieren, ⟨onderzoeken⟩ untersuchen, ⟨onderzoeken⟩ erforschen
bestuiven bestäuben
besturen ❶ *sturen, bedienen* steuern, ⟨auto, fiets⟩ lenken, ⟨werktuigen⟩ bedienen ❷ *leiding geven aan* leiten, führen, ⟨regeren⟩ regieren
besturing ❶ *het besturen* Steuerung *v*, Lenkung *v* ❷ *stuurinrichting* Steuer *o*
besturingssysteem, besturingsprogramma Steuerungssystem *o*, Steuerungsprogramm *o*
bestuur ❶ *het leiding geven* Führung *v*, Leitung *v*, Verwaltung *v* ❷ *groep bestuurders* ⟨vereniging, groot bedrijf⟩ Vorstand *m*, ⟨universiteit⟩ Universitätsrat *m*, ⟨overheid, kerk⟩ Behörde *v*, ⟨gemeente⟩ Stadtrat *m* ★ *het dagelijks ~* geschäftsführende Instanz *v*
bestuurder ❶ *leidinggevende* Leiter *m* ❷ *voertuigbestuurder* Fahrer *m*, ⟨van trein⟩ Lokführer *m*
bestuurlijk behördlich, administrativ
bestuursapparaat Verwaltungsapparat *m*
bestuurscollege Vorstand *m*, Direktion *v*
bestuurskunde Verwaltungswissenschaft *v*
bestuurslid Vorstandsmitglied *o*
bestuursrecht jur Verwaltungsrecht *o*
bestuurssecretaris BN *hoofdambtenaar bij een overheidsdienst* höhere(r) Beamte(r)
bestwil ▾ *het is voor je eigen ~* es ist zu deinem Besten
bèta *Griekse letter* Beta *o*
betaalautomaat Zahlautomat *m*
betaalbaar *financieel haalbaar* bezahlbar, erschwinglich ★ *betaalbare prijzen* erschwingliche Preise
betaald ❶ *beroeps* Berufs-, Profi- ★ *~ voetbal* Profifußball *m* ❷ *gehuurd* bezahlt ★ *~e liefde* käufliche Liebe *v* ▾ *iem. iets ~ zetten* jemandem etwas heimzahlen
betaalmiddel Zahlungsmittel *o*
betaalpas, BN **betaalkaart** Scheckkarte *v*
betaalrekening Kontoauszug *m*
betaaltelevisie Pay-TV *o*
betaal-tv Pay-TV *v*, Bezahlfernsehen *o*, Gebührenfernsehen *o*
bètablokker Betablocker *m*
betalen ❶ *de kosten voldoen* (be)zahlen ★ *in klinkende munt ~* in / mit klingender Münze bezahlen ❷ *vergoeden, boeten voor* bezahlen
betaler Zahler *m*
betaling Zahlung *v* ★ *~ in termijnen* Ratenzahlung *v* ★ *achterstallige ~* Zahlungsverzug *m* ★ *zijn ~en staken* seine Zahlungen einstellen
betalingsachterstand Zahlungsrückstand *m*
betalingsbalans Zahlungsbilanz *v*
betalingsopdracht Zahlungsanweisung *v*
betalingstermijn ⟨bedrag⟩ Rate *v*, ⟨tijdsbestek⟩ Zahlungsfrist *v*, ⟨datum⟩ Zahlungstermin *m*
betalingsverkeer Zahlungsverkehr *m*
betalingsvoorwaarden Zahlungsbedingungen *v mv*
betamelijk schicklich
betamen sich schicken, sich gebühren
betasten berühren, betasten, min befummeln
bètastraling Betastrahlung *v*
bètawetenschap Naturwissenschaft *v*
betekenen ❶ *beduiden* bedeuten ❷ *waarde hebben* ★ *iets voor iem. ~* jmdm. etw. bedeuten ▾ *wat moet dat ~?* was soll das heißen?
betekenis ❶ *inhoud, bedoeling* Bedeutung *v*, Sinn *m*, Inhalt *m* ★ *de diepere ~* der tiefere Sinn ★ *in de letterlijke ~ van het woord* im wahrsten Sinne des Wortes ❷ *belang, strekking* Bedeutung *v* ★ *een zaak van ~* eine wichtige Angelegenheit ★ *dat is van geen ~* das ist bedeutungslos ★ *~ toekennen aan iets* einer Sache Bedeutung beimessen
betekenisleer Bedeutungslehre *v*
beten [verl. td.] → **bijten**
beter I *bnw* ❶ *vergrotende trap van goed* besser ★ *tegen ~ weten in* wider besseres Wissen ★ *ergens ~ van worden* von etw. profitieren ❷ *gezond* gesund ★ *het gaat al ~ met haar* es geht ihr schon besser ❸ *van bepaald niveau* gut, anspruchsvoll II *bijw* besser ★ *het gaat weer ~* es geht wieder aufwärts
beteren I *ov ww, beter maken* bessern, sich bessern II *on ww, beter worden* sich bessern
beterschap ❶ *lichamelijk herstel* Besserung *v* ★ *~ gewenst!* gute Besserung! ❷ *alg. verbetering* Besserung *v*
beteugelen zügeln, bändigen
beteuterd betreten, verdutzt
betichten bezichtigen, beschuldigen ★ *iem. van iets ~* jmdn. einer Sache bezichtigen / beschuldigen
betijen gewähren, sich legen ★ *iem. laten ~* jmdn. gewähren lassen
betimmeren mit Holz verkleiden, vertäfeln
betitelen betiteln
betoeterd behämmert, beknackt ★ *ben je ~?* hast du einen Knall?
betogen I *ov ww, beredeneren* argumentieren, darlegen II *on ww, demonstreren* demonstrieren
betoger Demonstrant *m*
betoging Kundgebung *v*, Demonstration *v*
beton Beton *m* ★ *gewapend ~* Eisenbeton *m*, Stahlbeton *m* ★ *~ storten* Beton gießen

betonen [zich ~] sich erweisen
betonijzer Betoneisen *o*
betonmolen Mischmaschine *v*
betonrot Betonrost *m*
betonvlechter Betonbauer *m*
betoog Argumentation *v*, Erörterung *v*, Darlegung *v*
betoogtrant Argumentationsweise *v*
betoveren ❶ *beheksen* verzaubern ❷ *bekoren* bezaubern, betören ★ *ik was betoverd door haar* sie bezauberte mich ★ *ze is ~d mooi* sie ist bezaubernd schön
betovergrootmoeder Ururgroßmutter *v*
betovergrootvader Ururgroßvater *m*
betovering ❶ *beheksing* Verzauberung *v*, Zauber *m* ★ *onder ~ zijn* im Bann sein ❷ *bekoring* Zauber *m*
betrachten ⟨van plicht⟩ erfüllen, ⟨van geheimhouding⟩ bewahren, ⟨van deugd⟩ üben, ⟨van plicht⟩ nachkommen ★ *geduld ~* Geduld üben / bewahren
betrappen ertappen, inform erwischen
betreden ❶ *stappen op* bewandeln ❷ *binnengaan* betreten
betreffen ❶ *betrekking hebben op* sich handeln um ❷ *aangaan* betreffen, anbelangen ★ *wat mij betreft* was mich betrifft / anbelangt
betreffend betreffend ★ *de ~e personen* die betreffenden Personen
betreffende in Bezug auf [+4], bezüglich [+2], hinsichtlich [+2] ★ *~ dat onderwerp* bezüglich dieses Themas
betrekkelijk I *bnw, relatief* relativ ★ *~e bijzin* Relativsatz *m* ★ *~ voornaamwoord* Relativpronomen *o* **II** *bijw, tamelijk* ziemlich
betrekken I *ov ww* ❶ *laten meedoen (met)* einbeziehen, hinzuziehen ❷ *gaan bewonen* beziehen ❸ *koopwaar afnemen* beziehen **II** *on ww, bewolkt worden* sich bewölken ★ *de lucht betrekt* der Himmel bezieht sich
betrekking ❶ *band, verband* Beziehung *v*, Bezug *m* ★ *met ~ tot* bezüglich [+2], in Bezug auf [+4] ★ *goede ~en onderhouden met* gute Beziehungen zu...(+3) haben ★ *de hierop ~ hebbende gegevens* die sich hierauf beziehenden Daten ❷ *baan* Stelle *v*, inform Job *m* ★ *naar een ~ solliciteren* sich um eine Stelle bewerben
betreuren ❶ *treurig zijn over* ⟨verlies⟩ beklagen, ⟨overledene⟩ trauern um [+4] ★ *er waren geen mensenlevens te ~* es gab Menschenleben zu beklagen ❷ *spijt / ontevredenheid voelen* bedauern ★ *ik betreur het dat ik niet kan komen* ich bedaure, dass ich nicht kommen kann
betreurenswaardig bedauerlich, beklagenswert, bedauernswert
betrokken ❶ *bewolkt* bedeckt, bewölkt ❷ *somber* betrübt ❸ *bij iets gemoeid* beteiligt, betreffend
betrokkenheid *engagement* Engagement *o*, Verbundenheit *v*
betrouwbaar zuverlässig, verlässlich, bewährt, erprobt ★ *uit betrouwbare bron* aus zuverlässiger Quelle ★ *hij is ~* auf ihn ist Verlass ★ *een ~ middel* ein erprobtes Mittel
betrouwbaarheid Zuverlässigkeit *v*
betten betupfen
betuigen bekunden, bezeugen ★ *dank ~* Dank aussprechen ★ *zijn instemming ~ met* seine Zustimmung äußern zu [+3] ★ *zijn leedwezen ~* sein Mitleid bekunden ★ *zijn onschuld ~* seine Unschuld beteuern
betuiging Bezeugung *v*
betuttelen bekritteln, schulmeistern
betweter Besserwisser *m*, inform Klugscheißer *m*, Klugschwätzer *m*
betwijfelen bezweifeln
betwistbaar ❶ *aan te vechten* anfechtbar ❷ *betwijfelbaar* fragwürdig
betwisten bestreiten, jur anfechten
beu ★ *iemand / iets beu worden* jmdn. / etw. leid sein, jmdn. / etw. satt sein, jmdn. / etw. satthaben ★ *iets beu zijn* etw. satthaben, etw. leid sein
beugel *tandbeugel* Spange *v*
beugel-bh Bügel-BH *m*
beuk ❶ *boom* Buche *v* ❷ bouw Schiff *o* ▼ *de beuk erin!* los geht's!, nichts wie ran!
beuken I *bnw* Buchen-, aus Buche **II** *ov ww, hard slaan* donnern
beukenhout Buchenholz *o*
beukennootje Buchecker *v*, Ecker *v*
beul ❶ *uitvoerder van lijfstraf* Henker *m*, Scharfrichter *m* ★ fig *zo brutaal als de beul* frech wie Dreck ❷ fig *wreedaard* Rohling *m*
beunhaas ❶ *prutser* Pfuscher *m* ❷ *zwartwerker* Schwarzarbeiter *m*
beuren ❶ *tillen* heben ❷ *verdienen* verdienen
beurs I *zn* [de] ❶ *portemonnee* Beutel *m* ❷ *toelage* Stipendium *o* ★ *van een ~ studeren* mit einem Stipendium studieren ❸ econ Börse *v* ★ *naar de ~ gaan* auf die Börse gehen **II** *bnw, te zacht* überreif
beursbericht Börsenbericht *m*
beursgang Börsengang *m*
beursgenoteerd börsennotiert
beursindex Aktienindex *m*
beurskoers Börsenkurs *m*
beurskrach Börsenkrach *m*
beursmakelaar Börsenmakler *m*
beursnotering *koers* Börsennotierung *v*
beursstudent Stipendiat *m*, ⟨in Duitsland⟩ Bafögstudent *m*
beurswaarde Börsenpreis *m*, Börsenwert *m*
beurt Reihe *v* ★ *aan de ~ zijn* an der Reihe sein, inform dran sein ★ *jij bent aan de ~* du bist dran ★ *wie is aan de ~?* wer ist dran? ★ *om ~en* reihum, abwechselnd ★ *om de ~* abwechselnd, der Reihe nach ★ *ieder op zijn ~* alle der Reihe nach ★ *zijn ~ afwachten* warten, bis man an die Reihe kommt ★ *je krijgt je ~ wel* du kommst schon noch dran ★ onderw *een ~ krijgen* abgefragt werden ★ onderw *iem. een ~ geven* jmdn. abfragen ★ vulg *iem. een ~ geven* jmdn. bumsen / ficken ★ *de keuken een grote ~ geven* Großputz in der Küche machen ★ *grote ~* Inspektion *v* ★ *een goede ~ maken* einen guten Eindruck machen ★ *een slechte ~ maken* einen schlechten Eindruck machen ★ *aan iem. te ~ vallen* jmdm. zuteilwerden ★ *de ontvangst die mij te ~ viel* der Empfang, der mir zuteilwurde
beurtelings abwechselnd
beurtrol ★ BN *volgens ~* abwechselnd, der Reihe nach

be

beuzelarij ❶ *wissewasje* Lappalie *v* ❷ *kletspraat* Geschwätz *o*
bevaarbaar befahrbar
beval [verl. td.] → **bevelen**
bevalen [verl. td.] → **bevelen**
bevallen ❶ *in de smaak vallen (bij)* gefallen, zusagen ★ *het is me goed ~* es hat mir zugesagt ★ *bevalt het huis je?* gefällt dir das Haus? ❷ *baren* gebären, entbinden ★ *~ van een kind* ein Kind gebären / zur Welt bringen
bevallig anmutig
bevalling Entbindung *v*, Geburt *v*
bevallingsverlof BN Schwangerschaftsurlaub *m*
bevangen überkommen, befallen ★ *ik werd door vrees / slaap ~* Furcht / Schlaf befiel mich
bevaren fahren auf [+3], befahren
bevattelijk ❶ *duidelijk* fasslich, (allgemein)verständlich ❷ *vlug van begrip* intelligent, klug
bevatten ❶ *in zich houden* enthalten ❷ *begrijpen* begreifen, erfassen
bevattingsvermogen Auffassungsgabe *v*
bevechten ❶ *vechten tegen* bekämpfen ❷ *vechtend verkrijgen* erkämpfen
beveiligen sichern, schützen ★ *~ tegen* schützen vor [+3]
beveiliging ❶ *het beveiligen* Sicherung *v* ❷ *middel* Schutzmittel *o*
beveiligingsbeambte Sicherheitsbeamte *m* [v: -beamtin]
beveiligingsdienst Bewachungsdienst *m*, Wach- und Schließgesellschaft *v*
beveiligingssysteem Alarmanlage *v*, Alarmsystem *o*
bevel *opdracht* Befehl *m* ★ *~en geven* Befehle erteilen
bevelen befehlen
bevelhebber Kommandant *m*, Befehlshaber *m*
bevelschrift Befehl *m*
bevelvoering Kommando *o*, Befehlsgewalt *v*
beven beben, zittern
bever I *zn* [de], *dier* Biber *m* **II** *zn* [het], *bont* Biber *o*
beverig zittrig, ‹van koorts› fiebrig, ‹door ouderdom› inform tattrig
bevestigen ❶ *vastmaken* befestigen ❷ *zeggen dat iets juist / zo is* bestätigen ★ *dit bevestigt mijn mening* das bestätigt meine Meinung ★ *de ontvangst ~ van* den Erhalt... (+2) bestätigen ★ *een vonnis ~* ein Urteil bekräftigen ❸ *officieel in een functie aannemen* rel konfirmieren, ‹in ambt› bestätigen
bevestigend bestätigend
bevestiging ❶ *het vastmaken* Befestigung *v* ❷ *het zeggen dat iets juist is* Bestätigung *v* ★ *ter ~ van* zur Bestätigung [+2] ❸ *officiële aanstelling in een functie* Bestätigung *v*
bevinden I *ov ww, vaststellen* befinden, erachten, halten für **II** *wkd ww* [**zich ~**] *in toestand / plaats zijn* sich befinden
bevinding *uitkomst* Schluss *m*
beving Beben *o*
bevlekken ❶ lett fleckig machen ❷ fig beflecken
bevlieging Anwandlung *v*
bevloeien ‹stuk land› bewässern, ‹planten› berieseln
bevlogen begeistert, leidenschaftlich
bevochtigen befeuchten, anfeuchten
bevoegd ❶ *gerechtigd* befugt, berechtigt, ‹gemachtigd› zuständig ★ *de ~e autoriteiten* die zuständigen Behörden ★ *hij is niet ~ daarover te beslissen* er hat keine Entscheidungsbefugnis ❷ *competent* kompetent
bevoegdheid *recht* Befugnis *v*, Zuständigkeit *v* ★ *iem. ruimere bevoegdheden geven* jmds. Zuständigkeitsbereich erweitern
bevoelen befühlen, betasten
bevolen [volt.dw.] → **bevelen**
bevolken bevölkern
bevolking Bevölkerung *v* ★ BN *actieve ~* Erwerbstätigen *m mv*, Berufstätigen *m mv*
bevolkingscijfer Bevölkerungszahl *v*
bevolkingsdichtheid Bevölkerungsdichte *v*
bevolkingsexplosie Bevölkerungsexplosion *v*
bevolkingsgroei Bevölkerungszunahme *v*, Bevölkerungszuwachs *m*
bevolkingsgroep *stand* Bevölkerungsgruppe *v*
bevolkingsonderzoek med Reihenuntersuchung *v*
bevolkingsoverschot Bevölkerungsexplosion *v*
bevolkingsregister Einwohnermeldeamt *o*
bevoogden *betuttelen* bevormunden
bevoordelen begünstigen, ‹voortrekken› vorziehen ★ *iem. ~ boven* jmdn. bevorzugen vor [+3]
bevooroordeeld voreingenommen
bevoorraden bevorraten
bevoorrecht bevorrechtigt
bevoorrechten bevorzugen, privilegieren ★ *een bevoorrechte positie* eine privilegierte Stellung
bevorderen ❶ *begunstigen* fördern, anregen ❷ *promoveren* befördern, ‹scholieren› versetzen
bevordering ❶ *begunstiging* Förderung *v* ★ *~ van de kunst* die Förderung der Kunst ❷ *promotie* Beförderung *v* ★ *de ~ tot commissaris* die Beförderung zum Kommissar
bevorderlijk förderlich ★ *~ voor de gezondheid* der Gesundheit zuträglich / förderlich
bevrachten *vracht laden* befrachten
bevragen [**zich ~**] BN inform *zich informeren* Erkundigungen einziehen
bevredigen ❶ *tevreden stellen* befriedigen, zufriedenstellen ★ *dit antwoord kon hem niet ~* diese Antwort stellte ihn nicht zufrieden ★ *zijn nieuwsgierigheid ~* seine Neugier befriedigen ❷ *seksuele voldoening geven aan* befriedigen
bevredigend befriedigend
bevrediging Befriedigung *v*
bevreemden befremden
bevreemding Befremden *o*
bevreesd ängstlich ★ *~ zijn dat...* fürchten, dass...
bevriend befreundet
bevriezen I *ov ww* ❶ *zeer koud maken* einfrieren ★ *bevroren vlees* Gefrierfleisch *o* ❷ fig *blokkeren* sperren **II** *on ww, zeer koud worden* gefrieren, ‹dichtvriezen› zufrieren, ‹doodvriezen› erfrieren
bevrijden befreien, erlösen
bevrijding Befreiung *v*
Bevrijdingsdag ≈ Befreiungstag *m*
bevruchten befruchten
bevruchting *conceptie* Befruchtung *v*
bevuilen beschmutzen

bewaarder ❶ *bewaker* Wärter *m* ❷ *iem. die bewaart* Hüter *m*
bewaarmiddel BN Konservierungsmittel *o*
bewaken ❶ *waken over* bewachen ❷ *controleren* überwachen ★ *de begroting* ~ die Einhaltung des Haushalts überwachen
bewaker Wärter *m*, ⟨waker⟩ Wächter *m*
bewaking *het waken over* Bewachung *v*
bewakingsdienst Überwachungsdienst *m*
bewandelen gehen, beschreiten ★ *de gerechtelijke weg* ~ den Rechtsweg beschreiten
bewapenen bewaffnen, ⟨oorlogsvoorbereiding⟩ (auf)rüsten
bewapening Bewaffnung *v*, ⟨van staten⟩ Rüstung *v*
bewapeningswedloop Wettrüsten *o*
bewaren ❶ *tijdelijk wegbergen, niet weggooien* aufbewahren, aufheben, ⟨veilig⟩ verwahren ★ *aardappelen* ~ Kartoffeln aufbewahren ★ *dit voedsel kan niet worden bewaard* diese Nahrungsmittel kann man nicht aufheben ❷ *in acht nemen* bewahren, erhalten ★ *het stilzwijgen* ~ Stillschweigen bewahren ❸ *in stand houden* halten, bewahren ★ *afstand* ~ Abstand halten ★ *de schijn* ~ den Schein aufrechterhalten ★ *zijn kalmte* ~ die Ruhe bewahren ★ *de orde* ~ die Ordnung bewahren ★ *een geheim* ~ ein Geheimnis behalten ❹ *behoeden* bewahren, schützen, behüten ★ *God bewaar me!* Gott bewahre!
bewaring ❶ *het bewaren* Aufbewahrung *v* ★ *in* ~ *geven* in Verwahrung geben ❷ *opsluiting* Gewahrsam *m*
beweegbaar beweglich
beweeglijk *levendig* lebhaft, beweglich, ⟨onrustig⟩ unruhig
beweegreden Beweggrund *m*
bewegen I *on ww, in beweging komen* sich bewegen [zwak] ★ *het slachtoffer bewoog nog* das Opfer bewegte sich noch **II** *ov ww* ❶ *in beweging brengen* bewegen ★ *hij bewoog zijn handen* er bewegte seine Hände ❷ *overhalen (tot)* veranlassen (zu), bewegen (zu) ★ *iem. tot deelname* ~ jmdn. zur Teilnahme bewegen ❸ *reden vormen tot* bewegen [sterk] ★ *wat bewoog hem daartoe?* was hat ihn dazu bewogen? **III** *wkd ww* [**zich** ~] *omgang hebben met* verkehren ★ *zij beweegt zich in hoge kringen* er verkehrt in den höchsten Kreisen
beweging ❶ *verandering van plaats* Bewegung *v* ★ fig *uit eigen* ~ aus eigenem Antrieb ❷ *groep mensen met streven* Bewegung *v*
bewegingsmelder Bewegungsmelder *m*
bewegingsruimte lett Bewegungsfreiheit *v*
bewegingstherapie Bewegungstherapie *v*
bewegingsvrijheid Bewegungsfreiheit *v*
bewegwijzering Beschilderung *v*
beweren behaupten ★ *naar men beweert* wie man behauptet
bewering Behauptung *v*
bewerkelijk viel Arbeit machend, ⟨onpraktisch⟩ unpraktisch
bewerken ❶ *behandeling laten ondergaan* bearbeiten ❷ *teweegbrengen* veranlassen, bewirken
bewerking ❶ *het bewerken* Bearbeitung *v* ❷ *resultaat* Bearbeitung *v*, wisk Rechenweg *m* ★ *een* ~ *van liederen* eine Liedbearbeitung ★ *een* ~ *voor film* eine Filmbearbeitung
bewerkstelligen bewerkstelligen, bewirken, ⟨bereiken⟩ erreichen
bewijs ❶ *iets dat aantoont dat iets waar is* Beweis *m* ★ *het levende* ~ der lebende Beweis ★ *als* ~ *aanvoeren* als Beweis anführen ★ *het* ~ *leveren* den Beweis liefern ❷ *document* Nachweis *m*, ⟨getuigschrift⟩ Zeugnis *o*, ⟨van betaling⟩ Beleg *m* ★ ~ *van betaling* Zahlungsbeleg *m* ★ ~ *van eigendom* Eigentumsnachweis ★ ~ *van goed gedrag* polizeiliche(s) Führungszeugnis *o* ★ ~ *van inklaring* Einklarierungsschein *m*, Zollabfertigungsschein *m* ★ ~ *van ontvangst* Eingangsbeleg *m* ★ ~ *van overlijden* Totenschein *m*
bewijsgrond Beweisgrund *m*
bewijskracht Beweiskraft *v* ★ ~ *ontlenen aan* Beweiskraft beziehen aus [+3]
bewijslast Beweislast *v*
bewijsmateriaal Beweismaterial *o*
bewijsstuk Beweis *m*
bewijsvoering *betoog* Beweisführung *v*
bewijzen ❶ *aantonen* beweisen, nachweisen, ⟨met bewijs staven⟩ belegen ❷ *betuigen* ★ *iem. een dienst* ~ jmdm. einen Dienst erweisen
bewind ❶ *regering* Regierung *v* ★ *aan het* ~ *komen* die Regierung übernehmen ★ *het* ~ *voeren* regieren ❷ *bestuur, beheer* Verwaltung *v*
bewindsman ❶ *minister* Minister *m* [v: Ministerin] ❷ *staatssecretaris* Staatssekretär *m* [v: Staatssekretärin]
bewindspersoon Minister *m*, Ministerin *v*, Regierungsangehörige(r) *m/v*
bewindvoerder Leiter *m*, pol Minister *m*, jur Vermögensverwalter *m*
bewogen I *bnw, ontroerd* bewegt, gerührt **II** *ww* [verl. td.] → **bewegen III** *ww* [volt.dw.] → **bewegen**
bewolking Bewölkung *v*
bewolkt bewölkt ★ *wisselend* ~ wechselnd bewölkt
bewonderaar Bewunderer *m*
bewonderen bewundern
bewonderenswaardig bewundernswert
bewondering Bewunderung *v*
bewonen bewohnen
bewoner Bewohner *m*
bewoning Bewohnung *v*
bewoog [verl. td.] → **bewegen**
bewoordingen ★ *in duidelijke* ~ *te verstaan geven* klar und deutlich zu verstehen geben
bewust ❶ *wetend* bewusst ★ *ik ben het mij niet* ~ ich bin mir dessen nicht bewusst ❷ *betreffende* bewusst ★ *de* ~*e persoon* die betreffende / fragliche Person ❸ *doelbewust* absichtlich
bewusteloos bewusstlos, ohnmächtig
bewusteloosheid Bewusstlosigkeit *v*, Ohnmacht *v*
bewustmaking Bewusstmachung *v*
bewustwording Bewusstwerdung *v*
bewustzijn Bewusstsein *o* ★ *weer tot* ~ *komen* wieder zu sich kommen
bewustzijnsvernauwing Bewusstseinsverengung *v*

bewustzijnsverruimend bewusstseinserweiternd
bezaaien *inzaaien* besäen
bezadigd ruhig, besonnen
bezatten [**zich ~**] sich volllaufen lassen, sich besaufen
bezegelen *van een zegel voorzien* besiegeln
bezeilen ❶ *zeilen over* besegeln ★ fig *er valt geen land mee te ~* damit kann man nichts anfangen ❷ *door zeilen bereiken* segeln nach / zu [+3]
bezem Besen *m*
bezemsteel Besenstiel *m*
bezemwagen ≈ Besenwagen *m*
bezeren verletzen, verwunden
bezet besetzt ★ *~!* besetzt! ★ *ons land was toen ~* unser Land war damals besetzt
bezeten *krankzinnig* besessen, toll
bezetten *innemen* besetzen ★ *~de macht* Besatzungsmacht *v*
bezetter Besatzungsmacht *v*
bezetting *het bezetten* Besetzung *v*
bezettingsgraad Besetzungsgrad *m*
bezettoon Besetztzeichen *o*, Belegtton *m*
bezichtigen besichtigen
bezichtiging Besichtigung *v*
bezield ❶ *een ziel hebbend* beseelt ❷ *geestdriftig* begeistert ★ *een ~ redenaar* ein inspirierter Redner
bezielen *inspireren* begeistern ★ *wat bezielt je?* was ist denn in dich gefahren?
bezieling ❶ *inspiratie* Begeisterung *v* ❷ *het een ziel geven aan* Beseelung *v*
bezien ❶ *bekijken* betrachten, besehen ❷ *denken over* sich durch den Kopf gehen lassen, erwägen ★ *dat staat nog te ~* das ist noch fraglich
bezienswaardig sehenswert
bezienswaardigheid Sehenswürdigkeit *v*
bezig beschäftigt ★ *aan iets ~ zijn* mit etw. beschäftigt sein ★ *ijverig ~ zijn* fleißig bei der Arbeit sein ★ *juist met iets ~ zijn* gerade dabei sein
bezigen anwenden, gebrauchen
bezigheid Beschäftigung *v*
bezigheidstherapie Beschäftigungstherapie *v*
bezighouden **I** *ov ww* beschäftigen ★ *het houdt mij voortdurend bezig* es beschäftigt mich ständig ★ *aangenaam ~* unterhalten **II** *wkd ww* [**zich ~**] **~ met** *aandacht besteden aan* sich beschäftigen mit [+3]
bezingen besingen
bezinken ❶ *naar bodem zakken* sich (ab)setzen ❷ *tot rust komen* verarbeiten
bezinking *het bezinken* ⟨bloed⟩ Senkung *v*, Sedimentation *v*
bezinksel ❶ scheik Niederschlag *m*, Ablagerung *v* ❷ aardk Sediment *o*, Bodensatz *m*
bezinnen [**zich ~**] *nadenken* sich besinnen
bezinning *besef* Besinnung *v* ★ *tot ~ komen* zur Besinnung kommen
bezit ❶ *het bezitten* Besitz *m* ★ *~ nemen van iets* Besitz von etw. ergreifen ❷ *bezitting* Besitz *m*
bezittelijk ★ *~ voornaamwoord* Possessivpronomen *o*
bezitten besitzen
bezitter Besitzer *m*, ⟨eigenaar⟩ Eigentümer *m*, ⟨houder⟩ Inhaber *m*
bezitterig Besitz ergreifend
bezitting Besitz *m*
bezoedelen besudeln
bezoek *het bezoeken* Besuch *m*, ⟨van een arts⟩ Visite *v* ★ *een ~ afleggen* einen Besuch machen / abstatten ★ *bij iem. op ~ gaan* jmdn. besuchen
bezoeken ❶ *gaan naar* besuchen ❷ *beproeven* heimsuchen
bezoeker Besucher *m*, Gast *m*
bezoeking Prüfung *v*, Heimsuchung *v*
bezoekrecht jur Besuchsrecht *o*
bezoekregeling Besuchsregelung *v*, Umgangsregelung *v*
bezoektijd Besuchszeit *v*
bezoekuur Besuchszeit *v*
bezoldigen besolden
bezoldiging Besoldung *v*
bezon [verl. td.] → **bezinnen**
bezondigen [**zich ~**] **aan** sich versündigen an
bezonken abgeklärt
bezonnen **I** *bnw* besonnen **II** *ww* [verl. td.] → **bezinnen** **III** *ww* [volt.dw.] → **bezinnen**
bezopen ❶ *dronken* besoffen ❷ *idioot* verrückt, behämmert
bezorgd ❶ *ongerust* besorgt ★ *~ zijn om iem.* sich Sorgen um jmdn. machen ❷ *zorgzaam* sorgsam
bezorgdheid ❶ *ongerustheid* Besorgnis *v* ❷ *zorgzaamheid* Sorge *v*
bezorgdienst Hausdienst *m*
bezorgen ❶ *afleveren* liefern, ⟨per post⟩ zustellen ★ *de post ~* die Post zustellen ★ *de bestellingen worden gratis aan huis bezorgd* die Bestellungen werden frei Haus geliefert ❷ *verschaffen* besorgen, verschaffen ★ *iem. een baantje ~* jmdm. einen Job besorgen ★ *iem. moeilijkheden ~* jmdm. Schwierigkeiten bereiten ★ *iem. verdriet ~* jmdm. Kummer bereiten
bezorger *besteller* Austräger *m*
bezorging Besorgung *v*, Beschaffung *v*, ⟨post⟩ Zustellung *v*
bezorgkosten Lieferkosten *mv*
bezuinigen (ein)sparen ★ *op de uitgaven ~* an den Ausgaben sparen
bezuiniging Einsparung *v*
bezuinigingsmaatregel ⟨personeel⟩ Einsparungsmaßnahme *v*, ⟨geld⟩ Sparmaßnahme *v*
bezuren ★ *dat zal je ~* das wird dich teuer zu stehen kommen
bezwaar ❶ *beletsel* Schwierigkeit *v* ❷ *bedenking* Beanstandung *v*, Bedenken *o* ★ *~ aantekenen* seine Bedenken äußern ★ *~ maken* Einspruch erheben ★ *als niemand er ~ tegen heeft* wenn niemand etw. dagegen hat
bezwaard beschwert, bekümmert ★ *zich ~ voelen over iets* Gewissensbisse wegen etw. haben
bezwaarlijk **I** *bnw* schwierig, schwerlich **II** *bijw* beschwerlich
bezwaarschrift schriftliche Beschwerde *v*, Beschwerdeschrift *v*
bezwaren econ *belasten* belasten
bezweek [verl. td.] → **bezwijken**
bezweet verschwitzt, schweißbedeckt
bezweken **I** *ww* [verl. td.] → **bezwijken** **II** *ww* [volt.dw.] → **bezwijken**
bezweren ❶ *plechtig / onder ede verklaren*

beschwören ❷ *smeken* beschwören ❸ *in zijn macht brengen* beschwören
bezwering Beschwörung *v*
bezwijken ❶ *sterven* ★ *aan een ziekte ~* einer Krankheit erliegen ❷ *niet bestand zijn tegen* erliegen, unterliegen, zusammenbrechen ★ *de dijk bezweek onder de druk van het water* der Deich brach unter dem Druck des Wassers ★ *voor de verleiding ~* der Versuchung erliegen
bezwijmen ohnmächtig werden
B-film B-Film *m*
b.g.g. *bij geen gehoor* falls niemand da ist, falls niemand antwortet
bh *bustehouder* BH *m*, Büstenhalter *m*
Bhutan Bhutan *o*
bi *biseksueel* bisexuell
biatleet Biathlet *m* [v: Biathletin]
biatlon sport Biathlon *o*
bib BN *bibliotheek* Bibliothek *v*
bibberen zittern, beben ★ *~ van de kou* zittern vor Kälte
bibbergeld BN Gefahrenzuschlag *m*
bibliografie Bibliografie *v*
bibliografisch bibliografisch
bibliothecaris Bibliothekar *m* [v: Bibliothekarin]
bibliotheek Bibliothek *v*, Bücherei *v*
bic BN inform *balpen* Kugelschreiber *m*, Kuli *m*
biceps Bizeps *m*
bidden ❶ *gebed doen* beten ❷ *smeken* anflehen
bidet Bidet *o*
bidon Trinkflasche *v*
bidprentje ❶ *prentje ter nagedachtenis* Sterbebildchen *o* ❷ *heiligenprentje* Heiligenbildchen *o*
bidsprinkhaan Gottesanbeterin *v*
bieb *bibliotheek* Bibliothek *v*
biecht Beichte *v* ★ fig BN *uit de ~ klappen* aus der Schule plaudern
biechten beichten
biechtgeheim Beichtgeheimnis *o*
biechtstoel Beichtstuhl *m*
bieden ❶ *aanbieden, geven* bieten ❷ *een bod doen* ★ *hoger ~ dan een ander* jmdn. überbieten
bieder Bietende *m/v* ★ *de hoogste ~* der / die Meistbietende
biedkoers *inloopkoers* Verkaufskurs *m*
biedprijs Verkaufspreis *m*
biefstuk cul Beefsteak *o* ★ *~ tartaar* Tatarbeefsteak *o*
biels Bahnschwelle *v*
bier ❶ cul Bier *o* ★ *bier tappen* Bier zapfen ❷ → **biertje**
bierblikje Bierdose *v*
bierbrouwerij Bierbrauerei *v*
bierbuik *buik* Bierbauch *m*
bierglas Bierglas *o*
bierkaai ▼ *vechten tegen de ~* gegen Windmühlen kämpfen
biertje cul Bier *o*
bierviltje Bierdeckel *m*
bies ❶ *oeverplant* Binse *v* ❷ *boordsel* Borte *v*, ⟨op uniform⟩ Tresse *v*, ⟨versieringslijn⟩ Zierstreifen *m* ★ fig *zijn biezen pakken* die Kurve kratzen
bieslook cul Schnittlauch *m*
biest Biest *m*
biet Rübe *v* ★ *rode bieten* rote Bete *v* ▼ *ik begrijp daar geen biet van* ich verstehe nicht die Bohne davon
bietsen stibitzen, schnorren
biezen I *bnw* ★ *~ mat* Binsenmatte **II** *ov ww* mit Borten besetzen
bifocaal Bifokal-
big Ferkel *o*
bigamie Bigamie *v*
bigband Big Band *v*
big bang Urknall *m*
biggelen kullern
biggen ferkeln
bij I *vz* ❶ *in de omgeving van* bei [+3], in der Nähe von [+3], in der Nähe [+2] ★ *bij het station* beim Bahnhof, in der Nähe des Bahnhofs ★ *bij de muur* bei der Wand ❷ *in aanwezigheid van* bei [+3] ★ *logeren bij familie* bei Verwandten übernachten ★ *ik was bij de vergadering* ich war bei der Versammlung ★ *iets bij zich hebben* etw. bei sich haben ★ *heb je het bij je?* hast du es dabei? ★ *ik kom net bij de dokter vandaan* ich komme gerade vom Arzt ★ *hij komt vaak bij mij* er kommt oft zu mir ❸ *samen met* zu [+3] ★ *wil jij er nog iets bij?* willst du noch was dazu? ★ *een koekje bij de thee* ein Keks zum Tee ❹ *aan, op* bei [+3], an [+3] ★ *zij nam hem bij de hand* sie nahm ihn an der Hand ★ *iem. bij de schouders pakken* jmdn. an den Schultern packen ❺ *gelijktijdig met* bei [+3] ★ *bij een glaasje wijn* bei einem Glas Wein ★ *bij het ontbijt* beim Frühstück ★ *bij aankomst* bei Ankunft ❻ *omstreeks* gegen [+4] ★ *het is bij zessen* es ist gegen sechs ❼ *in het geval van* bei [+3] ★ *bij brand* bei Feuer ❽ *maal* mal ★ *zes bij zes meter* sechs mal sechs Meter ❾ *met* ⟨een hoeveelheid⟩ zu [+3] ★ *bij honderden* zu Hunderten ❿ *vergeleken met* im Vergleich zu [+3], verglichen mit [+3] ★ *bij Hans valt hij in het niet* verglichen mit Hans verblasst er ★ *dat is bij het belachelijke af* das ist geradezu lächerlich **II** *bijw* ❶ *bij bewustzijn* bei Bewusstsein ★ *hij is nog niet bij* er ist noch nicht bei Bewusstsein ★ *ik was er ⟨geestelijk⟩ niet bij* ich war geistig abwesend ❷ *zonder achterstand* auf dem aktuellen Stand ★ *ik ben bij* ich bin auf dem aktuellen Stand ★ *dat boek is niet bij* das Buch ist nicht aktuell ★ *ik ben nog niet bij* ich bin noch nicht auf dem aktuellen Stand ❸ *op de hoogte* auf dem Laufenden, auf der Höhe ★ *na dit verslag was ik weer helemaal bij* nach diesem Bericht war ich wieder ganz auf dem Laufenden ★ *hij is goed bij* er ist auf Zack **III** *zn* [de], *insect* Biene *v*
bijbaan Nebenbeschäftigung *v*, Job *m* ★ *een ~tje hebben* jobben
bijbal Nebenhoden *m*
bijbedoeling Nebenabsicht *v*
bijbehorend zugehörig
Bijbel *heilig geschrift* Bibel *v*
bijbel *exemplaar van de Bijbel* Bibel *v*
Bijbels biblisch
Bijbeltekst Bibeltext *m*
Bijbelvast bibelfest
Bijbelvertaling Bibelübersetzung *v*
bijbenen Schritt halten, mithalten, mitkommen
bijbetalen zuzahlen, nachzahlen, ⟨trein, bus⟩ nachlösen
bijbetekenis Nebenbedeutung *v*

bijbeunen dazuverdienen
bijblijven ❶ *niet achter raken* Schritt halten, mitkommen ❷ *in herinnering blijven* im Gedächtnis bleiben ★ *dat is me altijd bijgebleven* das habe ich nie vergessen ★ *dat zal mij altijd ~* das wird mir immer in Erinnerung bleiben
bijbrengen ❶ *leren* beibringen ❷ *tot bewustzijn brengen* zu Bewusstsein bringen
bijdehand ❶ *pienter* gewandt ❷ *vrijpostig* vorlaut, dreist
bijdehandje *wijsneus* Fixe *m/v*, Naseweis *m*
bijdetijds zeitgemäß
bijdraaien ❶ *toegeven* zurückstecken, einlenken ❷ scheepv beidrehen
bijdrage Beitrag *m* ★ *eigen ~* Eigenleistung *v*
bijdragen beitragen, beisteuern
bijeen beisammen, zusammen
bijeenblijven zusammenbleiben, beisammenbleiben
bijeenbrengen zusammenbringen
bijeenkomen sich versammeln, zusammenkommen
bijeenkomst Zusammenkunft *v*, ⟨ontmoeting⟩ Treffen *o*
bijeenrapen *met moeite bijeenbrengen* zusammenraffen ★ fig *bijeengeraapte rommel* zusammengewürfelte(s) Zeug *o*
bijeenroepen zusammenrufen, ⟨een vergadering⟩ einberufen
bijeenzijn I *on ww* zusammen sein, beisammen sein **II** *zn* [het] Zusammensein *o*, Beisammensein *o*
bijeenzoeken zusammensuchen
bijenhouder Imker *m*
bijenkast Bienenkasten *m*
bijenkoningin Bienenkönigin *v*
bijenkorf Bienenkorb *m*
bijensteek Bienenstich *m*
bijenteelt Bienenzucht *v*
bijfiguur Nebenfigur *v*
bijgaand anbei, beigeschlossen, beiliegend
bijgebouw Nebengebäude *o*
bijgedachte *bijbedoeling* Nebengedanke *m*
bijgeloof Aberglaube *m*
bijgelovig abergläubisch
bijgenaamd mit dem Beinamen, inform mit dem Spitznamen
bijgerecht cul Beilage *v*
bijgeval I *bijw* zufällig(erweise) **II** *vw* falls
bijgevolg folglich, demzufolge, infolgedessen
bijholte Nebenhöhle *v*
bijholteontsteking Nebenhöhlenentzündung *v*, Sinusitis *v*
bijhouden ❶ *bijbenen* Schritt halten, mithalten ❷ *blijven werken aan* auf dem Laufenden bleiben
bijkans fast, beinahe
bijkantoor Zweigstelle *v*, Nebenstelle *v*, Außenstelle *v*
bijkeuken ≈ Nebenraum *m* der Küche
bijklussen etwas dazuverdienen
bijkomen ❶ *komen bij* hinzukommen, dazukommen ★ *er komt nog bij dat...* es kommt noch hinzu, dass... ★ *dat moest er nog ~!* das fehlte gerade noch! ❷ *bij bewustzijn komen* wieder zu sich kommen ★ *zij kwam weer bij* sie kam wieder zu sich ❸ *weer beter worden* sich erholen, zu Atem kommen, verschnaufen
bijkomend ❶ hinzukommend ★ *~e onkosten* Nebenkosten ★ *~e bepalingen* Zusatzbestimmungen ❷ BN *extra* extra, Extra-, zusätzlich, Zusatz-, Sonder-, besonders, mehr-
bijkomstig nebensächlich
bijkomstigheid Nebensächlichkeit *v*
bijl Beil *o*, ⟨met lange steel⟩ Axt *v* ★ fig *het bijltje erbij neerleggen* die Flinte ins Korn werfen ★ fig *vaker met dat bijltje gehakt hebben* Erfahrung mit der Sache haben ★ fig *de botte bijl hanteren* mit der Holzhammermethode arbeiten
bijlage *bijgesloten document* ⟨brief, boek⟩ Anlage *v*, ⟨e-mai⟩ Anhang *m*, ⟨krant⟩ Beilage *v*
bijleggen ❶ *bijbetalen* draufzahlen, zuzahlen, (hin)zulegen ★ *ergens geld moeten ~* irgendwo Geld drauflegen müssen ★ *ik moet erop ~* dabei zahle ich drauf ❷ *beslechten* beilegen, schlichten ★ *een ruzie ~* einen Streit beilegen ★ *het ~* das Schlichten
bijles Nachhilfe *v*, Nachhilfeunterricht *m*
bijlichten leuchten ★ *iem. ~* jmdm. leuchten
bijltjesdag Tag *m* der Abrechnung / Rache
bijna fast, beinahe
bijnaam Bei- / Spitzname *m*
bijna-doodervaring Beinahe-Tot-Erfahrung *v*
bijna-ongeluk Beinahe-Unfall *m*
bijnier Nebenniere *v*
bijnierschors Nebennierenrinde *v*
bijou Kleinod *o*, Schmuckstück *o*
bijouterie Modeschmuckgeschäft *o*
bijpassen hinzuzahlen, zulegen
bijpassend (dazu)passend, dazugehörig
bijpraten sich ausplaudern, inform sich ausquatschen, inform klönen
bijproduct Nebenprodukt *o*
bijrijder Beifahrer *m*
bijrol Nebenrolle *v*
bijschaven ❶ *glad maken* glatt hobeln, zurechthobeln ❷ *beter maken* perfektionieren, ausfeilen
bijscholen weiterbilden, fortbilden
bijscholing Fortbildung *v*
bijschrift Randbemerkung *v*
bijschrijven *bijboeken* gutschreiben
bijslaap Beischlaf *m*
bijsluiter Beipackzettel *m*, Anwendungsvorschrift *v*
bijsmaak Beigeschmack *m*
bijspijkeren *bijwerken* auf- / nachholen ★ *zijn kennis ~* seine Kenntnisse auffrischen
bijspringen aushelfen, ⟨financieel⟩ beispringen
bijstaan I *ov ww, helpen* beistehen, helfen **II** *on ww, herinneren* sich entsinnen
bijstand ❶ *hulp* Unterstützung *v* ❷ *uitkering* Bei- / Sozialhilfe *v* ❸ *de instantie die uitkering verstrekt* Sozialamt *o*, Fürsorge *v*
bijstandsmoeder ≈ von der Sozialhilfe lebende Mutter *v*
bijstandsuitkering Sozialhilfe *v*, Unterstützung *v*
bijstandtrekker Sozialrentner *m*
bijstellen ❶ *in juiste stand brengen* einstellen, techn justieren ★ *de motor ~* den Motor justieren ❷ *aanpassen* anpassen, korrigieren ★ *hij moest zijn mening ~* er musste seine Meinung

korrigieren ★ *omlaag ~* nach unten korrigieren
bijstelling ❶ *het bijstellen* Einstellen *o*, Einrichten *o*, techn Justierung *v* ❷ Apposition *v*
bijster I *bnw* ★ *het spoor ~ zijn* die Spur verloren haben **II** *bijw* sonderlich, besonders
bijsturen *de juiste richting geven* korrigieren
bijt Wune *v*
bijtanken ❶ *brandstof bijvullen* auftanken ❷ *energie opdoen* auftanken
bijtekenen sich weiterhin verpflichten
bijten I *ov ww, tanden zetten in* beißen ★ fig *van zich af ~* sich seiner Haut wehren **II** *on ww, inbijten (in)* ätzen
bijtend ❶ *vinnig* beißend ★ *een ~e kou* eine beißende Kälte ❷ *scherp inwerkend* ätzend
bijtgaar halb gar, bissfest
bijtijds ❶ *op tijd* (recht)zeitig ❷ *vroeg* frühzeitig
bijtreden BN *steunen* zustimmen, beistimmen
bijtrekken *beter worden* aufheitern ★ *de kleuren zullen ~* die Farben gleichen sich mit der Zeit an
bijtring Beißring *m*
bijvak Nebenfach *o*
bijval ❶ *instemming* Zustimmung *v* ★ *onder luide ~* unter lautem Beifall ★ *~ oogsten / vinden bij* Beifall ernten bei ❷ *applaus* Applaus *m*, Beifall *m*
bijvallen *steunen* zustimmen, beistimmen
bijverdienen ★ *wat ~* etw. dazuverdienen
bijverdienste Nebenverdienst *m*, Nebeneinkünfte *mv*
bijverschijnsel Begleit- / Nebenerscheinung *v*
bijverzekeren zusätzlich versichern
bijvoeding Beikost *v*
bijvoegen (hin)zufügen
bijvoeglijk adjektivisch, attributiv, beifügend ★ *~ naamwoord* Adjektiv *o* ★ *~e bijzin* Adjektiv- / Attributivsatz *m* ★ *~e bepaling* Attribut *o*
bijvoegsel Anhang *m*, ⟨van krant⟩ Beilage *v*
bijvoorbeeld zum Beispiel
bijvullen nachfüllen, nachschütten
bijwerken ❶ *in orde maken* ver- / nachbessern ★ *de boeken ~* die Bücher aktualisieren / überarbeiten ❷ *bijspijkeren, bijschaven* ★ *een leerling ~* einem Schüler Nachhilfe geben
bijwerking Nebenwirkung *v*
bijwonen miterleben, anwesend sein bei
bijwoord taalk Adverb *o* ★ *~ van modaliteit* Modaladverb *o* ★ *~ van tijd* Temporaladverb *o*
bijwoordelijk adverbial
bijzaak Nebensache *v* ★ *dat is ~* das ist nebensächlich
bijzettafel Beistelltisch *m*
bijzetten ❶ *zetten bij* dazustellen ★ *meer stoelen ~* mehr Stühle dazustellen ❷ *begraven* beisetzen ❸ *toevoegen, verlenen* geben, verleihen ★ *iets kracht ~* einer Sache Nachdruck verleihen ★ fig *alle zeilen ~* alle Register ziehen
bijziend kurzsichtig
bijziendheid Kurzsichtigkeit *v*
bijzijn Beisein *o*, Anwesenheit *v* ★ *in het ~ van mijn vriend* in Gegenwart meines Freundes
bijzin Nebensatz *m* ★ *voorwaardelijke ~* Bedingungssatz *m*, Konditionalsatz *m*
bijzonder I *bnw, ongewoon* eigenartig, besonder ★ *hij vertelt niet veel ~s* er erzählt nichts von Bedeutung **II** *bijw* ⟨zeer⟩ sehr, ⟨vooral⟩ besonders **III** *zn* [het] ★ *in het ~* besonders, insbesondere
bijzonderheid ❶ *detail* Einzelheit *v* ★ *alle verdere bijzonderheden* alles Weitere ❷ *iets bijzonders* Sehenswürdigkeit *v*
bikini Bikini *m*
bikinilijn Bikinizone *v*
bikkel *speelfiche* ★ *zo hard als een ~* pickelhart
bikkelhard stein- / knochenhart ★ *hij is ~ als het om zaken gaat* unbarmherzig, schonungslos, er ist knallhart, wenn es ums Geschäft geht
bikken ❶ *afhakken* (ab)hacken, (ab)klopfen ❷ *eten* futtern, essen
bil Hintern *m* ★ fig *hij moet met de billen bloot* er muss die Hosen runterlassen
bilateraal bilateral
biljard Billiarde *v*
biljart *spel* Billard *o*
biljartbal Billardkugel *v*
biljarten Billard spielen
biljet ❶ *kaartje* Eintrittskarte *v*, Fahrschein *m* ❷ *bankbiljet* Geldschein *m*
biljoen Billion *v*
billboard Reklametafel *v*
billenkoek Tracht *v* Prügel
billijk ❶ *rechtvaardig* berechtigt, rechtmäßig ❷ *redelijk* vernünftig, gerecht
billijken zustimmen, billigen
bilspleet, **bilnaad** Damm *m*, Pospalte *v*
bimetaal Bimetall *o*
binair binär
binden ❶ lett *vastmaken* (fest)binden ❷ cul *dik maken* andicken
bindend jur *verplichtend* verbindlich, bindend ★ *niet ~* unverbindlich
binding *band* Bindung *v*
bindmiddel Bindemittel *o*
bindvlies Bindehaut *v*
bindvliesontsteking Bindehautentzündung *v*, Konjunktivitis *v*
bindweefsel Bind(e)gewebe *o*
bingo Bingo *o*
bink stramme(r) Junge *m*, fesche(r) Typ *m* ★ *de bink uithangen* auf die Pauke / den Putz hauen ★ *stoere bink* tolle(r) Hecht *m*
binnen I *vz* ❶ *in* in [+3], innerhalb [+2] ★ *~ de muren van het kasteel* innerhalb der Schlossmauern ★ *~ de grenzen van de stad* innerhalb der Stadtgrenzen ❷ *in minder dan* innerhalb [+2], innerhalb von [+3], binnen [+2] ★ *~ een week* innerhalb einer Woche, innerhalb von einer Woche **II** *bijw* drinnen ★ *~ in de cirkel* drinnen im Kreis ★ *hij liep naar ~* er lief hinein ★ *van ~ naar buiten* von innen nach außen ★ *de deur van ~ sluiten* die Tür von innen abschließen ★ *is nummer 8 al ~?* ist Nummer 8 schon reingekommen? ★ *ze is nog ~* sie ist noch drinnen ★ *~!* herein! ★ *~ zonder kloppen* eintreten ohne anzuklopfen ★ fig *hij is ~* ⟨gefortuneerd⟩ er hat es zu etw. gebracht ★ fig *~ is ~!* was man hat, das hat man
binnenbaan ❶ *binnenste baan* Innenbahn *v* ❷ sport *overdekte baan* Hallenbahn *v*
binnenbad Hallenbad *o*
binnenband Schlauch *m*
binnenblijven zu Hause bleiben
binnenbocht Innenkurve *v*
binnenbrand Kleinfeuer *o*

binnenbrengen *binnenshuis brengen* einbringen, hereinbringen, hineinbringen ★ fig *de oogst* ~ die Ernte einbringen / einfahren
binnendoor *via kortere weg* ★ ~ *gaan* eine Abkürzung nehmen
binnendringen eindringen
binnendruppelen hereintröpfeln
binnengaan hineingehen ★ *de kamer* ~ das Zimmer betreten
binnenhalen hereinholen
binnenhaven Binnenhafen *m*
binnenhuisarchitect Raumgestalter *m*
binnenin im Innern
binnenkant Innenseite *v*
binnenkomen *binnengaan* hineinkommen, eintreten, hereinkommen, ‹schepen› einlaufen
binnenkomer Einleitung *v*
binnenkomst Ankunft *v*
binnenkort bald, demnächst
binnenkrijgen ❶ *ontvangen* hereinbekommen, empfangen ❷ *inslikken* reinbekommen ★ *hij heeft veel water naar binnen gekregen* er hat viel Wasser geschluckt
binnenland ❶ aardk Landesinnere *o* ★ *de ~en van Frankrijk* das Binnenland Frankreichs ❷ *het eigen land* Inland *o*
binnenlands inländisch, ‹van producten› einheimisch ★ *~e handel* Innenhandel *m* ★ *~e markt* Binnenmarkt *m* ★ *~e politiek* Innenpolitik *v*
binnenlaten hereinlassen, hineinlassen
binnenloodsen *in de haven brengen* einschleusen ★ *schepen* ~ Schiffe in den Hafen lotsen
binnenlopen ❶ *lopend binnengaan* herein- / hineinlaufen ❷ *binnenkomen* herein- / hineingehen ★ *een haven* ~ in einen Hafen einlaufen
binnenplaats Innenhof *m*
binnenpretje heimliche(s) Schmunzeln *o* ★ *~s hebben* in sich hineinlachen
binnenrijm Binnenreim *m*
binnenroepen hereinrufen
binnenscheepvaart Binnenschifffahrt *v*
binnenschipper Binnenschiffer *m*
binnenshuis innerhalb des Hauses, im Haus
binnenskamers innerhalb des Zimmers, im Zimmer
binnensmonds im Mund ★ ~ *praten* nuscheln
binnenspiegel Innenspiegel *m*
binnensport Hallensport *m*
binnenstad Innenstadt *v*
binnenste Innere(s) *o*
binnenstebuiten verkehrt herum ★ ~ *keren* umkrempeln
binnenvaart Binnenschifffahrt *v*, Flussschifffahrt *v*
binnenvallen ❶ *binnenkomen* hereinplatzen ❷ *binnendringen* eindringen
binnenvetter verschlossene Person *v*, Grübler *m* ★ *hij is een* ~ er frisst alles in sich hinein
binnenwaarts einwärts
binnenwater Binnenwasser *o* ★ *~en* Binnengewässer *o*
binnenweg Landstraße *v*
binnenwerk ❶ *inwendige delen* innere(r) Mechanismus *m*, ‹van klok› Uhrwerk *o* ❷ *werk binnenshuis* Hausarbeit *v*
binnenwippen *aanwippen* auf einen Sprung vorbeikommen
binnenzak Innentasche *v*
binnenzee Binnenmeer *o*
bint Balken *m*
bintje Bintje *o*
bioafval Bio-Abfälle *m mv*
biobak Biotonne *v*
biochemie Biochemie *v*
biodynamisch biologisch-dynamisch
bio-energie Bioenergie *v*
biofysica Biophysik *v*
biogas Biogas *o*
biograaf Biograf *m*
biografie Biografie *v*
biografisch biografisch
bio-industrie Intensivhaltung *v*, Bio-Industrie *v*, Massentierhaltung *v*
bio-ingenieur BN *ingenieur in de biowetenschappen* Bioingenieur *m* [v: Bioingenieurin]
biologeren ★ *als gebiologeerd* wie gebannt
biologie Biologie *v*
biologisch biologisch
bioloog Biologe *m*
biomassa Biomasse *v*
biopsie Biopsie *v*
bioritme Biorhythmus *m*
bios *bioscoop* Kino *o*
bioscoop Kino *o* ★ *naar de* ~ *gaan* ins Kino gehen
biosfeer Biosphäre *v*
biotechnologie Biotechnologie *v*
biotoop Biotop *m/o*
biowetenschappen Biowissenschaften *mv*
bips Popo *m*
Birma Birma *o*
Birmees Birmaner *m*
bis I *zn* [de], muz *muzieknoot* His *o* II *bijw* ❶ *toegevoegd* b ★ *artikel 8 bis* Artikel 8b ★ *Bloemstraat 7 bis* Bloemstraat 7b ❷ *nog eens* Zugabe *v* ★ *bis roepen* Zugabe rufen
bisamrat Bisamratte *v*
biscuit Biskuit *o*
biscuitje Keks *m*
bisdom Bistum *o*
biseksualiteit Biseksualität *v*
biseksueel bisexuell
bisschop Bischof *m*
bisschoppelijk bischöflich
bissectrice Winkelhalbierende *v*
bissen BN onderw wiederholen, inform sitzen bleiben
bisser BN onderw Sitzenbleiber *m*
bistro Bistro *o*
bit I *zn* [de] comp Bit *o* II *zn* [het], *mondstuk* Kandare *v*
bits bissig
bitter I *bnw* ❶ *scherp van smaak* herb, bitter ❷ fig *hard, smartelijk, moeilijk te verdragen* verbittert, schwer, bitter II *bijw, in hoge mate* furchtbar, bitter
bitterbal kleine, kugelförmige Krokette *v*
bittergarnituur Cocktailhäppchen *mv*

bitterkoekje cul Makrone *v*
bitterzoet bittersüß
bitumen Bitumen *o*
bivak Feldlager *o*
bivakkeren ❶ biwakieren ❷ *tijdelijk wonen* sich aufhalten, wohnen
bivakmuts Biwakmütze *v*
bizar absonderlich, bizarr
bizon Bison *m*
B-kant B-Seite *v*
blaadje → **blad**
blaag Balg *m*
blaam Tadel *m*
blaar ❶ *zwelling* Blase *v* ❷ *bles* Blesse *v*
blaarkop Blesse *v*
blaas *orgaan* Blase *v*
blaasaandoening Blasenleiden *o*
blaasbalg Blasebalg *m*
blaasinstrument Blasinstrument *o*
blaaskaak Großmaul *o*
blaaskapel Blaskapelle *v*
blaasmuziek Blasmusik *v*
blaasontsteking Blasenentzündung *v*, Zystitis *v*
blaaspijpje *instrument alcoholtest* (Atem)Röhrchen *o* ★ *in het ~ blazen* ins Röhrchen pusten
blabla Blabla *o*
black-out Blackout *o*
blad ❶ *deel van plant / boom* Blatt *o* ★ *hij is omgedraaid als een blad aan de boom* er ist wie ausgewechselt ❷ *plat en breed voorwerp* Platte *v*, ⟨van anker⟩ Flunke *v*, ⟨van werktuigen⟩ Blatt *o* ❸ *vel papier* Bogen *m*, Blatt *o* ★ *een onbeschreven blad zijn* ein unbeschriebenes Blatt sein ❹ *tijdschrift* Heft *o*, Magazin *o*
bladderen abblättern
bladerdeeg Blätterteig *m*
bladeren blättern
bladgoud Blattgold *o*
bladgroen Blattgrün *o*
bladgroente Blattgemüse *o*
bladluis Blattlaus *v*
bladmuziek Noten *v mv*
bladspiegel Schriftspiegel *m*
bladstil völlig windstill
bladverliezend laubabwerfend
bladvulling Lückenbüßer *m*
bladwijzer ❶ *boekenlegger* Lesezeichen *o* ❷ *inhoudsopgave* Inhaltsverzeichnis *o*
bladzijde Seite *v*
blaf Bellen *o*
blaffen *geluid maken* bellen
blaken ❶ *branden* glühen, brennen ❷ *vol zijn van* ★ *~d van gezondheid* strotzend vor Gesundheit
blaker Leuchter *m*
blakeren sengen
blamage Blamage *v*
blameren blamieren
blancheren blanchieren
blanco blanko, unbeschrieben, ⟨formulier⟩ unausgefüllt ★ *~ stem* Stimmenthaltung *v*
blancokrediet Blankokredit *m*
blancovolmacht Blankovollmacht *v*
blank ❶ *helder, licht, zonder verflaag* weiß ★ *~ hout* naturbelassene(s) Holz *o* ❷ *onder water* überschwemmt
blanke Weiße(r) *m*
blasé blasiert
blasfemie Blasphemie *v*
blaten ⟨schaap⟩ blöken, ⟨geit⟩ meckern
blauw **I** *bnw* blau **II** *zn* [het] Blau *o*
blauwbekken erbärmlich frieren
blauwblauw ▾ *iets ~ laten* etwas auf sich beruhen lassen
blauwdruk ❶ *tekening* Blaudruck *m* ❷ fig *voorlopig ontwerp, plan* Konzept *o*
blauweregen Glyzinie *v*
blauwgrijs blaugrau
blauwgroen blaugrün
blauwhelm Blauhelm *m*
blauwrood blaurot
blauwtje ▾ *een ~ lopen* einen Korb bekommen
blauwzuur Blausäure *v*
blauwzwart blauschwarz
blazen **I** *on ww* ❶ *met kracht uitademen* pusten ❷ ⟨van kat⟩ *sissen* fauchen **II** *ov ww, bespelen* blasen
blazer[1] muz Bläser *m*
blazer[2] [blezer] *jasje* Blazer *m*
blazoen Wappenschild *o*
bleef [verl. td.] → **blijven**
bleek **I** *bnw* blass ★ *~ en mager* blass und dünn ★ *~ om de neus worden* blass um die Nase werden ★ *~ wegtrekken* erbleichen ★ *~ worden* verbleichen ★ *een ~ zonnetje* eine bleiche Sonne **II** *zn* [de], *het bleken* Bleichen *o* **III** *ww* [verl. td.] → **blijken**
bleekgezicht Bleichgesicht *o*
bleekjes blass
bleekmiddel Bleichmittel *o*
bleekneus Bleichgesicht *o*
bleekselderij Stangensellerie *m*
bleekwater Bleichwasser *o*
bleekzucht med Bleichsucht *v*, Chlorose *v*
bleken **I** *ov ww* bleichen **II** *ww* [verl. td.] → **blijken**
blèren *luid huilen* plärren
bles *witte plek* Blesse *v*
blesseren verletzen
blessure Verletzung *v*
blessuretijd sport Nachspielzeit *v*
bleu ❶ *blauw* bleu, blassblau ❷ *bedeesd* schüchtern
bleven [verl. td.] → **blijven**
bliep piep
blies [verl. td.] → **blazen**
blieven mögen ★ *wat blieft?* bitte?
bliezen [verl. td.] → **blazen**
blij froh, fröhlich, freudig ★ *blij zijn over iets* sich über etw. freuen ★ *ik ben blij je te zien* ich freue mich, dich zu sehen ★ *iem. ergens blij mee maken* jmdn. mit etw. erfreuen
blijdschap Freude *v* ★ *van ~* vor Freude
blijf ▾ BN *geen ~ weten met iets* sich mit einer Sache keinen Rat wissen
blijf-van-mijn-lijfhuis Frauenhaus *o*
blijheid Freude *v*, Heiterkeit *v*
blijk Beweis *m*, Zeichen *o* ★ *~ geven van iets* etw. zeigen ★ *als ~ van dankbaarheid* als Zeichen der Dankbarkeit
blijkbaar offenbar, offensichtlich
blijken sich zeigen, sich ergeben, sich

herausstellen ★ ~ *te zijn* zu sein scheinen ★ *het blijkt dat* es stellt sich heraus, dass ★ *hij blijkt schuldig / een leugenaar te zijn* es hat sich herausgestellt, dass er schuldig / ein Lügner ist ★ *laten* ~ zeigen, beweisen ★ *niets laten* ~ sich nichts anmerken lassen ★ *het blijkt mij dat* ich stelle fest, dass ★ *de dieven bleken al het geld meegenomen te hebben* die Diebe hatten offensichtlich das ganze Geld mitgenommen ★ *zijn vreugde laten* ~ seine Freude zeigen ★ *dat moet nog* ~ das muss sich noch herausstellen ★ *achteraf bleek* hinterher stellte sich heraus ★ *doen* ~ *van* bekunden ★ *daaruit blijkt* daraus wird ersichtlich, daraus geht hervor ★ *iets niet laten* ~ sich etw. nicht anmerken lassen ★ *dit middel is gebleken goed te zijn* das Mittel hat sich bewährt ★ *het is ons gebleken dat...* wir sind zu der Überzeugung gekommen, dass... ★ *doen / laten* ~ zeigen ★ *je moet er hem niets van laten* ~ du darfst dir gegenüber ihm nichts anmerken lassen ★ *er is niets gebleken van bedrog* es gibt keinen Beweis für Betrug ★ *uit alles blijkt dat...* aus dem Ganzen ergibt sich, dass... ★ *daaruit blijkt dat* daraus geht hervor, dass ★ *het moet nog* ~ *of* es muss sich noch herausstellen, ob... ★ *dat is wel gebleken* das hat sich schon gezeigt

blijmoedig frohgemut, heiter ★ *hij is altijd* ~ er ist immer frohen Mutes

blijspel Lustspiel *o*

blijven I *on ww* ❶ *voortduren* bleiben, ⟨doorgaan met⟩ weiter... ★ *ik blijf liggen* ich bleibe liegen ★ ~ *staan* stehen bleiben ★ ~ *zitten* sitzen bleiben ★ *ik blijf van mening* ich bin immer noch der Meinung ★ ~ *eten* weiteressen ★ *jong* ~ jung bleiben ★ *ernstig* ~ ernst bleiben ★ *goed* ~ sich halten ★ ~ *regenen* weiter regnen ★ ~ *leven* am Leben bleiben ★ *iem.* ~ *aankijken* jmdn. unverwandt anblicken ★ ~ *doorlopen* weiterlaufen ❷ *niet weg- of doorgaan* bleiben ★ *zijn horloge is stil* ~ *staan* seine Uhr ist stehen geblieben ★ *waar blijft hij toch?* wo bleibt er nur? ★ *waar waren we gebleven?* wo sind wir geblieben? ★ *dat blijft onder ons* das bleibt unter uns ❸ *sterven* ★ *hij is erin gebleven* er hat es nicht überlebt ★ *hij is in de strijd gebleven* er ist im Krieg geblieben ❹ ~ **bij** bleiben bei [+3] ★ *bij een belofte* ~ bei einem Versprechen bleiben ★ *bij de zaak* ~ bei der Sache bleiben ★ *bij zijn woord* ~ bei seinem Wort bleiben ★ *ik blijf er bij dat* ich bleibe dabei, dass ★ *en daarbij bleef het* und dabei blieb es II *kww* bleiben ★ *het blijft warm* es bleibt warm ★ *ondanks alles blijft zij aardig tegen mij* trotz allem ist sie weiterhin nett zu mir ★ *het antwoord schuldig* ~ die Antwort schuldig bleiben ★ *achterwege* ~ weggelassen werden ★ *het blijft de vraag of...* es bleibt die Frage, ob...

blijvend bleibend ★ *van ~e invloed zijn* eine nachhaltige Wirkung haben

blik I *zn* [de] ❶ *oogopslag* Blick *m* ❷ *manier van kijken* Blick *m* ❸ *kijk op iets* Blick *m* ★ *een ruime blik hebben* ein weites Blickfeld haben ★ *zijn blik verruimen* seinen Gesichtskreis erweitern II *zn* [het] ❶ *metaal* Blech *o* ❷ *bus* Büchse *v*, ⟨conservenblik⟩ Konserve *v* ❸ *stofblik* Kehrschaufel *v*

blikgroente Büchsengemüse *o*

blikje → **blik**

blikken I *bnw* blechern II *on ww* blicken ★ fig *zonder* ~ *of blozen* ohne mit der Wimper zu zucken

blikkeren glitzern, funkeln

blikopener Dosenöffner *m*

blikschade Blechschaden *m*

bliksem ❶ Blitz *m* ★ fig *als door de* ~ *getroffen zijn* wie vom Blitz gerührt sein ❷ *persoon* ★ *arme* ~ arme(r) Schlucker ★ *luie* ~ ein stinkfauler Kerl ▼ *loop naar de ~!* scher dich zum Teufel! ▼ *naar de* ~ *zijn* im Eimer sein ▼ *dat gaat jou geen* ~ *aan* das geht dich einen Dreck an

bliksemactie Blitzaktion *v*

bliksemafleider Blitzableiter *m*

bliksemcarrière Blitzkarriere *v* ★ *een* ~ *maken* eine Blitzkarriere machen

bliksemen blitzen

bliksemflits Blitz(strahl) *m*

blikseminslag Blitzschlag *m*

bliksemoorlog Blitzkrieg *m*

bliksems unheimlich, verdammt

bliksemschicht Blitzstrahl *m*

bliksemsnel blitzschnell

bliksemstart Blitzstart *m*

bliksemstraal *flikkering* Blitz *m*

blikvanger Blickfang *m*

blikveld Blickfeld *o*

blikvoer ⟨mensen⟩ Dosennährung *v*, ⟨dieren⟩ Dosenfutter *o*

blind fig *zonder inzicht* blind

blind date Verabredung *v* mit einem / einer Unbekannten, Blind Date *o*

blinddoek Augenbinde *v*

blinddoeken die Augen verbinden

blinde Blinde(r) *m* ★ fig *hij oordeelt als een* ~ *over de kleuren* er redet, wie der Blinde von der Farbe

blindedarm Blinddarm *m*

blindedarmontsteking Blinddarmentzündung *v*

blindelings ❶ *zonder te zien* blindlings ❷ *zonder nadenken* ★ *dat kan ik* ~ das kann ich im Schlaf

blindemannetje ★ ~ *spelen* Blindekuh spielen

blindengeleidehond Blindenhund *m*

blindenschrift *brailleschrift* Blindenschrift *v*, Brailleschrift *v*

blinderen ❶ *afdekken* verblenden ❷ *pantseren* panzern

blindganger Blindgänger *m*

blindheid Blindheit *v*

blindstaren [**zich** ~] **op** fixiert sein auf [+4]

blindvaren op völlig vertrauen auf

bling, **blingbling** Bling-Bling *o*

blinken blinken, glänzen, leuchten

blits I *zn* [de] ▼ *de* ~ *met iets maken* mit etwas eine große Schau abziehen II *bnw* scharf, geil

blocnote Schreibblock *m*

bloed Blut *o* ★ ~ *geven* Blut spenden ★ *met* ~ *bevlekt* blutbefleckt ★ fig *de organisatie moet nieuw* ~ *hebben* dem Unternehmen muss neues / frisches Blut zugeführt werden ★ fig *blauw* ~ *hebben* blaues Blut in den Adern haben ★ fig *iemands* ~ *wel kunnen drinken* jmdn. auf den Tod nicht ausstehen können ★ fig *ik kan zijn* ~ *wel drinken* ich hasse ihn bis aufs Blut ★ fig *iem. het* ~ *onder de nagels vandaan halen* jmdn. bis aufs Blut reizen ★ fig *zijn ~ kookt van woede* ihm kocht das Blut in den Adern ★ fig *het ~ kruipt waar het niet gaan kan* ≈ man kann seine Herkunft nicht verleugnen ★ fig *kwaad ~ zetten bij* böses Blut schaffen ★ fig *dat zet kwaad ~* das schafft böses Blut ★ fig *in koelen ~e* kaltblütig ★ fig *van koninklijken ~e* von königlichem Blut → **bloedje**

bloedarmoede Blutarmut *v*

bloedbaan Blutbahn *v*

bloedbad Blutbad *o*

bloedbank Blutbank *v*

bloedbezinking med Blutsenkung *v*

bloedblaar Blutblase *v*

bloedcel Blutzelle *v*

bloeddonor Blutspender *m*

bloeddoorlopen blutunterlaufen

bloeddoping Blutdoping *o*

bloeddorstig blutdürstig, blutrünstig

bloeddruk Blutdruck *m* ★ *hoge ~* Bluthochdruck *m*

bloeddrukmeter med Blutdruckmessgerät *o*

bloeddrukverlagend blutdrucksenkend

bloedeigen leiblich

bloeden ❶ *bloed verliezen* bluten ★ *~ als een rund* bluten wie ein Schwein ★ *iem. tot ~s toe slaan* jmdn. bis aufs Blut schlagen ★ *uit de neus ~* aus der Nase bluten, Nasenbluten haben ★ fig *met ~d hart* mit blutendem Herzen ❷ *boeten voor* ★ *daar heeft hij voor moeten ~* dafür hat er schwer bluten müssen

bloederig blutig ★ *~e film* blutrünstige(r) Film *m*

bloederziekte Bluterkrankheit *v*

bloedgang Höllentempo *o* ★ *met een ~* im Affentempo, mit 'nem Affenzahn

bloedgeld ❶ *loon voor misdaad* Wergeld *o* ❷ *hongerloon* Hungerlohn *m*

bloedgroep Blutgruppe *v*

bloedheet bullenheiß, brühheiß

bloedhekel ★ *een ~ hebben aan* jmdn. auf den Tod nicht leiden können

bloedhond *hond* Bluthund *m*

bloedig I *bnw, bloederig* blutig II *bijw, in hoge mate* ★ *~ zijn best doen* sich enorm viel Mühe geben

bloeding Blutung *v*

bloedje ▾ *zeven ~s van kinderen* ≈ sieben beklagenswerte Kinder

bloedkanker Blutkrebs *m*, Leukämie *v*

bloedkleurstof Blutfarbstoff *m*

bloedkoraal *rood koraal* Edelkoralle *v*

bloedlichaampje Blutkörperchen *o*

bloedlink ❶ *riskant* äußerst / verdammt riskant ❷ *boos* fuchsteufelswild

bloedmooi traumhaft schön

bloedneus Nasenbluten *o* ★ *iem. een ~ slaan* jmdm. die Nase blutig schlagen

bloedonderzoek Blutuntersuchung *v*

bloedplaatje Blutplättchen *o*

bloedplasma Blutplasma *o*

bloedproef Blutprobe *v*

bloedprop Blutgerinnsel *o*

bloedschande Blutschande *v*, Inzest *m*

bloedserieus todernst

bloedserum Blutserum *o*

bloedsinaasappel Blutorange *v*

bloedsomloop Kreislauf *m*, Blutkreislauf *m*

bloedspiegel Blutspiegel *m*

bloedstollend ❶ *bloed stollend* blutstillend ❷ *spannend* schauderhaft, grausig

bloedstolling Blutgerinnung *v*

bloedstolsel Blutgerinnsel *o*

bloedstroom Blutstrom *m*

bloedsuiker Blutzucker *m*

bloedsuikerspiegel Blutzuckerspiegel *m*

bloedtransfusie Bluttransfusion *v*

bloeduitstorting Bluterguss *m*

bloedvat Blutgefäß *o*

bloedverdunnend blutverdünnend

bloedvergieten Blutvergießen *o*

bloedvergiftiging Blutvergiftung *v*

bloedverlies Blutverlust *m*

bloedverwant Blutsverwandte(r) *m*

bloedverwantschap Blutsverwandtschaft *v*

bloedvlek Blutfleck *m*

bloedworst cul Blutwurst *v*

bloedwraak Blutrache *v*

bloedzuiger ❶ *dier* Blutsauger *m*, Blutegel *m* ❷ *uitbuiter* Halsabschneider *m*, Wucherer *m*, Blutsauger *m*

bloedzuiverend blutreinigend

bloei ❶ plantk Blühen *o* ★ *in ~* in Blüte ★ *in ~ staan* blühen ❷ fig *ontplooiing* Blüte *v* ★ *in de ~ van zijn jaren* in der Blüte seiner Jahre ★ *de grote economische ~* die wirtschaftliche Hochblüte ★ *tot ~ komen* aufblühen

bloeien fig *floreren* blühen ★ *een ~de zaak* ein florierendes Geschäft ★ *de handel bloeit* der Handel blüht / gedeiht

bloeiperiode plantk Blütezeit *v*

bloeiwijze Blütenstand *m*

bloem ❶ plantk Blume *v* ★ fig *de ~ der natie* die Spitzen der Nation ★ *de ~etjes buiten zetten* einen draufmachen, auf den Putz hauen ❷ *meel* Mehl *o* → **bloemetje**

bloembak Pflanzenkübel *m*

bloembed Blumenbeet *o*

bloembol Blumenzwiebel *v*

bloembollenteelt Blumenzwiebelzucht *v*

bloemencorso Blumenkorso *m*

bloementeelt Blumenzucht *v*

bloemenvaas Blumenvase *v*

bloemenwinkel Blumengeschäft *o*, Florist *m*

bloemetje ❶ *bos bloemen* Blumenstrauß *m* ❷ → **bloem**

bloemig blumig ★ *~e aardappels* mehlige(n) Kartoffeln

bloemist ❶ *kweker* Florist *m* ❷ *verkoper* Blumenhändler *m*

bloemisterij *bedrijf* Blumengeschäft *o*

bloemknop Knospe *v*

bloemkool Blumenkohl *m*, Oost Karfiol *m*

bloemlezing Anthologie *v*, Blütenlese *v*

bloemperk Blumenrabatte *v*, Blumenbeet *o*

bloempot Blumentopf *m*

bloemschikken Blumenbinden

bloemstuk *bloemen* Gesteck *o*

bloemsuiker BN *poedersuiker* Puderzucker *m*

bloes ⟨voor vrouwen⟩ Bluse *v*, ⟨voor mannen⟩ Hemd *o*

bloesem Blüte *v*

blog www Blog *m/o*, Internet-Tagebuch *o*

blogger www Blogger *m*
blok ❶ *recht stuk* Block *m*, Klotz *m* ★ *met blokken spelen* mit Klötzen spielen ★ *iem. voor het blok zetten* jmdm. die Pistole auf die Brust setzen ★ *een blok aan het been zijn* ein Klotz am Bein sein ★ *slapen als een blok* schlafen wie ein Murmeltier / Klotz ❷ *huizenblok* Häuserblock *m* ★ *een blokje om lopen* einen (kleinen) Spaziergang machen
blokfluit Blockflöte *v*
blokhut Blockhütte *v*
blokkade Blockade *v*, Sperre *v* ★ *de ~ van een land afkondigen* die Blockade über ein Land verhängen
blokken pauken, büffeln
blokkendoos Baukasten *m*
blokkeren I *ov ww* ❶ *toegang afsluiten* (ver)sperren ❷ *onttrekken van gebruik* sperren, blockieren ★ *een bankrekening ~* ein Konto sperren II *on ww, niet meer kunnen bewegen* blockieren ★ *de remmen blokkeerden* die Bremsen blockierten
blokletter Druck- / Blockbuchstabe *m*
blokletteren BN *in grote krantenkoppen schrijven* in Blockbuchstaben titeln
blokpolis BN Bündelung *v* von Versicherungsverträgen
blokuur Doppel- / Blockstunde *v*
blond blond ★ *met ~e krullen* blond gelockt
blonderen aufhellen, blondieren
blondine Blondine *v*
blondje Blondine *v* ★ *dom ~* Blondine *v*
blonk [verl. td.] → **blinken**
blonken [verl. td.] → **blinken**
bloody mary Bloody Mary *v*
blooper Schnitzer *m*
bloot ❶ *onbedekt* nackt, bloß ★ *op de blote huid dragen* auf der blanken Haut tragen ❷ *zonder hulpmiddel* ★ *uit het blote hoofd* auswendig ★ *met blote handen* mit bloßen Händen
blootblad Nacktmagazin *o*
blootgeven [zich ~] ❶ *zich blootstellen aan gevaar* sich bloßstellen [+3] ❷ *zwakheid tonen* sich eine Blöße geben ★ *zich niet ~* sich keine Blöße geben
blootje ★ *in je ~* ⟨van man⟩ im Adamskostüm, ⟨van vrouw⟩ im Evaskostüm
blootleggen ❶ *van bedekking ontdoen* entblößen, bloß legen ❷ *onthullen* aufdecken
blootshoofds barhäuptig
blootstaan aan ★ *aan vele gevaren ~* vielen Gefahren ausgesetzt sein
blootstellen aan aussetzen ★ *aan de wind blootgesteld* dem Winde ausgesetzt
blootsvoets barfuß
blos Röte *v* ★ *blos van schaamte* Schamröte *v*
blotebillengezicht Arschgesicht *o*
blowen kiffen
blowtje Joint *m* ★ *een ~ draaien* einen Joint drehen
blozen erröten ★ *iem. doen ~* jmdn. zum Erröten bringen ★ *er ~d uitzien* blühend aussehen
blubber Schlamm *m*, Matsch *m* ▼ *zich de ~ werken* sich abschuften
blues Blues *m*
bluf *opschepperij* Bluff *m*
bluffen bluffen
blufpoker Angeberei *v*
blunder Schnitzer *m*, Fauxpas *m*
blunderen einen Bock schießen, einen Schnitzer machen, stümpern
blusapparaat Feuerlöschgerät *o*, Löschgerät *o*
blusboot Löschboot *o*
blussen *doven* löschen
blusvliegtuig Löschflugzeug *o*
blut pleite, ausgebeutelt
bluts ▼ BN *de ~ met de buil nemen* die Nachteile in Kauf nehmen
blutsen einbeulen, verbeulen
B-merk B-Marke *v*
BMI *body mass index* BMI *m*
bmr-prik *inenting tegen bof, mazelen, rodehond* Impfung *v* gegen Masern, Mumps, Röteln
BN'er niederländischer Promi *m* ★ *de ~s* die niederländischen Promis
bnp econ *bruto nationaal product* BSP *o* (Bruttosozialprodukt)
boa ❶ *slang* Boa *v* ❷ *halskraag* Boa *v*
board Holzfaserplatte *v*
bobbel ❶ *bultje* Buckel *m*, Hubbel *m* ★ *straat met ~s* holprige Straße *v* ❷ *blaasje* Blase *v*
bobbelen sich wellen
bobijn BN *spoel* Spule *v*
bobo Bonze *m*
bobslee Bob *m*
bobsleeën mit einem Bob fahren
bochel Buckel *m*
bocht I *zn* [de], *buiging* Biegung *v*, Kurve *v* ★ *uit de ~ vliegen* aus der Kurve getragen werden ★ fig *zich in (allerlei) ~en wringen* sich drehen und winden, versuchen sich herauszuwinden II *zn* [het], *troep* Gesöff *o*
bochtig kurvig, kurvenreich, gewunden
bockbier cul Bockbier *o*
bod ❶ econ *prijsvoorstel* Anbieten *o*, Angebot *o* ★ *een hoger bod doen* überbieten ★ *een lager bod doen* unterbieten ★ *het hoogste bod doen* der Meistbietende sein ❷ *beurt* ★ *wie is er aan bod?* wer reizt?, wer ist an der Reihe?
bode *boodschapper* Bote *m*
bodega Bodega *v*
bodem ❶ *grondvlak* ★ *leeg tot op de ~* vollkommen / völlig leer ★ *een ~pje wijn* einen kleiner Rest Wein ★ fig *dubbele ~* doppelte(r) Boden *m*, Doppelbödigkeit *v* ★ *iets tot de ~ uitzoeken* einer Sache auf den Grund gehen ❷ *grond* Boden *m*
bodembescherming Bodenschutz *m*
bodemgesteldheid Bodenbeschaffenheit *v*
bodemkunde Bodenkunde *v*
bodemloos bodenlos ★ fig *een ~ vat* ein Fass ohne Boden
bodemmonster Bodenprobe *v*
bodemonderzoek Bodenanalyse *v*, ⟨werk⟩ Bodenuntersuchung *v*, ⟨wetenschap⟩ Bodenforschung *v*
bodemprijs Mindestpreis *m*
bodemprocedure jur Hauptverfahren *o*
bodemsanering Bodensanierung *v*
bodemschatten Bodenschätze *mv*
bodemverontreiniging Bodenverschmutzung *v*
boden [verl. td.] → **bieden**
Bodenmeer Bodensee *m*

body *bodystocking* Body *m*
bodybuilden Bodybuilding *o*
bodybuilder Bodybuilder *m*
bodybuilding Bodybuilding *o*
bodyguard Bodyguard *m*
bodylotion Körperlotion *m*
body mass index Body Mass Index *m*
bodypaint Bodypainting *o*
bodystocking Bodystocking *m*
bodysuit Body *m*
bodywarmer Skiweste *v*, Steppweste *v*
boe ★ fig *boe noch ba zeggen* keinen Laut von sich geben
Boedapest Budapest *o*
Boedapests Budapester
Boeddha *eigennaam* Buddha
boeddha *beeldje* Buddha *m*
boeddhisme Buddhismus *m*
boeddhist Buddhist *m*
boeddhistisch buddhistisch
boedel ❶ *bezit* Inventar *o*, Hausrat *m* ★ *desolate / insolvente ~* überschuldete Konkursmasse *v* ★ *failliete ~* Konkursmasse *v* ❷ *nalatenschap* Erbe *o*, Erbschaft *v*, Nachlass *m* ★ *gladde ~* beglichene Erbmasse *v* ★ *een ~ aanvaarden* eine Erbschaft antreten
boedelscheiding Auseinandersetzung *v*, ⟨van erfenis⟩ Erbteilung *v*
boef Spitzbube *m*, Schurke *m*
boeg Bug *m* ★ fig *het over een andere boeg gooien* einen anderen Kurs einschlagen ★ fig *wij hebben nog veel voor de boeg* wir müssen noch einiges tun
boegbeeld Galionsfigur *v*
boegeroep Buhrufen *o*, Jaulen *o*
boegspriet Bugspriet *m/o*
boei ❶ *kluister* Fessel *v* ★ *iem. in de boeien slaan* jmdm. die Fesseln anlegen ❷ *baken* Boje *v* ★ *een kleur als een boei krijgen* rot wie eine Tomate werden ❸ *reddingsgordel* Rettungsring *m*
boeien ❶ *in de boeien slaan* fesseln ❷ *fascineren* faszinieren
boeiend fesselnd, packend
boek Buch *o* ★ *de boeken bijhouden* die Bücher führen ★ *een open boek zijn* ein offenes Buch sein ★ *dat is een gesloten boek voor mij* das ist für mich ein Buch mit sieben Siegeln ★ *goed te boek staan* einen guten Ruf genießen ★ *slecht te boek staan* einen schlechten Ruf haben
Boekarest Bukarest *o*
Boekarests Bukarester
boekbespreking Buchbesprechung *v*
boekbinden Buchbinden *o*, Buchbinderei *v*
boekbinder Buchbinder *m*
boekdeel Band *m*
boekdrukkunst Buchdruckerkunst *v*
boeken ❶ *in- / opschrijven* buchen ★ *een post als verlies ~* einen Posten als Verlust verbuchen ❷ *behalen* ★ *winst ~* Gewinne erzielen
boekenbeurs ❶ *tentoonstelling* Buchmesse *v* ❷ *ruilhandel in boeken* Bücherbörse *v*
boekenbon Büchergutschein *m*
boekenclub Buchgemeinschaft *v*
boekenkast Bücherschrank *m*, Bücherregal *o*
boekenlegger Lesezeichen *o*
boekenlijst Literaturliste *v*
boekenplank Bücherbrett *o*
boekenrek Bücherregal *o*
boekensteun Buchstütze *v*
Boekenweek ≈ Buchwerbungswoche *v* in den Niederlanden
boekenwijsheid Buchwissen *o*
boekenwurm Leseratte *v*, Bücherwurm *m*
boeket *bloemen* Blumenstrauß *m*
boekhandel ❶ *winkel* Buchladen *m*, Buchhandlung *v* ❷ *bedrijfstak* Buchgewerbe *o*, Buchhandel *m*
boekhandelaar Buchhändler *m* [v: Buchhändlerin]
boekhouden die Buchführung machen, die Bücher führen
boekhouder Buchhalter *m*
boekhouding ❶ *het boekhouden* Buchführung *v*, Buchhaltung *v* ★ *dubbele ~* doppelte Buchführung ❷ *afdeling* Buchhaltung *v*
boekhoudkundig buchhalterisch
boeking ❶ admin ★ *~ als verlies* Verbuchung *v* ❷ *bespreking* Buchung *v*
boekjaar Geschäftsjahr *o*, Wirtschaftsjahr *v*, ⟨m.n. overheid⟩ Rechnungsjahr *o*
boekomslag Buchumschlag *m*
boekstaven aufzeichnen, aufschreiben
boekwaarde Buchwert *m*
boekweit Buchweizen *m*
boekwerk Buch *o*, Werk *o*, humor Schinken *m*
boekwinkel Buchhandlung *v*
boekwinst Buchgewinn *m*
boel ❶ *grote hoeveelheid* ★ fig *zijn boeltje pakken* abhauen ❷ *toestand* Menge *v* ★ *een dooie boel* eine Flaute *v* ★ *de boel op stelten zetten* alles auf den Kopf stellen, großen Rabatz machen ★ fig *de boel de boel laten* alles stehen und liegen lassen ★ iron *dat is ook een mooie boel!* das ist ja eine schöne Geschichte / Bescherung
boem bum!
boeman Butzemann *m*
boemel ▼ *aan de ~ zijn* schlendern, bummeln, schwiemeln
boemelen ❶ *treinreis maken* den Bummelzug nehmen ❷ *pret maken* sumpfen, zechen
boemeltje *trage trein* Bummelzug *m*, Bimmelbahn *v*
boemerang Bumerang *m*
boender Schrubber *m*, ⟨met was⟩ Bohner *m*
boenen schrubben
boenwas Bohnerwachs *o*
boer ❶ *agrariër* Bauer *m*, Landwirt *m* ★ *lachen als een boer die kiespijn heeft* gequält / gezwungen lachen ★ *wat de boer niet kent, dat vreet hij niet* was der Bauer nicht kennt, frisst er nicht ★ *de boer opgaan* auf den Markt gehen ❷ *lomperik* Bauer *m*, Grobian *m* ❸ *speelkaart* Bauer *m*, Bube *m*, Unter *m* ❹ *oprisping* Rülpser *m* ★ *een boer(tje) laten* rülpsen, ⟨baby⟩ ein Bäuerchen machen
boerderij ❶ *woning* Bauernhof *m*, Hof *m* ❷ *boerenbedrijf* Landwirtschaft *v*
boeren ❶ *boer zijn* Landwirtschaft betreiben, Ackerbau treiben ❷ *een boer laten* rülpsen ▼ *goed ~* gut wirtschaften
boerenbedrijf Bauern- / Landwirtschaft *v*
boerenbedrog Bauernfängerei *v*, Schwindel *m* ★ *~ plegen* auf Bauernfang ausgehen

bo

boerenbont ❶ *stof* Baumwollstoff *m* mit kariertem Muster ❷ *aardewerk* Tischgeschirr *o* mit stilisiertem Blumenmotiv
boerenbruiloft Bauernhochzeit *v*
boerenbuiten ▾ BN *op de ~* auf dem Land
boerenjongens cul Rosinenbranntwein *m*
boerenkaas cul ≈ Käse *m* vom Bauern
boerenkinkel Bauerntölpel *m*
boerenkool Grünkohl *m*
boerenverstand Bauernverstand *m* ★ *daar kan ik met mijn ~ niet bij* das ist zu hoch für mich
boerin *vrouwelijke boer* Bäuerin *v*
boerka Burka *v*
boerkini Burkini *m*
Boeroendi Burundi *o*
boers ❶ *plattelands* bäuerlich ❷ *lomp* bäurisch
boete ❶ *straf* rel Buße *v* ★ *~ doen* büßen ❷ *geldstraf* Buße *v*, Geldstrafe *v* ★ *~ betalen* Buße / Strafe zahlen
boetedoening Bußübung *v*, Buße *v*
boetekleed Büßergewand *o*, Büßerhemd *o*
boeten büßen ★ *daar zul je voor ~* das sollst du büßen
boetiek Boutique *v*
boetseerklei Ton *m*
boetseren *met kneedbaar materiaal maken* modellieren, bossieren
boetvaardig reumütig, bußfertig
boevenbende Gaunerbande *v*, (Lumpen)Pack *o*
boezem ❶ *borst(en)* Busen *m*, Brust *v* ❷ *hartholte* Vorkammer *v*, Vorhof *m*
boezemfibrilleren med Herzflimmern *o*, Herzflattern *o*
boezemvriend Busenfreund *m*
bof ❶ *ziekte* Mumps *m*, Ziegenpeter *m* ❷ *gelukje* Glück *o*
boffen Schwein / Dusel haben ★ *reusachtig ~* mächtigen Dusel / großes Schwein haben
bofkont Glückspilz *m*
bogen I *on ww* ~ **op** sich rühmen auf ★ *op zijn succes ~* sich mit seinen Erfolgen brüsten ★ *~ op iets* sich einer Sache rühmen ★ *kunnen ~ op iets* etw. aufzuweisen haben II *ww* [verl. td.] → **buigen**
Boheems böhmisch
Bohemen Böhmen *o*
bohemien Bohemien *m*
boiler Boiler *m*, Heißwasserspeicher *m*
bok ❶ *mannetjesdier* Bock *m*, ⟨geit⟩ Ziegenbock *m* ❷ *hijstoestel* Kran *m* ★ *drijvende bok* Schwimmkran *m* ❸ *zitplaats van koetsier* Bock *m*, Kutschbock *m* ❹ *flater* ★ *een bok schieten* einen Bock schießen
bokaal ❶ *beker* Pokal *m* ❷ BN *glazen pot of fles* Glas *o*
bokjespringen Bock springen
bokken *springen als een bok* bocken
bokkenpoot ❶ *koekje* weiches Gebäck mit Schokolade ❷ *teerkwast* Bocksfuß *m*
bokkenpruik ▾ *zij heeft de ~ op* ihr ist eine Laus über die Leber gelaufen
bokkensprong Bocksprung *m* ★ fig *geen ~en kunnen maken* keine großen Sprünge machen können
bokkig bockbeinig, unwirsch, trotzig
bokking Bückling *m*
boks BN *vuistslag* Faustschlag *m*
boksbal Boxball *m*
boksbeugel Schlagring *m*
boksen boxen ▾ *iets voor elkaar ~* etwas hinkriegen
bokser *vechter* Boxer *m*
bokshandschoen Boxhandschuh *m*
bokspringen → **bokjespringen**
bokswedstrijd Boxkampf *m*
bol I *zn* [de] ❶ *bolvormig voorwerp* Kugel *v* ★ *bol garen / wol* Knäuel Garn / Wolle *m* ❷ *broodje* Semmel *v*, Brötchen *o* ★ *berlinerbol* Berliner *m* ❸ *hoofd* Kopf *m* ★ fig *iem. een aai over zijn bol geven* jmdm. ein Gutes tun ★ *het hoog in de bol hebben* die Nase hoch tragen ★ *het is haar in haar bol geslagen* sie ist nicht bei Trost ❹ *bloembol* Zwiebel *v*, Blumenzwiebel *v* ★ *de bollen staan in bloei* die Zwiebelpflanzen / Tulpen blühen II *bnw, bolvormig* rund, prall ★ *bolle en holle lenzen* konvexe und konkave Linsen ★ *bolle wangen* Pausbacken ★ *bol staan* sich wölben ★ fig *bol staan van de fouten* vor Fehlern strotzen
bolbliksem Kugelblitz *m*
bolderkar Handwagen *m*
boleet Röhrling *m*
bolero *dans* Bolero *m*
bolero *jasje* Bolero *m*
bolgewas Zwiebelpflanze *v*, Zwiebelgewächs *o*
bolhoed Bowler *m*, humor Melone *v*
bolide Bolid *m*, Flitzer *m*
Bolivia Bolivien *o*
Boliviaan Bolivier *m*, Bolivianer *m*
Boliviaans bolivianisch
Boliviaanse Bolivierin *v*
bolleboos Ass *o* ★ *zij is een echte ~* humor sie ist ein Ass auf der Bassgeige
bollen sich wölben
bollenveld Blumenzwiebelfeld *o*
bolletje → **bol**
bolletjesslikker Drogenschlucker *m*
bolletjestrui sport Bergtrikot *o*
bolrond kugelrund, kugelförmig ★ *een ~ gezicht* humor ein Mondgesicht
bolsjewiek Bolschewik *m*
bolsjewisme Bolschewismus *m*
bolster ❶ *bast van noten enz.* Schale *v*, Hülse *v* ★ *~ van een eikel* Becher der Eichel *m* ❷ *schil van peulvruchten, granen e.d.* ★ fig *ruwe ~, blanke pit* in einer rauen Schale steckt oft ein guter Kern
bolvormig kugelförmig ★ *~e spiegel* gewölbte(r) Spiegel *m*
bolwassing BN Rüffel *m*, Verweis *m* ★ *iem. een ~ geven* jmdm. einen Verweis / Rüffel erteilen, inform jmdm. eine Standpauke halten
bolwerk ❶ mil Bollwerk *o* ❷ fig Hochburg *v*
bolwerken schaffen, bewältigen
bom I *zn* [de] ❶ *explosief* Bombe *v* ★ *als een bom inslaan* einschlagen wie ein Blitz ★ *de bom is gebarsten* die Bombe ist geplatzt ❷ *groot voorwerp, grote hoeveelheid* Haufen *m*, Menge *v* ★ *zure bom* saure Gurke → **bommetje** II *afk, bewust ongehuwde moeder* → **bommoeder**
bomaanslag Bombenattentat *o*, Bombenanschlag *m*
bomalarm Bombenalarm *m*

bombardement Bombardement *o*, Bombardierung *v*
bombarderen mil *bestoken* bombardieren, beschießen
bombarie Tamtam *o*, Spektakel *m* ★ *~ maken* großes Tamtam machen
bombast Bombast *m*, Schwulst *m*
bombastisch pompös, bombastisch, schwülstig
Bombay → **Mumbai**
bomberjack Bomberjacke *v*
bombrief Briefbombe *v*
bomen I *ov ww* scheepv staken **II** *on ww, praten* diskutieren, plaudern
bomexplosie Bombenexplosion *v*
bomma BN *oma* Großmutter *v*, Oma *v*
bommelding Bombendrohung *v*
bommen ▼ *het kan me niet ~* das ist mir scheißegal
bommentapijt Bombenteppich *m*
bommenwerper Bombenwerfer *m*, Bomber *m*
bommetje *grote plons* Arschbombe *v* ★ *een ~ maken* eine Arschbombe machen
bommoeder *bewust ongehuwde moeder* ≈ bewusst alleinerziehende Mutter *v*
bompa BN *opa* Opa *m*
bomtrechter Bombentrichter *m*
bomvol proppenvoll, brechend / gerammelt voll
bon ❶ *betalingsbewijs* Kassenzettel *m* ❷ *waardebon* Gutschein *m*, Bon *m* ❸ *bekeuring* Strafmandat *o*, Strafzettel *m* ★ *op de bon gaan* einen Strafzettel bekommen
bonafide zuverlässig, seriös
Bonaire Bonaire *o*
bonbon Praline *v*
bond I *zn* [de] ❶ *vereniging* Bund *m* ❷ *verbond* ★ *bond van ondernemers* Unternehmerverband *m* ★ *lid zijn van de bond van onderwijzers* dem Lehrerbund angeschlossen sein ★ *lid van de Bond* Gewerkschaftsmitglied *o* **II** *ww* [verl. td.] → **binden**
bonden [verl. td.] → **binden**
bondgenoot Verbündete(r) *m*, Bundesgenosse *m*
bondgenootschap ❶ *verbond* Bündnis *o*, Allianz *v* ★ *een ~ aangaan / sluiten* ein Bündnis eingehen / schließen ❷ *statenbond* Bund *m*, Staatenbund *m*
bondig bündig
bondscoach Bundestrainer *m*
bondskanselier Bundeskanzler *m* [v: Bundeskanzlerin]
bondsrepubliek Bundesrepublik *v* ★ *Bondsrepubliek Duitsland* Bundesrepublik Deutschland
bondsstaat Bundesstaat *m*
bonenkruid Bohnenkraut *m*
bonenstaak ❶ *stok* Bohnenstange *v* ❷ *mager mens* Bohnenstange *v*, Hopfenstange *v*
bongo Bongo *v/o*
boni BN econ *positief saldo* Aktivsaldo *m*
bonje Knies *m*, Stunk *m*, Zoff *m*
bonk ❶ *brok* Brocken *m*, Klumpen *m* ★ fig *één bonk zenuwen* ein Nervenbündel ❷ *lomperik* Brocken *m* ★ *ruwe bonk* raue(r) Geselle *m*
bonken ballern
Bonn Bonn *o*
bonnefooi ▼ *op de ~* aufs Geratewohl
bons ❶ *plof* Schlag *m*, Stoß *m* ★ fig *iem. de bons geven* jmdm. den Laufpass geben ★ fig *de bons krijgen* den Laufpass bekommen, einen Korb bekommen ❷ *baas* Bonze *m*
bonsai ⟨boompje⟩ Bonsai *m*, ⟨het kweken⟩ Bonsai *o*
bont I *zn* [het] Pelz *m*, Fell *o* **II** *bnw* ❶ *veelkleurig* bunt ★ *bont gekleurd* vielfarbig ★ *iem. bont en blauw slaan* jmdn. grün und blau schlagen ❷ *afwisselend* ★ *bont gezelschap* gemischte Gesellschaft *v* ★ fig *het te bont maken* es zu bunt treiben
bontjas Pelzmantel *m*
bontwerker Kürschner *m*
bonus Prämie *v*, Gratifikation *v*, Bonus *m*
bonusaandeel Bonusaktie *v*
bonus-malusregeling Schadenfreiheitsrabatt *m*
bonze Bonze *m*
bonzen *hard slaan / stoten* ballern, hämmern, prallen ★ *mijn hoofd bonst van de koppijn* ich habe rasende Kopfschmerzen
boobytrap Sprengkörper *m*
bood [verl. td.] → **bieden**
boodschap ❶ *bericht* Nachricht *v*, Botschaft *v* ★ *de blijde ~* die frohe Botschaft ★ *een ~ aannemen* eine Nachricht entgegennehmen ★ *een ~ krijgen* eine Nachricht erhalten ★ *een ~ overbrengen* eine Nachricht übermitteln ★ *een ~ achterlaten* eine Nachricht hinterlassen ★ *een ~ sturen* eine Nachricht schicken ★ fig *daar heb ik geen ~ aan* das bringt mir nichts ❷ *het inkopen* Einkauf *m* ★ *~pen doen* einkaufen ★ *een ~ doen* eine Besorgung machen ★ *iem. om een ~ sturen* jmdn. beauftragen, etw. zu erledigen ❸ *stoelgang* ★ *een grote ~ doen* ein großes Geschäft erledigen ★ *een kleine ~ doen* ein kleines Geschäft erledigen
boodschappendienst Besorgungsdienst *m*, Hausdienst *m*
boodschappenkarretje Einkaufswagen *m*
boodschappenlijstje Einkaufsliste *v*
boodschappenmandje Einkaufskorb *m*
boodschappentas Einkaufstasche *v*, ⟨van plastic of papier⟩ Einkaufstüte *v*
boodschapper Bote *m*
boog I *zn* [de] ❶ *kromme lijn* ★ fig *met een boog om iets heen lopen* einen großen Bogen um etw. machen ❷ *bouwwerk* Bogen *m* ❸ *wapen* ★ *de boog kan niet altijd gespannen zijn* allzu straff gespannt, zerspringt der Bogen **II** *ww* [verl. td.] → **buigen**
boogbrug Bogenbrücke *v*
boogiewoogie Boogie-Woogie *m*
booglamp Bogenlampe *v*
boogschieten Bogenschießen *o*
Boogschutter *dierenriemteken* Schütze *v*
boogschutter *boogschieter* Bogenschütze *m*, Schütze *m*
bookmaker Buchmacher *m*
bookmark comp *markering* Bookmark *m*
bookmarken comp bookmarken
boom[1] ❶ *gewas* Baum *m* ★ *in de boom klimmen* auf den Baum klettern ★ *hij zit in de boom* er sitzt auf dem Baum ★ *een boom van een kerel* ein baumlange(r) Kerl *m* ★ *je ziet door de bomen het bos niet meer* man sieht den Wald vor lauter

bo

bo

Bäumen nicht ★ *hoge bomen vangen veel wind* je höher der Baum, desto näher der Blitz ★ *je kunt me de boom in!* vergis es! ❷ *paal ter afsluiting* Schranke *v*
boom² [boem] *sterke stijging* Boom *m*
boomdiagram Baumdiagramm *o*
boomgaard Obstgarten *m*
boomgrens Baumgrenze *v*
boomklever Kleiber *m*
boomkruiper Gartenbaumläufer *m*
boomkweker Baumzüchter *m*
boomkwekerij *bedrijf* Baumschule *v*
boomschors ❶ *schors van bomen* Rinde *v* ❷ *chocola* Borkenschokolade *v*
boomstam Baumstamm *m*
boomstronk Baumstumpf *m*
boon Bohne *v* ▼ *ik ben een boon als...* ich fresse einen Besen, wenn...
boontje Böhnchen *o* ▼ *een heilig* ~ ein Musterknabe ▼ ~ *komt om zijn loontje* das ist der Fluch der bösen Tat ▼ *zijn eigen ~s doppen* alles selbst machen ▼ *zij moet haar eigen ~s doppen* sie soll selbst schauen, wie sie zurechtkommt
boor *boortoestel* Bohrer *m* ★ *elektrische boor* Elektrobohrer *m*
boord I *zn* [de/het] ❶ *halskraag* Borte *v* ★ *liggende* ~ Umlegekragen *m* ★ *stijve* ~ steife(r) Kragen *m* ❷ scheepv Bord *m* ★ *aan* ~ *gaan* an Bord gehen ★ *binnen* ~ *houden* anziehen ★ *van* ~ *gaan* von Bord gehen **II** *zn* [de] ❶ *rand* Rand *m* ❷ *oever* Ufer *o* ★ *~en van de rivier* Flussufer *o*
boordcomputer Bordcomputer *m*
boordevol randvoll, bis zum Rand voll
boordwerktuigkundige Flugzeugmechaniker *m*
booreiland Bohrinsel *v*
boorkop Bohrerkopf *m*, Bohrerspitze *v*
boormachine Bohrmaschine *v*
boorplatform Bohrinsel *v*
boortoren Bohrturm *m*
boos ❶ *kwaad* böse, sauer ★ *boos zijn over iets* über etw. böse sein ★ *daar kan ik echt boos om worden* das kann mich richtig ärgern ★ *iem. boos maken* jmdn. ärgern ★ *boos kijken* garstig dreinschauen ★ *boos weglopen* zornig davonlaufen ❷ *kwaadaardig, slecht* böse, schlecht ★ *boze gevolgen* verheerende(n) Folgen ★ *met boze opzet* aus böser Absicht
boosaardig ❶ *gemeen* bösartig, boshaft ★ ~ *lachje* hämische(s) Lächeln *o* ★ *~e blik* tückische(r) Blick *m* ❷ *gevaarlijk* bösartig ★ *een ~e ziekte* eine bösartige Krankheit
boosdoener Übeltäter *m*, humor Bösewicht *m*
boosheid ❶ *toorn* Zorn *m*, Wut *v* ❷ *slechtheid* Bosheit *v*, Boshaftigkeit *v*
boot ‹roeiboot› Kahn *m*, Boot *o*, ‹stoomboot› Dampfer *m*, ‹roeiboot› Nachen *m* ★ *de boot missen* den Anschluss verpassen ★ *de boot afhouden* sich drücken ★ *iem. in de boot nemen* jmdn. auf die Schippe nehmen ★ *nu is de boot aan* jetzt ist der Teufel los
booten comp *computer opstarten* laden, hochfahren, starten
boothals Bateau-Ausschnitt *m* ★ *een trui met* ~ ein Pullover mit Bateau-Ausschnitt
bootsman Bootsmann *m*
boottocht Dampferfahrt *v*, Schiffsfahrt *v*
boottrein ≈ Zug *m* mit Anschluss an eine Fähre
bootvluchteling Bootsflüchtling *m*
bootwerker Hafenarbeiter *m* ★ fig *eten als een* ~ essen wie ein Scheunendrescher
bop muz Bop *m*
bord ❶ *etensbord* Teller *m* ★ *alles komt altijd op haar bord terecht* alles landet immer bei ihr ❷ *plaat met naam of mededeling* Schild *o*, ‹voor mededelingen› Brett *o* ★ *de bordjes zijn verhangen* das Blatt hat sich gewendet ★ *een bord voor zijn kop hebben* ein Brett vorm Kopf haben ❸ *schoolbord* Tafel *v* ★ *op het bord schrijven* an die Tafel schreiben ★ *voor het bord moeten komen* an die Tafel kommen müssen ❹ *verkeersbord* Schild *o* ❺ *speelbord* Brett *o*
bordeaux *wijn* Bordeaux(wein) *m*
bordeel Bordell *o*
bordenwasser Tellerwäscher *m*
border Border *m*
borderline ★ ~ *persoonlijkheid* Borderline-Persönlichkeit *v*
bordes Podest *o*, Freitreppe *v*
bordspel Brettspiel *o*
borduren sticken
borduursel Stickerei *v*
boren I *ov ww, met boor maken* bohren **II** *on ww* ❶ *met boor werken* ★ ~ *naar olie* nach Erdöl bohren ★ *het* ~ *op zee* die Offshorebohrung ❷ *gaan door* bohren
borg I *zn* [de] ❶ *onderpand* Kaution *v*, Bürgschaft *v* ❷ *persoon* Bürge *m*, Garantie *v*, Gewähr *v* ★ *borg staan* Bürgschaft leisten ★ *ergens borg voor staan* sich verbürgen für ★ *die naam staat borg voor kwaliteit* der Name ist eine Garantie für Qualität **II** *ww* [verl. td.] → **bergen**
borgen [verl. td.] → **bergen**
borgpen Splint *m*, Sicherungsstift *m*
borgsom Kaution *v*, Bürgschaft *v*
borgstelling ‹geld› Bürgschaft *v*, ‹geld› Kaution *v* ★ *vrijgelaten onder* ~ *van* freigelassen unter Kaution von [+3]
borgtocht ❶ *waarborgsom* Kaution *v*, Bürgschaft *v* ❷ *overeenkomst* Bürgschaft *v*
boring *het boren* Bohrung *v* ★ ~ *naar olie* Ölbohrung *v*
borium Bor *o*
borrel ❶ *drankje* Schnaps *m* ★ *een* ~ *te veel ophebben* einen über den Durst trinken ❷ *het samen drinken* ★ *iem. op de* ~ *vragen* jmdn. zum Umtrunk einladen
borrelen ❶ *bubbelen* sprudeln, ‹kokend water› wallen ❷ *borrels drinken* Schnaps trinken, zechen
borrelgarnituur Kanapees *o mv*, Appetithäppchen *o*
borrelhapje ≈ herzhafte(s) Kleingebäck *o*, Appetithappen *m*
borrelpraat Stammtischgerede *o*
borst ❶ *lichaamsdeel* Brust *v* ★ *een zwakke* ~ *hebben* schwach auf der Brust sein ★ fig *uit volle* ~ aus voller Kehle ★ fig *zich op de* ~ *kloppen* sich in die Brust werfen ★ fig *dat stuit mij tegen de* ~ das geht mir gegen den Strich ★ fig *maak je* ~ *maar nat!* mach dich auf etw. gefasst! ★ fig *een hoge* ~ *opzetten* sich in die Brust werfen ❷ *vrouwenborst* Brust *v* ★ *zware ~en* üppige(r)

Busen *m* ★ *hangende ~en* Hängebusen *m*
borstamputatie Brustamputation *v*
borstbeeld Büste *v*
borstbeen Brustbein *o*
borstcrawl Brustkraul *o*, Freistil *m*
borstel ❶ *werktuig* Bürste *v* ❷ BN *bezem* Besen *m* ❸ BN *verfkwast* Pinsel *m*
borstelen bürsten ★ *zijn haar ~* sich das Haar bürsten
borstelig borstig, struppig ★ *~e wenkbrauwen* buschige(n) Augenbrauen
borstholte Brusthöhle *v*
borstkanker Brustkrebs *m*
borstkas Brustkorb *m*
borstkolf Milchpumpe *v*
borstomvang Brustumfang *m*, Oberweite *v*
borstplaat *snoepgoed* ≈ Zuckerplätzchen *o*, Fondant *m*
borstpomp Milchpumpe *v*
borstprothese Brustprothese *v*
borstslag Brustschwimmen *o*
borststem Bruststimme *v*, Falsettstimme *v*
borststuk ❶ *deel van harnas* Brustbedeckung *v* ❷ cul *vlees* Bruststück *o*
borstvlies Brustfell *o*
borstvliesontsteking Brustfellentzündung *v*
borstvoeding Brustnahrung *v*
borstwering ❶ *verdedigingsmuur* Brustwehr *v* ❷ *balustrade* Brüstung *v*
borstzak Brusttasche *v*
bos I *zn* [de], *bundel* Büschel *o*, Bündel *o* ★ *bos bloemen* Blumenstrauß *m* ★ *bos wortelen* Bund Möhren *o* ★ *bos haar* Büschel Haare *o* ★ *bos sleutels* Schlüsselbund *m* **II** *zn* [het] Wald *m* ★ *iem. het bos in sturen* jmdn. in die Irre führen
bosachtig waldig
bosbeheer Forstverwaltung *v*
bosbes Waldbeere *v* ★ *blauwe ~* Heidelbeere *v* ★ *rode ~* Preiselbeere *v*
bosbouw Forstwirtschaft *v*, Waldbau *m*
bosbrand Waldbrand *m*
bosje ❶ *bundeltje* Bündel *o*, Büschel *o* ★ *~ peterselie* Bund Petersilien *o* ★ *in ~s binden* bündeln ★ fig *bij ~s sterven* scharenweise sterben ❷ *struikgewas* Busch *m* ★ *in de ~s* im Gebüsch *o* → bos
Bosjesman Buschmann *m*
bosklas BN onderw Waldklasse *v*
bosneger Buschneger *m*
Bosnië Bosnien *o*
Bosnië-Herzegovina Bosnien-Herzegowina *o*
Bosniër *bewoner* Bosnier *m*
Bosnisch *m.b.t. Bosnië* bosnisch
Bosnische Bosnierin *v*
bospad Waldweg *m*
bosrand Waldrand *m*
bosrijk waldreich
bossanova Bossanova *m*
bosschage Gebüsch *o*
bosuil Waldkauz *m*
bosviooltje plantk Waldveilchen *o*
bosvruchten Waldfrüchte *mv*
boswachter Förster *m*
bot I *bnw* ❶ *stomp* stumpf ❷ *lomp* schroff, brüsk, plump ★ *bot gedrag* ungeschliffene(s) Benehmen *o* **II** *zn* [het], *been* Knochen *m* ★ *hij heeft het in zijn botten* er ist an der Gicht erkrankt ★ *tot op het bot* bis auf die Knochen **III** *zn* [de], *vis* Flunder *m*
botanicus Botaniker *m*
botanie Botanik *v*
botanisch botanisch
botbreuk Knochenbruch *m*, Fraktur *v*
boter cul Butter *v* ★ *~ op een ~ham smeren* ein Butterbrot schmieren ★ fig *het is met hem ~ aan de galg gesmeerd* bei ihm ist Hopfen und Malz verloren ★ fig *~ bij de vis* ≈ Ware gleich bezahlen ★ fig *~ op het hoofd hebben* Dreck am Stecken haben ★ fig *zo geil als ~* affengeil
boterbloem Butter- / Dotterblume *v*
boterbriefje Trauschein *m* ★ *samenwonen zonder ~* in wilder Ehe leben
boteren ★ *het botert niet tussen hen* sie kommen nicht miteinander zurecht
boterham ❶ cul *snee brood* Brot *o*, ⟨met boter⟩ Butterbrot *o* ❷ *levensonderhoud* Brot *o* ★ *daar zit een dik belegde ~ in* da gibt es viel zu verdienen ★ *zijn ~ verdienen* sich sein Brot verdienen ★ fig *een afgelikte ~* ein Flittchen *o*
boter-kaas-en-eieren Nullen- und Kreuzespiel *o*
boterkoek ❶ cul holländische(r) Butterkuchen *m* ❷ BN *zacht koffiebroodje, vaak met rozijnen* ≈ Rosinenschnecke *v*
boterletter cul ≈ Blätterteiggebäck *o* in Buchstabenform
botervloot Butterdose *v*
boterzacht butterweich
botheid Schroffheit *v*, Grobheit *v*
botkanker Knochenkrebs *m*
Botnische Golf Bottnische(r) Meerbusen *m*
botontkalking Osteoporose *v*
Botox® Botox *o*
botsautootje Skooter *m*
botsen ❶ *hard raken* prallen, ⟨tegen elkaar⟩ zusammenstoßen ★ *tegen iets ~* gegen / auf etw. prallen [+4] ★ *tegen iem. ~* gegen / an jmdn. prallen ❷ *in strijd komen* ★ *de meningen botsten stevig* die Meinungen stießen heftig aufeinander
botsing ❶ *het botsen* Zusammenstoß *m* ❷ *strijd* Kollision *v* ★ *met iets in ~ komen* mit etw. in Konflikt geraten ★ *belangen komen in ~* Interessen kollidieren miteinander
Botswaans botswanisch
Botswana Botswana *o*
bottelen auf Flaschen ziehen, in Flaschen abfüllen
bottenkraker Chiropraktiker *m*
botter ≈ kleine(s) Fischerboot *o*
botterik *lomperd* Schafskopf *m*
bottleneck fig Engpass *m*
bottom-up bottom-up
botulisme Botulismus *m*
botvieren frönen ★ *zijn woede op iem. ~* seine Wut an jmdm. abreagieren ★ *zijn lusten ~* sich ausleben
botweg glattweg, rundweg, rundheraus
boud kühn, min dreist
bougie Zündkerze *v* ★ *een stel ~s* ein Satz Zündkerzen
bougiekabel elek techn transp Zündkabel *o*
bougiesleutel Kerzenschlüssel *m*

bo

bouillabaisse Bouillabaisse *v*
bouillon Fleischbrühe *v*
bouillonblokje Brühwürfel *m*
boulevard Boulevard *m*, ‹langs de zee› Strandpromenade *v*
boulevardblad Boulevardzeitung *v*, Boulevardblatt *o*
boulevardpers Boulevardpresse *v*
boulimia, boulimie Bulimie *v*
bourgeois I *zn* [de] Spießbürger *m*, min Spießer *m*, min Bourgeois *m* **II** *bnw* bürgerlich, min spießbürgerlich, min spießig
bourgeoisie Bourgeoisie *v*, Großbürgertum *o*
bourgogne *wijn* Burgunder(wein) *m*
Bourgondië aardk Burgund *o*
Bourgondisch *van / uit Bourgondië* burgundisch, genießerisch, großzügig
bourgondisch *overvloedig* feudal ★ ~ *tafelen* feudal speisen
bout ❶ *staaf, pin* Bolzen *m* **❷** cul *stuk vlees* Keule *v*, ‹eend› Ente *v*
bouvier Bouvier *m*
bouw ❶ *het bouwen* Bau *m* ★ *in de bouw werken* auf dem Bau arbeiten **❷** *manier waarop iets gebouwd is* Bau *m* ★ *zwaar van bouw* schwer gebaut ★ *de bouw van het menselijk lichaam* der Bau des menschlichen Körpers **❸** *teelt* Anbau *m*
bouwbedrijf ❶ *bouwvak* Bauwesen *o*, Baugewerbe *o* **❷** *onderneming* Baufirma *v*, Bauunternehmen *o*
bouwdoos Baukasten *m*, ‹bouwpakket› Bausatz *m*
bouwen ❶ *construeren* bauen ★ *zij bouwt een huis* sie baut sich ein Haus ★ fig *tenger gebouwd* von zartem Bau **❷** ~ **op** *vertrouwen op* ★ *op iem.* ~ bauen auf jmdn.
bouwer Bauunternehmen *o*
bouwfonds Bausparkasse *v*
bouwgrond ❶ *bouwterrein* Bauland *o*, ‹bouwplaats› Baustelle *v* **❷** *akkerland* Ackerland *o*, Ackerboden *m*
bouwheer BN Bauherr *m*
bouwjaar *jaar van bouwen* Baujahr *o*
bouwkeet Bauhütte *v*
bouwkunde Architektur *v*
bouwkundig Bau-, bau- ★ ~ *ingenieur* Bauingenieur *m* ★ ~ *opzichter* Bauaufseher *m*
bouwkundige Architekt *m*
bouwkunst Architektur *v*, Baukunst *v*
bouwland Ackerland *o*
bouwmateriaal [vaak mv] Baumaterial *o*
bouwnijverheid Baugewerbe *o*, Bauindustrie *v*
bouwpakket Bausatz *m*
bouwplaat Modellierbogen *m*
bouwplaats Baugebiet *o*, Baustelle *v*
bouwplan Bauplan *m*, Bebauungsplan *m*
bouwpromotor BN Projektentwicklungsgesellschaft *v*
bouwput Baugrube *v*
bouwrijp baureif
bouwsector Baufach *o*, Baugewerbe *o*
bouwsel Konstrukt *m*
bouwsteen ❶ *steen* Baustein *m* **❷** fig Baustein *m*
bouwstijl Baustil *m*
bouwstof Baumaterial *o*, Baustoff *m*, Materialien *mv*
bouwtekening Bauentwurf *v*, Bauzeichnung *m*
bouwterrein Baugebiet *o*, Baustelle *v*
bouwvak I *zn* [de] ≈ Ferien des Baugewerbes *mv* **II** *zn* [het] Baufach *o* ★ *werklieden uit het* ~ Bauarbeiter
bouwvakker Bauarbeiter *m*, Bauhandwerker *m*
bouwval Ruine *v*, Wrack *o*
bouwvallig baufällig, altersschwach
bouwvergunning Baugenehmigung *v*, Baubewilligung *v*
bouwwerf BN *bouwplaats* Baustelle *v*
bouwwerk Gebäude *o*, Bau *m*
boven I *vz* **❶** *hoger dan* über [+3], überhalb von [+3] ★ ~ *het huis* über dem Haus **❷** *hoger in rang* ★ ~ *iem. staan* über jmdm. stehen **❸** *meer dan* über [+3] ★ *kinderen ~ de twaalf jaar* Kinder über zwölf Jahren ★ *toegang ~ de twaalf jaar* Zutritt ab zwölf Jahren ★ *een prijs ~ de 100 euro* ein Preis von über hundert Euro **❹** *ten noorden van* oberhalb von [+3] ★ *net ~ Utrecht* direkt oberhalb von Utrecht **II** *bijw, hoger, hoogst* oben ★ *naar* ~ nach oben, hinauf ★ *naar ~ brengen* ‹vanaf lager punt› nach oben bringen, ‹vanaf lager punt› hinaufbringen, ‹herinneringen› hochkommen lassen ★ *naar ~ gaan* hinaufgehen, nach oben gehen ★ *van* ~ von oben ★ *van ~ naar beneden* von oben nach unten ★ *van ~ tot onder* von oben bis unten ★ *hij woont* ~ er wohnt oben ★ *zie* ~ siehe oben ★ *te ~ gaan* in den Schatten stellen ★ *dat gaat mijn krachten te* ~ das geht über meine Kräfte ★ *iets te ~ komen* etw. überwinden ★ *we zijn de crisis te ~ gekomen* wir haben die Krise überwunden
bovenaan obenan ★ ~ *de lijst* oben auf der Liste
bovenaanzicht Draufsicht *v*, Aufsicht *v*
bovenaards ❶ *bovengronds* oberirdisch **❷** *hemels* überirdisch
bovenal vor allem
bovenarm Oberarm *m*
bovenarms ▾ BN *het zit er ~ op* da herrscht dicke Luft
bovenbeen Oberschenkel *m*
bovenbouw ❶ bouw Oberbau *m* **❷** *hogere klassen op school* Oberstufe *v*
bovenbuur ≈ Nachbar *m*
bovendien außerdem, überdies
bovendrijven ❶ *aan oppervlakte drijven* auf der Oberfläche schwimmen **❷** *overhand hebben / krijgen* fig die Oberhand gewinnen ★ *de ~de partij* die herrschende / führende Partei
bovengenoemd oben erwähnt, oben genannt
bovengrens Obergrenze *v*
bovengronds oberirdisch
bovenhand ▾ BN *de ~ krijgen* die Oberhand gewinnen / bekommen / erhalten
bovenhands über den / dem Kopf ★ sport *~e bal* Überkopfball *m*
bovenhuis ≈ Oberstock *m*, ≈ Obergeschoss *o*
bovenin oben
bovenkaak Oberkiefer *m*
bovenkamer Zimmer *o* im oberen Stock ★ fig *het mankeert hem in zijn* ~ er ist nicht richtig im Oberstübchen
bovenkant Oberseite *v*
bovenkleding Oberbekleidung *v*
bovenkomen ❶ *naar hogere verdieping komen*

heraufkommen, nach oben kommen ❷ *aan oppervlakte komen* auftauchen ★ *het oude gevoel kwam weer boven* das vertraute Gefühl kam wieder hoch
bovenlaag ❶ *bovenste laag* obere Schicht *v* ❷ *sociale klasse* Oberschicht *v*
bovenlader Toplader *m*
bovenlangs oben an.... vorbei [+3], oben entlang
bovenleiding Oberleitung *v*
bovenlichaam Oberkörper *m*
bovenlicht ❶ *licht* Oberlicht *o* ❷ *raam* Oberlicht *o*
bovenlijf Oberkörper *m*
bovenlip Oberlippe *v*
bovenloop Oberlauf *m* ★ *~ van de Donau* obere Donau *v* ★ *~ van de Rijn* Oberrhein *m*
bovenmate übermäßig, überaus
bovenmatig übermäßig, ungemein
bovenmenselijk übermenschlich
bovennatuurlijk übernatürlich ★ *~e kracht* übersinnliche Kraft *v*
bovenop ❶ *op de bovenkant* obenauf ★ fig *het ligt er dik ~* es ist überdeutlich ★ fig *ergens ~ zitten* sich in etw. einmischen ❷ *hersteld* ★ *iem. er (weer) ~ helpen* jmdm. aufhelfen ★ *hij is er weer ~* er ist wieder ganz obenauf
bovenst höchst, oberst
bovenstaand oben erwähnt, oben stehend
boventallig überzählig
boventoon *toon die overal bovenuit komt* höchste(r) Ton *m*, natk Oberton *m* ★ fig *de ~ voeren* das Feld beherrschen, vorherrschen, ≈ die erste Geige spielen
bovenuit ★ *zij komt er net ~* sie ragt gerade darüber hinaus ★ *haar stem klonk overal ~* ihre Stimme drang überall durch
bovenverdieping Oberstock *m*, Obergeschoss *o*
bovenvermeld oben genannt
bovenwinds ★ *de Bovenwindse Eilanden* die Inseln über dem Wind
Bovenwindse Eilanden Inseln *mv* über dem Wind
bovenwoning ≈ Etagenwohnung *v*
bovenzijde Oberseite *v*
bovenzinnelijk übersinnlich
bowl *drank* Bowle *v* ★ *bowl maken* eine Bowle ansetzen
bowlen bowlen
bowling *het bowlen* Bowling *o*
box ❶ *kinderbox* Laufgitter *o* ❷ *luidspreker* Box *v*, Lautsprecherbox *v* ❸ *afgescheiden ruimte* Box *v*
boxer *hond* Boxer *m*
boxershort Boxershorts *mv*
boycot Boykott *m* ★ *een ~ tegen iem. afkondigen* den Boykott über jmdn. verhängen
boycotten boykottieren
boze ▼ *dat is uit den boze* das ist vom Übel
braadde [verl. td.] → **braden**
braadden [verl. td.] → **braden**
braadpan Bratpfanne *v*
braadslee Bratpfanne *v*
braadspit Bratspieß *m*
braadworst cul Bratwurst *v*
braaf I *bnw* brav, artig ★ *brave Hendrik* ≈ brave(r) Heini *m* ★ *brave lui* brave Leute ★ *van brave ouders* von tüchtigen Eltern ★ *brave hond!* braver Hund! ★ *een ~ kind* ein braves Kind ★ *wees ~!* sei brav! **II** *bijw* ★ *~ gehoorzamen* brav gehorchen ★ *alles ~ doen* alles brav tun
braak I *zn* [de], *inbraak* Einbruch *m* ★ *diefstal met ~* Einbruchdiebstahl *m* **II** *bnw* ❶ *onbebouwd* brach ★ *~ liggen* brachliegen ★ *~ laten liggen* brachlegen ❷ *onbewerkt m.b.t. kennis* unbestellt
braakbal Gewölle *o*
braakmiddel Brechmittel *o*
braaksel Erbrochene(s) *o*, vulg Kotze *v*
braam ❶ *vrucht* Brombeere *v* ❷ *ruwe rand* Grat *m*
Brabançonne *volkslied van België* Brabançonne *v*
Brabander Brabanter *m*
Brabant Brabant *o*
Brabants Brabanter
Brabantse Brabanterin *v*
brabbelen murmeln, ⟨van kinderen⟩ ≈ plappern
brabbeltaal ⟨koeterwaals⟩ Kauderwelsch *o*
bracht [verl. td.] → **brengen**
brachten [verl. td.] → **brengen**
braden ★ *ge~ vlees* Braten *m*
braderie Straßenfest *o*
brahmaan Brahmane *m*
braille Braille- / Blindenschrift *v*
braindrain Braindrain *m*
brainstormen ein Brainstorming machen
brainwave Geistesblitz *m*
brak I *bnw, half zout* brackig ★ *brak water* Brackwasser *o* **II** *zn* [de], *hond* Bracke *m* **III** *ww* [verl. td.] → **breken**
braken I *ov ww, overgeven* sich erbrechen, sich übergeben ★ *bloed ~* Blut spucken **II** *ww* [verl. td.] → **breken**
brallen sich brüsten, prahlen
brancard Bahre *v*, Tragbahre *v*
branche Branche *v*
brancheorganisatie Branchenorganisation *v*
branchevreemd branchenfremd
brand *vuur* Brand *m*, Feuer *o* ★ *uitslaande ~* Großbrand *m* ★ *~ blussen* Feuer löschen ★ *in ~ staan* in Flammen stehen ★ *in ~ steken* in Brand setzen / stecken ★ *in ~ vliegen* Feuer fangen ★ *door ~ beschadigd* feuergeschädigt ★ *~!* es brennt!, Feuer! ★ fig *mijn keel staat in ~* ich habe einen tüchtigen Brand ★ fig *iem. uit de ~ helpen* jmdm. aus der Klemme helfen ★ fig BN *uit de ~ slepen* ergattern, einheimsen
brandalarm Feueralarm *m*
brandbaar brennbar ★ *licht ~* feuergefährlich
brandbeveiligingssysteem Feurschutz *m*
brandblaar Brandblase *v*
brandblusser Feuerlöscher *m*, Löscher *m*
brandbom Brandbombe *v*
brandbrief Brandbrief *m*
branden I *on ww* ❶ *gloeien* brennen ★ *~d heet* glühend heiß ❷ *licht / warmte uitstralen* brennen ★ *de kachel brandt* der Ofen ist an ❸ *brandend gevoel geven* brennen ★ *mijn ogen ~ van vermoeidheid* mir brennen die Augen vor Müdigkeit ★ fig *~ van ongeduld* brennen vor Ungeduld ★ fig *~d verlangen* heiße(s) Verlangen *o* ★ fig *~de kwestie* brennende Frage *v* ★ fig *de vraag brandt mij op de lippen* mir brennt die Frage auf der Zunge **II** *ov ww* ❶ *met vuur bewerken* rösten ★ *koffie ~* Kaffee rösten ★ *pinda's ~* Erdnüsse rösten ★ fig *zij is (er) niet weg te ~*

br

man wird sie dort nicht los ❷ *verwonden* brennen ★ *zijn tong* ~ sich die Zunge verbrennen ❸ comp ★ *een cd* ~ eine CD brennen
brander *vlambek* Brenner *m*
branderig *ontstoken* brandig, brenzlig
brandewijn cul Branntwein *m*
brandgang Brandgasse *v*
brandgevaar Feuergefahr *v*
brandglas Brennglas *o*
brandhaard lett Brandherd *m*
brandhout Brennholz *o*
branding Brandung *v*
brandkast Panzerschrank *m*, Tresor *m*
brandkraan Hydrant *m*
brandladder *brandtrap* Feuertreppe *v*
brandlucht Brandgeruch *m*
brandmeester Brandmeister *m*
brandmelder Feuermelder *m*
brandmerk *ingebrand merk* Brandmal *o*
brandmerken *een brandmerk geven* brandmarken
brandnetel Brennnessel *v*
brandpreventie Brandschutz *m*
brandpunt *middelpunt* Brennpunkt *m*
brandschade Feuerschaden *m*, Brandschaden *m*
brandschatten brandschatzen
brandschilderen auf Glas / Holz malen, in Glas / Holz brennen ★ *gebrandschilderd raam* Glasgemälde *o* ★ *het* ~ Brandmalerei *v*, Holzbrandmalerei *v*, Glasmalerei *v*
brandschoon *helemaal schoon* blitzsauber, blitzblank
brandsingel Feuerschneise *v*
brandslang Feuerwehrschlauch *m*
brandspuit Feuerspritze *v* ★ *drijvende* ~ Feuerlöschboot *o*
brandstapel Scheiterhaufen *m*
brandstichten Brand stiften
brandstichter Brandstifter *m*
brandstichting Brandstiftung *v*
brandstof Brennstoff *m*, ⟨voor motorvoertuigen⟩ Treibstoff *m* ★ *~fen* Brennmaterialien
brandtrap Feuerleiter *v*
brandveilig feuersicher
brandverzekering Feuerversicherung *v*
brandvrij feuersicher
brandweer Feuerwehr *v*
brandweerkorps Feuerwehr *v*
brandweerman Feuerwehrmann *m*
brandweerwagen Feuerwehrauto *o*
brandwerend feuerbeständig, feuerfest
brandwond Brandwunde *v*
brandwondencentrum Brandwundenzentrum *o*
brandy Brandy *m*
brandzalf Brandsalbe *v*
branie ❶ *lef* Schneid *m*, Waghalsigkeit *v*, min Großtuerei *v* ★ *wat een ~!* so eine Aufschneiderei! ★ ~ *schoppen* Theater machen ❷ *branieschopper* schneidige(r) Typ *m*, Wagehals *m*, min Großtuer *m*, min Protz *m*
branieschopper Angeber *m*, Protz *m*
brasem Brachse *v*, Brachsen *m*
brassen *zuipen* schlemmen, prassen
Bratislava Bratislava *o*, oud Pressburg *o*
bravo I *zn* [het] Bravo *o*, Bravoruf *m* **II** *tw* bravo
bravoure Bravour *v*
Braziliaan Brasilianer *m*
Braziliaans brasilianisch
Braziliaanse Brasilianerin *v*
Brazilië Brasilien *o*
break Pause *v*, Unterbrechung *v*
break-evenpunt Rentabilitätsschwelle *v*, Ertragsschwelle *v*
breakpoint sport Breakball *m*
breed I *bnw* ❶ *niet smal* breit ★ *brede schouders hebben* breitschultrig sein ❷ *ruim* weit ★ ~ *van opzet* großzügig ★ *in brede kringen* in weiten Kreisen ★ *in de meest brede betekenis* im weitesten Sinne ★ *het niet zo* ~ *hebben* es nicht so dick haben ★ fig *wie het* ~ *heeft, laat het* ~ *hangen* wer's lang hat, lässt's lang hängen **II** *bijw* breit ★ *zij was al lang en* ~ *thuis* sie war schon längst zu Hause ★ *iets* ~ *uitmeten* viel Aufhebens von etw. machen
breedband www Breitband *o*
breedbandverbinding Breitbandverbindung *v*
breedbeeldscherm Breitbildschirm *m*
breedbeeldtelevisie *toestel* Breitbildfernseher *m*
breedsprakig weitläufig, min weitschweifig
breedte Breite *v* ★ *de totale* ~ Gesamtbreite *v*
breedtecirkel Breitenkreis *m*
breedtegraad Breitengrad *m*
breeduit *in volle breedte* breit
breedvoerig ausführlich, weitläufig
breekbaar zerbrechlich
breekijzer Brecheisen *o*, Brechstange *v*
breekpunt ❶ *breuk* Bruchstelle *v* ❷ *kritisch punt* kritische(r) / strittige(r) Punkt *m*
breien stricken ★ *gebreid vest* Strickjacke *v*
brein ❶ Gehirn *o* ★ *elektronisch* ~ Elektronenhirn *o* ❷ *verstand* Kopf *m*, min Hirn *o* ★ *helder* ~ klare(r) Kopf ★ *het* ~ *achter de organisatie* der führende Kopf des Unternehmens
breinaald Stricknadel *v*
breipen Stricknadel *v*
breiwerk Strickarbeit *v*, Strickzeug *o*
breken I *ov ww, stuk maken* brechen, zerbrechen ★ *doormidden* ~ entzweibrechen ★ *in stukken* ~ in Stücke brechen ★ *een kopje* ~ eine Tasse zerbrechen ★ *het brood* ~ das Brot brechen ★ *zij heeft haar been gebroken* sie hat sich das Bein gebrochen ★ *zijn nek* ~ sich den Hals brechen ★ *een belofte* ~ ein Versprechen brechen ★ *zijn woord* ~ sein Wort brechen ★ *een record* ~ einen Rekord brechen ★ *de val* ~ den Sturz abfangen **II** *on ww* ❶ *stuk gaan* (zer)brechen ★ *de vaas is gebroken* die Vase ist zerbrochen ★ *de golven* ~ die Wellen brechen ❷ ~ **met** brechen mit [+3] ★ ~ *met iem.* mit jmdm. brechen ★ ~ *met een traditie* mit einer Tradition brechen ★ ~ *met het verleden* mit der Vergangenheit brechen ❸ *zich een weg banen* ★ *de zon breekt door de wolken* die Sonne kommt durch die Wolken
breker *golf* Brecher *m*
breking natk Brechung *v*
brekingsindex Brechungsindex *m*
brem Ginster *m*
Bremen Bremen *o*
brengen ❶ *vervoeren* bringen, ⟨dragen⟩ tragen ★ *ik breng je naar het station* ich fahre dich zum

Bahnhof ★ *de bagage naar boven* ~ das Gepäck hochbringen ★ *de bagage naar beneden* ~ das Gepäck hinunterbringen ❷ *presenteren* bringen ★ *je had je kritiek wat tactischer kunnen* ~ du hättest deine Kritik etw. taktvoller bringen können ★ *iets onder woorden* ~ etw. in Worte fassen ★ *iets naar voren* ~ etw. einbringen ❸ *doen geraken* ★ *wat heeft je ertoe gebracht?* was hat dich dazu veranlasst? ★ *iem. ertoe* ~ *iets te doen* jmdn. dazu bringen, etw. zu tun ★ *wat brengt u hier?* was führt Sie hierher? ★ *dat bracht hen weer tot elkaar* das führte sie wieder zusammen ★ *iem. aan het twijfelen* ~ jmdn. zum Zweifeln bringen ❹ *verkopen* bringen ★ *een product op de markt* ~ ein Produkt auf den Markt bringen

bres Bresche *v* ▼ *voor iem. in de bres springen* für jemanden in die Bresche springen ▼ *voor iem. op de bres staan* sich für jemanden starkmachen

Bretagne Bretagne *v* ★ *in* ~ in der Bretagne

bretel Hosenträger *m*

Bretons I *bnw, m.b.t. Bretagne* bretonisch **II** *zn* [het], *taal* Bretonisch *o*

breuk ❶ *scheur* Bruch *m/o* ❷ fig *verwijdering* ★ *het is tussen hen tot een* ~ *gekomen* zwischen ihnen ist es zum Bruch gekommen ❸ med *hernia* ★ *zich een* ~ *tillen aan iets* sich an einer Sache einen Bruch heben, ≈ sich mit einer Sache abmühen ❹ wisk ★ *tiendelige* ~ Dezimalbruch ★ *het rekenen met* ~*en* die Bruchrechnung

breukvlak Bruchstelle *v*

brevet Diplom *o*, ⟨van piloot⟩ Flugschein *m* ★ fig ~ *van onvermogen* iron Armutszeugnis *o*

brevier rel Brevier *o*

bridge Bridge *o*

bridgen Bridge spielen

brie Brie *m*

brief ❶ Brief *m* ★ *aangetekende* ~ Einschreibebrief ★ *begeleidende* ~ Begleitschreiben *o* ★ *ingezonden* ~ Leserbrief ★ *een* ~ *bezorgen* einen Brief zustellen ★ *per* ~ brieflich ❷ → **briefje**

briefen instruieren

briefgeheim Briefgeheimnis *o*

briefhoofd Briefkopf *m*

briefing Briefing *o*

briefje ❶ *berichtje* Zettel *m* ★ ~ *van de dokter* ärztliche(s) Attest *o* ★ fig *dat geef ik je op een* ~ das kann ich dir schriftlich geben ❷ *bankbiljet* Schein *m* ★ *een* ~ *van honderd* ein Hunderter *m*

briefkaart Postkarte *v*

briefopener Brieföffner *m*

briefpapier Briefpapier *o* ★ *vel* ~ Briefbogen *m*

briefwisseling Briefwechsel *m*, Korrespondenz *v*

bries Brise *v*

briesen schnauben ★ ~*d van woede* wutschnaubend

brievenbus Briefkasten *m*

brievenbusfirma Briefkastenfirma *v*

brigade Brigade *v*

brigadier Wachtmeister *m*

brij *pap* Brei *m*

brik ❶ *rijtuig* Break *m/o* ❷ *schip* Brigg *v*

briket Brikett *o*

bril *glazen in montuur* Brille *v*, Gläser *mv* ★ *bril voor ver- / bijzienden* Fern- / Nahbrille ★ fig *iets door een roze bril zien* etw. durch eine gefärbte Brille betrachten

brildrager Brillenträger *m*

briljant I *zn* [de], *diamant* Brillant *m* **II** *bnw* brillant, glänzend

brillenkoker Brillenetui *o*

brilmontuur Brillengestell *o*

brilslang Brillenschlange *v*

brink ❶ *met gras begroeid erf* Hof *m* ❷ *dorpsplein* Dorfplatz *m*

Brit *bewoner* Brite *m*

britpop Britpop *m*

Brits I *bnw, m.b.t. Groot-Brittannië* britisch **II** *zn* [het], *taal* Britisch(e) *o*

brits Pritsche *v*

Brits-Columbia Britisch-Columbia *o*

Britse Britin *v*

broccoli Brokkoli *mv*

broche Brosche *v*

brochure Broschüre *v*

broddelwerk Pfuscharbeit *v*, schlampige Arbeit *v*, Schluderarbeit *v*

broeden ❶ *ei doen uitkomen* brüten ❷ ~ **op** fig ★ *op iets zitten te* ~ brüten über einer Sache

broeder ❶ *broer* Bruder *m* ❷ *verpleger* Pfleger *m*

broederlijk brüderlich

broedermoord Brudermord *m*

broederschap ❶ rel Bruderschaft *v* ❷ prot Gemeinde *v* ❸ *vereniging van vakgenoten* Körperschaft *v*, ⟨van beroepsgenoten⟩ Kammer *v* ❹ *het voor elkaar opkomen als broers* Brüderlichkeit *v* ★ *vrijheid, gelijkheid,* ~ Freiheit, Gleichheit, Brüderlichkeit

broedgebied Brutrevier *o*

broedmachine Brutapparat *m*

broedplaats ❶ dierk Brutplatz *m* ❷ fig Brutstätte *v*

broeds brütig

broedsel Brut *v*

broeien gären ★ fig *er broeit wat* da braut sich etw. zusammen

broeierig schwül

broeikas Treibhaus *o*

broeikaseffect Treibhauseffekt *m*

broeikasgas Treibhausgas *o*

broeinest dierk Brutstätte *v*

broek *kledingstuk* Hose *v* ★ fig *een pak voor zijn* ~ *krijgen* die Hosen vollkriegen ★ fig *iem. (een pak) voor zijn* ~ *geven* jmdm. den Hintern versohlen ★ fig *iem. achter de* ~ *zitten* hinter jmdm. her sein

broekje ❶ *ondergoed* Unterhose *v*, ⟨slipje⟩ Schlüpfer *m* ❷ *onervaren persoon* Grünschnabel *m*

broekpak Hosenanzug *m*

broekriem Gürtel *m* ★ fig *de* ~ *aanhalen* den Gürtel enger schnallen

broekrok Hosenrock *m*

broekzak Hosentasche *v* ★ *hij kent Utrecht als zijn* ~ er kennt Utrecht wie seine Westentasche

broer Bruder *m* ★ ~*tje* Brüderchen *o*, kleine(r) Bruder *m* ▼ *een* ~*tje dood hebben aan iets* etwas auf den Tod nicht ausstehen können

brok ❶ *brokstuk* Brocken *m*, ⟨hap⟩ Bissen *m* ★ *brokken maken* Bruch machen ★ *hij kreeg een brok in de keel* er hatte einen Kloß im Hals ❷ *hoeveelheid* Stück *o*, Brocken *m*

brokaat Brokat *m*

br

brokkelen I *ov ww, breken* bröckeln **II** *on ww, uiteenvallen* (zer)bröckeln
brokkelig bröcklig
brokkenmaker Tölpel *m*, Tollpatsch *m*
brokkenpiloot Bruchpilot *m*
brokstuk Bruchstück *o*
brombeer Brummbär *m*
bromelia plantk Bromelie *v*
bromfiets Mofa *o*, Moped *o*
bromfietsen Mofa fahren
bromfietser Mofafahrer *m*, Mopedfahrer *m*
bromium Brom *o*
brommen ❶ *geluid maken* brummen ★ *wat ik je brom* das kann ich dir flüstern ❷ *mopperen* knurren ★ ~ *op iem.* schimpfen mit jmdm. ❸ *gevangen zitten* brummen ❹ *bromfietsen* Moped fahren
brommer Moped *o*, Mofa *o*
bromtol Brummkreisel *m*
bromvlieg Schmeißfliege *v*
bron ❶ *opwellend water* Quelle *v* ★ *geneeskrachtige bron* Heilquelle *v*, Heilbrunnen *m* ❷ fig *oorsprong* Quelle *v* ★ *bron van inkomsten* Erwerbsquelle *v*
bronchiën Bronchien *mv*
bronchitis Bronchitis *v*
bronchoscopie Bronchoskopie *v*
broncode comp Quellencode *m*
brons Bronze *v*
bronst Brunst *v*
bronstig brünstig
bronstijd Bronzezeit *v*
bronsttijd Brunstzeit *v*, Brunftzeit *v*
brontaal Quellsprache *v*, Ursprungssprache *v*
brontosaurus Brontosaurus *m*
bronvermelding Quellenangabe *v*
bronwater ⟨m.b.t. bron⟩ Quellwasser *o*, ⟨als product⟩ Mineralwasser *o*
bronzen Bronze-, bronzen, ⟨bronskleurig⟩ bronzefarbig
brood ❶ cul *gebakken deegwaar* Brot *o* ★ *ik krijg het op mijn* ~ es wird mir aufs Butterbrot geschmiert ❷ *levensonderhoud* ★ *daar is geen droog* ~ *mee te verdienen* das bringt nichts ein → **broodje**
broodbeleg Brotbelag *m*, ⟨om te smeren⟩ Brotaufstrich *m*, ⟨plakken worst, kaas⟩ Aufschnitt *m*
broodheer Brotgeber *m*, humor Brötchengeber *m*
broodje cul Brötchen *o* ★ ~ *kaas* Käsebrötchen ★ ~ *ham* Schinkenbrötchen *o* ★ fig *zoete* ~*s bakken* kleine Brötchen backen ★ fig *als warme* ~*s verkocht worden* weggehen wie warme Semmeln ★ fig BN *je* ~ *is gebakken* du hast es zu etw. gebracht
broodjeszaak Imbissstube *v*
broodkorst Brotkruste *v*
broodkruim Semmelbrösel *mv*
broodmaaltijd ⟨'s avonds⟩ Abendbrot *o*, ⟨'s middags⟩ Mittagbrot *o*
broodmager spindeldürr
broodmes Brotmesser *o*
broodnijd Brotneid *m*
broodnodig unentbehrlich
broodnuchter *zonder iets gegeten te hebben* völlig nüchtern
broodplank Brotschneidebrett *o*
broodroof ★ ~ *plegen aan iem.* jmdn. um Lohn und Brot bringen
broodrooster Toaster *m*, Röster *m*
broodschrijver ≈ Schriftsteller *m*, der nur des Geldes wegen schreibt
broodtrommel ❶ *lunchtrommel* Butterbrotdose *v* ❷ *bewaartrommel* Brotkasten *m*
broodwinning Broterwerb *m*
broom *bromium* Brom *o*
broos brüchig, spröde, zerbrechlich, mürbe
bros brüchig, ⟨brokkelig⟩ mürbe, ⟨glas, metaal⟩ spröde, ⟨knapperig⟩ knusp(e)rig
brosser Schwänzer *m*
brousse BN Dschungel *m*
brouwen ❶ *bereiden* brauen ❷ *veroorzaken* planen, stiften
brouwer *biermaker* Brauer *m*
brouwerij Brauerei *v* ★ fig *dat brengt leven in de* ~ das bringt Leben in die Bude
brouwsel *drankje* Gebräu *o*
brownie cul Brownie *m*
browsen comp browsen ★ *het* ~ Browsing *m*
browser comp Browser *m*
brr Brr!
brug ❶ *verbinding* Brücke *v* ★ *over de brug komen* Geld rausrücken ★ BN *de brug maken* einen Brückentag nehmen ❷ *gymnastiektoestel* Barren *m*
Brugge Brügge *o*
Bruggeling Brügger
Bruggelinge Brüggerin *v*
bruggenhoofd ❶ *steun waar brug op rust* Brückenpfeilerkopf *m* ❷ mil Brückenkopf *m*
brugklas onderw Orientierungsstufe *v*
brugleuning Brückengeländer *o*
brugpensioen BN *vervroegd pensioen* Frührente *v*
brugpieper omschr Schüler *m* in der ersten Klasse des weiterführenden Unterrichts
Brugs von Brügge, aus Brügge
brugwachter Brückenwärter *m*
brui ▼ *de brui geven aan iets* etwas satthaben
bruid Braut *v*
bruidegom Bräutigam *m*
bruidsboeket Brautstrauß *m*
bruidsdagen Verlobungszeit *v*
bruidsjapon Brautkleid *o*
bruidsjonker Brautführer *m*
bruidsmeisje Brautjungfer *v*
bruidspaar Brautpaar *o*
bruidsschat Mitgift *v*
bruidssluier ❶ *sluier* Brautschleier *m* ❷ *plant* Knöterich *m*
bruidssuiker ≈ Pralinen, die die Braut zur Hochzeit verteilt *mv*
bruikbaar brauchbar, verwendbar, geeignet
bruikbaarheid Brauchbarkeit *v*
bruikleen Gebrauchsleihe *v* ★ *in* ~ leihweise, als Leihgabe ★ *iets in* ~ *geven* etw. leihweise überlassen
bruiloft Hochzeit *v*
bruin *bruin van kleur* braun
bruinachtig bräunlich
bruinbakken ▼ *hij bakt ze weer bruin* er treibt es

mal wieder zu bunt
bruinbrood cul Weizenvollkornbrot *o*
bruinen I *ov ww, bruin maken* bräunen **II** *on ww, bruin worden* bräunen
bruingoed braune Ware *v*, Unterhaltungselektronik *v*
bruinkool Braunkohle *v*
bruinvis Braunfisch *m*
bruisen ❶ *hoorbaar schuimen* brausen, sprudeln ❷ *levendig zijn* pulsieren ★ *~d van energie* vor Energie sprühen ★ *~d van leven* von Leben sprühend
bruistablet Brausetablette *v*
brulaap *aap* Brüllaffe *m*
brulboei Heulboje *v*
brullen brüllen ★ *~ van woede* vor Wut brüllen
brunch Brunch *m*
Brunei Brunei *o*
brunette Brünette *v*
Brussel Brüssel *o*
Brusselaar Brüsseler *m*
Brussels Brüsseler
Brusselse Brüsselerin *v*
brutaal frech
brutaaltje Frechdachs *m*
brutaliteit Frechheit *v*, Unverschämtheit *v*
bruto I *bnw* ★ *~ opbrengst* Rohertrag *m* **II** *bijw* Brutto-, brutto
brutogewicht Brutto- / Rohgewicht *o*
brutoloon Bruttolohn *m*
bruusk brüsk, schroff
bruut I *zn* [de] Rohling *m*, Gewaltmensch *m* **II** *bnw* gewalttätig, brutal
BSE *boviene spongiforme encefalopathie, gekkekoeienziekte* BSE *v*, inform Rinderwahnsinn *m*
BSN *burgerservicenummer* ≈ Steuernummer *v*
bso BN onderw *beroepssecundair onderwijs* berufsbildende Schule *v*
btw *belasting op de toegevoegde waarde* MwSt. *v*, Mehrwertsteuer *v* ★ *inclusief btw* inklusive MwSt
bubbelbad Whirlpool *m*
bubbelen sprudeln, ⟨van hete massa⟩ brodeln
buddy Sterbebegleiter *m* für Aidskranken
budget Budget *o*, Haushaltsplan *m*, Etat *m* ★ *binnen het ~* im Rahmen des Etats
budgetbewaking Haushaltskontrolle *v*
budgetoverschrijding Haushaltsüberschreitung *v*
budgettair budgetär, haushalts- / etatmäßig
budgetteren budgetieren, einen Etat aufstellen
buffel Büffel *m*
buffer Puffer *m*
buffergeheugen Bufferspeicher *m*
bufferstaat Pufferstaat *m*
buffervoorraad Rücklage *v*, Reserve *v*
bufferzone Pufferzone *v*
buffet ❶ *meubel* Büfett *o* ❷ *maaltijd* ★ *koud ~* kalte(s) Buffet *o*
bug comp Wanze *v*
buggy Buggy *m*
bühne Bühne *v*
bui ❶ *regenbui* Schauer *m*, Regenguss *m* ❷ *humeur* Laune *v* ★ *een goede / kwade bui hebben* guter / schlechter Laune sein ★ *hij heeft zo z'n buien* er ist ein launenhafter Mensch ★ *bij buien* ab und zu
buidel *zak* Beutel *m*
buideldier Beuteltier *o*
buigbaar biegbar, beugbar
buigen I *ov ww, krom maken* biegen, beugen ★ *met gebogen hoofd* mit gesenktem Kopf ★ fig *zich over een probleem ~* sich der Lösung eines Problems widmen **II** *on ww* ❶ *afbuigen, doorbuigen* biegen ★ *de weg buigt naar rechts* der Weg biegt nach rechts ab ❷ *buiging maken* sich verbeugen ★ *~ als een knipmes* einen Bückling machen ❸ *~* **voor** ★ *~ voor iem.* sich vor jmdm. verbeugen ★ *het is ~ of barsten* es geht auf Biegen und Brechen
buiging ❶ *het buigen* Verbeugung *v* ★ *een ~ maken* eine Verbeugung machen ❷ taalk Beugung *v*
buigingsuitgang Flexionsendung *v*
buigzaam ❶ *buigbaar* biegsam, flexibel ❷ *meegaand* flexibel, anpassungsfähig
buigzaamheid Biegsamkeit *v*
buiig ❶ *regenachtig* wechselhaft, unbeständig ❷ *humeurig* launisch
buik *lichaamsdeel* Bauch *m* ★ *zijn buikje rond eten* sich den Bauch vollschlagen ★ *ik heb er mijn buik van vol* ich habe die Nase gestrichen voll davon ★ *schrijf dat maar op je buik* das kannst du vergessen → **buikje**
buikdans Bauchtanz *m*
buikdansen bauchtanzen
buikdanseres Bauchtänzerin *v*
buikgriep Darminfektion *v*
buikholte Bauchhöhle *v*
buikje Bauch *m*, Bäuchlein *o* ★ *een ~ krijgen* einen Bauch ansetzen, sich einen Bauch anessen, sich ein Bäuchlein zulegen
buiklanding Bauchlandung *v*
buikloop Durchfall *m*
buikpijn Bauchschmerzen *mv*, inform Bauchweh *o*
buikriem *riem* Gürtel *m* ★ fig *de ~ aanhalen* den Riemen enger schnallen
buikspieroefening Bauchmuskelübung *v*
buikspreken bauchreden
buikspreker Bauchredner *m*
buikvlies Bauchfell *o*
buikvliesontsteking Bauchfellentzündung *v*, Peritonitis *v*
buikwand Bauchdecke *v*
buil ❶ *bult* Beule *v* ★ fig *daar kun je je geen buil aan vallen* das kann nicht schiefgehen ❷ *zakje* Tüte *v*
building BN *flatgebouw* Hochhaus *o*, Etagenhaus *o*, Apartmenthaus *o*
buis ❶ *pijp* Röhre *v*, Rohr *o* ★ *buis van Eustachius* eustachische Röhre ❷ *televisie* Röhre *v*
buiswater Spritzwasser *o*
buit Beute *v* ★ *een vette buit* eine fette Beute ★ *iets buit maken* etw. erbeuten
buitelen purzeln
buiteling Purzelbaum *m*
buiten I *vz* ❶ *niet binnen* ⟨een plaats⟩ außerhalb von [+3], außerhalb [+2] ★ *~ Europa* außerhalb von Europa ★ *~ de stad* außerhalb der Stadt ❷ *niet betrokken bij* außerhalb von [+3], außerhalb [+2] ★ *laat mij daar ~* lass mich da raus

★ *er ~ staan* Außenstehender sein ★ *~ zichzelf zijn van woede* außer sich vor Wut sein ❸ *behalve, zonder* ohne [+4], außer [+3] ★ *ik kan niet ~ mijn fiets* ohne mein Fahrrad geht bei mir nichts ★ *~ haar vriendin wist niemand ervan* außer ihrer Freundin wusste keiner davon **II** *bijw* ❶ *niet binnen* draußen ★ *~ op straat* draußen auf der Straße ★ *naar ~* nach draußen ★ *naar ~ gaan* rausgehen, nach draußen gehen ★ *van ~* ⟨gezien⟩ von außen ★ *van ~ komen* von draußen kommen ★ *van ~ naar binnen* von außen nach innen ❷ *op het platteland* außerhalb ★ *hij woont ~* er wohnt außerhalb ★ *iem. van ~* ⟨vreemdeling⟩ jmd. von außerhalb ▼ *iets te ~ gaan* bei etwas zu weit gehen ▼ *zich te ~ gaan aan iets* in etwas schwelgen ▼ *iets van ~ leren* etwas auswendig lernen ▼ *iets van ~ kennen* etwas in- und auswendig kennen **III** *zn* [het], *landgoed* Landhaus *o* **IV** *zn* [de], BN *platteland* Land *o*, Provinz *v*

buitenaards außerirdisch

buitenaf ★ *van ~* ⟨lokaal⟩ von draußen, von außen

buitenbaan ❶ *buitenste baan* Außenbahn *v* ❷ sport *onoverdekte baan* Freiluftbahn *v*

buitenbaarmoederlijk ★ *~e zwangerschap* Bauchhöhlenschwangerschaft *v*, Extrauterinschwangerschaft *v*

buitenbad Freibad *o*

buitenband Mantel *m*

buitenbeentje Außenseiter *m*, Eigenbrötler *m* ★ *een ~ zijn* aus der Art geschlagen sein

buitenbocht Außenkurve *v*

buitenboordmotor Außenbordmotor *m*

buitendeur Außentür *v*, ⟨sluis⟩ Außentor *o*

buitendienst Außendienst *m*

buitenechtelijk außerehelich

buitengaats auf offener See, außerhalb des Hafens ★ *~ gaan* in See stechen

buitengewoon I *bnw, ongewoon* außergewöhnlich, ungewöhnlich ★ *~ hoogleraar* außerordentliche(r) Professor *m* **II** *bijw, zeer* ★ *niet ~ schrander zijn* nicht besonders klug sein

buitenissig exzentrisch, extravagant, ausgefallen

buitenkans Chance *v*, außerordentliche Chance *v*, Glücksfall *m*

buitenkant Außenseite *v*

buitenkerkelijk admin nichtkirchlich, rel nicht praktizierend, rel nicht religiös

buitenlamp Außenlaterne *v*

buitenland Ausland *o*

buitenlander Ausländer *m*

buitenlands ausländisch, Auslands- ★ *~e politiek* Außenpolitik *v* ★ *~e handel* Außenhandel *m*

buitenleven Landleben *o*

buitenlucht Landluft *v*

buitenmens *iem. die graag buiten is* Naturmensch *m*, Naturfreund *m*

buitenmodel extra, abweichend, Sonder-

buitenom außen herum

buitenparlementair I *bnw* außerparlamentarisch **II** *bijw* außerparlamentarisch

buitenplaats ❶ *landgoed* Landgut *o*, Landsitz *m* ❷ *uithoek* entlegene(r) Ort *m*

buitenschools onderw außerschulisch

buitenshuis ★ *de nacht ~ doorbrengen* die Nacht außer Hause verbringen ★ *we eten vandaag ~* wir essen heute auswärts

buitensluiten ❶ *niet binnenlaten* ausschließen ★ *hij heeft zichzelf buitengesloten* er hat sich selbst ausgeschlossen ❷ fig *niet toelaten* ausschließen

buitenspel abseits

buitenspeler sport Außenspieler *m*

buitenspiegel Außenspiegel *m*

buitensporig übermäßig

buitensport Sport *m* im Freien

buitenstaander Außenstehende(r) *m*, ⟨ondeskundige⟩ Nichtfachmann *m*

buitenverblijf Sommerhaus *o*, Wochenendhaus *o*, ⟨groter⟩ Landsitz *m*

buitenwaarts auswärts, nach außen

buitenwacht Außenstehende(n) *mv*

buitenwereld ❶ *de mensen om ons heen* Öffentlichkeit *v* ❷ *wereld om ons heen* Außenwelt *v*, Umwelt *v*

buitenwijk Außenbezirk *m*, Außenviertel *o*

buitenwipper BN *uitsmijter* Rausschmeißer *m*

buitenzijde Außenseite *v*

buitmaken erbeuten

buizen BN onderw *zakken* durchfallen

buizerd (Mäuse)bussard *m*

bukken ❶ *buigen* sich bücken ❷ fig *zwichten* sich (einer Sache) beugen ★ fig *gebukt gaan onder een last* eine schwere Bürde zu tragen haben

buks Büchse *v*

bul ❶ *stier* Bulle *m* ❷ *oorkonde* Diplom *o* ❸ *pauselijke brief* päpstliche Bulle *v*

bulderen ❶ *dreunen* dröhnen, ⟨storm⟩ toben, ⟨kanon⟩ donnern ❷ *brullen* brüllen ★ *~ tegen iem.* jmdn. anbrüllen

buldog Bulldogge *v*

Bulgaar *bewoner* Bulgare *m*

Bulgaars I *bnw, m.b.t. Bulgarije* bulgarisch **II** *zn* [het], *taal* Bulgarisch(e) *o*

Bulgaarse Bulgarin *v*

Bulgarije Bulgarien *o*

bulk Schiffsladung *v* ★ *graan in bulk* Bulkladung Getreide *v*

bulken ❶ *loeien* muhen ❷ **~ van** ★ *~ van het geld* im Geld schwimmen

bulkgoederen Stürz- / Schütt- / Bulkgut *o*

bulldozer Bulldozer *m*, Planierraupe *v*

bullebak Buhmann *m*, Bärbeißer *m*

bulletin Bulletin *o*

bult ❶ *buil* Beule *v* ❷ *oneffenheid* Unebenheit *v*, inform Buckel *m* ❸ *bochel* Buckel *m*, ⟨kameel⟩ Höcker *m* ★ *zich een bult lachen* sich schieflachen

bumper Stoßstange *v*

bumperkleven drängeln

bumperklever Drängler *m*

bundel ❶ *pak* Bündel *o* ❷ *boekje* Band *m* ★ *een ~ verzen* ein Gedichtband

bundelen bündeln, ⟨van gedichten⟩ sammeln ★ *de krachten ~* die Kräfte vereinen

bungalow Bungalow *m*

bungalowpark Bungalowpark *m*

bungalowtent Bungalowzelt *o*

bungeejumpen Bungeejumping *o*

bungelen baumeln

bunker ❶ *verdedigingswerk* Bunker *m* ❷ *op*

golfterrein Bunker *m*
bunkeren ❶ *brandstof innemen* bunkern ❷ *veel eten* reinhauen, spachteln
bunsenbrander Bunsenbrenner *m*
bunzing Iltis *m*
bups *santenkraam* Trupp *m*, Kram *m*
burcht *kasteel* Burg *v*, Festung *v*
bureau ❶ *schrijftafel* Schreibtisch *m* ★ *achter zijn ~ zitten* am Schreibtisch sitzen ❷ *kantoor(gebouw)* Büro *o*
bureaublad comp Desktop *m* ★ *extern ~* externer Desktop
bureaucratie Bürokratie *v*
bureaucratisch bürokratisch
bureaulamp Schreibtischlampe *v*
bureaustoel ⟨op kantoor⟩ Bürostuhl *m*, ⟨thuis⟩ Schreibtischstuhl *m*
buren → **buur**
burengerucht Ruhestörung *v* durch Nachbarn
burgemeester Bürgermeister *m* ★ *(college van) ~ en wethouders* Magistrat *m*, Stadtrat *m*
burger Bürger *m* ★ *in ~* in Zivil ★ *dat geeft de ~ moed* das freut den Menschen
burgerbevolking Zivilbevölkerung *v*
burgerij ❶ *bevolking* Bürgerschaft *v* ❷ *stand* Bürgertum *o*, ⟨niet-militairen⟩ Zivilisten *mv*
burgerkleding Zivilkleidung *v*, Zivil *o*
burgerlijk ❶ *voor, van de burgers* bürgerlich, ⟨niet-militair⟩ zivil ★ *~e autoriteiten* die zivilen Behörden ❷ *kleinburgerlijk* spießbürgerlich ★ *~ worden* bürgerlich werden
burgerluchtvaart Zivilluftfahrt *v*
burgerman Bürger *m*, min Spießbürger *m*
burgeroorlog Bürgerkrieg *m*
burgerplicht Bürgerpflicht *v*
burgerrecht jur Bürgerrecht *o*
burgerservicenummer Steueridentifikationsnummer *v*
burgerslachtoffer Zivilopfer *o* ★ *~s* euf Kollateralschaden *m*
burgervader Bürgermeister *m*
burgerwacht Bürgerwehr *v*
burgerzin Bürgersinn *m*
Burkina Faso Burkina Faso *o*
burn-out ★ *een ~ hebben* abgebrannt sein
bus ❶ *autobus* Bus *m* ❷ *trommel* Dose *v*, Büchse *v* ★ *dat klopt als een bus!* das stimmt haargenau ❸ *brievenbus* Briefkasten *m* ★ *een brief op de bus doen* einen Brief einwerfen
busbaan ★ *vrije ~* freie Fahrspur für Busse *v*
buschauffeur Busfahrer *m*
busdienst Busverkehr *m*
bush *rimboe* Busch *m*
bushalte Bushaltestelle *v*
bushokje Wartehäuschen *o*
businessclass Businessclass *v*
buskaart Busfahrkarte *v*
buskruit Schießpulver *o* ★ fig *hij heeft het ~ niet uitgevonden* er hat das Pulver nicht erfunden
buslichting Leerung *v* des Briefkastens
busstation Busbahnhof *m*
buste *borstbeeld* Büste *v*
bustehouder Büstenhalter *m*
butagas Butangas *o*
butler Butler *m*
buts *deuk* Delle *v*
button Button *m*
buur Nachbar *m*
buurjongen Nachbarsjunge *m*
buurland Nachbar- / Anrainerland *o*, Nachbar- / Anrainerstaat *m*
buurman Nachbar *m*
buurmeisje Nachbarstochter *v*, Nachbarsmädchen *o*
buurt ❶ *wijk* Stadtteil *m*, ⟨bewoners⟩ Nachbarschaft *v* ❷ *omgeving* Gegend *v*, Umgebung *v*, Nähe *v* ★ *ver uit de ~* weit weg
buurtbewoner Bewohner *m* des Wohnviertels
buurtcafé ≈ Stammkneipe *v*, ≈ Stammlokal *o*
buurten einen Besuch beim Nachbarn machen
buurthuis Nachbarschaftshaus *o*
buurtpreventie Bürgerwache *v*
buurtwerk Sozialarbeit *v* im Stadtviertel
buurtwinkel Tante-Emma-Laden *m*
buurvrouw Nachbarin *v*
buxus Buchsbaum *m*
buzzer Summer *m*
BV BN *Bekende Vlaming* flämischer Promi ★ *de BV's* flämische Promis
bv *besloten vennootschap* GmbH *v*
bv. *bijvoorbeeld* z.B., zum Beispiel
bvba BN *besloten vennootschap met beperkte aansprakelijkheid* GmbH *v*, Gesellschaft *v* mit beschränkter Haftung
B-weg Straße *v* zweiter Ordnung, sekundäre Straße *v*
bypass Bypass *m*
bypassoperatie med Bypassoperation *v*
byte Byte *o*
Byzantijns byzantinisch
Byzantium Byzanz *o*

C

C

c ❶ *letter* C *o* ★ *de c van Cornelis* C wie Caesar ❷ *muzieknoot* c *o* ★ *de hoge c* das hohe C
C *Celsius* C
cabaret Kabarett *o*
cabaretier Kabarettist *m*
cabine ❶ *hokje* Kabine *v* ❷ *stuurhut* Kabine *v* ❸ *passagiersruimte* Kabine *v*
cabriolet Kabriolett *o*, Cabrio *o*
cacao ❶ *boon* Kakao *m* ❷ *drank, poeder* Kakao *m*
cacaoboter cul Kakaobutter *v*
cachegeheugen comp Cache-Speicher *m*
cachet Charakter *m* ★ *dat geeft de zaak extra ~* das gibt der Sache eine besondere Note
cachot Verlies *o*
cactus Kaktus *m* [mv: Kakteen], Kaktee *v*
CAD I *zn* [het], *consultatiebureau voor alcohol en drugs* Beratungsstelle *v* für Drogen- und Alkoholabhängige **II** *afk, computer-aided design* CAD *o*
cadans Kadenz *v*
caddie sport Caddie *m*
cadeau Geschenk *o* ★ *iem. iets ~ geven / doen* jmdm. etw. schenken [+3] ★ *iets ~ krijgen* etw. geschenkt bekommen ★ ⟨winkelpersoneel⟩ *is het een ~tje?* soll ich es als Geschenk einpacken? ★ fig *ik krijg het niet ~* mir wird nichts geschenkt
cadeaubon Geschenkgutschein *m*
cadet Kadett *m*
cadmium scheik Kadmium *o*
café Lokal *o*, Wirtschaft *v*, Kneipe *v* ★ *naar het café gaan* in die Kneipe gehen
caféhouder Wirt *m*
cafeïne Koffein *o*
cafeïnevrij koffeinfrei
café-restaurant Gaststätte *v*
cafetaria Cafeteria *v*, Imbissstube *v*
cahier Heft *o*
Caïro Kairo *o* ★ *in ~* in Kairo
caissière Kassiererin *v*
caisson *damconstructie* Caisson *m*
caissonziekte Caissonkrankheit *v*
cake Kuchen *m*, Rührkuchen *m*
calamiteit missliche Lage *v*
calcium Kalzium *o*
calculatie Kalkulation *v*
calculator ❶ *rekenmachine* Taschenrechner *m* ❷ *beroep* Kalkulator *m*
calculeren kalkulieren
caleçon BN *legging* Leggings *mv*
caleidoscoop Kaleidoskop *o*
Californië Kalifornien *v*
Californisch kalifornisch
callcenter Callcenter *o*
callgirl Callgirl *o*
calloptie Vorprämiengeschäft *o*
calorie Kalorie *v*
caloriearm kalorienarm
calorierijk kalorienreich ★ *~ zijn* kalorienreich sein
calvarietocht BN lit Kreuzweg *m*
calvinisme Calvinismus *m*
calvinist ❶ rel *gelovige* Calvinist *m* ❷ fig *sober persoon* ≈ Asket *m*
calvinistisch ❶ rel calvinistisch ❷ fig karg
cambio BN *wisselkantoor* Wechselstube *v*, Wechselstelle *v*
Cambodja Kambodscha *o* ★ *in ~* in Kambodscha
Cambodjaan Kambodschaner *m*
Cambodjaans kambodschanisch
Cambodjaanse Kambodschanerin *v*
camcorder Camcorder *m*
camee Kamee *v*
camembert Camembert *m*
camera Kamera *v*, ⟨foto⟩ Fotoapparat *m* ★ *digitale ~* Digitalkamera *v*
cameraman Kameramann *m*
cameraploeg Kamerateam *o*
camion BN *vrachtwagen* Lastwagen *m*
camioneur BN Fernfahrer *m*
camouflage Tarnung *v*
camoufleren tarnen, ⟨van handelingen⟩ verschleiern
campagne Kampagne *v* ★ *een ~ voeren voor / tegen* eine Kampagne für / gegen... führen [+4]
camper Wohnmobil *o*
camping Campingplatz *m*
campingstoel Campingstuhl *m*
campingvlucht Campingflug *m*
campingwinkel Campingladen *m*
campus Campus *m*
Canada Kanada *o* ★ *in ~* in Kanada
Canadees I *bnw, m.b.t. Canada* kanadisch **II** *zn* [de], *bewoner* Kanadier *m*
Canadese Kanadierin *v*
canapé Sofa *o*
Canarische Eilanden Kanarische(n) Inseln *mv*, Kanaren *mv* ★ *van de ~* kanarisch ★ *op de ~* auf den Kanarischen Inseln
cancelen stornieren
canon ❶ *meerstemmig lied* Kanon *m* ❷ *erkende verzameling* Kanon *m*
canoniek kanonisch
Cantabrië Kantabrien *o*
Cantabrisch kantabrisch
cantate Kantate *v*
cantharel Pfifferling *m*
cantorij Kantorei *v*, Kirchenchor *m*
canvas Kanevas *m*
canyoning sport Canyoning *o*
cao *collectieve arbeidsovereenkomst* Tarifvertrag *m*
capabel fähig, tüchtig
capaciteit ❶ *vermogen* Kapazität *v* ★ *op volle ~ werken* auf voller Kapazität arbeiten ❷ *bekwaamheid* Fähigkeit *v*
cape Cape *o*, Umhang *m*
capitulatie Kapitulation *v*
capituleren kapitulieren
cappuccino Cappuccino *m*
capriool Kapriole *v* ★ *rare capriolen uithalen* merkwürdige Kapriolen schlagen
capsule Kapsel *v*
captain ❶ *gezagvoerder* Kapitän *m* ❷ sport *aanvoerder* Kapitän *m*
capuchon Kapuze *v*
cara *chronische aspecifieke respiratoire aandoeningen* chronische(s) aspezifische(s) respiratorische(s) Leiden *o*
caracole BN Weinbergeschnecke *v*

Caraïben, **Caraïbische Eilanden** karibische Inseln *v mv*
Caraïbisch karibisch
carambole Karambolage *v*
caravan Wohnwagen *m*
carbolineum Karbolineum *o*
carbonaat Karbonat *o*
carbonpapier Kohlepapier *o*
carburateur, **carburator** Vergaser *m*
carcinoom Karzinom *o*
cardanas Kardanachse *v*
cardiogram Kardiogramm *o*
cardiologie Kardiologie *v*
cardioloog Kardiologe *m*
cargadoor Schiffsmakler *m*
cargo Kargo *m*, Schiffsfracht *v*
Caribisch → **Caraïbisch**
cariës Karies *v*
carillon Glockenspiel *o*
carkit Freisprechanlage *v*
carnaval Karneval *m*, reg Fasching *m*, reg Fastnacht *v* ★ *~ vieren* Karneval / Fastnacht / Fasching feiern
carnavalsoptocht Karnevalsumzug *m*, Faschingsumzug *m*, Fastnachtsumzug *m*
carnivoor Karnivore *m/v*, Fleischfresser *m*
carpoolen ≈ eine Fahrgemeinschaft bilden
carport Carport *m*
carré Karree *o*, Viereck *o*
carrière Karriere *v* ★ *een schitterende ~* eine glanzvolle Karriere ★ *~ maken* Karriere machen ★ *zijn ~ mislopen* die falsche Laufbahn einschlagen
carrièrejager Karrierist *m*
carrièreplanning Karriereplanung *v*
carrosserie Karosserie *v*
carter Kurbelgehäuse *o*
cartografie Kartografie *v*
cartoon Cartoon *m/o*
cartridge Cartridge *v*, Tintenpatrone *v*, Druckerpatrone *v*
casanova Casanova *m*
casco *romp* Kasko *m*
cascoverzekering Kaskoversicherung *v*
cash **I** *zn* [de] Bargeld *o* **II** *bijw* bar, cash ★ *cash betalen* bar zahlen
cashewnoot Cashewnuss *v*
cashflow Cashflow *m*
casino ❶ *gokhuis* Kasino *o*, Spielbank *v* ❷ *brood* Toastbrot *m*
cassatie Kassation *v* ★ *in ~ gaan* in Revision gehen ★ *~ aantekenen* Revision einlegen
casselerrib Kasseler *o*
cassette ❶ *doos* Kassette *v* ❷ *cassettebandje* Kassette *v*
cassettebandje Kassette *v*
cassettedeck Kassettendeck *o*
cassetterecorder Kassettenrekorder *m*
cassis Johannisbeerlimonade *v*
cast *rolbezetting* Besetzung *v*, Cast *m*
castagnetten Kastagnetten *mv*
Castiliaans kastilisch
Castilië Kastilien *o*
castratie Kastration *v*
castreren kastrieren
catacombe Katakombe *v*
Catalaan Katalane *m*
Catalaans katalanisch
Catalaanse Katalanin *v*
catalogiseren katalogisieren
catalogus Katalog *m*
Catalonië Katalonien *o*
catamaran Katamaran *m/o*
cataract med Katarakt *v*, graue(r) Star *m*
catastrofaal katastrophal
catastrofe Katastrophe *v*
catechese Katechese *v*
catechisatie ‹protestants› Konfirmandenunterricht *m*
catechismus Katechismus *m*
categorie ❶ *soort* Kategorie *v* ❷ *grondbegrip* Kategorie *v*
categorisch, BN **categoriek** **I** *bnw* kategorisch **II** *bijw* kategorisch
categoriseren kategorisieren
catering Catering *o*
catharsis Katharsis *v*
catwalk Catwalk *m*
causaal kausal, Kausal-
cavalerie Kavallerie *v*
cavia Meerschweinchen *o*
cayennepeper cul Cayennepfeffer *m*
CBS *Centraal Bureau voor de Statistiek* ≙ Statistische(s) Bundesamt *o*
cc ❶ *copie conform* CC ★ *cc origineel* beglaubigte Kopie *v* ❷ *inhoudsmaat* ccm, Kubikzentimeter *m*
c-cedille C-Cedille *o*
cc'en CC schicken ★ *een mailtje ~ aan iem.* jmdm. eine Mail CC schicken ★ *ik zal je ~* ich schicke es dir CC
cd *compact disc* CD *v*
cd-bon CD-Gutschein *m*
cd-brander CD-Brenner *m*
cd-r CD-R *v*
cd-rom CD-ROM *o*
cd-romspeler CD-ROM-Spieler *m*
cd-speler CD-Spieler *m*
cd-winkel CD-Laden *m*
ceder Zeder *v*
cederhout Zedernholz *o*
cedille Cedille *v*
ceel *opslagbewijs* Lagerschein *m*
ceintuur Gürtel *m*
cel ❶ *hokje* Zelle *v* ★ *een natte cel* eine Nasszelle *v* ❷ anat *onderdeel van organisme* Zelle *v* ★ *de grijze cellen laten werken* die grauen Zellen aktivieren ❸ *groep samenwerkende mensen* Zelle *v* ❹ BN jur *speciaal politieteam* Sondereinheit *v*
celdeling Zellteilung *v*
celgenoot Zellengenosse *m*
celibaat Zölibat *m/o*
celibatair **I** *bnw* zölibatär **II** *bijw* zölibatär
cellist Cellist *m*
cello Cello *o*
cellofaan **I** *zn* [het] Zellophan *o* **II** *bnw* Zellophan-
cellulitis Zellulitis *v*
celluloid Zelluloid *o* ★ *van ~* aus Zelluloid
cellulose Zellulose *v*, Zellstoff *m*
Celsius Celsius ★ *20 graden ~* 20 Grad Celsius
celstof Zellstoff *m*
cement Zement *m*

cementmolen Betonmischer *m*
censureren zensieren
censuur Zensur *v* ★ *~ instellen* eine Zensur einführen ★ *onder ~ stellen* unter Zensur stellen
cent *muntstuk* Cent *m* ★ *geen cent waard zijn* keinen Pfennig wert sein ★ *geen rooie cent hebben / geen cent te makken hebben* keinen roten / lumpigen Heller haben ★ *op de centen zijn* ein Pfennigfuchser sein ★ *tot de laatste cent* auf Heller und Pfennig ★ *voor geen cent minder* für keinen Deut weniger ★ *hij deugt voor geen cent* er ist keinen Pfenning wert ★ *het kost je geen cent* es kostet dich keinen Pfennig ★ *iedere cent omkeren* jeden Pfennig dreimal umdrehen ★ *een aardige cent verdienen* ein hübsches Sümmchen verdienen ★ *geen centje pijn* mühelos
centaur Kentaur *m*, Zentaur *m*
centercourt Centercourt *m*
centiliter Zentiliter *m*
centimeter ❶ *maat* Zentimeter *m/o* ★ *vierkante ~* Quadratzentimeter *m* ★ *kubieke ~* Kubikzentimenter *m* ❷ *meetlint* Maßband *o*, Metermaß *o*
centraal zentral
Centraal-Afrikaans zentralafrikanisch
Centraal-Afrikaanse Republiek Zentralafrikanische Republik *v*
centrale ❶ *bedrijf* Zentrale *v* ★ *elektrische ~* Elektrizitätswerk *o*, Kraftwerk *o* ❷ *telefooncentrale* (Telefon-)Zentrale *v*
centralisatie Zentralisierung *v*
centraliseren zentralisieren
centralistisch zentralistisch
centreren zentrieren
centrifugaal zentrifugal
centrifuge Zentrifuge *v*, ⟨voor wasgoed⟩ Wäscheschleuder *v*
centrifugeren zentrifugieren, ⟨wasgoed⟩ schleudern
centripetaal zentripetal, Zentripetal-
centrum ❶ *middelpunt* Zentrum *o* ★ *~ van de stad* Stadtzentrum *o*, Stadtmitte *v* ❷ *instelling* Zentrum *o* ★ *cultureel ~* Kulturzentrum *o*
ceramiek Keramik *v*
ceremonie Zeremonie *v*
ceremonieel **I** *zn* [het] Zeremoniell *o* **II** *bnw* zeremoniell
ceremoniemeester Festordner *m*, ⟨aan het hof⟩ Zeremonienmeister *m*
certificaat ❶ *getuigschrift* Zeugnis *o* ★ *~ van oorsprong* Ursprungszertifikat *o* ❷ *waardepapier* Zertifikat *o* ★ *~ van aandeel* Aktienzertifikat *o*
cervelaatworst cul Zervelatwurst *v*
cessie jur Zession *v*
cesuur Zäsur *v*
cfk *chloorfluorkoolstof* FCKW *m*
chachacha Cha-Cha-Cha *m*
chador Tschador *m*
chagrijn ❶ *persoon* Griesgram *m* ★ *een ~ van een vent* ein alter Griesgram ★ *een stuk ~* ein alter Griesgram ❷ *humeurigheid* Verdrießlichkeit *v*, Missmut *m*
chagrijnig missmutig, schlecht gelaunt ★ *~ zijn* schlecht gelaunt sein
chalet Chalet *o*
Champagne Champagne *v*
champagne ⟨uit de Champagne⟩ Champagner *m*, ⟨algemeen⟩ Sekt *m*
champignon Champignon *m*
Chanoeka Chanukka *o*
chanson Chanson *o*
chantage Erpressung *v* ★ *~ plegen* (jmdn.) erpressen
chanteren erpressen ★ *iem. ~* jmdn. erpressen
chaoot Chaot *m*
chaos Chaos *o*
chaotisch chaotisch
charcuterie BN cul Aufschnitt *m*
charge **I** *zn* [de], *aanval* Attacke *v* ★ *een ~ uitvoeren op betogers* Demonstranten attackieren **II** *bijw* → **getuige**
chargeren chargieren, überzeichnen
charisma Charisma *o*
charismatisch charismatisch
charitatief karitativ ★ *geld inzamelen voor charitatieve doeleinden* Geld für karitative Zwecke sammeln
charlatan Scharlatan *m*
charmant charmant, reizend
charme Charme *m*
charmeren entzücken, bezaubern ★ *gecharmeerd zijn van* bezaubert / entzückt sein von [+3] ★ *daar ben ik niet zo van gecharmeerd* darüber bin ich nicht gerade entzückt
charmeur Charmeur *m*
charter *vlucht* Charterflug *m*
charteren ❶ *afhuren* chartern ❷ *hulp inroepen* einspannen ★ *iem. ~ voor iets* jmdn. für etw. einspannen
chartermaatschappij Chartergesellschaft *v*
chartervliegtuig Charterflugzeug *o*
chartervlucht Charterflug *m*
chassis Fahrgestell *o*, Chassis *o*
chat Chat *m*
chatbox Chatbox *v*
chatten chatten
chauffage BN *centrale verwarming* Zentralheizung *v*
chaufferen fahren, chauffieren
chauffeur Fahrer *m*, Chauffeur *m*
chauvinisme Chauvinismus *m*
chauvinist Chauvinist *m*
chauvinistisch chauvinistisch
check Check *m*
checken checken, kontrollieren, nachprüfen
checklist Checkliste *v*
check-up med Check-up *m*, Durchchecken *o* ★ *een ~ laten doen* sich durchchecken lassen
cheddar Cheddarkäse *m*
cheeta dierk Gepard *m*
chef Chef *m*
cheffin Chefin *v*
chef-kok Chefkoch *m*, Küchenchef *m*
chef-staf Stabschef *m*
chemicaliën Chemikalien *mv*
chemicus Chemiker *m*
chemie Chemie *v*
chemisch chemisch ★ *~ bestrijdingsmiddel* chemisches Bekämpfungsmittel ★ *~ toilet* Chemietoilette *v* ★ *~ wapen* chemische Waffe
chemokar Sondermüllsammlung *v*
chemotherapie Chemotherapie *v*

cheque Scheck *m* ★ ~ *aan toonder* Inhaberscheck ★ *een ~ uitschrijven* einen Scheck ausstellen ★ *blanco ~* Blankoscheck ★ *ongedekte ~* ungedeckte(r) Scheck ★ ~ *op naam* Namensscheck
cherubijn Cherub *m* [mv: Cherubim]
chic I *bnw, elegant* schick ★ *de chique mensen* die oberen Zehntausend ★ *een chique tent* ein vornehmes Lokal ★ *een chique buurt* eine bessere Wohngegend **II** *zn* [de], *mensen* Schickeria *v*
chihuahua Chihuahua *m*
Chileen Chilene *m*
Chileens chilenisch
Chileense Chilenin *v*
Chili Chile *o*
chili cul ★ ~ *con carne* Chili *v/o* con carne
chillen chillen
chimpansee Schimpanse *m*
China China *o*
Chinees I *bnw, m.b.t. China* chinesisch **II** *zn* [de], *bewoner* Chinese *m* **III** *zn* [het], taalk *taal* Chinesisch(e) *o*
chinees *restaurant* inform Chinese *m*, chinesisches Restaurant *o* ★ *zullen we ~ halen?* sollen wir was beim Chinesen holen?
Chinese Chinesin *v*
Chinese Zee Chinesische(s) Meer *o*
chinezen ❶ *Chinese maaltijd gebruiken* chinesisch essen **❷** *heroïne snuiven* Heroin schnupfen
chip ❶ comp Chip *m* **❷** → **chips**
chipkaart Chipkarte *v*
chipknip Chipkarte *v*
chipolatapudding Pudding *m* mit kandierten Früchten und Biskuits
chippen *betalen met chipknip* mit der Chipkarte zahlen
chips Chips *mv* ★ *een zakje ~* eine Tüte Chips
chiropracticus Chiropraktiker *m*
chirurg Chirurg *m*
chirurgie Chirurgie *v*
chirurgisch chirurgisch
chlamydia Chlamydia *v*
chloor Chlor *o*
chloorwaterstof scheik Chlorwasserstoff *m*
chloride Chlorid *o*
chloroform Chloroform *o*
chlorofyl Chlorophyll *o*
chocolaatje Stück *o* Schokolade, ⟨bonbon⟩ Praline *v*
chocolade, **chocola** Schokolade *v* ★ *pure ~* Zartbitterschokolade *v* ★ *witte ~* weiße Schokolade
chocoladeletter Buchstabe *m* aus Schokolade
chocolademelk cul Trinkschokolade *v*, Kakao *m* ★ *warme ~* heiße Schokolade ★ *een beker ~* ein Becher Kakao
chocoladereep Schokoriegel *m*
chocomel® Kakao *m*
chocopasta Schokoladencreme *v*
choke Choke *m*
cholera Cholera *v*
cholesterol Cholesterin *o*
cholesterolgehalte Cholesterinspiegel *m*
choqueren schockieren
choreograaf Choreograf *m*
choreografie Choreografie *v*
chorizo Chorizo *v*
chowchow Chow-Chow *m*
christelijk christlich
christen Christ *m* [v: Christin]
christendemocraat Christdemokrat *m*
christendemocratisch christdemokratisch
christendom Christentum *o*
Christus Christus *m* ★ *na ~* nach Christus ★ *voor ~* vor Christus
Christusbeeld Christusfigur *v*
chromosoom Chromosom *o*
chronisch I *bnw* chronisch **II** *bijw* ★ ~ *ziek zijn* chronisch krank sein
chronologie Chronologie *v*
chronologisch chronologisch
chronometer Chronometer *o*
chroom Chrom *o*
chrysant Chrysantheme *v*
ciabatta Ciabatta *o*
cichorei Zichorie *v*
cider Cidre *m*, Apfelwein *m*
cijfer ❶ *teken* Ziffer *v*, Zahl *v* ★ *ronde ~s* runde Zahlen ★ *in de rode ~s staan* rote Zahlen schreiben, in den roten Zahlen stehen **❷** *beoordeling* Note *v*, Zensur *v* ★ *hoge ~s halen* gute Noten bekommen ★ *een hoog ~ voor scheikunde* eine gute Note in Chemie ★ *een ~ geven aan iem.* jmdm. eine Note geben, jmdn. benoten
cijfercode Ziffercode *m*, Nummerncode *m*
cijferen rechnen
cijferlijst Zeugnis *o*
cijfermateriaal Zahlenmaterial *o*
cijferslot Zahlenschloss *o*
cilinder Zylinder *m*
cilinderinhoud Hubraum *m*
cilinderslot Zylinderschloss *o*
cilindrisch zylindrisch
cineast Filmemacher *m*, Cineast *m*
cinema *bioscoop* Kino *o*
cipier Gefängniswärter *m*
cipres Zypresse *v*
circa zirka, ungefähr, etwa ★ *er zijn ~ duizend mensen* es gibt etwa tausend Menschen
circuit ❶ *netwerk* Kreise *mv* ★ *gesloten ~* geschlossene(r) Kreis **❷** *renbaan* Parcours *m* **❸** *wereldje* Szene *v*
circulaire Rundschreiben *o*, Zirkular *o*
circulatie Zirkulation *v*, Umlauf *m*, ⟨van bloed⟩ Kreislauf *m* ★ *in ~ brengen* in Umlauf bringen ★ *uit de ~ nemen* aus dem Verkehr ziehen
circuleren kursieren, zirkulieren, umlaufen ★ *laten ~* kursieren lassen
circus Zirkus *m* ★ *wat een ~!* so ein Zirkus!
circusnummer Zirkusnummer *v*
circustent Zirkuszelt *o*
cirkel Kreis *m* ★ *in een ~* in einem Kreis ★ *halve ~* Halbkreis *m* ★ *vicieuze ~* Teufelskreis *m* ★ *de ~ is (weer) rond* der Kreis hat sich geschlossen
cirkelen kreisen
cirkelredenering Zirkelschluss *m*, Kreisschluss *m*
cirkelzaag Kreissäge *v*
cirrose Zirrhose *v*
cis muz cis *o*
citaat Zitat *o*
citadel Zitadelle *v*

ci

citer Zither *v*
citeren zitieren
citroen ❶ *vrucht* Zitrone *v* ❷ *boom* Zitronenbaum *m*
citroengeel zitronengelb
citroenmelisse Zitronenmelisse *v*
citroensap cul Zitronensaft *m*
citroenvlinder Zitronenfalter *m*
citroenzuur Zitronensäure *v*
citruspers Zitruspresse *v*
citrusvrucht Zitrusfrucht *v*
civiel *burgerlijk* zivil, bürgerlich ★ *een ~e zaak* eine Zivilsache ★ *~e vordering* Privatklage *v* ★ *~e doeleinden* zivile Ziele ★ *in ~* in Zivil
civielrechtelijk jur zivilrechtlich
civilisatie Zivilisation *v*
civiliseren zivilisieren
cl *centiliter* cl
claim ❶ *aanspraak* Forderung *v*, Anspruch *m* ★ *een ~ indienen* einen Anspruch geltend machen ❷ *voorkeursrecht* Bezugsrecht *o*
claimen fordern, beanspruchen, Anspruch erheben auf [+4]
clan ❶ *stam* Clan *m*, Sippe *v* ❷ *hechte groep* Clique *v*
clandestien heimlich, ‹illegaal› illegal ★ *~e handel* Schwarzhandel *m* ★ *~e zender* Piratensender *m*
classicisme Klassizismus *m*
classicus Altphilologe *m*
classificatie Klassifikation *v*
classificeren klassifizieren
claustrofobie Klaustrophobie *v*
clausule Klausel *v*
claxon Hupe *v*
claxonneren hupen
clean ❶ *zuiver* sauber ❷ *zakelijk* nüchtern, sachlich ❸ *afgekickt* clean
clematis Klematis *v*
clementie Milde *v*
clerus Klerus *m*
cliché drukk *drukplaat* Klischee *o*
clichématig klischeehaft, klischiert
cliënt ❶ *klant* Kunde *m* [v: Kundin] ❷ jur Mandant *m* [v: Mandantin]
clientèle, BN **cliënteel** Kundschaft *v*, Klientel *v*
cliffhanger Cliffhanger *m*
climax Klimax *v*, Höhepunkt *m*
clinch ▼ *in de ~ gaan / raken met iem.* mit jemandem in den Clinch gehen ▼ *in de ~ liggen met iem.* mit jemandem im Clinch liegen
clinic Clinic *o*
cliniclown Klinikclown *m*
clip ❶ *paperclip* Heftklammer *v* ❷ *videoclip* Clip *m*
clitoris Klitoris *v*
close ★ *ze zijn heel ~* sie haben ein sehr enges Verhältnis zueinander
closet Klosett *o*
closetpapier Toilettenpapier *o*, inform Klopapier
closetrol Klorolle *v*
close-up Nahaufnahme *v*
clou Clou *m*
clown Clown *m* ★ *~ spelen* den Clown spielen
clownesk clownesk
club ❶ *vereniging* Klub *m* ❷ *groep vrienden* Clique *v* ❸ *golfstick* Golfschläger *m*
clubhuis Klub *m*, Klubhaus *o*
cluster Cluster *m*
clusterbom mil Clusterbombe *v*, Streumunition *v*
clusteren Gruppen bilden
coach Coach *m*
coachen coachen
coalitie Koalition *v* ★ *een ~ vormen* eine Koalition bilden
coalitiepartner Koalitionspartner *m*
coassistent ≈ med Famulus *m* [v: Famula]
coauteur Mitautor *m*, Mitverfasser *m*
coaxkabel elek Koaxialkabel *o*
cobra Kobra *v*
cocaïne Kokain *o*
cockpit Cockpit *o*
cocktail Cocktail *m*
cocktailbar Cocktailbar *v*
cocktailjurk Cocktailkleid *o*
cocktailparty Cocktailparty *v*
cocktailprikker Spießchen *o*
cocon Kokon *m*
cocoonen sich einspinnen
code ❶ *tekensysteem* Code *m* ❷ *geheimschrift* Code *m* ★ *in code* codiert, chiffriert ★ *een code breken* einen Code knacken ❸ *set gedragsregels* Code *m*
codeïne Kodein *o*
codenaam Deckname *m*, Codename *m*
coderen verschlüsseln, codieren
codicil Kodizill *o*
coëfficiënt Koeffizient *m*
co-existentie Koexistenz *v* ★ *vreedzame ~* friedliche Koexistenz
coffeeshop Coffeeshop *m*
coffeïne Kaffein *o*
cognac cul Kognak *m*, Weinbrand *m*
cognitief kognitiv
coherent kohärent
coherentie Kohärenz *v*
cohesie Kohäsion *v*
coiffure Frisur *v*
coïtus Koitus *m*
coke ❶ *cocaïne* Koks *m* ★ *een lijntje coke* eine Linie Koks ❷ *cola* Cola *v/o*
cokes Koks *m*
col ❶ *rolkraag* Rollkragen *m* ❷ *bergpas* Bergpass *m*
cola cul Cola *v/o*
cola-tic Cola *v/o* mit Schuss
colbert Jackett *o*
collaborateur Kollaborateur *m*
collaboratie Kollaboration *v*
collaboreren *de vijand steunen* kollaborieren
collage Collage *v*
collectant Sammler *m*
collect call R-Gespräch *o*
collecte Sammlung *v*, ‹in kerk› Kollekte *v* ★ *een ~ voor een goed doel houden* für einen guten Zweck sammeln
collectebus Sammelbüchse *v*
collecteren sammeln
collectie Sammlung *v*, ‹van artikelen› Kollektion *v*
collectief I *bnw* kollektiv, Kollektiv- ★ *~ ontslag*

aanvragen ≈ Entlassungen für mehrere Mitarbeiter gleichzeitig beantragen ★ *de collectieve sector* der Sozialversicherungsbereich **II** *zn* [het] ❶ *groep* Kollektiv *o* ❷ taalk *verzamelnaam* Kollektivum *o*

collector's item Sammlerstück *o*

collega Kollege *m* [v: Kollegin] ★ *mijn ~'s op school* meine Kolleginnen und Kollegen in der Schule

college ❶ *les* ‹hoorcollege› Vorlesung *v*, Seminar *o* ★ *~ geven* eine Vorlesung / ein Seminar halten ★ *~ lopen / volgen* ein Seminar / eine Vorlesung besuchen ❷ *bestuurslichaam* Kollegium *o* ★ *~ van burgemeester en wethouders* Magistrat *m*, Stadtrat *m* ★ *~ van bestuur* Vorstand *m* ❸ *school* Kolleg *o*

collegedictaat Skript *o*

collegegeld Studiengebühren *mv*

collegekaart Studentenausweis *m*

collegezaal Hörsaal *m*

collegiaal I *bnw* kollegial ★ *zich ~ gedragen / opstellen* sich kollegial verhalten / geben **II** *bijw* ★ *~ met elkaar omgaan* einen kollegialen Umgang pflegen

collegialiteit Kollegialität *v*

collier Collier *o*, Halskette *v*

colofon Impressum *o*

Colombia Kolumbien *o*

Colombiaan Kolumbianer *m*

Colombiaans kolumbianisch

Colombiaanse Kolumbianerin *v*

colonne Kolonne *v*

coloradokever Koloradokäfer *m*, Kartoffelkäfer *m*

colportage Kolportage *v*

colporteren kolportieren

colporteur Kolporteur *m*

coltrui Rollkragenpullover *m*

column Kolumne *v*

columnist Kolumnist *m*

coma Koma *o* ★ *in coma liggen* im Koma liegen ★ *in coma raken* ins Koma fallen ★ *uit een coma ontwaken* aus einem Koma erwachen

comapatiënt Komapatient *m*

combi Kombi(wagen) *m*

combimagnetron Kombimikrowelle *v*

combinatie *verbinding* Kombination *v*

combinatieslot Kombinationsschloss *o*

combinatietang Kombizange *v*

combineren kombinieren

combo Combo *v*

comeback Comeback *o*

comedy Comedyserie *v*

comfort Komfort *m* ★ *van alle ~ voorzien* mit allem Komfort ausgestattet

comfortabel komfortabel, bequem

coming-out Coming-out *o*

comité Ausschuß *m*, Komitee *o*

commandant Kommandant *m*

commanderen ❶ *bevelen* kommandieren ★ *ik laat me door niemand ~* ich lasse mich von niemandem herumkommandieren ❷ *het bevel voeren* kommandieren

commando ❶ *bevel* Kommando *o* ❷ *bevelvoering* Kommando *o* ★ *het ~ overnemen* das Kommando übernehmen ★ *het ~ voeren* das Kommando haben

commandotroepen Kommandotruppen *mv*

commentaar Kommentar *m* ★ *~ leveren op iets* einen Kommentar zu etw. [3] abgeben ★ *~ overbodig* kein Kommentar

commentaarstem Voice-Over *o*

commentariëren kommentieren

commentator Kommentator *m*

commercial Werbespot *m*

commercialisering Kommerzialisierung *v*

commercie Kommerz *m*

commercieel kommerziell

commissariaat ❶ *ambt* Kommissariat *o* ❷ *bureau* Kommissariat *o*

commissaris ❶ *gemachtigde* Kommissar *m* ★ *~ van politie* Polizeikommissar *m* ★ *~ der Koningin* Landesregierungspräsident *m* ❷ *lid raad v. commissarissen* Aufsichtsratsmitglied *o*, Aufsichtsrat *m*

commissie ❶ Kommission *v*, Ausschuss *m* ★ *~ van advies* Beratungsausschuss ★ *~ van beroep* Berufungsausschuss ★ *~ van deskundigen* Fachausschuss ★ *~ van onderzoek* Untersuchungsausschuss ★ *in een ~ zitten* Mitglied eines Ausschusses sein ★ *als ik lieg, lieg ik in ~* ich gebe nur weiter, was man mir gesagt hat ❷ *opdracht* ★ *in ~ geven* in Kommission geben ★ *in ~ verkopen* in Kommission verkaufen ❸ BN inform *boodschap in winkel* Einkauf *m*

commissionair Kommissionär *m*

commode Kommode *v*, ‹voor baby› Wickelkommode *v*, Wickeltisch *m*

commotie Aufregung *v*, Erregung *v* ★ *die benoeming gaf veel ~* die Ernennung verursachte viel Wirbel ★ *~ veroorzaken* Aufregung verursachen

communautair gemeinschaftlich

commune Kommune *v*

communicant Kommunikant *m*

communicatie Kommunikation *v*

communicatief kommunikativ ★ *communicatieve vaardigheden* kommunikative Fähigkeiten *mv*

communicatiemiddel Kommunikationsmittel *o*

communicatiesatelliet Nachrichtensatellit *m*

communicatiestoornis Kommunikationsstörung *v*

communicatiewetenschap Kommunikationswissenschaft *v*

communiceren ❶ *in verbinding staan* kommunizieren ❷ *ter communie gaan* kommunizieren

communie Kommunion *v* ★ *zijn eerste ~ doen* zur Erstkommunion gehen ★ *ter ~ gaan* zur Kommunion gehen ★ *zijn ~ doen* zur Erstkommunion gehen

communiqué Kommuniqué *o* ★ *een ~ uitgeven* ein Kommuniqué herausgeben

communisme Kommunismus *m*

communist Kommunist *m*

communistisch kommunistisch

Comorees komorisch

Comoren Komoren *mv* ★ *op de ~* auf den Komoren

compact kompakt

compact disc Compact Disc *v*

compagnie Kompanie *v* ★ *Verenigde Oost-Indische*

CO

Compagnie Vereinigte Ostindische Kompanie
compagnon ❶ *vennoot* Kompagnon *m*, Teilhaber *m* ❷ *makker* Kumpan *m*
compartiment Abteil *o*
compatibel kompatibel
compendium Kompendium *o* [mv: Kompendien], Abriss *m*
compensatie Kompensation *v*, Ausgleich *m* ★ *ter / als ~ van* zum / als Ausgleich für [+4]
compenseren kompensieren, ausgleichen
competent ❶ *bekwaam* kompetent ❷ *bevoegd* befugt, kompetent, ⟨verantwoordelijk⟩ zuständig
competentie ⟨bekwaamheid⟩ Kompetenz *v*, ⟨verantwoordelijkheid⟩ Zuständigkeit *v*
competitie ❶ *wedijver* Wettbewerb *m* ❷ sport Spielsaison *v*
competitief konkurrierend, Wettbewerbs- ★ *~ ingesteld zijn* wettbewerbsfähig sein
compilatie Kompilation *v*
compiler comp Compiler *m*, Übersetzer *m*
compileren kompilieren
compleet I *bnw* vollständig, komplett II *bijw* ★ *zij is het ~ vergeten* sie hat es total vergessen
complement ❶ *aanvullend deel* Ergänzung *v* ★ *zij vormen elkaars ~* sie ergänzen sich gegenseitig ❷ wisk Komplement *o*
complementair komplementär, Komplementär-
completeren komplettieren, vervollständigen
complex I *zn* [het] ❶ *geheel* Komplex *m* ❷ psych Komplex *m* II *bnw, ingewikkeld* komplex
complicatie *factor die iets moeilijker maakt* Komplikation *v*, Verwicklung *v*
compliceren komplizieren
compliment *prijzende opmerking* Kompliment *o* ★ *iem. een ~ maken over iets* jmdm. ein Kompliment für etw. [4] machen ★ *naar een ~je vissen* nach Komplimenten fischen ★ *scheutig zijn met ~en* großzügig mit Komplimenten sein
complimenteren gratulieren (**met** zu+3), beglückwünschen (**met** zu+3)
complimenteus sehr höflich
complot Komplott *o* ★ *een ~ smeden* ein Komplott schmieden
complottheorie Verschwörungstheorie *v*
component Komponente *v*
componeren komponieren
componist Komponist *m*
compositie Komposition *v*
compositiefoto Phantombild *o*
compost Kompost *m*
compote Kompott *o*
compressie Kompression *v*, Verdichtung *v*
compressor Kompressor *m*, Verdichter *m*
comprimeren komprimieren, verdichten
compromis Kompromiss *m* ★ *een ~ sluiten* einen Kompromiss machen
compromitteren I *ov ww* kompromittieren II *wkd ww* [**zich ~**] sich kompromittieren
compromitterend kompromittierend
computer Rechner *m*, Computer *m* ★ *in de ~ zetten* in den Computer eingeben
computeranimatie Computeranimation *v*
computerbestand Computerdatei *v*
computeren am / vorm Computer sitzen
computerfraude Computerbetrug *m*
computergestuurd computergesteuert
computerisering Computerisierung *v*
computerkraak Hacken *o* eines Computers
computerkraker Hacker *m*
computernetwerk Computernetzwerk *o*
computerondersteund computerunterstützt
computerprogramma Computerprogramm *o*
computerspel Computerspiel *o*
computerstoring Computerstörung *v*
computertaal Programmiersprache *v*
computervirus Computervirus *o*
concaaf konkav
concentraat Konzentrat *o*
concentratie Konzentration *v*
concentratiekamp Konzentrationslager *o*
concentratieschool BN onderw *school met veel allochtone leerlingen* Schule *v* mit vielen Migrantenkindern, ≈ Brennpunktschule *v*
concentreren I *ov ww* konzentrieren II *wkd ww* [**zich ~**] sich konzentrieren (**op** auf) [+4] ★ *zich op een onderwerp ~* sich auf ein Thema konzentrieren
concentrisch konzentrisch
concept ❶ *ontwerp* Entwurf *m*, Konzept *o* ★ *in ~* im Konzept ❷ *begrip* Konzept *o*
conceptie ❶ *bevruchting* Empfängnis *v*, med Konzeption *v* ❷ *denkbeeld* Konzeption *v*, Leitidee *v*
conceptovereenkomst Konzeptvertrag *m*
conceptueel konzeptuell
concern Konzern *m*
concert Konzert *o* ★ *naar een ~ gaan* ins Konzert gehen
concertganger Konzertbesucher *m*
concertgebouw Konzerthalle *v*, Philharmonie *v*
concertmeester Konzertmeister *m*
concessie ❶ *het toegeven* Konzession *v* ★ *~s doen aan* Zugeständnisse / Konzessionen machen [+3] ❷ *vergunning* Konzession *v* ★ *een ~ verlenen* eine Konzession erteilen
conciërge Hausmeister *m*
concilie Konzil *o*
concipiëren konzipieren, entwerfen
conclaaf Konklave *o* ★ *in ~ gaan* sich ins Konklave begeben
concluderen *tot besluit komen* folgern, schließen ★ *uit haar woorden concludeerde men* aus ihren Worten folgerte man ★ *eruit ~ dat...* daraus schließen, dass...
conclusie Schlussfolgerung *v*, Folgerung *v* ★ *voorbarige ~s trekken* voreilige Schlüsse ziehen
concours Wettbewerb *m* ★ *~ hippique* Reitturnier *o*
concreet konkret
concretiseren konkretisieren
concubine Konkubine *v*
concurrent Konkurrent *m*
concurrentie Konkurrenz *v*, Wettbewerb *m* ★ *~ met iem. aangaan* jmdm. Konkurrenz machen ★ *oneerlijke ~* unlautere(r) Wettbewerb
concurrentiebeding Konkurrenzklausel *v*, Wettbewerbsklausel *v*
concurrentieslag Konkurrenzkampf *m* ★ *de ~ overleven* den Konkurrenzkampf überleben
concurreren konkurrieren ★ *met iem. ~* mit jmdm. konkurrieren
concurrerend konkurrierend

condens Kondenswasser *o*
condensatie Kondensation *v*
condenseren I *ov ww, vloeibaar maken* kondensieren II *on ww, vloeibaar worden* kondensieren
conditie ❶ *toestand* Kondition *v*, Zustand *m* ❷ biol *fitheid* Konstitution *v* ★ *een goede ~ hebben* in Form sein ★ *in blakende ~* in Bestform ★ *een slechte ~ hebben* eine schlechte Kondition haben ★ *in ~ blijven* in Form bleiben ❸ *voorwaarde* Bedingung *v* ★ *gunstige ~s* günstige Konditionen
conditietraining Konditionstraining *o*
conditioner Conditioner *m*
conditioneren ❶ psych *in toestand houden* konditionieren ❷ *voorwaarde stellen* sich ausbedingen
condoleance Kondolenz *v*, Beileidsbezeigung *v*
condoleanceregister Kondolenzliste *v*
condoleren kondolieren, sein Beileid aussprechen ★ *iem. ~* jmdm. kondolieren, jmdm. sein Beileid aussprechen ★ *gecondoleerd met het verlies van je vader* herzliches Beileid zum Tod deines Vaters
condoom Kondom *o*
condor Kondor *m*
conducteur oud Schaffner *m*, Zugbegleiter *m*
conductrice oud Schaffnerin *v*, Zugbegleiterin *v*
confectie Konfektion *v*
confederatie Staatenbund *m*, Konföderation *v*
conference *voordracht* Conférence *v*
conferencier Conférencier *m*
conferentie Konferenz *v* ★ *een ~ houden* eine Konferenz abhalten
confessioneel konfessionell ★ *confessionele school* Konfessionsschule *v*
confetti Konfetti *o*
confidentieel vertraulich
configuratie Konfiguration *v*
confisqueren konfiszieren
confituur BN *jam* Marmelade *v*, Konfitüre *v*
conflict Konflikt *m* ★ *in ~ komen met* in Konflikt kommen mit [+3]
conflictstof Konfliktstoff *m*
conform I *vz* gemäß [+3], konform [+3] ★ *~ de eis* gemäß der Forderung II *bnw* konform, übereinstimmend ★ *een ~e beslissing* eine konforme Entscheidung
conformeren fügen, anpassen ★ *zich ~ aan iemand / iets* sich jmdm. / einer Sache angleichen
conformisme Konformismus *m*
conformistisch konformistisch
confrontatie Konfrontation *v*
confronteren *tegenover elkaar plaatsen* konfrontieren ★ *geconfronteerd worden met* konfrontiert werden mit [+3]
confuus konfus, verwirrt ★ *iem. ~ maken* jmdn. konfus machen, jmdn. verwirren
congé Abschied *m* ★ *iem. zijn ~ geven* jmdm. den Laufpass geben
conglomeraat Konglomerat *o*
Congo Kongo *m* ★ *in ~* im Kongo
Congolees Kongolese *m*
congregatie Kongregation *v*
congres Kongress *m* ★ *lid van het ~* Kongressmitglied *o*
congresgebouw Kongressgebäude *o*
congruent ❶ *overeenstemmend* kongruent ❷ wisk kongruent
congruentie Kongruenz *v*
conifeer Konifere *v*
conjunctief Konjunktiv *m*
conjunctureel konjunkturell ★ *conjuncturele maatregelen* konjunkturelle Maßnahmen ★ *conjuncturele schommelingen* Konjunkturschwankungen *mv*
conjunctuur Konjunktur *v* ★ *dalende ~* sinkende Konjunktur ★ *opgaande ~* steigende Konjunktur ★ *hoge ~* Hochkonjunktur *v*
connectie ❶ *verband, aansluiting* Verbindung *v* ❷ *verbonden persoon* Beziehung *v* ★ *hij heeft uitstekende ~s* er hat hervorragende Beziehungen
conrector Konrektor *m*
consciëntieus gewissenhaft
consensus Konsens *m*
consequent konsequent
consequentie *gevolg* Konsequenz *v* ★ *de ~s aanvaarden* die Konsequenzen ziehen
conservatief I *zn* [de] Konservative(r) *m-v* II *bnw* konservativ
conservator Konservator *m* ★ *conservatrice* Konservatorin
conservatorium Konservatorium *o*
conserveermiddel Konservierungsmittel *o*
conserven Konserven *mv*
conservenblik Konservendose *v*
conserveren konservieren ★ *groente ~* Gemüse einlegen ★ *geconserveerde groenten* Dosengemüse ★ *ze is (nog) goed geconserveerd* sie hat sich gut gehalten
conserveringsmiddel, **conserveermiddel** Konservierungsmittel *o*, Konservierungsstoff *m*
consideratie ❶ *respect* Respekt *m* ★ *uit ~ voor* aus Respekt vor [+3] ❷ *toegeeflijkheid* Nachsicht *v*, Rücksicht *v* ★ *~ tonen* Nachsicht zeigen ★ *~ hebben met iem.* gegenüber jmdm. nachsichtig sein ❸ *overweging* Erwägung *v*
consistent *stevig* konsistent
consistentie ❶ *coherentie* Konsistenz *v* ❷ *stevigheid* Konsistenz *v*
consolidatie Konsolidierung *v*
consolideren konsolidieren
consonant *medeklinker* Konsonant *m*, Mitlaut *m*
consorten min Konsorten *mv*
consortium Konsortium *o*
constant I *bnw* konstant II *bijw* ★ *zij valt me ~ lastig* sie nervt mich andauernd
constante Konstante *v*
constateren feststellen, konstatieren ★ *ik constateer tot mijn genoegen* ich stelle zu meiner Genugtuung fest
constatering Konstatierung *v*
constellatie ❶ sterrenk Konstellation *v* ❷ *toestand* Konstellation *v*
consternatie Bestürzung *v* ★ *dat was een hele ~* es herrschte große Bestürzung
constitutie ❶ *grondwet* Konstitution *v*, Verfassung *v*, ⟨in Duitsland⟩ Grundgesetz *o* ❷ *gestel* Konstitution *v*
constitutioneel konstitutionell, verfassungsmäßig

CO

constructeur Konstrukteur *m*
constructie ❶ *het construeren* Konstruktion *v* ❷ *het geconstrueerde* Konstruktion *v*, Bau *m*
constructief konstruktiv
constructiefout Konstruktionsfehler *m*
construeren *bouwen* konstruieren
consul Konsul *m*
consulaat Konsulat *o*
consulair konsularisch
consulent Berater *m*
consult Konsultation *v*, Beratung *v* ★ *~ volgens afspraak* Sprechstunde nach Vereinbarung
consultancy Consulting-Unternehmen *o*
consultatie Konsultation *v*
consultatiebureau Beratungsstelle *v* ★ *~ voor (aanstaande) moeders* Mütterberatungsstelle *v* ★ *~ voor zuigelingen* Säuglingsfürsorge *v*
consulteren konsultieren ★ *een dokter ~* einen Arzt konsultieren
consument Konsument *m*, Verbraucher *m*
consumentenbond Verbraucherverband *m*
consumentenelektronica Verbraucherelektronik *v*
consumeren konsumieren
consumptie ❶ *verbruik* Konsum *m*, Verbrauch *m* ❷ *eten / drinken* Verzehr *m* ★ *~ verplicht* Verzehrzwang *m*
consumptiebon Verzehrbon *m*
consumptiegoederen Bedarfsgüter *o mv*
consumptie-ijs Speiseeis *o*
consumptiemaatschappij Konsumgesellschaft *v*
contact ❶ *verbinding* Kontakt *m* ★ *in ~ komen met* in Kontakt kommen mit [+3] ★ *in ~ brengen met iem.* mit jmdm. in Kontakt bringen ★ *~ opnemen met iem.* mit jmdm. Kontakt aufnehmen ❷ *persoon* Kontakt *m* ❸ *elektrische verbinding* Kontakt *m*, ‹v. auto› Zündung *v* ★ *het sleuteltje in het ~ steken* den Schlüssel in die Zündung stecken
contactadres Kontaktadresse *v*
contactadvertentie Kontaktanzeige *v*
contactdoos Steckdose *v* ★ *meervoudige ~* Mehrfachsteckdose *v*
contacteren BN *contact opnemen met* kontaktieren, Kontakt aufnehmen mit [+3]
contactgestoord kontaktgestört
contactlens Kontaktlinse *v*, Haftschale *v* ★ *zachte ~* weiche Kontaktlinse
contactlensvloeistof Kontaktlinsenflüssigkeit *v*
contactlijm Kontaktkleber *m*, Kontaktleim *m*
contactpersoon Kontaktperson *v*, Bezugsperson *v*
contactsleutel Zündschlüssel *m*
contactueel kontakt- ★ *met goede contactuele eigenschappen* kontaktfähig ★ *~ gestoord zijn* kontaktgestört sein
container Container *m*
containerpark BN *afvalscheidingsstation* Recyclinghof *m*
containerschip Containerschiff *o*
contant **I** *bnw* bar ★ *à ~* gegen bar / Kasse ★ *koop à ~* Barkauf *m* ★ *tegen ~e betaling* gegen Barzahlung ★ *~ geld* Bargeld *o* **II** *bijw* ★ *~ betalen* bar zahlen
contanten Bargeld *o* ★ *in ~* in bar ★ *omwisselen in ~* in Bargeld wechseln
content zufrieden ★ *~ met iets zijn* mit etw. [3] zufrieden sein
context Kontext *m*, Zusammenhang *m* ★ *uit de ~ gelicht* aus dem Zusammenhang gerissen
continent Kontinent *m*
continentaal kontinental ★ *~ stelsel* Kontinentalsperre *v* ★ *~ plat* Festlandsockel *m*
continu kontinuierlich
continubedrijf *bedrijf, industrie* Dauerbetrieb *m* ★ *deze fabriek is een ~* diese Fabrik ist ein Dauerbetrieb
continudienst Dauerbetrieb *m*
continueren ❶ *voortzetten* weiterführen, fortsetzen ❷ *handhaven* fortsetzen
continuïteit Kontinuität *v*
conto Konto *o* [mv: Konten] ★ *à ~* a conto ★ *dat komt op zijn ~* das kommt auf sein Konto ★ *iets op iemands ~ schrijven* jmdm. etw. anrechnen
contour Kontur *v*, Umriss *m* ★ *de ~en van een vrouw* die Konturen einer Frau
contra **I** *vz* kontra [+4] **II** *zn* [het] → **pro**
contra-alt Kontra-Alt *m*
contrabas Kontrabass *m*
contraceptie Empfängnisverhütung *v*, med Kontrazeption *v*
contract Kontrakt *m*, Vertrag *m* ★ *bij ~ vastleggen* vertraglich festlegen ★ *volgens ~* vertragsgemäß ★ *een ~ aangaan* einen Vertrag schließen ★ *een ~ tekenen met X* einen Vertrag mit X unterzeichnen
contractbreuk Vertragsbruch *m*
contracteren ❶ *in dienst nemen* unter Vertrag nehmen ❷ *contract sluiten* (einen Vertrag) abschließen
contractueel **I** *bnw* vertraglich ★ *zich ~ verbinden* sich vertraglich binden **II** *zn* [de], BN *ambtenaar met een tijdelijk contract* Verwaltungsangestellte(r) mit Zeitvertrag
contra-expertise Gegengutachten *o*
contra-indicatie Gegenindikation *v*
contramine Gegenmaßnahme *v* ein Quertreiber sein ★ *hij is altijd in de ~* er ist immer dagegen
contraproductief kontraproduktiv
contrapunt Kontrapunkt *m*
contrareformatie Gegenreformation *v*
contraspionage Gegenspionage *v*
contrast Kontrast *m* ★ *een ~ vormen met* einen Kontrast bilden zu [+3]
contrastekker elek Kupplungsstecker *m*
contrasteren kontrastieren (**met** mit + 3)
contrastvloeistof Kontrastmittel *o*
contrastwerking Kontrastwirkung *v*
contreien Umgebung *v*, Gegend *v*
contributie Beitrag *m*
controle ❶ *beheersing* Kontrolle *v* ★ *iets onder ~ hebben* etw. unter Kontrolle haben ❷ *toezicht* Kontrolle *v*, Prüfung *v* ★ *onder strenge ~* unter strenger Kontrolle ★ *sociale ~* soziale Kontrolle ★ *~ uitoefenen op iets* auf etw. [4] Kontrolle ausüben
controleerbaar kontrollierbar, überprüfbar, nachprüfbar
controlekamer Kontrollraum *m*
controleren ❶ *nagaan* kontrollieren ★ *een tekst ~ op spelfouten* einen Text auf Rechtschreibfehler

kontrollieren ❷ *toezien* kontrollieren ★ *~d geneesheer* Vertrauensarzt *m* ❸ *beheersen* kontrollieren
controleur Kontrolleur *m*
controverse Kontroverse *v*
controversieel kontrovers
conventie ❶ *verdrag* Konvention *v* ❷ *afspraak* ★ *in strijd zijn met de ~s* wider die Konvention sein
conventioneel konventionell, herkömmlich
convergent konvergent
convergeren konvergieren
conversatie Konversation *v*, Unterhaltung *v*
converseren *een gesprek voeren* konversieren, sich unterhalten ★ *met zijn gasten ~* mit seinen Gästen Konversation machen
conversie Konversion *v*
converteren konvertieren (zu+3)
convex konvex ★ *~e lens* Konvexlinse *v*
cookie www Cookie *o*
cool cool
coöperant BN *ontwikkelingswerker* Entwicklungshelfer *m*
coöperatie ❶ *samenwerking* Kooperation *v*, Zusammenarbeit *v* ❷ *vereniging* Genossenschaft *v*
coöperatief ❶ *bereid samen te werken* kooperativ ❷ *samenwerkend* genossenschaftlich ★ *coöperatieve vereniging* eingetragene Genossenschaft *v* ★ *coöperatieve winkelvereniging* Konsumgenossenschaft *v*
coöptatie Ergänzungswahl *v*, Kooptation *v*
coöpteren kooptieren, hinzuwählen
coördinaat Koordinate *v* ★ *coördinaten uitzetten* Koordinaten setzen ★ BN *coördinaten* ⟨persoonlijke gegevens⟩ Personalien
coördinatenstelsel Koordinatensystem *o*
coördinatie Koordination *v*
coördinator Koordinator *m*
coördineren koordinieren
co-ouder Elternteil *o* mit gleichem Sorgerecht
co-ouderschap gemeinsame(s) Sorgerecht *o*
COPD *chronic obstructive pulmonary disease* COPD *v*
copieus reichlich ★ *een copieuze maaltijd* eine üppige Mahlzeit
copiloot Kopilot *m*
coproductie Koproduktion *v*
copuleren kopulieren
copyright Copyright *o*, Urheberrecht *o*
copywriter (Werbe)Texter *m*
cordon bleu *kalfsvlees met ham en kaas ertussen* Cordon bleu *o*
cordon sanitaire Sperrgürtel *m*
corduroy I *zn* [het] Cord *m*, Cordsamt *m* **II** *bnw* Cord-, cordsamten ★ *een ~ broek* eine Cordhose
cornedbeef Corned Beef *o*
corner Eckstoß *m*, Eckball *m* ★ *een ~ nemen* einen Eckball haben
cornflakes Cornflakes *mv*
corporatie Körperschaft *v*, Korporation *v*
corps Korps *o* ★ *~ diplomatique* diplomatisches Korps
corpsbal ≈ Mitglied *o* einer Burschenschaft
corpulent korpulent, beleibt
corpulentie Korpulenz *v*
correct I *bnw* korrekt ★ *politiek ~* politisch korrekt **II** *bijw* ★ *~ handelen* korrekt handeln
correctie *verbetering* Korrektur *v*
correctievloeistof Korrekturflüssigkeit *v*
corrector Korrektor *m*
correlatie Korrelation *v*
correleren korrelieren
correspondent Korrespondent *m*
correspondentie Korrespondenz *v*, Briefwechsel *m* ★ *~ voeren met* im Briefkontakt stehen mit [+3] ★ *de ~ voeren* die Korrespondenz führen
correspondentieadres Korrespondenzadresse *v*
corresponderen ❶ *schrijven* korrespondieren (**met** mit+3) ❷ *overeenstemmen* entsprechen [+3] ★ *met iet ~* einer Sache entsprechen
corrigeren ❶ *verbeteren* korrigieren ★ *gecorrigeerd voor seizoensinvloeden* saisonal bereinigt ❷ *berispen* korrigieren, zurechtweisen
corrosie Korrosion *v*
corrumperen korrumpieren
corrupt ❶ *omkoopbaar* korrupt ❷ *bedorven* korrupt
corruptie Korruption *v*
corsage *opgespelde bloem* Ansteckblume *v*
Corsica Korsika *o* ★ *op ~* auf Korsika
Corsicaans korsisch
corso Korso *m*
corvee Dienst *m* ★ *~ hebben* Dienst haben
coryfee Koryphäe *v*
coschap Famulatur *v* ★ *~pen lopen* famulieren
cosinus Kosinus *m*
cosmetica Kosmetik *v*
cosmetisch kosmetisch ★ *de ~e industrie* die Kosmetikindustrie
Costa Rica Costa Rica *o* ★ *in ~* in Costa Rica
Costa Ricaan Costa Ricaner *m*
Costa Ricaans costa-ricanisch
Costa Ricaanse Costa Ricanerin *v*
Côte d'Azur Côte d'Azur *v*
couchette Liegewagen *m* ★ *een ~ reserveren* einen Liegewagen reservieren
coulant I *bnw* kulant ★ *een ~e houding* eine kulante Haltung **II** *bijw* ★ *hij heeft mij ~ behandeld* er hat mich kulant behandelt
coulisse Kulisse *v* ★ *achter de ~n hebben gekeken* hinter die Kulissen geschaut haben ★ *achter de ~n* hinter den Kulissen
counter sport *tegenaanval* Konter *m*
counteren sport kontern
country muz Countrymusic *v*
country-and-western muz Country-and-Western-Musik *v*
coup Staatsstreich *m* ★ *een coup plegen* putschen
coupe ❶ *haardracht* Schnitt *m*, Fasson *v* ★ *~ soleil* Strähnchen *mv* ❷ *beker* Schale *v*
coupé ❶ *treindeel* Abteil *o* ❷ *personenauto* Coupé *o*
couplet Strophe *v*
coupon *lap stof* Coupon *m*, Kupon *m* ★ *~s knippen* Coupons abtrennen
coupure ❶ *deelwaarde* Stückelung *v* ❷ *weglating in film* Schnitt *m*
courant gängig ★ *~e effecten* im Umlauf befindliche Wertpapiere ★ *~e maten* gängige Größen

coureur Rennfahrer *m* ★ *auto~* Autorennfahrer *m*
courgette Zucchini *mv*
couscous Couscous *m/o*
couvert ❶ *eetgerei* Besteck *o*, ⟨in restaurant⟩ Gedeck *o* ★ *diners van veertig euro per ~* Essen zu vierzig Euro pro Gedeck ❷ *envelop* Kuvert *o* ★ *onder ~* im Umschlag ★ *geschenk onder ~ overhandigen* ein Geschenk im Kuvert überreichen
couveuse Brutkasten *m*, Inkubator *m*
couveusekind Brutkastenkind *o*
cover ❶ muz Cover *o* ❷ *omslag* Umschlag *m*
coverartikel Titelgeschichte *v*
coveren *opnieuw uitvoeren* eine Neufassung herausbringen
cowboy Cowboy *m*
cowboyfilm Western *m*
crack ❶ *uitblinker* Crack *m* ❷ *drug* Crack *o*
cracker Knäckebrot *o*
cranberry *plant / bes* Preiselbeere *v*
crank *v. fiets* Tretkurbel *v*, Kurbel *v*
crash ❶ *ernstig ongeluk* Crash *m*, Zusammenstoß *m*, ⟨vliegtuig⟩ Absturz *m* ❷ comp Absturz *m*
crashen ❶ *van voertuigen* ⟨auto⟩ zusammenstoßen, ⟨auto⟩ verunglücken, ⟨vliegtuig⟩ abstürzen ❷ comp abstürzen
crawl Kraul *o*
crawlen kraulen
creatie Kreation *v*
creatief kreativ ★ *~ taalgebruik* kreative(r) Sprachgebrauch
creativiteit Kreativität *v*
creatuur Kreatur *v*
crèche ⟨voor baby's⟩ Kinderkrippe *v*, Kindertagesstätte *v*, Kita *v*
credit Kredit *m*
creditcard Kreditkarte *v* ★ *iets met ~ betalen* etw. mit Kreditkarte bezahlen
crediteren ❶ *bijschrijven* gutschreiben ★ *iem. ~ voor 2500 euro* jmdm. 2500 Euro gutschreiben ❷ *als schuld boeken* kreditieren
crediteur *schuldeiser* Kreditor *m*, Gläubiger *m*
creditnota Gutschrift *v*
creditrente Kreditzinsen *mv*
credo Credo *o*
creëren ⟨kunstzinnig⟩ kreieren, schaffen
crematie Feuerbestattung *v*
crematorium Krematorium *o*
crème I *zn* [de] ❶ *zalf* Creme *v*, Salbe *v* ❷ *room* Sahne *v* ★ *~ fraîche* Crème fraîche *v* ▼ *~ de la ~* Crème de la Crème *v* II *bnw* cremefarben
cremeren einäschern
creool Kreole *m*
creools I *zn* [het] Kreolisch *o* II *bnw* kreolisch
crêpe ❶ *materiaal* Krepp *m* ❷ *flensje* Crêpe *v*
crêpepapier Kreppapier *o*
creperen krepieren ★ *~ van de honger* vor Hunger umkommen
crescendo I *zn* [de] muz crescendo II *bijw* muz crescendo
cricket Kricket *o*
cricketen Kricket spielen
crime ≈ Zumutung *v*, ≈ Plage *v* ★ *het is een ~!* es ist furchtbar / schrecklich! ★ *die dagjesmensen zijn een ~ hier* die Tagesausflügler sind hier eine Zumutung
criminaliseren kriminalisieren
criminaliteit Kriminalität *v*
crimineel I *zn* [de], *misdadiger* Kriminelle(r) *m-v* II *bnw* ❶ *misdadig* kriminell ❷ *strafrechtelijk* Kriminal- III *bijw, in hoge mate* schrecklich ★ *~ goed* furchtbar gut
criminologie Kriminologie *v*
crisis Krise *v* ★ *een ~ doormaken* eine Krise durchmachen ★ *de ~ te boven zijn* die Krise überwunden haben
crisiscentrum ❶ *opvangcentrum* Auffangzentrum *o* ❷ *coördinatiecentrum* Krisenzentrum *o*
crisisteam Krisenstab *m*
criterium *maatstaf* Kriterium *o*
criticus Kritiker *m*
croissant cul Croissant *o*, Hörnchen *o*
croque-monsieur BN *tosti* ≈ strammer Max *m*
cross Cross *m*
crossen ❶ *aan cross meedoen* an einem Crosscountry teilnehmen ❷ *racen* crossen
crossfiets BMX-Rad *o*
croupier Croupier *m*
crouton cul Croûton *m*
crowdsurfen Crowdsurfen *o*
cru I *zn* [de], *wijnklasse* Cru *o* II *bnw* ⟨rauw⟩ roh, ⟨grof⟩ grob, ⟨onbehouwen⟩ derb ★ *dat klinkt een beetje cru* das klingt ein bisschen grob
cruciaal entscheidend
crucifix Kruzifix *o*
cruise Kreuzfahrt *v*
cruisecontrol Tempomat® *m*
cruisen ❶ *cruise maken* eine Kreuzfahrt machen ❷ *op de versiertoer zijn* cruisen
crux Crux *v*
crypte Krypta *v*
cryptisch kryptisch
cryptogram Kryptogramm *o*
c-sleutel C-Schlüssel *m*
CT-scan Computertomografie *v*, CT *v*
Cuba Kuba *o* ★ *op Cuba* auf Kuba
Cubaan Kubaner *m*
Cubaans kubanisch
Cubaanse Kubanerin *v*
culinair kulinarisch
culmineren kulminieren, gipfeln
culpabiliseren BN *schuld leggen bij* beschuldigen
cult- Kult-
cultfilm Kultfilm *m*
cultiveren kultivieren
cultureel kulturell ★ *~ akkoord* Kulturabkommen *o* ★ *~ centrum* Kulturzentrum *o*
cultus Kult *m*
cultuur ❶ *beschaving* Kultur *v* ★ *de westerse ~* die westliche Kultur ❷ *bebouwing met gewas* Kultur *v* ★ *grond in ~ brengen* Land urbar machen
cultuurbarbaar Kulturbanause *m*
cultuurdrager Kulturträger *m*
cultuurgeschiedenis Kulturgeschichte *v*
cultuurgewas Kulturpflanze *v*
cultuurpessimist Kulturpessimist *m*
cultuurschok Kulturschock *m*
cultuurvolk Kulturvolk *o*
cum laude summa cum laude ★ *~ afstuderen* das

Examen summa cum laude machen
cumulatie Kumulation *v*
cumulatief kumulativ ★ ~ *preferente aandelen* kumulative Vorzugsaktien
cumuleren ❶ *opeenhopen* kumulieren ❷ BN pol *meerdere ambten uitoefenen* kumulieren
cup ❶ *beker* Pokal *m* ❷ *deel van beha* Körbchen *o*
cupwedstrijd Pokalspiel *o*
Curaçao Curaçao *o* ★ *op* ~ auf Curaçao
Curaçaoër Einwohner *m* von Curaçao
Curaçaos von Curaçao
Curaçaose Einwohnerin *v* von Curaçao ★ *zij is een* ~ sie kommt aus Curaçao
curatele Vormundschaft *v* ★ *onder* ~ *stellen* entmündigen, unter Vormundschaft stellen ★ *onder* ~ *staan* unter Vormundschaft stehen
curator ❶ *toezichthouder* ⟨voogd⟩ Vormund *m*, Pfleger *m* ★ ~ *in een faillissement* Konkursverwalter *m* ❷ *lid van raad van toezicht* Kurator *m*
curettage med Ausschabung *v*
curieus merkwürdig, kurios
curiositeit Kuriosität *v*, Kuriosum *o*
curiositeitenkabinet Kuriositätenkabinett *o*
curriculum vitae Lebenslauf *m*
curry ❶ *gerecht* Curry *o* ❷ *saus* Currysoße *v*
cursief I *zn* [de] Kursive *v* **II** *bnw* kursiv ★ *cursieve letter* Kursivbuchstabe *m* ★ *cursieve druk* Kursivdruck *m*
cursiefje Glosse *v*, Kolumne *v*
cursist Kursteilnehmer *m*
cursiveren kursiv setzen
cursor Cursor *m*, Positionsanzeiger *m*
cursus Kurs *m*, Lehrgang *m* ★ *schriftelijke* ~ Fernkurs ★ *een* ~ *geven* einen Kurs geben ★ *een* ~ *volgen* einen Kurs machen ★ *een vijfjarige* ~ ein fünfjähriger Lehrgang
cursusgeld Kursgebühren *mv*
curve Kurve *v*
custard Custardpulver *o*
CV econ *Commanditaire Vennootschap* KG
cv I *afk* [de] *centrale verwarming* Zentralheizung *v* **II** *afk* [het] *curriculum vitae* Lebenslauf *m*
cv-ketel Heizkessel *m*
CVS *chronischevermoeidheidssyndroom* chronische(s) Ermüdungssyndrom *o*
cyaankali Zyankali *o*
cyanide Zyanid *o*
cybercafé Cybercafé *o*
cyberspace Cyberspace *m*
cyclaam Alpenveilchen *o*, Zyklamen *o*
cyclisch zyklisch ★ scheik *een ~e verbinding* eine zyklische Verbindung
cycloon Zyklon *m*
cycloop Zyklop *m*
cyclus ❶ *zich herhalend geheel* Zyklus *m* ❷ BN onderw *leergang* Lehrgang *m*
cynicus Zyniker *m*
cynisch zynisch
cynisme Zynismus *m*
Cyprioot *bewoner* Zypriot *m*
Cypriotisch zyprisch
Cypriotische Zypriotin *v*
Cyprus Zypern *o* ★ *op* ~ auf Zypern
cyste Zyste *v*

D

d ❶ *letter* D *o* ★ *de d van Dirk* D wie Dietrich ❷ *muzieknoot* d *o*
daad Tat *v* ★ fig *de daad bij het woord voegen* etw. in die Tat umsetzen
daadkracht Tatkraft *v*
daadwerkelijk tatsächlich, wirklich
daags ❶ *per dag* täglich, jeden Tag ★ *driemaal* ~ *in te nemen* dreimal täglich einzunehmen ❷ *op de dag* am Tag ★ ~ *tevoren* am Tag zuvor
daar I *bijw* ⟨plaats⟩ da, ⟨plaats⟩ dort, ⟨richting⟩ dorthin, ⟨richting⟩ dahin **II** *vw* weil, da
daaraan daran ★ *hoe kom je ~?* wie kommst du dazu?, woher hast du das?
daarachter dahinter
daarbij ❶ *bij dat* dabei, dazu ★ *het blijft* ~ es bleibt dabei ❷ *tevens* außerdem ★ ~ *is zij ook nog heel aardig* außerdem ist sie auch noch sehr nett
daarbinnen (da)drinnen
daarbuiten (da)draußen ★ *blijf ~!* inf misch dich nicht ein! inf halt dich da raus! ★ *laat mij* ~ lass mich aus dem Spiel
daardoor ❶ *daar doorheen* dadurch, da hindurch ❷ *door die oorzaak* daher, dadurch, deswegen
daardoorheen hindurch
daarenboven darüber hinaus
daarentegen da(hin)gegen, hingegen
daarginds dort, drüben
daarheen dahin, dorthin
daarin *in iets* ⟨plaats⟩ darin, ⟨richting⟩ dahinein ★ *doe dat maar* ~ tu das dahinein
daarlangs da / dort vorbei, vorüber, da / dort entlang ★ *de gracht loopt* ~ der Kanal führt dort entlang
daarlaten nicht in Betracht ziehen, auf sich beruhen lassen ★ *dat daargelaten* davon abgesehen
daarmee *met iets* damit
daarna danach
daarnaast ❶ *naast iets* daneben, nebenan ❷ *daarenboven* außerdem ★ ~ *is hij nog koppig ook* außerdem ist er auch noch starrköpfig
daarnet vorhin, soeben
daarom *om die reden* darum, deshalb
daaromheen darum (herum), inform drum herum
daaromtrent ❶ *betreffende iets* darüber, diesbezüglich ❷ *in die omgeving, buurt* in der Umgebung ★ *Hoorn of* ~ Hoorn oder Umgebung ★ *dertig jaar of* ~ ungefähr dreißig Jahre
daaronder *onder iets* darunter
daarop *op dat* darauf
daaropvolgend darauf folgend
daarover *over dat (heen)* darüber
daaroverheen darüber hinweg
daarstraks gleich
daartegen dagegen
daartegenover ❶ *tegenover iets* da / dort gegenüber ❷ *daarentegen* demgegenüber, dagegen ★ ~ *staat dat hij heel netjes is* demgegenüber ist er sehr ordentlich
daartoe dazu
daartussen dazwischen

daaruit daraus ★ ~ *kun je concluderen dat* daraus lässt sich schließen, dass
daarvan daraus, davon ★ ~ *wordt schuimrubber gemaakt* daraus / davon wird Schaumgummi gemacht ★ *wat zeg je ~?* was sagst du dazu? ★ *wat moet ~ terechtkomen?* was soll daraus werden?
daarvandaan dorther ★ *ik kom net ~* ich komme gerade dorther ★ *honderd meter ~* hundert Meter davon entfernt
daarvoor ❶ *geplaatst vóór dat* davor ❷ *vanwege dat* dafür, deswegen ❸ *voor die zaak* ★ ~ *hoef ik niet te komen* dafür brauche ich nicht zu kommen
daarzo ebenda, genau
daas I *zn* [de], *steekvlieg* Bremse *v* **II** *bnw, verward* verwirrt, inform verdattert
dacht [verl. td.] → **denken**
dachten [verl. td.] → **denken**
dadel Dattel *v*
dadelijk I *bnw, onmiddellijk* unmittelbar, direkt **II** *bijw* ❶ *meteen* (so)gleich, sofort ❷ *straks* gleich
dadelpalm Dattelpalme *v*
dadendrang Tatendrang *m*
dader Täter *m*
dag I *zn* [de] Tag *m* ★ *dag des oordeels* Jüngste(r) Tag *m* ★ *Dag van de Arbeid* Tag der Arbeit ★ *open dag* Tag *m* der offenen Tür ★ *bij dag* am Tage ★ *op een (zekere / goede) dag* eines Tages ★ *op klaarlichte dag* am helllichten Tage ★ *elk uur van de dag* zu jeder Tageszeit ★ *aan de dag komen* ans Tageslicht kommen ★ *aan de dag leggen* an den Tag legen ★ *als de dag van gisteren* als wäre es gestern gewesen ★ *met de dag* von Tag zu Tag ★ *op zijn oude dag* auf seine alten Tage ★ *op een goede dag* eines (schönen) Tages ★ *voor dag en dauw* in aller Frühe, vor Tau und Tag ★ *zo kan je toch niet voor de dag komen!* damit kannst du dich doch nicht sehen lassen! ★ *voor de dag ermee!* heraus damit! ★ *vandaag de dag*, BN *de dag van vandaag* heute, heutzutage ★ *het is kort dag* es ist höchste Zeit ★ *dag in, dag uit* tagaus, tagein **II** *tw, goedendag* (guten) Tag, ⟨tot ziens⟩ auf Wiedersehen
dagafschrift Tagesauszug *m*
dagbehandeling ambulante Behandlung *v*
dagblad Tageszeitung *v*
dagboek Tagebuch *o*
dagdeel Tageshälfte *v*, halbe(r) Tag *m*
dagdienst Tagesdienst *m*, ⟨m.b.t. ploegendienst⟩ Tagschicht *v*
dagdromen Tagträumen nachhängen
dagdroom Tagtraum *m*
dagelijks I *bnw, daags* täglich ★ *~e behoefte* Tagesbedarf *m* ★ *~e sleur* Alltagstrott *m* ★ *in het ~e leven* im täglichen Leben ★ *voor ~ gebruik* zum täglichen Gebrauch **II** *bijw* täglich ★ *iets ~ doen* etw. täglich tun
dagen I *ov ww, dagvaarden* vorladen ★ *iem. voor de rechtbank ~* jmdn. vor Gericht laden **II** *onp ww* ❶ *dag worden* dämmern, tagen ❷ *voor de geest komen* dämmern [+3] ★ *langzaam begon het hem te ~* langsam begann es ihm zu dämmern
dagenlang tagelang
dageraad Tagesanbruch *m*, Morgendämmerung *v*
dagindeling Tageseinteilung *v*
dagjesmensen Ausflügler *mv*
daglicht Tageslicht *o* ★ fig *in een kwaad ~ staan* in üblem Ruf stehen ★ fig *iemand / iets in een kwaad ~ stellen* jmdn. / etw. in ein slechtes Licht rücken / stellen ★ fig *dat kan het ~ niet verdragen* das scheut das Tageslicht
dagloner Tagelöhner *m*
dagloon Tagelohn *m*
dagmars Tagesmarsch *m*
dagmenu Tagesmenü *o*
dagpauwoog Tagpfauenauge *o*
dagretour Tagesrückfahrkarte *v*
dagschotel cul Tagesgericht *o*
dagtaak Tagespensum *o*
dagtarief Tagestarif *m*
dagtekening Datum *o*
dagtocht Tagestour *v*, Tagesausflug *m*
dagvaarden vorladen
dagvaarding jur Vorladung *v*
dagverblijf ❶ *personenverblijfplaats* Tagesheim *o*, Tagesstätte *v*, ⟨in klinieken⟩ Tagesraum *m* ❷ *dierenverblijfplaats* Freigehege *o*
dagwaarde Tageswert *m*
dagwerk *dagelijks werk* Tagesarbeit *v*
dahlia Dahlie *v*
daim BN Velours *o*, Wildleder *o*
dak Dach *o* ★ *onder dak zijn* unter Dach und Fach sein, untergebracht sein ★ fig *hij heeft op zijn dak gekregen* er hat eins aufs Dach bekommen ★ fig *iem. iets op zijn dak schuiven* jmdm. etw. auf den Hals laden ★ fig *iem. iem. op zijn dak sturen* jmdm. jmdn. auf den Hals schicken / hetzen ★ fig *dat viel me koud / rauw op mijn dak* das versetzte mir einen Schlag ★ fig *uit zijn dak gaan* aus dem Häuschen geraten ★ fig *geen dak boven zijn hoofd hebben* kein Dach über dem Kopf haben
dakgoot Dachrinne *v*
dakje taalk *accent circonflexe* Zirkumflex *m*
dakkapel (senkrecht stehendes) Dachfenster *o*, Dachgaupe *v*
dakloos *zonder onderdak* obdachlos
dakloze Obdachlose(r) *m*
daklozenkrant Obdachlosenzeitung *v*
dakpan Dachpfanne *v*, Dachziegel *m*, Ziegel *m*
dakpansgewijs dachziegelartig
dakraam Dachfenster *o*
dakterras Dachterrasse *v*
daktuin Dachgarten *m*
dal *laagte* Tal *o*
dalai lama Dalai-Lama *m*
dalen ❶ *omlaag gaan* sinken, (ab)fallen ★ *de grond daalt hier* der Boden fällt hier ab ❷ *verminderen* sinken, abnehmen, fallen, nachlassen, zurückgehen ★ *de koersen ~* die Kurse fallen ★ *de temperatuur daalt* die Temperatur sinkt ★ *de winst daalt* der Gewinn geht zurück
daling *vermindering* Abnahme *v*, Verringerung *v*, Rückgang *m* ★ ~ *van het geboortecijfer* Rückgang der Geburtenrate ★ *de ~ van de prijs* der Preisrückgang
dalmatiër Dalmatiner *m*
daltononderwijs onderw Unterricht *m* nach Daltonplan, Daltonplan *m*
daluren ≈ Zeiten von geringem

Verkehrsaufkommen *mv*
dam ❶ *waterkering* Damm *m* ★ fig *een dam opwerpen tegen iets* einen Damm gegen etw. errichten ❷ *dubbele damschijf* Dame *v*
damast Damast *m*
dambord Damebrett *o*
dame *vrouw* Dame *v* ★ *dames en heren!* meine Damen und Herren!
damesblad Frauenzeitschrift *v*
damesfiets Damen(fahr)rad *o*
dameskapper Damenfriseur *m* [v: Damenfriseuse]
dameskleding Damenkleidung *v*
damesmode Damenmode *v*
damestoilet Damentoilette *v*
damesverband Damenbinde *v*
damhert Damhirsch *m*
dammen Dame spielen
damp ❶ *wasem* Dampf *m* ❷ *rook* Rauch *m*, Qualm *m*
dampen ❶ *damp afgeven* dampfen ❷ *roken* qualmen
dampkap BN (Dunst)Abzugshaube *v*, Abzug *m*
dampkring Atmosphäre *v*
damschijf Damestein *m*
damspel Damespiel *o*
dan I *bijw* ❶ *op die tijd* dann, danach ★ *we gaan dan pas* wir gehen dann erst ★ *tot dan moeten we wachten* bis dahin müssen wir warten ★ *morgen hebben we vrij, dan gaan we zwemmen* morgen haben wir frei, dann gehen wir schwimmen ★ *tot dan!* bis dann / nachher! ★ *en dan?* und dann? ❷ *in dat geval* dann, so ★ *en wat gebeurt er dan?* und was passiert weiter? ★ *en wat dan nog?* na, wenn schon?, na und? ❸ *toch* denn ★ *waarom dan?* wieso denn? ★ *dan niet!* dann eben nicht! ★ *en je zus dan?* und was ist mit deiner Schwester? ★ *wees dan toch eindelijk stil!* nun sei doch endlich still! ★ *ik heb het dan ook heel vaak geprobeerd* ich habe es denn auch sehr oft versucht II *vw* ❶ ⟨bij vergelijking⟩ als ★ *mooier dan ooit* schöner denn je ★ *beter iets dan niets* besser etw. als gar nichts ★ *zij heeft meer geluk dan ik* sie hat mehr Glück als ich ★ *heel anders dan bij ons* ganz anders als bei uns ★ *liever vandaag dan morgen* eher heute als morgen ❷ *of* oder ★ *al dan niet met partner* mit oder ohne Partner ❸ ⟨na ontkenning⟩ ★ *ik weet niet beter dan dat ze al weg is* soviel ich weiß, ist sie schon weg
dandy Dandy *m*
danig ganz schön, ordentlich, gewaltig
Danish blue Danish Blue *m*, dänischer Blauschimmelkäse *m*
dank Dank *m* ★ *in dank ontvangen* dankend erhalten ★ *met dank aan X* mit Dank an X ★ *geen dank!* nichts zu danken!
dankbaar *dank voelend* dankbar
dankbaarheid Dankbarkeit *v*
dankbetuiging Dankesbezeigung *v*, ⟨reactie op condoléances⟩ Danksagung *v*, ⟨mondeling⟩ Dankeswort *o*, ⟨schriftelijk⟩ Dankschreiben *o*
danken *bedanken* danken [+3], sich bedanken ★ *dank je / u wel* danke schön ★ *dank je / u zeer* danke sehr ★ *nee, dank je / u* nein, danke ★ *niets te ~* gern geschehen ★ *dank je feestelijk!* besten Dank! ★ *aan iem. iets te ~ hebben* jmdm. etw. zu verdanken haben
dankjewel, form **dankuwel** ❶ Danksagung *v*, Dankeschön *o* ❷ → **danken**
dankwoord Dankeswort *o*
dankzeggen sich bedanken, Dank sagen, danksagen [+3]
dankzegging ★ *onder ~ voor bewezen diensten* mit Dank für erwiesene Dienste
dankzij dank [+3 / 2] ★ *~ zijn ijver* dank seinem Eifer, dank seines Eifers ★ iron *~ jou moeten we gaan lopen* das haben wir dir zu verdanken, dass wir laufen müssen
dans Tanz *m* ★ *iem. ten dans vragen* jmdn. zum Tanz auffordern ★ fig *de dans ontspringen* glimpflich davonkommen
dansen tanzen
danser Tänzer *m*
danseres Tänzerin *v*
dansles Tanzstunde *v*
dansorkest Tanzorchester *o*
dansschool Tanzschule *v*
dansvloer Tanzfläche *v*
danszaal Tanzsaal *m*
dapper tapfer
dapperheid Tapferkeit *v*
dar Drohne *v*
darkroom Darkroom *m*
darm Darm *m* ★ *dikke darm* Dickdarm *m* ★ *dunne darm* Dünndarm *m*
darmflora Darmflora *v*
darmkanaal Darmkanal *m*
darmklachten Darmbeschwerden *v*
darmontsteking Darmentzündung *v*
dartel *speels* übermütig, ausgelassen
dartelen sich tummeln, herumtollen
darts Darts *o*
darwinisme Darwinismus *m*
darwinist Darwinist *m*
darwinistisch darwinistisch
das ❶ *dier* Dachs *m* ❷ *sjaal* Schal *m* ★ *dat deed hem de das om* das gab mir den Rest ❸ *stropdas* Krawatte *v*, Schlips *m*, ⟨strikje⟩ Fliege *v*
dashboard Armaturenbrett *o*
dashboardkastje Handschuhfach *o*
dashond Dackel *m*
dasspeld Krawattennadel *v*
dat I *aanw vnw* der (da) [v: die (da)] [o: das (da)] ★ *dat wil zeggen* das heißt ★ *daar heb je dat en dat voor nodig* dazu brauchst du dieses und jenes II *betr vnw* der [v: die] [o: das] III *vw* dass ★ *sinds dat* seitdem
data ★ *data invoeren* Daten eingeben ★ *data opslaan* Daten speichern ★ *data oproepen / opvragen* Daten abfragen
databank Datenbank *v*
datacommunicatie Datenübertragung *v*
datatransmissie Datenübertragung *v*
datatypist Datentypist *m*
date Date *o*
daten daten [+4]
dateren I *ov ww, van datum voorzien* datieren II *on ww*, ~ **van** *stammen van* datieren aus
datgene dasjenige ★ *~ wat je zei, was duidelijk* das(jenige), was du sagtest, war deutlich
datief I *zn* [de] Dativ *m* II *bnw* jur übertragen

da

★ *datieve voogdij* übertragene Vormundschaft *v*
dato ▾ *de dato* vom, de dato ▾ *na dato* danach, nach dem betreffenden Datum ▾ *twee weken na dato* zwei Wochen danach, form zwei Wochen nach dato
datum Datum *o* ★ *~ postmerk* Datum des Poststempels
datumgrens Datumsgrenze *v*
datumstempel Datumsstempel *m*
datzelfde dasselbe, das Gleiche
dauw Tau *m*
dauwtrappen bei Sonnenaufgang einen Spaziergang machen
daver ▾ BN *iem. de ~ op het lijf jagen* jemandem einen Schrecken einjagen
daveren dröhnen ★ *de zware vrachtwagen daverde over de brug* der schwere Lastwagen donnerte über die Brücke
daverend dröhnend, donnernd ★ *~ applaus* brausender Beifall *m*
davidster Davidstern *m*, Davidsstern *m*
DDR gesch *Duitse Democratische Republiek* DDR *v* ★ *in de DDR* in der DDR
de der *m* [v: die] [o: das]
deactiveren deaktivieren
deadline Deadline *v*
deal Deal *m*, Geschäft *o*
dealen dealen
dealer ❶ *vertegenwoordiger* Händler *m*, Vertragshändler *m* ❷ *handelaar in drugs* Dealer *m*
debacle Debakel *o*
debat Debatte *v*
debatteren debattieren
debet econ Debet *o*, Soll *o* ★ *~ en credit* Debet und Kredit, Soll und Haben ★ *~ staan* rote Zahlen schreiben
debetnota Lastschrift *v*
debetrente Sollzinsen *mv*
debetzijde Debetseite *v*, Soll *o*
debiel **I** *zn* [de] Schwachsinnige(r) *m* **II** *bnw* debil
debiteren ❶ *vertellen* auftischen ❷ econ *als debet boeken* debitieren, belasten
debiteur Schuldner *m*, Debitor *m*
deblokkeren deblockieren
debriefen debriefen
debutant Debütant *m*
debuteren debütieren
debuut Debüt *o*
deca- deka-, Deka-
decaan ❶ *faculteitsvoorzitter* Dekan *m* ❷ *studieadviseur* Studienberater *m*
decadent dekadent
decadentie Dekadenz *v*
decafé entkoffeiniert
decatlon sport Zehnkampf *m*
december Dezember *m*
decennium Dezennium *o*, Jahrzehnt *o*
decent dezent
decentraliseren dezentralisieren
deceptie Enttäuschung *v*
decharge → **getuige**
decibel Dezibel *o*
deciliter Deziliter *m/o*
decimaal **I** *zn* [de] Dezimale *v* **II** *bnw* dezimal, Dezimal- ★ *~ stelsel* Dezimalsystem *o*
decimeren dezimieren
decimeter Dezimeter *m/o*
declamatie Deklamation *v*
declameren deklamieren
declaratie ❶ *onkostennota* Spesenrechnung *v* ❷ *aangifte* Deklaration *v*
declareren ❶ *in rekening brengen* ⟨nota⟩ in Rechnung stellen, ⟨onkosten⟩ Spesen geltend machen ❷ *aangifte doen* deklarieren
declasseren ❶ *in lagere klasse zetten* deklassieren, sozial zurücksetzen ❷ *overklassen* deklassieren
declinatie taalk Deklination *v*
declineren deklinieren
decoder dekodieren
decoderen entschlüsseln, dekodieren
decolleté Dekolleté *o*, Dekolletee
decompressie Dekompression *v*, Druckabfall *m*
deconfiture ❶ *mislukking* Untergang *m*, Misserfolg *m*, Niederlage *v* ❷ *bankroet* Konkurs *m*
decor ❶ ton *bouwsel op toneel* Bühnenbild *o*, Dekor *m/o* ❷ *omgeving* Kulisse *v*, Hintergrund *m*
decoratie ❶ *versiering* Dekor *m/o* ❷ *onderscheiding* Dekoration *v*
decoratief dekorativ
decoreren dekorieren
decorstukken Requisiten *o*, Kulissen *v*
decorum Anstand *m*, form Dekorum *o*
decoupeerzaag Dekupiersäge *v*
decreet Dekret *o*
decrescendo Dekreszenz *v*, Decrescendo *o*
dedain Geringschätzung *v*
deden [verl. td.] → **doen**
deduceren deduzieren
deductie Deduktion *v*
deed [verl. td.] → **doen**
deeg Teig *m*
deegroller Nudelholz *o*
deegwaren Teigwaren *v*
deejay Discjockey *m*
deel **I** *zn* [het] ❶ *gedeelte* Teil *m/o*, Anteil *m* ★ *deeltje* Teilchen *o* ★ *voor het grootste deel* zum größten Teil ★ *ten dele* zum Teil, teils ❷ *boekdeel* Band *m* **II** *zn* [de], *dorsvloer* Tenne *v*
deelachtig teilhaftig
deelbaar teilbar
deelcertificaat onderw Teilqualifikation *v*
deelgebied Teilgebiet *o*
deelgemeente Teilgemeinde *v*
deelgenoot Schicksalsgefährte *m*, ⟨geheim⟩ Mitwisser *m* ★ *iem. ~ maken van zijn vreugde* jmdn. an seiner Freude teilhaben lassen
deelhebben **aan** beteiligt sein an [+3]
deellijn Bisektrix *v*
deelname ❶ *het meedoen* Anteilnahme *v*, Teilnahme *v*, Beteiligung *v* ❷ BN *aandeel* Beteiligung *v*, Anteil *m*
deelnemen ❶ *meedoen* sich beteiligen (**aan** an) [+3], teilnehmen (**aan** an) [+3] ★ *~ in een onderneming* an einem Unternehmen beteiligt sein ❷ *~* **in** *meevoelen met* Anteil nehmen an [+3]
deelnemer Teilnehmer *m*
deelneming ❶ *het meedoen* Teilnahme *v*, Beteiligung *v* ❷ *medeleven* Anteilnahme *v* ★ *zijn*

~ *betuigen* seine Anteilnahme aussprechen
deelraad ≈ Bezirksrat *m*
deelregering BN pol Teilregierung *v*
deels zum Teil, teils
deelstaat Gliedstaat *m*, ⟨in Duitsland en Oostenrijk⟩ Bundesland *o*
deelstreep Bruchstrich *m*
deeltal Dividend *m*, Zähler *m*
deelteken wisk Teilpunkte *mv*
deeltijd Teilzeit *v* ★ *in ~ werken* eine Teilzeitbeschäftigung / -arbeit haben
deeltijdarbeid Teilzeitarbeit *v*
deeltijdbaan Teilzeitbeschäftigung *v*
deeltijder, **deeltijdwerker** Teilzeitkraft *v*, Teilzeitbeschäftige(r) *m*
deeltijds in Teilzeit
deeltjesversneller Teilchenbeschleuniger *m*
deelverzameling Teilmenge *v*
deelwoord Partizip *o*, Mittelwort *o* ★ *onvoltooid ~* erste(s) Partizip *o* ★ *tegenwoordig ~* erste(s) Partizip, Partizip Präsens ★ *voltooid ~* zweite(s) Partizip, Partizip Perfekt
deemoed Demut *v*
deemoedig demütig
Deen *bewoner* Däne *m*
Deens I *zn* [het], *taal* Dänisch(e) *o* **II** *bnw, m.b.t. Denemarken* dänisch
Deense Dänin *v*
deerlijk I *bnw, jammerlijk, heel erg* jämmerlich **II** *bijw, in hoge mate* ★ *zich ~ vergissen* sich gewaltig irren
deernis Erbarmen *o*, Mitleid *o*
deerniswekkend mitleiderregend, erbarmungswürdig
defaitisme Defätismus *m*
defect I *zn* [het] Defekt *m*, Schaden *m* **II** *bnw* defekt, schadhaft
defensie Verteidigung *v* ★ *minister van ~* Verteidigungsminister *m*
defensief I *zn* [het] Defensive *v* ★ *tot het ~ overgaan* in die Defensive übergehen **II** *bnw* Defensiv-, defensiv ★ *~ verbond* Defensivbündnis *o*
defibrilleren med defibrillieren, entflimmern
deficiëntie Defizit *o*, Unzulänglichkeit *v*
defilé Defilee *o*
defileren defilieren
definiëren definieren
definitie Definition *v*
definitief definitiv, endgültig
deformatie Deformation *v*
deformeren deformieren, verunstalten
deftig vornehm
degaussen techn degaussen
degelijk I *bnw* solide, ⟨betrouwbaar⟩ zuverlässig, gründlich ★ *een ~e maaltijd* eine solide Mahlzeit **II** *bijw* solide ★ *wel ~* ganz bestimmt
degen Degen *m*
degene der(jenige) [v: die(jenige)]
degeneratie Degeneration *v*
dégénéré Degenerierte(r) *m*
degenereren degenerieren
degradatie Degradierung *v*, sport Abstieg *m*
degradatiewedstrijd Abstiegsspiel *o*
degraderen I *ov ww, in rang verlagen* degradieren **II** *on ww, rang verliezen* degradiert werden, sport absteigen ★ *deze club is gedegradeerd naar de tweede divisie* der Verein ist in die zweite Liga abgestiegen
degusteren BN *proeven* kosten, versuchen
dehydratie Dehydratation *v*
deinen (sich) wiegen, ⟨water⟩ wogen, ⟨vaartuigen⟩ schaukeln
deining ❶ *golfbeweging* Seegang *m*, Wellengang *m* ❷ *opschudding* Aufregung *v*
déjà vu Déjà-vu *o*
dek ❶ *bedekking* Decke *v* ❷ *scheepsvloer* Deck *o* ★ *aan dek* an Deck
dekbed Deckbett *o*, Federbett *o*
dekbedovertrek Bettbezug *m*
deken ❶ *textiele bedekking* Decke *v* ❷ *overste* Vorsitzende(r) *m*, ⟨van ambassade⟩ Doyen *m*, ⟨van kapittel⟩ Dekan *m*, ⟨van kapittel⟩ Propst *m*, ⟨van faculteit⟩ Dekan *m*
dekhengst Deckhengst *m*
dekken ❶ *bedekken* decken ❷ *vergoeden* decken, erstatten ❸ *paren met* decken
dekking ❶ *beschutting* Deckung *v* ❷ *bevruchting* Deckung *v* ❸ *(geld)middelen* Deckung *v* ❹ sport Deckung *v*
deklaag Deckanstrich *m*, ⟨metaal, lak⟩ Überzug *m*
dekmantel Deckmantel *m*
dekolonisatie Dekolonisierung *v*
deksel Deckel *m*
dekstoel Deckstuhl *m*
dekzeil Plane *v*
del Flittchen *o*
delegatie Delegation *v*
delegeren ❶ *afvaardigen* delegieren, abordnen ★ *de bond delegeerde drie personen naar de conferentie* der Verband delegierte drei Personen zur Konferenz ❷ *overdragen* delegieren ★ *taken ~ aan ondergeschikten* Aufgaben an Untergebene delegieren
delen I *ov ww* ❶ *in stukken, porties delen* teilen ❷ wisk dividieren, teilen (**door** durch) ★ *8 ~ door 2* 8 durch 2 teilen ❸ *gemeen hebben* teilen ★ *een mening ~* eine Meinung teilen **II** *on ww* ~ **in** beteiligt sein an [+3] ★ *~ in de winst* am Gewinn beteiligt sein *m* ★ *laten ~ in* teilhaben lassen an [+3]
deler wisk Teiler *m*, Divisor *m* ★ *de gemene ~* der gemeinsame Teiler
deleteknop comp Löschtaste *v*
deleten comp löschen
delfde [verl. td.] → **delven**
delfden [verl. td.] → **delven**
delfstof Mineral *o*
delgen tilgen
delibereren beraten, beratschlagen, überlegen
delicaat ❶ *teer, gevoelig, verfijnd* zart, zierlich ❷ *netelig* delikat
delicatesse *lekkernij* Delikatesse *v*
delicatessenwinkel Delikatessengeschäft *o*
delict Delikt *o*, Straftat *v*
deling ❶ *het (ver)delen* Teilen *o*, Teilung *v* ❷ wisk Division *v*, Teilung *v*
delinquent Delinquent *m*, Straftäter *m*
delirium Delirium *o*
delta *Griekse letter* Delta *o*
deltavliegen mit einem Drachen fliegen

de

Deltawerken Deltawerke *o mv*
delven ❶ *graven* graben ❷ *opgraven* ausgraben, ⟨van delfstoffen⟩ fördern
demagogie Demagogie *v*
demagogisch demagogisch
demagoog Demagoge *m*
demarcatielijn Demarkationslinie *v*
demarche Demarche *v*
demarrage sport Ausreißversuch *m*
demarreren ausreißen
dement senil
dementeren I *ov ww, logenstraffen* dementieren **II** *on ww, dement worden* senil werden
dementie Demenz *v*, med Dementia *v*
demilitariseren entmilitarisieren
demissionair demissioniert, zurückgetreten
demo *monster* Demo *v*
demobiliseren ❶ *de mobilisatie opheffen* demobilisieren ❷ *ontslaan uit de krijgsdienst* entlassen
democraat Demokrat *m*
democratie Demokratie *v*
democratisch demokratisch
democratiseren demokratisieren
demografie Demografie *v*
demografisch demografisch
demon ❶ *bovennatuurlijk wezen* Dämon *m* ❷ *slechterik* Teufel *m*
demonisch dämonisch
demoniseren pol dämonisieren
demonstrant Demonstrant *m*
demonstratie *het tonen* Demonstration *v*
demonstratief demonstrativ
demonstreren I *ov ww, aantonen* demonstrieren **II** *on ww, betoging houden* demonstrieren
demontabel zerlegbar, demontierbar
demontage Demontage *v*, Abmontieren *o*
demonteren demontieren, abbauen
demoraliseren demoralisieren
demotie Zurückstufung *v*, Entmutigung *v*
demotiveren demotivieren
dempen ❶ *dichtgooien* zuschütten, zuwerfen ★ *een gracht ~* eine Gracht zuschütten ❷ *onderdrukken* unterdrücken, dämpfen ★ *het geluid ~* den Schall dämpfen
demper Dämpfer *m*
den Kiefer *v*, ⟨regionaal⟩ Föhre *v* ★ *zo slank als een den* so schlank wie eine Tanne
denappel Tannenzapfen *m*
Den Bosch Den Bosch *o*
denderen dröhnen
denderend großartig, einzigartig, enorm ★ *een ~ applaus* ein brausender Beifall *m*
Denemarken Dänemark *o*
Den Haag Den Haag *o*
denier Denier *o*
denigrerend abschätzig, geringschätzig
denim Denim *m/o*
denkbaar denkbar, erdenklich
denkbeeld Gedanke *m*, Idee *v* ★ *rechtse ~en* rechte Ideen
denkbeeldig imaginär, fiktiv, eingebildet ★ *het ~e gevaar* die scheinbare Gefahr
denkelijk I *bnw* denkbar **II** *bijw* denkbar
denken I *on ww* ❶ *nadenken* denken, meinen ★ *hardop ~* laut denken ★ *eerst ~, dan doen* erst denken, dann handeln ★ *~ aan iemand / iets* an jmdn. / etw. denken ★ *zij doet me ~ aan die actrice* sie erinnert mich an diese Schauspielerin ★ *iem. aan het ~ zetten* jmdn. nachdenklich stimmen ❷ *van mening zijn* ★ *hoe denkt u erover?* was meinen Sie? ★ *ik denk er precies zo over* ganz meine Meinung ❸ *van plan zijn* beabsichtigen ★ *erover ~ iets te doen* beabsichtigen, etw. zu tun ★ *ik denk erover weg te gaan* ich denke daran wegzugehen ★ *ik denk er niet aan!* ich denke nicht im Traum daran! ❹ *niet vergeten* ★ *denk erom!* pass auf! **II** *ov ww* ❶ *van mening zijn* denken, meinen, glauben ★ *ik dacht bij mezelf* ich dachte mir ★ *zonder er iets bij te ~* ohne nachzudenken ★ *ieder denkt er het zijne van* jeder denkt sich dazu seinen Teil ❷ *vermoeden* ★ *je zou ~ dat...* man könnte meinen, dass... ★ *ik denk dat ze blijft* ich glaube, sie wird bleiben ★ *wat denk je hoeveel dat kost?* was meinst du, wie viel das kostet? ❸ *zich voorstellen* ★ *wie denk je wel dat je bent?* für wen hältst du dich eigentlich? ★ *dat had je gedacht!* inform denkste!
denker Denker *m*
denkfout Denkfehler *m*
denkpatroon Denkmuster *o*
denksport Denksport *m*
denktank Denkfabrik *v*
denkvermogen Denkvermögen *o*
denkwereld Ideenwelt *v*
denkwijze Denkart *v*
dennenappel Kiefernzapfen *m*
dennenboom Kiefer *v*, ⟨regionaal⟩ Föhre *v*, ⟨kerstboom⟩ Tannenbaum *m*
dennennaald Kiefernnadel *v*
denotatie Denotation *v*
dentaal dental
deo *deodorant* Deo *o*
deodorant Deodorant *o*
deontologie BN Berufsethos *o*
depanneren ❶ BN *repareren* reparieren, ausbessern ❷ BN *uit de nood helpen* ★ *iem. ~* jmdm. aus der Klemme helfen
departement *ministerie* Ministerium *o*
depersonalisatie Depersonalisation *v*, Entpersönlichung *v*
depolitiseren entpolitisieren
deponeren ❶ *neerleggen, in bewaring geven* deponieren, deponieren, hinterlegen ★ *geld op een rekening ~* Geld auf einem Konto deponieren ❷ *indienen* ⟨handelsmerk, fabrieksmerk⟩ eintragen ★ *gedeponeerd handelsmerk* eingetragene Handelsmarke *v*
deportatie Deportation *v*, Zwangsverschickung *v*
deporteren deportieren
deposito Depositenkonto *o*, ⟨geld⟩ Einlage *v* ★ *geld in ~ geven* Geld hinterlegen / in Verwahrung geben
depositorekening Depositenkonto *o*
depot ❶ *bewaarplaats* Magazin *o*, Lager *o*, Depot *o* ❷ *wat bewaard wordt* Depositum *o*, ⟨geld⟩ Depot *o*
deppen (ab)tupfen
depressie psych Depression *v*
depressief depressiv
depri *depressief* deprimiert, down

deprimeren deprimieren, bedrücken
deputatie Deputation *v*, Abordnung *v*
der I *lidw, van de* der **II** *bijw, daar* → **her**
derailleren entgleisen
derailleur Gangschaltung *v*
derby sport Lokalderby *o*, Derbyrennen *o*
derde ❶ dritte(r) [v: dritte] [o: dritte(s)] ★ *een ~ (deel)* ein Drittel ★ *ten ~* drittens ❷ → **vierde**
derdegraads dritten Grades ★ *~ brandwonden* Brandwunden dritten Grades
derdegraadsverbranding Verbrennung *v* dritten Grades
derderangs drittklassig
derdewereldland Dritte-Welt-Land *o*
dereguleren deregulieren
deregulering Deregulierung *v*
deren schaden [+3] ★ *dat deert me niet* das kann mir nichts anhaben
dergelijk derartig, solch ★ *en ~e* und dergleichen ★ *of iets ~s* oder so etw., inform oder so was
derhalve deshalb, demnach, folglich
derivaat *wat afgeleid is* Derivat *o*
dermate dermaßen, derart
dermatologie Dermatologie *v*
dermatoloog Dermatologe *m*
derrie ❶ *viezigheid* Matsch *m*, Schlamm *m* ❷ *laagveen* Darg *m*, Dark *m*
derrière Hinterteil *o*, Allerwerteste(r) *m*
dertien ❶ dreizehn ❷ → **vier**
dertiende ❶ dreizehnte(r) ❷ → **vierde**
dertig ❶ dreißig ❷ → **vier, veertig**
dertiger Dreißiger *m*
dertigste ❶ dreißigste(r) ❷ → **vierde, veertigste**
derven entgehen
derving Verlust *m*, Ausfall *m*
des I *zn* [de] muz des *o* **II** *bijw* ★ *des te beter* umso besser, desto besser ★ *des te erger* umso schlimmer ★ *des te minder* umso weniger
desalniettemin dennoch, trotzdem
desastreus katastrophal, verheerend
desbetreffend diesbezüglich, ⟨voor een bepaald vakgebied / materie⟩ einschlägig
descriptief deskriptiv, beschreibend
desem Sauerteig *m*
deserteren fahnenflüchtig werden, desertieren
deserteur Deserteur *m*
desertie Desertieren *o*, Fahnenflucht *v*
desgevallend BN nötigenfalls
desgevraagd ⟨vorderen⟩ auf Verlangen, ⟨vragen⟩ auf Anfrage ★ *~ geven we nadere inlichtingen* auf Anfrage geben wir nähere Auskünfte
desgewenst auf Wunsch
design I *zn* [de/het] ❶ *het ontwerpen* Formgebung *v*, Design *o* ❷ *object* Design *o* **II** *bnw* Designer- ★ *~ meubels* Designermöbel
designer Designer *m*
desillusie Enttäuschung *v*, Desillusion *v*
desinfectans Desinfektionsmittel *o*
desinfecteermiddel Desinfektionsmittel *o*
desinfecteren desinfizieren
desinformatie Desinformation *v*
desintegratie (völlige) Zerstörung *v*, Auflösung *v*
desintegreren sich auflösen, verfallen, zerfallen
desinteresse Desinteresse *o*, ⟨onverschilligheid⟩ Gleichgültigkeit *v*
desinvestering Desinvestition *v*
desktop, desktopcomputer comp Desktop *m*
desktoppublishing comp Desktop-Publishing *o*
deskundig ⟨bevoegd tot beoordeling⟩ sachverständig, ⟨vakbekwaam⟩ sachkundig ★ *~e leiding* sachkundige Leitung
deskundige Sachkenner *m*, Experte *m*, Fachmann *m*, jur Sachverständige(r) *m*
deskundigheid Fachkundigkeit *v*
desnoods zur Not, nötigenfalls
desolaat *troosteloos* desolat, trostlos
desondanks trotzdem, dennoch
desoriëntatie Desorientierung *v*
despoot Despot *m*, Tyrann *m* ★ *verlicht ~* aufgeklärte(r) Despot *m*
despotisch despotisch
dessert Dessert *o*, Nachtisch *m*
dessertwijn cul Dessertwein *m*
dessin Dessin *o*, Muster *o*, ⟨tekening⟩ Zeichnung *v*
destabiliseren destabilisieren, entstabilisieren
destijds damals, seinerzeit
destilleren → **distilleren**
destructie Destruktion *v*, Zerstörung *v*
destructief destruktiv, ⟨afbrekend⟩ zersetzend
detachement Truppenabteilung *v*
detacheren an anderer Stelle arbeiten lassen, mil abkommandieren
detacheringsbureau (Personal)Verleihfirma *v*
detail Detail *o*, Einzelheit *v* ★ *in ~s treden* ins Detail gehen
detailhandel *handelsvorm* Einzelhandel *m*
detailleren detaillieren
detaillist Einzelhändler *m*
detailopname Detailaufnahme *v*
detecteren detektieren
detectie Auffindung *v*, Aufspürung *v*, Untersuchung *v*
detectiepoortje ⟨op luchthaven⟩ Sicherheitsschleuse *v*, ⟨in winkels enz.⟩ Sicherheitsschranke *v*
detective ❶ *persoon* Detektiv *m* ❷ *roman* Kriminalroman *m*, Detektivroman *m*
detector Detektor *m*
detentie Haft *v*, jur Detention *v* ★ *huis van ~* Haft(vollzugs)anstalt *m*
determineren determinieren, biol bestimmen
determinisme Determinismus *m*
detineren in Haft halten ★ *gedetineerd zijn* sich in Haft befinden
detoneren ❶ *vals klinken* detonieren ❷ *uit de toon vallen* fehl am Platz sein, ⟨van zaken⟩ unangebracht sein
deuce sport Deuce *o*, Einstand *m*
deugd Tugend *v* ▼ BN *~ beleven aan* Spaß haben an
deugdelijk *degelijk* solide, ordentlich ★ *~ blijken te zijn* sich bewähren, tauglich sein
deugdzaam tugendhaft
deugen *geschikt zijn* taugen
deugniet Taugenichts *m*
deuk ❶ *buts* Beule *v*, Delle *v* ❷ *knauw* Sprung *m*, Riss *m*, inform Knacks *m*
deuken I *ov ww, deuken maken* verbeulen **II** *on ww, deuken krijgen* Beulen bekommen
deun Melodie *v*, Lied *o* ▼ *een deuntje zitten huilen* vor sich hin weinen

deur Tür *v* ★ *buiten de deur* außer Hause ★ *de deur uitkomen* zur Tür heraus- / hinauskommen ★ fig *met de deur in huis vallen* mit der Tür ins Haus fallen ★ fig *het voorjaar staat voor de deur* das Frühjahr steht vor der Tür ★ fig *open deuren intrappen* offene Türen einrennen ★ fig *iem. de deur uitzetten* jmdn. rausschmeißen ★ fig *dat doet de deur dicht* damit ist das Maß voll ★ fig BN *iem. aan de deur zetten* jmdn. ausbooten

de

deurbel Türklingel *v*
deurdranger Türschließer *m*
deurknop Türgriff *m*
deurmat Fußabstreifer *m*, Fußmatte *v*
deuropening Türöffnung *v*
deurpost Türpfosten *m*
deurwaarder Gerichtsvollzieher *m*
deuvel Zapfen *m*
deux-chevaux Ente *v*
deux-pièces Kostüm *o*
devaluatie Abwertung *v*
devalueren I *ov ww, minder waard maken* abwerten, econ devalvieren II *on ww, minder waard worden* an Wert verlieren, ⟨geld⟩ abgewertet / devalviert werden
devies ❶ *stelregel* Devise *v*, Wahlspruch *m* ❷ *betaalmiddel* ★ *deviezen* Devisen
deviezenhandel Devisenhandel *m*
deviezenreserve Devisenreserve *v*
devoot ❶ *vroom* demütig, fromm ❷ *toegewijd* ergeben, min devot
devotie Devotion *v*
dextrose Dextrose *v*
deze dieser *m* [v: diese] [o: dies(es)] ★ *bij dezen* hiermit ★ *deze of gene* ⟨persoon⟩ irgendeiner ★ *deze of gene* ⟨zaak⟩ irgendeiner
dezelfde derselbe [v: dieselbe] [o: dasselbe] ★ *van ~ leeftijd* gleichaltrig
dia Dia *o*
diabetes Diabetes *m* (mellitus)
diabeticus Diabetiker *m*
diabolo Diabolo *o*
diacones Diakonissin *v*
diadeem Diadem *o*
diafilm Diafilm *m*
diafragma ❶ *lensopening* Blende *v* ❷ *middenrif* Diaphragma *o*, Zwerchfell *o*
diagnose med Diagnose *v*
diagnosticeren diagnostizieren
diagnostisch diagnostisch
diagonaal I *zn* [de] Diagonale *v* II *bnw* diagonal
diagram Diagramm *o*
diaken ❶ *katholiek* Diakon *m* ❷ *protestant* Diakon *m*
diakritisch diakritisch
dialect Dialekt *m*, Mundart *v*
dialoog Dialog *m*
dialyse Dialyse *v*
diamant I *zn* [de] Diamant *m* II *zn* [het] Diamant *m*
diamantair Diamanthändler *m*
diamanten diamanten
diameter Diameter *m*, Durchmesser *m*
diametraal diametral
diapositief Dia(positiv) *o*
diaprojector Diaprojektor *m*
diaraampje Diarahmen *m*
diarree Durchfall *m*, med Diarrhö(e) *v*
dicht I *bnw* ❶ *gesloten* zu ❷ *opeen* dicht ★ *~e mist* dichte(r) Nebel *m* II *bijw* ❶ *dichtbij* dicht, nahe ★ *~ bij het raam* nahe am Fenster ★ *~ bij elkaar* dicht an / bei dicht, dicht beieinander ❷ *gesloten* zu ★ *het wil niet ~* es geht nicht zu
dichtbegroeid dicht bewachsen
dichtbevolkt dicht bevölkert, dicht besiedelt ★ *een ~ gebied* ein Ballungsgebiet
dichtbij nahe ★ *van ~* von Nahem
dichtbinden zubinden
dichtbundel Gedichtsammlung *v*
dichtdoen zumachen
dichtdraaien zudrehen
dichten ❶ *in dichtvorm schrijven* dichten ❷ *dichtmaken* stopfen, (ab)dichten ★ *een gat ~* ein Loch stopfen
dichter Dichter *m*, Poet *m*
dichterbij näher
dichteres Dichterin *v*
dichterlijk dichterisch, poetisch
dichtgaan (sich) schließen, ⟨winkel⟩ zumachen
dichtgooien ❶ *met klap dichtdoen* zuschlagen ★ *de deur ~* die Tür zuschlagen ❷ *dichtmaken* zuschütten ★ *een sloot ~* einen Graben zuschütten
dichtheid Dichte *v*
dichtklappen I *ov ww, hard dichtdoen* zuschlagen, zuklappen, zuknallen II *on ww* ❶ *hard dichtgaan* zufallen, zuschnappen, zuklappen ❷ *zich niet uiten* sprachlos sein ★ *hij klapte tijdens zijn examen helemaal dicht* er brachte während seines Examens kein Wort heraus
dichtknijpen zudrücken, zukneifen ★ fig *een oogje ~* ein Auge zudrücken
dichtkunst Dichtkunst *v*
dichtmaken zumachen
dichtnaaien zunähen
dichtplakken zukleben
dichtregel Verszeile *v*
dichtslaan I *ov ww* zuschlagen II *on ww* zuschlagen
dichtslibben verschlammen
dichtspijkeren zunageln
dichtstbijzijnd nächstgelegen
dichtstoppen zustopfen
dichttimmeren zunageln, vernageln
dichttrekken I *ov ww, dichtdoen* zuziehen II *on ww, bewolkt worden* sich zusammenziehen
dichtvriezen zufrieren
dichtwerk *gedichten* Lyrik *v*, Dichtung *v*
dichtzitten ❶ *afgesloten zijn* zu sein, ⟨buizen⟩ verstopft sein ❷ *niet zichtbaar zijn door mist* zu sein
dictaat *aantekeningen* Diktat *o*
dictafoon Diktiergerät *o*, Diktafon *o*
dictator Diktator *m*
dictatoriaal diktatorisch
dictatuur Diktatur *v*
dictee Diktat *o*
dicteerapparaat Diktiergerät *o*
dicteren diktieren
dictie Diktion *v*
didactiek Didaktik *v*
didactisch didaktisch

didgeridoo muz Didgeridoo *o*
die I *aanw vnw* der [v: die], [o: das] dieser [v: diese], [o: dieses] jener [v: jene] [o: jenes] ★ *die tijd hebben we gehad* diese Zeit haben wir hinter uns ★ *niet die, maar die* nicht diese(r), sondern jene(r) ★ *met alle gevolgen van dien* mit allen entsprechenden Folgen ★ *hoe vind je die?* wie findest du den? ★ *die vrouw / man daar* die Frau / der Mann dort ★ *mijnheer Die-en-Die* Herr Soundso **II** *betr vnw* der [v: die], [o: das] welcher [v: welche] [o: welches]
dieet Diät *v* ★ *op ~ zijn* Diät halten
dief Dieb *m* ★ *houdt de dief!* haltet den Dieb!
diefstal Diebstahl *m* ★ *~ met braak* Einbruch(s)diebstahl *m*
diegene derjenige [v: diejenige]
diehard Unbesiegbare *m*
dienaangaande diesbezüglich
dienaar Diener *m*
dienblad Tablett *o*
dienen I *ov ww, werken voor* dienen **II** *on ww* ❶ **~ te** ⟨absoluut nodig zijn⟩ müssen, ⟨eigenlijk nodig zijn⟩ sollen ★ *dat dien je te weten* das solltest du wissen ★ *dat dient gezegd te worden* das muss gesagt werden ❷ **~ als** dienen als ❸ **~ om** ★ *die gaten ~ om lucht door te laten* die Löcher sind dazu da, Luft durchzulassen ❹ **~ toe/tot** zu nütze sein ★ *dat dient nergens toe* das ist zu nichts nütze ★ *tot voorbeeld ~* als Beispiel dienen ❺ **~ voor** dienen zu, zu nütze sein ❻ jur *behandeld worden* verhandelt werden
dienovereenkomstig (dem)entsprechend
diens dessen
dienst ❶ *het dienen, het werken voor* Dienst *m* ★ *in ~ hebben* beschäftigen ★ *in ~ nemen* einstellen ★ *in ~ treden* seine Stellung antreten ★ *in vaste ~ zijn* fest angestellt sein ★ *in militaire ~* im Militärdienst *m*, inform beim Bund *m* ★ *de ~ uitmaken* das Sagen haben ★ *buiten ~* ⟨van personen⟩ außer Dienst, ⟨van machines⟩ außer Betrieb ★ BN *~ na verkoop* Kundendienst *m* ❷ *instelling* Amt *o*, Behörde *v* ★ *sociale ~* Sozialamt *o* ★ *geheime ~* Geheimdienst *m* ❸ *godsdienstoefening* Gottesdienst *m* ★ *een ~ houden* einen Gottesdienst halten ★ *een ~ bijwonen* einem Gottesdienst beiwohnen ❹ *behulpzame daad* Dienst *m* ★ *iem. een ~ bewijzen* jmdm. einen Dienst erweisen ★ *iem. een slechte ~ bewijzen* jmdm. einen schlechten Dienst erweisen ★ *iem. van ~ zijn* jmdm. helfen ★ *tot uw ~* zu Ihren Diensten ★ *wat is er van uw ~?* womit kann ich dienen?, Sie wünschen? ★ *de ene ~ is de andere waard* eine Hand wäscht die andere ❺ *nut* ★ *ten ~e van* im Dienste von ❻ *geregelde verbinding vervoermiddelen* Verbindung *v*
dienstauto Dienstwagen *m*
dienstbaar ❶ *dienend* dienend ❷ *nuttig* dienstbar, dienlich ★ *~ maken aan* dienstbar machen [+3]
dienstbetrekking ❶ *het in dienst zijn* Arbeitsverhältnis *o*, ⟨overheid⟩ Dienstverhältnis *o* ❷ *functie* Stellung *v*, ⟨overheid⟩ Amt *o*
dienstbevel dienstliche(r) Befehl *m*
dienstbode Hausangestellte *v*, oud Dienstmädchen *o*
dienstdoen als nützlich sein als, dienen als, fungieren als
dienstdoend Dienst habend ★ *~ arts* Bereitschaftsarzt *m*
dienstencentrum Dienstleistungszentrum *o*
dienstensector Dienstleistungssektor *m*
dienster Serviererin *v*, Kellnerin *v*
dienstgeheim Dienstgeheimnis *o*
dienstig förderlich [+3], zweckdienlich, nützlich [+3]
dienstjaar *jaar dat men in dienst is* Dienstjahr *o*
dienstklopper ⟨leger⟩ Kommisskopf *m*
dienstmededeling dienstliche Mitteilung *v*
dienstmeisje Hausangestellte *v*, oud Dienstmädchen *o*
dienstplicht Wehrpflicht *v* ★ *vervangende ~* Ersatz- / Zivildienst *m* ★ *zijn ~ vervullen* seine Wehrpflicht (ab)leisten
dienstplichtig wehrpflichtig
dienstplichtige Wehrpflichtige(r) *m*
dienstregeling Fahrplan *m*, ⟨van luchtvaart⟩ Flugplan *m*, ⟨boekje van spoorwegen⟩ Kursbuch *o*, ⟨van werkzaamheden⟩ Dienstplan *m*
dienstreis Dienstreise *v*
diensttijd ❶ mil Dienstzeit *v* ❷ *arbeidsjaren* Dienstjahre *mv*
dienstvaardig I *bnw* hilfsbereit **II** *bijw* hilfsbereit, iron dienstbeflissen
dienstverband Arbeitsverhältnis *o*, ⟨overheid⟩ Dienstverhältnis *o*
dienstverlenend Dienstleistungs-
dienstverlener Dienstleister *m*
dienstverlening Dienstleistung *v*
dienstweigeraar Wehrdienstverweigerer *m*
dienstweigeren ❶ *niet functioneren* ★ *mijn benen weigerden dienst* meine Beine verweigerten ihren Dienst ❷ mil den Wehrdienst verweigern
dienstweigering Gehorsamsverweigerung *v*, ⟨van dienstplicht⟩ Wehrdienstverweigerung *v*
dienstwoning Dienst- / Amtswohnung *v*
dientengevolge infolgedessen, dadurch
diep I *bnw* ❶ ⟨van plaats⟩ *laag, achter* tief ❷ fig tief ★ *uit het diepst van mijn ziel* aus tiefster Seele **II** *bijw* ❶ ⟨van plaats⟩ *laag, achter* tief ❷ fig tief ★ *tot diep in de nacht* bis tief in die Nacht
diep- tief- ★ *diepblauw* tiefblau ★ *dieptreurig* tieftraurig
diepdruk Tiefdruck *m*
dieperik ▼ BN *de ~ ingaan* vor die Hunde gehen
diepgaand gründlich, tief gehend ★ *~ onderzoek* eingehende Untersuchung
diepgang ❶ lett Tiefgang *m* ❷ fig Tiefgang *m* ★ *de roman heeft geen ~* der Roman hat keinen geistigen Tiefgang
diepgeworteld tief eingewurzelt, eingefleischt
dieplader Tieflader *m*
diepliggend tief liegend
diepte *het diep zijn* Tiefe *v*
diepte-interview Tiefeninterview *o*
dieptepsychologie Tiefenpsychologie *v*
dieptepunt ❶ *laagste punt* Tiefpunkt *m* ❷ *slechtste toestand* Tiefpunkt *m* ★ *een economisch ~ bereiken* einen wirtschaftlichen Tiefpunkt erreichen
diepvries ❶ *vriezer* ⟨kist⟩ Tiefkühl- / Gefriertruhe *v*, ⟨kast⟩ Tiefkühl- / Gefrierschrank *m* ❷ *het diepvriezen* Tiefkühlen *o*, Tiefgefrieren *o*

di

diepvriesmaaltijd (tief gekühlte(s) Fertiggericht *o*
diepvriezen einfrieren, tiefgefrieren
diepvriezer Gefriertruhe *v*, Gefrierschrank *m*
diepzee Tiefsee *v*
diepzeeduiken Tiefseetauchen *m*, in der Tiefsee tauchen
diepzinnig tiefsinnig
dier *beest* Tier *o*
dierbaar teuer, lieb, wert
dierenarts Tierarzt *m* [v: Tierärztin]
dierenasiel Tierheim *o*, Tierasyl *o*
Dierenbescherming *organisatie voor dierenbescherming* ≈ Tierschutzverein *m*
dierenbeul Tierquäler *m*
dierendag Tag *m* des Tieres
dierenriem Tierkreis *m* ★ *teken van de* ~ Tierkreiszeichen *o*
dierenrijk Tierreich *o*
dierentemmer Dompteur *m*
dierentuin Tiergarten *m*, Zoo *m*
dierenvriend Tierfreund *m*
dierenwelzijn Tierwohl *o*
dierenwinkel Tier- / Zoohandlung *v*
diergeneeskunde Tiermedizin *v*
dierkunde Zoologie *v*, Tierkunde *v*
dierlijk tierisch
dierproef Tierversuch *m*
diersoort Tierart *v*
dies[1] ▼ *en wat dies meer zij* und so weiter
dies[2] [diejes] Dies *m*
diesel *olie* Diesel *m* ★ *op* ~ *rijden* Diesel fahren
dieselmotor Dieselmotor *m*
dieselolie Diesel(kraftstoff) *m*, Dieselöl *o*
diëtetiek Diätetik *v*
diëtist Diätist *m*
diets ▼ BN *iem. iets* ~ *maken* jemandem etwas klarmachen
dievegge Diebin *v*
dievenklauw ≈ Sicherheitsschloss *o*
dievenpoortje Schleuse *v*
diezelfde derselbe [v: dieselbe] [mv: dieselben]
differentiaal Differenzial *o*
differentiaalrekening Differenzialrechnung *v*
differentiatie Differenzierung *v*
differentieel Differenzial *o*
differentiëren differenzieren ★ *zich* ~ sich differenzieren
diffuus diffus
difterie Diphtherie *v*
digestief I *zn* [het], *drankje* Digestivum *o* II *bnw* digestiv
diggelen ★ *aan* ~ *vallen* in Scherben gehen
digibeet Computerlaie *m*
digitaal digital ★ *het digitale horloge* die Digitaluhr
digitaliseren comp digitalisieren
dij Oberschenkel *m*, Schenkel *m*
dijbeen Oberschenkelknochen *m*
dijenkletser Bombenwitz *m*
dijk Deich *m* ★ *de dijk breekt door* der Deich bricht ★ fig *iem. aan de dijk zetten* jmdn. ausbooten ★ fig *een dijk van een salaris* ein Bombengehalt
dijkdoorbraak Deichbruch *m*
dijkgraaf Deichgraf *m*
dik I *bnw* ❶ *met grote omvang, veel inhoud* dick ★ *een dik boek* ein dickes Buch ★ *dikke soep* dicke Suppe ★ *een vinger dik* fingerdick ★ *dik worden* dick werden ★ *dik maken* dick machen ★ *een dikke arm* ⟨opgezwollen⟩ ein dicker Arm ★ fig *zich dik maken* sich aufregen ❷ *dicht op elkaar* dicht, dick ★ *dikke mist* dichte(r) Nebel *m* ★ *dikke rook* dicke(r) Rauch ★ *dik haar* dicke(s) Haar ★ *dikke brij* Pampe *v* ❸ *ruim* voll, gut ★ *een dikke fooi* ein großzügiges Trinkgeld ★ *een dikke duizend euro* ein guter tausend Euro ★ *een dik uur* eine gute Stunde ❹ fig *groot* ★ *dikke vrienden* dicke Freunde II *bijw*, *zeer* ★ *dik tevreden* sehr zufrieden ★ *het is dik aan tussen hen* sie sind dick befreundet ★ *het zit er dik in dat dat gebeurt* das wird höchstwahrscheinlich passieren ★ *dik doen* sich dick machen III *zn* [het], *bezinksel* Satz *m* ★ *door dik en dun* durch dick und dünn
dikdoenerij Wichtigtuerei *v*
dikhuidig anat dickhäutig
dikkerd Dicke(r) *m*
dikkop ❶ dierk *kikkervisje* Kaulquappe *v* ❷ *stijfkop* Dickkopf *m*
diksap Dicksaft *m*
dikte ❶ *het dik zijn* Korpulenz *v*, Dicke *v* ❷ *afmeting* Dicke *v*, Stärke *v* ❸ *dichtheid* Dichtheit *v*
dikwijls öfters, häufig, oft
dikzak Dickerchen *o*, ⟨regionaal⟩ Dicksack *m*
dildo Godemiché *m*, Dildo *m*
dilemma Dilemma *o*
dilettant Dilettant *m*
dille cul Dill *m*
dimensie Dimension *v*
dimlicht Abblendlicht *o*
dimmen *licht dempen* abblenden
dimmer Dimmer *m*, Dimmschalter *m*
diner ❶ *maaltijd* Abendessen *o* ❷ *feestmaal* Diner *o*
dineren dinieren
ding ❶ *zaak / voorwerp* Sache *v*, Ding *o* ★ *de dingen bij hun naam noemen* die Dinge beim rechten Namen nennen ❷ *feit* Ding *o*, Sache *v* ❸ *jong meisje* Ding *o*
dingen naar sich bewerben um
dinges Dings(bums) *m/v* ★ *mijnheer / mevrouw Dinges* Herr / Frau Sowieso, Herr / Frau Dings(bums)
dinosaurus Dinosaurier *m*
dinsdag Dienstag *m*
dinsdagavond Dienstagabend *m*
dinsdagmiddag Dienstagnachmittag *m*
dinsdagmorgen, **dinsdagochtend** Dienstagvormittag *m*, Dienstagmorgen *m*
dinsdagnacht Dienstagnacht *m*
dinsdags I *bnw* dienstäglich II *bijw* dienstags
diocees Diözese *v*
diode Diode *v*
dioxine Dioxin *o*
dip psych *depressie* ★ *in een dip zitten* down sein
diploma Abschlusszeugnis *o*, ⟨universiteit, hogeschool, ambacht⟩ Diplom *o*
diplomaat ❶ *ambassadeur* Diplomat *m* ❷ *tactvol persoon* Diplomat *m* [v: Diplomatin]
diplomatenkoffertje Diplomatenkoffer *m*
diplomatie Diplomatie *v*
diplomatiek diplomatisch

diplomeren die Abschlusszeugnis ausstellen, ⟨universiteit, hogeschool, ambacht⟩ diplomieren ★ *een gediplomeerde verpleegster* diplomierte Krankenschwester *v*
dippen eintauchen
dipsaus cul Dip *m*
direct I *bnw* direkt, unmittelbar ★ *~e levering* sofortige Lieferung *v* ★ *~e verbinding* direkte Verbindung *v*, Direktflug *m* ★ *in haar ~e omgeving* in ihrer unmittelbaren Nähe **II** *bijw* direkt, unverzüglich, gleich, sofort ★ *dat niet ~!* das ja eigentlich nicht! ★ *~ bij aankomst* gleich bei der Ankunft ★ *~ daarna* unmittelbar / gleich darauf ★ *zo ~* sofort
directeur Direktor *m*
directeur-generaal Generaldirektor *m*
directie ❶ *het leiden* Direktion *v*, Leiten *o* **❷** *leiding* Geschäftsführung *v*, Leitung *v*, Direktion *v*
directielid Mitglied *o* der Direktion
directiesecretaresse Chefsekretärin *v* ★ *de directiesecretaris* der Chefsekretär
direct mail Direct Mailing *o*, Postversandwerbung *v*
directory comp Directory *o*
dirigeerstok Taktstock *m*
dirigent Dirigent *m*
dirigeren *orkest leiden* dirigieren
dis[1] **❶** *tafel waaraan men eet* Tafel *v* **❷** *maaltijd* Mahlzeit *v*
dis[2] [dies] muz Dis *o*
discipel Schüler *m*, rel Jünger *m*
disciplinair disziplinarisch ★ *~e straf* Disziplinarstrafe *v*
discipline ❶ *regels en bevelen* Disziplin *v* **❷** *vak* Disziplin *v*
disclaimer Disclaimer *m*
discman Discman *m*
disco ❶ *discotheek* Disco *v* **❷** *muziek* Discomusik *v*
discografie Diskografie *v*
disconteren diskontieren
disconto Diskont *m*
discotheek ❶ *dansgelegenheid* Diskothek *v* **❷** *platenverzameling* Schallplattensammlung *v*, ⟨archief⟩ Schallplattenarchiv *o*, ⟨uitleen⟩ Phonothek *v*
discount Preisnachlass *m*, Rabatt *m*
discountzaak Discount(laden) *m*
discreet diskret
discrepantie Diskrepanz *v*
discretie ❶ *kiesheid* Diskretion *v* **❷** *geheimhouding* Diskretion *v* ★ *~ verzekerd* Diskretion wird zugesichert **❸** *goeddunken* Ermessen *o*
discriminatie Diskriminierung *v*
discrimineren diskriminieren
discus Diskus *m*
discussie Diskussion *v* ★ *voor ~ vatbaar* diskutabel
discussieleider Diskussionsleiter *m*
discussiepunt Diskussionspunkt *m*
discussiëren diskutieren
discussiestuk Diskussionspapier *o*
discuswerpen Diskuswerfen *o*
discutabel diskutabel, strittig
discuteren diskutieren
disgenoot Tischgenosse *m*
disharmonie muz Disharmonie *v*, Uneinigkeit *v*
disk Diskette *v*, Floppy Disk *v*
diskdrive Diskettenlaufwerk *o*
diskette Diskette *v*
diskjockey Discjockey *m*
diskrediet Misskredit *m*, Diskredit *m*
diskwalificatie Disqualifikation *v*
diskwalificeren disqualifizieren
dispensatie Dispensation *v* ★ *~ aanvragen* Dispensierung erbitten
dispenser Spender *m*
dispersie Dispersion *v*
display *uitstalkast e.d.* Display *o*
disputeren disputieren
dispuut ❶ *discussie* Disput *m* **❷** *studentenclub* ≈ (studentische) Verbindung *v*
diss *beledigende rap* Diss *m*
dissel *disselboom* Deichsel *v*
dissen inform *rappend beledigen* dissen
dissertatie ❶ *proefschrift* Dissertation *v*, Doktorarbeit *v* **❷** *verhandeling* wissenschaftliche Abhandlung *v*
dissident I *zn* [de] Dissident *m* **II** *bnw* andersdenkend
dissonant I *zn* [de] Dissonanz *v* **II** *bnw* dissonant
distantie Distanz *v*
distantiëren **[zich ~] van** sich distanzieren von ★ *zich van iets / iemand ~* sich von etw. / jmdm. distanzieren
distel Distel *v*
distillaat Destillat *o*
distillatie Destillation *v*
distilleerderij Destillation *v*, Branntweinbrennerei *v*, Brennerei *v*
distilleren destillieren
distinctie Distinktion *v*
distribueren verteilen, austeilen, distribuieren
distributie ❶ *verdeling* Vertrieb *m*, Verteilung *v*, Distribution *v* **❷** *rantsoenering* Rationierung *v*
distributiekanaal Vertriebsweg *m*, Absatzweg *m*
district Bezirk *m*, Kreis *m*, ⟨bos- / jacht- / mijndistrict⟩ Revier *o*, ⟨kiesdistrict⟩ Wahlkreis *m*
dit dies(es) ★ *dit en dat* dieses und jenes
ditmaal diesmal, dieses Mal
dito ebenfalls, gleichfalls, dito
diva Diva *v*
divan Diwan *m*
divergent divergent
divergentie Divergenz *v*
divergeren divergieren
divers ❶ *verschillend* divers, verschieden **❷** *meerdere* divers ★ *~e kaassoorten* diverse Käsesorten
diversen Diversa *mv*, Allerlei *o*, Vermischte(s) *o*
diversifiëren diversifizieren, abwechseln
diversiteit Vielfalt *v*, Verschiedenheit *v*, Diversität *v*
dividend Dividende *v*
dividenduitkering Dividendenauszahlung *v*
divisie ❶ *afdeling* Division *v*, Sektor *m*, Produktionsbereich *m* **❷** sport Liga *v* ★ *eerste ~* Zweite Bundesliga *v* **❸** mil Division *v*, Flottenverband *m*
dixieland Dixieland(jazz) *m*

di

dizzy schwindlig
dj *diskjockey / deejay* DJ *m*
djellaba Dschellaba *v*
djembé Djembé *v*
Djibouti Dschibuti *o*
Djiboutiaans von Dschibuti
dl *deciliter* dl
dm *decimeter* dm
DNA DNS *v*, DNA *v*
DNA-profiel DNA-Profil *o*
do muz Do *o*
dobbelbeker Würfelbecher *m*
dobbelen würfeln
dobbelsteen Würfel *m* ★ *de dobbelstenen gooien* würfeln
dobber Schwimmer *m* ▾ *een harde ~ hebben aan* einen schweren Stand haben
dobberen schaukeln
dobermann, dobermann pincher dierk Dobermann *m*
docent Lehrer *m*, ‹hogeschool, universiteit› Dozent *m*
docentenkamer Lehrerzimmer *o*, Dozentenzimmer *o*
doceren *lesgeven in* unterrichten, lehren, ‹universiteit› dozieren
doch jedoch
dochter Tochter *v*
dochteronderneming Tochterunternehmen *o*
dociel fügsam, gelehrig
doctor Doktor *m* ★ *~ honoris causa* Ehrendoktor, Doktor honoris causa (Dr. h.c.) ★ *~ in de godgeleerdheid* Doktor der Theologie (Dr. theol.)
doctoraal I *zn* [het] Diplomprüfung *v*, ‹in de geesteswetenschappen› Magisterprüfung *v* ★ *zijn ~ doen* sein Hochschul- / Universitätsstudium abschließen **II** *bnw* ★ *~ examen* Hochschulabschluss *m* ★ *het ~ diploma* Diplom *o*, Magister *m*
doctoraalstudent onderw Kandidat *m*, Student *m* nach bestandener Zwischenprüfung
doctoraat Doktorgrad *m*, Doktorwürde *v*
doctorandus Akademiker *m*, ‹aan proefschrift werkend› Doktorand *m*
doctoreren BN onderw *promoveren* promovieren, die Doktorwürde erlangen, inform seinen Doktor machen
doctrinair doktrinär
doctrine Doktrin *v*
docudrama Dokumentarspiel *o*
document *officieel schrijven* Dokument *o*
documentaire Dokumentarbericht *m*, Dokumentarfilm *m*
documentatie Dokumentation *v*
documenteren dokumentieren
dode Tote(r) *m*
dodehoekspiegel Toter-Winkel-Spiegel *m*
dodelijk *dood veroorzakend* tödlich
doden *doodmaken* töten
dodencel Todeszelle *v*
dodendans Totentanz *m*
dodenherdenking Totenfeier *v*, Totenehrung *v*
dodenlijst *lijst van overledenen* Liste *v* der Todesopfer, Liste *v* der Gefallenen
dodenmasker Totenmaske *v*
dodenmis Totenmesse *v*
dodenrijk Totenreich *o*
dodenrit Todesfahrt *v*
dodensprong Todessprung *m*
dodenstad Totenstadt *v*
dodental Zahl *v* der Toten
dodenwake Totenwache *v*
Dode Zee Totes Meer *o*
Doebai Dubai *o*
Doebais von Dubai
doedelzak Dudelsack *m*
doe-het-zelfzaak Heimwerkergeschäft *o*
doe-het-zelven heimwerken, basteln
doe-het-zelver Heimwerker *m*
doei tschüs
doek I *zn* [de], *lap stof* Tuch *o* ★ *zo wit als een doek* kreideweiß ★ BN *iem. in de doeken doen* jmdn. zum Besten halten, jmdn. auf den Arm nehmen ★ *een doekje voor het bloeden* ein schwacher Trost ★ *er geen doekjes om winden* kein Blatt vor den Mund nehmen **II** *zn* [het] ❶ *stof* Tuch *o* ❷ *schilderslinnen* Leinwand *v* ❸ *schilderij* Gemälde *o* ❹ *projectiescherm* Leinwand *v* ★ *het witte doek* die weiße Wand ❺ *toneelgordijn* Vorhang *m*
doel ❶ *bedoeling, streven* ‹wat je wilt bereiken› Ziel *o*, ‹nut› Zweck *m* ★ *zijn doel bereiken* sein Ziel erreichen ★ *een doel beogen / najagen* ein Ziel im Auge haben ★ *recht op zijn doel afgaan* zielgerichtet vorgehen ★ *het doel voorbijstreven* über das Ziel hinausschießen ★ *doel van een reis* Reiseziel *o* ★ *iets aan een goed doel geven* etw. einem wohltätigen Zweck spenden ★ *het is voor een goed doel* es ist für einen guten Zweck ★ *met welk doel?* mit welchem Ziel? ★ *met het doel om* mit dem Ziel zu ★ *ten doel hebben* zum Ziel haben ★ *zich iets ten doel stellen* sich etw. zum Ziel setzen ★ *het doel heiligt de middelen* der Zweck heiligt die Mittel ❷ sport *goal* Tor *o*
doelbewust zielstrebig, zielbewusst
doeleinde ❶ *oogmerk* Ziel *o*, Zweck *m* ❷ *bestemming* Zweck *m*, Ziel *o*
doelen op zielen auf
doelgebied Torraum *m*
doelgemiddelde Torverhältnis *o*
doelgericht zielstrebig, gezielt
doelgroep Zielgruppe *v*
doellijn Torlinie *v*
doelloos ziellos, ‹nutteloos› zwecklos
doelman Torwart *m*
doelmatig zweckmäßig, econ effizient
doelpunt Tor *o* ★ *eigen ~* Eigentor *o*
doelsaldo Tordifferenz *v*
doelstelling Zielsetzung *v*
doeltaal Zielsprache *v*
doeltrap, doelschop Abstoß *m*
doeltreffend wirksam, econ effektiv
doelwit *mikpunt* Zielscheibe *v*, Ziel *o*
Doema Duma *v*
doemdenken schwarzsehen
doemdenker Schwarzseher *m*
doemen verurteilen ★ *tot mislukken gedoemd* zum Scheitern verurteilt
doen I *ov ww* ❶ *verrichten* tun, machen ★ *al doende leert men* Übung macht den Meister ★ *wat ga jij morgen doen?* was machst du morgen?, was hast du morgen vor? ★ *iets aan het*

doen zijn dabei sein, etw. zu tun ★ *met iets doende zijn* mit einer Sache beschäftigt / zugange sein ★ *iets gedaan weten te krijgen* etw. erreichen ★ *iets te doen hebben* einiges zu tun haben ★ *niet weten wat te doen* nicht wissen, was man tun soll ★ *er niets aan kunnen doen* nichts dafürkönnen ★ *zich ergens te goed aan doen* sich an etw. gütlich tun ★ *ik heb met haar te doen* sie tut mir leid ★ BN *zich niet laten doen* nicht mit sich spielen / spaßen lassen ❷ *functioneren* funktionieren, ⟨effect hebben⟩ wirken ★ *de wasmachine doet het* die Waschmaschine funktioniert ❸ *schoonmaken* ★ *de was doen* die Wäsche waschen ★ *de vaat doen* abwaschen ★ *de kamer doen* das Zimmer (sauber) machen ❹ *berokkenen* bereiten, ⟨negatief⟩ zufügen ★ *iem. verdriet doen* jmdm. Kummer bereiten ★ *dat doet me niets* das lässt mich kalt ❺ *ertoe brengen* machen ★ *iem. doen lachen* jmdn. zum Lachen bringen ★ *zich doen gelden* sich bemerkbar machen, sich geltend machen **II** *on ww* ❶ *zich gedragen* tun, sich benehmen ★ *raar doen* sich merkwürdig benehmen ★ *doen alsof* tun, als ob ★ *je doet maar!* nur zu! ❷ **~ aan** treiben ★ *aan sport doen* Sport treiben ❸ **~ over** brauchen ★ *ze doet er wel lang over* sie braucht dazu aber lange **III** *zn* [het] Tun *o* ★ *iemands doen en laten* jmd.(e)s Tun und Treiben ★ *het doen en laten* das Tun und Lassen ★ *dat is geen doen* das hat keinen Zweck ★ *in goeden doen zijn* gut betucht sein ★ *iem. uit zijn (gewone) doen brengen* jmdn. aus dem Häuschen bringen ★ *uit zijn (gewone) doen zijn* aus dem Häuschen sein ★ *voor zijn doen niet slecht* nicht schlecht in Anbetracht seiner Möglichkeiten

doenbaar BN möglich

doener Mann *m* der Tat

doenlijk möglich

doetje ⟨vrouw⟩ Gans *v*, ⟨man⟩ Trottel *m*

doezelen *dommelen* duseln, dösen

doezelig ❶ *slaperig* duselig, benommen ❷ *vaag* verschwommen

dof dumpf, gedämpft ★ *een doffe knal* ein dumpfer Knall ★ *een doffe stem* eine gedämpfte Stimme

doffer Täuber(ich) *m*

dog Dogge *v*

dogma Dogma *o* [mv: Dogmen]

dogmatisch dogmatisch

dogmatiseren dogmatisieren

dok Dock *o* ★ *drijvend dok* Schwimmdock *o*

doka Dunkelkammer *v*

doken [verl. td.] → **duiken**

dokken ❶ *betalen* blechen ❷ *in dok brengen* docken

dokter Arzt *m* [v: Ärztin]

dokteren ❶ *als dokter optreden* praktizieren ❷ *rommelen* herumdoktern (**aan** an) [+3]

doktersadvies ärztliche(r) Rat *m*

doktersassistente Arzthelferin *v*

doktersverklaring ärztliche(s) Attest *o*

dokwerker Dockarbeiter *m*

dol I *bnw* ❶ *gek* toll, verrückt, irre ★ *door het dolle heen zijn* außer Rand und Band sein ❷ **~ op** *verzot op* versessen auf ★ *dol zijn op iets* auf etw. versessen sein ★ *dol zijn op iem.* in jmdn. vernarrt sein ❸ *van slag* ★ *de schroef is dol* die Schraube ist überdreht **II** *zn* [de], *roeipen* Dübel *m*, ⟨bij roeiriemen⟩ Dolle *v*

dol- *in hoge mate* ★ *dolverliefd* über und über verliebt

dolblij unsagbar / unbeschreiblich / überaus froh, inform ungeheuer / wahnsinnig / unheimlich froh

doldraaien ❶ *controle verliezen* durchdrehen ❷ *niet pakken van schroeven* durchdrehen, überdrehen

doldriest tollkühn

dolen ❶ *dwalen* umherirren ❷ fig *zwerven* umherschweifen

dolf [verl. td.] → **delven**

dolfijn Delfin *m*

dolfinarium Delfinarium *o*

dolgelukkig überglücklich

dolgraag liebend gern, inform rasend gern ★ *iets ~ doen* etw. für sein Leben gern tun

dolk Dolch *m*

dolkstoot Dolchstoß *m*

dollar Dollar *m*

dollarcent Dollarcent *m*

dollekoeienziekte BN Rinderwahnsinn *m*

dolleman Tobsüchtige(r) *m*, Durchgedrehte(r) *m*

dollemansrit Wahnsinnsfahrt *v*

dollen *zich vermaken* herumtollen ★ *met iem. ~* sich mit jmdm. balgen

Dolomieten Dolomiten *mv*

dolven [verl. td.] → **delven**

dom I *bnw, niet slim* dumm ▼ *zich van de domme houden* sich dumm stellen **II** *zn* [de], *kerk* Dom *m*

domein *terrein* Domäne *v*

domeinnaam comp Domänenname *m*

domesticeren domestizieren

domheid ❶ *het dom zijn* Dummheit *v* ❷ *domme daad* Dummheit *v* ★ *een ~ begaan* eine Dummheit machen

domicilie Domizil *o*

dominant I *bnw* dominant **II** *zn* [de] Dominante *v*

dominee Pastor *m*, Pfarrer *m* ★ fig *daar gaat een ~ voorbij* ein Engel geht durchs Zimmer

domineren dominieren

Dominica Dominica *o*

dominicaan rel Dominikaner *m*

Dominicaanse Republiek Dominikanische Republik *v*

domino *spel* Domino *o*

dominosteen Dominostein *m*

dominostekker BN elek Mehrfachsteckdose *v*

dommekracht ❶ *hefwerktuig* Hebebaum *m*, Hebestange *v* ❷ *persoon* Kraftheini *m*

dommelen dösen

domoor, **domkop** , **dommerik** Blödian *m*, Dummkopf *m*, Schafskopf *m*

dompelaar ❶ *verwarmingsstaaf* Tauchsieder *m* ❷ *zuiger* Tauchkolben *m* ❸ *vogel* Seetaucher *m*

dompelen ❶ *onder laten gaan* (ein)tauchen ❷ *doen verzinken* stürzen

domper ❶ lett *kapje* Löschhütchen *o* ❷ fig *iets dat de stemming bederft* ★ *een ~ zetten op de feestvreugde* der Sache einen Dämpfer aufsetzen

dompteur Dompteur *m* [v: Dompteuse]

domweg einfach ★ *iets ~ weigeren* etw.

do

kurzerhand ablehnen ★ *iets ~ vergeten* etw. glatt vergessen
donateur Spender *m*
donatie Schenkung *v*, jur Donation *v*
Donau Donau *v*
donder ❶ *gerommel bij onweer* Donner *m* **❷** *persoon* ★ *arme ~* arme(r) Teufel ★ *luie ~* Faulpelz *m* ▼ *iem. op zijn ~ geven* jemanden anmotzen ▼ *daar kun je ~ op zeggen* darauf kannst du Gift nehmen ▼ *om de ~ niet!* Pustekuchen! ▼ *hij geeft er geen ~ om* es ist ihm völlig Wurs(ch)t
donderbui ❶ *onweer* Gewitter *o* **❷** *tirade* Donnerwetter *o*
donderdag Donnerstag *m* ★ *'s ~s* am Donnerstag, donnerstags ★ *Witte Donderdag* Gründonnerstag
donderdagavond Donnerstagabend *m*
donderdagmiddag Donnerstagnachmittag *m*
donderdagmorgen, donderdagochtend Donnerstagvormittag *m*, Donnerstagmorgen *m*
donderdagnacht Donnerstagnacht *m*
donderdags I *bnw* donnerstäglich **II** *bijw* am Donnerstag, donnerstags
donderen I *ov ww, gooien* schmeißen ★ *naar beneden ~* herunterknallen **II** *on ww, vallen* donnern ★ *van de trap ~* die Treppe hinunterdonnern ▼ BN *te dom zijn om te helpen ~* dümmer sein als die Polizei erlaubt **III** *onp ww, onweren* donnern
donderjagen toben
donderpreek Strafpredigt *v*
donders I *bnw* verflucht ★ *die ~e kerel* der verflixte Kerl **II** *bijw* verdammt ★ *dat weet hij ~ goed* das weiß er verdammt genau **III** *tw* Donnerwetter
donderslag Donnerschlag *m* ★ *als een ~ bij heldere hemel* wie ein Blitz aus heiterem Himmel
dondersteen *brutaaltje* Rotzlöffel *m*
donderwolk Gewitterwolke *v*
dong [verl. td.] → **dingen**
dongen [verl. td.] → **dingen**
donjuan Don Juan *m*
donker I *bnw* **❶** *duister* dunkel ★ *~ haar* dunkles Haar **❷** *triest* düster ★ *ik zie het ~ voor ons in* da sehe ich schwarz **II** *zn* [het] Dunkelheit *v*, Dunkel *o*
donker- ★ *donkerrood* dunkelrot
donkerblond dunkelblond
donor Spender *m*
donorcodicil Spenderausweis *m*
donquichot Don Quichotte *m*
dons ❶ *fijne veertjes* Daunen *mv*, Flaumfedern *mv* **❷** *fijne haartjes* Flaum *m*, Flaumhaar *o*
donut Donut *m*
donzen Daunen- ★ *~ dekbed* Daunendecke *v*
donzig flaumig
dood I *zn* [de] Tod *m* ★ *ter dood brengen* hinrichten ★ *ter dood veroordelen* zum Tode verurteilen ★ *de zwarte dood* der schwarze Tod ★ *als de dood voor iets zijn* eine Höllenangst vor etw. haben ★ *iem. uit de dood opwekken* jmdn. vom Tode auferwecken ★ *duizend doden sterven* tausend Tode sterben **II** *bnw, niet levend* tot ★ BN *dood van de honger* ausgehungert ★ BN *dood van de dorst* sehr durstig
dood- *tot de dood erop volgt* ⟨bij werkwoord⟩ tot-, ⟨bij bijvoeglijk naamwoord⟩ tod-
doodbloeden ❶ *sterven* verbluten **❷** *aflopen* (sich) totlaufen
dooddoener Binsenweisheit *v*, Redensart *v*, Gemeinplatz *m*
doodeenvoudig kinderleicht, ganz einfach
doodeng beängstigend, schauderhaft, unheimlich
doodergeren [**zich ~**] sich zu Tode ärgern (**aan** an), sich totärgern (**aan** an)
doodgaan sterben, ⟨van planten en dieren⟩ eingehen
doodgeboren tot geboren ★ *een ~ kind* eine Totgeburt, ein tot geborenes Kind
doodgewoon I *bnw* ganz gewöhnlich / normal **II** *bijw* ganz einfach ★ *dat is ~ bedrog* das ist schlichtweg Betrug
doodgooien ❶ *doden* steinigen **❷** *overstelpen* überhäufen
doodgraver *grafdelver* Totengräber *m*
doodhouden [**zich ~**] sich tot stellen
doodkalm seelenruhig
doodkist Sarg *m*
doodlachen [**zich ~**] sich totlachen
doodleuk in aller Seelen- / Gemütsruhe
doodlopen *nergens heen leiden* auf nichts hinauslaufen, zu nichts führen, ⟨van straat⟩ eine Sackgasse sein ▼ *de onderzoekingen zijn doodgelopen* die Untersuchungen haben zu nichts geführt
doodmaken töten, inform totmachen
doodmoe todmüde
doodop völlig erschöpft, todmüde, inform geschafft
doodrijden I *ov ww* totfahren **II** *wkd ww* [**zich ~**] sich zu Tode fahren, totfahren
doods ❶ *niet levendig* öde, verlassen **❷** *akelig* unheimlich ★ *~e stilte* Totenstille *v*
doodsangst *angst voor de dood* Todesangst *v*
doodsbang sterbensbang ★ *~ zijn voor iets* eine Heidenangst vor etw. haben
doodsbed Totenbett *o*
doodsbenauwd *angstig* sterbensbang, todbang, in Todesangst ★ *~ voor iemand / iets zijn* vor jmdm. / etw. eine Heidenangst haben
doodsbleek totenblass
doodschamen [**zich ~**] sich zu Tode schämen
doodschieten erschießen, inform totschießen
doodschrikken [**zich ~**] sich zu Tode erschrecken
doodseskader Todesschwadron *v*
doodsgevaar Todesgefahr *v*
doodshoofd Totenkopf *m*
doodskist Sarg *m*
doodslaan totschlagen, erschlagen
doodslag Totschlag *m*
doodsnood ❶ *stervensnood* Todesnot *v* **❷** *hevige nood* schwere Not *v*
doodsschrik Todesschreck *m*
doodsstrijd Todeskampf *m*, Agonie *v*
doodsteek lett Todesstoß *m*
doodsteken erstechen, inform totstechen
doodstil totenstill, mucksmäuschenstill, ⟨van beweging⟩ reglos ★ *het was ~* es war mucksmäuschenstill ★ *allen zaten ~* alle saßen reglos da

doodstraf Todesstrafe *v*
doodsverachting Todesverachtung *v*
doodsvijand Todfeind *m*
doodtij Nipptide *v*, Nippflut *v*
doodvallen zu Tode stürzen ▼ *val dood!* der Schlag soll dich treffen!
doodverklaren für tot erklären
doodvervelen [zich ~] sich zu Tode langeweilen
doodvonnis Todesurteil *o*
doodwerken [zich ~] sich zu Tode arbeiten
doodziek *dodelijk ziek* todkrank
doodzonde I *zn* [de], *zonde* Todsünde *v* **II** *bnw* jammerschade
doodzwijgen totschweigen
doof taub ★ *doof aan één oor* auf einem Ohr taub ★ fig *doof zijn voor* taub sein für / gegen
doofheid Taubheit *v*
doofpot Asch(en)eimer *m* ▼ *iets in de ~ stoppen* etwas vertuschen
doofstom taubstumm
dooi Tauwetter *o* ★ *de dooi valt in* Tauwetter setzt ein, es beginnt zu tauen
dooien tauen
dooier Dotter *m*, Eigelb *o*
dook [verl. td.] → **duiken**
dool ▼ BN *op de dool zijn* umherstreifen, umherschweifen
doolhof Labyrinth *o*, Irrgarten *m*
doop ❶ *het dopen* Taufe *v* ❷ BN *ontgroening* ≈ Inkorporation *v*, inform Fuchstaufe *v*
doopceel Taufschein *m* ▼ *iemands ~ lichten* jemandes Sündenregister aufschlagen
doopjurk Taufkleid *o*
doopnaam Taufname *m*
doopsel Taufe *v*
doopsgezind mennonitisch
doopsuiker BN omschr gezuckerte Mandeln (für Gäste bei Geburt oder Taufe)
doopvont Taufbecken *o*, Taufstein *m* ▼ BN *iets boven de ~ houden* etwas aus der Taufe heben
door I *vz* ❶ *van a naar b* durch [+4], hindurch ★ *door de kamer* durchs Zimmer ★ *door de week* unter der Woche, in der Woche ★ *door de jaren heen* im Laufe der Jahre ❷ *door... heen* durch [+4], durch... hindurch ★ *door het raam* durch das Fenster ★ *ergens niet door kunnen* irgendwo nicht durchkönnen ❸ ⟨gevolgd door de maker / doener⟩ von [+3] ★ *dit is gemaakt door Jan* das hat Jan gemacht ❹ *dankzij* durch [+4] ★ *door jouw hulp* durch deine Hilfe ❺ *vanwege* wegen [+2] ★ *door een lekke band kwam ik te laat* wegen einer Reifenpanne kam ich zu spät ❻ *door middel van* durch [+4] ★ *door harde arbeid* durch harte Arbeit ★ *door te trainen word je sterk* durch Training wirst du stark ❼ *in* in [+3 / 4] ★ *wat doe jij door de sla?* was tust du in den Salat? **II** *bijw* ❶ *van a naar b* ★ *de straat door* durch die Straße ★ *de kamer door lopen* durchs Zimmer laufen ★ *het hele jaar door* das ganze Jahr hindurch, das ganze Jahr über ★ *de hele dag door* den ganzen Tag über ★ fig *dat kan ermee door* das geht gerade so ★ *door en door* durch und durch ★ *door en door koud* durch und durch kalt ★ *door en door eerlijk* durch und durch ehrlich ★ *iem. door en door kennen* jmdn. durch und durch kennen ❷ *versleten* ver- / zerschlissen ★ *die broek is door* die Hose ist durchgescheuert
doorbakken ⟨in de pan⟩ durchgebraten, ⟨in de oven⟩ durchgebacken
doorberekenen aufschlagen ★ *de kosten in de prijs ~* die Kosten auf den Preis aufschlagen
doorbetalen weiterzahlen
doorbijten I *ov ww, door iets heen bijten* durchbeißen **II** *on ww, doorzetten* sich durchbeißen
doorbladeren durchblättern
doorbloed durchblutet
doorborduren weiterspinnen
doorboren *dringen door* durchbohren
doorbraak *ommekeer* Durchbruch *m*
doorbranden *stukgaan* durchbrennen ★ *de gloeilamp is doorgebrand* die Glühbirne ist durchgebrannt
doorbreken I *ov ww, stukbreken* durchbrechen **II** *on ww, erdoor komen* durchstoßen
doorbreken *weg banen* durchbrechen [durchbrechen] ★ *een taboe ~* ein Tabu brechen ★ *de geluidsbarrière ~* die Schallmauer durchbrechen
doorbrengen *besteden* ⟨van tijd⟩ verbringen
doordacht durchdacht
doordat dadurch, dass
doordenken *overwegen* sich genauer überlegen, weiterdenken, durchdenken
doordenkertje Rätsel *o*
doordeweeks ★ *op een ~e dag* an einem ganz normalen Tag
doordouwen I *ov ww, doordrukken* durchdrücken, durchsetzen **II** *on ww, doorzetten* seinen Willen durchdrücken / durchsetzen, sich durchsetzen
doordraaien I *ov ww* ❶ econ *uit de verkoop halen* durchdrehen, durch den Fleischwolf drehen ❷ *verkwisten* durchbringen **II** *on ww* ❶ *verder, te ver draaien* ⟨verder⟩ weiterdrehen, ⟨te ver⟩ überdrehen ★ *de schroef is doorgedraaid* die Schraube ist überdreht ❷ psych *overspannen raken* durchdrehen ★ *doorgedraaid zijn* durchgedreht sein
doordrammen *doordrukken* durchsetzen, durchdrücken ★ *hij weet altijd zijn zin door te drammen* er schafft es immer, seinen Willen durchzusetzen
doordraven *wild redeneren* drauflosreden, sich hineinsteigern in [+4]
doordrenken durchtränken
doordrijven ❶ *dwingend opleggen* durchsetzen ★ *zijn zin / wil ~* seinen Willen durchsetzen ❷ *doorzeuren* quengeln
doordringen *binnendringen* durchdringen
doordringen ~ van *overtuigen van* durchdringen von ★ *doordrongen van* durchdrungen von
doordringend durchdringend
doordrukken I *ov ww, dwingend opleggen* durchsetzen, inform durchdrücken **II** *on ww, een doordruk maken* durchdrucken
doordrukstrip Durchdrückverpackung *v*
dooreen durcheinander
dooreten *verder eten* weiteressen ★ *eet eens door* iss mal weiter!
doorgaan ❶ *verdergaan, voortgaan* weitermachen, form fortfahren, ⟨duren⟩

do

andauern ★ ~ *met lezen* weiterlesen, weiterlesen ★ *met zijn verhaal* ~ mit seiner Erzählung fortfahren ★ *laten we* ~! lasst uns weitermachen! ★ *als het zo doorgaat...* wenn es so weitergeht... ★ *dit kan zo niet* ~ so kann es nicht weitergehen ❷ *doorgang vinden* stattfinden ★ *de wedstrijd ging door* das Spiel fand statt ★ *het feest gaat niet door* das Fest fällt aus, daraus wird nichts ❸ *gaan door iets* (hin)durchgehen, gehen durch [+4] ★ *het park* ~ durch den Park gehen ★ *gaan we door Parijs?* kommen wir durch Paris? ★ *we zijn de hele stad doorgegaan* wir sind durch die ganze Stadt gelaufen ❹ ~ **voor** *beschouwd worden als* gelten für / als, durchgehen (**voor** als), gelten ★ *voor een genie* ~ als Genie gelten

doorgaand durchgehend ★ ~ *verkeer* Durchgangsverkehr *m*
doorgaans gewöhnlich
doorgang ❶ *weg erdoor* Durchgang *m* ❷ *het plaatsvinden* ★ ~ *vinden* stattfinden ★ *geen* ~ *vinden* ausfallen
doorgangskamp Durchgangslager *o*
doorgedreven BN *intensief* intensiv
doorgeefluik Durchreiche *v*
doorgeven ❶ *verder geven* weitergeben, herüberreichen ❷ *overbrengen* melden
doorgewinterd gestanden
doorgroeien weiterwachsen
doorgronden ergründen
doorhalen ❶ *erdoor trekken* durchziehen ❷ *schrappen* (durch)streichen
doorhaling ❶ *het doorhalen* Durchstreichen *o*, Streichen *o* ❷ *geschrapte tekst* Streichung *v*
doorhebben ⟨begrijpen⟩ kapieren, ⟨doorzien⟩ durchschauen ★ *ik heb hem door!* den kenn ich schon länger!
doorheen hindurch ★ *zich er* ~ *slaan* sich durchschlagen
doorkiesnummer Durchwahl(nummer) *v*
doorkijk Durchblick *m*
doorkijken I *ov ww, vluchtig inzien* durchsehen II *on ww, door iets kijken* (hin)durchsehen
doorklieven durchschneiden
doorkneed versiert, bewandert, gewiegt ★ ~ *zijn in...* bewandert sein in [+3] ★ ~ *zijn in zijn vak* in seinem Fach bewandert sein
doorknippen durchschneiden
doorkomen ❶ *door iets heen komen* durchkommen ★ *er is geen* ~ *aan* ein Durchkommen ist nicht möglich ❷ *waarneembaar worden* durchkommen, ⟨van zon, tanden⟩ durchbrechen ★ *die zender komt goed door* dieser Sender ist gut zu empfangen
doorkrassen durchstreichen
doorkruisen durchkreuzen
doorkruisen ❶ *rondtrekken* durchkreuzen ❷ *dwarsbomen* durchkreuzen
doorlaatpost Durchlass *m*, ⟨grenskantoor⟩ Grenzstelle *v*
doorlaten durchlassen
doorleefd gezeichnet
doorlekken durchlecken, durchsickern
doorleren sich weiterbilden, sich fortbilden
doorleven *doormaken* durchleben
doorlezen I *ov ww, doornemen* durchlesen II *on ww, verder lezen* weiterlesen
doorlichten *met röntgenstralen onderzoeken* röntgen, durchleuchten
doorliggen sich wund liegen, sich durchliegen
doorlopen I *ov ww* ❶ *stuklopen* ⟨schoenen⟩ durchlaufen, ⟨van voeten⟩ wund laufen ❷ *doorkijken* durchfliegen ★ *een boek* ~ ein Buch durchfliegen II *on ww* ❶ *verder lopen* weitergehen, weiterlaufen ❷ *niet onderbroken worden* durchgehen, durchlaufen ★ *de nummering loopt door* die Nummerierung lauft fort ❸ *overvloeien* auslaufen
doorlopen ❶ *lopend gaan door* durchgehen, durchlaufen ❷ *afleggen* durchlaufen, durchgehen
doorlopend durchgehend, form fortwährend, ⟨voortdurend⟩ ständig ★ ~*e voorstelling* durchgehende Vorstellung ★ ~ *abonnement* Dauerkarte *v*
doorloper ❶ *puzzel* Schwedenrätsel *o* ❷ *schaats* friesische(r) Holzschlittschuh *m*
doormaken durchmachen
doormidden entzwei, mittendurch
doormodderen weiterwursteln
doorn Dorn *m* ▼ *iem. een* ~ *in het oog zijn* jemandem ein Dorn im Auge sein
doornat durchnässt, durch und durch / triefend nass, inform pudel- / patschnass
doornemen ❶ *doorkijken* durchgehen ❷ *bespreken* durchsprechen
doornig dornig
Doornroosje Dornröschen *o*
doornummeren durchnumerieren
doorploeteren schuften
doorpraten I *ov ww, bespreken* durchsprechen II *on ww, verder praten* weitersprechen
doorprikken ❶ *openen door te prikken* aufstechen ★ *een blaar* ~ eine Blase aufstechen ❷ *ontzenuwen* entkräften, durchschauen ★ *een verhaal* ~ eine Geschichte entkräften / widerlegen
doorregen durchwachsen
doorreis Durchreise *v* ★ *op* ~ *zijn* auf Durchreise sein
doorrijden ❶ *verder rijden* durch- / weiterfahren ❷ *sneller rijden* schneller fahren, inform zufahren
doorrijhoogte Durchfahrtshöhe *v*
doorrookt durchräuchert
doorschakelen weiterverbinden
doorschemeren ▼ *iem. iets laten* ~ jemandem etwas durchblicken lassen
doorschieten ❶ *te ver doorgaan* ⟨bal⟩ am Ziel vorbeifliegen, ⟨touw⟩ ablaufen lassen ❷ *te ver doorgroeien* ins Kraut schießen ★ *doorgeschoten sla* geschossene(r) Salat *m*
doorschieten *doorboren* durchschießen
doorschijnen durchscheinen
doorschijnen durchleuchten
doorschijnend durchscheinend, durchsichtig
doorschuiven I *ov ww* ❶ *verder schuiven* weiterschieben, durchschieben ❷ *doorgeven* weitergeben II *on ww, schuivend verder gaan* aufrücken
doorseinen durchgeben
doorslaan I *ov ww, stukslaan* entzweischlagen, aufschlagen, durchbrechen II *on ww* ❶ *verder*

slaan weiterschlagen ❷ *overhellen* ausschlagen ★ *de balans slaat door* der Zeiger der Waage schlägt aus ❸ fig *te ver gaan, overdrijven* übertreiben ★ *hij sloeg helemaal door* er übertrieb maßlos ❹ *kortsluiten* durchschlagen, durchbrennen ★ *er is een stop doorgeslagen* es ist eine Sicherung durchgebrannt ❺ *bekennen* gestehen ★ *de verdachte sloeg door* der Verdachte gestand

doorslaand ★ *~ bewijs* schlagender Beweis

doorslag *kopie* Durchschlag *m*, Durchschrift *v* ▼ *de ~ geven* ausschlaggebend sein

doorslaggevend ausschlaggebend

doorslikken hinunterschlucken

doorsmeren abschmieren, ⟨een onderhoudsbeurt geven⟩ warten

doorsnede ❶ *diameter* Durchmesser *m*, Diameter *m* ❷ *vlak* Schnitt *m*, Schnittfläche *v* ❸ *tekening* Durchschnitt *m*

doorsnee *gemiddelde* Durchschnitt *m*

doorsnijden durchschneiden

doorsnijden durchschneiden

doorspekken spicken

doorspelen *doorgeven* zuspielen, weiterleiten ★ *de vraag aan een ander ~* die Frage an jmdn. anderen weiterleiten

doorspoelen ❶ *reinigen* durchspülen ❷ *doordraaien* durchspulen

doorspreken I *ov ww, grondig bespreken* durchsprechen, erörtern II *on ww, verder spreken* weitersprechen

doorstaan ertragen, erdulden, ⟨te boven komen⟩ überstehen, ⟨examen, proef⟩ bestehen

doorstart ❶ techn *nieuwe start* Durchstart *m* ❷ fig *nieuw begin* Durchstart *m*

doorsteken I *ov ww, erdoor steken* durchstecken II *on ww, kortere weg nemen* abschneiden

doorsteken *doorboren* durchstechen

doorstoten *doordringen* durchstoßen

doorstoten durchstoßen

doorstrepen durchstreichen

doorstromen *verder bewegen* ★ *~ naar hoger onderwijs* überwechseln auf höherer Unterricht

doorstromen *stromen door* durchfließen

doorstuderen weiterstudieren

doorsturen weiterschicken

doortastend durchgreifend, energisch

doortimmerd gut aufgebaut / fundiert

doortocht ❶ *het doortrekken* Durchreise *v*, ⟨militair⟩ Durchmarsch / -zug *m* ❷ *doorgang* Durchfahrt *v*, Passage *v*

doortrapt abgefeimt, durchtrieben ★ *erg ~ zijn* hundsgemein sein

doortrekken I *ov ww* ❶ *wc doorspoelen* spülen ❷ *verlengen* weiterführen, verlängern II *on ww* ❶ *gaan door* durchziehen ❷ *verder trekken* weiterziehen

doortrekken *doordringen* durchziehen ★ *~ met* durchziehen mit

doortrokken ⟨met vocht⟩ durchtränkt, ⟨van haat⟩ durchdrungen, ⟨van haat⟩ erfüllt

doorvaart Durchfahrt *v*

doorverbinden verbinden

doorverkopen weiterverkaufen

doorvertellen weitererzählen

doorverwijzen überweisen ★ *~ naar* überweisen zu (+3) / an (+4)

doorvoed wohlgenährt

doorvoer Transit *m*

doorvoeren ❶ *ten uitvoer brengen* durchführen ★ *een beleid ~* einen politischen Beschluss durchführen ❷ *transporteren* ein Transitgut befördern

doorvoerhaven Transithafen *m*

doorvoerrecht jur Durchfuhrzoll *m*

doorvorsen durchforschen

doorvragen weiterfragen

doorwaadbaar seicht

doorwaakt durchwacht

doorweekt durchweicht

doorwegen BN *de doorslag geven* ausschlaggebend sein

doorwerken I *ov ww, geheel bestuderen* durcharbeiten II *on ww* ❶ *verder werken* weiterarbeiten ❷ *invloed hebben* fortwirken, sich übertragen ★ *~ op* sich übertragen auf

doorworstelen sich durcharbeiten ★ *hij worstelde het boek door* er kämpte sich durch das Buch

doorwrocht ⟨van plan / opstel⟩ ausgereift, ⟨van bouwwerk / constructie⟩ gediegen

doorzagen I *ov ww* ❶ *in tweeën zagen* durchsägen, zersägen ❷ *ondervragen* durchlöchern II *on ww, doorzeuren* herumnerven

doorzakken ❶ *verzakken* durchbiegen, ⟨muur⟩ versacken ❷ *lang / veel drinken* versacken ★ *we zijn gisteravond flink doorgezakt* wir sind gestern Abend ganz schön versackt

doorzetten I *ov ww, laten doorgaan* durchsetzen II *on ww* ❶ *volhouden* durchhalten ❷ *krachtiger worden* zunehmen

doorzetter Kämpfernatur *v*

doorzettingsvermogen Durchhaltevermögen *o*

doorzeven durchsieben

doorzichtig ❶ *doorschijnend* durchsichtig ❷ fig *te doorgronden* durchschaubar

doorzien durchsehen, durchschauen ★ *de stukken ~* die Akten durchsehen

doorzien *het ware ontdekken* durchschauen ★ *iem. ~* jmdn. durchschauen

doorzoeken durchsuchen

doorzonwoning ≈ Wohnung *v* mit großen Fenstern an der Vorder- und Hinterseite des Hauses

doos ⟨van papier, zeer dun hout⟩ Schachtel *v*, ⟨plat, vooral rond⟩ Dose *v*, ⟨groot en stevig⟩ Kasten *m* ★ *een doosje lucifers* eine Schachtel Streichhölzer ▼ *uit de oude doos* aus der Mottenkiste

dop ❶ *dekseltje* ⟨van tube⟩ Deckel *m*, ⟨van pen⟩ Kappe *v* ❷ *omhulsel* ⟨van ei, noot⟩ Schale *v*, ⟨van peulvruchten⟩ Hülse *v* ★ fig *een kunstenaar in de dop* ein Künstler in spe ★ fig *kijk uit je doppen!* mach die Augen mal auf!

dope Rauschgift *o*

dopen ❶ *de doop toedienen* taufen ❷ *indompelen* (ein)tauchen, ⟨soppen⟩ (ein)tunken

Doper ▼ *Johannes de ~* Johannes der Täufer

doperwt grüne Erbse *v*

dopheide Glockenheide *v*

doping *het toedienen* Doping *o*

do

dopingcontrole Dopingkontrolle *v*
doppen enthülsen
dopplereffect Dopplereffekt *m*
dopsleutel Steckschlüssel *m*
dor ❶ *verdroogd* dürr, trocken ❷ *saai* langweilig, öde
dorp Dorf *o*
dorpel *drempel* Schwelle *v*
dorpeling Dorfbewohner *m*, Dörfler *m*
dorps ländlich, dörflich, bäurisch
dorpsbewoner Dorfbewohner *m*
dorpsgek Dorftrottel *m*
dorpsgenoot ≈ Mitbürger *m*
dorpshuis *gemeenschapshuis* Gemeindeamt *o*, ⟨groter⟩ Rathaus *o*, ⟨cultureel centrum⟩ Gemeindezentrum *o*
dorsen dreschen
dorsmachine Dreschmaschine *v*
dorst I *zn* [de] ❶ *behoefte aan drinken* Durst *m* ❷ fig *sterk verlangen* Gier *v* ★ *de ~ naar macht* die Machtgier **II** *ww* [verl. td.] → **durven**
dorsten I *on ww* ~ **naar** dürsten nach **II** *ww* [verl. td.] → **durven**
dorstig durstig
dorsvlegel Dreschflegel *m*
dorsvloer Tenne *v*
doseren dosieren
dosering Dosierung *v*
dosis Dosis *v*
dossier Dossier *o*, Akte *v*
dot ❶ *plukje* Knäuel *m/o* ★ *een dot haar* ein Büschel Haar *o* ★ *dot watten* Wattebausch *m* ❷ *iets kleins, schattigs* ★ *een dot van een kind* ein goldiges Kind *o* ★ *een dot van een hoed* ein reizender Hut
dotatie BN *overheidssubsidie* staatliche Subvention *v*
dotcom *internetbedrijf* Dotcom *o*
dotterbehandeling med Dotter-Behandlung *v*
dotterbloem Sumpfdotterblume *v*
dotteren med dilatieren *v*
douane ❶ *grenspost* Zoll *m*, ⟨kantoor⟩ Zollamt *o* ❷ *beambte* Zollbeamte(r) *m*
douanebeambte Zollbeamte(r) *m*
douanier Zollbeamte(r) *m*
doublé I *zn* [het] Dublee *o* **II** *bnw* aus / in Dublee
doubleren ❶ *verdubbelen* verdoppeln, form duplieren ❷ *blijven zitten* wiederholen, inform sitzen bleiben
douceurtje Geldgeschenk *o*, Trinkgeld *o*
douche ❶ *stortbad* Dusche *v* ★ *een ~ nemen* sich duschen ★ fig *een koude ~* eine kalte Dusche ❷ *douchecel* Duschkabine *v*
douchecel Dusche *v*, Nasszelle *v*
douchegordijn Duschvorhang *m*
douchekop Duschkopf *m*, Brausekopf *m*
douchen (sich) duschen
douchestang Duschstange *v*
douw inform → **duw**
douwen inform → **duwen**
dove Taube(r) *m*
dovemansoren ▾ *voor ~ spreken* gegen eine Wand reden ▾ *dat is niet aan ~ gezegd* das werde ich mir hinter die Ohren schreiben
doven I *ov ww, vuur uitmaken* (aus)löschen ★ *de kaarsen ~* die Kerzen löschen **II** *on ww* ❶ *uitgaan* ausgehen ★ *het kampvuur doofde* das Lagerfeuer ging aus ❷ ⟨van geluid⟩ *doffer worden* verklingen ❸ *minder worden* erlöschen
dovenetel Taubnessel *v*
doventolk Gebärdensprachdolmetscher *m* [v: Gebärdensprachdolmetscherin]
down *depressief* down, bedrückt, niedergeschlagen
downgraden downgraden
download comp Download *m*
downloaden comp herunterladen, downloaden
downsyndroom Down-Syndrom *o*
dozijn Dutzend *o* ★ *per ~* im Dutzend ★ *zo gaan er dertien in een ~* davon gehen zwölf auf ein Dutzend
draad ❶ *dunne gesponnen (textiel)vezel* Faden *m* ★ *aan een zijden ~je hangen* an einem seidenen / dünnen Faden hängen ★ *tot op de ~ versleten* fadenscheinig ★ *voor de ~ komen met iets* mit etw. herausrücken ❷ *lengterichting van textielvezels* ★ *zij is altijd tegen de ~ in* sie ist ein Querkopf ❸ *iets duns en langwerpigs* ⟨metaal⟩ Draht *m*, ⟨hout, vlees, stof⟩ Faser *v* ❹ *samenhang* Faden *m* ★ *de ~ (van het verhaal) kwijtraken* den Faden verlieren ★ *de rode ~* der rote Faden ❺ *schroefdraad* Gewinde *o*
draadloos *via radiogolven* drahtlos
draadnagel Drahtnagel / -stift *m*
draadtang Drahtzange *v*
draagbaar I *zn* [de] Tragbahre *v* **II** *bnw* tragbar
draagberrie BN *brancard* Trage *v*
draagkarton Tragepackung *v*
draagkracht techn Tragkraft *v*, ⟨van bedrijf / land⟩ Finanzkraft *v*, ⟨van individu⟩ Vermögenslage *v* ★ *naar ~ betalen* nach Vermögenslage bezahlen
draagkrachtig einkommensstark, leistungsfähig ★ *minder ~* einkommensschwach
draaglijk erträglich
draagmoeder Leihmutter *v*
draagraket Trägerrakete *v*
draagstoel Tragsessel *m*, Sänfte *v*
draagtas Plastiktüte *v*, Tüte *v*
draagtijd Tragezeit *v*
draagvermogen Tragkraft *v*
draagvlak *vlak* Tragfläche *v*
draagwijdte *bereik* Tragweite *v*
draai ❶ *draaiing* Drehung *v*, Wendung *v* ★ fig *zijn ~ niet kunnen vinden* nicht in Gang kommen können ❷ *klap* Ohrfeige *v* ★ *iem. een ~ om de oren geven* jmdm. eine Ohrfeige geben
draaibaar drehbar ★ *~ toneel* Drehbühne *v*
draaibank Drehbank *v*
draaiboek *scenario* Drehbuch *o*
draaicirkel Wendekreis *m*
draaideur Drehtür *v*
draaideurcrimineel Wiederholungstäter *m*, Gewohnheitsverbrecher *m*
draaien I *ov ww* ❶ *in het rond doen gaan* drehen ❷ *keren / wenden* drehen ★ BN *hoe je het ook draait of keert* wie man es auch dreht und wendet ❸ *draaiend vervaardigen* drehen, ⟨hout⟩ drechseln ★ *een sjekkie ~* eine Zigarette drehen ★ *een film ~* einen Film drehen ★ *een plaatje ~* eine Platte spielen ★ *een telefoonnummer ~* eine Nummer wählen **II** *on ww* ❶ *in het rond gaan*

sich drehen ★ *alles draaide om hem heen* um ihn herum drehte sich alles ★ *het draait me (voor de ogen)* mir dreht sich alles ❷ *wenden* sich drehen ❸ *functioneren* laufen ★ *de zaak heeft dit jaar goed gedraaid* das Geschäft lief dieses Jahr gut ★ *onder Windows ~* unter Windows laufen ❹ **~ om** *als kern hebben* sich drehen um ★ *het draait om...* es dreht sich um..., es geht um... ❺ *vertoond worden* laufen ★ *welke film draait er deze week?* welcher Film läuft diese Woche? ❻ *uitvluchten zoeken* sich winden ★ *eromheen ~* um den heißen Brei herumreden

draaierig schwindlig

draaiing *het draaien* Drehung *v*, ⟨bocht⟩ Biegung *v*, ⟨bocht in weg⟩ Kurve *v*, ⟨van een bal⟩ Drall *m*

draaikolk Strudel *m*

draaikont Heuchler *m*, Wendehals *m*

draaimolen Karussell *o*

draaiorgel Drehorgel *v*

draaipunt fig Angelpunkt *m*, Drehpunkt *m*

draaischijf ❶ *kiesschijf* Wählscheibe *v* ❷ *draaitafel* Plattenteller *m* ❸ *pottenbakkersschijf* Drehscheibe *v*

draaitafel Plattenspieler *m*

draaitol ❶ *tol* Kreisel *m* ❷ *persoon* Zappelphilipp *m*, Quirl *m*

draak ❶ *beest* Drache *m* ❷ *akelig mens* Drachen *m* ❸ *melodrama* ⟨toneelstuk⟩ Rührstück *o*, ⟨roman⟩ Kitsch- / Schundroman *m* ▼ *de ~ steken met iem.* seinen Spott mit jemandem treiben

drab ❶ *derrie* Brei *m*, Trübe *v* ❷ *bezinksel* Bodensatz *m*

dracht ❶ *drachtig zijn* Trächtigkeit *v* ❷ *kleding* Tracht *v*

drachtig trächtig

draconisch drakonisch

draf *snelle gang* Trab *m* ★ *het op een draf zetten* sich in Trab setzen ★ *op een drafje* schnell

drafsport Trabsport *m*

dragee *geneesmiddel* Dragee *o*

dragen I *ov ww* ❶ *opgetild houden, ondersteunen* tragen ★ *omdat ze niet kon lopen, droegen we haar* weil sie nicht laufen konnte, trugen wir sie ★ *deze balken ~ het hele dak* diese Balken tragen das ganze Dach ★ *zo snel als je benen je kunnen ~* so schnell dich deine Füße tragen ❷ ⟨kleding enz.⟩ *aan- / omhebben* tragen ★ *kleding ~* Kleidung tragen ❸ *op zich nemen, verdragen* tragen ★ *de kosten ~* die Kosten tragen **II** *on ww, reikwijdte hebben* tragen

drager ❶ *iem. die iets draagt* Träger *m* ❷ *voorwerp* Träger *m*

dragon Estragon *m*, Dragon *m/o*

dragonder *soldaat te paard* Dragoner *m*

drain Drän *m*, Drain *m*

draineren dränieren, drainieren

dralen zaudern, zögern

drama Drama *o* [mv: Dramen]

dramatiek ❶ *toneelkunst* Dramatik *v* ❷ *het dramatische* Dramatik *v*

dramatisch dramatisch ★ *doe niet zo ~!* mach kein Theater!

dramatiseren dramatisieren

dramaturg Dramaturg *m*

drammen *zaniken* drängeln, quengeln

drammerig hartnäckig

drang ❶ *druk* Druck *m* ❷ *aandrang* Drang *m*, Trieb *m* ★ *de ~ tot stelen* der Hang zum Stehlen

dranger Türschließer *m*

dranghek Sperrgitter *o*

drank ❶ *vocht* Getränk *o*, form Trank *m* ❷ *alcoholische drank* Alkohol *m* ▼ *aan de ~ zijn* dem Alkohol verfallen sein, alkoholsüchtig sein

drankenautomaat Getränkeautomat *m*

drankje ❶ *glaasje drank* Getränk *o*, Drink *m* ❷ *geneesmiddel* Sirup *m*, Saft *m*

drankmisbruik Alkoholmissbrauch *m*

drankorgel Trunkenbold *m*, Säufer *m*

drankvergunning Schankerlaubnis *v*, Schankkonzession *v*

draperen drapieren

drassig sumpfig, schlammig

drastisch drastisch

draven eilen, rennen, ⟨van dieren⟩ traben, ⟨van mensen⟩ auf Trab sein ★ *ze loopt de hele dag al te ~* sie ist schon den ganzen Tag auf Trab

draver Traber *m*

draverij Trabrennen *o*

dreadlocks Rastalocken *mv*

dreef I *zn* [de], *laan* Allee *v* ▼ *op ~ zijn* gut im Zuge sein, in Schwung sein ▼ *op ~ komen* in Gang kommen **II** *ww* [verl. td.] → **drijven**

dreg Dregge *v*, Draggen *m*, ⟨vishaak⟩ Drilling *m*

dreggen mit einem Draggen nach einer Sache / jemandem fischen

dreigbrief Drohbrief *m*

dreigement Drohung *v*

dreigen I *ov ww, bedreigen* drohen ★ *hij dreigde haar het kind mee te nemen* er drohte ihr, das Kind mitzunehmen **II** *on ww, staan te gebeuren* drohen ★ *er dreigt gevaar* es droht Gefahr

dreigend drohend, bedrohlich

dreiging Drohung *v*

dreinen quengeln

drek Dreck *m*, Kot *m*

drempel ❶ *verhoging* Schwelle *v*, Türschwelle *v* ❷ *barrière* Schwelle *v*

drempelvrees Schwellenangst *v*

drempelwaarde Schwellenwert *m*

drenkeling ⟨verdrinkend⟩ Ertrinkende(r) *m*, ⟨verdronken⟩ Ertrunkene(r) *m*

drenken *drinken geven* tränken

drentelen schlendern

Drenthe Drenthe *o*

Drents drentisch, von Drente

drenzen quengeln

dresseren dressieren, abrichten

dressing Dressing *o*

dressoir Büfett *o*, Anrichte *v*

dressuur Dressur *v*, Abrichtung *v*

dreumes Knirps *m*

dreun ❶ *dof geluid* Dröhnen *o* ❷ *eentonig geluid* Geleier *o* ❸ *klap* Schlag *m*, Hieb *m*

dreunen *weerklinken* dröhnen

drevel Durchschlag *m*

dreven [verl. td.] → **drijven**

dribbel Dribbling *o*

dribbelen ❶ *lopen* trippeln ❷ sport dribbeln

drie I *telw* drei → **vier II** *zn* [de] Drei *v*, onderw ≈ Sechs *v*

driebaansweg dreispurige Straße *v*

driedaags dreitägig

dr

dr

driedelig dreiteilig ★ ~ *pak* dreiteiliger Anzug
driedeursauto dreitürige(s) Auto *o*
driedimensionaal dreidimensional
driedubbel dreifach
drie-eenheid Dreieinigkeit *v* ★ *de Heilige Drie-eenheid* die Trinität
driehoek *wiskundig figuur* Dreieck *o*
driehoekig dreieckig
driehoeksruil Dreieckstausch *m*
driehoeksverhouding Dreiecksverhältnis *o*
driekamerflat Dreizimmerwohnung *v*
drieklank taalk Dreiklang *m*
driekleur dreifarbige Fahne *v* ★ *de Nederlandse ~* die rotweißblaue Fahne *v* ★ *de Franse ~* Trikolore *v*
Driekoningen Dreikönigsfest *o*, Dreikönige
driekwart drei viertel
driekwartsmaat Dreivierteltakt *m*
drieledig dreigliedrig
drieling ❶ *één kind* Drilling *m* ❷ *drie kinderen* Drillinge *mv*
drieluik Triptychon *o*
driemaal dreimal
driemaandelijks I *bnw* dreimonatlich **II** *bijw* dreimonatlich, alle drei Monate
driemanschap Triumvirat *o*
driemaster Dreimaster *m*
driepoot ❶ *voorwerp met drie poten* Dreifuß *m*, Dreibein *o* ❷ *letter m* m *o*
driespan Dreigespann *o*, Triga *v*
driesprong dreiarmige Weggabelung *v*
driestemmig dreistimmig
driesterrenhotel Dreisternehotel *o*
drietal Dreiheit *v* ★ *een ~ boeken* drei Bücher
drietalig dreisprachig
drietand Dreizack *m*
drietonner Dreitonner *m*
drietrapsraket Dreistufenrakete *v*
drievoud Dreifache(s) *o* ★ *in ~* in dreifacher Ausfertigung
drievoudig dreifach
Drievuldigheid rel Dreifaltigkeit *v*
driewegstekker elek Dreifachstecker *m*
driewieler Dreirad *o*
driezitsbank dreisitzige(s) Sofa *o*
drift ❶ *woede* Wut *v*, Zorn *m* ★ ~ *welde in haar op* Wut stieg in ihr auf ❷ *aandrang* Trieb *m*, ⟨psychologisch⟩ Drang *m*, ⟨hartstocht⟩ Leidenschaft *v* ★ *zijn ~en beteugelen* seine Triebe zügeln / bezähmen ❸ *het afdrijven* Treiben *o*, Drift *v* ★ *op ~ raken* ins Treiben kommen ❹ *stroming* Drift *v*
driftbui Wutanfall *m*, Zornausbruch *m*
driftig I *bnw, opvliegend* hitzig, aufbrausend, jähzornig, zornig ★ ~ *worden* zornig werden ★ ~ *karakter* cholerische(s) / aufbrausende(s) Wesen *o* **II** *bijw, heftig* heftig ★ *ze stond ~ te gebaren* sie gestikulierte erregt ★ ~ *op zoek zijn naar iets* fieberhaft auf der Suche nach einer Sache [+3]
driftkop Hitzkopf *m*
drijfgas Treibgas *o*
drijfhout Treibholz *o*
drijfijs Treibeis *o*
drijfjacht Treibjagd *v*
drijfkracht Triebkraft *v*
drijfnat triefnass, triefend nass, durchnässt, inform klitsch- / klatsch- / patschnass
drijfnet Treibnetz *o*
drijfveer *beweegreden* Triebfeder *v*
drijfzand Mahl- / Treibsand *m*
drijven I *ov ww* ❶ *voortdrijven* treiben, jagen ★ *paarden naar de markt ~* Pferde zum Markt treiben ★ *iem. in het nauw ~* jmdn. in die Enge treiben ❷ *aandrijven* treiben ★ *iets tot het uiterste ~* etw. zum Äußersten treiben ★ *door ambitie gedreven* aus Ehrgeiz ❸ *uitoefenen* treiben ★ *handel ~* Handel treiben **II** *on ww* ❶ *niet zinken* treiben, schwimmen, ⟨aandrijven⟩ angeschwemmt werden ★ *het ijs drijft op de rivier* das Eis treibt auf dem Fluss ★ fig *de organisatie drijft op haar* sie ist die treibende Kraft bei der Organisation ❷ *zweven, stromen* treiben, ziehen ★ *de wolken ~ door de lucht* die Wolken ziehen am Himmel ❸ *kletsnat zijn* durchnässt sein, ⟨overstroomd zijn⟩ unter Wasser stehen ★ *de tafel dreef van de melk* die Milch schwamm auf dem Tisch
drijver ❶ *opjager* Treiber *m* ❷ *voorwerp dat drijft* Schwimmer *m*
drilboor Drillbohrer *m*
drillen ❶ *africhten* drillen ❷ *boren* drillen
dringen I *on ww, krachtig voortgaan* drängen ★ *dring niet zo!* dräng nicht so! ★ *er werd vreselijk gedrongen* es war ein fürchterliches Gedränge ★ *door de menigte ~* sich durch die Menge drängen **II** *ov ww, duwen* drängen, inform drängeln
dringend I *bnw* ❶ *met aandrang* dringend, inständig ★ *een ~ verzoek* eine dringende Bitte ❷ *urgent* dringend ★ *een ~ probleem* ein brennendes Problem **II** *bijw, met aandrang* dringlich
drinkbaar trinkbar
drinken trinken, inform saufen
drinkgelag Trinkgelage *o*
drinkgeld Trinkgeld *o*
drinklied Trinklied *o*
drinkwater Trinkwasser *o*
drinkyoghurt cul Trinkjoghurt *m*
drive sport Drive *m*
drive-inwoning Drive-in-Wohnung *v*
droef traurig, betrübt
droefenis Betrübtsein *o*, Trauer *v*, Betrübnis *v*
droefgeestig trübsinnig, schwermütig, melancholisch
droeg [verl. td.] → **dragen**
droegen [verl. td.] → **dragen**
droesem Hefe *v*, Bodensatz *m*
droevig ❶ *verdrietig* betrübt, traurig ❷ *bedroevend* misslich, traurig, betrüblich
drogbeeld Trugbild *o*
drogen I *ov ww, droog maken* trocknen **II** *on ww, droog worden* trocknen
droger Trockner *m*
drogeren dopen
drogist ❶ *verkoper* Drogist *m* [v: Drogistin] ❷ *winkel* Drogerie *v*
drogisterij Drogerie *v*
drogreden Scheinbeweis *m*, Trugschluss *m*
drol ❶ *keutel* Haufen *m*, Wurst *v*, ⟨van paard⟩ Pferdeapfel *m* ❷ spreekt *mens van niks* Männchen *o* ★ *wat een drolletje!* so ein drollige(s)

Kind *o*!
drom Haufen *m*, Schar *v* ★ *in dichte drommen* in hellen Haufen, in großer Zahl
dromedaris Dromedar *o*
dromen I *ov ww, in verbeelding beleven* träumen ★ *ik kan die tekst wel ~* ich kenne den Text in- und auswendig ★ *dat had ik nooit durven ~* das hätte ich mir nicht träumen lassen ★ *dat had je gedroomd!* das hast du dir gedacht! **II** *on ww, mijmeren* träumen
dromenland Land *o* der Träume
dromer Träumer *m*
dromerig träumerisch, sinnend
drommel ▾ *arme ~* armer Schlucker / Teufel *m* ▾ *om de ~ niet* beileibe nicht
drommen in Scharen kommen / gehen
drong [verl. td.] → **dringen**
drongen [verl. td.] → **dringen**
dronk I *zn* [de] ▾ *een kwade / vrolijke / sombere ~ hebben* im Suff bösartig / fröhlich / trübsinnig werden **II** *ww* [verl. td.] → **drinken**
dronkaard, **dronkenman** Trinker *m*, Trunkenbold *m*
dronken I *bnw* ❶ *bedwelmd* betrunken ★ *iem. ~ voeren* jmdn. betrunken machen ❷ **~ van** erfreut über ★ *~ van vreugde* freudetrunken **II** *ww* [verl. td.] → **drinken**
dronkenman, **dronkenlap** Trunkenbold *m*, Säufer *m*
dronkenschap Betrunkenheit *v*
droog ❶ *niet nat* trocken ★ *~ weer* trockene(s) Wetter *o* ❷ *saai* trocken ❸ *niet zoet* trocken ★ *droge wijn* trockener Wein
droogbloem Trockenblume *v*
droogdoek Abtrockentuch *o*, Geschirrtuch *o*
droogdok Trockendock *o*
droogje ▾ *op een ~ zitten* auf dem Trockenen sitzen
droogkap Trockenhaube *v*
droogkloot *saai mens* Langweiler *m*
droogkomiek ★ *hij is een ~* er hat einen trockenen Humor
droogkuis BN *stomerij* (chemische) Reinigung *v*
droogkuisen BN chemisch reinigen
droogleggen ❶ *droogmaken* trockenlegen ❷ *alcoholverkoop verbieden* trockenlegen
drooglijn Wäscheleine *v*
droogmaken trocknen, ⟨droogleggen⟩ trockenlegen
droogmolen Trocken- / Wäschespinne *v*
droogpruim Langweiler *m*
droogrek Trockengestell *o*, Wäscheständer *m*
droogstaan ❶ *zonder water zijn* trocken / vertrocknet sein ❷ *geen alcohol meer drinken* trocken sein, humor auf dem Trocknen sitzen
droogstoppel Trantüte / -funzel *v*, Langweiler *m*
droogte ❶ *het droog zijn* Trockenheit *v* ❷ *periode* Trockenheit *v*
droogtrommel Wäschetrockner *m*
droogvallen auflaufen
droogzwemmen ❶ lett *leren zwemmen* trockenschwimmen ❷ fig *oefenen* Trockenübungen machen
droogzwierder BN Wäscheschleuder *v*
droom Traum *m* ★ *iem. uit de ~ helpen* jmdn. aufklären ★ *dromen zijn bedrog* Träume sind Schäume
droombeeld Traumbild *o*
droomreis Traumreise *v*
droomwereld Welt *v* der Träume
droop [verl. td.] → **druipen**
drop *snoep* Lakritze *v*
dropen [verl. td.] → **druipen**
dropje Lakritz *o*
dropkick sport Dropkick *m*
drop-out Drop-out *m*, Versager *m*, Aussteiger *m*
droppen ❶ *neerlaten* abwerfen ❷ *afzetten* absetzen
dropping ❶ *het uit een vliegtuig werpen* Abwurf *m* ❷ *spel* ≈ Orientierungsspiel *o*
drubbelen ❶ drukk *nog net op tijd ontvluchten* grade noch entkommen ❷ cul *wijn drinken* Wein trinken
drug Droge *v*, Rauschgift *o* ★ *drugs gebruiken* Rauschgift / Drogen nehmen / konsumieren
druggebruiker Drogenabhängige *m/v*
drugsbaron Drogenbaron *m*
drugsbeleid Drogenpolitik *v*
drugsbestrijding Drogenbekämpfung *v*
drugshandel Drogenhandel *m*
drugshandelaar Dealer *m*
drugsmaffia Drogenmafia *v*
drugsscene Drogenszene *v*
drugsverslaafde Drogenabhängige(r) *m*
drugsverslaving Drogensucht *v*
druïde Druide *m*
druif ❶ *vrucht* Traube *v* ❷ *persoon* ⟨vrouw⟩ komische Nudel *v*, ⟨man⟩ komische(r) Kauz *m*
druilen I *on ww, zeuren* lustlos sein, vor sich hin dösen **II** *onp ww, motregenen* trübe sein
druilerig ❶ *regenachtig* regnerisch ❷ *lusteloos* lustlos
druiloor Dussel *m*
druipen ❶ *druppelen* triefen, tropfen ★ *het zweet druipt van zijn gezicht* ihm trieft der Schweiß von der Stirn ❷ *nat zijn* triefen, tropfen
druiper *gonorroe* Tripper *m*
druipnat triefnass
druipneus laufende Nase *v*
druipsteen Tropfstein *m*
druivensap cul Traubensaft *m*
druivensuiker Traubenzucker *m*
druiventros (Wein)Traube *v*
druk I *zn* [de] ❶ *het duwen* ★ *een lichte druk op de knop* ein leichter Knopfdruck ❷ natk *drukkracht* ★ *lage druk* Niederdruck *m* ★ *onder druk staan* unter Druck stehen ❸ psych Druck *m* ★ *onder hoge druk werken* unter Hochdruck arbeiten ★ *zij stond erg onder druk* sie stand schwer unter Druck ★ *onder de druk van de algemene opinie zwichten* unter dem Druck der öffentlichen Meinung nachgeben ★ *druk uitoefenen op iem.* Druck ausüben auf jmdn. ❹ *het boekdrukken* Druck *m* ★ *in druk verschijnen* im Druck erscheinen ❺ *oplage* Auflage *v* ★ *eerste druk* Erstauflage *v*, Neuauflage *v* **II** *bnw* ❶ *actief* ⟨van bezigheden⟩ anstrengend, ⟨van personen⟩ beschäftigt ★ *een drukke dag* ein schwerer / anstrengender Tag ★ *een druk programma* ein volles Programm ❷ *vol met mensen* ⟨straat⟩ belebt ★ *een drukke winkel* ein stark besuchter Laden ★ *een drukke straat* eine belebte Straße *v*

★ *het was druk op straat* es herrschte starker Verkehr ★ *het was me te druk op dat feestje* es war mir zu voll auf dem Fest ❸ *opgewonden* lebhaft ★ *de kinderen zijn veel te druk* die Kinder sind viel zu laut ★ *zich druk maken* sich aufregen (**over** über) [+4] ★ *maak je niet druk!* ⟨bezorgd⟩ reg dich ab! ❹ *bedrijvig* ⟨van handel⟩ geschäftig **III** *bijw* ❶ *intensief* ⟨levendig⟩ rege, ⟨vaak⟩ stark ★ *druk gebruik maken van iets* starken Gebrauch machen von etw. ★ *druk aan het leren zijn* eifrig am Lernen sein ★ *er wordt druk over gesproken* man redet viel davon ★ *een druk bezocht café* eine stark besuchte Kneipe ★ *het druk hebben* viel zu tun haben ❷ *luidruchtig* ★ *druk door elkaar praten* lebhaft / aufgeregt durcheinanderreden

drukdoenerij Wichtigtuerei *v*

drukfout Druckfehler *m*

drukinkt Druckerschwärze *v*

drukken I *ov ww* ❶ *duwen* drücken ★ *iem. iets in de hand ~* jmdm. etw. in die Hand drücken ❷ *afdrukken* drucken **II** *on ww* ❶ *kracht uitoefenen* drücken ★ *op een knop ~* auf einen Knopf drücken ❷ fig *als iets zwaars liggen* lasten (**op** auf) ★ *er drukt een zware last op haar* eine ernste Sorge (be)drückt sie, eine ernste Sorge lastet auf ihr ❸ *poepen* groß machen, ⟨kindertaal⟩ Aa machen **III** *wkd ww* [**zich ~**] sich drücken

drukkend ❶ *bezwarend* drückend ❷ *drukkend warm* drückend, schwül

drukker ❶ *boekdrukker* Drucker *m* ❷ *drukknop* Druckknopf *m*

drukkerij Druckerei *v*

drukkingsgroep BN Interessengruppe *v*, Pressuregroup *v*, Lobby *v*

drukknoop Druckknopf *m*

drukkunst Buchdruckerkunst *v*

drukmiddel Druckmittel *o*

drukpers Druckpresse *v* ▾ *vrijheid van ~* Pressefreiheit *v*

drukproef Fahne *v*, Druck- / Korrekturfahne *v*

drukte ❶ *veel werk* Aufwand *m* ❷ *leven, bedrijvigheid* Betrieb *m*, inform Rummel *m* ★ *de verhuizing brengt veel ~ met zich mee* der Umzug bringt viel Rummel mit sich ❸ *ophef* Umstände *mv* ★ *veel ~ om iets maken* viel Aufhebens von etw. machen ★ *u hoeft voor ons geen ~ te maken* machen Sie sich wegen uns keine Umstände ★ *~ maken om niets* viel Lärm machen um nichts

druktechniek Drucktechnik *v*, Druckverfahren *o*

druktemaker Wichtigtuer *m*, Aufschneider *m*, Schwätzer *m*

druktoets Drucktaste *v*

drukverband Druckverband *m*

drukwerk ❶ *het drukken* Druck *m* ★ *~ opgeven* etw. in Druck geben ❷ *gedrukt stuk* Drucksache *v* ★ *als ~ verzenden* als Drucksache versenden ❸ *wat gedrukt is* Druckwerk *o*

drum ❶ *instrument* Trommel *v*, Drum *v* ❷ *vat* Fass *o*

drumband Schlagzeugband *v*

drummen ❶ *drums bespelen* Schlagzeug spielen ❷ BN *dringen* drängen

drummer Schlagzeuger *m*

drums Drums *mv*

drumstel Schlagzeug *o*

drumstick cul Hühnerschlegel *m*, Hühnerschenkel *m*

drup Tropfen *m*

druppel Tropfen *m* ▾ *dat is een ~ op een gloeiende plaat* das ist ein Tropfen auf den heißen Stein ▾ *dat is de ~ die de emmer doet overlopen* das bringt das Fass zum Überlaufen, das schlägt dem Fass den Boden aus ▾ *als twee ~s water op elkaar lijken* sich gleichen wie ein Ei dem anderen

druppelen I *ov ww, in druppels laten vallen* tröpfeln, träufeln ★ *iets in het oor ~* etw. ins Ohr träufeln **II** *on ww, druipen* tropfen

druppelflesje Pipettenflasche *v*

druppelsgewijs ❶ *druppel voor druppel* tropfenweise ❷ *beetje voor beetje* nach und nach ★ *~ binnenkomen* nach und nach hereinkommen

druppen tropfen

dtp *desktoppublishing* DTP *o*, Desktop-Publishing *o*

dtp'er DTP-Spezialist *m*, DTP-Anwender *m*

D-trein D-Zug *m*, Schnellzug *m*

duaal dual

dualistisch dualistisch

dubbel I *bnw, tweevoudig* doppelt, Doppel-, doppel- ★ *het ~e van de prijs betalen* den doppelten Preis zahlen **II** *bijw* doppelt, zweimal ★ *~ zien* doppelt sehen ★ *~ zo erg* doppelt so schlimm ★ *~ en dwars*, BN *~ en dik* doppelt und dreifach **III** *zn* [het] ❶ sport Doppel *o* ★ *gemengd ~* gemischte(s) Doppel ★ *een ~ spelen* ein Doppel austragen ❷ → **dubbeltje**

dubbelalbum Doppelalbum *o*

dubbel-cd Doppel-CD *v*

dubbeldekker *bus* Doppeldecker *m*

dubbeldeks zweistöckig

dubbelen BN onderw *doubleren* wiederholen, inform sitzen bleiben

dubbelganger Doppelgänger *m*

dubbelhartig doppelzüngig

dubbelklik Doppelklick *m*

dubbelklikken doppelklicken

dubbelleven Doppelleben *o*

dubbelop zweifach, humor doppelt gemoppelt

dubbel parkeren in der zweiten Reihe parken, in zweiter Reihe parken

dubbelrol Doppelrolle *v*

dubbelspel sport Doppel(spiel) *o*

dubbelspion Doppelagent *m*

dubbelspoor ⟨bij rails⟩ Doppelgleis *o*, ⟨bij geluidsinstallaties⟩ Doppelspur *v*

dubbeltje Zehncentstück *o* ▾ *zo plat als een ~* platt wie eine Flunder ▾ *je weet nooit hoe een ~ rollen kan* man weiß nie, wie der Hase läuft ▾ *het is een ~ op zijn kant* es steht auf des Messers Schneide ▾ *elk ~ omdraaien* jeden Pfennig umdrehen

dubbelvouwen zusammenfalten, zusammenklappen

dubbelzijdig zweiseitig, doppelseitig, beidseitig

dubbelzinnig *met meerdere betekenissen* doppeldeutig / -sinnig, zweideutig

dubbelzout Doppelsalz *o*

dubben *weifelen* schwanken

dubieus dubios, dubiös, zweifelhaft

dubio ▼ *in ~ staan* im Zweifel sein
Dublin Dublin *o*
Dublins Dubliner
duchten (be)fürchten ★ *geen gevaar te ~ hebben* keine Gefahr zu befürchten haben
duchtig tüchtig, gehörig
duel Duell *o*, Zweikampf *m*
duelleren sich duellieren ★ *~ op de degen* ein Duell auf Degen
duet Duett *o*
duf *saai* fade, ⟨bekrompen⟩ bieder ★ *wat een duffe boel is het hier* wie fade es hier ist!
dug-out Trainerbank *v*, Ersatzbank *v*
duidelijk deutlich, verständlich, ⟨helder⟩ klar
duidelijkheid Deutlichkeit *v*, Klarheit *v*
duiden I *ov ww, verklaren* deuten, erklären **II** *on ww*, **~ op** *een aanwijzing zijn voor* deuten auf, weisen auf ★ *op iets ~* auf etw. deuten ★ *dat duidt duidelijk op iets anders* das weist deutlich auf etw. anderes hin
duif Taube *v* ★ fig *onder iemands duiven schieten* jmdm. ins Handwerk pfuschen, jmdm. ins Gehege kommen
duig Daube *v* ▼ *in duigen vallen* in die Brüche gehen
duik ❶ *het duiken* Tauchen *o*, ⟨sprong⟩ Kopfsprung *m* ★ *een duik nemen* (ein)tauchen ❷ *duikvlucht* Sturzflug *m*
duikboot Unterseeboot *o*, U-Boot *o*
duikbril Taucherbrille *v*
duikelaar Stehauf *m*, Stehaufmännchen *o* ▼ *hij is een slome ~* er ist eine trübe Tasse
duikelen purzeln
duiken ❶ *een duik maken* tauchen ❷ *duiksport beoefenen* tauchen ❸ *zich verdiepen (in)* sich vergraben ★ *in een onderwerp ~* sich in ein Thema vergraben
duiker ❶ *persoon* Taucher *m* ❷ *watergang* Düker *m*
duikerklok Taucherglocke *v*
duikerpak Tauchanzug *m*
duikersziekte Taucherkrankheit *v*
duikplank Sprungbrett *o* ★ *~ van één / drie meter* Ein- / Dreimeterbrett *o*
duiksport Tauchsport *m*
duikuitrusting Taucherausrüstung *v*
duikvlucht Sturzflug *m*
duim *vinger* Daumen *m* ★ fig *iem. onder de duim houden* jmdn. unter seiner Fuchtel halten ★ fig *iets uit zijn duim zuigen* sich etw. aus den Fingern saugen ★ BN *de duimen leggen voor iem.* den Kürzeren ziehen ▼ *Klein Duimpje* Däumling *m*
duimbreed ▼ *geen ~ wijken* keinen Finger- / Zollbreit weichen
duimen *geluk afdwingen* ★ *voor iem. ~* jmdm. die Daumen halten / drücken
duimendik ▼ *het ligt er ~ bovenop* das ist sonnenklar, das ist ganz offensichtlich
duimendraaien Daumen / Däumchen drehen
duimgreep Daumenregister *o*
duimschroef Daumenschraube *v*
duimstok Zollstock *m*, Metermaß *o*
duimzuigen ❶ *zuigen* am Daumen lutschen ❷ *fantaseren* aus dem Daumen saugen
duin I *zn* [de] Düne *v* **II** *zn* [het] Dünen *mv*
duindoorn Sanddorn *m*
Duinkerken Dünkirchen *o*
duinlandschap Dünenlandschaft *v*
duinpan Dünenkessel *m*
duister I *zn* [het] Dunkel *o* ★ *in het ~ zitten* im Dunkeln sitzen ★ *een sprong in het ~* ein Sprung ins Ungewisse ★ *in het ~ tasten* im Dunkeln tappen **II** *bnw* ❶ *donker* dunkel, finster ★ *~ als de nacht* finster wie die Nacht ❷ fig *onduidelijk* obskur ★ *het is me volkomen ~* es ist mir schleierhaft ★ *om een of andere ~e reden* aus irgendeinem unklaren Grund ★ *~e toekomst* ungewisse Zukunft ★ *een ~ vermoeden* eine dunkle / dumpfe Ahnung *v* ★ *~e praktijken* obskure Praktiken ★ *een ~ voorgevoel* ein dunkles Vorgefühl
duisternis Dunkelheit *v*, Finsternis *v*
duit fig *geld* Moneten *mv*, inform Kies *m*, inform Kohle *v* ★ *dat kost een aardige duit* das kostet ein kleines Vermögen ★ fig *een duit in het zakje doen* seinen Senf dazugeben
Duits I *bnw, m.b.t. Duitsland* deutsch **II** *zn* [het], *taal* Deutsch(e) *o*
Duitse Deutsche *v*
Duitser *bewoner* Deutsche(r) *m*
Duitsland Deutschland *o*
Duitstalig in / auf Deutsch, deutschsprachig
duivel Teufel *m* ▼ *als een ~tje uit een doosje* wie ein Blitz aus heiterem Himmel ▼ *het is alsof de ~ ermee speelt* es ist doch wie verhext ▼ *des ~s zijn* fuchsteufelswild sein ▼ *loop naar de ~!* scher dich zum Teufel! ▼ *als je van de ~ spreekt, trap je hem op zijn staart* wenn man vom Teufel spricht, ist er nicht weit ▼ *te dom zijn om voor de ~ te dansen* dümmer sein als die Polizei erlaubt ▼ BN *iem. de ~ aandoen* jemanden bis aufs Blut reizen ▼ *de ~ hale je!* hol dich der Teufel!
duivel-doet-al BN *manusje-van-alles* Faktotum *o*, ⟨vrouw⟩ Mädchen *o* für alles
duivelin Teufelin *v*
duivels ❶ *heel slecht, gemeen* teuflisch ★ *een ~ plan* ein teuflischer Plan ❷ *vervelend, ellendig* teuflisch ★ *die ~e jongen!* der Satansbraten! ❸ *woedend* fuchsteufelswild ★ *iem. ~ maken* jmdn. fuchsteufelswild machen
duivelskunstenaar ❶ *tovenaar* Teufelskünstler *m*, schwarze(r) Magier *m* ❷ *alleskunner* Tausendsassa *m*
duivenmelker Taubenzüchter *m*
duiventil Taubenschlag *m*
duizelen schwindeln ★ *mijn hoofd duizelt* mein Kopf schwindelt, der Kopf schwindelt mir
duizelig schwindlig
duizeling Schwindelgefühl *o*
duizelingwekkend *duizelig makend* schwindelerregend ★ *~e hoogte* schwindelnde Höhe *v*
duizend tausend ★ *~en mensen* tausend und aber tausend Menschen, Tausende / tausende Menschen
Duizend-en-een-nacht Tausendundeine Nacht
duizendkunstenaar *alleskunner* Alleskönner *m*
duizendmaal tausendmal
duizendpoot ❶ *dier* Tausendfüßler *m* ❷ *alleskunner* Tausendsassa *m*

duizendschoon Tausendschön *o*
duizendste ❶ tausendst ★ *een ~ (deel)* ein Tausendstel *o* ❷ → **vierde**
duizendtal Tausend *o*
dulden ❶ *verdragen* ertragen, dulden ❷ *toelaten* dulden
dummy *demonstratiemodel* Dummy *m*, Attrappe *v*
dump ❶ *handel* Verkauf *m* aus Heeresbeständen ❷ *opslagplaats* Heerlager *o*
dumpen ❶ *verkopen* zu Schleuderpreisen verkaufen ❷ *storten* abladen ❸ *zich ontdoen van* sitzen lassen
dumpprijs Schleuderpreis *m*
dun ❶ *niet dik* dünn ❷ *niet dicht opeen* dünn ★ *dun gezaaid zijn* dünn gesät sein
dunbevolkt dünn besiedelt / bevölkert
dundruk Dünndruck *m*
dungezaaid dünn gesät
dunk ❶ *mening* Meinung *v* ★ *een hoge dunk van zichzelf hebben* dünkelhaft sein ★ *een lage / geringe dunk hebben van* nicht viel halten von, sich nicht viel versprechen von ❷ sport Dunking *o*
dunken meinen ★ *mij dunkt dat...* mich dünkt / mir scheint, dass... ★ *me dunkt!* das ist gar nicht ohne!
dunnetjes dünn
dunschiller *mes* Kartoffelschäler *m*
duo *twee personen* Duo *o*
duobaan ≈ Arbeitsstelle *v* für zwei Teilzeitbeschäftigte
duopassagier Sozius(fahrer) *m*
dupe ▾ *de dupe zijn* die Dumme / Gelackmeierte sein
duperen schädigen, täuschen, form düpieren
duplexwoning, duplex BN *appartement met twee verdiepingen* Maisonettewohnung *v*
duplicaat Duplikat *o*
dupliceren duplizieren, verdoppeln
duplo ▾ *in ~* in zweifacher / doppelter Ausfertigung
duren dauern ★ *de onderhandelingen ~ lang* die Verhandlungen dauern lange
durf Mut *m*, Courage *v*, Wagemut *m*, Kühnheit *v*
durfal (wage)mutige(r) / couragierte(r) Mensch *m*
durfde [verl. td.] → **durven**
durfden [verl. td.] → **durven**
durven wagen, sich trauen, ⟨het lef hebben⟩ sich erdreisten ★ *ik durf niet in het water te springen* ich traue mich nicht, ins Wasser zu springen ★ *je durft zeker niet* du traust dich wohl nicht
dus also, folglich ★ *ik kan het hem dus vertellen?* ich kann es ihm also erzählen?
dusdanig I *bijw* so, derart, dermaßen **II** *aanw vnw* solch, derartig
duster Morgenrock / -mantel *m*
dusver ▾ *tot ~* bisher, bis jetzt
dutje ★ *een ~ doen* ein Schläfchen, Nickerchen machen
dutten dösen, ein Nickerchen machen
duur I *zn* [de] Dauer *v* ★ *voor de duur van twee jaar* für die Dauer von zwei Jahren ★ *van korte duur* von kurzer Dauer ★ *op den duur* auf die Dauer **II** *bnw* teuer, kostspielig **III** *bijw* ★ fig *het kwam haar duur te staan* es kam sie teuer zu stehen
duurloop Dauerlauf *m*
duursport Dauerleistungssport *m*
duurte Teuerung *v*, hohe(r) Preis *m*, Kostspieligkeit *v*
duurzaam ❶ *lang durend, lang goed blijvend* dauerhaft, (an)dauernd ★ *~ gescheiden* dauernd getrennt ❷ *milieuvriendelijk* nachhaltig, ⟨van energie⟩ erneuerbar ★ *duurzame energie* erneuerbare Energie
duvel → **duivel** ▾ *op zijn ~ krijgen* eins auf den Deckel bekommen
duw Stoß *m*, ⟨minder hard⟩ Schubs *m*
duwen stoßen, drücken, drängen, ⟨minder hard⟩ schubsen ★ *iem. opzij ~* jmdn. zur Seite drängen
duwvaart Schubschifffahrt *v*
dvd *Digital Versatile Disk* DVD *v*
dvd-recorder DVD-Rekorder *m*
dvd-speler DVD-Spieler *m*
dwaalleer Irrlehre *v*, Irrglaube *m*
dwaallicht ❶ *persoon* falsche(r) Prophet *m* ❷ *vlam* Irrlicht *o*
dwaalspoor Irrweg *m* ★ *iem. op een ~ brengen* jmdn. irreführen / in die Irre führen ★ *op een ~ zitten* auf den Holzweg sein
dwaas I *zn* [de] Tölpel *m*, Narr *m*, Tor *m* **II** *bnw* töricht, närrisch
dwaasheid Dummheit *v*, Torheit *v*, ⟨onzin⟩ Unsinn *m* ★ *dwaasheden vertellen* Unsinn reden ★ *dwaasheden begaan* Dummheiten machen
dwalen ❶ *dolen* irren ❷ *zich vergissen* sich irren
dwaling Irrtum *m* ★ *rechterlijke ~* Justizirrtum
dwang Zwang *m*
dwangarbeid Zwangsarbeit *v*
dwangarbeider Zwangsarbeiter *m*
dwangbevel Zwangsvollstreckung *v*
dwangbuis Zwangsjacke *v*
dwangmaatregel Zwangsmaßnahme *v*
dwangmatig zwanghaft
dwangneurose Zwangsneurose *v*
dwangsom Zwangsgeld *o*
dwangvoorstelling Zwangsvorstellung *v*
dwarrelen wirbeln
dwars I *bnw* ❶ *haaks erop* quer, ⟨scheef⟩ schräg ★ *met ~e strepen* mit Querstreifen, quer gestreift ❷ *onwillig* störrisch, querköpfig **II** *bijw, haaks* ★ *~ door het bos* quer durch den Wald ★ *~ door de velden* querfeldein ★ *~ door een gebied trekken* ein Gebiet durchqueren ★ *~ tegen iets ingaan* querschießen
dwarsbalk Querbalken *m*
dwarsbomen entgegenarbeiten ★ *iem. ~* jmdm. entgegenarbeiten ★ *iem. in iets ~* jmdn. an einer Sache hindern ★ *iemands plannen ~* jmd.(e)s Pläne durchkreuzen
dwarsdoorsnede lett Querschnitt *m*
dwarsen BN *kruisen* kreuzen
dwarsfluit Querflöte *v*
dwarskijker Spitzel *m*
dwarskop Querkopf *m*
dwarslaesie Querschnittlähmung *v* ★ *hij heeft een ~* er ist querschnitt(s)gelähmt
dwarsliggen sich querlegen
dwarsligger ❶ *biels* Schwelle *v*, Bahnschwelle *v* ❷ *dwarsdrijver* Querkopf *m*, Querulant *m*
dwarsligging Querlage *v*

dwarsstraat Querstraße *v* ▾ *ik noem maar een ~* nur als beliebiges Beispiel, nur als willkürliches Beispiel
dwarsverband bouw Querverbindung *v*
dwarszitten behindern, stören ★ *het zit me dwars* es wurmt mich ★ *iem. ~* einem Hindernisse in den Weg legen
dweepziek schwärmerisch, ⟨fanatiek⟩ fanatisch
dweil ❶ *lap* Putzlappen *m*, Scheuerlappen *m* ❷ *slons* ⟨vrouw⟩ Schlampe *v*, ⟨man⟩ Liederjan *m*
dweilen *schoonmaken* (auf)wischen ▾ *dat is ~ met de kraan open* das ist vergebliche Liebesmüh
dwepen met schwärmen für
dweper Fanatiker *m*
dwerg ❶ *klein mens* Zwerg *m* ❷ *sprookjesfiguur* Zwerg *m*
dwergachtig zwergenhaft, zwergartig
dwingeland Tyrann *m*
dwingelandij Tyrannei *v*
dwingen *noodzaken* zwingen (**tot** zu) [+3], nötigen (**tot** zu) ★ *gedwongen huwelijk* Mussehe *v* ★ *hij was ertoe gedwongen* er war dazu genötigt ★ *zij dwong hem te blijven* sie zwang ihn zu bleiben ★ *de omstandigheden hebben haar gedwongen* die Umstände nötigten sie ★ *gedwongen lening* Zwangsanleihe *v* ★ *gedwongen verkoop* Zwangsversteigerung *v* ★ *met ~de stem verlangen* mit gebieterischer Stimme fordern ★ *gedwongen lachen* zwanghaft / gekünstelt lachen ★ *gedwongen vriendelijk* gekünstelt freundlich
dwong [verl. td.] → **dwingen**
dwongen [verl. td.] → **dwingen**
dynamica Dynamik *v*
dynamiek *vaart* Dynamik *v*
dynamiet Dynamit *o*
dynamisch dynamisch
dynamo Dynamo *m*, Dynamomaschine *v*
dynastie Dynastie *v*
dysenterie Ruhr *v*
dyslectisch dyslektisch
dyslexie Legasthenie *v*
dystrofie med Dystrophie *v*

E

e ❶ *letter* E *o* ★ *de e van Eduard* E wie Emil ❷ *muzieknoot* e *o*
e.a. ❶ *en andere* u.a. ❷ *en anderen* u.a.
eau de cologne Kölnischwasser *o*, Eau de Cologne *o*
eb *laag tij* Ebbe *v* ★ *eb en vloed* Ebbe und Flut ★ *bij eb* bei Ebbe ★ *het is eb* es ist Ebbe
ebben ebenhölzern
ebbenhout Ebenholz *o*
ebbenhouten ebenhölzern
ebola Ebola *v*
e-business E-Business *o*
ECB *Europese Centrale Bank* EZB *v*, Europäische Zentralbank *v*
ecg *elektrocardiogram* EKG *o*, Elektrokardiogramm *o*
echec Misserfolg *m*, Fehlschlag *m*, Schlappe *v* ★ *een ~ lijden* eine Schlappe erleiden
echelon Staffelung *v*, Rang *m* ★ *het hoogste ~* die höheren Ränge
echo ❶ *nagalm* Echo *o* ❷ med Ultraschall *m*
echoën echoen, widerhallen
echografie Echografie *v*
echolood Echolot *o*
echoput Echobrunnen *m*
echoscopie Ultraschall *m*
echt I *bnw* ❶ *onvervalst* echt, richtig ★ *echte parels* echte Perlen ★ *echt goud* echte(s) Gold ★ *echt van kleur* farbecht ★ *een echte Hollander* ein echter Holländer ★ *een echte vriendin* eine echte Freundin ❷ *wettig* gesetzlich, legitim ★ *echte en onechte kinderen* eheliche und uneheliche Kinder **II** *bijw* ❶ wirklich, echt ★ *ik weet dat echt niet* ich weiß das wirklich nicht ★ *ik ben echt geschrokken* ich bin richtig / echt erschrocken ★ *nu gaat hij echt weg* jetzt geht er wirklich weg ★ *echt?* echt? ★ *meen je dat nou echt?* meinst du das wirklich? ❷ *typerend* ★ *dat is echt Frans* das ist richtig französisch ★ *dat is echt iets voor hem* das ist typisch er **III** *zn* [de] Ehe *v* ★ *in de echt verbinden* verheiraten ★ *in de echt treden* die Ehe eingehen
echtbreuk Ehebruch *m* ★ *~ plegen* Ehebruch begehen
echtelijk Ehe-, ehelich ★ *~e plicht* eheliche Pflicht
echter allerdings, jedoch ★ *ik veronderstel ~ dat...* ich gehe allerdings davon aus, dass... ★ *dit is een mooie stoel, hij is ~ ongemakkelijk* das ist ein schöner Stuhl, er ist jedoch unbequem
echtgenoot Ehemann *m*
echtgenote Ehefrau *v*
echtheid *het echt zijn* Echtheit *v*
echtpaar Ehepaar *o*
echtscheiden sich scheiden lassen
echtscheiding Ehescheidung *v* ★ *~ aanvragen* die Scheidung beantragen
eclectisch eklektisch
eclips Eklipse *v*
ecologie Ökologie *v*
ecologisch ökologisch ★ *~ evenwicht* ökologisches Gleichgewicht ★ *~ verantwoord* ökologisch verantwortbar

e-commerce E-Commerce *m*
econometrie Ökonometrie *v*
economie ❶ *economisch stelsel* Wirtschaft *v* ★ *geleide ~* Planwirtschaft *v* ★ *de ~ leeft op* die Wirtschaft belebt sich wieder ★ *de ~ loopt terug* die Konjunktur wird schwächer ❷ *schoolvak* Wirtschaftslehre *v*, ⟨studievak⟩ Wirtschaftswissenschaft *v* ★ *hij studeert ~* er studiert Wirtschaftswissenschaf
economisch ❶ *met betrekking tot economie* wirtschaftlich, ökonomisch ★ *~e politiek* Wirtschaftspolitik *v* ★ *~e situatie* Wirtschaftslage *v* ❷ *zuinig* sparsam
economyclass Economyclass *v*
econoom Wirtschaftswissenschaftler *m*, Ökonom *m*
ecosysteem Ökosystem *o*
ecotaks Ökosteuer *v*
ecotoerisme Ökotourismus *m*
ecru naturfarben
ecstasy *xtc* Ecstasy *o*
Ecuador Ecuador *o* ★ *in ~* in Ecuador
Ecuadoriaan Ecuadorianer *m*
Ecuadoriaans ecuadorianisch
eczeem Ekzem *o* ★ *last van ~ hebben* anfällig für Ekzem sein
e.d. *en dergelijke* u.ä., und ähnliche
Edam Edam *o*
Edammer cul *kaas* Edamer (Käse) *m*
ede → **eed**
edel ❶ *adellijk* adlig ★ *van edele geboorte* von adliger Geburt ❷ *zeer goed* edel ★ *hij is een edel mens* er ist ein edler Mensch
edelachtbaar hochwohlgeboren ★ *edelachtbare!* Herr (Richter)!
edele Adlige(r) *m*
edelgas Edelgas *o*
edelhert Rothirsch *m*
edelman Edelmann *m*
edelmetaal Edelmetall *o*
edelmoedig edelmütig
edelmoedigheid Edelmut *m*
edelsmid Goldschmied *m*
edelsteen Edelstein *m* ★ *een geslepen ~* ein geschliffener Edelstein
edelweiss Edelweiß *o*
edict Edikt *o*
editen ❶ comp bearbeiten, editieren ❷ *redigeren* redigieren
editie Ausgabe *v* ★ *extra ~* Sonderausgabe *v*
editor Redakteur *m*, comp Editor *m*
educatie ⟨opvoeding⟩ Erziehung *v*, ⟨kennis⟩ Bildung *v* ★ *permanente ~* ständige Bildung
educatief erzieherisch, pädagogisch wertvoll
eed Eid *m* ★ *een eed op de Bijbel* ein Eid auf die Bibel ★ *de eed op de vlag* ein Fahneneid ★ *eed van trouw* Treueeid ★ *onder ede staan* unter Eid stehen ★ *iets onder ede bevestigen* etw. unter Eid bezeugen ★ *een eed afleggen (op)* einen Eid ablegen (auf) [+4] ★ *iem. een eed afnemen* jmdn. vereidigen ★ *een eed breken* einen Eid brechen ★ *een eed doen* einen Eid leisten ★ *een dure / heilige eed zweren* einen heiligen Schwur leisten, schwören bei allem, was einem heilig ist ★ *ik durf er een eed op te doen* ich nehme es auf meinen Eid
EEG EWG *v*, Europäische Wirtschaftsgemeinschaft *v*
eeg *elektro-encefalogram* EEG *o*
eega Gatte *m* [v: Gattin], Gemahl *m* [v: Gemahlin]
eekhoorn Eichhörnchen *o*
eekhoorntjesbrood Steinpilz *m*
eelt Schwielen *mv* ★ *eelt op je ziel hebben* unbeugsam sein, abgehärtet sein
een[1] [één] **I** *telw* ein ★ *het is een uur* es ist eins, es ist ein Uhr ★ *een januari* erste(r) Januar ★ *niet een* kein Einziger ★ *nog een (extra)* noch einer / eine / eines (dazu) ★ *nog zo een* noch so einer / eine / eines ★ *op een na* außer einem / einer ★ *een voor een* eins nach dem anderen ★ *een op de vier* jeder Vierte ★ *een van de boeken* eines der Bücher ★ *een van hen* einer / eine / eines von ihnen ★ *een en dezelfde persoon* ein und dieselbe Person ★ *in een en hetzelfde jaar* in ein und demselben Jahr ★ *met een en hetzelfde doel* mit ein und demselben Ziel ★ *een zijn met...* eines sein mit... ★ *een of twee boeken* ein oder zwei Bücher ★ *Willem I* Wilhelm I., Wilhelm der Erste ★ *dat is me er een!* das ist mir eine(r)! ★ *een en al...* reiner... ★ BN *in een, twee, drie* eins, zwei, drei ★ *zo een, twee, drie* im Handumdrehen ★ *er nog eentje nemen* noch einen heben **II** *zn* [de] ❶ *cijfer* Eins *v*, onderw ≈ Sechs *v* ❷ *entiteit* ★ *de een of ander* irgendeiner, der eine oder der andere ★ *de een na de ander* einer nach dem anderen ★ *een of ander(e)...* irgendein..., irgendwelch... ★ *op een of andere manier* irgendwie ★ *de een nog beter dan de ander* der eine noch lieber als der andere ★ *een uit velen* einer / eine / eines von vielen ★ *een voor een* einer nach dem andern **III** *zn* [het] ★ *het een en ander* dieses und jenes ★ *van het een komt het ander* vom einen kommt das andere
een[2] [un] **I** *onb vnw* ein, irgendein ★ *een meneer Janssen heeft gebeld* ein (gewisser) Herr Janssen hat angerufen **II** *lw* ein ★ *ik geef u een voorbeeld* ich geben Ihnen ein Beispiel ★ *om een uur of zes* ungefähr um sechs Uhr ★ *een aardige vrouw* eine nette Frau ★ *ze heeft een hond* sie hat einen Hund
eenakter Einakter *m*
eencellig einzellig
eend ❶ *watervogel* Ente *v* ★ *wilde eend* Stockente *v* ★ *het lelijke jonge eendje* ein hässliches kleines Entlein ★ *een vreemde eend in de bijt zijn* außerhalb stehen ❷ *auto* Ente *v*
eendagsvlieg ❶ *insect* Eintagsfliege *v* ❷ *tijdelijk iets of iem.* Eintagsfliege *v*
eendelig einteilig, ⟨boek⟩ einbändig
eendenkooi Entenfang *m*
eendenkroos Entengrün *o*
eender gleich ★ *het is mij ~* es ist mir egal
eendracht Einigkeit *v*, Eintracht *v* ★ *~ maakt macht* gemeinsam sind wir stark
eendrachtig einträchtig
eenduidig eindeutig
eeneiig eineiig
eenennegentig einundneunzig
eenennegentigste einundneunzigste
eenentachtig einundachtzig
eenentachtigste einundachtzigste
eenentwintig einundzwanzig

eenentwintigen Siebzehnundvier spielen
eenentwintigste einundzwanzigste(r)
eenenzeventig einundsiebzig
eenenzeventigste einundsiebzigste
eengezinswoning Einfamilienhaus *o*
eenhedenstelsel Einheitensystem *o*
eenheid ❶ *geheel* Einheit *v* ★ *de ~ herstellen* die Einheit wiederherstellen ★ *de ~ verbreken* die Einheit brechen ★ *~ brengen in* in etw. [4] Einheit bringen ❷ *maat, grootheid* Einheit *v* ★ *~ van gewicht* Gewichtseinheit *v* ★ *eenheden en tientallen* Einheiten und Zehner ❸ *groep* Einheit *v* ★ *mobiele ~* Bereitschaftspolizei *v*
eenheidsprijs ❶ *gelijke prijs* Einheitspreis *m* ❷ *prijs per artikel* Artikelpreis *m*
eenheidsworst ≈ Einerlei *o*
eenhoorn Einhorn *o*
eenieder (ein) jeder, jedermann
eenjarig ❶ *een jaar oud* einjährig ★ *het ~ bestaan vieren* das einjährige Bestehen feiern ❷ *een jaar durend* einjährig ★ *~e cursus* einjähriger Kurs ★ *een ~e verbintenis* ein Einjahresvertrag *m*
eenkennig scheu, ängstlich ★ *~ zijn* fremdeln
eenling ❶ *eenzelvig persoon* Einzelgänger *m* ❷ *enkeling* Einzelne(r) *m*
eenmaal ❶ einmal ★ *als ik ~...* wenn ich einmal... ★ *~, andermaal, verkocht!* zum Ersten, zum Zweiten, zum Dritten, verkauft! ★ *~, andermaal, voor de derde maal* zum Ersten, zum Zweiten, zum Dritten ★ *als hij ~ geslaagd is...* wenn er einmal bestanden hat... ❷ *daaraan is niets te veranderen* ★ *dat is nu ~ zo* das ist nun einmal so ★ *ik ben nu ~ zo* ich bin nun einmal so ★ *hij is nu ~...* er ist nun einmal ..
eenmalig einmalig ★ *~ gebruik* einmalige(r) Gebrauch ★ *~e uitkering* einmalige Zuwendung ★ *een ~e aanbieding* ein einmaliges Angebot
eenmanszaak Einmannbetrieb *m*
eenoog → **land**
eenoudergezin Einelternfamilie *v*
eenpansmaaltijd Eintopf *m*
eenparig I *bnw* ❶ *gelijkmatig* gleichförmig ★ *~e beweging* gleichförmige Bewegung ❷ BN *eenstemmig* einstimmig ★ *met ~e stemmen* einstimmig **II** *bijw, gelijkmatig* ★ *~ versneld* gleichmäßig beschleunigt
eenpersoons- Einpersonen-, Einzel- ★ *eenpersoonsbed* Einzelbett *o* ★ *eenpersoonskamer* Einzelzimmer *o*
eenrichtingsverkeer Einbahnstraße *v* ★ *straat met ~* Einbahnstraße *v*
eens I *bnw, akkoord* einig, einverstanden ★ *het eens worden* einig werden ★ *het eens worden over de prijs* über den Preis einig werden ★ *het eens zijn (met)* einverstanden sein (mit) ★ *het eens zijn met iem.* mit jmdm. einverstanden sein ★ *het eens zijn met iets* mit etw. einverstanden sein ★ *daar ben ik het niet mee eens* damit bin ich nicht einverstanden ★ *het eens zijn over iets* sich über etw. einig sein **II** *bijw* ❶ *één keer, ooit* ein Mal, einst ★ *er was eens...* es war einmal ★ *eens gegeven blijft gegeven* geschenkt ist geschenkt ★ *een eens machtig land* ein einst mächtiges Land ★ *voor eens en voor altijd* ein für alle Mal ★ *dat is eens, maar nooit weer* einmal und nie wieder ★ *meer dan eens* mehr als einmal ★ *eens zo groot* noch einmal so groß ★ *nu eens... dan weer* einmal... einmal ❷ *als versterking* einmal ★ *hij kan niet eens lezen* er kann nicht einmal lesen ★ *hij is nog niet eens zo slecht* er ist nicht einmal so schlecht ★ *luister eens* hör mal ★ *antwoord nou eens!* antworte jetzt mal! ★ *zij antwoordde mij niet eens* sie antwortete mir nicht einmal ★ *niet eens* nicht einmal ★ *dat is nog eens moedig!* das nenne ich einmal mutig! ★ *kijk maar eens* guck einmal ★ *denk eens goed na* denk mal gut nach ★ *als je het hem eens vroeg* wie wär's, wenn du ihn mal fragst ★ *wel eens* schon einmal
eensgezind I *bnw* einig, einträchtig, einhellig ★ *~ zijn* einhellig sein **II** *bijw* ★ *~ handelen* einhellig handeln
eensgezindheid Einigkeit *v*
eensklaps plötzlich, auf einmal
eenslachtig eingeschlechtig
eensluidend gleichlautend, übereinstimmend ★ *~ afschrift* gleichlautende Abschrift ★ *~e verklaringen* gleichlautende Erklärungen
eenstemmig I *bnw* ❶ muz einstimmig ❷ *unaniem* einstimmig **II** *bijw* ★ *zij verklaren ~ dat* sie erklärten übereinstimmend, dass... ★ *~ zingen* einstimmig singen
eentalig einsprachig
eentje eine(r / s) ★ *op / in mijn ~* allein ★ *iets in z'n ~ doen* etw. allein tun ★ *in zijn ~* ganz allein ★ *laten we er ~ nemen* lass uns einen heben ★ *jij bent me er ~!* du bist mir einer / eine! ★ *hij is me er ~* er ist mir auch einer
eentonig eintönig
eentonigheid Eintönigkeit *v*
een-tweetje ❶ sport Doppelpass *m* ❷ *onderonsje* Gespräch *o* unter vier Augen
eenverdiener Alleinverdiener *m*
eenvormig einförmig
eenvoud ❶ *ongecompliceerdheid* Einfachheit *v* ★ *de ~ van de inrichting* die Einfachheit der Einrichtung ❷ *soberheid* Einfachheit *v* ★ *in alle ~* in aller Bescheidenheit
eenvoudig I *bnw* ❶ *ongecompliceerd* einfach ★ *kinderlijk ~* kinderleicht ★ *zo ~ is dat niet* so einfach ist das nicht ❷ *bescheiden* anspruchslos, bescheiden ★ *een ~e maaltijd* ein bescheidenes Mahl **II** *bijw* einfach, geradezu ★ *dat is ~ belachelijk* das ist einfach lächerlich
eenvoudigweg einfach, geradezu
eenwieler Einrad *o*
eenwording Einigung *v* ★ *Europese ~* die Europäische Einigung ★ *politieke ~* politische(r) Zusammenschluss
eenzaam ❶ *alleen* einsam ★ *hij voelt zich ~* er fühlt sich einsam ❷ *afgezonderd* öde
eenzaamheid *alleenheid* Einsamkeit *v*
eenzaat BN *eenzelvig persoon* Einzelgänger *m*
eenzelfde gleich, ähnlich
eenzelvig zurückgezogen ★ *~ persoon* einsame(r) Wolf
eenzijdig ❶ *van / aan één zijde* einseitig ★ *~ voorstel* einseitige(r) Vorschlag ★ *~e ontwapening* einseitige Entwaffnung ❷ *partijdig* einseitig
eer I *zn* [de] Ehre *v* ★ *met militaire eer* mit militärischen Ehren ★ *met ere* ehrenvoll ★ *met de eer gaan strijken* die Lorbeeren für etw. ernten ★ *ter ere van...* ... zu Ehren [+2] ★ *iets in ere*

houden etw. in Ehren halten ★ *iem. in zijn eer herstellen* jmdn. wieder zu Ehren bringen ★ *in ere herstellen* in Ehren wiederherstellen ★ *het aan zijn eer verplicht zijn te...* es seiner Ehre schuldig sein zu... ★ *iem. in zijn eer aantasten* jmds. Ehre antasten ★ *iem. tot eer strekken* jmdm. zur Ehre gereichen ★ *voor de eer bedanken* dankend ablehnen ★ *de eer aan zichzelf houden* seine Ehre retten ★ *iem. eer bewijzen / aandoen* jmdm. die Ehre erweisen ★ *de eer hooghouden* die Ehre wahren ★ *eer inleggen met* Ehre einlegen mit [+3] ★ *er een eer in stellen om* seine Ehre daransetzen zu... ★ *ik beschouw het als eer* ich betrachte es als eine Ehre ★ *zijn naam eer aandoen* seinem Namen alle Ehre machen ★ *iem. alle eer geven voor* jmdm. alle Ehren für etw. zukommen lassen ★ *de eer is gered* die Ehre ist gerettet ★ *in alle eer en deugd* in allen Ehren ★ *iem. de laatste eer bewijzen* jmdm. die letzte Ehre erweisen ★ *naar eer en geweten,* BN *in eer en geweten* nach Ehre und Gewissen ★ *ere wie ere toekomt* Ehre wem Ehre gebührt ★ *dat is mijn eer te na* das verbietet mir meine Ehre **II** *vw* ehe, bevor ★ *eer dat* bevor

eerbaar *fatsoenlijk* ehrbar, ehrenhaft

eerbetoon Huldigung *v*, Ehrerbietung *v* ★ *met militair ~* mit militärischen Ehren

eerbewijs Ehrung *v*, Ehrerweisung *v*

eerbied Ehrfurcht *v*, Achtung *v* ★ *uit ~ voor* aus Respekt vor [+3] ★ *~ voor de wet* Achtung vor dem Gesetz ★ *gebrek aan ~* Mangel an Respekt ★ *~ afdwingen* sich Respekt verschaffen

eerbiedig ehrfurchtsvoll, ehrerbietig ★ *op ~e afstand* in respektvoller Entfernung

eerbiedigen respektieren, achten

eerbiedwaardig ehrwürdig

eerdaags demnächst, bald

eerder I *bnw* eher, früher ★ *een ~e poging* ein früherer Versuch **II** *bijw* ❶ *vroeger* eher, früher ★ *al eens ~* früher schon einmal ★ *hoe ~ hoe beter* je früher, desto besser ★ *~ dan tien uur vanavond* vor zehn Uhr heute Abend ★ *ik had haar ~ al ontmoet* ich habe sie schon einmal getroffen ❷ *liever* lieber, eher ★ *dat zou ik ~ doen* das würde ich lieber tun ★ *~ meer dan minder* eher mehr als weniger ❸ *waarschijnlijker* eher, vielmehr ★ *dat lijkt me ~* das erscheint mir wahrscheinlicher ★ *hij is ~ lui dan dom* er ist eher faul als dumm ★ *Ik denk ~ dat hij niet komt* ich denke eher, dass er nicht kommt

eergevoel Ehrgefühl *o* ★ *op iemands ~ werken* jmdn. bei seiner Ehre packen

eergisteren vorgestern

eerherstel Rehabilitierung *v*

eerlijk I *bnw, oprecht* ehrlich, ⟨fatsoenlijk⟩ anständig ★ *~ spel* fair(es) Spiel ★ *dat is het ~st* das ist am ehrlichsten ★ *dat is niet ~* das ist nicht fair ★ *een ~e kans* eine faire Chance ★ *~ duurt het langst* ehrlich währt am längsten ★ *~ is ~* ehrlich ist ehrlich **II** *bijw* ehrlich ★ *~ spelen* fair spielen ★ *het ~ menen* es ehrlich meinen ★ *~ gezegd* ehrlich gesagt ★ *~ waar* wirklich wahr ★ *~ verdiend* ehrlich verdient ★ *alles ging er strikt ~ aan toe* es lief alles ganz ehrlich ab ★ *iem. ~ zijn mening zeggen* jmdm. offen seine Meinung sagen

eerlijkheid *oprechtheid* Ehrlichkeit *v* ★ *in alle ~* in aller Offenheit ★ *de ~ gebiedt me te zeggen dat...* die Ehrlichkeit gebietet zu sagen, dass...

eerlijkheidshalve ehrlichkeitshalber

eerroof BN *jur smaad* Schmach *m*, Schmähung *v*

eerst I *bijw* ❶ *eerder dan wie of wat ook* erst, zuerst ★ *~ ben jij aan de beurt, dan zij* erst kommst du an die Reihe, dann sie ❷ *in het begin* erst, zuerst ★ *~ ging alles goed* erst / zuerst ging alles gut ★ *~ leek het niet zo erg* zunächst sah es nicht so schlimm aus **II** *zn* [het] ★ *het ~ aankomen* als Erste(r) ankommen ★ *voor het ~* zum ersten Mal ★ *wie het ~ komt, het ~ maalt* wer zuerst kommt, mahlt zuerst ★ *wie het ~ boven is!* wer als Erster oben ist!

eerstdaags demnächst

eerste erste(r / s) ★ *het ~* das Erste ★ *de ~ zes* die ersten sechs ★ *de ~ van de maand* der Monatserste *m* ★ *ten ~* erstens ★ *voor de ~ keer* zum ersten Mal ★ *de ~ de beste* der / die / das Erstbeste ★ *bij de ~ de beste gelegenheid* bei der erstbesten Gelegenheit ★ *hij is niet de ~ de beste* er ist nicht der Erstbeste

eerstegraads ersten Grades ★ *~ verbranding* Verbrennung ersten Grades *v* ★ *~ lesbevoegdheid* ≈ gymnasiale Lehrbefähigung *v* ★ *~ vergelijking* Gleichung *v* ersten Grades

eerstehulppost Erste-Hilfe-Posten *m*

eerstejaars I *zn* [de] onderw Erstsemester *o* **II** *bnw* onderw im ersten Semester

eersteklas *uitstekend* erstklassig ★ *van ~ kwaliteit* von erstklassiger Qualität ★ *~ hotel* erstklassiges Hotel ★ *een ~ kok* ein Spitzenkoch ★ *~ reizen* erste Klasse reisen ★ *~kaartje* Fahrkarte *v* erste Klasse

eerstelijns primär ★ *~ gezondheidszorg* Basisgesundheitsdienst *m*

eersterangs erstrangig, ersten Ranges ★ *~ hotel* Hotel ersten Ranges

eerstkomend nächst ★ *de ~e dagen* die nächsten Tage

eerstvolgend nächst ★ *de ~e jaren* die nächsten Jahre

eervol ehrenvoll ★ *~le vermelding* ehrenvolle Nennung ★ *~ ontslag* ehrenvolle Entlassung

eerwraak Ehrenmord *m*

eerzaam ehrbar ★ *eerzame lieden* biedere Leute

eerzucht Ehrgeiz *m*

eerzuchtig ehrgeizig

eetappel BN Tafelapfel *m*

eetbaar essbar, genießbar ★ *niet ~* nicht essbar

eetcafé Lokal *o*, Gaststätte *v*

eetgelegenheid Gaststätte *v*, Lokal *o*

eetgerei Essbesteck *o*

eethoek ❶ *plaats* Essecke *v* ❷ *meubels* Essecke *v*

eethuis Gaststätte *v*, Lokal *o*

eetkamer Esszimmer *o*, form Speisezimmer *o*

eetlepel Esslöffel *m* ★ *een ~ suiker* ein Esslöffel Zucker

eetlust Esslust *v*, Appetit *m* ★ *de ~ opwekken* den Appetit anregen ★ *de ~ benemen* den Appetit verderben

eetstokje Stäbchen *o*

eetstoornis Essstörung *v*

eettent Lokal *o*, Imbissstube *m*

eetwaar Esswaren *mv*

eetzaal Speisesaal *m*

eeuw ❶ *periode van 100 jaar* ⟨honderd jaar⟩

Jahrhundert *o*, ⟨tijdperk⟩ Zeitalter *o* ★ *de 20e eeuw* das 20. Jahrhundert ★ *in de 18e eeuw* im 18. Jahrhundert ★ *de Gouden Eeuw* das Goldene Zeitalter ★ *de eeuw van de verlichting* das Zeitalter der Aufklärung ❷ *lange tijd* ★ *ik heb je in geen eeuwen gezien* ich habe dich schon seit Ewigkeiten nicht mehr gesehen ★ *ik wacht al eeuwen op je* ich warte schon eine halbe Ewigkeit auf dich

eeuwenlang jahrhundertelang

eeuwenoud jahrhundertealt, uralt

eeuwfeest Hundertjahrfeier *v*

eeuwig I *bnw* ewig ★ *voor ~* auf ewig ★ *~e sneeuw* ewige(r) Schnee ★ *de ~e jachtvelden* die ewigen Jagdgründe **II** *bijw* ewig ★ *altijd en ~* immer und ewig ★ *~ zonde* jammerschade

eeuwigdurend ewig während

eeuwigheid Ewigkeit *v* ★ *we hadden hem in geen ~ gezien* wir hatten ihn seit Ewigkeiten nicht gesehen ★ *ik heb je in geen ~ gezien* ich habe dich eine Ewigkeit nicht gesehen ★ *het duurde een ~* es dauerte eine Ewigkeit ★ *tot in de ~* bis in alle Ewigkeit ★ *de ~ ingaan* in die Ewigkeit eingehen

eeuwigheidswaarde Ewigkeitswert *m*

eeuwwisseling Jahrhundertwende *v* ★ *rond de ~* um die Jahrhundertwende

effect ❶ *uitwerking* Effekt *m* ★ *~ hebben* Effekt / Wirkung haben ★ *een averechts ~ hebben* das Gegenteil bewirken ★ *dat heeft geen ~ gehad* das hat keinen Effekt gehabt ★ *op ~ berekend zijn* auf Effekt aus sein ❷ econ Wertpapier *o*, Effekten *mv* ★ *een makelaar in ~en* ein Effektenmakler ❸ sport Effet *o* ★ *een bal ~ geven* einen Ball anschneiden ★ *de bal met ~ spelen* einen Ball mit Effet spielen

effectbal angeschnittene(r) Ball *m*

effectenbeurs Effektenbörse *v*

effectenmakelaar Effektenmakler *m*

effectenmarkt Effektenmarkt *m*, Wertpapiermarkt *m*

effectief ❶ *doeltreffend* effektiv, wirksam ★ *~ middel* wirksame(s) Mittel ❷ *daadwerkelijk* effektiv, tatsächlich ★ *in effectieve dienst* in aktivem Dienst ❸ BN jur ⟨van straf⟩ *onvoorwaardelijk* ohne Bewährung

effen ❶ *vlak* eben, flach ★ *~ terrein* flache(s) Gelände ❷ *eenkleurig* einfarbig, uni [uni] ★ *~ kleuren* Unifarben ★ *~ blauw* einfarbig blau *zonder uitdrukking* unbewegt ★ *met een ~ gezicht* mit unbeweglicher Miene inform *eventjes* kurz ★ *mag ik ~* darf ich kurz

effenen *glad maken* ebnen ★ *de weg ~ voor iem.* den Weg für jmdn. ebnen

efficiënt effizient

efficiëntie Effizienz *v*

EG *Europese Gemeenschap* ⟨Europäische Gemeinschaft⟩ EG *v*

eg Egge *v*

egaal ❶ *vlak* gleich ❷ *eenkleurig* einfarbig, uni [uni] ★ *egale kleur* eine Farbe *v*

egaliseren *effenen* ebnen, egalisieren

egard Rücksicht(nahme) *v* ★ *iem. met ~s behandelen* jmdn. rücksichtsvoll behandeln

Egeïsche Zee Ägäis *v*

egel Igel *m*

eggen eggen

ego Ego *o*, Ich *o* ★ *alter ego* Alter Ego ★ *iemands ego strelen* jmds. Selbstbewusstsein schmeicheln

egocentrisch egozentrisch

egoïsme Egoismus *m*

egoïst Egoist *m*

egoïstisch egoistisch

egotrip Egotrip *m*

egotrippen auf dem Egotrip sein

egotripper Egotripper *m*

Egypte Ägypten *o* ★ *in ~* in Ägypten

Egyptenaar Ägypter *m*

Egyptisch ägyptisch

Egyptische Ägypterin *v*

EHBO I *afk, Eerste Hulp Bij Ongelukken* Erste Hilfe *v* **II** *zn* [de], *dienst* Erste Hilfe *v*

EHBO-doos Verbandkasten *m*

EHBO'er Sanitäter *m*

ei I *zn* [het] ❶ biol Ei *o* ★ *gebakken ei* Spiegelei *o* ★ *geklutst ei* verquirlte(s) Ei ★ *gekookt ei* gekochte(s) Ei ★ *gepocheerd ei* verlorene(s) Ei ★ *zachtgekookt ei* weichgekochte(s) Ei ★ *hardgekookt ei* hartgekochte(s) Ei ★ *een ei leggen* ein Ei legen ★ *eieren voor zijn geld kiezen* auf Nummer sicher gehen ★ *beter een half ei dan een lege dop* besser einen Spatz in der Hand als eine Taube auf dem Dach ★ *op eieren lopen* wie auf Eiern gehen ★ *zijn ei niet kwijt kunnen* nicht zum Zuge kommen ★ *dat is het hele eieren eten* das ist alles ★ BN *een eitje te pellen hebben met* mit jmdm. ein Hühnchen zu rupfen haben ▼ *het ei van Columbus* das Ei des Kolumbus ❷ *doetje* Pflaume *v* ★ *zacht ei(tje)* Weichei *o* ❸ → **eitje** **II** *bijw* ▼ BN *ei zo na* fast, beinahe

eicel Eizelle *v*

eidereend Eiderente *v*

eierdooier Eidotter *m*, Eigelb *o*

eierdoos Eierkarton *m*

eierdop ❶ *schaal* Eierschale *v* ❷ *napje* Eierbecher *m*

eierkoek cul Eiergebäck *o*

eierschaal Eierschale *v*

eierstok Eierstock *m*

eierwekker Eieruhr *v*

Eiffeltoren Eiffelturm *m*

eigeel Eigelb *o* ★ *met ~ bestrijken* mit Eigelb bestreichen

eigen ❶ *van iem. of iets* eigen ★ *~ weg* Privatweg *m* ★ *voor ~ gebruik* für den Eigenbedarf ★ *uit ~ beweging* aus eigenem Antrieb ★ *een ~ huis hebben* ein eigenes Haus haben ❷ *vertrouwd* vertraut ★ *~ met iem. zijn* mit jmdm. vertraut sein ★ *zich iets ~ maken* sich etw. aneignen ★ *zich een taal ~ maken* sich eine Sprache aneignen ❸ **~ aan** *kenmerkend voor* eigen [+3] ★ *dat is ~ aan hem* das ist ihm eigen

eigenaar Inhaber *m*, Eigentümer *m* ★ *van ~ verwisselen* den Eigentümer wechseln

eigenaardig ❶ *kenmerkend* eigentümlich ❷ *zonderling* eigenartig, sonderbar

eigenaardigheid ❶ *vreemde eigenschap* Eigentümlichkeit *v* ❷ *eigenheid* Eigenart *v*

eigenbaat Selbstsucht *v*

eigenbelang Eigeninteresse *o*, Eigennutz *m* ★ *uit ~* aus Eigeninteresse ★ *alleen op ~ uit zijn* nur auf Eigeninteresse aus sein ★ *handelen uit ~*

eigennützig handeln
eigendom *object* Eigentum *o* ★ *in ~ hebben* in Eigentum haben ★ *iets in ~ verkrijgen* in Eigentum bekommen ★ *dat huis is mijn ~* das Haus ist mein Eigentum
eigendunk Dünkel *m* ★ *veel ~ hebben* viel Dünkel haben
eigengebakken selbst gebacken ★ *~ brood* selbst gebackenes Brot
eigengemaakt selbst gemacht ★ *~e jam* selbst gemachte Marmelade
eigengereid eigensinnig, eigenbrötlerisch ★ *~ zijn* eigensinnig sein ★ *zij is een ~ meisje* sie ist ein eigensinniges Mädchen
eigenhandig I *bnw* eigenhändig **II** *bijw* ★ *iem. ~ buiten de deur zetten* jmdn. eigenhändig vor die Tür setzen ★ *~ geschreven brief* handgeschriebener Brief ★ *dat heb ik ~ gemaakt* das habe ich eigenhändig gemacht
eigenheimer ❶ *persoon* Eigenbrötler *m* ❷ *aardappel* omschr Kartoffelsorte *v*
eigenliefde Eigenliebe *v* ★ *gekrenkte ~* gekränkte Eitelkeit
eigenlijk I *bnw* eigentlich ★ *het ~e centrum* das eigentliche Zentrum ★ *de ~e betekenis* die eigentliche Bedeutung ★ *de ~e reden* der eigentliche Grund ★ *zijn ~e naam is Marco* sein eigentlicher Name ist Marco **II** *bijw* ★ *~ heeft hij gelijk* eigentlich hat der Recht ★ *~ weet ik het niet* eigentlich weiß ich es nicht ★ *wat bedoel je ~?* was meinst du eigentlich? ★ *zij wist ~ niet wat ze moest doen* sie wusste eigentlich nicht mehr, was sie tun sollte ★ *daarvoor kom ik ~ niet* deshalb komme ich eigentlich nicht ★ *wat is dat ~?* was ist das eigentlich?
eigenmachtig I *bnw* eigenmächtig ★ *~ optreden* eigenmächtiges Handeln **II** *bijw* ★ *~ optreden* eigenmächtig handeln
eigennaam Eigenname *m*
eigenschap Eigenschaft *v* ★ *goede ~* gute Eigenschaft ★ *slechte ~* schlechte Eigenschaft ★ *verlangde ~* geforderte Eigenschaft
eigentijds zeitgenössisch
eigenwaan Hochmut *m*, übersteigerte(s) Selbstbewusstsein *o*
eigenwaarde Selbstwert *m* ★ *gevoel van ~* Selbstwertgefühl *o*
eigenwijs eigenwillig
eigenwoningforfait ≈ Mietwert *m* des eigenen Hauses, den der Eigentümer versteuern muss
eigenzinnig eigensinnig
eik Eiche *v*
eikel ❶ *vrucht* Eichel *v* ❷ *deel van penis* Eichel *v* ❸ *kluns* Blödmann *m*
eiken eichen ★ *een massief ~ keuken* eine Küche aus massiver Eiche
eikenhout Eichenholz *o*
eiland Insel *v* ★ *~je* kleine Insel ★ *op een ~* auf einer Insel ★ *onbewoond ~* unbewohnte Insel ★ *de Britse ~en* die Britischen Inseln
eilandengroep Inselgruppe *v*
eilander Insulaner *m*, Inselbewohner *m*
eileider Eileiter *m*
eind ❶ ⟨in tijd⟩ *laatste deel* Ende *o* ★ *eind mei* Ende Mai ★ *aan het eind van de week* am Ende der Woche ★ *tegen het eind van de maand* gegen Ende des Monats ★ *voor het eind van het jaar* vor Jahresende ★ *aan zijn einde komen* an sein Ende kommen ★ *lelijk aan zijn eind komen* an ein grausames Ende kommen ★ *aan alles komt een eind* alles hat ein Ende ★ *bij het einde van* am Ende [+2] ★ *aan / op het eind van* am Ende [+2] ★ *op zijn eind lopen* zu Ende gehen ★ *ten einde brengen* zu Ende bringen ★ *ten einde lopen* zu Ende gehen ★ *ten einde zijn* zu Ende sein ★ *tot een goed einde brengen* zu einem guten Ende führen ★ *tot het einde (toe)* bis zum Schluss ★ *een eind maken aan iets* einer Sache [3] ein Ende machen ★ *een eind aan zijn leven maken* sich das Leben nehmen ★ *er komt geen einde aan* es nimmt kein Ende ★ *een einde nemen* ein Ende haben ★ *het einde betekenen van* das Ende für... bedeuten ★ *het eind van het liedje was dat* das Ende vom Lied war, dass ★ *eind goed, al goed* Ende gut, alles gut ❷ ⟨in plaats⟩ *laatste stuk* Ende *o* ★ *aan het andere eind van de stad* am anderen Ende der Stadt ★ *van het ene naar het andere eind* vom einen Ende zum anderen ★ *aan het eind van de straat* am Ende der Straße ★ *aan het andere eind van de wereld* am anderen Ende der Welt ★ *ten einde raad zijn* völlig ratlos sein, sich keinen Rat mehr wissen ★ *aan het eind van zijn Latijn zijn* mit seinem Latein am Ende sein ★ *aan het eind van zijn krachten zijn* am Ende seiner Kräfte sein ★ *tot het bittere eind* bis zum bitteren Ende ▼ *dan is het einde zoek!* das ist ein Fass ohne Boden! ❸ *afstand* ★ *eindje* Stückchen *o* ★ *een eindje gaan wandelen* ein Stückchen laufen ★ *een heel eind* eine ganze Strecke ★ *een eindje omlopen* sich die Füße vertreten ★ *een eind weg* ein Stück weg ★ *loop je een eindje mee?* gehst du ein Stück mit? ★ *een eindje met iem. oplopen* jmdn. ein Stück begleiten ★ *iem. een eindje wegbrengen* jmdn. ein Stück zurückbegleiten ★ *een eindje verderop* ein Stückchen weiter ★ *het is maar 'n klein eindje* es ist nur ein Katzensprung ★ *ik ga 'n eindje fietsen* ich gehe ein bisschen Rad fahren ❹ *stuk van bepaalde lengte* Strecke *v*, Stück *o*, Stückchen *o* ★ *eind touw* Stückchen Schnur ★ *een heel eind in de 40* tief in den Vierzig ★ *de eindjes aan elkaar knopen* die Enden zusammenbinden ★ *de eindjes nauwelijks aan elkaar kunnen knopen* mit seinem Geld kaum auskommen ★ *het bij het rechte eind hebben* Recht haben ★ *het bij het verkeerde eind hebben* Unrecht haben ★ *aan het kortste eind trekken* den Kürzeren ziehen ★ *aan het langste eind trekken* am längeren Hebel sitzen ▼ *dat is het einde!* das ist das Beste! ▼ *die film is echt het einde!* der Film ist echt eine Wucht! ▼ *ze vindt je het einde* sie findet dich fantastisch
eindbedrag Endbetrag *m*, Endsumme *v*
eindbestemming ❶ lett Ziel *o*, Endstation *v* ❷ fig Ziel *o*
eindcijfer ❶ *uitkomst* Ergebnis *o* ❷ *beoordeling* Gesamtnote *v*
einddiploma Abschlusszeugnis *o*, ⟨van vwo⟩ Abiturzeugnis *o*
einddoel Endziel *o*
einde → **eind**
eindejaarsuitkering, BN **eindejaarspremie** Weihnachtsgeld *o*

eindelijk endlich ★ *~ kwam hij het te weten* endlich erfuhr er es ★ *nou, ~!* na, endlich! ★ *kom je nou ~?* kommst du jetzt endlich?
eindeloos I *bnw* ❶ *zonder einde* endlos ❷ *geweldig* super **II** *bijw* ❶ *zonder einde* ★ *~ duren* endlos dauern ❷ *zeer* ★ *die film is ~ goed* der Film ist unbeschreiblich gut
einder Horizont *m*
eindexamen onderw Abschlussprüfung *v*, ⟨van vwo⟩ Abitur *o* ★ *slagen voor het ~* die Abschlussprüfung / das Abitur bestehen ★ *~ doen* das Abitur machen
eindexamenklas onderw ⟨vwo⟩ Abiturklasse *v*, Abschlussklasse *v*
eindfase *laatste fase* Endphase *v*
eindig ❶ *beperkt* endlich, vergänglich ★ *het leven is ~* das Leben ist endlich ❷ wisk endlich ★ *een ~ getal* eine endliche Zahl ★ *de ~e getallen* die endlichen Zahlen
eindigen I *ov ww, een eind maken aan* beend(ig)en **II** *on ww, ophouden* enden, form (ab)schließen ★ *op een klinker ~* auf einen Vokal enden ★ *de brief eindigt met de woorden* der Brief schließt mit den Worten ★ *~ met* abschließen mit [+3] ★ *de lessen ~ om een uur* die Schule ist um 1 Uhr aus ★ *bij het ~ van* am Ende [+2]
eindje → **eind**
eindklassement Gesamtwertung *v*
eindproduct Enderzeugnis *o*, Endprodukt *o*
eindpunt Endpunkt *m*, Schlusspunkt *m*, ⟨openbaar vervoer⟩ Endstation *v* ★ *~ van de tram* Endhaltestelle *v* / Endstation *v* der Straßenbahn
eindrapport ❶ *eindbericht* Abschlussbericht *m* ❷ onderw *schoolrapport* Abschlusszeugnis *o*, ⟨bij overgang⟩ Jahreszeugnis *o*
eindredactie ❶ *laatste redactie* Endredaktion *v*, Schlussredaktion *v* ★ *onder ~ van* unter Endredaktion von [+3] ❷ *afdeling* Redaktion *v*
eindrijm Endreim *m*
eindsprint Endspurt *m*
eindstadium *laatste stadium* Endstadium *o*, Endphase *v*
eindstand Endstand *m*, Endergebnis *o*, ⟨bij schaken⟩ Schlussstellung *v* ★ *de ~ is 3-0 voor Utrecht* der Endstand is 3:0 für Utrecht
eindstation ❶ *eindhalte* Endstation *v* ❷ *uiteindelijk doel* Endphase *v*
eindstreep Ziel *o*, Ziellinie *v* ★ *als eerste over de ~ gaan* als Erste(r) ins Ziel gehen ★ *de ~ halen* das Ziel erreichen
eindstrijd sport Endkampf *m*, Endspiel *o*
eindwerk BN *afstudeerscriptie* Diplomarbeit *v*, Abschlussarbeit *v*
eis ❶ *het dwingend verlangde* Forderung *v*, Anforderung *v*, Anspruch *m* ★ *hoge eisen stellen* hohe Ansprüche stellen ★ *naar de eisen van de tijd* nach den Forderungen der Zeit ★ *hoge eisen stellen aan* hohe Ansprüche / große Anforderungen stellen an [+4] ★ *de eisen op tafel leggen* die Forderungen vorlegen ★ *aan de eisen voldoen* den Ansprüchen genügen ★ *de eisen van het vak* die Anforderungen des Fachs ❷ *vordering* ⟨bij civiel proces⟩ Klage *v*, ⟨bij strafproces⟩ Strafantrag *m* ★ *eis tot echtscheiding* Antrag *m* auf Ehescheidung ★ *eis tot echtscheiding indienen* die Scheidung einreichen ★ *eis tot schadevergoeding indienen* Schadenersatzansprüche stellen ★ *eis tot schadevergoeding* Schadenersatzforderung, Klage auf Schadenersatz ★ *van een eis afzien* von einer Klage absehen ★ *de eis van het Openbaar Ministerie* der Strafantrag ★ *een eis toewijzen* einer Klage stattgeben ★ *iemands eis afwijzen* jmds. Klage abweisen ★ *een eis instellen tegen iem.* Klage gegen jmdn. erheben ★ *de eis luidt vier jaar gevangenisstraf* es wurde eine vierjährige Gefängnisstrafe beantragt ★ *een eis tot schadevergoeding instellen* auf Schadenersatz klagen
eisen ❶ *dwingend verlangen* fordern, verlangen ❷ *vergen* fordern, erfordern ★ *de ramp eiste negen levens* die Katastrophe forderte neun Todesopfer ★ *de burgeroorlog eiste veel slachtoffers* der Bürgerkrieg forderte viele Opfer ★ *de rellen hebben doden geëist* der Aufstand hat Menschenleben gefordert ❸ jur beantragen ★ *een straf ~* eine Strafe beantragen ★ *~de partij* Kläger *m* ★ *schadevergoeding ~* Schadenersatz fordern ★ *het Openbaar Ministerie eiste vier maanden gevangenisstraf* der Staatsanwalt beantragte eine Gefängnisstrafe von vier Monaten
eisenpakket Forderungskatalog *m*
eiser jur Kläger *m*, Antragsteller *m*
eisprong Eisprung *m*
eitje ❶ *makkelijk karwei* ★ *dat is een (zacht) ~* das ist ein Kinderspiel ❷ → **ei**
eivol gestopft voll ★ *het was er ~* es war dort gestopft voll
eiwit ❶ *wit van ei* Eiweiß *o* ❷ *proteïne* Eiweiß *o* ★ *~ten* Eiweißstoffe
eiwitrijk eiweißreich
ejaculatie Ejakulation *v*, Samenerguss *m*
ejaculeren ejakulieren
EK *Europees Kampioenschap* EM *v*, Europameisterschaft *v*
EKO-keurmerk Ökosiegel *o*
ekster Elster *v* ★ *klappen als een ~* ⟨veel praten⟩ plappern wie ein Papagei
eksteroog Hühnerauge *o* ★ *last van eksterogen hebben* Hühneraugen haben
el Elle *v*
elan Elan *m*, Schwung *m*
eland Elch *m*
elasticiteit Elastizität *v*
elastiek *rubber bandje* Gummi *o*, Gummiband *o*, ⟨in broek etc.⟩ Gummizug *m*
elastisch elastisch
elders anderswo, sonstwo ★ *naar ~* anderswohin ★ *van ~* von sonstwo ★ *bezoekers van ~* Besucher von außerhalb
eldorado Eldorado *o*
electoraal Wahl..., Wähler...
electoraat Wähler *mv*
elegant elegant
elegantie Eleganz *v*
elektra ❶ *stroom* elektrische(r) Strom *m* ❷ *apparaten* Elektroartikel *mv*
elektricien Elektriker *m*
elektriciteit Elektrizität *v* ★ *door waterkracht opgewekte ~* Strom *m* aus Wasserkraft
elektriciteitsbedrijf Elektrizitätswerk *o*

★ *gemeentelijk* ~ städtische(s) Elektrizitätswerk
elektriciteitscentrale Elektrizitätswerk *o*, Kraftwerk *o*
elektriciteitsmast Elektrizitätsmast *m*, E-Mast *m*
elektriciteitsnet Elektrizitätsnetz *o*
elektrisch elektrisch
elektrocardiogram Elektrokardiogramm *o*
elektrocuteren durch den elektrischen Stuhl hinrichten
elektrocutie Elektrokution *v*
elektrode Elektrode *v*
elektro-encefalogram Elektroenzephalogramm *o*, EEG *o*
elektrolyse Elektrolyse *v*
elektromagneet Elektromagnet *m*
elektromagnetisch elektromagnetisch
elektromonteur Elektromonteur *m*
elektromotor Elektromotor *m*
elektron natk Elektron *o*
elektronica Elektronik *v*
elektronisch elektronisch ★ ~ *betalen* elektronische Bezahlung
elektroshock Elektroschock *m*
elektrotechniek Elektrotechnik *v*
element ❶ scheik Element *o* ❷ *bestanddeel* Element *o* ▼ *in zijn ~ zijn* in seinem Element sein ▼ *de ~en trotseren* ⟨weersomstandigheden⟩ Wind und Wetter trotzen
elementair elementar ★ ~ *onderwijs* Elementarunterricht *m* ★ *~e kennis* Elementarwissen ★ ~ *deeltje* Elementarteilchen *o*
elf I *telw* elf **II** *zn* [de], *sprookjesfiguur* Elfe *v* Elf
elfde ❶ elfte ❷ → **vierde**
elfendertigst ★ *op zijn ~* im Schneckentempo, langsam und umständlich
elftal Elf *v*, Fußballelf *v* ★ *het Nederlands ~* die niederländische Nationalmannschaft ★ *nationaal ~* Nationalmannschaft *v*
eliminatie Beseitigung *v*, Eliminierung *v*
elimineren eliminieren
elitair elitär
elite Elite *v*
elixer Elixier *o*
elk jede(r) [v: jede] [o: jede(s)] ★ *ze komt elke dag* sie kommt jeden Tag ★ *elke week* jede Woche ★ *hij kan elk ogenblik komen* er kann jeden Augenblick kommen
elkaar sich, form einander ★ *zij zijn ~s vrienden* sie sind Freunde ★ *we schrijven ~* wir schreiben einander / uns ★ *zij keken ~ aan* sie schauten sich an ★ ~ *helpen* einander helfen ★ *aan ~ grenzend* aneinander grenzend ★ *achter ~* ⟨van plaats⟩ hintereinander ★ *achter ~ staan* hintereinander stehen ★ *achter ~* ⟨in tijd⟩ nacheinander ★ *uren achter ~* stundenlang ★ *achter ~ lopen* hintereinander herlaufen ★ *bij ~* beieinander ★ *bij ~ brengen* zusammenbringen ★ *bij ~ komen* zusammenkommen ★ *door ~ liggen* durcheinander liegen ★ *door ~* durcheinander ★ *in ~ zakken* ⟨gebouw etc.⟩ zusammenstürzen, ⟨mens⟩ zusammenbrechen ★ *in ~ leggen / zetten* zusammenbauen ★ *goed in ~ zitten* gut gemacht sein ★ *dat zit slecht in ~* das ist nicht gut gemacht ★ *met ~* miteinander ★ *naast ~* nebeneinander ★ *onder ~* unter sich, untereinander ★ *zij hebben het onder ~ verdeeld* sie haben es untereinander verteilt ★ *onder ~ spreken zij Frans* untereinander sprechen sie Französisch ★ *op ~* aufeinander ★ *met de armen over ~* mit verschränkten Armen ★ *uit ~ gaan* auseinander gehen ★ *uit ~ halen / nemen* auseinander nehmen ★ *niet uit ~ kunnen houden* nicht auseinander halten können ★ *uit ~ vallen* auseinander fallen ★ *ze hebben niets van ~* sie sind sich gar nicht ähnlich ★ *ze houden van ~* sie lieben sich / einander ★ *gescheiden van ~* getrennt voneinander ▼ *iets voor ~ hebben / krijgen* etwas geschafft haben / etwas schaffen ▼ *het is voor ~* es ist geschafft, es ist geregelt
elleboog Ellbogen *m*, Ellenbogen *m* ★ *op de ellebogen leunen* sich auf die Ellbogen stützen ★ *versleten ellebogen hebben* durchgescheuerte Ellbogen haben ★ *met de ellebogen werken* seine Ellbogen gebrauchen ★ *het achter de ellebogen hebben* es faustdick hinter den Ohren haben
ellende Elend *o*, Jammer *m* ★ *doffe ~* heulende(s) Elend ★ *de ~ met hem is dat...* das Problem mit ihm ist, dass... ★ ~ *over zich afroepen* sich in Schwierigkeiten bringen ★ *een diepe bron van ~* eine tiefe Quelle des Elends ★ *dan is de ~ niet te overzien* das gibt richtigen Ärger
ellendeling Lump *m*, elende(r) Kerl *m*
ellendig elend, jämmerlich ★ *dat ~e geld* das leidige Geld ★ *een ~ schouwspel* ein jämmerliches Schauspiel
ellenlang ellenlang ★ ~ *verhaal* ellenlange Geschichte
ellepijp Elle *v*
ellips Ellipse *v*
elliptisch elliptisch ★ *een ~e zin* ein eliptischer Satz
elpee Langspielplatte *v*
els Erle *v*
El Salvador El Salvador *o* ★ *in ~* in El Salvador
Elzas Elsass *o* ★ *in de ~* im Elsass
email Email *o*, Emaille *v*
e-mail E-Mail *v*
e-mailadres E-Mail-Adresse *v*
e-mailbericht E-mail-Nachricht *v*
e-mailen mailen
emailleren emaillieren
emancipatie Emanzipation *v*
emancipatorisch emanzipatorisch
emanciperen emanzipieren
emballage Verpackung *v*
embargo ❶ *uitvoerverbod / beslag op schip* Embargo *o* ★ ~ *leggen op* ein Embargo auferlegen [+3] ★ *het ~ opheffen* das Embargo aufheben ❷ *publiceerverbod* ★ *dit persbericht is nog onder ~* die Pressemitteilung ist noch unter Embargo
embleem *onderscheidingsteken* Emblem *o*
embolie Embolie *v*
embouchure muz Mundstück *o*
embryo Embryo *m*
embryonaal embryonal, fig embryonisch, fig (noch) unentwickelt ★ *in embryonale toestand* im Werden, im Anfangsstadium
emeritaat Emeritierung *v* ★ *met ~ gaan* emeritiert werden
emeritus emeritiert ★ ~ *hoogleraar* emeritierter Hochschulprofessor *m*
emfyseem Emphysem *o*

emigrant ‹gedwongen› Emigrant *m*, ‹vrijwillig› Auswanderer *m*
emigratie ‹gedwongen› Emigration *v*, ‹vrijwillig› Auswanderung *v*
emigreren ‹gedwongen› emigrieren, ‹vrijwillig› auswandern
eminent eminent
eminentie Eminenz *v* ★ *grijze ~* graue Eminenz
emir Emir *m*
emiraat Emirat *o* ★ *Verenigde Arabische Emiraten* Vereinigte(n) Arabische(n) Emirate *mv*
emissie Emission *v*
emissiekoers Emissionskurs *m*
emitteren ❶ econ ausgeben, emittieren ❷ *uitstralen* emittieren
emmentaler Emmentaler *m*, Schweizer Käse *m*
emmer Eimer *m* ★ *alsof je een ~ leeggooit* als ob es nichts ist
emmeren *zeuren* quengeln, nörgeln
emoe Emu *m*
emolumenten Nebeneinnahmen *mv*
emoticon Emoticon *o*
emotie Emotion *v*, Rührung *v* ★ *zijn ~s bedwingen* seine Gefühle unterdrücken ★ *~s oproepen / losmaken* Emotionen wachrufen / auslösen
emotionaliteit Emotionalität *v*
emotioneel emotional, emotionell ★ *uit de emotionele sfeer halen* nüchtern besprechen
empathie Einfühlung(s)vermögen *o*, Empathie *v*
empathisch empathisch
empirisch empirisch ★ *~ onderzoek* empirische Forschung ★ *~e wetenschappen* empirische Wissenschaften
emplacement Gelände *o*
emplooi Beschäftigung *v* ★ *zonder ~* ohne Beschäftigung, beschäftigungslos ★ *~ vinden* eine Anstellung finden
employé Angestellte(r) *m-v*
EMU *Economische en Monetaire Unie* EWU *v*, Europäische Währungsunion
emulgator Emulgator *m*
en und ★ *vader en zoon* Vater und Sohn ★ *twee en twee is vier* zwei und zwei ist vier ★ *en wat dan nog?* und sonst? ★ *en?* und? ★ *nou en?* na, und? ★ *hij spreekt én Engels én Duits* er spricht sowohl Englisch als auch Deutsch ★ *groter en groter* immer größer
encefalogram Enzephalogramm *o*
enclave Enklave *v*
encycliek Enzyklika *v*
encyclopedie Lexikon *o*, Enzyklopädie *v* ★ *een wandelende ~* ein wandelndes Lexikon
encyclopedisch enzyklopädisch
end inform → **eind**
endeldarm Mastdarm *m*
endemisch endemisch
endorfine Endorphine *mv*
ene *een* ein [v: eine], ein gewisser [v: eine gewisse] ★ *ene meneer Jansen* ein gewisser Herr Jansen
enenmale ★ *ten ~* völlig, ganz und gar
energetica Energetik *v*
energetisch Energie-, energetisch
energie Energie *v*
energiebedrijf Energieversorger *m*
energiebesparend energiesparend
energiebesparing Energieeinsparung *v*
energiebron Energiequelle *v*
energiek energisch, tatkräftig
energieverbruik Energieverbrauch *m*
enerverend nervenaufreibend ★ *een ~e reis* eine nervenaufreibende Reise
enerzijds einerseits ★ *~... anderzijds...* einerseits... andererseits...
enfin I *bijw* kurz, kurzum, kurz und gut II *tw* wie dem auch sei
eng ❶ *nauw* eng ★ *enger maken* enger machen ★ *steeds enger worden* immer enger werden ★ *het is mij hier te eng* mir ist es hier zu eng ★ *eng behuisd zijn* in engen Verhältnissen leben ❷ *griezelig* unheimlich ★ *een enge vent* ein unheimlicher Typ
engagement ❶ *betrokkenheid* Engagement *o* ❷ econ *contract* Vertrag *m*, ‹podiumkunsten› Engagement *o* ★ *hij heeft een ~* er hat einen Vertrag / ein Engagement
engageren I *ov ww* engagieren II *wkd ww* [**zich ~**] ❶ *in dienst treden* angestellt werden ❷ *verloven* sich verloben ❸ BN *zich verplichten* ★ *zich ~ om* sich verpflichten zu
engel Engel *m* ★ *~tje* Engelchen *o* ★ *~ van een kind* Goldkind *o* ★ *gevallen ~* gefallene(r) Engel ★ *reddende ~* rettende(r) Engel
engelachtig engelhaft
Engeland England *o* ★ *in ~* in England
engelbewaarder Schutzengel *m* ★ *aan mijn ~* an meinen Schutzengel
engelengeduld Engelsgeduld *v*
engelenhaar Engelshaar *o*
Engels I *bnw, m.b.t. Engeland* englisch ★ *de ~e kerk* die anglikanische Kirche ★ *~e drop* Lakritzmischung *v* ★ *de ~e vlag* die englische Flagge II *zn* [het], *taal* Englisch(e) *o*
Engelse Engländerin *v*
Engelsman *bewoner* Engländer *m*
Engelstalig englischsprachig
engerd Ekel *o*, Scheusal *o* ★ *hij is een ~* er ist ein Ekel
engte Enge *v*, ‹van berg› Engpass *m*
engtevrees Klaustrophobie *v*
enig I *bnw* ❶ *enkel* einzig, ‹uniek› einzigartig ★ *enige zoon* einzige(r) Sohn ★ *enig kind* Einzelkind *o* ★ *enig in zijn soort* einzigartig ★ *ons enig kind* unser einziges Kind *o* ★ *enig erfgenaam* Universalerbe *m*, alleinige(r) Erbe *m* ★ *het enige* das Einzige ★ *de enige* der Einzige [v: die Einzige] ★ *het enige dat telt* das Einzige, was zählt ❷ *leuk* schön ★ *wat enig!* toll! ★ *die jurk staat je enig* das Kleid steht dir ausgezeichnet II *onb vnw* einig ★ *enige tijd geleden* vor einiger Zeit ★ *zonder enige reden* ohne jeglichen Grund ★ *over enige tijd* über kurz oder lang ★ *over enige maanden* in einigen Monaten ★ *zonder enig gevaar* ohne die geringste Gefahr, ohne jede Gefahr ★ *zonder enige twijfel* ohne jeden Zweifel ★ *als enige verontschuldiging* als einzige Entschuldigung
enigerlei irgendein ★ *op ~ wijze* auf irgendeine Art und Weise ★ *in ~ vorm* in irgendeiner Form
enigermate einigermaßen
enigma Rätsel *o*
enigszins *enigermate* irgendwie ★ *zodra ik maar*

~ *kan* sobald ich irgendwie kann ★ *als het ~ mogelijk is* wenn es irgendwie möglich ist ★ *indien ~ mogelijk* falls es irgendwie möglich ist

enkel I *zn* [de] Knöchel *m* **II** *bijw* einzig ★ *~ en alleen* einzig und allein, lediglich **III** *telw* ★ *~e* einige ★ *~en* einige ★ *een ~e handschoen* ein einzelner Handschuh ★ *~e personen* einige Personen ★ *geen ~* kein Einziger ★ *geen ~e kans* keinerlei Chance ★ *een ~e keer* ein einziges Mal ★ *geen ~e keer* kein einziges Mal ★ *de ~en die* die wenigen, die...

en

enkeling Einzelne(r) *m* ★ *het gaat maar een ~ aan* das betrifft nur Einzelne ★ *slechts een ~ weet ervan* nur Einzelne wissen davon

enkelspel Einzelspiel *o* ★ *dames~* Dameneinzel *o*

enkelspoor eingleisige Strecke *v*

enkeltje einfache Fahrt *v* ★ *een ~ Tilburg alstublieft* eine einfache Fahrt Tilburg bitte

enkelvoud Einzahl *v* ★ *in het ~* in der Einzahl

enkelvoudig ❶ taalk in der Einzahl **❷** *niet samengesteld* einfach

enorm enorm

enormiteit Enormität *v*

enquête ⟨opinieonderzoek⟩ Umfrage *v*, ⟨onderzoek⟩ Fragebogen *m*, ⟨politiek⟩ Enquete *v*, ⟨politiek⟩ Untersuchung *v* ★ *een ~ houden* eine Umfrage machen ★ *de parlementaire ~* die parlamentarische Untersuchung ★ *een ~ houden naar* eine Umfrage machen zu [+3]

enquêteren ❶ *enquête houden* eine Umfrage machen **❷** *ondervragen* interviewen

enquêteur Interviewer *m*

ensceneren inszenieren

enscenering Inszenierung *v*

ensemble ❶ *groep* Ensemble *o* **❷** *dameskostuum* Kostüm *o*

ent Pfröpfling *m*, Pfropfreis *o*

enten plantk pfropfen

enteren entern

entertainen unterhalten

entertainment Unterhaltung *v*, Entertainment *o*

entertoets Eingabetaste *v*, Enter-Taste *v*

enthousiasme Begeisterung *v*, Enthusiasmus *m*

enthousiasmeren begeistern

enthousiast I *bnw* begeistert ★ *een ~e menigte* eine begeisterte Menschenmenge ★ *~ maken* begeistern (für) ★ *wild ~ zijn over iets* total begeistert von etw. [3] sein **II** *bijw* begeistert ★ *~ op iets reageren* mit Begeisterung auf etw. reagieren

enthousiasteling omschr übertrieben enthusiastischer Mensch

entiteit Entität *v*

entourage Umgebung *v*, form Entourage *v*

entrecote Entrecote *o*

entree ❶ *het binnentreden* Eintritt *m* ★ *zijn ~ maken* sein Entree machen **❷** *ingang* Eingang *m* **❸** *toegangsprijs* Eintrittspreis *m*, Eintritt *m* ★ *vrij ~* freier Zutritt ★ *~ betalen* Eintritt bezahlen **❹** *voorgerecht* Vorspeise *v*

entreegeld Eintrittsgeld *o*, Eintritt *m*

entreeprijs Eintrittspreis *m*, Eintritt *m*

entstof Impfstoff *m*

E-nummer E-Nummer *v*

envelop, enveloppe ❶ *briefomslag* Briefumschlag *m*, Kuvert *o*, Umschlag *m* ★ *een brief in een ~ stoppen* einen Brief in ein Kuvert stecken ★ *~ met venster* Fensterkuvert *o* ★ *een ~ met inhoud* Geld im Kuvert **❷** BN *budget* Budget *o*, Haushaltsplan *m*, Etat *m*

enz. *enzovoorts* usw., und so weiter

enzovoort, enzovoorts und so weiter

enzym Enzym *o*

epaulet Epaulette *v*

EPD med *Elektronisch Patiëntendossier* elektronische Patientenakte *v*

epicentrum Epizentrum *o*

epidemie Epidemie *v* ★ *er brak een ~ uit* es brach eine Epidemie aus

epidemisch epidemisch

epiek Epik *v*

epigoon Epigone *m*

epilepsie Epilepsie *v* ★ *een aanval van ~ krijgen* einen epileptischen Anfall bekommen

epilepticus Epileptiker *m* [v: Epileptikerin]

epileptisch epileptisch

epileren epilieren

epiloog Epilog *m*

episch episch ★ *~ dichter* Epiker *m* ★ *~e poëzie* Epik *v*

episcopaat Episkopat *o*

episode Episode *v*

epistel Epistel *v*

epitaaf Epitaph *o*

epitheel med Epithel(ium) *o*

epo *erytropoëtine* EPO *o*

epos Epos *o*

epoxyhars Epoxy *o*

equator Äquator *m*

equatoriaal äquatorial

Equatoriaal Guinee Äquatorialguinea *o*

Equatoriaal Guinees äquatorialguineisch

equipe Equipe *v*

equiperen ausrüsten, ausstatten

equivalent I *zn* [het] Äquivalent *o* **II** *bnw* äquivalent

er I *bijw* **❶** *daar* da ★ *hij was er* er war da ★ *is er iemand?* ist da jmd.? ★ *is hij er?* ist er da? ★ *ik ben er ook geweest* ich bin auch da / dort gewesen ★ *hij woonde er niet meer* er wohnte nicht mehr da / dort ★ *we kunnen er met zijn vijven in* wir können da nicht zu fünft rein ★ *we zijn er* da sind wir **❷** ⟨zonder betekenis⟩ ★ *er is...* es gibt... ★ *er zijn...* es gibt... ★ *er niet zijn* nicht da sein ★ *er zijn veel mensen* es gibt viele Leute ★ *er was / er waren* es gab ★ *er wordt aan de deur geklopt* es wird an der Tür geklopft ★ *wie komt er vanavond?* wer kommt heute Abend? ★ *hij ziet er moe uit* er sieht müde aus ★ *er goed uitzien* gut aussehen ★ *er komt regen* es gibt Regen ★ *wat is er?* was gibt's?, was ist los?, was ist denn? ★ *is er iets?* ist was? ★ *er is nog niets vastgesteld* es wurde noch nichts beschlossen ★ *wat is er gebeurd?* was ist geschehen? ★ *er wordt gebeld* es klingelt ★ *ik begin er aan* ich fange damit an ★ *ik houd er van* ich liebe es ★ *er was eens...* es war einmal ★ *ik heb er nog twee* ich habe noch zwei davon ★ *wat zal er van hem worden?* was wird aus ihm werden? ★ *ik zit er niet mee* mich beschäftigt das nicht ★ *er werd gedanst* es wurde getanzt ★ *er werd gefluisterd dat* es wurde gemunkelt, dass ★ *ze zijn er nog niet (uit)* sie haben noch nichts entschieden **II** *pers vnw* davon ★ *ik heb er nog twee* ich habe noch zwei davon ★ *er zijn er vijf* es gibt fünf davon ★ *hoeveel heb je er?* wie viele hast du davon? ★ *er zijn er die...* es gibt die, die...

eraan daran, inform dran ★ *wat kan ik er nou aan doen?* was kann ich denn daran machen? ★ *ik zal ~ denken* ich werde daran denken ★ *ik kom ~!* ich komme! ★ *wat heb ik ~?* was habe ich davon? ★ *wat kun je ~ doen?* was kannst du da dran tun? ★ *~ gaan* draufgehen ★ *het hele bos gaat ~* der ganze Wald geht drauf

erachter dahinter ★ *~ zijn* dahinter gekommen sein

eraf *los* ab, los [+4], befreit von [+3] ★ *dat gaat er niet af* das geht nicht ab ★ *de lol is eraf* es macht keinen Spaß mehr ★ *nu is het nieuwe eraf* jetzt hat es den Reiz der Neuheit verloren ★ *de knoop is eraf* der Knopf ist ab ★ *de aardigheid is eraf* es hat seinen Reiz verloren ★ *als je dit doet, ben je eraf* wenn du das machst, bist du raus ★ *eraf zijn* ⟨ervan bevrijd⟩ (etw.) los sein

erbarmelijk *meelijwekkend* erbärmlich

erbarmen I *zn* [het] Erbarmen *o* **II** *wkd ww* **[zich ~] ~ over** sich erbarmen über [+4]

erbij dabei ★ *~ zijn* dabei sein ★ *is de brief ~?* ist der Brief dabei? ★ *de navulling zit ~* die Nachfüllung ist dabei ★ *ik stond ~ en ik keek ernaar* ich stand dabei und guckte es an ★ *zit de gebruiksaanwijzing ~?* ist die Gebrauchsanweisung dabei? ★ *water ~ doen* Wasser dazugeben ★ *dat hoort ~* das hört dazu ★ *kun je ~?* ⟨pakken⟩ kommst du dran?, ⟨begrijpen⟩ kapiert? ★ *snel ~ zijn* schnell reagieren ★ *het ~ laten* es dabei lassen ★ *ik blijf ~ dat het correct is* ich bleibe dabei, dass es korrekt ist ★ *dat hoort er nu eenmaal bij* das gehört eben dazu ▼ *hoe kom je ~!* wie kommst du darauf! ▼ *~ lopen als een zwerver* herumlaufen wie ein Streuner ▼ *nu ben je er bij!* ⟨betrapt⟩ jetzt bist du dran!

erboven darüber ★ *~ staan* darüber stehen

erdoor durch ★ *iets ~ krijgen* etw. durchbekommen ★ *zij is ~* sie ist durchgekommen, sie hat es geschafft ★ *laat me ~* lass mich durch ▼ *~ zitten* nicht mehr können

ere → **eer**

erebaan Ehrenposten *m*

ereburger Ehrenbürger *m*

erectie Erektion *v*

eredame BN *winnares van de tweede of derde prijs* zweite Siegerin *v*

eredienst Gottesdienst *m*

eredivisie ⟨in Duitsland⟩ Bundesliga *v*

eredoctoraat Ehrendoktorwürde *v*

erekwestie Ehrensache *v*

erelid Ehrenmitglied *o*

ereloon BN Honorar *o*

eremetaal Plakette *v*, Abzeichen *o*

eren ehren ★ *de doden eren* die Toten in Ehren halten ★ *eer uw vader en uw moeder* du sollst Vater und Mutter ehren

ereplaats Ehrenplatz *m*

erepodium Siegerpodest *o*

ereprijs ❶ *prijs* Ehrenpreis *m/o* ❷ *plant* Ehrenpreis *m/o*

ereschuld Ehrenschuld *v*

eretitel Ehrentitel *m*

eretribune Ehrentribüne *v*

erewacht Ehrenwacht *v*

erewoord Ehrenwort *o* ★ *op mijn ~!* Ehrenwort! ★ *zijn ~ geven* sein Ehrenwort geben ★ *op zijn ~ vrijlaten* auf sein Ehrenwort freilassen

erf *grond* Hof *m*

erfdeel ❶ jur Erbteil *o*, form Erbe *o* ★ *vaderlijk ~* väterliche(r) Erbteil ★ *wettelijk ~* Pflichtteil *m* ★ *zijn ~ krijgen* sein Erbteil bekommen ❷ fig Erbe *o* ★ *cultureel ~* Kulturerbe *o*

erfelijk erblich ★ *~ belast zijn* erblich belastet sein ★ *~ bepaald zijn* genetisch bestimmt sein

erfelijkheid Erblichkeit *v*, Vererbung *v*

erfelijkheidsleer Vererbungslehre *v*

erfenis Erbschaft *v* ★ *een ~ aanvaarden* eine Erbschaft annehmen ★ *door ~ verkrijgen* durch Erbfolge bekommen

erfgenaam Erbe *m* [v: Erbin] ★ *universeel ~* Universalerbe *m*, Universalerbin *v* ★ *iem. tot universeel ~ benoemen* jmdn. zum Universalerben einsetzen ★ *tot ~ benoemen* zum Erben einsetzen ★ *wettig ~* gesetzlicher Erbe

erfgoed Erbgut *o* ★ *het culturele ~* das Kulturerbe

erflater Erblasser *m*

erfopvolger Erbfolger *m*

erfopvolging Erbfolge *v*

erfpacht *gebruiksrecht* Erbbaurecht *o*, inform Erbpacht *v* ★ *grond in ~ uitgeven* Erbbaurechte vergeben

erfrecht jur *recht om te erven* Erbrecht *o*

erfstuk Erbstück *o* ★ *dit schilderij is een ~* dieses Gemälde ist ein Erbstück

erfvijand Erbfeind *m*

erfzonde Erbsünde *v*

erg I *bnw* ❶ *zeer vervelend* schlimm, böse ★ *een erge misdaad* ein schlimmes Verbrechen ★ *het is meer dan erg* es ist mehr als nur schlimm ★ *dit wordt al te erg* das wird zu schlimm ★ *dat is te erg!* das ist zu schlimm! ★ *dat is al erg genoeg* das ist schon schlimm genug ★ *wat erg!* ist das schlimm! ★ *iets erg vinden* etw. schlimm finden ★ *vind je het erg als ik ga?* findest du es schlimm, wenn ich gehe? ★ *het is niet (zo) erg* es ist nicht so schlimm ★ *het ergste vrezen* das Schlimmste befürchten ★ *hij is er erg aan toe* es geht ihm ziemlich schlecht ★ *er is nog niets ergs gebeurd* es ist noch nichts Schlimmes passiert ★ *erger maken / worden* schlimmer machen / werden ★ *wat erger is* was schlimmer ist ❷ *heftig* schlimm ★ *een erge vergissing* ein böser Irrtum ★ *ik heb erge honger* ich habe großen Hunger ★ *zijn ergste vijand* sein schlimmster Feind **II** *bijw* sehr ★ *erg duur* sehr teuer ★ *erg goed* sehr gut ★ *het is erg koud* es ist sehr kalt ★ *hij is erg ziek* er ist sehr krank ★ *het spijt me erg* es tut mir sehr Leid ★ *ik hou erg van hem* ich liebe ihn sehr ★ *hij had erg veel weg van jou* er ähnelte dir sehr **III** *zn* [het] ★ *zonder erg* unabsichtlich ★ *ergens erg in hebben* etw. bemerken / vermuten ★ *ergens geen erg in hebben* ahnungslos / arglos sein ★ *ik had er geen erg in* ich bemerkte es nicht ★ *zonder er erg in te hebben* ohne etw. zu ahnen ★ *voor je er erg in hebt* bevor du es merkst

ergens ❶ *op een plaats* irgendwo ★ *~ heen* irgendwohin ★ *~ vandaan* irgendwoher ★ *~*

er

anders anderswo, sonst wo ★ ~ *anders heen* anderswohin, sonst wohin ★ ~ *anders vandaan* sonst woher, anderswoher ★ *daar* ~ dort irgendwo ❷ *in enig opzicht* irgendwie, in gewisser Hinsicht ★ *het is* ~ *wel begrijpelijk* das ist irgendwie schon verständlich ❸ *iets* etwas ★ ~ *naar zoeken* etw. suchen ★ *zij stond* ~ *naar te kijken* sie sah sich irgendetw. an

ergeren I *ov ww* ärgern **II** *wkd ww* [**zich** ~] sich ärgern (**aan** an) [+3] ★ *zich aan iets* ~ sich an etw. ärgern ★ *zich aan iem.* ~ sich an jmdm. ärgern ★ *zich* ~ *over iemand / iets* sich ärgern über jmdn. / etw. ★ *zich groen en geel* ~ sich grün und blau ärgern

ergerlijk *irritant* ärgerlich ★ *het ~e ervan is...* das Ärgerliche daran ist...

ergernis Ärger *m* ★ ~ *geven* Ärger machen ★ *tot* ~ *van* zum Ärger von [+3]

ergonomie Ergonomie *v*

ergonomisch ergonomisch

ergonoom Ergonom *m*

ergotherapie Ergotherapie *v*

erheen dahin ★ ~ *gaan* hingehen ★ *op de weg* ~ auf dem Weg dahin ★ *ga je ~?* gehst du hin?

erin darin, inform drin ★ *staat het erin?* steht es drin? ★ *kom erin!* komm rein! ★ *erin lopen* drauf reinfallen ★ *iem. erin luizen* jmdn. reinfallen lassen ▾ *erin blijven* drinnen bleiben ▾ *dat zit er niet in* das ist nicht drin

Eritrea Eritrea *o*

Eritrees eritreisch

erkend ❶ *algemeen bekend* anerkannt ★ *een* ~ *gegeven* eine unbezweifelte Tatsache ❷ *officieel toegestaan* anerkannt ★ *de ~e godsdienst* die anerkannte Religion ★ *een* ~ *beroep* ein staatlich anerkannter Beruf ★ *officieel* ~ offiziell anerkannt ★ ~ *diploma / middel* anerkannte(s) Diplom / Mittel *o*

erkennen ❶ *inzien, toegeven* (an)erkennen, eingestehen, zugeben ★ *volmondig / ruiterlijk* ~ offen / ritterlich zugeben ★ *naar u zelf erkent* wie Sie selbst zugeben ★ *zijn dwalingen* ~ seine Irrtümer eingestehen ★ *zijn fout* ~ seinen Fehler erkennen ❷ *als wettig aanvaarden* anerkennen ★ *iem. als zijn meerdere* ~ jmdn. als Vorgesetzten anerkennen

erkenning Erkenntnis *v*, ⟨bekentenis⟩ Eingeständnis *o*, ⟨wettelijk⟩ Anerkennung *v* ★ *tot de* ~ *komen dat* zu der Erkenntnis kommen, dass

erkentelijk erkenntlich, dankbar ★ *zich* ~ *tonen jegens iem.* sich jmdm. erkenntlich erweisen

erkentelijkheid Erkenntlichkeit *v* ★ ~ *betuigen* sich erkenntlich erweisen ★ *uit* ~ *voor haar steun* aus Erkenntlichkeit für ihre Unterstützung

erker Erker *m*

erlangs (daran) vorbei ★ *een rivier met bomen* ~ ein Fluss, an dem entlang Bäume stehen ★ ~ *komen / gaan* vorbeikommen / -gehen ★ *de weg loopt* ~ der Weg geht daran vorbei ★ *ik wil* ~ ich will vorbei ★ *een weg met een sloot* ~ ein Weg, der an einem Bach entlang führt

ermee damit ★ *zij pakte haar fiets en reed* ~ *weg* sie nahm ihr Rad und fuhr damit weg ★ *wat wil je* ~ *bereiken?* was willst du damit erreichen? ★ *kun je* ~ *snijden?* kannst du damit schneiden? ★ *wat doen we ~?* was machen wir damit? ▾ *het kan* ~ *door* es geht gerade so ▾ *je hebt jezelf* ~ du stehst bloß dir selbst im Licht

erna danach, darauf ★ *drie weken erna* drei Wochen danach ★ *het jaar erna* das Jahr danach

ernaar danach ★ *ze hebben het* ~ *gemaakt* sie haben Anlass dazu gegeben ★ *hij kijkt* ~ er schaut danach

ernaast daneben ★ *de keeper greep* ~ der Torwart verpasste den Ball ★ fig ~ *zitten* sich irren

ernst ❶ *serieusheid* Ernst *m* ★ *in* ~ im Ernst ★ *in volle* ~ in allem / vollem Ernst ★ *dat meen je niet in* ~ das ist nicht dein Ernst ★ ~ *met iets maken* mit etw. [3] Ernst machen ★ *het wordt (nu)* ~ jetzt wird's ernst ★ *het was hem* ~ es war ihm ernst ★ *het is mij (bittere)* ~ es ist mein bitterer Ernst ★ *hij was een en al* ~ er war ganz ernst ❷ *zwaarte* Schwere *v* ★ *de* ~ *van een misdrijf* die Schwere eines Verbrechens ★ *de* ~ *van de toestand* der Ernst der Lage

ernstig I *bnw* ❶ *gemeend* ernst, ernsthaft ★ *~e man* ernsthafte(r) Mann ★ ~ *woord* ernste(s) Wort ★ *met een* ~ *gezicht* mit ernsthafter Miene ❷ *akelig* schwer ★ *~e zaak* ernste Sache ★ ~ *ongeluk* schwere(s) Unglück ★ *~e verliezen* schwere Verluste ★ *een ~e ziekte* eine schwere Krankheit ★ *de toestand is* ~ die Lage ist ernst **II** *bijw* ❶ *gemeend* ★ *iets* ~ *opnemen* etw. ernst nehmen ★ *niets* ~ *nemen* nicht ernst nehmen ★ ~ *blijven* ernst bleiben ❷ *zeer* ★ ~ *ziek* ernstlich / schwer krank ★ ~ *gewond* schwer verletzt

eroderen erodieren

erogeen erogeen

eromheen darum(herum), inform drumrum ★ *een huis met een tuin* ~ ein Haus mit einem Garten drumrum ★ ~ *draaien* nicht mit der Wahrheit herausrücken ★ *zonder* ~ *te draaien* ohne Umschweife

eronder darunter ★ *het boek ligt* ~ das Buch liegt darunter ★ *ze heeft hem* ~ sie hat ihn unter dem Daumen ★ *zich niet* ~ *laten krijgen* sich nicht unterkriegen lassen ★ *iem.* ~ *houden* jmdn. klein halten

erop ❶ *op iets* darauf, inform drauf ★ *iets erop doen* etw. drauf tun ★ *ik sta erop!* ich bestehe darauf! ★ *dat zit erop!* das ist geschafft! ★ *een baby met alles erop en eraan* ein Baby mit allem dran ★ *erop los slaan* drauf los schlagen ★ *erop slaan* draufschlagen ★ *mijn naam staat erop* mein Name steht drauf ★ *erop of eronder* auf Gedeih und Verderb ★ *met alles erop en eraan* mit allem Drum und Dran ★ *ik sta erop* ich bestehe darauf ★ *hoe kwam je erop?* wie kamst du darauf? ❷ *volgend* darauf ★ *de ochtend erop* am Morgen darauf ★ *het jaar erop* das Jahr darauf ★ *de maand erop* der Monat darauf

eropaan ★ *nu komt het* ~ jetzt gilt es, jetzt kommt es drauf an ★ *het* ~ *laten komen* es darauf ankommen lassen ★ ~ *kunnen* damit rechnen können

eropaf d(a)rauflos ★ ~ *gaan* d(a)rauf losgehen

eropna ★ lett ~ *houden* haben, ⟨huisdier⟩ sich halten ★ fig ~ *houden* ⟨ideeën enz.⟩ haben

eropuit ★ ~ *zijn* es darauf anlegen, es darauf angelegt haben

erosie Erosion *v*

erotiek Erotik *v*

erotisch erotisch
erover darüber ★ *een taart met slagroom* ~ eine Torte mit Schlagsahne drauf ★ *zand* ~ Schwamm drüber ★ ~ *praten* darüber sprechen ★ ~ *gaan* ⟨leiding hebben⟩ zuständig sein
eroverheen darüber hinweg
erratum Erratum *o*, Versehen *o*, Druckfehler *m* ★ ⟨lijst⟩ *errata* Errata *mv*
ertegen dagegen ★ *ik kan er niet meer tegen* ich kann es nicht länger ertragen ★ *ik ben* ~ ich bin dagegen
ertegenin dagegen ★ ~ *gaan* widersprechen
ertegenop daran herauf, daran hinauf ★ ~ *zien* Angst haben vor [+3], sich scheuen vor [+3] ★ *niet* ~ *kunnen* einer Sache [3] nicht gewachsen sein, nicht dagegen ankommen können
ertegenover ⟨overkant⟩ (da / dort) gegenüber, ⟨tegenstelling⟩ demgegenüber ★ *de winkel* ~ der Laden gegenüber ★ *het politiebureau ligt* ~ das Polizeirevier liegt da gegenüber ★ *hoe staat hij* ~? was hält er davon?, was ist seine Meinung dazu?
ertoe dazu ★ *wat doet het* ~? was solls? ★ *hoe komt men* ~? wie kommt man dazu? ★ *de moed* ~ *hebben* den Mut dazu haben ★ ~ *in staat zijn* dazu im Stande sein ★ *iem.* ~ *bewegen / brengen iets te doen* jmdn. dazu bewegen / bringen, etw. zu tun ★ *het zwijgen* ~ *doen* zu einer Sache schweigen
erts Erz *o* ★ *erts winnen* Erz gewinnen
ertussen dazwischen ★ *hij probeert* ~ *te komen* er versucht sich einzumischen ★ *ik hoop dat ik* ~ *zit* ich hoffe, dass ich dabei bin ★ *iem.* ~ *nemen* jmdn. zum Narren halten
ertussendoor zwischendurch ★ *iets* ~ *doen* etw. schnell zwischendurch machen ★ *je kunt* ~ du kannst durchgehen ★ *dat doen we* ~ das machen wir zwischendurch
ertussenin dazwischen
ertussenuit heraus-, hervor- ★ *met moeite kwam ik* ~ ich habe mich gerade nochmal rausgeredet ★ ~ *gaan* sich davonschleichen, sich dünnmachen ★ ~ *knijpen* sich vom Acker machen
erudiet (hoch)gebildet
eruit heraus, hinaus, inform raus ★ ~! raus!, hinaus! ★ *die blindedarm moet* ~ der Blinddarm muss raus ★ *je hemd hangt* ~ dein Hemd hängt raus ★ *iem.* ~ *gooien* jmdn. hinauswerfen ★ ~ *komen* ⟨oplossing vinden⟩ eine Lösung finden, lett rauskommen ★ *ben je* ~ *gekomen?* hast du eine Lösung gefunden? ★ *de kosten* ~ *halen* die Unkosten rauskriegen ★ *bij iem.* ~ *liggen* sich bei jmdm. unbeliebt machen ★ ~ *opmaken (dat)* daraus schließen, dass ★ *even twee dagen* ~ einfach zwei Tage ausspannen
eruitzien ❶ *voorkomen hebben* aussehen ★ ~ *als* aussehen wie ★ *er slecht uitzien* schlecht aussehen ★ *er gezond uitzien* gesund aussehen ★ *wat zie jij eruit!* wie siehst du denn aus! ★ *er mooi uitzien* schön aussehen ★ *wat ziet de kamer eruit!* wie sieht nur dein Zimmer aus! ★ *hoe ziet hij eruit?* wie sieht er aus? ★ *hij ziet er jonger uit dan hij is* er sieht jünger aus, als er ist ★ *er moe uitzien* müde aussehen ★ *zo ziet hij er niet uit* so sieht er furchtbar aus ★ *dat ziet er niet uit!* das sieht unmöglich aus! ❷ *de indruk wekken te* ★ *het ziet er slecht uit voor je* es sieht schlecht für dich aus ★ *het ziet ernaar uit dat het gaat regenen* es sieht so aus, als ob es gleich regnet ★ *het ziet er slecht voor ons uit* es sieht schlecht für uns aus ★ *het ziet er wel naar uit* es sieht allerdings danach aus
eruptie Eruption *v*
ervan davon
ervandaan davon, dorther, von dort, ⟨weg⟩ weg, ⟨herkomst⟩ daher ★ *ik kom* ~ ich komme dorther
ervandoor weg ★ ~ *gaan* abhauen, ausreißen, durchbrennen ★ ~ *gaan met het geld* sich mit dem Geld davonmachen
ervaren I *bnw* erfahren, bewandert ★ ~ *in zaken* geschäftskundig ★ ~ *zijn in* erfahren in... sein [+3] **II** *ov ww, ondervinden* erfahren ★ *zij heeft dat als heel naar* ~ sie hat das als unangenehm erfahren **III** *ww* [volt.dw.] → **ervaren**
ervaring Erfahrung *v* ★ *uit* ~ *weten* aus Erfahrung wissen ★ *ik spreek uit* ~ ich spreche aus Erfahrung ★ *volgens mijn* ~ nach meiner Erfahrung ★ *de* ~ *leert dat* die Erfahrung lehrt, dass ★ ~ *hebben met* Erfahrung mit... haben [+3] ★ ~ *opdoen* Erfahrungen machen / sammeln
erven I *ov ww, door erfenis verkrijgen* erben ★ *iets van iem.* ~ etw. von jmdm. erben ★ *die neus heeft hij van zijn vader geërfd* die Nase hat er von seinem Vater geerbt **II** *zn* [de] Erben *mv* ★ *de* ~ *Jansen* die Erbengemeinschaft Jansen
ervoer [verl. td.] → **ervaren**
ervoeren [verl. td.] → **ervaren**
ervoor davor, vorher, ⟨bestemming⟩ dafür ★ *op de dag* ~ am Tag vorher ★ *alleen* ~ *staan* allein davorstehen ★ ~ *en erna* vorher und nachher ★ ~ *opdraaien* dafür aufkommen ★ *ik vrees* ~*, dat...* ich befürchte, dass... ★ *ik ben* ~ ich bin dafür ★ *wat krijg ik* ~ *terug?* was kriege ich dafür? ★ *dat dient* ~ *om...* das dient dazu...
erwt Erbse *v* ★ *grauwe erwt* Ackererbse ★ *groene erwt* grüne Erbse
erwtensoep cul Erbsensuppe *v*
es ❶ *boom* Esche *v* ❷ *muzieknoot* es *o*
escalatie Eskalation *v* ★ *een* ~ *van geweld* eine Eskalation der Gewalt
escaleren eskalieren
escapade Eskapade *v*, Seitensprung *m*
escapetoets Escape-Taste *v*
escort ❶ *dienst* Begleitservice *m* ❷ *vrouw* Callgirl *o*
escortbureau Eskortservice *m*
escorte Eskorte *v*, Geleit *o*
escorteren eskortieren, begleiten
esculaap *embleem* Äskulapschlange *v*, Äskulapstab *m*
esdoorn Ahorn *m*
eskader Geschwader *o* ★ ~ *bommenwerpers* Bombengeschwader
eskadron Schwadron *v*
Eskimo Eskimo *m*
esoterie Esoterik *v*
esoterisch esoterisch
esp Zitterpappel *v*, Espe *v*
espadrille Leinenschuh *m*
Esperanto Esperanto *o*
esplanade Esplanade *v*

espresso Espresso *m*
espressoapparaat Espressomaschine *v* ★ *~ voor twee kopjes* Espressomaschine für zwei Tassen
essay Essay *m/o*
essayist Essayist *m*
essence Essenz *v*, Extrakt *m*
essenhout Eschenholz *v*
essentie Wesen *o*, Essenz *v* ★ *in ~* im Wesen
essentieel essenziell, wesentlich ★ *het essentiële* das Essenzielle ★ *van ~ belang* von essenziellem Belang

es

Est → **Estlander**
establishment Establishment *o*
estafette Staffellauf *m*, Staffel *v*
estafetteloper Staffelläufer *m*
estafetteploeg Staffelmannschaft *v*, ⟨v. vrouwen⟩ Damenstaffel *v*
ester scheik Ester *m*
estheet Ästhet *m*
esthetica Ästhetik *v*
esthetiek Ästhetik *v*
esthetisch ästhetisch ★ *~e chirurgie* Schönheitschirurgie *v* ★ *een ~e natuur hebben* Ästhetiker sein
Estland Estland *o* ★ *in ~* in Estland
Estlander Este *m*
Estlands, Ests estnisch ★ *een ~e* eine Estin
Estlandse, Estse Estin *v*
ETA *Euskadi Ta Askatasuna* ETA *v*
etablissement Etablissement *o*
etage Stock *m*, Stockwerk *o*, Etage *v* ★ *op de eerste ~* im ersten Stock
etagère Etagere *v*
etalage Schaufenster *o*
etalagepop Schaufensterpuppe *v*
etaleren auslegen / -stellen ★ *zijn kennis ~* sein Wissen herausstellen
etaleur Schaufensterdekorateur *m*
etappe Etappe *v* ★ *in ~s / ~n* etappenweise
etappezege Etappensieg *m*
etc. etc., usw.
et cetera et cetera
eten I *ov + on ww* essen, ⟨van dieren⟩ fressen ★ *eet smakelijk!* guten Appetit! ★ *wat eten we?* was gibt es zum Essen? ★ *veel / weinig eten* viel / wenig essen ★ *niets te eten hebben* nichts zu essen haben ★ *niet te eten* nicht essbar ★ *te eten vragen* zum Essen einladen ★ *uit eten gaan* essen gehen ★ *hij kan flink eten* er kann gut essen ★ *ik ga bij mijn vriend eten* ich esse bei meinem Freund ★ *mensen te eten hebben / vragen* Leute zum Essen eingeladen haben / einladen ★ *te eten geven* nähren ★ *heerlijk eten* schlemmen ★ *eten voor drie* für drei essen **II** *zn* [het] ❶ *voedsel* Essen *o* ❷ *maaltijd* Essen *o* ★ *het warme eten* das warme Essen ★ *na het eten* nach dem Essen ★ *onder het eten* beim Essen ★ *te eten vragen* zum Essen einladen ★ *het eten klaarmaken* das Essen zubereiten ★ *het eten is klaar* das Essen ist fertig ★ *het eten is opgediend* das Essen steht auf dem Tisch ★ *houden van lekker eten* gern gut essen ★ *ben je er met het eten?* bist du zum Essen da? ★ *aan het eten zijn* beim Essen sein
etensresten Essensreste *m mv*
etenstijd Essenszeit *v*
etenswaar Esswaren *mv*
etentje Essen *o* ★ *iem. voor een ~ uitnodigen* jmdn. zum Essen einladen
eter ❶ *iem. die (veel) eet* Esser *m* ★ *een grote eter* ein starker Esser ★ *een flinke eter zijn* ein guter Esser sein ★ *een kleine eter* kein großer Esser ★ *een kleine eter zijn* essen wie ein Spatz ❷ *gast* Essensgast *m* ★ *vanavond hebben we eters* heute Abend haben wir Gäste zum Essen ★ *we krijgen eters* wir bekommen Essensgäste
ethaan Äthan *o*
ethanol Äthanol *o*
ether Äther *m* ★ *in de ~ zijn* in der Luft sein
etherpiraat Piratensender *m*
etherreclame Rundfunk- und Fernsehreklame *v*
ethiek Ethik *v*
Ethiopië Äthiopien *o* ★ *in ~* in Äthiopien
Ethiopiër Äthiopier *m*
Ethiopisch äthiopisch
Ethiopische Äthiopierin *v*
ethisch ethisch ★ *~ verantwoord* ethisch verantwortbar
ethyl Äthyl *o*
etiket Etikett *o* ★ *iem. een ~ opplakken* jmdn. mit einem Etikett versehen
etiketteren etikettieren, mit einem Etikett versehen
etiquette Etikette *v* ★ *de ~ in acht nemen* die Etikette wahren / einhalten
etmaal 24 Stunden *mv* ★ *binnen een ~* innerhalb von 24 Stunden ★ *het duurt een ~* es dauert 24 Stunden
etniciteit Ethnizität *v*
etnisch ethnisch ★ *~e minderheden* ethnische Minderheiten
ets Radierung *v* ★ *droge ets* Tiefdruck *m*
etsen radieren
et-teken *het &-teken* Et-Zeichen *o*
ettelijke etliche ★ *~ mensen* etliche Leute
etter ❶ *pus* Eiter *m* ❷ *naarling* Ekel *o*
etterbuil ❶ *gezwel* Eiterbeule *v* ❷ *rotzak* Ekelpaket *o*
etteren ❶ *etter afscheiden* eitern ★ *~d* eitern ❷ *klieren* quengeln
etude Etüde *v*
etui Etui *o*
etymologie Etymologie *v*
etymologisch etymologisch
EU *Europese Unie* EU *v*, Europäische Union *v*
eucalyptus Eukalyptus *m*
eucharistie Eucharistie *v* ★ *de ~ vieren* die Eucharistie feiern
eucharistieviering Eucharistiefeier *v*
eufemisme Euphemismus *m*
eufemistisch euphemistisch, beschönigend
euforie Euphorie *v*
euforisch begeistert
Eufraat Euphrat *m*
eugenetica, eugenese Eugenik *v*
EU-ingezetene EU-Bürger *m* [v: EU-Bürgerin]
eunuch Eunuch *m*, Eunuche *m*
Euratom Euratom *v*, Europäische Atomgemeinschaft *v*
Eurazië Eurasien *o*
euro Euro *m* [mv: Euro] ★ *zes euro* sechs Euro
eurocent Cent *m* [mv: Cent]
euroland Euroland *o*

euromarkt Euromarkt *m*
euromunt Euro *m*
Europa Europa *o*
europarlement Europaparlament *o*
Europarlementariër Europarlamentarier *m*
Europeaan *bewoner* Europäer *m*
Europees europäisch
Europese Europäerin *v*
eurovignet Eurovignette *v*
eustachiusbuis Ohrtrompete *v*, Eustachi-Röhre *v*
euthanaseren ★ *iem. ~* bei jmdm. Euthanasie anwenden
euthanasie Euthanasie *v* ★ *~ plegen* Euthanasie praktizieren
euvel I *zn* [het] Übel *o* ★ *een ~ verhelpen* ein Übel beheben ★ *aan hetzelfde ~ mank gaan* an demselben Übel leiden II *bnw* übel ★ *de ~e moed hebben om* die Unverschämtheit haben zu, sich erdreisten ★ *iem. iets ~ duiden* jmdm. etw. übel nehmen
Eva Eva *v*
evacuatie ⟨van personen⟩ Evakuierung *v*, ⟨van gebied⟩ Räumung *v*
evacué Evakuierte(r) *m-v*
evacueren evakuieren, ⟨gebied⟩ räumen
evaluatie Evaluierung *v*, Evaluation *v*, Bewertung *v*
evalueren evaluieren, bewerten
evangelie Evangelium *o* ★ *het ~ van Johannes* das Evangelium nach Johannes ★ *iem. tot het ~ bekeren* jmdn. evangelisieren ★ *het ~ prediken* das Evangelium predigen
evangelisatie Evangelisierung *v*
evangelisch evangelikal
evangelist ❶ *schrijver* Evangelist *m* ❷ *prediker* Evangelist *m*
even I *bnw, deelbaar door twee* gerade ★ *even getallen* gerade Zahlen ★ *even getal* gerade Zahl ★ *de even zitplaatsen* die Sitzplätze mit gerader Nummer ★ *even of oneven* gerade oder ungerade II *bijw* ❶ *net zo* gleich, ebenso ★ *hij spreekt beide talen even vloeiend* er spricht beide Sprachen gleichermaßen fließend ★ *wij zijn even oud* wir sind gleich alt ★ *hij is even oud als ik* er ist genauso alt wie ich ★ *even groot als* genauso groß wie ★ *al even erg* alles gleich schlimm ★ *even goede vrienden* kein Problem ❷ *een korte tijd* kurz, mal, eben ★ *we blijven maar even* wir bleiben nur kurz ★ *wil je dit even voor me doen?* würdest du das (schnell) mal für mich tun? ★ *even telefoneren* kurz telefonieren ★ *wacht even* warte mal ★ *het duurt nog wel even* es dauert noch ein bisschen ★ *(maar) even langskomen* nur kurz vorbeikommen ★ *terwijl ik me even omkleed* während ich mich kurz umziehe ★ *als het maar even kan dan...* wenn es nur irgend geht, dann... ❸ *versterkend* ★ *is je broer even een boffer!* dein Bruder hat vielleicht Glück! ★ *hoor eens even!* hör mal! ★ *was me dat even schrikken!* das war ja ein Schreck! ★ *altijd even rustig* immer sehr ruhig ★ *is dat even mooi!* ist das vielleicht schön! ❹ *amper / een weinig* ★ *even over tienen* kurz nach zehn ★ *even in de 30* Anfang 30 ▼ *het is mij om het even* es ist mir egal
evenaar *equator* Äquator *m*
evenals ebenso wie, gleichwie
evenaren gleichkommen, gleichtun ★ *iem. in iets ~* es jmdm. an / in etw. [3] gleichtun ★ *niet te ~* unvergleichlich
evenbeeld Ebenbild *o* ★ *naar Gods ~* nach Gottes Ebenbild ★ *hij is het ~ van zijn vader* er ist das Ebenbild seines Vaters
eveneens ebenfalls
evenement Veranstaltung *v*
evengoed ❶ genauso (gut), ebenso (gut) ★ *dat is ~ mogelijk* das ist ebenso gut möglich ★ *hij is ~ schuldig als zij* er ist ebenso schuldig wie sie ★ *je kunt ~ opnieuw beginnen* du kannst genauso gut noch einmal anfangen ❷ *toch* trotzdem ★ *ik had geen zin, maar ben ~ gekomen* ich hatte keine Lust, bin aber trotzdem gekommen
evenknie ★ *iemands ~ zijn* jmdm. ebenbürtig sein
evenmin ebenso wenig ★ *~ als* ebenso wenig wie ★ *ik ga niet en mijn vrienden ~* ich gehe nicht und meine Freunde ebenso wenig
evenredig verhältnismäßig, entsprechend, wisk proportional ★ *recht ~ zijn aan* im direkten Verhältnis stehen zu [+3] ★ *omgekeerd ~ zijn aan* umgekehrt proportional zu... sein [+3] ★ *omgekeerd ~* umgekehrt proportional ★ *~ (aan)deel* proportionaler Teil ★ *de ~e vertegenwoordiging* Verhältniswahlsystem *o*
evenredigheid wisk Verhältnis *o*, wisk Proportion *v* ★ *in ~ met* im gleichen Verhältnis zu [+3] ★ *naar ~ van* im Verhältnis von [+3]
eventjes *een moment* mal, kurz ★ *kom ~ hier* komm mal her ★ *laat haar dat maar ~ doen* lass mich das mal machen
eventualiteit Eventualität *v*, Möglichkeit *v*
eventueel I *bnw* eventuell, etwaig ★ *eventuele klachten* eventuelle Beschwerden ★ *bij eventuele problemen* falls es Probleme gibt II *bijw* eventuell ★ *ik zou ~ kunnen komen* ich könnte eventuell kommen ★ *mocht dit ~ het geval zijn* sollte das der Fall sein ★ *mocht hij ~ weigeren* sollte er sich weigern
evenveel gleich viel, ebenso viel ★ *~ als* ebenso viel wie ★ *jullie krijgen allemaal ~* ihr bekommt alle gleich viel
evenwel aber, jedoch
evenwicht Gleichgewicht *o* ★ *in ~ brengen* ins Gleichgewicht bringen ★ *in ~ houden* im Gleichgewicht halten ★ *iem. uit z'n ~ brengen* jmdn. aus dem Gleichgewicht bringen ★ *het ~ bewaren* sich im Gleichgewicht halten ★ *het ~ herstellen* das Gleichgewicht wiederherstellen ★ *het ~ verliezen* das Gleichgewicht verlieren ★ BN econ *een begroting in ~* ein ausgeglichener Haushalt
evenwichtig ausgeglichen ★ *een ~ karakter* ein ausgeglichener Charakter
evenwichtsbalk Schwebebalken *m*
evenwichtsleer Statik *v*
evenwichtsorgaan Gleichgewichtsorgan *o*
evenwichtsstoornis Gleichgewichtsstörung *v*
evenwijdig parallel ★ *een ~e lijn* eine Parallele ★ *~ met* parallel zu [+3] ★ *~ lopen aan* parallel verlaufen zu [+3]
evenzeer ebenso, in gleichem Maße ★ *jij bent ~ schuldig als hij* ich bin ebenso schuldig wie er

★ *ik haat haar ~ als ik hem haat* ich hasse sie genauso wie ihn ★ *dit is ~ waar* das ist ebenso wahr
evenzo ebenso
evergreen Evergreen *m, o*
everzwijn Wildschwein *o*
evident augenscheinlich, evident
evolueren evolvieren
evolutie Evolution *v*
evolutieleer Evolutionslehre *v*

ex Ehemalige(r) *m*, Ex *m-v* ★ *zijn ex* sein(e) Ex ★ *haar ex is opnieuw getrouwd* ihr Ex ist wieder verheiratet
ex- ehemalig, früher, Ex- ★ *ex-directeur* ehemalige(r) Direktor *m* ★ *ex-echtgenoot* Exmann *m*
exact exakt, genau ★ *~e wetenschappen* die exakten Wissenschaften
examen onderw Examen *o*, Prüfung *v* ★ *mondeling ~* mündliche Prüfung *v* ★ *schriftelijk ~* schriftliche Prüfung *v* ★ *een ~ afleggen / doen* ein Examen machen ★ *~ afnemen* ein Examen / eine Prüfung abnehmen ★ *voor een ~ opgaan* sich zum Examen melden ★ *voor een ~ slagen* ein Examen / eine Prüfung bestehen ★ *voor een ~ zakken* in einer Prüfung / einem Examen durchfallen
examenperiode onderw Examenzeit *v*
examenvrees psych Prüfungsangst *v*
examinator Examinator *m*, Prüfer *m*
examineren examinieren, prüfen
excellent exzellent
excellentie Exzellenz *v* ★ *Hare Excellentie* Ihre Exzellenz ★ *Zijne Excellentie* Seine Exzellenz
excentriek exzentrisch ★ *zij gedraagt zich ~* sie benimmt sich exzentrisch
exces Exzess *m*
excessief I *bnw* exzessiv **II** *bijw* exzessiv
exclusief I *bnw, chic* exklusiv ★ *een ~ feestje* ein exklusives Fest **II** *bijw, niet inbegrepen* exklusive, ausschließlich ★ *~ de bediening* ohne Bedienung, Bedienung nicht einbegriffen ★ *~ (de) wijn* ausschließlich Wein ★ *~ verpakking* zuzüglich Verpackung ★ *~ btw* exklusive Mehrwertsteuer
exclusiviteit Exklusivität *v*
excommunicatie Exkommunikation *v*
excommuniceren exkommunizieren
excursie Exkursion *v*, Ausflug *m* ★ *op ~ gaan* auf Exkursion gehen
excuseren entschuldigen, verzeihen ★ *zich ~ voor iets* sich für etw. entschuldigen ★ BN *excuseer* Verzeihung
excuus ❶ *verontschuldiging* Entschuldigung *v*, Verzeihung *v* ★ *zijn excuses maken* sich entschuldigen ★ *om ~ vragen* um Entschuldigung bitten ❷ *reden* Entschuldigung *v* ★ *een geldig ~* eine gute Entschuldigung ★ *als ~ aanvoeren* als Entschuldigung angeben
executeren ❶ *terechtstellen* exekutieren, hinrichten ❷ jur vollstrecken
executeur ❶ Exekutor *m*, Vollstrecker *m* ❷ *van testament (vroeger: executeur-testamentair)* Testamentsvollstrecker *m*
executie ❶ *terechtstelling* Hinrichtung *v* ❷ jur Vollstreckung *v*, Exekution *v* ★ *bij ~ verkopen* zwangsweise verkaufen ★ *fiscale ~* Steuervollstreckung *v*
executiewaarde Verkaufswert *m* bei Zwangsversteigerung
exegese Exegese *v*
exemplaar Exemplar *o*
exemplarisch exemplarisch
exerceren I *ov ww, uitoefenen* exerzieren **II** *on ww, uitvoeren* exerzieren
exercitie Exerzieren *o*, ⟨geestelijk⟩ Exerzitien *mv*
exhibitionisme Exhibitionismus *m*
exhibitionist Exhibitionist *m*
existentialisme Existenzialismus *m*
existentie Existenz *v*
existentieel existenziell
exit Ausgang *m*
exodus Exodus *m*, Auszug *m*, Massenauswanderung *v*, Massenflucht *v*
exorbitant exorbitant, enorm
exotisch exotisch
expansie Expansion *v*
expansiedrang Expansionsdrang *m*
expansievat Ausdehnungsgefäß *o*
expat Expat *m-v*
expatriëren I *ov ww* ausbürgern **II** *on ww* seine Staatsangehörigkeit aufgeben
expediteur Spediteur *m*
expeditie ❶ *tocht* Expedition *v* ★ *dat was een hele ~* das war ein schwieriges Unternehmen ❷ *verzending* Versand *m*
experiment Experiment *o*, Versuch *m*
experimenteel experimentell, Experimental-, Experimentier- ★ *~ stadium* Experimentierstadium *o*
experimenteren experimentieren ★ *~ met* experimentieren mit [+3]
expert Experte *m*, Sachverständige(r) *m*
expertise Expertise *v*, Fach- / Sachkenntnis *v* ★ *~ uitbrengen* ein Gutachten erstellen
expliciet I *bnw* explizit **II** *bijw* explizit, ausdrücklich
expliciteren explizieren, erklären
exploderen explodieren, platzen
exploitant Unternehmer *m*
exploitatie ❶ *het winstgevend maken* Betrieb *m*, ⟨van mijn⟩ Ausbeutung *v* ❷ *uitbuiting* Ausbeutung *v*, Exploitation *v*
exploitatiekosten Betriebskosten *mv*
exploiteren ❶ *winstgevend maken* in Betrieb setzen / haben, ⟨van mijn⟩ ausbeuten ❷ *uitbuiten* ausbeuten
exploratie Erforschung *v*, Exploration *v*
exploreren erforschen, explorieren
explosie Explosion *v*
explosief I *zn* [het] Sprengsatz *m* **II** *bnw* explosiv, Spreng- ★ *explosieve stof* Sprengstoff, Explosivstoff *m*
exponent ❶ *vertegenwoordiger* Exponent *m* ❷ wisk Exponent *m*
exponentieel exponentiell
export Export *m*, Ausfuhr *v*
exportdocumenten Exportpapiere *mv*
exporteren exportieren, ausführen
exporteur Exporteur *m*
exportland Exportland *o*
exportvolume Umfang *m* des Exports
exposé Exposé *o* ★ *een ~ geven* ein Exposé

machen
exposeren ausstellen
expositie *tentoonstelling* Ausstellung *v*
expres I *bijw* ❶ *met opzet* absichtlich ★ *hij heeft het ~ gedaan* er hat es absichtlich getan ❷ *speciaal* eigens, extra ★ *ze zijn ~ gekomen om...* sie sind extra gekommen um... **II** *zn* [de], *trein* D-Zug *m*
expresbrief Eilbrief *m*
expresse *brief* Eilsendung *v*, Eilzustellung *v* ★ *iets per ~ verzenden* etw. per Eilpost verschicken ★ *per ~* durch Eilboten ★ *per ~ sturen* durch Eilboten schicken
expressie Ausdruck *m* ★ *zonder ~* ausdruckslos
expressief ausdrucksvoll, expressiv ★ *een ~ gezicht* ein ausdrucksvolles Gesicht
expressionisme Expressionismus *m*
extase Ekstase *v*, Verzückung *v* ★ *in ~* in Ekstase ★ *in ~ raken (over)* in Ekstase geraten über [+4]
extatisch ekstatisch, verzückt
extensie ❶ *omvang* Umfang *m*, Ausdehnung *v*, Ausweitung *v* ❷ comp Dateikennung *v*
exterieur I *zn* [het] Äußere(s) *o* **II** *bnw* äußere, Außen...
extern ❶ *van buiten komend* extern ❷ *uitwonend* extern
extra I *bnw* extra, Extra-, zusätzlich, Zusatz-, Sonder-, mehr- ★ *de ~ kosten* die Extrakosten *mv* ★ *~ editie* Sonderausgabe *v* ★ *~ bagage* zusätzliche(s) Gepäck ★ *iets ~'s* ein Extra *o* ★ *~ trein* Sonderzug *m* ★ *~ moeite doen* sich besonders anstrengen **II** *bijw* extra, zusätzlich, besonders ★ *~ berekenen* extra berechnen ★ *iem. iets ~ geven* etw. dazugeben ★ *~ fijn* besonders fein ★ *~ sterk* besonders stark
extraatje *kleine toeslag* Extra *o*, Zugabe *v*, Sonderleistung *v* ★ *als ~ krijgt u... erbij* als Extra bekommen Sie... dazu
extract ❶ *aftreksel* Extrakt *m* ❷ *uittreksel* Extrakt *m*, Auszug *m*
extramuraal extramural ★ *extramurale gezondheidszorg* extramurale Gesundheitsfürsorge *v*
extranet comp Extranet *o*
extraneus Gasthörer *m*
extrapoleren extrapolieren
extravagant extravagant, übertrieben
extravert extravertiert, extrovertiert
extreem extrem
extreemlinks linksextrem, ultralinks
extreemrechts rechtsextrem, ultrarechts
extremisme Extremismus *m*
extremist Extremist *m*
extremistisch extremistisch
extrovert → **extravert**
eyecatcher Blickfänger *m*
eyeliner Eyeliner *m*
eyeopener Eye-opener *m*, Offenbarung *v* ★ *dat was een ~ voor mij* das hat mir die Augen geöffnet
ezel ❶ *dier* Esel *m* ★ *jonge ezel* junge(r) Esel ★ *een ezel stoot zich in het gemeen geen tweemaal aan dezelfde steen* ein gebranntes Kind scheut das Feuer ★ *zo koppig als een ezel* stur wie ein Esel ❷ *domoor* Esel *m* ❸ *schildersezel* Staffelei *v*
ezelsbruggetje Eselsbrücke *v*
ezelsoor *omgekrulde hoek* Eselsohr *o* ★ *met ezelsoren* mit Eselsohren
e-zine elektronische Zeitschrift *v*

F

f ❶ *letter* F *o* ★ *de f van Ferdinand* F wie Friedrich ❷ *muzieknoot* f *o*
F *Fahrenheit* F
fa Fa *o*
fa. *firma* Fa.
faalangst Angst *v* zu versagen
faam ❶ *goede naam* Ruf *m* ❷ *vermaardheid* Ruhm *m*, Bekanntheit *v*
fabel *vertelling* Fabel *v*
fabelachtig *als in fabels* fabelhaft, sagenhaft
fabricaat ❶ *makelij* Industrieerzeugnis *o* ❷ *product* Fabrikat *o*
fabricage Herstellung *v*
fabriceren *vervaardigen* herstellen, erzeugen, fabrizieren
fabriek Fabrik *v* ★ *prijzen af* ~ Preise ab Werk
fabrieksfout Fabrikationsfehler *m*
fabrieksgeheim Fabrikationsgeheimnis *o*
fabrieksmatig fabrikmäßig
fabrieksprijs Fabrikpreis *m*
fabrikant ❶ *fabriekseigenaar* Fabrikant *m* ❷ *producent* Hersteller *m*
fabuleus fabelhaft, sagenhaft
façade *voorgevel* Fassade *v*
facelift *chirurgische ingreep* Facelift *m*
facet ❶ *geslepen vlak* Facette *v* ❷ *aspect* Aspekt *m* ★ *alle ~ten van een zaak belichten* alle Facetten einer Sache beleuchten ★ *alle ~ten van iets bekijken* etw. von allen Facetten betrachten
facetoog Facettenauge *o*
facilitair Hilfs- ★ ~ *bedrijf* technischer Hilfsapparat
faciliteit ❶ *voorziening* Anlage *v*, Einrichtung *v* ❷ econ *tegemoetkoming* Erleichterung *v*, Vergünstigung *v*
faciliteren ermöglichen, unterstützen
facsimile Faksimile *o*
factie Faktion *v*
factor *medeoorzaak* Faktor *m*
factoranalyse Faktorenanalyse *v*
factureren in Rechnung stellen, form fakturieren
factuur Rechnung *v*
facultair fakultär
facultatief wahlfrei, fakultativ ★ ~ *vak* Wahlfach *o*
faculteit *deel universiteit* Fakultät *v* ★ ~ *der geneeskunde* medizinische Fakultät
fade-out audio-vis Ausblende *o*, Ausblenden *o*
Faeröer Färöer *m*
fagot Fagott *o*
Fahrenheit Fahrenheit ★ *20 graden* ~ 20 Grad Fahrenheit
failliet bankrott, zahlungsunfähig ★ *~e boedel* Konkursmasse *v* ★ ~ *gaan* in Konkurs geraten ★ *zich* ~ *verklaren* den Konkurs anmelden
faillissement Konkurs *m*, Bankrott *m* ★ ~ *aanvragen* den Konkurs anmelden / beantragen ★ *in staat van* ~ *verkeren* zahlungsunfähig sein
faillissementsaanvraag Konkursantrag *m*, Konkursanmeldung *v*
fair fair, ehrlich, anständig
faken vortäuschen, simulieren
fakir Fakir *m*
fakkel Fackel *v*
falafel Falafel *m*
falen misslingen, scheitern, versagen
falie ▼ *iem. op zijn* ~ *geven* jemandem die Jacke vollhauen ▼ *op zijn* ~ *krijgen* eins auf den Deckel bekommen
faliekant völlig, total ★ *het is* ~ *misgegaan* es ist völlig schiefgegangen, es hat ein verkehrtes Ende genommen
Falklandeilanden Falklandinseln *mv*
fallisch phallisch
fall-out radioaktive(r) Niederschlag *m*
fallus Phallus *m*
falset ❶ *stemregister* Falsett *o*, Kopfstimme *v* ❷ *zanger* Falsettist *m*
falsificatie *vervalsing* Fälschung *v*
falsificeren ❶ *vervalsen* (ver)fälschen, falsifizieren ❷ *weerleggen* falsifizieren
fameus ❶ *befaamd* namhaft ❷ *verbazend* famos
familiaal *huiselijk* familiär
familiair ❶ *vertrouwelijk* familiär ★ ~ *met iem. zijn* vertraulich mit jmdm. sein ❷ *vrijpostig* ★ *niet zo ~!* nicht so aufdringlich!
familie ❶ *gezin* Familie *v* ❷ *alle verwanten* Verwandte(n) *mv*, Verwandtschaft *v* ★ *hij is van goede* ~ sie ist aus guter Familie ★ *zij is* ~ *van me* sie ist mit mir verwandt, sie ist eine Verwandte von mir
familiebedrijf Familienbetrieb *m*
familieberichten Familienanzeigen *mv*
familiegraf Familiengrab *o*
familiehotel Familienhotel *o*
familiekring Familienkreis *m*
familielid Familienmitglied *o*, Verwandte(r) *m*
familienaam Familienname *m*, Zuname *m*
familieomstandigheden ★ *wegens* ~ aus familiären Gründen
familiestuk Familienstück *o*
familieziek ★ ~ *zijn* einen Familienfimmel haben
fan *liefhebber* Fan *m*
fanaat Fanatiker *m*
fanaticus Fanatiker *m*
fanatiek fanatisch
fanatiekeling blinde(r) Fanatiker *m*
fanatisme Fanatismus *m*
fanclub Fanklub *m*
fancy fair Wohltätigkeitsbasar *m*
fanfare *muziekkorps* Fanfarenzug *m*
fanmail Fanpost *v*
fantaseren *verbeelden, verzinnen* fantasieren, phantasieren
fantasie ❶ *verbeeldingskracht* Fantasie *v*, ⟨nakeursspelling⟩ Phantasie *v* ❷ muz Fantasie *v*
fantasieloos fantasielos
fantasievol fantasievoll
fantast Fantast *m*, Phantast
fantastisch *schitterend* fantastisch, phantastisch
fantoom Phantom *o*
fantoompijn Phantomschmerz *m*
FAQ www *frequently asked questions* häufige Fragen *mv*
farao Pharao *m*
farce Farce *v*
farizeeër Pharisäer *m*

farmaceutica Arzneimittel *mv*
farmaceutisch pharmazeutisch
farmacie Pharmazie *v*
farmacologie Pharmakologie *v*
fascinatie Faszination *v*
fascineren faszinieren
fascinerend faszinierend
fascisme Faschismus *m*
fascist Faschist *m*
fascistisch faschistisch
fase Phase *v*
faseren in Abschnitte einteilen
fastfood Fast Food *o*
fastfoodrestaurant Fast-Food-Restaurant *o*
fataal fatal, verhängnisvoll
fatalisme Fatalismus *m*
fatalistisch fatalistisch
fata morgana Fata *v* Morgana
fatsoen ❶ *goede manieren* Anstand *m* ★ *zijn ~ houden* den Anstand wahren ★ *met goed ~* anstandshalber ❷ *vorm* Form *v*
fatsoeneren *in fatsoen brengen* in Ordnung bringen
fatsoenlijk anständig
fatsoensrakker Moralist *m*
fatwa rel Fatwa *v*
fauna Fauna *v*
fauteuil *meubel* Sessel *m*
favoriet I *zn* [de] Favorit *m* **II** *bnw* Lieblings- ★ *~e bezigheid* Lieblingsbeschäftigung
fax ❶ *bericht* Fax *o* ❷ *apparaat* Faxgerät *o*
faxen faxen
faxnummer Faxnummer *v*
fazant Fasan *m*
februari Februar *m*, Oost Feber *m*
federaal *een federatie betreffend* föderativ
federalisme Föderalismus *m*
federatie Föderation *v*
fee Fee *v*
feedback Feedback *o*
feeëriek feenhaft
feeks Hexe *v*
feeling Feeling *o*
feest ❶ *viering* Feier *v* ★ BN *Feest van de Arbeid* Tag der Arbeit ❷ *partij* Fest *o*, Fete *v* ★ *een ~ geven* eine Fete schmeißen
feestartikelen Scherzartikel *mv*
feestavond festlicher Abend *m*
feestdag *gedenkdag, vrije dag* Feiertag *m* ★ *christelijke ~* christliche(r) Feiertag ★ *officiële ~* gesetzliche(r) Feiertag ★ BN *wettelijke ~* gesetzliche(r) Feiertag
feestelijk festlich ★ iron *ik bedank er ~ voor* na ich danke bestens
feesten ein Fest feiern
feestganger Festteilnehmer *m*
feestmaal Festessen *o*
feestneus ❶ *masker* Pappnase *v* ❷ *persoon* ★ *hij is een echte ~* er feiert die Feste, wie sie fallen
feestnummer ❶ *iem. die graag feestviert* Stimmungskanone *v* ❷ *blad* Jubiläumsausgabe *v*
feestvarken ⟨bij verjaardag⟩ Geburtstagskind *o*, ⟨bij jubileum⟩ Jubilar *m*
feestvieren ein Fest feiern
feestvreugde Festfreude *v* ★ *de ~ verstoren* die Festfreude stören
feilbaar fehlbar
feilen *falen* versagen
feilloos fehlerlos
feit Tatsache *v* ★ *de feiten* der Tatbestand [ev] ★ *strafbaar feit* Straftat ★ *voldongen feit* vollendete Tatsache *v* ★ *in feite* tatsächlich
feitelijk I *bnw* tatsächlich, eigentlich **II** *bijw* eigentlich, tatsächlich
fel ❶ *sterk van licht of kleur* ★ *felle bliksemschicht* grelle(r) / zuckende(r) Blitz ★ *felle kleur* grelle Farbe ★ *in de felle zon* in der brennenden / prallen Sonne ❷ *intens* scharf ★ *fel protest* scharfe(r) Protest
felbegeerd heiß begehrt
felicitatie Gratulation *v*, Glückwunsch *m*
feliciteren ❶ gratulieren (**met** zu) ★ *iem. met iets ~* jmdm. zu etw. gratulieren ❷ → **gefeliciteerd**
felrood knallrot
feminien feminin
feminisme Feminismus *m*
feministe Feministin *v*
feministisch feministisch
feniks Phönix *m*
fenomeen Phänomen *o*
fenomenaal phänomenal
feodaal *volgens het leenstelsel* feudal ★ *~ stelsel* Feudalsystem *o*
feodalisme Feudalismus *m*
ferm tüchtig, energisch, kräftig
fermenteren fermentieren, gären
fervent leidenschaftlich
festijn ❶ *feest* Fest *o* ❷ *feestmaal* Festessen *o*
festival Festival *o*, Festspiele *mv*
festiviteit Festlichkeit *v*
feston Feston *o*
feta Feta *m*
fêteren feiern
fetisj Fetisch *m*
fetisjisme Fetischismus *m*
fetisjist Fetischist *m*
feuilleton Feuilleton *o*
feut Mulus *m*
fez Fes *m*
fiasco Fiasko *o*, Misserfolg *m*
fiat Genehmigung *v*, Zustimmung *v* ★ *ergens zijn fiat aan geven* etw. genehmigen
fiatteren genehmigen
fiber Fiber *v*
fiberglas Fiberglas *o*
fiche ❶ *speelpenning* Spielmarke *v*, Fiche *v* ❷ *systeemkaart* Zettel *m*
fictie ❶ *soort literatuur* Dichtung *v* ❷ *verzinsel* Fiktion *v*
fictief fiktiv ★ *fictieve winst* imaginärer Gewinn
fictioneel fiktional
ficus Ficus *m*
fideel *sympathiek* fidel
fiducie Vertrauen *o*
fier stolz
fiets Fahrrad *o*, inform Rad *o*
fietsen Rad fahren, radeln
fietsenmaker Fahrradmechaniker *m*, Fahrradschlosser *m*
fietsenrek *rek voor fietsen* Fahrradständer *m*
fietsenstalling (überdeckte(r) Fahrradstand *m*
fietser Radfahrer *m*

fi

fietspad Rad(fahr)weg *m*
fietspomp Fahrradpumpe *v*
fietsslot Fahrradschloss *o*
fietstas Fahrradtasche *v*
fietstaxi Fahrradtaxi *o*
fietstocht Radtour *v*
fietsvakantie Radtour *v*
fiftyfifty halbe-halbe, fifty-fifty ★ *~ delen met iem.* mit jmdm. halbpart machen
figurant *acteur* Komparse *m*, Statist *m*
figuratief ❶ *beeldend* figurativ ★ *figuratieve kunst* gegenständliche Kunst ❷ *versierend* dekorativ
figureren ❶ *optreden als* figurieren, auftreten ❷ *figurant zijn* figurieren, Statist sein
figuur *gestalte, vorm van lichaam* Figur *v* ★ *een goed ~ slaan* eine gute Figur machen ★ *een slecht ~ slaan* eine schlechte Figur machen
figuurlijk übertragen, bildlich
figuurzaag Laubsäge *v*
figuurzagen mit einer Laubsäge sägen
Fiji-eilanden Fidschiinseln *mv*
fijn ❶ *prettig* nett, in Ordnung, o.k. ★ *een fijne vent* ein prima Kerl ❷ *zuiver* fein, rein ★ *fijn goud* Feingold ❸ *niet grof, dun, in kleine deeltjes* fein ★ *fijn wrijven* fein reiben, zerreiben ❹ fig *scherp onderscheidend, precies* ★ *fijn gehoor* feine(s) Gehör ★ *het fijne van de zaak willen weten* die Einzelheiten der Sache wissen wollen
fijnbesnaard zartbesaitet, zart besaitet
fijngebouwd zierlich, feingliedrig
fijngevoelig feinsinnig, feinfühlend, zartfühlend, feinfühlig
fijnhakken klein hacken, zerkleinern
fijnkauwen zerkauen
fijnknijpen zerquetschen, zerdrücken
fijnmaken klein machen, feinreiben, zerreiben
fijnmalen zermahlen, fig zermalmen
fijnproever Feinschmecker *m*
fijnschrijver dünne(r) Schreibstift *m*
fijnstof Feinstaub *m*
fijntjes ❶ *op fijne wijze* fein ❷ *op slimme wijze* schlau, listig ★ *~ glimlachen* verschmitzt lächeln ★ *iets ~ zeggen* etw. verblümt sagen ★ *~ aanvoelen* ein feines Gespür haben
fijnwasmiddel Feinwaschmittel *o*
fijnzinnig feinsinnig
fijt Wurm *m*
fik ❶ *brand* Feuer *o* ★ *het staat in de fik* es brennt ❷ *hond* Spitz *m*
fikken I zn [de], *vingers* Finger *mv* ★ *blijf er met je ~ van af* bleibe mit deinen Pfoten weg davon II *on ww* brennen, lodern
fiks tüchtig, kräftig
fiksen hinkriegen, deichseln
filantroop Philanthrop *m*
filantropisch philanthropisch
filatelie Philatelie *v*
filatelist Philatelist *m*
file[1] [fiele] *rij* Stau *m* ★ *in de file staan* im Stau stehen
file[2] [fajl] comp *bestand* Datei *v*
filenieuws Staunachrichten *mv*
fileparkeren einparken zwischen
fileren *tot filet snijden* filetieren
filerijden Kolonnenfahren *o*
filet Filet *o*
filet americain Filet-Américain *o*
filevorming Staubildung *v*
filevrij staufrei
filharmonisch philharmonisch
filiaal Filiale *v*, Zweigstelle *v*, ⟨bijkantoor⟩ Nebenstelle *v*
filiaalhouder Filialleiter *m*
filigraan Filigran *o*
Filippijn Filipino *m*
Filippijnen Philippinen *mv*
Filippijns philippinisch
Filippijnse Filipina *v*
filistijnen ▾ *naar de ~ gaan* vor die Hunde gehen
film *bewegende beelden* Film *m* ★ *naar de film gaan* ins Kino gehen
filmacademie ≈ Filmhochschule *v*
filmcamera Filmkamera *v*
filmen filmen ★ *iets ~* etw. (ver)filmen
filmer Filmemacher *m*
filmhuis kommunale(s) Kino *o*
filmkeuring Filmzensur *v*
filmkritiek Filmkritik *v*
filmmaker Filmemacher *m*
filmmuziek Filmmusik *v*
filmopname Filmaufnahme *v*
filmploeg Filmcrew *v*
filmregisseur Filmregisseur *m*
filmrol ❶ *band* Rollfilm *m* ❷ *rol in een film* Filmrolle *v*
filmster Filmstar *m*
filmstudio Filmstudio *o*
filosoferen philosophieren
filosofie Philosophie *v*
filosofisch philosophisch
filosoof Philosoph *m*
filter Filter *m/o* ★ ⟨van sigaretten⟩ *met ~* mit Filter
filteren *laten doorsijpelen* filtern
filterhouder Filtertütenhalter *m*
filterkoffie Filterkaffee *m*
filtersigaret Filterzigarette *v*
filterzakje Filtertüte *v*
filtraat Filtrat *o*
filtratie Filtrierung *v*, Filterung *v*, Filtration *v*
filtreren filtrieren, filtern
Fin *bewoner* Finne *m*
finaal I *bnw* ❶ *uiteindelijk* final ❷ *algeheel* total II *bijw* ❶ *volkomen* völlig, gänzlich ❷ BN *uiteindelijk* letztendlich
finale sport *slotwedstrijd* Finale *o*, Schlussrunde *v*
finaleplaats der Einzug ins Endspiel / ins Finale
finalist Finalist *m*
financieel finanziell ★ *financiële politiek* Finanzpolitik *v*
financiën Finanzen *mv*
financier ❶ *geldbeheerder* Treuhänder *m*, ⟨van een stichting⟩ Kurator *m* ❷ *geldschieter* Finanzier *m*, Geldgeber *m*
financieren finanzieren
financiering Finanzierung *v*
financieringsplan Finanzierungsplan *m*
financieringstekort Finanzierungslücke *v*
fineer Furnier *o*
fineliner Fineliner *m*
fineren ❶ *met dun hout beplakken* furnieren ❷ *houtlaagjes op elkaar lijmen* furnieren
finesse Finesse *v*

fingeren erdichten, fingieren ★ *gefingeerde koop* Scheinkauf *m*
fingerspitzengefühl Fingerspitzengefühl *o*
finish ❶ *eindstreep* Ziel *o* ★ *door de ~ gaan* durchs Ziel gehen ❷ *eindstrijd* Endkampf *m*, Finish *o*
finishen durchs Ziel gehen, ⟨paardensport⟩ finishen
finishing touch letzte(r) Schliff *m*, Tüpfelchen *o* auf dem i
Finland Finnland *o*
Fins I *zn* [het], *taal* Finnisch(e) *o* **II** *bnw, m.b.t. Finland* finnisch
Finse Finnin *v*
Finse Golf Finnischer Golf *m*
FIOD Steuerfahndung *v*
firewall comp Firewall *v*
firewire comp Firewire *o*
firma *handelszaak* Firma *v*
firmament Firmament *o*
firmawagen BN transp Firmenwagen *m*
fis muz Fis *o*
fiscaal steuerlich
fiscus Fiskus *m*
fistel Fistel *v*
fit fit, in bester Form ★ *zich niet al te fit voelen* sich nicht ganz wohl fühlen
fitness Fitness *m*
fitnesscentrum Fitnesscenter *o*
fitnessen Fitness machen
fitting ❶ *houder van een gloeilamp* Fassung *v* ❷ *verbindingsstuk* Fitting *o*
fixatie *het vastleggen* Fixierung *v*
fixeerbad Fixierbad *o*
fixeren ❶ *vastmaken / -stellen* fixieren ❷ *strak aankijken* fixieren ❸ audio-vis fixieren
fjord Fjord *m*
flacon Flakon *m*
fladderen *vliegen* flattern
flageolet Flageolett *o*, weißgrüne Bohne *v*
flair Flair *o*
flakkeren flackern
flamberen *brandend serveren* flambieren
flamboyant flamboyant
flamenco Flamenco *m*
flamingant flämischer Nationalist *m*
flamingo (Rosa)flamingo *m*
flanel Flanell *m*
flaneren flanieren
flank Flanke *v*
flankeren flankieren
flansen hinpfuschen ★ *in elkaar ~* zusammenschmieren
flap *omgeslagen deel* Umschlagklappe *v*
flapdrol Niete *v*, Flasche *v*
flapoor I *zn* [de] Person *v* mit Segelohren **II** *zn* [het] Segelohren *mv*
flappen ▾ *alles eruit ~* alles herausplappern
flappentap jeugdt Scheinwerfer *m*, jeugdt Cash-Maschine *v*
flaptekst Klappentext *m*
flapuit Schwätzer *m*, Klatschmaul *o*
flard *lap* Fetzen *m* ★ *aan ~en scheuren* zerfetzen
flashback Rückblende *v*
flat *etagewoning* Etagenwohnung *v*
flater Schnitzer *m*
flatgebouw Hochhaus *o*, Etagenhaus *o*, Apartmenthaus *o*
flatteren *mooier weergeven* schmeicheln
flatteus schmeichelhaft
flauw I *bnw* ❶ *niet grappig, vervelend* albern, abgedroschen ❷ *met weinig smaak* fade, schal ❸ *licht gebogen* schwach ★ *een ~e bocht* eine schwache Kurve ❹ *slap, niet krachtig* flau, matt, schwach **II** *bijw, kinderachtig* ★ *~ doen* sich kindisch verhalten ★ *doe niet zo ~!* sei nicht albern!
flauwekul Quatsch *m*
flauwerd Kindskopf *m*
flauwiteit Kinderei *v*
flauwte Ohnmacht *v*
flauwtjes schwach, matt
flauwvallen in Ohnmacht fallen, ohnmächtig werden
fleece Fleece *o*
flegma Phlegma *o*
flegmatiek phlegmatisch
flemen schmeicheln [+3]
flensje Pfannkuchen *m*
fles *verpakking* Flasche *v*, Nuckelflasche *v* ★ fig *op de fles gaan* Pleite machen ★ BN *op flessen trekken* auf Flaschen ziehen, in Flaschen abfüllen ★ BN fig *iem. op flessen trekken* jmdn. betrügen
flesopener Flaschenöffner *m*
flessen verschaukeln
flessenrek Flaschenregal *o*
flessentrekker Schwindler *m*
flessentrekkerij Schwindel *m*
flesvoeding Flaschennahrung *v*
flets ❶ *niet helder* fahl, matt ★ *~e kleuren* fahle Farben ★ *~e ogen* dumpfe Augen ❷ BN *flauw* ⟨van smaak enz.⟩ fade, schal ❸ *ongezond* ★ *er ~ uitzien* ⟨bleek⟩ blass um die Nase sein
fleur *bloei* Frische *v* ★ fig *de ~ is eraf* es hat seine Frische verloren ★ fig *de fine ~* die Blüte, die Besten, die Elite
fleurig ❶ *bloeiend* blühend, frisch, farbenfroh ❷ *fris / vrolijk* munter, heiter ★ *~e kamer* heitere(s) Zimmer
Flevoland Flevoland *o*
Flevolands flevoländisch
flexibel ❶ *buigbaar* flexibel, biegsam ❷ fig *zich makkelijk aanpassend* flexibel, anpassungsfähig ★ *~e werktijden* gleitende Arbeitszeiten
flexibiliteit *buigzaamheid* Flexibilität *v*
flexie Flexion *v*
flexplek flexibler Arbeitsplatz *m*
flexwerk Flexi-Arbeit *v*
flexwerker flexible(r) Arbeitnehmer *m*, Flexi-worker
flierefluiten in den Tag hinein leben
flierefluiter Nichtsnutz *m* ★ *een ~ zijn* wie ein Luftikus / Leichtfuß leben, auf die leichte Schulter nehmen
flik ❶ *chocolaatje* Schokobohne *v* ❷ BN *agent* Bulle *m*
flikflooien *vleien* lobhudeln, schäkern
flikken ❶ *klaarspelen* fertigbringen, deichseln ❷ *streek leveren* ★ *wie heeft haar dat geflikt?* wer hat ihr diesen Dienst erwiesen?
flikker *homo* Schwule(r) *m* ▾ *iem. op zijn ~ geven* jemandem die Jacke vollhauen ▾ *er geen ~ vanaf weten* keine blasse Ahnung davon haben

fl

flikkeren I *ov ww, smijten* pfeffern, kippen **II** *on ww, schitteren* glitzern, flimmern
flikkering Schimmer *m*, Flimmern *o*
flikkerlicht *knipperlicht* Blinklicht *o*
flink I *bnw* ❶ *groot, stevig* tüchtig, kräftig ★ *jij bent een ~e knaap geworden* du bist ein strammer Junge geworden ★ *een ~e dosis* eine kräftige Dosis ★ *een ~e som geld* eine erhebliche Geldsumme ★ *een ~ eind* eine hübsche Strecke ★ *een ~ pak slaag* eine gehörige Tracht Prügel ★ *een ~ stuk vlees* ein großes Stück Fleisch ★ *een ~e wandeling* eine ganz schöne Wanderung ★ *een ~e aanloop nemen* einen langen Anlauf nehmen ❷ *moedig* tapfer, beherzt, herzhaft ★ *~e vent* tüchtige(r) Kerl **II** *bijw* gehörig, ordentlich, tüchtig ★ *iem. ~ de waarheid zeggen* jmdm. gehörig die Wahrheit sagen ★ *het regent ~* es regnet gehörig / ordentlich ★ *het is ~ koud* es ist empfindlich kalt ★ *~ zijn best doen* tüchtig arbeiten ★ *ik heb het ~ warm gekregen* mir ist ordentlich warm geworden
flinter hauchdünne Scheibe *v*
flinterdun hauchdünn
flip-over Flipchart *o*
flippen ❶ *afknappen* satthaben, frustriert sein ❷ *onwel worden door drugs* ausflippen
flipperen flippern
flipperkast Flipper *m*
flirt ❶ *het flirten* Flirt *m*, Liebelei *v* ❷ *persoon* Schäker *m* ★ *zij / hij is een ~* sie / er flirtet gern
flirten flirten
flits *licht* Blitz *m*
flitsen I *ov ww, fotografisch bekeuren* blitzen **II** *on ww,* audio-vis *flitser gebruiken* blitzen
flitsend ❶ *blits* blitzend ❷ *wervelend* strahlend ★ *een ~e carrière* eine Blitzkarriere *v*
flitser audio-vis Blitzgerät *o*
flitslamp Blitzlampe *v*
flitslicht Blitzlicht *o*
flitspaal Radarfalle *v*
flodder *losse patroon* ★ *losse ~* Platzpatrone *v*
flodderen *slordig zitten* schlottern
flodderig ❶ *te ruim zittend* schlabbernd ❷ *slordig, onverzorgd* schlampig
floep schwupp!
floepen flutschen
floers ❶ *waas* Schleier *m* ❷ *stof* Flor *m*, Krepp *m*
flonkeren funkeln
flonkering Funkeln *o*
floot [verl. td.] → **fluiten**
flop *mislukking* Reinfall *m*, Flop *m*, ⟨persoon⟩ Niete *v*
floppen misslingen, fehlschlagen
floppydisk, floppy Floppy Disk *v*, Floppy *v*
floppydrive comp Diskettenlaufwerk *o*
flora Flora *v*
Florence Florenz *o*
floreren florieren, blühen
florissant blühend
flossdraad Zahnseide *v*
flossen die Zähne mit Zahnseide reinigen
floten [verl. td.] → **fluiten**
flowerpower Flower-Power *v*
fluctueren schwanken, fluktuieren
fluim *speeksel* Schleim *m*
fluimen spucken
fluistercampagne Flüsterkampagne *v*
fluisteren ❶ *zacht zeggen* flüstern, raunen, ⟨boosaardig⟩ zischeln, ⟨geheimzinnig⟩ tuscheln ❷ *gerucht verspreiden* flüstern, tuscheln
fluistertoon Flüsterton *m*
fluit *muziekinstrument* Flöte *v*
fluitconcert ❶ *concert* Flötenkonzert *o* ❷ *afkeurend gefluit* Pfeifkonzert *o*
fluiten I *ov ww* ❶ *roepen* pfeifen ★ *de hond ~* dem Hund pfeifen ❷ sport pfeifen **II** *on ww* ❶ *fluitgeluid maken* pfeifen ★ *daar kun je naar ~* du hast das Nachsehen, das ist flöten gegangen ❷ *op fluit spelen* flöten
fluitenkruid Wiesenkerbel *m*
fluitist Flötenspieler *m*, ⟨beroeps⟩ Flötist *m*
fluitje ❶ *signaal* Pfiff *m* ❷ → **fluit** ▼ *dat is een ~ van een cent* das ist ein Kinderspiel
fluitketel Pfeifkessel *m*
fluor Fluor *o*
fluoresceren fluoreszieren
fluorescerend fluoreszierend, aufleuchtend
fluoride Fluorid *o*
flut- *waardeloos* ★ *flutboek* Scharteke *v* ★ *een flutkrantje* ein Käseblatt ★ *een flutroman* ein billiger Schinken
fluweel Samt *m* ★ fig *hij zit op ~* er ist auf Rosen gebettet
fluweelzacht samtweich
fluwelen samten, Samt-
fluwelig samtig
flyer *strooibiljet* Flyer *m*, Handzettel *m*
fnuikend fatal
fobie Phobie *v*
focaal fokal, Brenn...
focus Fokus *m*
focussen ~ op audio-vis *scherpstellen op* fokussieren
foedraal Futteral *o*
foefelen BN *rommelen* schlampen
foefje Trick *m*, Kniff *m*
foei pfui
foeilelijk abscheulich, potthässlich
foerageren Furage beschaffen
foeteren wettern, nörgeln, meckern, schimpfen
foetsie futsch
foetus Fetus *m*, Fötus *m*
foeyonghai cul Fu Yong Hai *m*
föhn ❶ *haardroger* Fön *m* ❷ *wind* Föhn *m*
föhnen föhnen
fok *voorzeil* Fock *v*
fokdier Zuchttier *o*
fokken züchten
fokkenmast Fockmast *m*
fokker Züchter *m*
fokkerij ❶ *het fokken* Zucht *v* ❷ *fokbedrijf* Züchterei *v*
fokstier Zuchtbulle *m*
folder Faltblatt *o*, Prospekt *m*
folie Folie *v*
foliumzuur Foliumsäure *v*
folk Folk *m*
folklore Folklore *v*
folkloristisch folkloristisch
follikel Follikel *m*
follow-up *vervolg* Fortsetzung *v*, med Nachbehandlung *v*

folteraar Folterer *m*
folteren *pijnigen* foltern, martern
foltering *pijniging* Folterung *v*
folterwerktuig Folterinstrument *o*
fondant ❶ *suikergoed* Fondant *m* ❷ BN *pure chocolade* Zartbitterschokolade *v*
fonds ❶ *middelen t.b.v. uitkeringen* econ Wertpapierfonds *o*, econ Effekten *mv*, Fonds *m*, ⟨van ziekenfonds⟩ Kasse *v* ★ *het Internationaal Monetair Fonds* der Internationale Währungsfonds ❷ *boeken bij uitgever* Verlag *m*
fondsenwerving Kapitalbeschaffung *v*
fondslijst Verlagskatalog *m*
fondue Fondue *o*
fonduen Fondue machen
fonduestel Fondueset *o*
fonetiek Phonetik *v*
fonetisch phonetisch, lautlich
fonkelen funkeln
fonkelnieuw funkelnagelneu
font *typografie* Schriftträger *m*
fontanel Fontanelle *v*
fontein Springbrunnen *m*
fonteintje Waschbecken *o*
foodprocessor Küchenmaschine *v*
fooi Trinkgeld *o*
fooienpot Trinkgeldkasse *v*
foor BN Jahrmarkt *m*, Kirmes *v*
fopartikel Scherzartikel *m*
foppen foppen
fopspeen Schnuller *m*
forceren ❶ *door geweld openen* aufbrechen, sprengen ❷ *doordrijven* forcieren, erzwingen
forel Forelle *v*
forens Pendler *m*
forensisch gerichtlich
forenzen pendeln
forfait Pauschale *v*, Pausch(al)betrag *m* ▼ BN sport ~ *geven* nicht erscheinen
forfaitair BN *vast, overeengekomen* pauschal
formaat Format *o*
formaliseren formalisieren, eine feste Form geben [+3]
formalisme Formalismus *m*
formaliteit Formalität *v*, Formsache *v* ★ *de ~en achterwege laten* die Formalitäten weglassen ★ *aan de ~en voldoen* die Formalitäten erledigen
formateur pol mit der Regierungsbildung Beauftragte(r) *m*
formatie *vorming* Formation *v*
formatieplaats Planstelle *v*
formatteren comp formatieren
formeel ❶ *de vorm betreffend* formal ❷ *officieel* formell, förmlich
formeren bilden ★ *een kabinet ~* ein Kabinett bilden
formica Kunststoffplatte *v*, Kunststoff *m*
formidabel fabelhaft, formidabel, außergewöhnlich
formule ❶ ook fig *recept* Formel *v* ❷ *klasse in racerij* ★ *Formule 1* Formel-1
formuleren formulieren
formulering Formulierung *v*
formulier Formular *o*, Formblatt *o* ★ *een ~ invullen* ein Formular ausfüllen
fornuis Herd *m* ★ *elektrisch ~* Elektroherd *m*
fors ❶ *krachtig* kräftig, stark ❷ *stevig, groot* kräftig
forsythia Forsythie *v*
fort[1] *vesting* Fort *o*
fort[2] [fòòr] *sterke eigenschap* ★ *dat is niet mijn fort* das ist nicht meine Stärke
fortuin ❶ *geluk* Glück *o* ❷ *vermogen* Vermögen *o*
fortuinlijk glücklich ★ *~ zijn* Glück haben
fortuinzoeker Glücksucher *m*
forum *discussiebijeenkomst* Forum *o*
forumdiscussie Podiumsdiskussion *v*
forwarden comp forwarden, weiterleiten
fosfaat Phosphat *o*
fosfaatvrij phosphatfrei
fosfor Phosphor *m*
fosforesceren phosphoreszieren
fosforescerend phosphoreszierend
fosforhoudend phosphorhaltig
fossiel I *zn* [het] Fossil *o* II *bnw* fossil
foto Foto *o* ★ *een foto nemen* ein Foto machen
fotoalbum Fotoalbum *o*
fotoautomaat Fotoautomat *m*
foto-elektrisch fotoelektrisch
fotofinish Fotofinish *o*
fotogeniek fotogen
fotograaf Fotograf *m*
fotograferen fotografieren
fotografie Fotografie *v*
fotografisch fotografisch
fotohandelaar Fotohändler *m*
fotojournalist Fotoreporter *m*
fotokopie Fotokopie *v*
fotokopieerapparaat Kopierer *m*, Fotokopierer *m*, Kopiergerät *o*
fotokopiëren fotokopieren
fotomodel Fotomodell *o*
fotomontage Fotomontage *v*
fotoreportage Bildbericht *m*, Bildberichterstattung *v*
fotorolletje Film *m*
fotosafari Fotosafari *v*
fotosynthese Fotosynthese *v*
fototoestel Fotoapparat *m*, Kamera *v*
fotozaak Fotogeschäft *o*
fouilleren durchsuchen ★ *iem. op wapens ~* jmdn. nach Waffen durchsuchen
foulard ❶ *kleed over bank of stoel* Foulard *m* ❷ *halsdoekje* Halstuch *o*, Kopftuch *o*
foundation *crème* Grundierung *v*
fourneren ❶ *verschaffen* verschaffen ❷ *geld storten* einzahlen
fournituren Zutaten *mv*, ⟨kleding⟩ Kurzwaren *mv*
fout I *zn* [de] ❶ *onjuistheid* Fehler *m* ❷ *iets wat slecht is* Fehler *m* ★ *iem. op zijn fouten wijzen* jmdn. auf seine Fehler hinweisen ★ *een fout begaan* einen Fehler machen ★ *een fout goedmaken* einen Fehler wieder gutmachen ★ *weer in de oude fout vervallen* wieder in die alten Fehler verfallen ★ *niemand is zonder fouten* niemand ist vollkommen II *bnw* ❶ *verkeerd, niet juist* falsch, verkehrt ★ *dat is fout* das ist falsch ❷ *slecht* falsch
foutief fehlerhaft, falsch
foutloos fehlerlos, fehlerfrei
foutmelding comp Falschmeldung *v*, Fehlermeldung *v*

fo

foutparkeren falsch parken
foxterriër Foxterrier *m*
foxtrot Foxtrott *m*
foyer Foyer *o*, Wandelhalle *v*
fraai *mooi* schön, hübsch, nett ★ iron *dat is een ~e boel* das ist ein schöner Schlamassel
fractie ❶ pol Fraktion *v* ❷ *onderdeel* Bruchteil *m* ★ *de koersen waren een ~ hoger* die Kurse waren um einen Bruchteil höher
fractieleider Fraktionsvorsitzende(r) *m*, Fraktionsführer *m*
fractievoorzitter Fraktionsvorsitzende(r) *m*
fractuur Fraktur *v*
fragiel zerbrechlich, fragil
fragment Fragment *o*
fragmentarisch fragmentarisch
fragmenteren fragmentieren
framboos ❶ *vrucht* Himbeere *v* ❷ *struik* Himbeerstrauch *m*
frame techn Rahmen *m*, Gestell *o*
Française *bewoonster* Französin *v*
franchise *vrijstelling* Franchise *v*
franchisegever Franchisegeber *m*
franchisenemer Franchiser *m*, Franchisenehmer *m*
franciscaan Franziskaner *m*
franciscaner I *bnw* franziskanisch **II** *znw* Franziskaner *m*
franco frei, franko ★ *~ vracht en rechten* fracht- und zollfrei
francofiel frankreichfreundlich, franzosenfreundlich, frankophil
francofoob frankophob
francofoon frankophon
franje ❶ *versiering* Fransen *mv* ❷ *bijzaken* Geschnörkel *o*, ⟨gezeur⟩ leere(s) Gerede *o*
frank I *zn* [de], *munt* ⟨Frans, Belgisch⟩ Franc *m*, ⟨Zwitsers⟩ Franken *m* **II** *bnw* ▼ *~ en vrij* frank und frei
frankeermachine Frankiermaschine *v*, Stempelmaschine *v*
frankeren frankieren, freimachen
frankering Frankierung *v*
Frankisch fränkisch
Frankrijk Frankreich *o*
Frans I *bnw, m.b.t. Frankrijk* französisch **II** *zn* [het], *taal* Französisch(e) *o*
frans ★ *wat een vrolijke ~!* was für ein Bruder *m* Lustig!
Frans-Guyana Französisch-Guyana *o*
Fransman *bewoner* Franzose *m*
Frans-Polynesië Französisch-Polynesien *o*
Franstalig französischsprachig, in / auf Französisch
frappant frappant
frapperen frappieren
frase Phrase *v* ★ fig *holle ~n* leere Phrasen
fraseren phrasieren, ausdrücken
frater Frater *m*
frats ★ *en nu is het afgelopen met die ~en!* jetzt ist aber Schluss mit dem Unsinn! ★ *~en uithalen* labern
fraude *bedrog* Betrug *m*
fraudebestendig fälschungssicher, betrugssicher
frauderen betrügen
fraudeteam Betrugsdezernat *o*
fraudeur Betrüger *m*
frauduleus betrügerisch
freak *zonderling persoon* Freak *m*
freelance freiberuflich ★ *~ medewerker* freie(r) Mitarbeiter *m*
freelancen freiberuflich arbeiten
freelancer Freiberufler *m*
frees Fräse *v*
freewheelen ❶ *het kalm aan doen* faulenzen, bummeln ❷ *in vrijloop fietsen* im Freilauf fahren
fregat Fregatte *v*
frêle zart, zerbrechlich, fragil
frequent frequent, häufig
frequenteren frequentieren
frequentie Frequenz *v*
fresco Fresko *o*, Freske *v*
fresia Freesie *v*
fret *dier* Frettchen *o*, Frettwiesel *o*
freudiaans freudianisch ★ *~e verspreking* freudsche Fehlleistung *v*
freule Freifräulein *o*, Freiin *v*
frezen fräsen
fricandeau cul Frikandeau *o*, cul Nuss *v*
fricassee BN cul ≈ *ragout* ≈ Ragout *o*
frictie Friktion *v*, Reibung *v*
friemelen fummeln
Fries I *bnw, m.b.t. Friesland* friesisch **II** *zn* [de], *bewoner* Friese *m* **III** *zn* [het], *taal* Friesisch(e) *o*
fries Fries *o*
Friesland Friesland *o*
friet Pommes frites *mv*, inform Pommes *mv*, inform Fritten *mv*
frietketel BN *friteuse* Fritteuse *v*
frietkot BN → **frietkraam**
frietkraam, **friettent** Pommesbude *v*, Frittenbude *v*
frietsaus cul Mayonnaise *v*
Friezin *bewoonster* Friesin *v*
frigide frigid(e)
frigo BN *koelkast* Kühlschrank *m*
frigobox BN *koelbox* Kühlbox *v*
frik Schulmeister *m*, Pauker *m*
frikadel Frikadelle *v*
fris ❶ *koel* kühl ❷ *zuiver, niet benauwd* frisch ❸ *die geen vermoeidheid voelt* ★ *ik voel me zo fris als een hoentje* ich fühl mich munter wie ein Fisch im Wasser
frisbee Frisbee *o*
frisbeeën Frisbee *o* spielen
frisco BN *chocolade-ijsje* Eis *o*
frisdrank cul Erfrischungsgetränk *o*
frisheid Frische *v*, Kühle *v*
frisjes ziemlich kühl
frites → **friet**
friteuse Fritteuse *v*
frituren frittieren
frituurist BN *frietkraamhouder* Pommesbudenbesitzer *m*
frituur ❶ BN *gefrituurd voedsel* Frittierte *o* ❷ BN *patatkraam* Frittenbude *v*, Imbiss *m*
frituurpan Fritteuse *v*
frituurvet Frittierfett *o*
frivool frivol
fröbelen herumbasteln, herumkramen
frommelen I *ov ww, verkreukelen* (zer)knittern,

(zer)knüllen **II** *on ww, friemelen* fummeln
frons Falte *v*
fronsen runzeln
front *voorste linie* Front *v*
frontaal frontal
frontlijn Frontlinie *v*
frontlinie Frontlinie *v*
frontsoldaat Frontsoldat *m*
fructose Fruchtzucker *m*
fruit Obst *o*
fruitautomaat Spielautomat *m*
fruitboom Obstbaum *m*
fruiten bräunen
fruithapje Obstgläschen *o*
fruitig fruchtig
fruitmes Obstmesser *o*
fruitsalade cul Obstsalat *m*
fruitsap BN cul *vruchtensap* Fruchtsaft *m*
fruitschaal Obstschale *v*
frunniken herumfummeln (**aan** an) [+3]
frustratie Frustration *v*
frustreren *ongelukkig maken* frustrieren
frutselen herumfingern
f-sleutel F-Schlüssel *m*
FTP www *File Transfer Protocol* FTP *o*
FTP-server www FTP-Server *m*
fuchsia *plant* Fuchsie *v*
fuck scheiße ▾ *geen fuck* kein Furz
fuga Fuge *v*
fuif Fete *v*, Party *v* ★ *een fuif geven* eine Party / Fete steigen lassen
fuifnummer Bummler *m*
fuik Reuse *v*
fuiven feiern, ⟨met veel drank⟩ zechen, ⟨met veel eten⟩ schmausen
full colour vielfarbig
full speed mit Höchstgeschwindigkeit *v*, Vollgas *o*
fulltime ganztägig ★ *~ baan* Ganztagsbeschäftigung *v* ★ *~ onderwijs* Ganztagsunterricht *m* ★ *een ~ job* ein Fulltime-Job
fulmineren wettern, toben
functie ❶ *werking* Funktion *v* ★ BN *in ~ van* angesichts [+2], in Anbetracht [+2] ❷ *betrekking* Amt *o*, Stellung *v*, Stelle *v*
functieomschrijving Beschreibung *v* des Tätigkeitsfeldes
functietoets Funktionstaste *v*
functionaris Amtsträger *m*, Amtsinhaber *m*, Funktionär *m*
functioneel funktionell
functioneren funktionieren
functioneringsgesprek Beurteilungsgespräch *o*
fundament *fundering* Fundament *o*
fundamentalisme Fundamentalismus *m*
fundamentalist Fundamentalist *m*
fundamentalistisch fundamentalistisch
fundamenteel fundamental, grundlegend
funderen ❶ *fundering aanbrengen* fundieren ❷ *baseren (op)* gründen (**op** auf) [+3] ★ *gefundeerd zijn op* gründen auf ★ *een goed gefundeerd betoog* ein gut begründetes Argument
fundering ❶ *het funderen* Fundieren *o* ❷ *fundament* Fundierung *v* ❸ *grondslag* Grund *m*
funest fatal, verhängnisvoll
fungeren *in functie zijn* fungieren ★ *~d burgemeester* amtierende(r) Bürgermeister *m*
funk Funk *m*
furie *woede* Furie *v*
furieus wütend, tobend
furore ★ *~ maken* Furore machen
fuseren, BN **fusioneren** fusionieren
fusie Fusion *v* ★ *een ~ aangaan met* fusionieren mit
fusilleren füsilieren, standrechtlich erschießen
fust ❶ *vat* Fass *o* ★ *wijn op fust* Wein in Fässern ❷ *verpakking* Verpackung *v* ★ *met leeg fust* mit Leerpackung
fut Energie *v*, Kraft *v*, Tatkraft *v* ★ *er zit geen fut in die vent* er hat keinen Mumm in den Knochen
futiel unbedeutend, nichtig
futiliteit ❶ *nietigheid* Bagatelle *v* ❷ *onbeduidende zaak* Lappalie *v*
futloos energielos, kraftlos, ohne Saft und Kraft
futurisme Futurismus *m*
futuristisch *m.b.t. toekomst* futuristisch
fuut Haubentaucher *m*, Lappenfuß *m*
fysica Physik *v*
fysicus Physiker *m*
fysiek I *bnw, lichamelijk* physisch **II** *zn* [het] Physis *v*
fysiologie Physiologie *v*
fysiologisch physiologisch
fysiotherapeut ❶ *iemand die fysiotherapie toepast* Physiotherapeut *m*, Krankengymnast *m* ❷ BN *revalidatiearts* Rehabilitationsarzt *m*
fysiotherapie Physiotherapie *v*, Krankengymnastik *v*
fysisch physikalisch

G

g ❶ *letter* G *o* ★ *de g van Gerard* G wie Gustav ❷ *muzieknoot* g *o*
gaaf ❶ *ongeschonden* rein, vollständig ★ *een gaaf gebit* ein vollständiges Gebiss ❷ *prachtig* toll, irre ★ *onwijs gaaf* supertoll
gaai Eichelhäher *m*
gaan I *on ww* ❶ *in beweging zijn* gehen, ⟨met voertuig⟩ fahren, ⟨met vliegtuig⟩ fliegen ★ *ga erheen* geh hin ★ *van X naar Y gaan via Z* von X nach Y über Z gehen ★ *we gaan over Utrecht* wir fahren über Utrecht ★ *naar huis gaan* nach Hause gehen ★ *te voet gaan* zu Fuß gehen ★ *met de auto gaan* mit dem Auto fahren ★ *met de boot gaan* mit dem Schiff fahren ★ *we gaan met de trein* wir fahren mit dem Zug ★ *gaan door* gehen durch [+4] ★ *dat traject gaat door de bergen* die Strecke führt durch die Berge ★ *gaan in* gehen in [+3] ★ *naar de dokter gaan* zum Arzt gehen ★ *het gerucht gaat* es gibt Gerüchte ★ *we hebben nog twee dagen te gaan* wir haben noch zwei Tage vor uns ★ *laat maar gaan* lass mal ★ *hij liet zich gaan* er ließ sich gehen ★ *naar de haaien / knoppen gaan* vor die Hunde gehen ★ *dat gaat er bij mij niet in* das will mir nicht in den Kopf ★ *er gaat niets boven...* es geht nichts über [+4] ❷ *weggaan* gehen ★ *de boot gaat pas over een kwartier* das Boot geht erst in einer Viertelstunde ★ *we gaan morgen op vakantie* wir fahren morgen in Urlaub ★ *u kunt gaan* Sie können gehen ★ *ervandoor gaan* weggehen, inform abhauen ★ *er stilletjes vandoor gaan* sich verdrücken ★ *kom, ik ga ervandoor* komm, ich geh jetzt ★ *uit wandelen gaan* spazieren gehen ★ *uit vissen gaan* zum Angeln gehen ★ *het was een komen en gaan* es war ein Kommen und Gehen ★ *ik zie je liever gaan dan komen* bleib mir aus den Augen! ★ *daar gaat 'ie dan!* das war's dann ❸ *beginnen met* ★ *gaan slapen* schlafen gehen ★ *aan het werk gaan* sich an die Arbeit machen ★ *gaan wandelen* spazieren gehen ★ *gaan liggen* sich legen ★ *gaan staan* sich (hin)stellen ★ *gaan zitten* sich setzen ★ *sneller gaan lopen* schneller laufen ★ *gaan huilen* zu weinen anfangen ★ *ik ga me gauw omkleden* ich ziehe mich schnell um ★ *groter gaan wonen* eine größere Wohnung beziehen ★ *zij is hem gaan afhalen* sie holt ihn gerade ab ★ *het schijnt te gaan regenen* es soll bald regnen ★ *ga je wassen* geh und wasche dich ❹ *functioneren* gehen, laufen ★ *de bel gaat* es klingelt ★ *de bel gaat niet* die Klingel funktioniert nicht ★ *de telefoon gaat* das Telefon klingelt ❺ *gekleed zijn* ★ *in het rood gaan* in Rot gehen ★ *in cocktailjurk gaan* im Cocktailkleid gehen ❻ *passen* gehen ★ *er gaan 1000 mensen in dit theater* es gehen 1000 Personen in dieses Theater ★ *er gaan zes appels in een kilo* sechs Äpfeln geben ein Kilo ❼ **~ met** gehen mit [+3] ❽ **~ over** *als onderwerp hebben* gehen um [+4], sich handeln um [+4], ⟨verhaal etc⟩ . handeln von [+3] ★ *over wie gaat het?* über wen geht es? ★ *waar gaat het over?* worum geht es? ★ *het gaat over een prins* es geht um einen Prinzen ★ *het boek gaat over Napoleon* das Buch handelt von Napoleon ❾ **~ over** *beslissen over* ★ *hier ga ik niet over* das entscheide nicht ich ❿ **~ voor** *voorrang hebben boven* vorgehen ★ *zaken gaan voor het meisje* Geschäfte gehen vor, erst die Arbeit, dann das Vergnügen ★ *voor alles gaan* vorgehen, Priorität haben ⓫ **~ voor** *zich inzetten voor* ★ *we gaan er helemaal voor* wir setzen uns da voll ein **II** *onp ww* ❶ *gesteld zijn* gehen ★ *hoe gaat het?* wie geht's? ★ *het gaat* es geht ★ *het gaat goed* es geht gut ★ *het ga je goed!* mach's gut! ★ *het gaat niet goed met hem* es geht ihm nicht gut ★ *het gaat goed met hem* es geht ihm gut ★ *het gaat niet langer zo* das geht so nicht länger ★ *hoe gaat het met u?* wie geht es Ihnen? ★ *hoe gaat het met je?* wie geht es dir? ★ *hoe gaat het op de zaak?* was macht das Geschäft? ★ *het gaat naar wens* es ist alles wunschgemäß ★ *gaat het?* geht' noch? ❷ *gebeuren* gehen ★ *dat gaat vanzelf* das geht von allein ★ *zo gaat het altijd* so geht es immer ★ *het is mij ook zo gegaan* es ist mir auch so gegangen ★ *zo gaat het goed* so geht es gut ★ *zo gaat het in het leven* so ist das im Leben ❸ *lukken* gehen ★ *het gaat niet* es geht nicht ★ *gaat het?* geht es? ❹ **~ om** gehen um [+4] ★ *het gaat om je leven* es geht um dein Leben ★ *het gaat om het volgende:...* es geht um Folgendes:... ★ *het gaat erom of...* es geht darum, ob... ★ *daar gaat het (niet) om* darum geht es (nicht)
gaande ❶ *in beweging* in Bewegung, in Gang ★ *een gesprek ~ houden* ein Gespräch in Gang halten ★ *~ houden* aktiv halten ❷ *aan de gang* los ★ *wat is er ~?* was ist los?
gaandeweg nach und nach, allmählich
gaap Gähnen *o*
gaar ❶ *voldoende toebereid* gar ★ *te gaar* zu gar ★ *goed gaar* durch ★ *niet gaar* nicht gar ★ *icm. in zijn sop laten gaar koken* jmdm. im eigenen Saft schmoren lassen ❷ *duf* fertig, müde ★ *ik werd helemaal gaar van die les* die Stunde machte mich fix und fertig
gaarkeuken Garküche *v*
gaarne gern ★ *~ zien wij uw bericht tegemoet* wir freuen uns auf Ihre Nachricht ★ *ik ben ~ bereid om het te doen* ich mache das gern
gaas ❶ *weefsel* Gaze *v* ❷ *vlechtwerk van metaal* Drahtgeflecht *o*
gaasje Kompresse *v*, Gazebinde *v*
gaatje ❶ *gat in tand* Loch *o* ❷ → **gat**
gabber ❶ *vent* Typ *m* ❷ *makker* Kumpel *m*
Gabon Gabun *o* ★ *in ~* in Gabun
Gabonees gabonisch
gadeslaan beobachten
gadget Gadget *o*
gading Geschmack *m* ★ *zit er iets van je ~ bij?* gibt es etw. nach deinem Geschmack? ★ *er is niets van mijn ~ bij* es ist nichts nach meinem Geschmack dabei, es ist nichts dabei, was mir gefällt
gadsie igitt!
gadver Mist!
gadverdamme Mist!
gaf [verl. td.] → **geven**
gaffel ❶ *gereedschap* Heugabel *v* ❷ scheepv Gaffel *v*

gage ⟨van scheepsvolk⟩ Heuer *v*, ⟨van kunstenaars⟩ Gage *v*
gaine BN Hüfthalter *m*
gajes Gesindel *o*, Pack *o*
gal *vloeistof* Galle *v* ★ fig *zijn gal spuwen* Gift und Galle speien
gala ❶ *feest* prunkvolle(s) Fest *o*, ⟨hoffeest⟩ Fest *o* am Hofe ❷ *kleding* Gala *v*, ⟨voor vrouwen⟩ Galakleid *o*, ⟨voor mannen⟩ Galaanzug *m* ★ *in gala zijn* Galakleidung tragen
galabal Galaball *m*
galactisch galaktisch
galakostuum Galaanzug *m*
galant *hoffelijk* galant, höflich
galapremière Galapremiere *v*
galavoorstelling Galavorstellung *v*
galblaas Gallenblase *v*
galei Galeere *v*
galerie kunst Galerie *v*
galeriehouder, BN **galerijhouder** Galerist *o*
galerij ❶ *overdekte gang* Galerie *v* ❷ BN kunst *galerie* Galerie *v*
galerijflat Laubenganghaus *o*
galg Galgen *m* ▼ *hij groeit op voor galg en rad* er wird noch mal am Galgen enden
galgenhumor Galgenhumor *m*
galgenmaal ❶ *laatste maal van ter dood veroordeelde* Henkersmahlzeit *v* ❷ *afscheidsmaal* Abschiedsessen *o*, humor Henkersmahlzeit *v*
galgje ❶ *spelletje* Galgen *m*, Galgenspiel *o* ❷ → **galg**
Galicië Galizien *o*
Galicisch galizisch
galjoen *zeilschip* Galeone *v*
Gallië Gallien *o*
Galliër Gallier *m*
Gallisch gallisch
gallisch ▼ *daar word ik ~ van* das stößt mir sauer auf
galm ❶ *klank* Klang *m*, Schall *m* ❷ *echo* Widerhall *m*, Hall *m*
galmen **I** *ov ww, zingen* erschallen lassen ★ *een lied ~* ein Lied schmettern **II** *on ww* ❶ *luid klinken* hallen, (er)schallen ★ *~de klokken* tönenden Glocken ❷ *weerkaatsen* (wider)hallen ★ *de gang galmt heel erg* auf dem Gang hallt es stark
galop Galopp *m* ★ *in ~* im Galopp ★ *in volle ~* in vollem Galopp
galopperen galoppieren
galsteen Gallenstein *m*
galvanisch galvanisch
galvaniseren galvanisieren, ⟨met zink⟩ verzinken
galzuur Gallensäure *v*
gamba Gamba *v*
Gambia Gambia *o* ★ *in ~* in Gambia
Gambiaans von Gambia
game ❶ sport *wedstrijdonderdeel* Spiel *o*, ⟨tennis⟩ Satz *m* ❷ *computerspel* Game *o*, Spiel *o*
gamen gamen
gamer comp Gamer *m*
gamma **I** *zn* [de], *letter* Gamma *o* **II** *zn* [het] ❶ *reeks* Skala *v* ❷ BN *assortiment* Sortiment *o*, Warenangebot *o*
gammastraling Gammastrahlung *v*
gammawetenschap Gesellschaftswissenschaft *v*
gammel ❶ *niet stevig* klapp(e)rig, gebrechlich, ⟨van gebouwen⟩ baufällig ★ *een ~e stoel* ein klappriger Stuhl ❷ *slap, lusteloos* ermattet
gang ❶ *doorloop* Gang *m*, Flur *m*, Korridor *m* ❷ *manier van gaan* Gang *m* ❸ *verloop* ★ *de gang van zaken* der Gang der Dinge, ⟨werkwijze⟩ das Verfahren ★ *de normale gang van zaken* die übliche Prozedur ★ *voor een goede gang van zaken* für einen guten Verlauf ❹ *deel van menu* Gang *m* ★ *de eerste gang* der erste Gang ❺ *beweging* ★ *aan de gang zijn* im Gange sein ★ *hier is iets aan de gang* hier ist etw. los ★ *hij is weer aan de gang* er ist wieder aktiv ★ *aan de gang zijn met* mit [+3] beschäftigt sein ★ *aan de gang blijven* kein Ende nehmen wollen ★ *je kunt daarmee niet aan de gang blijven* du kannst so nicht weitermachen ★ *aan de gang brengen* in Gang bringen ★ *aan de gang gaan met* anfangen mit [+3] ★ *aan de gang houden* im Gange halten ★ *iets aan de gang krijgen* etw. in Gang bringen ★ *in volle gang zijn* in vollem Gang sein ★ *op gang brengen* in Gang bringen ★ *op gang komen* zu laufen beginnen ★ *zodra alles op gang is* sobald alles läuft ★ *goed op gang zijn* gut gehen ★ *er gang achter zetten* einen Gang zulegen ★ *gang hebben* Geschwindigkeit haben ★ *gang maken* beschleunigen ❻ *m.b.t. gedrag, handelen* ★ *zijn gang gaan* seinen Weg gehen ★ *alles gaat gewoon zijn gang* alles läuft wie üblich ★ *ga je gang* bitte sehr! ★ *ga uw gang* bitte sehr! ★ *zijn eigen gang gaan* seine eigenen Weg gehen ★ *vrij zijn gang kunnen gaan* sich frei bewegen können ★ *iem. zijn gang laten gaan* jmdn. gewähren lassen ★ *iemands gangen nagaan* jmds. Tun und Treiben verfolgen → **gangetje**
gangbaar ❶ *gebruikelijk* gängig ★ *de gangbare aanpak* die gängige / übliche Handlungsweise ★ *de gangbare opvatting* die herrschende / gängige Meinung ★ *een gangbare uitdrukking* ein gängiger Ausdruck ❷ econ *in omloop* gängig ★ *deze munt is niet meer ~* diese Währung ist nicht mehr im Umlauf ★ *een gangbare munt* eine gängige Währung ❸ econ *veel gekocht* gängig ★ *gangbare koopwaar* (markt)gängige Ware
gangboord Laufgang *m*
gangenstelsel Gängekomplex *m* ★ *ondergronds ~* unterirdische(r) Gängekomplex
gangetje ❶ *snelheid* Tempo *o* ★ *het gaat met een aardig ~* es geht in flottem Tempo ★ *er een aardig ~ in hebben* zügig vorankommen ❷ *voortgang* Gang *m* ★ *het gaat zo zijn ~* es geht so seinen Gang ★ *alles gaat z'n ~* alles läuft prima ★ *hoe gaat het? z'n ~* wie geht's? wie immer
gangmaker ❶ sport Schrittmacher *m*, ⟨paardensport⟩ Pacemacher *m* ❷ *ijveraar* Schrittmacher *m* ★ *hij was de ~ van het feest* er war die Stimmungskanone der Party
gangpad Durchgang *m*
gangreen med Gangrän *v*
gangstarap muz Gangstarap *m*
gangster Gangster *m*
gangsterfilm Gangsterfilm *m*
gans **I** *zn* [de] ❶ *vogel* Gans *v* ★ *wilde gans* Wildgans *v* ★ *grauwe gans* Graugans *v* ★ *de sprookjes van Moeder de Gans* die Märchen von Mutter Gans ❷ fig *persoon* dumme Gans *v* ★ *wat*

een domme gans! so eine dumme Gans! **II** *bnw* BN ganz
ganzenbord Gänsespiel *o*
ganzenlever Gänseleber *v*
ganzenpas mil *paradepas* Gänseschritt *m*
ganzerik ❶ plantk Gänsefingerkraut *o* ❷ *mannetjesgans* Gänserich *m*
gapen ❶ *geeuwen* gähnen ❷ *dom toekijken* gaffen ★ *dom staan te ~* Maulaffen feilhalten ❸ *dreigend geopend zijn* klaffen ★ *~de afgrond* gähnende(r) Abgrund *m* ★ *een ~de wond* eine klaffende Wunde
gappen klauen
garage ❶ *autostalling* Garage *v* ★ *in de ~ stallen* in die Garage stellen ❷ *werkplaats* Werkstatt *v*, Autowerkstatt *v* ★ *mijn auto moet naar de ~* mein Auto muss in die Werkstatt

ga

garagehouder, BN **garagist** Inhaber *m* einer Autowerkstatt
garanderen garantieren, gewährleisten ★ *gegarandeerd voor onderdelen en werkloon* garantiert für Ersatzteile und Arbeitslohn ★ *gegarandeerd!* garantiert!
garant Bürge *m*, Garant *m* ★ *zich ~ stellen voor* bürgen für [+4] ★ *~ staan voor* bürgen für [+4] ★ *zich voor iemand / iets ~ stellen* sich für jmdn. / etw. verbürgen ★ *voor iemand / iets ~ staan* für jmdn. / etw. bürgen
garantie Garantie *v*, Gewähr *v* ★ *met een jaar ~* mit einem Jahr Garantie ★ *~ op iets geven* Garantie auf etw. [4] geben ★ *~ geven* Garantie geben ★ *er zit ~ op* da ist Garantie drauf
garantiebewijs Garantieschein *m*
garantiefonds Garantiefonds *m*
garde ❶ *keukengerei* Schneebesen *m* ❷ *lijfwacht* Garde *v* ★ *hij is nog van de oude ~* er ist noch einer von der alten Garde
garderobe ❶ *klerenbewaarplaats* Garderobe *v* ❷ *kleren* Garderobe *v*
gareel *halsjuk* Joch *o* ▾ *in het ~ lopen* am Gängelband gehen ▾ *iem. in het ~ brengen* jemanden zur Ordnung rufen
garen I *zn* [het] Garn *o*, ⟨getwijnd⟩ Zwirn *m* ★ fig *goed ~ spinnen bij iets* sich mit etw. [3] eine goldene Nase verdienen **II** *bnw* zwirnen
garnaal dierk Garnele *v*, Krabbe *v* ▾ min BN *kleine ~* halbe Portion *v*
garnalencocktail Krabbencocktail *m*
garneren garnieren
garnering Besatz *m*, ⟨kleding⟩ Garnierung *v*, ⟨bont⟩ Verbrämung *v*
garnituur ❶ *garneersel* Verzierung *v*, Garnitur *v*, ⟨van eten⟩ Garnierung *v* ❷ *set voorwerpen* Garnitur *v*, Satz *m* ▾ *van het tweede ~* aus der zweiten Reihe
garnizoen ❶ *legerafdeling* Garnison *v* ❷ *standplaats* Quartier *o*, Garnison *v*, Standort *m*
gas Gas *o* ★ *vloeibaar gas* Flüssiggas *o* ★ *op gas koken* mit Gas kochen ★ *het gas aandoen* das Gas anstellen ★ *vol gas* Vollgas *o* ★ *gas geven* Gas geben ★ *gas op de plank geven* Vollgas geben ★ *gas terugnemen / minderen* Gas zurücknehmen
gasaansteker ⟨voor fornuis⟩ Gasanzünder *m*, ⟨voor sigaret⟩ Gasfeuerzeug *o*
gasbedrijf Gaswerk *o*
gasbel Gasblase *v*
gasbrander ❶ *op mondstuk van gasbuis* Gasbrenner *m* ❷ *kooktoestel* Gaskocher *m*
Gascogne Gascogne *v*
gasexplosie Gasexplosion *v*
gasfabriek Gaswerk *o*
gasfitter Gasinstallateur *m*
gasfles Gasflasche *v*
gasfornuis Gasherd *m*
gaskachel Gasofen *m*
gaskamer *executieruimte* Gaskammer *v*
gaskraan Gashahn *m*
gasleiding Gasleitung *v*
gaslek Leck *o* in der Gasleitung
gasmasker Gasmaske *v*
gasmeter Gaszähler *m*
gasolie Gasöl *o*
gasoven Gasofen *m*
gaspedaal Gaspedal *o*
gaspit ❶ *vlam* Gasflamme *v* ❷ *brander* Gasbrenner *m* ★ *fornuis met twee ~ten* zweiflammige(r) Gasherd *m*
gasslang Gasschlauch *m*
gasstel Gaskocher *m*
gast ❶ *bezoeker* Gast *m* ★ *hoge gasten* hohe Gäste ★ *ongenode gasten* ungebetene(n) Gäste ★ *als gast optreden in de schouwburg* im Theater gastieren ★ *te gast zijn* zu Gast sein ★ *gasten hebben* Gäste haben ★ *gasten ontvangen* Gäste empfangen ❷ *gozer* Bursche *m*, Typ *m* ★ *vreemde gast* komische(r) Typ ★ *ruwe gast* rohe(r) Bursche *m* ★ *vrolijke gast* lustige(r) Geselle *m* ▾ BN *halve gast* Lehrling *m* ▾ BN *volle gast* Gehilfe *m*, Geselle *m*
gastarbeider Gastarbeiter *m*
gastcollege Gastvorlesung *v* ★ *een ~ geven / verzorgen* eine Gastvorlesung halten
gastdocent Gastdozent *m*
gastenboek ❶ *ter registratie* Besucherliste *v* ❷ *ter herinnering* Gästebuch *o*
gastenverblijf Gästehaus *o*
gastgezin Gastfamilie *v*
gastheer Gastgeber *m* ★ *zijn plicht als ~ vervullen* seinen Gastgeberpflichten nachkommen ★ sport *de gastheren* die Gastgeber
gasthuis Krankenhaus *o*
gastland Gastland *o*
gastmaal Gastmahl *o*
gastoevoer ⟨door gasbuis⟩ Gaszufuhr *v*, ⟨het zorgen voor gas⟩ Gasversorgung *v*
gastoptreden Gastspiel *o*
gastouder Tagesmutter *v*
gastrol Gastrolle *v*
gastronomie Gastronomie *v*
gastronomisch gastronomisch
gastspreker Gastredner *m*
gastvrij gastfreundlich, gastfrei
gastvrijheid ❶ *gastvrij gedrag* Gastlichkeit *v*, Gastfreundlichkeit *v* ❷ *herberging* Gastfreundschaft *v*
gastvrouw *vrouw bij wie men te gast is* Gastgeberin *v*
gasvlam Gasflamme *v*
gasvormig gasförmig
gasvuur BN *gasfornuis* Gasherd *m*
gat ❶ *opening* Loch *o*, ⟨iets ontbrekends⟩ Lücke ★ *zwart gat* schwarze(s) Loch ★ *de riem een gaatje aanhalen* den Gürtel enger schnallen ★ *een gat /*

gaten maken in ein Loch in [+3] machen ★ *een gat in zijn hoofd vallen* sich den Kopf aufschlagen ★ *een gat in de markt* eine Marktlücke ★ *een gat in de dag slapen* bis in die Puppen schlafen ★ *een gat in de lucht springen* einen Luftsprung machen, vor Freude an die Decke springen ★ *hij heeft een gat in zijn hand* das Geld rinnt ihm durch die Finger, er wirft das Geld zum Fenster hinaus ★ *er geen gat meer in zien* keinen Ausweg mehr wissen ★ *niet voor één gat te vangen zijn* von allen Hunden gehetzt sein ★ *het ene gat met het andere dichten* ein Loch mit dem anderen stopfen ★ *iem. het gat van de deur wijzen* jmdm. die Tür weisen ★ *iem. in de gaten hebben* jmdn. durchschauen ★ *iets in de gaten hebben* sich einer Sache [2] bewusst sein ★ *zij had het direct in de gaten* sie hat es sofort durchschaut ★ *ze heeft niets in de gaten* sie merkt nichts ★ *houd hem in de gaten!* behalte ihm im Auge! ★ *in de gaten krijgen* mitkriegen ★ *zij kreeg iets in de gaten* ihr gingen die Augen auf ★ *in de gaten lopen* auffallen, ins Auge springen ❷ *gehucht* Kuhdorf *o*, Kaff *o* ★ *een saai gat* ein ödes Kaff ❸ *achterwerk* Hintern *m*, vulg Arsch *m* ★ *iem. een schop onder zijn gat geven* jmdm. einen Tritt in den Hintern geben ★ *op zijn luie gat zitten* den Arsch nicht hochkriegen ★ *die zaak ligt op zijn gat* die Sache ist im Arsch / Eimer ★ BN *met zijn gat in de boter vallen* Schwein / Glück haben ★ BN *geen zittend gat hebben* Ameisen im Hintern haben → **gaatje**

gatenkaas cul Käse *m* mit Löchern, ook fig Schweizer Käse *m*

gatenplant Monstera *v*

gauw I *bnw* schnell **II** *bijw* ❶ *snel* rasch, schnell ★ *te gauw oordelen* voreilig urteilen ❷ *binnenkort* bald

gauwdief Gauner *m*, humor Spitzbube *m*

gauwigheid ★ *in de ~* in der Eile

gave ❶ *talent* Gabe *v* ★ *de gave van het woord* die Eloquenz ❷ *geschenk* Geschenk *o*, Gabe *v* ★ *gulle gaven* großzügige Geschenke

gaven [verl. td.] → **geven**

gay I *zn* [de] Gay *m*, Schwule(r) *m* **II** *bnw* gay, schwul

gaybar Schwulenbar *v*

Gaza Gaza *o*

Gazastrook Gazastreifen *m*

gazelle Gazelle *v*

gazon Rasen *m*

GB *gigabyte* GB *o*

ge → **gij**

geaard ❶ *met aardleiding* geerdet ❷ *van aard* veranlagt ★ *zo ben ik nu eenmaal ~* so bin ich halt

geaardheid Natur *v* ★ *seksuele ~* sexuelle Veranlagung

geacht angesehen, geachtet, verehrt ★ *~e heer Jansen* sehr geehrter Herr Jansen ★ *~e mevrouw Jansen* sehr geehrte Frau Jansen ★ *~e vergadering!* sehr verehrte Anwesende! ★ *~e heer / mevrouw* sehr geehrte Damen und Herren

geadresseerde Empfänger *m*

geaffecteerd affektiert

geagiteerd aufgeregt, erregt ★ *~ rondlopen* aufgeregt hin- und herlaufen

geallieerden Alliierte *mv*

geamuseerd amüsiert ★ *zij keek hem ~ aan* sie schaute ihn amüsiert an

geanimeerd lebhaft, angeregt ★ *een ~ gesprek* eine angeregte / lebhafte Unterhaltung

gearmd I *bnw* Arm in Arm, eingehakt **II** *bijw* ★ *~ gaan* Arm in Arm gehen

geavanceerd *vooruitstrevend* fortgeschritten

gebaar ❶ *beweging* Gebärde *v* ❷ *uitdrukking* Geste *v*

gebak Kuchen *m*, Gebäck *o*

gebakje Gebäck *o*

gebakken [volt.dw.] → **bakken**

gebakstel ≈ ein Satz Kuchenteller

gebaren I *ov ww, duidelijk maken* Zeichen machen ★ *ze gebaarde hen haar te volgen* sie machte ihnen ein Zeichen, ihr zu folgen **II** *on ww, gebaren maken* gestikulieren

gebarentaal Gebärdensprache *v*

gebarsten [volt.dw.] → **barsten**

gebed Gebet *o* ★ *zijn ~ opzeggen* sein Gebet sprechen ★ *~ voor het eten* Tischgebet *o* ★ *zijn ~(en) doen* beten ★ fig *het is een ~ zonder einde* es nimmt kein Ende

gebeden [volt.dw.] → **bidden**

gebedsgenezer Gesundbeter *m*

gebeente Knochengerüst *o*, Gebeine *mv* ▼ *wee je ~!* wehe dir!

gebeiteld ▼ *~ zitten* fest im Sattel sitzen

gebekt ▼ *goed ~ zijn* nicht auf den Mund gefallen sein

gebelgd verstimmt, verärgert

gebenedijd → **woord**

gebergte Gebirge *o* ★ *in het ~* im Gebirge

gebeten I *bnw* ▼ *~ zijn op iem.* einen Groll gegen jemanden hegen **II** *ww* [volt.dw.] → **bijten**

gebeuren I *on ww* ❶ *plaatsvinden* geschehen, sich ereignen, passieren ★ *het is nu eenmaal gebeurd* es ist nun einmal geschehen ★ *wat er ook gebeurt* was auch geschieht ★ *het kan ~ dat* es kann passieren, dass ★ *er is een ongeluk gebeurd* es ist ein Unglück geschehen ★ *wat gebeurt er?* was geht hier vor? ★ *wat gebeurd is, is gebeurd* vorbei ist vorbei ★ *alsof er niets gebeurd was* als ob nichts geschehen wäre ★ *dat gebeurt niet!* das kommt nicht in Frage! ★ *het gebeurde toevallig dat...* es war zufällig so, dass... ★ *dat mag nooit meer ~* das darf nie wieder geschehen ★ *dat moest wel ~* das musste ja passieren ★ *het is met hem gebeurd* es ist um ihn geschehen ❷ *overkómen* widerfahren, zustoßen, passieren, geschehen ★ *er zal je niets ~* dir wird nichts passieren ★ *wat is er met jou gebeurd?* was ist denn mit dir passiert? ★ *het zal je maar ~* ≈ das ist kein Vergnügen ★ *dat zal me niet weer ~* das wird mir nicht noch einmal passieren ❸ *gedaan worden* geschehen, getan werden ★ *wat moet er ~?* was soll ich da tun? ★ *het moet ~* es muss getan werden ★ *er moet heel wat aan ~* da muss man viel dran tun ★ *het is zo gebeurd* das ist schnell gemacht **II** *zn* [het] Vorfall *m*, Geschehen *o*, Ereignis *o*

gebeurtenis Vorfall *m*, Ereignis *o* ★ *een blijde ~* ein freudiges Ereignis ★ *dagelijkse ~sen* alltägliche Geschichten ★ *het concert was een ~* das Konzert war ein Ereignis ★ *een vreemde ~*

ge

eine seltsame / merkwürdige Geschichte
gebied ❶ *streek* Gebiet *o* ★ *beschermd ~* Schutzgebiet *o* ❷ *grondgebied* Territorium *o*, ⟨van een land⟩ Hoheitsgebiet *o*, ⟨van een land⟩ Staatsgebiet *o* ❸ *kennisterrein* Gebiet *o*, Bereich *m*, ⟨vakgebied⟩ Disziplin *v*, ⟨vakgebied⟩ Fachgebiet *o* ★ *op administratief ~* im Verwaltungsbereich ★ *dat behoort niet tot mijn ~* das fällt nicht in meinen Bereich ★ *een autoriteit op het ~ van* eine Autorität auf dem Gebiet von [+3] ★ *op het ~ van* auf dem Gebiet [+2]
gebieden I *ov ww* ❶ *gelasten te* gebieten, befehlen ★ *waakzaamheid is geboden* es ist Vorsicht geboten ★ *de eerlijkheid gebiedt mij te zeggen dat...* die Ehrlichkeit gebietet mir zu sagen, dass... ★ *op ~de toon* im Befehlston ❷ taalk → **wijs II** *on ww, heersen* gebieten, herrschen, walten ★ *hij beschikt en gebiedt over alles* er schaltet und waltet über alles

ge

gebit *tanden en kiezen* Gebiss ★ *vals ~* dritte(n) Zähne *mv*
gebitsverzorging Zahnpflege *v*
geblaat Geblöke *o*
gebladerte Laub *o*, Blätter *mv*
geblazen [volt.dw.] → **blazen**
gebleken [volt.dw.] → **blijken**
geblèr ❶ ⟨van mens⟩ Geblärre *o* ❷ ⟨van schaap⟩ Geblöke *o*
geblesseerd verletzt
gebleven [volt.dw.] → **blijven**
gebloemd geblümt ★ *~e stoffen* geblümte Stoffe
geblokt gewürfelt
geblonken [volt.dw.] → **blinken**
gebocheld bucklig ★ *~e* Bucklige(r) *m-v*
gebod Gebot *o* ★ *de tien ~en* die Zehn Gebote
geboden [volt.dw.] → **bieden**
gebodsbord Gebotsschild *o*
gebogen I *bnw* gebeugt, wisk gebogen ★ *met ~ hoofd* mit gebeugtem Kopf **II** *bijw* ★ *~ lopen* krumm laufen **III** *ww* [volt.dw.] → **buigen**
gebonden I *bnw* ❶ *gehouden* gebunden ★ *aan regels ~* an Regeln gebunden ★ *aan een vaste prijs ~ zijn* an einen festen Preis gebunden sein ❷ *ingebonden* gebunden ❸ *niet dun* sämig, gebunden **II** *ww* [volt.dw.] → **binden**
geboorte ❶ *het geboren worden* Geburt *v* ★ *de ~ van Christus* die Geburt Christi ★ *bij de ~* bei der Geburt ★ *voortijdige ~* Frühgeburt *v* ★ *(van) voor de ~* vorgeburtlich, pränatal ★ *(van) na de ~* postnatal ★ *sinds zijn ~ blind* von Geburt an blind ❷ *afkomst* Geburt *v* ★ *Nederlander van ~ zijn* gebürtiger Niederländer sein
geboorteakte Geburtsurkunde *v*
geboortebeperking Geburtenbeschränkung *v*
geboortebewijs Geburtsurkunde *v*
geboortecijfer Geburtenziffer *v* ★ *daling van het ~* Geburtenrückgang *m*
geboortedag Geburtstag *m*
geboortedaling Geburtenrückgang *m*
geboortedatum Geburtsdatum *o*
geboortegolf Babyboom *m*
geboortehuis Geburtshaus *o*
geboortejaar Geburtsjahr *o*
geboortekaartje Geburtsanzeige *v*
geboorteoverschot Geburtenüberschuss *m*
geboorteplaats Geburtsort *m*
geboorterecht jur Geburtsrecht *o*
geboorteregeling Geburtenregelung *v*
geboorteregister Geburtenregister *o*
geboren ❶ *ter wereld gebracht* geboren ★ *~ worden* geboren werden ★ *~ en getogen zijn in Utrecht* in Utrecht geboren und aufgewachsen sein ★ *~ uit een Hollandse moeder* eine holländische Mutter haben ★ *een ~ Fransman* ein gebürtiger Franzose ★ *Mevrouw L., ~ K.* Frau L., geborene K. ★ *~ in Utrecht* geboren in Utrecht ★ *te vroeg ~* zu früh geboren ❷ *van nature* geboren ★ *een ~ staatsman* ein geborener Staatsmann ★ *een ~ dichter* ein geborener Dichter ★ *~ voor* wie geboren für [+4]
geborgen I *bnw* geborgen ★ *iem. een ~ gevoel geven* jmdm. ein Gefühl der Geborgenheit geben **II** *ww* [volt.dw.] → **bergen**
geborgenheid Geborgenheit *v*
geborneerd borniert, engstirnig
gebouw Gebäude *o*
gebraad Braten *m*
gebracht [volt.dw.] → **brengen**
gebraden [volt.dw.] → **braden**
gebrand ▾ *~ zijn op* erpicht / begierig sein auf [+4] ▾ *daar ben ik niet op ~* da bin ich nicht wild drauf
gebrek ❶ *gemis* Mangel *m* ★ *een nijpend ~* ein akuter Mangel ★ *bij ~ aan* in Ermangelung [+2], mangels [+2] ★ *bij ~ aan beter* in Ermangelung eines Besseren ★ *~ aan bewijs* Mangel an Beweisen ★ *~ aan vitamine C* Vitamin C-Mangel ★ *~ hebben aan* mir mangelt es an Geld ★ *hij heeft ~ aan geld* es mangelt ihm an Geld ★ *hij heeft nergens ~ aan* es mangelt ihm an nichts ★ *~ lijden* Mangel leiden ★ *daar is geen ~ aan* daran mangelt es nicht ★ *bij ~ aan geld* aus Geldmangel *m* ❷ *mankement* Mangel *m* ★ *een verborgen ~* ein versteckter Mangel ★ *een apparaat zonder ~en* ein einwandfreier Apparat ★ *een (technisch) ~ verhelpen* (technische) Mängel beheben ★ *(technische) ~en vertonen* (technische) Mängel aufweisen ★ *in ~e blijven* in Verzug bleiben ★ jur *in ~e stellen* mahnen
gebrekkig ❶ *onvolkomen* mangelhaft ★ *~ Nederlands spreken* gebrochen Niederländisch sprechen ★ *~e kennis* unzulängliche(n) Kenntnisse ❷ *invalide* gebrechlich
gebroeders Brüder *mv*, econ Gebrüder *mv* ★ *de ~ Grimm* die Brüder Grimm
gebroken I *bnw* ❶ *kapot* gebrochen ★ *een ~ been* ein gebrochenes Bein ❷ *niet in een geheel* gebrochen ★ *~ getal* Bruchzahl *v* ★ *een ~ lijn* eine gebrochene Linie ❸ *gebrekkig* gebrochen ★ *in ~ Frans* in gebrochenem Französisch ★ *hij praat ~ Engels* er spricht gebrochen Englisch ❹ *uitgeput* gerädert ★ *ik ben ~* ich fühle mich gerädert ★ *een ~ man* ein gebrochener Mann ❺ *niet zuiver* ★ *~ wit* gebrochene(s) Weiß **II** *ww* [volt.dw.] → **breken**
gebruik ❶ *het benutten* Gebrauch *m*, Anwendung *v* ★ *het ~ van een bepaalde methode* die Anwendung einer bestimmten Methode ★ *buiten ~ raken* nicht mehr verwendet werden ★ *buiten ~ stellen* außer Betrieb setzen ★ *buiten ~ zijn* außer Betrieb sein ★ *door het ~ leren* durch die Anwendung lernen ★ *in ~ nemen* in Gebrauch

nehmen ★ *in ~ geven* zum Gebrauch überlassen ★ *in ~ zijn* benutzt werden ★ *met ~ van keuken en douche* mit Küchen- und Badnutzung ★ *ten ~e van* zum Gebrauch von [+3] ★ *voor eigen ~* für den persönlichen Bedarf ★ *voor het ~ schudden* vor Gebrauch schütteln ★ BN *wegens dubbel ~* wegen Überbuchung ❷ *het consumeren* Anwendung ★ *voor inwendig ~* zur inneren Anwendung ★ *voor uitwendig ~* zur äußeren Anwendung ★ *het ~ van alcohol* der Alkoholgenuss ❸ *gewoonte* Brauch *m*, Sitte *v* ★ *in ~ komen* Usus werden ★ *in ~ zijn* üblich sein ★ *volgens oud ~* nach altem Brauch ★ *een ~ afschaffen* mit einer Sitte brechen

gebruikelijk üblich, gebräuchlich ★ *het is ~ dat* es ist üblich, dass ★ *algemeen ~* allgemein üblich ★ *de ~e naam hiervoor* der übliche Name dafür ★ *zoals te doen ~* wie üblich ★ *dat is algemeen ~* das ist allgemein üblich, das ist gang und gäbe ★ *dat is bij ons ~* das ist bei uns üblich

gebruiken ❶ *benutten* gebrauchen, benutzen ★ *je verstand ~* seinen Verstand gebrauchen ★ *zijn hersens ~* seinen Kopf gebrauchen ★ *iets weten te ~* etw. zu nutzen wissen ★ *dat kunnen we niet ~* das können wir nicht brauchen ★ *dat kan ik wel ~* das kann ich schon brauchen ★ *ik kan wel een nieuw pak ~* ich könnte mal einen neuen Anzug gebrauchen ★ *ik kan hier geen luilakken ~* ich kann hier keine Faulpelze gebrauchen ★ *dat kan ik niet ~* dafür habe ich keine Verwendung ★ *ik voel me gebruikt* ich komme mir ausgenutzt vor ★ *een tactiek ~* eine Taktik anwenden ★ *iemands hulp ~* jmds. Hilfe in Anspruch nehmen ❷ *consumeren* zu sich nehmen ★ *een drankje ~* etw. trinken ★ *de auto gebruikt veel benzine* das Auto verbraucht viel Benzin ★ *gebruikt u suiker in de koffie?* nehmen Sie Zucker in den Kaffee? ★ *wilt u iets ~?* kann ich Ihnen etw. anbieten? ★ fig *daarvoor laat ik mij niet ~* dazu gebe ich mich nicht her

gebruiker ❶ *benutter* Benutzer *m* [v: Benutzerin], Nutzer *m* [v: Nutzerin] ❷ *consument* Verbraucher *m* [v: Verbraucherin]

gebruikersnaam www Benutzername *m*

gebruikersvriendelijk benutzerfreundlich

gebruikmaken van Gebrauch machen von [+3], gebrauchen ★ *~ van iemands aanbod* jmds. Angebot in Anspruch nehmen

gebruikmaking ▾ *met ~ van* unter Anwendung [+2]

gebruiksaanwijzing Gebrauchsanweisung *v*

gebruiksklaar gebrauchsfertig

gebruiksvoorwerp Gebrauchsgegenstand *m*

gebruiksvriendelijk benutzerfreundlich, bedienungsfreundlich

gebruind gebräunt

gecertificeerd zertifiziert

gecharmeerd van angetan von [+3]

geciviliseerd zivilisiert

gecommitteerde ❶ *gevolmachtigde* Bevollmächtigte(r) *m-v* ❷ *toeziener* Bevollmächtigte(r) *m-v*

gecompliceerd kompliziert ★ *~e breuk* komplizierte(r) Bruch

geconcentreerd ❶ *sterk* konzentriert ★ *~ appelsap* konzentrierte(r) Apfelsaft *m* ❷ *aandachtig* konzentriert ★ *~ werken* konzentriert arbeiten

geconditioneerd konditioniert

gedaagde jur Beklagte(r) *m-v*

gedaan I *bnw* ❶ *klaar* fertig, econ bezahlt ★ *iets ~ krijgen* etw. schaffen ★ BN *~ zijn* fertig sein ★ ⟨in akten⟩ *~ en getekend de 12e juni* gezeichnet den 12. Juni ★ *het is met hem ~* es ist um ihn geschehen ★ *dat is niets ~* das ist / wird nichts ★ *iets van iem. ~ krijgen* jmdn. zu etw. bringen, etw. bei jmdm. erreichen ❷ *beëindigd* vorüber, beendet ★ *dan is het met het gezag ~* dann ist es um die Autorität geschehen **II** *ww* [volt.dw.] → **doen**

gedaante ❶ *uiterlijk* Gestalt *v* ★ *van ~ veranderen* eine andere Gestalt annehmen ★ *in de ~ van* in Gestalt [+2] ★ *zich in zijn ware ~ tonen* sein wahres Gesicht zeigen ❷ *verschijning* Gestalt *v* ★ *een spookachtige ~* eine gespenstische Gestalt

gedaanteverandering Verwandlung *v*

gedacht [volt.dw.] → **denken**

gedachte ❶ *het denken* Gedanke *m* ★ *de ~ aan* der Gedanke an [+4] ★ *bij de ~ alleen al* schon allein bei dem Gedanken ★ *in zijn ~n* in seinen Gedanken ★ *in ~n* in Gedanken ★ *iets in ~n hebben* etw. im Kopf haben ★ *iets in ~n houden* etw. berücksichtigen, sich etw. merken, an etw. denken ★ *iets in ~n nemen* über etw. nachdenken ★ *in ~n verzonken* gedankenverloren ★ *ik ben elders met mijn ~n* ich bin mit meinen Gedanken woanders ★ *ik zal er mijn ~n over laten gaan* ich werde es mir durch den Kopf gehen lassen ★ *zijn ~n erbij houden* mit den Gedanken dabei sein ★ *zijn ~n bij elkaar houden* sich auf etw. konzentrieren ★ *waar zit je toch met je ~n?* wo hast du nur deinen Kopf? ❷ *wat gedacht wordt* Gedanke *m*, Idee *v* ★ *aan de ~ wennen* sich mit dem Gedanken anfreunden ★ *met de ~ spelen om* mit dem Gedanken spielen zu ★ *iem. op een ~ brengen* jmdn. auf eine Idee bringen ★ *op de ~ komen om* auf die Idee kommen zu ★ *iem. tot andere ~n brengen* jmdn. auf andere Gedanken bringen ★ *van ~n veranderen* es sich anders überlegen ★ *van ~ zijn dat* der Meinung sein, dass ★ *een ~ koesteren* einen Gedanken hegen ★ *iemands ~n lezen* jmds. Gedanken lesen

gedachtegang Gedankengang *m*

gedachtegoed Gedankengut *o*

gedachtekronkel Gedankensprung *m*

gedachteloos I *bnw* gedankenlos **II** *bijw* ★ *~ voor zich uitkijken* stoisch vor sich hingucken

gedachtenis ❶ *aandenken* Andenken *o* ❷ *nagedachtenis* Erinnerung *v* ★ *ter ~ van* zum Andenken an [+4] ★ *zaliger ~* Gott habe ihn / sie selig

gedachtepuntje drei Pünktchen *mv*

gedachtesprong Gedankensprung *m* ★ *een ~ maken* einen Gedankensprung machen

gedachtestreep Gedankenstrich *m*

gedachtewereld Gedankenwelt *v*

gedachtewisseling Meinungsaustausch *m*, Gedankenaustausch *m*

gedachtig ★ *~ aan* eingedenk [+2] ★ *~ zijn aan* sich erinnern an [+4] ★ *~ aan zijn woorden* eingedenk seiner Worte ★ *niet ~ aan* nicht

ge

denkend an [+4]
gedag guten Tag ★ *iem. ~ zeggen* sich von jmdm. verabschieden
gedateerd ❶ *met datum* ★ *een brief ~ 11 april* ein Brief datierend vom 11. April ❷ *ouderwets* unzeitgemäß, veraltet ★ *een ~ standpunt* ein veralteter Standpunkt
gedecideerd entschlossen, entschieden, bestimmt
gedeelte Teil *m* ★ *voor een ~* zum Teil ★ *in ~n* in Teilen ★ *voor het grootste ~* größtenteils ★ *in ~n afbetalen* in Raten (abbe)zahlen ★ *voor een groot ~* zum großen Teil
gedeeltelijk I *bnw* teil-, Teil- ★ *~e betaling* Teilzahlung *v* ★ *~e vergoeding* Teilentschädigung *v* ★ *~e maansverduistering* partielle Mondfinsternis *v* II *bijw* zum Teil, teilweise, teils
gedegen *degelijk* gründlich, gediegen ★ *zij heeft een ~ kennis van moderne kunst* sie kennt sich in der modernen Kunst gut aus
gedeisd ▼ *zich ~ houden* inform auf Tauchstation gehen leisetreten
gedekt ❶ *niet fel* gedeckt, matt ★ *een ~e kleur* ein gedeckte Farbe ❷ *gevrijwaard tegen risico* gedeckt, gesichert ★ *zich ~ houden* leisetreten
gedelegeerde ❶ *afgevaardigde* Delegierte(r) *m-v*, Abgeordnete(r) *m-v* ❷ *diegene die een opdracht krijgt* Beauftragte(r) *m-v*
gedenkboek Festschrift *v*
gedenkdag Gedenktag *m*
gedenken ❶ *herdenken* gedenken [+2] ★ *iem. in een gebed ~* im Gebet jmds. gedenken ★ *de doden ~* der Toten gedenken ❷ *niet vergeten* ★ *iem. in zijn testament ~* jmdn. in seinem Testament bedenken
gedenksteen Gedenkstein *m*
gedenkteken Denkmal *o*
gedenkwaardig denkwürdig
gedeprimeerd niedergeschlagen, deprimiert
gedeputeerde Abgeordnete(r) *m-v*
gedesillusioneerd desillusioniert, enttäuscht
gedesoriënteerd desorientiert ★ *~ zijn* desorientiert sein
gedetailleerd I *bnw* detailliert II *bijw* im Detail ★ *iets ~ vertellen* etw. bis ins kleinste Detail erzählen
gedetineerde Häftling *m*
gedicht Gedicht *o*
gedichtenbundel Gedichtband *v*, Gedichtsammlung *v*
gedienstig gefällig, hilfsbereit ★ *~e geest* dienstbare(r) Geist *m* ★ *al te ~* allzu dienstbeflissen
gedijen gedeihen
geding Prozess *m*, Verfahren *o* ★ *een kort ~ aanspannen* eine einstweilige Verfügung beantragen ★ *een zaak in kort ~ beslissen* eine Sache im Eilverfahren entscheiden ★ *vonnis in kort ~* Urteil im Eilverfahren ★ *kort ~* Eilverfahren *o* ▼ *in het ~ zijn* zur Diskussion stehen
gediplomeerd diplomiert, geprüft
gedisciplineerd diszipliniert
gedistilleerd I *zn* [het] Spirituosen *mv* ★ *handel in wijnen en ~* Spirituosen- und Weinhandlung *v* II *bnw* destilliert ★ *~e drank* Spirituose *v*
gedistingeerd distinguiert, vornehm
gedoe *toestand* Getue *o*, Gehabe *o* ★ *wat een overdreven ~* welch ein Theater ★ *geheimzinnig ~* Geheimnistuerei *v*
gedoemd → **doemen**
gedogen tolerieren, dulden, zulassen ★ *deze zaak gedoogt geen uitstel* diese Sache duldet keinen Verzug ★ *iets ~* etw. dulden
gedoken [volt.dw.] → **duiken**
gedolven [volt.dw.] → **delven**
gedomicilieerd BN wohnhaft ★ *~ te* wohnhaft in
gedonder ❶ *geluid* Donnern *o*, Gedonner *o* ❷ *gedoe* Ärger *m*, Schererei *v* ★ *daar heb je het ~* da haben wir die Bescherung ★ *daar komt ~ van* damit bekommst du viel Ärger
gedongen [volt.dw.] → **dingen**
gedoodverfd favorit ★ *de ~e winnaar* der absolute Favorit *m*
gedoogbeleid Duldungspolitik *v*
gedrag Benehmen *o*, Verhalten *o* ★ *van onbesproken ~* unbescholten ★ *het ~ van virussen onderzoeken* das Verhalten von Viren untersuchen ★ *algemeen menselijk ~* allgemein menschliches Verhalten ★ *wegens goed ~* wegen guter Führung
gedragen I *bnw* ❶ *plechtstatig* getragen ★ *met ~ stem* mit getragener Stimme ❷ *al eerder gebruikt* getragen II *wkd ww* [**zich ~**] sich benehmen, sich verhalten ★ *zich goed weten te ~* sich gut benehmen können ★ *zich slecht ~* sich schlecht benehmen ★ *gedraag je!* benimm dich! III *ww* [volt.dw.] → **dragen**
gedragsgestoord verhaltensgestört
gedragslijn Verhaltensweise *v*, Verhalten *o* ★ *een ~ voorschrijven* Verhaltensregeln bestimmen
gedragspatroon Verhaltensmuster *o*
gedrang ❶ *het dringen* Gedränge *o* ★ fig *in het ~ komen* ‹personen› ins Gedränge kommen, ‹dingen› zu kurz kommen ❷ *mensenmassa* Gedränge *o* ★ *het ~ in de metro* das Gedränge in der U-Bahn
gedreven I *bnw* leidenschaftlich ★ *een ~ wetenschapper* ein leidenschaftlicher Wissenschaftler II *ww* [volt.dw.] → **drijven**
gedrocht Ungetüm *o*, Monstrum *o* [mv: Monstren]
gedrongen I *bnw* ❶ *kort en breed* untersetzt, gedrungen ★ *~ gestalte* untersetzte Figur ❷ *summier* gedrängt ★ *~ stijl* gedrängte(r) Stil II *ww* [volt.dw.] → **dringen**
gedronken [volt.dw.] → **drinken**
gedropen [volt.dw.] → **druipen**
geducht ❶ *gevreesd* gefürchtet, furchterregend ★ *een ~e tegenstander* ein gefürchteter Gegner ❷ *flink* gehörig, tüchtig ★ *een ~ pak slaag krijgen* eine gehörige Tracht Prügel bekommen
geduld Geduld *v*, Ausdauer *v* ★ *~ hebben met iemand / iets* mit jmdm. / einer Sache Geduld haben ★ *~ oefenen* sich in Geduld üben ★ *zijn ~ verliezen* die Geduld verlieren ★ *iemands ~ op de proef stellen* jmds. Geduld auf die Probe stellen ★ *even ~ alstublieft* ein bisschen Geduld, bitte ★ *een eindeloos ~* eine unendliche Geduld ★ *mijn ~ is op* meine Geduld ist am Ende
geduldig geduldig
gedurende während [+2] ★ *~ zes dagen* sechs

Tage lang
gedurfd I *bnw* gewagt, min frech II *ww* [volt.dw.] → **durven**
gedurig ❶ *voortdurend* fortwährend, (an)dauernd, beständig ★ *in ~e vijandschap leven* in ständiger Feindschaft leben ❷ *telkens weer* ständig
geduvel *gedoe* Theater *o* ★ *daar begint het ~ weer!* da beginnt das Theater wieder!
gedwee folgsam, gefügig, fügsam ★ *~ als een lam* lammfromm ★ *zich ~ aan iets onderwerpen* sich einer Sache willig fügen
gedwongen I *bnw* ❶ *verplicht* ★ *~ verkoping* Zwangsverkauf *m* ★ *~ arbeid* Zwangsarbeit *v* ★ *~ voeding* Zwangsernährung *v* ❷ *gekunsteld* gezwungen, geziert, gekünstelt ★ *een ~ glimlach* ein gezwungenes Lächeln II *ww* [volt.dw.] → **dwingen**
geef ▼ *dat is te geef* das ist fast umsonst
geëigend geeignet
geel I *bnw* gelb II *zn* [het] ❶ *kleur* Gelb *o* ❷ *eigeel* Eigelb *o*
geelkoper Messing *o*, Blech *o*
geeltje *plakkend geel papiertje* Haftnotiz *v*
geelzucht Gelbsucht *v*
geëmancipeerd emanzipiert
geëmotioneerd emotional
geen kein ★ *ik heb geen brood* ich habe kein Brot ★ *ik heb er geen* ich habe keinen / keine / keines ★ *nog geen vijf minuten* noch nicht einmal fünf Minuten ★ *op geen enkele wijze* auf keinerlei Weise ★ *hij is geen Spanjaard* er ist kein Spanier ★ *geen van allen* niemand von ihnen ★ *geen van beiden* keiner von beiden ★ *het is geen gemakkelijke zaak* es ist keine einfache Sache ★ *geen enkele keer* nicht ein einziges Mal ★ *dat heb ik in geen jaren meer gedaan* das habe ich seit Jahren nicht mehr gemacht
geëngageerd *betrokken* engagiert
geenszins keinesfalls, keineswegs ★ *ik ben ~ tevreden* ich bin durchaus nicht zufrieden
geest ❶ *onstoffelijk wezen* Geist *m* [mv: Geister], Gespenst *o* [mv: Gespenster] ★ *boze ~en* böse Geister ★ *de Heilige Geest* der Heilige Geist ★ *je ziet er uit als een ~* du siehst aus wie ein Gespenst ❷ *ziel* Geist *m* ★ *een kinderlijke ~* ein kindliches Gemüt ★ *de ~ geven* den Geist aufgeben ❸ *vermogen om te denken, voelen, willen* Geist *m* ★ *zich iets voor de ~ halen / roepen* sich etw. vergegenwärtigen ★ *het staat me voor de ~* es schwebt mir vor Augen ★ *de ~ krijgen* in Begeisterung geraten ★ *de ~ is gewillig, maar het vlees is zwak* der Geist ist willig, aber das Fleisch ist schwach ❹ *denker* Geist *m* ★ *een grote ~* ein großer Geist ❺ *denkwijze, sfeer* Geist *m* ★ *de ~ van de tijd* der Geist der Zeit ★ *de ~ van de wet* der Geist des Gesetzes ★ *in de ~ van* im Sinne [+2] ★ *in de ~ van het verdrag* im Sinne des Vertrags ★ *handelen in de ~ van* handeln im Sinne von [+3] ★ *hij antwoordde iets in de ~ van* er antwortete etw. im Sinne von ★ *niet volgens de letter, maar naar de ~* nicht wörtlich, sondern sinngemäß
geestdodend geisttötend ★ *~ werk* geisttötende Arbeit
geestdrift Begeisterung *v* ★ *~ opwekken* begeistern ★ *in ~ raken* sich begeistern
geestdriftig begeistert, leidenschaftlich ★ *~ maken* begeistern
geestelijk I *bnw* ❶ *mentaal* geistig, ⟨psychisch⟩ seelisch ★ *~e gezondheid* geistige Gesundheit ★ *de ~e vader van dit personage* der geistige Vater dieser Figur ★ *een ~ gestoorde* ein geistig Gestörter ❷ *kerkelijk* geistlich ★ *de ~e stand* der geistliche Stand ❸ *godsdienstig* geistlich ★ *~e gezangen* geistliche Lieder ★ *~ leven* geistliche(s) Leben II *bijw* ❶ *mentaal* geistig ★ *~ gehandicapt* geistig behindert ★ *~ gestoord* geisteskrank, geistesgestört ❷ *godsdienstig* geistlich
geestelijke Geistliche(r) *m* ★ *de ~n* die Geistlichen, der Klerus ★ *~ worden* Geistlicher werden
geestelijkheid Klerus *m*, Geistlichkeit *v*
geestesgesteldheid ❶ *stemming* seelische Verfassung *v*, Geistesverfassung *v* ❷ *wijze van denken* Geisteshaltung *v*, Einstellung *v*
geesteskind geistige(s) Eigentum *o*
geestesoog geistige(s) Auge *o* ★ *iets aan zijn ~ zien voorbijtrekken* etw. an seinem geistigen Auge vorüberziehen sehen
geestesproduct geistige(s) Produkt *o*
geesteswetenschappen Geisteswissenschaften *mv*
geestesziek geisteskrank, geistesgestört ★ *inrichting voor ~en* Nervenklinik *v*
geestesziekte Geisteskrankheit *v*
geestgrond Geest *v*, Geestland *o*
geestig *grappig* geistreich ★ *~ zijn* witzig sein ★ *~e woordspeling* Wortwitz *m* ★ iron *erg ~!* sehr witzig!
geestigheid ❶ *het geestig zijn* Esprit *m*, Geist *m* ❷ *geestige opmerking* Witz *m*
geestkracht Geisteskraft *v*
geestrijk ❶ *geestig* geistreich ❷ *alcoholrijk* hochprozentig ★ *~ vocht* hochprozentige Getränke
geestverruimend bewusstseinserweiternd ★ *~e middelen* bewusstseinserweiternde Mittel
geestverschijning Geistererscheinung *v*
geestverwant I *zn* [de] Geistesverwandte(r) *m*, pol Gesinnungsgenosse *m* II *bnw* gleich gesinnt, geistesverwandt
geestverwantschap Geistesverwandtschaft *v*
geeuw Gähnen *o* ★ *een ~ onderdrukken* ein Gähnen unterdrücken
geeuwen gähnen
geeuwhonger Heißhunger *m*
gefeliciteerd gratuliere!, Glückwunsch! ★ *hartelijk ~* herzlichen Glückwunsch ★ *~ met je verjaardag* herzlichen Glückwunsch zum Geburtstag
gefingeerd fingiert
gefixeerd ★ *~ zijn op* fixiert sein auf [+4]
geflatteerd schmeichelhaft, beschönigt
geflikflooi ❶ *het vleien* Speichelleckerei *v* ❷ *het vrijen* Geschmuse *o*
gefloten [volt.dw.] → **fluiten**
geforceerd ❶ *ingespannen* mit Gewalt ❷ *gekunsteld* erzwungen, gezwungen, forciert ★ *een ~e vergelijking* ein an den Haaren herbeigezogener Vergleich ★ *een ~ lachje* ein künstliches Lachen

ge

gefortuneerd wohlhabend, vermögend
gefrustreerd frustriert
gefundeerd fundiert, ‹doordacht› (wohl)begründet ★ *goed* ~ gut begründet
gegaan [volt.dw.] → **gaan**
gegadigde *belangstellende* Interessent *m*, ‹voor baan› Bewerber *m*, ‹voor baan› Kandidat *m*
gegarandeerd I *bnw* garantiert ★ *~e kwaliteit* garantierte Qualität **II** *bijw* ★ *ik kom* ~ ich komme garantiert
gegeerd BN *in trek* begehrt, beliebt ★ *erg* ~ *zijn* sehr begehrt sein
gegeten [volt.dw.] → **eten**
gegeven I *zn* [het] ❶ *feit, geval* Information *v*, Angabe *v* ★ *~s* Daten ★ *nadere ~s* nähere Angaben ★ *persoonlijke ~s* Personalien *mv* ★ *opslag van ~s* Datenspeicherung *v* ★ *verwerking van ~s* Datenverarbeitung *v* ★ *relevante ~s verstrekken* zweckdienliche Angaben machen ★ *de technische ~s* die technischen Daten ❷ *onderwerp* Thema *o* ❸ wisk Bekannte ★ *vast* ~ gegebene Größe *v* ★ *twee ~s en een onbekende* zwei Bekannte und eine Unbekannte **II** *bnw, bepaald* gegeben ★ *op een* ~ *ogenblik* zu einem bestimmten Zeitpunkt ★ *in de* ~ *omstandigheden* unter den gegebenen Umständen ★ ~ *een gelijkbenige driehoek* gegeben ein gleichschenkliges Dreieck **III** *ww* [volt.dw.] → **geven**
gegevensbank Datenbank *v*
gegevensinvoer Dateneingabe *v*
gegijzelde Geisel *v*
gegleden [volt.dw.] → **glijden**
geglommen [volt.dw.] → **glimmen**
gegoed bemittelt, vermögend ★ *~e burgerij* Großbürgertum *o*
gegolden [volt.dw.] → **gelden**
gegoten [volt.dw.] → **gieten**
gegraven [volt.dw.] → **graven**
gegrepen [volt.dw.] → **grijpen**
gegroefd zerfurcht ★ *een* ~ *gezicht* ein zerfurchtes Gesicht
gegrond begründet, berechtigt ★ *een* ~ *bezwaar* eine begründete Beschwerde ★ *om ~e redenen* aus triftigen Gründen ★ ~ *zijn op* begründet sein in [+3] ★ *is* ~ *op* gründet (sich) auf [+4], beruht auf [+3]
gehaaid gerissen
gehaast hastig, eilig, inform gehetzt ★ *altijd* ~ *zijn* es immer eilig haben
gehaat verhasst
gehad [volt.dw.] → **hebben**
gehakt Hackfleisch *o* ★ ~ *van iem. maken* Hackfleisch aus jmdm. machen
gehaktbal ‹in platte vorm› Frikadelle *v*, reg Bulette *v*, ‹klein› Hackbällchen *o*
gehaktmolen Fleischwolf *m*
gehalte ❶ *hoeveelheid* Gehalt *m* ❷ *hoedanigheid* Gehalt *m*
gehandicapt med behindert ★ *geestelijk* ~, BN *mentaal* ~ geistig behindert ★ *lichamelijk* ~ körperbehindert ★ *de ~en* die Behinderten
gehandicapte med Behinderte(r) *m-v* ★ *geestelijk* ~, BN *mentaal* ~ geistig Behinderte(r) ★ *lichamelijk* ~ Körperbehinderte(r)
gehandicaptenzorg Behindertenfürsorge *v*
gehangen [volt.dw.] → **hangen**
gehannes *geknoei* Stümperei *v*
gehard ‹van personen› abgehärtet, ‹van staal› gehärtet ★ ~ *tegen de kou* abgehärtet gegen die Kälte ★ ~ *tegen pijn* schmerzunempfindlich
geharrewar Gezänk *o*
gehavend arg / übel zugerichtet ★ *~e kleding* zerfetzte / zerrissene Kleider
gehecht aan hängen an [+3] ★ ~ *zijn aan* hängen an [+3] ★ *aan iem.* ~ *zijn* an jmdm. hängen
geheel I *zn* [het] Ganze(s) *o* ★ *in het* ~ im Ganzen, insgesamt ★ *in zijn* ~ als Ganzes ★ *iets in zijn* ~ *beschouwen* etw. als Ganzes betrachten ★ *in het* ~ *niet* überhaupt nicht ★ *over het* ~ insgesamt ★ *een* ~ *vormen* ein Ganzes bilden ★ *over het* ~ *genomen* im Großen und Ganzen ★ *het werk als* ~ die Arbeit als Ganzes **II** *bnw* ganz, gänzlich ★ *de gehele dag* den ganzen Tag ★ *het gehele land* das ganze Land ★ *de gehele wereld* die ganze Welt ★ *het gehele jaar door* das ganze Jahr über ★ *een* ~ *getal* eine ganze Zahl ★ *met* ~ *mijn hart* aus ganzem Herzen **III** *bijw* ganz, völlig ★ ~ *de uwe* ganz der Ihre ★ ~ *en al* ganz und gar ★ ~ *vullen* bis oben füllen
geheelonthouder Abstinenzler *m*
geheelonthouding Abstinenz *v*
geheid I *bnw* bombensicher, ganz bestimmt **II** *bijw* zweifelsohne, zweifellos ★ *dat gaat* ~ *fout* das geht sicher schief ★ *dat is* ~ *waar* das stimmt zweifellos
geheim I *zn* [het] Geheimnis *o* ★ *een* ~ *bewaren* ein Geheimnis behalten ★ *in het* ~ insgeheim, heimlich ★ *er geen* ~ *van maken* keinen Hehl daraus machen ★ *publiek* ~ offene(s) Geheimnis ★ *in het diepste* ~ in größter Heimlichkeit **II** *bnw, verborgen* geheim, heimlich ★ *~e zender* Geheimsender *m* ★ *~e Raad* Geheimrat *m* ★ ~ *telefoonnummer* Geheimnummer *v* ★ ~ *genootschap* Geheimbund *m* ★ *~e la* Geheimfach *o* ★ *een* ~ *agent* Geheimagent *m* ★ *op een ~e plaats* an einem geheimen Ort
geheimhouden ❶ *stilhouden* geheim halten, verheimlichen ❷ *verbergen* verheimlichen
geheimhouding Geheimhaltung *v* ★ *onder strikte* ~ unter strikter Geheimhaltung ★ *plicht tot* ~ Schweigepflicht *v* ★ *onder de meest strikte* ~ unter der strengsten Verschwiegenheit
geheimhoudingsplicht Geheimhaltungspflicht *v*
geheimschrift Geheimschrift *v*
geheimtaal Geheimsprache *v*
geheimzinnig I *bnw* mysteriös, geheimnisvoll ★ ~ *gedoe* Geheimniskrämerei *v* ★ *een* ~ *huis* ein geheimnisumwittertes Haus **II** *bijw* ★ ~ *doen* geheimnisvoll tun
geheimzinnigheid ❶ *raadselachtigheid* Rätselhaftigkeit *v*, Geheimnisvolle(s) *o* ★ *met grote* ~ mit großer Rätselhaftigkeit ★ *zich in een waas van* ~ *hullen* sich in einen geheimnisvollen Schleier hüllen ❷ *stiekem gedrag* Heimlichkeit *v*
gehemelte Gaumen *m* ★ *het zachte* ~ das Gaumensegel *o* ★ *een gespleten* ~ eine Gaumenspalte
gehesen [volt.dw.] → **hijsen**
geheten [volt.dw.] → **heten**
geheugen ❶ psych Gedächtnis *o*, Erinnerung *v*

★ *zich iets in het ~ prenten* sich etw. einprägen ★ *het ligt me nog vers in het ~* ich erinnere mich noch sehr gut daran ★ *iemands ~ opfrissen* jmds. Gedächtnis auf die Sprünge helfen ★ *een ~ als een zeef* ein Gedächtnis wie ein Sieb ★ *een fotografisch ~* ein fotografisches Gedächtnis ★ *nog vers in het ~ liggen* noch haargenau wissen ★ *in het ~ houden* im Kopf behalten ★ *één ~ als van een olifant* ein Gedächtnis wie ein Elefant ★ *als mijn ~ mij niet bedriegt* wenn die Erinnerung mich nicht trügt ★ *collectief ~* kollektive(s) Gedächtnis ❷ comp Speicher *m*, Datenspeicher *m* ★ *4 gigabyte ~* 4 Gigabyte Speicherkapazität ★ *gegevens opslaan in het ~* Daten speichern

geheugenkaart comp Speicherkarte *v*

geheugensteuntje Gedächtnisstütze *v* ★ *een ~ geven* eine Gedächtnisstütze geben

geheugenverlies Gedächtnisschwund *m*

geheven [volt.dw.] → **heffen**

gehoefd [volt.dw.] → **hoeven**

gehoeven [volt.dw.] → **hoeven**

geholpen [volt.dw.] → **helpen**

gehoor ❶ *het horen* Gehör *o* ★ *op het ~ spelen* vom Gehör spielen ★ *ten gehore brengen* zu Gehör bringen ★ *ik krijg geen ~* es meldet sich niemand ★ *bij geen ~* wenn sich niemand meldet ❷ *geluid* Geräusch *o* ★ *een naar ~* ein komisches Geräusch ★ *dat is geen ~!* das kann man sich nicht anhören ❸ *zintuig* Gehör *o* ★ *absoluut ~* absolute(s) Gehör ★ *fijn van ~ zijn* ein feines Gehör haben ★ *een scherp ~ hebben* scharfe Ohren haben ★ *een muzikaal ~ hebben* ein musikalisches Gehör haben ★ *een lied dat goed in het ~ ligt* ein eingängiges Lied ❹ *aandacht* ★ *aan iets ~ geven* einer Sache Folge leisten ❺ *toehoorders* Zuhörerschaft *v*, Zuhörer *mv*

gehoorapparaat Hörgerät *o*

gehoorbeentje Gehörknöchelchen *mv*

gehoorbeschadiging Hörschaden *m*

gehoorgang Gehörgang *m*

gehoorgestoord schwerhörig

gehoororgaan Gehörorgan *o*

gehoorsafstand Hörweite *v* ★ *hij is binnen ~* er ist in Hörweite ★ *buiten ~* außer Hörweite

gehoorzaal muz Konzertsaal *m*, ⟨van universiteit⟩ Hörsaal *m*

gehoorzaam gehorsam ★ *aan iem. ~ zijn* jmdm. gehorchen

gehoorzaamheid Gehorsam *m* ★ *~ aan iem.* Gehorsam gegenüber jmdm.

gehoorzamen gehorsam sein [+3], gehorchen [+3] ★ *niet ~* nicht gehorsam sein

gehorig hellhörig ★ *het is hier erg ~* man hört hier alles

gehouden I *bnw* gebunden, verpflichtet ★ *tot iets ~ zijn* zu einer Sache verpflichtet sein **II** *ww* [volt.dw.] → **houden**

gehouwen [volt.dw.] → **houwen**

gehucht Weiler *m*

gehumeurd ★ *goed / slecht ~ zijn* gut / schlecht gelaunt sein

gehuwd verheiratet ★ *~e staat* Ehestand *m* ★ *~ zijn* verheiratet sein ★ *~en* Verheiratete(n)

geigerteller Geigerzähler *m*

geijkt ❶ *voorzien van ijkmerk* geeicht ★ *~e maten* geeichte Maße ❷ *gebruikelijk* gängig, üblich, gebräuchlich ★ *de ~e term* der feststehende Ausdruck *m*

geil *wellustig* geil, lüstern ★ *ik ben geil op die meid* ich bin ganz heiß auf das Mädchen

geilen op geil sein auf [+4] ★ *daar geil ik op* da bin ich geil drauf

geïllustreerd illustriert

gein Jux *m*, Spaß *m* ★ *voor de gein* zum Scherz ★ *gein hebben* Spaß haben ★ *gein trappen* Spaß machen

geinig witzig ★ *een ~ dingetje* ein witziges Ding

geinponem Witzbold *m*, Spaßvogel *m*

geïnteresseerd *belangstellend* interessiert (**in** an) [+4] ★ *ik ben erin ~* ich bin daran interessiert ★ *de ~en* die Interessenten

geintje Spaß *m*, Scherz *m* ★ *geen ~s* mach keine Mätzchen, Spaß beiseite! ★ *kun je niet tegen een ~?* verstehst du keinen Spaß? ★ *geen ~s!* jetzt im Ernst! ★ *~!* das war nur Spaß!

geiser ❶ *warme bron* Geysir *m*, Geiser *m* ❷ *toestel* Durchlauferhitzer *m*

geisha Geisha *v*

geit *dier* Ziege *v* ★ *geitje* Zicklein *o* ★ fig *vooruit met de geit!* dann mal los!

geiten kichern

geitenbok Ziegenbock *m*

geitenkaas cul Ziegenkäse *m*

geitenmelk Ziegenmilch *v*

gejaagd gejagt, gehetzt ★ *~ leven* hektische(s) Leben *o*

gejammer Gejammer *o*, Jammern *o*

gejuich Jubel *m*, Jauchzen *o* ★ *in ~ uitbarsten* in Jubel ausbrechen

gek I *zn* [de] Verrückte(r) *m-v*, Irre(r) *m-v* ★ *iem. voor de gek houden* jmdn. zum Narren halten ★ *iem. voor gek zetten* jmdn. lächerlich machen ★ *de gek steken met iem.* sich über jmdn. lustig machen ★ *voor gek lopen* sich lächerlich machen ★ *rennen als een gek* rennen wie ein Verrückter **II** *bnw* ❶ *krankzinnig* verrückt ★ *gek zijn* verrückt sein ★ *gek worden* verrückt werden ★ *ben je gek?* bist du verrückt? ★ *het is om gek van te worden* es ist zum Verrücktwerden ★ *ik word er gek van* das macht mich verrückt ★ *iem. gek maken* jmdn. verrückt machen ★ *hij is niet zo gek als hij er uitziet* er ist nicht so verrückt, wie er aussieht ★ *ik ben me daar gek!* ich bin doch nicht bekloppt ★ *dat is geen gek idee* das ist keine schlechte Idee ★ *dat is lang niet gek* das ist gar nicht übel ★ *hij is lang niet gek* er ist gar nicht dumm ★ *dat lijkt me niet gek* das ist doch nicht übel ★ *dat is een te gekke film* das ist ein total guter Film ★ *(dat is) te gek!* (das ist) super! ★ *niet gek* nicht übel ★ *dat wordt me te gek* das geht mir zu weit ★ *het al te gek maken* es gar zu toll treiben ★ *dat is te gek om los te lopen* da hat man keine Worte ❷ *zonderling, raar* komisch, merkwürdig ★ *wat heb jij een gekke jas* was für eine komische Jacke du hast ★ *het gekke is* das Verrückte ist ❸ **~ op, met** *verzot op* verrückt auf [+4], verrückt nach [+3] ★ *gek zijn op iem.* verrückt nach jmdm. sein ★ *hij is gek op zijn vrouw* er ist verrückt auf seine Frau ★ *gek zijn op iets* auf etw. / nach einer Sache verrückt sein ★ *zij is gek op chocola* sie ist ganz verrückt auf

Schokolade **III** *bijw* ❶ *bespottelijk* ★ *doe niet zo gek!* tu nicht so blöd! ★ *het al te gek maken* es zu bunt treiben ❷ *raar* ★ *het moet al gek gaan als...* es wäre schon sehr verwunderlich, wenn... ★ *lang niet gek gedaan* gar nicht schlecht ❸ *erg* ★ *niet gek duur* gar nicht so teuer ★ *niet zo gek lang geleden* vor nicht so langer Zeit

gekant ▼ *~ zijn tegen iets* gegen etwas sein

gekeken [volt.dw.] → **kijken**

gekend BN *bekend, vertrouwd* bekannt

gekerfd [volt.dw.] → **kerven**

gekeven [volt.dw.] → **kijven**

gekheid ❶ *dwaasheid* Verrücktheit *v* ❷ *grapje* Spaß *m*, Scherz *m* ★ *~ maken* Spaß machen ★ *uit ~* aus Spaß ★ *dat is maar ~* das ist nur Spaß ★ *zonder ~* im Ernst ▼ *alle ~ op een stokje* Scherz / Spaß beiseite

ge

gekkekoeienziekte Rinderwahnsinn *m*

gekkenhuis ❶ *psychiatrische inrichting* Irrenanstalt *v* ❷ fig *drukte* Irrenhaus *o*

gekkenwerk Wahnsinn *m*, Irrsinn *m* ★ *dat is ~!* das ist (heller) Wahnsinn!

gekleed ❶ *met kleren aan* angezogen, gekleidet ★ *goed / slecht ~* gut / schlecht gekleidet ★ *slordig ~* schlampig gekleidet ★ *zij is altijd netjes ~* sie ist immer gut gekleidet ❷ *keurig* ★ *dat staat ~* das sieht vornehm aus

geklets *gebabbel* Geschwätz *o* ★ *dom ~* dummes Geschwätz ★ *~ in de ruimte* leere(s) Gerede *o*

gekleurd ❶ *met bepaalde kleur* farbig, ⟨bont⟩ bunt ★ *~ glas* farbiges Glas ❷ *niet neutraal* gefärbt, tendenziös ★ *een ~ verslag* ein tendenziöser Bericht ★ fig *alles door een ~e bril zien* alles durch eine gefärbte Brille sehen

gekliefd [volt.dw.] → **klieven**

geklommen [volt.dw.] → **klimmen**

geklonken [volt.dw.] → **klinken**

gekloven I *ww* [volt.dw.] → **kluiven II** *ww* BN, [volt.dw.] → **klieven**

geknepen [volt.dw.] → **knijpen**

geknipt ▼ *~ zijn voor...* wie geschaffen sein für... ▼ *dat is ~ voor mij* das ist genau das Richtige für mich ▼ *zij zijn ~ voor elkaar* die passen zueinander wie die Faust aufs Auge

geknoei ❶ *gepruts* Pfuscherei *v* ❷ *bedrog* Schwindel *m* ★ *~ bij de verkiezingen* Gemauschel bei den Wahlen ❸ *het gemors* Kleckerei *v*

gekocht [volt.dw.] → **kopen**

gekomen [volt.dw.] → **komen**

gekonkel Mauschelei *v*, Intrigen *mv*

gekorven [volt.dw.] → **kerven**

gekostumeerd kostümiert ★ *een ~ bal* ein Maskenball *m* ★ *~e optocht* ≈ Karnevalsumzug *m*

gekozen [volt.dw.] → **kiezen**

gekrakeel Streiterei *v*

gekregen [volt.dw.] → **krijgen**

gekrompen [volt.dw.] → **krimpen**

gekropen [volt.dw.] → **kruipen**

gekruid ❶ *pikant* pikant, frivol ★ *~ verhaal* Pikanterie *v* ❷ *met kruiden* pikant, gewürzt, würzig ★ *een (flink) ~ gerecht* ein (sehr) pikantes Gericht

gekscheren spotten, scherzen, spaßen ★ *niet met zich laten ~* mit sich nicht spaßen lassen ★ *~d iets zeggen* etw. scherzend sagen

gekte Wahnsinn *m*, Verrücktheit *v*

gekunsteld affektiert, gekünstelt

gekwalificeerd ❶ *gerechtigd* befugt ★ *een ~ advocaat* ein qualifizierter Rechtsanwalt ❷ *bekwaam* qualifiziert ★ *een ~ timmerman* ein ausgebildeter Zimmermann

gekweten [volt.dw.] → **kwijten**

gel ❶ Gel *o* ❷ *brillantine* Gel *o*

gelaagd *in lagen* geschichtet, ⟨met laag erop⟩ beschichtet ★ *~ hout* beschichtete(s) Holz ★ *~ glas* Verbundglas *o*

gelaarsd ❶ gestiefelt ❷ → **kat**

gelaat Angesicht *o*, Antlitz *o*

gelaatskleur Gesichtsfarbe *v* ★ *met een donkere / lichte ~* mit dunkler / heller Gesichtsfarbe

gelaatstrekken Gesichtszüge *mv* ★ *scherpe / zachte ~* scharfe / weiche Gesichtszüge

gelaatsuitdrukking Gesichtsausdruck *m*, Miene *v*

gelach Lachen *o*, Gelächter *o* ★ *bulderend ~* schallende(s) Gelächter

gelachen [volt.dw.] → **lachen**

geladen I *bnw* ❶ *voorzien van lading* geladen ★ *een ~ pistool* eine geladene Pistole ★ *een ~ accu* ein geladener Akku ❷ *gespannen* geladen ★ *een ~ sfeer* eine geladene Stimmung **II** *ww* [volt.dw.] → **laden**

gelag ▼ *het is een hard ~* es ist ein schweres Los ▼ *het ~ betalen* die Zeche zahlen

gelagkamer Gastzimmer *o*, Wirtsstube *v*

gelasten anordnen, befehlen ★ *iem. ~ iets te doen* jmdm. befehlen etw. zu tun

gelaten I *bnw, berustend* ergeben **II** *ww* [volt.dw.] → **laten**

gelatenheid *berusting* Ergebenheit *v*

gelatine Gelatine *v*

gelazer Ärger *m*, ⟨gedoe⟩ Theater *o*

geld Geld *o* ★ *buitenlands geld* ausländische Währung *v* ★ *contant geld* Bargeld *o* ★ *eigen geld* Eigenmittel *mv* ★ *los geld* Kleingeld *o* ★ *weggegooid geld* rausgeschmissenes Geld ★ *zwart geld* Schwarzgeld ★ *het is met geen geld te betalen* es ist nicht mit Geld zu bezahlen ★ *alles draait om geld* alles dreht sich um Geld ★ *voor half geld* für den halben Preis ★ *te gelde maken* zu Geld machen ★ *zonder geld zitten* kein Geld haben ★ *dat is geen geld* das ist kein Geld ★ *geld op zak hebben* Geld in der Tasche haben ★ *daar is geld mee te verdienen* damit lässt sich Geld verdienen ★ *je geld of je leven!* Geld oder Leben! ★ *dat brengt geld in het laatje* das bringt Geld ein ★ *daar heb ik geen geld voor* dafür ist mir das Geld zu schade ★ *hij zwemt in het geld* er schwimmt im Geld ★ *op zijn geld zitten* auf seinem Geld sitzen ★ *voor hetzelfde geld* ebenso gut ★ *voor geld is alles te koop* mit Geld kann man alles kaufen ★ *voor geen geld (ter wereld)* um keinen Preis ★ *geld als water verdienen,* BN *geld als slijk verdienen* Geld wie Heu verdienen ★ *het geld groeit me niet op de rug* Geld wächst nicht auf Bäumen ★ *geld over de balk smijten* Geld zum Fenster hinauswerfen ★ *geld maakt niet gelukkig* Geld macht nicht glücklich ★ *geld stinkt niet* Geld stinkt nicht

geldautomaat *automaat om geld op te nemen* Geldautomat *m*

geldbelegging Geldanlage *v*

geldboete Geldstrafe *v*, Geldbuße *v*
geldcirculatie Geldumlauf *m*
geldelijk finanziell ★ *~e hulp* finanzielle Hilfe ★ *de ~e omstandigheden* die finanziellen Umstände ★ *iem. ~ steunen* jmdn. mit Geld unterstützen ★ *~ voordeel* finanzielle(r) Vorteil *m*
gelden ❶ *van kracht / geldig zijn* gelten ★ *die regel geldt hier niet* die Regel gilt hier nicht ★ *het besluit geldt voor iedereen* die Entscheidung trifft für alle zu ★ *de algemeen ~de opinie* die allgemein geltende Meinung ★ *de meeste stemmen ~* die Mehrheit entscheidet ★ *dat geldt niet* das gilt nicht ★ *zich doen ~* sich geltend machen ★ *zijn recht laten ~* sein Recht geltend machen ❷ *aangaan* gelten ★ *dat geldt ook voor jou* das gilt auch für dich ★ *dat geldt voor iedereen* das gilt für alle ★ *voor wie ~ deze woorden?* wem gelten diese Worte? ★ *het verwijt geldt jou* der Vorwurf gilt dir ❸ *~* **als** *beschouwd worden als* gelten als ★ *dat geldt als gevaarlijk* das gilt als gefährlich
Gelderland Gelderland *o*, Geldern *o*
Gelders gelderisch
geldgebrek Geldmangel *m*
geldig gültig ★ *~e redenen* triftige(n) Gründe ★ *~ verklaren* für gültig erklären ★ *~ voor de dag van afgifte* gültig für den Tag der Ausgabe
geldigheid Gültigkeit *v*
geldigheidsduur Gültigkeitsdauer *v*
geldingsdrang Geltungsdrang *m*, Geltungsbedürfnis *o*
geldkoers ❶ *rentestand* Geldkurs *m* ❷ *wisselkoers* Devisenkurs *m*
geldkraan Geldhahn *m* ★ *de ~ dichtdraaien* den Geldhahn ab- / zudrehen
geldmarkt Geldmarkt *m*
geldmiddelen Geldmittel *mv*
geldnood Geldnot *v* ★ *in ~ zitten* in Geldnot sein
geldomloop Geldumlauf *m*
geldontwaarding Geldentwertung *v*
geldschieter Geldgeber *m*
geldsom Geldsumme *v*
geldsoort Währung *v*
geldstroom Geldstrom *m*
geldstuk Geldstück *o*
geldtransport Geldtransport *m*
geldverkeer Geldverkehr *m*
geldverspilling Geldverschwendung *v*
geldwezen Finanzwesen *o*
geldwisselautomaat Geldwechselmaschine *v*
geldwolf ★ *hij was een ~* für ihn zählte nur Geld
geldzorgen Geldsorgen *mv* ★ *~ hebben* Geldsorgen haben
geldzucht Geldgier *v*
geleden I *bijw* ★ *enige weken ~* vor einigen Wochen ★ *het is lang ~* es ist lange her ★ *het is al lang ~* es ist schon lange her ★ *een maand ~* vor einem Monat ★ *enige tijd ~* vor einiger Zeit ★ *niet lang ~* vor nicht zu langer Zeit ★ *lang ~* vor langer Zeit ★ *een jaar ~* vor einem Jahr ★ *hoe lang ~?* wie lange ist das her? ★ *kort~* vor kurzer Zeit ★ *heel kort ~* kürzlich ★ *twee jaar ~* vor zwei Jahren ★ *pas ~* unlängst, neulich ★ *een maand / een tijdje ~* vor einem Monat / einiger Zeit **II** *ww* [volt.dw.] → **lijden**
gelederen → **gelid**
geleding ❶ *verbindingsplaats, gewricht* Glied *o*, plantk Gelenk *o* ❷ *deel* Gliederung *v*, Kategorie *v* ★ *maatschappelijke ~en* gesellschaftliche(n) Schichten ★ *in alle ~en van de partij* in allen Abteilungen der Partei
geleed gegliedert
geleedpotig gliedfüßig ★ *~e dieren / ~en* Arthropoden, Gliederfüßer
geleerd *erudiet* gelehrt ★ *dat is mij te ~* das ist mir zu hoch ★ *de ~e wereld* die gelehrte Welt
geleerde Gelehrte(r) *m-v*
geleerdheid Gelehrtheit *v*
gelegen I *bnw* ❶ *liggend* liegend ★ *vlak aan zee ~* direkt am Meer liegend ★ *gunstig ~* günstig liegend ★ *op het zuiden ~* nach Süden liegen ★ *aan de tuin ~* am Garten liegend ★ *hoe zijn de zaken ~?* wie stehen die Dinge? ★ *Keulen is aan de Rijn ~* Köln liegt am Rhein ★ *als het zo ~ is* wenn es so ist ❷ *geschikt* gelegen ★ *het komt me niet ~* es ist mir nicht gelegen ▼ *daar is mij veel aan ~* daran liegt mir viel **II** *ww* [volt.dw.] → **liggen**
gelegenheid ❶ *gebeurtenis* Gelegenheit *v* ★ *feestelijke ~* festliche Gelegenheit ★ *bij bijzondere gelegenheden* bei besonderen Gelegenheiten ★ *ter ~ van* anlässlich [+2] ★ *voor de ~* für die Gelegenheit ❷ *gunstige toestand* Gelegenheit *v* ★ *bij ~* ⟨soms, ooit⟩ bei Gelegenheit ★ *bij de eerste ~* bei der ersten Gelegenheit ★ *bij elke ~* bei jeder Gelegenheit ★ *als de ~ zich voordoet* wenn sich die Gelegenheit ergibt ★ *bij ~ van* anlässlich [+3] ★ *in de ~ stellen om* die Gelegenheit geben zu ★ *niet in de ~ zijn iets te doen* nicht in der Lage sein, etw. zu tun ★ *de ~ aangrijpen* die Gelegenheit nutzen ★ *er is geen ~ om* es gibt keine Gelegenheit zu ★ fig *de ~ maakt de dief* Gelegenheit macht Diebe ★ *op eigen ~* auf eigene Kosten, selbstständig ❸ *eet- / slaapgelegenheid* Gelegenheit *v* ★ *~ om te overnachten* Übernachtungsmöglichkeit *v*
gelegenheidsdrinker Gelegenheitstrinker *m*
gelegenheidskleding Gesellschaftskleidung *v*
gelei ⟨van vlees⟩ Sülze *v*, Gelee *o*
geleide ❶ *het vergezellen* form Geleit *o* ★ *iem. ~ doen* jmdm. das Geleit geben ★ *ten ~* zum Geleit ❷ *personen* Begleitung *v* ★ *onder ~ van iem.* in jmds. Begleitung ★ *onder militair ~* unter Eskorte ★ *kinderen zonder ~ geen toegang* Kinder ohne Begleitung kein Zugang
geleidehond Blindenhund *m*
geleidelijk allmählich ★ *~ aan* nach und nach ★ *~e toenadering* schrittweise Annäherung *v*
geleiden ❶ *begeleiden* begleiten, form geleiten, führen ★ *iem. naar zijn plaats ~* jmdn. an seinen Platz führen ❷ natk leiten ★ *warmte ~* Wärme leiten
geleider ❶ *begeleider* Begleiter *m* ❷ natk Leiter *m* ★ *koper is een goede ~* Kupfer ist ein guter Leiter
geleiding ❶ *het geleiden* Leitung *v* ❷ natk Leitung *v*
geleken [volt.dw.] → **lijken**
Gele Rivier Gelbe(r) Fluss *m*
geletterd gebildet
geleuter Gelaber *o*
Gele Zee Gelbe(s) Meer *o*

ge

gelezen [volt.dw.] → **lezen**

gelid ❶ *gewricht* Glied *o* ❷ *rij* Glied *o*, Reihe *v* ★ *de gelederen sluiten* die Reihen schließen ★ *in het ~ staan* in Reih und Glied stehen ★ *voorste / achterste gelederen* vorderste / hinterste Reihen ★ *uit het ~ lopen* aus der Reihe tanzen ★ *gesloten gelederen* geschlossene(n) Reihen

geliefd ❶ *bemind* geliebt, beliebt ★ *innig ~* innig geliebt ★ *zich ~ maken bij* sich beliebt machen bei [+3] ❷ *favoriet* bevorzugt

geliefde ❶ *beminde* Liebste(r) *m-v*, ⟨bloedverwanten⟩ die Lieben *mv* ❷ *minnaar* Geliebte(r) *m-v*

geliefkoosd beliebt, Lieblings-

gelieven iron belieben ★ *gelieve ons te berichten* bitte benachrichtigen Sie uns ★ *gelieve* bitte ★ *gelieve mij te volgen* folgen Sie mir bitte ★ *u gelieve ons te berichten* teilen Sie uns bitte mit

ge

gelig gelblich

gelijk I *zn* [het] Recht *o* ★ *iem. ~ geven* jmdm. Recht geben ★ *daar moet ik je ~ in geven* da muss ich dir Recht geben ★ *zijn ~ halen* sich sein Recht verschaffen ★ *~ hebben* Recht haben ★ *je hebt groot ~* du hast vollkommen Recht ★ *daar heeft ze ~ in* damit hat sie Recht ★ *geen ~ hebben* Unrecht haben ★ *altijd ~ willen hebben* rechthaberisch sein ★ *het ~ aan zijn zijde hebben* das Recht auf seiner Seite haben ★ *~ krijgen* Recht bekommen / behalten ★ *iem. in het ~ stellen* jmdm. Recht geben ★ *de feiten stellen je in het ~* die Tatsachen geben dir Recht ★ *de eisers werden in het ~ gesteld* die Ankläger bekamen Recht **II** *bnw* ❶ *hetzelfde* gleich ★ *~ zijn aan* gleich sein [+3] ★ *het is mij ~* es ist mir gleich / egal ★ *onder ~e voorwaarden* unter gleichen Bedingungen ★ *in ~e porties verdelen* in gleiche Portionen verteilen ★ *op ~e voet* auf gleichem Niveau ★ *van ~e leeftijd* gleich alt ★ *1 1 ~* eins zu eins unentschieden ★ *alle mensen zijn ~* alle Menschen sind gleich ★ *de klok is ~* die Uhr geht richtig ❷ *vlak* eben ★ *de grond is niet ~* der Boden ist nicht eben ★ *met de grond ~ maken* dem Erdboden gleich machen **III** *bijw* ❶ *hetzelfde* gleich ★ *~ handelen* genauso handeln ★ *zij zijn ~ gekleed* sie sind gleich angezogen ❷ *meteen* gleich ★ *ik kom ~* ich komme sofort / gleich ❸ *tegelijkertijd* gleichzeitig ❹ *gelijkelijk* ★ *met iem. ~ op gaan* mit jmdm. Schritt halten ★ *~ delen* gerecht teilen

gelijkaardig BN derartig, ähnlich

gelijkbenig wisk gleichschenklig

gelijkberechtiging jur Gleichberechtigung *v*

gelijke Gleiche(r) *m-v* ★ *met iem. omgaan als zijn ~* jmdn. wie seinesgleichen behandeln ★ *zijns ~ niet hebben* seinesgleichen suchen ★ *haars / zijns / mijns ~* ihres- / seines- / meinesgleichen

gelijkelijk gleich, gleichermaßen

gelijken gleichen, ähnlich sehen, ähneln ★ *een goed ~d portret* ein sehr ähnelndes Porträt

gelijkenis ❶ *overeenkomst* Ähnlichkeit *v* ★ *een sprekende ~* eine verblüffende Ähnlichkeit ❷ *parabel* Parabel *v*, Gleichnis *o*

gelijkgerechtigd jur gleichberechtigt

gelijkgericht übereinstimmend

gelijkgestemd gleich gesinnt, gleichgesinnt ★ *~ zijn* gleich gesinnt sein ★ *~en* Gleichgesinnte *mv*

gelijkgezind gleich gesinnt, gleichgesinnt

gelijkheid Gleichheit *v* ★ *op voet van ~* auf der Basis der Gleichheit

gelijklopen ❶ *de juiste tijd aanwijzen* richtig gehen ★ *het horloge loopt gelijk* die Uhr geht richtig ❷ *evenwijdig zijn* parallel laufen ★ *~de lijnen* parallele Linien ★ *het spoor loopt gelijk met de weg* die Gleise laufen parallel zur Straße

gelijkluidend ❶ *hetzelfde klinkend* gleichlautend ❷ *overeenstemmend* gleichlautend ★ *voor ~ afschrift* beglaubigte Kopie ★ *in ~e bewoordingen* im gleichen Wortlaut

gelijkmaken ❶ *egaliseren* angleichen, gleichmachen ❷ sport ausgleichen

gelijkmaker Ausgleichstor *o*, Ausgleichstreffer *m* ★ *de ~ scoren* den Ausgleich erzielen

gelijkmatig gleichmäßig ★ *een ~e beweging* eine gleichmäßige Bewegung ★ *een ~ klimaat* ein ausgeglichenes Klima ★ *een ~e stem* eine gleichmäßige Stimme ★ *een ~ karakter* ein ausgeglichener Charakter

gelijkmoedig gleichmütig

gelijknamig gleichnamig, wisk mit gleichem Nenner ★ *~ maken* auf einen Nenner bringen ★ *~e breuken* Brüche mit gleichem Nenner

gelijkschakelen ❶ techn ★ *beeld en geluid ~* Bild und Ton synchronisieren ❷ *op dezelfde wijze behandelen* gleich behandeln ❸ *monddood maken* gleichschalten

gelijksoortig gleichartig

gelijkspel Unentschieden *o*, Gleichstand *m* ★ *de wedstrijd eindigde in een ~* das Spiel endete unentschieden

gelijkspelen unentschieden spielen ★ *zij speelden gelijk* sie trennten sich unentschieden

gelijkstaan ❶ *overeenkomen met* gleichkommen ★ *dat staat gelijk met een beschuldiging* das kommt einer Beschuldigung gleich ❷ *evenveel punten hebben* gleichstehen

gelijkstellen gleichsetzen [+3], gleichstellen [+3] ★ *iem. met een ander ~* jmdn. einem anderen gleichstellen ★ *zich ~ met* sich mit jmdm. auf die selbe Ebene stellen

gelijkstroom Gleichstrom *m*

gelijktijdig gleichzeitig

gelijktrekken ❶ *op gelijk niveau brengen* angleichen ★ *salarissen ~* Gehälter angleichen ❷ *recht trekken* gerade ziehen ★ *een rok ~* einen Rock gerade ziehen

gelijkvloers I *bnw, op dezelfde verdieping* auf einer Ebene, ⟨begane grond⟩ ebenerdig ★ *~e kruising* niveaugleiche Kreuzung ★ *~ wonen* auf einer Ebene wohnen, ⟨op begane grond⟩ ebenerdig wohnen **II** *zn* [het], BN *benedenverdieping* Erdgeschoss *o*, Parterre *o*

gelijkvormig *van gelijke vorm* einheitlich, wisk ähnlich

gelijkwaardig gleichrangig, gleichwertig ★ *~ tegenstander* ebenbürtige(r) Gegner *m*

gelijkzetten ⟨uurwerk⟩ richtig stellen ★ *een klok ~* eine Uhr stellen ★ *zijn horloge ~* seine Uhr stellen ★ *zijn horloge ~ met de radio* seine Uhr nach der Radiozeit stellen

gelijkzijdig gleichseitig ★ *een ~e driehoek* ein gleichseitiges Dreieck

gelikt geschleckt

gelinieerd liniert, liniiert
geloei ❶ *geluid van runderen* Muhen *o* ★ *het ~ van de koeien* das Muhen der Kühe ❷ *gierend, huilend geluid* Gebrüll *o*, Geheul *o*
gelofte Gelübde *o* ★ *een ~ afleggen* ein Gelübde ablegen
gelogen [volt.dw.] → **liegen**
geloof ❶ *overtuiging* Glaube *m* ★ *~ aan iets hechten* einer Sache Glauben schenken ★ *~ stellen in* Glauben setzen in [+4] ★ *zijn ~ in iem. verliezen* seinen Glauben an jmdn. verlieren ★ *~ kan bergen verzetten* Glaube versetzt Berge ❷ *vertrouwen* Glaube *m* ★ *op goed ~* in gutem Glauben ★ *iem. ~ schenken* jmdm. Glauben schenken ★ *~ vinden* Glauben finden ❸ rel Glaube *m* ★ *het ~ in God* der Glaube in Gott ★ *van zijn ~ afvallen* vom Glauben abfallen ★ *het ware ~ aanhangen* dem wahren Glauben anhängen ★ *zijn ~ verliezen* seinen Glauben verlieren ★ *zijn ~ belijden* seinen Glauben bekennen
geloofsartikel Glaubenssatz *m*
geloofsbelijdenis Glaubensbekenntnis *o*
geloofsbrief Beglaubigungsschreiben *o* ★ *zijn geloofsbrieven aanbieden* sein Beglaubigungsschreiben überreichen
geloofsleer Glaubenslehre *v*
geloofsovertuiging religiöse Überzeugung *v*
geloofsvrijheid Glaubensfreiheit *v*, Religionsfreiheit *v*
geloofwaardig glaubhaft, glaubwürdig ★ *een ~ verhaal* eine glaubwürdige Geschichte
geloofwaardigheid Glaubwürdigkeit *v*
gelopen [volt.dw.] → **lopen**
geloven I *ov ww* ❶ *vertrouwen, voor waar houden* glauben ★ *ik geloof hem op zijn woord* ich glaube ihm aufs Wort ★ *geloof dat maar* glaub mir einfach ★ *je kunt me ~ of niet* glaub's mir oder nicht ★ *het is niet te ~!* es ist nicht / kaum zu glauben ★ *als men hem ~ mag* wenn man ihm glauben darf ★ *zijn ogen niet kunnen ~* seinen Augen nicht trauen können ★ *ik kan het niet ~* ich kann es nicht glauben ★ *dat geloof ik niet* das glaube ich nicht ★ *ik geloof er niks van* ich glaube kein Wort ★ *geloof dat maar niet!* glaub' das doch nicht! ★ *dat geloof ik best* das kann ich mir vorstellen ★ *dat geloof ik graag* das glaube ich gern ★ *hij wil mij doen ~* er will mich glauben machen ★ *wie gelooft dat nou!* wer glaubt so was! ★ *ik geloof het (verder) wel!* das reicht mir! ❷ *menen* glauben ★ *ik geloof van wel* ich glaube schon ★ *ik geloof dat het mijn plicht is* ich glaube, dass es meine Pflicht ist **II** *on ww* ❶ *gelovig zijn* glauben ❷ **~ in** glauben an [+4] ★ *heilig in iets ~* felsenfest an etw. glauben ★ *ik geloof er niet in* ich glaube nicht daran ★ *in God ~* an Gott glauben ❸ **~ aan** ★ *hij zal eraan moeten ~* er wird dran glauben müssen
gelovig gläubig ★ *de ~e* der / die Gläubige ★ *de ~en* die Gläubigen ★ *~ zijn* gläubig / religiös sein
geluid Geräusch *o*, ⟨gearticuleerd⟩ Ton *m*, ⟨klank⟩ Laut *m*, natk Schall *m*, ⟨lawaai⟩ Lärm *o* ★ *~ geven* einen Laut von sich geben ★ *het ~ van de zee* das Meeresrauschen ★ *sneller dan het ~* in Überschallgeschwindigkeit ★ *snelheid van het ~* Schallgeschwindigkeit *v* ★ *vreemde ~en* merkwürdige Geräusche ★ audio-vis *het ~ uitzetten* den Ton ausschalten ★ fig *dat is een heel ander ~* das klinkt schon ganz anders
geluiddemper Schalldämpfer *m*
geluiddicht schalldicht ★ *~ maken* schalldicht machen
geluidloos geräuschlos, lautlos
geluidsband Tonband *o*
geluidsbarrière Schallgrenze *v*, Schallmauer *v*
geluidseffect Klangeffekt *m*
geluidsgolf Klangwelle *v*
geluidshinder Lärmbelästigung *v*
geluidsinstallatie Stereoanlage *v*
geluidsisolatie Lärmdämmung *v*
geluidskaart comp Soundkarte *v*
geluidsmuur BN Schallgrenze *v*, Schallmauer *v*
geluidsoverlast Lärmbelästigung *v*
geluidssnelheid Schallgeschwindigkeit *v*
geluidswagen Lautsprecherwagen *m*
geluidswal Lärmschutzwall *m*
geluidwerend Lärm schützend
geluimd gelaunt
geluk ❶ *gunstig toeval, omstandigheid* Glück *o* ★ *zijn ~ beproeven* sein Glück versuchen ★ *~ brengen* Glück bringen ★ *~ hebben* Glück haben ★ *wat een ~!* was für ein Glück! ★ *bij ~* glücklicherweise ★ *het was stom ~* es war einfach nur Glück ★ *het was een ~ voor je* es war ein Glück für dich ★ *het ~ is met de dommen* der dümmste Bauer hat die größten Kartoffeln ★ *je moet maar ~ hebben* man muss halt Glück haben ★ *een ~ bij een on~* Glück im Unglück ★ *meer ~ dan wijsheid* mehr Glück als Verstand ★ *op goed ~* auf gut Glück ★ *van ~ mogen spreken* von Glück sprechen können ❷ *blijheid* Glück *o* ★ *~ ermee* viel Glück ★ *veel ~!* viel Glück! ★ *zijn ~ niet op kunnen* sein Glück nicht fassen können
gelukkig I *bnw* ❶ *intens tevreden* glücklich ★ *~ zijn* glücklich sein ★ *volmaakt ~* wunschlos glücklich ❷ *fortuinlijk* glücklich ★ *~ zijn in het spel* Glück im Spiel haben ★ *zich ~ prijzen* sich glücklich schätzen ★ *~ in het spel, on~ in de liefde* Glück im Spiel, Pech in der Liebe ❸ *gunstig* glücklich ★ *~e omstandigheden* glückliche Umstände ★ *een ~ toeval* ein glücklicher Zufall **II** *bijw* ❶ *tot vreugde van* zum Glück, glücklicherweise ★ *we kwamen ~ net op tijd* wir kamen zum Glück gerade richtig ★ *~!* Gott sei Dank! ★ *~ maar!* bloß gut! ★ *~ niet* zum Glück nicht ★ *~ wist je het* zum Glück wusstest du es ❷ *op gelukkige wijze* ★ *~ leven* ein glückliches Leben führen ★ *en zij leefden nog lang en ~* und wenn sie nicht gestorben sind, dann leben sie noch heute
geluksdag Glückstag *m*
geluksgetal Glückszahl *v*
geluksgevoel Glücksgefühl *o*
gelukstelegram Glückwunschtelegramm *o*
gelukstreffer Glückstreffer *m*
geluksvogel Glückskind *o*, Glückspilz *m*
gelukwens Glückwunsch *m* ★ *mijn ~en!* Glückwunsch!
gelukwensen beglückwünschen [+4], gratulieren [+3] ★ *iem. ~ met* jmdn. beglückwünschen zu [+3], jmdm. gratulieren zu [+3] ★ *iem. met iets ~* jmdm. zu einer Sache gratulieren

★ *gelukgewenst!* Glückwunsch!
gelukzalig glückselig
gelukzoeker Glücksritter *m*
gelul Gequassel *o*, Gequatsche *o* ▼ *~ in de ruimte* leere(s) Gerede *o*
gemaakt gekünstelt ★ *~ lachje* gekünstelte(s) Lachen
gemaal I *zn* [de], *echtgenoot* Gemahl *m* II *zn* [het], *pomp* Pumpwerk *o*
gemaald [volt.dw.] → **malen**
gemachtigde Bevollmächtigte(r) *m-v*
gemak ❶ *moeiteloosheid* Leichtigkeit *v* ★ *met ~* ohne Mühe ★ *met het grootste ~* ohne jegliche Mühe ★ *het ~ waarmee hij spreekt* die Gewandtheit, mit der er spricht ❷ *kalmte* ★ *op zijn ~ zijn* sich wohlfühlen ★ *niet op zijn ~ zijn* sich nicht wohlfühlen ★ *iem. op zijn ~ stellen* jmdn. beruhigen ★ *zich op zijn ~ voelen* sich wohl in seiner Haut fühlen ★ *doe het maar op je ~* mach es in deinem Tempo ★ *op zijn (dooie) ~* ganz gemächlich, in aller Ruhe ★ BN *op zijn duizenden ~jes* ganz gemütlich ★ *houd je ~* sei ruhig ❸ *gerief* Bequemlichkeit *v* ★ *voor het ~* bequemlichkeitshalber ★ *van ~ houden* die Bequemlichkeit lieben ★ *van alle ~ken voorzien* mit allen Bequemlichkeiten ausgestattet ★ *er zijn ~ van nemen* es sich bequem machen
gemakkelijk I *bnw* ❶ *niet moeilijk* leicht, einfach ★ *dat is een ~ kind* das ist ein einfaches Kind ★ *~ in de omgang zijn* sehr umgänglich sein ★ *hij is niet ~ in de omgang* er ist ein schwieriger Mensch ★ *zo ~ als wat* kinderleicht ★ *iets ~(er) maken* etw. einfach(er) machen ★ *het ~ hebben* es leicht haben ★ *het leven ~ opnemen* das Leben leichtnehmen ❷ *geriefelijk* bequem ★ *een ~ leventje leiden* ein bequemes Leben führen ★ *een ~e stoel* ein Sessel *m* II *bijw* ❶ *niet moeilijk* ★ *je kunt je ~ vergissen* man kann sich leicht irren ★ *jij hebt ~ praten* du hast gut reden ★ *~ verdiend geld* einfach verdientes Geld ★ *er ~ van afkomen* billig davonkommen ❷ *geriefelijk* ★ *het zich ~ maken* es sich einfach machen ★ *~ zitten* bequem sein
gemakshalve bequemlichkeitshalber, der Einfachheit halber
gemakzucht Bequemlichkeit *v*
gemakzuchtig bequem ★ *een ~ persoon* eine bequeme Person ★ *~e oplossing* bequeme Lösung
gemalen [volt.dw.] → **malen**
gemalin Gemahlin *v*
gemanierd ❶ *zich correct gedragend* manierlich ❷ *geaffecteerd* manieriert
gemankeerd gescheitert
gemaskerd maskiert ★ *~ bal* Maskenball *m*
gematigd *zonder uitersten* gemäßigt, ⟨bezadigd⟩ maßvoll
gember Ingwer *m*
gemberkoek cul Honigkuchen *m* mit Ingwer
gemeden [volt.dw.] → **mijden**
gemeen I *bnw* ❶ *laag, vals* gemein ★ *gemene streek* gemeine Sache ★ *~ spel* gemeine(s) Spiel ★ fig *~ weer* scheußliche(s) Wetter ★ fig *gemene wond* hässliche Wunde ❷ *gemeenschappelijk* gemeinsam, gemeinschaftlich ★ *iets ~ hebben met* etw. gemein haben mit [+3] II *bijw* ❶ *slecht, vals* ★ *doe niet zo ~* sei nicht so gemein ❷ *zeer* ★ *het is ~ koud* es ist höllisch kalt
gemeend I *bnw* aufrichtig ★ *een ~e belangstelling* aufrichtiges Interesse II *bijw* ★ *zijn woorden klonken ~* seine Worten klangen aufrichtig
gemeengoed Gemeingut *o* ★ *~ worden* Gemeingut werden ★ *tot ~ maken* zu Gemeingut machen
gemeenplaats Gemeinplatz *m*, Klischee *o*
gemeenschap ❶ *groep, maatschappij* Gemeinschaft *v*, ⟨maatschappij⟩ Gesellschaft *v*, rel Gemeinde *v* ★ *op kosten van de ~* auf Kosten der Gemeinschaft ❷ *omgang* Verkehr *m* ★ *seksuele ~ hebben* Geschlechtsverkehr haben ❸ *het gemeenschappelijk hebben* Gemeinschaft *v* ★ *in ~ van goederen trouwen* in Gütergemeinschaft heiraten ★ *buiten ~ van goederen* in Gütertrennung ❹ BN pol *elk van de drie delen van België* Gemeinschaft *v*
gemeenschappelijk gemeinschaftlich ★ *~ eigendom* gemeinschaftliche(s) Eigentum ★ *~e keuken* Gemeinschaftsküche *v* ★ *~e actie* Gemeinschaftsaktion *v* ★ *~e rekening* gemeinsame(s) Konto ★ *~ gezang* Gemeindegesang *m*
gemeenschapsonderwijs BN onderw Gemeinschaftsunterricht *m*
gemeenschapszin Gemeinschaftssinn *m*, Gemeinsinn *m*
gemeente ❶ *bestuurlijke eenheid* ⟨met stadsrecht⟩ Stadt *v*, ⟨zonder stadsrecht⟩ Gemeinde *v* ★ *de ~ Utrecht* die Stadt Utrecht ❷ *gelovigen* Gemeinde *v*
gemeenteambtenaar Kommunalbeamte(r) *m* [v: Kommunalbeamtin]
gemeentearchief Stadtarchiv *o*, Gemeindearchiv *o*
gemeentebedrijf Stadtwerke *mv*
gemeentebestuur Gemeindeverwaltung *v*, ⟨stad⟩ Stadtverwaltung *v*
gemeentehuis Rathaus *o*
gemeentelijk kommunal, Stadt-, Gemeinde- ★ *de ~e autoriteiten* die kommunalen Behörden ★ *Gemeentelijke Geneeskundige Dienst* städtische(s) Gesundheitsamt ★ *het ~ huisvestingsbureau* das städtische Wohnungsamt
gemeentepils Gänsewein *m*
gemeenteraad Stadtrat *m*, Gemeinderat *m*
gemeentereiniging Stadtreinigung *v*
gemeentesecretaris Stadt- / Gemeindedirektor *m*
gemeenteverkiezingen Kommunalwahlen *mv*
gemeenteverordening Gemeindeverordnung *v*, Stadtverordnung *v*
gemeentewerken städtische(s) Bauamt *o*
gemêleerd ❶ *gemengd* gemischt ★ *een ~ gezelschap* eine bunte Gesellschaft ❷ *meerkleurig* meliert ★ *~ haar* grau melierte(n) Haare
gemelijk griesgrämig, verdrießlich
gemenebest Staatengemeinschaft *v*, ⟨m.b.t. Groot-Brittanië⟩ Commonwealth *m*
gemenerik Fiesling *m*, Schuft *m*
gemeten [volt.dw.] → **meten**
gemiddeld I *bnw* mittler, durchschnittlich, Durchschnitts- ★ *de ~e snelheid* die Durchschnittsgeschwindigkeit *v* II *bijw* ★ *het komt ~ op twee uur per dag* es kommt auf

ge

durchschnittlich zwei Stunden täglich
gemiddelde Durchschnitt *m* ★ *boven het ~* überdurchschnittlich ★ *onder het ~* unterdurchschnittlich ★ *de ~ waarde* der Durchschnittswert *m* ★ *het ~ bepalen / nemen van* einen Durchschnitt bestimmen / nehmen von [+3]
gemier *geleuter* Gequassel *o*, Gequatsche *o*
gemis Mangel *m*, ‹verlies› Verlust *m* ★ *als een ~ ervaren* als einen Mangel erfahren ★ *bij ~ aan een opvolger* mangels eines Nachfolgers ★ *een groot ~* ein großer Verlust
gemoed Gemüt *o* [mv: Gemüter] ★ *met bezwaard ~* schweren Herzens ★ *werken op het ~ van iem.* jmdm. aufs Gemüt schlagen ★ *zijn ~ luchten* sein Herz ausschütten
gemoedelijk gemütlich ★ *een ~e sfeer* eine gemütliche Atmosphäre
gemoederen ❶ *mensen* ★ *verhitte ~* erhitzte Gemüter ★ *de ~ tot bedaren brengen* die Gemüter beruhigen ❷ → **gemoed**
gemoedsaandoening Gemütsregung *v*
gemoedsrust Gemütsruhe *v*
gemoedstoestand Gemütszustand *m*, Gemütsverfassung *v*, Gemütslage *v*
gemoeid ★ *daar is veel geld mee ~* da geht es um viel Geld ★ *er is veel geld mee ~* es geht um viel Geld ★ *je leven is ermee ~* es geht um dein Leben ★ *er is een hele dag mee ~* ein ganzer Tag geht dabei drauf
gemoeten [volt.dw.] → **moeten**
gemogen [volt.dw.] → **mogen**
gemolken [volt.dw.] → **melken**
gemotoriseerd motorisiert
gems Gämse *v*
gemunt ▼ *het op iem. ~ hebben* es auf jemanden abgesehen haben ▼ *waarom heb je het altijd op mij ~?* warum hast du es immer auf mich abgesehen?
gemutst ★ *goed / slecht ~ zijn* gut / schlecht gelaunt sein
gen Gen *o*
genaamd namens ★ *een man, N. ~* ein Mann namens N.
genade Gnade *v* ★ *Gods ~* Gottes Gnade ★ *aan iemands ~ overgeleverd zijn* jmds. Gnade ausgeliefert sein ★ *door Gods ~* von Gottes Gnaden ★ *om ~ smeken* um Gnade flehen ★ *iem. ~ schenken* bei jmdm. Gnade walten lassen ★ *~ voor recht laten gelden* Gnade vor / für Recht ergehen lassen ★ *~ vinden in iemands ogen* vor jmdm. Gnade finden ▼ *grote / goeie ~!* meine Güte!
genadebrood Gnadenbrot *o* ▼ *~ eten* das Gnadenbort bekommen
genadeloos gnadenlos
genadeslag Gnadenstoß *m* ★ *dat gaf hem de ~* das bedeutete für ihn den Gnadenstoß
genadig I *bnw* ❶ *vol genade* gnädig ★ *een ~e straf* eine gnädige Strafe ❷ *neerbuigend* ★ *een ~ hoofdknikje* ein gnädiges Nicken **II** *bijw* ★ *ergens ~ vanaf komen* glimpflich davonkommen
gênant genant, peinlich, unangenehm
genas [verl. td.] → **genezen**
genazen [verl. td.] → **genezen**
gendarme Gendarm *m*
gender Gender *o*
gene jener [v: jene] [o: jenes] ★ *aan gene zijde van* jenseits [+2]
gêne Hemmung *v*, Verlegenheit *v* ★ *zonder gêne* ungeniert
genealogie Genealogie *v*
geneesheer Arzt *m* ★ *behandelende ~* behandelnde(r) Arzt
geneesheer-directeur leitende(r) Arzt *m*
geneeskrachtig heilkräftig ★ *~e kruiden* Heilkräuter *mv*
geneeskunde Heilkunde *v*, Medizin *v* ★ *de toegepaste ~* die angewandte Medizin
geneeskundig ‹door een arts› ärztlich, med medizinisch ★ *~e dienst* Gesundheitsamt *o* ★ *de ~e verklaring* das ärztliche Attest ★ *arts van de ~e dienst* Amtsarzt *m*, Amtsärztin *v*
geneesmiddel Medikament *o*, Heilmittel *o*
geneesmiddelenindustrie Pharmaindustrie *v*
geneeswijze Heilmethode *v*, Heilverfahren *o* ★ *alternatieve ~* alternative Medizin *v*
genegen I *bnw* ❶ *geneigd* geneigt (**tot** zu) [+3] ★ *~ zijn om / tot* geneigt sein zu [+3] ❷ *goedgezind* zugetan ★ *iem. ~ zijn* jmdm. zugetan sein **II** *ww* [volt.dw.] → **nijgen**
genegenheid *goedgezindheid* Zuneigung *v* ★ *~ voor iem. opvatten* Zuneigung zu jmdm. fassen
geneigd geneigt (**te, tot** zu) [+3] ★ *ik ben ~ om* ich bin geneigt zu ★ *men is ~ te veronderstellen* man neigt zu der Annahme
geneigdheid Neigung *v*
generaal I *zn* [de] General *m* **II** *bnw* General-, allgemein
generalisatie Verallgemeinerung *v*, Generalisierung *v*
generaliseren generalisieren, verallgemeinern
generatie Generation *v*
generatiekloof Generationsunterschied *m*
generator Generator *m*
generen [**zich ~**] sich genieren (**voor** vor) [+3] ★ *daar geneert ze zich voor* davor geniert sie sich ★ *zich dood ~* sich zu Tode genieren ★ *zich niet ~ te...* keine Hemmungen haben zu... ★ *zich gegeneerd voelen* sich beschämt fühlen
genereren generieren
genereus großzügig ★ *een ~ gebaar* eine großzügige Geste
generiek I *zn* [de], BN media *aftiteling* Nachspann *m* **II** *bnw* generisch
generlei keinerlei
genetica Genetik *v*
genetisch genetisch ★ *~e manipulatie* Genmanipulation *v* ★ *~ gemodificeerd gewas* genetisch veränderte Pflanzen *mv*
Genève Genf *o*
genezen I *ov ww, beter maken* heilen **II** *on ww, beter worden* heilen, kurieren ★ *~de zieke* Rekonvaleszent *m*, Rekonvaleszentin *v* ★ fig *hij is er voor altijd van ~* er ist kuriert **III** *ww* [volt.dw.] → **genezen**
genezing Heilung *v*, Genesung *v*
geniaal genial ★ *een ~ mens* ein Genie *o* ★ *iets ~s* etw. Geniales ★ *een ~ idee* eine geniale Idee
genialiteit Genialität *v*
genie I *zn* [het] ❶ *persoon* Genie *o* ❷ *begaafdheid* Genie *o* **II** *zn* [de] mil Pioniere *mv* ★ *korps van de*

~ Pionierkorps o

geniep ▾ in het ~ heimlich, hinterrücks

geniepig gemeen hinterhältig, heimtückisch ★ een ~e streek ein hinterhältiger Streich ★ een ~ ventje ein hinterhältiges Kerlchen

genieten I ov ww ❶ ontvangen, bezitten genießen ★ een goede opvoeding ~ eine gute Erziehung genießen ★ onderwijs ~ Unterricht bekommen ★ een goede gezondheid ~ sich einer guten Gesundheit erfreuen ★ een goede reputatie ~ sich eines guten Rufes erfreuen ★ een goed salaris ~ ein gutes Gehalt beziehen ❷ meemaken in de omgang ★ niet te ~ zijn ungenießbar sein II on ww, vreugde beleven genießen (van +4) ★ ~ van iets etw. genießen ★ ik heb ervan genoten ich habe es genossen, es hat mir gefallen ★ van de natuur ~ die Natur genießen ★ van het leven ~ das Leben genießen

ge

genitaliën Genitalien mv

genocide Genozid m, Völkermord m

genodigde Eingeladene(r) m-v ★ de ~n die geladenen Gäste ★ een uitvoering voor ~n eine geschlossene Vorstellung

genoeg I onb vnw genug ★ eten tot men ~ heeft essen, bis man satt ist ★ meer dan ~ krijgen van mehr als genug von etw. [3] bekommen ★ er maar niet ~ van kunnen krijgen nicht genug davon kriegen können ★ dat vind ik ~ das ist genug für mich ★ ik heb ~ gegeten ich bin satt ★ ~ geld genug Geld ★ ~ hebben om van te leven genug zum Leben haben ★ één is ~ einer / eine / eines reicht ★ daar krijg ik nooit ~ van davon kriege ich nie genug ★ daar heb ik voorlopig wel ~ aan das reicht mir vorläufig ★ ik heb er ~ van mir reicht' ★ er schoon ~ van hebben die Nase voll von etw. [3] haben ★ ~ van iemand / iets krijgen von jmdm. / etw. genug bekommen ★ meer dan ~ van iets krijgen etw. sattbekommen ★ zo is het ~! das reicht! II bijw genug ★ vreemd ~ zei hij dat... komischerweise sagte er das ★ ben ik duidelijk ~? drücke ich mich klar genug aus? ★ oud ~ zijn alt genug sein

genoegdoening Genugtuung v ★ ~ eisen Genugtuung fordern

genoegen ❶ plezier Vergnügen o, Freude v, Gefallen m ★ geen onverdeeld ~ kein ungeteiltes Vergnügen ★ met veel ~ mit großer Freude ★ tot ~! sehr erfreut! ★ het doet me een ~ dat es freut mich, dass ★ iem. een ~ doen jmdm. einen Gefallen tun ★ met wie heb ik het ~? mit wem habe ich die Ehre? ★ ik heb het ~ u mede te delen ich habe das Vergnügen, Ihnen mitzuteilen ★ ~ scheppen in Gefallen finden an [+3] ★ het is mij een waar ~ es ist mir eine große Freude ★ je zult veel ~ aan hem beleven du wirst viel Freude an ihm haben ❷ voldoening, tevredenheid Gefallen o, Zufriedenheit v ★ ~ nemen met sich begnügen mit [+3] ★ naar ~ nach Zufriedenheit ★ naar ieders ~ zu jedermanns Zufriedenheit ★ tot ~ van zur Zufriedenheit [+2]

genoeglijk vergnüglich ★ een ~ avondje ein vergnüglicher Abend

genoegzaam I bnw genügend II bijw ★ het is ~ bekend dat es ist allgemein bekannt, dass

genomen [volt.dw.] → **nemen**

genoot [verl. td.] → **genieten**

genootschap Gesellschaft v ★ een geleerd ~ eine gelehrte Gesellschaft

genot genoegen Genuss m ★ onder het ~ van... beim Genuss [+2] ★ onder het ~ van een glas wijn bei einem Glas Wein ★ het is een ~ voor het oog es ist eine Augenweide ★ ~ scheppen in sich erfreuen an [+3]

genoten I ww [verl. td.] → **genieten** II ww [volt.dw.] → **genieten**

genotmiddel Genussmittel o

genotzucht Genusssucht v

genotzuchtig genusssüchtig

genre Genre o, Gattung v ★ niet mijn ~ nicht mein Genre ★ in dat ~ in diesem Genre

Gent Gent o

gentechnologie Gentechnologie v

Gentenaar Einwohner m von Gent

gentherapie med Gentherapie v

gentiaan plantk Enzian m

gentleman Gentleman m ★ hij is een echte ~ er ist ein echter Gentleman

gentlemen's agreement Gentlemen's Agreement o, Vereinbarung v auf Treu und Glauben

Gents Genter

Gentse Einwohnerin v von Gent ★ zij is een ~ sie ist aus Gent

Genua Genua o

genuanceerd I bnw nuanciert II bijw ★ ~ (over iets) denken eine nuancierte Meinung (zu etw.) haben

genus Genus o

geodriehoek wisk Geodreieck o

geoefend geübt, geschult ★ een ~ gehoor ein geschultes Gehör ★ een ~ zwemmer ein geübter Schwimmer

geograaf Geograf m

geografie Geografie v ★ sociale ~ soziale Geografie

geografisch geografisch

geologie Geologie v

geologisch geologisch

geoloog Geologe m

geometrie Geometrie v

geoorloofd erlaubt ★ het is (niet) ~... es ist (nicht) erlaubt ★ is het ~ hier te roken? ist hier das Rauchen erlaubt? ★ ~e middelen erlaubte Mittel

Georgië Georgien o ★ in ~ in Georgien

Georgisch georgisch

geouwehoer inform Geschwätz o

geowetenschappen Geowissenschaften mv

gepaard gepaart, paarweise ★ ~ gaan met gepaart gehen mit [+3] ★ de daarmee ~ gaande kosten damit verbundene Kosten

gepakt ▾ ~ en gezakt mit Sack und Pack

gepassioneerd passioniert, leidenschaftlich ★ een ~ voetballer ein passionierter Fußballer

gepast I bnw ❶ afgepast passend ★ ~ geld abgezählte(s) Geld ★ met ~ geld betalen passend bezahlen ❷ geschikt angemessen, passend ★ de ~e beloning die angemessene Belohnung ★ een ~ woord ein passendes Wort ★ dat lijkt me nu niet zo ~ das scheint mir jetzt nicht angebracht II bijw ❶ afgepast ★ ~ betalen a.u.b. bitte passend zahlen ❷ geschikt passend

gepeins Nachsinnen o, Nachdenken o, ⟨gepieker⟩

Grübeln *o* ★ *in ~ verzonken zijn* in Gedanken versunken sein
gepensioneerd pensioniert
gepensioneerde Pensionierte(r) *m-v*, Rentner *m* [v: Rentnerin]
gepeperd ❶ cul pikant ❷ fig *duur* gepfeffert ★ *een ~e rekening* eine gepfefferte / saftige Rechnung
gepeupel Pöbel *m*, Mob *m*
gepikeerd pikiert, verärgert
geplaatst ▾ BN *goed ~ zijn om...* die richtige Person sein, um...
gepleegd [volt.dw.] → **plegen**
geploeter ❶ *geplas, gespetter* Gespritze *o* ❷ *gezwoeg* Schinderei *v*
geplogenheid BN *gewoonte* Gepflogenheit *v*
geplozen [volt.dw.] → **pluizen**
gepokt ★ *~ en gemazeld* mit allen Wassern gewaschen
geprezen [volt.dw.] → **prijzen**
geprijsd [volt.dw.] → **prijzen**
geprikkeld gereizt ★ inform *~ zijn* gereizt sein
geprononceerd prononciert ★ *~e gelaatstrekken* ausgeprägte Gesichtszüge
geproportioneerd proportioniert
geraakt ❶ *ontroerd* gerührt ❷ *gepikeerd* gekränkt, verletzt ★ *gauw ~ zijn* sehr empfindlich sein
geraamte ❶ *skelet* Gerippe *o*, Skelett *o* ❷ *constructie* Gerüst *o*
geraas Getöse *o*, ⟨lawaai⟩ Lärm *m*
geradbraakt gerädert ★ *zich ~ voelen* sich wie gerädert fühlen
geraden I *bnw* geraten, ratsam ★ *het is je ~* das möchte ich dir raten **II** *ww* [volt.dw.] → **raden**
geraffineerd ❶ *verfijnd* raffiniert ❷ *gezuiverd* raffiniert ★ *~e suiker* raffinierte(r) Zucker ❸ *doortrapt* ★ *~e schurk* raffinierte(r) Schurke ★ *~e leugenaar* raffinierte(r) Lügner
geraken → **raken**
geranium Geranie *v* ★ fig *achter de ~s zitten* nicht aus seinen vier Wänden herauskommen
gerant ❶ *beheerder van restaurant* Geschäftsführer *m* [v: Geschäftsführerin] ❷ BN *filiaalhouder* Filialleiter *m*
gerbera Gerbera *v*
gerecht I *zn* [het] ❶ cul *eten* Gericht *o* ★ *vegetarisch ~* vegetarische(s) Gericht ❷ jur *rechtbank* Gericht *o* ★ *voor het ~ verschijnen* vor Gericht erscheinen ★ *voor het ~ brengen* vor Gericht bringen ★ *voor het ~ dagen* vorladen **II** *bnw* gerecht
gerechtelijk I *bnw* jur gerichtlich ★ *~e uitspraak* Richterspruch *m* ★ *langs ~e weg* auf dem Rechtsweg ★ *~ bevel* richterliche Anordnung *v* ★ *~e dwaling* Justizirrtum *m* ★ *~e geneeskunde* Gerichtsmedizin *v* **II** *bijw* ★ *iem. ~ vervolgen* jmdn. gerichtlich verfolgen
gerechtigd jur berechtigt ★ *~ zijn om* berechtigt sein zu ★ *~ zijn tot* berechtigt sein zu [+3]
gerechtigheid jur Gerechtigkeit *v* ★ *iem. ~ doen wedervaren* jmdm. Gerechtigkeit zuteilwerden lassen
gerechtsgebouw jur Gerichtsgebäude *o*
gerechtshof jur *hogere rechtbank* Oberlandesgericht *o* ★ *militair ~* Militärgericht *o* ★ *Internationaal Gerechtshof* Internationale(r) Gerichtshof
gerechtvaardigd I *bnw* gerecht, berechtigt ★ *~e twijfel* berechtigte(r) Zweifel *m* ★ *~ optimisme* berechtigte(r) Optimismus **II** *bijw* jur berechtigterweise
gereden [volt.dw.] → **rijden**
gereed ❶ *klaar (met iets)* fertig ★ *~ zijn* fertig sein ❷ *klaar (voor iets)* bereit, fertig ★ *~ voor* bereit zu [+3], bereit für [+4] ★ *~ voor vertrek* abreisefertig ★ *~ voor verzending* versandfertig ★ *~ voor het gebruik* gebrauchsfertig
gereedheid Bereitschaft *v* ★ *in ~ brengen* in Bereitschaft bringen
gereedkomen fertig werden ★ *~ met iets* mit etw. fertig werden
gereedmaken fertig machen ★ *~ voor gebruik* gebrauchsfertig machen
gereedschap Gerät *o*, Werkzeug *o* ★ *een stuk ~* ein Werkzeug
gereedschapskist Werkzeugkasten *m*
gereedstaan *beschikbaar zijn* bereitstehen ★ *voor iem. ~* für jmdn. bereitstehen ★ *de taxi staat gereed* das Taxi wartet
gereformeerd rel reformiert, calvinistisch
gereformeerde Reformierte(r) *m/v*, Calvinist *m* [v: Calvinistin]
geregeld I *bnw* ❶ *regelmatig* regelmäßig ★ *een ~e bezoeker van* ein treuer Besucher [+2] ❷ *ordelijk* ordentlich, geregelt ★ *een ~ leven leiden* ein geregeltes Leben führen **II** *bijw, regelmatig* regelmäßig
geregen [volt.dw.] → **rijgen**
gerei Gerät *o*, Zeug *o*
geremd gehemmt
gerenommeerd renommiert, angesehen ★ *~e firma* renommierte Firma
gereserveerd ❶ *besproken* reserviert ❷ *terughoudend* ★ *~ zijn* reserviert / zurückhaltend sein
gereten [volt.dw.] → **rijten**
gerezen [volt.dw.] → **rijzen**
geriatrie Geriatrie *v*
geriatrisch geriatrisch
gericht I *zn* [het] ★ *het jongste ~* das Jüngste Gericht **II** *bnw* gerichtet (**op** auf) [+4], gezielt (**op** auf) [+4] ★ *~e informatie* gezielte Informationen ★ *een ~e vraag stellen* eine spezielle Frage stellen
gerief ❶ *genot* Bequemlichkeit *v* ★ *aan zijn ~ komen* es sich bequem machen ❷ BN *gerei, spullen* Gerät *o*, Zeug *o*
gerieflijk bequem, komfortabel, behaglich
gerieven dienen, Hilfe leisten
gering gering ★ *om het minste of ~ste* aus dem geringsten Grund ★ *bij het minste of ~ste gevaar* bei der geringsten Gefahr ★ *van ~e waarde* von geringem Wert ★ *dat is niet ~!* das ist nicht wenig! ★ *niet in het ~ste* nicht im Geringsten
geringschatten gering schätzen
geringschattend geringschätzig
Germaan *lid van volk* Germane *m*
germanisme Germanismus *m*
geroepen [volt.dw.] → **roepen**
geroezemoes Geschwirr *o*
geroken I *ww* [volt.dw.] → **rieken II** *ww* [volt.dw.] → **ruiken**
gerommel *rommelend geluid* Gepolter *o*, ⟨van

motor⟩ Rattern *o*, ⟨van buik⟩ Knurren *o*
geronnen geronnen ★ *~ bloed* geronnenes Blut ★ fig *zo gewonnen, zo ~* wie gewonnen, so zerronnen
geroutineerd erfahren, bewandert, routiniert
gerst Gerste *v*
gerstenat Gerstensaft *m*
gerucht ❶ *praatje* Gerücht *o* ★ *het ~ gaat dat...* es geht das Gerücht, dass... ★ *het bij ~e weten* es vom Hörensagen wissen ❷ *geluid* Lärm *m* ★ *~ maken* Aufsehen erregend
geruchtmakend aufsehenerregend
geruim → **tijd**
geruis *geluid* Geräusch *o*, ⟨ruis⟩ Rauschen *o*
geruisloos ❶ *onhoorbaar* geräuschlos ❷ *zonder ophef* sang- und klanglos ★ *het voorstel verdween ~ van tafel* der Vorschlag verschwand sang- und klanglos
geruit kariert
gerust I *bnw* ruhig ★ *ik ben er ~ op dat...*, BN *ik ben er ~ in dat...* ich kann mich darauf verlassen dass... ★ *ik ben er nog niet ~ op dat...*, BN *ik ben er nog niet ~ in dat...* ich bin noch nicht ganz sicher, dass... II *bijw, zonder vrees* ruhig ★ *doe het ~* mach es ruhig ★ *dat kun je ~ tegen haar zeggen* das kannst du ihr ruhig sagen ★ *dat mag ik ~* das darf ich wohl ★ *men kan ~ zeggen dat...* man kann ruhig sagen, dass...
geruststellen beruhigen ★ *zich ~* sich beruhigen ★ *stel je gerust!* beruhige dich! ★ *~d* beruhigend
geruststelling Beruhigung *v* ★ *het was een hele ~* es war eine große Beruhigung
geschapen [volt.dw.] → **scheppen**
gescheerd [volt.dw.] → **scheren**
gescheiden [volt.dw.] → **scheiden**
geschenen [volt.dw.] → **schijnen**
geschenk Geschenk *o* ★ *iem. iets ten ~e geven* jmdm. etw. schenken ★ *ten ~e geven* schenken, zum Geschenk machen ★ fig *een ~ uit de hemel* ein Geschenk des Himmels ★ fig BN *een vergiftigd ~* ≈ ein zweifelhaftes Geschenk
geschenkverpakking Geschenkverpackung *v*
geschept [volt.dw.] → **scheppen**
gescheten [volt.dw.] → **schijten**
geschieden *gebeuren* geschehen, passieren ★ *het kwaad is al geschied* es ist schon passiert ★ *Uw wil geschiede* Dein Wille geschehe ★ *wat geschied is, is geschied* geschehen ist geschehen ★ rel *wat gij niet wilt dat u geschiedt, doe dat ook een ander niet* was du nichts willst, dass man dir tu, das füg auch keinem andern zu
geschiedenis ❶ *historie* Geschichte *v* ★ *algemene / Bijbelse ~* allgemeine / biblische Geschichte ★ *oude / nieuwe / nieuwste ~* alte / neue / neueste Geschichte ★ *de ~ leert ons* die Geschichte lehrt uns ★ *de ~ herhaalt zich* die Geschichte wiederholt sich ❷ *voorval* Geschichte *v* ★ *het is (weer) de oude ~* das ist (wieder) die alte Geschichte ★ *dat is een vreemde ~* das ist eine merkwürdige Geschichte ★ *een beroerde ~* eine dumme Geschichte
geschiedkundig geschichtlich ★ *~e* Historiker *m* [v: Historikerin]
geschiedschrijver Geschichtsschreiber *m*
geschiedvervalsing Geschichtsfälschung *v*
geschift ❶ *bedorven* geronnen ❷ *getikt* verrückt, bekloppt ★ *hij is ~* er spinnt
geschikt ❶ *bruikbaar* ⟨personen⟩ geeignet, ⟨passend, gepast⟩ passend, ⟨in staat⟩ fähig ★ *niet ~ zijn voor* nicht geeignet sein für [+4] ★ *hij is niet ~ voor dit vak* er ist für dieses Fach nicht geeignet ★ *~ voor de arbeid* für die Arbeit geeignet ★ *de ~e man daarvoor* der geeignete Mann dafür ★ *dit was niet ~ om de zaak beter te maken* das war nicht das geeignete Mittel ★ *ik ben niet ~ voor zoiets* ich eigne mich nicht für so etw. ★ *~ zijn voor verpleegster* sich zur Krankenschwester eignen ★ *het ~e moment* der passende Moment ❷ *aardig* nett
geschil Streit *m*, Streitigkeit *v* ★ *het ~ beslechten* den Streit schlichten ★ *een ~ hebben over* eine Auseinandersetzung haben über [+4] ★ *een ~ bijleggen* einen Streit beilegen
geschillencommissie Konfliktkommission *v*
geschilpunt Streitpunkt *m*
gescholden [volt.dw.] → **schelden**
gescholen [volt.dw.] → **schuilen**
geschonden [volt.dw.] → **schenden**
geschonken [volt.dw.] → **schenken**
geschoold onderw geschult, ⟨met vakopleiding⟩ gelernt ★ *~e arbeiders* Facharbeiter *mv*
geschoren [volt.dw.] → **scheren**
geschoten [volt.dw.] → **schieten**
geschoven [volt.dw.] → **schuiven**
geschreden [volt.dw.] → **schrijden**
geschreeuw Geschrei *o*, Schreien *o* ▼ *veel ~ en weinig wol* viel Geschrei und wenig Wolle
geschreven [volt.dw.] → **schrijven**
geschrift Schrift *v* ★ *valsheid in ~e* Urkundenfälschung *v*
geschrokken [volt.dw.] → **schrikken**
geschubd schuppig
geschuild [volt.dw.] → **schuilen**
geschut Geschütz *o* ★ *met zwaar ~* mit schwerem Geschütz ★ fig *grof ~ inzetten* schweres Geschütz auffahren
gesel ❶ *zweep / stok* Geißel *v* ❷ *plaag* Geißel
geselen *slaan* peitschen
geseling *het slaan* Geißelung *v*
gesetteld etabliert
gesitueerd situiert ★ *goed ~ zijn* gut situiert sein ★ *de beter ~en* die Besserverdiendenden
geslaagd erfolgreich, gelungen ★ *een ~ uitstapje* ein gelungener Ausflug
geslaagde onderw Absolvent *m* [v: Absolventin]
geslacht ❶ *soort* Geschlecht *o*, Gattung *v* ★ *het menselijk ~* das menschliche Geschlecht ❷ *familie* Geschlecht *o* ★ *een oud ~* ein altes Geschlecht ❸ *generatie* ★ *van ~ tot ~* von Geschlecht zu Geschlecht ❹ *sekse* Geschlecht ★ *het schone / zwakke ~* das schöne / schwache Geschlecht ❺ taalk Geschlecht *o*, Genus *o*
geslachtelijk geschlechtlich
geslachtloos ❶ *zonder geslachtelijk kenmerk* geschlechtslos ❷ *aseksueel* asexuell
geslachtsdaad Geschlechtsakt *m*
geslachtsdeel Geschlechtsteil *m* ★ *geslachtsdelen* Geschlechtsteile *mv*
geslachtsdrift Geschlechtstrieb *m*
geslachtsgemeenschap Geschlechtsverkehr *m*
geslachtshormoon Geschlechtshormon *o*
geslachtsorgaan Geschlechtsorgan *o*

ge

geslachtsrijp geschlechtsreif
geslachtsverkeer Geschlechtsverkehr *m* ★ *~ hebben* Geschlechtsverkehr haben
geslachtsziekte Geschlechtskrankheit *v*
geslagen [volt.dw.] → **slaan**
geslapen [volt.dw.] → **slapen**
geslepen I *bnw* ❶ *scherp* gestochen ❷ *sluw* durchtrieben **II** *ww* [volt.dw.] → **slijpen**
gesleten [volt.dw.] → **slijten**
geslonken [volt.dw.] → **slinken**
geslopen [volt.dw.] → **sluipen**
gesloten I *bnw* ❶ *dicht* geschlossen, ⟨op slot⟩ verschlossen ★ *hermetisch ~* hermetisch abgeschlossen ★ *de winkel is ~* der Laden ist geschlossen ★ *achter ~ deuren* hinter verschlossenen Türen ★ *~ enveloppe* geschlossene(r) Umschlag ★ *dat is een ~ boek* das ist ein Buch mit sieben Siegeln ❷ *in zichzelf gekeerd* verschlossen ★ *een ~ karakter* ein verschlossener Charakter ★ *zo ~ als het graf* verschwiegen wie ein Grab ❸ *ononderbroken* ★ *~ circuit* ein geschlossener Kreislauf ★ *in ~ rijen* in geschlossenen Reihen **II** *ww* [volt.dw.] → **sluiten**
gesluierd verschleiert
gesmaakt BN *gewaardeerd* geschätzt
gesmeerd problemlos, ⟨zonder hapering⟩ reibungslos ★ *het liep ~* es lief wie geschmiert
gesmeten [volt.dw.] → **smijten**
gesmolten [volt.dw.] → **smelten**
gesneden [volt.dw.] → **snijden**
gesnoten [volt.dw.] → **snuiten**
gesnoven [volt.dw.] → **snuiven**
gesnurk Geschnarche *o*
gesodemieter Theater *o*, Ärger *m*
gesofisticeerd BN *geavanceerd* fortschrittlich
gesorteerd ❶ *ruim voorzien* sortiert ★ *goed / slecht ~* gut / schlecht sortiert ★ *ruim ~ zijn in* gut sortiert sein in [+3] ❷ *in diverse soorten* sortiert
gesp Schnalle *v*, ⟨spang⟩ Spange *v*
gespannen I *bnw, intens* gespannt ★ *op ~ voet staan met iem.* ein gespanntes Verhältnis zu jmdm. haben ★ *~ zijn* angespannt sein ★ *met ~ aandacht* mit großer Aufmerksamkeit ★ *~ verwachting* hohe Erwartungen **II** *ww* [volt.dw.] → **spannen**
gespeend van ★ *zij was ~ van talent* sie war ohne jegliches Talent
gespen zuschnallen, festschnallen
gespeten [volt.dw.] → **spijten**
gespierd ❶ *met sterke spieren* muskulös ❷ fig *krachtig* kraftvoll
gespikkeld gesprenkelt ★ *zwart ~* schwarz gesprenkelt
gespitst ❶ **~ op** begierig auf [+4] ★ *hij was ~ op elk geluid* er achtete auf jedes Geräusch ❷ *in vorm* spitz ★ fig *met ~e oren* mit gespitzten Ohren
gespleten I *bnw, met een spleet* gespalten ▼ *een ~ persoonlijkheid hebben* eine gespaltene Persönlichkeit haben **II** *ww* [volt.dw.] → **splijten**
gespogen [volt.dw.] → **spugen**
gesponnen [volt.dw.] → **spinnen**
gespoten [volt.dw.] → **spuiten**
gesprek Gespräch *o*, ⟨zakelijk overleg⟩ Besprechung *v* ★ *~ onder vier ogen* Gespräch unter vier Augen ★ *~ van de dag* Tagesgespräch *o* ★ *in ~ zijn met iem.* mit jmdm. ein Gespräch führen ★ ⟨telefonisch⟩ *in ~* besetzt ★ *hij is* ⟨telefonisch⟩ *in ~* er spricht gerade ★ *een ~ voeren* ein Gespräch führen ★ *het ~ brengen op* das Gespräch auf... bringen [+4]
gespreksgroep Gesprächsgruppe *v*
gesprekskosten Telefonkosten *mv*
gespreksonderwerp Gesprächsthema *o*
gesprekspartner Gesprächspartner *m* [v: Gesprächspartnerin]
gespreksstof Gesprächsstoff *m*
gesproken [volt.dw.] → **spreken**
gesprongen [volt.dw.] → **springen**
gesproten [volt.dw.] → **spruiten**
gespuis Gesindel *o*
gestaag I *bnw* beständig, anhaltend ★ *gestage regen* anhaltende(r) Regen **II** *bijw* ständig, (an)dauernd
gestaan [volt.dw.] → **staan**
gestalte ❶ *gedaante* Gestalt *v* ★ *~ krijgen* Gestalt annehmen ★ *~ geven* eine Form geben ❷ *lichaamsbouw* Figur *v* ★ *klein van ~* klein gewachsen
gestand → **belofte, woord**
Gestapo gesch Gestapo *v*
geste Gebärde *v*, Geste *v* ★ *een aardige ~* eine nette Geste
gesteente Gestein *o* ★ *vast ~* feste(s) Gestein
gestegen [volt.dw.] → **stijgen**
gestel ❶ *samengesteld geheel* Konstitution *v* ❷ *lichaamsgesteldheid* Gesundheit *v*, Konstitution *v* ★ *een ijzeren ~* eine eiserne Konstitution
gesteld I *bnw* ❶ *toestand* bestellt ★ *hoe is het ermee ~?* wie ist es damit bestellt? ★ *het is er slecht mee ~* es ist schlecht darum bestellt ★ *hoe is het met de zieke ~?* wie ist es um den Kranken bestellt? ❷ *aangewezen* ★ *binnen de ~e tijd* innerhalb der angenommenen Zeit ❸ **~ op** ★ *~ zijn op* mögen ★ *ik ben heel erg op hem ~* ich halte große Stücke auf ihn ★ *ik ben heel erg op dit huis ~* ich hänge sehr an diesem Haus ★ *ik ben er helemaal niet op ~ dat* ich mag es gar nicht, wenn ★ *daar ben ik niet op ~* das mag ich nicht **II** *bijw* ★ *~ dat* angenommen, dass ★ *~ dat hij kwam* angenommen, er kommt
gesteldheid ⟨van materiaal⟩ Beschaffenheit *v*, ⟨toestand⟩ Zustand *m*, ⟨van gemoed, lichaam⟩ Verfassung *v* ★ *lichamelijke ~* körpeliche Verfassung ★ *de bepaling van ~* das prädikative Attribut ★ *~ van de bodem* Beschaffenheit des Bodens
gestemd *in bepaalde stemming* gelaunt ★ *goed ~* bei Laune ★ *goed / slecht ~ zijn* gut / schlecht gelaunt sein
gesternte ❶ *de sterren* Gestirn *o* ❷ *stand van de sterren* Konstellation *v* ★ *onder een gelukkig ~ geboren zijn* unter einem glücklichen Stern geboren sein
gesteven [volt.dw.] → **stijven**
gesticht *psychiatrische inrichting* Anstalt *v*
gesticuleren gestikulieren
gestijfd [volt.dw.] → **stijven**
gestoken [volt.dw.] → **steken**
gestolen [volt.dw.] → **stelen**
gestonken [volt.dw.] → **stinken**
gestoord ❶ *met een storing* gestört ❷ psych

gestört ★ *geestelijk ~ zijn* geistesgestört sein ★ *een geestelijk ~e* ein Geistegestörter [v: eine Geistesgestörte]
gestorven [volt.dw.] → **sterven**
gestoten [volt.dw.] → **stoten**
gestoven [volt.dw.] → **stuiven**
gestreden [volt.dw.] → **strijden**
gestreept ⟨met strepen⟩ gestreift, muz gestrichen, ⟨gearceerd⟩ gestrichelt ★ *rood ~* rot gestreift ★ *~ overhemd* gestreifte(s) Hemd
gestreken [volt.dw.] → **strijken**
gestress Stresserei *v*
gestrest gestresst
gestroomlijnd ❶ *aerodynamisch* stromlinienförmig ❷ *soepel verlopend* durchorganisiert

ge

getaand gegerbt ★ *een ~ gezicht* ein gegerbtes Gesicht
getailleerd tailliert
getal Zahl *v* ★ *gebroken ~* Bruchzahl *v* ★ *geheel ~* ganze Zahl ★ *ronde ~len* runde Zahlen ★ *een ~ van twee cijfers* eine zweistellige Zahl ★ *vijftien in ~* fünfzehn an der Zahl ★ *in groten ~e* in großer Zahl
getalenteerd begabt, talentiert
getalsterkte numerische Stärke *v*
getand ❶ *met tanden* gezahnt ❷ *met insnijdingen* gezackt, ⟨van postzegels⟩ gezähnt ★ *~e bladeren* gezackte Blätter
getapt beliebt, gern gesehen
geteisem Gesindel *o*, Pack *o*
getekend ❶ *misvormd* gezeichnet ★ *voor het leven ~* lebenslang gezeichnet ❷ *gegroefd* gezeichnet ❸ *een bepaald patroon hebbend* ★ *die kat is mooi ~* die Katze hat eine schöne Zeichnung
getijde, **getij** ⟨vloed⟩ Flut *v* ★ *~n* Gezeiten *mv*
getijdenenergie Gezeitenenergie *v*
getikt ❶ *gek* bekloppt, verrückt ★ *hij is een beetje ~* er tickt nicht ganz richtig ❷ *getypt* getippt
getint ❶ *gekleurd* getönt ★ *~ glas* getönte(s) Glas ❷ fig ★ *communistisch ~* kommunistisch gefärbt
getiteld tituliert, ⟨van boek⟩ mit dem Titel ★ *een boek ~* ein Buch mit dem Titel
getogen I *bnw* → **geboren II** *ww* [volt.dw.] → **tijgen**
getourmenteerd gequält
getouw ★ BN *iets op het ~ zetten* etw. inszenieren, etw. organisieren
getralied vergittert ★ *een ~ hek* ein Gitter *o*
getrapt ❶ *met trappen* gestuft ★ *een ~e raket* eine Stufenrakete *v* ❷ *indirect* gestaffelt ★ *~e verkiezingen* indirekte Wahlen
getreden [volt.dw.] → **treden**
getroffen [volt.dw.] → **treffen**
getrokken [volt.dw.] → **trekken**
getroosten [zich ~] *doorstaan* erdulden, hinnehmen ★ *zich veel moeite ~* sich viel Mühe geben
getrouw ❶ *trouw* treu, getreu ★ *een oude ~e* ein alter Getreuer [v: eine alte Getreue] ❷ *nauwkeurig* ★ *een ~e vertaling* eine wortgetreue Übersetzung ★ *een ~e weergave* eine getreue Wiedergabe
getrouwd verheiratet ★ *~ zijn* verheiratet sein ★ *een pas ~ stel* ein frisch verheiratetes Paar ★ *zo zijn we niet ~!* so haben wir nicht gewettet!
getto Ghetto *o*
gettoblaster Ghettoblaster *m*
gettovorming Ghettobildung *v*
getuige I *zn* [de] ❶ *aanwezige ter bevestiging* Zeuge *m* [v: Zeugin] ★ *de ~n van een huwelijk* die Brautzeugen ★ *~ zijn bij het passeren van een notariële akte* Zeuge bei der Unterzeichnung einer notariellen Urkunde sein ❷ *toeschouwer* Zeuge *m* ★ *~ zijn van een overval* Zeuge eines Überfalls sein ❸ jur Zeuge *m* [v: Zeugin] ★ *~ à charge* Belastungszeuge *m* ★ *~ à decharge* Entlastungszeuge *m* ★ *als ~ voorkomen* als Zeuge / Zeugin erscheinen ★ *iem. tot ~ roepen* jmdn. als Zeugen / Zeugin laden ★ *stille ~* stille(r) Zeuge **II** *vz* in Anbetracht [+2] ★ *~ je diploma kun je best goed leren* in Anbetracht deines Zeugnisses bist du ein guter Schüler
getuigen I *ov ww, verklaren* bezeugen, aussagen ★ *iets ~* etw. bezeugen ★ *jij kunt het ~* du kannst es bezeugen **II** *on ww* ❶ *blijk geven* zeugen ★ *dat getuigt van weinig smaak* das zeugt von wenig Geschmack ★ *het getuigt van grote moed* es zeugt von großem Mut ★ *hij getuigt van zijn geloof* er legt Zeugnis über seinen Glauben ab ❷ *getuigenis afleggen* aussagen ★ *~ tegen* aussagen gegen [+4] ★ *voor iem. ~* für jmdn. aussagen ❸ *pleiten* ★ *de feiten ~ tegen hem* die Tatsachen sprechen gegen ihn
getuigenis ❶ *bewijs* Zeugnis *o* ❷ *getuigenverklaring* Zeugnis *o*, jur Aussage *v* ★ *~ afleggen van* Zeugnis ablegen von [+3] ★ *iem. een ~ afnemen* jmdm. eine Zeugenaussage abnehmen ★ *valse ~ afleggen* falsch aussagen
getuigenverhoor Zeugenvernehmung *v*, Zeugenverhör *o* ★ *een ~ afnemen* Zeugen vernehmen
getuigenverklaring Zeugenaussage *v*
getuigschrift Zeugnis *o* ★ *~ van goed gedrag* Führungszeugnis *o* ★ *een ~ afgeven* ein Zeugnis ausstellen ★ *van goede ~en voorzien* mit guten Zeugnissen
getver → **gadver**
getverderrie igitt, igittigitt
geul ❶ *gleuf* Rille *v* ❷ *smal en diep water* Rinne *v*, ⟨in wadden⟩ Priel *m*
geur Geruch *m*, ⟨aangenaam⟩ Duft *m* ★ *een akelige geur* ein ekliger Geruch ★ *de geur van iets* der Geruch von / nach etw. [3] ★ fig *in geuren en kleuren* in den schillerndsten Farben ★ fig *in geuren en kleuren vertellen* in allen Einzelheiten schildern
geuren ❶ *ruiken* duften ★ *~ naar* duften / riechen nach [+3] ❷ *pronken* glänzen ★ *~ met zijn kennis* mit seinem Wissen glänzen
geurig duftig
geurstof Duftstoff *m*
geurtje ❶ *reukwater* Parfüm *o* ★ *zij heeft een lekker ~ op* sie trägt einen angenehmen Duft ❷ → **geur**
geurvreter Geruchfresser *m*
geus Geuse *m*
gevaar *gevaarlijke toestand* Gefahr *v* ★ *~ voor brand* Feuergefahr *v* ★ *er is geen ~ meer voor de zieke* es besteht keine Gefahr für den Patienten mehr ★ *buiten ~ zijn* außer Gefahr ★ *in ~ brengen*

in Gefahr bringen, gefährden ★ *in ~ komen* in Gefahr kommen ★ *met ~ voor zijn leven* unter Einsatz seines Lebens ★ *op het ~ af...* auf die Gefahr hin... ★ *op het ~ af dat...* auf die Gefahr hin, dass... ★ *een ~ bezweren* eine Gefahr bannen ★ *~ lopen* Gefahr laufen ★ *~ lopen om...* Gefahr laufen zu... ★ *zijn positie loopt ~* seine Position ist gefährdet ★ *daar is geen ~ bij* das ist nicht gefährlich ★ *het ~ bestaat, dat...* es besteht die Gefahr, dass...

gevaarlijk gefährlich

gevaarte Ungetüm *o*, Koloss *m*

geval ❶ *toestand* Fall *m* ★ *in dat ~* in dem Fall ★ *in elk ~* auf jeden Fall, auf alle Fälle ★ *in geen ~* auf keinen Fall, keinesfalls ★ *in ~ dat* im Fall, dass ★ *in ~ van nood* im Notfall ★ *in ~ van twijfel* im Zweifelsfall ★ *in het beste ~* bestenfalls ★ *in het ergste ~* schlimmstenfalls ★ *in het gunstigste ~* im günstigsten Fall ★ *in het uiterste ~* schlimmstenfalls ★ *in het andere ~* andernfalls ★ *in voorkomende ~len* gegebenenfalls ★ *voor het ~ dat...* falls... ★ *een op zichzelf staand ~* ein Einzelfall ★ *elk ~ op zichzelf beoordelen* jeden Fall einzeln beurteilen ❷ *voorval* Vorfall *m* ★ *lastig ~* eine unangenehme Sache ❸ *toeval* Zufall *m* ★ *bij ~* per Zufall ★ *het ~ wil dat...* der Zufall wollte, dass...

gevallen [volt.dw.] → **vallen**

gevangen I *bnw* gefangen ★ *zich ~ geven* sich übergeben ★ *iem. ~ houden* jmdn. gefangen halten **II** *ww* [volt.dw.] → **vangen**

gevangenbewaarder Gefängniswärter *m*

gevangene ❶ *gevangen genomen persoon* Gefangene(r) *m-v* ❷ *gedetineerde* Häftling *m*

gevangenhouden gefangen halten

gevangenis ❶ *bajes* Gefängnis *o* ★ *de ~ ingaan* ins Gefängnis gehen ★ *in de ~ zetten* inhaftieren ★ *vrijkomen uit de ~* aus dem Gefängnis freikommen ★ *ontsnappen uit de ~* aus dem Gefängnis ausbrechen ❷ *gevangenschap* Gefangenschaft *v*

gevangenisstraf Gefängnisstrafe *v*, jur Freiheitsstrafe *v* ★ *levenslange ~* lebenslange Freiheitsstrafe ★ *een ~ uitzitten* eine Freiheitsstrafe verbüßen ★ *veroordelen tot een ~* zu einer Freiheitsstrafe verurteilen ★ *levenslange ~ opleggen* lebenslange Gefängnisstrafe auferlegen ★ *tot ~ worden veroordeeld* zu einer Freiheitsstrafe verurteilt werden ★ *tot vier jaar ~ veroordeeld worden* zu einer Freiheitsstrafe von vier Jahren verurteilt werden ★ *zes jaar ~* sechs Jahre Freiheitsstrafe

gevangeniswezen Gefängniswesen *o*

gevangennemen verhaften, in Haft nehmen

gevangenschap Gefangenschaft *v*

gevangenzetten ★ *iem. gevangen zetten* jmdn. gefangen nehmen

gevangenzitten in Haft sitzen, im Gefängnis sitzen

gevaren [volt.dw.] → **varen**

gevarendriehoek Warndreieck *o*

gevarenzone Gefahrenzone *v*

gevarieerd variiert, abwechslungsreich ★ *een ~ aanbod* ein abwechslungsreiches Angebot

gevat gewandt, schlagfertig ★ *een ~ antwoord* eine schlagfertige Antwort ★ *~ zijn* gewandt sein

gevecht mil Gefecht *o*, ‹vechtpartij› Schlägerei *v*, ‹met woorden› Streit *m*, ‹strijd› Kampf *m* ★ *buiten ~ stellen* außer Gefecht setzen ★ *een ~ van man tegen man* ein Kampf Mann gegen Mann

gevechtsklaar gefechtsbereit, kampfbereit ★ *~ maken* gefechtsbereit machen

gevechtspak Kampfanzug *m*

gevechtsvliegtuig Kampfflugzeug *o*

gevechtszone Kampfzone *v*, Kampfgebiet *o*

gevederd gefiedert ★ *onze ~e vrienden* unsere gefiederten Freunde

geveinsd ❶ *niet gemeend* vorgetäuscht, geheuchelt ❷ *huichelachtig* heuchlerisch

gevel Fassade *v*, Front *v*, ‹topgevel› Giebel *m*

gevelsteen ≈ Giebelstein *m*

geveltoerist Fassadenkletterer *m*

geven I *ov ww* ❶ *aanreiken, aangeven* geben [+3&4], ‹inlichtingen› erteilen ★ *kun je me het zout even ~?* könntest du mir bitte das Salz geben? ★ ‹m.b.t. telefoon› *ik geef u mijn broer* ich gebe Ihnen meinen Bruder ❷ *bezorgen, veroorzaken* geben ★ *winst ~* Gewinn bringen ★ *warmte ~* warm geben ★ *dat geeft te denken* das gibt zu denken ❸ *schenken, bieden* geben, ‹cadeau› schenken, ‹krediet› gewähren ★ *iets cadeau ~* etw. [4] schenken ★ *iem. iets te eten ~* jmdm. etw. zu essen geben ★ *hoeveel geef jij ervoor?* was gibst du dafür? ★ *een concert ~* ein Konzert geben ★ *~ en nemen* geben und nehmen ★ *eens ge~ blijft ge~* geschenkt ist geschenkt ★ *het is niet iedereen ge~ om...* es ist nicht jedem gegeben zu... ▼ *iets eraan ~* etwas opfern ▼ *te verstaan ~* zu verstehen geben ❹ *toekennen* geben ★ *ik geef hem 40 jaar* ich schätze ihn auf 40 ★ *welke leeftijd geef je mij?* wie alt schätzt du mich? **II** *on ww* ❶ *hinderen* machen, ausmachen ★ *wat geeft het?* was macht es aus? ★ *het geeft niets* das macht nichts ❷ **~ om** mögen, ‹in ontkennende zin› sich machen aus [+3], ‹in ontkennende zin mbt mening› geben auf [+4] ★ *om iets ~* etw. mögen ★ *om iem. ~* jmdn. mögen ★ *hij geeft niets om hem* er macht sich nichts aus ihm ★ *hij geeft er niet veel om* er macht sich nicht viel daraus ★ *ik geef er niets om* ich mache mir nichts daraus, es ist mir einerlei **III** *wkd ww* [**zich ~**] sich geben ★ *zich ~ zoals men is* sich geben wie man ist ★ *zich (helemaal) ~ aan iets* sich einer Sache vollkommen weihen

gever Spender *m*, jur Schenker *m* ★ *de gulle ~* ein großzügiger Gönner

gevestigd ❶ *vaststaand* fest ★ *zij heeft een ~e reputatie* sie hat sich einen Namen gemacht ❷ *geruime tijd bestaand* etabliert ★ *de ~e orde* die bestehende Ordnung ★ *~e belangen* bestehende Interessen ❸ **~ te/in** *wonend te / in* wohnhaft ★ *~ zijn te* wohnhaft in, ‹van bedrijf› niedergelassen in

gevierd gefeiert

gevlamd geflammt, ‹hout› gemasert, ‹hout› maserig ▼ *~ hout* Maserholz *o*

gevlekt gefleckt, ‹van dieren› gescheckt, ‹van dieren› scheckig ★ *een ~e koe* eine bunte Kuh

gevleugeld geflügelt ★ *~ dier* geflügelte(s) Tier ★ *~e woorden* gefügelte Worte

gevlij Schmeichelei *v* ▼ *bij iem. in het ~ zien te*

komen sich bei jemandem einschmeicheln
gevlochten [volt.dw.] → **vlechten**
gevlogen [volt.dw.] → **vliegen**
gevochten [volt.dw.] → **vechten**
gevoeglijk I *bnw* passend **II** *bijw* passend ★ *deze pagina kun je ~ overslaan* dieser Seite kann man getrost weglassen ★ *dat zouden we ~ kunnen doen* das könnten wir mit Fug und Recht tun
gevoel ❶ *zintuig* Gefühl *o* ★ *op het ~* dem Gefühl nach, intuitiv ★ *de weg op het ~ vinden* den Weg intuitiv finden ❷ *lichamelijke gewaarwording* Gefühl *o* ★ *een plezierig ~* ein angenehmes Gefühl ★ *een pijnlijk ~* ein Schmerzgefühl ★ *het ~ hebben alsof* das Gefühl haben, als ob ★ *wat voor ~ is het om...?* was für ein Gefühl ist es...? ❸ *innerlijke gewaarwording* Gefühl *o*, Empfindung *v* ★ *ik heb het ~ dat* ich habe das Gefühl, dass ★ *naar mijn ~* nach meinem Gefühl / Empfinden ❹ *emotie* Gefühl *o* ★ *met ~ spelen* mit Gefühl spielen ★ *op iemands ~ werken* jmdn. emotional bewegen ❺ *begrip* Gefühl *o*, Sinn *m* ★ *~ voor humor* Sinn für Humor ★ *~ voor muziek hebben* Musikgefühl haben
gevoelen I *zn* [het] Gefühl *o*, Meinung *v*, Ansicht *v* ★ *zijn ~s onderdrukken* seine Gefühle unterdrücken ★ *met gemengde ~s* mit gemischten Gefühlen ★ *naar mijn ~* meiner Meinung nach **II** *ov ww* fühlen, verspüren, ⟨gemoedsgewaarwordingen⟩ empfinden ★ *behoefte aan rust ~* Bedürfnis nach Ruhe haben
gevoelig I *bnw* ❶ *die de kleinste indrukken waarneemt* empfänglich (**voor** für) [+4] ★ *~ zijn voor* anfällig sein für ★ *~ voor storingen* störanfällig ★ *uiterst ~* sehr sensibel ❷ *sentimenteel* empfindlich, empfindsam ★ *een ~e jongen* ein empfindsamer Junge ❸ *pijnlijk* ook fig empfindlich ★ *~e huid* empfindliche Haut ★ *een ~ verlies* eine empfindliche Niederlage ★ *een ~e slag* ein empfindlicher Schlag ★ *iem. op een ~e plek raken* jmdn. an einer empfindlichen Stelle treffen **II** *bijw* ❶ *met veel gevoel* gefühlvoll ❷ *op heftige wijze* empfindlich, erheblich ❸ *pijnlijk* ★ *dat ligt ~* das ist eine prekäre Sache
gevoeligheid ❶ *het gevoelig zijn* Empfindlichkeit *v* ★ *~ verminderen* desensibilisieren ❷ *lichtgeraaktheid* Empfindlichkeit *v*
gevoelloos ❶ *fysiek ongevoelig* gefühllos, fühllos ★ *~ maken* betäuben ❷ *hardvochtig* gefühllos ★ *~ jegens* gefühllos gegenüber [+3]
gevoelloosheid ❶ *fysieke ongevoeligheid* Gefühllosigkeit *v* ❷ *hardvochtigheid* Gefühllosigkeit *v*, Gefühlskälte *v*
gevoelsarm gefühlsarm
gevoelsleven Gefühlsleben *o*
gevoelsmatig gefühlsmäßig
gevoelsmens Gefühlsmensch *m*, Gemütsmensch *m*
gevoelswaarde ❶ *affectieve waarde* Gefühlswert *m* ❷ *connotatie* Konnotation *v*, Nebenbedeutung *v*
gevogelte ❶ *vogels* Vögel *mv* ❷ *eetbare vogels* Geflügel *o*
gevolg ❶ *resultaat* Folge *v*, Konsequenz *v* ★ *tot ~ hebben* zur Folge haben ★ *het zal ten ~e hebben dat...* es wird zur Folge haben, dass... ★ *zijn inspanningen hadden geen ~* seine Anstrengungen waren umsonst ★ *ten ~e van* infolge [+2] ★ *ten ~e van het slechte weer* infolge des schlechten Wetters ★ *het ~ zijn van* die Folge...[+2] sein ★ *~en met zich meebrengen* Folgen nach sich ziehen ★ *die beslissing zal verstrekkende / ernstige ~en hebben* die Entscheidung wird weitreichende / ernste Folgen haben ★ *met verstrekkende ~en* mit weitreichenden Folgen ★ *ergens de ~en van ondervinden* die Folgen einer Sache verspüren ★ *geen nadelige ~en ondervinden van* keine nachteiligen Folgen von... [+3] verspüren ★ *de ~en zijn voor jou* du musst die Konsequenzen ziehen ★ *met goed ~* mit gutem Erfolg ★ *~ geven aan een plan* einen Plan befolgen ★ *~ geven aan een verzoek* einer Bitte entsprechen ★ *~ geven aan een uitnodiging* einer Einladung Folge leisten ❷ *personen* Gefolge *o*
gevolgtrekking Folgerung *v*, Schluss *m* ★ *~en maken* Schlüsse ziehen, folgern
gevolmachtigd bevollmächtigt ★ *een ~e* ein(e) Bevollmächtigte(r) *m-v* ★ *~ minister* bevollmächtigte(r) Minister ★ *~ zijn* bevollmächtigt sein
gevonden [volt.dw.] → **vinden**
gevorderd fortgeschritten ★ *verder ~ dan* weiter fortgeschritten als ★ *beginners en ~en* Anfänger und Fortgeschrittene ★ *op ~e leeftijd* in fortgeschrittenem Alter ★ *het ~e uur* die fortgeschrittene Stunde ★ *cursus voor ~en* Kurs *m* für Fortgeschrittene ★ *wegens het ~e uur* wegen der fortgeschrittenen Stunde
gevouwen [volt.dw.] → **vouwen**
gevraagd [volt.dw.] → **vragen**
gevreeën [volt.dw.] → **vrijen**
gevreesd gefürchtet
gevreten [volt.dw.] → **vreten**
gevrijd [volt.dw.] → **vrijen**
gevroren [volt.dw.] → **vriezen**
gevuld ❶ *met vulling* gefüllt ★ *~ met* gefüllt mit [+3] ★ *~e bonbons* Pralinen *mv* ❷ *dik, mollig* voll, rundlich ★ *~e lippen* volle Lippen
gewaad Gewand *o*
gewaagd ❶ *overmoedig* gewagt, kühn ❷ *seksueel getint* gewagt ★ *een ~e grap* ein kühner Streich ▼ *zij zijn aan elkaar ~* sie sind einander gewachsen
gewaaid [volt.dw.] → **waaien**
gewaardeerd geschätzt
gewaarworden ❶ *zich bewust worden van* merken ❷ *(op)merken* gewahr werden [+3], bemerken
gewaarwording ❶ *indruk* Empfindung *v* ❷ *ondervinding* Erfahrung *v* ★ *een aangename ~* eine angenehme Erfahrung
gewag Erwähnung *v* ★ *~ maken van iets* etw. zur Sprache bringen ★ *geen ~ maken van iets* etw. nicht erwähnen
gewapend ❶ *bewapend* bewaffnet ★ *een ~e overval* ein bewaffneter Überfall ❷ *versterkt* gerüstet, bewehrt
gewas ❶ plantk *begroeiing* Gewächs *o* ❷ *plant* Gewächs *o*
gewassen [volt.dw.] → **wassen**
gewatteerd wattiert ★ *~e deken* Steppdecke *v*
geweer Gewehr *o*, ⟨jachtgeweer⟩ Flinte *v*

★ *presenteer ~!* präsentiert das Gewehr! ★ *het ~ aanleggen op* das Gewehr richten auf [+4] ★ *het ~ in de aanslag brengen* das Gewehr anlegen ▼ *in het ~ komen (tegen)* auf die Barrikaden steigen (gegen) [+4]

geweerschot Gewehrschuss *m* ★ *op ~safstand* in Schussentfernung

geweervuur Gewehrfeuer *o*

geweest I *ww* [volt.dw.] → **zijn II** *ww* [volt.dw.] → **wezen**

gewei Geweih *o*

geweken [volt.dw.] → **wijken**

geweld *ruwe kracht* Gewalt *v* ★ *zinloos ~* sinnlose Gewalt ★ *seksueel ~* sexuelle Gewalt ★ *met ~* mit Gewalt ★ *met ~ openen* gewaltsam öffnen ★ *iem. ~ aandoen* jmdm. Gewalt antun ★ *~ plegen* Gewalt anwenden ★ fig *zichzelf ~ aandoen* sich zwingen ★ fig *hij moest zich ~ aandoen om...* er musste sich zwingen zu... ▼ *met alle ~* partout, um jeden Preis

gewelddaad Gewalttat *v*

gewelddadig gewalttätig

geweldenaar ❶ *sterk persoon* Mordskerl *m* **❷** *dwingeland* Tyrann *m*, Gewaltherrscher *m*

geweldig I *bnw* **❶** *hevig, groot* gewaltig ★ *een ~e schok* ein gewaltiger Schock ★ *een ~ applaus* ein überwältigender Applaus ★ *een ~ gebouw* ein gewaltiges Gebäude ★ *een ~e storm* ein gewaltiger Sturm ★ *een ~ succes* ein überwältigender Erfolg ★ *een ~e fout* ein gewaltiger Fehler **❷** *erg goed* großartig, grandios ★ *hij was ~* er war großartig ★ *dat is ~!* das ist ja großartig! **II** *bijw* enorm

geweldloos gewaltlos

geweldpleging Gewaltanwendung *v*, Gewalttätigkeit *v* ★ *openbare ~* Gewalttätigkeit in der Öffentlichkeit

geweldsspiraal Gewaltspirale *v*

gewelf Gewölbe *o* ★ *onderaards ~* unterirdische(s) Gewölbe

gewelfd ❶ *gebogen* gewölbt ★ *~ voorhoofd* gewölbte Stirn **❷** *met gewelf* gewölbt

gewend gewohnt / gewöhnt (**aan** an) [+4] ★ *ik ben eraan ~* ich bin daran gewöhnt, ich bin das gewöhnt ★ *~ zijn om* gewöhnt sein zu [+inf] ★ *~ raken aan* sich gewöhnen an [+4] ★ *iets ~ zijn* etw. gewohnt sein, an etw. gewöhnt sein ★ *zij is beter ~* sie ist Besseres gewöhnt ★ *ik ben nog niet ~* ich habe mich noch nicht eingewöhnt

gewennen I *ov ww, gewoon maken* gewöhnen (**aan** an) [+4] ★ *zich ~ aan* sich gewöhnen an [+4] **II** *on ww, gewoon worden* sich gewöhnen

gewenning Gewöhnung *v*

gewenst ❶ *wenselijk* wünschenswert **❷** *verlangd* erwünscht

gewerveld Wirbel- ★ *~e dieren* Wirbeltiere

gewest ❶ *landstreek, gebied* Region *v*, pol Bezirk *m* **❷** BN pol *elk van de drie delen van België* Region *v*

gewestelijk ❶ *van een bepaalde streek, gebied* regional, landschaftlich, Provinzial- **❷** BN *van / uit één der Belgische gewesten* regional

geweten I *zn* [het] Gewissen *o* ★ *een zuiver / gerust ~ hebben* ein reines Gewissen haben ★ *een slecht ~ hebben* ein schlechtes Gewissen haben ★ *om zijn ~ gerust te stellen* um sein Gewissen zu beruhigen ★ *zijn ~ begon te spreken* sein Gewissen rührte sich ★ *ik kan het niet met mijn ~ overeenbrengen* ich kann es vor meinem Gewissen nicht verantworten ★ *iets op zijn ~ hebben* etw. auf dem Gewissen haben **II** *ww* [volt.dw.] → **weten III** *ww* [volt.dw.] → **wijten**

gewetenloos gewissenlos

gewetensbezwaar Gewissensgrund *m*, Skrupel *m* ★ *dienstweigering op grond van gewetensbezwaren* Wehrdienstverweigerung aus Gewissensgründen

gewetensbezwaarde Gewissensgründe *mv*

gewetensnood Gewissensnot *v* ★ *in ~ komen* in Gewissensnot kommen ★ *in ~ zijn* in Gewissensnot sein

gewetensvol gewissenhaft ★ *zich ~ van een taak kwijten* eine Aufgabe gewissenhaft erledigen

gewetensvraag Gewissensfrage *v*

gewetenswroeging Gewissensbisse *mv* ★ *~ hebben* Gewissensbisse haben

gewetenszaak Gewissensfrage *v* ★ *een ~ maken van* eine Gewissensfrage machen aus [+3] ★ *geen ~ van iets maken* sich kein Gewissen aus etw. machen

gewettigd berechtigt

geweven [volt.dw.] → **weven**

gewezen I *bnw* ehemalig, Alt- ★ *haar ~ echtgenoot* ihr Exmann **II** *ww* [volt.dw.] → **wijzen**

gewicht ❶ *zwaarte* Gewicht *o* ★ *soortelijk ~* spezifische(s) Gewicht ★ *bij het ~ verkopen* nach Gewicht verkaufen ★ *zijn ~ in goud waard zijn* nicht mit Gold zu bezahlen sein **❷** *voorwerp* Gewicht *o* ★ *maten en ~en* Maße und Gewichte ★ *dat legt ~ in de schaal* das fällt ins Gewicht ★ *zijn ~ in de schaal werpen* sein ganzes Gewicht in die Waagschale werfen **❸** *belang* Wichtigkeit *v*, Bedeutung *v* ★ *~ hechten aan* Wert legen auf [+4] ★ *een man van ~* ein gewichtiger Mann

gewichtheffen Gewichtheben *o*

gewichtheffer Gewichtheber *m*

gewichtig I *bnw* wichtig ★ *een ~ persoon* eine wichtige Person ★ *een ~e gebeurtenis* ein denkwürdiges Ereignis **II** *bijw* ★ *~ doen* sich aufspielen, sich aufplustern wie ein Gockel

gewichtigdoenerij Wichtigtuerei *v*

gewichtloos schwerelos

gewichtsklasse Gewichtsklasse *v*

gewichtsverlies Gewichtsabnahme *v*, Gewichtsverlust *m*

gewiekst gerissen, schlau, gewieft

gewijd ❶ *geheiligd* geweiht, geheiligt ★ *~ water* Weihwasser *o* ★ *~e aarde* geweihte Erde **❷** *met betrekking tot liturgie* geistlich ★ *~e muziek* geistliche Musik

gewild I *bnw* **❶** *in trek* gesucht, beliebt ★ *erg ~ zijn* sehr beliebt sein **❷** *gekunsteld* gekünstelt, gezwungen ★ *~ geestig* gezwungen originell **II** *ww* [volt.dw.] → **willen**

gewillig I *bnw* willig, folgsam ★ *een ~ karakter* ein williger Charakter ★ *'n ~ oor lenen aan* ein offenes Ohr bieten [+3] **II** *bijw* willig ★ *~ meegaan* widerstandslos mitgehen

gewin ❶ Gewinn *m* ★ *groot ~* große(r) Gewinn **❷** ★ *eigen ~ nastreven* seinen eigenen Vorteil suchen

gewis gewiss ★ *aan een ~se dood ontsnappen* dem

ge

sicheren Tod entgehen
gewoel ❶ *het woelen* Gewühl *o* ❷ *drukte* Gewühl *o*
gewogen [volt.dw.] → **wegen**
gewond ⟨vooral mil.⟩ verwundet, verletzt ★ *~ aan de arm* am Arm verletzt ★ *~ raken* verletzt werden, mil verwundet werden
gewonde Verletzte *m-v*, Verwundete *m/v* ★ *de ~n* die Verletzten, mil die Verwundeten ★ *een licht ~* ein Leichtverletzter ★ *een ernstig ~* ein Schwerverletzter ★ *doden en ~n* Tote und Verletzte
gewonden [volt.dw.] → **winden**
gewonnen [volt.dw.] → **winnen**
gewoon I *bnw* ❶ *gebruikelijk* normal, üblich, gebräuchlich ★ *op de gewone tijd* zu gewohnter Zeit ★ *zij is niet in haar gewone doen* sie ist nicht sie selbst ❷ *alledaags* normal, gewöhnlich ★ *heel ~* ganz normal ★ *een gewone dag* ein normaler Tag ★ *de gewone lezer* der gemeine Leser ❸ *gewend* gewohnt, gewöhnt ★ *~ zijn (om) te* es gewöhnt sein zu ★ *zij was ~ te gaan vissen* sie war es gewöhnt, fischen zu gehen ★ *iets ~ zijn* gewöhnt sein an [+4] ★ *zoals hij ~ was* wie er es gewöhnt war **II** *bijw* ❶ *normaal* ★ *doe maar ~* benimm dich ganz normal ❷ *gewoonweg* einfach ★ *het is ~ niet te geloven* es ist einfach nicht zu glauben ★ *het is ~ vreselijk* es ist einfach schrecklich ★ *het is me ~ niet mogelijk om* es ist mir einfach nicht möglich zu ★ *ik kan ~ niet ophouden* ich kann einfach nicht aufhören ★ *dat is ~ onzin* das ist reiner Unsinn
gewoonlijk gewöhnlich ★ *zoals ~* wie gewöhnlich ★ *minder dan ~* weniger als gewöhnlich
gewoonte ❶ *wat men gewend is* Gewohnheit *v* ★ *slechte ~* schlechte Gewohnheit ★ *uit ~* aus Gewohnheit ★ *een ~ aanleren* sich etw. angewöhnen ★ *een ~ afleren* sich etw. abgewöhnen ★ *de ~ hebben om* die Gewohnheit haben zu ★ *er een ~ van maken om* es sich zur Gewohnheit machen zu ★ *een ~ van iets maken* eine Gewohnheit aus etw. [3] machen ★ *dat is mijn ~ niet* das mache ich normalerweise nicht ★ *dat is een ~ van hem geworden* das ist ihm zur Gewohnheit geworden ❷ *(traditioneel) gebruik* Gebrauch *m*, Brauch *m*, Sitte *v* ★ *het is de ~ om...* es ist hier Brauch zu...
gewoontedier Gewohnheitstier *o*
gewoontedrinker Gewohnheitstrinker *m*
gewoontegetrouw gewohnheitsgemäß
gewoonterecht jur Gewohnheitsrecht *o*
gewoontjes ganz gewöhnlich, alltäglich
gewoonweg ❶ *eenvoudigweg* einfach ★ *hij wil ~ niet luisteren* er will einfach nicht hören ❷ *ronduit* geradezu ★ *het is ~ belachelijk* es ist geradezu lächerlich ★ *~ onzin* einfach Unsinn ★ *het is ~ vreselijk* es ist einfach schrecklich
geworden [volt.dw.] → **worden**
geworpen [volt.dw.] → **werpen**
geworteld ❶ *met wortels* eingewurzelt ❷ fig verwurzelt ★ *diep~ wantrouwen* tief verwurzeltes Misstrauen ★ *diep~* tief verwurzelt
geworven [volt.dw.] → **werven**
geweven [volt.dw.] → **wuiven**
gewraakt *bekritiseerd* verpönt ★ *de ~e uitspraak* die verpönte Aussage ★ *het ~e artikel* der verpönte Artikel
gewreven [volt.dw.] → **wrijven**
gewricht Gelenk *o*
gewroken [volt.dw.] → **wreken**
gewrongen I *bnw* ❶ *verdraaid* verdreht, ⟨stijl⟩ verschroben ❷ *onnatuurlijk* gekünstelt ★ *een ~ stijl* ein gekünstelter Stil ★ *een ~ glimlach* ein gezwungenes Lächeln **II** *ww* [volt.dw.] → **wringen**
gewuifd [volt.dw.] → **wuiven**
gezag ❶ *macht* Gewalt *v*, Macht *v* ★ *op eigen ~* eigenmächtig ★ *het ~ handhaven* die Gesetze anwenden ★ *~ hebben* maßgebend sein ★ *het ~ voeren over* den Befehl führen über [+4] ❷ *autoriteit* Autorität *v* ★ *~ hebben* Autorität haben ★ *op ~ van* auf Anordnung von [+3] ★ *een man van ~* eine Autorität ★ *met ~ spreken* mit Autorität sprechen ★ *op ~ aannemen* in gutem Glauben akzeptieren
gezaghebbend maßgebend ★ *~ zijn* maßgebend sein ★ *~e kringen* maßgebende Kreise
gezaghebber, **gezagsdrager** pol Machthaber *m*, mil Befehlshaber *m*, Autorität *v* ★ *de ~s* die Autoritäten
gezagsgetrouw regierungstreu
gezagsverhoudingen Machtverhältnisse *mv*
gezagvoerder ❶ scheepv Schiffskapitän *m* ❷ luchtv Flugkapitän *m*
gezamenlijk I *bnw* gemeinsam ★ *~ belang* gemeinschaftliche(s) Interesse ★ *~e arbeid* gemeinsame Arbeit ★ *~e inspanningen* gemeinsame Anstrengungen ★ *met ~e krachten* mit vereinten Kräften ★ *een ~e actie* eine konzertierte Aktion ★ *voor ~e rekening* auf Kosten der Allgemeinheit ★ *de ~e burgers* die vereinigten Bürger ★ *na / in ~ overleg* nach / in gemeinsamer Beratung ★ *de ~e werken van* das Gesamtwerk von [+3] **II** *bijw* zusammen, gemeinsam ★ *we hebben het ~ besloten* wir haben es gemeinsam entschieden
gezang ❶ *het zingen* Gesang *m* ❷ *lied* Lied *o* ★ *een ~ aanheffen* ein Lied anstimmen
gezanik Gemecker *o* ★ *een hoop ~* eine Menge Scherereien / Ärger ★ *dat eeuwige ~* das ewige Gemecker / Gerede ★ *hou op met dat ~!* hör auf mit dem Gemecker!
gezant Gesandte(r) *m-v* ★ *de pauselijke ~* der Nuntius *m* ★ *gevolmachtigd ~* bevollmächtigte(r) Gesandte(r)
gezantschap ❶ *legatie* Gesandtschaft *v* ❷ *gebouw* Gesandtschaft *v*
gezapig *bezadigd* behäbig
gezegd [volt.dw.] → **zeggen**
gezegde ❶ *zegswijze* Redensart *v* ❷ *uitlating* Ausspruch *m* ❸ taalk ★ *werkwoordelijk ~* Prädikat *o* ★ *naamwoordelijk ~* Satzaussage *v*
gezegend I *bnw* gesegnet ★ *hij overleed in de ~e ouderdom van negentig jaar* er starb im gesegneten Alter von neunzig Jahren ★ *~ zijn zij die* selig sind die, die **II** *bijw* glücklich, gut
gezeglijk fügsam, folgsam
gezeikt [volt.dw.] → **zeiken**
gezeken [volt.dw.] → **zeiken**
gezel ❶ *makker* Kamerad *m*, Gefährte *m* ❷ *leerling-vakman* Geselle *m*

gezellig gemütlich, ⟨sociaal⟩ gesellig ★ *een ~e vrouw* eine angenehme Frau ★ *hij is ~* er ist gesellig ★ *een ~ huisje* ein gemütliches Häuschen ★ *~ avondje* gemütliche(r) Abend *m* ★ *~ samenzijn* gesellige(s) Beisammensein, gemütliche(s) Beisammensein ★ *ik vond het ~* ich fand es nett ★ *het is hier ~* es ist hier gemütlich
gezelligheid Gemütlichkeit *v*, ⟨in gezelschap zijn⟩ Geselligkeit *v* ★ *voor de ~* für die Geselligkeit ★ *hij houdt van ~* er ist eine gesellige Natur
gezelligheidsdier Stimmungskanone *v*
gezellin *vrouwelijke metgezel* Gefährtin *v*
gezelschap ❶ *samenzijn* Gesellschaft *v* ★ *iem. ~ houden* jmdm. Gesellschaft leisten ★ *in ~ van* in Begleitung von [+3] ❷ *groep* Gesellschaft *v* ★ *een besloten ~* eine geschlossene Gesellschaft ★ *in goed ~ zijn* in guter Gesellschaft sein ★ *een vrolijk ~* eine fröhliche Gesellschaft ★ *slecht ~ mijden* schlechte Gesellschaft meiden
gezelschapsspel Gesellschaftsspiel *o*
gezet ❶ *vastgesteld, geregeld* bestimmt ❷ *dik* wohlbeleibt, korpulent
gezeten I *bnw* ❶ *met vaste woonplaats* sesshaft ❷ *welgesteld* begütert ★ *de ~ burgerij* die begüterte Mittelklasse II *ww* [volt.dw.] → **zitten**
gezeur Gejammer *o*
gezicht ❶ *gelaat* Gesicht *o* ★ *een bekend ~* ein bekanntes Gesicht ★ *een vol ~* ein rundes Gesicht ★ *een vrolijk ~ zetten* ein fröhliches Gesicht machen ★ *een lang ~ zetten* ein langes Gesicht machen ★ *een zuur ~ trekken* eine saure Miene machen ★ *hij trok me een ~!* der machte vielleicht ein Gesicht! ★ *een ernstig ~ zetten* eine ernste Miene aufsetzen ★ *dat zie je aan je ~* das sieht man an deinem Gesicht ★ *op zijn ~ vallen* aufs Gesicht fallen ★ *(rare) ~en trekken* Grimassen schneiden / ziehen ★ *ik heb haar recht in het ~ gezegd dat* ich habe ihr direkt ins Gesicht gesagt, dass ★ *iem. in zijn ~ uitlachen* jmdm. ins Gesicht lachen ★ *ik ken hem van ~* ich kenne ihn vom Sehen ★ *even zijn ~ laten zien* sich kurz zeigen ★ *dat geeft scheve ~en* da wird es böse Zungen geben ★ *zijn ware ~ tonen* sein wahres Gesicht zeigen ★ *zijn ~ verliezen* das Gesicht verlieren ★ *zijn ~ redden* sein Gesicht retten ❷ *zintuig* ★ *scherp van ~ zijn* scharfe Augen haben ★ *het tweede ~* das zweite Gesicht ❸ *aanblik* Anblick *m* ★ *op het eerste ~* auf den ersten Blick ★ *uit het ~ verdwijnen* aus dem Blickfeld verschwinden ★ *uit het ~ verliezen* aus den Augen verlieren ★ *het was een aardig ~* es war ein schöner Anblick ★ *het is geen ~* das sieht furchtbar aus
gezichtsafstand ❶ *reikwijdte* Sichtweite *v* ★ *op ~* auf Sichtweite ❷ *oogafstand* Sehweite *v*
gezichtsbedrog optische Täuschung *v*
gezichtsbruiner Gesichtsbräuner *m*
gezichtshoek ❶ lett Gesichtswinkel *m* ❷ fig Gesichtswinkel *m*
gezichtsmasker Gesichtsmaske *v*
gezichtspunt Gesichtspunkt *m* ★ *nieuwe ~en openen* neue Gesichtspunkte eröffnen
gezichtsuitdrukking Gesichtsausdruck *m*, Miene *v*
gezichtsveld Gesichtsfeld *o*, Blickfeld *o*
gezichtsverlies ❶ *verlies van gezichtsvermogen* Verlust *m* des Sehvermögens ❷ *verlies van prestige* Gesichtsverlust *m* ★ *~ lijden* Gesichtsverlust erleiden
gezichtsvermogen Sehkraft *v*, Sehvermögen *o*
gezien I *bnw* angesehen, geachtet ★ *zij is zeer ~ bij haar collega's* sie ist bei ihren Kollegen sehr geachtet II *vz* angesichts [+2], in Anbetracht [+2] ★ *~ zijn staat van dienst* in Anbetracht seiner Dienstzeit III *ww* [volt.dw.] → **zien**
gezin Familie *v* ★ *een ~ stichten* eine Familie gründen ★ *een groot ~* eine große Familie
gezind I *bnw* gesinnt, geneigt ★ *hij is u goed ~* er ist Ihnen gut gesinnt ★ *vijandig ~* feindlich gesinnt II *ww* [volt.dw.] → **zinnen**
gezindheid ❶ *houding* Gesinnung *v* ❷ *overtuiging* Überzeugung *v*
gezindte Glaube *m*, Konfession *v*
gezinsauto Familienauto *o*, humor Familienkutsche *v*
gezinsfles Familienflasche *v*
gezinshereniging Familienzusammenführung *v*
gezinshoofd Familienoberhaupt *o*, jur Familienvorstand *m*
gezinshulp ❶ *hulpverlening* Familienfürsorge *v*, Familienhilfe *v* ❷ *hulpverlener* Familienpfleger *m* [v: Familienpflegerin]
gezinsleven Familienleben *o*
gezinsplanning Familienplanung *v*
gezinsuitbreiding Familienzuwachs *m*
gezinsverpakking Familienpackung *v* ★ *ook verkrijgbaar in ~* auch als Familienpackung erhältlich
gezinsverzorgster Familienpflegerin *v*, Familienfürsorgerin *v*
gezinszorg Familienfürsorge *v*
gezocht I *bnw* ❶ *gewild* gesucht ★ *zeer ~* sehr gesucht ❷ *gekunsteld* gesucht ★ *de ontknoping was een beetje ~* die Auflösung war etw. gesucht ★ *een ~e beeldspraak* eine gesuchte Bildsprache II *ww* [volt.dw.] → **zoeken**
gezoden [volt.dw.] → **zieden**
gezogen [volt.dw.] → **zuigen**
gezond I *bnw* ❶ *niet ziek* gesund ★ *~ en wel* gesund und munter ★ *~ van lichaam en geest* gesund in Körper und Geist ★ *~ zijn* gesund sein ★ *hij is ~ en wel* er ist wohlauf ★ *(weer) ~ worden* (wieder) gesund werden ★ *~ maken* gesund machen ★ *zich ~ voelen* sich wohlfühlen ★ *er ~ uitzien* gesund aussehen ★ *als we maar ~ zijn!* Hauptsache gesund! ❷ *heilzaam* gesund ★ *~e voeding* gesunde Ernährung ★ *een ~ klimaat* ein gesundes Klima ★ *dat is ~ voor je* das ist gut für deine Gesundheit ★ *een ~e eetlust* einen gesunden Appetit II *bijw* ★ *~ eten* gesund essen
gezonden [volt.dw.] → **zenden**
gezondheid I *zn* [de] Gesundheit *v* ★ *in goede ~* in guter Gesundheit ★ *op iemands ~ drinken* auf jmds. Wohl trinken ★ *op je ~!* auf dein Wohl! ★ *voor zijn ~* der Gesundheit wegen ★ *een goede ~ hebben* sich guter Gesundheit erfreuen ★ *~ is de grootste schat* Gesundheit ist das Wichtigste II *tw* ⟨bij niesen⟩ Gesundheit!, ⟨bij proosten⟩ Zum Wohl!
gezondheidscentrum Ärztehaus *o*
gezondheidsredenen gesundheitliche Gründe *mv* ★ *om ~* aus gesundheitlichen Gründen

ge

gezondheidszorg Gesundheitsfürsorge *v*, Gesundheitspflege *v* ★ *nationale ~* staatliche Gesundheitsfürsorge ★ *de ~ is uitstekend* die Gesundheitsfürsorge ist ausgezeichnet
gezongen [volt.dw.] → **zingen**
gezonken [volt.dw.] → **zinken**
gezonnen [volt.dw.] → **zinnen**
gezopen [volt.dw.] → **zuipen**
gezouten [volt.dw.] → **zouten**
gezusters Schwestern *mv* ★ *de ~ Dubois* die Schwestern Dubois
gezwegen [volt.dw.] → **zwijgen**
gezwel ❶ *zwelling* Schwellung *v* ❷ *woekering van weefsel* Geschwulst *v*, Wucherung *v* ★ *een goedaardig ~* eine gutartige Geschwulst ★ *een kwaadaardig ~* eine bösartige Geschwulst
gezwolgen [volt.dw.] → **zwelgen**
gezwollen **I** *bnw, hoogdravend* schwülstig, geschwollen **II** *ww* [volt.dw.] → **zwellen**
gezwommen [volt.dw.] → **zwemmen**
gezworen **I** *bnw* geschworen ★ *~ vrienden* unzertrennliche Freunde ★ *~ vijanden* Erzfeinde **II** *ww* [volt.dw.] → **zweren**
gezworene Schöffe *m* [v: Schöffin]
gezworven [volt.dw.] → **zwerven**
gft-afval Biomüll *m*
gft-bak *biobak* Biotonne *v*
Ghana Ghana *o* ★ *in ~* in Ghana
Ghanees ghanaisch
ghb *gammahydroxybutyraat* GHB *o*
ghostwriter Ghostwriter *m*
Gibraltar Gibraltar *o* ★ *in ~* in Gibraltar
gids ❶ *persoon* Führer *m* ★ *iemands gids zijn* jmds. Führer sein ❷ *object* Führer *m* ★ BN *de Witte Gids®* Telefonbuch *o* ★ *de Gouden Gids®* das Branchenverzeichnis, die Gelben Seiten *mv*
gidsen führen
giebelen kichern
giechelen kichern ★ *in ~ uitbarsten* in Kichern ausbrechen
giek ❶ *roeiboot* Gig *o* ❷ *dwarsmast* Giekbaum *m*
gier **I** *zn* [de] [mv: +en] *vogel* Geier *m* ★ *vale gier* Gänsegeier *m* **II** *zn* [de] [gmv] *mest* Jauche *v*
gieren ❶ *brullen, gillen, ioeien* kreischen, ⟨paard⟩ wiehern ★ *de wind giert om het huis* der Wind heult ums Haus ★ *het is om te ~* das ist zum Schießen ❷ *razend voortgaan* rasen ★ *de zenuwen ~ door mijn keel* meine Nerven spielen verrückt ★ *door de bocht ~* durch die Kurve rasen ❸ *bemesten* jauchen
gierig geizig
gierigaard Geizhals *m*
gierigheid Geiz *m*
gierst Hirse *v*
gierzwaluw Mauersegler *m*
gietbui Regenguss *m*
gieten **I** *ov ww* ❶ *schenken* gießen ★ *vol ~* voll gießen ❷ *vormgeven* gießen ★ *het ~* der Guss ★ *gedachten in een bepaalde vorm ~* Gedanken in eine bestimmte Form gießen ★ *het zit je als gegoten* es passt dir wie angegossen **II** *onp ww* gießen ★ *het giet* es gießt
gieter *waterkan* Gießkanne *v* ▼ *afgaan als een ~* wie ein begossener Pudel dastehen ▼ BN *(zo) fier als een ~* stolz wie ein Pfau
gieterij Gießerei *v*
gietijzer Gusseisen *o*
gif Gift *o* ▼ *daar kun je gif op innemen* da kannst du Gift drauf nehmen
gifbeker Schierlingsbecher *m*, Giftbecher *m* ★ *de ~ drinken* den Schierlingsbecher trinken
gifbelt Sondermülldeponie *v*, Giftmülldeponie *v*
gifgas Giftgas *o*
gifgroen Giftgrün *o*
gifgrond durch Giftmüll verseuchte(r) Boden *m*
gifkikker Giftnudel *v*
gifklier Giftdrüse *v*
gifslang Giftschlange *v*
gifstof Giftstoff *m*
gift *schenking* ⟨donatie⟩ Spende *v*, ⟨cadeau⟩ Gabe *v*
giftig ❶ *vergiftig* giftig ❷ *venijnig* giftig ★ *~ worden* giftig werden
gifwolk Giftwolke *v*
gigabyte Gigabyte *o*
gigant Gigant *m* ★ *een ~ van een bedrijf* eine Riesenfirma *v* ★ *een ~ in de wielersport* ein Gigant des Radsports
gigantisch gigantisch, riesig ★ *een ~e hagelbui* ein enormer Hagelschauer
gigolo Gigolo *m*
gij ❶ BN *jij* du ❷ form *u* Sie ★ *gij zult niet doden* du sollst nicht töten
gijzelaar Geisel *v* ★ *politiek ~* Geiselhäftling *m*
gijzelen ⟨gevangenzetten⟩ einsperren, ⟨als onderpand voor schulden⟩ in Schuldhaft nehmen, ⟨als politiek gijzelaar⟩ in Geiselhaft nehmen
gijzeling ❶ *terreurdaad* Geiselnahme *v* ★ *iem. in ~ houden* jmdn. als Geisel festhalten ❷ jur Geiselhaft *v*
gijzelnemer Geiselnehmer *m*
gil Schrei *m* ★ *een gil geven* aufschreien
gilde Zunft *v*, Gilde *v*
gilet Weste *v*
gillen *schreeuwen* schreien, brüllen ★ fig *het is om te ~* es ist zum Schießen
giller Schrei *m* ★ *wat een ~!* das ist zum Schreien!
gimmick Gimmick *o*
gin Gin *m*
ginder *daar* da, dort
ginderachter inform BN *daar ergens* irgendwo dort
ginds **I** *bnw* dortig ★ *aan ~e kant van* auf der anderen Seit von [+3] **II** *bijw* dort, drüben ★ *tot ~* bis dorthin
ging [verl. td.] → **gaan**
gingen [verl. td.] → **gaan**
ginnegappen kichern, grinsen ★ *wat zit je te ~?* was grinst du so?
gips *materiaal* Gips *m* ★ *mijn been zit in het gips* ich habe das Bein im Gips
gipsen aus Gips ★ *een ~ model* ein Gipsmodell
gipskruid Schleierkraut *o*
gipsplaat Gipsplatte *v*
gipsverband Gipsverband *m*
gipsvlucht Ambulanzflug *m*
giraal bargeldlos ★ *inter~ betalingsverkeer* bargeldloser Zahlungsverkehr *m* ★ *girale betaling* bargeldlose Zahlung *v*
giraffe, giraf Giraffe *v*
gireren überweisen ★ *gireer het bedrag op mijn*

rekening überweise den Betrag auf mein Konto
giro ❶ *girorekening* Postgirokonto *o* ❷ *overschrijving* Überweisung *v* (auf ein Postgirokonto)
girocheque Postscheck *m*
giromaat ≈ Geldautomat *m*
giromaatpas Geldkarte *v* der Postbank
gironummer Postscheckkontonummer *v*
giropas Postscheckkarte *v*
girorekening Postscheckkonto *o*
gis[1] **I** *bnw, slim* schlau **II** *zn* [de], *giswerk* Vermutung *v* ★ *op de gis* nach Schätzung, humor Pi mal Daumen
gis[2] [gies] muz Gis *o*
gissen schätzen ★ ~ *naar iets* schätzen auf etw. ★ *enkel kunnen* ~ nur vermuten können
gissing *veronderstelling* Vermutung *v* ★ *naar* ~ voraussichtlich, vermutlich
gist Hefe *v*
gisten ❶ gären ★ *laten* ~ gehen lassen ★ *gegiste melk* geronnene Milch ❷ *onrustig zijn* ★ *het gistte onder het volk* die Volksseele gärte ★ *het gist in het land* es gärte im Land
gisteravond gestern Abend
gisteren gestern ▼ *niet van* ~ *zijn* nicht von gestern sein ▼ *hij is niet van* ~ er ist nicht von gestern
gistermiddag gestern Nachmittag
gistermorgen gestern Morgen
gisternacht gestern Nacht
gisting Gärung *v*
git Gagat *m* ★ *zwart als git* pechschwarz
gitaar Gitarre *v*
gitarist Gitarrist *m*
gitzwart pechschwarz ★ ~*e ogen* pechschwarze Augen
G-krachten G-Kräfte *mv*
glaceren *glanzend maken* glasieren
glad **I** *bnw* ❶ *effen* glatt ★ *een gladde huid* eine glatte Haut ★ *gladde zee* glatte(s) Meer ★ *glad als een spiegel* spiegelglatt ❷ *glibberig* glatt ★ *het is hier glad* es ist hier glatt ❸ *vlot, gemakkelijk* flott ★ *een gladde tong hebben* eine flotte Zunge haben ★ *dat is nogal glad* das ist wohl offensichtlich ❹ *sluw* durchtrieben ★ *zo glad als een aal* aalglatt ★ *een gladde jongen* ein durchtriebener Junge **II** *bijw* ❶ *makkelijk* ★ *het gaat hem glad af* das ist ein Kinderspiel für ihn ★ *dat zat hem niet glad* das war nicht leicht für ihn ★ *glad verlopen* glatt laufen ❷ *totaal* glatt, völlig ★ *glad verkeerd* glatt verkehrt ★ *hij is het glad vergeten* er hat es glatt vergessen
gladgeschoren glattrasiert
gladharig glatthaarig
gladheid ❶ *effenheid* Glätte ❷ *glibberigheid* Glätte *v*
gladiator Gladiator *m*
gladiool ❶ *bloem* Gladiole *v* ❷ *persoon* ★ *achterlijke* ~ Trottel *m*
gladjanus Schlawiner *m*
gladjes **I** *bnw* ❶ *nogal glibberig* glitschig ❷ *slim, sluw* durchtrieben ❸ *gemakkelijk* leicht **II** *bijw, met gemak* glatt, flott ★ ~ *verlopen* glatt laufen
gladmaken glatt machen
gladstrijken ❶ lett glätten, ausbügeln ❷ fig ausbügeln, bereinigen
gladweg schlicht(weg), glatt(weg) ★ *iets* ~ *bekennen* etw. geradewegs bekennen ★ *iets* ~ *vergeten* etw. glatt vergessen
glamour Glamour *m* ★ *de* ~*wereld* die Glamourwelt *v*
glans ❶ *(weer)schijn* Glanz *m* ★ ~ *aan iets geven* einer Sache Glanz geben ★ *de* ~ *op zijn gezicht* der Glanz auf seinem Gesicht ❷ *luister* Glanz *m* ★ *met* ~ *slagen* glänzend bestehen ★ *met* ~ glänzend ★ *van zijn* ~ *beroofd* seines Glanzes beraubt
glansmiddel Glanzmittel *o*
glanspapier Glanzpapier *o*
glansrijk glanzvoll ★ *het kan de vergelijking* ~ *doorstaan* er braucht den Vergleich nicht zu scheuen ★ *een* ~*e overwinning* ein glanzvoller Sieg
glansrol Glanzrolle *v*
glansverf glänzende Farbe *v*
glanzen glänzen, schimmern ★ ~*de ogen* glänzende(n) / leuchtende(n) Augen ★ *zijn ogen glansden* seine Augen glänzten / leuchteten ★ ~*d* ⟨v. fotopapier⟩ glänzend
glas **I** *zn* [het] [gmv] *materiaal* Glas *o* ★ *kogelvrij glas* Panzerglas *o*, kugelsichere(s) Glas ★ *gewapend glas* Drahtglas *o* ★ *glas in lood* Bleiverglasung *v* ★ *achter glas* hinter Glas ★ *zo hard als glas* hart wie Glas ★ *zo helder als glas* glasklar **II** *zn* [het] [mv: glazen] ❶ *drinkglas* Glas *o* [mv: Gläser] ★ *uit een glas drinken* aus einem Glas trinken ★ *twee glazen bier* zwei Glas Bier ★ *een glas water* ein Glas Wasser ★ *een glaasje drinken* ein Gläschen trinken ★ *een glaasje te veel ophebben* ein Glas zu viel getrunken haben ★ *te diep in het glaasje gekeken hebben* zu tief ins Glas geschaut haben ❷ *ruit* Fenster *o* ★ *zijn eigen glazen ingooien* sich ins eigene Fleisch schneiden
glasbak Glascontainer *m*
glasblazen Glas blasen
glasblazer Glasbläser *m*
glasfiber Glasfiber *v*
glashard **I** *bnw* glashart **II** *bijw* knallhart ★ *iets* ~ *ontkennen* etw. radikal abstreiten
glashelder ❶ *doorzichtig* glasklar ❷ *duidelijk* sonnenklar ★ *dat is* ~ das ist sonnenklar
glas-in-loodraam, BN **glasraam** Bleiglasfenster *o*
glasplaat Glasplatte *v*
glasschade Schaden *m* durch Glasbruch
glastuinbouw Gewächshauskultur *v*, ⟨verwarmd⟩ Treibhauskultur *v*
glasverzekering Glasversicherung *v*
glasvezel Glasfaser *v*
glaswerk ❶ *glazen* Glasware *v*, kunst Glasarbeit *v* ❷ *ruiten* Verglasung *v*
glaswol Glaswolle *v*
glazen gläsern ★ ~ *dak* Glasdach *o*
glazenwasser *persoon* Fensterputzer *m*
glazig **I** *bnw* glasig, glasartig ★ ~*e ogen* glasige Augen ★ *met een* ~*e blik* mit glasigem Blick ★ ~*e aardappel* glasige Kartoffel **II** *bijw* ★ *iem.* ~ *aankijken* jmdn. mit glasigem Blick anstarren
glazuren glasieren
glazuur ❶ *glasachtige laag* Glasur *v* ❷ *tandglazuur* Zahnschmelz *m* ❸ *taartglazuur* Glasur *v*
gleden [verl. td.] → **glijden**

gl

gleed [verl. td.] → **glijden**
gletsjer Gletscher *m*
gletsjerdal Gletschertal *o*
gleuf ❶ *spleet* Spalt *m*, Spalte *v*, ‹in bodem› Furche *v* ❷ *vagina* Spalte *v*
glibberen glitschen, rutschen
glibberig *glad* glitschig, schlüpfrig
glijbaan ❶ *speeltuig* Rutsche *v*, Rutschbahn *v* ❷ *baan van ijs* Schlitterbahn *v*
glijden gleiten, rutschen, ‹op ijs› schlittern ★ *iets in zijn zak laten ~* etw. in seine Tasche gleiten lassen ★ *een schaduw gleed over haar gezicht* ein Schatten glitt über ihr Gesicht
glijmiddel Gleitmittel *o*
glijvlucht Gleitflug *m*
glimlach Lächeln *o* ★ *een brede ~* ein breites Lächeln
glimlachen lächeln ★ *breed ~* breit lächeln
glimmen ❶ *glanzen* schimmern, glänzen ★ *~de schoenen* glänzende Schuhe ❷ *glunderen* strahlen ★ *~ van trots* vor Stolz strahlen ★ *hij glom van plezier* vor Freude strahlen
glimp Schimmer *m* ★ *een ~ opvangen van* eine Andeutung bekommen von [+3] ★ *een ~ van iets laten zien* ein Stückchen einer Sache zeigen ★ *een ~ van spot* ein Anflug von Spott ★ *een ~je hoop* ein Hoffnungsschimmer
glimworm Glühwürmchen *o*
glinsteren glitzern, ‹van sterren / edelstenen› funkeln ★ *een traan glinstert in zijn oog* eine Träne schimmert in seinem Auge
glinstering Glitzern *o*, Schimmern *o*, Funkeln *o*
glippen ❶ *wegglijden* (aus)rutschen, entwischen ★ *iets uit zijn handen laten ~* etw. aus den Händen rutschen lassen ❷ *stiekem ergens naar binnen gaan of ergens vandaan gaan* schlüpfen ★ *door het hek ~* durch den Zaum schlüpfen ★ *naar binnen ~* hineinschlüpfen ★ *naar buiten ~* hinausschlüpfen
glitter ❶ *iets dat glinstert* Flitter *m* ★ *~jurk* Glitzerkleid *o* ❷ *schone schijn* Glanz *m* ★ *~ en glamour* Glanz und Glamour
globaal I *bnw* ❶ *ruw* ungefähr ❷ BN *totaal* total, vollständig **II** *bijw* ★ *~ genomen* im Großen und Ganzen ★ *iets ~ weergeven* etw. in groben Zügen wiedergeben
globaliseren globalisieren
globalisering Globalisierung *v*
globe Globus *m*
globetrotter Globetrotter *m*, Weltenbummler *m*
gloed ❶ *schijnsel, warmte* Glut *v* ★ *de ~ van het vuur* die Glut des Feuers ★ *de ~ van de zon* die Glut der Sonne ❷ *bezieling* Glut *v* ★ *iets met ~ verdedigen* etw. mit Leidenschaft vertreten ★ *in ~ (doen) raken* Feuer und Flamme werden
gloednieuw brandneu, nagelneu
gloedvol glutvoll, feurig, leidenschaftlich ★ *een ~ betoog* eine leidenschaftliche Rede
gloeien ❶ *branden zonder vlam* glühen ❷ *stralen van hitte* glühen
gloeiend I *bnw* ❶ *in gloed staande, heet* glühend ❷ fig *hartstochtelijk* glühend ★ *een ~e hekel aan iem. hebben* jmdn. auf den Tod nicht ausstehen können **II** *bijw* ❶ *zodat het gloeit* glühend ★ *het zand is ~ heet* der Sand ist glühend heiß ❷ *in hoge mate* höchst, glühend ★ *zich ~ vervelen* sich zu Tode langweilen ★ *er ~ bij zijn* dran sein, dran glauben mussen
gloeilamp Glühbirne *v*
glom [verl. td.] → **glimmen**
glommen [verl. td.] → **glimmen**
glooien leicht / schräg abfallen ★ *een ~d landschap* eine leicht hügelige Landschaft
glooiing Neigung *v*, ‹van heuvel› Abhang *m* ★ *een zachte ~* ein leichter Abhang
gloren *aanbreken* dämmern ★ *bij het ~ van de ochtend* in der Morgendämmerung, bei Tagesanbruch ★ *de ochtend begint te ~* der Morgen graut
glorie ❶ *roem* Ruhm *m*, Glanz *m* ★ *tot meerdere ~ van* zum größeren Ruhm von [+3] ❷ *pracht* ★ *in volle ~* in vollem Glanz ★ *vergane ~* vergangene(r) Glanz
glorietijd Glanzzeit *v*
glorieus ruhmreich, ruhmvoll
glossarium Glossar *o*
glossy *glanzend* glossy ★ *~ tijdschrift* Hochglanzmagazin *o*
glucose Glukose *v*
glühwein Glühwein *m*
gluiperd Schleicher *m*
gluiperig *vals, geniepig* hinterhältig, (heim)tückisch
glunderen schmunzeln ★ *~d* schmunzelnd
gluren ‹stiekem kijken› schielen (**naar** nach) [+3] ★ *~ in / naar* schielen nach [+3]
gluten Gluten *o*
gluurder Voyeur *m*
glycerine Glyzerin *o*
gniffelen schmunzeln
gnoe Gnu *o*
gnoom Gnom *m*
gnuiven schmunzeln
goal ❶ *doel* Tor *o* ❷ *doelpunt* Tor *o* ★ *een goal scoren* ein Tor schießen ★ *de beslissende goal maken* das entscheidende Tor schießen ★ *een eigen goal maken* ein Eigentor schießen
gobelin ❶ *wandtapijt* Gobelin *m* ❷ *meubelstof* Gobelin *m*
gocart BN *skelter* Go-Kart *o*
God Gott *m* ★ *in Gods naam* in Gottes Namen ★ *God de Heer* Gott, der Herr ★ *God beware me er voor* Gott bewahre! ★ *God geve dat...* gebe Gott, dass... ★ *God zij dank* Gott sei Dank ★ *door God gezonden* gottgesandt ★ *God zij met ons!* Gott mit uns! ★ *in God geloven* an Gott glauben ★ *God mag het weten* das weiß der Himmel ★ *Gods water over Gods akker laten lopen* die Dinge ihren Gang gehen lassen ★ *God noch gebod vrezen* Tod noch Teufel scheuen ★ *leven als God in Frankrijk* leben wie Gott in Frankreich ★ *het ligt in Gods hand* es liegt in Gottes Hand ★ *mijn / goeie God!* mein Gott ★ *ik zou het bij God niet weten* das weiß ich bei Gott nicht ★ *ieder voor zich en God voor ons allen* jeder für sich und Gott für alle ★ *van God los zijn* von allen guten Geistern verlassen sein
god *godheid* Gott *m*
goddank Gott sei Dank, gottlob
goddelijk ❶ *van een god* göttlich ❷ *verrukkelijk* himmlisch
goddomme verdammt
godendom Göttertum *o*

godgans ganz ★ *de ~e dag* den lieben langen Tag
godgeklaagd himmelschreiend ★ *het is ~!* Gott sei's geklagt!, es ist unerhört!
godgeleerdheid Theologie *v*
godheid Gottheit *v*
godin Göttin *v*
godsdienst Religion *v* ★ *een andere ~ aannemen* konvertieren ★ *een ~ aanhangen* sich zu einer Religion bekennen ★ *een ~ belijden* eine Religion bekennen ★ fig gesch *~ is opium voor het volk* Religion ist Opium fürs Volk
godsdienstig ❶ *religieus* religiös ❷ *vroom* gottesfürchtig, fromm
godsdienstoefening Gottesdienst *m*, ⟨meditatie⟩ Andacht *v*
godsdienstoorlog Religionskrieg *m*
godsdienstvrijheid Religionsfreiheit *v*
godsdienstwaanzin religiöser Wahnsinn *m*, religiöser Fanatismus *m* ★ *hij lijdt aan ~* er ist ein Religionsfanatiker
godsgeschenk Gottesgabe *v*, Gottesgeschenk *o*
godsgruwelijk I *bnw* gottserbärmlich, entsetzlich **II** *bijw* gottserbärmlich, entsetzlich
godshuis Gotteshaus *o*
godslasteraar Gotteslästerer *m*
godslastering Gotteslästerung *v*
godslasterlijk gotteslästerlich
godsnaam ▼ *in ~* in Gottes Namen ▼ *doe in ~ niet zo moeilijk* stell dich in Gottes Namen nicht so an! ▼ *hoe kon je dat in ~ doen?* wie konntest du das um Gottes willen tun? ▼ *hoe is het in ~ mogelijk?* wie kann das in Gottes Namen sein?
godswonder Wunder *o* ★ *het is een ~ dat ze nog kwam* es ist ein Wunder, dass sie noch kam
godverdomme verdammt noch mal
godvergeten *erg* verdammt, entsetzlich ★ *ik ben ~ slecht behandeld* ich bin verdammt schlecht behandelt worden ★ *hij is ~ dom* er ist entsetzlich dumm
godvruchtig gottesfürchtig
godzijdank Gott sei Dank
goed I *bnw* ❶ *kwalitatief hoog* gut ★ *daar ben ik niet (zo) goed in* das liegt mir nicht besonders ★ *zij zijn goed in Engels* in Englisch gut sein ★ *goed in de talen* gut in Sprachen sein ★ *het smaakt goed* es schmeckt gut ★ *een goede vertaling* eine gute Übersetzung ★ *zeer goed* sehr gut ★ *in goede staat verkeren* in gutem Zustand sein ★ *alles goed thuis?* zu Hause alles in Ordnung? ★ *daar is zij niet te goed voor* da ist sie sich nicht zu gut dafür ❷ *correct* richtig ★ *het goed hebben* es richtig wissen ★ *als ik het goed heb* wenn ich mich nicht täusche ★ *met de goede kant naar boven* mit der richtigen Seite nach oben ★ *het goede antwoord* die richtige Antwort ❸ *zoals voorgeschreven* ★ *goede manieren hebben* gute Manieren haben ★ *de goede smaak* der gute Geschmack ★ *iets goed doen* etw. richtig tun ❹ *geschikt* passend ★ *hij kon geen goede auto vinden* er konnte kein passendes Auto finden ❺ *gunstig* ★ *het is maar goed dat* es ist nur gut, dass ★ *dat is goed om te weten* das ist gut zu wissen ★ *goede afloop* Happyend *o* ★ *met goed gevolg examen doen* mit Erfolg das Examen machen ★ *een goede indruk maken* einen guten Eindruck machen ★ *waar is dat goed voor?* wozu soll das gut sein? ★ *dat is nergens goed voor* das nützt nichts ★ *het is toch nog ergens goed voor geweest* es ist doch noch zu was gut gewesen ★ *het is maar goed dat...* bloß gut, dass... ❻ *deugdzaam, vriendelijk* gut ★ *een goed mens* ein guter Mensch ★ *te goed voor deze wereld* zu gut für diese Welt ★ *goede daad* gute Tat ★ *wees zo goed te wachten* sei so gut und warte ★ *zou u zo goed willen zijn om* wären sie so gut und ❼ *gezond, onbedorven* ★ *dat is goed voor je* das ist gut für dich ★ *in goede gezondheid* in guter Gesundheit ★ *daar word ik niet goed van* davon wird mir übel ★ *lang goed blijven* sich gut halten ★ *dat vlees blijft niet goed* das Fleisch hält sich nicht ❽ *ruim* gut ★ *een goede twintig meter* gut zwanzig Meter ★ *een goed uur* eine gute Stunde ★ *een goed jaar geleden* vor gut einem Jahr ★ *hij is een goede dertiger* er ist weit in den Dreißig ❾ *waard zijnde* ★ *dat is goed voor...* das ist... wert ★ *goed voor één rit* gültig für eine Fahrt ★ *hij is goed voor een miljoen* er ist eine Million wert ❿ *bepaald* ★ *op een goede dag* einen schönen Tages ★ *op een goede morgen* einen schönen Morgens ▼ *net goed!* das geschieht dir recht! ▼ *net goed (voor hem)!* das geschieht ihm recht! ▼ ⟨na grap⟩ *die is goed!* der ist gut! ▼ ⟨instemmend⟩ *dat is goed* das ist gut ▼ *ook goed* auch gut ▼ *zo goed als* so gut wie ▼ *zo goed als niets* so gut wie nichts ▼ *zo goed als nieuw* so gut wie neu ▼ *het werk is zo goed als klaar* die Arbeit ist so gut wie fertig ▼ *alles goed en wel, maar...* alles schön und gut, aber... ▼ *dat is allemaal goed en wel* das ist alles schön und gut **II** *bijw* ❶ *in hoge / grote mate* ★ *dat kan heel goed* das ist gut möglich ❷ *kwalitatief hoog* ★ *zo goed hij kan* so gut er kann ★ *zo goed mogelijk* so gut wie möglich ★ *zo goed en zo kwaad als het gaat* so gut es eben geht ★ *die broek staat je goed* die Hose steht dir gut ★ *er goed uitzien* gut aussehen ❸ *correct* ★ *als ik het goed heb* wenn ich mich nicht irre ★ *heb je het goed gedaan?* hast du es richtig gemacht? ★ *begrijp me goed* verstehe mich nicht falsch ❹ *zoals voorgeschreven* ★ *je goed gedragen* sich gut benehmen ★ *het werkt niet goed* es funktioniert nicht gut ❺ *gunstig, aangenaam* ★ *het goed met iem. menen* es gut mit jmdm. meinen ★ *je zou er goed aan doen om* du würdest gut daran tun zu ★ *dat zal je goed doen* das wird dir gut tun ★ *zit je goed?* sitzt du bequem? ❻ *gezond, onbedorven* ★ *hij voelt zich niet goed* er fühlt sich nicht gut ★ *hij maakt het weer goed* es geht ihm wieder gut ★ *ze maken het goed* es geht ihnen gut ★ *zich niet goed voelen* sich nicht wohl fühlen ★ cul *goed houden* aufbewahren ★ *hou je goed!* halt dich senkrecht! ★ *zich goed houden* sich gut halten ▼ *jij hebt goed praten* du hast gut reden **III** *zn* [het] ❶ *wat goed is; nut, voordeel* Gute(s) *o* ★ *goed en kwaad* Gut und Böse ★ *alle goeds!* alles Gute! ★ *het goede doen* das Richtige tun ★ *ik kan geen goed bij hem doen* ich kann es ihm nicht recht machen ★ *dat is te veel van het goede* das ist zu viel des Guten ★ *wie goed doet, goed ontmoet* wer Gutes tut, dem Gutes geschieht ★ *ten goede keren* sich zum Guten wenden ★ *ten goede komen aan* zu Gute kommen [+3] ❷ *bezit* Gut *o* ★ *onroerend goed* Immobilien, unbewegliche

go

Güter ❸ *spullen* Sachen *mv*, Ware *v* ★ *gestolen goed* Diebesgut ❹ *kleren* Wäsche *v* ❺ *krediet* ★ *iets van iem. te goed hebben* etw. bei jmdm. guthaben
goedaardig ❶ *goedig* gutmütig ❷ med gutartig
goeddeels großenteils, größtenteils
goeddoen guttun ★ *die vakantie zal haar ~* der Urlaub wird ihr guttun ★ *die brief heeft hem goedgedaan* der Brief hat ihm gutgetan ★ *dat doet me goed* das tut mir gut
goeddunken I *zn* [het] Gutdünken *o* ★ *met uw ~* mit Ihrem Gutdünken ★ *naar eigen ~ handelen* aus / nach eigenem Gutdünken handeln II *on ww* für richtig halten, gut dünken ★ *het dunkt mij goed dat* es dünkt mich gut, dass ★ *hij doet wat hem goeddunkt* er tut, was er für richtig hält
go
goedemiddag guten Tag
goedemorgen guten Morgen
goedenacht gute Nacht ★ *iem. ~ wensen* jmdm. eine gute Nacht wünschen
goedenavond guten Abend
goedendag ❶ *hallo* guten Tag ❷ *tot ziens* auf Wiedersehen ★ *~ zeggen* auf Wiedersehen sagen ★ inform *~ zeg!* Mensch Meier!
goederen ❶ *bezittingen* Güter *mv* ★ *gemeenschap van ~* Gütergemeinschaft *v* ★ *roerende en onroerende ~* Mobilien und Immobilien ❷ *koopwaar* Ware *v* ★ *een partij ~* eine Partie Ware
goederenlift Lastenaufzug *m*
goederentrein Güterzug *m*
goederenverkeer Güterverkehr *m*
goederenwagon Güterwaggon *m*
goedgebekt zungenfertig ★ *~ zijn* gut reden können
goedgeefs freigebig
goedgehumeurd gut gelaunt
goedgelovig gutgläubig, leichtgläubig
goedgemutst gut gelaunt
goedgezind ❶ *welwillend* wohlgesinnt [+3] ★ *iem. ~ zijn* jmdm. wohlgesinnt sein ❷ BN *goed gehumeurd* gut gelaunt
goedgunstig I *bnw* wohlwollend II *bijw* wohlwollend ★ *~ beschikken op een verzoek* form einen Antrag positiv bescheiden
goedhartig herzensgut
goedheid ❶ *het goed-zijn* Güte *v* ★ *hij is de ~ zelve* er ist die Güte in Person ❷ *barmhartigheid* Güte *v* ★ *uit de ~ van zijn hart* aus Herzensgüte ★ *grote ~!* ach du meine Güte!
goedig gutherzig, gutmütig
goedje *stof* Zeug *o*
goedkeuren ⟨goed vinden⟩ billigen, für gut befinden, ⟨officieel toelaten⟩ genehmigen ★ *hij is goedgekeurd voor militaire dienst* er ist für den Militärdienst tauglich befunden ★ *medisch goedgekeurd worden* für gesund befunden werden ★ *de auto is goedgekeurd* das Auto ist vom TÜV abgenommen ★ *het ontwerp werd algemeen goedgekeurd* der Entwurf wurde allgemein für gut befunden ★ *het verbouwingsplan is goedgekeurd* der Umbau ist genehmigt worden ★ *de notulen ~* das Protokoll genehmigen ★ *een ~d gebaar* eine billigende Geste
goedkeuring Zustimmung *v* [+3], Billigung *v*, ⟨officieel⟩ Genehmigung *v* ★ *ter ~ voorleggen* zur Genehmigung vorlegen ★ *zijn ~ geven* seine Genehmigung erteilen ★ *zijn ~ hechten aan* seine Zustimmung festmachen an [+3] ★ *behoudens ~ van* vorbehaltlich der Genehmigung [+2] ★ *ik heb de ~ van anderen niet nodig* ich brauche die Anerkennung der anderen nicht
goedkoop I *bnw* ❶ *niet duur* billig, preiswert ★ *goedkoper* billiger ★ *goedkoper worden* billiger werden ★ *goedkope editie* preisgünstige Ausgabe ★ *goedkope rommel* billige(s) Zeug ★ *~ is duurkoop* billig kann teuer werden ❷ *flauw, gemakkelijk* billig ★ *goedkope grappen* billige(n) Witze ★ *een ~ succes* ein billiger Erfolg ★ *een ~ argument* ein billiges Argument II *bijw* ★ *er ~ afkomen* billig davonkommen
goedlachs ★ *~ zijn* zum Lachen aufgelegt sein
goedmaken ❶ *ongedaan maken* gutmachen ★ *niet meer goed te maken* nicht mehr gutzumachen ★ *hij wil het weer ~ met haar* er will sich wieder mit ihr versöhnen ❷ *kosten dekken* decken, ersetzen ★ *een schuld ~* eine Schuld begleichen ★ *ze kunnen de kosten nauwelijks ~* sie können kaum die Kosten decken ★ *de schade ~* den Schaden ersetzen
goedmakertje Wiedergutmachung *v*
goedmoedig *goedig* gutmütig, gutherzig ★ *~e spot* gutmütige(r) Spott
goedpraten rechtfertigen, beschönigen ★ *een fout ~* einen Fehler beschönigen ★ *het is niet goed te praten* es lässt sich nicht rechtfertigen
goedschiks gutwillig ★ *~ of kwaadschiks* wohl oder übel
goedvinden I *ov ww* billigen, ⟨officieel⟩ genehmigen, ⟨toestaan⟩ erlauben, gut finden ★ *ik vind alles goed* mir ist alles recht II *zn* [het] Einverständnis *o* ★ *met ~ van* mit Einverständnis [+2] ★ *met onderling ~* in gegenseitigem Einvernehmen ★ *met uw ~* mit Ihrer Erlaubnis
goedzak herzensgute(r) Kerl *m*, min Trottel *m*
goegemeente Allgemeinheit *v*
goeierd gutmütige(r) Mensch, herzensgute(r) Mensch
goeroe Guru *m*
goesting BN *zin, trek* Geschmack *m*, Appetit *m*, Lust *v* ★ *zijn ~ doen* es nach seinem Geschmack machen
gok ❶ *speculatie, onzekere onderneming* Wette *v*, Risiko *o* ★ *een gokje doen* wetten ★ *wil je een gokje wagen?* wollen wir wetten? ★ *die gok durf ik niet aan* das riskiere ich nicht ❷ *gissing* Schätzung *v* ★ *het is maar een gok* ich schätze es mal ★ *doe een gok* rate mal ★ *op de gok* aufs Geratewohl ❸ *grote neus* Zinken *m*
gokautomaat Spielautomat *m*
gokken ❶ *om geld spelen* spielen, ⟨bij lotto en toto⟩ tippen ★ *~ op* setzen auf [+4] ★ *ik gok op rood* ich setze auf Rot ❷ *speculeren* spekulieren, wetten ★ *ik gok erop dat...* ich wette darauf, dass... ★ *daar gok ik op* darauf spekuliere ich, darauf lasse ich es ankommen ❸ *gissen* raten, schätzen ★ *gok eens hoeveel inwoners Eindhoven heeft* rate mal, wie viele Einwohner Eindhoven hat ★ *ik gok erop dat we om 9 uur aankomen* ich schätze, wir kommen um 9 Uhr an
goklust Spielleidenschaft *v*

goktent Spielhalle *v*, Spielhölle *v*
gokverslaafde Spielsüchtige(r) *m-v*
gokverslaving Spielsucht *v*
gold [verl. td.] → **gelden**
golden [verl. td.] → **gelden**
golden delicious Golden Delicious *m*
golden retriever Golden Retriever *m*
golf[1] ❶ *waterbeweging* Welle *v* ❷ natk Welle *v* ★ *lange golf* Langwelle ★ *korte golf* Kurzwelle ❸ *wat op een golf lijkt* Welle *v* ★ *een golf van verontwaardiging* eine Welle der Empörung ★ *een golf van geweld* eine Welle der Gewalt ★ *groene golf* grüne Welle ❹ *baai* Golf *m*
golf[2] ['golf' met de g van 'goal'] sport Golf(spiel) *o* ★ *golf spelen* Golf spielen
golfbaan Golfplatz *m*
golfbeweging econ Fluktuation *v*, ⟨op het water⟩ Wellenbewegung *v*
golfbreker Wellenbrecher *m*
golfclub ❶ *golfstok* Club *m*, Klub *m*, Golfschläger *m* ❷ *vereniging* Golfklub *m*
golfen golfen
golfer Golfer *m* [v: Golferin]
golfkarton Wellpappe *v*
golflengte Wellenlänge *v* ▾ *op dezelfde ~ zitten* auf einer Wellenlänge sein
golflijn ❶ *golvende lijn* Schlangenlinie *v* ❷ natk Wellenlinie *v*
golfplaat Wellblech *o*
golfslag ❶ *het slaan van golven* Wellenschlag *m* ❷ *deining* Wellengang *m* ★ *matige ~* mäßige(r) Wellengang
golfslagbad Wellenbad *o*
golfspeler Golfspieler *m* [v: Golfspielerin]
golfstaat Golfstaat *m*
Golf van Biskaje Golf von Biskaya *m*
golven ❶ *golvend op en neer gaan* wogen, ⟨van haar, kleren⟩ wallen ★ *~d haar* wallendes Haar ★ *~d terrein* wellige(s) Gelände ❷ *in golven stromen* quellen, strömen ★ *het bloed golfde uit de wond* das Blut quoll aus der Wunde
gom ❶ *lijmstof* Gummi *m/o* ❷ *vlakgom* Radiergummi *m*
gommen ❶ *met gom bedekken* gummieren ❷ *uitvlakken* (aus)radieren
gondel Gondel *v*
gondelier Gondelführer *m*, Gondoliere *m* [mv: Gondolieri]
gong Gong *m*
gongslag Gongschlag *m*
goniometrie Goniometrie *v*
gonorroe Gonorrhö *v*
gonzen brausen, summen ★ *het ~* das Brausen, Summen ★ *het gonst van bedrijvigheid* der Laden brummt ★ *mijn oren ~* ich habe Ohrensausen ★ fig *~ van de geruchten* Herumschwirren *o* der Gerüchte
goochelaar Zauberkünstler *m*, Zauberer *m*
goochelen *toveren* zaubern
goocheltruc Zaubertrick *m*
goochem gewieft, gerissen ★ *hij is behoorlijk ~* er ist ganz schön gerissen
goodwill *goede naam* Goodwill *m* ★ *~ (willen) kweken* eine Charmeoffensive starten
googelen www googeln
gooi Wurf *m* ▾ *ergens een gooi naar doen* sein Glück versuchen
gooien werfen ★ *het ~* der Wurf ★ *iets naar beneden ~* etw. runterwerfen ★ *met stenen ~* mit Steinen werfen ★ *met de deur ~* mit der Tür schlagen ★ *alles eruit ~* alles rauswerfen ★ *iem. eruit ~* jmdn. hinauswerfen ★ fig *het op iets ~* es auf etw. schieben ★ fig *geld ertegenaan ~* Geld in eine Sache stecken ★ fig *er met de pet naar ~* schlampen ★ fig *het op een akkoordje ~* sich arrangieren ★ fig *iets / de schuld op iem. ~* etw. / die Schuld jmdm. zuschieben
gooi-en-smijtwerk Klamauk *m*
goor ❶ *onsmakelijk* eklig ❷ *vuil* verdreckt, schmutzig ★ fig *gore taal uitslaan* unflätig sprechen
goot I *zn* [de] ❶ *afvoerbuis* Abflussrohr *o* ❷ *straatgoot* Gosse *v* ★ *in de goot terechtkomen* in die Gosse geraten ★ *iem. uit de goot halen* jmdn. aus der Gosse ziehen ❸ *dakgoot* Rinne *v* **II** *ww* [verl. td.] → **gieten**
gootsteen Spülbecken *o*
gordel ❶ *riem* Gürtel *m*, ⟨vooral in auto⟩ Gurt *m* ★ *~s zijn verplicht* es besteht Gurtpflicht ❷ *middel* ★ *een stoot onder de ~ geven* einen Schlag unter die Gürtellinie versetzen ❸ *kring* Kranz *m* ❹ aardk Zone *v*
gordeldier Gürteltier *o*
gordelroos Gürtelrose *v*
gordijn Vorhang *m*, Gardine *v* ★ *de ~en opentrekken* die Vorhänge aufmachen ★ *de ~en dichtdoen* die Vorhänge zuziehen ★ *het ~ ophalen / neerlaten* den Vorhang hochziehen / fallen lassen ★ fig *het ijzeren ~* der Eiserne Vorhang
gordijnrail Vorhangschiene *v*
gordijnroe Gardinenstange *v*
gorgelen gurgeln
gorgonzola Gorgonzola *m*
gorilla Gorilla *m*
gors I *zn* [de], *vogel* Ammer *v* **II** *zn* [de/het], *kwelder* Groden *m*
gort ⟨gebroken⟩ Grütze *v*, ⟨gepeld⟩ Graupen *mv* ★ *aan gort slaan* kurz und klein schlagen ★ *zo droog als gort* staubtrocken
gortdroog ❶ *droog* knochentrocken ❷ *saai* phantasielos, fantasielos, langweilig
gortig ▾ *het al te ~ maken* es zu weit / bunt treiben
GOS *Gemenebest van Onafhankelijke Staten* GUS *v*
gospel Gospel *o*
gospelmuziek Gospelmusik *v*
goten [verl. td.] → **gieten**
Gotenburg Göteborg *o*
Gotenburgs Göteborger
gothic I *zn* [de] ❶ *persoon* Gothic *m* ❷ *muziek* Gothic-Musik *v* **II** *bnw* Gothic *o*
gotiek Gotik *v* ★ *de late ~* die Spätgotik
gotisch gotisch ★ *~ schrift* Fraktur(schrift) *v* ★ *~e letter* gotische(r) Buchstabe
gotspe Unverfrorenheit *v*
gouache Gouache *v*
goud Gold *o* ★ *een kies met goud vullen* einen Zahn vergolden ★ *goud op snee* Goldschnitt *m* ★ fig *het is niet alles goud wat er blinkt* es ist nicht alles Gold, was glänzt ★ fig *zo eerlijk als goud* grundehrlich ★ fig *voor geen goud in de*

wereld um nichts in der Welt ★ fig *hij is (zijn gewicht in) goud waard* er ist Gold wert ★ fig *het zwarte goud* das schwarze Gold
goudader Goldader *v*
goudblond goldblond
goudbruin goldbraun
goudeerlijk grundehrlich
gouden ❶ *van goud* golden ❷ *goudkleurig* goldfarben, golden, ⟨verguld⟩ vergoldet ★ *een ~ koets* eine goldene Kutsche
goudenregen Goldregen *m*
goudhaantje ❶ *vogel* (Winter)goldhähnchen *o* ❷ *kever* Blattkäfer *m*
goudkleurig goldfarben
goudkoorts *begeerte naar goud* Goldfieber *o*, Goldrausch *m*, ⟨zucht om snel rijk te worden⟩ Geldgier *v*
go
goudmijn ❶ *mijn* Goldmine *v* ❷ *iets dat voordeel oplevert* Goldmine *v* ❸ *onuitputtelijke bron* Goldgrube *v*
goudprijs Goldpreis *m*
goudrenet Boskop *m*
Gouds aus Gouda ★ *~e kaas* Gouda *m*
goudsbloem Ringelblume *v*
goudschaaltje → **woord**
goudsmid Goldschmied *m*
goudstuk Goldstück *o*, Goldmünze *v*
goudvink Gimpel *m*
goudvis Goldfisch *m*
goudzoeker ❶ *goudgraver* Goldgräber *m* ❷ *gelukzoeker* Glücksjäger *m*
goulash Gulasch *m/o*
gourmetstel Raclettegerät *o*
gourmetten omschr grillen mit einem Raclettegerät
gouvernement Provinzverwaltung *v*, Verwaltung *v*, Gouvernement *o*
gouverneur *bestuurder* Statthalter *m*, Gouverneur *m*
gozer Typ *m*
gps *global positioning system* GPS *o*
graad ❶ *meeteenheid* Grad *m* ★ *het is vijf graden onder nul* es hat minus fünf Grad ★ *het is twintig graden* es hat zwanzig Grad ★ *37 graden Celsius* 37 Grad Celsius ★ *op 100 graden lengte en 50 graden breedte* auf 100 Grad Länge und 50 Grad Breite ❷ wisk Grad *o* ★ *een hoek van 90 graden* ein 90 Grad-Winkel ★ *een vergelijking van de tweede ~* eine Gleichung zweiten Grades ❸ *rang, trap* Grad *m* ★ *academische ~* akademische(r) Grad ★ *een ~ halen* graduieren ❹ *mate* Grad *m* ★ *de ~ van ontwikkeling* Entwicklungsstufe *v* ★ *~ van verwantschap* Verwandtschaftsgrad *m* ★ *in hoge ~* hochgradig ★ *in de hoogste ~* höchstgradig ★ *nog een ~je erger* noch eine Stufe schlimmer
graadmeter ❶ lett Gradmesser *m* ❷ fig Gradmesser *m*
graaf Graf *m*
graafmachine Bagger *m*
graafschap Grafschaft *v*
graag ❶ *met plezier* gern ★ *dat doe ik ~ voor je* das mache ich gern für dich ★ *~ hebben* mögen ★ *~ zingen* gern singen ★ *iem. ~ mogen* jmdn. gern haben ★ *~ of niet* gern oder ungern ★ *~ gedaan!* gern geschehen ★ *ik mag hem ~* ich mag ihn ★ *niet ~* ungern ★ *wat ~!* sehr gern! ★ *ze zal wat ~ gaan* sie würde sehr gern gehen ★ *ik zou het ~ hebben* ich hätte es gern ★ *ik zou ~ ophouden* ich würde gern aufhören ★ *~ gezien* gern gesehen ★ *ik lees ~* ich lese gern ★ *dat geloof ik ~* das glaube ich gern ❷ ⟨bij verzoek⟩ gern ★ *ik zou ~* ich würde gern ★ *ik wil ~...* ich möchte gern ★ *ja, ~!* ja, gern! ★ *heel ~!* sehr gern!
graagte Vergnügen *o* ★ *met ~ iets aannemen* etw. mit Vergnügen annehmen
graaien *grijpen* grapschen ★ *het kind graaide met zijn handjes in de soep* das Kind patschte mit den Händen in die Suppe ★ *naar iets ~* nach etw. grapschen
graal Gral *m* ★ *de Heilige Graal* der Heilige Gral
graan ❶ *gewas* Getreide *o* ❷ *koren* Korn *o* ★ *~ dorsen* Korn dreschen ★ *granen / ~soorten* Getreidearten ★ fig *een ~tje meepikken* mit von der Partie sein
graanoogst ❶ *het oogsten* Getreideernte *v* ❷ *opbrengst* Getreideernte *v*
graanschuur ❶ agrar Getreidespeicher *m* ❷ fig *graan producerend land* Getreidespeicher *m*
graansilo Getreidesilo *m/o*
graat Gräte *v* ▾ *zij zijn niet zuiver op de ~* sie sind astrein ▾ *van je ~ vallen* vor Hunger umfallen ▾ BN *ergens geen graten in zien* sich kein Gewissen aus etwas machen
grabbel ▾ *iets te ~ gooien* etwas wegwerfen ★ *zijn goede naam te ~ gooien* seinen guten Namen verspielen
grabbelen grabbeln, wühlen ★ *in een laatje ~* in einer Schublade wühlen
grabbelton Grabbeltonne *v*
gracht ❶ *waterweg* Gracht *v*, ⟨om vesting⟩ Graben *m* ★ *stads~* Stadtgraben *m* ❷ *straat langs gracht* ⟨in Nederland, Vlaanderen⟩ Gracht *v*, Uferstraße *v*
grachtenpand Grachtenhaus *o*
gracieus graziös, anmutig
gradatie Abstufung *v* ★ *een kleur in verschillende ~s* eine Farbe in verschiedenen Abstufungen
gradenboog Winkelmesser *m*
gradueel graduell ★ *graduele verschillen* graduelle Unterschiede
graf Grab *o*, ⟨gemetseld⟩ Gruft *v* ★ *eeuwig graf* ewige(s) Grab ★ *het Heilige Graf* das Heilige Grab ★ *ten grave dragen* zu Grabe tragen ★ *een graf delven* ein Grab ausheben ★ fig *zijn eigen graf graven* sein eigenes Grab graben ★ fig *zich in zijn graf omkeren* sich im Grabe umdrehen ★ fig *zwijgen als het graf* schweigen wie ein Grab ★ fig *iets meenemen in het graf* etw. ins Grab mitnehmen
graffiti Graffiti *mv*
graffitispuiter Graffitisprayer *m*, Graffitisprüher *m*
graficus Grafiker *m* [v: Grafikerin]
grafiek ❶ *grafische voorstelling* Grafik *v* ❷ kunst Grafik *v*
grafiet Grafit *m*
grafisch grafisch ★ *~ ontwerper* Grafiker *m*, Grafikerin *v* ★ *~ ontwerp* grafische(r) Entwurf
grafkelder Gruft *v*
grafkist Sarg *m*
grafologie Grafologie *v*

grafoloog Grafologe *m*
grafrede Grabrede *v*
grafschennis Grabschändung *v*
grafschrift Grabinschrift *v*
grafsteen Grabstein *m*
grafstem Grabesstimme *v*
graftombe Sarkophag *m*
grafzerk Grabplatte *v*
gram I *zn* [de] ★ *zijn gram halen* sich rächen **II** *zn* [het] Gramm *o* ★ *vijftig gram suiker* fünfzig Gramm Zucker
grammatica Grammatik *v*
grammaticaal grammatisch, grammatikalisch
granaat I *zn* [de] ❶ *projectiel* Granate *v* ❷ *edelsteen* Granat *m* ❸ *boom* Granatapfelbaum *m* **II** *zn* [het], *delfstof* Granat *m*
granaatappel ❶ *vrucht* Granatapfel *m* ❷ *boom* Granatapfelbaum *m*
grand café Bistro *o*
grandioos großartig, grandios
graniet Granit *m*
granieten aus Granit
granny smith Granny Smith *m*
grap *geintje* Spaß *m*, Scherz *m*, ⟨mop⟩ Witz *m* ★ *flauwe grap* blöde(r) Witz ★ *grappen maken* scherzen ★ *(maak) geen grapjes!* mach keine Witze! ★ *een grap(je) van iets maken* sich einen Spaß aus einer Sache machen ★ *een misplaatste grap* ein unpassender Witz ★ *voor de grap* zum Spaß ★ *voor de grap iets zeggen* etw. zum Spaß sagen ★ *een grap met iem. uithalen* einen Spaß mit jmdm. treiben ★ *dat is geen grapje meer* das ist nicht mehr lustig ★ *zij kan wel tegen een grap* sie kann einen Scherz vertragen ★ fig *dat is een dure grap* das ist ein teurer Spaß
grapefruit Grapefruit *v*, Pampelmuse *v*
grapjas Witzbold *m*, Spaßmacher *m*
grappenmaker Spaßvogel *m*, Witzbold *m*
grappig *vermakelijk* ulkig, lustig, witzig ★ *ik zie er het ~e niet van* ich verstehe nicht, was daran witzig sein soll ★ *het ~e is dat...* das Lustige ist, dass...
gras *gewas* Gras *o* ★ *iem. het gras voor de voeten wegmaaien* jmdm. das Wasser abgraben ★ *ergens geen gras over laten groeien* kein Gras über etw. wachsen lassen ★ *hij is nog zo groen als gras* er ist ein Grünschnabel *m*
grasduinen *neuzen* ⟨in boeken⟩ schmökern
grasland Grasland *o*, ⟨bodemgesteldheid⟩ Grasboden *m*, ⟨voor dieren⟩ Weideland *v*
grasmaaien Gras mähen, ⟨gazon⟩ Rasen mähen
grasmaaier Rasenmäher *m*
grasmat Grasnarbe *v*, Grasfläche *v*
grasperk Rasen *m*
graspol Gräserpolle *v*
grasspriet Grashalm *m*
grasveld Rasen *m*, Grasfläche *v*
grasvlakte Grasebene *v*
graszode Sode *v*
gratie ❶ *gunst* Gunst *v* ★ *bij de ~ van* von... Gnaden [+2] ★ *bij de ~ Gods* von Gottes Gnaden ★ *in de ~ zijn bij iem.* bei jmdm. in Gunst stehen ★ *uit de ~ raken bij iem.* bei jmdm. in Ungnade fallen ★ *uit de ~ zijn bij iem.* bei jmdm. in Ungnade gefallen sein ❷ jur *genade* Gnade *v* ★ *~ verlenen* begnadigen ❸ *sierlijkheid* Grazie *v*, Anmut *v*, Reiz *m*
gratieverzoek Gnadengesuch *o* ★ *een ~ indienen* ein Gnadengesuch einreichen
gratificatie Gratifikation *v*
gratineren überbacken, gratinieren ★ *een gegratineerd gerecht* ein Gratin *o*
gratis I *bnw* kostenlos, gratis ★ *~ bijlage* kostenlose Beilage ★ *~ toegang* gratis Zugang ★ *entree ~* Eintritt frei **II** *bijw* ★ *~ verkrijgbaar* kostenlos erhältlich
gratuit grundlos, unmotiviert
grauw grau
graveerkunst Kunst *v* des Gravierens
gravel Schotter *m* aus rotem Ziegel
graven *spitten* graben, ⟨grondwerken⟩ ausheben, ⟨met een schep⟩ schaufeln ★ *een tunnel ~* einen Tunnel graben ★ *een kuil ~* eine Grube graben ★ *niet dieper ~* fig nicht tiefer eingehen [auf+4] ★ fig *diep ~* tief graben
graveren gravieren, stechen
graveur Graveur *m*
gravin Gräfin *v*, ⟨ongehuwd⟩ Komtess *v*
gravure Gravur *v*, kunst Stich *m*, kunst Gravur *v*
grazen grasen ★ *het vee laten ~* das Vieh grasen / weiden lassen ★ fig *iem. te ~ nemen* ⟨beetnemen⟩ jmdn. reinlegen, ⟨onder handen nemen⟩ sich jmdn. vornehmen
grazig voll Gras
greep I *zn* [de] ❶ *graai* Griff *m* ★ *een ~ doen naar* greifen nach [+3] ★ *een ~ naar de macht doen* die Macht ergreifen ★ *een ~ uit iets doen* etw. aufgreifen ❷ *houvast* Griff *m* ★ *~ hebben op* im Griff haben [+4] ★ *zijn ~ op iets verliezen* die Kontrolle über etw. verlieren ★ *in de ~ van de vorst* in der Gewalt des Fürsten ★ *iem. in een ijzeren ~ houden* jmdn. in der Hand haben ❸ *handvat* Griff *m* ❹ muz Griff *m* ★ *een moeilijke ~* ein schwieriger Griff ❺ *keus* Griff *m* ★ *doe maar een ~* suche dir was aus **II** *ww* [verl. td.] → **grijpen**
gregoriaans gregorianisch ★ *de ~e zang* der gregorianische Gesang
grein fig *minieme hoeveelheid* ★ *geen ~tje hoop* kein Hoffnungsschimmer ★ *geen ~tje verstand van iets hebben* keinen Schimmer von etw. haben ★ *geen ~tje respect hebben* keinen Funken Respekt haben
Grenada Grenada *o* ★ *in ~* in Grenada
Grenadaans grenadisch
grenadier Grenadier *m*, Infanterist *m*
grenadine Grenadine *v*
grendel Riegel *m* ★ *de ~ op de deur doen* den Riegel vor die Tür schieben, eine Tür verriegeln
grendelen abriegeln, verriegeln
grenen aus Kiefernholz, kiefern
grens ❶ aardk *scheidingslijn* Grenze *v* ★ *aan de ~* an der Grenze ★ *iem. over de ~ zetten* jmdn. ausweisen ❷ fig *limiet* Grenze *v* ★ *de grenzen van het mogelijke* die Grenzen des Möglichen ★ *binnen zekere grenzen blijven* innerhalb gewisser Grenzen bleiben ★ *nu is de ~ bereikt* jetzt ist die Grenze erreicht ★ *de ~ overschrijden* die Grenze überschreiten ★ *de grenzen te buiten gaan* die Grenzen sprengen ★ *men moet ergens de ~ trekken* man muss irgendwo die Grenze ziehen ★ *zijn grenzen verleggen* seine Grenzen

erweitern ★ *alles heeft zijn grenzen* alles hat seine Grenzen ★ *zijn eerzucht kent geen grenzen* sein Ehrgeiz kennt keine Grenzen ★ *er zijn grenzen* alles hat seine Grenzen ★ *er zijn grenzen!* das reicht jetzt aber!
grensbewoner Grenzbewohner *m*
grensconflict Grenzkonflikt *m*
grensdocument Grenzdokument *o*
grensgebied ❶ lett Grenzgebiet *o* ❷ fig Grenzbereich *m*
grensgeval Grenzfall *m*
grenskantoor Zollamt *o*
grenslijn Grenze *v*
grensovergang Grenzübergang *m*
grenspost Grenzposten *m*, ⟨doorlaatpost⟩ Grenzübergang *m*
grensrechter sport Linienrichter *m*
grensstreek Grenzgebiet *o*, Grenzzone *v*
grensverleggend bahnbrechend
grenswisselkantoor Grenzwechselstube *v*
grenzeloos grenzenlos
grenzen ❶ lett grenzen ★ *~ aan* grenzen an [+4] ★ *hun tuinen ~ aan elkaar* ihre Gärten grenzen aneinander ★ *Italië grenst aan Zwitserland* Italien grenzt an die Schweiz ❷ fig grenzen ★ *dat grenst aan het wonderbaarlijke* das grenzt an ein Wunder ★ *dat grenst aan onbeschaamdheid* das grenzt schon an Unverschämtheit ★ *dat grenst aan het onmogelijke* das grenzt ans Unmögliche
grepen [verl. td.] → **grijpen**
greppel Graben *m*
gretig I *bnw* gierig, begierig (**naar** nach) [+3] ★ *met ~e blik* mit gierigem Blick **II** *bijw* ★ *zij tastte ~ toe* sie langte gierig zu ★ *een gelegenheid ~ aangrijpen* eine Chance mit beiden Händen ergreifen
gribus ❶ *buurt* Elendsviertel *o* ❷ *woning* Loch *o*, Bruchbude *v*
grief Kränkung *v*
Griek *bewoner* Grieche *m*
Griekenland Griechenland *o* ★ *in ~* in Griechenland
Grieks I *bnw, m.b.t. Griekenland* griechisch **II** *zn* [het], *taal* Griechisch(e) *o*
Griekse Griechin *v*
Grieks-orthodox rel griechisch-orthodox
griend *uiterwaard* Weidenbruch *m*
grienen greinen, flennen, ⟨bij kinderen⟩ quengeln
griep Grippe *v* ★ *~ hebben* die Grippe haben
grieperig grippekrank ★ *ik ben wat ~* ich habe die Grippe
griepprik Grippeimpfung *v*
griesmeel Grießmehl *o* ★ *~pap* Grießbrei *m*
griet ❶ *meid* Biene *v* ★ *een leuke ~* eine flotte Biene ❷ *vis* Glattbutt *m* ❸ *vogel* Uferschnepfe *v*
grieven kränken ★ *zich gegriefd voelen* sich gekränkt fühlen ★ *~d* verletzend
griezel ❶ *engerd* ekelhafte(r) / widerliche(r) Kerl *m* ❷ *afkeer* Ekel *m*, Abscheu *m*
griezelen schaudern, sich gruseln ★ *het is om van te ~* es ist zum Gruseln ★ *ik griezel daarvan* davor gruselt (es) mich ★ *iem. doen ~* jmdm. zum Gruseln bringen
griezelfilm Gruselfilm *m*
griezelig gruselig, unheimlich ★ *~ knap* unheimlich schlau
griezelverhaal Gruselgeschichte *v*, Schauergeschichte *v*
grif *vlot* flott, rasch ★ *grif toegeven* schnell nachgeben ★ *alles werd grif verkocht* alles wurde flott verkauft
griffen einritzen, ⟨in geheugen⟩ einprägen ★ *dat staat in mijn geheugen gegrift* das hat sich mir ins Gedächtnis eingeprägt
griffie Gerichtskanzlei *v* ★ *ter ~ deponeren* zur Einsicht vorlegen
griffier Schriftführer *m*, ⟨bij rechtbank⟩ Gerichtsschreiber *m*
grijns Grinsen *o*
grijnzen grinsen ★ *hij begon te ~* er begann zu grinsen ★ *sta niet zo dom te ~!* grins nicht so blöd!
grijpen I *ov ww, pakken* greifen, ergreifen ★ *voor het ~ liggen* ⟨dichtbij⟩ zum Greifen nahe sein, ⟨grote hoeveelheid⟩ reichlich vorhanden sein ★ *iem. in zijn kraag ~* jmdn. am Kragen packen ★ *dat ligt voor het ~* das ist zum Greifen nahe ★ *om zich heen ~* um sich greifen ★ *bij de arm ~* am Arm greifen ★ *de macht ~* die Macht ergreifen ★ *door iets gegrepen zijn* von einer Sache ergriffen sein ★ *door een trein gegrepen* von einem Zug erfasst **II** *on ww*, ook fig *tastende beweging maken* greifen ★ *naar iets ~* nach einer Sache greifen ★ *naar de macht ~* die Macht ergreifen ★ *naar de wapens ~* zu den Waffen greifen ★ *in elkaar ~* ineinander greifen ★ *te hoog gegrepen* zu hoch gegriffen ★ *hij heeft ernaast gegrepen* er hat danebengegriffen ★ *het vuur greep snel om zich heen* das Feuer breitete sich schnell aus ★ *om zich heen ~* um sich greifen
grijper *grijparm van machine* Greifer *m*
grijpstuiver *klein bedrag* wenig Geld *o* ★ *ik heb er een ~ voor gegeven* ich habe es für beinahe nichts bekommen ★ *een aardige ~ verdienen* ein nettes Sümmchen verdienen
grijs I *bnw* ❶ *kleur* grau ★ *~ worden* ergrauen ❷ *oud* ★ *in een ~ verleden* in grauer Vorzeit ❸ *niet geheel legaal* ★ *het grijze circuit* der graue Markt **II** *zn* [het] Grau *o*
grijsaard Greis *m*
grijsblauw graublau
grijsrijden graufahren
grijzen ergrauen
gril *bevlieging* Grille *v*, Laune *v* ★ *een gril van het lot* eine Laune des Schicksals ★ BN *aprilse grillen* Aprilwetter *o*
grill Grill *m*
grillbakoven Grillofen *m*
grillen I *ov ww, grilleren* grillen **II** *on ww, huiveren* schaudern
grillig ❶ *onregelmatig* bizarr ❷ *wispelturig* launenhaft, grillig
grilligheid ❶ *wispelturigheid* Launenhaftigkeit *v* ❷ *onregelmatigheid* Bizarrerie *v*
grimas Grimasse *v*, Fratze *v* ★ *~sen maken* Grimassen schneiden
grime Maske *v*
grimeren schminken
grimeur Maskenbildner *m* [v: Maskenbildnerin]
grimmig grimmig ★ *met ~e stem* mit grimmiger Stimme

grind Kies *m* ★ *grof ~* Schotter *m*
grinniken kichern, ⟨met leedvermaak⟩ feixen
grip ❶ *greep* Griff *m* ❷ *houvast* Halt *m*, ⟨auto⟩ Bodenhaftung *v* ★ *geen grip op iets kunnen krijgen* etw. nicht in den Griff bekommen ★ *grip hebben op* im Griff haben [+4] ★ *grip op de weg* Bodenhaftung *v* ★ *geen grip op iemand / iets kunnen krijgen* jmdn. / etw. nicht zu fassen bekommen
grissen grapschen ★ *iem. iets uit de hand ~* jmdm. etw. aus der Hand reißen
groef I *zn* [de] ❶ *gleuf* Rille *v*, Furche *v*, ⟨in zijkant van plank⟩ Nut *v* ★ *de ~ van een grammofoonplaat* die Rille einer Schallplatte ❷ *rimpel* Furche *v* ★ *een gezicht vol groeven* ein zerfurchtes Gesicht ❸ *greppel* Graben *m* **II** *ww* [verl. td.] → **graven**
groei ❶ *het groeien* Wachstum *o*, Wachsen *o* ★ *in de ~ zijn* im Wachsen sein ★ *de ~ bevorderen* das Wachstum fördern ★ *iets op de ~ kopen* etw. zum Reinwachsen kaufen ❷ fig *toename* Zunahme *v* ★ *de ~ van de koopkracht* die Zunahme der Kaufkraft ★ *de ~ van de economie* das Wirtschaftswachstum
groeien *groter worden* wachsen ★ *uit zijn kleren ~* aus den Kleidern herauswachsen ★ *~ als kool* wachsen wie Unkraut ★ *zijn baard laten ~* sich den Bart wachsen lassen ★ fig *iem. boven het hoofd ~* jmdm. über den Kopf wachsen ★ *hier groeit die plant niet goed* die Pflanze gedeiht hier nicht ★ fig *ergens overheen ~* etw. überwinden
groeihormoon Wachstumshormon *o*
groeikern ❶ *kern van groei* Keimzelle *v* ❷ *groeiende stad* Wachstumskern *m*
groeimarkt wachsende(r) Absatzmarkt *m*
groeistuip lett Wachstumskrampf *m*, fig Wachstumsprobleme *mv* ★ *de ~en van het bedrijf* die Wachstumsprobleme der Firma
groeizaam ❶ *goed groeiend* fruchtbar ❷ *goed voor de groei* wachstumsfördernd
groen I *bnw* ❶ *kleur* grün ★ *~ maken / worden* grün machen / werden ★ *het licht staat op ~* es wurde grünes Licht gegeben ★ *zich ~ en geel ergeren* sich grün und blau ärgern ❷ *milieuvriendelijk* grün ★ *~e energie* grüne Energie ❸ *onervaren* grün **II** *zn* [het] ❶ *kleur* Grün *o* ❷ *gebladerte* Grün *o*
groenblijvend immergrün
groene *lid van milieupartij* Grüne(r) *m-v* ★ *de Groenen* die Grünen
Groenland Grönland *o* ★ *in ~* in Grönland
Groenlands grönländisch
groenstrook Grünstreifen *m*
groente Gemüse *o* ★ *jonge ~n* Frühgemüse ★ *~ in blik* Gemüsekonserve *v* ★ *~(n)* Gemüse *o*, Gemüsesorten *mv* ★ *~ en fruit* Obst und Gemüse
groenteboer ❶ *persoon* Gemüsehändler *m* ❷ *winkel* Gemüseladen *m*
groentesoep cul Gemüsesuppe *v*
groentetuin Gemüsegarten *m*
groentje Grünschnabel *m*, Neuling *m*
groenvoer Grünfutter *o*
groenvoorziening Grünanlage *v*
groep ❶ *meerdere personen / dingen* Gruppe *v* ★ *iets in de ~ gooien* etw. in der Gruppe zur Diskussion stellen ★ *vergaderen in ~en* Gruppensitzungen abhalten ★ *in ~jes van drie of vier* in Dreier- oder Vierergruppen ★ *in ~en* in Gruppen ❷ *leerjaar* Klasse *v* ★ *in ~ drie zitten* in der ersten Klasse sein
groeperen gruppieren
groepering *groep* Gruppierung *v* ★ *een politieke ~* eine politische Gruppierung
groepsfoto Gruppenbild *o*
groepsgeest Gemeinschaftssinn *m*
groepsgesprek Gruppengespräch *o*, Gruppendiskussion *v*
groepspraktijk Gemeinschaftspraxis *v*
groepsreis Gruppenreise *v*
groepstaal Gruppensprache *v*
groepstherapie Gruppentherapie *v*
groepsverband Gruppe *v* ★ *in ~* in der Gruppe ★ *werk in ~* Gruppenarbeit *v*
groet Gruß *m* ★ *de ~en* tschüss ★ *met hartelijke ~en* mit herzlichen Grüßen ★ *met vriendelijke ~* mit freundlichem Gruß, mit freundlichen Grüßen ★ *de ~en thuis* Grüße an die Familie ★ *de ~en aan je zuster!* viele Grüße an deine Schwester! ★ *~en aan iedereen!* grüße alle von mir!, grüßen Sie alle von mir! ★ *~en uit Utrecht* Gruß aus Utrecht ★ *iem. de ~en doen* jmdn. grüßen ★ *doe hem de ~en van mij* grüße ihn von mir ★ *je moet de ~en van hem hebben* ich soll dich von ihm grüßen ★ *u moet de ~en hebben van mijn broer* ich soll Sie von meinem Bruder grüßen
groeten grüßen ★ *zonder ~ weggaan* ohne zu grüßen gehen ★ *gegroet!* grüß dich!, grüß Sie! ★ *groet je vader van mij* grüße deinen Vater von mir ★ *hij laat je ~* er lässt dich grüßen
groetjes ❶ tschüs, tschau ❷ → **groet**
groeve ❶ *grafkuil* Grube *v* ❷ *afgraving* Grube *v*
groeven I *ov ww* eingravieren, ⟨met beitel⟩ kehlen ★ *een gegroefd gezicht* ein zerfurchtes Gesicht **II** *ww* [verl. td.] → **graven**
groezelig schmuddelig ★ *~ wasgoed* schmuddelige Wäsche ★ *een ~e jurk* ein schmuddeliges Kleid
grof I *bnw* ❶ *niet fijn, ruw* grob ★ *grove gelaatstrekken* grobe Gesichtszüge ★ *een grove tegenstelling* ein krasser Gegensatz ★ *in grove trekken* in groben Zügen ★ *grof geld verdienen* fette Gewinne machen ★ *om grof geld spelen* hoch spielen ★ *grof geschut gebruiken* großes Geschütz auffahren ❷ *ongemanierd* grob, derb ★ *grof iem.* Grobian *m* ★ *grof worden* grob werden ❸ *ernstig* grob, krass ★ *een grove fout* ein grober Fehler ★ *grof onrecht* grobe(s) Unrecht ★ *door grove nalatigheid* durch grobe Fahrlässigkeit **II** *bijw, ongemanierd* ★ *iem. grof behandelen* jmdn. grob behandeln
grofgebouwd grobschlächtig
grofheid ❶ *het grof zijn* Grobheit *v* ❷ *lompheid* Schroffheit *v*, ⟨plat⟩ Derbheit *v*
grofvuil Sperrmüll *m*
grofweg grob
grog Grog *m*
grol Witz *m* ★ *grappen en grollen* Witze und Späße
grommen I *ov ww, morren* murren **II** *on ww, geluid maken* brummen, knurren
grond ❶ *aarde, land, bodem* Boden *m*, Grund *m*,

Erde v ★ *begane* ~ Erdgeschoss o ★ *drassige* ~ sumpfige(r) Boden ★ *vaste* ~ feste(r) Boden ★ *vaste* ~ *onder de voeten hebben* festen Boden unter den Füßen haben ★ *vaste* ~ *verliezen* den Boden unter den Füßen verlieren ★ *aan de* ~ *blijven* auf dem Boden bleiben ★ *aan de* ~ *lopen* auf Grund laufen ★ *het schip zit aan de* ~ das Schiff ist auf Grund gelaufen ★ *ik stond als aan de* ~ *genageld* ich stand wie angewurzelt ★ *boven de* ~ oberirdisch, ⟨mijnbouw⟩ über Tage ★ *onder de* ~ unterirdisch, ⟨mijnbouw⟩ unter Tage ★ *op de* ~ auf dem Boden ★ *op de* ~ *liggen* auf dem Boden liegen ★ *op de* ~ *vallen* auf den Boden fallen ★ *tegen de* ~ *gaan* zu Boden gehen ★ *tegen de* ~ *gooien* auf den Boden werfen ★ *door de* ~ *willen zinken* im Erdboden versinken wollen ★ *van schaamte door de* ~ *zinken* vor Scham versinken ★ *te* ~*e gaan* zugrunde gehen ★ *te* ~*e richten* zugrunde richten ★ *tot de* ~ *toe afbranden* bis auf die Grundmauern abbrennen ★ ~ *aanwinnen* Land gewinnen ★ *de* ~ *bewerken* den Boden bearbeiten / bestellen ★ *van de koude* ~ Freiland-, fig aus dem Nichts ★ *van de* ~ *komen* abheben, fig vom Fleck kommen ★ ~ *voelen* den Boden berühren ★ ook fig *geen* ~ *voelen* keinen Boden unter den Füßen haben ★ *met de* ~ *gelijkmaken* dem Erdboden gleichmachen ★ *uit de* ~ *stampen* aus dem Boden stampfen ★ *de* ~ *in boren* versenken, fig zur Sau machen ★ *iem. de* ~ *in boren* jmdn. fertigmachen, über jmdn. den Stab brechen ❷ *beginsel, het diepste of voornaamste* Grund m ★ *van de* ~ *af* von Anfang an ★ *in de* ~ *(van de zaak)* im Grunde (der Sache) ★ *aan iets ten* ~*e liggen* einer Sache zugrunde / zu Grunde liegen ★ *op* ~ *van* auf Grund von [+3] ★ *elke* ~ *missen* jeglicher Begründung entbehren ★ *uit de* ~ *van mijn hart* aus tiefstem Herzen ❸ *reden, argument* Grund m ★ *op deze* ~ aus diesem Grund ★ *op goede* ~*en* aus guten Gründen ★ *op losse* ~*en* ohne Begründung ★ *op* ~ *van* aufgrund [+2] ★ *op* ~ *daarvan* aufgrund dessen ★ *op medische* ~*en* aus medizinischen Gründen ★ *op welke* ~*?* aus welchem Grund? ★ *van alle* ~ *ontbloot* ohne jegliche Begründung ★ *niet zonder* ~ nicht ohne Grund ★ *er is goede* ~ *om* es gibt gute Gründe zu ★ *die bewering mist elke* ~ diese Behauptung entbehrt jeglicher Begründung

grondbedrijf Grundstücksgesellschaft v

grondbeginsel Grundlagen *mv*, Prinzip o, Grundsatz m ★ ~*en* Grundlagen *mv*

grondbegrip Grundbegriff m ★ ~*pen van een wetenschap* Grundbegriffe einer Wissenschaft

grondbelasting Grundsteuer v

grondbetekenis ❶ *oorspronkelijke betekenis* ursprüngliche Bedeutung v ❷ *hoofdbetekenis* Grundbedeutung v

grondbezit Grundbesitz m

grondeigenaar Grundbesitzer m

gronden ❶ *baseren op* begründen, basieren ★ *gegrond zijn op* beruhen auf [+3] ★ *zijn mening* ~ *op* seine Meinung basieren auf [+3] ❷ *grondverven* grundieren

grondgebied Territorium o, ⟨van een staat⟩ Hoheitsgebiet o

grondig I *bnw* gründlich ★ *een* ~ *onderzoek* eine gründliche Untersuchung ★ *ergens een* ~*e hekel aan hebben* etw. aus tiefstem Herzen verabscheuen II *bijw* ★ ~ *bestuderen* gründlich studieren ★ ~ *onderzoeken* gründlich untersuchen ★ *iets* ~ *overleggen* etw. eingehend besprechen

grondlaag ❶ *onderste laag* Bodenschicht v ❷ *eerste verflaag* Grundschicht v, Grundanstrich m

grondlegger Gründer m

grondlegging Gründung v

grondoffensief Bodenoffensive v

grondoorzaak Hauptursache v

grondpersoneel Bodenpersonal o

grondrecht jur *mensenrechten* Grundrecht o

grondregel ❶ *belangrijke regel* Grundregel v ❷ *principe* Grundsatz m

grondslag ❶ *fundament* Fundament o ★ *de* ~ *leggen voor* das Fundament legen für [+4] ★ *de* ~*en van een huis* das Fundament eines Hauses ❷ jur *beginsel* Grundlage v, Basis v ★ *ten* ~ *liggen aan* Grundlage sein von [+3] ★ *de omstandigheden die eraan ten* ~ *liggen* die der Sache zu Grunde liegenden Umstände ★ *aan iets ten* ~ *liggen* einer Sache zugrunde / zu Grunde liegen

grondstewardess Groundhostess v

grondstof ❶ *hoofdbestanddeel* Grundstoff m ❷ *materiaal* Rohstoff m, ⟨uitgangsstof⟩ Grundstoff m

grondtal Kardinalzahl v, Grundzahl v

grondtoon muz Grundton m

grondverf Grundfarbe v, Grundanstrich m ★ *in de* ~ *zetten* die Grundfarbe anbringen

grondvesten I *de mv* ★ fig *iets op zijn* ~ *doen schudden* in seinen Grundfesten erschüttern II *ov ww* gründen (**op** auf) [+3]

grondvlak Grundfläche v

grondvorm *oudste vorm* Grundform v

grondwater Grundwasser o ★ *het* ~*peil* der Grundwasserpegel

grondwet Grundgesetz o, Verfassung v

grondwettelijk verfassungsmäßig

grondwoord Stammwort o

grondzeil Bodendecke v

Groningen ❶ *stad* Groningen o ❷ *provincie* Groningen

Groninger Groninger m ★ *hij is een* ~ er ist Groninger

Gronings Groninger

Groningse Groningerin v ★ *zij is een* ~ sie ist Groningerin

groot I *bnw* ❶ *van zekere omvang* groß ★ *een* ~ *gezin* eine große Familie ★ *een* ~ *complex* ein großer Komplex ★ *een grote appel* ein großer Apfel ★ *een grote man* ein großer Mann ★ *grote groepen* große Gruppen ★ *groter* größer ★ *zeer* ~ sehr groß ★ *3 cm* ~ 3 cm groß ★ *even* ~ genauso groß ★ *driemaal zo* ~ *als* dreimal so groß wie ★ *hoe* ~*?* wie groß? ★ *zijn schoenen zijn te* ~ seine Schuhe sind zu groß ❷ *belangrijk* groß ★ *een* ~ *man* ein großer Mann ★ *de grote mogendheden* die Großmächte ★ *in grote lijnen* in großen Linien ★ *Alexander de Grote* Alexander der Große ★ *Karel de Grote* Karl der Große ❸ *intens* groß ★ ~ *verdriet* große Trauer ★ *je hebt* ~ *gelijk* du hast ganz und gar Recht ❹ *oud(er)* groß ★ *als je*

eenmaal ~ bent wenn du einmal groß bist ★ *de grote mensen* die Erwachsenen ★ *mijn grote zus* meine große Schwester ★ *grote kinderen* große Kinder ★ *~ worden* groß werden ★ *je bent ~ geworden* du bist groß geworden ❺ muz *majeur* ★ *in A ~* in A-Dur **II** *zn* [het] ★ *in het ~* im Großen
grootbeeld Großbildfernseher *m*
grootboek Schuldbuch *o*, admin Hauptbuch *o*
grootbrengen großziehen, aufziehen, ⟨geestelijk⟩ erziehen ★ *kinderen ~* Kinder großziehen
Groot-Brittannië Großbritannien *o* ★ *in ~* in Großbritannien
grootdoenerij Großtuerei *v*, Dicktuerei *v*, ⟨opscheppen⟩ Angeberei *v*
grootgrondbezit Großgrundbesitz *m*
grootgrondbezitter Großgrundbesitzer *m*
groothandel ❶ *bedrijf* Großhandlung *v*, Großmarkt *m* ❷ *handelsvorm* Großhandel *m*
groothandelaar Großhändler *m*
groothandelsprijs Großhandelspreis *m*
grootheid ❶ *het groot zijn* Größe *v* ❷ wisk Größe *v* ★ *een onbekende ~* eine unbekannte Größe ❸ *persoonlijkheid* Größe *v* ★ *~ in de sportwereld* Sportgröße *v* ★ *een onbekende ~* eine verkannte Berühmtheit
grootheidswaan Größenwahn *m*
groothertog Großherzog *m*
groothertogdom Großherzogtum *o*
groothoeklens Weitwinkelobjektiv *o*
groothouden [zich ~] *zich flink houden* sich nichts anmerken lassen
grootindustrieel Großindustrielle(r) *m-v*
grootje Oma *v* ★ *maak dat je ~ wijs* das kannst du deiner Großmutter erzählen ▼ *iets naar zijn ~ helpen* etwas kaputt machen
grootkapitaal econ Großkapital *o*
grootmeester Großmeister *m*
grootmoeder Großmutter *v*
grootmoedig großmütig
grootouder ★ *~s* Großeltern *mv*
groots *indrukwekkend* großartig, ⟨van opzet⟩ großzügig ★ *iets ~ aanpakken* bei einer Sache ganze Arbeit leisten
grootschalig groß, groß angelegt
grootscheeps *ruim opgezet* groß angelegt, aufwendig, aufwändig ★ *een ~e actie* eine groß angelegte Aktion
grootspraak Angeberei *v*, Großsprecherei *v*, Prahlerei *v*
grootsteeds I *bnw* großstädtisch ★ *het ~e leven* das großstädtische Leben **II** *bijw* großstädtisch
grootte Größe *v* ★ *naar ~ rangschikken* der Größe nach ordnen ★ *op ware ~* in wahrer Größe ★ *de ware ~* die natürliche Größe ★ *ter ~ van* in der Größe [+2] ★ *van gelijke ~* (von) gleicher Größe
grootvader Großvater *m*
grootverbruiker Großverbraucher *m*
grootwarenhuis BN Warenhaus *o*, Kaufhaus *o*
grootwinkelbedrijf Warenhauskette *v*
grootzeil Großsegel *o*
gros ❶ *12 dozijn* Gros *o* ❷ *merendeel* Mehrheit *v*, Mehrzahl *v* ★ *het gros van de mensen* die Mehrheit der Leute
grossier Großhändler *m*
grossieren handeln
grot Höhle *v*
grotendeels großenteils, größtenteils
Grote Oceaan Pazifik *m*
groterdanteken wisk Größeralszeichen *o*
grotesk grotesk
grotschildering Höhlenmalerei *v*
groupie Groupie *o*
gruis Staub *m*, ⟨stukgebrokkeld gesteente⟩ Grus *m* ★ *~ van steenkolen* Kohlengrus *m*
grut I *zn* [de], *gort* ★ *grutten* Grütze *v* ▼ *goeie grutten!* meine Güte! **II** *zn* [het], *kinderen* kleine(s) Gemüse *m*
grutto Uferschnepfe *v*
gruwel ❶ *gruwelijke daad* Gräueltat *v* ❷ *afkeer* Abscheu *m/v*, Gräuel *m* ★ *dat is mij een ~* das ist mir ein Gräuel
gruweldaad Gräueltat *v*
gruwelen grau(s)en ★ *iem. gruwelt van iets* jmdm. graut vor etw.
gruwelijk I *bnw, afschuwwekkend* grässlich, grauenvoll ★ *een ~e daad* eine grauenvolle Tat ★ *een ~e hekel aan iem. hebben* jmdn. absolut nicht ausstehen können **II** *bijw, in erge mate* ★ *zich ~ vervelen* sich grässlich langweilen
gruwen sich grauen ★ *ik gruw van hem* mir graut vor ihm ★ *ik gruw ervan* mir graut davor
gruzelementen Scherben *mv* ★ *in / aan ~* in Scherben ★ *aan ~ slaan* kurz und klein schlagen
g-sleutel G-Schlüssel *m*
gsm® *gsm-telefoon* Handy *o*
gsm-toestel Mobiltelefon *o*
Guatemala Guatemala *o* ★ *in ~* in Guatemala
Guatemalteek Guatemalteke *m*
Guatemalteeks guatemaltekisch
Guatemalteekse Guatemaltekin *v*
guerrilla *manier van strijden* Guerilla *v*
guerrillabeweging Guerillabewegung *v*
guerrillaoorlog Guerilla *v*, Guerillakrieg *m*
guerrillastrijder Guerillakämpfer *m*
guillotine Guillotine *v*
Guinee Guinea *o* ★ *in ~* in Guinea
Guinee-Bissau Guinea-Bissau *o* ★ *in ~* in Guinea-Bissau
Guinees von Guinea
guirlande Girlande *v*
gul ❶ *vrijgevig* großzügig, freigebig ★ *gul zijn* großzügig sein ❷ *hartelijk* herzlich ★ *een gulle lach* ein herzliches Lachen ★ *gulle ontvangst* herzliche(r) Empfang
gulden I *zn* [de] Gulden *m* **II** *bnw* golden
gulheid ❶ *vrijgevigheid* Großzügigkeit *v*, Freigebigkeit *v* ❷ *hartelijkheid* Herzlichkeit *v*
gulp ❶ *sluiting* Schlitz *m*, ⟨rits⟩ Reißverschluss *m* ★ *zijn gulp openmaken* seinen Reißverschluss aufmachen ★ *zijn gulp dichtdoen* seinen Reißverschluss zumachen ❷ *straal* Schwall *m*
gulpen strömen
gulzig gierig, gefräßig
gulzigaard Vielfraß *m*
gum Radiergummi *m*
gummen radieren
gummi I *zn* [het] Gummi *m/o* **II** *bnw* Gummi-, gummi-
gummiknuppel Gummiknüppel *m*
gunnen ❶ *verlenen* gönnen ★ *een bedrijf een order ~* einer Firma einen Auftrag erteilen ★ *zich geen*

rust ~ sich keine Ruhe gönnen ★ *hij gunt je geen ogenblik rust* er gönnt dir keinen Augenblick Ruhe ❷ *toewensen* gönnen ★ *ze gunt het me niet* sie gönnt es mir nicht ★ *ik gun het je* es sei dir gegönnt ★ *iem. iets* ~ jmdm. etw. gönnen ★ *ik gun het je van harte dat je die baan krijgt* ich wünsche dir von Herzen, dass du die Stelle bekommst ★ *iem. alle goeds* ~ jmdm. alles Gute wünschen ★ *iem. het licht in de ogen niet* ~ jmdm. das Schwarze unter den Nägeln nicht gönnen ★ *het is je (van harte) gegund* es sei dir (von Herzen) gegönnt ★ *het is je gegund* es sei dir gegönnt

gunst ❶ *goede gezindheid* Wohlwollen *o*, Gunst *v* ★ *in de* ~ *komen bij* die Gunst... gewinnen [+2] ★ *uit de* ~ *raken bij* bei... in Ungnade fallen [+3] ★ *naar iemands* ~ *dingen* um jmds. Gunst werben ★ *bij iem. in de* ~ *komen* jmds. Gunst erlangen ❷ *weldaad* Gunst *v* ★ *iem. een* ~ *bewijzen* jmdm. eine Gunst erweisen ★ *iem. om een* ~ *vragen* jmdn. um einen Gefallen bitten ★ *ten* ~*e van* zugunsten [+2], zu Gunsten [+2]

gunstig I *bnw* ❶ *goedgezind, welwillend* wohlwollend, günstig ★ *iem.* ~ *stemmen* jmdn. günstig stimmen ★ *een* ~ *onthaal vinden* einen wohlwollenden Empfang bekommen ★ *een* ~ *antwoord* eine positive Antwort ★ ~*e gelegenheid* günstige Gelegenheit ★ *een* ~ *moment* ein günstiger Moment ❷ *voordelig* günstig, vorteilhaft ★ *een* ~ *besluit* ein vorteilhafter Beschluss ★ *een* ~ *contract* ein günstiger Vertrag ★ ~*e prijs* günstige(r) Preis ★ *een* ~ *toeval* ein glücklicher Zufall ★ *in het* ~*ste geval* günstigstenfalls **II** *bijw* ❶ *goedgezind, welwillend* ★ *iem.* ~ *gezind zijn* jmdm. wohl gesonnen sein ★ *het lot is mij* ~ *gezind* das Schicksal ist mir wohlgesonnen ❷ *voordelig* ★ *de dingen* ~ *voorstellen* die Dinge positiv darstellen ★ *zich* ~ *laten aanzien* sich positiv anlassen ★ ~ *gelegen* günstig gelegen

guppy Guppy *m*

guts ❶ *beitel* Hohlmeißel *m* ❷ *plens* Guss *m*, Schwapp *m*

gutsen I *ov ww, werken met een guts* meißeln **II** *on ww, plenzen* strömen, triefen

guur rau, unfreundlich ★ *guur weer* unfreundliche(s) Wetter

Guyana Guyana *o* ★ *in* ~ in Guyana

Guyanees von Guyana ★ *zij is een Guyanese* sie ist Guyanerin

gym I *zn* [de], *gymnastiek* ⟨als schoolvak⟩ Sport *m*, Gymnastik *v* **II** *zn* [het], *gymnasium* Gymnasium *o* ★ *hij zit op het gym* er geht ins / aufs Gymnasium

gymles onderw sport Sportunterricht *m*

gymmen turnen

gymnasiast Gymnasiast *m* [v: Gymnasiastin]

gymnasium humanistische(s) Gymnasium *o* ★ *leraar aan een* ~ Gymnasiallehrer *m* [v: Gymnasiallehrerin]

gymnastiek Turnen *o*, ⟨(ritmische) oefeningen⟩ Gymnastik *v*, ⟨schoolvak⟩ Sport *m*

gympie Turnschuh *m*

gymschoen Turnschuh *m*

gymzaal Turnhalle *v*

gynaecologie Gynäkologie *v*

gynaecoloog Gynäkologe *m* [v: Gynäkologin], Frauenarzt *m* [v: Frauenärztin]

gyros Gyros *o*

H

h H *o* ★ *de h van Hendrik* H wie Heinrich
haag Hag *m*
Haags Haager
Haagse Den Haagerin *v* ★ *zij is een ~* sie ist Den Haagerin
haai *vis* Hai(fisch) *m* ★ *naar de haaien gaan* vor die Hunde gehen ★ *het geld is naar de haaien* das Geld ist futsch
haaibaai Drachen *m*
haaienvinnensoep cul Haifischflossensuppe *v*
haak ❶ *gebogen voorwerp* Haken *m* ★ *een jas aan de haak hangen* eine Jacke an den Haken hängen ★ *er zitten haken en ogen aan* das hat einen Haken ★ *er is iets niet in de haak* irgendetw. stimmt nicht ★ *dat is niet in de haak* das geht nicht mit rechten Dingen zu ❷ *bevestigingshaak* Haken *m* ❸ *vishaak* Haken *m* ★ *een vis aan de haak slaan* einen Fisch am Haken haben ★ *iem. aan de haak slaan* sich jmdn. angeln ★ *een man aan de haak slaan* sich einen Mann angeln ★ *schoon aan de haak* Nettogewicht *o* ❹ *telefoonhaak* Gabel *v* ★ *de hoorn van de haak nemen* den Hörer von der Gabel nehmen ★ *de hoorn op de haak leggen* auflegen ❺ *leesteken* Klammer *v* ★ *iets tussen haakjes zetten* etw. in Klammern setzen ★ fig *tussen (twee) haakjes* übrigens ★ *vierkante haakjes* eckige Klammern ★ *haakjes openen / sluiten* Klammer auf / zu ❻ *winkelhaak* Winkel *m*
haaknaald Häkelnadel *v*
haakneus Hakennase *v*
haaks I *bnw* wisk rechtwinklig, senkrecht II *bijw* ❶ wisk ★ *~ op* im rechten Winkel zu [+3] ★ *de zijden staan ~ op elkaar* die Seiten stehen senkrecht aufeinander ★ *een balk ~ afwerken* einen Balken abvieren ★ *niet ~ staan* nicht senkrecht / im rechten Winkel stehen ❷ fig *tegengesteld* ★ *~ op elkaar staan* genau das Gegenteil voneinander sein ★ *~ op* im Gegensatz zu [+3] ★ *mijn mening staat ~ op de zijne* ich bin gegenteiliger Meinung wie er ★ *die stelling staat ~ op de theorie* die These steht mit der Theorie in krassem Widerspruch ▾ *hou je ~!* halt die Ohren steif!
haakwerk Häkelarbeit *v*
haal ❶ *het halen / trekken* Zug *m* ★ *met een flinke haal het touw binnenhalen* das Seil mit einem kräftigen Zug einholen ★ *zij nam een haal aan de sigaret* sie nahm einen Zug von der Zigarette ★ *met één haal het glas leeg drinken* das Glas in einem Zug leeren ★ *aan de haal gaan* sich aus dem Staub machen ★ *aan de haal gaan met* mit... durchbrennen [+3] ❷ *streep* Strich *m*, Zug *m*, ⟨manier van schrijven⟩ Schriftzug *m* ★ *hij schreef met ronde halen* er schrieb mit geschwungener Schrift ★ *een haal door het opstel* ein Strich durch den Aufsatz ★ *met dikke halen schrijven* in dicken Zügen schreiben
haalbaar machbar, realisierbar, erreichbar ★ *dat is ~* das lässt sich machen ★ *dat voorstel is niet ~* der Vorschlag ist nicht realisierbar
haalbaarheid Machbarkeit *v*, Realisierbarkeit *v*
haan ❶ *dier* Hahn *m* ★ *daar kraait geen haan naar* danach kräht kein Hahn ★ *de gebraden haan uithangen* den feinen Herrn spielen ❷ *weerhaan* Wetterhahn *m*, ⟨in toren⟩ Turmhahn *m* ❸ *pal in wapen* Hahn *m* ★ *de haan spannen* den Hahn spannen
haantje-de-voorste ▾ *~ zijn* Hansdampf *m* in allen Gassen sein, immer als Erste(r) dabei sein
haar I *zn* [de] Haar *o* ★ *grijze haren* graue Haare ★ *grijze haren van iets krijgen* sich wegen einer Sache graue Haare wachsen lassen ★ *er grijze haren van krijgen* graue Haare von einer Sache bekommen ★ *gekrulde haren, gekrulde zinnen* krauses Haar, krauser Sinn ★ *elkaar in de haren vliegen* sich in die Haare geraten ★ *elkaar in de haren zitten* sich in den Haaren liegen ★ *iets met de haren erbij slepen* etw. an den Haaren herbeiziehen ★ *op een haar na* um ein Haar ★ *iem. tegen de haren in strijken* jmdm. gegen den Strich gehen ★ *geen haar beter zijn* (um) kein Haar besser sein ★ *zijn wilde haren verliezen* sich die Hörner abstoßen ★ *iem. geen haar krenken* jmdm. kein Haar krümmen ★ *zich de haren uit het hoofd trekken* sich die Haare raufen ★ *het scheelde geen haar (of)...* um ein Haar... ★ *het scheelde geen haar of ik had het gedaan* um ein Haar hätte ich es getan ★ *geen haar op mijn hoofd die eraan denkt* das fällt mir im Traum nicht ein ★ *de haren rijzen mij te berge* die Haare stehen mir zu Berge II *zn* [het] Haar *o* ★ *los haar* offene(s) Haar ★ *lang haar hebben* lange Haare haben ★ *zijn haar kammen* sich die Haare kämmen ★ *zijn haar laten knippen* sich die Haare schneiden lassen ★ *grijs haar krijgen* graue Haare bekommen ★ *haar op de tanden hebben* Haare auf den Zähnen haben ★ BN *iets bij het haar trekken* etw. an den Haaren herbeiziehen III *pers vnw* ⟨lijdend voorwerp⟩ sie, ⟨meewerkend voorwerp⟩ ihr ★ *hij gaf haar een bos bloemen* er schenkte ihr einen Strauß Blumen ★ *hij sloeg haar* er schlug sie ★ *ik heb haar gezien* ich habe sie gesehen ★ *ik heb het haar gegeven* ich habe es ihr gegeben ★ *het is van haar* es gehört ihr IV *bez vnw* ihr ★ *haar ouders hebben haar vriend ontmoet* ihre Eltern haben ihren Freund getroffen ★ *zij en de haren* sie und die Ihren / ihren ★ *zij doet het hare* sie tut das Ihre / ihre, das Ihrige / ihrige ★ *dat is niet mijn boek maar het hare* das ist nicht mein Buch, sondern ihres
haarband Haarband *o*
haarbreed ★ *geen ~ wijken* keinen Handbreit weichen
haard ❶ *stookplaats* Ofen *m* ★ *open ~* Kamin *m* ★ *gezellig om de ~ zitten* gemütlich am Kamin sitzen ★ *eigen ~ is goud waard* eigener Herd ist Goldes wert ★ *huis en ~* Haus und Herd ❷ *middelpunt* Herd *m*, Brutstätte *v* ★ *de ~ van de opstand* der Herd des Aufstandes ★ *de ~ van een aardbeving* das Epizentrum des Erdbebens ★ *~ van besmetting* Infektionsherd *m*
haardos Schopf *m*, Haarschopf *m* ★ *een volle ~* volles Haar *o*
haardracht Haartracht *v*
haardroger Haartrockner *m*, Föhn *m*
haardvuur Herdfeuer *o*, ⟨van open haard⟩ Kaminfeuer *o*

ha

ha

haarfijn I *bnw* ❶ lett *zeer fijn* haarfein ❷ fig *gedetailleerd* haarklein **II** *bijw*, fig *tot in detail* haarklein, haargenau ★ *iets ~ uitleggen* etw. haargenau darlegen
haargroei Haarwuchs *m* ★ *mannelijke ~* männliche Behaarung *v*
haarkloverij *muggenzifterij* Haarspalterei *v*, Wortklauberei *v*
haarlak Haarlack *m*
haarlok Locke *v*
haarnetje Haarnetz *o*
haarscherp haarscharf, haargenau ★ *iets ~ zien* etw. haarscharf sehen
haarscheurtje Haarriss *m*
haarspeld Haarnadel *v*, Haarklammer *v*, Haarspange *v* ★ *~je* Haarspange *v*, Haarklammer *v*
haarspeldbocht Haarnadelkurve *v*, Serpentine *v*
haarspray Haarspray *o*
haarstukje Haarersatz *m*, Toupet *o*
haaruitval Haarausfall *m*
haarvat Haargefäß *o*, Kapillargefäß *o*, Kapillare *v*
haarversteviger Haarfestiger *m*
haarverzorging Haarpflege *v*
haarwortel Haarwurzel *v* ★ *blozen tot in zijn ~s* bis über die Ohren rot werden
haarzakje Haarbalg *m*
haarzelf ❶ [meewerkend] ihr selbst ★ *je moet het aan ~ geven* du musst es ihr selbst geben ❷ [lijdend] sie selbst ★ *zo straffen wij ~* so bestrafen wir sie selbst
haas ❶ *dier* Hase *m* ★ *vanavond eten we haas* es gibt heute Hasen ★ *gebraden haas* Hasenbraten *m* ★ *er als een haas vandoor gaan* das Hasenpanier ergreifen ❷ *bangerik* Angsthase *m*, Hasenfuß *m* ❸ *lendenvlees* Filet *o* ★ *biefstuk van de haas* Filetsteak *o* ❹ sport Schrittmacher *m* ★ *dan is ze het haasje* dann ist sie die Dumme ▼ *mijn naam is haas* mein Name ist Hase
haasje-over Bockspringen *o*
haaskarbonade Schweinekotelett *o* von der Rippe
haast I *zn* [de] ❶ *drang tot spoed* Eile *v* ★ *~ hebben (om)* es eilig haben (zu) ★ *ik heb ~* ich hab es eilig ★ *dat heeft geen ~* das eilt nicht ★ *er is ~ bij* die Sache ist eilig ❷ *snelheid* Hast *v*, Eile *v*, ⟨negatief⟩ Hetze *v* ★ *in alle ~*, BN *in zeven ~en* in aller Eile ★ *~ maken om* sich beeilen zu ★ *~ maken* sich beeilen ★ *~ zetten achter* sich beeilen mit [+3] ★ BN *~ en spoed is zelden goed* zu große Hast hat's oft verpasst **II** *bijw*, *bijna* fast, beinahe ★ *~ niet* fast nicht ★ *~ nooit* fast nie ★ *~ geen geld* kaum Geld ★ *het is ~ niet te geloven* es ist kaum zu glauben ★ *men zou ~ denken dat* man könnte fast denken, dass ★ *ze was ~ gevallen* sie wäre beinahe hingefallen ★ *zij zijn ~ even oud* sie sind fast gleichaltrig
haasten I *wkd ww* [**zich ~**] eilen, sich beeilen ★ *zich ~ om* sich beeilen zu ★ *hij haast zich met zijn werk* er beeilt sich mit seiner Arbeit ★ *haast je wat!* beeil dich! ★ *haast je maar niet* immer mit der Ruhe ★ *ik haast me om eraan toe te voegen...* ich möchte gleich hinzufügen... ★ *je moet je ~* du musst dich beeilen ★ *haast je langzaam* eile mit Weile **II** *ov ww* drängen, hetzen ★ *haast me niet zo* dräng mich nicht so
haastig I *bnw*, *gehaast* eilig, hastig ★ *met ~e schreden* mit eiligen Schritten **II** *bijw* ★ *~ lopen* eilen ★ *niet zo ~* immer mit der Ruhe
haastje-repje dalli, dalli! ★ *het ging ~* es ging ruck, zuck ★ *~ vertrekken* Hals über Kopf abreisen
haastklus eilige Arbeit *v*, Eilauftrag *m*
haastwerk ❶ *urgent werk* eilige Arbeit *v* ❷ *haastig gedaan werk* Haspelei *v*
haat Hass *m* (**jegens** auf+4) ★ *haat koesteren* von Hass erfüllt sein ★ *haat en nijd* Zank und Streit ★ *blinde haat* blinde(r) Hass ★ *haat zaaien* Hass verbreiten
haatdragend hasserfüllt, ⟨onverzoenlijk⟩ nachtragend
haat-liefdeverhouding Hassliebe *v*
habbekrats Kleinigkeit *v* ★ *voor een ~* für einen Apfel und ein Ei
habijt Habit *m*, Kutte *v*
hachee Haschee *o*
hachelijk heikel, ⟨slecht⟩ misslich ★ *de zaak wordt ~* die Sache wird heikel ★ *een ~e situatie* eine heikle Situation
hachje Haut *v* ★ *zijn ~ wagen* Kopf und Kragen riskieren ★ *bang zijn voor zijn ~* seine eigene Haut retten wollen ★ *z'n ~ redden* seine Haut retten ★ *het ~ erbij inschieten* Kopf und Kragen verlieren
hacken comp www hacken
hacker Hacker *m*
had [verl. td.] → **hebben**
hadden [verl. td.] → **hebben**
hagedis Echse *v*, ⟨klein⟩ Eidechse *v*
hagel ❶ *neerslag* Hagel *m* ★ *schade door ~* Schaden durch Hagelschlag *m* ❷ *jachthagel* Schrot *m*, ⟨grof⟩ Hagel *m* ★ *een schot ~* ein Schrotschuss *m*
hagelbui Hagelschauer *m*
hagelen hageln ★ *het hagelt* es hagelt ★ *het hagelt heel fijntjes* es graupelt
hagelslag cul *broodbeleg* Schokoladenstreusel *mv*
hagelsteen Hagelkorn *o*
hagelstorm Hagelschauer *m*, Hagelwetter *o*
hagelwit schneeweiß, strahlend weiß
Hagenaar Den Haager *m* ★ *hij is een ~* er ist Den Haager
haiku Haiku *m*
Haïti Haiti *o* ★ *op ~* auf Haiti
Haïtiaans haitianisch ★ *zij is een ~e* sie ist Haitianerin
hak ❶ *hiel* Ferse *v* ❷ *deel van schoen* Absatz *m* ★ *hoge hakken* hohe Absätze ★ *met hoge / lage hakken* mit hohen / flachen Absätzen ★ *die hakken zijn versleten* die Absätze sind abgelaufen ★ *schoenen met hoge hakken* hochhackige(n) Schuhe ★ *met de hakken over de sloot* mit Hängen und Würgen ❸ *gereedschap* Hacke *v* ▼ *iem. een hak zetten* jemandem ein Bein stellen ▼ *iem. op de hak nemen* jemanden an der Nase herumführen ▼ *van de hak op de tak springen* vom Hundertsten ins Tausendste kommen
hakbijl Hackbeil *o*
hakblok Hackblock *m*, Hackklotz *m*
haken I *on ww* ❶ *vastzitten* festhängen, hängen bleiben ★ *zij bleef met haar trui aan de deurknop ~* sie blieb mit ihrem Pullover am Türgriff

hängen ❷ *handwerken* häkeln **II** *ov ww* ❶ *vastmaken* (fest)haken ★ sport *een aanvaller* ~ einen Stürmer haken ❷ *handwerken* häkeln
hakenkruis Hakenkreuz *o*
hakhout Niederwald *m*, Unterholz *o*
hakje sport Absatzkick *m*
hakkelen holpern ★ ~ *bij het lezen* holpernd lesen
hakken I *ov ww* ❶ *stuk / los hakken* hacken, hauen ★ *hout* ~ Holz hacken ★ *in stukken* ~ in Stücke hacken ★ *een beeld uit steen* ~ eine Figur aus Stein hauen ★ *iem. in de pan* ~ jmdn. in die Pfanne hauen ❷ sport mit der Hacke spielen ★ *de bal* ~ den Ball mit der Hacke spielen **II** *on ww* ❶ *houwen* hacken, hauen ★ *dat hakt erin* das geht ins Geld ★ *waar gehakt wordt, vallen spaanders* wo gehobelt wird, fallen Späne ❷ *vitten* herumhacken (**op** auf) [+3] ★ *altijd op iem. zitten te* ~ ständig auf jmdm. herumhacken
hakkenbar Schuhschnellreparatur *v*
hakmes Hackmesser *o*, ⟨van slager⟩ Hackbeil *o*
hal ❶ *vestibule* Diele *v*, Flur *m*, ⟨van hotel⟩ Halle *v* ★ *hal van een hotel* Hotelhalle *v* ❷ *zaal* Halle *v*, ⟨gebouw⟩ Halle *v* ★ *hal van het station* Bahnhofshalle *v*
halal I *bnw* rel halal **II** *bijw* rel halal
halen ❶ *op- / afhalen* holen ★ *laten* ~ holen lassen ★ *iets gaan* ~ etw. holen ★ *ze komen me* ~ sie kommen mich abholen ★ *de dokter laten* ~ den Arzt rufen ★ *geld van de bank* ~ Geld von der Bank holen ★ *iem. van de trein* ~ jmdn. vom Zug abholen ★ *waar haal je het geld vandaan?* wo hast du das Geld her? ★ *bij hem valt niets te* ~ bei ihm ist nichts zu holen ★ *alles door elkaar* ~ alles durcheinanderwerfen ★ *iem. erbij* ~ jmdn. dazuholen ★ *alles naar zich toe* ~ alles selber machen wollen ★ *eruit* ~ *wat erin zit* das Letzte herausholen ★ *hij haalt het niet bij...* er ist nichts im Vergleich zu... [+3] ❷ *naar zich toetrekken* holen ★ *iets tevoorschijn* ~ etw. zum Vorschein holen ★ *geld uit zijn tas* ~ Geld aus der Tasche holen ★ *naar beneden* ~ herunterziehen ★ *een boek uit de kast* ~ ein Buch aus dem Regal nehmen ★ *een kam door je haar* ~ mit dem Kamm durch die Haare fahren ★ *de waarheid uit iem.* ~ jmdm. die Wahrheit entlocken ★ *een kind* ~ ⟨verlossen⟩ ein Kind holen ❸ *bereiken* erreichen, schaffen ★ *de trein* ~ den Zug erreichen ★ *de trein niet* ~ den Zug verpassen ★ *dat haal ik niet* das schaffe ich nicht ★ *de eindstreep* ~ die Ziellinie erreichen ★ *het einde van de maand* ~ es bis zum Monatsende schaffen ★ *de zieke zal de morgen niet* ~ der Kranke wird die Nacht nicht überstehen ★ *jij haalt de 90 wel* du schaffst die 90 ★ *hij haalde het net* er schaffte es gerade ★ *de helling* ~ den Hang schaffen ★ *de pers* ~ in die Presse kommen ★ *het niet* ~ *bij* nichts sein im Vergleich zu [+3] ★ *mijn auto haalt zeker 150 km per uur* mein Auto schafft sicher 150 km / h ★ *een noot* ~ einen (hohen) Ton erreichen ★ *het* ~ es schaffen ❹ *behalen* erzielen, bekommen ★ *een diploma* ~ ein Diplom bekommen ★ *een goed cijfer* ~ eine gute Note bekommen ★ *een onvoldoende* ~ ein Unbefriedigend bekommen ★ *de eerste prijs* ~ den ersten Preis bekommen
half I *bnw* ❶ *de helft vormend* halb ★ *een halve liter* ein halber Liter ★ *halve dagen werken* halbtags arbeiten ★ *baan voor halve dagen* Halbtagsstelle *v* ★ *half koper, half tin* halb Kupfer, halb Zinn ★ *voor de halve prijs* zum halben Preis ★ *twee halven maken een heel* zwei Halbe ergeben ein Ganzes ❷ *halverwege* ★ *half een* halb eins ★ *het slaat half* es schlägt halb ★ *tien over half acht* zehn nach halb acht ★ *half mei* Mitte Mai ★ *tot half juni* bis Mitte Juni ❸ *gedeeltelijk* halb, unvollständig ★ *geen halve maatregelen* keine halben Maßnahmen ★ *geen half werk doen* keine halben Sachen machen **II** *bijw* zur Hälfte, halb ★ *half aangekleed* halb angezogen ★ *half open* halb offen ★ *half slapend* im Halbschlaf ★ *half om half* gemischt ★ *iets maar half doen* etw. nur halb tun ★ *het is half klaar* es ist zur Hälfte fertig ★ *iets maar half horen* etw. nur zur Hälfte hören ★ *half zo groot* halb so groß ★ *half zo duur* halb so teuer ★ *half lachend, half huilend* halb lachend, halb weinend ★ *half en half* mehr oder weniger ★ *je weet niet half hoe...* man weiß nicht annähernd, wie...
halfbakken *gebrekkig* unzulänglich ★ ~ *geleerde* Pseudowissenschaftler *m* ★ ~ *wijsheid* Halbwissen *o*
halfbloed ❶ *mens* min Mischling *m* ❷ *paard* Halbblut *o*
halfbroer Halbbruder *m* ★ ~*s en -zusters* Halbgeschwister
halfdonker I *zn* [het] Halbdunkel *o* ★ *in het* ~ im Halbdunkel **II** *bnw* halbdunkel
halfdood halb tot ★ ~ *van vermoeidheid* halb tot vor Erschöpfung ★ *iem.* ~ *slaan* jmdn. halb tot schlagen ★ *zich* ~ *schrikken* sich zu Tode erschrecken
halfedelsteen Halbedelstein *m*
halffabricaat Halbfabrikat *o*
halfgaar ❶ *niet helemaal gaar* halb roh ❷ *niet goed wijs* nicht (ganz / recht) bei Trost
halfgeleider Halbleiter *m*
halfgod Halbgott *m* [v: Halbgöttin]
halfhartig halbherzig
halfjaar Halbjahr *o*
halfjaarlijks ❶ *elk half jaar* halbjährlich ★ ~*e termijnen* halbjährliche Raten ❷ *een halfjaar durend* halbjährig
halfje halbes Brot *o* ★ *een* ~ *wit* ein halbes Weißbrot
halfleeg halb leer
halfpension Halbpension *v* ★ *in* ~ mit Halbpension
halfpipe Halfpipe *v*
halfrond I *zn* [het] ❶ aardk Halbkugel *v* ★ *zuidelijk* ~ südliche Halbkugel ★ *noordelijk* ~ nördliche Halbkugel ❷ BN pol *vergaderzaal van parlement* Plenarsaal *m* **II** *bnw* halbrund
halfslachtig ⟨van persoon⟩ unschlüssig, ⟨van zaken⟩ halb, ⟨van zaken⟩ unklar ★ *een* ~ *antwoord* eine halbe Antwort
halfstok halbmast ★ *de vlaggen hangen* ~ die Flaggen hängen auf halbmast ★ ~ *hijsen* halbmast flaggen
halftijds Halbzeit-
halftime Halbzeit

halfuur halbe Stunde *v* ★ *ieder ~* alle / jede halbe Stunde ★ *om het ~* halbstündlich, alle halbe Stunde
halfvol ❶ *half gevuld* halb voll ❷ *half vet* halbfett ★ *~le melk* fettarme Milch *v*
halfweg auf halbem Wege
halfzacht ❶ *tussen hard en zacht* mittelweich ❷ *verwijfd, slap* soft ❸ *dwaas* nicht (ganz / recht) bei Trost
halfzuster, inform **halfzus** Halbschwester *v*
halleluja halleluja
hallo hallo ★ *~, met wie spreek ik?* hallo, wer ist da?
hallucinatie Halluzination *v*
hallucineren halluzinieren ★ *~d effect* halluzinierende Wirkung
halm Halm *m*
halo Halo *m*
halogeen Halogen *o*
halogeenlamp Halogenlampe *v*
hals ❶ *lichaamsdeel* Hals *m* ★ *de hals omdraaien* den Hals umdrehen ★ *tot aan de hals* bis zum Hals ★ *ze stonden met uitgerekte hals te kijken (naar)* sie verrenkten sich den Hals (nach) [+3] ★ *zijn hals breken* sich das Genick brechen ★ *iem. om de hals vliegen* jmdm. um den Hals fallen ★ *iem. iets op de hals schuiven* jmdm. etw. aufhalsen ★ *zich iets op de hals halen* sich etw. aufhalsen ★ *weet wel wat je je op de hals haalt!* du weißt, was du dir da aufhalst! ❷ *halsopening* Ausschnitt *m* ★ *het hemd met een wijde / nauwe hals* das Hemd mit großer / kleiner Kragenweite ★ *laag uitgesneden hals* tiefe(r) Ausschnitt ❸ *dun gedeelte* Hals *m* ❹ *sukkel* Tölpel *m* ★ *onnozele hals* Einfaltspinsel *m*
halsband ⟨v. hond⟩ Halsband *o*, ⟨sierraad⟩ Collier *o*
halsbrekend halsbrecherisch ★ *~e toeren uithalen* Kopf und Kragen riskieren
halsdoek Halstuch *o*
halsketting *sieraad* Halskette *v*
halsmisdaad Kapitalverbrechen *o*
halsoverkop Hals über Kopf, überstürzt ★ *~ vertrekken* Hals über Kopf abreisen
halsreikend ungeduldig, erwartungsvoll ★ *ergens ~ naar uitzien* etw. ungeduldig erwarten
halsslagader Halsschlagader *v*
halssnoer Halskette *v*
halsstarrig I *bnw* halsstarrig, starrköpfig, eigensinnig **II** *bijw* ★ *~ vasthouden aan* halsstarrig an... festhalten [+3] ★ *~ weigeren* sich starrköpfig weigern
halster Halfter *m/o*
halswervel Halswirbel *m*
halszaak Kapitalverbrechen *o* ★ *ergens geen ~ van maken* aus einer Sache keine Staatsaffäre machen ★ *maak er geen ~ van* mach keine Staatsaffäre draus
halt I *zn* [het] Halt *m* ★ *een halt toeroepen* Einhalt gebieten ★ *halt houden* halten ★ *een halt toeroepen aan de bevolkingsexplosie* der Bevölkerungsexplosion Einhalt gebieten ★ *iemand / iets een halt toeroepen* jmdm. / einer Sache Einhalt gebieten **II** *tw* halt
halte Haltestelle *v*, Station *v* ★ *de laatste ~* Endstation *v* ★ *het zijn nog drie ~s tot Utrecht* bis Utrecht sind es noch drei Stationen
halter Hantel *v* ★ *met de ~s werken* hanteln
haltertop Nackenträger-Top *o*
halvarine cul Diätmargarine *v*, halbfette Margarine *v*
halvegare Spinner *m*, Halbtrottel *m*
halvelings BN mehr oder weniger
halvemaan Halbmond *m*
halveren ❶ *in tweeën delen* halbieren ★ *een hoek ~* einen Winkel halbieren ❷ *tot de helft verminderen* halbieren ★ *de economische groei is gehalveerd* das Wirtschaftswachstum ist um die Hälfte zurückgegangen
halveringstijd Halbwertszeit *v*
halverwege I *vz, op de helft van* mitten auf / in [+3] ★ *~ de trap* mitten auf der Treppe ★ *~ het boek* mitten im Buch ★ *~ zijn werk* mitten in seiner Arbeit **II** *bijw* ❶ *op de helft van de weg* auf halbem Weg ★ *iem. ~ ontmoeten* jmdn. auf halbem Weg treffen ❷ *midden in een bezigheid* mitten in [+3] ★ *~ ophouden* mitten in einer Sache aufhören
ham Schinken *m* ★ *Ardenner ham* Ardenner Schinken ★ *gekookte ham* gekochte(r) Schinken ★ *rauwe ham* rohe(r) Schinken
Hamburg Hamburg *o*
hamburger Hamburger *m* ★ *broodje ~* Hamburger *m*
Hamburgs Hamburger
hamer ❶ *werktuig* Hammer *m* ❷ anat *gehoorbeentje* Hammer *m* ▼ *~ en sikkel* Hammer und Sichel ▼ *onder de ~ brengen* unter den Hammer bringen ▼ *onder de ~ komen* unter den Hammer kommen
hameren I *ov ww, met hamer slaan* hämmern, mit dem Hammer bearbeiten ★ *spijkers in de muur ~* Nägel in die Wand schlagen ★ *iets erin ~ bij iem.* jmdm. etw. einbläuen **II** *on ww* **~ op** pochen auf [+4] ★ *hamer toch niet zo op deze zaak* poche doch nicht so auf diese Sache ★ *ergens op blijven ~* weiterhin auf etw. pochen ★ *steeds maar op hetzelfde blijven ~* immerzu auf dasselbe zurückkommen
hamerstuk *agendapunt* ≈ Tagesordnungspunkt *m*, der ohne namentliche Abstimmung abgehandelt wird
hamerteen Hammerzehe *v*
hamlap Schinkenstück *o*
hamster Hamster *m*
hamsteren hamstern
hamstring Kniesehne *v*
hamvraag springende(r) Punkt *m*, wesentliche Frage *v*
hand ❶ *lichaamsdeel* Hand *v* ★ *handen omhoog!* Hände hoch! ★ *handen thuis!* Hände weg! ★ *holle hand* hohle Hand *v* ★ *bij de hand hebben* zur Hand haben ★ *bij de hand houden* in Reichweite haben ★ *in de hand* in der Hand ★ *hand in hand* Hand in Hand ★ *in de handen klappen* in die Hände klatschen ★ *zich in de handen wrijven* sich die Hände reiben ★ *met de hand gemaakt* handgearbeitet, handgemacht ★ *met de hand geschreven* handgeschrieben ★ *op handen en voeten* auf Händen und Füßen, auf allen vieren ★ *de pen ter hand nemen* zur Feder greifen ★ *uit de hand eten* aus der Hand essen ★ *hou je hand*

ha

voor je mond! halte die Hand vor den Mund! ★ *iem. de hand drukken / een hand geven* jmdm. die Hand drücken / geben ★ *een vaste hand hebben* eine feste Hand haben ★ *iem. de hand lezen* jmdm. aus der Hand lesen ★ *iem. de hand toesteken* jmdm. die Hand entgegenstrecken / reichen ❷ *handschrift* Handschrift *v* ★ *een mooie hand hebben* eine schöne Handschrift haben ★ *van dezelfde hand* aus derselben Hand ★ *een moeilijk leesbare hand* eine unleserliche Handschrift ❸ *macht* ★ *de hand op iets leggen* etw. beschlagnahmen ★ *een advocaat de zaak in handen geven* die Sache einem Rechtsanwalt übergeben ★ *iets in de hand hebben* etw. im Griff haben ★ *in de hand hebben* in der Hand haben ★ *in handen hebben* in Händen halten ★ *zijn toekomst ligt in mijn handen* seine Zukunft liegt in meiner Hand ★ *in andere handen overgaan* in andere Hände übergehen ★ *in verkeerde handen raken* in die verkehrten Hände geraten ★ *iem. iets in handen spelen* jmdm. etw. zuspielen ★ *in handen vallen van iem.* jmdm. in die Hände fallen ★ *in goede handen zijn* in guten Händen sein ★ *in verkeerde handen zijn* in den falschen Händen sein ★ *iem. naar je hand zetten* sich jmdn. gefügig machen ★ *iem. iets ter hand stellen* jmdm. etw. übertragen ★ *uit handen van justitie blijven* nicht in die Hände der Justiz geraten ★ *iets uit handen geven* etw. aus der Hand geben ★ *het gezag uit handen geven* die Macht aus der Hand geben ★ *uit de hand lopen* außer Kontrolle geraten ▼ fig BN *een onschuldige hand* ⟨het onpartijdige lot⟩ Schicksal *o* ▼ *handje contantje* bar auf die Hand, inform bar auf die Kralle ▼ *aan de hand van* anhand [+2] ▼ *wat is er aan de hand?* was ist los? ▼ *er is iets aan de hand* es ist etwas los ▼ *alsof er niets aan de hand is* als ob nichts passiert wäre ▼ *aan de beterende hand zijn* auf dem Weg der Besserung sein ▼ *aan de winnende hand zijn* am Gewinnen sein ▼ *hij is aan handen en voeten gebonden* ihm sind die Hände gebunden ▼ *iets achter de hand hebben* etwas hinter der Hand haben ▼ *iets bij de hand hebben* etwas zur Hand haben ▼ *hand in hand gaan met* Hand in Hand gehen mit [+3] ▼ *in de handen knijpen* von Glück sagen können ▼ *iets in de hand werken* einer Sache in die Hände arbeiten ▼ *naar de hand van een meisje dingen* um die Hand eines Mädchens anhalten ▼ *met lege handen* mit leeren Händen ▼ *met kwistige hand* mit milder Hand ▼ *met zachte hand* mit sanfter Hand ▼ *met de handen in het haar zitten* weder ein noch aus wissen ▼ *iets met beide handen aangrijpen* etwas mit beiden Händen ergreifen ▼ *met hand en tand verdedigen* mit allen Mitteln verteidigen ▼ *zich met hand en tand verzetten* sich mit Händen und Füßen wehren ▼ *met de hand op het hart* Hand aufs Herz ▼ *(met) de hand over het hart strijken* Nachsicht haben ▼ *niets om handen hebben* nichts zu tun haben ▼ *om de hand van iem. vragen* um jemandes Hand anhalten ▼ *om de hand van iem. vragen* um jemandes Hand anhalten ▼ *iets onder handen nemen* sich einer Sache annehmen ▼ *iem. onder handen nemen* jemanden ins Gebet nehmen ▼ *iem. op handen dragen* jemanden auf Händen tragen ▼ *op handen zijn* im Anmarsch sein ▼ *hand over hand toenemen* überhandnehmen ▼ *iets uit de eerste / tweede hand hebben* etwas aus erster / zweiter Hand haben ▼ *hij eet uit je hand* er frisst dir aus der Hand ▼ *ik heb die gegevens uit de eerste hand* ich habe diese Information aus erster Hand ▼ *iem. werk uit handen nemen* jemandem die Arbeit abnehmen ▼ *iets van de hand doen* etwas verkaufen ▼ *duur van de hand gaan* sich teuer verkaufen ▼ *vlot van de hand gaan* sich wie warme Semmeln verkaufen ▼ *deze artikelen gaan vlot van de hand* diese Artikel finden reißenden Absatz ▼ BN *van de hand Gods geslagen zijn* wie vom Blitz gerührt sein ▼ *van de hand wijzen* von der Hand weisen ▼ *van de hand in de tand leven* von der Hand in den Mund leben ▼ *voor de hand liggen* auf der Hand liegen ▼ *een voor de hand liggende gedachte* ein naheliegender Gedanke ▼ *de laatste hand leggen aan iets* (die) letzte Hand an etwas legen ▼ *de hand aan zichzelf slaan* Hand an sich legen ▼ *iem. de hand boven het hoofd houden* seine Hand über jemanden halten ▼ *ergens de hand in hebben* bei einer Sache seine Hände im Spiel haben ▼ *de hand in eigen boezem steken* sich an die eigene Nase fassen ▼ *de handen in de schoot leggen* die Hände in den Schoß legen ▼ *ergens een handje van hebben* etwas geschickt tun ▼ *je kunt er geen hand voor ogen zien* man sieht die Hand vor den Augen nicht ▼ *ik zou mijn hand ervoor in het vuur steken* dafür lege ich meine Hand ins Feuer ▼ *zijn handen in onschuld wassen* seine Hände in Unschuld waschen ▼ *de handen ineenslaan* die Hände zusammenschlagen ▼ *iem. de helpende hand bieden* jemandem eine helfende Hand bieten ▼ *je mag je handen / handjes dichtknijpen* du kannst von Glück sprechen ▼ *de hand met iets lichten* bei etwas ein Auge zudrücken ▼ *zijn handen zitten los* er hat eine lose / lockere Hand ▼ *de hand opheffen tegen* die Hand erheben gegen [+4] ▼ *je hand overspelen* zu hoch pokern ▼ *geen hand uitsteken* keinen Finger krumm machen, keinen Finger rühren ▼ *de hand op de knip houden* sein Geld zusammenhalten ▼ *het zijn twee handen op één buik* sie halten zusammen wie Pech und Schwefel, sie stecken unter eine Decke ▼ *de handen uit de mouwen steken* die Ärmel hochkrempeln ▼ *de handen aftrekken van* sich zurückziehen von [+3] ▼ *zijn hand er niet voor omdraaien* keinen Finger dafür rühren ▼ *geen hand voor ogen kunnen zien* die Hand nicht vor Augen sehen können ▼ *hand erop!* Hand drauf! ▼ *zijn handen vol hebben aan iets* alle Hände voll zu tun haben ▼ *de handen vrij hebben* die Hände frei haben ▼ *iem. de vrije hand geven* jemandem freie Hand geben ▼ *iem. een handje helpen* jemandem ein bisschen helfen ▼ *iem. de helpende hand toesteken* jemandem eine helfende Hand anbieten ▼ *mijn handen jeuken* mir / mich juckt es in den Fingern ▼ *de ene hand wast de andere* eine Hand wäscht die andere ▼ *iem. de vrije hand laten* jemandem freie Hand lassen ▼ *handen te kort komen* nur zwei Hände haben ▼ *de hand ophouden* die Hand aufhalten ▼ *zijn handen niet thuis kunnen houden* sich nicht beherrschen können

handalfabet Handalphabet *o*
handappel Tafelapfel *m*
handarbeider Handarbeiter *m*
handbagage Handgepäck *o*
handbal I *zn* [de], *bal* Handball *m* **II** *zn* [het], *balspel* Handball *o*, Handballspiel *o* ★ *ik zit op* ~ ich spiele Handball
handballen Handball spielen
handballer Handballer *m* [v: Handballerin], Handballspieler *m* [v: Handballspielerin]
handbediening Handbedienung *v*, Handbetrieb *m*
handbereik ▾ *binnen / onder* ~ in Reichweite *v* ▾ *buiten* ~ außer Reichweite *v*
handboei Handschelle *v* ★ *iem. ~en omdoen* jmdm. Handschellen anlegen
handboek Handbuch *o*, ⟨naslagwerk⟩ Lexikon *o* [mv: Lexika]
handborstel BN *stoffer* Handfeger *m*
handbreed Handbreit *v* ★ *geen* ~ *wijken* keinen Handbreit weichen
handcrème Handcreme *v*
handdoek Handtuch *o* ▾ *de* ~ *in de ring werpen* das Handtuch werfen
handdruk *geven van een hand* Händedruck *m* ★ *iem. met een* ~ *begroeten* jmdn. mit Händedruck begrüßen ★ *gouden* ~ goldene(r) Händedruck
handel ❶ *in- en verkoop* Handel *m*, Geschäft *o* ★ *binnenlandse* ~ Binnenhandel *m* ★ *buitenlandse* ~ Außenhandel *m* ★ *vrije* ~ freier Handel ★ *zwarte* ~ Schwarzhandel *m* ★ ~ *in granen* Getreidehandel *m* ★ *in de* ~ *brengen* auf den Markt bringen ★ *in de* ~ *komen* auf den Markt kommen ★ *in de* ~ *zijn* im Handel sein ★ *niet in de* ~ nicht im Handel erhältlich ★ *uit de* ~ *nemen* aus dem Handel nehmen ★ ~ *drijven in* handeln in [+3] ★ ~ *drijven* Handel treiben ❷ *zaak* Geschäft *o*, Handelsunternehmen *o* ❸ *handelswaar* Handelsware *v*, Handelsartikel *m* ★ *de hele* ~ das ganze Zeug ★ *iemands* ~ *en wandel* jmds. Tun und Lassen
handelaar Händler *m* ★ ~ *in groente* Gemüsehändler *m*
handelbaar ❶ *handzaam* handlich, leicht zu handhaben ❷ *meegaand* fügsam, gefügig
handelen I *on ww* ❶ *handel drijven* handeln, Handel (be)treiben ★ *in tabak* ~ mit Tabak handeln ❷ *te werk gaan* handeln ★ *eigenmachtig* ~ eigenmächtig handeln ★ *het ogenblik van* ~ der Moment zum Handeln ★ *naar eer en geweten* ~ nach Ehre und Gewissen handeln ★ ~ *in strijd met de wet* gesetzeswidrig handeln ★ *de ~de personen* die Handlungsträger ★ *er moet gehandeld worden* es muss etw. geschehen ★ *~d optreden* eingreifen, einschreiten ❸ ~ **over** handeln von [+3], behandeln ★ *over een onderwerp* ~ ein Thema behandeln ★ *het boek handelt over Amerika* das Buch handelt von Amerika **II** *zn* [het] Handeln *o* ★ *vrijheid van* ~ Handlungsfreiheit *v* ★ *tot* ~ *overgaan* in Aktion kommen
handeling ❶ *daad* Handlung *v* ★ *~en verrichten* Handlungen verrichten ★ *eenheid van* ~ Einheit *v* der Handlung ★ *zijn dagelijkse ~en verrichten* seinen täglichen Verrichtungen nachgehen ★ *een onrechtmatige* ~ eine illegale Handlung ★ *ontuchtige ~en* unsittliche(n) Handlungen ❷ *verslag* ★ *~en* Sitzungsprotokoll *o*, Sitzungsbericht *m* ★ *de Handelingen der Apostelen* die Apostelgeschichte
handelingsbekwaam handlungsfähig, geschäftsfähig
handelsakkoord Handelsabkommen *o*
handelsbalans ❶ *balans van koopman* Handelsbilanz *v* ❷ *waardeverhouding* Handelsbilanz *v*, ⟨t.o.v. andere landen⟩ Zahlungsbilanz *v* ★ *actieve* ~ aktive Handelsbilanz ★ *passieve* ~ passive Handelsbilanz
handelsbetrekkingen Handelsbeziehungen *mv*
handelsboycot Handelsboykott *m*
handelscentrum Handelszentrum *o*
handelscorrespondentie Geschäftskorrespondenz *v*, Handelskorrespondenz *v*
handelsembargo Handelsembargo *o*
handelsgeest Geschäftssinn *m*
handelshuis BN *winkelpand* Geschäftshaus *o*
handelsingenieur BN *bedrijfseconoom* Betriebsökonom *m*
handelsmaatschappij Handelsgesellschaft *v*
handelsmerk ⟨gedeponeerd handelsmerk⟩ Warenzeichen *o*, ⟨merk waaronder gehandeld wordt⟩ Handelsmarke *v* ★ *gedeponeerd* ~ eingetragene(s) Warenzeichen
handelsmissie Handelsmission *v*
handelsonderneming Handelsunternehmen *o*
handelsoorlog Handelskrieg *m*
handelsregister Handelsregister *o*
handelsreiziger Handelsvertreter *m*, Vertreter *m*
handelsverdrag Handelsvertrag *m*, Handelsabkommen *o*
handelsverkeer Geschäftsverkehr *m*
handelsvloot Handelsflotte *v*
handelswaar Handelsware *v*
handelswetenschappen BN Betriebswirtschaft *v*
handelszaak BN Unternehmen *o*
handeltje ❶ *handel op kleine schaal* kleine(r) Handel *m* ★ *hij heeft een* ~ *in antiek* er hat einen kleinen Antiquitätenhandel ❷ *spullen* Kram *m*
handelwijze ❶ *gedrag* Benehmen *o*, Verhalten *o* ❷ *wijze van handelen* Handlungsweise *v*, Vorgehen *o*
handenarbeid ❶ *werk met de handen* Handarbeit *v*, handwerkliche Arbeit *v* ❷ *schoolvak* Werken *o*, Werkunterricht *m*
hand-en-spandiensten Hand- und Spanndienste *m mv* ★ ~ *verrichten* Hand- und Spanndienste verrichten
handenwringend händeringend
handgebaar Wink *m*, Handbewegung *v*, Geste *v*
handgeklap Händeklatschen *o*
handgeld Handgeld *o*
handgemaakt handgemacht
handgemeen Handgemenge *o* ★ *het kwam tot een* ~ es kam zu einem Handgemenge
handgeschreven handgeschrieben
handgranaat Handgranate *v*
handgreep ❶ *handvat* Griff *m*, Handgriff *m* ★ *de handgrepen van het geweer* die Gewehrgriffe

ha

❷ *handigheid* Trick *m*, Kunstgriff *m* ★ *handgrepen verrichten* Kunstgriffe ausführen
handhaven **I** *ov ww* aufrechterhalten, wahren, behaupten ★ *de orde ~* die Ordnung wahren ★ *zijn voorstellen ~* seine Vorschläge aufrechterhalten ★ *iem. in zijn ambt ~* jmdm. im Amt behalten ★ *het contact met iem. ~* den Kontakt mit jmdm. aufrechterhalten ★ *zijn positie ~* seine Position behaupten ★ *het gezag ~* die Autorität wahren **II** *wkd ww* [**zich ~**] sich behaupten, sich durchsetzen
handicap Behinderung *v*, Handicap *o*
handig ❶ *vaardig* gewandt, geschickt ★ *~ met iets omgaan* geschickt mit etw. umgehen ★ *~ gedaan* gut gemacht ★ *iets ~ doen* sich geschickt mit etw. anstellen ★ iron *~ hoor!* das ist ja oberschlau!, sehr clever! ❷ *gemakkelijk te hanteren* handlich, praktisch ★ *~e oplossing* praktische Lösung ★ *~e uitvinding* praktische Erfindung *v* ★ *~ formaat* handliche(s) Format *o*
handigheid ❶ *het handig zijn* Geschicklichkeit *v*, Gewandtheit *v* ★ *ergens ~ in krijgen* in einer Sache Geschicklichkeit entwickeln ★ *de ~ hebben om* das Geschick haben zu ❷ *foefje* Kunstgriff *m* ★ *het is een ~je* es ist ein Trick
handigheidje Trick *m*
handjeklap econ ★ *~ spelen* ⟨gesjoemel⟩ unter einer Decke stecken
handjevol Handvoll *v*
handkar Handwagen *m*
handkus Handkuss *m* ★ *een ~ geven* die Hand küssen
handlanger ❶ *medeplichtige* Komplize *m*, Handlanger *m* ❷ *ondergeschikte helper* Handlanger *m*, Hilfsarbeiter *m*
handleiding ❶ *gebruiksaanwijzing* Gebrauchsanweisung *v*, Anleitung *v* ★ *met volledige ~* mit vollständiger Gebrauchsanweisung ❷ *leerboek* Handbuch *o*, Leitfaden *m*
handlezen Handlesekunst *v*
handmatig **I** *bnw* per Hand **II** *bijw* per Hand
handomdraai ▾ *in een ~* im Handumdrehen
handoplegging Handauflegung *v*
handopsteken das Handzeichen geben ★ *met ~* per Handzeichen ★ *bij ~ stemmen* per Handzeichen abstimmen
handpalm Handfläche *v*, Handteller *m*
handreiking *hulp* Handreichung *v*, Hilfeleistung *v*
handrem Handbremse *v*
hands Hand *v*, Handspiel *o* ★ *~!* Hand!
handschoen Handschuh *m* ★ *zijn ~en aantrekken* sich die Handschuhe anziehen ★ *een paar ~en* ein Paar Handschuhe ★ *iem. de ~ toewerpen* jmdm. den Fehdehandschuh zuwerfen ★ *met de ~ trouwen* ferntrauen ★ *iem. met fluwelen ~en aanpakken* jmdn. mit Samthandschuhen anfassen
handschoenenkastje transp Handschuhfach *o*
handschrift ❶ *manier van schrijven* Handschrift *v*, Schrift *v* ★ *een onleesbaar ~* eine unleserliche Handschrift ❷ *tekst* Handschrift *v* ★ *oude ~en* alte Handschriften
handsfree ★ *~ bellen* handsfree telefonieren, mit der Freisprechanlage telefonieren
handsfreeset Freisprechanlage *v*
handsinaasappel Orange *v*, Apfelsine *v*
handstand Handstand *m*
handtas Handtasche *v*
handtastelijk ❶ *opdringerig* zudringlich ★ *~ worden* zudringlich werden ❷ *slaags* handgreiflich ★ *~ worden* handgreiflich werden
handtastelijkheid Handgreiflichkeit *v*
handtekening Unterschrift *v* ★ *gedrukte ~* vorgedruckte Unterschrift ★ *zijn ~ onder een brief zetten* einen Brief unterschreiben ★ *~en verzamelen* Unterschriften sammeln
handvaardigheid ❶ *bedrevenheid* Handfertigkeit *v* ❷ *schoolvak* Werken *o*, Werkunterricht *m*
handvat Griff *m*, Handgriff *m*
handvest Satzung *v* ★ *het ~ van de Verenigde Naties* die Charta der Vereinten Nationen
handvol Handvoll *v* ★ *een ~ kersen* eine Handvoll Kirschen
handwas Handwäsche *v*
handwerk ❶ *wat met de hand gemaakt is* Handarbeit *v* ★ *dat is ~* das ist Handarbeit ★ *deze sigaren zijn ~* diese Zigarren sind in Handarbeit hergestellt ❷ *ambacht* Handwerk *o* ★ *een ~ uitoefenen* ein Handwerk ausüben ★ *een ~ leren* ein Handwerk (er)lernen ❸ *naaldwerk* Handarbeit *v* ★ *fraaie ~en* schöne Handarbeit
handwerken handarbeiten ★ *hij zit graag te ~* er handarbeitet gerne
handwoordenboek Handwörterbuch *o*
handzaam ❶ *handelbaar* handsam, handlich ❷ *praktisch* handlich
hanenbalk Hahnenbalken *m* ★ *zij woont onder de ~en* sie wohnt unter dem Dach
hanenkam ❶ *kam van haan* Hahnenkamm *m* ❷ *kapsel* Hahnenkamm *m*
hanenpoot *handschrift* Klaue *v*, Gekritzel *o* ★ *zij schrijft hanenpoten!* sie hat vielleicht eine Klaue!
hang Hang *m*, Neigung *v* ★ *een hang hebben tot iets* eine Neigung zu einer Sache haben
hangar ❶ *vliegtuigonderkomen* Hangar *m* ❷ BN *loods* Schuppen *m*, ⟨grote hangars e.d.⟩ Halle *v*
hangborst Hängebusen *m* ★ *~en* Hängebusen *m*
hangbrug *brug* Hängebrücke *v*
hangbuik Hängebauch *m*
hangbuikzwijn Hängebauchschwein *o*
hangen **I** *ov ww* ❶ *bevestigen* hängen [zwak] ★ *een schilderij aan de muur ~* ein Bild an die Wand hängen ★ *zij heeft haar jas aan de kapstok ge~* sie hat ihren Mantel an den Kleiderständer gehängt ❷ *doden door ophanging* hängen **II** *on ww* ❶ *af-/neerhangen* hängen [sterk], ⟨doorzakken⟩ durchhängen ★ *de boom hangt vol met sinaasappels* der Baum hängt voller Orangen ★ *aan de muur ~* an der Wand hängen ★ *de was hing te drogen* die Wäsche hing zum Trocknen ★ *haar haren hingen haar voor de ogen* die Haare hingen ihr ins Gesicht ★ *uit het raam ~* sich aus dem Fenster lehnen ★ *~de bloemen* Blumen mit hängenden Köpfen ★ *~de lamp* Hängelampe *v* ★ *het koord hangt slap* das Seil hängt durch ★ *blijven ~* hängen bleiben ★ *~de tuinen* hängende Gärten ★ *het hoofd laten ~* den Kopf hängen lassen ★ *met ~de pootjes bij iem. komen* demütig angekrochen kommen ❷ *als straf opgehangen zijn* hängen ★ *hij hangt* ⟨is de klos⟩ er

ist dran ★ *ik mag ~ als...* ich fress einen Besen, wenn... ❸ *vastzitten* hängen, ⟨afhankelijk zijn⟩ abhängen ★ *er is niet veel blijven ~* es ist nicht viel hängen geblieben ★ *ik bleef met mijn broek aan een spijker ~* ich blieb mit meiner Hose an einem Nagel hängen ★ *aan iets blijven ~* an etw. hängen bleiben [+3] ★ *aan iem. ~* an jmdm. hängen ★ *hij hangt erg aan haar* er hängt sehr an ihr ★ *aan de telefoon ~* am Telefon hängen ★ *van leugens aan elkaar ~* eine einzige Lüge sein ★ *aan iemands lippen ~* an jmds. Lippen hängen ❹ *onbeslist zijn* schweben, hängen ★ *tussen vrees en hoop ~* zwischen Furcht und Hoffnung schweben ★ *het proces is nog ~de* der Prozess hängt / schwebt noch ★ *de onderhandelingen zijn nog ~de* die Verhandlungen sind noch im Gange ★ *dat hangt nog in de lucht* das hängt noch in der Luft ❺ *rondhangen* (herum)hängen ★ *in Frankrijk blijven ~* in Frankreich hängen bleiben ❻ *blijven zweven* hängen, schweben ★ *de rook hangt in de kamer* der Rauch hängt im Zimmer ❼ **~ naar** verlangen nach [+3] ★ *ik hang naar meer vrije tijd* ich sehne mich nach mehr Freizeit ▼ *met ~ en wurgen* mit Hängen und Würgen

hangende während [+2] ★ *~ het onderzoek* während der Untersuchung

hang-en-sluitwerk Beschläge *mv*

hanger ❶ *sieraad* Anhänger *m* ❷ *kleerhaak* Kleiderbügel *m*

hangerig lustlos, ⟨futloos⟩ schlapp, ⟨van kind⟩ quengelig

hangglider Drachenflieger *m*

hangijzer Haken *m* ▼ *dat is een heet ~* das ist ein heißes Eisen

hangjongere ★ *~n* herumhängende(r) / herumlungernde(r) Jugendliche *m/v*

hangkast *klerenkast* Kleiderschrank *m*

hangklok Wanduhr *v*

hanglamp Hängelampe *v*

hangmap Hängemappe *v*

hangmat Hängematte *v*

hangplant Hängepflanze *v*

hangplek omschr Stelle, an der Jugendliche gern herumhängen

hangslot Hängeschloss *o*, Vorhängeschloss *o* ★ *met een ~ sluiten* mit einem Vorhängeschloss verschließen

hangsnor ≈ herabhängende(r) Schnurrbart *m*, Schnauzbart *m*

hangtiet ★ *~en* Hängebusen *m*

hangwang Hängewange *v* ★ *~en* Hängewangen

hanig ❶ *agressief* zänkisch, streitsüchtig ★ *een ~e man* ein streitsüchtiger Mann ❷ *wellustig* lüstern

hannes Tropf *m*, Trottel *m*

hannesen *klungelen* stümpern, pfuschen ★ *wat zit je toch te ~!* was machst du da herum!

Hannover Hannover *o*

Hannovers Hannoveraner

hansop einteiliger Schlafanzug *m*

hansworst Hanswurst *m*

hanteerbaar handlich ★ *makkelijk ~* leicht zu handhaben

hanteren ❶ *met de handen gebruiken* hantieren, handhaben ❷ *omgaan met* handhaben

hap ❶ *beet* Biss *m* ★ *een hap in een appel doen* in einen Apfel (hinein)beißen ❷ *afgehapt stuk* Bissen *m*, Happen *m* ★ *een hap nemen* einmal abbeißen ★ *een grote hap nemen* kräftig zubeißen ★ *geen hap eten* keinen Bissen essen ★ *geen hap door je keel krijgen* keinen Bissen herunterbekommen ❸ fig *gedeelte* Stück *o* ★ *het is 'n hele hap uit mijn portemonnee* das ist ein ganz schöner Batzen ❹ *boel mensen / dingen* ★ *de hele hap* der ganze Kram ★ *de ouwe hap* die alte Garde ★ *de hele hap vertrekt vandaag* die ganze Meute reist heute ab ❺ → **hapje**

haperen ❶ *blijven steken* stottern, stocken ★ *zonder ~* ohne Stocken ★ *zonder ~ voorlezen* ohne zu stocken vorlesen ❷ *mankeren* hapern, fehlen ★ *wat hapert eraan?* woran hapert es denn? ★ *de motor hapert* der Motor stottert

hapje *maaltje* Bissen *m*, Häppchen *o*, ⟨koude maaltijd⟩ Imbiss *m* ★ *lekker ~* Leckerbissen *m* ★ *~ tussendoor* Zwischenmahlzeit *v* ★ *een ~ eten* einen Bissen essen

hapjespan Bratpfanne *v*

hapklaar mundgerecht

happen ❶ *bijten* schnappen, beißen ★ *~ naar* schnappen nach [+3] ★ *in iets ~* in etw. (hinein)beißen [+4] ★ *de hond hapt naar mijn broek* der Hund schnappt nach meiner Hose ★ *plotseling hapte de hond* plötzlich schnappte / biss der Hund (zu) ❷ *reageren* anbeißen ★ *zij hapte meteen* sie biss gleich an

happening Happening *o*

happig op erpicht auf [+4], gierig nach ★ *ik ben er niet ~ op* ich reiße mich nicht drum

happy happy, hocherfreut ★ *ergens niet ~ mee zijn* nicht glücklich sein über etw.

hapsnap ad hoc ★ *~ beleid* Ad-hoc-Politik *v*

haptonomie Haptonomie *v*

haptonoom Haptonom *m*

harakiri Harakiri *o* ★ *~ plegen* Harakiri machen

haram rel haram, verboten

hard **I** bnw ❶ *niet week* hart ★ *hard worden* hart werden ★ *op de harde grond slapen* auf dem harten Boden schlafen ★ *een hard ei* ein hartgekochtes Ei ★ *harde grond* harte(r) Boden *m* ❷ *luid* laut ★ *harde muziek* laute Musik *v* ★ *met een harde stem* mit einer lauten Stimme ❸ ⟨van kleur, licht⟩ *fel* ★ *harde kleuren* grelle Farben ❹ *hevig* hart, stark ★ *een harde wind* ein starker Wind ❺ *streng, ruw* hart ★ *een harde strijd* ein harter Kampf ★ *je bent hard voor hem* du bist hart zu ihm ★ *een harde winter* ein harter Winter ★ *de harde werkelijkheid* die harte Realität ★ *het is hard voor je* es ist hart für dich ❻ *vaststaand* ★ *harde feiten* harte Tatsachen ★ *harde bewijzen* klare Beweise ❼ *kalkrijk* ★ *het water is hier hard* das Wasser ist hier hart **II** bijw ❶ *hevig* hart, stark ★ *hard studeren* fleißig studieren ★ *hard werken* hart arbeiten ★ *het regent hard* es regnet stark ★ *het hard nodig hebben* es dringend brauchen ★ *hard aankomen bij iem.* ein harter Schlag für jmdn. sein ★ *iem. hard slaan* jmdn. fest schlagen ❷ *snel* schnell ★ *hard lopen* laufen, joggen ★ *te hard rijden* zu schnell fahren ★ *harder rijden* beschleunigen ★ *om het hardst* um die Wette ★ *hard vooruitgaan* große Fortschritte machen ❸ *luid* laut ★ *hard praten* laut reden ★ *hard gillen* laut schreien ❹ *streng,*

ruw hart ★ *iem. hard aanpakken* jmdn. hart anfassen ★ *het gaat hard tegen hard* es geht hart auf hart
hard- grell- ★ *hardgeel* grellgelb
hardboard Hartfaserplatte *v*
harddisk Harddisk *v*, Festplatte *v*
harddrug Hard Drug *v*, harte Droge *v*
harden ❶ *hard maken* härten, abhärten ★ *staal ~* Stahl härten ★ *het leven heeft hem gehard* das Leben hat ihn hart gemacht ★ *zich tegen iets ~* sich gegen etw. abhärten ❷ *uithouden* aushalten ★ *dit is niet te ~* es ist nicht zum Aushalten
harder Härter *m*
hardgekookt hart gekocht, hartgekocht, hart gesotten
hardhandig roh, ‹sterker› brutal ★ *~e manier van doen* brutale Handlungsweise *v*
hardheid ❶ *het niet week zijn* Härte *v* ❷ *strengheid, ruwheid* Härte *v* ❸ *luidheid* Lautstärke *v* ❹ *kalkgehalte* ★ *de ~ van het water* der Härtegrad des Wassers
hardhorend schwerhörig
hardhout Hartholz *o*
hardleers ❶ *eigenwijs* unbelehrbar ❷ *moeilijk lerend* ungelehrig
hardlopen **I** *zn* [het] Laufen *o* **II** *on ww* laufen, wettlaufen
hardloper Läufer *m*, ‹in wedstrijd› Wettläufer *m* ★ *~ op de middenafstand* Mittelstreckenläufer *m* ★ *~s zijn doodlopers* Eile mit Weile
hardmaken beweisen, belegen
hardnekkig **I** *bnw* ❶ *koppig* hartnäckig ★ *~ zwijgen* hartnäckig schweigen ❷ *aanhoudend* ★ *een ~e koorts* ein hartnäckiges Fieber ★ *een ~ gerucht* ein hartnäckiges Gerücht **II** *bijw* ★ *~ volhouden* hartnäckig bleiben
hardop laut ★ *~ denken* laut denken ★ *~ dromen* im Traum reden
hardrijden ‹met paarden, fietsen, auto's› rennen ★ *het ~ op de schaats* das Eisschnelllaufen
hardrijder ‹in auto's, op fietsen› Rennfahrer *m*, ‹in schaatssport› Eisschnellläufer *m* ★ *~ op de lange baan* Langstreckenläufer *m* ★ *~ op de korte baan* Kurzstreckenläufer *m*
hardrock Hardrock *m*
hardvochtig hartherzig, unbarmherzig, herzlos ★ *~ zijn* unbarmherzig sein
hardware Hardware *v*
harem Harem *m*
harig (stark / dicht) behaart, haarig
haring ❶ *vis* Hering *m* ★ BN *droge ~* Bückling *m* ★ *nieuwe ~* Matjeshering *m* ★ *~ kaken* Heringe ausnehmen ★ *daar moet ik ~ of kuit van hebben* dem muss ich auf den Grund gehen ★ *als ~en in een ton* wie die Heringe ❷ *pin van tent* Hering *m*
hark ❶ *gereedschap* Harke *v*, Rechen *m* ❷ *stijf persoon* ★ *stijve hark* Stockfisch *m*
harken harken ★ *bladeren bij elkaar ~* Laub zusammenharken
harkerig hölzern, linkisch, steif ★ *~e jongen* hölzerne(r) Bursche *m* ★ *~ lopen* stelzen
harlekijn Harlekin *m*
harmonica *trekharmonica* Harmonika *v*
harmonicadeur Falttür *v*
harmonie ❶ muz Harmonie *v* ❷ fig *eendracht* Harmonie *v* ★ *zij leven in volledige ~* sie leben in völliger Harmonie ★ *met iemand / iets in ~ zijn* mit jmdm. / etw. im Einklang sein ❸ *orkest* Musikkapelle *v*
harmoniemodel ≈ Konsens *m*
harmonieorkest Harmonieorchester *o*
harmoniëren harmonieren, im Einklang sein
harmonieus harmonisch
harmonisatie Harmonisierung *v*
harmonisch harmonisch
harmoniseren *harmonisch maken* harmonisieren
harnas Harnisch *m*, Rüstung *v* ★ *een ~ dragen* eine Rüstung tragen ★ *iem. tegen zich in het ~ jagen* jmdn. gegen sich aufbringen ★ *in het ~ sterven* mitten aus dem Leben gerissen werden
harp Harfe *v*
harpist Harfenist *m*
harpoen Harpune *v*
harpoeneren harpunieren
harpoengeweer Harpunengewehr *o*
harrewarren sich in den Haaren haben
hars plantk Harz *o*, resin ★ *hars afscheiden* harzen
harsen enthaaren
hart ❶ *orgaan* Herz *o* ★ *een gezond hart* ein gesundes Herz ★ *het aan zijn hart hebben* es am Herzen haben ★ *kamers van het hart* Herzkammern ★ *mijn hart bonst* mein Herz pocht ★ *het hart klopt mij in de keel* das Herz schlägt mir bis zum Hals ❷ *zetel gevoelsleven* Herz *o*, Seele *v* ★ *van harte* aus tiefstem Herzen ★ *van harte gefeliciteerd!* herzlichen Glückwunsch! ★ *van ganser harte* herzlich, von ganzem Herzen ★ *niet van harte* mit halbem Herzen ★ *het gaat niet van harte* ich bin mit dem Herzen nicht dabei ★ *het hart op de juiste plaats hebben* das Herz am rechten Fleck haben ★ *in zijn hart* im Herzen ★ *een gebroken hart* ein gebrochenes Herz ★ *een hart van steen* ein Herz aus Stein ★ *een goed hart hebben* ein gutes Herz haben ★ *hij zegt wat er in zijn hart omgaat* er spricht frei von der Leber weg ★ *met een gerust hart* ruhigen Herzens ★ *dit breekt haar hart* dies bricht ihr das Herz ★ *mijn hart breekt* mir bricht das Herz ★ *zijn hart luchten / uitstorten bij iem.* sein Herz bei jmdm. ausschütten ★ *iemands hart in vlam zetten* jmdn. entflammen ★ *hij heeft zijn hart aan de natuur verpand* sein Herz gehört der Natur ★ *waar het hart van vol is, loopt de mond van over* wes das Herz voll ist, des geht der Mund über ★ *het hart niet hebben om...* nicht das Herz haben zu... ★ *met hart en ziel* mit Leib und Seele ★ *met heel mijn hart* aus ganzem Herzen ★ *zijn hart aan iets ophalen* seine helle Freude an etw. haben ★ *iem. een warm hart toedragen* jmdm. wohl gesonnen sein ★ *zij heeft alles wat haar hartje begeert* sie hat alles, was das Herz begehrt ★ *iem. een hart onder de riem steken* jmdm. Mut machen ★ *zijn hart vasthouden* das Schlimmste befürchten ★ *dat ging mij aan het hart* das ging mir zu Herzen ★ *het ligt me na aan het hart* es liegt mir am Herzen ★ *zich door zijn hart laten leiden* seinem Gefühl folgen ★ *met bloedend hart* blutenden Herzens ★ *een man naar mijn hart* ein Mann nach meinem Herzen ★ *de schrik sloeg haar om het hart* ihr stockte das Herz vor Schreck ★ *iem. op het hart trappen* jmdn. ins

Herz treffen ★ *iem. iets op het hart drukken* jmdm. etw. ans Herz legen ★ *iets op het hart hebben* etw. auf dem Herzen haben ★ *iets niet over het hart kunnen verkrijgen* etw. nicht übers Herz bringen ★ *iets ter harte nemen* sich etw. zu Herzen nehmen ★ *uit het diepst van mijn hart* aus tiefstem Herzen ★ *het is me uit het hart gegrepen* es ist mir aus dem Herzen gesprochen ★ *van zijn hart geen moordkuil maken* aus seinem Herzen keine Mördergrube machen ★ *het hart op de tong hebben* das Herz auf der Zunge haben ★ *mijn hart kromp ineen* das Herz krampfte sich mir zusammen ★ BN *iets niet aan zijn hart laten komen* sich über etw. [4] nicht aufregen ★ BN *van zijn hart geen steen maken* aus seinem Herzen keine Mördergrube machen ❸ *kern* Herz *o*, Kern *m* ★ *het hart van de zaak* die Seele der Organisation ★ *het hart van de stad* das Herz der Stadt ★ *in het hart van het land* im Herzen des Landes ★ *hartje zomer* im Hochsommer ★ *hartje winter* im tiefsten Winter

ha

hartaandoening Herzleiden *o*

hartaanval Herzanfall *m* ★ *aan een ~ overlijden* an einem Herzanfall sterben ★ *een ~ krijgen* einen Herzanfall bekommen

hartbewaking ❶ *controle* Überwachung *v* der Herztätigkeit ❷ *afdeling* Intensivstation *v*

hartboezem Vorkammer *v*, Vorhof *m*

hartbrekend herzbewegend, herzergreifend, ⟨sterker⟩ herzzerreißend

hartchirurg Herzchirurg *m*, Kardiologe *m*

hartelijk I *bnw* herzlich ★ *met ~e groeten* mit herzlichen Grüßen ★ *een ~ mens* eine warmherzige Person ★ *~ dank* vielen / herzlichen Dank **II** *bijw* ★ *~ lachen* herzlich lachen ★ *~ bedankt* herzlichen Dank

harteloos hartherzig, herzlos ★ *harteloze daad* Herzlosigkeit *v*

harten Herz *o* ★ *~ is troef* Herz ist Trumpf ★ *een ~kaart in de hand hebben* ein Herz auf der Hand haben ★ *~ vrouw* Herzdame *v*

hartenaas Herzass *o*

hartenboer Herzbube *m*

hartenbreker Herzensbrecher *m*

hartendief Herz *o*, ⟨vooral van kind⟩ Herzblatt *o*, ⟨kind⟩ Herzenskind *o*

hartenheer Herzkönig *m*

hartenjagen Herzjagd *v*

hartenkreet Äußerung *v* der Besorgnis

hartenlust ▾ *naar ~* nach Herzenslust *v*

hart- en vaatziekten Herz-Kreislauf-Erkrankungen *v mv*

hartenvrouw Herzdame *v*

hartenwens Herzenswunsch *m*

hartgrondig I *bnw* tief ★ *ik heb daar een ~e hekel aan* das ist mir zutiefst zuwider **II** *bijw* zutiefst, aus / in tiefster Seele ★ *iem. ~ bedanken* jmdm. aus tiefster Seele danken ★ *iem. ~ haten* jmdn. zutiefst hassen

hartig ❶ *zout* herzhaft, würzig ★ *~e soep* würzige Suppe *v* ★ *een ~e maaltijd* ein herzhaftes Essen ★ *zij houdt van ~* sie isst gern Herzhaftes ❷ *krachtig* ★ *een ~ woordje met iem. spreken* ernsthaft mit jmdm. über etw. sprechen

hartinfarct Herzinfarkt *m*

hartkamer Herzkammer *v*

hartklachten Herzbeschwerden *mv*

hartklep Herzklappe *v*

hartklopping Herzklopfen *o* ★ *~en krijgen* Herzklopfen bekommen

hartkwaal Herzleiden *o*, Herzkrankheit *v* ★ *aan een ~ lijden* herzkrank sein

hart-longmachine Herz-Lungen-Maschine *v*

hartmassage Herzmassage *v*

hartoperatie Herzoperation *v*

hartpatiënt Herzpatient *m*

hartritmestoornis Herzrhythmusstörung *v*

hartroerend herzbewegend, herzerweichend, herzergreifend

hartruis Herzgeräusch *o*

hartsgeheim *diep geheim* ≈ tiefste(s) Geheimnis *o*, ≈ sorgsam gehütete(s) Geheimnis *o*, ≈ innerste(s) Geheimnis *o* des Herzens ★ *iem. zijn ~en toevertrouwen* jmdm. seine tiefsten Geheimnisse anvertrauen

hartslag Herzschlag *m* ▾ *de ~ van de wereldstad* der pulsierende Herzschlag der Metropole

hartspier Herzmuskel *m*

hartstikke sehr, wahnsinnig, unheimlich ★ *hij is ~ dood* er ist mausetot ★ *~ bedankt* tausend Dank ★ *~ donker* stockfinster ★ *~ doof* stocktaub ★ *~ boos* stocksauer ★ *het is ~ te gek* es ist einsame Spitze

hartstilstand Herzstillstand *m* ★ *ik kreeg een ~ van schrik* ich habe mich zu Tode erschreckt

hartstocht ⟨passie⟩ Leidenschaft *v*, ⟨drift⟩ Trieb *m* ★ *zijn ~en bedwingen* seine Triebe zügeln / bezähmen / beherrschen ★ *de slaaf zijn van zijn ~en* ein Gefangener seiner Triebe sein ★ *zich door zijn ~en laten meeslepen* sich von seinen Gefühlen leiten lassen ★ *een ~ voor toneel* eine Leidenschaft für das Theater ★ *iets met ~ doen* etw. mit Leidenschaft tun

hartstochtelijk leidenschaftlich, passioniert ★ *~ muziekliefhebber* leidenschaftliche(r) Musikliebhaber ★ *iem. ~ liefhebben* jmdn. leidenschaftlich / heiß und innig lieben ★ *zij is een ~ bergbeklimster* sie ist eine passionierte Bergsteigerin ★ *~ mens* leidenschaftliche(r) Mensch *m*

hartstoornis Herzfehler *m*

hartstreek Herzgegend *v*

hartsvriend Busenfreund *m*

hartsvriendin Busenfreundin *v*

harttransplantatie Herztransplantation *v*

hartvergroting Herzvergrößerung *v*

hartverlamming Herzschlag *m*, Herzlähmung *v* ★ *aan een ~ sterven* an einem Herzschlag sterben

hartveroverend unwiderstehlich

hartverscheurend herzzerreißend

hartversterking *borrel* Schnaps *m*

hartverwarmend herzerwärmend

hasj Haschisch *o*

hasjhond Haschischhund *m*

haspel ⟨voor een slang⟩ Schlauchrolle *v*, ⟨voor een kabel⟩ Kabelrolle *v*, ⟨voor garen en draad⟩ Haspel *v*

haspelen I *ov ww* ❶ *op haspel winden* aufwickeln, ⟨draad, garen⟩ haspeln ❷ *verwarren* ⟨door elkaar⟩ durcheinanderbringen, verheddern ★ *namen door elkaar ~* Namen durcheinanderbringen ★ *alles door elkaar ~* alles verheddern **II** *on ww*,

stuntelen stümpern, pfuschen, ⟨slordig werken⟩ hudeln ★ *wat zit je nou te ~?* was stümperst du denn da herum?
Hasselt Hasselt *o*
Hasselts Hasselter
hatchback transp Fließheck *o*
hatelijk boshaft, gehässig
hatelijkheid ❶ *het hatelijk zijn* Gehässigkeit *v* ❷ *opmerking* Anzüglichkeit *v*, Gehässigkeit *v* ★ *hatelijkheden debiteren (jegens iemand)* Gehässigkeiten gegenüber jmdm. äußern
haten hassen ★ *ik haat hem* ich hasse ihn ★ *zich gehaat maken* sich verhasst machen ★ *iemand / iets hartgrondig ~* jmdn. / etw. zutiefst hassen
hatsjie, **hatsjoe** hatschi
hattrick sport Hattrick *m*
hausse Hausse *v* ★ *er is een ware ~ ontstaan* es ist ein wahrer Boom entstanden
hautain überheblich, anmaßend
haute couture Haute Couture *v*
Havanna Havanna *o*
have Habe *v*, Gut *o* ★ *levende have* Viehbestand *m* ★ *have en goed verliezen* Hab und Gut verlieren
haveloos ❶ *sjofel* schäbig, ⟨bij kleding⟩ zerlumpt ★ *haveloze kleren* zerlumpte Kleider ❷ *vervallen* verfallen, heruntergekommen ❸ *berooid* abgerissen, heruntergekommen, ⟨zonder geld⟩ mittellos
haven Hafen *m* ★ *een ~ binnenlopen* in einen Hafen einlaufen ★ *een ~ aandoen* einen Hafen anlaufen ★ *de ~ uit zeilen* aus dem Hafen auslaufen ★ *in veilige ~ zijn* einen sicheren Hafen gefunden haben
havenarbeider Hafenarbeiter *m*
havenbelasting Hafensteuer *v*
havengeld Hafengebühr *v*
havenhoofd Hafenmole *v*
havenkantoor Hafenamt *o*
havenmeester, BN **havenkapitein** Hafenmeister *m*
havenstad Hafenstadt *v*
havenstaking Streik *m* der Hafenarbeiter
havenwijk Hafenviertel *o*
haver Hafer *m* ★ *iem. van ~ tot gort kennen* jmdn. durch und durch kennen
haverklap ▾ *om de ~* alle naselang
havermout ❶ *haver* Haferflocken *mv* ❷ *pap* Haferbrei *m*, Hafergrütze *v*, Haferschleim *m*
havik ❶ *vogel* Habicht *m* ❷ pol Falke *m*
haviksneus Habichtsnase *v*
haviksogen Habichtsaugen *o mv*, Falkenaugen *o mv*, Adleraugen *o mv*
havo *hoger algemeen voortgezet onderwijs* ≈ allgemeinbildender Sekundarunterricht der Oberstufe *o*, omschr Schulart zwischen Realschule und Gymnasium
Hawaï Hawaii *o*
Hawaïaans von Hawaii
hazelaar Hasel *v*, Haselbusch *m*
hazelnoot Haselnuss *v*
hazenlip Hasenscharte *v*
hazenpad ▾ *het ~ kiezen* das Hasenpanier ergreifen
hazenpeper cul Hasenpfeffer *m*
hazenrug Hasenrücken *m*
hazenslaapje Nickerchen *o* ★ *een ~ doen* ein Nickerchen machen
hazewindhond, **hazewind** Windhund *m*
hbo *hoger beroepsonderwijs* ⟨instituut⟩ Fachhochschule *v*, ⟨onderwijs⟩ Fachhochschulunterricht *m*
hdtv *high-definition television* HD-Fernsehen *o*
hé he, heda ★ *hé, kom eens* he, komm mal!
hè was?, wie?, oder? ★ *lekker weertje hè?* schönes Wetter, nicht wahr? ★ *dat wist je niet, hè?* das wusstest du nicht, oder?
headbangen Headbanging *o*
headhunter Headhunter *m*
heao ≈ Handelsschule *v*
heavy metal Heavy Metal *o*
hebbedingetje Nippes *mv*, Dingelchen *o*
hebbelijkheid Angewohnheit *v*, ⟨negatief⟩ Unart *v*, ⟨negatief⟩ Untugend *v*
hebben I *ov ww* ❶ *bezitten* haben ★ *heb je al een baan?* hast du schon eine Stelle? ★ *iets bij zich ~* etw. bei sich haben ★ *hier heb je het* hier hast du es ★ *nou heb ik het!* ich hab's! ★ *ik heb dat van X* ich habe das von X ❷ *in een toestand zijn* ★ *het goed / slecht ~* es gut / schlecht haben ★ *ik heb het koud / warm* mir ist kalt / warm ❸ *ondervinden* ★ *vader wil het niet ~* Vater erlaubt es nicht ★ *graag ~* mögen ★ *nu zul je het ~!* da haben wir die Bescherung! ★ *wat zullen we nu ~?* was ist jetzt los? ★ *ik heb graag dat hij komt* ich freue mich, wenn er kommt ★ *ik zou liever ~ dat je niet ging* mir wäre lieber, wenn du nicht gehen würdest ★ *hij heeft het in zijn rug* er hat es im Rücken ★ *ik heb het warm* mir ist warm ★ *wat heb je?* was hast du? ★ *het aan de longen ~* es an den Lungen haben ★ *dat ~ we weer gehad* das haben wir geschafft ★ *ik wist niet hoe ik het had* ich wusste nicht, wie mir geschah ❹ *praten* ★ *waar heb je het over?* wovon sprichst du? ★ *daar heb ik het niet over* davon spreche ich nicht ★ *iedereen heeft het erover* jeder redet darüber ★ *hij weet waar hij het over heeft* er weiß, worüber er spricht ★ *heb je het tegen mij?* sprichst du mit mir? ❺ *verdragen* ★ *hij kan niet veel ~* er kann nicht viel vertragen ★ *ik kan het niet ~* ich kann es nicht haben ★ *ik kan veel ~* ich vertrage viel ★ *hij had het niet meer van de pijn* er konnte nicht mehr vor Schmerzen ❻ *aantreffen* ★ *je hebt er overal bos* es gibt dort überall Wald ★ *zoiets heb je hier niet* so etw. gibt es hier nicht ★ *daar heb je hem* da ist er ja ★ *hij wil het zo ~* er will es so haben ★ *daar heb je hem!* da kommt er wieder! ★ *wie ~ we daar?* wen haben wir denn da? ★ *zo heb je bijvoorbeeld...* so gibt es zum Beispiel ❼ **~ aan** ★ *wat heb je daaraan?* was hast du davon? ★ *men weet nooit wat men aan hem heeft* man weiß nie, was man an ihm hat ★ *aan hem heb je niets* ihn kann man zu nichts gebrauchen ★ *ik heb er veel aan* es nützt mir viel ★ *een jongen waar je iets aan hebt* ein Junge, den man gebrauchen kann ★ *wat heb je daaraan?* wozu ist das gut? ❽ **~ te** *[+ inf.]* haben zu [+ inf.] ★ *niet te klagen ~* nicht zu klagen haben ★ *je hebt te gehoorzamen* du hast zu gehorchen ❾ **~ van** *lijken op* ★ *hij heeft veel van zijn broer weg* er ist seinem Bruder sehr ähnlich ★ *het heeft er veel van weg dat we...* es sieht sehr danach aus, dass wir... ▾ *wel heb ik*

he

ooit! das ist ja wohl das Letzte! ▾ *hij wist niet hoe hij het had* er wusste nicht, wie ihm war ▾ *iets ~ met iem.* etwas mit jemandem haben ▾ *~ zij wel eens wat met elkaar gehad?* hatten sie mal was miteinander? ▾ *ik heb het niet erg op hem* ich habe es nicht so mit ihm ▾ *iets over zich ~* etwas an sich haben ▾ *ik moet niets van hem ~* ich kann ihn nicht riechen ▾ *daar moet ik niets van ~* ich will davon nichts wissen ▾ *het van de zomer moeten ~* auf die Sommermonate angewiesen sein ▾ *dat heb je ervan!* das hast du davon! ▾ *ik wil niets met hem te maken ~* ich will nichts mehr mit ihm zu tun haben **II** *hww* haben ★ *ik heb me geschoren* ich habe mich rasiert ★ *gelachen dat we ~* selten so gelacht ★ *zij heeft gefietst* sie ist Rad gefahren ★ *hij heeft gelogen* er hat gelogen **III** *zn* [het] ★ *met zijn hele ~ en houden* mit all seinen Habseligkeiten

he

hebberd habsüchtige(r) Mensch *m*

hebberig habgierig, habsüchtig ★ *hij is ontzettend ~* er ist unglaublich habgierig

hebbes erwischt!, ich hab's!

Hebreeuws I *zn* [het] Hebräisch(e) *o* **II** *bnw, m.b.t. de Hebreeërs* hebräisch ★ *het ~e volk* das hebräische Volk

Hebriden Hebriden *mv* ★ *op de ~* auf den Hebriden

hebzucht Habsucht *v*, Habgier *v*

hebzuchtig habsüchtig, raffsüchtig, habgierig

hecht ❶ *solide, vast* fest, solide, stabil ❷ fig *onverbrekelijk* fest, eng ★ *een ~e vriendschap* eine enge Freundschaft ★ *een ~e samenwerking* eine enge Zusammenarbeit

hechtdraad Faden *m*, med Katgut *o*

hechten I *ov ww* ❶ *vastmaken* (an)heften, med nähen ★ *een wond ~* eine Wunde nähen ★ *een papiertje aan het dossier ~* einen Zettel an die Akte heften ❷ *toekennen* beimessen ★ *zijn goedkeuring aan iets ~* etw. gutheißen ★ *geen waarde ~ aan* keinen Wert legen auf [+4] ★ *betekenis aan iets ~* einer Sache Bedeutung beimessen ★ *ergens te veel belang aan ~* einer Sache zu viel Gewicht beilegen **II** *on ww* ❶ *vastkleven* haften, kleben ★ *het hecht niet* es klebt nicht ❷ **~ aan** *gesteld zijn op* liegen [+3], Wert legen auf [+4] ★ *daar hecht ik erg aan* daran liegt mir viel ★ *aan goede manieren ~* Wert auf gute Manieren legen **III** *wkd ww* **[zich ~] ~ aan** sein Herz hängen an [+4]

hechtenis Haft *v*, ⟨als straf⟩ Haft(strafe) *v* ★ *voorlopige ~* Untersuchungshaft *v* ★ *in ~ zijn* inhaftiert sein ★ *iem. in ~ nemen* jmdn. verhaften

hechting ❶ *het hechten* med Nähen *o* ❷ *draad waarmee gehecht is* Fäden *mv* ★ *~en aanbrengen* nähen ★ *de ~en verwijderen* die Fäden ziehen

hechtpleister Heftpflaster *o*

hectare Hektar *m*

hectiek Hektik *v*

hectisch hektisch

hectogram Hektogramm *o*

hectoliter Hektoliter *m*

hectometer Hektometer *m*

heden I *zn* [het] Heute *o*, Gegenwart *v* **II** *bijw* heute ★ *~ ten dage* heutzutage ★ *tot op ~* bis jetzt ★ *vanaf ~* ab jetzt ★ *~avond* heute Abend

hedendaags heutig, gegenwärtig ★ *~e literatuur* Gegenwartsliteratur *v*

hee *hallo, hoi* hallo, hey, hi

heel I *bnw* ❶ *geheel* ganz ★ *een heel jaar* ein ganzes Jahr ★ *heel Europa* ganz Europa ★ *de hele dag* den ganzen Tag ★ *de hele wereld* die ganze Welt ★ *hele dagen werken* Vollzeit arbeiten ★ *heel Frankrijk* ganz Frankreich ★ *zijn hele leven* sein ganzes Leben ❷ *niet kapot* heil, inform ganz ★ *de ruit is nog heel* die Scheibe ist noch ganz ★ *niets heel laten van* lett zerstören fig zerreißen fig kein gutes Haar lassen an [+3] ❸ *veel, groot* ziemlich, ganz, beträchtlich ★ *dat is heel wat anders* das ist etw. ganz Anderes ★ *heel wat mensen* sehr viele Menschen ★ *het is een hele geschiedenis* es ist eine lange Geschichte ★ *dat is een hele som geld* das ist eine beträchtliche Summe **II** *bijw* ❶ *zeer, erg* ganz, sehr ★ *heel goed* sehr gut ★ *een heel klein beetje* ein ganz kleines bisschen ★ *heel klein* ganz klein ★ *heel wat sympathieker* viel sympathischer ★ *heel veel geld* ganz viel Geld ★ *heel veel mensen* ganz viele Leute ★ *heel groot* sehr groß ★ *zij was heel enthousiast* sie war ganz begeistert ❷ *geheel en al* ganz, völlig ★ *heel in de verte* in weiter Ferne ★ *de situatie is nu heel anders* die Situation ist jetzt völlig anders

heelal Weltall *o*, All *o*

heelhuids unversehrt, ungeschoren ★ *ergens ~ van afkomen* ungeschoren davonkommen

heelmeester Wundarzt *m* ▾ *zachte ~s maken stinkende wonden* der milde Arzt schlägt grobe Wunden

heemraadschap Deichverband *m*

heen hin ★ *door de jaren heen* im Laufe der Jahre ★ *heen en terug gaan* hin und zurück gehen ★ *waar ga je heen?* wohin gehst du? ★ *nergens heen* nirgendwohin ★ *heen en weer* hin und her ★ *er heen gaan* dahingehen ★ *ik begrijp waar u heen wilt* ich verstehe, worauf Sie hinauswollen ★ *heen en weer lopen* hin- und herlaufen ★ *waar je ook heen gaat* wo man auch hingeht ★ *zij is er nog niet over heen* sie ist noch nicht darüber hinweg ★ *waar wil hij heen?* worauf will er hinaus? ★ *waar moet dat heen?* worauf soll das hinauslaufen? ★ *ver heen zijn* ziemlich verrückt sein, stockbesoffen sein, tief gesunken / gefallen sein

heen-en-weer Hin und Her *o* ★ *het ~ krijgen* rappelig werden

heengaan ❶ *weggaan* fortgehen, weggehen ❷ *sterven* (da)hinscheiden ★ *van ons is heengegaan...* ... ist von uns gegangen ★ *in vrede ~* in Frieden dahinscheiden ❸ *verstrijken* vergehen

heenkomen ▾ *een goed ~ zoeken* sich aus dem Staube machen

heenreis Hinreise *v*, Hinfahrt *v* ★ *op de ~* auf der Hinfahrt

heenronde BN sport *eerste helft van de competitie* Hinrunde *v*

heenweg Hinweg *m* ★ *op de ~* auf dem Hinweg

Heer *God* Herr *m*

heer ❶ form *man* Herr *m* [mv: Herren] ★ *de heer X* Herr X ★ *Geachte heer* Sehr geehrter Herr X ★ ⟨adressering⟩ *aan de heer X* Herrn X ★ *kan ik de heer X spreken?* kann ich Herrn X sprechen?

★ *mijne heren* Sehr geehrte Herren ★ *de heer en mevrouw X* Herr und Frau X ★ *de oude heer* der alte Herr ★ ⟨opschrift toilet⟩ *heren* Herren ★ iron *de hoge heren* die da oben ★ *het heertje zijn* den feinen Herrn spielen ❷ *meester* Herr *m* ★ *de heer des huizes* der Herr des Hauses ★ *zijn eigen heer en meester zijn* sein eigener Herr sein ★ *men kan geen twee heren dienen* man kann nicht zwei Herren dienen ❸ *figuur in kaartspel* König *m*

heerlijk I *bnw* ❶ *lekker* köstlich, gut ★ *het smaakt ~* es schmeckt köstlich ❷ *prachtig, aangenaam* wunderbar, herrlich ★ *het ~ hebben* es herrlich haben ★ *ik zou het ~ vinden!* das fände ich wunderbar! II *bijw* ★ *het smaakt ~* es schmeckt köstlich

heerlijkheid ❶ *iets heerlijks* Köstlichkeit *v* ❷ *gelukzaligheid* Seligkeit *v* ★ *de hemelse ~* die himmlische Glückseligkeit ❸ *gebied van landsheer* Herrschaft *v*

heerschap Mensch *m*, inform Kerl *m*, inform Typ *m* ★ *lastig ~* schwierige(r) Mensch ★ *raar ~* wunderliche(r) Kauz *m* ★ *vrolijk ~* lustige(r) Kerl *m* ★ *dat is een fraai ~!* das ist ein sauberer Bursche!

heerschappij Herrschaft *v*, Gewalt *v* ★ *~ hebben over* herrschen über [+4] ★ *onder vreemde ~ staan* unter fremder Herrschaft stehen ★ *de ~ op zee* die Seehoheit *v* ★ *onder Franse ~* unter französischer Herrschaft

heersen ❶ *regeren* herrschen ★ *~ over de zeeën* über die Weltmeere herrschen ❷ *aanwezig zijn* herrschen, bestehen ★ *de ~de denkbeelden* die herrschenden Ideen ★ *de ~de gewoonte* die herrschende Gewohnheit ★ *er heerst griep* es herrscht Grippe ★ *onder de ~de omstandigheden* unter den herrschenden Umständen

heerser Herrscher *m*

heerszuchtig herrisch, herrschsüchtig

hees I *bnw* heiser ★ *hees worden* heiser werden ★ *zich hees schreeuwen* sich heiser schreien ★ *een stem hees van woede* eine vor Wut heisere Stimme ★ *met hese stem* mit heiserer Stimme II *ww* [verl. td.] → **hijsen**

heester Staude *v*, Strauch *m*

heet I *bnw* ❶ *warm* heiß ★ *het is erg heet* es ist sehr heiß ★ *ik heb het erg heet* mir ist sehr heiß ★ *heet maken* erhitzen ★ *heet worden* heiß werden ★ *de grond wordt me te heet onder de voeten* mir wird der Boden unter den Füßen zu heiß ★ *je bent heet* ⟨spel⟩ ganz heiß! ★ *in het heetst van de strijd* in der Hitze des Gefechts ❷ *scherp* scharf ★ *hete peper* scharfe(r) Pfeffer II *bijw* ❶ *warm* ★ *heet drinken / eten* heiß trinken / essen ❷ *heftig* ★ *bij het debat ging het er heet aan toe* es war eine hitzige Debatte

heetgebakerd hitzig, hitzköpfig

heethoofd Heißsporn *m*, Hitzkopf *m*

heette [verl. td.] → **heten**

heetten [verl. td.] → **heten**

hefboom *werktuig* Hebel *m*, ⟨slagboom⟩ Schlagbaum *m*

hefbrug ❶ *brug bij scheepvaart* Hubbrücke *v* ❷ *platform in garage* Hebebühne *v*

heffen ❶ *tillen* heben, (hoch)stemmen ★ *een gewicht ~* ein Gewicht heben ★ *het glas ~* das Glas erheben ❷ *opleggen* erheben ★ *belasting ~* Steuern erheben

heffing *vordering* Erhebung *v*, Einzug *m*

heft Griff *m* ▼ *het heft in handen hebben* die Zügel fest in der Hand haben ▼ *het heft uit handen geven* die Zügel aus der Hand geben

heftig ❶ *onstuimig* ungestüm ❷ *hevig* heftig ★ *~!* Wahnsinn!

heftruck Gabelstapler *m*

hefvermogen Tragfähigkeit *v*, Tragkraft *v*

heg Hecke *v* ★ *heg noch steg weten* sich überhaupt nicht auskennen

hegemonie Hegemonie *v*, Vorherrschaft *v*

heggenschaar Heckenschere *v*

hei ❶ *vlakte* Heide *v* ❷ *plant* Heide *v*, Heidekraut *o*

heibel ❶ *ruzie* Krach *m* ❷ *lawaai* Radau *m*

heiblok Rammblock *m*

heide ❶ *plant* Heide *v*, Heidekraut *o* ❷ *gebied* Heide *v*

heidebloem Heideblume *v*

heiden Heide *m* [v: Heidin] ▼ *aan de ~en overgeleverd zijn* ≈ unter die Wölfe geraten sein

heidens ❶ *niet-christelijk* heidnisch ❷ *ontzettend* Heiden- ★ *een ~ lawaai* ein Heidenlärm *m* ★ *een ~ karwei* Heidenarbeit *v*

heien (ein)rammen, techn pfählen

heiig diesig, dunstig

heikel heikel

heikneuter ❶ *pummel* Hinterwäldler *m* ❷ *vogel* Hänfling *m*

heil ❶ *welzijn* Heil *o* ★ *daar zie ik geen heil in* da sehe ich keine Chancen ❷ *redding* Heil *o* ★ *zijn heil zoeken bij* sein Heil suchen in [+3] ★ *zijn heil zoeken in de vlucht* sein Heil in der Flucht suchen

Heiland Heiland *m*

heilbot Heilbutt *m*

heildronk Trinkspruch *m* ★ *een ~ uitbrengen op iem.* einen Trinkspruch auf jmdn. ausbringen

heilig I *bnw* ❶ *zonder zonde* heilig ★ *iem. ~ verklaren* jmdn. heiligsprechen ❷ *gewijd* heilig ★ *bij al wat ~ is* bei allem, was einem lieb und teuer ist ★ *niets is hem ~* ihm ist nichts heilig II *bijw* ★ *~ beloven* hoch und heilig versprechen ★ *zich ~ voornemen om* sich fest vornehmen zu

heiligbeen Kreuzbein *o*

heiligdom *plaats* Heiligtum *o*

heilige Heilige(r) *m-v* ★ *hij is ook geen ~* iron er ist nicht gerade ein Heiliger

heiligen ❶ *wijden* heiligen ★ *geheiligde relikwieën* geweihte Reliquien ❷ *eerbiedigen* heiligen ★ *de sabbat ~* den Sabbat heiligen

heiligenleven Heiligenlegende *v*

heiligschennis Entheiligung *v*, ⟨tegen een religie⟩ Sakrileg *o*, ⟨van een plaats⟩ Entweihung *v*

heiligverklaring Heiligsprechung *v*

heilloos ❶ *geen geluk brengend* unheilbringend ❷ *verderfelijk* verrucht, schnöde

heilsoldaat Heilsarmist *m* [v: Heilsarmistin]

heilstaat vollkommene(r) Staat *m*

heilzaam ❶ *geneeskrachtig* heilkräftig ❷ *weldadig* heilsam ★ *een heilzame les* eine heilsame Lektion

heimelijk heimlich, geheim, verhohlen ★ *een ~ genoegen* ein inneres Vergnügen ★ *een ~e glimlach* ein verstohlenes Lächeln

heimwee Heimweh *o*, ⟨algemeen⟩ Sehnsucht *v*

★ ~ *krijgen naar* Heimweh nach... haben [+3] ★ *ziek van* ~ krank vor Heimweh ★ ~ *naar betere tijden* Sehnsucht nach besseren Zeiten ★ *ze kreeg* ~ sie bekam Heimweh, Heimweh befiel ihr

Hein ▾ *magere Hein* Freund Hein

heinde ▾ *van* ~ *en verre* von überall her

heipaal Rammpfahl *m*

heisa große(s) Trara *o*, Affentheater *o* ★ *(een)* ~ *maken* ein Affentheater machen ★ *het is een hele* ~ es ist ein Theater

hek ❶ *omheining* Zaun *m*, Gitter *o*, ⟨van weide⟩ Gatter *o*, ⟨van gevlochten draad⟩ Drahtzaun *m*, ⟨van hout⟩ Lattenzaun *m* ❷ *deur* Tor *o*, Gartentür *v* ★ *het hek is van de dam* da gibt's kein Halten mehr ❸ → **hekje**

hekel *afkeer* Abneigung *v*, Widerwille *m* ★ *een* ~ *hebben aan iemand / iets* jmdn. / etw. nicht ausstehen können ▾ *iem. over de* ~ *halen* über jemanden herziehen

hekeldicht Satire *v*, Spottgedicht *o*

hekelen *bekritiseren* anprangern

hekje *het teken #* Raute *v*

hekkensluiter Schlusslicht *o* ★ ~ *zijn* Schlusslicht sein

heks ❶ *tovenares* Hexe *v* ❷ *lelijk wijf* Hexe *v*, Schrulle *v* ★ *oude heks* alte Hexe

heksen hexen ★ *ik kan niet* ~ ich kann nicht hexen

heksenjacht Hexenjagd *v* ★ *een* ~ *op communisten* eine Hexenjagd auf Kommunisten

heksenketel *drukke toestand* Hexenkessel *m*

heksenkring Hexenring *m*

heksentoer Hexenkunst *v*, Hexerei *v* ★ *dat is geen* ~ das ist kein Hexenwerk

hekserij Hexerei *v*

hekwerk Gitterwerk *o*

hel I *zn* [de] Hölle *v* ★ *de groene hel* die grüne Hölle ★ *door een hel gaan* durch die Hölle gehen ★ *loop naar de hel!* fahr zur Hölle! ★ *de hel brak los* die Hölle war los **II** *bnw* hell

hela hallo

helaas I *bijw* leider **II** *tw* schade

helblauw hellblau

held ❶ *dapper iem.* Held *m* ★ *zij is de held van de dag* sie ist der Held des Tages ★ *held op sokken* Waschlappen *m* ★ *geen held in iets zijn* kein Held in etw. sein ❷ *hoofdpersoon* ⟨in drama of verhaal⟩ Protagonist *m*, Held *m*

heldendaad Heldentat *v*, iron Heldenstück *o*

heldendicht Heldendichtung *v*, ⟨epos⟩ Heldenepos *o* [mv: Heldenepen]

heldenmoed Heldenmut *m* ★ *met* ~ heldenmütig

heldenrol Heldenrolle *v*

helder I *bnw* ❶ *duidelijk* klar, deutlich, hell ★ *een* ~ *ogenblik* ein lichter Moment ★ *een* ~ *stemgeluid* eine helle Stimme ★ *een ~e uitleg* eine deutliche Erklärung ★ *een ~e zaak* eine klare Sache ❷ *licht* hell, licht ★ *een ~e hemel* ein heiterer Himmel ★ *~e kleuren* helle Farben ★ ~ *blauw* lichtblau, hellblau ★ *een ~e vlam* eine helle Flamme ❸ *schoon, zuiver* klar, ⟨proper⟩ sauber, ⟨proper⟩ rein ★ ~ *linnen* helle(s) Leinen ★ *het water is zo* ~ *als kristal* das Wasser ist kristallklar ★ *zo* ~ *als glas* glasklar ❹ *scherpzinnig* ★ *een* ~ *ogenblik* ein lichter Moment **II** *bijw, licht* ★ ~ *verlicht* hell erleuchtet

helderheid ❶ *duidelijkheid* Klarheit *v* ❷ *lichtheid van kleur* Helle *v*, Helligkeit *v* ❸ *zindelijkheid* Sauberkeit *v* ❹ *scherpzinnigheid* Klarheit *v*

helderziend hellseherisch

helderziende Hellseher *m* ★ *ik ben geen ~!* ich bin kein Hellseher!

heldhaftig heroisch, unerschrocken, heldenhaft, heldenmütig

heldin Heldin *v*

heleboel ★ *een* ~... eine ganze Menge... ★ *er zijn er een* ~ davon gibt's eine ganze Menge

helemaal ganz, völlig, ganz und gar ★ ~ *niet!* überhaupt nicht! ★ *niet* ~ nicht ganz ★ ~ *niets* überhaupt nichts, gar nichts ★ ~ *boven* ganz oben ★ ~ *fout* ganz falsch ★ ~ *naar Spanje* sogar nach Spanien ★ ~ *niet slecht* gar nicht schlecht spinnst du? ★ *ik heb* ~ *geen zin* ich habe überhaupt keine Lust ★ *dat laat mij* ~ *koud* das lässt mich völlig kalt

helen I *ov ww, gestolen goederen kopen* hehlen **II** *on ww, genezen* heilen

heler Hehler *m*

helft ❶ *elk van twee gelijke delen* Hälfte *v* ★ *op de* ~, BN *in de* ~ auf der Hälfte ★ *voor de* ~ zur Hälfte ★ *voor de* ~ *gevuld* zur Hälfte gefüllt ★ *voor de* ~ *van de prijs* zum halben Preis ★ *de* ~ *groter* um die Hälfte größer ❷ *een groot deel* Hälfte *v* ★ *de* ~ *is gelogen* die Hälfte ist gelogen ★ *mijn betere* ~ meine bessere Hälfte

helikopter, heli Hubschrauber *m*, Helikopter *m*

heling ❶ *genezing* Heilung *v* ❷ *kopen van gestolen goed* Hehlerei *v*, Hehlen *o*

helium Helium *o*

hellen ❶ *schuin aflopen* abfallen, abschüssig sein ★ *een ~d vlak* eine schiefe Ebene ★ *zich op een ~d vlak bevinden* auf die schiefe Bahn geraten sein ❷ *overhangen* sich neigen, ⟨aflopen naar beneden⟩ sich senken ★ *voorover / achterover* ~ sich nach vorne / hinten neigen ❸ *neigen* neigen (**naar** zu) [+3] ★ *hij helt naar mijn standpunt* er neigt zu meinem Standpunkt

helling ❶ *het hellen* Neigung *v* ❷ *glooiing* Hang *m*, Gefälle *o*, ⟨van een berg⟩ Abhang *m* ★ *tegen de (berg)~ aan* am Hang ★ *tegen een* ~ *opgaan* einen Hang hinauflaufen ★ *een* ~ *van 10%* ein Gefälle von 10% ★ *iets op de* ~ *zetten* etw. infrage / in Frage stellen ❸ BN *talud* Böschung *v*

hellingproef ⟨autorijden⟩ Anfahren *o* am Berg

hellingsgraad Neigungsgrad *m*

hellingspercentage Gefälle *o*

helm ❶ *hoofddeksel* Helm *m* ★ *zonder helm rijden* ohne Helm fahren ❷ *duingras* Dünengras *o*, Helmgras *o* ★ *met de helm geboren zijn* ⟨een geluksvogel zijn⟩ ein Glückskind *o* sein, ein Glückspilz *m* sein

helmgras Dünengras *o*

helmstok Pinne *v*

help Hilfe! ▾ *lieve help!* ach, du meine Güte!

helpdesk Helpdesk *m*

helpen ❶ *bijstaan* helfen [+3] ★ *elkaar* ~ einander helfen ★ fig *iem. uit de brand* ~ jmdm. aushelfen ★ *iem. iets* ~ *onthouden* jmdn. an etw. erinnern ★ *iem.* ~ *uitstappen* jmdm. beim Aussteigen helfen ★ *iem. aan iets* ~ jmdm. zu etw. verhelfen ★ *iem. aan een baantje* ~ jmdm. zu einem Job verhelfen ★ *iem. erdoorheen* ~ jmdm. über etw. hinweghelfen ★ *iem. in zijn jas* ~ jmdm. in den Mantel helfen ★ *iem. met iets* ~ jmdm. bei etw. helfen ★ *ik help het je hopen* ich hoffe mit dir ★ *ik kan het niet* ~ ich kann nichts dafür ❷ *bedienen* bedienen ★ *wordt u al geholpen?* werden Sie schon bedient? ★ *kan ik u* ~? kann ich Ihnen helfen? ★ *ik word al geholpen* ich werde schon bedient ❸ *baten* helfen, nützen ★ *het helpt niets* es hilft nichts ★ *alle beetjes* ~ jede Hilfe ist willkommen ★ *wat helpt het?* was nützt es? ★ *dat middel heeft hem geholpen* das Mittel hat ihm geholfen ★ *niets hielp* nichts half ★ *dat helpt tegen hoofdpijn* das hilft gegen Kopfschmerzen ★ *niet* ~ nicht helfen ★ *daarmee ben ik niet geholpen* damit ist mir nicht geholfen

helper Helfer *m* [v: Helferin]

helpscherm Hilfsbildschirm *m*

helpster ▾ BN *familiale* ~ Familienpflegerin *v*, Familienfürsorgerin *v*

helrood hellrot

hels ❶ *van, uit de hel* höllisch, teuflisch ★ *helse machine* Höllenmaschine *v* ❷ *afschuwelijk* höllisch ★ *een hels kabaal* ein Höllen- / Heidenlärm ❸ *woedend* fuchsteufelswild ★ *hels zijn* stinksauer sein ★ *hels worden* fuchsteufelswild werden

Helsinki Helsinki *o*

hem ⟨meewerkend voorwerp⟩ ihm, ⟨lijdend voorwerp⟩ ihn ★ *ik geef hem niets* ich gebe ihm nichts ★ *ik geef het hem* ich gebe es ihm ★ *ik zie hem* ich sehe ihn ★ *dit is voor hem* das ist für ihn ★ *dat is van hem* das gehört ihm ★ *dat is hem* das ist er ▾ *dat is het 'm* das ist gerade das Problem

hemd ❶ *onderhemd* Hemd *o*, Unterhemd *o* ★ *nat tot op het hemd* nass bis aufs Hemd ★ *het hemd is nader dan de rok* das Hemd ist näher als der Rock ★ *in zijn hemd staan* sich bis auf die Knochen blamiert haben ★ *iem. in zijn hemd zetten* jmdn. in aller Öffentlichkeit bloßstellen ★ *iem. het hemd van het lijf vragen* jmdm. ein Loch in den Bauch fragen ★ fig *iem. tot op het hemd uitkleden* jmdn. bis aufs Hemd ausziehen ❷ *overhemd* Hemd *o*, Oberhemd *o*

hemdsmouw Hemdsärmel *m* ★ *in zijn ~en* in Hemdsärmeln

hemel ❶ *uitspansel* Himmel *m* ★ *een heldere* ~ ein klarer Himmel ★ *aan de* ~ am Himmel ★ *onder de blote* ~ unter freiem Himmel, im Freien ★ *tussen ~ en aarde* zwischen Himmel und Erde ★ ~ *en aarde bewegen* Himmel und Hölle in Bewegung setzen ❷ *hiernamaals* Himmel *m* ★ *in de* ~ im Himmel ★ *naar de ~ gaan* in den Himmel kommen ★ *als door de ~ gezonden* wie vom Himmel geschickt ★ *de ~ zij dank!* dem Himmel sei Dank! ★ *lieve ~!* ach du lieber Himmel! ★ *in de zevende ~ zijn* im siebten Himmel sein ★ *iem. de ~ in prijzen* jmdn. in den Himmel heben

hemelbed Himmelbett *o*

hemelbestormer Himmelsstürmer *m*

hemelhoog himmelhoch ★ *iem. ~ prijzen* jmdn. in den Himmel heben

hemellichaam Himmelskörper *m*

hemelpoort Himmelspforte *v*, Himmelstor *o*

hemels ❶ *van de hemel* himmlisch ❷ *goddelijk* ★ *het smaakt* ~ es schmeckt köstlich

hemelsblauw Himmelblau *o*

hemelsbreed I *bnw* ❶ *in rechte lijn* in Luftlinie ★ ~ *is het vlakbij* in Luftlinie ist es ganz nah ❷ *zeer groot* himmelweit ★ *een ~ verschil* ein himmelweiter Unterschied II *bijw* ❶ *in rechte lijn* in Luftlinie ❷ *enorm* ★ ~ *verschillen* himmelweit verschieden sein

hemelsnaam ▾ *in 's ~!* um Himmels willen, um Gottes willen

hemeltergend himmelschreiend ★ *het is* ~ es schreit zum Himmel

Hemelvaartsdag, **Hemelvaart** Himmelfahrt *v*, Himmelfahrtstag *m* ★ *op* ~ an Himmelfahrt, zu Himmelfahrt, an Himmelfahrt

hemisfeer Hemisphäre *v*

hemofilie Hämophilie *v*, Bluterkrankheit *v*

hemzelf ⟨meewerkend voorwerp⟩ ihm selbst, ⟨lijdend voorwerp⟩ ihn selbst

hen I *zn* [de] Henne *v* II *pers vnw* ❶ *na voorzetsel* sie, ihnen ★ *een oom van hen* ein Onkel von ihnen ★ *deze auto is van hen* das Auto gehört ihnen ★ *wat heeft hij aan hen gegeven?* was hat er ihnen gegeben? ❷ *lijdend voorwerp* sie ★ *hij slaat hen regelmatig* er schlägt sie regelmäßig ★ *ik zie hen* ich sehe sie

hendel Hebel *m* ★ *de ~ overhalen* am Hebel ziehen

Hendrik Heinrich

hendrik ▾ *een brave* ~ ein Tugendbold *m*, ein Musterknabe *m*

Henegouwen Hennegau *m*

Henegouws vom Hennegau, aus dem Hennegau

hengel Angel *v*

hengelaar Angler *m*

hengelen ❶ *vissen* angeln ★ *zij zit op snoek te* ~ sie angelt auf Hechte ❷ ~ **naar** bohren ★ *naar de waarheid* ~ bohren, bis man die Wahrheit weiß

hengelsport Angelsport *m*

hengsel ❶ *beugel* Henkel *m* ❷ *scharnier* Angel *v* ★ *de deur uit de ~s lichten* eine Tür aus den Angeln heben ★ ~ *van een deur* Türangel *v*

hengst ❶ *paard* Hengst *m* ❷ *harde klap* Hieb *m*, brutale(r) Stoß *m* ★ *iem. een ~ verkopen* jmdm. eine reinhauen

hengsten ❶ *hard slaan* hämmern ❷ *hard leren* büffeln

henna Henna *v/o*

hennep Hanf *m* ★ *van* ~ hanfen

hens ▾ *alle hens aan dek!* alle Mann an Deck! ▾ *in de hens vliegen* Feuer fangen

henzelf sie selbst, ihnen selbst ★ *wij moeten het aan ~ geven* wir müssen es ihnen selbst geben

hepatitis Hepatitis *v* ★ ~ *A / B* Hepatitis A / B

her I *zn* [het], *herexamen* Wiederholungsprüfung *v* II *bijw* ❶ *geleden* seit ★ *van oudsher* von altersher ★ *van eeuwen her* jahrhundertealt ★ *een gewoonte van eeuwen her* ein uralter Brauch ❷ *hier* ★ *her en der* hier und da, allerorten, da und dort ★ *van hot naar her rennen* von Pontius zu Pilatus laufen

herademen aufatmen

heraldiek Heraldik *v*

heraldisch heraldisch

herbebossen wiederaufforsten

herbenoemen wieder ernennen

herberg Gasthaus *o*

herbergen ❶ *huisvesten* einquartieren, unterbringen ❷ *bevatten* enthalten
herbergier Gastwirt *m*, Wirt *m*
herbewapenen wiederbewaffnen
herbivoor Pflanzenfresser *m*
herboren neugeboren, rel wiedergeboren ★ *~ worden* wiedergeboren werden ★ *ik voelde me ~* ich fühlte mich wie neugeboren
herdenken ❶ *de herinnering vieren* gedenken [+2], feiern ★ *een held ~* eines Helden gedenken ❷ *terugdenken aan* zurückdenken, erinnern an [+4]
herdenking Gedenkfeier *v* ★ *ter ~ van* zum Gedenken an [+4] ★ *~ van de doden* Totenehrung *v*
herdenkingsdag Gedenktag *m*
herdenkingsdienst Gedenkgottesdienst *m*
herder ❶ *dierenhoeder* Hirt *m* ★ *de Goede Herder* der gute Hirte ❷ *hond* Schäferhund *m*, Hirtenhund *m* ★ *Duitse ~* deutscher Schäferhund
herderlijk pastoral, seelsorgerisch ★ *~ schrijven* Hirtenbrief *m*
herdershond Schäferhund *m*, Hirtenhund *m*
herderstasje Hirtentäschel *o*, Täschelkraut *o*
herdruk Nachdruck *m*, Neudruck *m*, Neuauflage *v* ★ *het boek is in ~* das Buch wird neu aufgelegt
herdrukken nachdrucken, neu drucken, neu auflegen
heremiet Eremit *m*, Einsiedler *m*
heremietkreeft Einsiedlerkrebs *m*
herenakkoord Gentlemen's Agreement *o*
herenboer Großbauer *m*
herenfiets Herrenrad *o*
herenhuis Herrenhaus *o*
herenigen zusammenführen, wiedervereinigen, versöhnen
hereniging Wiedervereinigung *v*, Versöhnung *v*
herenkapper Herrenfriseur *m*
herenkleding Herrenbekleidung *v*, ⟨mode⟩ Herrenmode *v*
herenmode Herrenmode *v*
herentoilet Herrentoilette *v*
herexamen onderw Wiederholungsprüfung *v* ★ *~ doen* die Wiederholungsprüfung machen ★ *mondeling ~ doen* eine mündliche Wiederholungsprüfung machen
herformuleren umformulieren, neuformulieren
herfst Herbst *m* ★ *in de ~* im Herbst ★ *in de ~ van het leven* im Herbst des Lebens
herfstblad Herbstblatt *o*
herfstdag Herbsttag *m*
herfstkleur Herbstfarben *mv*
herfstmaand Herbstmonat *m*
herfststorm Herbststurm *m*
herfsttint Herbstfarbe *v*
herfstvakantie onderw Herbstferien *mv*
hergebruik ❶ *recycling* Recycling *o* ❷ *het opnieuw gebruiken* Wiederverwertung *v*
hergroeperen neu einteilen, neu gliedern
herhaald mehrmals, wiederholt ★ *~e malen* zum wiederholten Male
herhaaldelijk wiederholt ★ *~ voorkomen* immer wieder vorkommen
herhaaltoets Wiederholungstest *m*
herhalen I *ov ww, opnieuw doen* wiederholen ★ *iets uitentreuren ~* etw. bis zum Erbrechen wiederholen **II** *wkd ww* [**zich ~**] *opnieuw gebeuren* sich wiederholen ★ *de geschiedenis herhaalt zich* die Geschichte wiederholt sich
herhaling ❶ *het opnieuw iets doen* Wiederholung *v* ★ *bij ~* im Wiederholungsfall ★ *in ~en vervallen* sich wiederholen ★ *niet voor ~ vatbaar* nicht zu empfehlen ❷ media *herhaalde uitzending* Wiederholung *v*
herhalingsoefening Wiederholungsübung *v*, ⟨militair⟩ Reservistenübung *v*
herhalingsrecept Wiederholungsrezept *o*
herindelen neu einteilen, umgruppieren, neugliedern
herindeling Neueinteilung *v*
herinneren I *ov ww* erinnern an [+4] ★ *iem. aan iets ~* jmdn. an etw. erinnern ★ *er wordt aan herinnerd dat* es wird daran erinnert, dass ★ *help me eraan ~* erinnere mich daran ★ *je herinnert me aan mijn tante* du erinnerst mich an meine Tante **II** *wkd ww* [**zich ~**] sich erinnern ★ *ik herinner het me als de dag van gisteren* ich erinnere mich, als wäre es gestern gewesen ★ *ik kan me er niets van ~* ich erinnere mich an gar nichts mehr ★ *als ik mij goed herinner* wenn ich mich richtig erinnere ★ *voor zover ik me herinner* soweit ich mich erinnere
herinnering ❶ *het herinneren* Erinnerung *v* ★ *ter ~ aan* zur Erinnerung an [+4] ❷ *wat men herinnert* Erinnerung *v* ★ *~en oproepen* Erinnerungen wecken ★ *goede ~en bewaren aan* gute Erinnerungen an... haben ★ *ter ~ aan* zur Erinnerung an ★ *oude ~en ophalen* alte Erinnerungen auffrischen ❸ *wat doet herinneren* Erinnerung *v* ❹ *souvenir* Andenken *o* ❺ *geheugen* Erinnerung *v*, Gedächtnis *o* ★ *iets in ~ brengen* etw. in Erinnerung bringen ❻ *herhaalde oproep* Erinnerung *v*, ⟨factuur⟩ Mahnung *v*
herintreden wieder einsteigen
herintreder Wiedereinsteiger *m* [v: Wiedereinsteigerin]
herkansing neue Chance *v*, sport Hoffnungslauf *m*, ⟨examen⟩ Wiederholungsprüfung *v* ★ *een ~ krijgen* noch eine Chance bekommen
herkauwen ❶ *opnieuw kauwen* wiederkäuen ❷ *herhalen* wiederkäuen
herkauwer Wiederkäuer *m*
herkenbaar erkennbar
herkennen I *ov ww* erkennen, wiedererkennen ★ *iem. uit duizenden ~* jmdn. aus Tausenden erkennen ★ *iem. aan zijn stem ~* jmdn. an seiner Stimme erkennen **II** *wkd ww* [**zich ~**] **~ in** sich wiedererkennen, sich identifizieren
herkenning Erkennung *v*, ⟨terugkennen⟩ Wiedererkennung *v*
herkenningsmelodie Erkennungsmelodie *v*
herkeuring neue Untersuchung *v*, mil Nachmusterung *v* ★ *een ~ aanvragen* eine erneute Untersuchung beantragen
herkiesbaar wieder wählbar ★ *zich ~ stellen* sich zur Wiederwahl stellen
herkiezen wiederwählen
herkomst Ursprung *m*, Herkunft *v*, ⟨afstamming⟩ Abstammung *v* ★ *plaats van ~* Ursprungsort *m* ★ *van onbekende ~* unbekannten Ursprungs ★ *land van ~* Ursprungsland *o*
herleidbaar zurückführbar, form reduzibel

herleiden ❶ *terugvoeren* zurückführen, form reduzieren ★ ~ *tot* zurückführen auf [+4] ❷ BN *verminderen* herabsetzen, ⟨prijzen⟩ ermäßigen
herleven aufleben ★ *doen* ~ wieder aufleben lassen ★ ~*d nationalisme* wieder auflebender Nationalismus
herleving Wiederbelebung *v*
hermelijn Hermelin *o*
hermetisch I *bnw* hermetisch **II** *bijw* ★ ~ *afgesloten* hermetisch abgeschlossen
hernemen ❶ *terugnemen* wieder einnehmen ❷ *hervatten* fortfahren ★ *hij hernam zijn verhaal* er fuhr mit seiner Geschichte fort
hernia ❶ *breuk* Hernie *v* ❷ *rugaandoening* Bandscheibenvorfall *m*
hernieuwen erneuern ★ *de vriendschap* ~ die Freundschaft erneuern ★ *met hernieuwde kracht* mit erneuter Kraft ★ *hernieuwde poging* neue(r) Versuch ★ *een hernieuwde uitgave* eine überarbeitete Auflage
heroïek Heroik *v*
heroïne Heroin *o* ★ *aan* ~ *verslaafde* Heroinabhängige(r) *m/v* ★ *hij is aan* ~ *verslaafd* er ist heroinsüchtig
heroïnehoer drogenabhängige Prostituierte *v*
heroïsch heroisch
herontdekken wiederentdecken
heropenen wieder eröffnen
heropvoeden umerziehen
heropvoeding Umerziehung *v*
heroriëntatie Neuorientierung *v*
heroriënteren neu orientieren
heroveren zurückerobern ★ *verloren terrein* ~ verlorenes Gebiet zurückerobern
herovering Wiedereroberung *v*
heroverwegen neu überdenken
herpes Herpes *m*
herrie ❶ *lawaai* Lärm *m*, Krach *m* ★ ~ *maken / schoppen* lärmen, Krawall machen, Krach schlagen ❷ *ruzie* Krach *m* ★ ~ *krijgen met iem. om iets* wegen einer Sache Krach mit jmdm. haben
herrieschopper Krachmacher *m*
herrijzen auferstehen ★ *uit de dood* ~ vom Tode auferstehen
herrijzenis Auferstehung *v*
herroepen widerrufen, zurücknehmen ★ *zijn woorden* ~ seine Worte zurücknehmen
herscheppen umgestalten, neu gestalten
herschikken umordnen, neuordnen
herscholen umschulen
herscholing Umschulung *v*
herschrijven umschreiben
hersenbeschadiging Hirnschaden *m*
hersenbloeding Gehirnblutung *v*
hersenbreker Denkaufgabe *v*
hersendood Hirntod *m*
hersenen, **hersens** ❶ *orgaan* Gehirn *o*, Hirn *o* ★ *kleine* ~ Kleinhirn *o* ★ *grote* ~ Großhirn *o* ❷ *verstand* Gehirn *o*, Hirn *o* ★ *hij heeft een goed stel hersens* er hat viel im Kopf ★ *zijn* ~ *breken over iets* sich über etw. den Kopf zerbrechen ★ *zijn hersens pijnigen* sich das Hirn zermartern ★ *hoe haal je het in je hersens?* was denkst du dir eigentlich? ❸ inform *hersenpan* Hirnschale *v* ★ *iem. de* ~ *inslaan* jmdm. den Schädel einschlagen
hersengymnastiek Kopfgymnastik *v*, ⟨denksport⟩ Denkübung *v*
hersenhelft Gehirnhälfte *v*
hersenkronkel *gedachtekronkel* ≈ eigenartige(r) Gedanke *m*, ≈ sonderbare(r) Gedankengang *m*
hersenkwab Hemisphäre *v*
hersenletsel Hirnverletzung *v*
hersenpan Hirnschale *v*
hersens → **hersenen**
hersenschim Hirngespinst *o* ▼ ~*men najagen* Hirngespinste haben
hersenschudding Gehirnerschütterung *v* ★ *een* ~ *hebben* eine Gehirnerschütterung haben
hersenspinsel Hirngespinst *o*
hersenspoelen ★ *iem.* ~ jmdn. einer Gehirnwäsche unterziehen
hersenspoeling Gehirnwäsche *v*
hersentumor Hirntumor *m*
hersenvlies Gehirnhaut *v*, Hirnhaut *v*
hersenvliesontsteking Hirnhautentzündung *v*
herstel ❶ *beterschap* Erholung *v*, Besserung *v* ★ ~ *van krachten* Erholung *v* ★ *economisch* ~ wirtschaftliche Erholung ★ ~ *van de markt* Wiederbelebung des Marktes *v* ❷ *reparatie* Reparatur *v* ❸ *het weer instellen* Wiederherstellung *v* ★ ~ *van eer* Rehabilitation *v* ❹ *vergoeding* Reparationen *mv*, Wiedergutmachung *v*
herstelbetaling Entschädigung *v*, Wiedergutmachung *v*, ⟨na oorlog⟩ Reparationszahlung *v*
herstellen I *ov ww* ❶ *repareren* ausbessern, reparieren ★ *kleding* ~ Kleidung ausbessern ❷ *goedmaken* ⟨met geld⟩ vergüten, ⟨van een fout⟩ korrigieren ❸ *in de oude staat brengen* wiederherstellen, ⟨gebouwen⟩ wieder aufbauen ★ *de orde* ~ die Ordnung wiederherstellen ★ *in eer* ~ in Ehren wiederherstellen ★ *iem. in zijn eer* ~ jmdn. rehabilitieren **II** *on ww, genezen* genesen, sich erholen ★ ~ *van een ziekte* sich von einer Krankheit erholen ★ ~*de zijn* auf dem Wege der Genesung sein ★ *de zieke herstelt voorspoedig* der Kranke erholt sich schnell wieder ★ *van een ziekte* ~ sich von einer Krankheit erholen **III** *wkd ww* [**zich** ~] *in de oude toestand komen* sich erholen, ⟨van personen⟩ sich fassen, ⟨van zaken⟩ sich wiederherstellen ★ *het evenwicht herstelt zich* das Gleichgewicht stellt sich wieder her ★ *de economie herstelt zich* die Wirtschaft erholt sich
herstellingsoord Genesungsheim *o*, Erholungsheim *o*, Sanatorium *o*
herstelwerkzaamheden Reparaturarbeiten *mv*, Instandsetzungsarbeiten *mv*
herstructureren neu strukturieren
herstructurering Umstrukturierung *v*
hert Hirsch *m* ★ *jong hert* Hirschkitz *o* ★ *vliegend hert* ⟨kever⟩ Hirschkäfer *m*
hertenkamp Hirschpark *m*
hertenleer Hirschleder *o*
hertog Herzog *m*
hertogdom Herzogtum *o*
hertogin Herzogin *v*
hertrouwen wieder heiraten
hertz Hertz *o*

heruitgave Neuausgabe *v*
hervatten fortfahren, fortsetzen, wieder aufnehmen / anfangen ★ *de lessen worden hervat* der Unterricht fängt wieder an ★ *het gesprek ~* das Gespräch fortsetzen
herverdelen neu verteilen, econ umverteilen
herverkaveling Flurbereinigung *v*, jur Bodenreform *v*
herverkiezing Wiederwahl *v*
herverzekeren rückversichern
hervormd reformiert ★ *de ~e kerk* die reformierte Kirche
hervormen erneuern, reformieren
hervorming ❶ *het hervormen* Reform *v*, Erneuerung *v*, Neuerung *v* ★ *sociale ~en doorvoeren* soziale Reformen durchführen ★ *~ van het onderwijs* Schulreform *v* ❷ rel Reformation *v*
herwaarderen *opnieuw waarderen* neu bewerten
herwinnen I *ov ww* ❶ *heroveren* wiedererlangen ❷ *uit recycling verkrijgen* zurückgewinnen, wiedergewinnen ★ *ijzer ~ uit afval* Eisen aus Abfällen gewinnen **II** *wkd ww* [**zich** ~] sich zusammennehmen, sich fassen ★ *hij wist zich te ~* er fasste sich
herzien korrigieren, revidieren, ⟨veranderen⟩ (ab)ändern, ⟨bewerken⟩ überarbeiten, ⟨juist maken⟩ berichtigen ★ *zijn mening ~* seine Meinung revidieren ★ *de derde ~e druk* die dritte, überarbeitete Auflage
herziening *het herzien* Revision *v*, Überprüfung *v* ★ *~ van de grondwet* Verfassungsreform *v*
hes ⟨kort⟩ Weste *v*, ⟨lang⟩ Kittel *m*
hesen [verl. td.] → **hijsen**
hesp BN *ham* Schinken *m*
Hessen Hessen *o*
Hessisch hessisch
het I *pers vnw* ⟨als onderwerp of lijdend voorwerp⟩ es, ⟨als meewerkend voorwerp⟩ ihm ★ *ik ben het* ich bin es ★ *ben jij het?* bist du es? ★ *ik zie het* ich sehe es ★ *ik heb het afgemaakt* ich habe es gerade fertiggemacht ★ *ik weet het niet* ich weiß es nicht ★ *hij is het* er ist es ★ *daar heb je het (al)* da hast du es (schon) ★ inform *het doen* ⟨seks hebben⟩ es tun ★ *'t is dat je 't zegt* jetzt, wo du's sagst ▼ *dat is je van het* das ist das Beste vom Besten **II** *onb vnw* es ★ *het regent* es regnet ★ *het moet* es muss sein ★ *het sneeuwt* es schneit ★ *het is mooi weer* es ist schönes Wetter ★ *hoe laat is het?* wie spät ist es? ★ *hoe gaat het?* wie geht es?, wie geht'? **III** *lw* das ★ *van het begin tot het eind* vom Anfang bis zum Ende ★ *hét moment* der Moment ★ *dat is hét antwoord* das ist die Antwort ★ *dat is echt het huis voor ons* das ist genau das richtige Haus für uns ★ *van het* vom ★ *het eerst* als erstes ★ *het mooist* am schönsten
heteluchtballon Heißluftballon *m*
heteluchtkachel Heißluftofen *m*
heteluchtoven Heißluftofen *m*
heten I *on ww* ❶ *een naam dragen* heißen ★ *hoe heet je?* wie heißt du? ★ *hoe heet je van voren?* wie heißt du mit Vornamen? ★ *hoe heet je van achteren?* wie heißt du mit Nachnamen? ★ *hij heet naar zijn opa* er heißt wie sein Opa ★ *hoe heet dat?* wie heißt das? ★ *zo waar als ik... heet* so wahr ich... heiße ❷ *beweerd worden* ★ *wat heet!* das kann man ruhig zweimal sagen ★ *naar het heet* wie man sagt ★ *het heet dat hij onschuldig is* es heißt, dass er unschuldig ist ★ *zoals het heet* wie es heißt ★ *het mag een wonder ~ dat ik nog leef* es ist ein Wunder, dass ich noch lebe **II** *ov ww, noemen* heißen, nennen ★ *iem. welkom ~* jmdn. willkommen heißen
heterdaad ▼ *iem. op ~ betrappen* jemanden auf frischer Tat ertappen
hetero I *zn* [de] Heterosexuelle(r) *m/v* **II** *bnw* heterosexuell
heterofiel I *zn* [de] Heterosexuelle(r) *m/v* **II** *bnw* heterosexuell
heterogeen heterogen
heteroseksueel I *zn* [de] Heterosexuelle(r) *m/v* **II** *bnw* heterosexuell
hetgeen was, das, was ★ *het waait, ~ jammer is* es ist windig, was schade ist ★ *~ ik niet verwachtte* was ich nicht erwartete ★ *~ ik nodig had* was ich brauchte ★ *~ je zegt is waar* das, was du sagst, stimmt
hetze Hetze *v* ★ *een ~ voeren tegen* gegen jmdn. hetzen
hetzelfde ⟨identiek⟩ dasselbe, ⟨gelijkend⟩ das gleiche ★ *~ papier* dasselbe Papier, das gleiche Papier ★ *het is mij ~* das ist mir gleich ★ *op ~ neerkomen* aufs Gleiche hinauskommen ★ *zou jij ~ kunnen zeggen?* könntest du dasselbe sagen? ★ *dat is voor hen ~* das ist für sie gleich ★ *~ kun je zeggen van* dasselbe könntest du über.... sagen ★ *het is mij allemaal ~* das ist für mich alles dasselbe ★ *van ~!* ebenfalls!, gleichfalls! ★ *het is overal ~* es ist überall dasselbe
hetzij sei es ★ *~ dit ~ dat* entweder dies oder jenes, sei es dies oder sei es das
heug ▼ *tegen heug en meug* mit Widerwillen, widerwillig
heugen im Gedächtnis bleiben / sein ★ *het heugt me dat* ich erinnere mich, dass ★ *dat zal je ~* das wirst du bereuen ★ *dat zal hem nog lang ~!* das wird ihm gedenken!
heuglijk ❶ *verheugend* erfreulich ★ *~e gebeurtenis* freudige(s) Ereignis *o* ★ *~ nieuws* erfreuliche Nachrichten ❷ *gedenkwaardig* denkwürdig ★ *~ feit* denkwürdige Tatsache *v*
heulen met gemeinsame Sache machen mit [+3] ★ *~ met de vijand* gemeinsame Sache mit dem Feind machen
heup Hüfte *v* ★ *het op de heupen hebben* schlecht gelaunt sein
heupbroek Hüfthose *v*
heupdysplasie med Hüftdysplasie *v*
heupfles Flachmann *m*
heuptasje Hüfttasche *v*
heupwiegen sich beim Gehen in den Hüften wiegen
heupwijdte Hüftweite *v*
heupzwaai Hüftschwung *m*
heus *echt* echt, wirklich, tatsächlich
heuvel Hügel *m*
heuvelachtig hügelig
heuvelland Hügelland *o*
hevel Saugheber *m*, scheik Heber *m*
hevig ❶ *intens* gewaltig ❷ *heftig* heftig, stark ★ *een ~e storm* ein verheerender Sturm

hiaat Lücke *v*
hief [verl. td.] → **heffen**
hiel Hacke *v*, Ferse *v*, Ferse *v* ★ *de hielen lichten* sich aus dem Staub machen, Fersengeld geben, sich aus dem Staub machen ★ *iem. op de hielen zitten* jmdm. auf den Fersen bleiben
hield [verl. td.] → **houden**
hielden [verl. td.] → **houden**
hielenlikker Speichellecker *m*, vulg Arschkriecher *m*
hielp [verl. td.] → **helpen**
hielpen [verl. td.] → **helpen**
hielprik med Guthrie-Test *m*
hier *op deze plaats* hier, ‹hierheen› hierher ★ *hier te lande* hierzulande, hier zu Lande ★ *kom eens hier* komm mal her ★ *ga hier staan* stell dich hierher ★ *hier ter plaatse* hiesig
hieraan daran ★ *denk ~* denk daran ★ *~ valt niet te twijfelen* daran besteht kein Zweifel ★ *~ heeft hij zijn bevordering te danken* diesem Umstand hat er seine Beförderung zu verdanken ★ *~ valt niets te doen* daran kann man nichts machen
hierachter hierhinter, hinten ★ *vlak ~* gleich hier hinten
hiërarchie Hierarchie *v*, Rangordnung *v*
hiërarchisch hierarchisch
hierbij hierbei ★ *~ deel ik u mede* hiermit teile ich Ihnen mit ★ *~ komt nog* dazu kommt noch ★ *~ zend ik u* anbei sende ich Ihnen
hierbinnen (hier)drinnen
hierboven hier oben, hierüber ★ *zie ~!* siehe oben!
hierbuiten (hier)draußen
hierdoor ❶ *door deze oorzaak* hierdurch ❷ *hier doorheen* hierdurch, hierhindurch
hierheen hierher, hierhin
hierin *in deze plaats* hierin
hierlangs ‹hier voorbij› (hier) vorbei, ‹hieraan evenwijdig› (hier) entlang
hiermee hiermit
hierna hiernach
hiernaar hiernach
hiernaast hierneben ★ *de buurman ~* der Nachbar hier nebenan
hiernamaals Jenseits *o*
hiëroglief Hieroglyphe *v* ★ *in ~en* hieroglyphisch
hierom ❶ *om deze reden* deswegen, darum, aus diesem Grund ❷ *hier omheen* hierherum
hieromheen hierum
hieromtrent *hierover* hierüber
hieronder *verderop* hierhinunter, ‹verder beneden› weiter unten ★ *zie ~* siehe unten
hierop ❶ *bovenop dit* hierauf, darauf ❷ *hierna* daraufhin
hierover ❶ *hier overheen* hierüber ❷ *omtrent* hiervon
hiertegen dagegen
hiertegenover ❶ *tegenover deze plaats* hier gegenüber ❷ *tegenover deze zaak* dem gegenüber
hiertoe *tot dit doel* hierzu, dazu ★ *~ heb ik het lef niet* dazu fehlt mir der Schneid
hiertussen dazwischen, hierzwischen
hieruit ❶ *uit deze plaats* hieraus ❷ *uit het genoemde* daraus
hiervan hiervon, davon
hiervandaan von hier
hiervoor ❶ *vóór het genoemde* hiervor, davor ★ *~ woonde hij in Parijs* vor dieser Zeit wohnte er in Paris ❷ *hiertoe* davor, dafür ★ *hij is niet de man ~* er ist nicht die richtige Person dafür
hieuw [verl. td.] → **houwen**
hieuwen [verl. td.] → **houwen**
hieven [verl. td.] → **heffen**
hifi *high fidelity* Hi-Fi
hifi-installatie Hi-Fi-Anlage *v*
hifitoren Hi-Fi-Turm *m*
high high
high society High Society *v*
hightech Hightech *o*
hij er
hijgen keuchen, schnaufen, pusten
hijger omschr anonyme(r) Anrufer *m*, omschr Anrufer *m*, der obszön daherredet
hijs Hochziehen *o*, Zug *m* ▼ *dat was een hele hijs* das war eine mühsame Arbeit
hijsblok Flaschenzug *m*
hijsen ❶ *omhoog trekken* hissen, hochziehen, heben ❷ *stevig drinken* zechen
hijskraan Kran *m*
hijzelf er selbst
hik Schluckauf *m* ★ *ik heb de hik* ich habe Schluckauf
hikken schlucksen ▼ *ergens tegenaan ~* mit etwas nicht fertig werden
hilarisch belustigend, hilarisch, zum Lachen
hilariteit Heiterkeit *v*
Himalaja Himalaja *m*
hinde Hirschkuh *v* ▼ *vlug / slank als een ~* flink / schlank wie eine Gazelle
hinder Belästigung *v*, Behinderung *v* ★ *~ van iets hebben / ondervinden* etw. als lästig empfinden
hinderen ❶ *belemmeren* hindern, beeinträchtigen ★ *hinder ik?* störe ich? ★ *dat hindert niet* das macht nichts ★ *dat mag niet ~* das sollte kein Hindernis sein ❷ *dwarszitten* stören, ‹lastig vallen› belästigen ★ *hij hindert je toch niet?* er stört dich doch nicht?
hinderlaag Hinterhalt *m* ★ *in een ~ liggen* im Hinterhalt liegen ★ *iem. in een ~ lokken* im Hinterhalt auf jmdn. lauern ★ *in een ~ lopen / vallen* in einen Hinterhalt geraten
hinderlijk ❶ *belemmerend* hemmend ❷ *storend* lästig, störend
hindernis lett Hemmnis *o*, Hindernis *o*, Hürde *v* ★ *~sen uit de weg ruimen* Steine aus dem Weg räumen
hindernisbaan Hindernisbahn *v*
hindernisloop Hindernislauf *m*
hinderpaal Hindernis *o*, Hemmnis *o* ▼ *iem. een ~ in de weg stellen* jemandem Hindernisse in den Weg legen
Hinderwet Immissionsschutz *m*
hindoe rel Hindu *m*
hindoeïsme Hinduismus *m*
hindoeïst Hindu *m/v*
hing [verl. td.] → **hangen**
hingen [verl. td.] → **hangen**
hinkelen auf einem Bein hüpfen
hinken ❶ *mank gaan* hinken ★ *op twee gedachten ~* unschlüssig sein ★ *het ~de paard komt achteraan* die Sache hat einen Pferdefuß

hi

❷ *hinkelen* auf einem Bein hüpfen
hinkepoot Hinkebein *o*
hink-stap-sprong sport Dreisprung *m*
hinniken wiehern
hint Tipp *m*, Fingerzeig *m*, Wink *m*
hip poppig, kess
hiphop Hipphopp *o*
hippen hüpfen, hopsen
hippie Hippie *m*
historicus Historiker *m*
historie *geschiedenis* Geschichte *v* ★ *dat behoort tot de ~* das gehört der Vergangenheit an
historieschilder Historienmaler *m*
historisch historisch, geschichtlich
hit *succesvol nummer* Hit *m*
Hitlergroet Hitlergruß *m*
hitlijst Hitparade *v*
hitparade Hitparade *v*, Hitliste *v*
hitsig ❶ *driftig* hitzig, leidenschaftlich ❷ *geil* brünstig, geil ★ *~ op iemand / iets zijn* geil auf jmdn. / etw. sein
hitte ❶ *hete warmte* Hitze *v* ★ *gevoelig voor ~* hitzeempfindlich ❷ *heftigheid* ★ *in de ~ van de strijd* in der Hitze des Gefechts
hitteberoerte Hitzschlag *m*
hittebestendig hitzebeständig
hittegolf Hitzewelle *v*
hitteschild Hitzeschild *o*
hiv *human immunodeficiency virus* HIV-Virus *o*
ho stopp!, halt!
hoax comp Hoax *o*
hobbel *oneffenheid* Hubbel *m*
hobbelen hoppeln, holpern
hobbelig holprig, holperig
hobbelpaard Schaukelpferd *o*
hobbezak ❶ *kledingstuk* unförmige(s) Kleidungsstück *o* ❷ *persoon* ungeschlachte(r) Mensch *m*
hobby Liebhaberei *v*, Hobby *o*
hobo Oboe *v*
hoboïst Oboist *m*
hockey Hockey *o*
hockeyen Hockey spielen
hockeyer Hockeyspieler *m*
hockeystick Hockeyschläger *m*
hocus pocus **I** *zn* [de] Hokuspokus *m*, Spuk *m* **II** *tw* Hokuspokus
hoe ❶ *op welke wijze* wie ★ *hoe kan dat nou?* wie ist das denn möglich? ★ *hoe dan ook* wie auch immer ★ *niet meer weten hoe of wat* nicht mehr ein noch aus wissen ★ *hoe het ook zij* wie dem auch sei ❷ *in welke mate* wie ❸ *als voegwoord* wie ★ *hoe eerder hoe beter* je eher, desto besser ★ *het gaat hoe langer hoe beter* es geht immer besser
hoed Hut *m* ★ *hoge hoed* Zylinder *m*
hoedanigheid ❶ *aard* Qualität *v*, Beschaffenheit *v* ❷ *functie* Eigenschaft *v* ★ *ik kom hier in de ~ van...* ich komme hierher als...
hoede Schutz *m*, Obhut *v* ★ *iets onder zijn ~ nemen* etw. in seine Obhut nehmen ★ *op zijn ~ zijn* auf der Hut sein
hoeden **I** *ov ww* hüten **II** *wkd ww* [**zich ~**] sich hüten (**voor** vor) [+3]
hoedenplank Hutablage *v*
hoef Huf *m* ★ *dier met ongespleten hoeven* Einhufer *m* ★ *dier met gespleten hoeven* Paarhufer *m*
hoefde [verl. td.] → **hoeven**
hoefden [verl. td.] → **hoeven**
hoefdier Huftier *o*
hoefgetrappel Hufschläge *mv*
hoefijzer Hufeisen *o* ★ *in de vorm van een ~* hufeisenförmig
hoefsmid Hufschmied *m*
hoegenaamd ❶ *volstrekt* durchaus, überhaupt ❷ *nauwelijks* kaum
hoek ❶ *ruimte* Ecke *v* ★ *in de hoek moeten staan* in der Ecke stehen müssen ★ *in alle hoeken en gaten* in allen Ecken und Winkeln ★ *grappig uit de hoek komen* witzig sein ★ *weten uit welke hoek de wind waait* wissen, woher der Wind weht ★ *iem. alle hoeken van de kamer laten zien* jmdn. durchprügeln ❷ *kant of punt* Ecke *v* ★ *op de hoek van de straat* an der Straßenecke ❸ wisk Winkel *m* ★ *dode hoek* tote(r) Winkel ❹ *hoekstoot* Haken *m*
hoekhuis Eckhaus *o*
hoekig *met hoeken* kantig, eckig, winklig
hoekpunt Scheitelpunkt *m*
hoekschop Eckball *m*, Eckstoß *m*
hoeksteen ❶ *steen op de hoek* Eckstein *m* ❷ fig *fundament* Stützpfeiler *m*
hoektand Eckzahn *m*
hoekwoning Eckwohnung *v*, Eckhaus *o*
hoelang wie lange ★ *tot ~?* bis wann?
hoen Huhn *o* ★ *zo fris als een hoentje* frisch und munter
hoenderhok Hühnerstall *m* ▼ *een knuppel in het ~ gooien* Entsetzen auslösen
hoepel Reifen *m*
hoepelen mit dem Reifen spielen
hoepelrok Reifrock *m*
hoepla hoppla!
hoer Hure *v*, vulg Hure *v*
hoera hurra
hoerenbuurt Hurenviertel *o*
hoerenjong ❶ *onvolledige regel* Hurenkind *o* ❷ *onwettig kind* Hurensohn *m*, uneheliche(s) Kind *o*
hoerenloper Hurenbock *m*
hoerenmadam Puffmutter *v*
hoerig **I** *bnw* nuttig ★ *~e laarzen* nuttige Stiefel **II** *bijw* wie eine Hure
hoes Überzug *m*, Hülle *v*, ⟨ter bescherming van zitmeubels⟩ Schonbezug *m*
hoeslaken Spannlaken *o*
hoest Husten *m*
hoestbui Hustenanfall *m*
hoestdrank Hustensaft *m*
hoesten husten
hoestpastille Hustenbonbon *o*
hoeve Hof *m*
hoeveel wie viel ★ *met hoevelen waren jullie?* zu wievielt wart ihr?
hoeveelheid Menge *v*, ⟨vast bepaalde hoeveelheid⟩ Anzahl *v*
hoeveelste wievielte
hoeven **I** *ov ww, moeten* brauchen, müssen **II** *on ww, nodig zijn* brauchen, nötig sein ★ *dat hoeft niet* das ist nicht nötig
hoeverre ▼ *in ~* inwieweit, inwiefern

hoewel obwohl, obgleich
hoezeer obwohl, obgleich, sosehr ★ ~ *het mij ook spijt* so leid es mir tut
hoezo wieso, na was denn
hof I *zn* [het] ❶ *rond vorst* Hof *m* ▾ *iem. het hof maken* jemandem den Hof machen ❷ jur *gerechtshof* Gericht *o* ★ *hof van justitie* Gerichtshof *m* ★ BN *hof van appel / beroep* Appellationsgericht *o* ★ BN *Hof van Cassatie* Berufungsgericht *o* **II** *zn* [de], *tuin* Garten *m*
hofdame Hofdame *v*
hoffelijk höflich
hoffelijkheid Höflichkeit *v*
hofhouding Hofhaltung *v*
hofje *groep woningen* kleine(r) Wohnhof *m*
hofleverancier ≈ Hoflieferant *m*
hofmeester Steward *m*
hofnar Hofnarr *m*
hoge ❶ *duikplank* hohe(s) Sprungbrett *o* ❷ *persoon* hohe(s) Tier *o*
hogedrukgebied Hochdruckzone *v*, Hoch *o*
hogedrukpan Schnellkochtopf *m*
hogedrukreiniger Hochdruckreiniger *m*
hogedrukspuit Hochdruckspritzpistole *v*
hogepriester Hohepriester *m*
hoger höher
hogerhand ▾ *van* ~ von höherer Stelle, auf höheren Befehl
Hogerhuis hohe Haus *o*
hogerop ❶ *hoger* höher ★ ~ *willen* hoch hinauswollen ❷ *bij een hogere instantie* ★ *het* ~ *zoeken* in die Berufung gehen ★ ~ *gaan* Berufung einlegen gegen
hogeschool onderw ⟨hbo⟩ Fachhochschule *v*, ⟨universiteit⟩ Hochschule *v* ★ *studie aan een* ~ Hochschulstudium *o* ★ *technische* ~ technische Hochschule
hogesnelheidslijn Hochgeschwindigkeitslinie *v*
hogesnelheidstrein Hochgeschwindigkeitszug *m*
hoi *hallo* grüß dich, na, hallo
hok ❶ *bergplaats* Schuppen *m*, ⟨van houten planken⟩ Verschlag *m* ❷ *krot / hol* Loch *o* ❸ *dierenhok* Stall *m*, ⟨voor honden⟩ Hundehütte *v*
hokje ❶ *vakje* Fach *o*, ⟨op formulier⟩ Kästchen *o* ❷ *klein hok* Kabine *v*
hokjesgeest kleinkarierte(s) Denken *o*
hokken *samenwonen* in wilder Ehe leben, zusammenleben
hol I *zn* [het] ❶ *verblijf van dier* ★ *zich in het hol van de leeuw wagen* sich in die Höhle des Löwen begeben / wagen, in die Höhle des Löwen gehen ❷ *grot* Höhle *v* **II** *znw* ★ *het paard slaat op hol* das Pferd geht durch ★ *zij sloeg helemaal op hol* sie drehte völlig durch **III** *bnw* ❶ *leeg* hohl, Hohl- ❷ *niet bol* hohl ★ *holle ruimte* Hohlraum *m* ❸ *leeg klinkend* ★ *holle woorden* hohle(n) Worte ▾ *in het holst van de nacht* mitten in der Nacht
holbewoner *mens* Höhlenbewohner *m*
holding Holding *v*, Holdinggesellschaft *v*
hold-up BN Überfall *m*
holebi BN *homoseksueel, lesbisch of biseksueel* holebi
Holland ❶ *de provincies* Holland *o* ❷ *Nederland* Holland *o*, Niederlande *mv* ★ *in* ~ in Holland, in den Niederlanden ★ ~ *op z'n smalst* ≈ holländische Spießbürgerlichkeit
Hollander Holländer *m*
Hollands holländisch
Hollandse Holländerin *v*
hollen *rennen* rennen, ⟨van paarden⟩ durchgehen ★ *binnen komen* ~ hereinstürmen ★ *het is met hem* ~ *of stilstaan* er fällt von einem Extrem ins andre
holletje → **hol** ▾ *op een* ~ im Trab, im Laufschritt
holocaust Holocaust *m*
hologram Hologramm *o*
holrond konkav
holster Halfter *m/o*
holte ❶ *holle ruimte* Höhlung *v* ❷ *uitholling* Vertiefung *v*
hom Fischmilch *v* ▾ *met hom en kuit* mit Milch und Rogen, mit Haut und Haar
home BN *tehuis* Heim *o*
homeopaat Homöopath *m*
homeopathie Homöopathie *v*
homeopathisch homöopathisch
homepage comp Homepage *v*
homerun Homerun *m*
hometrainer Hometrainer *m*, Heimtrainer *m*
hommage Hommage *v*
hommel Hummel *v*
hommeles ★ *het is* ~ da gibt's Krach *m*
homo *homoseksueel* Homosexuelle(r) *m*, ⟨vrouw⟩ Lesbe *v*, ⟨man⟩ Schwule(r) *m*
homobar Schwulenlokal *o*, inform Schwulentreff *m*
homobeweging Schwulenbewegung *v*
homo-erotisch homoerotisch
homofiel I *zn* [de] Homosexuelle(r) *m* [v: Homosexuelle], ⟨man⟩ Schwule(r) *m*, ⟨vrouw⟩ Lesbe *v* **II** *bnw* schwul, lesbisch
homofilie Homophilie *v*
homofoob homofeindlich
homogeen homogen
homohaat Schwulenhass *m*
homohuwelijk Homo-Ehe *v*
homoscene Homo-Szene *v*, Schwulenszene *v*
homoseksualiteit Homosexualität *v*
homoseksueel I *zn* [de] Schwule(r) *m*, Homosexuelle(r) *m* **II** *bnw* schwul, homosexuell
homp große(s) Stück *o* ★ *homp brood* Brocken Brot *m*
hond *dier* Hund *m* ★ *pas op voor de hond* Vorsicht, bissiger Hund ★ *blaffende honden bijten niet* bellende Hunde beißen nicht ★ *hij staat bekend als de bonte hond* er ist bekannt wie ein bunter Hund ★ *de gebeten hond zijn* der Prügelknabe / Sündenbock sein ★ *je moet geen slapende honden wakker maken* man sollte den Teufel nicht an die Wand malen ★ *de hond in de pot vinden* leere Schüsseln vorfinden ★ *hij is zo ziek als een hond* er fühlt sich hundeelend
hondenasiel Hundeheim *o*, Hundeasyl *o*
hondenbaan ungefällige(r) Job *m*, Hundearbeit *v*
hondenbelasting Hundesteuer *v*
hondenbrokken Hundefutter *o*
hondenhok Hundehütte *v*
hondenleven Hundeleben *o*
hondenpenning *belastingplaatje* Hundemarke *v*

ho

hondenpoep Hundedreck *m*, Hundekot *m*
hondentrimmer Hundefriseur *m*
hondenweer Hundewetter *o*, min Sauwetter *o*
honderd **I** *telw* hundert ★ *ik heb het je al ~ keer verteld* das hab ich dir schon hundertmal gesagt ★ *~en jaren* Hunderte / hunderte von Jahren ★ BN *vijf ten ~* ⟨5 procent⟩ fünf Prozent **II** *zn* [het] ★ *alles loopt in het ~* alles geht schief
honderdduizend hunderttausend
honderdduizendste ❶ hunderttausendste ❷ → **vierde**
honderdeneen ❶ hunderteins, hundertundeins ❷ → **vier**
honderdje Hunderteuroschein *m*
honderdste ❶ hundertst ★ *een ~ (deel)* ein Hundertstel *o* ❷ → **vierde**
honderduit ▾ *~ praten* jemandem ein Loch in den Bauch reden ▾ *~ vragen* jmdm. ein Loch in den Bauch fragen
honds **I** *bnw* grob, hündisch, hunds-, Hunds- **II** *bijw* ★ *~gemeen* hundsgemein
hondsberoerd hundeelend
hondsbrutaal rotzfrech
hondsdagen Hundstage *mv*
hondsdolheid med Tollwut *v*
hondsdraf Gundelrebe *v*
hondsmoe hundemüde
Honduras Honduras *o*
Hondurees Honduraner *m*
honen verhöhnen, form schmähen
honend höhnisch ★ *~ lachen* hohnlachen, Hohn lachen ★ *~ gelach* Hohngelächter *o*
Hongaar Ungar *m*
Hongaars **I** *bnw, m.b.t. Hongarije* ungarisch **II** *zn* [het], *taal* Ungarisch(e) *o*
Hongaarse Ungarin *v*
Hongarije Ungarn *o*
honger Hunger *m* ★ *~ hebben als een paard* einen Bärenhunger haben ★ *scheel zien van de ~* einen Mordshunger haben ★ *~ maakt rauwe bonen zoet* in der Not frisst der Teufel Fliegen
hongerdood Hungertod *m*
hongeren ❶ *honger lijden* hungern ❷ *verlangen* ★ *naar roem en macht ~* nach Ruhm und Macht hungern
hongerig *honger hebbend* hungrig
hongerklop Hungerast *m*
hongerlijder ❶ *armoedzaaier* arme(r) Schlucker *m*, Hungerleider *m* ❷ *iem. die honger lijdt* Hungernde(r) *m*
hongerloon Hungerlohn *m*
hongeroedeem Hungerödem *o*
hongersnood Hungersnot *v*
hongerstaking Hungerstreik *m* ★ *in ~ gaan* in den Hungerstreik treten
hongerwinter ≈ Hungerwinter *m*
Hongkong Hongkong *o*
Hongkongs Hongkonger
honing Honig *m*
honingraat Honigwabe *v*
honingzoet *zeer zoet* honigsüß
honk ❶ *thuis* Heim *o* ★ *op het honk blijven* daheimbleiben ★ *van honk zijn* nicht zu Hause sein ❷ sport Mal *o*
honkbal Baseball *m*
honkbalknuppel Baseballschläger *m*
honkballen Baseball spielen
honkvast sesshaft ★ *~ zijn* ein Stubenhocker sein, an der Scholle kleben
honnepon Schätzchen *o*
honneurs *eerbewijzen* Honneurs *mv* ★ *de ~ waarnemen* die Honneurs machen
honorair Ehren- ★ *~ lid* Ehrenmitglied *o* ★ *~ ambt* Ehrenamt *o*
honorarium Honorar *o*
honoreren *belonen* honorieren
hoofd ❶ *lichaamsdeel* Kopf *m*, Haupt *o* ★ *ben je wel goed bij je ~?* bist du nicht recht bei Trost? ★ *hoe haal je het in je ~?!* was fällt dir ein?! ★ *uit het ~* auswendig ★ *iets uit het ~ leren* etw. auswendig lernen ★ *iem. iets uit het ~ praten* jmdm. etw. ausreden ★ *dat moet je uit je ~ zetten* das musst du dir aus dem Kopf schlagen ★ *dat kun je uit je ~ zetten* das kannst du dir aus dem Kopf schlagen ★ *zich het ~ breken over iets* sich den Kopf über etw. zerbrechen ★ *ik weet niet wat me boven het ~ hangt* ich weiß nicht, was mir bevorsteht ★ *over het ~ zien* etw. übersehen ★ *uit ~e van* kraft [+2] ★ *iem. voor het ~ stoten* jmdn. vor den Kopf stoßen ★ *iem. het ~ op hol brengen* jmdm. den Kopf verdrehen ★ *het ~ laten hangen* den Kopf hängen lassen ★ *het ~ verliezen* den Kopf verlieren ★ *het ~ bieden aan iets* einer Sache die Stirn bieten ★ *ik heb er een hard ~ in* ich glaube kaum, dass das klappen wird ★ *mijn ~ loopt om* ich weiß nicht mehr, wo mir der Kopf steht ★ *het ~ boven water houden* sich über Wasser halten ★ *ik loop met mijn ~ in de wolken* mich hängt der Himmel voller Geigen ❷ *bestuurder* Haupt *o* ★ *~ van de afdeling* Abteilungsleiter *m* ★ *~ van een school* Schulleiter *m* ★ *~ van de kerk* Oberhaupt *o* der Kirche ❸ *persoon* ★ *per ~* pro Kopf, pro / je Person ❹ *voorste / bovenste gedeelte* ★ *aan het ~ van de tafel zitten* am Kopf der Tafel sitzen
hoofdagent *politieagent* Hauptwachtmeister *m*
hoofdartikel ❶ *redactioneel stuk* Leitartikel *m* ❷ *voornaamste handelsartikel* Hauptartikel *m*
hoofdberoep Hauptberuf *m*
hoofdbestuur Präsidium *o*, Hauptverwaltung *v*, Zentralverwaltung *v*
hoofdbewoner Hauptmieter *m*
hoofdbrekens ▾ *het kost me veel ~* es bereitet mir viel Kopfzerbrechen
hoofdbureau Zentrale *v*, Zentralstelle *v*, ⟨van publieke dienst⟩ Hauptamt *o*, ⟨van politie in grotere plaats⟩ Präsidium *o*, ⟨van politie in kleinere plaats⟩ Hauptwache *v*
hoofdcommissaris Polizeipräsident *m*
hoofdconducteur Zugführer *m*
hoofddeksel Kopfbedeckung *v*
hoofddocent Hauptdozent *m*
hoofddoek Kopftuch *o*
hoofdeinde Kopfende *o*
hoofdelijk pro Kopf ★ *bij ~e stemming* durch namentliche Abstimmung *v* ★ *~ aansprakelijk* persönlich haftbar
hoofdfilm Hauptfilm *m*
hoofdgebouw Hauptgebäude *o*
hoofdgerecht cul Hauptgericht *o*, Hauptgang *m*
hoofdhaar Kopfhaar *o*
hoofdhuid Kopfhaut *v*

hoofdingang Haupteingang *m*
hoofdinspecteur ⟨van politie⟩ Kommissar *m*
hoofdkantoor Zentrale *v*, Hauptsitz *m* ★ *~ van de douane* Hauptzollamt *o* ★ *~ van de posterijen* Hauptpostamt *o*
hoofdkraan Haupthahn *m*
hoofdkussen Kopfkissen *o*
hoofdkwartier ❶ *verblijf van de legerleiding* Hauptquartier *o* ❷ *belangrijkste vestiging* Zentralstelle *v*
hoofdleiding Hauptleitung *v*
hoofdletter Majuskel *v*, Großbuchstabe *m* ★ *met ~ H* mit großem H ★ *schrijf je dat met ~?* schreibt man das groß?
hoofdlijn Grundlinie *v*, Grundzug *m* ★ *in ~en* in großen Zügen
hoofdmacht ⟨militair⟩ Kerntruppe *v*
hoofdmoot Hauptteil *m*
hoofdofficier Stabsoffizier *m*
hoofdpersoon Hauptperson *v*, ⟨in drama of roman⟩ Protagonist *m*
hoofdpijn Kopfschmerzen *mv* ★ *barstende ~* heftige(n) Kopfschmerzen ★ *schele ~* Migräne *v*, stechende(n) Kopfschmerzen
hoofdprijs Hauptgewinn *m* ★ *de ~ winnen* das große Los ziehen
hoofdredacteur Chefredakteur *m*
hoofdrekenen Kopfrechnen *o*
hoofdrol Hauptrolle *v* ★ *de ~ spelen* die Hauptrolle spielen
hoofdrolspeler Hauptdarsteller *m*, Protagonist *m*
hoofdschotel ❶ cul *voornaamste gerecht* Hauptgericht *o* ❷ *het belangrijkste* ★ *de film was de ~ van de dag* der Film war der Höhepunkt des Tages
hoofdschudden mit dem Kopf schütteln
hoofdschuddend kopfschüttelnd
hoofdstad Hauptstadt *v*
hoofdstedelijk hauptstädtisch
hoofdstel Zaumzeug *o*
hoofdsteun Kopfstütze *v*
hoofdstraat Hauptstraße *v*
hoofdstuk Kapitel *o* ▼ *dat is een ~ apart* das ist ein Kapitel für sich
hoofdtelefoon Kopfhörer *m*
hoofdtelwoord Grundzahl *v*
hoofdvak Hauptfach *o*
hoofdwond Kopfwunde *v*
hoofdzaak Hauptsache *v*, Wesentliche(s) *o* ★ *zich tot de ~ beperken* sich auf das Wesentliche beschränken ★ *hoofd- en bijzaken* Haupt- und Nebensachen
hoofdzakelijk hauptsächlich, vor allem, in der Hauptsache
hoofdzin Hauptsatz *m*
hoofs höfisch
hoog **I** *bnw, plaats / getal* hoch ★ *hoger* höher ★ *bij hoog en laag beweren* steif und fest behaupten **II** *bijw, plaats / getal* ★ *hoog en droog zitten* geborgen sein wie in Abrahams Schoß
hoogachten hoch achten, hoch schätzen
hoogachtend hochachtungsvoll
hoogachting Hochachtung *v* ★ *met de meeste ~* mit vorzüglicher Hochachtung
hoogbegaafd hochbegabt
hoogbejaard hochbetagt
hoogblond hellblond
hoogbouw Hochbau *m*
hoogconjunctuur Hochkonjunktur *v*
hoogdravend schwülstig, hochgestochen, hochtrabend
hoogdringend BN dringend, dringlich
hooggeacht hoch geachtet ★ *~e heer* sehr geehrter Herr
hooggebergte Hochgebirge *o*
hooggeëerd hochverehrt, sehr verehrt ★ *~ publiek!* sehr verehrtes Publikum!
hooggeleerd hoch gelehrt, hoch gebildet ★ *Aan de ~e heer prof. dr. N.N.* Herrn Professor Dr. N.N.
hooggeplaatst hoch gestellt, hoch ★ *~e personen* hoch gestellte(n) Persönlichkeiten ★ *~e ambtenaar* hohe(r) Beamte(r) *m*
hooggerechtshof jur Oberste(r) Gerichtshof *m*
hooggespannen hochgespannt
hooggewaardeerd hochgeschätzt
hoogglanslak Hochglanzlack *m*
hooghartig hochmütig, eingebildet
hoogheemraadschap ≈ öffentlich-rechtliche(r) Wasser- und Bodenverband *m*
hoogheid *titel* Hoheit *v* ★ *Zijne / Hare Koninklijke Hoogheid* Seine / Ihre Königliche Hoheit
hooghouden *in ere houden* wahren
hoogland Hochland *o* ★ *de Schotse Hooglanden* das Schottische Hochland
hoogleraar Professor *m* ★ *buitengewoon ~* außerordentlicher Professor ★ *gewoon ~* ordentlicher Professor ★ *bijzonder ~* außerordentlicher Professor ★ *emeritus ~* emeritierter Professor ★ *~ in de filosofie* Professor der Philosophie
Hooglied Hohelied *o*
hooglijk äußerst, außerordentlich
hooglopend heftig ★ *een ~e ruzie* ein heftiger Streit *m*
hoogmis Hochamt *o*
hoogmoed Hochmut *m* ▼ *~ komt voor de val* Hochmut kommt vor dem Fall
hoogmoedig hochmütig, hochnäsig
hoogmoedswaanzin Größenwahn *m*
hoognodig dringend nötig, dringend notwendig ★ *het ~e doen* das Notwendigste tun
hoogoplopend sich zuspitzend, eskalierend
hoogoven Hochofen *m* ★ *de ~s bij IJmuiden* das Hüttenwerk bei IJmuiden
hoogrendementsketel Hochleistungskessel *m*
hoogschatten hoch schätzen
hoogseizoen Hauptsaison *v*
hoogslaper Hochbett *o*
hoogspanning Hochspannung *v* ★ *onder ~ werken* unter Hochdruck arbeiten
hoogspanningskabel elek Hochspannungskabel *o*
hoogspanningsmast Hochspannungsmast *m*
hoogspringen hochspringen
hoogst **I** *bijw, in hoge mate* höchst, äußerst, überaus **II** *zn* [het] Höchste(s) *o* ★ *ten ~e* höchstens
hoogstaand ⟨van voornaam karakter⟩ hochgesinnt, ⟨geestelijk⟩ geistig hoch stehend, ⟨ethisch⟩ sittlich hoch stehend, ⟨ontwikkeld⟩ kulturell hoch stehend

hoogstandje Glanzleistung *v*, Glanzstück *o*
hoogsteigen höchstpersönlich
hoogstens höchstens
hoogstpersoonlijk höchstpersönlich
hoogstwaarschijnlijk höchstwahrscheinlich, aller Wahrscheinlichkeit nach
hoogte ❶ *peil, niveau* Höhe *v* ★ *op een ~ van 300 meter* in einer Höhe von 300 Metern ★ *een bedrag ter ~ van* ein Betrag in Höhe von ★ *iem. op de ~ brengen van iets* jmdn. von etw. in Kenntnis setzen ★ *zich op de ~ stellen van iets* sich nach etw. erkundigen ★ *op de ~ zijn* auf dem Laufenden sein ★ *daarvan ben ik niet op de ~* darüber bin ich nicht unterrichtet ★ *tot op zekere ~* in gewissem Maße, bis zu einem gewissen Grade ★ *iem. uit de ~ behandelen* jmdn. von oben herab behandeln ★ *zij kan er geen ~ van krijgen* sie kann nicht klug daraus werden ❷ *klank* Höhe *v* ❸ aardk Höhe *v* ★ *ter ~ van Utrecht* auf der Höhe von Utrecht ❹ *verheffing* Höhe *v*

ho

hoogtelijn ❶ wisk Höhe *v* ❷ aardk Höhenlinie *v*
hoogtepunt ❶ wisk Höhenschnittpunkt *m* ❷ *climax* Höhepunkt *m*, ⟨ook seksueel⟩ Klimax *v*
hoogteverschil Höhenunterschied *m*
hoogtevrees Höhenangst *v* ★ *geen ~ hebben* schwindelfrei sein
hoogtezon Höhensonne *v*
hoogtij Blütezeit *v* ▼ *~ vieren* eine Blüte erleben, min überhandnehmen
hooguit höchstens, maximal
hoogverraad Hochverrat *m* ★ *wegens ~ aangeklaagd* des Hochverrats angeklagt
hoogvlakte Hochebene *v*
hoogvlieger Koryphäe *v* ★ *hij is geen ~* er ist keine Leuchte
hoogwaardig ❶ *van hoge waarde* hochwertig ❷ *zeer verheven* hochwürdig ★ *~e Excellentie* Eure Exzellenz
hoogwaardigheidsbekleder Würdenträger *m*
hoogwater *hoge waterstand in rivier enz.* Hochwasser *o*
hoogwerker Teleskopkran *m*
hoogzwanger hochschwanger
hooi Heu *o* ▼ *te veel hooi op zijn vork nemen* sich übernehmen ▼ *te hooi en te gras* von Zeit zu Zeit
hooiberg Heuhaufen *m*, Heustock *m*
hooien heuen
hooikoorts Heuschnupfen *m*, Heufieber *o*
hooimijt Heuschober *m*
hooivork Heugabel *v*
hooiwagen ❶ *kar* Heuwagen *m* ❷ *spinachtig dier* Weberknecht *m*
hooizolder Heuboden *m*
hooligan Hooligan *m*
hoon Hohn *m*
hoongelach Hohngelächter *o*
hoop ❶ *verwachting* Hoffnung *v* ★ *in de hoop dat...* hoffend, dass..., in der Hoffnung, dass... ★ *alle hoop laten varen* die Hoffnung begraben ★ *tussen hoop en vrees leven* zwischen Hoffen und Bangen schweben ★ *iem. hoop geven* jmdm. Hoffnungen machen ★ *de hoop hebben dat...* hoffen, dass... ★ *de hoop uitspreken dat...* der Hoffnung Ausdruck geben, dass... ★ *in de hoop dat...* hoffend, dass..., in der Hoffnung, dass... ★ *hoop doet leven* man hofft, solange man lebt ★ *op hoop van zegen* auf gut Glück ★ *iemands hoop de bodem inslaan* jmds. Hoffnungen zerstören ❷ *stapel* Haufen *m* ★ *bij hopen* haufenweise ❸ *grote hoeveelheid* ★ *een hoop weten* eine Menge wissen ★ *dat is een hoop geld* das ist ein Haufen Geld, das ist eine Menge Geld ★ BN *hoop en al* höchstens
hoopgevend viel versprechend, hoffnungsvoll
hoopvol hoffnungsvoll, zuversichtlich ★ *~le stemming* zuversichtliche Stimmung *v*
hoor ★ *niet doen hoor!* tu das bloß nicht! ★ *nou hoor* na ja ★ *goed hoor!* ja gut!
hoorapparaat Hörgerät *o*
hoorbaar hörbar, vernehmbar ★ *een nauwelijks ~ geluid* ein kaum vernehmbarer Laut ★ *~ door de neus ademen* hörbar durch die Nase atmen
hoorcollege Vorlesung *v*
hoorn ❶ *uitsteeksel aan kop* Horn *o* ❷ *van telefoon* Hörer *m*
hoorndol toll, rasend, rasend, verrückt
hoornen hörnern, aus Horn ★ *een ~ montuur* eine Hornbrille
hoornlaag Hornhaut *v*
hoornvlies Hornhaut *v*
hoornvliesontsteking Hornhautentzündung *v*
hoorspel Hörspiel *o*
hoorzitting Anhörung *v*, ⟨horen van een expert⟩ Hearing *o*
hoos *wervelwind* Wirbelwind *m*, ⟨boven land⟩ Windhose *v*, ⟨boven watervlakte⟩ Wasserhose *v*
hoosbui Platzregen *m*
hop I *zn* [de] ❶ *vogel* Wiedehopf *m* ❷ *plant* Hopfen *m* **II** *tw* hopp, hops
hopelijk hoffentlich
hopeloos I *bnw, uitzichtloos* hoffnungslos, aussichtslos **II** *bijw* ★ *~ verliefd* wahnsinnig verliebt
hopen *wensen* hoffen ★ *naar ik hoop* hoffentlich ★ *het is te ~* das will ich hoffen ★ *ik hoop van niet* ich will es nicht hoffen
hopman Führer *m*
hor Fliegenfenster *o*
horde ❶ *bende* Meute *v*, Horde *v* ★ *een ~ mensen* eine Horde von Menschen ❷ sport Hürde *v*
hordeloop Hürdenlauf *m*
hordelopen Hürdenlauf *m*
horeca Gaststättengewerbe *o*
horen I *ov ww* ❶ *met gehoor waarnemen* hören ★ *moet je ~ wie het zegt* hör mal!, was sie nicht sagt ★ *~ en zien vergaat je* da vergeht einem Hören und Sehen ❷ *vernemen* hören, vernehmen ★ *van ~ zeggen* vom Hörensagen ★ *zo mag ik het ~* das höre ich gern ★ *wie niet ~ wil, moet maar voelen* wer nicht hören will, muss fühlen ❸ *verhoren* verhören, vernehmen ★ jur *getuigen ~* Zeugen vernehmen **II** *on ww, passen, behoorlijk zijn* sich gehören **III** *znw* → **hoorn**
horizon ❶ aardk Horizont *m* ❷ fig Gesichtskreis *o*
horizontaal horizontal, waagerecht
hork rüde(r) Klotz *m*, Grobian *m*
horkerig ungehobelt, grob, unhöflich
horloge Uhr *v*
horlogebandje Uhrarmband *o*, Uhrband *o*
hormonaal hormonal, hormonell
hormoon Hormon *o*

hormoonpreparaat Hormonpräparat *o*
horoscoop Horoskop *o* ★ *iemands ~ trekken* jmdm. das Horoskop stellen
horrelvoet Klumpfuß *m*
horror Horror *m*
horrorfilm Horrorfilm *m*
hort Ruck *m*, Stoß *m* ▼ *met horten en stoten* ruckartig ▼ *de hort opgaan* weggehen, abhauen
horten holpern, stocken ★ *~d en stotend* mühsam
hortensia Hortensie *v*
hortus botanicus botanische(r) Garten *m*
horzel Hornisse *v*
hospes Zimmerwirt *m*, Zimmervermieter *m*
hospita Zimmerwirtin *v*
hospitaal Lazarett *o*
hospitant Hospitant *m*, Gasthörer *m*
hospiteren onderw hospitieren
hossen *dansen* ≈ eingehakt springen und tanzen
host comp Host *m*
hosten comp hosten
hostess *gastvrouw* Hostess *v*
hostie Hostie *v*
hot I *bnw* heiß, brandaktuell, hochaktuell ★ *hot issue / item* heiße(s) Thema **II** *bijw* ★ *iem. van hot naar haar sturen* jmdn. von Pontius zu Pilatus schicken
hotdog Hotdog *m*
hotel Hotel *o*, Gasthof *m* ★ *in een ~ logeren* in einem Hotel wohnen
hotelaccommodatie Hotels *mv*
hoteldebotel *stapelgek* durchgedreht, verrückt
hotelgast Hotelgast *m*
hotelhouder Hotelbesitzer *m*, Hotelier *m*
hôtelier form → **hotelhouder**
hotelkamer Hotelzimmer *o*
hotelketen Hotelkette *v*
hotel-restaurant Hotel-Restaurant *o*
hotelschakelaar Wechselschalter *m*
hotelschool onderw Hotelfachschule *v*
hotemetoot Bonze *m*
hotline Hotline *v*
hotpants Hotpants *mv*, Hot Pants
houdbaar *te bewaren* haltbar
houdbaarheidsdatum Haltbarkeitsdatum *o*
houden I *ov ww* ❶ *vast-, tegenhouden* halten ★ *een boek in handen ~* ein Buch in Händen halten ❷ *behouden* behalten ★ *een geheim voor zich ~* ein Geheimnis für sich behalten ❸ *doen plaatsvinden* (ab)halten, veranstalten ★ *wanneer ~ jullie het feest?* wann ist die Fete? ❹ **~ op** ★ *ik houd het erop dat...* ich gehe vorläufig davon aus, dass... ❺ **~ voor** halten für ▼ *er was geen ~ meer aan* es gab kein Halten mehr **II** *on ww* ❶ **~ van** *liefhebben* lieben ★ *veel van iem. ~* jmdn. sehr lieben ❷ **~ van** *graag willen hebben* mögen ★ *ik houd niet van wijn* ich mag keinen Wein ★ *veel van voetballen ~* ein Fußballfan sein **III** *wkd ww* [**zich ~**] ❶ *blijven* sich halten ★ *zich kalm ~* sich ruhig verhalten ❷ *schijn aannemen* sich stellen ★ *zich doof ~* sich taub stellen
houder ❶ *voorwerp om iets vast te houden* Halter *m*, Behälter *m* ❷ *beheerder* Inhaber *m*, Besitzer *m*, ⟨van titel, prijs⟩ Träger *m*, ⟨van dieren, auto⟩ Halter *m*, ⟨van zaak⟩ Geschäftsführer *m*, ⟨exploitant⟩ Betreiber *m*
houdgreep Haltegriff *m* ★ *iem. in de ~ hebben / nemen* jmdn. im Schwitzkasten haben
houding ❶ *lichaamshouding* Pose *v*, Haltung *v* ❷ *gedragslijn* Fassung *v*, Verhalten *o*, Attitüde *v* ★ *zich een ~ geven* eine Haltung annehmen ★ *met zijn ~ geen raad weten* nicht wissen, wie man sich verhalten soll ★ *zich geen ~ weten te geven* unbeholfen sein
houdoe tschüss
house House *o*, Housemusik *v*
houseparty Houseparty *v*
housewarming Hauseinweihung *v*
hout Holz *o* ★ *hij is uit het goede hout gesneden* er ist aus gutem Holz geschnitzt ★ *dat snijdt geen hout* das ist nicht stichhaltig ★ BN *niet meer weten van welk hout pijlen te maken* völlig ratlos sein, sich keinen Rat mehr wissen
houtblazer muz Holzbläser *m* ★ *de ~s* die Holzbläser
houtduif Ringeltaube *v*, Holztaube *v*, Wildtaube *v*
houten hölzern, Holz-
houterig steif
houtgravure Holzstich *m*
houthakken Holz fällen
houthakker Holzfäller *m*
houthandel ❶ *bedrijf* Holzhandlung *v* ❷ *bedrijfstak* Holzhandel *v*
houthoudend holzhaltig
houtje Hölzchen *o* ▼ *op eigen ~* auf eigene Faust
houtje-touwtjejas Dufflecoat *m*
houtkap ★ *illegale ~* illegales Abholzen
houtlijm Holzleim *m*
houtskool Holzkohle *v*
houtskooltekening Kohlezeichnung *v*
houtsnijwerk Holzschnitzerei *v*
houtsnip *vogel* Waldschnepfe *v*
houtvester Forstmeister *m*
houtvesterij ❶ *toezicht* Forstamt *o* ❷ *woning* Forsthaus *o*
houtvrij holzfrei
houtwal Knick *m*
houtwerk ❶ *houten delen* Holzbauteil *o* ❷ *constructie* Holzkonstruktion *v*, ⟨voorwerp⟩ Schreinerarbeit *v*
houtwol Holzwolle *v*
houtworm Holzwurm *m*
houtzagerij Sägewerk *o*
houvast lett *steunpunt* Halt *m*
houw ❶ *slag* Hieb *m* ❷ *snee* Hieb *m*, Hiebwunde *v*
houweel Spitzhacke *v*, Pickel *m*
houwen *hakken* abhauen
houwitser Haubitze *v*
hoveling Höfling *m*
hovenier Gärtner *m*
hovercraft Hovercraft *o*, Luftkissenfahrzeug *o*
hozen I *ov ww* schöpfen **II** *onp ww* in Strömen regnen
hr-ketel Hochleistungskessel *m*
HTML *Hypertext Markup Language* HTML *o*
hufter Rindvieh *o*, vulg Arschloch *o*
huichelaar Heuchler *m*
huichelachtig heuchlerisch
huichelarij Heuchelei *v*
huichelen *veinzen* heucheln
huid ❶ *vel* Haut *v* ★ *de huid afstropen* das Fell abziehen ★ *met huid en haar* mit Haut und Haar

★ *een dikke huid hebben* ein dickes Fell haben ★ *iem. op de huid zitten* jmdm. auf der Pelle sitzen ❷ *pels* Fell *o*
huidaandoening Hautkrankheit *v*
huidarts Hautarzt *m*
huidcrème Hautcreme *v*
huidig heutig, ‹van deze tijd› gegenwärtig, ‹van deze tijd› jetzig ★ *de ~e situatie* die gegenwärtige Situation *v*
huidkanker Hautkrebs *m*
huidmondje Spaltöffnung *v*
huidskleur, **huidkleur** Hautfarbe *v*
huidtransplantatie Hauttransplantation *v*
huiduitslag Hautausschlag *m*
huidverzorging Hautpflege *v*
huidziekte Hautkrankheit *v*
huif Plane *v*
huifkar Planwagen *m*

hu

huig Zäpfchen *o*
huilbui Weinkrampf *m*
huilebalk Plärrer *m*, Heulpeter *m*, Heulsuse *v*
huilen ❶ *wenen* weinen ★ *het ~ stond me nader dan het lachen* ich war dem Weinen näher als dem Lachen ❷ *janken* heulen ★ *~ met de wolven in het bos* mit den Wölfen heulen
huilerig *geneigd tot huilen* weinerlich
huis ❶ *woning* Haus *o* ★ *huisje* Häuschen *o* ★ *naar huis brengen* nach Hause bringen ★ *naar huis gaan* nach Hause gehen ★ *huis van bewaring* Untersuchungsanstalt *v*, Zuchthaus *o* ★ *Huis van Afgevaardigden* Abgeordnetenhaus *o* ★ *heilig huisje* heilige Kuh *v* ★ *open huis* Tag der offenen Tür ★ *huisje, boompje, beestje* Spießertraum *m* ★ *heel wat in huis hebben* sehr sachkundig sein, inform eine Menge auf dem Kasten haben ★ *nog verder van huis zijn* noch weiter vom Ziel abgekommen sein, vom Regen in die Traufe kommen ★ *van huis uit* von Haus aus ★ BN *daar komt niets van in huis* daraus wird nichts ❷ *geslacht* ★ *van goeden huize* aus bestem Hause ★ *het Koninklijk Huis* das Königshaus, die königliche Familie
huis-aan-huisblad Anzeigenblatt *o*
huisadres Privatadresse *v*
huisapotheek Hausapotheke *v*
huisarrest Hausarrest *m* ★ *~ hebben* unter Hausarrest stehen
huisarts Hausarzt *m*
huisbaas Hauswirt *m*, Hausbesitzer *m*
huisbezoek Hausbesuch *m*
huisdeur Haustür *v*
huisdier Haustier *o*
huiseigenaar *bezitter* Hausbesitzer *m*
huiselijk ❶ *het huis betreffend* häuslich ★ *in de ~e kring* im Kreis der Familie ❷ *graag thuis zijnd* häuslich ❸ *gezellig* gemütlich
huisgenoot *medebewoner* Mitbewohner *m*, Hausgenosse *m*
huisgezin Familie *v*
huishoudbeurs Haushaltsmesse *v*
huishoudboekje Haushaltsbuch *o*
huishoudelijk ❶ *het huishouden betreffend* hauswirtschaftlich, Haushalts- ★ *zaak in ~e artikelen* Haushaltswarengeschäft *o* ★ *~e uitgaven* Haushaltsausgaben ❷ *dagelijkse zaken betreffend* geschäftlich ★ *~ reglement* Satzung *v* ★ *~e zaken* geschäftliche(n) Angelegenheiten
huishouden I *zn* [het] ❶ *huishouding* Wirtschaft *v*, Haushaltung *v* ★ *het ~ doen* den Haushalt besorgen ★ *voor iem. het ~ doen* jmdm. den Haushalt führen ❷ *gezin* Haushalt *m* **II** *on ww* ❶ *de huishouding doen* den Haushalt führen, wirtschaften ❷ *tekeergaan* hausen ★ *daar heeft een orkaan huisgehouden* dort hat ein Orkan gewütet
huishoudgeld Haushaltsgeld *o*, Haushaltskasse *v*
huishouding *huishouden* Haushalt *m*, Haushaltung *v* ★ *hulp in de ~* Haushaltshilfe *v*
huishoudschool onderw Hauswirtschaftsschule *v*
huishoudster Haushälterin *v*
huisjesmelker Miethai *m*, Mietwucherer *m*
huiskamer Wohnzimmer *o*
huisknecht Hausdiener *m*
huisman Hausmann *m*
huismeester *conciërge* Hausmeister *m*
huismerk Hausmarke *v*
huismiddel Hausmittel *o*
huismijt Hausmilbe *v*
huismoeder Hausfrau *v*
huismus ❶ *vogel* Spatz *m*, Haussperling *m* ❷ *persoon* Stubenhocker *m*
huisnummer Hausnummer *v*
huisraad Hausrat *m*
huisregel Hausregel *v* ★ *de ~s* Hausordnung *v*
huisschilder Anstreicher *m*, Maler *m*
huissleutel Hausschlüssel *m*
huisstijl Hausstil *m*, hauseigene(r) Stil *m*
huistelefoon Haustelefon *o*
huis-tuin-en-keukenonderwerp Wald- und Wiesenthema *o*
huisvader Hausvater *m*
huisvesten ‹tijdelijk› unterbringen, ‹voor altijd› ansiedeln ★ *gehuisvest zijn* wohnen
huisvesting ❶ *het huisvesten* Unterbringung *v*, Beherbergung *v* ❷ *verblijf* Unterkunft *v*
huisvlijt Heimarbeit *v*
huisvredebreuk Hausfriedensbruch *m*
huisvriend Hausfreund *m*
huisvrouw Hausfrau *v*
huisvuil Hausmüll *m* ★ *het ophalen van ~* Müllabfuhr *v*
huiswaarts nach Hause, heimwärts
huiswerk ❶ *schoolwerk* Schularbeiten *mv*, Hausaufgaben *mv* ❷ *huishoudelijk werk* Hausarbeit *v*
huiswijn cul Hauswein *m*
huiszoeking Hausdurchsuchung *v* ★ *een ~ doen* eine Hausdurchsuchung vornehmen
huiszwaluw Mehlschwalbe *v*
huiveren ❶ *rillen* schaudern, frösteln ❷ *terugschrikken* schaudern, zurückscheuen
huiverig ❶ *rillerig* fröstelig ❷ *angstig* zögernd
huivering ❶ *rilling* Schauder *m*, Frösteln *o* ❷ *aarzeling* Scheu *v*
huiveringwekkend schaudererregend, schauerlich
huizen wohnen, min hausen
huizenblok Häuserblock *m*
huizenhoog haushoch ★ *huizenhoge golven* haushohe Wellen ★ *~ tegen iets opzien* vor etw. zurückschrecken

huizenmarkt Häusermarkt *m*, Wohnungsmarkt *m*
hulde Huldigung *v*, Ehrung *v* ★ *iem. ~ brengen* jmdm. huldigen
huldebetoon Ehrbezeugung *v*, Ehrung *v*
huldeblijk Huldigung *v*, ⟨geschenk⟩ Ehrengabe *v* ★ *~en ontvangen* Huldigungen entgegennehmen
huldigen *eren* huldigen [+3]
hullen I *ov ww* **~ in** hüllen in [+4] **II** *wkd ww* [**zich** ~] ★ *zich in stilzwijgen ~* sich in Schweigen hüllen
hulp ❶ *het helpen* Hilfe *v*, Beistand *m*, ⟨medewerking⟩ Mithilfe *v* ★ *eerste hulp* Erste Hilfe *v* ❷ *persoon* Hilfskraft *v*, Gehilfe *m* ★ *tijdelijke hulp* Aushilfskraft
hulpbehoevend hilfsbedürftig
hulpbron Hilfsquelle *v*
hulpdienst Hilfsdienst *m* ★ *telefonische ~* Telefonseelsorge *v*
hulpeloos hilflos
hulpmiddel Hilfsmittel *o*
hulporganisatie Hilfsorganisation *v*
hulppost *bijkantoor* Außenstelle *v*
hulpstuk Zubehör *o*
hulpvaardig hilfsbereit, dienstfertig
hulpverlener Sozialarbeiter *m*
hulpverlening ❶ *het verlenen van hulp* ⟨hulp verlenen⟩ Hilfeleistung *v* ❷ *zorgsector* Sozialarbeit *v*, Fürsorge *v*
hulpwerkwoord Hilfsverb *o*, Hilfszeitwort *o*
huls *omhulsel* Hülse *v*
hulst Stechpalme *v*
hum Laune *v* ★ *zij is uit haar hum* sie hat schlechte Laune
humaan human
humaniora BN onderw Sekundarschule *v*, weiterführende Schule *v*
humanisme Humanismus *m*
humanist Humanist *m*
humanistisch humanistisch
humanitair humanitär
humbug Humbug *m* ★ *dat is toch allemaal ~!* das ist doch alles Humbug!
humeur Laune *v*, Stimmung *v* ★ *in een goed / slecht ~ zijn* gute / schlechte Laune haben ★ *hij is uit zijn ~* ihm ist eine Laus über die Leber gelaufen
humeurig *grillig* launisch, launenhaft
hummel Wurm *m*, Knirps *m*
humor Humor *m* ★ *zwarte ~* schwarze(r) Humor
humorist Humorist *m*
humoristisch humoristisch, humorvoll, humorig
humus Humus *m*
humuslaag Humusschicht *v*
Hun Hunne *m*
hun I *pers vnw* ⟨meewerkend voorwerp⟩ ihnen ★ *ik heb het hun gegeven* ich habe es ihnen gegeben **II** *bez vnw* ihr ★ *de hunnen* die ihren ★ *het is hun vader* es ist ihr Vater ★ *hun ouders* ihre Eltern ★ *één van hun kennissen* einer ihrer Bekannten ★ *hier staan hun fietsen* hier stehen ihre Fahrräder
hunebed Hünengrab *o*
hunkeren sich sehnen nach [+3]
hunzelf ihnen selbst
hup hopp
huppeldepup Dings *m/v/o*, Dingsbums, Dingsda *m/v/o*
huppelen hüpfen, springen
huren mieten, ⟨personen⟩ in Dienst nehmen
hurken I *on ww* hocken **II** *zn* [de] ★ *op zijn ~ gaan zitten* in die Hocke gehen, sich hinhocken
hurktoilet Hocktoilette *v*, Stehtoilette *v*
hurkzit Hocke *v*
husselen mischen
hut ❶ *huisje* Hütte *v* ❷ *cabine op schip* Kabine *v*, Kajüte *v*
hutkoffer Schrankkoffer *m*, Kabinenkoffer *m*
hutspot ❶ *stamppot* ≈ Eintopfgericht *o* aus Möhren, Zwiebeln und Kartoffeln ❷ *mengelmoes* Mischmasch *m*
huur ❶ *het huren* Miete *v* ★ *te huur* zu vermieten ★ *iem. de huur opzeggen* jmdm. die Wohnung kündigen ★ *de huur gaat per 1 januari in* das Mietverhältnis beginnt am 1. Januar ★ *kamers te huur!* Zimmer zu vermieten! ❷ *huursom* Miete *v* ★ *kale huur* Kaltmiete ★ *huur betalen* Miete zahlen
huurachterstand Mietrückstand *m*
huurauto Mietauto *o*, Mietwagen *m*, Leihwagen *m*
huurbelasting Mietsteuer *v*
huurbescherming Mieterschutz *m*, ⟨wet⟩ Mieterschutzgesetz *o*
huurcommissie Mietkommission *v*
huurcontract Mietvertrag *m*
huurder Mieter *m*
huurhuis Mietwohnung *v* ★ *in een ~ wonen* zur Miete wohnen
huurkoop Mietkauf *m*
huurleger Söldnerheer *o*
huurling Söldner *m*
huurmoordenaar Berufskiller *m*
huurovereenkomst Mietvertrag *m*
huurprijs Miete *v*, Mietpreis *m*
huurschuld Mietrückstand *m*, Mietschulden *mv*
huursubsidie Wohngeld *o*
huurverhoging Mieterhöhung *v*
huurwoning Mietwohnung *v*
huwbaar heiratsfähig ★ *de huwbare leeftijd hebben* im heiratsfähigen Alter sein
huwelijk ❶ *verbintenis* Ehe *v* ★ *burgerlijk ~* standesamtliche Trauung *v* ★ *kerkelijk ~* kirchliche Trauung *v* ★ *gemengd ~* Mischehe *v* ★ *~ om het geld* Geldheirat *v* ★ *een ~ beneden zijn stand* eine nicht standesgemäße Ehe ★ *iem. ten ~ vragen* jmdm. einen Heiratsantrag machen ❷ *huwelijksvoltrekking* Vermählung *v*, Trauung *v*, ⟨feest⟩ Hochzeit *v*, ⟨huwelijkssluiting⟩ Heirat *v* ★ *het ~ aankondigen* die Vermählung bekannt geben
huwelijks → **staat, voorwaarde**
huwelijksaankondiging Heiratsanzeige *v*
huwelijksaanzoek Heiratsantrag *m* ★ *iem. een ~ doen* jmdm. einen Heiratsantrag machen
huwelijksadvertentie Heiratsanzeige *v*
huwelijksbootje ▼ *in het ~ stappen* in den Hafen der Ehe einlaufen
huwelijksbureau Heiratsvermittlung *v*
huwelijksfeest Hochzeitsfest *o*
huwelijksgeschenk Hochzeitsgeschenk *o*
huwelijksnacht Hochzeitsnacht *v*

huwelijksreis Hochzeitsreise *v*
huwelijksvoltrekking Trauung *v*, Eheschließung *v*
huwen heiraten, ehelichen
huzaar Husar *m*
huzarensalade cul ≈ Fleischsalat *m*
huzarenstukje Husarenstückchen *o*, Bravourstück *o*
hyacint ❶ *bolgewas* Hyazinthe *v* ❷ *halfedelgesteente* Hyazinth *m*
hybride I *zn* [de] Hybride *v* II *bnw* hybrid, zwitterhaft
hydrateren hydratisieren
hydraulisch hydraulisch
hydrocultuur Hydrokultur *v*
hyena Hyäne *v*
hygiëne Hygiene *v*, ⟨zindelijkheid⟩ Sauberkeit *v*
hygiënisch hygienisch
hymne Hymne *v*
hype Hype *m*
hypen hypen
hyperactief hyperaktiv
hyperbool ❶ wisk Hyperbel *v* ❷ taalk Hyperbel *v*
hypercorrectie Hyperkorrektheit *v*
hyperlink comp Hyperlink *m*
hypermodern hypermodern, hochmodern
hypertext comp Hypertext *m*
hyperventilatie med Hyperventilation *v*
hypnose Hypnose *v* ★ *iem. onder ~ brengen* jmdn. in Hypnose versetzen
hypnotiseren hypnotisieren
hypnotiseur Hypnotiseur *m*
hypochonder Hypochonder *m*
hypocriet I *zn* [de] Heuchler *m* II *bnw* heuchlerisch
hypocrisie Hypokrisie *v*
hypotenusa wisk Hypotenuse *v*
hypothecair hypothekarisch ★ *~e schuld* Hypothekenschuld *v*
hypotheek Hypothek *v* ★ *vrij van ~* unbelastet ★ *geld op ~ geven* einen Hypothekarkredit gewähren
hypotheekbank Hypothekenbank *v*
hypotheekrente Hypothekenzinsen *mv*
hypothese Unterstellung *v*, Hypothese *v*
hypothetisch hypothetisch
hystericus Hysteriker *m*
hysterie Hysterie *v*
hysterisch hysterisch

I

i I *o* ★ *de i van Izaak* I wie Ida
ia ⟨van ezel⟩ i-a
Iberië Iberien *o*
Iberisch iberisch
Iberisch Schiereiland iberische Halbinsel *v*
ibis Ibis *m*
Ibiza Ibiza *o*
icoon Ikone *v*
ICT *Informatie- en Communicatietechnologie* Informations- und Kommunikationstechnologie *v*
ICT'er comp IT-Fachmann *m*, IT-Experte *m*, EDV-Fachmann *m*
ideaal I *zn* [het] Ideal *o* II *bnw* ideal
ideaalbeeld Idealvorstellung *v*
idealiseren idealisieren
idealisme Idealismus *m*
idealist Idealist *m*
idealistisch idealistisch
idealiter im Idealfall
idee ❶ *inval, plan* Idee *v* ❷ *voorstelling, gedachte* Idee *v* ★ *ik heb het idee dat...* ich habe den Eindruck, dass... ★ *geen flauw idee van iets hebben* keine blasse Ahnung von etw. haben ★ *je hebt er geen flauw idee van* du hast keine blasse Ahnung davon ★ *het idee alleen al* der bloße Gedanke ★ *naar mijn idee* meiner Meinung nach
ideëel ❶ *denkbeeldig* ideell ❷ *voor een goed doel* wohltätig
ideeënbus ≈ Briefkasten *m* für Verbesserungsvorschläge
idee-fixe fixe Idee *v*, form Idée *v* fixe
idem idem, ebenso ★ *idem dito* dito
identiek identisch
identificatie Identifikation *v*, Identifizierung *v*
identificatieplicht Ausweispflicht *v*, Identifikationspflicht *v*
identificeren ❶ *identiteit vaststellen* identifizieren ★ *zich ~* sich ausweisen ❷ *vereenzelvigen* ★ *zich ~ met iemand / iets* sich mit jmdm. / etw. identifizieren
identiteit Identität *v*
identiteitsbewijs Personalausweis *m*
identiteitscrisis Identitätskrise *v*
identiteitskaart Personalausweis *m*
identiteitsplaatje Erkennungsmarke *v*
ideologie Ideologie *v*
ideologisch ideologisch
idiomatisch idiomatisch
idioom Idiom *o*
idioot I *zn* [de] Idiot *m*, Schwachsinnige(r) *m* II *bnw* idiotisch, schwachsinnig III *bijw* ★ *doe niet zo ~* stell dich nicht so blöd an ★ *dat is ~ duur* das ist wahnsinnig teuer
idioterie Idiotie *v*
ID-kaart Personalausweis *m*
idolaat abgöttisch ★ *~ zijn van iem.* in jmdn. vernarrt sein
idool Idol *o*
idylle Idylle *v*, Idyll *o*
idyllisch idyllisch
ieder *iedereen* jede(r)

iedereen jeder(mann), alle
iel schmächtig ★ *een iel kind* ein schmächtiges Kind
iemand jemand, eine(r), ⟨onbepaald⟩ irgendjemand, ⟨onbepaald⟩ irgendwer ★ *iem. anders* jmd. anders ★ *een zeker iem.* eine gewisse Person
iep Ulme *v*
Ieper Ypern *o*
Iepers von Ypern
Ier *bewoner* Ire *m*
Ierland Irland *o*
Iers *m.b.t. Ierland* irisch
Ierse Irin *v*
Ierse Zee Irische See *v*
iet ▼ BN *iet of wat* einigermaßen
iets I *bijw* etwas, ein wenig, ein bisschen ★ *iets meer* ein wenig mehr **II** *onb vnw* etwas ★ *iets anders* etw. anderes
ietsje ein wenig, ein bisschen
ietwat etwas, ein wenig
iglo Iglu *m/o*
i-grec Ypsilon *o*
ijdel ❶ *pronkzuchtig* eitel, selbstgefällig ❷ *vergeefs* eitel, vergeblich ★ *~e hoop* eitle Hoffnung *v*
ijdelheid *zelfingenomenheid* Eitelkeit *v*
ijdeltuit eitle(r) Mensch *m*, ⟨man⟩ Lackaffe *m* ★ *een ~* ein eitler Mensch
ijken *keuren* eichen
ijkpunt Maßstab *m*, Kriterium *o*, Prüfstein *m*
ijkwezen Eichwesen *o*
ijl *dun* dünn ★ *ijle lucht* dünne Luft *v*
ijlbode Eilbote *m*
ijlen ❶ *onzin uitkramen* fantasieren, phantasieren, irrereden ❷ *haasten* eilen, hasten
ijlings eiligst, schleunigst, eilends
ijltempo Eiltempo *o*
ijs ❶ *bevroren water* Eis *o* ★ fig *zich op glad ijs wagen* sich aufs Glatteis begeben ★ fig *beslagen ten ijs komen* gut beschlagen / bewandert / gerüstet sein ★ fig *het ijs breken* das Eis brechen ❷ *lekkernij* Eis *o*, Eiscreme *v*
ijsafzetting Eisbildung *v*
ijsbaan Eisbahn *v*
ijsbeer Eisbär *m*
ijsberen auf und ab gehen
ijsberg Eisberg *m*
ijsbergsla Eisbergsalat *m*
ijsbloemen Eisblumen *mv*
ijsblokje Eiswürfel *m*
ijsbreker *schip* Eisbrecher *m*
ijsco Eis *o*
ijscoman Eismann *m*, Eisverkäufer *m*
ijscoupe Eisbecher *m*
ijselijk scheußlich
ijsgang Eisgang *m*
ijsheiligen Eisheiligen *mv*
ijshockey Eishockey *o*
ijshockeyen Eishockey spielen
ijshockeyer Eishockeyspieler *m* [v: Eishockeyspielerin]
ijsje Eis *o*
ijskap Eiskappe *v*
ijskar Eiswagen *m*
ijskast Kühlschrank *m*
ijsklomp Eisklumpen *m*
ijsklontje Eiswürfel *m*
ijskoud ❶ *zeer koud* eiskalt, eisig ❷ *emotieloos* eiskalt, eisig, ⟨brutaal⟩ unverfroren
ijskristal Eiskristall *o*
IJsland Island *o*
IJslander *bewoner* Isländer *m*
IJslands I *zn* [het], *taal* Isländisch(e) *o* **II** *bnw, m.b.t. IJsland* isländisch
IJslandse Isländerin *v*
ijslolly Eis *o* am Stiel
ijspegel Eiszapfen *m*
ijssalon Eiscafé *o*, Eissalon *m*, Eisdiele *v*
ijsschots Eisscholle *v*
IJssel IJssel *v*, Issel *v*
IJsselmeer Ijsselmeer *o*
ijstaart cul Eistorte *v*
ijsthee cul Eistee *m*
ijstijd Eiszeit *v*
ijsvogel Eisvogel *m*
ijsvrij *zonder ijs* eisfrei
ijswater Eiswasser *o*
ijszee Eismeer *o*
ijszeilen Eissegeln
ijver Eifer *m*, Fleiß *m* ★ *blinde ~* blinde(r) Eifer
ijveren eifern
ijverig fleißig, emsig
ijzel ⟨op straat⟩ Glatteis *o*, ⟨op bomen en planten⟩ Raureif *m*, ⟨regen⟩ Eisregen *m* ★ *met ~ bedekt* mit Raureif bedeckt
ijzelen ★ *het ijzelt* es gibt Glatteis
ijzen schaudern, grauen ★ *ik ijs ervan* mir graut davor
IJzer Yser *v*, IJzer *v*
ijzer Eisen *o* ★ fig *men kan geen ~ met handen breken* Unmögliches lässt sich nicht erzwingen ★ fig *men moet het ~ smeden als het heet is* man muss das Eisen schmieden, solange es heiß ist ★ fig *meer ~s in het vuur hebben* mehrere Eisen im Feuer haben
ijzerdraad Eisendraht *m*
ijzeren ❶ *van ijzer* eisern, Eisen- ★ *~ balk* Eisenbalken *m* ★ *~ gereedschap* Eisengerät *o* ❷ *erg sterk* eisern ★ *een ~ wil* ein eiserner Wille ★ *een ~ maag hebben* einen eisernen Magen haben ★ fig *een ~ Hein* ein Mann von Stahl
ijzererts Eisenerz *o*
ijzerhandel ❶ *winkel* Eisen(waren)handlung *v* ❷ *bedrijfstak* Eisenhandel *m*
ijzerhoudend eisenhaltig
ijzersterk eisenstark, eisern
ijzertijd Eisenzeit *v*
ijzervijlsel Eisenspan *m*
ijzervreter Eisenfresser *m*
ijzerwaren Eisenwaren *mv*
ijzerzaag Eisensäge *v*
ijzig *ijskoud* eisig
ijzingwekkend schauderhaft, grauenerregend
ik I *pers vnw* ich **II** *zn* [het] Ich *o*
ik-figuur Icherzähler *m*
ikzelf ich selbst, selber
illegaal I *bnw* ❶ *wat niet mag volgens de wet* illegal ❷ *zonder de juiste papieren* ★ *hij is hier ~* er ist illegal hier **II** *zn* [de] Illegale(r) *m-v*
illegaliteit *het illegaal zijn* Illegalität *v*
illusie Illusion *v*
illusionist *goochelaar* Illusionist *m*

il

illusoir illusorisch
illuster illuster, erlaucht, berühmt ★ *~e gasten* illustre Gäste
illustratie Illustration *v*
illustratief illustrativ
illustrator Illustrator *m*
illustreren ❶ *van afbeeldingen voorzien* illustrieren ❷ *toelichten* illustrieren
image *imago* Image *o*
imagebuilding Imagepflege *v*
imaginair imaginär
imago *image* Imago *v*
imam Imam *m*
imbeciel ❶ *dom* schwachsinnig, bescheuert, verrückt ❷ oud *zwakzinnige* schwachsinnig, imbezil(l)
IMF *Internationaal Monetair Fonds* IWF *m*, Internationale(r) Währungsfonds *m*
imitatie Imitation *v*, Nachahmung *v*
imitatieleer Kunstleder *o*
imitator Imitator *m* [v: Imitatorin]
imiteren imitieren, nachahmen
imker Imker *m*, Bienenzüchter *m*
immaterieel immateriell, ätherisch, vergeistert
immens immens, unermesslich
immer immer
immers *toch* ja, doch ★ *hij is ~ geen kind meer* er ist doch kein Kind mehr
immigrant Immigrant *m*, Einwanderer *m*
immigratie Immigration *v*, Einwanderung *v*
immigratiebeleid Einwanderungspolitik *v*
immigreren immigrieren, einwandern
immobiliënkantoor BN Maklergeschäft *o*
immoreel unmoralisch, unsittlich
immuniseren immunisieren
immuniteit Immunität *v*
immuun ❶ *onvatbaar* immun ★ *~ maken tegen* immunisieren gegen [+4] ❷ *onschendbaar* immun ❸ *ongevoelig* immun ★ *~ zijn voor beledigingen* immun gegen Beleidigungen sein
immuunsysteem med Immunsystem *o*
impact Wirkung *v*, Folgen *v mv*
impasse Ausweglosigkeit *v*, Sackgasse *v*
imperatief I *zn* [de] Imperativ *m* **II** *bnw* imperativ, taalk imperativisch
imperfectum taalk Imperfekt *o*, Präteritum *o*
imperiaal *bagagerek* Dachgepäckträger *m*
imperialisme Imperialismus *m*
imperialist Imperalist *m*
imperialistisch imperialistisch
imperium Imperium *o*
impertinent impertinent, unverschämt
implantaat Implantat *o*
implanteren implantieren, einpflanzen
implementatie Implementierung *v*
implementeren implementieren
implicatie Implikation *v*
impliceren implizieren
impliciet implizit
imploderen implodieren
implosie Implosion *v*
imponeren imponieren [+3]
impopulair unpopulär, ‹van persoon› unbeliebt
import Import *m*, Einfuhr *v*
importeren importieren, einführen
importeur Importeur *m*

imposant eindrucksvoll, beeindruckend, imposant
impotent impotent
impotentie Impotenz *v*
impregneren imprägnieren
impresariaat *kantoor* Agentur *v*
impresario Impresario *m*
impressie Eindruck *m*, Impression *v*
impressionisme Impressionismus *m*
impressionist Impressionist *m*
impressionistisch impressionistisch
improductief unproduktiv
improvisatie Improvisation *v*
improviseren improvisieren
impuls ❶ *stimulans* Impuls *m* ❷ *opwelling* Impuls *m* ★ *in een ~ handelen* impulsiv handeln ❸ natk Impuls *m* ❹ med Impuls *m*
impulsaankoop impulsive(r) Einkauf *m*
impulsief impulsiv
impulsiviteit Impulsivität *v*
in I *vz* ❶ *op een bepaalde plaats* in [+3] ★ *in de stad* in der Stadt ★ *in bed* im Bett ★ *in huis* im Haus, drinnen ★ *in een kist* in einer Kiste ★ *in Nederland* in den Niederlanden ★ *in Utrecht* in Utrecht ★ *ik woon in de Dorpsstraat* ich wohne in der Dorpsstraat ❷ *op / binnen een bepaalde tijd* in [+3], innerhalb [+2], an [+3] ★ *in de zomer* im Sommer ★ *in de zomer van 2050* im Sommer 2050 ★ *in 2050* (im Jahre) 2050 ★ *in het begin* am Anfang ★ *in een week of twee* innerhalb von zwei Wochen ❸ *hoeveelheid* ★ *in de veertig* Mitte vierzig ★ *in de veertig (jaar) zijn* in den Vierzigern sein ▼ *dag in, dag uit* tagaus, tagein **II** *bijw* ❶ *binnen* drin, her- / hinein ★ *zij loopt het huis in* sie geht ins Haus ★ *er zit niets in* es ist nichts drin ❷ *populair* in ★ *die kleur is in* die Farbe ist in ▼ *in zijn voor iets* sehr für etwas sein
in- ❶ *uitermate* tief-, besonders ★ *indom* strunzdumm ★ *ingelukkig* überglücklich ★ *intriest* tieftraurig ❷ *on* in-, un- ★ *inactief* inaktiv
inachtneming Beachtung, ‹van regels of wetten› Einhaltung *v*, ‹van omstandigheden› Berücksichtigung *v*
inactief inaktiv
inademen *naar binnen ademen* einatmen
inadequaat unangemessen, unzulänglich, inadäquat, ungenügend
inauguratie Inauguration *v*
inaugureel ★ *inaugurele rede* Rede anlässlich der Inauguration *v*
inaugureren einweihen, (feierlich) eröffnen
inbaar eintreibbar
inbedden einbetten
inbeelden [zich ~] *verkeerde voorstelling maken* sich einbilden
inbeelding *hersenschim* Einbildung *v*
inbegrepen einschließlich [+2], inklusive [+2], (mit) einbegriffen, inbegriffen ★ *alle onkosten ~* einschließlich aller Unkosten
inbegrip ▼ *met ~ van* samt [+3] einschließlich [+2]
inbeslagneming Beschlagnahmung *v*, Beschlagnahme *v*
inbewaringstelling Sicherungsverwahrung *v*
inbinden I *ov ww, in band binden* einbinden ★ *ingebonden boek* gebundene(s) Buch *o* **II** *on ww, zich matigen* zurückstecken, klein beigeben,

einlenken
inblazen einblasen
inblikken *in blik doen* in Dosen füllen
inboedel *huisraad* Hausrat *m*
inboedelverzekering Hausratversicherung *v*
inboeten aan einbüßen an ★ *aan kracht* ~ an Kraft einbüßen
inboezemen einflößen
inboorling Eingeborene(r) *m*
inborst Naturell *o*, Charakter *m*, Gemüt *o*, ⟨gezindheid⟩ Gesinnung *v*
inbouwapparatuur Einbauapparatur *v*
inbouwen ❶ *in of om iets anders bouwen* einbauen ★ *ingebouwd* eingebaut ★ *ingebouwde kast* Einbauschrank *m* ★ *die alleenstaande villa is nu helemaal ingebouwd* die freistehende Villa ist jetzt ganz zugebaut ❷ fig *erbij opnemen* einbauen ★ *veiligheidsmaatregelen* ~ Sicherheitsmaßnahmen einbauen
inbouwkeuken Einbauküche *v*
inbraak Einbruch *m*
inbraakpreventie Diebstahlsicherung *v*
inbranden einbrennen
inbreken bij/in einbrechen in
inbreker Einbrecher *m*
inbreng Anteil *m*
inbrengen ❶ *in het lichaam brengen* einführen ❷ *bijdragen* einbringen, econ einlegen ❸ *zeggen, naar voren brengen* vorbringen, einwenden ★ *wat heb je hiertegen in te brengen?* was hast du dagegen einzuwenden? ★ *hij had niets in te brengen* er hatte nichts zu sagen ★ *daar valt niets tegen in te brengen* dagegen kann man nichts einwenden
inbreuk op Eingriff *m* in, Verletzung *v* von [+2] ★ *een* ~ *op de wet* ein Verstoß gegen das Gesetz ★ *een* ~ *op de privacy* ein Eingriff in jmds. Privatsphäre
inburgeren I *ov ww* einbürgern **II** *on ww* sich einbürgern, ⟨ergens gewend raken⟩ sich einleben ★ fig *ingeburgerd* eingebürgert
inburgering Einbürgerung *v*, Integration *v*
inburgeringscursus Einbürgerungskurs *m*
inburgeringsexamen, inburgeringstoets Einbürgerungstest *m*
Inca *bewoner* Inka *m*
incalculeren ❶ *in de berekening opnemen* einplanen ❷ *in overweging opnemen* einkalkulieren
incapabel unfähig
incasseren ❶ *geld innen* (ein)kassieren, einnehmen, ⟨invorderen⟩ eintreiben ❷ *moeten verduren* einstecken
incasseringsvermogen Fähigkeit *v* etwas einstecken zu können ★ *een klein* ~ *hebben* nicht viel einstecken können
incasso Inkasso *o*, Einziehung *v*
incassobureau Inkassobüro *o*
incassokosten Inkassospesen *mv*
incest Inzest *m*
incestueus inzestuös
inch Inch *m*
incheckbalie Abfertigungsschalter *m*
inchecken einchecken
incident Vorfall *m*, Zwischenfall *m*
incidenteel ❶ *nu en dan* gelegentlich, ab und zu ❷ *terloops* nebensächlich, inzidentell, Zwischen-
inciviek BN *zonder burgerzin* unsozial
incluis inklusive [+2], einschließlich [+2] ★ *de kinderen* ~ einschließlich der Kinder
inclusief einschließlich [+2], econ inklusive [+2]
incognito I *bijw* inkognito **II** *zn* [het] Inkognito *o*
incoherent inkohärent
incompatibel inkompatibel
incompatibiliteit Inkompatibilität *v*
incompetent inkompetent
incompleet unvollständig
in concreto in Wirklichkeit, tatsächlich
incongruent inkongruent
inconsequent inkonsequent
inconsistent inkonsistent
incontinent an Inkontinenz leidend
incontinentie Inkontinenz *v*
incorporeren einverleiben, (in etwas) einfügen, eingliedern ★ *hij had de veroverde gebieden bij zijn rijk ingelijfd / geïncorporeerd* er hatte die eroberten Gebiete seinem Reich einverleibt
incorrect *onjuist* inkorrekt
incrowd Clique *v*
incubatietijd Inkubationszeit *v*
indachtig eingedenk [+2] ★ *iets* ~ *zijn* einer Sache eingedenk sein
indammen ❶ *met dam insluiten* eindämmen, eindeichen ❷ *inperken* eindämmen
indekken [zich ~] sich absichern
indelen ❶ *in delen of groepen splitsen* gliedern, einteilen ★ *in vier categorieën* ~ in vier Kategorien gliedern ★ *zijn tijd goed* ~ seine Zeit gut einteilen ★ *zijn werk* ~ seine Arbeit einteilen ❷ *in een deel of een groep onderbrengen* einteilen ★ *iem.* ~ *bij de besten* jmdn. zu den Besten zählen
indeling *rangschikking* Einteilung *v*, ⟨bijvoorbeeld v. tekst⟩ Gliederung *v* ★ *de* ~ *van een flat* die Einteilung einer Wohnung ★ ~ *in categorieën* Einteilung in Kategorien
indenken [zich ~] sich hineindenken, sich vorstellen, sich versetzen ★ *denk je dat eens even in* versetz dich einmal in diese Situation hinein
inderdaad tatsächlich, in der Tat, wirklich, allerdings
inderhaast in aller Eile
indertijd seinerzeit, damals
indeuken I *ov ww, een deuk maken* einbeulen, eindellen **II** *on ww, een deuk krijgen* sich einbeulen
index *inhoudsopgave* Index *m*
indexcijfer Index *m*, Indexziffer *v*, Indexzahl *v*
indexeren ❶ *in een index opnemen* indexieren, rel indizieren ❷ *koppelen aan indexcijfer* indexieren
India Indien *o*
indiaan Indianer *m*
Indiaas indische
indianenverhaal Indianergeschichte *v*
Indiase Inderin *v*
indicatie Hinweis *m*, form Indiz *o* ★ *medische / sociale* ~ medizinische / soziale Indikation
indicatief Indikativ *m*
indicator Indikator *m*
indien falls, wenn
indienen einreichen, ⟨van wetsontwerp⟩ vorlegen

indiensttreding Dienstantritt *m*, ‹bij hogere overheidsfuncties› Amtsantritt *m*
Indiër Ostinder *m*
indigestie med Indigestion *v*, Magenverstimmung *v*, Verdauungsstörung *v*
indigo *kleur* Indigoblau *o*
indijken eindeichen
indirect indirekt
Indisch ostindisch
Indische Ostinderin *v*
Indische Oceaan Indische(r) Ozean *m*
indiscreet indiskret
indiscretie Indiskretion *v*
individu Individuum *o*
individualiseren individualisieren
individualisme Individualismus *m*
individualist Individualist *m*
individualistisch individualistisch
individueel individuell
indoctrinatie Indoktrination *v*, Indoktrinierung *v*
indoctrineren indoktrinieren
indommelen einnicken
Indonesië *gebied* Indonesien *o*
Indonesiër, inform **Indo** Indonesier *m*
Indonesisch, inform **Indo** indonesisch
Indonesische Indonesierin *v*
indoor- sport Hallen-
indraaien I *ov ww, in iets draaien* (hin)eindrehen, ‹van schroeven› (hin)einschrauben **II** *on ww, ingaan* einbiegen ★ fig *de bak ~* in den Knast wandern
indringen I *ov ww, erin duwen* aufdrängen **II** *on ww, binnendringen* eindringen ★ *de kamer ~* in das Zimmer eindringen **III** *wkd ww* [**zich ~**] *zich opdringen* (hinein)drängen ★ *zich bij iem. ~* sich jmdm. aufdrängen
indringend *diepgaand* eindringlich
indringer Eindringling *m*
indrinken vorglühen
indruisen tegen widerstreben [+3] ★ *tegen de goede zeden ~* gegen die guten Sitten verstoßen ★ *dat druist in tegen mijn gevoel* das widerstrebt meinem Gefühl
indruk *inwerking* Eindruck *m* ★ *een ~ krijgen van* einen Eindruck gewinnen von ★ *een blijvende ~ maken* einen bleibenden Eindruck hinterlassen ★ *onder de ~ komen* beeindruckt werden
indrukken eindrücken
indrukwekkend eindrucksvoll, imponierend, ‹aantal, gebouw, persoon› stattlich, ‹gebouw, persoonlijkheid› imposant
induceren induzieren
inductie Induktion *v*
inductiemotor Induktionsmotor *m*
inductiestroom Induktionsstrom *m*
industrialisatie Industrialisierung *v*
industrialiseren industrialisieren
industrie Industrie *v*
industrieel I *zn* [de] Industrielle(r) *m* **II** *bnw* industriell, gewerblich ★ *industriële revolutie* industrielle Revolution *v*
industriegebied Industriegebiet *o*
industrieland Industrieland *o*
industrieterrein Gewerbegebiet *o*, Industriegebiet *o*
indutten einnicken, ‹indommelen› einschlummern
ineen ❶ *in elkaar* ineinander ❷ *dichter naar elkaar toe* zusammen
ineenduiken sich bücken / ducken
ineengedoken zusammengekauert
ineenkrimpen *samentrekken* ‹van pijn› sich krümmen, ‹van de schrik› zusammenfahren
ineens ❶ *opeens* auf einmal, plötzlich ★ *hij begon ~ te huilen* er fing auf einmal zu weinen an ❷ *in één keer* mit einem Male ★ *zij heeft alles ~ betaald* sie hat alles auf einmal bezahlt
ineenschrompelen *schrompelend samentrekken* zusammenschrumpfen
ineenschuiven ineinanderschieben
ineenstorten einstürzen, zusammenstürzen, zusammenbrechen
ineenstorting Zusammensturz *m*
ineenzakken zusammenbrechen
ineffectief ineffektiv
inefficiënt ineffizient
inenten impfen, ‹de stof in het bloed brengen› einimpfen ★ *tegen mazelen ~* gegen Masern impfen
inenting Impfung *v*
inentingsbewijs Impfpass *m*
inert träge, untätig, ‹onverschillig› unbeteiligt
in extremis BN *op het nippertje* grade noch, im letzten Augenblick
infaam infam
infaden einblenden
infanterie Infanterie *v*
infanterist Infanterist *m*
infantiel infantil
infantiliseren I *ov ww* infantilisieren **II** *on ww* infantil werden, kindisch werden
infarct Infarkt *m*
infecteren infizieren, anstecken
infectie Infektion *v*, Ansteckung *v*
infectiehaard Infektionsherd *m*
infectieus Infektions-, ansteckend, infektiös
infectieziekte Infektionskrankheit *v*
inferieur ❶ *ondergeschikt* untergeordnet, inferior ❷ *minderwaardig* minderwertig
inferno Inferno *o*
infiltrant Infiltrant *m*
infiltratie Infiltration *v*, ‹van een organisatie› Unterwanderung *v*
infiltreren infiltrieren
infinitesimaalrekening Infinitesimalrechnung *v*
infinitief Infinitiv *m*
inflatie Inflation *v*
inflatiecorrectie Inflationsausgleich *m*
inflatoir inflationär
inflexibel unbiegsam, inflexibel, unveränderlich, unnachgiebig, unerbittlich
influenza Grippe *v*, oud Influenza *v*
influisteren *suggereren* einflüstern
info Info *v*
infomercial Infomercial *m/o*
informant Informant *m*
informateur Verhandlungsführer *m* bei der Koalitionsbildung
informatica Informatik *v*
informaticus Informatiker *m*

informatie Information *v*, Auskunft *v* ★ *~ inwinnen over* Erkundigungen einziehen über [+4] ★ *~ geven* Auskünfte erteilen
informatiebalie Informationsschalter *m*, Auskunftsschalter *m*
informatiedrager Informationsträger *m*, Datenträger *m*
informatief informativ
informatiestroom Informationsfluss *m*
informatietechnologie Informationstechnologie *v*
informatieverwerking Informationsverarbeitung *v*
informatisering Computerisierung *v*
informeel informell
informeren I *ov ww, inlichten* informieren, unterrichten **II** *on ww, inlichtingen inwinnen* sich erkundigen ★ *~ naar iets* sich erkundigen nach etw.
infotainment Infotainment *o*
infrarood infrarot
infrastructuur Infrastruktur *v*
infuus med Infusion *v*, Tropf *m* ★ *aan een ~ liggen* am Tropf hängen
ingaan ❶ *binnengaan* hineingehen ★ *de bergen ~* in die Berge gehen ★ *een bocht ~* in die Kurve gehen ★ *de geschiedenis ~* in die Geschichte eingehen ★ *dat gaat erin als gesneden koek* das geht runter wie Öl ★ *dat gaat er wel in!* das passt schon rein! ❷ *beginnen* beginnen, starten, ⟨van kracht worden⟩ gelten ★ *de huur gaat de eerste januari in* die Miete wird ab ersten Januar bezahlt ❸ **~ op** eingehen auf [+4] ★ *dieper ~ op een probleem* auf ein Problem näher eingehen ★ *hij ging er niet op in* er ging nicht darauf ein ★ *ik zal er verder niet op ~* ich werde nicht weiter darauf eingehen ★ *~ op een voorstel* auf einen Vorschlag eingehen ❹ **~ tegen** Einspruch erheben gegen [+4], widersprechen [+3] ★ *er dwars tegen ~* einer Sache heftig widersprechen ★ *tegen zijn principes ~* gegen seine Prinzipien gehen ★ *daar moet je tegen ~* dagegen musst du dich wehren
ingang ❶ *toegang* Eingang *m* ❷ *begin* ★ *met ~ van 1 april* ab dem 1. April, vom 1. April an ★ *met onmiddellijke ~* ab / per sofort ❸ *trefwoord* Stichwort *o*, ⟨lemma⟩ Lemma *o* ❹ fig *toegang* ★ *~ vinden* Anklang finden
ingangsexamen BN onderw Zulassungsprüfung *v*, Aufnahmeprüfung *v*
ingebakken angeboren, vorprogrammiert
ingebeeld ❶ *denkbeeldig* imaginär, eingebildet, nur in der Vorstellung vorhanden ❷ *verwaand* eingebildet, hochnäsig, dünkelhaft
ingebrekestelling Inverzugsetzung *v*
ingebruikneming Inbetriebnahme *v*
ingeburgerd eingebürgert
ingenieur Ingenieur *m*, ⟨van technische hogeschool⟩ Diplomingenieur *m*
ingenieus ingeniös
ingenomen eingenommen ★ *met zichzelf ~ zijn* von sich selbst eingenommen sein ★ *hij heeft iedereen tegen zich ~* er hat alle gegen sich eingenommen ★ *met iem. ~ zijn* von jmdm. eingenommen sein ★ *zij is zeer ~ met haar nieuwe baan* sie ist von ihrer neuen Stelle sehr angetan
ingesleten festverwurzelt ▾ *~ gewoonte* festverwurzelte Gewohnheit *v*
ingespannen I *bnw* angestrengt, angespannt **II** *bijw* ★ *~ werken* angespannt arbeiten ★ *~ bezig zijn* sehr eingespannt sein ★ *~ luisteren* gespannt zuhören
ingesprektoon Besetztton *m*, Besetztzeichen *o*
ingesteldheid BN *mentaliteit* Mentalität *v*
ingetogen maßvoll, zurückhaltend, ⟨zedig⟩ sittsam ★ *een ~ leven leiden* ein maßvolles Leben führen
ingeval falls
ingeven *doen innemen* eingeben
ingeving Eingebung *v*, Erleuchtung *v*, Einfall *m*
ingevoerd ▾ *goed ~ zijn* sich gut auskennen ▾ *goed ~ zijn in* sich gut auskennen in / bei [+3]
ingewanden Eingeweide *mv*
ingewijde Eingeweihte(r) *m*, Vertraute(r) *m*
ingewikkeld kompliziert, verwickelt
ingeworteld eingefleischt, eingewurzelt ★ *een ~ vooroordeel* ein eingefleischtes Vorurteil ★ *~ kwaad* ein Übel, das sich eingewurzelt hat
ingezetene Eingesessene(r) *m*, ⟨algemeen⟩ Einwohner *m*
ingooi Einwurf *m*
ingooien ❶ *erin gooien* hineinwerfen, ⟨sport⟩ einwerfen ❷ *kapotgooien* einwerfen
ingraven *begraven* eingraben, vergraben
ingrediënt Zutat *v*, Ingredienz *v* [mv: Ingredienzen]
ingreep ❶ *het ingrijpen, maatregel* Eingriff *m* ❷ *medische handeling* ★ *operatieve ~* operative(r) Eingriff
ingrijpen eingreifen, ⟨van politie e.d.⟩ einschreiten
ingrijpend einschneidend, eingreifend, tief greifend ★ *dit is van ~ belang* dies ist von entscheidender Bedeutung ★ *dit is een ~ wetsvoorstel* dies ist eine weit reichende Gesetzesvorlage
ingroeien *in iets vastgroeien* einwachsen
inhaalmanoeuvre Überholmanöver *o*
inhaalrace Aufholjagd *v*
inhaalstrook Überholspur *v*
inhaalverbod Überholverbot *o*
inhaken ❶ *een arm geven* sich einhaken ❷ BN *telefoongesprek beëindigen* auflegen ❸ **~ op** *reageren op* ★ *op een opmerking ~* eine Bemerkung aufgreifen, inform bei einer Bemerkung einhaken
inhakken I *ov ww, hakkend inslaan* einhauen **II** *on ww, hakkend inslaan* ★ *hij begon op mij in te hakken* er fing an, auf mich einzuhacken ★ fig *dat hakt er aardig in* das läuft ins Geld
inhalen ❶ *naar binnen halen* einholen, ⟨van oogst⟩ einbringen ★ *de zeilen ~* die Segel einholen ❷ *verwelkomen* einholen ❸ *gelijk komen met, achterstand wegwerken* einholen, aufholen ★ *ik kan ze niet meer ~* ich kann sie nicht mehr einholen ★ *de achterstand ~* den Rückstand aufholen ★ *de schade ~* das Versäumte nachholen ★ *werkuren ~* Arbeitsstunden einholen ❹ *voorbijgaan* überholen ★ *een vrachtwagen ~* einen Lastwagen überholen ★ *verboden in te halen* Überholverbot *m* ★ *het ~*

das Überholen
inhaleren inhalieren
inhalig habgierig, habsüchtig
inham *baai* Bucht v, Bai v, Meeresbusen m
inhechtenisneming Inhaftierung v
inheems einheimisch
inherent inhärent
inhoud ❶ *wat erin zit of kan zitten* Inhalt m ❷ *de informatie* Inhalt m ★ *de ~ van de brief was vertrouwelijk* der Inhalt des Briefes war vertraulich ★ *korte ~* kurze Inhaltsangabe v ★ *vorm en ~* Form und Inhalt
inhoudelijk inhaltlich
inhouden I *ov ww* ❶ *bevatten, behelzen* beinhalten ★ *wat houdt die waarschuwing in?* was beinhaltet diese Warnung? ❷ *bedwingen* anhalten, unterdrücken ★ *de adem ~* den Atem anhalten ★ *ingehouden woede* verhaltene(r) Zorn m ❸ *achterhouden, niet uitbetalen* einbehalten ★ *salaris ~* Gehalt einbehalten ★ *een percentage ~* einen Prozentsatz einbehalten **II** *wkd ww* [**zich ~**] sich zurückhalten, an sich halten
inhouding ❶ *handeling* Einbehaltung v ❷ *bedrag* Abzug m
inhoudsmaat Hohlmaß o
inhoudsopgave Inhaltsangabe v, Inhaltsverzeichnis o
inhuldigen ❶ *de ambtsaanvaarding vieren van* ★ *een vorst ~* einem Fürsten huldigen ❷ BN *feestelijk in gebruik nemen* einweihen
inhuldiging Amtseinführung v, gesch Huldigung v
inhuren einstellen, engagieren, scheepv anheuern
initiaal *voorletter* Initiale v, Anfangsbuchstabe m
initialiseren initialisieren
initiatie Initiation v
initiatief Initiative v, Anregung v ★ *op ~ van* auf Anregung [+2] ★ *het ~ nemen* die Initiative ergreifen
initiatiefnemer Initiativnehmer m, Initiator m
initieel initial ★ *initiële kosten* Anlaufkosten v
initiëren *inwijden* initiieren
injecteren injizieren
injectie ❶ Injektion v, Spritze v ❷ *materiële hulp* ★ *een financiële ~* eine Finanzspritze ★ *de economie een ~ geven* die Wirtschaft ankurbeln
injectiemotor Einspritzmotor m
injectienaald Kanüle v, Injektionsnadel v
injectiespuit Injektionsspritze v
inkapselen einkapseln, verkapseln ★ *zich ~* sich einkapseln
inkeer Einkehr v ★ *tot ~ komen* sich seiner selbst besinnen
inkeping *inkerving* Einkerbung v, ⟨keep⟩ Kerbe v
inkijk Einblick m, Einsicht v ★ *een jurk met ~* ein tief ausgeschnittenes Kleid
inkijken *doorbladeren* durchblättern
inkjetprinter Tintenstrahldrucker m
inklappen I *ov ww, naar binnen vouwen* einklappen **II** *on ww, in(een)storten* zusammenbrechen
inklaren scheepv einklarieren, ⟨goederen⟩ verzollen
inklaring Zollabfertigung v, scheepv Einklarierung v

in

inkleden ❶ rel einkleiden ❷ *in een vorm gieten* einkleiden
inkleuren ausmalen
inkoken *dikker maken* eindicken
inkom BN *toegang(sprijs)* Eintritt m
inkomen I *zn* [het] Einkommen o ★ BN *kadastraal ~* ≈ Mietwert m des eigenen Hauses, den der Eigentümer versteuern muss **II** *on ww* hinein- / hereinkommen, ⟨schip⟩ einlaufen, ⟨van gelden, stukken⟩ eingehen ★ *ingekomen brieven* eingegangene(n) Briefe ★ fig *ergens in kunnen komen* sich etw. vorstellen können ★ fig *daar kan ik ~* das leuchtet mir ein ★ fig *daar komt niets van in* das kommt nicht infrage / in Frage
inkomensafhankelijk abhängig vom Einkommen
inkomensgrens *grens van het loonbedrag* Einkommensgrenze v
inkomensgroep Einkommensgruppe v
inkomsten Einkünfte mv ▼ *~ en uitgaven* Einnahmen und Ausgaben
inkomstenbelasting Einkommenssteuer v
inkomstenbron Einnahmequelle v, Erwerbsquelle v
inkomstenderving Einkommensverlust m
inkoop *het inkopen* Einkauf m ★ *inkopen doen* Einkäufe machen
inkoopprijs Einkaufspreis m
inkopen *kopen* einkaufen
inkoper Einkäufer m
inkorten kürzen, ⟨van tijd⟩ verkürzen, ⟨verminderen⟩ einschränken ★ *een verhaal ~* eine Geschichte kürzen
inkrimpen I *ov ww, geringer maken* verringern, einschränken, kürzen, einsparen, ⟨personeel⟩ abbauen ★ *de uitgaven ~* die Ausgaben kürzen ★ *het personeel ~* Personal abbauen **II** *on ww* ❶ *krimpen* einlaufen ❷ *geringer worden* (zusammen)schrumpfen
inkrimping ❶ *samentrekking* Schrumpfung v ❷ *afname* Schrumpfung v
inkt *vloeistof om mee te schrijven* Tinte v
inktcartridge Tintenpatrone v
inktpatroon Patrone v
inktvis Tintenfisch m
inktvlek Tintenfleck m, Tintenklecks m
inktzwart pechschwarz
inkuilen einmieten ★ *groenvoer ~* Grünfutter im Silo einlagern
inkwartieren unterbringen, einquartieren ★ *mensen bij iem. ~* Leute bei jmdm. unterbringen / einquartieren
inkwartiering Einquartierung v
inladen *beladen* einladen, verladen ★ *de auto ~* das Auto beladen
inlander Inländer m
inlands *van eigen bodem* inländisch, einheimisch
inlassen ❶ *invoegen* einschalten, einfügen, einschieben ★ *een pauze ~* eine Pause einlegen ❷ *met een las invoegen* einschweißen
inlaten I *ov ww, binnenlaten* einlassen **II** *wkd ww* [**zich ~**] ~ **met** sich einlassen auf, ⟨m.b.t. kwestie⟩ sich beschäftigen mit
inleg ❶ *ingelegd geld* Einlage v, ⟨bij spel⟩ Einsatz m ❷ *zoom* Einschlag m
inleggen ❶ *invoegen* einschieben, einlegen

❷ *geld inbrengen* einlegen, einzahlen
inlegkruisje Slipeinlage *v*
inlegvel lose(s) Blatt *o*, ‹krant, tijdschrift› Beilage *v*
inlegzool Einlegesohle *v*
inleiden ❶ *naar binnen leiden* hereinführen ❷ *beginnen te behandelen* einführen, vorstellen ★ *een onderwerp ~* ein Thema einführen ❸ med *(een bevalling) opwekken* einleiten
inleiding *korte globale weergave* Einleitung *v*
inleven [zich ~] sich einleben in [+4]
inleveren ❶ *afgeven* einliefern, abliefern ❷ *minder verdienen* ≈ kürzer treten, ≈ zurückstecken müssen
inlevering Abgabe *v* ★ *tegen ~ van* bei Abgabe [+2], bei Abgabe von [+3]
inlevingsvermogen Einfühlungsvermögen *o*
inlezen I *ov ww* einlesen **II** *wkd ww* [zich ~] sich einlesen
inlichten informieren ★ *verkeerd ingelicht zijn* falsch unterrichtet sein
inlichting Auskunft *v* ★ *iem. ~en verstrekken over iets* jmdm. Auskunft erteilen über etw. ★ *~en inwinnen* Erkundigungen einziehen
inlichtingendienst *informatiedienst* Nachrichtendienst *m*
inlijsten einrahmen
inlijven eingliedern, einverleiben, ‹personen› einreihen ★ *bij een regiment ~* in ein Regiment einteilen
inlikken [zich ~] sich einschmeicheln
inloggen einloggen
inloopspreekuur offene Sprechstunde *v*
inlopen I *ov ww* ❶ *inhalen* aufholen, einholen ❷ *beter doen passen* einlaufen **II** *on ww* ❶ *binnenlopen* (hin)eingehen ★ fig *iem. erin laten lopen* jmdn. hereinlegen ❷ **~ op** *inhalen* ★ *op iem. ~* jmdn. einholen
inlossen ❶ *aflossen* einlösen ❷ *nakomen* ★ *zijn belofte ~* sein Versprechen einlösen
inloten ★ *ingeloot zijn voor een studie* für ein Studium zugelassen sein
inluiden *het begin markeren van* einläuten ★ *een nieuw tijdperk ~* ein neues Zeitalter einläuten
inmaken ❶ *inleggen* einmachen ❷ sport abfertigen
in memoriam I *znw* Nachruf *m* **II** *bijw* in memoriam, zum Gedenken *o*, zur Erinnerung *v*
inmengen [zich ~] **in** sich einmischen in [+4]
inmenging Einmischung *v*
inmiddels inzwischen, unterdessen
innaaien *in omslag naaien* heften
innemen *veroveren* ★ fig *iem. voor zich ~* jmdn. für sich einnehmen
innemend einnehmend, gewinnend
innen einziehen, einkassieren, eintreiben
innerlijk I *bnw, van binnen* innerlich, inner ★ *~e waarde* innere(r) Wert *m* ★ *~ leven* Innenleben *o* **II** *zn* [het] Innere *o*
innig innig, innerst ★ *iemands ~e overtuiging* jmds. innerste Überzeugung ★ *~e deelneming!* innige Anteilnahme!
inning ❶ *het innen* Eintreibung *v*, Einziehung, ‹van cheques› Einlösung ❷ sport Durchgang *m*
innovatie Innovation *v*
innovatief innovierend, innovationsfreudig
innoveren eine Innovation vornehmen, ‹vaktaal› innovieren
in optima forma in Bestform
inox BN *roestvrij staal* Edelstahl *m*
inpakken einpacken ★ *de koffers ~* die Koffer packen ★ *~ en wegwezen* seine Siebensachen packen ★ *zich goed ~ tegen de kou* sich gut einmummeln gegen die Kälte ★ fig *zich laten ~* sich betören lassen
inpakpapier Einwickelpapier *o*
inpalmen ❶ *zich toe-eigenen* sich aneignen, jur sich zueignen, ‹agressief› an sich reißen ❷ *voor zich winnen* betören, bestricken, bezirzen
inpandig im Haus
inparkeren einparken
inpassen einfügen, einpassen
inpeperen einschärfen ★ *ik zal het je ~* ich werde es dir heimzahlen
inperken einschränken ★ *de kosten ~* die Kosten eindämmen ★ *de persvrijheid ~* die Pressefreiheit einschränken
in petto ▾ *iets ~ hebben* etwas in petto / auf Lager haben
inpikken ❶ min *stiekem pakken* einstecken ❷ **~ op** BN *inhaken op* ≈ entsprechen
inplakken einkleben
inplannen einplanen
inplanten ❶ *planten* eingraben, einpflanzen ❷ med *aanbrengen* einpflanzen, implantieren
inpolderen eindeichen, ‹zeepolder› einpoldern
inpoldering Einpolderung *v*, Eindeichung *v*
inpompen eintrichtern, einpauken
inpraten op einreden auf [+4]
inprenten einprägen, einschärfen
inproppen hineinstopfen, hineinpfropfen
input Eingabe *v*, Input *m*
inquisitie Inquisition *v*
inregenen ★ *het regent hier in* es regnet herein
inrekenen *arresteren* festnehmen, verhaften
inrichten *regelen* einrichten
inrichting ❶ *aankleding* Einrichtung *v* ❷ *instelling* Anstalt *v*
inrijden ❶ *naar binnen rijden* fahren in ❷ *geschikt maken* ‹auto› einfahren, ‹paard› einreiten
inrit Einfahrt *v*, Auffahrt *v*
inroepen anrufen ★ *iemands hulp ~* jmdn. um Hilfe bitten
inroesten einrosten ▾ *ingeroeste gewoonten* eingeschliffene Gewohnheiten
inroosteren einplanen
inruil Eintausch *m*, (Aus)Tausch *m*, Umtausch *m*, Zurücknahme *v*
inruilen eintauschen, ‹na miskoop› umtauschen, ‹oud product› in Zahlung geben
inruilwaarde Wiederverkaufswert *m*
inruimen *vrijmaken* einräumen, ‹vrij maken› räumen
inrukken *binnentrekken* einrücken, einmarschieren
inschakelen *in werking stellen* einschalten
inschalen einstufen
inschatten einschätzen
inschatting (Ab)Schätzung *v*, Beurteilung *v*, Einschätzung *v*, Bewertung *v*
inschattingsfout Fehleinschätzung *v*
inschenken einschenken

inschepen einschiffen
inscheuren einreißen
inschieten ❶ *schietend kapotmaken* einschießen ★ *een ruit* ~ eine Fensterscheibe einschießen ❷ sport einschießen ❸ *verliezen* entgehen ★ *zijn leven erbij* ~ das Leben bei etw. einbüßen ★ *mijn vakantie is erbij ingeschoten* auf den Urlaub musste ich verzichten ❹ *met vaart binnengaan* hineinschießen ★ *de auto schoot de straat in* das Auto schoss in die Straße hinein
inschikkelijk nachgiebig, kompromissbereit
inschikken ❶ *inschuiven* zusammenrücken ❷ *toegeven* nachgeben
inschoppen ❶ *stuk schoppen* eintreten ★ *de deur* ~ die Tür eintreten ❷ *schoppen in iets* treten in [+4]
inschrijfformulier Anmeldeformular *o*, ⟨voor het aanvragen⟩ Antragsformular *o*
inschrijfgeld Aufnahmegebühr *v*, ⟨universiteit⟩ Immatrikulationsgebühr *v*
inschrijven **I** *ov ww, aanmelden* anmelden, einschreiben, ⟨universiteit⟩ immatrikulieren, ⟨registreren⟩ eintragen ★ *zich* ~ *bij de Kamer van Koophandel* sich in das Handelsregister eintragen lassen **II** *on ww* ❶ *intekenen op iets* vorbestellen, ⟨van boeken⟩ subskribieren ❷ *prijsopgave doen* ein Angebot einreichen, eine Offerte machen
inschrijving ❶ *intekening* Angebot *o*, Zeichnung *v*, ⟨boeken, beurs⟩ Subskription *v*, ⟨bij aanbesteding e.d.⟩ Submission *v* ★ *bij* ~ durch Submission ❷ *registratie* Eintragung *v*, Anmeldung *v*, ⟨aan universiteit⟩ Immatrikulation *v* ★ *de* ~ *in een register* die Eintragung in ein Register
inschrijvingsbewijs BN *kentekenbewijs* ⟨bewijs van toelating⟩ Kraftfahrzeugschein *m*, ⟨bewijs van eigendom⟩ Kraftfahrzeugbrief *m*
inschuiven ❶ *naar binnen schuiven* sich hineinschieben ❷ *inschikken* zusammenrücken
inscriptie Inschrift *v*
insect Insekt *o*
insectenbeet Insektenstich *m*
insectendodend insektenvertilgend
insecticide Insektenbekämpfungsmittel *o*, Insektizid *o*
inseinen unverbindlich informieren
inseminatie Befruchtung *v*, med Insemination *v* ★ *kunstmatige* ~ künstliche Befruchtung / Besamung
insemineren befruchten, (künstlich) besamen
ins en outs Einzelheiten *v mv*
insgelijks gleichfalls, ebenfalls
insider Insider *m*
insigne Abzeichen *o*
insinuatie Unterstellung *v*
insinueren *beschuldigend zinspelen op* insinuieren, unterstellen
inslaan **I** *ov ww* ❶ *erin slaan* einschlagen ★ *een spijker in de muur slaan* einen Nagel in die Wand einschlagen ❷ *stukslaan* einschlagen ★ *een ruit* ~ eine Fensterscheibe einschlagen ❸ *in voorraad nemen* einlagern, ⟨in de kelder⟩ einkellern **II** *on ww* ❶ *ingaan* einschlagen ★ *een zijstraat* ~ eine Seitenstraße einschlagen ❷ *met kracht doordringen* einschlagen ★ *de bliksem is ingeslagen* der Blitz hat eingeschlagen ❸ *indruk maken* ankommen ★ ~ *als een bom* einschlagen wie ein Blitz
inslag ❶ *het inslaan* Einschlagen *o* ❷ *karakter(trek)* Einschlag *m* ❸ *dwarsdraad* Einschuss *m* ❹ *zoom* Einschlag *m*
inslapen ❶ *in slaap vallen* einschlafen ❷ *sterven* entschlafen ★ *een dier laten* ~ ein Tier einschläfern lassen
inslikken hinunterschlucken, verschlucken ★ *gulzig* ~ gierig hinunterschlucken ★ *zijn trots* ~ seinen Stolz beiseite lassen
insluimeren *in slaap vallen* einschlummern, einnicken
insluipen ❶ lett sich einschleichen ★ *het huis* ~ sich ins Haus schleichen ❷ fig sich einschleichen ★ *er is een fout ingeslopen* es hat sich ein Fehler eingeschlichen
insluiper Dieb *m*, der einsteigt
insluiten ❶ *opsluiten* einschließen, einsperren ❷ *omgeven* umschließen ★ sport *een tegenstander* ~ einen Gegner einkreisen ❸ *bijsluiten* einschließen, beilegen ★ *bij een brief* ~ einem Brief beilegen
insmeren einschmieren
insneeuwen **I** *on ww* einschneien ★ *het huis was helemaal ingesneeuwd* das Haus war völlig eingeschneit **II** *onp ww* ⟨naar de spreker toe⟩ hereinschneien, ⟨van de spreker weg⟩ hineinschneien
insnijden einschneiden, ⟨beperken⟩ beschneiden ★ *een naam in het hout* ~ einen Namen in das Holz ritzen
insnoeren einschnüren
insolvent insolvent
inspannen **I** *ov ww* ❶ *trekdier voor wagen spannen* einspannen ★ *een paard* ~ ein Pferd einspannen ❷ *moeite geven* anstrengen ★ *al zijn krachten* ~ alle seine Kräfte anstrengen ❸ BN jur *beginnen* einleiten, anstrengen ★ *een rechtszaak tegen iem.* ~ gegen jmdn. ein Verfahren einleiten, gegen jmdn. klagen **II** *wkd ww* [**zich** ~] sich anstrengen ★ *zich tot het uiterste* ~ sich sehr anstrengen
inspannend anstrengend
inspanning Anstrengung *v* ★ *met* ~ *van alle krachten* unter Aufbietung aller Kräfte *v* ★ *al te grote* ~ Überanstrengung *v*
inspecteren inspizieren, ⟨van troepen⟩ mustern
inspecteur Inspektor *m* ★ ~ *van belastingen* Steuerinspektor *m* ★ ~ *van politie* Kommissar *m*
inspecteur-generaal Generalinspektor *m*
inspectie ❶ *het inspecteren* Inspektion *v*, ⟨bij militairen⟩ Musterung *v* ★ ~ *houden* eine Inspektion vornehmen ❷ *de instantie* Inspektion *v*
inspelen **I** *ov ww* einspielen **II** *on ww* ❶ *vooraf oefenen* einspielen ❷ ~ **op** *reageren op* ≈ entsprechen ★ ~ *op een behoefte* einem Bedürfnis entsprechen
inspiratie Inspiration *v*
inspirator Inspirator *m*, Anreger *m*
inspireren *bezielen* inspirieren, anregen
inspraak Mitsprache *v*, Mitbestimmung *v* ★ *recht van* ~ Mitbestimmungsrecht *o*
inspraakprocedure Mitbestimmungsregelung *v*

inspreken ❶ *tekst inspreken* einsprechen ★ *een band* ~ einen Text auf ein Tonband einsprechen ❷ *inboezemen* zusprechen ★ *iem. moed* ~ jmdm. Mut zusprechen
inspringen ❶ *erin springen* hinein- / hereinspringen ★ *het kanaal* ~ in den Kanal springen ❷ *invallen* einspringen ★ *voor iem.* ~ für jmdn. einspringen ❸ *terugwijken* einrücken ★ *een regel laten* ~ eine Zeile einrücken ❹ **~ op** reagieren auf [+4]
inspuiten **I** *ov ww, inbrengen* einspritzen ★ *een vloeistof* ~ eine Flüssigkeit einspritzen **II** *on ww, naar binnen komen* spritzen in [+4]
instaan voor einstehen für [+4] ★ *de directie staat niet voor eventuele schade in* die Direktion haftet nicht bei eventuellem Schaden
instabiel instabil
instabiliteit Unbeständigkeit *v*, techn Instabilität *v*
installateur Installateur *m*
installatie ❶ *het monteren* ⟨ook van software⟩ Installation *v* ❷ *apparatuur* Installation *v*, Anlage *v* ★ *we hebben een nieuwe stereo-~* wir haben eine neue Stereoanlage ❸ *plechtige bevestiging in een ambt* rel Einsetzung *v*, Amtseinführung *v* ★ *de ~ van de nieuwe burgemeester* die Amtseinführung eines neuen Bürgermeisters
installatiekosten Installierungskosten *mv*, Installationskosten *mv*
installeren ❶ *in een ambt bevestigen* einführen, rel einsetzen ❷ *monteren* ⟨ook v. software⟩ installieren ❸ *vestigen* installieren, niederlassen ★ *zich ~ in een stoel* sich in einem Stuhl niederlassen ★ *zich behaaglijk* ~ sich behaglich einrichten ★ *zij installeerden zich voor de buis* sie ließen sich vor dem Fernseher nieder
instampen ❶ *erin stampen* stampfen in [+4] ★ *iem. de grond* ~ jmdn. fertigmachen ❷ *inprenten* einpauken, eintrichtern ★ *iem. iets* ~ jmdm. etw. eintrichtern
instandhouding ⟨onderhoud⟩ Instandhaltung *v*, ⟨behoud⟩ Erhaltung *v*, ⟨van orde, wet⟩ Aufrechterhaltung *v*
instantie Instanz *v* ▼ *in eerste* ~ in erster Linie
instantkoffie Fertig-Kaffee *m*
instapkaart Bordkarte *v*
instappen *stappend ingaan* ⟨binnenstappen⟩ betreten, ⟨binnenstappen⟩ eintreten, ⟨m.b.t. voertuig⟩ einsteigen, ⟨onderweg erbij komen in trein e.d.⟩ zusteigen
insteek Sichtweise *v*
insteekkaart comp Einsteckkarte *v*
insteken *plaatsen* einstecken, ⟨prikken⟩ einstechen, ⟨plant⟩ pflanzen, ⟨draad⟩ einfädeln ★ fig *zijn neus overal* ~ in alles seine Nase stecken
instellen ❶ *oprichten* gründen, ⟨van kloosterorde, prijs⟩ stiften ❷ *beginnen* einleiten ★ *een onderzoek* ~ eine Untersuchung einleiten ❸ *afstellen* einstellen ★ *zich op iets* ~ sich auf etw. einstellen
instelling ❶ *het scherp stellen* Einstellung *v* ❷ *mentaliteit* Einstellung *v*, Mentalität *v* ❸ *instituut* Einrichtung *v*, Institut *o* ★ *openbare ~en* öffentliche(n) Einrichtungen ★ ~ *voor hoger onderwijs* höhere Bildungsanstalt *v*
instemmen zustimmen, beipflichten ★ *ik stem in met het voorstel* ich stimme dem Vorschlag zu
instemmend zustimmend, billigend
instemming Einverständnis *o*, Zustimmung *v* ★ ~ *vinden* Beifall finden
instigatie ⟨aanwijzing⟩ Veranlassung *v*, ⟨druk⟩ Betreiben *o*, ⟨initiatief⟩ Anregung *v* ★ *op haar* ~ auf ihre Anregung hin
instinct Instinkt *m*
instinctief instinktiv
instinken ★ *iem. erin laten stinken* jmdn. hereinlegen ★ *ik ben er ingestonken* ich bin drauf reingefallen
instinker Fangfrage *v*
institutionaliseren institutionalisieren
institutioneel institutionell
instituut ❶ *instelling (voor onderwijs, verpleging enz.)* Institut *o* ★ ~ *voor Neerlandistiek* Seminar / Institut für Niederländische Philologie *o* ★ ~ *voor blinden* Blindenanstalt *v* ❷ *institutie* Institution *v*
instoppen ❶ *indoen* (hin)einstecken ❷ *toedekken* zudecken ★ *een baby* ~ ein Baby zudecken
instorten ❶ *in elkaar vallen* zusammenstürzen ❷ med *terugvallen* einen Rückfall erleiden, zusammenbrechen
instorting *het in elkaar vallen* Einsturz *m*, Zusammenbruch *m*
instromen fig zuströmen
instroom Zustrom *m*, econ Zufluss *m*
instructeur Lehrer *m*
instructie ❶ *onderricht* Unterricht *m*, Unterweisung *v* ❷ *aanwijzing* Instruktion *v*, Verhaltensmaßregel *v* ★ *~s naleven* Weisungen befolgen ❸ jur Ermittlungsverfahren *o* ★ *rechter van* ~ Untersuchungsrichter *m*
instructiebad Lehrschwimmbecken *o*
instructief instruktiv
instrueren ❶ *instructies geven* instruieren [+4], Anweisungen geben [+3] ❷ *onderrichten* unterweisen, instruieren, ⟨inwerken⟩ einweisen
instrument ❶ *hulpmiddel, gereedschap* Instrument *o* ★ *~en van een chirurg* Instrumente eines Chirurgen ★ *een woordenboek als ~ gebruiken* ein Wörterbuch als Instrument benutzen ❷ *muziekinstrument* Instrument *o* ★ *een ~ bespelen* ein Instrument spielen
instrumentaal Instrumental-, instrumental
instrumentalist Instrumentalist *m*
instrumentarium Instrumentarium *o*
instrumentenpaneel Instrumententafel *v*
instrumentmaker Feinmechaniker *m*
instuderen einstudieren, einüben
instuif *fuif* Fete *v*
insturen einsenden
insubordinatie Insubordination *v*, Ungehorsam *m*
insuline Insulin *o*
intact intakt
intakegesprek Aufnahmegespräch *o*
intapen bandagieren
inteelt Inzucht *v*
integendeel im Gegenteil
integer integer, unbestechlich, unbescholten
integraal integral
integraalhelm Integralhelm *m*
integraalrekening Integralrechnung *v*

integratie Integration *v*, Eingliederung *v*
integreren I *on ww, in geheel opgaan* sich integrieren, sich eingliedern **II** *ov ww, in geheel onderbrengen* integrieren **III** *wkd ww* [**zich ~**] BN *in geheel opgaan* sich integrieren, sich eingliedern
integriteit Integrität *v*
intekenen I *ov ww, inschrijven* einschreiben, eintragen **II** *on ww, zich verplichten* subskribieren, zeichnen ★ *~ op een boek* (auf) ein Buch subskribieren
intekenlijst ⟨voor boeken, platen e.d.⟩ Subskriptionsliste *v*, ⟨voor collectes e.d.⟩ Sammelliste *v*
intekenprijs Subskriptionspreis *m*
intellect ❶ *verstand* Intellekt *m* ❷ *intellectuelen* Intelligenz *v*
intellectueel I *zn* [de] Intellektuelle(r) *m* **II** *bnw* intellektuell
intelligent intelligent
intelligentie Intelligenz *v*
intelligentiequotiënt Intelligenzquotient *m*
intelligentietest Intelligenztest *m*
intelligentsia Intelligenz *v*
intens intensiv ★ *~ verlangen* Sehnsucht *v* ★ *~ gemeen* äußerst gemein
intensief intensiv
intensiteit Intensität *v*
intensive care ❶ med *intensieve bewaking* Intensivpflege *v* ❷ med *afdeling* Intensivstation *v*
intensiveren intensivieren
intentie Intention *v*, Absicht *v*
intentieverklaring Absichtserklärung *v*
intentioneel absichtlich, mit Absicht, zielgerichtet
interactie Interaktion *v*
interactief interaktiv
interbancair zwischen Banken
interbellum Periode *v* zwischen zwei Kriegen
intercedent Vermittler *m*
intercity Intercity(zug) *m*
intercom Gegensprechanlage *v*
intercommunaal BN *tussen gemeenten* interkommunal
intercontinentaal interkontinental ★ *intercontinentale vlucht* Interkontinentalflug *m*
intercultureel interkulturell
interdependentie gegenseitige Abhängigkeit *v*
interdisciplinair interdisziplinär
interen verbrauchen ★ *zij teert in op haar vermogen* sie zehrt von ihrem Vermögen
interessant interessant
interesse Interesse *o*, ⟨belang⟩ Belang *m* ★ *~ in* Interesse an [+3]
interesseren interessieren ★ *geïnteresseerd zijn in* interessiert sein an [+3]
interest Zins *m*
interface comp Interface *o*
interfaculteit interdisziplinäre Fakultät *v*
interferentie ❶ *tussenkomst* Vermittlung *v*, Intervention *v* ❷ *gelijktijdige werking van krachten* Interferenz *v*
interfereren ❶ *tussenbeide komen* intervenieren ❷ *op elkaar inwerken* interferieren
interieur Innenausstattung *v*, Einrichtung *v*, form Interieur *o*
interieurverzorgster Raumpflegerin *v*
interim I *zn* [de] ❶ *tijdelijke werkkracht* Interim *o* ❷ BN *tijdelijke baan* vorübergehende Arbeitsstelle **II** *zn* [het] → **ad interim**
interim- ★ *~manager* Interimsmanager *m*, stellungsvertretende(r) Manager *m*
interimkantoor BN *uitzendbureau* Zeitarbeitsbüro *o*, Arbeitsvermittlungsagentur *v*
interkerkelijk interkonfessionell
interland Länderspiel *o*
interlinie *ruimte tussen regels* Durchschuss *m*
interlokaal Fern- ★ *een ~ telefoongesprek* ein Ferngespräch
intermediair I *zn* [de], *bemiddelaar* Vermittler *m* **II** *bnw, bemiddelend* intermediär, Zwischen-
intermenselijk zwischenmenschlich
intermezzo Intermezzo *o*
intern ❶ *inwendig* innerlich, inwendig ★ *~e geneeskunde* innere Medizin *v* ❷ *binnen organisatie* innerstaatlich, intern ★ *~e aangelegenheden* interne(n) Angelegenheiten ❸ *inwonend* intern ★ *~e leerling* interne(r) Schüler *m*
internaat Internat *o*
internationaal international ★ *~ telefoongesprek* Auslandsgespräch *o* ★ sport *internationale wedstrijd* Länderspiel *o*
international sport Nationalspieler *m*
interneren internieren
interneringskamp Internierungslager *o*
internet Internet *o*
internetaansluiting comp Internetanschluss *m*
internetcafé Internetcafé *o*
internetprovider Internet Provider *m*, Online-Dienst *m*
internetten surfen
internetter Internetbenutzer *m*
internist Internist *m*
interpellatie Interpellation *v* ★ *het recht van ~* Interpellationsrecht *o*
interpelleren nachfragen bei [+3], interpellieren ★ *de regering ~* die Regierung interpellieren
interpretatie ❶ *uitleg* Deutung *v*, Auslegung *v*, Interpretation *v* ❷ *vertolking* künstlerische Wiedergabe *v*
interpreteren interpretieren
interpunctie ❶ *plaatsing van leestekens* Interpunktion *v*, Zeichensetzung *v* ❷ *leestekens* Satz- / Interpunktionszeichen *o*
interrumperen unterbrechen, dazwischenreden
interruptie ❶ *onderbreking* Unterbrechung *v* ❷ *onderbrekende opmerking* Zwischenruf *m*
interval Intervall *o*
intervaltraining Intervalltraining *o*
interveniëren intervenieren
interventie Intervention *v*
interventiemacht Interventionsmacht *v*
interventietroepen Interventionstruppen *v mv*
interview Interview *o*
interviewen interviewen
interviewer Interviewer *m*
intiem I *bnw* intim **II** *bijw* intim
intifada Intifada *v*
intimidatie Einschüchterung *v* ★ *seksuele ~* Zudringlichkeit *v*
intimideren einschüchtern

intimiteit ❶ *intiem, vertrouwd contact* Intimität v ★ *ongewenste ~en* sexuelle Nötigung v ❷ *intieme, huiselijke sfeer* Privatsphäre v ★ BN *in alle ~* im engsten Kreise
intocht Einzug m
intoetsen drücken, ‹van code, telefoonnummer› wählen ★ *een telefoonnummer ~* eine Telefonnummer wählen
intolerant intolerant
intolerantie Intoleranz v
intomen zügeln, im Zaum halten
intonatie Intonation v
intranet comp Intranet o
intransitief intransitiv
intrappen ❶ *duwen op* ★ *de rem ~* auf die Bremse treten ❷ *kapot trappen* eintreten ★ *de deur ~* die Tür eintreten ▼ *ergens ~* auf etwas hereinfallen ▼ *daar trapt niemand in* darauf fällt niemand herein
intraveneus intravenös
intrede ❶ *plechtige binnenkomst* Einzug m ❷ *begin* ‹personen› Antritt m, Anfang m, Beginn m ★ *zijn ~ doen* Einzug halten ★ *bij de ~ van* zu Beginn [+2]
intreden *non / monnik worden* eintreten
intrek Einzug m ★ *zijn ~ nemen in een hotel* in einem Hotel absteigen
intrekken I *ov ww* ❶ *naar binnen trekken* einziehen, zurücknehmen ★ *de benen ~* die Beine einziehen ❷ *terugnemen* einziehen, rückgängig machen ★ *een belofte ~* ein Versprechen zurücknehmen ★ *een bevel ~* einen Befehl rückgängig machen ★ *het rijbewijs ~* den Führerschein entziehen ★ *zijn woorden ~* seine Worte zurücknehmen **II** *on ww* ❶ *binnentrekken* einziehen ★ *het leger trekt de stad in* die Armee zieht in die Stadt ein ❷ *gaan inwonen* ziehen zu ★ *bij vrienden ~* zu Freunden ziehen ❸ *opgezogen worden* einziehen
intrigant Intrigant m
intrige ❶ *slinks plan* Intrige v ❷ *plot* Plot m, Handlung v
intrigeren *boeien* fesseln
intro Intro o
introducé Gast m
introduceren *voorstellen* einführen, introduzieren
introductie Einführung v, Introduktion v
introductieprijs Einführungspreis m
introductieweek Einführungswoche v
introeven stechen
introspectie Introspektion v
introvert introvertiert
intubatie med Intubierung v
intuinen hereinfallen ★ *ik ben er ingetuind* ich bin drauf reingefallen
intuïtie Intuition v
intuïtief intuitiv
intussen inzwischen
intypen eintippen
Inuit Inuit m
inval ❶ *het binnenvallen* Einfall m, ‹politie› Razzia v [mv: Razzien], ‹militair› Invasion v ★ *het is daar de zoete ~* da findet man stets eine gastfreundliche Aufnahme ❷ *idee* Einfall m
invalide I *zn* [de] Invalide(r) m **II** *bnw* invalid(e)
invalidenwagen Rollstuhl m
invaliditeit Invalidität v
invalkracht Aushilfskraft v
invallen ❶ *instorten* einfallen, einstürzen, zusammenstürzen ❷ *binnenvallen* einfallen in [+4] ❸ *in gedachte komen* einfallen ❹ *beginnen* einbrechen, ‹plotseling› hereinbrechen ★ *de ~de stilte* die eintretende Stille ★ *bij het ~ van de duisternis* der Einbruch der Dunkelheit ❺ muz einsetzen ❻ *vervangen* vertreten, ‹als extra kracht helpen› aushelfen ★ *voor iem. ~* für jmdn. einspringen
invaller ❶ *plaatsvervanger* Ersatzmann m, ‹voor collega› Vertreter m ❷ *invalkracht* Aushilfskraft v
invalshoek ❶ *gezichtshoek* Gesichtswinkel m ❷ natk Einfallswinkel m
invalsweg Einfallsstraße v
invasie Invasion v
inventaris Inventar o, Bestand m ★ *de ~ opmaken* ein Inventar aufstellen
inventarisatie Bestandsaufnahme v, ‹voor jaarbalans› Inventur v
inventariseren den Bestand aufnehmen, ‹inventaris opmaken› inventarisieren
inventief erfinderisch
invers invers
inversie Inversion v
investeerder Investor m, (Kapital)Anleger m
investeren investieren ★ *geld in iets ~* Geld in etw. investieren
investering ‹wat geïnvesteerd is› Investition v, ‹handeling van het investeren› Investierung v
investeringsbank Investitionsbank v
invetten einfetten
invitatie Einladung v
inviteren einladen
in-vitrofertilisatie In-vitro-Fertilisation v, Reagenzglasbefruchtung v
invliegen ▼ BN *er eens ~* sich (tüchtig) ins Zeug legen
invloed Einfluss m ★ *~ uitoefenen op* Einfluss ausüben auf ★ fig *onder ~ zijn?* unter Alkoholeinfluss stehen
invloedrijk einflussreich
invloedssfeer Einflusszone v
invoegen I *ov ww, inlassen* einschalten, einfügen, einschieben ★ *een extra les ~* eine extra Stunde einlegen **II** *on ww, tussenvoegen bij verkeer* sich einfädeln, ‹na het inhalen› einscheren
invoegstrook Beschleunigungsspur v
invoelingsvermogen Einfühlungsvermögen o
invoer ❶ *import* Einfuhr v ❷ comp *input* Input m
invoerbelasting Einfuhrzoll m
invoerdocumenten Einfuhrpapiere mv
invoeren ❶ *importeren* importieren ❷ *instellen* einführen ❸ *in werking laten gaan* einführen ★ *een wet ~* ein Gesetz einführen → **ingevoerd**
invoerrecht Einfuhrzoll m ★ *kantoor van ~en en accijnzen* Zollstelle v ★ *die waar is vrij van ~* diese Ware ist zollfrei
invoerverbod Einfuhrverbot o
invorderbaar einziehbar
invorderen *innen* eintreiben, einziehen, einfordern
invreten angreifen, ‹oplossen› zersetzen
invriezen *conserveren* einfrieren

invrijheidstelling Entlassung *v* ★ *voorwaardelijke ~* bedingter Straferlass
invullen ausfüllen, ergänzen ★ *een formulier ~* ein Formular ausfüllen ★ *iets op een lijst ~* etw. in eine Liste eintragen
invulling *het invullen* Ausfüllung *v*
invuloefening Lückentest *m*
inwaarts nach innen ★ *de ~e beweging* die Einwärtsbewegung
inweken einweichen
inwendig I *bnw* innerlich, inner, inwendig ★ *voor ~ gebruik* zur innerlichen Anwendung **II** *bijw* innerlich
inwerken I *ov ww* einarbeiten ★ *zich ~ in* sich in... (+4) einarbeiten **II** *on ww* (ein)wirken, ‹aantasten› angreifen ★ *~ op* einwirken auf [+4] ★ *iets op je laten ~* etw. auf sich einwirken lassen
inwerking Einarbeitung *v*
inwerkingtreding Inkrafttreten *o*, Wirksamwerden *o*
inwerktijd Einarbeitungszeit *v*

inwerpen ❶ *naar binnen werpen* hineinwerfen, ‹van munt› einwerfen ❷ sport einwerfen
inwijden ‹een gebouw e.d.› *in gebruik nemen* einweihen
inwijding *ingebruikneming* Einweihung *v*
inwijkeling BN Immigrant *m*, Einwanderer *m*
inwijken BN immigrieren, einwandern
inwilligen bewilligen, einwilligen ★ *een verzoek ~* einem Antrag stattgeben
inwilliging Einwilligung *v*, Zustimmung *v*, Bewilligung *v*, Genehmigung *v*
inwinnen einholen ★ *informatie over iem. ~* Erkundigungen über jmdn. einziehen
inwisselbaar austauschbar, Tausch-, ‹geld› konvertierbar
inwisselen einwechseln, ‹van coupon› einlösen
inwonen wohnen ★ *bij iem. ~* bei jmdm. zur Untermiete wohnen ★ *bij iem. gaan ~* bei jmdm. einziehen
inwonend zur Untermiete
inwoner Einwohner *m*
inwonertal Einwohnerzahl *v*
inwoning → **kost**
inworp sport Einwurf *m*
inwrijven *insmeren* einreiben
inzaaien einsäen, aussäen
inzage Einsicht *v* ★ *ter ~ liggen* zur Einsicht vorliegen / ausliegen ★ *ter ~ sturen* zur Kenntnisnahme schicken ★ *~ van de stukken eisen* Einsicht in die Akten fordern
inzake in Bezug auf [+4], hinsichtlich [+2]
inzakken ❶ *in elkaar zakken* einstürzen, ‹personen› zusammenbrechen ❷ fig *lager worden* einsinken
inzamelen einsammeln, sammeln
inzameling Kollekte *v*, Einsammlung *v*, Sammlung *v*
inzamelingsactie Spendenaktion *v*
inzegenen einsegnen
inzegening ‹huwelijk› Einsegnung *v*, ‹inwijding› Weihe *v*
inzenden einschicken, einsenden ★ *ingezonden brieven* Leserbriefe *mv* ★ *zijn stukken ~* seine Texte einschicken
inzending *het ingezondene* Einsendung *v*
inzepen einseifen
inzet *toewijding, aandacht* Einsatz *m*, Engagement *o*
inzetbaar einsatzfähig
inzetten I *ov ww, erin zetten* hineinsetzen **II** *wkd ww* [**zich ~**] sich einsetzen, sich bemühen
inzicht ❶ *begrip* Verständnis *o*, Einsicht *v*, ‹kennis› Erkenntnis *v* ★ *tot ~ komen* zur Einsicht gelangen ❷ *mening* Ansicht *v* ★ *politiek ~* politischen Anschauungen *v mv*
inzichtelijk einsichtig, nachvollziehbar
inzien I *zn* [het] ★ *bij nader ~* bei näherer Betrachtung ★ *mijns ~s* meines Erachtens **II** *ov ww* ❶ *inkijken* einsehen, ‹doorkijken› durchsehen ❷ *beseffen* verstehen, einsehen ★ *zijn fouten niet willen ~* seine Fehler nicht wahrhaben wollen ❸ *beoordelen* für etwas halten ★ *het somber ~* schwarzsehen ★ *de toekomst donker ~* der Zukunft mit Besorgnis entgegensehen
inzinken fig *verslappen, achteruitgaan* (ein)stürzen, ‹ook med› zusammenbrechen ★ *de koersen zinken in* die Kurse fallen
inzinking fig *verslapping, achteruitgang* Rückgang *m*, Zusammenbruch *m*, aardk Vertiefung *v*, aardk Senke *v*, econ Flaute *v*, med Schwächeanfall *m*
inzitten over sich Sorgen machen
inzittende Insasse *m*
inzoomen zoomen
inzwachtelen bandagieren, verbinden, umwickeln
ion Ion *o*
Ionische Zee Ionische(s) Meer *o*
ioniseren ionisieren
IQ *intelligentiequotiënt* IQ *m*
IRA *Irish Republican Army* IRA *v*
Iraaks irakisch
Iraans iranisch
Iraanse Iranerin *v*
Irak Irak *m*
Irakees I *zn* [de] Iraker *m* **II** *bnw* irakisch
Irakese Irakerin *v*
Iran Iran *m*
Iraniër Iraner *m*
iris ❶ *bloem* Iris *v* ❷ *deel van oog* Iris *v*
iriscopie Iriskopie *v*
irisscan Irisscan *m*
ironie Ironie *v*
ironisch ironisch
irrationeel irrational
irreëel irreal
irrelevant irrelevant
irrigatie Bewässerung *v*, Berieselung *v*, Irrigation *v*
irrigator Irrigator *m*
irrigeren bewässern, berieseln
irritant irritierend
irritatie *ergernis* Gereiztheit *v*
irriteren irritieren, reizen
ischias Ischias *m/o*
ISDN *Integrated Service Digital Network* ISDN *o*
isgelijkteken Gleichheitszeichen *o*
islam Islam *m*
islamiet Islamit *m*, Moslem *m*
islamisering Islamisierung *v*

islamist Islamist *m* [v: Islamistin]
islamitisch islamitisch
ISO *International Standardization Organization* ISO *v*
isobaar Isobare *v*
isolatie ❶ *het isoleren of het geïsoleerd-zijn* Isolation *v*, Isolierung *v* ❷ *isolerend materiaal* Isolierung *v*
isolatieband Isolierband *o*
isolatielaag Isolierschicht *v*
isolatiemateriaal Isoliermaterial *o*, Dämmstoff *m*
isolator Isolator *m*
isoleercel Isolierzelle *v*
isoleerkan Isolierkanne *v*
isolement Isolation *v*, Isoliertheit *v*
isoleren *afzonderen* isolieren
isotoon isoton
isotoop scheik Isotop *o*
Israël Israel *o*
Israëli Israeli *m*
Israëliër Israeli *m*
Israëliet Israelit *m*
israëliet Israelit *m*
Israëlisch israelisch
Israëlische Israelin *v*
Israëlitisch israelitisch
israëlitisch rel israelitisch
issue Thema *o*
Istanboel Istanbul *o*
IT *informatietechnologie* Informationstechnologie *v*
Italiaan Italiener *m*
Italiaans I *bnw, m.b.t. Italië* italienisch **II** *zn* [het], *taal* Italienisch(e) *o*
Italiaanse Italienerin *v*
Italië Italien *o*
item Thema *o*, Item *o* ▼ *een hot item* eine hochaktuelles Thema
IT'er Informatiker *m*
ivf med *in-vitrofertilisatie* IVF *v*, In-vitro-Fertilisation *v*
ivoor *materiaal* Elfenbein *o*
Ivoorkust Elfenbeinküste *v*
ivoren aus Elfenbein, elfenbeinern ★ fig *in een ~ toren zitten / leven* in einem Elfenbeinturm leben
Ivoriaans von der Elfenbeinküste
Ivriet Iwrith *o*

J

j J *o* ★ *de j van Johan* J wie Julius
ja I *tw* ja ★ *op alles ja en amen zeggen* zu allem ja und amen sagen, zu allem Ja und Amen sagen **II** *zn* [het] Ja *o*
jaap Schnittwunde *v*
jaar Jahr *o* ★ *jaar in, jaar uit* jahraus, jahrein ★ *in het vorig jaar* im Vorjahr ★ *in het jaar 2050* im Jahre 2050 ★ *met de jaren* im Laufe der Jahre ★ *op zijn twintigste jaar* mit 20 Jahren ★ *per jaar* jährlich ★ *de oogst van dit jaar* die diesjährige Ernte ★ *op jaren komen* in die Jahre kommen ★ *uit het jaar nul* von anno dazumal ★ *de jaren des onderscheids,* BN *de jaren van verstand* die Jahre der Vernunft ★ BN *in het jaar één, als de uilen preken* am Sankt-Nimmerleins-Tag
jaarbeurs ❶ *tentoonstelling* Messe *v* ❷ *gebouw* Messe *v*, Messehallen *mv*
jaarboek ❶ *kroniek* Jahreschronik *v* ❷ *annalen* Jahrbuch *o*
jaarcijfers Jahreszahlen *mv*
jaarclub Jahrgangsclub *m*
jaarcontract Jahresvertrag *m*
jaargang Jahrgang *m*
jaargenoot ❶ *studiegenoot* Kommilitone *m*, Studienkollege *m* ❷ *leeftijdsgenoot* Altersgenosse *m*
jaargetijde Jahreszeit *v*
jaarkaart Jahreskarte *v*
jaarlijks Jahres-, jährlich ★ *~e termijn* Jahresrate *v* ★ *~e bijdrage* Jahresbeitrag *m*
jaarmarkt Jahrmarkt *m*
jaaropgaaf Einkommensbescheinigung *v*
jaarring Jahresring *m*
jaarsalaris Jahresgehalt *o*
jaartal Jahreszahl *v*
jaartelling Zeitrechnung *v*
jaarvergadering Jahresversammlung *v*, ⟨van aandeelhouders⟩ Jahreshauptversammlung *v*
jaarverslag Jahresbericht *m*, Geschäftsbericht *m*
jaarwisseling Jahreswechsel *m*
jacht I *zn* [de] ❶ *het jagen* Jagd *v* ★ *op ~ gaan* auf die Jagd gehen ★ *~ maken op* Jacht machen auf [+4] ★ *~ op groot wild* Großwildjagd *v* ★ *de ~ is geopend* die Jagdsaison ist eröffnet ❷ *het najagen* Jagd *v* ★ *de ~ op koopjes* die Schnäppchenjagd ★ *de ~ naar roem* die Jagd nach Ruhm **II** *zn* [het] Jacht *v*, Yacht *v*
jachten sich abhetzen, hetzen, jagen
jachtgebied Jagdrevier *o*
jachtgeweer Jagdgewehr *o*
jachthaven Jachthafen *m*
jachthond Jagdhund *m*
jachtig gejagt, gehetzt
jachtluipaard Gepard *m*
jachtopziener Jagdaufseher *m*, Wildhüter *m*
jachtschotel cul Jagdschüssel *v*
jachtseizoen Jagdzeit *v*
jachtvliegtuig Jagdflieger *m*
jack kurze Jacke *v*
jacket med Jacketkrone *v*
jackpot Jackpot *m*
jackrussellterriër *hond* Jack Russell Terrier *m*

jacquet Jackett *o*
jacuzzi Whirlpool *m*
jade I *zn* [het] Jade *m/v* **II** *bnw* aus Jade
jagen I *ov ww* ❶ *jacht maken op* jagen ❷ *voortdrijven* jagen, (an)treiben ★ *zijn geld erdoor ~* Geld zum Schornstein hinausjagen ★ *een wet erdoor ~* ein Gesetz durchpeitschen **II** *on ww* ❶ *streven naar* jagen ★ *op een baantje ~* hinter einem Job her sein ❷ *snel bewegen* jagen, hasten ★ *de wolken ~ langs de hemel* die Wolken jagen am Himmel
jager *iem. die jaagt* Jäger *m*
jaguar Jaguar *m*
jak *overjasje* Jacke *v*
Jakarta Djarkarta *o*
jakhals *roofdier* Schakal *m*
jakkeren *snel gaan* jagen, rasen
jakkes igitt!, pfui!
jaknikker ❶ *jabroer* Jasager *m* ❷ *pomp* Pumpenantriebsbock *m*
jakobsschelp Jakobsmuschel *v*
jaloers ⟨door liefde⟩ eifersüchtig, ⟨door afgunst⟩ neidisch
jaloezie ❶ *jaloersheid* Eifersucht *v*, Neid *m* ❷ *zonwering* Jalousie *v*
jam cul Marmelade *v*
Jamaica Jamaika *o*
Jamaicaans jamaikanisch ★ *zij is een ~e* sie ist Jamaikanerin
jamboree Pfadfindertreffen *o*
jammen eine Jamsession abhalten
jammer schade ★ *wat ~!* wie schade! ★ *het is ~ van het geld* es ist schade um das Geld ★ *~ genoeg is het waar* es ist leider wahr
jammeren jammern
jammerklacht Klage *v*
jammerlijk jämmerlich, kläglich
jampot Marmeladenglas *o*
jamsessie Jamsession *v*
Jan Jan ▾ *Jan Modaal* Otto Normalverbraucher ▾ *Jan en alleman* Gott und die Welt ▾ *boven Jan zijn* wieder auf dem Damm sein
jan ▾ BN *de grote jan uithangen* sich aufspielen, sich aufplustern wie ein Gockel
janboel Schlamperei *v*, Lotterwirtschaft *v*
janboerenfluitjes ▾ *op z'n ~* Pi mal Daumen
janet BN humor *mannelijke homo* Schwule(r) *m*, min Tunte *v*
janken ⟨van dieren⟩ jaulen, ⟨van mensen⟩ heulen ★ *de hond jankt* der Hund jault ★ *ik kon wel ~* ich hätte heulen können ★ *zit niet zo te ~* heul nicht so herum
jantje-van-leiden ▾ *zich er met een ~ van afmaken* sich etwas mit faulen Ausreden vom Halse schaffen
januari Januar *m*
jan-van-gent Baßtölpel *m*
Japan Japan *o*
Japanner *bewoner* Japaner *m*
Japans I *bnw, m.b.t. Japan* japanisch **II** *zn* [het], *taal* Japanisch(e) *o*
Japanse Japanerin *v*
Japanse Zee Japanisches Meer *o*, Japanische See *v*
japon Kleid *o*
jappenkamp japanische(s) Kriegsgefangenenlager *o*
jarenlang jahrelang ★ *~e afwezigheid* langjährige Abwesenheit *v*
jargon Jargon *m*
jarig ★ *~ zijn* Geburtstag haben ★ *ik ben vandaag ~* ich habe heute Geburtstag ★ *dan ben je nog niet ~* dann bist du noch nicht aus dem Schneider
jarige Geburtstagskind *o*
jarretelle Strumpfhalter *m*, Straps *m*
jas ❶ *kledingstuk* ⟨kort⟩ Jacke *v*, ⟨lang⟩ Mantel *m* ❷ *colbert* Jackett *o*
jasbeschermer Kleiderschutz *m*
jasmijn Jasmin *m*
jassen *schillen* schälen
jaszak Manteltasche *v*
jatten inform *stelen* stibitzen, mausen, klauen
Java Java *o*
Javaans javanisch
Javazee Java-See *v*
jawel doch, sicher ★ *en ~!* na bitte!
jawoord Jawort *o*
jazz Jazz *m*
jazzballet Jazzballett *o*
jazzband Jazzband *v*, Jazzkapelle *v*
jazzclub Jazzklub *m*
jazzdance *dans* Jazztanz *m*
je I *pers vnw* du, ⟨als lijdend voorwerp⟩ dich, ⟨als meewerkend voorwerp⟩ dir ★ *ik wil dat je weggaat* ich will, dass du weggehst ★ *waar ga je heen?* wo gehst du hin? ★ *wie heeft je dit gegeven?* wer hat dir das gegeben? ★ *wie heeft je geslagen?* wer hat dich geschlagen? ★ *ik heb iets voor je* ich habe was für dich ★ *jezelf* du / dich / dir selbst **II** *wkd vnw* dich ★ *vergis je je niet?* irrst du dich nicht? ★ *je zou je moeten schamen* du solltest dich schämen **III** *bez vnw* dein(e) ★ *je zoon heeft je auto gewassen* dein Sohn hat dein Auto gewaschen **IV** *onb vnw, men* man ★ *je went eraan* man gewöhnt sich daran ★ *zoiets doe je niet* so etw. tut man nicht ★ *je hebt van die mensen* es gibt solche Leute ★ *dat is je van het!* das ist das Beste!
jeans Jeans *v*
jeansvest BN *spijkerjack* Jeansjacke *v*
jee oje!
jeep Jeep *m*
jegens gegenüber [+3]
Jemen Jemen *m*
Jemenitisch jemenitisch
jenever Genever *m*, Wacholder *m*
jeneverbes ❶ *bes* Wacholderbeere *v* ❷ *struik* Wacholder *m*
jengelen quengeln
jennen triezen, piesacken, frotzeln
jeremiëren lamentieren
jerrycan Kanister *m*
jersey Jersey *m*
Jeruzalem Jerusalem *o*
jet I *zn* [de] [mv: jets] Jet *m* **II** *zn* [de] [mv: jetten] ★ *de jarige jet* das Geburtstagskind ▾ *geef hem van jetje!* gib ihm Saures!
jetlag Jetlag *m*
jetset Jetset *m*
jetski Jetski *m*
jeu Reiz *m* ★ *de jeu is eraf* der Lack ist ab

ja

jeu de boules Jeu de Boules *o*
jeugd ❶ *jonge leeftijd* Jugend *v* ❷ *jonge mensen* ★ *de ~ van tegenwoordig* die Jugend von heute
jeugdcriminaliteit Jugendkriminalität *v*
jeugdherberg Jugendherberge *v*
jeugdherinnering Jugenderinnerung *v*
jeugdig jugendlich ★ *dat staat ~* das macht jung ★ *er ~ uitzien* jugendlich aussehen
jeugdliefde Jugendliebe *v*
jeugdpuistje Jugendpustel *v*, Pubertätspickel *m*, Jugendpickel *m*
jeugdrechter BN jur Jugendrichter *m*
jeugdsentiment nostalgische Jugenderinnerung *v*
jeugdwerkloosheid Jugendarbeitslosigkeit *v*
jeugdzonde Jugendsünde *v*
jeuk Jucken *o*, Juckreiz *m* ★ *jeuk hebben* Juckreiz haben
jeuken *jeuk veroorzaken* jucken ★ *mijn vingers ~* die Finger jucken mir, es kribbelt mir in den Fingern ★ *het jeukt* es juckt
jewelcase Jewelcase *v*
jezelf ❶ [meewerkend] dir selbst ❷ [lijdend] dich selbst ★ *daar heb je alleen ~ mee* damit schneidest du dir nur ins eigene Fleisch
Jezus Jesus *m* ★ *het kindje ~* das Jesuskind
jezus ★ *~, alweer een onvoldoende!* oh je, schon wieder eine Fünf!
jicht Gicht *v*
Jiddisch I *zn* [het] Jiddisch(e) *o* **II** *bnw* jiddisch
jihad Dschihad *m*
jij du ★ *iem. met jij en jou aanspreken* jmdn. duzen
jijen duzen ★ *~ en jouen* sich / einander duzen
jijzelf du selbst
jingle Erkennungsmelodie *v*, Werbemelodie *v*
jive Jive *m*
Job Hiob *m* ▼ *zo arm als Job* so arm wie Hiob
job² Job *m*
jobhoppen Jobhopping *o*
jobhopper Job-Hopper *m*
jobstudent BN *werkstudent* ≈ Student *m*, der nebenher arbeitet
joch, jochie Bube *m*
jockey Jockey *m*
jodelen jodeln
Jodendom¹ *volk* Judentum *o*
Jodendom² *geloof* Judentum *o*
Jodenster Judenstern *m*
Jodenvervolging Judenverfolgung *v*
Jodin *lid van het Joodse volk* Jüdin *v*
jodin *gelovige* Jüdin *v*
jodium Jod *o*
joeg [verl. td.] → **jagen**
joegen [verl. td.] → **jagen**
Joegoslaaf Jugoslawe *m*
Joegoslavië Jugoslawien *o*
Joegoslavisch jugoslawisch
joekel Riesending *o* ★ *een ~ van een vis* ein Riesenfisch *m* ★ *een ~ van een fout* ein Riesenfehler *m*
joelen toben, johlen
jofel I *bnw* toll, dufte **II** *bijw* toll, dufte
joggen joggen
jogger Jogger *m*
joggingpak Jogginganzug *m*
joint Joint *m* ★ *een ~ draaien* einen Joint drehen
joint venture Joint Venture *o*
jojo Jo-Jo *o*
jojoën Jo-Jo spielen
joker Joker *m*
jokken flunkern, schwindeln
jol Jolle *v*
jolig lustig, fröhlich, vergnügt
Jom Kipoer rel Jom Kippur *m*
jonassen ≈ hin- und herschwingen
jong I *zn* [het] ‹dier› Junge(s) *o*, ‹kind› Kleine(r) *m* [v: Kleine] **II** *bnw* jung ★ *jonge kinderen* kleine Kinder ★ *de jonge mensen* die jungen Leute ★ *een vrij jonge man* ein jüngerer Mann ★ *jong en oud* Jung und Alt ★ *hij is de jongste van de twee* er ist das jüngere Kind ★ *zij is de jongste van de groep* sie ist die Jüngste in der Gruppe ★ *mijn jongere broer / zuster* mein jüngerer Bruder / meine jüngere Schwester ★ *hij is drie jaar jonger dan ik* er ist drei Jahre jünger als ich ★ *niet meer de jongste zijn* nicht mehr der / die Jüngste sein ★ *jong geleerd, oud gedaan* gelernt ist gelernt ★ *van jongs af aan* von klein auf ★ *in zijn jonge jaren* in seinen jungen Jahren ★ *jonge wijn* junge(r) Wein ★ *jonge kaas* junge(r) Käse ★ *de jongste berichten* die neuesten Berichte ★ *het jongste verleden* die jüngste Vergangenheit
jonge I *zn* [de], *jenever* Klare(r) *m* **II** *tw, verbaasde uitroep* Junge, Junge
jongedame junge Frau *v*, Fräulein *o*
jongeheer ❶ *jongeman* junger Herr *m* ❷ *penis* kleiner Mann *m*
jongelui junge Leute *mv*, ‹jongeren› Jugendliche(n) *mv*
jongeman junge(r) Mann *m*
jongen I *zn* [de] Junge *m* [mv: Jungen] ★ *is het een ~ of een meisje?* ist es ein Junge oder ein Mädchen ★ *een slimme ~* ein schlauer Junge ★ *onze ~s doen het goed* unsere Jungs halten gut mit ★ *ouwe ~!* alter Knabe! ★ *hallo ~s!* hallo, Jungs! **II** *on ww* Junge werfen, jungen
jongensachtig jungenhaft, knabenhaft
jongensboek Buch *o* für Jungen
jongensgek mannstoll
jongere Jugendliche(r) *m* ★ *werkende ~n* jugendliche Arbeitnehmer
jongerejaars Student *m* jüngeren Semesters
jongerencentrum Jugendzentrum *o*, Juze *o*
jongerentaal Jugendsprache *v*
jongerenwerk Jugendarbeit *v*
jongleren jonglieren
jongleur Jongleur *m*
jongstleden letzt, vorig ★ *uw brief van 21 april ~ / jl.* Ihr Schreiben vom 21. April dieses Jahres ★ *zondag ~* (am) vorigen Sonntag
jonk Dschunke *v*
jonker Junker *m*
jonkheer ≈ Adlige(r) *m*
jonkie ❶ *mens* Kleine(s) *o* ❷ *dier* Junge(s) *o*
jonkvrouw ≈ Adelige *v*
Jood *lid van het Joodse volk* Jude *m*
jood I *zn* [de], *gelovige* Jude *m* **II** *zn* [het] scheik Jod
Joods *m.b.t. het Joodse volk* jüdisch
joods *m.b.t. het joodse geloof* jüdisch
Joost ▼ *~ mag het weten* das weiß der Teufel
Jordaan Jordan *m*

Jordaans jordanisch
Jordaanse Jordanierin *v*
Jordanië Jordanien *o*
Jordaniër Jordanier *m*
jota Jota *o* ★ *er geen jota van snappen* nicht die Bohne begreifen
jou dir [+3], dich [+4]
joule Joule *o*
journaal ❶ *nieuws* Nachrichten *mv* ❷ *dagboek* Tagebuch *o*
journalist Journalist *m*, Reporter *m*
journalistiek I *zn* [de] Journalismus *m*, ‹studievak› Journalistik *v* **II** *bnw* journalistisch
jouw dein
jouwen johlen, buhen
jouzelf form → **jezelf**
joviaal offenherzig, herzlich, ‹tegenover ondergeschikten› jovial
jovialiteit Herzlichkeit *v*, Jovialität *v*
joyriden Spritztour *v*, inform Joyriding *o*
joystick Joystick *m*
jubelen jubeln
jubelstemming Jubelstimmung *v*, unbändige Freude *v*
jubeltenen Himmelfahrtszehen *mv*
jubilaris Jubilar *m*
jubileren ein Jubiläum feiern
jubileum Jubiläum *o* ★ *honderdjarig ~* Hundertjahrfeier
juchtleer Juchtenleder *o*
judassen quälen, piesacken
judo Judo *o*
judoën Judo betreiben
judoka Judoka *m*
juf *onderwijzeres* Lehrerin *v*
juffrouw ❶ *ongetrouwde vrouw* Fräulein *o* ❷ *onderwijzeres* Lehrerin *v*
juichen jauchzen, jubeln
juist I *bnw* richtig, ‹rechtvaardig› gerecht ★ *~!* genau! ★ *het ~e antwoord* die richtige Antwort ★ *~ gedrag* korrekte(s) Verhalten ★ *het ~e bedrag* der korrekte Betrag ★ *een ~e opmerking* eine treffende Bemerkung ★ *de ~e datum* das richtige Datum ★ *de ~e man op de ~e plaats* der rechte Mann am rechten Platz ★ *op het ~e ogenblik* im richtigen Moment ★ *dat is ~ het probleem* das ist genau das Problem **II** *bijw* ❶ *correct* ★ *~ handelen* korrekt handeln ❷ *precies* gerade, genau ★ *~ daarom!* gerade deshalb! ★ *~ deze mensen zijn verantwoordelijk* gerade diese Menschen sind verantwortlich ★ *dat is het ~* das ist es genau ★ *integendeel, nu ~ wel* im Gegenteil, nun erst recht ★ *~ niet!* gerade nicht! ★ *~ zoals* genau wie ★ *~ toen...* gerade als... ❸ *net, zojuist* gerade ★ *ze zijn ~ aangekomen* sie sind gerade angekommen ★ *ik wilde je ~ bellen* ich wollte dich gerade anrufen
juistheid Richtigkeit *v*
juk Joch *o*
jukbeen Backenknochen *m*
jukebox Jukebox *v*
juli Juli *m*
jullie I *pers vnw* ‹onderwerp› ihr, ‹lijdend of meewerkend voorwerp› euch ★ *júllie zijn schuldig!* ihr seid schuld! ★ *komen ~?* kommt ihr? ★ *hij ziet ~* er sieht euch ★ *ik ga met ~ mee* ich gehe mit euch mit **II** *bez vnw* euer ★ *is dat ~ huis?* ist das euer Haus?
jumbojet Jumbojet *m*
jungle Dschungel *m*
juni Juni *m*
junior I *zn* [de] Junior *m* ★ *wielerwedstrijd voor ~en* Juniorenrennen *o* **II** *bnw* junior
junk, junkie Junkie *m*
junkfood Junkfood *o*
junkmail comp *e-mail* Spam *m*
junta Junta *v*
Jura Jura *m*
jureren jurieren
juridisch Rechts-, juristisch ★ *~e faculteit* Rechtsfakultät *v* ★ *~ adviesbureau* Rechtsberatungsstelle *v*
jurist *rechtsgeleerde* Jurist *m*
jurk Kleid *o*
jury ❶ *beoordelingscommissie* Jury *v*, sport Kampfgericht *o* ❷ jur Jury *v*
jurylid Mitglied *o* der Jury, jur Geschworene(r) *m-v*, sport Kampfrichter *m*
juryrapport Jurybericht *m*
juryrechtbank jur Schwurgerichtshof *m*
jus ❶ *vleessaus* Soße *v*, Bratensaft *m* ❷ *vruchtensap* Saft *m*
jus d'orange Orangensaft *m*
juskom Sauciere *v*
justitie ❶ *rechtswezen* Justiz *v* ❷ *rechterlijke macht* Justiz *v*
justitieel gerichtlich, Justiz-
justitiepaleis BN jur Justizpalast *m*
Jut ▾ *Jut en Jul* ≈ Dick und Doof
jute Jute *v*
jutezak Jutesack *m*
jutten Strandgut sammeln, min Strandgut rauben
jutter Strandräuber *m*
juweel *sieraad* Juwel *o*
juwelenkistje Schmuckkästchen *o*
juwelier ❶ *persoon* Juwelier *m* ❷ *winkel* Juwelier *m*

K

k K *o* ★ *de k van Karel* K wie Kaufmann
kaaiman Kaiman *m*, Alligator *m*
kaak ❶ *kaakbeen* Kiefer *m* ★ *zijn kaken op elkaar houden* schweigen ★ *zijn kaken roeren* essen wie ein Scheunendrescher, ein flottes Mundwerk haben ❷ *wang* Backe *v*, Wange *v* ❸ *schandpaal* ★ *iets aan de kaak stellen* etw. anprangern
kaakbeen Kieferknochen *m*
kaakchirurg Kieferchirurg *m*
kaakchirurgie Kieferchirurgie *v*
kaakholte Kieferhöhle *v*
kaakje Keks *m*
kaakslag lett Ohrfeige *v*
kaal ❶ *zonder hoofdhaar, veren, etc.* kahl ★ *een kale plek* eine kahle Stelle ★ *een kale man* ein kahl- / glatzköpfiger Mann ★ *kaal worden* eine Glatze bekommen ★ *de bomen worden kaal* die Bäume werden kahl ★ *een kale vlakte* eine öde Fläche ★ *kale rotsen* kahle Felsen ★ *het tapijt heeft vele kale plekken* der Teppich hat viele abgewetzte Stellen ❷ *zonder bedekking, versiering, armoedig* kahl, armselig ★ *een kale ruimte* ein kahler Raum ★ *een kale boel* eine armselige Wirtschaft
kaalheid ❶ *het onbedekt zijn* ‹bij mensen› Kahlköpfigkeit *v*, Kahlheit *v* ❷ *armelijkheid, armoede* Kahlheit *v*, Nacktheit *v*
kaalknippen kahl scheren
kaalkop Kahlkopf *m*
kaalplukken fig *van bezit ontdoen* rupfen
kaalscheren kahl scheren
kaalslag ❶ *het vellen van bomen* Kahlschlag *m*, ‹bedrijfsvorm› Abholzung *v* ❷ *woningafbraak* Abbruch *m*, Abriss *m*
kaalvreten kahl fressen
kaap ❶ aardk *landpunt* Kap *o* ❷ BN fig *mijlpaal* Meilenstein *m*
Kaap de Goede Hoop Kap der Guten Hoffnung *o*
Kaap Hoorn Kap Hoorn *o*
Kaapstad Kapstadt *o*
Kaapstads Kapstädter
Kaapverdië → **Kaapverdische eilanden**
Kaapverdisch kapverdisch
Kaapverdische eilanden Kapverdische(n) Inseln *mv*
kaars Kerze *v*
kaarslicht Kerzenlicht *o*
kaarsrecht kerzengerade
kaarsvet Kerzenwachs *o*
kaart ❶ *stuk karton* Karte *v* ❷ *toegangsbewijs* Karte *v* ❸ *speelkaart* Karte *v* ★ *open ~ spelen* mit offenen Karten spielen ★ *het is doorgestoken ~* es ist abgekartetes Spiel *o* ★ *zich niet in de ~ laten kijken* sich nicht in die Karten sehen lassen ★ *iem. in de ~ spelen* jmdm. die Bälle zuspielen ★ *zijn ~en op tafel leggen* seine Karten offen auf den Tisch legen ★ BN *de ~ van X trekken* auf X setzen ❹ *geografische tekening* Karte *v* ★ *een gebied in ~ brengen* ein Gebiet kartieren ★ fig *gegevens in ~ brengen* eine Kartei anlegen ★ *van de ~ vegen* von der Landkarte verschwinden lassen ★ *van de ~ zijn* verwirrt sein ★ *op de ~ zetten* zum Thema machen ❺ *menukaart* Karte *v* ❻ comp *module* ★ *grafische ~* Grafikkarte *v*
kaarten Karten spielen
kaartje ❶ *plaats- / toegangsbewijs* Karte *v* ★ *~s reserveren* Karten reservieren ★ *een ~ kopen* eine Fahrkarte lösen ★ *~ enkele reis* einfache Fahrt *v* ★ fig *een ~ leggen* Karten spielen ❷ *visitekaartje* Karte *v* ★ *je ~ afgeven bij iem.* bei jmdm. seine Karte abgeben
kaartlezen I zn [het] Kartenlesen *o* **II** on ww die Karte lesen
kaartspel *stel speelkaarten* Kartenspiel *o*
kaartverkoop Kartenverkauf *m*
kaas cul Käse *m* ★ *Goudse kaas* Gouda *m* ★ BN *platte kaas* Quark *m* ★ fig *zich de kaas niet van het brood laten eten* sich die Butter nicht vom Brot nehmen lassen ★ fig *daar heb ik geen kaas van gegeten* davon hab ich keine Ahnung
kaasboer Käsehändler *m*
kaasbroodje cul Käsebrötchen *o*
kaasburger cul Cheeseburger *m*
kaasfondue cul Käsefondue *o*
kaasfonduen Käsefondue essen
kaaskop min Käsekopf *m*
kaasschaaf Käsehobel *m*
kaassoufflé Käsesoufflé *o*, Käseauflauf *m*
kaasstolp Käseglocke *v*
kaatsen ❶ sport Fangball spielen ❷ *terugstuiten* zurückprallen, springen ★ *deze bal kaatst goed* dieser Ball springt gut
kabaal Radau *m*, Lärm *m*
kabbelen plätschern, rieseln
kabel *dikke draad* Kabel *o*
kabelaansluiting media techn Kabelanschluss *m*
kabelbaan Drahtseilbahn *v*, Gondelbahn *v*
kabelexploitant media Kabelnetzbetreiber *m*
kabeljauw Kabeljau *m*
kabelkrant media Nachrichten *v* im Kabelfernsehen
kabelnet elek *elektriciteitsnet* Kabelnetz *o*
kabelslot Kabelschloss *o*
kabeltelevisie media Kabelfernsehen *o*
kabeltouw Kabeltau *o*
kabinet ❶ *regering* Kabinett *o* ❷ *meubel* Kabinettschrank *m*
kabinetsberaad Ministerrat *m*, Kabinettssitzung *v*
kabinetsbesluit Kabinettsbeschluss *m*
kabinetscrisis Kabinettskrise *v*
kabinetsformateur Beauftragte(r) *m* zur Regierungsbildung
kabinetsformatie Regierungsbildung *v*, Kabinettsbildung *v*
Kaboel Kabul
kabouter Heinzelmännchen *o*, ‹dwerg› Zwerg *m*
kachel I zn [de] Ofen *m* **II** bnw inform voll, blau
kadaster Kataster *m/o*, Grund- / Flurbuch *o*, Katasteramt *o*, Kataster *m/o* ★ *ambtenaar van het ~* Katasterbeamte(r) *m*
kadaver Kadaver *m*
kade ❶ *stenen oever* Kai *m* ★ *het schip ligt aan de kade* das Schiff liegt am Kai ❷ *straat erlangs* Uferstraße *v*
kader ❶ lett *lijst, raamwerk* Rahmen *m* ❷ fig *verband* Rahmen *m* ★ *buiten het ~ vallen* aus dem

Rahmen fallen ★ *in het ~ van...* im Rahmen [+2] ❸ *stafpersoneel* Kader *m* ★ *vast ~* permanente(r) Kader ❹ BN *omgeving* Umkreis *m*, Umgebung *v*
kaderen ~ **in** BN *passen bij* passen zu [+3]
kadetje Brötchen *o*
kadreren (ein)rahmen
kaduuk verfallen
kaf Spreu *v*
kafkaiaans, kafkaësk kafkaesk
kaft Umschlag *m*, ⟨beschermend papier⟩ Schutzumschlag *m*
kaften einschlagen
kaftpapier Einschlagpapier *o*, Umschlagpapier *o*
kajak Kajak *m*
kajakken Kajak fahren
kajuit Kajüte *v*
kak ❶ *poep* Kacke *v* ❷ *kapsones* Wichtigtuerei *v*, Bluff *m*, Prahlerei *v* ★ *kouwe kak* Hochnäsigkeit *v*
kakelbont kunterbunt, bunt schillernd
kakelen ❶ *geluid (als) van kip maken* gackern ❷ *kwebbelen* plappern, schwatzen
kakelvers ganz frisch ★ *~e eieren* frische Eier
kaken ausnehmen
kaketoe Kakadu *m*
kaki ❶ *kleur* Khaki *m* ❷ *stof* Khaki *o*
kakken kacken
ka
kakkerlak Kakerlak *m*
kakofonie Kakofonie *v*
kalebas Kalebasse *v*, Flaschenkürbis *m*
kalend kahl werdend
kalender Kalender *m*
kalenderjaar Kalenderjahr *o*
kalf *dier* Kalb *o* ★ fig *als het kalf verdronken is, dempt men de put* den Brunnen erst zudecken, wenn das Kind hineingefallen ist ★ fig *als de kalveren op het ijs dansen* wenn Weihnachten und Ostern zusammenfallen ★ fig *het gouden kalf aanbidden* das Goldene Kalb anbeten
kalfshaas Kalbsfilet *o*
kalfslapje Kalbsschnitzel *o*
kalfsleer Kalbsleder *o*
kalfsoester Kalbsmedaillon *o*
kalfsvlees Kalbfleisch *o*
kaliber ❶ *diameter* ★ *van groot / klein ~* groß- / kleinkalibrig ❷ *formaat, aard* Kaliber *o* ★ *zij is van hetzelfde ~* sie ist vom gleichen Schlag
kalium Kali *o*
kalk ❶ *steensoort* Kalk *m* ❷ *bouwmateriaal* Mörtel *m*
kalkaanslag Kalkablagerung *v*
kalkafzetting *resultaat v. proces* Kalkablagerung *v*
kalken ❶ *pleisteren* kalken, tünchen ❷ *schrijven* hinschmieren ★ *teksten op gevels ~* Fassaden mit Texten beschmieren
kalkhoudend kalkhaltig, kalkig ★ *~e grond* Kalkboden *m*
kalkoen ❶ Puter *m* [v: Pute], Truthahn *m* ❷ cul ★ *gebraden ~* Putenbraten *m*
kalkrijk kalkreich
kalksteen Kalkstein *m*
kalm I *bnw* ruhig ★ *blijf kalm!* ruhig Blut! ★ *houd je kalm!* sei ruhig!, gib Ruhe! **II** *bijw* ★ *kalmpjes aan* ⟨geleidelijk⟩ ruhig ★ *kalm aan!* ⟨doe rustig!⟩ immer mit der Ruhe!
kalmeren I *ov ww, kalm maken* beruhigen, besänftigen ★ *~d middel* Beruhigungsmittel *o* **II** *on ww, kalm worden* sich besänftigen, sich beruhigen
kalmeringsmiddel Beruhigungsmittel *o*
kalmpjes ❶ *onbewogen* ruhig, gemächlich ❷ *rustig* ruhig
kalmte Ruhe *v*, ⟨windstilte⟩ Kalme *v* ★ *zijn ~ verliezen* die Fassung verlieren
kalven *een kalf werpen* kalben
kalverliefde erste / junge Liebe *v*
kam ❶ *haarkam* Kamm *m* ★ *over één kam scheren* über einen Kamm scheren ❷ muz *brug* Steg *m* ❸ *bergkam* Kamm *m*
kameel Kamel *o*
kameleon *boomhagedis* Chamäleon *o*
Kamer pol Kammer *v* ★ *Tweede ~* Zweite Kammer *v*, Abgeordnetenhaus *o* ★ BN *~ van Volksvertegenwoordigers* Zweite Kammer *v*, Abgeordnetenhaus *o* ★ *~ van Koophandel* Industrie- und Handelskammer *v*
kamer *vertrek* Zimmer *o*, ⟨klein⟩ Stube *v* ★ *donkere ~* Dunkelkammer *v* ★ *~ vrij* Zimmer frei ★ *op ~s wonen* möbliert wohnen
kameraad ❶ *vriend, makker* Kamerad *m* [v: Kameradin] ❷ pol *partijgenoot* Genosse *m* [v: Genossin]
kameraadschappelijk kameradschaftlich
kamerbewoner ≈ Untermieter *m*
kamerbreed von Wand zu Wand ★ *~ tapijt* Teppich von Wand zu Wand
Kamerdebat Parlamentsdebatte *v*, Kammerdebatte *v*
Kamerfractie Parlamentsfraktion *v*
kamergeleerde Stubengelehrte(r) *m*
kamergenoot Zimmergenosse *m*
kamerheer Kammerherr *m*
kamerjas Morgenmantel *m*, Hausmantel *m*
Kamerlid pol Abgeordnete(r) *m*
Kamermeerderheid Parlamentsmehrheit *v*, Bundestagsmehrheit *v*
kamermeisje Zofe *v*, ⟨in hotel⟩ Zimmermädchen *o*
kamermuziek Kammermusik *v*
Kameroen Kamerun *o*
Kameroens kamerunisch
kamerplant Zimmerpflanze *v*
Kamerreces pol Parlamentsferien *mv*
kamerscherm spanische Wand *v*, Wandschirm *m*
kamertemperatuur Zimmertemperatur *v* ★ *op ~* zimmerwarm
kamerverhuur Zimmervermietung *v*
Kamerverkiezing Parlamentswahl *v*
Kamerzetel Parlamentssitz *m*
Kamerzitting Parlamentssitzung *v*
kamikaze Kamikaze *m*
kamille Kamille *v*
kamillethee cul Kamillentee *m*
kammen kämmen
kamp *tijdelijk verblijf* Lager *o* ★ *de scholieren gaan op kamp* die Schüler fahren ins Ferienlager
kampbeul KZ-Schinder *m*
kampeerartikelen Campingartikel *m*
kampeerauto Wohnmobil *o*
kampeerboerderij Bauernhof *m* mit Campingplatz

kampeerbus Wohnmobil *o*
kampeerder Camper *m*
kampeerterrein Campingplatz *m*, Zeltplatz *m*
kampement Lagerplatz *m*
kampen kämpfen
kamperen zelten, campen
kamperfoelie Geißblatt *o*
kampioen *winnaar* Meister *m* ★ *de zwem~e van Frankrijk* die französische Meisterin im Schwimmen
kampioenschap *wedstrijd* Meisterschaft *v*
kampleiding Lagerleitung *v*
kampvuur Lagerfeuer *o*
kampwinkel Campingladen *m*
kan Kanne *v* ★ fig *het onderste uit de kan willen* alles haben wollen ★ fig *de zaak is in kannen en kruiken* die Sache ist unter Dach und Fach
Kanaal Kanal *m*
kanaal ❶ *gegraven water* Kanal *m* ❷ *televisie- of radiozender* Kanal *m* ★ *dit wordt op ~ 1 uitgezonden* dies bekommt man auf Kanal 1
Kanaaleilanden Kanalinseln *mv*
Kanaaltunnel Kanaltunnel *m*
kanaliseren *voorzien van kanalen* kanalisieren
kanarie, **kanariepiet** Kanarienvogel *m*, Kanarengirlitz *m*
kanariegeel kanariengelb
kandelaar Kerzenständer *m*
kandidaat *gegadigde* Bewerber *m*, Kandidat *m*, Anwärter *m* ★ *iem. ~ stellen* jmdn. als Kandidaten aufstellen ★ *zich ~ stellen voor* kandidieren für
kandidaats Zwischenprüfung *v* ★ *hij is geslaagd voor z'n ~* er hat die Zwischenprüfung bestanden
kandidatenlijst Kandidatenliste *v*
kandidatuur Kandidatur *v*
kandij Kandis *m*
kandijkoek cul Honigkuchen mit Kandiszucker
kaneel cul Zimt *m*
kaneelpijp Zimtstange *v*
kangoeroe Känguru *o*
kanis inform *hoofd* Kopf *m*, Birne *v* ★ *houd je ~!* Schnauze!
kanjer ❶ *groot exemplaar* Riesen- ❷ *uitblinker* Ass *o*, Kanone *v* ★ *een ~ in sport* eine Sportskanone ★ *zij is een ~ in wiskunde* sie ist ein Ass in Mathematik
kanker ❶ *ziekte* Krebs *m* ❷ fig *woekerend kwaad* Krebsgeschwür *o*
kankeraar Nörgler *m*, Motzer *m*, Meckerliese *v*, Meckerfritze *m*
kankerbestrijding Krebsbekämpfung *v*
kankeren *foeteren* nörgeln, motzen, meckern ★ *~ op* meckern über
kankergezwel Krebsgeschwulst *v*, med Karzinom *o*
kankerlijer min Scheißkerl *m*
kankerpatiënt Krebskranke(r) *m*
kankerverwekkend krebserregend, krebserzeugend, med karzinogen
kannibaal *menseneter* Kannibale *m*
kannibalisme Kannibalismus *m*
kano *rank bootje* Kanu *o*
kanoën Kanu fahren
kanon Kanone *v*, Geschütz *o* ★ fig *zo dronken als een ~* sternhagelvoll
kanonnade Kanonade *v*
kanonnenvlees Kanonenfutter *o*
kanonnier mil Kanonier *m*
kanonschot Kanonenschuss *m*
kanonskogel Kanonenkugel *v*
kanovaarder Kanute *m*
kanovaren Kanu fahren
kans Chance *v* ★ *er is weinig kans op dat* es gibt eine geringe Chance, dass... ★ *daar is weinig kans op* die Chancen dafür stehen schlecht ★ *er is veel kans op dat* es ist sehr wahrscheinlich, dass... ★ *je hebt grote kans dat hij komt* es ist sehr wahrscheinlich, dass er kommt ★ *geen kans van slagen hebben* aussichtslos sein ★ *geen schijn van kans hebben* keine Chance haben ★ *de kansen zijn gekeerd* das Blatt hat sich gewendet ★ *gelijke kansen voor iedereen* Chancengleichheit *v* ★ *ik zie geen kans om* ich sehe keine Möglichkeit zu ★ *dat is mijn kans* das ist meine Chance ★ *de kans lopen om* Gefahr laufen zu ★ *kans lopen te zakken* riskieren durchzufallen ★ *een kans wagen* sein Glück versuchen ★ *de kans om te verdrinken is groot* die Gefahr zu ertrinken ist groß ★ *je kans grijpen* die Gelegenheit nutzen ★ *geen kans voorbij laten gaan om* keine Gelegenheit verpassen ★ *hij heeft kans gezien te ontsnappen* es ist ihm gelungen zu entkommen ★ *de kans waarnemen* die Gelegenheit ergreifen ★ *iem. de kans geven om* jmdm. die Chance geben zu ★ *ik zie er geen kans toe* ich schaffe es nicht
kansarm unterprivilegiert, (sozial) benachteiligt
kansel Kanzel *v*
kanselier Kanzler *m* [v: Kanzlerin]
kanshebber Favorit *m* [v: Favoritin]
kansloos aussichtslos
kansrekening Wahrscheinlichkeitsrechnung *v*
kansrijk ‹met kans op succes› aussichtsreich, ‹klasse› (sozial) privilegiert ★ *hij is niet erg ~ in deze verkiezing* er hat in dieser Wahl keine großen Chancen
kansspel Glücksspiel *o*
kant I *zn* [de] ❶ *zijde* Seite *v* ★ *hij woont aan de andere kant van de straat* er wohnt an der anderen Seite der Straße ★ *goede kant* rechts ★ *verkeerde kant* links ★ *aan die kant* auf der Seite ★ *aan de andere kant van de heg* auf der anderen Seite der Hecke ★ *aan de veilige kant blijven* auf der sicheren Seite bleiben ★ *op zijn kant zetten* kanten, hochkant stellen ★ *iets over zijn kant laten gaan* etw. hinnehmen ★ *aan de late kant zijn* spät dran sein ❷ *rand* Seite *v*, Kante *v* ★ *aan de kant!* beiseite! ★ *aan de kant van de weg* am Straßenrand ★ *het was kantje boord* es war knapp ★ *het was op het kantje af* es hätte wenig gefehlt ★ *de kantjes eraf lopen* sich kein Bein ausreißen ❸ *richting* Seite *v* ★ *ik moet die kant op* ich muss in die Richtung ❹ *aspect* Seite *v* ★ *aan de ene kant..., aan de andere (kant)...* einerseits..., andererseits... ★ *een nieuwe kant aan de zaak zien* der Sache eine neue Seite abgewinnen ❺ *groep, partij* ★ *van moeders kant* mütterlicherseits ★ *ik van mijn kant* meinerseits ★ *van de verkeerde kant* ‹homo› vom anderen Ufer ❻ *oever* ★ *dat raakt kant noch wal* das ist weder gehauen noch gestochen ▼ *de kamer aan kant maken* das Zimmer aufräumen ▼ *zich van*

ka

kant maken Schluss machen ▾ *iem. van kant maken* jemanden beiseite schaffen **II** *zn* [de/het], *weefsel* Spitze
kanteel Zinne *v*
kantelen I *ov ww, omdraaien* kanten **II** *on ww, omvallen* (um)kippen
kantelraam Kippfenster *o*
kanten I *bnw* Spitzen- **II** *wkd ww* [**zich ~**] **~ tegen** ★ *zich tegen iets / iemand ~* sich gegen etw. / jmdn. wehren, sich etw. / jmdm. widersetzen
kant-en-klaar instant, fix und fertig
kant-en-klaarmaaltijd Fertiggericht *o*, Fertigmenü *o*
kantine Kantine *v*
kantlijn *marge* Rand *m*, Randlinie *v*
kanton Kreis *m*, Bezirk *m*, ⟨in Frankrijk en Zwitserland⟩ Kanton *m*
kantongerecht jur Amtsgericht *o*
kantonrechter jur Amtsrichter *m*
kantoor Büro *o*, ⟨overheid⟩ Amt *o*, ⟨overheid⟩ Dienststelle *v*, ⟨van een instelling⟩ Geschäftsstelle *v*, ⟨van advocaat, notaris⟩ Kanzlei *v* ★ *naar ~ gaan* ins Büro gehen
kantoorbaan ≈ Bürojob *m*
kantoorbehoeften Bürobedarf *m*
kantoorboekhandel Schreibwarengeschäft *o*
kantoorgebouw Bürogebäude *o*, Bürohaus *o*
kantoorpand Bürogebäude *o*
kantoortijd Bürostunden *mv* ★ *na ~* nach Büroschluss
kantoortuin ≈ Großraumbüro *o* unterteilt durch Pflanzen
kanttekening ❶ *opmerking* Randbemerkung *v* ★ *daarbij heb ik de volgende ~* dazu möchte ich Folgendes anmerken ❷ *aantekening* Randbemerkung *v*, Randnotiz *v*
kantwerk Spitzenarbeit *v*
kap ❶ *het kappen* Schlag *m* ❷ *bedekking, bovenstuk* ⟨van huis⟩ Dachstuhl *m*, ⟨motorkap⟩ Haube *v*, ⟨lampenkap⟩ Schirm *m* ★ *twee onder één kap* halb freistehend ❸ *hoofdbedekking* Kappe *v*
kapel ❶ *gebedshuis* Kapelle *v* ❷ *muziekkorps* Kapelle *v* ❸ *vlinder* Schmetterling *m*
kapelaan rel Kaplan *m*
kapelmeester Kapellmeister *m*
kapen *overmeesteren* entführen
kaper ❶ *zeerover* Seeräuber *m* ★ fig *er zijn ~s op de kust* es sind noch andere Bewerber im Rennen ❷ *ontvoerder* Entführer *m*
kaping Entführung *v*
kapitaal I *zn* [de], *hoofdletter* Majuskel *v*, Großbuchstabe *m* **II** *zn* [het] econ Kapital *o* **III** *bnw, zeer groot* großartig, famos ★ *kapitale fout* Kapitalfehler *m*
kapitaalgoederen Kapitalgüter *mv*
kapitaalkrachtig kapitalkräftig
kapitaalmarkt Kapitalmarkt *m*
kapitaalvlucht Kapitalflucht *v*
kapitalisme Kapitalismus *m*
kapitalist Kapitalist *m*
kapitalistisch kapitalistisch
kapitein ❶ scheepv *gezagvoerder* Kapitän *m* ❷ mil *officier* Hauptmann *m*
kapitein-ter-zee Kapitän-zur-See *m*
kapittel *hoofdstuk* Kapitel *o*
kapje ❶ *hoofddeksel* Käppchen *o* ❷ *uiteinde van brood* Knust *m*, Brotkanten *m*
kaplaars Gummistiefel *m*
kapmeeuw Lachmöwe *v*
kapmes Buschmesser *o*, ⟨hakmes⟩ Hackmesser *o*
kapoen BN *deugniet* Taugenichts *m*
kapot ❶ *stuk* kaputt ★ *een ~te jurk* ein kaputtes / zerrissenes Kleid ★ *een ~te ruit* eine kaputte / zerbrochene Fensterscheibe ❷ *doodmoe* fix und fertig, erschöpft ❸ *ontzet* bestürzt, fassungslos, niedergeschmettert ★ *zij is ~ van die gebeurtenis* die Sache hat sie sehr mitgenommen
kapotgaan *breken* kaputtgehen
kapotgooien zerschmeißen, zerschlagen
kapotje Pariser *m*
kapotlachen [**zich ~**] sich kaputtlachen
kapotmaken *beschadigen* kaputt machen, zerstören, ruinieren
kapotslaan kaputtschlagen, zerschlagen
kapottrekken zerreißen
kapotvallen in Stücke fallen
kapotwerken [**zich ~**] sich zu Tode arbeiten
kappen I *ov ww* ❶ *hakken* hauen, ⟨vellen⟩ fällen, ⟨bos, hout⟩ schlagen, ⟨bomen⟩ kappen ❷ *haar opmaken* frisieren **II** *on ww*, **~ met** *ophouden met* aufhören mit [+3] ★ *kap daarmee!* Schluss damit!
kapper Friseur *m* [v: Friseuse]
kappertje Kaper *v*
kapsalon Frisiersalon *m*
kapseizen kentern
kapsel *haardracht* Frisur *v*
kapsones ★ *~ hebben* (sich) wichtigtun ★ *hij heeft veel ~* er ist sehr eingebildet
kapstok Garderobe *v*, ⟨staand⟩ Kleiderständer *m*
kapucijner ❶ *monnik* Kapuziner *m* ❷ *erwt* graue Erbse *v*
kar Karren *m* ★ *de kar trekken* den Karren ziehen ★ *iem. voor zijn karretje spannen* jmdn. vor seinen Wagen spannen
karaat Karat *o* ★ *18 ~s goud* 18-karätiges Gold
karabijn Karabiner *m*
Karachi Karachi *o*
karaf Karaffe *v*
karakter ❶ *aard* Charakter *m* ❷ *letterteken* Schriftzeichen *o*
karakteriseren charakterisieren
karakteristiek charakteristisch
karaktertrek Charakterzug *m*
karamel ❶ *gebrande suiker* Karamell *m* ❷ *snoepje* Karamellbonbon *m/o*, Karamelle *v*
karameliseren karamellisieren
karaoke Karaoke *o*
karate Karate *o*
karateka sport Karateka *m*
karavaan Karawane *v*
karbonade cul Kotelett *o* ★ BN *Vlaamse ~* ≈ Stück *o* Schmorfleisch
kardinaal I *zn* [de] Kardinal *m* **II** *bnw* Kardinal-
karig karg ★ *een ~ maal* ein karges Mahl
karikaturaal karikaturistisch
karikaturiseren karikieren, zur Karikatur machen
karikatuur Karikatur *v*
Karinthië Kärnten *o*
Karinthisch Kärntner
karkas ❶ anat *geraamte* Skelett *o* ❷ fig *gestel*

ka

Gerippe *o*
karma Karma(n) *o*
karnemelk cul Buttermilch *v*
karnen buttern
karos Karosse *v*
Karpaten Karpaten *mv*
karper Karpfen *m*
karpet Teppich *m*
karren ❶ *rijden* karren ❷ *fietsen* fahren
karrenvracht Fuhre *v*
kart Kart *o*
kartel *kerving* Kerbe *v*
kartel econ *samenwerking* Kartell *o*
kartelen I *ov ww, kartels maken* kerben, techn rändeln **II** *on ww, kartels hebben / krijgen* einreißen ★ *gekartelde rand van een geldstuk* gezackte(r) Rand *m* einer Münze
kartelrand gezackte(r) Rand *m*
kartelvorming Kartellbildung *v*, Kartellierung *v*
karten Kart fahren
karton Pappe *v*, Karton *m*
kartonnen Papp- ★ ~ *doos* (Papp)karton *m*
karwats Karbatsche *v*
karwei Arbeit *v* ★ *dat is een heel* ~ das ist eine ziemliche Schufterei ★ *een lastig* ~ keine einfache Arbeit
karwij *plant* Kümmel *m*
kas ❶ *geld(bergplaats)* Kasse *v* ★ *de kas opmaken* die Kasse machen ★ *goed bij kas zijn* bei Kasse sein ★ *krap bij kas zitten* knapp bei Kasse sein ❷ *holte* Gehäuse *o*, ⟨ogen, tanden⟩ Höhle *v* ❸ *broeikas* Gewächshaus *o*, Treibhaus *o* ★ *groente uit de kas* Treibhausgemüse *o*
kasboek Kassenbuch *o*
kasbon BN Sparbrief *m*
kasgeld Kassenbestand *m*
kashba Kashba *v*
kasjmier Kaschmir *o*
kaskraker Kassenerfolg *m*, Kassenreißer *m*, Kassenschlager *m*, (Kassen)Hit *m*, Kassenrenner *m*
Kaspische Zee Kaspische(s) Meer *o*
kasplant lett Treibhauspflanze *v*
kassa Kasse *v*
kassabon Kassenbon *m*
kassaldo Kassenbestand *m*
kassei Kopfstein *m*
kassier Kassierer *m*
kassierster BN Kassiererin *v*
kasstroom econ Cash-flow *m*
kassucces Kassenerfolg *m*, Kassenschlager *m*
kast ❶ *meubel* Schrank *m* ❷ *omgebouwd omhulsel* Gehäuse *o* ❸ *groot bouwsel* Kasten *m* ★ *een kast van een huis* ein riesiger Kasten → **kastje**
kastanje *vrucht* Kastanie *v* ★ *tamme* ~ Edelkastanie *v*
kastanjebruin kastanienbraun
kaste Kaste *v*
kasteel *burcht* Burg *v*
kastekort Kassendefizit *o*, -fehlbetrag *m*, -minus *o*
kastelein *herbergier* Wirt *m*
kasticket BN *kassabon* Kassenbon *m*
kastijden ⟨zichzelf⟩ sich kasteien, ⟨anderen⟩ züchtigen
kastje ❶ *kleine kast* Schränkchen *o* ★ fig *iem. van het ~ naar de muur sturen* jmdn. von Pontius zu Pilatus schicken ❷ *televisie* Flimmerkiste *v*
kat ❶ *huisdier* Katze *v* Kater ★ *cyperse kat* getigerte Katze *v* ★ *perzische kat* Perserkatze ★ *de gelaarsde kat* der gestiefelte Kater ★ *als kat en hond leven* wie Hund und Katze leben ★ *als een kat in een vreemd pakhuis* wie der Ochs vorm Berg ★ *als een kat om de hete brij heen draaien* um den heißen Brei herumreden ★ *als de kat van huis is, dansen de muizen op tafel* wenn die Katze aus dem Haus ist, tanzen die Mäuse ★ *de kat in het donker knijpen* es in aller Stille treiben ★ *een kat in de zak kopen,* BN *een kat in een zak kopen* die Katze im Sack kaufen ★ *de kat op het spek binden* den Bock zum Gärtner machen ★ *de kat uit de boom kijken* sehen, wie der Hase läuft ★ *de kat de bel aanbinden* der Katze die Schelle umhängen ★ *maak dat de kat wijs!* das kannst du deiner Großmutter erzählen ★ *kat en muis spelen* Katz und Maus spielen ★ BN *een kat een kat noemen* die Dinge beim Namen nennen ★ BN *andere katten te geselen hebben* andere Sorgen haben ★ BN *nu komt de kat op de koord* da haben wir die Bescherung ★ BN *er was geen kat* kein Schwein war da ❷ *snibbige vrouw* Katze *v* ❸ *bitse opmerking* Anpfiff *m* → **katje**
katachtig katzenhaft, ⟨snibbig⟩ katzig
katalysator Katalysator *m*
katapult *kinderschiettuig* Katapult *o*
kat-en-muisspel Katz-und-Mausspiel *o*
katenspek Speck *m*
kater *mannetjeskat* Kater *m*
katern Heft *o*, ⟨krant⟩ Beilage *v*
katheder *spreekgestoelte* Rednerpult *o*, Katheder *m*
kathedraal I *zn* [de] Kathedrale *v* **II** *bnw* kathedralisch
katheter Katheter *m*
katheteriseren med katheterisieren
kathode Kathode *v*
katholicisme Katholizismus *m*, ⟨religie⟩ katholische Religion *v*
katholiek I *zn* [de] rel Katholik *m* **II** *bnw* ❶ rel katholisch ❷ BN fig *rechtschapen* rechtschaffen, redlich
katje *jonge kat* Kätzchen *o*
katoen Baumwolle *v* ▼ *iem. van ~ geven* jemandem Zunder geben
katoenen baumwollen, Baumwoll- ★ *een ~ hemd* ein Baumwollhemd
katrol Rolle *v*
kattebelletje *briefje* kurze Notiz *v*
katten sich garstig verhalten, bissige Bemerkungen machen
kattenbak ❶ *bak voor de kat* Katzenklo *o* ❷ *ruimte in auto* Kofferraum *m*
kattenbakstrooisel Katzenstreu *v*
kattenbrokken Katzenfutter *o*
kattenkop Kratzbürste *v*, Katze *v*
kattenkwaad Dummejungenstreich *m* ★ ~ *uithalen* Unfug treiben
kattenluikje Katzentürchen *o*
kattenoog *oog van kat* Katzenauge *o*
kattenpis ▼ *dat is geen ~* das ist nicht ohne
katterig ❶ *een kater hebbend* verkatert ❷ *beroerd* leicht angeschlagen

kattig schnippisch, bissig
katzwijm leichte Ohnmacht *v* ★ *in ~ vallen* ohnmächtig werden
Kaukasus Kaukasus *m*
kauw Dohle *v*
kauwen op kauen
kauwgom Kaugummi *m/o*
kauwgombal Kugelkaugummi *o*
kavel ❶ *stuk land* Parzelle *v* ❷ *partij goederen* Partie *v*, Posten *m*
kavelen parzellieren, in Parzellen zerlegen
kaviaar Kaviar *m*
Kazachstaans kasachisch
Kazachstan Kasachstan *o*
kazerne Kaserne *v*
kebab cul Kebab *m*
keef [verl. td.] → **kijven**
keek [verl. td.] → **kijken**
keel Kehle *v* ★ *iem. bij de keel grijpen* jmdm. an die Gurgel springen ★ fig *het hangt me de keel uit* es hängt mir zum Hals raus ★ fig *een keel opzetten* lauthals schreien
keel-, neus- en oorarts Hals-Nasen-Ohren-Arzt *m*, HNO-Arzt *m*
keelgat Kehle *v*, Schlund *m*, Gurgel *v* ★ fig *het schoot hem in het verkeerde ~* er hat es in den falschen Hals bekommen
keelholte Rachenhöhle *v*
keelklank Kehllaut *m*, taalk Kehlkopflaut *m*
keelontsteking Halsentzündung *v*
keelpastille Halspastille *v*
keelpijn Halsweh *o*, Halsschmerzen *mv*
keep *inkeping* Kerbe *v*, Einkerbung *v*
keepen das Tor hüten, im Tor stehen
keeper Torwart *m*, Torhüter *m*
keer ❶ *maal* Mal *o* ★ *dit / deze keer* diesmal ★ *een enkele keer* ab und zu ★ *één enkele keer* nur ein Mal ★ *in één keer* mit einem Mal ★ *keer op keer* immer wieder ★ *voor één keer* ein einziges Mal ★ *voor de eerste keer* zum ersten Mal ❷ *wending* Wendung *v*
keerkring Wendekreis *m*
keerpunt ❶ *wendingspunt* Wendepunkt *m* ❷ *beslissend ogenblik* Wende *v*
keerzijde ❶ lett *achterkant* Kehrseite *v*, Rückseite *v* ❷ fig *onaangename zijde* Kehrseite *v*, Schattenseite *v*
keeshond Spitz *m*
keet ❶ *schuurtje* Bude *v*, ⟨barak⟩ Baracke *v* ❷ *chaos* Unordnung *v*, Chaos *o*, ⟨lawaai⟩ Krach *m*, ⟨lawaai⟩ Radau *m*, ⟨lol⟩ Jux *m*
keffen kläffen
keffertje Kläffer *m*
kegel ❶ wisk Kegel *m* ❷ *voorwerp* Kegel *m* ❸ *figuur in kegelspel* Kegel *m* ❹ *slechte adem* Fahne *v*
kegelbaan Kegelbahn *v*
kegelen I *on ww* sport kegeln **II** *ov ww, smijten* rausschmeißen
kei ❶ *steen* Kieselstein *m*, ⟨straatkei⟩ Kopfstein *m* ★ fig *iem. op de keien zetten* jmdn. auf die Straße setzen ❷ *uitblinker* Ass *o*, ⟨in sport⟩ Kanone *v*
keihard I *bnw* ❶ *heel hard* steinhart ★ *~e muziek* ohrenbetäubende Musik ❷ fig knallhart ★ *de ~e feiten* die knallharten Tatsachen ★ *~e onderhandelingen* knallharte Verhandlungen **II** *bijw* ❶ *heel hard* ★ *~ schreeuwen* lauthals schreien ★ *~ voorbijrijden* mit Vollgas vorbeifahren ❷ fig ★ *~ zeggen waar het op staat* knallhart sagen, was Sache ist
keikop BN *koppig persoon* Dickschädel *m*, Starrkopf *m*
keilbout Keilbolzen *m*
keilen ❶ *gooien met steentjes* ★ *steentjes over het water ~* Steinchen übers Wasser hüpfen lassen ❷ *smijten* werfen, schmeißen
keizer Kaiser *m*
keizerin Kaiserin *v*
keizerlijk kaiserlich, Kaiser-
keizerrijk Kaiserreich *o*
keizersnede Kaiserschnitt *m*
keken [verl. td.] → **kijken**
kelder Keller *m* ★ fig *naar de ~ gaan* zugrunde gehen, untergehen
kelderen I *on ww* ❶ *vergaan* untergehen ❷ *in waarde dalen* stürzen **II** *ov ww* ❶ *doen zinken* versenken ❷ BN *doen mislukken* zur Sau machen
keldertrap Kellertreppe *v*
kelen die Kehle durchschneiden, ⟨van dieren⟩ abstechen, ⟨van vis⟩ kehlen
kelk ❶ *beker* Kelch *m* ❷ plantk Kelch *m*
kelner Kellner *m* ★ *~!* Herr Ober!
Kelt *lid van volk* Kelte *m*
Keltisch I *zn* [het], *taal* Keltisch(e) *o* **II** *bnw, m.b.t. de Kelten* keltisch
kelvin natk Kelvin *o*
kemphaan ❶ *vogel* Kampfläufer *m* ❷ *ruziezoeker* Raufbold *m*, Kampfhahn *m*
kenau Mannweib *o*
kenbaar ★ *zijn mening ~ maken* sich zu etw. äußern
kengetal ❶ *kenmerkend getal* Kennzahl *v*, Kennziffer *v* ❷ *netnummer* Vorwahl *v*
Kenia Kenia *o*
Keniaan Kenianer *m*
Keniaans kenianisch
Keniaanse Kenianerin *v*
kenmerk *kenteken* Kennzeichen *o*, Merkmal *o*
kenmerken kennzeichnen
kenmerkend kennzeichnend, bezeichnend
kennel ❶ *hondenfokkerij* Zwinger *m* ❷ *hondenloophok* Hundezwinger *m*
kennelijk I *bnw* offensichtlich, offenbar, augenscheinlich ★ *met de ~e bedoeling* in der unverkennbaren Absicht ★ fig *in ~e staat* betrunken **II** *bijw* offensichtlich
kennen ❶ *vertrouwd zijn met* kennen, ⟨diepgaand⟩ sich auskennen ★ *zich niet laten ~* sich nicht lumpen lassen ★ *te ~ geven* zu verstehen geben ❷ *weten, beheersen* kennen, verstehen ★ *zijn vak ~* sein Fach verstehen ❸ *herkennen* erkennen ★ *iem. ~ aan zijn stem* jmdn. an seiner Stimme erkennen ❹ *in zich hebben* kennen ❺ *~* **in** in Kenntnis setzen über ★ *iem. in iets ~* jmdn. über etw. informieren / in Kenntnis setzen ★ *zonder mij erin te ~* ohne mich zu unterrichten
kenner Kenner *m*, ⟨voor expertise⟩ Sachverständige(r) *m*
kennis ❶ *bewustzijn* Bewusstsein *o* ★ *bij ~ zijn* bei Bewusstsein sein ★ *bij ~ komen* zu sich kommen ★ *buiten ~ zijn* ohnmächtig / bewusstlos sein

★ *buiten ~ raken* das Bewusstsein verlieren ❷ *het weten* Wissen *o*, Kenntnis *v* ★ *met ~ van zaken* mit Sachkenntnis *v* ★ *mijn ~ van het Engels* meine Englischkenntnisse ★ *zijn ~ is erg beperkt* sein Wissen ist sehr beschränkt ★ *dat gaat mijn ~ te boven* das geht über meinen Verstand ★ *~ is macht* Wissen ist Macht ❸ *bekendheid met* Kenntnis *v*, ⟨met personen⟩ Bekanntschaft *v* ★ *~ geven* bekannt geben, bekannt machen, ankündigen, ⟨d.m.v. advertentie⟩ anzeigen ★ *iem. ~ geven van iets* jmdm. etw. mitteilen ★ *iem. van iets in ~ stellen* jmdn. von einer Sache in Kenntnis setzen ★ *zonder ~ te geven* ohne Benachrichtigung ★ *ik zal je met haar in ~ brengen* ich werde dich mit ihr bekannt machen ★ *iets ter ~ brengen van iem.* jmdm. etw. mitteilen ★ *~ hebben van iets* etw. wissen ★ *buiten mijn ~* ohne mein Wissen ★ *~ maken met iem.* jmds. Bekanntschaft machen ❹ *bekende* Bekannte(r) *m-v* ★ *hij is een goede ~ van me* er ist ein guter Bekannter von mir ★ *vrienden en ~sen* Freunde und Bekannte

kenniseconomie Wissenswirtschaft *v*

kennisgeving Bekanntgabe / -machung *v*, ⟨algemeen⟩ Mitteilung *v*, ⟨in geschrift⟩ Anzeige *v* ★ *voor ~ aannemen* zur Kenntnis nehmen ★ *enige en algemene ~* statt besonderer Anzeige

kennismaken kennenlernen ★ *hebt u al met hem kennisgemaakt?* haben Sie schon seine Bekanntschaft gemacht? ★ *aangenaam kennis te maken* es freut mich, Sie kennenzulernen

kennismaking Kontakt *m*, ⟨met iem.⟩ Bekanntschaft *v* ★ *de eerste ~* die erste Begegnung

kennisnemen van zur Kenntnis nehmen [+4]

kennissenkring Bekanntenkreis *m*

kenschetsen charakterisieren, kennzeichnen

kenteken *kenmerk* Kennzeichen *o*, Merkmal *o*

kentekenbewijs ⟨bewijs van toelating⟩ Kraftfahrzeugschein *m*, ⟨bewijs van eigendom⟩ Kraftfahrzeugbrief *m*

kentekenplaat Nummernschild *o*

kenteren *kapseizen* kentern

kentering ❶ fig *verandering* Umbruch *m*, Umschwung *m*, Wende *v* ❷ geo *draaiing* ★ *~ van getijden* Gezeitenwechsel *m*

keper *weefpatroon* Köper *m* ★ fig *op de ~ beschouwd* bei Licht besehen, genau betrachtet

kepie ❶ mil Käppi *o* ❷ BN *uniformpet* Käppi *o*

keppeltje Kappe *v*

keramiek Keramik *v*

keramisch keramisch

kerel inform *man* Kerl *m* ★ *een vrolijke ~* ein lustiger Geselle

keren I *ov ww* ❶ *omdraaien* (um)wenden, (um)drehen ❷ *tegenhouden* abwenden, verhüten **II** *on ww, omkeren, veranderen* sich umdrehen, sich wenden ★ *het tij keert* das Blatt wendet sich ★ *de wind is gekeerd* der Wind hat sich gedreht ★ *in zichzelf gekeerd* in sich gekehrt ★ BN *het ~ van de jaren* ⟨de menopauze⟩ die Wechseljahre *mv* **III** *wkd ww* [**zich ~**] *zich in een richting wenden* ★ *zich tegen iem. ~* sich gegen jmdn. richten ★ *zich ten goede ~* sich zum Guten wenden, zum Besten kehren

kerf Einschnitt *m*, Kerbe *v*

kerfde [verl. td.] → **kerven**

kerfden [verl. td.] → **kerven**

kerfstok Kerbholz *o* ★ fig *iets op zijn ~ hebben* etw. auf dem Kerbholz haben

kerk ❶ *gebouw* Kirche *v* ★ *naar de kerk gaan* zur / in die Kirche gehen ★ *de kerk gaat uit* die Kirche ist aus ★ fig *ben je in de kerk geboren?* habt ihr zu Hause Säcke vor den Türen? ❷ *kerkgenootschap* Kirche *v* ★ *Waalse kerk* Wallonische Kirche

kerkboek ❶ *kerkregister* Kirchenregister *o* ❷ *gebedsboek* Gebetbuch *o*

kerkdienst Gottesdienst *m*

kerkelijk kirchlich, Kirchen-

kerkenraad Kirchenrat *m*

kerker Kerker *m*

kerkfabriek BN rel Kirchenverwaltung *v*

kerkganger Kirchgänger *m*

kerkgenootschap Glaubensgemeinschaft *v*

kerkhof Friedhof *m*

kerkklok ❶ *uurwerk* Kirchturmuhr *v* ❷ *luiklok* Kirchenglocke *v*

kerkkoor Kantorei *v*

kerkmuziek Kirchenmusik *v*

kerkorgel Kirchenorgel *v*

kerkprovincie Kirchenprovinz *v*

kerks kirchlich

kerktoren Kirchturm *m*

kerkuil Schleiereule *v*

kermen wimmern, winseln

kermis Jahrmarkt *m*, Kirmes *v* ★ fig *van een koude ~ thuiskomen* einen Reinfall erleben

kermisattractie Jahrmarktsattraktion *v*

kern ❶ *binnenste* Kern *m* ❷ *essentie* ★ *tot de kern van de zaak doordringen* auf den Grund der Sache gehen ★ *de kern van de zaak* der Kern der Sache

kernachtig kernig

kernafval Atommüll *m*, radioaktive(r) Abfall *m*

kernbom Atombombe *v*

kerncentrale Atomkraftwerk *o*, Kernkraftwerk *o*

kerndeling biol Kernteilung *v*

kernenergie Kernenergie *v*, Atomenergie *v*

kernfusie Kernfusion *v*

kernfysica Kernphysik *v*

kernfysicus Kernphysiker *m*, Atomphysiker *m*

kerngezond kerngesund

kernmacht Atommacht *v*

kernoorlog Atomkrieg *m*

kernploeg Kernmannschaft *v*

kernproef Atomversuch / -test *m*, ⟨van kernwapens⟩ Kernwaffenversuch *m*

kernpunt Kernpunkt *m*

kernraket Atomrakete *v*

kernreactor Kernreaktor *m*

kernwapen Atom- / Kernwaffe *v* ★ *verdrag tegen de verspreiding van ~s* Atomwaffensperrvertrag *m*

kerosine Kerosin *o*

kerrie Curry *o*

kerriepoeder Curry(pulver) *o*

kers ❶ *vrucht* Kirsche *v* ❷ *boom* Kirsche *v* ★ *Oost-Indische kers* Kapuzinerkresse *v*

kerselaar BN *kersenboom* Kirschbaum *m*

kersenbonbon cul Weinbrandkirsche *v*

kersenboom, BN **kerselaar** Kirschbaum *m*

kersenhout Kirsch(baum)holz *o*

kersenjam cul Kirschmarmelade *v*
kerst Weihnachten *o* ★ *met de ~* zu Weihnachten
kerstavond Heiligabend *m*
kerstboom Tannenbaum *m*, Weihnachtsbaum *m*
kerstdag Weihnachtstag *m* ★ *prettige ~en* fröhliche Weihnachten, frohe Weihnachten
kerstdiner Weihnachtsessen *o*
kerstenen christianisieren
kerstfeest Weihnachten *o*, Weihnachtsfest *o* ★ *vrolijk ~!* frohe Weihnachten!
kerstgratificatie Weihnachtsgeld *o*, Weihnachtsgratifikation *v*
kerstkaart Weihnachtskarte *v*
Kerstkind *Jezus* Christkind *o*
kerstkind *kind* Christkind *o*
kerstkransje cul Schokoladenkringel *m*
kerstlied Weihnachtslied *o*
Kerstman Weihnachtsmann *m*
kerstmarkt Weihnachtsmarkt *m*
Kerstmis Weihnachten *o* ★ *met ~* zu / an Weihnachten
kerstnacht Christnacht *v*, Heilige Nacht *v*
kerstpakket Weihnachtspaket *o*
kerststal Weihnachtskrippe *v*
kerstster ❶ *kerstversiering* Weihnachtsstern *m* ❷ *plant* Weihnachtsstern *m*
kerststol Stolle *v*
kerststronk BN cul *kerstgebak* Baumkuchen *m*
kerststukje Weihnachtsgesteck *o*
kerstvakantie onderw Weihnachtsferien *mv*
kersvers ganz frisch, taufrisch ★ *~ nieuws* brühwarme Neuigkeit ★ *~ van school* frisch von der Schule
kervel cul Kerbel *m*
kerven (ein)ritzen, (ein)kerben, (ein)schneiden
ketchup Ketchup *m/o*
ketel *kookketel* Kessel *m*
ketelsteen Kesselstein *m*
keten I *zn* [de] ❶ *zware ketting* Kette *v* ★ *een gouden ~* eine goldene Kette ★ *de ~s afwerpen* die Ketten abwerfen ❷ *reeks* Reihe *v*, Kette *v*, ⟨onafgebroken⟩ Serie *v* **II** *on ww* Radau machen
ketenen ❶ *met ketens vastmaken* (an)ketten ❷ *aan banden leggen* fesseln, in Ketten legen
ketjap Sojasoße *v*
ketsen ❶ *afschampen* prallen gegen ❷ *niet afgaan* versagen
ketter Ketzer *m*
ketterij Ketzerei *v*
ketters ketzerisch
ketting Kette *v* ★ fig *een ~ is zo sterk als zijn zwakste schakel* eine Kette ist immer so stark wie ihr schwächstes Glied
kettingbotsing Massenkarambolage *v*
kettingbrief Kettenbrief *m*
kettingkast Kettenschutz *m*
kettingpapier Endlospapier *o*
kettingreactie Kettenreaktion *v*
kettingroker Kettenraucher *m*
kettingslot Kettenschloss *o*
kettingzaag Kettensäge *v*
keu *biljartstok* Queue *m/o*, Billardstock *m*
keuken ❶ *plaats* Küche *v* ★ *centrale ~* Gemeinschaftsküche *v* ★ *met gebruik van ~* mit Küchenbenutzung ❷ *kookstijl* Küche *v* ★ *de koude ~* die kalte Küche ★ fig BN *interne ~* ≈ Privatsache *v*, ≈ Privatangelegenheit *v*
keukenblok Küchenzeile *m*
keukengerei Küchengeräte *o*
keukenhanddoek BN Geschirrtuch *o*, Küchentuch *o*
keukenkastje Küchenschrank *m*
keukenmachine Küchenmaschine *v*
keukenpapier Küchenpapier *o*
keukenrol Küchenrolle *v*
keukentrap Küchenleiter *v*, Tritt *m*
keukenzout Kochsalz *o*
Keulen Köln *o* ★ fig *staan te kijken, of men het in ~ hoort donderen* wie vom Donner gerührt sein
Keuls Kölner
keur ❶ *keuze* Auswahl *v*, Auslese *v* ❷ *waarmerk* Gütesiegel *o*
keuren ❶ *onderzoeken* prüfen, mil mustern, med untersuchen, ⟨vlees⟩ beschauen ★ *medisch gekeurd worden* ärztlich untersucht werden ★ *~ voor de militaire dienst* mustern ★ *zich voor een verzekering laten ~* ein Attest für die Versicherung einholen ❷ *achten* ★ *iem. geen blik waardig ~* jmdn. keines Blickes würdigen
keurig I *bnw* ordentlich ★ *een ~ handschrift* eine tadellose Handschrift ★ *een ~ gazon* ein gepflegter Rasen ★ *een ~e man* ein korrekter Mann ★ *~e manieren* gute Manieren ★ *een ~e vertaling* eine ordentliche Übersetzung **II** *bijw* ausgezeichnet, fein ★ *zij schrijft ~ netjes* sie schreibt wie gestochen ★ *hij zag er ~ netjes uit* er sah sehr ordentlich aus ★ *de keuken zag er ~ netjes uit* die Küche sah picobello aus ★ *zij is altijd ~ op tijd* sie ist immer pünktlich
keuring Prüfung *v*, Untersuchung *v*, ⟨van vlees⟩ Beschau *v*
keuringsarts Musterungsarzt *m*
keuringsdienst Überwachungsdienst *m* ★ *~ van waren* Amt für Warenprüfung
keurmeester Warenprüfer *m*, ⟨vlees⟩ Beschauer *m*
keurmerk Qualitätserzeugnis *o*, ⟨stempel⟩ Gütezeichen *o*
keurslijf ook fig Zwangsjacke *v*
keurstempel Stempel *m* für das Gütezeichen
keus ❶ *het kiezen* Wahl *v* ★ *een keus doen* eine Wahl treffen ❷ *wat gekozen is* Auswahl *v* ★ *een keuze uit zijn werk* eine Auswahl aus seinen Werken ❸ *waaruit men kan kiezen* Auswahl *v* ★ *een ruime keus aan artikelen* eine große Auswahl an Artikeln
keutel ❶ *drolletje* Kötel *m* ❷ *dreumes* Stöpsel *m*, Steppke *m*
keuterboer Kleinbauer *m*
keuvelen plaudern
keuze → **keus**
keuzemenu cul Wahlmenü *o*, Menü *o* nach Wahl
keuzemogelijkheid Wahlmöglichkeit *v*
keuzepakket Zusammenstellung *v* von Wahlfächern
keuzevak Wahlfach *o*
keven [verl. td.] → **kijven**
kever *insect* Käfer *m*
keyboard comp Keyboard *o*
kg *kilogram* kg (Kilogramm) *o*

kibbelen sich zanken
kibbeling panierte und frittierte Fischstückchen *o mv*
kibboets Kibbuz *m* [mv: Kibbuzim]
kick Kick *m* ★ *ergens een kick van krijgen* einen Kick von etw. bekommen
kickboksen Kickboxen *o*
kickeren BN *tafelvoetbal spelen* Tischfußball *m* spielen
kidnappen kidnappen, entführen
kidnapper Entführer *m*, Kidnapper *m*
kids inform *kinderen* Kids *mv*
kiekeboe kuckuck
kiekendief Weihe *v*
kiekje Foto *o*, Bild *o*
kiel ❶ scheepv Kiel *m* ❷ *kledingstuk* Kittel *m*
kielhalen kielholen
kielzog Kielwasser *o*
kiem Keim *m* ★ *in de kiem smoren* im Keim ersticken
kiemen fig *beginnen te groeien* keimen
kien ❶ *pienter* gewitzt ❷ ~ **op** scharf auf [+4]
kiepauto Kipplader *m*
kiepen I *ov ww, neergooien* (aus)schütten, kippen ★ *iets op de grond* ~ etw. auf den Boden kippen II *on ww, vallen* herunterfallen, kippen ★ *van tafel* ~ vom Tisch kippen
kieperen I *ov ww, smijten* schmeißen II *on ww, tuimelen* purzeln
kier Fuge *v*, Spalt *m*, Ritze *v*, ⟨deur, raam⟩ Spalte *v* ★ *de deur staat op een kier* die Tür ist einen Spaltbreit offen ★ *de deur op een kier zetten* die Tür anlehnen
kierewiet übergeschnappt, verrückt
kies I *zn* [de] Backenzahn *m* ★ *holle kies* hohle(r) Zahn *m* ★ *de kiezen op elkaar zetten* sich zusammenreißen II *bnw* ❶ *fijngevoelig* feinfühlig ★ *ik vind het niet kies om te niezen in gezelschap* ich finde es nicht passend, vor anderen zu niesen ❷ *kieskeurig* wählerisch III *bijw* rücksichtsvoll, diskret
kiesdeler Wahlquotient *m*
kiesdistrict Wahlbezirk *m*
kiesdrempel Sperrklausel *v*, ⟨gesteld op ten minste vijf procent⟩ Fünfprozentklausel *v*
kiesgerechtigd jur pol wahlberechtigt
kieskeurig wählerisch
kieskring Wahlkreis *m*
kiespijn Zahnschmerzen *mv*, Zahnweh *o* ★ fig *ik kan je missen als* ~ du kannst mir gestohlen bleiben
kiesrecht jur pol Wahlrecht *o* ★ *actief* ~ aktives Wahlrecht
kiestoon Summton *m*
kietelen *kriebelen* kitzeln
kieuw Kieme *v*
Kiev Kiew *o*
kieviet Kiebitz *m*
Kievs Kiewer
kiezel I *zn* [de], *steen* Kiesel *m* II *zn* [het], *grind* Kies *m*
kiezelpad Kiesweg *m*, Kiespfad *m*
kiezelsteen Kieselstein *m*
kiezelstrand Kiesstrand *o*
kiezen ❶ *keus doen* wählen ❷ *door keuze benoemen* wählen
kiezer Wähler *m* [v: Wählerin]
kift Neid *m*, ⟨ivm aandacht / liefde⟩ Eifersucht *v* ★ *het is allemaal de kift!* das ist purer Neid!
kiften sich zanken
kijf ★ *dat staat buiten kijf* das steht außer Frage
kijk ❶ *het kijken* Blick *m*, Einblick *m* ★ *te kijk staan* zur Schau stehen ★ *iem. te kijk zetten* jmdn. bloßstellen ★ *te kijk lopen met iets* etw. zur Schau tragen ★ *tot kijk!* bis dann! ❷ *inzicht* Meinung *v*, Ansicht *v*, Einsicht *v* in ★ *zij heeft daar geen kijk op* sie hat keinen Blick dafür ★ *een andere kijk op iets hebben* etw. anders sehen ★ *een eigen kijk op de wereld hebben* eine eigene Sicht der Dinge haben
kijkcijfers Einschaltquote *v*
kijkdag ⟨tijden van tentoonstelling⟩ Besichtigungszeit *v*, ⟨open dag⟩ Tag *m* der offenen Tür
kijkdichtheid Einschaltquote *v*
kijken I *ov ww* anschauen, ansehen, betrachten ★ *winkels* ~ einen Einkaufsbummel machen II *on ww* sehen, schauen, blicken, gucken, (sich) ansehen, betrachten ★ *kijk eens!* sieh mal! ★ *naar binnen* ~ hineinsehen / -schauen ★ *hij stond ervan te* ~ er staunte darüber ★ *ik zal eens* ~ ich will mal nachsehen ★ *bang* ~ ängstlich gucken ★ *kijk niet zo dom!* guck nicht so blöd! ★ *daar komt heel wat bij* ~ da gehört sehr viel dazu ★ *niet op een cent* ~ nicht aufs Geld schauen
kijker ❶ *verrekijker* Fernrohr *o*, Fernglas *o* ★ fig *iem. in de* ~ *hebben* jmdn. auf dem Kieker haben ★ fig *in de* ~ *lopen* alle Blicke auf sich ziehen ❷ *persoon* Zuschauer *m*, ⟨tv⟩ Fernsehzuschauer *m*
kijkgeld Fernsehgebühr *v*
kijkje Blick *m* ★ *een* ~ *achter de schermen* ein Blick hinter die Kulissen ★ *even een* ~ *nemen* kurz vorbeischauen
kijkoperatie Sondierung *v*
kijkwoning BN *modelwoning* Musterwohnung *v*, Musterhaus *o*
kijven keifen, zetern
kik Mucks *m*, Laut *m* ★ *geen kik geven* keinen Mucks von sich geben
kikken mucksen ★ *niet* ~ keinen Laut von sich geben
kikker Frosch *m*
kikkerbad Planschbecken *o*
kikkerbilletjes Froschschenkel *mv*
kikkerdril Froschlaich *m*
kikkeren Froschhüpfen *o*
kikkererwt Kichererbse *v*
kikkervisje Kaulquappe *v*
kikvorsman Froschmann *m*
kil ❶ *fris* kalt, ⟨weer⟩ nasskalt ❷ *onhartelijk* frostig, kühl
kilo Kilo *o*
kilobyte Kilobyte *o*
kilocalorie Kilokalorie *v*
kilogram Kilogramm *o*
kilohertz Kilohertz *o*
kilojoule Kilojoule *o*
kilometer Kilometer *m* ★ *50* ~ *per uur* fünfzig Stundenkilometer, fünfzig Kilometer in der Stunde
kilometerpaal Kilometerstein *m*
kilometerteller Kilometerzähler *m*

kilometervergoeding Kilometergeld *o*
kilowatt Kilowatt *o*
kilowattuur Kilowattstunde *v*, kWh *v*
kilt Kilt *m*
kilte *frisheid* feuchte Kälte *v*
kim Horizont *m*, scheepv Kimm *v*
kimono Kimono *m*
kin Kinn *o* ★ *dubbele kin* Doppelkinn
kind ❶ *jeugdig persoon* Kind *o*, ⟨v.a. ca. 12 jaar⟩ Jugendliche(r) *m-v* ★ *van kind af aan* von Kind auf ★ *als kind* als Kind ★ *de kinderen in mijn klas* die Schüler in meiner Klasse ❷ *nakomeling* Kind *o* ★ *een kind verwachten* ein Kind erwarten ★ *een kind krijgen* ein Kind bekommen ★ *een buitenechtelijk kind* ein außereheliches Kind ★ *geen kinderen hebben* keine Kinder haben ★ fig *het kind van de rekening zijn* die Sache ausbaden müssen ★ fig *het kind met het badwater weggooien* das Kind mit dem Bade ausschütten ★ fig *kind noch kraai hebben* weder Kind noch Kegel haben ★ fig *ik krijg er een kind van!* ich kriege Hörner davon! ★ jfig *e hebt geen kind aan hem* er ist total problemlos ★ fig *kleine kinderen worden groot* Kinder werden groß ★ fig *een kind kan de was doen* das ist kinderleicht ★ fig *wie zijn kind liefheeft, kastijdt het* wer seinen Sohn liebt, züchtigt ihn ★ fig *ergens kind aan huis zijn* irgendwo wie zu Hause sein ★ fig *een kind van zijn tijd zijn* ein Kind seiner Zeit sein ★ ifig *k mag een kind krijgen als het niet waar is* ich fress einen Besen, wenn das nicht stimmt ★ fig *daar ben ik een kind bij* da habe ich keine Ahnung ★ fig *kinderen en dwazen vertellen de waarheid* Kinder und Narren sagen die Wahrheit ★ fig *dat ziet een kind!* das sieht doch jeder! ★ rel *Onnozele Kinderen* Unschuldige Kinder *mv*
kinderachtig ❶ *als kind* kindlich ❷ *flauw* kindisch ★ *wat ben jij ~!* du bist vielleicht kindisch! ★ *~ gedrag* kindische(s) Verhalten ★ *doe niet zo ~* sei nicht so kindisch! ★ *dat is niet ~* das ist nicht gering
kinderarbeid Kinderarbeit *v*
kinderarts Kinderarzt *m* [v: Kinderärztin]
kinderbescherming Jugendschutz *m* ★ *Raad voor de Kinderbescherming* Vormundschaftsbehörde *v*, ⟨in Duitsland⟩ Jugendamt *o*
kinderbijbel Kinderbibel *v*
kinderbijslag Kindergeld *o*
kinderboek Kinderbuch *o*
kinderboerderij Kinderbauernhof *m*, ⟨in dierentuin⟩ Streichelzoo *m*
kinderdagverblijf Kindertagesstätte *v*
kindergeld BN *kinderbijslag* Kindergeld *o*
kinderhand Kinderhand *v* ★ fig *een ~ is gauw gevuld* Kindeshand ist bald gefüllt
kinderhoofdje *bolle steen* Kopfstein *m*
kinderjaren Kinderjahre *mv*, Kindheit *v*
kinderkaartje Kinderkarte *v*
kinderkamer Kinderzimmer *o*
kinderkleding Kinderkleidung *v*
kinderkoor Kinderchor *m*
kinderlijk *als (van) een kind* kindlich
kinderlokker Kinderverführer *m*
kinderloos kinderlos
kindermeisje Kindermädchen *o*
kindermenu Kindermenü *o*, Kinderteller *m*
kindermoord Kindermord *m*
kinderoppas Kinderbetreuung *v*
kinderopvang Kinderkrippe *v*, Kindertagesstätte *v*
kinderporno Kinderporno *m*
kinderpostzegel Sonderbriefmarke *v* für das Kinderhilfswerk
kinderpsychiater Kinderpsychiater *m*
kinderrechter jur Jugendrichter *m*
kinderschoen Kinderschuh *m* ★ fig *nog in de ~en staan* noch in den Kinderschuhen stecken ★ fig *de ~en ontgroeid zijn* den Kinderschuhen entwachsen sein
kinderslot Kindersicherung *v*
kinderspel *spel voor kinderen* Kinderspiel *o*
kindersterfte Kindersterblichkeit *v*
kinderstoel Kinderstuhl *m*
kindertehuis Kinderheim *o*
kindertelefoon *hulplijn* Kindersorgentelefon *o*
kindertijd Kinderzeit *v*
kindertuin BN *crèche* Kinderkrippe *v*, Kindertagesstätte *v*, Kita *v*
kinderverlamming Kinderlähmung *v*
kindervoeding Kinderernährung *v*
kinderwagen Kinderwagen *m*
kinderwens ❶ *wens kinderen te krijgen* Kinderwunsch *m* ❷ *wens van een kind* Kinderwunsch *m*
kinderziekenhuis Kinderkrankenhaus *o*, Kinderklinik *v*
kinderziekte ❶ lett *ziekte* Kinderkrankheit *v* ❷ fig *beginproblemen* Kinderkrankheit *v*
kinderzitje Kindersitz *m*
kinds kindisch
kindsbeen ▾ *van ~ af* von Kindesbeinen an
kindsdeel Erbteil *m* des Kindes
kindsheid *het kinds zijn* Senilität *v*
kindsoldaat Kindersoldat *m*
kindveilig kindersicher ★ *~e sluiting* kindersicherer Verschluss *m*
kindveiligheid Kindersicherheit *v*
kindvriendelijk kinderfreundlich
kinesist BN *fysiotherapeut* Physiotherapeut *m*, Krankengymnast *m*
kinesitherapie, inform **kine** BN *fysiotherapie* Physiotherapie *v*, Krankengymnastik *v*
kinetisch kinetisch
kingsize kingsize, riesengroß, riesenhaft, großformatig
kinine Chinin *o*
kink scheepv Kink *v* ★ fig *er is een kink in de kabel gekomen* es ist Sand ins Getriebe gekommen ★ fig *een kink in de kabel* ein unvorhergesehenes Problem
kinkel Lümmel *m*
kinkhoest Keuchhusten *m*
kinky abartig, pervers
kinnebak Unterkiefer *m*, Kinnlade *v*
kiosk Kiosk *m*
kip ❶ *dier* Huhn *o*, Henne *v* ★ fig *er is geen kip te zien* weit und breit ist niemand zu sehen ★ fig *praten als een kip zonder kop* dummes Zeug reden ★ fig *rondlopen als een kip zonder kop* umherlaufen wie ein kopfloses Huhn ★ fig *met de kippen op stok gaan* mit den Hühnern zu Bett

gehen ❷ cul Hähnchen *o*, Huhn *o* ★ *gebraden kip* ein Brathähnchen *o*
kipfilet Hühnerbrustfilet *o*
kiplekker pudelwohl, inform sauwohl
kippenbil BN cul *kippenbout* Hühnerschlegel *m*
kippenborst *vlees* Hühnerbrust *v*
kippenbout Hühnerschlegel *m*
kippeneindje Katzensprung *m*
kippenfokkerij ❶ *het fokken* Hühnerzucht *v* ❷ *fokbedrijf* Hühnerfarm *v*
kippengaas feinmaschige(r) Draht *m*
kippenhok Hühnerstall *m*
kippenlever Hühnerleber *v*
kippenren Hühnerauslauf *m*
kippensoep cul Hühnersuppe *v*
kippenvel fig Gänsehaut *v*
kippenvlees Hühnerfleisch *o*
kippig kurzsichtig
Kirgizië Kirgisien *o*
Kirgizisch kirgisisch
kirren *geluid maken* ‹van duiven› girren, gurren
kissebissen sich zanken, sich streiten
kist ❶ *bak / doos* Kiste *v* ❷ *doodkist* Sarg *m*
kisten *in de kist leggen* einsargen ★ fig *zich niet laten ~* sich nicht unterkriegen lassen
kistje *kleine kist* Kästchen *o*, ‹voor sigaren› Kiste *v*
kit *kleefmiddel* Kitt *m*
kitchenette Kochnische *v*
kitesurfen kitesurfen
kits ★ *alles kits!* alles paletti
kitsch Kitsch *m*
kitscherig kitschig
kittelaar Kitzler *m*
kitten kitten
kittig rassig, flott, ‹opgewekt› munter
kiwi plantk *vrucht* Kiwi *v*
klaaglijk I *bnw* kläglich II *bijw* kläglich
Klaagmuur Klagemauer *v*
klaagzang ❶ *klaaglied* Klagelied *o*, Elegie *v* ❷ *jammerklacht* Klagelied *o* ★ *een ~ aanheffen* zu einem Klagelied anheben ★ *zijn brief was één grote ~* sein Brief war ein einziges Klagelied
klaar ❶ *helder, duidelijk* klar ★ *een klare hemel* ein klarer Himmel ★ *klare richtlijnen* klare Richtlinien ❷ *gereed, af* fertig ★ *het schip is ~ om te vertrekken* das Schiff ist klar zum Auslaufen ★ *~ voor de start? af!* auf die Plätze, fertig, los! ★ *hij heeft altijd een antwoord ~* er hat immer eine Antwort parat ★ *de trein staat ~* der Zug steht bereit ★ *~ om te gebruiken* gebrauchsfertig ★ *de soep is ~* die Suppe ist fertig ★ *met iets ~ zijn* mit einer Sache fertig sein ★ *~ is Kees* fertig ist die Laube
klaarblijkelijk I *bnw* offenkundig, augenscheinlich II *bijw* offenbar, offensichlich
klaarheid ❶ *helderheid* Klarheit *v* ❷ fig *duidelijkheid* Klarheit *v* ★ *tot ~ brengen* Klarheit schaffen
klaarkomen ❶ *gereedkomen* fertig werden, zurechtkommen ★ *ik kom er vandaag niet mee klaar* heute werde ich damit nicht mehr fertig ❷ *orgasme krijgen* kommen
klaarleggen zurechtlegen, bereitlegen
klaarlicht → **dag**
klaarliggen bereitliegen ★ *ik heb het boek voor je ~* ich habe dir das Buch zur Seite gelegt ★ *het schip ligt klaar* das Schiff ist klar zum Auslaufen
klaarmaken *voorbereiden* in Ordnung bringen, vorbereiten, herrichten, zurechtmachen, fertig machen, ‹van eten› kochen, ‹van eten› (zu)bereiten ★ *zich ~* sich fertig machen ★ *zich ~ voor een reis* sich auf eine Reise vorbereiten
klaar-over Schülerlotse *m*
klaarspelen zustande bringen, zu Stande bringen, fertigbringen
klaarstaan *gereedstaan* bereitstehen, zur Verfügung stehen ★ *ik stond klaar om uit te gaan* ich war im Begriff zu gehen ★ *altijd voor anderen ~* immer hilfsbereit sein, jederzeit zu Diensten stehen
klaarstomen auf Vordermann bringen, ‹stevig leren› einpauken ★ *zij stoomde hem klaar voor het examen* sie paukte mit ihm fürs Examen
klaarwakker hellwach
klaarzetten zurechtstellen, bereitstellen
klaas ▾ *een houten ~* ein steifer Klotz
Klaas Vaak das Sandmännchen
klacht ❶ *uiting van misnoegen, pijn, ongemak* Beschwerde *v* ★ *~en uiten* sich beschweren ★ *de dokter vroeg wat zijn ~en waren* der Arzt fragte, welche Beschwerden er habe ★ *wat zijn de ~en?* welche Beschwerden haben Sie? ❷ *aanklacht* Klage *v* ★ *een ~ indienen tegen iem.* sich über jmdn. beschweren, ‹bij de politie› Anzeige gegen jmdn. erstatten, jur Klage gegen jmdn. erheben
klachtenboek Beschwerdebuch *o*
klachtenlijn Beschwerdetelefon *o*
klad I *zn* [de] ★ *ergens de klad in brengen* das Geschäft verderben, etw. in Misskredit bringen ★ *iem. bij de kladden pakken* jmdn. am Schlafittchen kriegen II *zn* [het] Entwurf *m*, Konzept *o*, Kladde *v* → **kladje**
kladblaadje Zettel *m*, inform Schmierzettel *m*
kladblok Notizblock *m*
kladden I *ov ww, slordig schrijven of schilderen* (hin)schmieren II *on ww, kliederen, knoeien* klecksen
kladderen ❶ *slordig schrijven* schmieren ❷ *slecht schilderen* klecksen
kladje *kladblaadje* Notizzettel *m*
kladpapier Notizblock *m*
kladschrijver Schmierfink *m*
klagen I *ov ww, als klacht uiten* klagen ★ *iem. zijn nood ~* jmdm. seine Not klagen II *on ww* ❶ *een klacht uiten* sich beschweren, sich beklagen ★ *over rugpijn ~* über Rückenschmerzen klagen ★ *geen reden tot ~ hebben* keinen Grund zur Klage haben ★ *ik heb niet over je te ~* ich kann mich über dich nicht beklagen ❷ jur klagen, Klage erheben
klager ❶ *iem. die klaagt* Nörgler *m*, Stänkerer *m* ❷ jur Kläger *m*, Beschwerdeführer *m*
klagerig klagend
klak BN *pet* Schirmmütze *v*, Mütze *v*
klakkeloos I *bnw* kritiklos, unbesehen II *bijw* plötzlich, unversehens
klakken schnalzen
klam feucht, klamm ★ *het klamme zweet* der kalte Schweiß
klamboe Moskitonetz *o*
klamp Klampe *v*

klandizie *klanten* Kundschaft *v*
klank Laut *m*, ⟨muziek, stem⟩ Klang *m* ★ *een warme ~* ein warmer Klang ★ *uitgesproken met een 'sh'-~* ausgesprochen mit einem sch-Laut
klankbodem Resonanzboden *m* ★ fig *een goede ~ vinden* Resonanz finden
klankbord Schalldeckel *m*
klankkast Resonanzkörper *m*
klankkleur Klangfarbe *v*
klant ❶ *koper* Kunde *m* ★ *vaste ~* Stammkunde *m*, Stammkunde *m* ❷ *kerel* Kerl *m* ★ *een vrolijke ~* ein lustiger Bursche
klantenbinding ≈ Kundendienst *m*
klantenkaart Kundenkarte *v*
klantenkring Kundenkreis *m*
klantenservice Kundendienst *m*
klantenwerving Kundenwerbung *v*
klantgericht kundenorientiert, kundenfreundlich
klantvriendelijk kundenfreundlich
klap ❶ *slag* Schlag *m* ★ *klappen krijgen* Prügel bekommen ★ *een klap uitdelen* jmdm. einen Schlag versetzen ★ *in één klap* mit einem Schlag ❷ *tegenslag* ★ *de klap te boven komen* sich von dem Rückschlag erholen ❸ *fel geluid* Knall *m* ★ *de klap op de vuurpijl* Glanzstück *o*

kl

klapband geplatzte(r) Reifen *m* ★ *de bus kreeg een ~* dem Bus platzte der Reifen
klapdeur Schwingtür *v*
klaphekje Fallgitter *o*
klaplong Lungenkollaps *m*, Pneu(mothorax) *m*
klaplopen schmarotzen
klaploper Schmarotzer *m*
klappen ❶ *uiteenspringen* platzen ❷ *geluid maken* ⟨handen⟩ klatschen, ⟨zweep, deur⟩ knallen
klapper ❶ *vuurwerk* Knallkörper *m* ❷ fig *uitschieter* Schlager *m*, ⟨commercieel succes⟩ Verkaufsschlager ❸ *agenda, map, register* Ringbuch *o*
klapperen klappern, ⟨van zeilen⟩ schlagen
klapperpistool Knallpistole *v*
klappertanden mit den Zähnen klappern ★ *het ~* Zähneklappern *o*
klappertje Zündblättchen *o*
klaproos Klatschmohn *m*
klapschaats Klappschlittschuh *m*
klapstoel Klappstuhl *m*
klapstuk ❶ *vlees* Hochrippe *v* ❷ fig *hoogtepunt* Schlager *m*, Reißer *m*
klaptafel Klapptisch *m*
klapwieken die Flügel schlagen
klapzoen Schmatz *m*
klare Korn *m*, Klare(r) *m*
klaren ❶ *helder maken* filtern, klären ❷ *in orde krijgen* fertigbringen, schaffen ★ *zij klaart het wel* sie bringt es schon fertig
klarinet Klarinette *v*
klarinettist Klarinettist *m*
klas ❶ onderw *groep leerlingen* Klasse *v* ❷ onderw *leerjaar* Klasse *v* ❸ onderw *lokaal* Klasse *v* ❹ *kwaliteit* Klasse *v*
klasgenoot onderw Klassenkamerad *m*, Mitschüler *m*
klaslokaal onderw Klassenraum *o*, -zimmer
klasse ❶ *kwaliteit* Klasse *v* ★ *~!* Klasse ❷ *maatschappelijke laag* Klasse *v* ❸ *afdeling van sportcompetitie* ★ BN *eerste ~* ⟨hoogste klasse voetbal⟩ Bundesliga *v* ★ BN *tweede ~* ⟨op één na hoogste klasse voetbal⟩ Zweite Bundesliga *v*
klasse- *geweldig* Klasse- ★ *~auto* Klasseauto *o*
klassement Wertung *v* ★ *algemeen ~* Gesamtwertung ★ *individueel ~* Einzelwertung *v*
klassenavond onderw Klassenfest *o*
klassenjustitie Klassenjustiz *v*
klassenleraar onderw Klassenlehrer *m*
klassenstrijd Klassenkampf *m*
klassenvertegenwoordiger onderw Klassensprecher *m*
klasseren klassifizieren ★ *zich ~ voor* sich für etw. qualifizieren
klassering Klassifikation *v*, sport Qualifikation *v*
klassiek ❶ *de klassieke oudheid betreffend* klassisch ★ *~e talen* klassische Sprachen ❷ *traditioneel* klassisch ★ *~e muziek* klassische Musik ❸ *van duurzame waarde* klassisch ★ *een ~ voorbeeld* ein Musterbeispiel *o*
klassieken Klassiker *mv*
klassieker ❶ *bekend werk* ⟨boek, film⟩ Klassiker *m*, ⟨lied⟩ Evergreen *m* ❷ sport *wedstrijd* Klassiker *m*
klassikaal onderw in der Klasse, klassenweise ★ *~ onderwijs* Klassenunterricht *m*
klateren prasseln, ⟨water⟩ plätschern
klauteren klettern
klauw ❶ *poot van roofdier* Tatze *v*, ⟨nagels⟩ Kralle *v*, Klaue *v*, ⟨roofvogels⟩ Fänge *mv* ❷ *hand* Klaue *v*, Pranke *v*, Kralle *v*
klauwhamer Schreinerhammer *m*
klavecimbel Cembalo *o*, Klavizimbel *o*
klaver ❶ *plant* Klee *m* ❷ *figuur in kaartspel* Kreuz *o*
klaveraas Kreuz-Ass *v*
klaverblad ❶ *blad van klaver* Kleeblatt *o* ❷ *wegkruising* Autobahnkreuz *o*, Kleeblatt *o*
klaverboer Kreuz-Bube *m*
klaverheer Kreuz-König *m*
klaverjassen jassen
klavertjevier Glücksklee *m*, vierblättriges Kleeblatt *o*
klavervrouw Kreuz-Dame *v*
klavier ❶ *toetsenbord* Klaviatur *v* ❷ *instrument* Klavier *o*
kledderen *knoeien* kleckern, schmieren
kleddernat klatschnass
kleden kleiden ★ *deze broek kleedt je uitstekend* diese Hose steht dir ausgezeichnet ★ *zich ouderwets ~* sich altmodisch kleiden
klederdracht Tracht *v* ★ *nationale ~* Nationaltracht *v*
kledij Kleidung *v*
kleding Kleidung *v*
kledingstuk Kleidungsstück *o*
kledingzaak Modefachgeschäft *o*
kleed ❶ *bedekking* ⟨op tafel, bank⟩ Decke *v*, ⟨op vloer⟩ Teppich *m* ❷ BN *jurk* Gewand *o*
kleedgeld Kleidergeld *o*
kleedhokje Umkleidekabine *v*
kleedkamer Umkleideraum *m*
kleedster Garderobenfrau *v*
kleefpasta Klebepaste *v*
kleerborstel Kleiderbürste *v*
kleerhanger Kleiderbügel *m*

kleerkast, **klerenkast** ❶ *kast voor kleren* Kleiderschrank *m* ❷ *grote gespierde man* Muskelpaket *o*
kleermaker Schneider *m*
kleermakerszit Schneidersitz *m*
kleerscheuren ▾ *er zonder ~ afkomen* mit heiler Haut davonkommen
klef *kleverig* klebrig
klei Lehmboden *m*, ⟨om te boetseren⟩ Ton *m*, ⟨voor kinderen⟩ Knete *v* ★ *zware klei* fette(r) Klei
kleiduivenschieten Tontaubenschiessen *o*
kleien kneten, (in Ton) modellieren
kleigrond Lehmboden *m*, Kleiboden *m*
klein ❶ *niet groot* klein ★ *tot in het ~ste detail* bis ins Kleinste ❷ *niet geheel* ★ *een ~ uur* fast eine Stunde
Klein-Azië Kleinasien *o*
kleinbedrijf Kleinbetrieb *m*
kleinbehuisd beengt wohnend
kleinburgerlijk kleinbürgerlich
kleindochter Enkeltochter *v*
Kleinduimpje *sprookjesfiguur* der kleine Däumling *m*
kleinerdanteken wisk Kleineralszeichen *o*
kleineren abwerten
kleingeestig engstirnig
kleingeld Kleingeld *o*
kleinigheid *bagatel* Kleinigkeit *v*
kleinkind Enkelkind *o*
kleinkrijgen kleinbekommen, kleinkriegen
kleinkunst Kleinkunst *v*
kleinmaken ❶ *iets klein maken* kleinmachen ❷ *geld wisselen* wechseln ❸ *vernederen* unterkriegen, kleinmachen
kleinschalig in kleinem Maßstab
kleintje ❶ *klein mens of dier* Kleine(s) *o* ❷ *klein ding* ★ fig *op de ~s letten / passen* mit dem Pfennig rechnen ★ fig *voor geen ~ vervaard zijn* sich nicht leicht einschüchtern lassen
kleinvee Kleinfieh *o*
kleinzerig wehleidig ★ *hij is ~* er ist wehleidig
kleinzielig kleinlich
kleinzoon Enkel *m*
klem I *zn* [de] ❶ *klemmend voorwerp* Klemme *v* ❷ *nadruk* Nachdruck *m* **II** *bnw* festgeklemmt ★ *klem zitten* in der Klemme stecken ★ *iem. klemrijden* ein Auto einkeilen
klembord ❶ admin Klemmbrett *o* ❷ comp Zwischenablage *v*
klemmen I *ov ww, drukken* pressen, klemmen ★ *iem. tegen zich aan ~* jmdn. an sich pressen **II** *on ww, knellen* klemmen
klemtoon Betonung *v*, Akzent *m*, ⟨nadruk leggen⟩ Nachdruck *m* ★ *de ~ op iets leggen* etw. betonen
klemvast ❶ sport ganz sicher ❷ *zeer vast* sehr fest
klep ❶ *deksel, sluitstuk* Klappe *v*, ⟨deksel⟩ Deckel *m*, ⟨van een motor⟩ Ventil *o* ❷ *deel van pet* Schirm *m*
klepel Schwengel *m*
kleppen ❶ *klepperen* klappern, ⟨eenmalig⟩ schnappen ❷ *kletsen* plappern, schwatzen
klepper *klaphoutje* Klapper *v*
klepperen klappern
kleptomaan Kleptomane *m*
klere ▾ plat *krijg de ~!* du kannst mir den Buckel runterrutschen!, fahr' zur Hölle!
klere- Sau-, Mist- ★ *klereweer* Sauwetter *o*, Mistwetter *o*
klerelijer Scheißkerl *m*
kleren Kleider *mv*, inform Klamotten *mv*, ⟨kleding⟩ Kleidung *v* ★ *mooie ~ dragen* schöne Kleider tragen ★ *geen ~ aan hebben* nichts anhaben ▾ *dat gaat je niet in de koude ~ zitten* das geht jemandem ziemlich unter die Haut
klerenhanger Kleiderbügel *m*
klerikaal geistlich, klerikal
klerk Schreibkraft *v*, Schreiber *m*, ⟨kantoorbediende⟩ kleine(r) Angestellte(r) *m*
klets ❶ *klap* Klatsch *m*, ⟨kwak⟩ Klecks *m* ❷ *geklets* Geschwätz *o*, ⟨onzin⟩ Quatsch *m*
kletsen ❶ *(gezellig) praten, babbelen* schwatzen, quatschen ❷ *onzin praten* daherreden ★ *laat ze maar ~!* lass sie einfach reden ★ *~ over iem.* über jmdn. lästern
kletskoek Quatsch *m*, Humbug *m*
kletskous Plappermaul *o*
kletsnat klitschnass, klatschnass
kletspraat Geschwätz *o*, Klatsch *m*
kletspraatje ❶ *babbel* Plauderei *v*, N-D Klönschnack ❷ *roddel* Klatsch *m*
kletteren prasseln
kleumen frieren
kleur ❶ *wat het oog ziet* Farbe *v* ❷ *gelaatskleur* Gesichtsfarbe *v* ★ *een ~ krijgen* erröten ★ *een ~ krijgen als een kalkoen* rot werden wie eine Tomate ❸ *figuur in kaartspel* ★ *~ bekennen* Farbe bekennen
kleurboek Malbuch *o*
kleurdoos Buntstiftkasten *m*
kleurecht farbecht
kleuren I *ov ww, kleur geven aan* färben, einfärben **II** *on ww* ❶ *kleur krijgen* sich färben ❷ *blozen* erröten
kleurenblind farbenblind
kleurendruk Farbdruck *m*
kleurenfilm Farbfilm *m*
kleurenfoto Farbfoto *o*
kleurenprinter Farbdrucker *m*
kleurenscala Farbskala *v*
kleurentelevisie Farbfernseher *m*
kleurig farbenfroh, farbig
kleurkrijt bunte Kreide *v*
kleurling Mischling *m*
kleurloos ❶ *zonder kleur* farblos ❷ fig *neutraal* farblos
kleurplaat Bild *o* zum Ausmalen
kleurpotlood Buntstift *m*
kleurrijk *met veel kleur* farbenreich, farbenfroh, farbenprächtig
kleurschakering Farbton *m*, Farbabstufung *v*
kleurshampoo Tönungsshampoo *o*
kleurspoeling Haartönungsmittel *o*
kleurstof Farbstoff *m*
kleurtje ❶ *potlood* Farbstift *m* ❷ *blos* Röte *v*
kleurversteviger Farbfestiger *m*
kleuter Kind *o* im Vorschulalter
kleuterdagverblijf Kindertagesstätte *v*
kleuterklas onderw Vorschulgruppe *v*
kleuterleidster Vorschulerzieherin *v*
kleuterschool onderw Kindergarten *m*,

Vorschule *v*
kleven *blijven plakken* haften
kleverig *klevend* klebrig
kliederboel Schmiererei *v*
kliederen schmieren
kliefde [verl. td.] → **klieven**
kliefden [verl. td.] → **klieven**
kliek ❶ *etensrestjes* Essensrest *m* ❷ *groep* Clique *v* ★ *de hele ~* die ganze Sippschaft
klier ❶ *orgaan* Drüse *v* ❷ *akelig persoon* Ekel *o*
klieren nerven
klieven spalten, durchschneiden
klif Kliff *o*, Klippe *v*
klik Klicken *o*, Klick *m*
klikken I *on ww* ❶ *geluid maken* klicken, ⟨van een slot⟩ einschnappen ❷ *verklappen* petzen **II** *onp ww, goed contact hebben* sich verstehen, funken ★ *het klikte meteen tussen hen* sie verstanden sich sofort
klikspaan Petzer *m*
klim Aufstieg *m*
klimaat *gemiddelde weersgesteldheid* Klima *o*
klimaatneutraal klimaneutral
klimaatregeling Klimaanlage *v*
klimaatverandering Klimaveränderung *v*, Klimawechsel *m*

kl

klimatologisch klimatologisch
klimhal Kletterhalle *v*
klimmen ❶ *klauteren* klettern ❷ *toenemen* steigen
klimmer Kletterer *m*
klimop Efeu *m*
klimpartij Kletterei *v*, ⟨bergtocht⟩ Kletterpartie *v*
klimplant Kletterpflanze *v*
klimrek Klettergerüst *o*, ⟨wandrek⟩ Kletterwand *v*
klimwand Kletterwand *v*
kling Klinge *v* ★ fig *iem. over de ~ jagen* jmdn. über die Klinge springen lassen
klingelen klingeln
kliniek Klinik *v*
klinisch klinisch
klink *deurkruk* Türklinke *v*, Klinke *v*
klinken I *ov ww, vastmaken* (ver)nieten **II** *on ww* ❶ *geluid maken* sich anhören, klingen, ⟨schallen, galmen⟩ schallen, ⟨weerklinken⟩ erschallen ★ *goed ~* gut klingen ❷ fig *een bepaalde indruk geven* ★ *een ~de naam* ein bekannter Name ❸ *toosten* anstoßen
klinker ❶ taalk Vokal *m*, Selbstlaut *m* ❷ *baksteen* Klinker *m*
klinkklaar rein ★ *dat is klinkklare onzin* das ist blanker Unsinn
klinknagel Niete *v*
klip *rots* Klippe *v* ★ fig *hij liegt tegen de klippen op* er lügt das Blaue vom Himmel runter
klipper Klipper *m*
klis ❶ *klit* Klette *v* ❷ *plant* Klette *v*
klit ❶ *knop van de klis* Klette *v* ★ *als klitten aan elkaar hangen* wie Kletten aneinander hängen ❷ *knoop* Knoten *m* ★ *de klitten uit je haar halen* die Knoten aus seinen Haaren kämmen
klitten ❶ ook fig *aan elkaar kleven* zusammenkleben ★ *die twee ~ erg aan elkaar* die beiden kleben ständig zusammen ❷ *in de war zitten* sich verhaken, verheddert sein
klittenband Klettband *o* ★ *sluiting met ~* Klettverschluss *m*
klodder ⟨klont⟩ Klumpen *m*, ⟨vlek of kleine hoeveelheid⟩ Klecks *m*
klodderen ❶ *knoeien* kleckern ❷ *slecht schilderen* klecksen
kloek I *zn* [de] dierk Glucke *v* **II** *bnw* mutig ★ *een ~ besluit* ein beherzter Entschluss
klojo Tölpel *m*, inform Armleuchter *m*
klok ❶ *uurwerk* Uhr *v* ★ *staande klok* Standuhr ❷ *bel* Glocke *v* ★ *iets aan de grote klok hangen* etw. an die große Glocke hängen ★ *dat klinkt als een klok* das hat Hand und Fuß
klokgelui Glockenläuten *o*, Glockengeläut *o*
klokhuis Gehäuse *o*
klokje ❶ plantk Glockenblume *v* ❷ → **klok**
klokken I *ov ww, tijd opnemen* die Zeit stoppen / nehmen **II** *on ww, geluid maken* glucken
klokkenluider ❶ lett *iem. die klokken luidt* Glöckner *m* ❷ fig *iem. die misstanden aan kaak stelt* Zuträger *m*
klokkenspel *beiaard* Glockenspiel *o*
klokkentoren Glockenturm *m*
klokkijken auf die Uhr gucken / schauen
klokradio Radiowecker *m*
klokslag Glockenschlag *m* ★ *(om) ~ vier uur* Punkt vier Uhr
klokzeel ▼ BN *iets aan het ~ hangen* etwas an die große Glocke hängen
klom [verl. td.] → **klimmen**
klommen [verl. td.] → **klimmen**
klomp ❶ *houten schoen* Holzschuh *m* ★ fig *nu breekt mijn ~* nun schlägt's aber dreizehn ❷ *brok* Klumpen *m* ★ *~ goud* Goldklumpen
klompvoet Klumpfuß *m*
klonen klonen, klonieren
klonk [verl. td.] → **klinken**
klonken [verl. td.] → **klinken**
klont Klumpen *m*
klonter Pfropf *m*
klonteren Klumpen bilden, klumpig werden
klonterig klumpig
klontje ❶ *suikerklontje* Zuckerwürfel *m* ❷ *kleine klont* Klümpchen *o* ▼ *zo klaar als een ~* sonnenklar
kloof I *zn* [de] ❶ *spleet* Spalt *m*, Riss *m*, ⟨ravijn⟩ Klamm *v* ❷ *verwijdering* Kluft *v* ★ *de ~ tussen arm en rijk* die Kluft zwischen Arm und Reich **II** *ww* [verl. td.] → **kluiven III** *ww* BN[verl. td.] → **klieven**
klooien ❶ *prutsend bezig zijn* pfuschen ❷ *vervelend doen, zeuren, zaniken* nörgeln, meckern
kloon Klon *m*
klooster Kloster *o*
kloosterling ⟨man⟩ Mönch *m*, ⟨vrouw⟩ Nonne *v* ★ *~ worden* ins Kloster gehen
kloostermop große(r) Backstein *m*
kloosterorde Klosterorden *m*
kloot vulg Hoden *m* ★ *zijn kloten* seine Eier ▼ *naar de kloten zijn* im Arsch sein
klootjesvolk Pöbel *m*, breite Masse *v*
klootzak *schoft* Arschloch *o*
klop *doffe tik* Klopfen *o* ★ fig *klop krijgen* Prügel / Wichse kriegen
klopboor Schlagbohrer *m*
klopgeest Poltergeist *m*

klopjacht *drijfjacht* Treibjagd *v*, Hetzjagd *v*
kloppen I *ov ww* ❶ *slaan* schlagen ★ *slagroom* ~ Sahne schlagen ★ *iem. geld uit de zak* ~ jmdm. das Geld aus der Tasche ziehen ❷ *verslaan* schlagen **II** *on ww* ❶ *hoorbaar slaan* pochen, klopfen, pulsieren ❷ *overeenstemmen* stimmen ★ *ja, dat klopt* ja, das stimmt
klopper *deurklopper* Klopfer *m*
klos ❶ *stukje hout* Klotz *m* ❷ *spoel* Spule *v* ★ *een klosje garen* eine Rolle Zwirn ▼ *de klos zijn* der Dumme sein
klossen I *ov ww, op klos winden* aufwinden, spulen **II** *on ww, plomp lopen* latschen
klote mies, beschissen
klote- Scheiß-, Mist- ★ *kloteweer* Mistwetter *o*
klotsen schwappen, klatschen
kloven I *ov ww, klieven* spalten ★ *hout* ~ Holz hacken **II** *ww* [verl. td.] → **kluiven III** *ww* BN[verl. td.] → **klieven**
klucht ❶ *blijspel* Posse *v*, Schwank *m* ❷ fig *schertsvertoning* Farce *v*, Witz *m*
kluchtig komisch, possenhaft
kluif ❶ *bot met vlees* Bissen *m*, ⟨voor dieren⟩ Knochen *m* ❷ fig *karwei* schwere(r) Brocken *m* ★ *daar zal hij een hele* ~ *aan hebben* das wird ihm ganz schön zu schaffen machen ★ *het is een hele* ~ es ist ein harter Bissen
kluis ⟨voor bagage⟩ Schließfach *o*, Panzerschrank *m*, Tresor *m*
kluisteren fesseln
kluit ❶ *klont* Brocken *m*, Klumpen *m* ❷ *groepje* Haufen *m* ▼ *flink uit de ~en gewassen* lang aufgeschossen
kluiven nagen
kluizenaar Einsiedler *m*
klungel Stümper *m*, Tropf *m*
klungelen stümpern, pfuschen
klungelig stümperhaft
kluns Stümper *m*
klunzen pfuschen, stümpern
klunzig pfuscherhaft, stümperhaft
klus Brocken *m*, Aufgabe *v* ★ *een hele klus* ein harter Knochen
klusjesman Handwerker *m*, ⟨hulpkracht⟩ Handlanger *m*
klussen ❶ *repareren* reparieren ❷ *zwart bijverdienen* schwarzarbeiten
kluts ▼ *de* ~ *kwijtraken* durcheinanderkommen ▼ *de* ~ *kwijt zijn* nicht mehr wissen, wo hinten und vorn ist
klutsen schlagen
kluwen *opgewonden garen, wol enz.* Knäuel *m/o*
klysma Klistier *o*, Einlauf *m*
km *kilometer* km *m*, Kilometer
kmo BN econ *kleine of middelgrote onderneming* mittelständische Firma *v*
km/u *kilometer per uur* km / h
knaagdier Nagetier *o*
knaap *jongen* Junge *m*, Bube *m*, Bursche *m*
knaapje *kleerhanger* Kleiderbügel *m*
knabbelen knabbern
knäckebröd Knäckebrot *o*
knagen ❶ *bijten* nagen ❷ *kwellen* nagen ★ *~de pijn* nagende(r) Schmerz *m*
knak *geluid* Knack(s) *m*
knakken I *ov ww, breken* brechen, zerbrechen ★ *een lucifer* ~ ein Streichholz zerbrechen ★ *de dood van zijn vrouw heeft hem geknakt* der Tod seiner Frau hat ihn gebrochen **II** *on ww* ❶ *geluid maken* knacken ★ *zijn vingers laten* ~ mit den Fingern knacken ❷ *een knak krijgen* (ein)knicken, knacken
knakworst cul Knackwurst *v*
knal ❶ *slag* Schlag *m* ❷ *geluid* Knall *m*
knal- knall-, Knall- ★ *knalgeel* knallgelb
knallen ❶ *een knal geven* knallen ❷ *botsen* knallen
knaller Knüller *m*, Knaller *m*
knalpot Auspufftopf *m*
knap I *bnw* ❶ *goed uitziend* hübsch ❷ *intelligent* klug, gescheit ★ *een knappe kop* ein kluger Kopf ★ *knap werk!* ausgezeichnete Arbeit! **II** *bijw, nogal* ganz schön, ziemlich ★ *knap lastig* ganz schön schwierig
knappen ❶ *breken* (zer)reißen, ⟨van glas⟩ (zer)springen ★ *de kabel knapt* das Kabel reißt ❷ *geluid geven* knacken
knapperd *schrander mens* kluger / heller Kopf *m*
knapperen knistern
knapperig knusprig
knapzak Knappsack *m*
knarsen *piepen* ⟨van zand, sneeuw, tanden⟩ knirschen, ⟨deur, wielen van wagen⟩ knarren
knarsetanden mit den Zähnen knirschen ★ *~d* zähneknirschend
knauw ❶ *harde beet* Biss *m* ❷ *knak* Knacks *m* ★ *mijn vertrouwen kreeg een gevoelige* ~ mein Vertrauen ist erheblich angeknackst
knauwen ❶ *stevig kauwen* beißen, kauen ❷ *woorden afbijten* knautschig sprechen
knecht Knecht *m*
kneden lett kneten
kneedbaar *gemakkelijk te kneden* knetbar
kneedbom Plastikbombe *v*
kneep I *zn* [de] ❶ *het knijpen* Kniff *m* ❷ *handigheidje* Trick *m*, Kniff *m*, Pfiff *m* ★ *daar zit hem de* ~ das ist der Kniff an der ganzen Sache, da liegt der Hund begraben ★ *de fijne ~jes kennen* alle Kniffe kennen **II** *ww* [verl. td.] → **knijpen**
knel ★ fig *in de knel zitten* in der Klemme / Patsche sitzen
knellen I *ov ww, stevig drukken* klemmen **II** *on ww, klemmen* drücken, ⟨van kleding⟩ spannen ★ *mijn schoen knelt* mich drückt der Schuh
knelpunt Engpass *m*
knepen [verl. td.] → **knijpen**
knerpen knirschen
knersen knarren
knetteren knattern, ⟨van vuur⟩ knistern
knettergek plemplem, total behämmert / bekloppt
kneus ❶ *gekneusde plek* Prellung *v*, geprellte Stelle *v* ❷ *mislukkeling* Schwächling *m*, Niete *v*
kneuterig spießig
kneuzen prellen
kneuzing Prellung *v*
knevel *snor* Schnurrbart *m*
knevelen *binden, boeien* knebeln
knibbelen knausern
knie ❶ *gewricht* Knie *o* ★ *tot aan de knieën* kniehoch ★ *iem. over de knie leggen* jmdn. übers

Knie legen ★ fig *iem. op de knieën dwingen* jmdn. in die Knie zwingen ❷ *kromming* Beuge v ▼ *iets onder de knie hebben* etwas im Griff haben, etwas meistern
knieband *pees* Kreuzband *o*
kniebeschermer Knieschützer *m*, Knieschoner *m*, Knieschutz *m*
knieblessure Knieverletzung *v*
kniebroek Kniebundhose *v*
kniebuiging *knieval* Kniefall *m*
knieholte Kniekehle *v*
kniekous Kniestrumpf *m*
knielen knien
kniereflex Kniesehnenreflex *m*, Patellareflex *m*
knieschijf Kniescheibe *v*
kniesoor Griesgram *m*
kniestuk Knieschutz *m*, Knieschützer *m*, Knieschoner *m*, ⟨buisverbinding⟩ Knie *o*
knietje ❶ *geblesseerde knie* Knieverletzung *v* ❷ *stoot met knie* Kniestoß *m*
knieval Kniefall *m*
kniezen sich grämen ★ *zich dood ~* sich zu Tode grämen
knijpen zwicken, kneifen ▼ *'m ~* Angst haben ▼ *er tussenuit ~* vor einer Sache kneifen, sich drücken, sich wegschleichen, abkratzen
knijper *bril* Kneifer *m*
knijpkat handbetriebene(r) Generator *m*
knijptang Kneifzange *v*
knik ❶ *breuk* Knick *m* ❷ *kromming* Knickung *v* ❸ *hoofdbuiging* Kopfnicken *o*, Nicken *o*
knikkebollen einnicken
knikken I *ov ww, knakken* knicken II *on ww, hoofdbeweging maken* nicken
knikker ❶ *stuiter* Murmel *v* ❷ *hoofd* Birne *v* ★ *kale ~* Glatzkopf *m*
knikkeren I *ov ww, gooien* rausschmeißen II *on ww, spelen* mit Murmeln spielen
knip ❶ *het knippen* Schnitt *m* ★ *een knip met de schaar* ein Scherenschnitt ★ *een knip met de vingers* ein Fingerknipsen ❷ *grendel* Riegel *m* ❸ *sluiting* Schnappverschluss *m* ❹ *portemonnee* Beutel *m*
knipkaart Mehrfahrtenkarte *v*
knipmes Klappmesser *o*
knipogen blinzeln, zwinkern ★ *naar iem. ~* jmdm. zuzwinkern / zublinzeln
knipoog Augenzwinkern *o* ★ *iem. een ~ geven* jmdm. zuzwinkern
knippen I *ov ww, in- / afknippen* lochen, schneiden, ⟨kleding⟩ zuschneiden, ⟨kleding⟩ zurechtschneiden II *on ww* ❶ *snijden* schneiden ★ fig *voor iets geknipt zijn* für etw. wie geschaffen sein ❷ *met vingers geluid maken* schnippen, schnipsen
knipperen ❶ *aan- en uitgaan van licht* blinken ❷ *knippen met ogen* blinzeln
knipperlicht Blinklicht *o*
knipsel ❶ *wat uitgeknipt is* ausgeschnittene(s) Stück *o* ❷ *uitgeknipt bericht* Ausschnitt *m*, ⟨krantenknipsel⟩ Zeitungsausschnitt *m*
knipseldienst Zeitungsauschnittdienst *m*
knipselkrant thematische Zusammenstellung *v* von Zeitungsausschnitten
kniptang Kneifzange *v*
knisperen knistern
kno-arts HNO-Arzt *m*, Hals-Nasen-Ohren-Arzt *m*
knobbel ❶ *verdikking* Höcker *m*, ⟨ziekteknobbel⟩ Knoten *m* ❷ *natuurlijke aanleg* Begabung *v*
knobbelig knotig, höckerig
knock-out I *zn* [de] K.o. *m*, Knock-out *m*, Knockout II *bnw* k.o., knock-out, knockout
knoedel *kluwen* Knäuel *m/o*
knoei ★ *in de ~ zitten* in der Tinte stecken
knoeiboel ❶ *smeerboel* Schweinerei *v*, Schmiererei *v* ❷ *bedrog* Schwindel *m*
knoeien ❶ *morsen, slordig werken* ⟨morsen⟩ kleckern, ⟨slordig werken⟩ pfuschen ★ *eten zonder te ~* essen ohne zu kleckern ★ *~ met* pfuschen mit ❷ *bedrog plegen* schummeln, schwindeln ★ *in de boeken ~* in der Buchhaltung schummeln ★ *met wijn ~* Wein panschen
knoeier ❶ *morsend persoon* Schmierfink / Schmutzfink *m*, Schludrian *m* ❷ *bedrieger* Schwindler *m*
knoeipot Schmutzfink *m*
knoeiwerk Pfuscherei *v*
knoert *kanjer* Riesenexemplar *o*, Brocken *m*
knoest Knorren *m*
knoet ❶ *gesel* Knute *v* ❷ *haarknot* Dutt *m*
knoflook cul Knoblauch *m*
knoflookpers Knoblauchpresse *v*
knoflooksaus cul Knoblauchsoße *v*
knokig *mager* knochig
knokkel Knöchel *m* [mv: Knöchel]
knokken lett *vechten* sich prügeln
knokpartij Schlägerei *v*
knokploeg Schlägerbande *v*, Schlägertrupp *m*
knol ❶ *wortelder* Knolle *v* ❷ *raap* Rübe *v* ❸ *paard* Gaul *m*
knolgewas Knollengewächs *o*
knolraap Steckrübe *v*
knolselderie Knollensellerie *m*
knoop ❶ *dichtgetrokken strik* Knoten *m* ★ *een ~ leggen* einen Knoten machen, fig sich verheddern ❷ *sluiting* Knopf *m* ★ *een ~ aanzetten* einen Knopf annähen ❸ scheepv *afstand* Knoten *m*
knoopbatterij Knopfbatterie *v*
knooppunt Knotenpunkt *m*
knoopsgat Knopfloch *o*
knop ❶ *bolvormig voorwerp* Knopf *m*, ⟨van elektr. licht⟩ Schalter *m* ★ *op de knop drukken* auf den Knopf drücken ❷ plantk Knospe *v*
knopen ❶ *een knoop leggen* binden, knoten ★ *twee touwen aan elkaar ~* zwei Stricke aneinanderbinden ❷ *dichtknopen* knöpfen, verknoten, verknüpfen ★ fig *er geen touw aan vast kunnen ~* aus etw. nicht klug werden
knorren ❶ *geluid maken* knurren, ⟨van varkens⟩ grunzen ❷ *mopperen* muffeln, brummen
knorrepot Brummbär *m*, Griesgram *m*
knorrig mürrisch, knurrig, nörgelig
knot ❶ *kluwen* Knäuel *m/o* ❷ *haarknot* Haarknoten *m*
knots I *zn* [de], *knuppel* Keule *v* II *bnw* verrückt, bekloppt
knotten ❶ *van top ontdoen* ★ *struiken ~* Sträucher beschneiden ❷ *inperken* stutzen
knotwilg Kopfweide *v*
knowhow Know-how *o*
knudde ★ *dat is ~* das ist unter aller Kritik, das ist

Mist
knuffel ❶ *liefkozing* form Liebkosung *v* ★ *iem. een ~ geven* jmdn. drücken ❷ *speelgoedbeest* Kuscheltier *o*
knuffelbeest, **knuffeldier** Kuscheltier *o*, Plüschtier *o*
knuffelen liebkosen ★ *hij knuffelt het kind* er hätschelt / drückt das Kind
knuist Faust *v*
knul Kerl *m*, Bursche *m*
knullig unbeholfen, tölpelhaft
knuppel *korte stok* Knüppel *m*
knus gemütlich
knutselaar Tüftler *m*, Bastler *m*
knutselen *uit liefhebberij maken* tüfteln, basteln
knutselwerk Bastelei *v*, Tüftelei *v*
k.o. *knock-out* k.o., knock-out, knockout
koala Koalabär *m*
kobalt Kobalt *o*
kocht [verl. td.] → **kopen**
kochten [verl. td.] → **kopen**
koddig drollig
koe Kuh *v* ★ *oude koeien uit de sloot halen* den Kohl wieder aufwärmen ★ *de koe bij de hoorns vatten* den Stier bei den Hörnern fassen / packen ★ *je weet nooit hoe een koe een haas vangt* ≈ man weiß nie, wie der Hase läuft ★ *iem. koeien met gouden horens beloven* jmdm. goldene Berge versprechen
koehandel Kuhhandel *m*
koeienletter Riesenbuchstabe *m*
koeienmelk Kuhmilch *v*
koeienvlaai Kuhfladen *m*
koeioneren schikanieren
koek cul *gebak* Kuchen *m* ★ *iets voor zoete koek slikken* sich etw. gefallen lassen, etw. kritiklos / ohne Kritik hinnehmen ★ *het is koek en ei tussen hen* sie sind ein Herz und eine Seele → **koekje**
koekeloeren *gluren* glotzen
koekenbakker *knoeier* Pfuscher *m*
koekenpan Pfanne *v*, Bratpfanne *v*
koekhappen omschr Kuchen schnappen
koekje cul Keks *m*, Plätzchen *o*, Küchelchen *o*
koekjestrommel, **koektrommel** Keksdose *v*, Gebäckdose *v*
koekoek *vogel* Kuckuck *m*
koekoeksklok Kuckucksuhr *v*
koel ❶ *fris* kühl, ⟨weer⟩ frisch ❷ *niet hartelijk* unterkühlt, distanziert, kühl ❸ *bedaard* nüchtern, kühl ★ *het hoofd koel houden* nüchtern bleiben
koelbloedig kaltblütig
koelbox Kühlbox *v*
koelcel Kühlzelle *v*, Kühlraum *m*
koelelement Kühlelement *o*
koelen I *ov ww* ❶ *koel maken* (ab)kühlen ★ *gekoeld drankje* gekühlte(s) Getränk *o* ❷ *afreageren* ★ *zijn woede ~ op* seinen Zorn kühlen auf II *on ww* ▼ BN *het zal wel ~ zonder blazen* das wird schon werden
koeler Kühler *m*
koelhuis Kühlhaus *o*
koeling *het koelen* Kühlung *v*
koelkast Kühlschrank *m*
koelmiddel Kühlmittel *o*
koelruimte Kühlraum *m*
koeltas Kühltasche *v*
koelte *koudheid, frisheid* Kühle *v*
koeltjes I *bnw, koud* kühl II *bijw, onhartelijk* unterkühlt, distanziert
koelvitrine Kühlvitrine *v*
koelvloeistof Kühlflüssigkeit *v*
koelwater Kühlwasser *o*
koemest Kuhmist *m*
koepel *dak* Kuppel *v*
koepeltent Kuppelzelt *o*
koer BN Innenhof *m*, ⟨school⟩ Schulhof *m*
Koerd Kurde *m*
Koerdisch kurdisch
Koerdische Kurdin *v*
Koerdistan Kurdistan *o*
koeren gurren, girren
koerier Kurier *m*, Eilbote *m*
koeriersdienst Kurierdienst *m*
koers ❶ *richting* Fahrtrichtung *v*, Kurs *m* ★ *~ zetten naar* Kurs setzen auf [+4] ★ *uit de ~ raken* vom Kurs abkommen ★ *~ houden* Kurs halten ★ *zijn ~ bepalen* seinen Kurs bestimmen ★ *een verkeerde ~ nemen* einen falschen Kurs einschlagen ★ *een harde ~ volgen* einen harten Kurs fahren ❷ *wisselwaarde* Kurs *m* ★ *tegen de ~ van* zum Kurse von ★ *de ~ van uitgifte* der Ausgabekurs ★ *stijgende ~* steigende(r) Kurs
koersdaling Kursrückgang *m*
koersen *de koers richten* steuern, Kurs setzen auf [+4]
koersfiets BN *racefiets* Rennrad *o*
koersstijging Kurssteigerung *v*, Kursanstieg *m*
koeskoes *dier* Kuskus *m*
koest I *bnw* ★ *zich ~ houden* sich kuschen II *tw* still!
koesteren ❶ *behoeden* ★ *zijn vrijheid ~* an seiner Freiheit hängen ❷ *in zich hebben* ★ *hoop ~* Hoffnung haben ★ *het voornemen ~* sich mit der Absicht tragen
koeterwaals Kauderwelsch *o*
koets Kutsche *v*
koetsier Kutscher *m*
koevoet Brecheisen *o*
Koeweit Kuwait *o*
Koeweiti Kuwaiti *m*
Koeweits kuwaitisch
Koeweitse Kuwaiterin *v*
koffer *reistas* Koffer *m* ★ fig *met iem. de ~ induiken* mit jmdm. ins Bett steigen
kofferbak Kofferraum *m*
kofferruimte Kofferraum *m*
koffie ❶ *drank* Kaffee *m* ★ *zwarte ~* schwarze(r) Kaffee ★ *~ verkeerd* Kaffee *m* verkehrt ❷ *koffiebonen* Kaffee *m* ★ *dat is geen zuivere ~* da ist was faul ❸ *het koffiedrinken* ★ *op de ~ komen* zum Kaffee kommen
koffieautomaat Kaffeeautomat *m*
koffieboon Kaffeebohne *v*
koffiebroodje cul ≈ Rosinenschnecke *v*
koffiedik Kaffeesatz *m* ★ fig *~ kijken* die Zukunft nicht vorhersagen können
koffiefilter Kaffeefilter *m*
koffiehuis Kaffeehaus *o*
koffiekamer ⟨foyer⟩ Foyer *o*
koffiekan Kaffeekanne *v*
koffieleut Kaffeetante *v*

koffiemelk cul Kondensmilch *v*, Dosenmilch *v*
koffiemolen Kaffeemühle *v*
koffiepad [-ped] Kaffeepad *o*
koffiepauze Kaffeepause *v*
koffiepot Kaffeekanne *v*
koffieshop kleine(s) Café *o* und Imbiss
koffiezetapparaat Kaffeemaschine *v*
kogel ❶ *bal, bol* Kugel *v* ❷ *projectiel* Kugel *v* ★ *de ~ is door de kerk* die Würfel sind gefallen ★ *de ~ krijgen* standrechtlich erschossen werden
kogellager Kugellager *o*
kogelrond kugelrund
kogelstoten Kugelstoßen *o*
kogelvrij kugelfest ★ *~ glas* Panzerglas *o*
kok Koch *m*
koken I *ov ww, tot kookpunt verwarmen* kochen **II** *on ww* ❶ *op kookpunt zijn* kochen, sieden ★ *~ van woede* kochen vor Wut ❷ cul *voedsel bereiden* kochen
kokendheet kochend heiß
koker *houder, huls* Behälter *m*, ‹voor tabletten› Röhre *v*, ‹voor pijlen, verrekijker› Köcher *m*, ‹van metaal, porselein› Büchse *v*, ‹voor inkt› Tintenfass *o* ★ fig *dat komt niet uit zijn ~* das war nicht seine Idee

ko

koket *ijdel* kokett
kokhalzen ❶ *bijna gaan braken* würgen ❷ *walgen* anekeln, anwidern, inform ankotzen ★ *ik moet ~ van dat beleid* diese Politik kotzt mich an
kokkerellen gerne und gut kochen ★ *hij kokkerelt graag* in der Küche ist er in seinem Element
kokkin Köchin *v*
kokmeeuw Lachmöwe *v*
kokos ❶ *vruchtvlees* ‹geraspt› Kokosraspel *mv* ❷ *vezel* Kokosfaser *v*
kokosbrood cul gepresste Kokosflocken *mv*
kokosmakroon cul Kokosmakrone *v*
kokosmat Kokosmatte *v*
kokosmelk cul Kokosmilch *v*
kokosnoot Kokosnuss *v*
kokospalm Kokospalme *v*
koksmaat Küchenjunge *m*
koksmuts Kochmütze *v*
koksschool onderw ≈ Berufsschule *v* für Köche
kolder *dwaasheid* Blödsinn *m* ★ fig *de ~ in de kop hebben* ausgeflippt sein
kolendamp Kohlenmonoxyd *o*
kolenmijn Kohlengrube *v*, Zeche *v*
kolere → **klere**
kolf ❶ *fles* Kolben *m* ❷ *handvat van vuurwapen* Kolben *m* ❸ plantk Kolben *m*
kolibrie Kolibri *m*
koliek Kolik *v*
kolk ❶ *draaikolk* Strudel *m* ❷ *sluisruimte* Kammer *v*
kolken strudeln, wirbeln
kolom ❶ *pilaar* Säule *v* ❷ *vak met tekst / cijfers* Spalte *v* ★ *van / in twee ~men* zweispaltig
kolonel Oberst *m*
koloniaal I *bnw* kolonial, Kolonial- ★ *koloniale politiek* Kolonialpolitik *v* ★ *het koloniale leger* die Kolonialtruppe *v* **II** *zn* [de] Kolonialsoldat *m*
kolonialisme Kolonialismus *m*
kolonialistisch kolonialistisch
kolonie Kolonie *v*
kolonisatie Kolonisation *v*
koloniseren kolonisieren
kolonist Kolonist *m*
kolos Koloss *m*
kolossaal kolossal
kolven *melk afnemen* abpumpen
kom ❶ *bak, schaal* Schüssel *v*, Schale *v*, ‹kopje› Tasse *v* ❷ *komvormige diepte of laagte* Gelenkpfanne *v* ❸ *deel van gemeente* ★ *bebouwde kom* geschlossene Ortschaft *v*
komaan mach voran, komm schon
komaf Herkunft *v* ★ *van goede ~* aus gutem Hause ★ *mensen van lage ~* Menschen niederer Herkunft
kombuis Kombüse *v*
komediant *acteur* Komödiant *m*
komedie ❶ *blijspel* Komödie *v*, Lustspiel *o* ❷ *schijnvertoning* Komödie *v*, Theater *o* ★ *hij speelt altijd ~* er macht mal wieder Theater
komeet Komet *m*
komen ❶ *zich begeven* kommen ★ *zij kwam bij ons zitten / staan* sie setzte / stellte sich zu uns ★ *zij kwam naar ons toe* sie kam zu uns ★ *~ aansnellen / aanrijden* herbeigeeilt / angefahren kommen ★ *kom nou toch!* ach komm! ★ *kom daar nog eens om!* wo gibt es so was denn heutzutage noch ❷ *in genoemde toestand raken* ★ *hij komt er wel* er wird's schon schaffen ★ *zo kom je er nooit* so kommst du nie zum Ziel ★ *dat komt wel goed* das wird schon wieder (werden) ❸ *gebeuren, beginnen* ★ *er komt sneeuw* es wird Schnee geben ❹ *veroorzaakt zijn* ★ *waardoor komt dat?* wie kommt das? ❺ **~ aan** *verkrijgen* ★ *hoe kom je aan dit boek?* woher hast du dieses Buch? ❻ **~ achter** ★ *achter de waarheid ~* die Wahrheit herausbekommen ❼ **~ bij** ★ *daar komt nog bij dat* hinzu kommt noch, dass ★ *hoe kom je erbij?* wie kommst du dazu? ❽ **~ te** [+ infin.] ★ *~ te overlijden* sterben ❾ **~ van** *als uitkomst hebben* ★ *daar ~ ongelukken van* das geht nicht gut aus ★ *komt er nog wat van?* wird's bald?
komend nächst
komfoor Stövchen *o*, ‹kooktoestel› Gaskocher *m*, ‹warmhoudplaatje› Rechaud *m/o*, ‹theelichtje› Teelicht *o*
komiek I *zn* [de] Komiker *m*, ‹grappenmaker› Witzbold *m* **II** *bnw* komisch, drollig
komijn Kümmel *m*
komijnekaas cul Kümmelkäse *m*
komijnzaad Kümmel *m*
komisch komisch, drollig
komkommer Gurke *v*
komkommersalade cul Gurkensalat *m*
komkommertijd Sauregurkenzeit *v*
komma Komma *o*
kommer Kummer *m*
kompas Kompass *m*
kompasnaald Kompassnadel *v*
kompres Kompresse *v*, Umschlag *m*
komst Ankunft *v* ★ *hij is op ~* er ist im Anmarsch ★ *er is storm op ~* ein Sturm ist im Anzug
komvormig schalenförmig, ‹schaal› schüsselförmig, ‹bodem› beckenförmig
kon [verl. td.] → **kunnen**
konden [verl. td.] → **kunnen**
konfijten kandieren ★ *gekonfijte vruchten*

kandierte Früchte
konijn Kaninchen *o*
konijnenhok Kaninchenstall *m*
konijnenhol Kaninchenbau *m*
koning *vorst* König *m*
koningin ❶ *vorstin* Königin *v* ❷ *schaakstuk* Dame *v*
koningin-moeder Königinmutter *v*
Koninginnedag Geburtstag *m* der Königin
koninginnenpage dierk Edelfalter *m*
koningsarend Königsadler *m*
koningsgezind königstreu
koningshuis Königshaus *o*
koninklijk königlich ★ *een ~ maal* ein königliches Mahl
koninkrijk Königreich *o*
konkelen intrigieren, Ränke schmieden
kont Hintern *m*, Po *m* ★ *iem. een kontje geven* jmdm. einen Schubs geben
kontlikker Arschkriecher *m*
kontzak Gesäßtasche *v*
konvooi Konvoi *m*
kooi ❶ *dierenhok* Käfig *m*, ⟨voor vogels⟩ Bauer *m/o*, ⟨voor honden⟩ Zwinger *m* ❷ *slaapplaats* Koje *v* ★ *naar kooi gaan* in die Koje gehen
kooien in einen Käfig einsperren, einpferchen
kook Kochen *o* ★ *aan de kook brengen* zum Kochen bringen ★ *het water is aan de kook* das Wasser kocht ★ fig *van de kook zijn* außer Fassung sein
kookboek Kochbuch *o*
kookcursus Kochkurs *m*
kookeiland Kochinsel *v*
kookkunst Kochkunst *v*
kooknat Kochwasser *o*
kookplaat Kochplatte *v*
kookpot Kochtopf *m*
kookpunt Kochpunkt *m*, natk Siedepunkt *m*
kookwekker Küchenwecker *m*
kool ❶ *groente* Kohl *m*, ⟨één exemplaar⟩ Kohlkopf *m* ★ *witte kool* Weißkohl ★ *rode kool* Rotkohl ★ fig *iem. een kool stoven* jmdm. einen Schabernack spielen ★ fig *groeien als kool* in die Höhe schießen ❷ *steenkool* Kohle *v* ★ *met kool stoken* mit Kohle(n) heizen ★ fig *op hete kolen zitten* auf heißen / glühenden Kohlen sitzen
kooldioxide scheik Kohlendioxid *o*
koolhydraat Kohlenhydrat *o*
koolmees Kohlmeise *v*
koolmonoxide Kohlenmonoxid *o*
koolmonoxidevergiftiging Kohlenmonoxidvergiftung *v*
koolraap Kohlrübe *v*, Steckrübe *v*, ⟨koolrabi⟩ Kohlrabi *m*
koolrabi Kohlrabi *v*
koolstof Kohlenstoff *m*
koolvis Seelachs *m*
koolwaterstof Kohlenwasserstoff *m*
koolwitje Kohlweißling *m*
koolzaad *plant* Raps *m*
koolzuur Kohlensäure *v*
koolzuurhoudend kohlensäurehaltig
koon Backe *v*, Wange *v*
koop Kauf *m* ★ *te koop aanbieden / zetten* zum Verkauf anbieten ★ *te koop staan / zijn* zum Verkauf angeboten werden ★ *te koop gevraagd* zu kaufen gesucht ★ *een koop sluiten* einen Kauf abschließen / tätigen ★ fig *op de koop toe* obendrein ★ fig *te koop lopen met iets* etw. zur Schau tragen
koopakte Kaufvertrag *m*
koopavond verkaufsoffene(r) Abend *m*
koopcontract Kaufvertrag *m*
koophandel Handel *m*
koophuis Eigentumswohnung *v*
koopje Gelegenheitskauf *m* ★ *daar heb ik een ~ aan gehad* das habe ich zu einem Spottpreis gekauft
koopkracht Kaufkraft *v*
koopkrachtig kaufkräftig
kooplustig kauflustig
koopman Kaufmann *m*
koopovereenkomst Kaufvertrag *m*
koopsom Kaufsumme *v*
koopsompolis Police *v* einer Kapitalversicherung
koopvaardij Handelsschifffahrt *v*
koopvaardijschip Handelsschiff *o*
koopwaar Handelsware *v*
koopwoning econ ⟨flat⟩ Eigentumswohnung *v*, Eigenheim *o*
koopziek kaufsüchtig
koopzondag Kaufsonntag *m*
koor Chor *m* ★ *in koor* im Chor
koord Schnur *v*, ⟨langer en dikker⟩ Leine *v*, ⟨dun touwtje⟩ Bindfaden *m*, ⟨steviger⟩ Strick *m*, ⟨van koorddanser⟩ Seil *o*
koorddansen seiltanzen
koorddanser Seiltänzer *m*
koorde Sehne *v*
koorknaap *koorzanger* Chorknabe *m*
koormuziek Chormusik *v*, Choralmusik *v*
koorts Fieber *o* ★ *gele ~* Gelbfieber *o* ★ *hoge ~* hohes Fieber ★ *lichte ~* erhöhte Temperatur
koortsachtig *zeer gejaagd* fieberhaft
koortsig fiebrig
koortsthermometer Fieberthermometer *o*
koortsuitslag Ausschlag *m* wegen Fieber, ⟨aan mond⟩ Griebe *v*
koortsvrij fieberfrei
koos [verl. td.] → **kiezen**
koosjer ❶ rel koscher ❷ fig *in orde* koscher
koosnaam Kosename *m*
kootje ⟨van vinger⟩ Fingerglied *o*, ⟨van teen⟩ Zehenglied *o*
kop ❶ *bovenste, voorste deel* Kopf *m* ★ *de kop van een lucifer* Streichholzkopf ★ *de kop van Noord-Holland* der nördliche Teil der Provinz Nordholland ★ *aan de kop van de ranglijst staan* an der Spitze der Rangliste stehen ★ *op kop liggen* an der Spitze liegen ❷ *hoofd* Kopf *m* ★ *een rooie kop krijgen* einen roten Kopf bekommen ★ *iets op de kop tikken* etw. auftreiben / ergattern ★ *op de kop af* aufs Haar genau ★ *kop op!* Kopf hoch! ★ *zich niet op zijn kop laten zitten* sich nicht auf den Kopf spucken lassen ★ *iem. op zijn kop geven* jmdm. eins auf den Hut geben ★ *over de kop gaan* sich überschlagen, fig pleitegehen ★ BN *van kop tot teen* von Kopf bis Fuß ★ *de koppen bij elkaar steken* die Köpfe zusammenstecken ★ *houd je kop!* halt's Maul! ★ *de kop opsteken* wieder aufleben ★ *iem. een*

ko

kopje kleiner maken jmdn. einen Kopf kürzer machen ★ *dat kost iem. z'n kop* etw. kostet jmdm. den Kopf ★ *de kop indrukken* zum Schweigen bringen ★ *zijn kop in het zand steken* seinen Kopf in den Sand stecken ❸ *kom* Tasse *v* ★ *een kopje thee* eine Tasse Tee ❹ *opschrift* Schlagzeile *v* ❺ *zijde van munt* ★ *kop of munt* Kopf oder Zahl
kopbal Kopfball *m*
kopen kaufen, erwerben ★ fig *wat koop ik ervoor?* dafür kann ich mir nichts kaufen!
Kopenhaags Kopenhagener
Kopenhagen Kopenhagen *o*
koper I *zn* [de] Käufer *m* **II** *zn* [het], *metaal* Kupfer *o*
koperblazer Blechbläser *m*
koperdraad Kupferdraht *m*
koperen *van koper* kupfern, Kupfer- ▼ *~ bruiloft* Nickelhochzeit *v*
kopermijn Kupferbergwerk *o*
koperpoets Kupferputzmittel *o*
koperwerk Kupfer *o*
kopgroep Spitzengruppe *v*
kopie ❶ *duplicaat* Kopie *v*, ⟨afschrift⟩ Abschrift *v* ❷ *fotokopie* Fotokopie *v*
kopieerapparaat Kopiergerät *o*
kopieermachine Kopiermaschine *v*, (Foto)Kopiergerät *o*
kopieerpapier Kopierpapier *o*
kopiëren kopieren
kopij Manuskript *o*
kopjeduikelen → **koppeltjeduikelen**
kopje-onder untergetaucht
koplamp Scheinwerfer *m*
koploper Spitzenreiter *m*, sport Erstplatzierte(r) *m* [v: Erstplatzierte]
koppel I *zn* [de], *riem* Koppel *o* **II** *zn* [het], *paar* Pärchen *o*
koppelaar Kuppler *m*
koppelen ❶ *vastmaken* koppeln, ⟨van treinen, voertuigen⟩ kuppeln ❷ *samenbrengen* verkuppeln
koppeling ❶ *verbinding* Kopplung *v*, ⟨van wagons⟩ Kupplung *v* ❷ *auto-onderdeel* Kupplung *v*
koppelingsplaat Kupplungsscheibe *v*
koppelteken Bindestrich *m*
koppeltjeduikelen einen Purzelbaum schlagen, sich überschlagen
koppelverkoop Warenkopplung *v*, Kopplungsgeschäft *o*
koppelwerkwoord Kopula *v*
koppen *met het hoofd spelen* köpfen
koppensnellen ❶ *onthoofden* Kopfjagd betreiben ❷ *krantenkoppen lezen* Schlagzeilen lesen
koppensneller ❶ *moordenaar* Kopfjäger *m* ❷ *krantenlezer* Schlagzeilenleser *m*
koppiekoppie ★ *~ hebben* Köpfchen haben
koppig ❶ *halsstarrig* trotzig, dickköpfig, starrköpfig, störrisch ❷ *sterk* schwer, ⟨vooral van wijn⟩ feurig
koppigaard BN Dickschädel *m*, Starrkopf *m*
koppigheid Sturheit *v*
koppijn Kopfschmerzen *o*, Kopfweh *o*
kopregel Überschrift *v*, ⟨krant, tijdschrift⟩ Schlagzeile *v*
koprol Purzelbaum *m*, Rolle *v* vorwärts
kops im Querschnitt
kopschuw kopfscheu
kopspijker Nagel *m*
kop-staartbotsing Auffahrunfall *m*
kopstation Kopfbahnhof *m*
kopstem Kopfstimme *v*
kopstoot *stoot met het hoofd* Kopfstoß *m*, ⟨voetbal⟩ Kopfball *m*
kopstuk *belangrijk persoon* Führer *m*, Prominente(r) *m* ★ *de ~ken van de partij* die Parteifunktionäre, min die Parteibonzen
kopt Kopte *m*
koptelefoon Kopfhörer *m*
Koptisch taalk *taal* koptische Sprache *v*
koptisch koptisch
kop-van-jut ❶ *kermisattractie* Hau-den-Lukas *m* ❷ fig *zondebok* Prügelknabe *m* ★ *als ~ dienen* der Prügelknabe sein
kopzorg (ernste) Sorge *v*, Kopfzerbrechen *o*
koraal ❶ muz Choral *m* ❷ biol Koralle *v*
koraalrif Korallenriff *o*
koralen ❶ *van koraal vervaardigd* korallen, Korallen- ❷ *kleur* korallenrot
Koran *heilig geschrift* Koran *m*
koran *exemplaar van de Koran* Koran *m*
kordaat resolut, beherzt
kordon Kordon *m*
Korea Korea *o*
Koreaans koreanisch
koren Getreide *o*, Korn *o* ★ *dat is ~ op zijn molen* das ist Wasser auf seine Mühlen
korenaar Kornähre *v*
korenblauw kornblumenblau
korenbloem Kornblume *v*
korenschuur Getreidespeicher *m*, Kornspeicher *m*
korenwolf Feldhamster *m*
korf I *zn* [de] Korb *m* **II** *ww* [verl. td.] → **kerven**
korfbal Korbball *m*
korfballen Korbball spielen
Korfoe Korfu *o*
korhoen Birkhuhn *o*
koriander Koriander *m*
kornet ❶ muz Kornett *o* ❷ mil Fähnrich *m*
kornuit Kumpan *m*, Kamerad *m*, min Spießgeselle *m*
korporaal Korporal *m*, Obergefreite(r) *m*
korps ❶ *groep personen* Korps *o* ❷ *gevechtseenheid* ★ *~ mariniers* Marinekorps
korpsbeheerder Hauptkommissar *m*
korpscommandant mil Truppenführer *m*
korrel Korn *o* ★ fig *iets met een ~tje zout nemen* etw. mit Vorsicht genießen ▼ *iem. op de ~ nemen* jemanden aufs Korn nehmen
korrelig körnig
korset Korsett *o*, Mieder *o*
korst Kruste *v*, ⟨van brood en kaas⟩ Rinde *v*, ⟨van wond⟩ Grind *m*
korstmos Flechte *v*
kort ❶ *niet uitgestrekt van afmeting* kurz ★ *iem. kort houden* jmdn. knapphalten ★ *kort en klein slaan* kurz und klein schlagen ❷ *niet lang durend* kurz ★ *sinds kort* seit kurzem ★ *tot voor kort* bis vor kurzem ★ *ik zal het kort maken* ich mache es kurz ★ *kort van memorie zijn* ein Gedächtnis wie

ein Sieb haben ❸ *beknopt* kurz ★ *kort en bondig* kurz und bündig ★ *kort en goed* kurz und gut ★ *kort maar krachtig* in aller Kürze ★ *om kort te gaan* kurz

kortaangebonden kurz angebunden

kortademig kurzatmig

kortaf kurz angebunden, ⟨sterker⟩ schroff

kortebaanwedstrijd Kurzstreckenlauf *m*

kortegolfontvanger Kurzwellenempfänger *m*

korten ❶ *korter maken* kürzen, ⟨staart, baard⟩ stutzen ❷ fig *verminderen* kürzen ★ *met 20 procent ~* um 20 Prozent kürzen

kortetermijngeheugen psych Kurzzeitgedächtnis *o*

kortetermijnplanning kurzfristige Planung *v*

kortetermijnpolitiek kurzfristige Politik *v*

kortharig kurzhaarig

korting ❶ *aftrek, vermindering* Kürzung *v*, Beschneidung *v*, ⟨handel, in procenten⟩ Rabatt *m*, ⟨handel⟩ Ermäßigung *v* ❷ *bedrag* Ermäßigung *v*, Preisnachlass *m*, ⟨in procenten⟩ Rabatt *m* ★ *~ krijgen* Ermäßigung erhalten

kortingkaart Ermäßigungskarte *v*

kortingsbon Rabattgutschein *m*

kortlopend kurzfristig

kortom kurz

Kortrijk Kortrijk *o*

Kortrijks Kortrijker

kortsluiten kurzschließen

kortsluiting Kurzschluss *m*

kortstondig kurz, von kurzer Dauer

kortweg ❶ *kort gezegd* kurzweg ❷ *eenvoudigweg* kurzerhand

kortwieken ❶ *vleugel knippen* die Flügel stutzen ★ fig *iem. ~* jmdm. die Flügel stutzen ❷ *beknotten* stutzen

kortzichtig *bijziend* kurzsichtig

korven [verl. td.] → **kerven**

korvet mil *oorlogschip* Korvette *v*

korzelig ⟨prikkelbaar⟩ gereizt, ⟨ontstemd⟩ mürrisch

kosmisch kosmisch

kosmonaut Kosmonaut *m*

kosmopoliet Kosmopolit *m*

kosmopolitisch kosmopolitisch

kosmos Kosmos *m*

Kosovaar Kosovare *m*

Kosovaars kosovarisch

Kosovaarse Kosovarin *v*

Kosovo Kosovo *o*

kost ❶ *voedsel* Kost *v* ❷ *dagelijkse voeding* Kost *v* ★ *kost en inwoning* / BN *inwoon* Kost und Logis ★ *bij iem. in de kost zijn* bei jmdn. in Pension sein ❸ *levensonderhoud* Lebensunterhalt *m* ★ *de kost verdienen* den Lebensunterhalt verdienen ★ *wat doet hij voor de kost?* womit verdient er sein Brot? ★ *ten koste van* auf Kosten [+2]

kostbaar ❶ *duur* kostspielig, teuer ❷ *veel waard* kostbar

kostbaarheden Kostbarkeiten *mv*

kostelijk **I** *bnw, voortreffelijk* köstlich **II** *bijw* ★ *zich ~ amuseren* sich köstlich amüsieren

kosteloos kostenlos, gratis, unentgeltlich

kosten **I** *on ww* kosten, erfordern ★ *koste wat het kost* koste es, was es wolle ★ *het zal je de kop niet ~* das wird dich nicht den Kopf kosten **II** *de mv* Kosten *mv*, Ausgaben *mv*, ⟨onkosten⟩ Unkosten *mv* ★ *vaste ~* Fixkosten *v* ★ *de ~ van het levensonderhoud* die Lebenshaltungskosten ★ *bijkomende ~* Nebenkosten ★ *op ~ van de staat* auf Staatskosten ★ *op ~ van de zaak* auf Kosten der Firma ★ *iem. op ~ jagen* jmdn. in Unkosten stürzen

kostenbesparing Kosteneinsparung *v*

kostendaling Kostensenkung *v*

kostendekkend kostendeckend

kostenstijging Kostensteigerung *v*, Kostenerhöhung *v*

koster Küster *m*, Mesner *m*

kostganger Kostgänger *m*

kostgeld Kostgeld *o*

kostprijs Selbstkostenpreis *m*

kostschool onderw Internat *o*, ⟨voor meisjes⟩ Pensionat *o*

kostuum *pak* Anzug *m*, ⟨mantelpak, toneelkostuum⟩ Kostüm *o*

kostwinner Ernährer *m*

kot ❶ *krot, hok* Hütte *v* ❷ BN *(studenten)kamer* Zimmer *o* ★ *op kot wonen* ein Zimmer haben

kotbaas BN *hospes* Zimmerwirt *m*, Zimmervermieter *m*

kotelet Kotelett *o*

koter Knirps *m*

kotmadam BN *hospita* Zimmerwirtin *v*

kots Kotze *v*

kotsen *braken* kotzen

kotsmisselijk kotzübel

kotter Kutter *m*

kou ❶ *koude* Kälte *v* ★ *een ijzige kou* eine Eiseskälte ★ fig *iem. in de kou laten staan* jmdn. fallen lassen ❷ *verkoudheid* Erkältung *v* ★ *een kou oplopen* sich eine Erkältung holen

koud ❶ *niet warm* kalt ★ *ik heb het koud* mir ist kalt ❷ *zonder gevoel* kalt ★ *dat laat me koud* das lässt mich kalt

koudbloedig kaltblütig

koude → **kou**

koudegolf Kältewelle *v*

koudgeperst kaltgepresst ★ *~e olijfolie* kaltgepresste(s) Olivenöl *o*

koudvuur Brand *m*

koudwatervrees lett *angst voor koud water* Furcht *v* vor kaltem Wasser

koudweg ❶ *zomaar* gut und gern ❷ *bruut* eiskalt

koufront Kaltfront *v*

koukleum Fröstler *m*

kous Strumpf *m* ▼ *de kous op de kop krijgen* einen Korb bekommen ▼ *daarmee is de kous af* damit ist die Sache erledigt

kousenvoet ★ lett. en fig *op ~en lopen* auf Zehenspitzen gehen

koutje Verkühlung *v* [reg.], Erkältung *v* ★ *een ~ vatten* sich erkälten, sich eine Erkältung zuziehen

kouvatten sich erkälten

kouwelijk ⟨gevoelig voor de kou⟩ verfroren, ⟨het koud hebbend⟩ fröstelnd

Kozak *lid van volk* Kosak *m*

kozen [verl. td.] → **kiezen**

kozijn Rahmen *m*

kraag Kragen *m*

kraai *vogel* Krähe *v* ★ *bonte ~* Nebelkrähe *v*

★ *zwarte* ~ Rabenkrähe *v*
kraaien *kreetjes uiten* krähen
kraaiennest ❶ *nest van kraai* Krähennest *o* ❷ scheepv *uitkijkpost* Krähennest *o*
kraaienpootjes Krähenfüßchen *o mv*
kraak *inbraak* Bruch *m/o*, Einbruch *m* ★ *een ~ zetten* ein Ding drehen ▼ *daar zit ~ noch smaak aan* das ist ohne Saft und Kraft
kraakbeen Knorpel *m*
kraakhelder blitzsauber, blitz(e)blank
kraakpand besetzte(s) Haus *o*
kraal *bolletje* Perle *v*
kraam *verkooptent* Bude *v* ★ fig *dat komt in zijn ~ te pas* das passt ihm in den Kram
kraamafdeling Entbindungsstation *v*
kraambed Wochenbett *o*
kraambezoek Wochenbettbesuch *m*
kraamhulp *kraamverzorgster* Wochenpflegerin *v*
kraamkamer Kreißsaal *m*
kraamkliniek Entbindungsklinik *v*
kraamverpleegster Wochenpflegerin *v*, ‹voor het kind› Säuglingsschwester *v*
kraamverzorgster Wochenpflegerin *v*
kraamvisite Babybesuch *m* ★ *op ~ komen* einen Babybesuch machen
kraamvrouw Wöchnerin *v*
kraamzorg Wochenbettpflege *v*
kraan ❶ *tap* Wasserhahn *m* ❷ *hijskraan* Kran *m* ★ *drijvende ~* Schwimmkran *m*
kraandrijver Kranführer *m*
kraanleertje Dichtungsring *m*
kraanmachinist Kranführer *m*
kraanvogel Kranich *m*
kraanwagen Kranwagen *m*, ‹om auto's weg te slepen› Abschleppwagen *m*
kraanwater, BN **kraantjeswater** Leitungswasser *o*
krab *schaaldier* Krabbe *v*
krabbel ❶ *haal met pen of potlood* Gekritzel *o* ❷ *korte aantekening* Notiz *v* ★ *even een ~ om je te zeggen dat* kurz ein paar Zeilen, um dir zu sagen, dass
krabbelen I *ov ww, slordig schrijven* kritzeln **II** *on ww* ❶ *krabben* kratzen ❷ *onbeholpen bewegen* ★ *overeind ~* sich aufrappeln
krabben kratzen
krabber Kratzer *m*, Kratzeisen *o*
krabpaal Kratzbaum *m*
kracht ❶ *sterkte, geweld, werking* Kraft *v* ★ *met vereende ~en* mit vereinten Kräften ★ *in de ~ van mijn leven* in den besten Jahren ★ *op eigen ~* aus eigener Kraft ★ *~ putten uit* Kraft schöpfen aus ★ *niet meer van ~ zijn* außer Kraft sein ★ *van ~ worden* in Kraft treten ❷ *medewerker* Arbeitskraft *v*
krachtbron Kraftquelle *v*
krachtcentrale Elektrizitätswerk *o*
krachtdadig tatkräftig, energisch
krachtig kräftig, ‹geestelijk› energisch ★ *een ~e wind* ein starker Wind ★ *een ~ gif* ein wirksames Gift ★ *met ~e hand* mit starker Hand
krachtmeting Kraftprobe *v*, Kraftmessung *v*
krachtpatser Kraftbold *m*
krachtproef Kraftprobe *v*
krachtsinspanning Kraftanstrengung *v*
krachtsport Schwerathletik *v*
krachtstroom Kraftstrom *m*
krachtterm Kraftausdruck *m*
krachttoer Kraftstück *o*
krachttraining Krafttraining *o*
krachtveld Kraftfeld *o*
krachtvoer Kraftfutter *o*
krak *krakend geluid* Knacks *m*
Krakau Krakau *o*
Krakaus Krakauer
krakelen krakeelen
krakeling Brezel *v*
kraken I *ov ww* ❶ *openbreken* knacken, krachen ❷ fig *vernietigen* zerstören ❸ *huis binnendringen* besetzen ★ *een huis ~* ein Haus besetzen ❹ *inbreken* knacken ★ *een code ~* einen Code knacken **II** *on ww, geluid maken* knacken, ‹van sneeuw, grind, ijs› knirschen ★ *het bed kraakt* das Bett quietscht ★ *de deur kraakt* die Tür knarrt ★ *met ~de stem* mit knarrender Stimme
kraker ❶ *huisbezetter* Hausbesetzer *m* ❷ *chiropracticus* Chiropraktiker *m* ❸ *inbreker* Einbrecher *m* ❹ *hit* Schlager *m*
krakkemikkig klapprig, wacklig
kralengordijn Perlenvorhang *m*
kralensnoer Perlenkette *v*
kram Krampe *v*, Kramme *v*, med Verbandsklammer *v*
kramiek BN cul Rosinenbrot *o*
kramp Krampf *m*
krampachtig lett *in een kramp* krampfartig, krampfhaft
kranig tüchtig, ‹van gedrag› beherzt
krankjorum verrückt
krankzinnig *geestesziek* geisteskrank, geistesgestört, wahnsinnig, irrsinnig
krankzinnigengesticht Nervenheilanstalt *v*, Irrenanstalt *v*
krans ❶ *gevlochten ring* Kranz *m* ❷ *vriendenkring* Kreis *m*
kranslegging Kranzniederlegung *v*
kransslagader Kranzarterie *v*
krant Zeitung *v*
krantenartikel Zeitungsartikel *m*
krantenbericht Zeitungsbericht *m*
krantenjongen Zeitungsjunge *m*
krantenknipsel Zeitungsausschnitt *m*
krantenkop Schlagzeile *v*
krantenwijk Bezirk *m* eines Zeitungsausträgers ★ *een ~ hebben* Zeitungen austragen
krap I *bnw, nauw, niet ruim* eng, knapp **II** *bijw* ❶ *nauw, niet ruim* ★ *krap bij kas zitten* knapp bei Kasse sein ❷ *amper* ★ *krap tien euro* knapp zehn Euro
kras I *zn* [de], *haal* Kratzspur *v*, Kratzer *m*, ‹schram› Schramme *v* **II** *bnw* ❶ *vitaal* rüstig ★ *een kras oud dametje* eine rüstige alte Dame ❷ *krachtig, streng* krass ★ *een krasse maatregel* eine krasse Maßnahme ★ *dat is kras!* das ist stark!
kraslot Rubbellos *o*
krassen I *ov ww* kratzen **II** *on ww, geluid maken* krächzen
krat Kiste *v*, ‹van hout› Lattenkiste *v*, ‹voor flessen› Kasten *m*
krater Krater *m*
krediet *uitstel van betaling / kapitaalverschaffing* Kredit *m* ★ *iem. een ~ verlenen* jmdm. Kredit

kr

gewähren ★ *een ~ aflossen* einen Kredit tilgen ★ *levering op ~* Lieferung auf Ziel / Kredit ★ *~ op zakelijk onderpand* Sachkredit *m* ★ *doorlopend ~* Kontokorrentkredit

kredietbank Kreditbank *v*

kredietcrisis Finanzkrise *v*

kredietwaardig kreditfähig, kreditwürdig

Kreeft *dierenriemteken* Krebs *m*

kreeft Krebs *m*, ⟨grote zeekreeft⟩ Hummer *m* ★ *zo rood als een ~* so rot wie eine Tomate, krebsrot

Kreeftskeerkring Wendekreis *m* des Krebses

kreeg [verl. td.] → **krijgen**

kreek kleine(r) Flusslauf *m*, Rinne *v*

kreet ❶ *gil* Schrei *m*, Ausruf *m* ★ *~ van vreugde* Freudenschrei *m* ★ *~ van verbazing* Ausruf des Staunens *m* ❷ *loze uitspraak* Phrase *v*, ⟨leus⟩ Schlagwort *o* ★ *loze kreten slaken* leere Phrasen dreschen

kregen [verl. td.] → **krijgen**

krekel Grille *v*

kreng ❶ *kadaver* Aas *o*, Kadaver *m* ❷ *rotding* Scheißding ❸ *rotmens* Biest *o*, Luder *o* ★ *gemeen ~!* gemeines Luder!

krenken *kwetsen* kränken, ⟨kwetsen⟩ verletzen

krenking *belediging* Kränkung *v*, Verletzung *v*

krent ❶ *druif* Korinthe *v* ★ *de ~en uit de pap halen* sich die Rosinen aus dem Kuchen picken ❷ *gierigaard* Geizkragen *m*, Knauser *m* ❸ *zitvlak* Hintern *m* ★ *op zijn luie ~ zitten* auf der faulen Haut liegen

krentenbol Rosinenbrötchen *o*

krentenbrood cul Rosinenbrot *o*

krentenkakker Korinthenkacker *m*

krenterig knauserig, kleinlich

Kreta Kreta *o*

Kretenzisch kretisch

kreukel Knick *m*, Knautschfalte *v*, Knitterfalte *v* ★ *een auto in de ~s hebben gereden* ein Auto zu Schrott gefahren haben ★ *in de ~s* im Eimer

kreukelen **I** *ov ww, kreukels maken* (zer)knittern, (zer)knüllen, (zer)knautschen **II** *on ww, kreukels krijgen* knittern, knautschen ★ *deze stof kreukelt makkelijk* dieser Stoff knittert leicht

kreukelig *vol kreuken* zerknautscht, verknittert, ⟨papier⟩ zerknüllt

kreukelzone Knautschzone *v*

kreuken **I** *ov ww, kreukels maken* zerknüllen, zerknittern **II** *on ww, kreukels krijgen* knittern, knautschen

kreukherstellend bügelfrei

kreukvrij knitterfrei, knitterfest

kreunen stöhnen, ächzen

kreupel *mank* lahm ★ *~ lopen* hinken, humpeln ★ *het paard loopt ~* das Pferd lahmt

kreupelhout Unterholz *o*, Gestrüpp *o*, Dickicht *o*

krib ❶ *voederbak* Futterkrippe *v* ❷ *bedje van Jezus* Krippe *v*

kribbe Krippe *v*

kribbig kratzbürstig, kribbelig

kriebel Kribbeln *o*, Jucken *o* ★ *daar krijg ik de ~s van* das bringt mich auf die Palme

kriebelen ❶ *kietelen* kitzeln, ⟨zachtjes⟩ kraulen ❷ *klein schrijven* kritzeln

kriebelhoest Reizhusten *m*

kriebelig ❶ *klein geschreven* kritzlig ❷ *kregel* gereizt, kribbelig

kriegel kribbelig

kriek *kers* Herzkirsche *v* ★ fig *ik lach me een ~* ich lache mir einen Ast

krieken *aanbreken* anbrechen, dämmern ★ *bij het ~ van de dag* im Morgengrauen, bei Tagesanbruch

kriel *klein mens* Knirps *m*, halbe Portion *v*

krielaardappel Kartöffelchen *o*, Minikartoffel *v*

krielkip Zwerghuhn *o*

krieltje Kartöffelchen *o*, Minikartoffel *v*

krijgen ❶ *ontvangen* bekommen ★ *cadeau ~* geschenkt bekommen ❷ *verkrijgen* bekommen, kriegen ★ *kinderen / jongen ~* Kinder / Junge kriegen / bekommen ★ *weer hoop ~* wieder Hoffnung schöpfen ★ *ik krijg geen gehoor* es hat niemand abgenommen ★ *iem. aan het lachen ~* jmdn. zum Lachen bringen ★ *ik zal hem ~* ihm werd ich's aber zeigen ★ *het eten niet weg kunnen ~* das Essen nicht hinunterbringen können ❸ *oplopen* bekommen ★ *een ziekte ~* eine Krankheit bekommen ★ *een ongeluk ~* einen Unfall haben ★ *daar zul je het ~* da haben wir die Bescherung ❹ *in toestand komen* ★ *ik krijg het warm* mir wird warm ❺ *in toestand brengen* ★ *de verf er niet af kunnen ~* die Farbe nicht abbekommen können ★ *niets van de prijs af ~* keinen Preisnachlass bekommen

krijger Krieger *m*

krijgertje *spel* Fangen *o* ★ *~ spelen* Fangen spielen

krijgsdienst Militärdienst *m*

krijgsgevangene Kriegsgefangene(r) *m*

krijgsgevangenschap Kriegsgefangenschaft *v*

krijgshaftig kämpferisch

krijgsheer Kriegsherr *m*

krijgslist Kriegslist *v*

krijgsmacht Militär *o*, Armee *v*, ⟨totale land-, zee-, luchtmacht⟩ Streitkräfte *mv*

krijgsraad ❶ *militaire rechtbank* Kriegsgericht *o*, Militärgericht *o* ❷ *vergadering* Kriegsrat *m*

krijgszuchtig kampflustig, kriegerisch

krijsen *schel schreeuwen* kreischen

krijt ❶ *kalksteen* Kreide *v* ★ euf *bij iem. in het ~ staan* bei jmdm. in der Kreide stehen ❷ *periode* Kreidezeit *v*

krijtje *schrijfgerei* Stück *o* Kreide

krijtstreep ❶ *streep van krijt* Kreidestrich *m* ❷ *witte streep op donkere stof* Nadelstreifen *m*

krijttekening Kreidezeichnung *v*

krijtwit kreidebleich

krik Wagenheber *m*

krill Krill *m*

krimi Krimi *m*

krimp *het krimpen* Schrumpfung *v*, ⟨textiel⟩ Einlaufen *o* ▼ *geen ~ geven* nicht nachgeben

krimpen schrumpfen, ⟨textiel⟩ einlaufen ★ *deze stof krimpt* dieser Stoff läuft ein ★ *~ van de kou* sich krümmen vor Kälte ★ *~ van de pijn* sich krümmen / winden vor Schmerz ★ *~de westenwind* rückdrehender Westwind

krimpfolie Klarsichtfolie *v*, ⟨voor voedsel⟩ Frischhaltefolie *v* ★ *in ~ verpakken* einschweißen

krimpvrij knitterfrei

kring ❶ *cirkel* Kreis *m* ★ *in een ~ zitten* im Kreis sitzen ★ *in een ~ staan* im Kreis stehen ❷ *sociale groep* Kreis *m*, ⟨milieu⟩ Milieu *o* ★ *in besloten ~* im

engsten Kreise ★ *in de huiselijke ~* im Familienkreis ★ *in politieke ~en* in politischen Kreisen ★ *volgens welingelichte ~en* wie aus gut unterrichteten Kreisen verlautet
kringelen sich winden, sich schlängeln, sich kringeln
kringgesprek runde(r) Tisch *m*
kringloop ❶ *het gaan in een kring* Kreisen *o*, Kreisbahn *v* ❷ *cyclus* Kreislauf *m*
kringlooppapier Recyclingpapier *o*, Umweltschutzpapier *o*
kringloopwinkel Secondhandshop *m*
kringspier Ringmuskel *m*
krioelen ❶ *door elkaar bewegen* wimmeln ❷ **~ van** wimmeln vor
kris Kris *m*
kriskras kreuz und quer
kristal Kristall *o*
kristalhelder kristallklar
kristallen Kristall-, kristallen
kristalliseren (sich) kristallisieren
kristalsuiker Kristallzucker *m*
kritiek I *zn* [de] ❶ *oordeel* Kritik *v* ★ *~ uitoefenen* Kritik üben (**op** an) ❷ *oordelend verslag* Kritik *v* ★ *lovende ~en* gute Kritiken **II** *bnw, gevaarlijk, beslissend* kritisch ★ *de toestand is ~* der Zustand ist kritisch

kr

kritisch kritisch
kritiseren kritisieren
Kroaat *bewoner* Kroate *m*
Kroatië Kroatien *o*
Kroatisch I *bnw* kroatisch **II** *zn* [het] Kroatisch *o*
Kroatische Kroatin *v*
krocht Höhle *v*
kroeg Kneipe *v*, Wirtschaft *v*
kroegbaas Wirt *m*, Kneipenwirt *m*
kroegentocht Zechtour *v* ★ *op ~ gaan* eine Kneipentour machen
kroegloper Zechbruder *m*
kroelen schmusen
kroep Krupp *m*
kroepoek indonesische(s) Garnelengebäck *o*
kroes I *zn* [de], *beker* Becher *m* **II** *bnw, fijn gekruld* kraus
kroeshaar krause(s) Haar *o*
kroeskop Krauskopf *m*
kroezen I *ov ww* kräuseln, krausen **II** *on ww* sich kräuseln
krokant knusprig
kroket Krokette *v*
krokodil Krokodil *o*
krokus Krokus *m*
krokusvakantie onderw Frühlingsferien *v*
krols heiß
krom I *bnw* ❶ *gebogen* krumm ❷ *gebrekkig* schief **II** *bijw, gebogen* ★ *zich krom lachen* sich krumm- und schieflachen
kromliggen krummliegen, sich krummlegen
kromme wisk *lijn* Kurve *v*
krommen *krom maken* (sich) krümmen
kromming Krümmung *v* ★ *bij de ~ van de weg* bei der Krümmung des Weges
kromp [verl. td.] → **krimpen**
krompen [verl. td.] → **krimpen**
kromtrekken sich verziehen
kronen krönen
kroniek ❶ *jaarboek* Chronik *v* ❷ *rubriek* Rubrik *v*
kroning Krönung *v*
kronkel ❶ *bocht* Schleife *v*, ⟨in touw⟩ Schlinge *v*, ⟨in weg of rivier⟩ Krümmung *v* ❷ *gedachtekronkel* ★ *een ~ hebben* nicht ganz richtig im Kopf sein
kronkelen sich winden, sich krümmen
kronkelig Schlängel-
kronkeling Windung *v*, ⟨rivier / weg⟩ Schleife *v*
kroon ❶ *hoofdbedekking* Krone *v* ★ *de ~ spannen* alle(s) übertreffen ★ *iem. naar de ~ steken* mit jmdm. wetteifern ★ *dat zet de ~ op het werk* das setzt dem Werk die Krone auf ❷ *bovenste deel* ★ *de ~ van een eik* die Krone einer Eiche ❸ *deel v. tand, ook tandprothese* Krone *v*
kroongetuige Kronzeuge *m*
kroonjaar Jubeljahr *o*
kroonjuweel Kronjuwel *o*
kroonkurk Kronenkorken *m*, Kronenverschluss *m*
kroonlijst bouw Sims *m/o*
kroonluchter Kronleuchter *m*
kroonprins Kronprinz *m*
kroonsteentje Lüsterklemme *v*
kroop [verl. td.] → **kruipen**
kroos Entengrütze *v*, Entengrün *o*
kroost Sprösslinge *mv*, Kinder *mv*
kroot rote Beete *v*, rote Rübe *v* ★ fig *zo rood als een ~* rot wie eine Tomate
krop ❶ *stronk groente* Kopf *m* ★ *krop sla* Kopf Salat ❷ *ziekte* Kropf *m*
kropen [verl. td.] → **kruipen**
kropsla Kopfsalat *m*, Blattsalat *m*
krot Hütte *v*, Loch *o*, Bruchbude *v*
krottenwijk Elendsviertel *o*
kruid ❶ *plant* Kraut *o* ❷ *specerij* Gewürz *o*, Gewürzpflanze *v* ▼ *daar is geen ~ tegen gewassen* dagegen ist kein Kraut gewachsen
kruiden würzen
kruidenazijn Kräuteressig *m*
kruidenbitter Kräuterbitter *m*
kruidenboter cul Kräuterbutter *v*
kruidendokter Kräuterdoktor *m*
kruidenier Lebensmittelhändler *m*
kruidenierswaren Lebensmittel *mv*
kruidenierswinkel Lebensmittelgeschäft *o*, -laden *m*, Kolonialwarengeschäft *o*
kruidenthee cul Kräutertee *m*
kruidentherapie Kräutertherapie *v*
kruidentuin Kräutergarten *m*
kruidig würzig, aromatisch
kruidje-roer-mij-niet *plantje* Mimose *v*
kruidkoek cul Gewürzkuchen *m*
kruidnagel cul Nelke *v*
kruien I *ov ww, vervoeren* schieben, karren **II** *on ww, breken van ijs* Eisgang haben ★ *het ijs kruit* das Eis staut sich
kruier Gepäckträger *m*
kruik ❶ *kan* Krug *m* ★ fig *de ~ gaat zo lang te water tot ze breekt* der Krug geht so lange zum Brunnen, bis er bricht ❷ *warmwaterzak* Wärmflasche *v*
kruim Krume *v* ▼ BN *het ~ van...* das Beste von...
kruimel Krümel *m*, ⟨brood⟩ Brosame *v*
kruimeldeeg Krümelteig *m*, Mürbeteig *m*
kruimeldief ❶ *persoon* kleine(r) Dieb *m*

❷ *handstofzuiger* Handstaubsauger *m*
kruimeldiefstal kleine(r) Diebstahl *m*
kruimelen **I** *ov ww, tot kruimels maken* krümeln, bröckeln **II** *on ww, tot kruimels worden* krümeln
kruimelvlaai cul ≈ Streuselkuchen *m*
kruimelwerk Kinkerlitzchen *mv*
kruimig mehlig
kruin ❶ *bovendeel hoofd* Haarwirbel *m*, Wirbel *m*, Scheitel *m* ❷ *top* ⟨van boom⟩ Wipfel *m*, Krone *v*, ⟨van berg⟩ Gipfel *m*
kruipen *zich voortbewegen* kriechen
kruiper *te onderdanig mens* Kriecher *m*
kruiperig kriecherisch
kruippakje Strampelanzug *m*
kruipruimte Zwischenraum *m*
kruis ❶ *figuur van twee lijnen* Kreuz *o* ★ *aan het ~ slaan* ans Kreuz schlagen ★ *een ~ slaan* sich bekreuzigen ★ *zijn ~ dragen* sein Kreuz zu tragen haben ★ BN *een ~ maken over iets* etw. aufgeben, etw. fallen lassen ★ *het Rode Kruis* das Rote Kreuz ❷ muz *verhogingsteken* Kreuz *o* ❸ *lichaamsdeel; deel van broek* Schritt *m* ★ *zich in het ~ getast voelen* sich auf den Schlips getreten fühlen ❹ *zijde van munt* ★ *~ of munt* Kopf oder Zahl ❺ *beproeving* Kreuz *o*
kruisband Kreuzband *o*, Streifband *o*
kruisbeeld Kruzifix *o*
kruisbes Stachelbeere *v*
kruisbestuiving Fremdbestäubung *v*
kruisboog ❶ *schietboog* Armbrust *v* ❷ bouw Kreuzrippengewölbe *o*
kruiselings kreuzweise
kruisen **I** *ov ww* ❶ *dwars voorbijgaan* kreuzen ★ *elkaar ~* sich kreuzen ★ *met gekruiste armen* mit verschränkten Armen ❷ biol kreuzen **II** *on ww, heen en weer varen* kreuzen
kruiser ❶ *jacht* Kreuzer *m* ❷ *oorlogsschip* Kreuzer *m*
kruisigen kreuzigen
kruisiging Kreuzigung *v*
kruising *kruispunt* Kreuzung *v*
kruiskopschroevendraaier Kreuzschlitzschraubenzieher *m*
kruispunt Kreuzung *m*, Kreuzungspunkt *m*
kruisraket Marschflugkörper *m*
kruisridder Kreuzritter *m*
kruissleutel Kreuzschlüssel *m*
kruissnelheid Dauergeschwindigkeit *v*
kruisspin Kreuzspinne *v*
kruissteek Kreuzstich *m*
kruisteken Kreuzzeichen *o*
kruistocht Kreuzzug *m*, Kreuzfahrt *v*
kruisvaarder Kreuzfahrer *m*
kruisvereniging Organisation *v* für häusliche Alten- und Krankenpflege
kruisverhoor Kreuzverhör *o*
kruisweg rel Kreuzweg *m*
kruiswoordpuzzel Kreuzworträtsel *o*
kruit Schießpulver *o*, Pulver *o*
kruitdamp Pulverdampf *m*
kruiwagen ❶ *kar* Schubkarre *v* ❷ *nuttige relatie* ★ *een goede ~ hebben* über gute Beziehungen verfügen
kruk ❶ *steunstok* Krücke *v* ★ *op krukken lopen* an Krücken gehen ❷ *klink* Griff *m* ❸ *stoeltje* Schemel *m*, Hocker *m* ❹ *sukkel* Stümper *m*
krukas Kurbelwelle *v*
krukkig stümperhaft, kränklich
krul ❶ *haarlok* Locke *v* ❷ *houtsnipper* Hobelspan *m* ❸ *versiering* Schnörkel *m* ★ *met veel krullen versierd* verschnörkelt
krulandijvie krause Endivie *v*
krulhaar lockige(s) Haar *o*
krullen **I** *ov ww, krullen vormen* locken **II** *on ww, krullen hebben / krijgen* sich locken
krullenbol Krauskopf *m*, Lockenkopf *m*, Wuschelkopf *m*
krulspeld Lockenwickler *m*, Lockenwickel *m*
krultang Lockenzange *v*
kso BN onderw *kunstsecundair onderwijs* ≈musische(s) Gymnasium *o*
kst pst!
kubiek Kubik- ★ *~e meter* Kubikmeter *m/o*
kubus Kubus *m*, Würfel *m*
kuch *droge hoest* Räuspern *o*, Hüsteln *o*
kuchen hüsteln, sich räuspern
kudde *troep dieren* Herde *v*
kuddedier ❶ *dier* Herdentier *o* ❷ *persoon* Herdentier *o*, Herdenmensch *m*
kuieren schlendern, bummeln
kuif Haarschopf *m*, Schopf *m*, Borste *v*, ⟨van vogel⟩ Haube *v*
kuiken ❶ *kip* Küken *o* ❷ *persoon* Schafskopf *m*, Dussel *m*
kuil ⟨klein⟩ Mulde *v*, ⟨groot⟩ Grube *v* ★ fig *wie een kuil graaft voor een ander, valt er zelf in* wer andern eine Grube gräbt, fällt selbst hinein
kuiltje Grübchen *o*
kuip Bottich *m*, Kübel *m*, Wanne *v*
kuipje Becher *m*
kuipstoel Schalensitz *m*
kuis **I** *bnw, zedelijk rein* keusch **II** *zn* [de], BN *schoonmaak* Saubermachen *o*, ⟨in huis⟩ Hausputz *m*
kuisen ❶ *censureren* zensurieren ❷ BN *schoonmaken* reinigen, säubern
kuisheid Keuschheit *v*
kuisvrouw BN Putzhilfe *v*
kuit ❶ *deel van onderbeen* Wade *v* ❷ *klomp viseitjes* Laich *m*, Rogen *m* ★ *kuit schieten* laichen
kuitbeen Wadenbein *o*
kuitschieten laichen
kuitspier Wadenmuskel *m*
kukeleku kikeriki
kukelen *tuimelen* purzeln
kul Blödsinn *m*, Unsinn *m*, Quatsch *m*
kumquat Kumquat *v*
kunde Können *o*, Kenntnisse *mv*
kundig kundig, ⟨bekwaam⟩ fähig, ⟨bekwaam⟩ tüchtig ★ *ter zake ~* sachverständig, sachkundig
kundigheid *bekwaamheid* Tüchtigkeit *v*, Fähigkeit
kungfu Kung-Fu *o*
kunnen **I** *hww, mogelijk / wenselijk zijn* können ★ *het kan enkele jaren geleden geweest zijn* es mag einige Jahre her gewesen sein ★ *zij kan nog zo goed zijn* sie mag noch so gut sein ★ *hem kunt u gerust vertrouwen* ihm dürfen Sie trauen **II** *ov ww* [ook absoluut] *het vermogen hebben* können **III** *on ww, mogelijk zijn* können ★ *ergens van op aan ~* vertrauen können auf etw. ★ *u kunt ervan op aan* Sie können sich darauf verlassen ★ *dat*

kan niet das geht nicht ★ *je kan me wat* du kannst mich mal
kunst ❶ *creatieve activiteit* Kunst *v* ❷ *iets moeilijks wat iem. kan* Kunst *v* ★ *dat is geen ~* das ist keine Kunst
kunstacademie Kunstakademie *v*, Kunsthochschule *v*
kunstboek Kunstbuch *o*
kunstbont Kunstpelz *m*
kunstcollectie Kunstsammlung *v*
kunstenaar Künstler *m*
kunst- en vliegwerk ★ *met ~* mit Ach und Krach, mit Mühe und Not
kunstgebit Zahnprothese *v*, inform dritte(n) Zähne *mv*
kunstgeschiedenis Kunstgeschichte *v*
kunstgreep ❶ *vaardigheid, handigheid* Kunstgriff *m* ❷ *handig trucje* Kniff *m*, Trick *m*
kunsthandel ❶ *winkel* Kunsthandlung *v* ❷ *bedrijfstak* Kunsthandel *m*
kunsthars Kunstharz *o*
kunstig kunstreich, kunstvoll
kunstijsbaan Kunsteisbahn *v*
kunstje Kniff *m*, Trick *m*, Kunststück *o*, ⟨streek⟩ Streich *m* ★ *een koud ~* keine Kunst ★ *dat is een koud ~* das ist kein Kunststück
kunstleer Kunstleder *o*
kunstlicht künstliche(s) Licht *o*, Kunstlicht *o*
kunstmaan Satellit *m*
kunstmatig künstlich
kunstmest Kunstdünger *m*
kunstnijverheid Kunsthandwerk *o*, Kunstgewerbe *o*
kunstpatrimonium BN *openbaar kunstbezit* staatliche(r) Kulturbesitz *m*
kunstrijden ⟨op de schaats⟩ Eiskunstlauf *m*, ⟨op paard⟩ Kunstreiten *o*
kunstschaats Kunstlaufschlittschuh *m*
kunstschaatsen I *zn* [het] Kunsteislauf *m* **II** *on ww* Kunsteislauf machen
kunstschilder Kunstmaler *m*, Maler *m*
kunstsneeuw künstliche(r) Schnee *m*
kunststof I *zn* [de] Kunststoff *m* **II** *bnw* aus Kunststoff
kunststuk *knappe prestatie* Kunststück *o*
kunstuitleen Artothek *v*
kunstverlichting Kunstlicht *o*
kunstverzameling Kunstsammlung *v*
kunstvezel Kunstfaser *v*
kunstwerk Kunstwerk *o*
kunstzijde Kunstseide *v*
kunstzinnig *artistiek* künstlerisch
kunstzwemmen Kunstschwimmen *o*
kür sport Kür *v*
kuren eine Kur machen
kurk I *zn* [de], *stop* Korken *m*, Pfropfen *m*, Stöpsel *m* **II** *zn* [het], *materie* Kork *m*
kurkdroog knochentrocken
kurken I *bnw* korken, Kork- **II** *ov ww* verkorken
kurkentrekker Korkenzieher *m*
kurkuma Kurkuma *v*
kus Kuss *m*
kushand Kusshand *v* ★ *~jes geven* Kusshände (zu)werfen
kussen I *zn* [het] Kissen *o*, ⟨hoofdkussen⟩ Kopfkissen *o* ★ fig *op het ~ zitten* die Macht in Händen haben **II** *ov ww* küssen
kussengevecht Kissenschlacht *v*
kussensloop Kissenbezug *m*, Kissenüberzug *m*
kust Küste ★ *onder de kust* in der Nähe der Küste ★ fig *de kust is veilig* die Luft ist rein ▼ *te kust en te keur* in Hülle und Fülle, in reich(st)er Auswahl
kustgebied Küstenraum *m*
kustlijn Küstenlinie *v*
kustprovincie Küstenprovinz *v*
kuststreek Küstenregion *v*
kustvaarder *schip* Küstenschiff *o*, Küstendampfer *m*
kustvaart Küstenschifffahrt *v*
kustwacht Küstenwache *v*
kustwateren Küstengewässer *o*
kut I *zn* [de] Muschi *v*, Möse *v*, Fotze *v* **II** *bnw* Scheiße ★ *kut met peren* schöne Scheiße **III** *tw* Scheiße
kut- Scheiß-, Mist- ★ *kutweer* Mistwetter *o*
kuub Kubikmeter *m*
kuur ❶ *geneeswijze* Kur *v* ❷ *gril* Grille *v*, Laune *v*
kuuroord Kurort *m*
kwaad I *bnw* ❶ *boos* böse ★ *~ op iem. zijn* jmdm. böse sein ★ *zich ~ maken* wütend werden ❷ *slecht* schlecht ★ *zij is zo ~ nog niet* sie ist schon in Ordnung **II** *bijw* ❶ *slecht* schlimm, schlecht ★ *niet ~!* gar nicht übel! ❷ *boos* böse **III** *zn* [het] Böse(s) *o*, Übel *o*, ⟨zonde⟩ Sünde *v*, ⟨nadeel⟩ Schaden *m* ★ *een noodzakelijk ~* ein notwendiges Übel ★ *van geen ~ weten* arglos sein, ohne Arg sein ★ *van ~ tot erger vervallen* vom Regen in die Traufe kommen ★ *dat doet meer ~ dan goed* das schadet mehr, als es nützt ★ *van haar vriendin wil zij geen ~ horen* auf ihre Freundin lässt sie nichts kommen ★ *dat kan geen ~* das kann nicht schaden ★ *van twee kwaden het minste kiezen* das kleinere Übel wählen
kwaadaardig I *bnw* ❶ *boosaardig* boshaft ❷ med bösartig **II** *bijw* grimmig ★ *op ~e toon spreken* in einem grimmigen Ton sprechen
kwaadheid Zorn *m*
kwaadschiks im Bösen
kwaadspreken verleumden, ⟨roddelen⟩ klatschen ★ *van iem. ~* jmdm. Übles nachsagen
kwaadwillig *boosaardig* boshaft, böswillig
kwaal ❶ *ziekte* Leiden *o*, Übel *o* ❷ *gebrek* Fehler *m*, Laster *o*
kwab Wulst *m*
kwadraat ❶ *tweede macht* Quadrat *o* ❷ *vierkant* Quadrat *o*
kwadrant Quadrant *m*
kwajongen Lümmel *m*, Lausebengel *m*, Rotznase *v*
kwajongensstreek Lausbubenstreich *m*, Schelmenstreich *m*
kwak ❶ *geluid* Klacks *m* ❷ *neergeworpen massa* Klecks *m*
kwaken *geluid (als) van eend of kikker maken* quaken
kwakkel BN *vals bericht* Ente *v*
kwakkelen *sukkelen* kränkeln
kwakkelweer wechselhafte(s) Wetter *o*
kwakkelwinter ≈ kein richtiger Winter *m*
kwakken I *ov ww, smijten* schmettern, schleudern, schmeißen **II** *on ww, vallen* klatschen, plumpsen ★ *de zak kwakte tegen de*

ku

grond der Sack plumpste auf den Boden
kwakzalver ❶ gesch *nepdokter* Quacksalber *m* ❷ *bedrieger, onvakkundig persoon* Scharlatan *m*
kwakzalverij ❶ *onbevoegde geneeskundige behandeling* Quacksalberei *v* ❷ *doorzichtig bedrog* Scharlatanerie *v*
kwal ❶ *dier* Qualle *v* ❷ *engerd* Ekel *o*
kwalificatie ❶ *betiteling* Qualifikation *v*, Qualifizierung *v* ★ *hij kreeg voor zijn test de ~ "uitstekend"* er bekam für seinen Test die Qualifikation "ausgezeichnet" ❷ *bevoegdheid* Qualifikation ❸ sport Qualifikation *v*
kwalificatietoernooi Qualifikationswettkampf *m*
kwalificatiewedstrijd Qualifikationsspiel *o*
kwalificeren *geschikt maken* qualifizieren ★ *het elftal heeft zich gekwalificeerd* die Mannschaft hat sich qualifiziert
kwalijk I *bnw* übel, schlimm II *bijw, slecht* übel ★ *iem. iets ~ nemen* jmdm. etw. übel nehmen / verübeln ★ *neem me niet ~* Verzeihung ★ *neemt u mij niet ~* entschuldigen Sie bitte
kwalitatief qualitativ
kwaliteit ❶ *eigenschap* Qualität *v*, Eigenschaft *v* ★ *zij heeft vele goede ~en* sie hat Qualitäten / viele gute Eigenschaften ★ *deze wijn is van goede ~* dieser Wein hat Qualität ★ *eerste ~ vlees* Fleisch erster Qualität / Güte ❷ *hoedanigheid* Funktion *v*, Position *v* ★ *in mijn ~ van voorzitter* in meiner Eigenschaft als Vorsitzender
kwaliteitsbewaking Qualitätsüberwachung *v*
kwaliteitscontrole Qualitätskontrolle *v*
kwaliteitsproduct Qualitätsprodukt *o*
kwallenbeet Quallenstich *m*
kwam [verl. td.] → **komen**
kwamen [verl. td.] → **komen**
kwantiteit Quantität *v*, Menge *v*
kwantum ❶ *hoeveelheid* Quantum *o* [mv: Quanten] ❷ natk Quantum *o* [mv: Quanta]
kwantumkorting Mengenrabatt *m*
kwark cul Quark *m*
kwarktaart cul Käsekuchen *m*
kwart I *zn* [het] ❶ *vierde deel* Viertel *o* ★ *een ~ liter* ein viertel Liter ❷ *kwartier* Viertel *o* ★ *het is ~ voor tien* es ist Viertel vor zehn ★ *het is ~ over tien* es ist Viertel nach zehn II *zn* [de] muz ⟨kwartnoot⟩ Viertelnote *v*, ⟨interval⟩ Quarte *v*, ⟨3e toon na de grondtoon⟩ Quarte *v*
kwartaal Quartal *o*, Vierteljahr *o* ★ *per ~ betalen* vierteljährlich bezahlen, pro Quartal bezahlen
kwartaalcijfers Quartalszahlen *mv*
kwartel Wachtel *v* ★ fig *zo doof als een ~* stocktaub
kwartet *spel* Quartett *o*
kwartetspel Quartett *o*
kwartetten Quartett spielen
kwartfinale Viertelfinale *o*
kwartier ❶ *kwart uur* Viertelstunde *v* ❷ *maanfase* Viertel *o* ❸ *huisvesting van militairen* Unterkunft *v*, Quartier *o* ★ *~ maken* Quartier machen
kwartje Fünfundzwanzigcentstück *o*
kwartnoot muz Viertelnote *v*
kwarts Quarz *m*
kwartslag Vierteldrehung *v*
kwast ❶ *verfkwast* Pinsel *m* ❷ *franje* Quaste *v* ❸ *aansteller* Pinsel *m* ★ *rare ~* komische(r) Kauz *m* ★ *verwaande ~* eingebildete(r) Pinsel *m*
kwatong BN *lasteraar* Verleumder *m*, Lästerer *m*
kwebbel ❶ *kletskous* Plappermaul *o*, Quasselstrippe *v* ❷ *mond* Klappe *v* ★ *houd je ~!* halt die Klappe!
kwebbelen quatschen, quasseln, schwatzen
kweek ❶ *het kweken* ⟨dieren, planten⟩ Zucht *v*, ⟨aanplant⟩ Anbau *m* ❷ med *bacteriekweek* Anzucht *v* von Bakterien
kweekbak Frühbeet *o*
kweekreactor Brutreaktor *m* ★ *snelle ~* schnelle(r) Brüter *m*
kweekvijver ❶ lett Zuchtteich *m* ❷ fig Nährboden *m*
kweepeer Quitte *v*
kweet [verl. td.] → **kwijten**
kwekeling angehende(r) Lehrer *m*
kweken ❶ *planten of bloemen laten groeien* züchten ❷ fig *doen ontstaan* ziehen, ⟨overschot, rente⟩ erzielen
kweker Züchter *m*
kwekerij ❶ *voor planten* ⟨planten⟩ Gärtnerei *v*, ⟨bomen⟩ Baumschule *v* ❷ *voor dieren* Zucht *v*
kwekken ❶ *kwebbelen* quatschen, schnattern, plappern ❷ *kwaken* quaken, ⟨ganzen⟩ schnattern
kwelen ⟨van mensen⟩ schluchzen, ⟨van vogels⟩ trällern
kwellen quälen
kwelling Qual *v*, Quälerei *v*, Tortur *v*
kwestie ❶ *vraagstuk* Frage *v*, Problem *o* ★ *een juridische ~* eine Rechtsfrage ❷ *aangelegenheid* Sache *v*, Frage *v* ★ *het is een ~ van tijd* es ist eine Frage der Zeit ★ *een ~ van smaak* eine Geschmackssache ★ *een ~ van oefenen* reine Übungssache ★ *de persoon in ~* die fragliche Person
kweten [verl. td.] → **kwijten**
kwetsbaar verwundbar, verletzbar, ⟨bridge⟩ in der Gefahrenzone ★ *zich ~ opstellen* sich eine Blöße geben
kwetsen verwunden, verletzen, ⟨geestelijk ook⟩ kränken
kwetteren ⟨van vogels⟩ zwitschern, ⟨van watervogels⟩ schnattern
kwiek I *bnw* flink, rege, fesch, lebhaft II *bijw* flott
kwijl Geifer *m*, inform Sabber *m*
kwijlen *kwijl uit de mond laten lopen* geifern, sabbern
kwijnen ❶ *verzwakken* daniederliegen, ⟨van dieren en planten⟩ verkümmern ❷ *achteruitgaan* abflauen
kwijt ❶ *verloren* weg, verloren ★ *iets ~ zijn* etw. verloren haben ★ *ik was mijn vrije middag ~* mein freier Nachmittag war dahin ❷ *verlost van* los ★ *dat wou ik even ~* das wollte ich kurz loswerden
kwijten [zich ~] van sich entledigen ★ *zich van een opdracht ~* sich eines Auftrags entledigen
kwijtraken, BN **kwijtspelen** ❶ *verliezen* verlieren ❷ *afkomen van* loswerden ★ *zij kon hem maar niet ~* sie konnte ihn nicht loswerden ★ *ik kon die spullen maar moeilijk ~* ich konnte die Sachen nur schwer loswerden
kwijtschelden *als voldaan beschouwen* lossprechen, erlassen
kwijtschelding Erlass *m*

kwik Quecksilber *o*
kwikstaart (Bach)stelze *v* ★ *grote gele ~* Gebirgsstelze *v*
kwikzilver Quecksilber *o*
kwintet Quintett *o*
kwispelen wedeln
kwispelstaarten mit dem Schwanz wedeln
kwistig ⟨vrijgevig⟩ freigebig, ⟨verkwistend⟩ verschwenderisch, ⟨overvloedig⟩ reichlich
kwitantie Quittung *v* ★ *een ~ uitschrijven* eine Quittung ausstellen

L

l *letter* L *o* ★ *de l van Lodewijk* L wie Ludwig
la ❶ *lade* Schublade *v* ❷ *muzieknoot* La *o*
laadbak Container *m*, ⟨laadruimte⟩ Ladefläche *v*
laadbrief ⟨binnenscheepvaart⟩ Ladeschein *m*, ⟨zeescheepvaart⟩ Seefrachtbrief *m*
laadbrug Ladebrücke *v*
laadde [verl. td.] → **laden**
laadden [verl. td.] → **laden**
laadklep Ladeklappe *v*
laadruim Laderaum *m*
laadvermogen Ladefähigkeit *v*, Ladevermögen
laag I *zn* [de] ❶ *uitgespreide hoeveelheid* Schicht *v* ★ *een laag olie* ein Ölfilm *m* ★ *het heeft meerdere lagen* es ist mehrschichtig ❷ *sociale klasse* Gesellschaftsschicht *v*, Schicht *v* ★ *de bovenste laag van de bevolking* die Oberschicht ▼ *iem. de volle laag geven* jemanden herunterputzen ▼ *de volle laag krijgen* die volle Ladung abbekommen **II** *bnw* ❶ *niet hoog* niedrig, tief ★ *een lage stoel* ein niedriger Stuhl ★ *lage temperaturen* niedrige(n) Temperaturen ★ *de wolken hangen laag* die Wolken hängen tief ❷ *diep, zwaar* ★ *een lage stem* eine tiefe Stimme ★ *een lage noot* ein tiefer Ton ★ muz *de lage c* das tiefe C ❸ *gering* niedrig, gering ❹ *niet hoog in bep. rangorde* ★ *de lagere standen* die unteren Klassen ❺ *gemeen* gemein, niederträchtig ★ *een lage streek* eine Gemeinheit
laag-bij-de-gronds banal, trivial, platt
laagbouw *het laag gebouwde* Flachbau *m*
laaggeschoold onderw bildungsfern
laaghartig niederträchtig
laagland Flachland *o*, Niederung *v*
laagseizoen ⟨voorseizoen⟩ Vorsaison *v*, ⟨naseizoen⟩ Nachsaison *v*
laagspanning ⟨lager dan normaal⟩ Niederspannung *v*, ⟨minder dan 42 V⟩ Schwachstrom *m*
laagte ❶ *het laag zijn* Niedrigkeit *v* ❷ *laag terrein* Tiefe *v*, ⟨dal⟩ Tal *o*
laagvlakte Tiefebene *v*
laagwater ❶ *eb* Ebbe *v* ❷ *lage waterstand in rivier enz.* Niedrigwasser *o*
laaien lodern
laaiend I *bnw* ❶ *woedend* rasend ★ *zijn moeder was ~* seine Mutter war außer sich ❷ *hevig* heftig **II** *bijw, hevig* ★ *~ enthousiast zijn* hell begeistert sein
laakbaar tadelnswürdig, tadelnswert
laan Allee *v* ★ fig *iem. de laan uit sturen* jmdm. den Laufpass geben
laars Stiefel *m* ▼ *dat kan haar geen ~ schelen* sie schert sich den Teufel darum
laat I *bnw* spät ★ *hoe laat is het?* wie viel Uhr ist es?, wie spät ist es?, wie viel Uhr ist es? ★ *op de late avond* am späten Abend ★ *ik ben wat laat* ich habe mich etw. verspätet ★ *weten hoe laat het is* wissen, was die Glocke geschlagen hat **II** *bijw* spät ★ *laat opblijven* lange aufbleiben ★ *hoe laat?* wie spät? ★ *tot laat in de nacht* bis spät in die Nacht ★ *beter laat dan nooit* besser spät als gar nicht

laatbloeier ❶ *plant* spät blühende Pflanze *v* ❷ *persoon* Spätentwickler *m*, inform Spätzünder *m*
laatdunkend eingebildet, überheblich
laatkomer Nachzügler *m*
laatst I *bnw* letzt ★ *de ~e trein* der letzte Zug ★ *de op een na ~e* der / die / das Vorletzte ★ *op het ~e ogenblik* im letzten Moment, inform auf den letzten Drücker ★ *zijn ~e boek* sein letztes Buch ★ *een ~e opmerking* eine Schlussbemerkung **II** *bijw* ❶ *onlangs* neulich, vor kurzem ★ *ik heb haar ~ nog gezien* ich habe sie vor kurzem noch gesehen ❷ *meest laat* zuletzt ★ *hij kwam het ~* er kam als letzter ★ *op zijn ~*, BN *ten ~e* ⟨uiterlijk⟩ spätestens
laatstejaars Schüler *m* der letzten Klasse [v: Schülerin]
laatstgenoemde Letztgenannte(r) *m*, ⟨van twee⟩ Letztere(r) *m*
laattijdig BN → **laat**
lab inform Labor *o*
label ❶ *kaartje* Schild *o*, ⟨bagagelabel⟩ Anhängeschild *o* ❷ *merk* Label *o*
labelen beschriften
labeur BN Arbeit *v*
labiel labil
laborant Laborant *m* [v: Laborantin]
laboratorium, inform BN **labo** Laboratorium *o*
labrador-retriever Labrador-Retriever *m*
labyrint Labyrinth *o*
lach Lachen *o*, ⟨glimlachen⟩ Lächeln *o* ★ *stikken van de lach* platzen vor Lachen ★ *een harde lach* ein lautes Lachen ★ *de slappe lach hebben* einen Lachkrampf haben
lachbui Lachkrampf *m*, Lachanfall *m*
lachebek Kichererbse *v*
lacheding ★ BN *dat is geen ~* darüber lacht man nicht, das ist nicht zum Lachen
lachen lachen, ⟨glimlachen⟩ lächeln ★ *iem. aan het ~ maken* jmdn. zum Lachen bringen ★ *om iets ~* über etw. lachen ★ *het is om te ~* es ist zum Lachen ▼ BN *groen ~* gequält / gezwungen lachen ▼ *zich dood (krom, slap, ziek, e.d.) ~* sich einen Ast lachen, sich schieflachen ▼ *wie het laatst lacht, lacht het best* wer zuletzt lacht, lacht am besten ▼ *laat me niet ~!* dass ich nicht lache!
lacher Lacher *m*
lacherig lachlustig
lachertje Witz *m*
lachfilm komische(r) Film *m*
lachgas Lachgas *o*
lachsalvo Lachsalve *v*
lachspiegel Zerrspiegel *m*
lachspieren Lachmuskeln *mv* ★ *dat werkt op de ~* das reizt die Lachmuskeln
lachstuip Lachsalve *v*
lachwekkend komisch, ⟨belachelijk⟩ lächerlich
laconiek lakonisch
lactose Laktose *v*, Milchzucker *m*
lactovegetariër Laktovegetarier *m*
lacune Lücke *v* ★ *~s aanvullen* Lücken schließen
ladder ❶ *klimtoestel* Leiter *v* ❷ *haal in kous* Laufmasche *v* ★ *er zit een ~ in je kous* dein Strumpf hat eine Laufmasche
ladderen Laufmaschen bekommen ★ *deze kousen ~ niet* diese Strümpfe bekommen keine Laufmaschen
ladderwagen Drehleiterfahrzeug *o*, Kraftdrehleiter *v*
ladderzat sternhagelvoll, stockbesoffen
lade *la* Schublade *v*
ladekast Kommode *v*
laden *bevrachten* laden ★ *iets op zich ~* etw. auf sich nehmen ★ *~ en lossen* ein- und ausladen
lading ❶ *last* Ladung *v* ❷ *elektrische lading* Ladung *v* ❸ *munitie, explosief* Ladung *v*
ladykiller Ladykiller *m*, Herzensbrecher *m*
ladyshave Ladyshave *m*, Damenrasierer *m*
laf ❶ *niet moedig* feige ❷ *niet eerlijk, flauw* lasch ★ *een laf excuus* eine schwache Entschuldigung ❸ *zonder zout* fade
lafaard Feigling *m*, inform Angsthase *m*
lafhartig feige
lafheid *het laf zijn* Feigheit *v*
lag [verl. td.] → **liggen**
lagedrukgebied Tiefdruckgebiet *o*, Tief *o*
lagelonenland Niedriglohnland *o*
lagen [verl. td.] → **liggen**
lager I *zn* [de] techn Lager *o* **II** *zn* [het], *bier* Lagerbier *o*
Lagerhuis englische(s) Unterhaus *o*, House of Commons *o*
lagerwal Legerwall *m* ★ fig *aan ~ raken* herunterkommen, auf den Hund kommen
lagune Lagune *v*
lak ❶ *mengsel van hars* Lack *m* ❷ *verf* Lack *m*, ⟨laag lakverf⟩ Lackierung *v* ▼ *ik heb er lak aan* da pfeife ich drauf
lakei Lakai *m*
laken I *zn* [het] [mv: +s] *bedbedekking* Laken *o*, Betttuch *o* ★ *tussen de ~s kruipen* ins Bett kriechen ★ *de ~s uitdelen* das Sagen haben ★ BN *het ~ naar zich toe trekken* die Oberhand gewinnen **II** *zn* [het] [gmv] *stof* Tuch *o* ★ *dat is van hetzelfde ~ een pak* das ist Jacke wie Hose ★ BN *van hetzelfde ~ een broek krijgen* es zurückkriegen **III** *ov ww, afkeuren* missbilligen ★ *iemands gedrag ~* jmds. Verhalten missbilligen
lakken lackieren
lakmoes Lackmus *m/o*
lakmoesproef scheik Lackmustest *m*
laks lax
lakschoen Lackschuh *m*
laksheid Laschheit *v*, Laxheit *v*
lakverf Lackfarbe *v*
lallen lallen
lam I *zn* [het] Lamm *o* ★ *lammetje* Lämmchen *o* ★ *zo mak als een lammetje* lammfromm ★ *onschuldig als een pasgeboren lammetje* unschuldig wie ein neugeborenes Kind **II** *bnw* ❶ *verlamd* gelähmt ★ *zich lam werken* sich zu Tode schuften ★ *zich lam schrikken* sich zu Tode erschrecken ❷ *stukgedraaid* ausgeleiert ❸ *stomdronken* voll, blau
lama ❶ *dier* Lama *o* ❷ *priester* Lama *m*
lambrisering Täfelung *v*, Tafelwerk *o*
lamel Lamelle *v*
lamenteren lamentieren
lamheid Lahmheit *v*
laminaat Laminat *o*
laminaatparket Laminatparkett *o*
lamineren ❶ *met plasticfolie overtrekken*

laminieren ❷ *gelaagd maken* laminieren
lamleggen lahmlegen
lamlendig ❶ *lusteloos* schlapp, ⟨laks⟩ lahm ★ *een ~ stel bij elkaar* ein lahmer Haufen ★ *hij is te ~ om dat te doen* er bringt das noch nicht mal fertig ❷ *beroerd* ärgerlich
lamme Lahme(r) *m* ★ fig *de ~ leidt de blinde* der Lahme führt den Blinden
lamp ❶ *verlichtingstoestel* Lampe *v* ★ *staande lamp* Stehlampe ❷ *gloeilamp* Birne *v*, ⟨van beeldbuis of radio⟩ Röhre *v* ▼ *tegen de lamp lopen,* BN *tegen de lamp vliegen* erwischt werden ▼ *er gaat bij hem een lampje branden* ihm geht ein Licht auf
lampenkap Lampenschirm *m*
lampetkan Wasserkanne *v*
lampion Papierlaterne *v*, Lampion *m*
lamsbout cul Lammkeule *v*, Lammshaxe *v*
lamsvlees Lammfleisch *o*, Hammelfleisch *o*
lamswol Lammwolle *v*
lanceerbasis Abschussbasis *v*
lanceren ❶ *afvuren* abschießen ★ *een raket ~* eine Rakete starten ❷ *in omloop of in de mode brengen* einführen, lancieren
lancet Lanzette *v*
land ❶ *vaste grond* Land *o* ★ *te land, ter zee en in de lucht* zu Land, zu Wasser und in der Luft ★ *land in zicht!* Land in Sicht! ★ *er is geen land met hem te bezeilen* mit ihm kann man nichts anfangen ▼ *het land hebben aan iets / iemand* jemanden / etwas nicht leiden können ❷ *staat* Land *o* ★ *iem. uit het land zetten* jmdn. des Landes verweisen ★ *mijn land* mein Land ★ *het Beloofde Land* das Gelobte Land ★ *het Heilige Land* das Heilige Land ★ *land van herkomst* Herkunftsland *o* ★ *in het land der blinden is eenoog koning* unter Blinden ist der Einäugige König ★ *'s lands wijs, 's lands eer* andere Länder, andere Sitten ★ *een land van melk en honing* ein Land, wo Milch und Honig fließt ❸ *grond* Land *o* ★ *een hectare land* ein Hektar Land ★ *land bezitten* Land besitzen ❹ *platteland* Land *o* ★ *een meisje van het land* ein Mädchen vom Land ★ *op het land* auf dem Lande ❺ *akkerland* Land *o* ★ *op het land werken* auf dem Land arbeiten
landbouw Landwirtschaft *v*
landbouwbedrijf landwirtschaftliche(r) Betrieb *m*
landbouwbeleid Landwirtschaftspolitik *v*, Agrarpolitik *v*
landbouwer Landwirt *m*
landbouwkunde Agrarwissenschaft *v*
landbouwschool onderw Landwirtschaftsschule *v*
landbouwuniversiteit landwirtschaftliche Hochschule *v*
landbouwwerktuig landwirtschaftliche(s) Gerät *o*
landdier Landtier *o*
landelijk ❶ *nationaal* landesweit, national ★ *een ~e krant* eine überregionale Zeitung ★ *deze actie wordt ~ gehouden* diese Aktion wird landesweit durchgeführt ❷ *plattelands* ländlich ★ *de ~e omgeving* die ländliche Umgebung
landen landen
landengte Landenge *v*
landenwedstrijd Länderspiel *o*

landerig verdrossen, lustlos
landerijen Ländereien *mv*
landgenoot Landsmann *m* [v: Landsmännin] ★ *landgenoten* Landsleute
landgoed Landgut *o*
landhuis Landhaus *o*
landijs Inlandeis *o*
landing ❶ *het landen* ⟨van vliegtuig⟩ Landung *v* ❷ *ontscheping* Landung *v*
landingsbaan Landebahn *v*
landingsgestel Fahrgestell *o*
landingsstrip Landebahn *v*
landingstroepen Landungstruppen *mv*
landingsvaartuig Landungsfahrzeug *o*
landinwaarts landeinwärts
landkaart Landkarte *v*
landklimaat Landklima *o*
landloper Landstreicher *m*
landmacht Landstreitkräfte *mv*, Heer *o*
landmeten Land (ver)messen
landmijn Landmine *v*
landnummer internationale Vorwahlnummer *v*
landsaard Nationalcharakter *m*
landsbelang Staatsinteresse *o*
landschap Landschaft *v*
landschildpad Landschildkröte *v*
landsgrens Landesgrenze *v*, Staatsgrenze *v*
landskampioen Landesmeister *m*
landstreek Landstrich *m*, Gegend *v*
landtong Landzunge *v*
landverhuizing Auswanderung *v*
landverraad Landesverrat *m*
landweg ❶ *weg over land* Landweg *m* ❷ *niet-verharde weg* Feldweg *m*
landwind Landwind *m*
landwinning Landgewinnung *v*
lang I *bnw* ❶ *van bepaalde / grote lengte* lang ★ *hij zag een lange man* er sah einen großen Mann ★ *het is zo lang als het breed is* das ist gehüpft wie gesprungen ★ *een lang gezicht zetten* ein langes Gesicht machen ❷ *van bepaalde tijd* lang **II** *bijw* ❶ *gedurende een bepaalde of geruime tijd* lange ★ *dat had je al lang moeten zeggen* das hättest du schon längst sagen sollen ★ *sinds lang* seit langem ★ *hij zal het niet lang meer maken* er wird es nicht mehr lange machen ★ *hoe langer hoe erger* immer schlimmer ★ *dat is lang geleden* das ist lange her ❷ *helemaal* ⟨met ontkenning⟩ ★ *dat is lang niet slecht* das ist gar nicht so schlecht ★ *hij is lang niet gek* er ist gar nicht so dumm ★ *lang niet zo goed* lange nicht so gut ★ *je bent er nog lang niet* du hast noch einiges vor dir ★ *bij lange na niet* bei Weitem nicht
langdradig weitschweifig, langatmig ★ *een ~ toneelstuk* ein langatmiges Theaterstück
langdurig länger ★ *een ~e kwestie* eine langwierige Angelegenheit ★ *een ~e vriendschap* eine langjährige Freundschaft ★ *een ~e afwezigheid* eine längere Abwesenheit
langeafstandsraket Langstreckenrakete *v*, Fernrakete *v*
langeafstandsvlucht Fernflug *m*
langetermijngeheugen Langzeitgedächtnis *o*
langetermijnplanning Langzeitplanung *v*
langgerekt ❶ *lang en smal* lang gestreckt ❷ *lang aangehouden* lang gezogen

langharig langhaarig
langlaufen langlaufen
langlopend langfristig ★ *een ~e voorstelling* eine Vorstellung, die lange Zeit gespielt wird
langoustine Langustine *v*
langparkeerder Dauerparker *m*, Langzeitparker *m*
langs I *vz* ❶ *in de lengte naast* entlang [+3], an... entlang [+3] ★ *~ het huis* am Haus entlang ★ *~ de kust varen* an der Küste entlang fahren ★ *vlak ~ de grond* direkt am Boden ★ *een kroeg ~ de weg* ein Lokal an der Straße ★ *de weg ~* die Straße entlang ★ *liggen / staan ~* an... liegen / stehen [+3] ❷ *via, door* entlang [+4], durch [+4], über [+4] ★ *~ de weg* über den Weg ★ *~ het balkon* über den Balkon ★ *~ de regenpijp omhoog* an der Regenrinne hoch ★ *~ een andere weg* über einen anderen Weg ▼ *ze praten ~ elkaar heen* sie reden aneinander vorbei ▼ *het is ~ me heen gegaan* es ist an mir abgeglitten **II** *bijw* ❶ *voorbij* vorbei ★ *(ga) de kerk ~ en dan rechts* an der Kirche vorbei und dann nach rechts ❷ *in de lengte naast* entlang ★ *de weg loopt er ~* die Straße läuft da entlang ▼ *iem. ervan ~ geven* es jemanden geben ▼ *ervan ~ krijgen* eins auf den Deckel bekommen
langsgaan *voorbij komen* vorbeigehen, vorbeischauen, ⟨rijden⟩ vorbeifahren
langskomen *voorbij bewegen* vorbeikommen
langslaper Langschläfer *m*
langspeelplaat Langspielplatte *v*
langsrijden *voorbij iets rijden* vorbeifahren
langst längst ★ *het kan op zijn ~ een uur duren* es wird höchstens eine Stunde dauern
langszij längsseits
languit ausgestreckt, der Länge nach ★ *~ liggen* ausgestreckt liegen
langverwacht heiß / lang ersehnt / erwartet
langwerpig länglich
langzaam I *bnw* langsam **II** *bijw* langsam ★ *langzamer gaan rijden* langsamer fahren ★ *~ maar zeker* langsam, aber sicher
langzaamaan gemächlich ★ *~!* immer mit der Ruhe!
langzaamaanactie Bummelstreik *m*
langzamerhand langsam, allmählich, nach und nach
lankmoedig langmütig
lans Lanze *v* ★ fig *een lans breken voor iem.* eine Lanze brechen für jmdn.
lantaarn Laterne *v*, ⟨straatlantaarn⟩ Straßenlaterne *v* ★ fig *die moet je met een ~tje zoeken* die musst du mit der Lupe suchen
lantaarnpaal Laternenpfahl *m*
lanterfanten bummeln, herumlungern, ⟨rondhangen⟩ sich herumtreiben
Laos Laos *o*
Laotiaans, **Laotisch** laotisch
Lap Lappe *m*
lap Stück *o*, ⟨stuk stof⟩ Stück *o* Stoff ★ *een lapje grond* ein Grundstück ★ *een lap vlees* eine Scheibe Fleisch ★ *dat werkt op hem als een rode lap op een stier* das ist ein rotes Tuch für ihn ★ fig *iem. voor het lapje houden* jmdn. zum Besten halten, jmdn. auf den Arm nehmen
lapjeskat mehrfarbige Katze *v*
Lapland Lappland *o*
Laplands → **Laps**
lapmiddel Notbehelf *m* ★ *dat zijn toch alleen maar ~en* das ist doch alles nur Flickwerk
lappen ❶ *schoonmaken* (ab)ledern ★ *de ramen ~* die Fenster putzen ❷ inform *betalen* ≈ Geld zusammenlegen ❸ *klaarspelen* hinkriegen
lappendeken ❶ *deken* Flickendecke *v* ❷ fig *onsamenhangend geheel* Flickwerk *o*
lappenmand Flickkorb *m* ▼ *in de ~ zijn* kränkeln
Laps lappisch
Lapse Lappin *v*
laptop Laptop *m*, Notebook *m*
lapwerk Flickschusterei *v*
lapzwans Schlappschwanz *m*
larderen spicken
larie Blech *o*, Quatsch *m*, Blödsinn *m*
lariks Lärche *v*
larve Larve *v*
las I *zn* [de] ❶ *plaats waar gelast is* Schweißstelle *v*, Schweißnaht *v*, ⟨verbinding door samensmelting⟩ Schweißung *v* ★ *het ijzer is precies op de las afgebroken* das Eisen ist genau an der Schweißnaht gebrochen ❷ *tussenzetsel* Lasche *v* ★ *iets door een las verbinden* etw. verlaschen **II** *ww* [verl. td.] → **lezen**
lasagne Lasagne *mv*
lasapparaat Schweißgerät *o*
lasbril Schweißbrille *v*
laser Laser *m*
laserprinter Laserdrucker *m*
laserstraal Laserstrahl *m*
lassen verbinden, zusammensetzen, ⟨metaal⟩ schweißen, ⟨kunststof⟩ verschweißen
lasser Schweißer *m*
lasso Lasso *m/o*
last ❶ *vracht, lading* Fracht *v*, Ladung *v*, Last *v* ★ *bezwijken onder de last* unter der Last zusammenbrechen ★ *iem. iets ten laste leggen* jmdm. etw. zur Last legen ❷ *hinder* Ärger *m*, ⟨ongemakken⟩ Beschwerden *mv*, ⟨ongerief⟩ Unannehmlichkeiten *mv* ★ *last hebben van iem.* Ärger mit jmdm. haben ★ *ik heb geen last van hem* mich stört er nicht ★ *ik heb last van het licht* das Licht stört mich ★ *last hebben van je hart* Herzprobleme haben ★ *last hebben van kiespijn* Zahnschmerzen haben ★ *iem. tot last zijn, iem. last bezorgen,* BN *iem. last verkopen* jmdm. Unannehmlichkeiten bereiten / machen, jmdm. zur Last fallen ❸ *verplichting* Last *v*, ⟨kosten⟩ Kosten *mv* ★ *sociale lasten* Sozialabgaben ★ *ten laste van de koper* zulasten / zu Lasten des Käufers ❹ *bevel* Auftrag *m* ★ *op last van* im Auftrag [+2] ★ *last geven tot* anordnen
lastdier Lasttier *o*
lastenboek BN bouw *opdrachtbeschrijving voor offerte* Lastenheft *o*
lastendruk Belastung *v*
lastenverlichting Abnahme *v* der Belastung
laster Verleumdung *v*, jur üble Nachrede *v*, ⟨aantasting van iemands goede naam⟩ Rufmord *m*
lasteraar Verleumder *m*, Lästerer *m*
lastercampagne Verleumdungskampagne *v*, Hetzkampagne *v*, Hetze *v*
lasteren schlechtmachen, verleumden ★ *God ~* Gott lästern

lasterlijk verleumderisch, ⟨t.o.v. God⟩ lästerlich
lasterpraat böse / üble Nachrede *v*, Klatsch *m*
lastgever Auftraggeber *m*, jur Mandant *m*
lastig ❶ *moeilijk* schwierig, schwer, ⟨netelig⟩ heikel ★ *een ~e zaak* eine heikle Angelegenheit ★ *een ~ parket* eine missliche Lage ❷ *hinderlijk* unbequem, lästig ★ *een ~ kind* ein lästiges Kind
lastigvallen ★ *iem. ~* jmdn. belästigen
last minute ★ *lastminutevlucht* Last-Minute-Flug *m*
lastpost lästige(r) Mensch *m*
lat Latte *v* ★ *zo mager als een lat* dünn wie eine Bohnenstange, klapperdürr ★ BN *de lat gelijk leggen* jedem dieselbe Chance geben
laten I *ov ww* ❶ *toestaan* lassen ❷ *ertoe brengen* lassen ★ *~ zien* zeigen ★ *het oog over iets ~ gaan* etw. ins Auge fassen ❸ *nalaten* lassen ❹ *in toestand laten* lassen lass es! ★ *laat het maar rusten* lass es gut sein ★ *het laat me koud* es berührt mich nicht ❺ *niet inhouden* ★ *tranen ~* Tränen vergießen **II** *hww* ⟨van wenselijkheid⟩ lassen, ⟨van mogelijkheid⟩ mögen
latent latent
later I *bnw* später **II** *bijw* ★ *weken ~* Wochen danach ★ *tot ~!* bis nachher! ★ *~ heb je er spijt van* nachher / hinterher tut es dir leid ★ *zij komt ~* sie kommt später
lateraal *van terzijde* lateral
latertje ★ *dat wordt een ~* es wird spät werden
latex Latex *o*
latexverf Latexfarbe *v*
Latijn Latein *o*, Lateinische *o* ★ *in het ~* auf Lateinisch ▼ *zij is aan het einde van haar ~* sie ist mit ihrem Latein am Ende ▼ BN *zijn ~ steken in iets* sich verlegen auf etwas [+4]
Latijns ⟨Romaans⟩ romanisch, ⟨Romeins⟩ lateinisch ★ *~e letters* lateinische(n) Buchstaben
Latijns-Amerika Lateinamerika *o*
Latijns-Amerikaans *m.b.t. Latijns-Amerika* lateinamerikanisch
latino Latino *m*, Lateinamerikaner *m*
latrelatie ≈ Beziehung *v*, in der die Partner getrennt leben
latrine Latrine *v*
latwerk ❶ *hekwerk* Lattenzaun *m* ❷ *raamwerk* Lattengerüst *o*, Lattengestell *o*, Lattenrost *m*
laureaat BN onderw *geslaagde* Absolvent *m*
laurier Lorbeer *m*
laurierblad Lorbeerblatt *o*
laurierboom Lorbeerbaum *m*
laurierdrop omschr Lakritz *o*
lauw ❶ *halfwarm* lau ❷ fig *mat* lau
lauweren Lorbeeren *mv* ★ fig *op zijn ~ rusten* sich auf seinen Lorbeeren ausruhen ★ fig *~ oogsten* Lorbeeren ernten
lauwerkrans Lorbeerkranz *m*
lava Lava *v* ★ *lavastroom* Lavastrom *m*
lavabo BN *wastafel* Waschbecken *o*
lavastroom Lavastrom *m*
laveloos sternhagelvoll
laven laben, erquicken
lavendel Lavendel *m*
laveren ❶ scheepv kreuzen ❷ *wankelend lopen* taumeln, torkeln ❸ fig *schipperen* lavieren
lawaai Lärm *m*, Krach *m*, ⟨van mensen⟩ Spektakel *o* ★ *hels ~* Höllenlärm
lawaaierig lärmend ★ *het is hier erg ~* es ist hier ziemlich laut
lawaaischopper Radaumacher *m*, Krachmacher *m*
lawine Lawine *v*
lawinegevaar Lawinengefahr *v*
laxeermiddel Abführmittel *o*
laxeren laxieren, abführen
lay-out Layout *o*
lay-outen das Lay-out / Layout machen
lazaret Lazarett *o*
lazarus stockbesoffen, sternhagelvoll
lazen [verl. td.] → **lezen**
lazer ▼ *iem. op zijn ~ geven* jemandem eine Tracht Prügel geben ▼ *op zijn ~ krijgen* zusammengestaucht werden
lazeren I *ov ww, smijten* feuern, schmeißen ★ *alles door elkaar ~* alles durcheinanderschmeißen **II** *on ww, vallen* fliegen
lbo *lager beroepsonderwijs* ≈ Sonderschule *v*
lcd-scherm LCD-Bildschirm *m*
leadzanger Leadsänger *m*
leaseauto, inform **leasebak** Leasingauto *o*
leasen leasen
lebberen schlürfen
lector Lektor *m*
lectuur Lektüre *v*
ledematen → **lidmaat**
leden [verl. td.] → **lijden**
ledenadministratie Mitgliederkartei *v*
ledenbestand Mitgliederverzeichnis *o*, ⟨aantal⟩ Mitgliederzahl *v*
ledenpas Mitgliedsausweis *m*, Mitgliedskarte *v*
ledenstop Aufnahmestopp *m* (für Mitglieder)
ledental Mitgliederzahl *v*
ledenwerving Mitgliedswerbung *v*
leder form → **leer**
lederen form → **leren**
lederwaren Lederwaren *mv*
ledigen (ent)leeren
ledigheid *nietsdoen* Müßiggang *m* ★ fig *~ is des duivels oorkussen* Müßiggang ist aller Laster Anfang
ledikant Bettgestell *o*
leed I *zn* [het] Leid *o*, Schmerz *m*, Kummer *m* ★ *leed veroorzaken* Kummer machen / bereiten ▼ *het leed is weer geleden* die Sache ist ausgestanden **II** *ww* [verl. td.] → **lijden III** *bnw* → **oog**
leedvermaak Schadenfreude *v* ★ *vol ~* schadenfroh
leedwezen Bedauern *o*, ⟨condoléance⟩ Beileid *o* ★ *tot mijn ~* zu meinem Bedauern
leefbaar erträglich ★ *de situatie is ~* die Situation ist erträglich ★ *een huis ~ maken* ein Haus wohnlich machen
leefbaarheid ≈ Lebensqualität *v*
leefgemeenschap Lebensgemeinschaft *v*
leefklimaat Lebensbedingungen *mv*
leefloon BN ≈ Sozialhilfe *v*, ≈ Unterstützung *v*
leefmilieu Milieu *o*
leefnet Setzkescher *m*
leefomstandigheden Lebensbedingungen *v mv*, Lebensumstände *m mv*
leefregel Lebensregel *v*

leefruimte Lebensraum *m*
leeftijd Alter *o*, Lebensalter *o* ★ *op dertigjarige ~ is hij getrouwd* er hat mit dreißig geheiratet ★ *van middelbare ~* mittleren Alters ★ *hij is van mijn ~* er ist in meinem Alter ★ media *voor alle ~en* jugendfrei ▾ *op ~ komen* in die Jahre kommen, älter werden
leeftijdgenoot ★ *wij zijn leeftijdgenoten* wir sind Altersgenossen
leeftijdsdiscriminatie Altersdiskriminierung *v*
leeftijdsgrens Altersgrenze *v*
leeftijdsklasse Altersklasse *v*
leeftocht Wegzehrung *v*, Proviant *m*
leefwijze Lebensweise *v*
leeg ❶ *zonder inhoud* leer ★ *een leeg bord* ein leerer Teller ★ *met lege handen staan* mit leeren Händen dastehen ❷ *onbezet, onbewoond* leer ★ *dat huis staat leeg* das Haus steht leer
leegdrinken austrinken, leer trinken
leeggieten ausgießen, ausleeren, ausschütten
leeggoed BN *lege flessen, kratten enz.* Leergut *o*
leeggooien ausschütten, ausleeren, auskippen
leeghalen *leegmaken* leeren, ausräumen
leeghoofd Hohlkopf *m*, Schwachkopf *m*
leegloop ⟨van de stad⟩ Stadtflucht *v*, ⟨van het platteland⟩ Landflucht *v*
leeglopen ❶ *leegstromen* leerlaufen, auslaufen, ⟨ruimte⟩ sich leeren ❷ *nietsdoen* müßiggehen, faulenzen
leegloper Nichtstuer *m*, Faulenzer *m*, Müßiggänger *m*
leegmaken leeren
leegstaan leer stehen
leegstand Leerstehen *o*
leegstromen leerlaufen
leegte ❶ *leegheid* Leere *v* ❷ fig *leemte* Lücke *v*
leek I *zn* [de] ❶ *niet-vakman* Laie *m* ❷ *niet-geestelijke* Laie *m* ★ *(als) van een leek* laienhaft **II** *ww* [verl. td.] → **lijken**
leem Lehm *m*
leemte Lücke *v* ★ *~ in de wet* Gesetzeslücke ★ *een ~ opvullen* eine Lücke füllen
leen *het lenen* ★ *iem. iets te leen geven* jmdm. etw. (aus)leihen ★ *te leen hebben* geliehen haben ★ *te leen krijgen* geliehen bekommen
leenauto Leihwagen *m*
leenwoord Lehnwort *o*
leep schlau, gerissen
leer I *zn* [het], *leder* Leder *o* ★ *taai als leer* zäh wie Leder ▾ *van leer trekken tegen* vom Leder ziehen gegen **II** *zn* [de] ❶ *les* Lehre *v* ★ *bij iem. in de leer gaan* bei jmdm. in die Lehre gehen ❷ *doctrine* Lehre *v* ★ *vast / zuiver / recht in de leer* rechtgläubig
leerboek Lehrbuch *o*
leergang ❶ *cursus* Kurs *m*, Lehrgang *m* ❷ *methode* Lehrbuch *o*
leergeld Lehrgeld *o*
leergierig lernbegierig
leerjaar Schuljahr *o*, Unterrichtsjahr *o*, ⟨praktijkgerichte opleiding⟩ Lehrjahr *o*
leerkracht Lehrer *m*, Lehrkraft *v* ★ *de ~en van een school* der Lehrkörper
leerling ❶ *iem. die les krijgt* ⟨school⟩ Schüler *m* [v: Schülerin], ⟨praktijkopleiding⟩ Lehrling *m* ❷ *volgeling* rel Jünger *m*
leerlingenraad Schülermitverwaltung (SMV) *v*, Schülermitverantwortung *v*
leerling-verpleegster Lernschwester *v*
leerlingwezen Lehre *v*, betriebliche Ausbildung *v*
leerlooien gerben
leerlooier Gerber *m*
leermeester Lehrer *m*
leermiddelen Lehrmittel *o mv*
leermoment Lehre *v*
leernicht Ledertunte *v*
leerplan Lehrplan *m*
leerplicht Schulpflicht *v*
leerplichtig schulpflichtig
leerplichtwet ⟨in Duitsland⟩ ≈ Schulpflichtgesetz *o*
leerrijk lehrreich
leerschool fig Lehre *v*, Schule *v* ★ *een harde ~ moeten doorlopen* eine harte Schule durchmachen müssen
leerstelling Lehrsatz *m*, Satz *m*
leerstoel Professur *v*, Lehrstuhl *m*
leerstof Stoff *m*, Lehrstoff *m*, ⟨voor tentamen⟩ Prüfungsstoff *m*
leertje Lederstück *o*
leervak Lehrfach *o*
leerweg onderw Zweig *m*
leerzaam *leerrijk* aufschlussreich, lehrreich
leesbaar ❶ *wat te lezen is* lesbar, leserlich ❷ *aangenaam om te lezen* lesbar
leesblind leseblind
leesboek ❶ *boek om te lezen* Buch *o* ❷ *boek om te leren lezen* Lesebuch *o*
leesbril Lesebrille *v*
leeslamp Leselampe *v*
leeslint Lesezeichen *o*
leesmap Lesemappe *v*
leesonderwijs onderw Leseunterricht *m*
leespen Barcode-Lesegerät *o*
leesportefeuille Lesemappe *v*
leest *vorm voor schoen* Leisten *m*
leesteken Satzzeichen *o*
leesvaardigheid Lesefertigkeit *v*
leesvoer Lesefutter *o*
leeszaal Lesesaal *m*
Leeuw *dierenriemteken* Löwe *m*
leeuw *dier* Löwe *m* ★ fig *iem. voor de ~en gooien* jmdn. den Löwen vorwerfen
Leeuwarden Leeuwarden *o*
Leeuwardens Leeuwarder
leeuwenbek plantk Löwenmaul *o*
leeuwendeel Löwenanteil *m*
leeuwentemmer Löwenbändiger *m*
leeuwerik Lerche *v*
leeuwin Löwin *v*
lef Mumm *m*, Traute *v* ★ *een meid met lef* eine schneidige Frau ★ *het lef hebben* den Mumm haben ★ *hij heeft het lef niet* er traut sich nicht
lefgozer Wichtigtuer *m*, Angeber *m*
leg Legen *o*, Eiablage *v* ★ *de kippen zijn van de leg* die Hühner legen nicht mehr
legaal legal, gesetzlich
legaat I *zn* [de], *pauselijk gezant* Legat *m* **II** *zn* [het], *erflating* Legat *o*, Vermächtnis *o*
legaliseren legalisieren, beglaubigen
legbatterij Legebatterie *v*

legen (aus)leeren
legenda Legende *v*
legendarisch legendarisch, legendär
legende ❶ *overgeleverd verhaal* Legende *v* ❷ *beroemd, heel bijzonder persoon* Legende *v* ❸ *randschrift op munten* Randinschrift *v* ❹ *legenda* Legende *v*
leger ❶ mil Heer *o*, Armee *v* ★ *het ~ paraat houden* das Heer in Bereitschaft halten ❷ *grote menigte* Heer *o* ★ *een ~ sprinkhanen* ein Heer von Heuschrecken ❸ *rustplaats van dier* Lager *o* ▼ *Leger des Heils* Heilsarmee *v*
legerbasis Militärbasis *v*, Militärstützpunkt *m*
legercommandant Heerführer *m*, Heereskommandeur *m*
legeren mil *onderbrengen* einquartieren ★ *zich ~* sich lagern
legeren ❶ *samensmelten* legieren ❷ *legateren* als Legat vermachen
legergroen feldgrau
legering Unterbringung
legering ❶ *samensmelting* Legierung *v* ❷ *een legaat opstellen* Legatierung *v*
legerkamp Truppenlager *o*, Feldlager *o*
legerleider Heereskommandant *m*, Befehlshaber *m*
legerleiding Armeeführung *v*
legerplaats Lager *o*
leges jur Gebühren *mv* ★ *vrij van ~* gebührenfrei
leggen legen ★ *leg het maar in de keuken* leg es mal in die Küche ★ *eieren ~* Eier legen, ⟨van vissen en kikkers⟩ laichen ★ *een knoop ~* einen Knoten machen ★ *iem. iets ten laste ~* jmdm. etw. zur Last legen
legging Leggings *v*
legio ★ *er zijn ~ bezoekers* es sind Unmengen von Besuchern da
legioen *legerafdeling* Legion *v*
legionair Legionär *m*
legionella med Legionella *v*
legislatuur ❶ *wetgevende macht* Legislative *v*, Legislatur *v* ❷ BN pol *regeerperiode* Regierungszeit *v*
legitiem legitim, ⟨wettelijk⟩ legal ★ *het ~e aandeel* der Pflichtteil ★ *dat is een ~e vraag* das ist eine berechtigte Frage
legitimatie ❶ *het (zich) legitimeren* Legitimation *v* ❷ *bewijs* Ausweis *m*
legitimatiebewijs Ausweis *m*
legitimatiepapieren Ausweis *m*
legitimatieplicht Legitimationspflicht *v*, Ausweispflicht *v*
legitimeren I *ov ww, wettig verklaren* legitimieren **II** *wkd ww* [**zich ~**] *zich identificeren* sich legitimieren, sich ausweisen
legpuzzel Puzzle *o*
leguaan Leguan *m*
lei I *zn* [de], *schrijfbordje* ⟨om op te schrijven⟩ Schiefertafel *v*, ⟨op dak⟩ Schieferplatte *v* ★ fig *met een schone lei beginnen* einen neuen Anfang machen **II** *zn* [het], *leisteen* Schiefer *m*
leiband BN *lijn* Gängelband *o* ★ fig *aan de ~ lopen* am Gängelband gehen
Leiden Leiden *o* ★ fig *dan is ~ in last* dann ist Holland in Not
leiden I *ov ww* ❶ *doen gaan* leiten, führen ★ *een gesprek ~* ein Gespräch leiten ★ *iets in de juiste baan ~* etw. in die richtige Bahn lenken ❷ *aan het hoofd staan van* (an)führen ❸ *doorbrengen* leiten ★ *een losbandig leven ~* ein ausschweifendes Leben führen ❹ *voorstaan* ★ *de ~de partij* die führende Partei **II** *on ww, in een bepaalde richting gaan* führen ★ *dat leidt tot niets* das führt zu nichts ★ *waar leidt dat heen?* wo führt das hin?
leider ❶ *leidinggevende* Leiter *m*, Führer *m* ❷ *koploper* Spitzenreiter *m* ★ *de ~ in het klassement* der Tabellenführer
leiderschap Führung *v*
leiderstrui sport Trikot *o* des Spitzenreiters, Spitzentrikot *o*
leiding ❶ *het leiden / besturen* ★ *de ~ hebben* die Führung / Leitung haben, sport in Führung liegen ★ sport *de ~ nemen* die Führung übernehmen ★ *~ geven aan* leiten / führen [+4] ★ *onder ~ van* unter Leitung von [+3] ❷ *bestuur* Leitung *v*, Führung *v* ❸ *buis, kabel* Leitung *v*
leidinggevend leitend, führend ★ *~e positie / functie* leitende Funktion *v*, Führungsposition *v*
leidingwater Leitungswasser *o*
leidraad ❶ *richtsnoer* Richtschnur *v* ❷ *handleiding* Anleitung *v*
Leids Leidener
leien schiefern, Schiefer- ★ fig *dat gaat van een ~ dakje* das geht wie geschmiert
leisteen Schiefer *m*
leitmotiv Leitmotiv *o*
Lek Lek *m*
lek I *zn* [het] ❶ *gat* Leck *o*, Loch *o* ★ *een lek dichten* ein Leck abdichten ❷ *verklikker* ★ *een lek in de organisatie* eine undichte Stelle in der Organisation **II** *bnw* undicht, ⟨alleen bij vloeistoffen⟩ leck ★ *een lekke band krijgen* einen Platten bekommen ★ *lek zijn* undicht sein
leken [verl. td.] → **lijken**
lekenbroeder Laienbruder *m*
lekkage Leckage *v*
lekken ❶ *vocht of gas doorlaten* undicht sein, lecken ★ *het dak lekt* das Dach ist undicht ★ *een ~de kraan* ein tropfender Hahn ★ *het lekt door het plafond* es sickert durch die Decke ★ *er lekt gas uit de tank* es kommt Gas aus dem Tank ❷ *informatie doorspelen* durchsickern lassen ★ *iem. heeft naar de pers gelekt* jmd. hat etw. an die Presse durchsickern lassen
lekker I *bnw* ❶ *prettig voor de smaak, de reuk, het gevoel* ⟨van eten⟩ lecker, köstlich, ⟨aangenaam⟩ angenehm, ⟨als versterking⟩ schön ★ *deze wijn is heel ~* dieser Wein schmeckt sehr gut ★ *het is ~ weer* es ist schönes Wetter *o* ★ *een ~e stoel* ein bequemer Stuhl ★ *iem. ~ maken* jmdm. den Mund wässrig machen ❷ *gezond* wohl, gut ★ *hij is niet ~* er fühlt sich nicht gut ★ *ben jij wel helemaal ~?* geht's dir noch gut? **II** *bijw* ❶ *prettig voor de smaak, de reuk, het gevoel* ★ *ik vind het ~* mir schmeckt es ★ *het smaakt ~* es schmeckt lecker / gut / köstlich ★ *heb je ~ gegeten?* hat es dir geschmeckt? ★ *graag ~ eten* gern gut essen ★ *dat ziet er ~ uit* das sieht lecker aus ★ *dat ruikt ~* das riecht gut ★ *wat ruikt het hier ~* was duftet es hier herrlich / gut ★ *~ rustig hier* schön ruhig hier ★ *~ tegen iem. aanliggen* sich an jmdn.

le

kuscheln ★ *dat zit me niet ~* das ist mir unangenehm ❷ ⟨in uitingen van leedvermaak of plagerij⟩ ★ *je krijgt het ~ niet* ätsch, du kriegst es nicht ★ *ik doe het ~ toch!* ich mache es einfach doch! ★ *ik zeg het ~ niet* ätsch, das sage ich nicht

lekkerbek Feinschmecker *m*, Schleckermaul *o*

lekkerbekje Fisch *m* im Schlafrock

lekkernij Leckerbissen *m*, Köstlichkeit *v*, ⟨snoepgoed⟩ Süßigkeit *v*

lekkers Leckerei *v*, ⟨snoepgoed⟩ Süßigkeiten *mv*

lel ❶ *mep* Schlag *m*, ⟨in het gezicht⟩ Maulschelle *v* ★ *een lel krijgen* eine geknallt kriegen ★ *iem. een lel geven* jmdm. eine knallen ❷ *vel* Lappen *m*, Läppchen *o*, ⟨vogels⟩ Kehllappen *m*

lelie Lilie *v*

lelieblank lilienweiß

lelietje-van-dalen Maiglöckchen *o*

lelijk I *bnw* ❶ *niet aangenaam voor de zintuigen* hässlich, unschön ❷ *gemeen* hässlich, ⟨boos⟩ schäbig ★ *een ~ gezicht zetten* eine saure Miene machen ❸ *slecht* schlimm ★ *een ~e wond* eine schlimme Wunde ★ *een ~e vergissing* ein gewaltiger Irrtum **II** *bijw* ❶ *gemeen* ★ *~ kijken* böse / finster dreinschauen ★ *~ doen tegen* gemein sein zu [+3] ❷ *slecht* ★ *het ziet er ~ uit* es sieht schlimm aus ★ *er ~ aan toe zijn* übel / schlimm dran sein ❸ *danig* gewaltig, arg ★ *hij heeft zich ~ vergist* er hat sich gewaltig geirrt ★ *zich ~ bezeren* sich arg verletzen ★ *dat valt ~ tegen* das ist schlimmer als gedacht ★ *daar zal ze nog ~ van opkijken* da wird sie noch eine böse Überraschung erleben

lelijkerd ❶ *lelijk persoon* Vogelscheuche *v*, hässliche(r) Kerl / Frau *m/v* ❷ *gemeen persoon* Ekel *o*, Scheusal *o*

lellebel Schlampe *v*

lemen lehmig, Lehm-, aus Lehm

lemma *trefwoord* Lemma *o*

lemmet *snijdend deel van mes* Schneide *v*, ⟨mes en zwaard⟩ Klinge *v*

lemming Lemming *m*

lende Lende *v* ★ *pijn in de ~n* Kreuzschmerzen

lendenbiefstuk cul Steak *o*

lendendoek Lendenschurz *m*

lenen I *ov ww, uitlenen* (aus)leihen ★ *geld ~* Geld leihen **II** *wkd ww* [zich ~] **~ voor** sich eignen ★ *daar leen ik mij niet voor* dafür gebe ich mich nicht her ★ *deze kamer leent zich daar niet voor* dieses Zimmer eignet sich dafür nicht

lengen länger werden ★ *de dagen ~* die Tage werden länger

lengte ❶ *afstand in ruimte of tijd* Länge *v* ★ *in zijn volle ~* in voller Länge ★ *tot in ~ van dagen* noch lange Zeit ★ *een wandelroute met een ~ van twaalf kilometer* eine Wandertour mit einer Länge von zwölf Kilometern ❷ *langste kant* Länge *v* ★ *in de ~ doorsnijden* der Länge nach durchschneiden ❸ aardk Länge *v*

lengteas Längsachse *v*

lengtecirkel Längenkreis *m*

lengtegraad Längengrad *m*

lengtemaat Längenmaß *o*

lengterichting Längsrichtung *v*

lenig gelenkig, ⟨soepel⟩ geschmeidig, ⟨buigzaam⟩ biegsam ★ *een ~ lichaam* ein geschmeidiger Körper

lenigen lindern, mildern ★ *pijn ~* Schmerz lindern

lening Anleihe *v*, Kredit *m* ★ *een ~ aflossen* einen Kredit tilgen ★ *een ~ afsluiten* einen Kredit aufnehmen ★ *een ~ verstrekken* einen Kredit gewähren

lens I *zn* [de] ❶ *voorwerp* Linse *v* ❷ *contactlens* Kontaktlinse *v* ❸ *ooglens* Linse *v* **II** *bnw, lam* schlaff, inform schlapp

lente Frühling *m*, ⟨poëtisch⟩ Lenz *m* ★ fig *de ~ in het hoofd hebben* Frühlingsgefühle haben

lentedag Frühlingstag *m*

lentemaand Frühlingsmonat *m*

lente-uitje Frühlingszwiebel *v*

lentezon Frühlingssonne *v*

lenzenvloeistof Kontaktlinsenflüssigkeit *v*

lepel *stuk bestek* Löffel *m* ★ *~ voor ~* löffelweise

lepelaar *vogel* Löffelreiher *m*

lepelen ❶ *eten, opscheppen* löffeln ★ *een bord leeg ~* einen Teller leer löffeln ❷ sport schaufeln

leperd Schlaumeier *m*, Schlauberger *m*, Pfiffikus *m*

lepra med Lepra *v*, Aussatz *m*

lepralijder Leprakranke(r) *m*, Aussätzige(r) *m*

leraar Lehrer *m* [mv: Lehrer] [v: Lehrerin] ★ *~ aan het vwo* Gymnasiallehrer ★ *~ wiskunde* Mathematiklehrer

lerarenopleiding Lehrerausbildung *v*

lerares Lehrerin *v*

leren I *bnw* leder-, ledern, Leder- ★ *een ~ tas* eine Ledertasche **II** *ov ww* ❶ *kennis verwerven* lernen ★ *iets uit het hoofd ~* etw. auswendig lernen ★ *~ omgaan met iets* lernen mit etw. umzugehen ★ *iem. ~ kennen* jmdn. kennenlernen ❷ *onderrichten* unterrichten, beibringen, lehren ★ *iem. iets ~* jmdn. etw. lehren, jmdm. etw. beibringen ★ *de praktijk leert ons* die Erfahrung lehrt uns **III** *on ww, studeren* studieren ★ *voor arts ~* Medizin studieren

lering ❶ *onderricht* Katechese *v* ❷ *wijsheid* Lehre *v* ★ *~ uit iets trekken* aus etw. eine Lehre ziehen

les ❶ *onderricht* Unterricht *m*, ⟨aparte les⟩ Stunde *v* ★ *les hebben bij* Unterricht bekommen von [+3] ★ *les nemen* Unterricht nehmen ★ *les hebben van 9 tot 11* von 9 bis 11 Unterricht haben ★ *Franse les* Französischstunde *v*, Französischunterricht *m* ★ *onder / tijdens de les* im Unterricht ❷ *leerstof* Lektion *v* ❸ fig *verhelderende tegenslag* Lehre *v* ★ *laat dit een les voor haar zijn* das soll ihr eine Lehre sein ★ *iem. de les lezen,* BN *iem. de les spellen* jmdm. einen Denkzettel verpassen, jmdm. die Leviten lesen

lesauto Fahrschulwagen *m*

lesbevoegdheid Lehrbefähigung *v*, Lehrbefugnis *v*

lesbienne Lesbe *v*, Lesbierin *v*

lesbisch lesbisch

lesgeld Kursgebühr *v*

lesgeven unterrichten ★ *les geven in Frans* Französisch unterrichten ★ *goed les geven* einen guten Unterricht machen

lesmateriaal Unterrichtsmaterial *o*

Lesotho Lesotho *o*

lesrooster Stundenplan *m*

lessen *stillen* stillen, löschen ★ *dorst ~* Durst löschen

lessenaar Pult *o* ★ *hoge* ~ Stehpult
lest ▾ *ten langen leste* letzten Endes, zu guter Letzt
lesuur onderw Unterrichtsstunde *v*
lesvliegtuig Instruktionsflugzeug *o*
leswagen Fahrschulwagen *m*
Let Lette *m*
lethargie Lethargie *v*
Letland Lettland *o*
Letlands → **Lets**
Lets I *bnw* lettisch **II** *zn* [het] Lettisch *o*
Letse Lettin *v*
letsel Schaden *m*, ⟨verwonding⟩ Verletzung *v* ★ ~ *oplopen* zu Schaden kommen ★ *zonder* ~ unverletzt ★ *zonder persoonlijk* ~ ohne Personenschaden
letselschade Personenschaden *m*
letten I *ov ww, beletten* abhalten von ★ *wat let je?* was hält dich davon ab? ★ *wie let jou?* wer verbietet dir etw.? **II** *on ww* ~ **op** aufpassen auf [+4], achtgeben auf [+4], achten auf [+4] ★ *op de voorschriften* ~ die Vorschriften beachten ★ *let op je woorden* pass auf, was du sagst
letter ❶ *teken* Buchstabe *m*, ⟨drukletter⟩ Druckbuchstabe *m* ★ *met een kleine* ~ *schrijven* kleinschreiben ❷ *letterlijke inhoud* Wort *o*, Wortlaut *m* ★ *iets naar de* ~ *opvatten* etw. wörtlich nehmen
letteren Philologie *v*, ⟨literatuur⟩ Literatur *v*, ⟨taal- en letterkunde⟩ Sprach- und Literaturwissenschaft *v* ★ *doctor in de* ~ Doktor der Philologie *m*
lettergreep Silbe *v*
letterkunde Literaturwissenschaft *v*
letterkundig literaturwissenschaftlich
letterkundige Literaturwissenschaftler *m*, Philologe *m*
letterlijk I *bnw* (wort)wörtlich, ⟨in vergelijking met originele tekst⟩ wortgetreu ★ ~ *en figuurlijk* im wörtlichen und übertragenen Sinne **II** *bijw* ❶ *in woordelijke zin* buchstäblich ★ *iets* ~ *vertalen* etw. wörtlich / wortgetreu übersetzen ❷ *volkomen* buchstäblich, regelrecht ★ *zij is* ~ *alles kwijt* sie hat buchstäblich alles verloren
lettertang Prägegerät *o*
letterteken Buchstabe *m*, Schriftzeichen *o*
letterwoord Kurzwort *o*
Letzeburgs taalk *Luxemburgs* Letzeburgisch *o*
leugen Lüge *v* ★ *een* ~*tje om bestwil* eine Notlüge ★ ~*s verkopen* Lügen verbreiten ★ ~*s en bedrog* Lug und Trug ★ *al is de* ~ *nog zo snel, de waarheid achterhaalt haar wel* Lügen haben kurze Beine
leugenaar Lügner *m*
leugenachtig ❶ *vaak liegend* verlogen ❷ *onwaar* lügenhaft, lügnerisch
leugendetector Lügendetektor *m*
leuk schön, nett ★ *leuk boek* gute(s) Buch ★ *wat een leuke jas!* schöne Jacke! ★ *een leuk meisje* ein nettes / reizendes Mädchen ★ *een leuke prijs voor iets krijgen* einen schönen Preis für etw. bekommen ★ *leuk, dat je gekomen bent* schön, dass du gekommen bist ★ iron *dat kan nog leuk worden* das kann noch lustig werden ★ *dat is niet erg leuk* das ist nicht so toll ★ *iets leuk vinden* etw. schön finden ★ *het staat haar leuk* das steht ihr gut
leukemie med Leukämie *v*
leukerd Spaßvogel *m*
leukoplast Leukoplast *o*
leunen (sich) lehnen, sich stützen ★ *op iem.* ~ sich auf jmdn. stützen ★ *naar buiten* ~ sich hinauslehnen ★ *tegen de muur* ~ sich an die Wand lehnen, an der Wand lehnen
leuning ⟨brug, trap e.d.⟩ Geländer *o*, ⟨meubels⟩ Lehne *v*, ⟨balustrade⟩ Brüstung *v*
leunstoel Armsessel *m*, Lehnstuhl *m*
leurderskaart BN *vergunning voor straathandel* Genehmigung *v* für den Straßenhandel
leuren *venten* hausieren
leurhandel BN *straathandel* Straßenhandel *m*
leus Devise *v*, Parole *v*, Wahlspruch *m*
leut ❶ *pret, lol* Spaß *m* ❷ *koffie* Kaffee *m*
leuteren faseln, schwafeln
leuterkous Schwätzer *m*
Leuven Löwen [o]
Leuvenaar Löwener *m*
Leuvens Löwener
Leuvense Löwenerin *v*
leven I *zn* [het] ❶ *bestaan* Leben *o* ★ *iem. om het* ~ *brengen* jmdn. umbringen ★ *om het* ~ *komen* ums Leben kommen ★ *zich van het* ~ *beroven* sich das Leben nehmen ★ *voor hun* ~*s wordt gevreesd* man fürchtet um ihr Leben ★ *een mooi* ~ *leiden* ein schönes Leben führen ★ *bij / tijdens zijn* ~ zeit seines Lebens ★ *voor het* ~ *benoemen* auf Lebenszeit ernennen ★ *een lui* ~*tje leiden* ein faules Leben führen ★ *geen* ~ *hebben* seines Lebens nicht froh werden ★ *iem. naar het* ~ *staan* jmdm. nach dem Leben trachten ★ *iets nieuw* ~ *inblazen* etw. neu beleben ★ *iem. het* ~ *zuur maken* jmdm. das Leben schwer machen ❷ *werkelijkheid* ★ *zo gaat het in het* ~*!* das ist der Lauf der Welt! ❸ *levendigheid* ★ ~ *in de brouwerij brengen* Leben in die Bude bringen ❹ *lawaai* Betrieb *m*, Lärm *m* **II** *on ww* ❶ *in leven zijn* leben ★ *het is hier goed* ~ hier lässt es sich gut leben ★ *erop los* ~ in den Tag hinein leben ★ *leve de koningin!* lang lebe die Königin! ★ *te weinig om te* ~ *en te veel om te sterven* zum Leben zu wenig und zum Sterben zu viel ❷ ~ **met** ★ *met die man is niet te* ~ mit dem Mann kann man nicht auskommen
levend I *bnw* lebendig ★ *de* ~*en* die Lebenden ★ *een herinnering* ~ *houden* eine Erinnerung wach halten ★ *meer dood dan* ~ mehr tot als lebendig **II** *bijw* ★ ~ *begraven* lebendig begraben
levendig rege, lebhaft, ⟨levend⟩ lebendig [lebendig] ★ ~*e geest* rege(r) Geist ★ *een* ~ *meisje* ein lebhaftes Mädchen ★ *een* ~*e discussie* eine angeregte Diskussion ★ ~*e fantasie* lebhafte Phantasie ★ *dat kan ik me* ~ *voorstellen* das kann ich mir gut vorstellen
levenloos ❶ *dood, zonder leven* leblos ❷ fig *zonder levendigheid, mat* blutleer
levensbedreigend lebensbedrohlich
levensbehoefte Lebensnotwendigkeit *v* ★ ~*n* Lebensbedarf *m*, Lebensbedürfnisse
levensbelang lebenswichtige(s) Interesse *o* ★ *van* ~ lebenswichtig ★ *een kwestie van* ~ eine Existenzfrage *v*
levensbeschouwing Lebenseinstellung *v*, ⟨ideologie⟩ Weltanschauung *v*

le

levensbeschrijving Lebensbeschreibung *v*
levensboom Lebensbaum *m*
levensduur Lebensdauer *v*
levensecht lebensecht
levenseinde Lebensende *o*
levenservaring Lebenserfahrung *v*
levensfase Lebensphase *v*, Lebensabschnitt *m*
levensgenieter Genießer *m*, Genussmensch *m*
levensgevaar Lebensgefahr *v*
levensgevaarlijk lebensgefährlich
levensgezel Lebensgefährte *m*
levensgroot ❶ *op ware grootte* lebensgroß ★ *een levensgrote afbeelding* eine lebensgroße Abbildung ❷ *zeer groot* ★ *een ~ probleem* ein riesengroßes Problem
levenshouding Einstellung *v*
levenskunst Lebenskunst *v*
levenskunstenaar Lebenskünstler *m*
levenslang I *bnw* ein Leben lang ★ *~ krijgen* lebenslänglich bekommen **II** *bijw* ★ *dat zal zij zich ~ heugen* das wird sie ihr Leben lang nicht vergessen
levenslicht Lebenslicht *o* ★ *het ~ aanschouwen* das Licht der Welt erblicken
levenslied Chanson *o*, ⟨smartlap⟩ Schnulze *v*
levensloop Lebensgeschichte *v*, ⟨curriculum vitae⟩ Lebenslauf *m*
levenslust Lebensfreude *v*, Lebenslust *v*
levenslustig lebenslustig, lebensfroh
levensmiddelen Lebensmittel *mv*
levensmiddelenindustrie Lebensmittelindustrie *v*
levensmoe lebensmüde
levensomstandigheden Lebensumstände *m mv*, Lebensverhältnisse *o mv*, Lebensbedingungen *v mv*
levensonderhoud Lebensunterhalt *m* ★ *in zijn ~ voorzien* seinen Lebensunterhalt bestreiten
levenspad Lebensweg *m*
levensstandaard Lebensstandard *m*
levensteken Lebenszeichen *o*
levensvatbaar lebensfähig
levensverhaal Lebensgeschichte *v*
levensverwachting *te verwachten duur* Lebenserwartung *v*
levensverzekering Lebensversicherung *v*
levensvreugde Lebensfreude *v*
levenswandel Lebenswandel *m* ★ *onbesproken ~* einwandfreie(r) Lebenswandel
levenswerk Lebenswerk *o*
lever Leber *v* ★ fig *iets op zijn ~ hebben* etw. auf dem Herzen haben
leverancier Lieferant *m*
leverantie Lieferung *v*
leverbaar lieferbar
levercirrose Leberzirrhose *v*
leveren *bezorgen, verschaffen* liefern ★ *aan huis ~* ins Haus liefern ★ *een bijdrage ~* einen Beitrag leisten, einen Beitrag liefern ★ *commentaar ~* Kommentar abgeben ★ *kritiek ~* Kritik üben ★ *goed werk ~* gute Arbeit leisten ★ *het 'm ~* ⟨klaarspelen⟩ es schaffen
levering Lieferung *v* ★ *bewijs van ~* Lieferschein *m* ★ *plaats van ~* Lieferungsort *m* ★ *~ direct van de fabriek* Direktbezug *m*
leveringstermijn Lieferfrist *v*, Lieferzeit *v*
leveringsvoorwaarde Lieferbedingung *v*
leverontsteking Leberentzündung *v*, Hepatitis *v*
leverpastei Leberpastete *v*
levertijd Lieferfrist *v*, Lieferzeit *v*
levertraan Lebertran *m*
leverworst cul Leberwurst *v*
lexicograaf Lexikograf *m*
lexicografie Lexikografie *v*
lexicon Lexikon *o*
lezen ❶ *tekst doornemen* lesen ★ *over iets heen ~* über etw. hinweg lesen ★ *heb je iets om te ~?* hast du etw. zum Lesen? ★ *jouw handschrift is niet te ~* deine Handschrift ist unleserlich ❷ *interpreteren* lesen ★ *iem. iets van zijn gezicht ~* jmdm. etw. vom Gesicht ablesen
lezer Leser *m*
lezing ❶ *het lezen* Lesen *o* ❷ *interpretatie* Auffassung *v*, Lesart *v*, ⟨versie⟩ Fassung *v* ❸ *verhandeling* Vortrag *m*, ⟨voorlezing⟩ Lesung *v* ★ *een ~ over milieuproblemen* ein Vortrag über Umweltprobleme
liaan Liane *v*
Libanees Libanese *m*
Libanon Libanon *m*
libel, **libelle** Libelle *v*
liberaal I *zn* [de] Liberale(r) *m* **II** *bnw* liberal
liberaliseren liberalisieren
liberalisering Liberalisierung *v*
liberalisme Liberalismus *m*
Liberia Liberia *o*
Liberiaans liberisch
libero sport Libero *m*
libido Libido *v*, Geschlechtstrieb *m*
Libië Libyen *o*
Libisch libysch
libretto Libretto *o*
licentiaat I *zn* [de], BN onderw *persoon*, Magister *m*, Diplom- **II** *zn* [het], BN onderw *graad* Magister *m*, Diplom *o*
licentie *overeenstemming* Lizenz *v*
licentiehouder Lizenzinhaber *m*
lichaam ❶ *lijf* Körper *m* ★ *gezond naar ~ en geest* an Leib und Seele gesund ❷ *voorwerp* Körper *m* ★ *meetkundige lichamen* geometrische(n) Figuren ❸ *vereniging* Körperschaft *v*
lichaamsbeweging Körperbewegung *v*
lichaamsbouw Körperbau *m*
lichaamsdeel Körperteil *m*
lichaamsholte Leibeshöhle *v*
lichaamskracht Körperkraft *v*
lichaamstaal Körpersprache *v*
lichaamsverzorging Körperpflege *v*
lichamelijk körperlich ★ *~e opvoeding* Leibeserziehung *v* ★ *~ letsel* Körperverletzung *v* ★ *~e arbeid* körperliche Arbeit *v* ★ *~ gehandicapt* körperbehindert
licht I *zn* [het] ❶ *schijnsel* Licht *o* ★ *tegen het ~ houden* durchleuchten ★ *tussen ~ en donker* zwischen Licht und Dunkel ❷ *lichtbron* ★ *groen ~ geven* grünes Licht geben ❸ *het vermogen om te zien* ★ *iem. het ~ in de ogen niet gunnen* jmdm. das Schwarze unter dem Nagel nicht gönnen ❹ *openbaarheid* ★ *aan het ~ komen* ans Licht kommen ❺ *opheldering, inzicht* ★ *nu gaat me een ~je op!* jetzt geht mir ein Licht auf! ★ *nieuw ~ werpen op* neues Licht werfen auf ★ *dat werpt een*

Li

ander ~ op de zaak das lässt die Sache in einem anderen Licht erscheinen ❻ *intelligent mens* ★ *hij is geen ~* er ist kein großes Licht ❼ *levenslicht* ★ *het ~ zien* das Lebenslicht erblicken **II** *bnw* ❶ *niet donker* hell ❷ *weinig wegend* leicht ★ *iem. 1000 euro ~er maken* jmdn. um 1000 Euro erleichtern ❸ *makkelijk* leichtlebig **III** *bijw* ❶ *weinig wegend* ★ fig *ik voel me ~ in het hoofd* mir ist schwindlig ❷ *gemakkelijk* ★ *iets ~ opnemen* etw. leichtnehmen ❸ *enigszins* ★ *~ verteerbaar* leicht verdaulich

lichtbak ⟨bak met doorschijnende plaat⟩ Leuchtplatte *v*, ⟨lantaarn⟩ Blendlaterne *v*, ⟨hanglamp⟩ Leuchte *v*

lichtblauw hellblau

lichtblond hellblond

lichtboei Leuchtboje *v*

lichtbron Lichtquelle *v*

lichtbruin hellbraun

lichtbundel Lichtbündel *o*

lichtdruk Lichtdruck *m*

lichtelijk leicht

lichten I *ov ww* ❶ *optillen* heben ★ *een stuk uit een dossier ~* einen Teil eines Dossiers herausnehmen ❷ *ledigen* leeren **II** *on ww, licht geven* leuchten, ⟨weerlichten⟩ widerleuchten

lichterlaaie lichterloh

lichtflits Lichtblitz *m*

li

lichtgelovig leichtgläubig

lichtgeraakt empfindlich, reizbar

lichtgevend leuchtend, Leucht- ★ *~e verf* Leuchtfarbe *v* ★ *~e buis* Leuchtröhre *v*

lichtgevoelig foto lichtempfindlich

lichtgevoeligheid Lichtempfindlichkeit *v*

lichtgewicht I *zn* [het], sport *klasse* Leichtgewicht *o* **II** *zn* [de] ❶ sport *bokser* Leichtgewichtler *m* ❷ *incapabel persoon* inform taube Nusse *v*

lichtgewond leicht verletzt

lichting ❶ *groep van mensen* Rekrutenjahrgang *m*, Rekrutierung *v* ★ *de ~ '66* der Jahrgang 1966 ★ *een nieuwe ~ studenten* der neue Studentenjahrgang ❷ *postlichting* Leerung *v* ❸ *het omhooghalen* ★ *de ~ van het gezonken schip* die Bergung eines gesunkenen Schiffs

lichtinstallatie Lichtanlage *v*, Beleuchtungsanlage *v*

lichtjaar Lichtjahr *o*

lichtjes ❶ *zonder drukken* leicht ★ *ergens ~ over heen gaan* über etw. streichen ❷ *niet zwaar, ernstig* ★ *het ~ nemen* es leicht nehmen ❸ *in geringe mate* ★ *~ beschadigd* leicht beschädigt

lichtknop Lichtschalter *m*

lichtkogel Leuchtkugel *v*

lichtkrant Lichtzeitung *v*

lichtmast Lichtmast *m*

lichtmatroos Leichtmatrose *m*

lichtnet Stromnetz *o*

lichtpen Lichtstift *m*

lichtpunt ❶ *lichtend punt* Lichtpunkt *m* ❷ fig *iets hoopgevends* Lichtblick *m*

lichtreclame Leuchtreklame *v*

lichtschip Leuchtschiff *o*, Feuerschiff *o*

lichtshow Lightshow *v*

lichtsignaal Lichtsignal *o*, Leuchtsignal *o*, Lichtzeichen *o*

lichtstad Lichterstadt *v*

lichtsterkte Lichtstärke *v*

lichtstraal Lichtstrahl *m*

lichtvaardig leichtsinnig, leichtfertig, unbesonnen

lichtval Lichtstrahl *m*

lichtvoetig leichtfüßig

lichtzinnig I *bnw* locker, leichtsinnig **II** *bijw* leichtfertig

lid ❶ *lichaamsdeel* ⟨van mens / insect⟩ Glied *o*, ⟨van insect⟩ Segment *o* ★ *het mannelijk lid* das männliche Glied ★ *een ziekte onder de leden hebben* eine Krankheit in den Knochen haben ★ *zij heeft iets onder de leden* ihr steckt eine Krankheit in den Knochen ★ *over al zijn leden beven* am ganzen Leibe zittern ❷ *gewricht* Gelenk *o* ❸ *deel* Teil *m/o* ❹ *persoon* Mitglied *o* ★ *bedanken als lid* seinen Austritt erklären ❺ *paragraaf* Absatz *m*

lidgeld BN *contributie* Beitrag *m*

lidkaart BN *ledenpas* Mitgliedsausweis *m*, Mitgliedskarte *v*

lidmaat ❶ anat ★ *ledematen* Glieder *mv*, Gliedmaßen *mv* ❷ *lid van kerkgenootschap* Gemeindeglied *o*

lidmaatschap Mitgliedschaft *v* ★ *bewijs van ~* Mitgliedsausweis *m*, Mitgliedskarte *v* ★ *het ~ opzeggen* austreten

lidstaat Mitgliedsstaat *m*

lidwoord Artikel *m*, Geschlechtswort *o* ★ *bepaald en onbepaald ~* bestimmte(r) und unbestimmte(r) Artikel

Liechtenstein Liechtenstein *o*

Liechtensteiner Liechtensteiner *m*

Liechtensteins Liechtensteiner

Liechtensteinse Liechtensteinerin *v*

lied Lied *o* ★ *een lied aanheffen* ein Lied anstimmen ▼ *het hoogste lied zingen* andere übertönen

lieden Leute

liederenbundel Liedersammlung *v*

liederlijk I *bnw, losbandig* ausschweifend, liederlich **II** *bijw* furchtbar

liedje Lied *o*, Liedchen *o* ★ fig *het is weer het oude ~* es ist immer wieder das alte Lied ★ fig *iem. een ander ~ laten zingen* ≈ jmdn. den Kopf waschen ★ fig *het ~ is uit* jetzt ist Schluss ★ fig *het eind van het ~ was dat...* das Ende vom Lied war, dass...

lief I *bnw* ❶ *aardig* liebenswürdig, freundlich, lieb ★ *dat is lief van je* das ist nett von dir ★ *ze zijn erg lief tegen elkaar* sie sind sehr lieb zueinander ★ *dit zijn erg lieve mensen* dies sind sehr liebenswürdige Menschen ❷ *dierbaar* lieb ★ *deze klok is me erg lief* diese Uhr ist mir sehr teuer ★ *als je leven je lief is* wenn dir dein Leben lieb ist ❸ *gewenst, graag* ★ *iets voor lief nemen* mit einer Sache vorliebnehmen ❹ *schattig* reizend, entzückend **II** *bijw* ❶ *aardig* lieb, nett ★ *lief tegen iem. doen* jmdm. schöne Augen machen ❷ *graag* gern ★ *ik zou het net zo lief niet doen* ich lasse es genauso gern sein **III** *zn* [het] ❶ *geliefd persoon* Geliebte(r) *m*, Liebchen *o* ❷ *wat lief is, geluk* ★ *lief en leed delen* Freude und Leid teilen

liefdadig wohltätig, karitativ ★ *een ~ doel* ein wohltätiger Zweck ★ *een ~e instelling* eine karitative Einrichtung

liefdadigheid Wohltätigkeit *v*
liefdadigheidsinstelling karitative Einrichtung / Organisation *v*, Wohltätigkeitsverein *m*
liefde *gevoel* Liebe *v* ★ *met ~* ⟨liefdevol⟩ liebevoll ★ *met ~* ⟨met plezier⟩ mit Vergnügen, von Herzen gern, liebend gern ★ *~ voor het vaderland* Vaterlandsliebe ★ *~ op het eerste gezicht* Liebe auf den ersten Blick ★ *~ opvatten voor iem.* jmdn. lieb gewinnen ★ *iem. zijn ~ bekennen* jmdm. seine Liebe gestehen ★ *de ~ bedrijven* sich lieben ★ *oude ~ roest niet* alte Liebe rostet nicht
liefdeleven Liebesleben *o*
liefdeloos herzlos, lieblos
liefdesaffaire Liebesaffäre *v*, Liebesabenteuer *o*, Liebschaft *v*
liefdesbrief Liebesbrief *m*
liefdesgeschiedenis ❶ *relatie* Liebschaft *v* ❷ *roman* Liebesgeschichte *v*
liefdeslied Liebeslied *o*
liefdesscène Liebesszene *v*
liefdesverdriet Liebeskummer *m*
liefdevol liebevoll
liefdewerk Liebeswerk *o*
liefelijk lieblich, anmutig
liefhebben lieben, lieb haben
liefhebber ❶ *enthousiasteling* Liebhaber *m* ❷ BN *amateurbeoefenaar* Liebhaber *m*, Amateur *m*
liefhebberij Hobby *o*, ⟨artistiek / wetenschappelijk⟩ Liebhaberei *v* ★ *uit ~* zum Vergnügen
liefje ❶ *geliefde* Geliebte(r) *m* ❷ *aanspreekvorm* Schatz *m*, Liebste(r) *m*
liefkozen schmusen, liebkosen ★ *elkaar ~* miteinander schmusen, einander liebkosen
liefkozing Liebkosung *v*, Zärtlichkeit *v*
lieflijk lieblich, anmutig
liefs ★ *veel ~* alles Liebe
liefst *meest graag* vorzugsweise, am liebsten ★ *dit eet ik het ~* das esse ich am liebsten ★ *~ later* vorzugsweise später ▼ *hij kwam maar ~ een uur te laat* er kam wohlgemerkt eine Stunde zu spät
liefste ❶ *geliefde* Liebste(r) *m*, Geliebte(r) *m* ❷ *aanspreekvorm* Liebste(r) *m*, Liebling *m*
lieftallig anmutig, niedlich ★ *~e kinderen* niedliche(n) Kinder ★ *een ~ meisje* ein anmutiges Mädchen
liegbeest jeugdt Lügenbold *m*, Lügenmaul *o*
liegen lügen
liep [verl. td.] → **lopen**
liepen [verl. td.] → **lopen**
lier ❶ *hijswerktuig* Winde *v* ❷ *muziekinstrument* Leier *v* ▼ *zijn lier aan de wilgen hangen* die Sache an den Nagel hängen, das Dichten aufgeben ▼ *het gaat als een lier* es läuft wie geschmiert
lies I *zn* [de], *lichaamsdeel* Leiste *v* II *zn* [het], *plant* Liesche *v*
liesbreuk Leistenbruch *m*
liesje ★ plantk *vlijtig ~* (fleißiges) Lieschen
lieslaars Gummistiefel *m* bis zur Leiste
liet [verl. td.] → **laten**
lieten [verl. td.] → **laten**
lieveheersbeestje Marienkäfer *m*
lieveling *schat* Liebling *m*
lievelingseten Lieblingsessen *o*, Leibgericht *o*
lievelingskleur Lieblingsfarbe *v*
liever lieber, eher ★ *of ~ gezegd* oder vielmehr ★ *ik ga nog ~ dood* eher sterbe ich ★ *laat mij het maar ~ doen* das überlass lieber mir ★ *laat ik ~ zeggen* besser gesagt
lieverd Liebling *m*
lieverdje Schätzchen *o* ★ iron *ze is me een ~* sie ist mir ja ein sauberes Früchtchen
lieverlede, lieverlee ★ *van ~* allmählich
lievig liebedienerisch
liflafje Leckerei *v*
lift ❶ *hijstoestel* Aufzug *m*, Fahrstuhl *m*, Lift *m* ❷ *het meerijden* Mitfahrgelegenheit *v* ★ *een lift krijgen* mitgenommen werden
liften per Anhalter reisen, per Autostopp fahren, Autostopp machen, trampen
lifter Anhalter *m*, Tramper *m*
liftkoker Fahrstuhlschacht *m*
liga Liga *v*
ligbad Badewanne *v*
ligbank Liegebank *v*
ligfiets Liege(fahr)rad *o*
liggeld Liegegeld *o*
liggen ❶ *zich bevinden* liegen ★ *waar ligt Utrecht?* wo liegt Utrecht? ★ *de klemtoon ligt op de voorlaatste lettergreep* die Betonung liegt auf der vorletzten Silbe ★ *aan zee ~* am Meer liegen ★ *in de haven ~* im Hafen liegen ★ *op het noorden ~* nach Norden liegen ★ *het ligt voor je neus* es liegt vor deiner Nase ★ *ik heb het geld ~* das Geld liegt bereit ★ *ik heb nog een flesje wijn ~* ich habe noch eine Flasche Wein ★ *iets laten ~* etw. liegen lassen ★ *links laten ~* links liegen lassen ★ *een kans laten ~* eine Chance verpassen ★ *het werk is blijven ~* die Arbeit ist liegen geblieben ★ *goed in het gehoor ~* gut im Ohr liegen ★ *eruit ~* rausfliegen ❷ *uitgestrekt rusten* liegen ★ *gaan ~* sich legen ★ *blijven ~* liegen bleiben ★ *ga ~!* Platz! ★ *hij lag met griep in bed* er lag mit Grippe im Bett ★ *het kind ligt heerlijk te slapen* das Kind schläft schön ★ fig *dubbel ~ van het lachen* sich vor Lachen biegen, einen Lachkrampf haben ★ *hier ligt X* ⟨begraven zijn⟩ hier liegt X ❸ *bedaren* sich legen, nachlassen ★ *de wind gaat ~* der Wind legt sich ❹ **~ aan** liegen an [+3] ★ *aan mij zal het niet ~* an mir soll es nicht liegen ★ *dat ligt eraan* das hängt davon ab ★ *het ligt aan hem* es liegt an ihm ★ *waar ligt het aan?* woran liegt das? ★ *daaraan ligt het niet* daran liegt es nicht ❺ *zijn* ★ *dat ligt niet zo eenvoudig* das ist nicht so einfach ❻ *passen* ★ *zij ~ elkaar niet* sie verstehen sich nicht ▼ *zich nergens iets aan gelegen laten ~* sich um nichts kümmern
ligging Lage *v*
light *caloriearm* light ★ *~product* Diätprodukt *o*
lightrail Lightrail *m*, S-Bahn *v*
ligplaats Liegeplatz *m*
ligstoel Liegestuhl *m*
Ligurische Zee Ligurische(s) Meer *o*
liguster Liguster *m*, Rainweide *v*
ligweide Liegewiese *v*
lij Lee *v*, Leeseite *v* ★ *aan (in) lij* an Lee
lijdelijk *passief* passiv, untätig
lijden I *zn* [het] Leiden *o* ★ *het ~ van Christus* das Leiden Christi ★ *eindelijk was hij uit zijn ~ verlost* endlich war er von seinem Leiden erlöst II *ov ww* ❶ *ondervinden* erleiden ★ *honger ~* hungern

❷ *verdragen, dulden* erdulden, ertragen ★ *dat kan mijn beurs niet* ~ das erlaubt meine Börse nicht **III** *on ww* leiden ★ *zij lijdt aan een ziekte* sie leidet an einer Krankheit
lijdend ❶ *last hebbend* leidend ❷ taalk ★ ~ *voorwerp* Akkusativobjekt *o* ★ ~*e vorm* Passiv *o* ★ ~*e zin* Passivsatz *m*
lijdensweg rel Leidensweg *m*
lijder *zieke* Patient *m*
lijdzaam I *bnw* tatenlos, gelassen **II** *bijw* ★ ~ *toezien* tatenlos zusehen
lijdzaamheid Ergebung *v*, Gelassenheit *v*, Geduld *v*
lijf Leib *m*, Körper *m* ★ *in levenden lijve* leibhaftig ★ *het vege lijf redden* seine Haut retten ▼ *blijf van mijn lijf!* rühre mich nicht an! ▼ *dat heeft weinig om het lijf* das hat wenig zu bedeuten ▼ *zich iem. van zijn lijf houden* sich jemanden vom Leibe halten ▼ *dat is hem op het lijf geschreven* das ist ihm wie auf den Leib geschrieben ▼ *iem. tegen het lijf lopen* jemandem in die Arme laufen ▼ *iets aan den lijve ondervinden* etwas am eignen Leibe erfahren
lijfarts Leibarzt *m*
lijfblad Leibblatt *o*
lijfeigene Leibeigene(r) *m*
lijfelijk leiblich
lijfrente Leibrente *v*
lijfsbehoud Lebensrettung *v*, Selbsterhaltung *v* ★ *om* ~ *smeken* um sein Leben bitten
lijfspreuk Wahlspruch *m*
lijfstraf Körperstrafe *v*, Leibesstrafe *v*
lijfwacht Leibwache *v*
lijk Leiche *v*, Leichnam *m*, ⟨van dieren⟩ Kadaver *m* ▼ *een levend lijk* ein lebendiger Leichnam ▼ *over lijken gaan* über Leichen gehen ▼ *over mijn lijk!* nur über meine Leiche!
lijkauto Leichenwagen *m*
lijkbleek leichenblass, totenblass
lijken ❶ *overeenkomen* gleichen [+3], ähnlich sein [+3], ähneln [+3] ★ *ze* ~ *op elkaar als twee druppels water* sie gleichen sich wie ein Ei dem anderen ★ *dat huis lijkt wel een kasteel* dieses Haus sieht fast aus wie ein Schloss ★ *je lijkt je broer wel* du bist genau wie dein Bruder ❷ *de indruk wekken dat* scheinen ★ *het lijkt wel of* es sieht aus, als ob ★ *ouder / jonger* ~ älter / jünger aussehen ★ *het lijkt me verstandig* es scheint mir vernünftig ★ *dat lijkt maar zo* das sieht nur so aus ★ *hij lijkt aardig, maar is het niet* er scheint ganz nett zu sein, aber das ist er nicht ★ *hoe lijkt je dat?* was hältst du davon? ★ *dat lijkt me wel wat* das finde ich gut ★ *dat lijkt nergens naar* das ist nichts ★ *hij lijkt me kerngezond* er scheint mir kerngesund zu sein ★ *dat lijkt me niet de moeite waard* das scheint mir nicht der Mühe wert ★ *dat lijkt me niet* das erscheint mir nicht ★ *het lijkt me dat hij bang is* ich habe den Eindruck, er hat Angst ★ *het lijkt me een beetje te veel* das erscheint mir ein bisschen zu viel
lijkenhuis ⟨plaats van opbaring⟩ Leichenhalle *v*, ⟨ter identificatie van lijken⟩ Leichenhaus *o*
lijkkist Sarg *m*
lijkrede Leichenrede *v*
lijkschennis Leichenschändung *v*
lijkschouwer Leichenbeschauer *m*
lijkschouwing Leichenschau *v*, ⟨resultaat⟩ Leichenbefund *m*
lijkwade Leichentuch *o*
lijkwagen Leichenwagen *m*
lijkzak Leichensack *m*
lijm Leim *m*
lijmen ❶ lett *plakken* leimen ❷ fig *overhalen* leimen ★ *iem.* ~ jmdn. breitschlagen
lijmsnuiver Sniffer *m*
lijmtang Leimzwinge *v*, ⟨groot⟩ Leimknecht *m*
lijn ❶ *streep, rand, omtrek, richting* Linie *v* ★ *op één lijn stellen* auf gleiche Linie stellen, auf eine Stufe stellen ★ *één lijn trekken* an einem Strang ziehen ★ *dat ligt niet in mijn lijn* das liegt mir nicht ★ *in grote lijnen* in großen Zügen, in groben Umrissen ★ *dat ligt in de lijn (der verwachting)* das entspricht den Erwartungen ★ *aan de (slanke) lijn doen* auf die schlanke Linie achten ❷ *touw* Leine *v* ★ *honden aan de lijn, a.u.b.* Hunde bitte anleinen ★ *de was aan de lijn hangen* die Wäsche auf die Leine hängen ★ *iem. aan het lijntje houden* jmdn. hinhalten ❸ *verbinding* Linie *v* ★ *de lijn is bezet* der Anschluss ist besetzt ★ *aan de lijn blijven* dran bleiben, am Apparat bleiben ★ *wie is er aan de lijn?* wer ist am Apparat? ★ *ik heb Albers aan de lijn* ich habe Albers am Telefon ★ *blijf u aan de lijn a.u.b.* bleiben Sie bitte am Apparat ★ *lijn 2 nemen* Linie 2 nehmen, die Zwei nehmen ★ *lijn 3 komt eraan* Linie 3 kommt ❹ *serie producten* Linie *v*
lijndienst Liniendienst *m*
lijnen auf die schlanke Linie achten
lijnolie Leinöl *o*
lijnrecht I *bnw* schnurgerade **II** *bijw* ★ *beide opvattingen staan* ~ *tegenover elkaar* beide Auffassungen widersprechen sich völlig ★ ~ *met iets in strijd zijn* in geradem Widerspruch mit etw. stehen
lijnrechter sport Linienrichter *m*
lijntoestel Linienmaschine *v*
lijntrekken trödeln
lijnverbinding Linienverbindung *v*, Linienverkehr *m*
lijnvlucht Linienflug *m*
lijnzaad Leinsamen *m*, ⟨uitgezaaid⟩ Leinsaat *v*
lijs ❶ *slome* Nölpeter *m*, Nölsuse *v* ❷ *slungel* ★ *lange lijs* lange(s) Register *o*
lijst ❶ *rand, omlijsting* Rahmen *m* ★ *een foto in een* ~ *zetten* ein Foto einrahmen ❷ *opsomming* Liste *v*, ⟨alfabetisch⟩ Register *o* ★ *een* ~ *met namen* eine Namensliste ★ *zwarte* ~ schwarze Liste *v* ❸ *intekenformulier* ★ *je kunt je naam op de* ~ *zetten* du kannst deinen Namen in die Liste eintragen
lijstaanvoerder ❶ *lijsttrekker* Spitzenkandidat *m*, Listenführer *m* ❷ sport Spitzenreiter *m*
lijstduwer Kandidat *m* am unteren Ende der Wahlliste
lijstenmaker Einrahmer *m*, Rahmenmacher *m*
lijster Drossel *v* ★ *grote* ~ Misteldrossel *v*
lijsterbes ❶ *vrucht* Vogelbeere *v*, Drosselbeere *v*, Ebereschenbeere *v* ❷ *boom* Eberesche *v*, Vogelbeerbaum *m*
lijsttrekker Spitzenkandidat *m*
lijvig voluminös, ⟨van persoon⟩ dickleibig, ⟨van persoon⟩ dick, ⟨van persoon⟩ beleibt, ⟨van

persoon⟩ korpulent
lijzig I *bnw* schleppend II *bijw* ★ *~ praten* in schleppendem Tone sprechen, gedehnt sprechen
lijzijde Lee *v*
lik ❶ *haal met de tong* Lecken *o* ★ fig *lik op stuk geven* Kontra geben ❷ *kleine hoeveelheid* ein bisschen ★ *een lik verf* ein bisschen Farbe ★ fig *iem. een lik uit de pan geven* jmdm. einen Anpfiff geben ❸ *nor* Kittchen *o*
likdoorn Hühnerauge *o*
likdoornpleister Hühneraugenpflaster *o*
likeur cul Likör *m*
likkebaarden sich die Lippen lecken
likken *met tong bewegen* lecken, schlecken
likmevestje ▾ *een kwaliteit van ~* miese Qualität
lik-op-stukbeleid Schnellverfahren *o*
lila I *bnw* lila(farbig) II *zn* [het] Lila *o*
lillen schwabbeln
lilliputter Liliputaner *m*
Limburg Limburg *o*
Limburger Limburger *m*
Limburgs Limburger
Limburgse Limburgerin *v*
limerick Limerick *m*
limiet econ Limit *o*, wisk Limes *m*, ⟨prijsgrens⟩ Preisgrenze *v*
limiteren limitieren
limoen Limone *v*
limonade Limonade *v*
limonadesiroop Sirup *m*
limousine Limousine *v*
linde Linde *v*
lindebloesem Lindenblüte *v*
lineair linear
linea recta schnurstracks
lingerie Damen(unter)wäsche *v*, ⟨erotiek⟩ Reizwäsche *v*
lingeriewinkel Wäschegeschäft *o*
liniaal Lineal *o*
linie ❶ mil Linie *v* ❷ *verwantschap* Linie *v* ▾ *over de hele ~* auf der ganzen Linie
liniëren linieren, ⟨nakeursspelling⟩ liniieren
link I *zn* [de], *verband* Bezug *m*, Beziehung *v* II *bnw* ❶ *slim* schlau, pfiffig ❷ *riskant* riskant, heikel
linker link ★ *niet de rechterhand, maar de ~* nicht die Rechte, sondern die Linke
linkerhand linke Hand *v*, Linke *v* ★ *aan de ~* zur Linken, zur linken Hand ★ fig *twee ~en hebben* zwei linke Hände haben
linkerkant linke Seite *v* ★ *aan de ~* linksseitig
linkerrijstrook linke Fahrspur *v*, Überholspur *v*
linkervleugel dierk linke(r) Flügel *m*
links I *bnw* ❶ *aan de linkerkant* links ★ *~ van de straat* links von der Straße ★ *verkeer van ~* Verkehr von links *m* ❷ *linkshandig* linkshändig, links ★ *ben jij ~ of rechts?* bist du links- oder rechtshändig? ❸ pol links ★ *~e partij* Linkspartei *v* ★ *~ zijn* links sein / stehen, er steht links II *bijw* ❶ *aan de linkerkant* ★ *~ (aan)houden* sich links halten ★ *iem. ~ laten liggen* jmdn. links liegen lassen ❷ *linkshandig* ★ *~ schrijven* links schreiben ❸ pol ★ *~ stemmen* links wählen III *zn* [het] pol ★ *~ stemde tegen* die Linke stimmte dagegen
linksaf (nach) links
linksback linke(r) Verteidiger *m*
linksbuiten Linksaußen *m*
linksdraaiend scheik linksdrehend
links-extremistisch linksextremistisch
linkshandig linkshändig
linksom linksum
linnen I *zn* [het] Leinwand *v*, Leinen *o* II *bnw* leinen, Leinen- ★ *~ jurk* Leinenkleid *o*
linnengoed Leinenzeug *o*, ⟨witgoed⟩ Weißzeug *o*, ⟨ondergoed⟩ Wäsche *v*
linnenkast Leinenschrank *m*, Wäscheschrank *m*
linoleum Linoleum *o*
linoleumsnede Linolschnitt *m*
linolzuur Linolsäure *v*
lint Band *o* ▾ *door het lint gaan* auf die Palme gehen
lintje ❶ *ridderorde* Orden *m* ★ *een ~ krijgen* einen Orden bekommen ❷ → **lint**
lintjesregen ≈ groß angelegte Ordensverleihung *v*
lintmeter BN Bandmaß *o*, Messband *o*
lintworm Bandwurm *m*
linze Linse *v*
lip *rand van de mond* Lippe *v* ▾ *iem. op de lip zitten* dicht neben jemandem sitzen ▾ *iets niet over de lippen krijgen* etwas nicht über die Lippen bringen können ▾ *tussen neus en lippen (door)* zwischen Tür und Angel
lipide Lipid *o*
liplezen Lippenlesen *o*
liposuctie Fettabsaugung *v*
lippenbalsem Lippenbalsam *m*
lippencrème Lippencreme *v*
lippendienst Lippenbekenntnis *o*
lippenpotlood Lippenstift *m*
lippenstift Lippenstift *m*
liquidatie ❶ econ Liquidation *v* ★ *tot ~ overgaan* in Liquidation treten, sich auflösen ★ *belast zijn met de ~ van de zaken* mit der Abwicklung der Geschäfte beauftragt sein ❷ *moord* Liquidation *v*
liquide ❶ liquid, flüssig ❷ *vloeibaar* flüssig
liquideren ❶ *opheffen* liquidieren, abwickeln, auflösen ❷ *vermoorden* liquidieren
liquiditeit *liquide middelen* Liquidität *v*
lire Lira *v*, Lire *mv*
lis Schwertlilie *v*, Schwertblume *v*
lispelen *fluisteren* lispeln
Lissabon Lissabon *o*
Lissabons Lissaboner
list List *v*
listig listig
litanie Litanei *v*
liter Liter *m/o*
literair literarisch
literatuur Literatur *v*
literatuurgeschiedenis Literaturgeschichte *v*
literatuurlijst Literaturliste *v*, ⟨wetenschappelijk⟩ Literaturverzeichnis *o*
literatuuronderzoek Literaturforschung *v*
literatuurwetenschap Literaturwissenschaft *v*
literfles Literflasche *v*
literprijs Literpreis *m*
lithium Lithium *o*
litho inform *product* Litho *o*
lithografie Steindruck *m*, Lithografie *v*
Litouwen Litauen *o*

Litouwer Litauer *m*
Litouws I *bnw* litauisch **II** *zn* [het] Litauisch *o*
Litouwse Litauerin *v*
lits-jumeaux Doppelbett *o*
litteken Narbe *v*, ‹op gezicht› Schmiss *m*, ‹van houw, vooral op gezicht› Schmarre *v*
littekenweefsel Narbengewebe *o*
liturgie Liturgie *v*
liturgisch liturgisch
live *gelijktijdig* live
live- ❶ *gelijktijdig* Live- *v*, Direkt- *v* ★ *~uitzending* Livesendung *v*, Direktsendung *v* ❷ *met publiek* Live-
living BN *woonkamer* Wohnzimmer *o*, Wohnstube *v*
Ljubljana Ljubljana *o*, oud Laibach *o*
lob ❶ biol Lappen *m* ❷ voetb Heber *m*
lobbes ❶ *hond* Riesenvieh *o* ❷ *persoon* Tropf *m*, Gimpel *m*
lobby *pressiegroep* Lobby *v*
lobbyen ★ *het ~* Lobbying *o*, Lobbyismus *m*
lobelia Lobelie *v*
locatie ❶ *plaats* Ort *m* ❷ *plaats buiten de studio's* ★ *op ~ filmen* am Drehort filmen
locoburgemeester stellvertretende(r) Bürgermeister *m*, Bürgermeister *m* in Vertretung
locomotief Lokomotive *v*
lodderig schläfrig, dösig
lodderoog schläfriges Auge *o*
loden *van lood* bleiern, Blei- ★ *~ buis* Bleirohr *o*
loeder Luder *o*, Aas *o*
loef Luv *v* ▾ *iem. de loef afsteken* jemandem den Rang ablaufen
loeien ❶ *koeiengeluid maken* brüllen, muhen ❷ *huilen* ‹van storm› heulen, ‹van storm› tosen, ‹wind, sirene› heulen
loeihard *oorverdovend* ohrenbetäubend, wahnsinnig laut
loempia Frühlingsrolle *v*
loens schielend
loensen schielen
loep Lupe *v* ▾ *iets onder de loep nemen* etwas unter die Lupe nehmen
loepzuiver lupenrein
loer Lauer *v* ★ *op de loer staan* auf der Lauer sein ▾ *iem. een loer draaien* jemandem einen fiesen Streich spielen
loeren ❶ *scherp uitkijken* lauern, ‹spieden› spähen ★ *door het sleutelgat ~* durch das Schlüsselloch gucken ❷ **~ op** lauern auf [+4]
lof I *zn* [de], *lofbetuiging* Lob *o* ★ *alle lof!* alle Achtung! ★ *dat strekt u tot lof* das gereicht Ihnen zur Ehre ★ *vol lof zijn* des Lobes voll sein **II** *zn* [het], *witlof* Chicorée *m/v*, Schikoree
loffelijk löblich, lobenswert ★ *een ~ streven* ein löbliches Bestreben
loflied Loblied *o*
lofrede Lobrede *v*
loftrompet ★ *de ~ over iem. steken* ein Loblied auf jmdn. singen
loftuiting Lobeserhebung *v*, Lobspruch *m*
lofzang Lobgesang *m*
log I *bnw* plump, schwerfällig **II** *zn* [de] scheepv Log *o*
logaritme Logarithmus *m*
logboek Logbuch *o*
loge *zitplaats* Loge *v*
logé Gast *m* ★ *logés hebben* Gäste haben
logeerbed Gästebett *o*
logeerkamer Gästezimmer *o*
logement Gastwirtschaft *v*, Gasthof *m*
logen I *ov ww* laugen **II** *ww* [verl. td.] → **liegen**
logeren ‹in hotel› wohnen, ‹in hotel› logieren, ‹bij kennissen e.d.› wohnen, ‹bij kennissen e.d.› zu Besuch sein, ‹bij kennissen e.d.› auf Logierbesuch sein
logger Logger *m*
logheid Plumpheit *v*, Schwerfälligkeit *v*
logica Logik *v*
logies Unterkunft *v*, ‹op schip› Logis *o* ★ *~ met ontbijt* Unterkunft mit Frühstück
logisch logisch
logischerwijs logischerweise
logistiek I *zn* [de] Logistik *v* **II** *bnw* logistisch
logo Logo *o*, Logogramm *o*
logopedie Logopädie *v*
logopedist Logopäde *m*, Sprachlehrer *m*
loipe Loipe *v*
lok Locke *v*
lokaal I *zn* [het], *vertrek* Raum *m*, Lokal *o* **II** *bnw* örtlich, lokal ★ *~ gesprek* Ortsgespräch *o* ★ *~ dagblad* Lokalanzeiger *m* ★ *~ nieuws* Lokalnachrichten ★ *~ verkeer* Ortsverkehr *m*, Stadtverkehr *m*
lokaas ❶ *aas* Lockspeise *v*, ‹voor vissen› Köder *m* ❷ fig *lokmiddel* Lockmittel *o*
lokaliseren *plaats bepalen* lokalisieren
lokaliteit Räumlichkeit *v*, Lokalität *v*
loket *informatie- / verkooppunt* Schalter *m*
lokettist Schalterbeamte(r) *m*
lokken ❶ *aanlokken* locken ❷ *bekoren* reizen, locken ▾ *in de val ~* in die Falle locken
lokkertje Lockmittel *o*
lokroep Lockruf *m*
lokvogel Lockvogel *m*
lol Jux *m*, Spaß *m* ★ *voor de lol* zum Spaß ★ *dat doe ik niet voor de lol* das mache ich nicht zum Vergnügen
lolbroek Spaßmacher *m*
lolletje *pleziertje* Scherz *m*, Spaß *m* ★ *dat is geen ~* das ist kein Spaß
lollig fidel, lustig ★ *~e vent* fideler Bursche *m*
lolly Lutscher *m*
lombok spanische(r) Pfeffer *m*
lommerd Pfandhaus *o*, Leihhaus *o* ★ *naar de ~ brengen* ins Leihhaus bringen, versetzen
lommerrijk ❶ *schaduwrijk* schattenspendend, schattenreich, schattig ❷ *bladerrijk* belaubt
lomp I *bnw* plump, ‹ruw, grof› grob ★ *lompe bewegingen* plumpe Bewegungen **II** *zn* [de] Lumpen *m* ★ *in lompen gehuld* zerlumpt
lomperd Grobian *m*
Londen London *o*
Londens Londoner
lonen lohnen ★ *dat loont de moeite* es lohnt die Mühe
long Lunge *v* ★ *over de longen roken* auf Lunge rauchen
longarts Lungenarzt *m*
longdrink Longdrink *m*
longemfyseem Lungenemphysem *o*

longkanker Lungenkrebs *m*
longontsteking Lungenentzündung *v* ★ *dubbele ~* beiderseitige Lungenentzündung *v*
lonken (lieb)äugeln
lont Lunte *v* ▾ *lont ruiken* Lunte riechen ▾ *de lont in het kruit werpen* die Lunte ans Pulverfass legen
loochenen leugnen, verneinen, in Abrede stellen ★ *dat valt niet te ~* das lässt sich nicht leugnen
lood ❶ *metaal* Blei *o* ❷ bouw *schietlood* Senklot *o*, Lot *o* ▾ *het is lood om oud ijzer* das ist Jacke wie Hose, das ist gehüpft wie gesprungen ▾ *met lood in de schoenen* mit Blei an den Sohlen, mit bleiernen Füßen ▾ *uit het lood geslagen zijn* fassungslos sein
loodgieter Klempner *m*
loodgietersbedrijf Klempnerbetrieb *m*, Installationsbetrieb *m*
loodgrijs bleigrau
loodje ❶ *stukje lood* Bleistückchen *o* ★ *het ~ leggen* sterben, den Löffel ablegen ★ *de laatste ~s wegen het zwaarst* das Ende trägt die Last ❷ *ter verzegeling* Plombe *v*
loodlijn Senkrechte *v* ★ *een ~ neerlaten* ein Lot fällen, eine Senkrechte fällen
loodrecht senkrecht
loods ❶ *persoon* Lotse *m* ❷ *keet* Schuppen *m*, ⟨grote hangars e.d.⟩ Halle *v*
loodsboot Lotsenboot *o*, Lotsendampfer *m*
loodsen scheepv lotsen
loodsmannetje viss Lotsenfisch *m*, Pilot(fisch) *m*
loodswezen Lotsenwesen *o*
loodvergiftiging Bleivergiftung *v*
loodvrij bleifrei ★ *~e benzine* bleifreie(s) Benzin *o*
loodzwaar bleischwer
loof Laub *o*, Blätter *mv*
loofboom Laubbaum *m*
loofbos Laubwald *m*
loofhout Laubholz *o*
Loofhuttenfeest Laubhüttenfest *o*
loog I *zn* [het] ❶ *bijtende vloeistof, reinigingsmiddel* Lauge *v* ❷ scheik *base* Lauge *v* **II** *ww* [verl. td.] → **liegen**
looien gerben, lohen
looier *leerbereider* Gerber *m*
looizuur Gerbsäure *v*
look[1] ❶ *plantengeslacht* Lauch *m* ❷ BN *knoflook* Knoblauch *m*
look[2] [loek] *uiterlijk* Look *m* ★ *een nieuwe look hebben* einen neuen Look haben
lookalike *persoon* Doppelgänger *m*
loom matt, müde, ⟨traag⟩ träge, ⟨van weer⟩ schwül ★ *ik ben zo loom in mijn benen* meine Beine sind so schwer
loon ❶ *beloning* Lohn *m* ❷ *salaris* Lohn *m* ★ *hoe hoog is je loon?* wie viel Lohn beziehst du? ▾ *dat is zijn verdiende loon!* das ist sein gerechter Lohn!
loonadministratie Lohnbuchhaltung *v*
loonbelasting Lohnsteuer *v*
loonbriefje BN Lohnstreifen *m*, Lohnzettel *m*
loondienst Lohndienst *m*
looneis Lohnforderung *v*
loongrens *grens van het loonbedrag* Einkommensgrenze *v*
loonheffing Lohnabgabe *v*
loonkosten Lohnkosten *mv*
loonlijst Lohnliste *v*
loonronde Lohnrunde *v*
loonschaal Lohnskala *v*, Lohnstaffel *v*
loonspecificatie Lohnstreifen *m*, Lohnzettel *m*
loonstop Lohnstopp *m*
loonstrookje Lohnstreifen *m*, Lohnzettel *m*
loonsverhoging Lohnerhöhung *v*, Lohnaufbesserung *v*
loonsverlaging Lohnsenkung *v*, ⟨algemeen en geleidelijk⟩ Lohnabbau *m*
loontrekker Lohnempfänger *m*, Lohnarbeiter *m*
loop[1] ❶ *het lopen* Lauf *m* ★ *op de loop gaan* Reißaus nehmen ★ *met het geld op de loop gaan* mit dem Geld durchbrennen ❷ *voortgang* Lauf *m*, Gang *m*, Verlauf *m* ★ *in de loop van de dag* im Laufe des Tages ★ *in de loop der tijden* im Laufe der Zeit ★ *de loop der gebeurtenissen* der Verlauf der Ereignisse, der Gang der Ereignisse ❸ *deel van wapen* Lauf *m*, Rohr *o*
loop[2] [loep] Looping *m*
loopafstand Entfernung *v* zu Fuß ★ *op ~* zu Fuß zu erreichen
loopbaan *carrière* Laufbahn *v*
loopbaanadviseur Laufbahnberater *m*
loopbaanplanning Laufbahn- / Karriereplanung *v*
loopbrug ❶ *brug* Fußgängerbrücke *v* ❷ *loopplank* Rollsteg *m*, Rollbrücke *v*
loopgips Gehgips *m*
loopgraaf Schützengraben *m*
loopgravenoorlog Grabenkrieg *m*
loopje muz Lauf *m* ▾ *een ~ met iem. nemen* jemanden hänseln
loopjongen Laufjunge *m*
looplamp Handlampe *v*
loopneus Triefnase *v*
looppas Laufschritt *m*
loopplank Laufbrett *o*, Laufsteg *m*, ⟨naar schip toe, ook⟩ Laufplanke *v*, ⟨breed⟩ Laufbrücke *v*
looprek Gehgestell *o*
loops läufig, brünstig
looptijd Laufzeit *v*
loopvlak ⟨v. band⟩ Lauffläche *v*
loopvogel Laufvogel *m*
loos *leeg* taub, leer
loot ❶ plantk *scheut* Schoss *m*, Spross *m*, Trieb *m* ❷ fig *telg* Spross *m*, Sprössling *m*
lopen ❶ *te voet gaan, zich voortbewegen* gehen, laufen ★ *achter iem. aan ~* hinter jmdm. herlaufen ★ *door een bos ~* durch ein Wald laufen ★ *ik heb er nog geen half uur over ge~* ich habe noch keine halbe Stunde dazu gebraucht ★ *komen ~* zu Fuß kommen ★ *op een mijn ~* auf eine Mine treten ★ fig *gevaar ~* Gefahr laufen ❷ *functioneren* laufen ★ *deze winkel loopt goed* dieses Geschäft hat großen Zulauf ❸ *verlopen* laufen ★ *het loopt verkeerd* es geht schief ★ *het liep anders* es kam anders ❹ *zich uitstrekken* laufen ★ *die weg loopt niet verder* dieser Weg führt nicht weiter ★ *er loopt een gracht om het kasteel* ein Graben zieht sich um das Schloss ★ *het loopt tegen twaalven* es geht auf zwölf zu ★ *tegen de zestig ~* bald sechzig werden ❺ *stromen* laufen, fließen ★ *het water liep het putje in* das Wasser lief in den Abguss ❻ BN

lo

rennen rennen, schnell laufen
lopend ❶ *voortbewegend* laufend ★ *~e patiënt* ambulante(r) Patient *m* ❷ *actueel* laufend ★ *~e zaken* laufende Geschäfte *o mv* ★ *het ~e jaar* das laufende Jahr
loper ❶ *sleutel* Dietrich *m* ❷ *tapijt* Läufer *m*, ‹op piano› Tastenschoner *m* ❸ *schaakstuk* Läufer *m* ❹ *boodschapper* Läufer *m*, Geher *m*
lor Lumpen *m*, Lappen *m* ▼ *'t kan me geen lor schelen* ich pfeife drauf ▼ *geen lor* keinen Deut
lorrie Draisine *v*
los **I** *bnw* ❶ *niet vast* locker, lose ★ *een losse schroef* eine lockere Schraube ★ *een losse tand* ein lockerer Zahn ★ *alles wat los en vast zit* alles und jedes ❷ *niet strak* locker ❸ *apart* einzeln ★ *losse vellen (papier)* lose(n) Blätter ★ *los verkrijgbaar* einzeln erhältlich ❹ *ongedwongen* locker, ungezwungen **II** *bijw, niet vast* ★ *honden los laten lopen* Hunde frei herumlaufen lassen
losbandig zügellos, ungebunden
losbarsten aufbersten, aufbrechen, losplatzen
losbladig Loseblatt- ★ *als ~ systeem verschijnen* in Loseblattform erscheinen ★ *~e uitgave* Loseblattausgabe *v*
losbol lockere(r) Vogel *m*
losbranden *beginnen* losbrechen, loslegen ★ *brandt u maar los!* legen Sie mal los!
losbreken ❶ *uitbarsten* losbrechen ❷ *vrijkomen* losbrechen, ‹uit de gevangenis› ausbrechen
los- en laadbedrijf Lade- und Löschbetrieb *m*
loser Loser *m*
losgaan sich lockern, sich lösen
losgeld Lösegeld *o*, ‹van ladingen› Löschgeld *o*
losgeslagen zügellos, ausschweifend
losgooien loswerfen
losjes ❶ *niet vast* lose, locker ❷ *luchthartig* locker ★ *iets ~ opnemen* etw. leichtnehmen
loskomen ❶ *losraken* sich lösen ❷ *vrijkomen* freikommen ★ *wanneer komt hij los?* wann kommt er frei? ❸ *zich uiten* herausbrechen ★ *eindelijk kwam ze los* endlich ging sie aus sich heraus
loskopen freikaufen, loskaufen
loskoppelen loskuppeln, ‹van honden› loskoppeln
loskrijgen ❶ *in bezit krijgen* losbekommen ❷ *los / vrij weten te krijgen* loskriegen, ‹van knoop› lösen
loslaten **I** *ov ww, vrijlaten, laten gaan* loslassen, freilassen ★ *de hond op iem. ~* den Hund auf jmdn. loslassen ★ *de gedachte laat me niet los* die Gedanke lässt mich nicht mehr los **II** *on ww, niet meer vastzitten* losgehen ★ fig *hij laat niet los* er bleibt hartnäckig
loslippig geschwätzig
loslopen frei herumlaufen, umhergehen ▼ *dat is te gek om los te lopen* das ist doch Wahnsinn ▼ *het zal wel ~* das wird schon werden
losmaken ❶ *maken dat iets / iemand los wordt* losmachen, lösen, auflösen, ‹minder vast› lockern ★ *een knoop ~* einen Knoten lösen ❷ *oproepen* auslösen ★ *het programma maakte veel emoties los* das Programm löste viele Emotionen aus
losprijs Lösegeld *o*
losraken ❶ *vrijkomen* sich lösen ❷ *ongemerkt losgaan* sich lockern
losrukken losreißen
löss Löss *m*
losscheuren **I** *ov ww, losmaken* losreißen, aufreißen **II** *on ww, losgaan* losreißen
losschieten aufspringen
losschroeven losschrauben, abschrauben
lossen ❶ *uitladen* abladen, ausladen ★ *laden en ~* ein- und ausladen ❷ *afschieten* lösen, abfeuern ★ *een schot ~* einen Schuss abfeuern
losslaan **I** *on ww, losraken* sich loslösen **II** *ov ww, losmaken* sich losmachen
losstaand nicht im Zusammenhang stehend
los-vast ❶ lett halbfest ❷ fig ★ *een ~e relatie* eine lose Beziehung
losweg leichthin
losweken loslösen, abweichen
loswerken *met moeite losmaken* herausarbeiten
loszitten locker sitzen
lot ❶ *lotsbestemming* Schicksal *o*, Geschick *o*, ‹ongunstig› Verhängnis *o* ★ *iem. aan zijn lot overlaten* jmdn. seinem Schicksal überlassen ❷ *loterijbriefje* Los *o* ★ BN *het groot lot* das große Los ▼ fig *dat is een lot uit de loterij* das ist ein seltener Glücksfall
loten losen ★ *om iets ~* um etw. losen
loterij Lotterie *v*
lotgenoot Schicksalsgenosse *m*
lotgeval Schicksal *o* ★ *de ~len van de wereldreiziger* die Abenteuer des Weltreisenden
Lotharingen Lothringen *o*
loting Losen *o* ★ *bij ~ bepalen* durchs Los bestimmen
lotion Lotion *v*
lotje ★ *van ~ getikt zijn* nicht alle Tassen im Schrank haben
lotsbestemming Schicksal *o*, Los *o*
lotto Lotto *o*
lottoformulier Lottoschein *m*
lotus Lotus *m*
louche zwielichtig
lounge Lounge *v*, ‹in hotel› Hotelhalle *v*
louter **I** *bnw, zuiver* lauter, bloß **II** *bijw* lediglich, nur, rein ★ *dat zijn ~ leugens* das sind reine Lügen ★ *hij doet het uit ~ medelijden* er macht es aus bloßem Mitleid ★ *~ voor de lol* nur zum Spaß
louteren *moreel beter maken* läutern
loutering Läuterung *v*
lovegame sport Zu-Null-Spiel *o*
loven **I** *ov ww, prijzen* preisen, lobpreisen, ‹God› loben ★ *God zij geloofd* Gott sei gelobt **II** *on ww, prijs vragen* ★ *~ en bieden* feilschen
lovenswaardig lobenswert, löblich
lover Laub *o*
loverboy Loverboy *m*
low budget Low-Budget *o*
lowbudgetfilm Low-Budget-Film *m*
loyaal loyal
loyaliteit, BN **loyauteit** Loyalität *v*
lozen ❶ *doen wegvloeien* abführen ★ *afval op zee ~* Abfall verklappen ❷ fig *wegwerken* loswerden ★ *zij probeerde hem te ~* sie versuchte ihn loszuwerden
lozing ‹van water› Entwässerung *v*, ‹m.b.t. het lichaam› Ausscheidung *v*, ‹van water› Abführung *v*
lp LP *v* (Langspielplatte)

lpg Autogas *o*
lsd *lyserginezuurdiëthylamide* LSD *o*
lubberen ausleiern
lucht ❶ *atmosferisch gas* Luft *v* ★ *frisse ~* frische Luft ★ *naar ~ happen* nach Luft schnappen ★ *dat is gebakken ~* das ist heiße Luft ★ *~ geven aan* offen aussprechen ❷ *hemel* Himmel *m* ★ *heldere ~* klare(r) Himmel ★ *in de ~* am Himmel ★ *in de open ~* im Freien ★ *het is helemaal uit de ~ gegrepen* das ist aus der Luft gegriffen ★ *er hangt onweer in de ~* es ist ein Gewitter im Anzug ★ *uit de ~ komen vallen* wie aus heiterem Himmel erscheinen ★ *in de ~ laten vliegen* sprengen ★ *het gelach was niet van de ~* das Gelächter nahm kein Ende ❸ *geur* Geruch *m*, ⟨aangenaam⟩ Duft *m* ★ *~ krijgen van iets* Wind bekommen von etw.
luchtaanval Luftangriff *m*
luchtafweer Luftabwehr *v*
luchtalarm Luftalarm *m*, Fliegeralarm *m*
luchtballon Luftballon *m*
luchtbed Luftmatratze *v*
luchtbehandeling Luftbehandlung *v*
luchtbel Luftblase *v*
luchtbrug *vliegtuigverbinding* Luftbrücke *v*
luchtcirculatie Luftzirkulation *v*
luchtdicht luftdicht
luchtdoelgeschut Flugabwehrgeschütz *o*, Flak (= Flugzeugabwehrkanone) *v*
luchtdoelraket Flugabwehrrakete *v*, Flugabwehrflugkörper *m*
luchtdruk Luftdruck *m*
luchten ❶ *ventileren* lüften ❷ *uiten* Luft machen ▼ *iem. niet kunnen ~ of zien* jemanden nicht riechen können
luchter ❶ *kroonluchter* Kronleuchter *m* ❷ *kandelaar* Leuchter *m*
luchtfilter Luftfilter *m*
luchtfoto Luftaufnahme *v*
luchtgekoeld luftgekühlt
luchtgevecht Luftkampf *m*
luchthartig sorglos, leichtherzig
luchthaven Flughafen *m*
luchthavenbelasting Flughafensteuer *v*
luchthaventerminal Flughafenterminal *m/o*
luchtig I *bnw* ❶ *fris* luftig ❷ *licht* locker ❸ *luchthartig* locker, leicht **II** *bijw, licht* ★ *~ gekleed* luftig gekleidet
luchtje ❶ *beetje lucht* ★ *een ~ happen / scheppen* an die frische Luft gehen ❷ *geur, parfum* Duft *m* ★ *zij heeft een lekker ~ op* sie hat einen angenehmen Duft ★ *vieze ~s* schlechte Gerüche ★ *daar zit een ~ aan* das ist nicht ganz sauber → **lucht**
luchtkasteel Luftschloss *o* ★ *luchtkastelen bouwen* Luftschlösser bauen
luchtkoeling Luftkühlung *v*
luchtkoker Luftschacht *m*
luchtkussen *kussen* Luftkissen *o*
luchtlaag Luftschicht *v*
luchtledig luftleer
luchtledige ★ fig *in het ~ praten* ins Blaue hinein reden
luchtmacht Luftwaffe *v*
luchtmachtbasis Luftwaffenbasis *v*, Luftwaffenstützpunkt *m*
luchtmatras BN *luchtbed* Luftmatratze *v*
luchtmobiel → **brigade**
luchtoffensief Luftoffensive *v*
luchtpijp anat Luftröhre *v*
luchtpost Luftpost *v* ★ *per ~* als Luftpost
luchtreclame Luftwerbung *v*
luchtreis Flugreise *v*
luchtruim Luftraum *m*
luchtschip Zeppelin *m*, Luftschiff *o*
luchtslag Luftschlacht *v*
luchtspiegeling Luftspiegelung *v*
luchtsprong Luftsprung *m*
luchtstreek Klima *o*, Zone *v*, form Himmelstrich *m*
luchtstroom Luftstrom *m*
luchttoevoer Luftzufuhr *v*
luchttransport Lufttransport *m*
luchtvaart Luftfahrt *v*
luchtvaartindustrie Luftfahrtindustrie *v*
luchtvaartmaatschappij Luftfahrtgesellschaft *v*
luchtverdediging Luftabwehr *v*
luchtverfrisser Raumspray *o*, ⟨in wc⟩ Duftspender *m*
luchtverkeer Flugverkehr *m*
luchtverkeersleiding Flugdienstleitung *v*
luchtverontreiniging Luftverschmutzung *v*
luchtverversing Lüftung *v*
luchtvochtigheid Luftfeuchtigkeit *v*
luchtvracht Luftfracht *v*
luchtweerstand Luftwiderstand *m*
luchtwegen Atemwege *mv*
luchtzak *valwind* Luftsack *m*
luchtziek luftkrank
lucifer Streichholz *o*, Zündholz *o*
luciferdoosje Streichholzschachtel *v*
lucratief lukrativ, einträglich
ludiek spielerisch
luguber unheimlich
lui I *zn* [de], *mensen* Leute **II** *bnw* faul, träge, econ flau ★ *hij is liever lui dan moe* er reißt sich kein Bein aus
luiaard ❶ *persoon* Faulenzer *m*, Faulpelz *m* ❷ *dier* Faultier *o*
luid laut
luiden I *ov ww, doen klinken* läuten ★ *de klok ~* die Glocke läuten **II** *on ww, klinken* klingen, ⟨van klok, bel⟩ läuten
luidkeels aus vollem Halse, aus voller Kehle, lauthals
luidruchtig *lawaaierig* geräuschvoll, laut(stark), lärmend ★ *~e kinderen* lärmende(n) Kinder
luidspreker Lautsprecher *m*
luier Windel *v*
luieren faulenzen
luieruitslag Windeldermatitis *v*
luifel Sonnenschirm *m*
luiheid Faulheit *v*
Luik Lüttich *o*
luik ❶ *opening* ⟨voor het raam⟩ Fensterladen *m*, ⟨in schip, vloer⟩ Luke *v* ❷ BN *onderdeel van formulier* Fach *o*
Luikenaar Lütticher *m*
Luiks Lütticher
Luikse Lütticherin *v*
luilak Faulpelz *m*
Luilekkerland Schlaraffenland *o* ★ *waar ligt ~?* wo liegt das Schlaraffenland?

luim *humeur* Laune *v*
luipaard Leopard *m*
luis Laus *v*
luister Glanz *m*, Pracht *v*, ⟨roem, eer⟩ Ruhm *m*
luisteraar Zuhörer *m*
luisterboek Hörbuch *o*
luisterdichtheid Hörbeteiligung *v*
luisteren ❶ *toehoren* (zu)hören, ⟨oplettend⟩ horchen ★ *luister eens!* hör mal! ★ *naar de radio ~* Radio hören ★ *naar een spreekster ~* einer Rednerin zuhören ❷ *gehoorzamen* hören auf, gehorchen ★ *naar iem. ~* auf jmdn. hören ▼ *dat luistert nauw* das erfordert große Genauigkeit
luistergeld Rundfunkgebühr *v*
luisterlied ≈ Chanson *o*
luisterrijk *met pracht en praal* glanzvoll, prachtvoll
luistertoets Hörverständnistest *m*
luistervaardigheid Hörverständnis *o*
luistervink Lauscher *m*, Horcher *m*
luit Laute *v*
luitenant Leutnant *m*
luitenant-generaal Generalleutnant *m*
luitenant-kolonel Oberstleutnant *m*
luitenant-ter-zee mil Korvettenkapitän *m*, Marineleutnant *m*
luiwammes Faulpelz *m*
luizen lausen ▼ *iem. erin ~* jemanden hereinlegen ▼ *hij is erin geluisd* er ist drauf reingefallen
luizenbaan ruhige(r) Posten *m*
luizenkam Läusekamm *m*
luizenleven ★ *een ~tje leiden* leben wie die Made im Speck, leben wie Gott in Frankreich
lukken glücken, gelingen ★ *zonder Lucie zou het niet gelukt zijn* ohne Lucie wäre es nicht gelungen
lukraak aufs Geratewohl, auf gut Glück
lul ❶ *penis* Schwanz *m*, Pimmel *m* ❷ *persoon* Trottel *m*, Dussel *m* ▼ *waarom ben ik altijd de lul?* warum muss ich immer dran glauben? ▼ *iem. voor lul zetten* jemanden verarschen
lulkoek Quatsch *m*
lullen *kletsen* schwatzen, schwafeln
lullig ❶ *klungelig* dusselig ❷ *gemeen, vervelend* doof, blöd
lumineus glänzend, vortrefflich
lummel *slap persoon* Lümmel *m*
lummelen herumlungern, herumlümmeln
lummelig lümmelhaft
lumpsum Pauschalsumme *v*
lunch Lunch *m*
lunchconcert Mittagskonzert *o*
lunchen lunchen
lunchpakket Lunchpaket *o*
lunchpauze Mittagspause *v*
lunchroom Café *o*
luren ★ fig *iem. in de ~ leggen* jmdn. hereinlegen
lurken *sabbelen* lutschen, ⟨drinken⟩ schlürfen
lurven ★ *iem. bij de ~ pakken* jmdn. beim / am Wickel packen
lus *knoop* Schlinge *v*, ⟨van kledingstuk, handdoek⟩ Aufhänger *m*, ⟨handgreep⟩ Schlaufe *v*, ⟨vorm van lus⟩ Schleife *v*
lust ❶ *zin, verlangen* Lust *v* ★ *lust hebben om* Lust haben zu ★ *dat zal je de lust wel doen vergaan* da wird dir der Appetit schon vergehen ★ *iem. de lust tot iets benemen* jmdm. etw. verleiden ★ *zijn lusten botvieren* seine Lust befriedigen ❷ *plezier* Lust *v*, Vergnügen *o*, Freude *v* ★ *het is een lust voor het oog* es ist eine Augenweide
lusteloos lustlos
lusten mögen ★ *lust je nog wat?* möchtest du noch etw.? ★ *ik lust geen wijn* ich mag keinen Wein ▼ *ik lust hem rauw!* er soll nur kommen! ▼ *hij zal ervan ~* er bekommt sein Fett
lusthof *tuin* Lustgarten *m*
lustig ❶ *monter* lustig, heiter, fröhlich ❷ *flink* tüchtig
lustmoord Lustmord *m*
lustmoordenaar Lustmörder *m*
lustobject Lustobjekt *o*
lustrum ❶ *vijfjarig bestaan* Jahrfünft *o*, gesch Lustrum *o* ❷ *viering* Fünfjahresfeier *v*
lutheraan rel Lutheraner *m*
luthers, lutheraans rel lutherisch
luttel klein, gering(fügig)
luw ❶ *uit de wind* windstill ❷ *vrij warm* lau, mild
luwen ❶ *verminderen van de wind* sich legen, abflauen ❷ fig *minder worden* sich legen
luwte *plaats* Windschatten *m*
luxe Luxus *m*
luxeartikel Luxusartikel *m*, Luxusgegenstand *m*
Luxemburg *stad* Luxemburg *o*
Luxemburger Luxemburger *m*
Luxemburgs *m.b.t. Luxemburg* luxemburgisch
Luxemburgse Luxemburgerin *v* ★ *zij is een ~* sie ist Luxemburgerin
luxueus luxuriös
Luzern Luzern *o*
L-vormig L-förmig
lyceïst BN onderw Gymnasiast *m*
lyceum BN onderw ⟨atheneum⟩ ≈ neusprachliche(s) Gymnasium *o*, ⟨gymnasium⟩ altsprachliche(s) Gymnasium *o*
lychee Litschi *v*
lycra Lycra *o*
lymfe Lymphe *v*
lymfklier Lymphdrüse *v*
lynchen lynchen
lynx Luchs *m*
Lyon Lyon *o*
lyriek Lyrik *v*
lyrisch lyrisch ★ *~ dichter* Lyriker *m*

lu

M

m M *o* ★ *de m van Marie* M wie Martha
MA *Master* MA
ma Mama *v*
maag Magen *m* ★ *een zwakke maag* ein schwacher Magen ★ *een bedorven maag* ein verdorbener Magen ★ *mijn maag knort* mein Magen knurrt ★ *zijn maag is van streek* er hat Magenbeschwerden ★ *op de nuchtere maag* auf nüchternen Magen ★ *iem. iets in de maag splitsen* jmdm. etw. aufschwatzen ★ *in de maag zitten met iets* etw. nicht los werden ★ *zwaar op de maag liggen* schwer im Magen liegen
maagaandoening Magenleiden *o*
maagbloeding Magenblutung *v*
Maagd ❶ *dierenriemteken* Jungfrau *v* ❷ ★ *de Heilige ~* die heilige Jungfrau
maagd *persoon die nog geen geslachtsverkeer heeft gehad* Jungfrau *v*
maag-darmkanaal Magen-Darm-Trakt *m*
maag-darmontsteking med Magen-Darm-Grippe *v*
maagdelijk **I** *bnw* ❶ *van een maagd* jungfräulich ❷ fig *ongerept* jungfräulich, unberührt ★ *~ oerwoud* unberührte(r) Urwald *m* ★ *~ gebied* unberührte(s) Gebiet ★ *in ~e staat* in unberührtem Zustand **II** *bijw*, fig *ongerept* ★ *~ witte sneeuw* jungfräulich weißer Schnee
maagdelijkheid Jungfräulichkeit *v*
Maagdenburg Magdeburg *o*
Maagdeneilanden Jungferninseln *mv* ★ *op de ~* auf den Jungferninseln
maagdenvlies Jungfernhäutchen *o*
maagklachten Magenbeschwerden *mv*
maagkramp Magenkrampf *m*
maagkwaal Magenleiden *o*
maagpatiënt Magenkranke(r) *m* ★ *~ zijn* magenkrank sein
maagpijn Magenschmerzen *mv*
maagsap Magensaft *m*
maagwand Magenwand *v*
maagzuur Magensäure *v* ★ *last van brandend ~ hebben* Sodbrennen *o* haben
maagzweer Magengeschwür *o*
maaien **I** *ov ww, afsnijden* mähen, ⟨van gras⟩ schneiden ★ *het gras ~* den Rasen mähen ★ *koren ~* Korn mähen **II** *on ww, wilde beweging maken* fuchteln ★ *~ met de armen* mit den Armen fuchteln ★ *hij maaide alles van tafel* er fuchtelte alles vom Tisch
maaier Mäher *m*
maaimachine Mähmaschine *v*
maaiveld ★ *boven het ~ uitsteken* über das Mittelmaß hinausragen
maak *het produceren* Arbeit *v*, Bearbeitung *v* ★ *de wet is in de maak* das Gesetz ist in Vorbereitung ★ *in de maak zijn* angefertigt werden
maakbaar machbar ★ *de maakbare samenleving* die machbare Gesellschaft
maakloon Arbeitskosten *v*
maaksel ❶ *product* Produkt *o*, Erzeugnis *o*, min Machwerk *o* ❷ *manier waarop iets gemaakt is* Konstruktion *v*
maakwerk *op bestelling gemaakt werk* Maßarbeit *v*
maal **I** *zn* [de], *keer* Mal *o* ★ *voor de eerste maal* zum ersten Mal ★ *te enen male onmogelijk* einfach unmöglich ★ *2 maal 2 is 4* zwei mal zwei ist vier ★ *lengte maal breedte* Länge mal Breite ★ *twee maal zo veel* zweimal so viel **II** *zn* [het], *maaltijd* Mahl *o* ★ *een stevig maal* ein deftiges Mahl
maalstroom ❶ *draaikolk* Mahlstrom *m*, Wirbel *m*, Strudel *m* ❷ *verwarrende woeling* Strudel *m* ★ *een ~ van gebeurtenissen* ein Strudel von Ereignissen
maalteken Malzeichen *o*
maaltijd Mahlzeit *v* ★ *een lichte ~* eine leichte Mahlzeit ★ *koude ~* kalte Mahlzeit ★ *aan de ~ zijn* beim Essen sein ★ *de ~ gebruiken* die Mahlzeit einnehmen
maan ❶ *hemellichaam bij aarde* Mond *m* ★ *wassende maan* zunehmender Mond ★ *volle maan* Vollmond ★ *afnemende maan* abnehmender Mond ★ *nieuwe maan* Neumond *m* ★ *halve maan* Halbmond *m* ★ *de maan schijnt* der Mond scheint ★ *bij heldere maan* bei hellem Mondschein ★ *loop naar de maan!* scher dich zum Teufel! ★ *je kunt naar de maan lopen* du kannst mir den Buckel runterrutschen ★ *zijn hele vermogen is naar de maan* sein ganzes Vermögen ist zum Kuckuck ❷ *hemellichaam bij andere planeet* Mond *m*
maand Monat *m* ★ *de ~ januari* der Monat Januar ★ *in de ~ juni* im Juni ★ *over een paar ~en* in ein paar Monaten ★ *per ~* monatlich, pro Monat ★ *een dertiende ~* das dreizehnte Monatsgehalt ★ *de lopende ~* der laufende Monat ★ *de volgende ~* der nächste Monat ★ *per twee ~en* zweimonatlich ★ *een verblijf van twee ~en* ein zweimonatiger Aufenthalt ★ *een betalingstermijn van drie ~en* eine Zahlungsfrist von drei Monaten
maandabonnement ⟨van tijdschrift of krant⟩ Monatsabonnement *o*, ⟨voor entree of reizen⟩ Monatskarte *v*
maandag Montag *m* ★ *'s ~s* montags ★ *op ~* am Montag ★ *een blauwe ~* für kurze Zeit ★ *hij is daar een blauwe ~ geweest* er ist da ganz kurz gewesen
maandagavond Montagabend *m*
maandagmiddag Montagnachmittag *m*
maandagmorgen, **maandagochtend** ⟨tot ca 9 uur⟩ Montagmorgen *m*, ⟨na 9 uur⟩ Montagvormittag *m*
maandagnacht Montagnacht *m*
maandags **I** *bnw* montäglich ★ *de ~e post* die Montagspost **II** *bijw* montags
maandblad Monatsheft *o*, Monatsschrift *v*
maandelijks **I** *bnw* monatlich, Monats- **II** *bijw* monatlich
maandenlang monatelang
maandgeld Monatsgeld *o*, Monatsverdienst *m*
maandkaart Monatskarte *v*
maandloon Monatslohn *m*
maandsalaris Monatsgehalt *o*
maandverband Damenbinde *v*, Monatsbinde *v*
maanlander Mondlander *m*
maanlanding Mondlandung *v*

maanlicht Mondlicht *o* ★ *bij ~* im Mondlicht
maansikkel Mondsichel *v*
maansverduistering Mondfinsternis *v*
maanvis dierk Mondfisch *m*
maanzaad Mohn *m*
maanzaadbrood cul Mohnbrot *o*
maar I *vw, echter, daarentegen* aber, ⟨na een ontkenning⟩ sondern ★ *arm maar gelukkig* arm, aber glücklich ★ *zijn vader is dood, maar zijn moeder leeft nog* sein Vater ist tot, aber seine Mutter lebt noch ★ *hij ging niet naar Italië maar naar Spanje* er ging nicht nach Italien, sondern nach Spanien ★ *hij wist het, maar hij heeft het niet gezegd* er wusste es, aber er hat es nicht gesagt ★ *niet alleen..., maar ook...* nicht nur..., sondern auch ★ *maar ja, wat kun je ermee doen?* aber gut, was kann man damit machen? ★ *hij is niet alleen knap, maar hij heeft ook talent* er ist nicht nur hübsch, sondern hat auch Talent **II** *bijw* ❶ *slechts, enkel* nur ★ *het kost maar drie dollar* es kostet nur drei Dollar ★ *dat zijn alleen maar woorden* das sind alles bloß Worte ★ *je hoeft het maar te zeggen* du brauchst es nur zu sagen ★ *ik heb maar een paar minuutjes* ich habe nur ein paar Minuten ★ *zonder ook maar een enkel voorbeeld* ohne ein einziges Beispiel ❷ ⟨zonder duidelijke betekenis⟩ ★ *maar geen beslissing kunnen nemen* einfach keine Entscheidung treffen können ★ *het wil maar niet lukken* es will einfach nicht gelingen ★ *dat is maar al te waar* das ist leider all zu wahr ★ *was het maar waar* wäre es nur wahr ★ *zo snel als hij maar kon* so schnell, wie er nur konnte ★ *als het maar niet regent* wenn es mal nicht regnet ★ *laat mij maar begaan* lass mich nur machen ★ *je doet maar* hau ab! ★ *wacht maar!* warte mal! ★ *wist ik het maar!* wenn ich das wüsste! **III** *zn* [het] Aber *o* ★ *er is één maar bij* die Sache hat einen Haken ★ *geen maren!* nur kein Aber!
maarschalk Marschall *m*
maart März *m* ★ *~ roert zijn staart* der März rührt den Sterz
maarts März- ★ *~e bui* Märzschauer *m*
Maas Maas *v*
maas *opening in net* Masche *v* ★ *door de mazen van de wet kruipen* durch die Maschen des Gesetzes schlüpfen
Maastricht Maastricht *o*
Maastrichtenaar Maastrichter *m*
Maastrichts Maastrichter
Maastrichtse Maastrichterin *v*
maat ❶ *meeteenheid* Maß *o* ★ *maten en gewichten* Maße und Gewichte ★ *met twee maten (BN en gewichten) meten* mit zweierlei Maß messen ★ *een afgestreken maat* ein gestrichenes Maß ★ *de maat is vol* das Maß ist voll ❷ *afmeting* Maß *o*, ⟨kleding⟩ Größe *v* ★ *wat voor kledingmaat heeft u?* welche Größe haben Sie? ★ *ik heb schoenmaat 43* ich habe Schuhgröße 43 ★ *iem. de maat nemen* bei jmdm. Maß nehmen ★ *op maat gemaakt* nach Maß gefertigt ❸ *hoeveelheid* ★ *in hoge mate* in hohem Maße ★ *in meerdere of mindere mate* mehr oder weniger ★ *in zekere mate* gewissermaßen ★ *in die mate dat* dermaßen, dass ★ BN *in de mate van het mogelijke* im Rahmen der Möglichkeiten ★ *onder de maat zijn* unzureichend sein, inform unter aller Sau / Kanone sein ❹ *gematigdheid* Maß *o* ★ *met mate* in Maßen ★ *geen maat houden* kein Maß halten ❺ muz *teleenheid* Takt *m* ★ *de maat slaan / aangeven* den Takt klopfen ★ *één maat rust* ein Takt Pause ★ *in de maat lopen* im Takt laufen ★ *op de maat van de muziek* im Takt der Musik ★ BN *een maat voor niets* ein Schlag ins Wasser ❻ *makker* Kamerad *m*, inform Kumpel *m* ★ *zij zijn dikke maatjes* sie sind dicke Freunde
maatbeker Messbecher *m*
maatgevend maßgebend
maatgevoel Taktgefühl *o*
maatglas Messglas *o*
maathouden ❶ muz muz im Takt bleiben ❷ *zich niet te buiten gaan* Maß halten
maatjesharing Matjes(hering) *m*
maatkleding Maßkonfektion *v*
maatkostuum Maßanzug *m*
maatregel Maßnahme *v*, ⟨corrigerend ingrijpen⟩ Maßregel *v* ★ *halve ~en* unzureichende(n) Maßnahmen ★ *~en nemen / treffen* Maßnahmen ergreifen / treffen
maatschap Gesellschaft *v*
maatschappelijk ❶ *sociaal* gesellschaftlich, sozial ★ *~e plichten* gesellschaftliche Verpflichtungen ★ *~ werk* Sozialarbeit *v* ★ *~ werker* Sozialarbeiter(in) *m-v* ❷ *behorend tot een maatschap* Gesellschafts- ★ *~ kapitaal* Grundkapital *o*
maatschappij ❶ *samenleving* Gesellschaft *v* ★ *de burgerlijke ~* die bürgerliche Gesellschaft ❷ *genootschap* Gesellschaft *v* ★ *~ op aandelen* Aktiengesellschaft *v*
maatschappijkritisch gesellschaftskritisch
maatschappijleer Sozialkunde *v*
maatstaf Maßstab *m* ★ *als ~ nemen* als / zum Maßstab nehmen ★ *als ~ dienen* als Maßstab dienen ★ *zijn eigen ~ hanteren* seine eigenen Maßstäbe haben ★ *dit kan niet tot ~ dienen* dies kann nicht maßgebend sein ★ *een ~ aanleggen* einen Maßstab anlegen ★ *naar die ~* nach dem Maßstab
maatwerk Maßarbeit *v* ★ *~ leveren* maßgeschneiderten Service bieten ★ *het is ~* es ist Maßarbeit
macaber makaber
macadam Makadam *m/o*
macaroni Makkaroni *mv*
Macedonië Mazedonien *o*, Makedonien *o* ★ *in ~* in Mazedonien
Macedonisch I *bnw, m.b.t. Macedonië* mazedonisch, makedonisch **II** *zn* [het], *taal* Mazedonisch(e) *o*, Makedonisch(e) *o*
mach Mach *o*
machiavellisme Machiavellismus *m*
machinaal I *bnw* ❶ *met machines* maschinell, mechanisch, Maschinen- ❷ *werktuiglijk* mechanisch, maschinenmäßig, maschinell **II** *bijw, met machines* ★ *~ gemaakt* maschinell gefertigt
machine Maschine *v*
machinebankwerker Maschinenschlosser *m*
machinegeweer Maschinengewehr *o*
machinekamer Maschinenraum *m*, Maschinenhaus *o*

ma

machinepark Maschinenpark *m*
machinepistool Maschinenpistole *v*
machinerie ❶ lett Maschinerie *v* ❷ fig Maschinerie *v*
machinetaal comp Maschinensprache *v*
machinist Maschinenmeister *m*, techn Maschinist *m*, ⟨spoorwegen⟩ Lokomotivführer *m*, ⟨spoorwegen⟩ Lokführer *m*
macho I *zn* [de] Macho *m* ★ *zich als een ~ gedragen* sich wie ein Macho benehmen **II** *bnw* macho
machogedrag Machoverhalten *o*
macht ❶ *capaciteit, vermogen* Macht *v*, Stärke *v*, Kraft *v* ★ *bij ~e zijn om* imstande / im Stand(e) sein zu ★ *dat ligt niet in mijn ~* das liegt nicht in meiner Macht ★ *uit alle ~* aus Leibeskräften ❷ *heerschappij, controle* Macht *v* ★ *aan de ~ zijn* an der Macht sein ★ *~ hebben over* Macht haben über [+4] ★ *de ~ in handen hebben* die Macht haben ★ *de ~ over leven en dood* die Macht über Leben und Tod ★ *de ~ over het stuur verliezen* die Kontrolle über das Steuer verlieren ★ *uit de ouderlijke ~ ontzetten* das Sorgerecht entziehen [+3] ❸ *gezaghebbende instantie* Macht *v*, Gewalt *v* ★ *de wetgevende ~* die Legislative ★ *de rechterlijke ~* die Judikative ★ *de uitvoerende ~* die Exekutive ★ *de gewapende ~* die bewaffnete Macht *v* ❹ wisk Potenz *v* ★ *de tweede ~* das Quadrat *o* ★ *de derde ~* das Kubik *o* ★ *twee tot de vierde ~* zwei hoch vier ★ *tot de derde ~ verheffen* zum Kubik nehmen, hoch drei nehmen
machteloos ❶ *zonder capaciteit, vermogen* kraftlos ❷ *zonder heerschappij, controle* machtlos ★ *machteloze woede* ohnmächtige Wut *v* ★ *~ zijn* machtlos sein
machthebber ❶ *persoon met macht* Machthaber *m* ❷ *gevolmachtigde* Bevollmächtigte(r) *m-v*
machtig I *bnw* ❶ *veel macht hebbend* mächtig ★ *een ~ man* ein mächtiger Mann ❷ *beheersend* mächtig ★ *een taal ~ zijn* einer Sprache mächtig sein, eine Sprache beherrschen ❸ *moeilijk te verteren* schwer (verdaulich / bekömmlich) ★ *dit toetje is erg ~* dieser Nachtisch ist sehr schwer ★ *het werd me te ~* es wurde mir zu schwer **II** *bijw, in hoge mate, krachtig, zeer* außerordentlich, mächtig ★ *~ mooi* wunderschön
machtigen ermächtigen, bevollmächtigen
machtiging Ermächtigung *v*, Vollmacht *v* ★ *~ tot betaling* Zahlungsvollmacht *v* ★ *~ geven* ermächtigen ★ *iem. ~ verlenen* jmdn. ermächtigen / bevollmächtigen, jmdm. eine Vollmacht erteilen
machtsevenwicht Gleichgewicht *o* der Mächte
machtsgreep Machtergreifung *v*
machtsmiddel Machtmittel *o*
machtsmisbruik Machtmissbrauch *m*
machtsovername Machtübernahme *v*
machtspositie Machtposition *v*
machtsstrijd Machtkampf *m*
machtsverheffen wisk potenzieren
machtsverheffing wisk Potenzierung *v*
machtsverhouding Machtverhältnis *o* ★ *gewijzigde ~en* veränderte Machtverhältnisse
machtsvertoon Machtdemonstration *v* ★ *met veel ~* mit einem großen Aufgebot an Kräften
machtswellust Machtbegierde *v*
macramé Makramee *o*
macro comp Macro *v*
macro- makro..., Makro...
macrobiotiek Makrobiotik *v*
macrobiotisch makrobiotisch
macro-economie Makroökonomie *v*
macrokosmos Makrokosmos *m*
Madagaskar Madagaskar *o* ★ *op ~* auf Madagaskar
Madagaskisch, **Madagassisch** madegassisch
madam ❶ *vrouw* Madam *v* ★ *de ~ uithangen* die Madam spielen ❷ *bordeelhoudster* Puffmutter *v*
made Made *v*
Madeira Madeira *o* ★ *op ~* auf Madeira
madeliefje Gänseblümchen *o*
madera Madeira *m*
madonna Madonna *v*
Madrid Madrid *o*
madrigaal Madrigal *o*
Madrileens madrilenisch
maf *gek* blöd, idiotisch
maffen inform pennen ★ *gaan ~* eine Runde pennen
maffia Maf(f)ia *v*
maffioso Mafioso *m* [mv: Mafiosi]
mafkees Vollidiot *m*
magazijn ❶ *opslagplaats* Lager *o*, ⟨gebouw⟩ Lagerhaus *o*, ⟨ruimte⟩ Lagerraum *m* ❷ *patroonruimte van geweer* Magazin *o*
magazijnbediende, BN **magazijnier** Lagerist *m*
magazijnmeester, BN **magazijnier** Lagerverwalter *m*
magazine ❶ *tijdschrift* Magazin *o*, Illustrierte *v* ❷ *rubriek* Magazin *o*
magenta Magenta *o*, Anilinrot *o*
mager I *bnw* ❶ *dun* mager, dünn, ⟨heel erg mager⟩ dürr ★ *hij is ~ geworden* er ist dünn geworden ★ *lang en ~* hager ❷ *niet vet* mager, fettarm ❸ *pover* dürftig, schwach ★ *ik had voor mijn examen een ~ zesje* ich habe die Prüfung gerade mal geschafft **II** *bijw* ★ *~ afsteken bij* mager im Vergleich zu [+3]
magertjes ❶ lett mager ❷ fig ⟨karig⟩ kärglich, ⟨armoedig⟩ dürftig, ⟨armoedig⟩ ärmlich ★ *de opkomst vanavond was een beetje ~* die Beteiligung heute Abend war ein bisschen mager
maggiblokje Brühwürfel *m*
magie Magie *v* ★ *zwarte ~* schwarze Magie
magiër ❶ *tovenaar* Magier *m* ❷ *oosterse wijze* Weise(r) *m*
magisch magisch ★ *~ realisme* magische(r) Realismus
magistraal meisterhaft
magistraat Magistrat *m*
magistratuur Justiz *v*
magma Magma *o*
magnaat Magnat *m*
magneet Magnet *m*
magneetkaart comp Magnetkarte *v*
magneetnaald Magnetnadel *v*
magneetschijf Magnetplatte *v*
magneetstrip Magnetstreifen *m*
magnesium Magnesium *o*
magnesiumcarbonaat Magnesiumkarbonat *o*

magnetisch magnetisch ★ ~ *veld* Magnetfeld *o*
magnetiseren magnetisieren
magnetiseur Magnetiseur *m*
magnetisme Magnetismus *m*
magnetron Mikrowelle *v*
magnifiek wunderbar, großartig
magnolia Magnolie *v*
mahonie I *zn* [het], *houtsoort* Mahagoni *o* **II** *bnw* ❶ *van hout* aus Mahagoniholz ❷ *van kleur* mahagonifarben
mahoniehouten aus Mahagoniholz
mail Mail *v*
mailbox Mailbox *v*
mailen I *ov ww* mailen ★ *een document aan iem. ~* jmdm. ein Dokument mailen **II** *on ww* mailen [+3]
mailing Direktwerbung *v*
maillot Strumpfhose *v*
mailtje (E-)Mail *v*
mainframe comp Mainframe *m*
maïs Mais *m*
maïskolf Maiskolben *m*
maïskorrel Maiskorn *o*
maisonnette Maisonette *v*
maïsveld Maisfeld *o*
maîtresse Geliebte *v*, form Mätresse *v*
maïzena Maisstärke *v*
majesteit ❶ *persoon* Majestät *v* ★ *Uwe / Hare / Zijne Majesteit* Eure / Ihre / Seine Majestät ❷ *waardigheid* Majestät *v*
majesteitsschennis Majestätsbeleidigung *v*
majestueus majestätisch
majeur Dur *o* ★ *in C ~* in C-Dur ★ *in A ~* in A-Dur ★ *in ~* in Dur
majoor *hoofdofficier* Major *m*
majoraan Majoran *m*
majorette Funkenmariechen *o*
mak ❶ *tam* zahm ❷ *meegaand* gefügig ★ *zo mak als een lammetje* zahm wie ein Lämmchen
makelaar Makler *m* ★ *beëdigd ~* zugelassene(r) Makler ★ *~ in onroerend goed* Immobilienmakler *m* ★ *~ in effecten* Börsenmakler *m*
makelaardij ❶ *bedrijf* Maklergeschäft *o* ❷ *branche* Maklergewerbe *o*
makelaarskantoor Immobiliengesellschaft *v*, Maklerfirma *v*
makelaarsloon Courtage *v*, Maklergebühr *v*, Maklerprovision *v*
makelij Bauart *v*, ⟨bij kleding⟩ Schnitt *m*, ⟨bij kleding⟩ Machart *v* ★ *van eigen ~* aus eigener Hand ★ *van Chinese ~* aus chinesischer Fabrikation
maken ❶ *doen ontstaan, tot stand brengen* machen ★ *van hout gemaakt* aus Holz gemacht ★ *een sprong ~* einen Sprung machen ★ *een doelpunt ~* ein Tor schießen ★ *een einde ~ aan* ein Ende bereiten [+3] ★ *veel geld ~* viel Geld machen ★ *het (helemaal) ~* es geschafft haben ★ *hij heeft het ernaar gemaakt* so hat er es auch gemacht ★ *wat moet ik hiervan ~?* was soll ich jetzt damit? ★ *er weinig van ~* wenig daraus machen ❷ *in toestand brengen* machen ★ *mogelijk ~* möglich machen, ermöglichen ★ *zich gehaat ~* sich verhasst machen ★ *maakt u het zich gemakkelijk!* machen Sie es sich gemütlich! ★ *iem. gelukkig ~* jmdn. glücklich machen ★ *iem. boos ~* jmdn. wütend machen ★ *iem. aan het lachen ~* jmdn. zum Lachen bringen ★ *iem. tot voorzitter ~* jmdn. zum Vorsitzenden machen ❸ *herstellen* machen, reparieren ★ *zijn horloge laten ~* seine Uhr reparieren lassen ★ fig *ik kan hem ~ en breken* ich habe ihn in der Hand ❹ *doen, verrichten* ★ *maak dat je weg komt!* mach, dass du wegkommst! ★ *maak het nou!* mach schon! ★ *dat kun je niet ~!* das kannst du nicht machen! ★ *hij kan me niets ~* er kann mir nichts anhaben ★ *je hebt hier niets te ~* du hast hier nichts zu tun ★ *met iem. te ~ hebben / krijgen* mit jmdm. zu tun haben / bekommen ★ *met iets te ~ hebben / krijgen* mit etw. [3] zu tun haben / bekommen ★ *wat heeft u daarmee te ~?* was haben Sie damit zu tun? ★ *wat heeft dat ermee te ~?* was hat das damit zu tun? ★ *daar wil ik niets mee te ~ hebben* damit will ich nichts zu tun haben ★ *daar heb je niks mee te ~* das geht dich nichts an ★ *ik wil niets meer met hem te ~ hebben* ich will nichts mehr mit ihm zu tun haben ★ *dat heeft daarmee niets te ~* das hat nichts damit zu tun ★ *ik heb daarmee niets te ~* ich habe nichts damit zu tun? ❺ *in toestand zijn* ★ *hoe maakt u het?* wie geht es Ihnen? ★ *hij maakt het goed* es geht ihm gut ★ *zij maakt het slecht* es geht ihr schlecht ★ *hij zal het niet lang meer ~* er wird es nicht mehr lange machen
maker *vervaardiger* Hersteller *m* [Hersteller] Produzent *m* ★ *de ~ van het doelpunt* der Torschütze
make-up Make-up *o* ★ *~ verwijderen* (sich) abschminken ★ *~ aanbrengen* sich schminken
makkelijk → **gemakkelijk**
makken ★ *niets / geen cent te ~ hebben* nichts zu verbraten haben
makker Kamerad *m*
makkie Kinderspiel *o* ★ *vandaag heb ik een ~* heute habe ich was Kinderleichtes ★ *dat is een ~* das ist ein Kinderspiel
makreel Makrele *v*
mal I *zn* [de], *model* Schablone *v*, Modell *o*, ⟨tekengereedschap⟩ Schablone *v* **II** *bnw, dwaas* verrückt ★ *ben je mal?* bist du verrückt? ★ *iem. voor de mal houden* jmdn. zum Narren halten
malafide mala fide
malaise ❶ *gedrukte stemming* Malaise *v* ❷ *economische neergang* Rezession *v*, Flaute *v*
Malakka Malacca *o*
malaria Malaria *v*
malariamug Malariamücke *v*
Malawi Malawi *o* ★ *in ~* in Malawi
Malawisch malawisch
Malediven Malediven *mv* ★ *op de ~* auf den Malediven
Maledivisch maledivisch
Maleis I *bnw* malaiisch **II** *zn* [het] Malaiisch *o*
Maleisië Malaysia *o* ★ *in ~* in Malaysia
malen I *ov ww* ❶ *fijnmaken* mahlen ★ *ge~ koffie* gemahlene(r) Kaffee ❷ *pompen* pumpen ★ *water uit een polder ~* Wasser aus einem Polder pumpen **II** *on ww, piekeren* grübeln ★ *dat maalt maar door mijn hoofd* ich grüble darüber ★ *ik maal er niet om* ich mache mir da keinen Kopf ★ *~de zijn* ⟨gek zijn⟩ irrereden, faseln
Mali Mali *o* ★ *in Mali* in Mali

mali BN *negatief saldo* Fehlbetrag *m*
maliënkolder Kettenhemd *o*
Malinees Malier *m*
maling ★ *iem. in de ~ nemen* jmdn. durch den Kakao ziehen ★ *~ hebben aan* pfeifen auf [+4] ★ *ik heb er ~ aan* das interessiert mich einen feuchten Kehricht
mallemoer ★ *die fiets is naar zijn ~* das Fahrrad ist hinüber ★ *het interesseert me geen ~* das interessiert mich keinen Dreck
malligheid Unsinn *m*, Quatsch *m* ★ *dat is ~!* das ist Unsinn!
malloot Witzbold *m*
Mallorca Mallorca *o*, Mallorka *o* ★ *op ~* auf Mallorca
Mallorcaans mallorquinisch
mals ❶ *zacht* ⟨vlees⟩ zart, ⟨regen⟩ sanft ❷ *zachtzinnig* sanft, mild ★ *de kritiek was niet mals* die Kritik war nicht gerade mild
malt ❶ *bier* alkoholfreie(s) Bier *o* ❷ *whisky* Malt Whisky *m*
Malta Malta *o* ★ *op ~* auf Malta
maltbier cul alkoholfreie(s) Bier *o*
Maltees I *bnw* maltesisch **II** *zn* [de] Malteser *m*
Maltese Malteserin *v*
maltraiteren malträtieren
malversatie Veruntreuung *v*, Unterschlagung *v*
mama, **mamma** Mama *v*
mambo Mambo *m*
mammoet Mammut *o*
mammoettanker Mammuttanker *m*, Supertanker *m*
mammografie Mammografie *v*
Man Isle of Man *v*
man ❶ *mannelijk persoon* Mann *m* [mv: Männer] ★ *een jonge man* ein junger Mann ★ *hij is er de man niet naar om...* er ist nicht der Mann, der... ❷ *echtgenoot* Mann *m* ★ *man en vrouw* Mann und Frau ★ *aan de man komen* unter die Haube kommen ★ *aan de man brengen* humor an den Mann bringen ❸ *mens* ★ *op de man af* direkt ★ *... per man* ... pro Kopf ★ *een gesprek van man tot man* ein Gespräch von Mann zu Mann ★ *een gevecht van man tegen man* ein Kampf Mann gegen Mann ★ *de juiste man op de juiste plaats* die rechte Person an der rechten Stelle ★ *de gewone man* der einfache Mann ★ *man en paard noemen* Ross und Reiter nennen ★ *een man een man, een woord een woord* ein Mann, ein Wort ★ *aan de man brengen* ⟨van koopwaar⟩ an den Mann bringen ★ *als één man* wie ein Mann ★ *met man en macht* mit Mann und Macht ★ *met man en muis vergaan* mit Mann und Maus untergehen ★ *er is geen man overboord* es ist noch nichts verloren → **mannetje**
management ❶ *leidinggevend personeel* Management *o* ❷ *het besturen* Management *o*
managementteam Managementteam *o*
manager ❶ *bedrijfsleider* Manager *m* ❷ *zakelijk vertegenwoordiger* ⟨van sporter⟩ Manager *m*, ⟨van artiest⟩ Manager *m*, Agent *m*
manche ⟨bridge⟩ Partie *v*, ⟨onderdeel van een wedstrijd⟩ Durchgang *m*, ⟨wielrennen⟩ Lauf *m*
manchet *mouwboord* Manschette *v*
manchetknoop Manschettenknopf *m*
manco Manko *o*, ⟨bedrag⟩ Fehlbetrag *m*, ⟨hoeveelheid⟩ Fehlmenge *v*, ⟨gewicht⟩ Fehlgewicht *o*
mand Korb *m* ★ *door de mand vallen* sich verraten ★ *zo lek als een mandje zijn* undicht wie ein Sieb sein
mandaat ❶ *volmacht* Mandat *o*, Vollmacht *v* ★ *onder ~ van de Verenigde Naties* unter dem Mandat der Vereinten Nationen ❷ *opdracht* Mandat *o* ★ *zijn ~ neerleggen* sein Mandat niederlegen ★ *~ tot betaling* Zahlungsbefehl *m*, Mahnbescheid *m* ★ BN *~ tot aanhouding* Haftbefehl *m* ❸ BN econ *postwissel* Postanweisung *v*
mandaatgebied Mandatsgebiet *o*
Mandarijn taalk *officieel Chinees* Mandarin *o*
mandarijn ❶ *vrucht* Mandarine *v* ❷ *Chinese ambtenaar* Mandarin *m*
mandataris BN *bestuursfunctionaris* Amtsträger *m*, Funktionär *m*
mandekker sport Manndecker *m*
mandekking Manndeckung *v*
mandoline Mandoline *v*
manege *rijschool* Reitschule *v*
manen I *de mv* Mähne *v* ★ *de ~ van een leeuw* die Mähne des Löwen **II** *ov ww* ❶ *aansporen* mahnen ★ *iem. tot kalmte ~* jmdn. zu Ruhe mahnen ★ *dit maant tot voorzichtigheid* dat mahnt zur Vorsicht ❷ *herinneren* mahnen ★ *iem. om geld ~* jmdn. zur Zahlung mahnen
maneschijn Mondschein *m*
maneuver BN → **manoeuvre**
manga Manga *m/o*
mangaan Mangan *o*
mangat Mannloch *o*
mangel Wäschemangel *v*, Mangel *v* ★ *door de ~ gehaald worden* in die Mangel genommen werden
mangelen mangeln ★ *linnengoed ~* Bettwäsche mangeln
mango Mango *v*
mangrove Mangrove *v*
manhaftig mannhaft, unerschrocken
maniak Fanatiker *m*, ⟨film⟩ Filmfan *m*, ⟨gezondheid⟩ Gesundheitsfreak *m*, ⟨voetbal⟩ Fußballfan *m*
maniakaal manisch
manicure ❶ *handverzorging* Maniküre *v*, Handpflege *v* ❷ *handverzorger* Maniküre *v*
manicuren maniküren ★ *iem. ~* jmdn. maniküren
manie Manie *v*
manier ❶ *wijze* Art *v*, Weise *v*, ⟨gewoonte⟩ Gewohnheit *v* ★ *op deze ~* auf diese / in dieser Weise ★ *op die ~* auf diese Art, auf diese Art und Weise ★ *op een of andere ~* in irgendeiner Art und Weise ★ *ieder op zijn ~* jeder nach seiner Art ★ *~ van doen* Arbeitsweise *v*, Methode *v* ★ *op zijn ~* auf seine Art ★ *op alle mogelijke ~en* in allen möglichen Weisen ★ *de ~ waarop...* die Art und Weise, wie... ★ *~ van handelen* Handlungsweise ★ *dat is zo zijn ~ van doen* das ist so seine Art ❷ *omgangsvormen* Umgangsformen *mv*, Manieren *mv* ★ *dat is geen ~ (van doen)* so benimmt man sich nicht ★ *iem. ~en leren* jmdm. Umgangsformen lehren ★ *geen ~en hebben* keine Manieren haben ★ *hij heeft goede ~en* er hat gute

Manieren ★ *zij heeft geen ~en* sie hat keine Manieren ★ *losse ~en hebben* sich ungezwungen bewegen
maniërisme Manierismus *m*
maniertje ❶ *foefje* Trick *m*, Kniff *m*, Kunstgriff *m* ❷ *gekunsteldheid* ★ *~s hebben* affektiert sein
manifest I *zn* [het] Manifest *o* **II** *bnw* manifest, deutlich, handfest, eindeutig
manifestatie ❶ *verschijning* Manifestation *v* ★ *die daad was een ~ van zijn haat* die Tat war eine Manifestation seines Hasses ❷ *openbare bijeenkomst* Veranstaltung *v* ★ *een culturele ~* eine Kulturveranstaltung ❸ *betoging* Kundgebung *v* ★ *een ~ van boze studenten* eine Demonstration von wütenden Studenten
manifesteren [**zich** ~] sich manifestieren ★ *onvrede manifesteert zich in geweld* Unzufriedenheit manifestiert sich in Gewalt
Manilla Manila *o*
Manillees Einwohner *m* von Manila
manipulatie Manipulation *v* ★ *genetische ~* genetische Manipulation
manipulator Manipulator *m*
manipuleren manipulieren ★ *de publieke opinie ~* die öffentliche Meinung manipulieren
manisch manisch
manisch-depressief manisch-depressiv
manjaar ≈ Jahresarbeitspensum *o* pro Person
mank lahm ★ *mank lopen* lahm gehen, lahmen, ⟨mensen⟩ hinken ★ *die vergelijking gaat mank* der Vergleich hinkt
mankement ⟨gebrek⟩ Mangel *m*, ⟨fout⟩ Fehler *m*, ⟨schade⟩ Schaden *m*, ⟨lichaamsgebrek⟩ Gebrechen *o* ★ *~ aan de motor* Motorschaden *m*
manken BN *mank lopen* hinken
mankeren ❶ *ontbreken* fehlen ★ *er mankeert een euro aan* es fehlt noch ein Euro ★ *zonder ~* ohne Fehler ★ *dat mankeerde er nog maar aan!* das hat gerade noch gefehlt! ❷ *schelen* fehlen ★ *wat mankeert je?* was fehlt dir? ★ *wat mankeert eraan?* was stimmt damit nicht? ★ *mij mankeert niets* mir fehlt nichts
mankracht ❶ *menselijke kracht* Menschenkraft *v* ★ *met ~* mit Menschenkraft ❷ *hoeveelheid arbeidskrachten* Arbeitskräfte *mv*, ⟨leger⟩ Truppenstärke *v*
manmoedig beherzt, mannhaft
manna Manna *o*
mannelijk ❶ *behorend tot een man* männlich ❷ *als van mannen* männlich ★ *een ~ gezicht* ein männliches Gesicht ★ *~ gedrag* männliche(s) Verhalten ❸ taalk männlich, maskulin
mannengek mannstolle Frau *v* ★ *zij is een ~* sie ist mannstoll
mannenkoor Männerchor *m*
mannentaal energische Sprache *v* ★ *dat is ~!* das ist Klartext!
mannequin ❶ *persoon* Mannequin *o* ❷ *etalagepop* Schaufensterpuppe *v*
mannetje ❶ *kleine man* Männlein *o*, Männchen *o* ★ *zijn ~ staan* seinen Mann stehen ★ *een ~ van niks* ein Männchen ❷ *mannelijk dier* Männchen *o*
mannetjesputter *sterk iem.* Kraftmensch *m*
manoeuvre Manöver *o* ★ *op ~ gaan* ins Manöver ziehen ★ *tijdens de ~s* im Manöver
manoeuvreerbaarheid Manövrierfähigkeit *v*
manoeuvreren I *ov ww* manövrieren ★ *een auto door het verkeer ~* ein Auto durch den Verkehr manövrieren ★ *iets zo ~ dat...* etw. so deichseln, dass... **II** *on ww* ein Manöver abhalten, manövrieren
manometer Manometer *o*
mans ★ *mans genoeg zijn om* Manns genug sein um ★ *zij is heel wat mans* sie geht ran wie Blücher
manschappen Mannschaften *mv*
manshoog mannshoch
mantel *jas* Mantel *m* ★ *iem. de ~ uitvegen* jmdm. den Kopf waschen, jmdm. die Leviten lesen, jmdn. abkanzeln ★ *iets met de ~ der liefde bedekken* etw. mit dem Mantel der Liebe bedecken ★ *onder de ~ van* unter dem Vorwand [+2]
mantelpak Kostüm *o*
mantelzorg ≈ pflegende Familienangehörige *mv*
mantra Mantra *o*
manueel manuell ★ *manuele therapie* manuelle Therapie
manufacturen Manufakturwaren *mv*, Tuchwaren *mv*
manufactuur Manufaktur *v*
manuscript Manuskript *o*
manusje-van-alles Faktotum *o*, ⟨vrouw⟩ Mädchen *o* für alles
manuur ≈ Arbeitspensum *o* einer Person pro Stunde
manwijf Mannweib *o*
manziek mannstoll
maoïsme Maoismus *m*
maoïst Maoist *m* [v: Maoistin]
maoïstisch maoistisch
map ❶ *omslag* Mappe *v* ❷ comp *groep documenten* Ordner *m*
maquette Modell *o*
maraboe Marabu *m*
marathon Marathon *m* ★ *een ~ lopen* einen Marathon laufen
marathonloper Marathonläufer *m*
marathonzitting Marathonsitzung *v*
marchanderen feilschen
marcheren *lopen* marschieren
marconist Funker *m*
marechaussee *korps* Militärpolizei *v*, ⟨aan grens⟩ Grenzschutz *m*
maren ★ *altijd iets te ~ hebben* immer etw. einzuwenden haben
maretak Mistel *v*
margarine cul Margarine *v*
marge *ruimte in kantlijn* Rand *m* ★ *in de ~* im Rahmen ★ *aantekening in de ~* Randbemerkung *v*
marginaal *onbeduidend* marginal, Grenz- ★ *marginale opbrengst* Grenzertrag *m* ★ *marginale groep* Randgruppe *v*
marginaliseren marginalisieren
margriet Margerite *v*
Maria Maria
Mariabeeld Marienbild *o*
Maria-Boodschap Mariä Verkündigung *v*
Maria-Hemelvaart Mariä Himmelfahrt *v*
Mariaverering Marienverehrung *v*

marihuana Marihuana *o* ★ *~ roken* inform kiffen
marinade Marinade *v*
marine I *zn* [de], *zeemacht, oorlogsvloot* Marine *v* **II** *bnw, marineblauw* marine, marineblau
marinebasis ⟨binnenland⟩ Marinestation *v*, ⟨buitenland⟩ Flottenstützpunkt *m*
marineblauw I *zn* [het] Marineblau *o* **II** *bnw* marineblau
marineren marinieren
marinier Marinesoldat *m*
marionet ❶ *pop* Marionette *v* ❷ *stroman* Marionette *v*
marionettenspel Marionettenspiel *o*
maritiem maritim
marjolein cul Majoran *m*
mark *munt* Mark *v* [mv: gmv]
markant markant
markeerstift, marker Markierstift *m*, Marker *m*
markeren markieren ★ *een stuk tekst ~* eine Textpassage markieren
marketing Marketing *o*
markies ❶ *edelman* Marquis *m* ❷ *zonnescherm* Markise *v*
markiezin Marquise *v*, Markgräfin *v*
markt ❶ *verkoopplaats* Markt *m* ★ *naar de ~ gaan* auf den Markt gehen ★ *iets op de ~ kopen* etw. auf dem Markt kaufen ★ *van alle ~en thuis zijn* mit allen Wassern gewaschen sein ❷ *handel* Markt *m* ★ *de Europese ~* der europäische Markt ★ *vrije ~* freie(r) Markt ★ *zwarte ~* Schwarzmarkt *m* ★ *de ~ bederven* den Markt verderben ★ *goed in de ~ liggen* sich gut verkaufen ★ *iets op de ~ brengen* etw. vermarkten ★ *op de ~ komen* auf den Markt kommen ❸ *vraag* Markt *m* ★ *voor dat product is wel een ~* für dieses Produkt gibt es durchaus einen Markt
marktaandeel Marktanteil *m*
marktanalyse Marktanalyse *v*, Marktforschung *v*
markteconomie Marktwirtschaft *v* ★ *vrije ~* freie / offene Marktwirtschaft
marktkoopman Markthändler *m*
marktkraam Marktstand *m*
marktleider Marktführer *m*
marktonderzoek econ Marktforschung *v*
marktplein Marktplatz *m*
marktpositie Marktposition *v*
marktprijs Marktpreis *m*
marktstrategie Marktstrategie *v*, Marketingstrategie *v*
marktverkenning Marktanalyse *v*
marktwaar Marktware *v mv*
marktwaarde Marktwert *m*
marktwerking freie Marktwirtschaft *v* ★ *aan de ~ overlaten* der Marktwirtschaft überlassen
marmelade Marmelade *v*
marmer Marmor *m*
marmeren I *bnw* Marmor-, marmorn ★ *~ plaat* Marmorplatte *v* **II** *ov ww* marmorieren ★ *gemarmerd papier* marmorierte(s) Papier
marmot Murmeltier *o* ★ *slapen als een ~* schlafen wie ein Murmeltier
Marokkaan *bewoner* Marokkaner *m*
Marokkaans marokkanisch
Marokkaanse Marokkanerin *v*
Marokko Marokko *o* ★ *in ~* in Marokko
mars I *zn* [de] ❶ *voettocht* Marsch *m* ★ *op mars gaan* losmarschieren ❷ muz Marsch *m* ▼ *veel in zijn mars hebben* ganz schön was auf dem Kasten haben ▼ *niet veel in zijn mars hebben* nicht viel drauf haben **II** *tw* marsch! ★ *voorwaarts mars!* vorwärts, marsch!
Mars Mars *m*
marsepein Marzipan *o*
Marshalleilanden Marshallinseln *mv* ★ *op de ~* auf den Marshallinseln
marskramer Hausierer *m*
marsmannetje Marsmännchen *o*
marsmuziek Marschmusik *v*
marsorder Marschbefehl *m*
martelaar *gemartelde* Märtyrer *m*
martelaarschap Martyrium *o*, Märtyrertum *o*
marteldood Martertod *m*, Märtyrertod *m* ★ *de ~ sterven* den Märtyrertod sterben
martelen ❶ *folteren* martern, foltern ★ *iem. dood~* jmdn. zu Tode martern ❷ fig *kwellen* martern
martelgang Martyrium *o*
marteling Marter *v*, ⟨kwelling⟩ Qual *v*, ⟨foltering⟩ Folter *v*
marteltuig Folterwerkzeug *o*, Marterinstrument *o*
marter I *zn* [de], *dier* Marder *m* **II** *zn* [het], *bont* Marderpelz *m*
martiaal martialisch
martini Wermut *m*
Martinique Martinique *o*
marxisme Marxismus *m*
marxist Marxist *m*
marxistisch marxistisch
mascara Mascara *m*, Wimperntusche *v*
mascarpone Mascarpone *m*
mascotte Maskottchen *o*
masculien maskulin
masker Maske *v* ★ *het ~ afleggen* seine Maske abnehmen
maskerade Maskenzug *m*, Maskerade *v*
maskeren maskieren
masochisme Masochismus *m*
masochist Masochist *m*
masochistisch masochistisch
massa ❶ natk Masse *v* ★ *inerte ~* inerte Masse ★ *kritische ~* kritische Masse ❷ *grote hoeveelheid* Masse *v* ★ *in ~ verkopen* in Massen verkaufen ★ *bij ~'s* in Massen ★ *een ~ dingen* eine Menge Dinge ★ *een ~ stenen* eine Masse Steine ★ *een ~ fouten* massenhaft Fehler ★ *een ~ geld* eine Menge Geld ★ *een ~ water* eine Masse Wasser ❸ *volk* Masse *v* ★ *de grote ~* die breite Masse
massa- Massen- ★ *~evenement* Massenveranstaltung *v*
massaal I *bnw* ❶ *een groot geheel vormend* massiv, massig ★ *een ~ gebouwencomplex* ein riesiger Gebäudekomplex ❷ *met veel mensen* massenhaft, massiv ★ *massale aanval* massive(r) Angriff ★ *een massale betoging* eine Massenkundgebung ★ *~ verzet bieden* massiven Widerstand leisten **II** *bijw* ★ *~ optreden* massenhaft auftreten
massacommunicatie Massenkommunikation *v*
massacultuur Massenkultur *v*
massage Massage *v*
massageolie Massageöl *o*
massagraf Massengrab *o*

massamedium Massenmedium *o* ★ *massamedia* Massenmedien *mv*
massamoord Massenmord *m*
massaontslag Massenentlassung *v*
massaproductie Massenproduktion *v*, Massenerzeugung *v*
massaregie Lenkung *v* der Masse
massatoerisme Massentourismus *m*
massavernietigingswapen Massenvernichtungswaffe *v*
masseren ❶ *lichaam kneden* massieren ❷ *biljartstoot geven* einen Kopfstoß geben
masseur Masseur *m*
massief I *zn* [het] Massiv *o* **II** *bnw* ❶ *stevig* massiv ❷ *niet hol* massiv ★ *van ~ zilver* aus massivem Silber
mast ❶ *paal* Mast *m* ❷ *scheepsmast* Mast *m* ★ *de grote mast* der Großmast ★ *vóór de mast* vor dem Mast
master Master *m*
masterclass muz Masterclass *v*
masterdiploma onderw Masterabschluss *m*
masteropleiding onderw Master *m*
masturbatie Masturbation *v*
masturberen masturbieren
mat I *zn* [de], *kleed* Matte *v*, ⟨zitting⟩ Sitz *m* ★ fig *de groene mat* der grüne Rasen → **matje II** *bnw* ❶ *dof* matt ★ *matte verf* matte Farbe ★ *matte huid* matte Haut ❷ *vermoeid, lusteloos* matt ★ *matte stem* matte Stimme ❸ *schaakmat* (schach)matt ★ *mat in vijf zetten* matt in fünf Zügen ★ *iem. mat zetten* jmdn. matt setzen **III** *ww* [verl. td.] → **meten**
matador *stierenvechter* Matador *m*
match Match *o*, Spiel *o*, Kampf *m*
matchen I *on ww, bij elkaar passen* zusammenpassen **II** *ov ww, bij elkaar zoeken* zusammensuchen
matchpoint sport Matchball *m* ★ *op ~ staan* Matchball haben
mate → **maat**
mateloos I *bnw* maßlos, grenzenlos **II** *bijw* ★ *zich ~ vervelen* sich endlos langweilen
maten [verl. td.] → **meten**
materiaal ❶ *stof* Material *o* ❷ fig Material *o*
materialisme Materialismus *m*
materialist Materialist *m*
materialistisch materialistisch
materie Materie *v*
materieel I *zn* [het] Material *o* ★ *rollend ~* Fuhr- / Wagenpark *m* **II** *bnw* materiell
matglas Mattglas *o*
matheid ❶ *dofheid* Trübheit *v* ❷ *vermoeidheid* Apathie *v*
mathematicus Mathematiker *m*
mathematisch mathematisch
matig I *bnw* ❶ *sober* mäßig ★ *een ~ leven leiden* ein maßvolles Leben führen ❷ *middelmatig* mäßig ★ *ik vind het maar ~* ich finde es sehr mäßig **II** *bijw, sober* ★ *~ leven* bescheiden leben
matigen I *ov ww, intomen* mäßigen ★ *snelheid ~* Geschwindigkeit vermindern **II** *wkd ww* [**zich ~**] sich mäßigen
matiging Mäßigung *v*
matinee Matinee *v*
matineus morgendlich ★ *~ zijn* ein Frühaufsteher sein
matje → **mat** ★ *iem. op het ~ roepen* jmdn. (herbei)zitieren ★ *op het ~ moeten komen* sich melden müssen
matrak BN *wapenstok* Gummiknüppel *m*
matras Matratze *v* ★ *veren ~* Federmatratze *v*
matriarchaal matriarchalisch
matriarchaat Matriarchat *o*
matrijs Matrize *v*
matrix *schema* Matrix *v*
matrone ❶ *deftige oudere dame* Matrone *v* ❷ *bazige vrouw* Xanthippe *v*
matroos Matrose *m*
matrozenpak Matrosenanzug *m*
matse Matze *v*
matsen deichseln ★ *ik heb hem gematst* ich habe es für ihn geregelt ★ *ik zal je wel ~* ich werde das für dich regeln
matten I *ov ww, van matten voorzien* mit Binsensitzen versehen ★ *stoelen ~* Sitze flechten **II** *on ww, vechten* sich raufen ★ *wou je ~?* wolltest du dich prügeln?
mattenklopper Teppichklopfer *m*
Mauretanië Mauretanien *o* ★ *in Mauritanië* in Mauretanien
Mauretanisch mauretanisch
Mauritiaans maurizisch
Mauritius Mauritius *o* ★ *op ~* auf Mauritius
mausoleum Mausoleum *o*
mauwen miauen
mavo *middelbaar algemeen voortgezet onderwijs* ≈ Mittelschule *v*, ≈ Realschule *v*
m.a.w. *met andere woorden* m.a.W.
maxicosi® *stoel voor baby's* Maxicosi *m/o*, Babyschale *v*
maximaal I *bnw* Höchst- ★ *de maximale belasting* die Höchstbelastung **II** *bijw* höchstens, maximal ★ *~ toelaatbaar* höchstzulässig
maximaliseren, maximeren ❶ *zo groot mogelijk maken* maximalisieren ❷ comp ⟨een scherm⟩ *beeldvullend maken* den Vollbild-Modus starten
maximum Maximum *o*, Höchstmaß *o* ★ *jij staat op je ~* du bist am Maximum angelangt ★ *een ~ stellen aan* jmdm. / einer Sache eine Höchstgrenze setzen
maximumsnelheid ⟨mogelijk⟩ Spitzengeschwindigkeit *v*, ⟨toegestaan⟩ Höchstgeschwindigkeit *v*
maximumtemperatuur Höchsttemperatur *v*
Maya Maya *m/v*
mayonaise cul Mayonnaise *v*, ⟨nakeurspelling⟩ Majonäse *v*
mazelen Masern *mv*
mazen ⟨van breiwerk⟩ stopfen, ⟨van een net⟩ flicken
mazout BN *stookolie* Heizöl *o*
mazzel I *zn* [de], *geluk* Dusel *m*, Massel *m* ★ *~ hebben* Schwein haben **II** *tw* ★ *(de) ~!* viel Glück!
mazzelaar Glückspilz *m*
mazzelen Glück haben, inform Schwein haben
MB *megabyte* MB *o*
MBA *Master of Business Administration* MBA *m*
mbo *middelbaar beroepsonderwijs* ≈ Berufsschulunterricht
MC muz *Master of Ceremonies* Zeremonienmeister *m*

ME ❶ *Mobiele Eenheid* SEK *o* (Sondereinsatzkommando der Polizei) ❷ *middeleeuwen* Mittelalter *o* ❸ med *myalgische encefalomyelitis* chronische(s) Ermüdungssyndrom *o*
me ⟨als lijdend voorwerp⟩ mich, ⟨als meewerkend voorwerp⟩ mir ★ *heb je wat voor me?* hast du etw. für mich? ★ *wil je met me naar bed?* willst du mit mir schlafen? ★ *hij gaf me het boek* er gab mir das Buch ★ *hij slaat me* er schlägt mich
meander *rivierbocht* Mäander *m*
meanderen *kronkelen* sich schlängeln
mecanicien BN Mechaniker *m* [v: Mechanikerin], ⟨luchtvaart⟩ Bordmechaniker *m*
mecenaat Mäzenat *o*
mecenas Mäzen *m* [mètseen] [v: Mäzenin]
mechanica Mechanik *v*
mechaniek Mechanik *v*, Mechanismus *m*
mechanisch mechanisch
mechaniseren mechanisieren
mechanisme Mechanismus *m*
Mechelen Mecheln *o*
Mechels Mecheler
Mecklenburg-Voor-Pommeren Mecklenburg-Vorpommern *o*
medaille Medaille *v*
medaillon Medaillon *o*
mede mit, auch ★ *dat geldt mede voor u* das gilt auch für Sie ★ *mede namens mijn man* auch im Namen meines Mannes ★ *mede mogelijk gemaakt door* unterstützt von
mede- mit-, Mit- ★ *medegevangene* Mitgefangene(r)
medeaansprakelijk mithaftbar
medebeslissingsrecht jur Mitbestimmungsrecht *o*
medeburger Mitbürger *m*
mededeelzaam mitteilsam, gesprächig
mededelen → **meedelen**
mededeling *bericht* Mitteilung *v* ★ *een ~ doen* eine Mitteilung machen
mededelingenbord schwarze(s) Brett *o*
mededinger Mitbewerber *m*, Konkurrent *m*
mededinging Wettbewerb *m*, Konkurrenz *v* ★ *buiten ~* außer Konkurrenz
mededogen Mitleid *o*
medeklinker Mitlaut *m*, Konsonant *m*
medeleven Anteilnahme *v*, Mitgefühl *o* ★ *~ betuigen met het overlijden van* seine Anteilnahme am Tode... bekunden [+2] ★ *~ tonen met* Mitgefühl mit... zeigen [+3] ★ *ons ~ gaat uit naar* unser Mitgefühl gilt [+3]
medelijden Mitleid *o* ★ *~ hebben met iem.* mit jmdm. Mitleid haben ★ *ik heb geen ~ met haar* ich habe kein Mitleid mit ihr ★ *om ~ mee te hebben* zum Bemitleiden ★ *uit ~* aus Mitleid ★ *zonder ~* ohne Mitleid ★ *~ wekken* Mitleid erzeugen
medelijdend mitfühlend, mitleidig
medemens Mitmensch *m*
medemenselijkheid Mitmenschlichkeit *v* ★ *iem. uit ~ helpen* jmdn. aus Mitmenschlichkeit helfen
meden [verl. td.] → **mijden**
medeplichtig mitschuldig ★ *~ aan* mitschuldig an [+3]
medeplichtige Mitschuldige(r) *m*, Mittäter *m*
medestander Anhänger *m*, Mitstreiter *m*
medewerker Mitarbeiter *m*
medewerking Mitwirkung *v*, Mitarbeit *v* ★ *zijn ~ verlenen* mitwirken ★ *met ~ van* unter Mitwirkung von
medeweten Mitwissen *o* ★ *buiten zijn ~* ohne sein Wissen ★ *met zijn ~* mit seinem Wissen ★ *buiten mijn ~* ohne mein Wissen
medezeggenschap Mitbestimmungsrecht *o*, Mitbestimmung *v* ★ *~ hebben* Mitbestimmungsrecht haben
media *communicatiemiddel* Medien *mv* ★ *aandacht van / in de ~* Aufmerksamkeit der Medien
mediatheek Mediathek *v*
mediator Mediator *m*
medicament Medikament *o*
medicatie Medikation *v*
medicijn ❶ *geneesmiddel* Medikament *o*, Medizin *v*, Arznei *v* ★ *~en gebruiken* Medikamente einnehmen ❷ *geneeskunde* Medizin *v* ★ *~en studeren* Medizin studieren ★ *student in de ~en* Medizinstudent ★ *doctor in de ~en* Doktor der Medizin
medicijnflesje Medizinflasche *v*
medicijnkastje Arzneikasten *m*, Medizinschränkchen *o*
medicijnman Medizinmann *m*
medicinaal heilkräftig, medizinisch, medizinal ★ *voor ~ gebruik* zur medizinischen Verwendung ★ *medicinale kruiden* Heilkräuter
medicus *arts* Mediziner *m*, Arzt *m*, ⟨student⟩ Medizinstudent *m*
mediëvistiek Mediävistik *v*
medio Mitte, econ medio ★ *~ november* Mitte November
medisch *geneeskundig* ⟨m.b.t. geneeskunde⟩ medizinisch, ⟨m.b.t. arts⟩ ärztlich ★ *~e behandeling* ärztliche Behandlung ★ *de ~e faculteit* die medizinische Fakulät ★ *een ~ onderzoek ondergaan* sich einer medizinischen Untersuchung unterziehen ★ *~ student* Medizinstudent *m*, Medizinstudentin *v* ★ *~ adviseur* ärztliche(r) Berater
meditatie Meditation *v*
mediteren meditieren
mediterraan Mittelmeer-, mediterran
medium[1] ❶ *communicatiemiddel* Medium *o* ❷ *persoon* Medium *o*
medium[2] [mie-] ⟨van kleding / vlees / sherry⟩ medium, ⟨van wijn⟩ halbtrocken
mee ❶ *(samen) met* mit ★ *ga je met me mee?* gehst du mit mir mit? ★ *ik ga met je mee* ich gehe mit dir mit ★ *neem je het mee?* nimmst du es mit? ★ *dat kan nog lang / jaren mee* das hält noch Jahre ★ *ergens mee wachten* mit einer Sache noch warten ★ *daar spreekt u mee* am Apparat ★ *dat heeft er niets mee te maken* das hat nichts damit zu tun ★ *met de klok mee* im Uhrzeigersinn ★ *met de stroom mee* mit dem Strom ❷ *ten gunste* ★ *hij heeft zijn lengte mee* seine Größe kommt ihm zugute ★ *de wind mee hebben* Rückenwind haben ★ *zij heeft alles mee* sie hat alle Vorteile ★ *het zit ons niet mee* wir haben kein Glück ★ *hij heeft alles mee om* er hat die besten Voraussetzungen zu

me

meebrengen ❶ *meenemen* mitbringen ★ *breng je kaas mee uit Nederland?* bringst du Käse aus den Niederlanden mit? ★ *een cadeau* ~ ein Geschenk mitbringen ❷ *inherent zijn aan* mit sich bringen ★ *de problemen die dit met zich meebracht* die Probleme, die das mit sich brachte ★ *heel wat kosten / risico's met zich* ~ das bringt eine Menge Kosten / Risiken mit sich
meed [verl. td.] → **mijden**
meedelen I *ov ww, laten weten* mitteilen ★ *iem. iets voorzichtig* ~ jmdn. etw. vorsichtig mitteilen ★ *tot onze spijt moeten wij u* ~ zu unserem Bedauern müssen wir Ihnen mitteilen ★ *hierbij deel ik u mee dat...* hiermit teile ich Ihnen mit, dass... **II** *on ww, deel hebben* Anteil haben an [+3] ★ ~ *in de winst* Anteil am Gewinn haben ★ *iem. laten* ~ *in* jmdm. etw. abgeben von [+3]
meedenken mitdenken
meedingen sich mitbewerben (**naar** um+4) ★ ~ *naar de wereldcup* um den Weltcup spielen
meedoen mitmachen, sich beteiligen ★ *met iem.* ~ mit jmdm. mitmachen ★ *mag ik ~?* darf ich mitmachen? ★ *zelf* ~ selbst mitmachen ★ *niet meer* ~ nicht mehr mitmachen ★ *ik doe mee* ich mache mit ★ *doe je mee?* machst du mit? ★ *daar doe ik niet aan mee* da mache ich nicht mit ★ *voor spek en bonen* ~ zum Schein mitmachen
meedogend mitleidig
meedogenloos unbarmherzig, erbarmungslos, rücksichtslos
meedraaien ❶ *samen draaien* (sich) mitdrehen ❷ *meedoen* mitmachen, dabei sein ★ *hij draait al een tijd mee* er ist schon eine ganze Zeit mit dabei
meedragen mit sich herumtragen ★ *hij droeg een geheim met zich mee* er trug ein Geheimnis mit sich herum
mee-eter ❶ *iem. die mee-eet* Esser *m* ❷ *verstopte porie* Mitesser *m*
meegaan ❶ *vergezellen* mitgehen ★ *ga je mee?* gehst du mit? ★ *met iem.* ~ mit jmdm. mitgehen ❷ *instemmen (met)* beipflichten, inform mithalten ★ ~ *in iemands mening* jmds. Meinung beipflichten ★ *ik ga met je mee* ich stimme dir zu ★ *met een voorstel* ~ einem Vorschlag zustimmen ❸ *bruikbaar blijven* halten ★ *dat pak van je gaat geen maand mee* dein Anzug da hält keinen Monat ★ *lang* ~ lange halten
meegaand gefügig, nachgiebig
meegeven I *ov ww, geven* mitgeben ★ *iets* ~ etw. mitgeben ★ *iets te eten* ~ etw. zu essen mitgeben **II** *on ww, geen weerstand bieden* nachgeben ★ *niet* ~ nicht nachgeben ★ *de deur gaf een beetje mee* die Tür gab ein bisschen nach
meehelpen mithelfen
meekomen ❶ *bijblijven* mitkommen ★ *niet* ~ *op school* in der Schule nicht mitkommen ★ *niet kunnen* ~ nicht gut mitkommen ❷ *samen komen* mitkommen ★ *komt u met mij mee* kommen Sie bitte mit ★ *Jan komt ook mee* Jan kommt auch mit
meekrijgen ❶ *overhalen* überzeugen ★ *de meerderheid van het parlement* ~ die Mehrheit des Parlaments überzeugen ★ *wij kregen haar niet mee* wir konnten sie nicht überzeugen ❷ *ontvangen* mitbekommen ★ *ik kreeg het geld mee* ich bekam das Geld mit ★ fig *zij heeft niets meegekregen van die cursus* der Kurs hat ihr überhaupt nichts gebracht
meel Mehl *o* ★ *met meel bestuiven* mit Mehl bestäuben
meeldauw Mehltau *m*
meeldraad Staubgefäß *o*, Staubblatt *o*
meeleven mitfühlen ★ ~ *met iem.* mit jmdm. mitfühlen ★ ~ *met iemands vreugde* sich mit jmdm. freuen ★ ~ *met iemands verdriet* jmds. Trauer mitfühlen
meeliften op profitieren von [+3]
meelijwekkend bedauernswert
meelokken mit sich locken ★ ~ *naar een afgelegen plekje* an eine entlegene Stelle locken
meelopen ❶ *meegaan* mitlaufen, mitgehen ★ *met iem.* ~ mit jmdm. mitgehen ★ *hij loopt hier al lang mee* er ist schon lange hier ❷ fig *meedoen* mitmachen ★ *met de grote massa* ~ sich nach der Masse richten
meeloper Mitläufer *m*
meemaken *beleven* erleben, ⟨negatief⟩ mitmachen ★ *veel* ~ viel erleben ★ *dat zal hij wel niet meer* ~ das wird er wohl nicht mehr erleben ★ *ik heb toch iets meegemaakt!* ich habe vielleicht etw. erlebt! ★ *heb je ooit zoiets meegemaakt?* hast du so etw. schon mal erlebt? ★ *heel wat* ~ einiges mitmachen ★ *hij heeft de oorlog meegemaakt* er hat den Krieg miterlebt ★ *hij heeft veel meegemaakt* er hat viel mitgemacht
meenemen *met zich nemen* mitnehmen, ⟨meebrengen⟩ mitbringen, ⟨in gesprek, overleg, etc⟩ . berücksichtigen ★ *eten om mee te nemen* Essen zum Mitnehmen ★ *neem je ons mee?* nimmst du uns mit? ★ *neem je frites voor ons mee?* bringst du Pommes für uns mit? ★ *dat is mooi meegenomen* das ist ein schönes Extra
meepikken ❶ *stelen* mitgehen lassen ❷ *iets extra doen* ★ *die cursus pik ik ook nog wel even mee* den Kurs nehme ich noch mit
meepraten ❶ *samen praten* mitreden ★ *daar kan hij van* ~ davon kann er ein Lied singen ❷ *napraten* nachplappern ★ *met iem.* ~ jmdm. nachplappern
ME'er Bereitschaftspolizist *m* [v: Bereitschaftspolizistin]
meer I *zn* [het] See *m* **II** *onb telw, in grotere hoeveelheid* mehr ★ *meer mensen* mehr Leute ★ *er kan nog veel meer bij* da passt noch viel mehr rein ★ *hij wil steeds meer* er will immer mehr ★ *ik hoop je meer te zien* ich hoffe, dass ich dich häufiger sehe ★ *dat heeft hij meer gedaan* das hat er öfter gemacht ★ *al meer en meer* immer mehr ★ *meer niet* weiter nichts ★ *niemand meer?* will niemand mehr? ★ *wat wil je nog meer?* was willst du mehr? ★ *meer dan* mehr als ★ *meer dan honderd* mehr als hundert ★ *meer dan 100.000 inwoners* über 100.000 Einwohner ★ *hij heeft meer geld dan ik* er hat mehr Geld als ich ★ *meer dan eens* mehr als einmal ★ *meer dan ooit* mehr denn je ★ *niets meer of minder dan* nicht weniger als ★ *ik zeg niets meer* ich sage nichts mehr ★ *geen woord meer* kein Wort mehr ★ *onder meer* unter anderem ★ *zonder meer* ohne Weiteres ★ *een gevaar te meer* eine weitere Gefahr ★ *te meer omdat* desto mehr, weil **III** *bijw* ❶ *in hogere*

me

mate mehr ★ *meer dan een spel* mehr als ein Spiel ★ *meer dan alle anderen* mehr als alle anderen ★ *het is niet meer dan billijk* es ist nicht mehr als recht und billig ★ *het is meer dan erg* es ist wirklich schlimm ★ *meer dan duidelijk* überdeutlich ★ *meer en meer* immer mehr ★ *steeds meer* immer mehr ★ *dit interesseert me meer* das interessiert mich mehr ★ *hoe meer ik eraan denk, hoe bozer ik word* je mehr ich daran denke, desto wütender werde ich ★ *min of meer* mehr oder weniger ❷ *veeleer* eher ★ *meer rijk dan arm* eher reich als arm ★ *meer dood dan levend* mehr tot als lebendig ★ *meer verdrietig dan beledigd* eher traurig als beleidigt ❸ *verder* mehr ★ *niet meer zijn wat het was* nicht mehr sein, was es war ★ *zij zingt niet meer* sie singt nicht mehr ★ *ik ben geen kind meer* ich bin kein Kind mehr ★ *hij heeft niets meer* er hat nichts mehr ★ *dat kan nu niet meer* das geht jetzt nicht mehr ★ *wie nog meer?* wer sonst noch? ★ *ik heb geen honger meer* ich habe keinen Hunger mehr ★ *hij woont hier niet meer* er wohnt hier nicht mehr ★ *nooit meer* nie mehr, nie wieder ★ *hij is niet meer* er lebt nicht mehr

meerdaags mehrtägig

meerdelig mehrteilig ★ *een ~ werk* ein mehrteiliges Werk

meerdere I *zn* [de] ⟨baas⟩ Vorgesetzte(r) *m-v*, ⟨superieur in eigenschappen⟩ Überlegene(r) *m-v* ★ *hij is mijn ~ in kracht* er ist mir an Kraft überlegen ★ *ik moet in hem mijn ~ erkennen* ich muss anerkennen, dass er mir überlegen ist ★ *iemands ~ zijn* jmdm. überlegen sein **II** *onb telw* mehrere ★ *~ malen* mehrmals

meerderen I *ov ww, vermeerderen* vermehren, vergrößern, ⟨breien⟩ zunehmen **II** *on ww, toenemen* zunehmen ★ *bij het ~ van de jaren* mit zunehmendem Alter

meerderheid Mehrheit *v* ★ *de ~ was hier tegen* die Mehrheit war dagegen ★ *de zwijgende ~* die schweigende Mehrheit ★ *de vereiste ~* die notwendige Mehrheit ★ *de numerieke ~* die zahlenmäßige Mehrheit ★ *een grote / ruime ~* eine große Mehrheit ★ *een krappe ~* eine knappe Mehrheit ★ *in de ~ zijn* in der Mehrheit sein ★ *bij ~ van stemmen* mit Stimmenmehrheit ★ *de ~ van het dorp* die meisten Leute im Dorf

meerderheidsbelang Mehrheitsbeteiligung *v*

meerderjarig volljährig, mündig ★ *~ worden* volljährig werden ★ *iem. ~ verklaren* jmdn. für mündig erklären

meerderjarige Volljährige(r) *m/v*

meerderjarigheid Volljährigkeit *v*

meerduidig mehrdeutig

meerijden mitfahren ★ *~ met iem.* mit jmdm. mitfahren ★ *iem. laten ~* jmdn. mitfahren lassen

meerjarenplan mehrjährige(r) Plan *m*

meerjarig mehrjährig ★ *~e planten* mehrjährige Pflanzen

meerkamp sport Mehrkampf *m*

meerkeuzetoets Multiple-Choice-Test *m*

meerkeuzevraag Multiple-Choice-Frage *v*

meerkoet Blässhuhn *o*

meerling Mehrling *m*

meermaals mehrmals, mehrfach

meeroken mitrauchen ★ *het ~* das passive Mitrauchen

meeropbrengst Mehrerlös *m*

meerpaal Duckdalbe *v*

meerpartijensysteem pol Mehrparteiensystem *o*

meerprijs econ Mehrpreis *m* ★ *tegen ~ leverbaar* gegen Aufpreis lieferbar

meerstemmig mehrstimmig ★ *~ gezang* mehrstimmige(r) Gesang ★ *~ zingen* mehrstimmig singen

meertalig mehrsprachig

meerval dierk Wels *m*

Meer van Genève Genfer See *m*

meervoud Mehrzahl *v* ★ *in het ~* in der Mehrzahl

meervoudig mehrfach, taalk pluralisch ★ *~ onverzadigde vetzuren* mehrfach ungesättigte Fettsäuren ★ *~ kiesrecht* Mehrfachwahlrecht *o*

meerwaarde Mehrwert *m*

meerwerk econ bouw Mehrarbeit *v*

mees Meise *v* ★ *zwarte mees* Tannenmeise *v*

meesjouwen mitschleppen, bei sich tragen ★ *een zware last ~* eine schwere Last mitschleppen

meeslepen ❶ *meenemen* mitschleifen, mitschleppen ★ *ik moest hem gewoon ~ naar het stuk* ich musste ihn in das Stück mitschleppen ❷ *in vervoering brengen* mitreißen ★ *zich door zijn drift laten ~* sich von seinem Zorn mitreißen lassen ★ *zich door de muziek laten ~* sich von der Musik mitreißen lassen ★ *laat je toch niet ~* lass dich doch nicht mitreißen ★ *het publiek ~* das Publikum mitreißen

meeslepend mitreißend, berauschend

meesleuren mitschleifen

meespelen ❶ *meedoen* mitspielen ★ *niet meer willen ~* nicht mehr mitspielen wollen ❷ *van belang zijn* mitspielen

meespreken ❶ *meedoen aan gesprek* mitsprechen, mitreden ★ fig *daar kan ik van ~* da kann ich mitreden ❷ *meebeslissen* mitsprechen, inform mitreden ★ *mag ik ook een woordje ~?* darf ich auch was dazu sagen? ❸ *meetellen* mitspielen ★ *dat spreekt ook een woordje mee* das spielt ja auch mit

meest I *onb telw, de grootste hoeveelheid* meist ★ *het ~e geld* das meiste Geld ★ *de ~e tijd* die meiste Zeit ★ *de ~en* die meisten ★ *in de ~e gevallen* in den meisten Fällen ★ *de ~e mensen* die meisten Leute **II** *bijw, in hoogste mate* meist ★ *wat ik het ~e mis* was ich am meisten vermisse ★ *op zijn ~* meistens ★ *dat wens ik het ~* das wünsche ich am meisten ★ *het ~ gelezen tijdschrift* die meistgelesene Zeitschrift ★ *het ~e houden van* am meisten mögen [+4]

meestal meistens

meestbiedende Meistbietende(r) *m-v*

meester ❶ *baas* Meister *m*, Herr *m* ★ *zich van iets ~ maken* sich einer Sache bemächtigen ★ *een taal ~ zijn* eine Sprache beherrschen ★ *zichzelf ~ zijn* sich beherrschen ★ *zichzelf niet langer ~ zijn* die Selbstbeherrschung verlieren ★ *zichzelf weer ~ worden* seine Selbstbeherrschung wieder gewinnen ★ *de toestand ~ zijn* Herr der Lage sein ★ *de situatie niet (meer) ~ zijn* nicht mehr Herr der Lage sein ★ *iets ~ worden / zijn* über etw. Herr werden ❷ *onderwijzer* Lehrer *m* ❸ *kundig*

persoon Meister *m*, Könner *m* ★ *de hand van de ~* die Hand des Meisters ★ *een ~ in zijn vak zijn* ein Meister seines Fachs sein ❹ *afgestudeerd jurist* ≈ Jurist *m* [v: Juristin] ★ *~ in de rechten zijn* Volljurist sein
meesterbrein Superhirn *o*
meesteres ❶ *bazin* Herrin *v*, Gebieterin *v* ❷ *zeer kundige vrouw* Meisterin *v*
meesterhand Meisterhand *v* ★ *(dit verraadt) de ~* (das verrät) die Hand des Meisters
meester-kok Chefkoch *m*
meesterlijk Meister-, meisterhaft ★ *een ~e zet* ein Meistercoup ★ *~ schot* Meisterschuss *m*
meesterproef Meisterprüfung *v*
meesterschap Meisterschaft *v*, ⟨kunnen⟩ Beherrschung *v*
meesterstuk *voortreffelijk werk* Meisterstück *o*
meesterwerk Meisterwerk *o*
meet ❶ *beginpunt* ★ *van meet af aan* von Anfang an ❷ BN sport *eindpunt* Ziellinie *v*, Finish *o*
meetapparatuur Messapparatur *v*
meetbaar messbar
meetellen I *ov ww, erbij rekenen* mitrechnen, mitzählen ★ *... niet meegeteld ...* nicht mitgezählt II *on ww, van belang zijn* (mit)zählen, (mit) eine Rolle spielen ★ *niet meer ~* nicht mehr wichtig sein ★ *de leeftijd gaat bij hem ~* das Alter macht sich bei ihm bemerkbar ★ *niet ~* ohne Bedeutung sein, keine Rolle spielen ★ *gaan ~* eine Rolle spielen
meeting Treffen *o*, Meeting *o* ★ *een ~ houden* ein Meeting abhalten
meetkunde Geometrie *v* ★ *beschrijvende ~* darstellende Geometrie ★ *hogere ~* höhere Geometrie ★ *vlakke ~* Planimetrie *v* ★ *analytische / euclidische ~* analytische / euklidische Geometrie
meetkundig geometrisch ★ *~e plaats* geometrischer Ort
meetlat Messlatte *v*
meetlint Bandmaß *o*, Maßband *o*
meetronen mitlotsen
meeuw Möwe *v*
meevallen *beter zijn / aflopen dan verwacht* besser sein als gedacht ★ *dat valt mee!* das geht ja noch! ★ *de prijs valt ons mee* der Preis ist niedriger als gedacht ★ *het werk is me meegevallen* die Arbeit hielt sich in Grenzen ★ *het zal wel ~* es wird schon nicht so schlimm werden ★ *het valt niet mee* es ist schwieriger als gedacht ★ *('t stuk) viel niet mee* (das Stück) war nicht so toll ★ *het valt wel mee* es geht ganz gut ★ *hij valt (bij nadere kennismaking) wel mee* (wenn man ihn kennen gelernt hat,) ist er gar nicht so übel
meevaller Glücksfall *m*, unerwartete(r) Gewinn *m*, Glückstreffer *m* ★ *een financiële ~* ein finanzieller Glücksfall
meevoelen nachempfinden, mitfühlen ★ *met iem. ~* jmdm. etw. nachempfinden können ★ *hij voelde erg met ons mee* er konnte uns das gut nachfühlen
meewarig mitleidig, teilnahmsvoll
meewerken ❶ *samenwerken* mitarbeiten (**aan** an+3), mitmachen (**aan** bei+3) ❷ *bijdragen* sich beteiligen (**aan** an+3), mithelfen (**aan** bei+3) ★ *het weer heeft meegewerkt* das Wetter war günstig
meezinger Schlager *m*, Gassenhauer *m*
meezitten günstig / wunschgemäß verlaufen, gut gehen, klappen ★ *het zit me niet mee* es läuft bei mir nicht so, wie es soll ★ *het zit ons mee* es verläuft alles nach Wunsch ★ *het zit hem mee* bei ihm läuft alles wunschgemäß ★ *het zat hem niet mee* er hatte kein Glück ★ *alles zit ons mee vandaag* heute läuft alles nach Wunsch ★ *het zit je niet mee vandaag, hè?* das ist nicht dein Tag heute, oder? ★ *als alles meezit* wenn alles klappt
megabioscoop Multiplexkino *o*
megabyte Megabyte *o*
megafoon Megafon *o*
megahertz Megahertz *o*
megalomaan megaloman, größenwahnsinnig
megapixel audio-vis Megapixel *o*
megaster Megastar *m*
mei Mai *m* ★ *de eerste mei* der erste Mai ★ *op 1 mei* am 1. Mai
meid ❶ *meisje* Mädchen *o* ❷ *dienstbode* Dienstmädchen *o*
meidengroep muz Mädchengruppe *v*
meidoorn Weißdorn *m*, Hagedorn *m*, ⟨rode meidoorn⟩ Rotdorn *m*
meikever Maikäfer *m*
meineed Meineid *m* ★ *een ~ doen* einen Meineid schwören
meisje ❶ *jonge vrouw* ⟨kind⟩ Mädchen *o*, ⟨jonge vrouw⟩ junge Frau *v* ❷ *vriendin, verloofde* Freundin *v*, ⟨verloofde⟩ Braut *v*
meisjesachtig mädchenhaft
meisjesboek Mädchenbuch *o*
meisjesnaam ❶ *voornaam* Mädchenname *m* ❷ *familienaam* Mädchenname *m*
mejuffrouw form Fräulein *o*
mekaar inform → **elkaar**
Mekka Mekka *o*
mekkeren ❶ *blaten* meckern ❷ *zaniken* meckern ★ *loop niet zo te ~!* meckere nicht so herum!
melaats aussätzig
melaatsheid Lepra *v*, Aussatz *m*
melancholie Melancholie *v*
melancholiek melancholisch
Melanesië Melanesien *v*
Melanesisch melanesisch
melange Mischung *v*, Melange *v*
melanoom Melanom *o*
melasse Melasse *v*
melden I *ov ww, iets laten weten* mitteilen, ⟨iemand⟩ melden ★ *de aankomst ~ van* die Ankunft von.... melden ★ *niets te ~* nichts mitzuteilen ★ *ik zal het u ~* ich werde es Ihnen mitteilen II *wkd ww* [**zich** ~] *aanmelden* sich anmelden, sich melden ★ *zich bij de politie ~* sich bei der Polizei melden ★ *zich ziek ~* sich krank melden
melding *vermelding* Mitteilung *v*, Meldung *v*, ⟨omroep⟩ Durchsage *v* ★ *~ maken van* erwähnen
meldingsplicht Meldepflicht *v*
meldkamer Zentrale *v* ★ *~ voor noodgevallen* Notfallzentrale *v*
meldpunt Anlaufstelle *v*, Meldestelle *v* ★ *telefonisch ~* telefonische Anlaufstelle
melig ❶ *meelachtig* mehlig ❷ *flauw en grappig*

albern ★ *in een ~e stemming* in einem Anfall von Albernheit
melisse Melisse *v*
melk Milch *v* ★ *gecondenseerde melk* Kondensmilch *v* ★ *halfvolle melk* fettarme Milch ★ *magere melk* Magermilch ★ *volle melk* Vollmilch ★ *zure melk* Sauermilch *v* ★ *niets in de melk te brokkelen hebben* nicht viel in die Milch zu brocken haben ★ *iets in de melk te brokkelen hebben* etw. mitzureden haben
melkachtig milchig
melkboer Milchmann *m*
melkbrood cul Milchbrot *o*
melkchocolade, **melkchocola** cul Vollmilchschokolade *v*
melken I *ov ww* ❶ *van melk ontdoen* melken ❷ *fokken* züchten ★ *duiven ~* Tauben halten ★ fig *huisjes ~* ein Miethai sein **II** *on ww, zeuren* meckern
melkfabriek, BN **melkerij** Molkerei *v*
melkfles Milchflasche *v*
melkgebit Milchgebiss *o*
melkglas ❶ *drinkglas* Milchglas *o* ❷ *glassoort* Mattglas *o*
melkklier Milchdrüse *v*
melkkoe ❶ *dier* Milchkuh *v* ❷ fig *bron van voordeel* Milchkuh *v*
melkmachine Melkmaschine *v*
melkmuil Grünschnabel *m*, Milchbart *m*
melkpoeder cul Milchpulver *o*, Trockenmilch *v*
melkproduct Milchprodukt *o*
melksuiker Milchzucker *m*
melktand Milchzahn *m*
melkvee Milchvieh *o*
melkweg Milchstraße *v*
melkzuur Milchsäure *v*
melodie Melodie *v*
melodieus melodiös
melodisch ❶ *melodie betreffend* melodisch ❷ *welluidend* melodisch
melodrama Melodram *o*
melodramatisch melodramatisch
meloen Melone *v*
membraan Membran *v*
memo ❶ *notitieblaadje* Notizzettel *m* ❷ *korte nota* Notiz *v*, Memo *o*
memoblok Notizblock *m*
memoires Memoiren *mv*
memorandum ❶ *nota* Denkschrift *v*, Memorandum *o* ❷ *notitieboek* Notizbuch *o*
memoreren erinnern an [+4]
memorie ❶ *geheugen* Gedächtnis *o* ★ *kort van ~ zijn* ein schlechtes Gedächtnis haben ★ *pro ~* pro memoria ❷ *geschrift* Memorandum *o*, Denkschrift *v* ★ *~ van toelichting* Begleitschreiben *o*, pol Erläuterungen *mv* zu einem Gesetzentwurf ★ *~ van antwoord* Antwortnote *v*, pol ministerielle Stellungnahme *v* zu einem Gesetzentwurf
memoriseren memorieren, auswendig lernen
men man ★ *men zegt dat hij...* man sagt ★ *men moet* man muss ★ *als men ons hoorde* wenn man uns hören würde ★ *men zou zeggen* man würde sagen ★ *dat doet men niet* das tut man nicht ★ *dat zegt men niet* das sagt man nicht ★ *men wordt verzocht* wir bitten Sie
menagerie Menagerie *v*
meneer Herr *m* ★ *~ García* Herr García ★ *ja, ~!* ja! ★ *een hele ~* ein richtiger Herr
menen ❶ *denken* meinen ★ *echt ~* echt meinen ★ *men zou ~ dat* man sollte meinen, dass ★ *ik meen van wel* ich denke schon ★ *ik meende dat ik het haar moest zeggen* ich meinte es ihr sagen zu müssen ★ *dat zou ik ~* das will ich meinen ★ *hij meende hem te kennen* er glaubte, ihn zu kennen ❷ *bedoelen* meinen ★ *hoe meent u dat?* wie meinen Sie das? ★ *het niet kwaad ~* es nicht böse meinen? ★ *ik meen het goed met je* ich meine es gut mit dir ★ *meent u dat echt?* meinen Sie das wirklich? ★ *dat meent u niet* das ist nicht Ihr Ernst ★ *het (ernstig) ~* es ernst meinen ★ *ik meen het* es ist mein Ernst ★ *daar meen je geen woord van* das meinst du doch alles nicht so
menens ★ *het is ~* es ist ernst ★ *het wordt ~* es wird Ernst
mengeling Mischung *v*, Gemisch *o*
mengelmoes Mischmasch *m*
mengen I *ov ww* ❶ *door elkaar doen* mischen, mengen ★ *kleuren ~* Farben mischen ★ *gemengd voer* Misch- / Mengfutter *o* ❷ **~ in** *betrekken bij* ★ *ik werd in het gesprek gemengd* ich wurde ins Gespräch gezogen **II** *wkd ww* [**zich ~**] ❶ **~ in** *zich bemoeien met* sich einmischen in [+4] ★ *zich ongevraagd in iets ~* sich ungefragt in etw. einmischen ★ *zich in de discussie ~* sich in die Diskussion einschalten / einmischen ❷ *zich voegen bij* ★ *zich ~ onder de menigte* sich unter die Menge mischen
mengkleur Mischfarbe *v*
mengkraan Mischhahn *m*, Mischbatterie *v*
mengpaneel Mischpult *o*
mengsel Mischung *v*
mengsmering Gemisch *o*
menhir Menhir *m*
menie Mennige *v*
meniën mennigen
menig manch ★ *in ~ opzicht* in mancher Hinsicht ★ *~ keer* manches Mal ★ *~e ruit sneuvelde* einige Scheiben zerbrachen
menigeen manch einer, mancher
menigmaal häufig
menigte Menge *v* ★ *in de ~ opgaan* in der Menge verschwinden ★ *een bonte ~* eine buntgemischte Menge ★ *in ~* in der Menge
mening Meinung *v*, Ansicht *v* ★ *de gevestigde ~* die übliche Meinung ★ *bij zijn ~ blijven* auf seiner Meinung beharren ★ *in de ~ dat* in der Meinung, dass ★ *naar mijn ~* meiner Meinung nach ★ *van ~ veranderen* seine Meinung ändern ★ *ik verschil met hem van ~* wir sind verschiedener / unterschiedlicher Meinung ★ *van ~ zijn dat* der Meinung / Ansicht sein, dass ★ *zijn ~ geven* seine Meinung sagen ★ *voor zijn ~ uitkomen* für seine Meinung eintreten ★ *de ~en lopen uiteen* die Meinungen sind geteilt
meningitis Meningitis *v*, Hirnhautentzündung *v*
meningsuiting Meinungsäußerung *v* ★ *vrijheid van ~* Meinungsfreiheit *v*
meningsverschil Meinungsverschiedenheit *v*
meniscus Meniskus *m*
mennen lenken
menopauze Menopause *v*

menora rel Menora *v*
Menorca Menorca *v*
Menorcaans von / aus Menorca, ⟨taal⟩ menorquinisch
mens I *zn* [de] Mensch *m* ★ *de mens* der Mensch ★ *mensen* Leute *mv* ★ *de mensen* ⟨als soort, filosofisch⟩ die Menschen, ⟨personen⟩ die Leute ★ *onze mensen* unsere Leute ★ *ieder mens* jeder Mensch ★ *veel mensen* viele Leute ★ *er was geen mens* es war kein Mensch da ★ *geen mens* kein Mensch ★ *vijf mensen* fünf Personen / Leute ★ *een oud mens* ein alter Mensch ★ *een goed mens* ein guter Mensch ★ *plaats voor 10 mensen* Platz für 10 Personen ★ *er zijn mensen die zeggen* es gibt Leute, die sagen ★ *door mensen gemaakt* von Menschen gemacht ★ *onder de mensen* unter den Menschen ★ *daar heb ik mijn mensen voor* dafür habe ich meine Leute ★ *de grote mensen* die Erwachsenen ★ *onder de mensen komen* unter die Leute kommen ★ *het zag (er) zwart van de mensen* es war schwarz von Menschen ★ *ik voel me een ander mens* ich fühle mich wie verwandelt ★ *de mens wikt, God beschikt* der Mensch denkt, Gott lenkt ★ *de inwendige mens versterken* etw. für den inneren Menschen tun ★ *ik ben ook maar een mens* ich bin auch nur ein Mensch ▼ *alle mensen!* alle Wetter! II *zn* [het], *vrouw* Frau *v*, Person *v* ★ *dat mens van hiernaast* die Frau von nebenan ★ *het arme mens* die arme Frau ★ *wie is dat mens?* wer ist diese Person? ★ *dat mens van Smit* diese Schmidt
mensa Mensa *v*
mensaap Menschenaffe *m*
mensdom Menschheit *v*
menselijk menschlich, Menschen- ★ *vergissen is ~* Irren ist menschlich ★ *niets ~s is mij vreemd* nichts Menschliches ist mir fremd ★ *de ~e waardigheid* die Menschenwürde *v*
menselijkerwijs nach menschlichem Ermessen ★ *~ gesproken* nach menschlichem Ermessen gesprochen
menselijkheid *menslievendheid* Menschlichkeit *v*
menseneter Menschenfresser *m*
mensengedaante Menschengestalt *v* ★ *in ~* in Menschengestalt
mensenhater Menschenfeind *m*
mensenheugenis Menschengedenken *o* ★ *sinds ~* seit Menschengedenken
mensenkennis Menschenkenntnis *v* ★ *veel ~ hebben* viel Menschenkenntnis haben
mensenleven Menschenleben *o* ★ *er waren veel ~s te betreuren* es waren viele Menschenleben zu betrauern
mensenmassa Menschenmasse *v*, Menschenmenge *v*
mensenrechten jur Menschenrechte *mv*
mensenrechtenactivist Menschenrechtsaktivist *m*
mensenschuw menschenscheu
mensensmokkel Menschenschmuggel / -handel *m*
mensenwerk Menschenwerk *o* ★ *het is ~* es ist Menschenwerk
mens-erger-je-niet Mensch-ärger-dich-nicht *o*
mens-erger-je-nieten Mensch-ärger-dich-nicht spielen
mensheid ❶ *het mens-zijn* Menschsein *o* ❷ *alle mensen* Menschheit *v*
mensjaar ≈ Arbeitsleistung *v* pro Person pro Jahr
menslievend menschenfreundlich
mensonterend menschenunwürdig
mensonwaardig menschenunwürdig
menstruatie Menstruation *v*
menstruatiecyclus Zyklus *m*
menstruatiepijn Menstruationsschmerzen *mv*, Regelschmerzen *mv*
menstrueren menstruieren
menswaardig menschenwürdig, human ★ *een ~ bestaan leiden* ein menschenwürdiges Leben führen ★ *een ~ loon* ein menschenwürdiger Lohn
menswetenschappen Humanwissenschaften *mv*
mentaal mental
mentaliteit Mentalität *v*
menthol Menthol *o*
mentor *studiebegeleider* Mentor *m*
menu ❶ *maaltijd* Menü *o* [mv: Menüs], Speisenfolge *v* ❷ *menukaart* Speisekarte *v* ★ *op het menu staan* auf der Speisekarte stehen ❸ comp Menü *o*
menuet Menuett *o*
menukaart Speisekarte *v*
mep Schlag *m*, Klaps *m*, Ohrfeige *v* ▼ *de volle mep* der volle Schlag
meppen schlagen, hauen
meranti Meranti *o*
merchandising Merchandising *o*
Mercurius Merkur *m*
merel Amsel *v* ★ BN *een witte ~* eine Seltenheit
meren scheepv festmachen, vertäuen
merendeel Mehrzahl *v*, Mehrheit *v* ★ *het ~ van de toeschouwers* die meisten Zuschauer ★ *voor het ~* größtenteils
merendeels größtenteils
merengue *dans* Merengue *m*
merg biol Mark *o* ★ *door merg en been gaan* durch Mark und Bein gehen ★ *in merg en been* mit Leib und Seele, bis auf die Knochen
mergel Mergel *m*
mergpijp ❶ *mergbeen* Markknochen *m* ❷ *gebakje* ≈ Biskuitröllchen *o* mit Marzipanmantel
meridiaan Meridian *m*
meringue *gebak* Baiser *o*
merk ❶ *herkenningsteken* Marke *v* ❷ *handelsmerk* Marke *v*
merkartikel Markenartikel *m*
merkbaar merkbar, merklich, ⟨voelbaar⟩ spürbar, ⟨zichtbaar⟩ sichtlich ★ *~ worden door* spürbar werden durch [+4]
merken ❶ *bemerken* merken, bemerken ★ *heeft u gemerkt dat...* haben Sie gemerkt, dass... ★ *zonder iets te laten ~* ohne sich etw. anmerken zu lassen ★ *zonder dat iem. het merkt* ohne dass jmd. es merkt ★ *laten ~* spüren lassen ★ *zonder iets te ~* ohne etw. zu merken ★ *men kan er niets meer van ~* man merkt nichts mehr davon ❷ *van merk voorzien* markieren, kennzeichnen
merkkleding Markenkleidung *v*
merknaam Markenname *m*
merkteken Merkmal *o*
merkwaardig *eigenaardig, opmerkelijk*

(eigenaardig) merkwürdig, komisch, (opmerkelijk) bemerkenswert
merkwaardigerwijs merkwürdiger- / komischerweise
merkwaardigheid Merkwürdigkeit *v*, Kuriosität *v*
merrie Stute *v*
mes Messer *o* ★ *iem. met een mes neersteken* jmdm. mit einem Messer niederstechen ★ *een mes slijpen* ein Messer schleifen ★ *een bot mes* ein stumpfes Messer ★ *onder het mes gaan* sich unters Messer begeben ★ *het mes snijdt aan twee kanten* eine Hand wäscht die andere ★ *het mes er inzetten* schneiden ★ *iem. het mes op de keel zetten* jmdm. das Messer an die Kehle setzen
mesjogge bescheuert, meschugge
mespunt *hoeveelheid* ★ *een ~je zout* eine Messerspitze Salz
mess (marine) Messe *v*, (voor officieren) Offizierskasino *o*
messcherp messerscharf ★ *~e kritiek* messerscharfe Kritik
messentrekker Messerstecher *m*
Messias Messias *m*
messing I *zn* [de] Feder *v* ★ *~ en groef* Nut und Feder **II** *zn* [het] Messing *o*
messteek Messerstich *m* ★ *iem. een ~ toebrengen* jmdm. einen Messerstich verpassen
mest ❶ Mist *m* **❷** *uit andere stoffen* Dünger *m*
mesten ❶ *bemesten* düngen **❷** *vetmesten* mästen
mesthoop Misthaufen *m*
mestkever Mistkäfer *m*
mestvaalt Misthaufen *m*
mestvee Mastvieh *o*
mestvork Mistgabel *v*
met ❶ *voorzien van, in gezelschap van* mit [+3] ★ *een huis met een tuin* ein Haus mit einem Garten ★ *koffie met melk* Kaffee mit Milch ★ *een meid met lef* ein mutiges Mädchen ★ *met blijdschap* mit Freude ★ *ik ga met hem op vakantie* ich verreise mit ihm **❷** *door middel van* mit [+3] ★ *schrijven met een pen* mit einem Stift schreiben ★ *met de hand geschreven* handgeschrieben ★ *met de fiets gaan* mit dem Rad fahren ★ *met de trein gaan* mit dem Zug fahren **❸** *voor wat betreft* mit [+3] ★ *stoppen met roken* das Rauchen aufgeben ★ *het gaat goed met het werk* mit der Arbeit geht es gut ★ *hij is met vakantie naar Malta geweest* er ist im Urlaub in Malta gewesen **❹** (tijdstip) zu [+3], an [+3], in [+3] ★ *met kerst* zu Weihnachten, an Weihnachten ★ *met een week of twee* in etwa zwei Wochen ★ *met de dag* jeden Tag ★ *met de jaren* mit den Jahren ★ *de vergadering met een week verplaatsen* die Sitzung um eine Woche verschieben **❺** (getal) ★ *met z'n vieren zijn* zu viert sein ★ *winnen met 3-0* (mit) drei zu null gewinnen
metaal I *zn* [het], *stof* Metall *o* ★ *oud ~* Altmetall *o* ★ *zware metalen* Schwermetall *o* ★ *~ gieten* Metall gießen **II** *zn* [de], *bedrijfstak* Metallindustrie *v* ★ *in de ~ werken* in der Metallindustrie arbeiten
metaalachtig metallisch, metallartig
metaalarbeider Metallarbeiter *m*
metaaldetector Metalldetektor *m*
metaaldraad I *zn* [de] Metalldraht *m*, (van lamp) Metallfaden *m* **II** *zn* [het] Metalldraht *m*
metaalindustrie, **metaalnijverheid** Metallindustrie *v*
metaalmoeheid Metallermüdung *v*
metafoor Metapher *v*
metaforisch metaphorisch, bildlich
metafysica Metaphysik *v*
metafysisch metaphysisch
metalen ❶ *gemaakt van metaal* metallen, Metall- **❷** *als van metaal* metallisch ★ *een ~ klank* ein metallischer Klang
metallic metallic
metamorfose Metamorphose *v* ★ *een ~ ondergaan* eine Metarmorphose durchmachen
meteen ❶ *tegelijk* gleichzeitig, zugleich **❷** *direct erna* gleich, sofort ★ *zo ~* gleich, sofort
meten I *ov ww, grootheid bepalen* messen ★ *de temperatuur ~* die Temperatur messen ★ *hemelsbreed ge~* in Luftlinie ★ *met de ogen ~* Augenmaß nehmen ★ *iem. met zijn blik ~* jmdn. abschätzend ansehen **II** *on ww, afmeting hebben* messen ★ *zij meet één meter zeventig* sie misst einen Meter siebzig **III** *wkd ww* [**zich ~**] sich messen (**met** mit) ★ *hij kan zich niet met u ~* er kann sich nicht mit Ihnen messen
meteoor Meteor *o*
meteoriet Meteorit *m*
meteorietinslag Meteoriteneinschlag *m*
meteorologie Meteorologie *v*
meteorologisch meteorologisch, Wetter- ★ *~e satelliet* Wettersatellit *m* ★ *~ instituut* meteorologische(s) Institut *o*
meteoroloog Meteorologe *m* [v: Meteorologin]
meter ❶ *lengtemaat* Meter *m/o* ★ *vierkante ~* Quadratmeter *m* ★ *kubieke ~* Kubikmeter *m/o* ★ *per strekkende* / BN *lopende ~* per laufender Meter ★ *drie ~ lang zijn* drei Meter lang sein ★ fig *dat klopt voor geen ~* das stimmt ganz und gar nicht **❷** *meettoestel* Messer *m*, (teller) Zähler *m*, (klok) Uhr *v* ★ *de ~ opnemen* den Zähler ablesen **❸** *peettante* Patin *v*
meterkast Zählerkasten *m*
meteropnemer Zählerableser *m*
meterstand Zählerstand *m* ★ *wat is de ~?* wie ist der Zählerstand? ★ *de ~ opnemen* den Zählerstand ablesen
metgezel Gefährte *m*
methaan Methan *o*
methadon Methadon *o*
methanol Methanol *o*
methode Methode *v*
methodiek Methodik *v*
methodisch ❶ systematisch, planmäßig **❷** *volgens een methode* methodisch
methodologie Methodologie *v*
methodologisch methodologisch
Methusalem Methusalem *m* ★ *zo oud als ~* so alt wie Methusalem
methyl Methyl *o*
meting Messung *v* ★ *een ~ verrichten* eine Messung vornehmen
metonymie Metonymie *v*
metriek metrisch ★ *het ~e stelsel* das metrische System
metrisch metrisch
metro U-Bahn *v*

metronoom Metronom *o*
metropool Metropole *v*
metroseksueel Metrosexuelle(r) *m*
metrostation U-Bahnhof *m*
metrum Metrum *o*
metselaar Maurer *m*
metselen, BN **metsen** mauern ★*een muurtje ~* eine Mauer bauen
metselwerk ❶ *gemetseld werk* Mauerwerk *o* ★*met ~ bekleden* ausmauern ❷ *werk van metselaar* Maurerarbeit *v*
metten ★*korte ~ maken met iem.* mit jmdm. kurzen Prozess machen
metterdaad wirklich, tatsächlich, in der Tat
mettertijd im Laufe der Zeit, mit der Zeit
metworst cul Mettwurst *v*
meubel Möbel *o* ★ *~s* Möbel *mv* ★BN *de ~s redden* retten, was zu retten ist
meubelboulevard Möbelboulevard *m*
meubelmaker Tischler *m*, Schreiner *m*
meubelplaat Tischlerplatte *v*
meubilair Mobiliar *o*, Hausrat *m*, Möbel *mv* ★humor *hij hoort bij het ~* er gehört zur Einrichtung
meubileren möblieren ★*gemeubileerde kamer* möblierte(s) Zimmer *o*
meug ★*ieder zijn meug* jeder nach seinem Geschmack
meute ❶ *troep honden* Meute *v* ❷ *troep mensen* Meute *v*
mevrouw ❶ *vrouw, dame* Dame *v* ★*er is een ~ voor u* da ist eine Dame für Sie ★*is ~ thuis?* ist die Dame des Hauses anwesend? ❷ *aanspreektitel* ⟨alleen met naam⟩ Frau *v* ★*geachte ~,* gnädige Frau, ★*geachte ~ M.* sehr geehrte Frau M. ★*gaat u zitten, ~* setzen Sie sich, bitte ★*Mevrouw Johnson* Frau Johnson
Mexicaan Mexikaner *m*
Mexicaans mexikanisch
Mexicaanse Mexikanerin *v*
Mexico *land* Mexiko *o* ★*in ~* in Mexiko
Mexico-Stad Mexiko-Stadt *o*
mezelf inform → **mijzelf**
mi ❶ *Chinese vermicelli* Mi-Nudeln *mv* ❷ muz Mi *o*
miauw miau
miauwen miauen
mica Glimmer *m*
Michiganmeer Michigansee *m*
micro BN → **microfoon**
microbe Mikrobe *v* ★BN *gebeten zijn door de sport~* vom Sportbazillus besessen
microfilm Mikrofilm *m*
microfoon Mikrofon *o* ★*verborgen ~* Wanze *v*
microgolfoven BN *magnetron* Mikrowellenherd *m*
microkosmos Mikrokosmos *m*
microkrediet econ Mikrokredit *m*
Micronesië Mikronesien *o*
Micronesisch mikronesisch
micro-organisme Mikroorganismus *m*
microprocessor comp Mikroprozessor *m*
microscoop Mikroskop *o*
microscopisch mikroskopisch
middag ❶ *namiddag* Nachmittag *m* ★*vrije ~* freie(r) Nachmittag ★*'s ~s* nachmittags, mittags ★*om 4 uur 's ~s* um 4 Uhr nachmittags ★*laat op de ~* am späten Nachmittag ❷ *midden van de dag* Mittag *m* ★*tegen de ~* gegen Mittag ★*tussen de ~,* BN *op de ~* in der Mittagszeit ★*voor de ~* am Vormittag
middagdutje Mittagsschlaf *m*, Mittagsschläfchen *o* ★*een ~ doen* Mittagsschlaf halten
middageten ⟨warm⟩ Mittagessen *o*
middagpauze Mittagspause *v*
middaguur ❶ *12 uur 's middags* Mittag *m* ★*kort na het ~* kurz nach Mittag ❷ *de eerste uren na 12 uur 's middags* ★*in de middaguren* am frühen Nachmittag ★*tijdens de middaguren gesloten* über Mittag geschlossen
middel ❶ *taille* Taille *v* ★*iem. om zijn ~ pakken* jmdn. um die Taille fassen ★*tot aan je ~* bis zur Taille ❷ *hulpmiddel* Mittel *o* ★*door ~ van* durch [+4], mittels [+2] ★*geen ~ onbeproefd laten* nichts unversucht lassen ★*een beproefd / probaat ~* ein bewährtes Mittel ★ *~en van vervoer* Transportmittel *mv* ★*alle ~en aanwenden* alle Mittel anwenden ★*het ~ is erger dan de kwaal* das Mittel ist schlimmer als die Krankheit ❸ scheik *stof* Mittel *o*, Medikament *o* ★*kalmerende ~en* Beruhigungsmittel *mv* ★*verdovende ~en* Betäubungsmittel *mv* ★*het ~ is uitgewerkt* das Mittel wirkt nicht mehr ★ *~ tegen alle kwalen* ein Mittel gegen alle Leiden ★*(verboden) ~en gebruiken* verbotene Mittel nehmen ❹ econ *geldmiddelen* [in het mv] Mittel *mv* ★ *~en van bestaan* Existenzmittel *mv* ★*over ~en beschikken om* über Mittel verfügen zu ★*eigen ~en hebben* eigene Mittel haben
middelbaar mittlere
middeleeuwen Mittelalter *o* ★*de vroege ~* das frühe Mittelalter ★*de late ~* das Spätmittelalter ★*de donkere ~* das finstere Mittelalter
middeleeuws ❶ *van de middeleeuwen* mittelalterlich ❷ *achtergebleven* ★ *~e opvattingen* mittelalterliche Auffassungen
middelen I *ov ww, gemiddelde berekenen* den Durchschnitt berechnen II *de mv* → **middel**
middelgroot mittelgroß
Middellandse Zee Mittelmeer *o*
middellang mittellang ★*raketten voor de ~e afstand* Mittelstreckenraketen *mv* ★*op ~e termijn* mittelfristig
middellijn wisk *lijn* Durchmesser *m*
middelloodlijn wisk Mittelsenkrechte *v*
middelmaat Durchschnitt *m*, Mittelmaß *o* ★*boven de ~ uitsteken* über das Mittelmaß hinausragen
middelmatig ❶ *gemiddeld* durchschnittlich ★ *~ groot* durchschnittlich groß ❷ *niet bijzonder* mittelmäßig, mäßig ★ *~e oogst* mäßige Ernte
middelmatigheid Mittelmäßigkeit *v*
Middelnederlands I *zn* [het] Mittelniederländisch(e) *o* II *bnw* mittelniederländisch
middelpunt Mittelpunkt *m* ★*in het ~ van de belangstelling staan* im Zentrum des Interesses stehen
middelpuntvliedend zentrifugal ★ *~e kracht* Zentrifugal- / Fliehkraft *v*
middelst mittlere ★*de ~e zoon van het gezin gaat trouwen* der mittlere Sohn der Familie wird heiraten

middelvinger Mittelfinger *m* ★ *de ~ opsteken naar iem.* jmdm. den Stinkefinger zeigen
midden **I** *zn* [het] ❶ *middelpunt, middelste deel* Mitte *v* ★ *in het ~ van* in der Mitte [+2] ★ *iem. uit ons ~* jmd. aus unserer Mitte ★ *in ons ~* unter uns ★ *te ~ van* inmitten [+2] ★ *in het ~ van de oceaan* mitten im Ozean ★ *op het ~ van de dag* mitten am Tag ★ *in het ~ liggen tussen* in der Mitte zwischen... liegen [+3] etwas dahingestellt sein lassen ★ fig *dat blijft in het ~* das sei dahingestellt ★ fig *iets in het ~ brengen* etw. zur Sprache bringen ★ *het ~ houden tussen* die Mitte sein zwischen... [+3] ❷ BN *kring, milieu* [vaak mv] Milieu *o* **II** *bijw* mitten ★ *~ in de nacht* mitten in der Nacht ★ *~ in de winter* mitten im Winter ★ *het was ~ in de zomer* es war mitten im Sommer ★ *~ in de week* mitten in der Woche ★ *~ in de rivier* mitten im Fluss ★ *zij is ~ in de dertig* sie ist Mitte dreißig ★ *~ op de dag* am helllichten Tag ★ *~ op straat* mitten auf der Straße ★ *~ onder de voorstelling* mitten in der Vorstellung ★ *~ april* Mitte April
Midden-Amerika Mittelamerika *o*
Midden-Amerikaans mittelamerikanisch
middenberm Mittelstreifen *m*
middendoor mittendurch, entzwei ★ *~ delen* durch die Mitte teilen
midden- en kleinbedrijf mittlere und kleine Betriebe *mv*
middengewicht sport *klasse* Mittelgewicht *o*
middengolf Mittelwelle *v* ★ *op de ~* auf der Mittelwelle
middenhandsbeentje Mittelhandknochen *m*
middenin mittendrin, in der Mitte
middenkader mittlere(r) Dienst *m*, mittlere(r) Kader *m*
middenklasse *doorsneesoort* Mittelklasse *v* ★ *auto uit de ~* Mittelklassewagen *m*
middenklasser ⟨auto⟩ Mittelklassewagen *m*
middenlijn sport Mittellinie *v*
middenmoot Mittelstück *o*
middenoor Mittelohr *o*
middenoorontsteking Mittelohrentzündung *v*
Midden-Oosten Mittlere(r) Osten *m* ★ *in het ~* im Mittleren Osten
middenrif Zwerchfell *o*
middenschip Mittelschiff *o*
middenschool onderw ≈ Gesamtschule *v*
middenstand Mittelstand *m*, ⟨klasse⟩ Mittelschicht *v*
middenstander mittelständische(r) Unternehmer *m* ★ *de kleine ~* der kleine Unternehmer
middenstandsdiploma ≈ Handelsgenehmigung *v*
middenstip sport Abstoßpunkt *m*
middenstreep Mittellinie *v*
middenveld ❶ *deel van sportveld* Mittelfeld *o* ❷ *spelers* Mittelfeldspieler *mv* ★ *het maatschappelijk ~* die Mittelschicht
middenvelder Mittelfeldspieler *m*
middenweg ★ *de gulden ~* der goldene Mittelweg
middernacht Mitternacht *v* ★ *om ~* um Mitternacht
middernachtelijk mitternächtlich ★ *het ~ uur* die Mitternachtsstunde *v*
midgetgolf Minigolf *o*
midgetgolfbaan Minigolfplatz *m*
midgetgolfen Minigolf spielen
midi **I** *zn* [het], *halflange mode* Midi- **II** *afk, musical instrument digital interface* MIDI *o*
midlifecrisis Midlifecrisis *v*
midscheeps mittschiffs, Mittschiffs-
midvoor Mittelstürmer *m*
midweek Midweek *v* ★ *zij gingen een ~ op vakantie* sie fuhren von Montag bis Freitag in Urlaub
midweekarrangement Wochentagsarrangement *o*
midwinter ❶ *het midden van de winter* Mittwinter *m* ❷ *de kortste dag* Mittwinter *m*
midzomer ❶ *midden van de zomer* Mittsommer *m* ❷ *langste dag* Mittsommer *m*
mier Ameise *v*, ⟨termiet⟩ Termite *v* ★ *zo arm als de mieren* arm wie eine Kirchenmaus
mieren ❶ *peuteren* herumfummeln ❷ *zeuren* quengeln
miereneter Ameisenbär *m*
mierenhoop Ameisenhaufen *m*
mierenneuker Korinthenkacker *m*, Erbsenzähler *m*
mierikswortel Meerrettich *m*, Z-D Oost Kren *m*
mierzoet widerlich süß
mieter ★ *iem. op zijn ~ geven* jmdn. verprügeln ★ *op zijn ~ krijgen* Prügel bekommen ★ *geen ~* keinen Dreck
mieteren **I** *ov ww, gooien* schmeißen ★ *iem. van de trap ~* jmdn. die Treppe hinunterstoßen **II** *on ww, zeuren* meckern
mietje ❶ *homo* Schwule(r) *m*, Tunte *v* ❷ *slappeling* Schwächling *m* ★ *laten we elkaar geen ~ noemen* lass uns die Dinge beim Namen nennen
miezeren nieseln
miezerig ❶ *druilerig* regnerisch, trübe ★ *het is ~ weer* es ist trübes Wetter ❷ *nietig* mickrig ★ *een ~ mannetje* ein mickriger Mann
migraine Migräne *v*
migrant Migrant *m* [v: Migrantin]
migratie Migration *v*
migreren ⟨emigreren⟩ auswandern, ⟨immigreren⟩ einwandern
mihoen Glasnudeln *mv*
mij ⟨als meewerkend voorwerp⟩ mir, ⟨als lijdend voorwerp⟩ mich ★ *hij gaf het aan mij* er gab es mir ★ *hij slaat mij* er schlägt mich ★ *ga je met mij mee?* gehst du mit mir mit? ★ *het is van mij* es gehört mir ★ *is dit voor mij?* ist das für mich? ★ *dat is van mij* das gehört mir ★ *een vriend van mij* ein Freund von mir
mijden meiden ★ *~ als de pest* meiden wie die Pest
mijl Meile *v* ★ *mijlen achter liggen* Kilometer zurückliegen ★ *mijlen uiteen* Meilen auseinander, poles / miles apart ★ *Engelse mijl* englische Meile ★ *dat is een mijl op zeven* das ist ein großer Umweg
mijlenver ❶ *heel ver* meilenweit ★ *~ in de omtrek* meilenweit in der Umgebung ★ *~ boven iets / iemand uitsteken* etw. / jmdn. meilenweit überragen ❷ *in een vroeg stadium* ★ *ik zag dat al*

van ~ aankomen ich habe das schon lange kommen sehen
mijlpaal ❶ lett *markeerpaal* Meilenstein *m* ❷ fig *belangrijk moment* Meilenstein *m* ★ *een ~ vormen* ein Meilenstein sein
mijmeren sinnieren, grübeln
mijmering Träumerei *v*, ⟨gepieker⟩ Grübelei *v* ★ *in zoete ~en verzonken zijn* vor sich hin träumen
mijn I *zn* [de] ❶ *winplaats* Bergwerk *o*, Mine *v* ★ *open mijn* Tagebau *m* ★ *in de mijn afdalen* in die Grube einfahren ❷ *bom* Mine *v* ★ *drijvende mijn* Treibmine ★ *op een mijn lopen* auf eine Mine treten ★ *mijnen leggen / vegen* Minen legen / räumen II *bez vnw* mein ★ *dat is mijn boek* das ist mein Buch ★ *mijn huis* mein Haus ★ *mijn boeken* meine Bücher ★ *de / het mijne* der / die / das Meine ★ *de mijnen* die Meinen ★ *het mijn en dijn* das Mein und Dein ★ *ik denk er het mijne van* ich denke mir meinen Teil ★ *ik heb het mijne gedaan* ich habe das Meine getan ★ *mijns inziens* meines Erachtens
mijnbouw Bergbau *m*, ⟨bovenaards⟩ Tagebau *m*
mijnenjager Minenjäger *m*
mijnenlegger Minenleger *m*
mijnenveger Minensuchboot *o*, ⟨klein⟩ Minenräumboot *o*
mijnenveld Minenfeld *o*
mijnerzijds meinerseits
mijnheer ❶ *aanspreekvorm voor een volwassen man* ⟨alleen met naam of titel⟩ Herr *m* ★ *~ de voorzitter* Herr Vorsitzender ★ *~ de burgemeester* Herr Bürgermeister ★ *~ A* Herr A ★ *ja, ~* ja ❷ *belangrijk man* Herr *m* ★ fig *de grote ~ uithangen* den großen Herrn spielen
mijnschacht Schacht *m*
mijnstreek Bergbaurevier *o*, ⟨kolenmijnen⟩ Kohlenrevier *o*
mijnwerker Bergarbeiter *m*, Bergmann *m*
mijt ❶ *insect* Milbe *v* ❷ *stapel* Miete *v*, ⟨hout⟩ Stoß *m*
mijter Mitra *v*, Inful *v*
mijzelf ❶ [meewerkend] mir selbst / selber ★ *ik dacht bij ~* ich dachte mir ★ *ik heb ~ een cadeautje gegeven* ich habe mir selber ein Geschenk gemacht ❷ [lijdend] mich selbst / selber ★ *op die manier straf ik ~* auf diese Weise strafe ich mich selber
mik *brood* Brot *o* ★ *het is dikke mik tussen die twee* sie sind dicke Freunde
mikado *spel* Mikado *o*
mikken I *ov ww, gooien* schmeißen II *on ww* ❶ *richten* anlegen, zielen ★ *~ op* zielen auf [+4] ❷ *streven naar* zielen (**naar** auf) [+4] ★ *hoog ~* hohe Ziele haben ★ *~ op* zielen auf [+4], anstreben
mikmak Kram *m* ★ *de hele ~* der ganze Kram ★ *zich het ~ werken* sich lahm arbeiten
mikpunt Zielscheibe *v* ★ *iem. tot ~ maken* jmdn. zur Zielscheibe machen ★ *het ~ van kritiek zijn* die Zielscheibe der Kritik sein
Milaan Mailand *o*
mild ❶ *zacht* mild ★ *een milde winter* ein milder Winter ★ *een milde smaak* ein milder Geschmack ❷ *zachtaardig, welwillend* ★ *milde kritiek* milde Kritik

mi

milderen BN *afzwakken* abschwächen
mildheid ❶ *zachtheid* Milde *v* ❷ *welwillendheid* Milde *v* ❸ *gulheid* Großzügigkeit *v*, Freigebigkeit *v*
milieu ❶ *leefklimaat* Umwelt *v* ★ *vervuiling van het ~* Umweltverschmutzung *v* ❷ *sociale kring* Milieu *o* ★ *uit een ander ~* aus einem anderen Milieu
milieuactivist Umweltaktivist *m*, Umweltschützer *m*
milieubeheer Umweltschutz *m*
milieubelasting ❶ *heffing* ⟨milieuheffing⟩ Ökosteuer *v* ❷ *schade* ⟨belasting v.h. milieu⟩ Umweltbelastung *v*
milieubescherming Umweltschutz *m*
milieubewust umweltbewusst
milieugroep Umweltgruppe *v*
milieuheffing Ökosteuer *v*
milieuhygiëne ❶ *milieuzorg* Umweltschutz *m* ❷ *toestand van het milieu* Umwelthygiene *v*
milieukunde onderw Ökologie *v*
milieumaatregel Umweltmaßnahme *v*
milieupark *afvalscheidingstation* Recyclinghof *m*
milieuramp Umweltkatastrophe *v*
milieustraat Recyclinghof *m*
milieuverontreiniging, **milieuvervuiling** Umweltverschmutzung *v*
milieuvriendelijk umweltfreundlich ★ *een ~e draagtas* eine umweltfreundliche Tüte ★ *een ~ wasmiddel* ein umweltfreundliches Waschmittel
militair I *zn* [de] Soldat *m* ★ *de ~en* das Militär II *bnw* militär-, militärisch, Militär- ★ *~e dienst* Militär- / Wehrdienst *m* ★ *~e academie* Militärakademie *v*
militant I *bnw* militant II *zn* [de], BN *actief lid* Aktive(r) *m-v*
militarisme Militarismus *m*
militaristisch militaristisch
militie Miliz *v*
miljard I *telw* Milliarde *v* ★ *twee ~ mensen* zwei Milliarden Menschen II *zn* [het] Milliarde *v*
miljardair Milliardär *m*
miljardste ❶ milliardste ❷ → **vierde**
miljoen I *telw* Million *v* ★ *twee ~ mensen* zwei Millionen Menschen II *zn* [het] Million *v*
miljoenennota Haushaltsentwurf *m*
miljoenenschade Millionenschaden *m*
miljoenenstad Millionenstadt *v*
miljoenste ❶ millionste ❷ → **vierde**
miljonair Millionär *m*
milkshake Milkshake *m*
mille *duizendtal* inform Mille *v* ★ *per / pro ~* pro mille, Promille *v* ★ *hij verdient zestig ~ per jaar* er verdient sechzig Mille pro Jahr
millennium Millennium *o*
millibar Millibar *o*
milligram Milligramm *o*
milliliter Milliliter *m*
millimeter Millimeter *o* ★ *vierkante ~* Quadratmillimeter *m* ★ *kubieke ~* Kubikmillimeter *m*
millimeteren Stoppelhaar schneiden ★ *zijn haar laten ~* sein Haar millimeterkurz schneiden lassen ★ *gemillimeterd haar is in* Stoppelhaar ist in
milt Milz *v*

miltvuur Milzbrand *m*
mime Mimik *v*
mimen mimen
mimespeler Mime *m*
mimiek Mimik *v*
mimosa Mimose *v*
min I *bnw* ❶ *weinig* ★ *zo min mogelijk* möglichst wenig ❷ *onbeduidend* klein, gering ★ *ben ik te min?* bin ich zu gering? ★ *dat is mij te min* das ist mir zu wenig ❸ *gemeen* niederträchtig, schäbig ★ *een minne streek* ein schäbiger Trick **II** *bijw* ❶ *weinig* ★ *min of meer* mehr oder weniger ★ *hij weet het net zo min als ik* er weiß es genauso wenig wie ich ❷ *geringschattend* geringschätzig ★ *daar moet je niet zo min over denken* da brauchst du nicht so geringschätzig drüber zu denken ★ *er niet te min over denken* etw. nicht gering schätzen ❸ *onder nul* ★ *het is min 10 graden* es hat minus 10 Grad ❹ *verminderd met* minus ★ *vijf min drie is twee* fünf minus drei ist zwei **III** *zn* [de], *minteken* Minus *o* ★ *in de min staan* im Minus stehen
minachten verachten, gering schätzen
minachtend geringschätzig, verächtlich
minachting Geringschätzung *v*, Verachtung *v* ★ *met ~ behandelen* geringschätzig behandeln ★ *uit ~ voor* in Verachtung [+2]
minaret Minarett *o*
minarine BN cul Diätmargarine *v*
minder I *bnw, kleiner, onbelangrijker, slechter* weniger, geringer ★ *van ~ betekenis* weniger wichtig, von geringerer Bedeutung ★ *in ~e mate* in geringerem Maße ★ *van ~e kwaliteit* von geringerer Qualität **II** *bijw, in geringere mate* weniger ★ *hoe ~ hoe beter* je weniger, desto besser ★ *hoe ~... hoe meer...* je weniger..., desto mehr... ★ *hoe ~ je ervan zegt hoe beter* je weniger du erwähnst, desto besser ★ *dat doet er ~ toe* das macht weniger aus ★ *100 euro ~* 100 Euro weniger **III** *onb telw, een kleinere hoeveelheid* weniger ★ *het is iets ~* es ist etw. weniger ★ *~ worden* weniger werden, abnehmen ★ *steeds ~ klanten* immer weniger Kunden ★ *~ water* weniger Wasser ★ *~ vrienden* weniger Freunde ★ *~ dan* weniger als ★ *~ dan honderd euro* weniger als hundert Euro ★ *hij heeft ~ boeken dan wij* er hat weniger Bücher als wir ★ *in ~ dan geen tijd* im Nu ★ *niemand ~ dan de burgemeester* kein Geringerer als der Bürgermeister
mindere ⟨in rang⟩ Untergebene(r) *m*, ⟨in bekwaamheid⟩ Unterlegene(r) *m* ★ *de ~ zijn van zijn tegenstander* seinem Gegner unterlegen sein ★ *(verre) iemands ~ in iets zijn* jmdm. bei einer Sache (bei Weitem) unterlegen sein
minderen I *ov ww, verminderen* verringern, vermindern ★ *vaart ~* abbremsen ★ *snelheid ~* abbremsen ★ *zeil ~* Segel einholen **II** *on ww, minder worden* abnehmen, nachlassen ★ *de regen mindert* der Regen lässt nach
minderhedenbeleid Minderheitenpolitik *v*
minderhedendebat Minderheitendebatte *v*
minderheid *kleiner aantal* Minderheit *v*, Minorität *v* ★ *in de ~ zijn* in der Minderzahl sein
minderheidsgroep Minderheit *v*
minderheidskabinet Minderheitskabinett *o*
minderheidsstandpunt Meinung *v* der Minderheit
mindering *het minderen* Minderung *v*, Verminderung *v* ★ *in ~ brengen* abziehen ★ *in ~ op zijn schuld* von seiner Schuld abzuziehen
minderjarig minderjährig
minderjarige Minderjährige(r) *m/v*
minderjarigheid Minderjährigkeit *v*
mindervalide I *zn* [de] Leichtbehinderte(r) *m/v* **II** *bnw* leicht behindert
minderwaardig minderwertig ★ *~e praktijken* wertlose Praktiken
minderwaardigheid Minderwertigkeit *v*
minderwaardigheidscomplex Minderwertigkeitskomplex *m*
minderwaardigheidsgevoel Minderwertigkeitsgefühl *o*
mineraal I *zn* [het] ⟨voedingsstof⟩ Mineralstoff *m*, ⟨delfstof⟩ Mineral *o* **II** *bnw* Mineral-, mineralisch
mineraalwater Mineralwasser *o*
mineur ❶ muz Moll *o* ★ *in ~* in Moll ★ *concert in A ~* Konzert in a-Moll *o* ❷ *stemming* Deprimiertheit *v*, Niedergeschlagenheit *v* ★ *in ~ zijn* niedergeschlagen sein ★ *een redevoering in ~* eine pessimistische Rede
mini Mini *o*
miniatuur Miniatur *v* ★ *in ~* en miniature, im Kleinen
miniatuurformaat Miniatur *v*
miniatuurtrein Miniatureisenbahn *v*
miniem I *bnw* minimal, geringfügig, sehr gering **II** *zn* [de], BN sport Junior *m*
minigolf Minigolf *o*
minima einkommensschwache Gruppen *mv*
minimaal I *bnw, zeer klein* minimal, Minimal- ★ *een ~ verschil* ein minimaler Unterschied **II** *bijw, minstens, op zijn minst* ★ *~ twee keer* mindestens zwei Mal
minimaliseren minimalisieren
minimum Minimum, Mindestmaß ★ *~temperatuur* Tiefsttemperatur *v* ★ *tot een ~ beperken* auf ein Minimum reduzieren
minimumeis Mindestforderung *v*
minimuminkomen Mindesteinkommen *o*
minimumjeugdloon Mindesteinkommen *o* für Jugendliche
minimumleeftijd Mindestalter *o*
minimumloon Mindestlohn *o*
minirok Minirock *m*, Mini *o*
miniseren minimieren
minister Minister *m* [v: Ministerin] ★ *eerste ~* Premierminister *m* ★ *~ van Binnenlandse Zaken* Innenminister ★ *~ van Buitenlandse Zaken* Außenminister ★ *~ van Defensie* Verteidigungsminister ★ *~ van Economische Zaken* Wirtschaftsminister ★ *~ van Financiën* Finanzminister ★ *~ van Justitie* Justizminister ★ *~ van Sociale Zaken* Minister für Arbeit und Soziales ★ *~ van Onderwijs* Kultusminister ★ *~ zonder portefeuille* Minister ohne Geschäftsbereich ★ *~ van staat* Staatsminister → **ministerie**
ministerie pol Ministerium *o* ▼ jur *Openbaar Ministerie* Staatsanwaltschaft *v* ★ *Ministerie van Algemene Zaken* Ministerium für Allgemeine Angelegenheiten ★ *Ministerie van Binnenlandse Zaken en Koninkrijksrelaties* Innenministerium *o*

mi

★ *Ministerie van Buitenlandse Zaken* Außenministerium *o*, Auswärtige(s) Amt *o* ★ *Ministerie van Defensie* Verteidigungsministerium ★ *Ministerie van Economische Zaken, Landbouw en Innovatie* Ministerium für Wirtschaft, Landwirtschaft und Innovation ★ *Ministerie van Financiën* Finanzministerium ★ *Ministerie van Onderwijs, Cultuur en Wetenschap* Kultusministerium *o* ★ *Ministerie van Sociale Zaken en Werkgelegenheid* Ministerium für Arbeit und Soziales ★ *Ministerie van Veiligheid en Justitie* Justizministerium *o* ★ *Ministerie van Volksgezondheid, Welzijn en Sport* Gesundheitsministerium *o* ★ vroeger *Ministerie van Verkeer en Waterstaat* Verkehrsministerium *o* ★ vroeger *Ministerie van Volkshuisvesting, Ruimtelijke Ordening en Milieubeheer* Ministerium für Wohnungsbau und Raumordnung

ministerieel ministeriell ★ *op ~ niveau* auf ministeriellem Niveau ★ *~ besluit* Ministerialerlass *m* ★ *ministeriële verantwoordelijkheid* Verantwortlichkeit des Ministers *v* ★ *ministeriële crisis* Kabinettskrise *v*

minister-president Ministerpräsident *m*, Premierminister *m*

ministerraad Ministerrat *m* ★ *vergadering van de ~* Kabinettssitzung *v*

ministerspost Ministerposten *m* ★ *een ~ bekleden* einen Ministerposten bekleiden

mi

mink I *zn* [de], *dier* Mink *m* **II** *zn* [het], *bont* Mink *m*

minkukel geistig Minderbemittelte(r) *m/v*

minnaar Geliebte(r) *m*, Liebhaber *m*

minnares Geliebte *v*

minne ★ *iets in der ~ schikken* etw. gütlich beilegen

minnekozen inform schmusen

minnen *beminnen* lieben

minnetjes ❶ *nogal zwak* schwächlich, schwach ❷ *verachtelijk* schäbig, verächtlich

minor onderw Minor *m*

minpool Minuspol *m*

minpunt Minuspunkt *m*, Minus *o*

minst I *onb telw* ❶ *de kleinste hoeveelheid* geringst, wenigst, mindest ★ *de ~e fout* der geringste Fehler ★ *hij heeft de ~e tijd* er hat am wenigsten Zeit ★ *bij het ~e geruis* beim geringsten Geräusch ★ *bij het ~e of geringste* bei jeder Kleinigkeit ★ *niet het ~e idee hebben* nicht die geringste Ahnung haben ★ *niet het ~e weten* nicht das Geringste wissen ★ *dat is wel het ~e!* das ist ja wohl das Mindeste! ★ *het ~e dat je kunt doen* das Mindeste, was du machen kannst ❷ *het kleinste aantal* wenigst ★ *zij heeft de ~e vrienden* sie hat die wenigsten Freunde ★ *waar de ~e mensen zijn* wo die wenigsten Leute sind **II** *bijw, in de kleinste mate* am wenigsten / geringsten ★ *ik ben de ~ knappe van ons* ich bin der / die am wenigsten Hübsche von uns ★ *niet in het ~* nicht im Geringsten ★ *zich niet in het ~ interesseren* sich nicht im Geringsten interessieren ★ *niet in het ~ storen* nicht im Geringsten stören ★ *op zijn ~* wenigstens, mindestens ★ *op zijn ~ gezegd* zumindest ★ *ten ~e* mindestens ★ *ten ~e 100 euro* wenigstens hundert Euro

minstens mindestens, wenigstens ★ *~ even (lang) als* mindestens genauso (lang) wie

minstreel Spielmann *m*, Minstrel *m*, Minnesänger *m*

minteken Minuszeichen *o*

mintgroen I *bnw* mintgrün **II** *zn* [het] Mintgrün *o*

minus minus, weniger ★ *12 ~ 4* 12 minus 4

minuscuul äußerst klein, winzig

minuterie BN *tijdschakelaar* Zeitschalter *m*

minutieus minutiös, ‹nakeursspelling› minuziös, peinlich genau

minuut Minute *v* ★ *op de ~ af* auf die Minute ★ *een ~je* eine Minute ★ *het is vijf minuten voor tien* es ist fünf Minuten vor zehn

minzaam ❶ *vriendelijk* wohlwollend, freundlich ❷ *neerbuigend* herablassend, gönnerhaft

miraculeus erstaunlich, wunderbar

mirakel Wunder *o*

mirre Myrrhe *v*

mirte Myrrhe *v*

mis I *bnw* ❶ *niet raak* daneben ★ *het schot was mis* der Schuss ging daneben ❷ *onjuist* verkehrt, falsch ★ *het mis hebben* sich irren ★ *het is mis* es ist verkehrt gelaufen ★ *wat is er mis?* was stimmt denn nicht? ★ *faliekant mis* total falsch ★ *mis poes!* verkehrt! ❸ *gering* ★ *hij is lang niet mis* er ist ganz in Ordnung ★ *dat is niet mis* das ist nicht schlecht ★ *dat examen was niet mis* die Prüfung hatte sich gewaschen **II** *bijw* ★ *in niet mis te verstane termen* in nicht misszuverstehender Weise **III** *zn* [de] Messe *v* ★ *gezongen mis* Singmesse *v* ★ *stille mis* stille Messe ★ *de mis lezen* die Messe lesen ★ *de mis vieren* die Messe feiern ★ *naar de mis gaan* zur / in die Messe gehen

misantroop Menschenfeind *m*, Misanthrop *m*

misbaar Aufheben *o*, Lärm *m*, Geschrei *o* ★ *~ maken* Aufhebens machen ★ *met veel ~* mit großem Geschrei

misbaksel ❶ *wanproduct* Missgeburt *v* ❷ *naarling* Scheusal *o*, min Missgeburt *v*

misbruik Missbrauch *m* ★ *~ van vertrouwen* Vertrauensbruch *m* ★ *~ maken van* missbrauchen [+4] ★ *~ maken van (goedheid)* [Gutmütigkeit] missbrauchen ★ *~ wordt gestraft* Zuwiderhandlungen werden verfolgt

misbruiken ❶ *oneerlijk gebruiken* missbrauchen ❷ *verkrachten* missbrauchen

miscommunicatie Missverständnis *o*, Misskommunikation *v*

misdaad Verbrechen *o* ★ *een ~ begaan* ein Verbrechen begehen ★ *misdaden tegen de menselijkheid* Verbrechen gegen die Menschlichkeit ★ *~ loont niet* Verbrechen lohnt sich nicht

misdaadbestrijding Verbrechensbekämpfung *v*

misdaadroman Krimi(nalroman) *m*

misdadig I *bnw* verbrecherisch, kriminell ★ *~e bedoelingen* verbrecherische Absichten **II** *bijw* unverschämt

misdadiger Verbrecher *m* ★ *een zware ~* ein Schwerverbrecher

misdeeld bedürftig, arm ★ *de maatschappelijk ~en* die Unterprivilegierten ★ *hij is ~ door de natuur* er wurde von der Natur benachteiligt

★*de armen en ~en* die Armen und Bedürftigen
misdienaar Messdiener *m* [v: Messdienerin], Ministrant *m* [v: Ministrantin]
misdoen verbrechen, falsch machen ★*wat heb ik misdaan?* was habe ich falsch gemacht?
misdragen [**zich ~**] sich danebenbenehmen, sich schlecht benehmen
misdrijf Verbrechen *o* ★*een ~ begaan* ein Verbrechen begehen ★*aan een ~ denken* ein Verbrechen vermuten
misdrijven ❶ *misdoen* falsch machen ❷ *een misdaad begaan* eine Straftat begehen / verüben
misdruk Fehldruck *m*
mise-en-scène Inszenierung *v*
miserabel miserabel
misère Misere *v*, Elend *o* ★*in de ~ zitten* Ärger haben
miserie BN *ellende* Elend *o*, Jammer *m*
misgaan *verkeerd gaan* misslingen, danebengehen, schief gehen ★*ik zag het ~* ich sah es misslingen ★*alles wat hij aanpakt gaat mis* alles, was er anfängt, geht daneben ★*de zaak gaat mis* die Sache geht schief ★*op het kruispunt zijn we misgegaan* an der Kreuzung sind wir falsch gegangen
misgreep Fehlgriff *m*, Missgriff *m*
misgrijpen ❶ lett fehlgreifen ❷ fig einen Fehlgriff machen
misgunnen missgönnen ★*iem. iets ~* jmdm. etw. missgönnen
mishagen missfallen
mishandelen misshandeln, ⟨kwellen⟩ quälen
mishandeling Misshandlung *v*, Quälerei *v*
miskennen ❶ *niet erkennen* verleugnen, leugnen ★*het valt niet te ~* es ist nicht zu leugnen ❷ *onderwaarderen* verkennen ★*een miskend genie* ein verkanntes Genie
miskenning ❶ *verloochening* Verleugnung *v* ❷ *onderwaardering* Fehleinschätzung *v*, Verkennung *v*
miskleun Schnitzer *m*
miskleunen danebenhauen, einen Schnitzer machen ★*hij heeft zwaar misgekleund* er hat einen dicken Schnitzer gemacht
miskoop Fehlkauf *m* ★*een ~ doen* einen Fehlkauf machen
miskraam Fehlgeburt *v* ★*een ~ krijgen* eine Fehlgeburt bekommen ★*een ~ hebben* eine Fehlgeburt haben
misleiden irreführen, täuschen
misleidend irreführend ★*~e reclame* irreführende Werbung
misleiding Irreführung *v*, Täuschung *v*
mislopen I *ov ww* ❶ *niet krijgen* verpassen, entgehen [+3] ★*je bent een leuk feest misgelopen* du hast ein schönes Fest verpasst, dir ist ein schönes Fest entgangen ★*zijn promotie ~* seine Beförderung verpassen ★*zijn straf ~* der Strafe entgehen ❷ *niet treffen* verfehlen ★*elkaar ~* sich / einander verpassen ★*zijn roeping ~* seinen Beruf verfehlen **II** *on ww*, *mislukken* misslingen, schief gehen ★*dat loopt mis* das geht schief
mislukkeling Versager *m*
mislukken *niet lukken* misslingen, scheitern ★*de oogst is mislukt* die Ernte ist missraten ★*doen ~* scheitern lassen ★*een mislukte foto* ein misslungenes Foto ★*een mislukte poging* ein gescheiterter Versuch ★*de onderhandelingen zijn mislukt* die Verhandlungen sind gescheitert
mislukking Misserfolg *m*, Misslingen *o*, Scheitern *o* ★*het is op een ~ uitgelopen* es ist ein Misserfolg geworden
mismaakt missgestaltet, missgebildet, ⟨ontsierd⟩ entstellt, ⟨verminkt⟩ verkrüppelt
mismanagement Missmanagement *o*
mismoedig niedergeschlagen
misnoegd missmutig, verstimmt
misnoegen Unmut *m*
misoogst Missernte *v*
mispel ❶ *vrucht* Mispel *v* ❷ *boom* Mispel *v*
misplaatst unpassend, unangebracht ★*~e grap* schlechte(r) Witz ★*~ medelijden* unangebrachte(s) Mitleid ★*~ gedrag* unpassende(s) Benehmen *o* ★*~ optimisme* unangebrachte(r) Optimismus ★*die opmerking is geheel ~* die Bemerkung ist total deplatziert
misprijzen I *zn* [het] Missbilligung *v* **II** *ov ww* missbilligen ★*een ~de blik* ein missbilligender Blick
mispunt Ekel *o*, Fiesling *m*
misrekenen [**zich ~**] ❶ *zich vergissen* sich verrechnen ★*zich in iets ~* sich bei einer Sache verrechnen ❷ *teleurgesteld uitkomen* sich verrechnen
misrekening ❶ *fout* fehlerhafte Berechnung *v*, Fehlrechnung *v* ❷ *teleurstelling* Fehlkalkulation *v*
miss Miss *v* ★*miss Italië* Miss Italien
misschien vielleicht, ⟨soms⟩ etwa ★*hebt u ~ een euro?* haben Sie vielleicht einen Euro? ★*~ wel* vielleicht schon ★*~ dat...* vielleicht, dass... ★*zoals je ~ weet* wie du vielleicht weißt ★*ken je hem ~?* kennst du ihn vielleicht?
misselijk ❶ *onpasselijk* übel, schlecht ★*ik ben ~* mir ist schlecht ★*hij is ~ geworden* es ist ihm schlecht geworden ★*zo ~ als een hond* hundeelend ★*~makende stank* Übelkeit erregende(r) Gestank ❷ *walgelijk* widerlich, ekelhaft ★*wat een ~ kereltje* was für ein ekelhafter Typ ★*een ~e grap* ein schlechter Scherz ★*dat is niet ~!* das ist nicht schlecht!
misselijkheid ❶ *onpasselijkheid* Übelkeit *v* ❷ *walging* Widerlichkeit *v*, Widerwärtigkeit *v*
missen I *ov ww* ❶ *niet treffen* verfehlen, ⟨mislopen⟩ verpassen, ⟨mislopen⟩ versäumen ★*de aansluiting ~* den Anschluss verpassen ★*de trein ~* den Zug verpassen ★*zijn roeping ~* seinen Beruf verfehlen ★*een gemiste kans* eine verpasste Chance ❷ *ontberen* vermissen, entbehren ★*ik kan dat niet ~* ich kann das nicht entbehren ❸ *gevoel missen* vermissen, entbehren ★*ik zal je ~* ich werde dich vermissen **II** *on ww* ❶ *ontbreken* fehlen ★*er ~ er tien* es fehlen zehn ★*er ~ twee bladzijden* es fehlen zwei Seiten ❷ *niet treffen* fehlgehen ★*het schot miste* der Schuss ging daneben ★fig *dat kan niet ~* das muss klappen
misser ❶ *mislukte poging* Fehler *m*, Fehlschlag *m*, Misserfolg *m* ❷ sport ⟨schot⟩ Fehlschuss *m* ★*wat een ~!* so ein Fehlschuss!
missie ❶ *doelstelling* Mission *v* ★*~ volbracht* Mission vollbracht ❷ rel *predikende organisatie* Mission *v*
missionaris Missionar *m*

mi

misslaan danebenhauen ★ *de bal ~* den Ball verpassen ▼ *de plank ~* sich auf dem Holzweg befinden
misslag ❶ *niet-rake slag* Fehlschlag *m* ❷ *vergissing* Fehlgriff *m*, Fehler *m* ★ *een ~ begaan* einen Fehler machen
misstaan ❶ *niet goed staan* nicht stehen ★ *niet ~* nicht schlecht stehen ★ *geel misstaat je niet* Gelb steht dir sehr gut ❷ *niet betamen* schlecht anstehen ★ *vloeken misstaat je* Fluchen steht dir schlecht an
misstand Missstand *m*
misstap ❶ *verkeerde stap* Fehltritt *m* ❷ fig *fout* Fehltritt *m* ★ *een ~ begaan* einen Fehltritt tun
misstappen fehltreten
missverkiezing Misswahl *v*
mist Nebel *m* ★ *zware / dichte mist* dichte(r) Nebel ★ *de mist trekt op* der Nebel löst sich auf ★ *de mist ingaan* ‹iets› schief gehen, ‹iemand› sich irren
mistbank Nebelbank *v*
misten nebeln, neblig sein
misthoorn Nebelhorn *o*
mistig ❶ neblig ❷ *vaag* nebulös
mistlamp Nebelscheinwerfer *m*, Nebellampe *v*
mistletoe Mistel *v*
mistlicht Nebelscheinwerfer *m*
mistral Mistral *m*
mistroostig niedergeschlagen, trübselig
misvatting Irrtum *m*, Missverständnis *o*
misverstaan missverstehen
misverstand Missverständnis *o* ★ *een ~ ophelderen / rechtzetten* ein Missverständnis klären
misvormd missgestaltet, entstellt
misvormen verunstalten, entstellen
misvorming ❶ Verunstaltung *v*, Entstellung *v* ❷ *wat niet goed gegroeid is* Fehlbildung *v*
miszeggen ★ *iets ~* etw. Falsches sagen
mitella Armschlinge *v*, Mitella *v* ★ *zijn arm in een ~ dragen* den Arm in der Schlinge tragen
mitrailleur Maschinengewehr *o*
mits vorausgesetzt, dass..., unter der Voraussetzung / Bedingung, dass...
mix Mix *m*, Mischung *v*
mixdrank Mixgetränk *o*
mixen mixen
mixer Mixer *m*
mkb econ *midden- en kleinbedrijf* Mittel- und Kleinbetrieb *m*
MKZ *mond-en-klauwzeer* MKS *v*, Maul- und Klauenseuche *v*
mmm mmh!, hm
mms *Multimedia Messaging Service* MMS *v*
mms'en MMSen, simsen
mobiel I *zn* [de], *telefoon* Handy *o* **II** *bnw* mobil ★ *~ nummer* mobile Nummer **III** *bijw* ★ *iem. ~ bellen* jmdn. auf dem Handy anrufen ★ *~ bellen* mobil telefonieren
mobile *beweeglijk sierhangsel* Mobile *o*
mobilhome BN *camper* Wohnmobil *o*
mobilisatie Mobilmachung *v*, Mobilisierung *v*
mobiliseren ❶ *mobiel maken* mobilisieren ❷ ‹militair› *gevechtsklaar maken* mobil machen
mobiliteit Mobilität *v*
mobilofoon Funksprechgerät *o*, Sprechfunkanlage *v*
mocht [verl. td.] → **mogen**
mochten [verl. td.] → **mogen**
modaal ❶ *gemiddeld* durchschnittlich, Durchschnitts-, ‹middelmatig› mittelmäßig ★ *modale werknemer* Durchschnittsverdiener *m* ★ *een ~ inkomen hebben* ein Durchschnittseinkommen haben ❷ *taalkunde / muziek* modal
modaliteit ❶ taalk Modalität *v* ❷ BN *voorwaarde* Bedingung *v*, Modalitäten *mv*
modder Schlamm *m*, Dreck *m* ★ *onder de ~ zitten* total schmutzig sein ★ *zo vet als ~ zijn* so fett wie ein Schwein sein ★ *met ~ gooien naar iem.* eine Schlammschlacht gegen jmdn. führen ★ *door de ~ halen* durch den Dreck ziehen
modderen ❶ *baggeren* baggern ❷ *knoeien* stümpern, herummurksen
modderfiguur ★ *een ~ slaan* eine jämmerliche Figur abgeben
moddergevecht fig *discussie vol roddel en beledigingen* Schlammschlacht *v*
modderig schlammig, ‹met modder bevuild› dreckig
modderpoel Schlammpfütze *v*, Pfuhl *m*
modderstroom Schlammlawine *v*
moddervet feist, dick und fett
mode ❶ *publieke smaak* Mode *v* ★ *in de mode zijn* in Mode sein ★ *in de mode komen* Mode werden ★ *uit de mode raken* aus der Mode kommen ★ *het is mode om* es ist Mode zu ★ *met de mode meedoen* mit der Mode gehen ★ *de mode aangeven* Trendsetter sein ★ *naar de nieuwste mode* nach der neuesten Mode ★ *aan mode onderhevig zijn* von der Mode abhängig sein ★ *de heersende mode* die herrschende Mode ❷ *kleding* Mode *v* ★ *toonaangevende mode* maßgebliche Mode
modeartikel Modeartikel *m*
modebewust modebewusst
modeblad Modezeitschrift *v*, Modejournal *o*
modegril Modelaune *v*
modehuis Modehaus *o*
modekleur Modefarbe *v*
model ❶ *type product* Modell *o*, Typ *m* ★ *het nieuwste ~ cd-speler* das neueste Modell CD-Player ❷ *voorbeeld* Vorbild *o*, Modell *o* ★ *~ staan voor* Modell sein für [+4] ❸ *persoon* Modell *o*, Model *o* ★ *~ staan* Modell stehen ❹ *ontwerp* Modell *o* ★ *er zit geen ~ meer in die hoed* der Hut hat keine Fasson mehr ★ *(weer) in ~ brengen* (wieder) in Form bringen
modelbouw Modellbau *m*
modelleren *in model brengen* modellieren ★ *iets ~ naar...* etw. nach... modellieren [+3]
modelvliegtuig Modellflugzeug *o*
modelwoning Musterhaus *o*, ‹appartement› Musterwohnung *v*
modem Modem *o*
modeontwerper Modedesigner *m*
moderator ❶ www Moderator *m* ❷ BN *gespreksleider* Moderator *m*, Diskussionsleiter *m*, Moder
modern ❶ *hedendaags* modern ★ *de ~e maatschappij* die moderne Gesellschaft ❷ *tot de nieuwere tijd behorend* modern ★ *de ~e talen* die

mi

modernen Sprachen
moderniseren modernisieren
modernisme Modernismus *m*
modeshow Modenschau *v*
modeverschijnsel Modeerscheinung *v*
modewoord Modewort *o*
modezaak Modegeschäft *o*
modieus modisch ★ *zeer ~* sehr modisch
modificeren modifizieren
modulair modular
module ‹maat› Modul *m*, ‹gietvorm› Model *o*
moduleren modulieren
modus Modus *m* ★ *we moeten een ~ vinden om het op te lossen* wir müssen einen Modus finden, um das zu lösen
moe I *bnw* ❶ *vermoeid* müde ★ *moe zijn* müde sein ★ *moe worden* müde werden ★ *moe maken* ermüden ★ *moe in de benen* müde Beine (haben) ❷ *beu* ★ *iets moe zijn* etw. satthaben **II** *zn* [de], inform *moeder* Mutti *v*, Mam *v*
moed ❶ *dapperheid* Mut *v* ★ *moed bijeenrapen* seinen ganzen Mut zusammennehmen ★ *de moed hebben om* Mut haben zu ★ *met de moed der wanhoop* mit dem Mut der Verzweiflung ❷ *goede hoop* Mut *m* ★ *vol goede moed* guten Mutes ★ *moed geven* Mut machen ★ *moed houden* den Mut nicht verlieren ★ *de moed erin houden* den Kopf oben behalten ★ *iem. moed inspreken* jmdm. Mut machen ★ *iem. de moed ontnemen (om)* jmdn. entmutigen (zu) ★ *moed vatten* Mut fassen ★ *de moed verliezen* den Mut sinken lassen ★ *de moed zonk me in de schoenen* das Herz rutschte mir in die Hose
moedeloos mutlos, niedergeschlagen ★ *~ worden* den Mut verlieren
moeder Mutter *v* ★ *een aanstaande ~* eine werdende Mutter ★ *~ de vrouw* humor die Chefin ★ *zo ~, zo dochter* wie die Mutter, so die Tochter ★ *Moeder Aarde* Mutter Erde ★ *Moeder de Gans* Mutter Gans ★ *Moeder Natuur* Mutter Natur ★ *niet ~s mooiste zijn* nicht die Hübscheste sein
moederbedrijf Mutterunternehmen *o*
Moederdag Muttertag *m*
moederen Mutter spielen ★ *over iem. ~* jmdn. bemuttern
moederhuis BN med *kraaminrichting* Entbindungsstation *v*
moederinstinct Mutterinstinkt *m*
moederkoek Mutterkuchen *m*, Plazenta *v*
moederland Mutterland *o*
moederlijk mütterlich
moedermelk Muttermilch *v* ★ *iets met de ~ meekrijgen* etw. mit der Muttermilch eingesogen haben
moeder-overste Mutter Oberin *v*
moederschap Mutterschaft *v* ★ *vervangend ~* Ersatzmutterschaft *v*
moederschip Mutterschiff *o*
moederskant ★ *van ~* mütterlicherseits
moederskind ❶ *lievelingskind van moeder* Mamas Liebling *m* ❷ *kind dat veel aan moeder hangt* Mamakind *o*, ‹jongen› Muttersöhnchen *o*
moedertaal *van jongsaf aangeleerde taal* Muttersprache *v*
moedervlek Muttermal *o*
moederziel ★ *~ alleen* mutterseelenallein
moedig mutig, ‹dapper› tapfer
moedwil Mutwille *m*, ‹opzet› Absicht *v* ★ *uit / met ~* aus Mutwillen
moedwillig mutwillig, absichtlich
moeheid ❶ *het moe zijn* Müdigkeit *v* ❷ *materiaalmoeheid* ‹van grond› Müdigkeit *v*, ‹van metaal› Ermüdung *v*
moeilijk I *bnw* schwierig, schwer ★ *~ geval* schwierige(r) Fall ★ *~e taak* schwierige Aufgabe ★ *~e tijden* schwere Zeiten ★ *wij hebben het ~ gehad* wir haben eine schwere Zeit gehabt ★ *het is ~ te begrijpen / zeggen* es ist schwer zu verstehen / sagen ★ *~ te begrijpen* schwer verständlich ★ *een ~ mens* ein schwieriger Mensch ★ *het (nodeloos) ~ maken* es (unnötig) schwer machen ★ *zo ~ is het niet* so schwierig ist es nicht **II** *bijw* schwierig ★ *~er worden* schwieriger werden ★ *~ doen* sich anstellen ★ *het iem. ~ maken* es jmdm. schwer machen ★ *doe nou niet zo ~* sei doch nicht so umständlich, mach jetzt keine Schwierigkeiten
moeilijkheid Schwierigkeit *v* ★ *moeilijkheden hebben met* Schwierigkeiten mit... haben [+3] ★ *iem. in moeilijkheden brengen* jmdn. in Schwierigkeiten bringen ★ *in moeilijkheden komen* in Schwierigkeiten kommen ★ *in moeilijkheden raken* Schwierigkeiten bekommen ★ *in moeilijkheden zitten* Schwierigkeiten haben ★ *daar zit de ~* da ist das Problem ★ *als je eens in moeilijkheden zit* wenn du mal Schwierigkeiten hast ★ *hij maakt moeilijkheden* er macht Schwierigkeiten
moeite ❶ *inspanning* Mühe *v* ★ *vergeefse ~* verlorene Liebesmüh' ★ *(veel) ~ doen* sich (viel) Mühe geben ★ *het gaat in één ~ door* das geht in einem Aufwasch ★ *met ~* mit Mühe ★ *~ doen* sich bemühen ★ *doet u geen ~* bemühen Sie sich nicht ★ *de ~ nemen* sich die Mühe machen ★ *het kost veel ~* es kostet viel Mühe ★ *dat is de ~ niet waard* es ist nicht der Mühe wert ★ *het is geen ~* das macht keine Mühe ★ *alle ~ was vergeefs* alle Bemühungen waren umsonst ❷ *problemen* Probleme *mv*, Schwierigkeiten *mv* ★ *iem. heel wat ~ geven* jmdm. viele Schwierigkeiten machen ★ *~ hebben met iets* Schwierigkeiten mit einer Sache haben ★ *hij had de grootste ~ (om)* er hatte große Probleme / Schwierigkeiten (zu)
moeiteloos mühelos
moeizaam mühsam
moer ❶ *schroefmoer* Mutter *v* ❷ *bezinksel* Satz *m* ▼ *dat kan me geen moer schelen* das ist mir vollkommen egal
moeras Sumpf *m*, Morast *m* ★ *blijven steken in een ~* im Sumpf stecken bleiben
moerasgebied Sumpfgebiet *o*
moerasschildpad Sumpfschildkröte *v*
moerassig sumpfig ★ *~ land* Sumpfland *o*
moerbei ❶ *moerbes* Maulbeere *v* ❷ *boom* Maulbeerbaum *m*
moeren kaputt machen, vermurksen
moersleutel Schrauben- / Mutternschlüssel *m*
moerstaal Muttersprache *v* ★ *spreek je ~* sprich deutsch
moes ‹van fruit› Mus *o*, Brei *m* ★ *iem. tot moes slaan* jmdn. zu Brei schlagen
moesappel Kochapfel *m*

moesson Monsun *m*
moest [verl. td.] → **moeten**
moesten [verl. td.] → **moeten**
moestuin Gemüsegarten *m*, ⟨klein⟩ Küchengarten *m*
moeten I *ov ww* ❶ *mogen, aardig vinden* mögen ★ *ik moet hem niet* ich mag ihn nicht ❷ *verlangen, willen* wollen ★ *moet je nog koffie?* willst du noch Kaffee? ★ *hij moest en zou komen* er wollte unbedingt kommen ★ *wat moet je hier?* was willst du hier?, was soll das? ★ *wat moet dat voorstellen?* was soll das sein? ★ *daar moet ik niets van hebben* das will ich überhaupt nicht ★ *ik moet nog zien dat het gebeurt* das will ich erst mal sehen ❸ BN *verschuldigd zijn* ★ *hoeveel moet ik u?* was schulde ich Ihnen? **II** *on ww*, BN *hoeven* brauchen, müssen ★ *meer moet dat niet zijn* mehr muss das nicht sein **III** *hww* ❶ *verplicht zijn, noodzakelijk zijn* ⟨verplichting, noodzakelijkheid⟩ müssen, ⟨instructie van derde, onzekerheid⟩ sollen ★ *hoeveel moet ik betalen?* wie viel muss ich bezahlen? ★ *ik moet naar huis* ich muss nach Hause ★ *ik moet ervandoor* ich muss gehen ★ *ik moet nog twee cadeaus kopen* ich muss noch zwei Geschenke kaufen ★ *wat moet ik doen?* was soll ich tun? ★ *ik weet niet wat ik doen moet* ich weiß nicht, was ich tun soll ★ *nodig* ~ ganz dringend müssen ★ *naar de wc* ~ zur Toilette müssen ★ *moet ik het raam dichtdoen?* soll ich das Fenster zumachen? ★ *hij moet weggaan* er muss gehen ★ *je moet er maar op komen* da muss man erst einmal draufkommen ★ *hij moet nog twaalf worden* er muss noch zwölf Wörter schreiben / lesen... ★ *ik weet niet hoe ik ermee aan moet* ich weiß nicht, wie ich damit umgehen soll ★ *wat moet ik daarmee?* was soll ich damit? ★ *het moet* es muss sein ❷ *behoren* ⟨noodzakelijk, verplicht⟩ müssen, ⟨aanbevolen⟩ sollen ★ *je had het me ~ zeggen* du hättest es mir sagen müssen ★ *je had niet ~ weggaan* du hättest nicht weggehen sollen ★ *dat moet gezegd* das muss man sagen ★ *het moet regelmatig schoongemaakt worden* es muss regelmäßig geputzt werden ★ *dat moest de politie eens weten* das sollte die Polizei mal wissen ★ *je moest je schamen* du solltest dich schämen ★ *men moet geduld hebben* man muss Geduld haben ❸ *aannemelijk zijn* müssen, ⟨naar men zegt⟩ sollen ★ *hij moet wel erg ziek zijn* er muss schon sehr krank sein ★ *hij moet steenrijk zijn* er muss steinreich sein ★ *de stad moet (naar men zegt) in brand staan* die Stadt soll brennen ❹ *onvermijdelijk zijn* ★ *ik moest lachen* ich musste lachen ★ *het heeft zo ~ zijn* es hat so sein sollen ★ *het moet dan maar* dann muss man es so machen ★ *dit plan moet wel mislukken* dieser Plan ist zum Scheitern verurteilt ★ *ze ~ dit wel opmerken* sie müssen das schon bemerken ★ *ik moest wel* ich musste einfach ❺ BN *zullen, kunnen* ★ *moest het zo zijn, dan...* sollte es so sein, dann...
moetje *huwelijk* Mussehe *v*
Moezel Mosel *v*
moezelwijn cul Mosel(wein) *m*
mof ❶ *warm kledingstuk dat beide handen bedekt* Muff *m* ❷ *recht verbindingsstuk van buizen* Flansch *m*, ⟨ring⟩ Muffe *v* ❸ min *Duitser* Scheißdeutsche(r) *m-v*
mogelijk I *bnw* ❶ *te verwezenlijken* möglich ★ *het is ~ dat* es ist möglich, dass ★ *het is niet ~* es ist nicht möglich ★ *zo ~* wenn möglich ★ *voor zover ~* soweit möglich ★ *~ maken* ermöglichen ★ *alle ~e moeite doen* alles Mögliche tun ★ *best ~* so gut wie möglich ★ *het grootst ~e voordeel* der größtmögliche Vorteil ★ *in de kortst ~e tijd* innerhalb kürzester Zeit ❷ *denkbaar* eventuell, ⟨denkbaar⟩ möglich ★ *in alle ~e kleuren* in allen möglichen Farben ★ *bij ~e moeilijkheden* bei eventuellen Schwierigkeiten ★ *alle ~e middelen* alle erdenklichen Mittel **II** *bijw* möglicherweise, ⟨denkbaar⟩ möglich ★ *zo spoedig ~* möglichst bald, so schnell wie möglich ★ *zoveel ~* so viel wie möglich ★ *zo goed ~* so gut wie möglich
mogelijkerwijs möglicherweise
mogelijkheid *het mogelijk zijn* Möglichkeit *v* ★ *met geen ~* beim besten Willen nicht ★ *de ~ bestaat dat* es ist möglich, dass ★ *de ~ benutten* die Möglichkeit nutzen
mogen I *ov ww, waarderen* mögen, leiden können ★ *ik mag hem* ich mag ihn ★ *iem. niet ~* jmdn. nicht mögen **II** *hww* ❶ *toestemming hebben* dürfen, erlaubt / gestattet sein ★ *mag ik binnenkomen?* darf ich hereinkommen? ★ *mag je hier roken?* darf man hier rauchen? ★ *mag ik u iets vragen?* darf ich Sie etw. fragen? ★ *mag ik de boter?* kann ich bitte die Butter haben? ★ *mag ik?* darf ich? ★ *dat mag wel* das ist erlaubt ★ *dat mag niet* das ist nicht erlaubt ★ *dat mag je niet doen* das darfst du nicht machen ★ *hij mag niet van zijn vader* sein Vater erlaubt es ihm nicht ★ *hij mag niet roken van de dokter* der Arzt hat ihm verboten zu rauchen ★ *hier mag niet gerookt worden* hier darf nicht geraucht werden ★ *je mag nu gaan* du darfst jetzt gehen ★ *je mag het houden* du darfst es behalten ★ *wat mag het zijn?* was darf es sein? ❷ *wenselijk zijn* sollte ★ *hij mag wel oppassen* er sollte schon aufpassen ★ *je mag wel eens naar de kapper* du solltest mal wieder zum Friseur ★ *je mag blij zijn* du solltest froh sein ★ *je had hem wel eens ~ helpen* du hättest ihm schon helfen können ❸ *kunnen* können ★ *je mag erop rekenen* du kannst damit rechnen ★ *je mag van geluk spreken* du kannst von Glück sprechen ★ *het mocht niet baten* es hat leider nichts genützt ★ *het heeft niet ~ zijn* es hat nicht sein sollen er ist ein netter Kerl ❹ *veronderstellen* ⟨mogen⟩ mögen, ⟨mocht⟩ sollte ★ *mocht hij om 10 uur nog niet hier zijn* sollte er um 10 noch nicht hier sein ★ *hoe rijk hij ook zijn mag* wie reich er auch sein mag ★ *mocht dit het geval zijn,...* sollte das der Fall sein ★ *mocht je hem zien...* solltest du ihn sehen... ★ *je mocht je eens vergissen* du könntest dich irren ★ *wat er ook moge gebeuren* was auch geschehen mag
mogendheid Macht *v* ★ *grote ~* Großmacht *v*
mohair Mohair *m*
Mohammed Mohammed
mohammedaan Mohammedaner *m*, Moslem *m* [mv: Moslems], Muslim [mv: Muslime]
mohammedaans mohammedanisch, muslimisch
Mohikaan ★ *de laatste der Mohikanen* der letzte

Mohikaner
mok Becher *m*
moker Fausthammer *m*, ⟨met lange steel⟩ Vorschlaghammer *m*
mokerslag ❶ lett Hammerschlag *m* ❷ fig Hammerschlag *m*
mokka ❶ *koffie* Mokka *m* ❷ *room* Mokka *m*
mokkel Mieze *v*
mokken schmollen, ⟨zeuren⟩ maulen
mol ❶ *dier* Maulwurf *m* ❷ *infiltrant* Maulwurf *m* ❸ muz *verlagingsteken* B *o*
Moldavië Moldawien *o* ★ *in ~* in Moldawien
Moldavisch moldawisch
moleculair Molekular-, molekular
molecule Molekül *o*
molen Mühle *v*, ⟨aan een hengel⟩ Rolle *v* ★ *hij heeft een tik van de ~ (gekregen)* bei ihm ist eine Schraube locker ★ *een klap van de ~ hebben gehad* einen Dachschaden haben ★ *ambtelijke ~s malen langzaam* die Mühlen der Bürokratie mahlen langsam ★ *hij loopt met ~tjes* er ist nicht ganz richtig im Kopf ★ *het zit in de ~* es wird dran gearbeitet
molenaar Müller *m*
molensteen Mühlstein *m* ★ *als een ~ om de nek* wie ein Mühlstein um den Hals
molenwiek Mühlenflügel *m*
molesteren belästigen
molestverzekering ≈ Versicherung *v* gegen Schäden durch Kriegseinwirkung
molière Halbschuh *m*
molk [verl. td.] → **melken**
molken [verl. td.] → **melken**
mollen ❶ *kapot maken* vermurksen, kaputt machen ❷ *doden* abmurksen
mollig mollig, pummelig
molm *vezels* ⟨van hout⟩ Mulm *m*, ⟨van turf⟩ Torfmull *m*
molotovcocktail Molotowcocktail *m*
molshoop Maulwurfshügel *m*
molton Molton *m* ★ *met ~ voeren* mit Molton füttern
Molukken Molukken *mv*
Molukker *bewoner* Molukke *m*
Moluks *m.b.t. de Molukken* molukkisch
Molukse Molukkin *v*
mom Vermummung *v* ★ *onder het mom van* unter dem Deckmantel [+2]
moment Moment *m*, Augenblick *m* ★ *een ~ alstublieft* einen Moment, bitte ★ *op dit ~* im Augenblick ★ *op het (aller)laatste ~* im (aller)letzten Moment
momenteel I *bnw, huidig* momentan, gegenwärtig **II** *bijw, nu* momentan, zur Zeit
momentopname ❶ audio-vis Momentaufnahme *v* ❷ fig Momentaufnahme *v*
moment suprême Höhepunkt *m*
mompelen *binnensmonds zeggen* murmeln, ⟨brommen⟩ brummen ★ *voor zich uit ~* vor sich hin murmeln
Monaco Monaco *o* ★ *in ~* in Monaco
Monaco-Ville Monaco-Ville *o*
monarch Monarch *m*
monarchie Monarchie *v*
monarchist Monarchist *m*
mond ❶ *orgaan* ⟨van mensen⟩ Mund *m*, ⟨van dieren⟩ Maul *o* ★ *met open mond naar iem. kijken* jmdn. mit offenem Mund anstarren ★ *niet met een volle mond praten!* nicht mit vollem Mund sprechen! ★ *uit zijn mond ruiken* Mundgeruch haben ★ *zijn mond staat geen ogenblik stil* sein Mund steht niemals still ★ *zijn mond houden* den Mund halten ★ *mond houden!* halt den Mund! ★ *geen mond opendoen* den Mund nicht aufmachen ★ *een grote mond hebben* ein großes Mundwerk haben ★ *een grote mond tegen iem. opzetten* ein großes Maul gegenüber jmdm. haben ★ *zij weet haar mondje te roeren* sie ist nicht auf den Mund gefallen ★ *iem. de mond snoeren* jmdm. das Wort abschneiden ★ *ieder heeft er de mond vol van* es ist in aller Munde ★ *zijn mond voorbijpraten* sich verplappern ★ *veel monden te vullen hebben* viel Mäuler zu stopfen haben ★ *bij monde van* durch ★ *iem. iets in de mond leggen* jmdm. etw. in den Mund legen ★ *het water loopt hem in de mond* das Wasser läuft ihm im Mund zusammen ★ *met twee monden spreken* mit doppelter Zunge sprechen ★ *met de mond vol tanden staan* eine Antwort schuldig bleiben ★ *iem. naar de mond praten* jmdm. nachplappern ★ *(als) uit één mond* (wie) aus einem Munde ★ *iets uit zijn mond sparen* sich etw. vom Munde absparen ★ *van mond tot mond gaan* von Mund zu Mund gehen ★ *wat hem voor de mond komt* was ihm in den Sinn kommt ★ *een aardig mondje Engels spreken* ziemlich gut Englisch sprechen ★ *mondje dicht!* Mund zu! ★ *niet op zijn mondje gevallen zijn* nicht auf den Mund gefallen sein ❷ *riviermonding* Mündung *v* ❸ *opening* Öffnung *v*, ⟨van vuurwapen⟩ Mündung *v* ★ *de mond van een kanon* die Kanonenmündung
mondain mondän ★ *~e kringen* mondäne Kreise
monddood mundtot ★ *iem. ~ maken* jmdn. mundtot machen
mondeling I *bnw* mündlich ★ *~e afspraak* mündlicher Termin **II** *zn* [het] Mündliche(s) *o*, mündliche Prüfung *v*
mond-en-klauwzeer Maul- und Klauenseuche *v*
mondharmonica Mundharmonika *v*
mondhoek Mundwinkel *m*
mondholte Mundhöhle *v*
mondhygiënist Mundhygieniker *m* [v: Mundhygienikerin]
mondiaal global, weltweit
mondig ❶ *meerderjarig* mündig ★ *iem. ~ verklaren* jmdn. mündig sprechen, jmdn. für mündig erklären ❷ *zelfstandig* mündig
mondigheid Mündigkeit *v* ★ *politieke ~* politische Mündigkeit
monding Mündung *v*
mondjesmaat spärlich ★ *~ bedeeld* spärlich ausgestattet ★ BN *met ~* spärlich, häppchenweise
mond-op-mondbeademing Mund-zu-Mund-Beatmung *v* ★ *~ geven* Mund-zu-Mund-Beatmung machen
mondstuk *deel* Mundstück *o* ★ *sigaret zonder ~* filterlose Zigarette
mond-tot-mondreclame Mundpropaganda *v*
mondverzorging Mundpflege *v*
mondvol ❶ *zoveel als in de mond gaat* Mund *m*

voll ❷ *beetje* Bissen *m*
mondvoorraad Mundvorrat *m*
Monegask *bewoner* Monegasse *m*
Monegaskisch monegassisch
Monegaskische Monegassin *v*
monetair monetär, Währungs- ★ *het Europese Monetaire Stelsel* das Europäische Währungssystem
Mongolië Mongolei *v* ★ *in ~* in der Mongolei
mongolisme Mongolismus *m*, Down Syndrom *o*
mongoloïde mongoloid
mongool *iem. met het downsyndroom* Mongoloide(r) *m-v*
Mongools mongolisch
monitor techn Monitor *m* ★ *aan de ~ liggen* an der Herzüberwachung liegen
monitoraat BN onderw ‹advies› Studienberatung *v*, ‹tijdens studie› Studienbetreuung *v*
monitoren überwachen
monkelen BN *gnuiven* schmunzeln
monnik Mönch *m* ★ *gelijke ~en, gelijke kappen* gleiche Brüder, gleiche Kappen
monnikenwerk mühsame Kleinarbeit *v*, Geduldsarbeit *v* ★ *~ verrichten* Wasser mit einem Sieb schöpfen
monnikskap plantk Mönchskappe *v*
mono mono
monochroom monochrom
monocle Monokel *o*
monofoon monofon
monogaam monogam
monogamie Monogamie *v*
monogram Monogramm *o*
monokini Monokini *m*
monolithisch monolithisch
monoloog Monolog *m* ★ *een ~ houden* einen Monolog halten
monomaan monoman
monomanie Monomanie *v*
monopolie Monopol *o*
monopoliepositie Monopolstellung *v*
monopoly Monopoly *o*
monorail Einschienenbahn *v*
monoski Mono-Ski *m*
monotheïsme Monotheismus *m*
monotoon monoton, eintönig
monovolume BN transp Multivan *m*
monster ❶ *gedrocht* Ungeheuer *o*, Monster *o* ★ *het ~ van Loch Ness* das Ungeheuer / Monster von Loch Ness ❷ *proefstuk* Muster *o*, Probe *v* ★ *~s trekken* Proben nehmen ★ *een ~ nemen* eine Probe entnehmen ★ *op ~ kopen* auf Muster kaufen ★ *~ zonder waarde* unverkäufliche(s) Muster *m*
monster- *uitermate groot* monster-, Monster-, riesen-, Riesen- ★ *monsterscore* enorme(s) Ergebnis ★ *monsterzege* enorme(r) Sieg
monsterachtig ‹enorm› ungeheuer, scheußlich
monsteren I *ov ww, keuren* prüfen, begutachten, mil mustern, ‹inspecteren› inspizieren **II** *on ww* scheepv anheuern, anmustern
monsterlijk abscheulich, scheußlich
monstrans Monstranz *v*
monstrueus ungeheuerlich, monströs, scheußlich
monstruositeit Monstrosität *v*
montage Montage *v*, ‹van film› Schnitt *m*
montagebouw Fertigbauweise *v*
montagefoto jur Phantombild *o*
Montenegrijn Montenegriner *m*
Montenegrijns montenegrinisch
Montenegrijnse Montenegrinerin *v*
Montenegro Montenegro *o* ★ *in ~* in Montenegro
monter munter, lebhaft
monteren montieren
montessorischool onderw Montessorischule *v*
monteur Mechaniker *m*, ‹iem. die montages doet› Monteur *m*
Montevideo Montevideo *o*
montuur ‹van bril› Gestell *o*, ‹van edelstenen› Fassung *v* ★ *bril met hoornen ~* Brille mit Horngestell
monument Monument *o*, ‹gedenkteken› Denkmal *o* ★ *een ~ oprichten* ein Denkmal errichten
monumentaal monumental, Monumental-
monumentenwet Denkmalschutzgesetz *o*
monumentenzorg Denkmalschutz *m*, Denkmalpflege *v* ★ *onder ~ staan* unter Denkmalschutz stehen
mooi I *bnw* ❶ *aangenaam voor de zintuigen* schön ★ *zich mooi maken* sich schön machen ★ *iets mooi maken* etw. schön machen ★ *er op zijn mooist uitzien* sehr schön aussehen ❷ *goed* schön ★ *een mooi rapport* ein schönes Zeugnis ★ *maar het mooiste komt nog* aber das Schönste kommt noch ★ *het mooiste (van de zaak) is dat...* das Schönste (an der Sache) ist, dass... ★ *dat is niet mooi van je* das ist nicht schön von dir ★ *te mooi om waar te zijn* zu schön, um wahr zu sein ★ iron *een mooie manier van doen* eine schöne Vorgehensweise ★ iron *mooie vrienden zijn dat* schöne Freunde sind das ★ iron *wel nu nog mooier!* das wäre ja noch schöner! ★ iron *dat is me wat moois!* das ist mir ja was Schönes! ★ iron *jij bent ook een mooie!* du bist mir aber eine / einer! ★ iron *nu is het mooi geweest* das war jetzt genug ★ iron *daar zijn we mooi mee!* jetzt haben wir den Salat! **II** *bijw* ❶ *aangenaam voor de zintuigen* gut, schön ❷ *goed* ★ *dat heb je mooi gedaan* das hast du schön gemacht ★ *mooi zo!* gut so! ❸ *flink* schön ★ *mooi vroeg* schön früh ★ *daar zit je mooi mee!* jetzt hast du den Salat! ★ *dat is mooi meegenomen* das ist ein schönes Extra ★ *iem. mooi beetnemen* jmdn. ganz schön auf den Arm nehmen
mooipraten *gunstiger voorstellen* schönfärben, ‹prijzend› beschönigen
mooiprater Schönredner *m*
moonboot Moonboots *mv*
Moor Maure *m*
moord Mord *m* ★ *een ~ plegen* einen Mord begehen ★ *de ~ op de koning* die Ermordung des Königs ★ *de perfecte ~* der perfekte Mord ★ *~ en brand schreeuwen* Zeter und Mordio schreien
moordaanslag Mordanschlag *m*, pol Attentat *o* ★ *een ~ plegen* ein Attentat verüben
moorddadig ❶ *moordend* mörderisch ❷ *erg* Mords- ★ *een ~e dorst hebben* einen Mordsdurst haben ★ *~e honger* Mordshunger *m*

mo

moorden morden
moordenaar Mörder *m*
moordend ❶ *moorddadig* mörderisch ❷ *slopend* ★ *~e concurrentie* mörderische Konkurrenz *v* ★ *~e hitte* mörderische Hitze
moordkuil → **hart**
moordpartij Massaker *o*, Blutbad *o*
moordwapen Mordwaffe *v*
moorkop Mohrenkopf *m*
moot Stück *o*, Scheibe *v* ★ *in mootjes hakken* in Stücke hacken, fig Hackfleisch (aus jmdm.) machen
mop Witz *m* ★ *een schuine mop* eine Zote ★ *moppen tappen* Witze reißen ★ *een mop met een baard* ein Witz mit so einem langen Bart
moppentapper Witzeerzähler *m*, ‹v. schuine moppen› Zotenreißer *m*
mopperaar Nörgler *m*, inform Meckerfritze *m*
mopperen meckern, nörgeln, murren
mopperkont Nörgler *m*, Meckerer *m*
mopperpot Nörgler *m*
mopsneus Stumpfnase *v*
moraal ❶ *zedenleer* Moral *v* ★ *dubbele ~* doppelte Moral *v* ★ *de christelijke ~* die christliche Moral ❷ *wijze les* Moral *v* ★ *de ~ van het verhaal* die Moral von der Geschichte
moraalridder Moralapostel *m*
moraliseren moralisieren
moralisme Moralismus *m*
moralist Moralist *m*
moratorium Moratorium *o*, Zahlungsaufschub *m*
morbide morbid ★ *een ~ gevoel voor humor* ein morbides Gefühl für Humor
moreel I *zn* [het] Moral *v* ★ *het ~ hooghouden* die Moral hochhalten II *bnw* moralisch
morel ❶ *kers* Schattenmorelle *v* ❷ *boom* Schattenmorelle *v*
mores ★ *iem. ~ leren* jmdn. Mores lehren
morfine Morphium *o*, Morphin *o*
morfologie Morphologie *v*
morgen I *zn* [de] Morgen *m*, ‹vanaf ca. 10 uur› Vormittag *m* ★ *'s ~s* morgens, ‹later› vormittags ★ *'s ~s vroeg* frühmorgens, am frühen Morgen ★ *het wordt ~* es wird Morgen ★ *de volgende ~* am nächsten Morgen ★ *op zekere ~* eines schönen Morgens ★ *van de vroege ~ tot de late avond* vom frühen Morgen bis zum späten Abend II *bijw* morgen ★ *tot ~!* bis morgen! ★ *~ vroeg* morgen früh ★ *~ is het zaterdag* morgen ist Samsatag ★ *~ over acht dagen* morgen in acht Tagen ★ *vanaf ~* ab morgen ★ *~ is er weer een dag* morgen ist ein neuer Tag
morgenavond morgen Abend
Morgenland Morgenland *o* ★ *de wijzen uit het ~* die Weisen aus dem Morgenland
morgenmiddag morgen Nachmittag
morgenochtend ‹vroeg› morgen früh, ‹later› morgen Vormittag
morgenrood Morgenrot *o*
Morgenster *planeet* Morgenstern *m*
morgenster *plant* Bocksbart *m*
morgenstond Morgenstunde *v* ★ *de ~ heeft goud in de mond* Morgenstund hat Gold im Mund
mormel Scheusal *o*, ‹hond› Köter *m*
mormoon Mormone *m*
mormoons mormonisch
morning-afterpil Pille *v* danach
morrelen herummachen, herummurksen
morren murren ★ *zonder ~* ohne zu murren
morsdood mausetot
morse Morsezeichen *o* ★ *in ~ seinen* morsen
morsen I *ov ww, laten vallen* kleckern ★ *saus op zijn kleren ~* sichSoße auf die Kleider kleckern II *on ww, knoeien* kleckern ★ *met water ~* Wasser verspritzen ★ *met suiker ~* Zucker verstreuen ★ *~ op* kleckern auf [+4]
morseteken Morsezeichen *o*
morsig schmutzig, schmierig, ‹slonzig› schlampig
mortel Mörtel *m*
mortier Mörser *m*
mortuarium ❶ *lijkenkamer in ziekenhuis e.d.* Leichenkammer *v* ❷ *rouwcentrum* Leichenhalle *v*
mos Moos *o* ★ *met mos begroeid* bemoost
mosgroen moosgrün
moskee Moschee *v* [mv: Moscheen]
Moskou Moskau *o*
Moskous Moskauer
Moskouse Moskovitin *v*
Moskoviet *bewoner* Moskovit *m*, Moskauer *m*
moslim Moslem *m* [mv: Moslems], Muslim [mv: Muslime]
moslima Muslima *v*, Muslimin *v*
moslimextremisme Moslemextremismus *m*
mossel Muschel *v* ★ BN *~ noch vis zijn* weder Fisch noch Fleisch sein
mosselbank Muschelbank *v*
most Most *m*
mosterd Senf *m* ★ *dat is ~ na de maaltijd* das kommt reichlich spät
mosterdgas Senfgas *o*
mosterdzaad Senfkorn *o*
mot I *zn* [de] [mv: +ten] *insect* Motte *v* ★ *de mot zit erin* das hat Mottenlöcher II *zn* [de] [gmv] *ruzie* Krach *m*, Streit *m*, Zank *m* ★ *mot zoeken* Streit suchen ★ *mot hebben met iem.* Krach mit jmdm. haben ★ *zij hebben mot* sie haben Krach
motel Motel *o*
motie Antrag *m* ★ *een ~ indienen* einen Antrag einbringen ★ *een ~ in stemming brengen* einen Antrag zur Abstimmung bringen ★ *~ van afkeuring* Ablehnungsantrag *m* ★ *~ van wantrouwen* Misstrauensvotum *o* ★ *een ~ van wantrouwen indienen* ein Misstrauensvotum beantragen
motief ❶ *beweegreden* Beweggrund *m*, Motiv *o* ★ *motieven aanvoeren* Motive nennen ❷ *patroon* Motiv *o*
motivatie Motivation *v*
motiveren ❶ *beredeneren* begründen ★ *een bewering ~* eine Behauptung begründen ★ *een beslissing ~* eine Entscheidung begründen ❷ *stimuleren* motivieren ★ *gemotiveerd zijn* motiviert sein
motivering ‹beredenering› Begründung *v*, ‹stimulering› Motivation *v*
motor ❶ *machine* ook fig Motor *m*, ‹bij vliegtuigen› Triebwerk *o* ★ *de ~ slaat aan / slaat af* der Motor zündet / geht aus ★ *met 1 / 2 / 4 ~(en)* mit 1 / 2 / 4 Motoren ★ *de ~ aan- / afzetten* den Motor starten / ausschalten ❷ *motorfiets*

mo

Motorrad *o* ★ *~ met zijspan* Motorrad mit Beiwagen ★ *een zware ~* eine schwere Maschine
motoragent Motorradpolizist *m*
motorblok Motorblock *m*
motorboot Motorboot *o*
motorcross Motocross *o*
motorfiets Motorrad *o* ★ *~ met zijspan* Motorrad mit Beiwagen
motoriek Motorik *v*
motorisch motorisch ★ *~ gehandicapt* motorisch behindert ★ *~e kracht* motorische Kraft
motoriseren motorisieren
motorkap Motorhaube *v*
motorpech Motorpanne *v* ★ *~ hebben* eine Motorpanne haben
motorracen Motorradrennen fahren
motorrijden Motorrad fahren
motorrijder Motorradfahrer *m*
motorrijtuig Kraftfahrzeug *o*
motorrijtuigenbelasting Kraftfahrzeugsteuer *v*
motorsport Motorsport *m*
motorvoertuig Kraftfahrzeug *o*
motregen Nieselregen *m*
motregenen nieseln
mottenbal Mottenkugel *v* ★ *iets uit de ~len halen* etw. aus der Mottenkiste holen
mottig ❶ *door mot beschadigd* mottenzerfressen ❷ ⟨van het weer⟩ trübe, neblig
motto Motto *o*, Leitspruch *m* ★ *onder het ~ van* unter dem Motto
mountainbike Mountainbike *o*
mountainbiken Mountainbike fahren
moussaka Moussaka *o*
mousse Mousse *v*
mousseren perlen
mousserend schäumend ★ *~e wijn* Schaumwein *m*, Sekt *m*
mout Malz *o*
mouw *armstuk* Ärmel *m* ★ *de mouwen opstropen* die Ärmel hochkrempeln ★ *de handen uit de mouwen steken* die Ärmel hochkrempeln ★ *iem. iets op de mouw spelden* jmdm. einen Bären aufbinden ★ *ergens een mouw aan weten te passen* aus einer Sache das Beste machen ★ *daar is wel een mouw aan te passen* damit kann man leben ★ *iets uit de mouw schudden* etw. aus dem Ärmel schütteln ★ *iem. aan de mouw trekken* jmdm. am Ärmel zupfen ★ BN *dat is een ander paar mouwen* das sind zwei Paar Stiefel
mouwlengte Ärmellänge
mouwveger BN *vleier* Schmeichler *m*
moven weggehen, verschwinden ★ *~, joh!* verschwinde!
mozaïek Mosaik *o*
Mozambikaans mosambikanisch
Mozambique Mosambik *o* ★ *in ~* in Mosambik
mozzarella Mozzarella *m*
mp3 I *zn* [de], comp *bestand* MP3 *o* II *zn* [het], comp *compressietechniek* MP3 *o*
mp3-bestand MP3-Datei *v*
mp3-speler MP3-Spieler *m*
mpeg comp *bestand* Mpeg *v*
MRI-scan Kernspintomographie *v*
msn MSN *v*
msn'en über MSN chatten
MT *managementteam* Vorstand *m*

mo

mud Hektoliter *m*
mudvol brechend / gerammelt voll
muesli Müsli *o*, Zwit Müesli *o*
muf ❶ *onfris* moderig, muffig, dumpf ★ *muffe lucht* schlechte Luft ★ *het ruikt hier muf* es riecht hier muffig ❷ *saai* öde
mug I *zn* [de] Mücke *v* ★ *van een mug een olifant maken* aus einer Mücke einen Elefanten machen ★ *met een kanon op een mug schieten* mit Kanonen auf Spatzen schießen II *afk*, BN *mobiele urgentiegroep* Notarztteam *o*
muggenbeet Mückenstich *m*
muggenbult Mückenstich *m*
muggenolie Mückenöl *o*
muggenziften Haarspalterei treiben
muggenzifter Haarspalter *m*, Erbsenzähler *m*
muil ❶ *bek* Maul *o* ★ *houd je muil!* halt's Maul! ❷ *schoen* Pantoffel *m*
muildier Maultier *o*
muilezel Maulesel *m*
muilkorf Maulkorb *m*
muilkorven ❶ *muilkorf aandoen* einen Maulkorb umbinden ❷ *monddood maken* einen Maulkorb anlegen
muilpeer Backpfeife *v*, Ohrfeige *v*
muiltje → **muil**
muis ❶ *dier* Maus *v* ★ fig *dat muisje zal nog wel een staartje hebben* die Sache wird noch Folgen haben ❷ comp Maus *v* ❸ *deel van hand* Handballen *m*
muisarm med Mausarm *m*, RSI-Syndrom *o*
muisgrijs mausgrau
muisjes cul verzuckerte Anissamen ★ *gestampte ~* Zuckerstreusel *mv* mit Anisgeschmack
muismat Mausmatte *v*
muisstil mucksmäuschenstill ★ *het is ~* es ist mucksmäuschenstill
muiten meutern ★ *aan het ~ slaan* zu meutern beginnen
muiter Meuterer *m*
muiterij Meuterei *v*
muizen comp mit der Maus arbeiten ★ BN *er vanonder ~* vor einer Sache kneifen, sich drücken, sich wegschleichen, abkratzen
muizenis Grille *v* ★ *zich ~sen in het hoofd halen* sich Flausen in den Kopf setzen
muizenval Mausefalle *v*
mul I *bnw* locker, ⟨zanderig⟩ sandig ★ *mul zand* lockere(r) Sand II *zn* [de], *zeevis* Meerbarbe *v*
mulat Mulatte *m* [v: Mulattin]
multicultureel multikulturell
multidisciplinair multidisziplinär
multifunctioneel multifunktional, Mehrzweck-
multi-instrumentalist Multi-Instrumentalist *m*
multimediaal multimedial
multimiljonair Multimillionär *m*
multinational I *zn* [de] multinationale(s) Unternehmen *o*, Multi *m* II *bnw* multinational
multipel multipel
multiple choice Multiple Choice *v*
multiplechoicetest Multiple-Choice-Test *m*
multiplechoicevraag Multiple-Choice-Frage *v*
multiple sclerose Multiple Sklerose *v*, MS *v*
multiplex Sperr- / Schichtholz *o*
multitasken multitasken
multomap Ringbuch *o*, Ringmappe *v*

mum ★*in een mum van tijd* im Nu, im Handumdrehen
Mumbai Mumbai *o*
mummelen murmeln
mummie Mumie *v*
mummificeren mumifizieren
München München *o*
Münchens Münchener, Münchner
municipaal städtisch
munitie Munition *v*
munitiedepot Munitionsdepot *o*
munt ❶ *geldstuk* Münze *v* ★*munten slaan* Münzen prägen ★fig *munt slaan uit* Kapital schlagen aus [+3] ★*in klinkende munt* mit klingender Münze ❷ *penning* Marke *v*, Münze *v* ❸ *munteenheid* Währung *v* ★fig *iem. met gelijke munt terugbetalen* jmdm. etw. mit gleicher Münze heimzahlen ❹ *waardestempel* Münzprägung *v* ★*kop of munt* Kopf oder Zahl ❺ *muntgebouw* Münze *v*, Münzanstalt *v* ❻ cul *plant* Minze *v* ❼ → **muntje**
munteenheid Währungseinheit *v*
munten münzen, prägen ★*geld* ~ Münzen prägen → **gemunt**
muntje BN *pepermuntje* Pfefferminz *o*
muntstuk Geldstück *o*, Münze *v*
muntthee Pfefferminztee *m*
murmelen **I** *ov ww, zachtjes, onduidelijk praten* murmeln ★*hij murmelde iets onverstaanbaars* er murmelte etw. Unverständliches **II** *on ww, zacht ruisen* plätschern, murmeln
murw ❶ *zacht, slap* mürbe ★*murw maken* mürbe machen ❷ fig *krachteloos* ★*iem. murw maken* jmdn. zermürben ★*iem. murw slaan* jmdn. windelweich prügeln ★*iem. murw praten* jmdm. ein Ohr abquatschen
mus Spatz *m*, Sperling *m* ★*het is zo heet dat de mussen van het dak vallen* es herrscht eine sengende Hitze ★*iem. blij maken met een dode mus* jmdm. eine falsche Freude vorspiegeln
museum Museum *o* [mv: Museen]
museumstuk Museumsstück *o* ★humor *die jurk is een echt ~!* das Kleid hat ja nur noch Altertumswert!
musical Musical *o*
musiceren musizieren
musicoloog Musikwissenschaftler *m*
musicus Musiker *m* [v: Musikerin]
muskaatnoot BN cul *nootmuskaat* Muskatnuss *v*
musket *geweer* Muskete *v*
musketier Musketier *m*
muskiet Moskito *m*
muskietennet Moskitonetz *o*
muskietenplaag Moskitoplage *v*
muskus Moschus *m*
muskusrat Bisamratte *v*
must Muss *o* ★*een echte must* ein absolutes Muss
mutatie ❶ *verandering* Änderung *v*, Wandlung *v*, ⟨wisseling⟩ Wechsel *m* ❷ biol Mutation *v*
muts ❶ *hoofddeksel* Mütze *v* ❷ min *vrouw* dumme Kuh *v*
mutualiteit BN *ziekenfonds* Krankenkasse *v*
muur ⟨buitenmuur⟩ Mauer *v*, ⟨binnenmuur⟩ Wand *v* ★*de Chinese muur* die Chinesische Mauer ★*dragende muur* tragende Mauer ★*muren metselen* mauern ★*een muur van onwil* eine Mauer des Unwillens ★*iem. tegen de muur zetten* jmdn. an die Wand stellen ★*het is alsof je tegen een muur praat* es ist, als ob man gegen eine Wand redet ★*tussen vier muren zitten* hinter schwedischen Gardinen sitzen ★*uit de muur eten* Essen aus dem Automaten holen ★*geld uit de muur halen* Geld vom Bankautomaten holen ★*de muren hebben oren* die Wände haben Ohren ★*de muren komen op me af* mir fällt die Decke auf den Kopf
muurbloempje Mauerblümchen *o*
muurkrant Wandzeitung *v*
muurschildering Wandgemälde *o*
muurvast ❶ lett unerschütterlich ❷ fig völlig festgefahren ★*de onderhandelingen zitten* ~ die Verhandlungen sind völlig festgefahren
muurverf Wandanstrich *m*
muzak Hintergrundmusik *v*
muze Muse *v*
muziek ❶ *toonkunst* Musik *v* ★*lichte* ~ leichte Musik ★*~ van het blad spelen* Musik vom Blatt spielen ★*op ~ zetten* vertonen ★*met* ~ mit Musik ★*een leuk ~je* eine nette Melodie, da ist Musik drin ★fig *dat klinkt als ~ in de oren* das klingt wie Musik in meinen Ohren ★fig *hij is met de ~ mee* den sieht man nicht wieder ❷ *bladmuziek* Noten *mv*
muziekbibliotheek Musikbibliothek *v*
muziekblad ❶ *blad papier* Notenblatt *o* ❷ *tijdschrift* Musikzeitschrift *v*
muziekcassette Musikkassette *v*
muziekdoos Spieldose *v*
muziekfestival Musikfestspiele *mv*, Musikfestival *o*
muziekgezelschap Musikensemble *o*, ⟨fanfare⟩ Musikkapelle *v*
muziekinstrument Musikinstrument *o*
muziekkapel Musikkapelle *v*
muziekkorps Blaskapelle *v*
muzieknoot Note *v*
muziekpapier Notenpapier *o*
muziekschool Musikschule *v*
muziekstandaard Notenständer *m*
muziekstuk Musikstück *o*
muziektent Konzertpavillon *m*
muziektheater *genre* Musiktheater *o*
muziekwetenschap Musikwissenschaft *v*
muzikaal musikalisch ★*zij is* ~ sie ist musikalisch ★*een ~ gehoor hebben* ein musikalisches Gehör haben
muzikant Musiker *m* ★*straat~* Straßenmusiker *m*
Myanmar Myanmar *o*
Myanmarees Myanmare *m*
mysterie Mysterium *o* [mv: Mysterien] ★*een ~ onthullen* ein Mysterium enthüllen
mysterieus mysteriös, geheimnisvoll
mystiek **I** *zn* [de] Mystik *v* **II** *bnw* mystisch
mythe Mythos *m* [mv: Mythen] ★*~n en legenden* Mythen und Legenden
mythisch mythisch, legendär
mythologie Mythologie *v*
mythologisch mythologisch
mytylschool onderw Sonderschule *v* für körperbehinderte Kinder

N

n N *o* ★ *de n van Nico* N wie Nordpol
na I *vz* ❶ *achter* (van plaats) nach [+3] ★ *(ga) na de kerk rechtsaf* (fahren Sie) nach der Kirche rechts ★ *na u!* nach Ihnen! ❷ *aansluitend op* (van tijd) nach [+3], in [+3] ★ *na het feest* nach dem Fest ★ *na een jaar* nach einem Jahr ★ *jaar na jaar* Jahr um Jahr ★ *het is na tienen* es ist nach zehn **II** *bijw* ❶ *later* ★ *(fruit) na* (als dessert) (Obst) als Nachtisch / Dessert ❷ *na- / dichtbij* nahe ★ fig *iem. te na komen* jmdm. zu nahe treten ★ *dat ligt me na aan het hart* es liegt mir am Herzen
naad Naht *v* ★ *het naadje van de kous weten* alles bis ins kleinste Detail wissen ★ *zich uit de naad werken* sich abrackern
naadloos ❶ *zonder naad* nahtlos ❷ fig nahtlos
naaf Nabe *v*
naaidoos Nähkasten *m*
naaien ❶ *met draad vastmaken* (ver)nähen ★ *met de hand ~* mit der Hand nähen, von Hand nähen ❷ plat *neuken* ficken ❸ plat *belazeren* anschmieren ★ *zich genaaid voelen* sich angeschmiert fühlen
naaigaren Nähgarn *o*
naaigarnituur Nähetui *o*
naaimachine Nähmaschine *v*
naaister Näherin *v*, (kleermaakster) Schneiderin *v*
naaiwerk Näharbeit *v*
naakt I *bnw* ❶ *ongekleed* nackt ❷ fig ★ *de ~e waarheid* die nackte Wahrheit ★ *de ~e feiten* die nackten Tatsachen **II** *zn* [het] Akt *m*, (model) Aktmodell *o* ★ *naar het ~ tekenen* Akt malen
naaktfoto Nackt- / Aktfoto *o*
naaktloper Nudist *m*
naaktmodel Nacktmodell *o*
naaktslak Nacktschnecke *f*
naaktstrand FKK-Strand *m*, Nacktbadestrand *m*
naald ❶ *gereedschap* Nadel *v* ★ *de draad in de ~ steken* den Faden in die Nadel fädeln ★ *een ~ in een hooiberg zoeken* eine Nadel im Heuhaufen suchen ★ *heet van de ~* brühwarm ★ BN *van ~je tot draadje* von A bis O ❷ *wijzer* Nadel *v*, Zeiger *m* ❸ *van platenspeler* Nadel *v*
naaldboom Nadelbaum *m*
naaldbos Nadelwald *m*
naaldhak Pfennigabsatz *m* ★ *schoen met ~* hochhackige(r) Schuh
naaldhout Nadelholz *o*
naam ❶ *benaming* Name *m* ★ *dubbele naam* Doppelname *m* ★ *mijn naam is X* mein Name ist X ★ *zij voert haar eigen naam* sie führt ihren eigenen Namen ★ *welke naam geven zij hem?* welchen Namen geben sie ihm? ★ *bij naam noemen* beim Namen nennen ★ *luisteren naar de naam X* auf den Namen X hören ★ *bekend staan onder de naam X* unter dem Namen X bekannt sein ★ *op naam staan van X* X gehören ★ *het huis staat op naam van mijn broer* das Haus ist Eigentum meines Bruders ★ *de pas staat op naam van X* der Pass lautet auf den Namen X ★ *vrij op naam* keine Maklerkosten und Gebühren ★ *ten name van X* auf den Namen X ★ *iem. van naam kennen* jmdm. dem Namen nach kennen ★ *van naam kennen* dem Namen nach kennen ★ *van naam veranderen* den Namen ändern ★ *zonder naam* namenlos ❷ *reputatie* Ruf *m*, Name *m* ★ *een goede / slechte naam hebben* einen guten / schlechten Namen haben ★ *iemands goede naam aantasten* jmds. guten Ruf erschüttern ★ *een man van naam* ein namhafter Mann ★ *naam maken* sich einen Namen machen ▼ *dat mag geen naam hebben* das ist nicht der Rede wert ▼ *mijn naam is haas* mein Name ist Hase ▼ *zijn naam eer aandoen* seinem Namen alle Ehre machen ▼ *iets bij de naam noemen* etwas beim Namen nennen ▼ *in naam is hij de chef* auf dem Papier ist er der Chef ▼ *in naam van* im Namen von, im Namen [+2] ▼ *in naam der wet* im Namen des Gesetzes ▼ *met name* namentlich ▼ *met name noemen* namentlich nennen ▼ *uit naam van* im Namen [+2]
naambord Namensschild *o*
naamdag Namenstag *m* ★ *mijn ~* mein Namenstag
naamgenoot Namensvetter *m* [v: Namensvetterin]
Naams Namener
naamval Fall *m*, Kasus *m* ★ *eerste ~* erster Fall, Nominativ *m* ★ *tweede ~* zweiter Fall, Genitiv *m* ★ *derde ~* dritter Fall, Dativ *m* ★ *vierde ~* vierter Fall *m*, Akkusativ *m*
naamwoord Nennwort *o*, Nomen *o* ★ *bijvoeglijk ~* Adjektiv *o*, Eigenschaftswort *o* ★ *zelfstandig ~* Substantiv *o*, Nomen *o*
naamwoordelijk nominal ★ *het ~ deel van het gezegde* das Subjekt
na-apen nachäffen ★ *het werk van een ander ~* das Werk eines Anderen kopieren
naar I *vz* ❶ *in de richting van* zu [+3], in [+4], nach [+3] ★ *naar het huis* zum Haus ★ *naar huis lopen* nach Hause laufen ★ *de trein naar Utrecht* der Zug nach Utrecht ★ *naar Utrecht gaan* nach Utrecht gehen ★ *naar Frankrijk vertrekken* nach Frankreich abfahren ★ *naar Nederland reizen* in die Niederlande reisen ★ *naar het station gaan* zum Bahnhof gehen ★ *naar school gaan* lett in die Schule gehen (scholier zijn) zur Schule gehen ★ *naar zee gaan* ans Meer fahren ★ *naar iem. toe gaan* zu jmdm. gehen ❷ *volgens* ★ *naar de natuur geschilderd* naturgetreu gemalt ★ *naar zijn wil* nach seinem Willen ★ *hij is er niet de man naar om...* er ist nicht der Typ zum... **II** *bnw* ❶ *onsympathiek* widerlich ★ *wat een nare jongen* was für ein unangenehmer Typ! ★ *een nare kerel* ein widerlicher Kerl ❷ *onwel* übel, schlecht ★ *ik word er naar van* davon wird mir schlecht ★ *ik werd er naar van* davon wurde mir schlecht ★ *hij voelt zich naar* ihm ist übel ★ *er naar aan toe zijn* schlimm dran sein ❸ *akelig* scheußlich **III** *vw* ★ *naar verluidt* wie bekannt gemacht ★ *naar men zegt / hoopt* wie man sagt / hofft ★ *naar het schijnt* wie es aussieht
naargeestig trübsinnig, trübe, düster ★ *~ weer* trübe(s) Wetter *o*
naargelang je nachdem ★ *~ je het vaker doet* je öfter du es machst ★ *~ je ouder wordt* je älter man wird ▼ *~ van de omstandigheden* entsprechend den Umständen ▼ *al ~* je nachdem

n

naarmate in dem Maße, wie ★ ~ *je ouder wordt* je älter man wird
naarstig eifrig, fleißig
naast I *vz* ❶ *terzijde van* neben [+3 / 4] ★ ~ *het huis* neben dem Haus ★ *het huis* ~ *het park* das Haus beim Park ★ ~ *elkaar* nebeneinander ★ ~ *iem. gaan zitten* sich neben jmdn. setzen ❷ *in aanvulling op* neben [+3], außer [+3] ★ ~ *frisdrank hebben we ook thee* außer Limonade haben wir auch Tee **II** *bnw* ❶ *dichtstbij* nächst ★ *de* ~*e buren* die nächsten Nachbarn, die direkten Nachbarn ❷ *intiemst* nächst ★ *de* ~*e familieleden* die nächsten Angehörigen ▼ *ten* ~*e bij* annähernd **III** *bijw, mis* daneben ★ ~ *schieten* danebenschießen ★ *er lelijk / ver* ~ *zitten* ziemlich danebenliegen
naaste Nächste(r) *m*, Mitmensch *m* ★ *heb uw* ~ *lief als uzelf* liebe deinen Nächsten wie dich selbst
naastenliefde Nächstenliebe *v*
naastgelegen angrenzend, nächstliegend
nabehandelen nachbehandeln
nabehandeling Nachbehandlung *v*
nabeschouwing nachträgliche Betrachtung *v*, Rückblick *m* ★ *een* ~ *houden* einen Rückblick geben
nabespreken nachbesprechen
nabespreking Nachbesprechung *v*
nabestaande Hinterbliebene(r) *m-v* ★ *de* ~*n* die Hinterbliebenen
nabestellen nachbestellen ★ *foto's* ~ Fotos nachbestellen
nabestelling Nachbestellung *v*
nabezorging Nachlieferung *v*
nabij I *vz* nahe [+3], in der Nähe [+2] ★ ~ *het huis* in der Nähe des Hauses ★ *om en* ~ *de veertig* um die vierzig **II** *bnw* nah ★ *de* ~*e toekomst* die nahe Zukunft ★ *de meest* ~*e stad* die nächste Stadt ★ *iem. van* ~ *kennen* jmdn. näher kennen ★ *iets van* ~ *meemaken* etw. aus der Nähe erleben
nabijgelegen nahe (gelegen)
nabijheid Nähe *v* ★ *in de* ~ *van* in der Nähe von
nablijven nachsitzen ★ *laten* ~ nachsitzen lassen
nablussen nachlöschen ★ *het* ~ *duurde tot de ochtend* die Nachlöscharbeiten dauerten bis in den Morgen hinein
nabootsen nachahmen, imitieren
nabootsing Imitation *v*, Nachahmung *v*, ⟨qua vorm⟩ Nachbildung *v*
naburig benachbart, Nachbar-, nachbar-
nacho Nacho *o*
nacht Nacht *v* ★ *de afgelopen* ~ vergangene Nacht ★ *komende* ~ kommende Nacht ★ *slapeloze* ~*en* schlaflose Nächte ★ *'s* ~*s* nachts ★ *bij het vallen van de* ~ bei Einbruch der Nacht ★ *tot diep in de* ~ bis in die frühen Morgenstunden ★ *in de* ~ *van vrijdag op zaterdag* in der Nacht von Freitag auf Samstag ★ *de hele* ~ *doorfeesten* die Nacht durchmachen ★ *zo lelijk als de* ~ hässlich wie die Nacht ★ *zo zwart als de* ~ schwarz wie die Nacht ★ *niet over één* ~ *ijs gaan* sich nicht auf dünnes Eis begeben ★ *bij* ~ *en ontij* bei Nacht und Nebel ★ *ergens een* ~*je over slapen* eine Nacht über etw. schlafen
nachtblind nachtblind
nachtbraken ❶ *'s nachts feesten* die Nacht durchmachen ❷ *'s nachts werken* bei Nacht arbeiten
nachtbraker Nachtschwärmer *m*, inform Nachteule *v*
nachtbus Nachtbus *m*
nachtclub Nachtklub *m*
nachtcrème Nachtcreme *v*
nachtdienst Nachtdienst *m* ★ ~ *hebben* Nachtdienst haben
nachtdier Nachttier *o*
nachtegaal Nachtigall *v*
nachtelijk nächtlich, nacht-, Nacht- ★ *een* ~*e aanval* ein Nachtangriff
nachtfilm Nachtfilm *m*
nachthemd Nachthemd *o*
nachtkaars ★ *uitgaan als een* ~ ausgehen wie das Hornberger Schießen
nachtkastje Nachttisch *m*
nachtkijker Nachtsichtgerät *o*
nachtkleding Nachtzeug *o*
nachtlampje Nachttischlampe *v*
nachtleven Nachtleben *o*
nachtmerrie Albtraum *m*
nachtmis ⟨met kerst⟩ Mitternachtsmette *v*
nachtploeg Nachtschicht *v*
nachtpon Nachthemd *o*
nachtportier Nachtportier *m*
nachtrust Nachtruhe *v*
nachtschade Nachtschatten *m*
nachtslot Nachtschloss *o* ★ ⟨de deur⟩ *op het* ~ *doen* das Nachtschloss vorlegen
nachtstroom Nachtstrom *m*
nachttarief Nachttarif *m*
nachttrein Nachtzug *m*
nachtuil BN *nachtbraker* Nachtschwärmer *m*, inform Nachteule *v*
nachtverblijf Nachtquartier *o*, Übernachtungsmöglichkeit *v*
nachtvlinder ❶ *dier* Nachtfalter *m* ❷ fig *mens* Nachtschwärmer *m*
nachtvlucht Nachtflug
nachtvorst Nachtfrost *m*
Nachtwacht ★ *de* ~ ⟨van Rembrandt⟩ Nachtwache *v*
nachtwaker Nachtwächter *m*
nachtzoen Gutenachtkuss *m*
nachtzuster Nachtschwester *v*
nacompetitie sport Relegationsspiele *mv*, ⟨met uitzicht op promotie⟩ Aufstiegsrunde *v*, ⟨met uitzicht op degradatie⟩ Abstiegsrunde *v*
nadagen Spätphase *v*, ⟨achteruitgang⟩ Niedergang *m* ★ *in zijn* ~ *zijn* ausklingen
nadat nachdem ★ ~ *ik vertrokken was* nachdem ich abgereist war... ★ ~ *hij dit gedaan had, ging hij uit* nachdem er das gemacht hatte, ging er aus
nadeel Nachteil *m*, ⟨schade⟩ Schaden *m* ★ *ten nadele van* zuungunsten / zu Ungunsten von ★ *ik ondervind er geen* ~ *van* es schadet mir nicht ★ *het proces is in ons* ~ *uitgevallen* der Prozess ist zu unserem Nachteil ausgegangen ★ *in zijn* ~ *veranderen* sich zu seinem Nachteil verändern ★ *hij heeft er geen* ~ *bij* er wird dadurch nicht geschädigt ★ *zijn leeftijd was in zijn* ~ sein Alter war ein Nachteil ★ *de voor- en nadelen* die Vor- und Nachteile

na

nadelig I *bnw, schadelijk* nachteilig ★ *~ voor de gezondheid* gesundheitsschädlich II *bijw* ★ *~ werken op* schädlich sein für [+4]
nadenken nachdenken (**over** über) [+4], (sich) überlegen ★ *dat stemt tot ~* das macht nachdenklich ★ *over iets ~* über etw. nachdenken ★ *ergens goed over ~* sich etw. gut überlegen ★ *even ~!* lass mich nachdenken! ★ *zonder na te denken* ohne nachzudenken ★ *ik zal er nog eens goed over ~* ich will es mir noch einmal genau überlegen
nadenkend nachdenklich
nader I *bnw* ❶ *dichterbij* näher ❷ *preciezer* näher ★ *~e berichten* weitere Nachrichten ★ *~e bijzonderheden* weitere Einzelheiten ★ *~e inlichtingen verstrekken* nähere Informationen geben ★ *tot ~ order* bis auf Weiteres ★ *bij ~ inzien* bei näherer Betrachtung ★ *tot ~ bericht* bis auf Weiteres ★ *~e inlichtingen* nähere Informationen II *bijw* ❶ *dichterbij* näher (**bij** bei, **tot** zu) ★ *~ tot elkaar komen* einander näher kommen ❷ *uitvoeriger* näher ★ *~ met iem. kennismaken* jmdn. näher kennen lernen ★ *~ overeen te komen* weiter zu vereinbaren
naderbij heran, näher ★ *~ brengen* näher bringen
naderen sich nähern ★ *de verkiezingen ~* die Wahlen nähern sich ★ *hij nadert de veertig* er geht auf die vierzig zu
naderhand nachträglich, nachher, hinterher
nadien danach ★ *kort ~* kurz danach
nadoen nachmachen ★ *dat zul je hem niet ~* das machst du ihm nicht nach
nadorst Nachdurst *m*
nadruk ❶ *klemtoon* Betonung *v* ★ *de ~ leggen op iets* etw. betonen ★ *de ~ ligt op de tweede lettergreep* die Betonung liegt auf der zweiten Silbe ❷ fig *krachtige bevestiging* Nachdruck *m* ★ *de ~ leggen op iets* etw. betonen ★ *met ~* nachdrücklich ❸ *herdruk* Nachdruck *m*
nadrukkelijk I *bnw* nachdrücklich II *bijw* mit Nachdruck ★ *~ aanwezig zijn* deutlich präsent sein
nagaan ❶ *controleren* untersuchen, (über)prüfen ★ *wil je dat even ~?* würdest du das bitte überprüfen? ★ *een mogelijkheid ~* eine Möglichkeit prüfen? ★ *iemands gangen ~* jmds. Tun und Lassen überwachen ★ *de rekeningen ~* die Rechnungen prüfen ★ *voor zover we kunnen ~* in soweit wir das überprüfen können ★ *voor zover ik heb kunnen ~* soweit ich habe feststellen können ❷ *overwegen* sich vorstellen, sich denken ★ *als ik dat alles naga* wenn ich alles recht bedenke ★ *je kunt wel ~ dat...* du kannst dir vorstellen, dass... ★ *ga maar bij jezelf na* denke dir doch nur selbst ★ *dat kun je wel ~* das kann man sich doch vorstellen ★ *kun je ~!* stell dir das mal vor!
nagalm Nachhall *m*
nageboorte Nachgeburt *v*
nagedachtenis Gedächtnis *o*, Andenken *o*, Gedenken *o* ★ *ter ~ van* zum Gedenken an [+4] ★ *iemands ~ in ere houden* jmdm. ein ehrendes Andenken bewahren
nagel ❶ *v. voet of hand* Nagel *m* ★ *op zijn ~s bijten* an den Fingernägeln kauen ★ *zijn ~s knippen* sich die Nägel schneiden ❷ *spijker* Nagel *m* ★ *dat is een ~ aan mijn doodkist* das ist ein Nagel zu meinem Sarg ★ BN *de ~ op de kop slaan* den Nagel auf den Kopf treffen
nagelbijten Nägel kauen
nagelen nageln ★ *als aan de grond genageld* wie angewurzelt
nagelkaas Käse *m* mit Gewürznelken
nagellak Nagellack *m*
nagelriem Nagelhaut *v*
nagelschaar Nagelschere *v*
nageltang Nagelzange *v*
nagelvijl Nagelfeile *v*
nagenieten noch einmal genießen
nagenoeg nahezu, fast ★ *~ niets* fast nichts
nagerecht cul Nachspeise *v*, Nachtisch *m*
nageslacht ❶ *nakomelingen* Nachkommenschaft *v* ★ *~ verwekken* für Nachkommen sorgen ❷ *latere geslachten* Nachwelt *v* ★ *voor het ~ bewaard* für die Nachwelt bewahrt
nageven zugestehen ★ *dat moet ik hem ~* das muss ich ihm lassen ★ *men moet hem ~ dat hij...* man muss ihm zugestehen, dass er...
nagloeien nachglühen
naheffing Nachforderung *v*
naheffingsaanslag Steuernachforderung *v*
naïef ❶ *argeloos* naiv ❷ kunst ★ *naïeve schilderkunst* naive Kunst
naïeveling Naivling *m*
na-ijver Neid *m*
naïviteit Naivität *v*
najaar Herbst *m*, Spätjahr *o* ★ *het late ~* der Spätherbst
najaarscollectie Herbstkollektion *v*
najaarsklassieker sport Herbstklassiker *m*
najaarsmode Herbstmode *v*
najaarsstorm Herbststurm *m*
najaarszon Herbstsonne *v*
najagen ❶ *vervolgen* nachjagen [+3] ❷ *nastreven* nachjagen [+3] ★ *succes ~* dem Erfolg nachjagen ★ *een doel ~* ein Ziel verfolgen ★ *hersenschimmen ~* Hirngespinsten folgen
nakaarten im Nachhinein noch ein wenig plaudern ★ *~ over iets* nachträglich noch über etw. plaudern
nakend BN *nabij* nah
nakie nackte(r) Körper *m* ★ *in zijn ~* nackt, nackig
nakijken ❶ *kijken naar* nachsehen ★ *het ~ hebben* das Nachsehen haben ❷ *controleren* nachgucken, nachschauen, ⟨corrigeren⟩ korrigieren, gucken / schauen nach [+3] ★ *bij het ~ van de boeken* bei Durchsicht der Bücher ★ *iets in een boek ~* etw. in einem Buch nachschlagen ★ *een proefwerk ~* einen Test korrigieren ★ *drukproeven ~* Korrekturen lesen
naklinken nachhallen
nakomeling Nachkomme *m*
nakomen I *ov ww, naleven* nachkommen [+3] ★ *zijn verplichtingen ~* seinen Verpflichtungen nachkommen ★ *zijn afspraken niet ~* sich nicht an die Vereinbarungen halten ★ *een belofte ~* ein Versprechen halten ★ *een afspraak ~* eine Verabredung einhalten ★ *zijn plicht ~* seiner Pflicht nachkommen II *on ww, later komen* nachkommen, später kommen
nakomertje Nachkömmling *m*, humor

Nesthäkchen *o*
nalaten ❶ *achterlaten* hinterlassen ★ *nagelaten werk* Nachlass *m* ★ *niets ~* nichts hinterlassen ❷ *niet doen* unterlassen, ungetan lassen, ⟨verzuimen⟩ versäumen ★ *ik kan niet ~ op te merken dat...* ich kann nicht umhin zu bemerken, dass... ★ *niets ~* nichts unversucht lassen
nalatenschap Hinterlassenschaft *v*, Nachlass *m* ★ *een ~ aanvaarden* ein Erbe antreten
nalatig nachlässig, ⟨bij betalingen⟩ säumig, ⟨onachtzaam⟩ fahrlässig
nalatigheid Nachlässigkeit *v*, ⟨onachtzaamheid⟩ Fahrlässigkeit *v*
naleven beachten, nachkommen [+3] ★ *de wetten ~* die Gesetze einhalten ★ *een contract ~* einen Vertrag erfüllen ★ *een voorschrift ~* eine Vorschrift beachten
naleving Einhaltung *v*, Befolgung *v*, ⟨contract⟩ Erfüllung *v*
nalezen ❶ *overlezen* nachlesen ❷ *nazoeken* nachlesen
nalopen ❶ *achternalopen* nachlaufen [+3] ❷ *controleren* durchgehen, nachsehen ★ *ik kan niet alles ~* ich kann nicht alles nachsehen
nam [verl. td.] → **nemen**
namaak Nachbildung *v*, Imitation *v* ★ *dat is ~* das ist nachgemacht
namaken ❶ *maken volgens model* nacharbeiten, nachbilden ❷ *bedrieglijk nabootsen* nachmachen
name → **naam**
namelijk ❶ *te weten* nämlich ❷ *immers* nämlich ★ *er is ~ iets gebeurd* es ist nämlich nichts passiert ★ *ik heb ~ geen geld* ich habe nämlich kein Geld
Namen Namur *o*
namen [verl. td.] → **nemen**
namens im Namen [+2] ★ *~ alle aanwezigen* im Namen aller Anwesenden
nameten nachmessen
Namibië Namibia *o* ★ *in ~* in Namibia
Namibisch namibisch
namiddag Nachmittag *m* ★ *om 2 uur in de ~* um 14 Uhr, um 2 Uhr nachmittags ★ *vroeg in de ~* am frühen Nachmittag ★ *in de ~* nachmittags
naoorlogs Nachkriegs-
NAP *Normaal Amsterdams Peil* NAP, Amsterdamer Pegel *m*
nap Napf *m*
Napels Neapel *o*
napluizen haarklein untersuchen [+4] ★ *iets ~* einer Sache auf den Grund gehen
Napolitaans neapolitanisch
nappa I *zn* [het] Nappa(leder) *o* **II** *bnw* Nappaleder-, aus Nappa
napraten I *ov ww, praten in navolging van* nachbeten, nachplappern ★ *iem. ~* jmdm. alles nachplappern **II** *on ww, na afloop blijven praten* hinterher plaudern ★ *nog wat blijven ~* hinterher noch ein wenig plaudern
napret nachträgliche(r) Spaß *m*
nar Narr *m*
narcis Narzisse *v*
narcisme Narzissmus *m*
narcist Narzisst *m*
narcistisch narzisstisch
narcose Narkose *v* ★ *onder ~ brengen* unter Narkose setzen
narcoticabrigade Rauschgiftdezernat *o*
narcoticum Narkotikum *o*, ⟨drug⟩ Rauschgift *o*
narcotiseur Narkosearzt *m* [v: Narkoseärztin], Anästhesist *m*
narekenen nachrechnen, nachprüfen
narigheid Ärger *m*, Unannehmlichkeiten *mv* ★ *allerlei ~* allerlei Unannehmlichkeiten ★ *in de narigheden zitten* Ärger haben ★ *daar komt ~ van!* das gibt Ärger! ★ *iem. ~ bezorgen* jmdm. Kummer bereiten
naroepen nachrufen
narrig mürrisch, brummig
nasaal I *bnw* nasal **II** *bijw* ★ *~ praten* näseln
nascholing Fortbildung *v*, Schulung *v*
naschools onderw nachschulisch ★ *~e opvang* Hort *m*
naschrift Nachschrift *v*, ⟨bij instanties⟩ Nachtrag *m*
naseizoen Nachsaison *v*
nasi omschr indonesisches Reisgericht *o* ★ *nasi goreng* Nasigoreng *o*
nasibal ≈ Frikadelle *v* aus Nasigoreng
naslaan nachschlagen ★ *er een woordenboek op ~* etw. im Wörterbuch nachschlagen
naslagwerk Nachschlagewerk *o*
nasleep Folgeerscheinungen *mv*, Nachspiel *o* ★ *als ~ hebben* zur Folge haben
nasmaak Nachgeschmack *m* ★ *een bittere ~ hebben* einen bitteren Nachgeschmack haben
naspel ❶ *stuk na afloop* Nachspiel *o* ❷ *nasleep* Nachspiel *o* ❸ *liefdesspel* Nachspiel *o*
naspelen *spelend nadoen* nachspielen ★ *op het gehoor ~* nach dem Gehör spielen
naspeuren nachforschen [+3]
nasporen nachgehen [+3]
nastaren hinterherstarren
nastreven nachstreben [+3] ★ *een doel ~* ein Ziel verfolgen
nasynchroniseren synchronisieren
nat I *bnw* ❶ *niet droog* nass ★ *nat tot op het hemd* nass bis auf die Haut ❷ *regenachtig* nass **II** *zn* [het] Nass *o*, ⟨nattigheid⟩ Nässe *v* ▼ *het is allemaal één pot nat* einer ist wie der andere, es kommt alles auf eins heraus
natafelen nach dem Essen noch sitzen bleiben
natekenen nachzeichnen, ⟨lijnen⟩ nachziehen ★ *een model ~* nach Modell zeichnen
natellen nachzählen
natie ❶ pol *staat* Nation *v* ★ *Verenigde Naties* Vereinte(n) Nationen ❷ BN *opslagbedrijf* ≈ Lagergesellschaft *v*
nationaal *van de natie* National-, national, ⟨in het gebied van een staat⟩ landesweit, ⟨in het gebied van Duitsland⟩ bundesweit ★ *de nationale vlag van Nederland* die niederländische Nationalflagge ★ *een nationale inzameling voor Afrika* eine landesweite Sammlung für Afrika
nationaalsocialisme Nationalsozialismus *m*
nationaalsocialist Nationalsozialist
nationaalsocialistisch nationalsozialistisch
nationaliseren verstaatlichen, nationalisieren
nationalisme Nationalismus *m*
nationalist Nationalist *m*
nationalistisch nationalistisch
nationaliteit ❶ *staatsburgerschap*

Staatsangehörigkeit *v*, Staatsbürgerschaft *v* ★ *de Nederlandse ~ verkrijgen* die niederländische Staatsbürgerschaft erwerben ❷ *volksgroep* Nationalität *v*

natje ★ *zijn ~ en zijn droogje op tijd krijgen* rechtzeitig zu essen und zu trinken bekommen

natmaken ⟨vochtig maken⟩ befeuchten, nass machen

natrappen lett noch einen Tritt geben

natregenen nassregnen, einregnen

natrekken ❶ *nagaan* überprüfen, nachgehen [+3] ★ *een zaak ~* einer Sache nachgehen ❷ *overtrekken* nachziehen

natrium Natrium *o*

natriumcarbonaat Natriumkarbonat *o*

nattevingerwerk ★ *het is ~* das ist über den Daumen gepeilt

nattig feucht

nattigheid *vocht* Nässe *v*, Feuchtigkeit *v* ★ *~ voelen* den Braten riechen

natura ▼ *in ~* in natura ▼ *betaling in ~* Naturallohn *m*, Sachleistung *v*

naturalisatie Naturalisation *v*, Einbürgerung *v*

naturaliseren naturalisieren, einbürgern ★ *zich laten ~* sich naturalisieren lassen, die Staatsbürgerschaft annehmen

naturalisme Naturalismus *m*

naturel naturell, ⟨kleur⟩ naturfarben ★ *~ lak* farbloser Lack

naturisme Freikörperkultur *v*

naturist FKK-Anhänger *m* [v: FKK-Anhängerin]

naturistenstrand FKK-Strand *m*

naturistenvereniging FKK-Verband *m*

na

natuur ❶ *natuurlijke omgeving* Natur *v* ★ *in de vrije ~* in der freien Natur ★ *naar de ~ geschilderd* nach der Natur gemalt ❷ *aard* Art *v*, Natur *v* ★ *van nature* von Natur aus ★ *een tweede ~ geworden* zur zweiten Natur geworden

natuurbad Naturbad *o*

natuurbehoud Naturschutz *m*

natuurbescherming Naturschutz *m*

natuurfilm Naturfilm *m*

natuurgebied Naturgebiet *o*, ⟨beschermd⟩ Naturschutzgebiet *o*

natuurgeneeskunde Naturheilkunde *v*

natuurgenezer Naturheilkundige(r) *m-v*

natuurgetrouw naturgetreu

natuurhistorisch naturhistorisch, naturgeschichtlich

natuurkunde Physik *v*

natuurkundig physikalisch ★ *~ laboratorium* Physiklabor *o*

natuurkundige Physiker *m* [v: Physikerin]

natuurlijk I *bnw* ❶ *vanzelfsprekend* natürlich ❷ *van / volgens de natuur* natürlich ★ *een ~e dood sterven* eines natürlichen Todes sterben ★ *~e selectie* natürliche Selektion ★ *de ~e vader* der leibliche Vater ★ *~e aanleg* natürliche Veranlagung ❸ wisk natürlich ★ *~ getal* natürliche Zahl **II** *bijw* ❶ *vanzelfsprekend* natürlich ❷ *van / volgens zijn natuur* natürlich ★ *zich heel ~ gedragen* sich ganz natürlich benehmen **III** *tw* natürlich ★ *~ niet* natürlich nicht

natuurlijkerwijs natürlicherweise

natuurmonument Naturdenkmal *o* ★ *Vereniging tot Behoud van Natuurmonumenten* Verein *m* zur Naturdenkmalpflege

natuurpark Naturpark *m*

natuurproduct Naturprodukt *o*

natuurramp Naturkatastrophe *v*

natuurreservaat Naturschutzgebiet *o*

natuurschoon Naturschönheit *v*

natuursteen Bruchstein *m*, Naturstein *m*

natuurtalent Naturtalent *o*

natuurverschijnsel Naturerscheinung *v*, ⟨gebeurtenis⟩ Naturereignis *o*

natuurwetenschap Naturwissenschaft *v*

nautisch nautisch

nauw I *bnw* ❶ *krap* eng ❷ *innig* eng ★ *de vriendschapsbanden nauwer aanhalen* die Freundschaft intensivieren ★ *nauwe banden* enge Beziehungen **II** *bijw* ❶ *krap* eng ★ *nauw behuisd zijn* beengt wohnen ★ *deze jurk zit erg nauw* dieses Kleid ist sehr eng ★ *nauw opeen* eng aufeinander ❷ *precies* genau ★ *het nauw nemen* es genau nehmen ★ *iets niet zo nauw nemen* etw. nicht so eng sehen ★ *het niet erg nauw nemen* es nicht so genau nehmen ★ *dat luistert heel nauw* das muss genau stimmen ★ *dat steekt niet zo nauw* es kommt nicht so genau darauf an **III** *zn* [het] ❶ ★ *iem. in het nauw drijven* jmdn. in die Enge treiben ★ *in het nauw gedreven* in die Enge getrieben ★ *in het nauw zitten* in Bedrängnis sein ❷ *zeestraat* ★ *het Nauw van Calais* die Meerenge von Calais

nauwelijks ❶ *bijna niet / geen* kaum ★ *het is ~ te geloven* es ist kaum zu glauben ❷ *net wel* kaum ★ *~... of* kaum... ★ *hij was ~ gearriveerd of...* er war kaum angekommen, als...

nauwgezet genau, ⟨consciëntieus⟩ gewissenhaft ★ *pijnlijk ~* mit peinlicher Genauigkeit

nauwkeurig I *bnw* genau, ⟨precies⟩ präzise ★ *~e inlichtingen* präzise Auskünfte ★ *tot op de millimeter ~* auf den Millimeter genau **II** *bijw* genau ★ *~ overeenstemmen* genau übereinstimmen ★ *~ vertellen* ganz genau erzählen

nauwlettend I *bnw* sorgfältig, genau **II** *bijw* ★ *~ toezien* streng überwachen

nauwsluitend ⟨van kleding⟩ eng anliegend, genau ineinander / aufeinander passend

Nauw van Calais Ärmelkanal *m*

navel ❶ anat Nabel *m* ❷ *sinaasappel* Navel *v*, Navelorange *v*

navelsinaasappel Navelorange *v*

navelstaren Nabelschau halten ★ *het ~* Nabelschauen *o* ★ *politiek van ~* Nabelschaupolitik *v*

navelstreng Nabelschnur *v*

naveltruitje nabelfreie(s) T-Shirt *o*

navertellen nacherzählen ★ *hij heeft het niet kunnen ~* er konnte es nicht mehr erzählen ★ *zij zal het niet meer ~* sie wird es uns nicht mehr erzählen können

navigatie Navigation *v*

navigatiesysteem Navigationssystem *o*

navigator Navigator *m*

navigeren ❶ *besturen* navigieren ❷ *schipperen* navigieren

NAVO *Noord-Atlantische Verdragsorganisatie* NATO *v*

navolgen (nach)folgen [+3] ★ *een voorbeeld* ~ einem Beispiel folgen
navolging Nachahmung *v* ★ *in* ~ *van* nach dem Vorbild von [+3] ★ *dat verdient* ~ das ist nachahmenswert ★ *in* ~ *van iem.* nach jmds. Vorbild
navordering Nachforderung *v*
navraag Erkundigung *v*, Anfrage *v* ★ ~ *naar iets doen* sich nach etw. erkundigen ★ *bij* ~... auf Anfrage
navragen nachfragen, sich erkundigen nach [+3]
navullen nachfüllen
navulverpakking Nachfüllpackung *v*
naweeën *pijn achteraf* ★ ~ *hebben* Nachwehen haben ★ *de* ~ *van de crisis* die Nachwehen der Krise
nawerken ❶ *zijn werking doen gelden* nachwirken ★ *zijn invloed werkt nog na* sein Einfluss wirkt noch nach ❷ *overwerken* nach Arbeitszeit arbeiten
nawerking Nachwirkung *v* ★ *de* ~ *ondervinden van* die Nachwirkungen von... spüren
nawijzen zeigen auf [+4]
nawoord Nachwort *o*
nazaat Nachfahre *m*, Nachkomme *m*
nazeggen nachsagen, ‹herhalen› nachsprechen ★ *iem. iets* ~ jmdm. etw. nachsagen
nazenden nachsenden, nachschicken
nazi Nazi *m*
nazicht BN *controle* Kontrolle *v*, Prüfung *v*
nazi-Duitsland Nazideutschland *o*
nazien ❶ *volgen met de blik* nachsehen, nachschauen ❷ *controlerend nagaan* nachgehen ★ *de bagage wordt nagezien* das Gepäck wird kontrolliert
nazisme Nazismus *m*
nazistisch nazistisch
nazitten hinterher sein [+3], nachsetzen [+3]
nazoeken ❶ *opzoeken* nachschlagen, heraussuchen ★ *iets in een boek* ~ etw. in einem Buch nachschlagen ❷ *onderzoeken* durchsehen, nachsehen
nazomer Spätsommer *m*, Nachsommer *m*
nazorg Nachsorge *v*
NB *nota bene* NB
neanderthaler Neandertaler *m*
necrologie Nekrolog *m*
nectar Nektar *m*
nectarine Nektarine *v*
nederig *bescheiden* bescheiden, demütig, ‹eenvoudig› einfach
nederigheid ❶ *bescheidenheid* Bescheidenheit *v*, Demut *v* ❷ *onaanzienlijkheid* Unscheinbarkeit *v*
nederlaag Niederlage *v* ★ *een* ~ *toebrengen* eine Niederlage zufügen ★ *een* ~ *lijden* eine Niederlage erleiden ★ *een gevoelige* ~ eine empfindliche Niederlage
Nederland Niederlande *mv* ★ *in* ~ in den Niederlanden ★ *naar* ~ in die Niederlande ★ *uit* ~ aus den Niederlanden
Nederlander *bewoner* Niederländer *m*
Nederlands I *bnw, m.b.t. Nederland* niederländisch **II** *zn* [het], *taal* Niederländisch(e) *o* ★ *Algemeen Beschaafd* ~ Standardniederländisch *o*
Nederlandse Niederländerin *v*
Nederlandse Antillen Niederländische(n) Antillen *mv*
Nederlandstalig niederländischsprachig ★ *een* ~*e* ein Niederländischsprachiger *m*, eine Niederländischsprachige *v*
Nedersaksen Niedersachsen *o*
nederwiet niederländische(s) Marihuana *o*
nederzetting Siedlung *v*
nee I *zn* [het] Nein *o* ★ *daar zeg ik geen nee op* dazu sage ich nicht nein ★ *nee heb je, ja kun je krijgen* wer nicht wagt, der nicht gewinnt ★ *nee verkopen* (den Wunsch) abschlagen ★ *nee schudden* den Kopf schütteln **II** *tw* nein
neef ❶ *zoon van oom of tante* Cousin *m* ★ *volle neef* richtige(r) Cousin ★ *verre neef* entfernte(r) Verwandte(r) ★ *ze zijn neef en nicht* sie sind Cousin und Cousine ❷ *zoon van broer of zus* Neffe *m*
neeg [verl. td.] → **nijgen**
neer *naar beneden* ‹van boven gezien› hinunter, ‹van beneden gezien› herunter, nieder ★ *op en neer* auf und ab
neerbuigend herablassend
neerdalen herabsinken, herabsteigen, ‹vliegtuig› niedergehen, ‹regen› herunterfallen
neergaan ‹van boven gezien› hinuntergehen, ‹van beneden gezien› heruntergehen ★ *in* ~*de lijn* in absteigender Linie ★ ~*de conjunctuur* sinkende Konjunktur
neergang Abstieg *m*, Niedergang *m*
neergooien ❶ *naar beneden gooien* hinunterwerfen, herunterwerfen, ‹op de grond› hinwerfen ❷ *ophouden met* hinwerfen, ‹tijdens staking› niederlegen ★ *het boeltje er bij* ~ alles hinschmeißen
neerhalen ❶ *naar beneden halen* ‹strijken› einholen, herunterholen ❷ *slopen* niederreißen, abreißen ★ *een gebouw* ~ ein Gebäude abreißen ❸ *afkammen* heruntermachen ❹ *neerschieten* abschießen ★ *een vliegtuig* ~ ein Flugzeug runterholen
neerkijken ❶ *naar beneden kijken* hinuntersehen, heruntersehen ❷ ~ **op** herabblicken auf [+4], herabsehen auf [+4] ★ *op iem.* ~ auf jmdn. herabsehen
neerkomen ❶ *dalend terechtkomen* herunterkommen, ‹met kracht› aufschlagen, ‹landen› landen ★ *doen* ~ herunterholen ❷ ~ **op** *tot last komen van* treffen ★ *alles komt natuurlijk weer op mij neer* alles wird natürlich wieder mir aufgeladen ❸ ~ **op** *betekenen* hinauslaufen ★ *het komt op hetzelfde neer* es läuft auf dasselbe hinaus ★ *daar komt het op neer* darauf läuft es hinaus
neerlandicus Niederlandist *m* [v: Niederlandistin]
neerlandistiek Niederlandistik *v*
neerlaten herunterlassen, senken ★ *zich* ~ *langs een touw* sich an einem Seil herunterlassen
neerleggen I *ov ww* ❶ *plaatsen* hinlegen ★ *de telefoon* ~ das Telefon auflegen ★ *iets naast zich* ~ etw. nicht beachten ❷ *afstand doen van* niederlegen ❸ *neerschieten* umlegen, abknallen **II** *wkd ww* [**zich** ~] ~ **bij** ★ *zich bij iets* ~ sich mit etw. abfinden
neerploffen hinschmeißen, hinpfeffern ★ *in een*

ne

stoel ~ sich in einen Sessel fallen lassen
neerschieten I *ov ww, schietend neerhalen* niederschießen, ⟨jacht⟩ abschießen, ⟨jacht⟩ erlegen **II** *on ww, omlaag storten* hinunterschießen
neerslaan I *ov ww* ❶ *tegen de grond slaan* niederschlagen ★ *een opstand* ~ einen Aufstand niederschlagen ❷ *omlaag doen* herunterklappen, ⟨kraag⟩ herunterschlagen ★ *de ogen* ~ die Augen niederschlagen **II** *on ww* ❶ scheik sich niederschlagen ❷ *naar beneden vallen* herunterfallen, ⟨bezinken⟩ sich ablagern
neerslachtig niedergeschlagen
neerslag ❶ *regen* Niederschlag *m* ❷ *resultaat* Niederschlag *m* ★ *een* ~ *hebben op* seinen Niederschlag finden in [+3] ❸ *bezinksel* Ablagerung *v* ★ *radioactieve* ~ radioaktive(r) Niederschlag
neerslaggebied Niederschlagsgebiet *o*
neerslagmeter Niederschlagsmesser *m*
neersteken niederstechen
neerstorten ⟨van boven naar beneden⟩ abstürzen, niederstürzen
neerstrijken ❶ *neerdalen* niedergehen ❷ *gaan zitten* sich niederlassen ★ *we streken op een terrasje neer* wir ließen uns in einem Straßencafé nieder ❸ *zich vestigen* sich niederlassen
neertellen hinlegen, ⟨papiergeld⟩ inform hinblättern
neervallen hinfallen, ⟨van boven naar beneden⟩ herabfallen, herunterfallen, ⟨regen / hagel⟩ herunterkommen, ⟨door zwakte⟩ umfallen ★ *op een stoel* ~ sich in einen Stuhl fallen lassen ★ *werken tot je er bij neervalt* bis zum Umfallen arbeiten
neervlijen betten ★ *zich* ~ sich betten
neerwaarts I *bnw* Abwärts- ★ ~*e druk* Abwärtsdruck *m* ★ *een* ~*e beweging* eine Abwärtsbewegung **II** *bijw* abwärts
neerwerpen umwerfen, hinwerfen, inform hinschmeißen ★ *zich* ~ sich hinwerfen
neerzetten ❶ *plaatsen* hinstellen, niedersetzen, hinsetzen ★ *zet de stoelen hier neer* stell die Stühle hierhin ❷ *uitbeelden* darstellen
neerzien ❶ *naar beneden kijken* hinunterblicken, hinabsehen, herunterblicken ❷ ~ **op** herabblicken auf [+4]
neet Nisse *v* ★ *hij is zo arm als de neten* er ist arm wie eine Kirchenmaus ★ *kale neet* Glatzkopf *m*, Habenichts *m* ★ *zo lui als de neten zijn* stinkfaul sein
nefast BN *funest* fatal, verhängnisvoll
negatief I *bnw* negativ ★ *waarom doe je altijd zo* ~? warum bist du immer so negativ? **II** *zn* [het] fotogr Negativ *o*
negen I *telw* neun → **vier II** *zn* [de] ❶ *getal* Neun *v* ❷ onderw *schoolcijfer* ≈ Eins *v* **III** *ww* [verl. td.] → **nijgen**
negende ❶ neunte(r) ❷ → **vierde**
negentien ❶ neunzehn ❷ → **vier**
negentiende ❶ neunzehnte(r) ❷ → **vierde**
negentig ❶ neunzig ❷ → **vier, veertig**
negentigste ❶ neunzigste(r) ❷ → **vierde, veertigste**
neger min Neger *m*, Schwarze(r) *m*
negeren quälen, schikanieren
negeren ignorieren ★ *iem.* ~ jmdn. ignorieren
negerzoen Schokokuss *m*
negligé Negligé *o*
negroïde negroid
neigen ❶ *hellen* sich neigen ❷ *tenderen* neigen zu [+3] ★ *ik ben geneigd hem te geloven* ich neige dazu, ihm zu glauben ★ ~ *tot iets* zu einer Sache neigen ★ *hij neigt ertoe* er ist dazu geneigt
neiging Neigung *v*, ⟨sterker⟩ Hang *m*, econ Tendenz *v* ★ *hij heeft de* ~ *dik te worden* er neigt zum Dickwerden
nek ⟨ Nacken *m* ⟨in uitdrukkingen⟩ Genick *o* ★ *zijn nek breken* sich das Genick brechen ★ *stijve nek* steife(r) Nacken ★ *iem. de nek omdraaien* jmdm. den Hals umdrehen ★ *iemands nek breken* jmdm. das Genick brechen ★ *op de nek dragen* auf den Schultern tragen ★ *nek aan nek* Kopf an Kopf ★ *iem. met de nek aankijken* jmdn. keines Blickes würdigen ★ *iem. op zijn nek zitten* jmdm. auf der Pelle sitzen ★ *uit zijn nek kletsen* Schwachsinn reden ★ *zijn nek uitsteken* Kopf und Kragen riskieren ★ *over zijn nek gaan* kotzen ★ BN *een dikke nek hebben* die Nase hoch tragen
nek-aan-nekrace Kopf-an-Kopf-Rennen *o*
nekken ❶ *doden* den Hals umdrehen, das Genick brechen ★ *iem.* ~ jmdm. das Genick brechen ❷ fig *kapotmaken* vermasseln ★ *een plan* ~ einen Plan vermasseln ★ *de handel* ~ den Handel zerstören ★ *dat nekte hem* das brach ihm das Genick
nekkramp Genickstarre *v*
nekslag ❶ *dodelijke slag* Genickschlag *m* ❷ *genadeslag* Gnadenstoß *m*
nekvel Nackenfell *o* ★ *iem. bij zijn* ~ *pakken / grijpen* jmdm. am Schlafittchen packen, jmdn. beim Wickel nehmen
nekwervel Halswirbel *m*
nemen ❶ lett. en fig *pakken* nehmen ★ *iem. bij de hand* ~ jmdn. an die Hand nehmen ★ *iets uit de kast* ~ etw. aus dem Schrank nehmen ★ *iets uit elkaar* ~ etw. auseinander nehmen ★ *God heeft hem tot zich genomen* Gott hat ihn zu sich genommen ★ *alles bij elkaar genomen* alles zusammen genommen ★ *een verzekering* ~ eine Versicherung abschließen ★ *een hond* ~ einen Hund anschaffen ★ *wat neem jij?* was nimmst du? ★ *de tram* ~ die Straßenbahn nehmen ★ *een taxi* ~ sich ein Taxi nehmen ★ *het er (goed) van* ~ es sich gut gehen lassen ★ *iets letterlijk* ~ etw. wörtlich nehmen ★ *een hindernis* ~ ein Hindernis überwinden ★ *een stad* ~ eine Stadt einnehmen ★ *iets op zich* ~ etw. auf sich nehmen ❷ *aanvaarden* hinnehmen ★ *dat neem ik niet* das nehme ich nicht hin ★ *het leven* ~ *zoals het is* das Leben nehmen, wie es ist ❸ *beetnemen* ★ *iem. ertussen* ~ jmdn. an der Nase herumführen, jmdn. auf den Arm nehmen ★ *zich genomen voelen* sich verlackmeiert fühlen
neoklassiek neoklassisch
neologisme Neologismus *m*
neon Neon *o*
neonazi Neonazi *m*
neonbuis Neonröhre *v*
neonlicht Neonlicht *o*
neonreclame Neonreklame *v*
nep *onecht* nachgemacht, unecht ★ *het is allemaal*

nep es ist alles nicht echt
Nepal Nepal *o* ★ *in ~* in Nepal
Nepalees nepalesisch
neppen übers Ohr hauen, neppen ★ *ze hebben je flink genept met die auto* sie haben dich mit dem Auto ganz schön übers Ohr gehauen
Neptunus *eigennaam* Neptun *m*
nerd Nerd *m*
nerf ❶ plantk Nerv *m* ❷ *houtvezel* Faser *v*
nergens ❶ *op geen enkele plaats* nirgends, nirgendwo ★ *zonder woordenboek ben ik ~* ohne Wörterbuch bin ich verloren ★ *dan ben je ~* dann bist du erledigt ❷ *niets* nichts ★ *zich ~ mee bemoeien* sich um nichts kümmern ★ *dat dient ~ toe* das hat keinen Zweck ★ *hij geeft ~ om* ihm ist nichts wichtig ★ *ze weten ~ iets van* sie wissen von nichts ★ *dat slaat ~ op* das ist unter aller Sau
nering *handel* Gewerbe *o*, ⟨zaak⟩ Geschäft *o* ★ *~ drijven* Gewerbe treiben
nerts I *zn* [de], *dier* Nerz *m* **II** *zn* [het], *bont* Nerz *m*
nerveus nervös
nervositeit Nervosität *v*
nest ❶ dierk *broedplaats* Nest *o* ★ *zijn eigen nest bevuilen* sein eigenes Nest beschmutzen ❷ *worp* Wurf *m* ★ *uit een goed nest komen* aus einem guten Stall kommen ❸ inform *bed* Nest *o* ❹ *nuffig meisje* Ding *o*, min Göre *v*, ⟨kreng⟩ Luder *o* ★ *verwend nest* verwöhnte Göre ❺ *schuilhol* Nest *o*, ⟨afgelegen⟩ Kaff *o* ▼ *zich in de nesten werken* sich in Schwierigkeiten bringen ▼ *in de nesten zitten* in der Klemme / Patsche sitzen
nestelen I *on ww* nisten **II** *wkd ww* [zich ~] sich einnisten, ⟨persoon⟩ sich niederlassen ★ *zij nestelde zich bij het vuur* sie ließ sich am Feuer nieder
nestkastje Nistkasten *m*
nestor Nestor *m*
nestwarmte Nestwärme *v*
net I *zn* [het] ❶ *weefsel met mazen* Netz *o* ★ *achter het net vissen* das Nachsehen haben ★ *iem. in zijn netten strikken* jmdn. in seinem Netz fangen ❷ *netwerk* Netz *o* ❸ *internet* Netz *o* ❹ *televisiezender* Netz *o* ★ *op het eerste net* im ersten Programm ❺ *nette versie* ★ *in het net schrijven* ins Reine schreiben **II** *bnw* ❶ *proper* ordentlich, ⟨schoon⟩ sauber, ⟨verzorgd⟩ gepflegt ❷ *fatsoenlijk* ⟨kleding⟩ gut, ⟨schrift⟩ sauber, anständig ★ *op een nette manier* auf ordentliche Art und Weise ★ *een nette kamer* ein ordentliches Zimmer ★ *een nette man* ein anständiger Mann **III** *bijw* ❶ *precies* genau ★ *net op tijd* gerade rechtzeitig ★ *net goed!* geschieht ihr / ihm gerade recht! ★ *dat is net wat voor jou* das ist genau dein Fall ❷ *zojuist* gerade
netel Brennnessel *v*, Nessel *v*
netelig heikel, ⟨onverkwikkelijk⟩ misslich ★ *~e kwestie* eine heikle Frage
netelroos Nesselfieber *o*, Nesselsucht *v*
netheid ❶ *ordelijkheid* Ordnung *v*, ⟨verzorgdheid⟩ Gepflegtheit *v* ❷ *fatsoenlijkheid* Anständigkeit *v*
netjes I *bnw* ❶ *ordelijk* ordentlich, sauber, ⟨keurig⟩ fein ★ *het is er ~* es ist ordentlich dort ★ *het ~ houden* es sauber halten ❷ *fatsoenlijk* anständig ★ *dat is niet ~* das ist nicht in Ordnung ★ *het is niet ~ om te wijzen* man zeigt nicht mit dem Finger **II** *bijw, fatsoenlijk* ★ *~ gekleed* ordentlich gekleidet ★ *zich ~ gedragen* sich ordentlich benehmen ★ *~ gezegd* freundlich gesagt
netkous Netzstrumpf *m*
netnummer Vorwahl *v*
netspanning Netzspannung *v*
netto netto, Netto- ★ *~ opbrengst* Nettogewinn *m* ★ *~gewicht* Nettogewicht *o* ★ *~inkomen* Nettoeinkommen *o*
nettoloon Nettolohn *m*
netto-omzet Nettoumsatz *m*
nettowinst Nettogewinn *m*
netvlies Netzhaut *v*
netvliesontsteking Netzhautentzündung *v*
netvoeding Netzspeisung *v*
netwerk Netz *o* ★ *een ~ van leugens weven* ein Netz von Lügen spinnen
netwerken sein Netzwerk unterhalten
neuken I *ov ww, vrijen met* ★ *een vrouw ~* eine Frau bumsen **II** *on ww, vrijen* ficken, vögeln, bumsen
Neurenberg Nürnberg *o*
Neurenbergs Nürnberger
neuriën summen
neurochirurg Neurochirurg *m*
neurochirurgie Neurochirurgie *v*
neurologie Neurologie *v*
neuroloog Neurologe *m* ★ *naar de ~ gaan* zum Neurologen gehen
neuroot Neurotiker *m*
neurose Neurose *v*
neurotisch neurotisch
neus ❶ *reukorgaan* Nase *v* ★ *een verstopte neus* eine verschnupfte Nase ★ *door je neus praten* näseln ★ *uit je neus bloeden* Nasenbluten haben ★ *je neus ophalen* die Nase hochziehen ★ *zijn neus loopt* seine Nase läuft ★ *een wassen neus* zum Schein ★ *het neusje van de zalm* das Feinste vom Feinen ★ *iem. iets aan de neus hangen* jmdm. etw. auf die Nase binden ★ *iem. iets door de neus boren* jmdm. etw. vorenthalten ★ *met zijn neus in de boter vallen* Schwein / Glück haben ★ *iem. iets onder de neus wrijven* jmdm. etw. unter die Nase reiben ★ *op zijn neus vallen* auf die Nase fallen ★ *tussen neus en lippen door* nebenbei ★ *pal voor mijn neus* direkt vor meiner Nase ★ *iets voor iemands neus wegkapen* jmdm. etw. vor der Nase wegschnappen ★ *doen alsof zijn neus bloedt* den Unschuldigen spielen ★ *een frisse neus halen* frische Luft schnappen ★ *een fijne neus hebben voor iets* einen Riecher für etw. haben ★ *zijn neus voor iets ophalen / optrekken* die Nase über etw. rümpfen ★ *onze neuzen staan dezelfde kant op* wir schauen in dieselbe Richtung ★ *overal zijn neus in steken* in alles seine Nase stecken ★ *zijn neus stoten* den Kopf stoßen ★ *het komt me de neus uit* es hängt mir zum Hals heraus ★ *hij kijkt niet verder dan zijn neus lang is* er sieht nicht weiter, als seine Nasenspitze reicht ❷ *reukzin* Nase *v*, Geruch *m* ❸ *punt* Spitze *v*, ⟨schoen⟩ Kappe *v*, ⟨schip / vliegtuig⟩ Bug *m*
neusademhaling Nasenatmung *v*
neusamandel Rachenmandel *v* ★ *de ~en* inform die Polypen

neusbeen Nasenbein *o*
neusbloeding Nasenbluten *o*
neusdruppels Nasentropfen *mv*
neusgat Nasenloch *o*, ⟨bij grote dieren⟩ Nüster *v*
neusholte Nasenhöhle *v*
neushoorn Nashorn *o*
neus-keelholte Nasen-Rachen-Raum *m*
neus-keelholteontsteking Nasenrachenentzündung *v*
neusklank Nasal *m*, Nasallaut *m*
neuslengte Nasenlänge *v* ★ *met een ~ voorsprong voor iem. winnen* jmdn. um eine Nasenlänge schlagen
neuspeuteren in der Nase bohren
neusspray Nasenspray *m/o*
neustussenschot Nasenscheidewand *v*
neusverkouden verschnupft
neusverkoudheid Schnupfen *m*
neusvleugel Nasenflügel *m*
neut Schnaps *m*, Gläschen *o*
neutraal ❶ *niet afwijkend, gemiddeld* neutral ★ *een neutrale kleur* eine neutrale Farbe ❷ *onpartijdig* neutral ★ *een neutrale waarnemer* ein neutraler Beobachter ★ *een neutrale opmerking* eine neutrale Bemerkung
neutraliseren neutralisieren
neutraliteit Neutralität *v*
neutron Neutron *o*
neutronenbom Neutronenbombe *v*
neuzelen ❶ *door de neus praten* näseln ❷ *onzin uitkramen* faseln
neuzen herumschnüffeln ★ *in iets ~* in einer Sache herumschnüffeln ★ *in iemands zaken ~* in jmds. Privatangelegenheiten herumschnüffeln
nevel *dunne mist* Nebel *m* ★ *zich in ~en hullen* es bei Andeutungen belassen
nevelig ❶ *met nevel* neblig ❷ *onduidelijk* nebulös
nevelvorming Nebelbildung *v*
nevenactiviteit Nebentätigkeit *v*
neveneffect Nebeneffekt *m*, Nebenwirkung *v*
nevenfunctie Nebenberuf *m*, Nebentätigkeit *v*
nevengeschikt nebengeordnet, beigeordnet
neveninkomsten Nebeneinkünfte *mv*
nevens BN neben [+3 / 4]
nevenschikkend taalk nebenordnend, beiordnend
nevenschikking taalk Beiordnung *v*
nevenwerkzaamheden Nebentätigkeiten *v mv*
newfoundlander Neufundländer *m*
new wave Neue Welle *v*, New Wave *m*
New York New York *o*
New Yorker New Yorker *m*
New Yorks New Yorker
New Yorkse New Yorkerin *v*
Niagarawatervallen Niagarafälle *mv*
Nicaragua Nicaragua *o* ★ *in ~* in Nicaragua
Nicaraguaan Nicaraguaner *m*
Nicaraguaans nicaraguanisch
Nicaraguaanse Nicaraguanerin *v*
niche econ Nische *v*
nicht ❶ *dochter van oom / tante* Cousine *v* ★ *volle ~* Cousine ersten Grades ❷ *dochter van broer / zus* Nichte *v* ❸ *mannelijke homo* Schwule(r) *m*, min Tunte *v*
nichterig tuntig
Nicosia Nicosia *v*

nicotine Nikotin *o*
nicotinevergiftiging Nikotinvergiftung *v*
nicotinevrij nikotinfrei
niemand niemand ★ *het is ~ anders dan mijn zus* es ist niemand anders als meine Schwester ★ *ik heb ~ gezien* ich habe niemanden gesehen ★ *er was ~* es war niemand da ★ *~ minder dan hij* kein Geringerer als er ★ *~ van hen* niemand von ihnen ★ *ik heb het aan ~ verteld* ich habe es niemandem erzählt
niemandsland Niemandsland *o*
niemendal gar nichts, überhaupt nichts
niemendalletje *onbeduidend iets* Lappalie *v* ★ *het is een ~* es ist eine Lappalie
nier ❶ *orgaan* Niere *v* ★ *wandelende nier* Wanderniere *v* ❷ *gerecht* Niere *v*
nierbekken Nierenbecken *o*
nierbekkenontsteking Nierenbeckenentzündung *v*
nierdialyse Dialyse *v*
niergruis Nierengrieß *m*
nierpatiënt Nierenkranke(r) *m*
niersteen Nierenstein *m*
niertransplantatie Nierentransplantation *v*
nierziekte Nierenkrankheit *v*
niesbui Niesanfall *m*
niesen niesen
niespoeder Niespulver *o*
niesziekte Katzenschnupfen *m*
niet I *bijw* nicht ★ *niet alleen, maar...* nicht nur... sondern auch... ★ *niet langer* nicht länger ★ *ook niet* auch nicht ★ *helemaal niet* überhaupt nicht, gar nicht ★ *niet minder dan* nicht weniger als ★ *niet helemaal* nicht ganz ★ *niet eens* nicht einmal ★ *hij is niet bepaald vlijtig* er ist nicht gerade fleißig ★ *hoezo niet?* wieso nicht? ★ *niet dat ik weet* nicht, dass ich wüsste ★ *komt hij? ik niet* kommt er? Ich nicht. **II** *onb vnw* nicht **III** *zn* [het] Nichts *o* ★ *in het niet vallen bij* nichts sein gegen [+4]
niet-aanvalsverdrag Nichtangriffspakt *m*
nieten (zusammen)heften
nietes nicht wahr!, nein!
niet-EU-land Nicht-EU-Land *o*
niet-gebonden pol blockfrei ★ *de ~ landen* die blockfreien Länder
nietig ❶ *onbeduidend* nichtig, unscheinbar, ⟨heel klein⟩ winzig ❷ *niet van kracht* nichtig, ungültig ★ *~ verklaren* für ungültig erklären
nietigverklaring Ungültigkeitserklärung *v*, jur Nichtigkeitserklärung *v*
niet-ingezetene Gebietsfremde(r) *m-v* ★ ⟨opschrift⟩ *~n* Gebietsfremde
nietje Heftklammer *v*
niet-lid Nichtmitglied *o*
nietmachine Hefter *m*, Heftmaschine *v*
niet-ontvankelijkverklaring Unzulässigkeitserklärung *v* ★ *~ van het beroep* Unzulässigkeitserklärung des Widerspruchs
nietpistool Tacker *m*
niet-roken- nichtraucher- ★ *niet-rokencoupé* Nichtraucherabteil *o*
niet-roker Nichtraucher *m* ★ *rokers en ~s* Raucher und Nichtraucher
niets I *onb vnw* nichts ★ *~ te danken!* nichts zu danken! ★ *daar komt ~ van in!* das kommt nicht

in die Tüte! ★ *daar is ~ aan te doen* da kann man nichts machen ★ *zich boos maken om ~* sich wegen nichts und wieder nichts aufregen ★ *~ goeds* nichts Gutes ★ *~ anders* nichts Anderes ★ *~ meer en ~ minder dan* nichts mehr und nichts weniger als ★ *dat geeft ~* das macht nichts ★ *daar heb je ~ mee te maken* damit hast du nichts zu tun ★ *helemaal ~* gar nichts, überhaupt nichts ★ *~ daarvan!* kommt nicht in Frage! ★ *er kwam ~ van* da passierte nichts ★ *verder ~?* sonst nichts? ★ *dat is ~ vergeleken bij...* das ist nichts im Vergleich zu... ★ *~ dan klachten* nichts als Beschwerden ★ *ik heb er ~ aan* mir bringt das nichts ★ *niet voor ~* nicht umsonst ★ *om / voor ~* wegen nichts und wieder nichts ★ *ik zou het nog niet voor ~ willen hebben* ich wollte es nicht geschenkt haben ★ *het is ~ gedaan* es ist zwecklos ★ *een vent van ~* eine Niete ★ *er valt ~ te lachen* es gibt nichts zu lachen **II** *zn* [het] Nichts *o* ★ *uit het ~ tevoorschijn roepen* aus dem Nichts hervorzaubern ★ *in het ~ verdwenen* in der Versenkung verschwunden

nietsbetekenend nichts bedeutend

nietsdoen Nichtstun *o* ★ *het zalig ~* das süße Nichtstun

nietsnut Nichtsnutz *m*, Taugenichts *m*

nietsontziend rücksichtslos, schonungslos

nietsvermoedend nichts ahnend, ahnungslos

nietszeggend nichtssagend ★ *een ~e toespraak* eine nichtssagende Rede ★ *een ~ gezicht* ein nichtssagendes Gesicht

niettegenstaande trotz [+2] ★ *~ het verlies* trotz des Verlustes

niettemin nichtsdestoweniger

nietwaar oder, nicht wahr ★ *hij gaat mee, ~?* er geht mit, oder?

nieuw I *bnw* ❶ *pas ontstaan* neu ★ *de ~ste mode* die neueste Mode ★ *iets ~s* etw. Neues ★ *het ~e is eraf* da ist nichts Neues mehr dran ❷ *volgend op iets / iemand* neu ★ *het ~e jaar* das neue Jahr ★ *de ~e geschiedenis* die neuere Geschichte ★ *~e maan* Neumond *m* ★ *een ~e richting in de kunst* eine neue Kunstrichtung ★ *~e haring* Matjeshering *m* ★ *het ~ste snufje* der letzte Schrei ★ *er is niets ~s onder de zon* es ist immer wieder das Gleiche **II** *zn* [het] ★ *zich in het ~ steken* sich neu einkleiden

nieuwbakken ❶ *vers* frisch gebacken ❷ *pas geworden* frisch gebacken ★ *onze ~ directeur* unser frisch gebackener Direktor

nieuwbouw ❶ *het bouwen* Neubau *m* ❷ *nieuwe gebouwen* Neubau *m* ★ *in de ~ wonen* im Neubau wohnen

nieuwbouwwijk Neubauviertel *o*

nieuwbouwwoning Neubauwohnung *v*

Nieuw-Caledonië Neukaledonien *o*

nieuweling Neuling *m*

nieuwerwets neumodisch

Nieuwgrieks I *zn* [het] Neugriechisch *o* **II** *bnw* neugriechisch

Nieuw-Guinea Neuguinea *o* ★ *op ~* auf Neuguinea

nieuwigheid ❶ *het nieuwe* Neuerung *v* ❷ *iets nieuws* Neuheit *v* ★ *een ~ op het gebied van...* eine Neuheit auf dem Gebiet von...

Nieuwjaar Neujahr *o* ★ *gelukkig ~* ⟨op Nieuwjaarsdag⟩ prosit Neujahr!, ein glückliches neues Jahr ★ *iem. een gelukkig ~ wensen* jmdm. ein gutes neues Jahr wünschen

nieuwjaarsdag Neujahr *o*, Neujahrstag *m*

nieuwjaarskaart Neujahrskarte *v*

nieuwjaarsreceptie Neujahrsempfang *m*

nieuwjaarswens Neujahrswunsch *m*

nieuwkomer Newcomer *m*, ⟨nieuweling⟩ Neuling *m*

nieuwlichter Neuerer *m*

nieuwprijs Neupreis *m*

nieuws ❶ *berichten* Nachrichten *mv*, ⟨nieuwtjes⟩ Neuigkeiten *mv*, ⟨via de media⟩ Meldungen *mv* ★ *gemengd ~* Vermischte(s) *o* ★ *het laatste ~* die neuesten Nachrichten ★ *dat is oud ~* inform das ist Käse von gestern ★ *in het ~ zijn* in den Medien sein ★ *is er nog ~?* gibt's was Neues? ★ *geen ~, goed ~* keine Nachricht, gute Nachricht ❷ *nieuwsuitzending* Nachrichten *mv* ★ *wil je het ~ nog zien?* möchtest du die Nachrichten sehen?

nieuwsagentschap Presseagentur *v*, Nachrichtenagentur *v*

nieuwsbericht Nachricht *v* ★ *de ~en* die Nachrichten

nieuwsblad Zeitung *v*, Tageszeitung *v* ★ *de ~en* die Tageszeitungen

nieuwsbrief Rundbrief *m*, ⟨elektronisch⟩ Newsletter *m*

nieuwsdienst Pressedienst *m*, Presseagentur *v*

nieuwsfeit Nachricht *v*

nieuwsgierig neugierig ★ *~ naar* neugierig auf [+4] ★ *ik ben ~ wat hij zal doen* ich bin gespannt, was er tun wird

nieuwsgierigheid Neugier *v* ★ *zijn ~ bedwingen* seine Neugier beherrschen

nieuwsgroep www Mailing Group *v*

nieuwslezer Nachrichtensprecher *m* [v: Nachrichtensprecherin]

nieuwsoverzicht Nachrichtenübersicht *v*

nieuwsrubriek Magazin *o*, ⟨radio⟩ Rundfunkmagazin *o*, ⟨tv⟩ Fernsehmagazin *o*

nieuwsuitzending Nachrichtensendung *v*, Nachrichten *mv*

nieuwtje ❶ *nieuwigheid* Neuheit *v* ★ *het ~ gaat er gauw af* das ist bald keine Neuheit mehr ❷ *actueel bericht* Neuigkeit *v*

nieuwwaarde Neuwert *m* ★ *iets tegen ~ verzekeren* etw. für den Neuwert versichern

Nieuw-Zeeland Neuseeland *o* ★ *in ~* in Neuseeland

Nieuw-Zeelands neuseeländisch

niezen → **niesen**

Niger I *zn* [het], *land* Niger *m* ★ *in ~* im Niger **II** *zn* [de], *rivier* Niger *m*

Nigeria Nigeria *o* ★ *in ~* in Nigeria

Nigeriaan Nigerianer *m*

Nigeriaans nigerianisch

Nigeriaanse Nigerianerin *v*

nihil I *bnw* nihil, null **II** *onb vnw* null ★ *vrijwel ~* praktisch null ★ *het resultaat is ~* das Ergebnis ist gleich null

nihilisme Nihilismus *m*

nijd ❶ *afgunst* Neid *m* ★ *scheel zien van nijd* vor Neid erblassen ★ *geel van nijd worden* gelb / grün vor Neid werden ❷ *woede* Bissigkeit *v*

nijdig ❶ *boos* wütend, ⟨sterker⟩ fuchsteufelswild

ni

★ *zich ~ maken* fuchsteufelswild werden ❷ *venijnig* giftig
nijgen *buigen* sich verbeugen
nijging Verbeugung *v*, form Verneigung *v*
Nijl Nil *m*
nijlpaard Nilpferd *o*
Nijmeegs Nimwegener
Nijmegen Nimwegen *o*
nijpend bitter ★ *een ~ tekort* ein ernsthafter Mangel
nijptang Kneifzange *v*
nijver fleißig, ⟨rusteloos bezig⟩ emsig
nijverheid Industrie *v*, ⟨ambacht⟩ Gewerbe *o*
nikab Niqab *m*
nikkel Nickel *o*
niks I *bijw* gar nichts, überhaupt nichts **II** *onb vnw* nichts ★ *alsof het niks is!* als ob es nichts wäre! ★ *niks daarvan!* nichts darüber!
niksen nichts tun, faulenzen
niksnut Nichtsnutz *m*
nimf Nymphe *v*
nimmer nie(mals) ★ *nooit ofte ~* nie und nimmer
nippel Nippel *m*
nippen nippen ★ *van iets ~* von etw. [3] nippen
nippertje ▾ *op het ~* gerade noch, im letzten Augenblick ▾ *het was op het ~* es war knapp
nipt knapp ★ *een nipte overwinning* ein knapper Sieg
nirwana Nirwana *o*
nis Nische *v*
nitraat Nitrat *o*
nitriet Nitrit *o*
nitwit Dummkopf *m*
niveau ⟨vooral fig⟩ Niveau *o*, ⟨vooral lett⟩ Ebene *v* ★ *op hoog ~* auf hohem Niveau ★ *van hoog ~* von hohem Niveau
niveauverschil Niveauunterschied *m*, ⟨hoogteverschil⟩ Höhenunterschied *m*
nivelleren nivellieren
nobel nobel, edel
Nobelprijs Nobelpreis *m* ★ *de ~ voor de vrede* der Friedensnobelpreis
noch weder...noch ★ *het een noch het ander* weder das eine noch das andere ★ *(noch) dit, noch dat* weder dies noch das ★ *hij kan lezen noch schrijven* er kann weder lesen noch schreiben
nochtans ⟨en toch⟩ dennoch, ⟨echter⟩ allerdings, ⟨echter⟩ jedoch
no-claim Schadenfreiheit *v*
no-claimkorting Schadenfreiheitsrabatt *m*
noden ❶ *uitnodigen* einladen (**tot** zu) ❷ *tot iets uitlokken* einladen ★ *~ tot* einladen zu [+3]
nodig I *bnw* ❶ *noodzakelijk* nötig, ⟨sterker⟩ notwendig ★ *indien / zo ~* falls nötig ★ *iets ~ hebben* etw. brauchen ★ *ik had niet lang ~ om...* ich brauchte nicht lang um... ★ *het ~ vinden om* es nötig finden zu... ★ *dringend ~ zijn* dringend nötig sein ★ *dat is niet ~* das ist nicht nötig ❷ iron *gebruikelijk* üblich ★ *met de ~e ophef* mit dem üblichen Trara **II** *bijw, dringend* dringend ★ *~ naar het toilet moeten* dringend aufs Klo müssen ★ *het moet ~ hersteld worden* es muss dringend repariert werden ★ *dat moet jij ~ zeggen* das musst ausgerechnet du sagen! ★ *moet dat nou zo ~?* muss das unbedingt sein?
nodigen einladen, ⟨dwingen⟩ nötigen
noedels Nudeln *mv*
noemen ❶ *een naam geven* nennen ★ *hoe noem je dat?* wie nennt man das? ★ *iem. naar zijn vader ~* jmdn. nach seiner Oma nennen ❷ *met name vermelden* nennen ★ *het genoemde hoofdstuk* das genannte Kapitel ★ *men noemt hem onder de kandidaten* man nennt ihn als einen der Kandidaten
noemenswaardig nennenswert ★ *het verschil is niet ~* der Unterschied ist nicht nennenswert
noemer Nenner *m* ★ fig *onder één ~ brengen* auf einen gemeinsamen Nenner bringen
noest I *zn* [de] Knorren *m* **II** *bnw* unermüdlich ★ *een ~e werker* ein eifriger Arbeiter ★ *met ~e vlijt* mit unermüdlichem Fleiß
nog ❶ *tot nu* noch ★ *tot nog toe* bis jetzt, bisher ★ *het is nog steeds regenachtig weer* es ist immer noch regnerisches Wetter ★ *nog maar weinig* nur noch wenig ★ *nog altijd* immer noch ★ *nog steeds* immer noch ★ *nog steeds niet* immer noch nicht ★ *zelfs nu nog* sogar jetzt noch ❷ *vanaf nu* noch ★ *nog één nachtje slapen* noch einmal schlafen ★ *nog slechts twee dagen* nur noch zwei Tage ★ *hoe lang nog?* wie lange noch? ❸ *bovendien, meer* noch ★ *nog eens* noch einmal ★ *anders nog iets?* sonst noch was? ★ *en wat dan nog?* na und? ★ *100 euro en nog wat* 100 Euro und ein paar Zerquetschte
noga Nugat *m/o*, Nougat *m/o*
nogal ziemlich ★ *gaat het ~?* geht es einigermaßen? ★ *~ eens* öfter
nogmaals nochmals, noch einmal ★ *~ doornemen* noch einmal durchgehen
no-iron bügelfrei
nok ❶ *deel van dak* First *m* ★ *tot de nok toe gevuld* voll bis obenhin ❷ scheepv Nock *v/o*
nokken Schluss machen ★ *~ met werken* zu arbeiten aufhören ★ *~!* Schluss!
nomade Nomade *m*
nomadisch nomadisch
nominaal Nominal-, nominal, nominal-, ⟨de naam betreffend⟩ nominell ★ *nominale waarde* Nominal- / Nennwert *m*
nominatie ❶ *benoeming* Ernennung *v* ★ *op de ~ staan voor* nominiert sein für ❷ *kandidatenlijst* Kandidatenliste *v*, Vorschlagsliste *v* ★ *op de ~ staan* auf der Vorschlagsliste stehen
nomineren nominieren (**voor** für) [+4] ★ *genomineerd zijn voor...* nominiert sein für...
non Nonne *v* ★ *non worden* ins Kloster gehen
non-actief ★ *op ~ stellen* jmdn. suspendieren ★ *op ~ staan* suspendiert sein
non-alcoholisch alkoholfrei
nonchalance *nalatigheid* Nonchalance *v*
nonchalant *nalatig* nonchalant
non-conformistisch nonkonformistisch
non-fictie Sachliteratur *v*, Sachbücher *o mv*
non-food Non-Food *o*
nonkel BN *oom* Onkel *m*
nonnenklooster Nonnenkloster *o*
nonnenschool onderw Klosterschule *v*
no-nonsense No-Nonsense- ★ *~politiek* ≈ Realpolitik *v*
non-profit nicht kommerziell ★ *een ~organisatie* eine uneigennützige Organisation

non-proliferatieverdrag pol Nonproliferationsvertrag *m*, Nonproliferationsabkommen *o*
nonsens Nonsens *m*, Unsinn *m* ★ ~! Unsinn!
non-stop nonstop ★ *~muziek* Non-Stop-Musik
non-stopvlucht Non-Stop-Flug *m*, Direktflug *m*
non-verbaal nonverbal
nood ❶ *behoefte / noodzakelijkheid* Not *v* ★ *hoge nood hebben* dringend mal müssen ★ *van de nood een deugd maken* aus der Not eine Tugend machen ★ *nood breekt wet* Not kennt kein Gebot ★ *als de nood aan de man komt* wenn Not am Mann ist ★ *als de nood het hoogst is, is de redding nabij* wenn die Not am größten ist, ist Gottes Hilfe am nächsten ★ BN *nood hebben aan iets* etw. brauchen ❷ *gevaar* Not *v* ★ *in geval van nood* im Notfall ★ *in nood verkeren* sich in Gefahr befinden ★ *een redder in de nood* ein Retter in der Not ★ *geen nood!* keine Sorge! ❸ BN *tekort* Defizit *o*, ⟨goederen / personen⟩ Mangel *m*, ⟨geld⟩ Fehlbetrag *m*
noodaggregaat Notaggregat *o*
noodbrug Notbrücke *v*, Behelfsbrücke *v*
noodgebied ❶ *rampgebied* Notstandsgebiet *o* ❷ *noodlijdend gebied* Notstandsgebiet *o*
noodgedwongen notgedrungen
noodgeval Notfall *m*
noodhulp *hulp in geval van nood* Notfallhilfe *v*
noodklok Sturmglocke *v*, Alarmglocke *v* ★ *de ~ luiden* die Sturmglocke läuten
noodkreet Hilfeschrei *m*
noodlanding Notlandung *v* ★ *een ~ maken* notlanden
noodlijdend *behoeftig* Not leidend ★ *~ gebied* Notstandsgebiet *o*
noodlot Schicksal *o*, ⟨onontkoombaar⟩ Verhängnis *o*
noodlottig verhängnisvoll ★ *dat werd haar ~* das wurde ihr zum Verhängnis
noodmaatregel Behelfsmaßnahme *v*
noodplan Notstandsplan *m*
noodrantsoen Notration *v*, eiserne Ration *v*
noodrem Notbremse *v* ★ *aan de ~ trekken* ook fig die Notbremse ziehen
noodsignaal Notsignal *o*
noodsprong fig verzweifelte(r) Versuch *m*
noodstop Nothalt *m*, ⟨stop door remmen⟩ Notbremsung *v* ★ *een ~ maken* einen Nothalt machen
noodtoestand Notlage *v*, Notstand *m*, ⟨door de regering afgekondigd⟩ Ausnahmezustand *m* ★ *de ~ afkondigen* den Ausnahmezustand ausrufen
nooduitgang Notausgang *m*
noodverband Notverband *m*
noodverlichting Notbeleuchtung *v*
noodvulling Provisorium *o*, provisorische Zahnfüllung *v*
noodweer I *zn* [de], *zelfverdediging* Notwehr *v* ★ *uit ~ handelen* in Notwehr handeln **II** *zn* [het], *onstuimig weer* Unwetter *o*
noodzaak Notwendigkeit *v* ★ *uit ~* aus Notwendigkeit
noodzakelijk ❶ *beslist nodig* notwendig ★ *het strikt ~e* das Allernotwendigste ❷ *onontkoombaar* notwendig
noodzakelijkerwijs notwendigerweise
noodzaken zwingen, nötigen ★ *zich genoodzaakt zien om iets te doen* sich genötigt fühlen etw. zu tun
nooit nie(mals) ★ *~ meer* nie mehr, nie wieder ★ *dat ~!* das nie! ★ *~ ofte nimmer* nie und nimmer ★ *~ van mijn leven!* nie im Leben! ★ *dat gebeurt ~* das passiert nie im Leben ★ *eens, maar ~ meer* einmal und nie wieder ★ *nu of ~* jetzt oder nie ★ *je weet maar ~* man kann nie wissen
Noor Norweger *m*
noor Rennschlittschuh *m*
noord nördlich ★ *de wind is ~* der Wind kommt von Norden
Noord-Amerika Nordamerika *o* ★ *in ~* in Nordamerika
Noord-Amerikaan Nordamerikaner *m*
Noord-Amerikaans nordamerikanisch
Noord-Amerikaanse Nordamerikanerin *v*
Noord-Brabant Nordbrabant *o*
Noord-Brabants brabantisch
noordelijk I *bnw, uit / van het noorden* nord-, Nord-, nördlich ★ *~e wind* Nordwind *m* ★ *de wind is ~* der Wind kommt aus Nord ★ *~ van* nördlich [+2], nördlich von [+3] **II** *bijw, naar het noorden* nördlich
Noordelijke IJszee Nördliche(s) Eismeer *o*
noorden ❶ *windstreek* Norden *m* ★ *op het ~ liggen* nach Norden liegen ★ *ten ~ van* nördlich [+2], nördlich von [+3] ❷ *gebied* Norden *m* ★ *het hoge ~* der hohe Norden ▼ BN *er het ~ bij verliezen* durcheinanderkommen
noordenwind Nordwind *m*
noorderbreedte nördliche Breite *v*
noorderbuur nördliche(r) Nachbar *m*
noorderkeerkring nördliche(r) Wendekreis *m*, Wendekreis *m* des Krebses
noorderlicht Nordlicht *o*, Polarlicht *o*
noorderling jemand aus dem Norden, ⟨Scandinaviër⟩ Nordländer *m*
noorderzon ▼ *met de ~ vertrekken* bei Nacht und Nebel verschwinden
Noord-Europa Nordeuropa *o* ★ *in ~* in Nordeuropa
Noord-Europees nordeuropäisch
Noord-Holland Nordholland *o*
Noord-Hollands nordholländisch
Noord-Ierland Nordirland *o* ★ *in ~* in Nordirland
Noord-Iers nordirisch
Noordkaap Nordkap *o*
Noord-Korea Nordkorea *o* ★ *in ~* in Nordkorea
Noord-Koreaans nordkoreanisch
noordkust Nordküste *v*
noordoost nordöstlich
noordoosten Nordost(en) *m*
Noordpool Nordpol *m*
noordpool ❶ *noordelijk uiteinde* Nordpol *m* ❷ *pluspool van magneet* Nordpol *m*
noordpoolcirkel nördliche(r) Polarkreis *m*
Noordpoolexpeditie Nordpolexpedition *v*
noordpoolgebied Nordpolargebiet *o*, Arktis *v*
Noordrijn-Westfalen Nordrhein-Westfalen *o*
noords nordisch
noordwaarts I *bnw* nördlich **II** *bijw* nordwärts
noordwest nordwestlich
noordwesten Nordwest(en) *m*

Noordzee Nordsee *v*
Noorman Normanne *m*
Noors I *bnw, m.b.t. Noorwegen* norwegisch **II** *zn* [het], *taal* Norwegisch(e) *o*
Noorse Norwegerin *v*
Noorse Zee Norwegische(s) Becken *o*
Noorwegen Norwegen *o* ★ *in ~* in Norwegen
noot ❶ *nootvrucht* Nuss *v* ★ *noten kraken* Nüsse knacken **❷** *muzieknoot* Note *v* ★ *hele noot* ganze Note ★ *halve noot* halbe Note *v* ★ *achtste noot* Achtelnote *v* ★ *valse noot* falsche Note ★ *veel noten op zijn zang hebben* sehr anspruchsvoll sein **❸** *aantekening* Anmerkung *v*, ⟨voetnoot⟩ Fußnote *v* ★ *er een kritische noot bij plaatsen* mit einer kritischen Anmerkung versehen
nootmuskaat cul Muskatnuss *v*
nop Noppe *v*, ⟨onder sportschoenen⟩ Stollen *m*
nopen *noodzaken* zwingen, nötigen, veranlassen ★ *hij voelde zich genoopt iets te ondernemen* er fühlte sich genötigt, etw. zu unternehmen
nopjes ▼ *in zijn ~ zijn met iets* sich über etwas freuen ▼ *in zijn ~ zijn* guter Dinge sein
noppes nix ★ *voor ~* umsonst
nor Knast *m*, Kittchen *o* ★ *in de nor stoppen* in den Knast stecken ★ *in de nor zitten* im Kittchen sitzen
nordic walking sport Nordic Walking *o*
norm Norm *v*, Richtlinie *v* ★ *zich naar de heersende normen richten* sich nach den herrschenden Normen richten ★ *aan de norm voldoen* der Norm entsprechen ★ *normen en waarden* Grundwerte *mv*
normaal I *bnw* normal ★ *~ gesproken* normalerweise ★ *doe eens ~!* komm wieder herunter! **II** *zn* [de] **❶** *loodlijn* Normale *v* **❷** *normale waarde* Gewöhnliche(s) *o*, Normale(s) *o* ★ *beneden ~* unter dem Durchschnitt ★ *boven ~* über dem Durchschnitt
normaalschool BN onderw ≈ *pabo* ≈ Pädagogische Hochschule *v*
normalisatie Normalisierung *v*
normaliseren ❶ *regelmatig maken* normalisieren **❷** *standaardiseren* standardisieren, normieren
normaliter gewöhnlich, normalerweise
Normandië Normandie *v* ★ *in ~* in der Normandie
Normandisch normannisch
normatief normativ
normbesef Sittlichkeit *v*, Moral *v*
normvervaging Normverwässerung *v*
nors unwirsch, barsch
nostalgie Nostalgie *v*
nostalgisch nostalgisch
nota ❶ *memo, kennis* Schriftstück *o*, pol Note *v* ★ *nota nemen van iets* von einer Sache Notiz nehmen **❷** *rekening* Rechnung *v*
nota bene wohlgemerkt, sogar, wahrhaftig ★ *hij is ~ weggegaan* er ist wahrhaftig weggegangen ★ *hij heeft het ~ nog een keer gedaan!* er hat es wohlgemerkt noch einmal getan!
notariaat *ambt* Notariat *o*
notarieel notariell ★ *notariële volmacht* notarielle Vollmacht
notaris Notar *m* [v: Notarin]
notariskantoor Notariat *o*
notatie Notierung *v*, muz Notation *v*
notebook Notebook *o*
noten ❶ *van notenhout* aus Nussholz **❷** *nootkleurig* nussfarben
notenbalk Notenbalken *m*
notenboom Nussbaum *m*
notenbrood cul Nussbrot *o*
notendop *bolster* Nussschale *v* ▼ *in een ~* in Kürze ▼ *het hele verhaal in een ~* die ganze Geschichte in Kurzform
notenhout Nussholz *o*
notenhouten aus Nussholz
notenkraker *knijptang* Nussknacker *m*
notenleer BN onderw Musikunterricht *m*
notenschrift Notenschrift *v*
noteren ❶ *aantekenen* notieren **❷** *opgeven / vaststellen* ★ *aan de beurs genoteerd zijn* börsennotiert sein ★ *iets als order ~* etw. als Auftrag verbuchen
notering ❶ *het noteren* Notierung *v* **❷** *koers* Festlegung *v* ★ *in de officiële ~ opnemen* zur Notiz zulassen
notie ❶ *begrip, denkbeeld* Ahnung *v*, Vorstellung *v*, Idee *v* ★ *geen ~ van iets hebben* keine Ahnung von etw. haben ★ *geen flauwe ~ hebben* keine blasse Ahnung von etw. haben **❷** BN *kennis* Wissen *o*
notitie ❶ *aantekening* Notiz *v* ★ *~s maken* Notizen machen **❷** *aandacht* ★ *~ van iets nemen* von etw. Notiz nehmen ★ *neem er geen ~ van* einfach ignorieren!
notitieboekje Notizbuch *o*
notoir notorisch
notulen Protokoll *o* ★ *in de ~ opnemen* ins Protokoll aufnehmen ★ *de ~ maken* Protokoll führen ★ *iets in de ~ laten opnemen* etw. zu Protokoll geben ★ *de ~ goedkeuren* das Protokoll genehmigen
notuleren I *ov ww, in notulen opnemen* ins Protokoll aufnehmen, protokollieren **II** *on ww, notulen maken* das Protokoll führen
notulist Schriftführer(in) *m-v*, Protokollführer(in) *m-v*
nou I *bijw* jetzt ★ *tot nou toe* bis jetzt ★ *wat moeten we nou doen?* was sollen wir jetzt machen? **II** *tw* ★ *nou, en toen* ja, und dann ★ *komt ze nou?* kommt sie jetzt? ★ *schiet nou eens op!* mach mal! ★ *waar was je nou?* wo warst du denn? ★ *nou, dat was het dan* also, das war's ★ *nou en?* na und? ★ *nou moe!* Mensch Meier!, also bitte! ★ *nou en of!* (na,) und ob! ★ *nou nou!* na, na! ★ *nou ja* nun ja
novelle *korte roman* Novelle *v*
november November *m*
novice Novize *m*
noviciaat Noviziat *o*
noviteit Neuheit *v*
novum Novum *o*
nozem Halbstarke(r) *m*
NT2 *Nederlands als tweede taal* Niederländisch als Fremdsprache
nu I *bijw, op het ogenblik* jetzt ★ *nu of nooit* jetzt oder nie ★ *nu pas* jetzt erst ★ *tot nu toe* bis jetzt ★ *van nu af (aan)* ab jetzt ★ *nu en dan* dann und wann **II** *vw* jetzt, wo ★ *nu ik dat weet, ben ik gerust* jetzt, wo ich das weiß, bin ich beruhigt **III** *tw* nun ★ *wat zeg je me nu!* was sagst du denn

da! ★ *het moet nu eenmaal* es muss nun einmal sein **IV** *zn* [het] Jetzt *o*
nuance Nuance *v*
nuanceren nuancieren, ⟨kleuren⟩ schattieren, ⟨kleuren⟩ abstufen ★ *een mening ~* eine Meinung nuancieren
nuchter ❶ *nog niet gegeten hebbend* nüchtern ★ *op de ~e maag* auf nüchternen Magen ❷ *niet dronken* nüchtern ❸ *realistisch* nüchtern ★ *de ~e waarheid* die nüchterne Wahrheit ★ *een ~e opmerking* eine sachliche Bemerkung ★ *ergens ~ onder blijven* bei etw. nüchtern bleiben
nucleair nuklear ★ *~e wapens* Nuklearwaffen *mv*
nudisme Nudismus *m*, Freikörperkultur *v*, FKK *v*
nudist Nudist(in) *m-v*
nuf Zierpuppe *v*
nuffig geziert, zimperlich ★ *~ doen* sich zimperlich benehmen
nuk Laune *v*, Grille *v* ★ *nukken hebben* seine Launen haben
nukkig launisch, launenhaft
nul I *telw* ❶ null ★ *nul fouten* null Fehler ★ *twee graden onder nul* zwei Grad unter Null ★ sport *zes-nul* sechs zu null ❷ → **vier II** *zn* [de] ❶ *cijfer* Null *v* ★ *je moet eerst een nul draaien* man muss erst eine Null wählen ❷ *onbeduidend persoon* Null *v*
nulmeridiaan Nullmeridian *m*
nulpunt Nullpunkt *m* ★ *het absolute ~ bereiken* den absoluten Nullpunkt erreichen
numeriek numerisch
nummer ❶ *getal* Nummer *v* ★ *brieven onder ~* Briefe unter Kennziffer ★ *op ~ 6 wonen* in Nummer 6 wohnen ★ fig *iem. op zijn ~ zetten* jmdm. eine Abfuhr erteilen ❷ *telefoonnummer* Nummer *v* ★ *gratis ~*, BN *groen ~* kostenlose Nummer ★ *mobiel ~* Handynummer ★ *vast ~* Festnetznummer ★ *een ~ draaien* eine Nummer wählen ★ *het verkeerde ~ draaien* sich verwählen ❸ *programmaonderdeel* Nummer *v* ★ *een verplicht ~* eine Pflichtnummer ❹ *aflevering* Nummer *v* ★ *losse ~s* Einzelnummern ❺ *liedje* ⟨op cd⟩ Track *m*, Nummer *v* ❻ humor *persoon* Typ *m* ❼ → **nummertje**
nummerbord Nummernschild *o* ★ *met Frans ~* mit französischem Kennzeichen
nummeren nummerieren ★ *een dossier ~* eine Akte nummerieren
nummerherhaling Rufnummerwiederholung *v*
nummering Nummerierung *v*
nummertje ❶ *volgnummer* Nummer *v* ★ *een ~ trekken* eine Nummer ziehen ❷ *geslachtsdaad* Nummer *v* ★ *een ~ maken* eine Nummer schieben ❸ *staaltje* Nummer *v* ★ *een ~ weggeven* eine Show abziehen
nummerweergave Rufnummernanzeige *v*
nuntius Nuntius *m*
nurks I *zn* [de] Nörgler *m*, Griesgram *m* **II** *bnw* nörglerisch, griesgrämig, miesepetrig
nut Nutzen *m* ★ *zich iets ten nutte maken* sich etw. zunutze machen ★ *tot nut van* zugunsten von [+3] ★ *tot algemeen nut* gemeinnützig ★ *van nut zijn* nützlich sein ★ *van geen nut* nutzlos ★ *van groot nut* von großem Nutzen ★ *het heeft geen nut* es hat keinen Zweck ★ *ik zie er het nut niet van in* ich sehe nicht ein, wozu das gut sein soll
nutsbedrijf Versorgungsunternehmen *o* ★ *de openbare nutsbedrijven* ≈ die Stadtwerke
nutsvoorzieningen öffentliche Versorgungsbetriebe *mv*
nutteloos ❶ *onbruikbaar* nutzlos ❷ *vergeefs* unnütz ★ *nutteloze moeite* vergebliche Liebesmühe *v*
nuttig nützlich ★ *zich ~ maken* sich nützlich machen ★ *het ~e met het aangename verenigen* das Nützliche mit dem Angenehmen verbinden
nuttigen zu sich nehmen, verzehren ★ *een drankje ~* etw. trinken
nv *naamloze vennootschap* AG *v*, Aktiongesellschaft *v*
nylon I *zn* [de] ★ *de ~s* die Nylonstrümpfe **II** *zn* [het] Nylon *o*
nylonkous Nylonstrumpf *m*
nymfomaan nymphoman
nymfomane Nymphomanin *v*

O

o O *o* ★ *de o van Otto* O wie Otto
o.a. *onder andere(n)* u.a.
oase Oase *v*
obductie med Sektion *v*, Obduktion *v*
obelisk Obelisk *m*
O-benen O-Beine *mv*
ober Ober *m*, Kellner *m* ★ *ober!* Herr Ober!
obesitas Fettleibigkeit *v*, Dickleibigkeit *v*
object *voorwerp* Objekt *o*
objectief I *zn* [het] ❶ *lenzenstelsel* Objektiv *o* ❷ BN *doelstelling* Zielsetzung *v* **II** *bnw* objektiv
objectiveren objektivieren
objectiviteit *het objectief zijn* Objektivität *v*
obligaat obligatorisch
obligatie Obligation *v* ★ ~ *op naam* Inhaberschuldverschreibung *v* ★ *converteerbare* ~*s* Wandelobligationen
obligatiedividend Obligationenrendite *v*
obligatiehouder Anleihegläubiger *m*
obligatiekoers Obligationenkurs *m*
obligatielening Anleihe *v*
obligatoir obligatorisch, vorgeschrieben, verbindlich
oblong in / im Querformat
obsceen obszön
obsceniteit Obszönität *v*
obscuur *ongunstig bekend* obskur
obsederen nicht loslassen, besessen sein ★ *die gedachte obsedeerde hem* dieser Gedanke ließ ihn nicht los
observatie Beobachtung *v* ★ *in* ~ unter Beobachtung ★ *ter* ~ zur Beobachtung
observatiepost Beobachtungsposten *m*
observatorium Observatorium *o*, ⟨sterrenwacht⟩ Sternwarte *v*
observeren beobachten, observieren
obsessie Obsession *v*, Zwangsvorstellung *v*
obsessief obsessiv
obstakel Hindernis *o*
obstinaat obstinat, eigensinnig, starrköpfig
obstipatie Obstipation *v*, Verstopfung *v*
obstructie Obstruktion, Hemmung *v*
occasion, BN **occasie** *tweedehands auto* Gebrauchtwagen *m*
occidentaal okzidental(isch), westlich, abendländisch
occult okkult
oceaan *wereldzee* Ozean *m*
Oceanië Ozeanien *o*
oceanologie Ozeanologie *v*
och ach! ★ *och kom!* ach was!
ochtend Morgen *m* ★ *'s ~s* morgens ★ *later op de* ~ am späten Vormittag
ochtendblad Morgenblatt *o*
ochtendeditie Morgenausgabe *v*
ochtendgloren Morgenrot *o*
ochtendgymnastiek Morgengymnastik *v*
ochtendhumeur ★ *een* ~ *hebben* ein Morgenmuffel sein *m*
ochtendjas Morgenrock *m*, Morgenmantel *m*
ochtendjournaal ⟨tv⟩ Morgennachrichten *v mv*
ochtendkrant Morgenzeitung *v*
ochtendlicht Morgenlicht *o*
ochtendmens Morgenmensch *m*
ochtendploeg Frühschicht *v*
ochtendrood Morgenrot *o*
ochtendspits morgendliche(r) Berufsverkehr *m*
octaaf Oktave *v*
octaan Oktan *o*
octaangehalte Oktangehalt *m*
octet Oktett *o*
octopus Krake *m/v*
octrooi Patent *o* ★ ~ *op iets aanvragen* etw. zum Patent anmelden ★ ~ *verlenen* ein Patent erteilen
octrooigemachtigde Patentanwalt *m*
octrooihouder Patentinhaber *m*
oculair okular
ode Ode *v* ★ *een ode aan* ein Ode auf
odyssee Odyssee *v*
oecumene *wereldkerk* Ökumene *v*
oecumenisch ökumenisch
oedeem Ödem *o*
oedipaal ödipal
oedipuscomplex Ödipuskomplex *m*
oef uff!
oefenen ❶ *vaardig maken* sich üben in [+3] ❷ *in praktijk brengen* üben, sport trainieren
oefengranaat Übungsgranate *v*
oefening ❶ ⟨lichamelijk⟩ Übung *v* ❷ ⟨geestelijk⟩ Aufgabe *v* ▼ ~ *baart kunst* Übung macht den Meister
oefenmateriaal Übungsmaterial *o*
oefenmeester Trainer *m*
oefenterrein mil , Sperrgebiet *o*
oefenwedstrijd Trainingsspiel *o*
Oeganda Uganda *o*
Oegandees ugandisch
oehoe *vogel* Uhu *m*
oei ⟨verrassing⟩ ui, ⟨pijn⟩ aua
Oekraïens ukrainisch
Oekraïne Ukraine *v*
oelewapper Flasche *v*
oen Knallkopf *m*, Dussel *m*, Trottel *m*
oer- ❶ *oorspronkelijk* ur-, Ur- ★ *oerbos* Urwald *m* ★ *oertaal* Ursprache *v* ❷ *zeer* ★ *oersaai* todlangweilig ★ *oer-Hollands* urholländisch
Oeral Ural *m*
oerknal Urknall *m*
oermens Urmensch *m*
oeroud uralt
oertijd Urzeit *v*, Vorzeit *v*
oerwoud Urwald *m*, ook fig Dschungel *m*
OESO *Organisatie voor Economische Samenwerking en Ontwikkeling* OECD *v*
oester Auster *v*
oesterbank Austernbank *v*
oesterkweker Austernzüchter *m*
oesterkwekerij Muschelfischerei *v*
oesterzwam Austernseitling *m*
oestrogeen Östrogen *o*
oeuvre Oeuvre *o*, Gesamtwerk *o*
oever Ufer *o* ★ *buiten zijn ~s treden* über die Ufer treten
oeverloos fig uferlos ★ *een oeverloze discussie* eine uferlose Diskussion
oeverplant Uferpflanze *v*
oeververbinding Uferverbindung *v*
Oezbeeks usbekisch

Oezbekistan Usbekistan *o*
of ❶ *bij tegenstelling* oder ★ *of... of* entweder... oder ★ *niet meer of minder dan* nicht mehr und nicht weniger als ★ *min of meer* mehr oder weniger ❷ *ofwel* es sei denn, dass... ★ *ik ga mee of het moet regenen* ich komme mit, es sei denn, es regnet ❸ *ongeacht* wenn... auch, ob ★ *hij moet betalen of hij wil of niet* er muss zahlen, ob er will oder nicht ❹ *bij twijfel* ob ★ *of hij nog komt?* ob er noch kommt? ★ *een dag of acht* etwa acht Tage ❺ *alsof* als ob ★ *doe of je thuis bent* fühl dich wie zu Hause ★ *hij doet of hij alles weet* er tut, als wüsste er alles ❻ *bevestigend* ob ★ *nou en of!* na und ob! ★ *of ik dat lust!* und ob ich das gerne mag! ❼ *na ontkenning* ★ *nauwelijks waren we thuis of het begon te regenen* kaum waren wir zu Hause, da fing es an zu regnen ★ *het scheelde niet veel of hij was gevallen* fast wäre er gefallen ★ *hij weet niet beter of het hoort zo* er kennt es nicht anders ★ *ik weet niet beter of hij leeft nog* soviel ich weiß, lebt er noch
offday Unglückstag *m*
offensief I *zn* [het] Offensive *v* ★ *het ~ openen* zur Offensive übergehen **II** *bnw* offensiv
offer ❶ *gave* Opfer *o* ❷ fig *opoffering* Opfer *o*
offerande ❶ *offer* Opfergabe *v* ❷ *dankgebed* Offertorium *o*
offeren ❶ *als offer aanbieden* opfern ❷ fig *opofferen* opfern
offergave Opfergabe *v*
offerte Offerte *v*, Angebot *o* ★ *een ~ doen* ein Angebot machen
official Funktionär *m*
officieel *formeel* offiziell
officier Offizier *m*, ⟨bij de marine⟩ Marineoffizier *m* ★ *~ van justitie* Staatsanwalt *m*
officieus inoffiziell
offline offline
offreren anbieten
offset Offsetdruck *m*
offshore I *bnw* Offshore- **II** *bijw* offshore
offside abseits
ofschoon obwohl, obgleich, obschon
oftewel oder
ofwel oder
ogen *eruitzien* aussehen
ogenblik ❶ *korte tijd* Augenblick *m* ★ *een ~je alstublieft* einen Augenblick / Moment bitte! ❷ *tijdstip* Moment *m* ★ *ieder ~* jeden Moment
ogenblikkelijk *onmiddellijk* augenblicklich, unmittelbar, unverzüglich ★ *hij eist haar ~e ontslag* er fordert ihre sofortige Kündigung ★ *~ na zijn komst* unmittelbar nach seiner Ankunft
ogenschijnlijk anscheinend, scheinbar, dem Anschein nach
ogenschouw ▼ *iets in ~ nemen* etwas in Augenschein nehmen
ohm Ohm *o*
oio onderw *onderzoeker in opleiding* ≈ wissenschaftliche(r) Assistent *m* [v: wissenschaftliche Assistentin]
oké okay
oker Ocker *m/o*
oksel *lichaamsdeel* Achsel *v*
okselhaar Achselhaar *o*
oktober Oktober *m* ★ *in ~* im Oktober
Oktoberrevolutie Oktoberrevolution *v*
oldtimer *antieke auto* Oldtimer *m*
oleander Oleander *m*
olie Öl *o* ★ *afgewerkte olie* Altöl *o* ★ *ruwe olie* Rohöl ★ *olie verversen* einen Ölwechsel machen ▼ *olie op het vuur gooien* Öl ins Feuer gießen
oliebol Krapfen *m*
oliebollenkraam ≈ Bude *v*, an der Krapfen verkauft werden
oliebron *vindplaats* Ölquelle *v*
olieconcern Ölkonzern *m*
oliecrisis Ölkrise *v*
oliedom strohdumm, inform strohdoof
olie-embargo Erdölembargo *o*
olie-en-azijnstel Menage *v*
oliefilter Ölfilter *m*
oliejas ⟨lang⟩ Ölmantel *m*, ⟨kort⟩ Öljacke *v*
oliekachel Ölofen *m*
oliën schmieren, ölen ★ *de motor ~* den Motor schmieren / ölen
olieprijs Ölpreis *m*
olieraffinaderij Erdölraffinerie *v*
oliesel Ölung *v*
olietanker Öltanker *m*
olieveld Ölfeld *o*
olieverf Ölfarbe *v* ★ *portret in ~* Ölgemälde *o*
olievervuiling Erdölverschmutzung *v*
olievlek Ölfleck *m* ▼ *zich als een ~ uitbreiden* sich allmählich verbreiten
oliewinning Ölgewinnung *v*
olifant Elefant *m* ▼ *als een ~ in de porseleinkast* wie ein Elefant im Porzellanladen
olifantshuid Elefantenhaut *v*
oligarchie Oligarchie *v*
olijf ❶ *vrucht* Olive *v* ❷ *boom* Olivenbaum *m*
olijfboom Olive *v*, Olivenbaum *m*
olijfgroen olivgrün
olijfolie Olivenöl *o*
olijftak Ölzweig *m*
olijk I *bnw* pfiffig **II** *bijw* pfiffig
olm Ulme *v*
olympiade Olympiade *v*
olympisch olympisch ★ *de Olympische Spelen* die Olympiade, die Olympischen Spiele
om I *vz* ❶ *rond(om)* um [+4] ★ *om de tafel* um den Tisch ★ *om het huis heen* um das Haus herum ★ *een reis om de wereld* eine Reise um die Welt ★ *de hoek om* um die Ecke ❷ **~ te** [+ infin.] um ★ *dat doet hij om op te vallen* das tut er um aufzufallen ★ *ik heb geen tijd om je te helpen* ich habe keine Zeit, um dir zu helfen ❸ *vanwege* wegen [+2] ★ *om die reden* aus dem Grund ❹ ⟨van tijd⟩ um [+4] ★ *om vier uur* um vier Uhr ❺ *afwisselend* ★ *om de (andere) dag* jeden zweiten Tag, alle zwei Tage ▼ *om en nabij* um... herum ▼ *hij is om en nabij de veertig* er ist um die vierzig herum **II** *bijw* ❶ *voorbij* um, vorbei ★ *de tijd is om* die Zeit ist um ★ *nog voor de week om is* vor Ende der Woche ❷ *eromheen* ★ *een sjaal om hebben* einen Schal anhaben ❸ *van mening veranderd* ★ *hij is om* er hat sich überzeugen lassen ❹ *langer* ★ *dat is zeker een uur om* das ist ein Umweg von einer Stunde ▼ *'m om hebben* ⟨dronken zijn⟩ einen sitzen haben ▼ *om en om* abwechselnd ▼ *om en om iets doen* abwechselnd etwas tun

oma Großmutter *v*, Oma *v*
Oman Oman *o*
omarmen ❶ *de armen slaan om* umarmen ❷ *graag aannemen* begrüßen
omblazen umblasen
ombouw Umbau *m*
ombouwen umbauen
ombrengen *doden* umbringen, inform umlegen, inform kaltmachen
ombudsman Ombudsmann *m*
ombuigen I *ov ww* ❶ *verbuigen* umbiegen, krümmen ❷ *veranderen* den Kurs ändern / wechseln **II** *on ww, buigen* sich biegen, sich krümmen
ombuiging ❶ *het ombuigen* Umbiegen *o*, Umbiegung *v* ❷ *beleidswijziging* Kurswechsel *m*, Kursänderung *v*
omcirkelen einkreisen ★ *omcirkel het juiste antwoord* kreise die richtige Antwort ein
omdat weil, form da
omdoen umbinden, ‹boord, halsketting› umlegen
omdopen umtaufen
omdraaien I *ov ww, van stand doen veranderen* umdrehen, verdrehen ★ *de rollen ~* die Rollen tauschen ★ *iem. de nek ~* jmdm. den Hals umdrehen **II** *on ww* ❶ *zijn lichaam draaien* ★ *zich ~* sich umdrehen ★ *zich in zijn graf ~* sich im Grabe umdrehen ❷ *draai maken om* gehen um [+4] ★ *de hoek ~* um die Ecke gehen ❸ *omkeren* umkehren ★ *nog voor je halverwege bent ~* auf halbem Wege wieder umkehren
omduwen umstoßen
omega Omega *o*
omelet Omelett *o*, Omelette *v* ▼ BN *je kunt geen ~ bakken zonder eieren te breken* wo gehobelt wird, fallen Späne
omfloerst verschleiert, umflort
omgaan met verkehren mit, umgehen mit
omgaand postwendend ★ *per ~e* umgehend
omgang *sociaal verkeer* Umgang *m*, Verkehr *m* ★ *~ hebben met* verkehren mit
omgangsrecht jur Besuchsrecht *o*
omgangsregeling Besuchsregelung *v*
omgangstaal Umgangssprache *v*
omgangsvormen Umgangsformen *mv*, Manieren *mv*
omgekeerd I *bnw* umgekehrt ★ *precies ~* genau umgekehrt ★ *in ~e volgorde* in umgekehrter Reihenfolge ★ *in ~e richting* in entgegengesetzter Richtung ★ *de ~e wereld* die verkehrte Welt **II** *bijw* ★ *~ evenredig zijn aan* umgekehrt proportional sein zu [+3]
omgeven umgeben, umringen ★ *zich ~ met* sich umgeben mit
omgeving ❶ *omstreken* Umkreis *m*, Umgebung *v* ★ *in de naaste ~* in der nächsten Umgebung ❷ *kring van mensen* Milieu *o*
omgooien *omvergooien* umwerfen
omhaal ❶ ★ *zonder veel ~* ohne viel Aufhebens ★ *met veel ~ van woorden* mit umständlichen Worten ★ *zonder ~ van woorden* ohne Umschweife ❷ voetb Rückzieher *m*
omhakken umhauen
omhalen *omvertrekken* umreißen, niederreißen
omhangen *hangen om* umhängen
omhangen ★ *~ met* umhängen mit
omheen herum, umhin ★ *er niet ~ draaien* zur Sache kommen ★ *daar kun je niet ~* da kommst du nicht drum herum ▼ *er met een grote boog ~ lopen* einen großen Bogen um etwas machen
omheinen mit einer Hecke umgeben
omheining Zaun *m*
omhelzen ❶ *omarmen* umarmen ❷ *aannemen* annehmen
omhelzing Umarmung *v*
omhoog ❶ *naar boven* hoch-, auf-, nach oben ★ *~ trekken* hochziehen, in die Höhe ziehen ★ *~ kijken* nach oben schauen ❷ *in de hoogte* in die Höhe ★ *handen ~!* Hände hoch!
omhoogschieten ❶ *snel omhooggaan* hochschießen ★ *de raket schoot omhoog* die Rakete schoss nach oben ❷ *snel groeien* ★ *de planten schieten omhoog* die Pflanzen schießen hoch
omhoogzitten in Nöten sein, inform in der Klemme sitzen
omhullen einhüllen, umhüllen
omhulsel Hülle *v*, Umhüllung *v* ★ *het stoffelijk ~* die leibliche Hülle, die sterbliche Hülle
omissie Auslassung *v*
omkadering BN *personele bezetting* Personal *o*, Angestellte(n) *mv*
omkeerbaar umkehrbar
omkeren I *ov ww, omdraaien* umdrehen, umkehren **II** *on ww, keren* umwenden ★ *zich naar iem. ~* sich nach jmdm. umdrehen ★ *laat ons ~* lass uns umkehren ▼ *elk dubbeltje ~* jeden Pfennig umdrehen
omkijken ❶ *achter zich kijken* sich umsehen, sich umblicken ❷ *~* **naar** *zoeken naar* sich umsehen ★ *naar een baan ~* sich um eine Stelle bemühen ❸ *~* **naar** *zich bekommeren om* sich kümmern um, sich bemühen um ★ *niet naar de kinderen ~* sich nicht um die Kinder kümmern
omklappen I *on ww* umklappen **II** *ov ww* umklappen
omkleden *andere kleren aantrekken* umkleiden
omkleden fig umkleiden [umkleiden] *inkleden* ausstatten ★ *met redenen ~* Gründe anführen
omklemmen umklammern
omkomen ❶ *ergens omheen komen* herumkommen ★ *de hoek ~* um die Ecke kommen ❷ *sterven* umkommen, ums Leben kommen ❸ *traag verstrijken* vergehen, vorbeigehen, vorübergehen
omkoopbaar bestechlich, käuflich, korrupt
omkopen bestechen, inform schmieren
omkoperij Bestechung *v*, Korruption *v* ★ *poging tot ~* Bestechungsversuch *m*
omkoping Bestechung *v*
omlaag ‹van iem. af› hinab, ‹van iem. af› hinunter, ‹naar iem. toe› herab, ‹naar iem. toe› herunter ★ *de kosten moeten ~* die Kosten müssen gesenkt werden
omlaaghalen ❶ *neerhalen* herunterholen ❷ *in aanzien doen dalen* herabwürdigen, herabsetzen ★ *iem. omlaag halen* über jmdn. lästern
omleggen ❶ *anders leggen* umdrehen, ‹van route› umleiten ❷ *om iets leggen* umlegen
omlegging Umlegung *v*, ‹verkeer› Umleitung *v*
omleiden leiten um, umleiten ★ *het verkeer ~*

om

den Verkehr umleiten
omleiding Umleitung *v*
omliggend umliegend, im Umkreis liegend, Nachbar-, benachbart
omlijnen *afbakenen* umreißen, abgrenzen, ⟨met lijn⟩ umranden ★ *scherp omlijnd* klar umrissen ★ *een omlijnd gebied* ein abgegrenztes Gebiet
omlijsten einrahmen, umrahmen
omlijsting ❶ *het omlijsten* Einrahmung *v* ❷ *kader* Rahmen *m*, Einrahmung *v*
omloop ❶ *circulatie* Umlauf *m* ★ *er zijn geruchten in ~* es sind Gerüchte im Umlauf ❷ *omwenteling* Umlauf *m*, Rotation *v* ❸ BN sport *wielerkoers* Radrennen *o*
omloopsnelheid Umlaufgeschwindigkeit *v*
omlopen I *ov ww, omverlopen* umlaufen, umrennen, über den Haufen rennen **II** *on ww* ❶ *omweg maken* einen Umweg machen ❷ *rondlopen* spazieren gehen, umhergehen ★ *we lopen nog een straatje om* wir machen noch einen kleinen Spaziergang
ommekeer Wende *v*, Umschwung *m*
ommetje kurze(r) Spaziergang *m*
ommezien Augenblick *m* ★ *in een ~* sekundenschnell
ommezijde Rückseite *v* ★ *zie ~* bitte wenden ★ *aan ~* auf der Rückseite
ommezwaai Wende *v*, Umschwung *m*
ommuren ummauern
omnibus *boek* Sammelband *m*
omniumverzekering BN Vollkaskoversicherung *v*, Vollkasko *v*
omnivoor biol Omnivore *m*, Allesfresser *m*
omploegen *ploegen* umpflügen
ompraten umstimmen, inform herumkriegen
omrastering ❶ *het omrasteren* Umgittern *o* ❷ *heining van rasterwerk* Gitterzaun *m*, Umgitterung *v*
omrekenen umrechnen
omrekening Umrechnung *v*
omrekeningskoers Umrechnungskurs *m*
omrijden I *ov ww, omverrijden* umfahren **II** *on ww* ❶ *rondrijden* spazieren fahren, umherfahren ❷ *omweg maken* einen Umweg machen
omringen fig *omgeven* umgeben, ⟨door mensen⟩ umringen ★ *met zorg ~* umsorgen
omroep ❶ *omroepvereniging* Rundfunkanstalt *v*, ⟨alleen televisie⟩ Fernsehanstalt *v* ❷ *het uitzenden* Rundfunk *m*
omroepbestel ≈ Organisationsstruktur *v* der Rundfunkanstalten
omroeper Ansager *m*, Sprecher *m*
omroepgids Programmzeitschrift *v*
omroeporganisatie Rundfunkanstalt *v*
omroepster Ansagerin *v*
omroepvereniging Rundfunkanstalt *v*
omroeren *mengen* umrühren
omruilen umtauschen
omschakelen I *ov ww* ❶ techn umschalten ❷ *aanpassen* umstellen **II** *on ww, zich aanpassen* sich umstellen
omschakeling ❶ techn Umschaltung *v* ❷ *aanpassing* Umstellung *v*
omscholen umschulen
omscholing Umschulung *v*
omschrijven beschreiben, umschreiben, bestimmen
omschrijving Umschreibung *v*, Beschreibung *v*, Definition *v*
omsingelen umstellen, umzingeln, einkreisen, einschließen ★ *het huis is omsingeld* das Haus ist umstellt
omslaan I *ov ww* ❶ *omverslaan* umschlagen ❷ *omdraaien* (um)wenden ★ *een bladzijde ~* eine Seite umblättern ★ *zijn broekspijpen ~* die Hosenbeine aufrollen ★ *zijn mouwen ~* die Ärmel hochkrempeln ❸ *omdoen van kleren* umlegen, überwerfen ❹ *verdelen* umlegen, aufteilen ❺ *om iets heen gaan* biegen um **II** *on ww* ❶ *kantelen* umschlagen, umkippen ★ *de boot is omgeslagen* das Boot ist gekentert ❷ *veranderen* umschlagen, umkrempeln ★ *het weer is omgeslagen* das Wetter ist umgeschlagen
omslachtig umständlich
omslag I *zn* [de] ❶ *verandering* Umschlag *m* ❷ *gedoe* Umschweife *mv*, Umstände *mv* ❸ *verdeling van kosten* Umlegung *v*, ⟨belasting⟩ Umlage *v* **II** *zn* [de/het] ❶ *omgeslagen rand* Umschlag *m* ❷ *kaft* Umschlag *m*
omslagartikel Titelgeschichte *v*
omslagboor Umschlagbohrer *m*
omslagdoek Umschlagtuch *o*
omslagontwerp Umschlaggestaltung *v*
omslagpunt Umschlagpunkt *m*
omsluiten ❶ *omvatten* umfassen ❷ *geheel insluiten* einschließen, umschließen
omsmelten umschmelzen
omspannen lett *omvatten* umschließen, umspannen
omspitten umgraben
omspoelen ❶ *schoonspoelen* ausspülen ❷ *op andere spoel zetten* umspulen
omspoelen *omgeven* umspülen [umspülen] ★ *het water omspoelt het huis* das Wasser umspült das Haus
omspringen met umgehen mit ★ *raar met iem. ~* eigenartig mit jmdm. umgehen
omstander Umstehende(r) *m*
omstandig umständlich, eingehend, ausführlich
omstandigheid ❶ *toestand* Umstand *m* ★ *verzachtende omstandigheden* mildernde(n) Umstände ★ *naar omstandigheden* den Umständen entsprechend ★ *wegens omstandigheden* umstandshalber, umständehalber ❷ *breedvoerigheid* Umständlichkeit *v*, Ausführlichkeit *v*
omstoten umstoßen, inform umschmeißen
omstreden umstritten, strittig
omstreeks I *vz, ongeveer op de tijd / plaats van* um... herum [+4] ★ *~ kerst* um Weihnachten herum **II** *bijw, ongeveer* ungefähr, etwa ★ *een kind van ~ tien jaar* ein Kind von etwa zehn Jahren
omstreken Umkreis *m*, Umgebung *v* ★ *Utrecht en ~* Utrecht und Umgebung
omstrengelen umschlingen, ⟨personen⟩ umfassen, ⟨planten⟩ umranken
omtoveren umwandeln ★ *de zolder in een studeerkamer ~* den Speicher in ein Arbeitszimmer umwandeln, aus dem Speicher ein Arbeitszimmer zaubern
omtrek ❶ *contour* Umriss *m* ❷ *afmeting*

Ausdehnung *v*, Umfang *m* ❸ *omgeving* Umkreis *m*, Umgebung *v* ★ *binnen een ~ van één kilometer* in einem Umkreis von einem Kilometer
omtrekken ❶ *omvertrekken* umreißen, niederreißen ❷ *natekenen* umreißen
omtrekkend → **beweging**
omtrent ❶ *omstreeks* um... herum [+4] ★ *~ Pasen* um die Osterzeit ❷ *betreffende* über [+4], in Bezug auf [+4], hinsichtlich [+2] ★ *een verklaring ~ het onderzoek* eine Erklärung hinsichtlich der Untersuchung
omturnen umdrehen, ummodeln, inform herumkriegen
omvallen ❶ *vallen* umfallen, inform umkippen ❷ *failliet gaan* in Konkurs geraten
omvang ❶ *omtrek* Umfang *m* ❷ *grootte* Größe *v*, Umfang *m*, Ausmaß *o*
omvangrijk umfangreich, ausgedehnt
omvatten ❶ *inhouden* umfassen, enthalten ❷ *omsluiten* umfassen
omver nieder-, um-
omverwerpen ❶ *omgooien* umwerfen ❷ *een einde maken aan* stürzen ★ *een regering ~* eine Regierung stürzen
omvliegen ❶ *om iets heen vliegen* sausen um [+4], brausen um [+4] ★ *de hoek ~* um die Ecke sausen ❷ *snel verstrijken* dahinfliegen ★ *de tijd vliegt om* die Zeit fliegt dahin
omvormen umformen, umbilden, umwandeln
omvouwen umfalten, umknicken
omweg ❶ *langere weg* Umweg *m* ❷ *omslachtiger manier* Umschweife *mv* ★ *zonder ~en vertellen* ohne Umschweife erzählen
omwentelen I *ov ww* ❶ *ronddraaien* (sich) (herum)wälzen ❷ *omkeren* umdrehen II *on ww, om as draaien* rotieren, sich drehen
omwenteling ❶ *ommekeer* Revolution *v*, Umsturz *m*, Umwälzung *v* ❷ *draaiing* Umdrehung *v*, Rotation *v* ★ *het aantal ~en* die Drehzahl *v*
omwerken ❶ *herzien* umarbeiten, umschreiben ❷ *omploegen* umgraben, umpflügen
omwerpen umwerfen
omwikkelen umwickeln
omwille ▾ *~ van...* um... willen, ...halber
omwisselen *tegen elkaar ruilen* umwechseln, umtauschen
omwonend umwohnend ★ *de ~en* die Anwohner
omzeggens BN *nagenoeg* nahezu, fast
omzeilen *vermijden* ausweichen [+3], umgehen [+3] ★ *dat kunnen we niet ~* da kommen wir nicht drum herum
omzendbrief BN Rundschreiben *o*, Zirkular *o*
omzet *verkochte goederen* Umsatz *m*
omzetbelasting Umsatzsteuer *v*
omzetsnelheid Umsatzgeschwindigkeit *v*
omzetten I *ov ww* ❶ *verhandelen* umsetzen ❷ *veranderen* umsetzen, umwandeln ❸ *verplaatsen* umsetzen, ⟨meubels etc.⟩ umstellen, ⟨v. hendel⟩ umschalten II *on ww, snel*
lopen rennen um [+4]
...sichtig, behutsam, schonend
...*kijken* sich umsehen ❷ *uitkijken*
... halten, ausschauen, sich
... umtun ★ *naar een nieuwe baan ~*
...m neuen Job umsehen ❸ *zorgen*
voor sich kümmern um, sehen nach [+3]
omzomen *een zoom maken aan* umsäumen
omzomen *met een zoom omgeven* umsäumen
omzwaaien *v. studie* das Studienfach wechseln
omzwerving Wanderung *v*, Streifzug *m*
onaandoenlijk I *bnw* unempfindlich II *bijw* unempfindlich
onaangedaan ungerührt, unberührt
onaangediend unangekündigt
onaangekondigd nicht angekündigt
onaangenaam unangenehm
onaangepast unangepasst
onaangeroerd unberührt, ⟨niet genoemd⟩ unerwähnt
onaangetast *ongeschonden* unangetastet, verschont
onaanvaardbaar unannehmbar
onaanzienlijk ❶ *zonder aanzien* ohne Ansehen ❷ *gering* unbeträchtlich, ⟨persoon⟩ unscheinbar
onaardig unfreundlich ★ *dat is niet ~* das ist nicht schlecht
onachtzaam *achteloos* nachlässig, unachtsam
onaf unfertig
onafgebroken *zonder onderbreking* ununterbrochen ★ *hij praat ~* er redet immerzu
onafhankelijk unabhängig
onafhankelijkheid Unabhängigkeit *v*
onafhankelijkheidsoorlog Unabhängigkeitskrieg *m*
onafhankelijkheidsverklaring Unabhängigkeitserklärung *v*
onafscheidelijk untrennbar, ⟨personen⟩ unzertrennlich
onafwendbaar unabwendbar, unvermeidlich
onafzienbaar unübersehbar, unüberschaubar
onaneren onanieren
onanie Onanie *v*
onbaatzuchtig selbstlos, uneigennützig
onbarmhartig *meedogenloos* unbarmherzig, erbarmungslos
onbeantwoord unbeantwortet ★ *~e liefde* nicht erwiderte Liebe
onbedaarlijk unbändig
onbedachtzaam unbedacht(sam), unüberlegt ★ *een onbedachtzame opmerking* eine gedankenlose Bemerkung
onbedekt ❶ *niet bedekt* unbedeckt ❷ *openlijk* unumwunden, unverhüllt
onbedoeld ungewollt
onbedorven *onschuldig* unverdorben
onbeduidend unbedeutend, unerheblich ★ *een ~ detail* ein unbedeutendes Detail ★ *een ~ mannetje* ein unscheinbarer Mann ★ *~ bedrag* unbedeutende(r) Betrag
onbegaanbaar unpassierbar, unwegsam
onbegonnen unausführbar, undurchführbar ★ *dat is ~ werk* das ist ein unausführbares Unternehmen
onbegrensd *grenzeloos* unbegrenzt, grenzenlos, ⟨zonder beperkingen⟩ unbeschränkt ★ *~e mogelijkheden* unbegrenzte(n) Möglichkeiten
onbegrijpelijk ❶ *niet te begrijpen* unbegreiflich, unverständlich ★ *dat is voor mij ~* das ist mir rätselhaft / schleierhaft ❷ *onvoorstelbaar* unbegreiflich, unfassbar
onbegrip ⟨m.b.t. personen⟩ Unverständnis *o*,

(m.b.t. zaken) Unverständlichkeit *v*
onbehaaglijk ❶ *onaangenaam* unangenehm ★ *een ~e positie* eine missliche Lage ❷ *niet op zijn gemak* unbequem, unbehaglich
onbehagen Unbehagen *o* ★ *~ over iets* Unbehagen an etw.
onbeheerd unbeaufsichtigt, (van bezit of eigendom) herrenlos
onbeheerst unbeherrscht, unkontrollierbar
onbeholpen unbeholfen, ungeschickt ★ *zij is ~* sie ist ungeschickt
onbehoorlijk unpassend, ungehörig
onbehouwen *lomp* ungehobelt, rüpelhaft ★ *~ gedrag* ungehobelte(s) Benehmen *o*
onbekend unbekannt ★ *ik ben hier ~* ich kenne mich hier nicht aus ★ *~ maakt onbemind* unbekannt, unverlangt
onbekende Unbekannte(r) *m/v*, wisk Unbekannte *v* ★ *je moet nooit met een ~ meegaan* du sollst nie mit einem Unbekannten mitgehen
onbekendheid Unbekanntheit *v*, (onwetendheid) Unwissenheit *v*, (onkunde) Unkenntnis *v*
onbekommerd sorglos, unbeschwert, unbekümmert, unbesorgt ★ *~ leven* unbekümmert leben ★ *een ~ mens* ein sorgloser Mensch
onbekookt unüberlegt
onbekwaam *incompetent* unfähig, untüchtig
onbelangrijk unwichtig, unbedeutend, bedeutungslos
onbelast ❶ *vrij van lasten* unbelastet ❷ *vrij van gewicht* leer
onbeleefd unhöflich
onbeleefdheid Unhöflichkeit *v*
onbelemmerd ungehindert, unbehindert
onbemand unbemannt
onbemiddeld mittellos, unvermögend
onbemind unbeliebt
onbenul Trottel *m*
onbenullig ❶ *dom* geistlos, einfältig ❷ *onbeduidend* unbedeutend
onbepaald ❶ *niet vastgelegd* unbestimmt, (onbeperkt) unbegrenzt ★ *voor ~e tijd* für unbestimmte Zeit ❷ taalk unbestimmt ★ *het ~ lidwoord* der unbestimmte Artikel
onbeperkt I *bnw* (mbt getallen, maten) unbegrenzt, uneingeschränkt, unbeschränkt ★ *een ~ aantal* eine unbegrenzte Anzahl ★ *~e macht* uneingeschränkte Macht ★ *~e volmacht* unbeschränkte Vollmacht ★ *~ vertrouwen* uneingeschränkte(s) Vertrauen **II** *bijw* ★ *~ houdbaar* unbeschränkt haltbar
onberaden unüberlegt, unbesonnen
onbereikbaar *niet te bereiken* unerreichbar
onberekenbaar *wisselvallig* unberechenbar
onberispelijk tadellos, einwandfrei
onberoerd ❶ *onaangedaan* unbewegt ❷ *niet aangeraakt* unberührt
onbeschaafd ❶ *zonder beschaving* unkultiviert ❷ *onbeleefd* ungehobelt, roh
onbeschaamd unverschämt, (brutaal) frech
onbescheiden unbescheiden
onbeschoft unverschämt, impertinent, ausfallend ★ *~ zijn tegen iem.* unverschämt zu jmdm. sein
onbeschreven unbeschrieben
onbeschrijfelijk unbeschreiblich
onbeslist unentschieden
onbespoten ungespritzt
onbesproken ❶ *niet gereserveerd* unbesprochen ❷ *onberispelijk* unbescholten
onbestelbaar unzustellbar
onbestemd unbestimmt
onbestendig ❶ *wispelturig* unbeständig, launisch, unberechenbar, wetterwendisch ❷ *veranderlijk* unbeständig, veränderlich, wechselhaft
onbesuisd unbesonnen, kopflos
onbetaalbaar ❶ *niet te betalen* unbezahlbar, unerschwinglich ❷ *kostelijk* köstlich
onbetamelijk ungebührlich, unschicklich
onbetekenend bedeutungslos, unbedeutend
onbetrouwbaar unzuverlässig
onbetuigd ▼ *zich niet ~ laten* sich nach Kräften beteiligen
onbetwist unumstritten, unbestritten
onbetwistbaar unanfechtbar
onbevangen *vrijmoedig* unbefangen
onbevlekt unbefleckt
onbevoegd unbefugt ★ *verboden voor ~en* Zutritt für Unbefugte verboten! ★ *~ betreden* unbefugte(s) Betreten *o*
onbevooroordeeld unvoreingenommen, vorurteilslos
onbevredigd unbefriedigt
onbevredigend unbefriedigend
onbewaakt unbewacht ★ *een ~e overweg* ein unbeschrankter Bahnübergang
onbeweeglijk ❶ *roerloos* unbeweglich, regungslos ❷ *onwrikbaar* unerschütterlich
onbewogen ❶ *onbeweeglijk* unbewegt ❷ *onaangedaan* teilnahmslos, unbeteiligt, ungerührt ★ *met ~ gezicht* mit ungerührter Miene
onbewolkt wolkenlos
onbewoonbaar unbewohnbar
onbewoond unbewohnt ★ *~ eiland* unbewohnte Insel, einsame Insel
onbewust ❶ *niet bewust* unwissentlich ❷ *onwillekeurig* unbewusst
onbezoldigd ❶ *die geen loon krijgt* ehrenamtlich ❷ *wat geen loon oplevert* unbesoldet
onbezonnen unüberlegt, unbesonnen
onbezorgd ❶ *zonder zorgen* sorglos, unbeschwert, unbekümmert ★ *een ~ leven* ein sorgloses Leben ❷ *niet besteld* unbesorgt
onbillijk unredlich, ungerecht
onbreekbaar unzerbrechlich
onbruik ★ *in ~ geraakt zijn* nicht mehr gebräuchlich / ungebräuchlich sein
onbruikbaar unbrauchbar
onbuigzaam ❶ *niet te buigen* unelastisch, nicht biegsam ❷ *koppig* unnachgiebig, unbeugsam
onchristelijk ❶ *niet christelijk* unchristlich ❷ *ergerlijk* unmöglich, unzumutbar ★ *op een ~ vroeg tijdstip* in aller Herrgottsfrühe
oncologie Onkologie *v*
ondank Undank *m* ▼ *~ is 's werelds loon* Undank ist der Welt Lohn
ondankbaar *niet dankbaar* undankbar
ondanks trotz [+2], ungeachtet [+2] ★ *~ alles* trotz

allem
ondeelbaar ❶ *niet deelbaar* unteilbar ❷ *zeer klein* winzig
ondefinieerbaar undefinierbar
ondenkbaar undenkbar ★ *ondenkbare hoeveelheden* unvorstellbare(n) Mengen
onder I *vz* ❶ *lager dan* unter [+3 / 4] ★ ~ *het huis* unter dem Haus ★ ~ *de brug door* unter der Brücke hindurch ❷ *minder dan* unter [+3] ★ *kinderen* ~ *de twaalf* Kinder unter zwölf Jahren ❸ *ten zuiden van* unterhalb von [+3] ★ *net* ~ *Utrecht* gleich unterhalb von Utrecht ❹ *lager in rang* ★ *hij staat* ~ *mij* er ist mir untergeordnet ❺ *te midden van* unter [+3 / 4] ★ ~ *de aanwezigen* unter den Anwesenden ★ ~ *andere* unter anderem ★ ~ *anderen* unter anderen ❻ *tijdens* während [+2] ★ ~ *het praten* während des Redens ★ ~ *de les* während des Unterrichts ❼ *samen met* bei [+3] ★ ~ *een kopje koffie* bei einer Tasse Kaffee **II** *bijw* unten ★ *naar* ~ nach unten ★ *naar* ~ *gaan* nach unten gehen, hinuntergehen ★ *van* ~ *naar boven* von unten nach oben ★ *van* ~ von unten ★ *zij woont* ~ sie wohnt unten ★ *de zon is* ~ die Sonne ist untergegangen ★ *zie* ~ siehe unten ★ *ten* ~ *gaan* zugrunde / zu Grunde gehen, untergehen ★ ~ *aan de bladzij* unten auf der Seite ★ ~ *in mijn zak* unten in meiner Hosentasche ★ *helemaal* ~ *zitten met...* ⟨bedekt⟩ voller... sein
onderaan unten ★ ~ *de lijst staan* am Ende der Liste stehen
onderaannemer Subunternehmer *m*
onderaanzicht Ansicht *v* von unten
onderaards unterirdisch
onderaf unten
onderarm Unterarm *m*
onderbeen Unterschenkel *m*
onderbelichten ❶ audio-vis unterbelichten ❷ fig zu wenig beachten
onderbesteding Minderverbrauch *m*, ⟨te weinig besteed⟩ zu geringe Mittelverwendung *v*
onderbetalen unterbezahlen
onderbewust unterbewusst
onderbewustzijn Unterbewusstsein *o*
onderbezet unterbesetzt, ⟨ziekenhuis, hotel⟩ unterbelegt
onderbezetting Unterbesetzung *v*
onderbinden unterbinden, anschnallen, ⟨met een gesp⟩ umbinden
onderbouw ❶ *lagere klassen op school* Unterstufe *v* ❷ bouwk *basis bouwwerk* Unterbau *m*
onderbouwen unterbauen
onderbreken unterbrechen
onderbreking Unterbrechung *v* ★ ~ *van de zwangerschap* Schwangerschaftsabbruch *m* ★ *zonder* ~ ohne Unterbrechung, ununterbrochen
onderbrengen ❶ *onderdak verlenen* unterbringen ❷ *indelen* einteilen, einordnen
onderbroek Unterhose *v*, ⟨slipje⟩ Schlüpfer *m*
onderbroekenlol schlüpfrige Witze *mv*
onderbuik Unterbauch *m*
onderdaan *staatsburger* Untertan *m*
onderdak Bleibe *v*, Unterkunft *v* ★ *iem.* ~ *verlenen* jmdn. bei sich aufnehmen
onderdanig untergeben
onderdeel ⟨deel van een geheel⟩ Teil *m*, ⟨v. machine, apparaat etc⟩ . Teil *o* ★ *losse onderdelen* lose Teile ★ *een bijbehorend* ~ ein zugehöriges Teil ★ ~ *van een programma* Bestandteil *m* eines Programms ★ *onderdelen van een machine* Ersatzteile
onderdeurtje Knirps *m*, Wicht *m*
onderdirecteur zweite(r) / stellvertretende(r) Direktor *m* [v: zweite / stellvertretende Direktorin], ⟨van een school⟩ Konrektor *m*
onderdoen I *ov ww, aantrekken* unterbinden ★ *ski's* ~ Skier anschnallen **II** *on ww, de mindere zijn* unterlegen sein ★ *hij doet niet voor haar onder* er steht auf gleicher Stufe mit ihr
onderdompelen untertauchen ★ *iets in water* ~ etw. in Wasser tauchen
onderdoor untendurch, unter...hindurch [+3] ▼ *er* ~ *gaan* daran zugrunde / zu Grunde gehen
onderdoorgang Unterführung *v*
onderdrukken *ondergeschikt houden* unterdrücken
onderdrukker Unterdrücker *m*
onderdrukking Unterdrückung *v*, pol Repression *v*
onderduiken *duiken* untertauchen
onderduiker Untergetauchte(r) *m*
onderen unten ★ *van* ~ *dichtdoen* von unten schließen ★ *naar* ~ nach unten ★ *van* ~ von unten ▼ *van* ~*!* weg da!
ondergaan ❶ *zinken* untergehen ❷ *dalen (van zon)* ★ *de zon gaat onder* die Sonne geht unter ❸ *tenietgaan* zugrunde / zu Grunde gehen
ondergaan *verduren* erleiden ★ *een straf* ~ eine Strafe verbüßen ★ *een operatie* ~ sich einer Operation unterziehen
ondergang *het ondergaan* Untergang *m*, ⟨verderf⟩ Verderben *o*
ondergeschikt ❶ *onderworpen aan* untergeordnet ❷ *van minder belang* nebensächlich ★ *dat is van* ~ *belang* das ist Nebensache ★ *hij is* ~ *aan de directeur* er ist dem Direktor unterstellt
ondergeschikte Untergebene(r) *m* ★ *de* ~*n* das Personal
ondergeschoven jur *vervalst* untergeschoben
ondergetekende Unterzeichner *m*
ondergoed Unterwäsche *v*
ondergraven fig *verzwakken* untergraben
ondergrens Untergrenze *v*
ondergrond ❶ *onderliggende laag* Untergrund *m* ❷ *grondslag* Unterlage *v*, Grundlage *v*
ondergronds ❶ *onder de grond* unterirdisch ❷ *clandestien* im Untergrund
ondergrondse ❶ *metro* Untergrundbahn *v*, U-Bahn *v* ❷ *verzetsbeweging* Widerstandsbewegung *v*
onderhand inzwischen
onderhandelaar Unterhändler *m*
onderhandelen verhandeln, pol unterhandeln ★ ~ *over de prijs* um den Preis verhandeln
onderhandeling Verhandlung *v*, pol Unterhandlung *v*
onderhandelingspositie Verhandlungsposition *v*
onderhands I *bnw* ❶ *zonder tussenpersoon* unter der Hand ❷ *geheim* insgeheim, heimlich **II** *bijw*

on

sport von unten her
onderhavig vorliegend, betreffend ★ *in het ~e geval* im vorliegenden Fall ★ *in de ~e kwestie* in der betreffenden Sache
onderhemd Unterhemd *o*
onderhevig unterworfen [+3], unterliegend [+3] ★ *aan bederf ~ zijn* leicht verderblich sein ★ *aan gevaren ~ zijn* Gefahren ausgesetzt sein ★ *aan geen twijfel ~ zijn* keinem Zweifel unterliegen
onderhorig ❶ *ondergeschikt* untergeordnet, untergeben ❷ *afhankelijk* hörig
onderhoud ❶ *verzorging* Unterhalt *m*, Versorgung *v*, ⟨van tuin, bloemen e.d.⟩ Pflege *v*, techn Wartung *v*, techn Instandhaltung *v* ★ *achterstallig ~* überfällige Instandhaltungsarbeiten ★ *in goede staat van ~* gut erhalten / in gutem Zustand ★ *in slechte staat van ~* in schlechtem Zustand ❷ *levensonderhoud* Lebensunterhalt *m* ❸ *gesprek* Gespräch *o* ★ *een ~ hebben met iem.* eine Unterredung mit jmdm. haben
onderhouden **I** *ov ww* ❶ *in stand houden* unterhalten, techn warten ★ *contacten ~* Kontakte unterhalten ❷ *verzorgen* versorgen ★ *een gezin ~* eine Familie ernähren ❸ *in goede staat houden* instandhalten ★ *zijn huis in goede staat houden* sein Haus gut instandhalten ❹ *naleven* einhalten, beachten ★ *de tien geboden ~* sich an die zehn Gebote halten ❺ *aangenaam bezighouden* unterhalten ❻ *ernstig toespreken* zur Rede stellen ★ *iem. over iets ~* jmdn. wegen einer Sache zur Rede stellen **II** *wkd ww* [**zich ~**] *spreken* sich unterhalten (**met** mit)
onderhoudend unterhaltsam
onderhoudsbeurt routinemäßige Wartung *v*, Inspektion *v*
onderhoudscontract Wartungsvertrag *m*
onderhoudsmonteur Wartungsmechaniker *m*
onderhoudswerkzaamheden Instandhaltungsarbeiten *mv*, Wartungsarbeiten *mv*, ⟨huis, woning⟩ Renovierungsarbeiten *mv*
onderhuids ❶ med subkutan ❷ fig *verborgen* unterschwellig
onderhuren zur Untermiete wohnen
onderhuur Untermiete *v* ★ *iets in ~ hebben* etw. untervermieten
onderhuurder Untermieter *m*
onderin unten, unten in [+3]
onderjurk Unterkleid *o*
onderkaak Unterkiefer *m*
onderkant Unterseite *v*, untere Seite *v*
onderkennen ❶ *beseffen* unterscheiden ❷ *herkennen* erkennen
onderkin Doppelkinn *o*
onderklasse ❶ biol Unterklasse *v* ❷ soc Unterschicht *v*
onderkoeld fig *zonder emoties* unterkühlt
onderkoeling Unterkühlung *v*
onderkomen Unterkommen *o*, Unterkunft *v*
onderkoning Vizekönig *m*
onderlaag ❶ *onderste laag* Unterschicht *v* ❷ *steunlaag* untere Schicht *v*
onderlangs unten herum, unten vorbei, unten entlang
onderlegd bewandert ★ *goed ~ zijn in iets* gut in etw. beschlagen sein
onderlegger *op bed* Unterlage *v*
onderliggen *de mindere zijn* unterliegen [unterliegen] *liggen* unten liegen ★ *~d* darunterliegend
onderlijf *onderlichaam* Unterleib *m*, Unterkörper *m*
onderling gegenseitig ★ *~e hulp* gegenseitige Hilfe
onderlip Unterlippe *v*
onderlopen überschwemmt werden ★ *iets laten ~* etw. überschwemmen
ondermaats ❶ *te klein* under dem Mindestmaß ❷ *van mindere kwaliteit* minderwertig
ondermijnen ❶ mil *mijn leggen onder* unterminieren ❷ fig *verzwakken* unterminieren
ondernemen *gaan doen* unternehmen ★ *een poging ~* einen Versuch machen
ondernemend tatkräftig, unternehmend, unternehmungslustig
ondernemer Unternehmer *m*
ondernemerschap Unternehmertum *o*
onderneming ❶ *bedrijf* Unternehmen *o* ❷ *karwei* Unternehmen *o*, Unternehmung *v*
ondernemingsklimaat Betriebsklima *o*
ondernemingsraad Betriebsrat *m*
ondernemingsrecht jur Wirtschaftsrecht *o*, Unternehmensrecht *o*
onderofficier Unteroffizier *m*
onderonsje ❶ *gesprek* vertrauliche(s) Gespräch *o*, Gespräch *o* unter vier Augen ❷ *kleine kring* Clique *v*
onderontwikkeld unterentwickelt
onderop unten
onderpand ⟨bij schuld; als waarborg⟩ Pfand *o*, ⟨bij schuld⟩ Sicherheit *v*, ⟨als waarborg⟩ Unterpfand *o*
onderpastoor BN rel Kaplan *m*
onderricht Unterricht *m*
onderrichten *lesgeven* unterrichten
onderschatten unterschätzen
onderscheid *verschil* Unterschied *m* ★ *zonder ~* ausnahmslos ★ *een ~ maken* unterscheiden, differenzieren
onderscheiden **I** *bnw, verschillend* verschieden, unterschiedlich **II** *ov ww* ❶ *waarnemen* unterscheiden ❷ *als ongelijksoortig bezien* unterscheiden ❸ *een onderscheiding verlenen* auszeichnen **III** *wkd ww* [**zich ~**] sich unterscheiden, ⟨uitblinken⟩ sich auszeichnen
onderscheiding ❶ *het van elkaar onderscheiden* Unterscheidung *v* ❷ *ereteken* Auszeichnung *v*
onderscheidingsteken ❶ *ereteken* Auszeichnung *v*, Orden *m* ❷ *herkenningsteken* Unterscheidungsmerkmal *o*
onderscheidingsvermogen Unterscheidungsvermögen *o*
onderscheppen ❶ *onderweg in handen krijgen* abfangen ❷ BN *(heimelijk) vernemen* aufschnappen
onderschikkend taalk unterordnend, subordinierend
onderschikking Unterordnung *v*
onderschrift *wat onder iets staat* Bildunterschrift *v*
onderschrijven *beamen* unterschreiben
ondershands ❶ *niet openbaar* unterderhand

on

❷ *in het geheim* unterderhand
ondersneeuwen ❶ *door sneeuw bedekt worden* zuschneien, verschneien ❷ *uit de belangstelling geraken* unter den Tisch fallen
onderspit ▾ *het ~ delven* den Kürzeren ziehen, unterliegen
onderst unterst
onderstaan überschwemmt sein
onderstaand nachfolgend
ondersteboven ❶ *op zijn kop* auf dem Kopf ★ *iets ~ houden* etw. verkehrt herum halten ❷ *overhoop* durcheinander ★ *~ gooien* durcheinanderwerfen ★ *~ halen* auf den Kopf stellen ★ *elkaar ~ lopen* einander vor die Füße laufen ❸ *overstuur* durcheinander ★ *hij was er helemaal van ~* er war dadurch völlig durcheinander
ondersteek Bettschüssel *v*, Bettpfanne *v*
onderstel ❶ *waarop het bovendeel rust* Untergestell *o* ❷ *onderlijf* Fahrgestell *o*
ondersteunen ❶ *van onderen steunen* stützen ❷ *helpen* unterstützen
ondersteuning ❶ *het steun geven* Unterstützung *v* ❷ *hulp* Subvention *v*
onderstrepen *streep zetten onder* unterstreichen
onderstroom aardk Unterströmung *v*
onderstuk Unterteil *o*
ondertekenaar Unterzeichner *m*
ondertekenen unterschreiben, form unterzeichnen
ondertekening ❶ *het ondertekenen* Unterzeichnung *v*, Unterschreiben *o* ❷ *handtekening* Unterschrift *v*
ondertitel audio-vis *vertaling* Untertitel *m*
ondertitelen untertiteln
ondertiteling ❶ *het ondertitelen* Untertitelung *v* ❷ *ondertitels* Untertitel *mv*
ondertoezichtstelling Erziehungsbeistandschaft *v*
ondertoon *toon* Unterton *m*
ondertrouw Aufgebot *o* ★ *in ~ gaan* das Aufgebot bestellen
ondertussen ❶ *intussen* inzwischen, mittlerweile, währenddessen, dabei ❷ *toch* allerdings ★ *zij heeft ~ wel gelijk* sie hat allerdings recht ★ *~ krijg ik de schuld* dabei bekomme ich die Schuld
onderuit *met de benen gestrekt* mit ausgestreckten Beinen ▾ *ergens niet ~ kunnen* nicht darum herumkommen
onderuitgaan ❶ *vallen* fallen, ausrutschen ❷ *falen* auf den Bauch fallen
onderuithalen ❶ sport legen ❷ *met woorden* auseinandernehmen ★ *iem. ~* jmdn. auseinandernehmen
ondervangen *wegnemen* ausräumen, beseitigen ★ *bezwaren ~* Bedenken beseitigen
onderverdelen unterteilen
onderverdeling Untergliederung *v*, Unterverteilung *v*
onderverhuren untervermieten
ondervertegenwoordigd unterrepräsentiert
ondervinden erfahren, erleben, spüren ★ *de gevolgen ~* die Folgen spüren ★ *iets aan den lijve ~* etw. am eigenen Leib erfahren
ondervinding Erfahrung *v*
ondervoed unterernährt
ondervoeding Unterernährung *v*
ondervragen ❶ *verhoren* vernehmen, verhören ❷ BN onderw (über)prüfen, ⟨mondeling⟩ abfragen
ondervraging ⟨verhoor⟩ Vernehmung *v*, Befragung *v*
onderwaarderen unterbewerten
onderwatersport Unterwassersport *m*, Tauchsport *m*
onderweg unterwegs
onderwereld *misdadigerswereld* Unterwelt *v*
onderwerp ❶ *wat behandeld wordt* Gegenstand *m*, Thema *o* ★ *het ~ van gesprek* das Gesprächsthema ★ *~ van studie* Studienobjekt *o* ★ *iets tot ~ hebben* etw. zum Thema / zum Gegenstand haben ❷ taalk Subjekt *o*
onderwerpen ❶ *onder gezag brengen* unterwerfen ❷ **~ aan** *laten ondergaan* aussetzen, unterziehen, unterwerfen ★ *iem. aan een test ~* jmdn. einem Versuch unterziehen ❸ **~ aan** *voorleggen aan* unterbreiten, vorlegen
onderwijl inzwischen
onderwijs onderw Unterricht *m* ★ *bijzonder* / BN *vrij ~* Sonderschulunterricht ★ *hoger ~* Hochschulwesen *o*, Hochschulunterricht ★ *lager ~* Grundschulunterricht ★ *middelbaar* / *voortgezet ~* Fortbildung *v*, weiterführende(r) Unterricht *m*
onderwijsbevoegdheid onderw Lehrbefähigung *v*, Lehrberechtigung *v*
onderwijsinspectie onderw Schulamtsinspektion *v*
onderwijskunde onderw Schulpädagogik *v*
onderwijsmethode onderw Unterrichtsmethode *v*
onderwijsraad onderw Bildungsrat *m*
onderwijsvernieuwing onderw Unterrichtsreform *v*
onderwijzen onderw unterrichten, lehren ★ *het ~d personeel* die Lehrerschaft
onderwijzer onderw Lehrer *m*
onderworpen ❶ *ondergeschikt* unterworfen ❷ *onderdanig* unterwürfig, fügsam ❸ **~ aan** *onderhevig aan* ausgesetzt [+3]
onderzeeboot U-Boot *o*
onderzeebootjager U-Bootjäger *m*
onderzeeër U-Boot *o*
onderzetter *voorwerp* Untersetzer *m*
onderzoek ❶ *het onderzoeken* Untersuchung *v*, jur Ermittlung *v*, ⟨research⟩ Forschung *v* ★ jur *een ~ instellen* Ermittlungen einleiten ★ *een ~ verrichten naar* etw. erforschen / untersuchen ★ *in ~ zijn* untersucht werden ★ *op ~ uitgaan* etw. auskundschaften ❷ med Untersuchung *v* ★ *geneeskundig ~* ärztliche Untersuchung
onderzoeken ❶ *nagaan* untersuchen, ⟨wetenschappelijk⟩ erforschen, ⟨toetsen⟩ prüfen ❷ med untersuchen
onderzoeker Forscher *m*
onderzoeksbureau Forschungsbüro *o*
onderzoeksresultaat Untersuchungsergebnis *o*, ⟨wetenschap⟩ Forschungsergebnis *o*
ondeugd ❶ *slechte eigenschap* Laster *o* ❷ *ondeugendheid* Schelmerei *v* ❸ *deugniet* Frechdachs *m*, Schelm *m*
ondeugdelijk ❶ *van slechte kwaliteit* untauglich

❷ *gebrekkig* ungeeignet
ondeugend ❶ *stout* frech, ungezogen ★ *een ~ kereltje* ein freches Kerlchen ❷ *schalks* spitzbübisch, schelmisch ★ *~ kijken* schelmisch gucken
ondiep I *zn* [het] Untiefe *v*, flache / seichte Stelle *v* II *bnw* flach, nicht tief ★ *het ~e* Nichtschwimmerbecken
ondiepte *ondiepe plaats* seichte Stelle *v*
ondier Untier *o*, Ungeheuer *o*
onding *prul* Unding *o*
ondoelmatig unzweckmäßig
ondoenlijk unausführbar, unmöglich
ondoordacht unüberlegt
ondoordringbaar undurchdringbar
ondoorgrondelijk unergründlich, ⟨gelaatsuitdrukking⟩ undurchdringlich
ondraaglijk unerträglich
ondubbelzinnig unmissverständlich, eindeutig
onduidelijk undeutlich, ⟨wazig⟩ verschwommen, ⟨begrip, inzicht⟩ unklar, ⟨niet concreet⟩ vage ★ *~ schrijven* unleserlich schreiben
onecht ❶ *niet echt* falsch, unecht, gekünstelt ❷ *onwettig* unehelich ★ *een ~ kind* ein uneheliches Kind
oneens uneinig ★ *zij zijn het ~* sie sind verschiedener Meinung
oneerbaar unsittlich
oneerbiedig respektlos
oneerlijk unehrlich ★ *~e concurrentie* unlautere(r) Wettbewerb
oneffen uneben, ⟨ruw⟩ rau
oneffenheid *het niet egaal zijn* Unebenheit *v*
oneigenlijk ❶ *niet zoals het bedoeld is* uneigentlich ❷ *figuurlijk* übertragen
oneindig ❶ *zonder einde* unendlich ❷ *buitengewoon* endlos
oneindigheid Unendlichkeit *v*
oneliner Einzeiler *m*
onemanshow Ein-Mann-Show *v*
onenigheid ❶ *meningsverschil* Uneinigkeit *v*, Differenz *v* ❷ *ruzie* Streit *m* ★ *in ~ leven* in Unfrieden leben ★ *~ zaaien* Unfrieden stiften
onervaren *ongeoefend* unerfahren
onervarenheid Unerfahrenheit *v*
onesthetisch unästhetisch
oneven ungerade
onevenredig unverhältnismäßig
onevenwichtig unausgeglichen, labil
onfatsoenlijk *ongemanierd* unanständig
onfeilbaar unfehlbar
onfortuinlijk glücklos
onfris *niet fris* unsauber
ongaarne ungern
ongans unpässlich, unwohl ★ *zich ~ eten* sich überessen
ongeacht trotz [+2], ungeachtet [+2] ★ *~ de kosten* ungeachtet der Kosten
ongebonden ❶ *vrij* ungebunden ★ *zij is ~* sie ist ledig ❷ *losbandig* zügellos ★ *een ~ leven leiden* ein freies / ungebundenes Leben führen
ongeboren ungeboren
ongebreideld zügellos, hemmungslos
ongebruikelijk ungebräuchlich, unüblich
ongecompliceerd unkompliziert
ongedaan ★ *iets ~ maken* etw. rückgängig machen ★ *niets ~ laten* nichts unversucht lassen ★ *ik zou dit het liefst ~ maken* ich würde es am liebsten rückgängig / ungeschehen machen ★ *dat is niet meer ~ te maken* das kann man nicht mehr ungeschehen machen
ongedeerd unversehrt, unverletzt
ongedierte Ungeziefer *o*
ongedisciplineerd undiszipliniert
ongeduld Ungeduld *v* ★ *trappelen van ~* zappeln vor Ungeduld
ongeduldig ungeduldig
ongedurig unruhig
ongedwongen ❶ *vrijwillig* freiwillig ❷ *losjes* ungezwungen, locker ★ *een ~ sfeer* eine lockere Atmosphäre
ongeëvenaard unerreicht, beispiellos
ongegeneerd ungeniert, unverfroren, ⟨schaamteloos⟩ schamlos
ongegrond I *bnw* unbegründet, grundlos, ⟨ongefundeerd⟩ haltlos II *bijw* ★ *iem. ~ beschuldigen* jmdn. grundlos beschuldigen
ongehinderd ungehindert
ongehoord unerhört, unerhört
ongehoorzaam ungehorsam
ongehoorzaamheid Ungehorsam *m*
ongehuwd I *bnw* ledig ★ *~e staat* Familienstand ledig II *bijw* ★ *~ samenwonen* ohne Trauschein zusammenleben
ongein dumme(r) Spaß *m*
ongekend I *bnw* unbekannt ★ *~e mogelijkheden* ungeahnte(n) Möglichkeiten II *bijw* beispiellos
ongekunsteld ungekünstelt
ongeldig ungültig, jur nichtig
ongelegen ungelegen
ongeletterd *zonder onderricht* ungebildet
ongelijk I *zn* [het] Unrecht *o* ★ *~ hebben* unrecht haben, im Unrecht sein II *bnw* ❶ *verschillend* ungleich, ⟨niet evenredig⟩ ungleichmäßig ❷ *oneffen* uneben ★ *~ terrein* unebene(s) Gelände
ongelijkbenig wisk ungleichschenklig ★ *~e driehoek* ungleichschenkliges Dreieck
ongelijkheid ❶ *het ongelijk zijn* Ungleichheit *v* ❷ *oneffenheid* Ungleichmäßigkeit *v*
ongelijkmatig ungleichmäßig
ongelijkvloers niveaufrei ★ *een ~e kruising* eine niveaufreie Kreuzung
ongelikt → **beer**
ongelimiteerd unlimitiert, unbegrenzt, unbeschränkt
ongelofelijk, **ongelooflijk** unglaubhaft, unglaublich ★ *het is ~!* es ist unglaublich! ★ *dat grenst aan het ~e* das grenzt schon ans Unglaubliche
ongelood bleifrei, unverbleit
ongeloof Unglaube *m*
ongeloofwaardig unglaubwürdig
ongelovig *ongodsdienstig* ungläubig ★ *de ~en* die Ungläubigen
ongeluk I *zn* [het] [gmv] *tegenspoed* Unglück *o*, Missgeschick *o*, Pech *o* ★ *zijn ~ tegemoet gaan* in sein Unglück rennen ★ *per ~* aus Versehen, versehentlich, unabsichtlich II *zn* [het] [mv: +ken] *ongeval* Unglück *o*, Unfall *m* ★ *een ~ begaan* sich vergreifen an jmdn. ★ *zich een ~ zoeken* verzweifelt suchen ★ *zich een ~ werken* sich zu Tode schuften ★ *een ~ komt zelden alleen*

ein Unglück kommt selten allein ★ *een ~ zit in een klein hoekje* ein Unglück ist schnell geschehen ★ *daar komen ~ken van* das wird schiefgehen → **ongelukje**
ongelukje *klein ongeluk* kleine(r) Unfall *m* ★ *het was een ~* es war ein Versehen
ongelukkig I *bnw* ❶ *niet gelukkig* unglücklich, glücklos, niedergeschlagen, traurig ❷ *jammerlijk* unglücklich, ungünstig, ungeschickt ★ *~e loop van omstandigheden* unglückliche(s) Zusammentreffen verschiedener Ereignisse *o* ★ *~ in het spel, gelukkig in de liefde* Pech im Spiel, Glück in der Liebe ❸ *met lichaamsgebrek* behindert **II** *bijw* ★ *iets ~ doen* eine unglückliche Hand bei einer Sache haben ★ *zich ~ uitdrukken* ungeschickt formulieren ★ *dat komt ~ uit* das trifft sich gar nicht
ongelukkigerwijs unglücklicherweise
ongeluksgetal Unglückszahl *v*
ongeluksvogel Unglückswurm *m*, Unglücksvogel *m*
ongemak ❶ *hinder* Beschwerlichkeiten *mv*, Unbequemlichkeit *v*, Ärger *m* ❷ *lichamelijke kwaal* Gebrechen *o*, Beschwerde *v*
ongemakkelijk ❶ *ongerieflijk* unbequem ★ *~e houding* unbequeme Lage *v* ❷ *lastig* lästig, unbequem ★ *~ heerschap* schwierige(r) Mensch *m*
ongemanierd unmanierlich, ungesittet, ungehobelt
ongemeen I *bnw* ungemein, außergewöhnlich **II** *bijw* ungemein
ongemerkt ❶ *niet bemerkt* unmerklich ❷ *zonder merk* ohne Marke / Zeichen
ongemoeid unbehelligt, ungestört ★ *iem. ~ laten* jmdn. in Ruhe lassen
ongenaakbaar *onbenaderbaar* unzugänglich, unerreichbar, unnahbar
ongenade Ungnade *v* ★ *in ~ vallen* in Ungnade fallen
ongenadig ungnädig, gnadenlos ★ *iem. een ~ pak slaag geven* jmdm. eine tüchtige Abreibung verpassen
ongeneeslijk unheilbar
ongenietbaar ungenießbar
ongenoegen ❶ *misnoegen* Unwille *m*, Missfallen *o* ★ *zijn ~ uiten* seinem Unwillen Luft machen ❷ *onenigheid* Zwist *m*, Uneinigkeit *v*
ongeoorloofd form unstatthaft, unzulässig, unerlaubt
ongepast unangemessen, ⟨misplaatst⟩ unangebracht, ⟨onbehoorlijk⟩ ungehörig ★ *een ~e grap* ein ungehöriger Witz ★ *~ gedrag* unpassende(s) / ungehörige(s) Benehmen *o*
ongepastheid ❶ *het misplaatst zijn* Unschicklichkeit *v*, Unangemessenheit *v* ❷ *onbehoorlijkheid* Ungehörigkeit *v*
ongerechtigheid ❶ jur *onrechtvaardigheid* Ungerechtigkeit *v*, ⟨handeling⟩ ungerechte Tat *v* ❷ *onvolkomenheid* Mangel *m*, Unvollkommenheit *v*
ongerede ▾ *in het ~ raken* kaputtgehen, break down
ongeregeld ❶ *onregelmatig* unordentlich, ungeregelt, regellos ★ *een ~ leven leiden* ein ungeregeltes Leben führen ❷ *ordeloos* ungeregelt, unregelmäßig
ongeregeldheden ❶ *wanordelijkheden* Unregelmäßigkeiten *mv* ❷ *oproer* Unruhen *mv*, Krawalle *mv*
ongeremd ungehemmt
ongerept unberührt, ⟨van reputatie⟩ unbescholten ★ *de ~e natuur* die unberührte Natur *v* ★ *~e sneeuw* unberührte(r) Schnee ★ *een man van ~e naam* ein unbescholtener Mann
ongerief Unbequemlichkeit *v*, Ungelegenheiten *mv*, Unannehmlichkeiten *mv*, ⟨last⟩ Mühe *v*
ongerijmd widersinnig, ungereimt, unsinnig ★ wisk *bewijs uit het ~e* indirekte(r) Beweis *m*
ongerust beunruhigt, besorgt ★ *wees niet ~* mach dir keine Sorgen, sei unbesorgt ★ *~ zijn over iem.* sich Sorgen um jmdn. machen, beunruhigt sein wegen jmds. / jmdm.
ongerustheid Beunruhigung *v*, Besorgnis *v*
ongeschikt ❶ *niet geschikt* ungeeignet, untauglich, ⟨van tijdstip⟩ ungelegen ★ *voor iets ~ zijn* zu etw. ungeeignet / untauglich sein [+3] ★ *lichamelijk ~* körperlich untauglich ❷ *onaardig* ungefällig, unangenehm, nicht nett ★ *zij is niet ~* sie ist recht nett / ganz fidel
ongeschonden unverletzt, unversehrt, ⟨onbeschadigd⟩ unbeschädigt
ongeschoold onderw ungeschult, ungelernt, unausgebildet ★ *~e arbeider* ungelernte(r) Arbeiter *m* ★ *~e arbeid* ungeschulte Arbeit *v*
ongeslagen sport unbesiegt, ungeschlagen
ongesteld *menstruerend* menstruierend ★ *zij is ~* sie hat ihre Tage / Regel
ongesteldheid *menstruatie* Monatsblutung *v*, Periode *v*, Regel *v*, Menstruation *v*
ongestoord ⟨zonder storing⟩ ungestört, ⟨zonder hinder⟩ unbehindert
ongestraft straffrei, ungestraft
ongetrouwd ledig ★ *~ samenwonen* ohne Trauschein zusammenleben
ongetwijfeld zweifellos, zweifelsohne
ongeval Unfall *m*
ongevallenverzekering Unfallversicherung *v*
ongeveer ungefähr, etwa
ongeveinsd unverstellt, ungeheuchelt
ongevoelig ❶ *onaangedaan* gefühllos, herzlos ★ *~ voor vleierij* unempfänglich für Schmeicheleien ★ *voor alles ~ blijven* von allem unberührt bleiben ❷ *verdoofd* unempfindlich gegen, immun gegen
ongevraagd unaufgefordert
ongewapend *zonder wapen* unbewaffnet
ongewenst unerwünscht, ungewollt ★ *een ~ kind* ein ungewolltes Kind *o*
ongewild *onbedoeld* ungewollt
ongewisse ★ *in het ~ verkeren* im Ungewissen sein ★ *iem. in het ~ laten* jmdn. im Ungewissen lassen
ongewoon ❶ *zeldzaam* ungewöhnlich, selten ❷ *niet gewoon* ungewohnt ★ *~ schouwspel* ungewohnte(r) Anblick *m*
ongezeglijk ungehorsam, unfolgsam
ongezellig ⟨van persoon⟩ ungesellig, ⟨van plaats, sfeer⟩ ungemütlich, ⟨van gevoel⟩ unbehaglich
ongezien I *bnw, niet gezien* ungesehen **II** *bijw, ongemerkt* unbesehen
ongezond *ziek* ungesund

ongezouten I *bnw* ❶ *zonder zout* ungesalzen ❷ *onverbloemd* unverblümt, ungeschminkt II *bijw* ★ *iem. ~ de waarheid zeggen* jmdm. die ungeschminkte Wahrheit sagen
ongrijpbaar lett ungreifbar
ongrondwettig I *bnw* grundgesetzwidrig, verfassungswidrig II *bijw* verfassungswidrig
ongunstig I *bnw* ❶ *nadelig* ungünstig ★ *~e omstandigheden* widrige(n) Umstände ★ *het had ~e gevolgen voor haar* es hatte nachteilige Folgen für sie ★ *een ~e wisselkoers* ein ungünstiger Wechselkurs ❷ *slechte indruk gevend* nachteilig, ungünstig ★ *in een ~e positie zijn* sich in einer ungünstigen Lage befinden II *bijw* ★ *zich ~ over iem. uitlaten* sich abfällig über jmdn. äußern ★ *~ bekendstaan* einen schlechten Ruf haben
onguur ❶ *ruw* garstig, ⟨van het weer⟩ rau ❷ *ongunstig uitziend* schäbig, zwielichtig
onhandelbaar ❶ *ontzettend lastig* ungefügig, widerspenstig ❷ *slecht bestuurbaar* nicht handhabbar, unhandlich
onhandig ❶ *stuntelig* ungeschickt, unbeholfen ❷ *niet handzaam* unhandlich
onhandigheid Ungeschicktheit *v*
onhebbelijk I *bnw* unangenehm II *bijw* ★ *zich ~ gedragen* sich garstig benehmen
onhebbelijkheid Unfreundlichkeit *v*
onheil Unheil *o* ★ *~ stichten* Unheil stiften
onheilspellend ominös, Unheil verkündend, ⟨beangstigend⟩ unheimlich ★ *~e stilte* ominöse(s) Schweigen *o*
onheilsprofeet Unglücksprophet *m*
onherbergzaam unwirtlich
onherkenbaar nicht zu erkennen, unerkennbar
onherroepelijk unwiderruflich, ⟨definitief⟩ endgültig ★ *~ afscheid* endgültige(r) Abschied *m*
onherstelbaar unersetzlich ★ *~ onrecht* nicht wieder gutzumachendes Unrecht *o*
onheuglijk urewig, sehr lange zurückliegend
onheus I *bnw* ungerecht, unhöflich II *bijw* ★ *~ bejegenen* ungerecht behandeln
onhoudbaar ❶ *niet te verdedigen* unhaltbar ❷ *niet te harden* unhaltbar, unerträglich ★ *de situatie is ~* die Lage ist unhaltbar
onjuist unrichtig, inkorrekt, falsch, unzutreffend ★ *haar handelwijze was ~* ihr Verhalten war inkorrekt ★ *~ bericht* Falschmeldung *v*
onjuistheid ❶ *fout* Fehler *m* ❷ *het onjuist zijn* Unrichtigkeit *v*, Unstimmigkeit *v*
onkies taktlos, indelikat
onklaar *defect* defekt ★ *iets ~ maken* etw. außer Funktion setzen
onkosten Unkosten *mv*, econ Kostenaufwand *m*, ⟨bedrijfskosten⟩ Spesen *mv* ★ *~ declareren* Unkosten in Rechnung stellen ★ *iem. op ~ jagen* jmdn. in Unkosten stürzen
onkostendeclaratie Spesenrechnung *v*
onkostenvergoeding Unkostenvergütung *v*, Unkostenerstattung *v*
onkreukbaar ❶ *niet kreukend* knitterfrei ❷ *integer* unbestechlich, integer
onkruid Unkraut *o* ★ *~ wieden* Unkraut jäten ▼ *~ vergaat niet* Unkraut vergeht nicht
onkuis unkeusch, unanständig, ⟨onzedig⟩ unsittlich
onkunde ⟨niet kennen⟩ Unkenntnis *v*, ⟨niet weten⟩ Unwissenheit *v*, ⟨niet kunnen⟩ Unfähigkeit *v* ★ *uit ~* aus Unwissenheit
onkundig unwissend ★ *iem. van iets ~ laten* jmdn. über etw. in Unkenntnis lassen
onlangs neulich, kürzlich, vor kurzem
onledig beschäftigt ★ *zich ~ houden met* sich mit etw. beschäftigen
onleesbaar unleserlich ★ *~ worden* unleserlich werden ★ *een ~ boek* ein unlesbares Buch
online online
onlogisch unlogisch
onloochenbaar unleugbar, unverkennbar
onlosmakelijk unlöslich, unlösbar
onlusten soc Krawalle *mv*, Tumulte *mv*, Unruhen *mv*
onmacht ❶ *machteloosheid* Ohnmacht *v*, Unvermögen *o*, Machtlosigkeit *v*, Unfähigkeit *v* ❷ *flauwte* Ohnmacht *v*
onmachtig ohnmächtig, machtlos
onmatig maßlos, unmäßig
onmens Unmensch *m*
onmenselijk I *bnw, wreed* unmenschlich, inhuman, barbarisch II *bijw* unmenschlich, inhuman ★ *iem. ~ behandelen* jmdn. unmenschlich / inhuman behandeln
onmetelijk I *bnw* unermesslich II *bijw* ★ *~ groot* unermesslich groß ★ *~ rijk* unermesslich reich
onmiddellijk I *bijw, meteen* sofort, auf der Stelle ★ *ik kom ~* ich komme sofort II *bnw* ❶ *meteen* unverzüglich, sofortig, sofort, auf der Stelle ★ *met ~e ingang* mit sofortiger Wirkung, ab sofort ★ *~ ontslag* fristlose Kündigung *v* ❷ *direct, rechtstreeks* unmittelbar, direkt ❸ *zonder tussenruimte* unmittelbar, direkt ★ *~e omgeving* nächste Umgebung *v* ★ *in de ~e nabijheid van* in unmittelbarer / nächster Nähe [+2]
onmin Uneinigkeit *v*, Zwist *m*, Streit *m* ★ *met iem. in ~ leven* mit jmdm. in Zwist leben, mit jmdm. in Hader / im Streit liegen
onmisbaar unentbehrlich, ⟨van personen⟩ unabkömmlich
onmiskenbaar unverkennbar
onmogelijk ❶ *niet mogelijk* unmöglich, ausgeschlossen ★ *het ~e eisen* das Unmögliche verlangen ❷ *onverdraaglijk* unmöglich, unausstehlich ★ *zich ~ maken* sich unmöglich machen ❸ *potsierlijk* lächerlich, unmöglich
onmogelijkheid Unmöglichkeit *v*
onmondig ❶ *niet mondig* unmündig ❷ *minderjarig* minderjährig
onnadenkend unbedacht, unüberlegt
onnatuurlijk ❶ *niet natuurlijk* unnatürlich, naturwidrig ❷ *gekunsteld* unnatürlich, gekünstelt, affektiert
onnauwkeurig I *bnw* unsorgfältig, ungenau II *bijw* ungenau
onnavolgbaar unnachahmlich
onneembaar uneinnehmbar
onnodig I *bnw* unnötig, unnütz, überflüssig II *bijw* unnötig, unnötigerweise ★ *~ veel* unnötig viel
onnoemelijk *onuitsprekelijk groot of veel* unsagbar, unsäglich, unbeschreiblich
onnozel I *bnw* ❶ *argeloos* unschuldig, harmlos ❷ *dom* einfältig, naiv, dumm ★ *~e hals* einfältige(r) Tropf *m*, Einfaltspinsel *m*

❸ *onbeduidend* lächerlich, lausig, lumpig ★ *een paar ~e centen* ein paar lausige Pfennige **II** *bijw, dom* ★ *kijk niet zo ~* guck nicht so dumm
onofficieel inoffiziell
onomkeerbaar unumkehrbar
onomstotelijk unumstößlich, unwiderlegbar
onomwonden unumwunden
onontbeerlijk unentbehrlich
onontkoombaar unvermeidlich, unentrinnbar, unumgänglich
onontwarbaar unentwirrbar
onooglijk unansehnlich, hässlich, ⟨onbeduidend⟩ unscheinbar
onopgemerkt unbemerkt, unbeachtet
onopgesmukt schmucklos
onophoudelijk ständig, pausenlos, unaufhörlich, unablässig
onoplettend unaufmerksam
onoplettendheid Unaufmerksamkeit *v*
onoplosbaar unlösbar
onoprecht unaufrichtig
onopvallend unauffällig
onopzettelijk unabsichtlich, unbeabsichtigt
onovergankelijk intransitiv
onoverkomelijk unüberwindlich
onovertroffen unübertroffen
onoverwinnelijk unbesiegbar
onoverzichtelijk unübersichtlich, unüberschaubar
onpaar BN *oneven* ungerade
onpartijdig unparteiisch, unparteilich
onpas → **pas**
onpasselijk unpässlich, übel ★ *ik word er ~ van* mir wird davon ganz übel
onpeilbaar ❶ *ondoorgrondelijk* unergründbar, unergründlich ❷ *grondeloos* unermesslich ★ *onpeilbare diepte* bodenlose Tiefe *v*

on

onpersoonlijk unpersönlich
onplezierig unerfreulich, unangenehm
onpraktisch *niet goed bruikbaar* unpraktisch
onraad Gefahr *v* ★ *~ bespeuren* Unrat wittern *m*, Schlimmes befürchten / ahnen *o*
onrecht Unrecht *o* ★ *ten ~e* zu Unrecht ★ *niet ten ~e* aus gutem Grund ★ *iem. ~ doen* jmdm. ein Unrecht antun
onrechtmatig jur unrechtmäßig, ⟨onwettig⟩ widerrechtlich
onrechtstreeks BN *indirect* indirekt
onrechtvaardig jur ungerecht
onredelijk ❶ *irrationeel* unredlich ❷ *onbillijk* unbillig ★ *~e eisen* unzumutbare(n) Forderungen
onregelmatig unregelmäßig
onregelmatigheid *fraude* Unregelmäßigkeit *v*
onregelmatigheidstoeslag Zuschlag *m* für Arbeit zu unregelmäßigen Zeiten
onreglementair unvorschriftsmäßig, ungesetzmäßig, irregulär
onrein unrein
onrendabel unrentabel
onrijp *niet rijp* unreif
onroerend unbeweglich
onroerendezaakbelasting Immobiliensteuer *v*
onrust *beroering* Unruhe *v* ★ *~ stoken* Unruhe stiften
onrustbarend beunruhigend
onrustig *ongedurig* unruhig
onruststoker Aufwiegler *m*, Unruhestifter *m*
onrustzaaier Unruhestifter *m*
ons I *zn* [het] hundert Gramm *v* ★ *je kan wachten tot je een ons weegt* du kannst warten, bis du schwarz wirst **II** *pers vnw* uns ★ *zeg het ons!* sag es uns! ★ *het is aan ons* es hängt von uns ab ★ *bij ons thuis* bei uns zu Hause ★ *onder ons* unter uns ★ *het is van ons* es gehört uns ★ *ons kent ons* ≈ man kennt sich **III** *bez vnw* unser ★ *ons huis* unser Haus ★ *we waren met ons drieën* wir waren zu dritt ★ *wij hebben het onze gedaan* wir haben das Unsrige / unsrige getan ★ *hun huis en het onze* ihr Haus und das unsre / unsere
onsamenhangend unzusammenhängend
onschadelijk unschädlich ★ *iem. ~ maken* jmdn. unschädlich machen, jmdn. stumm machen
onschatbaar unschätzbar ★ *van onschatbare waarde* von unschätzbarem Wert
onscheidbaar untrennbar
onschendbaar ❶ *niet te schenden* unantastbar, unverletzlich ❷ *immuun voor rechtsvervolging* immun ★ *~ zijn* Immunität genießen
onschuld ❶ *het niet schuldig zijn* Unschuld *v* ★ *zijn ~ betuigen* seine Unschuld beteuern ❷ *argeloosheid* Unschuld *v*, Arglosigkeit *v* ★ *in alle ~* in aller Unschuld ★ *ik was mijn handen in ~* ich wasche meine Hände in Unschuld
onschuldig ❶ *niet schuldig* unschuldig ❷ *argeloos* arglos ❸ *onschadelijk* harmlos
onsmakelijk ❶ *vies* unappetitlich ★ *~ voedsel* unappetitliche(s) Essen *o* ❷ *walgelijk* ★ *~ verhaal* widerliche Geschichte *v*
onsportief ❶ *geen sport beoefenend* unsportlich ❷ *oneerlijk* unfair
onstandvastig *veranderlijk* unbeständig
onsterfelijk ❶ *niet sterfelijk* unsterblich ❷ *eeuwigdurend* unsterblich
onsterfelijkheid Unsterblichkeit *v*
onstilbaar unstillbar
onstuimig unbändig ★ *een ~e zee* eine stürmische See ★ *~ weer* stürmische(s) Wetter *o* ★ *~e liefde* stürmische / leidenschaftliche Liebe *v*
onstuitbaar unaufhaltsam
onsympathiek unsympathisch
onszelf ❶ [meewerkend] uns selber, uns ❷ [lijdend] uns selber, uns
ontaard I *bnw* entartet ★ *~e ouders* Rabeneltern **II** *bijw* wahnsinnig, fürchterlich, unheimlich
ontaarden ❶ *uitlopen op* ausarten ★ *het feest ontaardde in een braspartij* das Fest artete in eine Saufpartie aus ❷ *degenereren* entarten, degenerieren
ontberen entbehren
ontbering ❶ *gebrek* Entbehren *o* ❷ *ellende* Entbehrung *v*
ontbieden bestellen, kommen lassen, form bescheiden ★ *iem. op het stadhuis ~* jmdn. aufs Rathaus zitieren
ontbijt Frühstück *o* ★ *aan het ~ zitten* beim Frühstück sitzen
ontbijtbuffet Frühstücksbüfett *o*
ontbijten frühstücken ★ *~ met koffie* Kaffee zum Frühstück trinken
ontbijtkoek cul Honigkuchen *m*
ontbijtshow Frühprogramm *o*, Morgenprogramm *o*

ontbijtspek Bacon *m*, durchwachsene(r) Speck *m*
ontbijt-tv Frühstücksfernsehen *o*
ontbinden ❶ *ontleden* zerlegen ★ *in factoren* ~ in Faktoren zerlegen ❷ *opheffen* auflösen, ⟨nietig verklaren⟩ annullieren ★ *het parlement* ~ das Parlament auflösen ★ *een verdrag* ~ einen Vertrag (auf)lösen ★ *het huwelijk werd ontbonden* die Ehe wurde aufgelöst / geschieden
ontbinding ❶ *beëindiging* Auflösung *v*, Lösung *v* ❷ *ontleding* Zerlegung *v* ❸ *bederf* Verwesung *v*, Auflösung *v*, scheik Zersetzung *v*, ⟨verrotting⟩ Fäulnis *v* ★ *in verregaande staat van* ~ in stark verwestem Zustand ★ *tot* ~ *overgaan* sich zersetzen, in Verwesung / Fäulnis übergehen
ontbladeringsmiddel Entlaubungsmittel *o*
ontbloot ❶ *naakt* entblößt ❷ ~ **van** ★ *niet van gevaar* ~ nicht ungefährlich ★ *van belang* ~ unwichtig
ontbloten *bloot maken* entblößen
ontboezeming Bekenntnis *o*, form Herzensergießung *v*
ontbossen entwalden, abholzen
ontbossing Entwaldung *v*, Abholzung *v*
ontbranden ❶ *ontvlammen* sich entzünden, Feuer fangen, in Brand geraten ❷ *losbarsten* entbrennen ★ *oorlog doen* ~ Krieg auslösen
ontbreken fehlen, ⟨van zaken⟩ mangeln ★ *er* ~ *er twee* es fehlen zwei ★ *wie ontbreekt?* wer fehlt? ▼ *dat ontbrak er nog maar aan!* das hat gerade noch gefehlt!
ontcijferen entziffern
ontdaan bestürzt, entsetzt
ontdekken entdecken, ⟨te weten komen⟩ ausfindig machen
ontdekker Entdecker *m*
ontdekking Entdeckung *v* ★ *op* ~ *uitgaan* auf Entdeckungsreise gehen ★ *tot de* ~ *komen dat...* entdeckten, dass...
ontdekkingsreis Entdeckungsreise *v*, Entdeckungsfahrt *v*
ontdekkingsreiziger Entdeckungsreisende(r) *m/v*
ontdoen van entledigen [+2] ★ *zich van iem.* ~ sich jmdn. vom Halse schaffen ★ *zich van iets* ~ sich von einer Sache befreien ★ *zich* ~ *van* sich entäußern [+2], sich entledigen [+2]
ontdooien I *ov ww, ijsvrij maken* abtauen, entfrosten ★ *de koelkast* ~ den Kühlschrank abtauen **II** *on ww* ❶ *smelten* abtauen ❷ *minder stijf worden* auftauen
ontduiken ❶ *zich onttrekken aan* umgehen ★ *de belasting* ~ Steuern hinterziehen ❷ *bukkend ontgaan* ausweichen
ontegenzeglijk unbestreitbar, unstreitig
onteigenen enteignen
onteigening Enteignung *v*
ontelbaar unzählbar, ⟨talloos⟩ unzählig, ⟨talloos⟩ zahllos ★ *ontelbare keren* unzählige Male
ontembaar unzähmbar ★ *ontembare drift* unbezähmbare(r) Trieb *m*
onterecht I *bnw* unberechtigt **II** *bijw* unberechtigterweise
onteren ❶ *van eer beroven* entehren ❷ *verkrachten* schänden
onterven enterben
ontevreden unzufrieden (**met**, **over** mit)
ontevredenheid Unzufriedenheit *v*
ontfermen [zich ~] ❶ ~ **over** *medelijden tonen met* sich erbarmen über [+4] ❷ ~ **over** humor *voor zijn rekening nemen* sich erbarmen über ★ *zich over het restje* ~ sich über den Rest erbarmen
ontfutselen abluchsen, ablisten ★ *iem. een geheim* ~ jmdm. ein Geheimnis abluchsen
ontgaan entgehen [+3] ★ *dat is mij* ~ das ist mir entgangen ★ *het verschil ontgaat me* der Unterschied entgeht mir ★ *het voordeel ontging hem* der Vorteil entging ihm ★ *zich iets niet laten* ~ sich etw. nicht entgehen lassen ★ *de kans ontging mij* ich habe die Chance verpasst
ontgelden ★ *het moeten* ~ es entgelten müssen, inform den Kopf hinhalten müssen
ontginnen ❶ agrar kultivieren, ⟨van grond⟩ urbar machen ❷ ⟨van mijn⟩ abbauen
ontginning *exploitatie* Abbau *m*, ⟨van grond⟩ Kultivierung *v*, ⟨van grond⟩ Urbarmachung *v*
ontglippen ❶ *ontkomen* entschlüpfen ❷ *ontgaan* entwischen ★ *die opmerking ontglipte me* die Bemerkung entschlüpfte / entfuhr mich ★ *aan de aandacht* ~ der Aufmerksamkeit entgehen
ontgon [verl. td.] → **ontginnen**
ontgonnen I *ww* [verl. td.] → **ontginnen II** *ww* [volt.dw.] → **ontginnen**
ontgoocheld desillusioniert
ontgoochelen enttäuschen, desillusionieren
ontgoocheling Ernüchterung *v*, Enttäuschung *v*, inform kalte Dusche *v*
ontgrendelen entriegeln
ontgroeien herauswachsen
ontgroenen ≈ inkorporieren ★ *zij is niet ontgroend* sie ist ein Fuchs ★ *iem.* ~ inform jmdm. die Fuchstaufe erteilen
ontgroening ≈ Inkorporation *v*, inform Fuchstaufe *v*
onthaal ❶ *ontvangst* Empfang *m* ❷ BN *plaats van ontvangst* Rezeption *v*, Empfang *m*
onthaalmoeder BN Tagesmutter *v*
onthaasten entschleunigen
onthalen ❶ *ontvangen* empfangen ★ *iem. vorstelijk* ~ jmdn. königlich empfangen ❷ ~ **op** bewirten mit, traktieren mit
onthand beeinträchtigt, behindert, eingeschränkt
ontharder Enthärtungsmittel *o*
ontharen enthaaren
ontharingscrème Enthaarungscreme *v*
ontheemd *ontworteld* heimatlos
ontheffen ❶ *vrijstellen* entbinden [+2] ★ *zij werd uit haar functie ontheven* sie wurdes ihres Amtes enthoben, sie wurde abgesetzt / suspendiert ★ *iem. uit de ouderlijke macht* ~ jmdm. die elterliche Gewalt absprechen ★ *iem. van zijn plicht* ~ jmdn. seiner Pflicht entheben ❷ *ontslaan* entheben [+2]
ontheffing ❶ *vrijstelling* Entbindung *v*, Befreiung *v* ★ ~ *krijgen* entbunden / enthoben werden ★ ~ *van belasting* Steuererlass *m* ❷ *ontslag* Suspension *v*
ontheiligen entheiligen, entweihen
onthoofden köpfen, enthaupten
onthoofding Enthauptung *v*

on

onthouden I *ov ww* ❶ *niet vergeten* behalten, sich merken ★ *onthoud dat wel!* merk dir das! ★ *iem. iets helpen ~* jmdn. an etw. erinnern ★ *ik zal het ~* ich werde es behalten ★ *iets goed kunnen ~* sich etw. gut merken können ★ *niets kunnen ~* sich nichts merken können ❷ *niet geven* vorenthalten ★ *iem. iets ~* jmdm. etw. vorenthalten **II** *wkd ww* [**zich ~**] **~ van** verzichten auf [+4], sich enthalten [+2] ★ *ik onthoud me van verdere bijzonderheden* ich verzichte auf weitere Details ★ *zich van commentaar ~* sich des Kommentars enthalten
onthouding ❶ *het zich onthouden* Enthaltung *v*, Enthaltsamkeit *v*, Verzicht *m*, ⟨van alcohol⟩ Abstinenz *v* ★ *seksuele ~* sexuelle Enthaltsamkeit ❷ pol *blanco stem* Enthaltung *v*, Stimmenthaltung *v*
onthoudingsverschijnselen Entzugserscheinungen *v mv*
onthullen *inwijden* enthüllen ★ *een monument ~* ein Monument enthüllen
onthulling ⟨van standbeeld⟩ Enthüllung *v*
onthutst betroffen, entgeistert, bestürzt, inform verdattert
ontiegelijk unheimlich
ontij → **nacht**
ontijdig zur Unzeit, ⟨ongelegen⟩ ungelegen, ⟨te vroeg⟩ vorzeitig ★ *~e bezoeker* ungelegene(r) Gast *m*
ontkennen verneinen, abstreiten, bestreiten, ⟨loochenen⟩ leugnen ★ *iedere betrokkenheid bij iets ~* jede Beteiligung an etw. abstreiten ★ *het valt niet te ~ dat...* es lässt sich nicht bestreiten, dass...
ontkennend verneinend, taalk negierend ★ *een vraag ~ beantwoorden* eine Frage verneinen
ontkenning ❶ *het ontkennen* Verneinung *v*, Leugnung *v* ❷ taalk Negation *v*
ontketenen ❶ *doen losbreken* entfesseln, auslösen ★ *een oorlog ~* einen Krieg entfachen ❷ *van ketens ontdoen* die Fesseln lösen / abnehmen
ontkiemen keimen, auskeimen ★ *het graan is ontkiemd* der Weizen ist ausgekeimt ★ *het zaad begint te ~* die Saat beginnt zu keimen
ontkleden entkleiden ★ *zich ~* sich entkleiden
ontknoping Lösung *v*, ⟨afloop⟩ Ende *o*
ontkomen ❶ *ontsnappen aan* entkommen, entrinnen, entwischen ★ *aan een gevaar ~* einer Gefahr entrinnen / entgehen ★ *er was geen ~ aan* es gab kein Entkommen / Entrinnen ★ *zij wisten te ~* es gelang ihnen, zu entkommen / entwischen ❷ *zich onttrekken aan* herumkommen um, sich entziehen [+3] ★ *ik ontkom niet aan de indruk dat...* form ich kann mich des Eindrucks nicht erwehren, dass... ★ *daaraan valt niet te ~* das ist unvermeidlich / unumgänglich
ontkoppelen ❶ ⟨auto⟩ auskuppeln ❷ *loskoppelen* abkoppeln, entkoppeln ❸ *scheiden* trennen
ontkoppeling ❶ ⟨auto⟩ Entkopp(e)lung *v* ❷ *het loskoppelen* Abkopp(e)lung *v* ❸ *scheiding* Trennung *v*
ontkrachten entkräften
ontkroezen entkrausen
ontkurken entkorken
ontladen I *ov ww* ❶ ⟨van een last⟩ ausladen, abladen, scheepv löschen ★ *een vrachtauto ~* einen LKW ausladen ❷ ⟨van munitie⟩ entschärfen ★ *een geweer ~* ein Gewehr entladen ❸ ⟨van elektriciteit⟩ entladen ★ *een batterij ~* eine Batterie entladen **II** *wkd ww* [**zich ~**] ⟨m.b.t. emoties⟩ sich entladen ★ *haar woede ontlaadde zich in tranen* ihre Wut entlud sich in Tränen
ontlading ❶ ⟨van elektriciteit⟩ Entladung *v* ❷ ⟨van emoties⟩ Entladung *v*
ontlasten I *ov ww* ❶ *ontdoen van last* befreien ❷ *verlichten* entlasten, erleichtern ★ *het verkeer ~* den Verkehr entlasten ★ *iem. van zijn taak ~* jmdn. seiner Aufgaben entheben ★ *~de verklaring* entlastende Aussage **II** *wkd ww* [**zich ~**] sich entleeren, inform sich erleichtern
ontlasting *stoelgang* Stuhl *m*
ontleden zerlegen, ⟨een lijk⟩ sezieren, fig analysieren ★ *een bloem ~* eine Blume zerlegen ★ *een konijn ~* ein Kaninchen zerlegen ★ *een zin ~* einen Satz analysieren
ontleding Zergliederung *v*, ⟨van lijken⟩ Sektion *v*, ⟨van dieren⟩ Zerlegen *o*, ⟨van zinnen⟩ Analyse *v*
ontlenen ❶ **~ aan** *te danken hebben aan* herleiten von, ableiten von ★ *rechten aan zijn positie ~* Rechte aus seiner Stellung herleiten / ableiten ❷ **~ aan** *overnemen uit* entnehmen [+3], entlehnen aus ★ *gegevens aan de statistieken ~* Daten den Statistiken entnehmen
ontloken I *ww* [verl. td.] → **ontluiken II** *ww* [volt.dw.] → **ontluiken**
ontlokken entlocken, herauslocken, abgewinnen
ontlook [verl. td.] → **ontluiken**
ontlopen ❶ *mijden* ausweichen, aus dem Weg gehen, meiden ★ *iem. ~* jmdn. meiden, jmdm. ausweichen, jmdm. aus dem Weg gehen ❷ *verschillen* sich unterscheiden ★ *zij ~ elkaar niet veel* zwischen ihnen ist kein großer Unterschied
ontluchten entlüften
ontluiken ❶ ⟨bloemen⟩ sich öffnen, aufblühen ❷ fig sich entfalten
ontluisteren den Glanz nehmen ★ *iets ~* einer Sache ihren Glanz nehmen
ontmaagden deflorieren, entjungfern
ontmannen kastrieren, entmannen
ontmantelen ⟨van machines⟩ demontieren ★ *kernwapens ~* Atomwaffen demontieren
ontmaskeren demaskieren
ontmijnen BN fig *conflictstof wegnemen van* entschärfen
ontmoedigen entmutigen
ontmoedigingsbeleid Entmutigungspolitik *v*
ontmoeten ❶ *leren kennen* treffen, kennenlernen ★ *elkaar ~* sich treffen ★ *waar heb jij je man ontmoet?* wo hast du deinen Mann kennengelernt? ❷ *tegenkomen* treffen, begegnen [+3] ★ *ik ontmoette haar toevallig* sie ist mir zufällig begegnet ★ *ik ontmoet haar regelmatig* ich treffe mich regelmäßig mit ihr ★ *zij ontmoette in de bioscoop oude kennissen* sie traf im Kino alte Bekannte ❸ *een afspraak hebben* treffen ★ *waar zullen we elkaar ~?* wo sollen wir uns treffen?
ontmoeting *samenkomst* Begegnung *v*,

Zusammenkunft *v*, inform Treff *m*, ⟨ook sport⟩ Treffen *o* ★ *vluchtige* ~ flüchtige Begegnung ★ *toevallige* ~ zufällige Begegnung ★ *vriendschappelijke* ~ freundschaftliche(s) Treffen, sport Freundschaftsspiel *o*
ontmoetingsplaats Treffpunkt *m*
ontnemen ⟨stelen⟩ wegnehmen, nehmen, ⟨afpakken⟩ abnehmen ★ *iem. alle illusies* ~ jmdm. alle Illusionen nehmen ★ *iem. het woord* ~ jmdm. das Wort entziehen
ontnuchteren ❶ *nuchter maken* ernüchtern ❷ *ontgoochelen* ernüchtern ★ *de begroeting ontnuchterde haar* die Begrüßung nahm ihr alle Illusionen
ontnuchtering *het nuchter worden* Ernüchterung *v*
ontoegankelijk unzugänglich, ⟨van personen⟩ verschlossen ★ ~ *terrein* unwegsame(s) Gelände *o* ★ *zij is zeer* ~ sie ist ein verschlossener Mensch
ontoelaatbaar unzulässig ★ *ontoelaatbare handeling* Unzulässigkeit *v*
ontoereikend unzureichend, unzulänglich
ontoerekeningsvatbaar unzurechnungsfähig, jur schuldunfähig
ontplofbaar explosiv
ontploffen explodieren, zerbersten, zerplatzen, inform hochgehen ★ *van woede* ~ vor Wut explodieren
ontploffing Explosion *v*
ontploffingsgevaar Explosionsgefahr *v*
ontplooien *ontvouwen* entfalten
ontplooiing ❶ *het ontvouwen* Entfaltung *v* ❷ *ontwikkeling* Entfaltung *v* ★ *tot* ~ *komen* zur Entfaltung kommen / gelangen
ontpoppen [zich ~] *blijken te zijn* sich entpuppen ★ *zij ontpopte zich als een bedriegster* sie entpuppte sich als Betrügerin
ontraadselen enträtseln
ontraden abraten
ontrafelen *losrafelen* entwirren
ontredderd *verward* aufgelöst ★ *zij was helemaal* ~ sie war ganz aufgelöst / aus der Fassung
ontreddering Erschütterung *v*, Auflösung *v* ★ *er heerste complete* ~ alles war völlig aufgelöst
ontregelen durcheinanderbringen
ontrieven Ungelegenheiten machen / bereiten
ontroerd ergriffen, gerührt
ontroeren rühren, bewegen, ⟨hevig⟩ ergreifen
ontroerend rührend, ⟨sterker⟩ ergreifend
ontroering Rührung *v*, Bewegung *v*, ⟨hevig⟩ Ergriffenheit *v* ★ *zijn* ~ *niet kunnen verbergen* seine Rührung nicht verbergen können
ontrollen ❶ *zich tonen* sich entfalten ★ *een weids panorama ontrolde zich* eine weites Panorama entfaltete sich ❷ *open rollen* ausrollen
ontroostbaar untröstlich
ontrouw **I** *zn* [de] Untreue *v*, ⟨overspel⟩ Ehebruch *m* **II** *bnw* untreu (**aan** +3), treulos ★ *het vaderland* ~ *zijn* sein Vaterland verraten ★ *zijn woord* ~ *worden* seinem Wort untreu werden ★ *iem.* ~ *worden* jmdm. untreu werden ★ *zijn echtgenoot* ~ *zijn* seinem Ehepartner untreu sein
ontroven berauben
ontruimen räumen ★ *een woning* ~ eine Wohnung räumen ★ *de politie ontruimde de gekraakte panden* die Polizei räumte die besetzten Häuser
ontruiming Räumung *v*
ontrukken entreißen ★ *iets aan de vergetelheid* ~ form etw. der Vergessenheit entreißen etw. aktualisieren
ontschepen **I** *ov ww, uit schip laten* ausschiffen, an Land bringen **II** *on ww, uit schip gaan* sich ausschiffen, an Land gehen
ontschieten ❶ *ontglippen* entfallen, entschlüpfen ❷ fig *ongewild ontsnappen* entfallen ★ *het is mij ontschoten* es ist mir entfallen ★ *die opmerking ontschoot me* jene Bemerkung ist mir herausgerutscht
ontsieren verunzieren, verunstalten, inform verschandeln
ontslaan ❶ *van werk* kündigen [+3], entlassen [+4], inform feuern ★ *iem.* ~ jmdm. kündigen, jmdn. entlassen ★ *zij is ontslagen* ihr ist gekündigt worden, sie ist entlassen ❷ *uit verplicht verblijf* entlassen, ⟨uit gevangenis⟩ freilassen ★ *iem. uit het ziekenhuis* ~ jmdn. aus dem Krankenhaus entlassen ❸ *van plicht of last* entbinden von, entheben [+2], entlassen aus ★ *iem. van een verplichting* ~ jmdn. von einer Verpflichtung entbinden ★ *iem. van rechtsvervolging* ~ jmdn. von der Anklage freisprechen
ontslag ❶ *beëindiging van arbeidsovereenkomst* Kündigung *v*, Entlassung *v* ★ *eervol* ~ ehrenvolle Entlassung ★ *iem.* ~ *geven* jmdn. entlassen, jmdm. kündigen ★ *zijn* ~ *indienen* seine Entlassung / Kündigung einreichen, seinen Rücktritt einreichen, kündigen ❷ *het vrijlaten* Entlassung *v* ★ ~ *uit de gevangenis* Haftentlassung ❸ *ontheffing* ★ ~ *uit militaire dienst* Entlassung vom Militär
ontslagaanvraag Kündigung *v*
ontslagbrief Kündigungsschreiben *o*
ontslagprocedure Entlassungsverfahren *o*, Kündigungsverfahren *o*
ontslagvergoeding Kündigungsentschädigung *v*
ontslapen entschlafen, entschlummern
ontsluieren ❶ *openbaren* enthüllen ❷ *sluier wegnemen* entschleiern
ontsluiten ❶ *openen* aufschließen, öffnen ❷ fig *toegankelijk maken* erschließen
ontsluiting ❶ *het toegankelijk maken* Erschließung *v*, Aufschließen *o*, Öffnung *v* ❷ med *bij bevalling* Eröffnungsperiode *v*
ontsluitingswee Eröffnungswehen *mv*
ontsmetten desinfizieren
ontsmetting Desinfektion *v*, Desinfizierung *v*
ontsmettingsmiddel Desinfektionsmittel *o*
ontsnappen ❶ *wegkomen* entkommen, entgehen, entwischen, ⟨uit gevangenschap⟩ ausbrechen ★ *aan een gevaar* ~ einer Gefahr entrinnen / entgehen ❷ *ontglippen* entgehen, entweichen ★ *het is aan mijn aandacht ontsnapt* es ist meiner Aufmerksamkeit entgangen ❸ *weglekken* ★ *er is gas ontsnapt* Gasl ist ausgetreten / entwichen
ontsnapping Entweichen *o*, Entwischen *o*, Ausbruch *m*, Flucht *v*, ⟨van gas, lucht⟩ Austreten *o* ★ *poging tot* ~ Fluchtversuch *m*
ontsnappingsclausule Vorbehaltsklausel *v*,

Ausweichklausel *v*
ontsnappingsmogelijkheid Ausweichmöglichkeit *v*
ontspannen I *bnw* entspannt, gelöst, gelockert ★ *~ spieren* lockere(n) Muskeln **II** *ov ww* ❶ *minder strak maken* entspannen ❷ *tot rust laten komen* sich entspannen, sich lösen, sich lockern **III** *wkd ww* [**zich ~**] sich entspannen, ausspannen
ontspanning ❶ *het losmaken* Entspannung *v* ❷ *recreatie* Erholung *v*, Ruhe *v* ❸ pol Entspannung *v*, Détente *v*
ontspiegeld entspiegelt
ontspiegelen entspiegeln ★ *ontspiegeld glas* entspiegeltes / blendfreies Glas
ontspinnen [**zich ~**] sich entspinnen, sich anspinnen ★ *er ontspon zich een discussie* eine Diskussion spann sich an, es entspann sich eine Diskussion
ontsporen lett entgleisen
ontsporing lett Entgleisung *v*
ontspringen ❶ *oorsprong hebben* entspringen, entstehen ❷ *ontkomen* entkommen
ontsproot [verl. td.] → **ontspruiten**
ontsproten I *ww* [verl. td.] → **ontspruiten II** *ww* [volt.dw.] → **ontspruiten**
ontspruiten ❶ *uitspruiten* sprießen, entsprießen, keimen, austreiben ❷ *afkomstig zijn (uit)* hervorgehen aus, entsprießen
ontstaan I *zn* [het] Entstehen *o*, Entstehung *v* **II** *on ww* entstehen ★ *doen ~* verursachen ★ *de brand ontstond in de kelder* das Feuer brach im Keller aus, das Feuer entstand im Keller ★ *de blues ontstond in Amerika* der Blues entstand in Amerika ★ *er ontstond een stilte* es entstand eine Stille ★ *de daaruit ontstane onkosten* die daraus entstehenden Unkosten ★ *~ door* entstehen durch [+4]
ontstaansgeschiedenis Entstehungsgeschichte *v*
ontstaanswijze Entstehungsweise *v*
ontsteken I *ov ww, doen branden* anzünden **II** *on ww* ❶ *besmet raken* sich entzünden ★ *haar keel is ontstoken* ihr Hals hat sich entzündet ❷ *ontbranden* entbrennen, erfasst werden, ergriffen werden ★ *zij ontstak in woede* Zorn ergriff / erfasste sie
ontsteking ❶ techn Zünder *m*, Zündung *v* ❷ med Entzündung *v*
ontstekingsmechanisme Zündungsmechanismus *m*
ontsteld entsetzt, verstört, fassungslos, bestürzt
ontstellend I *bnw* entsetzlich ★ *een ~ bericht* eine bestürzende Nachricht **II** *bijw* entsetzlich, schrecklich
ontsteltenis ❶ *verwarring* Bestürzung *v*, Entsetzen *o*, Fassungslosigkeit *v*, ⟨heviger⟩ Erschütterung *v* ❷ *schrik* Schrecken *m*, Schreck *m*
ontstemd ❶ muz verstimmt ❷ *misnoegd* verärgert, verstimmt, pikiert, inform eingeschnappt
ontstemmen ❶ muz verstimmen ★ *de piano is ontstemd* das Klavier ist verstimmt ❷ *ergeren* verdrießen, verärgern, verstimmen
ontstijgen übersteigen
ontstoken entzündet
onttrekken I *ov ww* ❶ *wegnemen* entziehen ★ *aan het oog / zicht ~* etw. jmds. Blicken entziehen ❷ *iets ergens uithalen* abtrennen **II** *wkd ww* [**zich ~**] *zich niet houden aan* sich entziehen, nicht nachkommen ★ *zich ~ aan zijn verantwoordelijkheid* sich der Verantwortung entziehen
onttronen entthronen
ontucht Unzucht *v*, unzüchtige / unsittliche Handlungen *mv* ★ *~ plegen* Unzucht treiben
ontuchtig unzüchtig
ontvallen ❶ *verloren gaan* verlieren ★ *vorig jaar ontviel hem zijn vrouw* er hat voriges Jahr seine Frau verloren ❷ *ongewild gezegd worden* entfahren ★ *dat is mij in drift ~* das ist mir im Zorn herausgerutscht
ontvangen ❶ *krijgen* bekommen, erhalten, comm empfangen ★ *zij heeft een brief ~* sie hat einen Brief erhalten ★ *uw brief heb ik ~* Ihren Brief habe ich erhalten ★ *in dank ~* dankend erhalten ★ *gelukwensen ~* Glückwünsche entgegennehmen ★ *geld ~* Geld erhalten ★ *we kunnen radio 1 hier niet ~* wir empfangen hier kein Radio 1 ❷ *onthalen* empfangen, aufnehmen ★ *iem. vriendelijk ~* jmdn. freundlich empfangen ★ *iem. met open armen ~* jmdn. mit offenen Armen empfangen ★ *zij werd enthousiast ~* sie wurde begeistert empfangen ★ *iem. met iets ~* jmdn. mit einer Sache empfangen ★ *iets in dank ~* etw. dankend empfangen ★ *het boek is goed ~* das Buch ist gut angekommen ★ *het ~de land* das aufnehmende Land
Ontvangenis ▾ *de onbevlekte ontvangenis* die unbefleckte Empfängnis *v*
ontvanger ❶ *iem. die ontvangt* Empfänger *m* ❷ *ambtenaar* Kassierer *m*, Einzieher *m* ★ *~ der belastingen* Steuereinnehmer *m* ❸ *radio* Empfänger *m*, Empfangsgerät *o*
ontvangst ❶ *het krijgen* Empfang *m* ★ *iets in ~ nemen* etw. in Empfang nehmen, etw. entgegennehmen ★ *bevestiging van ~* Empfangsbescheinigung *v*, Empfangsbestätigung *v* ❷ *onthaal* Empfang *m*, Aufnahme *v* ❸ comm Empfang *m* ★ *een goede ~ op de radio* ein guter Empfang von Radio ★ *een goede ~ op de televisie* ein guter Empfang von Fernsehen ❹ mv *inkomsten* Einnahmen *mv*
ontvangstbewijs Empfangsbestätigung *v*
ontvangstruimte Empfangsraum *m*
ontvankelijk ❶ *openstaand* empfänglich, aufgeschlossen ★ *altijd voor nieuwe ideeën ~ zijn* für neue Ideen immer aufgeschlossen sein ★ *voor schoonheid ~ zijn* für das Schöne empfänglich sein ❷ jur zulässig ★ *een vordering ~ verklaren* einer Forderung stattgeben, eine Forderung für zulässig erklären ★ *niet ~ verklaren* als unzulässig abweisen
ontvellen häuten
ontvetten fig BN *afslanken* abbauen
ontvlambaar ❶ *brandbaar* entflammbar, entzündlich ❷ fig *temperamentvol* heißblütig, (leicht) erregbar, ⟨snel verliefd⟩ (leicht) entflammbar
ontvlammen lett entflammen, sich entzünden, Feuer fangen
ontvluchten *ontkomen* flüchten, entfliehen

★ *iem.* ~ jmdm. entfliehen
ontvoerder Entführer *m*, Kidnapper *m*
ontvoeren entführen, kidnappen
ontvoering Entführung *v*, Kidnapping *o*
ontvolken entvölkern
ontvouwen ❶ *uitvouwen* entfalten, auseinanderfalten, ausbreiten ❷ *uiteenzetten* entfalten, darlegen
ontvreemden entwenden
ontwaken ❶ *wakker worden* aufwachen, erwachen ★ *uit de narcose* ~ aus der Narkose auf- / erwachen ❷ *tot besef komen* erwachen
ontwapenen ❶ *van wapens ontdoen* abrüsten ❷ fig *vertederen* entwaffnen ★ *~de charme* entwaffnende(r) Charme *m*
ontwapening Entwaffnung *v*, Abrüstung *v*
ontwaren gewahren, gewahr werden
ontwarren ❶ *uit de war halen* entwirren ❷ *ophelderen* entwirren ★ *een raadsel* ~ ein Rätsel entwirren / (auf)lösen
ontwennen abgewöhnen, entwöhnen ★ *zij was het ontwend vroeg op te staan* sie war es nicht mehr gewohnt, früh aufzustehen
ontwenning Abgewöhnung *v*, ⟨van drank, verdovende middelen⟩ Entziehung *v*
ontwenningskliniek Entzugsklinik *v*
ontwenningskuur Entziehungskur *v*
ontwenningsverschijnsel Entzugserscheinung *v*
ontwerp ❶ *plan* Plan *m*, Vorhaben *o* ❷ *schets* Entwurf *m*, Skizze *v*, Plan *m* ★ *een ~ maken* einen Entwurf / eine Skizze anfertigen, einen Plan entwerfen
ontwerpen ❶ *schetsen* entwerfen, skizzieren ★ *patronen* ~ Muster entwerfen ❷ *opstellen* entwerfen, aufstellen
ontwerper Designer *m*, Entwerfer *m*, ⟨vormgever⟩ Gestalter *m* ★ *industrieel* ~ Industrial Designer *m*
ontwerpnota Konzept *o*
ontwijken ❶ *opzij gaan* ausweichen ★ *op het nippertje iem.* ~ jmdm. in letzter Sekunde ausweichen ★ *een klap* ~ einem Schlag ausweichen / zu entgehen versuchen ❷ *ontlopen* ausweichen, umgehen ★ *een vraag* ~ einer Frage ausweichen / aus dem Weg gehen ★ *~d antwoord* ausweichende Antwort *v* ★ *zij ~ elkaar* sie gehen einander aus dem Weg ★ *zij ontweek dat onderwerp heel handig* sie umging das Thema geschickt ★ *iemands blik* ~ jmds. Blick ausweichen
ontwikkelaar Entwickler *m*
ontwikkeld ❶ *geestelijk gevormd* gebildet ❷ *economisch op niveau* entwickelt, ausgewachsen
ontwikkelen ❶ *geleidelijk vormen* entwickeln ❷ *voortbrengen* entwickeln, erzeugen ❸ *uitwerken* entwickeln, darlegen, auseinandersetzen ❹ *kennis bijbrengen* bilden, ausbilden ❺ ⟨van foto's⟩ entwickeln
ontwikkeling ❶ *groei* Entwicklung *v*, Wachstum *m* ★ *tot ~ komen* sich entwickeln ❷ *kundigheid* Bildung *v* ★ *algemene* ~ Allgemeinbildung *v*
ontwikkelingsgebied *stimuleringsgebied* ⟨gebied⟩ unterentwickelte(s) Gebiet *o*, ⟨land⟩ Entwicklungsland *o*
ontwikkelingshulp Entwicklungshilfe *v*
ontwikkelingskosten Entwicklungskosten *mv*
ontwikkelingsland Entwicklungsland *o*
ontwikkelingspsychologie Entwicklungspsychologie *v*
ontwikkelingssamenwerking Zusammenarbeit *v* bei der Entwicklungshilfe
ontwikkelingswerk Entwicklungsarbeit *v*
ontwikkelingswerker Entwicklungshelfer *m*
ontworstelen entringen, entreißen ★ *zich aan een omarming* ~ sich aus einer Umarmung befreien
ontwortelen ❶ *met wortel uitrukken* entwurzeln ❷ fig *ontheemd maken* entwurzeln
ontwrichten ❶ med ausrenken, verrenken ★ *zij heeft haar arm ontwricht* sie hat sich den Arm ausgerenkt / verrenkt ❷ *ontregelen* zerrütten ★ *geestelijk ontwricht* seelisch zerrüttet
ontwrichting ❶ med Verrenkung *v* ❷ fig Zerrüttung *v*
ontzag Achtung *v*, Respekt *m*, Ehrfurcht *v* ★ *~ voor iemand / iets hebben* Achtung / Ehrfurcht / Respekt vor jmdm. / etw. haben ★ *vol* ~ ehrfürchtig ★ *iem. ~ inboezemen* jmdm. Respekt einflößen
ontzaglijk **I** *bnw* riesig, phänomenal, kolossal ★ *zij hadden een ~e pret* sie hatten einen Heidenspaß **II** *bijw* ungeheuerlich, wahnsinnig ★ *het is ~ duur* es ist sündhaft teuer
ontzagwekkend Achtung gebietend, Ehrfurcht gebietend, imponierend
ontzeggen **I** *ov ww* ❶ *niet willen geven* verweigern, verwehren, untersagen, jur absprechen ★ *iem. de toegang* ~ jmdm. den Zutritt untersagen / verweigern / verwehren ★ *iem. zijn rechten* ~ jmdm. seine Rechte absprechen / aberkennen ❷ *niet erkennen* abstreiten, streitig machen, absprechen ★ *ze heeft aanleg, dat kan niemand haar* ~ sie hat Talent, das kann ihr keiner absprechen **II** *wkd ww* [**zich ~**] *zich onthouden van* verzichten auf [+4], sich versagen ★ *zich alles* ~ auf alles verzichten, sich alles versagen
ontzenuwen entkräften, widerlegen
ontzet **I** *zn* [het] Befreiung *v*, Entsatz *m* **II** *bnw* ❶ *ontsteld* entsetzt, entgeistert ❷ *ontwricht* nicht in Ordnung, nicht im Lot
ontzetten ❶ *ontheffen* entheben, absetzen, entziehen ★ *de vader uit de ouderlijke macht* ~ dem Vater die elterliche Gewalt entziehen ★ *zij werd uit haar ambt ontzet* sie wurde ihres Amtes enthoben, sie wurde abgesetzt ❷ *bevrijden* befreien
ontzettend **I** *bnw* ❶ *vreselijk* entsetzlich, furchtbar, schrecklich ❷ *geweldig* riesig, enorm, kolossal ★ *~e hitte* enorme Hitze *v*, Wahnsinnshitze *v* **II** *bijw, in zeer hoge mate* entsetzlich, schrecklich, furchtbar ★ *~ veel geluk hebben* kolossales Glück haben ★ *~ schrikken* einen Riesenschreck(en) bekommen, einen furchtbaren Schreck(en) bekommen
ontzetting ❶ *ontheffing* Absetzung *v* ❷ *bevrijding* Befreiung *v* ❸ *verbijstering* Entsetzen *o* ❹ *ontwrichting* Zerrüttung *v*, ⟨van gewricht⟩ Ausrenkung *v*, ⟨van gewricht⟩ Verrenkung *v*
ontzien *sparen* schonen ★ *zich* ~ sich schonen

★ *niets ~d* schonungslos ★ *geen moeite ~* keine Mühen scheuen ★ *zich niet ~* sich nicht schonen
ontzuiling Entsäulung *v*
onuitputtelijk unerschöpflich
onuitroeibaar unausrottbar
onuitspreekbaar unaussprechlich
onuitsprekelijk unbeschreiblich, unaussprechlich, unsagbar
onuitstaanbaar unausstehlich, unleidlich
onuitwisbaar unauslöschlich
onvast instabil, nicht fest ★ *een ~e slaap* ein leichter Schlaf *m* ★ *~ op de benen staan* wackelig auf den Beinen stehen ★ *~ weer* unbeständige(s) Wetter ★ *een ~e gang* ein unsicherer Gang ★ *~e koers* schwankende(r) Kurs *m* ★ *met ~e stem* mit zitternder Stimme ★ *een ~ karakter* ein unsteter Charakter
onveilig unsicher ★ *de reactor is ~* der Reaktor ist nicht sicher
onveiligheid Unsicherheit *v*
onveranderlijk I *bnw* unveränderlich, gleichbleibend ★ *~e grootheid* unveränderliche Größe *v*, Konstante *v* **II** *bijw* unaufhörlich, ständig, fortwährend
onverantwoord unverantwortlich, verantwortungslos
onverantwoordelijk unverantwortlich, unverzeihlich
onverbeterlijk I *bnw* ❶ *niet te verbeteren* unverbesserlich, inform eingefleischt ❷ *verstokt* eingefleischt, überzeugt ★ *~e optimist* unverbesserliche(r) Optimist *m* **II** *bijw* einzigartig, beispiellos
onverbiddelijk ❶ *onvermurwbaar* unerbittlich ★ *de docent was ~* der Lehrer war unerbittlich, der Lehrer war nicht umzustimmen ❷ *onvermijdelijk* unweigerlich, unvermeidlich
onverbloemd *recht uit het hart* aufrichtig, geradlinig, unverblümt, ungeschminkt, unumwunden ★ *iem. ~ de waarheid zeggen* jmdm. unverblümt / gehörig die Wahrheit sagen
onverbrekelijk unlösbar, untrennbar ★ *~ verbonden* unlöslich verbunden
onverdeeld ❶ *niet verdeeld* ungeteilt ❷ *volledig* ungeteilt, völlig, vollkommen ★ *~e aandacht* ungeteilte Aufmerksamkeit *v* ★ *het is geen ~ genoegen* es ist kein reines Vergnügen
onverdienstelijk I *bnw* ▼ *niet ~* nicht schlecht, recht gut **II** *bijw* ▼ *niet ~* nicht schlecht, recht gut
onverdraaglijk unerträglich, ⟨onuitstaanbaar⟩ unausstehlich
onverdraagzaam unverträglich, unduldsam, intolerant
onverdund unverdünnt
onverenigbaar unvereinbar
onvergankelijk unvergänglich
onvergeeflijk unverzeihlich, unverzeihbar
onvergelijkbaar unvergleichbar
onvergelijkelijk unvergleichlich
onvergetelijk unvergesslich
onverhoeds unerwartet
onverholen unverhohlen, unverhüllt ★ *met ~ leedvermaak* mit unverhohlener Schadenfreude
onverhoopt unverhofft ★ *~ weerzien* unverhoffte(s) / überraschende(s) Wiedersehen *o*
onverklaarbaar unerklärlich, unerklärbar
onverkort I *bnw, niet ingekort* ungekürzt ★ *~e versie* ungekürzte Fassung *v* **II** *bijw, niet verminderd* ★ *deze maatregel is ~ van kracht* diese Maßnahme gilt uneingeschränkt
onverkwikkelijk unerfreulich, form unerquicklich
onvermijdelijk I *bnw* unvermeidlich, unvermeidbar, unumgänglich **II** *bijw* sicherlich, zwangsläufig, unweigerlich
onverminderd unvermindert, ungemindert ★ *deze bepaling blijft ~ van kracht* diese Bestimmung bleibt unberührt
onvermoeibaar unermüdlich
onvermogen ❶ *onmacht* Unvermögen *o*, Unfähigkeit *v* ❷ *het niet kunnen betalen* Zahlungsunfähigkeit *v*, Insolvenz *v*, ⟨tijdelijk⟩ Illiquidität *v*
onvermurwbaar unerbittlich
onverricht ★ *~er zake terugkeren* unverrichteter Sache / Dinge zurückkehren
onversaagd unverzagt
onverschillig I *bnw* ❶ *geen verschil uitmakend* gleich, einerlei ★ *het is me ~* es ist mir gleich / einerlei, inform es ist mir egal / schnuppe ❷ *ongeïnteresseerd* gleichgültig, desinteressiert **II** *bijw* ❶ *geen verschil uitmakend* egal, gleichviel ❷ *ongeïnteresseerd* ★ *~ kijken* ein gleichgültiges / desinteressiertes Gesicht machen
onverschilligheid Gleichgültigkeit *v*
onverschrokken unerschrocken, furchtlos ★ *~ het gevaar onder ogen zien* unerschrocken der Gefahr ins Auge sehen
onverslijtbaar unverwüstlich
onversneden unverschnitten, rein ★ *de ~ waarheid* die reine Wahrheit
onverstaanbaar unverständlich
onverstandig unvernünftig, min töricht, ⟨dom⟩ unklug ★ *dat was ~ van je* das war dumm von dir
onverstoorbaar *niet te storen* unerschütterlich, unbeirrbar
onverteerbaar unverdaulich
onvertogen ungebührlich, ungehörig ★ *geen ~ woord* ≈ kein böses Wort
onvervaard unerschrocken, unverzagt, furchtlos
onvervalst unverfälscht ▼ *zij spreekt ~ Hessisch* sie spricht ein waschechtes Hessisch
onvervreemdbaar unveräußerlich ★ *onvervreemdbare rechten* unveräußerliche Rechte *v*
onverwacht unerwartet, unvermutet, unvorhergesehen ★ *een ~ genoegen* eine unerwartete Freude ★ *er gebeurde iets heel ~s* es geschah etw. völlig Unerwartetes
onverwachts unerwartet, unversehens
onverwoestbaar unverwüstlich
onverzadigbaar nicht zu stillen / sättigen
onverzadigd scheik ungesättigt ★ *~ vetzuur* ungesättigte Fettsäure *v*
onverzettelijk unbeugsam, unerschütterlich
onverzoenlijk unversöhnlich, unversöhnbar
onverzorgd ❶ *zonder verzorging* unversorgt ❷ *slordig* ungepflegt, vernachlässigt
onvindbaar unauffindbar
onvoldaan ❶ *onbevredigd* unzufrieden, unbefriedigt ❷ *niet betaald* unbezahlt,

on

unbeglichen
onvoldoende I *bnw* ungenügend, unzureichend II *zn* [de] ⟨niet meer voldoende⟩ Mangelhaft *o*, ⟨laagste cijfer⟩ Ungenügend *o* ★ *een ~ voor Engels hebben* eine Fünf / Sechs in Englisch haben ★ *een ~ voor biologie halen* eine Fünf / Sechs in Biologie bekommen
onvolkomen *onvolledig* unvollkommen, unvollständig
onvolkomenheid ❶ *gebrek* Unvollkommenheit *v*, Mangel *m* ❷ *tekortkoming* Unzulänglichkeit *v*, Mangel *m*
onvolledig *niet compleet* unvollständig ★ *~e baan* Teilzeitbeschäftigung *v* ★ *~e kennis* lückenhafte(n) Kenntnisse
onvolprezen mehr als lobenswert
onvoltooid *onaf* unvollendet
onvolwaardig *niet volwaardig* nicht vollwertig
onvolwassen unreif
onvoorspelbaar nicht vorzusehen
onvoorstelbaar unvorstellbar
onvoorwaardelijk unbedingt, bedingungslos ★ *~e trouw* bedingungslose / unbedingte Treue *v* ★ *tot ~e gevangenisstraf veroordeeld worden* zu einer Gefängnisstrafe ohne Bewährung verurteilt werden ★ *iem. ~ vertrouwen* jmdm. unbedingt vertrauen
onvoorzichtig unvorsichtig
onvoorzichtigheid Unvorsichtigkeit *v*
onvoorzien *onvoorspelbaar* unvorhergesehen, unvermutet, unerwartet ★ *behoudens ~e omstandigheden* Unvorhergesehenes vorbehalten ★ *~e uitgaven* unvorhergesehene(n) Ausgaben
onvrede ❶ *onbehagen* Unzufriedenheit *v* ★ *een gevoel van ~ hebben* ein unzufriedenes Gefühl haben ❷ *ruzie* Unfriede *m* ★ *in ~ leven* in Unfrieden leben
onvriendelijk unfreundlich
onvrijwillig unfreiwillig
onvruchtbaar *steriel* unfruchtbar
onvruchtbaarheid Unfruchtbarkeit *v*
onwaar *niet waar* unwahr ★ *~ verhaal* unwahre Geschichte *v*
onwaarachtig ❶ *niet echt* unwahrhaftig ❷ *onoprecht* unaufrichtig, min verlogen
onwaardig ❶ *iets niet waard zijnd* unwert, unwürdig ★ *iemands vriendschap ~ zijn* jmds. Freundschaft unwürdig / unwert sein ❷ *verachtelijk* würdelos, unwürdig
onwaarheid Unwahrheit *v*
onwaarschijnlijk ❶ *niet waarschijnlijk* unwahrscheinlich ❷ *ongeloofwaardig* unglaubhaft ★ *haar verhaal klinkt erg ~* ihre Geschichte klingt äußerst unwahrscheinlich / unglaubhaft
onwankelbaar unerschütterlich
onweer Gewitter *o* ★ *er is een ~ op til* ein Gewitter braut sich zusammen ★ *er is ~ in de lucht* gleich gibt's ein Gewitter ▼ *haar gezicht staat op ~* die Wut steht ihr im Gesicht geschrieben
onweerlegbaar unwiderlegbar, unwiderleglich
onweersbui Gewitter *o*, Gewitterschauer *m*, Gewittersturm *m*
onweerstaanbaar unaufhaltsam, unwiderstehlich
onweersvliegje Gewitterfliege *v*
onweerswolk Gewitterwolke *v*
onwel unwohl, unpässlich ★ *ik word ~* mir wird schlecht
onwelkom ★ *~ zijn* unwillkommen sein
onwelwillend ungefällig, unfreundlich
onwennig nicht heimisch, unbehaglich ★ *zij voelde zich wat ~* ihr war ein wenig unbehaglich zumute / zu Mute, sie fühlte sich ein wenig unbehaglich
onweren gewittern ★ *het onweert al een hele tijd* es gewittert schon lange
onwerkelijk unwirklich
onwetend ❶ *onkundig* unwissend ❷ *niet op de hoogte* ★ *van iets ~ zijn* etw. nicht wissen
onwetendheid ❶ *onkunde* Unwissenheit *v*, Unkenntnis *v* ★ *grove ~* grobe Unkenntnis ❷ *het onbekend zijn met iets* ★ *in zijn ~* in seiner Unkenntnis
onwettig *in strijd met de wet* widerrechtlich, ungesetzlich, gesetzwidrig, rechtswidrig, illegal ★ *iets ~ verklaren* etw. für gesetzeswidrig erklären
onwezenlijk unwahrscheinlich, unwirklich
onwijs I *bnw, dwaas* albern, töricht, min blödsinnig ★ *doe niet zo ~* sei nicht so albern II *bijw, in hoge mate* wahnsinnig, irrsinnig ★ *~ gaaf* einsame Spitze, wahnsinnig toll
onwil Widerwilligkeit *v*, Widerspenstigkeit *v*, böse(r) Willen *m* ★ *het is geen ~* ≈ es fehlt nicht an gutem Willen
onwillekeurig unwillkürlich
onwillig unwillig, widerwillig
onwrikbaar *onomstotelijk* unumstößlich
onyx Onyx *m*
onzacht unsanft
onzalig *ongelukkig* unselig, unglückselig ★ *~e gedachte* unselige(r) Gedanke *m*
onze → **ons**
onzedelijk ❶ *immoreel* unmoralisch ❷ *onzedig* unsittlich
onzedig ungeziemend, ungehörig, unanständig
onzeker ❶ *niet vaststaand* unsicher, ungewiss ★ *het is ~ hoe dat zal lopen* das ist eine Fahrt ins Ungewisse ★ *het is nog ~ of...* es ist noch unsicher / ungewiss, ob... ★ *in het ~e verkeren* im Ungewissen sein ★ *iem. in het ~e laten* jmdn. im Ungewissen lassen ★ *de toekomst is ~* die Zukunft ist ungewiss ❷ *onvast* unsicher ❸ *niet zelfverzekerd* unsicher
onzekerheid ❶ *twijfel* Unsicherheit *v*, Ungewissheit *v* ❷ *iets wat betwijfeld wordt* Unsicherheit *v*, Ungewissheit *v* ❸ *onvastheid* Unsicherheit *v*, Ungewissheit *v*
onzelfzuchtig selbstlos
Onze-Lieve-Heer der liebe Gott, der liebe Herrgott
Onze-Lieve-Heer-Hemelvaart BN Himmelfahrt *v*, Himmelfahrtstag *m*
Onze-Lieve-Vrouw Unsere Liebe Frau *v*
onzerzijds unsererseits
Onzevader Vaterunser *o*
onzichtbaar unsichtbar
onzijdig taalk sächlich
onzin ❶ *dwaasheid* Unfug *m* ❷ *dwaze taal* Unsinn *m*, inform Quatsch *m* ★ *klinkklare ~* blanke(r) Unsinn ★ *~ verkopen* Unsinn / Quatsch / dummes

Zeug reden
onzindelijk ❶ *niet zindelijk* ⟨van kinderen⟩ nicht sauber, ⟨van huisdieren⟩ nicht stubenrein ❷ *vies* unsauber, schmutzig
onzinnig unsinnig
onzorgvuldig unsorgfältig
onzuiver ❶ *vermengd of vervuild* unrein, unsauber ★ *~e huid* unreine Haut *v* ❷ *onoprecht* irrig, unlauter ★ *~e bedoelingen* unlautere(n) Absichten ❸ muz *vals* ★ *~e toon* unreine(r) Ton *m* ❹ *onnauwkeurig* ungenau, unrein ★ *~e metingen* ungenaue(n) Messungen ❺ *bruto* brutto ★ *~ inkomen* Bruttoeinkommen *o*
oog ❶ *gezichtsorgaan* Auge *o* ★ *met het blote oog* mit bloßem Auge ★ *met de ogen staan te knipperen* sehr verwundert sein ★ *oog om oog, tand om tand* Auge um Auge, Zahn um Zahn ★ *de ogen sluiten voor* die Augen verschließen vor, +3 ★ *iem. de ogen uitsteken* jmdm. die Augen ausstechen ★ *zijn ogen uitkijken* sich die Augen aus dem Kopf sehen, sich nicht sattsehen können ★ *iets met een half oog zien* etw. nur flüchtig sehen ★ *met het blote oog* mit bloßem Auge ★ *iets met lede ogen aanzien* voll Bedauern bei etw. zusehen ★ *iem. met schele ogen aankijken* jmdn. scheel / schief ansehen ★ *uit zijn ogen kijken* die Augen offen halten ★ *het wordt hem groen en geel voor de ogen* es wird ihm grün und gelb vor Augen ★ *zijn ogen de kost geven* seine Augen aufmachen ★ *onder vier ogen* unter vier Augen ▾ *ogen en oren tekortkomen* überwältigt sein vom Geschehen ▾ *een oogje dichtdoen / dichtknijpen* ein Auge zudrücken ▾ *zijn ogen zijn groter dan zijn maag* die Augen sind größer als der Magen ▾ *zij heeft ogen in haar rug* sie hat ihre Augen überall ▾ *heb je geen ogen in je hoofd?* hast du denn keine Augen im Kopf? ▾ *de ogen voor iets sluiten* die Augen vor etwas verschließen ▾ *zijn ogen goed de kost geven* die Augen offen halten ▾ *zijn ogen in zijn zak hebben* blind für etwas sein ▾ *schele ogen geven* scheele Augen machen ▾ *geen oog dichtdoen* kein Auge zutun ❷ *blik* Auge *o*, Blick *m* ★ *iemand / iets in het oog hebben* jmdn. / etw. im Auge haben ★ *uit het oog verliezen* aus den Augen verlieren ★ *een oogje in het zeil houden* nach dem Rechten sehen ★ *oog in oog met iem. staan* jmdm. Auge in Auge gegenüberstehen ★ *iets in het oog houden* etw. im Auge behalten ★ *in het oog krijgen* bemerken ★ *in het oog springen / vallen* ins Auge fallen / springen ★ *met het oog op* angesichts, +2, in Anbetracht, +2 ★ *iem. niet onder de ogen durven komen* jmdm. nicht mehr unter die Augen treten können ★ *uit het oog, uit het hart* aus den Augen, aus dem Sinn ★ *iets uit het oog verliezen* etw. aus den Augen verlieren ★ *iets voor ogen houden* etw. vor Augen halten ★ *een oogje op iem. hebben* ein Auge auf jmdn. haben ★ *oog op iets hebben* ein Auge für etw. haben ★ *op iemand / iets zijn oog laten vallen* ein Auge auf jmdn. / etw. werfen ❸ *gat* Öse *v* ★ *het oog van de naald* das Nadelöhr *o* ★ *haken en ogen* Haken *mv* ★ *door het oog van de naald kruipen* mit knapper Not davonkommen ❹ *stip op dobbelsteen* Auge *o* ★ *hoge ogen gooien* gute Chancen haben
oogappel ❶ *deel van oog* Iris *v* ❷ *lieveling* Augapfel *m*
oogarts Augenarzt *m*
oogbal Augapfel *m*
oogcontact Blickkontakt *m*
oogdruppels Augentropfen *mv*
ooggetuige Augenzeuge *m*
ooggetuigenverslag Augenzeugenbericht *m*
oogheelkunde Augenheilkunde *v*
oogheelkundig augenärztlich
ooghoek Augenwinkel *m*
oogholte Augenhöhle *v*
ooghoogte Augenhöhe *v* ★ *op ~* in Augenhöhe
oogje → **oog**
oogkas Augenhöhle *v*
oogklep Scheuklappe *v*
ooglens Augenlinse *v*
ooglid Lid *o*, Augenlid *o*
ooglijderskliniek Augenklinik *v*
oogluikend ▾ *iets ~ toelaten* bei etwas ein Auge zudrücken
oogmerk Absicht *v*, Bestreben *o* ★ *met het ~* mit / in der Absicht
oogmeting med Sehprüfung *v*
oogontsteking med Augenentzündung *v*
oogopslag Augenaufschlag *m*, Blick *m* ★ *bij de eerste ~* auf den ersten Blick
oogpotlood Kajalstift *m*
oogpunt Gesichtspunkt *m*, Blickpunkt *m*, Sicht *v*
oogschaduw Lidschatten *m*
oogst ❶ *het oogsten* Ernte *v* ★ *een mislukte ~* eine Missernte ★ *een overvloedige ~* eine reiche Ernte ★ *de ~ binnenhalen* die Ernte einfahren ❷ *opbrengst* Ernte *v*, fig Ertrag *m*
oogsten *binnenhalen* ernten
oogstmaand Erntemonat *m*
oogstmachine Erntemaschine *v*
oogstrelend ★ *~ zijn* eine Augenweide sein
oogverblindend glänzend
oogwenk *ogenblikje* Augenblick *m* ★ *in een ~* im Nu
oogwit ★ *het ~* das Weiße im Auge
oogzenuw Sehnerv *m*
ooi Mutterschaf *o*
ooievaar (Weiß)storch *m*
ooievaarsnest Storch(en)nest *o*
ooit jemals, je, irgendwann ▾ *wel heb je ooit!* nanu!
ook ❶ *eveneens* auch ★ *zij is ook van de partij* sie ist mit dabei ❷ *zelfs* auch ❸ *misschien* auch ❹ ⟨als versterking⟩ auch ★ *hoe dan ook* wie dem auch sei ★ *ik ga hoe dan ook* ich gehe auf jeden Fall / auf alle Fälle ★ *wanneer / waar dan ook* wann / wo auch immer ★ *hoe het ook zij* wie dem auch sei ★ *dat is ook toevallig!* so ein Zufall! ❺ *immers* auch ❻ ⟨zonder betekenis⟩ ★ *hoe heet je ook al weer?* wie heißt du denn gleich? ★ *dat getut ook altijd* immer diese Zimperlichkeit ★ *dat is waar ook* das stimmt ja ▾ *ook goed!* schon gut!
oom Onkel *m* ▾ *een hoge ome* ein hohes Tier
oor ❶ *gehoororgaan* Ohr *o* ★ *nog niet droog achter de oren zijn* noch feucht / nicht trocken hinter den Ohren sein ★ *zich iets goed in zijn oren knopen* sich etw. hinter die Ohren schreiben ★ *met de oren staan te klapperen* mit den Ohren wackeln ★ *met een half oor luisteren* mit halbem Ohr zuhören ★ *op één oor gaan liggen* sich aufs

Ohr legen ★ *ter ore komen* zu Ohren kommen ★ *iem. een oor aannaaien* jmdm. einen Bären aufbinden ★ *zijn oren niet (kunnen) geloven* seinen Ohren nicht trauen ★ *oren hebben naar iets* Lust zu etw. haben ★ *dat gaat het ene oor in en het andere oor uit* das geht zum einen Ohr herein, zum anderen wieder hinaus ★ *de oren spitsen* die Ohren spitzen ★ *een en al oor zijn* ganz Ohr sein ★ *zijn oor te luisteren leggen* herumhorchen ★ *iem. het oor lenen* jmdm. Gehör schenken ❷ *handvat* Henkel *m*

oorarts Ohrenarzt *m*

oorbel Ohrring *m*, ⟨groter en hangend⟩ Ohrgehänge *o*, ⟨in het oor⟩ Ohrstecker *m*

oord *plaats, streek* Ort *m*, Gegend *v*

oordeel ❶ *mening* Meinung *v*, Ansicht *v* ★ *op iemands ~ afgaan* sich auf jmds. Urteil verlassen ★ *van ~ zijn dat* der Meinung / Ansicht sein, dass ★ *zijn ~ opschorten* nicht vorschnell urteilen, mit seinem Urteil zurückhalten ❷ *beslissing* Urteil *o* ★ *een ~ vellen* ein Urteil fällen ★ *een ~ opschorten* mit dem Urteil zurückhalten ★ rel *het laatste Oordeel* das Jüngste / Letzte Gericht ❸ *inzicht* Urteilsvermögen *o*, Verstand *m* ★ *een gezond ~* ein gesunder Menschenverstand ★ *een scherp ~* ein scharfer Verstand ★ *een helder ~* ein klarer Verstand

oordelen urteilen, beurteilen

oordopje Ohrpfropf *m*

oordruppels Ohrentropfen *mv*

oorhanger Ohrring *m*

oorkonde Urkunde *v*

oorlel Ohrläppchen *o*

oorlog Krieg *m* ★ *~ voeren* Krieg führen ▼ *de koude ~* der kalte Krieg

oorlogsbodem Kriegsschiff *o*

oorlogscorrespondent Kriegsberichterstatter *m*

oorlogseconomie Kriegswirtschaft *v*

oorlogsfilm Kriegsfilm *m*

oorlogsheld Kriegsheld *m*

oorlogsindustrie Kriegsindustrie *v*

oorlogsinvalide Kriegsbeschädigte(r) *m*, Kriegsversehrte(r) *m*

oorlogsmisdadiger Kriegsverbrecher *m*

oorlogsmonument Kriegerdenkmal *o*

oorlogspad ▼ *op het ~ zijn* auf dem Kriegspfad sein

oorlogsschip Kriegsschiff *o*

oorlogsslachtoffer Kriegsopfer *o*

oorlogsverklaring Kriegserklärung *v*

oorlogszuchtig kriegerisch

oorlogvoering Kriegsführung *v*

oormerk Ohrmarke *v*

oorontsteking Ohrenentzündung *v*, Otitis *v*

oorpijn Ohrenschmerzen *mv*

oorschelp Ohrmuschel *v*

oorsmeer Ohrenschmalz *o*

oorsprong ❶ *begin* Ursprung *m* ❷ *afkomst* Herkunft *v*

oorspronkelijk I *bnw* ❶ *aanvankelijk* anfänglich, ursprünglich ❷ *origineel* ursprünglich, original, unverfälscht ★ *een ~e compositie* eine originale Komposition *v* **II** *bijw, aanvankelijk* ★ *zoals we ~ van plan waren* wie ursprünglich beabsichtigt

oorstrelend ★ *~ zijn* ein Ohrenschmaus sein

oortelefoon Kopfhörer *m*

oorverdovend ohrenbetäubend

oorvijg Ohrfeige *v* ★ *iem. een ~ geven* jmdn. ohrfeigen, jmdm. eine Ohrfeige verpassen

oorwurm Ohrwurm *m* ▼ *een gezicht als een oorworm* ein Gesicht wie sieben Tage Regenwetter

oorzaak Ursache *v* ★ *de wet van ~ en gevolg* das Gesetz von Ursache und Wirkung

oorzakelijk ursächlich, kausal ★ *~ verband* ursächliche(r) Zusammenhang *m*, Kausalzusammenhang *m* ★ taalk *~ voorwerp* Prädikativ *o*

Oost Osten *m*, ⟨Nederlands-Indië⟩ Niederländisch-Indien *o*

oost östlich ★ *de wind is oost* der Wind kommt von Osten ★ *oost west, thuis best* daheim ist daheim

Oostblok gesch Ostblock *m*

Oost-Duits gesch ostdeutsch

Oost-Duitse gesch Ostdeutsche *v*

Oost-Duitser gesch Ostdeutsche(r) *m*

Oost-Duitsland gesch Ostdeutschland *o*

oostelijk *uit / van het oosten* östlich ★ *naar het oosten* östlich

oosten ❶ *windstreek* Osten *m* ★ *ten ~ van* östlich [+2] ❷ *gebied* Osten *m* ★ *het Nabije Oosten* der Nahe Osten

Oostende Ostende *o*

Oostenrijk Österreich *o*

Oostenrijker *bewoner* Österreicher *m*

Oostenrijks österreichisch

Oostenrijkse Österreicherin *v*

oostenwind Ostwind *m*

oosterbuur östliche(r) Nachbar *m*

oosterlengte östliche Länge *v*

oosterling Asiat *m*, ⟨uit het Nabije Oosten⟩ Orientale *m*

oosters östlich, orientalisch ★ *de ~e kerk* die griechisch-orthodoxe Kirche

Oost-Europa Osteuropa *o*

Oost-Europeaan Osteuropäer *m*

Oost-Europees osteuropäisch

Oost-Europese Osteuropäerin *v*

Oost-Indisch ▼ *~ doof zijn* sich taub stellen

oostkust Ostküste *v*

Oost-Vlaams ostflämisch

Oost-Vlaamse Ostflämin *v*

Oost-Vlaanderen Ostflandern *o*

Oost-Vlaming Ostflame *m*

oostwaarts ostwärts

Oostzee Ostsee *v*

ootje ▼ *iem. in het ~ nemen* jemanden verulken / veräppeln

ootmoedig demütig, demutsvoll

op I *vz* ❶ *boven(op) zijnd* auf [+3] ★ *op het dak zitten* auf dem Dach sitzen ★ *op de fiets* auf dem Fahrrad ★ *op zee* auf dem Meer, auf der See ❷ *in* auf [+3 / 4], in [+3 / 4] ★ *op straat* auf der Straße ★ *op zijn kamer* in / auf seinem Zimmer ❸ *bovenop komend* ★ *op het dak klimmen* auf das Dach steigen ❹ *tegen* ★ *op het raam tikken* ans Fenster klopfen ❺ *verwijderd van* in [+3] ★ *op drie kilometer afstand* in einer Entfernung von drei Kilometern ❻ *tijdens* auf [+3], an [+3] ★ *op dat moment* in dem Moment ★ *op dit moment* in

op

dem Moment ★ *op maandag* am Montag ★ *op zekere dag* eines Tages ★ *op 1 augustus* am ersten August ★ *later op de dag* später am Tag ❼ *volgens een bepaalde manier* ★ *op z'n Frans* auf Französisch ❽ *uitgezonderd* bis auf ★ *op één euro na* bis auf einen Euro ★ *de laatste op een na* der letzte bis auf einen ★ *allen op één na* alle bis auf einen ★ *op twee na de grootste* der Drittgrößte ❾ *met* mit [+3] ★ *op gas koken* mit Gas kochen ★ *op waterstof lopen* mit Wasserstoff laufen ❿ *gericht naar* nach [+3] ★ *op het noorden* nach Norden ▼ *één op de tien* einer von zehn ▼ *op z'n laatst* spätestens ▼ *op de minuut af* auf die Minute genau ▼ *Maria is op de buurjongen* ⟨verliefd⟩ Maria steht auf den Nachbarsjungen **II** *bijw* ❶ *omhoog* auf, hoch ★ *op en neer* auf und ab / nieder ★ *op en neer gaan* auf- und abgehen ❷ *verbruikt* alle ★ *op kunnen* aufessen können ★ *het water is op* das Wasser ist alle ★ *mijn geduld is op* meine Geduld ist zu Ende ★ *op is op* weg ist weg ★ fig *het kan niet op!* es ist Wahnsinn! ❸ *uitgeput* fertig, inform alle ★ *hij was helemaal op* er war völlig fertig ❹ *uit bed* aufgestanden, auf ★ *ben je al op?* bist du schon auf? ▼ *tegen iem. op kunnen* mit jemandem fertig werden

opa Opa *m*

opaal Opal *m*

opart Op-Art *v*

opbakken aufbraten

opbaren aufbahren

opbellen anrufen

opbergen auf- / wegräumen, einräumen, econ speichern, ⟨in een bergruimte zetten⟩ abstellen, ⟨archiveren⟩ ablegen

opbergsysteem Ablagesystem *o*

opbeuren ❶ *optillen* hochheben ❷ *opvrolijken* aufmuntern, aufheitern

opbiechten beichten, gestehen ★ *eerlijk ~* mit der Wahrheit herausrücken ★ *biecht maar eens op!* heraus mit der Sprache!

opbieden mehr bieten, ⟨kaartspel⟩ reizen

opbinden aufbinden, hochbinden, festbinden ★ *de roos ~* den Rosenstock auf- / hochbinden

opblaasbaar aufblasbar

opblaaspop aufblasbare Puppe *v*

opblazen ❶ *laten ontploffen* sprengen ❷ *lucht erin blazen* aufblasen, aufblähen ❸ *sterk overdrijven* aufbauschen

opblijven aufbleiben

opbloei Aufschwung *m*

opbloeien aufblühen

opbod *het opbieden* ★ *bij ~ verkopen* meistbietend versteigern, gegen höchstes Gebot versteigern

opboksen ankämpfen gegen

opborrelen aufbrodeln, aufsprudeln

opbouw ❶ *het opbouwen* Aufbau *m* ★ *in ~* im Aufbau befindlich ❷ *samenstelling* Aufbau *m* ❸ *bouw erbovenop* Aufbau *m*

opbouwen *tot stand brengen* aufbauen

opbouwend konstruktiv, aufbauend ★ *~e kritiek* konstruktive Kritik

opbouwwerk Sozialarbeit *v* innerhalb der Stadtteile und Gemeinden

opbranden I *ov ww, branden* verbrennen **II** *on ww, verbranden* abbrennen

opbreken I *ov ww* ❶ *openbreken* aufbrechen ★ *een straat ~* eine Straße aufbrechen ❷ *afbreken* abbrechen ★ *de tent ~* das Zelt abbrechen **II** *on ww* ❶ *vertrekken* aufbrechen ❷ *oprispen* aufstoßen

opbrengen ❶ *opleveren* einbringen, eintragen ★ *kapitaal brengt rente op* Kapital trägt / bringt Zinsen ★ *dat brengt een hoge prijs op* das erzielt einen hohen Preis ❷ *betalen* aufbringen ★ *de kosten niet kunnen ~* die Kosten nicht aufbringen können ❸ ★ *de moed niet meer kunnen ~ om* den Mut nicht aufbringen können zu ★ *het geduld niet ~* die Geduld nicht aufbringen können ❹ *aanbrengen* auftragen ★ *een dikke laag verf ~* eine dicke Farbschicht auftragen ❺ *als overtreder meevoeren* ≈ festnehmen

opbrengst ❶ *rendement* ⟨geldbedrag uit verkoop⟩ Erlös *m*, ⟨winst⟩ Ertrag *m* ❷ *oogst* Ertrag *m*

opdagen erscheinen

opdat damit

opdienen auftragen

opdiepen ❶ *tevoorschijn halen* hervorkramen ❷ *opduiken* ausgraben

opdirken auftakeln, aufdonnern ★ *zich ~* sich auftakeln, sich aufdonnern

opdissen *vertellen* ★ *een verhaal ~* eine Geschichte auftischen

opdoeken *opheffen* aufheben

opdoemen auftauchen

opdoen ❶ *aanbrengen* auftragen ★ *parfum ~* Mascara auftragen ❷ *opzetten* aufsetzen ❸ *verkrijgen* sammeln ★ *slechte ervaringen ~* schlechte Erfahrungen machen ★ *kennis ~* sich Kenntnisse erwerben ★ *nieuwe kracht ~* neue Kräfte sammeln ❹ *oplopen* sich zuziehen ★ *waar heeft hij die ziekte opgedaan?* wo hat er sich diese Krankheit zugezogen?

opdoffen aufputzen ★ *zich ~* sich zurechtmachen, sich fein machen ★ *zij had zich geweldig opgedoft* sie war mächtig aufgetakelt / aufgedonnert

opdoffer Schlag *m*

opdonder ❶ *stomp* Schlag *m*, Hieb *m* ❷ *tegenslag* Schlag *m*

opdonderen ★ *donder op!* scher dich zum Teufel!

opdondertje *klein persoon* Knirps *m*, Dreikäsehoch *m*

opdraaien I *ov ww, opwinden* aufziehen / -winden **II** *on ww* ~ **voor** ★ *zij moet ervoor ~* man schiebt ihr die Schuld in die Schuhe ★ *voor de kosten moeten ~* für die Kosten aufkommen müssen

opdracht ❶ *taak* Auftrag *m* ★ *in ~ van* im Auftrag [+2] ★ *een ~ geven / krijgen / uitvoeren* einen Auftrag erteilen / bekommen / ausführen ❷ *opdracht in boek* Widmung *v*

opdrachtgever Auftraggeber *m*

opdragen ❶ *opdracht geven tot* auftragen ★ *iem. ~ iets te doen* jmdn. mit etw. beauftragen ❷ ~ **aan** *aanbieden aan* widmen ★ *een boek ~ aan iem.* jmdm. ein Buch widmen

opdraven ❶ *dravend gaan* ⟨van de spreker weg⟩ hinauftraben, ⟨naar de spreker toe⟩ herauftraben ❷ *op bevel komen* antraben ★ *iem. laten ~* jmdn.

kommen lassen
opdreunen herunterleiern
opdrijven ❶ *voortdrijven* treiben ❷ *doen stijgen* hochtreiben ★ *de prijzen ~* die Preise in die Höhe treiben
opdringen I *ov ww,* ~ **aan** *opleggen aan,* aufdrängen ★ *iem. iets ~* jmdm. etw. aufdrängen / aufnötigen II *wkd ww* [**zich ~**] ❶ *contact zoeken* sich aufdringen ❷ *opkomen* ★ *de gedachte dringt zich bij mij op* ich kann mich des Gedankens nicht erwehren, der Gedanke drängt sich mir auf ❸ BN *dringend nodig zijn* dringend nötig sein III *on ww, naar voren dringen* herandrängen, vordrängen
opdringerig aufdringlich
opdrinken auftrinken, austrinken
opdrogen I *ov ww, droogmaken* trocknen II *on ww, droog worden* auftrocknen, austrocknen, ⟨van bronnen, beken e.d.⟩ versiegen
opdruk Aufdruck *m*
opdrukken I *ov ww, op iets drukken* aufdrucken, ⟨met stempel⟩ aufprägen II *wkd ww* [**zich ~**] sport Liegestütze machen
opduikelen aufgabeln, auffischen
opduiken I *ov ww* ❶ *naar boven halen* an die Oberfläche bringen ❷ *vinden* auftreiben ★ *waar heb jij dat boek opgedoken?* wo hast du das Buch aufgetrieben? II *on ww* ❶ *boven water komen* auftauchen ❷ *tevoorschijn komen* auftauchen ★ *zij kwam opeens weer ~* sie tauchte auf einmal wieder auf
opduvel Stoß *m*, Schubs *m* ★ *hij heeft een ~ gekregen* er hat einen draufgekriegt
opduvelen abhauen
OPEC *Organisatie van olie-exporterende landen* OPEC *v*
opeen aufeinander ★ *dicht ~* dicht aufeinander
opeenhoping Anhäufung *v*, Häufung *v*
opeens auf einmal, mit einem Mal
opeenstapeling Aufstap(e)lung *v*, ⟨ook fig.⟩ Häufung *v*
opeenvolgend aufeinanderfolgend
opeenvolging *reeks* Aufeinanderfolge *v* ★ *een ~ van ongelukken* ein Unglück nach dem anderen
opeisen fordern ★ *een aanslag ~* sich zu einem Anschlag bekennen ★ *iets voor zich ~* etw. für sich beanspruchen
open ❶ *niet afgesloten* offen ❷ *leeg, niet ingevuld* ★ *een open plek in een bos* eine Lichtung ❸ *openhartig* ★ *open en bloot* unverhüllt ❹ *toegankelijk* ★ *open tot vijf uur* bis 5 Uhr geöffnet
openbaar ❶ *voor ieder toegankelijk* öffentlich ★ *het ~ vervoer* die öffentlichen Verkehrsmittel ★ *een openbare school* eine öffentliche / staatliche Schule *v* ★ *in het ~* öffentlich ★ *zich in het ~ vertonen* sich der Öffentlichkeit zeigen ❷ *voor ieder geldend* öffentlich ❸ *voor ieder bekend* ★ *~ maken* veröffentlichen ★ *~ worden* an die Öffentlichkeit gelangen
openbaarheid Öffentlichkeit *v*
openbaren I *ov ww* offenbaren II *wkd ww* [**zich ~**] sich offenbaren
openbaring *het openbaren* Offenbarung *v*
openblijven offen / geöffnet bleiben / haben
openbreken ❶ *openen* aufbrechen ❷ *wijzigen* ★ *een cao ~* einen Tarifvertrag kündigen
opendeurdag BN Tag *m* der offenen Tür
opendoen öffnen, aufmachen, auftun
openen ❶ *openmaken* öffnen ❷ *(laten) beginnen* eröffnen ★ *een rekening ~* ein Konto eröffnen
opener Öffner *m*
opengaan aufgehen, sich öffnen ★ *de deur ging open* die Tür öffnete sich
openhartig offenherzig
openhartoperatie offene Herzoperation *v*
openheid Offenheit *v*
openhouden *niet dicht laten gaan* offen halten
opening ❶ *het openen* Öffnung *v*, Öffnen *o* ❷ *gat* Öffnung *v* ❸ *begin* Eröffnung *v*
openingsbod Eröffnungsgebot *o*
openingskoers econ Eröffnungskurs *m*
openingsplechtigheid Eröffnungsfeier *v*
openingstijd Geschäftszeit *v*
openingstijden Öffnungszeiten *v mv* ★ *wat zijn de ~ van de supermarkt?* wann ist der Supermarkt geöffnet?
openingswedstrijd Eröffnungsspiel *o*
openingszet Eröffnungszug *m*
openlaten ❶ *open laten staan* offen lassen ❷ fig *oningevuld laten* offenlassen
openleggen ❶ *open neerleggen* geöffnet hinlegen ❷ *toegankelijk maken* erschließen ❸ *uiteenzetten* enthüllen, aufdecken
openlijk öffentlich, offen
openluchtbad Freibad *o*
openluchtconcert Freilichtkonzert *o*, Freiluftkonzert *o*
openluchtmuseum Freilichtmuseum *o*
openmaken *openen* aufmachen, öffnen
op-en-neer auf und ab
openslaan *openmaken* aufschlagen, aufklappen ★ *de krant ~* die Zeitung aufschlagen
openslaand ★ *~e deuren* Flügeltüre *v mv*
opensperren aufsperren
openspringen aufspringen, ⟨slot⟩ aufschnappen
openstaan ❶ *niet gesloten zijn* offen stehen ❷ *nog te betalen* offenstehen ★ *~de rekening* offenstehende Rechnung *v*, offene Rechnung ❸ *niet vervuld zijn* offenstehen ❹ ~ **voor** *toegankelijk zijn voor* offenstehen ★ *~ voor kritiek* dankbar sein für Kritik
openstellen (er)öffnen, freigeben ★ *opengesteld zijn* offenstehen ★ *voor het verkeer ~* dem Verkehr übergeben
op-en-top ganz und gar, durch und durch ★ *hij is ~ een heer* er ist ganz ein Herr
openvallen ❶ *opengaan* aufgehen ❷ *vacant raken* frei werden
openzetten öffnen
opera ❶ *drama* Oper *v* ★ *een ~ opvoeren* eine Oper aufführen ❷ *gebouw* Oper *v* ❸ *gezelschap* Operngesellschaft *v*
operabel operabel
operateur Operator *m*
operatie ❶ *chirurgisch ingreep* Operation *v* ★ *een ~ ondergaan* sich operieren lassen, sich einer Operation unterziehen ❷ *krijgsverrichtingen* Operation *v* ❸ *groot plan* Operation *v*
operatief operativ
operatiekamer Operationssaal *m*
operatietafel Operationstisch *m*

operatiezuster OP-Schwester *v*
operationaliseren operationalisieren
operationeel ❶ einsatzfähig, einsatzbereit ❷ *militair* zur Durchführung von Operationen
operator ❶ *persoon* Operateur *m* ❷ wisk Operator *m*
operazangeres Opernsängerin *v*
opereren operieren
operette Operette *v*
opeten aufessen ▼ *ik eet je niet op, hoor!* ich werde dich schon nicht fressen!
opfleuren I *ov ww, vrolijker maken* auffrischen, aufmuntern II *on ww, vrolijker worden* aufblühen, aufleben, ⟨van gezicht e.d.⟩ sich aufhellen, ⟨van ziekte⟩ sich erholen
opflikkeren ❶ *helderder flikkeren* aufflackern ❷ *opduvelen* abhauen ★ *flikker op!* verschwinde!, scher dich zum Teufel!
opfokken ❶ *grootbrengen* aufzüchten, aufziehen ❷ *boos maken* aufstacheln ★ *hij voelde zich nogal opgefokt* er fühlte sich ziemlich angespannt / aufgestachelt
opfrissen I *ov ww* ❶ lett *fris maken* erfrischen ★ *zich ~* sich ein wenig frisch machen ❷ fig *activeren* erfrischen II *on ww, fris worden* frisch werden
opgaan ❶ *omhooggaan* ⟨van ballon⟩ aufsteigen, hinaufgehen ❷ *gaan naar* gehen auf ★ *de straat ~* auf die Straße gehen ❸ *geheel op raken* alle werden ★ *het eten is opgegaan* das Essen ist alle ❹ *juist zijn* stimmen ★ *dat gaat niet op* das stimmt nicht ❺ *examen doen* machen ★ *voor een examen ~* ein Examen machen / ablegen ❻ **~ in** aufgehen in ★ *in de muziek ~* aufgehen in Musik
opgang ❶ *het opgaan* Aufgang *m* ❷ *trap* Aufgang *m* ▼ *~ maken* Beifall / Anklang finden, im Kommen sein
opgave, **opgaaf** ❶ *vraagstuk* Aufgabe *v*, Angabe *v* ❷ *taak* Aufgabe *v*, Angabe *v* ❸ *vermelding* Aufgabe *v*, Angabe *v* ★ *~ van de bronnen* Quellenangabe *v*
opgeblazen ❶ *gezwollen* aufgedunsen ❷ *verwaand* aufgeblasen
opgefokt *opgewonden* gereizt
opgeilen aufgeilen
opgelaten form verunsichert ★ *ik voelde me erg ~* ich war verunsichert
opgeld ❶ *winst veilinghouder* Aufgeld *o* ❷ *waarde munt* Aufgeld *o* ▼ *~ doen* Beifall finden
opgelucht erleichtert ★ *~ ademhalen* erleichtert aufatmen
opgeruimd ❶ *netjes* aufgeräumt ❷ *vrolijk* gut gelaunt, aufgeräumt, heiter
opgeschoten aufgeschossen ★ *hoog ~* lang aufgeschossen ★ *~ kwajongen* halbwüchsige(r) Bengel *m*
opgeschroefd hochgeschraubt ★ *~e verwachtingen* hochgeschraubte Erwartungen
opgesmukt ❶ *versierd* gekünstelt, geziert ❷ *gekunsteld* affektiert, schwülstig
opgetogen entzückt, begeistert
opgeven I *ov ww* ❶ *prijsgeven* aufgeben ★ *de moed ~* den Mut verlieren ❷ *melden* angeben ★ *een reden ~* einen Grund angeben ★ *de prijs van iets ~* den Preis von etw. nennen ❸ *aanmelden* anmelden ★ *zich ~ voor* sich anmelden für ❹ *opdragen* aufgeben ★ *een moeilijke som ~* eine schwierige Rechenaufgabe aufgeben ❺ *braken* aushusten II *on ww* ★ *hoog ~ van iem.* jmdn. in den höchsten Tönen loben
opgewassen ▼ *~ zijn tegen iem.* jemandem gewachsen sein, form jemandem ebenbürtig sein ▼ *niet ~ zijn tegen de moeilijkheden* den Schwierigkeiten nicht gewachsen sein
opgewekt munter, heiter
opgewonden aufgeregt, erregt, ⟨van uurwerken⟩ aufgezogen
opgooien ❶ *gooien* hoch- / aufwerfen, in die Höhe werfen ❷ *tossen* werfen ▼ *een balletje over iets ~* eine Anspielung machen
opgraven ausgraben
opgraving Ausgrabung *v*
opgroeien heranwachsen, aufwachsen ★ *zij is in Brabant opgegroeid* sie ist in Brabant aufgewachsen ★ *de kinderen groeien op* die Kinder wachsen heran
ophaalbrug Zugbrücke *v*
ophalen ❶ *naar boven halen* hochziehen, ⟨zeil, vlag⟩ aufziehen ❷ *inzamelen* einsammeln ★ *geld ~* Geld einsammeln ❸ *afhalen* abholen ★ *haal je me vanavond op?* holst du mich heute Abend ab? ❹ *opfrissen* ★ *zijn Duits ~* sein Deutsch auffrischen
ophanden ★ *~ zijn* bevorstehen
ophangen I *ov ww* ❶ *erop / eraan hangen* aufhängen ❷ *aan de galg hangen* (auf)hängen ★ *zich ~* sich erhängen ❸ *opdissen* zum Besten geben ★ *een verhaal ~* eine Geschichte zum Besten geben II *on ww, telefoongesprek beëindigen* auflegen / -hängen ★ *waarom hang je op?* weshalb legst du auf?
ophanging ❶ *straf* Erhängung *v* ❷ techn Aufhängung *v*
ophebben ❶ *dragen* aufhaben ❷ *genuttigd hebben* aufgegessen / ausgetrunken haben ★ *hij heeft iets te veel op* er hat einen über den Durst getrunken ❸ **~ met** schätzen, mögen ★ *veel ~ met iem.* jmdn. besonders schätzen, große Stücke auf jmdn. halten ★ *weinig ~ met iem.* jmdn. nicht mögen
ophef Aufheben *o* ★ *veel ~ over iets maken* viel Aufhebens von etw. machen ★ *met veel ~* mit viel Trara
opheffen ❶ *optillen* (er)heben ★ *het hoofd ~* den Kopf (er)heben ❷ *beëindigen* aufheben, beseitigen, auflösen ★ *een zaak ~* ein Geschäft auflösen ❸ *tenietdoen* (sich) aufheben, (sich) ausgleichen ★ *de verschillen ~* die Unterschiede ausgleichen ★ *dat heft elkaar op* das hebt sich gegenseitig auf, das gleicht sich aus
opheffing Aufhebung *v*, ⟨van praktijken, verbod, wet⟩ Abschaffung *v*, ⟨van zaak, organisatie⟩ Auflösung *v*, ⟨van zaak⟩ Aufgabe *v* ★ *wegens ~ van de zaak* wegen Geschäftsaufgabe ★ *uitverkoop wegens ~* Ausverkauf wegen Geschäftsaufgabe
opheffingsuitverkoop Räumungsausverkauf *m*
ophefmakend BN *geruchtmakend* aufsehenerregend
ophelderen I *ov ww, toelichten* aufklären, erläutern, erklären II *on ww, weer helder worden* sich aufhellen, sich aufklären

opheldering ❶ *opklaring* Aufklärung *v* ❷ *uitleg* Erläuterung *v*, Aufschluss *m* ★ *iem. ~ over iets verschaffen* jmdm. Aufschluss über etw. geben
ophemelen herausstreichen
ophijsen hochziehen ★ *zijn broek ~* seine Hosen hochziehen / raufziehen
ophitsen aufhetzen, aufwiegeln
ophoepelen sich wegscheren ★ *hoepel op!* scher dich weg!, hau ab!
ophoesten ❶ *spuwen* (aus)husten ❷ *tevoorschijn toveren* ausspucken
ophogen erhöhen, aufschütten, anschütten
ophokken im Stall halten
ophopen aufhäufen, anhäufen
ophouden I *ov ww* ❶ *omhoog houden* hochhalten ★ *de hand ~* die Hand hochhalten ❷ *hooghouden* wahren ★ *de schijn ~* den Schein wahren ❸ *op het lichaam houden* aufbehalten ★ *zijn hoed ~* den Hut aufbehalten ❹ *tegenhouden* aufhalten **II** *on ww, stoppen* aufhören, ⟨eventjes⟩ innehalten ★ *zonder ~* unaufhörlich, ununterbrochen **III** *wkd ww* [**zich ~**] ❶ *zijn* sich aufhalten ★ *zich ergens ~* sich irgendwo aufhalten ❷ **~ met** *zich bezighouden met* sich aufhalten mit, sich abgeben mit
opiaat Opiat *o*
opinie Meinung *v* ★ *publieke ~* öffentliche Meinung *v*
opinieblad meinungsbildende Wochenzeitschrift *v*
opinieonderzoek Meinungsforschung *v*, Meinungsumfrage *v*
opium Opium *o* ★ *~ schuiven* Opium rauchen
opjagen ❶ *van personen* hetzen ★ *iem. ~* jmdn. hetzen ❷ *van prijzen* aufhetzen ★ *de prijzen ~* Preise in die Höhe treiben
opjutten aufstacheln, reizen, aufhetzen
opkalefateren ausbessern
opkijken ❶ *omhoogkijken* aufblicken, aufschauen, aufsehen ❷ *verbaasd zijn* sich wundern ★ *vreemd ~ van* erstaunt sein über [+4] ★ *zij keek er vreemd van op* sie machte große Augen ★ *daar zal hij van ~* er wird Augen machen ❸ **~ tegen** ★ *tegen iets ~* sich vor etw. scheuen ★ *tegen iem. ~* zu jmdm. aufsehen
opkikkeren I *ov ww, doen opfleuren* aufmuntern **II** *on ww, opfleuren* aufmuntern, ⟨na ziekte⟩ sich erholen
opkikkertje ❶ *iets dat opkikkert* (kleine) Stärkung *v* ❷ *borrel* Schnäpschen *o*
opklapbaar aufklappbar ★ *opklapbare zitting* Klappsitz *m*
opklapbed Klappbett *o*
opklappen aufklappen
opklaren sich aufklären, sich aufhellen, (sich) aufheitern ★ *de lucht klaart op* der Himmel klärt sich auf
opklaring Aufklaren *o* ★ *er komen ~en* es gibt Auflockerungen der Bewölkung
opklimmen ❶ *omhoog klimmen* hinaufsteigen, hinaufklettern ★ *tegen een helling ~* einen Hang hinaufklettern ❷ *in rang stijgen* aufsteigen ★ *tot afdelingschef ~* zum Abteilungsleiter aufsteigen
opkloppen ❶ *doen rijzen* schlagen ❷ *overdrijven* übertreiben
opknapbeurt Ausbesserung *v*, techn Überholung *v*
opknappen I *ov ww* ❶ *in goede staat brengen* herrichten, renovieren ❷ *verrichten* deichseln ★ *dat zal hij wel ~* er wird die Sache schon deichseln **II** *on ww, beter worden* ⟨na een ziekte⟩ sich erholen, ⟨van het weer⟩ sich bessern ★ *van een glas wijn zul je ~* ein Glas Wein wird dich erfrischen **III** *wkd ww* [**zich ~**] *zich netjes maken* sich frisch machen, sich zurechtmachen
opknopen aufknüpfen, henken ★ *zich ~* sich erhängen
opkomen ❶ *ontstaan* aufkommen, ⟨van mist, wolken, tranen⟩ aufsteigen, ⟨van onweer⟩ heraufziehen ❷ *omhoogkomen* aufsteigen, aufgehen, heraufkommen ★ *hij kwam de trap op* er kam die Treppe herauf ★ *de vloed komt op* die Flut kommt ★ *het water komt op* das Wasser steigt ❸ *verschijnen* kommen, erscheinen, sich einfinden ★ *er zijn veel kiezers opgekomen* eine große Anzahl Wahlberechtigter ist zur Wahl erschienen ❹ *in gedachten komen* aufsteigen / -kommen ★ *ik kan er maar niet ~* es will mir nicht einfallen ★ *dat is nooit bij me opgekomen* ich bin nie auf den Gedanken gekommen ❺ *op toneel komen* auftreten, auf die Bühne kommen ❻ *populair worden* aufkommen ★ *een ~de trend* ein aufkommender Trend ❼ mil einrücken ❽ **~ tegen** protestieren gegen ❾ **~ voor** eintreten für ★ *voor iem. ~* für jmdn. eintreten ★ *voor iemands belangen ~* jmds. Interessen vertreten
opkomst ❶ *het groeien* Aufstieg *m*, econ Aufschwung *m* ★ *in ~* im Kommen ❷ *het verschijnen* Teilnahme *v*, ⟨bij verkiezingen⟩ Wahlbeteiligung *v* ★ *hoge ~* hohe Teilnehmerzahl *v*
opkomstplicht Wahlpflicht *v*
opkopen aufkaufen
opkoper Trödler *m*, Aufkäufer *m*
opkrabbelen *krabbelend opstaan* mühsam hochkommen, mühsam hochklettern
opkrassen verschwinden
opkrikken ❶ *krikken* anheben ❷ fig *opvijzelen* aufmöbeln
opkroppen in sich hineinfressen, hinunterschlucken ★ *opgekropte woede* angestaute Wut *v*
oplaadbaar aufladbar
oplaaien *feller gaan branden* auflodern
opladen *elektrisch laden* aufladen ★ fig *zich ~* auftanken
oplader elek Aufladegerät *o*
oplage Auflage *v*
oplappen flicken, ausbessern
oplaten *laten stijgen* auflassen, steigen lassen ★ *een vlieger ~* einen Drachen steigen lassen
oplawaai Schlag *m*, Hieb *m* ★ *iem. een ~ geven* jmdm. eine wischen
oplazeren abhauen
opleggen ❶ *verplichten tot* auferlegen ★ *iem. een straf ~* jmdm. eine Strafe auferlegen ★ *iem. het zwijgen ~* jmdm. das Schweigen auferlegen ★ *zijn wil aan iem. ~* jmdm. seinen Willen aufzwingen ❷ *op iets plaatsen* auflegen, legen auf [+4] ★ *het er te dik ~* zu dick auftragen
oplegger einachsige(r) Anhänger *m*, ⟨met trekker samen⟩ Sattelschlepper *m*

opleiden ausbilden
opleiding ❶ *het opleiden* Ausbildung *v*, ⟨met een bepaald doel⟩ Heranbildung *v*, ⟨voor examen⟩ Vorbereitung *v* ❷ *cursus* ★ *~ tot verpleegster* Ausbildung zur Krankenschwester
opleidingscentrum Ausbildungsstätte *v*
opleidingsinstituut Ausbildungsstätte *v*, Ausbildungsinstitut *o*, Ausbildungsanstalt *v*
oplepelen ❶ *opeten* auflöffeln ❷ *vlot opzeggen* herunterbeten / -leiern
opletten aufpassen, achtgeben ★ *~! / opgelet!* Vorsicht! / Achtung!
oplettend aufmerksam
opleuken (auf)frisieren, verschönern
opleven aufleben
opleveren ❶ *verschaffen* einbringen, ⟨teweegbrengen⟩ (er)geben ★ *niets ~* nichts bringen ★ *gevaar ~* Gefahr verursachen ★ *winst ~* Gewinn einbringen / abwerfen ❷ *afleveren* übergeben, übereignen
oplevering Lieferung *v*, ⟨huis⟩ Bauabnahme *v*
opleving Aufleben *o*, Belebung *v*
oplichten I *ov ww* ❶ *optillen* aufheben ❷ *bedriegen* prellen um, betrügen **II** *on ww, helder worden* sich aufhellen
oplichter Betrüger *m*, Preller *m*
oplichterij Betrug *m*, Schwindel *m*
oplichting *bedrog* Schwindel *m*, Betrug *m*
oploop Auflauf *m*
oplopen I *ov ww, ongewild krijgen* bekommen ★ *een verkoudheid ~* sich eine Erkältung holen / zuziehen **II** *on ww* ❶ *naar boven lopen* gehen ★ *de trap ~* die Treppe hinaufgehen ★ *de straat ~* auf die Straße gehen ❷ *naar boven gaan* ansteigen ★ *die weg loopt op* dieser Weg steigt an ❸ *gaan* mitgehen ★ *met iem. ~* ein Stück mit jmdm. mitgehen ★ BN *hoog ~ met iem.* jmdn. besonders schätzen, große Stücke auf jmdn. halten ❹ *toenemen* ansteigen, anlaufen ★ *het bedrag is aardig opgelopen* die Summe ist höher als erwartet ★ *de ruzie loopt hoog op* der Streit wird hitzig
oplosbaar *in iets op te lossen* löslich, lösbar
oploskoffie Instantkaffee *m*, Pulverkaffee *m*
oplosmiddel Lösungsmittel *o*
oplossen I *ov ww* ❶ *doen opgaan* auflösen ❷ *de uitkomst vinden* (auf)lösen **II** *on ww, opgenomen worden* sich auflösen ★ *suiker lost in water op* Zucker löst sich in Wasser
oplossing ❶ *uitkomst* (Auf)Lösung *v*, ⟨beëindiging⟩ Lösung *v*, ⟨beëindiging⟩ Klärung *v* ❷ scheik Lösung *v*
opluchten *verlichten* erleichtern
opluchting Erleichterung *v*
opluisteren Glanz verleihen
opmaak ❶ *lay-out* Aufmachung *v*, ⟨vaktaal⟩ Umbruch *m* ❷ *cosmetica* Schminke *v*, Make-up *o*
opmaat muz Auftakt *m*
opmaken ❶ *verbruiken* ⟨drank⟩ auftrinken, ⟨eten⟩ aufessen ★ *alles ~* nichts übrig lassen ❷ *in orde maken* machen ❸ *concluderen* schließen, folgern ★ *daaruit valt op te maken dat...* daraus lässt sich schließen, dass... ❹ *cosmetica opdoen* schminken ❺ *typografisch indelen* aufmachen ❻ *opstellen* aufsetzen, aufstellen ★ *een balans ~* eine Bilanz aufstellen ★ *een contract ~* einen Vertrag aufsetzen ★ *de kas ~* Kasse machen
opmars ❶ *het opmarcheren* Anmarsch *m* ❷ *vooruitgang* Aufmarsch *m*
opmerkelijk bemerkenswert, auffällig
opmerken ❶ *zien* beobachten ❷ *zeggen* bemerken ★ *opgemerkt dient te worden dat* es muss bemerkt werden, dass ★ *terloops ~* beiläufig bemerken
opmerking Bemerkung *v*
opmerkingsgave Beobachtungsgabe *v*
opmerkzaam aufmerksam
opmeten aufmessen, ⟨landmeter⟩ vermessen
opmonteren aufmuntern, aufheitern
opnaaien ❶ *vastnaaien* aufnähen ❷ *opjutten* aufstacheln, aufziehen ★ *laat je niet ~* lass dich nicht triezen
opname ❶ *in een ziekenhuis* Krankenhausaufnahme ★ *~ in een psychiatrische inrichting* Einweisung in eine psychiatrische Einrichtung ❷ *registratie* Aufnahme *v* ❸ *plaatsing in boek, krant* Aufnahme *v*
opnemen ❶ lett *oppakken* aufnehmen, hochheben ❷ fig *opvatten* aufnehmen ★ *de conversatie weer ~* die Konversation wieder aufnehmen ❸ *telefoon beantwoorden* sich melden ❹ *van tegoed halen* abheben, aufnehmen, nehmen ❺ *aanvaarden* auffassen, nehmen, mustern ★ *iets hoog ~* etw. wichtig nehmen ★ *iets verkeerd ~* etw. falsch auffassen ❻ *een plaats geven* aufnehmen ★ *in een kring worden opgenomen* in einen Kreis aufgenommen werden ❼ *tot zich nemen* aufnehmen ❽ *absorberen* aufnehmen ❾ *bekijken* betrachten ★ *iem. ~* jmdn. beobachten ★ *iem. scherp ~* jmdn. von Kopf bis Fuß mustern ❿ audio-vis *vastleggen* aufnehmen ⓫ *noteren* aufnehmen ★ *bestellingen ~* Bestellungen aufnehmen ⓬ *meten* messen ⓭ *schoonvegen* aufwischen ⓮ *partij kiezen* ★ *het voor iem. ~* für jmdn. eintreten
opnieuw ❶ *nog eens* noch einmal ❷ *van voren af aan* wiederum, aufs Neue, erneut, von Neuem
opnoemen nennen, aufzählen
opoe Omi *v*
opofferen aufopfern
opoffering Aufopferung *v*, Opfer *o*
opofferingsgezind aufopfernd, aufopferungsbereit
oponthoud ❶ *vertraging* Verspätung *v* ❷ *verblijf* Aufenthalt *m*
oppakken ❶ *optillen* aufheben, aufnehmen ❷ *arresteren* festnehmen, verhaften
oppas *oppasser* Pfleger *m*, ⟨van kinderen⟩ Babysitter *m*
oppassen ❶ *opletten* aufpassen ❷ *zorgen voor* aufpassen
oppasser ❶ *toezichthouder* Aufseher *m*, ⟨park⟩ Parkwächter *m* ❷ *verzorger* Wärter *m*, ⟨dieren⟩ Tierpfleger *m*
oppeppen aufputschen
oppepper Kick *m*
opperbest ausgezeichnet, vorzüglich
opperbevel Oberbefehl *m*, Oberkommando *o*
opperbevelhebber Oberbefehlshaber *m*
opperdoes *aardappel* Kartoffelsorte *v*
opperen ⟨bezwaren e.d.⟩ äußern, ⟨plan⟩ vorschlagen

oppergezag Oberherrschaft *v*
opperhoofd Oberhaupt *o*, ⟨van rovers⟩ Hauptmann *m*, ⟨van indianen⟩ Häuptling *m*
opperhuid Oberhaut *v*
oppermachtig souverän
opperrabbijn Oberrabbiner *m*
opperst oberst, höchst ★ *het ~e genot* der höchste Genuss ★ *~e macht* oberste / höchste Macht ★ *~e verwarring* völlige Verwirrung ★ *~e wanhoop* völlige Verzweiflung
oppervlak Oberfläche *v*
oppervlakkig oberflächlich
oppervlakte ❶ *bovenkant* Oberfläche *v* ★ *bebouwde ~* Anbaufläche *v* ★ *~ van de zee* Meeresspiegel *m* ❷ *uitgestrektheid* Fläche *v*
oppervlaktemaat Flächenmaß *o*
oppervlaktewater Oberflächenwasser *o*
Opperwezen Allmächtige(r) *m*
oppeuzelen verschmausen
oppiepen aufrufen
oppikken ❶ *met snavel pakken* aufpicken ❷ *meenemen* mitnehmen, aufgabeln, auflesen ★ *iem. in de kroeg ~* jmdn. in der Kneipe aufgabeln ❸ *leren* aufschnappen
oppleuren abhauen, sich wegscheren
oppoetsen lett aufpolieren
oppompen ❶ *omhoog pompen* hochpumpen ❷ *vol lucht pompen* aufpumpen
opponent Opponent *m*, Gegner *m*
opponeren *plaatsen tegenover* opponieren
opporren ❶ *oprakelen* schüren ❷ *aansporen* anfeuern, anspornen
opportunisme Opportunismus *m*
opportunist Opportunist *m*
opportunistisch opportunistisch
opportuun opportun
oppositie Opposition *v* ★ *~ voeren* in der Opposition sein
oppositieleider Oppositionsführer *m*
oppositiepartij Oppositionspartei *v*
oppotten *sparen* horten
oprakelen *vuur opstoken* anschüren
opraken zu Ende gehen, alle werden
oprapen aufheben, aufnehmen ▼ *zij heeft het daar voor het ~* sie hat dort alles in Hülle und Fülle
oprecht *eerlijk* aufrecht, rechtschaffen
oprechtheid Rechtschaffenheit *v*
oprichten ❶ *overeind zetten* aufrichten ★ *zich ~* sich aufrichten, sich erheben ❷ *stichten* gründen
oprichter Gründer *m*
oprichting *stichting* Gründung *v*, Stiftung *v* ★ *in ~* im Aufbau *m*
oprijden ❶ *rijdend opgaan* ⟨van de spreker weg⟩ hinauffahren, ⟨naar de spreker toe⟩ herauffahren ❷ **~ tegen** fahren gegen, fahren auf [+4] ★ *tegen een boom ~* gegen einen Baum fahren
oprijlaan Einfahrt *v*, Auffahrt *v*, Zufahrt *v*
oprijzen hochragen, sich erheben, fig sich ergeben ★ *hoog ~d boven* hochragend über [+4]
oprisping Aufstoßen *o*, inform Rülpsen *o*
oprit *toegangsweg* Einfahrt *v*, Zufahrt *v*, ⟨van snelweg⟩ Auffahrt *v*
oproep Aufruf *m*, Appell *m*, Aufforderung *v* ★ *~ voor militaire dienst* Einberufungsbefehl *m*
oproepen ❶ *verzoeken te komen* aufrufen, ⟨onder de wapenen⟩ einberufen, ⟨van getuigen⟩ vorladen ❷ *verzoeken te doen* auffordern ★ *het personeel tot actie ~* das Personal zum Handeln auffordern ❸ *doen verschijnen* aufrufen ❹ *voor de geest halen* wecken, wachrufen ★ *herinneringen ~* Erinnerungen wachrufen / wecken
oproepkracht Abrufkraft *v*
oproer ❶ *opstand* Aufstand *m*, Erhebung *v* ❷ *heftige beroering* Aufruhr *m*
oproerkraaier Aufwiegler *m*, Unruhestifter *m*
oproerpolitie Bereitschaftspolizei *v*
oprollen ❶ *in elkaar rollen* aufrollen, einrollen ❷ *onschadelijk maken* verhaften ★ *een bende ~* eine Bande auffliegen lassen / hochnehmen
oprotpremie ⟨bij remigratie⟩ Rückkehrprämie *v*, ⟨bij ontslag⟩ Abfindung *v*
oprotten sich fortscheren, abhauen
opruien aufhetzen, aufwiegeln ★ *~de taal* hetzerische / aufwieglerische Reden
opruimen ❶ *netjes maken* aufräumen ★ *opgeruimd staat netjes* Ordnung muss sein ❷ *uitverkopen* ausverkaufen
opruiming ❶ *het opruimen* Aufräumung *m* ❷ *uitverkoop* Schlussverkauf *m*, Ausverkauf, ⟨wegens sluiting, verbouwing⟩ Räumungsverkauf *m* ★ *zomer~* Sommerschlussverkauf *m*
opruimingsuitverkoop Ausverkauf *m*, Resteverkauf *m*, Sommerschlussverkauf *m*, Winterschlussverkauf *m*
oprukken vorrücken ★ *tegen de vijand ~* gegen den Feind vorrücken
opscharrelen *vinden* auftreiben, aufstöbern, aufgabeln
opschepen **met** aufhalsen ★ *iem. met iets ~* jmdm. etw. aufhalsen
opscheplepel Schöpflöffel *m*
opscheppen I *ov ww, scheppend opdoen* ⟨eten⟩ servieren, ⟨v. zand, aarde etc.⟩ aufschaufeln ★ *geld voor het ~ hebben* im Geld schwimmen können **II** *on ww, pochen* aufschneiden, angeben, prahlen
opschepper Angeber *m*, Aufschneider *m*
opschepperig angeberisch, aufschneiderisch
opschepperij Angeberei *v*, Aufschneiderei *v*
opschieten ❶ *zich haasten* sich beeilen ★ *schiet op!* beeil dich!, mach zu / voran!, hau ab! ❷ *vorderen* vorankommen, Fortschritte machen ★ *zij schiet totaal niet op* sie macht überhaupt keine Fortschritte ★ *wat schiet ik daar mee op?* was habe ich davon?, was bringt mir das? ❸ **~ met** *omgaan met* auskommen mit ★ *goed met elkaar kunnen ~* gut miteinander auskommen
opschik Putz *m*
opschikken I *ov ww* ❶ *in orde brengen* ordnen, in Ordnung bringen ❷ *versieren* aufmachen, herausputzen ★ *zich ~* sich schminken **II** *on ww, opschuiven* zusammenrücken, aufrücken
opschonen bereinigen, säubern
opschorten verschieben, hinaus- / aufschieben, aussetzen
opschrift ❶ *tekst ergens op* Anschrift *v*, Adresse *v* ❷ *titel* Aufschrift *v*, Inschrift *v*
opschrijven aufschreiben, ⟨noteren⟩ notieren

op

opschrikken I *ov ww, doen schrikken* aufschrecken, aufscheuchen II *on ww, van schrik opspringen* aufschrecken, auf- / hochfahren
opschroeven ❶ *verhogen* hoch schrauben ❷ *iets ergens op schroeven* aufschrauben
opschrokken *onbeheerst opeten* verschlingen
opschudden *schuddend ordenen* aufschütteln
opschudding Aufregung *v*, Erregung *v*
opschuiven I *ov ww* ❶ *verder schuiven* zur Seite schieben ❷ *uitstellen* vertagen, verlegen, verschieben II *on ww, plaats maken* aufrücken, zusammenrücken ★ *schuif eens wat op!* rück mal ein bisschen auf!
opslaan I *ov ww* ❶ *bewaren* (ein)lagern ★ *zijn winterprovisie ~* Wintervorräte anlegen ❷ comp speichern ❸ *omhoog slaan* aufschlagen ❹ *opzetten* aufblicken ❺ *openslaan* aufschlagen ❻ sport servieren ❼ *verhogen* erhöhen II *on ww, duurder worden* aufschlagen
opslag ❶ *loonsverhoging* Erhöhung *v*, ⟨van prijs⟩ Aufschlag *m* ★ *iem. ~ geven* jmds. Lohn / Gehalt erhöhen / aufbessern ❷ *berging* Speicher *m*, Lager *o* ❸ sport Aufschlag *m*
opslagcapaciteit Lager(ungs)kapazität *v*
opslagmedium comp Speichermedium *o*
opslagplaats Lager *o*, Speicher *m*, ⟨hal⟩ Lagerhalle *v*, ⟨ruimte⟩ Lagerraum *m*
opslagruimte Lager(raum) *m*, Lagerfläche *v*
opslagtank Lagerungsbehälter *m*
opslobberen aufschlürfen
opslokken verschlingen
opslorpen ❶ *in beslag nemen* in Beschlag nehmen ★ *door je bezigheden opgeslorpt worden* von seinen Beschäftigungen völlig in Anspruch genommen werden ❷ *slurpend opdrinken* aufschlürfen
opsluiten einschließen, einsperren
opsluiting Haft *v* ★ *eenzame ~* Einzelhaft
opsmuk *versiering* Schmuck *m*, Zierrat *m*
opsmukken herausputzen
opsnijden *opscheppen* prahlen, angeben, aufschneiden
opsnorren auffischen
opsnuiven durch die Nase hochziehen, ⟨geur⟩ einatmen
opsodemieteren abhauen
opsommen aufzählen
opsomming Aufzählung *v*
opsparen *bijeen sparen* sparen, zusammensparen
opspelden feststecken, festpinnen
opspelen *tekeergaan* wüten, toben, sich aufregen
opsporen fahnden (nach), ermitteln
opsporing Nachforschung *v*, Ausfindigmachen *o*, Ermittlung *v*, ⟨door politie⟩ Fahndung *v*
opsporingsambtenaar Ermittlungsbeamte(r) *m*, Kriminalbeamte(r) *m*
opsporingsbericht Fahndungsbericht *m*, Suchmeldung *v*
opsporingsbevel jur Fahndung *v*
opsporingsbevoegdheid Ermittlungsbefugnis *v*
opsporingsdienst Fahndungsdienst *m*, ⟨politie⟩ Fahndung *v*
opspraak Gerede *o* ★ *in ~ brengen / komen* ins Gerede bringen / kommen

op

opspringen *in de hoogte springen* aufspringen, ⟨van verrassing, schrik e.d.⟩ auffahren
opspuiten ❶ lett *opwerpen* aufgeworfen werden ❷ fig *met botox bewerken* ⟨lippen⟩ spritzen
opstaan ❶ *gaan staan* aufstehen, ook fig sich erheben, ⟨van de dood⟩ auferstehen ★ *van tafel ~* vom Tisch aufstehen ★ *doen ~* auferstehen lassen ★ *uit de dood ~* vom Tod auferstehen ★ *een ~d boordje* ein Stehkragen *m* ❷ *uit bed komen* aufstehen ★ *... dan moet je vroeger ~* da müssen Sie / musst du früher aufstehen ❸ *in opstand komen* rebellieren, sich erheben / auflehnen ★ *tegen iem. ~* gegen jmdn. rebellieren, sich gegen jmdn. erheben / auflehnen ❹ *op het vuur staan* auf dem Herd stehen
opstal Bebauung *v*
opstalverzekering Gebäudeversicherung *v*
opstand *verzet* Aufstand *m* ★ *in ~ komen tegen* sich erheben gegen [+4] ★ *in ~ zijn* sich im Aufstand befinden ★ *een ~ neerslaan* einen Aufstand niederschlagen
opstandeling Aufständische(r) *m*, Rebell *m*
opstandig aufständisch, ⟨gedrag⟩ aufsässig, ⟨weerspannig⟩ widerspenstig ★ *het ~e volk* das aufständische Volk ★ *een ~ karakter* ein aufmüpfiger Charakter
opstanding Auferstehung *v*
opstapelen aufstapeln, aufschichten, aufhäufen ★ *de problemen stapelden zich op* die Probleme häuften sich
opstapje ❶ *trede* Stufe *v*, Tritt *m* ★ *denk om het ~!* Vorsicht, Stufe! ❷ fig *middel om hogerop te komen* Trittbrett *o*
opstappen ❶ *weggaan* weggehen, fortgehen, ⟨ontslag nemen⟩ zurücktreten ❷ *op bus, tram of metro* einsteigen ★ *op de bus stappen* in den Bus einsteigen ❸ *op fiets* aufsteigen ★ *op de fiets stappen* auf das Fahrrad steigen ❹ BN *meelopen in een betoging* demonstrieren
opstapplaats Zusteigeort *m*
opstarten ❶ starten ❷ comp hochfahren
opsteken I *ov ww* ❶ *omhoogsteken* aufstecken ❷ *aansteken* anzünden, anbrennen II *on ww, gaan waaien* sich erheben
opsteker *meevaller* Glückstreffer *m*
opstel Aufsatz *m*
opstellen I *ov ww* ❶ *plaatsen* aufstellen ❷ *ontwerpen* ⟨voorlopig⟩ aufsetzen, ⟨op schrift⟩ abfassen, ⟨maken⟩ erstellen ★ *een plan ~* einen Plan machen ★ *de factuur ~* die Rechnung erstellen ★ *een contract ~* einen Vertrag aufsetzen II *wkd ww* [**zich** ~] *standpunt innemen* sich verhalten ★ *zich afwachtend ~* eine abwartende Haltung einnehmen ★ *zich negatief ~* eine negative Haltung einnehmen
opstelling ❶ *plaatsing* Aufstellung *v*, sport Formation *v* ❷ *houding* Standpunkt *m*, Einstellung *v*, Haltung *v*
opstijgen *omhoogstijgen* aufsteigen
opstijven ⟨met stijfsel⟩ stärken, ⟨b.v. in koelkast⟩ steif werden lassen
opstoken ❶ *van vuur* schüren ❷ *verbranden* verbrennen ❸ *van mensen* aufwiegeln, aufhetzen
opstootje Tumult *m*, Aufruhr *m*
opstopping Stauung *v*, Verstopfung *v*, Stau *m*, ⟨verkeer⟩ Verkehrsstau *m*

opstrijken ❶ *innen* einstreichen ❷ *gladstrijken* aufbügeln
opstropen hochkrempeln ★ *zijn mouwen ~* die Ärmel hochkrempeln
opsturen zusenden, (zu)schicken ★ *ik zal de stukken ~* ich werde Ihnen die Unterlagen zugehen lassen
optakelen *met takels ophijsen* scheepv auftakeln, hochziehen
optater Schlag *m*, Stoß *m*
optekenen notieren, aufschreiben
optellen zusammenzählen, addieren ★ *iets bij iets anders ~* etw. zu etw. anderem hinzuzählen
optelling Zusammenzählen *o*
optelsom Addition *v*
opteren voor optieren für
opticien ❶ *persoon* Optiker *m* ❷ *winkel* Optiker *m*
optie ❶ *keuzemogelijkheid* Wahl *v*, Möglichkeit *v*, jur Option *v* ❷ econ Option *v* ❸ BN onderw *vakkenpakket* Prüfungsfächer *mv*
optiebeurs Wertpapierbörse *v*
optiek *zienswijze* Sicht *v*, Optik *v*, Perspektive *v*
optillen aufheben, hochheben
optimaal optimal
optimaliseren optimieren
optimisme Optimismus *m*
optimist Optimist *m*
optimistisch optimistisch, zuversichtlich
optioneel Options-, Vorkaufs-
optisch optisch
optocht Umzug *m*, Zug *m*, Aufzug *m* ★ *een feestelijke ~* ein festlicher Umzug
optometrie Optometrie *v*
optornen tegen ankämpfen gegen
optreden I *zn* [het] ❶ *uitvoering* Auftritt *m*, Auftreten *o* ❷ *handelwijze* Auftreten *o*, Vorgehen *o* **II** *on ww* ❶ *performen* auftreten ★ *voor het eerst ~* zum ersten Mal auftreten, debütieren ★ *~ voor de televisie* im Fernsehen auftreten ★ *in 'n film ~* in einem Film auftreten ❷ *gebeuren* auftreten, eintreten ❸ *ingrijpen* auftreten, vorgehen, handeln ★ *met geweld ~* mit Gewalt / gewaltsam vorgehen ★ *zo moet je tegen hem ~* so musst du gegen ihn verfahren, so musst du mit ihm verfahren
optrekje kleine Wohnung *v*
optrekken I *ov ww* ❶ *omhoogtrekken* aufziehen, hinaufziehen, hochziehen ★ *de neus voor iets ~* die Nase über etw. rümpfen ▼ *zich aan iem. ~* sich an jemandem aufrichten ❷ *opbouwen* aufbauen, errichten **II** *on ww* ❶ *accelereren* beschleunigen ❷ *opstijgen* aufsteigen ❸ *oprukken* vorrücken ❹ *omgaan met* umgehen ★ *zij trekt veel met hem op* sie verbringt viel Zeit mit ihm
optrommelen zusammentrommeln
optuigen ❶ *van tuig voorzien* ⟨paard⟩ schirren, ⟨schip⟩ auftakeln ❷ *versieren* auftakeln ★ *de kerstboom ~* den Weihnachtsbaum schmücken
optutten zurechtmachen ★ *zich ~* sich zurechtmachen, min sich aufdonnern
opus Opus *o*
opvallen auffallen
opvallend *in het oog lopend* auffallend, auffällig
opvang Aufnahme *v*, ⟨begeleiding⟩ Betreuung *v*, ⟨van kinderen⟩ Betreuung *v* ★ *naschoolse ~* Hort *m*, nachschulische Betreuung *v*
opvangcentrum, **opvanghuis** Auffangstelle *v*, Auffangzentrum *o*
opvangen ❶ *vangen* (auf)fangen ❷ *waarnemen* aufschnappen ❸ *ondervangen* abfangen ❹ *helpen* sich kümmern um, auffangen
opvangkamp Auffanglager *o*
opvarende ⟨lid van de bemanning⟩ Mitglied *o* der Schiffsbesatzung, ⟨passagier⟩ Passagier *m*
opvatten ❶ *beoordelen* betrachten, auffassen ★ *iets letterlijk ~* etw. wörtlich nehmen ❷ *weer beginnen met* fassen ❸ *gaan koesteren* empfinden ★ *liefde ~ voor iem.* jmdn. lieb gewinnen ★ *een plan ~* einen Plan fassen
opvatting *mening* Ansicht *v*, Auffassung *v* ★ *achterhaalde ~en* überholte(n) Ansichten ★ *breed van ~ zijn* großzügig denken
opvijzelen ❶ *opkrikken* hochwinden, aufwinden ❷ *verbeteren* verbessern, aufmöbeln ★ *het moreel ~* die Moral heben / verbessern
opvissen *uit water halen* herausfischen, auffischen
opvlammen *branden* aufflammen
opvliegen ❶ *opstuiven* auffahren, aufspringen ★ *hij vloog op uit zijn stoel* er fuhr von seinem Stuhl auf ★ *de trap ~* die Treppe hinaufstürzen ★ *vlieg op!* hau ab! ❷ *omhoogvliegen* auffliegen, hochfliegen ❸ *driftig worden* auffahren, aufbrausen
opvliegend aufbrausend, hitzköpfig, ⟨driftig⟩ jähzornig
opvlieger med Hitzewallung *v*
opvoeden erziehen, ⟨grootbrengen⟩ aufziehen ★ *goed opgevoed* gut erzogen ★ *slecht opgevoed* schlecht erzogen ★ *vrij ~* frei erziehen
opvoeder ❶ *iem. die een kind onderhoudt* Erziehungsberechtigte *m-v* ❷ BN *begeleider in kindertehuis of internaat* Erzieher *m* [v: Erzieherin]
opvoeding Erziehung *v* ★ *een goede ~ geven* gut erziehen ★ *een ~ krijgen* eine Erziehung erhalten ★ *een autoritaire ~* eine autoritäre Erziehung ★ *lichamelijke ~* Leibeserziehung *v*
opvoedingsgesticht Erziehungsheim *o*, Erziehungsanstalt *v*, ⟨van de overheid⟩ Fürsorgeheim *o*
opvoedkunde Pädagogik *v*, Erziehungswissenschaft *v*
opvoedkundig pädagogisch, erzieherisch
opvoeren ❶ *vertonen* aufführen ❷ *groter / krachtiger maken* steigern, erhöhen ★ *de productie ~* die Produktion erhöhen ★ *een brommer ~* ein Mofa frisieren
opvoering ❶ *vertoning* Vorstellung *v*, Aufführung *v* ❷ *vermeerdering* Steigerung *v*, Erhöhung *v*
opvolgen I *ov ww, gevolg geven aan* befolgen ★ *een raad / bevel ~* einen Rat / Befehl befolgen **II** *on ww, volgen op* folgen [+3] ★ *iem. ~* jmdm. nachfolgen ★ *elkaar in tijd ~* zeitlich aufeinanderfolgen
opvolger Nachfolger *m*
opvolging *het volgen op / na* Nachfolge *v*
opvouwbaar zusammenklappbar, zusammenfaltbar, zusammenlegbar ★ *opvouwbare boot* Faltboot *o*

opvouwen (zusammen)falten, zusammenlegen
opvragen anfordern, ⟨terugvragen⟩ zurückfordern
opvreten I *ov ww, opeten* auffressen **II** *wkd ww* [**zich** ~] *verteerd worden* vergehen ★ *zich van nijd ~* von Neid zerfressen werden
opvrijen ❶ *vleien* liebedienern, sich bei jemandem einschmeicheln **❷** *seksueel prikkelen* anmachen, vulg aufgeilen
opvrolijken aufmuntern, aufheitern
opvullen ausfüllen, füllen
opwaaien *omhoog gaan* aufwehen, aufwirbeln ▼ *dat heeft veel stof doen ~* das hat viel Staub aufgewirbelt
opwaarderen *hoger waarderen* aufwerten
opwaarts aufwärts, hinauf, Aufwärts- ★ *~e druk* Auftrieb *m* ★ *~e beweging* Aufwärtsbewegung *v* ★ *in ~e lijn* in aufsteigender Linie ★ *~e tendens* Aufwärtstrend *m*, steigende Tendenz *v*
opwachten warten, erwarten, ⟨met kwade bedoeling⟩ auflauern [+3] ★ *iem. ~* jmdn. erwarten, auf jmdn. warten
opwachting Höflichkeitsbesuch *m* ★ *zijn ~ bij iem. maken* jmdm. seine Aufwartung machen
opwarmen I *ov ww, (opnieuw) verwarmen* aufwärmen **II** *on ww, warm worden* warm werden
opwegen tegen aufwiegen ★ *tegen elkaar ~* einander ausgleichen, sich die Waage halten
opwekken ❶ *doen ontstaan* wecken, erregen ★ *de eetlust ~* den Appetit anregen ★ *iemands belangstelling ~* jmds. Interesse wecken / erregen ★ *argwaan ~* Argwohn erregen ★ *een bevalling ~* eine Geburt einleiten ★ *energie ~* Energie erzeugen **❷** *doen herleven* erwecken, aufwecken ★ *iem. uit de dood ~* jmdn. aus dem Tod erwecken
opwekkend *stimulerend* aufmunternd, belebend, anregend ★ *een ~ middel* ein anregendes Mittel
opwellen aufquellen, (auf)wallen, ⟨van gevoelens⟩ hochsteigen ★ *tranen welden in haar ogen op* ihre Augen füllten sich mit Tränen
opwelling Anwandlung *v*, Antrieb *m* ★ *in een ~ van woede* in einer Anwandlung von Zorn ★ *in een ~ handelen* spontan handeln ★ *in een eerste ~ wilde ik hem helpen* mein erster Impuls war, ihm zu helfen
opwerken I *ov ww, door bewerken verbeteren* aufarbeiten, auffrischen **II** *wkd ww* [**zich** ~] *carrière maken* sich hinaufarbeiten, sich heraufarbeiten, sich hocharbeiten
opwerkingsfabriek Wiederaufbereitungsanlage *v*
opwerpen I *ov ww* **❶** *opperen* erheben, nennen ★ *bezwaren ~* Einwände erheben **❷** *omhoog werpen* aufwerfen, hochwerfen **❸** *aanleggen* aufwerfen, errichten ★ *een dam ~* einen Damm aufschütten, einen Damm errichten **II** *wkd ww* [**zich** ~] sich aufwerfen
opwinden I *ov ww* **❶** ⟨van een mechaniek⟩ aufziehen **❷** ⟨van wol, garen of touw⟩ aufwinden, ⟨kluwen⟩ aufwickeln **❸** *heftige gevoelens veroorzaken* mitreißen, aufregen, ⟨seksueel⟩ erregen **II** *wkd ww* [**zich** ~] *kwaad worden* sich aufregen ★ *wind je niet op!* reg dich ab
opwindend erregend, aufregend
opwinding Aufregung *v*, Erregung *v* ★ *in ~ raken* in Erregung geraten
opzadelen ❶ *zadel opdoen* (auf)satteln **❷** *opschepen* aufhalsen ★ *iem. met iets ~* jmdm. etw. aufhalsen
opzeg ▼ BN *zijn ~ krijgen* gekündigt werden, entlassen werden
opzeggen ❶ *voordragen* aufsagen **❷** *beëindigen* kündigen ▼ *zeg op!* nun sag schon!
opzegtermijn Kündigungsfrist *v*
opzet I *zn* [de], *plan* Planung *v*, Entwurf *m* **II** *zn* [het], *bedoeling* Absicht *v* ★ *met ~* absichtlich, vorsätzlich ★ *dat is niet met ~ gebeurd* da steckte keine Absicht dahinter
opzettelijk absichtlich, ⟨met voorbedachten rade⟩ vorsätzlich
opzetten I *ov ww* **❶** *beginnen* gründen, anlegen ★ *iets groots ~* etw. groß aufziehen **❷** *overeind zetten* aufsetzen, ⟨mast⟩ aufrichten, ⟨tent⟩ aufschlagen **❸** ⟨van dode dieren⟩ ausstopfen ★ *een opgezette uil* eine ausgestopfte Eule **❹** *ophitsen* aufhetzen ★ *mensen tegen elkaar ~* Menschen gegeneinander aufhetzen **II** *on ww* **❶** *zwellen* schwellen, anschwellen ★ *een opgezet gezicht* ein geschwollenes Gesicht **❷** *opkomen* aufkommen ★ *er komt onweer ~* es zieht ein Gewitter auf ★ *er komt mist ~* es kommt Nebel auf
opzicht ❶ *toezicht* Aufsicht *v* **❷** *aspect* Hinsicht *v*, Beziehung *v* ★ *in alle ~en* in jeder Hinsicht ★ *ten ~e van* in Bezug auf, bezüglich [+2], hinsichtlich [+2]
opzichter *toezichthouder* Aufseher *m*
opzichtig auffällig, auffallend ★ *~e kleuren* grelle Farben ★ *~ gekleed gaan* sich auffällig / auffallend kleiden
opzichzelfstaand vereinzelt, einzeln ★ *een ~ geval* ein vereinzelter Fall, ein Einzelfall
opzien I *on ww* **❶** *omhoog kijken* aufsehen, aufblicken, aufschauen **❷** ~ **tegen** *vrezen* sich scheuen vor [+3], ⟨bang zijn⟩ Angst haben vor [+3] ★ *tegen de kosten ~* die Kosten scheuen ★ *tegen een taak ~* vor einer Aufgabe zurückschrecken ★ *ik zie er tegen op om het hem te zeggen* ich habe Angst davor, es ihm zu sagen **❸** ~ **tegen** *bewonderen* aufsehen zu [+3] **❹** ~ **van** *verbaasd zijn over* erstaunt sein über [+4] ★ *vreemd ~ van iets* sehr erstaunt über etw. sein **II** *zn* [het] ★ *~ baren* Aufsehen erregen
opzienbarend aufsehenerregend, sensationell
opziener Aufseher *m*
opzij *naar de zijkant* beiseite, an der Seite ★ *~!* Platz! ★ *iets ~ leggen* etw. zur Seite legen ★ *zorgen ~ zetten* Sorgen abschütteln
opzijleggen ★ *geld ~* Geld zur Seite legen
opzitten ❶ *overeind zitten* Männchen machen **❷** *opblijven* aufsitzen ▼ *er zit niets anders op* es bleibt uns nichts anderes übrig, es geht nun mal nicht anders ▼ *dat zit er weer op* das hätten wir geschafft
opzoeken ❶ *zoeken* aufsuchen, ⟨in boek⟩ nachschlagen **❷** *bezoeken* besuchen
opzouten *in het zout leggen* einsalzen, einpökeln
opzuigen *absorberen* aufsaugen

opzwellen *zwellen* schwellen, anschwellen
opzwepen ❶ *aanvuren* aufpeitschen ❷ *voortdrijven* aufpeitschen, antreiben
OR *ondernemingsraad* Betriebsrat *m*
oraal *mondeling* oral, mündlich ★ *orale geschiedenis* mündlich überlieferte Geschichte *v*
orakel Orakel *o* [mv: Orakel]
orang-oetang Orang-Utan *m*
Oranje I *zn* [de], *lid van het Oranjehuis* Oranier *m* **II** *zn* [het] ❶ *vorstenhuis* Haus *o* Oranien ❷ *nationale sportploeg* niederländische Nationalmannschaft *v*
oranje I *bnw* orange ★ *het stoplicht staat op ~* die Ampel ist gelb **II** *zn* [het], *kleur* Orange *o*
oranjebitter Orangenlikör *m*
Oranjehuis Haus *o* Oranien
Oranjeteam niederländische Nationalmannschaft *v*
oratie *redevoering* Rede *v*
oratorium *cantate* Oratorium *o*
orchidee Orchidee *v*
orde ❶ *geregelde toestand* Ordnung *v* ★ *orde houden* Ordnung halten, die Disziplin wahren ❷ *klasse* Ordnung *v* ❸ *genootschap* Orden *m* ★ *orde van advocaten* Anwaltskammer *v* ❹ biol Ordnung *v* ❺ *volgorde* Ordnung *v* ★ *in orde zijn* in Ordnung sein ★ *zo, ben je weer in orde?* ⟨gezond⟩ na, wieder auf dem Posten? ★ *komt in orde!* geht in Ordnung!, wird gemacht! ★ *iets in orde maken* etw. in Ordnung bringen, etw. erledigen ★ *orde op zaken stellen* klar Schiff machen ★ *een kwestie aan de orde stellen* eine Angelegenheit zur Diskussion stellen
ordedienst Ordnungsdienst *m*
ordelievend ordnungsliebend
ordelijk ordentlich, geordnet
ordenen ordnen
ordening Ordnung *v*, ⟨regeling⟩ Regelung *v* ★ *ruimtelijke ~* Raumordnung
ordentelijk ❶ *fatsoenlijk* ordentlich, anständig ❷ *redelijk* angemessen
order ❶ *bevel* Anordnung *v*, Befehl *m*, mil Order *v* ★ *tot nader ~* bis auf Weiteres ❷ *bestelling* Bestellung *v*, Auftrag *m* ★ *een ~ plaatsen* eine Bestellung aufgeben, einen Auftrag vergeben
orderportefeuille Auftragsbestand *m*, ⟨van vertegenwoordiger⟩ Orderbuch *o*
ordeverstoorder Ruhestörer *m*
ordinair ❶ *gewoon* gewöhnlich, ordinär ❷ *onbeschaafd* ordinär
ordner Ordner *m*
oregano cul Oregano *m*
oreren ❶ *redevoering houden* eine Rede halten ❷ *hoogdravend praten* schwadronieren
orgaan ❶ *lichaamsdeel* Organ *o* ❷ *afdeling, instelling* Organ *o*
orgaandonatie Organspende *v*
orgaanhandel Organhandel *m*
organisatie ❶ *het organiseren* Organisation *v* ❷ *georganiseerd verband* Organisation *v*
organisatieadviseur Organisationsberater *m*
organisator Veranstalter *m*, Organisator *m*
organisatorisch organisatorisch
organisch organisch
organiseren *regelen* organisieren
organisme ❶ *levend wezen* Organismus *m* ❷ *systematisch samenstel* Organismus *m*
organist Orgelspieler *m*, ⟨professioneel⟩ Organist *m*
organizer Organizer *m*
organogram *organisatieschema* Organogramm *o*
orgasme Orgasmus *m*
orgel ❶ *toetsinstrument* Orgel *v* ❷ *draaiorgel* Drehorgel *v*, Leierkasten *m*
orgelbouwer Orgelbauer *m*
orgelconcert Orgelkonzert *o*
orgelman Leierkastenmann *m*
orgelpijp Orgelpfeife *v*
orgelpunt BN fig *hoogtepunt* Klimax *v*, Höhepunkt *m*
orgie Orgie *v*
Oriënt Orient *m*
oriëntaals orientalisch
oriëntalist Orientalist *m*
oriëntatie Orientierung *v*
oriëntatievermogen Orientierungssinn *m*
oriënteren I *ov ww, positie bepalen* richten **II** *wkd ww* [**zich ~**] *informeren* sich orientieren
oriënteringsvermogen Ortssinn *m*, Orientierungssinn *m*, Orientierungsvermögen *o*
origami Origami *o*
originaliteit Originalität *v*
origine Herkunft *v*, Abstammung *v* ★ *zij is van Spaanse ~* sie ist spanischer Herkunft
origineel I *bnw* ❶ *oorspronkelijk* Original-, original ★ *de originele uitgave* die Originalausgabe *v* ❷ *apart* original, originell, seltsam ★ *een zeer ~ type* ein richtiges Original **II** *zn* [het] Original *o*, ⟨tekst⟩ Urschrift *v*
orka Orka *m*
orkaan Orkan *m*
orkaankracht Orkanstärke *v*
Orkaden → **Orkneyeilanden**
orkest Orchester *o*, ⟨klein⟩ Kapelle *v*
orkestbak Orchestergraben *m*
orkestraal orchestral
orkestratie Orchestrierung *v*
Orkneyeilanden Orkney-Inseln *mv*
ornaat Ornat *o*, Amtstracht *v* ★ *in vol ~* in vollem Ornat
ornament Ornament *o*, Verzierung *v*
ornithologie Ornithologie *v*, Vogelkunde *v*
ornitholoog Ornithologe *m*, Vogelkundler *m*
orthodontie Kieferorthopädie *v*
orthodontist Kieferorthopäde *m*
orthodox orthodox, strenggläubig, rechtgläubig
orthopedagogiek Heilpädagogik *v*, Sonderpädagogik *v*
orthopedie Orthopädie *v*
orthopedisch orthopädisch
orthopedist Orthopäde *m*
OS comp *Operating System* OS *o*
os Ochse *m* ▼ *slapen als een os* schlafen wie ein Murmeltier / Bär ▼ BN *van de os op de ezel springen* vom Hundertsten ins Tausendste kommen
Oslo Oslo *o*
Osloos Osloer
osmose Osmose *v*
ossenhaas Rinderfilet *o*
ossenstaartsoep cul Ochsenschwanzsuppe *v*
osteoporose Osteoporose *v*

otter Otter *m* ▾ *zweten als een ~* schwitzen wie ein Affe
oubollig drollig, ⟨flauw⟩ geistlos
oud ❶ *niet nieuw* alt ★ *het oude centrum* die Altstadt ❷ *van zekere leeftijd* alt ★ *een kind van drie jaar oud* ein dreijähriges Kind ▾ *oud en nieuw vieren* Silvester feiern
oud- *voormalig* alt-
oudbakken *niet vers* altbacken
oudedagsvoorziening Altersversorgung *v*
oudejaarsavond Silvesterabend *m*
oudejaarsnacht Silvesternacht *v*
ouder Elternteil *m* ★ *de ~s* die Eltern ★ *van ~ tot ~* von Geschlecht zu Geschlecht ★ *een van zijn ~s verliezen* einen Elternteil verlieren
ouderavond, BN **oudercontact** onderw Elternabend *m*
oudercommissie Elternbeirat *m*, Elternvertretung *v*, Elternausschuss *m*
oudercontact BN onderw *ouderavond* Elternabend *m*
ouderdom *leeftijd* Alter *o*
ouderdomsdeken BN *nestor* Nestor *m*
ouderdomskwaal Altersbeschwerden *v mv*
ouderdomspensioen Rente *v*, ⟨van ambtenaren⟩ Pension *v*
ouderdomsverschijnsel Alterserscheinung *v*
oudere Alte *m*, Ältere *m*
ouderejaars onderw ≈ Student *m* in höheren Semestern
ouderlijk Eltern-, elterlich ★ *~ huis* Elternhaus *o*
ouderling Presbyter *m*, Kirchenälteste(r) *m*
ouderraad Elternbeirat *m*
ouderschap Elternschaft *v*
ouderschapsverlof Erziehungsurlaub *m*
ouderwets *uit de mode* altmodisch
oudgediende ❶ *ex-militair* Veteran *m* ❷ *oude rot* alte(r) Hase *m*
Oudgrieks I *zn* [het], *taal* Altgriechisch(e) *o* II *bnw, m.b.t. taal* altgriechisch
oudheid *ver verleden* Altertum *o*
oudheidkunde Archäologie *v*, Altertumsforschung *v*
oudheidkundig archäologisch
oudheidkundige Altertumsforscher *m*
oud-Hollands altholländisch
oudjaar Silvester *m/o*
oudje Alte(r) *m*
oudoom Großonkel *m*
oudroze I *znw* Altrosa *o* II *bnw* altrosa
oudsher ▾ *van ~* von jeher, von alters her, seit eh und je
oudste Älteste(r) *m* ★ *de ~ van de twee* der Ältere von beiden
oudtante Großtante *v*
oudtestamentisch alttestamentlich
outcast Outcast *m*
outfit Outfit *o*
outlet Outlet *m*
outplacement Outplacement *o*
output Output *m*
outsider *buitenstaander* Outsider *m*, Außenseiter *m*
ouverture ❶ muz *eerste deel* Ouvertüre *v* ❷ fig *begin* Ouvertüre *v*, Auftakt *m*
ouvreuse Platzanweiserin *v*
ouwehoer Quatschkopf *m*, Schwätzer *m*
ouwehoeren quatschen, labern
ouwel *baksel* Oblate *v*
ouwelijk ältlich
ouwelui ▾ inform *mijn ~* form meine Eltern
ovaal I *zn* [het] Oval *o* II *bnw* oval
ovatie Ovation *v*
oven Ofen *m*
ovenschaal Auflaufform *v*
ovenschotel cul Auflauf *m*, überbackene(s) Gericht *o*
ovenstand Backofentemperatur *v*
ovenvast feuerfest
ovenwant Topfhandschuh *m*
over I *vz* ❶ *bovenlangs* über [+4] ★ *over de muur* über die Mauer ❷ *op en erlangs* über [+4] ★ *over de brug rijden* über die Brücke fahren ★ *over de brug* über die Brücke ★ *zij liep de gang over* sie lief über den Gang ★ *dwars over* quer über ★ *een jas over iets heen aantrekken* eine Jacke über etw. anziehen ❸ *aan de andere kant van* über [+3 / 4] ★ *over de zee* über dem Meer ★ *over de grens* über der Grenze ❹ *via* über [+4] ★ *ik rijd over Utrecht* ich fahre über Utrecht ★ *over land en zee* über Land und See ❺ *na* in [+3] ★ *over een week* in einer Woche ★ *over enige tijd* nach einiger Zeit ★ *het is vijf over tien* es ist fünf nach zehn ★ *het is over tienen* es ist nach zehn ❻ *meer / langer dan* über [+4] ★ *het is over de 40 graden* es hat über 40 Grad ★ *hij is over de dertig* er ist über dreißig ❼ *betreffende* über [+4], von [+3] ★ *een film over Elvis* ein Film über Elvis ▾ *iets vreemds over zich hebben* etwas Komisches an sich haben ▾ *iets over zich hebben* etwas an sich haben ▾ *zij heeft iets over zich* sie hat etwas an sich II *bijw* ❶ *aan de overkant* ★ *we zijn over* wir sind drüben ❷ *bevorderd* versetzt ★ *ik ben over naar de volgende klas* ich bin in die nächste Klasse versetzt worden ❸ *voorbij, afgelopen* vorbei ★ *de voorstelling is over* die Vorstellung ist vorbei ★ *en nu is het over!* und jetzt ist Schluss! ❹ *resterend* übrig ★ *hoeveel is er nog over?* wie viel ist noch übrig? ❺ sport *boven het doel* drüber ▾ *over en weer* hin und her ▾ *beschuldigingen over en weer* sich gegenseitig beschuldigen ▾ *bewijzen te over* genug Beweise
overal *op alle plaatsen* überall
overall Overall *m*
overbekend allbekannt, weit bekannt
overbelasten überlasten
overbelasting Überbelastung *v*
overbelichten ❶ audio-vis überbelichten ❷ *te sterk benadrukken* überbetonen
overbemesting Überdüngung *v*
overbesteding höhere Ausgaben als veranschlagt *mv*
overbevissing Überfischung *v*
overbevolking Über(be)völkerung *v*
overbevolkt übervölkert
overbezet übervoll, überbesetzt
overblijflokaal *op school* Pausenraum *m*, Pausenzimmer *o*, Pausenhalle *v*
overblijfmoeder Pausenmutter *v*
overblijfsel *het overgeblevene* Rest *m*, Überrest *m*
overblijven ❶ *resteren* übrig bleiben ❷ *op school blijven* in der Mittagspause dableiben

overbluffen ❶ *overdonderen* überrumpeln, verblüffen ❷ *verwarren* verdutzen
overbodig überflüssig, unnötig
overboeken ❶ *op andere lijst plaatsen* umbuchen ❷ *op andere rekening zetten* überweisen
overboeken *te vol boeken* ⟨hotels e.d.⟩ überbelegen, ⟨vliegtuigen e.d.⟩ überbuchen
overboeking Überweisung *v*
overboord über Bord ★ ~ *slaan* über Bord gehen ★ *man ~!* Mann über Bord! ▼ *er is nog geen man ~* das ist noch keine Tragödie, das ist doch kein Beinbruch
overbrengen ❶ *verplaatsen* überbringen, hinüberbringen, transportieren ★ *iem. de rivier ~* jmdn. über den Fluss setzen / bringen ❷ *meedelen* ausrichten, übermitteln ★ *iemands beste wensen ~* jmds. gute Wünsche ausrichten / übermitteln ★ *iem. de groeten ~ van...* jmdn. von... grüßen ★ *een verzoek ~* eine Bitte übermitteln ❸ *doorgeven* übertragen ★ *een ziekte ~* eine Krankheit übertragen ★ *iets op iem. ~* etw. auf jmdn. übertragen ❹ *omzetten* ⟨vertalen⟩ übertragen
overbrenging ❶ *het overbrengen* Überbringung *v*, Übermittlung *v*, ⟨het overdragen⟩ Übertragung *v* ❷ techn Transmission *v*
overbrieven zutragen
overbruggen ❶ *met brug overspannen* überbrücken ❷ fig *ondervangen* ★ *tegenstellingen ~* Gegensätze überbrücken
overbrugging *middel* Überbrückung *v*
overbruggingsregeling Überbrückungsregelung *v*
overbuur Nachbar *m* gegenüber, Gegenüber *o*
overcapaciteit Überkapazität *v*
overcompleet überzählig
overdaad Übermaß *o*, Überfluss *m* ★ ~ *schaadt* allzu viel ist ungesund
overdadig üppig, verschwenderisch, unmäßig
overdag am Tag, tagsüber
overdekken ❶ *iets geheel bedekken* abdecken, zudecken ❷ *van een dak voorzien* überdachen
overdekt überdacht ★ *een ~ zwembad* ein Hallenbad *o*
overdenken (sich) überlegen, überdenken
overdenking Überlegung *v*, Nachdenken *o*
overdoen ❶ *opnieuw doen* noch einmal tun, wiederholen ❷ *verkopen* verkaufen, abgeben ★ *zijn zaak ~* sein Geschäft verkaufen
overdonderen verblüffen ★ *ik laat me door hem niet ~* ich lass mich von ihm nicht überrumpeln ★ *haar antwoord overdonderde ons* ihre Antwort verblüffte uns
overdosis Überdosis *v*
overdraagbaar ❶ *over te dragen* übertragbar ❷ med ansteckend
overdraagbaarheid Übertragbarkeit *v*
overdracht ⟨ook m.b.t. een waardigheid⟩ Übergabe *v*, ⟨ook m.b.t. taalgebruik⟩ Übertragung *v*, ⟨eigendom⟩ Übereignung *v*
overdrachtelijk übertragen, bildlich, figürlich ★ *in ~e zin* im übertragenen Sinn
overdrachtsbelasting ⟨van onroerend goed⟩ Veräußerungssteuer (auf Grundstücke)
overdrachtskosten Übernahmekosten *mv*
overdragen ❶ *doorgeven* übertragen ❷ *overgeven aan* übertragen, abtreten
overdreven übertrieben
overdrijven übertreiben
overdrijven *iets overdreven voorstellen* übertreiben
overdrijving Übertreibung *v*
overdrive Overdrive *m*
overdruk ❶ *extra afdruk* Sonder(ab)druck *m* ❷ *overgedrukte tekst* Aufdruck *m*, Überdruck *m* ❸ natk Überdruck *m*
overdrukken ❶ *opnieuw drukken* nachdrucken ❷ *ergens overheen drukken* aufdrucken, überdrucken
overduidelijk überdeutlich
overdwars I *bnw* quer, Quer- ★ *~e doorsnee* Querschnitt *m* II *bijw* ★ ~ *snijden* quer / der Quere nach schneiden
overeenkomen I *ov ww, afspreken* übereinkommen, vereinbaren ★ *op de overeengekomen voorwaarden* zu den vereinbarten Bedingungen II *on ww* ❶ *overeenstemmen* übereinstimmen ★ *niet met de waarheid ~* der Wahrheit nicht entsprechen ❷ **~ met** BN *het goed kunnen vinden met* sich (gut) verstehen mit
overeenkomst ❶ *gelijkenis* Ähnlichkeit *v* ❷ *afspraak* Übereinkommen *o*, Vereinbarung *v*, jur Vertrag *m*, ⟨contract⟩ Abkommen *o* ★ *volgens ~* laut Vereinbarung ★ *een geheime ~* ein geheimes Abkommen
overeenkomstig I *bnw, gelijk* übereinstimmend, ähnlich, entsprechend ★ *~e cijfers* übereinstimmende Zahlen ★ *in een ~ geval* in einem ähnlichen Fall II *vz, in overeenstemming met* entsprechend [+3], gemäß [+3], nach [+3] ★ *~ de feiten* entsprechend den Tatsachen ★ *~ zijn wens* seinem Wunsch gemäß ★ *~ onze afspraak* gemäß unserer Vereinbarung
overeenstemmen ❶ *gelijkenis vertonen* entsprechen ★ *dat stemt niet met de feiten overeen* das entspricht nicht den Fakten ❷ *hetzelfde menen* übereinstimmen ★ *zij stemmen in dat opzicht overeen* in dieser Hinsicht stimmen sie überein
overeenstemming ❶ *gelijkenis* Übereinstimmung *v* ★ *in ~ brengen met* in Übereinstimmung bringen mit, in Einklang bringen mit ★ *niet in ~ met de feiten zijn* den Tatsachen nicht entsprechen ❷ *eensgezindheid, harmonie* Übereinstimmung *v*
overeind gerade, aufrecht ★ ~ *zetten* aufrichten ★ ~ *staan* gerade stehen, aufrecht stehen ★ ~ *gaan zitten* sich aufrichten ▼ *dat houdt haar ~* das hält sie aufrecht
overerven I *ov ww, meekrijgen* erben II *on ww, overgaan op* sich weitervererben, ⟨eigenschap, ziekte⟩ sich vererben
overgaan ❶ *oversteken* gehen über ★ *de grens ~* über die Grenze gehen ❷ *van de ene toestand in de andere komen* übergehen ❸ *van bezitter veranderen* übergehen (auf) [+4] ★ *deze eigenschap is van vader op zoon overgegaan* diese Eigenschaft hat sich von Vater auf Sohn vererbt ❹ *nieuwe activiteit ontplooien* übergehen, ⟨naar de tegenpartij⟩ überlaufen ★ ~ *op* übergehen zu [+3] ★ *op een ander medicijn ~* zu einem anderen

Medikament übergehen ★ *tot bederf* ~ in Fäulnis übergehen ★ ~ *tot de orde van de dag* zur Tagesordnung übergehen ★ *naar een andere partij* ~ zu einer anderen Partei übertreten ❺ *bevorderd worden* versetzt werden ❻ *rinkelen* läuten ★ *de telefoon gaat over* das Telefon läutet ❼ *voorbijgaan* sich legen, vorübergehen

overgang ❶ *het overgaan* Übergang *m*, ⟨op school⟩ Versetzung ❷ *tussenfase* Übergang *m* ❸ *menopauze* Wechseljahre *mv* ❹ *oversteekplaats* Übergang

overgangsfase Übergangsphase *v*

overgangsmaatregel Übergangsregelung *v*

overgangsperiode Übergangsperiode *v*, Übergangszeit *v*

overgankelijk taalk transitiv ★ ~ *werkwoord* transitives Verb

overgave ❶ *capitulatie* Übergabe *v* ❷ *toewijding* Hingabe *v*

overgeven I *ov ww, overhandigen* übergeben, überreichen **II** *on ww, braken* sich erbrechen, sich übergeben **III** *wkd ww* [**zich** ~] ❶ *capituleren* sich ergeben ★ *zich aan de vijand* ~ sich dem Feind ergeben ❷ ~ **aan** *onbeheerst omgaan met* ★ *zich aan zijn hartstocht* ~ sich seiner Leidenschaft hingeben

overgevoelig ❶ *allergisch* überempfindlich ❷ *zeer gevoelig* sentimental

overgewicht Übergewicht *o*

overgieten ❶ *in iets anders gieten* umgießen, umfüllen ❷ *opnieuw gieten* umgießen

overgieten *gietend bedekken* übergießen ★ *overgoten met water* mit Wasser übergossen

overgooier Trägerkleid *o*

overgordijn Übergardine *v*

overgrootmoeder Urgroßmutter *v*

overgrootvader Urgroßvater *m*

overhaast überstürzt, vorschnell, voreilig, übereilt

overhaasten überstürzen, übereilen

overhalen ❶ *naar de andere kant halen* herüberholen, ⟨boot⟩ überholen ❷ *trekken aan* umstellen, umlegen ★ *de trekker* ~ abdrücken ❸ *overreden* überreden

overhand ▼ *de* ~ *krijgen* die Oberhand gewinnen ▼ *de* ~ *hebben* die Oberhand haben

overhandigen übergeben, aushändigen, ⟨uitreiken⟩ überreichen

overhangen *over iets hangen* überhängen

overheadkosten allgemeine Unkosten *mv*

overheadprojector Overheadprojektor *m*

overhebben ❶ *overhouden* übrig haben, übrig behalten ❷ *willen missen* opfern, bereit sein aufzugeben, bereit sein zu tun, hergeben ★ *alles voor iem.* ~ viel für jmdn. übrighaben, alles für jmdn. zu opfern bereit sein ★ *wat heb je ervoor over?* was ist es dir wert? ★ *daar heb ik niets voor over* dafür gebe ich mein Geld nicht her, dafür gebe ich mir keine Mühe

overheen *over iets* über ★ *leg er een doek* ~ leg ein Tuch darüber

overheersen ❶ *heersen over* herrschen über ❷ *domineren* beherrschen

overheersing ❶ *heerschappij* Gewaltherrschaft *v*, Beherrschung *v* ★ *vreemde* ~ Fremdherrschaft *v* ❷ *dominantie* Vorherrschaft *v*

overheid ⟨rijk, staat⟩ Staat *m*, ⟨autoriteit, gezags- / overheidsorgaan⟩ Behörde *v* ★ *burgerlijke* ~ Zivilbehörden *mv*

overheidsbedrijf öffentliches Unternehmen *o*, ⟨nationaal⟩ Staatsbetrieb *m*

overheidsdienst Behörde *v* ★ *in* ~ *zijn* im öffentlichen Dienst sein

overheidssubsidie staatliche Subvention *v*

overhellen ❶ *hellen* überhängen, sich neigen ❷ *neigen (naar, tot)* neigen (**naar/tot** zu) [+3] ★ *tot een opvatting* ~ zu einer Ansicht neigen

overhemd Oberhemd *o*, Hemd *o*

overhevelen ❶ *m.b.t. vloeistoffen* umfüllen ❷ *overplaatsen* überführen ★ *het geld werd naar een ander rekeningnummer overgeheveld* das Geld wurde auf ein anderes Konto geleitet

overhoop lett *in de war* durcheinander

overhoopgooien über den Haufen werfen

overhoophalen lett *door de war halen* durcheinanderbringen, durcheinanderwerfen ★ *de hele kamer lag overhoop* im Zimmer herrschte ein großes Durcheinander, das ganze Zimmer war in Unordnung

overhoopliggen ❶ *in de war liggen* durcheinander sein, durcheinanderliegen ❷ *onenigheid hebben* zerstritten sein, verfeindet sein ★ ~ *met iem.* sich mit jmdm. zerstritten haben, sich mit jmdm. überworfen haben ★ *voortdurend met iem. overhoop liggen* sich dauernd mit jmdm. in den Haaren liegen

overhoopschieten über den Haufen schießen, inform niederknallen

overhoopsteken niederstecken

overhoren onderw (über)prüfen, ⟨mondeling⟩ abfragen ★ *iem. mondeling* ~ jmdn. mündlich prüfen ★ *Franse woordjes* ~ französische Vokabeln abfragen

overhoring Prüfung *v* ★ *schriftelijke* ~ schriftliche Prüfung ★ *mondelinge* ~ mündliche Prüfung

overhouden I *ov ww* ❶ *als overschot hebben* übrig behalten ❷ *in leven houden* zurückbehalten **II** *on ww* ▼ *het houdt niet over* es könnte besser sein

overig ❶ *overblijvend* übrig ★ *al het ~e* alles Übrige ❷ *ander* ★ *voor het ~e* im Übrigen, übrigens

overigens ❶ *voor het overige* ansonsten ❷ *trouwens* übrigens

overijld übereilt, überstürzt, voreilig, vorschnell

Overijssel Overijssel *o*

Overijssels von / aus Overijssel

overijverig ★ ~ *zijn* übereifrig sein

overjaars BN *verouderd* veraltet

overjarig ❶ *meer dan één jaar oud* über ein Jahr alt ❷ *winterhard* winterhart, ausdauernd ❸ *achterstallig* ausstehend

overjas Mantel *m*

overkant andere / gegenüberliegende Seite *v* ★ *hij woont aan de* ~ er wohnt gegenüber ★ *aan de* ~ *van het water* am anderen Ufer

overkapping Überdachung *v*

overkill Overkill *m*

overkoepelen ❶ fig zusammenfassen ★ *~de organisatie* Dachverband *m*, Dachorganisation *v* ❷ bouw mit einer Kuppel überdecken

overkoken überkochen ★ *de melk is overgekookt*

die Milch ist übergekocht
overkomelijk überwindbar
overkomen ❶ *bovenlangs komen* herüberkommen, hinüberkommen ❷ *van elders komen* herüberkommen ❸ *begrepen worden* ankommen ❹ *indruk wekken* wirken ★ *onzeker ~* unsicher wirken
overkomen passieren, geschehen ★ *dat kan iedereen ~* das kann jedem passieren
overladen umladen, umschlagen
overladen I *bnw, te zwaar beladen* überladen **II** *ov ww* ❶ *te vol laden* überladen ❷ *overstelpen* überhäufen
overlangs der Länge nach
overlappen überlappen, sich überschneiden ★ *deze programma's ~ elkaar gedeeltelijk* diese Sendungen überschneiden sich teilweise
overlast Belästigung *v*, ⟨extra moeite⟩ Umstände *v*
overlaten ❶ *laten zorgen voor* überlassen, anheimstellen ❷ *doen overblijven* übrig lassen ★ *dat laat veel te wensen over* das lässt viel zu wünschen übrig ❸ *erover laten gaan* herüberlassen, hinüberlassen
overleden gestorben, form verstorben ★ *zijn ~ vader* sein verstorbener Vater
overledene Verstorbene(r) *m*
overleg ❶ *beraadslaging* Beratung *v*, Rücksprache *v* ★ *in onderling ~* nach gemeinsamer Beratung ★ *~ plegen met iem.* sich mit jmdm. beraten, Rücksprache mit jmdm. halten ❷ *bedachtzaamheid* Überlegung *v* ★ *met ~ te werk gaan* bedachtsam vorgehen ★ *iets met ~ doen* etw. mit Überlegung / Bedacht tun
overleggen *tonen* vorweisen, vorlegen
overleggen *beraadslagen* überlegen
overlegorgaan Beratungsgremium *o*
overleven *blijven leven* überleben
overlevende Überlebende(r) *m*
overleveren ❶ *doorgeven* überliefern ❷ *overdragen* übergeben, ausliefern ★ *aan de vijand ~* dem Feind ausliefern ★ *helemaal aan iem. overgeleverd zijn* jmdm. ganz und gar ausgeliefert sein
overlevering ❶ *het overdragen* Übergabe *v* ❷ fig *het doorgeven* Überlieferung *v*
overlevingskans Überlebenschance *v*
overlevingstocht Survivaltour *v*
overlezen ❶ *opnieuw lezen* noch einmal lesen ★ *lees die zin nog eens over* lies den Satz noch einmal ❷ *doorlezen* durchlesen
overlijden I *on ww* sterben **II** *zn* [het] Tod *m* ★ *bij ~* im Todesfall
overlijdensadvertentie Todesanzeige *v*
overlijdensakte Sterbeurkunde *v*
overlijdensbericht Todesnachricht *v*, ⟨in krant⟩ Todesanzeige *v*
overlijdensverzekering Versicherung *v* für den Todesfall
overloop Flur *m*
overlopen ❶ *overstromen* überströmen, überlaufen ★ *het bad loopt over* die Wanne läuft über ❷ *lopen over* gehen über ❸ *naar andere partij gaan* überwechseln, überlaufen ❹ BN *vluchtig bekijken* durchsehen ❺ **~ van** fig *(te) veel hebben van* überströmen von / vor ★ *~ van ijver* sich vor Eifer überschlagen
overloper Überläufer *m*
overmaat Übermaß *o* ▼ *tot ~ van ramp* zu allem Unglück
overmacht ❶ *grotere macht* höhere Gewalt *v* ❷ jur Übermacht *v*
overmaken ❶ *opnieuw maken* noch einmal machen, aufs Neue machen ❷ *overschrijven* überweisen
overmannen übermannen, überwältigen
overmatig *buitensporig* übermäßig
overmeesteren bezwingen, überwältigen
overmoed Übermut *m*
overmoedig übermütig
overmorgen übermorgen
overnaads klinkerartig, ⟨bij muur⟩ im Mauerverband
overnachten übernachten
overnachting Übernachtung *v*
overname Übernahme *v*
overnamekosten Übernahmepreis *m*
overnemen ❶ *op zich nemen* übernehmen, entnehmen [+3] ★ *de leiding ~* die Führung übernehmen ❷ *kopen* übernehmen ★ *een zaak ~* ein Geschäft übernehmen ★ *door de staat overgenomen worden* verstaatlicht werden ❸ *navolgen* übernehmen ❹ *kopiëren* ★ *alle kranten hebben dit bericht overgenomen* alle Zeitungen haben diese Meldung übernommen
overnieuw von Neuem
overpad → **recht**
overpeinzen überdenken, nachsinnen über
overpeinzing Nachdenken *o*, Betrachtung *v*
overplaatsen versetzen
overplaatsing Versetzung *v*
overproductie Überproduktion *v*
overreden überreden, bereden
overredingskracht Überredungskraft *v*
overrijden ❶ *overheen rijden* überqueren, überfahren ❷ *naar andere kant rijden* hinüberfahren
overrijden *rijden over* überfahren
overrompelen *overmeesteren* überrumpeln
overrulen *autoritair terzijde schuiven* übergehen
overschaduwen ❶ *schaduw werpen op* überschatten ❷ *overtreffen* in den Schatten stellen
overschakelen ❶ techn *andere verbinding maken* schalten ❷ fig *veranderen* umschalten (**op** nach)
overschatten überschätzen
overschieten I *ov ww* sport ★ *de bal ~* ⟨over het doel⟩ den Ball über das Tor hinausschießen, ⟨overspelen⟩ den Ball zuspielen [+3] **II** *on ww, resteren* übrig bleiben ★ *het ~de bedrag* der Restbetrag
overschoen Überschuh *m*
overschot ❶ *teveel* Überschuss *m* ❷ *restant* Rest *m*, Überrest *m* ★ *het stoffelijk ~* die sterblichen Überreste
overschreeuwen überschreien ★ *zich ~* sich überschreien
overschrijden ❶ *stappen over* überschreiten ❷ *te buiten gaan* überschreiten, ⟨geld / tijd⟩ überziehen ★ *de snelheidslimiet ~* die Höchstgeschwindigkeit überschreiten
overschrijven ❶ *naschrijven* abschreiben ❷ *op*

OV

andere naam zetten umschreiben, überschreiben ❸ *overboeken* überweisen ★ *op zijn postrekening ~* auf sein Postgirokonto überweisen
overschrijven comp überschreiben
overschrijving ❶ *het overboeken* Überweisung *v* ❷ *het op andere naam zetten* Umschreibung *v* ❸ *overgeboekt bedrag* Überweisung *v*
oversized oversized
overslaan I *ov ww* ❶ *laten voorbijgaan* überschlagen, überspringen, übergehen, auslassen ★ *een klas ~* ein Schuljahr überspringen ★ *een bladzijde ~* eine Seite überschlagen ★ *je hebt iets overgeslagen* du hast etw. ausgelassen ★ *iem. bij een bevordering ~* jmdn. bei einer Beförderung übergehen ❷ *overladen* umschlagen, umladen II *on ww* ❶ *op iets anders overgaan* überschlagen, übergreifen ★ *de vlammen sloegen op het andere huis over* die Flammen schlugen auf das andere Haus über ❷ *uitschieten* sich überschlagen, umschlagen ★ *zijn stem sloeg over* seine Stimme überschlägt sich ❸ *snel veranderen* überschlagen
overslag ❶ *omgeslagen rand* Umschlag *m* ❷ *het overslaan van goederen* Umschlag *m*
overslagbedrijf Spedition *v*
overslaghaven Umschlaghafen *m*
overspannen I *bnw* ❶ *te gespannen* überspannt ❷ *overwerkt* überreizt II *ov ww* ❶ *te sterk spannen* überanstrengen ★ *zich ~* sich überanstrengen, sich überarbeiten ❷ *overdekken* überspannen
overspannenheid Überreiztheit *v*
overspanning ❶ *spanning* Überspannung *v* ❷ *stress* Überanstrengung *v*, Überreiztheit *v*, ⟨m.b.t. werk⟩ Überarbeitung *v*
overspel Ehebruch *m* ★ *~ plegen* Ehebruch begehen
overspelen ❶ *opnieuw spelen* noch einmal spielen ❷ sport *afspelen* abspielen
overspelen ❶ *overtreffen* schlagen ❷ *in kaartspel* sich überreizen
overspelig ehebrecherisch ★ *de ~e man* der Ehebrecher
overspoelen überfluten, überschwemmen ▾ *met vragen overspoeld worden* mit Fragen überhäuft werden
overspringen ❶ *over iets heen springen* hinüberspringen, herüberspringen, springen über [+4] ❷ *vooruitsteken* hervorspringen
overstaan ▾ *ten ~ van* in Gegenwart [+2] ▾ *ten ~ van een notaris* durch einen Notar, in Gegenwart eines Notars, im Beisein eines Notars
overstag ★ lett *~ gaan* über Stag gehen ★ fig *~ gaan* fig seine Meinung ändern
overstappen ❶ *van vervoermiddel wisselen* umsteigen ❷ fig *wisselen* hinüberwechseln ★ *op een andere baan ~* die Stelle wechseln
overste ❶ mil Oberstleutnant *m* ❷ rel Obere(r) *m* [v: Oberin]
oversteek ⟨varen⟩ Überfahrt *v*, ⟨vliegen⟩ Überflug *m* ▾ *de grote ~ maken* über den großen Teich fahren
oversteekplaats Übergangsstelle *v*, ⟨voor voetgangers⟩ Fußgängerübergang *m*
oversteken I *ov ww, ruilen* tauschen II *on ww, naar overkant gaan* überqueren, ⟨lopen⟩ hinübergehen, ⟨varen⟩ hinüberfahren ★ *de straat ~* die Straße überqueren ★ *~d wild!* Wildwechsel! ★ *naar de andere oever ~* auf das andere Ufer übersetzen ★ *~de fietsers!* Radweg kreuzt!
overstelpen ❶ *bedelven* überschwemmen, ⟨met werk⟩ überhäufen, ⟨met werk⟩ überladen ❷ *overweldigen* ★ *door gevoelens overstelpt worden* von Gefühlen überwältigt / übermannt werden
overstemmen *opnieuw stemmen* noch einmal wählen
overstemmen ❶ *meer geluid maken* übertönen ❷ *door meer stemmen verslaan* überstimmen
overstromen *overlopen* überlaufen
overstromen ❶ *onder water zetten* überströmen, überfließen ❷ *overstelpen* überfließen
overstroming Überflutung *v*, Überschwemmung *v*
overstuur Übersteuerung *v*
overstuur *van streek* verstört ★ *mijn maag is ~* mein Magen ist durcheinander ★ *hij raakte helemaal ~* er verlor völlig die Fassung
overtekenen ❶ *natekenen* nachzeichnen, abzeichnen ❷ *opnieuw tekenen* aufs Neue zeichnen, noch einmal zeichnen
overtekenen überzeichnen
overtocht Übergang *m*, Passage *v*, ⟨over water⟩ Überfahrt *v*
overtollig überflüssig
overtreden verstoßen gegen, übertreten, ⟨schenden⟩ verletzen ★ *een voorschrift ~* eine Vorschrift übertreten, gegen eine Vorschrift verstoßen
overtreder Gesetzesbrecher *m*, ⟨van verkeersvoorschriften⟩ Verkehrssünder *m*
overtreding Übertretung *v*, Verstoß *m*
overtreffen übertreffen, ⟨te boven gaan⟩ übersteigen ★ *iem. in kennis ~* jmdn. an Kenntnissen überragen, jmdm. an Kenntnissen überlegen sein
overtrek Bezug *m*
overtrekken I *ov ww* ❶ *overtekenen* durchzeichnen, durchpausen ❷ *oversteken* überziehen II *on ww, voorbijgaan* sich verziehen
overtrekken ❶ *bekleden / bedekken* beziehen, überziehen ❷ *overdrijven* überspitzen, überziehen
overtrekpapier Pauspapier *o*
overtroeven *een hogere troef spelen* übertrumpfen
overtroeven übertrumpfen
overtrokken ⟨v. reactie⟩ überzogen
overtuigen überzeugen (**van** von) ★ *zich ~ van...* sich überzeugen von..., sich vergewissen von... ★ *van iets overtuigd zijn* von etw. überzeugt sein ★ *~d bewijs* überzeugende(r) Beweis, einwandfreie(r) Beweis *m*
overtuigend überzeugend
overtuiging *mening* Überzeugung *v* ★ *zij is de ~ toegedaan dat...* sie ist der Überzeugung, dass...
overtuigingskracht Überzeugungskraft *v*
overtypen abtippen
overuur Überstunde *v* ★ *overuren maken* Überstunden machen
overvaart Überfahrt *v*
overval Überfall *m*
overvalcommando Überfallkommando *o*
overvallen überfallen ▾ *door angst ~ worden*

Angst bekommen
overvaller ≈ Räuber *m*, ⟨bank⟩ Bankräuber *m*
overvalwagen Fluchtauto *o*
overvaren *varend brengen* überfahren
overvaren *varend gaan over* fahren über [+4]
oververhit ❶ *te veel verhit* überhitzt ❷ *te fel, gespannen* überhitzt
oververmoeid übermüdet
oververtegenwoordigd überrepräsentiert
overvleugelen überflügeln
overvliegen *vliegen over* fliegen über, überfliegen, hinüberfliegen, herüberfliegen
overvloed Überfluss *m* ★ *boeken in ~* jede Menge Bücher, Bücher in Hülle und Fülle ▾ *ten ~e* obendrein, zu allem Überfluss
overvloedig I *bnw* reich, üppig ★ *~e oogst* reiche Ernte *v* **II** *bijw* im Überfluss, reichlich, ausgiebig
overvloeien ❶ *overstromen* überströmen, überfließen ❷ *in elkaar overlopen* ineinanderfließen
overvoeren ❶ *te veel voeren* überfüttern ❷ *overstelpen* überschwemmen, überladen
overvol überfüllt, übervoll
overwaaien ❶ *overtrekken* hinüberwehen, herüberwehen ★ *het onweer zal wel ~* das Gewitter wird schon vorüberziehen ❷ *voorbijgaan* vergehen, vorübergehen
overwaarderen econ überbewerten
overweg Bahnübergang *m*, Übergang *m* ★ *onbewaakte ~* unbeschrankte(r) Bahnübergang
overweg ▾ *goed ~ kunnen met iem.* mit jemandem gut auskommen ▾ *niet ~ kunnen met iem.* mit jemandem nicht auskommen ▾ *niet ~ kunnen met iets* mit etwas nicht zurechtkommen
overwegbeveiliging Sicherung *v* der Bahnübergänge
overwegen I *ov ww, nadenken* erwägen, bedenken **II** *on ww, het belangrijkst zijn* überwiegen
overwegend I *bnw, doorslaggevend* ausschlaggebend **II** *bijw* überwiegend, vorwiegend
overweging *overdenking* Erwägung *v*, Betrachtung *v* ★ *in ~ nemen* in Erwägung ziehen
overweldigen ❶ *overmeesteren* überwältigen ❷ *overstelpen* ★ *hij werd door emoties overweldigd* er wurde von Emotionen überwältigt
overweldigend überwältigend
overwerk Überstunden *mv*
overwerken länger arbeiten, Überstunden machen
overwerken [zich ~] sich überanstrengen, sich überarbeiten
overwerkt überarbeitet ★ *~ raken* sich überarbeiten
overwicht ❶ *overgewicht* Übergewicht *o*, Mehrgewicht *o* ❷ *macht* Übergewicht *o*, Überlegenheit *v*
overwinnaar Sieger *m*
overwinnen I *ov ww* ❶ *verslaan* besiegen, überwinden ❷ *te boven komen* überwinden **II** *on ww* siegen
overwinning Sieg *m*, Besiegung *v* ★ *de ~ op de Fransen* der Sieg über die Franzosen
overwinningsroes Siegestaumel *m*
overwinteren lett *winterslaap houden* überwintern
overwintering Überwinterung *v*
overwoekeren überwuchern
overzees Übersee-, überseeisch
overzetten ❶ *naar overkant brengen* hinüberbringen ❷ *vertalen* übersetzen, übertragen
overzicht ❶ *het overzien* Übersicht *v*, Überblick *m*, Durchblick *m* ❷ *samenvatting* Übersicht *v*, Abriss *m*
overzichtelijk übersichtlich
overzichtstentoonstelling Retrospective *v*
overzien durchsehen
overzien ❶ *in zijn geheel zien* übersehen ❷ *voorstellen* ★ *de gevolgen zijn niet te ~* die Folgen sind nicht abzusehen, die Folgen sind unabsehbar
overzijde gegenüberliegende Seite *v*
ov-jaarkaart *openbaarvervoerkaart* Jahreskarte *v* für den öffentlichen Verkehr
OVSE *Organisatie voor Veiligheid en Samenwerking in Europa* OSZE, Organisation *v* für Sicherheit und Zusammenarbeit in Europa
ovulatie Eisprung *m*, Ovulation *v*
ovuleren ovulieren
oxidatie Oxidation *v*
oxide scheik Oxid *o*, Oxyd
oxideren *roesten* oxydieren, oxidieren
ozon Ozon *o*
ozonlaag Ozonschicht *v*

P

p P *o* ★ *de p van Pieter* P wie Paula
P2P econ *Peer to Peer* P2P
pa Vater *m*, Papa *m*
paaien I *ov ww, voor zich winnen* hinhalten, bezirzen, ködern ★ *iem. met mooie beloften ~* jmdn. mit leeren Versprechungen hinhalten **II** *on ww, paren* laichen
paaitijd Laichzeit *v*, Laichperiode *v*
paal ❶ *lang voorwerp* Pfahl *m*, ⟨doelpaal⟩ Pfosten *m*, ⟨doelpaal⟩ Torpfosten *m* ▼ *paal en perk stellen aan iets* einer Sache Grenzen setzen ▼ *dat staat als een paal boven water* darauf kannst du Gift nehmen ▼ *voor paal staan* zum Gespött werden ▼ *iem. voor paal zetten* jemanden durch den Kakao ziehen ❷ *stijve penis* Latte *v*, Ständer *m*
paalsteek Palstek *m*
paar I *zn* [het] ❶ *twee dingen* Paar *o* ★ BN *dat is een ander paar mouwen* das sind zwei Paar Stiefel ❷ *twee mensen* Paar *o* ★ *zij dansten in paren* sie tanzten paarweise ❸ *klein aantal* paar **II** *bnw,* BN *even* gerade
paard ❶ *dier* Pferd *o*, Gaul *m* ★ *te ~ stijgen* aufs Pferd steigen ★ *het ~ achter de wagen spannen* das Pferd / den Gaul beim Schwanz aufzäumen ★ *op het verkeerde ~ wedden* auf das falsche Pferd setzen ★ *over het ~ getild zijn* auf dem hohen Ross sitzen ★ *een gegeven ~ moet men niet in de bek kijken* einem geschenkten Gaul schaut man nicht ins Maul ❷ *schaakstuk* Springer *m*, Pferd *o* ❸ *turntoestel* Pferd *o*
paardenbloem Löwenzahn *m*
paardendressuur Pferdedressur *v*
paardenkracht Pferdestärke *v*
paardenliefhebber Pferdeliebhaber *m*
paardenmiddel ★ *een ~ gebruiken* ein radikales Mittel anwenden ★ *een ~ nemen* eine Rosskur / Gewaltkur machen
paardenrennen Pferderennen *o*
paardensport Pferdesport *m*
paardenstaart *haardracht* Pferdeschwanz *m*
paardenstal Pferdestall *m*
paardenvijg Pferdeapfel *m*
paardenvlees Pferdefleisch *o*
paardjerijden jeugdt Hoppe-hoppe-Reiter spielen
paardrijden reiten
paardrijkunst Reitkunst *v*
paarlemoer → **parelmoer**
paars I *bnw* lila **II** *zn* [het] Lila *o*
paarsblauw dunkelviolett, pensee, penseefarbig
paarsgewijs paarweise
paarsrood purpurrot, purpurfarbig, purpurfarben, purpurn
paartijd Paarungszeit *v*
paasbest ▼ *op zijn ~* ganz herausgeputzt
paasbrood cul Matzen *m*, ⟨krentenbrood⟩ Osterbrot *o*, ⟨matse⟩ Matze *v*
paasdag Osterfeiertag *m* ★ *eerste ~* Ostersonntag *m* ★ *tweede ~* Ostermontag *m* ★ *met de ~en* an Ostern
paasei Osterei *o*
Paaseiland Osterinseln *mv*
paasfeest Osterfest *o*, Ostern *o*
paashaas Osterhase *m*
paasmaandag Ostermontag *m*
paasvakantie onderw Osterferien *v*
paaswake Osternachtsfeier *v*
paaszaterdag Karsamstag *m*
paaszondag Ostersonntag *m*
pabo *Pedagogische Academie voor het Basisonderwijs* ≈ Pädagogische Hochschule *v*
pacemaker Herzschrittmacher *m*
pacht *huurovereenkomst* Pacht *v*
pachten *huren* pachten
pachter Pächter *m*
pachtgrond Pachtland *o*
pachtovereenkomst Pachtvertrag *m*
pacificatie Pazifikation *v*
pacifisme Pazifismus *m*
pacifist Pazifist *m*
pacifistisch pazifistisch
pact Pakt *m*, ⟨verdrag⟩ Bündnis *o* ★ *een pact met de duivel hebben* mit dem Teufel im Bunde sein
pad[1] I *zn* [de], *dier* Kröte *v* ★ BN *een pad in iemands korf zetten* jmdm. in die Speichen greifen **II** *zn* [het], *weg* Pfad *m*, Weg *m* ★ *op pad zijn* unterwegs sein ★ *op pad gaan* sich auf den Weg machen ★ *het pad der deugd bewandelen* auf dem Pfad der Tugend wandeln ★ *van het rechte pad afdwalen* vom Pfad der Tugend abweichen
pad[2] [ped] *dosis* Kaffeepad *o*
paddenstoel *zwam* Pilz *m* ★ *eetbare ~* essbare(r) Pilz, Speisepilz
paddentrek Krötenwanderzeit *v*
paddo Paddo *m*
padvinder Pfadfinder *m*
padvinderij Pfadfinder *mv*
paella Paella *v*
paf ▼ *ik sta paf!* ich bin baff!
paffen ❶ *roken* paffen, qualmen ❷ *schieten* knallen
pafferig aufgedunsen, aufgeschwemmt, schwammig
pagaai Pagaie *v*, Stechpaddel *o*
page *ridderdienaar* Page *m*
pagekapsel, **pagekop** Pagenschnitt *m*
pagina Seite *v*
paginagroot ganzseitig
pagineren paginieren, mit Seitenzahlen versehen
paginering Paginierung *v*
pagode Pagode *v*
pais ▼ *in pais en vree leven* in Frieden und Eintracht leben ▼ *in pais en vree uit elkaar gaan* sich schiedlich-friedlich trennen
pak ❶ *verpakking* Paket *o*, Packung *v* ★ *een pak waspoeder* eine Packung Waschpulver ❷ *bundel* ★ *bij de pakken neerzitten* resignieren, aufgeben ★ BN *met pak en zak* mit Sack und Pack ❸ *hoeveelheid* Packen *m*, Bündel *o*, ⟨stapel⟩ Stapel *m*, ⟨stapel⟩ Stoß *m* ★ *een pak sneeuw* eine Schneedecke ★ *een pak rammel / ransel / slaag* eine Tracht Prügel ★ *dat is een pak van mijn hart* mir fällt ein Stein vom Herzen ❹ *kostuum* Anzug *m* → **pakje**
pakbon Packzettel *m*
pakezel *lastdier* Lastesel *m*

p

pakhuis Lager *o*, Lagerhaus *o*, ⟨magazijn⟩ Warenlager *o*
pakijs Packeis *o*
Pakistaan Pakistani *m*
Pakistaans pakistanisch
Pakistaanse Pakistanerin *v*
Pakistan Pakistan *o*
pakje ❶ *verpakking* Päckchen *o* ★ *~ sigaretten* Schachtel *v* Zigaretten ❷ *pakket* Packung *v*, Päckchen *o* ❸ *cadeau* Päckchen *o* ❹ *mantelpakje* Kostüm *o*
pakjesavond Bescherung *v* am Nikolausabend
pakkans Wahrscheinlichkeit *v*, erwischt zu werden
pakken I *ov ww* ❶ *ter hand nemen* holen, nehmen ★ *een boek ~* ein Buch nehmen ★ *even mijn pen ~* schnell meinen Stift holen ★ *iets uit de kast ~* etw. aus dem Schrank holen ★ *een schone handdoek uit de kast ~* ein sauberes Handtuch aus dem Schrank nehmen / holen ❷ *grijpen* nehmen, fassen, ⟨stevig⟩ packen ★ *te ~ krijgen* erwischen ★ *ze heeft het (flink, erg) te ~* es hat sie schwer erwischt ❸ *iem. vangen* erwischen, inform schnappen ★ *pak me dan!* fang mich doch! ★ *de verkeerde te ~ hebben* den Falschen erwischen ★ *iem. op iets ~* jmdn. wegen einer Sache beschuldigen ★ *iem. ~ op het bezit van drugs* jmdn. beim Drogenbesitz erwischen ★ *iem. te ~ nemen* ⟨beetnemen⟩ jmdn. auf den Arm nehmen, ⟨hard aanpakken⟩ jmdn. hart anfassen ❹ *inpakken* packen, einpacken ★ *ze kan haar boeltje wel ~* sie kann die Koffer packen ★ *op elkaar gepakt staan* dicht gedrängt stehen ❺ *boeien* packen, fesseln ❻ *gebruiken* ★ *een film ~* ins Kino gehen ★ *nog een borreltje ~* noch einen heben **II** *on ww, houvast vinden* greifen, haften ★ *de sneeuw pakt goed* der Schnee klebt gut ★ *de schroef pakt niet* die Schraube greift nicht
pakkend packend, fesselnd
pakkerd Schmatz *m*, Kuss *m*
pakket Paket *o*
pakketpost ❶ *pakket* Postpaket *o* ❷ *postafdeling* Paketpost *v*
pakking *afsluitmateriaal* Dichtungsmaterial *o*, Abdichtungsmaterial *o*
pakmateriaal Verpackungsmaterial *o*
pakpapier Packpapier *o*
paksoi Paksoi *m*
pakweg ungefähr, circa, zirka
pal I *zn* [de] Sperrklinke *v* **II** *bijw* ❶ *precies* direkt, unmittelbar ★ *de wind waait pal uit het zuidoosten* der Wind kommt geradewegs aus Südost ❷ *onwrikbaar* ★ *pal staan* standhaft bleiben, standhalten ★ *pal staan voor iets* etw. bis zum letzten Atemzug verteidigen
paleis Palast *m*, Schloss *o*
paleoceen Paläozän *o*
paleografie Paläografie *v*
paleontologie Paläontologie *v*
Palestijn Palästinenser *m*
Palestijns palästinensisch
Palestijnse Palästinenserin *v*
Palestina Palästina *o*
palet ❶ kunst *mengbord* Palette *v* ❷ BN sport *bat* Schläger *m*, Schlagholz *o*
palindroom Palindrom *o*
paling Aal *m* ★ *gerookte ~* Räucheraal
palissade Palisade *v*
palissander Palisander *m*
pallet Palette *v*
palm ❶ *handpalm* Handfläche *v* ❷ *boom* Palme *v*
palmboom ⟨palmachtige boom⟩ Palme *v*, ⟨buksboom⟩ Buchsbaum *m*, ⟨buksboom⟩ Buchs *m*
palmenstrand Palmenstrand *m*
palmolie Palmöl *o*
Palmpasen Palmsonntag *m*
palmtak Palmzweig *m*
palmtop comp Palmtop *m*
palmzondag Palmsonntag *m*
Palts Pfalz *v*
pamflet ⟨schotschrift⟩ Pamphlet *o*, ⟨brochure⟩ Broschüre *v*, ⟨vlugschrift⟩ Flugblatt *o*
pampa Pampa *v*
pampus ▾ *voor ~ liggen* völlig k.o. sein
pan ❶ *kookpan* Topf *m*, ⟨koekenpan⟩ Pfanne *v* ❷ *dakpan* Pfanne *v*, Dachpfanne *v* ▾ *in de pan hakken* in die Pfanne hauen ▾ *onder de pannen zijn* gut untergebracht sein ▾ BN *de pannen van het dak spelen* die Sterne vom Himmel spielen
panacee Panazee *v*
Panama Panama *o*
Panamakanaal Panamakanal *m*
Panamees I *bnw* panamaisch **II** *zn* [de] Panamaer *m*
pan-Amerikaans panamerikanisch
Panamese Panamaerin *v*
pancreas Pankreas *o*, Bauchspeicheldrüse *v*
pand ❶ *gebouw* Haus *o* ❷ *onderpand* Pfand *o* ★ *een pand aflossen* ein Pfand einlösen ❸ *slip van jas* Schoß *m*
panda Panda *m*
pandbrief Pfandbrief *m*
pandemonium Pandämonium *o*
pandverbeuren Pfänderspiel *o*
paneel ❶ *omlijst vak* Paneel *o*, ⟨deurvak⟩ Füllung *v* ❷ *mengpaneel* Schalttafel *v*, Schaltpult *o* ❸ *schilderstuk* Tafelbild *o*
paneermeel Paniermehl *o*
panel Forum *o*
paneldiscussie Podiumsdiskussion *v*, Forumsdiskussion *v*
panellid Forumsteilnehmer *m*, Forumsmitglied *o*
paneren panieren
panfluit Panflöte *v*
paniek Panik *v*
paniekerig panikartig
paniekreactie Panikreaktion *v*
paniekvoetbal ❶ *voetbal* kopflose(s) Spielen *o* ❷ *gedrag* kopflose(s) Handeln *o*
paniekzaaier Panikmacher *m*
panikeren BN *in paniek raken* panisch werden
panisch panisch
panklaar *gereed voor de pan* kochfertig ★ *panklare maaltijd* Fertiggericht *o*
panne Panne *v*
pannendak Ziegeldach *o*
pannenkoek cul Pfannkuchen *m*
pannenkoekmix cul Pfannkuchenmix *m*
pannenlap Topflappen *m*
pannenlikker *keukengerei* Teigschaber *m*
pannenset Topfset *m*
pannenspons Scheuerschwamm *m*

panorama Panorama *o*
pantalon Hose *v*, Hosen *v mv*
panter Panther *m*
pantheïsme Pantheismus *m*
pantoffel Pantoffel *m*, Hausschuh *m* ▼ *onder de ~ zitten* unter dem Pantoffel stehen
pantoffeldiertje Pantoffeltierchen *o*
pantoffelheld ❶ *angsthaas* Angsthase *m* ❷ *man onder de plak* Pantoffelheld *m*
pantomime Pantomime *v*
pantser *stalen bescherming* Panzer *m*
pantseren panzern
pantserglas Panzerglas *o*
pantsertroepen Panzertruppen *mv*
pantservoertuig Panzerfahrzeug *o*, Panzerwagen *m*, Panzer *m*
panty Nylonstrumpfhose *v*
pap ❶ *voedsel* Brei *m* ★ *ik lust er wel pap van* davon kann ich nicht genug bekommen ★ BN *iets zo beu zijn als koude pap* etw. satthaben, etw. leid sein ★ BN *niets in de pap te brokken hebben* nicht viel in die Milch zu brocken haben ❷ *mengsel* Kleister *m* ❸ *papa* Vati *m*, Papa *m*
papa Papa *m*, Vati *m*
papadum cul Papadum *o*
papaja Papaya *v*
paparazzo Paparazzo *m* [mv: Paparazzi]
papaver Mohn *m*, ⟨klaproos⟩ Klatschmohn *m*
papegaai Papagei *m*
paper *essay* Referat *o*
paperassen Papiere *mv*, min Papierkram *m*
paperback Taschenbuch *o*, Paperback *o*
paperclip Büroklammer *v*
papeterie ❶ *waren* Papierwaren *mv* ❷ *winkel* Schreibwarenladen *m*
Papiamento Papiamento *o*
papier I *zn* [het] [gmv] *materiaal* Papier *o* ★ *geschept ~* handgeschöpfte(s) Papier, Büttenpapier *o* ★ *gerecycled ~* Altpapier *o* ★ *houthoudend ~* holzhaltiges Papier ★ *milieuvriendelijk ~* Umweltschutzpapier ★ *iets op ~ zetten* etw. zu Papier bringen ★ *een vel ~* ein Papierbogen *m* **II** *zn* [het] [mv: +en] *document* Papiere *mv*, Unterlagen *mv*, ⟨ambtelijk⟩ Schriftstück *o* ▼ *dat loopt in de ~en* das geht ganz schön ins Geld ▼ BN *in slechte ~en zitten* im Schlamassel sitzen ▼ *goede ~en hebben* gute Zeugnisse haben ▼ *het ~ is geduldig* Papier ist geduldig
papieren ❶ *van papier* papieren, Papier- ★ *~ servet* Papierserviette *v* ❷ *in theorie* (nur) auf Papier
papierformaat Papierformat *o*
papiergeld Papiergeld *o*, Banknoten *mv*
papier-maché I *zn* [het] Papiermaché *o* **II** *bnw* aus Papiermaché
papierversnipperaar Reißwolf *m*
papierwinkel ❶ *winkel* Schreibwarengeschäft *o* ❷ form *bureaucratische rompslomp* Papierkram *m*
papil Papille *v*
papillot Lockenwickel *m*
papkind Hätschelkind *o*
paplepel ▼ *dat is haar met de ~ ingegoten* das hat sie mit der Muttermilch eingesogen
Papoea-Nieuw-Guinea Papua-Neuguinea *o*
pappa Papa *m*
pappen ⟨textiel⟩ appretieren, ⟨kettingdraden⟩ schlichten, ⟨een zweer⟩ Breiumschläge auflegen
pappenheimer ▼ *ik ken mijn ~s* ich kenne meine Pappenheimer
papperig ❶ *papachtig* breiartig ❷ ⟨van mensen⟩ *dik* aufgeschwemmt
paprika *vrucht* Paprika *m*
paprikapoeder cul gemahlene(r) Paprika *m*, Paprikapulver *o*
papyrus Papyrus *m*
papyrusrol Papyrus *m*, Papyrusrolle *v*
papzak humor Fettmops *m*, min Fettkloß / -wanst *m*
para mil Fallschirmjäger *m*
paraaf Namenszug *m*, form Paraphe *v*
paraat bereit, parat ★ *parate troepen* stehende(s) Heer *o* [ev]
parabel Parabel *v*, Gleichnis *o*
parabool Parabel *v*
paracetamol Paracetamol *o*
parachute Fallschirm *m*
parachuteren ❶ *aan parachute neerlaten* mit dem Fallschirm absetzen ❷ *buitenstaander aanstellen* katapultieren
parachutespringen Fallschirmspringen
parachutist Fallschirmspringer *m*, ⟨militair⟩ Fallschirmjäger *m*
parade *defilé* Umzug *m*, Parade *v*
paradepaard beste(s) Pferd im Stall *o*
paraderen ❶ *parade houden* paradieren ❷ *pronken* prahlen, prunken, paradieren
paradijs Paradies *o* ▼ *aards ~* Paradies auf Erden
paradijselijk paradiesisch
paradijsvogel Paradiesvogel *m*
paradox Paradox *o*
paradoxaal paradox
paraferen abzeichnen, paraphieren
parafernalia Drumherum *o*
paraffine Paraffin *o*
paraffineolie med Paraffinöl *o*
parafrase Paraphrase *v*
parafraseren paraphrasieren
paragnost Paragnost *m*
paragraaf Abschnitt *m*, Paragraf *m*, Paragraph
paragraafteken Paragrafenzeichen *o*, Paragraphenzeichen, Paragraf *m*, Paragraph
Paraguay Paraguay *o*
parallel I *zn* [de] ❶ wisk Parallele *v* ❷ aardk Parallel- / Breitenkreis *m* ❸ fig *vergelijking* Parallele *v* **II** *bnw, evenwijdig* parallel, Parallel- ★ *de weg loopt ~ aan het spoor* die Straße läuft parallel zur Bahnlinie
parallellie Parallelität *v*
parallellogram wisk Parallelogramm *o*
parallelweg Parallelstraße *v*
Paralympics Behindertenolympiade *v*, Paralympics *mv*
paramedisch der Medizin anverwandt ★ *~e beroepen* die medizinischen Hilfsberufe
parameter Parameter *m*
paramilitair paramilitärisch
paranimf ≈ Freund *m* und Helfer *m* eines Promovierenden bei der offiziellen Verleihung seiner Doktorwürde
paranoia Paranoia *v*
paranoïde paranoid

paranoot Paranuss *v*
paranormaal paranormal
parapenten Paragliding machen
paraplu Regenschirm *m*, Schirm *m* ★ *opvouwbare ~* Knirps *m*
paraplubak Schirmständer *m*
parapsychologie Parapsychologie *v*
parasiet ❶ biol Parasit *m* ❷ fig *nietsnut* Schmarotzer *m*
parasiteren biol parasitieren, ⟨ook van personen⟩ schmarotzen
parasol Sonnenschirm *m*
parastatale BN *semioverheidsinstelling* halbstaatliche Einrichtung *v*
paratroepen Fallschirmjäger *mv*
paratyfus Paratyphus *m*
parcours Strecke *v*, ⟨bij paardensport⟩ Parcours *m*
pardon I *zn* [het], *vergeving* Pardon *m/o*, Begnadigung *v* ★ *zonder ~* schonungslos ★ *generaal ~* Generalamnestie *v* **II** *tw* Entschuldigung, Verzeihung, verzeihen / entschuldigen Sie
parel ❶ *kraal* Perle *v* ❷ *kostbaar iets, iem.* Perle *v* ★ *die vrouw is een ~* die Frau ist ein Juwel ▼ *~s voor de zwijnen werpen* Perlen vor die Säue werfen
parelduiker ❶ *persoon* Perlentaucher *m* ❷ *vogel* Prachttaucher *m*
parelen I *bnw, van parels* aus Perlen ★ *~ halssnoer* Perlenschnur *v* **II** *on ww, druppels vormen* perlen ★ *zweetdruppels parelden op haar voorhoofd* Schweißtropfen perlten ihr auf der Stirn
parelhoen Perlhuhn *o*
parelmoer Perlmutter *v*, Perlmutt, Perlmutterglanz *m*
parelmoeren perlmuttern, Perlmutter-
pareloester Perlmuschel *v*
parelsnoer Perlenschnur *v*
parelwit perlweiß
paren I *ov ww, koppelen* paaren ★ *gepaard gaan met* verbunden sein mit [+3] **II** *on ww, copuleren* sich paaren
pareren parieren
parfum *reukwater* Parfüm *o*
parfumeren parfümieren ★ *zich ~* sich parfümieren
parfumerie Parfümerie *v*
pari I *zn* [het] econ Pariwert *m* ★ *boven / onder pari kopen* über / unter pari kaufen, über / unter dem Pariwert kaufen ★ *op pari staan* zu pari stehen **II** *bijw* econ pari ★ *a pari* zu pari
paria Paria *m*
parig paarig ★ *organen die in paren voorkomen* paarige Organe
Parijs *stad* Paris *o*
paring Paarung *v*
paringsdrift Paarungstrieb *m*
pariteit *gelijkheid* Parität *v*
park *grote tuin* Park *m*, Grünanlage *v*
parka Parka *m*
parkeerautomaat Parkscheinautomat *m*
parkeerbon Strafzettel *m*
parkeergarage Parkhaus *o*, ⟨ondergronds⟩ Tiefgarage *v*
parkeergelegenheid ❶ *parkeerplaats* Parkraum *m* ❷ *parkeerterrein* Parkplatz *m*
parkeerhaven Haltebucht *v*, Parkbucht *v*
parkeerklem Parkkralle *v*
parkeerlicht Parkleuchte *v*, Standlicht *o*
parkeermeter Parkuhr *v*
parkeerontheffing Sonderparkerlaubnis *v*
parkeerplaats ❶ *vak voor één voertuig* Parklücke *v* ❷ *terrein voor meer voertuigen* Parkplatz *m*
parkeerpolitie Politesse *v*
parkeerschijf Parkscheibe *v*
parkeerstrook Parkstreifen *m*
parkeerterrein Parkplatz *m*
parkeervak Parkfläche *v*
parkeerverbod Halte- / Parkverbot *o*
parkeervergunning Parkerlaubnis *v*, Parkgenehmigung *v*
parkeerwachter Parkwächter *m*
parkeerzone Haltezone *v*
parkeren *laten staan* parken
parket ❶ *houten vloer* Parkett *o* ❷ jur *Openbaar Ministerie* Staatsanwaltschaft *v* ❸ *rang in theater* Parkett *o* ▼ *in een moeilijk / lastig ~ zitten* sich in einer misslichen Lage befinden, in der Klemme sitzen / stecken
parketvloer Parkettboden *m*, Parkett *o*
parketwacht jur Justizwachtmeister *mv*
parkiet Sittich *m*, ⟨geelgroen van kleur⟩ Wellensittich *m*
parkietenzaad Futter *o* für Wellensittiche
parking BN *parkeerplaats* Parkplatz *m*
parkinson Parkinson *m*, Parkinsonkrankheit *v*
parkoers Parcours *m*, Rennstrecke *v*
parkwachter Parkwächter *m*
parlement Parlament *o*
parlementair *m.b.t. parlement* parlamentarisch
parlementariër Parlamentarier *m*
parlementsgebouw ❶ Parlamentsgebäude *o*, Parlament *o* ❷ *in Duitsland* Reichstagsgebäude *o*, Reichstag *m*
parlementslid (Bundestags)Abgeordnete(r), Parlamentsmitglied *o*
parlementsverkiezingen ❶ Parlamentswahlen *v mv* ❷ *in Duitsland* Bundestagswahlen *v mv*
parmantig keck, ⟨brutaal⟩ frech, ⟨direct⟩ kurzerhand
Parmezaans ★ *~e kaas* Parmesan *m*
parochiaal parochial
parochiaan Gemeindemitglied *o*
parochie Parochie *v*, Gemeinde *v*
parodie Parodie *v*
parodiëren parodieren
parool ❶ *wachtwoord* Parole *v*, Losung *v*, Kennwort *o* ❷ *leus* Parole *v*, Leitspruch *m*, Motto *o*
part *deel* Teil *m/o*, Stück *o* ▼ *ergens part noch deel aan hebben* an einer Sache ganz unbeteiligt sein ▼ *voor mijn part* von mir aus, meinetwegen ▼ *haar geheugen speelt haar parten* ihr Gedächtnis lässt sie im Stich ▼ *iem. parten spelen* jemandem einen Streich spielen
parterre ❶ *begane grond* Parterre *o*, Erdgeschoss *o* ❷ *rang in schouwburg* Parterre *o*
participant Teilhaber *m*, Teilnehmer *m*
participatie Beteiligung *v*, Teilnahme *v*
participeren teilhaben (**in** an) [+3], partizipieren (**in** an) [+3]

particulier I *zn* [de] Privatperson *v*, Privatmann *m* [mv: Privatleute] **II** *bnw* privat, privat-, Privat- ★ *een ~e school* eine Privatschule ★ *in ~ bezit* im Privatbesitz *m* ★ *~ verzekerd* privat versichert ★ *een ~e onderneming* ein privates Unternehmen *o*
partieel partiell, teil-, Teil-
partij ❶ *groep* Partei *v* ★ *iemands ~ kiezen* jmds. Partei ergreifen ★ *~ kiezen* Stellung nehmen ❷ jur *procesvoerder* Partei *v* ★ *de aangeklaagde ~* der / die Beklagte ★ *klagende ~* Kläger *m* ★ *zich (BN burgerlijk) ~ stellen* einen Zivilprozess beginnen ❸ *huwelijkspartner* Partie *v* ❹ *hoeveelheid* Haufen *m*, econ Partie *v*, econ Posten *m* ★ *~ goederen* Partie Güter ❺ sport Partie *v*, Runde *v* ❻ *feest* Party *v*, Fest *o* ★ *naar een ~ gaan* auf eine Party / zu einem Fest gehen ★ *een ~tje geven* eine Party / ein Fest geben ❼ muz Part *m*, Stimme *v* ▼ *~ trekken van* seinen Vorteil ziehen aus ▼ *iem. ~ geven* jemandem Kontra geben ▼ *zijn ~ meeblazen* sich treu beteiligen ▼ *geen ~ zijn voor iem.* jemandem nicht gewachsen sein ▼ *van de ~ zijn* mit von der Partie sein
partijbestuur Parteivorstand *m*
partijbijeenkomst Parteiversammlung *v*
partijbons Parteibonze *m*
partijdig parteiisch
partijganger Parteianhänger *m*, min Parteigänger *m*
partijgenoot Anhänger *m* derselben Partei
partijkader Parteikader *m*
partijleider Parteivorsitzende(r) *m*, Parteiführer *m*
partijlid Parteimitglied *o*
partijpolitiek I *zn* [de] Parteipolitik *v* **II** *bnw* parteipolitisch
partijraad Parteirat *m*
partijtop Parteiführung *v*
partikel Partikel *v/o*, Teilchen *o*, taalk Partikel *v*
partituur Partitur *v*
partizaan Partisan *m*
partner *deelgenoot* Partner *m*
partnerregistratie eingetragene Partnerschaft *v*
partnerschap ❶ *samenlevingsvorm* Partnerschaft *v* ★ *geregistreerd ~* eingetragene Partnerschaft ❷ econ Personengesellschaft *v*, Personalgesellschaft *v*
parttime halbtags, nicht ganztags, Teilzeit- ★ *~ werken* eine Teilzeitbeschäftigung haben
parttimebaan Teilzeitbeschäftigung *v*, Teilzeitjob *m*
parttimer Teilzeitbeschäftigte(r) *m*, Teilzeitkraft *v*
partydrug Partydroge *v*
partytent Partyzelt *o*
pas I *zn* [de] ❶ *stap* Tritt *m*, Schritt *m* ★ *pas op de plaats maken* auf der Stelle treten ★ *in de pas blijven* Gleichschritt halten ★ *in de pas lopen met iemand / iets* übereinstimmen mit jmdm. / etw. ★ *uit de pas lopen* nicht im Gleichschritt bleiben ★ *er flink de pas in zetten* forsch ausschreiten ★ *twee passen hier vandaan* nur ein paar Schritte von hier ❷ *paspoort* Pass *m*, Reisepass *m* ❸ *ander legitimatiebewijs* Ausweis *m* ★ *pas 65* Seniorenpass *m* ❹ *weg door gebergte* Pass *m* **II** *zn* [het] ★ *goed van pas komen* sich als nützlich erweisen, gelegen kommen ★ *dat geeft geen pas* das ziemt / gehört sich nicht ★ *ergens aan te pas moeten komen* herbeigeholt werden müssen ★ *te pas en te onpas* zu jeder Unzeit, ob es passt oder nicht **III** *bnw* ❶ *passend* passend ❷ *waterpas* waagerecht **IV** *bijw* ❶ *nog maar net* gerade, (so)eben ★ *pas geverfd* frisch gestrichen ★ *ik begin pas* ich fange eben erst an ★ *zo pas* soeben ❷ *niet meer / eerder / verder dan* erst ★ *pas acht zijn* erst acht Jahre alt sein ★ *nu pas* jetzt erst ★ *dan pas* dann erst ❸ *in hoge mate* erst ★ *dat is pas leuk* das macht erst richtig Spaß
pascal Pascal *o*
Pascha rel Pascha *m*
pascontrole Passkontrolle *v*
Pasen Ostern *o* ★ *met ~* an Ostern ★ *Beloken ~* Weißer Sonntag ★ *we hebben dit jaar een late ~* Ostern ist in diesem Jahr spät ▼ *als ~ en Pinksteren op één dag vallen* wenn Weihnachten und Ostern zusammenfallen
pasfoto Passbild *o*
pasgeboren neugeboren ★ *een ~ kind* ein Neugeborenes *o*
pasgetrouwd frisch verheiratet
pasje → **pas**
pasjessysteem Ausweissystem *o*
paskamer Umkleidekabine *v*
pasklaar passend, maßgeschneidert, angemessen, maßgerecht ★ *een pasklare oplossing* eine passende Lösung *v* ★ *~ antwoord* triftige Antwort *v*
pasmunt Hartgeld *o*, ⟨officieel⟩ Scheidemünze *v*
paspoort Pass *m*, Reisepass *m*
paspoortcontrole Passkontrolle *v*
paspoortnummer Passnummer *v*
paspop Schneiderpuppe *v*
pass Pass *m* ★ *mislukte pass* Fehlpass *m*
passaat Passat *m*
passaatwind Passatwind *m*, Passat *m*
passage ❶ *doorgang* Passage *v* ❷ *deel van tekst* Passage *v* ❸ *winkelgalerij* Passage *v* ❹ *overtocht* Passage *v*
passagier Passagier *m*, ⟨in motorvoertuig⟩ Fahrgast *m*, ⟨in vliegtuig⟩ Fluggast *m* ★ *een blinde ~* ein blinder Passagier
passagieren einen Landausflug machen
passagierslijst Passagierliste *v*
passagiersschip Passagierschiff *o*
passagiersvliegtuig Passagierflugzeug *o*, Verkehrsflugzeug *o*
passant *voorbijganger* Durchreisende(r) *m*, Passant *m*
passé vorbei, passé, ⟨nakeursspelling⟩ passee
passen[1] **I** *ov ww* ❶ *juiste maat proberen* anprobieren ❷ *juist plaatsen* fügen, passen ★ *in elkaar ~* ineinanderfügen / -passen ❸ *afpassen* abmessen, zirkeln ★ *~ en meten* genau abmessen ★ fig *na veel ~ en meten* nach vielem Hin und Her ❹ *exact betalen* passend bezahlen **II** *on ww* ❶ *op maat zijn* passen, gehören ❷ *gelegen komen* gelegen kommen, passen ❸ *fatsoenlijk zijn* sich gehören, sich schicken ★ *het past je niet zo te praten* es gehört / schickt sich nicht, dass du so sprichst ❹ *beurt overslaan* passen ❺ **~ op** aufpassen auf [+4] ★ *op zijn woorden ~* seine

pa

Zunge hüten ★ *op het huis* ~ das Haus hüten
passen² [pààssen] sport *een pass geven* einen Pass machen
passend passend, ⟨geschikt⟩ geeignet ★ ~ *werk* passende / angemessene Arbeit *v* ★ ~ *bij* passend zu
passe-partout ❶ *toegangskaart* Dauerkarte *v* ❷ *omlijsting* Passepartout *o*
passer Zirkel *m* ★ *been van een* ~ Schenkel eines Zirkels *m*
passerdoos Reißzeug *o*
passeren ❶ *gaan langs* passieren, hindurchgehen, ⟨rijden⟩ vorbeifahren, ⟨rijden⟩ hindurchfahren, ⟨inhalen⟩ überholen ★ *mag ik even ~?* darf ich mal vorbei? ❷ *gaan door / over* ★ *hij is de 60 gepasseerd* er hat die sechzig bereits überschritten ❸ *overslaan* übergehen ★ *iem.* ~ jmdn. übergehen ★ *zich gepasseerd voelen* sich übergangen fühlen ❹ jur *bekrachtigen* billigen
passie ❶ *hartstocht* Passion *v*, Leidenschaft *v* ❷ *het lijden van Christus* Passion *v*
passiebloem Passionsblume *v*
passief I *bnw* passiv, taalk passivisch, untätig, teilnahmslos ★ *passieve zin* Passivsatz *m* II *zn* [het] ❶ taalk Passiv *o*, Leideform *v* ❷ econ Passiva *mv*, Passiven *mv*
passievrucht Passionsfrucht *v*
passiva econ Passiva *mv* ★ *vlottende* ~ kurzfristige Verbindlichkeiten
passiviteit Passivität *v*
passpiegel Ankleidespiegel *m*
password Passwort *o*, Kennwort *o*
pasta I *zn* [de] [mv: +'s] *mengsel* Paste *v* ★ *zaaddodende* ~ Samen tötende Creme II *zn* [de] [mv: paste] cul *Italiaanse deegwaar* Pasta *v*, Teigwaren *mv*
pastei Pastete *v*
pastel ❶ *kleurstof* Pastell *o*, Pastellfarbe *v* ★ *stoffen in* ~ pastellfarbene(n) Stoffe ❷ *pasteltekening* Pastell *o*
pasteltint Pastellton *m*
pasteuriseren pasteurisieren
pastiche Pasticcio *o*
pastille Pastille *v*
pastinaak Pastinake *v*
pastoor rel Pfarrer *m*, Pastor *m*
pastor rel Pastor *m*, Pfarrer *m*
pastoraal ❶ rel pastoral ★ *pastorale brief* Pastoralbrief *m* ❷ *herderlijk* pastoral, ländlich ★ *pastorale gedichten* Hirtendichtung
pastoraat ❶ *pastoorschap* Pfarramt *o* ❷ *zielzorg* pastorale Arbeit *v*
pastorale Pastorale *v*, ⟨dicht- of prozastuk⟩ Schäferspiel *o*
pastorie Pfarrhaus *o*, Pfarramt *o*, Pfarrei *v*
pasvorm Passform *v*
paswoord BN *wachtwoord* Kennwort *o*, Losung *v*, Parole *v*
pat *schaakterm* patt
Patagonië Patagonien *o*
patat ❶ *soortnaam* Pommes frites *mv* ❷ *portie* Portion *v* Pommes frites ★ ~ *met (mayonaise)* Fritten / Pommes mit Mayo(nnaise) ★ *~je oorlog* Fritten / Pommes mit Mayo und Erdnusssoße
patatkraam Pommesbude *v*, Frittenbude *v*
patchwork Patchwork *o*
paté Pastete *v*
patent I *zn* [het] Patent *o* ★ *door ~ beschermd* patentamtlich geschützt ★ ~ *voor iets aanvragen* etw. zum Patent anmelden II *bnw* patent, vorzüglich, ausgezeichnet
patentbloem Auszugsmehl *o*
patenteren ❶ *patent verlenen* patentieren, Patent erteilen ❷ *patent nemen* patentieren lassen
pater Pater *m*
paternalisme Paternalismus *m*, Bevormundung *v*
paternalistisch bevormundend
paternoster I *zn* [de], *rozenkrans* Rosenkranz *m* II *zn* [het], *gebed* Paternoster *o*, Vaterunser *o*
pathetisch pathetisch
pathologie Pathologie *v*
pathologisch pathologisch
patholoog-anatoom Pathologe *m*
pathos Pathos *o*
patience Patiencespiel *o*, Patience *v*
patiënt Patient *m*
patiëntenorganisatie Patientenorganisation *v*
patiëntenplatform Patientenplattform *v*
patio Patio *m*
patisserie Feinbäckerei *v*
patjepeeër Prolet *m*, Parvenü *m*, Wichtigtuer *m*
patriarch Patriarch *m*, Erzvater *m*
patriarchaal patriarchalisch
patriarchaat Patriarchat *o*
patriciër Patrizier *m*
patrijs *vogel* Rebhuhn *o*
patrijspoort Bullauge *o*
patriot Patriot *m*
patriottisch patriotisch, vaterlandsliebend, vaterländisch
patriottisme Patriotismus *m*
patronaal BN *van de werkgevers* Arbeitgeber-
patronaat *beschermheerschap* Schirmherrschaft *v*, Patronat *o*
patroon I *zn* [de] ❶ *beschermheer* Beschützer *m*, Schirmherr *m* ❷ *beschermheilige* Schutzheilige(r) *m* ❸ BN *baas* Chef *m* ❹ *huls met lading* Patrone *v* II *zn* [het] ❶ *model* Muster *o*, Vorlage *v*, ⟨knippatroon⟩ Schnittmuster *o* ❷ *dessin* Muster *o*
patroonheilige Patron *m* [v: Patronin], Schutzheilige(r) *m/v*
patroonhuls Patronenhülse *v*
patrouille ❶ *troepenafdeling* Patrouille *v*, Spähtrupp *m* ❷ *verkenning* Patrouille *v*, Streife *v*, Streifgang *m*
patrouilleauto (Funk)Streifenwagen *m*
patrouilleboot Patrouillenboot *o*, Patrouillenschiff *o*
patrouilledienst Patrouillendienst *m*
patrouilleren patrouillieren
pats patsch, klatsch
patser Protz *m*
patstelling *stelling in schaakspel* Patt *o*
pauk Pauke *v*
paukenist Paukist *m*, Pauker *m*
paus *geestelijk leider* Papst *m* ▼ *roomser dan de paus zijn* päpstlicher als der Papst sein
pauselijk päpstlich
pausmobiel Papamobil *o*
pauw Pfau *m*
pauze Pause *v* ★ ~ *houden* Pause machen

pauzefilm Pausenfilm *m*
pauzeren pausieren
pauzetoets Pausetaste *v*
paviljoen Pavillon *m*
pc *personal computer* PC *m*
PCB *polychloorbifenyl* PCB *o*
pda comp *Personal Digital Assistant* PDA *m*
pecannoot Pekannuss *v*
pech ❶ *tegenspoed* Pech *o* ★ *aan één stuk door pech hebben* vom Pech verfolgt sein ❷ *panne* Panne *v*
pechlamp ≈ Laterne *v* zum Leuchten im Falle einer Panne
pechvogel Pechvogel *m*, Unglücksrabe *m*
pectine Pektin *o*
pedaal Pedal *o* ▾ BN *de pedalen verliezen* keinen Plan mehr haben
pedaalemmer Treteimer *m*
pedagogie Pädagogie *v*
pedagogiek Pädagogik *v*
pedagogisch pädagogisch, ⟨opvoedend⟩ erzieherisch
pedagoog *opvoedkundige* Pädagoge *m*
pedant pedantisch
pedanterie Pedanterie *v*
peddel Paddel *o*
peddelen ❶ *roeien* paddeln ❷ *fietsen* strampeln
pedel Pedell *m*
pediatrie Pädiatrie *v*
pedicure ❶ *persoon* Pediküre *v*, Fußpfleger *m* [v: Fußpflegerin] ❷ *behandeling* Pediküre *v*, Fußpflege *v*
pedofiel I *zn* [de] Pädophile(r) *m* **II** *bnw* pädophil
pedofilie Pädophilie *v*
pedologie *kinderpsychiatrie* Pädologie *v*
pee ▾ *de pee aan iem. hebben* jemanden nicht riechen können ▾ *(er) de pee in hebben* stinksauer sein
peeling Peeling *o*
peen Möhre *v*, Karotte *v*
peepshow Peepshow *v*
peer ❶ *vrucht* Birne *v* ★ *daar zitten we met de gebakken peren* da haben wir die Bescherung ❷ *lamp* Birne *v* ❸ *vent* Kerl *m*, Fritze *m* ★ *je vader is een geschikte peer* dein Vater ist ein patenter Kerl *m*
peervormig birnenförmig
pees *deel van spier* Sehne *v* ★ *gescheurde pees* Sehnenriss *m* ★ *verrekte pees* Sehnenzerrung *v*
peeskamertje Zimmer *o* in Stundenhotel
peesontsteking Sehnenentzündung *v*, Tendinitis *v*
peetmoeder Patentante *v*, Patin *v*
peetoom Patenonkel *m*, Pate *m*
peettante Patentante *v*, Patin *v*
peetvader ❶ *peter* Pate *m*, Patenonkel *m* ❷ *geestelijke vader* (geistige(r) Vater *m*
pegel *ijskegel* Eiszapfen *m*
peignoir Morgenrock *m*
peil ❶ lett *gemeten stand* ⟨van water⟩ Pegelstand *m* ★ *beneden peil* unter dem Niveau, niedrige(r) Pegelstand *m* ★ *boven peil* hohe(r) Pegelstand *m* ❷ fig *geestelijk, moreel niveau* Niveau *o*, Stand *m*, Stufe *v* ★ *dat is beneden alle peil* das ist unter aller Würde ▾ *er is geen peil op te trekken* es entzieht sich aller Berechnung

pa

peildatum Stichtag *m*
peilen ❶ *bepalen* anpeilen, orten, ⟨van diepte⟩ (aus)loten, ⟨van diepte⟩ peilen, ⟨van gehalte⟩ prüfen ❷ fig *doorgronden* ergründen, erforschen, ⟨onderzoeken⟩ erkunden
peilglas Anzeiger *m*, ⟨van waterstand⟩ Wasserstandsanzeiger *m*
peiling Peilung *v*, ⟨van plaats⟩ Anpeilen *o*, ⟨van plaats⟩ Ortung *v*
peillood Senkblei *o*, Lot *o*
peilloos unergründlich, unermesslich
peilstok Peilstock *m*
peinzen nachdenken (**over** über) [+4], nachsinnen (**over** über) [+4] ★ *zich suf ~ over iets* sich den Kopf zerbrechen über etw. ▾ *ik peins er niet over!* ich denke nicht im Traum daran!
pejoratief pejorativ
pek Pech *o* ▾ *wie met pek omgaat, wordt ermee besmet* wer Pech anfasst, besudelt sich
pekel ❶ *oplossing* Salzlake *v* ❷ *strooizout* Streusalz *o*
pekelen ❶ *in pekel inleggen* einsalzen, einpökeln ❷ *bestrooien* streuen
pekelvlees Pökelfleisch *o*
Pekinees I *zn* [de], *bewoner* Pekinger *m* **II** *bnw* Pekinger
pekinees Pekinese *m*
Pekinese *bewoner* Pekingerin *v*
Peking Peking *o*
pekingeend Pekingente *v*
Pekings → **Pekinees**
pelgrim Pilger *m*, Wallfahrer *m*
pelgrimage Wallfahrt *v*, Pilgerfahrt *v*
pelgrimsoord Wallfahrtsort *m*
pelikaan Pelikan *m*
pellen schälen, pellen
peloton ❶ mil Peloton *o* ❷ sport Peloton *o*
pels *bont* Pelz *m*
pelsdier Pelztier *o*
pelsjager Pelztierjäger *m*
pen ❶ *schrijfpen* Feder *v*, Stift *m*, ⟨balpen⟩ Kugelschreiber *m* ★ *in de pen klimmen* zur Feder greifen ★ *het zit in de pen* es ist in der Mache ★ *dat is met geen pen te beschrijven* das ist unbeschreiblich ❷ *pin* Nadel *v*, Stift *m*, Bolzen *m* ❸ *breipen* Stricknadel *v*
penalty Strafstoß *m*, ⟨vooral ijshockey⟩ Penalty *m*, ⟨voetbal⟩ Elfmeter *m*
penaltystip Elfmeterpunkt *m*
penarie ▾ *in de ~ zitten* im Schlamassel sitzen
pendant Pendant *o*, Gegenstück *o*
pendel ❶ *hanglamp* Hängelampe *v* ❷ *het pendelen* Pendeln *o* ❸ *wichelslinger* Pendel *o*
pendelaar Pendler *m*
pendelbus Pendelbus *m*
pendeldienst Pendelverkehr *m*
pendelen pendeln
pendule Pendeluhr *v*
penetrant penetrant, durchdringend, ⟨van personen⟩ aufdringlich
penetratie Penetration *v*, Eindringen *o*
penetreren penetrieren, durchdringen
penibel peinlich
penicilline Penizillin *o*
penis Penis *m*, Glied *o*
peniskoker Penisfutteral *o*

penitentiair straf-, Straf- ★ *~e inrichting* Strafanstalt *v*
penitentie Bußübung *v*
pennen *schrijven* schreiben
pennenbak Federbehälter *m*, Federschale *v*
pennenstreek Federstrich *m* ★ *met één ~* mit einem Federstrich
pennenstrijd Polemik *v*
pennenvrucht ≈ schriftstellerische Leistung *v*, ≈ inform Schreibe *v*
pennenzak BN *etui* Etui *o*, Behälter *m*, Futteral *o*
penning ❶ *plaatje* Marke *v* ★ *de hond heeft een ~ aan zijn halsband* der Hund hat eine Hundemarke am Halsband ❷ *munt* ⟨munteenheid⟩ Pfennig *m*, Münze *v*, ⟨gedenkpenning⟩ Gedenkmünze *v* ★ *op de ~ zijn* auf den Pfennig sehen, ein Pfennigfuchser sein ★ *tot de laatste ~* auf Heller und Pfennig, bis auf den letzten Pfennig
penningmeester Kassenwart *m*, ⟨officieel⟩ Schatzmeister *m*
penopauze Penopause *v*
penoze Unterwelt *v*
pens ❶ *buik* Wampe *v*, Wanst *m* ❷ *voormaag* Pansen *m* ❸ BN cul *bloedworst* Blutwurst *v*
penseel Pinsel *m*
penseelstreek Pinselstrich *m*
pensioen Rente *v*, ⟨van ambtenaren⟩ Pension *v* ★ *met ~ gaan* in Rente gehen
pensioenbreuk Rentenbruch *m*
pensioenfonds Rentenversicherungsanstalt *v*, ⟨ter aanvulling wettelijke regeling⟩ Pensionskasse *v*
pensioengat Rentenloch *o*
pensioengerechtigd jur pensionsberechtigt ★ *~e leeftijd* Pensionsalter *o*, Rentenalter *o*
pensioenopbouw Rentenaufbau *m*
pensioenpremie Rentenversicherungsbeitrag *m*
pension ❶ *kosthuis* Pension *v* ❷ *verzorging* Kost und Logis
pensionaat Internat *o*
pensioneren in den Ruhestand versetzen, ⟨ambtenaren⟩ pensionieren, ⟨overige werknemers⟩ auf Rente setzen
pensionering Pensionierung *v*
pensionhouder Pensionswirt *m*
pentagram Pentagramm *o*, Pentalpha *o*
pentatleet Fünfkämpfer *m*
pentatlon Fünfkampf *m*
penthouse Penthouse *o*, Penthaus *o*
penvriend Brieffreund *m*
pep ❶ *fut* Schneid *m* ❷ *pepmiddel* Pep *m*
peper cul *specerij* Pfeffer *m*
peperbus Pfefferstreuer *m*
peperduur sündhaft teuer
peperen pfeffern ★ *sterk gepeperd* stark gepfeffert, pfeffrig ★ *een gepeperde rekening* eine gepfefferte Rechnung ★ *gepeperde anekdotes vertellen* würzige Anekdoten erzählen
peper-en-zoutkleurig Pfeffer und Salz ★ *een ~ kostuum* ein Anzug *m* in Pfeffer und Salz
peper-en-zoutstel Pfeffer und Salz *o*
peperkoek BN cul *ontbijtkoek* ≈ Honigkuchen *m*
peperkorrel Pfefferkorn *o*
pepermolen Pfeffermühle *v*
pepermunt ❶ cul *snoepgoed* Pfefferminz *o* ❷ *plant* Pfefferminze *v* → **pepermuntje**
pepermuntje cul *snoepje* Pfefferminzbonbon *m/o*
pepernoot cul ≈ Pfeffernuss *v*
pepmiddel Aufputschmittel *o*, Pepmittel *o*
pepperspray Pfefferspray *o*
peppil Peppille *v*
peptalk aufpeppende(n) Worte *mv*
per ❶ *vanaf* ab [+3] ★ *per 1 augustus* ab 1. [ersten] August ★ *per maandag aanstaande* ab nächstem Montag ❷ *door middel van* per [+4] ★ *per fiets* per Fahrrad, mit dem Fahrrad ★ *per boot* per Schiff, mit dem Schiff ★ *per trein* per Zug, mit dem Zug ★ *per vliegtuig* per Flugzeug, mit dem Flugzeug ★ *iets per vliegtuig versturen* etw. per Luftpost verschicken ❸ *bij een hoeveelheid van* pro [+4] ★ *per stuk* pro / je Stück ★ *per dag* pro / am Tag ★ *per vierkante meter* pro Quadratmeter ★ *honderd kilometer per uur* hundert Kilometer pro Stunde
perceel ❶ *stuk land* Grundstück *o*, Parzelle *v* ★ *in percelen verdelen* parzellieren ❷ *pand* Haus *o*, Gebäude *o*
percent → **procent**
percentage Prozentsatz *m*
percentsgewijs prozentual
perceptie Perzeption *v*, Wahrnehmung *v*
perceptief perzeptiv, wahrnehmend, scharfsinnig
percolator Perkolator *m*
percussie Schlagzeug *o*
percussionist Schlagzeuger *m*
perenboom Birnbaum *m*
perensap cul Birnensaft *m*
perfect perfekt
perfectie Perfektion *v* ★ *tot in de ~* perfekt
perfectioneren perfektionieren, vervollkommnen
perfectionist Perfektionist *m*
perforatie Perforation *v*
perforator Locher *m*
perforeren lochen, perforieren
pergola Pergola *v*, Laubengang *m*
perifeer peripher ★ *het perifere zenuwstelsel* das periphere Nervensystem
periferie Peripherie *v*, Randgebiet *o* ★ *aan de ~ van de stad* am Stadtrand
perikel ❶ *gevaar* Gefahr *v* ❷ *lastig voorval* Abenteuer *o*
periode Periode *v* ★ *in die gruwelijke ~* in dieser schrecklichen Zeit ★ *voor een vrij lange ~* über einen längeren Zeitraum
periodiek I *zn* [de/het] ❶ *tijdschrift* Zeitschrift *v* ❷ *salarisverhoging* regelmäßige Gehaltserhöhung *v* **II** *bnw* periodisch ★ *~ systeem* Periodensystem *o*
periodiseren periodisieren
periscoop Periskop *o*
peristaltisch peristaltisch
perk ❶ *bloembed* Beet *o* ❷ fig *begrenzing* Grenze *v* ★ *binnen de perken blijven* sich in Grenzen halten ★ *de perken te buiten gaan* die Grenze des Erlaubten überschreiten
perkament Pergament(papier) *o*
perm Perm *o*
permafrost Dauerfrostboden *m*
permanent I *zn* [het] Dauerwelle *v* **II** *bnw*

pe

permanent, ständig, ⟨voortdurend⟩ dauernd
permanenten eine Dauerwelle machen ★ *zij heeft gepermanent haar* sie hat eine Dauerwelle
permeabel permeabel, durchdringbar, durchlässig
permissie *verlof* Erlaubnis *v* ★ *met* ~ mit Verlaub ★ ~ *vragen* um Erlaubnis bitten
permissief permissiv
permitteren erlauben ★ *ik kan het mij* ~ ich kann es mir leisten ★ *dat is niet gepermitteerd* das ist nicht erlaubt
peroxide Peroxid *o*
perpetuum mobile Perpetuum *o* mobile
perplex perplex, verblüfft, verdutzt ★ *ik sta er* ~ *van!* da bin ich ja platt!
perron Bahnsteig *m*
Pers Perser *m*
pers ❶ *toestel om te persen* Presse *v* ❷ *drukpers* Druckpresse *v* ★ *ter perse zijn* in Druck sein ★ *vers van de pers* brühwarm ❸ *nieuwsbladen en journalisten* Presse *v* ★ *de pers halen* in die Zeitung kommen ❹ *tapijt* Perserteppich *m*
persagentschap Presseagentur *v*
persbericht ❶ *bericht aan de pers* Presseerklärung *v* ❷ *bericht in de pers* Pressebericht *m*, Pressemeldung *v*
persbureau Pressebüro *o*, Presseagentur *v*, Nachrichtenagentur *v*
perschef Pressesprecher *m*
persconferentie Pressekonferenz *v*
per se unbedingt ★ *iets* ~ *willen doen* etw. unbedingt tun wollen ★ *hij wilde* ~ *mee* er wollte unbedingt mit ★ *dat hoeft niet* ~ *waar te zijn* das muss nicht unbedingt wahr sein
persen I *ov ww* ❶ *krachtig drukken* pressen ★ *zich in een broek* ~ sich in eine Hose zwängen / quetschen ❷ *uitpersen* pressen ❸ *gladstrijken* pressen ★ *een pak* ~ einen Anzug dämpfen **II** *on ww, drukken* pressen
persfotograaf Pressefotograf *m*
persiflage Persiflage *v*
persifleren persiflieren
perskaart Pressekarte *v*, Presseausweis *m*
persklaar druckfertig
persmuskiet Paparazzo *m*
personage ❶ *rol, figuur* Figur *v* ❷ *persoon* Person *v*, inform Typ *m*
personal computer Personal Computer *m*
personalia Personalien *mv*
personaliteit BN *vip* V.I.P. *v*
personeel I *zn* [het] Personal *o*, Angestellte(n) *mv* ★ *gebrek aan* ~ Personalmangel *m* ★ ~ *gevraagd* Stellenangebote ★ ~ *aangeboden* Stellengesuche **II** *bnw, persoonlijk* persönlich
personeelsadvertentie Stellenanzeige *v*
personeelsafdeling Personalabteilung *v*
personeelsbeleid Personalpolitik *v*
personeelschef Personalchef *m*
personeelslid Mitarbeiter *m*
personeelsstop Einstellungsstopp *m*
personeelstekort Personalmangel *m*
personeelszaken ❶ *aangelegenheden* Personalangelegenheiten *mv* ❷ *afdeling* Personalabteilung *v*, Personalverwaltung *v*
personenauto Personenwagen *m*
personenlift Personenaufzug *m*
personenregister Personenverzeichnis *o*, Personenregister *o*
personentrein Personenzug *m*
personenvervoer Personenverkehr *m*, Personenbeförderung *v*
personificatie Personifikation *v*, Personifizierung *v*, ⟨belichaming⟩ Verkörperung *v*
personifiëren personifizieren, verkörpern
persoon ❶ *individu* Person *v*, Figur *v* ★ *zij is daarvoor de aangewezen* ~ sie ist dafür wie geschaffen ★ *mijn* ~*tje* meine Wenigkeit ★ *in eigen* ~ in (höchst)eigener Person ★ *de gierigheid in* ~ der Geiz in Person ❷ taalk Person *v*
persoonlijk *m.b.t. individu* privat, persönlich ★ *om* ~*e redenen* aus persönlichen Gründen ★ ~ *tintje* persönliche Note *v* ★ ~*e aangelegenheid* Privatangelegenheit *v*
persoonlijkheid *persoon* Persönlichkeit *v*
persoonsbewijs Personalausweis *m*
persoonsgebonden personengebunden
persoonsregister Personenstandsregister *o*
persoonsregistratie Personenregistrierung *v*
persoonsverheerlijking Personenkult *m*
persoonsvorm Personalform *v*, finite Form *v*
perspectief I *zn* [het] ❶ *vooruitzicht* Perspektive *v*, Aussicht *v* ❷ *oogpunt* Perspektive *v*, Aussicht *v*, Weitblick *m* ★ *vanuit historisch* ~ aus historischer Sicht *v* **II** *zn* [de], *uitbeelding in plat vlak* Perspektive *v*
perspectivisch I *bnw* perspektivisch **II** *bijw* perspektivisch
perspex I *zn* [het] Plexiglas *o* **II** *bnw* aus Plexiglas
perssinaasappel Apfelsine *v* zum Auspressen
perstribune Pressetribüne *v*
persvoorlichter Pressesprecher *m*
persvrijheid Pressefreiheit *v*
perswee Presswehe *v*
pertinent entschieden, bestimmt
Peru Peru *o*
Peruaan Peruaner *m*
Peruaans peruanisch
Peruaanse Peruanerin *v*
pervers pervers, abartig
perversie Perversion *v*
Perzië Persien *o*
perzik *vrucht* Pfirsich *m*
perzikhuid Pfirsichhaut *v*
Perzisch persisch
Perzische Perserin *v*
Perzische Golf Persischer Golf *m*
Pesach rel Pessach *o*
pessarium Pessar *o*
pessimisme Pessimismus *m*
pessimist Pessimist *m*
pessimistisch pessimistisch
pest ❶ *ziekte* Pest *v* ❷ *iets schadelijks* Pest *v* ▼ *de pest hebben aan iem.* jemanden hassen wie die Pest ▼ *de pest hebben aan iets* etwas hassen wie die Pest ▼ *ik heb er de pest in* das kotzt mich an ▼ *dat is juist de pest* da liegt / sitzt der Haken
pest- Mist-, Scheiß-
pestbui Stinklaune *v*, Scheißlaune *v*
pesten schikanieren, piesacken
pestepidemie Pestepidemie *v*, Pestseuche *v*
pesterij ❶ *getreiter* Piesackerei *v* ❷ *peststreek*

Schikane *v*
pesthekel Mordshass *m* ★ *een ~ hebben / krijgen aan* jmdn. / etw. hassen wie die Pest
pesthumeur Stinklaune *v*
pesticide Pestizid *o*
pestkop Quälgeist *m*
pesto cul Pesto *o*
pet I *zn* [de] Schirmmütze *v*, Mütze *v* ★ *dat gaat boven mijn pet* das ist mir zu hoch ★ *ik kan er met mijn pet niet bij* das geht über meinen Verstand ★ *er met de pet naar gooien* es nicht so genau nehmen ★ *dat is huilen met de pet op* das ist zum Heulen **II** *bnw* ★ *dat is pet* das ist ganz schön blöd
petekind Patenkind *o*
petemoei Patin *v*, Patentante *v*
peter Pate *m*, Patenonkel *m*
peterschap BN *financiële ondersteuning* Sponsoring *o*, Sponsorschaft *v*, Patenschaft *v*
peterselie cul Petersilie *v*
petfles Petflasche *v*
petieterig winzig, klitzeklein, ⟨jammerlijk⟩ mickerig
petitfour Petits Fours *mv*
petitie Petition *v*
petrochemie Petrochemie *v*
petrochemisch petrochemisch
petroleum Petroleum *o*
petroleumlamp Petroleumlampe *v*
petroleumtanker Öltanker *m*
pets Schlag *m*, ⟨licht⟩ Klaps *m*
petticoat Petticoat *m*
petunia Petunie *v*
peuk *stompje sigaret* Kippe *v*
peul ❶ *peulvrucht* Hülsenfrucht *v* ❷ *soort erwt* Zuckererbse *v* ▾ *lust je nog peultjes?* da staunst du, wie?
peulenschil ❶ *schil van peul* Schote *v*, Hülse *v* ❷ *kleinigheid* Pappenstiel *m*, Kinderspiel *o* ★ *dat is geen ~* das ist nicht ohne
peulvrucht ❶ *erwt, boon* Hülsenfrucht *v* ❷ *plant* Hülsenfrucht *v*
peut ❶ *petroleum* Petroleum *o* ❷ *terpentine* Terpentin *o*
peuter Kleinkind *o*
peuteren ❶ *pulken* (herum)stochern ★ *in je neus ~* in der Nase bohren ❷ *friemelen* fröbeln, tüfteln
peuterig *prutserig* tüftelig
peuterleidster Erzieherin *v*, Kindergärtnerin *v*
peuterspeelzaal, BN **peutertuin** ≈ Kindergarten *m*
peuzelen futtern, schnabulieren, schmausen
pezen ❶ *hard werken* schuften ❷ *neuken* bumsen, ficken
pezig *taai* sehnig
pfeiffer Pfeiffersche(s) Drüsenfieber *o*
pH pH-Wert *m*
photoshoppen photoshoppen
pH-waarde pH-Wert *o*
pi *getal* Pi *o*
pianissimo muz pianissimo
pianist Klavierspieler *m*, ⟨beroeps⟩ Pianist *m*
piano I *zn* [de] Klavier *o* **II** *bijw* piano
pianoconcert *muziekstuk* Klavierkonzert *o*
pianoles Klavierstunde *v*
pianostemmer Klavierstimmer *m*
pias Hanswurst *m*
piccalilly Mixed Pickles *mv*
piccolo ❶ *fluit* Pikkoloflöte *v* ❷ *bediende* Pikkolo *m* ❸ BN cul *hard puntbroodje* längliche(s) Brötchen *o*
picknick Picknick *o*
picknicken picknicken
picknickmand Picknickkorb *m*
pick-up ❶ *kleine open vrachtauto* Pritschenwagen *m*, Kleinkraftwagen *m*, Pick-up *m* ❷ *platenspeler* Plattenspieler *m*, Pick-up *m*
pico bello picobello, tipptopp
pictogram Piktogramm *o*
picture ▾ *in de ~ komen* im Mittelpunkt des Interesses kommen
pied-à-terre Wochenendhaus *o*
piëdestal Sockel *m*, Piedestal *o*
pief Knilch *m*, Typ *m* ★ *een hoge pief* ein hohes Tier
piek ❶ *bergtop* Spitze *v* ❷ *hoogtepunt* Spitze *v* ❸ *haarlok* Strähne *v* ❹ *kerstversiering* Weihnachtsbaumspitze *v*
pieken ❶ *goed presteren* in Höchstform / Bestform sein ❷ *van haar* struppig sein
piekeraar Grübler *m*
piekeren grübeln
piekfijn piekfein ★ *~ gekleed* picobello angezogen, inform wie aus dem Ei gepellt ★ *dat is ~ voor elkaar* das ist prima geregelt
piekhaar strähnige(s) Haar *o*, ⟨verward⟩ Zottelhaar *o*
piekuur Stoßzeit *v*, ⟨verkeer⟩ Rushhour *v*, ⟨verkeer⟩ Hauptverkehrszeit *v*
pielen *aanrommelen* herumwursteln
piemel Schwanz *m*, Pimmel *m*
pienter pfiffig, gescheit, schlau, ⟨bijdehand⟩ gewitzt, ⟨gewiekst⟩ gewiegt
piep I *bnw* blutjung ★ *zij is ook niet meer piep* sie ist auch nicht mehr die Jüngste **II** *tw* piep(s)
piepen I *ov ww* ★ *'m ~* türmen ★ *dat is zo gepiept* das schaffen wir im Nu **II** *on ww* ❶ *geluid maken* ⟨van vogeltjes⟩ piepen, ⟨piepend spreken⟩ piepsen, ⟨van deur / schoenen / remmen⟩ quietschen ❷ *klagen* ★ *dadelijk piep je wel anders* gleich wirst du schon ganz anders reden ❸ BN *gluren* schielen (**naar** nach) [+3]
pieper ❶ *aardappel* form Kartoffel *v* ❷ *apparaatje* Piepser *m*
piepjong blutjung
piepklein klitzeklein
piepkuiken Küken *o*
piepschuim Styropor *o*
pieptoon Pfeifton *m*
piepzak ▾ *in de ~ zitten* Schiss haben
pier ❶ *worm* Regenwurm *m*, ⟨om mee te vissen⟩ Köderwurm *m* ★ *zo dood als een pier* mausetot ❷ *wandeldam* Mole *v*, Pier *m* ❸ *loopbrug* Flugsteig *v*
piercing Piercing *o*
pierenbad Nichtschwimmerbecken *o*
pierewaaien bummeln, sich herumtreiben
pies Pisse *v*
piesen pinkeln, ⟨vulgair⟩ pissen
Piet Peter *m* ▾ *voor Piet Snot staan* als Jammergestalt dastehen ▾ *Zwarte Piet* Knecht *m* Ruprecht

piet ❶ *vent* ⟨expert⟩ Ass *o* ★ *een hoge piet* ein hohes Tier ★ *de hoge pieten* die Bonzen ★ *een saaie piet* ein langweiliger Kerl *m*, ein öder Typ *m* ★ *zich een hele piet voelen* ein ganzer Kerl sein ❷ *vogel* Kanarienvogel *m*
piëteit Pietät *v* ★ *iets alleen al uit ~ doen / laten* etw. machen / unterlassen, weil es die Pietät gebietet
pietepeuterig ❶ *klein* winzig, klitzeklein ❷ *pietluttig* pingelig, peinlich genau
piëtisme Pietismus *m*
pietje-precies Haarspalter *m* ★ *hij is een ~* er ist sehr pedantisch
pietlut Kleinigkeitskrämer *m*, Pedant *m*
pietluttig kleinlich, pedantisch
pigment Pigment *o*
pigmentvlek Pigmentfleck *m*
pij Kutte *v*
pijl *projectiel* Pfeil *m* ▾ *als een pijl uit de boog* wie der Blitz, schnell wie ein Pfeil ▾ *meer pijlen op zijn boog hebben* mehrere Eisen im Feuer haben
pijler Pfeiler *m* ▾ *de ~s van de samenleving* die Stützen der Gesellschaft
pijlinktvis Kalmar *m*
pijlkruid Pfeilkraut *o*
pijlsnel pfeilschnell
pijltjestoets Pfeiltaste *v*
pijlvormig pfeilförmig
pijn ❶ *lichamelijk lijden* Schmerzen *mv*, Schmerz *m* ★ *een zeurende pijn* ein bohrender Schmerz ★ *doffe pijn* dumpfe(r) Schmerz *m* ❷ *verdriet* Pein *v* ★ *dat deed haar pijn* das tat ihr weh, das bereitete ihr Schmerzen ★ *pijn lijden* Schmerzen haben ★ *met pijn en moeite* mit Mühe und Not
pijnappel Kiefernzapfen *m*
pijnappelklier Zirbeldrüse *v*, Epiphyse *v*
pijnbank Folterbank *v*, Folter *v*
pijnbestrijding Schmerzbekämpfung *v*
pijnboom Kiefer *v*
pijnboompit Pinienkern *m*
pijndrempel Schmerzschwelle *v*
pijngrens Schmerzgrenze *v*
pijnigen lett peinigen, martern, quälen
pijnlijk ❶ *wat pijn doet* schmerzend, schmerzhaft ★ *een ~e arm* ein schmerzender Arm ★ *ik heb ~e handen* mir schmerzen die Hände ★ *een ~ verlies* ein schmerzlicher / empfindlicher Verlust ❷ *onaangenaam* peinlich ★ *een ~ voorval* ein peinlicher Vorfall
pijnloos schmerzlos
pijnprikkel Schmerzauslöser *m*
pijnpunt ❶ *pijnlijke plek* schmerzhafte Stelle *v* ❷ fig *discussiepunt* wunde(r) Punkt *m*
pijnscheut stechende(r) Schmerz *m*, Stich *m*
pijnstillend schmerzstillend, ⟨pijn verzachtend⟩ schmerzlindernd
pijnstiller Schmerzmittel *o*
pijp ❶ *buis* ⟨dunner⟩ Röhre *v*, ⟨dikker⟩ Rohr *o*, ⟨staafje⟩ Stange *v* ★ *de pijp uitgaan* den Löffel abgeben ❷ *broekspijp* Hosenbein *o* ❸ *rookgerei* Pfeife *v* ★ fig *een zware pijp roken* es schwer haben ★ *de pijp aan Maarten geven* den Löffel abgeben ❹ → **pijpje**
pijpen *fellatio bedrijven* flöten, blasen ▾ *naar iemands ~ dansen* nach jemandes Pfeife tanzen
pijpenkrul Korkenzieherlocke *v*
pijpenla fig *smal gebouw* Schlauch *m*
pijpensteel Pfeifenrohr *o* ▾ *het regent pijpenstelen* es gießt in Strömen, es regnet Bindfäden
pijpfitter Rohrinstallateur *m*
pijpfitting Fitting *o*
pijpje *pilsflesje* Flasche *v*
pijpleiding Rohrleitung *v*
pijpsleutel *gereedschap* Steckschlüssel *m*
pik ❶ *penis* Schwanz *m* ❷ *houweel* Spitzhacke *v*, Pickel *m*, ⟨kleine zeis⟩ Sichel *v* ▾ *de pik op iem. hebben* jemanden auf dem Kieker haben ▾ *op zijn pik getrapt zijn* sich auf den Schwanz getreten fühlen
pikant ❶ *scherp* scharf ❷ *gewaagd* pikant
pikdonker I *zn* [het] Zappenduster *o* II *bnw* stockdunkel, stockfinster
pikeren *beledigen* kränken, pikieren ★ *gepikeerd zijn* pikiert / gekränkt sein
piket Bereitschaft *v*
pikeur Bereiter *m*
pikhouweel Pickel *m*, Spitzhacke *v*
pikkedonker I *zn* [het] Zappenduster *o* II *bnw* stockdunkel
pikken ❶ *stelen* klauen ❷ *pakken* sich schnappen ❸ *prikken, steken* piken, stechen ❹ *dulden* schlucken
pikorde Hackordnung *v*
pikzwart rabenschwarz, pechschwarz
pil ❶ *geneesmiddel* Pille *v* ❷ *anticonceptiepil* Pille *v* ❸ *dik boek* Wälzer *m*, Schinken *m*
pilaar Pfeiler *m*, Säule *v*
pilav Pilau *m*, Pilaw *m*
pillendoos Pillendöschen *o*
piloot Pilot *m*, Flieger *m* ▾ *automatische ~* Autopilot *m*
pilotstudie Pilotstudie *v*
pils Pils *o*, Pilsener *o*
pimpelen picheln, bechern
pimpelmees Blaumeise *v*
pimpelpaars violett, blaurot
pimpen pimpen
pin ❶ *staafje* Bolzen *m*, Stift *m* ❷ *pinnig mens* Geizkragen *m* ▾ BN *met iets voor de pinnen komen* etwas zur Sprache bringen
pinapparaat Bezahlterminal *o*, Kassenterminal *o*
pinautomaat *betaalautomaat* Geldautomat *m*
pincet Pinzette *v*
pincode persönlicher geheimer Ziffernkode *m*
pinda Erdnuss *v*
pindakaas cul Erdnussbutter *v*
pindasaus cul Erdnusssoße *v*
pineut ▾ *de ~ zijn* der Dumme sein
pingelaar *iem. die afdingt* Feilscher *m*
pingelen ❶ *afdingen* feilschen ❷ voetb herumfuchteln ❸ *tikken van motor* klingeln
pingpongbal Tischtennisball *m*
pingpongen Tischtennis spielen
pingpongtafel Tischtennistisch *m*
pinguïn Pinguin *m*
pink ❶ *vinger* kleine(r) Finger *m* ❷ *kalf* Jungtier *o* ▾ *bij de pinken zijn* Köpfchen haben
pinken BN *knipogen* blinzeln, zwinkern
pinksterbloem Wiesenschaumkraut *o*
Pinksteren Pfingsten *mv* ★ *met ~* an Pfingsten, zu Pfingsten
pinkstermaandag Pfingstmontag *m*

pi

pinkstervakantie onderw Pfingstferien *v*
pinnen ❶ *betalen* mit der Geldkarte bezahlen ❷ *geld opnemen* Geld aus dem Geldautomaten abheben
pinnig ❶ *vinnig* bissig, ⟨bazig⟩ herrisch ❷ *gierig* geizig, knauserig
pinpas Geldkarte *v*
pint BN Halbe *v* ★ *een pint bier* ein Krug / Glas Bier
pin-up Pin-up-Girl *o*
pioen Pfingstrose *v* ▼ *een hoofd als een ~ hebben* einen feuerroten Kopf haben
pioenroos Pfingstrose *v*
pion *speelfiguurtje* ⟨schaken⟩ Bauer *m*, Stein *m*
pionier Pionier *m*
pionieren Pionierarbeit *v* leisten
pioniersgeest Pioniergeist *m*
pionierswerk Pionierarbeit *v*
pipet Pipette *v*
pips blass, matt ★ *er pips uitzien* blass / matt / kränklich aussehen
piraat ❶ *zeerover* Pirat *m* ❷ *zender* Piratensender *m*
piramide Pyramide *v*
piramidevormig pyramidenförmig
piranha Piranha *m*
pirateneditie Raubdruck *m*
piratenschip ❶ *zeeroversschip* Piratenschiff *o* ❷ *illegaal radioschip* Piratensender *m*
piratenzender Piratensender *m*
piraterij Piraterie *v*
pirouette Pirouette *v*
pis Pisse *v*
pisang Banane *v*, Pisang *m*, ⟨boom⟩ Bananenstaude *v* ★ *de ~ zijn* der Dumme sein
pisbak Pinkelbecken *o*
pisnijdig stocksauer, stinkwütend
pispaal Prügelknabe *m*
pispot Pisspott *m*
pissebed Mauerassel *v*
pissen pinkeln, pissen, form urinieren
pissig giftig
pistache *noot* Pistazie *v*, Pistaziennuss *v*
pistachenoot Pistaziennuss *v*
piste Piste *v*
pistolet Brötchen *o*
piston ❶ *muziekinstrument* Kornett *o* ❷ techn *zuiger* Kolben *m*
pistool Pistole *v* ▼ *iem. het ~ op de borst zetten* jemandem die Pistole auf die Brust setzen
pistoolschot Pistolenschuss *m*
pit ❶ *kern van vrucht* Kern *m*, Stein *m* ❷ *elan* Schwung *m*, Mumm *m* ★ *er zit geen pit in* das hat keinen Pep ❸ *brander* Flamme *v*, Brenner *m* ★ *gasstel met 3 pitten* Gaskocher mit drei Flammen *m* ★ *iets op een laag pitje zetten* etw. auf Sparflamme setzen ❹ *lont* Docht *m*
pitabroodje cul Pita *v*
pitbull Pittbull *m*
pitcher sport Pitcher *m*
pitje → **pit**
pitloos ❶ kernlos, ohne Kern ❷ fig schwunglos, temperamentlos, matt
pitriet Peddigrohr *o*
pits sport *reparatieplaats* Box *v*
pitsstop sport Boxenstopp *m*
pitten I *ov ww, van pit ontdoen* entkernen II *on ww, slapen* pennen
pittig ❶ *pikant van smaak* würzig ❷ *met energie* beschwingt, schneidig, temperamentvoll ★ *een ~e meid* ein flottes Mädchen
pittoresk pittoresk, malerisch
pixel comp Pixel *m*
pizza Pizza *v*
pizzakoerier Pizza(aus)fahrer *m*, ⟨persoon⟩ Pizzabote *m*, ⟨bedrijf⟩ Pizza-Bring-Dienst *m*
pizzeria Pizzeria *v*
plaag ❶ *bezoeking* Plage *v* ❷ *ziekte* Seuche *v*
plaaggeest *demon* Quälgeist *m*
plaagstoot fig herausfordernde Handlung *v*
plaagziek ⟨treiterend⟩ quälerisch, ⟨speels⟩ neckisch
plaaster BN *gips* Gips *m*
plaat ❶ *plat, hard stuk* Platte *v*, Blech *o*, Schild *o* ★ *ijzeren ~* Eisenplatte *v*, Eisenblech *o* ★ *de ~ poetsen* sich aus dem Staub machen ❷ *prent* Bild *o*, Stich *m* ❸ *grammofoonplaat* Schallplatte *v* ❹ *zandbank* Sandbank *v*, Platte *v* → **plaatje**
plaatijzer Eisenblech *o* ★ *gegolfd ~* Wellblech *o*
plaatje ❶ *afbeelding* Bild *o* ★ *een ~ schieten* knipsen ❷ *iets moois* Gedicht *o* ★ *het is een ~* es ist bildschön
plaatopname (Schall)Plattenaufnahme *v*
plaats ❶ *ruimte waar iemand / iets zich bevindt* Stelle *v* ★ *de ~ van de misdaad* Tatort *m* ★ *de ~ van handeling* der Schauplatz ★ *~ des onheils* Unglücksstätte *v* ★ *ter ~e* an Ort und Stelle ★ *van ~ wisselen* den Platz wechseln ★ BN *ter ~e trappelen* auf der Stelle treten ❷ *ruimte die iemand / iets inneemt* Ort *m*, Platz *m* ★ *veel ~ innemen* viel Platz einnehmen ❸ *woonplaats* Ort *m*, Ortschaft *v* ❹ *functie* Stelle *v* ❺ *positie* Rang *m*, Stelle *v* ★ *in jouw ~ zou ik* an deiner Stelle würde ich ★ *de ~ van iem. innemen* jmds. Stelle einnehmen ★ *in de eerste ~* an erster Stelle, in erster Linie ★ *in ~ van* (an)statt [+2] ★ *in ~ daarvan* stattdessen ★ *in ~ van dat hij zelf komt* (an)statt selbst zu kommen ★ *op zijn ~ zijn* fehl am Platze sein
plaatsbepaling Ortsbestimmung *v*
plaatsbespreking Platzreservierung *v*
plaatsbewijs ⟨bus, trein⟩ Fahrkarte *v*, ⟨toegangskaartje⟩ Eintrittskarte *v*, ⟨genummerd of gereserveerd⟩ Platzkarte *v*
plaatselijk I *bnw, ter plaatse* örtlich, lokal, Orts-, Lokal- ★ *~ nieuws* regionale Nachrichten ★ *~ nieuwsblad* Lokalzeitung *v*, Lokalanzeiger *m* II *bijw* ❶ *ter plaatse* örtlich ❷ *hier en daar* stellenweise ★ *~ zon* stellenweise sonnig
plaatsen I *ov ww* ❶ *een plaats geven* setzen, stellen, aufstellen, ⟨tent / kraam⟩ aufschlagen ★ *een artikel ~* einen Artikel unterbringen ★ *iets niet kunnen ~* etw. nicht unterbringen können ❷ *van geld* anlegen ❸ *werk verschaffen* einstellen ❹ *afnemer vinden* anbringen, absetzen ★ *orders ~* Aufträge vergeben II *wkd ww* [**zich ~**] sport platzieren
plaatsgebrek Platzmangel *m*
plaatshebben stattfinden
plaatsing ❶ *het plaatsen* Aufstellung *v*, ⟨krant⟩ Aufnahme *v* ❷ *klassering* Platzierung *v*
plaatsmaken ★ *~ voor iem.* jmdm. Platz machen

plaatsnaam Ortsname *m*
plaatsnemen Platz nehmen
plaatsruimte Platz *m*, Raum *m*
plaatsvervangend stellvertretend ★ *~e schaamte voelen* sich für jmdn. schämen
plaatsvervanger Stellvertreter *m*
plaatsvinden stattfinden
plaatwerk ❶ *boek* Bilderbuch *o*, Bildband *m* ❷ *plaatmetaal* Metallblech *o*, Blechwaren *mv*
placebo Placebo *o*
placebo-effect Placeboeffekt *m*
placemat Tischset *m*
placenta Plazenta *v*
placht [verl. td.] → **plegen**
plachten [verl. td.] → **plegen**
pladijs BN *schol* Scholle *v*
plafond ❶ *kamerplafond* Decke *v* ❷ fig *bovengrens* Höchstgrenze *v*
plafonneren BN *aan een maximum koppelen* limitieren
plafonnière Deckenleuchte *v*
plag Sode *v*, Plagge *v*
plagen ❶ *pesten* necken ★ *ik zei het maar om te ~* ich wollte dich nur aufziehen ❷ *hinderen* plagen, quälen
plagerig neckisch, spöttisch
plagerij Neckerei *v*, Frotzelei *v*, Spöttelei *v*
plagiaat Plagiat *o* ★ *~ plegen* sich des Plagiats schuldig machen
plagiëren plagiieren
plaid Plaid *m*, Reisedecke *v*
plak ❶ *schijf* Scheibe *v*, Schnitte *v*, ‹chocolade› Tafel *v* ★ *onder de plak zitten van* unter jmds. Pantoffel stehen ❷ *tandaanslag* Zahnbelag *m*
plakband Klebeband *o*, Klebestreifen *m*
plakboek Buch *o* zum Einkleben
plakkaat ❶ *aanplakbiljet* Plakat *o*, Anschlag *m* ❷ *vlek, klodder* Klecks *m*
plakkaatverf Plakatfarbe *v*
plakken I *ov ww, lijmen* kleben, ‹behang› kleistern, ‹band› flicken **II** *on ww* ❶ *kleven* kleben ❷ *lang blijven* lange sitzen bleiben, hängen bleiben
plakker ❶ *sticker* Aufkleber *m*, Sticker *m* ❷ *iem. die iets aanplakt* Plakatkleber *m*
plakkerig klebrig, ‹aan elkaar geplakt› verklebt
plakletter Klebebuchstabe *m*
plakplaatje Klebebild *o*
plakplastic Plastikklebefolie *v*
plaksel Kleber *m*
plakstift Klebestift *m*
plamuren spachteln
plamuur Spachtelkitt *m*, Spachtelmasse *v*
plamuurmes Spachtel *m*
plan ❶ *voornemen, bedoeling* Vorhaben *o*, Vornehmen *o* ★ *van plan zijn om...* die Absicht haben..., ... beabsichtigen ❷ *ontwerp, uitgewerkt idee* Plan *m*, Entwurf *m* ★ *volgens plan* planmäßig ❸ BN *plattegrond* Plan *m* ❹ *niveau* ★ *op een hoger plan staan* Priorität haben
planbureau Planungsbehörde *v*, Planungsbüro *o*
planeconomie Planwirtschaft *v*
planeet Planet *m*
planeetbaan Planetenbahn *v*
planetarium Planetarium *o*
planetenstelsel Planetensystem *o*

pl

planetoïde Planetoid *m*, Asteroid *m*
plank *stuk hout* Brett *o* ★ *schutting van ~en* Bretterzaun *m* ▼ *zo stijf zijn als een ~* steif wie ein Brett sein ▼ *op de ~en staan* auf der Bühne stehen ▼ *dat is van de bovenste ~* das ist Spitzenklasse ▼ *hij heeft een ~ voor zijn kop* er hat ein Brett vor dem Kopf ▼ BN *de ~ maken* auf dem Rücken treiben ▼ *de ~ misslaan* sich auf dem Holzweg befinden
plankenkoorts Lampenfieber *o*
plankgas mit Vollgas
plankier Bretterboden *m*, ‹in huis› Holzfußboden *m*
plankton Plankton *o*
plankzeilen windsurfen
planmatig planmäßig
plannen planen
planning Planung *v*
planologie Raumordnung *v*
planologisch Raumordnungs-
planoloog Planer *m*
plant Pflanze *v*
plantaardig pflanzlich, Pflanzen- ★ *~e olie* Pflanzenöl *o*
plantage Plantage *v*
planten ❶ *in de grond zetten* pflanzen ❷ *stevig neerzetten* setzen, aufstellen
plantenbak Pflanzenbehälter *m*
planteneter Pflanzenfresser *m*
plantengroei ❶ *aanwezigheid van planten* Vegetation *v* ❷ *groei van planten* Pflanzenwuchs *m*
plantenrijk Flora *v*, Pflanzenreich *o*
planter ❶ *iem. die plant* Pflanzer *m* ❷ *eigenaar van plantage* Plantagenbesitzer *m*
plantkunde Pflanzenkunde *v*, Botanik *v*
plantkundig botanisch
plantsoen Park *m*, (Grün)anlage *v*
plantsoenendienst Gartenamt *o*
plaque ❶ ‹onderscheiding› Ordensstern *m*, ‹plaquette› Plakette *v* ❷ *tandplaque* Plaque *v*, Zahnbelag *m*
plaquette Plakette *v*
plas ❶ *plens* ★ *een plas bloed* eine Blutlache ❷ *regenplas* Pfütze *v*, Lache *v* ❸ *watervlakte* Pfuhl *m*, ‹meer› See *m*, ‹poel› Tümpel *m* ❹ *urine* Urin *m*, jeugdt Pipi *o*
plasma Plasma *o*
plasmacel Plasmazelle *v*
plasmascherm Plasmaschirm *m*
plaspauze Pinkelpause *v*
plaspil harntreibende(s) Mittel *o*
plassen ❶ *spatten* plätschern, planschen ❷ *urineren* pinkeln, jeugdt Pipi machen
plassengebied Seengebiet *o*, Seenplatte *v*
plasser Pimmel *m*, Schwanz *m*
plastic I *zn* [het] Plastik *o* **II** *bnw* Kunststoff-, Plastik-
plastiek I *zn* [de] ❶ *kunst* Plastik *v* ❷ *voorwerp* Plastik *v* **II** *zn* [het], BN *plastic* Plastik *o*
plastieken BN Plastik-
plastificeren mit Kunststoff beschichten
plastisch *vormgevend* plastisch
plat I *bnw* ❶ *vlak, ondiep* platt, flach ★ *plat op de grond vallen* der Länge nach hinfallen ★ *plat bord* flache(r) Teller *m* ★ *een plat vlak* eine ebene

Fläche ❷ *platvloers* vulgär, gemein, niedrig ❸ *niet in bedrijf* ★ *het spoorwegverkeer ligt plat* der Eisenbahnverkehr liegt still ❹ *dialectisch* platt ▼ *een zaal plat krijgen* das Publikum begeistern **II** *zn* [het] ❶ *plat vlak* Schelf *m/o* ❷ *plat dak* Flachdach *o* ❸ *dialect* Mundart *v*, Platt *o*
plataan Platane *v*
platbodem Plattbodenboot *o*
platbranden niederbrennen
platdrukken quetschen, zerdrücken, plätten
plateau ❶ *hoogvlakte* Hochebene *v* ❷ *presenteerblad* Plateau *o*
plateauzool Plateausohle *v*
platenbon Schallplattengutschein *m*
platencontract Schallplattenvertrag *m*
platenlabel Plattenlabel *o*
platenmaatschappij Plattenfirma *v*
platenspeler Plattenspieler *m*
platenzaak Schallplattenladen *m*
plateservice Tellergericht *o*
platform Plattform *v*, Podest *o*, Podium *o*
platgaan ❶ *gaan slapen* sich hinhauen, sich aufs Ohr hauen, ⟨seks hebben⟩ ins Bett steigen ❷ *onder de indruk raken* sich hinreißen lassen
platina I *zn* [het] Platin *o* **II** *bnw* aus Platin, Platin-
platinablond platinblond
platje *luis* Schamlaus *v*
platleggen ❶ *plat neerleggen* flachlegen ❷ *stilleggen* stilllegen, lahmlegen ★ *de spoorwegen ~* die Bahn bestreiken
platliggen ❶ *uitgestrekt liggen* ⟨ook ziek op bed⟩ flachliegen ❷ *stilliggen door staking* stillliegen, bestreikt werden
platonisch platonisch
platslaan plätten
platspuiten ruhigstellen
plattegrond *kaart* Plan *m*, ⟨gebouw⟩ Grundriss *m*, ⟨stad⟩ Stadtplan *m*
plattekaas BN cul *kwark* Quark *m*
platteland Land *o*, Provinz *v* ★ *op het ~ wonen* auf dem Land wohnen
plattelander Landbewohner *m*, min Provinzler *m*
plattelandsbevolking Landbevölkerung *v*
plattelandsgemeente Landgemeinde *v*
platvis Plattfisch *m*
platvloers platt, trivial, banal
platvoet Plattfuß *m*
platwalsen ❶ *pletten* platt walzen ❷ *overbluffen* überfahren
platweg *ronduit* rundweg, unumwunden, geradeheraus
platzak ★ *hij is ~* er ist abgebrannt, er ist pleite, bei ihm herrscht Ebbe
plausibel plausibel
plaveien (be)pflastern
plaveisel Pflaster *o*
plavuis Fliese *v*, ⟨groter⟩ Steinplatte *v*
playback Play-back *o*
playbacken zum Play-back / Playback singen
playbackshow Play-back-Show *v*
playboy Playboy *m*
plecht *verhoogd dek* Back *v*, Quarterdeck *o*
plechtig feierlich
plechtigheid ❶ *ceremonie* Feier *v*, Zeremoniell *o* ❷ *stemmigheid* Feierlichkeit *v*
plechtstatig feierlich, majestätisch
plectrum Plektron *o*
plee Lokus *m*, Klo *o*
pleegde [verl. td.] → **plegen**
pleegden [verl. td.] → **plegen**
pleeggezin Pflegefamilie *v*
pleegkind Pflegekind *o*
pleegmoeder Pflegemutter *v*
pleegouders Pflegeeltern *mv*
pleegvader Pflegevater *m*
pleepapier Klopapier *o*
plegen I *ov ww, uitvoeren* begehen, verüben **II** *on ww* ~ **te** pflegen zu ★ *zij pleegt dat zo te doen* sie pflegt es so zu machen
pleidooi Plädoyer *o* ★ *een vurig ~ houden* ein leidenschaftliches Plädoyer halten
plein Platz *m*, ⟨binnenplaats⟩ Innenhof *m*
pleinvrees Platzangst *v*
pleister I *zn* [de], *verband* Pflaster *o* ▼ BN *dat is een ~ op een houten been* das ist verlorene Liebesmüh' **II** *zn* [het], *kalkmengsel* Putz *m*, Stuck *m*
pleisteren *plamuren* übergipsen, ⟨muren⟩ verputzen
pleisterplaats Raststätte *v*, Rastplatz *v*
pleisterwerk ⟨versiering⟩ Stuck *m*, ⟨bepleistering⟩ Putz *m*
pleistoceen Pleistozän *o*
pleit ❶ *geschil* Streit *m*, jur Prozess *m*, jur Rechtsstreit *m* ★ *het ~ winnen* den Prozess gewinnen ★ *het ~ is beslecht* der Streit ist beigelegt ❷ *pleidooi* Plädoyer *o*
pleitbezorger Fürsprecher *m*, jur Rechtsanwalt *m*
pleiten I *ov ww, bepleiten* plädieren **II** *on ww* ❶ *een pleidooi houden* plädieren ★ *~ voor iets* für etw. plädieren, etw. befürworten ★ *voor iem. ~* für jmdn. plädieren ❷ *positief getuigen* sprechen (**voor** für) [+4] ★ *dat pleit voor je* das spricht für dich ★ *dat pleit voor hem* das spricht für ihn
pleiter *advocaat* Anwalt *m* [v: Anwältin], Verteidiger *m*, ⟨algemeen⟩ Fürsprecher *m*
plek ❶ *plaats* Ort *m*, Stelle *v*, Platz *m* ★ *ter plekke* auf der Stelle, zur Stelle ❷ *vlek* Fleck *m*
plenair Plenar- ★ *~e zitting* Plenarsitzung *v*, Vollversammlung *v*
plens Platscher *m*
plensbui Platzregen *m*
plensregen Sturzregen *m*, Platzregen *m*
plenzen *regenen* in Strömen gießen, schütten
pleonasme Pleonasmus *m*
pletten zerquetschen, zerdrücken
pletter ▼ *zich te ~ vervelen* sich tödlich langweilen ▼ *te ~ slaan* zerschmettern ▼ *te ~ vallen* zerschellen, zu Tode fallen
pleuren pfeffern, schmeißen
pleuris Pleuritis *v* ▼ *zich de ~ schrikken* sich zu Tode erschrecken ▼ *krijg de ~!* scher dich zum Teufel!
plexiglas Plexiglas *o*
plezant BN *plezierig, aangenaam* angenehm
plezier Spaß *m*, Vergnügen *o*, Freude *v* ★ *~ hebben / maken* Spaß haben ★ *dat doet me ~* das freut mich ★ *met (alle) ~* mit (dem größten) Vergnügen ★ *iem. een ~ doen* jmdm. eine Freude

machen ★ ~ *beleven van / aan iets* Spaß an etw. haben ★ *voor het* ~ zum Spaß / Vergnügen ★ *veel* ~*!* viel Spaß / Vergnügen!
plezieren erfreuen ★ *iem. met iets* ~ jmdn. mit etw. erfreuen ★ *iem.* ~ jmdm. eine Freude machen
plezierig *aangenaam* angenehm, erfreulich
plezierjacht Vergnügungsjacht *v*
plezierreis Vergnügungsreise *v*
pleziervaartuig ⟨jacht⟩ Vergnügungsjacht *v*, ⟨rondvaartboot⟩ lett Rundfahrtboot *o*, ⟨rondvaartboot⟩ ≈ Ausflugsdampfer *m*
plicht Pflicht *v* ★ *zijn* ~ *kennen* pflichtbewusst sein ▼ *de* ~ *roept* die Pflicht ruft
plichtmatig pflichtgemäß ★ ~ *bezoek* Pflichtbesuch *m*
plichtpleging Förmlichkeit *v*, Formalität *v* ★ *zonder* ~*en* ohne Umstände
plichtsbesef Pflichtgefühl *o*, Pflichtbewussstsein *o*
plichtsbetrachting Pflichteifer *m*
plichtsgetrouw, BN **plichtsbewust** pflichtgetreu
plichtsverzuim Pflichtvergessenheit *v*, Pflichtverletzung *v*
plint ❶ *sierlat* Fußleiste *v*, ⟨van zuil⟩ Plinthe *v* ❷ BN sport *kast (gymnastiektoestel)* Bock
plissé Plissee *o*
plisseren plissieren
PLO *Palestinian Liberation Organization* PLO *v*
ploeg ❶ *landbouwwerktuig* Pflug *m* ❷ *groep mensen* Team *o*, ⟨werklieden⟩ Schicht *v*, sport Mannschaft *v* ★ *in* ~*en werken* Schicht arbeiten
ploegbaas Kolonnenführer *m*, ⟨voorman⟩ Vorarbeiter *m*, ⟨voorman⟩ Werkmeister *m*
ploegen I *ov ww, met ploeg omwerken* pflügen II *on ww, voortzwoegen* ackern
ploegendienst Schichtdienst *m*
ploegenstelsel Schichtarbeit *v*
ploegentijdrit sport Mannschaftszeitfahren *o*
ploeggenoot Mannschaftskamerad *m*
ploert *schoft* Lump *m*, Schweinehund *m*, Schuft *m* ▼ *de koperen* ~ die glühende Sonne
ploertendoder Totschläger *m*
ploertenstreek Gemeinheit *v*
ploeteraar Arbeitstier *o*
ploeteren *zwoegen* sich abmühen, sich abrackern
plof Puff *m*, Plumps *m*
ploffen I *ov ww, doen vallen* knallen, feuern, donnern II *on ww* ❶ *vallen* plumpsen ❷ *geluid geven* puffen ❸ *ontploffen* platzen
plomberen plombieren, füllen
plomp I *zn* [de] Wasser *o* II *bnw* plump
plompverloren mir nichts, dir nichts; einfach so
plons ❶ *geluid* Plumps *m* ❷ *plens* Schwapp *m*
plonzen plumpsen
plooi Falte *v* ▼ *zijn gezicht in de* ~ *trekken* eine ernsthafte Miene aufsetzen ▼ *de* ~*en gladstrijken* die letzten Mängel beseitigen
plooibaar ❶ *soepel* flexibel ❷ fig *meegaand* nachgiebig, anpassungsfähig
plooien ❶ *plooien maken* falten, in Falten legen, ⟨voorhoofd⟩ runzeln ❷ BN *vouwen* falten, falzen ❸ fig *schikken* ★ *het zo weten te* ~ *dat...* es so einzurichten / einzufädeln wissen, dass...

plooirok Faltenrock *m*
ploos [verl. td.] → **pluizen**
plot Plot *m*
plots plötzlich, schlagartig
plotseling plötzlich
plotsklaps plötzlich
plotter Plotter *m*
plozen [verl. td.] → **pluizen**
plu Schirm *m*, Regenschirm *m*
pluche Plüsch *m*
plug ❶ *schroefhulsje* Dübel *m* ❷ *stekkertje* Stecker *m*, Stöpsel *m* ❸ *stop* Stöpsel *m*
pluggen *met een plug afsluiten* dübeln
plugger (Song)Plugger *m*
plug-in comp Plug-in *o*
pluim ❶ *vogelveer* Feder *v* ❷ *pluimbos* Federbusch *m*, Quaste *v* ▼ BN *(van zijn)* ~*en laten* Haare lassen müssen ▼ *iem. een* ~ *geven* jemanden loben
pluimage → **vogel**
pluimen inform BN *beroven* berauben
pluimgewicht BN sport *bokser* Federgewicht *o*
pluimvee Geflügel *o*
pluimveehouderij ❶ *het fokken* Geflügelhaltung *v* ❷ *bedrijf* Geflügelhof *m*
pluis I *zn* [de] Fussel *m*, Flöckchen *o*, Fäserchen *o* II *bnw* in Ordnung, richtig ★ *het is hier niet* ~ es ist hier nicht geheuer, es geht hier nicht mit rechten Dingen zu
pluishaar Flaumhaar *o*, Flaum *m*
pluizen I *ov ww, uitrafelen* zerfasern II *on ww, gaan rafelen* fusseln, flusen
pluizig fusselig, bauschig
pluk ❶ *oogst* Pflücken *o*, Ernte *v*, Lese *v*, ⟨wijndruiven⟩ Weinlese *v* ❷ *bosje* Büschel *o*, Bausch *m*
plukken ❶ *oogsten* pflücken, ⟨wijndruiven⟩ lesen ❷ *grijpen* pflücken, greifen ❸ *van veren ontdoen* rupfen ❹ *bezit afpakken* rupfen, ausnehmen
plumeau Federwedel *m*, Federbüschel *o*
plumpudding Plumpudding *m*
plunderaar Plünderer *m*
plunderen plündern
plundering Plünderung *v*
plunje Kleider *mv*, inform Klamotten *mv* ★ *in zijn beste* ~ im Sonntagsstaat
plunjezak Kleidersack *m*, ⟨zeeman⟩ Seesack *m*
pluralis Plural *m* ★ ~ *majestatis* Pluralis majestatis *m*
pluriform pluriform, vielgestaltig
plus I *zn* [de/het] ❶ *plusteken* Pluszeichen *o* ❷ *waardering* Plus *o* II *bijw* ❶ *boven nul* plus ❷ *met minimaal het genoemde getal* mindestens III *vw* plus [+2], zuzüglich [+2]
plusminus circa, etwa, ungefähr
pluspool Pluspol *m*
pluspunt Pluspunkt *m*
plusteken Pluszeichen *o*
Pluto sterrenk Pluto *m*
plutonium Plutonium *o*
PMS *Premenstrueel Syndroom* PMS *o*
pneumatisch Druckluft-, pneumatisch ★ *een* ~*e pomp* eine Druckluftpumpe
pneumonitis Pneumonitis *v*, Pneumonie *v*, Lungenentzündung *v*
po Nachttopf *m*, ⟨kinderen⟩ Töpfchen *o*

pochen prahlen, angeben, aufschneiden ★ ~ *op* sich brüsten mit
pocheren pochieren ★ *gepocheerde eieren* pochierte / verlorene Eier
pochet Einstecktuch *o*
pocket *boek* Taschenbuch *o*
pocketboek Taschenbuch *o*
pocketcamera Pocketkamera *v*
podcast media www Podcast *m*
podcasten media www podcasten
podium Podium *o*
podoloog Podologe *m*
poedel *hond* Pudel *m*
poedelen *baden* planschen
poedelnaakt pudelnackt
poedelprijs Trostpreis *m*
poeder I *zn* [de/het], *stof, gruis* Pulver *o* **II** *zn* [de] med Puder *m*
poederblusser Löschpulvergerät *o*
poederdoos ⟨voor toiletpoeder⟩ Puderdose *v*, ⟨voor geneespoeder⟩ Schachtel *v* für Pulver
poederen pudern
poederkoffie Pulverkaffee *m*
poedermelk cul Milchpulver *o*
poedersneeuw Pulverschnee *m*
poedersuiker Puderzucker *m*
poef *zitkussen* Puff *m*
poeha Tamtam *o*, Wirbel *m*
poel ❶ *plas* Pfuhl *m*, Tümpel *m* ❷ *broeiplaats* ★ *een poel van verderf* ein Sündenpfuhl, ein Sumpf des Lasters
poelet Suppenfleisch *o*
poelier Geflügelhändler *m*
poema Puma *m*
poen Kohle *v*, Knete *v*, Zaster *m*
poenig protzig
poep Scheiße *v* ▼ *iem. een poepje laten ruiken* jemandem zeigen, was Sache ist
poepen scheißen, ⟨kind⟩ einen Haufen machen
poeperd Hintern *m*, Po *m*, jeugdt Popo *m*
poepluier volle Windel *v*
Poerim rel Purim *o*
poes ❶ *kat* Katze *v*, Mieze *v* ★ *mis poes!* falsch! ★ *dat is niet voor de poes* das ist kein Pappenstiel ❷ *vagina* Muschi *v*
poesiealbum Poesiealbum *o*
poeslief übertrieben freundlich / lieb
poespas Schnickschnack *m*, Firlefanz *m*
poesta Puszta *v*
poet *geldbuit* Beute *v* ▼ *de poet is binnen* die Beute ist sicher
poëtisch dichterisch, poetisch
poets *grap* Neckerei *v*, Streich *m* ★ *iem. een ~ bakken* jmdm. einen Streich spielen ★ BN *~ wederom ~* ≈ wer austeilt, muss auch einstecken können
poetsdoek Putztuch *o*, Putzlappen *m*
poetsen *glimmend wrijven* putzen ★ *iets glimmend ~* etw. auf Hochglanz bringen
poetskatoen Putzwolle *v*
poetsvrouw BN Putzfrau *v*
poezenluik Katzentür *v*, Katzentürchen *o*
poëzie Poesie *v*, Dichtkunst *v*
poëziealbum Poesiealbum *o*
poëziebundel Gedichtsammlung *v*, Gedichtband *m*
pof Puff *m*, Bausch *m* ▼ *op de pof kopen* auf Pump kaufen
pofbroek Pumphose *v*, Pluderhose *v*
poffen ❶ *in schil gaar stoven* rösten ❷ *op de pof kopen* auf Pump kaufen, pumpen ❸ *op de pof verkopen* auf Pump verkaufen
poffertje ≈ Kräpfchen *mv*, sehr kleine Pfannkuchen *mv*
poffertjeskraam ≈ Krapfenbude *v*
poffertjespan ≈ Krapfenpfanne *v*
pofmouw Puffärmel *m*
pogen suchen, versuchen, trachten
poging Versuch *m* ★ *~ tot moord* Mordversuch *m* ★ *een ~ wagen* einen Versuch wagen ★ *een ~ doen* einen Versuch machen
pogoën den Pogo tanzen
pogrom Pogrom *o*
pointer Pointer *m*
pok *litteken* Pocke *v*
pokdalig vernarbt, pockennarbig
poken schüren, stochern in [+3] ★ *in het vuur ~* im Feuer stochern, das Feuer schüren
poker Poker *o*
pokeren pokern
pokerface Pokerface *o*
pokken med Pocken *v mv*, Blattern *v mv*
pokken- Mist-, Schweine-, Sau- ★ *pokkenweer* Sauwetter *o*, Mistwetter *o*
pokkenprik Pocken(schutz)impfung *v*
pokkenweer Mistwetter *o*, Sauwetter *o*
pol Büschel *o*
polair polar
polarisatie Polarisation *v*, Polarisierung *v*
polariseren polarisieren
polariteit ⟨tegengesteldheid⟩ Gegensätzlichkeit *v*, ⟨het polair zijn⟩ Polarität *v*
polder Polder *m*, ⟨streek⟩ Marsch *v*
polderlandschap Polderlandschaft *v*
poldermodel Poldermodell *o*
polemiek Polemik *v*
polemisch polemisch
polemiseren polemisieren
Polen Polen *o*
poliep ❶ *dier* Polyp *m* ❷ med Polyp *m*
polijsten ❶ *glad maken* polieren, glatt schleifen ❷ *verfijnen* glätten, polieren
polijstwerk Politur *v*
polikliniek Poliklinik *v*, Ambulanz *v*
poliklinisch ambulant, poliklinisch
polio Polio *v*
poliovaccin Poliovakzine *v*, Polioimpfstoff *m*
polis Police *v* ★ *een ~ sluiten* eine Versicherung abschließen
polisvoorwaarden Versicherungsbedingungen *v mv*
politbureau Politbüro *o*
politicologie Politologie *v*
politicoloog Politologe *m* [v: Politologin]
politicus Politiker *m*
politie Polizei *v* ★ *geheime ~* Geheimpolizei *v* ★ *door de ~ verboden* polizeilich verboten
politieagent Polizist *m*
politieauto Polizeiauto *o*
politiebericht Suchmeldung *v*
politiebureau Polizeiwache *v*
politiek I *zn* [de] ❶ *officieel beleid* Politik *v* ★ *in de*

~ *gaan* in die Politik gehen ❷ *tactiek* Taktik *v* **II** *bnw* ❶ *met betrekking tot overheidsbeleid* polit-, Polit-, politisch ❷ *tactisch* politisch, taktisch
politiemacht Polizei *v*, Polizeikräfte *mv*
politieman Polizist *m*
politieoptreden Polizeivorgehen *o*
politiepenning Dienstmarke *v*, Polizeimarke *v*
politierechter jur ≈ Einzelrichter *m* für einfache Strafsachen am niederländischen Landgericht
politiestaat Polizeistaat *m*
politieverordening polizeiliche Anordnung *v*, Polizeiverordnung *v*
politiseren politisieren
polka Polka *v*
pollen Pollen *m*
pollepel *platte houten lepel* Kochlöffel *m*
polo *balspel voor ruiters* Polo *o*
polohemd Polohemd *o*
polonaise *optocht* Polonaise *v*, Polonäse
poloshirt Polohemd *o*, Poloshirt *o*
pols ❶ *polsgewricht* Handgelenk *o* ❷ *polsslag* Puls *m* ★ *iem. de pols voelen* jmdm. den Puls fühlen ▼ *uit de losse pols* aus dem Handgelenk ▼ *iets uit de losse pols doen* etwas aus dem Handgelenk schütteln
polsen ★ *iem. ~* bei jmdm. vorsichtig vorfühlen
polsgewricht Handgelenk *o*
polshorloge Armbanduhr *v*
polsslag Puls *m*, Pulsschlag *m*
polsstok Sprungstab *m*
polsstokhoogspringen stabhochspringen
polsstokhoogspringer Stabhochspringer *m*
polyamide Polyamid *o*
polyester Polyester *m*
polyetheen Polyethylen *o*
polyether Polyäther *m*
polyfoon polyfon
polygaam polygam
polygamie Polygamie *v*
polygoon Polygon *o*
polymeer I *zn* [het] Polymer *o* **II** *bnw* polymer
Polynesië Polynesien *o*
Polynesisch polynesisch
polytheïsme Polytheismus *m*
Pommeren Pommern *o*
pomp ❶ *werktuig* Pumpe *v* ❷ *tankstation* Tankstelle *v* ▼ *loop naar de pomp!* geh zum Henker!
pompaf BN *bekaf* hundemüde, todmüde
pompbediende Tankwart *m*
pompelmoes *vrucht* Pampelmuse *v*, Grapefruit *v*
pompen pumpen ▼ *ergens geld in ~* Geld in etwas pumpen ▼ *~ of verzuipen* friss, Vogel, oder stirb
pompeus pompös
pomphouder Tankwart *m*
pompoen Kürbis *m*
pompstation ❶ *tankstation* Tankstelle *v* ❷ *gebouw voor watervoorziening* Pumpstation *v*, Pumpwerk *o* ❸ BN *gemaal* Pumpanlage *v*
poncho Poncho *m*
pond ❶ *munteenheid* Pfund *o* ★ *pond sterling* Pfund Sterling ❷ *gewichtseenheid* Pfund *o* ★ *per pond* pfundweise ▼ *het volle pond geven* sich voll einsetzen
ponem Visage *v*
poneren vorbringen, annehmen ★ *een stelling ~* eine These aufstellen
ponsen lochen, ⟨metaal⟩ stanzen, ⟨metaal⟩ punzen
ponskaart Lochkarte *v*
pont Fähre *v*, Fährboot *o*
pontificaal ❶ *pauselijk* pontifikal ❷ fig *pompeus* mit viel Aufwand, ≈ feierlich
ponton Ponton *m*
pony ❶ *dier* Pony *o* ❷ *haardracht* Pony *m*
pooier Zuhälter *m*
pook ❶ *vuurpook* Schürhaken *m* ❷ *versnellingshendel* Schaltknüppel *m*
Pool *bewoner* Pole *m*
pool[1] *uiteinde* Pol *m*
pool[2] [poel] *samenwerkingsvorm* Pool *m*, Gemeinschaft *v*
poolbeer Polarbär *m*, Eisbär *m*
poolcirkel Polarkreis *m*
poolen I *ov ww* zusammenlegen, poolen, in einen Pool tun **II** *on ww* ❶ *carpoolen* eine Fahrgemeinschaft bilden ❷ *poolbiljarten* Poolbillard spielen
poolexpeditie Polarexpedition *v*
poolgebied Polargebiet *o*, Polarzone *v*
poolhond Polarhund *m*
poolkap Polarkappe *v*
poolklimaat Polarklima *o*
poolreiziger Polarforscher *m*
Pools I *bnw, m.b.t. Polen* polnisch **II** *zn* [het], *taal* Polnisch(e) *o*
Poolse Polin *v*
poolshoogte ▼ *~ nemen* sich erkundigen
Poolster Polarstern *m*
poolstreek Polargebiet *o*, Polarzone *v*
poolzee Polarmeer *o*, Eismeer *o*
poon Knurrhahn *m*, Seehahn *m*
poort ❶ *ingang* Tor *o* ★ *de ~ van de hel* die Pforte der Hölle ❷ *doorgang* Tor *o*, Pforte *v*
poortwachter Torwächter *m*
poos Weile *v*, Zeit *v* lang ★ *een hele poos* geraume Zeit *v*, eine ganze Weile
poot ❶ *ledemaat van dier* Pfote *v* ★ *een poot geven* Pfötchen geben ❷ inform *been, hand, voet* Pfote *v* ★ *op zijn pootjes terechtkomen* sich finden / geben, immer wieder auf die Füße fallen, ins Lot kommen ★ *iets op poten zetten* etw. organisieren ★ *zijn poot stijf houden* nicht nachgeben ★ *iem. een poot uitdraaien* jmdn. übers Ohr hauen ❸ *steunend onderdeel* Bein *o*, Fuß *m* ❹ *handtekening* ★ *zijn poot zetten* inform seinen Friedrich Wilhelm druntersetzen ❺ plat *homo* Schwule(r) *m*
pootaardappel Pflanzkartoffel *v*, Saatkartoffel *v*, Setzkartoffel *v*
pootgoed Pflanzgut *v*, ⟨jonge zaadplanten⟩ Setzlinge *mv*, ⟨van vis⟩ Fischbrut *v*
pootjebaden Wasser treten
pootjehaken lett ein Bein stellen [+3]
pootmachine Pflanzmaschine *v*
pop I *zn* [de] [mv: +pen] ❶ *speelgoed* Puppe *v* ★ *toen had je de poppen aan het dansen* da hatten wir den Schlamassel ❷ *larve* Puppe *v* **II** *zn* [de] [gmv] *popmuziek* Popmusik *v*
popart Pop-Art *v*
popartiest Popmusiker *m*, Popsänger *m*

po

popblad Popzeitschrift *v*, Popmagazin *o*
popconcert Popkonzert *o*
popcorn Popcorn *o*
popcultuur Popkultur *v*
popelen klopfen, zittern, brennen ★ *hij popelt om weg te mogen* er brennt darauf, weggehen zu dürfen
popfestival Pop-Festival *o*
popgroep Popgruppe *v*
popidool Popidol *o*, Popstar *m*
popmuziek Popmusik *v*
poppenhuis Puppenhaus *o*
poppenkast ❶ *poppenspel* Kasperletheater *o*, Puppentheater *o* ❷ *overdreven gedoe* Theater *o*, Komödie *v*
poppenkleren Puppenkleider *o mv*
poppenspel Puppenspiel *o*, Puppentheater *o*
poppenspeler Puppenspieler *m*
poppentheater ❶ *spelers en poppen* Puppentheater *o* ❷ *voorstelling* Puppentheater *o*
poppenwagen Puppenwagen *m*
popperig ❶ *als van een pop* winzig, puppig ❷ *stijf* steif
popprogramma Popsendung *v*
popsong Popsong *m*
popster Popstar *m*
populair ❶ *geliefd* populär, beliebt ❷ *begrijpelijk* gemeinverständlich, populär
populairwetenschappelijk populärwissenschaftlich
populariseren popularisieren, anschaulich machen
populariteit Beliebtheit *v*, Popularität *v*
populariteitspoll Popularitätsumfrage *v*
populatie Population *v*
populier Pappel *v*
populist Populist *m*
populistisch populistisch
pop-upvenster comp Pop-up-Fenster *o*
popzender Popsender *m*
por Stoß *m*, Puff *m* ★ *por in de zij* Rippenstoß *m*
poreus porös, durchlässig
porie Pore *v*
porno Porno *m*
pornoblad Porno *m*, Pornoheft *o*
pornofilm Pornofilm *m*
pornografie Pornografie *v*
pornografisch pornografisch
porren I *ov ww* ❶ *aanzetten* antreiben, aufrütteln ★ *wel voor iets te ~ zijn* für etw. zu haben sein ❷ *duwen* stoßen **II** *on ww, poken* stochern
porselein Porzellan *o*
porseleinen aus Porzellan, Porzellan-, porzellanen
port *drank* Portwein *m*
portaal ❶ *hal* Torbogen *m*, Portal *o*, Vorhalle *v*, ⟨theater⟩ Vestibül *o* ❷ *overloop* Treppenabsatz *m*, Flur *m*
portable tragbar
portal Portal *o*
portee Tragweite *v*, Reichweite *v*
portefeuille ❶ *portemonnee* Portemonnaie *o*, Portmonee ❷ *opbergmap* Mappe *v* ★ *aandelen in ~ hebben* Aktien noch nicht ausgegeben haben ❸ *taak* Ressort *o* ★ *minister zonder ~* Minister ohne Geschäftsbereich *m*
portemonnee Portemonnaie *o*, ⟨nakeursspelling⟩ Portmonee *o*, Börse *v*
portfolio Portfolio *o*, Portefeuille *o*
portie Portion *v*, Anteil *m*, Teil *m/o* ★ *een ~ ijs* eine Portion Eis ▼ *geef mijn ~ maar aan Fikkie* nein danke, mir ist schon schlecht! ▼ *iem. zijn ~ geven* jemanden verprügeln
portiek *open buitenportaal* Türnische *v*
portier I *zn* [de], *persoon* Pförtner *m*, ⟨hotel⟩ Portier *m* **II** *zn* [het], *deur* Wagentür *v*
portiersloge Pförtnerloge *v*, Portiersloge *v*
porto ❶ *frankeerbedrag* Porto *o* ❷ BN cul *portwijn* Portwein *m*
portofoon tragbare(s) Funksprechgerät *o*
Porto Ricaan Puerto-Ricaner *m*
Porto Ricaans puertoricanisch
Porto Ricaanse Puerto-Ricanerin *v*
Porto Rico Puerto Rico *o*
portret ❶ *afbeelding* Porträt *o* ❷ *persoon* Geschöpf *o*, Wesen *o* ★ *een raar ~* ein wunderlicher Kauz
portretfotografie Porträtfotografie *v*
portretschilder Porträtmaler *m*
portrettengalerij Ahnengalerie *v*, Porträtsammlung *v*
portretteren *in een portret uitbeelden* porträtieren
Portugal Portugal *o*
Portugees I *bnw, m.b.t. Portugal* portugiesisch **II** *zn* [de], *bewoner* Portugiese *m* **III** *zn* [het], *taal* Portugiesisch(e) *o*
Portugese Portugiesin *v*
portvrij portofrei, gebührenfrei
pose Pose *v*, Haltung *v*, ⟨gekunsteld gedrag⟩ Gehabe *o*
poseren posieren ★ *voor een schilder ~* einem Maler Modell sitzen
positie ❶ *houding, ligging* Stellung *v* ❷ *betrekking* Stellung *v*, Stelle *v* ❸ *toestand* Lage *v*, ⟨maatschappelijke stand⟩ Stellung *v* ★ *in een moeilijke ~ zitten* sich in einer schwierigen Lage befinden ★ *maatschappelijke ~* gesellschaftliche / soziale Stellung
positief I *bnw* ❶ *groter dan nul* positiv ❷ *instemmend, gunstig* positiv **II** *bijw* ★ *ergens ~ tegenover staan* etw. bejahen **III** *zn* [het], *fotoafdruk* Positiv *o*
positiejurk Umstandskleid *o*
positiekleding Umstandskleidung *v*
positiespel sport ⟨balsporten⟩ Stellungsspiel *o*, ⟨schaken⟩ Positionsspiel *o*
positieven ▼ *weer bij zijn ~ komen* zu sich kommen ▼ *niet bij zijn ~ zijn* außer Fassung sein, das Bewusstsein verloren haben
positioneren econ positionieren
positionering Positionierung *v*
positivist Positivist *m*
positivo Positivist *m*
post I *zn* [de] [gmv] ❶ *poststukken* Post *v* ★ *ingekomen post* Posteingang *m* ★ *uitgaande post* Postausgang *m* ❷ *postdienst* Post *v* ★ *op de post doen* in den Briefkasten werfen ★ *per kerende post* postwendend, umgehend **II** *zn* [de] [mv: +en] ❶ *(schild)wacht* Posten *m* ★ *op zijn post zijn* auf dem Posten sein ❷ *betrekking* Posten *m*, Stelle *v*, Stellung *v*, Amt *o* ❸ *deur- / raamstijl*

Türpfosten *m*, Pfosten *m* ❹ *onderdeel begroting* Posten *m*, Position *v*
postadres Postadresse *v*
postagentschap Poststelle *v*
postbeambte Postbeamte *m* [v: Postbeamtin]
postbestelling Postzustellung *v*
postbode Postbote *m*, Briefträger *m*
postbus Postfach *o*
postbusnummer Postfach *o*, Postfachnummer *v*
postcode Postleitzahl (PLZ) *v*
postdoctoraal ★ *een postdoctorale opleiding* Aufbaustudium *o*
postduif Brieftaube *v*
postelein Portulak *m*
posten I *ov ww, op de post doen* aufgeben, zur Post bringen, ‹in de brievenbus gooien› einwerfen **II** *on ww* ❶ *op wacht staan* die Wache halten, Posten stehen ❷ *als staker actief zijn* Streikposten sein
poster[1] *postend persoon* Streikposten *m*
poster[2] [pooster] *affiche* Poster *m*
posteren postieren
poste restante poste restante, postlagernd
posterformaat Posterformat *o*
posterijen Postwesen *o*, Post *v*
postgiro Postgiroamt *o*
postkaart BN *ansichtkaart* Ansichtskarte *v*
postkamer Poststelle *v*
postkantoor Post *v*, Postamt *o*
postmerk Poststempel *m*
postnummer BN *postcode* Postleitzahl *v*
postorderbedrijf Versandhaus *o*
postpakket Postpaket *o*
postpapier Briefpapier *o*
postrekening BN *girorekening* Postscheckkonto *o*, Girokonto *o*
postscriptum Postskriptum *o*, Nachschrift *v*
poststempel Poststempel *m*
poststuk Postsache *v*
posttrein Postzug *m*
postuum postum
postuur Gestalt *v*, Figur *v* ★ *flink van ~* von kräftiger Statur *v*
postvak *open postbak* Postfach *o*
postvatten sich festsetzen
postvliegtuig Postflugzeug *o*
postwissel Postanweisung *v*
postzegel Briefmarke *v* ★ *een speciale ~* eine Sondermarke ★ *een vel ~s* ein Briefmarkenbogen
postzegelautomaat Briefmarkenautomat *m*
pot ❶ *vaatwerk* Topf *m*, ‹om eruit te schenken› Kanne *v* ★ *een pot bier drinken* einen Krug Bier trinken ★ *de gewone pot* die Alltagskost ★ *zijn eigen potje koken* sein eigenes Essen kochen ★ *het is één pot nat* das ist gehupft wie gesprungen ★ *eten wat de pot schaft* essen, was auf den Tisch kommt ★ BN *met de gebroken potten zitten* die Sache ausbaden müssen ★ BN *rond de pot draaien* um den heißen Brei herumreden ❷ *po* ★ *naast de pot piesen* über die Stränge schlagen, einen Seitensprung machen ★ *je kan de pot op* du kannst mich mal kreuzweise ❸ *lesbienne* Lesbe *v* ❹ *spelinzet* Pot *m*, Einsatz *m* → **potje**
potaarde Blumenerde *v*
potdicht fest verschlossen ★ *het raam zit ~* das Fenster ist fest verschlossen
poten ❶ *planten* pflanzen, ‹aardappelen / bonen› setzen ❷ *neerzetten* verfrachten
potenrammen Schwule zusammenschlagen
potenrammer ≈ Person *v*, die Homosexuelle zusammenschlägt
potent potent
potentaat Potentat *m*
potentie *macht* Potenz *v*
potentieel I *zn* [het] Potenzial *o*, Potential **II** *bnw* potenziell, potentiell
potgrond Blumenerde *v*
potig handfest, stämmig, robust
potje ❶ *kleine pot* ★ *kleine ~s hebben grote oren* ≈ Kinder machen lange Ohren ★ *er een ~ van maken* schlampen ★ *bij iem. een ~ kunnen breken* bei jmdm. einen Stein im Brett haben ★ *op ieder ~ past wel een deksel* jeder Topf findet seinen Deckel ★ BN *het ~ gedekt houden* über etw. Schweigen bewahren ❷ *partijtje* Partie *v*
potjeslatijn Küchenlatein *o*
potkachel Kanonenofen *m*
potlood *schrijfgerei* Bleistift *m* ★ *rood ~* Rotstift *m*
potloodventer Exhibitionist *m*
potplant Topfpflanze *v*
potpourri *geur* Potpourri *o*
potsierlijk possierlich, drollig
potten ❶ *sparen* sparen, Geld zurücklegen, auf die hohe Kante legen ❷ *in potten doen* eintopfen
pottenbakker Töpfer *m*
pottenbakkerij Töpferei *v*
pottenbakkersschijf Töpferscheibe *v*
pottenkijker Topfgucker *m*
potverteren seine Ersparnisse verschwenden ★ *het ~* das Verschwenden
potvis Pottwal *m*
poule *ingedeelde groep* Gruppe *v*
pousseren ❶ *vooruithelpen* fördern ❷ *onder de aandacht brengen* ins rechte Licht rücken ★ *zichzelf ~* sich selbst ins rechte Licht rücken
pover ärmlich, dürftig
povertjes ärmlich
poweryoga Poweryoga *m/o*
p.p.p.d. *per persoon per dag* pro Person pro Tag
p.p.p.n. *per persoon per nacht* pro Person und Nacht
pr *public relations* PR *v*
Praag Prag *o*
Praags Prager
praal Pracht *v*, Pomp *m*, Gepränge *o*, Prunk *m*
praalwagen Prunkwagen *m*
praam Prahm *m*
praat ❶ ‹gesprek› Gespräch *o*, ‹toespraak› Rede *v*, min Gerede *o* ★ *malle ~ verkopen* albernes / dummes Zeug reden ★ *iem. aan de ~ houden* jmdn. von der Arbeit abhalten, jmdn. plaudernd abhalten ★ *aan de ~ raken met iem.* mit jmdm. ins Gespräch kommen ★ *altijd ~s hebben* immer das große Wort führen, immer schwatzen ★ *veel ~s hebben* ein großes Maul haben, den Mund voll nehmen ★ *nu heeft hij niet zoveel ~s meer* nun ist er kleinlaut geworden ❷ → **praatje**
praatbarak BN humor *theekransje* Kaffeekränzchen *o*
praatgraag geschwätzig, redselig
praatgroep Gesprächsgruppe *v*
praatje ❶ *gesprekje* Schwatz *m*, Schwätzchen *o*,

po

Plauderei *v* ★ *een ~ met iem. maken,* BN *een ~ met iem. slaan* einen Schwatz mit jmdm. halten ❷ *gerucht* Klatsch *m*, Gerede *o*, Gerücht *o* ★ *er doen ~s de ronde* es geht das Gerücht, es wird gemunkelt ❸ *kletspraatje* ★ *~s verkopen* große Töne spucken
praatjesmaker Schwätzer *m*, Großmaul *o*
praatpaal ❶ *telefoon* Notrufsäule *v* ❷ *persoon* Vertraute(r) *m*
praatprogramma Talkshow *v*
praatstoel ▼ *op zijn ~ zitten* in einem fort plaudern / schwatzen
praatziek geschwätzig, schwatzhaft
pracht ❶ *schoonheid* Pracht *v* ❷ *prachtig exemplaar* Pracht- ★ *een ~ van een auto* ein Prachtauto *o*
prachtexemplaar Prachtexemplar *o*, Prachtstück *o*
prachtig prachtvoll, wunderschön, fabelhaft, prächtig
practical joke Schabernack *m*
practicum Praktikum *o*
pragmaticus Prakmatiker *m*, Pragmatist *m*
pragmatisch pragmatisch
prairie Prärie *v*
prairiehond Präriehund *m*
prak Happen *m* ▼ *in de prak rijden* zu Bruch fahren
prakken quetschen, zermanschen
prakkiseren ❶ *denken* (nach)denken ❷ *piekeren* grübeln ▼ *ik prakkiseer er niet over* das kommt nicht in Frage
praktijk ❶ *toepassing* Praxis *v* ★ *in ~ brengen* praktisch anwenden, in Anwendung bringen ★ *de ~ wijst uit* die Praxis erweist ❷ *beroepswerkzaamheid* Praxis *v* [mv: Praxen] ❸ *manier van doen* Praktiken *mv* ★ *kwade ~en* böse(n) Praktiken
praktijkervaring Praxis *v*, praktische Erfahrung *v*
praktijkgericht praxisnah, berufsbezogen, praxisbezogen
praktijkjaar praktische(s) Jahr *o*
praktijkvoorbeeld Praxisbeispiel *o*
praktisch ❶ *(als) in de praktijk* praktisch ❷ *handig* praktisch
praktiseren ⟨van vrije beroepen⟩ praktizieren
pralen prahlen, prunken
praline Praline *v*
pramen BN *aansporen* anspornen, anregen ▼ BN *zich niet laten ~* sich nicht bitten lassen
prat ▼ *prat gaan op iets* stolz sein auf etwas [+4] min sich brüsten mit [+3]
praten reden, sprechen ★ *in zichzelf ~* vor sich hin reden ★ *met hem valt niet te ~* mit ihm lässt sich nicht reden ★ *zich eruit ~* sich herausreden ▼ *langs elkaar heen ~* aneinander vorbeireden ▼ *~ als Brugman* reden wie ein Buch ▼ *jij hebt mooi / makkelijk ~* du hast gut reden
prater Plauderer *m* [v: Plauderin]
pr-bureau PR-Agentur *v*
pre Plus *o*, Vorteil *m*
precair prekär, heikel
precedent jur Präzedenzfall *m*, Präzedenz *v*
precederen den Vorrang / Vortritt haben
precies ❶ *exact* genau ★ *hij is ~ zijn broer* er ist ganz der Bruder ★ *~ om vijf uur* Punkt 5 Uhr ★ *~ zoals hij zei* genau wie er sagte ❷ *zorgvuldig* akkurat, genau ★ *akelig ~* minuziös
preciseren präzisieren
precisie Präzision *v*, Genauigkeit *v*
precisiebom Präzisionsbombe *v*
precisie-instrument Präzisionsinstrument *o*
predestinatie Prädestination *v*, Vorherbestimmung *v*
predicaat ❶ taalk Prädikat *o*, Satzaussage *v* ❷ *benaming* Prädikat *o*
predicatief taalk prädikativ
predikant Pastor *m*, ⟨vrouw⟩ Pastorin *v*, Pfarrer *m*, ⟨vrouw⟩ Pfarrerin *v*
prediken predigen
Prediker *Bijbelboek* Prediger *m*
prediker *predikant* Prediger *m*
prednison Prednison *v*
preek Predigt *v*
preekstoel Kanzel *v*
prees [verl. td.] → **prijzen**
prefab vorgefertigt, vorfabriziert
prefect BN onderw *rector* Direktor *m*
preferent privilegiert ★ *~e aandelen* privilegierte Aktien
preferentie Präferenz *v*, Priorität *v*, Vorrang *m*, Vorzug *m* ★ *bij ~* vorzugsweise
prefereren bevorzugen, vorziehen ★ *dit boek ~ boven dat andere* dieses Buch jenem anderen vorziehen, diesem Buch den Vorzug geben vor jenem
pregnant prägnant
prehistorie Prähistorie *v*, Vorgeschichte *v*
prehistorisch ❶ *uit de prehistorie* prähistorisch, vorgeschichtlich ❷ *ouderwets* humor vorsintflutlich
prei Porree *m*, Lauch *m*
preken rel predigen
prelaat Prälat *m*
prelude Präludium *o*
prematuur verfrüht, vorzeitig
premetro BN transp *soort metro* ≈ U-Bahn *v*
premie ❶ *beloning* Prämie *v* ❷ *verzekeringspremie* Prämie *v*
premiejager gesch Kopfgeldjäger *m*
premiekoopwoning staatlich subventionierte(s) Eigenheim *o*
premier Premierminister *m*, Premier *m*, Ministerpräsident *m*
première Premiere *v*, Uraufführung *v*, Erstaufführung *v*
premierschap Amt *o* des Premierministers / Ministerpräsidenten
premiewoning ⟨huis⟩ bezuschusste(s) Haus *o*, ⟨flat⟩ bezuschusste Wohnung *v*
prenataal pränatal
prent ❶ *afbeelding* Bild *o*, Stich *m*, ⟨kinderprent⟩ Bilderbogen *m*, ⟨gravure⟩ Kupferstich *m* ❷ *pootafdruk* Insiegel *o*
prentbriefkaart Ansichtskarte *v*
prenten ★ *zich iets in het geheugen ~* sich etw. einprägen
prentenboek Bilderbuch *o*
preoccupatie vorrangige Beschäftigung *v*, Absicht *v*
prepaid I *bnw* comm prepaid II *zn* [de] Prepay *v*

preparaat Präparat *o*
preparatie *het prepareren* Präparation *v*, Vorbereitung *v*
prepareren ❶ *voorbereiden* zubereiten ❷ *dieren opzetten* präparieren
prepay → **prepaid**
prepensioen ≈ Vorruhestand *m*
prepositie Präposition *v*, Verhältniswort *o*
prepuberteit Präadoleszenz *v*
prescriptie Präskription *v*, Vorschrift *v*, Verordnung *v*
present I *zn* [het] Geschenk *o*, form Präsent *o* **II** *bnw* anwesend ★ *~!* hier!
presentabel vorzeigbar
presentatie Präsentation *v*
presentator Präsentator *m*, ⟨radio / tv⟩ Moderator *m*
presenteerblad Tablett *o*, oud Präsentierteller *m* ▾ *iets op een presenteerblaadje krijgen* etwas in den Schoß geworfen bekommen
presenteren ❶ *voorstellen* vorstellen ★ *zich aan iem. ~* sich jmdm. vorstellen ❷ *aanbieden* präsentieren, anbieten ❸ *als presentator begeleiden* moderieren
presentexemplaar Freiexemplar *o*
presentie Präsenz *v*, Anwesenheit *v*
presentielijst Anwesenheitsliste *v*, Präsenzliste *v*
preses Präsident *m*, Vorsitzende(r) *m*
president ❶ *staatshoofd* Präsident *m* ❷ *voorzitter* Präsident *m*, Vorsitzende(r) *m*
president-commissaris Aufsichtsratsvorsitzende(r) *m*
president-directeur Generaldirektor *m*
presidentieel präsidial
presidentschap Präsidentschaft *v*
presidentskandidaat Präsidentschaftskandidat *m*
presidentsverkiezing Präsidentschaftswahl *v*, Präsidentenwahl *v*
presideren präsidieren
presidium ❶ *voorzitterschap* Vorsitz *m* ★ *onder ~ van* unter dem Vorsitz von ❷ *college van (onder)voorzitters* Präsidium *o*
pressen pressen
presse-papier Briefbeschwerer *m*
pressie Druck *m*, form Pression *v*
pressiegroep Interessengruppe *v*, Pressuregroup *v*, Lobby *v*
pressiemiddel Druckmittel *o*
prestatie Leistung *v* ★ *een geweldige ~* eine Glanzleistung
prestatiedwang Leistungsdruck *m*
prestatiegericht leistungsorientiert
prestatievermogen Leistungsfähigkeit *v*
presteren leisten ★ *zij heeft het gepresteerd om...* sie hat es fertiggebracht,...
prestige Prestige *o*, Ansehen *o*, Geltung *v*
prestigekwestie Prestigefrage *v*, Prestigesache *v*
prestigeobject Prestigeobjekt *o*
prestigieus prestigiös, Prestige-
pret ❶ Spaß *m*, Freude *v*, Vergnügen *o* ★ *pret maken* sich amüsieren ★ *het is uit met de pret!* jetzt ist Schluss mit dem Spaß! ❷ → **pretje**
prêt-à-porter Prêt-à-porter *o*
pretendent Prätendent *m*
pretenderen ❶ *beweren, zich voordoen als* behaupten ❷ *aanspraak maken op* prätendieren auf, Anspruch erheben auf
pretentie Anspruch *m*, Anmaßung *v* ★ *veel ~s hebben* anspruchsvoll sein
pretentieloos anspruchslos, bedürfnislos, genügsam, unprätentiös
pretentieus prätentiös, anspruchsvoll, anmaßend
pretje Spaß *m*, Vergnügen *o* ▾ *dat is (bepaald) geen ~* das ist wahrlich kein Vergnügen
pretogen schalkhafte(n) Augen *mv*
pretpakket inform onderw ≈ Kombination *v* von einfachen Fächern
pretpark Vergnügungspark *m*
prettig nett, ⟨aangenaam⟩ angenehm, ⟨lief⟩ lieb, ⟨vermakelijk⟩ amüsant, ⟨mooi⟩ schön, ⟨plezierig⟩ vergnüglich, ⟨gezellig⟩ gemütlich, ⟨comfortabel⟩ bequem ★ *een ~e reis* eine angenehme Reise ★ *~e kerstdagen!* frohe Weihnachten! ★ *zich niet ~ voelen* sich nicht wohlfühlen ★ *het was een ~e avond* es war ein gemütlicher / netter Abend
preuts prüde, spröde
prevaleren prävalieren, vorherrschen, überwiegen
prevelen murmeln
preventie Prävention *v*, Vorbeugung *v*
preventief präventiv, Präventiv- ★ *preventieve hechtenis* Vorbeugehaft *v*
preview Vorschau *v*
prezen [verl. td.] → **prijzen**
prieel Laube *v*
priegelen ⟨schrijven⟩ winzig schreiben, ⟨naaien⟩ sticheln
priegelwerk Pfriemelarbeit *v*
priem Pfriem *m*
priemen stechen ▾ *~de blik* stechender Blick *m*
priemgetal Primzahl *v*
priester Priester *m*, min Pfaffe *m*
priesterschap Priestertum *o*
priesterwijding Priesterweihe *v*
prietpraat Geschwätz *o*
prijken prangen
prijs ❶ *koopsom* Preis *m* ★ *vaste ~* Festpreis *m* ★ *~ per stuk* Stückpreis *m* ★ *onder de ~* unter Preis ★ *onder de ~ verkopen* unterm Preis verkaufen ★ *tot elke ~* um jeden Preis ★ *iets op ~ stellen* auf etw. Wert legen ★ *iets op ~ weten te stellen* etw. zu schätzen wissen ❷ *beloning* Preis *m*, Belohnung *v* ★ *zij is in de prijzen gevallen* sie hat gewonnen ★ *men heeft een ~ gezet op het hoofd van de moordenaar* man hat einen Preis auf den Kopf des Mörders ausgesetzt
prijsbewust preisbewusst
prijscompensatie Lohn-Preis-Ausgleich *m*
prijsde [verl. td.] → **prijzen**
prijsden [verl. td.] → **prijzen**
prijsgeven preisgeben [+3] ★ *zijn leven ~* sein Leben hingeben
prijskaartje Preisschild *o*, Etikett *o*
prijsklasse Preisklasse *v*
prijslijst Preisliste *v*, Preisverzeichnis *o*
prijsmaatregel Preisverordnung *v*
prijsopdrijving Preistreiberei *v*
prijsopgave Kostenvoranschlag *m*
prijspeil Preisniveau *o*
prijsstijging Preissteigerung *v*

prijsstop Preisstopp *m*
prijsuitreiking Preisverteilung *v*
prijsvechter *bedrijf dat met lage prijzen concurreert* Preiskämpfer *m*
prijsvraag Preisfrage *v*
prijzen I *ov ww, loven* preisen, loben, rühmen ★ *prijst de Heer* preiset den Herrn **II** *ov ww, van prijs voorzien* auszeichnen
prijzengeld Preisgeld *o*
prijzenoorlog Preiskrieg *m*
prijzenslag Preisschleuderei *v*
prijzenswaardig lobenswert
prijzig kostspielig, teuer
prik ❶ *steek* Stich *m* **❷** *injectie* Spritze *v* **❸** *limonade* Brause(limonade) *v*, Sprudel *m*
prikactie Schwerpunktaktion *v*, ⟨staking⟩ Schwerpunktstreik *m*
prikbord Pinnwand *v*, ⟨voor aankondigingen⟩ Schwarze(s) Brett *o*
prikje → **prik** ▼ *iets voor een ~ kopen* etwas für einen Spottpreis kaufen
prikkel ❶ *stekel* Stachel *m* **❷** *aansporing* Anreiz *m*, Ansporn *m* **❸** *prikkeling* Prickeln *o*, biol Reiz *m*
prikkelbaar reizbar, erregbar
prikkeldraad Stacheldraht *m*
prikkelen I *on ww, steken* kratzen, inform piken ★ *deze trui prikkelt* dieser Pullover kratzt ★ *mijn keel prikkelt* mich kratzt es im Hals **II** *ov ww* **❶** *irriteren* reizen, aufregen, irritieren ★ *die valse toon prikkelt haar* dieser schiefe Ton reizt sie **❷** *stimuleren* reizen, anregen, prickeln ★ *iemands nieuwsgierigheid ~* jmds. Neugier erregen ★ *de zintuigen ~* die Sinne reizen
prikkeling ❶ *stimulans* Stimulierung *v* **❷** *irritatie* Prickeln *o*, Reizen *o*
prikken I *ov ww* **❶** *steken* stechen, piken ★ *gaatjes in het oor laten ~* Löcher ins Ohrläppchen stechen lassen ★ *prik je de notitie met een punaise aan de muur?* heftest du die Notiz mit einer Reißzwecke an die Wand? **❷** *injectie geven* spritzen **❸** *vaststellen* ★ *een datum ~* einen Termin ausmachen / vereinbaren **II** *on ww, prikkelen* prickeln, reizen ★ *de rook prikt in mijn ogen* der Rauch beißt in meinen Augen
prikkertje Spießchen *o*
prikklok Stechuhr *v*
prikpil 3-Monatsspritze *v*
pril zart, früh
prima I *bnw, uitstekend* prima, ausgezeichnet, hervorragend ★ *een ~ idee* eine prima idee **II** *tw* prima, ausgezeichnet
primaat I *zn* [de] **❶** *geestelijke* ⟨paus⟩ Primas *m* von Rom, ⟨aartsbisschop⟩ Primas *m* **❷** *zoogdier* Primat *m* **II** *zn* [het], *oppergezag* Primat *m*
prima ballerina Primaballerina *v*
prima donna Primadonna *v*
primair I *bnw* primär, Primär-, Primar- ★ *~ onderwijs* Primarunterricht ★ *de ~e sector* der primäre Sektor ★ *~e kleur* Grundfarbe *v* ★ *~ getal* Primzahl *v* **II** *bijw* ★ *~ reageren* unmittelbar reagieren
prime ❶ *grondtoon* Prime *o* **❷** *interval* Prime *v*
primetime Hauptsendezeit *v*
primeur ⟨eersteling⟩ Erstling *m*, ⟨eerste berichtgeving⟩ Scoop *m*, ⟨eerste berichtgeving⟩ sensationelle(r) Exklusivbericht *m*, ⟨muziek- / theateropvoering⟩ Uraufführung *v*
primitief primitiv
primordiaal BN *doorslaggevend* ausschlaggebend
primula Primel *v*
primus *kooktoestel* Petroleumkocher *m* ▼ *~ inter pares* primus inter pares
principe *leefregel* Prinzip *o* ★ *uit ~* aus Prinzip ★ *in ~* im Prinzip
principeakkoord Grundsatzvereinbarung *v*
principebesluit Grundsatzentscheidung *v*
principieel prinzipiell, grundsätzlich ★ *een principiële kwestie* eine Prinzipienfrage *v*
prins ⟨regerend⟩ Fürst *m*, ⟨niet regerend⟩ Prinz *m* ▼ *van de ~ geen kwaad weten* völlig ahnungslos sein
prinselijk fürstlich, prinzlich ★ *het ~ paar* das Fürstenpaar
prinses ⟨lid van koninklijke familie⟩ Prinzessin *v*, ⟨vrouw van een regerend prins⟩ Fürstin *v*
prinsessenboon Prinzessbohne *v*
prins-gemaal Prinzgemahl *m*
prinsheerlijk fürstlich, wie ein Fürst
Prinsjesdag feierliche Eröffnung des parlamentarischen Jahres
print *computeruitdraai* Ausdruck *m*
printen ausdrucken
printer Drucker *m*
prior Prior *m*
prioriteit Priorität *v*
prisma Prisma *o*
privaat privat, Privat-
privaatrecht jur Privatrecht *o*
privacy Intimsphäre *v*, Privatbereich *m*
privatiseren privatisieren
privé privat, Privat-
privéaangelegenheid Privatsache *v*, Privatangelegenheit *v*
privéadres Privatadresse *v*
privérekening Privatkonto *o*
privésfeer Privatsphäre *v*
privéstrand Privatstrand *m*
privilege Privileg *o*
prk BN *postrekening* Postscheckkonto *o*, Girokonto *o*
pro Pro *o* ★ *het pro en contra* das Pro und Kontra
pro- pro(-) ★ *pro-Amerikaans* proamerikanisch
proactief proaktiv
probaat probat, erprobt, bewährt
probatie BN jur *proeftijd* Bewährungsfrist *v*
probeersel Versuch *m*, Experiment *o*
proberen ❶ *een poging doen* versuchen, probieren **❷** *uitproberen* versuchen, probieren ★ *u moet die wijn eens ~* diesen Wein müssen sie unbedingt probieren / kosten
probleem ❶ *moeilijkheid* Problem *o*, Schwierigkeit *v* **❷** *gesteld vraagstuk* Problem *o*, Frage *v* ★ *een natuurkundig ~* ein physikalisches Problem
probleemgeval Problemfall *m*
probleemgezin sozial schwache Familie *v*, asoziale Familie *v*
probleemkind Problemkind *o*
probleemloos problemlos, ohne Probleme
probleemstelling Problemstellung *v*
probleemwijk Problemviertel *o*
problematiek Problematik *v*

problematisch problematisch, ⟨onzeker⟩ fraglich
procedé Verfahren *o*, Methode *v*
procederen prozessieren, einen Prozess führen
procedure ❶ *werkwijze* Verfahren *o* ❷ jur *proces* Prozedur *v*, Verfahrensweise *v*, Verfahren *o*, Gerichtsverfahren *o*
procedureel verfahrensmäßig
procedurefout Verfahrensfehler *m*
procent Prozent *o* ★ *vijf ~* fünf Prozent
procentueel prozentual
proces ❶ *wijze waarop iets verloopt* Prozess *m*, Verlauf *m* ❷ *rechtszaak* Prozess *m*, Gerichtsverfahren *o* ★ *een ~ aanspannen tegen iem.* gegen jmdn. einen Prozess anstrengen ★ *een ~ voeren* einen Prozess führen, prozessieren
procesgang Produktionsablauf *m*
procesoperator Prozessmanager *m*
processie Prozession *v*
processor Prozessor *m*
proces-verbaal ❶ *bekeuring* Anzeige *v* ★ *~ opmaken tegen iem.* jmdm. ein Strafmandat geben ❷ *verslag* Protokoll *o*
procesvoering Prozessführung *v*
proclamatie ❶ *bekendmaking* Proklamation *v* ❷ BN sport *bekendmaking van de uitslag* Ergebnisverkündung *v*
proclameren proklamieren
procuratiehouder Prokurist *m*
procureur jur Prozessbevollmächtigte(r) *m*, ⟨advocaat en procureur⟩ Anwalt *m* ★ BN *Procureur des Konings* Staatsanwalt *m*
procureur-generaal ⟨bij een gerechtshof⟩ ≈ Generalstaatsanwalt *m*, ⟨bij de Hoge Raad⟩ ≈ Generalbundesanwalt *m*
pro Deo umsonst, gratis
pro-Deoadvocaat Armenanwalt *m*, Pflichtverteidiger *m*
producent Produzent *m*, Erzeuger *m*, Hersteller *m*
producer Produzent *m*
produceren *voortbrengen* produzieren, erzeugen, herstellen, jur vorlegen
product ❶ *voortbrengsel* Produkt *o*, Erzeugnis *o* ★ *bruto nationaal ~* Bruttosozialprodukt *o* ❷ wisk Produkt *o*
productaansprakelijkheid Produkthaftung *v*
productie Produktion *v*, Erzeugung *v*, Herstellung *v*, jur Vorlage *v* ★ *iets in ~ nemen* die Produktion von etw. aufnehmen
productiecapaciteit Produktionskapazität *v*
productief produktiv ★ *iets ~ maken* etw. nutzbar machen / nutzen
productiekosten Herstellungskosten *mv*, Produktionskosten *mv*
productielijn Fertigungsstraße *v*
productiemiddel Produktionsmittel *o*
productieproces Produktionsprozess *m*
productiviteit Produktivität *v*, ⟨winstgevendheid⟩ Leistungsfähigkeit *v*, ⟨vruchtbaarheid⟩ Ertragfähigkeit *v*
productmanager Produktmanager *m*
productschap Verbundwirtschaft *v*
proef ❶ *onderzoek, het proberen* Probe *v*, Test *m* ★ *op de ~ stellen* auf die Probe stellen ★ *de ~ doorstaan* die Probe bestehen ★ *iem. op ~ nemen* jmdn. auf Probe anstellen ★ *de ~ op de som nemen* die Probe aufs Exempel machen ❷ *wetenschappelijk experiment* Probe *v*, Versuch *m*, Experiment *o* ❸ *bewijs* Probe *v* ★ *proeve van bekwaamheid* Eignungsprüfung *v*
proefabonnement Probe-Abo *o*
proefballon aardk *ballon* Versuchsballon *m*
proefboring Probebohrung *v*
proefdier Versuchstier *o*
proefdraaien Probe laufen, audio-vis einen Film probeweise vorführen
proefdruk Probedruck *m*, Andruck *m*
proefkonijn lett *proefdier* Versuchskaninchen *o*
proefneming Versuch *m*, Experiment *o*
proefnummer Probenummer *v*
proefondervindelijk ❶ *empirisch* erfahrungsmäßig ❷ *experimenteel* experimentell
proefperiode Probezeit *v*
proefpersoon Versuchsperson *v*
proefrit Probefahrt *v*
proefschrift Doktorarbeit *v*, Dissertation *v*
proefstuk ▾ BN *niet aan zijn ~ toe zijn* mit allen Wassern gewaschen sein
proefterrein Versuchsgelände *o*
proeftijd ❶ *uitprobeertijd* Probezeit *v* ❷ jur Bewährungsfrist *v*
proefverlof jur Hafturlaub *m*
proefvertaling ⟨op school⟩ Probeübersetzung *v*, ⟨op school⟩ Übersetzung(sarbeit) *v*
proefvlucht Probeflug *m*
proefwerk Klassenarbeit *v*, Arbeit *v*, Klausur *v* ★ *een ~ maken* eine Klassenarbeit schreiben
proesten ❶ *niezen* niesen ❷ *snuiven* prusten ❸ *lachen* prusten
proeve form → **proef**
proeven *op smaak keuren* kosten, versuchen
prof ❶ *hoogleraar* Prof *m* ❷ *professional* Profi *m* ★ *hij is nu prof* er ist jetzt ein Profi
profaan profan
profclub Profiklub *m*
profeet Prophet *m*
professie *beroep* Beruf *m*, oud Profession *v*
professional Profi *m*
professionalisering Professionalisierung *v*
professioneel *vakkundig* professionell, fachmännisch
professor Professor *m* ★ *~ in de geneeskunde* Professor der Medizin
profeteren prophezeien
profetie *voorspelling* Prophezeiung *v*, Weissagung *v*
profetisch prophetisch
proficiat herzlichen Glückwunsch!
profiel ❶ *zijaanzicht* Profil *o* ❷ *typering* Profil *o* ❸ ⟨op band, zool⟩ Profil *o*
profielband Profilreifen *m*
profielschets Profil *o*, Persönlichkeitsbild *o*
profieltekening Profilzeichnung *v*
profielzool Profilsohle *v*
profijt ⟨nut⟩ Nutzen *m*, ⟨voordeel⟩ Gewinn *m*, ⟨voordeel⟩ Vorteil *m*, ⟨opbrengst⟩ Profit *m*
profijtbeginsel Kostendeckungsprinzip *o*
profijtelijk profitabel, vorteilhaft, Gewinn bringend
profileren ❶ *karakteriseren* profilieren ★ *zich ~*

sich profilieren ❷ *profiel aanbrengen* profilieren
profiteren profitieren, (aus)nutzen ★ *van iets / iemand ~* von etw. / jmdm. profitieren ★ *van de gelegenheid ~* die Gelegenheit nutzen
profiteur Profiteur *m*, inform Trittbrettfahrer *m*
profspeler Profi(spieler) *m*
profvoetballer Profifussballer *m*
prognose Prognose *v*
program Programm *o*
programma ❶ *geheel van activiteiten* Programm *o* ★ *een druk ~ hebben* ein volles Programm haben ❷ *uitzending* Programm *o*, Sendung *v* ❸ comp Computerprogramm *o* ❹ pol Programm *o*
programmablad Rundfunk- und Fernsehzeitschrift *v*
programmaboekje Programmheft *o*
programmakiezer techn Programmauswahl *v*
programmamaker Programmgestalter *m*
programmatuur Software *v*
programmeertaal Programmiersprache *v*
programmeren *(in een) programma opstellen* programmieren
programmering ⟨computers⟩ Programmierung *v*, ⟨radio en tv⟩ Programmgestaltung *v*
programmeur Programmierer *m*
progressie ❶ *vooruitgang* Fortschreiten *o*, Progression *v* ❷ *toename* Progression *v*, Staffelung *v*
progressief ❶ *voortgaand* progressiv ❷ *vooruitstrevend* progressiv, fortschrittlich ❸ *trapsgewijs opklimmend* progressiv, gestaffelt
prohibitie (Alkohol)Verbot *o*, Prohibition *v*
project Projekt *o*
projectbureau Baugesellschaft *v*, Projektbüro *o*
projecteren ❶ *van dia's en films* projizieren ❷ *van gevoelens en gedachten* projizieren (**op** auf) [+4] ★ *hij projecteert zijn angsten op zijn kind* er projiziert seine Ängste auf sein Kind ❸ *van driedimensionale figuren* projizieren ❹ *plannen* projektieren
projectie Projektion *v*, ⟨ontwerp⟩ Entwurf *m*
projectiel Projektil *o*, Geschoss *o*, ⟨toegeworpen voorwerp⟩ Wurfgeschoss *o*
projectiescherm Projektionsfläche *v*
projectleider Projektleiter *m*
projectmanager Projektmanager *m*
projectmatig projektmäßig
projectontwikkelaar bouw Baugesellschaft *v*
projector Projektor *m*, Projektionsapparat *m*, wisk Projektionsstrahl *m*
proleet Prolet *m*
proletariaat Proletariat *o*
proletariër Proletarier *m*
proletarisch proletarisch
prolongatie Verlängerung *v*
prolongeren verlängern, econ prolongieren
proloog Prolog *m*
promenade Promenade *v*
promenadedek Promenadendeck *o*
promesse econ Promesse *v*
promillage Promille *o*
promille Promille *o*
prominent prominent
promiscue ❶ *willekeurig dooreen* durcheinander ❷ *met vrij seksueel verkeer* promiskuitiv
promiscuïteit Promiskuität *v*
promoten Werbung machen, werben ★ *een product ~* für ein Produkt werben
promotie ❶ *bevordering* Aufstieg *m*, Beförderung *v* ★ *~ maken* befördert werden, aufsteigen ★ BN *sociale ~* ≈ Fortbildung *v* ❷ *behalen van doctorsgraad* Promotion *v* ❸ BN *reclame* Promotion *v*
promotiekans Aufstiegsmöglichkeit *v*
promotiewedstrijd Aufstiegsspiel *o*
promotor ❶ *belangenbehartiger* Förderer *m*, ⟨organisator⟩ Promoter *m*, ⟨organisator⟩ Veranstalter *m* ❷ *hoogleraar* Doktorvater *m*
promovendus Doktorand *m*
promoveren ❶ *een klasse stijgen* aufsteigen ❷ onderw *doctorstitel verwerven* promovieren, die Doktorwürde erlangen, inform seinen Doktor machen ★ *zij is gepromoveerd* sie hat promoviert
prompt prompt
pronken *zich trots vertonen* prunken
pronkjuweel *kleinood* Juwel *o*, fig Prachtstück *o*
pronkstuk Prunkstück *o*, Glanzstück *o*
prooi Beute *v* ▼ *aan iets ten ~ vallen* etwas zum Opfer fallen
proost prost, prosit
proosten anstoßen auf
prop ❶ *samengedrukte bol* Pfropf *m*, Kugel *v* ★ *prop papier* Papierkugel *v*, Wisch *m* ❷ *persoon* [vooral verkleinwoord] Mops *m* ▼ *een prop in de keel hebben* einen Kloß im Hals haben ▼ *op de proppen komen* auf der Bildfläche erscheinen ▼ *met iets op de proppen komen* etwas zur Sprache bringen
propaan Propan *o*
propaangas Propangas *o*
propaganda Propaganda *v*
propagandafilm Propagandafilm *m*
propagandamateriaal Propagandamaterial *o*
propageren propagieren
propedeuse ≈ Grundstudium *o*, ⟨inleidend college⟩ Propädeutik *v*
propeller Propeller *m*
propellervliegtuig Propellerflugzeug *o*, Propellermaschine *v*
proper proper, sauber, reinlich, ordentlich
proportie ⟨evenredigheid⟩ Proportion *v*, ⟨afmeting⟩ Umfang *m*, fig Ausmaß *o* ★ *buiten ~* unproportionell ★ *naar ~* proportionell ★ *enorme ~s aannemen* ungeheure Ausmaße annehmen
proportioneel proportional, verhältnismäßig
propositie ❶ *voorstel* Vorschlag *m*, Angebot *o* ❷ *stelling* Proposition *v*
proppen ❶ *schrokken* sich vollpfropfen / -stopfen ★ *zit niet zo te ~!* schling nicht so! ❷ *dicht opeen duwen* pfropfen, stopfen
propvol prallvoll, gedrängt voll, inform proppenvoll
prosecutie Prosekution *v*, Strafverfolgung *v*
prosodie Prosodie *v*
prospectie BN econ *marktonderzoek* Marktforschung *v*
prospectus Prospekt *m*
prostaat Prostata *v*
prostituee Prostituierte *v*
prostitueren *aan prostitutie overgeven*

prostituieren ★ *zich* ~ sich prostituieren
prostitutie Prostitution *v*
protectie *bescherming* Protektion *v*, Schutz *m*
protectiegeld Schutzgeld *o*
protectionisme Protektionismus *m*
protectoraat Protektorat *o*, Schutzherrschaft *v*
protegé Protegé *m*, Schützling *m*
proteïne Protein *o*
protest *uiting van bezwaar* Protest *m* ★ ~ *aantekenen tegen* Protest gegen etw. erheben / einlegen ★ *onder luid ~ verliet zij de zaal* unter lautem Protest verließ sie den Saal
protestactie Protestaktion *v*
protestant I *zn* [de] Protestant *m* **II** *bnw* protestantisch, evangelisch
protestantisme Protestantismus *m*
protestants protestantisch, evangelisch
protestbeweging Protestbewegung *v*
protesteren protestieren ★ *ik protesteer!* ich protestiere!
protestmars Protestmarsch *m*, Protestzug *m*
protestsong Protestsong *m*
proteststaking Proteststreik *m*
protestzanger Protestsänger *m*
prothese Prothese *v*
protocol ❶ *regels bij diplomatiek verkeer* Protokoll *o* **❷** *letterlijk verslag* Protokoll *o*
protocollair protokollarisch
proton I *zn* [het] natk Proton *o* **II** *zn* [de], BN econ *elektronische portemonnee* Chipkarte *v*
protonkaart BN econ *elektronische portemonnee* Chipkarte *v*
protoplasma Protoplasma *o*
prototype ❶ *oorspronkelijk model* Prototyp *m*, Ur- / Grundform *v* **❷** *typisch voorbeeld* Prototyp *m*, Inbegriff *m*
protserig protzig, protzenhaft
Provençaals provenzalisch
Provence Provence *v*
proviand Proviant *m*
provider www (Internet)Provider *m*
provinciaal I *bnw* **❶** *van de provincie* Provinzial- **❷** *kleinburgerlijk* provinziell **II** *zn* [de] **❶** *bewoner van het platteland* Provinzbewohner *m* **❷** *bekrompen persoon* min Provinzler *m*
provincie ❶ *gewest* Provinz *v*, ⟨overheid⟩ Provinzverwaltung **❷** *platteland* Provinz *v*
provinciebestuur Provinzverwaltung *v*, Bezirksverwaltung *v*
provinciehuis Gebäude *o* der Provinzverwaltung
provincieraad BN pol *provinciaal bestuur* Provinzverwaltung *v*, Bezirksverwaltung *v*
provisie ❶ *commissieloon* Provision *v* **❷** *voorraad* Vorrat *m*
provisiekast Speise- / Vorratsschrank *m*
provisorisch provisorisch
provitamine Provitamin *o*
provo Provo *m*
provocateur Provokateur *m*
provocatie Provokation *v*
provoceren provozieren
prowesters prowestlich
proza Prosa *v*
prozac Prozac *o*
prozaïsch prosaisch
pruik ❶ *haardos* strubbelige(s) Haar *o* **❷** *vals haar* Perücke *v*
pruikentijd Zopfzeit *v*
pruilen schmollen, maulen
pruillip Flunsch *m*
pruim *vrucht* Pflaume *v* ★ *gedroogde ~en* getrocknete(n) Pflaumen, Back- / Dörrpflaumen
pruimen I *ov ww, verdragen* leiden, ertragen ★ *die soep is niet te ~* diese Suppe ist ungenießbar ★ *iem. niet kunnen ~* jmdn. nicht ausstehen / riechen können **II** *on ww, tabak kauwen* priemen
pruimenboom, BN **pruimelaar** Pflaumenbaum *m*, Zwetschgenbaum *m*
pruimenmond spitze(s) Mäulchen *o* ★ *een ~je trekken* zimperlich sein, sich zieren
pruimenpit Pflaumenkern *m*
pruimtabak Kau- / Priemtabak *m*
Pruisen Preußen
Pruisisch *m.b.t. Pruisen* preußisch
prul ❶ *ding* wertlose(s) Zeug *o*, Schund *m* ★ *prul van een roman* Kitsch- / Schundroman *m* **❷** *mens* Niete *v*, Flasche *v*, Nichtsnutz *m*
prullaria Krimskrams *m*, Kram *m*, Krempel *m*, Plunder *m*
prullenbak Papierkorb *m*
prullenmand Papierkorb *m*
prulschrijver Schreiberling *m*, Skribent *m*, Schundautor *m*
prut I *zn* [de] Brei *m* **II** *bnw* miserabel
prutje cul ⟨saus⟩ Soße *v*, ⟨eenpansgerecht⟩ Eintopf *m*
prutsen I *ov ww* basteln ★ *iets in elkaar ~* etw. zusammenbasteln **II** *on ww* **❶** *knutselen* basteln ★ *aan iets ~* an etw. basteln **❷** *klungelen* pfuschen, stümpern
prutser *klungelaar* Pfuscher *m*, Stümper *m*
prutswerk ❶ *knoeiwerk* Pfuscherei *v*, Stümperei *v* **❷** *peuterwerk* Bastelarbeit *v*
pruttelen ❶ *koken* brodeln, sieden, ⟨in vet⟩ brutzeln **❷** *mopperen* brummen, maulen, murren
PS *Post Scriptum* PS
psalm Psalm *m*
psalmboek Psalter *m*
psalmbundel Psalter *m*, Buch *o* der Psalmen
pseudo- Pseudo-, pseudo- ★ *pseudowetenschappelijk* pseudowissenschaftlich
pseudoniem Pseudonym *o*
psoriasis Psoriasis *v*, Schuppenflechte *v*
pst psst!
p.st. *per stuk* pro Stück
psyche Psyche *v*
psychedelisch psychedelisch
psychiater Psychiater *m*
psychiatrie Psychiatrie *v*
psychiatrisch psychiatrisch
psychisch psychisch, seelisch
psychoanalyse Psychoanalyse *v*
psycholinguïstiek Psycholinguistik *v*
psychologie Psychologie *v*
psychologisch psychologisch
psycholoog Psychologe *m*
psychoot Psychotiker *m*
psychopaat Psychopath *m*
psychose Psychose *v*
psychosomatisch psychosomatisch

psychotherapie Psychotherapie *v*
psychotisch psychotisch
pub Pub *o*
puber Halbwüchsige *m*, Pubertierende(r) *m*
puberaal pubertär
puberen pubertieren, in der Pubertät sein
puberteit Pubertät *v*
publicatie ❶ *het publiceren* Bekanntmachung *v*, Veröffentlichung *v* ❷ *uitgegeven werk* Publikation *v*, Veröffentlichung *v*
publicatieverbod Publikationsverbot *o*
publiceren *openbaar maken* bekannt machen, publizieren, veröffentlichen
publicist Publizist *m*
publicitair publizistisch
publiciteit ❶ *openbare kennis* Publizität *v* ❷ BN *reclame* Reklame *v*, Werbung *v*
publiciteitscampagne Werbekampagne *v*
publiciteitsgeil publizitätssüchtig
publiciteitsstunt Werbegag *m*
public relations Public Relations *mv* ★ *afdeling ~* Public-Relations-Abteilung *v*
publiek Publikum *o* ★ *gemengd ~* gemischte Gesellschaft *v* ★ *toegankelijk voor het ~* allgemein zugänglich
publiekelijk öffentlich
publieksfilm Publikumsfilm *m*
publieksgericht publikumsorientiert, publikumsbezogen
publiekstrekker Publikumsmagnet *m*
puck sport Puck *m*
pudding Pudding *m*
puddingbroodje cul süßes Brötchen *o* mit Puddingcreme
puddingvorm Puddingform *v*
Puerto Ricaan Puerto-Ricaner *m* → **Porto Ricaan**
Puerto Ricaans → **Porto Ricaans**
Puerto Ricaanse → **Porto Ricaanse**
Puerto Rico → **Porto Rico**
puf Puste *v*, Energie *v*, ⟨zin / trek⟩ Lust *v*, ⟨durf⟩ Mumm *m* ★ *geen puf meer hebben* keine Lust mehr haben, keine Puste mehr haben
puffen dampfen, qualmen, schnaufen
pui *gevel* Fassade *v*, Front *v*
puikje Allerbeste *o* ★ *het ~ van...* das Feinste vom Feinen von...
puilen quellen ★ *de ogen puilden uit haar hoofd* die Augen quollen ihr aus dem Kopf
puin *losse stenen* Schutt *m*, Trümmer *mv*, Schotter *m*, Trümmerhaufen *m* ★ *puin ruimen* aufräumen ★ *onder het puin bedolven* verschüttet, unter den Trümmern begraben ★ *verboden puin te storten!* Schutt abladen verboten! ▼ *hij heeft zijn auto in puin gereden* er hat seinen Wagen zu Schrott gefahren
puinhoop ❶ *hoop puin* Trümmerhaufen *m* ❷ *warboel* Durcheinander *o*, Chaos *o* ★ *je kamer is een grote ~!* dein Zimmer ist ein einziges Durcheinander!
puist Pickel *m*
puistenkop Pickelgesicht *o*
puk *klein persoon* Knirps *m*, Krümel *m*, Zwerg *m*
pukkel ❶ *puist* Pickel *m*, med Pustel *v* ❷ *tas* Tornister *m*
pul Krug *m*
pulken zupfen, inform fummeln ★ *zij zat in haar neus te ~* sie bohrte / popelte in der Nase
pulli Pulli *m*
pullover Pullover *m*, inform Pulli *m*
pulp ❶ *brij* Brei *m*, ⟨fruit⟩ Pulp *m* ❷ *slecht product* Schund *m*
pulseren pulsieren
pulver Pulver *o*
pummel Lümmel *m*
pump Pumps *m mv*
punaise Heft- / Reißzwecke *v*, Reißbrettstift *m*
punch Punsch *m*
punctie Punktion *v*
punctueel pünktlich
punk *punker* Punk *m*
punker Punker *m*
punkkapsel Punkfrisur *v*
punniken ❶ *frunniken* fummeln ❷ *breien* met der Strickmaus stricken
punt I *zn* [de] ❶ *uiteinde* ⟨van iets plats⟩ Ecke *v*, Spitze *v* ★ *de punt van een potlood* die Bleistiftspitze ★ *tegen de punt van de tafel stoten* sich an der Tischecke stoßen ❷ *stip* Punkt *m* ★ *dubbele punt* Doppelpunkt *m* ★ *een punt achter iets zetten* einen Schlussstrich ziehen ▼ BN *iets op punt stellen* etwas auf den Punkt bringen ▼ BN *op punt staan* in Ordnung sein → **puntje II** *zn* [het] ❶ *plaats* Punkt *m* ❷ *onderdeel, kwestie* Punkt *m* ★ *een punt maken van iets* etw. zum Problem machen ❸ *moment* Zeitpunkt *m* ★ *het dode punt* das toter Punkt ★ *op het punt staan om iets te doen* im Begriff sein / stehen, etw. zu tun, drauf und dran sein, etw. zu tun ❹ *waarderingseenheid* Punkt *m*
puntbaard Spitzbart *m*
puntbroodje cul längliche(s) Brötchen *o*
puntdak Spitzdach *o*
puntdicht Epigramm *o*, Spott- / Sinngedicht *o*
punten ❶ *een punt maken aan* spitzen ❷ *bijpunten* stutzen ★ *het haar laten ~* die Haarspitzen abschneiden lassen
puntenrijbewijs Punkteführerschein *m*
puntenslijper Anspitzer *m*
punter ❶ *boot* Kahn *m* ❷ sport Spitzenstoß *m*
puntgaaf einwandfrei, tadellos
punthoofd ▼ *ik krijg er een ~ van* das macht mich wahnsinnig, du nervst
puntig ❶ *spits* spitz ❷ *kernachtig* treffend, pointiert ★ *een ~e opmerking* eine pointierte / gezielte Bemerkung
puntje ⟨broodje⟩ weiche(s) Brötchen *o* ▼ *als ~ bij paaltje komt* wenn es darauf ankommt ▼ *de ~s op de i zetten* das Tüpfelchen auf das i setzen ▼ *iets tot in de ~s kennen* etwas im Schlaf kennen ▼ *tot in de ~s verzorgd* wie aus dem Ei gepellt ▼ *daar kun je een ~ aan zuigen* davon kannst du dir eine Scheibe abschneiden ▼ *het ligt op het ~ van mijn tong* es liegt mir auf der Zunge
puntkomma Strichpunkt *m*, Semikolon *o*
puntmuts Zipfelmütze *v*
puntschoen spitze(r) Schuh *m*
puntsgewijs I *bnw* punktuell **II** *bijw* Punkt für Punkt
puntzak Tüte *v*
pupil ❶ *oogpupil* Pupille *v* ❷ *leerling* Schüler *m* ❸ *pleegkind* Pflegekind *o*
puppy Welpe *m*

puree Püree *o*, Brei *m* ▾ *in de ~ zitten* in der Patsche sitzen
pureren pürieren
purgeermiddel Abführmittel *o*, med Purgiermittel *o*
purgeren abführen
purisme Purismus *m*
purist Purist *m*
puritein Puritaner *m*
puriteins puritanisch
purper purpurn, purpurfarben / -rot
purperrood purpurrot
purschuim Purschaum *m*
purser Purser *m*
pus Eiter *m*
pushen ❶ *aanzetten* anspornen, antreiben ❷ *promoten* ‹van een zaak› vorantreiben, ‹van een persoon› protegieren
push-up sport Liegestütze *v*
push-up-bh Push-up-BH *m*
put *gat* ‹waterput› Brunnen *m*, ‹afvoerput› Abwasserkanal *m*, ‹afvoerput› Gully *m* ★ BN *septische put* septische(r) Tank *m* ▾ *in de put zitten* ein moralisches Tief haben ▾ *een bodemloze put* ein Fass ohne Boden ▾ BN *in het putje van de winter* im tiefsten Winter
putsch Putsch *m*
putten *water ophalen* schöpfen
puur ❶ *zuiver* rein, ‹ook van alcoholische dranken› pur ❷ *louter* pur, rein, bloß ★ *dat is puur toeval* das ist purer Zufall *m* ★ *dat is puur bedrog* das ist glatter Betrug *m* ★ *pure onzin* reine(r) / bare(r) Unsinn *m*
puzzel ❶ *legpuzzel* Puzzle(spiel) *o* ❷ *probleem* Rätsel *o*, Problem *o*
puzzelaar ‹legpuzzels› Puzzler *m*, ‹denkpuzzels› Rätselfreund *m*
puzzelen ❶ *puzzels oplossen* ‹van legpuzzel› puzzeln, ‹m.b.t. raadsels› Rätsel lösen ❷ *diep nadenken* knobeln, rätseln
puzzelrit Rallye *o*
puzzelwoordenboek Kreuzworträtselheft *o*
pvc PVC *o*
pygmee Pygmäe *m*
pyjama Pyjama *m*, Schlafanzug *m*
pyjamabroek Pyjamahose *v*
pyjamajas Schlafanzugoberteil *o*
pylon Leitkegel *m*, Pylon *m*, Pylone *v*
Pyreneeën (die) Pyrenäen *v mv*
pyromaan Pyromane *m*
pyrrusoverwinning Pyrrhussieg *m*
python Python *m*, Pythonschlange *v*

Q

q Q *o* ★ *de q van Québec* Q wie Quelle
Qatar Katar *o* ★ *in ~* in Katar
qua was... betrifft ★ *qua grootte valt het mee* was die Größe betrifft, geht es
quad *vierwielig motorrijtuig* Quad *o*
quarantaine Quarantäne *v* ★ *iem. in ~ plaatsen* jmdn. unter Quarantäne stellen ★ *hij staat onder ~* er steht unter Quarantäne
quartair **I** *bnw* quartär ★ *~ gesteente* quartäre(s) Gestein *o* ★ *de ~e sector* der quartäre Sektor **II** *zn* [het], *periode* Quartär *o*
quasi BN *bijna, vrijwel* nahezu, ungefähr, fast
quasi- quasi- ★ *quasiwetenschappelijk* pseudowissenschaftlich
quatre-mains **I** *zn* [het] vierhändige(s) Klavierstück *o* **II** *bnw* ★ *(à) ~* vierhändig
querulant Querulant *m*
questionnaire Fragebogen *m*
quiche Quiche *v*
quickscan Quickscan *m*
quickstep Quickstep *m*
quitte quitt ★ *~ staan* quitt sein ★ *~ spelen* unentschieden spielen
qui-vive ▾ *op zijn ~ zijn* auf dem Quivive sein
quiz Quiz *o*
quizmaster Quizmaster *m*
quota Quote *v*
quote ❶ *quota* Quote *v* ❷ *citaat* Zitat *o*
quoteren ❶ *limiteren* mit einer Quote belegen ❷ BN onderw *beoordelen* beurteilen
quotiënt Quotient *m*
quotum Quote *v*

R

r R *o* ★ *de r van Rudolf* R wie Richard
ra Rah *v*
raad ❶ *advies* Rat *m* ★ *te rade gaan bij iem.* jmdn. zu Rate / zurate ziehen ❷ *oplossing* Rat *m* ★ *hij weet met zijn geld geen raad* er weiß mit seinem Geld nichts anzufangen ★ *met voorbedachten rade* vorsätzlich ❸ *adviserend college* Rat *m* ★ *de Hoge Raad* der Oberste Gerichtshof, ⟨in Duitsland⟩ der Bundesgerichtshof ★ *raad van bestuur* Verwaltungsrat *m* ★ *Raad van Europa* Europarat *m* ★ *raad voor de scheepvaart* ≈ Seeamt *o* ★ *Raad van Elf* Elferrat *m*
raadde [verl. td.] → **raden**
raadden [verl. td.] → **raden**
raadgever Ratgeber *m*, Berater *m*
raadgeving ❶ *het geven van raad* Beraten *o* ❷ *advies* Rat *m*, Ratschlag *m*
raadhuis Rathaus *o*
raadplegen zu Rate / zurate ziehen ★ *een advocaat ~* einen Anwalt konsultieren ★ *een boek ~* in einem Buch nachschlagen
raadsbesluit Ratsbeschluss *m*
raadscommissie Gemeinderatsausschuss *m*
raadsel ❶ *iets onbegrijpelijks* Rätsel *o* ★ *het is me een ~* es ist mir ein Rätsel ❷ *opgave* Rätsel *o*
raadselachtig rätselhaft
raadsheer *rechter* ⟨van gerechtshof⟩ Gerichtsrat *m*, ⟨van Hoge Raad⟩ Mitglied *o* des Obersten Gerichtshofes
raadslid Gemeinde- / Stadtratsmitglied *o*, Stadtverordnete(r) *m*
raadsman ❶ *raadgever* Berater *m*, Ratgeber *m* ❷ *advocaat* Rechtsanwalt *m* [v: Rechtsanwältin]
raadszitting Ratssitzung *v*, Gemeinderatssitzung *v*
raadzaal Sitzungszimmer *o*, ⟨grote zaal⟩ Sitzungssaal *m*
raadzaam ratsam, empfehlenswert, geraten ★ *het is ~* es ist zu empfehlen / angebracht
raaf Rabe *m*, Kolkrabe *m*
raak **I** *bnw* ❶ *doel treffend* getroffen ★ *het schot is raak* das ist ein Treffer ❷ *gevat* treffend ★ *die was raak!* das hat gesessen **II** *bijw* ▼ *maar wat raak praten* ins Blaue hinein reden
raaklijn Tangente *v*
raakpunt wisk Tangentialpunkt *m*
raakvlak ❶ wisk Tangentialebene *v* ❷ *gemeenschappelijk gebied* Berührungspunkt *m*
raam ❶ *venster* Fenster *o* ★ *dubbel raam* Doppelfenster *o* ★ *uit het raam kijken* zum Fenster hinausblicken ❷ *lijst* Rahmen *o* ❸ *kader* Rahmen *m* ★ *in het kader van* im Rahmen [+2]
raamadvertentie Fensterwerbung *v*
raamkozijn Fensterrahmen *m*
raamprostitutie Fensterprostitution *v*
raamsponning Fensterfalz *m*
raamvertelling Rahmenerzählung *v*
raamwerk ❶ *houtwerk* Rahmen *m* ❷ fig *globale opzet* Rahmen *m*
raamwet Rahmengesetz *o*
raap Rübe *v* ▼ *recht voor zijn raap* geradlinig
raapstelen Stielmus *o*
raar sonderbar, komisch, merkwürdig ★ *het loopt soms raar in het leven* im Leben geht es manchmal sonderbar zu
raaskallen quasseln, faseln
raat Bienenwabe *v*, Wabe *v*
rabarber Rhabarber *m*
Rabat Rabat *o*
rabat *korting* Rabatt *m*
rabbijn Rabbiner *m*
rabiës Tollwut *v*
race Rennen *o*, ⟨lopen⟩ Wettlauf *m*
racebaan Rennbahn *v*
racefiets Rennrad *o*
racen ❶ *aan een race deelnemen* rennen, ⟨met fiets, auto, motor⟩ ein Rennen fahren ❷ fig *zeer snel gaan* rennen
racewagen Rennwagen *m*, Rennauto *o*
raciaal rassisch, Rassen-, rassen-
racisme Rassismus *m*
racist Rassist *m*
racistisch rassistisch
racket Schläger *m*, Racket *o*
raclette Raclette *v/o*
rad Rad ★ *rad van avontuur* Glücksrad ★ *iem. een rad voor ogen draaien* jmdm. blauen Dunst vormachen, jmdm. etw. vormachen
radar Radar *m/o*
radarantenne Radarantenne *v*
radarinstallatie Radaranlage *v*
radarscherm Radarschirm *m*
radarsignaal Radarsignal *o*
radarvliegtuig Radarflugzeug *o*
radbraken ❶ *martelen* rädern ❷ *verhaspelen* radebrechen ▼ *ik ben geradbraakt* ich bin wie gerädert
raddraaier Rädelsführer *m*
radeermesje Radiermesser *o*
radeloos ratlos, verzweifelt
radeloosheid Ratlosigkeit *v*, Verzweiflung *v*
raden ❶ *gissen* raten ★ BN *het ~ hebben naar iets* etw. nur raten können ❷ *raad geven* ★ *dat is je ge~ ook!* das möchte ich dir geraten haben!
raderboot Raddampfer *m*
raderen *overtrekken* ausradeln, ausrädeln
raderen ❶ *graveren* radieren, ätzen ❷ *afkrabben* radieren, ausradieren
radertje Räd(er)chen *o*
raderwerk Räderwerk *o*, Getriebe *o*
radiaal **I** *zn* [de] Radiant **II** *bnw* radial
radiaalband Gürtelreifen *m*, Radialreifen *m*
radiateur ⟨v. motor⟩ Kühler *m*
radiator Radiator *m*
radicaal **I** *zn* [de] Radikale(r) *m*, ⟨politiek⟩ Extremist *m* **II** *bnw, grondig* radikal **III** *bijw* radikal
radicalisme Radikalismus *m*, Extremismus *m*
radicchio ⟨rode sla⟩ Radicchio *m*
radijs Radieschen *o*
radio ❶ *toestel* Radio *o*, Rundfunkgerät *o* ❷ *uitzending* Radio *o*, Rundfunk *m* ★ *op de ~* im Radio
radioactief radioaktiv
radioactiviteit Radioaktivität *v*
radiobesturing Fernsteuerung *v*
radiocassetterecorder Radiorekorder *m*
radiografie Radiografie *v*

radiografisch funktelegrafisch ★ ~ *bestuurd* ferngesteuert, ferngelenkt
radiojournaal Radionachrichten *mv*
radiologie Radiologie *v*, Röntgenologie *v*
radioloog Radiologe *m*
radionieuwsdienst *dienst* Nachrichtendienst *m*
radio-omroep Rundfunk *m*
radioprogramma Hörfunkprogramm *o*, Radioprogramm *o*
radioscopie Röntgenoskopie *v*
radiostation Rundfunkstation *v*, Sender *m*
radiotherapie Radiotherapie *v*
radiotoespraak Rundfunkrede *v*, Rundfunkansprache *v*
radiotoestel Radioapparat *m*, Rundfunkgerät *o*, Radio *o* ★ *draagbaar* ~ Kofferradio *o*
radio-uitzending Rundfunksendung *v*, Radiosendung *v*, Hörfunksendung *v*
radioverslaggever Rundfunkreporter *m*, Rundfunkberichterstatter *m*
radiowekker Radiowecker *m*
radiozender Sender *m*, Radiosender *m*
radium Radium *o*
radius Radius *m* ★ *het vliegtuig heeft een* ~ *van 2000 km* das Flugzeug hat eine Reichweite von 2000 km
radslag Rad *o*
rafel Franse *v*
rafelen *losmaken* zerfransen
rafelig fransig
raffia Raphia *v*, Raphiabast *m*
raffinaderij Raffinerie *v*
raffinement ⟨geraffineerdheid⟩ Raffinesse *v*, ⟨verfijndheid⟩ Raffinement *o*
raffineren raffinieren
raften sport Rafting *o*, Wildwasserfahren *o*
rag Spinnengewebe *o*
rage (große) Mode *v*, Manie *v*
ragebol ❶ *borstel* Staubwedel *m* ❷ *haardos* Wuschelkopf *m*
ragfijn hauchdünn, hauchfein, haarfein
raggen *wild bewegen* herumtollen, (herum)toben
ragout Ragout *o*
ragtime muz Ragtime *m*

ra

rail ❶ *roede* Schiene *v* ❷ *spoorstaaf* Gleis *o*
railvervoer Bahntransport *m*
rakelings haarscharf, ganz nahe ★ ~ *langs iets gaan* haarscharf vorbeigehen an
raken I *ov ww* ❶ *aanraken* berühren ❷ *treffen* treffen ★ *zij raakte een gevoelige snaar bij hem* sie traf seinen wunden Punkt ❸ *ontroeren* berühren ❹ *betreffen* (be)treffen **II** *on ww, geraken* geraten, kommen, werden ★ *aan de drank* ~ trunksüchtig werden, inform sich dem Suff ergeben ★ *verliefd* ~ *op* sich verlieben in [+3] ★ *aan lagerwal* ~ herunterkommen ★ *uit de mode* ~ aus der Mode kommen ★ *zij is in moeilijkheden geraakt* sie ist in Schwierigkeiten geraten ★ *in onbruik* ~ aus der Mode kommen ★ *buiten zichzelf van woede* ~ vor Wut außer sich geraten ★ *zij raakten aan de praat* sie kamen / gerieten ins Plaudern ★ *van de weg* ~ vom Weg abkommen ★ *hij raakte met zijn auto in de gracht* er geriet mit seinem Auto in die Gracht ★ *verloren* ~ verloren gehen ★ *ik ben met hem in gesprek geraakt* ich bin mit ihm ins Gespräch gekommen ★ *tot zijn doel* ~ sein Ziel erreichen
raket *projectiel* Rakete *v*
raketaanval Raketenangriff *m*
raketbasis Raketen(abschuss)basis *v*, Raketenstützpunkt *m*
raketbeschieting Raketenbeschuss *m*
raketinstallatie Raketenstartrampe *v*, Raketenabschussrampe *v*
raketsla Rucola *m/v*
raketwerper Raketenwerfer *m*
rakker Schlingel *m*, Bengel *m*, Lausbub *m*, Racker *m* ★ *een rooie* ~ ein Roter
rally *wedstrijd* Rallye *v*, Sternfahrt *v*
RAM comp RAM *o*
Ram *dierenriemteken* Widder *m*
ram Widder *m*
ramadan Ramadan *m*
rambam ▼ *krijg de* ~*!* du kannst mich mal! ▼ *zich het* ~ *werken* sich dumm und dämlich arbeiten
ramen ⟨begroten⟩ veranschlagen, ⟨schatten⟩ schätzen
raming ⟨begroting⟩ Veranschlagung *v*, ⟨schatting⟩ Schätzung *v*, ⟨voorlopige schatting⟩ Voranschlag *m* ★ ~ *van de kosten* Kostenvoranschlag *m*
ramkraak Einbruch *m* mit Einrammen des Schaufensters
rammel → **pak**
rammelaar ❶ *speelgoed* Rassel *v* ❷ *mannetjeskonijn* Rammler *m*
rammelen I *ov ww, door elkaar schudden* rütteln, schütteln **II** *on ww* ❶ *geluid maken* klappern, rasseln ★ *ik rammel van de honger* mein Magen knurrt ❷ *gebrekkig in elkaar zitten* nicht taugen, nicht stimmen
rammeling BN *pak rammel* Tracht *v* Prügel
rammelkast *voertuig* Klapperkiste *v*
rammen ❶ *botsen tegen* rammen ❷ *beuken tegen* schlagen ★ *iem. in elkaar* ~ jmdn. zusammenschlagen
rammenas Rettich *m*
ramp Katastrophe *v*
rampbestrijding Katastrophenschutz *m*
rampenplan Notstandsplan *m*, Katastrophenplan *m*
rampgebied Katastrophengebiet *o*
rampjaar Notjahr *o*
rampspoed Missgeschick *o*, Unglück *o*, Katastrophe *v*
ramptoerisme Katastrophentourismus *m*
ramptoerist Katastrophentourist *m*
rampzalig katastrophal, unheilvoll, unglückselig, unselig ★ *een* ~*e beslissing* ein verhängnisvoller Entschluss ★ *in een* ~*e toestand* in einer elenden Lage
ramsj ❶ *handel* Ramschhandel *m* ★ *een boek in de* ~ *gooien* ein Buch verramschen ★ *in de* ~ *zijn* verramscht werden ❷ *restanten* Restauflagen *mv*
ranch Ranch *v*
rancune Groll *m*
rancuneus nachtragend, rachsüchtig
rand ❶ *buitenste gedeelte* Rand *m* ❷ *bovenste gedeelte* Rand *m*
randaarde techn Erdung *v*
randapparatuur Zusatzgeräte *mv*
randfiguur Randfigur *v*
randgebied ❶ aardk Randgebiet *o*, Grenzgebiet

o ❷ fig Grenzgebiet *o*
randgemeente Vorstadt *v*
randgroep Randgruppe *v*
randgroepjongere Jugendliche(r) *m* aus einer Randgruppe
randschrift Umschrift *v*
Randstad Randstad *v*, das Ballungsgebiet im Westen der Niederlande
randstad Ballungsgebiet *o*
randstedelijk im Ballungsraum, des Ballungsraums
randverschijnsel Randerscheinung *v*
randvoorwaarde Rahmenbedingung *v*
rang Rang *m* ★ *de rang van kapitein hebben* im Rang eines Hauptmanns stehen
rangeerder Rangierer *m*
rangeerterrein Rangierbahnhof *m*
rangeren rangieren
ranglijst Rangliste *v*
rangnummer Rangnummer *v*
rangorde Reihenfolge *v*, Rangordnung *v*
rangschikken ❶ *ordenen* einordnen ❷ *indelen* einstufen, (ein)gliedern ★ ~ *onder* rechnen / zählen zu
rangschikking ❶ *ordening* Einordnung *v* ❷ *indeling* Anordnung *v*
rangtelwoord Ordinalzahl *v*
rank I *zn* [de] Ranke *v*, ⟨scheut⟩ Spross *m*, ⟨scheut⟩ Trieb *m* ★ *wijnrank* Rebe *v* II *bnw* rank, schlank
ranonkel Ranunkel *v*
ransel *knapzak* Ranzen *m*
ranselen prügeln
ransuil Waldohreule *v*
rantsoen Ration *v*
rantsoeneren rationieren
ranzig *bedorven* ranzig
rap[1] *snel* gewandt, behände, rasch, flink
rap[2] [rep] muz Rap *m*
rapen aufheben, aufsammeln
rapgroep muz Rapgruppe *v*
rapmuziek muz Rapmusik *v*
rappen muz rappen
rapper muz Rapper *m*
rapport ❶ *verslag* Bericht *m*, Rapport *m*, Gutachten *o* ★ ~ *uitbrengen* Bericht erstatten ❷ *cijferlijst* Zeugnis *o*
rapportage Berichterstattung *v*
rapportcijfer Note *v*, Zensur *v*
rapporteren ❶ *melden* berichten, melden ❷ *verslag uitbrengen* Bericht erstatten
rapsodie Rhapsodie *v*
rariteit Rarität *v*
rariteitenkabinet Kuriositätensammlung *v*
ras I *zn* [het] Rasse *v* ★ *iem. van gemengd ras* Mischling *m* II *bnw, snel* rasch, schnell
rasartiest eingefleischte(r) Künstler *m*, geborene(r) Künstler *m*
rasecht ❶ *raszuiver* reinrassig ❷ *echt* waschecht
rasegoïst Erzegoist *m*
rashond Rassehund *m*
rasp *keukengereedschap* Reibe *v*
raspen raspeln, ⟨bij noten, kaas en aardappelen⟩ reiben
rassendiscriminatie Rassendiskriminierung *v*
rassenhaat Rassenhass *m*
rassenintegratie Rassenintegration *v*
rassenkwestie Rassenfrage *v*
rassenonlusten Rassenunruhen *v mv*, Rassenkrawalle *m mv*
rassenscheiding Rassentrennung *v*, (Rassen)Segregation *v*
rasta *persoon* Rastamann *m*
rastafari ⟨persoon⟩ Rasta(fari) *m*, ⟨beweging⟩ Rasta(fari) *v*
rastakapsel Rastafrisur *v*
raster I *zn* [de/het], *netwerk* Raster *o* II *zn* [de], *hekwerk* Gitter *o*
rasteren drukk rastern
rasterwerk ❶ *omheining* Gitterzaun *m* ❷ *rooster* Gitterrost *m*
raszuiver rasserein, reinrassig
rat Ratte *v*
rataplan ▾ *de hele* ~ der ganze Kram
ratatouille *gerecht* Ratatouille *v*
ratel ❶ *instrument* Rassel *v* ❷ *mond* Plappertasche *v*, Plappermaul *o*
ratelaar ❶ *boom* Zitterpappel *v*, Espe *v* ❷ *babbelaar* Plappermaul *o*, Plappertasche *v*
ratelen ❶ *geluid maken* rasseln ❷ *druk praten* plappern
ratelslang Klapperschlange *v*
ratificatie Ratifikation *v*, Ratifizierung *v*
ratificeren ratifizieren
ratio *rede* Vernunft *v*, Ratio *v*
rationaliseren rationalisieren
rationalisme Rationalismus *m*
rationalistisch rationalistisch, rational
rationeel rational
ratjetoe *stamppot* Mischmasch *m*
rato ▾ *naar rato,* BN *a rato* verhältnismäßig ▾ *naar rato van,* BN *a rato van* in Höhe von
rats ▾ *in de rats zitten* in der Patsche stecken
rattengif Rattengift *o*
rauw ❶ cul *ongekookt* roh ❷ *schor* rau ❸ *ontveld* wund ★ *rauwe wond* offene Wunde *v*
rauwkost Rohkost *v*
rauwmelks cul Rohmilch-
ravage Trümmerhaufen *m*, Trümmer *mv*
ravenzwart rabenschwarz
ravigotesaus cul Ravigotesoße *v*
ravijn *afgrond* Schlucht *v*
ravioli Ravioli *mv*
ravotten tollen, sich balgen
rayon *werkgebied* Gebiet *o*, Bezirk *m*
rayonchef Abteilungsleiter *m*, Regionalleiter *m*, Rayonchef *m*
razen *tekeergaan* rasen, toben, wüten
razend ❶ *woedend, boos* wütend, rasend ❷ *hevig* heftig, maßlos
razendsnel pfeilschnell, rasend schnell
razernij *woede* Raserei *v*, Wut *v* ★ *iem. tot* ~ *brengen* jmdn. in Rage bringen
razzia Razzia *v*
re Re *o*
reactie ❶ *tegenactie* Reaktion *v* ❷ scheik Reaktion *v*
reactiesnelheid Reaktionsgeschwindigkeit *v*
reactievermogen Reaktionsfähigkeit *v*, Reaktionsvermögen *o*
reactionair I *zn* [de] Reaktionär *m* II *bnw* reaktionär
reactor Reaktor *m*

reactorcentrale Kernkraftwerk *o*, Atomkraftwerk *o*
reactorvat Reaktorbehälter *m*, ‹kern› Core *o*
reader *bundel* Reader *m*
reageerbuis Reagenzglas *o*
reageerbuisbaby Retortenbaby *o*
reageerbuisbevruchting künstliche Befruchtung *v*
reageren *reactie vertonen* reagieren
realisatie Realisierung *v*, Realisation *v*
realiseerbaar realisierbar, durchführbar
realiseren I *ov ww* realisieren, verwirklichen **II** *wkd ww* [zich ~] sich realisieren
realisering *verwezenlijking* Verwirklichung
realisme Realismus *m*
realist Realist *m*
realistisch realistisch
realiteit Realität *v*, Wirklichkeit *v*
realiteitszin Realitätssinn *m*
reality-tv Reality-TV *o*
reanimatie Wiederbelebung *v*
reanimeren wiederbeleben, med reanimieren
rebel Rebell *m*
rebellenleger Rebellenheer *o*
rebellenleider Rebellenführer *m*
rebelleren rebellieren, sich widersetzen
rebellie ❶ *opstand* Rebellion *v*, Aufruhr *m* ❷ *opstandigheid* Aufbegehren *o*
rebels rebellisch, aufrührerisch
rebound sport Abpraller *m*, ‹basketbal, ijshockey› Rebound *m*
rebus Rebus *m*, Bilderrätsel *o*
recalcitrant widerspenstig, aufsässig
recapituleren rekapitulieren
recensent Rezensent *m*, Kritiker *m*
recenseren rezensieren, besprechen
recensie Rezension *v*, Kritik *v*
recensie-exemplaar Rezensionsexemplar *o*
recent kürzlich geschehen, rezent ★ *dit boek is ~ verschenen* dieses Buch ist eben erschienen ★ *van ~e datum* jüngeren Datums
recentelijk kürzlich, neulich
recept ❶ *keukenrecept* Rezept *o* ❷ *doktersrecept* Rezept *o* ★ *alleen op ~ verkrijgbaar* rezeptpflichtig
receptie ❶ *ontvangst* Empfang *m* ★ *staande ~* Stehempfang *m* ★ *een ~ houden* einen Empfang geben ❷ *plaats van ontvangst* Rezeption *v*, Empfang *m*
receptief rezeptiv, empfänglich
receptionist Empfangschef *m* [v: Empfangschefin]
reces Ferien *mv*
recessie Rezession *v*, Konjunkturrückgang *m*
rechaud Rechaud *o*, Warmhalteplatte *v*
recherche *politieafdeling* Kriminalpolizei *v*, Kripo *v* ★ *fiscale ~* Steuerfahndung *v*
recherchebijstandsteam Sonderkommission *v* der Kriminalpolizei
rechercheur Kriminalbeamte(r) *m* [v: Kriminalbeamtin]
recht I *zn* [het] ❶ jur *overheidsvoorschriften* Recht *o* ★ *civiel ~* Zivilrecht *o* ★ *soeverein ~* Hoheitsrecht *o* ★ *zakelijk ~* dingliche(s) Recht *o* ❷ jur *rechtsgeleerdheid* Rechtswissenschaft *v*, Jura ❸ jur *rechtspleging* Recht *o*, Rechtsprechung *v* ❹ jur *gerechtigheid* Gerechtigkeit *v*, Recht *o* ★ *in zijn ~ zijn* im Recht sein ★ *met het volste ~* mit vollem Recht ★ *het ~ op zijn beloop laten* der Gerechtigkeit ihren Lauf lassen ❺ jur *bevoegdheid, aanspraak* Recht *o* ★ *~en van de mens* Menschenrechte ★ *~ van petitie* Petitionsrecht *o* ★ *~ van verhaal* Rückgriffsanspruch *m*, Rückgriffsrecht *o* ★ *ik behoud mij het ~ voor* ich behalte mir das Recht vor ❻ *belasting* Steuer *v*, Gebühr *v*, ‹invoerrechten› Zoll *m* ★ *ingaande ~en* Einfuhrzölle ★ *uitgaande ~en* Ausfuhrzölle *m* ★ *~en op uitgave* Rechte **II** *bnw* ❶ *niet gebogen* gerade ★ *een ~e lijn* eine gerade Linie, wisk eine Gerade ❷ *loodrecht* ★ *een ~e hoek* ein rechter Winkel ❸ *juist, goed* ★ *zij heeft het altijd bij het ~e eind* sie hat immer recht **III** *bijw* ❶ *niet gebogen* gerade ★ *~ tegenover* direkt gegenüber ❷ BN *rechtop, loodrecht* gerade, aufrecht
rechtbank ❶ jur *college van rechters* Gericht *o* ★ BN *correctionele ~* Strafgerichtshof *m* ★ BN *~ van eerste aanleg* Landgericht *o* ❷ jur *gerechtsgebouw* Gericht *o*
rechtbreien fig *weer in orde maken* ins Lot bringen
rechtdoor geradeaus
rechtdoorzee offen (und ehrlich), direkt, aufrichtig
rechteloos jur rechtlos, ‹vogelvrij› geächtet
rechten gerade biegen
rechtens jur von Rechts wegen, rechtlich
rechtenstudie jur Jurastudium *o*
rechter I *zn* [de] jur Richter *m* **II** *bnw* recht(e)
rechter-commissaris jur Untersuchungsrichter *m*, ‹bij faillissement› Konkursrichter *m*
rechterhand *hand van de rechterarm* rechte Hand *v*, Rechte *v* ★ *aan uw ~* zu Ihrer Rechten
rechterkant rechte Seite *v*
rechterlijk jur richterlich, gerichtlich, ‹alleen als bnw› Gerichts-
rechtervleugel dierk rechte(r) Flügel *m*
rechtgeaard *rechtschapen* echt, rechtschaffen
rechthebbende jur Berechtigter *m* [v: Berechtigte]
rechthoek Rechteck *o*
rechthoekig wisk *met rechte hoeken* rechteckig
rechtlijnig ❶ wisk linear ❷ *consequent* geradlinig
rechtmatig jur rechtmäßig
rechtop aufrecht, gerade
rechtopstaand aufrecht stehend
rechts ❶ *aan de rechterkant* rechts ❷ pol rechts
rechtsaf (nach) rechts
rechtsback sport rechte(r) Verteidiger *m*
rechtsbeginsel jur Rechtsgrundsatz *m*
rechtsbekwaam jur rechtsfähig
rechtsbevoegdheid jur Rechtsbefugnis *v*
rechtsbijstand jur Rechtshilfe *v* ★ *verzekering voor ~* Rechtsschutzversicherung *v*
rechtsbuiten sport Rechtsaußen *m*
rechtschapen rechtschaffen, redlich
rechtsdraaiend scheik rechtsdrehend
rechts-extremistisch rechtsextremistisch
rechtsgang jur Rechtsgang *m*
rechtsgebied ❶ jur *rechterlijke macht* Jurisdiktion *v*, Gerichtsbarkeit *v* ❷ jur *arrondissement* Gerichtsbezirk *m*

rechtsgeding jur Rechtsstreit *m*, Prozess *m*
rechtsgeldig jur rechtsgültig, rechtskräftig
rechtsgeleerde jur Jurist *m*
rechtsgeleerdheid jur Rechtswissenschaft *v*, Jurisprudenz *v*
rechtsgelijkheid jur Gleichheit *v* aller vor dem Gesetz
rechtsgevoel jur Rechtsgefühl *o*
rechtsgrond jur Rechtsgrund *m*
rechtshandeling jur Rechtsgeschäft *o*
rechtshandig rechtshändig
rechtshulp jur Rechtsberatung *v*
rechtskracht jur Rechtskraft *v*
rechtsom rechtsherum
rechtsomkeert ▾ *~ maken* kehrtmachen, auf dem Absatz kehrtmachen ▾ *~!* rechtsum kehrt!
rechtsorde jur Rechtsordnung *v*
rechtspersoon jur Rechtsperson *v*, juristische Person *v* ★ *privaat- en publiekrechtelijke rechtspersonen* privatrechtliche und öffentlich-rechtliche Rechtspersonen ★ *als ~ erkennen* Rechtsfähigkeit verleihen
rechtspleging jur Rechtspflege *v*, Gerichtsbarkeit *v*
rechtspositie jur Rechtslage *v*
rechtspraak jur *jurisprudentie* Rechtsprechung *v*
rechtspreken ❶ jur *rechtspraak uitoefenen* Recht sprechen ❷ jur *een uitspraak doen* richten
rechts-radicaal rechtsradikal
rechtsstaat jur pol Rechtsstaat *m*
rechtsstelsel jur Rechtsordnung *v*
rechtstaan inform BN *opstaan* aufstehen
rechtstandig senkrecht
rechtstreeks I *bnw* direkt ★ *~e uitzending* Direktübertragung *v*, Livesendung *v* **II** *bijw* geradewegs
rechtsvervolging jur Gerichtsverfahren *o*, gerichtliche Verfolgung *v*
rechtsvordering ❶ jur *vordering* Klage *v* ❷ jur *procesrecht* Prozessrecht *o*
rechtswetenschap jur Rechtswissenschaft *v*, ⟨studievak⟩ Jura
rechtswinkel jur Rechtsberatungsstelle *v*
rechtszaak jur Streitsache *v*, Rechtssache *v*, Rechtsfall *m*
rechtszaal jur Gerichtssaal *m* [mv: Gerichtssäle]
rechtszekerheid jur Rechtssicherheit *v*
rechtszitting jur Gerichtsverhandlung *v*, Gerichtstermin *m*
rechttoe ▾ *~, rechtaan* geradeheraus
rechtuit ❶ *rechtdoor* geradeaus ❷ *ronduit* geradeheraus, unumwunden
rechtvaardig I *bnw* jur gerecht **II** *bijw* jur ★ *~ zijn* Gerechtigkeit üben
rechtvaardigen rechtfertigen
rechtvaardigheid Gerechtigkeit *v*
rechtzetten ❶ *overeind zetten* richtigstellen ❷ *corrigeren* berichtigen
rechtzinnig rechtgläubig, strenggläubig
recidive ❶ ⟨bij misdaad⟩ Rückfall *m* ❷ ⟨bij ziekte⟩ Rückfall *m*, Rezidiv *o*
recidivist Rückfällige(r) *m*
recital Recital *o*
reciteren rezitieren, vortragen
reclame *publiciteit* Reklame *v*, Werbung *v*
reclameblok Werbeblock *m*
reclameboodschap Werbesendung *v*
reclamebord Werbeschild *o*
reclamebureau Reklamebüro *o*
reclamecampagne Werbefeldzug *m*, Reklamefeldzug *m*
reclame-inkomsten Werbeeinkünfte *mv*
reclameren I *ov ww, terugvorderen* reklamieren **II** *on ww, klagen over* ⟨ivm goederen⟩ reklamieren, sich beschweren über [+4]
reclamespot Werbespot *m*
reclamestunt Werbeschlager *m*
reclamevliegtuig Werbeflugzeug *o*
reclamezendtijd Werbesendezeit *v*
reclamezuil Plakatsäule *v*, Litfaßsäule *v*
reclasseren resozialisieren, ⟨bij een voorwaardelijke straf⟩ bewähren
reclassering Resozialisierung *v*, ⟨instelling⟩ Gefangenenfürsorge *v*
reclasseringsambtenaar Bewährungshelfer *m*
reconstructie Rekonstruktion *v*
reconstrueren ❶ *herstellen* rekonstruieren ❷ *opnieuw voorstellen* rekonstruieren
reconversie BN *herstructurering* Umstrukturierung *v*
record[1] [rekòr] Rekord *m* ★ *een ~ breken* einen Rekord brechen
record[2] [rèkord] comp Record *o*
recordaantal Rekordzahl *v*
recordbedrag Rekordbetrag *m*, Rekordsumme *v*
recorder Rekorder *m*
recordhouder Rekordhalter *m*
recordpoging Rekordversuch *m*
recordtijd Rekordzeit *v*
recordvangst ⟨opbrengst⟩ Rekord-Fangergebnis *o*, ⟨beslaglegging⟩ Rekordbeschlagnahme *v*
recreant Erholungsuchende(r) *m*
recreatie Erholung *v*, ⟨vrijetijdsbesteding⟩ Freizeitgestaltung *v*
recreatief erholsam
recreatiegebied Erholungsgebiet *o*
recreatiepark Erholungspark *m*
recreatiesport Freizeitsport *m*
recreatiezaal Aufenthaltsraum *m*
recreëren *zich vermaken* sich erholen, sich rekreieren
rectificatie Berichtigung *v*, Richtigstellung *v*
rectificeren berichtigen, richtigstellen
rector ❶ onderw *voorzitter van universiteit* Rektor *m* ❷ onderw *hoofd van school* Direktor *m*
rectrix Rektorin *v*
reçu Empfangsbescheinigung *v*, ⟨betaalbewijs⟩ Quittung *v*
recuperatie ❶ *herstel* Rekonvaleszenz *v* ❷ BN *recycling* Recycling *o*
recupereren BN *recyclen* wieder verwenden, wieder verwerten
recyclebaar recycelbar, recycelfähig
recyclen, BN **recycleren** wieder verwenden, wieder verwerten
recycling Recycling *o*
redacteur Redakteur *m* [v: Redakteurin], Herausgeber *m* [v: Herausgeberin], Redaktionsmitglied *o*
redactie ❶ *het redigeren* Redaktion *v* ❷ *de redacteuren* Redaktionsbüro *o*, Redaktion *v*
redactiebureau Redaktionsbüro *o*

redactielid Redaktionsmitglied *o*
redactioneel redaktionell
reddeloos rettungslos
redden I *ov ww* ❶ *in veiligheid brengen* retten ❷ *voor elkaar krijgen* schaffen ★ *ik zal het wel ~* ich werde es schon schaffen **II** *wkd ww* [**zich ~**] sich (be)helfen ★ *zich eruit ~* sich aus der Affäre ziehen ★ *hij kan zich goed ~* er weiß sich gut zu helfen
redder ❶ *iem. die redt* Retter *m* ❷ rel *verlosser* Retter *m*
redderen in Ordnung bringen
redding *het redden* Rettung *v*
reddingsactie Rettungsaktion *v*
reddingsboei Rettungsboje *v*
reddingsboot Rettungsboot *o*
reddingsbrigade Rettungsmannschaft *v*
reddingsoperatie Rettungsoperation *v*, Rettungsaktion *v*
reddingsvest Rettungsweste *v*, Schwimmweste *v*
reddingswerk Rettungsarbeit *v*
reddingswerker Rettungsmann *m*
reddingswerkzaamheden Rettungsarbeiten *v mv*
reddingswezen Rettungswesen *o*
rede ❶ *toespraak* Rede *v* ❷ *het spreken* Rede *v*, Reden *o* ★ *iem. in de rede vallen* jmdm. ins Wort / in die Rede fallen ❸ *verstand* Verstand *m*, Vernunft *v* ★ *hij is niet voor rede vatbaar* er ist nicht zur Vernunft zu bringen ❹ *ankerplaats* Reede *v*
redekundig taalk ★ *~e ontleding* Satzanalyse *v*
redelijk I *bnw* ❶ *met verstand* vernünftig ❷ *billijk* billig, angemessen ❸ *niet slecht* anständig, ziemlich, einigermaßen **II** *bijw*, *tamelijk* ziemlich ★ *het is ~ goed weer* es ist ziemlich gutes Wetter
redelijkerwijs ❶ *logisch beschouwd* vernünftigerweise ❷ *volgens billijkheid* berechtigterweise, billigerweise
redelijkheid ❶ *verstandigheid* Vernünftigkeit *v* ❷ *billijkheid* Angemessenheit *v*
reden I *zn* [de] ❶ *beweegreden* Grund *m*, Begründung *v* ★ *met ~en omkleden* begründen ★ *~ te meer* ein Grund mehr ★ *~ tot opzegging* Kündigungsgrund *m* ❷ *aanleiding* Anlass *m*, Grund *m* **II** *ww* [verl. td.] → **rijden**
redenaar Redner *m*
redenatie Argumentation *v*, Beweisführung *v*
redeneren ❶ *gevolgtrekkingen maken* argumentieren ❷ *stellig spreken* argumentieren
redenering ❶ *gedachtegang* Gedankengang *m* ❷ *betoog* Beweisführung *v*, Argumentation *v*
reder Reeder *m*
rederij *onderneming* Reederei *v*
redetwist Streitgespräch *o*
redetwisten (mit Worten) streiten, disputieren
redevoering Rede *v*, Vortrag *m*
redigeren redigieren
redmiddel Hilfsmittel *o*, Rettungsmittel *o*
reduceren *verminderen* herabsetzen, ⟨prijzen⟩ ermäßigen
reductie Reduzierung *v*, Reduktion *v* ★ *~ van prijs* Preisnachlass *m*, Preisermäßigung *v*
reductieprijs reduzierte(r) / herabgesetzte(r) Preis *m*
redundant redundant

re

redzaam gewandt, sich zu helfen wissen, imstande sich selbst zu helfen
ree dierk Reh *o*
reebruin rehbraun
reed [verl. td.] → **rijden**
reeds schon, bereits
reëel ❶ *werkelijk* wirklich ★ *reële waarde* Realwert *m* ❷ *realistisch* reell ★ *een reële kijk op iets hebben* etw. realistisch einschätzen
reeg [verl. td.] → **rijgen**
reehert Rehwild *o*
reeks ❶ *serie* Serie *v* ❷ wisk Serie *v*
reep ❶ *strook* Streifen *m* ❷ *lekkernij* Riegel *m* ★ *een reep chocolade* eine Tafel / ein Riegel Schokolade
rees [verl. td.] → **rijzen**
reet I *zn* [de] ❶ *spleet* Ritze *v*, Spalte *v* ❷ *achterwerk* Arsch *m* ▼ *lik mijn reet!* leck mich am Arsch! **II** *ww* [verl. td.] → **rijten**
referaat ❶ *voordracht* Referat *o* ❷ *verslag* Referat *o*
referendaris ⟨hoofd op departement⟩ Ministerialrat *m*, ⟨afdelingschef⟩ Dezernent *m*
referendum Plebiszit *o*, Volksentscheid *m*, ⟨in Zwitserland⟩ Referendum *o*
referent ❶ *verslaggever* Reporter *m* ❷ *spreker* Referent *m*
referentie ❶ *verwijzing* Verweisung *v*, Verweis *m* ❷ *opgave van personen* Referenz *v* ★ *goede ~s hebben* gute Referenzen / Zeugnisse haben
referentiekader Bezugsrahmen *m*
referentiepunt Bezugspunkt *m*
refereren ❶ *~ aan verwijzen naar* verweisen auf [+4], sich berufen auf ❷ *verslag uitbrengen* referieren
referte Referenz *v* ★ *onder ~ aan* unter Bezug auf [+4]
reflectant Bewerber *m* [v: Bewerberin]
reflecteren I *ov ww*, *weerkaatsen* reflektieren **II** *on ww*, *~* **op** *reageren op* reflektieren
reflectie *weerkaatsing* Reflexion *v*
reflector Reflektor *m*
reflex *reactie* Reflex *m*
reflexief ❶ taalk rückbezüglich, reflexiv ★ *~ voornaamwoord* Reflexivpronomen *o* ❷ *bespiegelend* reflexiv, beschaulich
reformatie ❶ *hervorming* Reformation *v* ❷ rel *hervorming* Reformation *v*
reformatorisch reformistisch
reformeren reformieren
reformisme Reformismus *m*
reformvoeding Reformkost *v*
reformwinkel Reformhaus *o*, Bioladen *m*
refrein Refrain *m*, Kehrreim *m*
refter BN *eetzaal* Speisesaal *m*
regatta Regatta *v*
regeerakkoord ≈ Koalitionsvereinbarung *v*
regeerperiode Regierungszeit *v*
regel ❶ *tekstregel* Zeile *v* ★ *tussen de ~s door lezen* zwischen den Zeilen lesen ❷ *voorschrift* Regel *v*, Vorschrift *v* ★ *in strijd met de ~s* regelwidrig ★ *volgens de ~en der kunst* nach allen Regeln der Kunst ❸ *gewoonte* Regel *v*, Brauch *m*, Gewohnheit *v* ★ *in de ~* gewöhnlich, in der Regel
regelaar ❶ *organisator* Organisator *m* ❷ *deel van werktuig* Regler *m*

regelafstand Zeilenabstand *m*
regelbaar regulierbar, regelbar
regelen ❶ *in orde brengen* regeln, ordnen ❷ *bepalen* anordnen, an- / verordnen, festlegen
regelgeving *stellen van regels* Regelung *v*, Anordnung *v*
regeling ❶ *het regelen* Regelung *v* ❷ *geheel van regels* Regelung *v* ❸ *schikking* Regelung *v*
regelkamer Schaltzentrale *v*
regelmaat Regelmäßigkeit *v*
regelmatig regelmäßig
regelneef ≈ Person *v*, die ständig organisiert
regelrecht I *bnw, rechtstreeks* geradewegs **II** *bijw* geradewegs
regen I *zn* [de], *neerslag* Regen *m* ★ *zure ~* saure Regen ▾ *van de ~ in de drup komen* vom Regen in die Traufe kommen ▾ *na ~ komt zonneschijn* auf Regen folgt Sonnenschein **II** *ww* [verl. td.] → **rijgen**
regenachtig regnerisch
regenboog Regenbogen *m*
regenboogtrui Regenbogentrikot *o*
regenboogvlies Regenbogenhaut *v*, Iris *v*
regenbroek Regenhose *v*
regenbui Regenschauer *m*
regendans Regentanz *m*
regendruppel Regentropfen *m*
regenen *vallen van regen* regnen ★ *het regent* es regnet ★ *het regent dat het giet* es gießt in Strömen
regenereren (sich) regenerieren
regenfront Regenwand *v*
regenjas Regenmantel *m*, Regenjacke *v*
regenkleding Regenbekleidung *v*
regenmeter Regenmesser *m*
regenpak Regenanzug *m*
regenpijp Regenrohr *o*
regenseizoen Regenzeit *v*, Regensaison *v*
regent ❶ *bestuurder* Regent *m* ❷ *waarnemend vorst* Regent *m*
regentijd Regenzeit *v*
regenton Regentonne *v*
regenval Regenfall *m*
regenvlaag Regenschauer *m*
regenwater Regenwasser *o*
regenworm Regenwurm *m*
regenwoud Regenwald *m*
regenzone Regenzone *v*
regeren ❶ *besturen* regieren ❷ *beheersen* regieren ❸ taalk regieren
regering ❶ *het regeren* Regierung *v* ❷ *landsbestuur* Regierung *v* ★ *~ in ballingschap* Exilregierung *v*
regeringsbesluit Regierungsbeschluss *m*
regeringscoalitie Regierungskoalition *v*
regeringsdelegatie Regierungsabordnung *v*, Regierungsdelegation *v*
regeringsfunctionaris Regierungsbeamte(r) *m*
regeringskringen Regierungskreise *mv*
regeringsleger Regierungstruppen *v mv*
regeringsleider Regierungsleiter *m*
regeringspartij Regierungspartei *v*
regeringstroepen Regierungstruppen *v mv*
regeringsverklaring Regierungserklärung *v*
regeringsvorm Regierungsform *v*
reggae Reggae *m*
regie Regie *v*
regieassistent Regieassistent *m*
regiekamer Regieraum *m*
regime ❶ *staatsbestel* Regime *o* ❷ *leefregels* Regime *o*
regiment Regiment *o*
regio Region *v* ★ *in de ~* ‹in de hogere sociale kringen› in höheren Kreisen ★ *in de hogere ~nen* ‹in de hogere sociale kringen› in höheren Kreisen
regiogebonden regional begrenzt, gebietsspezifisch, gebietstypisch, regionalbedingt
regiokorps Regionalpolizei *v*
regionaal regional ★ *regionale krant* Regionalzeitung *v*
regisseren Regie führen, ‹theater of opera› inszenieren
regisseur Regisseur *m* [v: Regisseurin]
register ❶ *lijst* Verzeichnis *o*, Register *o* ❷ *inhoudsopgave* Inhaltsverzeichnis *o* ❸ muz *orgelpijpen* Register *o*
registeraccountant Wirtschaftsprüfer *m*
registratie *het inschrijven* Registratur *v*, Registrierung *v*, ‹door overheidsinstantie› Erfassung *v*
registratiebewijs Registrierungskarte *v*
registratienummer *in register genoteerd nummer* Registernummer *v*
registratieplicht Registrierungspflicht *v*
registratierecht jur Eintragungsgebühr *v*
registratiewet Registrierungsgesetz *o*
registreren ❶ *inschrijven* eintragen ❷ *geluid of beeld opnemen* aufnehmen ❸ *waarnemen* registrieren
reglement Reglement *o*, Dienstordnung *v*, Satzung *v* ★ *huishoudelijk ~* Hausordnung
reglementair ordnungsgemäß, vorschriftsmäßig
reglementeren reglementieren
regressie Regression *v*
regressief regressiv
reguleren regulieren, regeln
regulering Regulierung *v*, med Regulation *v*
regulier regulär
rehabilitatie Rehabilitation *v*, Rehabilitierung *v*
rehabiliteren rehabilitieren
rei *koor(zang)* Reigen *m*
reiger Reiher *m* ★ *blauwe ~* Graureiher *m* ★ *purper~* Purpurreiher *m*
reiken *hand uitstrekken* langen
reikhalzen sich sehnen
reikwijdte lett *bereik* Reichweite *v*
reilen ▾ *zoals het reilt en zeilt* so wie die Dinge liegen, die Welt, wie sie steht und liegt
rein ❶ *schoon* rein ❷ *zuiver* rein ▾ *met zichzelf in het reine komen* mit sich (selbst) ins Reine kommen
reïncarnatie Reinkarnation *v*
reïncarneren reinkarnieren
reinigen reinigen
reiniging Reinigung *v*
reinigingscrème Reinigungscreme *v*
reinigingsdienst Stadtreinigung *v*, ‹vuilophaaldienst› Müllabfuhr *v*
reinigingsheffing Reinigungsgebühren *v mv*
reinigingsrecht jur Müllabfuhrgebühr *v*

re-integratie Reintegration *v*, Wiedereingliederung *v*
re-interpreteren uminterpretieren, neu interpretieren
reis Reise *v* ★ *op reis gaan* verreisen ▼ *enkele reis* einfache Fahrt ▼ BN *van een kale reis thuiskomen* einen Reinfall erleben
reisbeschrijving Reisebeschreibung *v*, ⟨reisverslag⟩ Reisebericht *m*
reisbureau Reisebüro *o*
reisgenoot Reisegefährte *m* [v: Reisegefährtin]
reisgezelschap Reisegesellschaft *v*
reisgids ❶ *boek* Reiseführer *m* ❷ *persoon* Reiseführer *m*
reiskosten Reisespesen *mv*
reiskostenvergoeding Rückerstattung *v* der Reisekosten
reisleider Reiseleiter *m*
reislustig reiselustig
reisorganisatie Reiseunternehmen *o*, Reiseorganisation *v*
reistijd Reisezeit *v*, Fahr(t)zeit *v*
reisverslag Reisebericht *m*
reisverzekering Reiseversicherung *v*
reiswekker Reisewecker *m*
reiswieg Babytragetasche *v*
reisziekte Reisekrankheit *v*
reizen *een reis maken* reisen
reiziger *iem. die reist* Reisende(r) *m*, ⟨in vliegtuig⟩ Fluggast *m*
rek I *zn* [de], *elasticiteit* Elastizität *v*, Dehnung *v*, Dehnbarkeit *v* ★ *er zit nog rek in die handschoenen* diese Handschuhe dehnen / weiten sich noch **II** *zn* [het] ❶ *opbergrek* Gestell *o*, ⟨fietsen⟩ Ständer *m*, ⟨kippen⟩ Stange *v* ❷ *gymrek* Reck *o*
rekbaar elastisch, dehnbar ★ *~ wetsartikel* Gummiparagraf *m*
rekbaarheid Dehnung *v*, Dehnbarkeit *v*, Elastizität *v*
rekel ❶ *deugniet* Flegel *m* ★ *brutale ~* Frechdachs *m* ❷ *mannetjesdier* Rüde *m*
rekenaar Rechner *m*
rekenen I *ov ww* ❶ *tellen* rechnen, zählen ❷ *als betaling vragen* berechnen ❸ *in aanmerking nemen* rechnen, berücksichtigen ❹ *achten* halten für ❺ *~* **onder** *meetellen met* rechnen unter **II** *on ww* ❶ *cijferen* rechnen ★ *uit het hoofd ~* kopfrechnen ★ *te ~ vanaf 1 januari* vom 1. Januar an gerechnet ❷ *~* **op** rechnen auf / mit, sich verlassen auf ★ *op haar kan je ~* auf sie kann man rechnen / sich verlassen
rekenfout Rechenfehler *m*
Rekenhof BN Rechnungsamt *o*, Rechnungshof *m*
rekening ❶ *op papier* Rechnung *v* ★ *in ~ brengen* berechnen ★ *iem. iets in ~ brengen* jmdm. etw. in Rechnung stellen ★ *om de ~ vragen* um die Rechnung bitten ★ *voor ~ van* auf Kosten von ★ *openstaande ~* offene Rechnung ★ *ober, de ~ klopt niet!* Herr Ober, die Rechnung stimmt nicht! ★ *dat is voor mijn ~* das geht auf meine Kosten ★ *dat is op ~ van mijn baas* das geht auf Geschäftskosten ★ *~en maken* Rechnungen ausstellen ★ *~en schrijven* Rechnungen schreiben ★ *op ~ kopen* auf Rechnung kaufen ★ *betaling op ~* Anzahlung *v* ❷ *op een bank* Konto *o* ★ *lopende ~* laufende(s) Konto ★ *op mijn ~* auf meinem Konto ★ *een ~ hebben bij een bank* ein Konto bei einer Bank haben ★ *een ~ openen bij een bank* ein Konto bei einer Bank eröffnen ★ *een bedrag op iemands ~ schrijven* einen Betrag auf jmds. Konto gutschreiben ❸ fig *verantwoording* ★ *dat neem ik voor mijn ~* das kommt auf meine Rechnung, das geht auf mein Konto ▼ *~ houden met* berücksichtigen [+4]
rekeningafschrift Kontoauszug *m*
rekening-courant Kontokorrent *o*, laufende(s) Konto *o*, Girokonto *o*
rekeninghouder Kontoinhaber *m* [v: Kontoinhaberin]
rekeningnummer Kontonummer *v*
rekeningrijden ≈ Autobahnmaut *v*
rekeninguittreksel BN Kontoauszug *m*
Rekenkamer ≈ Rechnungsamt *o*, ≈ Rechnungshof *m*
rekenkunde Arithmetik *v*
rekenkundig arithmetisch ★ *iets ~ bepalen* rechnerisch etw. feststellen
rekenles Rechenstunde *v*
rekenliniaal Rechenschieber *m*
rekenmachine Rechner *m*, Rechenmaschine *v*
rekenschap Rechenschaft *v*
rekensom Rechenaufgabe *v*
rekest Gesuch *o*, Bittschrift *v* ▼ *nul op het ~ krijgen* abgewiesen werden
rekken I *ov ww* ❶ *langer maken* dehnen, recken ❷ *de duur verlengen* in die Länge ziehen **II** *on ww, elastisch zijn* sich dehnen
rekruteren rekrutieren, ⟨voor militaire dienst⟩ einziehen
rekruut Rekrut *m*
rekstok Reck *o*, Reckstange *v*
rekverband Streckverband *m*
rekwireren anfordern
rekwisiet Requisit *o*
rel *ordeverstoring* Krach *m*, Krawall *m* ★ *die zaak is een rel geworden* die Sache hat viel Staub aufgewirbelt ★ *relletjes* Unruhen *mv*
relaas Bericht *m*
relais elek techn Relais *o*
relateren verbinden mit [+3], in Beziehung setzen / bringen zu [+3]
relatie ❶ *tussen mensen* Beziehung *v* ★ *~s aanknopen* Beziehungen eingehen ★ *de ~ verbreken* die Beziehung beenden ★ *~s onderhouden met* Beziehungen unterhalten mit [+3] ★ *goede ~s hebben* gute Beziehungen haben ❷ *tussen dingen* Beziehung *v* ★ *de ~ tussen roken en kanker* die Beziehung zwischen Rauchen und Krebs ★ *in ~ staan tot* im Bezug stehen zu [+3]
relatief relativ, verhältnismäßig
relatiegeschenk Werbegeschenk *o*
relatietherapie Partnerschaftstherapie *v*
relationeel beziehungsmäßig, beziehungs-
relativeren relativieren
relativeringsvermogen Fähigkeit *v* zu relativieren
relativiteit Relativität *v*
relativiteitstheorie Relativitätstheorie *v*
relaxed *ontspannen* relaxed
relaxen relaxen, ausspannen
relevant relevant

relevantie Relevanz *v*
reliëf *verhevenheid* Relief *o* ★ *~ aan iets geven* etw. hervortreten lassen
reliek Reliquie *v*
religie Religion *v*
religieus religiös
relikwie Reliquie *v*
reling Geländer *o*, ⟨op een schip⟩ Reling *v*
relschopper Randalierer *m*
rem ❶ *toestel om te remmen* Bremse *v* ★ BN *de remmen dichtgooien* eine Vollbremsung machen ❷ fig *belemmering* ★ *alle remmen losgooien* alle Hemmungen fahren lassen ❸ *rapid eye movement* REM
remafstand Bremsabstand *m*
rembekrachtiging Servobremse *v*
remblok Bremsklotz *m*
rembours *betaling bij aflevering* Nachnahme *v* ★ *onder ~* per Nachnahme
remedial teacher Förderlehrer *m*
remedie Rezept *o*, ⟨methode⟩ Methode *v*
remgeld BN *eigen risico* Selbstbeteiligung *v*
remigrant Remigrant *m* [v: Remigrantin]
remigratie Remigration *v*
remigreren aus der Emigration zurückkehren
remilitariseren remilitarisieren
remise ❶ *loods* ⟨bus, tram⟩ Depot *o*, ⟨trein⟩ Abstellbahnhof *m* ❷ *onbesliste partij* Remis *o*
remissie *korting* Preisnachlass *m*
remix Remix *m*
remixen remixen
remkabel techn transp Bremsseil *o*
remleiding Bremsleitung *v*
remlicht Bremsleuchte *v*, Bremslicht *o*
remmen **I** *ov ww, belemmeren* hemmen **II** *on ww, afremmen* abbremsen
remming Hemmung *v*
remonstrants remonstrantisch
remouladesaus cul Remoulade(nsoße) *v*
rempedaal Bremspedal *o*
remproef *test van de remmen* Bremstest *m*
remschijf Bremsscheibe *v*
remslaap REM-Schlaf *m*
remspoor *wielspoor* Bremsspur *v*
remvloeistof Bremsflüssigkeit *v*
remvoering Bremsbelag *m*
remweg Bremsweg *m*
ren *kippenren* Auslauf *m*
renaissance gesch *periode* Renaissance *v*
renbaan Rennstrecke *v*, Rennbahn *v*
rendabel rentabel, einträglich ★ *het is ~* es rentiert sich
rendement ❶ *nuttig effect* Wirkungsgrad *m*, ⟨machine⟩ Nutzleistung *v* ❷ *opbrengst* Ertrag *m*, econ Rendite *v* ★ *effecten met een hoog ~* hochverzinsliche(n) Effekten
renderen sich rentieren, sich bezahlt machen
rendez-vous Rendezvous *o*
rendier Ren(tier) *o*
rennen rennen, schnell laufen
renner Rennfahrer *m*
rennersveld sport Teilnehmerfeld *o*
renovatie Renovierung *v*
renoveren renovieren
renpaard Rennpferd *o*
rensport Pferderennen *o*
renstal Rennstall *m*
rentabiliteit Rentabilität *v*
rente ⟨als inkomsten⟩ Rente *v*, ⟨als vergoeding⟩ Zins *m* ★ *lopende ~* laufende(n) Zinsen ★ *kapitaal op ~ zetten* Kapital verzinslich anlegen ★ *tegen 8% ~* zu 8% Zinsen
renteaftrek (von der Steuer) absetzbare Zinsen *m mv*
rentedaling Zinssenkung *v*
rentedragend *rente opleverend* verzinslich, verzinsbar
rentegevend verzinslich
renteloos ❶ *rentevrij* unverzinslich ★ *~ voorschot* zinsfreie(s) / unverzinsliche(s) Darlehen ❷ *geen rente opleverend* zinslos
rentenier Rentner *m*
rentenieren *van zijn rente leven* von seinem Vermögen leben, privatisieren
rentepercentage Zinssatz *m*, Zinsfuß *m*
rentestijging Zinssteigung *v*
renteverhoging Zinserhöhung *v*
renteverlaging Zinssenkung *v*, Zinsabbau *m*
rentevoet Zinsfuß *m*
rentmeester *financieel beheerder* Verwalter *m*, Vermögensverwalter *m*
rentree Comeback *o*
renvooieren ❶ *doorzenden* zurückverweisen ❷ jur verweisen an
reorganisatie Reorganisation *v*, Umgestaltung *v*, Neugestaltung *v*, ⟨financieel⟩ Sanierung *v*
reorganiseren reorganisieren, umgestalten, neu gestalten, neu ordnen, ⟨financieel⟩ sanieren
rep ▼ *in rep en roer zijn* in Aufregung sein
reparateur Mechaniker *m*, ⟨binnenshuis⟩ Handwerker *m*
reparatie Instandsetzung *v*, Reparatur *v*, Ausbesserung *v* ★ *in ~ zijn* repariert werden
reparatiekosten Reparaturkosten *mv*
repareren reparieren, ausbessern
repatriant Rücksiedler *m*, Remigrant *m*, Rückwanderer *m*
repatriëren repatriieren, in die Heimat zurückkehren
repatriëring ⟨terugkeer⟩ Rückwanderung *v*, ⟨terugvoering⟩ Repatriierung *v*
repercussie Gegenmaßnahme *v*, Rückwirkung *v*
repertoire Repertoire *o*, ⟨geplande te spelen stukken⟩ Spielplan *m*
repeteergeweer Repetiergewehr *o*
repeteerwekker Repetierwecker *m*
repeteren **I** *ov ww, instuderen* einstudieren, einüben, proben **II** *on ww, zich herhalen* ★ *een ~de breuk* ein periodische Bruch
repetitie ❶ *herhaling* Probe *v*, Wiederholung *v* ❷ *oefening voor een opvoering* ★ *generale ~* Generalprobe *v* ❸ *proefwerk* Klassenarbeit *v*, ⟨op gymnasium en universiteit⟩ Klausur *v*
repetitor *bij studenten* Repetitor *m*
replay sport Wiederholungsspiel *o*, ⟨herhalingsuitzending⟩ Replay *o*
replica Replik *v*
repliceren replizieren
repliek ❶ *weerwoord* Entgegnung *v*, Gegenrede *v* ★ *iem. van ~ dienen* jmdn. kontern ❷ jur Replik *v*
reply Reply *o*
replyen beantworten

reportage Bericht *m*, Reportage *v*, ⟨verslaggeving⟩ Berichterstattung *v*
reportagewagen Übertragungswagen *m*
reporter Reporter *m* [v: Reporterin], Berichterstatter *m* [v: Berichterstatterin]
reppen I *on ww, spreken* erwähnen ★ *van iets ~* etw. erwähnen, von etw. sprechen **II** *wkd ww* [**zich ~**] *zich haasten* sich beeilen
represaille Repressalie *v*, Vergeltung(smaßnahme) *v*
represaillemaatregel Repressalie *v*, Vergeltungsmaßnahme *v*
representant ❶ *vertegenwoordiger* Vertreter *m*, Repräsentant *m* **❷** *van een stroming* Vertreter *m*, Repräsentant *m*
representatie *vertegenwoordiging* Repräsentation *v*, ⟨belangenbehartiging⟩ Vertretung *v*
representatief repräsentativ
representatiekosten Repräsentationskosten *mv*
representeren repräsentieren, vertreten
repressie Repression *v*
repressief unterdrückend, repressiv
repressiepolitiek Repressionspolitik *v*
reprise Reprise *v*, ⟨op een schilderij⟩ Übermalung *v*
repro Repro *v/o*
reproduceren reproduzieren
reproductie Reproduktion *v*
reproductievermogen Reproduktionsfähigkeit *v*
reptiel Reptil *o*
republiek Republik *v*
republikein Republikaner *m*
republikeins republikanisch
reputatie Reputation *v*, (guter) Ruf *m*, Leumund *m*
requiem Requiem *o*
requisitoir ❶ *vordering* Anspruch *v*, Forderung *v* **❷** *betoog* Plädoyer *o*, Anklage *v*
research (wissenschaftliche) Forschung *v*
researchafdeling Forschungsabteilung *v*, Researchabteilung *v*
resem BN *serie* Serie *v*
reservaat Reservat *o*, ⟨natuurreservaat⟩ Naturschutzgebiet *o*
reserve ❶ *noodvoorraad* Reserve *v*, econ Rücklage *v* ★ *een ~ aanleggen* Reserven anlegen **❷** *plaatsvervanger* Reserve *v* **❸** *voorbehoud* Vorbehalt *m* ★ *zonder enige ~* ohne Vorbehalt, rückhaltlos
reserve- Reserve- ★ *reservebestand* Reservedatei
reserveband Ersatzreifen *m*, Reservereifen *m*
reservebank Reservebank *v*, Ersatzbank *v*
reservekopie comp Sicherungskopie *v*
reserveonderdeel Ersatzteil *o*
reserveren ❶ *bespreken* bestellen, reservieren lassen **❷** *in reserve houden* reservieren
reservering Reservation *v*, Reservierung *v*, ⟨van kapitaal⟩ Rückstellung *v*
reservespeler Reservespieler *m*, Ersatzspieler *m*, (Ein- / Aus-)Wechselspieler *m*
reservewiel Reserverad *o*, ⟨reserveband in de auto⟩ Ersatzreifen *m*
reservist Reservist *m*
reservoir Reservoir *o*, Behälter *m*, ⟨waterreservoir⟩ Speicherbecken *o*
reset comp Reset *o*, Zurücksetzen *o*
resetten I *ov ww* resetten **II** *on ww* resetten
resident Resident *m*
residentie Residenz *v*
residentieel ❶ lett Residenz- **❷** fig BN *exclusief (m.b.t. woonwijken)* exklusiv
resideren residieren, ⟨woonplaats⟩ seinen Wohnsitz haben, ⟨zetelen van functionaris⟩ seinen Amtssitz haben
residu Rest *m*, Rückstand *m*
resigneren *ambt neerleggen* ein Amt niederlegen, ⟨minister⟩ zurücktreten
resistent resistent
resistentie Resistenz *v*
resolutie ❶ *besluit* Resolution *v* **❷** techn Auflösung *v*
resoluut entschlossen, resolut
resonantie Resonanz *v*
resoneren *klinken* resonieren
resort *vakantieverblijf* Resort *o*
respect Respekt *m*, Achtung *v* ★ *met alle ~* mit Ihrer Erlaubnis
respectabel ❶ *eerbiedwaardig* respektabel **❷** *aanmerkelijk* respektabel
respecteren ❶ *achten* respektieren ★ *iem. als collega ~* jmdn. als Kollegen schätzen **❷** *naleven* respektieren
respectievelijk I *bijw* ⟨elk voor zich⟩ jeweils, ⟨achtereenvolgens⟩ beziehungsweise **II** *vw* beziehungsweise
respectvol respektvoll, achtungsvoll
respijt *uitstel* Aufschub *m*, Frist *v* ★ *zonder ~* ununterbrochen
respondent *geënquêteerde* Befragte(r) *m*
respons Respons *m*
ressort *ambtsgebied* Ressort *o*
ressorteren onder ressortieren ★ *onder iem. ~* jmdm. unterliegen [+3], in jmds. Kompetenzbereich gehören
rest ❶ Rest *m* ★ *voor de rest* ansonsten, im Übrigen **❷** → **restje**
restafval Restabfall *m* [mv: Restabfälle]
restant Rest *m*, econ Restant *m*, ⟨partij goederen⟩ Restposten *m*
restaurant Restaurant *o*
restaurateur ❶ *hersteller* Restaurator *m* **❷** *restauranthouder* Gastwirt *m*
restauratie *het herstellen* Restauration *v*, Wiederherstellung *v*, Restaurierung *v*
restauratiewagon Speisewagen *m*
restaureren restaurieren
resten restieren, übrig bleiben
resteren übrig bleiben, bleiben, ⟨nog onbetaald⟩ noch ausstehen ★ *het ~de bedrag* der Restbetrag
restitueren (rück)erstatten, jur restituieren
restitutie Rückerstattung *v*
restje Rest *m*
restrictie Einschränkung *v*, form Restriktion *v*, ⟨voorbehoud⟩ Vorbehalt *m* ★ *zonder ~* ohne Vorbehalt
restwaarde Restwert *m*
restylen restylen
restzetel frei gebliebene(r) Sitz *m*
resultaat *gevolg* Resultat *o*, Folge *v* ★ *als / tot ~ hebben* zur Folge haben ★ *~ opleveren* zu einem

Resultat führen ★ *zijn pogingen bleven zonder ~* seine Versuche waren erfolglos
resulteren ❶ **~ uit** hervorgehen aus, resultieren aus ❷ **~ in** zur Folge haben, resultieren in [+3]
resumé Resümee *o*, Zusammenfassung *v*
resumeren resümieren ★ *~d* abschließend, zusammenfassend
resusaap Rhesusaffe *m*
resusfactor Rhesusfaktor *m*
resusnegatief Rhesusfaktor negativ
resuspositief Rhesusfaktor positiv
reten [verl. td.] → **rijten**
retorica *welsprekendheid* Rhetorik *v*
retoriek *retorica* Rhetorik *v*
retorisch rhetorisch
retort Retorte *v*
retoucheren ❶ *bijwerken* retuschieren ❷ BN ⟨kleding⟩ *verstellen* ändern, flicken
retour **I** *bijw* zurück **II** *zn* [de/het], *kaartje* Rückfahrkarte *v*
retourbiljet Rückfahrkarte *v*
retourenvelop Rückumschlag *m*
retourneren zurücksenden / -schicken, econ retournieren
retourticket Rückfahrkarte *v*, Rückflugticket *o*
retourtje → **retour**
retourvlucht ❶ *vlucht heen en weer* Hin- und Rückflug *m* ❷ *terugreis* Rückflug *m*
retourvracht Rückfracht *v*
retraite *afzondering* Exerzitien *mv* ★ *in ~ zijn* im Ruhestand sein
retributie Rückerstattung *v*, Wiedererstattung *v*, Gebühr *v*
retriever Retriever *m*
retro retro
retrospectie Rückblick *m*, Rückschau *v*, Retrospektive *v*, Retrospektion *v*
retrospectief **I** *zn* [het] Retrospektive *v* **II** *bnw* retrospektiv, rückblickend
retrostijl Retrostil *m*
return ❶ sport *tennisslag* Return *m* ❷ *wedstrijd* Rückspiel *o* ❸ comp Eingabe *v*, Eingabetaste *v*
returnwedstrijd Rückspiel *o*
reu Rüde *m*
reuk ❶ *geur* Duft *m* ❷ *zintuig* Geruch *m*
reukloos geruchlos
reukorgaan Geruchsorgan *o*, ⟨zintuig⟩ Geruchssinn *m*
reukzin Geruchssinn *m*
reukzintuig Geruchsorgan *o*
reuma Rheuma *o*
reumatiek Rheumatismus *m*
reumatisch rheumatisch
reumatologie Rheumatologie *v*
reumatoloog Rheumatologe *m*
reünie Treffen *o*, ⟨van familie⟩ Familientreffen *o*
reünist Teilnehmer *m* am Ehemaligentreffen
reus Riese *m*
reusachtig *zeer groot* riesig, riesenhaft ★ *~ succes* Riesen- / Bombenerfolg *m*
reut Kram *m*, Gerümpel *o*
reutelen röcheln
reuze fabelhaft, vollgeil
reuze- *in hoge mate* gewaltig, enorm, riesig
reuzel Schmalz *o*
reuzen- ❶ *van reuzen* Riesen- ❷ *zeer groot* Riesen- ★ *reuzenhonger* Riesenhunger *m*
reuzenrad Riesenrad *o*
reuzenschildpad Riesenschildkröte *v*
revalidatie Rehabilitation *v*
revalidatiearts Rehabilitationsarzt *m*
revalidatiecentrum Rehabilitationszentrum *o*
revalideren **I** *ov ww, weer valide maken* rehabilitieren **II** *on ww, weer valide worden* rekonvaleszieren
revanche Revanche *v* ★ *~ nemen* sich revanchieren
revancheren [**zich ~**] sich revanchieren
revanchewedstrijd Revanchespiel *o*
reveille mil *weksignaal* Erweckung *v*
reven reffen
revers *omslag van jasje* Revers *o*
reviseren überholen ★ *de auto is geheel gereviseerd* das Auto ist generalüberholt
revisie ❶ *herziening* Revision *v*, Revidieren *o* ❷ *controlebeurt* Überholung *v*
revisor BN *bedrijfsrevisor* Wirtschaftsprüfer *m*
revitalisatie Kräftigung *v*, Revitalisierung *v*
revival Wiederbelebung *v*, Revival *o*
revolutie Revolution *v*
revolutionair *persoon* Revolutionär *m*
revolver Revolver *m*
revolverheld Revolverheld *m*
revolvertang Lochzange *v*
revue Revue *v* ▼ *de ~ laten passeren* Revue passieren lassen
revueartiest Revuekünstler *m*
Reykjavik Reykjavik *o*
Reykjaviks Rejkjaviker
rezen [verl. td.] → **rijzen**
riant ❶ *prachtig* üppig, großzügig, reizend, ⟨van ruimte⟩ geräumig ❷ *aanzienlijk groot* beträchtlich, üppig, großzügig ★ *een ~ salaris* ein üppiges Einkommen *o*
rib ❶ *bot* Rippe *v* ★ *dat is een rib uit mijn lijf* das kann ich mir nicht aus den Rippen schlagen ★ *je kunt haar ribben tellen* sie hat nichts auf den Rippen ❷ *balk* Rippe *v* ❸ wisk Kante *v*
ribbel Riffel *v*
ribbenkast Brustkorb *m*
ribbroek Cordhose *v*
ribes Blutjohannisbeere *v*
ribfluweel Kord(samt) *m*, Rippensamt *m*
ribkarbonade Kotelett *o*
riblap *vlees* Rippenstück *o*
ribstof Cord *m*
richel *rand* Leiste *v*
richten **I** *ov ww* ❶ *mikken* richten, ⟨instellen op een doel⟩ zielen ★ *gericht zijn op* orientiert sein auf [+4] ❷ *sturen* richten **II** *wkd ww* [**zich ~**] ❶ **~ op** *zich concentreren op* sich richten auf [+4] ❷ **~ tot** *zich wenden tot* sich wenden an [+4] ❸ **~ naar** *afstemmen op* sich richten nach [+3] ★ *zich naar de omstandigheden ~* sich den Umständen fügen
richtgetal Richtzahl *v*
richting ❶ *bepaalde kant* ★ BN *enkele ~* Einbahnverkehr *m* ❷ *gezindheid* Richtung *v*
richtingaanwijzer Blinker *m*
richtingbord Wegweiser *m*
richtinggevoel Orientierung *v*
richtlijn Richtlinie *v*

richtprijs Richtpreis *m*, ⟨geadviseerde prijs⟩ (unverbindliche) Preisempfehlung *v*
richtpunt Richtpunkt *m*, Zielpunkt *m*
richtsnoer Richtlinie *v*
ridder *lid van de ridderstand* Ritter *m* ★ *tot ~ slaan* zum Ritter schlagen ▼ *een dolende ~* ein fahrender Ritter
ridderen ❶ *tot ridder slaan* in den Ritterstand erheben, zum Ritter schlagen ❷ *decoreren* einen Ritterorden verleihen
ridderepos Ritterepos *o*
ridderlijk *als een ridder* ritterlich
ridderorde ❶ *onderscheiding* Ritterorden *m* ❷ *groep ridders* Ritterorden *m*
ridderslag Ritterschlag *m*
ridderspoor Rittersporn *m*
ridderstand Ritterstand *m*
riddertijd Ritterzeit *v*
ridderzaal Rittersaal *m*
ridicuul lächerlich
riedel (feste) Tonfolge *v*
riek Heu- / Mistgabel *v*
rieken ❶ *geur afgeven* riechen ❷ **~ naar** ★ *dat riekt naar verraad* das riecht nach Verrat
riem ❶ *band* Riemen *m*, Gürtel *m* ❷ *veiligheidsgordel* Gurt *m* ❸ *roeispaan* Ruder *o*
riep [verl. td.] → **roepen**
riepen [verl. td.] → **roepen**
riet ❶ *grassoort* Schilf *o*, Schilfrohr *o*, ⟨suikerriet⟩ Zuckerrohr *o*, ⟨dakbedekking⟩ Ried *o*, ⟨dakbedekking⟩ N-D Reet *o* ❷ muz Rohrblatt *o*
rietdekker Schilfdachdecker *m*
rieten Rohr- ★ *~ stoel* Korbstuhl *m* ★ *~ dak* Rieddach *o*
rietgors Rohrammer *v*
rietje *limonaderietje* Strohhalm *m*
rietkraag Schilfgürtel *m*
rietstengel Rohr *o*
rietsuiker Rohrzucker *m*
rif *klip* Riff *o*
Riga Riga *o*
Rigaas Rigaer
rigide rigid(e)
rigoureus rigoros
rij ❶ *reeks* Reihe *v*, Serie *v* ★ *in rijen van drie* in Dreierreihen ❷ *volgorde* Reihe *v* ★ *op de rij af* der Reihe nach ❸ *reeks in rechte lijn* Reihe *v* ★ *in de rij staan* Schlange stehen
rijbaan Fahrbahn *v* ★ *autoweg met dubbele ~* Straße mit zwei Fahrspuren
rijbevoegdheid Fahrerlaubnis *v*
rijbewijs Führerschein *m*
rijbroek Reithose *v*
rijden *zich voortbewegen* fahren ★ *te dicht op elkaar ~* zu dicht auffahren
rijdier Reittier *o*
rijervaring Fahrpraxis *v*
rijexamen Fahrprüfung *v*
rijgedrag Fahrverhalten *o*
rijgen ❶ *aan een snoer doen* anreihen, aufreihen ★ *kralen aan een koord ~* Glasperlen auf eine Schnur ziehen ❷ *naaien* heften
rijglaars Schnürstiefel *m*
rijgnaald Sticknadel *v*
rijgsnoer Schnürsenkel *m*, ⟨van leer⟩ Schnürriemen *m*

ri

rijinstructeur Fahrlehrer *m*
rijk I *zn* [het], *staat* Reich *o*, ⟨souverein⟩ Staat *m* **II** *bnw* ❶ *financieel vermogend* reich ❷ *overvloedig* reich
rijkaard Reiche(r) *m*, humor Krösus *m*
rijkdom I *zn* [de] [gmv] ❶ *het rijk zijn* Reichtum *m* ❷ *overvloed* Reichtum *m* **II** *zn* [de] [mv: +men] *kostbaar bezit* Reichtum *m*
rijke Reiche(r) *m/v* ★ *de ~n* die Reichen
rijkelijk I *bnw* ❶ *overvloedig* reichlich ❷ *kwistig* reichlich **II** *bijw* ❶ *overvloedig* reichlich ❷ *in ruime mate* reichlich
rijkelui reiche(n) Leute *mv*, Reiche(n)
rijkeluiskind Kind *o* aus reichem Haus, reicher Leute Kind *o*
rijksacademie staatliche Akademie *v*
rijksambtenaar Staatsbeamte(r) *m*, Du Bundesbeamte(r) *m*
rijksarchief Staatsarchiv *o*, ⟨in Dld.⟩ Bundesarchiv *o*
rijksbegroting Staatshaushaltsplan *m*, Du Bundeshaushaltsplan *m*
rijksbijdrage staatliche(r) Zuschuss *m*, Du Bundeszuschuss *m*
rijksdeel Reichsteil *m*
rijksdienst ⟨dienstverband bij het rijk⟩ Staatsdienst *m*, ⟨overheidsdienst⟩ staatliche Behörde *v* ★ *in ~ zijn* Beamte(r) sein
rijksgenoot Landsmann *m*
rijksinstituut Reichsinstitut *o*
rijksluchtvaartdienst staatliche(s) Luftfahrtamt *o*, ⟨in Duitsland⟩ Bundesluftfahrtamt *o*
rijksmunt *instelling* staatliche Münzstätte *v*
rijksmuseum staatliche(s) Museum *o* [mv: staatliche(n) Museen], Reichsmuseum *o*
rijksoverheid Staat *m*, ⟨een dienst of departement⟩ staatliche Behörde *v*
rijkspolitie staatliche Polizei *v*
rijksuniversiteit staatliche Universität *v*
rijksvoorlichtingsdienst Regierungspresseamt *o*, ⟨in Duitsland⟩ Bundespresseamt *o*
rijkswacht BN ≈ Polizei *v*
rijkswachter BN Bundespolizist *m*
Rijkswaterstaat Ministerium *o* für Verkehr und Wasserwesen
rijksweg Bundesstraße *v*, ⟨snelweg⟩ Autobahn *v*
rijkunst ⟨auto⟩ Fahrkunst *v*, ⟨paard⟩ Reitkunst *v*
rijlaars Reitstiefel *m*
rijles ⟨van auto⟩ Fahrstunde *v*, ⟨te paard⟩ Reitstunde *v*
rijm *versregel* Reim *m*
rijmelaar Versemacher *m*
rijmelarij Reimerei *v*
rijmen I *ov ww*, *in overeenstemming brengen* übereinstimmen ★ *hoe is dat te ~?* wie passt das zusammen? **II** *on ww* ❶ *rijmen maken* reimen ❷ *rijm hebben* ★ *dat rijmt niet* das reimt (sich) nicht
rijmpje Reim *m*
rijmschema Reimschema *o*
rijmwoordenboek Reimwörterbuch *o*
Rijn Rhein *m*
rijnaak Rheinkahn *m*
Rijnland Rheinland *o*
Rijnland-Palts Rheinland-Pfalz *o*
Rijnlands rheinländisch

rijnwijn cul Rheinwein *m*
rijp I *bnw* ❶ *volgroeid* reif, reif ❷ *goed overdacht* reif ★ *na rijp beraad* nach reiflicher Erwägung **II** *zn* [de] Reif *m*, Raureif *m*
rijpaard Reitpferd *o*
rijpen *rijp worden* (heran)reifen, ⟨van wijn⟩ ablagern
rijpheid Reife *v*
rijping Reifwerden *o*, Reifen *o*, Reifung *v*
rijpingsproces Reifeprozess *m*
rijproef Probefahrt *v*
rijrichting Fahrtrichtung *v*
rijs ❶ *rijshout* Reisig *o* ❷ *twijg* Reis *o*
rijschool ❶ *autorijschool* Fahrschule *v* ❷ *manege* Reitschule *v*
rijschoolhouder Fahrschulinhaber *m*, Fahrschulbetreiber *m*
Rijsel Lille *o*
Rijsels aus / von Lille
rijshout Reisig *o*
rijst Reis *m* ★ *gebroken ~* Bruchreis *m*
rijstbouw Reisbau *m*
rijstebrij Milchreis *m*, Reisbrei *m*
rijstepap Milchreis *m*
rijstevlaai cul ≈ Kuchen *m* aus Hefeteig mit Reisbrei
rijstevloei Reispapier *o*
rijstijl Fahrstil *m*
rijstpapier Reispapier *o*
rijstrook transp Fahrstreifen *m*, Fahrspur *v*
rijsttafel Reistafel *v*
rijstveld Reisfeld *o*
rijten reißen
rijtijdenbesluit Fahrzeitenregelung *v*
rijtjeshuis Reihenhaus *o*
rijtoer Spazierfahrt *v*, ⟨te paard⟩ Ausritt *m*
rijtuig ❶ *koets* Kutsche *v* ❷ *wagon* Waggon *m*
rijvaardigheid Fahrtüchtigkeit *v*
rijvak BN transp *rijstrook* Fahrstreifen *m*, Fahrspur *v*
rijverbod Fahrverbot *o*
rijvlak Lauffläche *v*
rijweg Fahrbahn *v*
rijwiel Zweirad *o*
rijwielhandel Fahrradgeschäft *o*
rijwielpad Radfahrweg *m*
rijwielstalling bewachte(r) Fahrradstand *m*
rijzen ❶ *omhoogkomen* steigen, aufgehen, ⟨gisten⟩ aufgehen ★ *het land van de ~de zon* das Land der aufgehenden Sonne ★ *~ en dalen* sich heben und senken ❷ *ontstaan* aufkommen, sich erheben, entstehen ★ *de vraag rijst of...* es erhebt sich die Frage, ob...
rijzig hoch gewachsen
rijzweep Reitpeitsche *v*
riksja Rikscha *v*
rillen zittern, ⟨van angst⟩ schaudern, ⟨van kou⟩ frösteln ★ *ik ril van de kou* mich fröstelt ★ *~ van de koorts* vom Fieber geschüttelt werden
rillerig fröstelnd
rilling Schauder *m*, Zittern *o* ★ *koude ~en hebben* Schüttelfrost haben
rimboe ❶ *wildernis* Dschungel *m* ❷ *afgelegen gebied* Busch *m* ★ *in de ~* in der Pampa / Walachei, am Ende der Welt
rimpel ❶ *plooi* Falte *v*, Runzel *v* ❷ *golving op water* Kräuselung *v*
rimpelen *rimpels krijgen* sich falten, Falten bekommen, ⟨van stof⟩ sich kräuseln
rimpelig schrumpelig, faltig, runzelig, gerunzelt, ⟨water⟩ gekräuselt
rimpeling Falte *v*, Runzeligwerden *o*, Runzeln *o*, ⟨water⟩ Kräuselung *v*
rimpelloos faltenlos
ring ❶ *sieraad* Ring *m* ❷ *cirkelvormig ding* Ring *m* ❸ *boksring* Ring *m* ❹ *ringweg* Umgehungsstraße *v*, Ring *m*, Ringstraße *v*
ringbaard Kranzbart *m*
ringband Ringbuch *o*
ringdijk Ringdeich *m*
ringeloren *op de kop zitten* an der Kandare haben / halten
ringen ⟨dieren⟩ einen Ring durch die Nase ziehen, ⟨vogels⟩ beringen
ringlijn Ringlinie *v*
ringslang Ringelnatter *v*
ringsleutel Ringschlüssel *m*
ringsteken ringstechen
ringtoon Rufton *m*, Klingelton *m*
ringvaart Ringkanal *m*
ringvinger Ringfinger *m*
ringweg Umgehungsstraße *v*, Ring *m*, Ringstraße *v*
ringwerpen Ringewerfen *o*
ringworm biol Ringelwurm *m*
rinkelen klirren
rins säuerlich, herb
Rio de Janeiro Rio *o* de Janeiro
riolering *riolenstelsel* Kanalisation *v*
rioleringssysteem Kanalisationssystem *o*
riool Kloake *v*, Abwasserkanal *m*, Kanalisation *v*
rioolbelasting Kanalgebühren *v mv*
riooljournalistiek Gossenjournalismus *m*
rippen comp rippen
ris ❶ *hoeveelheid* Menge *v* ❷ *aaneengeregen voorwerpen* Reihe *v*
risee Gespött *o*
risico Risiko *o* [mv: Risiken] ★ *op eigen ~* auf eigene Gefahr ★ *~ lopen* Gefahr laufen ★ *~'s nemen* Risiken eingehen
risicoclub sport Risiko(fußball)verein *m*
risicodekking Risikodeckung *v*
risicodragend risikotragend ★ *~ kapitaal* risikotragendes Kapital
risicofactor Risikofaktor *m*
risicogroep Risikogruppe *v*
risicowedstrijd sport Risiko(fußball)spiel *o*
riskant riskant
riskeren *wagen* riskieren ★ BN *het riskeert te gaan regenen* es sieht nach Regen aus
risotto Risotto *m*
rit ❶ *tocht* Fahrt *v*, Tour *v*, ⟨op rijdier⟩ Ritt *m* ❷ sport *etappe* Etappe *v*
rite Ritus [m mv: Riten] Ritual *o*
ritme Rhythmus *m*
ritmebox Rhythmusbox *v*
ritmeester Hauptmann *m* der Kavallerie
ritmesectie Rhythmusgruppe *v*
ritmisch rhythmisch
rits ❶ *ritssluiting* Reißverschluss *m* ❷ *reeks* Reihe *v*
ritselaar ★ *hij is een echte ~* er deichselt alles
ritselen I *ov ww, regelen* regeln, organisieren

II *on ww, geluid maken* rascheln, ‹wind› säuseln, ‹van papier of vuur› knistern
ritsen *wegglippen* rutschen
ritssluiting Reißverschluss *m*
ritueel I *zn* [het] Ritual *o* **II** *bnw* rituell
ritus *rite* Ritus *m* [mv: Riten], Ritual *o*
ritzege Etappensieg *m*
rivaal Rivale *m*, Mitbewerber *m*, ‹in de liefde› Nebenbuhler *m*
rivaliseren rivalisieren, wetteifern
rivaliteit Rivalität *v*
rivier Fluss *m*, Strom *m* ★ *de ~ af en op* flussabwärts und flussaufwärts
Rivièra ‹in Frankrijk› Côte d'Azur *v*, Riviera *v*
rivierafzetting Flussablagerung *v*
rivierbedding Flussbett *o*
rivierdelta Flussdelta *o*
rivierklei Flusston *m*
rivierkreeft Flusskrebs *m*
rivierlandschap Flusslandschaft *v*
riviermond Flussmündung *v*
rivierpolitie Wasserschutzpolizei *v*
rivierslib Flussschlamm *m*
riviertak Flussarm *m*
roadie Roadie *m*
roadmovie Roadmovie *m*
rob *zeehond* Robbe *v*
robbedoes Wildfang *m*
robijn Rubin *m*
robot Roboter *m*
robotfoto BN jur *montagefoto* Phantombild *o*
robotica Robotertechnik *v*
robuust stabil, robust, kräftig
ROC *Regionaal Opleidingscentrum* ≈ berufsbildende Schule *v*
rochel ❶ *fluim* Auswurf *m* ❷ *reutel* Geröchel *o*
rochelen ❶ *fluim opgeven* Schleim auswerfen ❷ *reutelen* röcheln
rock Rock *m*
rockabilly Rockabilly *m*
rockband Rockband *v*
rockgroep Rockgruppe *v*
rockmuziek Rockmusik *v*
rock-'n-roll Rock 'n' Roll *m*
rockopera Rockoper *v*
rococo Rokoko *o*
rococostijl Rokokostil *m*, Rokoko *o*
roddel Klatsch *m*
roddelaar Klatschbase *v*, Klatschmaul *o*
roddelblad Skandalblatt *o*, Klatschblatt *o*
roddelcircuit Klatschszene *v*, Tratschszene *v*
roddelen klatschen, ‹hatelijk› tratschen
roddelpers Sensationspresse *v*
roddelpraat Klatsch *m*
roddelrubriek Klatschspalte *v*, Klatschseite *v*, Tratschseite *v*
rodehond Röteln *mv*
rodelbaan Rodelbahn *v*
rodelen rodeln
rodeo Rodeo *m/o*
Rode Zee Rote(s) Meer *o*
rododendron Rhododendron *o*
roebel Rubel *m*
roede ❶ *strafwerktuig* Rute *v*, ‹bij paardrijden› Gerte *v* ❷ *staaf* Stange *v*
roedel Rudel *o*

ri

roeiboot Ruderboot *o*
roeien rudern
roeier Ruderer *m*
roeiriem Ruder *o*, Riemen *m*
roeispaan Riemen *m*, Ruder *o*
roeivereniging Ruderverein *m*
roeiwedstrijd Ruderwettkampf *m*, Ruderregatta *v*
roek Saatkrähe *v*
roekeloos leichtsinnig, tollkühn, wagehalsig
roekoeën gurren
roem ❶ *eer* Ruhm *m* ❷ *kaartencombinatie* Sequenz *v*
Roemeen *bewoner* Rumäne *m*
Roemeens I *bnw, m.b.t. Roemenië* rumänisch **II** *zn* [het], *taal* Rumänisch(e) *o*
Roemeense Rumänin *v*
roemen I *ov ww, prijzen* rühmen, preisen, loben **II** *on ww* ~ **op** sich rühmen [+2] ★ *op iets ~* sich einer Sache rühmen
Roemenië Rumänien *o*
roemer Römer *m*
roemloos ruhmlos
roemrijk ruhmreich, ruhmvoll, glorreich
roemrucht weltberühmt
roep ❶ *het roepen* Ruf *m* ❷ *dringend verzoek* Ruf *m*
roepen I *ov ww* ❶ ‹iets› *schreeuwen* rufen ❷ ‹iemand› *laten komen* rufen ★ *als ge~ komen* wie gerufen kommen **II** *on ww* ~ **om** ★ *het kind roept om zijn vader* das Kind ruft nach seinem Vater
roepia Rupie *v*
roeping *voorbestemming* Berufung *v*
roepnaam Rufname *m*
roer Ruder *o*, Steuerruder *o* ▾ *het roer omgooien* das Ruder herumwerfen
roerbakken unter Rühren braten
roerdomp Rohrdommel *v*
roerei Rührei *o*
roeren I *on ww, draaiend bewegen* rühren **II** *wkd ww* [**zich** ~] *in beweging komen* sich rühren
roerend ❶ *vervoerbaar* ★ *~e goederen* Mobilien ❷ *ontroerend* rührend, ergreifend
Roergebied Ruhrgebiet *o*
roerig ❶ *beweeglijk* rührig, beweglich ❷ *oproerig* unruhig
roerloos *onbeweeglijk* unbeweglich, bewegungslos, regungslos
roersel ❶ *drijfveer* Triebfeder *v*, Beweggrund *m* ❷ *emotie* Regung *v*
roerstaafje Quirl *m*
roes ❶ *bedwelming* Rausch *m* ❷ *opgewondenheid* Rausch *m*
roest ❶ *gevolg van oxidatie* Rost *m* ★ *bestand tegen ~* rostbeständig ❷ *plantenziekte* Rost *m*
roestbestendig rostbeständig, rostfrei
roestbruin rostbraun
roesten (ver)rosten
roestig rostig
roestkleurig rostfarbig, rostfarben
roestvrij rostfrei
roestwerend gegen Rost schützend ★ *~ middel* Rostschutzmittel *o*
roet Ruß *m* ▾ *roet in het eten gooien* die Suppe versalzen ▾ *zo zwart als roet* kohlrabenschwarz

roetaanslag Rußansatz *m*
roetfilter Rußfilter *m/o*
roetsjen hinunterrutschen, abrutschen
roetzwart kohlraben- / pechschwarz
roezemoezen *dof gonzen* rumpeln
roffel *reeks slagen* Trommelwirbel *m*
roffelen *een roffel slaan* trommeln, prasseln, einen Wirbel schlagen
rog Rochen *m*
rogge Roggen *m*
roggebrood cul Roggenbrot *o*, ‹zwart, vochtig brood› Schwarzbrot *o*
rok ❶ *dameskleding* Rock *m* ★ *aan moeders rokken hangen* der Mutter am Rockzipfel hängen ❷ *herenkostuum* Frack *m* ★ *in rok* im Frack ❸ plantk *schil van ui* Haut *v* ★ *de rokken van een ui* die Häute einer Zwiebel
rokade Rochade *v* ★ *lange ~* große Rochade ★ *korte ~* kleine Rochade
roken I *ov + on ww, tabak gebruiken* rauchen **II** *ov ww,* cul *in de rook hangen* räuchern ★ *gerookte ham* geräucherter Schinken **III** *ww* [verl. td.] → **rieken IV** *ww* [verl. td.] → **ruiken**
roker Raucher *m*
rokeren rochieren
rokerig ❶ *met rook* verräuchert, rauchig ❷ *naar rook smakend* rauchig
rokershoest Raucherhusten *m*
rokkenjager Schürzenjäger *m*
rol ❶ *opgerold iets* Rolle *v* ❷ *cilindervormig voorwerp* Walze *v*, Rolle *v* ★ *rolletje* Röllchen *o* ❸ *personage* Rolle *v* ❹ *functie* Rolle *v* ★ *een rol vervullen* eine Rolle spielen ❺ *register* Liste *v*, Verzeichnis *o* ★ jur *een zaak op de rol plaatsen* eine Verhandlung anberaumen ▼ *aan de rol zijn* einen Zug durch die Gemeinde machen ▼ *het loopt op rolletjes* wie geschmiert laufen, es läuft wie am Schnürchen
rolberoerte Kollaps *m* ★ *we lachten ons een ~* wir platzten fast vor Lachen
rolbevestigend rollenbestätigend
rolbezetting Rollenbesetzung / -verteilung *v*
rolconflict Rollenkonflikt *m*
roldoorbrekend nicht rollengemäß
rolgordijn Rollo *o*, Rouleau *o*
rolkussen Kissenrolle *v*
rollade Rollbraten *m*
rollator Rollator *m*, Gehhilfe *v*
rollebollen ❶ *over de kop rollen* ‹spelen› sich kugeln ❷ *seks hebben* bumsen, vulg ficken
rollen I *ov ww* ❶ *voortbewegen* rollen ❷ *met een rol pletten* rollen, walzen ★ *deeg ~* Teig ausrollen ❸ *oprollen* (auf)rollen ★ *een sjekkie ~* sich eine Zigarette drehen / rollen ❹ *bestelen* klauen **II** *on ww* ❶ *zich voortbewegen* rollen, ‹vallen› purzeln ❷ *van geluid* rollen, rumpeln ★ *~de donder* sich schon durchschlagen
rollenspel Rollenspiel *o*
roller *rollend geluid* rollende(s) Geräusch *o*, ‹van vogel› Roller *m*
rolluik Rollladen *m* [mv: Rollläden]
rolmaat Rollmaß *o*
rolmops Rollmops *m*
rolpatroon Rollenverhalten *o*
rolprent Streifen *m*
rolschaats Rollschuh *m*
rolschaatsen Rollschuh laufen
rolstoel Rollstuhl *m*
rolstoelsport Rollstuhlsport *m*
roltrap Rolltreppe *v*
rolverdeling ❶ *rolbezetting* Rollenbesetzung / -verteilung *v* ❷ *taakverdeling* Rollenverteilung *v*
rolwisseling Rollentausch *m*
ROM ROM *o*
Romaans I *zn* [het] taalk romanische Sprache *v* **II** *bnw* taalk romanisch
romaans bouw kunst romanisch
roman Roman *m*
romance Romanze *v*
romanpersonage Romanfigur *v*, Romangestalt *v*
romanticus Romantiker *m*
romantiek *sfeer* Romantik *v*
romantisch ❶ *m.b.t. stroming* romantisch ❷ *m.b.t. gevoel* romantisch
romantiseren verklären, romantisieren
Rome Rom *o*
Romein *bewoner van stad* Römer *m*
Romeins *m.b.t. stad* römisch
Romeinse ❶ *bewoner van stad* Römerin *v* ❷ gesch Römerin *v*
römertopf Römertopf *m*
romig sahnig
rommel ❶ *wanorde* Chaos *o*, Durcheinander *o* ❷ *waardeloze prullen* Plunder *m*, Kram *m*, Krempel *m*, Ramsch *m*
rommelen ❶ *dof rollend klinken* rummeln, grollen, ‹maag› knurren ❷ *ordeloos zoeken* stöbern, (herum)kramen ❸ *prutsen* stümpern, pfuschen ❹ *oneerlijk handelen* tricksen
rommelig unordentlich, inform schlud(e)rig
rommelkamer Rumpelkammer *v*
rommelmarkt Flohmarkt *m*
rommelzolder Rumpelboden *m*
romp ❶ *lijf* Rumpf *m* ❷ *casco* Rumpf *m*
rompslomp Schererei *v*, Unannehmlichkeit *v* ★ *papieren ~* Papierkram *m* ★ *administratieve ~* Verwaltungskram *m*
rond I *bnw* ❶ *bol- / cirkelvormig* rund ★ *ronde vormen* runde Formen ★ *rond maken* runden ❷ *afgerond* ‹van getallen› rund, ‹van gebeurtenis› geregelt ★ *de zaak is rond* die Sache ist geregelt **II** *bijw* ★ *de wereld rond* rund um die Welt ★ *hij kwam er rond voor uit* er gab es offen zu **III** *vz* ❶ *om(heen)* (rund) um [+4] ★ *rond het huis* um das Haus ❷ *ongeveer op de tijd / plaats van* um... herum [+4], ungefähr ★ *rond zes uur* ungefähr um sechs ★ *rond het jaar 2000* um das Jahr 2000 ★ *rond Utrecht* in der Gegend von Utrecht ★ *rond de twintig mensen* um die zwanzig Leute herum ★ *rond de 3 weken* ungefähr drei Wochen ★ *hij is rond de veertig* er ist um die vierzig herum **IV** *zn* [het] Kreis *m* ★ *in het rond draaien* im Kreis drehen ★ *in het rond kijken* umherschauen → **rondje**
rondbazuinen ausposaunen, herumposaunen
rondborstig *openhartig* freimütig, offen(herzig), geradeheraus
rondbrengen ‹lopend› austragen, ‹met een voertuig› ausfahren
rondcirkelen kreisen
ronddelen herumgeben, herumreichen,

austeilen
ronddolen umherirren, herumirren
ronddraaien I *ov ww, draaien* drehen **II** *on ww, draaiend rondgaan* sich (herum)drehen
ronddwalen umherschweifen ★ *met zijn gedachten ~* seine Gedanken schweifen lassen
ronde *wielerwedstrijd* Runde *v* ★ *de ~ van Frankrijk* die Tour de France
rondedans Rundtanz *m*
ronden ❶ *rond maken* runden ❷ *omvaren* umrunden
rondetafelconferentie Konferenz *v* am runden Tisch
rondgaan *bewegen* herumgehen
rondgang Rundgang *m*, Runde *v*
rondhangen herumlungern / -hängen, ‹jeugdtaal› abhängen ★ *ik weet niet waar hij rondhangt* ich weiß nicht, wo er sich herumtreibt
rondhout Rundholz *o*
ronding Rundung *v*
rondje ❶ *rondgang* (kleine) Runde *v* ❷ *drankje* Runde *v*, Lage *v* ❸ *keer dat men iets doet* Runde *v*, Partie *v*
rondkijken sich umsehen ★ ‹in winkel› *ik kijk even wat rond* ich sehe mich nur um
rondkomen auskommen
rondleiden (herum)führen ★ *iem. in een stad ~* jmdn. durch eine Stadt führen
rondleiding Führung *v*
rondlopen ❶ lett *lopen* herumgehen, inform herumlaufen ❷ **~ met** fig *bezig zijn met* ★ *met een plan ~* sich mit einem Plan tragen
rondneuzen herumstöbern, min herumschnüffeln
rondo Rondo *o*
rondom I *vz* ❶ *om... heen* (rund) um [+4] ★ *~ het vuur* um das Feuer herum ❷ *in de buurt van* um [+4] **II** *bijw, eromheen* ringsherum, rundherum
rondpunt BN *rotonde* Kreisel *m*, Kreisverkehr *m*
rondreis Rundreise *v*
rondreizen umherreisen ★ *~d circus* Wanderzirkus *m*
rondrijden I *ov ww* herumfahren **II** *on ww, toeren* umherfahren
rondrit Rundfahrt *v*
rondscharrelen ❶ *rondlopen* (herum)bummeln, sich herumtreiben ❷ *rondneuzen* herumstöbern, herumschnüffeln ❸ *rommelen* sich zu schaffen machen
rondschrijven Rundbrief *m*, Rundschreiben *o*
rondslingeren *slordig liggen* herumfliegen, herumliegen
rondsnuffelen ❶ *doorzoeken* herumstöbern ❷ *speurend rondlopen* schnüffeln, herumschnüffeln
rondstrooien ❶ *om zich heen strooien* verstreuen ❷ *verspreiden* verbreiten
rondte ❶ *rondheid* Rundheit *v* ❷ *kring* Runde *v*, Kreis *m* ★ *in de ~* im Kreis
rondtrekken umherziehen, inform herumziehen ★ *~de muzikanten* fahrende Musikanten ★ *~de troep* Wandertruppe *v*
ronduit rund- / frei- / geradeheraus, schlichtweg
rondvaart Rundfahrt *v*
rondvaartboot Rundfahrtboot *o*
rondvertellen herumerzählen, weitererzählen
rondvliegen ❶ *in kring vliegen* kreisen ❷ *alle kanten opvliegen* herumfliegen, umherfliegen
rondvlucht Rundflug *m*
rondvraag Umfrage *v*
rondwandelen herumspazieren, umherspazieren
rondweg Umgehungsstraße *v*, Ring *m*, Ringstraße *v*
rondzingen rückkoppeln
rondzwerven ❶ *zwerven* umherstreifen, umherschweifen ❷ *rondslingeren* herumliegen
ronken ❶ *ronkend geluid maken* brüllen ❷ *snurken* schnarchen, sägen, ‹slapen› pennen, ‹slapen› ratzen
ronselaar Werber *m*
ronselen (an)werben
röntgenfoto Röntgenaufnahme *v*, Röntgenbild *o*
röntgenstralen Röntgenstrahlen *mv*
rood I *bnw* ❶ *kleur* rot ★ *rood worden* rot werden, erröten ★ *rood staan* in den roten Zahlen sein ❷ pol rot **II** *zn* [het], *kleur* Rot *o*
roodbaars Rotbarsch *m*
roodbont ≈ scheckig braun
roodborstje Rotkehlchen *o*
roodbruin rotbraun
roodgloeiend rot glühend ▼ *de telefoon staat ~* das Telefon klingelt ununterbrochen
roodharig rothaarig
roodhuid Rothaut *v*
Roodkapje Rotkäppchen *o*
roodvonk Scharlach *m*
roof [gmv] *diefstal* Raub *m*
roofbouw *uitputtend gebruik* Raubbau *m*
roofdier Raubtier *o*
roofmoord Raubmord *m*
roofoverval Raubüberfall *m*
rooftocht Raubzug *m*
roofvis Raubfisch *m*
roofvogel Raubvogel *m*
roofzucht Raubgier *v*, Raublust *v*
rooibos Rotbusch *m*
rooien ❶ *uitgraven* roden ❷ *klaarspelen* schaffen ★ *het wel ~* es schon schaffen ★ *het niet met elkaar kunnen ~* miteinander nicht auskommen können
rook I *zn* [de] Rauch *m* ▼ *in rook opgaan* sich in Luft auflösen ▼ *onder de rook van een stad wonen* vor den Toren der Stadt wohnen **II** *ww* [verl. td.] → **rieken III** *ww* [verl. td.] → **ruiken**
rookbom Rauchbombe *v*
rookcoupé Raucherabteil *o*
rookdetector Brandmelder *m*
rookglas Rauchglas *o*
rookgordijn Rauchvorhang *m* ▼ *een ~ optrekken* sich einnebeln
rookhol Raucherhöhle *v*
rookmelder Rauchmelder *m*
rookpluim Rauchfahne *v*
rookschade Rauchschaden *m*
rooksignaal Rauchsignal *o*
rookverbod Rauchverbot *o*
rookverslaving Rauchsucht *v*
rookvlees Rauchfleisch *o*
rookvrij Nichtraucher-, rauchfrei ★ *een ~*

restaurant ein rauchfreies Restaurant
rookwolk Rauchwolke *v*
rookworst cul geräucherte Wurst *v*
rookzone Raucherbereich *m*
room Sahne *v*, Rahm *m*
roomboter cul Butter *v*
roomijs Sahneeis *o*
roomkaas cul Rahmkäse *m*
roomkleurig cremefarben, cremefarbig
roomklopper Schneebesen *m*
roomkwark cul Sahnequark *m*
rooms *katholiek* römisch-katholisch → **paus**
roomservice Zimmerservice *m*, Roomservice *m*
rooms-katholiek I *zn* [de], *gelovige* Katholik *m* **II** *bnw, m.b.t. het geloof* römisch-katholisch
roomsoes Windbeutel *m*
roomwit perlweiß
roos I *zn* [de] [mv: rozen] ❶ *bloem* Rose *v* ★ *slapen als een roos*, BN *op rozen slapen* schlafen wie ein Murmeltier ★ *op rozen zitten* auf Rosen gebettet sein ❷ sport *middelpunt van schietschijf* Schwarze *o* ★ *in de roos schieten* ins Schwarze treffen **II** *zn* [de] [gmv] med *huidschilfers* Schuppen *mv*
rooskleurig rosig ★ *iets ~ zien* etw. durch eine rosarote Brille sehen ★ *iets ~ voorstellen* etw. in rosigem Licht erscheinen lassen
rooster ❶ *raster* Rost *m*, Gitter *o* ★ BN *iem. op de ~ leggen* jmdm. auf den Zahn fühlen ❷ *schema* Plan *m*, ⟨lesrooster⟩ Stundenplan *m* ★ *een ~ opstellen* einen Plan machen
roosteren *op / met een rooster blakeren* rösten, ⟨brood⟩ toasten
roosvenster Fensterrose *v*, Rosette *v*
roots Wurzeln *v mv*
roquefort Roquefort *m*
ros I *zn* [het] Ross *o* **II** *bnw* rötlich, rot ★ *een rosse gloed* eine rote Glut ▼ *de rosse buurt* das Amüsier- / Vergnügungsviertel, der Strich
rosbief Roastbeef *o*
rosé cul Rosé *m*
roskammen *van paarden* striegeln
rossen I *ov ww, roskammen* striegeln **II** *on ww, wild rijden* rasen, fegen
rossig rötlich ★ *~ haar* rotblondes Haar
rösti Rösti *v*
rot I *zn* [de] ★ *een oude rot* ein alter Hase **II** *zn* [het], *rij manschappen* Rotte *v* **III** *bnw* ❶ *bedorven, verrot* faul, ⟨hout⟩ morsch ❷ *ellendig* lausig, elend ★ *zich rot voelen* sich beschissen fühlen **IV** *bijw* ★ *zich rot schrikken* sich zu Tode erschrecken
rot- *ellendig* Scheiß-, Mist-
rotan I *zn* [de/het] Rotang *m* **II** *bnw* Rattan-, Rotang-
Rotary Rotaryclub *m*
rotatie Rotation *v*
rotatiepers Rotationspresse *v*
rotding blöde(s) Ding *o*, Scheißding *o*
roteren rotieren
rotgang Affentempo *o*
rotgans Ringelgans *v*
rothumeur Stinklaune *v*
roti Roti *o*
rotisserie Rotisserie *v*
rotje Knallfrosch *m*
rotjoch Rotzjunge *m*, Lausejunge *m*, Rotzbengel *m*, Lausebengel *m*
rotonde *verkeersplein* Kreisel *m*
rotor Rotor *m*
rots Felsen *m*, Fels *m*
rotsachtig felsig
rotsblok Felsblock *m*
rotspartij *groep rotsblokken* Felsgruppe *v*
rotstreek Hundsgemeinheit *v*
rotstuin Steingarten *m*
Rots van Gibraltar Gibraltarfelsen *m*
rotsvast ❶ *onbeweeglijk* bombenfest ❷ fig *onwankelbaar* felsenfest
rotswand Felswand *v*
rotswol BN *steenwol* Steinwolle *v*
rotten (ver)faulen, (ver)modern ★ *in zijn nest liggen ~* in den Federn liegen
Rotterdam Rotterdam *o*
Rotterdammer Rotterdamer *m*
Rotterdams Rotterdamer
Rotterdamse Rotterdamerin *v*
rottig ❶ *ietwat rot* faul ❷ *ellendig* mies
rottigheid *narigheid* Ärger *m*, Unannehmlichkeit *v*, ⟨gedrag⟩ Gemeinheit *v*
rotting ❶ *bederf* Verfaulung *v*, Fäulnis *v* ❷ *stok* spanische(s) Rohr *o*
rottweiler Rottweiler *m*
rotweer Scheißwetter *o*, Sauwetter *o*
rotzooi ❶ *waardeloze rommel* Mist *m*, Dreckzeug *o* ❷ *wanorde* Schweinerei *v*, Unordnung *v*
rotzooien ❶ *rommelig te werk gaan* ferkeln, schludern ❷ *scharrelen* herummachen
rouge Rouge *o*
roulatie Umlauf *m* ★ *uit de ~ nemen* aus dem Verkehr ziehen
roulatiesysteem roulierende(s) System *o*
rouleren ❶ *in omloop zijn* im Umlauf sein, umlaufen ❷ *afwisselen* turnusmäßig wechseln
roulette Roulett *o*
route Strecke *v*, Route *v*
routebeschrijving Wegbeschreibung *v*
routekaart Streckenkarte *v*, Routenkarte *v*
routeplanner comp Routenplaner *m*
router comp Router *m*
routine ❶ *geoefendheid* Routine *v* ❷ *sleur* Routine *v*
routineklus Routinesache *v*
routinematig routinemäßig
routineonderzoek Routineuntersuchung *v*
routineus routiniert, routinemäßig
routinier ❶ *ervaren persoon* Routinier *m* ❷ *gewoontemens* Routinier *m*
rouw Trauer *v* ★ *zware rouw* tiefe Trauer ★ *in de rouw zijn* in Trauer sein, trauern
rouwadvertentie Traueranzeige *v*, Todesanzeige *v*
rouwband Trauerflor *m*
rouwbeklag Beileid *o*
rouwbrief Trauerbrief *m*
rouwcentrum Trauerhalle *v*
rouwdienst Trauergottesdienst *m*, Toten- / Trauerfeier *v*
rouwen *treuren* trauern (um) [+4]
rouwig betrübt ★ *ik ben er niet ~ om* ich bedauere es nicht
rouwkaart Trauerkarte *v*
rouwkamer Leichenhalle *v*

rouwmis Totenmesse *v*
rouwproces Trauerzeit *v*
rouwrand *rand rond rouwbrief* Trauerrand *m*
rouwstoet Trauerzug *m*
rouwverwerking Trauerarbeit *v*
roux Mehlschwitze *v*
roven rauben
rover Räuber *m*
roversbende Räuberbande *v*
rovershol Räuberhöhle *v*
royaal I *bnw, gul* großzügig ★ *een royale bui hebben* die Spendierhosen anhaben **II** *bijw, ruim* ★ ~ *gebruik van iets maken* ausgiebig Gebrauch von etw. machen
royalist Royalist *m*
royalty [mv: +'s] *percentage* Tantieme *v*
royeren ausschließen
roze rosa
rozemarijn Rosmarin *m*
rozenbed Rosenbeet *o*
rozenblad Rosenblatt *o*
rozenbottel Hagebutte *v*
rozengeur Rosenduft *m* ▼ *het is niet altijd ~ en maneschijn* der Himmel hängt nicht immer voller Geigen
rozenkrans *gebed / bidsnoer* Rosenkranz *m*
rozenstruik Rosenstrauch *m*
rozet *versiering* Rosette *v*
rozig *slaperig* wohlig
rozijn Rosine *v*
RSI *repetitive strain injury* RSI
rubber I *bnw* Gummi-, aus Gummi **II** *zn* [de/het] [gmv] Kautschuk *m*
rubberboom Kautschukbaum *m*, Gummibaum *m*
rubberboot Schlauch- / Gummiboot *o*
rubberen Gummi-, aus Gummi
rubberlaars Gummistiefel *m*
rubberplantage Kautschukplantage *v*, Gummiplantage *v*
rubberzool Gummisohle *v*
rubriceren *indelen* rubrizieren
rubriek *vast stuk in krant* Rubrik *v*
ruche Rüsche *v*
ro **ruchtbaar** bekannt ★ ~ *worden* ruchbar werden
ruchtbaarheid Bekanntheit *v* ★ ~ *aan iets geven* etw. ruchbar machen
rücksichtslos rücksichtslos
rucola Rucola *m/v*
rudiment Rudiment *o*
rudimentair rudimentär
rug ❶ *lichaamsdeel* Rücken *m* ★ *dat is achter de rug* das habe ich hinter mir, das haben wir überstanden ★ *achter mijn rug (om)* hinter meinem Rücken ★ vulg *je kunt mijn rug op!* rutsch mir den Buckel runter! ★ *iem. de rug toekeren* jmdm. den Rücken zukehren ★ *het geluk heeft hem de rug toegekeerd* das Glück hat ihn im Stich gelassen **❷** *achterzijde* Rücken *m*
rugby Rugby *o*
rugbyen Rugby spielen
rugcrawl sport Rückenkraul *o*
rugdekking Rückendeckung *v*
ruggelings ❶ *achterwaarts* rückwärtsgewandt, rücklings **❷** *rug aan rug* Rücken an Rücken
ruggengraat *wervelkolom* Rückgrat *o*
ruggenmerg Rückenmark *o*
ruggenprik Rückenmark(s)punktion *v*
ruggensteun ❶ *steun in de rug* Rückenstütze *v* **❷** *hulp* Rückhalt *m*
ruggenwervel Rückenwirbel *m*
ruggespraak Rücksprache *v* ★ ~ *houden met iem.* Rücksprache mit jmdm. halten
rugklachten Rückenschmerzen *m mv*
rugletsel Rückenverletzung *v*
rugleuning Rückenlehne *v*
rugnummer Rückennummer *v*
rugpijn Rückenschmerzen *m mv*
rugslag sport Rückenschwimmen *o*
rugsluiting Rückenverschluss *m* ★ *met ~* mit Rückenverschluss
rugtitel Titel *m* auf Buchrücken
rugvin Rückenflosse *v*
rugzak Rucksack *m*
rugzijde Rückseite *v*
rui ⟨het ruien en de ruitijd van vogels⟩ Mauser *v*, ⟨het ruien van zoogdieren⟩ Haarwechsel *m*, ⟨de ruitijd zoogdieren⟩ Zeit *v* des Haarwechsels ★ *in de rui zijn* in der Mauser sein
ruien (sich) mausern, ⟨verharen⟩ haaren
ruif Raufe *v*
ruig *wild, ruw* ⟨van personen, taal⟩ derb, ⟨van landschap⟩ rau, ⟨onstuimig⟩ wild ★ *ruige taal* derbe Sprache *v* ★ *ruige kerel* rohe(r) Bursche *m*
ruigharig drahthaarig, rauhaarig
ruiken I *ov ww* **❶** *met reukzin waarnemen* riechen **❷** *bespeuren* wittern ★ *zijn kans ~* seine Chance wittern **II** *on ww, geuren* riechen (**naar** nach) ★ *de bloemen ~ lekker* die Blumen duften / riechen angenehm
ruiker Strauß *m*
ruil Tausch *m* ★ *een goede ruil doen* einen guten Tausch machen ★ *in ruil voor* im Tausch für, im Austausch gegen
ruilbeurs Tauschmarkt *m*
ruilen *inwisselen* tauschen, ⟨omruilen⟩ umtauschen ★ ~ *tegen* tauschen gegen [+4]
ruilhandel Tauschhandel *m*
ruilhart Spenderherz *o*
ruilmiddel Tauschmittel *o*
ruilverkaveling Flurbereinigung *v*
ruilvoet Wechselkurs *m*
ruilwaarde Tauschwert *m*
ruim I *bnw* **❶** *wijd, open, vrij* weit **❷** *veel ruimte biedend* geräumig, groß, großzügig ★ *een ruim huis* ein geräumiges / großzügiges Haus *o* **❸** *uitgebreid* weit ★ *een ruime keuze* eine breite Auswahl *v* ★ *een ruime voorraad* ein großer Vorrat *m* ★ *op ruime schaal* in großem Umfang ★ *in de ruimste zin* im weitesten Sinne **❹** *meer dan voldoende* reichlich, großzügig ★ *een ruim inkomen* ein ansehnliches Einkommen *o* ★ *het niet ruim hebben* es nicht üppig haben **II** *bijw* **❶** *op ruime wijze* reichlich **❷** *meer dan* gut ★ *ruim 10 jaar* mehr als zehn Jahre ★ *ruim een uur* eine gute Stunde **III** *zn* [het] scheepv Schiffsbauch *m*
ruimdenkend großzügig
ruimen *opruimen* weg- / forträumen ★ *puin ~* Schutt wegräumen
ruimhartig großherzig, edelmütig
ruiming Räumung *v*
ruimschoots reichlich, mehr als ★ ~ *genoeg*

mehr als genug ★ ~ *de tijd hebben* reichlich Zeit haben
ruimte ❶ *plaats* Platz *m* ★ ~ *maken* Platz machen ★ ~ *innemen / beslaan* Raum einnehmen ★ *gebrek aan* ~ Platzmangel *m* ★ *een* ~ *opvullen* einen Raum ausfüllen ❷ *vertrek, kamer* Raum *m* ★ *je hebt hier een leuke* ~ du hast hier ein schönes Zimmer ❸ *het onbegrensde, heelal* Weltraum *m*
ruimtecapsule Raumkapsel *v*
ruimtegebrek Raummangel *m*, Platzmangel *m*, Raumnot *v*
ruimtelaboratorium Raumlabor *o*
ruimtelijk *de ruimte betreffend* räumlich, Raum- ★ ~*e ordening* Raumordnung *v*
ruimtereis Raumfahrt *v*, Astronautik *v*
ruimteschip Raumschiff *o*
ruimtestation (Welt)Raumstation *v*, Orbitalstation *v*
ruimtevaarder Raumfahrer *m* [v: Raumfahrerin]
ruimtevaart Raumfahrt *v*
ruimtevaarttechniek Raumfahrttechnik *v*
ruimtevaartuig Raumschiff *o*, Raumfahrzeug *o*
ruimteveer Raumfähre *v*
ruimtevlucht Raumflug *m*
ruimtevrees Platzangst *v*
ruimtewagen *ruime auto* Großraumwagen *m*
ruin Wallach *m*
ruïne Ruine *v*
ruïneren ❶ *verwoesten* ruinieren, zugrunde richten ★ *zij heeft haar gezondheid geruïneerd* sie hat ihre Gesundheit ruiniert ❷ *tot armoede brengen* ruinieren, zugrunde richten
ruis ❶ *storing* Rauschen *o* ❷ med Geräusch *o*
ruisen rauschen, ⟨zachte wind⟩ säuseln, ⟨sterke wind⟩ sausen, ⟨water⟩ rieseln
ruit ❶ *vensterglas* Scheibe *v* ❷ *motief* Karree *o* ★ *Schotse ruit* Schottenkaro *o* ❸ wisk Quadrat *o*
ruiten I *zn* [de] Karo *o* **II** *bnw* kariert ★ ~ *stof* karierte(r) Stoff *m*
ruitenaas Karoass *o*, Schellenass *o*
ruitenboer Karobube *m*
ruitenheer Karokönig *m*
ruitensproeier Scheibenwaschanlage *v*
ruitenvrouw Karodame *v*
ruitenwisser Scheibenwischer *m*
ruiter Reiter *m*, ⟨leger⟩ Kavallerist *m*
ruiterij Reiterei *v*, ⟨leger⟩ Kavallerie *v*
ruiterlijk I *bnw* offen, rundheraus, unumwunden **II** *bijw* sich offen zu etwas bekennen
ruiterpad Reitweg *m*
ruitjespapier karierte(s) Papier *o*, Karopapier *o*
ruitjesstof Karostoff *m*
ruk ❶ *beweging* Ruck *m*, ⟨windvlaag⟩ Windstoß *m* ★ *in één ruk speelde zij het klaar* sie hatte es im Handumdrehen erledigt ★ *met een ruk kwam zij overeind* mit einem Ruck kam sie hoch ❷ *lange tijd* ★ *het is een hele ruk naar Utrecht* es ist ein ganzes Stück bis nach Utrecht ★ *het is een hele ruk tot de vakantie* es dauert eine ganze Weile bis zu den Ferien ▼ *het kan me geen ruk schelen* es ist mir völlig egal, es ist mir piepegal / scheißegal
rukken I *ov ww, met een ruk trekken* zerren ★ *woorden uit hun verband* ~ Worte aus dem Zusammenhang reißen **II** *on ww* ❶ *hard trekken* zerren ❷ *masturberen* wichsen
rukwind Bö(e) *v*, Windstoß *m*
rul locker
rum Rum *m*
rumba Rumba *m/v*
rumboon cul ≈ Weinbrandbohne *v*
rum-cola Cuba Libre
rummikub Rummikub *m*
rumoer ❶ *lawaai* Krach *m*, Lärm *m* ❷ *ophef* Lärm *m*, Aufregung *v*
rumoerig ❶ *lawaaiig* lärmend, geräuschvoll ❷ *onstuimig* aufgeregt
run *loop* Ansturm *m*, Sturm *m*, sport Lauf *m*, ⟨stormloop⟩ Run *m*
rund ❶ *dier* Rind *o* ❷ *stommeling* Rindvieh *o*, Hornochse *m*
rundergehakt Rinderhackfleisch *o*
runderlapje Scheibe *v* Rindfleisch
rundvee Rindvieh *o*
rundvet Rindsfett *o*
rundvlees Rindfleisch *o*
rune Rune *v*
runenteken Rune *v*
runnen leiten
rups Raupe *v*
rupsband Raupe *v*, Raupenkette *v*
rupsvoertuig Raupen- / Kettenfahrzeug *o*
Rus Russe *m*
rush ❶ *stormloop* Ansturm *m* ❷ *film* Rush *m*
Rusland Russland *o*
Russin Russin *v*
Russisch I *bnw* russisch **II** *zn* [het] Russisch(e) *o*
rust ❶ *inactiviteit* Ruhe *v* ★ *rust nodig hebben* Ruhe brauchen ❷ *kalmte, vrede* Ruhe *v*, Gelassenheit *v*, Stille *v* ★ *iem. met rust laten* jmdn. in Ruhe lassen ❸ muz Pause *v*, Zäsur *v* ❹ sport Halbzeit *v*
rustdag Ruhetag *m*, ⟨feestdag⟩ Feiertag *m*
rusteloos rastlos, unruhig ★ ~ *van aard zijn* ein unstetes Wesen haben ★ *een* ~ *leven leiden* ein unstetes Leben führen
rusten ❶ *uitrusten* ruhen ★ *zij kon niet* ~ *voor het af was* sie konnte nicht ruhen, bis es fertig war ❷ *begraven liggen* ruhen ★ *rust zacht* ruhe sanft ❸ *liggen op* ruhen (auf) [+3] ★ *op hem rust een zware verdenking* auf ihm lastet ein schwerwiegender Verdacht ❹ *ongemoeid blijven* ruhen ★ *iets laten* ~ etw. auf sich beruhen lassen, etw. ruhen lassen
rustgevend ❶ *kalmerend* beruhigend ❷ *geruststellend* beruhigend
rusthuis Erholungsheim *o*, ⟨bejaarden⟩ Altersheim *o*
rustiek *landelijk* rustikal
rustig I *bnw* ruhig **II** *bijw* ★ ~ *aan* ⟨geleidelijk⟩ ruhig ★ ~ *aan!* ⟨doe kalm!⟩ immer mit der Ruhe!
rustoord Erholungsheim *o*, Genesungsheim *o*
rustpensioen BN Rente *v*, ⟨van ambtenaren⟩ Pension *v*
rustplaats ❶ *pleisterplaats* Rastplatz *m* ❷ *graf* Schlafstätte *v*, Ruhestätte *v*
rustpunt ❶ *pauze* Ruhepunkt *m* ❷ *steunpunt* Stützpunkt *m*
rustsignaal sport Halbzeitpfiff *m*
ruststand ❶ sport Pausenstand *m*, Halbzeitergebnis *o* ❷ *ruststand* Ruhestellung *v*, Ruhelage *v*

rustverstoorder Ruhestörer *m*, Störenfried *m*
ruw ❶ *oneffen* rau ★ *ruwe handen* raue(n) Hände ❷ *onbewerkt* Roh-, roh ★ *ruwe suiker* Rohzucker *m* ❸ *onbeschaafd* derb, roh, grob ★ *ruw geweld* rohe Gewalt *v* ★ *ruwe taal* derbe Sprache *v* ★ *ruwe kerels* raue(n) Kerle ❹ *wild, woest* rau, wild ★ *een ruw klimaat* ein raues Klima *o* ★ *een ruwe zee* eine raue See *v* ❺ *globaal* grob, ungefähr ★ *een ruwe schatting* eine grobe Schätzung *v*
ruwharig rauhaarig, drahthaarig
ruwweg grob, ungefähr
ruzie Streit *m* ★ *~ hebben* sich streiten ★ *~ zoeken* Streit suchen ★ *~ zoeken met iem.* den Streit mit jmdm. suchen ★ *~ schoppen* Streit suchen
ruzieachtig *twistziek* zänkisch, streitsüchtig
ruziemaken einen Streit anfangen
ruziemaker Zänker *m*, Kampfhahn *m*, Randalierer *vm*
ruziën streiten
ruziezoeker, **ruzieschopper** Zänker *m*, Kampfhahn *m*, Randalierer *vm*
RVD *Rijksvoorlichtingsdienst* staatliches Presse- und Informationsamt *o*
rvs ❶ *roestvrij staal* [als zn] Edelstahl *m*, rostfreie(r) Stahl *m* ❷ *roestvrijstalen* Edelstahl-
Rwanda Ruanda *o*
Rwandees Ruander *m*
RWW *Rijksgroepsregeling Werkloze Werknemers* Reichsgruppenregelung *v* für arbeitslose Arbeitnehmer

S

s S *o* ★ *de s van Simon* S wie Siegfried
saai langweilig, öde
saaiheid Langweiligkeit *v*
saamhorigheid Zusammengehörigkeit *v*
Saba Saba *o*
Sabaans aus / von Saba
sabbat Sabbat *m*
sabbatsjaar ❶ rel *zevende (rust)jaar* Sabbatjahr *o*, Sabbatical *o* ❷ *verlofperiode* Sabbatjahr *o*
sabbelen lutschen, inform nuckeln
sabel I *zn* [de], *slagwapen* Säbel *m* II *zn* [het], *bont* Zobel *m*
sabelbont Zobel *m*
sabotage Sabotage *v*
saboteren sabotieren, Sabotage treiben
saboteur Saboteur *m*
sacharine Saccharin *o*
sachertaart, **sachertorte** cul Sachertorte *v*
sacraal sakral
sacrament Sakrament *o* ★ *de laatste ~en* die Sterbesakramente
sacristie Sakristei *v*
sadisme Sadismus *m*
sadist Sadist *m*
sadistisch sadistisch
sadomasochisme Sadomasochismus *m*
sadomasochist Sadomasochist *m*
sadomasochistisch sadomasochistisch
safari Safari *v*
safaripark Safaripark *m*
safe I *zn* [de] Panzerschrank *m*, Tresor *m* II *bnw* sicher
safe sex geschützte(r) Verkehr, Safe(r) Sex *m*
saffier Saphir *m*
saffierblauw saphirblau
saffraan Safran *m*
saffraangeel safrangelb
sage Sage *v*
Sahara Sahara *v*
Sahel Sahelzone *v*
saillant hervorragend, auffallend
sake *rijstwijn* Sake *m*
sakkeren BN *mopperen* meckern, nörgeln, murren
Saksen Sachsen *o*
Saksisch sächsisch
salade cul Salat *m*
salamander Salamander *m*, Molch *m*
salami Salami *v*
salamitactiek Salamitaktik *v*
salariëren bezahlen
salariëring Bezahlung *v*, ⟨van ambtenaar⟩ Besoldung *v*
salaris Gehalt *o*, ⟨van ambtenaar⟩ Besoldung *v*
salarisadministratie Gehaltsabteilung *v*, Gehaltsadministration *v*, Lohnadministration *v*
salarisschaal Gehaltsstufe *v*
saldo Saldo *m* ★ *batig ~* Aktivsaldo *m* ★ *nadelig ~* Verlustsaldo *m* ▼ fig *per ~* per saldo, unter dem Strich
saldotekort Verlustsaldo *m*, Minus *o*
sale Ausverkauf *m*

salesmanager Salesmanager *m*, Verkaufsleiter *m*
salespromotion Salespromotion *v*, Verkaufsförderung *v*
salie cul Salbei *m*
salmiak Salmiak *m/o*
salmiakdrop Salmiakpastille *v*
salmonella Salmonelle *v*
Salomonseilanden Salomoninseln *mv*
salomonsoordeel salomonische(s) Urteil *o*
salon ❶ *kamer* Salon *m* ❷ BN *woonkamer* Wohnzimmer *o*, Wohnstube *v*
salonboot Luxusdampfer *m*
salonfähig salonfähig ★ *niet ~* nicht salonfähig
salontafel Couchtisch *m*
saloondeuren Schwingtüren *mv*
salpeter Salpeter *m*
salpeterzuur Salpetersäure *v*
salsa Salsa *m*
salto Salto *m* ★ *~ mortale* Salto mortale *m* ★ *dubbele ~* zweifache Salto *m*
salueren salutieren, grüßen
saluut Salut *m*
saluutschot Salutschuss *m* ★ *~en afvuren* Salutschüsse abfeuern
salvo *serie schoten* Salve *v*
Samaritaan Samariter *m* ★ *de barmhartige ~* der barmherzige Samariter
samba Samba *v*
sambabal Rumbakugel *v*
sambal Sambal *m*
samen ❶ *met elkaar* miteinander ★ *we zijn het ~ eens* wir sind uns einig ★ *~ uit, ~ thuis* ≈ was man gemeinsam angefangen hat, sollte man auch gemeinsam beenden ❷ *bijeen* zusammen, beisammen ❸ *bij elkaar gerekend* zusammen
samendrukken zusammendrücken
samengaan ❶ *gepaard gaan* zusammengehen, verbunden sein ❷ *bij elkaar passen* zusammengehen, sich vereinigen lassen, sich vertragen ★ *dat gaat niet samen* das verträgt sich nicht, das lässt sich schlecht verbinden
samengesteld zusammengesetzt
samenhang *verband* Zusammenhang *m* ★ *zonder ~* ohne Zusammenhang, zusammenhanglos
samenhangen *in verband tot elkaar staan* zusammenhängen ★ *nauw ~* eng zusammenhängen, in engem Zusammenhang stehen
samenkomen zusammenkommen
samenkomst Zusammenkunft *v*, Versammlung *v*, Treffen *o*
samenleven zusammenleben ★ *~ met iem.* mit jmdm. zusammenleben
samenleving ❶ *maatschappij* Gesellschaft *v* ❷ *het samenleven* Zusammenleben *o*
samenlevingscontract Partnerschaftsvertrag *m*
samenloop ❶ *plaats van vereniging* Zusammenlauf *m*, ⟨van rivieren⟩ Zusammenfluss *m* ❷ *gelijktijdigheid* Zusammentreffen *o* ★ *~ van omstandigheden* Zusammentreffen von Umständen
samenpakken [zich ~] zusammenziehen, zusammenballen
samenraapsel Zusammengeraffte(s) *o*, Sammelsurium *o*
samenscholen sich ansammeln, sich zusammenschließen, sich zusammenrotten
samenscholing ❶ *het samenscholen* Ansammlung *v* ❷ *oploop* Zusammenrottung *v*
samensmelten I *on ww, versmelten* zusammenschmelzen, miteinander verschmelzen, ⟨fuseren⟩ verschmelzen II *ov ww, doen samengaan* zusammenschmelzen, verschmelzen
samenspannen sich verschwören ★ *zij spanden samen* sie verschworen sich, sie machten gemeinsame Sache ★ *alles schijnt tegen ons samen te spannen* alles scheint sich gegen uns verschworen zu haben
samenspel fig *samenwerking* Zusammenspiel *o*
samenspraak Dialog *m*, Zwiegespräch *o*, Unterredung *v*
samenstel ❶ *geheel* Gefüge *o* ❷ *bouw* Komplex *m*
samenstellen zusammensetzen
samensteller ❶ *maker* Hersteller *m* ❷ *redacteur* Verfasser *m*
samenstelling ❶ *het samenstellen* Zusammensetzung *v* ❷ *opbouw* Zusammensetzung *v* ★ *de ~ van een gezin* die Familienzusammensetzung *v* ❸ taalk *meerledig woord* Zusammensetzung *v*, Kompositum *o*
samenstromen ❶ *samenkomen* zusammenströmen ❷ *samenvloeien* ineinanderströmen
samentrekken ❶ *samenvoegen* zusammenziehen ❷ taalk zusammenziehen
samentrekking ❶ *het samenvoegen* Zusammenziehung *v* ❷ *het ineenkrimpen* Kontraktion *v* ❸ taalk Zusammenziehung *v*
samenvallen ❶ *tegelijk gebeuren* zusammenfallen ❷ *één worden* zusammenfallen
samenvatten zusammenfassen
samenvatting Zusammenfassung *v*
samenvloeien zusammenfließen
samenvoegen zusammenfügen, ⟨grond / gemeenten⟩ zusammenlegen
samenwerken zusammenarbeiten, sich zusammentun
samenwerking Zusammenarbeit *v*, Zusammenwirken *o* ★ *in ~ met* in Zusammenarbeit mit
samenwerkingsverband ≈ Arbeitsgemeinschaft *v*, ⟨afspraak over samenwerking⟩ Vereinbarung *v* über Zusammenarbeit
samenwerkingsverdrag Kooperationsvertrag *m*, Kooperationsabkommen *o*
samenwonen zusammenleben ★ *gaan ~* zusammenziehen
samenzang Gemeindegesang *m*
samenzijn Zusammensein *o*, Beisammensein *o* ★ *een gezellig ~* ein gemütliches Beisammensein
samenzweerder Verschwörer *m*, Verschworene(r) *m*
samenzweren sich verschwören
samenzwering Verschwörung *v*
samenzweringstheorie Verschwörungstheorie *v*
Samoa Samoa *o*
samoerai Samurai *m*
sample Sample *o*, Muster *o*, Probe *v*

samplen samplen
sampler muz Sampler *m*
samsam ▼ *~ doen* halbe-halbe machen
sanatorium Sanatorium *o*, Heilanstalt *v*
sanctie Sanktion *v*
sanctioneren *goedkeuren* sanktionieren, genehmigen
sandaal Sandale *v*
sandelhout Sandelholz *o*
sandwich ❶ cul *dubbele, belegde boterham* Sandwich *o* ❷ BN cul *zoet, zacht broodje* süße(s) Brötchen *o*
saneren sanieren ★ *een bedrijf ~* eine Firma sanieren ★ *een terrein ~* ein Gebiet sanieren
sanering Sanierung *v*
San Francisco San Francisco *o*
sanitair I *zn* [het] Sanitäranlagen *mv*, Sanitäreinrichtungen *mv* II *bnw* Sanitär-, sanitär ★ *~e artikelen* sanitäre(n) Artikel
sanitatie Wasser *o* und Abwasser *o*
San Marinees I *bnw* san-marinesisch II *zn* [de] San-Marinese *m*
San Marinese San-Marinesin *v*
San Marino San Marino *o*
sanseveria Sansevieria *v*
Sanskriet Sanskrit *o*
sant ▼ BN *niemand is sant in eigen land* der Prophet gilt nichts in seinem Vaterland
santé prost!, zum Wohl!
santenkraam ▼ *de hele ~* der ganze Kram
Saoedi-Arabië Saudi-Arabien *o*
Saoedisch *m.b.t. Saoedi-Arabië* saudisch
sap plantk cul Saft *m*
sapcentrifuge Entsafter *m*
sapje Saft *m*
sappelen schuften, hart arbeiten, sich abrackern
sappig ❶ *vol sap* saftig ❷ fig *smeuïg* ≈ unterhaltsam
Saraceen Sarazene *m*
Sarajevo Sarajevo
sarcasme Sarkasmus *m*
sarcast sarkastische(r) Mensch *m*
sarcastisch sarkastisch
sarcofaag Sarkophag *m*
Sardijns sardisch
sardine Sardine *v*
Sardinië Sardinien *o*
sardonisch I *bnw* sardonisch ★ *een ~ lachje* ein sardonisches Lachen II *bijw* sardonisch
sarong Sarong *m*
sarren quälen, reizen
sas ▼ *in zijn sas zijn* guter Dinge sein, gut aufgelegt sein
Satan rel Satan *m*, Teufel *m*
satanisch satanisch, teuflisch
saté Saté *o*
satelliet ❶ *hemellichaam* Satellit *m*, Nebenplanet *m* ❷ *kunstmaan* Satellit *m*
satellietfoto Satellitenfoto *o*, Satellitenbild *o*
satellietstaat Satellitenstaat *m*
satellietverbinding Satellitenverbindung *v*
sater Satyr *m*
satéstokje Satéspießchen *o*
satijn Satin *m*
satire Satire *v*
satirisch satirisch
Saturnus Saturn(us) *m*
saucijs Wurst *v*, Würstchen *o*
saucijzenbroodje cul Wurstbrötchen *o*
sauna Sauna *v*
saus cul Soße *v*, Sauce *v*
sausen tünchen
sauteren sautieren
savanne Savanne *v*
saven comp speichern
savooiekool Wirsing *m*
saxofonist Saxofonist *m*
saxofoon, inform **sax** Saxofon *o*
S-bocht S-Kurve *v*
scala Skala *v*
scalp Skalp *m*
scalpel Skalpell *o*
scalperen skalpieren
scampi cul Scampi *mv*
scan Scan *m*
scanderen skandieren
Scandinavië Skandinavien *o*
Scandinaviër Skandinavier *m*
Scandinavisch skandinavisch
Scandinavische Skandinavierin *v*
scannen abtasten, ⟨met röntgenstraling⟩ mit einem Röntgenscanner untersuchen, ⟨met geluidsgolven⟩ eine Ultraschallaufnahme machen
scanner Scanner *m*, ⟨radarantenne⟩ Abtastvorrichtung *v*
scarabee Skarabäus *m*
scartaansluiting Scart-Anschluss *m*
scenario ❶ audio-vis media *draaiboek* Szenario *o*, Szenarium *o* ❷ *plan* Szenario *o*, Szenarium *o*
scenarioschrijver Drehbuchautor *m*
scene *sociale groep* Szene *v*
scène ton *tafereel* Szene *v*
scepsis Skepsis *v*
scepter Zepter *o* ▼ *de ~ zwaaien* das Zepter schwingen
scepticisme Skeptizismus *m*
scepticus Skeptiker *m*
sceptisch skeptisch
schaaf *gereedschap* Hobel *m*, Hobel *m*
schaafsel Schabsel *o*
schaafwond Hautabschürfung *v*, Schürfwunde *v*
schaak I *zn* [het] Schach *o* II *bijw* im Schach ★ *~ zetten* Schach bieten III *tw* Schach!
schaakbord Schachbrett *o*
schaakcomputer Schachcomputer *m*
schaakklok Schachuhr *v*
schaakmat schachmatt
schaakspel ❶ *spel* Schachspiel *o* ❷ *bord met stukken* Schachspiel *o*
schaakstuk Schachfigur *v*
schaaktoernooi Schachturnier *o*
schaal ❶ *schotel* Schale *v*, Schüssel *v* ❷ *omhulsel* Schale *v*, ⟨van peulvrucht⟩ Hülse *v*, ⟨van peulvrucht⟩ Schote *v* ❸ *schaalverdeling* Skala *v* ❹ *grootteverhouding* Maßstab *m* ★ *op een ~ van 1 op 100* im Maßstab 1:100 ★ *op grote ~* in großem Umfang ★ *op ~ tekenen* maßstabsgetreu zeichnen ❺ *weegtoestel* Waage *v*
schaaldier Schalentier *o*
schaalmodel maßstabsgerechte(s) Modell *o*
schaalverdeling Skala *v*, ⟨met betrekking tot

sa

graden⟩ Gradeinteilung *v*
schaalvergroting Erweiterung *v* durch Zusammenlegung
schaalverkleining ❶ *verkleining op schaal* maßstab(s)getreue Verkleinerung *v* ❷ *kleinschaliger worden* Verkleinerung *v* der Ausmaße
schaambeen Schambein *o*
schaamdeel Geschlechtsteil *m*
schaamhaar Schamhaar *o*
schaamlip Schamlippe *v*
schaamluis Filzlaus *v*
schaamrood lett fig Schamröte *v*
schaamstreek Schamgegend *v*
schaamte Scham *v*
schaamtegevoel Schamgefühl *o*
schaamteloos schamlos
schaap ❶ *dier* Schaf *o* ★ *een kudde schapen* eine Schafherde ❷ fig *persoon* Schaf *o* ★ *mak ~* fromme(s) Schaf ★ *onnozel ~* Einfaltspinsel *m* ★ *het zwarte ~* das schwarze Schaf ▼ *~ met vijf poten* eierlegende Wollmilchsau *v* ▼ *zijn ~jes op het droge hebben* seine Schäfchen im Trockenen haben
schaapachtig I *bnw* dämlich, blöde II *bijw* ★ *~ lachen* blöd lachen
schaapherder Schäfer *m*
schaapskooi Schafstall *m*
schaar ❶ *om te knippen* Schere *v* ★ *de ~ in iets zetten* in etw. hineinschneiden ❷ *van kreeft, krab* Schere *v* ❸ *ploegschaar* Schar *v*
schaarbeweging ❶ *beweging als van schaar* scherenartige Bewegung *v*, techn Kulissensteuerung *v* ❷ sport *schijnbeweging* ⟨hoogspringen⟩ Scherensprung *m*, ⟨voetbal⟩ Scherenschlag *m*
schaars I *bnw* karg, spärlich, knapp ★ *zijn ~e vrije tijd* seine knapp bemessene Freizeit II *bijw* spärlich
schaarste Knappheit *v*, Spärlichkeit *v*
schaats Schlittschuh *m*
schaatsbaan Schlittschuhbahn *v*, Eislaufbahn *v*
schaatsen Schlittschuh laufen, eislaufen
schaatser Schlittschuhläufer *m*
schaatswedstrijd Schlittschuhrennen *o*
schacht ❶ *steel* Schaft *m*, ⟨veer, pen⟩ Kiel *m* ❷ *koker* Schacht *m* ❸ *beenstuk van laars* Schaft *m* ❹ BN onderw *eerstejaars* Erstsemester *o*
schade ❶ *beschadiging* Schaden *m* ★ *materiële ~*, BN *stoffelijke ~* Sachschaden *m* ★ *de ~ beperken* den Schaden begrenzen ★ *de ~ opnemen* den Schaden abschätzen, den Schaden aufnehmen ★ *iem. de ~ vergoeden* jmdn. (für etw.) entschädigen ❷ *nadeel* Schaden *m* ★ *~ berokkenen / toebrengen aan* schaden [+3], Versäumtes nachholen
schadeclaim Schadenersatzforderung *v* ★ *een ~ indienen* Schadenersatz fordern
schade-expert Schadensachverständige(r) *m/v*
schadeformulier Schadenersatzformular *o*
schadelijk schädlich, nachteilig ★ *~ voor de gezondheid* gesundheitsschädlich ★ *~ dier / plant* Schädling *m*
schadeloos unbeschädigt, unversehrt
schadeloosstellen entschädigen
schadeloosstelling Entschädigung *v*, Schadenersatz *m*
schaden schaden [+3], schädigen [+4] ★ *iem. in zijn belangen ~* jmds. Interessen schädigen
schadeplichtig schadenersatzpflichtig
schadepost Verlustposten *m*
schaderapport Schadensbericht *m*
schadevergoeding Entschädigung *v*, Schadenersatz *m* ★ *een eis tot ~ indienen* auf Schadenersatz klagen
schadeverzekering Schadenversicherung *v*
schadevrij unfallfrei ★ *~ autorijden* unfallfrei fahren
schaduw *donkerte* Schatten *m* ▼ *niet in de ~ kunnen staan van iem.* jemandem nicht das Wasser reichen können
schaduwbeeld ❶ *silhouet* Schattenbild *o* ❷ *schaduw* Schatten *m*
schaduwen ❶ *volgen* beschatten ❷ *schaduw aanbrengen* schattieren
schaduwrijk schattig, schattenreich
schaduwzijde *zijde zonder licht* Schattenseite *v*
schaft Arbeitspause *v*
schaften Pause machen, ⟨eten⟩ essen ★ *wat is er te ~?* inform was gibt's zu mampfen?
schafttijd Arbeitspause *v*, Mittagspause *v*
schakel ❶ lett Glied *o* ❷ fig *verbindend onderdeel* Bindeglied *o*
schakelaar Schalter *m*
schakelarmband Gliederarmband *o*
schakelbord Schalttafel *v*, Schaltbrett *o*
schakelen I *ov ww, tot keten maken* verknüpfen, verbinden, ⟨elektriciteit⟩ schalten II *on ww, in versnelling zetten* schalten
schakeling *wijze van schakelen* Schaltung *v*
schakelkast Schaltschrank *m*
schakelklas onderw Orientierungsstufe *v*
schakelklok Schaltuhr *v*
schakelwoning ≈ Wohnung *v*, die teilweise an andere Wohnungen angebaut ist
schaken I *on ww, schaak spelen* Schach spielen II *ov ww, ontvoeren* entführen
schaker ❶ *schaakspeler* Schachspieler *m* ❷ *ontvoerder* Entführer *m*
schakeren ❶ *kleuren schikken* tönen, schattieren ❷ *afwisselen* abwechseln
schakering ❶ *kleurnuance* Schattierung *v*, Farbton *m* ❷ *verscheidenheid* Schattierung *v*
schaking Entführung *v*
schalks schelmisch
schallen schallen
schamel kärglich, dürftig, ärmlich
schamen [zich ~] sich schämen ★ *zich voor iem. ~* sich vor / für jmdm. schämen ★ *zich over iets ~* sich einer Sache schämen
schampen streifen
schamper verächtlich, abfällig, geringschätzig
schamperen spotten, ⟨sterker⟩ höhnen
schampschot Streifschuss *m*
schandaal Skandal *m*
schandaalblad Skandalblatt *o*
schandaalpers Skandalpresse *v*, Sensationspresse *v*
schandalig unerhört, skandalös
schanddaad Schandtat *v*
schande *oneer* Schande *v* ★ *iem. te ~ maken* jmdm. Schande bringen ★ *~ van iets spreken* über

etw. empört sein ★ *iets te ~ maken* etw. zuschanden / zu Schanden machen
schandelijk schändlich
schandknaap Stricher *m*
schandpaal ▾ *iem. aan de ~ nagelen* jemanden an den Pranger stellen
schandvlek Schandfleck *m*
schans ❶ mil *bolwerk* Schanze *v* ❷ sport *skischans* Schanze *v*
schansspringen Skispringen
schap Schrankfach *o*, Schrankbrett *o*
schapenbout cul Hammelkeule *v*
schapendoes niederländische(r) Schäferhund *m*
schapenfokkerij ❶ *het fokken* Schafzucht *v* ❷ *bedrijf* Schäferei *v*
schapenkaas cul Schafskäse *m*
schapenscheerder Schafscherer *m*
schapenvacht Schaffell *o*, ⟨alleen de wol⟩ Schurwolle *v*
schapenvlees Schaffleisch *o*, ⟨van hamel⟩ Hammelfleisch *o*
schapenwolken Schäfchenwolken *mv*
schappelijk fair ★ *een ~e prijs* ein fairer Preis ★ *een ~e vergoeding* eine angemessene Vergütung
schar Flunder *v*
schare Schar *v*
scharen I *ov ww, groeperen* (ver)sammeln, scharen ★ *zich aan iemands zijde ~* sich auf jmds. Seite stellen ★ *zich in rijen ~* sich in Reihen aufstellen ★ *zich om iets ~* sich um etw. scharen II *on ww, bewegen als een schaar* scheren
scharminkel wandelnde(s) Skelett *o*, ⟨lelijk persoon⟩ Scheusal *o*
scharnier Scharnier *o*
scharnieren sich um ein Scharnier drehen
scharniergewricht Scharniergelenk *o*
scharrel ❶ *het scharrelen* Flirt *m*, Liebschaft *v*, Techtelmechtel *o* ❷ *persoon* Schätzchen *o*, min Flittchen *o*
scharrelaar ❶ *iem. zonder vast beroep* Bastler *m* ❷ *versierder* Schürzenjäger *m*
scharreldier Freilandtier *o*
scharrelei Ei *o* aus Bodenhaltung
scharrelen I *ov ww, bijeenbrengen* ★ *geld bij elkaar ~* geld zusammenkratzen II *on ww* ❶ *vrijblijvend klussen* herumbasteln ❷ *in iets handelen* handeln ★ *in tweedehands auto's ~* mit Gebrauchtwagen handeln ❸ *flirten* ein Techtelmechtel haben
scharrelkip Freilandhuhn *o*
scharrelvarken Freilandschwein *o*, Schwein *o* aus artgerechter Tierhaltung
scharrelvlees Freilandfleisch *o*
schat ❶ *kostbaar bezit* Schatz *m* ❷ *lief persoon* Schatz *m* ❸ *overvloed* Schatz *m*
schatbewaarder BN *penningmeester* Kassenwart *m*, ⟨officieel⟩ Schatzmeister *m*
schateren schallend lachen
schaterlach schallende(s) Gelächter *o*
schaterlachen aus vollem Halse lachen
schatgraven nach einem Schatz graben
schatgraver Schatzgräber *m*, Schatzsucher *m*
schatkamer lett Schatzkammer *v*
schatkist ❶ *staatskas* Staatskasse *v* ❷ *geldkist* Schatzkiste *v*
schatplichtig steuerpflichtig
schatrijk steinreich
schattebout Schätzchen *o*, Liebling *m*
schatten ❶ *taxeren* bewerten, (ab)schätzen ★ *geschatte waarde* Schätzungswert *m* ★ *iets te hoog ~* etw. überbewerten, etw. zu hoch einschätzen ❷ *achten* schätzen
schattig niedlich, süß
schatting ❶ *taxatie* Schätzung *v*, ⟨van waarde⟩ Wertschätzung *v*, ⟨inschatting⟩ Einschätzung *v* ★ *naar ~* schätzungsweise ❷ *belasting* Tribut *m*
schaven I *ov ww* ❶ *verwonden* (auf)schürfen ❷ *glad maken* hobeln II *on ww, verfijnen* feilen ★ *aan hem valt nog wel wat te ~* er ist noch ziemlich ungehobelt
schavot Schafott *o*
schavuit Schurke *m*, Schuft *m*, Halunke *m*
schede ❶ *omhulsel* Scheide *v* ❷ *vagina* Scheide *v*
schedel ❶ *hersenpan* Schädel *m* ❷ *doodshoofd* Schädel *m*
schedelbasisfractuur Schädelbasisbruch *m*
schedelbeen Schädelknochen *m*
scheden uit [verl. td.] → **uitscheiden**
scheed uit [verl. td.] → **uitscheiden**
scheef I *bnw* ❶ *niet recht* schief ❷ *verkeerd* schief II *bijw, niet recht* ★ *~ zitten* schief sitzen
scheefgroeien schief wachsen
scheefhangen schief hängen
scheeflopen fig schiefgehen, schieflaufen
scheefslaan BN *stelen* stehlen
scheefstaan schief stehen ★ *de tafel staat scheef* der Tisch steht schief
scheeftrekken lett schief ziehen, verzerren
scheel schielend ★ *een ~ oog* ein schielendes Auge
scheelzien schielen ▾ *~ van de honger* fast umfallen vor Hunger
scheen I *zn* [de] Schienbein *o* II *ww* [verl. td.] → **schijnen**
scheenbeen Schienbein *o*
scheenbeschermer Schienbeinschützer *m*
scheep ▾ lett *~ gaan* sich einschiffen, an Bord gehen ▾ fig BN *~ gaan met iem.* sich mit jemandem einlassen
scheepsarts Schiffsarzt *m*
scheepsbeschuit Schiffszwieback *m*
scheepsbouw Schiffbau *m*
scheepsbouwindustrie Schifffahrtsindustrie *v*
scheepshelling Helling *v*
scheepshuid Schiffshaut *v*
scheepshut Kabine *v*
scheepsjongen Schiffsjunge *m*
scheepsjournaal Schiffstagebuch *o*
scheepslading Schiffsladung *v*
scheepsramp Schiffskatastrophe *v*
scheepsrecht ▾ *driemaal is ~* aller guten Dinge sind drei
scheepsruim Schiffsraum *m*
scheepswerf Schiffswerft *v*, Werft *v*
scheepvaart Schifffahrt *v*
scheepvaartbericht Schiffsmeldung *v*, Schiffsnachricht *v*
scheepvaartroute Schifffahrtsstraße *v*, Schifffahrtsweg *m*, Schifffahrtsroute *v*
scheepvaartverkeer Schiffsverkehr *m*
scheerapparaat Rasierapparat *m*, ⟨elektrisch⟩

Elektrorasierer *m*
scheercrème Rasierschaum *m*
scheerde [verl. td.] → **scheren**
scheerden [verl. td.] → **scheren**
scheerkop Scherkopf *m*
scheerkwast Rasierpinsel *m*
scheerlijn Spannleine *v*, ⟨tussen schip en wal⟩ Trosse *v*
scheermes Rasiermesser *o*
scheermesje Rasierklinge *v*
scheerschuim Rasierschaum *m*
scheerspiegel Rasierspiegel *m*
scheerwol Schurwolle *v*
scheerzeep Rasierseife *v*
scheet I *zn* [de], *wind* Furz *m* **II** *ww* [verl. td.] → **schijten**
scheidbaar I *bnw* trennbar **II** *bijw* trennbar
scheidde [verl. td.] → **scheiden**
scheidden [verl. td.] → **scheiden**
scheidden uit [verl. td.] → **uitscheiden**
scheidde uit [verl. td.] → **uitscheiden**
scheiden I *ov ww, eenheid verbreken* scheiden, trennen ★ *een boedel ~* die Güter trennen ★ *tot de dood ons scheidt* bis dass der Tod uns scheidet ★ *het hoofd van de romp ~* den Kopf vom Rumpf trennen ★ *man en vrouw zijn door de rechtbank ge~* Mann und Frau sind rechtskräftig geschieden ★ *ge~ slapen* getrennt schlafen **II** *on ww* ❶ *uiteengaan* sich trennen ★ *hier ~ onze wegen* hier trennen sich / scheiden sich unsere Wege ★ *~ doet lijden* scheiden tut weh ❷ *weggaan* scheiden ❸ *huwelijk ontbinden* sich scheiden lassen ★ *zij gaan ~* sie lassen sich scheiden ★ *hij wil ~* er will sich scheiden lassen ★ *ge~ zijn* geschieden sein ★ *ze zijn kort geleden ge~* sie haben sich vor kurzem scheiden lassen ★ *ze zijn al drie jaar ge~* sie sind schon drei Jahre geschieden ★ *ge~ van tafel en bed* geschieden von Tisch und Bett ★ *zij wil zich laten ~ van haar man* sie will sich von ihrem Mann scheiden lassen
scheiding ❶ *splitsing* Trennung *v* ★ *de ~ van de macht* die Gewaltenteilung ★ *~ van kerk en staat* die Trennung von Kirche und Staat ❷ *grens* Grenze *v* ❸ *lijn in haar* Scheitel *m* ❹ *echtscheiding* Scheidung *v* ★ *in ~ liggen* in Scheidung leben
scheidslijn Trennlinie *v*
scheidsmuur ❶ lett Trennwand *v* ❷ fig Barriere *v*
scheidsrechter sport Schiedsrichter *m*
scheikunde Chemie *v*
scheikundeles onderw Chemiestunde *v*
scheikundig chemisch ★ *~ ingenieur* Chemieingenieur *m*
schel I *bnw, hard en fel* ⟨geluid⟩ schrill, ⟨licht, kleuren⟩ grell **II** *zn* [de] ▾ *de ~len vielen hem van de ogen* es fiel ihm wie Schuppen von den Augen
Schelde Schelde *v*
schelden schimpfen, schelten ★ *op iem. ~* auf jmdn. schimpfen
scheldkanonnade Schimpfkanonade *v*
scheldnaam Schimpfname *m*
scheldpartij Schimpferei *v*
scheldwoord Schimpfwort *o*
schelen ❶ *onderling verschillen* sich unterscheiden, verschieden sein ★ *ze ~ drie jaar* sie sind drei Jahre auseinander ★ *zij ~ niet veel in leeftijd* sie sind fast gleich alt ❷ *uitmaken* kümmern ★ *wat kan mij dat ~?* was kümmert mich das? ★ *dat kan me geen zier ~* das ist mir völlig egal / schnuppe ★ *het scheelde niet veel of hij was verdronken* es fehlte nicht viel, und er wäre ertrunken ❸ *mankeren* fehlen ★ *wat scheelt eraan?* was ist los?
schelm ❶ *deugniet* Schlingel *m*, Schelm *m* ❷ *schurk* Schuft *m*, Halunke *m*
schelp *schaal van weekdier* Muschel *v* ▾ BN *in zijn ~ kruipen* sich in sein Schneckenhaus zurückziehen ▾ BN *uit zijn ~ komen* aus dem Schneckenhaus herauskommen
schelpdier Schalentier *o*
schelvis Schellfisch *m*
schema ❶ *tijdsplanning* Plan *m* ❷ *tekening* Schema *o*
schematisch schematisch
schemer ⟨overgang tussen licht en donker⟩ Dämmerung *v*, ⟨halfduister⟩ Halbdunkel *o*
schemerdonker I *zn* [het] Halbdunkel *o*, Dämmerlicht *o* **II** *bnw* dämmrig
schemerduister Zwielicht *o*, Dämmerung *v*, Halbdunkel *o*
schemeren ❶ *in de schemer zitten* dämmern ❷ *vaag te zien zijn* ★ *het schemert me voor de ogen* es flimmert mir vor den Augen
schemerig ❶ *halfduister* dämmrig ❷ *vaag* undeutlich, verschwommen
schemering *schemer* Dämmerung *v*, Zwielicht *o*
schemerlamp Schirmlampe *v*
schemertoestand Dämmerzustand *m*
schenden ❶ *beschadigen* beschädigen ★ *een geschonden exemplaar* ein beschädigtes Exemplar ❷ *onteren* schänden ❸ *overtreden* verletzen, brechen
schending Schändung *v*, Verletzung *v*, Bruch *m/o* ★ *~ van de wapenstilstand* Waffenstillstandsverletzung ★ *~ van vertrouwen* Vertrauensbruch
schenen [verl. td.] → **schijnen**
schenkel ❶ *been van dier* Schenkel *m* ❷ *been van mens* Schenkel *m*
schenken ❶ *verlenen* schenken ❷ *besparen* schenken ❸ *gieten* (ein)gießen, einschenken, ⟨serveren⟩ ausschenken
schenking Schenkung *v*, ⟨liefdadigheid⟩ Spende *v*, ⟨geschenk⟩ Geschenk *o* ★ BN *~ onder levenden* Schenkung zu Lebzeiten
schenkingsrecht jur Schenkungssteuer *v*
schennis *schending* Schändung *v* ★ *~ plegen* schänden
schep ❶ *gereedschap* Schaufel *v* ❷ *een schep vol* Löffel *m* ★ *een ~ zout* ein Löffel Salz ★ *er nog een ~je bovenop doen* ein Schippchen drauflegen, einen Zahn zulegen
schepen BN *wethouder* ≈ Stadtrat *m*, ≈ Beigeordnete(r) *m*
schepencollege BN Magistrat *m*, Stadtrat *m*
scheper BN Schäferhund *m*
schepijs ≈ Speiseeis *o*
schepnet Käscher *m*
scheppen ❶ *opscheppen* ★ *door een auto geschept worden* von einem Auto umgefahren werden ❷ *putten* schöpfen ★ *moed ~* Mut schöpfen

SC

❸ *creëren* (er)schaffen ★ *~d* schöpferisch ★ *geschapen zijn voor* wie geschaffen sein für
schepper Schöpfer *m*
schepping Schöpfung *v*
scheppingsverhaal Schöpfungsgeschichte *v*
scheprad Schaufelrad *o*
schepsel Geschöpf *o*
schepte [verl. td.] → **scheppen**
schepten [verl. td.] → **scheppen**
scheren I *ov ww* rasieren, scheren ★ *zich ~* sich rasieren **II** *on ww* streifen ★ *door de lucht ~* durch die Luft schießen
scherf Scherbe *v*, ⟨van bom⟩ Splitter *m*
schering Kette *v*, Aufschlag *m* ▼ *dat is ~ en inslag* das ist gang und gäbe
scherm ❶ *afscheiding* Schirm *m*, ⟨toneelgordijn⟩ Vorhang *m* ★ *een kijkje achter de ~en nemen* einen Blick hinter die Kulissen werfen ❷ *beeldscherm* Bildschirm *m*, ⟨projectiescherm⟩ Leinwand *v*
schermen ❶ sport fechten ★ *het ~ op de sabel* das Säbelfechten ❷ *proberen te dreigen* herumfuchteln ★ *~ met maatregelen* mit Maßnahmen drohen ★ *~ met woorden* große Worte machen
schermkunst Fechtkunst *v*
schermles Fechtstunde *v*
schermutseling *klein gevecht* Scharmützel *o*
scherp I *bnw* ❶ *puntig* scharf ❷ *hoekig* scharf ★ *~e hoek* wisk spitze(r) Winkel *m* ❸ *vinnig* scharf ❹ *scherpzinnig* scharf ❺ *streng* scharf ❻ *duidelijk uitkomend* scharf ❼ *bijtend* ⟨smaak, geur⟩ scharf, ⟨wind, kou⟩ eisig, ⟨licht⟩ grell, ⟨geluid⟩ schrill ★ *~e wind* schneidende(r) Wind *m* ❽ *weinig marge latend* scharf **II** *zn* [het] ❶ *scherpe kant* Schneide *v* ★ *op het ~ van de snede* hart auf hart ❷ *munitie* scharfe Munition *v* ★ *met ~ schieten* scharf schießen
scherpen lett *scherper maken* schärfen, (an)spitzen
scherpomlijnd scharf umrissen
scherprechter Scharfrichter *m*
scherpschutter Scharfschütze *m*
scherpslijper Haarspalter *m*
scherpte ❶ *puntigheid* Schärfe *v* ❷ *duidelijkheid* Schärfe *v* ❸ *fijn onderscheidingsvermogen* Schärfe *v* ❹ *bitsheid* Schärfe *v* ❺ *strengheid* Schärfe *v*
scherpzinnig scharfsinnig
scherts Scherz *m*, Spaß *m*
schertsen scherzen, spaßen
schertsend scherzhaft, scherzend
schertsfiguur Witzfigur *v*
schertsvertoning Theater *o*
scheten [verl. td.] → **schijten**
schets ❶ *tekening* Skizze *v* ❷ *kort verhaal* Abriss *m*
schetsblok Notizblock *m*
schetsboek Skizzenbuch *o*
schetsen ❶ *tekenen* skizzieren, umreißen ❷ *beschrijven* beschreiben
schetsmatig skizzenhaft ★ *iets ~ uitbeelden* etw. in groben Zügen darstellen
schetteren schmettern, plärren, schrill tönen ★ *de radio schettert* das Radio plärrt
scheur ❶ *spleet* Sprung *m*, Riss *m* ❷ *mond* Klappe *v*
scheurbuik Skorbut *m*
scheuren I *ov ww, scheuren maken* reißen, ⟨van papier⟩ zerreißen ★ *iets in stukken ~* etw. in Stücke reißen **II** *on ww* ❶ *een scheur krijgen* reißen ★ *de muur begint te ~* die Mauer bekommt Risse ❷ *hard rijden* rasen
scheuring *splitsing* Spaltung *v*, ⟨schisma⟩ Schisma *o*
scheurkalender Abreißkalender *m*
scheut ❶ *hoeveelheid vloeistof* Schuss *m* ❷ *steek* Stich *m* ❸ *nieuw takje* Schössling *m*, Trieb *m*, Spross *m*
scheutig freigebig, großzügig ▼ BN *niet ~ zijn op* nicht scharf sein auf [+4]
schicht *bliksemflits* Blitzstrahl *m*, Blitz *m*
schichtig scheu, schreckhaft
schielijk *snel* hastig ★ *~ eten* hastig essen
schiep [verl. td.] → **scheppen**
schiepen [verl. td.] → **scheppen**
schiereiland Halbinsel *v*
schietbaan Schießstand *m*, Schießplatz *m*
schieten I *ov ww* ❶ *doden of verwonden* schießen ★ *iem. overhoop ~* jmdn. über den Haufen schießen ★ *iem. wel kunnen ~* jmdn. auf den Mond schießen können ❷ *in een richting doen gaan* schießen ★ *zijn ogen schoten vuur* seine Augen funkelten vor Wut ❸ plantk *uitlopen* sprießen lassen ★ *wortel ~* Wurzeln schlagen **II** *on ww* ❶ *vuren* schießen (**op** auf) [+4] ❷ *snel bewegen* schießen, fahren ★ *in de kleren ~* in die Kleider fahren ★ *het mes schiet me uit de hand* das Messer fällt mir aus der Hand ★ fig *iets laten ~* etw. fahren lassen ❸ *snel groeien* schießen ❹ *plotseling opkomen* ★ *te binnen ~* einfallen ★ *het schiet me weer te binnen* es fällt mir wieder ein
schietgat Schießscharte *v*
schietgebed Stoßgebet *o*
schietgraag schießfreudig
schietlood Lot *o*, Senkblei *o*
schietpartij Schießerei *v*
schietschijf Schießscheibe *v*
schietstoel Schleudersitz *m*
schiettent Schießbude *v*
schiften I *ov ww, van elkaar scheiden* (aus)sortieren, trennen **II** *on ww, klonteren* ⟨melk⟩ gerinnen, ⟨verf⟩ klumpen
schifting ❶ *selectie* Sortierung *v*, Auslese *v* ❷ *het klonteren* Gerinnung *v*, ⟨verf⟩ Flockung *v*
schijf ❶ *platrond voorwerp* Scheibe *v*, ⟨damschijf⟩ Damestein *m* ❷ comp ★ *de harde ~* die Festplatte *v* ❸ *belastingschijf* Progressionsstufe *v*
schijfrem Scheibenbremse *v*
schijn ❶ *(valse) indruk* Schein *m* ★ *de ~ aannemen* sich den Schein geben ★ *voor de ~* zum Schein ★ *in ~* scheinbar ★ *~ bedriegt* der Schein trügt ❷ *waarschijnlijkheid* ★ *naar alle ~* allem Anschein nach
schijnaanval mil Scheinangriff *m*
schijnbaar I *bnw, niet werkelijk* scheinbar **II** *bijw, blijkbaar* anscheinend
schijnbeweging Täuschungsmanöver *o*, mil Scheinmanöver *o*
schijndood I *zn* [de] Scheintod *m* **II** *bnw* scheintot
schijnen ❶ *stralen* strahlen ❷ *lijken* scheinen ★ *naar het schijnt* anscheinend ★ *hij schijnt een*

SC

goede arts te zijn er scheint ein guter Arzt zu sein
schijngestalte Mondphase *v*, Phase *v*
schijnheilig scheinheilig
schijnhuwelijk Scheinehe *v*
schijnproces Scheinprozess *m*
schijnsel Lichtschein *m*, Schein *m*
schijntje Kleinigkeit *v*, Wenigkeit *v* ★ *voor een ~* spottbillig ★ *geen ~ eergevoel* kein Schimmer von Ehrgefühl
schijnvertoning Ablenkungsversuch *m* ★ *het is maar een ~* es ist nur Theater
schijnwerper Scheinwerfer *m*
schijnzwanger scheinschwanger
schijt Scheiße *v* ★ *aan de ~ zijn* Dünnschiss haben ▼ inform *ik heb er ~ aan* das ist mir scheißegal
schijten scheißen
schijterig form ängstlich ★ *~ zijn* Schiss haben
schijthuis ❶ *toiletgebouw* Scheißhaus *o* ❷ *lafaard* Hosenscheißer *m*
schijtlijster Hosenscheißer *m*, form Angsthase *m*
schijtluis Hosenscheißer *m*
schik ❶ *tevredenheid* Vergnügen *o* ★ *in zijn ~ zijn* guter Dinge sein, gut gelaunt sein ❷ *plezier* Spaß *m* ★ *~ hebben in* seine Freude haben an [+3]
schikgodin Schicksalsgöttin *v*
schikken I *ov ww* ❶ *goed plaatsen* ordnen ❷ *regelen* einrichten, regeln **II** *on ww, gelegen komen* gelegen kommen, passen ★ *dat zal wel ~* das wird schon gehen **III** *wkd ww* [**zich ~**] *zich niet verzetten* sich fügen [+3] ★ *zich ~ naar iem.* sich nach jmdm. richten ★ *zich in zijn lot ~* sich in sein Schicksal ergeben
schikking ❶ *ordening* Ordnung *v*, Anordnung *v* ❷ *overeenkomst* Einigung *v*, Abkommen *o*, Vergleich *m* ★ *in een ~ treden* einen Vergleich eingehen
schil Schale *v*, ⟨takken⟩ Rinde *v*, ⟨korst van een grondsoort⟩ Lage *v*, ⟨erwten, bonen⟩ Hülse *v* ★ *in de ~ gekookte aardappels* Pellkartoffeln
schild ❶ mil *beschermingsplaat* Schild *m* ★ *iets in zijn ~ voeren* etw. im Schilde führen ❷ dierk *dekschild* Panzer *m*
schilder ❶ *huisschilder* Anstreicher *m*, Maler *m* ❷ *kunstschilder* Maler *m*
schilderachtig ❶ *pittoresk* malerisch ❷ *beeldend* bildhaft, anschaulich
schilderen ❶ *met verf bestrijken* (an)streichen ❷ *in verf afbeelden* malen ❸ *beeldend beschrijven* schildern
schilderij Bild *o*, Gemälde *o*
schildering ❶ *schilderij* Gemälde *o*, Malerei *v* ❷ *beschrijving* Schilderung *v*, Darstellung *v*
schilderkunst Malerei *v*
schildersbedrijf ❶ *vak* Malerhandwerk *o* ❷ *bedrijf* Malerbetrieb *m*
schildersezel Staffelei *v*
schildertechniek Maltechnik *v*
schilderwerk ❶ *het geschilderde* Malerei *v* ❷ *te schilderen werk* Malerarbeit *v* ❸ *de aangebrachte verf* Anstrich *m*
schildklier Schilddrüse *v*
schildknaap Schildknappe *m*
schildpad Schildkröte *v*
schildwacht Schildwache *v*, Posten *m*
schilfer Splitter *m*, ⟨huid⟩ Schuppe *v*, ⟨kalk⟩ Abschilferung *v*
schilferen ⟨huid⟩ (sich) schuppen, ⟨muur⟩ abblättern, ⟨gesteente⟩ sich schiefern
schilferig schilfernd, ⟨huid⟩ schuppig
schillen *van schil ontdoen* schälen
schilmesje Schälmesser *o*
schim ❶ *schaduwbeeld* Schattenbild *o* ❷ *vage gedaante* Schatten *m* ❸ *geest* Geist *m*
schimmel ❶ *paard* Schimmel *m* ❷ *zwam* Schimmel *m* ❸ *uitslag* Schimmel *m*
schimmelen (ver)schimmeln, schimmelig werden
schimmelig ❶ *beschimmeld* schimm(e)lig ❷ *schimmelachtig* schimm(e)lig
schimmelinfectie Pilzinfektion *v*
schimmelkaas cul Schimmelkäse *m*
schimmelvorming Schimmelbildung *v*, Pilzbildung *v*
schimmenrijk Schattenreich *o*
schimmenspel Schattenspiel *o*
schimmig schemenhaft
schimp Schimpf *m*, Schmach *v*
schimpen schimpfen, schmähen
schimpscheut Stichelei *v*, Seitenhieb *m*
schip ❶ *vaartuig* Schiff *o* ❷ *beuk van kerk* Schiff *o* ▼ *zijn schepen achter zich verbranden* alle Brücken hinter sich abbrechen ▼ *schoon ~ maken* reinen Tisch machen
schipbreuk Schiffbruch *m* ★ *~ lijden* Schiffbruch erleiden, scheitern an [+3]
schipbreukeling Schiffbrüchige(r) *m*
schipper Schiffer *m*
schipperen *compromissen doen* taktieren, lavieren ★ *altijd willen ~* immer Kompromisse suchen, sich immer durchlavieren
schipperstrui Troyer *m*, Seemannspullover *m*
schisma Schisma *o*
schitteren ❶ *fel schijnen* aufleuchten, glänzen, strahlen, leuchten ★ *de sneeuw schittert in de zon* der Schnee glitzert in der Sonne ❷ *uitblinken* glänzen
schitterend ❶ *glinsterend* glänzend ❷ *prachtig* prächtig ★ *een ~e dag* ein herrlicher Tag ★ *een ~ idee* eine blendende Idee
schittering ❶ *het schitteren* Glänzen *o*, Glitzern *o* ❷ *pracht* Glanz *m*
schizofreen I *zn* [de] Schizophrene(r) *m* **II** *bnw* schizophren
schizofrenie Schizophrenie *v*
schlager Schlager *m*
schlemiel *pechvogel* Schlemihl *m*
schmink Schminke *v*
schminken schminken
schnabbel Nebenverdienst *m*
schnabbelen nebenher arbeiten
schnitzel Schnitzel *o*
schoeien ❶ *van schoeisel voorzien* beschuhen ❷ *beschoeien* bekleiden, befestigen
schoeisel Schuhwerk *o*
schoen *schoeisel* Schuh *m* ★ *lage ~* Halbschuh ▼ *ik zou niet graag in zijn ~en staan* ich möchte nicht in seiner Haut stecken ▼ BN *recht in zijn ~en staan* standhaft bleiben, standhalten ▼ *stevig in zijn ~en staan* sich seiner Sache gewiss sein ▼ BN *in nauwe ~tjes zitten* im Schlamassel sitzen ▼ *naast zijn ~en lopen* sehr eingebildet sein ▼ *de stoute ~en aantrekken* sich ein Herz fassen ▼ *daar*

wringt de ~ da drückt der Schuh ▾ *weten waar hem de ~ wringt* wissen, wo der Schuh drückt ▾ *wie de ~ past, trekke hem aan* wen's juckt, der kratze sich
schoenborstel Schuhbürste *v*
schoencrème Schuhcreme *v*
schoenendoos Schuhkarton *m*
schoenenwinkel Schuhladen *m*
schoener Schoner *m*
schoenlepel Schuhanzieher *m*
schoenmaat Schuhgröße *v*
schoenmaker Schuster *m*, Schuhmacher *m* ▾ *~, blijf bij je leest* Schuster, bleib bei deinem Leisten
schoenpoetser Schuhputzer *m*
schoensmeer Schuhcreme *v*
schoenveter Schnürsenkel *m*
schoenzool Schuhsohle *v*
schoep *schepbord op waterrad* Schaufel *v*
schoffel Gartenhacke *v*
schoffelen ❶ *bewerken met schoffel* hacken, mit der Gartenhacke (be)arbeiten ❷ sport holzen
schofferen *beledigen* grob behandeln
schoffie Rüpel *m*, Rabauke *m*
schoft ❶ *schurk* Schuft *m* ❷ *schouder van dier* Widerrist *m*
schoftenstreek Schurkerei *v*
schofterig gemein, schuftig
schok ❶ *stoot* Stoß *m* ❷ *stroomstoot* Schlag *m* ❸ *emotionele gebeurtenis* Schock *m*, Erschütterung *v* ★ *het was een enorme ~ voor haar* es war ein schwerer Schlag für sie
schokabsorberend stoßdämpfend
schokbestendig stoßfest, stoßsicher
schokbeton Rüttelbeton *m*
schokbreker Stoßdämpfer *m*
schokdemper Stoßdämpfer *m*
schokeffect Schockwirkung *v*
schokgolf Schockwelle *v*
schokken I *ov ww, heftig beroeren* erschüttern **II** *on ww, schudden* schütteln, stoßen
schokkend erschütternd, schockierend
schokschouderen mit den Achseln zucken ★ *~d* achselzuckend
schoksgewijs ruckartig, stoßweise
schol ❶ *vis* Scholle *v* ❷ *ijsschots* Scholle *v* ❸ geol Scholle *v*
schold [verl. td.] → **schelden**
scholden [verl. td.] → **schelden**
scholekster Austernfischer *m*
scholen I *ov ww, opleiden* ausbilden, schulen **II** *on ww, samenscholen* einen Schwarm bilden **III** *ww* [verl. td.] → **schuilen**
scholengemeenschap ≈ Gesamtschule *v*
scholier Schüler *m*
scholing Schulung *v*, Ausbildung *v*
schommel ❶ *speeltuig* Schaukel *v* ❷ *dik mens* Dicke(r) *m*
schommelen ❶ *op een schommel spelen* schaukeln ❷ *heen en weer bewegen* schaukeln ★ *de boot schommelt heen en weer* das Boot schaukelt hin und her ❸ *fluctueren* schwanken
schommeling Schwankung *v*
schommelstoel Schaukelstuhl *m*
schond [verl. td.] → **schenden**
schonden [verl. td.] → **schenden**
schonk [verl. td.] → **schenken**
schonken [verl. td.] → **schenken**
schoof I *zn* [de] Garbe *v* ★ *in schoven binden* zu Garben binden **II** *ww* [verl. td.] → **schuiven**
schooien schnorren, ⟨dringend vragen⟩ betteln
schooier ❶ *zwerver* Penner *m*, Landstreicher *m*, Bettler *m* ★ *arme ~* arme(r) Schlucker *m* ❷ *schoft* Lump *m*, Schuft *m*
school I *zn* [de] ❶ onderw *onderwijsinstelling* Schule *v* ★ *bijzondere ~* konfessionelle Schule ★ *hogere ~* höhere Schule ★ *lagere ~* Grundschule *v* ★ *middelbare ~* weiterführende Schule *v* ★ *openbare ~* öffentliche Schule ★ *particuliere ~* Privatschule *v* ★ BN *sociale ~* ≈ Fachakademie für Sozialpädagogik Schule *v* mit vielen Migrantenkindern, ≈ Brennpunktschule *v* ★ *naar ~ gaan* in die Schule gehen, zur Schule gehen ★ *een kind op ~ doen* ein Kind einschulen ★ *van ~ halen* von der Schule nehmen ★ *er is vandaag geen ~* heute ist keine Schule ★ *~ hebben* Schule haben ★ *op ~* in / auf der Schule ★ *op ~ zitten* in der Schule sein, zur Schule gehen ★ *de ~ verzuimen* die Schule versäumen ★ *de ~ gaat uit* die Schule ist aus ★ *iem. van de oude ~* eine Person der alten Schule ❷ kunst *richting* Schule *v* ★ *hij is een schilder van de Vlaamse ~* er ist ein Maler der flämischen Schule ★ *~ maken* Schule machen ❸ *groep vissen* Schwarm *m*, Zug *m* ★ *een ~ haringen* ein Zug Heringe, ein Heringsschwarm ▾ *uit de ~ klappen* aus der Schule plaudern **II** *ww* [verl. td.] → **schuilen**
schoolagenda onderw Aufgabenheft *o*
schoolarts onderw med Schularzt *m*
schoolbank Schulbank *v* ★ *ik heb met haar in de ~en gezeten* ich habe mit ihr die Schulbank gedrückt
schoolbezoek Schulbesuch *m*, ⟨door inspecteur⟩ Schulinspektion *v*
schoolblijven nachsitzen ★ *iem. laten ~* jmdn. nachsitzen lassen
schoolboek Schulbuch *o*
schoolbord Tafel *v*
schoolbus Schulbus *m*
schooldag Schultag *m*
schooldecaan mit Berufs- und Studienberatung beauftragte(r) Lehrer *m*, Studienberater *m*
schoolengels Schulenglisch *o*
schoolfeest Schulfest *o*
schoolgaand Schul- ★ *~e kinderen* schulpflichtige Kinder ★ *zij heeft ~e kinderen* ihre Kinder gehen zur Schule ★ *de ~e jeugd* die Schuljugend
schoolgeld Schulgeld *o*
schoolhoofd ⟨basisschool⟩ Schulleiter *m*, ⟨middelbare school⟩ Rektor *m*, ⟨vwo-school⟩ Schuldirektor *m*
schooljaar Schuljahr *o* ★ *begin van het ~* Anfang des Schuljahrs ★ *een ~ over doen* ein Schuljahr wiederholen
schooljeugd Schuljugend *v*
schooljuffrouw Lehrerin *v*, ⟨van de basisschool⟩ Grundschullehrerin *v*
schoolkeuze Schulwahl *v*
schoolklas onderw Schulklasse *v*
schoolkrant Schülerzeitung *v*
schoolkrijt Schulkreide *v*
schoollokaal Klassenzimmer *o*
schoolmeester ❶ *leerkracht* Grundschullehrer

m, Lehrer m ❷ schoolmeesterachtig type Schulmeister m ★ de ~ uithangen den Schulmeister spielen, schulmeistern
schoolonderzoek ≈ schuleigene Prüfung v als Teil des Schulabschlusses
schoolplein Schulhof m
schoolpsycholoog Schulpsychologe m
schoolreis Klassenfahrt v
schools ❶ zoals op school schulisch, schulgerecht ❷ fig niet zelfstandig pedantisch, schulmeisterlich
schoolslag sport Brustschwimmen o
schooltas Schultasche v, ⟨op rug gedragen⟩ Schulranzen m
schooltelevisie Schulfernsehen o
schooltijd ❶ lestijd Schulzeiten mv ★ onder ~ während der Schule ★ buiten ~ außerhalb der Schulzeiten ❷ schooljaren Schulzeit v
schooluitval onderw Schulausfall m
schoolvakantie onderw Schulferien mv
schoolvereniging ❶ scholierenvereniging Schülermitverwaltung v ❷ vereniging die school opricht ≈ Trägerverein m einer Schule
schoolverlater onderw Schulabgänger m ★ vroegtijdige ~ Schulabbrecher m
schoolverzuim Schulversäumnis o
schoolvoorbeeld Paradebeispiel o, Musterbeispiel o
schoolziek schulkrank
schoolzwemmen Schulschwimmen o
schoon I bnw ❶ niet vuil sauber ★ schone kleren aantrekken saubere Kleider anziehen, frische Kleider anziehen ★ schone sokken frische Socken ❷ BN mooi schön ❸ netto netto **II** bijw, helemaal ★ ik heb er ~ genoeg van mir reicht's jetzt ★ alles ~ opeten alles fein aufessen **III** zn [het] Schöne o, Schönheit v
schoonbroer BN Schwager m
schoondochter Schwiegertochter v
schoonfamilie Schwiegerfamilie v
schoonheid Schönheit v ▾ BN in ~ eindigen in Würde enden
schoonheidsfout Schönheitsfehler m
schoonheidsideaal Schönheitsideal o
schoonheidskoningin Schönheitskönigin v
schoonheidssalon Kosmetiksalon m
schoonheidsslaapje Nickerchen o, Schlaf m vor Mitternacht
schoonheidsspecialiste Schönheitsspezialistin v
schoonheidsvlekje Schönheitsfleck m
schoonheidswedstrijd Schönheitswettbewerb m
schoonhouden sauber halten
schoonmaak lett Saubermachen o, ⟨in huis⟩ Hausputz m
schoonmaakbedrijf bedrijf Gebäudereinigung v
schoonmaakbeurt keer dat schoongemaakt wordt Saubermachen o
schoonmaakdoek Putztuch o, Putzlappen m
schoonmaakster Reinemachefrau v, Putzfrau v
schoonmaakwoede Putzwut v
schoonmaken ❶ reinigen reinigen, putzen, sauber machen ❷ cul het niet-eetbare wegnemen ⟨groente⟩ putzen, ⟨vis⟩ ausnehmen
schoonmaker Reiniger m
schoonmoeder Schwiegermutter v
schoonouders Schwiegereltern mv
schoonrijden Eiskunstlauf m, Eiskunstlaufen o
schoonschrift Schönschrift v
schoonschrijven schönschreiben
schoonspringen Kunstspringen o
schoonvader Schwiegervater m
schoonzoon Schwiegersohn m
schoonzuster, inform **schoonzus** Schwägerin v
schoor [verl. td.] → **scheren**
schoorsteen Schornstein, ⟨van fabriek / boot⟩ Schlot m
schoorsteenmantel Schornsteinmantel m, ⟨bovenblad⟩ Kaminsims m, Kamin m
schoorsteenveger Schornsteinfeger m
schoorvoetend ungern, widerwillig, ⟨aarzelend⟩ zögernd
schoot I zn [de] ❶ bovendijen Schoß m ★ het hoofd in de ~ leggen sich unterwerfen ★ met de handen in de ~ zitten müßig dasitzen ❷ deel kledingstuk Schoß m ❸ scheepv Schot v ❹ fig binnenste Schoß m, Innere(s) o **II** ww [verl. td.] → **schieten**
schoothondje Schoßhündchen o
schootsafstand Schussentfernung v, Schussweite v
schootsveld Schussfeld o
schop ❶ trap Tritt m, ⟨voetbal⟩ Schuss m ★ sport vrije ~ Freistoß m ❷ spade Schaufel v, Spaten m
schoppen I ov ww treten ★ iem. ~ jmdm. einen Fußtritt geben **II** on ww treten ★ tegen een bal ~ einen Ball treten **III** zn [de] Pik o
schoppenaas Pikass o
schoppenboer Pik-Bube m
schoppenheer Pik-König m
schoppenvrouw Pik-Dame v
schopstoel ▾ op de ~ zitten auf der Kippe stehen, auf dem Schleudersitz sitzen
schor heiser, rau ★ ~re stem heisere Stimme v
schorem Gesindel o
schoren I ov ww (ab)stützen **II** ww [verl. td.] → **scheren**
Schorpioen dierenriemteken Skorpion m
schorpioen dier Skorpion m
schors Rinde v
schorsen ❶ buiten dienst stellen aussetzen, sport sperren ★ iem. in zijn ambt ~ jmdn. suspendieren ❷ tijdelijk opheffen unterbrechen
schorseneer Schwarzwurzel v
schorsing ❶ tijdelijke uitsluiting Suspendierung v, sport Sperrung v, jur Aussetzung v, ⟨werknemer⟩ Suspension v ❷ uitstel Aufschub m
schort Schürze v
schorten I ov ww, opschorten einstellen ★ betalingen ~ Zahlungen einstellen **II** on ww, haperen fehlen, mangeln, hapern ★ wat schort eraan? was fehlt dir?
Schot Schotte m
schot ❶ het schieten Schuss m ★ een ~ lossen einen Schuss abfeuern ★ buiten ~ blijven außer Schussweite bleiben ❷ sport Schuss ❸ vaart Schwung m, Fortschritt m ★ er komt ~ in es kommt in Gang, es beginnt zu laufen ❹ tussenschot Scheidewand v, Trennwand v
schotel ❶ schaal Schüssel v, ⟨bij kopje⟩ Untertasse v ❷ cul gerecht Platte v ▾ vliegende ~ fliegende Untertasse

SC

schotelantenne Parabolantenne *v*
schoteldoek BN *vaatdoek* Spüllappen *m*, Spültuch *o*
schotelvod BN *vaatdoek* Spüllappen *m*, Spültuch *o*
schoten [verl. td.] → **schieten**
schotenwisseling Schusswechsel *m*
Schotland Schottland *o*
Schots schottisch
schots I *zn* [de] Scholle *v* **II** *bijw* ▼ *~ en scheef* schief und krumm
schotschrift Schmähschrift *v*
Schotse Schottin *v*
schotwond Schusswunde / -verletzung *v*
schouder Schulter *v* ★ *de ~s ophalen* die Achseln zucken ★ *brede ~s hebben* breitschultrig sein, einen breiten Rücken haben
schouderband ❶ *band aan kledingstuk* Träger *m* ❷ *draagband* Schulterriemen *m* ❸ anat *gewrichtsband* Schulterband *o*
schouderblad Schulterblatt *o*
schoudergewricht Schultergelenk *o*
schouderhoogte Schulterhöhe *v*
schouderkarbonade Schulterstück *o*
schouderklopje Kompliment *o* ★ *iem. een ~ geven* jmdm. auf die Schulter klopfen
schouderophalen Achselzucken *o*
schoudertas Schultertasche *v*
schoudervulling Schulterpolster *o*
schout gesch gesch Schultheiß *m*, ‹dijkgraaf› Deichhauptmann *m*
schout-bij-nacht Konteradmiral *m*
schouw ❶ *stookplaats* Kamin *m* ❷ BN *schoorsteen* Schornstein, ‹van fabriek / boot› Schlot *m*
schouwburg Theater *o*, Schauspielhaus *o* ★ *een volle ~* ein volles Haus ★ *naar de ~ gaan* ins Theater gehen
schouwen ‹dijken, een lijk e.d.› inspizieren, ‹terrein, gebouw etc.› begehen ★ *een lijk ~* eine Autopsie durchführen
schouwspel Schauspiel *o*, Anblick *m*
schoven [verl. td.] → **schuiven**
schraag Stützbock *m*, Bock *m*
schraal ❶ ‹van weer, wind› rau ❷ *onvruchtbaar* ★ *schrale grond* magere(r) / dürre(r) / unfruchtbare(r) Boden *m* ❸ *mager* mager, ‹iel› hager, ‹iel› dürr, spärlich ★ *schrale kost* karge Kost ★ *schrale oogst* magere Ernte ★ *~ maal* frugale(s) Mahl ★ *een schrale troost* ein schwacher Trost *m*
schraalhans Geizhals *m* ▼ *daar is ~ keukenmeester* da ist Schmalhans Küchenmeister
schraapzucht Raffgier *v*, Raffsucht *v*
schragen (unter)stützen, ermutigen, bestärken
schram *wondje* Schramme *v*, Kratzer *m*
schrammen schrammen, ritzen
schrander gescheit, klug ★ *~e kop* helle(r) Kopf *m*
schransen inform futtern, ‹haastig› schlingen, ‹genietend› schmausen
schrap I *bijw* (an)gespannt ★ *zich ~ zetten* sich anspannen, sich auf etw. gefasst machen **II** *zn* [de] Strich *m*
schrapen I *ov ww* ❶ *afkrabben* abkratzen, (ab)schaben ❷ *met de keel* ★ *zijn keel ~* sich räuspern ❸ *verzamelen* zusammenkratzen, zusammenraffen **II** *on ww, schurend geluid maken* schaben, kratzen
schraper ❶ *schraapijzer* Kratzer *m*, Schaber *m* ❷ *persoon* Raffer *m*
schrappen ❶ *schrapen* (ab)schaben, abkratzen ❷ *doorhalen* kratzen ★ BN *~ wat niet past* Nichtzutreffendes streichen
schrede *pas* Schritt *m*
schreden [verl. td.] → **schrijden**
schreed [verl. td.] → **schrijden**
schreef I *zn* [de] Linie *v*, Strich *m* ▼ *over de ~ gaan* zu weit gehen **II** *ww* [verl. td.] → **schrijven**
schreeuw Schrei *m* ★ *een ~ geven* aufschreien
schreeuwen I *ov ww, iets hard roepen* schreien ★ *uit alle macht ~* aus vollem Halse schreien **II** *on ww* **~ om** schreien um ★ *~ om iets* nach etw. schreien
schreeuwend I *bnw* schreiend ★ *~e kleuren* grelle(n) / knallige(n) Farben **II** *bijw* schrecklich ★ *~ hoge prijzen* exorbitante(n) Preise
schreeuwerig ❶ *schreeuwend* schreiend, schrill ★ *een ~e stem* eine schrille Stimme ❷ *opzichtig* reißerisch, prahlerisch ★ *~e kleuren* grelle Farben
schreeuwlelijk Schreihals *m*
schreien weinen
schreven [verl. td.] → **schrijven**
schriel ❶ *mager* kümmerlich, mager ❷ *gierig* geizig, knauserig
schrielhannes Bohnenstange *v*
Schrift ▼ *de Heilige ~* die Heilige Schrift
schrift ❶ *schrijfboek* Heft *o* ❷ *(manier van) schrijven* Schrift *v* ★ *iets op ~ stellen* etw. zu Papier bringen, etw. aufzeichnen
schriftelijk schriftlich ★ *~e cursus* Fernkurs *m*, Fernlehrgang *m* ★ *iets ~ vastleggen* etw. schriftlich festhalten
Schriftgeleerde Schriftgelehrte(r) *m*
schrijden schreiten
schrijfbehoeften Schreibbedarf *m*
schrijfbenodigdheden Schreibwaren *v mv*
schrijfblok Schreibblock *m*
schrijffout Schreibfehler *m*
schrijfkop comp Schreibkopf *m*
schrijfmachine Schreibmaschine *v*
schrijfmap Schreibmappe *v*
schrijfpapier Schreibpapier *o*
schrijfster Schriftstellerin *v*
schrijfstijl Schreibstil *m*
schrijftaal Schriftsprache *v*
schrijfvaardigheid Schreibgewandtheit *v*, ‹vreemde taal› Schreibfertigkeit *v*
schrijfwerk Schreibarbeit *v*
schrijfwijze ❶ *spelling* Schreibweise *v* ❷ *handschrift* Schrift *v*
schrijlings rittlings
schrijnen brennen, ‹pijn door schuren› reiben
schrijnend bitter ★ *~e tegenstellingen* krasse Gegensätze
schrijnwerker ❶ *meubelmaker* Schreiner *m* ❷ BN *timmerman* Zimmermann *m*
schrijven I *ov ww* ❶ *tekst noteren* schreiben ❷ *spellen* schreiben **II** *on ww* ❶ *tekst noteren* verfassen, schreiben ❷ *letters aanbrengen* schreiben **III** *zn* [het], *brief* Schreiben *o*, Zuschrift *v*, Brief *m* ★ *begeleidend ~* Begleitbrief *m*, Begleitschreiben *o*
schrijver ❶ *iem. die schrijft* Schriftsteller *m*

❷ *auteur* Autor *m*, Verfasser *m*
schrijverschap schriftstellerische Tätigkeit *v*
schrik ❶ *plotseling angstgevoel* Schrecken *m*, Schreck *m* ★ *iem. ~ aanjagen* jmdm. einen Schrecken einjagen, jmdn. in Schrecken versetzen ❷ *angstaanjagend iets / iemand* Schrecken *m*, Schreck *m*
schrikaanjagend furchterregend
schrikachtig schreckhaft, ‹schichtig› scheu
schrikbarend schreckenerregend, haarsträubend
schrikbeeld Schreckgespenst *o*
schrikbewind Schreckensherrschaft *v*, Terrorregime *o*
schrikdraad Elektrozaun *m*
schrikkeldag Schalttag *m*
schrikkeljaar Schaltjahr *o*
schrikkelmaand Februar *m* im Schaltjahr
schrikken *schrik krijgen* erschrecken ★ *om van te ~* erschreckend, schrecklich ★ *zij heeft mij laten ~* sie hat mich erschreckt
schrikreactie Schreckensreaktion *v*
schril ❶ *schel* grell, schrill ❷ *scherp afstekend* schroff, krass
schrobben schrubben, scheuern
schrobber Schrubber *m*
schrobbering Ausputzer *m*
schroef ❶ *pin met schroefdraad* Schraube *v* ★ *op losse schroeven staan* ungewiss sein ❷ *propeller* Schraube *v*, Propeller *m* ❸ *spiraalvormige beweging* Schraube *v*, Spirale *v*
schroefas Schraubenwelle *v*
schroefdeksel Schraubdeckel *m*
schroefdop Schraubdeckel *m*
schroefdraad Schraubengewinde *o*, Gewinde *o* ▼ *rechtse ~* Rechtsgewinde *o*
schroeien I *ov ww, oppervlak verbranden* versengen, ansengen **II** *on ww, aan oppervlakte branden* sengen
schroeiplek versengte Stelle *v*
schroeven schrauben
schroevendraaier Schraubenzieher *m*
schrok [verl. td.] → **schrikken**
schrokken I *ov ww* schlingen ★ *naar binnen ~* herunterschlingen **II** *ww* [verl. td.] → **schrikken**
schrokop Vielfraß *m*
schromelijk fürchterlich, gewaltig
schromen ❶ *aarzelen* zögern, scheuen ❷ *duchten* scheuen, zurückschrecken ★ *geen gevaar ~* keiner Gefahr aus dem Weg(e) gehen, keine Gefahr scheuen
schrompelen schrumpfen
schroom ❶ *verlegenheid* Scheu *v*, Schüchternheit *v*, Zaghaftigkeit *v* ❷ *vrees* Scheu *v*, Ängstlichkeit *v*
schroot *metaalafval* Schrott *m* ★ *oud ijzer tot ~ maken* verschrotten
schroothandel Schrotthandlung *v*, Schrottunternehmen *v*
schroothoop Schrotthaufen *m*
schub Schuppe *v*
schubachtig schuppenartig, schuppig
schubdier Schuppentier *o*
schuchter schüchtern
schuddebuiken sich vor Lachen schütteln
schudden I *ov ww, bewegen* schütteln ★ *de kaarten ~* die Karten mischen ★ *iem. wakker ~* jmdn. aus dem Schlaf rütteln, jmdn. aus seinen Träumen aufrütteln ▼ *dat kun je wel ~!* das kannst du vergessen! **II** *on ww, bewogen worden* schütteln ★ *de explosie deed de huizen ~* die Explosion erschütterte die Häuser
schuier Bürste *v*
schuif ❶ *grendel* Riegel *m*, Schieber *m* ❷ *klep* Schütz *o* ▼ BN *in de bovenste ~ liggen bij iem.* gut bei jemandem angeschrieben sein
schuifdak Schiebedach *o*
schuifdeur Schiebetür *v*
schuifelen ❶ *voortbewegen* schlürfen, latschen ❷ *dansen* innig tanzen
schuifladder ausziehbare Leiter *v*, Schiebeleiter *v*
schuifmaat Messschieber *m*
schuifpui verglaste Schiebewand *v*
schuifraam Schiebefenster *o*
schuiftrombone Zugposaune *v*, Trombone *v*
schuiftrompet Zugtrompete *v*
schuifwand Schiebewand *v*
schuiladres Deckadresse *v*, ‹plek om te schuilen› Unterschlupf *m*
schuilen ❶ *beschutting zoeken* unterstehen, sich unterstellen, Schutz suchen ❷ *zich verbergen* sich verstecken ❸ *te vinden zijn* liegen, stecken ★ *daar schuilt wat achter* es steckt etw. dahinter
schuilgaan *zich verbergen* sich verbergen, sich verstecken
schuilhok BN *bus- / tramhokje* Wartehäuschen *o*
schuilhouden [zich ~] sich verborgen halten, sich versteckt halten
schuilhut Schutzhütte *v*
schuilkelder Luftschutzkeller *m*
schuilnaam Deckname *m*, Pseudonym *o*
schuilplaats ❶ *verborgen plek* Versteck *o*, Unterschlupf *m* ❷ *veilige plek* Unterschlupf *m*
schuim ❶ *blaasjes* Schaum *m* ❷ *gebak* Eischnee *m*
schuimbad Schaumbad *o*
schuimbekken Schaum vor dem Mund haben ★ *~d van woede* wutschäumend
schuimblusser Schaumlöscher *m*
schuimen I *ov ww, afschuimen* abschäumen **II** *on ww, schuim vormen* schäumen
schuimgebakje Schaumgebäck *o*, Baiser *o*, Meringue *v*
schuimig schaumig
schuimkop Schaumkrone *v*
schuimkraag Schaumkrone *v*
schuimlaag Schaumschicht *v*
schuimpje Baiser *o*, Meringe *v*, Schaumgebäck *o*
schuimplastic I *zn* [het] Schaumstoff *m* **II** *bnw* Schaumstoff-, aus Schaumstoff
schuimrubber Schaumgummi *m*
schuimspaan Schaumlöffel *m*, Schaumkelle *v*
schuin I *bnw* ❶ *scheef* schräg, schief ★ *het ~e vlak* die schiefe Ebene ❷ *dubbelzinnig* anzüglich, schlüpfrig, obszön **II** *bijw, scheef* ★ *hij woont hier ~ tegenover* er wohnt hier schräg gegenüber
schuins I *bnw* schräg ★ *een ~e blik werpen* schräg anschauen **II** *bijw* ★ *~ toelopen* spitz zulaufen ★ *iem. ~ aankijken* jmdn. von der Seite ansehen
schuinschrift Schrägschrift *v*
schuinsmarcheerder Schürzenjäger *m*
schuinte ❶ *schuine richting* Abschüssigkeit *v*,

Neigung *v* ❷ *helling* Abhang *m*, ⟨stijgend⟩ Steigung *v*
schuit *boot* Schiff *o*, Kahn *m*, Boot *o*, ⟨dekschuit, trekschuit⟩ Schutte *v*
schuitje *bootje* kleine(s) Boot *o*, Nachen *m*, Kahn *m*, Schiffchen *o* ▼ *in hetzelfde ~ zitten* im selben Boot sitzen
schuiven I *ov ww* ❶ *duwen* schieben, ⟨van schaakstukken⟩ ziehen ❷ *dokken* blechen **II** *on ww, schuivend bewegen* schieben, rutschen, gleiten ★ *bij elkaar ~* näher zusammenrücken
schuiver *valpartij* Rutscher *m* ★ *een ~ maken* ausrutschen
schuld ❶ *verantwoordelijkheid* Schuld *v*, Schuld *v* ★ *lichamelijk letsel door ~* fahrlässige Körperverletzung *v* ★ *~ aan iets hebben* an etw. Schuld haben [+3] ★ *de ~ van iets dragen* die Schuld an etw. tragen [+3] ❷ *nog te betalen bedrag* Schuld *v* ★ *diep in de ~en zitten* tief in Schulden stecken, stark verschuldet sein
schuldbekentenis ❶ *bekennen van schuld* Geständnis *o* ❷ *promesse* Schuldschein *m*
schuldbesef Schuldbewusstsein *o*
schuldbewust schuldbewusst
schuldcomplex Schuldkomplex *m*
schuldeiser Gläubiger *m*
schuldenaar Schuldner *m*
schuldenlast Schuldenlast *v*
schuldgevoel Schuldgefühl *o*
schuldig ❶ *schuld hebbend* ★ *aan iets ~ zijn* an etw. schuldig sein [+3] ❷ *verschuldigd* schuldig ★ *hoeveel ben ik u ~?* was schulde ich Ihnen?
schuldige Schuldige(r) *m*
schuldvereffening Schuldentilgung *v*
schuldvraag Schuldfrage *v*
schulp ▼ *in zijn ~ kruipen* sich einigeln, in sein Schneckenhaus kriechen ▼ *uit zijn ~ kruipen* aus seinem Schneckenhaus kommen
schunnig schweinisch, obszön
schuren I *ov ww* ❶ *glad maken* reiben, ⟨met schuurpapier⟩ schmirgeln ❷ BN *schrobben* schrubben, scheuern **II** *on ww, schuiven* scheuern, reiben
schurft ⟨bij mensen⟩ Krätze *v*, ⟨bij dieren⟩ Räude *v* ▼ *de ~ aan iets hebben* etwas nicht ausstehen können
schurftig *aan schurft lijdend* ⟨bij mensen⟩ krätzig, ⟨bij dieren⟩ räudig
schurk Schurke *m*
schurkachtig niederträchtig
schurkenstaat Schurkenstaat *m*
schurkenstreek Schurkenstreich *m*, üble(r) Streich *m*
schut ❶ *waterkering* Schütz *o* ❷ *bescherming* Schutz *m* ▼ *voor ~ staan* sich blamieren
schutblad *blad in boek* Vorsatz(blatt) *o*, Deckblatt *o*
schutkleur Tarnfarbe *v*, Tarnfärbung *v*
schutsluis Kammerschleuse *v*
schutspatroon Schutzheilige(r) *m*, Schutzpatron *m*
schutten ❶ *tegenhouden* stauen, dämmen ❷ *sluizen* schleusen
schutter *iem. die schiet* Schütze *m*
schutteren stümpern, sich ungeschickt benehmen, ⟨spreken⟩ herumdrucksen
schutterig ⟨verlegen⟩ schüchtern, ⟨onhandig⟩ stümperhaft
schutterij Schützenverein *m*
schuttersput Schießscharte *v*
schutting Zaun *m*
schuttingtaal ≈ vulgäre Sprache *v*
schuttingwoord ≈ vulgäre(s) / unanständige(s) Wort *o*
schuur Scheune *v*, ⟨berghok⟩ Schuppen *m*
schuurmachine Schleifmaschine *v*
schuurmiddel Scheuermittel *o*
schuurpapier Schmirgelpapier *o*, Schleifpapier *o*
schuurpoeder Scheuerpulver *o*
schuurspons ❶ *voor afwas* Scheuerschwamm *m*, Topfkratzer *m* ❷ *om te schuren* Schleifschwamm *m*
schuw scheu
schuwen scheuen
schuwheid Scheu *v*, ⟨verlegenheid⟩ Schüchternheit *v*
schwalbe sport Schwalbe *v*
schwung Schwung *m*
sciencefiction Science-Fiction *v*
sclerose Sklerose *v*
scoliose Skoliose *v*
scoop Erstveröffentlichung *v*
scooter Motorroller *m*
scootmobiel Elektroscooter *m*
score Spielergebnis *o*, Punktzahl *v*, Score *m*, Ergebnis *o*, Spielstand *m*
scorebord Anzeigetafel *v*
scoren I *ov ww* ❶ sport *doelpunt maken* Punkte erzielen, ook fig punkten, ⟨voetbal, handbal⟩ ein Tor machen / machen ❷ inform *te pakken krijgen* einheimsen **II** *on ww, resultaat behalen* ★ *hoog ~* eine hohe Punktzahl erzielen
scoreverloop jeweilige(r) Punkte- / Spielstand *m*, jeweilige(s) Torverhältnis *o*
scout ❶ *padvinder* Pfadfinder *m* ❷ *talentenjager* Talent-Scout *m*
scouting ❶ *padvinderij* Pfadfinder *mv* ❷ *zoeken naar talenten* Talentsuche *v*
scrabbelen Scrabble spielen
scrabble Scrabble *o*
scratchen muz scratchen
screenen überprüfen, ⟨doorlichten⟩ durchleuchten ★ *iem. op longkanker ~* jmdn. auf Lungenkrebs untersuchen
screensaver comp Bildschirmschoner *m*, Screensaver *m*
screentest Probeaufnahme *v*
script Skript *o*, ⟨van film⟩ Drehbuch *o*
scriptie onderw Aufsatz *m*, schriftliche Arbeit *v*, ⟨voor universitair examen⟩ ≈ Magisterarbeit *v*
scriptiebegeleider Betreuer *m* bei der Diplomarbeit
scrollbar comp Scrollbar *v*
scrollen comp scrollen, comp blättern
scrotum Skrotum *o*
scrupule Skrupel *m* ★ *zonder ~s* skrupellos
scrupuleus gewissenhaft
sculptuur Skulptur *v*
seance Sitzung *v*, ⟨spiritisme⟩ Séance *v*
sec I *bnw* trocken, ⟨van wijn⟩ herb **II** *bijw* genau ★ *sec bekeken* genau betrachtet
secondair → **secundair**

secondant Sekundant *m*
seconde *1 / 60 van een minuut* Sekunde *v*
secondelijm Sekundenkleber *m*
seconderen *bijstaan* sekundieren
secondewijzer Sekundenzeiger *m*
secreet *gemeen persoon* Hexe *v*
secretaire Sekretär *m*
secretaresse Sekretärin *v*
secretariaat Sekretariat *o*, ⟨van vereniging⟩ Geschäftsstelle *v*
secretarie Gemeindeverwaltung *o*
secretaris admin Sekretär *m* ★ *particulier ~* Privatsekretär *m*
secretaris-generaal *hoofd van organisatie* Generalsekretär *m*
sectair BN *sektarisch* sektiererisch
sectie ❶ *afdeling* Abteilung *v*, Sektion *v* ❷ *autopsie* Sektion *v*
sector Bereich *m*, Sektor *m* ★ *agrarische ~* Land- und Forstwirtschaft *v* ★ *tertiaire ~* Dienstleistungsbereich *m* ★ *vrije ~* freie(r) Markt *m* ★ *iets opdelen in ~en* etw. in Abschnitte aufteilen
secularisatie Säkularisation *v*
seculier säkular
secundair sekundär, Sekundär- ★ *dat is van ~ belang* das ist von untergeordneter Bedeutung ★ *dat zijn ~e oorzaken* das sind Nebenursachen ★ *~e wegen* Bundesstraßen
secuur präzise, genau, gewissenhaft, pünktlich
sedert seit [+3] ★ *~ een week* seit einer Woche
sedertdien seitdem, seither
sediment ❶ *afzettingsgesteente* Sediment *o* ❷ *bezinksel van vloeistof* Sediment *o*
sedimentatie Sedimentation *v*, Ablagerung *v*
seffens BN *dadelijk* gleich, nachher
segment Segment *o*
segmentatie Segmentierung *v*, Segmentation *v*
segregatie ❶ *afzondering* Segregation *v* ❷ *rassenscheiding* Segregation *v*, Absonderung *v*
sein ❶ *teken* Signal *o*, Zeichen *o* ❷ *voorwerp waarmee men seint* Signal *o* ★ *het sein staat op veilig* das Signal steht auf 'Fahrt'
seinen ein Signal geben, Signale geben, ⟨met zendinstallatie⟩ funken
seinpaal Signalmast *m*
seinsleutel Morsetaste *v*
seismisch seismisch
seismograaf Seismograf *m*
seismografisch seismografisch
seismologisch seismologisch
seismoloog Seismologe *m*
seizoen ❶ *jaargetijde* Saison *v*, Jahreszeit *v* ❷ *deel van het jaar* Saison *v*
seizoenarbeid Saisonarbeit *v*
seizoenarbeider Saisonarbeiter *m* [v: Saisonarbeiterin]
seizoenopruiming Saisonschlussverkauf *m*, ⟨na winter⟩ Winterschlussverkauf *m*, ⟨na zomer⟩ Sommerschlussverkauf *m*
seizoenscorrectie Saisonkorrektur *v*
seizoenskaart Saisonkarte *v*
seizoenswerk Saisonarbeit *v*
seizoenwerkloosheid saisonbedingte Arbeitslosigkeit *v*
seks Sex *m*
seksbioscoop Sexkino *o*, Pornokino *o*
seksbom Sexbombe *v*
sekse Geschlecht *o*
seksen I *ov ww, geslacht bepalen van* das Geschlecht bestimmen [+2] ★ *kuikens ~* das Geschlecht der Küken bestimmen II *on ww, seks hebben* inform Sex haben
seksisme Sexismus *m*
seksist Sexist *m*
seksistisch sexistisch
seksleven Sexualleben *o*
sekslijn ≈ Telefonnummer *v* für Telefonsex
seksmaniak Sexprotz *m*
seksshop Sexshop *m*
sekssymbool Sexsymbol *o*
seksualiteit Sexualität *v*
seksueel sexuell, Sexual- ★ *seksuele voorlichting* Sexualaufklärung *v*
seksuologie Sexuologie *v*
seksuoloog Sexologe *m*
sektarisch sektiererisch
sekte Sekte *v*
sekteleider Sektenführer *m*
sektelid Sektenmitglied *o*
selderij, **selderie** , BN **selder** Sellerie *m*
select erlesen, auserlesen
selecteren selektieren, auswählen
selectie *het uitkiezen* Auswahl *v*, Auslese *v* ★ *een ~ maken* eine Auswahl treffen ★ *een strenge ~* nach strengen Kriterien auswählen
selectiecriterium Auswahlkriterium *o*, Selektionskriterium *o*
selectief selektiv
selectiewedstrijd Qualifikationsspiel *o*
semafoon ≈ drahtloses Gerät *o* für das Aussenden von Suchmeldungen
semantiek Semantik *v*
semester Semester *o*
semi- semi-, Semi-, halb-, Halb-
semiautomatisch halb automatisch
Semiet *lid van volk* Semit *m*
seminaar Seminar *o*
seminar Seminar *o*
seminarie ❶ rel Seminar *o* ❷ BN *seminar* Seminar *o*
seminarium Seminar *o*
semioverheidsbedrijf halbstaatliche(s) Unternehmen *o*
semipermeabel semipermeabel
semiprof Halbprofi *m*, Semiprofi *m*
Semitisch ❶ *m.b.t. volk* semitisch ❷ taalk semitisch
senaat ❶ *bestuurslichaam* Senat *m* ❷ *Eerste Kamer van een parlement* Senat *m*, ⟨in Duitsland⟩ Bundesrat *m*
senator pol Senator *m*
Senegal Senegal *m*
Senegalees Senegalese *m*
seniel senil
senior I *zn* [de] Senior *m* II *bnw* senior, der Ältere (d.Ä.)
seniorenelftal ⟨i.t.t. junioren⟩ Herrenmannschaft *v*
seniorenflat Seniorenresidenz *v*
seniorenkaart Seniorenkarte *v*, ⟨stamkaart⟩ Seniorenpass *m*

seniorenpas Seniorenpass *m*
sensatie ❶ *opschudding* Sensation *v* ★ *op ~ belust* sensationslüstern ★ *~ veroorzaken* Aufsehen erregen ❷ *gewaarwording* Empfindung *v*
sensatieblad Sensationsblatt *o*
sensatiepers Regenbogenpresse *v*, Sensationspresse *v*
sensatiezucht Sensationssucht *v*
sensationeel sensationell
sensibel sensibel, empfindlich
sensibiliseren BN aufmerksam machen [auf+4]
sensibiliteit Sensibilität *v*
sensitief sensibel, sensitiv
sensitiviteit Sensitivität *v*
sensor Sensor *m*
sensualiteit Sensualität *v*
sensueel sinnlich, Sinnen-
sentiment Sentiment *o*
sentimentaliteit Sentimentalität *v*
sentimenteel sentimental ★ *~ liedje* Schnulze *v*
separaat einzeln, getrennt, separat
separatisme Separatismus *m*
separatist Separatist *m*, Separatistin *v*
separatistisch separatistisch
sepia Sepia *v*
seponeren einstellen, zu den Akten legen ★ *een zaak ~* ein Verfahren einstellen
september September *m*
septet Septett *o*
septic tank septische(r) Tank *m*
septisch septisch
sequentie Sequenz *v*
SER *Sociaal-Economische Raad* omschr Wirtschaftsrat *m*, zusammengestellt aus Arbeitnehmern, Arbeitgebern und unabhängigen Mitgliedern
sereen erhaben
serenade Serenade *v*, Ständchen *o*
sergeant Sergeant *m*, Unteroffizier *m*
sergeant-majoor Feldwebel *m*
serie ❶ *reeks* Serie *v*, Folge *v*, Reihe *v*, ⟨postzegels⟩ Satz *m* ★ *in ~* serienweise, serienmäßig ❷ *groot aantal* Serie *v*, Reihe *v* ❸ sport Qualifikationslauf *m*
serieel seriell
seriemoordenaar Serienmörder *m*
serienummer Seriennummer *v*
serieproductie Serienproduktion *v*, Serienfertigung *v*
serieus seriös, ernsthaft
sering Flieder *m*
seropositief seropositiv
serotonine med Serotonin *o*
serpent ❶ min *persoon* Schlange *v*, Giftkröte *v* ❷ *slang* Schlange *v*
serpentine Luftschlange *v*
serre ❶ *broeikas* Treibhaus *o* ❷ *glazen veranda* Veranda *v*, Gartenzimmer *o*, Wintergarten *m*
serum Serum *o*
SERV BN *Sociaal-Economische Raad voor Vlaanderen* Sozialökonomischer Rat *m* für Flandern
serveerster Kellnerin *v*, Serviererin *v*
server comp Server *m*
serveren ❶ *opdienen* servieren, auftragen, bedienen ❷ sport servieren, aufschlagen
servet Serviette *v*
servetring Serviettenring *m*
service *diensten* Service *m* ★ *~ verlenen* Kundendienst leisten
servicebeurt Inspektion *v* ★ *een auto een ~ geven* ein Auto zur Inspektion bringen
servicedienst Kundendienst *m*
serviceflat Seniorenwohnung *v*
servicekosten Unterhaltskosten *mv*
servicestation Tankstelle *v* (mit Werkstatt)
Servië Serbien *o*
serviel unterwürfig
Serviër *bewoner* Serbe *m*
servies Service *o*, Tafelgeschirr *o*
serviesgoed Tafelgeschirr *o*
servieskast Geschirrschrank *m*
Servisch *m.b.t. Servië* serbisch
Servische Serbin *v*
Servo-Kroatisch serbokroatisch
sesam *gewas* Sesam *m*
sesamzaad Sesam *m*
sessie Session *v*, Sitzung *v*
sessiemuzikant Sessionsmusiker *m*
set ❶ *stel* Set *m/o* ❷ sport Satz *m* ❸ *filmdecor* Drehort *m*
setpoint Satzball *m*
settelen [zich ~] sich niederlassen ★ *gesetteld zijn* sich gut eingelebt haben
setter Setter *m*
setting Setting *o*, Umgebung *v*, Schauplatz *m*
set-up sport ⟨volleybal⟩ Vorlage *v*
Sevilla Sevilla *o*
sexappeal Sex-Appeal *m*
sextant Sextant *m*
sextet muz Sextett *o*
sexy sexy
Seychellen Seychellen *mv*
SF *sciencefiction* Science-Fiction *v*
sfeer ❶ *stemming* Atmosphäre *v*, Stimmung *v* ★ *op het werk heerst een gespannen ~* auf der Arbeit ist die Stimmung angespannt ★ *deze stad heeft geen ~* diese Stadt hat kein Flair ❷ *domein* Sphäre *v* ★ *inbreuk maken op de persoonlijke ~* die Integrität der persönlichen Sphäre verletzen
sfeerverlichting Stimmungsbeleuchtung *v*
sfeervol stimmungsvoll
sfinx Sphinx *v*
's-Gravenhage → **Den Haag**
shag Tabak *m*
shampoo Shampoo *o*
shampooën schamponieren
Shanghai → **Sjanghai**
shareware comp Shareware *v*
shawl → **sjaal**
sheet Sheet *o*, Papier *o*
sheriff Sheriff *m*
sherpa Sherpa *v*
sherry Sherry *m*
's-Hertogenbosch → **Den Bosch**
Shetlandeilanden Shetlandinseln *mv*
shifttoets Umschalttaste *v*
shiitake Schiitake(pilz) *m*
shirt Shirt *o*, sport Trikot *o*, ⟨bloes⟩ Freizeithemd *o*
shirtreclame Trikotwerbung *v*
shirtsponsoring Shirtsponsoring *o*
shish kebab cul Sis Kebab *o*

shit Scheiße
shoarma Shoarma *o* ★ *een broodje ~* ein Brötchen mit geröstetem Schaffleisch
shock Schock *m*
shockproof stoßfest, stoßsicher
shocktherapie Schocktherapie *v*
shocktoestand Schock *m*, Schockzustand *m*
shoppen einkaufen gehen, shoppen
shortcut comp Shortcut *m*
shorts Shorts *mv*
shorttrack Shorttrack *m*
shorttrackschaatsen, **shorttracken** sport Shorttrack machen
shot ❶ *filmopname* Aufnahme *v* ❷ *injectie* Schuss *m*
shotten BN *voetballen* Fußball spielen
shovel Löffelbagger *m*
show ❶ *voorstelling* Show *v*, Schau *v* ❷ *tentoonstelling* Ausstellung *v*
showbink Aufschneider *m*, Prahlhans *m*
showbusiness Showbusiness *o*
showen vorführen, ausstellen, ⟨zich voordoen⟩ eine Schau / Show abziehen
showroom Ausstellungsraum *m*
shuttle ❶ sport Federball *m* ❷ *ruimteveer* Spaceshuttle *m*
si Si *o*
siamees *kat* Siamese *m*
Siberië Siberien *o*
Siberisch *m.b.t. Siberië* sibirisch
siberisch ▾ *het laat me ~* es lässt mich kalt
sic sic!
Siciliaans sizilianisch
Sicilië Sizilien *o*
sickbuildingsyndroom Sick-Building-Syndrom *o*
sidderaal Zitteraal *m*
sidderen zittern
siddering Zittern *o*
sidderrog Zitterrochen *m*
SI-eenheid SI-Einheit *v*
sier Zierde *v*, Verzierung *v*
sieraad ❶ *juweel* Schmuckstück *o*, Schmuck *m* ❷ *opschik* Zierde *v*
sieren ❶ *tooien* schmücken ❷ *tot eer strekken* zieren ★ *het siert hem, dat...* es gereicht ihm zur Ehre, dass...
siergewas Zierpflanze *v*
sierheester Zierstrauch *m*
sierlijk zierlich, ⟨gracieus⟩ anmutig, ⟨elegant⟩ elegant
sierplant Zierpflanze *v*, Zimmerpflanze *v*
Sierra Leone Sierra Leone *o*
Sierra Leoons sierra-leonisch
sierspeld Anstecknadel *v*
sierstrip Zierleiste *v*
siervuurwerk Brillantfeuerwerk *o*
siësta Siesta *v*
sifon ❶ *spuitfles* Siphonflasche *v* ❷ *afvoerbuis* Siphon *m*, Geruchsverschluss *m*, Traps *m*
sigaar Zigarre *v* ▾ *de ~ zijn* der Dumme sein
sigarendoos Zigarrenkiste *v*
sigarenroker Zigarrenraucher *m*
sigarenwinkel Tabakladen *m*
sigaret Zigarette *v*
sigarettenautomaat Zigarettenautomat *m*
sightseeën ein Sightseeing machen
signaal *sein* Signal *o*
signalement Personenbeschreibung *v*, ⟨hoedanigheden⟩ Charakteristik *v*
signaleren ❶ *attenderen op* hinweisen auf [+4] ❷ *opmerken* bemerken, wahrnehmen
signalisatie BN *bewegwijzering* Beschilderung *v*
signatuur ❶ *handtekening* Signatur *v* ❷ *kenmerk* Prägung *v*
signeren signieren
significant signifikant
sijpelen sickern
sijs Zeisig *m*
sik ❶ *baard* Spitzbart *m* ❷ *geit* Ziege *v*
sikh Sikh *m*
sikkel *mes* Sichel *v*
sikkelvormig sichelförmig
sikkeneurig miesepeterig, mürrisch, nörglerisch
silhouet Silhouette *v*
silicon Silikon *o*
siliconenkit Silikonkitt *m*
silo Silo *o*
sim comp *subscriber identity module* SIM *o*
simkaart SIM-Karte *v*
simlock Simlock *m*
simpel ❶ *eenvoudig* simpel, einfach ❷ *onnozel* einfältig, simpel
simpelweg schlichtweg
simplificeren simplifizieren, vereinfachen
simplistisch einfältig, simpel
simsalabim Simsalabim
simulant Simulant *m*
simulatie Simulation *v*
simulator Simulator *m*
simuleren *nabootsen* simulieren
simultaan simultan
sinaasappel Orange *v*, Apfelsine *v*
sinaasappelhuid Orangenhaut *v*
sinaasappelkistje Apfelsinenkiste *v*, Orangenkiste *v*
sinaasappelsap cul Orangensaft *m*, Apfelsinensaft *m*
sinaasappelschil Apfelsinenschale *v*, Orangenschale *v*
Sinaï ⟨schiereiland, woestijn⟩ ⟨berg⟩ Sinai *m*, ⟨schiereiland⟩ Sinai-Halbinsel *v*
sinas Orangeade *v*
sinds I *vz* seit [+3] ★ *~ een week* seit einer Woche **II** *vw* seit(dem) ★ *~ zij weg is...* seit sie weg ist...
sindsdien seitdem
sinecure ▾ *dat is geen ~* das ist keine leichte Aufgabe
Singapore Singapur *o*
singel ❶ *stadsgracht* Ringgraben *m* ❷ *weg* Ring *m*
single ❶ muz *geluidsdrager met korte speeltijd* Single(platte) *v* ❷ sport *enkelspel* Einzel(spiel) *o*, Single *o*
singlet ärmellose(s) Unterhemd *o*
sinister sinister
sinoloog Sinologe *m*
sint Heilige(r) *m* ★ *Sint-Nicolaas* Sankt *m* Nikolaus
sint-bernardshond, **sint-bernard** Bernhardiner *m*
sintel Zinder *m*, Schlacke *v*
sintelbaan Aschenbahn *v*
sint-elmsvuur St.-Elms-Feuer *o*
Sinterklaas *heilige* Sankt *m* Nikolaus

sinterklaas *feest* Nikolaus *m*
sinterklaasavond Nikolausabend *m*
sinterklaasfeest St. Nikolausfest *o*
sinterklaasgedicht Nikolausgedicht *o*
Sint-Eustatius Sint-Eustatius *o*, oud St. Eustaz *o*
sint-janskruid Tüpfel-Johanniskraut *o*
sint-juttemis ▾ *met* ~ am Sankt-Nimmerleins-Tag
Sint-Maarten *feestdag* Martinstag
Sint-Nicolaas *heilige* Sankt Nikolaus *m*
Sint-Petersburg aardk Sankt Petersburg
Sint-Petersburgs Sankt Petersburger
sinus Sinus *m*
sinusoïde Sinuskurve *v*, Sinuslinie *v*
sip betreten, niedergedrückt
sire Sire *m*
sirene Sirene *v*, ⟨van politie, brandweer en ziekenwagen⟩ Martinshorn *o*
sirocco Schirokko *m*
siroop Sirup *m*
sirtaki Sirtaki *m*
sisal Sisal *m*
sissen *sissend zeggen* zischen
sisser Knallfrosch *m* ▾ *met een* ~ *aflopen* glimpflich ausgehen
sitar Sitar *m*
sitcom Sitcom *v*
site comp *locatie op internet* Site *v*
situatie Lage *v*, Situation *v*
situatieschets Lageskizze *v*
situatietekening Lageplan *m*
situeren situieren ★ *in welke eeuw zou je dat voorval* ~? in welchem Jahrhundert würdest du das Ereignis ansiedeln?
sit-up Sit-up *m*
sixtijns sixtinisch ★ *Sixtijnse Kapel* Sixtinische Kapelle *v*
sjaal Schal *m*
sjabloon Schablone *v* ★ *volgens* ~ schablonenhaft, schablonenmäßig
sjacheraar Schacherer *m*
sjacheren schachern
sjah Schah *m*
sjalom schalom
sjalot Schalotte *v*
sjamaan Schamane *m*
Sjanghai Shanghai *o*
sjans ▾ ~ *hebben* gut ankommen
sjansen schäkern
sjasliek cul Schaschlik *o*
sjees *rijtuig* Chaise *v*
sjeik Scheich *m*
sjekkie selbst gedrehte Zigarette *v*
sjerp Schärpe *v*
sjezen ❶ *hard gaan* wetzen, hetzen, ⟨rijdend⟩ rasen ❷ *niet slagen* durchfallen ★ *een gesjeesd persoon* eine gescheiterte Person
sjiiet Schiit *m*
sjiitisch schiitisch
sjilpen zwitschern, schilpen
sjirpen zirpen
sjoege ▾ *ergens geen* ~ *van hebben* keine Ahnung von etwas haben ▾ *geen* ~ *geven* keine Reaktion zeigen
sjoelbak ≈ holländische(s) Spielgerät *o* mit Scheibchen, die in Öffnungen gezielt werden müssen
sjoelen mit dem 'Sjoelbak' spielen
sjoemelen *vals spelen* schummeln
sjofel schäbig
sjokken trotten, zockeln
sjorren ❶ *vastbinden* zurren ❷ *trekken* zerren
sjotten BN inform *voetballen* Fußball spielen
sjouw *karwei* Plackerei *v*, Schufterei *v* ▾ *op* ~ *zijn* unterwegs sein
sjouwen I *ov ww, dragen* schleppen II *on ww, rondzwerven* rennen
ska Ska *m*
Skagerrak Skagerrak *o*
skai I *zn* [het] Skai *o* II *bnw* Skai-, aus Skai
skateboard Skateboard *o*
skateboarden Skateboard fahren, skateboarden
skaten Rollschuh laufen, (roller)skaten
skater Rollschuhläufer *m*, (Roller)Skater *m*
skeeler Inliner *m*, Inlineskates *mv*
skeeleren skaten
skelet *geraamte* Skelett *o*
skeletbouw Skelettbau *m*
skelter Gokart *m*
sketch Sketch *m*
ski Ski *m*
skibox Skibox *v*
skibril Skibrille *v*
skibroek Skihose *v*
skiën Ski laufen, Ski fahren
skiër Skiläufer *m*, Skifahrer *m*
skiff Einer *m*, Skiff *o*
ski-jack Skijacke *v*
skileraar Skilehrer *m*
skiles Schiunterricht *m*
skilift Skilift *m*
skinhead Skinhead *m*
skipak Skianzug *m*
skipas Skipass *m*
skipiste Skipiste *v*
skippybal Sprungball *m*
skischans Sprungschanze *v*
skischoen Skischuh *m*, Schischuh *m*
skispringen Skispringen machen
skistok Skistock *m*, Schistock *m*
skivakantie Skiurlaub *m*
Skopje Skopje *o*
skybox VIP-Loge *v*
skyline Skyline *v*
skypen comm comp skypen
sla *groente* Salat *m*
slaaf Sklave *m*
slaafs sklavisch
slaag ▾ *iem.* ~ *geven* jemanden schlagen ▾ ~ *krijgen* Haue kriegen
slaags ▾ ~ *raken* handgemein werden, aneinandergeraten
slaan I *ov ww* ❶ *slagen geven* schlagen ❷ *in een toestand of positie brengen* ★ *de armen over elkaar* ~ die Arme vor der Brust verschränken ❸ *verslaan* schlagen ❹ *vervaardigen* ★ *munten* ~ Münzen prägen ▾ *naar binnen* ~ reinhauen ▾ *er voordeel uit* ~ einen Vorteil herausschlagen II *on ww* ❶ *een slaande beweging maken* schlagen ❷ *in een toestand komen* schlagen ★ *het paard is op hol geslagen* das Pferd ist durchgegangen ★ *hij sloeg tegen de grond* er fiel auf den Boden ❸ ~ **op** sich

si

beziehen auf [+4] ★ *dat slaat op mij* das bezieht sich auf mich ▾ *aan het rekenen ~* anfangen zu rechnen
slaand ★ *~e klok* Uhr mit Schlagwerk *v* ★ *~e ruzie krijgen met iem.* hart mit jmdm. aneinandergeraten
slaap ❶ *rust* Schlaf *m* ★ *in ~ sukkelen* eindösen ★ *iem. in ~ sussen* jmdn. einschläfern / einlullen ★ *in ~ vallen* einschlafen ★ *de ~ niet kunnen vatten* nicht einschlafen können ❷ *vermoeidheid* Schläfrigkeit *v* ★ *~ krijgen* schläfrig werden ❸ *zijkant van hoofd* Schläfe *v*
slaapbank Schlafcouch *v*
slaapcoupé Schlafwagenabteil *o*
slaapdrank Schlaftrank *m*, Schlaftrunk *m*
slaapdronken schlaftrunken
slaapgebrek Schlaf *m* haben, zu wenig Schlaf haben *m*
slaapgelegenheid Schlafgelegenheit *v*
slaapkamer Schlafzimmer *o*
slaapkamergeheimen Schlafzimmergeheimnisse *mv*
slaapkleed BN inform *nachthemd* Nachthemd *o*
slaapkop *langslaper* Schlafmütze *v*
slaapliedje Schlaflied *o*, Gutenachtlied *o*
slaapmatje Schlafmatte *v*
slaapmiddel Schlafmittel *o*
slaapmutsje Schlaftrunk *m*
slaapogen ‹v.d. slaap› schläfrige Augen *o mv*, ‹poppenogen / autolampen› Schlafaugen *o mv*
slaappil Schlaftablette *v*
slaapplaats Schlafplatz *m*
slaapstad Schlafstadt *v*
slaapster ▾ *de schone ~* Dornröschen *o*
slaapstoornis Schlafstörung *v*
slaaptrein Zug *m* mit Schlaf- und Liegewagen
slaapverwekkend ❶ *slaperig makend* einschläfernd ❷ *saai* einschläfernd
slaapwandelaar Schlafwandler *m*
slaapwandelen **I** *zn* [het] Schlafwandeln *o* **II** *on ww* schlafwandeln
slaapzaal Schlafsaal *m*
slaapzak Schlafsack *m*
slaatje cul Salat *m* ▾ *ergens een ~ uit slaan* seinen Teil bei etwas herausholen
slabbetje Lätzchen *o*
slablad Salatblatt *o*
slaboon Brechbohne *v*
slacht *het slachten* Schlachten *o*
slachtbank Schlachtbank *v*
slachten *vermoorden* schlachten
slachter Schlachter *m*
slachthuis Schlachthof *m*
slachting ❶ *het slachten* Schlachtung *v* ❷ *bloedbad* Gemetzel *o*, Blutbad *o*
slachtoffer Opfer *o*
slachtofferhulp Opferhilfe *v*
slachtpartij Gemetzel *o*, ‹bloedbad› Blutbad *o*
slachtvee Schlachtvieh *o*
slag **I** *zn* [de] ❶ *klap* Schlag *m*, Hieb *m*, Streich *m* ★ *zonder slag of stoot* mit einem Schlag, auf einen Streich ★ *op slag dood zijn* auf der Stelle sterben ★ *een slag in de lucht* / BN *een slag in het water* einen Schlag ins Wasser ❷ *geluid* Schlag *m* ❸ *keer dat iets slaat* Tour *v*, Umdrehung *v* ★ *op slag van twaalven* Schlag zwölf ❹ *tegenslag* Schlag *m* ❺ *veldslag* Schlacht *v* ★ BN *zijn slag thuishalen* siegen, gewinnen ❻ *handigheid* Handgriff *m*, Dreh *m* ★ *de slag van iets te pakken hebben* etw. im Griff haben ★ *van slag zijn* verwirrt / durcheinander sein ❼ *ronde van kaartspel* Stich *m* ★ *alle slagen halen* alle Stiche machen ❽ *haal, streek* Schlag *m*, ‹schaatsen› Strich *m* ★ *vrije slag* Freistil *m* ▾ *aan de slag gaan* sich an die Arbeit machen ▾ BN *zich goed uit de slag trekken* sich zu helfen wissen ▾ *een slag om de arm houden* sich nicht ganz festlegen **II** *zn* [het], *soort* Schlag *m*, Art *v*
slagader ook fig Schlagader *v*
slagbal Schlagball *m*
slagboom *afsluitboom* Schranke *v*, ‹aan grens› Schlagbaum *m*
slagen ❶ *succes hebben* Erfolg haben, gelingen ★ *zijn pogingen zijn niet geslaagd* seine Bemühungen sind erfolglos geblieben ★ *hij kon er niet in ~* es wollte ihm nicht gelingen ★ *hij is met zijn project geslaagd* sein Unternehmen war erfolgreich ❷ *goede uitslag behalen* bestehen ★ *voor het examen ~* die Prüfung bestehen
slagenwisseling sport Schlagabtausch *m*, Ballwechsel *m*
slager Metzger *m*, Fleischer *m*
slagerij Metzgerei *v*, Fleischerei *v*
slaggitaar Schlaggitarre *v*
slaghoedje Zündkapsel *v*
slaghout sport Schlagholz *o*
slaginstrument Schlaginstrument *o*
slagkracht Schlagkraft *v*
slaglinie Schlachtlinie *v*
slagorde Schlachtordnung *v*
slagpen dierk *vleugelveer* Schwungfeder *v*
slagpin Zündstift *m*
slagregen Platzregen *m*
slagroom Schlagsahne *v*
slagroompunt Stück *o* Sahnetorte
slagroomtaart cul Sahnetorte *v*
slagschip Schlachtschiff *o*
slagtand Stoßzahn *m*, ‹bij wild zwijn, walrus› Hauer *m*
slagvaardig ❶ *strijdvaardig* kampfbereit ❷ *doortastend* tatkräftig
slagveld Schlachtfeld *o*
slagwerk ❶ muz Schlagzeug *o* ❷ *deel uurwerk* Schlagwerk *o*
slagwerker muz Schlagzeuger *m*
slagzij Schlagseite *v*
slagzin Schlagwort *o*
slak ❶ *weekdier* Schnecke *v* ❷ *sintel* Schlacke *v*
slaken *uiten* ausstoßen ★ *een kreet / gil ~* einen Schrei ausstoßen
slakkengang Schneckentempo *o*
slakkenhuis ❶ *huis van slak* Schneckenhaus *o*, Schneckengehäuse *o* ❷ *gehoorgang* Schnecke *v*
slalom Slalom *m*
slampamper Müßiggänger *m*
slang[1] ❶ *dier* Schlange *v* ❷ *buis* Schlauch *m*
slang[2] [sleng] taalk *groepstaal* Slang *m*
slangenbeet Schlangenbiss *m*
slangenbezweerder Schlangenbeschwörer *m*
slangengif Schlangengift *o*
slangenleer Schlangenleder *o*
slangenmens Schlangenmensch *m*

sl

slank schlank
slaolie Salatöl *o*, Speiseöl *o*
slap I *bnw* ❶ *niet stijf* weich ★ *de slappe hoed* der Schlapphut ❷ *niet strak* schlaff, schlapp ❸ *zwak, niet sterk* kraftlos, schwach ❹ *niet pittig* dünn ❺ *niet doortastend* ★ *je bent een slappe vent* du bist ein Schwächling *m* ❻ *inhoudsloos* schlapp, seicht, hohl ★ *slap geklets* dumme(s) / blöde(s) Gerede ❼ *niet druk* matt, flau, still **II** *bijw* ★ *zich slap lachen* sich schieflachen, sich biegen vor Lachen
slapeloos schlaflos
slapeloosheid Schlaflosigkeit *v*
slapen ❶ *in slaap zijn* schlafen ★ *gaan* ~ schlafen gehen ❷ fig *suffen* schlafen ❸ *tintelen* ‹van ledematen› schlafen ❹ ~ **met** *vrijen met* schlafen mit
slaper ❶ *iem. die slaapt* Schlafende(r) *m* ❷ *gast* Schlafgast *m*
slaperig ❶ *slaap hebbend* schläfrig ❷ *suf* träge, verschlafen
slapie Stubenkamerad *m*
slapjanus Schlappschwanz *m*
slapjes *niet fit* schlapp
slappeling Schlappschwanz *m*
slapstick Slapstick *m*
slapte Schlappheit *v*, econ Lustlosigkeit *v*, ‹het niet doortastend zijn› Laschheit *v*
slasaus Salatsoße *v*
slash typ Schrägstrich *m*
slavenarbeid *werk van slaven* Sklavenarbeit *v*
slavenarmband Armreif *m*
slavendrijver Sklaventreiber *m*
slavenhandel Sklavenhandel *m*
slavenhandelaar Sklavenhändler *m*
slavernij *het stelsel* Sklaverei *v*
slavin Sklavin *v*
slavink in Speck gewickelte(s) Fleischröllchen *o*
Slavisch slawisch
slavist Slawist *m*
slavistiek Slawistik *v*
slecht I *bnw* ❶ *van geringe kwaliteit* schlecht ★ *niet ~!* nicht übel! ❷ *ongunstig* schlecht ❸ *moreel slecht* schlecht ★ *door en door* ~ grundschlecht **II** *bijw, ongunstig* ★ *er ~ aan toe zijn* übel dran sein
slechten ❶ *slopen* abreißen, niederreißen ★ *een muur* ~ eine Mauer abtragen ❷ *effen maken* ebnen, planieren
slechterik Lump *m*, Bösewicht *m*
slechtgezind BN missmutig, verdrießlich
slechtheid Schlechtigkeit *v*
slechthorend schwerhörig
slechtnieuwsgesprek ‹algemeen› Gespräch *o* mit schlechten Nachrichten, ‹i.v.m. ontslag› Kündigungsgespräch *o*
slechts nur, bloß, lediglich
slechtvalk Wanderfalke *m*
slechtziend sehbehindert
slede → **slee**
sledehond Schlittenhund *m*
slee ❶ *glijdend voertuig* Schlitten *m* ❷ *onderstel* Schlitten *m* ❸ *grote auto* Schlitten *m* ★ *als je in zo'n slee rijdt* wenn man in so einem Schlitten fährt ★ *slee van een wagen* Straßenkreuzer *m*
sleedoorn Schlehdorn *m*
sleeën Schlitten fahren
sleehak Keilabsatz *m*
sleep I *zn* [de] ❶ *deel van gewaad* Schleppe *v* ❷ *gevolg* Geleit *o*, Gefolge *o* ❸ *vaar- / voertuig* ‹auto› geschleppte(r) Wagen *m*, ‹schepen› Schleppzug *m* **II** *ww* [verl. td.] → **slijpen**
sleepboot Schlepper *m*
sleepdienst ❶ *het slepen* Abschleppen *o* ❷ *onderneming* Abschleppdienst *m*
sleep-in Sleep-in *o*
sleepkabel transp Schleppseil *o*, ‹auto› Abschleppseil *o*
sleepketting Abschleppseil *o*, Abschleppkette *v*
sleeplift Schlepplift *m*
sleepnet Schleppnetz *o*
sleeptouw Schlepptau *o* ▼ *iem. op ~ nemen* jemanden ins Schlepptau nehmen
sleepvaart Schleppschifffahrt *v*
sleepwagen Abschleppwagen *m*
Sleeswijk-Holstein Schleswig-Holstein *o*
sleet [verl. td.] → **slijten**
sleets ❶ *versleten* verschlissen ★ *~e schoenen* verschlissene Schuhe ❷ *slordig* schlampig
slempen *zuipen* schlemmen, prassen
slenk ❶ *geul* Priel *m* ❷ geologisch Graben *m*
slenteren schlendern
slentergang *gang* Schlendergang *m*
slepen I *on ww* ❶ *over de grond gaan* bis auf den Boden hängen ❷ *traag verlopen* schleppen ★ *een ~de ziekte* eine schleichende Krankheit ★ *iets laten* ~ etw. in die Länge ziehen **II** *ww* [verl. td.] → **slijpen**
slet Schlampe *v*, ‹hoer› Nutte *v*
sleten [verl. td.] → **slijten**
sleuf ❶ *groef* Rille *v* ❷ *opening* Schlitz *m*, Spalt *m*
sleur Trott *m*, Schlendrian *m* ★ *dagelijkse* ~ Alltagstrott *m*
sleuren I *ov ww, voortslepen* schleifen, zerren **II** *on ww, traag voortgaan* sich hinziehen, sich in die Länge ziehen
sleutel ❶ *werktuig dat slot opent* Schlüssel *m* ★ *valse* ~ Dietrich *m* ❷ *gereedschap* Schlüssel *m* ★ *Engelse* ~ Rollgabelschlüssel *m* ❸ fig *middel tot oplossing* Schlüssel *m* ❹ muz Schlüssel *m*
sleutelbeen Schlüsselbein *o*
sleutelbloem Schlüsselblume *v*
sleutelbos Schlüsselbund *o*
sleutelen ❶ lett *repareren* herumdoktern ❷ fig *klooien* herumhantieren, basteln
sleutelfiguur Schlüsselfigur *v*
sleutelfunctie Schlüsselfunktion *v*
sleutelgat Schlüsselloch *o*
sleutelgeld Baukostenzuschuss *m*
sleutelhanger Schlüsselanhänger *m*
sleutelkind Schlüsselkind *o*
sleutelpositie Schlüsselposition *v*
sleutelring Schlüsselring *m*
sleutelrol Schlüsselrolle *v*
sleutelwoord Schlüsselwort *o*
slib ❶ *bezinksel* Niederschlag *m*, ‹bij ertsen› Schlamm *m* ❷ *slijk* Schlick *m*
slibberig ❶ *glibberig* rutschig, glitschig ❷ *modderig* matschig
sliding ❶ *glijbeweging* Slidingtackling *o* ❷ *roeibankje* Rollsitz *m*
sliep [verl. td.] → **slapen**

sliepen [verl. td.] → **slapen**
sliert ❶ *lange rij* Kette *v*, Reihe *v*, ⟨voertuigen⟩ Kolonne *v* ❷ *neerhangend iets* ⟨damp, rook, mist⟩ Schwaden *m*, ⟨haar⟩ Strähne *v* ❸ *lange slungel* Bohnenstange *v*
slijk Schlamm *m* ▼ *iem. door het ~ halen* jemanden in den Dreck ziehen ▼ *het ~ der aarde* das schnöde Geld
slijm *mondvocht* Schleim *m*
slijmafscheiding Schleimabsonderung *v*
slijmbal Schleimscheißer *m*, Schleimer *m*
slijmbeurs Schleimbeutel *m*
slijmen *slijm opgeven* schleimen
slijmerd Schleimer *m*, inform Schleimscheißer *m*
slijmerig *slijmachtig* schleimig
slijmjurk Schleimscheißer *m*
slijmlaag Schleimschicht *v*
slijmvlies Schleimhaut *v*
slijmvliesontsteking Schleimhautentzündung *v*
slijpen ❶ *scherp maken* schleifen, schärfen, ⟨van potlood⟩ anspitzen ❷ *polijsten* polieren
slijper ❶ *persoon* Schleifer *m* ❷ *toestel* Schleifgerät *o*
slijpsteen Schleifstein *m*, Wetzstein *m*
slijtage Verschleiß *m*, Abnutzung *v*
slijtageslag Abnutzungsschlacht *v*
slijten **I** *ov ww* ❶ *verslijten* abnutzen, verschleißen, verbrauchen, (durch)schleißen ❷ *tijd doorbrengen* verbringen, zubringen ❸ *verkopen* verkaufen **II** *on ww* ❶ *achteruitgaan* sich abnutzen, verschleißen, verbraucht werden ❷ *overgaan* ★ *dat zal wel ~* das wird schon vorübergehen
slijter *drankverkoper* Wein- und Spirituosenhändler *m*
slijterij Wein- und Spirituosenhandlung *v*
slijtplek verschlissene Stelle *v*
slijtvast verschleißfest
slik ❶ *slijk* Schlamm *m*, Schlick *m* ❷ *aangeslibde grond* Schlickboden *m*
slikken ❶ *doorslikken* (hinunter)schlucken ❷ *aanvaarden* schlucken ★ *veel moeten ~* viel schlucken / einstecken müssen
slikreflex Schluckreflex *m*
slim *vindingrijk* klug, schlau
slimheid *het slim zijn* Klugheit *v*, ⟨listigheid⟩ Schlauheit *v*
slimmerd Schlaumeier *m*, Schlauberger *m*
slimmerik Schlaumeier *m*, Schlaufuchs *m*, Schlauberger *m*, Schlaukopf *m*
slinger ❶ *zwaai* Schlenker *m* ❷ *versiering* Girlande *v* ❸ *zwengel* Schwengel *m*, Kurbel *v* ❹ *deel van klok* Pendel *o* ❺ *werptuig* Schleuder *v*
slingeraap Klammeraffe *m*
slingeren **I** *ov ww, met een zwaai gooien* schleudern, schwingen **II** *on ww* ❶ *zwaaien* schwingen, pendeln, baumeln, schlenkern ❷ *zigzaggen* ⟨v. weg⟩ sich schlängeln, ⟨door dronkenschap etc.⟩ schwanken ❸ *ordeloos liggen* herumliegen **III** *wkd ww* [**zich ~**] *zich kronkelen* sich schlängeln
slingerplant Schlingpflanze *v*
slingerweg Schlängelweg *m*
slinken abnehmen, schwinden, ⟨krimpen⟩ schrumpfen ★ *de groente slinkt bij het koken* das Gemüse kocht ein

slinks krumm, tückisch
slip ❶ *afhangend deel* Zipfel *m* ❷ *onderbroek* Slip *m* ❸ *glijpartij* Schleudern *o*, Rutschen *o*
slipcursus Schleuderkurs *m*
slipgevaar Schleudergefahr *v*, Rutschgefahr *v*
slip-over Pullunder *m*
slippen ❶ *doorschieten* schlüpfen ❷ *uitglijden* schlittern, rutschen, ⟨auto⟩ schleudern
slipper Slipper *m*
slippertje ★ *een ~ maken* einen Seitensprung machen
slipstream Windschatten *m*, Sog *m*
slissen lispeln
slobberen **I** *ov ww, slurpen* schlürfen **II** *on ww, flodderig zitten* schlenkern, schlottern
slobbertrui Schlapperpulli *m*
sloddervos ⟨man⟩ Schluderjan *m*, ⟨vrouw⟩ Schlampe *v*
sloeber *stakker* Schlucker *m*
sloef ★ *onder de ~ liggen* unter dem Pantoffel stehen
sloeg [verl. td.] → **slaan**
sloegen [verl. td.] → **slaan**
sloep ❶ *kleine boot* Schlup *v* ❷ *reddingsboot* Rettungsboot *o*, Schaluppe *v*
sloerie Schlampe *v*
slof ❶ *pantoffel* Schlappen *m*, Pantoffel *m* ❷ *pak sigaretten* Stange *v* ▼ *op zijn sloffen* in aller Gemütlichkeit, ganz gemächlich
sloffen schlurfen
slogan Schlagwort *o*, Slogan *m*
slok ❶ *het slikken* ★ *een flinke slok* ein herzhafter / großer Schluck ❷ *borreltje* Schluck *m* ▼ *dat scheelt een slok op een borrel* das macht kaum was aus
slokdarm Speiseröhre *v*
slokken schlingen
slokop Nimmersatt *m*, Vielfraß *m*
slome trübe Tasse *v*, Döskopp *m*, Schlappschwanz *m*
slonk [verl. td.] → **slinken**
slonken [verl. td.] → **slinken**
slons Schlendrian *m*
slonzig schlampig
sloof Arbeitstier *o*
sloom träge
sloop **I** *zn* [de] ❶ *het slopen* Abbruch *m*, ⟨auto⟩ Verschrottung *v* ❷ *sloperij* Abbruchunternehmen *o* **II** *zn* [het] Überzug *m*, Kissenbezug *m* **III** *ww* [verl. td.] → **sluipen**
sloopauto Autowrack *o*
sloopkogel Abrissbirne *v*
slooppand abbruchreife(s) Gebäude *o*
sloopwerken Abrissarbeiten *mv*
sloot **I** *zn* [de], *waterloop* Graben *m* **II** *ww* [verl. td.] → **sluiten**
slootjespringen über Gräben springen
slootwater ❶ *water in sloot* Grabenwasser *o* ❷ *slap drankje* Spülwasser *o*
slop *steegje* Gasse *v* ★ *in het slop raken* in eine Sackgasse geraten
slopen **I** *ov ww* ❶ *afbreken* ⟨gebouw⟩ abreißen, ⟨auto etc.⟩ verschrotten ❷ *uitputten* erschöpfen, ⟨ziekte⟩ verzehren, ⟨stress⟩ aufreiben ★ *een ~de ziekte* eine zermürbende Krankheit, eine kräftezehrende Krankheit ★ *~d werk* Knochenarbeit *v* **II** *ww* [verl. td.] → **sluipen**

sloper Abbruchunternehmer *m*
sloperij ⟨auto's⟩ Autoverwertung *v*, ⟨gebouwen⟩ Abbruchunternehmen *o*
slopersbedrijf Abbruchunternehmen *o*
sloppenwijk Armenviertel *o*, Slum *m*
slordig ❶ *niet netjes* ungepflegt, nachlässig, unordentlich ❷ *ongeveer* nur etwa ★ *een ~e duit* eine hübsche Summe
slordigheid ❶ *het slordig-zijn* Unordentlichkeit *v* ❷ *iets slordigs* Nachlässigkeit *v*
slot ❶ *sluiting* Schloss *o*, Verschluss *m* ★ *op slot doen* verschließen, abschließen, schließen ❷ *einde* Schluss *m*, Ende *o* ★ *ten slotte* zuletzt, schließlich ★ *per slot van rekening* schließlich ❸ *kasteel* Schloss *o*
slotakkoord muz Schlussakkord *m*
slotakte ❶ ton *laatste akte* Schlussakt *m* ❷ *resultaat van conferentie* Schlussakte *v*
slotbijeenkomst Schlusstreffen *o*
sloten [verl. td.] → **sluiten**
slotenmaker Schlosser *m*
slotfase Schlussphase *v*
slotgracht Burggraben *m*
slotkoers Schlusskurs *m*
slotopmerking Schlussbemerkung *v*
slotsom Schluss *m*, Schlussfolgerung *v*
slotverklaring (Ab)Schlusserklärung *v*, (Ab)Schlussdeklaration *v*
slotwoord *afsluitende woorden* Schlusswort *o*
slotzin Schlusssatz *m*
Sloveen *bewoner* Slowene *m*
Sloveens I *bnw, m.b.t. Slovenië* slowenisch II *zn* [het], *taal* Slowenisch
Sloveense Slowenin *v*
sloven sich abrackern, sich abplagen
Slovenië Slowenien *o*
Slowaak *bewoner* Slowake *m*
Slowaaks I *bnw, m.b.t. Slowakije* slowakisch II *zn* [het], *taal* Slowakisch(e) *o*
Slowaakse Slowakin *v*
Slowakije Slowakei *v*
slow motion Zeitlupe *v*
sluier Schleier *m* ▼ *een tipje van de ~ oplichten* den Schleier lüften
sluierbewolking Schleierwolken *v mv*, dünne Wolkenschleier *m mv*
sluieren verschleiern
sluik glatt herabhängend, ⟨van haar⟩ glatt
sluikhandel Schwarzhandel *m*
sluikreclame Schleichwerbung *v*
sluikstorten BN *clandestien afval lozen* illegal Müll abladen
sluimer Schlummer *m*
sluimeren ❶ *licht slapen* schlummern ❷ fig *(nog) niet actief zijn* schlummern
sluimering Schlummer *m*
sluipen ❶ *stil lopen* schleichen ❷ fig *ongemerkt opkomen* schleichen
sluipmoord Meuchelmord *m*
sluipmoordenaar Meuchelmörder *m*
sluiproute Schleichweg *m*
sluipschutter Heckenschütze *m*
sluipverkeer Verkehr *m* über Schleichwege
sluipweg *stille weg* Schleichweg *m*
sluis *waterkering* Schleuse *v*
sluisdeur Schleusentor *o*

sl

sluisgeld Schleusengeld *o*
sluiswachter Schleusenwärter *m*
sluiten I *ov ww* ❶ *dichtdoen* schließen, verschließen, abschließen, zuschließen, sperren ❷ *beëindigen* (ab)schließen, beenden ❸ *aangaan* schließen, abschließen ★ *het ~ van het contract* der Vertragsabschluss II *on ww* ❶ *kloppen* schlüssig sein, stimmen ❷ *dichtgaan* schließen ★ *de deur sluit automatisch* die Tür schließt von selbst ❸ *ten einde lopen* enden, (ab)schließen ★ *bij het ~ van de beurs* bei Börsenschluss
sluiter foto Verschluss *m*
sluitertijd Belichtungszeit *v*
sluiting ❶ *het dichtdoen* Schließung *v*, Schluss *m* ❷ *het beëindigen* ★ *~ van de inschrijving* Anmeldeschluss ❸ *iets dat afsluit* Schließe *v*, Verschluss *m*
sluitingsdatum Schlussdatum *o*
sluitingstijd ⟨winkel⟩ Ladenschluss *m*, ⟨café⟩ Sperrstunde *v*, ⟨kantoor⟩ Büroschluss *m*
sluitpost econ *afsluitende post* Ausgleich *m*
sluitspier Schließmuskel *m*
sluitstuk ❶ *voorwerp* Verschluss *m* ❷ *slotstuk* Abschluss *m*, Schlussteil *m*
sluizen *overbrengen* schleusen
slungel Schlaks *m* ★ *lange ~* lange(r) Lulatsch *m*
slungelig schlaksig
slurf ❶ *lange snuit* Rüssel *m* ❷ *flexibele buis* Schlauch *m*, ⟨aviobrug⟩ Fluggastbrücke *v*
slurpen *hoorbaar drinken* schlürfen
sluw gerissen, schlau, listig
sluwheid Schläue *v*, Schlauheit *v*, Listigkeit *v*
SM *sadomasochisme* SM *m*, Sadomasochismus *m*
smaad Schmach *m*, Schmähung *v*
smaak ❶ *zintuig* Geschmack *m* ❷ *trek, eetlust* ★ *met ~ eten* mit Appetit essen ★ *hij heeft er de ~ al lang van te pakken* er ist schon lange auf den Geschmack gekommen ❸ *wat men proeft* ★ *iets op ~ brengen* etw. abschmecken ❹ *schoonheidszin* Geschmack *m* ★ *zonder ~* geschmacklos ★ *met ~* geschmackvoll ❺ *voorkeur* Geschmack *m* ★ *in de ~ vallen* Beifall / Anklang finden ★ *dat is een kwestie van ~* das ist Geschmacksache
smaakje ❶ *bijsmaak* Beigeschmack *m* ❷ *smaakstof* Aroma *o*
smaakmaker ❶ *smaakstof* Geschmackverstärker *m*, Würze *v*, Aroma *o* ❷ *trendsetter* Trendsetter *m*
smaakpapil Geschmackspapille *v*
smaakstof Geschmacksstoff *m*
smaakvol geschmackvoll
smaakzin Geschmackssinn *m*
smachten ❶ *verlangen* lechzen (nach), schmachten (nach) ★ *~d verlangen* sehnsüchtige(s) Verlangen *o* ❷ *kwijnen* verschmachten
smachtend *verlangend* schmachtend, rührselig
smadelijk schmachvoll, schmählich
smak ❶ *harde val, klap, slag* Schlag *m*, Knall *m* ★ *een harde smak maken* hinknallen ★ *met een doffe smak* mit einem dumpfen Knall ❷ *smakkend geluid* Schmatz *m*, ⟨zoen⟩ Schmatzer *m* ❸ *grote hoeveelheid* Haufen *m*
smakelijk I *bnw* ❶ *lekker* lecker, appetitlich, schmackhaft ❷ *smeuïg* genüsslich II *bijw* ❶ *lekker* ★ *~ eten!* guten Appetit! ❷ *smeuïg* ★ *~ lachen* herzhaft lachen

smakeloos lett geschmacklos
smaken I *ov ww, genieten* genießen II *on ww, smaak hebben* schmecken ★ *smaakt het u?* schmeckt es Ihnen? ★ *het begint hem weer te ~* er bekommt wieder Appetit
smakken I *ov ww, smijten* schmettern, schmeißen II *on ww* ❶ *vallen* hart fallen ❷ *hoorbaar eten* schmatzen
smal schmal
smaldeel Geschwader *o*
smalen höhnen ★ *op iem. ~* jmdn. schmähen
smalend hämisch, höhnisch ★ *~ grijnzen* dreckig grinsen
smaragd Smaragd *m*
smart ❶ *leed* Schmerz *m* ❷ *verlangen* Sehnsucht *v*, Verlangen *o* ▼ *gedeelde ~ is halve ~* geteilter Schmerz ist halber Schmerz, geteiltes Leid ist halbes Leid
smartcard Smartcard *v*
smartdrug Smart Drug *v*, Smartdroge *v*
smartelijk schmerzlich
smartengeld Schmerzensgeld *o*
smartlap Schnulze *v*, Schmachtlappen *m*
smash sport Schmetterball *m*
smashen sport schmettern
smeden ❶ *bewerken* schmieden ❷ *uitdenken* ★ *een samenzwering ~* eine Verschwörung anzetteln
smederij Schmiede *v*
smeedijzer Schmiedeeisen *o*
smeedwerk Schmiedearbeit *v*
smeekbede Flehen *o*, flehentliche Bitte *v*
smeer ❶ *smeersel* Schmiere *v* ❷ *vuil* Schmiere *v*
smeerbaar streichfähig
smeerboel Schweinerei *v*, ⟨schrijfwerk⟩ Schmiererei *v*
smeergeld Schmiergelder *mv*
smeerkaas cul Schmelzkäse *m*
smeerlap ❶ *viezerik* Schmierfink *m*, Schmutzfink *m* ❷ *gemeen persoon* Schuft *m*, Dreckskerl *m*
smeerlapperij ❶ *viezigheid* Schweinerei *v* ❷ *gemeenheid* Sauerei *v*
smeerolie Schmieröl *o*
smeerpijp *smeerpoets* Schweinigel *m*, Dreckfink *m*
smeerpoets Schweinigel *m*, Schmutzfink *m*
smeersel *zalf* Schmiere *v*
smeet [verl. td.] → **smijten**
smeken flehen
smeltbaar schmelzbar
smelten I *ov ww, vloeibaar maken* schmelzen ★ *gesmolten boter* zerlassene Butter *v* II *on ww, vloeibaar worden* schmelzen
smeltkroes ❶ *kroes* Schmelztiegel *m* ❷ fig *divers geheel* Sammelbecken *o*
smeltpunt Schmelzpunkt *m*
smeltsneeuw Schneematsch *m*
smeltwater Schmelzwasser *o*
smeren ❶ *uitstrijken* schmieren ❷ *invetten* schmieren ★ *'m ~* abhauen, verduften ★ *het gaat / loopt gesmeerd* es läuft wie geschmiert
smerig ❶ *vuil* schmutzig ❷ *gemeen* dreckig
smeris Bulle *m*
smet ❶ *vlek* Fleck *m* ❷ *schandvlek* Makel *m* ★ *dit werpt een smet op zijn naam* das befleckt seinen Ruf
smeten [verl. td.] → **smijten**
smetteloos ❶ lett fleckenlos ❷ fig makellos
smetvrees krankhafte Furcht *v* vor Ansteckung oder Beschmutzung
smeuïg ❶ *zacht* sämig ❷ *smakelijk, levendig* köstlich, amüsant
smeulen ❶ *gloeien* schwelen ❷ fig *broeien* schwelen
smid Schmied *m*
smidse Schmiede *v*
smiecht ❶ *gemenerik* Lump *m*, Schuft *m* ❷ *slimmerik* Schlauberger *m*
smiezen ▼ *iem. in de ~ hebben* jemandem auf die Schliche kommen ▼ *iets in de ~ hebben* einer Sache auf die Spur kommen
smijten schmeißen ▼ *met geld ~* mit Geld um sich werfen
smikkelen schmausen
smiley Smiley *o*
smoel ❶ *gezicht* Fratze *v*, Fresse *v* ★ *leuk ~tje* süße Schnute *v* ❷ *mond* Maul *o*, Schnauze *v*
smoes Ausrede *v*, Ausflucht *v* ★ *allemaal ~jes* dumme Ausreden ★ *iem. ~jes verkopen* jmdm. mit faulen Ausreden kommen
smoezelig schmuddelig, angeschmuddelt
smoezen *zacht, stiekem praten* tuscheln ★ *met elkaar ~* miteinander tuscheln
smog Smog *m*
smogalarm Smogalarm *m*
smoking Smoking *m*
smokkel Schmuggel *m*
smokkelaar Schmuggler *m*
smokkelarij Schmuggel *m*, Schmuggelei *v*
smokkelen *niet eerlijk doen* mogeln
smokkelhandel Schwarzhandel *m*, Schleichhandel *m*
smokkelroute Schmuggelweg *m*
smokkelwaar Schmuggelware *v*
smolt [verl. td.] → **smelten**
smolten [verl. td.] → **smelten**
smoor ▼ *hij heeft er de ~ in* es hängt ihm zum Hals raus
smoorheet erstickend heiß
smoorverliefd verknallt
smoothie cul Smoothie *m*
smoren I *ov ww* ❶ *verstikken* ersticken ★ *zij smoorde een zucht* sie unterdrückte einen Seufzer ❷ *gaar laten worden* schmoren II *on ww, stikken* ersticken
smoushond Pinscher *o*
smoutbol BN *oliebol* Krapfen *m*
sms-bericht SMS-Nachricht *v*
sms'en SMS-Nachrichten senden
sms'je SMS-Nachricht *v*
smullen ❶ *heerlijk eten* schmausen, schlemmen ❷ fig *genieten* auskosten ★ *van iets ~* an etw. seine Freude haben
smulpaap Leckermaul *o*, Prasser *m*, Schlemmer *m*
smurf Schlumpf *m*
smurrie Matsch *m*
snaaien ❶ *inpikken* stibitzen ❷ *snoepen, eten* naschen
snaar *dun koord* Saite *v*
snaarinstrument Saiteninstrument *o*
snack Snack *m*, Imbiss *m*

snackbar Imbiss *m*, Snackbar *v*
snacken snacken
snakken naar sich sehnen nach, schmachten nach
snappen ❶ *begrijpen* kapieren ❷ *betrappen* erwischen, ertappen
snars ▾ *geen ~* kein bisschen, nicht die Bohne ▾ *er klopt geen ~ van* das stimmt hinten und vorne nicht
snater Schnauze *v*, Schnabel *m*
snateren ❶ *kwaken* schnattern ❷ *kwebbelen* schnattern
snauw Anschnauzer *m* ★ *iem. een ~ geven* jmdn. anschnauzen
snauwen *bits spreken* schnauzen ★ *tegen iem. ~* jmdn. anschnauzen, jmdn. anfahren
snauwerig schnauzig
snavel *vogelbek* Schnabel *m*
snede → **snee**
sneden [verl. td.] → **snijden**
snee ❶ *insnijding* Einschnitt *m*, Zäsur *v*, ⟨snijwond⟩ Schnittwunde *v* ❷ *plak* Scheibe *v* ★ *een sneetje brood* eine Brotscheibe ❸ *scherpe kant* Schneide *v* ❹ *snijvlak* Schnittfläche *v* ★ *goud op snee* mit Goldschnitt
sneed [verl. td.] → **snijden**
sneer höhnische Bemerkung *v*
sneeren verspotten
sneeuw *neerslag* Schnee *m* ★ *opgewaaide ~* Schneewehe *v* ★ *verse ~* Neuschnee *m* ★ *~ met ijskorst* Harsch *m* ▾ BN *zwarte ~ zien* das Leben in all seinen Facetten kennen
sneeuwbal Schneeball *m*
sneeuwbaleffect Kettenreaktion *v*
sneeuwballengevecht Schneeballschlacht *v*
sneeuwblind schneeblind
sneeuwbril Schneebrille *v*
sneeuwbui Schneeschauer *m*
sneeuwen schneien
sneeuwgrens Schneegrenze *v*
sneeuwjacht Schneegestöber *o*, Schneetreiben *o*
sneeuwkanon Schneekanone *v*
sneeuwketting Schneekette *v*
sneeuwklas BN onderw Schneeklasse *v*
sneeuwklokje Schneeglöckchen *o*
sneeuwlandschap Schneelandschaft *v*
sneeuwman ⟨sneeuwpop⟩ Schneemann *m*, ⟨monster⟩ Schneemensch *m* ★ *de verschrikkelijke ~* der abscheuliche Schneemensch
sneeuwploeg ❶ *sneeuwruimers* Schneeräumkommando *o* ❷ *machine* Schneepflug *m*
sneeuwpop Schneemann *m*
sneeuwruimen Schnee räumen
sneeuwschuiver ❶ *schop* Schneeschaufel *v* ❷ *auto* Schneeschieber *m*
sneeuwstorm Schneesturm *m*
sneeuwuil Schneeeule *v*
sneeuwvakantie Schneeurlaub *m*
sneeuwval *neerslag* Schneefälle *mv* ★ *zware ~* heftige(n) Schneefälle
sneeuwvlok Schneeflocke *v*
sneeuwvrij schneefrei
sneeuwwit schneeweiß
Sneeuwwitje Schneewittchen *o*
sneeuwzeker schneesicher

sn

snel I *bnw* ❶ *vlug* schnell ❷ *modern* flott, scharf **II** *bijw, vlug* schnell, ⟨spoedig⟩ bald
snelbinder Gepäckträgerspannband *o*
snelbuffet Schnellbüfett *o*, Schnellimbiss *m*
snelbus Schnellbus *m*
snelfiltermaling ★ *koffie in ~* filterfertig gemahlene(r) Kaffee *m*
snelheid *vaart* Geschwindigkeit *v* ★ *door zijn ~ kon hij ontsnappen* durch seine Schnelligkeit konnte er entkommen
snelheidsbegrenzer Geschwindigkeitsbegrenzer *m*
snelheidsbeperking Geschwindigkeitsbeschränkung *v*
snelheidscontrole Geschwindigkeitskontrolle *v*
snelheidsduivel Raser *m*
snelheidslimiet Geschwindigkeitsbegrenzung *v*
snelheidsovertreding Geschwindigkeitsüberschreitung *v*
snelkoker Schnellkocher *m*
snelkookpan Schnellkochtopf *m*
snelkookrijst Schnellkochreis *m*
snelkoppeling comp Schnellkupplung *v*
snellekweekreactor schnelle(r) Brüter *m*, schnelle(r) Brutreaktor *m*
snellen eilen
snelrecht jur Schnellverfahren *o*
snelschaken Blitzschach spielen
sneltoets comp Schnelltaste *v*
sneltram Schnellbahn *v*
sneltrein Schnellzug *m*, D-Zug *m*
sneltreinvaart Eil(zug)tempo *o*
snelverband Schnellverband *m*
snelverkeer Schnellverkehr *m*
snelvuur Schnellfeuer *o*
snelvuurwapen Schnellfeuerwaffe *v*
snelwandelen gehen *o*
snelweg Schnellstraße *v*, ⟨autosnelweg⟩ Autobahn *v*
snerpen ❶ *schril klinken* gellen ❷ *striemen* schneiden
snert ❶ *erwtensoep* Erbsensuppe *v* ❷ *troep* Mist *m*
snert- ★ *snertweer* Sauwetter *o*, Mistwetter *o*
sneu schade
sneuvelen ❶ *omkomen* umkommen, ⟨oorlog⟩ fallen ❷ *stukgaan* kaputtgehen, draufgehen
snibbig schnippisch
sniffen ❶ *bij verkoudheden e.d.* schniefen ❷ *zacht huilen* wimmern
snijbloem Schnittblume *v*
snijboon ❶ *groente* Schnittbohne *v* ❷ inform *persoon* Kauz *m*
snijbrander Schneidbrenner *m*
snijdbaar schnittfest
snijden I *ov ww, af- / uitsnijden* schneiden **II** *on ww, kerven* ★ *in hout ~* Holz schnitzen
snijdend *doordringend* schneidend
snijmachine Schneidemaschine *v*
snijplank Schneidebrett *o*
snijpunt Schnittpunkt *m*
snijroos Schnittrose *v*
snijtafel med Seziertisch *m*, ⟨kleermakerij⟩ Zuschneidetisch *m*
snijtand Schneidezahn *m*
snijvlak ❶ *snijdend deel* Schnittfläche *v* ❷ *doorsnede* Schnittfläche *v*

snijwerk ❶ *versiering* Schnitzarbeit *v* ❷ *kunstwerk* Schnitzerei *v*
snijwond Schnittwunde *v*
snik I *zn* [de] Schluchzer *m*, Seufzer *m* ★ *in snikken uitbarsten* laut aufschluchzen **II** *bnw* ▼ *niet goed snik zijn* nicht alle Tassen im Schrank haben
snikheet brühheiß, erstickend heiß
snikken schluchzen
snip ❶ *vogel* Schnepfe *v* ❷ *briefje van honderd* Hunderter *m*
snipper *reepje* Schnipsel *o* ★ *geen ~tje* nichts, kein bisschen
snipperdag ≈ (einzelne(r) Urlaubstag *m*
snipperen I *ov ww* (zer)schnippeln, schnipseln **II** *on ww* einen freien Tag nehmen
snipverkouden ★ *~ zijn* eine schlimme Erkältung haben
snit Schnitt *m*, Fasson *v*
snob Snob *m*
snobisme Snobismus *m*
snobistisch snobistisch
snoeien ❶ *afknippen* beschneiden, stutzen ❷ *inkorten* kürzen, beschneiden
snoeimes Hippe *v*, Gartenmesser *o*
snoeischaar Baumschere *v*, Heckenschere *v*
snoek *vis* Hecht *m*
snoekbaars Zander *m*
snoekduik Hechtsprung *m*
snoep ❶ Süßigkeit *v*, Süßigkeiten *mv* ❷ → **snoepje**
snoepautomaat Süßwarenautomat *m*
snoepen ❶ *snoep eten* naschen ❷ *eten* naschen
snoeper ❶ *iem. die snoept* Nascher *m* ❷ *flirt* Lüstling *m* ★ *ouwe ~* Lustgreis *m*
snoepgoed Süßigkeiten *mv*
snoepje *snoepgoed* Süßigkeit *v*
snoeplust Naschhaftigkeit *v*
snoepreisje Vergnügungsreise *v*
snoer ❶ *koord* Schnur *v* ❷ *streng* Schnur *v*
snoeren schnüren
snoerloos schnurlos
snoes Fratz *m*, Herzchen *o* ★ *~ van een kind* ein allerliebstes Kind ★ *een ~ van een jurk* ein reizendes Kleid
snoeshaan Kauz *m* ★ *vreemde ~* seltsame(r) Vogel *m* ★ *rare ~* wunderliche(r) Kauz *m*
snoet Schnauze *v*, Fratze *v*
snoeven prahlen, aufschneiden
snoever Prahler *m*, Prahlhans *m*
snoezig niedlich, süß, goldig
snol Nutte *v*, Flittchen *o*
snood niederträchtig, schnöde
snoodaard Bösewicht *m*, Schurke *m*
snoof [verl. td.] → **snuiven**
snooker Snooker *m*
snookeren ❶ *spel* Snooker spielen ❷ *een snooker leggen* einen Snooker legen
snoot [verl. td.] → **snuiten**
snor Schnurrbart *m*, ‹van dier› Schnurrhaare *v* ▼ *dat zit wel snor* das geht in Ordnung
snorder nicht befugte(r) Taxifahrer *m*
snorfiets Mofa *o*
snorhaar ❶ *haar van snor* Schnurrbarthaar *o* ❷ *tasthaar bij zoogdieren* Schnurrhaare *o mv*
snorkel Schnorchel *m*
snorkelen schnorcheln
snorren schnurren, surren
snot ❶ *neusslijm* Rotz *m* ❷ *ziekte* Pips *m*
snotaap *kwajongen* Rotznase *v*, Rotzlöffel *m*
snoten [verl. td.] → **snuiten**
snotneus ❶ *loopneus* Rotznase *v* ❷ *snotaap* Rotzbengel *m*
snottebel Rotz *m*
snotteren ❶ *neus ophalen* rotzen, schnüffeln ❷ *huilen* greinen, flennen
snotverkouden stark erkältet
snoven [verl. td.] → **snuiven**
snowboard Snowboard *o*
snowboarden snowboarden, Snowboard fahren
snuffelaar Schnüffler *m*
snuffelen ❶ *ruiken* schnüffeln ❷ *speuren* stöbern, kramen ★ *in boeken zitten te ~* in Büchern herumstöbern
snuffelpaal Sensor *m*
snuffen schnüffeln
snufferd ❶ *neus* Riechkolben *m* ❷ *gezicht* Schnauze *v*
snufje ❶ *klein beetje* Prise *v* ❷ *nieuwigheidje* Neuheit *v* ★ *het nieuwste ~* die letzte Neuheit, der letzte Schrei
snugger gescheit, klug
snuifje *klein beetje* Prise *v*
snuisteren BN *nieuwsgierig doorkijken* durchsehen
snuisterij Nippsachen *mv*, Nippes *mv*, Firlefanz *m*
snuit *gezicht* Schnauze *v*
snuiten die Nase putzen, sich schnäuzen ★ *zijn neus ~* sich die Nase putzen
snuiter *kwibus* Kauz *m* ★ *rare ~* sonderbare(r) Kauz, seltsame(r) Vogel *v*
snuiven I *ov ww, tabak / cocaïne gebruiken* schnupfen, ‹bedwelmende dampen› schnüffeln **II** *on ww, ademen* schnauben, schnaufen
snurken ❶ *knorrend ademhalen* schnarchen ❷ *slapen* pennen
s.o. onderw *schriftelijke overhoring* Ex *v*, Extemporale *v*
soa *seksueel overdraagbare aandoening* sexuell übertragbare Krankheit *v*
soap Seifenoper *v*, Soap *v*
soapserie Soap-Serie *v*
sober genügsam, einfach, schlicht
sociaal ❶ *in groepsverband levend* sozial, Sozial- ❷ *maatschappelijk* sozial, Sozial- ★ *sociale verzorging* Wohlfahrtspflege *v* ❸ *welwillend* sozial, Sozial-
sociaal-cultureel soziokulturell
sociaaldemocraat Sozialdemokrat *m*
sociaaldemocratisch sozialdemokratisch
sociaaleconomisch sozialökonomisch
socialezekerheidsstelsel Sozialversicherungssystem *o*
socialisatie Sozialisierung *v*
socialiseren sozialisieren, ‹nationaliseren› econ verstaatlichen
socialisme Sozialismus *m*
socialist Sozialist *m*
socialistisch sozialistisch
sociëteit *vereniging* Klub *m*, Studentenverbindung *v*, Verbindung *v* ★ *naar de*

~ *gaan* in den Klub gehen
society Gesellschaft *v*, vornehme Welt *v*
sociologie Soziologie *v*
sociologisch soziologisch
socioloog Soziologe *m*
soda ❶ *natriumcarbonaat* Soda *v/o* ❷ *sodawater* Soda *v/o*
sodawater Sodawasser *o*
sodemieter ▾ *als de* ~ aber dalli! ▾ *geen* ~ ganz und gar nicht ▾ *ergens geen* ~ *van begrijpen* nur Bahnhof verstehen ▾ *dat gaat jou geen* ~ *aan* das geht dir einen Dreck an ▾ *iem. op zijn* ~ *geven* jemandem eins auf den Deckel geben
sodemieteren I *ov ww, gooien* schmeißen II *on ww* ❶ *vallen* donnern, krachen ★ *van de trap* ~ von der Treppe donnern ❷ *donderjagen* donnern
sodomie Sodomie *v*, Analverkehr *m*
soebatten flehen, betteln
Soedan Sudan *m*
Soedanees Sudaner, Sudanesisch
soelaas Trost *m* ★ ~ *bieden* Trost bieten
soenniet Sunnit *m*
soep cul Suppe *v* ▾ *in de soep zitten* in der Patsche sein ▾ BN *tussen de soep en de patatten* zwischen Tür und Angel ▾ *dat is linke soep* das ist eine linke Sache ▾ *het is niet veel soeps* es hat nicht viel auf sich ▾ *de soep wordt niet zo heet gegeten als ze wordt opgediend* nichts wird so heiß gegessen, wie es gekocht wird
soepballetje cul Suppenklößchen *o*
soepbord Suppenteller *m*
soepel I *bnw* ❶ *buigzaam* geschmeidig ★ ~*e bewegingen* geschmeidige Bewegungen ❷ *niet koppig* flexibel, anpassungsfähig II *bijw, makkelijk* reibungslos
soepgroente Suppengrün *o*
soepjurk Sackkleid *o*, Hängekleid *o*
soepkip Suppenhuhn *o*
soepkom Suppenschüssel *v*
soeplepel ❶ *opscheplepel* Suppenkelle *v* ❷ BN *eetlepel* Esslöffel *m*, Suppenlöffel *m*
soeps → **soep**
soepstengel cul Grissini *mv*
soes *gebakje* Windbeutel *m*
soesa Umstände *mv*, ⟨narigheid⟩ Scherereien *mv*
soeverein I *zn* [de] Souverän *m*, Landesherr *m* II *bnw* souverän ★ ~ *gebied* Hoheitsgebiet *o*
soevereiniteit Souveränität *v*
soezen *dommelen* duseln, vor sich hin dösen
soezerig schläfrig, dösig
sof Pleite *v*, Fiasko *o*, Reinfall *m*
sofa Sofa *o*
Sofia Sofia *o*
sofinummer *(tegenwoordig: burgerservicenummer)* kombinierte Sozialversicherungs- und Steuernummer *v* → **burgerservicenummer**
soft soft, weich, ⟨mannen⟩ weichlich
softbal sport Softball *m*
softballen sport Softball spielen
softdrug Soft Drug *v*, weiche Droge *v*
softijs Softeis *o*
software Software *v*
softwareontwikkelaar Softwarentwickler *m*
softwarepakket Softwarepaket *o*
softwareprogramma Softwareprogramm *o*

SO

soja Soja *v*
sojaboon Sojabohne *v*
sojamelk Sojamilch *v*
sojaplant Sojapflanze *v*
sojasaus cul Sojasoße *v*
sok ❶ *kous* Socke *v* ❷ *onderdeel van een buis* Muffe *v*
sokkel Sockel *m*, ⟨lamp-, buisvoet⟩ Fuß *m*
sol *muziekknoot* Sol *o*
solair solar
solarium Solarium *o*
soldaat Soldat *m*
soldatenuniform Soldatenuniform *v*
soldeer Lot *o*, Lötmetall *o* ★ *zacht* ~ Weichlot *o* ★ *hard* ~ Schlaglot *o*
soldeerbout Lötkolben *m*
soldeerdraad Lötdraht *m*
soldeersel Lot *o*, Lötmetall *o*
solden BN *uitverkoop* Ausverkauf *m*
solderen (ver)löten
soldij Sold *m*, Löhnung *v*
soleren als Solist auftreten
solidair solidarisch
solidariteit Solidarität *v*
solidariteitsbeginsel Solidaritätsprinzip *o*
solidariteitsgevoel Solidaritätsgefühl *o*
solide solide
soliditeit Solidität *v*
solist ❶ muz Solist *m* ❷ fig *individualist* Einzelgänger *m*
solitair I *zn* [de], *persoon* Einzelgänger *m* II *bnw* einzeln lebend, solitär
sollen met ≈ spielen mit ★ *(niet) met zich laten* ~ (nicht) mit sich spielen / spaßen lassen
sollicitant Bewerber *m*
sollicitatie Bewerbung *v* ★ *open* ~ Blindbewerbung
sollicitatiebrief Bewerbungsschreiben *o*, Bewerbung *v*
sollicitatiecommissie Bewerbungskommission *v*
sollicitatiegesprek Bewerbungsgespräch *o*
sollicitatieplicht Bewerbungspflicht *v*
sollicitatieprocedure Bewerbungsverfahren *o*, Bewerbungsprozedur *v*
solliciteren ❶ *naar baan dingen* sich bewerben ❷ ~ **naar** fig *vragen om* sich einhandeln
solo I *zn* [de] Solo *o* II *bijw* solo
solocarrière muz Solokarriere *v*
Solomoneilanden Salomoninseln *mv*
solopartij Solopartie *v*
soloplaat Soloplatte *v*
solotoer ▾ *op de* ~ *gaan* solo / allein weitermachen
solovlucht Alleinflug *m*
solozanger Solosänger *m*
solutie ❶ *contactlijm* Gummilösung *v* ❷ scheik *oplossing* Solution *v*
solvabel solvent
solvabiliteit Solvenz *v*
som ❶ *uitkomst* Summe *v* ❷ *bedrag* Summe *v*, Betrag *m* ❸ wisk Rechenaufgabe *v*
Somalië Somalia *v*
Somalisch somalisch
somatisch somatisch
somber ❶ *donker* düster ❷ *bedrukt* trübe, düster

somma Summe *v*
sommeren ❶ *bevelen* auffordern, mahnen ❷ wisk summieren, addieren
sommige manche, ⟨enkele⟩ einige
soms ❶ *nu en dan* manchmal ❷ *misschien* vielleicht, etwa
sonar Sonar *o*
sonarapparatuur Sonarapparatur *v*, Sonaranlage *v*, Sonargerät *o*
sonate Sonate *v*
sonde ❶ *peilstift* Sonde *v* ❷ *meettoestel* Sonde *v* ❸ *katheter* Sonde *v*
sondevoeding künstliche Ernährung *v*
song Song *m*
songtekst Songtext *m*
sonisch den Schall betreffend, Schall-
sonnet Sonett *o*
sonoor sonor
soort ❶ *groep* Art *v* ★ *enig in zijn ~* einzig in seiner Art ★ *een raar ~ mensen* ein sonderbarer Menschenschlag *m* ★ *~ zoekt ~* Gleich und Gleich gesellt sich gern ❷ biol Sorte *v*
soortelijk spezifisch
soortement Art *v*
soortgelijk derartig, ähnlich
soortgenoot Artgenosse *m*
soortnaam biol Gattungsbezeichnung *v*, taalk Gattungsname *m*
soos ≈ Klub *m*
sop Seifenwasser *o*, Lauge *v* ▼ *het ruime sop kiezen* das Weite suchen ▼ *het sop is de kool niet waard* das lohnt nicht die Mühe
soppen ❶ *reinigen* feucht reinigen, ⟨muren⟩ abwaschen ❷ *indopen* (ein)tauchen, eintunken
sopraan ❶ *stem* Sopran *v* ❷ *zangeres* Sopranistin *v*
sorbet Sorbett *m/o*
sorbitol Sorbit *m*
sores ⟨ellende⟩ Schlamassel *m* ★ *ik heb al genoeg ~ aan mijn hoofd* ich habe schon genug Schwierigkeiten
sorry Entschuldigung
sorteermachine Sortiermaschine *v*, Sortierer *m*
sorteren sortieren ▼ *effect ~* Effekt erzielen
sortering ❶ *het sorteren* Sortierung *v* ❷ *verscheidenheid* Sortiment *o*
SOS *Save Our Souls* SOS *o* ★ *een SOS uitzenden* ein SOS funken
soufflé Soufflé *o*, ⟨nakeursspelling⟩ Soufflee
souffleren soufflieren
souffleur Souffleur *m* [v: Souffleuse]
soul Soul *m*
soundtrack Soundtrack *m*, Filmmusik *v*
souper Souper *o*
souperen soupieren
souplesse Geschicklichkeit *v*, Gelenkigkeit *v*
sousafoon Sousafon *o*
souschef stellvertretende(r) Chef *m*
souteneur Zuhälter *m*
souterrain Souterrain *o*
souvenir Andenken *o*, Souvenir *o*
souvenirwinkel Souvenirladen *m*, Souvenirgeschäft *o*
sovjet Sowjet *m*
Sovjet-Unie Sowjetunion *v*
sowieso sowieso
spa ❶ ® *mineraalwater* Mineralwasser *o* ❷ *spade* Spaten *m*
spaak **I** *zn* [de] Speiche *v* ▼ *iem. een ~ in het wiel steken* jemandem in die Speichen greifen **II** *bijw* ▼ *~ lopen* schiefgehen
spaakbeen Speiche *v*
spaan ❶ *spaander* Span *m* ❷ *schuimspaan* Schaumlöffel *m* ▼ *geen ~ ervan heel laten* an jemandem / etwas kein gutes Haar lassen
spaander Span *m* ▼ *waar gehakt wordt, vallen ~s* wo gehobelt wird, fallen Späne
spaanplaat Spanplatte *v*
Spaans **I** *bnw, m.b.t. Spanje* spanisch **II** *zn* [het], *taal* Spanisch(e) *o*
Spaanse Spanierin *v*
Spaanstalig spanischsprachig
spaaractie Sparaktion *v*
spaarbank Sparkasse *v*
spaarbankboekje Spar(kassen)buch *o*
spaarbekken Speicherbecken *o*
spaarbrander Sparbrenner *m*, Sparflamme *o*
spaarbrief Sparbrief *m*
spaarcenten inform Sparpfennige *m mv*, Oost Spargroschen *m mv*
spaardeposito Spareinlage *v*
spaarder Sparer *m*
spaarfonds Sparfonds *m*
spaargeld Ersparnisse *v mv*, Spargroschen *m mv*
spaarlamp Sparlampe *v*
spaarpot ❶ *busje* Sparbüchse *v* ❷ *spaargeld* Spargroschen *mv* ★ *een ~je aanleggen* Geld auf die hohe Kante legen
spaarrekening Sparkonto *o*
spaarvarken Sparschwein *o*
spaarzaam *zuinig* sparsam ★ *hij is ~ met woorden* er ist wortkarg
spaarzegel Rabattmarke *v*
spacecake Spacecake *m*
spaceshuttle Spaceshuttle *m*, Raumfähre *v*
spade Spaten *m*
spagaat Spagat *m/o*
spaghetti Spaghetti *mv*
spalk Bruchschiene *v*, Schiene *v*
spalken ❶ *verbinden* (ein)schienen ❷ *splijten* aufsperren
spam comp *e-mail* Spam *m*
span ❶ *trekdieren* Gespann *o* ❷ fig *stel* Gespann *o*
spanband Spannband *o*
spandoek Spruchband *o*, Transparent *o*
spandraad Spanndraht *m*
spaniël Spaniel *m*
Spanjaard *bewoner* Spanier *m*
Spanje Spanien *o*
spankracht ❶ *veerkracht* Spannkraft *v*, Dehnfähigkeit *v* ❷ *kracht* Spannkraft *v*
spannen **I** *ov ww* ❶ *onder spanning zetten* spannen ❷ *m.b.t. een gespan* spannen **II** *onp ww, kritiek zijn* ★ *het zal erom ~* es ist noch die Frage
spannend ❶ spannend ❷ BN *strak, nauw* eng
spanning ❶ *het strak getrokken zijn* Spannung *v* ❷ *druk* Spannung *v* ❸ elek Spannung *v* ❹ psych Spannung *v*
spanningsboog Spannungskurve, Spannungsbogen *m*
spanningscoëfficiënt Spannungskoeffizient *m*
spanningshaard Spannungsherd *m*

sp

spanningsveld elek Spannungsfeld *o*
spanningzoeker Spannungsprüfer *m*
spanwijdte ❶ *afstand tussen twee steunpunten* Spannweite *v* ❷ *vleugelbreedte* Spannweite *v*
spar *boom* Tanne *v*, Fichte *v*
sparappel Tannenzapfen *m*
sparen ❶ *geld niet uitgeven* sparen ❷ *verzamelen* sammeln ❸ *ontzien* schonen
sparren sport sparren
sparringpartner Sparringspartner *m*
Spartaans *streng* spartanisch
spartelen zappeln
sparteling Zappeln *o*
spasme Krampf *m*, Spasmus *m*
spastisch ❶ *verkrampt* spastisch ❷ fig *moeilijk doend* spastisch
spat Spritzer *m* ▼ *geen spat* gar nichts ▼ *spatjes hebben* Sperenzchen machen
spatader med Krampfader *v*
spatbord ⟨fiets⟩ Schutzblech *o*, ⟨auto⟩ Kotflügel *m*
spatel Spatel *m*
spatie Zwischenraum *m*, ⟨tussenruimte tussen letters⟩ Spatium *o*
spatiebalk comp Leertaste *v*
spatiëren sperren
spatiëring Sperrung *v*, Spationierung *v*, Sperrdruck *m*
spatietoets Leertaste *v*
spatlap Schmutzfänger *m*
spatten I *ov ww, bespatten* spritzen **II** *on ww, spetteren* spritzen, sprühen ★ *uit elkaar ~* zerplatzen
spawater® Mineralwasser *o*, Sprudelwasser *o*, Sprudel *m*
speaker *luidspreker* Lautsprecher *m*
specerij Gewürz *o*
specht Specht *m* ★ *groene ~* Grünspecht *m* ★ *bonte ~* Buntspecht *m*
speciaal I *bnw* speziell, besonders, Spezial-, Sonder-, Einzel- ★ *~ geval* Sonderfall *m*, Einzelfall *m* ★ *speciale prijs* Vorzugspreis *m* ★ *speciale commissie* Sonderausschuss *m* **II** *bijw* speziell, besonders
speciaalzaak Fachgeschäft *o*
special ⟨radio, tv⟩ Sondersendung *v*, ⟨tijdschrift⟩ Sondernummer *v*, ⟨krant⟩ Sonderausgabe *v*
specialisatie Spezialisierung *v*
specialisatiejaar BN onderw ≈ praktische(s) Jahr *o*
specialiseren [zich ~] sich spezialisieren
specialisme Spezialgebiet *o*
specialist ❶ *deskundige* Spezialist *m* ❷ med *arts* Spezialist *m*, Facharzt *m* [v: Fachärztin]
specialistisch Spezialisten-
specialiteit Spezialität *v*
specie *mortel* Mörtel *m*
specificatie Spezifikation *v*
specificeren spezifizieren
specifiek I *bnw* spezifisch, eigentümlich **II** *bijw* spezifisch, typisch
specimen Muster *o*, Probe *v*
spectaculair spektakulär, aufsehenerregend
spectraal spektral
spectrum ❶ natk Spektrum *o* ❷ *gevarieerde reeks* Spektrum *o*

speculaas Spekulatius *m*
speculaasje cul Spekulatius *m*
speculaaspop Figur *v* aus Spekulatius
speculant Spekulant *m*
speculatie Spekulation *v* ★ *~ à la baisse* Baissespekulation ★ *koop op ~* Spekulationsgeschäft
speculatief spekulativ
speculeren ❶ *gissingen doen* Spekulationen anstellen ❷ econ spekulieren
speech Ansprache *v*
speechen eine Rede halten
speed Speed *o*, Aufputschmittel *o*
speedboot Rennboot *o*
speeddaten speeddaten
speeksel Speichel *m*
speekselklier Speicheldrüse *v*
speelautomaat Spielautomat *m*
speelbal *bal* Spielball *m*
speelbank Spielkasino *o*, Spielbank *v*
speelbord Spielbrett *o*
speeldoos Spieldose *v*
speelduur *lengte* ⟨van cd, dvd enz.⟩ Spieldauer *v*
speelfilm Spielfilm *m*
speelgoed Spielzeug *o*
speelgoedafdeling Spielwarenabteilung *v*
speelgoedautootje Spielzeugauto *o*
speelgoedbeer Teddybär *m*
speelgoedbeest Spielzeugtier *o*
speelgoedwinkel Spielwarengeschäft *o*, Spielwarenhandlung *v*
speelhal Spielhalle *v*
speelhelft ❶ *helft van veld* Spielfeldhälfte *v* ❷ *helft speelduur* Halbzeit *v*
speelhol Spielhölle *v*
speelkaart Spielkarte *v*
speelkameraad Spielkamerad *m*
speelkwartier Pause *v*
speelplaats Spielplatz *m*, ⟨schoolplein⟩ Schulhof *m*
speelplein BN *speelplaats* Spielplatz *m*
speelruimte *handelingsvrijheid* Spielraum *m*
speels ❶ *dartel* spielerisch, verspielt ❷ *luchtig* spielerisch, locker
speelschuld Spielschuld *v*
speeltafel Spieltisch *m*
speelterrein Spielfeld *o*
speeltijd BN *speelkwartier* Pause *v*
speeltje Spielzeug *o*
speeltoestel, BN **speeltuig** *klimtoestel* Klettergerüst *o*
speeltuin Spielplatz *m*
speelvogel BN *speels kind* Spielkind *o*
speelzaal Spielraum *m*
speen I *zn* [de] ❶ *fopspeen* Schnuller *m*, ⟨op zuigfles⟩ Sauger *m* ❷ *tepel* Zitze *v* **II** *zn* [het], BN *aambeien* Hämorrhoiden *v*, Hämorride *v*
speenkruid Feigwurz *v*
speenvarken Spanferkel *o*
speer *lans* Speer
speerpunt ❶ *punt van speer* Speerspitze *v* ❷ *belangrijke zaak* Schwerpunkt *m*
speerwerpen Speerwerfen *o*
speerwerper Speerwerfer *m*
speet [verl. td.] → **spijten**
spek cul Speck *m* ▼ *er voor spek en bonen bijzitten*

dabeisitzen wie das fünfte Rad am Wagen ▼ *voor spek en bonen meedoen* zum Schein mitmachen ▼ BN *het spek aan zijn benen hebben* die Dumme / Gelackmeierte sein ▼ *dat is geen spekje voor jouw bekje* das ist nichts für dich
spekglad spiegelglatt
spekken fig spicken
spekkie cul ≈ Marshmallow
speklap Bauchspeck *m*
spektakel ❶ *iets bijzonders* Spektakel *o* ❷ *lawaai* Lärm *m*, Spektakel *m*
spekvet I *zn* [het] Speckfett *o* II *bnw* feist
spekzool Kreppsohle *v*
spel *bezigheid ter ontspanning* Spiel *o* ★ *zijn leven op het spel zetten* sein Leben aufs Spiel setzen ★ *vrij spel* freie Hand ★ *hoog spel spelen* ein hohes Spiel spielen → **spelletje**
spelbederf Spielzerstörung *v*
spelbepaler Spielmacher *m*
spelbreker Spielverderber *m*
spelcomputer Spielcomputer *m*
speld ❶ *naaigerei* Stecknadel *v* ★ *je kon een ~ horen vallen* es war mucksmäuschenstill ★ *er is geen ~ tussen te krijgen* das stimmt haargenau ★ *een ~ in een hooiberg zoeken* eine Nadel im Heuhafen suchen ❷ *haarspeld* Spange *v* ❸ *broche* Anstecknadel *v* → **speldje**
spelden heften, ⟨afmeten⟩ abstecken
speldenknop Stecknadelkopf *m*
speldenkussen Stecknadelkissen *o*
speldenprik ❶ *prik met speld* Nadelstich *m* ❷ *hatelijkheid* Stichelei *v*, Seitenhieb *m*
speldje *onderscheiding* Abzeichen *o*
spelelement spielerische(s) Element *o*
spelen I *ov ww* ❶ *zich vermaken (met)* spielen ★ *buiten ~* draußen spielen ❷ muz spielen ❸ ton *als acteur uitvoeren* spielen ❹ ton *opvoeren* spielen ❺ *aanpakken* anpacken, anfassen ★ *het slim ~* es geschickt anpacken II *on ww* ❶ *zich afspelen* spielen, sich abspielen ❷ *aan de orde zijn* mitspielen, eine Rolle spielen ❸ ~ **met** *luchtig behandelen* (herum)spielen mit ❹ ~ **op** spekulieren ❺ ~ **voor** *zich voordoen als* spielen ★ *voor komiek ~* den Clown spielen
spelenderwijs spielend, spielerisch
speleoloog Höhlenkundler *m*, Speläologe *m*
speler Spieler *m*, ⟨acteur⟩ Schauspieler *m*, ⟨muzikant⟩ Musikant *m*
spelersbank Ersatzbank *v*, Spielerbank *v*, Auswechselbank *v*
spelersgroep Spielergruppe *v*
spelevaren eine Kahnfahrt machen
spelfout Rechtschreibfehler *m*
speling ❶ *tussenruimte* Spielraum *m* ❷ *gril* Spiel *o* ★ *een ~ van het lot* eine Schicksalsfügung
spelleider Spielleiter *m*
spellen ❶ *correct schrijven* buchstabieren ❷ *aandachtig lezen* studieren, aufmerksam lesen
spelletje Spiel *o*, Spielchen *o*
spelling ❶ *het spellen* Buchstabieren *o* ❷ *schrijfwijze* Schreibung *v*, Rechtschreibung *v*
spellingchecker Korrekturhilfeprogramm *o*, Rechtschreibkorrektur *v*, Rechtschreibprogramm *o*
spellinggids Rechtschreibanleitung *v*, Rechtschreibführer *m*
spellingshervorming Rechtschreibreform *v*
spelmaker Spielmacher *m*
spelonderbreking Spielunterbrechung *v*
spelonk Höhle *v*
spelregel ❶ *regel van een spel* Spielregel *v* ❷ *spellingregel* Rechtschreibregel *v*
spelverdeler Spielmacher *m*
spencer Pullunder *m*
spenderen ausgeben, verwenden, inform hineinstecken
spenen abstillen, entwöhnen ▼ *van iets gespeend zijn* etwas absolut nicht haben
sperma Sperma *o*
spermabank Samenbank *v*
spermadonor Samenspender *m*
spermatozoïde Spermatozoid *m*
spertijd Sperrstunde *v*
spervuur Sperrfeuer *o*
sperwer Sperber *m*
sperzieboon Brechbohne *v* ★ *sperziebonen* grüne Bohnen
spetter ❶ *spat* Spritzer *m* ❷ inf *mooi persoon* ⟨vrouw⟩ Prachtweib *o*, ⟨man⟩ tolle(r) Typ *m*
spetteren ❶ *spatten* spritzen, perlen ❷ *tegensputteren* murren, aufmucken
speurder Detektiv *m*
speuren I *ov ww, bespeuren* wittern, spüren II *on ww* ❶ *opsporingswerk doen* fahnden ❷ *onderzoekend kijken* spähen (~ **naar** nach) [+3]
speurhond Spürhund *m*
speurneus ❶ *fijne neus* Spürnase *v* ❷ *persoon* Spürnase *v*
speurtocht Erkundungsfahrt *v*, ⟨spel⟩ Schnitzeljagd *v*
speurwerk *nasporingen* Nachforschungen *mv*, Ermittlungen *mv*
speurzin Spürsinn *m*
spichtig ❶ *toelopend, spits* spitz (zulaufend) ❷ *mager* spindeldürr, schmächtig
spie ❶ *wig* kleine(r) Keil *m* ❷ *pen* Pinne *v*, Splint *m*
spieden spähen
spiegel Spiegel *m*
spiegelbeeld *weerkaatsing* Spiegelbild *m*
spiegelei *gebakken ei* Spiegelei *o*
spiegelen I *on ww, weerkaatsen* spiegeln, reflektieren II *wkd ww* [**zich** ~] ❶ *weerkaatst worden* sich spiegeln ❷ ~ **aan** sich zum Vorbild nehmen
spiegelglad spiegelglatt
spiegeling ❶ *het spiegelen* Spiegelung *v* ❷ *spiegelbeeld* Spiegelung *v*
spiegelreflexcamera Spiegelreflexkamera *v*
spiegelruit Spiegelscheibe *v*
spiegelschrift Spiegelschrift *v*
spiekbriefje Spickzettel *m*, Spicker *m*
spieken abgucken, spicken
spielmacher sport Spielmacher *m*
spier Muskel *m* ★ *geen ~ vertrekken* keine Miene verziehen
spieractiviteit Muskelaktivität *v*
spieratrofie Muskelatrophie *v*, Muskelschwund *m*
spierbal Muskelbündel *o* ★ *zijn ~len laten zien* seine Muskeln spielen lassen
spierbundel Muskelprotz *m*, ⟨ook fig.⟩

Muskelpaket *o*
spiercontractie Muskelkontraktion *v*
spierdystrofie Muskeldystrophie *v*
spiering Stint *m* ▼ *een ~ uitgooien om een kabeljauw te vangen* mit der Wurst nach der Speckseite werfen ▼ *een magere ~* Klappergestell *o*
spierkracht Muskelkraft *v*
spiernaakt splitternackt
spierpijn Muskelschmerz *m*, Muskelkater *m*
spierverrekking Muskelzerrung *v*
spierverslappend muskelentspannend
spierweefsel Muskelgewebe *o*
spierwit kalkweiß, schneeweiß, ⟨doodsbleek⟩ totenblaß
spies ❶ *speer* Spieß *m* ❷ *grillpen* Spieß *m*
spietsen (auf)spießen
spijbelaar Schwänzer *m*
spijbelen schwänzen
spijker Nagel *m* ▼ *~s met koppen slaan* Nägel mit Köpfen machen ▼ *~s op laag water zoeken* herummäkeln
spijkerbroek Jeans *mv*
spijkeren nageln
spijkerhard ❶ lett steinhart ❷ fig ⟨meedogenloos⟩ eiskalt, inform knallhart
spijkerjasje, **spijkerjack** Jeansjacke *v*
spijkerschrift Keilschrift *v*
spijkerstof Jeansstoff *m*
spijl Gitterstab *m*
spijs ❶ *gerecht* Speise *v* ❷ *vulling* Masse *v*, Brei *m*
spijskaart Speisekarte *v*
spijsvertering Verdauung *v* ★ *wandeling voor de ~* Verdauungsspaziergang *m*
spijsverteringskanaal Verdauungskanal *m*
spijsverteringsorganen Verdauungsorgane *o mv*
spijsverteringssysteem Verdauungsapparat *m*
spijswet Speisegesetz *o*
spijt Bedauern *o* ★ *~ hebben van iets* etw. bedauern ★ *tot mijn ~* zu meinem Bedauern ▼ BN *tot ~ van wie het benijdt* zum Leidwesen des Verlierers
spijten leidtun ★ *het spijt me* es tut mir leid ★ *het spijt ons dat...* wir bedauern, dass... ★ *het zal u ~* das werden Sie bereuen
spijtig bedauerlich
spijtoptant jemand, der eine Entscheidung bereut
spijts BN *ondanks* trotz [+2], ungeachtet [+2]
spijzen BN fig *spekken* spicken
spikes *schoenen* Spikes *m mv*, Rennschuhe *m mv*
spikkel Tupfen *m*, Sprenkel *m*
spiksplinternieuw funkelnagelneu
spil ❶ techn *as* Achse *v*, Spindel *v* ❷ *middelpunt* Mittelpunkt *m*, Seele *v*, sport Spielmacher *m* ★ *hij is de spil waar alles om draait* er ist die Seele der ganzen Sache
spilkoers Mittelkurs *m*
spillebeen I *zn* [de], *persoon* storchbeinige Person *v* **II** *zn* [het], *been* Spinnenbein *o*
spilziek verschwenderisch
spin ❶ *dier* Spinne *v* ❷ *snelbinder* Gepäckspinne *v* ❸ sport Effekt *m*, Spin *m*
spinazie Spinat *m* ★ *~ à la crème* Rahmspinat
spindoctor Spin-Doctor *m*
spinet Spinett *o*
spinnaker Spinnaker *m*
spinnen I *ov ww, tot garen maken* spinnen **II** *on ww, snorren* schnurren
spinnenweb Spinnennetz *o*
spinnerij Spinnerei *v*
spinnewiel Spinnrad *o*
spinnijdig giftig, bitterböse
spin-off ❶ econ Spinn-off *m*, Nebenprodukt *m*, Abfallprodukt *m* ❷ fig (positiver) Nebeneffekt *m*
spinrag Spinnennetz *o*
spint I *zn* [de], *mijt* Spinnmilbe *v* **II** *zn* [het] ❶ *spinsel* Gespinst *o* ❷ *hout* Splint *m*
spion Spion *m*
spionage Spionage *v*
spionagesatelliet Spionagesatellit *m*
spioneren spionieren
spiraal ❶ *schroeflijn* Spirale *v* ❷ *voorwerp* Spirale *v*
spiraalmatras Federkernmatratze *v*
spiraaltje Spirale *v*
spiraalvormig spiral(förm)ig
spirit Schwung *m*, inform Mumm *m*
spiritisme Spiritismus *m*
spiritualiën Spirituosen *mv*
spiritueel spirituell
spiritus Spiritus *m*
spiritusbrander Spiritusbrenner *m*
spiritusstel Spirituskocher *m*
spit ❶ *braadpen* Spieß *m* ❷ med Hexenschuss *m*
spits I *zn* [de] ❶ *top* Spitze *v* ★ *de ~ afbijten* die Spitze abbrechen ❷ *spitsuur* Hauptverkehrszeit *v*, Stoßzeit *v* ❸ sport Spitze *v*, Stürmer *m* ❹ *voorhoede* Spitze *v* **II** *bnw* ❶ *puntig* spitz ❷ *slim* scharfsinnig
Spitsbergen Spitzbergen *o*
spitsen *puntig maken* anspitzen, zuspitzen, spitzen, schärfen
spitsheffing Stoßzeitgebühren *v mv*
spitsheid Schärfe *v*, Scharfsinnigkeit *v*
spitskool Spitzkohl *m*
spitsmuis Spitzmaus *v*
spitsstrook Sonderfahrspur *v*
spitsuur Stoßzeit *v*, Spitzenzeit *v*, ⟨verkeer⟩ Hauptverkehrszeit *v*
spitsvignet Stoßzeitvignette *v*
spitsvondig spitzfindig
spitten *graven* umgraben
spitzen Spitzenschuhe *mv*
spleet I *zn* [de] Spalte *v*, Ritze *v*, ⟨gleuf⟩ Schlitz *m* **II** *ww* [verl. td.] → **splijten**
spleetoog *oog* Schlitzauge *o*
spleten [verl. td.] → **splijten**
splijten I *ov ww, klieven* spalten **II** *on ww, een scheur krijgen* sich spalten
splijting *het splijten* Spaltung *v*
splijtstof Spaltmaterial *o*
splijtzwam ❶ *bacterie* Spaltpilz *m* ❷ *oorzaak van verdeeldheid* Stänkerer *m*
splinter Splitter *m*
splinteren *tot splinters breken* (zer)splittern
splintergroep Splittergruppe *v*
splinternieuw nagelneu
split Schlitz *m*
spliterwt Schälerbse *v*
splitpen Splint *m*

splitrok geschlitzte(r) Rock *m*
splitsen *delen* teilen, spalten ★ *zich ~* sich teilen
splitsing ❶ *scheuring* Spaltung *v* ❷ *plaats van splitsing* Gabelung *v*, Abzweigung *v*
spoed *haast* Eile *v* ★ *met ~* unverzüglich ★ *er ~ achter zetten* etw. vorantreiben ▼ *haastige ~ is zelden goed* zu große Hast hats oft verpasst
spoedbehandeling Sofortbehandlung *v*, jur Schnellverfahren *o*
spoedbestelling *bezorging* Eilbestellung *v*
spoedcursus Schnellkurs *m*
spoedeisend dringend, dringlich
spoeden [zich ~] eilen, sich beeilen
spoedgeval ❶ *spoedeisende kwestie* dringende(r) Fall *m* ❷ med Notfall *m* ★ BN *(dienst) ~len* Notfalldienst *m*
spoedig I *bnw* schnell, rasch, baldig II *bijw* bald ★ *zo ~ mogelijk* baldigst, so rasch wie möglich
spoedoperatie Notoperation *v*
spoedopname Notaufnahme *v*
spoedoverleg Dringlichkeitsgespräch *o*, Dringlichkeitskonferenz *v*
spoel Spule *v*
spoelbak Spülbecken *o*
spoelen I *ov ww* ❶ *reinigen* spülen ❷ *opwinden* spulen II *on ww* ❶ *stromen* spülen ❷ *meegevoerd worden* gespült werden
spoeling Spülung *v*, ⟨kleurspoeling⟩ Tönung *v*
spoelkeuken Spülküche *v*
spoelwater Spülwasser *o*
spoelworm Spulwurm *m*
spogen [verl. td.] → **spugen**
spoiler Spoiler *m*
spoken *door spoken bezocht worden* spuken
spon [verl. td.] → **spinnen**
sponde *bed* Lagerstätte *v*
sponnen [verl. td.] → **spinnen**
sponning Falz *m*, Nut *v*
spons *voorwerp* Schwamm *m* ▼ BN *de ~ halen over iets* Schwamm drüber!
sponsen mit einem Schwamm (ab)waschen
sponsor Sponsor *m*
sponsorcontract Sponsorvertrag *m*
sponsoren sponsern
sponsoring Sponsoring *o*, Sponsorschaft *v*
sponsorloop Sponsorlauf *m*
sponszwam Krause Glucke *v*
spontaan spontan
spontaniteit Spontaneität *v*
sponzig schwammig
spoog [verl. td.] → **spugen**
spook ❶ *geest* Gespenst *o* ❷ fig *schrikbeeld* Schreckgespenst *o*
spookachtig gespenstisch, unheimlich, geisterhaft
spookbeeld Gespenst *o*, Spuk *m*
spookhuis ❶ *huis* Spukhaus *o* ❷ *kermisattractie* Spukhaus *o*
spookrijder Geisterfahrer *m*, Falschfahrer *m*
spookschip Gespensterschiff *o*
spookstad Geisterstadt *m*
spookverhaal Geistergeschichte *v*, Gespenstergeschichte *v*, Spukgeschichte *v*
spookwoord Deskriptor *m*
spoor I *zn* [het] ❶ *afdruk* Spur *v*, Fährte *v* ★ *het ~ bijster raken* von der Fährte abkommen, die Spur verlieren ❷ *overblijfsel* Spur *v* ❸ *spoorweg* Gleis *o* ★ *uit het goede ~ raken* entgleisen ★ *op een dood ~ zitten* auf dem Abstellgleis sein ❹ *spoorbedrijf* Eisenbahn *v*, Bahn *v* ★ *per ~* mit der Bahn ❺ *geluidsstrook* Spur *v* II *zn* [de] ❶ *uitsteeksel rijlaars* Sporn *m* ❷ plantk Sporn *m* ❸ *hoornige uitwas* Sporn *m*
spoorbaan Gleis *o*
spoorbiels Eisenbahnschwelle *v*
spoorboekje Kursbuch *o*
spoorboom Bahnschranke *v*, Schranke *v*
spoorbrug Eisenbahnbrücke *v*
spoorlijn Eisenbahnlinie *v*
spoorloos spurlos
spoorslags geradewegs, spornstreichs
spoortrein Zug *m*, Eisenbahnzug *m*
spoorweg Eisenbahn *v*, Bahn *v*
spoorwegmaatschappij Eisenbahngesellschaft *v*
spoorwegnet Eisenbahnnetz *o*
spoorwegovergang Bahnübergang *m* ★ *bewaakte ~* Bahnübergang mit Schranke *m*
spoorwegpersoneel (Eisen)Bahnpersonal *o*, Eisenbahner *m mv*
spoorwegpolitie Bahnpolizei *v*
spoorwegstaking Eisenbahnerstreik *m*
spoorwegverbinding (Eisen)Bahnverbindung *v*
spoorzoeken Spuren suchen
spoorzoekertje recr Schnitzeljagd *v*
spoot [verl. td.] → **spuiten**
sporadisch sporadisch
spore Spore *v*
sporen ❶ *met de trein reizen* mit der Bahn fahren ❷ *overeenkomen* spuren, entsprechen
sporenelement Spurenelement *o*
sporenplant Sporenpflanze *v*
sport ❶ *lichaamsoefening* Sport *m*, Sportart *v* ★ *aan ~ doen* Sport treiben ❷ *trede* Sprosse *v*
sportacademie Sportakademie *v*
sportaccommodatie sport Sportanlage *v*
sportauto Sportwagen *m*
sportblessure sport med Sportverletzung *v*
sportbond sport Sportverband *m*, Sportbund *m*
sportbril sport Sportbrille *v*
sportclub sport Sportklub *m*, Sportverein *m*
sportdag sport Sportfest *o*
sportduiken sport Sporttauchen *o*
sportduiker sport Sporttaucher *m*
sporten Sport treiben, Sport machen
sporter sport Sportler *m* [v: Sportlerin]
sportevenement sport Sportveranstaltung *v*
sportfiets sport Sportrad *o*
sportfondsenbad sport Stadtbad *o*
sporthal sport Sporthalle *v*
sportief ❶ *sport betreffend* sportlich ❷ *eerlijk* fair
sportieveling sport sportliche(r) Mensch *m*
sportiviteit ❶ sport Sportlichkeit *v* ❷ *eerlijkheid* Fairness *v*
sportjournalist sport Sportjournalist *m* [v: Sportjournalistin]
sportkeuring sport Eignungsuntersuchung *v*
sportkleding sport Sportkleidung *v*
sportman Sportler *m*
sportnieuws sport Sportnachrichten *mv*
sportpagina sport Sportseite *v*
sportpark Sportanlage *v*

sportschool *school voor vechtsport* Schule *v* für Kampfsportarten, (Kampf)Sportschule *v*
sportuitzending sport Sportsendung *v*
sportveld sport Sportplatz *m*
sportvissen den Angelsport betreiben
sportvisser Sportfischer *m*
sportvisserij Sportfischerei *v*
sportvliegen das Sportfliegen betreiben
sportvlieger Sportflieger *m*
sportvliegtuig Sportflugzeug *o*
sportvrouw sport Sportlerin *v*
sportwagen Sportwagen *m*
sportwedstrijd sport Sportwettkampf *m*
sportzaak sport Sportgeschäft *o*
sportzaal sport Sporthalle *v*
spot ❶ *het spotten* Spott *m*, Spöttelei *v*, ‹voorwerp van bespotting› Gespött *o* ★ *de spot drijven met* seinen Spott treiben mit, verspotten ★ *iem. tot mikpunt van spot maken* jmdn. zum Gespött machen ❷ *reclame* Spot *m* ❸ *lamp* Spot *m*, Scheinwerfer *m*
spoten [verl. td.] → **spuiten**
spotgoedkoop spottbillig
spotlight Spotlight *o*, Scheinwerfer *m*, Scheinwerferlicht *o*
spotnaam Spottname *m*
spotprent ≈ Karikatur *v*
spotprijs Spottpreis *m*
spotten *schertsen* spaßen ★ ~ *met iets* mit etw. seinen Spott treiben ★ *hij laat niet met zich* ~ er lässt nicht mit sich spaßen
spottenderwijs spottend, spöttisch
spotter *bespotter* Spötter *m*
spotvogel ❶ *vogel* Gelbspötter *m* ❷ *persoon* Spötter *m*, Spottvogel *m*
spouw Hohlraum *m*
spouwmuur Hohlmauer *v*
spraak ❶ *vermogen om te spreken* Sprache *v* ❷ *manier van spreken* ★ *ter sprake brengen* zur Sprache bringen ★ *ter sprake komen* zur Sprache kommen ★ *er is sprake van* es ist die Rede von ★ *hier is sprake van diefstal* hier handelt es sich um Diebstahl ★ *daar kan geen sprake van zijn* das kommt nicht infrage / in Frage
spraakcentrum Sprachzentrum *o*
spraakgebrek Sprachfehler *m*
spraakgebruik Sprachgebrauch *m*
spraakherkenning comp Spracherkennung *v*
spraakkunst Sprachlehre *v*, Grammatik *v*
spraakles Sprechunterricht *m*
spraakmakend *ophef makend* aufsehenerregend ★ *een* ~ *interview* ein aufsehenerregendes Interview ★ *een* ~ *programma* ein Programm, das von sich reden macht
spraakstoornis Sprachstörung *v*
spraakvermogen ‹vermogen om te spreken› Sprachvermögen *o*, ‹vermogen tot communicatie› Sprachfähigkeit *v*
spraakverwarring Sprachverwirrung *v* ▼ *een Babylonische* ~ eine babylonische Sprachverwirrung
spraakwaterval inform Quasselstrippe *v*
spraakzaam gesprächig
sprak [verl. td.] → **spreken**
sprake → **spraak**
sprakeloos sprachlos

sp

spraken [verl. td.] → **spreken**
sprankelen ❶ *schitteren* sprühen, ‹fonkelen› funkeln ❷ *zeer levendig zijn* sprudeln
sprankje Funke *m*, Schimmer *m* ★ *een* ~ *licht* ein Lichtschimmer
spray Spray *o*
sprayen I *ov ww* sprayen **II** *on ww* sprayen
spreadsheet comp Bildschirmtabelle *v*, elektronische(s) Arbeitsblatt *o*, Spreadsheet *o*, comp Tabellenkalkulation *v*
spreekbeurt Vortrag *m* ★ *een* ~ *vervullen* einen Vortrag halten
spreekbuis *vertolker* Sprachrohr *o*
spreekgestoelte Rednerpult *o*
spreekkamer Sprechzimmer *o*
spreekkoor Sprechchor *m*
spreekstalmeester Sprechstallmeister *m*
spreektaal Umgangssprache *v*
spreektijd Redezeit *v*
spreekuur Sprechstunde *v*
spreekvaardigheid Sprechfertigkeit *v*
spreekverbod Redeverbot *o*, Sprechverbot *o*
spreekwoord Sprichwort *o*
spreekwoordelijk sprichwörtlich
spreeuw Star *m*
sprei Überdecke *v*, ‹op bed› Tagesdecke *v*
spreiden ❶ *uitspreiden* ausbreiten ❷ *verdelen over* verteilen, streuen
spreiding ❶ *het spreiden* Spreizung *v* ❷ *verdeling* Verteilung *v*, Streuung *v*(?) ★ ~ *van de vakantie* Staffelung der Ferien *v*
spreidlicht Flutlicht *o*
spreidsprong Grätsche *v*
spreidstand Grätschstellung *v*, Grätsche *v*
spreidzit Spagat *m*
spreken I *ov ww* ❶ *zeggen* sprechen ❷ *gesprek hebben met* sprechen **II** *on ww* ❶ *praten* sprechen, reden ★ ~ *met iem.* mit jmdm. sprechen ★ *over iem.* ~ von jmdm. sprechen / reden, über jmdn. sprechen / reden ★ *van zich doen* ~ von sich reden machen ★ *om maar niet te* ~ *van...* geschweige (denn)..., gar nicht zu reden von... ★ *de goeden niet te na gesproken* in allen Ehren ❷ *duidelijk worden* zeugen ★ *daaruit spreekt grote moed* das zeugt von großem Mut ★ *dat spreekt vanzelf, dat spreekt voor zich* das versteht sich
sprekend I *bnw* ❶ *met spraak* sprechend ★ *een ~e film* Tonfilm *m* ❷ *treffend, duidelijk* treffend, deutlich ausgeprägt, schlagend ★ *een* ~ *bewijs* ein schlagender Beweis *m* ❸ *met veel expressie* ausdrucksvoll ★ *gezicht met ~e trekken* ausgeprägte(r) Charakterkopf *m* **II** *bijw* ★ ~ *op iem. lijken* jmdm. zum Verwechseln ähnlich sehen
spreker ❶ *iem. die het woord voert* Sprecher *m*, Redner *m* ★ *de vorige* ~ der Vorredner ❷ *iem. die een taal spreekt* Sprecher *m*
sprenkelen *uitgieten* (be)sprengen, sprenkeln
spreuk Spruch *m*
spriet ❶ *halm* Halm *m* ❷ *voelhoorn* Fühler *m* ❸ *dun meisje* Bohnenstange *v*
sprietig ‹mager› dürr, ‹haar› widerspenstig
springbak sport Sprunggrube *v*
springbok *antilope* Springbock *m*
springbox Sprungfederrahmen *m*

springconcours Springturnier *o*
springen ❶ *zich in de lucht verheffen* springen ★ *het paard springt over de sloot* das Pferd setzt über den Graben ❷ *zich plotseling bewegen* springen ❸ *barsten, ontploffen* (zer)springen, ⟨huid, lippen⟩ aufspringen, ⟨scheuren⟩ reißen ★ *het glas is gesprongen* das Glas ist zersprungen ★ *er is een leiding gesprongen* es ist eine Leitung gesprungen ❹ *bankroet gaan* zusammenbrechen ★ *de bank staat op ~* die Bank steht vor dem Zusammenbruch
springerig sprunghaft, ⟨bij personen⟩ quecksilbrig ★ *~ haar* widerspenstiges Haar
spring-in-'t-veld Springinsfeld *m*
springlading Sprengladung *v*
springlevend quicklebendig
springmatras Sprungfedermatratze *v*
springnet Sprungtuch *o*
springpaard ❶ *dier* Springpferd *o* ❷ *turntoestel* Pferd *o*
springplank Sprungbrett *o*
springschans Sprungschanze *v*
springstof Sprengstoff *m*
springstok Sprungstab *m*
springtij Springflut *v*
springtouw Springseil *o*
springuur BN onderw Freistunde *v*, Zwischenstunde *v*
springveer Sprungfeder *v* ★ *springveren matras* Sprungfedermatratze
springvloed Springflut *v*
sprinkhaan *dier* Heuschrecke *v*
sprinkhanenplaag Heuschreckenplage *v*
sprinkler Sprinkler *m*
sprinklerinstallatie Sprinkleranlage *v*, Berieselungsanlage *v*, Sprinklersystem *o*
sprinklersysteem Sprinkleranlage *v*
sprint Sprint *m*, ⟨hardlopen⟩ Kurzstreckenlauf *m*, ⟨eindspurt⟩ Spurt *m*
sprinten sprinten
sprinter ❶ *persoon* Sprinter *m* ❷ *trein* Schnellbahn *v*
sproeiapparaat Spritzgerät *o*, Sprühgerät *o*, Spritzapparat *m*
sproeien *besproeien* sprengen
sproeier ❶ *sproeitoestel* Sprenger *m*, Sprühgerät *o* ❷ techn Düse *v*, Brause *v*
sproei-installatie Berieselungsanlage *v*
sproeikop ⟨klein⟩ Düse *v*, ⟨groot⟩ Brause *v*
sproeimiddel Spritzmittel *o*, Sprühmittel *o*
sproeivliegtuig Sprühfleugzeug *o*, Agrarfleugzeug *o*
sproet Sommersprosse *v*
sprokkelen ❶ *hout verzamelen* Holz / Reisig sammeln ❷ fig zusammentragen
sprokkelhout Reisig *o*, Fallholz *o*
sprong I *zn* [de], *het springen* Sprung *m* ▾ *met ~en* sprunghaft ▾ *een ~ in het diepe* ein Sprung ins kalte Wasser **II** *ww* [verl. td.] → **springen**
sprongen [verl. td.] → **springen**
sprongsgewijs sprunghaft
sprookje *vertelling* Märchen *o*
sprookjesachtig märchenhaft
sprookjesboek Märchenbuch *o*
sprookjesfiguur Märchenfigur *v*
sprookjesprins Märchenprinz *m*
sprookjesprinses Märchenprinzessin *v*
sprookjeswereld Märchenwelt *v*
sproot [verl. td.] → **spruiten**
sprot Sprotte *v*
sproten [verl. td.] → **spruiten**
spruit ❶ *groente* Rosenkohl *m* ❷ *uitloper* Spross *m*, Schössling *m* ❸ *kind* Sprössling *m*
spruiten ❶ *ontspruiten* sich ergeben, entstehen ❷ *loten krijgen* ausschlagen, sprießen
spruitstuk Zweigrohr *o*
spruw med Soor *m*, inform Schwämmchen *mv*
spugen ❶ *speeksel uitspugen* spucken ❷ *braken* brechen, sich erbrechen
spuien ❶ *lozen* ablassen ❷ *uiten* loslassen, von sich geben
spuigat Speigatt *o* ▾ *dat loopt de ~en uit* das geht auf keine Kuhhaut
spuit ❶ *werktuig* Spritze *v* ❷ *injectiespuit* Spritze *v*
spuitbus Sprühdose *v*, Spraydose *v*
spuiten I *ov ww* ❶ *naar buiten persen* spritzen ❷ *bespuiten* spritzen ❸ *injecteren* spritzen ★ *hij spuit drugs* er fixt **II** *on ww, tevoorschijn komen* spritzen
spuiter ❶ *spuitende opening of bron* Springer *m* ❷ *druggebruiker* Fixer *m*
spuitfles Spritzflasche *v*, Siphon *m*
spuitgast Spritzenmann *m*
spul ❶ *goedje* Zeug *o* ❷ *benodigdheden* Siebensachen *mv*, Kram *m*
spurt Spurt *m*
spurten spurten
sputteren ❶ *pruttelen, spetteren* knattern, spucken ❷ *morren* murren ❸ BN econ *stagneren* stocken
sputum Sputum *o*
spuug Spucke *v*, Speichel *m*
spuuglelijk potthässlich
spuugzat ▾ *iets ~ zijn* die Nase gestrichen voll von etwas haben
spuwen ❶ *spugen* spucken ❷ *uitbraken* brechen, sich erbrechen
spyware comp Spyware *v*
squadron Geschwader *o*, ⟨formatie⟩ Staffel *v*
squash Squash *o*
squashbaan Squash-Halle *v*
squashen Squash spielen
squasher Squashspieler *m*, Squashspielerin *v*
Sri Lanka Sri Lanka *o*
Sri Lankaans sri-lankisch
sst psst!
staaf Stab *m*, ⟨eetbaar⟩ Stange *v*, ⟨edelmetaal⟩ Barren *m*, ⟨spoorstaaf⟩ Schiene *v*
staafbatterij Stabbatterie *v*
staafdiagram Histogramm *o*
staaflantaarn Stablampe *v*
staafmixer Stabmixer *m*
staak ❶ *stok* Stange *v* ❷ *persoon* Stelze *v*
staakt-het-vuren Waffenstillstand *m*
staal I *zn* [het] [gmv] *materiaal* Stahl *m* **II** *zn* [het] [mv: stalen] *monster* Muster *o*, Probe *v*
staalarbeider Stahlarbeiter *m*
staalblauw stahlblau
staalborstel Drahtbürste *v*
staalconstructie Stahlkonstruktion *v*
staaldraad Stahldraht *m*
staalindustrie Stahlindustrie *v*

staalkaart ❶ *kaart met stalen* Musterkarte *v* ❷ fig *divers geheel* bunte Sammlung *v*
staalkabel Stahlkabel *o*
staalpil Eisentablette *v*
staalwol Stahlwolle *v*
staan ❶ *rechtop staan* stehen ❷ *stilstaan* stehen ★ *tot ~ brengen* zum Stillstand bringen ❸ *opgetekend zijn* stehen ★ *de pas staat op naam van A.* der Pass ist auf A.'s Namen ausgestellt ❹ *passen* zu Gesicht stehen, stehen ★ *die jurk staat je goed* das Kleid steht dir gut ❺ *zijn* stehen ★ *hoe ~ de zaken?* wie steht's? ★ *er goed voor ~* gute Aussichten haben ❻ *bezig zijn* ★ *hij stond te wachten* er stand da und wartete ★ *daar stond hij van te kijken* da hat er aber gestaunt ❼ *op het punt staan om* im Begriff sein ❽ **~ tot zich** *verhouden tot* sich verhalten zu ★ *2 staat tot 4 als 5 tot 10* 2 verhält sich zu 4 wie 5 zu 10 ❾ **~ op** *eisen* großen Wert legen auf, bestehen auf ★ *vader staat op orde* Vater hält auf Ordnung ★ *hij staat erop* er besteht darauf ❿ **~ voor** *geconfronteerd worden met* vor etwas stehen, etwas gegenüberstehen
staand ▾ *een bewering ~e houden* eine Behauptung aufrechterhalten
staander *steunpaal* Stützbalken *m*, Stützpfosten *m*
staanplaats ❶ *plaats waar men moet staan* Stehplatz *m* ❷ *standplaats* Standort *m*
staar Star *m*
staart ❶ biol Schwanz *m* ❷ *haarstreng* Pferdeschwanz *m* ❸ *uiteinde* Anhang *m*, Schwanz *m*, ⟨van auto, schip, vliegtuig⟩ Heck *o*, ⟨van komeet⟩ Schweif *m* ❹ *nasleep* Nachspiel *o* ❺ *restantje* Rest *m*
staartbeen Steißbein *o*
staartdeling ≈ Division *v*
staartklok ≈ Pendeluhr *v* mit geschlossenem Gehäuse ★ *een Friese ~* eine friesische Wanduhr *v*
staartstuk ❶ *stuk van de staart* Schwanzstück *o* ❷ *achterstuk* Endstück *o*
staartvin Schwanzflosse *v*, ⟨vliegtuig⟩ Flosse *v*
staat ❶ *toestand* Zustand *m*, Stand *m* ★ *burgerlijke ~* Familienstand *m* ★ *echtelijke / huwelijkse ~* Ehestand *m* ★ *in goede ~ zijn* in gutem Zustand sein ❷ *rijk* Staat *m* ★ *Kerkelijke Staat* Kirchenstaat *m* ★ *de Verenigde Staten van Amerika* die Vereinigte(n) Staaten von Amerika *mv* ❸ *stand* Stand *m*, Pracht *v*, Aufwand *m* ★ *de priesterlijke ~* der Priesterstand ❹ *gelegenheid* ★ *tot alles in ~ zijn* zu allem fähig sein ❺ *lijst* Verzeichnis *o*, Liste *v*
staatkunde *wetenschap* Staatswissenschaft *v*, Staatskunde *v*
staatkundig politisch, ⟨de staat betreffend⟩ staatlich
staatsaandeel ⟨aandeel in bezit v.d. staat⟩ Staatsanteil *m*, ⟨aandeel in staatsonderneming⟩ Staatsaktie *v*
staatsaanklager Staatsanwalt *m*
staatsbedrijf staatliche(r) Betrieb *m*, Staatsunternehmen *o*
staatsbelang Staatsinteresse *o*
staatsbestel ❶ *bestuur* Staatsverwaltung *v* ❷ *inrichting* Staatssystem *o*
staatsbezoek Staatsbesuch *m*
Staatsblad ≈ Bundesanzeiger *m*, ≈ Gesetzblatt *o*
Staatsbosbeheer staatliche Forstverwaltung *v*
staatsburger Staatsangehörige(r) *m*, Staatsbürger *m*
staatsburgerschap Staatsbürgerschaft *v*
Staatscourant ≈ Bundesanzeiger *m*, ≈ Gesetzblatt *o*
staatsdienst Staatsdienst *m* ★ *in ~ zijn* im Staatsdienst sein
staatsdomein Staatsgut *o*, (Staats)Domäne *v mv*
staatsdrukkerij Staatsdruckerei *v*, ⟨in Dld.⟩ Bundesdruckerei *v*
staatsexamen onderw staatliche Abschlussprüfung *v*
staatsgeheim Staatsgeheimnis *o*
staatsgreep Staatsstreich *m*, Putsch *m*
staatshoofd Staatsoberhaupt *o*
staatsie Pomp *m*, Pracht *v*, Prunk *m*
staatsieportret prunkvolle(s) Porträt *o*
staatsinrichting ❶ *staatsbestuur* staatliche Ordnung *v* ❷ *leervak* Gemeinschaftskunde *v*
staatskas Staatskasse *v*
staatslening Staatsanleihe *v*
staatsloterij Staatslotterie *v*
staatsman Staatsmann *m*
staatsorgaan Staatsorgan *o*
staatspapier Staatspapier *o*
staatsprijs nationale(r) Literaturpreis *m*
staatsrecht jur Staatsrecht *o*
staatsrechtelijk jur staatsrechtlich
staatsschuld Staatsschuld *v*
staatssecretaris Staatssekretär *m*
staatsvorm Staatsform *v*
stabiel stabil
stabilisatie Stabilisierung *v*
stabilisator Stabilisator *m*
stabiliseren stabilisieren
stabiliteit Stabilität *v*
stacaravan Stehwohnwagen *m*
stad *woonplaats* Stadt *v* ★ *de stad in gaan* in die Stadt gehen
stadgenoot ≈ Mitbürger *m*
stadhouder Statthalter *m*
stadhuis Rathaus *o*
stadion Stadion *o*
stadium Stadium *o*
stads städtisch
stadsbeeld Stadtbild *o*
stadsbestuur Stadtverwaltung *v*
stadsbus (Stadt)Omnibus *m*
stadsgezicht *uitzicht* Stadtansicht *v*
stadskern Innenstadt *v*, Stadtkern *m*
stadskind Stadtkind *o*
stadslicht Stadtlicht *o*
stadsmens Stadtmensch *m*
stadsmuur Stadtmauer *v*
stadsplattegrond Stadtplan *m*
stadsrecht jur Stadtrecht *o*
stadsreiniging Stadtreinigung *v*
stadsschouwburg Stadttheater *o*, städtische Bühne *v*
stadsvernieuwing Stadtsanierung *v*
stadsvervoer ≈ öffentliche Verkehrsmittel *mv*
stadsverwarming Fernheizung *v*
stadswacht Stadtwache *v*
staf ❶ *stok* Spazierstock *m*, Stock *m*, ⟨toverstaf⟩

Zauberstab *m* ❷ *leiding* Führungsstab *m*, mil Stab *m*
stafchef Stabschef *m*
staffunctie Funktion *v* im (Führungs)stab, Manager *m*
stafkaart Generalstabskarte *v*
staflid Mitglied *o* des (Führungs)Stabes
stafylokok Staphylokokkus *m*
stag Stag *o*
stage Praktikum *o* ★ ~ *lopen* ein Praktikum machen
stagebegeleider Praktikumsbegleiter *m*
stagediven stagediven
stageld Platzmiete *v*, ⟨op markt⟩ Standmiete *v*
stageplaats Praktikantenstelle *v*
stagiair Praktikant *m*
stagnatie Stockung *v*, Stocken *o*, ⟨vooral economie⟩ Stagnation *v* ★ ~ *van het verkeer* Verkehrsstockung
stagneren stocken
stahoogte Mannshöhe *v*
sta-in-de-weg Hindernis *o*
stak [verl. td.] → **steken**
staken I *ov ww, ophouden met* einstellen ★ *staakt het vuren!* das Feuer einstellen! **II** *on ww* ❶ *werk neerleggen* streiken, in den Ausstand treten ❷ ⟨van stemmen⟩ Stimmengleichheit ergeben **III** *ww* [verl. td.] → **steken**
staker Streikende(r) *m*
staking ❶ *het ophouden met iets* Einstellung *v* ★ ~ *van betaling* Zahlungseinstellung ❷ *werkstaking* Streik *m* ★ *in ~ gaan* streiken, in den Ausstand treten, die Arbeit niederlegen ★ *algemene ~* Generalstreik
stakingsbreker Streikbrecher *m*
stakingsgolf Streikwelle *v*
stakingsleider Streikführer *m*, Streikleiter *m*
stakingsrecht jur Streikrecht *o*
stakingsverbod Streikverbot *o*
stakker ⟨mens⟩ arme(r) Teufel *m*, ⟨dier⟩ arme(s) Tier *o*
stal I *zn* [de], *hok voor vee* Stall *m* **II** *ww* [verl. td.] → **stelen**
stalactiet Stalaktit *m*
stalagmiet Stalagmit *m*
stalen I *bnw* ❶ *van staal* Stahl-, stählern ★ ~ *band* Stahlband *o* ❷ *zeer sterk* ★ *met een ~ gezicht liegen* unverfroren lügen **II** *ww* [verl. td.] → **stelen**
stalinisme Stalinismus *m*
stalinist Stalinist *m*
stalinistisch stalinistisch
staljongen Stallbursche *m*
stalken stalken
stalker Stalker *m*
stalknecht Stallbursche *m*
stallen ⟨dier⟩ in den Stall bringen, ⟨voertuig⟩ abstellen
stalles Sperrsitz *m*
stalletje *kraampje* Stand *m*
stalling ❶ *het stallen* ⟨dier⟩ Unterbringung *v* im Stall, ⟨auto, fiets⟩ Unterstellen *o* ❷ *bewaarplaats* ⟨auto⟩ Garage *v*, ⟨fiets⟩ Fahrradstand *m*
stam ❶ *boomstam* Stamm *m* ❷ *volksstam* Stamm *m* ❸ *geslacht* Stamm *m*
stamboek ⟨van dieren⟩ Zuchtbuch *o*, ⟨voor personen⟩ Familien(stamm)buch *o*, ⟨vereniging⟩ Mitgliederverzeichnis *o*, ⟨burgerlijke stand⟩ Personenstandsregister *o*
stamboekvee Zuchtbuchvieh *o*
stamboom Stammbaum *m*
stamboomonderzoek Stammbaumforschung *v*
stamcafé Stammkneipe *v*
stamcel biol Stammzelle *v*
stamelen *gebrekkig spreken* stammeln
stamgast Stammgast *m*
stamhoofd Stammesführer *m*
stamhouder Stammhalter *m*
stamkaart *kaart met persoonlijke gegevens* Stammkarte *v*
stamkroeg Stammkneipe *v*
stammen ~ **van** *voortkomen uit* (ab)stammen von
stammenoorlog Stammeskrieg *m*, Stammesfehde *v*
stampei, **stampij** Tamtam *o*, Aufheben *o* ★ ~ *over iets maken* viel Aufheben(s) um etw. machen
stampen I *ov ww* ❶ *fijnmaken* zerstampfen ❷ *van buiten leren* ★ *iem. iets in zijn kop ~* jmdm. etw. einhämmern **II** *on ww* ❶ *dreunend stoten* stampfen ❷ *stampvoeten* stampfen
stamper ❶ techn *werktuig* Stampfer *m*, ⟨vijzel⟩ Stößel *m* ❷ plantk Stempel *m*
stamppot cul Eintopf *m*
stampvoeten mit den Füßen stampfen, aufstampfen
stampvol gerammelt voll
stamroos Hochstammrose *v*
stamtafel Stammtisch *m*
stamvader Stammvater *m*
stamverwant I *zn* [de] Stammverwandte(r) *m* **II** *bnw* stammverwandt
stand[1] ❶ *houding* Stand *m*, Stellung *v* ★ *de ~en van de maan* die Phasen des Mondes ❷ *maatschappelijke rang* Stand *m* ★ *op ~ wonen* in bester Lage wohnen ★ *volgens zijn ~* standesgemäß ❸ *bestaan* ★ *in ~ blijven* sich halten, dauern ★ *in ~ houden* aufrechterhalten ★ *tot ~ brengen* zustande / zu Stande bringen ★ *tot ~ komen* zustande / zu Stande kommen ❹ *toestand* Stand *m*, Lage *v* ★ ~ *van zaken* Sachlage *v*, Sachverhalt *m*, econ Geschäftslage *v* ★ *de burgerlijke ~* das Standesamt *o* ❺ *uitkomst* Spielstand *m*, Stand *m* → **standje**
stand[2] [stend] *kraam* Stand *m*
standaard I *zn* [de] ❶ *maatstaf* Maßstab *m*, Norm *v*, Standard *m* ❷ *houder* Ständer *m* ❸ *vaandel* Standarte *v* ❹ *muntstandaard* Währung *v* ★ *de gouden ~* die Goldwährung **II** *bnw* Standard-, regulär
standaardafwijking Standardabweichung *v*
standaardformaat Standardformat *o*, Normalformat *o*
standaardisatie Standardisierung *v*
standaardiseren standardisieren
standaarduitrusting Standardausstattung *v*, Standardausrüstung *v*
standaardwerk Standardwerk *o*
standalone techn Stand-Alone *o*
standbeeld Statue *v*, Standbild *o*
stand-by Stand-by-, abrufbereit, alarmbereit, Bereitschafts-
standhouden ❶ *niet wijken* sich behaupten,

bestehen ❷ *blijven bestaan* standhalten, sich halten
stand-in Stand-in *m*, Ersatzmann *m*, ⟨film, tv⟩ Double *o*
standing Stand *m*, Ansehen *o*, Rang *m* ★ *een zaak van ~* ein angesehenes Geschäft *o*
standje ❶ *berisping* Tadel *m*, inform Rüffel *m* ★ *iem. een ~ geven* jmdn. tadeln, inform jmdm. den Kopf waschen ❷ *houding* Stellung *v* ▼ *een opgewonden ~* Hitzkopf *m*
standlicht BN *stadslicht* Standlicht *o*
standplaats ❶ *vaste plaats* Standplatz *m* ★ *~ voor taxi's* Taxistand *m* ❷ *vestigingsplaats* Standort *m*
standpunt *opvatting* Standpunkt *m* ★ *op het ~ staan dat...* auf dem Standpunkt stehen, dass...
standrecht jur Standrecht *o*
stand-upcomedian Stand-up Komiker *m*, Bühnenkomiker
stand-upcomedy Stand-up-Comedy *v*
standvastig ❶ *onveranderlijk* (be)ständig ❷ *volhardend* standhaft, beharrlich
standwerker Markthändler *m*, min Marktschreier *m*
stang *staaf* Stange *v* ▼ *iem. op ~ jagen* jemanden aufbringen
stangen frotzeln, auf die Palme bringen
stank Gestank *m*
stankoverlast Geruchsbelästigung *v*
stanleymes Stanleymesser *o*
stansen stanzen
stap Schritt *m* ★ *bij iedere stap* auf Schritt und Tritt ★ *stap voor stap* schrittweise ★ *een stap naar achteren doen* einen Schritt nach hinten machen ▼ BN *op zijn stappen terugkeren* den gleichen Weg noch einmal zurückgehen
stapel I *zn* [de] ❶ *hoop* Stapel *m* ★ *een ~ boeken* ein Stoß Bücher *m* ❷ scheepv *stellage* Stapel *m* ★ *een schip van ~ doen lopen* ein Schiff vom Stapel lassen ★ *te hard van ~ lopen* voreilig sein, etw. übers Knie brechen **II** *bnw* total verrückt
stapelbed Etagenbett *o*
stapelen ❶ stapeln, schichten, scheepv stauen ❷ fig häufen
stapelgek ❶ *krankzinnig* total verrückt ❷ *~ op verzot op* ★ *~ op iem. zijn* ganz vernarrt in jmdn. sein
stapelwolk Quellwolke *v*
stappen ❶ *lopen* gehen, ⟨enige stappen doen⟩ treten, ⟨paard⟩ im Schritt gehen ❷ *uitgaan* bummeln
stappenteller Pedometer *o*
stapsgewijs schrittweise
stapvoets im Schritt ★ *~ rijden* im Schritt reiten, Schritt fahren
star ❶ *stijf* starr ❷ fig *rigide* starr
staren starren
start *moment van aanvang* Start *m* ★ *valse ~* Fehlstart
startbaan Startbahn *v*
startbewijs sport Starterlaubnis *v*
startblok Startblock *m*
starten I *ov ww, in gang zetten* starten **II** *on ww, vertrekken* starten
starter ❶ *beginner* ⟨op arbeidsmarkt⟩ Berufsanfänger *m* [v: Berufsanfängerin], ⟨op woningmarkt⟩ Erstwohnungskäufer *m*, ⟨ondernemer⟩ angehende(r) Unternehmer *m* ❷ sport *official* Starter *m* ❸ techn Anlasser *m*
startgeld Startgeld *o*
startkabel techn transp Starthilfekabel *o*
startkapitaal Startkapital *o*
startklaar startklar, startbereit
startmotor Startmotor *m*
startnummer Startnummer *v*
startonderbreker Startunterbrecher *m*
startpagina comp Startseite *v*
startschot Startschuss *m*
startsein Startsignal *o*, Startzeichen *o*
startverbod Startverbot *o*
Statenbijbel ≈ Bibelübersetzung *v* der frühen niederländischen Republik
statenbond Staatenbund *m*
Staten-Generaal ≈ erste und zweite Kammer *v* des niederländischen Parlamentes
statie *afbeelding uit de kruisweg* Station *v*
statief Stativ *o*
statiegeld Pfand *o*, ⟨van fles⟩ Flaschenpfand *o* ★ *fles met ~* Pfandflasche *v*
statig würdevoll, würdig, feierlich
station ❶ *spoorweghalte* Bahnhof *m* ★ *centraal ~* Hauptbahnhof *m* ❷ *zender* Radiostation *v*, Radiosender *m* ★ *~ voor draadloze telegrafie* Funkstation *v*
stationair *stilstaand* ⟨auto⟩ im Leerlauf, ⟨machine⟩ fest
stationcar Kombi(wagen) *m*
stationeren I *ov ww, plaatsen* stationieren ★ *gestationeerd zijn* einen Standort haben, stationiert sein **II** *on ww*, BN *kort parkeren* kurz parken
stationschef Bahnhofsvorsteher *m*
stationshal Bahnhofshalle *v*
stationsplein Bahnhofsplatz *m*
stationsrestauratie Bahnhofsrestaurant *o*
statisch statisch
statisticus Statistiker *m*
statistiek ❶ *wetenschap* Statistik *v* ★ *Centraal Bureau voor de Statistiek* ≈ Statistische(s) Bundesamt *o* ❷ *tabel* Statistik *v*
statistisch statistisch
status ❶ *sociale positie* Status *m* ❷ med ★ *de ~ van een patiënt* das Krankenblatt
statusbalk comp Statusbalken *m*
status-quo Status quo *m*
statussymbool Statussymbol *o*
statutair satzungsgemäß, statutengemäß
statutenwijziging Statutenänderung *v*, Satzungsänderung *v*
statuut Statut *o*, Satzung *v* ★ *volgens de statuten* satzungsgemäß, verfassungsgemäß ★ *statuten van de vennootschap* Gesellschaftsvertrag *m* ★ *statuten* Statuten *mv*
stavast ▼ *een man van ~* ein Mann von Charakter, ein tüchtiger Kerl
staven ❶ *bewijzen* beweisen ★ *met argumenten ~* begründen ❷ *bekrachtigen* bestätigen, erhärten, bekräftigen
staving Bekräftigung *v* ★ *ter ~ aanhalen* als Beweis anführen
stayer ⟨atleet⟩ Langstreckenläufer *m*, ⟨wielrenner⟩ Steher *m*
steak Steak *o*

stedelijk ❶ *van de stad* städtisch ★ ~ *bestuur* Stadtverwaltung *v* ❷ *stads* Stadt-
stedeling Städter *m*, Stadtbewohner *m*
stedenbouw Städtebau *m*
stedenbouwkunde Stadtplanung *v*, Städtebau *m*
steeds I *bijw* ❶ *telkens opnieuw* immer ❷ *altijd* immer ❸ *bij voortduring* immer II *bnw, van de stad* städtisch
steef [verl. td.] → **stijven**
steeg I *zn* [de] Gasse *v* II *ww* [verl. td.] → **stijgen**
steek ❶ *stoot met iets scherps* Stich *m* ★ ~ *onder water* Seitenhieb *m* ❷ *pijnscheut* Stich *m*, Stechen *o* ★ *steken in de zij hebben* Seitenstiche haben ❸ *lus, maas* Masche *v* ★ *er is een ~je aan hem los* er hat nicht alle Tassen im Schrank ❹ *hoed* Zweispitz *m*, ⟨driekantig⟩ Dreispitz *m* ❺ *platte po* Bettpfanne *v* ▼ *het kan me geen ~ schelen* das ist mir völlig gleichgültig
steekhoudend stichhaltig
steekpartij Messerstecherei *v*
steekpenningen Schmiergeld *o*, Bestechungsgeld *o* ★ ~ *aannemen* Schmiergelder annehmen
steekproef *test* Stichprobe *v*
steeksleutel Gabelschlüssel *m*
steekspel ❶ *riddertoernooi* Turnier *o* ❷ fig *strijd* Wortgefecht *o*, Streitgespräch *o*
steekvlam Stichflamme *v*
steekwapen Stichwaffe *v*
steekwond Stichverletzung *v*
steekwoord Stichwort *o*, Lemma *o*
steekzak Schubtasche *v*
steel ❶ *stengel* Stängel *m* ❷ *handvat* Stiel *m*
steelband [stielbend] Steelband *v*
steeldrum Steeldrum *v*
steelguitar Steelgitarre *v*
steelpan Kasserolle *v*, Stielpfanne *v*
steels heimlich, ⟨blik⟩ verstohlen
steen I *zn* [de] ❶ *stuk steen* Stein *m* ★ *de ~ des aanstoots* der Stein des Anstoßes ★ BN *het vriest stenen uit de grond* es friert Stein und Bein ❷ *bouwsteen* Ziegel *m* ★ *de eerste ~ leggen* den Grundstein legen ★ *al zou de onderste ~ boven komen* wenn auch alles drunter und drüber geht II *zn* [het], *gesteente* Stein *m* ★ *hard als ~* steinhart
steenarend Steinadler *m*
Steenbok *dierenriemteken* Steinbock
steenbok *dier* Steinbock *m*
Steenbokskeerkring Wendekreis *m* des Steinbocks
steenboor Steinbohrer *m*, ⟨voor bodemonderzoek⟩ Gesteinsbohrer *m*
steendruk *lithografie* Lithografie *v*
steengoed I *zn* [het] Steingut *o* II *bnw* saugut, stark
steengrillen cul grillen auf dem Steingrill *m*
steengroeve Steinbruch *m*
steenhard ❶ *niet week* steinhart ❷ *ongevoelig* hartherzig
steenhouwer ❶ *bewerker* Steinmetz *m* ❷ *arbeider* Steinbrucharbeiter *m*
steenkool Steinkohle *v*
steenkoolengels Kauderwelsch *o*
steenkoolindustrie Steinkohlenindustrie *v*
steenkoolmijn Kohlenbergwerk *o*, Kohlenzeche *v*
steenkoolproductie Steinkohlenförderung *v*
steenkoud *zeer koud* eiskalt
steenmarter Steinmarder *m*
steenpuist Furunkel *m*, Eitergeschwür *o*
steenrijk steinreich
steenslag ❶ *wegmateriaal* Rollsplitt *m*, Schotter *m* ❷ *vallend gesteente* Steinschlag *m*
steentijd Steinzeit *v*
steenuil Steinkauz *m*, Steineule *v*
steenweg BN Landstraße *v*
steenwol bouw Steinwolle *v*
steenworp ▼ *op een ~ afstand van* einen Katzensprung entfernt von
steeplechase Hindernisrennen *o*, ⟨atletiek⟩ Steeplechase *v*, ⟨paardensport⟩ Jagdrennen *o*, ⟨atletiek⟩ Hindernislauf *m*
steevast ständig
steg → **heg**
stegen [verl. td.] → **stijgen**
steiger ❶ *werkstellage* Gerüst *o* ❷ *aanlegplaats* Landungsbrücke *v*, ⟨kleiner⟩ Landungssteg *m*
steigeren ❶ *op achterste benen gaan staan* sich (auf)bäumen ❷ fig *protesteren* sich sträuben
steil ❶ *sterk hellend* steil ❷ *sluik* glatt ❸ *star* engstirnig, starr ★ ~ *in de leer* stark
steilschrift Steilschrift *v*
steilte ❶ *het steil zijn* Steilheit *v* ❷ *helling* Steilhang *m*
stek ❶ *plantendeel* Steckling *m*, Ableger *m* ❷ *vaste plek* Lieblingsplatz *m*, Stammplatz *m*
stekeblind stockblind
stekel Stachel *m* ▼ fig *zijn ~s opzetten* seine Borsten aufstellen
stekelbaars Stichling *m*
stekelhaar struppige(s) Haar *o*, ⟨kapsel⟩ Bürste *v*
stekelig ❶ *met stekels* stachlig, ⟨haar⟩ struppig ❷ *bits* beißend, spitz
stekelvarken Stachelschwein *o*
steken I *ov ww* ❶ *treffen* stechen ❷ *grieven* schmerzen, verletzen ❸ *erin of erop plaatsen* stecken ❹ *in bepaalde toestand brengen* ★ *in brand ~* in Brand stecken ★ *zich in de schulden ~* sich in Schulden stürzen ❺ *uitspitten* stechen II *on ww* ❶ *iets scherps stoten, plaatsen* stecken, ⟨verwonden⟩ stechen ❷ *vastzitten* stecken ★ *daar steekt iets achter* da steckt etw. dahinter
stekken (aus Stecklingen) ziehen
stekker elek Stecker *m*
stekkerdoos elek Mehrfachsteckdose *v*
stel ❶ *aantal* Haufen *m* ★ *een stel boeken* einige Bücher ❷ *set* Garnitur *v*, Satz *m* ★ *een stel ondergoed* eine Garnitur Unterwäsche ❸ *paar geliefden* Paar *o* ▼ *op stel en sprong* auf der Stelle
stelen stehlen
stellage ❶ *steiger* Podest *o*, Gerüst *o* ❷ *opbergruimte* Gestell *o*, Stellage *v*
stellen ❶ *zetten, plaatsen* stellen, setzen ❷ *in toestand / positie brengen* setzen, stellen ★ *iem. in de gelegenheid ~* jmdm. die Gelegenheit bieten ★ *buiten bedrijf ~* außer Betrieb setzen ★ *iem. in vrijheid ~* jmdn. in Freiheit setzen ❸ *genoegen nemen* auskommen, zurechtkommen ★ *het moeten ~ zonder* ohne etw. auskommen müssen ★ *het zonder iem. niet kunnen ~* ohne jmdn. nicht

st

auskommen können ❹ *veronderstellen* annehmen, behaupten ★ *stel dat...* gesetzt den Fall, dass... ❺ *doen, uiten* schreiben, abfassen, ⟨beweren⟩ behaupten ❻ *vaststellen* setzen, stellen ★ *een prijs te hoog ~* einen Preis zu hoch ansetzen
stellig I *bnw* entschieden, ⟨beslist⟩ bestimmt **II** *bijw, zeker* ★ *ten ~ste* mit aller Entschiedenheit
stelligheid Entschiedenheit *v*, Bestimmtheit *v*
stelling ❶ *bewering* Behauptung *v*, These *v*, Satz *m*, wisk Lehrsatz *m* ❷ *stellage* Regal *o*, Gestell *o* ❸ *opstelling van leger* Stellung *v* ❹ *steiger* Gerüst *o*
stellingname Stellungnahme *v*
stelpen stillen
stelplaats BN Depot *o*
stelpost Einzelposten *m*
stelregel Grundsatz *m*, Prinzip *o*
stelschroef Stellschraube *v*
stelsel System *o*
stelselmatig methodisch, systematisch, planmäßig
stelt ❶ *lang nepbeen* Stelze *v* ❷ *lang echt been* Stelze *v*
steltlopen auf Stelzen laufen
steltloper *waadvogel* Watvogel *m*
stem ❶ *stemgeluid* Stimme *v* ❷ *keuze bij stemming* ★ *een stem in het kapittel hebben* ein Wörtchen mitzureden haben
stemadvies Wahlvorschlag *m*, Wahlempfehlung *v*
stemband Stimmband *o*
stembiljet Wahlzettel *m*, Stimmzettel *m*
stembuiging Tongebung *v*, ⟨intonatie⟩ Tonfall *m*
stembureau Wahllokal *o*
stembus Wahlurne *v*
stemgedrag Wahlverhalten *o*
stemgeluid Stimme *v*, Klang *m* der Stimme
stemgerechtigd jur stimmberechtigt, ⟨bij verkiezingen⟩ wahlberechtigt
stemhebbend taalk stimmhaft
stemhokje Wahlkabine *v*
stemlokaal Wahllokal *o*
stemloos taalk stimmlos
stemmen I *ov ww* ❶ *in zekere stemming brengen* stimmen ★ *dat stemt tot nadenken* das stimmt nachdenklich ❷ muz stimmen **II** *on ww, stem uitbrengen* wählen, abstimmen
stemmenwinst Stimmengewinn *m*
stemmer ❶ *kiezer* Wähler *m* ❷ muz Stimmer *m*
stemmig *ingetogen* schlicht, unaufdringlich, dezent
stemming ❶ *het stemmen* Stimmabgabe *v* ★ *in ~ brengen* zur Abstimmung bringen ★ *bij de eerste ~* im ersten Wahlgang ❷ *gemoedstoestand* Stimmung *v*
stemmingmakerij Stimmungsmache *v*
stempel ❶ *instrument om afdruk te maken* Stempel *m* ❷ *afdruk* Stempel *m* ★ *ergens zijn ~ op drukken* einer Sache seinen Stempel aufdrücken ★ *van de oude ~* von altem Schrot und Korn
stempelautomaat Entwerter *m*
stempeldoos ⟨set⟩ Stempelkissen *o*, ⟨set⟩ Stempelset *m*
stempelen ❶ *een stempel drukken* stempeln ❷ *kenmerken* abstempeln ★ *iem. tot misdadiger ~* jmdn. als Verbrecher abstempeln
stempelkussen Stempelkissen *o*
stemplicht Wahlpflicht *v*
stemrecht jur Stimmrecht *o*, ⟨kiesrecht⟩ Wahlrecht *o*
stemvee Stimmvieh *o*
stemverheffing Sprechen *v* mit erhobener Stimme
stemvork Stimmgabel *v*
stencil Abzug *m*
stencilen abziehen, vervielfältigen
stencilmachine Verfielfältigungsapparat *m*
stenen steinern, Stein- ★ *~ trap* Steintreppe *v* ▼ *het ~ tijdperk* die Steinzeit
stengel ❶ plantk Stängel *m* ❷ *koekje* ★ *zoute ~* Salzstange
stengun leichte(s) Maschinengewehr *o*
stenigen steinigen
stennis ⟨drukte⟩ Wirbel *m*, ⟨ophef⟩ Tamtam *o*, ⟨kabaal⟩ Radau *m* ▼ *~ schoppen* Radau machen
steno Steno *v*
stenograferen stenografieren
stenografie Stenografie *v*
stenografisch stenografisch
step ❶ *autoped* Roller *m* ❷ *stepdans* Stepptanz *m*
steppe Steppe *v*
steppehond Präriehund *m*
steppen *step rijden* rollern
STER *Stichting Etherreclame* ≈ Stiftung *v* für Rundfunk- und Fernsehreklame
ster ❶ *hemellichaam* Stern *m* ★ *vallende ster* Sternschnuppe *v* ★ BN *tegen de sterren op* ohne Maß und Ziel ❷ *figuur* Stern *m* ❸ *beroemdheid* Star *m* ❹ → **sterretje**
sterallures Starallüren *v mv*
stereo I *zn* [de] ❶ *geluidsinstallatie* Stereoanlage *v* ❷ *ruimtelijke weergave* Stereo *o* **II** *bnw* stereo, Stereo-
stereoapparatuur Stereogeräte *mv*
stereofonisch stereofonisch
stereo-installatie Stereoanlage *v*
stereometrie Stereometrie *v*
stereotiep stereotyp
stereotoren Stereoturm *m*
stereotype Stereotyp *o*, Klischee *o*
sterfbed Sterbebett *o*
sterfdag Sterbetag *m*, ⟨gedenkdag⟩ Todestag *m*
sterfelijk sterblich
sterfgeval Todesfall *m*
sterfhuis ≈ Sterbeort *m*
sterfhuisconstructie ≈ juristische Konstruktion *v*, mit der Verlust bringende Unternehmensteile abgestoßen werden können
sterfte *totaal aantal sterfgevallen* Sterblichkeit *v*
sterftecijfer Sterblichkeit *v*
sterfteoverschot Sterbeüberschuss *m*
steriel ❶ biol *onvruchtbaar* steril ❷ med *vrij van ziektekiemen* steril ❸ fig *doods* steril
sterilisatie Sterilisation *v*
steriliseren ❶ *van ziektekiemen ontdoen* sterilisieren ❷ med *onvruchtbaar maken* sterilisieren ❸ BN *conserveren* einmachen, einwecken
sterk I *bnw* ❶ *krachtig* stark, kräftig ❷ *hevig* sehr, stark ❸ *bekwaam* ★ *daar is hij niet ~ in* das ist nicht seine starke Seite ❹ *moeilijk te geloven* stark

st

★ *dat is een ~ staaltje* das ist ein starkes Stück, das ist stark ★ *dat lijkt me ~* das glaube ich nicht **II** *bijw* stark ★ *iets ~ overdrijven* etw. dick auftragen
sterkedrank cul starkalkoholische Getränke *o mv*, Spirituosen *v mv*
sterken ❶ lett *sterker maken* stärken, kräftigen ❷ fig *bevestigen* bestärken ★ *iem. in zijn mening ~* jmdn. in seiner Meinung bestärken
sterkers Gartenkresse *v*
sterkte ❶ *kracht* Stärke *v* ❷ *geestkracht* Kraft *v*
stern *vogel* Seeschwalbe *v*
steroïden Steroide *mv* ★ *anabole ~* anabole Steroide
sterrenbeeld ❶ *groep sterren* Sternbild *o* ❷ *astrologisch teken* Sternbild *o*, Tierkreiszeichen *o*
sterrenhemel Sternhimmel *m*
sterrenkijker *instrument* astronomische(s) Fernrohr *o*
sterrenkunde Astronomie *v*, Sternkunde *v*
sterrenregen Sternschnuppenschwarm *m*
sterrenstelsel Sternsystem *o*, Galaxie *v*
sterrenwacht Sternwarte *v*
sterrenwichelaar Sterndeuter *m*
sterrenwichelarij Astrologie *v*, Sterndeuterei *v*
sterretje ❶ *klein hemellichaam* Sternchen *o* ★ *~s zien* Sterne sehen ❷ *teken* * Sternchen *o* ❸ *vuurwerk* Wunderkerze *v*
sterveling Sterbliche(r) *m* ★ *geen ~* keine Menschenseele
sterven I *on ww* ❶ *doodgaan* sterben ★ *op ~ liggen* im Sterben liegen ★ *ik mag ~ als...* ich will tot umfallen, wenn... ★ *op ~ na dood* todsterbenskrank ❷ *creperen* ★ *ik sterf van de honger* ich sterbe vor Hunger **II** *onp ww, wemelen* wimmeln
stervensbegeleiding Sterbebetreuung *v*
stervenskoud lausekalt, hundekalt
stethoscoop Stethoskop *o*
steun ❶ *stut* Stütze *v* ❷ *hulp* Unterstützung *v*, Hilfe *v* ★ *aan hem hebben wij een ~* an ihm haben wir einen Rückhalt ❸ *uitkering* ⟨bijstand⟩ Sozialhilfe *v*, ⟨WW⟩ Arbeitslosengeld *o* ★ *~ trekken* Arbeitslosengeld / Sozialhilfe erhalten
steunbalk techn Stützbalken *m*, Tragbalken *m*, Träger *m*
steunbeer Mauerstrebe *v*, Strebepfeiler *m*
steunbetuiging Beifallsbezeigung *v*
steunen I *ov ww* ❶ *ondersteunen* (ab)stützen, unterstützen ❷ *helpen* unterstützen ★ *iem. ~* jmdm. beistehen **II** *on ww* ❶ *leunen* sich stützen ★ *op zijn ellebogen ~* sich auf die Ellbogen stützen [+4] ❷ *kreunen* stöhnen
steunfonds Hilfsfonds *m*, Unterstützungfonds *m*
steunfraude ≈ Betrug *v* bei der Inanspruchnahme von Sozialhilfe
steunkous Stützstrumpf *m*
steunmuur Stützmauer *v*
steunpilaar ❶ *pilaar* Stützpfeiler *m*, Grundpfeiler *m* ❷ *persoon* Stütze *v*, ⟨vaak ironisch⟩ Säule *v*
steunpunt ❶ *punt waarop iets steunt* Stützpunkt *m* ❷ *plaats waar men hulp verleent* Stützpunkt *m*
steuntrekker Sozialhilfeempfänger *m*
steunzender Hilfssender *m*
steunzool Einlage *v*
steur Stör *m*
steven I *zn* [de] Steven *m* **II** *ww* [verl. td.] → **stijven**
stevenen ❶ *koers zetten* steuern, Kurs nehmen (auf) [+4] ❷ *stappen naar* steuern ★ *hij stevende op mij af* er steuerte auf mich zu
stevig ❶ *solide* solide ❷ *krachtig* kräftig, stark, stämmig, tüchtig ★ *~e kost* kräftige Kost *v* ★ *een ~e meid* ein strammes / handfestes Mädchen *o* ★ *een ~e bries* eine steife Brise *v*
steward Steward *m*
stewardess Stewardess *v*
stichtelijk erbaulich, ⟨vroom⟩ fromm ▼ *dank je ~!* ich danke ergebenst!
stichten ❶ *laten ontstaan* gründen ★ *een gezin ~* eine Familie gründen ❷ *veroorzaken* stiften, auslösen
stichter *oprichter* Begründer *m*, Gründer *m*
stichting ❶ *het stichten* Gründung *v* ❷ *organisatie* Stiftung *v*
stick *hockeystick* Hockeyschläger *m*
sticker Sticker *m*, Aufkleber *m*
stickie Joint *m*
stiefbroer Stiefbruder *m*
stiefdochter Stieftochter *v*
stiefkind Stiefkind *o*
stiefmoeder Stiefmutter *v*
stiefmoederlijk ▼ *~ behandeld* stiefmütterlich behandelt ▼ *~ bedeeld* stiefmütterlich bedacht
stiefouder ★ *~s* Stiefeltern *mv*
stiefvader Stiefvater *m*
stiefzoon Stiefsohn *m*
stiefzuster, inform **stiefzus** Stiefschwester *v*
stiekem heimlich, ⟨achterbaks⟩ hinterhältig, ⟨achterbaks⟩ hinterlistig
stiekemerd hinterhältige(r) Mensch *m*
stiel BN *beroep* Beruf *m*, ⟨ambacht⟩ Handwerk *o*, ⟨ambacht⟩ Gewerbe *o* ▼ BN *twaalf ~en, dertien ongelukken* ≈ vielerlei Gewerbe, keinerlei Erwerbe
Stier *dierenriemteken* Stier *m*
stier *dier* Stier *m*
stierengevecht Stierkampf *m*
stierennek ❶ *nek van stier* Stiernacken *m* ❷ *(persoon met) dikke nek* Stiernacken *m*
stierenvechten Stierkampf *m*
stierenvechter Stierkämpfer *m*
stierf [verl. td.] → **sterven**
stierlijk furchtbar, tödlich
Stiermarken Steiermark *v*
stierven [verl. td.] → **sterven**
stift ❶ *staafje* Stift *m* ❷ *viltstift* Stift *m*
stiften sport heben
stifttand Stiftzahn *m*
stigma *merkteken* Stigma *o*
stigmatiseren stigmatisieren
stijf ❶ *niet soepel* steif ★ *mijn ledematen zijn ~ geworden van het zitten* vom Sitzen sind mir die Glieder steif geworden ❷ *niet spontaan* starr ❸ *houterig* hölzern ▼ *~ staan van de leugens* vor Schmutz starren
stijfde [verl. td.] → **stijven**
stijfden [verl. td.] → **stijven**
stijfjes steif
stijfkop Dickschädel *m*, Starrkopf *m*
stijfkoppig dickköpfig

st

stijfsel Stärke *v*, ‹plakmiddel› Kleister *m*
stijgbeugel Steigbügel *m*
stijgen ❶ *omhooggaan* steigen ❷ *toenemen* steigen ★ *doen* ~ steigern
stijging ❶ *het omhooggaan* Anstieg *m*, Steigung *v* ❷ *toename* Steigerung *v*
stijl ❶ *van spreken, schrijven, kunst* Stil *m* ❷ *handelwijze* Stil *m* ★ *in / met* ~ stilvoll ❸ *deur- / raampost* Pfosten *m*
stijlbreuk Stilbruch *m*
stijldansen Standardtanz *m*
stijlfiguur Stilfigur *v*
stijlkamer Stilzimmer *o*
stijlloos ❶ *zonder (goede) stijl* stillos ❷ *ongepast* stillos
stijlperiode Zeitraum *m* eines Stil(e)s
stijlvol stilvoll
stijven ❶ *sterken* bestärken ❷ *met stijfsel behandelen* stärken
stikdonker I *zn* [het] ★ *in het* ~ im Stockfinsteren **II** *bnw* stockdunkel, stockfinster
stikheet glühheiß
stikken I *ov ww, naaien* steppen ★ *gestikte deken* Steppdecke *v* **II** *on ww* ❶ *het benauwd krijgen* ersticken ★ ~ *van het lachen* beinah ersticken vor Lachen ❷ *sterven* ersticken ★ *iem. laten* ~ jmdn. sitzen lassen **III** *onp ww, wemelen* ★ *het stikt hier van de muggen* es wimmelt hier von Mücken
stiksel Stickerei *v*
stikstof Stickstoff *m*
stikstofdioxide Stickstoffdioxid *o*
stil ❶ *zonder geluid* still ❷ *zonder beweging* still ❸ *rustig* ★ *stil leven* ein stilles Leben führen ❹ *verborgen* still ★ *stille armoede* verborgene Armut *v*
stilaan allmählich
stileren ❶ *in goede stijl vervatten* redigieren ❷ *een tekening vereenvoudigd uitbeelden* stilisieren
stiletto Stilett *o*
stilhouden I *ov ww* ❶ *verzwijgen* geheim halten ❷ *rustig houden* stillhalten **II** *on ww, stoppen* (an)halten
stilist Stilist *m*
stilistisch stilistisch
stille ❶ *zwijgzaam persoon* Schweiger *m* ❷ *rechercheur* Polizeispitzel *m*

st

stilleggen stilllegen ★ *het verkeer* ~ den Verkehr lahmlegen
stillen *doen verminderen* befriedigen, stillen ★ *dorst* ~ Durst löschen
Stille Oceaan, **Stille Zuidzee** Pazifik *m*
stilletjes ❶ *zachtjes* leise ❷ *ongestoord* ruhig ❸ *heimelijk* heimlich
stilleven Stillleben *o*
stilliggen ❶ *niet bewegen* still liegen, stillliegen ❷ *buiten werking zijn* stillgelegt sein
stilstaan ❶ *niet bewegen* still stehen ★ ~*d water* stehende(s) Wasser *o* ❷ *stagneren* stehen bleiben ❸ ~ **bij** verweilen bei ★ *ik heb er niet bij stilgestaan* daran habe ich nicht gedacht ★ *lang bij een onderwerp* ~ längere Zeit bei einem Thema verweilen
stilstand *beweginloosheid* Stillstand *m*, Stockung *v*
stilte ❶ *geluidloosheid* Stille *v* ★ ~*!* Ruhe! ★ *ademloze / doodse / diepe* ~ Totenstille ❷ *rust* Ruhe *v* ★ *hij is in alle* ~ *vertrokken* er in aller Stille weggegangen
stilton Stiltonkäse *m*
stilvallen ❶ *tot stilstand komen* zum Erliegen kommen, zum Stillstand kommen ❷ *geen geluid maken* still werden
stilzetten anhalten, ‹apparaat› abstellen, ‹bedrijf, verkeer› stilllegen
stilzitten ❶ *rustig zitten* still sitzen ❷ *niet bedrijvig zijn* untätig sein, still sitzen
stilzwijgen I *zn* [het] Stillschweigen *o*, Schweigen *o* ★ *met* ~ *aan iets voorbijgaan* stillschweigend über etw. hinweggehen **II** *on ww* schweigen
stilzwijgend stillschweigend
stimulans Stimulans *o*
stimuleren stimulieren, anregen
stimuleringsmaatregel Förderungsmaßnahme *v*
stinkbom Stinkbombe *v*
stinkdier Stinktier *o*
stinken *vies ruiken* stinken ▼ *erin* ~ hereinfallen
stinkvoeten Stinkfüße *mv*
stip ❶ *punt* Punkt *m* ❷ *vlekje* Tupfen *m*
stipendium *beurs* Stipendium *o*
stippel Punkt *m*, ‹vlekje› Tupfen *m*
stippelen *uit stippels samenstellen* ‹lijn, vlak› punktieren, ‹stof› tüpfeln
stippellijn punktierte Linie *v*
stipt pünktlich
stiptheidsactie Dienst *m* nach Vorschrift
stock BN *voorraad* Vorrat *m*, econ Bestand *m*
stockcar Stockcar *o*
stockeren BN *als voorraad aanleggen* (ein)lagern
Stockholm Stockholm *o*
Stockholms Stockholmer
stoefen BN prahlen, angeben, aufschneiden
stoeien ❶ *ravotten* (herum)tollen, sich balgen ❷ *speels omgaan* herumspielen
stoeipartij Balgerei *v*
stoel *zitmeubel* Stuhl *m* ★ *luie* ~ bequemer Sessel *m* ▼ *de Heilige Stoel* der Heilige Stuhl ▼ *iets niet onder* ~*en of banken steken* kein Hehl aus etwas machen ▼ *voor* ~*en en banken praten* vor leeren Bänken sprechen, gegen eine Mauer reden
stoelen op beruhen auf [+3], fußen auf [+3]
stoelendans Reise *v* nach Jerusalem
stoelgang Stuhlgang *m*
stoelpoot Stuhlbein *o*
stoeltjeslift Sessellift *m*
stoemp BN cul Eintopf *m*
stoep ❶ *trottoir* Gehsteig *m*, Bürgersteig *m* ❷ *stenen opstapje* ★ *hij stond plotseling op de* ~ er stand plötzlich vor der Tür
stoeprand Bordstein *m*
stoepranden Ballspiel auf der Straße
stoeptegel Gehwegplatte *v*, Pflasterstein *m*
stoer I *bnw* ‹fors› stark, ‹fors› stämmig, ‹onstuimig› wild **II** *bijw* ★ ~ *doen* sich aufspielen
stoet *optocht* Zug *m*, rel Prozession *v*, ‹gevolg› Tross *m*
stoeterij ‹plaats› Gestüt *o*, ‹bezigheid› Pferdezucht *v*
stoethaspel Tollpatsch *m*, Tölpel *m*
stof I *zn* [de] ❶ *materie* Stoff *m* ❷ *weefsel* Stoff *m* ❸ *onderwerp* Stoff *m* ★ *kort van stof* kurz angebunden ★ *lang van stof* langatmig,

weitschweifig ★ *lang van stof zijn* weitschweifig erzählen **II** *zn* [het] Staub *m* ★ *helemaal onder het stof* völlig verstaubt
stofbril Staubbrille *v*
stofdoek Staubtuch *o*
stoffeerder ❶ *iem. die meubels met stof bekleedt* Polsterer *m* ❷ *iem. die vertrekken van meubels e.d. voorziet* Raumausstatter *m*
stoffelijk gegenständlich, materiell, stofflich, Stoff- ★ *de ~e overschotten* die sterblichen Überreste
stoffen I *bnw* Stoff-, aus Stoff **II** *ov ww, stof afnemen* Staub wischen
stoffer Handfeger *m* ★ *~ en blik* Handfeger und Schaufel
stofferen ❶ *bekleden* polstern ❷ *inrichten* ausstatten
stoffering ❶ *meubelbekleding* Polsterung *v* ❷ *tapijt, gordijnen* Ausstattung *v*
stoffig ❶ *vol stof* staubig ❷ *saai* langweilig, öde
stofjas Kittel *m*
stoflong Staublunge *v*
stofmasker Staubmaske *v*
stofnaam *naam van stof* Stoffbezeichnung *v*
stofnest Schmutzfänger *m*
stofregen *vallend stof* Staubregen *m*
stofvrij *zonder stof* staubfrei
stofwisseling Stoffwechsel *m*
stofwisselingsziekte Stoffwechselkrankheit *v*
stofwolk Staubwolke *v*
stofzuigen staubsaugen, Staub saugen ★ *het tapijt ~* den Teppich saugen
stofzuiger Staubsauger *m*
stoïcijns *onaangedaan* stoisch
stok *stuk hout* Stock *m*, Stange *v* ★ *een stok achter de deur* ein Druckmittel ★ BN *stokken in de wielen steken* Steine in den Weg legen
stokbrood cul Baguette *v/o*
stokdoof stocktaub
stoken I *ov ww* ❶ *doen branden* feuern, (be)heizen, anzünden ★ *kolen ~* mit Kohlen heizen ❷ *distilleren* brennen ❸ *aanwakkeren* ★ *ruzie ~* Streit schüren **II** *on ww, opruien* hetzen
stoker ❶ *machinestoker* Heizer *m* ❷ *distilleerder* Brenner *m* ❸ *opruier* Unruhestifter *m*, Aufwiegler *m*
stokerij Brennerei *v*
stokken stocken, stecken bleiben
stokoud uralt
stokpaardje *lievelingsonderwerp* Steckenpferd *o*
stokroos ❶ *plant* Stockrose *v*, rote(r) Eibisch *m* ❷ *stamroos* Rosenstock *m*
stokstijf stocksteif
stokvis cul Stockfisch *m*
stol Stollen *m*
stola Stola *v*
stollen gerinnen, erstarren
stollingsgesteente Ergussgestein *o*
stollingspunt Gerinnungspunkt *m*
stollingstijd Gerinnungszeit *v*
stolp *glazen deksel* Glasglocke *v*, Glocke *v*
stolpboerderij Hauberg *m*, Haubarg *m*, Barghaus *o*
stolsel Gerinnsel *o*
stom ❶ *dom* dumm, blöd ★ *een stomme trut* eine blöde Kuh ★ *stom geluk* reine(s) Glück *o* ❷ *gek, vervelend* stumpfsinnig, blöd ❸ *zonder spraakvermogen* stumm ★ *stom van verbazing* stumm / sprachlos vor Staunen ★ *een stom verwijt* ein stummer Vorwurf ★ *een stomme film* ein Stummfilm *m* ★ *geen stom woord zeggen* kein Sterbenswörtchen sagen
stoma med Stoma *o*
stomdronken stockbetrunken
stomen I *ov ww* ❶ *gaar maken* dämpfen ❷ *reinigen* (chemisch) reinigen **II** *on ww* ❶ *dampen* qualmen, dampfen ❷ *varen* dampfen
stomerij Reinigung *v*
stomheid ❶ *het niet kunnen spreken* Stummheit *v* ❷ *stommiteit* Dummheit *v* ▼ *met ~ geslagen* völlig sprachlos
stomkop Dummkopf *m*, Dussel *m*
stommelen poltern
stommeling *stommerik* Dummkopf *m*
stommetje ▼ *~ spelen* sich stumm stellen
stommiteit ❶ *het stom zijn* Stupidität *v*, Dummheit *v* ❷ *stomme daad* Dummheit *v*
stomp I *zn* [de] ❶ *vuistslag* Stoß *m* ★ *een ~ in de zij* ein Rippenstoß ❷ *overblijfsel* Stumpf *m*, Stummel *m* ★ *een ~je potlood* ein Bleistiftstummel **II** *bnw, niet scherp* stumpf
stompen stoßen
stompzinnig stumpfsinnig
stomverbaasd völlig verwundert, ganz erstaunt
stomvervelend *heel saai* todlangweilig
stomweg einfach
stond [verl. td.] → **staan**
stonden [verl. td.] → **staan**
stoned stoned, high
stonk [verl. td.] → **stinken**
stonken [verl. td.] → **stinken**
stoof [verl. td.] → **stuiven**
stoofappel Kochapfel *m*
stoofkarbonade BN cul *gestoofd rundvleesgerecht* ≈ Eintopfgericht *o*, ≈ Eintopf *m*
stoofpeer Kochbirne *v*
stoofpot Schmortopf *m*, ⟨gerecht⟩ geschmorte(s) Eintopfgericht *o*
stoofschotel cul Eintopfgericht *o*, Eintopf *m*
stookolie Heizöl *o*
stoom Dampf *m* ★ *~ afblazen* Dampf ablassen ★ *door ~ gedreven* mit Dampfantrieb ★ *verwarming door middel van ~* Dampfheizung *v*
stoombad Dampfbad *o*
stoomboot Dampfschiff *o*, Dampfer *m*
stoomcursus Intensivkurs *m*
stoomketel Dampfkessel *m*
stoomlocomotief Dampflokomotive *v*, Dampflok *v*
stoommachine Dampfmaschine *v*
stoompan Dampf(koch)topf *m*
stoomschip Dampfer *m*, Dampfschiff *o*
stoomstrijkijzer Dampfbügeleisen *o*
stoornis ❶ *verstoring* Störung *v* ❷ med *gebrek* Störung *v*
stoorzender *zender* Störsender *m*
stoot ❶ *plotse beweging* Stoß *m* ❷ *duw* Stoß *m* ★ *de ~ tot iets geven* den Anstoß zu etw. geben ❸ *knappe meid* ★ *wat een ~!* ist das 'ne geile Frau!
stootblok Prellbock *m*
stootkussen ❶ *buffer* Stoßpolster *o*, ⟨trein⟩ Puffer

m ❷ scheepv Fender *m*
stootte [verl. td.] → **stoten**
stootten [verl. td.] → **stoten**
stoottroepen Stoßtruppe *v mv*
stootvast stoßfest
stop I *zn* [de] ❶ *oponthoud* Halt *m*, Pause *v* ★ *sanitaire stop* Pinkelpause *v* ❷ *stopzetting* Stopp *m* ❸ *iets dat afsluit* Pfropfen *m*, Stöpsel *m* ❹ *zekering* Sicherung *m* ★ *de stoppen zijn doorgeslagen* die Sicherung ist durchgebrannt ❺ *verstelde plek* gestopfte Stelle *v* **II** *tw, sta stil* halt
stopbord Stoppschild *o*
stopcontact Steckdose *v*
stopfles Einweckglas *o*
stoplap ❶ *lap* Stopflappen *m* ❷ *loos woord* Füllwort *o*
stoplicht ❶ *verkeerslicht* Ampel *v* ★ *door het (rode) ~ rijden* durch Rot fahren, die rote Ampel überfahren ❷ *remlicht* Bremslicht *o*
stopnaald Stopfnadel *v*
stoppel ❶ *baardhaar* Bartstoppel *v* ❷ *halm* Stoppel *v*
stoppelbaard Stoppelbart *m*
stoppelhaar Stoppelhaar *o*
stoppen I *ov ww* ❶ *tot stilstand brengen* stoppen, anhalten ❷ *dichtmaken* stopfen, dichten ★ *kousen ~* Strümpfe stopfen ❸ *induwen* stecken ★ *iem. in bed ~* jmdn. ins Bett stecken ★ *onder de grond ~* eingraben, verscharren **II** *on ww* ❶ *ophouden* aufhören ★ *stop eens even!* hör mal auf! ❷ *halt houden* stoppen, (an)halten
stopplaats Haltestelle *v*
stopstreep Haltelinie *v*
stopteken Stoppschild *o*, ⟨trein⟩ Haltesignal *o*
stoptrein Nahverkehrszug *m*
stopverbod Halteverbot *o*
stopverf Fensterkitt *m*, Kitt *m*
stopwatch Stoppuhr *v*
stopwoord Füllwort *o*
stopzetten anhalten, ⟨fabriek⟩ stilllegen, ⟨werk, bezigheid⟩ einstellen
storen I *ov ww, hinderen* stören **II** *wkd ww* [**zich ~**] *zich ergeren* sich stören (an) [+3]
storend störend
storing *ongewenste onderbreking* Störung *v*
storm ❶ *harde wind* Sturm *m* ❷ fig *opwinding* Sturm *m*
stormachtig ❶ *met storm* stürmisch ❷ fig *onstuimig* stürmisch
stormbaan Hindernisbahn *v*
stormbal Sturmball *m*
stormdepressie Sturmtief *o*
stormen *voorwaarts snellen* stürmen
stormenderhand im Sturm
stormlamp Sturmlaterne *v*
stormloop ❶ *aanval* Sturmlauf *m* ❷ fig *run* Ansturm *m*
stormlopen I *on ww, aanval doen* (be)stürmen, anstürmen (gegen) [+4] ★ *~ op een vesting* eine Festung bestürmen **II** *onp ww, toestromen* ★ *het liep er storm* es herrschte großer Andrang
stormram Rammbock *m*
stormschade Sturmschaden *m*
stormvloed Sturmflut *v*
stormvloedkering Flutbrecher *m*
stormvogel Sturmvogel *m*, Sturmschwalbe *v* ★ *Noordse ~* Eissturmvogel *m*
stortbad BN Dusche *v*
stortbak *watercloset* Spülkasten *m*
stortbeton Gussbeton *m*, Schüttbeton *m*
stortbui Platzregen *m*, Regenguss *m*
storten I *ov ww* ❶ *doen vallen* schütten ★ *tranen ~* Tränen vergießen ★ *beton ~* Beton gießen ❷ *geld overmaken* überweisen, einzahlen **II** *on ww, vallen* stürzen
storting ❶ *het doen vallen* Schütten *o* ❷ *het overmaken* Einzahlung *v*
stortingsbewijs Einzahlungsbeleg *m*
stortkoker Schütte *v*, Rutsche *v*
stortplaats Müllkippe *v*, Schuttabladeplatz *m*
stortregen Platzregen *m*
stortregenen gießen, in Strömen regnen
stortvloed ❶ *vloedstroom* Sturzflut *v*, Flut *v* ❷ fig *overstelpend aantal* ★ *een ~ van woorden* ein Wortschwall ★ *een ~ van tranen* ein Strom von Tränen
stortzee Brecher *m*, Sturzwelle *v*
stoten I *ov ww, krachtig duwen* stoßen ★ *zijn hoofd ~* sich den Kopf stoßen **II** *on ww, botsen* treffen
stotteraar Stotterer *m* [v: Stotterin]
stotteren *hortend spreken* stottern
stottertherapie Stottertherapie *v*
stout I *bnw* ❶ *ondeugend* ungezogen, unartig ❷ *stoutmoedig* kühn, verwegen **II** *zn* [de/het], *bier* Stout *m*
stouterd Frechdachs *m*, ⟨jongen⟩ Lausebengel *m*
stoutmoedig furchtlos, kühn
stouwen ❶ *bergen* verstauen, scheepv stauen ❷ *verorberen* reinhauen
stoven I *ov ww* schmoren **II** *ww* [verl. td.] → **stuiven**
stoverij BN cul *gestoofd rundvleesgerecht* ≈ Eintopfgericht *o*, ≈ Eintopf *m*
straal I *zn* [de] ❶ *lichtbundel* Strahl *m* ❷ *lijn in cirkel* Radius *m* **II** *bijw, volkomen* total ★ *hij heeft het ~ vergeten* er hat es glatt vergessen
straalaandrijving Düsenantrieb *m*, Strahlantrieb *m*
straalbezopen stinkbesoffen
straaljager Düsenjäger *m*
straalkachel Heizstrahler *m*
straalmotor Düsenmotor *m*
straalverbinding Richtfunk *m*
straalvliegtuig Düsenflugzeug *o*
straat ❶ *weg* Straße *v* ★ *~je* Gasse *v* ★ *doodlopende ~* Sackgasse *v* ★ *dat past (precies) in mijn ~je* das passt mir hervorragend ★ BN *zo oud zijn als de ~* steinalt sein ★ BN *het is een ~je zonder eind* es nimmt kein Ende ❷ *zee-engte* ★ *de Straat van Gibraltar* Straße *v* von Gibraltar
straatarm bettelarm
straatartiest Straßenkünstler *m*
straatbeeld Straßenbild *o*
straatgevecht Straßenkampf *m*
straatgeweld Straßengewalt *v*
straathandel Straßenhandel *m*
straathond ❶ *zwerfhond* Straßenköter *m* ❷ *niet-rashond* Promenadenmischung *v*
straatjongen Gassenjunge *m*
straatlantaarn Straßenlaterne *v*

straatmeubilair Straßenmöbel *o*
straatmuzikant Straßenmusikant *m*
straatnaam Straßenname *m*
straatprostitutie Straßenprostitution *v*
straatroof Straßenraub *m*
Straatsburg Straßburg *o*
Straatsburgs Straßburger
straatsteen Pflasterstein *m* ▼ *iets aan de straatstenen niet kwijt kunnen* auf einer Sache sitzen bleiben
straattoneel *toneel op straat* Straßentheater *o*
Straat van Dover Meerenge *v* von Dover
Straat van Gibraltar Meerenge *v* von Gibraltar
straatveger Straßenfeger *m*
straatventer Straßenhändler *m*
straatverbod Straßenverbot *o*
straatverlichting Straßenbeleuchtung *v*
straatvoetbal Straßenfußball *m*
straatvrees Agoraphobie *v*, Platzangst *v*
straatvuil Straßenschmutz *m*
straatwaarde Straßen(verkaufs)wert *m*
straatweg Chaussee *v*, Landstraße *v*
Stradivarius Stradivari(geige) *v*
straf I *zn* [de] Strafe *v* ★ *de overplaatsing voor ~* die Strafversetzung ★ *voor ~* zur Strafe **II** *bnw* ❶ *sterk* stark, kräftig, straff ❷ *streng* streng, scharf
strafbaar strafbar ★ *een ~ feit* eine strafbare Handlung ★ *zich aan een ~ feit schuldig maken* sich strafbar machen
strafbal Strafball *m*
strafbepaling Strafbestimmung *v*
strafblad Vorstrafenregister *o*
strafexpeditie Strafexpedition *v*
straffen strafen, ⟨overgankelijk werkwoord⟩ bestrafen
strafgevangenis Gefängnis *o*, Strafvollzugsanstalt *v*
strafhof jur ★ *Internationaal Strafhof* Internationaler Strafgerichtshof *m*
strafinrichting Strafanstalt *v*
strafkamer Strafkammer *v*
strafkamp Straflager *o*
strafkolonie Strafkolonie *v*
strafkorting ≈ Kürzung *v* der Sozialhilfe bei Missbrauch
strafmaat Strafmaß *o*
strafmaatregel Strafmaßnahme *v*
strafoplegging Strafverhängung *v*
strafpleiter Strafverteidiger *m*
strafport Strafporto *o*, Nachporto *o*
strafproces Strafverfahren *o*, Strafprozess *m*
strafpunt Strafpunkt *m*
strafrecht jur Strafrecht *o*
strafrechtelijk jur strafrechtlich
strafrechter jur Strafrichter *m*
strafregel ★ *~s moeten schrijven* eine Strafarbeit machen müssen
strafregister Vorstrafenregister *o*
strafschop Elfmeter *m*, Strafstoß *m*
strafschopgebied Strafraum *m*
strafverordening Strafverordnung *v*
strafvervolging Strafverfolgung *v* ★ *tot ~ overgaan* die Strafverfolgung einleiten
strafwerk Strafarbeit *v*
strafwet Strafgesetz *o*
strafworp Freiwurf *m*, ⟨op doel⟩ Strafwurf *m*
strafzaak Strafsache *v*
straighten *ontkroezen* straighten, glätten
strak I *bnw* ❶ *gespannen* eng ★ *een ~ke broek* eine enge Hose ❷ *star* stramm, straff, starr ★ *een ~ke blik* eine undurchdringliche Miene **II** *bijw, star* ★ *iem. ~ aankijken* jmdn. anstarren ★ *~ glimlachen* steif lächeln
strakblauw strahlend blau
straks ❶ *dadelijk* gleich, nachher ★ *tot ~* bis gleich / nachher ❷ *zo-even* soeben
straktrekken straff ziehen
stralen ❶ *stralen uitzenden* strahlen, funkeln, glänzen ❷ *er blij uitzien* strahlen ★ *~ van geluk* strahlen vor Glück
stralend strahlend
stralenkrans Strahlenkranz *m*
straling Strahlung *v* ★ *ultraviolette ~* UV-Strahlung *v*
stralingsdosis Strahlendosis *v*
stralingswarmte Strahlungswärme *v*
stralingsziekte Strahlenkrankheit *v*
stram steif
stramien ❶ fig *sjabloon* Muster *o* ❷ lett *weefsel* Stramin *m*
strand Strand *m*
strandbal Strandball *m*
stranden *aanspoelen* angespült werden
strandhuisje Strandhaus *o*, Strandhütte *v*
strandjutter Strandräuber *m*
strandpaal Strandpfahl *m*
strandpaviljoen Strandpavillon *m*
strandstoel Strandkorb *m*
strandwandeling Strandspaziergang *m*
strandweer Badewetter *o*
strapless trägerlos
strateeg Stratege *m*
strategie *krijgskunde* Strategie *v*
strategisch strategisch
stratenboek Straßenatlas *m*
stratengids Stadtplan *m*
stratenmaker Pflasterer *m*, Steinsetzer *m*, Straßenarbeiter *m*
stratenplan *plattegrond* Stadtplan *m*
stratosfeer Stratosphäre *v*
streber Streber *m*
streden [verl. td.] → **strijden**
streed [verl. td.] → **strijden**
streefcijfer Sollzahl *v*
streefdatum angestrebte(r) Zeitpunkt *m*
streefgetal Sollzahl *v*
streefgewicht Sollgewicht *o*
streek I *zn* [de] ❶ *daad* Streich *m* ★ *streken uithalen* Streiche verüben, Streiche machen / spielen ❷ *beweging* Strich *m* ❸ *gebied* Gegend *v* ❹ *kompasrichting* Strich *m* ★ *van ~ (gebracht) zijn* außer Fassung sein ★ *mijn maag is van ~* mein Magen ist verstimmt ★ *van ~ raken* die Fassung verlieren, in Verwirrung geraten ★ *iem. van ~ maken* jmdn. in Verwirrung bringen, jmdn. aus dem Konzept bringen **II** *ww* [verl. td.] → **strijken**
streekbus Überlandbus *m*
streekgebonden typisch / spezifisch für ein Gebiet
streekgenoot Landsmann *m*
streekroman Heimatroman *m*

st

streektaal Mundart *v*
streekvervoer Nahverkehr *m*
streep ❶ *lijn* Strich *m*, (strook) Streifen *m* ★ *dat is een ~ door de rekening* das ist ein Strich durch die Rechnung ★ *ergens een ~ onder zetten* einen Schlussstrich unter eine Sache ziehen ❷ *onderscheidingsteken* Dienstgradabzeichen *o*
streepjescode Strichcode *m*
streepjespak gestreifte(r) Anzug *m*
streken [verl. td.] → **strijken**
strekken I *ov ww, uitrekken* strecken **II** *on ww* ❶ *reiken* reichen ★ *zover strekt zijn invloed* so weit reicht sein Einfluss ❷ **~ tot** ★ *tot eer ~* zur Ehre gereichen
strekkend → **meter**
strekking *bedoeling* Absicht *v*
strekspier Streckmuskel *m*, Strecker *m*
strelen ❶ *aaien* streicheln ❷ *aangenaam aandoen* schmeicheln ★ *dat streelt de tong* das kitzelt den Gaumen
streling ❶ *aai* Streicheln *o* ❷ fig *iets aangenaams* zärtliche Berührung *v*
stremmen I *ov ww* ❶ *stijf maken* zur Gerinnung bringen, gerinnen lassen ❷ *belemmeren* lahmlegen **II** *on ww, stijf worden* gerinnen
stremming ❶ *het stremmen* Gerinnung *v* ❷ *stagnatie* Stockung *v*, Stagnation *v* ★ *een ~ van het verkeer* eine Verkehrsstockung
stremsel Lab *o*
streng I *bnw* ❶ *hard* streng ❷ *koud* streng ★ *een ~e winter* ein harter Winter **II** *zn* [de] ❶ *bundel* Strähne *v* ❷ *koord, snoer* Strang *m*
strepen mit Streifen versehen, (arceren) schraffieren
streptokok med Streptokokkus *m* [mv: Streptokokken]
stress Stress *m*
stressbestendig stressstabil, belastungsfähig
stressen sich stressen
stresssituatie Stresssituation *v*
stretch Stretch-, stretch-
stretcher Feldbett *o*
streven I *zn* [het], *inspanning* Bestreben *o*, Streben *o* **II** *on ww* **~ naar** streben ★ *hij streeft ernaar* er bemüht sich darum
striae med Schwangerschaftsstreifen *mv*
striem Striemen *m*
striemen ❶ *striemen toebrengen* striemen ❷ *gevoelig treffen* peitschen ★ *~de woorden* verletzende(n) Worte ★ *de wind striemde hem in het gezicht* der Wind peitschte ihm ins Gesicht
strijd ❶ *gevecht* Kampf *m* ★ *ten ~e trekken* in den Kampf ziehen ★ *de ~ met iem. aanbinden* den Kampf gegen jmdn. aufnehmen ❷ *wedstrijd* Wettkampf *m* ❸ *tegenspraak* Widerspruch *m* ★ *in ~ met de wet* gesetzwidrig ★ *zijn gedrag is in ~ met de goede zeden* sein Benehmen verstößt gegen die guten Sitten
strijdbaar streitbar, kämpferisch
strijdbijl Kriegsbeil *o*, Streitaxt *v*
strijden ❶ *vechten* kämpfen ❷ *twisten* (sich) streiten ★ *met iem. over iets ~* sich mit jmdm. über etw. streiten ❸ *strijdig zijn* verstoßen
strijder *krijgsman* Kämpfer *m*
strijdgewoel Kampfgewühl *o*, Kampfgetümmel *o*
strijdig ❶ *in strijd* gegensätzlich ❷ *tegenstrijdig* widersprüchlich
strijdkrachten Streitkräfte *mv*
strijdkreet Schlachtruf *m*
strijdlust Kampfgeist *m*, (bij twist) Streitlust *v*
strijdlustig kämpferisch, kampffreudig, (bij onenigheid, twist) streitbar
strijdmacht Streitkräfte *mv*, (legercontingent) Truppenverband *m*, (leger) Armee *v*
strijdperk ❶ *arena* Arena *v* ★ *in het ~ treden* in die Schranken treten ❷ *slagveld* Kampfplatz *m*
strijdtoneel Kampfschauplatz *m*
strijdvaardig kämpferisch, streitbar
strijkbout Bügeleisen *o*
strijken I *ov ww* ❶ *met een strijkijzer gladmaken* bügeln ❷ *neerhalen* herunterholen, einholen ★ *de vlag ~* die Flagge einholen ❸ *uitsmeren* verstreichen, verschmieren **II** *on ww* ❶ *vegen, aaien* streichen ❷ *gaan langs* streifen ❸ *ervandoor gaan* ★ *met het geld gaan ~* sich mit dem Geld davonmachen
strijker *bespeler van strijkinstrument* Streicher *m*
strijkijzer Bügeleisen *o*
strijkinstrument Streichinstrument *o*
strijkje Ensemble *o*
strijkkwartet Streichquartett *o*
strijklicht Flutlicht *o*
strijkorkest Streichorchester *o*
strijkplank Bügelbrett *o*
strijkstok Bogen *m*
strik ❶ *knoop* Knoten *m*, (gestrikt lint) Schleife *v* ❷ *valstrik* Schlinge *v* ★ *~ken zetten* Schlingen legen ★ *iem. een ~ spannen* jmdm. eine Falle stellen
strikje *vlinderdasje* Fliege *v*
strikken ❶ *knopen* binden ★ *zijn das ~* seine Krawatte binden ★ *zijn veters ~* seine Schnürsenkel zubinden ❷ *vangen* in einer Schlinge fangen ❸ *overhalen* ködern, einspannen
strikt I *bnw* strikt, genau **II** *bijw* ★ *~ genomen* genau genommen ★ *het ~ noodzakelijke* das unbedingt Notwendige
strikvraag Fangfrage *v*
string String *m*
stringent stringent, schlüssig
strip ❶ *stripverhaal* Comic *m* ❷ *strook* Streifen *m*
stripblad Comicheft *o*
stripboek Comic *m*, Comicheft *o*
stripfiguur Comicfigur *v*
stripheld Comicheld *m*
strippen I *on ww, een striptease uitvoeren* strippen **II** *ov ww, ontdoen van het overtollige* freilegen, (tabak) entrippen, (vis) ausnehmen
strippenkaart Streifenkarte *v*
stripper *persoon die striptease uitvoert* Stripper *m*
striptease Striptease *m/o*
stripteasedanseres Stripteasetänzerin *v*, Stripperin *v*
striptekenaar Comiczeichner *m*
stripverhaal Bildergeschichte *v*, Comic *m*
stro Stroh *o*, (een enkele halm) Strohhalm *m*
strobloem Strohblume *v*
strobreed ▼ *iem. geen ~ in de weg leggen* jemandem keine Steine in den Weg legen ▼ *geen ~ wijken* keinen Fingerbreit Boden hergeben

stroef ❶ *ruw* rau ❷ *moeizaam verlopend* zäh, schwerfällig
strofe Strophe *v*
strohalm Strohhalm *m* ▾ *zich aan een ~ vastklampen* sich an einen Strohhalm klammern
strohoed Strohhut *m*, humor Kreissäge *v*
strokarton Strohpappe *v*
stroken *overeenkomen* entsprechen [+3], übereinstimmen mit [+3] ★ *met de waarheid ~* der Wahrheit entsprechen
stroman Strohmann *m*
stromen strömen, fließen ★ *~d water* strömendes / fließendes Wasser ★ *~ over* strömen über
stroming *het stromen* Strömung *v*
strompelen humpeln, ⟨struikelend⟩ stolpern
stronk Stumpf *m*, ⟨van kool⟩ Strunk *m*
stront Scheiße *v*, Kacke *v* ▾ *er is ~ aan de knikker* die Sache stinkt
stronteigenwijs dickköpfig
strontium Strontium *o*
strontje Gerstenkorn *o*
strontvervelend stinklangweilig
strooibiljet Handzettel *m*
strooien I *bnw* stroh-, Stroh- **II** *ov ww* streuen
strooisel Streu *v*
strooiwagen Streuwagen *m*
strooiweide BN *strooiveld* ≈ Rasengrab *o*, ≈ anonyme(s) Urnengrab *o*
strooizout Streusalz *o*
strook Streifen *m*
stroom ❶ *elektriciteit* Strom *m* ❷ *bewegende vloeistof* Strom *m* ★ *met de ~ meegaan* lett dem Strom folgen fig mit dem Strom schwimmen ★ *tegen de ~ ingaan* ook fig gegen den Strom schwimmen ❸ *rivier* Strom *m* ❹ *een grote menigte of hoeveelheid* Strom *m*
stroomafwaarts stromabwärts
stroombesparing Stromeinsparung *v*
stroomdiagram Flussdiagramm *o*
stroomdraad Stromkabel *o*
stroomgebied Stromgebiet *o*
stroomlijn Stromlinie *v*, ⟨vorm⟩ Stromlinienform *v*
stroomlijnen ❶ techn in Stromlinienform bringen ❷ fig straffen
stroomnet Stromnetz *o*
stroomopwaarts stromaufwärts
stroomsterkte Strömungsgeschwindigkeit *v*, ⟨elektriciteit⟩ Stromstärke *v*
stroomstoot Stromstoß *m*
stroomstoring Stromstörung *v*
stroomverbruik Stromverbrauch *m*
stroomversnelling ❶ *versnelling van stroom* Stromschnelle *v* ❷ *versnelling van ontwikkeling* Beschleunigung *v* ★ *de gebeurtenissen zijn in een ~ geraakt* die Ereignisse überstürzen sich
stroomvoorziening Stromversorgung *v*
stroop cul Sirup *m* ▾ *iem. ~ om de mond smeren,* BN *iem. ~ aan de baard smeren* jemandem Honig ums Maul schmieren
stroopkoek cul Sirupkuchen *m*
strooplikken kriechen vor [+3], schöntun [+3], Honig um den Mund schmieren [+3]
strooplikker Kriecher *m*, min Speichellecker *m*
strooptocht Plünderung *v*, Beutezug *m*, Raubzug *m*
stroopwafel cul ≈ Sirupwaffel *v*
strop ❶ *lus* Schlinge *v* ★ *iem. de ~ omdoen* jmdm. die Schlinge um den Hals legen ❷ *tegenvaller* Pech *o*, Reinfall *m*, Schaden *m* ❸ BN *val(strik)* Falle *v*, Fallstrick *m*
stropdas Krawatte *v*, Schlips *m*
stropen ❶ *jagen* wildern ❷ *villen* (ab)streifen, abziehen, abhäuten
stroper ❶ *wildstroper* Wilderer *m* ❷ *rover* Räuber *m*
stroperig ❶ *als stroop* dickflüssig, zähflüssig ★ *~e vloeistof* zähflüssige Flüssigkeit *v* ❷ *kruiperig* zuckersüß ★ *~e woorden* honigsüße(n) Worte
stroperij ❶ *wildstroperij* Wilderei *v* ❷ *strooptocht* Raubzug *m*
strot *keel* Kehle *v*, Gurgel *v* ★ *iem. bij de ~ grijpen* jmdn. an der Kehle packen
strottenhoofd Kehlkopf *m*
strubbelen sich streiten
strubbeling ❶ *moeilijkheid* Schererei *v* ❷ *onenigheid* Reiberei *v*, Streitigkeit *v*
structureel strukturell
structureren ordnen, strukturieren
structuur Struktur *v*
structuurverf plastische Anstrichfarbe *v*
struif *inhoud van ei* Eimasse *v*
struik ❶ *plant* Strauch *m* ❷ *krop* Kopf *m*, Büschel *o*, Staude *v*
struikelblok Hindernis *o*
struikelen ❶ *bijna vallen* stolpern, straucheln ❷ *veel aantreffen* ★ *je struikelt erover* du triffst sie auf Schritt und Tritt
struikelsteen BN *struikelblok* Hindernis *o*
struikgewas Gebüsch *o*
struikrover Straßenräuber *m*, Wegelagerer *m*
struis kernig, stämmig
struisvogel Strauß *m*
struisvogelpolitiek Vogel-Strauß-Politik *v*
struma Struma *v*, Kropf *m*
strychnine Strychnin *o*
stuc Stuck *m*
stucwerk Stuckatur *v*
studeerkamer Arbeitszimmer *o*, Studierzimmer *o*
student Student *m* ★ *~ in de biologie* Biologiestudent
studentencorps Studentenverbindung *v*, ⟨met wapen⟩ schlagende Verbindung *v*
studentendecaan ≈ Studienberater *m*
studentenflat Studentenwohnheim *o*
studentenhaver Studentenfutter *o*
studentenhuis ≈ Wohngemeinschaft *v* von Studenten
studentenstad Universitätsstadt *v*
studentenstop Numerus clausus *m*, Zulassungsbeschränkung *m*
studententijd Studienzeit *v*
studentenvereniging Studentenverbindung *v*
studentikoos studentisch
studeren I *ov ww* ❶ *studie volgen* studieren ★ *medicijnen ~* Medizin studieren ❷ *zich oefenen in* üben **II** *on ww* ❶ *student zijn* ★ *voor ingenieur ~* an einer Technischen Hochschule studieren ❷ *leren* lernen für [+4], sich vorbereiten auf [+4] ❸ *~ op* sich überlegen [+4], sich vertiefen in [+4]

★ ~ *op een probleem* sich in ein Problem vertiefen
studie ❶ *bestudering* Untersuchung *v* ★ *iets in ~ nemen* etw. untersuchen / erforschen ❷ *opleiding* Studium *o* ★ *de ~ in de rechten* das Jurastudium ❸ *onderzoeksverslag* Studie *v* ❹ kunst *schets* Studie *v*
studieachterstand Studienrückstand *m*
studieadviseur Studienberater *m*
studiebegeleiding onderw ‹advies› Studienberatung *v*, ‹tijdens studie› Studienbetreuung *v*
studiebeurs Studienbeihilfe *v*, Stipendium *o*
studieboek Lehrbuch *o*
studiebureau BN *adviesbureau* Beratungsstelle *v*, Beraterfirma *v*
studiefinanciering Ausbildungsförderung *v*
studiegenoot Kommilitone [v: Kommilitonin]
studiegids Studienführer *m*
studiehoofd Büffler *m*
studiehuis onderw ≈ Kollegstufe *v*
studiejaar *cursusjaar* Studienjahr *o*
studiepunt Studienpunkt *m*
studiereis Studienreise *v*
studierichting Studienfach *o*, Studienrichtung *v*
studieschuld Studienschuld *v*
studietijd Studienzeit *v*
studietoelage Ausbildungsförderung *v*
studieverlof Bildungsurlaub *m*
studiezaal Lesesaal *m*
studio ❶ *opnameruimte voor radio, tv, film* Studio *o* ❷ *eenkamerflat* Einzimmerappartement *o*
stuff Stoff *m*
stug ❶ *onbuigzaam* steif, spröde, hart ★ *stug leer* steife(s) Leder *o* ❷ *stuurs* ★ *zij doet vaak zo stug* sie ist oft so störrisch ❸ *volhardend* hart, stark, tüchtig
stuifmeel Pollen *m*, Blütenstaub *m*
stuifsneeuw Pulverschnee *m*
stuifzand Flugsand *m*
stuip *krampaanval* Krampf *m*, Zuckung *v* ▾ *iem. de ~en op het lijf jagen* jemandem einen Schrecken einjagen
stuiptrekken in Krämpfen liegen
stuiptrekking *krampachtige beweging* Zuckung *v*
stuit ❶ *staartbeen* Steiß *m* ★ *op het ~je vallen* auf das Steißbein fallen ❷ *het terugstuiten* Rückprall *m*, ‹op grond› Aufprall *m*
stuitbeen Steißbein *o*
stuiten **I** *ov ww, tegenhouden* zum Stillstand bringen, hemmen, aufhalten ★ *de vijand was niet te ~* der Feind drang unaufhaltsam vor **II** *on ww* ❶ *kaatsen* zurückprallen ❷ *irriteren* ★ *dat stuit me tegen de borst* das geht mir gegen den Strich ❸ **~ op** stoßen auf [+4]
stuitend abstoßend, ‹verontwaardiging wekkend› empörend, ‹aanstootgevend› anstößig
stuiter Murmel *v*
stuiteren *knikkeren* mit Murmeln spielen
stuitje → **stuit**
stuitligging Steißlage *v*
stuiven **I** *on ww* ❶ *opwaaien* stäuben, stauben ❷ *snel gaan* sausen, flitzen **II** *onp ww* stauben, stieben ▾ BN *het zal er ~* da werden die Funken sprühen
stuiver ❶ *muntstuk* Fünfcentstück *o* ❷ *geld* ★ *een aardig ~tje verdienen* eine hübsche Stange Geld verdienen
stuivertje-wisselen ❶ *kinderspel* Bäumchen-wechsle-dich *o* ❷ *elkaars plaats innemen* die Rollen tauschen
stuk **I** *zn* [het] ❶ *gedeelte* Stück *o*, Teil *m/o* ★ *iets aan stukken slaan* etw. in Stücke schlagen / entzweischlagen ★ *stukje* Stückchen *o*, kleine(s) Stück *o* ★ *aan één stuk door* in einem fort ★ *stukje bij beetje* nach und nach, allmählich, stückweise ★ BN *dat kost stukken van mensen* das kann ich mir nicht aus den Rippen schlagen ❷ *hoeveelheid* Menge *v*, Stück *o* ★ *stukken duurder* viel teurer ★ BN *een stuk in de nacht* bis in die frühen Morgenstunden ❸ *exemplaar* Stück *o* ★ *een stuk of 20* ungefähr zwanzig Stück ❹ *geschrift* Schriftstück *o*, Unterlagen *mv*, ‹artikel› Artikel *m*, ‹akte› Akte *v* ★ *stukje* Kolumne *v* ❺ *kunstwerk* Stück *o*, ‹toneel› Theaterstück *o* ❻ *poststuk* Poststück *o* ❼ *schaakstuk* Figur *v*, Schachfigur *v* ❽ *aandeel* Stück *o* ❾ *postuur* ★ *klein van stuk zijn* von kleiner Statur sein ❿ *standpunt* ★ *op zijn stuk blijven staan* auf seinem Recht bestehen, nicht lockerlassen ★ *iem. van zijn stuk brengen* jmdn. aus der Fassung bringen ★ BN *zeker zijn van zijn stuk* sich seiner Sache sicher sein ⓫ min *mens* ★ *stuk ongeluk* Stück Malheur ▾ *een stuk in zijn kraag hebben* einen in der Krone haben **II** *bnw* kaputt, entzwei, ‹aan stukken› in Stücke ▾ *stuk van iets zijn* völlig weg von etwas sein
stukadoor Verputzer *m*, Stuckateur *m*
stukadoren stuckieren, verputzen
stuken stuckieren, mit Stuck verputzen, gipsen
stukgoed Stückgut *o*
stukje → **stuk**
stukloon Stücklohn *m*, Akkordlohn *m* ★ *tegen ~ werken* im Akkord arbeiten
stuklopen **I** *ov ww, slijten* ★ *zijn schoenen ~* die Schuhe durchlaufen ★ *zijn voeten ~* sich die Füße wund laufen **II** *on ww, mislukken* scheitern, zerschellen ★ *iets loopt ergens op stuk* etw. scheitert an einer Sache
stukmaken kaputt machen, break (up)
stukslaan **I** *ov ww, stukmaken* zerschlagen, kaputt schlagen **II** *on ww, stukgaan* zerschellen, zerspringen
stukwerk Akkordarbeit *v*
stulp ❶ *stolp* Glocke *v* ❷ *huisje* Hütte *v*
stumper ❶ *sukkel* Stümper *m* ❷ *stakker* arme(r) Teufel *m*, arme(r) Schlucker *m*
stumperen stümpern
stunt *spectaculaire actie* Bravourstück *o*, Bravurstück
stuntel Tollpatsch *m*
stuntelen stümpern
stuntelig stümperhaft, ungelenk, unbeholfen, linkisch
stunten ‹stunts uithalen› Tricks vorführen, ‹kunstvliegen› einen Kunstflug ausführen, ‹met prijzen› zu Dumpingpreisen anbieten
stuntman Stuntman *m*
stuntprijs Schleuderpreis *m*
stuntteam Stuntteam *o*
stuntvliegen Kunstflüge ausführen
stuntvrouw Stuntfrau *v*
stuntwerk Stunts *m mv*

stupide stupide, stumpfsinnig
sturen ❶ *van een voertuig* steuern, lenken ❷ *laten gaan* schicken, senden ★ *iem. om boodschappen ~* jmdn. einkaufen schicken ❸ *van machines* steuern, bedienen
sturing Steuerung *v*, Lenkung *v*
stut ❶ *balk* Stützbalken *m* ❷ fig *steun* Stütze *v*, Halt *m*
stutten stützen
stuur Steuer (auto) *o*, Lenkstange (fiets)
stuurbekrachtiging Servolenkung *v*
stuurboord Steuerbord *o*
stuurgroep Beirat *m*, Lenkungsausschuss *m*
stuurhuis Steuerkabine *v*
stuurhut Steuerhaus *o*, Kabine *v*, scheepv Ruderhaus *o*
stuurknuppel Steuerknüppel *m*
stuurloos steuerlos
stuurman *roerganger* Steuermann *m*
stuurmanskunst ❶ scheepv Navigationstalent *o* ❷ *omzichtig beleid* Geschick *o*
stuurs unwirsch, mürrisch
stuurslot Lenkradschloss *o*
stuurstang ‹fiets› Lenkstange *v*, ‹vliegtuig› Steuerknüppel *m*
stuurwiel Lenkrad *o*
stuw Wehr *o*, Stauwerk *o*, ‹afsluiting van een dal› Talsperre *v*
stuwdam Staudamm *m*
stuwen ❶ *voortduwen* treiben ❷ *stouwen* stauen ❸ *water keren* stauen
stuwing ❶ *het stuwen* Stauung *v* ❷ *stuwkracht* Antriebskraft *v*
stuwkracht ❶ techn Antriebskraft *v* ❷ fig treibende Kraft *v*
stuwmeer Stausee *m*
stuwraket Trägerrakete *v*
stylen stylen *o*
stylo BN *vulpen* Füllfederhalter *m*, inform Füller *m*
subcultuur Subkultur *v*
subdirectory comp Subdirectory *o*, comp Unterverzeichnis *o*
subiet ❶ *dadelijk* sofort, gleich ❷ *beslist* bestimmt, sicher
subject Subjekt *o*
subjectief subjectiv, taalk das Subjekt betreffend
subjectiviteit Subjektivität *v*
subliem *groots* erhaben, großartig
subsidie Subvention *v*
subsidieaanvraag Subventionsantrag *m*, Subventionsbegehren *o*
subsidiëren subventionieren
substantie Substanz *v*
substantieel ❶ *wezenlijk* substanziell, substantiell ❷ *voedzaam* nahrhaft ★ *iets ~s eten* etw. Nahrhaftes essen
substantief Substantiv *o*
substantiëren substanziieren, begründen
substitueren substituieren
substitutie Substitution *v*
substituut I *zn* [de], *plaatsvervanger* Stellvertreter *m* II *zn* [het], *vervangmiddel* Substitut *o*
subtiel subtil
subtop untere Spitze *v*, untere Spitzenklasse *v*
subtropisch subtropisch
succes *gunstig resultaat* Erfolg *m* ★ *~!* viel Erfolg! ★ *geen ~ hebben* erfolglos bleiben
succesnummer Spitzenreiter *m*, ‹verkoopsucces› Kassenschlager *m*
successie ❶ *erfenis* Erbschaft *v* ❷ *erfopvolging* Erbfolge *v*, Sukzession *v*, ‹troonopvolging› Thronfolge *v* ❸ *opeenvolging* Folge *v* ★ *viermaal in ~* vier Mal in Folge
successierecht jur Erbschaftssteuer *v*
successievelijk sukzessive
succesvol erfolgreich
sudden death sport Sudden Death *m*
sudderen köcheln, schmoren
sudderlap Stück *o* Schmorfleisch
Sudetenland Sudetenland *o*
sudoku Sudoku *o*
suède I *zn* [het] Velours *o*, Wildleder *o* II *bnw* aus Wildleder / Velours
Suezkanaal Suezkanal *m*
suf I *bnw* ❶ *duf* benommen, dösig ★ *je wordt er suf van* das macht einen ganz dösig im Kopf ❷ *onnadenkend* dämlich II *bijw* ★ *zich suf piekeren* sich den Kopf (über etw.) zerbrechen
suffen *soezen* dösen, duseln
sufferd Dussel *m*, Schussel *m*
suffig dösig
suffix Suffix *o*, Nachsilbe *v*
sufkop Dussel *m*, Döskopp *m*, Doofkopp *m*
suggereren suggerieren
suggestie ❶ *voorstel* Vorschlag *m* ❷ *gewekte indruk* Suggestion *v*, Eindruck *m*
suggestief *suggestie inhoudend* suggestiv
suïcidaal suizidal, selbstmörderisch
suïcide Selbstmord *m*, Suizid *m*
suiker ❶ *zoetstof* Zucker *m* ❷ *suikerziekte* Zuckerkrankheit *v*
suikerbiet Zuckerrübe *v*
suikerboon BN kleine Aufmerksamkeit für Gratulanten anlässlich der Geburt eines Kindes
suikerbrood cul Zuckerbrot *o*
Suikerfeest Zuckerfest *o*
suikergoed Süßigkeiten *mv*
suikerklontje Stück *o* Zucker
suikermeloen Honigmelone *v*
suikeroom ≈ Erbonkel *m*
suikerpatiënt Zuckerkranke(r) *m*
suikerpot Zuckerdose *v*
suikerraffinaderij Zuckerraffinerie *v*
suikerriet Zuckerrohr *o*
suikerspin Zuckerwatte *v*
suikertante ≈ Erbtante *v*
suikervrij ohne Zucker
suikerzakje Zuckertüte *v*
suikerziekte Diabetes *m*, Zuckerkrankheit *v*
suikerzoet *zoet als suiker* zuckersüß
suite ❶ *kamers* Suite *v* ❷ *stoet* Gefolge *o* ❸ muz Suite *v*
suizebollen taumeln, schwindlig werden
suizen ❶ *geluid maken* säuseln, sacht rauschen ★ *mijn oren ~* es summt mir in den Ohren ❷ *snel bewegen* sausen
sujet Subjekt *o*
sukade Sukkade *v*
sukkel ❶ *dom persoon* Trottel *m* ❷ *beklagenswaardig persoon* arme(r) Schlucker *m*
sukkeldrafje Trott *m*

sukkelen ❶ *sjokken* trödeln, trotten ❷ *ziekelijk zijn* sich herumplagen, sich abplagen ★ *~ met een kwaal* sich mit einem Leiden herumplagen
sukkelgangetje Schneckentempo *o* ▼ *op een ~* im Schneckentempo
sukkelstraatje ▼ BN *in een ~ verzeild zijn geraakt* sich herumplagen, sich abplagen
sul ❶ *sukkel* Trottel *m*, Einfaltspinsel *m* ❷ *goedzak* gutmütige(r) Kerl *m*
sulfaat Sulfat *o*
sulfiet Sulfit *o*
sullig ❶ *dom* trottelig ❷ *goeiig* einfältig
sultan Sultan *m*
summier ❶ *gering* summarisch ❷ *bondig* kurz gefasst
summum Inbegriff *m*, Gipfel *m*
sumoworstelaar Sumo-Ringer *m*
sumoworstelen Sumoringen *o*
super I *bnw* super, geil ★ *~ de luxe* vollgeil, superaffengeil II *zn* [de] Super *o*
super- super-, Super-
superbenzine Superbenzin *o*
supercup sport Supercup *m*
supergeleider Supraleiter *m*
superieur I *bnw* ❶ *hoger geplaatst, meerwaardig* überlegen ❷ *voortreffelijk* vorzüglich, hervorragend II *zn* [de] Vorgesetzte(r) *m*
superioriteit Superiorität *v*, Überlegenheit *v*
supermacht Supermacht *v*
supermarkt Supermarkt *m*
supermens Übermensch *m*
supersonisch supersonisch ★ *~e snelheid* Überschallgeschwindigkeit ★ *~ vliegtuig* Überschallflugzeug *o*
supertanker Supertanker *m*
supervisie Leitung *v*, Aufsicht *v*
supervisor Supervisor *m*
supplement wisk Supplement *o*, ⟨aanvulling⟩ Ergänzung *v*
suppoost Wärter *m*, Aufseher *m*
supporter Anhänger *m*
supporterslegioen Schlachtenbummler *mv*
supporterstrein sport Schlachtenbummlerszug *m*
surfen sport *windsurfen* surfen
surfer Surfer *m*
surfpak Surfanzug *m*
surfplank Surfbrett *o*
Surinaams surinamisch
Surinaamse Surinamerin *v*
Suriname Surinam *o*
Surinamer *bewoner* Surinamer *m*
surplus *overschot* Überschuss *m*, Surplus *o*
surprise Überraschung *v*
surpriseparty Überraschungsparty *v*
surrealisme Surrealismus *m*
surrealistisch surrealistisch
surrogaat Surrogat *o*, Ersatz *m*
surseance Aufschub *m* ★ *~ van betaling* Zahlungsaufschub *m*
surveillance Aufsicht *v*, ⟨bewaking⟩ Überwachung *v*, ⟨politiepatrouille⟩ Streife *v*
surveillancewagen Streifenwagen *m*, Funkstreifenwagen *m*, inform Peterwagen *m*
surveillant Aufseher *m*
surveilleren beaufsichtigen, Aufsicht führen, ⟨politie⟩ Streife fahren
survival Survivaltraining *o* ★ *op ~ gaan* zu einem Survivaltraining gehen
sushi Sushi *o mv*
suspense Spannung *v*
sussen besänftigen, beschwichtigen
SUV transp SUV *m/o*
s.v.p. *s'il vous plaît* bitte
Swahili Suaheli *o*
swastika Swastika *v*, Hakenkreuz *o*
Swaziland Swasiland *o*
sweater Pulli *m*, Pullover *m*
sweatshirt Sweatshirt *o*
swingen ❶ *dansen* swingen ❷ fig *bruisend zijn* sprudeln, pulsieren
switchen ❶ *van plaats wisselen* (den Platz) wechseln ❷ *overgaan op iets anders* umschalten
Sydney Sydney *o*
syfilis Syphilis *v*
syllabe Silbe *v*
syllabus Abriss *m*, ⟨van colleges⟩ Vorlesungsabriss *m*
symbiose Symbiose *v*
symboliek ❶ *het symbolische* Symbolik *v* ❷ *leer van de symbolen* Symbolik *v*
symbolisch symbolisch
symboliseren symbolisieren
symbool Symbol *o*
symfonie Sinfonie *v*
symfonieorkest Sinfonieorchester *o*
symmetrie Symmetrie *v*
symmetrisch symmetrisch
sympathie Sympathie *v*
sympathiek sympathisch
sympathisant Sympathisant *m*
sympathiseren sympathisieren
symposium Symposion *o* [mv: Symposien], Symposium *o*
symptomatisch symptomatisch
symptoom Symptom *o*
symptoombestrijding Symptombekämpfung *v*
synagoge Synagoge *v*
synchroniseren synchronisieren
synchroon synchron
syndicaal BN *vakbonds* Gewerkschafts-
syndicaat *kartel* Syndikat *o*
syndroom med Syndrom *o* ★ *~ van Down* Downsyndrom *o*
synergie Synergie *v*
synode Synode *v*
synoniem I *zn* [het] Synonym *o* II *bnw* synomym
synopsis Synopsis *v*
syntaxis Syntax *v*
synthese Synthese *v*
synthesizer Synthesizer *m*
synthetisch synthetisch ▼ *~e vezels* Kunstfasern
Syrië Syrien *o*
Syrisch syrisch
systeem *geordend geheel* System *o*, Betriebssystem *o*, comp Datenverarbeitungsanlage *v*
systeemanalist Systemanalytiker *m*
systeembeheerder Systemverwalter *m*
systeembouw Fertigbau *m*, Montagebau *m*
systeemeisen comp Systemvoraussetzungen *mv*
systeemkaart Karteikarte *v*

systeemontwerper Systemanalytiker *m*
systematiek ❶ *ordening* Systematik *v* ❷ *leer van de systemen* Systematik *v*
systematisch systematisch
systematiseren systematisieren
SZW *Ministerie van Sociale Zaken en Werkgelegenheid* BMA *o*, Bundesministerium *o* für Arbeit und Sozialordnung

T

t T *o* ★ *de t van Theodoor* T wie Theodor
taai ❶ *stevig en buigzaam* zäh ❷ *dikvloeibaar* (zäh)flüssig, dickflüssig ❸ *volhardend* zäh ★ *houd je taai!* halt die Ohren steif! ❹ *vervelend, moeilijk* öde, langweilig
taaie *borrel* ⟨borrel⟩ Schnaps *m*
taaiheid ❶ *stevigheid* Zähigkeit *v* ❷ *stroperigheid* Zähflüssigkeit *v* ❸ *volharding* Zähigkeit *v*, Ausdauer *v*
taaislijmziekte Mukoviszidose *v*, zystische Fibrose *v*
taaitaai Lebkuchen *m*, Printe *v*
taak Aufgabe *v* ★ *zich tot taak stellen* sich zur Aufgabe machen
taakbalk comp Taskbar *v*, Taskleiste *v*
taakomschrijving ≈ Beschreibung *v* des Aufgabenbereichs
taakstraf Sozialstunden *mv*
taakverdeling Aufgabenverteilung *v*
taal *communicatiesysteem* Sprache *v* ★ *vreemde taal* Fremdsprache *v* ★ *een taal beheersen* eine Sprache beherrschen ★ *hij zwijgt in alle talen* er schweigt in sieben Sprachen ★ *taal noch teken geven* nichts von sich hören lassen ★ *dat is andere taal* das hört sich schon viel besser an ★ *duidelijke taal spreken met iem.* deutsch mit jmdm. reden / sprechen
taalachterstand ⟨qua taalontwikkeling⟩ verzögerte Sprachenentwicklung *v*, ⟨qua taalkennis⟩ Sprachdefizit *o* ★ *een ~ hebben* ein Sprachdefizit haben
taalbarrière Sprachbarriere *v*
taalbeheersing *taalvaardigheid* Sprachbeherrschung *v*, ⟨taalvaardigheid⟩ Sprachgewandtheit *o*
taaleigen Idiom *o*
taalfamilie Sprachfamilie *v*
taalfout sprachliche(r) Fehler *m*, ⟨grammatica⟩ Grammatikfehler *m*
taalgebied ❶ *regio* Sprachraum ★ *het Nederlandse ~* das niederländische Sprachgebiet ❷ *onderwerp* Sprachgebiet *o* ★ *onderzoek op ~* Forschung auf dem Gebiet der Sprache
taalgebruik Sprachgebrauch *m* ★ *hedendaags ~* heutige(r) Sprachgebrauch ★ *correct ~* korrekte(r) Sprachgebrauch
taalgeschiedenis Sprachgeschichte *v*
taalgevoel Sprachgefühl *o*
taalgrens Sprachgrenze *v*
taalkamp BN ≈ Sprachferien *mv*
taalkunde Sprachwissenschaft *v*
taalkundig sprachwissenschaftlich, linguistisch ★ *~e ontleding* grammatische Analyse *v*
taalkundige Sprachwissenschaftler(in) *m-v*, Linguist(in) *m-v*
taallab, taallabo BN *talenpracticum* Sprachlabor *o*
taalles Sprachunterricht *m*
taalonderwijs onderw Sprachunterricht *m*
taalstrijd Sprachenkampf *m*
taalvaardigheid Sprachgewandtheit v ★ *lessen in ~* Unterricht in Sprachgewandtheit

taalverarming Sprachverarmung *v*
taalverwerving Spracherwerb *m*
taalwetenschap Sprachwissenschaft *v*
taart ❶ cul *gebak* ⟨algemeen⟩ Kuchen *m*, ⟨met taartdeeg en room⟩ Torte *v* ★ *een stuk ~* ein Stück Kuchen / Torte ❷ min *vrouw* Schachtel *v*, Schraube *v*
taartbodem Tortenboden *m*
taartje cul ⟨gebakje⟩ Törtchen *o*, ⟨kleine taart⟩ kleine Torte *v*
taartpunt *stuk gebak* Tortenstück *o*
taartschep Tortenschaufel *v*, Tortenheber *m*
taartvorkje Kuchengabel *v*
taartvorm Tortenform *v*, Kuchenform *v*
tab *tabulator* Tab *m*
tabak Tabak *m* ★ *ik heb er ~ van* ich habe die Nase voll
tabaksaccijns Tabaksteuer *v*
tabaksdoos Tabak(s)dose *v*
tabaksindustrie Tabakindustrie *v*
tabaksplant Tabakpflanze *v*
tabasco cul Tabasco *m*
tabbaard ⟨van geestelijke⟩ Talar *m*, ⟨van rechter⟩ Robe *v*
tabblad admin Tabblatt *o*
tabee tschüs, tschüss, ciao
tabel Tabelle *v*
tabernakel Tabernakel *m*
tableau ❶ *schilderij, tafereel* Tableau *o* ★ *~ vivant* lebende(s) Bild ❷ *schaal* Platte *v*
tablet ❶ *plak* Tafel *v* ★ *~ chocolade* Tafel Schokolade ❷ *pil* Tablette *v*
tabletvorm med Tablettenform *v*
taboe I *zn* [het] Tabu *o* **II** *bnw* tabu
taboesfeer Tabubereich *m*
tabouleh Tabouleh *o*
tabulator Tabulator *m*
tachograaf Fahrtenschreiber *m*
tachtig achtzig
tachtiger Achtziger *m*
tachtigjarig ❶ *tachtig jaar oud* achtzigjährig ❷ *tachtig jaar durend* ★ *de Tachtigjarige Oorlog* der Achtzigjährige Krieg
tachtigste ❶ achtzigste(r) ❷ → **vierde, veertigste**
tachymeter Tachymeter *o*
tackelen hineingrätschen ★ *een probleem ~* direkt an ein Problem herangehen
tackle Tackling *o*
taco cul Taco *m*
tact Takt *m* ★ *met veel tact* sehr taktvoll
tacticus ⟨tactvol⟩ taktvolle(r) Mensch *m*, ⟨tactisch⟩ Taktiker *m*
tactiek Taktik *v* ★ *de ~ van de verschroeide aarde* die Taktik der verbrannten Erde
tactisch taktisch
tactloos taktlos
tactvol taktvoll
Tadzjikistan Tadschikistan *o*
taekwondo Taekwondo *o*
tafel ❶ *meubel* Tisch *m* ★ *een ~ reserveren* einen Tisch bestellen ★ *aan ~!* zu Tisch! ★ *aan ~ zitten* am / bei Tisch sitzen ★ *om de ~ gaan zitten* sich mit jmdm. an einen Tisch setzen ★ *iem. onder de ~ drinken* jmdn. unter den Tisch trinken ★ *er moet geld op ~ komen* es muss Geld her ★ *de kaarten op ~ leggen* mit offenen Karten spielen ❷ wisk *tabel* Tafel *v*, Tabelle *v* ★ *~ van vermenigvuldiging* Einmaleins *o* ❸ *plaat met inscriptie* ★ *de stenen ~en* die steinernen Tafeln
tafelblad Tischplatte *v*
tafeldame Tischdame *v*
tafelen tafeln, speisen
tafelheer Tischherr *m*
tafelkleed Tischdecke *v*
tafelklem Tischtuchklammer *v*
tafellaken Tischtuch *o*
tafellinnen Tischwäsche *v*
tafelmanieren Tischmanieren *mv*
tafelpoot Tischbein *o*
tafelrede Tischrede *v*
tafelschikking Tischordnung *v*
tafeltennis Tischtennis *o*
tafeltennissen Tischtennis spielen
tafeltje-dek-je *organisatie die maaltijden aan huis brengt* Essen *o* auf Rädern
tafelvoetbal Tischfußball *m*
tafelwijn cul Tafelwein *m*, Tischwein *m*
tafelzilver Tafelsilber *o*, Silberbesteck *o*
tafereel *voorstelling* Schilderung *v*, Szene *v*, Bild *o*
tagliatelle Tagliatelle *mv*, Bandnudeln *v mv*
Tahiti Tahiti *o*
tahoe Tofu *m*, Sojakäse *m*
taille Taille *v*
tailleren taillieren
Taiwan Taiwan *o*
Taiwanees taiwanisch
tak ❶ *loot* Zweig *m*, Ast *m* ★ *wandelende tak* Stabheuschrecke *v* ❷ *vertakking* Zweig *m*, ⟨van een rivier⟩ Arm *m* ❸ *afdeling* Zweig *m*, Branche *v*, ⟨gebied⟩ Disziplin *v*, ⟨gebied⟩ Sparte *v*
takel Flaschenzug *m*, scheepv Takel *o*
takelen ❶ *ophijsen* winden ❷ *optuigen* takeln
takelwagen Kranwagen *m*
takenpakket Aufgabenkomplex *m*, Aufgabenpaket *o*
take-off ❶ luchtv Take-off *o*, Abheben *o*, Start *m* ❷ econ Aufschwung *m*
takke- Scheiß-, Mist- ★ *takkeweer* Mistwetter *o*
takkenbos Reisigbündel *o*, Holzbündel *o*
takkeweer Sauwetter *o*
takkewijf Luder *o*
taks ❶ *hoeveelheid* Quantum *o*, Portion *v* ❷ *dashond* Dackel *m* ❸ BN *belasting* Steuer *v*
taksvrij BN *belastingvrij* steuerfrei
tal ❶ *aantal* Anzahl *v* ❷ *grote hoeveelheid* Menge *v*, Masse *v* ★ *tal van ideeën* eine Menge Ideen
talen *verlangen naar* (er)streben, verlangen ★ *niet meer ~ naar* nichts mehr geben auf
talenkennis Sprachkenntnisse *v mv*
talenknobbel ★ *zij heeft een ~* sie ist sprachbegabt, sie ist ein Sprachgenie
talenpracticum Sprachlabor *o*
talenstudie Sprachenstudium *o*
talent *begaafdheid* Talent *o*, Begabung *v* ★ *~ voor tekenen* Talent zum Zeichnen ★ *zonder ~* unbegabt
talentenjacht Talentsuche *v*
talentvol talentiert, begabt, talentvoll
talg ❶ *huidsmeer* Talg *m* ❷ *dierlijk vet* Talg *m*
talgklier Talgdrüse *v*

talisman Talisman *m*
talk ❶ *delfstof* Talk *m* ❷ *vet* Talg *m*
talkpoeder Talkum *o*, Talkumpuder *m/o*
talkshow Talkshow *v*
Tallinn Tallinn *o*, Tallin
Tallinns Tallinner
talloos unzählig, zahllos
Talmoed Talmud *m*
talrijk zahlreich, ‹in groot aantal› reichlich
talud Böschung *v*
tam ❶ *niet wild* zahm ❷ *gekweekt* zahm ❸ *saai* zahm
tamarinde Tamarinde *v*
tamboer Trommler *m*
tamboerijn Tamburin *o*
tamelijk ziemlich
Tamil Tamile *m*
tampon Tampon *m*
tamtam ❶ *getrommel* Tamtam *o* ❷ fig *ophef* ★ *met veel ~* mit großem Tamtam, mit viel Theater
tand ❶ *gebitselement* Zahn *m* ★ *valse tanden* dritte Zähne ★ *de tand des tijds* der Zahn der Zeit ★ *iem. aan de tand voelen* jmdm. auf den Zahn fühlen ★ *met lange tanden eten* mit langen Zähnen essen ★ *tot de tanden gewapend* bis an die Zähne bewaffnet ★ *de tanden op elkaar zetten* die Zähne zusammenbeißen ❷ *puntig uitsteeksel* Zacke *v*, Zahn *m*, ‹van hark, vork› Zinke *v* ★ *een tandje bijzetten*, BN *een tandje bijsteken* ein Schippchen drauflegen, einen Zahn zulegen
tandarts Zahnarzt *m* [v: Zahnärztin]
tandartsassistente Zahnarzthelferin *v*
tandbederf Karies *v*, Zahnfäule *v*
tandbeen Zahnbein *o*
tandem *rijwiel* Tandem *o*
tandenborstel Zahnbürste *v*
tandenknarsen mit den Zähnen knirschen
tandenstoker Zahnstocher *m*
tandglazuur Zahnschmelz *m*
tandheelkunde Zahnmedizin *v*
tandpasta Zahnpasta *v*, Zahnpaste *v*
tandplaque Plaque *v*, Zahnbelag *m*
tandrad Zahnrad *o*
tandsteen Zahnstein *m*
tandtechnicus Zahntechniker *m*
tandvlees Zahnfleisch *o* ★ *op zijn ~ lopen* auf dem Zahnfleisch gehen
tandvleesontsteking Zahnfleischentzündung *v*
tandwiel Zahnrad *o*
tandzijde Zahnseide *v*
tanen I *ov ww, vaalgeel kleuren* gerben II *on ww* ❶ *vaal worden* verblassen ❷ *afnemen* abnehmen, schwinden
tang ❶ *gereedschap* Zange *v* ★ *dat slaat als een tang op een varken* das passt wie die Faust aufs Auge ❷ *vrouw* Schrulle *v*, alte Hexe *v*
tanga Tanga *m*
tangens Tangens *m*
tango Tango *m*
tanig gegerbt
tank ❶ *reservoir* Tank *m*, Behälter *m*, ‹jerrycan› Kanister *m* ★ *een volle tank* ein voller Tank *m* ❷ *pantservoertuig* Panzer *m*
tankauto Tankfahrzeug *o*, Tankwagen *m*
tankbataljon Panzerbataillon *o*
tanken *brandstof innemen* tanken
tanker Tanker *m*
tankschip Tanker *m*
tankstation Tankstelle *v*
tannine Tannin *o*
tantaluskwelling Tantalusqualen *mv*
tante ❶ *familielid* Tante *v* ❷ *vrouw* Tante *v* ★ *een lastige ~* eine lästige Person ★ *een oude ~* eine alte Schachtel
tantième Tantieme *v*
Tanzania Tansania *o*
Tanzaniaans tansanianisch
tap ❶ *kraan* Zapfen *m* ★ *bier van de tap* Bier vom Fass ❷ *bar* Theke *v*
tapas cul Tapas *mv*
tapbier cul Schankbier *o*, Fassbier *o*
tapdansen steppen ★ *het ~* das Steppen
tape ❶ *plakband* Klebestreifen *m*, ‹verband› Leukoplast® ❷ *magneetband* Magnetband *o*, Kassette *v*, ‹van bandrecorder› Tonband *o*
tapenade Tapenade *v*
tapijt *vloerkleed* Teppich *m* ★ *kamerbreed ~* Teppichboden *m*
tapijtreiniger Teppichreiniger *m*
tapioca Tapioka *v*
tapkast Theke *v*
tappen[1] *uit vat schenken* ausschenken ★ *op flessen ~* auf Flaschen ziehen ★ fig *moppen ~* Witze reißen
tappen[2] [teppen] *tapdansen* steppen
tapperij Ausschank *m*, Schankwirtschaft *v*, ‹kleiner› Schenke *v*
taps kegelförmig, konisch
taptoe *signaal* Zapfenstreich *m*
tapverbod Alkoholverbot *o*
tapvergunning Schankerlaubnis *v*, Schankkonzession *v*
tarantula biol Tarantel *v*
tarbot Steinbutt *m*
tarief ❶ *prijs* Tarif *m*, Gebühr *v*, Satz *m* ★ *volgens ~* tariflich, tarifmäßig ★ *speciaal ~* Sondertarif ❷ *invoerrechten* Zolltarif *m*, Einfuhrzoll *m*
tariefgroep Steuerklasse *v*
tarievenoorlog Handelskrieg *m*, Wirtschaftskrieg *m*
tarot Tarot *o*
tarotkaart Tarotkarte *v*
tarra Tara *v*
tartaar *vlees* Tatar *o*
tarten ❶ *trotseren, uitdagen* trotzen [+3], herausfordern ★ *het lot ~* das Schicksal herausfordern ★ *de vijand ~* dem Feind trotzen ❷ *overtreffen* spotten ★ *dat tart elke beschrijving* das spottet jeder Beschreibung
tarwe Weizen *m*
tarwebloem Weizenmehl *o*
tarwebrood cul Weizenbrot *o*
tarwemeel Weizenmehl *o*
tas *draagzak met hengsels* Tasche *v*
tasjesdief Taschendieb *m*
tasjesroof Taschendiebstahl *m*
Tasmaans tasmanisch
Tasmanië Tasmanien *o*
tast Tasten *o* ★ *op de tast* aufs Geratewohl ★ *op de tast iets zoeken* nach etw. tasten ★ *iets op de tast herkennen* etw. tastend erkennen

tastbaar ❶ *voelbaar* greifbar, fühlbar ★ *de tastbare wereld* die konkrete Welt ★ *een tastbare duisternis* eine ägyptische Finsternis *v* ❷ *duidelijk* greifbar ★ *een tastbare leugen* eine deutliche Lüge ★ *tastbare resultaten* greifbare Resultate ★ *~ bewijs* handgreifliche(r) Beweis *m* ★ *zonder tastbare aanleiding* ohne konkreten Anlass
tasten *zoekend bewegen* tasten ★ *naar iets ~* nach einer Sache tasten ★ *in het duister ~* im dunkeln tappen ★ *zij heeft diep in de buidel getast* er hat tief in den Beutel greifen müssen
tastzin Tastsinn *m*
tateren BN *kwebbelen* quatschen, quasseln, schwatzen
tatoeage Tätowierung *v*
tatoeëren tätowieren
taugé Sojabohnensprossen *mv*
taupe taupe
tautologie Tautologie *v*
t.a.v. ❶ *ten aanzien van* i.b.a., in Bezug auf ❷ *ter attentie van* z.H(d)., zu Händen
taveerne Taverne *v*, Schenke *v*
taxateur Taxator *m*
taxatie Schätzung *v*
taxatierapport Wertgutachten *o*
taxeren *waarde schatten* schätzen ★ *te hoog ~* überbewerten ★ *te laag ~* zu niedrig einschätzen, unterbewerten ★ *een schilderij ~* ein Gemälde schätzen ★ *getaxeerde waarde* Taxwert *m* ★ *iem. ~* jmdn. abschätzen
taxfree steuerfrei, ⟨vrij van invoerrechten⟩ zollfrei
taxfreewinkel Duty-free-Shop *m*
taxi Taxi *o*, Taxe *v*
taxicentrale Taxizentrale *v*
taxichauffeur Taxifahrer *m*
taxidermie Taxidermie *v*
taxiën rollen
taximeter Taxameter *m/o*
taxionderneming Taxiunternehmen *o*
taxistandplaats Taxistand *m*
taxonomie Taxonomie *v*
taxus Taxus *m*, Eibe *v*
tbc *tuberculose* Tb(c) *v*
T-biljet Lohnsteuerjahresausgleichskarte *v*
tbs jur *terbeschikkingstelling (aan de regering)* → **terbeschikkingstelling**
t.b.v. ❶ *ten bate van* zugunsten [+2] ❷ *ten behoeve van* zugunsten [+2], im Interesse von

ta

te I *vz* ❶ *in, op* in [+3], auf [+3], zu [+3] ★ *te Utrecht* in Utrecht ❷ [+ inf.] zu ★ *iets te zeggen hebben* etw. zu sagen haben ★ *het is moeilijk te verstaan* er ist schwer zu verstehen ★ *zonder iets te zeggen* ohne etw. zu sagen ★ *ik ben blij je te zien* es freut mich, dich zu sehen ★ *lopen te fluiten* vor sich hin pfeifen **II** *bijw, meer... dan wenselijk enz.* zu, umso ★ *te veel* zu viel ★ *te groot* zu groß
teak I *zn* [de], *boom* Teakbaum *m* **II** *zn* [het], *hout* Teak *o*, Teakholz *o*
teakhout Teak(holz) *o*
teakolie Teaköl *o*
team Team *o*, sport Mannschaft *v*
teambuilding Teambuilding *o*
teamgeest Teamgeist *m*
teamspeler Teamspieler *m*
teamsport Mannschaftssport *m*, Teamsport *m*
teamverband Team *o* ★ *in ~ werken* im Team arbeiten
teamwork Teamarbeit *v*, Teamwork *o*
techneut ≈ Technikfanatiker *m*
technicus Techniker *m*
techniek *vaardigheid, methode* Fertigkeit *v*, Technik *v*, Verfahren *o*
technisch I *bnw* technisch ★ *~e term* Fachausdruck *m* ★ *lagere ~e school (lts)* ≈ Berufsschule für Technik *v*, Berufsfachschule für Technik ★ *middelbare ~e school (mts)* technische Fachoberschule ★ *hogere ~e school (hts)* Ingenieursschule, ≈ technische Fachhochschule *v* ★ *~e hogeschool* Technische Hochschule *v* ★ *~ directeur* technische(r) Direktor *m* **II** *bijw* ★ *~ onmogelijk* technisch gesehen unmöglich
techno muz Techno *o*, Techno(musik) *v*
technocratie Technokratie *v*
technologie Technologie *v*
technologisch technologisch
teckel Dackel *m*
tectyl Rostschutz *m*
tectyleren mit Rostschutzmittel behandeln
teddy Teddyfutter *o*
teddybeer Teddybär *m*
teder zärtlich, liebevoll
tederheid Zärtlichkeit *v*
teef ❶ *dier* ⟨vos⟩ Füchsin *v*, ⟨hond⟩ Hündin *v* ❷ min *vrouw* Fotze *v*
teek Zecke *v*
teelaarde *humusrijke aarde* Ackerkrume *v*
teelbal Hoden *m*
teelt ❶ *het telen* ⟨planten⟩ Anbau *m*, ⟨ook dieren⟩ Zucht *v* ★ *gemengde ~* Mischkultur *v* ★ *aardappel~* Kartoffelanbau *m* ★ *hij weet veel van bijen~* er weiß viel über die Bienenzucht ❷ *het geteelde* Kultur *v*
teen ❶ *deel van voet* Zehe *v*, Zeh *m* ★ *van top tot teen* von Kopf bis Fuß ★ *op zijn tenen lopen* auf Zehenspitzen gehen, fig sein Möglichstes tun ★ *iem. op de tenen trappen* jmdm. auf die Zehen treten, jmdm. auf den Schlips treten ★ *hij is gauw op zijn tenen getrapt* er ist schnell beleidigt ★ *met gekromde tenen naar iets luisteren* sich etw. mit wachsendem Ärger anhören ★ *lange tenen hebben* schnell eingeschnappt sein ❷ *deel van kous / schoen* Spitze *v* ❸ *twijg* Weidenrute *v*, Weidengerte *v* ❹ *stukje knoflook* ★ *een teentje knoflook* eine Knoblauchzehe *v*
teenager Teenager *m*
teenkootje anat Zehenknochen *m*
teenslipper inform Badelatschen *m*
teer I *zn* [de/het] Teer *m* **II** *bnw* ❶ *broos* zerbrechlich, zart ❷ fig *gevoelig* heikel ★ *een teer onderwerp* ein heikles Thema
teergevoelig empfindlich, zart, empfindsam
teerling BN *dobbelsteen* Würfel *m* ★ fig *de ~ is geworpen* die Würfel sind gefallen
teflon Teflon *o*
tegel ⟨voor muur of vloer⟩ Fliese *v*, ⟨geglazuurd⟩ Kachel *v*
tegelijk gleichzeitig, zugleich
tegelijkertijd gleichzeitig, zugleich
tegellijm Fliesenkleber *m*
tegelvloer Fliesenboden *m*
tegelwerk ❶ *de tegels* Kachelung *v* ❷ *het tegelen*

Kachelarbeiten *v mv*
tegelzetter Fliesenleger *m*
tegemoet entgegen ★ *iem. ~ komen* jmdm. entgegenkommen ★ *iets ~ zien* etw. entgegensehen
tegemoetkoming ❶ *bijdrage* Beihilfe *v*, Zuschuss *m*, Unterstützung *v* ★ *~ in de studiekosten* Ausbildungsbeihilfe *v* ❷ *concessie* Entgegenkommen *o*
tegemoettreden ❶ *iem. tegemoet lopen* entgegengehen [+3] ❷ *aan iemands wensen tegemoet komen* entgegenkommen [+3]
tegen I *vz* ❶ *in aanraking met* gegen [+4] ★ *het staat ~ de muur* es steht an der Wand ★ *~ de muur rijden* gegen die Wand fahren ❷ *in tegengestelde richting* gegen [+4] ★ *~ het verkeer in* in der Gegenrichtung ❸ *ter bestrijding van* gegen [+4] ★ *een vaccin ~ aids* ein Impfstoff gegen AIDS ❹ *ongunstig gezind jegens* gegen [+4] ★ *iets ~ iem. hebben* etw. gegen jmdn. haben ★ *niets hebben ~...* nichts gegen.... haben ★ *fel ~ iets zijn* absolut gegen etw. sein ❺ *in strijd met* gegen [+4] ★ *~ de regels* gegen die Vorschriften / Regeln ★ *~ mijn principes* gegen meine Prinzipien ❻ *gericht aan* zu [+3] ★ *dat moet je niet ~ hem zeggen!* das solltest du nicht zu ihm sagen! ❼ *ten opzichte van* gegenüber [+3], zu [+3] ★ *hij doet altijd erg aardig ~ mij* er ist immer freundlich zu mir ❽ *bijna* gegen [+4] ★ *~ middernacht* gegen Mitternacht ★ *hij is ~ de vijftig* er geht auf die fünfzig ❾ *in ruil voor* gegen [+4] ★ *een appel ruilen ~ een peer* einen Apfel gegen eine Birne tauschen ★ *~ 10 % rente* gegen 10% Zinsen ▼ *ergens ~ kunnen* etwas ertragen können ▼ *ik kan er niet meer ~* ich halte das nicht mehr aus ▼ *tien ~ één dat...* zehn zu eins, dass... **II** *bijw, afkeurend* dagegen ★ *~ zijn* dagegen sein ★ *ik heb er niets (op) ~* ich habe nichts dagegen **III** *zn* [het] Kontra *o*
tegenaan dagegen ★ *er (flink) ~ gaan* sich (tüchtig) ins Zeug legen
tegenaanval Gegenangriff *m*
tegenactie Gegenaktion *v*
tegenargument Gegenargument *o*
tegenbeeld ❶ *tegenstelling* Gegenteil *o* ❷ *tegenhanger* Pendant *o*, Gegenstück *o*
tegenbericht Abmeldung *v* ★ *zonder ~* ohne weitere Nachrichten ★ *behoudens ~* unter dem Vorbehalt, dass es keine Einwände gibt
tegenbeweging *tegengestelde beweging* Gegenbewegung *v*
tegenbezoek Gegenbesuch *m*
tegenbod Gegengebot *o*
tegencultuur Gegenkultur *v*
tegendeel Gegenteil *o* ★ *in ~* im Gegenteil
tegendraads *in de contramine* aufsässig, trotzig, störrisch, widerspenstig
tegendruk ❶ *weerstand* Widerdruck *m* ❷ *afdruk* Gegendruck *m*
tegengaan entgegentreten, ⟨actie ondernemen⟩ Maßnahmen ergreifen, ⟨halt toeroepen⟩ Einhalt gebieten ★ *iets beslist ~* etw. energisch entgegentreten
tegengas ★ *~ geven* entgegenwirken, (gegen etw.) angehen
tegengesteld entgegengesetzt, ⟨tegenovergesteld⟩ gegensätzlich
tegengestelde Gegenteil *o*, Entgegengesetzte(s) *o*
tegengif Gegengift *o*
tegenhanger Gegenteil *o*, Gegenstück *o*
tegenhebben gegen sich haben ★ *hij heeft alles tegen* bei ihm geht alles schief ★ *ze heeft haar leeftijd tegen* ihr Alter spricht gegen sie
tegenhouden ❶ *beletten voort te gaan* aufhalten, abhalten, zurückhalten ❷ *verhinderen* verhindern, verhüten
tegenin ★ *ergens ~ gaan* gegen etw. angehen, gegen etw. protestieren
tegenkandidaat Gegenkandidat *m*
tegenkanting BN *tegenwerking* Widerstand *m*
tegenkomen treffen, begegnen, stoßen auf [+3]
tegenlicht Gegenlicht *o*
tegenligger ⟨auto⟩ entgegenkommende(s) Auto *o*, ⟨trein⟩ Gegenzug *m*, ⟨schip⟩ entgegenkommende(s) Schiff *o* ★ *~s* Gegenverkehr *m* [ev]
tegenlopen schiefgehen, quergehen ★ *het loopt me tegen* ich habe Pech
tegennatuurlijk widernatürlich
tegenoffensief Gegenoffensive *v*
tegenop hinauf
tegenover ❶ *aan de overkant van* gegenüber (von) [+3] ★ *~ het station* gegenüber vom Bahnhof ★ *hij woont hier ~* er wohnt hier gegenüber ❷ *in tegenstelling tot* gegenüber [+3] ★ *licht ~ donker* hell gegenüber dunkel ★ *daar staat ~, dat...* dem gegenüber steht, dass... ★ fig *zij staan lijnrecht ~ elkaar* sie stehen sich diametral gegenüber ❸ *ten opzichte van* gegenüber [+3] ★ *~ mij is zij nooit zo aardig* zu mir ist sie nie so nett ★ *hoe sta jij daar ~?* wie stehst du dem gegenüber? ❹ *als compensatie* ★ *wat staat er ~?* was springt dabei (für mich) heraus? ★ *er staat wel wat ~* dafür gibt es natürlich was
tegenovergesteld *juist andersom* entgegengesetzt ★ *precies het ~e beweren* genau das Gegenteil behaupten
tegenoverstellen ❶ *vergelijken* entgegensetzen ❷ *compenseren* gegenüberstellen
tegenpartij Gegenseite *v*, Gegenpartei *v*
tegenpool Gegenpol *m*
tegenprestatie Gegenleistung *v*
tegenslag Missgeschick *o*, Pech *o* ★ *met ~en te kampen hebben* eine Reihe von Misserfolgen haben
tegenspartelen *tegenstribbelen* sich sträuben, sich wehren ★ *~ hielp niet* da half kein Sträuben
tegenspel Widerspiel *o* ★ *~ bieden* ≈ Widerspruch erheben
tegenspeler *acteur* Gegenspieler *m*
tegenspoed Unannehmlichkeiten *mv*, Missgeschick *o*, Widerwärtigkeit *v* ★ *geduld in ~ hebben* Missgeschick mit Geduld ertragen
tegenspraak ❶ *ontkenning* ★ *geen ~ dulden* keine Widerrede / keinen Widerspruch dulden ❷ *tegenstrijdigheid* Widerspruch *m* ★ *in ~ met* in Widerspruch zu
tegensprekelijk BN *tegenstrijdig* widersprüchlich, sich widersprechend
tegenspreken ❶ *verzet uiten* widersprechen

★ *zonder ~* ohne (ein Wort der) Widerrede ❷ *bestrijden* bestreiten ★ *dat kan ik niet ~* dem kann ich nicht widersprechen, das kann ich nicht bestreiten

tegensputteren murren, mucken ★ *zonder tegen te sputteren* ohne Murren

tegenstaan zuwider sein ★ *dat staat me tegen* das passt mir nicht, das widert mich an

tegenstand Widerstand *m* ★ *~ bieden aan* Widerstand leisten gegen

tegenstander Gegner *m*

tegensteken BN *tegenstaan* zuwider sein

tegenstelling Gegensatz *m* ★ *in ~ tot* im Gegensatz zu

tegenstemmen dagegen stimmen

tegenstribbelen sich sträuben, (sich) widersetzen

tegenstrijdig widersprüchlich, sich widersprechend

tegenstrijdigheid ❶ *het tegenstrijdig zijn* Widersprüchlichkeit *v* ❷ *iets tegenstrijdigs* Widerspruch *m*

tegenvallen enttäuschen ★ *dat valt me tegen* das hätte ich nicht gedacht ★ *je valt me tegen* das hätte ich von dir nicht erwartet

tegenvaller Enttäuschung *v*, Rückschlag *m* ★ *lelijke ~* böse Überraschung *v*

tegenvoeter ❶ *persoon* Antipode *m* ❷ *tegenpool* Antipode *m*

tegenvoorbeeld Gegenbeweis *m*

tegenvoorstel Gegenvorschlag *m*, pol Gegenantrag *m*

tegenwaarde Gegenwert *m*

tegenwerken Schwierigkeiten machen, ⟨stiekem⟩ hintertreiben ★ *iem. ~* jmdm. Steine in den Weg legen ★ *iem. in zijn plannen ~* jmds. Pläne durchkreuzen / hintertreiben

tegenwerking Widerstand *m*

tegenwerpen einwenden, ⟨antwoorden⟩ entgegnen

tegenwerping Einwand *m* ★ *~en maken* Einwände erheben

tegenwicht ❶ *gewicht* Gegengewicht *o* ❷ fig *compensatie* ★ *een ~ vormen tegen* ein Gegengewicht bilden zu [+3]

tegenwind Gegenwind *m*

tegenwoordig I *bnw* ❶ *huidig* heutig, jetzig, gegenwärtig ❷ *aanwezig* anwesend, zugegen II *bijw* heute, heutzutage, gegenwärtig, zurzeit ★ *wat doe jij ~?* was machst du zurzeit?

tegenwoordigheid Anwesenheit *v*, Gegenwart *v* ★ *zij zei het in ~ van de ouders* sie sagte es in Gegenwart / im Beisein der Eltern ★ *~ van geest* Geistesgegenwart *v* ★ *met ~ van geest* geistesgegenwärtig, mit Geistesgegenwart

tegenzet Gegenzug *m*

tegenzin Abneigung *v*, ⟨sterker⟩ Widerwille *m* ★ *met ~* widerwillig ★ *met ~ toestemmen* widerstrebend zustimmen

tegenzitten ungünstig sein ★ *het zit ons tegen* wir haben kein Glück ★ *het zit hem altijd tegen* er hat nie Glück

tegoed Guthaben *o* ★ *geblokkeerd ~* Sperrguthaben

tegoedbon Gutschein *m*

Teheraans Teheraner

Teheran Teheran *o*

tehuis *instelling* Heim *o* ★ *~ voor daklozen* Obdachlosenasyl *o* ★ *~ voor moeilijk opvoedbare kinderen* Erziehungsheim

teil ⟨kleiner⟩ Schüssel *v*, ⟨groot⟩ Wanne *v*, ⟨groot⟩ Kübel *m*

teint Teint *m*

teisteren heimsuchen, quälen ★ *het geteisterde gebied* das betroffene Gebiet

teistering Heimsuchung *v*, Plage *v*

tekeergaan rasen, toben, wüten ★ *~ als een gek* toben wie ein Wahnsinniger

teken ❶ *aanduiding, symbool* Zeichen *o* ★ *het ~ van de dierenriem* das Sternkreiszeichen ★ *in het ~ staan van* im Zeichen... stehen [+2] ★ *dit jaar staat in het ~ van de vrede* dieses Jahr steht im Zeichen des Friedens ❷ *blijk, kenmerk* Zeichen *o*, Kennzeichen *o* ★ *de ~en des tijds* die Zeichen der Zeit ★ *een ~ van verstandhouding* ein Zeichen der Verständigung ★ *~en van vermoeidheid tonen* Anzeichen von Müdigkeit zeigen ★ *iem. een ~ geven* jmdm. ein Zeichen geben ★ *een ~ van leven geven* ein Lebenszeichen von sich geben ★ *op een ~ van* auf ein Zeichen von [+3] ❸ *voorteken* Anzeichen *o*, Vorzeichen *o* ★ *het is een veeg ~* es ist ein böses Vorzeichen

tekenaar Zeichner *m* ★ *technisch ~* technische(r) Zeichner

tekenbevoegdheid econ Zeichnungsberechtigung *v*

tekendoos Malkasten *m*

tekenen ❶ *afbeelden* malen, zeichnen ★ *voor ~ een slecht cijfer hebben* im Zeichnen eine schlechte Note haben ❷ *ondertekenen* unterschreiben, unterzeichnen ★ *voor ontvangst ~* den Empfang bestätigen ★ *voor gezien ~* abzeichnen ★ *(iets) met zijn naam ~* etw. mit dem Namen unterschreiben ★ *daar zou ik zo voor ~!* das würde ich sofort machen! ★ *haar vonnis is getekend* ihr Schicksal liegt fest ❸ *kenschetsen* zeichnen, darstellen ★ *dat tekent de ware kenner* das bezeichnet den wahren Kenner ★ *dat tekent hem* das zeichnet ihn aus ★ *dat is ~d voor haar* das ist charakteristisch für sie ★ *hij is een getekend man* er ist gebrandmarkt ★ *zijn zorgen ~ hem* seine Sorgen zeichnen ihn ★ *een door vermoeidheid getekend gezicht* ein von Erschöpfung gezeichnetes Gesicht

tekenend kennzeichnend, typisch

tekenfilm Zeichentrickfilm *m*

tekening ❶ *afbeelding* Zeichnung *v* ❷ *ondertekening* Unterschrift *v* ★ *ter ~* zur Unterzeichnung ❸ *patroon* Muster *o*, Zeichnung *v*

tekenkunst Zeichenkunst *v*

tekenles Zeichenunterricht *v*

tekenpapier Zeichenpapier *o*

tekentafel Zeichentisch *m*

tekort *gebrek* Defizit *o*, ⟨goederen / personen⟩ Mangel *m*, econ Fehlbetrag *m* ★ *er is een groot ~ aan woningen* es gibt einen großen Wohnungsmangel ★ *~ aan arbeidskrachten* Mangel an Arbeitskräften ★ *een ~ aan personeel hebben* einen Personalmangel haben ★ *~ aan slaap* Schlafmangel *m* ★ *een nijpend ~ aan* ein großer Mangel an [+3] ★ *het ~ aanvullen* den

te

Fehlbetrag ausgleichen ★ ~ *op de begroting* Haushaltsdefizit *o* ★ ~ *op de balans* Unterbilanz *v* ★ *een ~ dekken* ein Defizit ausgleichen
tekortdoen ★ *iem. ~* jmdm. unrecht tun, jmdn. benachteiligen ★ *zichzelf ~* die eigene Person vernachlässigen
tekortkomen zu kurz kommen
tekortkoming Mangel *m*
tekst Text *m* ★ *iem. ~ en uitleg geven* sich gegenüber jmdm. verantworten
tekstanalyse Textanalyse *v*
tekstballon Sprechblase *v*
tekstbericht SMS-Nachricht *v*, SMS *v*
teksteditie Textausgabe *v*
teksthaak eckige Klammer *v*
tekstschrijver Texter *m*, Textdichter *m*
tekstuitgave Textausgabe *v*
tekstverklaring Texterläuterung *v*
tekstverwerken Text verarbeiten
tekstverwerker ❶ *computer* Textverarbeiter *m* ❷ *programma* Textverarbeitungsprogramm *o*
tel ❶ *het tellen* ★ *de tel kwijt zijn* sich verzählt haben ★ *op je tellen passen* auf der Hut sein ❷ *moment* Sekunde *v* ★ *ik ben in een tel terug* ich bin im Nu zurück ❸ *aanzien* Ansehen *o*, Achtung *v* ★ *erg in tel zijn* großes Ansehen genießen ★ BN *van geen tel zijn* nichts dazutun
Tel Aviv Tel Aviv *o*
telebankieren als Kunde Bankangelegenheiten per Computer regeln *mv*
telecard BN *telefoonkaart* Telefonkarte *v*
telecommunicatie Fernmeldetechnik *v*, Fernmeldewesen *o*
telefoneren *bellen* anrufen, telefonieren
telefonie ❶ *elektrische overbrenging van geluid* Telefonie *v* ★ *draadloze ~* schnurlose Telefonie ★ *mobiele ~* mobile Telefonie ❷ *telefoonwezen* Telefonsystem *o*
telefonisch per Telefon, telefonisch
telefonist Telefonist *m*
telefoon ❶ *toestel* Telefon *o* ★ *de ~ gaat* das Telefon läutet / klingelt ★ *de ~ opnemen* ans Telefon gehen ★ *de hele dag aan de ~ hangen* den ganzen Tag an der Strippe hängen ❷ *gesprek* Telefongespräch *o*, Anruf *m*, ⟨oproep⟩ Telefonat *o* ★ *er is ~ voor je* du wirst am Telefon verlangt ❸ → **telefoontje**
telefoonboek Telefonbuch *o*
telefoonbotje inform Musikantenknochen *m*, Mäuschen *o*
telefooncel Telefonzelle *v*
telefooncentrale Telefonzentrale *v*, Fernmeldeamt *o*
telefoondistrict Fernsprechbezirk *m*
telefoongesprek Telefongespräch *o*, Telefonat *o* ★ *interlokaal ~* Ferngespräch *o* ★ *internationaal ~* Auslandsgespräch *o* ★ *lokaal ~* Ortsgespräch
telefoonkaart Telefonkarte *v*
telefoonklapper ≈ Telefonverzeichnis *o*
telefoonnet Telefonnetz *o*
telefoonnummer Telefonnummer *v*, Rufnummer *v* ★ *~ 307* Ruf 307
telefoontik Telefoneinheit *v*
telefoontje *telefoongesprek* Anruf *m*
telefoontoestel Telefonapparat *m*
telefoonverkeer Fernsprechverkehr *m*, Telefonverkehr *m*
telegraaf Telegraf *m*
telegraferen telegrafieren
telegram Telegramm *o* ★ *een ~ aanbieden* ein Telegramm aufgeben
telegramstijl Telegrammstil *m*
telekinese Telekinese *v*
telelens Teleobjektiv *o*
telemarketing Telemarketing *o*, Telefonmarketing *o*
telen ❶ *kweken* anbauen ❷ *fokken* züchten
telepathie Telepathie *v*
telepathisch I *bnw* telepathisch II *bijw* telepathisch
telescoop Teleskop *o*
teleshoppen teleshoppen ★ *het ~* Teleshopping *o*
teletekst Videotext *m*
teleurstellen enttäuschen
teleurstellend enttäuschend
teleurstelling Enttäuschung *v*
televisie ❶ *toestel* Fernsehgerät *o*, Fernseher *m*, inform Flimmerkiste *v* ★ *de ~ aanzetten* den Fernseher einschalten ★ *(naar de) ~ kijken* fernsehen ★ *op de ~* im Fernsehen ★ *op de ~ uitzenden* im Fernsehen übertragen ❷ *het uitzenden per televisie* Fernsehen *o* ★ *werken voor de ~* beim Fernsehen arbeiten ★ *commerciële ~* Privatsender *m*
televisiebewerking Fernsehbearbeitung *v*, Fernsehfassung *v*
televisiedominee Fernsehprediger *m*
televisiedrama Fernsehspiel *o*
televisiefilm Fernsehfilm *m*
televisiejournaal Tagesschau *v*
televisiekijken fernsehen
televisieomroep Fernsehanstalt *v*
televisieopname Fernsehaufnahme *v*
televisieprogramma Fernsehprogramm *o*
televisiereclame Fernsehwerbung *v*, Werbefernsehen *o*
televisiereportage Fernsehreportage *v*
televisiescherm Fernsehbildschirm *m*
televisieserie Fernsehserie *v*
televisiespel ❶ *spel op de televisie* Quizsendung *v*, Fernsehquiz *o* ❷ *toneelstuk* Fernsehspiel *o* ❸ *elektronisch spel* Videospiel *o*
televisiestation Fernsehsender *m*
televisietoestel Fernsehgerät *o*, Fernsehapparat *m*, Fernseher *m*
televisie-uitzending Fernsehsendung *v*, Fernsehübertragung *v*
telewerk Tele(heim)arbeit *v*
telewerken telearbeiten
telewinkelen I *on ww* teleshoppen II *zn* [het] Teleshopping *o*
telexbericht Telex *o*, Fernschreiben *o*
telfout Zählfehler *m*
telg Spross *m*
telgang Passgang *m* ★ *in ~ lopen* im Pass gehen
telkens ❶ *elke keer* jedes Mal ❷ *alsmaar* andauernd, ständig
tellen I *ov ww* ❶ *aantal bepalen* (ab)zählen ❷ *aantal hebben* haben, zählen II *on ww* ❶ *getallen noemen* zählen ❷ *van belang zijn, gelden* mitzählen ★ *dat telt niet* das zählt nicht

(mit)
teller *apparaat* Zähler *m*
telling Auszählung *v*, Zählung *v*
teloorgaan zugrunde gehen
teloorgang Verlust *m*, Untergang *m*
telraam Rechenbrett *o*
telwoord Zahlwort *o*
temeer umso mehr, zumal ★ *~ omdat* umso mehr da
temen ❶ *lijzig spreken* schleppend sprechen ❷ *talmen* zögern, zaudern
temmen ❶ *mak maken* zähmen ❷ *africhten* bändigen
tempé Tempeh *m/o*
tempel Tempel *m*
temperament Temperament *o* ★ *met veel ~* temperamentvoll
temperamentvol temperamentvoll
temperaturen Fieber messen
temperatuur Temperatur *v* ★ *~ opnemen* Fieber messen ★ *de gemiddelde ~* die Durchschnittstemperatur
temperatuurdaling Temperatursturz *m*, Temperatursenkung *v*
temperatuurschommeling Temperaturschwankung *v*, Temperaturwechsel *m*
temperatuurstijging Temperaturanstieg *m*, Temperaturerhöhung *v*, Temperatursteigerung *v*
temperatuurverschil Temperaturunterschied *m*
temperen *matigen* mäßigen, dämpfen, mildern
tempo fig *vaart* Tempo *o*
tempowisseling Tempowechsel *m*
tempura cul Tempura *m*
ten → **te**
tenaamstellen auf einen Namen registrieren
tenaamstelling Eintragung *v* auf den Namen
tendens Tendenz *v*
tendentieus tendenziös
teneinde um... zu, damit
tenenkaas Dreck *m* zwischen den Zehen
teneur Tenor *m*
tengel *vinger* Pfote *v* ★ *blijf daar met je ~s af* nimm deine Pfoten / Klauen da weg
tenger ⟨teer⟩ zart, ⟨zwak⟩ schwächlich, ⟨smal / mager⟩ schmächtig
tenhemelschreiend himmelschreiend
tenietdoen zunichtemachen, ⟨annuleren⟩ rückgängig machen
tenlastelegging *het ten laste leggen* Anklage *v*
tenminste *althans* wenigstens, zumindest ★ *dat is ~ iets* das isTt immerhin etw.
ten minste *minimaal*, → **minst**
tennis Tennis *o*
tennisarm Tennisarm *m*
tennisbaan Tennisplatz *m* ★ *overdekte ~* Tennishalle *v*
tennisbal Tennisball *m*
tennisracket Tennisschläger *m*
tennisschoen Tennisschuh *m*
tennissen Tennis spielen
tennisser Tennisspieler *m*
tennisspeelster Tennisspielerin *v*
tennisspeler Tennisspieler *m*

te

tenor Tenor *m*
tenorsaxofoon Tenorsaxofon *o*
tensiemeter med Tensometer *m*
tenslotte *welbeschouwd* schließlich, immerhin ★ *hij kon het ~ niet weten* er konnte es immerhin nicht wissen
ten slotte *uiteindelijk*, → **slot**
tent ❶ *onderdak van doek* Zelt *o*, Plane *v* ★ *ergens zijn tenten opslaan* seine Zelte irgendwo aufschlagen ★ *iem. uit zijn tent lokken* jmdn. aus der Reserve locken ❷ *openbare gelegenheid* Lokal *o*, Kneipe *v*, Bude *v* ★ *een gezellige tent* eine gemütliche Kneipe ★ *de tent afbreken* die Bude auf den Kopf stellen ★ *de tent sluiten* die Bude / die Kneipe / das Lokal schließen
tentakel Tentakel *m/o*
tentamen onderw Zwischenprüfung *v*, med Tentamen *o*
tentamenperiode onderw Examenszeit *v*
tentamineren prüfen, Examen abnehmen
tentdoek Zeltleinwand *v*
tentenkamp Zeltlager *o*
tentharing Hering *m*
tentoonspreiden entfalten, zur Schau tragen
tentoonstellen ausstellen
tentoonstelling Ausstellung *v* ★ *naar een ~ gaan* in eine Ausstellung gehen ★ *reizende ~* Wanderausstellung *v*
tentstok Zeltstange *v*
tentzeil *linnen* Zeltbahn *v*, Zeltplane *v*
tenue Anzug *m*, ⟨militair⟩ Uniform *v*
tenuitvoerlegging Vollzug *m*
tenzij es sei denn, außer
tepel Brustwarze *v*, ⟨zoogdier⟩ Zitze *v*
tepelkloven aufgesprungene Brustwarzen *mv*
tequila Tequila *m*
ter → **te**
teraardebestelling *begrafenis* Bestattung *v*, Beisetzung *v*
terbeschikkingstelling jur Sicherheitsverwahrung *v*
terdege tüchtig
terecht I *bnw* richtig, berechtigt ★ *~e kritiek* berechtigte Kritik *v* **II** *bijw* ❶ *met recht* mit Recht, aus gutem Grund ❷ *teruggevonden* wiedergefunden
terechtbrengen *in orde brengen* fertigbringen
terechtkomen ❶ *belanden* ankommen, landen ★ *vallen en lelijk ~* (sehr) unglücklich fallen ★ *ik ben in Berlijn terechtgekomen* es hat mich nach Berlin verschlagen ❷ *teruggevonden worden* sich finden, wiederauftauchen, wiedergefunden werden ❸ *in orde komen* in Ordnung kommen ★ *toch nog goed ~* doch noch seinen Weg gemacht haben ★ *daar komt niets van terecht* daraus wird nichts ★ *wat moet er van hem ~?* was soll aus ihm werden?
terechtstaan jur vor Gericht stehen, sich vor Gericht zu verantworten haben
terechtstellen jur hinrichten
terechtstelling jur Hinrichtung *v*
terechtwijzen zurechtweisen, tadeln
terechtwijzing Zurechtweisung *v* ★ *iem. een ~ geven* jmdn. zurechtweisen
terechtzitting jur Gerichtsverhandlung *v* ★ *ter ~ verschijnen* zur Gerichtsverhandlung erscheinen

teren I *ov ww, met teer insmeren* teeren **II** *on ww* **~ op** zehren von
tergen *uitdagen* reizen, quälen, herausfordern
tergend ⟨pestend⟩ quälend, ⟨uitdagend⟩ herausfordernd ★ *~ langzaam* quälend langsam
tering ★ *krijg de ~!* du kannst mich mal! ▼ *de ~ naar de nering zetten* sich nach der Decke strecken
tering- Scheiß-, Mist- ★ *teringweer* Mistwetter *o*
terloops I *bnw* beiläufig **II** *bijw* nebenbei ★ *iem. ~ groeten* jmdn. im Vorbeigehen grüßen
term ❶ *begrip, woord* Terminus *m*, Bezeichnung *v* ★ *in bedekte termen* mit verblümten Worten ★ *niet in de termen vallen* nicht in Betracht kommen ❷ *reden* Grund *m* ❸ wisk Term *m*
termiet Termite *v*
termijn ❶ *tijdvak, tijdslimiet* Frist *v*, Termin *m* ★ *op korte ~* kurzfristig ★ *op lange ~* langfristig, auf die Dauer ★ *de ~ in acht nemen* die Frist einhalten ★ *voor onbepaalde ~* unbefristet ★ *~ van één jaar* Jahresfrist *v* ★ *~ van betaling* Zahlungsfrist *v* ❷ *deel van schuld* Rate *v*
termijnbetaling Ratenzahlung *v*
termijnhandel Terminhandel *m*
termijnmarkt ❶ *plaats* Terminmarkt *m* ❷ *geldwezen* Terminmarkt *m*
terminaal terminal, End- ★ *terminale fase* Endphase *v*
terminal ❶ *aankomst-, vertrekpunt* Abflughalle *v* ❷ *computer* Terminal *o*
terminologie Terminologie *v*
ternauwernood kaum, mit knapper Not
terneergeslagen deprimiert, niedergeschlagen
terp Warft *v*
terpentijn Terpentin *o*
terpentine Terpentin *o*
terracotta I *zn* [de/het], *materiaal* Terrakotta *v* **II** *bnw* ❶ *materiaal* aus Terrakotta ❷ *kleur* terrakottafarben
terrarium Terrarium *o*
terras *zitgelegenheid buiten café* Terrasse *v*
terrein ❶ *grond* Gelände *o*, ⟨jachtterrein⟩ Jagdrevier *o* ★ *eigen ~* Privatgelände *o* ★ *het ~ verkennen* das Gelände erkunden ★ *op eigen ~ spelen* auf dem eigenen Platz spielen ❷ *gebied, sfeer* Gebiet *o*, Revier *o*, Bereich *m* ★ *dat is verboden ~* das ist tabu ★ *dat valt buiten mijn ~* das fällt nicht in meinen Bereich ★ *zijn ~ afbakenen* sein Revier abgrenzen ★ *op gevaarlijk ~ komen* aufs Glatteis geraten ★ *~ verliezen / winnen* an Boden gewinnen / verlieren
terreinfiets Mountainbike *o*
terreinwagen Geländewagen *m*
terreinwinst Gebietsgewinn *m* ★ *~ boeken* einen Erfolg verbuchen können
terreur Terror *m*
terreuraanslag Terroranschlag *m*
terreurdaad Terrorakt *m*
terreurorganisatie Terror(isten)organisation *v*
terriër Terrier *m*
terrine Terrine *v*
territoriaal Territorial-, territorial ★ *territoriale wateren* Hoheitsgewässer, Territorialgewässer
territorium Territorium *o*, Hoheitsgebiet *o*, biol Revier *o*
territoriumdrift Reviertrieb *m*
terroriseren terrorisieren
terrorisme Terrorismus *m*
terrorist Terrorist *m*
terroristisch terroristisch
tersluiks heimlich, verstohlen
terstond gleich
tertiair I *bnw* tertiär ★ *de ~e sector* der tertiäre Sektor **II** *zn* [het], *periode* Tertiär *o*
terts Terz *v*
terug ❶ *naar vorige plaats* zurück ★ *hoe laat ben je ~?* wann bist du wieder da? ★ *~ van weg geweest* wieder da ★ *~ van vakantie zijn* aus dem Urlaub zurück sein ★ *~ naar af gaan* wieder von vorn anfangen (müssen) ❷ *achteruit* zurück ★ fig *je kunt nu niet meer ~* es gibt für dich kein Zurück mehr ❸ *weer* zurück, wieder ★ *ik wil mijn pen ~* ich möchte meinen Stift wiederhaben ★ fig *daar had hij niet van ~* darauf hatte er nichts mehr zu sagen ❹ *geleden* vor ★ *drie jaar ~* vor drei Jahren ❺ BN *nog eens* noch einmal
terugbellen zurückrufen
terugbetalen zurückzahlen, ⟨het te veel betaalde⟩ (zurück)erstatten
terugblik Rückblick *m*, audio-vis Rückblende *v*
terugblikken zurückblicken
terugbrengen ❶ *weer op zijn plaats brengen* zurückbringen, ⟨personen⟩ zurückbegleiten ❷ *reduceren* reduzieren (**tot** auf) ★ *tot de helft ~* auf die Hälfte reduzieren
terugdeinzen *terugschrikken* zurückschrecken ★ *voor niets ~* vor nichts Halt machen / zurückschrecken
terugdenken aan zurückdenken an [+4]
terugdoen ❶ *doen als reactie* sich revanchieren ★ *je mag er wel eens iets voor ~* du darfst dich schon mal revanchieren ★ *als je hem slaat, doet hij niets terug* wenn man ihn schlägt, wehrt er sich nicht ★ *doe je de groeten terug?* grüßt du ihn / sie zurück? ❷ *terugzetten* zurücklegen
terugdraaien ❶ *achteruitdraaien* zurückdrehen ❷ *ongedaan maken* rückgängig machen
terugdringen ❶ *achteruitduwen* zurückdrängen ❷ fig *verminderen* zurückdrängen
terugfluiten ❶ fig *tot de orde roepen* zurückpfeifen ❷ sport abpfeifen
teruggaan zurückkehren, zurückgehen ★ *naar huis ~* nach Hause zurückkehren ★ *~ in de tijd* in der Zeit zurückgehen ★ *~ tot 1900* bis 1900 zurückgehen
teruggang *verval* Rückgang *m*
teruggave Rückgabe *v*, ⟨van belasting⟩ Rückerstattung *v*
teruggetrokken zurückgezogen ★ *een ~ leven leiden* sehr zurückgezogen leben
teruggeven zurückgeben, wiedergeben, ⟨het teveel terugbetalen⟩ (zurück)erstatten ★ *kunt u van 100 euro ~?* können Sie auf 100 Euro herausgeben?
teruggooien zurückwerfen
teruggrijpen zurückgreifen ★ *~ op* zurückgreifen auf [+4]
terughalen ❶ *terugnemen* zurückholen ❷ *terugtrekken* zurückholen ❸ *herinneren* zurückholen
terughoudend zurückhaltend, reserviert
terugkeer Rückkehr *v*, ⟨naar huis⟩ Heimkehr *v*

terugkeren ❶ *teruggaan* zurückkehren ★ *halverwege ~* auf halbem Wege umkehren ❷ *gebeuren* wiederkehren
terugkomen ❶ *terugkeren* zurückkommen, wiederkommen ❷ **~ op** ★ *~ op een onderwerp* auf ein Thema zurückkommen ❸ **~ van** rückgängig machen [+4] ★ *~ van een besluit* einen Entschluss widerrufen ★ *van een idee ~* es sich anders überlegen ★ *~ van een plan* einen Plan rückgängig machen
terugkomst Rückkehr *v*
terugkoppelen ❶ *voorleggen voor overleg* rückkoppeln ❷ techn zurückschalten
terugkoppeling *(van informatie)* Rückkopplung *v*, Feedback *o*
terugkrabbelen sich zurückziehen, inform einen Rückzieher machen
terugkrijgen zurückbekommen, wiederbekommen
terugleggen *op oude plaats leggen* zurücklegen, zurückgeben
terugloop *achteruitgang* Rückgang *m*
teruglopen ❶ *lopen* zurückgehen ❷ *verminderen* zurückgehen
terugnemen ❶ *weer nemen* zurücknehmen ❷ *intrekken* widerrufen
terugreis Rückreise *v*, ‹met voertuig› Rückfahrt *v*, ‹naar huis› Heimreise *v*, ‹met vliegtuig› Rückflug *m* ★ *de ~ aanvaarden* die Rückreise antreten
terugroepen *terug laten komen* zurückrufen, ‹op het toneel› hervorrufen, ‹ambassadeur› abberufen
terugronde BN sport *tweede helft van de competitie* Rückspielrunde *v*
terugschrikken zurückschrecken
terugschroeven ❶ *reduceren* zurückschrauben, reduzieren ❷ *ongedaan maken* rückgängig machen
terugslaan I *ov ww* ❶ *naar zender slaan* zurückschlagen ★ *de bal ~* den Ball zurückschlagen ❷ *terugdrijven* zurückschlagen ❸ *omslaan* zurückschlagen ★ *de deken ~* die Decke zurückschlagen **II** *on ww* ❶ *slaag beantwoorden* zurückschlagen, zurückhauen ❷ fig *tegenaanval doen* zurückschlagen ❸ *zich krachtig terug bewegen* ★ *de bal sloeg terug tegen de muur* der Ball prallte zurück an die Wand ❹ **~ op** sich beziehen auf [+4] ★ *dat slaat terug op het voorgaande* das bezieht sich auf das Vorhergehende
terugslag ❶ *terugstoot* Rückschlag *m* ❷ *nadelig gevolg* Rückschlag *m*
terugspelen ❶ sport zurückspielen ❷ *retourneren* zurückgeben ★ *zij speelde de vraag terug* sie gab die Frage zurück
terugspoelen zurückspulen
terugsturen zurückschicken
terugtocht ❶ *aftocht* Rückzug *m* ❷ *reis terug* Rückreise *v*, ‹met voertuig› Rückfahrt *v*
terugtrappen ‹op fiets› zurücktreten
terugtraprem Rücktrittbremse *v*
terugtreden ❶ *zich terugtrekken* zurücktreten ❷ *aftreden* zurücktreten
terugtrekken I *ov ww* ❶ *achteruit doen gaan* zurückziehen, einziehen ❷ *intrekken* zurückziehen, einziehen, zurücknehmen ★ *een belofte ~* ein Versprechen einziehen **II** *on ww, achteruitgaan* zurückgehen **III** *wkd ww* [**zich ~**] ❶ *zich afzonderen* sich zurückziehen ❷ *zijn positie opgeven* (sich) zurückziehen ★ *zich bij een sollicitatie ~* seine Bewerbung zurückziehen ★ *zich uit zijn ambt ~* von seinem Amt zurücktreten
terugval Rückfall *m*
terugvallen ❶ *minder presteren* zurückfallen ❷ **~ op** zurückgreifen auf [+4]
terugverdienen wieder hereinholen
terugverlangen I *ov ww, terugvragen* zurückverlangen, zurückfordern **II** *on ww, verlangen* sich zurücksehnen
terugvinden ❶ *vinden* zurückfinden, wiederfinden ❷ *tegenkomen* (wieder) vorfinden
terugvoeren *als oorzaak aanwijzen* zurückführen(**tot** auf) [+4]
terugvorderen zurückfordern
terugweg Rückweg *m*, ‹naar huis› Heimweg *m*, ‹met voertuig› Rückfahrt *m*
terugwerkend rückwirkend ★ *met ~e kracht* mit rückwirkender Kraft
terugwinnen *weer in bezit krijgen* zurückgewinnen, wiedergewinnen
terugzakken ❶ *naar beneden zakken* zurückfallen ❷ *dalen in niveau* zurückfallen
terugzien I *ov ww, weerzien* wiedersehen **II** *on ww, terugblikken* zurückblicken ★ *op een rijk leven ~* auf ein reiches Leben zurückblicken ★ *met gepaste trots op iets ~* auf etw. zurückblicken können
terwijl *gedurende* während
terzijde I *bijw, naar / aan de zijkant, naar opzij* beiseite ★ *van ~* von der Seite ★ *~ laten* außer Betracht lassen ★ *~ leggen* beiseite legen ★ *geld ~ leggen* etw. auf die hohe Kante / auf die Seite legen ★ *dit ~* dies nebenbei bemerkt ★ *iem. ~ nemen* jmdn. beiseite nehmen ★ *iem. ~ staan* jmdm. zur Seite stehen **II** *zn* [het], *terloopse uiting* Randbemerkung *v*
test Test *m*, Prüfung *v* ★ *iemand / iets aan tests onderwerpen* jmdn. / etw. Tests unterziehen
Testament *Bijbeldeel* Testament *o*
testament *laatste wil* Testament *o* ★ *iets bij ~ bepalen* etw. testamentarisch verfügen ★ *iem. in zijn ~ zetten* jmdn. in seinem Testament bedenken
testamentair testamentarisch ★ *~e beschikking* testamentarische / letztwillige Verfügung *v*
testauto Testauto *o*, Testfahrzeug *o*
testbaan Teststrecke *v*
testbeeld Testbild *o*
testcase ❶ *proef* Testfall *m* ❷ *proefproces* Musterprozess *m*
testen testen, erproben, prüfen ★ *iem. op suikerziekte ~* jmdn. auf Zucker untersuchen
testikel Testikel *m*
testimonium Testat *o*, Zeugnis *o*
testosteron Testosteron *o*
testpiloot Testpilot *m*
testrijder Testfahrer *m*
testvlucht Testflug *m*
tetanus Tetanus *m*
tetanusprik Tetanusimpfung *v*

tête-à-tête Tête-à-tête *o*
tetteren ❶ *toeteren* schmettern, trompeten ❷ *kwebbelen* schnattern ❸ *zuipen* bechern, zechen
teug Zug *m*, ⟨slok⟩ Schluck *m* ★ *in één teug* auf einen / in einem Zug ★ *de lucht met volle teugen inademen* die Luft in vollen / tiefen Zügen einziehen ★ *met volle teugen van iets genieten* etw. in vollen Zügen genießen
teugel Zügel *m* ★ *de ~s in handen hebben* die Zügel fest in der Hand haben ★ *de ~s vieren* die Zügel lockern ★ *iem. de ~s uit handen nemen* jmdm. das Heft aus der Hand nehmen ★ *iem. de vrije ~ laten* jmdm. freie Hand lassen
teut I *zn* [de], *treuzelaar* Trödelfritze *m* [v: Trödelliese], Trödler *m* **II** *bnw* besoffen, benebelt, blau
teuten *treuzelen* trödeln
Teutonen Teutonen *mv*
Teutoons teutonisch
teveel ❶ Zuviel *o*, Übermaß *o*, ⟨overschot⟩ Überschuss *m* ❷ → **veel**
tevens ❶ *ook* zugleich ★ *zij is zangeres en ~ componiste* sie ist Sängerin und Komponistin zugleich ❷ *tegelijkertijd* gleichzeitig
tevergeefs I *bnw* vergeblich, erfolglos **II** *bijw* vergeblich, vergebens, umsonst
tevoorschijn ★ *~ halen* zum Vorschein holen, hervorholen ★ *~ komen* zum Vorschein kommen, hervorkommen
tevoren zuvor, vorher ★ *van ~* im Voraus ★ *daags ~* tags zuvor
tevreden zufrieden ★ *~ over* zufrieden mit [+3]
tevredenheid Zufriedenheit *v*
tevredenstellen zufriedenstellen
tewaterlating Stapellauf *m*
teweegbrengen verursachen, auslösen, bewirken
tewerkstellen ❶ *aan het werk zetten* einstellen ❷ BN *in dienst nemen* einstellen
tewerkstelling BN *werkgelegenheid* Arbeitsmöglichkeit *v*, Arbeitsplätze *mv*
textiel ⟨stof⟩ Textilien *mv*, ⟨textielwaren⟩ Textilwaren *mv*, ⟨industrie⟩ Textilindustrie *v*, ⟨industrie⟩ Textilhandel *m*
textielarbeider Textilarbeiter *m*
textielindustrie Textilindustrie *v*
textielnijverheid Textilgewerbe *o*
textielverf Textilfarbe *v*
textuur Textur *v*, Faserung *v*
tezamen zusammen
tft-scherm TFT-Schirm *m*
tgv *train à grande vitesse* Hochgeschwindigkeitszug *m*
t.g.v. ❶ *ten gevolge van* infolge [+2] ❷ *ter gelegenheid van* anlässlich [+2]
Thai, Thailander Thai *m*
Thailand Thailand *o*
Thais thailändisch
Thaise, Thai Thailänderin *v*
thans ❶ *nu* nun, jetzt ❷ *tegenwoordig* heutzutage, heute
theater *gebouw* Theater *o*
theaterbezoek Theaterbesuch *m*
theatercriticus Theaterkritiker *m*
theatersport Theatersport *m*
theatervoorstelling Theatervorstellung *v*
theatraal ❶ *het toneel betreffend* theatralisch ❷ *overdreven* theatralisch
thee cul Tee *m* ★ *sterke / slappe thee* starke(r) / dünne(r) Tee ★ *zwarte thee* Schwarztee *m* ★ *thee zetten* Tee aufbrühen / kochen ★ *iem. op de thee vragen* jmdn. zum Tee einladen
theeblad ❶ *theeblaadje* Teeblatt *o* ❷ *dienblad* Tablett *o*
theedoek Geschirrtuch *o*, Küchentuch *o*
thee-ei Tee-Ei *o*
theeglas Teeglas *o*
theekransje humor *groepje kletsende mensen* Kaffeekränzchen *o*
theelepel *lepeltje* Teelöffel *m*
theelichtje Teelicht *o*
Theems Themse *v*
theemuts Teewärmer *m*, Teemütze *v*, Teehaube *v*
theepauze Teepause *v*
theepot Teekanne *v*
theeservies Teeservice *o*
theevisite Kaffeebesuch *m*
theewater Teewasser *o* ★ *boven zijn ~ zijn* einen im Tee haben
theezakje Teebeutel *m*
theezeefje Teesieb *o*
theïne Thein *o*
thema ❶ *onderwerp* Thema *o* ❷ *oefening* Übersetzungsaufgabe *v*
themanummer Sonderheft *o*
themapark themenorientierte(r) Freizeitpark *m*
thematiek Thematik *v*
thematisch thematisch
theologie Theologie *v*
theologisch theologisch
theoloog ❶ *godgeleerde* Theologe *m* ❷ *theologiestudent* Theologiestudent *m*
theoreticus Theoretiker *m*
theoretisch theoretisch
theoretiseren theoretisieren
theorie Theorie *v*
theorie-examen Theorieprüfung *v*
theorievorming Theoriebildung *v*
therapeut Therapeut *m*
therapeutisch therapeutisch
therapie Therapie *v*
thermen Therme *v ev*
thermiek Thermik *v*
thermisch thermisch
thermodynamica Thermodynamik *v*
thermometer Thermometer *o*
thermosfles Thermosflasche *v*
thermoskan Thermoskanne *v*, Thermosflasche *v*
thermostaat Thermostat *m*
thesaurus *woordenlijst* Thesaurus *m*
these These *v*
thinner scheik Verdünner *m*
Thora *heilig geschrift* Thora *v*
thora *exemplaar van de Thora* Thora *v*
thriller Thriller *m*
thuis I *bijw* ❶ *in huis* zu Hause, daheim ★ *bij ons ~* bei uns zu Hause ★ *niemand ~ vinden* niemanden antreffen ★ *zich ~ voelen* sich wie zu Hause fühlen ★ *zich niet ~ voelen* sich nicht wohlfühlen ★ *is X ~?* ist X da? ★ *~ zitten* zu Hause

sitzen ★ *doe of je ~ bent* fühle dich wie zu Hause ★ *wel ~!* komm / kommt / kommen Sie gut nach Hause! ★ *altijd voor iem. ~ zijn* für jmdn. immer zu Hause sein ★ *niet ~ geven* sich taub stellen ★ sport ~ *spelen* ein Heimspiel haben ★ *ben jij de leukste ~?* bist du immer so witzig? ❷ *op de hoogte* ★ *goed ~ zijn in iets* sich mit etw. auskennen **II** *zn* [het] Zuhause *o* ★ *geen ~ hebben* kein Zuhause haben ★ *een goed ~ hebben* ein gutes Zuhause haben

thuisadres Heimadresse *v*

thuisbankieren Bankgeschäfte *o* zu Hause über Bildschirmtext vornehmen

thuisbasis Zuhause *o*

thuisbezorgen ins Haus liefern

thuisblijven zu Hause bleiben

thuisblijver Zuhausgebliebene *m/v*

thuisbrengen ❶ *naar huis brengen* nach Hause bringen / begleiten ❷ *plaatsen* unterbringen

thuisclub Heimmannschaft *v*

thuisfront *de mensen thuis* form Familie *v*, die Zuhausegebliebenen *mv* ★ *en, hoe is het aan het ~?* na, wie geht's Kind und Kegel?

thuishaven lett Heimathafen *m*, ⟨bij binnenschepen⟩ Heimatort *m*

thuishoren hingehören

thuishulp Haushaltshilfe *v*

thuiskomen ❶ lett nach Hause kommen, heimkommen ❷ **~ van** fig BN *opgeven* absteigen von

thuiskomst Ankunft *v* zu Hause, Eintreffen *o* zu Hause, ⟨na langere afwezigheid⟩ Heimkehr *v*

thuisland Homeland *o*

thuismarkt Inlandsmarkt *m*, einheimische(r) Markt *m*, Binnenmarkt *m*

thuismatch BN sport Heimspiel *o*

thuisreis Heimreise *v*

thuisspelen sport ein Heimspiel haben

thuisvoordeel sport Heimvorteil *m*

thuiswedstrijd sport Heimspiel *o*

thuiswerker Heimarbeiter *m*

thuiswonend bei den Eltern wohnend, im Hotel Mama wohnend

thuiszorg Hauspflege *v*

Thüringen Thüringen *o*

Thürings Thüringer, thüringisch

ti muz Si *o*

tiara Tiara *v* [mv: Tiaren]

Tibet Tibet *o*

Tibetaan Tibetaner *m*

Tibetaans tibetanisch, tibetisch

Tibetaanse Tibetanerin *v*

tic ❶ *zenuwtrek* Muskelzuckung *v*, Tic *m* ❷ *aanwensel* Tick *m*, Macke *v* ❸ *scheutje sterke drank* Schuss *m*

ticket Ticket *o*, Fahrschein *m*, ⟨voor vliegreis⟩ Flugschein *m*

tiebreak sport Tiebreak *m/o*

tien I *telw* zehn ★ fig *niet tot tien kunnen tellen* nicht bis drei zählen können **II** *zn* [de] Zehn *v*, ⟨schoolcijfer⟩ Eins *v* ★ *een tien halen voor Engels* eine Eins in Englisch bekommen

tiende ❶ zehnt ❷ → **vierde**

tienduizend ❶ zehntausend ❷ → **vier**

tienduizendste → **vierde**

tiener Teenager *m*, Teen *m*, ⟨jongere tiener⟩ Teenie *m*

tieneridool Teenageridol *o*

tienkamp Zehnkampf *m*

tienrittenkaart Zehnerkarte *v*

tiental Zehner *m* ★ *een ~ boeken* (etwa) zehn Bücher ★ *~len boeken* Dutzende / dutzende von Büchern

tientallen → **tiental**

tientje *bankbiljet* Zehner *m*

tieren ❶ *tekeergaan* toben, lärmen ❷ *gedijen* üppig wachsen, wuchern, gedeihen ★ *welig ~* üppig wachsen, wuchern, gedeihen

tierig *goed gedijend* üppig

tiet vulg Titte *v*, vulg Zitze *v*

tig zig

tigste zigste

tij Gezeiten *mv*, ⟨vloed⟩ Flut *v* ★ *hoog tij* Hochwasser *o* ★ *laag tij* Niedrigwasser *o* ★ *het tij keert* die Flut kentert, das Blatt hat sich gewendet

tijd ❶ *tijdsduur* Zeit *v* ★ *een tijdje* eine Zeit lang ★ *de hele tijd* die ganze Zeit ★ *een hele tijd* eine ganze Weile ★ *voor geruime tijd* für längere Zeit ★ *voor korte tijd* für kurze Zeit ★ *voor onbepaalde tijd* auf unbestimmte Zeit, auf unbegrenzte Zeit ★ *waar blijft de tijd!* wie die Zeit verfliegt! ★ *iem. de tijd geven* jmdm. Zeit lassen ★ *dat heeft de tijd* das hat keine Eile ★ *dat heeft tijd tot morgen* das kann bis morgen warten ★ *je hebt nog tijd* dir bleibt noch Zeit ★ *veel tijd kosten* zeitaufwendig sein ★ *het kost heel wat tijd* es nimmt viel Zeit in Anspruch ★ *iem. geen tijd laten* jmdm. keine Zeit lassen ★ *de tijd nemen voor iets* sich Zeit für etw. nehmen / lassen ★ *de tijd verdrijven* sich die Zeit vertreiben ★ *tijd winnen* Zeit gewinnen ★ *de tijd vliegt* die Zeit rast ★ *ik heb je in geen tijden gezien* ich habe dich eine Zeitlang nicht gesehen ★ *iets in tijden niet gedaan hebben* etw. seit ewigen Zeiten nicht gemacht haben ★ *sinds onheuglijke tijden* seit undenklichen Zeiten ★ *vrije tijd* Freizeit *v* ★ *de tijd heugt mij niet dat...* ich erinnere mich nicht der Zeit, dass... ★ sport *een goede tijd neerzetten* eine gute Zeit laufen / fahren ★ *zijn tijd uitdienen* seine Zeit ableisten ★ jur *zijn tijd uitzitten* seine Zeit absitzen ★ *de tijd doden* die Zeit totschlagen ★ *de tijd dringt* die Zeit drängt ★ *het zal mijn tijd wel duren* das wird meine Zeit wohl überdauern ★ *de tijd zal het leren* die Zeit wird es zeigen / lehren ❷ *tijdvak, periode* Zeit *v* ★ *boze tijden* eine schlimme Zeit ★ *donkere tijden* düstere Zeiten ★ *dure tijden* teure Zeiten ★ *de laatste tijd* in letzter Zeit ★ *de nieuwe tijd* die Neuzeit ★ *voorbije tijden* vergangene Zeiten ★ *woelige tijden* bewegte Zeiten ★ *ten tijde van Caesar* zu Cäsars Zeiten ★ *niet meer van deze tijd* überholt ★ *de tijden zijn veranderd* die Zeiten haben sich geändert ★ *er was een tijd dat...* es gab Zeiten, dass... ★ *bij de tijd zijn* nicht von gestern sein ❸ *tijdstip* Zeit *v* ★ *plaatselijke tijd* Ortszeit *v*, lokale Zeit *v* ★ *bij tijd en wijle* bisweilen ★ *bij tijden* zeitweilig ★ *op tijd* rechtzeitig ★ *precies op tijd* ganz pünktlich, gerade rechtzeitig ★ *alles op zijn tijd* alles zu seiner Zeit ★ *nog net op tijd* gerade rechtzeitig ★ *op vaste / gezette tijden* zu festen Zeiten ★ *te allen tijde* jederzeit ★ *te gelegener tijd* zu

th

gegebener Zeit ★ *van tijd tot tijd* von Zeit zu Zeit ★ *het wordt tijd om te gaan* es ist an der Zeit zu gehen ★ *het is mijn tijd* es ist Zeit für mich ★ *het is hoog tijd om...* es ist höchste Zeit um... ★ *zij is over tijd* ihre Tage bleiben aus ★ BN *op tijd en stond* im richtigen Augenblick ❹ taalk Tempus *o* [mv: Tempora] ★ *tegenwoordige tijd* Präsens *o*, Gegenwart *v* ★ *onvoltooid tegenwoordig toekomende tijd* Futur I *o* ★ *onvoltooid verleden tijd* Präteritum *o*, Imperfekt *o* ★ *toekomende tijd* Futur *o*, Zukunft *v* ★ *verleden tijd* Präteritum *o* ★ *voltooid tegenwoordige tijd* Perfekt *o*

tijdbom Zeitbombe *v*

tijdelijk I *bnw* ❶ *voorlopig* zeitlich begrenzt, befristet, zeitweilig ★ *een ~e oplossing* eine provisorische Lösung ★ *~ werk* Zeitarbeit *v* ★ *~ contract* Vertrag auf Zeit *m* ❷ *aan tijd gebonden* zeitlich, temporal, vergänglich ★ *het ~e met het eeuwige verwisselen* dahinscheiden **II** *bijw* ❶ *voorlopig* einstweilen ❷ *vergankelijk* vorübergehend

tijdens während [+2] ★ *~ de les* während des Unterrichts

tijdgebonden zeitgebunden, zeitbedingt

tijdgebrek Zeitmangel *m*

tijdgeest Zeitgeist *m*

tijdgenoot Zeitgenosse *m*

tijdig rechtzeitig

tijding Nachricht *v*, Botschaft *v*, Kunde *v*

tijdloos zeitlos

tijdmechanisme Zeitzünder *m*

tijdmelding Zeitansage *v*

tijdnood Zeitnot *v*, Zeitmangel *m* ★ *in ~ komen* in Zeitnot geraten ★ *uit ~* aus / wegen Zeitmangel

tijdperk Ära *v*, Zeitalter *o*, Epoche *v* ★ *in het ~ van de ruimtevaart* im Zeitalter der Raumfahrt

tijdrekening Kalender *m*, Zeitrechnung *v*

tijdrekken versuchen, Zeit zu gewinnen

tijdrit Zeitfahren *o*

tijdrovend zeitraubend

tijdsbeeld Zeitgemälde *o*

tijdsbestek Zeitspanne *v*, Zeitraum *m*

tijdschakelaar Zeitschalter *m*

tijdschema Terminplan *m*, Zeitplan *m*

tijdschrift Zeitschrift *v*

tijdsduur Zeitdauer *v*, Dauer *v*

tijdsein Zeitzeichen *o*

tijdslimiet Zeitlimit *o* ★ *een ~ verbinden aan iets* einer Sache ein Zeitlimit stellen

tijdslot Zeitschloss *o*

tijdspanne Zeitabschnitt *m*

tijdstip Zeitpunkt *m*, Augenblick *m*

tijdsverloop Zeitraum *m* ★ *na een ~ van twee jaar* nach einem Zeitraum von zwei Jahren

tijdvak Epoche *v*, Periode *v*

tijdverdrijf Zeitvertreib *m*

tijdverlies Zeitverlust *m*

tijdverspilling Zeitverschwendung *v*, Zeitvergeudung *v*

tijdzone Zeitzone *v*

tijger Tiger *m*

tijgerbrood cul Tigerbrot *o*

tijgeren kriechen

tijgerhaai Tigerhai *m*

tijgerin Tigerin *v*

tijgervel Tigerfell *o*

tijk Zwillich *m*

tijm cul Thymian *m*

tik ❶ *lichte klap* Klaps *m* ★ *tik om de oren* Ohrfeige *v* ❷ *geluid* Ticken *o* → **tikje**

tikfout Tippfehler *m*

tikje *beetje* Spur *v* ★ *een ~ te zoet* eine Spur zu süß, ein bisschen zu süß

tikkeltje Spur *v*, Kleinigkeit *v*, Hauch *m*

tikken I *ov ww* ❶ *kloppen* (leise) klopfen ★ *op het raam ~* ans Fenster klopfen ★ *iem. op zijn schouder ~* jmdn. auf die Schulter tippen ❷ ⟨bij tikkertje⟩ *aanraken* tippen ❸ *typen* tippen ▼ *ben je van Lotje getikt?* bei dir tickt's wohl? **II** *on ww, geluid geven* ticken ★ *de klok tikt* die Uhr tickt

tikkertje ★ *~ spelen* Fangen spielen

til ❶ *duiventil* Taubenschlag *m* ❷ *het tillen* Heben *o* ▼ *er is iets op til* es steht etwas vor der Tür ▼ *op til zijn* im Anzug sein

tilde Tilde *v*

tillen ❶ *omhoog heffen* hochheben, (auf)heben ★ *ergens niet zo zwaar aan ~* etw. nicht so schwer nehmen ❷ *afzetten* übervorteilen

tilt ★ *op tilt slaan* ausflippen

timbaal (kleine) Schale *v*

timbre Timbre *o*

timen ❶ *klokken* timen ❷ *op geschikt moment doen* timen

time-out Time-out *o*, Auszeit *v*

timer Schaltuhr *v*, Kurzzeitmesser *m*

timesharing Timesharing *o*

timide schüchtern, ängstlich

timing Timing *o*

timmeren *met hout werken* tischlern, schreinern

timmergereedschap Zimmermannswerkzeug *o*, Bundwerkzeug *o*

timmerhout Nutzholz *o*, Bauholz *o*

timmerman Zimmermann *m*

timmerwerf Bauhof *m*

timmerwerk ❶ *resultaat* Zimmer(er)arbeit *v* ❷ *handeling* Zimmern *o*

tin Zinn *o*

tinctuur Tinktur *v*

tinerts Zinnerz *o*

tingelen *klingelen* bimmeln, klingeln

tinkelen ⟨geluid⟩ klirren, ⟨licht⟩ flimmern

tinnen zinnern, aus Zinn

tint ❶ *kleur* Farbton *m*, Tönung *v* ★ *fletse tint* blasse Farbe ★ *in grijze tinten* in Grautönen ❷ fig *sfeer* Anstrich *m*, Note *v* ★ *persoonlijk tintje* persönliche Note ★ *met een liberaal tintje* liberal angehaucht

tintelen ❶ *prikkelen* prickeln ★ *mijn vingers ~* mir prickeln die Finger ❷ *twinkelen* funkeln ★ *~de wijn* prickelnde(r) Wein *m*

tinteling ❶ *prikkelend gevoel* Prickeln *o* ❷ *fonkeling* Glitzern *o*, Funkeln *o*

tip ❶ *uiterste punt* Zipfel *m* ★ *een tipje van de sluier oplichten* den Zipfel des Schleiers lüften ❷ *hint* Tipp *m* ★ *valse tip* falsche(r) Tipp ❸ *fooi* Trinkgeld *o*

tipgeld Tippgeld *o*

tipgever ≈ Person *v*, die einen sicheren Tipp gibt

tippelaarster Strichmädchen *o*

tippelen ❶ *lopen* (zu Fuß) gehen, trippeln ❷ *prostitutie bedrijven* auf den Strich gehen

tippelverbod form Prostitutionsverbot *o*
tippelzone Strich *m*
tippen I *ov ww* ❶ *hint geven* einen Tipp geben ❷ *aanduiden* tippen (auf), favorisieren ★ *als opvolger getipt worden* als Nachfolger gehandelt werden ❸ *fooi geven* ein Trinkgeld geben **II** *on ww, even aanraken* tippen ★ fig *niet aan iets kunnen* ~ einer Sache nicht das Wasser reichen können
tipsy angeheitert, beschwipst
tiptoets Taste *v*
tirade Tirade *v*
tiramisu cul Tiramisu *o*
tiran Tyrann *m*
Tirana Tirana *o*
tirannie Tyrannei *v*
tiranniek tyrannisch
tiranniseren tyrannisieren
Tirol Tirol *o*
Tirools Tiroler
tissue *zakdoekje* Papiertaschentuch *o*, Tempo *o*
titan Titan *m*
titanenstrijd titanische(r) Kampf *m*
titanium Titan *o*
titel ❶ *benaming* Titel *m* ❷ *waardigheid* Titel *m* ★ *academische* ~ akademischer Grad ★ *een ~ voeren* einen Titel führen ★ *op persoonlijke* ~ in eigenem Namen ★ BN *ten ~ van* auf die Art und Weise von
titelblad Titelseite *v*
titelgevecht Titelkampf *m*
titelhouder Titelträger *m*
titelkandidaat Titelkandidat *m*
titelrol *hoofdrol* Titelrolle *v*
titelsong Titelsong *m*
titelverdediger Titelverteidiger *m*
titularis ❶ BN onderw *klassenleraar* Klassenlehrer *m* ❷ BN sport *vaste speler* Stammspieler *m* ❸ BN *rekeninghouder* Kontoinhaber *m* [v: Kontoinhaberin]
titulatuur *titels* Titulatur *v*
tja tja
tjalk Tjalk *v*
tjaptjoi cul Chop Suey *o*
tjee oh je!
tjilpen schilpen, zwitschern
tjokvol gerammelt voll, brechend voll, proppenvoll
t.k.a. *te koop aangeboden* zu verkaufen
T-kruising T-Kreuzung *v*
tl-buis Neonröhre *v*
t.n.v. *ten name van* auf den Namen, lautend
t.o. *tegenover* gegenüber [+3]
toast *brood* Toast *m*, Toastbrot *o*
toasten *brood roosteren* toasten
toaster Toaster *m*
toastje Toast *m*
tobbe Bottich *m*, ⟨badkuip⟩ Wanne *v*
tobben ❶ *piekeren* grübeln ❷ *sukkelen* ★ *met zijn gezondheid* ~ kränkeln ❸ *zwoegen* sich abmühen, inform schuften, inform sich abrackern
tobber armer Schlucker *m*
tobberig grüblerisch
toch ❶ *desondanks* doch, dennoch, trotzdem ★ *ik doe het toch!* ich mache es trotzdem! ❷ *bij vraag om bevestiging* denn, doch, aber ★ *je gaat toch niet al?* gehst du schon? ★ *dat hebben we gedaan, toch?* das haben wir doch gemacht? ❸ *immers* doch, ja ★ *het is toch nog vroeg* es ist ja noch früh ★ *er komt toch niemand* es kommt ja doch keiner ❹ *als nadruk* doch, bloß ★ *waar was je toch?* wo warst du bloß? ★ *kom nou toch* na komm schon ★ *zij is toch zo'n irritant kind* sie ist dermaßen nervig ★ *waar zou zij toch zijn?* wo mag sie nur sein? ★ *ik heb me toch een bagage* ich habe aber ein Gepäck ★ *wat is hier toch gebeurd?* was ist hier denn passiert? ★ *kind toch!* aber Kind! ❺ *als wens* oder ❻ *nu eenmaal* sowieso ★ *nu ik toch ga* ich muss sowieso gehen ★ *ik doe het toch wel* ich mache es sowieso
tocht ❶ *luchtstroom* Zug *m*, Luftzug *m*, Zugwind *m* ★ *op de ~ zitten* im Zug sitzen ★ fig *op de ~ staan* ins Wanken geraten ❷ *reis* Reise *v*, Tour *v*, Fahrt *v* ★ *een ~ maken* eine Tour / Reise / Fahrt machen
tochtband Dichtungsmaterial *o*
tochtdeur Windfang *m*
tochten ziehen
tochtgat ❶ *gat waardoor het tocht* Luftloch *o* ❷ *plaats, ruimte* zugige Stelle *v*
tochtig ❶ *met veel tocht* zugig ❷ *bronstig* brunftig, brünstig
tochtlat *tochtwerende lat* Dichtungsleiste *v*
tochtstrip Dichtungsstreifen *m*
tochtwerend Zugluft abhaltend
toe I *bijw* ❶ *heen* ★ *ik ga naar Brazilië toe* ich gehe nach Brasilien ★ *ik ga naar mijn broer toe* ich gehe zu meinem Bruder ★ *naar huis toe gaan* nach Hause gehen ★ *tot hier toe* bis hierhin ★ *tot nu toe* bisher ★ *tot het eind toe* bis zum Ende ★ *tot drie keer toe* bis zu dreimal ★ *waar wil je naar toe?* wo willst du hin? ★ *naar het oosten toe* nach Osten ★ *af en toe* ab und zu ★ *ergens naar toe werken* auf etw. hinarbeiten [+4] ★ *ergens naar toe willen* lett irgendwohin wollen fig auf etw. hinauswollen ❷ *erbij* (noch) dazu, zusätzlich, hinzu ★ *geld toe krijgen* Geld dazu bekommen ★ *ook al kreeg ik geld toe* selbst wenn man mir Geld dazu gäbe ★ *op de koop toe* obendrein ★ *wat hebben we toe?* was gibt es zum Nachtisch? ★ *blij toe zijn* schon längst froh sein ❸ reg *dicht* zu ❹ *aan toe* ★ *aan iets toe zijn* reif für etw. sein ★ *daar ben ik nog niet aan toe* da bin ich noch nicht soweit ★ *aan vakantie toe zijn* urlaubsreif sein ★ *ik ben toe aan een borrel* jetzt brauche ich erstmal ein Gläschen ★ *weten waar je aan toe bent* wissen, wo dran ist ★ *zij is er slecht aan toe* es geht ihr schlecht ★ *iem. ertoe krijgen* jmdn. dazu bringen ★ *zij heeft er de moed niet toe* dazu fehlt ihr der Mut ★ *ermee toe kunnen* mit einer Sache Genügen nehmen **II** *tw* komm, na, bitte ★ *toe!* komm schon! ★ *toe maar!* nur zu! ★ *toe nou!* bitte, bitte! ★ *toe, alsjeblieft* mach, bitte ★ *toe ga nu* jetzt geh schon ★ *toe, schiet op!* komm / na / mach schon! ★ *toe, mag ik?* bitte, bitte, darf ich? ★ *mensen nog aan toe!* du meine Güte! ★ *verdraaid nog aan toe!* verflixt noch mal!
toebedelen zuteilen, ⟨toewijzen⟩ zuweisen
toebehoren I *zn* [het] Zubehör *o* **II** *on ww* ~ **aan** (an)gehören
toebereiden zubereiten
toebrengen beibringen, zufügen, versetzen

★ *schade* ~ Schaden zufügen ★ *een stoot* ~ einen Stoß versetzen
toeclip Rennhaken *m*
toedekken zudecken
toedeloe tschüss
toedichten andichten
toedienen *geven* verabreichen ★ *een geneesmiddel* ~ ein Medikament verabreichen
toedoen I *zn* [het] Zutun *o* ★ *buiten mijn* ~ ohne mein Zutun **II** *ov ww* ❶ *dichtdoen* zumachen, schließen ❷ *bijdragen* hinzufügen, hinzutun ★ *wat doet dat ertoe?* was soll's? ★ *dat doet er niet toe* das tut nichts zur Sache
toedracht Sachverhalt *m*, Hergang *m*
toe-eigenen [**zich** ~] sich zueignen, sich aneignen
toef Büschel *o* ★ *een toef haar* ein Haarbüschel ★ *een toef slagroom* ein Tupfen Schlagsahne
toegaan *gebeuren* hergehen, zugehen ★ *op het feest ging het er vrolijk toe* auf der Party ging es lustig zu / her
toegang ❶ *mogelijkheid tot toegang* Eintritt *m* ★ ⟨opschrift⟩ *verboden* ~ Zugang / Zutritt verboten ★ *vrije* ~ Eintrit *m* frei ★ ~ *voor alle leeftijden* jugendfrei ❷ *ingang* Zugang *m*, Zutritt *m*
toegangsbewijs Eintrittskarte *v*
toegangscode Zugangscode *m*
toegangsexamen BN onderw *toelatingsexamen* Zulassungsprüfung *v*, Aufnahmeprüfung *v*
toegangsprijs Eintrittspreis *m*, Eintrittsgeld *o*, Eintritt *m*
toegangsweg ⟨voetpad⟩ Zugangsweg *m*, Zufahrt *v*, Zufahrtsstraße *v*
toegankelijk ❶ *te bereiken, opengesteld* zugänglich ★ *het terrein was moeilijk* ~ das Gelände war schwer zugänglich ❷ fig *open* zugänglich ★ ~ *voor nieuwe ideeën* zugänglich für neue Ideen ★ *zij is helemaal niet* ~ sie ist sehr unzugänglich
toegedaan ❶ *aanhangend* ★ *een mening* ~ *zijn* der Meinung sein ❷ *gunstig gezind* zugetan ★ *iem.* ~ *zijn* jmdm. zugetan / geneigt sein
toegeeflijk nachgiebig, nachsichtig
toegenegen ergeben, geneigt, zugetan
toegepast angewandt
toegeven I *ov ww* ❶ *extra geven* zugeben ❷ *erkennen* zugeben, zugestehen ★ *iem. iets* ~ jmdm. etw. zugeben / zugestehen **II** *on ww* ❶ *inschikkelijk zijn* nachgeben ❷ *geen weerstand bieden* ★ *aan een zwak* ~ einer Schwäche nachgeben
toegevend ❶ taalk ★ ~*e zin* Konzessivsatz *m* ❷ *meegaand* nachgiebig, nachsichtig ★ ~ *zijn tegenover iem.* jmdm. gegenüber nachsichtig sein
toegevendheid Nachgiebigkeit *v*
toegewijd hingebend, hingebungsvoll
toegift Zugabe *v* ★ *als* ~ *spelen* als Zugabe spielen
toehappen ❶ *happen* zubeißen, zuschnappen ❷ fig *ingaan op* anbeißen ★ *bij deze prijs zal hij zeker* ~ bei diesem Preis wird er bestimmt anbeißen
toehoorder *luisteraar* Hörer *m* ★ *de* ~*s* die Hörerschaft
toejuichen ❶ *juichend begroeten* zujubeln ★ *een zanger* ~ einem Sänger zujubeln ❷ *goedkeuren* begrüßen ★ *een maatregel* ~ eine Maßnahme begrüßen
toekan Tukan *m*
toekennen ❶ *verlenen* zuerkennen, zuweisen, ⟨onderscheiding⟩ verleihen ❷ *erkennen* zuerkennen, beimessen
toekijken zusehen, zugucken ★ *ik mocht alleen* ~ ich durfte bloß zugucken
toeknikken zunicken
toekomen ❶ *naderen* zukommen, ⟨heengaan⟩ kommen zu [+3] ★ *op iem.* ~ auf jmdn. zukommen ❷ *gezonden worden* zukommen ★ *bijgaand doen wij u onze documentatie* ~ anbei lassen wir Ihnen unsere Dokumentation zukommen ❸ ~ **aan** *toebehoren aan* gehören, zustehen ★ *ieder wat hem toekomt* jedem das Seine ❹ ~ **aan** *tijd vinden voor* kommen zu ★ *ergens aan* ~ zu etw. kommen ★ *nergens aan* ~ zu nichts kommen ★ *niet aan rust* ~ nicht zur Ruhe kommen ❺ ~ **met** auskommen mit [+3] ★ *daar kom ik niet mee toe* damit komme ich nicht aus ★ *met dat geld moeten we* ~ mit dem Geld müssen wir auskommen
toekomst Zukunft *v* ★ *in de naaste* ~ in nächster Zukunft ★ *in de nabije* ~ in naher Zukunft
toekomstig (zu)künftig
toekomstmuziek Zukunftsmusik *v*
toekomstperspectief Zukunftsaussichten *mv*, Zukunftsperspektive *v*
toekomstvisie Zukunftsvision *v*, Zukunftsvorstellung *v*
toelaatbaar zulässig, ⟨geoorloofd⟩ gestattet
toelachen ❶ *lachen tegen* anlachen, zulachen ❷ fig *gunstig gezind zijn* zusagen, wohlgesinnt sein, form gewogen sein ★ *het geluk lacht haar toe* ihr lacht das Glück
toelage ❶ *toeslag* Zuschuss *m* ❷ *geldelijke uitkering* Zulage *v* ❸ BN *subsidie* Subvention *v*
toelaten ❶ *binnenlaten* vorlassen ❷ *accepteren* zulassen ❸ *goedvinden* zulassen, erlauben, gestatten ★ *ik kan dat niet* ~ das kann ich nicht zulassen ❹ BN *in staat stellen* befähigen
toelating *het goedvinden* Zulassung *v*
toelatingseis Aufnahmebedingung *v*
toelatingsexamen onderw Zulassungsprüfung *v*, Aufnahmeprüfung *v*
toelatingsnorm Zulassungsnorm *v*
toelatingsprocedure Zulassungsverfahren *o*
toeleggen I *ov ww*, ~ **op** *bijbetalen aan*, anlegen auf [+4] ★ *er geld op toe moeten leggen* draufzahlen müssen **II** *wkd ww* [**zich** ~] ~ **op** *zich wijden aan* sich verlegen auf [+4]
toeleverancier Zulieferant *m*
toeleveren (zu)liefern
toelichten erläutern ★ *met voorbeelden* ~ mit Beispielen erläutern
toelichting Erläuterung *v*, Erklärung *v*
toeloop Zulauf *m*, Zuspruch *m*, ⟨heel veel mensen⟩ Andrang *m*
toelopen ❶ *komen aanlopen* zugehen, ⟨snel⟩ zulaufen, herbeilaufen ★ *op iem.* ~ auf jmdn. zugehen ❷ *uitlopen* zulaufen ★ *spits* ~ spitz zulaufen
toemaatje BN Extra *o*, Zugabe *v*, Sonderleistung *v*

toen I *bijw* ❶ *vervolgens* dann, danach ★ *eerst kwam zijn broer en toen kwam hij* erst kam sein Bruder und danach kam er ❷ *in die tijd* damals ★ *van toen af (aan)* von da an ★ *ik heb het toen al gezegd* ich habe es damals schon gesagt **II** *vw* als ★ *toen ik hem opbelde* als ich ihn anrief
toenadering Annäherung *v*
toenaderingspoging Annäherungsversuch *m*
toename Zunahme *v*, Anstieg *m*
toendra Tundra *v*
toenemen zunehmen, sich steigern ★ *de bevolking neemt toe* die Bevölkerung nimmt zu / wächst ★ *de wind is toegenomen* die Windstärke hat zugenommen ★ *in omvang ~* an Umfang zunehmen ★ *in ~de mate* in zunehmendem Maße ★ *~de belangstelling* wachsende(s) Interesse *o*
toenmaals damals, seinerzeit
toenmalig damalig, seinerzeitig ★ *de ~e koloniën* die früheren Kolonien
toepasbaar anwendbar
toepasselijk ❶ *passend* passend, ⟨geschikt⟩ geeignet ★ *een ~ cadeau* ein geeignetes Geschenk ❷ *van kracht* ★ *~ zijn op* anwendbar sein auf [+4]
toepassen anwenden ★ *de wet ~* das Gesetz handhaben
toepassing Anwendung *v* ★ *van ~ zijn* anwendbar sein ★ *doorhalen wat niet van ~ is* Nichtzutreffendes streichen
toer ❶ *omwenteling* Tour *v*, Umdrehung *v*, Schlag *m* ★ *op volle toeren draaien* auf vollen Touren laufen ★ *een motor op toeren laten komen* einen Motor aufwärmen ★ *over zijn toeren zijn* durchgedreht sein ❷ *reis* Tour *v* ★ fig *op de religieuze toer zijn* auf dem religiösen Trip sein ❸ *kunstje* Kunststück *o* ★ *dat is een hele toer* das ist eine Heidenarbeit ❹ *reeks breisteken* Tour *v*, Reihe *v*
toerbeurt Turnus *m* ★ *bij ~* im Turnus, turnusgemäß
toereikend ausreichend, hinreichend ★ *~ zijn* hinreichen, genügen, ausreichen
toerekeningsvatbaar zurechnungsfähig, jur schuldfähig
toeren ausfahren, spazieren fahren
toerental Tourenzahl *v*, Umdrehungszahl *v*, Drehzahl *v*
toerenteller Tourenzähler *m*, Drehzahlmesser *m*
toerfiets Tourenrad *o*
toerisme Tourismus *m*, Fremdenverkehr *m*, ⟨georganiseerd⟩ Touristik *v*
toerist Tourist *m*
toeristenbelasting Kurtaxe *v*
toeristenkaart ❶ *reisdocument* ≈ Personalausweis *m* ❷ *plattegrond* Karte *v*, Stadtplan *m*
toeristenklasse Touristenklasse *v*
toeristenmenu Touristenmenü *o*
toeristensector Touristenindustrie *v*, Touristenbranche *v*, Fremdenverkehrsbereich *m*
toeristisch touristisch
toermalijn Turmalin *m*
toernooi *competitie* Turnier *o*
toeroepen zurufen
toertocht Tour *v*
toerusten ausrüsten
toeschietelijk entgegenkommend
toeschieten I *ov ww, naar iem. toe schieten* zuschießen **II** *on ww* herbeistürzen, zustürzen, zuschießen ★ *ze schoot op me toe* sie schoss / stürzte auf mich zu
toeschijnen vorkommen, (er)scheinen ★ *het schijnt me toe* es kommt mir vor, es (er)scheint mir
toeschouwer Zuschauer *m*
toeschrijven *toekennen* zuschreiben
toeslag Zuschlag *m*, ⟨loon, uitkering e.d.⟩ Zulage *v* ★ *~ betalen* Zuschlag bezahlen ★ *een trein met ~* ein Zug mit Zuschlag
toesnellen herbeieilen ★ *op iem. ~* auf jmdn. zueilen
toespelen lett zuspielen ★ *iem. de bal ~* jmdm. den Ball zuspielen
toespeling Anspielung *v*
toespitsen *op de spits drijven* zuspitzen
toespraak Rede *v*, ⟨kort⟩ Ansprache *v*
toespreken ansprechen, ⟨met positieve bedoelingen⟩ zusprechen, ⟨toespraak⟩ sprechen zu [+3], ⟨een toespraak houden⟩ eine Rede halten ★ *de menigte ~* zu der Menge sprechen ★ *de minister spreekt het parlement toe* der Minister spricht zum Parlament, der Minister hält eine Rede vor dem Parlament ★ *ik zal hen ernstig ~* ich werde mich ernsthaft mit ihm unterhalten ★ *iem. vriendelijk ~* jmdm. freundlich zusprechen
toestaan ❶ *goedvinden* erlauben, gestatten, zulassen ❷ *toewijzen* bewilligen, zugestehen, gewähren ★ *iem. een lening ~* jmdm. ein Darlehen gewähren
toestand ❶ *situatie* Zustand *m*, Lage *v*, Verhältnisse *mv* ★ *de ~ van de wegen* die Straßenverhältnisse ★ *de politieke ~* die politische Lage ❷ *gedoe* Zustände *mv*, Durcheinander *o* ★ *wat een ~!* welch ein Durcheinander! ★ *dat geeft altijd een hele ~* das macht immer viel Umstände
toesteken I *ov ww, aanreiken* entgegenstrecken, reichen ★ *iem. geld ~* jmdm. Geld zustecken **II** *on ww, steken* zustechen
toestel ❶ *apparaat* Gerät *o*, Apparat *m* ❷ *vliegtuig* Maschine *v*
toestemmen zustimmen (**in** in), einwilligen (**in** in)
toestemming Einwilligung *v*, Zustimmung *v*, Einverständnis *o*, form Genehmigung *v*
toestoppen ❶ *geven* zustecken ❷ *toedekken* zudecken, zustopfen
toestromen zuströmen, anströmen, ⟨alleen van personen⟩ angeströmt kommen, ⟨alleen van personen⟩ herbeiströmen ★ *zij stroomden toe* sie kamen angeströmt, sie strömten herbei
toet ❶ *gezicht* Gesicht *o* ★ *een aardig toetje* ein hübsches Gesichtchen ❷ *knoet* Haarknoten *m*
toetakelen ❶ *ruw aanpakken* zurichten ★ *iem. lelijk ~* jmdn. übel zurichten ❷ *opdirken* aufdonnern, auftakeln
toetasten *zich bedienen* zugreifen, zulangen
toeten tuten, ⟨van auto⟩ hupen ▼ *van ~ noch blazen weten* von Tuten und Blasen keine Ahnung haben
toeter ❶ *blaasinstrument* Tuthorn *o* ❷ *claxon*

Hupe *v*
toeteren I *ov ww, hard zeggen* brüllen **II** *on ww* ❶ *op een toeter blazen* tuten ❷ *claxonneren* hupen
toetje *dessert* Nachspeise *v*, Nachtisch *m* ★ *als ~ is er pudding* zum / als Nachtisch gibt es Pudding
toetreden ❶ **~ op** zutreten auf ❷ **~ tot** beitreten, eintreten in
toetreding Beitritt *m*
toets ❶ *test* Test *m*, Prüfung *v* ★ *de ~ doorstaan* die Prüfung bestehen ★ *afsluitende ~* Abschlussprüfung *v* ★ *iets aan een ~ onderwerpen* etw. einer Prüfung unterziehen / unterwerfen ★ *de ~ der kritiek kunnen doorstaan* der Kritik standhalten ❷ *druktoets* Taste *v*, ⟨van strijkinstrument⟩ Griffbrett *o* ★ *op de ~en slaan* in die Tasten hauen
toetsen *op de proef stellen, nagaan* prüfen, testen ★ *aan de werkelijkheid ~* an der Wirklichkeit testen ★ *iets ~ aan de feiten* etw. an den Tatsachen prüfen ★ *aan de praktijk ~* etw. in der Praxis testen
toetsenbord Tastatur *v*, ⟨van toetsinstrumenten⟩ Klaviatur *v*
toetsenist Tastenspieler *m*
toetsing Prüfung *v*
toetssteen Prüfstein *m*
toeval ❶ *omstandigheid* Zufall *m* ★ *puur ~* reine(r) Zufall ★ *iets aan het ~ overlaten* etw. dem Zufall überlassen ★ *bij ~* durch Zufall, zufälligerweise ★ *op ~ berusten* rein zufällig sein ★ *het ~ wil dat ik dat boek net gelezen heb* rein zufällig habe ich das Buch gerade gelesen ❷ med epileptische(r) Anfall *m* ★ *aan ~len lijden* an Epilepsie leiden
toevallen ❶ *dichtvallen* zufallen ❷ *ten deel vallen* zufallen
toevallig I *bnw* zufällig **II** *bijw, bij toeval* zufälligerweise, zufällig
toevalstreffer lett Zufallstreffer *m*
toeven verweilen
toeverlaat Zuversicht *v*, Halt *m* ★ *zij is mijn steun en ~* sie ist meine große Stütze
toevertrouwen ❶ *in vertrouwen overlaten aan* anvertrauen ★ *iem. iets ~* jmdm. etw. anvertrauen ❷ *in vertrouwen zeggen* anvertrauen
toevloed Zustrom *m*, Andrang *m*, ⟨van water⟩ Zufluss *m*
toevlucht Zuflucht *v*
toevluchtsoord Zufluchtsort *m*
toevoegen ❶ *erbij doen* beigeben, zufügen, hinzufügen ★ *daar heb ik niets aan toe te voegen* dem kann ich nichts hinzufügen ❷ *zeggen tegen* zufügen
toevoeging ❶ *het toevoegen* Hinzufügung *v*, Zufügung *v* ❷ *toevoegsel* Zusatz *m*, jur Beiordnung *v*
toevoer Zufuhr *v*
toevoerkanaal Zuführungskanal *m*, Zufuhrkanal *m*, Zuleitungskanal *m*, Zuführungsrohr *o*, Zuleitungsrohr *o*, Zuführungsleitung *v*
toewensen wünschen ★ *iem. iets ~* jmdm. etw. wünschen
toewijding ❶ *zorg* Widmung *v* ❷ *vroomheid* Hingebung *v*, Hingabe *v*
toewijzen ❶ *toekennen* zuweisen, zuteilen, zuerkennen ❷ *tot rechtmatig verklaren* zuerkennen, zusprechen, econ zuschlagen ★ *een eis ~* einer Klage stattgeben
toezeggen zusagen, versprechen ★ *iem. iets ~* jmdm. etw. versprechen / zusagen
toezegging Zusicherung *v*, Zusage *v*, Versprechen *o*
toezenden zuschicken, zusenden
toezicht Aufsicht *v*, Beaufsichtigung *v* ★ *onder ~ staan* unter Aufsicht stehen ★ *~ houden op iemand / iets* die Aufsicht haben über jmdn. / etw.
toezien ❶ *toekijken* zusehen ★ *machteloos ~ hoe iets gebeurt* ohnmächtig mit ansehen, wie etw. passiert ❷ *toezicht houden* aufpassen, die Aufsicht führen, wachen ★ *~ op* wachen über [+4] ★ *~d voogd* Gegenvormund *m*
tof *leuk* klasse, spitze, toll ★ *toffe jongens* patente(n) Jungs
toffee Toffee *o*, Sahnebonbon *o*
tofoe Tofu *m*
toga ❶ *Romeins kledingstuk* Toga *v* ❷ *ambtsgewaad* Talar *m*
Togo Togo *o*
Togolees Togolese *m*
toilet ❶ *wc* Toilette *v* ★ *chemisch ~* Trockenklosett *o* ❷ *het zich optutten* ★ *~ maken* Toilette machen
toiletartikelen Toilettenartikel *m mv*
toiletjuffrouw Toilettenfrau *v*
toiletpapier Toilettenpapier *o*
toiletpot Toilette *v*
toiletreiniger Toilettenreiniger *m*, WC-Reiniger *m*
toiletrol Toilettenpapierrolle *v*, Klopapierrolle *v*
toilettafel Frisiertisch *m*
toilettas Kulturbeutel *m*
toiletverfrisser WC-Duftspender *m*, Toilettendeo *o*
toiletzeep Toilettenseife *v*
toitoitoi Hals- und Beinbruch, toi toi toi
tok gack, gluck
Tokio Tokio *o*
Tokioos Tokioer
tokkelen *spelen instrument* spielen, zupfen
tokkelinstrument Zupfinstrument *o*
toko *winkel* ≈ Laden *m* mit indonesischen Waren
tol ❶ *speelgoed* Kreisel *m* ❷ *tolgeld* Zoll *m* ★ *de oorlog eist zijn tol* der Krieg fordert seinen Tribut
tolerant tolerant, ⟨ruimdenkend⟩ aufgeschlossen
tolerantie ❶ *verdraagzaamheid* Toleranz *v* ❷ *toegestane afwijking* Toleranz *v*
tolereren dulden
tolgeld Zoll *m*, Gebühr *v*, Oost Maut(gebühr) *v*
tolheffing Autobahngebühren *v mv*
tolhuis Büro *o* einer Zollstelle
tolk Dolmetscher *m*
tolken dolmetschen
tolk-vertaler Dolmetscher *m* und Übersetzer
tollen ❶ *met een tol spelen* kreiseln ❷ *ronddraaien* kreiseln, taumeln, ⟨dronkenschap, slaap⟩ torkeln
toltunnel gebührenpflichtige(r) Tunnel *m*, ⟨in Oostenrijk⟩ Mauttunnel *m*
tolvrij zollfrei
tolweg zollpflichtige Straße *v*, Mautstraße *v*
tomaat ❶ *vrucht* Tomate *v* ❷ *plant* Tomate *v*
tomahawk Tomahawk *m*
tomatenketchup Tomatenketchup *m/o*
tomatenpuree Tomatenmark *o*

tomatensap cul Tomatensaft *m*
tomatensoep cul Tomatensuppe *v*
tombe Sarkophag *m*
tompoes Blätterteiggebäck *o* mit Puddingcremefüllung
ton ❶ *vat* Tonne *v*, Fass *o* ★ *zo rond als een tonnetje* dick und rund ❷ *boei* Tonne *v*, Boje *v* ❸ *gewicht* Tonne *v* ❹ *hoeveelheid geld* 100.000 Euro *mv* ❺ *inhoudsmaat* Tonne *v*
tondeuse Haarschneidemaschine *v*
toneel ❶ *dramatische kunst* Theater *o*, ⟨aanstellerij⟩ Theater *o* ★ *bij het ~ gaan* zum Theater gehen ★ *bij het ~ zijn* am / beim Theater sein ❷ *deel van bedrijf* Szene *v*, Bild *o* ❸ *podium* Bühne *v*, ⟨plaats van handeling⟩ Schauplatz *m* ★ *het ~ verlaten* die Bühne verlassen, den Schauplatz verlassen ★ *van het ~ verdwijnen* von der Bildfläche verschwinden ★ *een stuk ten tonele brengen* ein Stück auf die Bühne bringen ★ *op het ~ verschijnen* auf der Bildfläche erscheinen ★ *het ~ van de strijd* der Schauplatz des Kampfes ❹ *tafereel* Szene *v* ★ *er speelden zich vreselijke tonelen af* es spielten sich schreckliche Szenen ab
toneelgezelschap Ensemble *o*, Theatergruppe *v*
toneelgroep Ensemble *o*, Theatergruppe *v*
toneelkijker Opernglas *o*
toneelknecht Bühnenarbeiter *m*
toneelmeester Bühnenmeister *m*
toneelschool onderw Schauspielschule *v*
toneelschrijver Bühnenautor *m*
toneelspel ❶ *het spelen* Schauspielerei *v* ❷ *stuk* Theaterstück *o*
toneelspelen ❶ *acteren* spielen, ⟨als beroep⟩ am / beim Theater sein ❷ *zich aanstellen* schauspielern
toneelspeler ❶ *acteur* Schauspieler *m* ❷ *aansteller* Komödiant *m*
toneelstuk Theaterstück *o*, Drama *o*
toneelvereniging Laienspielgruppe *v*
tonen **I** *ov ww, laten zien* zeigen ★ *~ wat men kan* zeigen, was man kann ★ *belangstelling ~* Interesse zeigen **II** *on ww, eruitzien* aussehen ★ *het toont meer dan het is* das sieht mehr aus, als es ist ★ *dat toont al een stuk beter* das sieht schon viel besser aus **III** *wkd ww* [**zich** ~] *betonen* sich erweisen, sich zeigen ★ *zich ergens toe in staat ~* sich zu einer Sache in der Lage erweisen
toner comp Toner *m*
tong ❶ anat Zunge *v* ★ *een beslagen tong* eine belegte Zunge ★ *met de tong klakken* mit der Zunge schnalzen ★ *het smelt op de tong* es zergeht auf der Zunge ★ *zijn tong uitsteken tegen iem.* jmdm. die Zunge herausstrecken / zeigen ★ *boze tongen beweren* böse Zungen behaupten ★ *een losse tong hebben* ein lockeres Mundwerk haben ★ *een scherpe tong hebben* eine scharfe / spitze Zunge haben ★ *met gespleten tong spreken* mit gespaltener Zunge sprechen ★ *haar tong hing haar op de schoenen* ihr hing die Zunge aus dem Hals ★ *zich op de tong bijten* sich auf die Zunge beißen ★ *hij gaat over de tong* er ist ins Gerede gekommen / geraten ★ *rad / rap van tong zijn* zungenfertig sein ★ *nog liever zijn tong afbijten* sich eher die Zunge abbeißen ★ BN *zijn tong ingeslikt hebben* sein Wort zurückgenommen haben ★ *de tongen kwamen los* die Zungen lösten sich ★ *zijn tong verliezen* die Sprache verlieren ★ *de tong strelen* den Gaumen kitzeln ❷ cul *orgaan als vleesgerecht* Zunge *v* ❸ *vis* Seezunge *v*, Zunge *v*
tongen ★ *~ met iem.* jmdm. einen Zungenkuss geben, mit jmdm. knutschen
tongfilet Seezungenfilet *o*
tongriem Zungenbändchen *o* ★ *goed van de ~ gesneden zijn* zungenfertig sein, ein flinkes Mundwerk haben
tongval ❶ *accent* Akzent *m* ❷ *dialect* Tonfall *m*
tongzoen Zungenkuss *m*
tongzoenen sich Zungenküsse geben
tonic Tonic *o*
tonicum Tonikum *o*
tonijn Thunfisch *m*
tonisch tonisch, stärkend
tonnage ❶ *inhoud, grootte van een schip* Tonnengehalt *m* ❷ *scheepsruimte* Tonnage *v*
tonnetjerond kugelrund
tonsuur Tonsur *v*
tonus Tonus *m*
toog ❶ *priestertoga* Soutane *v* ❷ *tapkast* Theke *v*, Schanktisch *m*, Schänktisch ❸ BN *balie* Schalter *m*
tooi Putz *m*, Schmuck *m*
tooien schmücken
toom Zügel *m* ★ *iemand / iets / zich in toom houden* jmdn. / etw. / sich im Zaum halten
toon ❶ *klank* Ton *m*, Timbre *o* ★ muz *een halve toon te hoog* einen Halbton zu hoch ★ *uit de toon vallen* fehl am Platz sein ★ *de toon aangeven* ook fig den Ton angeben ❷ *klankkleur* Klang *m* ★ *mooi van toon zijn* einen schönen Klang haben ❸ *stembuiging* Ton *m*, Tonfall *m* ★ *op vriendelijke toon* in einem freundlichen Ton ★ *iets op gedempte toon zeggen* etw. mit gedämpfter Stimme sagen ★ *op fluisterende toon* mit Flüsterstimme ★ *de juiste toon vinden / treffen* den richtigen Ton finden ★ *een andere toon aanslaan* einen anderen Ton anschlagen ★ *een hoge toon aanslaan* einen arroganten Ton anschlagen ★ *als je zo'n toon aanslaat* wenn du in diesem Ton mit mir sprichst ★ *iem. een toontje lager laten zingen* jmdn. in seine Schranken verweisen ❹ *kleurschakering* Farbton *m*, Ton *m* ❺ *wijze van omgang, sfeer* Ton *m*, Umgangston *m* ★ *een ongedwongen toon* ein ungezwungener Ton
toonaangevend tonangebend, maßgebend
toonaard Tonart *v*
toonbaar vorzeigbar
toonbank Ladentisch *m*
toonbeeld Muster *o* ★ *een ~ van geduld* ein Muster an Geduld
toonder Inhaber *m* ★ *aandeel aan ~* Inhaberaktie *v* ★ *cheque aan ~* Inhaberscheck *m* ★ *obligatie aan ~* Inhaberschuldverschreibung *v* ★ *stuk aan ~* Inhaberpapier *o*
toonhoogte Tonhöhe *v*
toonkunst Tonkunst *v*
toonladder Tonleiter *v*
toonloos ❶ taalk unbetont ❷ *zonder veel klank* tonlos
toonsoort Tonart *v*
toonvast rein, sauber ★ *~ zijn* rein / sauber

spielen
toonzaal Ausstellungsraum *m*
toorn Zorn *m*
toorts *fakkel* Fackel *v*
toost *heildronk* Trinkspruch *m*, Toast *m*
toosten prosten, form einen Trinkspruch ausbringen
top I *zn* [de] ❶ lett *(hoogste) punt* Spitze *v*, ⟨berg⟩ Gipfel *m*, ⟨mast⟩ Topp *m* ★ *de hoogste toppen van de Alpen* die höchsten Gipfel der Alpen ★ *toppen van de bomen* Wipfel der Bäume ★ *toppen van de bergen* Gipfel der Berge ★ *de vlag in top* die Flagge aufgezogen ★ *van top tot teen* von Kopf bis Fuß ❷ fig *hoogtepunt* ★ *aan de top staan* an der Spitze stehen ★ *de onbeschoftheid ten top* der Gipfel der Unverschämtheit ★ *ten top stijgen* den Höhepunkt erreichen ★ *de top bereiken* den Gipfel erreichen ★ BN *hoge toppen scheren* in der obersten Liga spielen ★ *op en top Engelsman* vom Scheitel bis zur Sohle ein Engländer ❸ *de besten; hoogste leiding* Spitze *v* ★ *de top 10* die Top 10 ★ *de top van de partij* die Parteispitze ❹ *topconferentie* Gipfel *m*, Gipfeltreffen *o* ★ *een EU-top* ein EU-Gipfel → **topje II** *tw* topp
topaas ❶ *halfedelsteen* Topas *m* ❷ *kleur* Topasfarbe *v*
topambtenaar Spitzenbeamte(r) *m*, leitende(r) Beamte(r) *m*
topberaad Gipfelgespräch *o*, Gipfelkonferenz *v*
topclub Spitzenmannschaft *v*
topconditie Topform *v*, Bestform *v*, Höchstform *v*
topconferentie Gipfelkonferenz *v*, Gipfeltreffen *o*
top-down top-down
topdrukte Hochbetrieb *m*
topfunctie Spitzenposition *v*, leitende Stellung *v*
topfunctionaris Spitzenfunktionär *m*
tophit Spitzenschlager *m*, Tophit *m*
topjaar Erfolgsjahr *o*
topje ▾ *het ~ van de ijsberg* die Spitze des Eisbergs
topklasse Spitzenklasse *v*
topless oben ohne, mit unbedecktem Busen
topman Topmanager *m*, Spitzenfunktionär *m*
topniveau Spitzenniveau *o* ★ *op ~ acteren* auf höchster Ebene spielen
topografie Topografie *v*
topografisch topografisch
topontmoeting Gipfeltreffen *o*
topoverleg Spitzengespräch *o*
topper Höhepunkt *m*, muz Hit *m*, ⟨boek⟩ Bestseller *m*, sport Spitzenspiel *o* ★ *de ~ van het seizoen* der Hit der Saison ★ *een ~ in de atletiek* ein Spitzenathlet *m*
topprestatie Höchst- / Spitzenleistung *v*
toppunt ❶ *hoogste punt* Gipfel *m* ❷ fig *uiterste* Höhepunkt *m* ★ *dat is het ~!* das ist ja die Höhe / der Gipfel! ★ *het ~ van geluk / smakeloosheid* der Gipfel des Glücks / der Geschmacklosigkeit ★ *op het ~ van haar macht* auf dem Gipfel ihrer Macht
topscore Spitzenergebnis *o*
topscorer Torschützenkönig *m*
topsnelheid Spitzengeschwindigkeit *v*, ⟨maximaal toelaatbaar⟩ Höchstgeschwindigkeit *v*
topspin Topspin *m*
topsport Hochleistungs- / Spitzensport *m*
top tien Top *v* Ten, Hitliste *v*
topvorm Hochform *v*, Topform *v*, ⟨zeer goed⟩ Höchstform *v*, ⟨vooral sport⟩ Bestform *v* ★ *in ~ zijn* in Hochform sein
topzwaar ❶ lett kopflastig, oberlastig ❷ fig kopflastig
tor Käfer *m*
toren ❶ *bouwwerk* Turm *m* ★ *de ~ van Babel* der Turm von Babel ★ *een ~ van Babel bouwen* zu hoch hinauswollen ★ *hoog van de ~ blazen* große Töne spucken ❷ *schaakstuk* Turm *m*
torenflat Hochhaus *o*
torenhaan Turmhahn *m*
torenhoog turmhoch
torenklok ❶ *uurwerk* Turmuhr *v* ❷ *luiklok* Turmglocke *v*
torenspits Turmspitze *v*
torenvalk Turmfalke *m*
tornado Tornado *m*
tornen I *ov ww, losmaken* auftrennen **II** *on ww* **~ aan** ★ *daar valt niet aan te ~* daran ist nicht zu rütteln
torpederen lett mil torpedieren
torpedo Torpedo *m*
torpedoboot Torpedoboot *o*
torpedojager Zerstörer *m*, oud Torpedobootzerstörer *m*
torsen schleppen
torsie Torsion *v*
torso ❶ *romp* Rumpf *m* ❷ kunst Torso *m* [mv: Torsos / Torsi]
tortelduif Turteltaube *v*
tortilla Tortilla *v*
Toscaans toskanisch
Toscane Toskana *v*
toss Seitenwahl *v*
tossen ≈ eine Münze werfen, um die Seitenwahl vorzunehmen
tosti Toast *m* mit Käse und Schinken
tosti-ijzer Sandwichtoaster *m*
tot I *vz* ❶ *een grens aanduidend* ⟨als geen lidwoord volgt⟩ bis [+4], ⟨als een lidwoord volgt⟩ bis zu [+3] ★ *tot 1 mei* bis 1. [ersten] Mai ★ *tot en met maandag* bis einschließlich Montag ★ *van uur tot uur* von Stunde zu Stunde ★ *de bus gaat tot Utrecht* der Bus geht bis Utrecht ★ *tot hier* bis hierher ★ *tot daar* bis dorthin ★ *tot tien tellen* bis zehn zählen ★ *tot driemaal toe* bis zu dreimal ★ *tot en met bladzijde 80* bis einschließlich Seite 80 ★ *dat is (nog) tot daar aan toe* das geht ja noch ★ *tot morgen!* bis morgen! ❷ *gericht naar* zu [+3] ★ *hij sprak tot de menigte* er sprach zu der Menge ❸ *als / voor* zu [+3] ★ *hij volgt een opleiding tot arts* er studiert Medizin ★ *zij volgt een opleiding tot verpleegster* sie macht eine Ausbildung zur Krankenschwester ★ *hij werd tot chef benoemd* er wurde zum Chef ernannt ❹ *met als resultaat of doel* ★ *tot mijn verbazing* zu meinem Erstaunen ★ *tot beter begrip* zum besseren Verständnis **II** *vw, totdat* bis ★ *ik wachtte tot het donker werd* ich wartete, bis es dunkel wurde
totaal I *bnw* total, vollständig ★ *totale winst* Gesamtgewinn *m* ★ *totale uitverkoop*

Totalausverkauf *m* **II** *bijw* völlig, gänzlich ★ ~ *onbekend* völlig unbekannt ★ ~ *verschillend* grundverschieden **III** *zn* [het] ⟨geheel⟩ Ganze(s) *o*, ⟨som⟩ Gesamtbetrag *m* ★ *in* ~ insgesamt
totaalbedrag Gesamtbetrag *m*
totaalbeeld Gesamtbild *o*
totaalvoetbal Totalfußball *m*
totaalweigeraar Totalverweigerer *m*
totalisator Totalisator *m*
totalitair totalitär
totaliteit Totalität *v*, Gesamtheit *v*, ⟨volledigheid⟩ Vollständigkeit *v*
total loss schrottreif ★ *de auto was* ~ das Auto hatte Totalschaden
totdat bis
totempaal Totempfahl *m*
toto Toto *m/o*
totstandkoming Zustandekommen *o*, Zustandebringen *o*, Gestaltung *v*
touché touchiert
toucheren ❶ *(aan)raken* touchieren ❷ inform *ontvangen* erhalten, empfangen ❸ med *inwendig onderzoeken* touchieren
touperen toupieren
toupet Toupet *o*
touringcar Reiseomnibus *m*, Reisebus *m*
tournedos Tournedos *o*
tournee Tournee *v*, ⟨van artiesten⟩ Gastspielreise *v* ★ *op ~ gaan / zijn* auf Tournee gehen / sein
tourniquet *draaiende toegang* Drehkreuz *o*
touroperator Reiseveranstalter *m*
touw Seil *o*, ⟨stuk touw⟩ Strick *m*, ⟨dik⟩ Tau *o*, ⟨dun⟩ Schnur *v* ★ *iets aan een touw optrekken* etw. mit einem Seil hochziehen ★ *het touw laten vieren* das Tau fieren ★ *aan de touwtjes trekken* am Drücker sitzen / sein ★ *zij trekt aan de touwtjes* sie hat das Sagen ★ *de touwtjes in handen hebben* alle Fäden in der Hand halten ★ *daar is geen touw aan vast te knopen* daraus wird man nicht klug ▼ *in touw zijn* beschäftigt sein ▼ *de hele dag in touw zijn* den ganzen Tag eingespannt sein ▼ *iets op touw zetten* etwas inszenieren, etwas organisieren
touwklimmen am Tau klettern
touwladder Strickleiter *v*
touwtje → **touw**
touwtjespringen seilspringen
touwtrekken sport Tauziehen *o*
touwtrekkerij *machtsstrijd* Tauziehen *o*
touwwerk Tauwerk *o*
t.o.v. ❶ *ten opzichte van* im Bezug auf, mit Hinsicht auf, bezüglich [+2] ❷ *ten overstaan van* im Beisein von, in Gegenwart von
tovenaar Zauberer *m*
tovenarij Zauberei *v*
toverdrank Zaubertrank *m*
toveren *met magische kracht bewerken* zaubern
toverformule Zauberformel *v*, Zauberwort *o*
toverheks Zauberin *v*, Hexe *v*, böse Fee *v*
toverij Zauberei *v*
toverkracht Zauberkraft *v*
toverkunst Zauberkunst *v*
toverslag Zauberschlag *m* ★ *als bij* ~ wie durch / von Zauberhand
toverspreuk Zauberspruch *m*, Zauberformel *v*
toverstaf Zauberstab *m*

toxicologie Toxikologie *v*
toxicoloog Toxikologe *m*
toxine Toxin *o*
toxisch toxisch, giftig, Gift-
traag ❶ *langzaam* langsam, träge ★ ~ *als een slak* langsam wie eine Schnecke ★ ~ *van begrip zijn* schwer von Begriff sein ❷ natk träge ★ *een trage massa* eine träge Masse
traagheid ❶ *het langzaam zijn* Trägheit *v* ❷ natk Trägheit *v* ★ *de ~ van een massa* die Trägheit einer Masse
traan ❶ *oogvocht* Träne *v* ★ *de tranen sprongen in haar ogen* ihr traten Tränen in die Augen, die Tränen schossen ihr in die Augen ★ *een ~ wegpinken* eine Träne wegwischen ★ *tranen met tuiten huilen* Rotz und Wasser heulen ❷ *olie* Tran *m*
traanbuis Tränennasengang *m*
traangas Tränengas *o*
traangasgranaat Tränengasgranate *v*
traanklier Tränendrüse *v*
traanvocht Tränenflüssigkeit *v*
tracé Strecke *v*
traceren ❶ *nasporen* trassieren ❷ *aftekenen* trassieren
trachten versuchen ★ *iets ~ te vergeten* etw. zu vergessen suchen
track *op cd e.d.* Track *m*, Nummer *v*
tractie Traktion *v*, Antrieb *m*
tractor Schlepper *m*, ⟨landbouw⟩ Traktor *m* ★ ~ *op rupsbanden* Raupenschlepper *m*
trad [verl. td.] → **treden**
traden [verl. td.] → **treden**
traditie Tradition *v*, Überlieferung *v* ★ *een oude ~* ein alter Brauch
traditiegetrouw traditionsgemäß, traditionell
traditioneel traditionell, herkömmlich, ⟨sinds lange tijd⟩ althergebracht
trafiek BN *smokkel*, [in samenstellingen] Schmuggel *m*
trafo inform elek Trafo *m*, Transformator *m*
tragedie ❶ *treurspel* Tragödie *v* ❷ *gebeurtenis* Tragödie *v*
tragiek *het tragische* Tragik *v*
tragikomedie Tragikomödie *v*
tragikomisch tragikomisch
tragisch tragisch
trailer ❶ *aanhangwagen* Anhänger *m* ❷ audio-vis *reclame voor film* Trailer *m*, Vorfilm *m*
trainen *zich oefenen* trainieren
trainer Trainer *m*
traineren *vertragen* hinziehen
training Training *o*
trainingsbroek Trainingshose *v*
trainingspak Trainingsanzug *m*
traiteur Party-Service *m*
traject Strecke *v*
traktaat Traktat *m/o*, Abhandlung *v*
traktatie Bewirtung *v*
trakteren I *ov ww, onthalen op* bewirten (mit) ★ *zij trakteerde mij op een reeks verwijten* sie traktierte mich mit Vorwürfen **II** *on ww, rondje geven* ★ *ik trakteer!* ich gebe einen aus!
tralie Gitterstab *m* ★ *de ~s* das Gitter [ev] ★ *iets van ~s voorzien* etw. vergittern ★ *achter de ~s zitten* hinter Gittern sitzen

traliehek Gitterzaun *m*, Gitter *o*
tram Straßenbahn *v* ★ *met de tram gaan* mit der Straßenbahn fahren ★ *elektrische tram* Elektrische *v*
trambestuurder Straßenbahnfahrer *m*
tramhalte Straßenbahnhaltestelle *v*
tramkaartje Straßenbahnkarte *v*
trammelant Schererei *v*, Ärger *m*, Stunk *m* ★ *~ maken / schoppen* Stunk machen
trampoline Trampolin *o*
trampolinespringen Trampolin springen
tramrail Straßenbahnschiene *v*
trance[1] [traNs] *vervoering* Trance *v* ★ *in ~ raken* in Trance fallen ★ *iem. in ~ brengen* jmdn. in Trance versetzen
trance[2] [trèns] muz *soort house* Trance *v*
tranen tränen
tranendal Jammertal *o*
tranquillizer Tranquilizer *m*, Beruhigungsmittel *o*
trans Wehrgang *m*, Umgang *m*
transactie *handelsovereenkomst* Transaktion *v*, Geschäft *o* ★ *tot een ~ komen* zu einem Geschäftsabschluss kommen
trans-Atlantisch transatlantisch
transcendent transzendent
transcendentaal transzendent(al)
transcontinentaal transkontinental ★ *een transcontinentale vlucht* ein Transkontinentalflug *m*
transcriberen transkribieren, ⟨radio⟩ umarbeiten
transcriptie Transkription *v*
transfer ❶ *overdracht* Transfer *m* ❷ sport Transfer *m*
transferium Park-and-Ride-Parkhaus *o*
transfermarkt Transfermarkt *m*
transformatie Transformation *v*, Transformierung *v*
transformator Transformator *m*, Trafo *m*
transformatorhuisje Trafohäuschen *o*
transformeren transformieren
transfusie Transfusion *v*
transgeen biol transgen
transistor elek Transistor *m*
transit Transit *m*
transitief transitiv, zielend
transito Transit *m*, Durchfuhr *v*
transitohaven Durchfuhr- / Transithafen *m*
transitorium Transitorium *o*
transitvisum Transitvisum *o*
transmissie Transmission *v*
transmitter med Transmitter *m*
transparant I *zn* [het] Transparent *o* **II** *bnw* transparent, durchscheinend
transpiratie ❶ *het zweten* Transpiration *v*, Schwitzen *o* ❷ *zweet* Hautausdünstung *v*, Schweiß *m*
transpireren transpirieren, schwitzen
transplantatie Transplantation *v*
transplanteren transplantieren, verpflanzen
transponder Transponder *m*
transport ❶ *vervoer* Transport *m* ★ *~ over de weg* Transport auf der Straße ★ *~ per spoor* Transport mit der Bahn ★ *~ per vrachtwagen* Transport auf / mit Lastwagen ★ *~ per schip / vliegtuig* Transport per Schiff / Flugzeug ❷ *overdracht* Übertragung *v* ❸ admin Übertrag *m*
transportband Förderband *o*, Transportband *o*
transportbedrijf Spedition *v*, Transportunternehmen *o*
transporteren ❶ *vervoeren* transportieren ❷ *overdragen* übertragen ❸ admin übertragen
transportkosten Transportspesen
transportonderneming Spedition *v*, Transportunternehmen *o*
transseksueel I *zn* [de] Transsexuelle(r) *m* **II** *bnw* transsexuell
Transsylvanië Transsylvanien *o*
Transvaal Transvaal *o*
trant Stil *m*, Art *v* ★ *iets zeggen in de ~ van...* etw. sagen, wie... ★ *iets in die ~* etw. in dem Stil ★ *naar de oude ~* im alten Stil ★ *in de ~ van Mozart componeren* im Stil / in der Art Mozarts komponieren
trap ❶ *beweging met been* Fußtritt *m*, Stoß *m* ★ sport *vrije trap* Freistoß *m* ❷ *constructie met treden* Treppe *v* ★ *trappen lopen* Treppen steigen ❸ *graad* Stufe *v*, Stand *m* ★ *stellende trap* Positiv *m* ★ *vergrotende trap* Komparativ *m* ★ *overtreffende trap* Superlativ *m* ★ *een hoge trap van ontwikkeling* ein hoher Entwicklungsstand
trapeze Trapez *o*
trapezewerker Trapezkünstler *m*
trapezium Trapez *o*
trapezoïde Trapezoid *o*
trapgat ≈ Treppenhaus *o*
trapgevel Treppengiebel *m*
trapleuning Treppengeländer *o*
traplift Treppenlift *m*
traploper Treppenläufer *m*
trappelen trampeln, trappeln, ⟨spartelen⟩ strampeln, ⟨van paarden⟩ scharren ★ *ik sta te ~ om te beginnen* mich juckt's in den Fingern
trappelzak Strampelsack *m*
trappen I *ov ww, schoppen* treten ★ *iem. ~* jmdm. einen Tritt versetzen ★ *iets kapot ~* etw. zertreten ★ *iem. eruit ~* jmdn. feuern ★ *lol ~* Unfug treiben **II** *on ww* ❶ *voet neerzetten, drukken* treten ❷ *fietsen* strampeln, treten
trappenhuis Treppenhaus *o*
trapper ❶ *pedaal* Pedal *o* ❷ *schoen* Treter *m*
trappist Trappist *m*
trapportaal Treppenflur *m*, ⟨onderbreking⟩ Treppenabsatz *m*
trapsgewijs stufenweise
traptrede Treppenstufe *v*
trauma Trauma *o*
traumahelikopter med Traumaheli(kopter) *m*
traumateam Katastropheneinsatz *m*, Katastrophendienst *m*
traumatisch traumatisch
traumatologie Traumatologie *v*
traumatoloog Traumatologe *m*
travellercheque Travellerscheck *m*, Reisescheck *m*
traverse ❶ *dwarsverbinding* Passage *v* ❷ *zijwaartse sprong* Traverse *v*
travestie Travestie *v*
travestiet Transvestit *m*
trawler Trawler *m*
tray Tablett *o*

trechter Trichter *m*
tred Tritt *m*, Schritt *m* ★ *gelijke tred houden met iets* Schritt mit einer Sache halten
trede *deel van trap* Stufe *v*, ⟨van een ladder⟩ Sprosse *v*
treden *stappen* treten ★ *in detail* ~ ins Detail gehen ★ *in iemands voetstappen* ~ in jmds. Fußstapfen treten ★ *op de voorgrond* ~ in den Vordergrund treten
tredmolen *sleur* Tretmühle *v*
tree → **trede**
treeplank Trittbrett *o*
treffen I *ov ww* ❶ *raken* treffen ❷ *overkómen* betreffen, zutreffen auf [+4] ❸ *ontroeren* treffen, rühren, erschüttern ❹ *aantreffen* vorfinden, antreffen ❺ *opvallen* treffen ❻ *tot stand brengen* treffen ★ *maatregelen* ~ Maßnahmen treffen / ergreifen ❼ *ervaren, tegenkomen* treffen, Glück haben ★ *het getroffen hebben* es getroffen haben ★ *het niet* ~ es schlecht treffen ❽ *gelijken* ★ *een goed getroffen portret* ein gut getroffenes Porträt **II** *zn* [het], *gevecht* Treffen *o*
treffend ❶ *opvallend* treffend ★ *een ~e gelijkenis* eine täuschende Ähnlichkeit ❷ *aandoenlijk* rührend
treffer *raak schot* Treffer *m*
trefpunt *ontmoetingspunt* Treffpunkt *m*
trefwoord *zoekwoord in naslagwerk* Stichwort *o*
trefzeker *doelgericht* treffsicher
trein *spoortrein* Bahn *v*, Eisenbahn *v*, Zug *m* ★ *de ~ van tien uur* der Zehnuhrzug ★ *iem. naar de ~ brengen* jmdn. zum Zug / Bahnhof bringen ★ *de ~ halen* den Zug erreichen ★ *de ~ missen* den Zug verpassen ★ *lopen als een ~* laufen wie geschmiert
treinkaartje Fahrschein *m*, Fahrkarte *v*
treinongeluk Zugunfall *m*
treinreis Bahnreise *v*, Zugreise *v*
treinreiziger Zugreisende(r) *m*
treinstaking Bahnstreik *m*
treinstation Bahnhof *m*
treinstel Zug *m*, Zuggarnitur *v*
treintaxi Bahntaxi *o*, Railtaxi *o*
treinverbinding Zugverbindung *v*, (Eisen)Bahnverbindung *v*
treinverkeer Zugverkehr *m*
treiteraar Quälgeist *m*
treiteren quälen, triezen, piesacken
trek ❶ *het trekken* Zug *m* ★ *een trekje aan een sigaret* ein Zug an der Zigarette ❷ *luchtstroom* Zug *m*, Luftzug *m* ❸ *verhuizing* Zug *m*, ⟨vluchtelingen⟩ Treck *m* ★ *de trek van de wilde ganzen* der Zug der Wildgänse ❹ *karaktertrek, gelaatstrek* Zug *m* ★ *dat is een naar trekje van hem* das ist ein unangenehmer Zug von ihm ★ *grove trekken* grobe Züge ★ *een ironische trek om de mond* ein ironischer Zug um den Mund ❺ *lijn* ★ *iets in grote trekken vertellen* etw. in groben Zügen erzählen ❻ *zin (in eten)* Appetit *m*, Lust *v* ★ *trek hebben* Hunger haben ★ *ergens trek in hebben* Lust auf etw. haben ★ *geen trek hebben* keinen Appetit haben ★ *daar heb ik echt geen trek in* dazu habe ich wirklich keine Lust ★ *trek krijgen* Hunger bekommen ★ *aan zijn trekken komen* auf seine Kosten kommen ★ *in trek komen* im Kommen sein ★ *in trek zijn* beliebt / begehrt sein
trekdier Zugtier *o*
trekhaak Anhängerkupplung *v*
trekharmonica Schifferklavier *o*, Ziehharmonika *v*
trekken I *ov ww* ❶ *naar zich toehalen* ziehen ★ *iets naar zich toe* ~ etw. an sich ziehen ★ *iets omhoog* ~ etw. hochziehen ★ *iets naar beneden* ~ etw. hinunterziehen ★ *zijn wapen (uit de schede)* ~ seine Waffe (aus der Scheide) ziehen ❷ *uittrekken* ziehen ❸ *slepen* ziehen ❹ *aantrekken* ziehen ★ *veel aandacht* ~ alle Blicke auf sich ziehen ★ *dat trekt me wel* dazu hätte ich schon Lust ❺ *afleiden* ziehen ★ *een parallel* ~ einen Vergleich ziehen ❻ *krijgen* ziehen ★ *een uitkering* ~ von der Sozialhilfe leben ★ *een les uit iets* ~ Lehren aus etw. ziehen ★ *voordeel ~ uit iets* einen Vorteil aus etw. [3] ziehen ★ *een lot* ~ ein Los ziehen ❼ *aftreksel maken* ziehen **II** *on ww* ❶ *naar zich toehalen* ziehen ❷ *gaan* ziehen ★ *de wijde wereld in* ~ in die weite Welt hinausziehen ❸ *gaan wonen* ★ *in een nieuw huis* ~ in ein neues Haus ziehen ❹ *beweging maken* zucken ★ *met zijn been* ~ das Bein nachziehen ❺ *tot aftreksel worden* ★ *de thee laten* ~ den Tee ziehen lassen
trekker ❶ *tractor* Traktor *m* ❷ *onderdeel van vuurwapen* Abzug *m* ★ *de ~ overhalen* abdrücken ❸ *reiziger* Wanderer *m*
trekking ❶ *resultaat loten* Ziehung *v* ❷ *het trekken* Ziehen *o*
trekkingslijst Gewinn- / Ziehungsliste *v*
trekkracht Zugkraft *v*
trekpleister ❶ med Zugpflaster *o*, Ziehpflaster *o* ❷ *attractie* Publikumsmagnet *m*, Knüller *m*
trektocht Wanderung *v*, Tour *v*, Fahrt *v* ★ *op ~ gaan* auf Fahrt gehen
trekvogel ❶ *dier* Zugvogel *m* ❷ fig *persoon* Wandervogel *m*
trekzalf Zugsalbe *v*
trema Trema *o*
trend ❶ *ontwikkeling* Trend *m*, Tendenz *v* ❷ *mode* Trend *m*
trendgevoelig modisch
trendsetter Trendsetter *m*
trendvolger ❶ *iem. met een bepaald loon* ≈ Arbeitnehmer *m*, dessen Lohn an die Beamtengehälter gekoppelt ist ❷ *iem. die de mode volgt* Geck *m* [v: Modepuppe]
trendwatcher Trendbeobachter *m*
trendy modisch, modern
treuren *treurig zijn* trauern
treurig ❶ *verdrietig* traurig, betrübt ★ ~ *stemmen* traurig stimmen ❷ *bedroevend* traurig, ⟨erbarmelijk⟩ miserabel, ⟨erbarmelijk⟩ erbärmlich ★ *een ~ bericht* eine traurige Nachricht ★ *het is diep* ~ er ist tief betrübt
treurmars Trauermarsch *m*
treurmuziek Trauermusik *v*
treurspel Trauerspiel *o*, Tragödie *v*
treurwilg Trauerweide *v*
treuzelaar Trödler *m*, Trödelfritze *m* [v: Trödelliese]
treuzelen trödeln
triade Triade *v*
triangel Triangel *m*
triatleet Triathlet *m*

triatlon sport Triathlon *m*
tribunaal Tribunal *o*
tribune Tribüne *v*
triceps Trizeps *m*
tricot ❶ *materiaal* Trikot *m* ❷ *kleding* Trikot *o*
Triëst Triest *o*
triest traurig, trübselig
trigonometrie Trigonometrie *v*
triljoen Trillion *v*
trillen ❶ nat *heen en weer gaand bewegen* vibrieren ❷ *beven* zittern, beben
triller Triller *m*
trilling ❶ *het beven* Beben *o* ❷ nat *heen- en weergaande beweging* Schwingung *v*
trilogie Trilogie *v*
trimaran Trimaran *m*
trimbaan Trimm-dich-Pfad *m*
trimester Trimester *o*
trimestrieel BN *driemaandelijks* dreimonatlich ★ *trimestriële examens* Trimesterprüfungen
trimmen *haar knippen* trimmen
trimmer ❶ techn Trimmer *m* ❷ sport Trimmer *m*
trimsalon Hundetrimmsalon *m*
trimschoen Sportschuh *m*
trimster Trimmerin *v*
Trinidad en Tobago Trinidad und Tobago *o*
trio Trio *o*, ⟨m.b.t. seks⟩ Dreier *m*
triomf Triumph *m*
triomfantelijk triumphierend
triomfboog Triumphbogen *m*
triomferen triumphieren
triomfkreet Triumphschrei *m*
triomfpoort Triumphbogen *m*
triomftocht Triumphzug *m*
triool muz Triole *v*
trioseks Trio *o*
trip ❶ *uitstapje* Trip *m*, Ausflug *m* ❷ *effect van drugs* Trip *m*
triplex **I** *zn* [het] Sperrholz *o* **II** *bnw* aus Sperrholz, Sperrholz-
Tripoli Tripoli(s) *o*
trippelen trippeln
trippen ❶ *trippelen* trippeln ❷ *onder invloed van drugs zijn* einen Trip nehmen
triviaal ❶ *platvloers* trivial ❷ *alledaags* trivial
troebel trübe ★ *in ~ water is het goed vissen* im Trüben ist gut fischen
troef fig *sterk argument* Trumpf *m*
troefkaart Trumpf *m*, Trumpfkarte *v*
troela Trulla *v*
troep ❶ *rommel* Gerümpel *o*, Zeug *o* ★ *het is me daar een ~!* das ist da vielleicht ein Durcheinander! ❷ *groep* Menge *v*, ⟨mensen⟩ Schar *v*, ⟨mensen⟩ Haufen *m* ❸ → **troepen**
troepen mil Truppen *mv*
troepenconcentratie Truppenkonzentration *v*
troepenmacht Streitmacht *v*
troeteldier Kuscheltier *o*
troetelkind Hätschelkind *o*
troetelnaam Kosename *m*, Spitzname *m*
troeven Trumpf spielen
trof [verl. td.] → **treffen**
trofee Trophäe *v*
troffel Kelle *v*
troffen [verl. td.] → **treffen**
trog ❶ *bak* Trog *m* ❷ aardk Trog *m*, ⟨in zeebodem⟩ Graben *m*
Trojaans trojanisch, troisch
Troje Troja
trok [verl. td.] → **trekken**
trokken [verl. td.] → **trekken**
trol Troll *m*
trolleybus Trolleybus *m*
trom Trommel *v* ★ *op de grote trom slaan* große Töne spucken ★ *met stille trom vertrekken* sang- und klanglos abziehen ★ *de trom slaan / roeren* die Trommel (für jmdn. / etw.) rühren
trombocyt Thrombozyt *m*, Blutplättchen *o*
trombone Posaune *v*
trombonist Posaunist *m*
trombose Thrombose *v*
trombosedienst Thrombosestation *v*
tromgeroffel Trommelwirbel *m*
trommel ❶ *doos* Dose *v*, Büchse *v* ❷ *trom* Trommel *v* ❸ *cilinder* Trommel *v*
trommelaar Trommler *m*
trommeldroger (Wäsche)Trockner *m*
trommelrem Trommelbremse *v*
trommelvlies Trommelfell *o*
trommelwasmachine Trommelwaschmaschine *v*
trompet *blaasinstrument* Trompete *v*
trompetgeschal Trompetenschall *m*
trompetten *geluid maken* trompeten
trompetteren **I** *ov ww* trompeten **II** *on ww* trompeten
trompettist Trompeter *m*
tronen **I** *ov ww, meetronen* locken **II** *on ww, heersen* thronen
tronie Visage *v*
troon Thron *m*
troonopvolger Thronfolger *m*
troonopvolging Thronfolge *v*
troonrede Thronrede *v*
troonsafstand Thronverzicht *m*
troonsbestijging Thronbesteigung *v*
troonzaal Thronsaal *m*
troost Trost *m* ★ *een schrale ~* ein schwacher / magerer Trost ★ *~ vinden in iets* aus etw. Trost schöpfen
troosteloos trostlos
troosten trösten
troostfinale, BN **troosting** sport *wedstrijd om derde of vierde plaats* Spiel *o* um den dritten Platz, Trostrunde *v*
troostprijs Trostpreis *m*
tropen Tropen *mv*
tropenhelm Tropenhelm *m*
tropenjaren ≈ in den Tropen verbrachte(n) Dienstjahre *mv*
tropenklimaat Tropenklima *o*
tropenkolder Tropenkoller *m*
tropenpak Tropenanzug *m*
tropenrooster ≈ in den Tropen gehandhabte Zeiteinteilung *v*
tropisch tropisch
tros ❶ scheepv *kabel* Trosse *v* ❷ *bloeiwijze* Traube *v*
trots **I** *zn* [de], *tevredenheid* Stolz *m* **II** *bnw, tevreden* stolz ★ *~ zijn op iets* auf etw. stolz sein
trotseren ❶ *weerstaan* trotzen [+3] ❷ fig *het hoofd bieden* trotzen [+3]

trottoir Bürgersteig *m*
trottoirband Bordstein *m*
troubadour Troubadour *m*
trouw I *zn* [de] ❶ *het trouw zijn* Treue *v* ★ *~ zweren aan iem.* jmdm. Treue schwören / geloben ★ *te goeder ~* aufrichtig, ehrlich ★ *te kwader ~* unaufrichtig, hinterhältig ❷ BN *bruiloft* Hochzeit *v* **II** *bnw, getrouw* treu ★ *iem. ~ zijn* treu zu jmdm. stehen ★ *zijn vrienden ~ blijven* seinen Freunden die Treue halten ★ *~ aan zijn beginselen zijn* sich selbst treu sein ★ *~ aan zijn belofte zijn* treu sein Versprechen halten
trouwakte Heiratsurkunde *v*, Trauschein *m*
trouwboekje Familienbuch *o*
trouwdag *bruiloftsdag* Hochzeitstag *m*
trouwen I *ov ww* ❶ *tot echtgenoot nemen* heiraten ★ *hij trouwde haar* er heiratete sie ❷ *in de echt verbinden* trauen ★ *wie heeft hen getrouwd?* wer hat sie getraut? **II** *on ww, huwen* heiraten, sich verheiraten ★ *voor de wet ~* standesamtlich heiraten ★ *voor de kerk ~* kirchlich heiraten ★ *ik ben niet het type om te ~* ich bin nicht der Typ zum Heiraten ★ *met iem. ~* jmdn. heiraten ★ *wanneer gaan jullie ~?* wann heiratet ihr? ★ *in een rijke familie ~* eine gute Partie machen ★ *met iem. getrouwd zijn* mit jmdm. verheiratet sein ★ *bent u getrouwd? - ja, ik ben 10 jaar geleden getrouwd* sind Sie verheiratet? - ja, ich habe vor 10 Jahren geheiratet ★ *zo zijn we niet getrouwd* so war das nicht abgesprochen
trouwens übrigens, ‹evenwel› allerdings, ‹evenwel› freilich ★ *dat vind ik ~ niet zo raar* das wundert mich allerdings nicht ★ *hoe heet jij ~?* wie heißt du übrigens?
trouwerij ‹plechtigheid› Trauung *v*, ‹trouwpartij› Hochzeit *v*
trouwfoto Hochzeitsfoto *o*, Hochzeitsbild *o*
trouwjurk Hochzeitskleid *o*
trouwkaart Heiratsanzeige *v*
trouwpartij Hochzeitsfest *o*
trouwplannen Heiratspläne *mv*
trouwplechtigheid Trauung *v*
trouwring Ehering *m*, Trauring *m*
truc Trick *m*, Kniff *m*
trucage Trick *m*
trucfilm Trickfilm *m*
truck Lastkraftwagen *m*, Lkw *m*
trucker Lkw-Fahrer *m*
tr
truffel ❶ *zwam* Trüffel *m* ❷ *bonbon* Trüffel *m*
trui Pullover *m*, Pulli *m* ★ sport *de gele trui* das gelbe Trikot
trukendoos Trickkiste *v* ★ *zijn ~ opentrekken* in die Trickkiste greifen
trust Trust *m*
trustee Trustee *m*, Treuhänder m *m*
trut Trine *v*, Zicke *v*, Schnepfe *v*, Zippe *v*
truttig *stijf* zickig
truweel BN *troffel* Kelle *v*
try-out Voraufführung *v*
tsaar Zar *m*
tsarina Zarin *v*
tseetseevlieg Tsetsefliege *v*
T-shirt T-Shirt *o*
Tsjaad Tschad *m*
Tsjech Tscheche *m*
Tsjechië Tschechien *o*
Tsjechisch I *bnw, m.b.t. Tsjechië* tschechisch **II** *zn* [het], *taal* Tschechisch(e) *o*
Tsjechische Tschechin *v*
Tsjecho-Slowaaks *m.b.t. Tsjecho-Slowakije* tschechoslowakisch
Tsjecho-Slowakije Tschechoslowakei *v*
tsjilpen zwitschern, schilpen
tsjirpen zirpen
tso BN onderw *technisch secundair onderwijs* ≈ technische Berufsschule *v*
tsunami aardk Tsunami *m*
TU *Technische Universiteit* TU *v*, Technische Universität *v*
tuba Tuba *v*
tube[1] *verpakking* Tube *v*
tube[2] [tjoeb] *fietsband* Schlauchreifen *m*
tuberculeus tuberkulös
tuberculose Tuberkulose *v*
tucht Disziplin *v* ★ *orde en ~* Zucht und Ordnung
tuchtcollege Disziplinarbehörde *v*
tuchtcommissie Sportgericht *o*
tuchtigen züchtigen
tuchtmaatregel Disziplinarmaßnahme *v*
tuchtraad Disziplinarrat *m*
tuchtrecht jur Disziplinarrecht *o*
tuchtschool Jugendstrafanstalt *v*
tuffen juckeln, tuckern
tuig ❶ *touwwerk* Zeug *o*, scheepv Takelage *v* ❷ *gespuis* Pack *o*, Gesindel *o*
tuigage Takelage *v*, Tauwerk *o*
tuigje ≈ Haltgurt *m*
tuil *bos bloemen* Strauß *m*
tuimelaar Stehaufmännchen *o*
tuimelen ❶ *vallen* taumeln, fallen, purzeln ❷ *buitelen* taumeln
tuimeling Purzelbaum *m*, ‹val› Sturz *m*
tuimelraam Kippfenster *o*
tuin Garten *m* ★ *iem. om de tuin leiden* jmdn. hinters Licht führen
tuinaarde Gartenerde *v*
tuinarchitect Gartenarchitekt *m*
tuinboon Saubohne *v*
tuinbouw Gartenbau *m*
tuinbouwgebied ≈ Gartenland *o*
tuinbouwschool onderw Gartenbauschule *v*
tuinbroek Latzhose *v*
tuincentrum Gärtnerei *m*
tuinder Gärtner *m*
tuinderij ❶ *tuinbouwbedrijf* Gärtnerei *v* ❷ *bedrijf van een kweker* Gärtnerei *v*
tuindorp Gartenstadt *v*
tuinfeest Gartenfest *o*
tuingereedschap Gartengerät *o*, Gartenwerkzeug *o*
tuinhek Gartenzaun *m*
tuinhuis Gartenhaus *o*, Laube *v*
tuinier Gärtner *m*, ‹liefhebber van tuinieren› Gartenfreund *m*
tuinieren gärtnern, ‹verzorgen› den Garten pflegen
tuinkabouter Gartenzwerg *m*
tuinkers Gartenkresse *v*
tuinkruid cul Gartenkraut *o*
tuinman Gärtner *m*
tuinmeubel Gartenmöbel *o*

tuinpad Gartenweg *m*
tuinslang Gartenschlauch *m*
tuinstoel Gartenstuhl *m*
tuit ❶ *spits toelopend einde* Zipfel *m* ❷ *schenktuit* Schnabel *m*, Ausguss *m*, Tülle *v*
tuiten I *ov ww, tot tuit maken* spitzen ★ *de lippen ~* die Lippen schürzen **II** *on ww, suizen* gellen ★ *mijn oren ~* mir klingen die Ohren
tuk op scharf auf [+4], erpicht auf [+4] ▼ *iem. tuk hebben* jemanden zum Besten haben
tukje Schläfchen *o*, Nickerchen *o*
tulband ❶ *hoofddeksel* Turban *m* ❷ *cake* Topfkuchen *m*, Napfkuchen *m*
tule Tüll *m*
tulp Tulpe *v*
tulpenbol Tulpenzwiebel *v*
tumor Tumor *m*
tumult Tumult *m*, Aufruhr *m*
tumultueus tumultuös, lärmend
tune Erkennungsmelodie *v*
tuner Tuner *m*
tuner-versterker Receiver *m*
Tunesië Tunesien *o*
Tunesisch tunesisch
tuniek ❶ *bloes* Tunika *v* [mv: Tuniken] ❷ *uniformjas* kurze Uniformjacke *m*
Tunis Tunis *o*
tunnel Tunnel *m*, ⟨onder spoorweg e.d.⟩ Unterführung *v*
tunneltent Tunnelzelt *o*
turbine Turbine *v*
turbo ❶ *krachtversterker* Turbolader *m* ❷ *auto* Turbo *m*
turbo- Turbo-
turbulent turbulent, ungestüm, ⟨leven⟩ bewegt, ⟨liefde⟩ stürmisch
turbulentie ❶ *luchtwerveling* Turbulenz *v* ★ *het vliegtuig had last van ~* das Flugzeug hatte Turbulenzprobleme ❷ fig *onrust* Turbulenz *v*
tureluurs verrückt, toll
turen ❶ *zoekend kijken* spähen ★ *~ naar* zu... spähen [+3] ★ *hij tuurde naar de horizon* er spähte zum Horizont ❷ *staren* starren ★ *zitten ~* vor sich hin starren
turf ❶ *veen* Sode *v*, Torf *m* ★ *turf steken* Torf stechen ★ *toen hij nog drie turven hoog was* als er noch ein Dreikäsehoch war ❷ *dik boek* Wälzer *m*
turfaarde Torferde *v*
turfmolm Torfmull *m*
Turijn Turin *o*
Turk *bewoner* Türke *m*
turk ★ BN *jonge turk* aufstrebende(s) Talent *o*
Turkije Türkei *v*
Turkmenistan Turkmenien *o*
turkoois Türkis *m*
Turks I *bnw, m.b.t. Turkije* türkisch **II** *zn* [het], *taal* Türkisch(e) *o*
Turkse Türkin *v*
turnen *oefeningen doen* turnen
turner Turner *m* [v: Turnerin]
turnster sport Turnerin *v*
turnvereniging Turnverein *m*
turnzaal BN sport Turnhalle *v*
turquoise türkis
turven *tellen* (mit Strichen) zählen
tussen ❶ *begrensd door, beperkt tot* zwischen [+3 / 4] ★ *~ Utrecht en Amsterdam* zwischen Utrecht und Amsterdam ★ *~ de auto's door* zwischen den Autos ★ *~ nu en 6 uur* zwischen jetzt und 6 Uhr ★ *een contract ~ twee partijen* ein Vertrag zwischen zwei Parteien ★ *~ ons* unter uns ★ *er van ~ gaan* abhauen ★ *hij werd er ~ genomen* er wurde auf den Arm genommen ★ *er is iets ~ gekomen* es ist etw. dazwischengekommen ❷ *te midden van* zwischen [+3 / 4] ★ *~ de omstanders* zwischen den Umstehenden
tussenbalans Zwischenbilanz *v*
tussenbeide *tussen* zwischen beiden ★ *~ komen* eingreifen, dazwischenfahren
tussendeur Verbindungs- / Zwischentür *v*
tussendoor zwischendurch
tussendoortje *hapje* Imbiss *m*, Happen *m*
tussenfase Zwischenphase *v*
tussengelegen ⟨van tijdstippen⟩ dazwischenliegend, ⟨van zaken⟩ dazwischenstehend
tussengerecht cul Zwischengericht *o*
tussenhandel Zwischenhandel *m*
tussenin ⟨komen⟩ zwischendrein, ⟨zijn⟩ zwischendrin ★ *daar ~* dazwischen
tussenkomen ❶ BN *financieel bijdragen* beitragen, beisteuern ❷ BN *bemiddelen* schlichten
tussenkomst ❶ *interventie* Einschreiten *o*, Eingreifen *o*, ⟨bemiddeling⟩ Vermittlung *v* ❷ BN *financiële bijdrage* Beitrag *m* ❸ BN pol *interruptie* Zwischenruf *m*
tussenlanding Zwischenlandung *v*
tussenmuur Zwischenmauer *v*
tussenpersoon Mittelsperson *v*, Vermittler *m*
tussenpoos Zwischenraum *m* ★ *bij tussenpozen* von Zeit zu Zeit ★ *met vrij lange tussenpozen* in längeren Abständen / Zwischenräumen ★ *zonder tussenpozen* ununterbrochen
tussenruimte Zwischenraum *m*
tussenschot Zwischenwand *v*, Scheidewand *v*, Trennwand *v*
tussensprint Zwischenspurt *m*
tussenstand Zwischenergebnis *o*
tussenstation *station* Zwischenstation *v*
tussenstop Zwischenpause *v*, Zwischenlandung *v*, Zwischenstopp *m*
tussentijd Zwischenzeit *v* ★ *in de ~* inzwischen, unterdessen
tussentijds zwischenzeitlich, in der Zwischenzeit ★ *~e maaltijd* Zwischenmahlzeit *v* ★ *~e landing* Zwischenlandung *v* ★ *~ ontslag* vorzeitige Entlassung *v* ★ *~e verkiezingen* vorgezogene(n) Wahlen
tussenuit heraus, hinaus
tussenuur onderw Freistunde *v*, Zwischenstunde *v*
tussenvoegen einfügen, einschieben
tussenwand Zwischenwand *v*
tussenweg Mittelweg *m*
tussenwerpsel Interjektion *v*
tut Zicke *v*
tutoyeren duzen ★ *zij ~ elkaar* sie duzen sich
tutten trödeln
tuttifrutti Tuttifrutti *o*
tuttig zimperlich, zickig
tuttut na, sachte, sachte, alles mit der Ruhe!

tuurlijk türlich
tv TV *o*
tv-gids Fernsehzeitung *v*, Fernsehprogramm *o*, Programmzeitschrift *v*
tv-omroep Fernsehanstalt *v*
tv-presentator Fernsehmoderator *m*
tv-programma Fernsehsendung *v*, Fernsehprogramm *o*
tv-uitzending Fernsehausstrahlung *v*
twaalf zwölf
twaalfde ❶ zwölfte(r) ❷ → **vierde**
twaalftal Dutzend *o*
twaalfuurtje zweite(s) Frühstück *o*
twee I *telw* zwei ★ *iets in tweeën breken* etw. entzweibrechen **II** *zn* [de], *getal* Zwei *v*, ⟨schoolcijfer⟩ ≈ Sechs *v*
tweebaansweg zweibahnige Straße *v*
tweecomponentenlijm Zweikomponentenkleber *m*
tweed I *zn* [het] Tweed *m* **II** *bnw* aus Tweed, Tweed-
tweede zweite(r) ★ *ten ~* zweitens
tweedegraads zweiten Grades ★ *~ verbranding* Verbrennung zweiten Grades
tweedehands aus zweiter Hand, ⟨boeken⟩ antiquarisch ★ *~ auto* Gebrauchtwagen *m* ★ *~ boekhandel* Antiquariat *o* ★ *~ winkeltje* Secondhandladen *m*, Trödelladen *m*
tweedejaars I *zn* [de] Student *m* im dritten / vierten Semester **II** *bnw* im dritten / vierten Semester
Tweede Kamerlid Mitglied *o* der Zweiten Kammer, ⟨in Dld.⟩ Bundestagsabgeordnete(r) *m*
Tweede Kamerverkiezingen Parlamentswahlen *mv*
tweedekansonderwijs BN onderw zweite(r) Bildungsweg
tweedelig zweiteilig, ⟨van boeken⟩ zweibändig
tweedelijns in zweiter Linie
tweedeling Zweiteilung *v*
tweederangs zweitklassig, min zweitrangig
tweedracht Zwietracht *v*
tweeduizend ❶ zweitausend ❷ → **vier**
twee-eiig zweieiig
tweeërlei zweierlei
tweegevecht Duell *o*, Zweikampf *m*
tweehonderd ❶ zweihundert ❷ → **vier**
tweehoog im zweiten Stock, in der zweiten Etage
tweekamerflat Zweizimmerwohnung *v*, Zweizimmerapartment *o*
tweeklank Diphthong *m*, Doppellaut *m*
tweekwartsmaat Zweivierteltakt *m*
tweeledig ❶ *uit twee delen / leden bestaand* zweigliedrig ❷ *dubbelzinnig* doppeldeutig, zweideutig
tweeling ❶ *twee kinderen* Zwillinge *m mv* ★ *Siamese ~* siamesische Zwillinge ❷ *één van tweeling* Zwilling *m*
tweelingbroer Zwillingsbruder *m*
Tweelingen *dierenriemteken* Zwillinge *m mv*
tweelingzuster, inform **tweelingzus** Zwillingsschwester *v*
tweemaal doppelt, zweimal
tweemaster Zweimaster *m*
twee-onder-een-kapwoning halb freistehende(s) Haus *o*
tweepartijenstelsel Zweiparteiensystem *o*
tweepersoonsbed Doppelbett *o*
tweepits mit zwei Flammen ★ *een ~ gastoestel* Herd mit zwei Gasflammen *m*
tweerichtingsverkeer Verkehr *m* in beide Richtungen
tweeslachtig ❶ *hermafrodiet* zwittrig, doppelgeschlechtig, plantk zweigeschlechtig ❷ *amfibisch* amphibisch ❸ *ambivalent* ambivalent, zweideutig
tweespalt Zwiespalt *m*
tweespraak Zwiegespräch *o*, Zwiesprache *v*
tweesprong Weggabelung *v* ★ *op een ~ staan* am Scheideweg stehen
tweestemmig zweistimmig
tweestrijd Zwiespalt *m* ★ *in ~ staan* sich in einem Zwiespalt befinden
tweetal Paar *o*, Duo *o* ★ *na een ~ maanden* nach etwa zwei Monaten
tweetalig zweisprachig
tweeverdieners Doppelverdiener *mv*
tweevoud Zweifache(s) *o*, Doppelte(s) *o* ★ *in ~* in zweifacher Ausfertigung
tweewieler Zweirad *o*
tweezijdig zweiseitig
tweezitsbank Zweisitzersofa *o*
twijfel Zweifel *m*, ⟨scepsis⟩ Bedenken *mv* ★ *in ~ staan* zweifeln, unschlüssig sein ★ *iets in ~ trekken* etw. bezweifeln, etw. in Zweifel ziehen ★ *zonder ~* zweifelsohne, zweifellos ★ *ik heb daar zo mijn ~s over* ich habe da so meine Bedenken / Zweifel ★ *~ koesteren* Zweifel hegen ★ *het lijdt geen ~ dat* es unterliegt keinem Zweifel dass
twijfelaar ❶ *iem. die twijfelt* Zweifler *m* ❷ *bed* ≈ französische(s) Bett *o*
twijfelachtig *onzeker* zweifelhaft
twijfelen ❶ *onzeker zijn* zweifeln, schwanken, unschlüssig sein ❷ **~ aan** zweifeln an [+3]
twijfelgeval Zweifelsfall *m*
twijg Zweig *m*
twinkelen funkeln, ⟨ogen⟩ glitzern
twinkeling Funkeln *o*, Glitzern *o*
twintig ❶ zwanzig ❷ → **vier, veertig**
twintiger Zwanziger *m*
twintigje ❶ *briefje van twintig* Zwanzigeuroschein *m* ❷ *muntje van twintig (cent)* Zwanzigcentstück *o*
twintigste zwanzigste(r)
twist ❶ *onenigheid, ruzie* Streit *m*, Zwist *m* ★ *~ zaaien* Zwietracht säen / stiften ★ *~ zoeken met* Streit suchen mit [+3] ❷ *dans* Twist *m*
twistappel Zankapfel *m*, ⟨mythologisch⟩ Erisapfel *m*
twisten ❶ *redetwisten, ruziën* (sich) streiten, (sich) streiten, (sich) zanken ★ *daarover valt te ~* darüber lässt sich streiten ★ *met iem. over iets ~* sich mit jmdm. über etw. streiten ❷ *dansen* twisten
twistgesprek Streitgespräch *o*, Wortgefecht *o*
twistpunt Streitgegenstand *m*, Streitpunkt *m*
twistziek streitsüchtig, zanksüchtig
t.w.v. *ter waarde van* im Wert von
tycoon Tycoon *m*, Magnat *m*
tyfoon Taifun *m*
tyfus Typhus *m*

type ❶ *soort* Typ *m* ❷ *persoon* Typ *m*, Individuum *o* ★ *jij bent een raar type* du bist so 'ne Type ★ *jij bent het type van een schoolmeester* du bist ein typischer Lehrer
typediploma Maschinenschreibdiplom *o*
typefout Tippfehler *m*
typemachine Schreibmaschine *v*
typen Schreibmaschine schreiben, Maschine schreiben, inform tippen ★ *getypt* maschinengeschrieben, maschinenschriftlich ★ *getypte kopij* Manuskript in Maschinenschrift *o*
typeren charakterisieren, kennzeichnen
typerend typisch, kennzeichnend, charakteristisch
typesnelheid Anschläge pro Minute *mv*
typevaardigheid Fertigkeit *v* im Tippen / Maschinenschreiben
typisch ❶ *typerend* typisch, charakteristisch, bezeichnend ★ ~ *iets voor haar* (das ist) typisch für sie ❷ *eigenaardig* merkwürdig, sonderbar, komisch
typist Schreibkraft *v*
typografie Typografie *v*
typologie Typologie *v*
Tyrrheense Zee Tyrrhenische(s) Meer *o*
t.z.t. *te zijner tijd* zu gelegener / passender Zeit

U

u I *zn* [de] U *o* ★ *de u van Utrecht* U wie Ulrich **II** *pers vnw* ❶ form Sie, Ihnen [3] ★ *als ik u was* an Ihrer Stelle ❷ BN *jij* du ❸ BN *jou* dir [+3], dich [+4]
überhaupt überhaupt ★ *hij is er ~ niet toe in staat* dazu ist er überhaupt nicht imstande
U-bocht U-Kurve *v*
UEFA UEFA *v*
UEFA-cup UEFA-Cup *m*
ufo *unidentified flying object* Ufo *o*
ui Zwiebel *v*
uienbrood cul Zwiebelbrot *o*
uiensoep cul Zwiebelsuppe *v*
uier Euter *o*
uierzalf Glyzerinsalbe *v*
uil ❶ *nachtvogel* Eule *v*, Kauz *m* ❷ *sukkel* Dummkopf *m*, Schafskopf *m*
uilenbal Gewölle *o*
uilskuiken ❶ *uilenjong* Eulenjunge(s) *o* ❷ *domoor* Dummkopf *m*, Trottel *m*
uiltje *nachtvlinder* Nachtfalter *m* ▼ *een ~ knappen* ein Nickerchen machen
uit I *vz* ❶ *weg van, buiten* aus [+3] ★ *iets uit het raam gooien* etw. aus dem Fenster werfen ★ *het hotel ligt een kilometer uit het centrum* das Hotel liegt einen Kilometer vom Zentrum entfernt ❷ *vanuit, afkomstig van* aus [+3], von [+3] ★ *ik kom uit Nederland* ich komme aus den Niederlanden ★ *uit welk boek heb je dat?* aus welchem Buch hast du das? ❸ *door, om* aus [+3], wegen [+2] ★ *uit jaloezie* aus Eifersucht **II** *bijw* ❶ *(naar) buiten* ★ *de stad uit gaan* aus der Stadt heraus gehen ★ *ik kom er wel uit* ich finde schon hinaus, fig ich finde schon einen Ausweg ★ *ik ben er uit* ich hab's ❷ *beëindigd* aus, zu Ende ★ *het verhaal is uit* die Geschichte ist aus ★ *het is uit tussen hen* sie haben Schluss gemacht, es ist aus zwischen ihnen ★ *de school is uit* die Schule ist aus ★ *ik heb mijn boek uit* ich habe mein Buch ausgelesen ★ *het is uit met hem* es ist aus mit ihm ★ *nu is het uit!* jetzt reicht'! ★ *en daarmee uit!* und damit fertig! ❸ *niet populair meer* out ★ *hoge hakken zijn uit* Stöckelschuhe sind out ❹ *niet brandend* aus ★ *de kaars is uit* die Kerze ist aus ❺ *gepubliceerd* heraus ★ *haar boek is uit* das Buch ist rausgekommen ❻ *buiten de deur* draußen, fig aus ★ *FC Utrecht speelt uit* FC Utrecht spielt auswärts ★ *hij is met haar uit geweest* er ist mit ihr ausgegangen ★ *uit en thuis* weg und zurück ★ *er even uit moeten* Luftveränderung brauchen ❼ sport *buiten de lijnen* ★ *de bal is uit* der Ball ist im Aus ❽ BN *leeg* leer ▼ *uit zijn op iets* auf etwas aus sein ▼ *ik kan er niet over uit* ich komme nicht drüber hinweg
uitademen *adem uitblazen* ausatmen
uitbaggeren ausbaggern
uitbakken auslassen, ausbraten
uitbalanceren ❶ *in evenwicht brengen* ausbalancieren, ⟨wiel⟩ auswuchten ❷ fig *goed over nadenken* ★ *een uitgebalanceerde maaltijd* eine ausgewogene Mahlzeit
uitbannen ❶ *verbannen* verbannen ❷ *uitdrijven*

ui

austreiben ★ *de duivel ~* ≈ den Teufel austreiben
uitbarsten ❶ *exploderen* ausbrechen ❷ fig *zich fel uiten* ausbrechen
uitbarsting ❶ *het uitbarsten* Eruption *v* ❷ *uiting* Ausbruch *m* ★ *tot een ~ komen* zum Ausbruch kommen
uitbaten ❶ *exploiteren, beheren* betreiben ❷ *uitbuiten* min ausbeuten, ausnutzen
uitbater Besitzer *m*, Inhaber *m*, Geschäftsführer *m*
uitbeelden darstellen, schildern ★ *een rol in een film ~* eine Rolle im Film verkörpern
uitbeelding ❶ *afbeelding, beschrijving, enz.* Darstellung *v* ❷ *vertolking in een rol* Darstellung *v*
uitbenen ❶ *van botten ontdoen* die Knochen herauslösen ❷ fig *exploiteren* völlig ausnutzen
uitbesteden ❶ *aan anderen overdragen* vergeben, in Auftrag geben ❷ *in de kost doen* unterbringen, in Pflege geben
uitbesteding ❶ *aan anderen overdragen* ⟨werk⟩ Vergabe *v* ❷ *het elders in de kost doen* Unterbringung *v*
uitbetalen auszahlen ★ *per uur ~* pro Stunde bezahlen
uitbetaling Aus(be)zahlung *v*
uitbijten wegätzen, wegfressen
uitblazen I *ov ww, uitademen* ausblasen **II** *on ww, op adem komen* zu Atem kommen, (sich) verschnaufen
uitblijven *niet gebeuren* ausbleiben ★ *de gevolgen bleven niet uit* die Folgen ließen nicht auf sich warten
uitblinken sich auszeichnen, hinausragen über ★ *~ in* sich auszeichnen durch
uitblinker Ass *o*, Könner *m*
uitbloeien ausblühen, verblühen
uitbollen ❶ BN *vaart minderen, uitrijden* ausrollen lassen ❷ BN *afbouwen, verminderen* auslaufen lassen
uitbotten ausschlagen, sprießen
uitbouw ❶ *het uitbreiden* Anbau *m*, ⟨vergroting⟩ Ausbau *m* ❷ *aangebouwd deel* Anbau *m*
uitbouwen ❶ *uitbreiden* vergrößern, anbauen ❷ *verder ontwikkelen* ausbauen
uitbraak Ausbruch *m*
uitbraakpoging Ausbruchsversuch *m*
uitbraken ❶ *door braken uitspuwen* erbrechen, vulg auskotzen ★ *zijn eten ~* sein Essen erbrechen ★ *de vulkaan braakt vuur uit* der Vulkan speit Feuer ❷ *uitslaan* ausstoßen ★ *onzin ~* Unsinn von sich geben
uitbranden I *on ww, door vuur verwoest worden* ausbrennen **II** *ov ww, een wond reinigen* ausbrennen
uitbrander Rüffel *m*, Verweis *m* ★ *iem. een ~ geven* jmdm. einen Verweis / Rüffel erteilen, inform jmdm. eine Standpauke halten
uitbreiden I *ov ww, vergroten* erweitern **II** *on ww, uitbouwen, groter worden* ausbauen **III** *wkd ww* [**zich ~**] *zich uitstrekken* sich erweitern, sich ausdehnen, sich ausbreiten ★ *de gifwolk breidt zich uit* die Giftwolke breitet / dehnt sich aus
uitbreiding ❶ *het uitbreiden* Erweiterung *v*, Vergrößerung *v* ★ *voor ~ vatbaar* ausbaufähig ❷ *toegevoegd deel* Ausdehnung *v*, Ausbau *m*, Ausbreitung *v*
uitbreidingsplan Ausbreitungsplan *m*, Erweiterungsplan *m*, ⟨van een stad / gemeente⟩ Ortbebauungsplan *m*
uitbreken I *ov ww, door breken losmaken* ausbrechen **II** *on ww* ❶ *ontsnappen* ausbrechen ★ fig *breek er eens even uit!* nimm dir mal frei! ❷ *uitbarsten* ausbrechen ★ *er zijn rellen uitgebroken* es sind Unruhen ausgebrochen ★ *er brak een strijd uit* es entflammte ein Streit
uitbrengen ❶ *uiten* hervorbringen, ausbringen ★ *hij kon geen woord ~* er konnte kein Wort herausbringen ❷ *kenbaar maken* bekannt machen ★ *verslag ~* Bericht erstatten ★ *een advies ~* ein Gutachten erstellen ★ *een toost ~ op iem.* einen Toast auf jmdn. ausbringen ★ *zijn stem ~ op...* wählen [+4] ★ *de uitgebrachte stemmen* die abgegebenen Stimmen ❸ *op de markt brengen* herausbringen, auf den Markt bringen ★ *een nieuw product ~* ein neues Produkt auf den Markt bringen ★ *een boek ~* ein Buch herausgeben
uitbroeden ❶ *eieren doen uitkomen* ausbrüten ❷ *beramen* aushecken
uitbuiten ❶ *misbruiken* ausbeuten ❷ *ten volle benutten* ausnutzen
uitbuiter Ausbeuter *m*
uitbuiting Ausbeutung *v*
uitbundig I *bnw* unbändig, ausgelassen **II** *bijw* ★ *~ lachen* ausgelassen lachen ★ *iem. ~ prijzen* jmdn. überschwänglich loben
uitbundigheid Überschwänglichkeit *v*
uitchecken auschecken
uitdagen herausfordern, ⟨provoceren⟩ provozieren ★ *iem. tot een duel ~* jmdn. zum Duell herausfordern
uitdagend herausfordernd, ⟨provocerend⟩ provokant
uitdager Herausforderer *m*
uitdaging Herausforderung *v* ★ *de ~ aannemen* die Herausforderung annehmen
uitdelen verteilen, austeilen ★ *onder de armen ~* an die Armen verteilen
uitdenken sich ausdenken, sich erdenken ★ *hij heeft dit plan uitgedacht* er hat sich diesen Plan ausgedacht / erdacht
uitdeuken ausbeulen
uitdienen ausdienen
uitdiepen ❶ *dieper maken* vertiefen ★ *de greppel ~* den Graben vertiefen ❷ fig *grondig uitwerken* vertiefen ★ *een rol ~* eine Rolle vertiefen
uitdijen sich ausdehnen, ⟨door vocht⟩ aufquellen
uitdoen ❶ *uittrekken* ausziehen ★ *zijn kleren ~* seine Kleider ausziehen ★ *zijn laarzen ~* seine Stiefel ausziehen ★ *doet u toch uw jas uit* legen Sie doch Ihren Mantel ab ❷ *uitdoven* ausmachen ★ *het licht ~* das Licht ausmachen
uitdokteren ausknobeln, austüfteln
uitdossen herausputzen
uitdraai Ausdruck *m*
uitdraaien I *ov ww* ❶ *uitdoen* ausdrehen, ausschalten, ausmachen, ⟨licht⟩ ausknipsen ❷ *printen* drucken **II** *on ww* ~ **op** hinauslaufen auf [+4] ★ *op niets ~* zu nichts führen ★ *waar zal dat op ~?* auf was wird das hinauslaufen?
uitdragen *verbreiden* verbreiten

ui

uitdrager Trödler *m*, Gebrauchtwarenhändler *m*
uitdragerij Trödelladen *m*
uitdrijven austreiben
uitdrogen *droog maken* austrocknen
uitdroging Austrocknung *v*
uitdrukkelijk ausdrücklich, nachdrücklich, mit Nachdruck, eigens
uitdrukken ❶ *uiten* ausdrücken, zum Ausdruck bringen ★ *zacht uitgedrukt* gelinde gesagt ❷ *door drukken leegmaken, uitdoven* ausdrücken ★ *een sigaret ~* eine Zigarette ausdrücken ★ *de tandpasta ~* die Zahnpasta ausdrücken ★ *een puistje ~* einen Pickel ausdrücken
uitdrukking ❶ *uiting* Ausdruck *m* ★ *~ geven aan* Ausdruck verleihen [+3] ★ *tot ~ brengen* zum Ausdruck bringen ★ *tot ~ komen in* in... zum Ausdruck kommen [+3] ❷ *gelaatsuitdrukking* ★ *een gezicht zonder ~* ein ausdrucksloses Gesicht ❸ *zegswijze* Redewendung *v*
uitduiden erklären
uitdunnen I *ov ww, dunner maken* ausdünnen **II** *on ww, dunner worden* sich lichten
uiteen auseinander
uiteenbarsten auseinanderplatzen, zerplatzen, zerspringen
uiteendrijven auseinandertreiben
uiteengaan auseinandergehen, sich trennen ★ *zij zijn uiteengegaan* sie sind auseinandergegangen, sie haben sich getrennt ★ *hier gaan onze wegen uiteen* hier trennen sich unsere Wege
uiteenlopen ❶ *niet dezelfde kant uitlopen* auseinanderlaufen ❷ *verschillen* auseinandergehen ★ *daarover lopen de meningen uiteen* darüber scheiden sich die Geister
uiteenvallen zerfallen, auflösen, auseinanderfallen
uiteenzetten *uitleggen* auseinandersetzen, darlegen
uiteenzetting Darlegung *v*, Erörterung *v* ★ *een duidelijke ~ van het probleem* eine deutliche Darlegung des Problems
uiteinde ❶ *uiterste einde* Ende *o* ❷ *afloop* Ende *o*, Ausgang *m* ▼ *een zalig ~ en een goed begin* ein glückliches Jahresende!
uiteindelijk letzten Endes, schließlich, letztendlich, letztlich ★ *~ heb ik het weer gedaan* am Ende kriege ich wieder die Schuld
uiten I *ov ww, uitdrukken* äußern, von sich geben ★ *zijn vreugde ~* seine Freude äußern **II** *wkd ww* [**zich ~**] ❶ *zich uitdrukken* sich ausdrücken, sich äußern ❷ *tot uitdrukking komen* sich ausdrücken, sich äußern
uitentreuren endlos, bis zum Überdruss
uiteraard selbstverständlich, natürlich
uiterlijk I *bnw, van buiten* äußerlich ★ *~e kenmerken* äußerliche Kennzeichen ★ *de ~e schijn* der äußere Schein **II** *bijw* ❶ *van buiten* von / nach außen, äußerlich ★ *~ was zij rustig* nach außen hin war sie ruhig ★ *~ is hij niets veranderd* äußerlich hat er sich gar nicht verändert ❷ *op zijn laatst* spätestens **III** *zn* [het], *voorkomen* Äußere(s) *o* ★ *naar zijn ~ te oordelen* nach seinem Äußeren zu urteilen ★ *dat is alleen maar voor het ~* das ist nur zum Schein
uitermate ungemein, überaus, außerordentlich, äußerst ★ *dat verheugt mij ~* das freut mich ungemein
uiterst I *bnw* ❶ *het meest verwijderd* äußerst ❷ *grootst, hoogst* äußerst ★ *zijn ~e best doen* sein Möglichstes / Bestes tun ★ *in het ~e geval* im äußersten Fall, schlimmstenfalls ❸ *laatst* äußerst ★ *een ~e poging* ein letzter Versuch **II** *bijw* in höchstem Maße, höchst, äußerst ★ *~ zeldzaam* höchst selten ★ *~ tevreden* in höchstem Maße zufrieden
uiterste *extreem* Extrem *o*, Äußerste(s) *o* ★ *de ~n raken elkaar* die Extreme berühren sich ★ *in ~n vervallen* in Extreme verfallen ★ *van het ene ~ in het andere vallen* von einem Extrem ins andere fallen ★ *iets tot het ~ drijven* etw. bis zum Äußersten / ins Extrem treiben ★ *iem. tot het ~ drijven* jmdn. zum Letzten treiben ★ *tot het ~ gaan* zum Äußersten gehen ★ *zich tot het ~ verdedigen* sich bis aufs Letzte verteidigen
uiterwaard Überschwemmungsraum *m*
uitfluiten auspfeifen
uitgaan ❶ *weggaan* hinausgehen, herausgehen ❷ *gaan stappen* ausgehen ❸ *leegstromen* ★ *de voorstelling gaat uit* die Vorstellung ist aus ❹ *doven* ausgehen ★ *het licht gaat uit* das Licht geht aus, das Licht erlischt ❺ **~ naar** *gericht zijn op* ★ *onze steun gaat naar de familie uit* unsere Unterstützung gilt der Familie, unser Beileid gilt der Familie ❻ **~ van** *als uitgangspunt nemen* ausgehen von
uitgaansavond Ausgangsabend *m*
uitgaanscentrum Ausgehviertel *o*, Vergnügungsviertel *o*, Vergnügungszentrum *o*
uitgaansgelegenheid Ausgangsmöglichkeit *v*
uitgaanskleding Ausgehkleidung *v*
uitgaansleven Nachtleben *o*
uitgaansverbod Ausgangssperre *v*, Ausgehverbot *o*
uitgang *doorgang* Ausgang *m*
uitgangspositie Ausgangsposition *v*
uitgangspunt Ausgangspunkt *m*, ⟨wetenschappelijk⟩ Ansatz *m*
uitgave ❶ *besteding* Ausgabe *v* ❷ *publicatie* Herausgabe *v*, Auflage *v*, Veröffentlichung *v* ❸ BN *keer dat iets georganiseerd wordt* Ausgabe *v*
uitgebalanceerd ausgeglichen
uitgeblust fig erschöpft, zermürbt, (sterbens)matt
uitgebreid I *bnw, ruim, groot* ⟨omvangrijk⟩ umfangreich, ⟨veelomvattend⟩ umfassend, ⟨uitvoerig⟩ ausführlich ★ *~e landgoederen* ausgedehnte(n) Güter ★ *een ~e kennis van iets hebben* umfassende Kenntnisse von einer Sache haben ★ *een ~ overzicht* eine ausführliche Übersicht **II** *bijw* ★ *zich ~ met iets bezig houden* sich eingehend / ausführlich mit etw. beschäftigen
uitgehongerd ausgehungert
uitgekiend ausgeklügelt
uitgekookt ausgekocht, gerissen
uitgelaten ausgelassen ★ *~ van blijdschap* außer sich vor Freude
uitgeleefd verwohnt
uitgeleide Geleit *o* ★ *iem. ~ doen* jmdn. hinausbegleiten / hinausgeleiten
uitgelezen erlesen

uitgemaakt ausgemacht, beschlossen
uitgemergeld ausgemergelt
uitgeput ❶ *doodmoe* erschöpft ❷ *verbruikt* ‹mijn / landbouwgrond› abgewirtschaftet, ‹voorraad› ausgegangen
uitgerekend I *bnw* ❶ *berekenend* berechnend, durchtrieben ❷ *zwangerschap* ★ *wanneer ben je ~?* wann ist es so weit? **II** *bijw, precies* gerade, ausgerechnet
uitgescheden [volt.dw.] → **uitscheiden**
uitgescheiden [volt.dw.] → **uitscheiden**
uitgeslapen *pienter* schlau, pfiffig, gerissen
uitgesloten ausgeschlossen, unmöglich
uitgesproken ausgesprochen, unverkennbar
uitgestorven ❶ *niet meer bestaand* ausgestorben ❷ fig *verlaten* ausgestorben
uitgestreken ★ *met een ~ gezicht* mit einer Unschuldsmiene, ohne eine Miene zu verziehen
uitgestrekt ausgedehnt, ‹lichaam› ausgestreckt
uitgestrektheid *omvang* Weite *v*, Ausdehnung *v*
uitgeteerd ausgezehrt
uitgeteld ❶ *bij boksen* k.o. ❷ *uitgeput* erschöpft, erledigt, inform k.o. ★ *hij is ~* er ist fix und fertig
uitgeven I *ov ww* ❶ *besteden* ausgeben ★ *geld ~ aan cd's* Geld für CDs ausgeben ❷ *publiceren* herausgeben, verlegen ❸ *in omloop brengen* ★ *aandelen ~* Aktien anbieten **II** *wkd ww* [**zich ~**] **~ voor** sich ausgeben als
uitgever ❶ *iem. die boeken uitgeeft* Verleger *m* ❷ *uitgeverij* Verlag *m*
uitgeverij ‹zaak› Verlag *m*, ‹branche› Verlagswesen *o*
uitgewerkt ❶ *niet meer werkend* wirkungslos ★ *een ~e vulkaan* ein erloschener Vulkan ★ *de verdoving is ~* die Narkose wirkt nicht mehr ❷ *vervolledigd* ausgearbeitet ★ *een ~ plan* ein ausgearbeiteter Plan
uitgewoond verwohnt
uitgezakt zusammengefallen, ‹van kleding› ausgebeutelt
uitgezocht prächtig, erlesen
uitgezonderd bis auf [+4], außer [+3], ausgenommen ★ *~ mijn vader* außer mein Vater, mein Vater ausgenommen
uitgifte *het uitgeven* ‹boeken / teksten› Herausgabe *v*, ‹goederen, waardepapier› Ausgabe *v*, ‹waardepapier› Emission *v*
uitgiftekoers Ausgabekurs *m*
uitglijden *door glijden vallen* ausrutschen, ausgleiten
uitglijder Ausrutscher *m*, Schnitzer *m*
uitgooien *werpen uit* auswerfen, abwerfen
uitgraven *opgraven* ausgraben
uitgroeien ❶ *uitkomen boven* hinauswachsen über [+4] ★ *daar ben ik boven uitgegroeid* ich bin darüber hinausgewachsen ❷ **~ tot** sich entwickeln zu
uitgummen ausradieren
uithaal ❶ *beweging* Ausholen *o* ★ *met een ~ gooien* weit ausholend werfen ❷ *langgerekte toon* Dehnung *v*, Seitenhieb *m*, Hieb *m*
uithalen I *ov ww* ❶ *uitnemen, weghalen* herausholen ★ *er ~ wat erin zit* herausholen, was drin ist ★ *je haalt hem er onmiddellijk uit* man erkennt ihn sofort ★ *het haalt niets uit* es nützt nichts, es führt zu nichts ❷ *uitspoken* anstellen ★ *streken ~* Streiche spielen ★ *wat heb je nu weer uitgehaald?* was hast du jetzt wieder angestellt? ★ *dat moet je met mij niet ~* das darfst du bei mir nicht versuchen **II** *on ww* ❶ *arm / been uitslaan* ausholen ★ *één keer goed ~* einmal kräftig ausholen ❷ fig *uitvaren* schimpfen (**tegen** auf) [+4], ausfahren ★ *tegen iem. ~* gegen jmdn. ausfahren
uithangbord Aushängeschild *o*
uithangen I *ov ww* ❶ *buiten ophangen* aufhängen, aushängen ★ *de vlag ~* die Fahne aus- / heraus- / hinaushängen ❷ *zich gedragen als* herauskehren, spielen ★ *de held ~* den Helden spielen, inform einen auf Held machen ★ *de clown ~* den Clown spielen ★ *de grote meneer ~* sich wichtig machen **II** *on ww* ❶ *breeduit hangen* aushängen, heraushängen ★ fig *het hangt me de keel uit* es hängt mir zum Hals heraus ❷ *verblijven* stecken, sich aufhalten
uitheems ausländisch, exotisch, ‹zeden / gewoonten› fremd, ‹zeden / gewoonten› fremdländisch
uithoek entlegene(r) Ort *m*, entlegene(r) Winkel *m* ★ *in een ~ wonen* am Ende der Welt wohnen ★ *tot in de verste ~en* bis in die entlegendsten Winkel
uithollen ❶ *hol maken* aushöhlen, auskehlen ❷ *ontkrachten* aushöhlen
uitholling Aushöhlung *v*
uithongeren aushungern
uithoren ❶ *tot einde luisteren* zu Ende hören ❷ *uitvragen* ausfragen, aushorchen
uithouden *volhouden* aushalten
uithoudingsvermogen Ausdauer *v*
uithuilen sich ausweinen, inform sich ausheulen
uithuizig unterwegs, außer Haus ★ *hij is ~* er ist außer Haus ★ *zij is vaak ~* sie ist oft unterwegs
uithuwelijken verheiraten ★ *iem. ~ aan iem.* jmdn. mit jmdm. / an jmdn. verheiraten
uiting ❶ *het uiten* Äußerung *v* ★ *~ geven aan zijn dank* seinen Dank äußern, seinem Dank Ausdruck geben ★ *tot ~ komen in* seinen Ausdruck finden in [+3], zum Ausdruck kommen in [+3] ❷ *wat geuit wordt* Ausdruck *m*
uitje *uitstapje* Ausflug *m*
uitjouwen ausbuhen
uitkafferen beschimpfen, zusammenstauchen
uitkammen ❶ *uit de knoop kammen* durchkämmen ❷ fig *doorzoeken* ★ *de buurt ~* passer le quartier au peigne fin
uitkeren auszahlen, ‹dividend› ausschütten
uitkering ❶ *het uitkeren* Auszahlung *v*, ‹van dividend› Ausschüttung *v* ❷ *geldsom* ‹ondersteuning› Unterstützung *v*, ‹door sociale verzekering› Leistung *v* ★ *~ voor werkeloosheid* Arbeitslosengeld *o*, Arbeitslosenhilfe *v* ★ *een sociale ~ krijgen* Sozialhilfe bekommen
uitkeringsfraude Sozialhilfebetrug *m*
uitkeringsgerechtigd jur unterstützungsberechtigt, sozialhilfeberechtigt
uitkeringsgerechtigde jur Sozialhilfeberechtigte(r) *m*, Unterstützungsberechtigte(r) *m*
uitkeringstrekker Empfänger *m* staatlicher Unterstützung
uitkienen ausklügeln, ausknobeln

ui

uitkiezen auswählen, ⟨van personen⟩ auserwählen
uitkijk *uitkijkpost* Beobachtungsposten *m* ★ *op de ~ staan* Ausschau halten, Schmiere stehen
uitkijken I *on ww* ❶ *uitzicht geven op* Aussicht haben auf [+4] ★ *deze kamer kijkt uit op de tuin* dieses Zimmer geht auf den Garten ★ *wij kijken op zee uit* wir haben Aussicht aufs Meer ❷ *oppassen* aufpassen, Acht geben ★ *kijk uit!* pass auf!, gib Acht!, Vorsicht! ★ *~ bij het oversteken!* Vorsicht beim Überqueren der Straße! ★ *je moet goed ~* du musst gut aufpassen ★ *niet goed ~* nicht gut aufpassen ★ *ik kijk wel uit!* ich werde mich hüten! ❸ *zoeken* Ausschau halten, sich umsehen ★ *naar een baan ~* sich nach einer Stelle umsehen ★ *naar iem. ~* nach jmdm. Ausschau halten ❹ *verlangen naar* sich freuen auf [+4] ★ *naar de vakantie ~* sich auf die Ferien freuen ❺ *klaar zijn met kijken* ★ *uitgekeken zijn op iets* sich an etw. sattgesehen haben ★ *hij raakte er niet op uitgekeken* es langweilte ihn nie ★ *op iem. uitgekeken zijn* jegliches Interesse an jmdm. verloren haben II *ov ww, tot het einde bekijken* zu Ende sehen
uitkijkpost Spanner *m*, Beobachtungsposten *m*, inform Ausguck *m*
uitkijktoren Aussichtsturm *m*
uitklapbaar ausklappbar
uitklappen I *ov ww, naar buiten opendoen* ausklappen, ⟨papier enz.⟩ auseinanderfalten II *on ww, naar buiten opengaan* sich ausklappen lassen
uitklaren abfertigen, scheepv ausklarieren
uitklaring econ Abfertigung *v*
uitkleden ❶ *ontkleden* entkleiden, ausziehen ★ *zich ~* sich entkleiden, med sich frei machen ❷ *arm maken* ausnehmen
uitkloppen *kloppend schoonmaken* ausklopfen
uitknijpen auspressen, ausquetschen, ⟨puistjes⟩ ausdrücken
uitknippen ❶ *uitschakelen* ★ *het licht ~* das Licht ausknipsen / ausschalten ❷ *met schaar uitnemen* ausschneiden
uitkomen ❶ *tevoorschijn komen* herauskommen ★ *de knoppen komen uit* die Knospen kommen heraus ★ *de eitjes komen uit* die Küken schlüpfen aus ★ *wanneer komt haar roman uit?* wann kommt ihr Roman heraus? ★ *zijn nieuwe boek komt volgende maand uit* sein neues Buch kommt nächsten Monat heraus ★ *het geheim kwam uit* das Geheimnis wurde gelüftet ★ *de kleuren kwamen goed uit* die Farben kamen gut heraus ★ *in deze jurk kwam haar figuur goed uit* dieses Kleid ließ ihre Figur zur Geltung kommen ★ *mijn stem kwam niet boven het lawaai uit* meine Stimme konnte den Lärm nicht übertönen ★ *voor zijn mening ~* zu seiner Meinung stehen ★ *er rond voor ~ dat...* voll und ganz zugeben, dass... ❷ *terechtkomen* landen ★ *de straat komt uit op een drukke weg* die Straße führt auf eine vielbefahrene Straße ★ *op hetzelfde punt ~* am gleichen Punkt ankommen ★ *in het park ~* im Park landen ❸ *(als) resultaat hebben* sich ergeben ★ *dat komt goedkoper uit* das wird billiger ★ *het kwam heel anders uit* es ergab sich ganz anders ★ *mijn wens kwam uit* mein Wunsch ging in Erfüllung ★ *de berekening komt uit* die Berechnung geht auf ★ *ik kom er niet uit* ich finde keine Lösung ★ *hij komt niet uit met zijn salaris* er kommt mit seinem Gehalt nicht aus ❹ *gelegen komen* passen [+3] ★ *dat komt goed uit* das trifft sich gut ★ *dat komt me niet goed uit* dass passt mir nicht gut
uitkomst ❶ *resultaat* Resultat *o*, Ergebnis *o* ❷ *oplossing* Lösung *v*
uitkopen *afkopen* abfinden, auszahlen ★ *iem. ~* jmdn. abfinden / auszahlen
uitkotsen fig auskotzen, fig verabscheuen
uitkramen schwatzen ★ *onzin ~* Stuss reden, Unsinn / Blödsinn reden
uitkristalliseren *kristalliseren* (sich) auskristallisieren
uitlaat ❶ *opening* Auslass *m*, ⟨auto⟩ Auspuff *m* ❷ *uitingsmogelijkheid* Ventil *o*
uitlaatgas Auspuffgas *o*, Abgas *o*
uitlaatklep techn Ventil *o*
uitlachen auslachen ★ *iem. in zijn gezicht ~* jmdm. ins Gesicht auslachen
uitladen ausladen, scheepv löschen, ⟨voertuigen⟩ entladen
uitlaten I *ov ww, naar buiten laten gaan* hinauslassen ★ *de hond ~* den Hund ausführen / spazieren führen ★ *iem. ~* jmdn. hinausbegleiten II *wkd ww* [zich ~] ~ **over** sich auslassen über [+4], sich äußern zu [+3] ★ *zich zeer gunstig over iem. ~* sich sehr positiv über jmdn. auslassen / äußern ★ *daar wil ik mij niet over ~* darüber will ich mich nicht weiter äußern ★ *hij laat zich niet daarover uit* er äußert sich nicht dazu, er lässt sich nicht darüber aus
uitlating Äußerung *v* ★ *uit bepaalde ~en begrijpen dat...* bestimmten Worten / Äußerungen entnehmen, dass...
uitleentermijn Leihfrist *v*
uitleg ❶ *verklaring* Erklärung *v*, ⟨interpretatie⟩ Interpretation *v*, ⟨geanalyseerde verklaring⟩ Auslegung *v* ★ *een ~ geven aan iem.* jmdm. eine Erklärung geben ★ *een ~ geven voor iets* für etw. eine Erklärung geben ★ *een nadere ~ geven* etw. erläutern ❷ *interpretatie* Auslegung *v* ★ *dit is voor velerlei ~ vatbaar* das ist mehrdeutig ★ *dit is voor tweeërlei ~ vatbaar* das ist doppeldeutig / zweideutig
uitlegbaar ⟨verklaarbaar⟩ erklärbar
uitleggen ❶ *verklaren* darlegen, erläutern, deuten, erklären ★ *leg me dat maar eens uit* erklär mir das doch mal ❷ *uitspreiden* auslegen ❸ handwerken auslassen
uitlekken ❶ *bekend worden* durchsickern ❷ *uitdruipen* abtropfen ★ *de sla laten ~* den Salat abtropfen lassen
uitlenen ausleihen, ⟨tegen betaling⟩ verleihen
uitleven [zich ~] sich ausleben, ⟨kinderen⟩ sich austoben
uitleveren ausliefern
uitlevering Auslieferung *v*
uitleveringsverdrag Auslieferungsvertrag *m*
uitleveringsverzoek Auslieferungsantrag *m*
uitlezen *tot aan het eind lezen* auslesen, zu Ende lesen
uitlichten ❶ audio-vis beleuchten ❷ fig *optillen uit* herausheben

ui

uitlijnen auswuchten
uitloggen comp ausloggen
uitlokken *provoceren* provozieren, reizen, herbeiführen, ‹protest› hervorrufen ★ *een ongeluk* ~ ein Unglück herbeiführen
uitlokking Provokation *v*
uitloop ❶ *marge* Auslauf *m* ❷ *monding* Mündung *v*
uitlopen ❶ *lopend uitgaan* zu Ende laufen / gehen, gehen aus, scheepv auslaufen ★ *zij liep de straat uit* sie lief die Straße hinunter ★ *zij liep de kamer uit* sie lief aus dem Zimmer ❷ *uitkomen* auslaufen ❸ plantk *gaan groeien* ausschlagen, auslaufen ❹ *vlekkerig worden* ‹make-up› zerlaufen, ‹verf› auslaufen ❺ *voorsprong nemen* einen Vorsprung vergrößern ❻ *langer duren* länger dauern, sich in die Länge ziehen ★ *de voorstelling liep uit* die Vorstellung dauerte länger ❼ ~ **op** *leiden tot* führen zu, hinauslaufen auf ★ *het liep op niets uit* das läuft auf nichts hinaus, dabei kommt nichts heraus, es führte zu nichts
uitloper ❶ *uitgroeisel* Ausläufer *m* ❷ *randgebergte* Ausläufer *m*
uitloten ❶ *lotnummer trekken* auslosen ❷ *uitsluiten door loting* auslosen
uitloting Auslosung *v*
uitloven aussetzen
uitluiden ausläuten ★ *het oude jaar* ~ das alte Jahr ausläuten
uitmaken ❶ *beslissen* entscheiden ★ *een uitgemaakte zaak* eine ausgemachte Sache ★ *maak dat samen maar uit* macht das nur untereinander aus ❷ *vormen* ausmachen, bilden ★ *dit schilderij maakt deel uit van een collectie* dieses Gemälde ist Teil einer Kollektion ★ *deze heren maken het bestuur uit* diese Herren bilden den Vorstand ❸ *betekenen* ausmachen ★ *dat maakt niets uit* das ist egal ❹ *doven* ★ *het vuur* ~ das Feuer löschen / ausmachen ❺ *doen ophouden* lösen, ausmachen ★ *het* ~ *met iem.* Schluss machen mit jmdm. ★ *hij heeft het uitgemaakt met zijn vriendin* er hat mit seiner Freundin Schluss gemacht ★ *een relatie* ~ eine Beziehung beenden, inform Schluss machen ❻ ~ **voor** beschimpfen, nennen ★ *iem.* ~ *voor alles wat lelijk is* jmdn. mit Schimpfworten überschütten, jmdn. fürchterlich beschimpfen ★ *iem. voor leugenaar* ~ jmdn. einen Lügner nennen
uitmelken ❶ *leegmelken* ausmelken ❷ fig *eindeloos behandelen* totreiten ★ *een onderwerp* ~ ein Thema totreiten ❸ fig *armer maken* ausbluten lassen ★ *iem. helemaal* ~ jmdn. völlig ausbluten lassen
uitmesten ausmisten
uitmeten ❶ *maat nemen van* ausmessen ❷ *uitvoerig noemen* schildern, ausmalen ★ *iets breed* ~ viel Aufhebens von etw. machen, einen aufs Dach bekommen
uitmonden münden in
uitmonsteren ❶ *uitrusten* ausrüsten ❷ *uitdossen* herausstaffieren, herausputzen, min aufdonnern
uitmoorden niedermetzeln, morden
uitmunten überlegen sein, sich auszeichnen vor [+3], hinausragen ★ *boven anderen* ~ über andere hinausragen, anderen überlegen sein
uitmuntend hervorragend, ausgezeichnet, ‹wijn / eten› vorzüglich
uitneembaar herausnehmbar
uitnemend exzellent
uitnodigen ❶ *vragen te komen, mee te gaan* einladen, bitten ★ *iem. op een feest* ~ jmdn. zu einem Fest einladen ★ *een dame voor een dans* ~ eine Dame zum Tanz auffordern ❷ *verlokken* ★ *dit mooie weer nodigt uit tot zwemmen* dieses schöne Wetter lädt zum Schwimmen ein
uitnodiging Einladung *v* ★ *een* ~ *aanvaarden / afslaan* eine Einladung annehmen / ablehnen
uitoefenen ❶ *bedrijven* betreiben ★ *zij oefent een zelfstandig beroep uit* sie arbeitet freiberuflich ❷ *doen gelden* ausüben ★ *invloed op iets* ~ auf etw. einwirken, etw. beeinflussen ★ *kritiek* ~ Kritik üben
uitpakken **I** *ov ww, uit verpakking halen* auspacken **II** *on ww* ❶ *aflopen* ausgehen ❷ *gul zijn* aufwarten, großen Aufwand treiben für die Hochzeit kräftig in die Tasche greifen, eine aufwendige Hochzeit feiern
uitpersen ❶ *leegpersen* auspressen ❷ *uitbuiten* ausnehmen
uitpluizen ❶ *uitrafelen* aufdröseln ❷ fig *uitzoeken* auf den Grund gehen, nachspüren ★ *de zaak* ~ der Sache auf den Grund gehen, der Sache nachspüren
uitpraten **I** *ov ww, oplossen* sich aussprechen **II** *on ww, ten einde praten* ausreden ★ *uitgepraat zijn* ausgeredet haben, mit seinem Latein am Ende sein
uitprinten ausdrucken
uitproberen ausprobieren
uitpuffen (sich) verschnaufen
uitpuilen ‹overvol› überquellen, ‹naar buiten staan› hervorstehen ★ ~*de ogen* Froschaugen
uitputten ❶ *moe maken* erschöpfen, auslaugen ❷ *opmaken* ausschöpfen
uitputting *het moe maken / zijn* Erschöpfung *v*
uitputtingsslag ❶ mil *gevecht* Zermürbungsschlacht *v* ❷ fig *uitputtende bezigheid* Zermürbungsschlacht *v*
uitpuzzelen ausknobeln
uitrangeren ausrangieren ★ *iem.* ~ jmdn. kaltstellen, jmdn. aufs tote Gleis schieben
uitrazen sich austoben ★ *laat hem maar even* ~ lass ihn sich austoben
uitreiken überreichen, ‹paspoort› ausstellen, ‹prijs› aushändigen, ‹lintje› verleihen
uitreiking Aushändigung *v*, ‹prijs› Verleihung *v*, ‹plechtig› Überreichung *v*
uitreisvisum Ausreisevisum *o*
uitrekenen ausrechnen, berechnen
uitrekken strecken, ‹spieren› dehnen ★ *zich* ~ sich recken
uitrichten ausrichten
uitrijden *tot het einde toe rijden* zu Ende fahren
uitrijstrook Ausfahrtspur *v*, Verzögerungsspur *v*
uitrijverbod Ausfahrtverbot *o*
uitrijzen emporragen über [+4] ▼ *dat rijst de pan uit* das schießt ins Kraut
uitrit Ausfahrt *v*
uitroeien ausrotten
uitroeiing Ausrottung *v*
uitroep Ausruf *m*, Schrei *m*

uitroepen ❶ *roepend zeggen* ausrufen ❷ *afkondigen* ausrufen
uitroepteken Ausrufezeichen *o*
uitroken *verdrijven* ausräuchern
uitruimen ausräumen
uitrukken I *ov ww, los trekken* (her)ausreißen II *on ww, erop uitgaan* ausrücken
uitrusten I *ov ww, toerusten* ausstatten, ausrüsten II *on ww, rusten* sich ausruhen, verschnaufen, sich erholen
uitrusting Ausrüstung *v*
uitschakelen ❶ *buiten werking stellen* ★ *de motor ~* den Motor abschalten / abstellen ❷ *elimineren* ausschalten ★ *in de wedstrijd uitgeschakeld worden* im Wettkampf ausscheiden ★ *iem. ~* jmdn. erledigen
uitschakeling ❶ *het buiten werking stellen* Ausschaltung *v*, Eliminierung *v* ❷ *het elimineren* Ausscheiden *o*
uitscheiden I *ov ww, afscheiden* ausscheiden II *on ww, ophouden* aufhören [+ inf.] ★ *wij scheiden ermee uit!* wir machen Schluss!
uitscheiding Ausscheidung *v*
uitscheidingsorgaan Ausscheidungsorgan *o*
uitschelden beschimpfen ★ *iem. voor leugenaar ~* jmdn. als Lügner beschimpfen, jmdn. Lügner schimpfen ★ *hij heeft me uitgescholden* er hat mich beschimpft
uitschieten I *ov ww, haastig uittrekken* abwerfen, fahren aus ★ *zijn jas ~* aus seinem Mantel fahren, seinen Mantel abwerfen II *on ww* ❶ *onbeheerst bewegen* ausrutschen ❷ *uitspruiten* ausschlagen ❸ *heftig uitvallen* anfahren, anherrschen ★ *tegen iem. ~* jmdn. anfahren
uitschieter Schwankung *v*
uitschijnen ▾ BN *(aan) iem. iets laten ~* jemandem etwas durchblicken lassen
uitschot Abschaum *m*
uitschrijven ❶ *uitwerken* ausschreiben ❷ *invullen, ondertekenen* ausstellen, ausschreiben ❸ *afkondigen* einberufen ★ *een prijsvraag ~* ein Preisausschreiben veranstalten ★ *een vergadering ~* eine Versammlung einberufen ★ *verkiezingen ~* Wahlen ansetzen ❹ *schrappen* austragen
uitschudden ❶ *schoonschudden* ausschütteln ❷ fig *beroven* ausplündern
uitschuifbaar ausziehbar
uitschuifladder Ausziehleiter *v*
uitschuiven *vergroten* ausziehen
uitschuiver BN Ausrutscher *m*, Schnitzer *m*
uitserveren ❶ *opdienen* servieren ❷ sport ins Aus schlagen
uitslaan I *ov ww* ❶ *uitkloppen* herausschlagen ★ *het tafelkleed ~* die Tischdecke ausklopfen ❷ *plat maken* ★ *een deuk ~* ausbeulen ❸ *naar buiten bewegen* ausbreiten, spreizen ★ *de vleugels ~* die Flügel ausbreiten ❹ *uitkramen* reden, von sich geben ★ *onzin ~* dummes Zeug schwatzen, inform Stuss reden ★ *grove taal ~* mit Kraftausdrücken sprechen II *on ww* ❶ *naar buiten komen* herausschlagen ★ *~de brand* Großfeuer *o* ❷ *uitslag krijgen* mit Schimmel anlaufen ★ *de muur was groen uitgeslagen* die Wand war mit grünem Schimmel bedeckt
uitslaapkamer med Ausschlafraum *m*
uitslag ❶ *plek* Ausschlag *m* ★ *~ aan het plafond* Schimmel an der Decke ❷ *afloop* Ergebnis *o*, Resultat *o*, med Befund *m* ★ *de ~ van het examen* das Prüfungsergebnis
uitslapen ausschlafen
uitsloven [zich ~] sich abquälen, sich abmühen, inform sich abrackern
uitslover Streber *m*, vulg Arschkriecher *m*
uitsluiten ❶ *buitensluiten* ausschließen, ⟨van stakers⟩ aussperren ❷ *onmogelijk achten* ausschließen
uitsluitend ausschließlich
uitsluiting Ausschluss *m*, ⟨situaties / zaken⟩ Ausschließung *v* ★ *met ~ van* außer [+3], ausschließlich [+2]
uitsluitsel *beslissend antwoord* Aufschluss *m*
uitsmeren ❶ *smerend uitspreiden* verstreichen, aufstreichen ❷ *verdelen* verteilen ★ *we moeten het over dit jaar ~* wir müssen es über dieses Jahr verteilen
uitsmijter ❶ *persoon* Rausschmeißer *m* ❷ *gerecht* stramme(r) Max *m* ❸ *slotnummer* Kehraus *m*
uitsnijden ❶ *wegsnijden* (her)ausschneiden ❷ *door snijden vormen* ausschnitzen
uitspannen ❶ *uitstrekken* ausspannen ❷ *uit gareel losmaken* ausspannen
uitspanning ❶ *herberg* Ausflugslokal *o* ❷ *ontspanning* Ausspannung *v*, Erholung *v*
uitspansel Firmament *o*
uitsparen ❶ *open laten* aussparen ❷ *besparen* ersparen
uitsparing ❶ *besparing* Einsparung *v* ❷ *opengelaten plek* Aussparung *v*
uitspatting Exzess *m*
uitspelen ❶ *tot het eind spelen* zu Ende spielen ❷ *in het spel brengen* ausspielen ❸ *manipuleren* ausspielen ★ *twee mensen tegen elkaar ~* zwei Leute gegeneinander ausspielen
uitsplitsen ❶ *selecteren* aufteilen, aufschlüsseln ★ *naar leeftijd ~* nach (dem) Alter aufteilen ❷ *ontleden* verteilen, zergliedern
uitspoelen ausspülen, auswaschen
uitspoken treiben, anstellen ★ *wat hebben jullie uitgespookt* was habt ihr angestellt?, inform was habt ihr ausgefressen?
uitspraak ❶ *wijze van uitspreken* Aussprache *v* ❷ *bewering, mening* Äußerung *v*, Aussage *v* ★ *daar wil ik geen uitspraken over doen* dazu möchte ich mich nicht äußern ❸ jur Urteil *o* ★ *~ doen (over)* ein Urteil verkünden (zu) [+3] ★ *~ doen in een zaak* in einer Sache ein Urteil verkünden ★ *de rechterlijke ~* der Richterspruch ★ *de ~ is maandag* die Urteilsverkündung ist am Montag
uitspreiden ausbreiten, ⟨benen⟩ spreizen ★ *het zaad over het grasveld ~* das Saatgut über den Rasen verteilen
uitspreken I *ov ww* ❶ *sprekend uiten* aussprechen ★ *de wens ~ dat* den Wunsch äußern, dass ❷ *articuleren* aussprechen ★ *duidelijk ~* deutlich aussprechen ★ *hoe spreek je dat uit?* wie spricht man das aus? ❸ *bekendmaken* aussprechen ★ *een vonnis ~* ein Urteil verkünden ★ *het gerecht sprak de doodstraf over hem uit* das Gericht sprach die Todesstrafe gegen ihn aus ★ *zijn veto over iets ~* in einer Sache Veto einlegen II *on ww, ten einde spreken*

ausreden, aussprechen **III** *wkd ww* [**zich** ~] sich aussprechen
uitspringen ❶ *uitsteken* vorspringen ★ wisk *een ~de hoek* ein vorspringender Winkel ❷ *opvallen* auffallen
uitspugen ausspucken
uitspuiten ‹van oren› ausspülen
uitspuwen ausspucken, form ausspeien ★ *zijn gal over iets ~* Gift und Galle wegen etw. spucken
uitstaan I *ov ww, dulden* vertragen, ertragen, ausstehen ★ *iem. niet kunnen ~* jmdn. nicht leiden können ★ *ik kan hem niet ~* ich kann ihn nicht ausstehen, ich mag ihn nicht leiden **II** *on ww* ❶ *uitsteken* abstehen, nach außen stehen ★ *hij heeft ~de oren* er hat abstehende Ohren ❷ *uitgeleend zijn* ausstehen ★ *~ tegen 8%* sich zu 8% verzinsen, zu 8% verzinst werden ❸ *te maken hebben* ★ *ik heb niets met je uit te staan* ich habe nichts mit dir zu schaffen ★ BN *geen ~s hebben met* nichts zu tun haben mit
uitstalkast Schaukasten *m*
uitstallen ausstellen, zur Schau stellen
uitstalling Auslage *v*
uitstalraam BN Schaufenster *o*
uitstapje *pleziertochtje* Ausflug *m* ★ *~s maken* Ausflüge machen
uitstappen aussteigen
uitsteeksel ‹muur› Vorsprung *m*, ‹uitstekende punt› Spitze *v*
uitstek ▼ *bij ~* wie kein anderer, wie keine andere
uitsteken I *ov ww* ❶ *naar buiten, naar voren steken* hinausstrecken, herausstrecken, ausstrecken ★ *de vlag ~* die Fahne aushängen ★ *zijn hand ~ naar iem.* die Hand ausstrecken ❷ *eruit steken* ausstechen **II** *on ww* ❶ *naar buiten / vooruit steken* hervorspringen, ‹van spreker af› hinausragen, ‹naar spreker toe› herausragen ★ *de punt steekt uit* die Spitze ragt heraus / hinaus ❷ ~ **boven** abstehen ★ *hoog ~ boven* ook fig weit hinausragen über [+4] ook fig weit überragen
uitstekend *naar buiten stekend* hervorspringend
uitstekend *heel goed* ausgezeichnet, hervorragend
uitstel Aufschub *m* ★ *~ van betaling* Stundung *v*, Zahlungsaufschub *m* ★ *~ van executie* Gnaden- / Galgenfrist *v* ★ *zonder ~* unverzüglich ★ *~ verlenen* Aufschub gewähren ★ *~ vragen* um Aufschub bitten
uitstellen aufschieben, verschieben, hinauszögern
uitsterven aussterben
uitstijgen boven herausragen ★ *niet boven de middelmaat ~* über das Mittelmaß nicht hinauskommen
uitstippelen abstecken ★ *een route ~* eine Strecke festlegen ★ *een plan ~* einen Plan entwickeln / konzipieren
uitstoot *wat wordt uitgestoten* Ausstoß *m*
uitstorten ❶ *legen* ergießen ❷ *uiten* ausschütten ★ *zijn hart ~* sein Herz ausschütten, seinem Herzen Luft machen
uitstoten ❶ *stotend verwijderen* herausstoßen ★ *een raam ~* ein Fenster herausstoßen ❷ *uiten* ausstoßen ❸ *verstoten* ausstoßen ★ *haar vrienden hebben haar uitgestoten* ihre Freunde haben sie ausgestoßen ❹ *lozen* ausstoßen
uitstralen *als stralen uitzenden* ausstrahlen
uitstraling natk Ausstrahlung *v*
uitstrekken I *ov ww* ❶ *voluit strekken* ausstrecken ★ *de armen naar iem. ~* jmdm. die Arme entgegenstrecken ❷ *doen gelden* ausweiten ★ *zijn macht ~* seine Macht ausweiten **II** *wkd ww* [**zich** ~] *bepaalde oppervlakte innemen* sich erstrecken
uitstrijken *uitsmeren* ausstreichen
uitstrijkje med Abstrich *m*
uitstromen ❶ *naar buiten stromen* herausströmen ❷ *uitmonden* strömen in [+4]
uitstroming Ausströmen *o*, Output *m*
uitstrooien ❶ *strooien* ausstreuen ❷ *overal vertellen* verbreiten, ausstreuen ★ *praatjes ~* Gerüchte in Umlauf bringen, Gerüchte verbreiten / ausstreuen
uitstulping Ausstülpung *v*
uitsturen aussenden, ausschicken ★ *iem. op verkenning ~* jmdn. etw. auskundschaften lassen, jmdn. zur Erkundung ausschicken
uittekenen zeichnen ★ *ik kan deze plek wel ~* ich kenne diese Stelle wie meine Westentasche
uittesten austesten, ‹uitproberen› ausprobieren
uittikken tippen
uittocht Auszug *m*
uittrap sport Abstoß *m*, Abschlag *m*
uittreden *ophouden lid / werknemer te zijn* austreten, ausscheiden ★ *vervroegd ~* in den vorzeitigen Ruhestand treten, vorzeitig in Rente gehen ★ *als priester ~* als Priester aus dem Amt scheiden
uittreding Ausscheiden *o*, Austritt *m*
uittrekken I *ov ww* ❶ *uitdoen* ausziehen ★ *kleren ~* Kleider ausziehen ❷ *verwijderen* herausziehen ★ *onkruid ~* Unkraut jäten ★ *een splinter ~* einen Splitter herausziehen ❸ *naar buiten trekken* ausziehen ★ *een lade ~* eine Schublade aufziehen ★ *de tafel ~* einen Tisch ausziehen ❹ *bestemmen* einplanen ★ *tijd ~ voor* Zeit einplanen für [+4] ★ *geld voor iets ~* Geld für etw. einplanen **II** *on ww, weggaan* losziehen ★ *erop ~ om...* losziehen, um...
uittreksel ❶ *certificaat* ★ *~ uit het geboorteregister* Auszug *m* vom Einwohnermeldeamt ❷ *samenvatting* Auszug *m* ❸ BN *dagafschrift* Kontoauszug *m*
uittypen tippen
uitvaagsel Abschaum *m*, Auswurf *m*
uitvaardigen ‹arrestatiebevel› ausstellen, ‹sancties / uitgaansverbod› verhängen, ‹bevelen / orders› erlassen
uitvaart Beerdigung *v*, ‹plechtigheid› Beisetzung *v*
uitvaartcentrum Trauerhalle *v*, Begräbnisunternehmen *o*, Begräbnisinstitut *o*, Beerdigungsinstitut *o*
uitvaartdienst Totenmesse *v*, Totenamt *o*, Seelenamt *o*
uitvaartstoet Trauerzug *m*, Leichenzug *m*
uitvaartverzekering Sterbegeldversicherung *v*
uitval ❶ *het wegvallen* Ausfall *m* ❷ *het loslaten* Ausfall *m* ❸ *boze uiting* Ausfall *m* ❹ sport Ausfall *m* ❺ mil Ausfall *m*

uitvallen ❶ *wegvallen* ausfallen, sport ausscheiden ❷ *loslaten* ausfallen ❸ *boos spreken* anfauchen, anfahren ★ *tegen iem.* ~ jmdn. anfauchen / anherrschen ★ *hij viel me toch uit* er ist vielleicht losgeplatzt ❹ mil einen Ausfall machen ❺ *als resultaat hebben* ausfallen, geraten ★ *goed* ~ gut ausfallen ★ *slecht* ~ schlecht ausfallen ★ *het is klein uitgevallen* es ist klein geraten ★ *hij is niet bang uitgevallen* er ist nicht ängstlich
uitvalsbasis ❶ *uitgangspunt* ‹m.b.t. activiteiten› Aktionsbasis *v* ❷ mil Ausfallsbasis *v*
uitvalsweg Ausfallstraße *v*
uitvaren ❶ *naar buiten varen* auslaufen ❷ *boos uitvallen* toben, wettern ★ *tegen iem.* ~ jmdn. anfahren
uitvechten ‹met woorden› ausfechten, ‹strijd› austragen ★ *dat moeten zij onderling* ~ das müssen sie untereinander ausmachen / ausfechten
uitvegen ❶ *schoonvegen* auskehren, ausfegen ❷ *uitwissen* auswischen
uitvergroten vergrößern
uitvergroting Vergrößerung *v*
uitverkocht ❶ *niet meer te koop* ★ *het boek is* ~ das Buch ist vergriffen ❷ *vol* ausverkauft ★ *een ~e zaal* ein ausverkauftes Haus
uitverkoop Ausverkauf *m* ★ *totale* ~ Räumungsverkauf *m*
uitverkoren auserwählt
uitverkorene Auserwählte(r) *m-v*
uitvinden ❶ *uitdenken* erfinden ❷ *te weten komen* herausfinden
uitvinder Erfinder *m*
uitvinding Erfindung *v*
uitvissen herauskriegen
uitvlakken ausradieren ▼ *dat moet je niet* ~ du solltest das zu würdigen wissen
uitvliegen ❶ *wegvliegen* ausfliegen ❷ BN *tekeergaan* rasen, toben, wüten
uitvloeisel Folge *v*
uitvlooien ausdenken, ausknobeln
uitvlucht Ausflucht *v*, Ausrede *v* ★ *goedkope ~en* faule / billige Ausreden ★ *geen ~en alsjeblieft!* nur keine Ausreden!
uitvoegen sich ausfädeln
uitvoegstrook Ausfädelungsspur *v*
uitvoer ❶ *uitvoering* Ausfuhr *v* ★ *ten* ~ *brengen* ausführen ❷ *export* Export *m* ❸ comp Output *m*
uitvoerbaar ausführbar, machbar
uitvoerbelasting Ausfuhrzoll *m*, Ausfuhrsteuer *v*
uitvoerder ‹bouwkunde› Bauleiter *m*, ‹vonnis / testament› Vollstrecker *m*
uitvoerdocumenten ≈ Ausfuhrbewilligung *v*
uitvoeren ❶ *exporteren* exportieren, ausführen ❷ *volbrengen* erledigen, ausführen, durchführen ★ *een opdracht* ~ einen Auftrag erledigen / ausführen ★ *een plan* ~ einen Plan durchführen ❸ *vertonen* aufführen ★ *iets voor de eerste keer* ~ etw. uraufführen ❹ *verrichten* treiben, machen ★ *wat zou hij nu weer ~?* was wird er wohl jetzt wieder anstellen? ★ *wat voer jij zoal uit?* was machst / treibst du denn so? ★ *de hele dag niets* ~ den ganzen Tag faulenzen
uitvoerig I *bnw* ausführlich, umfassend, eingehend II *bijw* ★ ~ *geïnformeerd worden* umfassend informiert werden
uitvoering ❶ *het uitvoeren* Ausführung *v* ★ *werk in ~!* Achtung, Baustelle! ★ ~ *geven aan een plan* einen Plan zur Aus- / Durchführung bringen ❷ *voordracht* Aufführung *v*
uitvoeroverschot Exportüberschuss *m*
uitvoerrecht Ausfuhrrecht *o*
uitvoervergunning Ausfuhrgenehmigung *v*
uitvogelen ausknobeln
uitvouwbaar ausfaltbar
uitvouwen auseinanderfalten, ‹b.v. fiets› ausklappen
uitvragen *uithoren* ausfragen
uitvreten *uitspoken* ausfressen
uitvreter ≈ Halunke *m*
uitwaaien ❶ *doven* auswehen ★ *de kaars waaide uit* die Kerze wehte aus ❷ *frisse neus halen* frische Luft schnappen
uitwas ❶ *uitgroeisel* Auswuchs *m*, Wucherung *v* ❷ *exces* Auswuchs *m*
uitwassen auswaschen
uitwedstrijd Auswärtsspiel *o*
uitweg ❶ *uitkomst* Ausweg *m* ❷ *uitgang* Ausgang *m*
uitweiden weitläufig über etwas sprechen ★ *ik wil daar niet verder over* ~ ich möchte mich nicht weiter darüber auslassen
uitweiding Ausbreitung *v*
uitwendig äußerlich ★ *voor* ~ *gebruik* für äußerliche Anwendung ★ *~e verwondingen* äußere Verletzungen ★ *het ~e* die Äußerlichkeiten, das Äußerliche
uitwerken I *ov ww* ❶ *vervolledigen* ausarbeiten, erarbeiten ★ *een bouwplan* ~ einen Bauplan ausarbeiten ★ *een nieuw plan* ~ einen neuen Plan erarbeiten ❷ *oplossen* lösen, ausrechnen II *on ww* ❶ *effect verliezen* wirken, sich auswirken ❷ *effect hebben* ★ *hoe werkt dat op het gehoor uit?* wie wirkt sich das auf das Gehör aus?
uitwerking ❶ *het vervolledigen* Ausarbeitung *v*, Bearbeitung *v* ❷ *effect* Auswirkung *v*, Wirkung *v* ★ *een* ~ *hebben op* sich auswirken auf
uitwerpen auswerfen
uitwerpselen Ausscheidungen *mv*
uitwijkeling BN *emigrant* Emigrant *m*, Auswanderer *m*
uitwijken ❶ *opzij gaan* ausweichen ❷ *vluchten* ins Exil gehen ★ ~ *naar het buitenland* sich ins Ausland absetzen ❸ BN *emigreren* emigrieren, auswandern
uitwijking *afwijking* Ausschlag *m*
uitwijkmanoeuvre Ausweichmanöver *o*
uitwijkmogelijkheid ❶ *mogelijkheid om iets te voorkomen* Ausweichmöglichkeit *v* ❷ *alternatief* Ausweichmöglichkeit *v*, Alternative *v*
uitwijzen ❶ *aantonen* zeigen, beweisen, erweisen ★ *de praktijk wijst uit dat...* die Praxis zeigt, dass... ❷ *verdrijven* ausweisen, inform abschieben
uitwijzing Ausweisung *v*
uitwisbaar auswischbar, wegwischbar, fig auslöschbar
uitwisselen austauschen, auswechseln
uitwisseling Austausch *m*
uitwisselingsproject Austauschprojekt *o*
uitwisselingsverdrag jur Austauschvertrag *m*

uitwissen *verwijderen* wegwischen, ‹opnamen› löschen ★ *sporen ~* Spuren beseitigen
uitwonen verwohnen
uitwonend *niet thuiswonend* extern, außerhalb wohnend, ‹niet-inwonend› außer Haus
uitworp ❶ *uitstoot* Ausstoß *m* ❷ sport Abwurf *m*
uitwrijven ❶ *schoonwissen* sauber machen, auswischen, ausreiben ❷ *door wrijven verspreiden* verreiben ★ *zich de ogen ~* seinen Augen nicht trauen
uitwringen auswringen
uitwuiven (zum Abschied) winken
uitzaaien I *ov ww, verspreiden* aussäen **II** *wkd ww* [zich ~] med streuen
uitzaaiing ❶ *het verspreiden* Aussaat *v* ❷ med Metastase *v*, Metastasierung *v*
uitzakken *naar beneden zakken* sich senken ★ *uitgezakt in een luie stoel* in einen Sessel gefläzt
uitzendbureau Zeitarbeitsfirma *v*, Leiharbeitsfirma *v*
uitzenden ❶ media senden ★ *een concert over de radio ~* ein Konzert durch den Rundfunk übertragen ❷ *met opdracht wegsturen* aussenden ★ *een technicus ~* einen Techniker aussenden
uitzending *radio- / tv-programma* Sendung *v*, ‹rechtstreeks› Übertragung *v* ★ *een opgenomen ~* eine Aufzeichnung ★ *einde van de ~* Sendeschluss *m*
uitzendkracht Zeitarbeitskraft *v*, Leiharbeiter(in) *m-v*
uitzendwerk Zeitarbeit *v*, Leiharbeit *v* ★ *~ doen* Zeitarbeit machen
uitzet ‹van bruid› Aussteuer *v*, ‹van baby› Babyausstattung *v*
uitzetten I *ov ww* ❶ *buiten werking stellen* abschalten, ausschalten ★ *de tv ~* den Fernseher ausschalten ❷ *wegsturen* ausweisen ★ *iem. (het land) ~* jmdn. ausweisen, jmdn. des Landes verweisen ★ *iem. uit de partij zetten* jmdn. aus der Partei ausschließen ❸ *uitstippelen* abstecken, markieren ★ *een wandelroute ~ door het bos* einen Wanderweg durch den Wald markieren ❹ *plaatsen* anlegen ★ *wachtposten ~* Wachposten aufstellen ★ *geld ~* Geld anlegen **II** *on ww, toenemen in omvang* sich ausdehnen ★ *door hitte ~* sich durch Wärme ausdehnen
uitzetting ❶ *lengte- / volumetoename* Ausdehnung *v* ❷ *verwijdering* Ausweisung *v*
uitzicht ❶ *het uitzien* Aussicht *v* ❷ *vergezicht* Ausblick *m*, Blick *m*, Sicht *v* ★ *de keuken biedt ~ op de tuin* die Küche geht auf den Garten ❸ *vooruitzicht* Aussicht *v*
uitzichtloos aussichtslos
uitzichtloosheid Aussichtslosigkeit *v*
uitzichtspunt Ausblick *m*
uitzichttoren Aussichtsturm *m*
uitzieken sich auskurieren, ‹de ziekte zelf› auskurieren ★ *je moet wel ~* du sollst dich schon auskurieren ★ *je moet deze griep eerst ~* du musst diese Grippe erst auskurieren
uitzien I *on ww* ❶ *~* **naar** *op zoek gaan naar* sich umsehen / umtun nach ★ *naar een baan ~* eine Stelle suchen, sich nach einer Stelle umsehen / umtun ❷ *~* **naar** *verlangen naar* sich sehnen nach, herbeisehnen ★ *ik zie erg naar hem uit* ich sehne ihn sehr herbei, ich sehne mich sehr nach ihm ❸ *~* **op** *zicht geven op* sehen auf [+4] ★ *de vensters zien uit op de tuin* die Fenster gehen auf den Garten **II** *ov ww, tot het einde zien* zu Ende sehen
uitzingen aushalten ★ *het kunnen ~* es aushalten können
uitzinnig zügellos, unbändig, außer sich ★ *een ~ publiek* ein zügelloses / berauschtes Publikum
uitzinnigheid ‹tomeloosheid› Unbändigkeit *v*, ‹tomeloosheid› Zügellosigkeit *v*, ‹waanzin› Wahnsinn *m*, ‹daad› Verrücktheit *v*
uitzitten bis zuletzt teilnehmen, durchstehen, ‹gevangenisstraf› absitzen
uitzoeken ❶ *kiezen* aussuchen ★ *je hebt het voor het ~* du hast die Qual der Wahl ★ *het niet voor het ~ hebben* die Dinge so nehmen müssen, wie sie sind ❷ *sorteren* sortieren, ‹vruchten› auslesen ❸ *te weten komen* untersuchen ★ *zoek het zelf maar uit* das musst du selber wissen ★ *iets tot op de bodem ~* etw. auf den Grund gehen
uitzonderen ausschließen
uitzondering Ausnahme *v* ★ *een hoge ~* eine seltene / große Ausnahme ★ *bij hoge ~* als große Ausnahme, ganz ausnahmsweise ★ *zonder ~* ohne Ausnahme, ausnahmslos ★ *de ~ bevestigt de regel* Ausnahmen bestätigen die Regel, Ausnahmen bestätigen die Regel
uitzonderingsgeval Ausnahmefall *m*
uitzonderingspositie Ausnahmestellung *v*
uitzonderlijk I *bnw, bijzonder* außergewöhnlich ★ *een ~ talent* ein überragendes / außerordentliches / außergewöhnliches Talent **II** *bijw,* BN *bij uitzondering* ausnahmsweise
uitzoomen ausblenden, das Zoom(objektiv) ausfahren
uitzuigen ❶ *leegzuigen* aussaugen ❷ *uitbuiten* ausbeuten
uitzuiger Ausbeuter *m*, Blutsauger *m*
uitzwaaien ‹zwaaien› (zum Abschied) nachwinken, ‹uitgeleide doen› wegbringen
uitzwermen ausschwärmen
uitzweten *uitdrijven* ausschwitzen
uk Knirps *m*, Spatz *m*, Dreikäsehoch *m*
ukelele Ukulele *v*
ukkepuk Knirps *m*, Zwerg *m*, Krümel *m*
ultiem ‹allerlaatst› allerletzt, ‹uiteindelijk› letztendlich
ultimatum Ultimatum *o*
ultra- Ultra-, ultra- ★ *ultramodern* ultramodern ★ *ultrarechts* ultrarecht, rechtsextrem
ultraviolet ultraviolett
umlaut Umlaut *m*
unaniem einstimmig, einhellig
undercover undercover
undercoveragent Undercoveragent *m*
underdog Unterlegene(r) *m*, Underdog *m* ★ *in de rol van ~* als Außenseiter
understatement Understatement *o*, Untertreibung *v*
Unesco UNESCO *v*
unfair unfair
UNHCR *Hoog Commissariaat van de Verenigde Naties voor Vluchtelingen* UNHCR
uni uni
Unicef UNICEF *v*
unicum Unikum *o*

unie Union *v*
unief BN inform onderw Universität *v*
uniek einmalig, einzigartig
uniform I *zn* [het] Uniform *v* **II** *bnw* einheitlich
uniformeren uniformieren, vereinheitlichen
uniformiteit *eenvormigheid* Uniformität *v*, Einheitlichkeit *v*
unilateraal unilateral
uniseks Unisex-, unisex-
unisono unisono
unit ❶ *(maat)eenheid* Einheit *v* ❷ *afdeling* Abteilung *v* ★ *kantoorunit* Büroeinheit
unitair BN *eenheids* ★ *het ~e België* der Einheitsstaat Belgien
universeel universal, universell ★ *~ erfgenaam* Gesamterbe *m*, Universalerbe *m*
universitair akademisch
universiteit Universität *v*
universiteitsbibliotheek Universitätsbibliothek *v*
universiteitsgebouw Universitätsgebäude *o*
universiteitsraad Universitätsrat *m*
universiteitsstad Universitätsstadt *v*
universum Universum *o*
unzippen comp unzippen
update comp Update *o*
updaten ein Update erstellen
upgrade comp Upgrade *m*
upgraden comp upgraden, nachrüsten
uploaden www upload
uppercut Aufwärtshaken *m*
uppie ▼ *in mijn ~* ganz allein
ups en downs die Höhen und Tiefen
up-to-date auf dem neuesten Stand, up to date, zeitgemäß
uranium Uran *o* ★ *verrijkt ~* angereichertes Uran
Uranus sterrenk Uranus *m*
urban *levensstijl* urban
urbanisatie Urbanisation *v*
urbaniseren urbanisieren
ure → **uur**
urenlang stundenlang
urgent dringend
urgentie Dringlichkeit *v*
urgentieverklaring Dringlichkeitsbescheinigung *v*
urinaal Urinal *o*
urine Urin *m*, Harn *m*
urinebuis med Harnröhre *v*
urineleider med Harnleiter *m*
urineonderzoek Urinuntersuchung *v*, Harnuntersuchung *v*
urineren urinieren
urinewegen anat Harnwege *mv*
urinoir öffentliche Toilette *v*, Pissoir *o*
URL www *uniform resource locator* URL *v*
urn Urne *v*
urologie Urologie *v*
uroloog Urologe *m*
uroscopie Uroskopie *v*
Uruguay Uruguay *o*
USA *United States of America*, → **VS, VSA**
USB comp *Universal Serial Bus* USB *o*
usb-stick comp USB-Stick *m*
user comp User *m*, Benutzer *m*
userinterface comp Benutzerschnittstelle *v*
USSR *Unie van Socialistische Sovjetrepublieken* UdSSR *v*
Utopia Utopia *o*
utopie Utopie *v*
utopisch utopisch
Utrecht ❶ *stad* Utrecht *o* ❷ *provincie* Utrecht *o*
Utrechter Utrechter *m*
Utrechts Utrechter
Utrechtse Utrechterin *v*
uur ❶ *tijdmaat* Stunde *v*, ⟨tijdsaanduiding⟩ Uhr *v* ★ *de vroege / kleine uurtjes* die frühen Morgenstunden ★ *een uurtje* ein Stündchen *o* ★ *uren en uren* stundenlang ★ *binnen een uur* innerhalb einer Stunde ★ *in een verloren uurtje* in einer müßigen Stunde ★ *om het uur* jede Stunde, stündlich ★ *om het half uur* halbstündlich ★ *op dit uur* zu dieser Stunde ★ *over een uur* in einer Stunde ★ *15 euro per uur* 15 Euro pro / die Stunde ★ *rond een uur of elf* um elf Uhr herum ★ BN *uur op uur* ununterbrochen ★ *te elfder ure* in zwölfter Stunde ★ *zijn laatste uur heeft geslagen* seine letzte Stunde hat geschlagen ★ *het uur van de waarheid heeft geslagen* die Stunde der Wahrheit hat geschlagen ❷ onderw *lesuur* Unterrichtsstunde *v* ▼ *een uur in de wind stinken* sieben Meilen gegen den Wind stinken
uurloon Stundenlohn *m*
uurrooster ❶ BN *dienstregeling* Fahrplan *m*, ⟨boekje⟩ Kursbuch *o* ❷ BN *les-, werkrooster* Stundenplan *m*
uurwerk ❶ *klok* Uhr *v* ❷ *mechaniek* Uhrwerk *o*
uurwijzer Stundenzeiger *m*
uv *ultraviolet* UV
uv-licht UV-Licht *o*
U-vormig u-förmig
uw Ihr ★ *de uwen* die Ihrigen ★ *het uwe* das Ihre / Ihrige ★ *Uwe Hoogheid* Eure Hoheit
uwerzijds Ihrerseits
UWV econ *Uitvoeringsinstituut Werknemersverzekeringen* Arbeitslosengeldkasse *v*
uzi Uzi *v*

V

v V *o* ★ *de v van Victor* V wie Viktor
V ❶ *Volt* V ❷ *Vanadium* V
vaag ⟨niet goed te zien⟩ verschwommen, ook fig vage, ook fig undeutlich, fig unbestimmt ★ *een vaag voorgevoel* eine dunkle Ahnung *v*
vaak öfters, oft, häufig
vaal blass, fahl, ⟨kleur van paarden⟩ falb
vaalbleek aschfahl, fahlbleich
vaandel Flagge *v*, Fahne *v*, ⟨veldteken⟩ Banner *o*
vaandrig Fähnrich *m*
vaantje ❶ *vlaggetje* Fähnchen *o* ❷ *windwijzer* Fähnchen *o* ▼ BN *naar de ~s gaan* flöten gehen
vaar ▼ BN *vaar noch vrees kennen* weder Tod noch Teufel scheuen
vaarbewijs Segelschein *m*
vaarboom Staken *m*
vaardiepte Fahrtiefe *v*
vaardig gewandt, geschickt ★ *~ zijn in iets* etw. gut beherrschen / können
vaardigheid ❶ *kunde* Geschicklichkeit *v*, Fertigkeit *v*, Können *o* ★ *~ in het piano spelen* Fertigkeit im Klavierspielen ★ *zijn vaardigheden tonen* seine Fähigkeiten zeigen ❷ *vlugheid* Gewandtheit *v*, Behändigkeit *v* ★ *~ in het spreken* Sprachfertigkeit *v*, Redegewandtheit *v*, Geläufigkeit *v*
vaargeul Fahrrinne *v*
vaarroute Fahrtroute *v*
vaars Färse *v*
vaart ❶ *snelheid* Geschwindigkeit *v*, Tempo *o* ★ *~ minderen* Geschwindigkeit drosseln ★ *~ vermeerderen* Geschwindigkeit erhöhen / drosseln ★ *er wat meer ~ achter zetten* das Tempo erhöhen ★ fig *~ achter iets zetten* etw. beschleunigen ★ *het zal zo'n ~ niet lopen* so schlimm wird es schon nicht werden ❷ *het varen* Schifffahrt *v*, Fahrt *v*, ⟨zeereis⟩ Seefahrt *v* ★ *behouden ~!* glückliche Fahrt! ❸ *kanaal* Kanal *m*
vaartuig Wasserfahrzeug *o*, Schiff *o*
vaarverbod Fahrverbot *o*
vaarwater *waterweg* Fahrwasser *o* ▼ *in iemands ~ zitten* jemandem in die Quere kommen
vaarwel **I** *tw* leb wohl **II** *zn* [het] Lebewohl *o* ★ ⟨personen⟩ *~ zeggen* sich verabschieden, Lebewohl sagen ▼ fig *iets ~ zeggen* etwas aufgeben
vaas Vase *v*
vaat Geschirr *o*, Abwasch *m* ★ *de vaat doen* das Geschirr abwaschen / spülen
vaatbundel Gefäßbündel *o*, Leitbündel *o*
vaatdoek Spüllappen *m*, Spültuch *o*
vaatje → **vat**
vaatwasmachine, **vaatwasser** Geschirrspüler *m*, Geschirrspülmaschine *v*
vaatwerk *keukenvaatwerk* Geschirr *o*
vaatziekte Gefäßkrankheit *v*
vacant unbesetzt, frei, offen
vacature offene Stelle *v* ★ *in een ~ voorzien* eine offene Stelle besetzen ★ *de ~ is bezet* die Stelle ist vergeben
vacaturebank Arbeitsstellennachweis *m*
vacaturestop Einstellungsstopp *m*
vaccin Vakzine *v*
vaccinatie Vakzination *v*, Vakzinierung *v*
vaccineren vakzinieren
vacht Fell *o*, ⟨pels⟩ Pelz *m*
vacuüm *luchtledige ruimte* Vakuum *o*
vacuümpomp Vakuumpumpe *v*
vacuümverpakking Vakuumverpackung *v*
vadem Faden *m*
vademecum Vademekum *o*
vader ❶ *ouder* Vater *m* ★ *de biologische ~* der leibliche Vater ★ *van ~ op zoon* von Vater auf Sohn ★ *zo ~, zo zoon* so der Vater, so der Sohn ❷ *vaderfiguur* Vater *m* ❸ *grondlegger* Vater *m* ★ *geestelijke ~* Urheber *m*, Schöpfer *m*
Vaderdag Vatertag *m*
vaderfiguur Vaterfigur *v*
vaderland Vaterland *o*, Heimat *v*
vaderlands ❶ *van het vaderland* national ★ *~e geschiedenis* die eigene / nationale Geschichte ★ *op ~e grond* auf heimatlichem Boden ❷ *patriottisch* patriotisch
vaderlandsgezind vaterlandsliebend, vaterländisch, patriotisch
vaderlandsliefde Vaterlandsliebe *v*
vaderlandslievend vaterlandsliebend
vaderlijk väterlich
vaderschap Vaterschaft *v*
vaderskant ▼ *van ~* väterlicherseits
vadsig faul, träge
Vaduz Vaduz *o*
vagebond Landstreicher *m*, Vagabund *m*
vagelijk vage ★ *ik kan me ~ herinneren...* ich erinnere mich vage...
vagevuur Fegefeuer *o*
vagina Vagina *v*
vaginaal vaginal
vak ❶ *hokje* Fach *o* ★ *dat staat in het bovenste vak* das steht im oberen Fach ❷ *beroep* Fach *o*, Beruf *m* ★ *een vak leren* einen Beruf erlernen ★ *dat behoort niet tot mijn vak* das gehört nicht zu meinem Fachbereich
vakantie onderw Urlaub *m*, Ferien *mv* ★ *grote ~* Sommerferien ★ *met / op ~ gaan* in den Urlaub fahren ★ *met / op ~ zijn* in Urlaub sein
vakantieadres Urlaubsadresse *v*
vakantiebestemming Urlaubsziel *o*, Ferienziel *o*
vakantieboerderij Ferienbauernhof *m*
vakantiedag ⟨werk⟩ Urlaubstag *m*, ⟨school⟩ Ferientag *m*
vakantiedrukte Urlaubshektik *v*
vakantieganger Feriengast *m*, Urlauber *m*
vakantiegeld Urlaubsgeld *o*
vakantiehuis Ferienwohnung *v*, ⟨vrijstaand⟩ Ferienhaus *o*
vakantiekolonie Ferienkolonie *v*
vakantieland Reiseland *o*, Urlaubsland *o*
vakantieoord Ferienort *m*, Urlaubsort *m*
vakantieperiode Urlaubszeit *v*, Ferienzeit *v*
vakantiespreiding Ferienstaffelung *v*
vakantiestemming Urlaubsziel *o*
vakantietijd Urlaubszeit *v*, Ferienzeit *v*
vakantiewerk Ferienjob *m*, Ferienarbeit *v*
vakbekwaam fachkundig
vakbeurs Fachmesse *v*

V

vakbeweging ❶ *vakbonden* Gewerkschaften *mv* ❷ *streven v.d. vakbonden* Gewerkschaftsbewegung *v*
vakblad Fachzeitschrift *v*, Fachzeitung *v*
vakbond Gewerkschaft *v*
vakbondsleider Gewerkschaftsführer *m*, Gewerkschaftsleiter *m*
vakcentrale Gewerkschaftsbund *m*
vakdiploma Facharbeiterbrief *m*
vakdocent Fachlehrer *m*, Fachdozent *m*
vakgebied Fachgebiet *o*
vakgenoot Kollege *m*
vakgroep Fachbereich *m*, ⟨van vakvereniging⟩ Fachgruppe *v*, ⟨van universiteit⟩ Fachschaft *v*
vakidioot Fachidiot *m*
vakjargon Fachjargon *m*
vakjury Fachjury *v*
vakkennis Fachkenntnis *v*, Fachwissen *o*
vakkenpakket Prüfungsfächer *mv*
vakkenvullen Regale füllen (im Supermarkt)
vakkenvuller Regalauffüller *m*
vakkring Fachkreis *m*
vakkundig fachkundig, fachmännisch, fachgerecht
vakliteratuur Fachliteratur *v*
vakman Fachmann *m* [v: Fachfrau]
vakmanschap fachmännische(s) Können *o*
vakonderwijs onderw berufsbildende(r) Unterricht *m*
vakopleiding Fachausbildung *v*
vakorganisatie Fachverband *m*
vakpers Fachpresse *v*
vaktaal Fachsprache *v*
vaktechnisch fachlich
vakterm Fachausdruck *m*
vakvereniging ⟨voor werkgevers⟩ Arbeitgeberverband *m*, ⟨voor werknemers⟩ Gewerkschaft *v*
vakvrouw Fachfrau *v*
vakwerk ❶ *werk van een vakman* Facharbeit *v* ❷ *wandconstructie* Fachwerk *o*
vakwerkbouw Fachwerkbau *m*
val ❶ *het vallen* Fallen *o*, Sturz *m*, Fall *m* ★ *ten val brengen* zu Fall bringen ❷ fig *daling* Sturz *m*, Fallen *o* ★ *de val van de euro* der Sturz des Euros ❸ *ondergang* Fall *m*, Untergang, ⟨van regering⟩ Sturz *m* ★ *ten val brengen* stürzen ❹ *vangtoestel, hinderlaag* Falle *v* ★ *in de val lopen* in die Falle gehen
valavond BN *zonsondergang* Sonnenuntergang *m* ★ *bij / tegen ~* bei Sonnenuntergang
Valentijnsdag Valentinstag *m*
valentijnskaart Valentinskarte *v*
valeriaan Baldrian *m*
Valetta Valetta *o*
valhelm Sturzhelm *m*
valide ❶ *geldig* rechtsgültig ❷ *gezond* erwerbsfähig
validiteit *geldigheid* Gültigkeit *v*, jur Rechtsgültigkeit *v*
valies BN Reisetasche *v*, (Reise)Koffer *m*
valium Valium *o*
valk Falke *m*
valkenier Falkner *m*
valkenjacht Falkenjagd *v*
valkuil Fallgrube *v*
vallei Tal *o*
vallen ❶ *neervallen* fallen ★ *komen te ~* hinfallen, (hin)stürzen ❷ *sneuvelen* sterben, fallen ❸ *plaatsvinden* ★ *er vielen woorden* es gab Streit ★ *de avond valt* es wird Abend ★ *de nacht valt* die Nacht bricht (her)ein, es dämmert ★ *bij het ~ van de duisternis* bei einbrechender Dunkelheit ❹ *gewaardeerd worden* ★ *het voorstel viel goed* der Vorschlag fand Anklang ❺ *mogelijk zijn* ★ *daar valt niets te verdienen* da gibt es nichts zu verdienen / zu holen ★ *wat valt daarvan te zeggen* was soll man / ich davon sagen ★ *het valt niet te ontkennen* es lässt sich nicht leugnen ★ *daar valt niet om te lachen* das ist nicht zum Lachen ❻ **~ over** fig *moeilijk doen over* ★ *over iets ~* über etw. fallen / stolpern
vallicht Oberlicht *o*
valluik Falltür *v*
valoriseren BN *benutten* wahrnehmen, (be)nutzen
valpartij Sturz *m*
valreep ▾ *op de ~* auf dem letzten Drücker, kurz vor Toresschluss, in letzter Sekunde / Minute
vals ❶ *onzuiver van toon* unrein ❷ *nagemaakt* falsch, gefälscht ★ *vals geld* Falschgeld *o*, inform Blüten ❸ *onjuist* falsch ★ *vals spelen* falschspielen ★ *vals alarm* blinde(r) Alarm *m* ❹ *gemeen* hinterlistig, bösartig, tückisch ★ *een valse streek* eine bösartige / hinterlistige Tat
valsaard heimtückische(r) / verschlagene(r) Mensch *m*, inform falsche(r) Fuffziger *m*
valscherm Fallschirm *m*
valselijk fälschlich ★ *iem. ~ beschuldigen* jmdn. zu Unrecht beschuldigen
valsemunter Falschmünzer *m*
valserik hinterhältige(r) Mensch *m*, inform falsche(r) Fuffziger *m*
valsheid Falschheit *v* ★ *~ in geschrifte* Urkundenfälschung *v*
valstrik Falle *v*, Fallstrick *m*
valuta *betaalmiddel* Valuta *v*, Währung *v* ★ *vreemde ~* ausländische Währung, Fremdwährung ★ *eigen ~* Landeswährung
valutahandel Devisenhandel *m*
valutakoers Währungskurs *m*
valutamarkt Devisenmarkt *m*
valwind Fallwind *m*
vamp Vamp *m*
vampier Vampir *m*
van ❶ *vanaf, uit* ⟨plaats⟩ von [+3] ★ *de appel valt van de boom* der Apfel fällt vom Baum ★ *vertrekken van het station* vom Bahnhof abfahren ★ *van het platteland komen* vom Land kommen ★ *van boven* ⟨enz.⟩ → **boven** ⟨enz.⟩ ❷ *begonnen op / in* ⟨vroeger⟩ von [+3] ★ *van 1914 tot 1918* von 1914 bis 1918 ★ *in de nacht van 9 op 10 juni* in der Nacht vom 9. zum 10. Juni ★ *de trein van 6 over 9* der Zug von 9.06 Uhr ★ *van uur tot uur* von Stunde zu Stunde ★ *van de week hadden we een vrije dag* diese Woche hatten wir einen Feiertag ❸ *beginnend op / in* ⟨toekomst⟩ ★ *van de week krijgen we een overhoring* diese Woche wird abgehört ❹ *in bezit van, behorend bij* von [+3] ★ *de fiets van mijn zus* das Fahrrad meiner Schwester ★ *de fiets is van mijn zus* das Fahrrad gehört meiner Schwester ★ *van wie is die*

fiets? wem gehört dieses Fahrrad? ★ *een vriend van mij* ein Freund von mir ★ *twee van mijn vrienden* zwei von meinen Freunden ★ *van de politie zijn* von der Polizei sein ❺ *gemaakt door* von [+3] ★ *een opera van Mozart* eine Oper von Mozart, eine Mozart-Oper ❻ *afkomstig van* von [+3] ★ *ik heb een brief van hem gekregen* ich habe einen Brief von ihm bekommen ❼ *bestaande uit* von [+3], aus [+3] ★ *van goud* aus Gold ❽ *als gevolg van* ★ *beven van schrik* zittern vor Schreck ❾ *door, middels, via* von ★ *dat heb ik van mijn leraar gehoord* das habe ich von meinem Lehrer gehört ★ *hij werd er rijk van* er wurde damit reich ★ *daar word je sterk van* davon wirst du stark ★ *leven van de visvangst* vom Fischfang leben ★ *leven van de bijstand* von der Sozialhilfe leben, von Hartz IV leben ❿ *gebeurend met / aan* von [+3] ★ *het dorsen van graan* das Dreschen von Getreide ⓫ *uit het geheel* von [+3] ★ *zij nam er wat van* sie nahm etw. davon ⓬ *wat betreft* von [+3] ★ *dokter van beroep* Arzt von Beruf ★ *klein van postuur* von kleiner Gestalt ▼ *dat zijn van die moeilijke vragen* das sind solche schwierigen Fragen ▼ *een briefje van 100* ein Hunderteuroschein ▼ *een reus van een kind* ein riesiges Kind ▼ *dat is lief van je* das ist lieb von dir ▼ *ik geloof van wel* ich glaube schon ▼ *hij zegt van niet* er sagt nein ▼ *negen van de tien keer* neun von zehn Mal

vanadium Vanadium *o*

vanaf ❶ *daarvandaan* von [+3] ★ ~ *het dak* vom Dach ❷ *met ingang van* ab [+3] ★ ~ *vandaag* ab heute ★ ~ *daar wordt het moeilijk* von da an wird es schwierig

vanavond heute Abend

vanbinnen innen, an / auf der Innenseite ★ ~ *en vanbuiten* in- und auswendig

vanboven von oben

vanbuiten ❶ *van de buitenzijde af* (von) außen ❷ *aan de buitenzijde* an / auf der Außenseite ❸ *uit het hoofd geleerd* auswendig ★ *iets ~ kennen* etw. auswendig kennen ★ *iets ~ leren* etw. auswendig können

vandaag heute ★ *van ~ op morgen* von heute auf morgen ▼ ~ *of morgen* heute oder morgen

vandaal Vandale *m*

vandaan ‹uit een richting› her, ‹in een richting› weg ★ *hoe kom ik hier ~?* wie komme ich hier weg? ★ *is Utrecht hier ver ~?* ist Utrecht weit von hier (entfernt)? ★ *blijf daar ~* bleib da weg ★ *de kat kroop van onder de kast ~* die Katze kam unter dem Schrank hervor ★ *hier ~ is het niet te zien* von hier aus kann man es nicht erkennen ★ *daar kom ik juist ~* da komme ich gerade her ★ *waar ~?* woher? ★ *ergens ~* irgendwoher ★ *hij komt niet hier ~* ich komme nicht von hier ★ *waar haal je het ~?* wie kommst du darauf?

vandaar ❶ *daarvandaan* von da her, von da aus, von dort ❷ *daarom* daher, deshalb

vandalisme Vandalismus *m*

vandoen BN *nodig* nötig, ‹sterker› notwendig ★ *iets ~ hebben* etw. brauchen

vangarm Fangarm *m*

vangbal Fangball *m*

vangen ❶ *grijpen* fangen, ‹in loop / vlucht› ergreifen / fassen ❷ *verdienen* einnehmen, verdienen

vangnet *net om dieren te vangen* Fangnetz *o*

vangrail Leitplanke *v*

vangst ❶ *het vangen* Fang *m* ❷ *wat gevangen is* Fang *m*

vangzeil Sprungtuch *o*

vanille Vanille *v*

vanille-extract Vanilleextrakt *m*

vanille-ijs Vanilleeis *o*

vanillesmaak Vanillegeschmack *m*

vanillestokje Vanillestange *v*

vanillesuiker Vanillezucker *m*

vanillevla cul Creme *v* mit Vanillegeschmack

vanjewelste ▼ *een herrie ~* ein Heidenlärm

vanmiddag ‹na 14 uur› heute Nachmittag, ‹rond 12 uur› heute Mittag

vanmorgen ‹na 10 uur› heute Vormittag, ‹voor 10 uur› heute Morgen ★ ~ *vroeg* heute früh

vannacht heute Nacht

vanochtend heute morgen

vanouds von / seit jeher, seit eh und je ★ *als ~* wie ehedem

vanuit ❶ *uit a naar b* von... aus [+3] ★ ~ *het raam keek ze naar beneden* vom Fenster aus schaute sie hinunter ❷ *op grond van* von... aus [+3] ★ *dat doet hij ~ zijn overtuiging* das tut er aus Überzeugung ★ ~ *dit perspectief* von dieser Perspektive aus ★ ~ *deze opvatting* von dieser Idee aus

vanwaar ❶ *waarvandaan* woher, von woher, von wo aus ★ ~ *kom je?* woher kommst du? ★ *de heuvel ~ men op de bossen neerziet* der Hügel, von dem aus man auf die Wälder hinunterschaut ❷ *waarom* woher, warum, weshalb

vanwege wegen [+2] ★ ~ *het slechte weer* wegen des schlechten Wetters

vanzelf ❶ *uit eigen beweging* von sich aus ❷ *vanzelfsprekend* von selbst ★ *dat spreekt ~* das versteht sich von selbst, inform na klar!

vanzelfsprekend selbstverständlich, natürlich

vanzelfsprekendheid Selbstverständlichkeit *v*

varaan Waran *m*

varen **I** *on ww* ❶ *per vaartuig gaan* fahren ❷ *gaan* ★ *hoe ~ de zaken?* wie geht es geschäftlich? ★ *er wel bij ~* gut bei etw. wegkommen ★ *iets laten ~* etw. aufgeben, etw. fallen lassen **II** *zn* [de] Farn *m*, Farnkraut *o*

varia Allerlei *o*, Vermischte(s) *o*, Varia *mv*

variabel variabel, veränderlich ★ *~e werktijden* gleitende Arbeitszeit *v*

variabele Variable *v*

variant Variante *v*, ‹afwijkende vorm› Abwandlung *v*

variatie ❶ *afwisseling* Abwechslung *v* ★ *voor de ~* zur Abwechslung ❷ *verscheidenheid* Variation *v* ★ *een ~ op dit lied* eine Variation zu diesem Lied

variëren **I** *ov ww, afwisselen* variieren, (ab)wechseln **II** *on ww, onderling verschillen* verschieden sein ★ *de prijzen ~ sterk* die Preise schwanken sehr

variëteit *verscheidenheid* Varietät *v*, Verschiedenheit *v*

varken ❶ *dier* Schwein *o* ★ *wild ~* Wildschwein *o* ❷ min *persoon* Schwein *o* ▼ *gillen als een ~* schreien wie am Spieß ▼ *dat ~tje zullen we wel even wassen* wir werden das Kind schon

va

schaukeln
varkensmesterij *bedrijf* Schweinemästerei *v*
varkenspest Schweinepest *v*
varkensvlees Schweinefleisch *o*
varkensvoer ❶ *smerig eten* Schweinefraß *m* ❷ *voer voor varkens* Schweinefutter *o*
vaseline Vaseline *v*
vast I *bnw* ❶ *niet beweegbaar* unbeweglich, fest ❷ *stevig* stabil, solide, fest ★ *een vaste constructie* eine solide Konstruktion ❸ *onveranderlijk* fest, ständig ★ *een vaste aanstelling hebben* fest angestellt sein ★ *een vast bedrag* ein festgesetzter Betrag ★ *vaste kern* feste(r) Kern, Stammmannschaft *v* ❹ *stabiel* fest, stabil ❺ *stellig* zweifellos, sicher ★ *vast en zeker* ganz gewiss, ganz bestimmt, sicher und gewiss, todsicher ★ *dat is vast wel zo* das ist ohne Zweifel so ★ *dat is vast te veel geld* das ist bestimmt zu viel Geld ★ *zich vast voornemen* sich fest vornehmen **II** *bijw, alvast* schon ★ *begin maar vast* fang schon mal an
vastberaden entschieden, entschlossen
vastberadenheid, vastbeslotenheid Entschiedenheit *v*, Entschlossenheit *v*, Unbeirrbarkeit *v*
vastbesloten entschieden, entschlossen
vastbijten **[zich ~] in** sich verbeißen in [+4], sich festbeißen in [+3]
vastbinden festbinden, anbinden ★ *iem. ~* jmdn. fesseln
vasteland ❶ *vaste wal* Festland *o* ❷ *continent* Kontinent *m*
vasten I *on ww* fasten ★ *het ~* Fasten *o* **II** *zn* [de], *vastentijd* Fastenzeit *v*, ⟨protestants ook⟩ Passionszeit *v* ★ *de ~ onderhouden* die Fastenzeit halten
Vastenavond Fastnacht *v*
vastenmaand Fastenmonat *m*
vastentijd Fastenzeit *v*
vastgoed Immobilien *mv*
vastgrijpen ergreifen, festhalten ★ *zich ~* sich klammern an
vastgroeien ⟨aan elkaar groeien⟩ festwachsen, ⟨wortel schieten⟩ anwachsen
vasthechten festheften, anheften
vastheid ❶ *stevigheid* Festigkeit *v* ❷ *zekerheid* Gewissheit *v*, Sicherheit *v*, Bestimmtheit *v*
vasthouden I *ov ww* ❶ *niet loslaten* festhalten ❷ *bewaren* zurückhalten, beibehalten, festhalten an [+3] **II** *on ww* **~ aan** beharren auf [+3], festhalten an [+3] ★ *aan zijn mening ~* auf seiner Meinung beharren ★ *aan een eis ~* an einer Forderung festhalten
vasthoudend hartnäckig, beharrlich ★ *~ zijn* nicht lockerlassen, nicht aufgeben
vastigheid Sicherheit *v*, Festigkeit *v*
vastketenen anketten
vastklampen **[zich ~] aan** sich festklammern an, sich anklammern an
vastklemmen I *ov ww, vastzetten* festklemmen, einklemmen **II** *wkd ww* **[zich ~]** *zich vasthouden* anklammern, ⟨krampachtig⟩ sich festklammern
vastknopen festknoten, anknoten, anknüpfen
vastleggen ❶ *vastmaken* festlegen, ⟨van schip⟩ anlegen, ⟨van hond⟩ anbinden ❷ *bepalen* bestimmen, festlegen, festsetzen ★ *contractueel is vastgelegd dat...* vertraglich wurde festgelegt, dass... ❸ *registreren* festlegen ★ *~ op film* auf Film aufzeichnen ❹ econ *beleggen* festlegen, anlegen
vastliggen ❶ *vastgebonden zijn* angebunden / festgebunden liegen ★ *de hond ligt vast* der Hund liegt an der Leine / Kette ❷ *vastgesteld zijn* festliegen
vastlopen ❶ *vastraken* (sich) festfahren, (sich) festlaufen, ⟨van een mechaniek⟩ sich festfressen, ⟨van schip⟩ auflaufen ❷ *in impasse raken* sich festlaufen ★ *de onderhandelingen zijn vastgelopen* die Unterhandlungen sind festgefahren
vastmaken ❶ *bevestigen* festmachen, befestigen ★ *de gordel ~* den Gurt anschnallen ❷ BN *op slot doen* verschließen, abschließen, schließen
vastomlijnd fest umrissen
vastpakken anfassen, ergreifen
vastpinnen fig festnageln ▼ *iem. op iets ~* jemanden auf etwas festnageln / festlegen
vastplakken festkleben
vastpraten I *ov ww* in die Enge treiben **II** *wkd ww* **[zich ~]** sich in Widersprüche verwickeln
vastprikken anheften, festheften
vastraken festfahren, auflaufen
vastrecht jur Grundgebühr *v*
vastroesten ❶ lett einrosten ❷ fig ★ *in zijn gewoontes vastgeroest zijn* verknöcherte Angewohnheiten haben
vastschroeven festschrauben
vastspelden anstecken, feststecken
vaststaan *zeker zijn* festliegen, feststehen
vaststaand *zeker* feststehend, festgelegt
vaststellen ❶ *bepalen* festsetzen, feststellen, bestimmen ★ *de schade ~* den Schaden beziffern / feststellen / aufnehmen ★ *een termijn ~* einen Termin festsetzen / festlegen ❷ *constateren* ermitteln, feststellen
vastvriezen festfrieren, anfrieren
vastzetten ❶ *doen vastzitten* befestigen ★ fig *iem. ~* jmdn. in die Enge treiben ❷ *gevangenzetten* festsetzen ❸ *beleggen* festlegen
vastzitten ❶ *bevestigd zijn* haften, festsitzen ★ *dat zit aan de muur vast* das ist an der Wand befestigt ❷ *gebonden zijn* gebunden sein an [+4] ★ *aan iets ~* etw. auf dem Hals haben ★ *ik zit aan hem vast* ich bin an ihn gebunden ★ *daar zit heel wat aan vast* damit hängt vieles zusammen ❸ *klem zitten* festsitzen, feststecken ❹ *gevangenzitten* in Gefangenschaft sein, im Gefängnis sitzen / sein, inform sitzen ★ *hij zit al jaren vast* er sitzt schon seit Jahren im Gefängnis
vat I *zn* [de], *greep* Einfluss *m*, Griff *m* ★ *geen vat op iem. krijgen* jmdm. nicht beikommen können, jmdm. nichts anhaben können ★ *vat op iets hebben* etw. im Griff haben **II** *zn* [het], *ton* Fass *o* ★ *communicerende vaten* kommunizierende(n) Röhren ★ *wat in een goed vat zit, verzuurt niet* aufgeschoben ist nicht aufgehoben
vatbaar ❶ *ontvankelijk* empfänglich (**voor** für) [+4], offen sein für, zugänglich ★ *voor rede ~ zijn* vernünftig sein ★ *niet voor rede ~ zijn* keine Vernunft annehmen wollen ★ *niet voor herhaling ~* nicht zu empfehlen ★ *voor uitbreiding ~* erweiterungsfähig ★ *dat is voor verbetering ~* das ist verbesserungsfähig ❷ *zwak van gestel* anfällig, empfindlich ★ *zij is ~ voor kou* sie ist

kälteempfindlich ★ *hij is erg ~ voor ziekten* er ist sehr anfällig für Krankheiten
Vaticaan Vatikan *m*
Vaticaans vatikanisch
Vaticaanstad Vatikanstadt *v*
vatten ❶ *grijpen* fangen, greifen, fassen ❷ *begrijpen* verstehen, begreifen, inform kapieren ★ *vat je 't?* verstanden?, kapiert? ❸ *omsluiten met* (ein)fassen ❹ BN jur *aanhangig maken* vor Gericht bringen
vazal Gefolgsmann *m*, gesch Vasall *m*
vazalstaat Vasallenstaat *m*
vbo *voorbereidend beroepsonderwijs* ≈ berufsorientierte Sekundarschule *v*
vechten *strijden* kämpfen, sich raufen, sich schlagen ★ *tegen iem. ~* mit jmdm. kämpfen, jmdn. bekämpfen
vechter Kämpfer *m*
vechtersbaas Raufbold *m*, Kämpfernatur *v*
vechtfilm Schlägerfilm *m*
vechtjas Schlägertyp *m*, Raufbold *m*, Schläger *m*
vechtlust Kampflust *v*, Streitlust *v*
vechtmachine Kampfmaschine *v*
vechtpartij Schlägerei *v*, Rauferei *v*, Prügelei *v*
vechtsport Kampfsport *m*
vector Vektor *m*
vedergewicht sport *bokser* Federgewicht *o*
vederlicht federleicht
vedette Star *m*, ⟨film⟩ Filmstar *m*
vee Vieh *o*
veearts Veterinär *m*, Tierarzt *m*
veedrijver Viehtreiber *m*
veefokker Viehzüchter *m*
veefokkerij Viehzucht *v*
veeg I *zn* [de] ❶ *het vegen* Wischen *o* ❷ *vlek* Fleck *m*, Streifen *m* ★ *iem. een veeg uit de pan geven* jmdm. eine wischen, jmdm. einen Seitenhieb geben ❸ *oorveeg* Schlag *m*, Ohrfeige *v* **II** *bnw* → **lijf, teken**
veegmachine Fegemaschine *v*
veehandel Viehhandel *m*
veehandelaar Viehhändler *m*
veehouder Viehhalter *m*
veehouderij ❶ *het houden van vee* Viehwirtschaft *v*, Viehzucht *v* ❷ *bedrijf dat vee houdt* Viehhof *m*
veejay Video-Jockey *m*
veel I *bijw* ❶ *in ruime mate* viel, um vieles ❷ *vaak* viel, oft ★ *dat zie je tegenwoordig veel* das sieht man heutzutage häufig / öfter **II** *onb telw* viel ★ *te veel* zu viel ★ *veel kinderen spelen daar* viele Kinder spielen dort ★ *dat zijn er behoorlijk veel* das ist eine ganz schöne Menge
veelal meistens, gewöhnlich, häufig
veelbeduidend viel bedeutend, viel sagend
veelbelovend viel versprechend, hoffnungsvoll
veelbesproken viel diskutiert, viel besprochen
veelbetekenend bedeutsam, bedeutungsvoll
veelbewogen ereignisreich, sehr bewegt
veeleer eher
veeleisend anspruchsvoll
veelgevraagd viel gefragt, begehrt, gesucht
veelheid ❶ *groot aantal* Menge *v*, Vielzahl *v* ❷ *het veelvoudig zijn* Mannigfaltigkeit *v*, Vielfalt *v*
veelhoek Vieleck *o*
veelkleurig vielfarbig
veelomvattend (viel) umfassend
veelpleger jur Gewohnheitsverbrecher *m*, Wiederholungstäter *m*
veelsoortig vielfältig, verschiedenartig
veelstemmig vielstimmig
veeltalig vielsprachig, mehrsprachig
veelvlak Vieleck *o*
veelvormig vielförmig
veelvoud Mehrfache(s) *o*, Vielfache(s) *o* ★ *het kleinste gemene ~* das kleinste gemeinsame Vielfache
veelvoudig ❶ *meermaals voorkomend* vielfältig ❷ *meerledig* vielfach
veelvraat Vielfraß *m*
veelvuldig I *bnw, meermaals voorkomend* mehrfach, vielfach **II** *bijw, vaak* häufig, oftmals
veelzeggend viel sagend
veelzijdig ❶ *met veel zijden* vielseitig ❷ fig *gevarieerd* vielseitig
veemarkt Viehmarkt *m*
veen ❶ *grondsoort* Moor *o* ❷ *turfland* Moor *o*
veenbes Moosbeere *v*
veengrond *grondsoort* Torfboden *m*, Moorboden *m*
veer I *zn* [de], *van vogel* Feder *v* ★ *zo licht als een veer* federleicht ★ *met andermans veren pronken* sich mit fremden Federn schmücken ★ *een veer (moeten) laten* Haare lassen müssen **II** *zn* [het], *veerboot* Fährschiff *o*, Fähre *v*
veerboot Fähre *v*, Fährschiff *o*
veerdienst Fährdienst *m*
veerkracht ❶ *elasticiteit* Elastizität *v*, Spannkraft *v* ❷ *wilskracht* Spannkraft *v*
veerkrachtig ❶ *elastisch* elastisch, federnd ❷ *wilskrachtig* vital, energisch
veerman Fährmann *m*
veerpont Fähre *v*
veertien ❶ vierzehn ❷ → **vier**
veertiende ❶ vierzehnte(r) ❷ → **vierde**
veertig ❶ vierzig ★ *de jaren ~* die vierziger Jahre ❷ → **vier**
veertiger Vierziger *m*
veertigste ❶ vierzigste(r) ❷ → **vierde**
veestapel Viehbestand *m*
veeteelt Viehzucht *v*
veevoeder Viehfutter *o*
veewagen Viehwagen *m*, ⟨wagon⟩ Viehwaggon *m*
vega inform *vegetarisch* vegetarisch, vega-
veganisme Veganismus *m*
veganist Veganer *m*, Veganerin *v*
veganistisch vegan
vegen I *ov ww, vegend reinigen* kehren, fegen, wischen ★ *zijn voeten ~* sich die Füße abtreten / fegen ★ *een voorstel van tafel ~* einen Vorschlag vom Tisch fegen **II** *on ww, strijken (met)* fahren ★ *met de vinger over de tafel ~* mit dem Finger über den Tisch fahren
veger ❶ *borstel* Besen *m* ★ *~ en blik* Handfeger und Kehrblech ❷ *persoon* Feger *m*
vegetariër Vegetarier *m*
vegetarisch vegetarisch
vegetarisme Vegetarismus *m*
vegetatie Vegetation *v*
vegetatief vegetativ
vegeteren *leven als een plant* vegetieren

vehikel Vehikel *o*, min Klapperkiste *v*
veilen versteigern
veilig ❶ *vrij van gevaar* sicher ★ *iets ~ bewaren* etw. sicher verwahren ★ *de ~e haven* der sichere Hafen ❷ *zonder risico* gefahrlos, risikofrei ★ *~ vrijen* Safe(r)Sex *m*
veiligheid Sicherheit *v* ★ *de ~ op de openbare wegen* die Verkehrssicherheit ★ *in ~ brengen* in Sicherheit bringen
veiligheidsbril Schutzbrille *v*
veiligheidsdienst Sicherheitsdienst *m*
veiligheidseis Sicherheitsbedingung *v*
veiligheidsglas Sicherheitsglas *o*, Verbundglas *o*
veiligheidsgordel Sicherheitsgurt *m*, Anschnallgurt *m*
veiligheidshalve sicherheitshalber
veiligheidsklep Sicherheitsventil *o*
veiligheidsoverweging Sicherheitsgründe *mv* ★ *uit ~en* aus Sicherheitsgründen
Veiligheidsraad Sicherheitsrat *m*
veiligheidsriem Sicherheitsgurt *m* ★ *de ~(en) omdoen* sich anschnallen
veiligheidsslot Sicherheitsschloss *o*
veiligheidsspeld Sicherheitsnadel *v*
veiligheidstroepen Sicherheitstruppen *v mv*
veiligheidszone Sicherheitszone *v*
veiligstellen sicherstellen
veiling Versteigerung *v*, Auktion *v*, ⟨gebouw⟩ Auktionsgebäude *o*
veilinggebouw Auktionsgebäude *o*
veilinghal Versteigerungshalle *v*, Auktionshalle *v*, Auktionslokal *o*
veilingklok Auktionsuhr *v*
veilingmeester Versteigerer *m*, Auktionator *m*
veinzen heucheln, vorgeben ★ *hij veinsde ziek te zijn* er gab vor, krank zu sein, er stellte sich krank ★ *zijn liefde was maar geveinsd* seine Liebe war nur geheuchelt
vel ❶ *huid* Haut *v*, Fell *o* ★ *vel over been zijn* nur noch Haut und Knochen sein ★ *iem. het vel over de oren halen* jmdm. das Fell über die Ohren ziehen ★ *het is om uit je vel te springen* es ist, um aus der Haut zu fahren ❷ *blad papier* Bogen *m*, Blatt *o*
veld ❶ *vlakte* Feld *o*, ⟨akker⟩ Acker *m* ★ *dwars door het veld* querfeldein ★ *in het open veld* im freien Feld ❷ *slagveld* Feld *o* ❸ *speelterrein* ⟨sport⟩ Spielfeld *o* ❹ *vakje* Feld *o* ❺ *vakgebied* Feld *o* ❻ *krachtveld* Feld *o*
veldbed Feldbett *o*
veldbloem Feldblume *v*
veldboeket Feldblumenstrauß *m*
veldfles Feldflasche *v*
veldheer Feldherr *m*
veldhospitaal Feldlazarett *o*
veldloop Geländelauf *m*
veldmaarschalk Feldmarschall *m*
veldmuis Feldmaus *v*
veldonderzoek Feldforschung *v*
veldsla Feldsalat *m*
veldslag Schlacht *v*
veldsport Rasensport *m*
veldtocht Feldzug *m*
veldwerk onderw Feldforschung *v*
velen *verdragen* dulden, ertragen, ⟨lichamelijk⟩ vertragen ★ *ik kan hem niet ~* ich kann ihn nicht ausstehen / leiden
velerlei allerlei, vielerlei, mancherlei
velg Felge *v*
velglint Felgenband *o*
velgrem Felgenbremse *v*
vellen ❶ *doen vallen* fällen ❷ *doden* umbringen
velo BN inform *fiets* Rad *o*
velours Samt *m*, Velours *m*
ven Heidesee *m*, Moorsee *m*
vendetta Blutrache *v*
Venetiaans venezianisch
Venetië Venedig *o*
Venezolaan Venezolaner *m*
Venezolaans venezolanisch
Venezolaanse Venezolanerin *v*
Venezuela Venezuela *o*
venijn Gift *o*, ⟨boosaardigheid⟩ Tücke *v*
venijnig gemein, boshaft, giftig ★ *het is ~ koud* es ist scheußlich kalt
venkel Fenchel *m*
vennoot Teilhaber *m*, Gesellschafter *m* ★ *stille ~* stille(r) Teilhaber / Gesellschafter, Kommanditist *m*
vennootschap Gesellschaft *v* ★ *besloten ~* Gesellschaft mit beschränkter Haftung *v*, GmbH ★ *naamloze ~* Aktiengesellschaft *v*
vennootschapsbelasting Körperschaftssteuer *v*
venster Fenster *o*
vensterbank Fensterbank *v*
vensterenvelop Fensterbriefumschlag *m*
vensterglas Fensterglas *o*
vent Kerl *m*, Typ *m* ★ *een aardige vent* ein netter Kerl / Typ / Bursche ★ *een echte vent* ein echter Mann
venten Straßenhandel treiben
venter Hausierer *m*, ⟨langs de weg⟩ Straßenhändler *m*
ventiel Ventil *o*
ventieldop Ventilkappe *v*
ventielklep Ventilklappe *v*
ventielslang Ventilgummi *m/o*
ventilatie Ventilation *v*, Belüftung *v*, Lüftung *v*, Entlüftung *v*, Bewetterung *v*
ventilator Ventilator *m*
ventileren *lucht verversen* (ent)lüften
ventweg Fahrbahn *v* für Anlieger und Zulieferer
Venus *planeet* Venus *v*
venusheuvel Venushügel *m*, Schamhügel *m*
ver **I** *bnw* weit, fern ★ *een verre reis* eine weite Reise ★ *verre bloedverwanten* entfernte(n) / weitläufige(n) Verwandte **II** *bijw* ❶ *afgelegen* weit, fern ★ *niet ver van het park* unweit des Parks ❷ *gevorderd, in hoge mate* ★ *ver na achten* lange nach acht ★ *hem ver overtreffen* ihn weit übertreffen ★ *het ver brengen / schoppen* es weit bringen
veraangenamen angenehm(er) machen, verschönern
verabsoluteren verabsolutieren
verachtelijk ❶ *verachting verdienend* verachtenswert ★ *haar gedrag is ~* ihr Benehmen / Verhalten ist verachtenswert ❷ *verachting tonend* verächtlich
verachten ❶ *minachten* verachten, missachten ❷ *versmaden* verachten
verachting Verachtung *v*

verademing Erleichterung *v*
veraf fern, (weit) entfernt, weit
verafgelegen weit entfernt, abgelegen, entlegen
verafgoden vergöttern
verafschuwen verabscheuen
veralgemenen verallgemeinern
veralgemeniseren verallgemeinern
veramerikanisering Amerikanisierung *v*
veranda Veranda *v*
veranderen I *ov ww, wijzigen* (ver)ändern ★ *volledig ~* verwandeln ★ *een beetje ~* abändern ★ *grotendeels ~* umändern ★ *dat verandert niets aan het feit dat...* das ändert nichts an der Tatsache, dass... **II** *on ww, anders worden* sich (ver)ändern, sich verwandeln ★ *hij is veel veranderd* er hat sich sehr verändert / geändert ★ *van mening ~* seine Meinung ändern, von seiner Meinung zurückkommen
verandering Änderung *v*, Abänderung *v* ★ *daar moet ~ in komen* das muss anders werden ★ *een ~ teweegbrengen* eine Änderung vornehmen ★ *voor de ~* zur Abwechslung ▼ *~ van spijs doet eten* Abwechslung macht Appetit
veranderlijk unbeständig, veränderlich
verankeren lett verankern
verankering Verankerung *v*
verantwoord ❶ *verdedigbaar* vertretbar ★ *dat is ecologisch niet ~* das ist ökologisch nicht vertretbar ❷ *weloverwogen* vertretbar
verantwoordelijk ❶ *aansprakelijk* verantwortlich ★ *iem. voor iets ~ stellen* jmdn. für etw. verantwortlich machen ★ *voor iets ~ zijn* für etw. verantwortlich sein, jur für etw. haften ❷ *belangrijk* ★ *een zeer ~e betrekking* eine verantwortungsvolle Stellung
verantwoordelijke BN *leidinggevende* Vorgesetzte *m-v*
verantwoordelijkheid Verantwortlichkeit *v*, Verantwortung *v*
verantwoordelijkheidsgevoel Verantwortungsgefühl *o*
verantwoorden I *ov ww* verantworten ★ *uitgaven ~* Ausgaben belegen **II** *wkd ww* [**zich** ~] sich rechtfertigen, sich verantworten ★ *zich voor iets ~* sich für etw. verantworten müssen
verantwoording ❶ *rechtvaardiging* Verantwortung *v*, Rechenschaft *v* ★ *ter ~ roepen* zur Rechenschaft / zur Verantwortung ziehen ❷ *verantwoordelijkheid* Verantwortung *v*, Verantwortlichkeit *v*
verarmen *armer maken* arm machen
verarming Verarmung *v*
verassen einäschern
verbaal verbal, mündlich ★ *~ begaafd* sprachgewandt
verbaasd erstaunt, verwundert ★ *~ staan van iets* erstaunt sein, staunen, stutzen
verbaliseren *proces-verbaal opmaken van* in Worte fassen, verbalisieren
verband ❶ *zwachtel* Binde *v*, Verband *m*, Bandage *v* ❷ *samenhang* Zusammenhang *m*, Beziehung, Bezug *m* ★ *in ~ met zijn gezondheid* mit Rücksicht auf seinen Gesundheitszustand ★ *in ~ staan met* im Zusammenhang stehen mit ★ *~ houden met* zusammenhängen mit
verbanddoos Verbandskasten *m*
verbande [verl. td.] → **verbannen**
verbanden [verl. td.] → **verbannen**
verbandgaas Verbandmull *m*
verbandtrommel Verbandskasten *m*
verbannen ❶ *uitwijzen* ausweisen ❷ *uitbannen* verbannen
verbanning Verbannung *v*
verbanningsoord Verbannungsort *m*
verbasteren *vervormen* entstellen
verbastering Entstellung *v*
verbazen erstaunen ★ *zich ~ over* sich wundern über, staunen über ★ *het verbaast me* es wundert / erstaunt mich ★ *hij verbaasde me met die opmerking* er versetzte mich in Erstaunen mit dieser Bemerkung
verbazend erstaunlich
verbazing Staunen *o*, Erstaunen *o*, Verwunderung *v* ★ *tot mijn stomme ~* zu meinem großen Erstaunen
verbazingwekkend erstaunlich, erstaunenswert
verbeelden I *ov ww, uitbeelden* darstellen **II** *wkd ww* [**zich** ~] *zich inbeelden* sich einbilden, sich vorstellen ★ *verbeeld je!* stell dir das mal vor! ★ *zich veel ~* sich viel einbilden ★ *wat verbeeld je je wel!* was bildest du dir eigentlich ein! ★ *dat verbeeld je je slechts* das bildest du dir bloß ein
verbeelding ❶ *uitbeelding* Darstellung *v* ❷ *inbeelding* Einbildung *v* ❸ *fantasie* Einbildung *v*, Phantasie *v*, Fantasie, Vorstellung *v* ★ *tot de ~ spreken* die Phantasie beflügeln ❹ *verwaandheid* Überheblichkeit *v*
verbeeldingskracht Einbildungskraft *v*, Fantasie *v*, Vorstellungskraft *v*
verbergen verbergen, verstecken, verhehlen, verheimlichen ★ *iets voor iem. ~* etw. vor jmdm. geheim halten
verbeten ❶ *fel* verbissen ❷ ⟨van gelaatstrek⟩ verbissen ❸ ⟨van emoties⟩ verbissen
verbeteren I *ov ww* ❶ *de kwaliteit verhogen* bessern, verbessern, aufbessern ❷ *herstellen* verbessern, korrigieren ❸ *overtreffen* übertreffen, verbessern **II** *on ww, beter worden* besser werden, sich (ver)bessern ★ *de toestand van de zieke is verbeterd* der Zustand des Kranken hat sich gebessert
verbetering ❶ *het beter maken* Aufbesserung *v* ❷ *correctie* Verbesserung *v*
verbeurd ▼ *~ verklaren* konfiszieren
verbeurdverklaring Beschlagnahme *v*, Konfiskation *v*, Einziehung *v*
verbeuren verwirken, inform verscherzen
verbieden verbieten, untersagen ★ *verboden te roken* rauchen verboten
verbijsterd bestürzt, fassungslos, erschüttert
verbijsteren entsetzen, erschüttern, bestürzen
verbijsterend bestürzend, erschütter(e)nd
verbijstering Erschütterung *v*, Bestürzung *v*, Entsetzen *o*
verbijten I *ov ww* verbeißen ★ *de pijn ~* den Schmerz verbeißen **II** *wkd ww* [**zich** ~] sich zusammennehmen, sich zusammenreißen ★ *zich ~ van woede* sich die Wut verbeißen / verkneifen
verbinden ❶ *koppelen* verbinden ★ *er zijn voordelen aan verbonden* es sind Vorteile damit verbunden ❷ *telefonisch aansluiten* verbinden ★ *ik ben verkeerd verbonden* ich bin falsch

verbunden ❸ *verplichten* verbinden ★ *zich tot iets* ~ sich zu etw. verpflichten / verbinden ❹ *omzwachtelen* verbinden

verbinding ❶ *samenvoeging* Verbindung *v* ❷ *aansluiting* Verbindung *v* ❸ *contact* Verbindung *v* ★ *zich met iem. in ~ stellen* sich mit jmdm. in Verbindung setzen ❹ scheik Verbindung *v*

verbindingsdienst Fernmeldedienst *m*

verbindingskanaal Verbindungskanal *m*

verbindingsstreepje Bindestrich *m*

verbindingsstuk Verbindungsstück *o*

verbindingsteken Bindestrich *m*

verbindingstroepen Nachrichtentruppen *mv*, Fernmeldetruppen *mv*

verbindingsweg Verbindungsstraße *v*, ⟨toegangsweg⟩ Zubringerstraße *v*

verbintenis Verbindlichkeit *v*, ⟨contract⟩ Vertrag *m*, ⟨verplichting⟩ Verpflichtung *v*, ⟨huwelijk⟩ Verbindung *v* ★ *een ~ aangaan* Verbindlichkeiten eingehen

verbitterd ❶ *vol wrok* erbittert ❷ *grimmig* verbittert

verbitteren verbittern, vergällen

verbleken *bleek worden* ⟨persoon⟩ erblassen, ⟨persoon⟩ erbleichen, ⟨kleur / herinnering⟩ verblassen

verblijden erfreuen, beglücken ★ *zich ~ over* sich (er)freuen über

verblijf ❶ *het verblijven* Aufenthalt *m* ❷ *verblijfplaats* ★ BN *tweede ~* Zweitwohnsitz *m* ★ *zijn ~ hebben* seinen Wohnsitz haben

verblijfkosten Aufenthaltskosten *mv*

verblijfplaats ⟨plaats waar men is⟩ Aufenthaltsort *m*, ⟨woonplaats⟩ Wohnsitz *m*

verblijfsduur Aufenthaltsdauer *v*, Verweildauer *v*

verblijfstitel Aufenthaltstitel *m*

verblijfsvergunning Aufenthaltserlaubnis *v*, Aufenthaltsgenehmigung *v*

verblijven sich aufhalten

verblinden ❶ *blind maken* blenden ❷ fig *begoochelen* blenden

verbloemen ❶ *in bedekte termen aanduiden* durch die Blume sagen, verschleiern ★ *de ware toedracht ~* den wahren Sachverhalt beschönigen ❷ *verzwijgen* verhehlen, vertuschen, verschleiern ★ *iets niet kunnen ~* etw. nicht verhehlen können

verbluffen verblüffen

verbluffend verblüffend

verbluft perplex, verblüfft, verdutzt

verbod Verbot *o*

verboden verboten ★ *~ te kamperen* Zelten verboten

verbodsbepaling Verbotsbestimmung *v*

verbodsbord Verbotsschild *o*

verbolgen verärgert, ärgerlich, erzürnt, aufgebracht

verbond ❶ *verenigde groep* Bund *m*, Verband *m* ❷ *verdrag* Bündnis *o*, ⟨alliantie⟩ Allianz *v* ★ *een ~ sluiten* ein Bündnis schließen

verbondenheid Verbundenheit *v*

verborgen ❶ *aan het gezicht onttrokken* verborgen, versteckt ❷ *niet openbaar, niet algemeen bekend* verborgen, versteckt, verdeckt

verbouwen ❶ *veranderen* umbauen, ⟨vergroten⟩ ausbauen ❷ *telen* anpflanzen, (an)bauen

verbouwereerd perplex, verdutzt, bestürzt, verwirrt

verbouwing ❶ *het telen* Anbau *m* ❷ *het veranderen* Umbau *m*, ⟨vergroting⟩ Ausbau *m*

verbranden I *ov ww, door vuur* verbrennen II *on ww* ❶ *door vuur* verbrennen, ⟨van afval⟩ entsorgen ❷ *door de zon* verbrennen

verbranding ❶ *het verbranden* Verbrennung *v* ★ *derdegraads ~* Verbrennung dritten Grades ❷ *voedselvertering* Verbrennung *v* ❸ scheik Verbrennung *v*

verbrandingsmotor Verbrennungsmotor *m*

verbrandingsoven Verbrennungsofen *m*

verbrassen vergeuden, verprassen

verbreden erweitern, verbreitern ★ *zijn blik ~* seinen Horizont erweitern

verbreding Verbreiterung *v*, fig Erweiterung *v*

verbreiden I *ov ww, verspreiden* verbreiten II *wkd ww* [zich ~] sich verbreiten, sich ausbreiten

verbreiding Verbreitung *v*, Ausbreitung *v*

verbreken ❶ *niet nakomen* brechen ★ *een verdrag ~* einen Vertrag brechen, einen Vertrag nicht nachkommen ❷ *af- / stukbreken* zerbrechen, unterbrechen ★ *de relatie ~* die Beziehung abbrechen / lösen ★ *de ⟨telefonische⟩ verbinding is verbroken* die Telefonleitung wurde unterbrochen

verbreking ⟨vaneen⟩ Bruch *m*, ⟨open⟩ Aufbrechen *o*

verbrijzelen zerschmettern, zertrümmern

verbrijzeling Zertrümmerung *v*

verbroederen I *ov ww, verenigen* verbrüdern II *on ww, verenigd worden* verbrüdern III *wkd ww* [zich ~] sich verbrüdern

verbroedering Verbrüderung *v*

verbrokkelen I *ov ww, in stukjes splitsen* zerbröckeln II *on ww, in stukjes uiteenvallen* auseinanderfallen, zerbröckeln

verbrokkeling Zerbröckelung *v*

verbruien verderben ★ *je hebt het bij mij verbruid* du bist bei mir unten durch

verbruik Verbrauch *m*, ⟨levensmiddelen⟩ Konsum *m*

verbruiken ❶ *opmaken* verbrauchen ❷ *verspillen* verschwenden, vergeuden, verbrauchen

verbruiksartikel Verbrauchsartikel *m*

verbruiksbelasting Verbrauch(s)steuer *v*

verbruikscoöperatie Verbrauchergenossenschaft *v*

verbruiksgoederen Konsumgüter *mv*

verbruikszaal, **verbruikzaal** BN *eetzaal* ≈ Speisesaal *m*

verbuigen ❶ *ombuigen* (um)biegen, verbiegen ❷ taalk beugen, flektieren, ⟨van werkwoorden⟩ konjugieren, ⟨van naamwoorden⟩ deklinieren

verbuiging ❶ *ombuiging* Beugung *v*, Verbiegung *v* ❷ taalk Beugung *v*, ⟨van naamwoorden⟩ Deklination *v*, ⟨van werkwoorden⟩ Konjugation *v*

verchromen verchromen

vercommercialiseren *commercieel maken* kommerzialisieren, vermarkten

verdacht ❶ *onbetrouwbaar* verdächtig ❷ *onder verdenking* suspekt ★ *van diefstal ~ worden* des

Diebstahls verdächtig sein ★ *iem. ~ maken* jmdn. verdächtigen ❸ **~ op** gefasst auf [+4], vorbereitet auf [+4] ★ *vóór je erop ~ bent* ehe man sichs versieht
verdachte Beschuldigte(r) *m*, Verdächtigte(r) *m*, Tatverdächtige(r) *m*
verdachtenbank Anklagebank *v*
verdachtmaking Verdächtigung *v*
verdagen vertagen ★ *~ tot* vertagen auf
verdampen *tot damp worden* verdampfen, verdunsten, scheik verflüchtigen
verdamping Verdampfung *v*, Verdunstung *v*
verdedigbaar ❶ *te verdedigen* zu verteidigen ❷ *te rechtvaardigen* vertretbar, haltbar
verdedigen ❶ *beschermen* verteidigen ❷ *zich inzetten voor* verteidigen [+4], eintreten (**~ voor** für) [+4] ★ *iemands belangen ~* für jmds. Belange eintreten ★ *een zaak ~* eine Sache verteidigen
verdediger ❶ *beschermer* Verteidiger *m* ❷ sport Abwehrspieler
verdediging ❶ *het verdedigen* Abwehr *v* ★ *een zwakke plek in de ~* eine Schwachstelle in der Verteidigung ❷ jur Verteidigung *v* ★ *het woord is aan de ~* die Verteidigung hat das Wort
verdedigingslinie Verteidigungslinie *v*, Defensivlinie *v*
verdeelcentrum Vertriebszentrale *v*, Auslieferungslager *o*
verdeeld uneinig
verdeeldheid *onenigheid* Uneinigkeit *v* ★ *~ zaaien* Zwietracht säen ★ *dit leidde tot ~ binnen de partij* dies führte zu einer Spaltung innerhalb der Partei
verdeelsleutel Verteilerschlüssel *m*
verdeelstekker elek Verteilersteckdose *v*
verdekt verdeckt
verdelen ❶ *splitsen* (ver)teilen, einteilen ★ *iets in drie delen ~* etw. in drei Teile teilen ❷ *uitdelen* verteilen
verdeler BN *dealer* Händler *m*, Vertragshändler *m*
verdelgen vertilgen
verdelgingsmiddel Vernichtungsmittel *o*
verdeling ❶ *splitsing* Teilung *v*, Einteilung *v* ❷ *het uitdelen* Verteilung *v*
verdenken verdächtigen ★ *iem. van diefstal ~* jmdn. wegen Diebstahls in Verdacht haben
verdenking Verdacht *m* ★ *boven iedere ~ verheven zijn* über jeden Verdacht erhaben sein ★ *onder ~ staan van diefstal* im Verdacht des Diebstahls stehen
verder **I** *bnw* ❶ *overig* weiter, sonstig ★ *zijn ~e leven* sein weiteres Leben ★ *~e opleiding* Fortbildung *v* ★ *de ~e gegevens* sonstige Angaben ❷ *verder weg* weiter **II** *bijw* ❶ *na het genoemde* weiter ❷ *boven op het genoemde* weiter, ferner, sonst ❸ ⟨bij voortzetting handeling⟩ weiter(hin) ★ *ga ~* fahre fort
verderf Verderben *o* ★ *zich in het ~ storten* sich ins Verderben stürzen
verderfelijk verderblich
verderop weiter
verdichten ❶ *condenseren* komprimieren, verdichten ❷ *verzinnen* erdichten
verdichting ❶ *verzinsel* Erdichtung *v* ❷ *condensatie* Komprimierung *v*, Verdichtung *v*

verdichtsel Erfindung *v*, Erdichtung *v*
verdienen ❶ *waard zijn* wert sein, verdienen ★ *zij verdient niet beter* sie hat es nicht besser verdient ❷ *als loon / winst krijgen* verdienen
verdienste ❶ *loon* Verdienst *m*, ⟨salaris⟩ Einkommen *o* ❷ *wat waardering verdient* Verdienst *o*
verdienstelijk verdienstvoll, lobenswert ★ *zich ~ maken* sich um etw. verdient machen
verdiepen **I** *ov ww, dieper maken* vertiefen **II** *wkd ww* [**zich ~**] *bestuderen* sich vertiefen (in) [+4]
verdieping *etage* Stockwerk *o*, Stock *m*, Geschoss *o*, Etage *v* ★ *bovenste ~* obersten Stock *m* ★ *op de eerste ~* im ersten Stock ★ *met tien ~en* zehnstöckig
verdikking Verdickung *v*
verdikkingsmiddel Verdickungsmittel *o*
verdisconteren ❶ econ diskontieren ❷ *incalculeren* einkalkulieren
verdoemen verdammen, verfluchen
verdoemenis Verdammnis *v*
verdoen vergeuden, vertun
verdoezelen *verbloemen* vertuschen
verdomd **I** *bnw* verflucht, verdammt **II** *bijw* verdammt, verflucht ★ *~ als het niet waar is* mich soll der Teufel holen, wenn das nicht stimmt **III** *tw* verdammt (noch mal)!
verdomhoekje ▼ *in het ~ zitten* unten durch sein, es den Leuten nicht recht machen können ▼ *ik zit bij hem in het ~* ich bin bei ihm unten durch
verdomme verdammt
verdommen ❶ *vertikken* sich weigern, nicht daran denken ❷ *schelen* ★ *wat kan het mij ~* mir soll's wurst sein
verdonkeremanen sich etwas unter den Nagel reißen
verdoofd betäubt
verdorie verflixt
verdorren *dor worden* verdorren, ⟨van planten en bloemen⟩ verwelken
verdorven verkommen, verdorben
verdoven *gevoelloos maken* betäuben ★ *plaatselijk ~* örtlich betäuben
verdoving ❶ *gevoelloosheid* Betäubung *v* ❷ *narcose* Narkose *v*
verdovingsmiddel Betäubungsmittel *o*
verdraagzaam tolerant, duldsam, verträglich
verdraagzaamheid Duldsamkeit *v*
verdraaid **I** *bnw* ❶ *verkeerd gedraaid* verheddert ❷ *vervelend* verflixt **II** *tw* verflixt! ★ *~ nog aan toe!* verflixt noch mal!
verdraaien ❶ *anders draaien* verdrehen ❷ *fout weergeven* verdrehen, verstellen ★ *iemands woorden ~* jmdm. das Wort im Munde verdrehen ★ *zijn handschrift ~* seine Handschrift verstellen
verdraaiing ❶ *het verdraaien* Verdrehung *v* ❷ *foute weergave* Verdrehung *v*
verdrag Vertrag *m*
verdragen ❶ *dulden / doorstaan* ertragen ❷ *gebruiken zonder er last van te hebben* aushalten, vertragen ★ *dit medicijn verdraag ik niet* dieses Medikament vertrage ich nicht
verdragsbepaling Vertragsbestimmung *v*
verdriet Kummer *m*, Verdruss *m*, Betrübnis *v*

★ *iem. ~ aandoen* jmdm. Kummer machen
verdrietig *bedroefd* traurig, betrübt
verdrievoudigen verdreifachen
verdrijven ❶ *verjagen* vertreiben, verjagen, verscheuchen ❷ *verdringen* vertreiben
verdringen I *ov ww* ❶ *wegduwen* wegdrängen, verdrängen ❷ *onderdrukken* verdrängen ★ *zijn problemen ~* seine Probleme verdrängen II *wkd ww* [**zich ~**] *samendrommen* sich drängen
verdringing Verdrängung *v*
verdrinken I *ov ww* ❶ *doen omkomen* ertränken ★ *een kat ~* eine Katze ersäufen ❷ *wegdrinken* vertrinken, inform versaufen II *on ww, omkomen* ertrinken
verdrinking Ertrinken *o*
verdrinkingsdood Tod *m* durch Ertrinken
verdrogen *droog worden* austrocknen, vertrocknen ★ *de bloemen zijn verdroogd* die Blumen sind verdorrt ★ *de rivier is verdroogd* der Fluss ist ausgetrocknet
verdroging Austrocknung *v*
verdrukken bedrücken, unterdrücken
verdrukking ❶ *knel* Bedrängnis *v* ★ *in de ~ komen* in Bedrängnis geraten ❷ *onderdrukking* Unterdrückung *v* ★ *tegen de ~ in* trotz allem / alledem
verdubbelen I *ov ww, tweemaal zo groot maken* duplizieren, verdoppeln II *on ww, tweemaal zo groot worden* sich verdoppeln
verdubbeling Verdoppelung *v*
verduidelijken verdeutlichen, erklären
verduidelijking Verdeutlichung *v*, Erklärung *v*
verduisteren I *ov ww* ❶ *donker maken* verdunkeln ❷ *stelen* veruntreuen, unterschlagen II *on ww, donker worden* sich verfinstern, sich verdunkeln ★ *de hemel verduisterde* der Himmel verfinsterte sich
verduistering ❶ *eclips* ★ *zons- / maans~* Sonnen- / Mondfinsternis *v* ❷ *het donker maken* Verdunklung *v*, Verfinsterung *v* ❸ *het stelen* Unterschlagung *v*, Veruntreuung *v*
verdunnen ⟨minder geconcentreerd maken⟩ verdünnen, ⟨omvang verminderen⟩ dünner machen
verdunner Verdünner *m*
verdunning Verdünnung *v*
verduren ❶ *doorstaan* ertragen, erdulden ★ *hij heeft het zwaar te ~* er hat eine Menge auszustehen ❷ *uithouden* aushalten
verduurzamen haltbar machen, konservieren ★ *verduurzaamd levensmiddel* konserviertes Lebensmittel
verdwaasd ⟨verward⟩ verstört, ⟨uitzinnig⟩ verrückt, ⟨zonder benul⟩ töricht
verdwalen sich verfahren, sich verirren, ⟨lopen / rijden⟩ sich verlaufen ★ *verdwaalde kogel* verirrte Kugel *v*
verdween [verl. td.] → **verdwijnen**
verdwenen I *ww* [verl. td.] → **verdwijnen** II *ww* [volt.dw.] → **verdwijnen**
verdwijnen verschwinden
verdwijning Schwund *m*, ⟨(het) afnemen⟩ Verschwinden *o*
verdwijnpunt Fluchtpunkt *m*
veredelen agrar indus veredeln
vereenvoudigen vereinfachen
vereenvoudiging Vereinfachung *v*
vereenzaamd vereinsamt
vereenzamen vereinsamen
vereenzaming Vereinsamung *v*
vereenzelvigen gleichsetzen, identifizieren ★ *zich met iets ~* sich mit etw. identifizieren
vereenzelviging Identifikation *v*, Identifizierung *v*
vereeuwigen *portretteren* verewigen
vereffenen ❶ *betalen* ausgleichen, begleichen ★ *een rekening / schuld ~* eine Rechnung / Schuld begleichen ❷ *bijleggen* beilegen
vereisen erfordern ★ *de vereiste middelen* die erforderlichen Mittel
vereiste Erfordernis *o*, ⟨voorwaarde⟩ Voraussetzung *v*
veren I *on ww* federn, elastisch sein II *bnw* Feder-
verend federnd
verenigbaar vereinbar
verenigd vereinigt
Verenigde Arabische Emiraten Vereinigte Arabische Emirate *mv*
Verenigde Naties Vereinte Nationen *mv*
Verenigde Staten van Amerika Vereinigte Staaten *mv* (von Amerika)
Verenigd Koninkrijk Vereinigte(s) Königreich *o* ★ *in het ~* im Vereinigten Königreich
verenigen ❶ *samenvoegen* vereinigen ❷ *overeenbrengen* vereinigen ▼ *daarmee kan ik me ~* damit bin ich einverstanden
vereniging ❶ *club* Verein *m*, Verband *m* ★ *lid van een ~ worden* einem Verein beitreten ★ BN econ *~ zonder winstoogmerk* VoG, Vereinigung *v* ohne Gewinnerzielabsicht ❷ *het verenigen* Zusammenschluss *m*, Vereinigung *v* ★ *recht van ~* Versammlungsfreiheit *v*, Vereinigungsrecht *o*
verenigingsleven Vereinsleben *o*
vereren ❶ *eer bewijzen* ehren ★ *iem. met een bezoek ~* jmdn. mit einem Besuch beehren ❷ *aanbidden* verehren
verergeren I *ov ww, erger maken* verschlimmern, schlimmer machen II *on ww, erger worden* sich verschlimmern, schlimmer werden
verergering Verschlimmerung *v*
verering Verehrung *v*
verf ❶ Farbe *v* ★ *de deur staat in de verf* die Tür ist frisch gestrichen ❷ → **verfje** ▼ fig BN *iets in de verf zetten* etwas ansetzen ▼ *niet uit de verf komen* nicht ausgearbeitet sein, nicht gut dastehen, sich nicht deutlich profilieren
verfbad Farbbad *o*
verfbom Farbbeutel *m*
verfdoos Farb- / Malkasten *m*
verfijnd verfeinert
verfijnen verfeinern
verfijning Verfeinerung *v*
verfilmen verfilmen
verfilming *verfilmde versie* Verfilmung *v*
verfje ★ *het huis mag wel een ~ hebben* das Haus braucht einen neuen Anstrich
verfkwast Pinsel *m*
verflauwen nachlassen, ⟨handel⟩ abflauen
verfoeien verabscheuen
verfoeilijk verabscheuenswert, verachtenswert
verfomfaaien *uit model brengen* zerknittern, verlottern, zerfleddern

verfraaien verschönern
verfraaiing Verschönerung *v*, Schmücken *o*
verfrissen *opfrissen* erfrischen, frisch machen
verfrissend erfrischend
verfrissing Erfrischung *v*
verfroller Farbroller *m*, Farbrolle *v*
verfrommelen zerknittern, zerknüllen
verfspuit Spritzpistole *v*
verfstof ❶ *verf* Farbstoff *m* ❷ *grondstof* Farbstoff *m*
verftube Farbtube *v*
verfverdunner Verdünnung *v*
verfwinkel Farbengeschäft *o*
vergaan ❶ *ten onder gaan* untergehen, ⟨sterven⟩ umkommen ★ *het schip is ~* das Schiff ist untergegangen ★ *~ van angst* vor Angst sterben ★ *~ van de dorst* vor Durst umkommen ★ *~ van de honger* vor Hunger sterben / umkommen ❷ *verteren* zerfallen, vermodern, verfaulen ★ *tot stof ~* verwesen ❸ *eindigen* ergehen ★ *het is hem niet slecht ~* es ist ihm nicht schlecht ergangen
vergaand weitgehend, weitreichend
vergaarbak fig *verzamelplaats* Sammelbecken *o*
vergaderen *bijeenkomen* eine Sitzung abhalten, tagen
vergadering Versammlung *v*, Sitzung *v*, Tagung *v* ★ *algemene ~* Generalversammlung *v*, Hauptversammlung *v* ★ *tijdens de gehouden ~* während der Versammlung ★ *~ achter gesloten deuren* Klausurtagung *v* ★ *de algemene ~ van de VN* die UNO-Vollversammlung
vergaderzaal Sitzungs- / Versammlungssaal *m*
vergallen verleiden, vergällen ★ *iemands plezier ~* jmdm. die Freude vergällen
vergalopperen [zich ~] sich vergaloppieren
vergankelijk vergänglich
vergankelijkheid Vergänglichkeit *v*
vergapen [zich ~] bestaunen
vergaren sammeln ★ *moed ~* Mut fassen
vergassen ❶ *in gas omzetten* vergasen ❷ *met gas doden* vergasen
vergasten aufwarten, ⟨met eten en drank⟩ bewirten ★ *zich ~ aan* sich gütlich tun an ★ *iem. op een nieuwtje ~* jmdm. mit Neuigkeiten aufwarten ★ *de gasten op champagne ~* den Gästen mit Champagner aufwarten
vergat [verl. td.] → **vergeten**
vergaten [verl. td.] → **vergeten**
vergeeflijk ❶ *te vergeven* entschuldbar, verzeihlich ❷ *vergevingsgezind* versöhnlich
vergeefs I *bnw* vergeblich II *bijw* vergebens, umsonst
vergeeld vergilbt
vergeetachtig vergesslich
vergeetboek ▼ *in het ~ raken* in Vergessenheit geraten
vergeethoek ▼ *in de ~ raken* in Vergessenheit geraten
vergeet-mij-niet plantk Vergissmeinnicht *o*
vergelden vergelten, heimzahlen
vergelding Vergeltung *v*
vergeldingsmaatregel Vergeltungsmaßnahme *v*
vergelen vergilben
vergelijk ❶ Ausgleich *m*, Einigung *v*, jur Vergleich *m* ★ *tot een ~ komen* einen Vergleich treffen ❷ *overeenkomst* Ausgleich *m*, Einigung *v*, jur Vergleich *m* ★ *een ~ treffen* einen Vergleich treffen
vergelijkbaar vergleichbar
vergelijken vergleichen ★ *vergeleken met vroeger* im Vergleich zu / gegenüber früher
vergelijkenderwijs vergleichsweise
vergelijking ❶ *het vergelijken* Vergleich *m*, Vergleichen *o* ★ *in ~ met* im Vergleich mit / zu ★ *de ~ met iets niet doorstaan kunnen* den Vergleich mit etw. nicht aushalten ★ *een ~ trekken / maken* einen Vergleich ziehen / anstellen ❷ wisk Gleichung *v*
vergemakkelijken erleichtern
vergen fordern, verlangen ★ *veel tijd ~* viel Zeit erfordern ★ *te veel van iem. ~* jmdn. überfordern ★ *hoe kan je zoiets van mij ~?* wie kannst du so etw. von mir verlangen? ★ *te veel van zijn krachten ~* sich verausgaben ★ *het vergt veel van...* es verlangt viel von... [+3]
vergenoegd vergnügt, zufrieden, content
vergenoegen zufriedenstellen, begnügen ★ *zich ~ met* sich begnügen mit
vergetelheid Vergessenheit *v* ★ *aan de ~ ontrukken* der Vergessenheit entreißen ★ *aan de ~ prijsgeven* der Vergessenheit preisgeben ★ *in ~ raken* in Vergessenheit geraten
vergeten I *ov ww* vergessen ★ *ik ben ~ wat ik zeggen wilde* ich habe vergessen, was ich sagen wollte ★ *hij deed alsof hij het ~ was* er tat so, als ob er es vergessen hätte ★ *ik heb mijn horloge ~* ich habe meine Uhr vergessen ★ *niet te ~...* nicht zu vergessen... ★ *ik ben ~ hoe zij heet* ich habe ihren Namen vergessen ★ *ik zal nooit ~ dat je dat gedaan hebt* das werde ich dir nie vergessen ▼ *vergeet het maar!* vergiss es! II *ww* [volt.dw.] → **vergeten**
vergeven ❶ *vergiffenis schenken* vergeben, verzeihen ★ *(na biecht) iemands zonden ~* (nach der Beichte) jmds. Sünden vergeben ★ *iem. iets ~* jmdm. etw. vergeben ★ *vergeef me!* Verzeihung!, Entschuldigung! ★ *~ en vergeten* vergeben und vergessen ❷ *weggeven* vergeben ★ *er is een baantje te ~* es gibt eine Stelle zu vergeben ★ *ik heb vrijkaartjes te ~* ich habe Freikarten zu vergeben ▼ *~ zijn van* wimmeln von, durchdrungen sein von [+3]
vergevensgezind nicht nachtragend, versöhnlich
vergeving *het vergiffenis schenken* Vergebung *v*, ⟨vergiffenis⟩ Verzeihung *v*
vergevorderd fortgeschritten, vorgerückt ★ *op ~e leeftijd* in vorgerücktem Alter
vergewissen [zich ~] sich vergewissern
vergezellen *begeleiden* begleiten ★ *van iets vergezeld gaan* mit etw. einhergehen
vergezicht Fernsicht *v*, Aussicht *v*, ⟨schilderij⟩ Panorama *o*
vergezocht weit hergeholt
vergiet Sieb *o*
vergif Gift *o*
vergiffenis Verzeihung *v*, Vergebung *v* ★ *~ vragen* um Verzeihung bitten ★ *iem. ~ schenken* jmdm. vergeben, jmdm. verzeihen
vergiftig giftig
vergiftigen *iets giftig maken* vergiften

vergiftiging Vergiftung *v* ★ *door ~ sterven* an einer Vergiftung sterben
vergissen [zich ~] sich irren, sich täuschen ★ *ik heb me vergist* ich habe mich geirrt ★ *zich in iets / iemand ~* sich in etw. / jmdm. irren / täuschen [+3] ▼ *~ is menselijk* Irren ist menschlich
vergissing Irrtum *m* ★ *bij ~* aus Versehen, versehentlich, irrtümlicherweise
vergoeden ❶ *terugbetalen* ersetzen, erstatten, vergüten ★ *iem. iets ~* jmdm. etw. vergüten ❷ *als beloning / compensatie geven* wettmachen, ersetzen
vergoeding ❶ *schadeloosstelling* Entschädigung *v*, Ersatz *m* ★ *~ voor reiskosten* Erstattung der Reisekosten *v* ❷ *beloning* Vergütung *v*
vergoelijken beschönigen
vergokken verspielen
vergooien I *ov ww* wegwerfen, ‹verspillen› vergeuden II *wkd ww* [zich ~] sich verwerfen
vergrendelen verriegeln
vergrijp Vergehen *o*, Verstoß *m* ★ *~ tegen de vorm* Formverstoß ★ *~ tegen de goede zeden* Verstoß gegen die guten Sitten
vergrijpen [zich ~] ~ **aan** *(seksueel) geweld aandoen* sich vergreifen an
vergrijzen vergreisen
vergrijzing Vergreisung *v*, Überalterung *v*
vergroeien ❶ *krom groeien* verkrüppeln, (sich) verkrümmen ❷ *aaneengroeien* verwachsen
vergrootglas Lupe *v*, Vergrößerungsglas *o*
vergroten ❶ *groter maken* vergrößern, erweitern ❷ *vermeerderen* erhöhen, erweitern, vergrößern
vergroting ❶ *vermeerdering* Erweiterung *v* ❷ *foto* Vergrößerung *v*
vergruizen *stukslaan* zermalmen, zerschmettern
vergruizer Zertrümmerer *m*
vergruizing Zertrümmerung *v*
verguizen schmähen, verhöhnen
verguld ❶ *bedekt met bladgoud* vergoldet ★ *~ op snee* mit Goldschnitt ❷ *blij* erfreut, geschmeichelt ★ *ergens ~ mee zijn* über etw. sehr erfreut sein
vergulden ❶ *bedekken met bladgoud* vergolden ❷ *blij maken* erfreuen
vergunnen gestatten, erlauben ★ *het was haar niet vergund* es war ihr nicht vergönnt,
vergunning *machtiging* Genehmigung *v*, Konzession *v* ★ *~ voor vuurwapens* Waffenschein *m* ★ *een ~ aanvragen* eine Genehmigung beantragen
verhaal ❶ *vertelling* Erzählung *v*, Geschichte *v*, Bericht *m* ★ *kort ~* Kurzgeschichte *v* ❷ *vergoeding* Ersatzanspruch *m*, Regress *m*, Entschädigung *v* ★ *~ halen* einen Regress nehmen auf [+4] ★ *~ halen op iem.* sich an jmdm. schadlos halten ▼ *op ~ komen* sich erholen, (wieder) zu Kräften kommen
verhaallijn Handlungsstrang *m*, Handlung *v*, Story *v*
verhalen ❶ *vertellen* erzählen, berichten ❷ *verhaal halen* sich schadlos halten, Schadenersatz fordern ★ *de schade op iem. ~* sich an jmdm. schadlos halten, Schadenersatzansprüche bei jmdm. geltend machen
verhalend erzählend
verhandelen *handelen in* handeln mit
verhandeling *opstel* ‹mondeling› Vortrag *m*, ‹schriftelijk› Abhandlung *v*
verhangen I *ov ww* umhängen II *wkd ww* [zich ~] sich erhängen
verhapstukken erledigen ★ *aan iets veel te ~ hebben* an etw. noch viel zu feilen haben ★ *iets met iem. te ~ hebben* ein Hühnchen mit jmdm. zu rupfen haben
verhard ❶ *hard geworden* befestigt ❷ *ongevoelig* gehärtet
verharden I *ov ww* ❶ *hard maken* befestigen ❷ *ongevoelig maken* härten, verhärten II *on ww* ❶ *hard worden* sich verhärten ❷ *ongevoelig worden* (ver)härten
verharen (sich) haaren
verhaspelen ❶ *verkeerd uitspreken* sich verhaspeln ❷ *verknoeien* durcheinanderbringen
verheerlijken *loven* verherrlichen, glorifizieren ★ *iem. verheerlijkt aankijken* jmdn. anhimmeln ★ *met een verheerlijkt gezicht* mit einem verklärten Gesicht
verheerlijking Verherrlichung *v*
verheffen I *ov ww* ❶ *in hogere positie brengen* erheben ❷ wisk erheben II *wkd ww* [zich ~] *verrijzen* sich erheben ★ *de kerktoren verheft zich boven de stad* der Kirchturm erhebt sich über die Stadt
verheffing Erhebung *v*
verhelderen I *ov ww, helder maken* verdeutlichen ★ *~d werken* klärend wirken II *on ww, helder worden* sich aufklären, sich aufhellen
verhelen verhehlen
verhelpen beheben ★ *dat is gemakkelijk te ~* dem ist leicht abzuhelfen ★ *een moeilijkheid ~* eine Schwierigkeit beseitigen
verhemelte *gehemelte* Gaumen *m*
verheugd froh, erfreut
verheugen I *ov ww, blij maken* (er)freuen II *wkd ww* [zich ~] *zich verblijden* sich freuen ★ *zich in een goede gezondheid ~* sich einer guten Gesundheit erfreuen ★ *zich ~ op* sich freuen auf [+4] ★ *zich ~ over* sich freuen über [+4]
verheugend erfreulich
verheven erhaben, ‹stijl, taal› gehoben ★ *~ zijn boven* erhaben sein über [+4]
verhevigen I *ov ww, heviger maken* verstärken II *on ww, heviger worden* sich verstärken
verheviging Verstärkung *v*
verhinderen ‹iemand› hindern, ‹iets› verhindern ★ *dat zal haar niet ~ om door te gaan* das wird sie nicht daran hindern, weiterzumachen ★ *door zaken verhinderd zijn* geschäftlich verhindert sein
verhindering Verhinderung *v* ★ *bij ~* im Verhinderungsfalle
verhit ❶ *verwarmd* erhitzt ❷ fig *opgewonden* erhitzt
verhitten *heet maken* erhitzen
verhitting Erhitzung *v*
verhoeden verhüten
verhogen ❶ *hoger maken* erhöhen ❷ *vermeerderen* erhöhen ❸ *versterken* erhöhen ★ *de spanning ~* die Spannung steigern ★ *verhoogde bloeddruk* erhöhte(r) Blutdruck *m*
verhoging ❶ *het ophogen* Erhöhung *v*

ve

❷ *vermeerdering* Erhöhung *v*, Steigerung *v* ★ ~ *van salaris* Gehaltserhöhung *v* ❸ *verhoogde plaats* Erhöhung *v*, Erhebung *v* ❹ *lichte koorts* (erhöhte) Temperatur *v* ★ ~ *hebben* Fieber haben
verholen *verborgen* verhohlen ★ *een ~ blik* ein verstohlener Blick
verhongeren I *ov ww, uithongeren* aushungern **II** *on ww, omkomen* verhungern
verhongering Verhungern *o*
verhoogd ❶ *hoger geworden / gemaakt* erhöht, gesteigert ❷ *intenser* kräftiger, tiefer
verhoor Verhör *o*, Vernehmung *v* ★ *een ~ afnemen* jmdn. ins Verhör nehmen
verhoren ❶ *ondervragen* vernehmen, verhören ❷ *inwilligen* erhören
verhouden [**zich ~**] sich verhalten
verhouding ❶ *relatie* Verhältnis *o*, Beziehung *v* ★ *de ~ tussen moeder en dochter* das Verhältnis zwischen Mutter und Tochter ❷ *liefdesrelatie* Liebesverhältnis *o* ❸ *evenredigheid* Verhältnis *o*, Proportion *v* ★ *naar ~* verhältnismäßig
verhoudingsgewijs verhältnismäßig
verhuiskaart Adressenänderung *v*
verhuiskosten Umzugskosten *mv*
verhuisonderneming Umzugsspediteur *m*, Möbelspediteur *m*
verhuiswagen Möbelwagen *m*
verhuizen I *ov ww, inboedel overbrengen* für jemanden den Umzug übernehmen / machen **II** *on ww, elders gaan wonen* umziehen ★ *wij zijn verhuisd* wir sind umgezogen
verhuizer Möbelpacker *m*, ⟨firma⟩ Möbelspediteur *m*
verhuizing Umzug *m*
verhullen verschleiern, verhüllen
verhuren vermieten, verleihen ★ *zich ~* sich verdingen
verhuur Vermietung *v*
verhuurbedrijf Verleihbetrieb *m*
verhuurder Vermieter *m*, Verleiher *m*
verificatie Echtheitsnachweis *m*, Prüfung *v*, ⟨bij faillissement⟩ Betriebsprüfung *v*
verifiëren verifizieren
verijdelen vereiteln
verijzen vereisen
vering ❶ *het veren* Federung *v* ❷ *verend gestel* Federung *v*
verjaardag Geburtstag *m* ★ *zijn ~ vieren* seinen Geburtstag feiern ★ *wat krijg je met / voor je ~?* was bekommst du zum Geburtstag?
verjaardagscadeau Geburtstagsgeschenk *o*
verjaardagsfeest Geburtstagsfeier *v*
verjaardagskaart Geburtstagskarte *v*
verjaardagskalender Geburtstagskalender *m*
verjagen verjagen, vertreiben
verjaging Vertreibung *v*
verjaren ❶ jur *ongeldig worden* verjähren ❷ *jarig zijn* Geburtstag haben
verjaring *het ongeldig worden* Verjährung *v*
verjaringstermijn Verjährungsfrist *v*
verjongen *jonger maken* verjüngen
verjonging Verjüngung *v*
verkalken *kalkachtig worden* verkalken
verkalking Verkalkung *v*
verkapt verkappt
verkassen ≈ seine Zelte abbrechen, inform sich verziehen
verkavelen parzellieren
verkaveling Parzellierung *v*
verkeer ❶ *voertuigen, personen* Verkehr *m* ★ *doorgaand ~* Durchgangsverkehr *m* ❷ *sociale omgang* Umgang *m* ★ *seksueel ~* Sexualverkehr *m* ★ *maatschappelijk ~* gesellschaftliche(r) Verkehr
verkeerd verkehrt, falsch ★ *iets ~ doen* etw. falsch machen ★ *dat zal ~ aflopen* das wird schiefgehen ★ *we zijn ~ gereden* wir haben uns verfahren ★ *ik heb ~ gekeken* ich habe mich versehen
verkeersader Verkehrsader *v*
verkeersagent Verkehrspolizist *m*
verkeersbelasting BN *wegenbelasting* Kraftfahrzeugsteuer *v*
verkeersbord Verkehrsschild *o*
verkeerscentrale Verkehrszentrale *v*
verkeersdiploma Verkehrspass *m*
verkeersdrempel Poller *m*
verkeersheuvel Verkehrsinsel *v*
verkeersinformatie *centrale* Verkehrsinformation *v*
verkeersknooppunt Verkehrsknotenpunkt *m*
verkeersleider Fluglotse / -leiter *m*
verkeerslicht Verkehrsampel *v*, Ampel *v*
verkeersongeval Verkehrsunfall *m*
verkeersopstopping Verkehrsstockung *v*, Verkehrsstau *m*
verkeersovertreder Verkehrssünder *m*
verkeersovertreding Verkehrssünde *v*
verkeersplein Kreisverkehr *m*, ⟨bij snelwegen⟩ Autobahnkreuz *o*
verkeerspolitie Verkehrspolizei *v*
verkeersregel Verkehrsregel / -vorschrift *v*
verkeersreglement Straßenverkehrsordnung *v*
verkeersslachtoffer Verkehrsopfer *o*
verkeerstoren Tower *m*, Kontrollturm *m*
verkeersveiligheid Verkehrssicherheit *v*
verkeersvlieger Verkehrspilot *m*
verkeersvliegtuig Verkehrsflugzeug *o*
verkeersweg Verkehrsweg *m*
verkeerszuil Verkehrssäule *v*
verkennen auskundschaften, erkunden, ⟨leger⟩ aufklären ★ *het terrein ~* das Gelände erkunden
verkenner ❶ *verspieder* Kundschafter *m*, Beobachter *m*, Erkunder *m*, ⟨leger⟩ Aufklärer *m* ❷ *padvinder* ≈ Pfadfinder *m*
verkenning Erkundung *v*, Auskundschaftung *v* ★ *op ~ uitgaan* auf Erkundung gehen ★ *~ vanuit de lucht* Luftaufklärung *v*
verkenningstocht Erkundungsfahrt *v*, Streifzug *m*
verkenningsvliegtuig Aufklärungsflugzeug *o*, Aufklärer *m*
verkeren ❶ *zich bevinden* sich befinden ★ *in gevaar ~* in Gefahr schweben, sich in Gefahr befinden ★ *in de mening ~* der Meinung sein ★ *in de veronderstelling ~* meinen ❷ **~ met** verkehren mit [+3], umgehen mit [+3] ▼ *het kan ~* das Blatt kann sich wenden
verkering (feste) Beziehung *v* ★ *~ hebben met iem.* mit jmdm. gehen ★ *vaste ~ hebben* einen festen Freund / eine feste Freundin haben
verkerven BN *verbruien* verderben ★ *je hebt het bij mij verkorven* du bist bei mir unten durch
verkiesbaar wählbar ★ *zich ~ stellen* sich zur

Wahl stellen
verkieslijk vorzuziehen
verkiezen ❶ *liever willen* vorziehen, wünschen ★ *het een boven het ander ~* das eine dem anderen vorziehen ★ *zij verkiest het niet te doen* sie ist dazu nicht bereit ❷ *door stemmen aanwijzen* wählen
verkiezing ❶ *het stemmen* Wahl *v* ❷ *keuze* Wahl *v*
verkiezingscampagne Wahlkampagne *v*
verkiezingsstrijd Wahlkampf *m*
verkiezingsuitslag Wahlergebnis *o*
verkijken I *ov ww, voorbij laten gaan* verpassen ★ *de kans is verkeken* dies ist eine verpasste Chance **II** *wkd ww* [**zich** ~] *verkeerd beoordelen* sich irren, sich täuschen ★ *zich op iets ~* etw. verkehrt / falsch beurteilen / einschätzen ★ *zich op iem. ~* sich in jmdm. irren
verkikkerd ▼ *~ zijn op iets* in etwas vernarrt sein ▼ *~ zijn op iem.* in jemanden verschossen sein
verklaarbaar erklärbar, ⟨te begrijpen⟩ erklärlich
verklappen ausplaudern, verraten ★ *iets aan iem. ~* jmdm. etw. verraten
verklaren I *ov ww* ❶ *kenbaar maken* erklären, jur aussagen ★ *nietig ~* (für) nichtig / ungültig erklären ❷ *uitleggen* erläutern, erklären **II** *wkd ww* [**zich** ~] sich erklären ★ *verklaar je nader* erkläre dich deutlicher
verklaring ❶ *uitleg* Erklärung *v* ❷ *mededeling* Erklärung *v* ★ *een ~ afleggen* eine Aussage machen ❸ jur *getuigenis* ★ *beëdigde ~* eidliche Erklärung ❹ med *attest* ★ *heb je al een ~ van de dokter?* hast du schon eine ärztliche Bescheinigung / ein ärztliches Attest?
verkleden ❶ *omkleden* umziehen, umkleiden ★ *zich ~* sich umziehen, sich umkleiden ❷ *vermommen* (sich) verkleiden
verkleinen ❶ *kleiner maken* verkleinern ❷ *verminderen* verringern, wisk kürzen
verkleining *het kleiner maken* Verkleinerung *v*, Verkleinern *o*
verkleinvorm taalk Verkleinerungsform *v*, Diminutivform *v*
verkleinwoord Verkleinerungsform *v*, Diminutiv *o*
verkleumd ⟨personen⟩ durchgefroren, ⟨ledematen⟩ erstarrt / steif vor Kälte
verkleumen frieren
verkleuren ❶ *van kleur veranderen* sich verfärben ❷ *kleur verliezen* an Farbe verlieren, (v)erbleichen
verklikken verpfeifen
verklikker ❶ *toestel* Kontrolllampe *v*, Anzeiger *m* ❷ *verrader* Verräter *m*, Zuträger *m*, Denunziant *m*, Spitzel *m*, inform Petzer *m*
verkloten versauen
verknallen vermasseln
verkneukelen [**zich** ~] sich klammheimlich freuen, sich ins Fäustchen lachen ★ *zich in iets ~* sich an etw. ergötzen
verknippen ❶ *verkeerd knippen* verschneiden ❷ *in stukken knippen* zerschneiden
verknipt bekloppt
verknocht ★ *~ zijn aan* hängen an [+3]
verknoeien ❶ *verspillen* verschwenden, vertun, vergeuden ❷ *bederven* verderben, inform verpfuschen, inform vermasseln
verkoelen I *ov ww, koel maken* abkühlen **II** *on ww, koel worden* sich abkühlen
verkoeling ❶ lett Abkühlung *v* ❷ fig Abkühlung *v*
verkoeverkamer med Ausschlafraum *m*
verkolen I *ov ww, tot kool maken* verkohlen **II** *on ww, tot kool worden* verkohlen
verkommeren ⟨vervallen⟩ verkommen, ⟨achterblijven⟩ verkümmern
verkondigen *aankondigen* verkünden
verkondiging rel Verkündung *v*, Verkündigung *v*
verkoop Verkauf *m* ★ *~ bij opbod* Versteigerung *v*
verkoopbaar ❶ *te verkopen* verkäuflich ❷ *aannemelijk* akzeptabel
verkoopcijfers Verkaufszahl *v*
verkoopleider Verkaufsleiter *m*
verkooporganisatie Verkaufsorganisation *v*
verkooppraatje Verkaufsgespräch *o*
verkoopprijs Verkaufspreis *m*
verkooppunt Verkaufsstelle *v*
verkoopster Verkäuferin *v*
verkooptruc Verkaufstrick *m*, Verkaufsmasche *v*
verkopen I *ov ww* ❶ *tegen betaling leveren* verkaufen ★ *toen ik haar zag, was ik verkocht* als ich sie sah, war ich verloren / verraten und verkauft ❷ *vertellen* auftischen ★ *leugens ~* Lügen auftischen ★ *onzin ~* dummes Zeug reden ❸ *geven* versetzen ★ *iem. een klap ~* jmdm. einen Schlag versetzen **II** *on ww* sich verkaufen
verkoper Verkäufer *m*
verkoping Verkauf *m*
verkorten (ver)kürzen ★ *in verkorte vorm* in Kurzform *v*
verkorting Verkürzung *v*
verkouden erkältet ★ *~ worden* einen Schnupfen bekommen, sich erkälten
verkoudheid Erkältung *v*, ⟨vooral neus⟩ Schnupfen *m*
verkrachten ❶ ⟨iemand⟩ vergewaltigen ❷ ⟨iets⟩ vergewaltigen
verkrachter Vergewaltiger *m*
verkrachting ❶ *van iem.* Vergewaltigung *v* ❷ *van iets* Vergewaltigung *v*
verkrampen sich verkrampfen
verkrampt verkrampft
verkreukelen *in elkaar frommelen* zerknittern, zerknüllen
verkrijgbaar erhältlich ★ *niet meer ~* nicht mehr lieferbar ★ *afzonderlijk ~* einzeln erhältlich ★ *vrij ~* im Freiverkehr
verkrijgen bekommen, erwerben, erhalten
verkrommen I *ov ww* verkrümmen **II** *ov ww* verkrümmen
verkromming med Verkrümmung *v*
verkroppen verschmerzen, verwinden ★ *ik kan dat niet ~* ich kann es nicht verwinden
verkruimelen I *ov ww, tot kruimels maken* zerkrümeln **II** *on ww, tot kruimels worden* zerkrümeln
verkwanselen ⟨versjacheren⟩ verschachern, ⟨verspillen⟩ vergeuden
verkwikken *fit maken* erfrischen, erquicken
verkwikkend erfrischend

verkwisten verschwenden, vergeuden
verkwistend verschwenderisch
verkwisting Verschwendung *v*, Vergeudung *v*
verlagen ❶ *lager maken* senken, ⟨prijs, tarief⟩ ermäßigen, ⟨prijs, loon⟩ herabsetzen ❷ *vernederen* erniedrigen ★ *zich ~ (tot)* sich hergeben (zu)
verlaging ❶ *het verlagen* Senkung *v*, ⟨rang⟩ Degradierung *v* ❷ *vernedering* Erniedrigung *v*
verlakken *bedriegen* hereinlegen
verlakker Schwindler *m*, Bescheißer *m* vulg
verlakkerij Beschiss *m* vulg
verlamd gelähmt ★ *~ raken* erlahmen, lahm werden
verlammen ❶ med *lam maken* lähmen, lahmlegen ❷ fig *stilleggen* ★ *het verkeer ~* den Verkehr lahmlegen
verlamming ❶ *het verlammen* Lähmung *v*, Lahmlegung *v* ❷ *lamheid* Lähmung *v* ★ *eenzijdige ~* einseitige Lähmung
verlangen I *ov ww* wünschen, verlangen, fordern **II** *on ww* **~ naar** verlangen nach, sich sehnen nach **III** *zn* [het] Verlangen *o*, Sehnsucht *v* ★ *op ~ van* auf Wunsch / Verlangen [+2]
verlanglijst Wunschzettel *m*
verlaten I *bnw* ❶ *in de steek gelaten* verlassen, zurückgelassen ★ *zich ~ voelen* sich verlassen fühlen ❷ *afgelegen* verlassen, öde, ⟨zonder mensen⟩ menschenleer **II** *ov ww* ❶ *weggaan* verlassen ★ *het huis ~* das Haus verlassen ★ *de dienst ~* aus dem Dienst ausscheiden ❷ *in de steek laten* aufgeben ★ *men heeft dit denkbeeld inmiddels ~* diese Idee hat man mittlerweile aufgegeben **III** *wkd ww* **[zich ~]** ❶ *te laat komen* sich verspäten ❷ **~ op** *vertrouwen op* sich verlassen auf [+4]
verlatenheid Verlassenheit *v*, ⟨landschap⟩ Öde *v*
verlating Verlassen *o*
verlatingsangst Trennungsangst *v*
verleden I *zn* [het], *tijd van vroeger* Vergangenheit *v* **II** *bnw, vorig* vergangen, vorig ★ *~ week* vorige / vergangene Woche
verlegen ❶ *schuchter* verlegen, schüchtern ❷ *geen raad wetend* verlegen ★ *hij is ~ met zijn figuur* er weiß nicht, wie er sich verhalten soll ❸ **~ om** verlegen um ★ *zij zit altijd om geld ~* sie ist immer um Geld verlegen
verlegenheid ❶ *het verlegen zijn* Verlegenheit *v*, Schüchternheit *v* ❷ *moeilijkheid* Verlegenheit *v* ★ *iem. in ~ brengen* jmdn. in Verlegenheit bringen
verleggen verlegen ★ *zijn grenzen ~* seine Grenzen verschieben
verleidelijk verführerisch, verlockend ★ *een ~ aanbod* ein verlockende(s) Angebot *o*
verleiden ❶ *verlokken* verleiten, verführen, verlocken ❷ *tot geslachtsgemeenschap brengen* verführen
verleider Verführer *m*
verleiding Verführung *v*, Verlockung *v*, ⟨verzoeking⟩ Versuchung *v*
verlekkerd versessen ★ *~ zijn op iets* verrückt sein auf etw. ★ *~ op* versessen auf [+4], erpicht auf [+4]
verlekkeren **[zich ~]** sich verführen lassen ★ *zich ~ aan iets* sich von etw. verführen lassen
verlenen *geven* erteilen, gewähren, geben, verleihen ★ *hulp ~* Hilfe leisten ★ *toestemming ~* Erlaubnis erteilen ★ *krediet / voorrang ~* Kredit / Vorfahrt gewähren ★ *een feestelijk aanzien ~* ein festliches Ansehen verleihen / geben
verlengde Fortsetzung *v*, Verlängerung *v* ★ *straat A ligt in het ~ van straat B* Straße B ist die Verlängerung von Straße A ★ *deze opmerkingen liggen in elkaars ~* diese Bemerkungen bewegen sich auf der gleichen Linie
verlengen ❶ *langer maken* verlängern ❷ *langer laten duren* verlängern, ⟨van termijn⟩ prolongieren
verlenging ❶ *het verlengen* Verlängerung *v*, ⟨van geldigheidsduur⟩ Prolongation *v* ❷ sport *extra speeltijd* Verlängerung *v*
verlengsnoer Verlängerungsschnur *v*
verlengstuk lett Verlängerungsstück *o*, Ansatzstück *o*, Ansatz *m*
verlept verwelkt, verblüht
verleren verlernen ★ *iets verleerd zijn* etw. verlernt haben
verlevendigen *levendig maken* (neu) beleben, ⟨kleuren⟩ auffrischen
verlichten ❶ *beschijnen* erleuchten, beleuchten ❷ *minder zwaar maken* erleichtern, ⟨verzachten⟩ lindern
verlichting ❶ *iets dat licht geeft* Erleuchtung *v*, Beleuchtung *v* ❷ *vermindering* ⟨van iets vervelends, pijnlijks⟩ Linderung *v* ❸ *opluchting* Erleichterung *v* ❹ gesch onderw Aufklärung *v*
verlichtingspaal BN *lantaarnpaal* Laternenpfahl *m*
verliefd *liefde voelend* verliebt ★ *ik ben ~ op je* ich bin verliebt in dich ★ *een ~ paartje* ein verliebtes Pärchen
verliefdheid Verliebtheit *v*
verlies ❶ *het verliezen* Verlust *m* ★ *niet tegen zijn ~ kunnen* ein schlechter Verlierer sein ❷ *het verlorene* Verlust *m* ★ *met ~ verkopen* mit Verlust verkaufen
verliesgevend nicht rentabel, verlustreich
verliespost econ Verlustposten *m*
verliezen I *ov ww* ❶ *niet winnen* verlieren ★ *de wedstrijd ~* den Wettkampf verlieren ❷ *kwijtraken* verlieren ★ *zijn geduld ~* die Geduld verlieren ★ *aan kracht ~* an Kraft verlieren ❸ *nadeel lijden* verlieren **II** *wkd ww* **[zich ~] ~ in** sich verlieren in [+3]
verliezer Verlierer *m*
verlinken verpfeifen
verloederen verludern, versumpfen
verloedering Verlotterung *v*, Verlumpung *v*
verlof ❶ *vrijstelling* Urlaub *m* ★ *buitengewoon ~* Sonderurlaub *m* ★ *onbetaald ~*, BN *~ zonder wedde* unbezahlte(r) Urlaub ★ BN *penitentiair ~* Hafturlaub *m* ★ *met ~ gaan* in Urlaub gehen, Urlaub nehmen ❷ *vergunning* Erlaubnis *v*
verlofdag Urlaubstag *m*
verlokken verlocken, verführen
verlokking Verlockung *v*
verloochenen verleugnen
verloochening Verleugnung *v*
verloofd verlobt
verloofde Verlobte(r) *m*, Bräutigam *m* [v: Braut]
verloop ❶ *ontwikkeling* Verlauf *m* ★ *het ~ van de*

ve

zaak der Verlauf / Hergang der Sache ❷ *het voorbijgaan* Verlauf *m* ★ *na ~ van tijd* nach einiger Zeit ❸ *het komen en gaan* Fluktuation *v*
verloopdatum Verfallsdatum *o*
verloopstekker elek Zwischenstecker *m*
verloopstuk Erweiterungs- / Reduzierstück *o*
verloor [verl. td.] → **verliezen**
verlopen I *bnw* ❶ *ongeldig* verstrichen, abgelaufen ❷ *verloederd* verkommen, verlottert, verludert **II** *on ww* ❶ *voorbijgaan* verlaufen, vergehen ★ *er zijn al enige maanden ~* es sind schon einige Monate vergangen ❷ *zich afspelen* ablaufen, verlaufen ★ *een goed ~d gesprek* ein gut verlaufendes Gespräch ❸ *ongeldig worden* ablaufen
verloren I *bnw* ❶ *kwijt* verloren, abhandengekommen, verloren gegangen ★ *in de menigte ~ gaan* in der Menge verloren gehen ★ BN *~ lopen* sich verfahren, sich verirren, ⟨lopen / rijden⟩ sich verlaufen ❷ *reddeloos* verloren ★ *een ~ generatie* eine verlorene Generation ❸ *nutteloos* verloren, vergeblich ★ *~ moeite* vergebliche Mühe **II** *ww* [verl. td.] → **verliezen III** *ww* [volt.dw.] → **verliezen**
verloskamer Kreißsaal *m*
verloskunde Geburtshilfe *v*, med Obstetrik *v*
verloskundige Geburtshelfer *m*
verlossen ❶ *bevrijden* befreien, erlösen ❷ *helpen bevallen* entbinden ★ *van een kind verlost worden* von einem Kind entbunden werden
Verlosser *Christus* Heiland *m*, Erlöser *m*
verlosser *bevrijder* Befreier *m*, Retter *m*, Erlöser *m*
verlossing ❶ *bevrijding* Erlösung *v*, Befreiung *v* ❷ *bevalling* Entbindung *v*
verloten verlosen
verloting Auslosung *v*
verloven [**zich ~**] sich verloben ★ *zij gaan zich ~* sie wollen sich verloben
verloving Verlobung *v*
verlovingsring Verlobungsring *m*
verluiden ▾ *naar verluidt* wie verlautet ▾ *ik heb horen ~ dat...* es verlautete / hieß, dass...
verlustigen [**zich ~**] **aan/in** erfreuen an, ergötzen an
vermaak Vergnügen *o* ★ *tot ~ dienen* zum Vergnügen / zur Unterhaltung dienen
vermaard berühmt, namhaft
vermageren *magerder worden* abnehmen, abmagern
vermagering Abmagerung *v*, Abmagern *o*
vermageringskuur Abmagerungskur *v*
vermakelijk amüsant, unterhaltsam
vermaken ❶ *amuseren* amüsieren, unterhalten ★ *zich ~* sich amüsieren ❷ *veranderen* (um)ändern ❸ *bij testament schenken* vermachen
vermalen zermahlen
vermanen ermahnen
vermaning Ermahnung *v*, Mahnung *v*
vermannen [**zich ~**] sich zusammenreißen, sich aufraffen, Mut zu etwas fassen
vermeend vermeintlich, angeblich
vermeerderen *doen toenemen* vermehren, steigern
vermeerdering (Ver)Mehrung *v*, Steigerung *v*, Zunahme *v*
vermelden erwähnen, angeben, mitteilen
vermelding Erwähnung *v* ★ *eervolle ~* ehrende / ehrenvolle Erwähnung
vermengen I *ov ww* mischen, vermischen, vermengen ★ *wijn met water ~* Wein mit Wasser mischen / versetzen **II** *wkd ww* [**zich ~**] sich vermischen
vermenging Vermischung *v*
vermenigvuldigen ❶ *verveelvoudigen* vervielfachen, vervielfältigen, vermehren ❷ wisk vervielfachen, multiplizieren
vermenigvuldiging Vervielfachung *v*, Vermehrung *v*, ⟨kopiëren⟩ Vervielfältigung *v*, ⟨voortplanting⟩ Vermehrung *v*, wisk Multiplikation *v*
vermetel verwegen
vermicelli Suppennudeln *mv*
vermijdbaar vermeidbar
vermijden ❶ *uit de weg gaan* vermeiden ❷ *voorkomen* vermeiden
vermiljoen zinnoberrot
verminderen I *ov ww, minder maken* vermindern, verringern, herabsetzen ★ *het elektriciteitsgebruik ~* den Stromverbrauch einschränken ★ *de straf werd verminderd* die Strafe wurde herabgesetzt **II** *on ww, minder worden* sich verringern, sich vermindern, abnehmen ★ *verminderde weerstand* verringerte Widerstandskraft *v*
vermindering ❶ *het minder worden of maken* Verringerung *v*, (Ver)Minderung *v*, Abnahme *v* ❷ BN econ *reductie* Reduzierung *v*, Reduktion *v*
verminken ❶ lett *lichamelijk schenden* verstümmeln ★ *hij raakte voor het leven verminkt* er wurde für sein Leben entstellt ❷ fig *beschadigen* verstümmeln ★ *een kunstwerk ~* ein Kunstwerk verstümmeln
verminking Verstümmelung *v*, Entstellung *v*
vermissen vermissen
vermissing Verschollenheit *v*
vermiste Vermisste(r) *m*
vermits BN da, weil
vermoedelijk vermutlich, mutmaßlich ★ *de ~e dader* der mutmaßliche Täter ★ *zij is ~ naar huis gegaan* sie ist vermutlich nach Hause gegangen
vermoeden I *zn* [het] Vermutung *v*, Ahnung *v*, jur Verdacht *m* ★ *het ~ hebben dat* vermuten, dass ★ *een flauw ~* eine vage Vermutung ★ *geen flauw ~ hebben* keine blasse Ahnung haben ★ *ik had er al zo'n ~ van* ich vermutete schon so etw. ★ *een ~ tegen iem. hebben* jmdn. in / im Verdacht haben **II** *ov ww* ❶ *gissen, denken* mutmaßen, vermuten ❷ *bedacht zijn op* ahnen
vermoeid ermüdet, müde
vermoeidheid Ermüdung *v*, Müdigkeit *v*
vermoeidheidsverschijnsel Ermüdungserscheinungen *v mv*
vermoeien ermüden, anstrengen ★ *zich ~* sich anstrengen ★ *dodelijk vermoeid* hundemüde
vermoeiend anstrengend
vermogen I *zn* [het] ❶ *capaciteit van zaken* Leistungsfähigkeit *v*, Leistung *v* ★ *geleidend ~* Leitfähigkeit *v* ❷ *capaciteit van mensen* Fähigkeit *v*, Kraft *v* ★ *naar mijn beste ~* nach besten Kräften, nach bestem Ermessen ❸ *macht* Vermögen *o* ❹ *bezit* Vermögen *o* **II** *ov ww, in*

staat zijn vermögen
vermogend ❶ *rijk* vermögend, begütert ❷ *invloedrijk* einflussreich
vermogensaanwas Vermögenszuwachs *m*
vermogensbelasting Vermögenssteuer *v*
vermogensmarkt Vermögensmarkt *m*
vermolmd morsch
vermommen *verkleden* vermummen, verkleiden
vermomming Vermummung *v*, Verkleidung *v*
vermoorden *doden* ermorden, umbringen
vermorzelen zermalmen, ⟨verbrijzelen⟩ zerschmettern
vermorzeling Zerreibung *v*
vermout cul Wermut *m*
vermurwen erweichen ★ *iem. ~* jmdn. erweichen ★ *niet te ~* unerbittlich
vernachelen inform *bedriegen* übers Ohr hauen
vernauwen enger machen, verengen
vernauwing *nauwe plaats* Verengung *v*
vernederen erniedrigen, demütigen
vernederend demütigend
vernedering Erniedrigung *v*, Demütigung *v*
vernederlandsen *Nederlandse gewoonten aannemen* ≈ sich an das Niederländische anpassen
vernemen vernehmen, erfahren ★ *naar wij ~* dem Vernehmen nach
vernielen zerstören
vernieling *het vernielen* Zerstörung *v*
vernielzucht Vandalismus *m*, Zerstörungswut *v*
vernietigen ❶ *verwoesten* vernichten ★ *het leger werd volledig vernietigd* die Armee wurde völlig aufgerieben ★ *een ~de blik* ein vernichtender Blick ★ *een ~de kritiek* eine vernichtende Kritik ❷ *nietig verklaren* für nichtig erklären ★ *een vonnis ~* ein Urteil aufheben / für nichtig erklären
vernietigend verheerend, vernichtend
vernietiging *het verwoesten* Zerstörung *v*, Vernichtung *v*
vernietigingskamp Vernichtungslager *o*
vernieuwen ❶ *opknappen* erneuern ❷ *vervangen* erneuern
vernieuwend innovativ
vernikkelen I *ov ww, met nikkel bedekken* vernickeln II *on ww, verkleumen* frieren ★ *~ van de kou* frieren wie ein Schneider
vernis ❶ *blanke lak* Firnis *m*, Firnisschicht *v* ❷ fig Tünche *v*
vernissen firnissen
vernoemen ❶ *als naam geven* (be)nennen ★ *vernoemd naar* benannt / genannt nach [+3] ❷ BN *vermelden* erwähnen, angeben, mitteilen
vernuft Geist *m*, Erfindungsgabe *v* ★ *iem. met veel ~* ein großer Geist, eine geistreiche Person
vernuftig ❶ ⟨van mensen⟩ erfinderisch, findig, scharfsinnig ❷ ⟨van dingen⟩ ingeniös ★ *een ~ apparaat* eine sinnvolle Einrichtung
veronachtzamen *verwaarlozen* vernachlässigen
veronderstellen annehmen, voraussetzen
veronderstelling Annahme *v* ★ *in de ~ dat...* in der Annahme, dass... ★ *zij verkeert in de ~ dat...* sie ist der Annahme, dass... ★ *van de ~ uitgaan dat...* von der Annahme ausgehen, dass...
verongelijkt zurückgesetzt, ⟨beledigd⟩ gekränkt
verongelukken *een ongeluk krijgen* ⟨personen⟩ tödlich verunglücken, ⟨vervoermiddel⟩ verunglücken, ⟨schip⟩ untergehen, ⟨vliegtuig⟩ abstürzen
verontreinigen verunreinigen
verontreiniging Verunreinigung *v*
verontrusten beunruhigen
verontrustend beunruhigend
verontrusting Beunruhigung *v*
verontschuldigen I *ov ww* entschuldigen ★ *zich laten ~* sich entschuldigen lassen ▼ BN *verontschuldigd zijn* ⟨afwezig met kennisgeving⟩ entschuldigt sein II *wkd ww* [**zich ~**] sich entschuldigen ★ *zich ~ voor* sich entschuldigen für
verontschuldiging Entschuldigung *v* ★ *iem. zijn ~en aanbieden* sich bei jmdm. entschuldigen
verontwaardigd empört
verontwaardigen entrüsten, empören ★ *zich over iets ~* sich über etw. entrüsten
verontwaardiging Entrüstung *v*, Empörung *v*
veroordeelde Verurteilte(r) *m*
veroordelen ❶ *afkeuren* verurteilen ❷ *vonnissen* verurteilen ★ *iem. ~ tot een jaar gevangenisstraf* jmdn. zu einem Jahr Freiheitsstrafe verurteilen
veroordeling ❶ *afkeuring* Verurteilung *v* ❷ *vonnis* Urteil *o*, Verurteilung *v* ★ *~ bij verstek* Versäumnisurteil *o*
veroorloven erlauben, gestatten ★ *zo'n huis kan ik me niet ~* ein solches Haus kann ich mir nicht leisten
veroorzaken verursachen, ⟨teweegbrengen⟩ herbeiführen, ⟨teweegbrengen⟩ hervorrufen
verorberen verspeisen, verzehren
verordenen *gelasten* befehlen, ⟨wettelijk⟩ bestimmen, ⟨bij verordening⟩ anordnen
verordening Verfügung *v*, Anordnung *v*, Verordnung *v* ★ *bij ~ bepaald* durch eine Verordnung festgesetzt
verouderen I *on ww* ❶ *ouder worden* altern ★ *hij is erg verouderd* er ist sehr gealtert ❷ *ouderwets worden* veralten II *ov ww, ouder maken* altern ★ *dit heeft haar sterk verouderd* hierdurch ist sie stark gealtert
veroudering ❶ ⟨van mensen⟩ Alterung *v*, ⟨vergrijzing⟩ Vergreisung *v*, ⟨vergrijzing⟩ Überalterung *v* ❷ ⟨van dingen⟩ Veralten *o*
veroveraar Eroberer *m*
veroveren erobern
verovering Eroberung *v* ★ *zij verscheen met haar nieuwe ~* sie erschien mit ihrer neuen Eroberung
verpachten verpachten
verpakken lett verpacken, einpacken
verpakking ❶ *het verpakken* Verpackung *v* ❷ *materiaal* Packung *v*
verpakkingsmateriaal Verpackungsmaterial *o*
verpanden *belenen* verpfänden, ⟨bij de lommerd⟩ versetzen
verpatsen verhökern, verkloppen
verpauperen verarmen, verelenden
verpersoonlijken verkörpern, personifizieren
verpersoonlijking Verkörperung *v*
verpesten verderben, ⟨de lucht⟩ verpesten
verpieteren ❶ *te lang koken* verkochen, zerkochen ❷ *verkommeren* verkümmern, ⟨persoon⟩ vermickern ★ *een verpieterd tuintje* ein verkümmerter Garten

verpinken BN *knipperen met de ogen* blinzelen ▾ BN *zonder ~* ohne mit der Wimper zu zucken
verplaatsen I *ov ww, elders plaatsen* umstellen, umräumen, versetzen ★ *kasten ~* Schränke umräumen ★ *hij werd naar een andere dienst verplaatst* er wurde in eine andere Dienststelle versetzt ★ *het filiaal werd verplaatst* die Zweigstelle wurde verlegt **II** *wkd ww* [**zich ~**] ❶ *zich voortbewegen* sich fortbewegen ❷ **~ in** sich versetzen in [+4] ★ *zich in iemands toestand ~* sich in jmds. Lage versetzen
verplaatsing ❶ *het verplaatsen* Verlegung *v*, ⟨verandering van plaats⟩ Versetzung *v* ❷ BN *dienstreis* Dienstreise *v*
verplaatsingskosten ❶ BN *reiskosten* Reisespesen *mv* ❷ BN *voorrijkosten* Anfahrtskosten *mv*
verplanten verpflanzen, umpflanzen
verpleegdag Pflegetag *m*
verpleeghuis Pflegeheim *o*
verpleeghulp Hilfsschwester *v*
verpleegkundige Krankenpfleger *m*
verpleegster Krankenschwester / -pflegerin *v*
verplegen pflegen
verpleger Krankenpfleger *m*
verpleging Pflege *v*, ⟨ziekenzorg⟩ Krankenpflege *v* ★ *zij werkt in de ~* sie ist Krankenschwester
verpletteren ❶ *vermorzelen* zerschmettern ★ *het schip werd op de klippen verpletterd* das Schiff zerschmetterte / zerschellte an den Klippen ❷ *overweldigen* niederschmettern ★ *een ~de nederlaag* eine vernichtende Niederlage
verplettering Zerschmettern *o*, Vernichtung *v*
verplicht ❶ *voorgeschreven* verpflichtet, obligatorisch ★ *~ verzekerd zijn* pflichtversichert sein ★ *~e vaccinatie* Impfpflicht *v* ★ *iets ~ stellen* etw. zur Pflicht machen ❷ *genoodzaakt* verpflichtet ★ *ergens toe ~ zijn* zu etw. verpflichtet sein ★ *ik voel mij ~ hem uit te nodigen* ich fühle mich verpflichtet, ihn einzuladen ❸ *dankbaar* verbunden, verpflichtet ★ *ik ben u zeer ~* ich bin Ihnen sehr verbunden / verpflichtet
verplichten ❶ *plicht opleggen* verpflichten, zwingen, nötigen ★ *zich ~ tot betaling* sich verpflichten zu zahlen ❷ *noodzaken tot dankbaarheid* verpflichten ★ *wij zijn haar zeer verplicht* wir sind ihr sehr verpflichtet
verplichting ❶ *wat moet, noodzaak* Verpflichtung *v*, Pflicht *v* ★ *een ~ op zich nemen* eine Verpflichtung übernehmen ★ *~ tot schadevergoeding* Ersatzpflicht *v* ❷ *noodzaak tot dankbaarheid* Verpflichtung *v* ★ *dat schept ~en* dadurch entstehen Verpflichtungen
verpoppen [**zich ~**] sich verpuppen
verpoten verpflanzen, umpflanzen
verpotten umtopfen
verpozen [**zich ~**] sich erholen, sich ausruhen
verprutsen verpfuschen, ⟨tijd⟩ vertun
verpulveren I *ov ww, tot pulver maken* pulverisieren **II** *on ww, tot pulver worden* zu Puder werden
verraad Verrat *m* ★ *~ plegen* Verrat begehen / üben
verraden ❶ *openbaar maken* verraten ❷ *niet trouw zijn aan* verraten ❸ fig *kenbaar maken* verraten ★ *haar accent verried haar afkomst* ihr Akzent verriet ihre Herkunft
verrader Verräter *m*
verraderlijk ❶ *als verrader* verräterisch, ⟨geniepig⟩ heimtückisch ❷ *onverwacht gevaarlijk* tückisch
verramsjen verschleudern, verramschen
verrassen ❶ *verbazen* überraschen, überrumpeln ❷ *verblijden* überraschen ❸ *betrappen* überraschen
verrassend überraschend, erstaunlich
verrassing ❶ *het verbazen* Überraschung *v* ❷ *iets dat verbaast* Überraschung *v*
verrassingsaanval Überraschungsangriff *m*
verrassingspakket Überraschungspaket *o*
verre → **ver**
verregaand weitgehend, min maßlos ★ *in een ~ stadium* in einem fortgeschrittenen Stadium
verregenen verregnen
verreikend weitreichend, weitgehend, weittragend ★ *~e gevolgen* weitreichende(n) / weittragende(n) Folgen
verrek verflixt, verdammt
verrekenen I *ov ww* verrechnen ★ *dat ~ we later wel* das können wir später verrechnen **II** *wkd ww* [**zich ~**] sich verrechnen
verrekijker ⟨dubbel⟩ Fernglas *o*, ⟨enkel⟩ Fernrohr
verrekken I *ov ww, te ver rekken* verrenken ★ *zijn arm ~* sich den Arm verrenken **II** *on ww, creperen* verrecken, krepieren ★ *~ van de honger* vor Hunger verrecken ▾ *het kan me niet ~* es ist mir scheißegal
verrekking ❶ *het verrekken* ⟨spieren⟩ Zerrung *v*, ⟨ledematen⟩ Verrenken *o* ❷ *ontwrichting* Verrenkung *v*
Verre Oosten Ferne(r) Osten *m*
verreweg bei Weitem, weitaus
verrichten verrichten, ausführen
verrichting ❶ *handeling* Verrichtung *v* ❷ *uitvoering* Verrichtung *v*
verrijden ❶ *rijdend verplaatsen* beiseite fahren ❷ *aan rijden besteden* verfahren ❸ sport ausfahren ★ *een kampioenschap ~* eine Meisterschaft ausfahren
verrijken *rijker doen worden* bereichern, scheik anreichern ★ *zich ~* sich bereichern
verrijking Bereicherung *v*
verrijzen ❶ *oprijzen* sich erheben ★ *van zijn plaats ~* sich von seinem Platz erheben ❷ *opstaan* aufstehen, auferstehen, aufgehen ★ *uit de dood ~* von den Toten / aus dem Grabe auferstehen
verrijzenis Auferstehung *v*
verroeren bewegen, rühren ★ *zich ~* sich rühren, sich regen ★ *verroer je niet!* rühr dich nicht von der Stelle! ★ *zij kon geen vin ~* sie konnte kein Glied rühren
verroest I *bnw* verrostet, rostig **II** *tw* inform verflixt!
verroesten verrosten
verrot ❶ *rot geworden* faul, verfault ❷ *vervloekt* verflucht ▾ *iem. ~ slaan* jemanden zu Brei schlagen
verrotten verfaulen, verwesen ▾ *het kan me niets ~* es ist mir scheißegal
verrotting Fäulnis *v*, Verfaulung *v*
verruilen umtauschen

verruimen ❶ lett erweitern, ausweiten ❷ fig erweitern ★ *zijn blik ~* seinen Horizont erweitern
verruiming lett Erweiterung *v*
verrukkelijk ⟨prachtig⟩ bezaubernd, ⟨prachtig⟩ entzückend, ⟨heerlijk⟩ köstlich
verrukken entzücken, berauschen, in Begeisterung versetzen
verrukking Entzückung *v*, Begeisterung *v*, Wonne *v* ★ *dat bracht mij in ~* das hat mich in Begeisterung versetzt
vers I *bnw* frisch ★ *verse groente* frische(s) Gemüse *o*, Frischgemüse *o* II *zn* [het] ❶ *dichtregel* Vers *m* ❷ *strofe* Vers *m*, Strophe *v* ❸ *gedicht* Gedicht *o* ❹ *passage in Bijbel* Vers *m*
versagen verzagen
verschaffen beschaffen, verschaffen, besorgen
verschaffing Verschaffen *o*, Verschaffung *v*
verschalen schal werden ★ *verschaald bier* schale(s) / abgestandene(s) Bier *o*
verschalken ❶ *opeten* verschmausen, zu sich nehmen ❷ *te slim af zijn* überlisten
verschansen [zich ~] sich verschanzen
verschansing ❶ *bolwerk* Schanze *v*, Verschanzung *v* ❷ *reling* Reling *v*
verscheiden I *bnw, verschillend* verschieden II *onb vnw, meer* mehrere ★ *~e malen* mehrere Male
verscheidenheid ❶ *verschil* Verschiedenheit *v*, Verschiedenartigkeit *v* ❷ *variatie* Mannigfaltigkeit *v*, Vielfalt *v*
verschepen ❶ *per schip verzenden* verschiffen ❷ *overladen* umschiffen, verladen
verscheping ❶ *verzending* Verschiffung *v* ❷ *het overladen* Umschiffung *v*
verscherpen ❶ *aanscherpen* verschärfen ❷ *verergeren* sich verschärfen
verscherping ❶ *het aanscherpen* Verschärfung *v* ❷ *verergering* Verschärfung *v*
verscheuren ❶ *scheuren* zerreißen, zerfetzen ★ *zij verscheurde zijn kleren* sie zerfetzte ihm die Kleider ❷ *in verdeeldheid brengen* ★ *twijfel verscheurde haar* Zweifel nagte an ihr ★ *innerlijk verscheurd zijn* innerlich zerrissen sein ❸ *verslinden* zerreißen, zerfetzen
verscheurend reißend
verschiet ❶ *verte* Ferne *v* ❷ *toekomst* Perspektive *v* ★ *dat ligt nog in het ~* das steht uns noch bevor ★ *iets in het ~ hebben* etw. in Aussicht haben
verschieten I *ov ww, verbruiken* verschießen II *on ww, verbleken* verschießen, ⟨van personen⟩ erblassen
verschijnen ❶ *zich vertonen* erscheinen ❷ *komen opdagen* erscheinen ❸ *gepubliceerd worden* erscheinen
verschijning ❶ *het verschijnen* Erscheinen *o* ❷ *persoon* Erscheinung *v* ★ *zij is een elegante ~* sie ist eine elegante Erscheinung ❸ *geestverschijning* Erscheinung *v*
verschijnsel ❶ *fenomeen* Erscheinung *v* ★ *het gaat hier om een uitzonderlijk ~* es handelt sich hier um eine Ausnahmeerscheinung ❷ *symptoom* Anzeichen *o*, Symptom *o* ★ *de ~en van een ziekte* die Symptome / Anzeichen einer Krankheit
verschikken I *ov ww, anders schikken* umstellen II *on ww, opschuiven* aufrücken
verschil ❶ *onderscheid* Unterschied *m* ★ *~ van mening* Meinungsverschiedenheit *v* ★ *~ in leeftijd* Altersunterschied *m* ❷ wisk Differenz *v*
verschillen verschieden sein, sich unterscheiden ★ *de meningen ~ op enkele punten* die Ansichten differieren in manchen Punkten ★ *zij ~ elf jaar in leeftijd* sie sind elf Jahre auseinander ★ *~ van vorm* verschieden sein in / nach Form ★ *~ van iem. door iets* sich durch etw. von jmdm. unterscheiden
verschillend ❶ *anders* verschieden, unterschiedlich ★ *~ van grootte* unterschiedlicher Größe ★ *totaal ~* grundverschieden ❷ *meer* ⟨dan één⟩ einige, mehrere, verschiedene
verschilpunt Unterschied *m*
verschimmelen verschimmeln
verscholen versteckt, verborgen
verschonen ❶ *schone luier aandoen*wickeln ★ *de baby ~* das Baby wickeln ❷ *schoon beddengoed aanbrengen* neu beziehen ❸ *vrijwaren* verschonen
verschoning ❶ *schoon (onder)goed* Wäsche *v*, ⟨beddengoed⟩ frische Bettwäsche *mv* ❷ *verontschuldiging* Abbitte *v*, Verzeihung *v* ★ *(om) ~ vragen* um Verzeihung bitten
verschoppeling Ausgestoßene(r) *m*, Outcast *m*
verschralen verengen, schmaler werden, sich verknappen, ⟨minder worden⟩ dürftiger werden
verschrijven [zich ~] sich verschreiben
verschrijving Schreibfehler *m*
verschrikkelijk I *bnw, schrikbarend* schrecklich, furchtbar, fürchterlich, scheußlich ★ *een ~ lawaai* ein furchtbarer Lärm II *bijw, schrikbarend* schrecklich ★ *~ slecht* furchtbar schlecht
verschrikking Schrecken *m*, Schrecknis *o* ★ *de ~en van de oorlog* die Schrecken des Krieges
verschroeien I *ov ww, schroeien* versengen II *on ww, verschroeid worden* versengen
verschrompelen ❶ *ineenschrompelen* (zusammen)schrumpfen ❷ *rimpelig worden* einschrumpfen, schrumpfen
verschrompeling Schrumpfung *v*, med Atrophie *v*
verschuilen [zich ~] sich verstecken, sich verbergen ★ *zich ~ achter* sich verbergen hinter [+3]
verschuiven I *ov ww* ❶ *verplaatsen* verschieben, ⟨meubels⟩ verrücken ❷ *uitstellen* verschieben ★ *een afspraak naar de volgende dag ~* eine Verabredung auf den nächsten Tag verschieben II *on ww, zich verplaatsen* (sich) verschieben ★ *zijn toupetje is wat verschoven* sein Toupet hat sich etw. verschoben
verschuiving ❶ *verplaatsing* Verschiebung *v* ❷ *uitstel* Verschiebung *v*
verschuldigd ❶ *te betalen* schuldig ★ *het ~e (bedrag)* der schuldige Betrag ★ *hoeveel ben ik je ~?* was schulde ich Ihnen? ❷ *verplicht* schuldig ★ *iem. veel ~ zijn* jmdm. viel verdanken
versgebakken frisch gebacken, ofenfrisch
versheid Frische *v*
versie Version *v*, Fassung *v*
versierder *verleider* Schürzenjäger *m*
versieren ❶ *verfraaien* schmücken, verzieren ❷ *voor elkaar krijgen* organisieren, hinkriegen ❸ *verleiden* anmachen, aufreißen

versiering ❶ *het versieren* Schmücken *o*, Verzierung *v* ❷ *decoratie* Verzierung *v*, Schmuck *m*

versiertoer ▾ *op de ~ gaan* versuchen jemanden anzumachen

versimpelen vereinfachen

versjacheren verschachern

versjouwen schleppen

versjteren inform durcheinanderbringen

verslaafd süchtig ★ *~ zijn aan drugs* drogensüchtig sein, drogenabhängig sein

verslaafde Süchtige(r) *m*

verslaan ❶ *overwinnen* schlagen ❷ *verslag geven* Bericht erstatten über [+4], berichten über [+4]

verslag ❶ *rapport* Bericht *m* ❷ *journalistiek bericht, reportage* Bericht *m* ★ *~ geven / doen* Bericht erstatten

verslagen ❶ *overwonnen* geschlagen ❷ *terneergeslagen* niedergeschlagen

verslaggever Reporter *m*, Berichterstatter *m*

verslaggeving Berichterstattung *v*

verslapen I *ov ww, slapend doorbrengen* verschlafen II *wkd ww* [**zich ~**] *te lang slapen* (sich) verschlafen ★ *zij heeft zich ~* sie hat (sich) verschlafen

verslappen ❶ *minder sterk worden* erschlaffen ★ *zijn spieren zijn verslapt* seine Muskeln sind erschlafft ❷ *minder intensief worden* nachlassen

verslavend süchtig / abhängig machend

verslaving Sucht *v*

verslavingszorg med Suchthilfe *v*

verslechteren *slechter worden* sich verschlimmern, sich verschlechtern

verslechtering Verschlechterung *v*, Verschlimmerung *v*

verslepen lett verschleppen

versleten ❶ *afgeleefd* verbraucht ❷ *afgesleten* abgenutzt, verschlissen, ⟨kleding / schoenen⟩ abgetragen

versleutelen verschlüsseln

verslijten I *ov ww* ❶ *doen slijten* abnutzen, verschleißen, verbrauchen ❷ **~ voor** halten für II *on ww, slijten* verschleißen, sich abnutzen ★ *deze machines ~ snel* diese Maschinen verschleißen schnell

verslikken [**zich ~**] *fout slikken* sich verschlucken

verslinden verschlingen

verslingerd aan vernarrt in [+4], versessen auf [+4]

verslingeren [**zich ~**] **aan** sich vernarren in [+4]

versloffen verludern, vernachlässigen ★ *iets laten ~* etw. verkommen lassen / vernachlässigen

verslond [verl. td.] → **verslinden**

verslonden I *ww* [verl. td.] → **verslinden** II *ww* [volt.dw.] → **verslinden**

verslonzen verwahrlosen, verkommen lassen, verlottern

versmachten verkümmern, verschmachten ★ *van liefde ~* vor Liebe verschmachten ★ *~ van de dorst* vor Durst verschmachten

versmaden verschmähen

versmallen I *ov ww* verschmälern ★ *een weg ~* eine Straße verschmälern II *on ww, smaller worden* sich verschmälern

versmalling Verschmälerung *v*

versmelten I *ov ww* natk verschmelzen, indus umschmelzen, fig verschmelzen II *on ww* natk zerschmelzen, fig verschmelzen

versmelting Verschmelzung *v*

versnapering Leckerbissen *m*, ⟨zoet⟩ Süßigkeit *v*

versnellen I *ov ww, de snelheid verhogen van* beschleunigen ★ *met versnelde pas* im Eilschritt *m* ★ *versnelde weergave* Zeitraffer *m* II *on ww, sneller gaan* schneller werden

versnelling ❶ *het versnellen* Beschleunigung *v* ❷ *mechanisme* Gangschaltung *v*

versnellingsbak Getriebe *o*

versnijden ❶ *aanlengen* verschneiden, versetzen ❷ *kapotsnijden* zerschneiden

versnipperen ❶ *in snippers snijden* zerschnippeln ❷ *te klein verdelen* verzetteln

versnippering Zerbröckelung *v*, Zerstückelung *v*

versoberen I *on ww, soberder worden* sich einschränken, sich beschränken II *ov ww, soberder inrichten* einschränken, beschränken

versobering Vereinfachung *v*

versoepelen I *ov ww, soepeler maken* erleichtern, lockern ★ *de regels zijn versoepeld* die Regeln sind gelockert worden II *on ww, soepeler worden* weniger streng werden, sich lockern

versoepeling Lockerung *v*

versomberen trüben, überschatten, verdunkeln

verspelen ❶ *spelend verliezen* verspielen ❷ *kwijtraken* verscherzen, verspielen ★ *zijn voorsprong ~* sich jmds. Gunst verscherzen

verspenen ⟨plantjes⟩ pikieren, ⟨bosbouw⟩ verschulen

versperren (ver)sperren ★ *iem. de weg ~* jmdm. den Weg versperren ★ *die weg is versperd* diese Straße ist gesperrt

versperring ❶ *het versperren* Sperrung *v* ❷ *barricade* Sperre *v*

verspillen verschwenden, vergeuden

verspilling Verschwendung *v*, Vergeudung *v*

versplinteren I *ov ww, tot splinters maken* ook fig zersplittern II *on ww, tot splinters worden* ook fig zersplittern

versplintering Zersplitterung *v*

verspreid zerstreut ★ *een paar ~ staande huizen* einige(n) vereinzelte(n) Häuser

verspreiden ❶ *uiteen doen gaan* zerstreuen ★ *de menigte verspreidde zich* die Menge zerstreute sich / verlief sich ❷ fig *verbreiden* verbreiten ★ *een gerucht ~* ein Gerücht verbreiten

verspreiding ❶ *het uiteen doen gaan* Verteilung *v* ❷ fig *het verbreiden* Verbreitung *v*

verspreken [**zich ~**] ❶ *iets verklappen* verraten ❷ *iets verkeerd zeggen* sich versprechen

verspreking Versprecher *m*

verspringen weitspringen

verspringen *van plaats veranderen* springen

versregel Vers *m*, Verszeile *v*

verstaan I *ov ww* ❶ *horen* (akustisch) verstehen ❷ *begrijpen* verstehen ★ *iem. iets te ~ geven* jmdm. etw. zu verstehen geben ❸ *beheersen* beherrschen, verstehen ★ *hij verstaat zijn vak* er versteht sein Handwerk ❹ **~ onder** verstehen unter ★ *daar ~ wij het volgende onder* darunter verstehen wir Folgendes II *wkd ww* [**zich ~**] *overleggen* sich verständigen

verstaanbaar ❶ *duidelijk hoorbaar* (gut) hörbar ❷ *begrijpelijk* verständlich

verstaander ▾ *een goede ~ heeft maar een half woord nodig* Gelehrten ist gut predigen
verstand ❶ *intellect, begrip* Intellekt *m*, Verstand *m* ★ *iem. iets aan het ~ brengen* jmdm. etw. klarmachen ★ *daar kan ik met mijn ~ niet bij* das will mir nicht in den Kopf ★ *dat gaat mijn ~ te boven* das geht über meinen Verstand ★ *gebruik je ~ toch* sei doch vernünftig ❷ *kennis van zaken* Verstand *m*, Ahnung *v* ★ *zij heeft daar ~ van* sie versteht sich darauf ★ *daar heeft hij helemaal geen ~ van* davon versteht er gar nichts ▾ *met dien ~e, dat...* unter der Bedingung, dass...
verstandelijk I *bnw* verstandesmäßig, intellektuell ★ *~e vermogens* geistige(n) Fähigkeiten II *bijw* verstandesmäßig, rational ★ *iets ~ beredeneren* etw. rational begründen
verstandhouding Einvernehmen *o* ★ *een blik van ~ wisselen* einen Blick des Einverständnisses wechseln ★ *zij hebben een goede ~* sie leben in gutem Einvernehmen, sie haben ein gutes Verhältnis ★ *in goede ~ met iem. leven* in Harmonie mit jmdm. leben
verstandig vernünftig ★ *je kunt geen ~ woord uit hem krijgen* man kann kein vernünftiges Wort aus ihm herauskriegen ★ *~ handelen* klug / vernünftig handeln ★ *hij was zo ~ om* er war so klug zu ★ *wees ~* sei vernünftig ★ *een ~ antwoord* eine kluge Antwort ★ *dat heeft zij ~ gedaan* das hat sie gescheit gemacht
verstandshuwelijk Vernunftehe *v*
verstandskies Weisheitszahn *m*
verstandsverbijstering Geistesverwirrung *v*
verstappen [zich ~] sich den Fuß vertreten
verstarren erstarren
verstarring ⟨verstijving⟩ Erstarrung *v*, ⟨volharding⟩ Starrheit *v*
verstedelijken verstädtern ★ *verstedelijkt gebied* verstädtertes Gebiet
verstedelijking Verstädterung *v*
verstek ❶ jur Säumnis *v* ★ *bij ~ veroordeeld worden* in Abwesenheit verurteilt werden ❷ techn Gehrung *v* ▾ *~ laten gaan* nicht erscheinen
verstekbak Gehrungslade *v*
verstekeling blinde(r) Passagier *m*
verstelbaar verstellbar
versteld erstaunt, verdutzt, verblüfft ★ *ergens ~ van staan* erstaunt sein über etw.
verstellen ❶ *anders stellen* verstellen ❷ *herstellen* ausbessern, flicken
verstelwerk Ausbesserungs- / Flickarbeit *v* ★ *hij doet het ~* er flickt die Kleidung
verstenen ❶ *tot steen worden* versteinern ❷ *ongevoelig worden* verhärten
versterken ❶ *sterker maken* verstärken, stärken, kräftigen ★ *het geluid ~* den Ton verstärken ★ *~d middel* stärkendes Mittel *o*, Stärkungsmittel *o* ★ *de politie met twintig man ~* die Polizei um zwanzig Mann verstärken ❷ *van vestingwerken voorzien* verstärken, befestigen
versterker audio-vis Verstärker *m*
versterking ❶ *het sterker maken* Stärkung *v* ❷ *middel dat versterkt* Kräftigung *v*, Stärkung *v* ❸ *hulp* Verstärkung *v* ★ *om ~ vragen* um Verstärkung bitten ❹ *fortificatie* Befestigung *v*
verstevigen festigen, befestigen, verstärken
versteviging Verfestigung *v*
verstijven I *ov ww, stijf maken* versteifen II *on ww, stijf worden* erstarren, steif werden
verstikken ersticken
verstikking Ersticken *o*, Erstickung *v*
verstikkingsdood Erstickungstod *m*
verstild verstummt, still, ⟨dromend⟩ verträumt
verstillen verstummen, still werden
verstoken I *bnw* ★ *~ zijn van iets* etw. entbehren müssen ★ *~ van hulp* ohne jegliche Hilfe II *ov ww, stokend verbruiken* verheizen
verstokt verstockt ★ *een ~e vrijgezel* ein eingefleischter Junggeselle
verstommen I *ov ww, doen zwijgen* verstummen lassen II *on ww, sprakeloos worden* verstummen ★ *verstomd staan* sprachlos sein
verstomming ▾ BN *met ~ geslagen* völlig sprachlos
verstoord *boos* verstimmt, ärgerlich, unwillig
verstoppen ❶ *verbergen* verstecken ❷ *dichtstoppen* verstopfen
verstoppertje Versteckspiel *o* ★ *~ spelen* Verstecken spielen
verstopping *van de ontlasting* Verstopfung *v*
verstoren *onderbreken* stören
verstoring Störung *v*
verstoten verstoßen
verstoting Ausstoßung *v*
verstouwen ❶ *eten* (ver)konsumieren, inform verputzen ❷ fig *verduren* verkraften
verstrakken *strakker worden* sich straffen, sich spannen
verstrekken verschaffen, geben, liefern ★ *inlichtingen ~* Auskunft erteilen
verstrekkend gravierend, weitreichend, weitgehend, einschneidend, weittragend
verstrekking Erteilen *o*, Erteilung *v*, Verteilung *v*, Verschaffung *v*
verstrijken verstreichen ★ *na het ~ van de termijn* nach Ablauf der Frist
verstrikken fig verwickeln, verfangen, verheddern ★ *in zijn eigen leugens verstrikt raken* sich in seine eigenen Lügen verstricken ★ *in iemands netten verstrikt raken* jmdm. ins Netz gehen
verstrooid zerstreut
verstrooien ❶ *verspreiden* zerstreuen ❷ *afleiding bezorgen* ablenken
verstrooiing ❶ *verspreiding* Zerstreuung *v* ❷ *geestelijke afleiding* Ablenkung *v*
verstuiken verstauchen ★ *zijn voet ~* sich den Fuß verstauchen
verstuiking Verstauchung *v*
verstuiven I *ov ww, doen vervliegen* zerstäuben II *on ww, vervliegen* zerstieben, ⟨zand, sneeuw⟩ verwehen
verstuiver Zerstäuber *m*
verstuiving ❶ *het verstuiven* Zerstäubung *v*, ⟨zand, sneeuw⟩ Verwehen *o* ❷ *terrein* Wehe *v*
versturen verschicken
versuffen I *ov ww* verblöden, verdummen II *on ww* verblöden, vertrotteln, verdummen
versuft benommen, ⟨bedwelmd⟩ betäubt, ⟨onnozel⟩ stumpfsinnig ★ *~ door het lawaai* vom Lärm benommen
versuftheid Betäubung *v*

versukkeling ▾ *in de ~ raken* herunterkommen, ins Hintertreffen geraten
versus versus
versvoet Versfuß *m*
vertaalbureau Übersetzungsbüro *o*
vertaalcomputer Übersetzungscomputer *m*
vertaalwoordenboek Übersetzungswörterbuch *o*
vertakken [**zich** ~] ★ *zich ~ in* sich verzweigen, sich gabeln, sich verästeln
vertakking ❶ *het vertakken* Verzweigung *v*, ⟨in twee takken⟩ Gabelung *v*, ⟨in vele takjes⟩ Verästelung *v* ❷ *zijtak* Zweig *m*, Arm *m*, Abzweigung *v*
vertalen ❶ *in andere taal weergeven* übersetzen, übertragen ❷ *anders weergeven* übertragen, umgestalten
vertaler Übersetzer *m* ★ *beëdigd ~* vereidigte(r) Übersetzer *m*
vertaling Übersetzung *v*
verte Ferne *v* ★ *uit de ~* von Weitem ★ *in de verre ~* in weiter Ferne ▾ *in de verste ~ niet* nicht im Entferntesten ▾ *ik denk er in de verste ~ niet aan* ich denke ja nicht im Traum daran
vertederen *teder maken* rühren ★ *zich laten ~* sich erweichen lassen
vertederend rührend, weich / milde stimmend
vertedering Rührung *v* ★ *zij keek met ~* in ihrem Blick lag Zärtlichkeit
verteerbaar lett verdaulich ▾ *dat is voor mij on~* das ist für mich unakzeptabel
vertegenwoordigen ❶ *waarde hebben van* darstellen ★ *dat vertegenwoordigt een grote waarde* das stellt einen erheblichen Wert dar ❷ *handelen namens* vertreten
vertegenwoordiger ❶ *afgevaardigde* Vertreter *m* ❷ *handelsagent* Handelsvertreter *m*, Handelsreisende(r) *m*
vertegenwoordiging ❶ *vertegenwoordigers* Vertretung *v* ❷ *het vertegenwoordigen* Vertretung *v*
vertekenen verzerren, entstellen
vertellen *mondeling mededelen* erzählen
verteller Erzähler *m*
vertelling *verhaal* Erzählung *v*
vertelwijze Erzählweise *v*
verteren **I** *ov ww* ❶ *voedsel afbreken* verdauen ❷ *verbruiken* verzehren ❸ *doen vergaan* verzehren ★ *door smart verteerd worden* sich vor Gram verzehren ❹ *verkroppen* verdauen ★ *die beslissing kan ik niet ~* die Entscheidung kann ich nicht hinnehmen **II** *on ww, afgebroken worden* verdaut werden, ⟨van materie⟩ vermodern, ⟨van organismen⟩ verwesen
vertering ❶ *spijsvertering* Verdauung *v* ❷ *consumptie* Verzehr *m*
verticaal **I** *bnw* vertikal, senkrecht, Vertikal- **II** *zn* [de] Vertikale *v*, Senkrechte *v*
vertier ❶ *afleiding* Unterhaltung *v* ★ *zijn ~ elders zoeken* sich anderswo amüsieren ❷ *bedrijvigheid* Verkehr *m* ★ *in Utrecht is 's nachts veel ~* Utrecht hat ein reges Nachtleben
vertikken *weigeren* nicht daran denken, nicht tun ★ *ik vertik het om dat te doen* ich denke gar nicht daran, das zu tun, ich weigere mich, das zu tun ★ *ik vertik het!* ich tue es nicht!, ich danke!
vertillen [**zich** ~] ❶ *te zwaar tillen* sich verheben ❷ fig *te hoog grijpen* sich übernehmen ★ *hij vertilde zich aan deze opdracht* er übernahm sich mit dieser Aufgabe
vertoeven verweilen, sich aufhalten
vertolken ❶ *spelen* ⟨toneel⟩ darstellen, ⟨muziek⟩ spielen ★ *een rol ~* eine Rolle darstellen ❷ *weergeven* wiedergeben ★ *de gevoelens ~* den Gefühlen Ausdruck verleihen
vertolking *het spelen* ⟨toneelrol⟩ Darstellung *v*, ⟨muziek⟩ Interpretation *v*, ⟨muziek⟩ Wiedergabe *v*
vertonen **I** *ov ww* ❶ *doen blijken, zien* zeigen, aufweisen ❷ *laten zien, weergeven* aufführen, ⟨film⟩ vorführen **II** *wkd ww* [**zich** ~] *zich laten zien* sich zeigen, sich sehen lassen
vertoning ❶ *het vertonen* Aufführung *v*, ⟨film⟩ Vorführung *v* ❷ *schouwspel* Schauspiel *o*
vertoon ❶ *het vertonen* Vorlage *v*, Vorzeigen *o* ❷ *tentoonspreiding* Zurschaustellung *v* ★ *~ van macht* Machtentfaltung *v*
vertoornd erzürnt
vertragen ❶ *trager maken* verlangsamen, verzögern ★ *de vertraagde film* die Zeitlupenaufnahme ❷ *uitstellen* verspäten, verzögern ★ *vertraagde trein* verspätete(r) Zug *m* ★ *vertraagde ontsteking* Spätzündung *v*
vertraging ❶ *het vertragen* Verlangsamung *v* ❷ *oponthoud* Verspätung *v* ★ *de trein heeft 5 minuten ~* der Zug hat sich um 5 Minuten verspätet
vertrappen ❶ *stuk-, doodtrappen* zertreten ❷ *schenden* mit Füßen treten
vertrek ❶ *het vertrekken* Abreise *v*, Weggang *m*, ⟨voertuig⟩ Abfahrt *m*, ⟨vliegtuig⟩ Abflug *m* ❷ *kamer* Raum *m*, Zimmer *o*
vertrekhal Wartehalle *v*
vertrekken **I** *on ww, weggaan* weggehen, ⟨van voertuig⟩ abfahren, ⟨van vliegtuig⟩ abfliegen ★ *u kunt ~!* Sie können gehen! ★ *we ~ met de laatste bus* wir fahren mit dem letzten Bus **II** *ov ww, anders trekken* verziehen, verzerren
vertrekpunt Abfahrtstelle *v*, fig Ausgangspunkt *m*
vertreksein Abfahrtssignal *o*
vertrektijd Abfahrtzeit *v*, ⟨vliegtuig⟩ Abflugzeit *v*
vertroebelen lett trüben
vertroetelen verhätscheln
vertroosting Tröstung *v*, Trost *m*
vertrouwd ❶ *bekend* vertraut ★ *~ raken met iets* mit etw. vertraut werden ❷ *betrouwbaar* zuverlässig
vertrouwelijk ❶ *familiair* vertraulich ❷ *in geheim* vertraulich
vertrouweling Vertraute(r) *m*
vertrouwen **I** *zn* [het] Vertrauen *o*, Zutrauen *o*, Zuversicht *v* ★ *in ~ op* im Vertrauen auf [+4] ★ *iem. in ~ nemen* jmdn. ins Vertrauen ziehen ★ *~ in iem. stellen* Vertrauen zu jmdm. haben, sein Vertrauen in / auf jmdn. setzen ★ *het in hem gestelde ~* das ihm entgegengebrachte Vertrauen **II** *ov ww, betrouwbaar achten* (ver)trauen [+3] ★ *hij vertrouwde het zaakje niet erg* er traute der Sache nicht recht **III** *on ww* ~ **op** rechnen auf, vertrauen auf

vertrouwensarts Vertrauensarzt *m*
vertrouwenskwestie Vertrauenssache *v*
vertrouwensman Vertrauensmann *m*, Bezugsperson *v*
vertrouwenspositie Vertrauensstellung *v*
vertwijfeld verzweifelt
vertwijfeling Verzweiflung *v*
veruit weitaus, bei Weitem
vervaard bang(e), ängstlich
vervaardigen herstellen, anfertigen, verfertigen
vervaardiging Fertigung *v*, Herstellung *v*
vervaarlijk beängstigend, furchterregend, furchtbar
vervagen verschwimmen, sich verwischen ★ *mijn jeugdherinneringen zijn vervaagd* meine Jugenderinnerungen sind verblasst
verval ❶ *achteruitgang* Niedergang *m*, Verfall *m* ★ *in ~ raken* in Verfall geraten, herunterkommen ★ *~ van krachten* Verfall der Kräfte, Abnahme der Kräfte, Entkräftung *v* ❷ *hoogteverschil* Gefälle *o*
vervaldatum Verfallsdatum *o*, Fälligkeitstag *m*
vervallen I *on ww* ❶ *bouwvallig worden* verfallen ❷ *achteruitgaan* abnehmen, ‹aan lager wal raken› herunterkommen ❸ *niet meer gelden* fällig werden / sein, erlöschen ★ *het octrooi vervalt na 18 jaar* nach 18 Jahren wird das Patent hinfällig ❹ **~ aan** *in eigendom overgaan op* ★ *die bezitting zal aan mij ~* dieser Besitz wird mir zufallen, dieser Besitz wird an mich fallen ❺ *geraken, komen* ★ *in herhalingen ~* sich ständig wiederholen **II** *bnw* ❶ *bouwvallig* verfallen ❷ *in slechte conditie* verkommen, heruntergekommen ❸ *niet meer geldig* verfallen, fällig
vervalsen ❶ *namaken* fälschen, verfälschen ❷ *oneerlijk veranderen* verfälschen, verdrehen
vervalser Fälscher *m*, Verfälscher *m*
vervalsing ❶ *het vervalsen* Fälschen *o* ❷ *het vervalste* Fälschung *v*, Verfälschung *v*
vervangbaar ersetzbar
vervangen ❶ *in plaats stellen van* ersetzen ★ *iem. ~* jmdn. ersetzen ❷ *in plaats komen van* ersetzen, austauschen ★ *iem. ~* jmdn. vertreten, für jmdn. einspringen
vervanger Ersatzkraft *v*, Vertreter *m*
vervanging ‹persoon› Vertretung *v*, ‹zaken› Ersatz *m*, ‹zaken / sport› Auswechslung *v*
vervangingsinkomen BN ≈ *uitkering* ‹ondersteuning› Unterstützung *v*, ‹door sociale verzekering› Leistung *v*
vervangstuk BN *reserveonderdeel* Ersatzteil *o*
vervatten enthalten ★ *het geschrift was in deze bewoordingen vervat* die Schrift hatte folgenden Wortlaut ★ *daar is alles in vervat* darin ist alles enthalten
verve ▼ *met ~* schwungvoll, mit Schwung
verveeld I *bnw* gelangweilt **II** *bijw* ▼ BN *~ zitten met iets* auf etwas sitzen bleiben
vervelen I *ov ww* ❶ *niet boeien* langweilen ★ *tot ~s toe* bis zum Überdruss ★ *het verveelt me* es langweilt mich, ich habe / bin es satt ❷ *hinderen* langweilen **II** *wkd ww* **[zich ~]** *verveling voelen* sich langweilen
vervelend ❶ *onaangenaam* ärgerlich, unangenehm ❷ *saai* langweilig
verveling Langeweile *v*
vervellen ‹personen› sich schälen, ‹dieren› sich häuten ★ *ik vervel* ich schäle mich
verveloos farblos ★ *een ~ raamkozijn* ein farbloser Fensterrahmen
verven ❶ *schilderen* streichen ★ *pas geverfd!* frisch gestrichen! ❷ *kleuren* färben ★ *zijn haar ~* sich die Haare färben
verversen ❶ *vervangen* auswechseln, erneuern ★ *olie ~* Öl wechseln ❷ BN *schone luier aandoen* wickeln ★ *de baby ~* das Baby wickeln
verversing ❶ *het verversen* Erfrischen *o*, ‹vervangen› Auswechseln *o* ❷ *eten of drinken* Erfrischung *v*
verviervoudigen vervierfachen
vervilten verfilzen
vervlaamsen flämisch werden, flämisch machen
vervlakken I *ov ww* ❶ *vlak maken* abflachen ❷ *verflauwen* verblassen lassen, abflauen lassen **II** *on ww* ❶ *vlak worden* sich abflachen ❷ *verflauwen* verblassen, abflauen
vervliegen ❶ *vervluchtigen* verfliegen, verdunsten, sich verflüchtigen ❷ *verdwijnen* verfliegen, dahinfliegen
vervloeken verfluchen, verwünschen, ‹plechtig› fluchen [+3]
vervloeking Verfluchung *v*, Verwünschung *v*
vervlogen vergangen, gewesen ★ *uit ~ dagen* aus vergangenen / verflossenen / früheren Zeiten ★ *mijn hoop is ~* meine Hoffnung ist dahin
vervluchtigen sich verflüchtigen
vervoegen I *ov ww* taalk flektieren, ‹van naamwoorden› deklinieren, ‹van werkwoorden› beugen, ‹van werkwoorden› konjugieren **II** *wkd ww* **[zich ~]** *zich melden* sich begeben ★ *zich bij iem. ~* sich an jmdn. wenden
vervoeging taalk Beugung *v*, Flektieren *o*, ‹van werkwoorden› Konjugation *v*, ‹van naamwoorden› Deklination *v*
vervoer Beförderung *v*, Transport *m* ★ *openbaar ~* öffentliche Verkehrsmittel *o* ★ *het ~ van goederen* der Gütertransport ★ *het ~ van personen* die Personenbeförderung ★ *het ~ per vliegtuig* der Lufttransport ★ *het ~ van goederen over lange afstand* der Güterfernverkehr
vervoerbewijs Fahrausweis *m*, Fahrkarte *v*
vervoerder Beförderer *m*, Transporteur *m*
vervoeren ❶ *transporteren* befördern, transportieren ❷ fig *meeslepen* begeistern, hinreißen, berauschen
vervoering Verzückung *v*, Ekstase *v*, ‹geestdrift› Begeisterung *v* ★ *in ~* in Ekstase, begeistert, verzückt ★ *in ~ raken* in Verzückung / Ekstase geraten
vervoermiddel Transportmittel *o*, Beförderungsmittel *o*
vervolg *voortzetting* Fortführung *v*, Fortsetzung *v*, ‹van verhaal› Feuilleton *o* ★ *in ~ op* im Anschluss an ▼ *in het ~* in Zukunft, künftig(hin)
vervolgblad Folgeblatt *o*
vervolgen ❶ *voortzetten* fortführen, fortfahren, fortsetzen ★ *wordt vervolgd* Fortsetzung folgt ★ *aldus vervolgde hij* also fuhr er fort ❷ *achtervolgen* verfolgen [+4], nachsetzen [+3] ❸ jur verfolgen [+4]
vervolgens dann, darauf, sodann
vervolging ❶ *het voortzetten* Verfolgung *v* ❷ *het*

opgejaagd worden Verfolgung *v* ❸ *rechtsvervolging* Verfolgung *v*
vervolgonderwijs onderw Sekundarunterricht *m*
vervolgverhaal Fortsetzungsroman *m*
vervolmaken I *ov ww, perfectioneren* vervollkommnen **II** *wkd vnw,* BN *zich laten bijscholen* eine Fortbildung machen
vervolmaking ❶ *perfectionering* Vervollkommung *v* ❷ BN *bijscholing* Fortbildung *v*
vervormen I *ov ww* umformen, umbilden, ⟨beeld / geluid⟩ verzerren **II** *on ww* sich verformen, ⟨geluid⟩ sich verzerren
vervorming *het anders gevormd worden* Verformung *v*, Verzerrung *v*
vervreemden I *ov ww, vreemd maken* entfremden **II** *on ww, geestelijk verwijderen* sich entfremden ★ *de vrienden zijn van elkaar vervreemd* die Freunde haben sich auseinandergelebt
vervreemding Verfremdung *v*
vervroegen verfrühen, ⟨eerder laten beginnen⟩ früher ansetzen, ⟨vroeger doen beginnen⟩ vorverlegen ★ *vervroegde betaling* verfrühte / vorzeitige Zahlung ★ *vervroegde opzegging* vorzeitige Kündigung
vervuilen I *ov ww, vuilmaken* verunreinigen, verschmutzen **II** *on ww, vuil worden* verschmutzen, verunreinigt werden
vervuiler Verunreiniger *m*
vervuiling Verunreinigung *v*, Verschmutzung *v*
vervullen ❶ *doordringen* erfüllen ★ *vervuld zijn van haat* von Hass erfüllt sein ❷ *verwezenlijken* erfüllen ❸ *bezetten* versehen, bekleiden ★ *iemands plaats ~* jmds. Stelle vertreten / versehen
vervulling *verwezenlijking* Erfüllung *v* ★ *in ~ gaan* in Erfüllung gehen, sich erfüllen
verwaand hochmütig, eingebildet
verwaardigen würdigen ★ *iem. met geen blik ~* jmdn. keines Blickes würdigen ★ *zich ~* sich herablassen
verwaarlozen vernachlässigen, verwahrlosen
verwaarlozing Vernachlässigung *v*
verwachten ❶ *rekenen op* erwarten ★ *niet veel ~ van iets* sich nicht viel von etw. versprechen ★ *zoiets had ik niet van je verwacht* dergleichen hätte ich dir nicht zugetraut ❷ *zwanger zijn van* ★ *een baby ~* ein Baby erwarten
verwachting Erwartung *v* ★ *boven ~* über Erwarten ★ *tegen alle ~ in* wider Erwarten ★ *vol ~* erwartungsvoll ★ *~en koesteren* Hoffnungen hegen ★ *de ~ overtreffen* die Erwartungen übertreffen ▼ *in (blijde) ~ zijn* schwanger sein, guter Hoffnung sein
verwachtingspatroon Erwartungshaltung *v*
verwant ❶ *familie zijnd* verwandt ❷ *nauw verbonden* verwandt, gleichartig
verwantschap ❶ *het verwant zijn* Verwandtschaft *v* ❷ *overeenkomst* Verwandtschaft *v*
verward ❶ *door elkaar* verwirrt, wirr, ⟨haar⟩ zerzaust ★ *een ~e boel* ein wirres Durcheinander ❷ *onduidelijk* konfus, verworren ❸ *van streek* wirr, verwirrt ★ *~ raken* sich verwirren, in Verwirrung geraten
verwarmen (er)wärmen, ⟨stoken⟩ heizen ★ *zich aan de kachel ~* sich an dem Ofen (er)wärmen
verwarming ❶ *het verwarmen* Erwärmung *v* ❷ *installatie* Heizung *v* ★ *centrale ~* Zentralheizung *v*
verwarmingsbron Wärmequelle *v*
verwarmingsbuis Heizrohr *o*, Heizungsrohr *o*
verwarmingselement Heizelement *o*
verwarmingsketel Heizkessel *m*
verwarren ❶ lett ⟨iets⟩ *in de war brengen* durcheinanderbringen, verwirren ❷ fig ⟨iemand⟩ *in verlegenheid brengen* verwirren ❸ **~ met** verwechseln mit
verwarring Verwirrung *v*, Unordnung *v*
verwateren ❶ *waterig worden* wässrig werden ❷ *verflauwen* abflauen, nachlassen
verwedden *inzetten bij wedden* (ver)wetten ★ *ik zou er mijn kop om durven ~* dafür würde ich meinen Kopf verwetten
verweer Verteidigung *v*, ⟨tegenstand⟩ Widerstand *m* ★ *schriftelijk ~ voeren* sich schriftlich zur Wehr setzen ★ *geen ~ tegen iets hebben* nichts dagegen einzubringen haben
verweerd verwittert
verweerschrift Verteidigungsschrift *v*, Gegenschrift *v*
verweken erweichen
verwekken ❶ *door bevruchting doen ontstaan* zeugen ❷ *veroorzaken* erzeugen, erregen, hervorrufen
verwekker ❶ *vader* Erzeuger *m* ❷ *veroorzaker* Erreger *m*
verwelken plantk verblühen, (ver)welken
verwelkomen willkommen heißen, begrüßen
verwelkoming Begrüßung *v*, Bewillkommung *v*
verwend verwöhnt, verzogen ★ *~ nest!* verzogener Balg!
verwennen ❶ *bederven* verwöhnen ★ *een verwend kind* ein verwöhntes Kind ❷ *vertroetelen* verwöhnen ★ *zichzelf ~* sich selbst etw. gönnen ★ *zich laten ~* sich verwöhnen lassen
verwennerij Verwöhnung *v* ★ *wat een ~!* du verwöhnst uns!
verwensen verwünschen, verfluchen
verwensing Verwünschung *v*
verweren I *on ww, aangetast worden* verwittern **II** *wkd ww* [**zich ~**] *verdedigen* sich verteidigen, sich wehren
verwerkelijken *tot werkelijkheid maken* verwirklichen
verwerken ❶ *bewerken* verarbeiten ★ *de fabriek verwerkt huisvuil tot compost* die Fabrik verarbeitet Hausmüll zu Kompost ❷ *gebruiken in* verarbeiten ❸ psych *omgaan met* verarbeiten ★ *iets niet kunnen ~* etw. nicht verarbeiten können, etw. geistig nicht bewältigen können
verwerking ⟨van teksten, gegevens⟩ Verarbeitung *v*
verwerkingseenheid Verarbeitungseinheit *v* ★ *centrale ~* Zentraleinheit *v*
verwerpelijk verwerflich
verwerpen ❶ *afwijzen* zurückweisen ❷ *afkeuren* verwerfen, ⟨bij stemming⟩ ablehnen ★ *een wetsvoorstel ~* einen Gesetzentwurf verwerfen ★ *een voorstel ~* einen Vorschlag zurückweisen

verwerping Ablehnung *v*, Verwerfung *v*, Zurückweisung *v*
verwerven erwerben ★ *roem* ~ sich Ruhm erwerben ★ *iets* ~ (sich) etw. erwerben ★ *een vermogen* ~ ein Vermögen erwerben
verwerving Erwerbung *v*, ⟨m.b.t. leren⟩ Aneignung *v*
verwesteren verwestlichen
verweven ❶ fig *doen samenhangen* verknüpfen ★ *de feiten zijn nauw met elkaar* ~ die Tatsachen sind eng miteinander verknüpft ❷ *wevend verwerken* verweben
verwezenlijken verwirklichen
verwezenlijking Verwirklichung *v*, Ausführung *v*
verwijden vergrößern, erweitern, ⟨kleding⟩ ausweiten
verwijderd entfernt, fern
verwijderen I *ov ww* ❶ *weghalen* entfernen, ⟨wegsturen⟩ fortschaffen ★ *een speler van het veld* ~ einem Spieler Platzverweis erteilen ❷ *afzonderen* ★ *het voorval verwijderde hen van elkaar* durch diesen Vorfall sind sie auseinandergekommen II *wkd ww* [zich ~] *weggaan* ★ *zich* ~ sich entfernen
verwijdering ❶ *het verwijderen* Entfernung *v*, ⟨van dingen, problemen⟩ Beseitigung *v* ❷ ⟨van liefde, vriendschap⟩ *bekoeling* Abstand *m*, Entfremdung *v*
verwijding Erweiterung *v*
verwijfd weibisch, verweichlicht
verwijlinterest BN econ *rente* Verzugszinsen *mv*
verwijsbriefje Überweisungsschein *m*
verwijskaart *verwijsbriefje* Überweisungsschein *m*
verwijt Vorwurf *m*, ⟨berisping⟩ Verweis *m* ★ *iem. een* ~ *maken over iets* jmdm. etw. vorwerfen
verwijten vorwerfen, ⟨berispen⟩ verweisen ★ *iem. zijn fouten* ~ jmdm. seine Fehler vorhalten
verwijzen verweisen, ⟨doorverwijzen van zaken⟩ weiterreichen, ⟨doorverwijzen van personen⟩ überweisen ★ *wij* ~ *naar onze brief* wir nehmen Bezug auf unser Schreiben
verwijzing ❶ *het verwijzen* Überweisung *v* ★ *onder* ~ *naar* unter Bezug(nahme) auf [+4] ★ *met* ~ *naar* unter Hinweis auf ❷ *aanwijzing* Verweis *m*
verwikkelen verwickeln
verwikkeling ❶ ⟨vooral meervoud⟩ *moeilijkheden* Komplikation *v* ❷ BN med *complicatie* Komplikation *v*
verwilderd ❶ *wild geworden* verwildert ❷ fig *uit zijn fatsoen* verwildert ❸ *woest* verwildert
verwilderen ❶ *wild worden* verwildern ★ *verwilderd gezicht* verstörte(s) Gesicht *o* ❷ *bandeloos worden* verwildern
verwisselbaar umtauschbar, ⟨vervangbaar⟩ auswechselbar, ⟨te verwarren⟩ verwechselbar
verwisselen ❶ *verruilen* vertauschen, austauschen, ⟨inruilen⟩ umtauschen, ⟨vervangen⟩ (aus)wechseln, ⟨vervangen⟩ ersetzen ★ *van kleren* ~ die Kleider wechseln, sich umkleiden ★ *de band* ~ den Reifen wechseln ❷ *verwarren* verwechseln
verwisseling Auswechslung *v*, Vertauschung *v*, ⟨ruil⟩ Umtausch *m*

verwittigen *op de hoogte brengen* benachrichtigen, in Kenntnis setzen
verwoed heftig, leidenschaftlich ★ *~e gevechten* heftige Kämpfe ★ *een* ~ *postzegelverzamelaar* ein leidenschaftlicher Briefmarkensammler
verwoesten verwüsten, zerstören
verwoesting Verwüstung *v*, Zerstörung *v*
verwonden verwunden, verletzen
verwonderen I *ov ww* erstaunen, verwundern ★ *het verwondert mij* das wundert mich II *wkd ww* [zich ~] erstaunen, sich wundern
verwondering Verwunderung *v*, Erstaunen *o*
verwonderlijk ❶ *verbazend* erstaunlich, verwunderlich ❷ *merkwaardig* befremdend, wunderlich
verwonding ❶ *het verwonden* Verletzung *v* ❷ *wond* Verwundung *v*
verwonen *uitgeven aan wonen* für die Miete aufwenden
verwoorden in Worte fassen
verworden ❶ *anders worden* sich ändern ❷ *ontaarden* entarten
verworvenheid Errungenschaft *v*
verwringen verdrehen, ⟨vervormen⟩ verzerren
verwurging ❶ Erwürgung *v* ❷ ⟨judo⟩ Würgegriff *m*
verzachten mildern, ⟨pijn / leed⟩ lindern ★ *~de omstandigheden laten gelden* mildernde Umstände zubilligen
verzachting *het zachter maken* Milderung *v*
verzadigen ❶ *volop bevredigen* sättigen ★ *niet te* ~ unersättlich ★ *de markt is verzadigd* der Markt ist gesättigt ❷ scheik sättigen
verzadiging *bevrediging* Sättigung *v*
verzadigingspunt Sättigungspunkt *m*, Sättigungsgrad *m*
verzaken *niet nakomen* vernachlässigen, versäumen
verzakken *lager zakken* sich senken, (ein)sacken, einsinken ★ *het gebouw is verzakt* das Gebäude ist versackt
verzakking ❶ *het lager zakken* Senkung *v* ❷ med Senkung *v*
verzamelaar Sammler *m*
verzamelband Sammelband *m*
verzamel-cd Sammelalbum *o*
verzamelen ❶ *bijeenbrengen* sammeln, versammeln ★ *zijn krachten* ~ seine Kräfte zusammennehmen ★ *zich* ~ sich treffen ❷ *verzameling aanleggen* sammeln
verzameling ❶ *het verzamelen* Ansammlung *v* ❷ *collectie* Sammlung *v* ❸ wisk Menge *v*
verzamelnaam Sammelbezeichnung *v*, Sammelname *m*
verzamelplaats Sammelplatz *m*
verzamelpunt Sammelpunkt *m*
verzamelstaat Verzeichnis *o*
verzanden ❶ *vol zand raken* versanden ❷ fig *vastlopen* versanden
verzegelen versiegeln
verzegeling ⟨handeling⟩ Versiegelung *v*, ⟨zegel⟩ Siegel *m*
verzeilen *terechtkomen* verschlagen werden ★ *ik weet niet waar hij verzeild geraakt is* ich weiß nicht, wohin es ihn verschlagen hat
verzekeraar *assuradeur* Versicherer *m*

verzekerd ❶ *overtuigd* versichert ❷ *gedekt* versichert
verzekerde Versicherte(r) *m* ★ *verplicht* ~ Pflichtversicherte(r) *m* ★ *vrijwillig* ~ freiwillig Versicherte(r) *m*
verzekeren I *ov ww* ❶ *garanderen* versichern ★ *iem. iets* ~ jmdn. etw. versichern [+2] ❷ *een verzekering afsluiten* versichern ★ *ik ben niet tegen diefstal verzekerd* ich bin nicht gegen Diebstahl versichert ★ *zich* ~ *tegen brand* sich versichern gegen Feuer **II** *wkd ww* [**zich** ~] *zich overtuigen* ★ *zich* ~ *van iets* sich einer Sache [2] versichern ★ *zich ervan* ~ *dat...* sich dessen versichern, dass...
verzekering ❶ *assurantie* Versicherung *v* ★ BN *familiale* ~ Haftpflichtversicherung *v* ❷ *garantie* Versicherung *v*
verzekeringsagent Versicherungsagent *m*, Versicherungsvertreter *m*
verzekeringsinspecteur Versicherungsinspektor *m*
verzekeringsmaatschappij Versicherung(sgesellschaft) *v*
verzekeringspapieren Versicherungspapiere *o mv*
verzekeringsplichtig versicherungspflichtig
verzekeringspolis Versicherungspolice *v*
verzekeringspremie Versicherungsprämie *m*
verzelfstandiging Verselbstständigung *v*
verzenden versenden, verschicken
verzending Versand *m*, Versendung *v* ★ *bericht van* ~ Versandanzeige *v*
verzendkosten Versandkosten *v*
verzengen versengen
verzet ❶ *tegenstand* Protest *m*, jur Einspruch *m* ★ *in* ~ *komen tegen* sich auflehnen gegen ★ ~ *aantekenen tegen* Einspruch erheben gegen ❷ *verzetsbeweging* Widerstand *m* ❸ *fietsversnelling* Gang *m*
verzetje Zerstreuung *v*, Erholung *v*
verzetsbeweging Widerstandsbewegung *v*, Widerstand *m*
verzetshaard Widerstandsnest *o*, Zentrum *o* des Widerstands
verzetsstrijder Widerstandskämpfer *m*
verzetten I *ov ww* ❶ *van plaats veranderen* versetzen, umsetzen ❷ *van tijd veranderen* verschieben, verlegen ★ *zijn horloge* ~ seine Uhr stellen ★ *de klok* ~ das Uhr (ver)stellen, die Uhr stellen ★ *een afspraak* ~ einen Termin verschieben ★ ~ *naar een andere dag* auf einen anderen Tag verlegen ❸ *verrichten* ★ *veel werk* ~ viel Arbeit verrichten **II** *wkd ww* [**zich** ~] *weerstand bieden* Widerstand leisten, sich widersetzen ★ *zich tegen de baas* ~ sich dem Chef widersetzen
verzieken verderben, kaputt machen ★ *de sfeer* ~ die Stimmung verpesten ★ *het spel* ~ das Spiel verderben
verziend weitsichtig
verziendheid Weitsichtigkeit *v*
verzilveren ❶ *met zilver bedekken* versilbern ❷ *innen* einlösen ★ *betaalkaarten* ~ Schecks einlösen
verzinken I *ov ww* ❶ *diep inslaan* versenken ❷ *met een zinklaag bedekken* verzinken **II** *on ww, verdiept raken* versinken
verzinnen ❶ *fantaseren* erdichten, (sich) ausdenken, erfinden ★ *smoesjes* ~ Ausreden erfinden ★ *iets nieuws* ~ sich etw. Neues ausdenken ❷ *als oplossing bedenken* erfinden ★ *verzin er maar iets op!* lass dir dazu etw. einfallen!
verzinsel Erfindung *v*, Erdichtung *v* ★ *wat hij vertelt, zijn allemaal* ~*s* was er erzählt, sind nur Märchen
verzitten *anders gaan zitten* ‹van plaats› den Platz wechseln, ‹van houding› sich anders setzen
verzoek ❶ *vraag* Bitte *v*, Anliegen *o*, Wunsch *m* ★ *op* ~ auf Wunsch, auf Verlangen ★ *tonen op* ~ auf Verlangen vorzeigen ★ *ik heb een* ~ *aan u* ich habe eine Bitte an Sie ★ *een* ~ *aan iem. richten* eine Bitte an jmdn. richten ❷ *verzoekschrift* Gesuch *o*, Antrag *m* ★ *een* ~ *indienen* einen Antrag stellen
verzoeken ❶ *vragen* verlangen, auffordern, bitten ★ *u wordt verzocht niet te roken* bitte nicht rauchen ★ *u wordt verzocht op tijd te verschijnen* Sie werden gebeten, pünktlich zu erscheinen ❷ *uitnodigen* auffordern ★ *mag ik u* ~ *mee te komen* darf ich Sie bitten, mitzukommen
verzoeking Versuchung *v*
verzoeknummer musikalische(r) Wunsch *m*
verzoekprogramma Wunschprogramm *o*
verzoekschrift Bittschrift *v* ★ *een* ~ *indienen* ein Gesuch einreichen, eine Eingabe machen
verzoendag ▾ *Grote Verzoendag* Versöhnungstag
verzoenen ❶ *goedmaken* versöhnen, aussöhnen ★ *zich met iem.* ~ sich mit jmdm. ver- / aussöhnen ★ ~*d* versöhnlich ❷ *vrede doen hebben* ★ *met iets verzoend raken* sich an etw. gewöhnen
verzoening Versöhnung *v*, Aussöhnung *v*
verzolen (neu) besohlen
verzorgd gepflegt
verzorgen *zorg dragen voor* versorgen, sorgen für [+4], pflegen ★ *een zieke* ~ einen Kranken pflegen
verzorger ‹van mensen› Betreuer *m*, ‹verpleger› Pfleger *m*, ‹van dieren› Pfleger *m*
verzorging Pflege *v*, Betreuung *v*, Versorgung *v* ★ *sociale* ~ soziale Versorgung *v* ★ *een goede* ~ *van het haar* eine gute Haarpflege
verzorgingsflat Altenwohnheim *o*
verzorgingsstaat Sozialstaat *m*
verzorgingstehuis Pflegeheim *o*
verzot versessen auf [+4], erpicht auf [+4], ‹op personen› vernarrt in [+4]
verzuchten seufzen, stöhnen, tief aufseufzen
verzuchting Seufzer *m*, Stoßseufzer *m*
verzuiling ≈ Aufgliederung *v* einer Gemeinschaft in weltanschaulichen Interessengruppen
verzuim ❶ *nalatigheid* Versäumnis *o*, Unterlassung *v*, Verzug *m* ★ *zonder* ~ ohne Verzug, unverzüglich ❷ *het wegblijven* Ausfall *m*, Abwesenheit *v*
verzuimen ❶ *nalaten* versäumen, inform verschwitzen ❷ *niet opdagen* versäumen, unterlassen ★ *de gelegenheid* ~ die Gelegenheit verpassen / versäumen
verzuimpercentage Abwesenheitsrate *v*
verzuipen I *ov ww* ❶ *doen verdrinken* ersäufen

❷ *uitgeven aan drank* versaufen ★ *zijn hele salaris ~* den ganzen Lohn versaufen ❸ techn absaufen **II** *on ww, verdrinken* ersaufen ★ *je ziet eruit als een verzopen kat* du bist ja triefend nass ★ *zij verzuipt in het werk* die Arbeit wächst ihr über den Kopf
verzuren I *ov ww* ❶ *zuur maken* säuern, sauer machen ❷ *moeilijk maken* verleiden, vergällen ★ *iemands leven ~* jmdm. das Leben sauer machen **II** *on ww, zuur worden* versauern, sauer werden
verzuring Versauern *o*
verzwakken I *ov ww, zwakker maken* schwächen **II** *on ww, zwakker worden* schwach werden
verzwakking Schwächung *v*
verzwaren ❶ *zwaarder maken* schwerer machen ❷ *vergroten* erschweren ★ *een straf ~* eine Strafe verschärfen
verzwaring Beschwerung *v*, ⟨versteviging⟩ Verstärkung *v*
verzwelgen verschlingen
verzwijgen verschweigen, verheimlichen
verzwikken verrenken, verstauchen ★ *ik heb mijn enkel verzwikt* ich habe mir den Knöchel verstaucht / verrenkt
vesper ❶ *gebed* Vesper *v* ❷ *avonddienst* Vesper *v*
vest ❶ *trui* Jacke *v* ❷ *deel van pak* Weste *v* ❸ BN *jasje* ⟨van dameskostuum⟩ Jacke *v*, Blazer *m* ❹ BN *colbert* Jackett *o*
vestibule ⟨van huis⟩ Flur *m*, ⟨van gebouw⟩ Vorhalle *v*, ⟨van gebouw⟩ Eingangshalle *v*, ⟨van huis⟩ Diele *v*
vestigen ❶ *richten* lenken, richten ★ *de aandacht op iets ~* die Aufmerksamkeit auf etw. richten ❷ *tot stand brengen* gründen, errichten ★ *een bedrijf ~* eine Firma gründen ★ *een record ~* einen Rekord aufstellen ❸ *vastleggen* etablieren, begründen ★ *een gevestigde orde* eine etablierte Ordnung ❹ *een vaste plaats geven* sich niederlassen ★ *het bedrijf is in Duitsland gevestigd* die Firma hat ihren Sitz in Deutschland ★ *zich in Utrecht ~* sich in Utrecht niederlassen
vestiging ❶ *het vestigen* Gründung *v*, Errichtung *v* ❷ *nederzetting* Siedlung *v*, Ansiedlung *v* ❸ *filiaal* Niederlassung *v*
vestigingsvergunning Zuzugsgenehmigung *v*
vesting Festung *v*
vestingstad Festungsstadt *v*
vestingwerk Festungsanlage *v*
vet I *zn* [het] Fett *o* ★ *plantaardige vetten* pflanzliche(n) Fette ★ *iem. zijn vet geven* jmdm. sein / seinen Teil geben ★ *iem. in zijn eigen vet laten gaar koken* jmdn. schmoren lassen ★ *zijn vet krijgen* sein Fett (ab)bekommen / (ab)kriegen **II** *bnw* ❶ *met veel vet* fett, dick ❷ *bevuild met vet* fett ❸ *dik* fett ❹ *vruchtbaar* fett, ertragreich **III** *tw, geweldig* cool, geil
vetarm fettarm
vetbult ❶ Fettgeschwulst *v* ❷ med Lipom *o*
vete Fehde *v*
veter Schnürsenkel *m*, Senkel *m*
veteraan Veteran *m*
veteranenziekte med Legionärskrankheit *v*
veterinair I *zn* [de] dierk Veterinär *m*, Tierarzt *m* **II** *bnw* dierk veterinärmedizinisch, tiermedizinisch

ve

vetgehalte Fettgehalt *m*
vetjes BN drukk *vet gedrukt* fett gedruckt
vetkuif *haardracht* fettige Haartolle *v*, inform Schmalzlocke *v*
vetkussen Fettpolster *o*
vetmesten mästen, fett füttern
veto Veto *o* ★ *zijn veto over iets uitspreken* sein Veto gegen etw. einlegen
vetoogje Fettauge *o*
vetorecht jur Vetorecht *o*
vetplant Fettpflanze *v*
vetpot ▾ *het is daar geen ~* dort ist Schmalhans Küchenmeister
vetpuistje Pickel *m*
vetrand Fettrand *m*
vetrijk fett(reich), fettig
vetrol Fettwulst *m/v*
vettig fettig, speckig
vettigheid Fettigkeit *v*
vetvlek Fettfleck *m*, Fettflecken *m*
vetvrij ❶ *geen vet opnemend* fettfrei ❷ *geen vet bevattend* fettfrei
vetzak Fettsack *m*
vetzucht Fettsucht *v*
vetzuur Fettsäure *v*
veulen Fohlen *o*
vezel Faser *v*
vezelig faserig, fasrig
V-hals V-Ausschnitt *m*
via ❶ *over, langs* über [+4], via [+4] ★ *via de tuin* durch den Garten ★ *hij vliegt via Londen* er fliegt über London ❷ *door bemiddeling van* über [+4], durch [+4] ★ *via mijn oom* über meinen Onkel ▾ *via via* auf Umwegen, über Dritte
viaduct Viadukt *m*, Überführung *v*
viagra® Viagra® *v*
vibrafoon Vibrafon *o*
vibratie Vibration *v*, Schwingung *v*
vibrato Vibrato *o*
vibrator Vibrator *m*
vibreren *trillen* schwingen, vibrieren
vicaris Vikar *m*
vice- Vize-
vice versa vice versa
vicieus fehlerhaft
Victoriameer Victoriasee *m*
Victoriawatervallen Victoriafälle *mv*
victorie Sieg *m* ★ *~!* Viktoria!
video ❶ *videoband* Videofilm *m*, inform Video *o* ❷ *videorecorder* Videorekorder *m*
videoband Videoband *o*
videobewaking Videoüberwachung *v*
videocamera Videokamera *v*
videocassette Videokassette *v*
videoclip Videoclip *m*
videogame Videospiel *o*
video-opname Videoaufnahme *v*
videorecorder Videorekorder *m*
videospel Videospiel *o*
videotheek Videothek *v*
vief lebhaft, flink, aufgeweckt ★ *een vief kereltje* ein flinkes Bürschchen
viel [verl. td.] → **vallen**
vielen [verl. td.] → **vallen**
vier I *telw* vier ★ *het is bij / tegen vieren* es ist gegen vier, es ist gleich vier (Uhr) ★ *op vier*

december am vierten Dezember ★ *in vieren* in vier Teile ★ *iets in vieren delen* etw. vierteln ★ *met z'n vieren* zu viert ★ *we zijn met z'n vieren* wir sind zu viert ★ *om de vier dagen* alle vier Tage ★ *hoofdstuk vier* das vierte Kapitel ★ *huis met vier verdiepingen* vierstöckige(s) Haus *o* **II** *znw* ❶ *getal* Vier *v* ❷ onderw *schoolcijfer* ≈ Fünf *v*
vierbaansweg vierspurige Straße *v*
vierdaagse recr Viertagelauf *m*
vierde viert ★ *op de ~ van de maand* am Vierten des Monats ★ *ten ~* viertens ★ *een ~ (deel)* ein Viertel *o* ★ *drie ~ (deel)* drieviertel ★ *dat is al de ~ keer* das ist schon das vierte Mal ★ *~ druk* Viertdruck *m*
vierdelig vierteilig
vieren ❶ *gedenken* feiern ★ fig BN *iem. ~* jmdn. feiern ❷ *vereren* feiern, ehren ★ *een gevierde diva* eine gefeierte Diva ❸ *laten schieten* fieren ★ *het touw ~* das Tau fieren
vierendelen vierteilen
vierhoek Viereck *o*
viering *het vieren* Feier *v* ★ *ter ~ van* zur Feier [+2]
vierkant I *zn* [het], *figuur* Quadrat *o* **II** *bnw* ❶ *in het kwadraat* Quadrat- ★ *vijf ~e meter* fünf Quadratmeter ❷ *hoekig* vierschrötig ★ *~e haakjes* eckige(n) Klammern ★ *een ~ gezicht* ein kantiges Gesicht **III** *bijw, volkomen, faliekant* ★ *iem. ~ uitlachen* jmdm. ins Gesicht lachen ★ *iem. ~ de waarheid zeggen* jmdm. die ungeschminkte Wahrheit sagen es läuft nicht gut
vierkantsvergelijking wisk quadratische Gleichung *v*
vierkantswortel wisk Quadratwurzel *v*
vierkwartsmaat Viervierteltakt *m*
vierling ❶ *vier kinderen samen* Vierlinge *mv* ❷ *één kind* Vierling *m*
viermotorig viermotorig
viersprong Kreuzweg *m* ▼ *op de ~ van het leven staan* am Kreuzweg stehen
viertal vier ★ *een ~ mensen* vier Menschen ★ *een ~ maanden* vier Monate
viervoeter Vierfüß(l)er *m*
viervoud *viermaal zo groot* Vierfache(s) *o* ★ *in ~* in vierfacher Ausfertigung
vierwielaandrijving Allradantrieb *m*
Vierwoudstedenmeer Vierwaldstättersee *m*
vies I *bnw* ❶ *vuil* schmutzig ❷ *onsmakelijk* übel, unappetitlich ★ *dat smaakt vies* das schmeckt ekelhaft ❸ *afkeer wekkend* widerlich, ekelhaft ★ *een vieze kerel* ein widerlicher Kerl ❹ *afkerig* ★ *een vies gezicht trekken* ein angewidertes Gesicht machen ❺ *onfatsoenlijk* schmutzig, schmierig ★ *vieze moppen vertellen* schweinische Witze erzählen **II** *bijw, in hoge mate, erg* ★ *er vies bij zijn* geschnappt werden ★ *dat valt me vies tegen* da bin ich schwer enttäuscht
viespeuk Dreckspatz *m*, Schmutzfink *m* ★ *een oude vispeuk* ein Schwein *o*
Vietnam Vietnam *o*
Vietnamees I *bnw, m.b.t. Vietnam* vietnamesisch **II** *zn* [de], *bewoner* Vietnamese *m* **III** *zn* [het], *taal* Vietnamesisch(e) *o*
Vietnamese Vietnamesin *v*
viezerik, viezerd ❶ *onhygiënisch persoon* Schmutzfink *m*, Dreckspatz *m* ❷ min *iem. die vies doet* Schwein *o*
viezigheid Schmutz *m*, Dreck *m*
vignet *merkteken* Signet *o*, Markenzeichen *o*
vijand Feind *m* ★ *iem. tot ~ maken* sich jmdn. zum Feind machen ★ *dat gun ik mijn ergste ~ niet* das wünsche ich meinem ärgsten Feind nicht
vijandelijk feindlich, ⟨vooral militair⟩ gegnerisch
vijandelijkheid Feindlichkeit *v*, Feindseligkeit *v*
vijandig ⟨behorend tot de vijand⟩ feindlich, ⟨van houding⟩ feindselig (**jegens** gegenüber) ★ *iem. ~ gezind zijn* jmdm. feindlich gesinnt sein ★ *een ~e houding* eine feindselige Haltung ★ *~e vliegtuigen* feindliche Flugzeuge
vijandigheid ❶ *het vijandig zijn* Feindseligkeit *v*, Feindlichkeit *v* ❷ *vijandige daad* Feindseligkeit *v*
vijandschap Feindschaft *v*
vijf I *telw* fünf → **vier II** *zn* [de] ❶ *getal* Fünf *v* ❷ onderw *schoolcijfer* ≈ Drei *v*
vijfde ❶ fünft ❷ → **vierde**
vijfenzestigpluskaart Seniorenpass *m*
vijfenzestigplusser Senior *m* ★ *treinkaart voor ~s* Seniorenpass *m*
vijfhoek Fünfeck *o*
vijfjarenplan Fünfjahresplan *m*
vijfje *bankbiljet* Fünfeuroschein *m*
vijfkamp Fünfkampf *m*
vijfling ❶ *vijf kinderen samen* Fünflinge *mv* ❷ *één kind* Fünfling *m*
vijftien ❶ fünfzehn ❷ → **vier**
vijftiende ❶ fünfzehnte(r) ❷ → **vierde**
vijftig ❶ fünfzig ❷ → **vier, veertig**
vijftiger Fünfziger *m*
vijftigje ❶ *briefje van vijftig* Fünfzigeuroschein *m* ❷ *muntje van vijftig (cent)* Fünfzigcentmünze *v*
vijftigste ❶ fünfzigste ❷ → **vierde, veertigste**
vijfvlak Fünfflach *m*, Pentaeder *o*
vijfvoud Fünffache *o* ★ *in ~* in fünffacher Ausfertigung
vijg *vrucht* Feige *v* ▼ BN *het zijn vijgen na Pasen* das kommt zu spät ▼ BN *zo plat als een vijg* platt wie eine Flunder
vijgenblad *blad van vijgenboom* Feigenblatt *o*
vijgenboom Feigenbaum *m*
vijl Feile *v*
vijlen feilen ★ *zij vijlde haar nagels* sie feilte sich die Nägel
vijlsel Feilspäne *mv*, Feilstaub *m*
vijver Teich *m*
vijzel ❶ *vat* Mörser *m* ❷ *krik* Schraubenwinde *v*
vijzelen heraufschrauben
Viking Wikinger *m*
villa Villa *v*
villadorp ≈ Dorf *o*, das zum größten Teil aus Villen besteht
villapark Villengegend *m*
villawijk Villenviertel *o*
villen *huid afstropen* häuten, abhäuten, abdecken ▼ *iem. wel kunnen ~* jemanden nicht riechen können
Vilnius Wilna *o*
vilt Filz *m*
vilten filzen ★ *~ hoed* Filzhut *m*
viltje *bierviltje* Bierdeckel *m*
viltstift Filzstift *m*, Filzschreiber *m*
vin *zwemorgaan* Flosse *v* ▼ *geen vin verroeren* kein Glied rühren
vinaigrette Vinaigrette *v*

vinden I *ov ww* ❶ *aantreffen* vorfinden, finden, herausfinden ★ *zij hebben elkaar gevonden* sie haben sich gefunden ★ *voor iets te ~ zijn* für etw. zu haben sein ★ *ik weet je nog wel te ~!* ich werde dich schon noch kriegen! ❷ *bedenken* ★ *ik vind er wel wat op* ich werde mir schon etw. dazu ausdenken ❸ *van mening zijn* finden, meinen ★ *ik vind het goed / best / prima* es ist mir recht ★ *iets jammer ~* es bedauern ★ *ik vind het maar niks* das gefällt mir gar nicht ★ *vind je dat echt nodig?* hältst du das wirklich für nötig? **II** *on ww* ❶ *het eens worden* ★ *zich ergens in kunnen ~* mit etw. einverstanden sein ❷ *graag omgaan met* ★ *het (goed) met iem. kunnen ~* sich (gut) mit jmdm. verstehen ★ *het niet met iem. kunnen ~* sich nicht mit jmdm. verstehen
vindersloon Finderlohn *m*
vinding ❶ *het vinden* Fund *m* ❷ *uitvinding* Erfindung *v*
vindingrijk findig, erfinderisch, ⟨vol ideeën⟩ einfallsreich
vindplaats Fundort *m*, Fundstätte *v*, Fundstelle *v* ★ *~ van erts* Erzvorkommen *o*
Vinex-locatie Neubaugebiet *o*
Vinex-wijk Neubaugebiet *o*
ving [verl. td.] → **vangen**
vingen [verl. td.] → **vangen**
vinger Finger *m* ★ *zij kon er met haar ~s niet van afblijven* sie konnte die Finger nicht davon lassen ▾ ⟨koekje⟩ *lange ~* Löffelbiskuit *m/o* ▾ *iets door de ~s zien* ein Auge zudrücken, etwas durch die Finger sehen ▾ *iets in de ~s hebben* Fingerspitzengefühl für etwas haben ▾ *zich in de ~s snijden* sich die Finger verbrennen ▾ BN *iem. met de ~ wijzen* jemanden beschuldigen ▾ *met de natte ~* über den Daumen gepeilt ▾ *hij is met een natte ~ te lijmen* er ist leicht um den Finger zu wickeln ▾ BN *met zijn ~s draaien* faulenzen ▾ *dat kun je op je ~s natellen* das kannst du dir an den Fingern abzählen ▾ *iem. op de ~s kijken* jemandem auf die Finger sehen ▾ *iem. op de ~s tikken* jemandem auf die Finger klopfen ▾ *er komt niets uit haar ~s* sie leistet nichts ▾ *zijn ~s ergens bij aflikken* sich die Finger nach etwas lecken ▾ *als je hem een ~ geeft, neemt hij de hele hand* reicht man ihm den kleinen Finger, nimmt er gleich die ganze Hand ▾ *een ~ in de pap hebben* eine Hand im Spiel haben ▾ *de ~ aan de pols houden* auf Tuchfühlung bleiben ▾ *mijn ~s jeuken* mir juckt es in den Fingern ▾ *de ~ op de zere plek leggen* den Finger auf die Wunde legen ▾ *geen ~ uitsteken* keinen Finger rühren, keinen Finger krumm machen
vingerafdruk Fingerabdruck *m*
vingerdoekje ≈ kleine Serviette *v*
vingeren fummeln, herumfingern
vingerhoed Fingerhut *m*
vingerhoedskruid Fingerhut *m*
vingerkootje Fingerkuppe *v*
vingeroefening ❶ *training* Fingerübung *v* ❷ fig *vaardigheidsoefening* Fingerübung *v*
vingertop Fingerspitze *v*, Fingerkuppe *v*
vingervlug ❶ *handig* fingerfertig ❷ *diefachtig* fingerfertig
vingerwijzing Fingerzeig *m*, Wink *m*, Hinweis *m*
vingerzetting Fingersatz *m*
vink ❶ *vogel* (Buch)fink *m* ❷ *vleeslapje* ★ *blinde vink* ≈ Kalbsröllchen *o*
vinkenslag ▾ BN *op ~ zitten* voller Ungeduld sein
vinkentouw ▾ *op het ~ zitten* voller Ungeduld sein
vinnig ❶ *hevig* flink, direkt ❷ *bits* scharf ★ *~e woorden* bissige(n) / scharfe(n) / spitze(n) / stichelnde(n) Bemerkungen ★ *~ kijken* giftig / bösartig gucken
vinvis Finnwal *m*
vinyl Vinyl *o*
violet violett, veilchenfarben
violist Geiger *m*, Geigenspieler *m*
viool ❶ muz Geige *v*, Violine *v* ❷ → **viooltje** ▾ *de eerste ~ spelen* die erste Geige spielen ▾ *de tweede ~ spelen* die zweite Geige spielen ▾ BN *de violen stemmen* auf eine Linie kommen
vioolconcert Violinkonzert *o*, Geigenkonzert *o*
vioolkist Geigenkasten *m*
vioolsleutel *muzieksleutel* G-Schlüssel *m*, Violinschlüssel *m*
viooltje Veilchen *o*
vip V.I.P. *v*
viproom VIP-Room *m*
viriel viril
virtual reality comp virtuelle Realität *v*
virtueel virtuell
virtuoos I *zn* [de] Virtuose *m* **II** *bnw* virtuos
virtuositeit Virtuosität *v*
virus Virus *m/o*
virusdrager Virusträger *m*
virusziekte Viruskrankheit *v*
vis *waterdier* Fisch *m* ▾ *vis wil zwemmen* Fisch will schwimmen ▾ *zo gezond zijn als een vis* so gesund sein wie ein Fisch im Wasser ▾ *zich als een vis in het water voelen* sich fühlen wie der Fisch im Wasser ▾ *iem. voor rotte vis uitmaken* jemanden zur Sau machen
visafslag Fischversteigerung *v*
visagie Visagie *v*
visagist Visagist *m*
visakte Angelschein *m*
visarend Fischadler *m*
visboer ❶ *persoon* Fischhändler *m* ❷ *winkel* Fischgeschäft *o*
visburger Fischburger *m*
viscose Viskose *v*
viscositeit Viskosität *v*
viseren BN *het gemunt hebben op* es abgesehen haben auf [+4]
visgraat ❶ *skeletdeel* Fischgräte *v* ❷ *motief in textiel* Fischgrätenmuster *o*
vishaak Angelhaken *m*
visie ❶ *zienswijze* Ansicht *v*, Auffassung *v*, Betrachtungsweise *v* ★ *een geheel andere ~ hebben op iets* eine ganz andere Auffassung von etw. haben ❷ *inzage* Einsicht *v*
visioen Vision *v*
visionair I *zn* [de] Seher *m* **II** *bnw* visionär
visioneren BN *keuren* ⟨bv. films, voor leeftijd⟩ prüfen
visitatie *onderzoek* Visitation *v*, Durchsuchung *v*, ⟨kerkelijk⟩ Kirchenvisitation *v*
visite ❶ *bezoek* Besuch *m*, ⟨van arts⟩ Visite *v* ★ *op ~ zijn* zu Besuch sein ❷ *bezoekers* Besuch *m*
visitekaartje Visitenkarte *v* ★ *zijn ~ achterlaten*

seine Visitenkarte hinterlassen
visiteren visitieren, durchsuchen
vismarkt Fischmarkt *m*
visrestaurant Fischrestaurant *o*
visrijk fischreich
visschotel cul *gerecht* Fischgericht *o*
visseizoen ≈ Fangzeit *v*
Vissen *dierenriemteken* Fische *m mv*
vissen ❶ *vis vangen* fischen ❷ *trachten te krijgen* ★ *naar complimenten ~* nach Komplimenten fischen
vissenkom Fischglas *o*
visser Fischer *m*, Angler *m*
visserij Fischerei *v*, ⟨visvangst⟩ Fischfang *m*
vissersboot Fischerboot *o*
visserslatijn Garn *o*
vissersvloot Fischereiflotte *v*
vissnoer Angelschnur *v*
visstand Fischbestand *m*
visstick Fischstäbchen *o*
visstoeltje Klappstuhl *m* zum Angeln
vistuig Fischfanggerät *o*, inform Angelsachen *mv*
visualisatie Visualisierung *v*, grafische Gestaltung *v*
visualiseren *veraanschouwelijken* visualisieren, veranschaulichen
visueel visuell
visum *doorreisvergunning* Visum *o* ★ *aanvraag voor een ~* Visumantrag *m*
visumplicht Visumzwang *m*
visvangst Fischfang *m*
visvergunning Angelschein *m*
visvijver Fischteich *m*
viswater Fischwasser *o*
viswijf Marktweib *o* ★ *schelden als een ~* schimpfen wie ein Rohrspatz
vitaal ❶ *wezenlijk* vital, lebenswichtig ★ *van ~ belang* lebenswichtig ★ *vitale levensfuncties* Vitalfunktionen ❷ *levenskrachtig* vital, rüstig
vitaliteit Vitalität *v*
vitamine Vitamin *o*
vitaminegebrek Vitaminmangel *m*
vitaminepreparaat Vitaminpräparat *o*
vitaminerijk vitaminreich
vitrage ❶ *gordijn* Gardine *v* ❷ *stof* Tüll *m*
vitrine ❶ *etalage* Schaufenster *o* ❷ *glazen kast* Vitrine *v*
vitten mäkeln, kritteln ★ *op iem. ~* jmdn. bekritteln
vivisectie Vivisektion *v*
vizier ❶ *kijkspleet in helm* Visier *o* ❷ *richtmiddel* ⟨op wapens⟩ Visier *o*, ⟨op optische instrumenten⟩ Diopter *o* ▼ *iem. in het ~ hebben* jemanden auf dem Kieker haben ▼ *met open ~ strijden* mit offenem Visier kämpfen
vizierlijn Visierlinie *v*
vj *videojockey* VJ *m*
vla ❶ cul *nagerecht* ≈ puddingähnliche Süßspeise *v* ❷ cul *vlaai* Fladen *m*
vlaag ❶ *windstoot* Windstoß *m*, Bö *v* ❷ *uitbarsting* Anwandlung *v*, Anfall *m* ★ *bij vlagen* gelegentlich ★ *in een ~ van verstandsverbijstering* in einem Anfall von Geistesverwirrung
vlaai *taart* Fladen *m*
Vlaams I *bnw, m.b.t. Vlaanderen* flämisch **II** *zn* [het], *taal* Flämisch(e) *o*
Vlaams-Brabant Flämisch-Brabant *o*
Vlaams-Brabants flämisch-brabantisch
Vlaamse Flamin *v*
Vlaanderen Flandern *o*
vlag Fahne *v*, scheepv Flagge *v* ▼ *onder valse vlag varen* unter falscher Flagge segeln ▼ *met vlag en wimpel* mit Glanz und Gloria ▼ *de vlag dekt de lading* ≈ der Name soll für Qualität bürgen
vlaggen ❶ sport die Fahne heben ❷ *de vlag uithangen* flaggen
vlaggenmast Fahnenmast *m*
vlaggenschip Flaggschiff *o*
vlaggenstok Fahnenmast *m*, Fahnenstange *v*, scheepv Flaggenstock *v*
vlagvertoon Flaggezeigen *o* ▼ *met veel ~* mit großer Publicity
vlak I *zn* [het] ❶ *platte zijde* Fläche *v* ★ *horizontaal vlak* Horizontalfläche ★ *een hellend vlak* eine schiefe Ebene ❷ *gebied* Bereich *m*, Ebene *v* ★ *dat ligt op hetzelfde vlak* das liegt auf gleicher Ebene ★ *op sociaal vlak* im sozialen Bereich ★ *op het culturele vlak* im kulturellen Bereich **II** *bnw* ❶ *plat* flach, eben ★ *iets vlak maken* etw. ebnen ★ *met de vlakke hand* mit der flachen Hand ★ *het vlakke veld* das freie Feld ❷ *zonder nuance* flach, farblos ★ *vlak van toon* tonlos **III** *bijw, recht* genau, direkt ★ *vlak langs de stoep fietsen* knapp am Bürgersteig vorbeiradeln ★ *vlak na elkaar* direkt hintereinander ★ *zij woont vlak tegenover haar vriendin* sie wohnt genau gegenüber der Freundin
vlakaf BN *onverbloemd* aufrichtig, geradlinig, unverblümt, ungeschminkt, unumwunden
vlakbij (ganz) in der Nähe
vlakgom Radiergummi *m*
vlakte Ebene *v*, Fläche *v* ▼ *zich op de ~ houden* mit seiner Meinung hinter dem Berg halten ▼ *iem. tegen de ~ slaan* jemanden zu Boden schlagen ▼ *tegen de ~ gaan* sport zu Boden gehen dem Erdboden gleich gemacht werden, zu Boden sinken
vlaktemaat Flächenmaß *o*
vlakverdeling Flächenaufteilung *v*
vlam ❶ *vuur* Flamme *v* ★ *in vlammen opgaan* in Rauch aufgehen ★ *vlam vatten* anfangen zu brennen, Feuer fangen ★ *een prooi van de vlammen worden* ein Opfer der Flammen werden ★ *de vlam sloeg in de pan* es kam zum Ausbruch ★ *de vlammen sloegen haar uit* sie wurde rot bis über die Ohren ❷ *geliefde* Schwarm *m*, Flamme *v* ❸ *tekening in hout* Maser *v*
Vlaming Flame *m*
vlammen ❶ *vlammen vertonen* sich entflammen, lodern ★ *een ~d vuur* ein loderndes Feuer ❷ *fonkelen* glühen, leuchten, flammen ★ *~d enthousiasme* glühende Begeisterung *v* ★ *met een ~d betoog* mit einer zündenden / flammenden Rede
vlammenwerper Flammenwerfer *m*
vlammenzee Flammenmeer *o*
vlamverdeler Brenner *m*
vlas Flachs *m*
vlasblond flachsblond
vlassen I *bnw, van vlas* flächsern **II** *on ww* **~ op** spannen auf [+4], sich spitzen auf [+4]

vlecht Zopf *m*
vlechten flechten ★ *het haar ~* das Haar flechten
vlechtwerk Flechtwerk *o*, Geflecht *o*
vleermuis Fledermaus *v*
vlees ❶ *weefsel* Fleisch *o* ❷ cul Fleisch *o* ▼ *mijn eigen ~ en bloed* mein eigenes Fleisch und Blut ▼ *~ noch vis zijn* weder Fisch noch Fleisch sein ▼ *goed in het ~ zitten* gut gepolstert sein ▼ *iem. van ~ en bloed* ein Mensch von Fleisch und Blut ▼ *weten wat voor ~ je in de kuip hebt* seine Pappenheimer kennen
vleesboom Muskelgeschwulst *v*
vleesetend fleischfressend ★ *~ dier* fleischfressendes Tier
vleeseter biol Fleischfresser *m*
vleesgerecht cul Fleischgericht *o*
vleeshaak Fleischerhaken *m*
vleeskleurig fleischfarben, fleischfarbig
vleesmes Fleischmesser *o*
vleesmolen Fleischwolf *m*
vleestomaat Fleischtomate *v*
vleesvervanger cul Fleischersatz *m*
vleesvork Tranchiergabel *v*
vleeswaren Aufschnitt *m*
vleeswond Fleischwunde *v*
vleet *haringnet* Heringstreibnetz *o* ▼ *zij heeft vrienden bij de ~* sie hat jede Menge Freunde
vlegel ❶ *baldadige jongen* Flegel *m*, Lümmel *m* ❷ *dorsvlegel* Flegel *m*
vleien ❶ *overdreven prijzen* schmeicheln ❷ **~ met** *hoopvol stemmen met* ★ *zich ~ met* sich schmeicheln mit, sich bauchpinseln mit
vleiend schmeichelnd, schmeichlerisch, schmeichelhaft ★ *een ~e foto* ein schmeichelhaftes Foto
vleier Schmeichler *m*
vleierij Schmeicheln *o*, min Geschmeichel *o*, ⟨compliment⟩ Schmeichelei *v* ★ *zonder ~* in aller Offenheit / Ehrlichkeit
vlek ❶ *vuile plek* Fleck *m*, inform Klecks *m* ❷ *anders gekleurde plek* Flecken *m* ★ *een witte vlek op de kaart* ein weißer Fleck auf der Landkarte ▼ *ergens een blinde vlek voor hebben* für etwas blind sein
vlekkeloos ❶ *zonder vlek* fleckenlos, makellos ★ *een vlekkeloze naam hebben* einen makellosen Ruf haben ❷ *foutloos* fleckenlos, einwandfrei, tadellos
vlekken ❶ *vlekken krijgen* flecken ❷ *vlekken maken* klecksen ★ *de pen vlekt* der Kugelschreiber kleckst
vlekkenmiddel Fleckenentfernungsmittel *o*, Fleckenentferner *m*
vlekkerig fleckig
vlektyfus Fleckfieber *o*, Flecktyphus *m*
vlekvrij *beschermd tegen vlekken* fleckenfrei, fleckabstoßend
vlerk ❶ *vleugel* Flügel *m* ❷ *vlegel* Flegel *m*, Lümmel *m*
vleselijk ❶ *lichamelijk* körperlich ❷ fig *zinnelijk* sinnlich
vleug ❶ Strich *m* ❷ → **vleugje**
vleugel ❶ *vliegorgaan* Flügel *m* ★ *de ~s uitslaan* ook fig die Flügel ausbreiten ★ *iem. onder zijn ~s nemen* jmdn. unter seine Fittiche nehmen ❷ *deel van vliegtuig* Flügel *m*, Tragfläche *m* ❸ *deel van gebouw* Trakt *m*, Flügel *m* ❹ *piano* Flügel *m*
vleugellam lett flügellahm
vleugelmoer Flügelmutter *v*
vleugelspeler Flügelstürmer *m*
vleugelverdediger Außenverteidiger *m*
vleugje Hauch *m*, Schimmer *m*, Anflug *m* ★ *een ~ hoop* ein Schimmer von Hoffnung ★ *een ~ parfum* ein Hauch von Parfüm
vlezig fleischig
vlieg Fliege *v* ▼ *twee ~en in één klap slaan* zwei Fliegen mit einer Klappe schlagen ▼ *geen ~ kwaad doen* keiner Fliege etwas zuleide / zu Leide tun
vliegangst Flugangst *v*
vliegas Flugasche *v*
vliegbasis Luftstützpunkt *m*
vliegbrevet Pilotenschein *m*
vliegdekschip Flugzeugträger *m*
vliegen I *ov ww* ❶ *besturen* fliegen ❷ *vervoeren* fliegen **II** *on ww* ❶ *door de lucht bewegen* fliegen ★ *de scherven vlogen rond* die Scherben flogen durch die Luft ★ *hij ziet ze ~* er spinnt ★ *de vogel is gevlogen* der Vogel ist ausgeflogen ❷ *met het vliegtuig gaan* fliegen ★ *blind ~* blind fliegen ❸ *snellen* spurten, eilen, rasen ★ *iem. naar de keel ~* jmdm. an die Kehle springen ★ *iem. om de hals ~* jmdm. um den Hals fliegen ★ *erin ~* reinfallen ★ *eruit ~* rausfliegen
vliegengaas Fliegengitter *o*, Fliegendraht *m*
vliegengordijn Fliegengitter *o*, Moskitonetz *o*
vliegenier Pilot *m*
vliegenmepper Fliegenklatsche *v*
vliegenraam BN Fliegenfenster *o*
vliegensvlug blitzschnell ★ *de tijd ging ~ voorbij* die Zeit verging wie im Fluge
vliegenzwam Fliegenpilz *m*
vlieger ❶ *speelgoed* Drachen *m* ❷ *piloot* Flieger *m*
vliegeren (einen) Drachen steigen lassen
vlieggewicht sport *klasse* Fliegengewicht *o*
vliegramp Flugzeugkatastrophe *v*
vliegshow Flugschau *v*
vliegtechniek Flugtechnik *v*, Aviatik *v*
vliegtuig Flugzeug *o*
vliegtuigbouw Flugzeugbau *m*
vliegtuigkaper Flugzeugentführer *m*
vliegtuigkaping Flugzeugentführung *v*
vliegtuigmoederschip Flugzeugmutterschiff *o*
vlieguur Flugstunde *v*
vliegvakantie Flugpauschalreise *v*
vliegveld Flughafen *m*, Flugplatz *m*
vliegverbinding Flugverbindung *v*
vliegverkeer Flugverkehr *m*
vliegwiel Schwungrad *o*
vlier Holunder *m*
vlierbes Holunderbeere *v*
vliering Boden *m*, Dachboden *m*
vlies ❶ *dun laagje, velletje* Häutchen *o*, Haut *v* ❷ biol Membran *v*
vlijen schmiegen an [+4], sich (an)schmiegen, kuscheln an [+4], sich (an)kuscheln ★ *zich tegen iem. aan ~* sich an jmdn. schmiegen / kuscheln
vlijmscherp *goed snijdend* messerscharf
vlijt Fleiß *m*
vlijtig fleißig, emsig
vlinder Schmetterling *m*, Falter *m* ★ *~s in zijn buik hebben* verknallt / verschossen sein

vlinderdas Fliege *v*
vlindernet Schmetterlingsnetz *o*
vlinderslag sport Delfinschwimmen *o*, Schmetterlingsstil *m*
Vlissingen Vlissingen *o*
vlizotrap Ausziehleiter *v*
vlo Floh *m*
vlocht [verl. td.] → **vlechten**
vlochten [verl. td.] → **vlechten**
vloed ❶ *hoogtij* Flut *v* ❷ *overweldigende massa* Flut *v*, Strom *m* ❸ med Ausfluss *m* ★ *witte ~* Weißfluss *m*
vloedgolf ❶ *grote golf* Flutwelle *v* ❷ *grote hoeveelheid* Flutwelle *v*
vloedlijn Flutlinie *v*
vloei Fließpapier *o*, Löschpapier *o*, ⟨voor shag⟩ Zigarettenpapier *o* → **vloeitje**
vloeibaar flüssig ★ *~ maken* verflüssigen ★ *~ worden* sich verflüssigen
vloeiblad *vloeipapier* Löschblatt *o*
vloeien ❶ *stromen* fließen, strömen ★ *in elkaar ~* ineinanderfließen ❷ *vaginaal bloeden* an Ausfluss leiden
vloeiend fließend, geläufig, flüssig ★ *~ in elkaar overgaan* ineinanderfließen ★ *~ Frans spreken* fließend Französisch sprechen
vloeipapier Löschpapier *o*, Fließpapier *o*
vloeistof Flüssigkeit *v*
vloeitje *sigarettenpapier* Zigarettenpapier *o*
vloek ❶ *vervloeking* Fluch *m* ★ *er rust een ~ op dit huis* ein Fluch liegt auf diesem Haus ❷ *scheldwoord* Fluch *m* ★ *in een ~ en een zucht* in null Komma nichts, im Handumdrehen ❸ *iets rampzaligs* Fluch *m*
vloeken ❶ *krachttermen uiten* fluchen ★ *iem. stijf ~* jmdm. die Leviten lesen ★ *op iets ~* etw. verfluchen ❷ *schril afsteken* sich beißen ★ *dat vloekt* das beißt sich
vloekwoord Fluchwort *o*
vloer Fußboden *m*, Boden *m* ★ *ik kon wel door de ~ zakken* ich wäre am liebsten in den Erdboden versunken ▼ *veel bij iem. over de ~ komen* bei jemandem ein- und ausgehen ▼ *de ~ met iem. aanvegen* jemanden zur Sau machen
vloerbedekking Fußboden *m*, Fußbodenbelag *m*, ⟨tapijt⟩ Teppichboden *m*
vloeren niederschlagen, zu Boden strecken
vloerkleed Teppich *m*
vloermat Matte *v*, ⟨voor de deur⟩ Fußmatte *v*
vloerwisser, **vloertrekker** Bodenwischer *m*
vlogen [verl. td.] → **vliegen**
vlok Flocke *v*
vlokkentest Flockungstest *m*
vlokkig flockig
vlonder *losse vloer* Steg *m*
vloog [verl. td.] → **vliegen**
vlooien flöhen
vlooienband Flohhalsband *o*
vlooienmarkt Flohmarkt *m*, Trödelmarkt *m*
vloot *groep schepen* Flotte *v*, Kriegsflotte *v*, Kriegsmarine *v*
vlootbasis Flottenbasis *v*, Flottenstützpunkt *m*
vlootschouw Flottenparade *v*, Flottenschau *v*
vlot **I** *zn* [het] Floß *o* **II** *bnw* ❶ *snel* zügig, flott ❷ *gemakkelijk* einfach, flott ★ *vlot praten* gewandt sprechen ❸ *ongedwongen* flott
vlotten *vlot verlopen* vorankommen, vorangehen ★ *het werk wil niet ~* die Arbeit kommt nicht voran
vlotter Schwimmer *m*
vlotweg flott, zügig, rasch
vlucht ❶ *het ontvluchten* Flucht *v* ★ *op de ~ slaan* die Flucht ergreifen ❷ *het vliegen* Flug *m* ★ *een hoge ~ nemen* einen stürmischen Aufschwung machen / erleben ❸ *vliegtocht* Flug *m* ❹ *troep vogels* Flug *m*, Schwarm *m*
vluchtauto Fluchtfahrzeug *o*, Fluchtwagen *m*, Fluchtauto *o*
vluchteling Flüchtling *m*
vluchtelingenkamp Flüchtlingslager *o*
vluchten *ontvluchten* flüchten, fliehen ★ *voor de vijand ~* vor dem Feind fliehen
vluchthaven *toevluchtsoord* Zufluchtsort *m*
vluchtheuvel Verkehrsinsel *v*
vluchthuis BN *blijf-van-mijn-lijfhuis* Frauenhaus *o*
vluchtig ❶ ⟨m.b.t. (vloei)stoffen⟩ flüchtig ❷ *snel en oppervlakkig* flüchtig ★ *iets ~ lezen* etw. überfliegen ❸ *voorbijgaand* flüchtig
vluchtleider luchtv Flugleiter *m*, Fluglotse *m*
vluchtleiding luchtv Flugleitung *v*
vluchtleidingscentrum luchtv Bodenstation *v*
vluchtnummer luchtv Flugnummer *v*
vluchtrecorder luchtv Flugschreiber *m*, Flugdatenschreiber *m*, Blackbox *v*
vluchtschema luchtv Flugplan *m*
vluchtstrook Standspur *v*, Seitenstreifen *m*
vluchtweg Fluchtweg *m*
vlug schnell, rasch ★ *hij is niet al te vlug* eine schnelle Auffassungsgabe besitzen
vluggertje ❶ *vrijpartij* schnelle Nummer *v*, Quickie *m* ❷ *dam- of schaakpartij* Partie *v* Blitzdame / Blitzschach
vlugschrift Flugblatt *o*, Flugschrift *v*
vlugzout Riechsalz *o*
vmbo **I** *afk*, *voorbereidend middelbaar beroepsonderwijs* vorberufliche weiterführende Bildung *v* **II** *zn* [de], *school voor vmbo* Hauptschule *v*, ⟨vmbo-t⟩ Realschule *v*
VN *Verenigde Naties* UNO *v*, Vereinte(n) Nationen *mv*
vocaal **I** *zn* [de] Selbstlaut *m*, Vokal *m* **II** *bnw* stimmlich, muz vokal ★ *vocale solisten* Vokalsolisten
vocabulaire *woordenschat* Wortschatz *m*, Vokabular *o*, ⟨woordenlijst⟩ Wörterverzeichnis *o*
vocalisatie Vokalisation *v*, Vokalisierung *v*
vocaliseren vokalisieren
vocalist Vokalist *m*
vocht **I** *zn* [het] ❶ *vloeistof* Flüssigkeit *v* ❷ *vochtigheid* Nässe *v*, Feuchtigkeit *v* **II** *ww* [verl. td.] → **vechten**
vochten [verl. td.] → **vechten**
vochtgehalte Feuchtigkeitsgehalt *m*
vochtig feucht
vochtigheid ❶ *het vochtig zijn* Feuchtigkeit *v* ❷ *vochtgehalte* Feuchtigkeit *v*
vochtigheidsgraad Feuchtigkeitsgrad *m*
vochtigheidsmeter Feuchtigkeitsmesser *m*
vochtvrij ❶ *zonder vocht* gegen Feuchtigkeit geschützt ★ *~ bewaren* trocken lagern ❷ *vochtwerend* feuchtigkeitsbeständig
vod ❶ *prul* Lumpen *m*, Fetzen *m* ❷ BN

schoonmaakdoekje Putztuch *o*, Putzlappen *m* ▾ *iem. achter de vodden zitten* jemandem Dampf machen
voddenbaal *mens* schlampige(r) Mensch *m*
voddenboer Lumpensammler *m*, Lumpenhändler *m*
voeden ❶ *voedsel geven* nähren, ernähren, ⟨dieren⟩ füttern, ⟨zogen⟩ stillen ❷ *van toevoer voorzien* speisen ❸ *aanwakkeren* hegen, nähren
voeder Futter *o*
voederbak Futtertrog *m*, Futternapf *m*, ⟨groot⟩ Futterkrippe *v*, ⟨klein⟩ Fressnapf *m*
voederen füttern
voeding ❶ *voedsel geven* Ernährung *v* ❷ *voedsel* Nahrung *v* ❸ techn Speisung *v*
voedingsbodem ❶ lett Nährboden *m*, Zuchtstätte *v* ❷ fig Nährboden *m*, ⟨ongunstig⟩ Brutstätte *v*
voedingskabel elek Speisekabel *o*
voedingsleer Ernährungslehre *v*
voedingsmiddel Nahrungsmittel *o*
voedingspatroon Ernährungsweise *v*, Essgewohnheiten *v mv*
voedingsstof Nährstoff *m*, Nahrungsstoff *m*
voedingswaarde Nährwert *m*
voedsel *voeding* Nahrung *v* ★ *~ weigeren* die Nahrung verweigern
voedselhulp Lebensmittelhilfe *v*
voedselketen Nahrungskette *v*
voedselpakket *ingepakt eten* Lebensmittelpaket *o*
voedselrijk nahrungsreich
voedselvergiftiging Lebensmittelvergiftung *v*
voedselvoorziening Lebensmittelversorgung *v*
voedster *mens* Amme *v*
voedzaam nahrhaft
voeg Fuge *v*, Naht *v* ▾ *uit zijn voegen gerukt* aus den Fugen geraten ▾ *in zijn voegen kraken* in allen Fugen krachen
voege ▾ BN *in ~ zijn* in Kraft sein
voegen I *ov ww* ❶ *verbinden, verenigen* verbinden, zusammenfügen ★ *de delen aan elkaar ~* die Teile miteinander verbinden ★ *zich ~ bij iem.* zu jmdm. stoßen ★ *zich bij de groep ~* sich der Gruppe anschließen ★ *de daad bij het woord ~* etw. in die Tat umsetzen ❷ *met specie opvullen* fugen, ausfugen **II** *wkd ww* [**zich ~**] **~ naar** *schikken in* sich fügen [+3] ★ *zich ~ naar de omstandigheden* sich den Umständen fügen / anpassen
voegijzer Maurerkelle *v*
voegwoord Bindewort *o*, Konjunktion *v* ★ *~ van tijd* temporale Konjunktion
voelbaar ❶ *merkbaar* merklich ❷ *tastbaar* spürbar, fühlbar
voelen I *ov ww* ❶ *gewaarworden* spüren ★ *ik voel de wijn in mijn benen* ich spüre den Wein in den Beinen ★ *iem. zijn minachting laten ~* jmdn. seine Verachtung fühlen lassen ❷ *aanvoelen, begrijpen* fühlen ★ *~ dat je de verkeerde kant op gaat* fühlen, dass man auf dem falschen Weg ist ★ *zij voelde waar hij heen wilde* sie spürte, worauf er hinauswollte ❸ *bevoelen* fühlen ❹ **~ voor** mögen, zusagen ★ *ergens iets voor ~* Lust zu etw. haben ★ *iets voor elkaar ~* sich mögen **II** *on ww* ❶ *aanvoelen* fühlen, sich anfühlen ★ *het voelt zacht* es fühlt sich weich an ❷ *tasten* ★ *aan iets ~* etw. betasten **III** *wkd ww* [**zich ~**] sich fühlen ★ *zich ziek ~* sich krank fühlen ★ *zich met iem. één ~* sich mit jmdm. eins fühlen
voelhoorn Fühler *m* ▾ *zijn ~s uitsteken* seine / die Fühler ausstrecken
voeling Fühlung *v* ★ *~ hebben met iem.* mit jmdm. in Fühlung sein, Fühlung mit jmdm. haben ★ *~ krijgen met iem.* mit jmdm. in Fühlung kommen
voelspriet Fühler *m*
voer I *zn* [het] Futter *o* ▾ *voer voor de critici* ein gefundenes Fressen für die Kritiker **II** *ww* [verl. td.] → **varen**
voeren I *ov ww* ❶ *voeden* füttern ❷ *leiden* führen ❸ *van voering voorzien* füttern ★ *met vilt gevoerde kisten* mit Filz ausgeschlagene(n) Kisten **II** *ww* [verl. td.] → **varen**
voering Futter *o* ★ *losse ~* lose(s) Futter *o*
voerman Fuhrmann *m* [mv: Fuhrleute]
voertaal Verkehrssprache *v*, taalk Gemeinsprache *v*, ⟨bij onderhandelingen⟩ Verhandlungssprache *v*
voertuig Fahrzeug *o*
voet ❶ *lichaamsdeel* Fuß *m* ★ *voetje voor voetje* Schritt für Schritt ★ *te voet* zu Fuß ★ *geen voet verzetten* keinen Schritt tun ★ *voet aan wal zetten* den Fuß ans Land setzen ★ *iets met voeten treden* etw. mit den Füßen treten ★ BN *met een zware voet rijden* mit Bleifuß fahren ★ BN *met iemands voeten spelen* jmdn. zum Narren halten ★ *onder de voet lopen* überrennen ★ *op vrije voeten stellen* auf freien Fuß stellen ★ *op staande voet* fristlos ★ *op de voet volgen* auf Schritt und Tritt verfolgen ★ *zich uit de voeten maken* sich aus dem Staube machen ★ *iem. iets voor de voeten werpen* jmdm. etw. vorwerfen ★ *voet bij stuk houden* bei der Stange bleiben, nicht nachgeben, jmdm. in die Quere kommen ★ *veel voeten in de aarde hebben* kein Kinderspiel sein, viel Mühe kosten ★ *een wit voetje bij iem. halen* sich bei jmdm. lieb Kind machen ❷ *basis, onderste deel* Fuß *m* ★ *belastingvrije voet* Steuerfreibetrag *m* ❸ *wijze, grondslag* Fuß *m* ★ *op goede voet staan met iem.* sich mit jmdm. gut verstehen ★ *op gelijke voet* auf dieselbe Weise ★ *op dezelfde voet* auf demselben Fuß
voetangel Fußangel *v*
voetbad Fußbad *o*
voetbal I *zn* [de], *bal* Fußball *m* **II** *zn* [het], *spel* Fußball *m* ★ *het betaalde ~* der Profifußball
voetbalclub Fußballverein *m*
voetbalelftal Fußballmannschaft *v*, Fußballelf *v*
voetbalknie Meniskusriss *m*
voetballen Fußball spielen
voetballer Fußballspieler *m*, inform Fußballer *m*
voetbalschoen Fußballschuh *m*
voetbalveld Fußballfeld *o*, Fußballplatz *m*
voetbalwedstrijd Fußballspiel *o* ★ *internationale ~* Länderspiel *o*
voetenbank Fußbank *v*
voeteneinde Fußende *o*
voetganger Fußgänger *m*
voetgangersbrug Fußgängerbrücke *v*
voetgangersgebied Fußgängerzone *v*
voetgangerslicht Fußgängerampel *v*

voetgangersoversteekplaats Fußgängerüberweg *m*, Fußgängerübergang *m*
voetgangerstunnel Fußgängerunterführung *v*
voetlicht Rampenlicht *o* ▼ *voor het ~ brengen* an die Öffentlichkeit bringen
voetnoot ❶ *kanttekening* Anmerkung *v*, Randbemerkung *v* ❷ *noot onderaan bladzijde* Fußnote *v*
voetpad ❶ *paadje* Fußweg *m* ❷ *trottoir* Gehweg *m*
voetreis Fußwanderung *v*, Fußreise *v*
voetspoor Fußspur *v*, Fußstapfen *m* ▼ *in iemands voetsporen treden* in jemandes Fußstapfen treten
voetstap ❶ *stap* Schritt *m* ❷ *spoor* Fußspur *v*, Fußstapfen *m* ▼ *in iemands ~pen treden* in jemandes Fußstapfen treten
voetsteun Fußstütze *v*
voetstoots ★ *iets ~ aannemen* etw. ohne Weiteres annehmen
voetstuk Sockel *m* ▼ *van zijn ~ vallen* sein Gesicht verlieren ▼ *zich op een ~ plaatsen* sich aufs hohe Roß setzen ▼ *iem. van zijn ~ stoten* jemanden diskreditieren
voettocht Fußwanderung *v*
voetveeg ❶ lett *deurmat* Fußmatte *v* ❷ fig *pispaal* ★ *iemands ~ zijn* immer jmds. Prügelknaben sein
voetvolk ❶ mil *infanterie* Fußvolk *o* ❷ fig *gewone volk* Fußvolk *o*
voetzoeker Schwärmer *m*
voetzool Fußsohle *v*
vogel ❶ *dier* Vogel *m* ❷ *persoon* Vogel *m*, Kauz *m* ★ *een slimme ~* ein schlauer Fuchs ★ *een rare ~* ein seltsamer / komischer Vogel ▼ *beter één ~ in de hand dan tien in de lucht* besser ein Spatz in der Hand als eine Taube auf dem Dach ▼ *~s van diverse pluimage* eine gemischte Gesellschaft
vogelaar ❶ *vogelvanger* Vogelsteller *m*, Vogelfänger *m* ❷ *vogelliefhebber* Vogelkenner *m*
vogelgriep Vogelgrippe *v*
vogelhuisje Vogelhäuschen *o*
vogelkooi Vogelkäfig *m*
vogelnest Vogelnest *o*
vogelpest Geflügelpest *v*
vogelpik BN *darts* Darts *o*
vogelsoort Vogelart *v*
vogelspin Vogelspinne *v*
vogelstand Vogelbestand *m*
vogeltrek Vogelzug *m*
vogelverschrikker Vogelscheuche *v*
vogelvlucht *perspectief* Vogelperspektive *v* ★ *in ~* aus der Vogelperspektive
vogelvrij ★ *iem. ~ verklaren* jmdn. für vogelfrei erklären
Vogezen Vogesen *mv*
voicemail Anrufbeantworter *m*
voice-over Begleitkommentar *m*
voile Schleier *m*
vol ❶ *geheel gevuld* voll ❷ *volledig* ★ *iem. niet voor vol aanzien* jmdn. nicht für voll nehmen
volautomatisch vollautomatisch
volbloed **I** *zn* [de] Vollblut *o*, Vollblüter *m*, Vollblutpferd *o* **II** *bnw* ❶ *raszuiver* vollblütig ★ *een ~ hengst* ein Vollbluthengst ❷ *door en door* vollblütig ★ *ik ben een ~ socialist* ich bin durch und durch Sozialist
volbouwen voll bauen
volbrengen ❶ *uitvoeren* ausführen ★ *een bevel ~* einen Befehl ausführen ❷ *afmaken* vollbringen, vollenden ★ *zijn taak ~* seine Aufgabe vollbringen ▼ *het is volbracht* es ist vollbracht
voldaan ❶ *tevreden* zufrieden, ⟨verzadigd⟩ satt ★ *~ zijn over iets* zufrieden sein mit etw. ❷ *betaald* bezahlt ★ *voor ~ tekenen* quittieren
voldoen **I** *ov ww, betalen* bezahlen, begleichen **II** *on ww* ❶ *bevredigen* genügen, zufriedenstellen ★ *deze machine voldoet niet* diese Maschine ist nicht zufriedenstellend ★ *zijn werk voldoet hem niet* seine Arbeit befriedigt ihn nicht ❷ **~ aan** genügen [+3], erfüllen [+4], entsprechen [+3] ★ *aan een verzoek ~* einer Bitte nachkommen ★ *aan de verwachtingen ~* die Erwartungen erfüllen, den Erwartungen entsprechen ★ *aan de eisen ~* den Forderungen nachkommen, den Anforderungen genügen
voldoende **I** *bnw* ❶ *bevredigend* ausreichend, hinreichend ❷ *genoeg* genügend ★ *~ reden* genügende(n) / ausreichende(n) Gründe **II** *zn* [de], *schoolcijfer* ausreichende Note *v* ★ *een ~* ≈ eine Drei / Vier
voldoening ❶ *betaling* Begleichung *v*, Bezahlung *v* ❷ *tevredenheid* Befriedigung *v*, form Genugtuung *v* ★ *dat geeft mij ~* darüber empfinde ich Genugtuung
voldongen → **feit**
voldragen biol ausgetragen
volgauto *begeleidende auto* ≈ Geleitwagen *m*
volgboot Begleitboot *o*
volgeboekt ausgebucht
volgeling Anhänger *m*, ⟨met name van Christus⟩ Jünger *m*
volgen **I** *ov ww* ❶ *achternagaan* folgen [+3], verfolgen [+4] ★ *iem. op de voet ~* jmdm. auf Schritt und Tritt folgen ★ *een weg ~* einen Weg verfolgen ❷ *handelen naar* folgen [+3], befolgen [+4] ★ *een advies ~* einem Rat folgen, einen Rat befolgen ★ *zij volgde ons voorbeeld* sie folgte unserem Beispiel ❸ *bijwonen, bijhouden* ⟨bijwonen⟩ besuchen, ⟨bijhouden⟩ verfolgen ★ *een cursus ~* einen Kurs machen ★ *colleges ~* Vorlesungen besuchen ★ *de nieuwsberichten ~* die Nachrichten verfolgen ❹ *begrijpen* folgen [+3] ★ *iemand / iets niet kunnen ~* jmdm. / etw. nicht folgen können ❺ BN *begeleiden* begleiten, betreuen **II** *on ww* ❶ *erna komen* folgen ★ *wie volgt?* wer folgt? ★ *als volgt* folgendermaßen, wie folgt ★ *zij liet daar direct op ~* sie fügte dem gleich hinzu ❷ **~ uit** folgen aus [+3], hervorgehen aus [+3] ★ *daaruit volgt* daraus folgt, daraus geht hervor
volgend *erna komend* folgend ★ *de ~e dag* am nächsten Tag, tags darauf ★ *de ~e keer* das nächste Mal
volgens ❶ *naar mening van* gemäß [+3], laut [+2], zufolge [+3] ★ *~ mij* meiner Meinung nach ❷ *overeenkomstig* gemäß [+3], laut [+2], zufolge [+3]
volgnummer ❶ *reeksnummer* fortlaufende Nummer *v* ★ *van ~s voorzien* fortlaufend nummerieren ❷ *nummer dat je trekt* Nummer *v* ★ *een ~ trekken* eine Nummer ziehen
volgooien vollgießen, vollschütten ★ *de tank ~* volltanken

volgorde Reihenfolge *v* ★ *op ~* der Reihe nach
volgroeid ausgewachsen
volgwagen *begeleidende auto* ≈ Geleitwagen *m*
volgzaam folgsam, fügsam
volharden beharren (**~ in** auf) [+3] festhalten (**~ in** an) [+3] ★ *in zijn mening ~* an seiner Meinung festhalten ★ *in zijn standpunt ~* auf seinem Standpunkt beharren
volhardend beharrlich, ausdauernd
volharding Ausdauer *v*, Beharrlichkeit *v*
volhouden ❶ *niet opgeven* ausharren ❷ *blijven beweren* durchhalten ★ *zij houdt vol, dat...* sie beharrt darauf, dass... ★ *een bewering ~* eine Behauptung aufrechterhalten
volière Voliere *v*
volk ❶ *natie* Volk *o* ★ *de volken van Afrika* die Völker Afrikas ❷ *bevolking* Volk *o* ★ *hij begaf zich onder het volk* er mischte sich unter das Volk ❸ *lagere klassen* Volk *o* ❹ *menigte* Volk *o*, Leute *mv*, Menschen *mv* ❺ *soort mensen* Volk *o*, Leute *mv* ★ *een raar volkje* komische(n) / seltsame(n) Leute ★ *het jonge volkje* das junge Volk
Volkenbond Völkerbund *m*
volkenkunde Völkerkunde *v*
volkenkundig völkerkundlich
volkenmoord Völkermord *m*
volkenrecht jur Völkerrecht *o*
volkomen I *bnw* völlig, vollständig, vollkommen **II** *bijw* vollkommen, völlig ★ *zich ~ op zijn gemak voelen* sich ganz und gar wohl fühlen ★ *zij zijn het ~ eens* sie sind sich völlig einig ★ *ik ben het ~ met je eens* ich bin ganz deiner Meinung ★ *~ gelukkig* wunschlos glücklich
volkoren cul vollkorn
volkorenbrood cul Vollkornbrot *o*
volks volkstümlich
volksaard Volkscharakter *m*
volksboek Volksbuch *o*
volksbuurt Arbeiterviertel *o*
volksdans Volkstanz *m*
volksdansen Volkstanz machen
volksetymologie Volksetymologie *v*
volksfeest Volksfest *o*
volksgeloof ❶ *bijgeloof* Aberglaube *m* ❷ *volksreligie* nationale Religion *v*
volksgezondheid Volksgesundheit *v*
volkshuisvesting Wohnungswesen *o*
volksjongen Junge *m* aus dem Volk
volkslied ❶ *officieel nationaal lied* Nationalhymne *v* ❷ *overgeleverd lied* Volkslied *o*
volksmenner Demagoge *m*
volksmond Volksmund *m* ★ *in de ~* im Volksmund
volksmuziek Volksmusik *v*
volksrepubliek Volksrepublik *v*
volksstam ❶ *volk* Volksstamm *m*, Völkerstamm *m* ❷ *menigte* ★ *er trokken hele ~men naar het strand* die Leute fuhren in Massen an den Strand
volksstemming Volksabstimmung *v*, pol Volksentscheid *m*
volkstaal ❶ *landstaal* Landessprache *v* ❷ *informele taal* Volkssprache *v*, Umgangssprache *v*
volkstelling Volkszählung *v*
volkstoneel Volksstück *o*, Volkstheater *o*
volkstuin Schrebergarten *m*
volksuniversiteit Volkshochschule *v*
volksverhuizing ❶ *het trekken van een volk* Völkerwanderung *v* ❷ fig Völkerwanderung *v*
volksverlakkerij Volksverdummung *v*
volksvermaak Volksbelustigung *v*
volksvertegenwoordiger Volksvertreter *m*
volksvertegenwoordiging *parlement* Volksvertretung *v*
volksverzekering Einheitsversicherung *v*
volksvrouw Frau *v* aus dem Volk
volkswijsheid Volksweisheit *v*
volkswoede Volkszorn *m*
volledig vollständig, völlig, vollkommen ★ *de stad was ~ verwoest* die Stadt war vollkommen zerstört ★ *de ~e werken van Multatuli* Multatulis sämtliche Werke ★ *de ~e tekst drukken* den vollständigen Text abdrucken ★ *~ dagonderwijs* Ganztagsunterricht *m* ★ *~e narcose* Vollnarkose *v* ★ *zij heeft een ~e baan* sie arbeitet ganztags
volledigheidshalve der Vollständigkeit halber
volleerd *geschoold* ausgelernt
volley sport Volley *m*
volleybal I *zn* [de], *bal* Volleyball *m* **II** *zn* [het], *spel* Volleyball *m*
volleyballen Volleyball spielen
vollopen sich füllen, ⟨met vloeistof⟩ volllaufen ★ *de schouwburg liep langzaam vol* das Theater füllte sich allmählich ★ *het bad loopt vol* die Badewanne füllt sich / läuft voll
volmaakt vollkommen ★ *het ~e geluk* das vollkommene Glück
volmacht *opdracht tot handelen* Vollmacht *v* ★ *bij ~* in Vollmacht ★ *iem. een ~ geven* jmdm. eine Vollmacht ausstellen
volmaken vervollkommnen, vervollständigen, perfektionieren
volmondig I *bnw* offen **II** *bijw* offen, rundheraus ★ *iets ~ toegeven* etw. rundheraus / offen zugeben
volop vollauf ★ *zij heeft ~ werk* sie hat vollauf zu tun ★ *er was ~ eten en drinken* es gab jede Menge zu essen und zu trinken
volpension Vollpension *v*
volpompen vollpumpen
volproppen vollstopfen
volschenken vollschenken
volslagen völlig, total ★ *~ onzin* totale(r) Quatsch *m* ★ *een ~ idioot* ein Vollidiot *m*
volslank vollschlank
volstaan ❶ *voldoende zijn* genügen, reichen ★ *dat volstaat voorlopig* das genügt fürs Erste ❷ **~ met** genügen, sich beschränken auf [+4] ★ *je kunt ermee ~ dit te lezen* es reicht, wenn du dieses liest
volstoppen vollstopfen
volstorten *aflossen* tilgen
volstrekt I *bnw, absoluut* absolut ★ *~e meerderheid* absolute Mehrheit *v* ★ *onder ~e geheimhouding* unter absoluter Geheimhaltung **II** *bijw* ❶ *beslist* absolut, unbedingt ❷ *helemaal* absolut, durchaus
volstromen volllaufen
volt Volt *o*
voltage Spannung *v*
voltallig vollzählig ★ *een ~e vergadering* eine Vollversammlung
voltarief Volltarif *m*

voltigeren voltigieren
voltijdbaan Ganztagsstelle *v*, Vollzeitstelle *v*, Ganztagsjob *m*, Vollzeitjob *m*
voltijder Vollzeibeschäftigte(r) *m/v*
voltijds, **voltijd** Vollzeit-
voltooien vollenden
voltooiing Vollendung *v*
voltreffer ❶ lett Volltreffer *m* ❷ fig Volltreffer *m*
voltrekken I *ov ww* vollziehen, vollstrecken ★ *een vonnis ~* ein Urteil vollziehen / vollstrecken ★ *een huwelijk ~* eine Ehe vollziehen **II** *wkd ww* [**zich ~**] sich vollziehen
voltrekking Vollziehung *v*, Vollzug *m*, jur Vollstreckung *v*
voluit ganz ★ *~ schrijven* ausschreiben ★ *~ zingen* aus voller Brust singen
volume ❶ *inhoud* Volumen *o* ❷ *geluidssterkte* Lautstärke *v*
volumeknop Lautstärkeregler *m*
volumewagen BN transp Multivan *m*
volumineus form voluminös, umfangreich
voluptueus wollüstig
volvet vollfett
volvoeren vollführen, vollbringen, vollziehen
volwaardig vollwertig ★ *~ voedsel* Vollwertkost *v*
volwassen erwachsen, ‹volgroeid› ausgewachsen ★ *toegang slechts voor ~en* Zutritt nur für Erwachsene
volwassene Erwachsene *m/v*
volwasseneneducatie Erwachsenenbildung *v*
volwassenheid Reife *v*, Erwachsensein *o*, Erwachsenheit *v*
volzet BN *vol* ★ *de camping was ~* der Campingplatz war voll besetzt
volzin Satz *m*
vond [verl. td.] → **vinden**
vondeling Findelkind *o* ★ *een kind te ~ leggen* ein Kind aussetzen
vonden [verl. td.] → **vinden**
vondst ❶ *het vinden* Fund *m* ★ *een ~ doen* einen Fund machen ❷ *het gevondene* Fund *m*, Fundsache *v* ❸ *bedenksel* Einfall *m*
vonk ❶ *gloeiend deeltje* Funke *m* ❷ fig *gevoelsflits* Funke *m* ★ *de vonk sprong over* der Funke sprang über
vonken funken, Funken sprühen
vonnis Urteil *o*, Urteilsspruch *m* ★ *een ~ vellen / voltrekken / aanvechten* ein Urteil fällen / vollstrecken / anfechten
vonnissen das Urteil sprechen über [+4], verurteilen
voodoo Wodu *m*
voogd Vormund *m* ★ *toeziend ~* Gegenvormund *m*
voogdij Vormundschaft *v*
voogdijraad Vormundschaftsgericht *o*
voor I *vz* ❶ *aan de voorkant van* vor [+3] ★ *voor het huis* vor dem Haus ❷ *naar voren* vor [+3 / 4] ★ *voor zich uit kijken* vor sich hinstarren ❸ *eerder dan* vor [+3] ★ *voor 1992* vor 1992 ★ *het is vijf voor acht* es ist fünf vor acht ★ *wat deed je hiervoor?* was hast du vorher gemacht? ❹ *gedurende* für [+4] ★ *hij gaat voor een jaar weg* er verreist für ein Jahr ★ *voor zijn leven verminkt* für sein ganzes Leben entstellt ❺ *in tegenwoordigheid van* vor [+3] ★ *zich verbergen voor iem.* sich vor jmdm. verstecken ❻ *jegens* vor [+3], für [+4] ★ *achting hebben voor iem.* Achtung vor jmdm. haben ❼ *in ruil voor* für [+4] ★ *voor 5 euro* für fünf Euro ❽ *wat... betreft* für [+4] ★ *niet slecht voor een beginner* nicht schlecht für einen Anfänger ★ *nogal groot voor een auto* ziemlich groß für ein Auto ★ *een 7 voor Engels* eine 3 in Englisch ★ *zij had een goed cijfer voor Engels* sie hat eine gute Note in Englisch ★ *net iets voor hem, om niet te komen* das ist typisch für ihn, dass er nicht kommt ★ *dat is net iets voor hem* ‹typisch› das ist typisch er! ★ *niet duur voor dat geld* nicht teuer ★ *ik voor mij* für mich ❾ *ten bate / behoeve van* vor [+3], für [+4] ★ *een buiging maken voor iem.* sich vor jmdm. verbeugen ★ *voor het goede doel* für den guten Zweck ★ *ik deed het voor jou* ich habe es für dich getan ★ *er is iets voor te zeggen* dafür spricht einiges ★ *voor de lol* zum Spaß ▼ *iets voor zich houden* etwas für sich behalten **II** *vw* ehe, bevor ★ *ik zie je nog wel voor ik vertrek* wir sehen uns noch, bevor ich fahre **III** *bijw* ❶ *aan de voorkant* vorne ★ *hij woont voor* er wohnt nach vorne raus ★ *van voor naar achter* von vorne nach hinten ★ *voor in het boek* vorne im Buch ★ *voor je uit* vor dir ★ *voor in de zaal* vorne im Saal ❷ *met voorsprong* voraus ★ *voor zijn* voraus sein ★ *hij is voor bij de anderen* er ist den anderen voraus ★ *iem. voor zijn* jmdm. voraus sein ❸ *aan het begin van* ★ *hij was voor in de dertig* er war Anfang dreißig ❹ *gunstig gestemd* für [+4] ★ *voor zijn* dafür sein ★ *ik ben er voor om te spelen* ich bin dafür, dass wir spielen ★ *zij die voor zijn moeten hun hand opsteken* wer dafür ist, hebt die Hand ▼ *mama voor en mama na* Mama hier, Mama dort ▼ *het was dokter voor en dokter na* es war Doktor dies und Doktor das **IV** *zn* [de] Furche *v* ★ *voren trekken* Furchen ziehen **V** *zn* [het] Für *o*, Pro *o* ★ *de voors en tegens* das Pro und Kontra ★ *het voor en tegen* das Für und Wider
vooraan voran, vorn(e) ★ *zij ging ~* sie ging an der Spitze ★ *~ zitten* vorne sitzen
vooraanstaand prominent, hervorragend, bedeutend
vooraanzicht Vorderansicht *v*
vooraf im Voraus, vorab ★ *de pers werd ~ ingelicht* die Presse wurde vorab informiert ▼ *het ~je* die Vorspeise
voorafgaan aan vorangehen, ‹eerder› vorhergehen, ‹eerder› vorausgehen ★ *het ~de* das Vorangehende ★ *zij werden voorafgegaan door paarden* Pferde gingen ihnen voran
voorafje Vorspeise *v*
vooral vor allem ★ *deze treinen rijden ~ overdag* diese Züge fahren vor allem tagsüber ★ *ik wil er ~ op wijzen* ich möchte besonders darauf hinweisen ★ *doe dat ~ niet* mach das ja nicht
vooralsnog vorerst, zunächst, fürs Erste
voorarrest Untersuchungshaft *v*
vooravond ❶ *begin van de avond* frühe(r) Abend *m* ★ *in de ~* am frühen Abend ❷ *avond voor iets* Vorabend *m*
voorbaat ▼ *bij ~ dank* vielen Dank im Voraus
voorbarig voreilig, vorschnell
voorbeeld ❶ *iets ter navolging* Vorbild *o*, Beispiel *o*, Vorlage *v* ★ *naar het ~ van* nach dem Vorbild

von ★ *het goede ~ geven* mit gutem Beispiel vorangehen ★ *een ~ voor de jeugd* ein Leitbild für die Jugend ★ *een lichtend ~* ein leuchtendes Beispiel ❷ *iets ter illustratie* Beispiel *o* ★ *met ~en toelichten* anhand von Beispielen erläutern ★ *iets dient als ~* etw. dient als Beispiel
voorbeeldig vorbildlich, beispielhaft, mustergültig ★ *een ~e leerling* ein musterhafter Schüler ★ *haar gedrag is ~* ihr Verhalten ist vorbildlich
voorbehoedmiddel Verhütungsmittel *o*
voorbehoud Vorbehalt *m*, Einschränkung *v* ★ *een ~ maken* Einschränkungen machen ★ *onder ~* ohne Gewähr ★ *zonder ~* ohne Vorbehalt / Einschränkung
voorbehouden ❶ vorbehalten ★ *wijzigingen ~* Änderungen vorbehalten ❷ BN *reserveren* bestellen, reservieren lassen
voorbereiden vorbereiten ★ *het ~de werk* die Vorarbeit ★ *iem. ~ op slecht nieuws* jmdn. auf schlechte Nachrichten vorbereiten ★ *op het ergste voorbereid zijn* auf das Schlimmste gefasst sein ★ *daar waren wij niet op voorbereid* darauf waren wir nicht vorbereitet
voorbereiding Vorbereitung *v*
voorbeschikken vorherbestimmen, prädestinieren
voorbeschikking Vorherbestimmung *v*
voorbeschouwen vorbesprechen
voorbeschouwing ⟨wetsontwerp⟩ Vorberatung *v*, ⟨film, tv⟩ Vorschau *v*, ⟨film, boek, opvoering⟩ Vorbesprechung *v*
voorbespreken vorbesprechen
voorbespreking *gesprek* Vorbesprechung *v*
voorbestemmen vorherbestimmen ★ *voorbestemd zijn tot grote daden* zu Großem ausersehen sein ★ *zij is voorbestemd om dokter te worden* sie hat die Prädestination zur Ärztin
voorbij I *vz* ❶ *langs* an... vorbei [+3] ★ *~ de kerk en dan rechts* an der Kirche vorbei und dann rechts ❷ *verder dan* nach [+3], an... vorbei [+3], vorüber ★ *het kruispunt ~* nach der Kreuzung ★ *zijn we Utrecht al ~?* sind wir schon an Utrecht vorbei? ★ *laat me ~!* lass mich vorbei! II *bnw, afgelopen* vorbei ★ *de vakantie is ~* die Ferien sind vorbei ★ *de winter is ~* der Winter ist vorbei
voorbijgaan ❶ *passeren* vorbeigehen, vorübergehen ★ *in het ~* im Vorbei- / Vorübergehen ❷ *verstrijken* vorbeigehen, vorübergehen, vergehen ★ *de weken gingen voorbij* die Wochen vergingen ❸ **~ aan** entgehen ★ *aan iem. ~* an jmdm. vorbeigehen ★ *je kunt daar niet aan ~* das kannst du nicht ignorieren ★ *dat is geheel aan mij voorbijgegaan* das ist mir völlig entgangen
voorbijgaand vorübergehend, zeitweilig
voorbijganger Passant *m*
voorbijgestreefd BN *achterhaald* überholt
voorbijkomen ★ *hij kwam voorbij* er kam vorbei
voorbijlopen ★ *hij liep me voorbij zonder te groeten* er lief an mir vorbei, ohne zu grüßen ★ *je bent er vlak voorbijgelopen* du bist fast dran vorbeigelaufen
voorbijpraten → **mond**
voorbijsteken BN *voorbijgaan* einholen, überholen ★ *een vrachtwagen ~* einen Lastwagen überholen ★ *verboden voorbij te steken* Überholen verboten
voorbijstreven überholen, überflügeln ★ *zij is haar klasgenoten voorbijgestreefd* sie hat ihre Mitschüler überflügelt / überholt
voorbijvliegen ❶ *vlug voorbijkomen* vorbeifliegen ❷ *snel verstrijken* vorbeifliegen
voorbijzien übersehen
voorbode Vorbote *m*
voordat ehe, bevor ★ *je krijgt geen zakgeld, ~ je kamer opgeruimd is* du kriegst kein Taschengeld, bis dein Zimmer aufgeräumt ist
voordeel ❶ *wat gunstig is* Nutzen *m* ★ *de voor- en de nadelen* das Pro und Kontra ★ *hij is in zijn ~ veranderd* er hat sich zu seinem Vorteil verändert ★ *ten voordele van* zugunsten / zu Gunsten [+2] ❷ *winst* Vorteil *m* ★ *op zijn eigen ~ uit zijn* auf seinen eigenen Vorteil bedacht sein ★ *ten voordele van* zugunsten [+2], zu Gunsten [+2] ★ *~ hebben bij* Vorteil haben von / durch ❸ sport Vorteil *m*
voordek Vorderdeck *o*
voordelig preiswert, vorteilhaft
voordeur Haustür *v*
voordeurdeler ≈ eine von mehrere Mietparteien mit gemeinsamer Eingangstür
voordien früher
voordoen I *ov ww* ❶ *als voorbeeld doen* vormachen ★ *zij deed de oefeningen voor* sie machte die Übungen vor ❷ *aandoen* vorbinden ★ *een schort ~* eine Schürze vorbinden II *wkd ww* [**zich ~**] ❶ *zich gedragen* sich ausgeben ★ *zich als een vriend ~* sich für einen Freund ausgeben ★ *zich goed voor weten te doen* ≈ einen günstigen Eindruck hinterlassen ❷ *plaatsvinden* eintreten, auftreten ★ *wanneer de gelegenheid zich voordoet* bei der nächsten Gelegenheit
voordracht ❶ *het voordragen* Vortrag *m*, ⟨wijze⟩ Vortragsweise *v* ❷ *nominatie* Empfehlung *v*, Vorschlag *m*, ⟨lijst van kandidaten⟩ Kandidatenliste *v*, ⟨lijst van kandidaten⟩ Vorschlagsliste *v* ★ *op ~ van de minister* auf Vorschlag des Ministers ❸ *lezing* Vortrag *m* ★ *een ~ houden over* einen Vortrag halten über [+4]
voordragen ❶ *ten gehore brengen* vortragen ❷ *aanbevelen* vorschlagen, empfehlen
voordringen sich vordrängen
vooreerst ❶ BN *ten eerste* erstens ❷ *voorlopig* vorerst, einstweilen
voorfilm Vorfilm *m*
voorgaan ❶ *voor iem. gaan* vorgehen ★ *iem. laten ~* jmdm. den Vortritt lassen, jmdn. vorgehen lassen ❷ *voorrang hebben* vorgehen, Vorrang haben ★ *leden gaan voor* Mitglieder haben Vortritt
voorgaand vorhergehend
voorgaande BN jur *precedent* Präzedenzfall *m*, Präzedenz *v*
voorganger ❶ *iem. die men opvolgt* Vorgänger *m* ❷ rel Prediger *m*
voorgeleiden vorführen
voorgenomen beabsichtigt, geplant
voorgerecht cul Vorspeise *v*
voorgeschiedenis *het voorafgaande* Vorgeschichte *v*
voorgeschreven vorgeschrieben,

vorschriftsmäßig
voorgeslacht Vorfahren *mv*
voorgevel ❶ *gevel* Fassade *v* ❷ *boezem* Vorderfront *v*
voorgeven *voorwenden* vorgeben, vorschützen
voorgevoel Ahnung *v*, Vorgefühl *o* ★ *ergens een ~ van hebben* etw. ahnen
voorgoed endgültig, definitiv
voorgrond Vordergrund *m* ★ *op de ~ treden* in den Vordergrund treten / rücken ★ *op de ~ staan* im Vordergrund stehen ★ *zich op de ~ dringen* sich in den Vordergrund drängen, sich in den Vordergrund spielen / rücken
voorhamer Vorschlaghammer *m*
voorhand Vorhand *v*, Vorderhand *v* ★ *op ~* im Voraus
voorhanden vorhanden, ⟨voorradig⟩ vorrätig
voorhebben ❶ *voor zich hebben* vor sich haben ❷ *van plan zijn* vorhaben ★ *wat heb jij met me voor?* was hast du mit mir vor? ❸ *als voordeel hebben* für sich haben, voraushaben ★ *veel op iem. ~* jmdm. viel voraushaben ❹ *dragen* vorgebunden haben ★ *een schort ~* eine Schürze anhaben ▼ BN *het goed ~* ⟨het goed weten⟩ es richtig haben
voorheen vormals, einst, früher
voorheffing econ ★ BN *onroerende ~* Immobiliensteuer *v*
voorhistorisch *prehistorisch* vorgeschichtlich, prähistorisch
voorhoede Vorhut *v*, sport Sturm *m* ★ *tot de ~ behoren* zu den Vorkämpfern gehören, den Vorreiter machen
voorhoedespeler sport Stürmer *m*
voorhoofd Stirn *v*
voorhoofdsholte Stirnhöhle *v*
voorhoofdsholteontsteking Stirnhöhlenentzündung *v*
voorhouden ❶ *voor iem. houden* vorhalten ❷ *wijzen op* Vorhaltungen machen
voorhuid Vorhaut *v*
voorin vorn(e)
vooringenomen *bevooroordeeld* voreingenommen, jur befangen
voorjaar Frühling *m*
voorjaarsmoeheid Frühjahrsmüdigkeit *v*
voorkamer Vorderzimmer *o*
voorkant Vorderseite *v*
voorkauwen lett vorkauen
voorkennis Vorwissen *o*
voorkeur Vorzug *m* ★ *mijn ~ gaat uit naar* meine Präferenz hat
voorkeursbehandeling Sonderbehandlung *v*
voorkeurspelling bevorzugte Schreibweise *v*
voorkeurstem Wählerstimme *v*, die nicht dem Spitzenkandidaten zugutekommt
voorkeurzender ⟨meest geliefd⟩ Vorzugssender *m*, ⟨geprogrammeerd⟩ Vorwahlsender *m*
voorkoken ❶ *voorbereiden* vorbereiten ★ *de antwoorden werden hem voorgekookt* die Antworten wurden ihm vorgekaut ❷ *vooraf koken* vorkochen
voorkomen I *zn* [het], *uiterlijk* Aussehen *o*, Erscheinungsbild *o* II *on ww* ❶ *gebeuren* vorkommen ❷ *te vinden zijn* vorkommen ★ *rugklachten komen in zijn familie veel voor* Rückenbeschwerden kommen in seiner Familie häufig vor ❸ jur vor Gericht erscheinen ★ *zij moet morgen ~* sie muss morgen vor Gericht erscheinen ❹ *toeschijnen* vorkommen ★ *het komt ons onwaarschijnlijk voor* es erscheint uns unwahrscheinlich, es kommt uns unwahrscheinlich vor
voorkomen zuvorkommen, vorbeugen [+3] ▼ *~ is beter dan genezen* vorbeugen ist besser als heilen
voorkomend *gebeurend*, → **geval**
voorkomend *attent* liebenswürdig, gefällig
voorlaatst vorletzt ★ *de ~e lettergreep* die vorletzte Silbe ★ *de ~e keer* das vorletzte Mal
voorlader Frontlader *m*
voorlangs vor...entlang [+3]
voorleggen ❶ *voor iem. leggen* vorlegen ❷ *ter beoordeling geven* vorlegen, darstellen ❸ BN *overleggen* vorweisen, vorlegen
voorleiden vorführen
voorletter Initiale *v*, Anfangsbuchstabe *m*
voorlezen vorlesen
voorlichten aufklären
voorlichting Aufklärung *v*
voorlichtingsbrochure Informationsblatt *o*, Informationsbroschüre *v*, Aufklärungsbroschüre *v*
voorlichtingscampagne Informationskampagne *v*, Aufklärungskampagne *v*
voorlichtingsdienst Informationsamt *o*, ⟨van overheid⟩ Presseamt *o*
voorlichtingsfilm Aufklärungsfilm *m*
voorliefde Vorliebe *v*
voorliegen vorlügen
voorliggen ❶ *aan de voorkant liggen* an der Vorderseite liegen ❷ *verder zijn* einen Vorsprung haben, vorliegen, vorn(e) liegen ★ *hij ligt ver voor* er hat einen großen Vorsprung
voorlijk frühreif
voorlopen ❶ *voorop lopen* vorausgehen, vorauslaufen ❷ *te snel gaan* vorgehen ★ *de klok loopt voor* die Uhr geht vor
voorloper Vorläufer *m*
voorlopig vorläufig
voormalig ehemalig, einstig
voorman ❶ *ploegbaas* Vorarbeiter *m* ❷ *leider* Anführer *m*
voormiddag ❶ *ochtend* Vormittag *m* ❷ *deel van middag* Vormittag *m*
voorn Weißfisch *m*
voornaam Vorname *m*
voornaam ❶ *eminent* vornehm ❷ *belangrijk* wichtig
voornaamwoord Pronomen *o* ★ *wederkerig ~* reziproke(s) / wechselseitige(s) Fürwort ★ *persoonlijk ~* Personalpronomen *o*
voornaamwoordelijk pronominal
voornamelijk hauptsächlich
voornemen I *zn* [het] Vorhaben *o*, Plan *m* II *wkd ww* [zich ~] sich vornehmen [+3], beabsichtigen
voornemens beabsichtigen, vorhaben
voornoemd oben genannt, oben erwähnt
vooronder Vorunter *o*
vooronderstellen voraussetzen, annehmen, unterstellen
vooronderstelling ❶ *vermoeden* Annahme *v*,

VO

Unterstellung *v* ❷ *voorwaarde* Voraussetzung *v*
vooronderzoek Voruntersuchung ★ *gerechtelijk ~* Ermittlungsverfahren *o*
vooroordeel Vorurteil *o* ★ *vooroordelen wegnemen* Vorurteile abbauen
vooroorlogs Vorkriegs- ★ *~e tijd* Vorkriegszeit *v* ★ *~e prijzen* Vorkriegspreise *mv*
voorop ❶ *aan de voorkant* vorn ❷ *eerst* vorn
vooropgezet vorausgesetzt
vooropleiding Vorbildung *v*
vooroplopen ❶ *aan het hoofd lopen* vor(an)laufen, vor(an)gehen ❷ *voorbeeld geven* tonangebend sein
vooropstellen voraussetzen ★ *vooropgesteld dat* vorausgesetzt, dass
voorouder Vorfahre *m* ★ *~s* Ahnen *mv*, Vorfahren *mv*
voorover nach vorn ★ *~ vallen* vornüberfallen
voorpagina ⟨boek⟩ Titelblatt *o*, ⟨krant⟩ Titelseite *v*
voorpaginanieuws Schlagzeile *v*
voorplecht Vorderdeck *o*
voorpoot Vorderpfote *v*
voorportaal Vorhalle *v*
voorpost Vorposten *m*
voorpret Vorfreude *v*
voorproefje Vorgeschmack *m*, Kostprobe *v*
voorprogramma Vorprogramm *o*
voorprogrammeren vorprogrammieren
voorpublicatie Vorveröffentlichung *v*
voorraad Vorrat *m*, econ Bestand *m* ★ *zolang de ~ strekt* solange der Vorrat reicht
voorraadkast Vorratsschrank *m*
voorraadschuur Vorratsscheune *v*
voorradig vorhanden, vorrätig
voorrang Priorität *v*, Vorrang *m* ★ *~ verlenen* Vorfahrt geben
voorrangsbord Vorfahrtsschild *o*
voorrangskruising Vorfahrtskreuzung *v*
voorrangsweg Vorfahrtsstraße *v*
voorrecht *privilege* Vorrecht *o*, Privileg *o*
voorrijden ❶ *voorop rijden* vorausfahren ❷ *naar voren rijden* vorfahren
voorrijkosten Anfahrtskosten *mv*
voorronde Vorrunde *v*, sport Qualifikationsrunde *v*
voorruit Frontscheibe *v*, ⟨van auto⟩ Windschutzscheibe *v*
voorschieten vorstrecken
voorschoot Schürze *v* ▼ BN *dat is maar een ~ groot* es ist klitzeklein
voorschot Vorschuss *m* ★ *iem. om een ~ vragen* jmdn. um Vorschuss bitten
voorschotelen *opdienen* vorsetzen, auftischen
voorschrift ❶ *het voorschrijven* Vorschreiben *o*, med Verordnung *v* ❷ *regel* Vorschrift *v*, Bestimmung *v*
voorschrijven *verordenen* med vorschreiben, med verschreiben
voorseizoen Vorsaison *v*, Nebensaison *v*
voorselectie Vorauswahl *v*
voorsmaakje BN Vorgeschmack *m*, Kostprobe *v*
voorsnijden vorschneiden
voorsorteren *rijstrook kiezen* einordnen
voorspel ❶ *inleiding* Vorspiel *o* ❷ *liefdesspel* Vorspiel *o*
voorspelbaar vorhersehbar
voorspelen vorspielen
voorspellen ❶ *voorspelling doen* voraussagen ★ *de toekomst ~* die Zukunft prophezeien ★ *het weer ~* das Wetter vorhersagen ❷ *beloven* prophezeien, verheißen
voorspelling Vorhersage *v*, Prophezeiung *v* ★ *haar ~en zijn uitgekomen* ihre Vorhersagen sind eingetroffen
voorspiegelen vortäuschen, vorspiegeln
voorspoed Glück *o*, ⟨welvaart⟩ Wohlstand *m* ★ *in voor- en tegenspoed* in guten und in schlechten Zeiten, im Glück und Unglück
voorspoedig erfolgreich, glücklich ★ *een ~e reis!* gute Reise! *v* ★ *een ~ leven* ein glückliches Leben ★ *alles verliep ~* alles verlief nach Wunsch
voorspraak *bemiddeling* Fürsprache *v* ★ *op ~ van zijn ouders* auf Fürsprache seiner Eltern
voorsprong lett Vorsprung *m*, Führung *v*
voorstaan ❶ *voorstander zijn* vertreten, befürworten ❷ *voorsprong hebben* führen ❸ *voor iets staan* vorgefahren sein ★ *de taxi staat voor* das Taxi ist vorgefahren ❹ *in het geheugen zijn* vor Augen stehen
voorstad Vorort *m*
voorstadium Vorstadium *o*, Vorstufe *v*
voorstander Befürworter *m*, ⟨actief⟩ Verfechter *m*
voorsteken BN *voordringen* sich vordrängen
voorstel *plan* Vorschlag *m*, ⟨ambtelijk⟩ Antrag *m* ★ *een ~ doen* einen Vorschlag machen, einen Antrag einreichen
voorstellen I *ov ww* ❶ *presenteren* vorstellen, darstellen ❷ *als plan opperen* vorschlagen ❸ *verbeelden* darstellen, vorstellen ★ *het erger ~ dan het is* es schlimmer darstellen, als es ist ❹ *betekenen* bezeichnen ❺ *de rol spelen* darstellen ★ *zij stellen Romeo en Julia voor* sie stellen Romeo und Julia dar **II** *wkd ww* [**zich ~**] ❶ *zich indenken* sich vorstellen ★ *stel je voor!* stell dir vor!, na so was! ★ *hoe stel jij je dat voor?* wie stellst du dir das vor? ★ *u kunt zich ~ hoe blij we waren* Sie können sich denken / vorstellen, wie froh wir waren ❷ *van plan zijn* sich vorstellen
voorstelling ❶ *vertoning* Vorstellung *v*, ⟨theater / opera / musical⟩ Aufführung *v* ❷ *afbeelding* Bild *o*, Darstellung *v* ❸ *denkbeeld* Vorstellung *v*
voorstellingsvermogen Vorstellungskraft *v*, Vorstellungsvermögen *o*
voorstemmen stimmen für [+4] ★ *hij stemde voor de wetswijziging* er stimmte für die Gesetzesänderung
voorsteven Vordersteven *m*
voorstudie *voorafgaande studie* Vorstudie *v*
voorstuk Vorderteil *m*
voort *voorwaarts* vorwärts
voortaan fortan, künftig, in Zukunft
voortand Vorderzahn *m*
voortbestaan Fortbestand *m*, ⟨personen⟩ Weiterleben *o*
voortbewegen fortbewegen, antreiben ★ *zich ~* sich fortbewegen
voortborduren op weiterspinnen ★ *op een gedachte ~* einen Gedanken weiterspinnen
voortbrengen ❶ *doen ontstaan* hervorbringen, erzeugen, verursachen, ⟨kinderen⟩ zeugen

VO

❷ *opleveren* produzieren
voortbrengsel Erzeugnis *o*, Produkt *o*, ⟨creatie⟩ Schöpfung *v*
voortduren andauern, fortdauern
voortdurend ständig, fortwährend, andauernd
voorteken Vorzeichen *o*, Omen *o*, Anzeichen *o*
voortent Vorzelt *o*
voortgaan fortfahren, weitermachen ★ *ga zo voort!* fahre fort wie bisher!, inform mach(e) so weiter!
voortgang ❶ *voortzetting* Weitergehen *o* ★ ~ *maken* etw. beschleunigen ❷ *vooruitgang* Fortschritt *m* ★ ~ *boeken / maken* Fortschritte machen
voortgezet fortgesetzt
voorthelpen weiterhelfen [+3]
voortijdig vorzeitig
voortjagen I *ov ww, opjagen* aufscheuchen **II** *on ww, rusteloos zijn* dahinjagen, dahinrennen
voortkomen ❶ *ontstaan uit* sich ergeben, hervorgehen ❷ *afkomstig zijn* stammen aus [+3], abstammen von [+3]
voortleven weiterleben, fortleben
voortmaken sich beeilen
voortouw ▾ *het ~ nemen* die Initiative ergreifen
voortplanten [zich ~] ❶ *zich vermenigvuldigen* sich fortpflanzen, sich vermehren ❷ *verspreiden* sich verteilen
voortplanting ❶ biol *vermenigvuldiging* Fortpflanzung *v* ❷ natk *verbreiding* Fortpflanzung *v*
voortreffelijk ausgezeichnet, vorzüglich, vortrefflich, hervorragend
voortrekken vorziehen
voortrekker Pionier *m*, Bahnbrecher *m*, Wegbereiter *m*
voorts weiter(hin), ferner(hin)
voortschrijden fortschreiten
voortslepen fortschleppen, weiterschleppen ★ *zich ~* sich hinziehen, sich hinschleppen
voortspruiten entsprießen [+3], hervorgehen
voortstuwen vorwärtstreiben, ⟨aandrijven⟩ antreiben
voortstuwing ⟨aandrijving⟩ Antrieb *m*
voorttrekken I *ov ww, slepen* fortziehen **II** *on ww, verder gaan* weiterziehen
voortuin Vorgarten *m*
voortvarend energisch
voortvloeien hervorgehen, sich ergeben ★ *dit vloeit voort uit dit gesprek* das ging aus diesem Gespräch hervor, das ergab sich aus diesem Gespräch
voortvluchtig flüchtig, ⟨een land ontvluchten⟩ landesflüchtig, ⟨deserteren⟩ fahnenflüchtig, ⟨doorrijden na een auto-ongeluk⟩ fahrerflüchtig
voortwoekeren weiterwuchern
voortzetten weiterführen, fortführen, fortsetzen ★ *zijn werk ~* seine Arbeit fortsetzen
voortzetting Fortsetzung *v*, Weiterführung *v*
vooruit I *bijw* ❶ *verder* weiter, voran, voraus ★ *iem. ~ zijn* jmdm. voraus sein ★ *volle kracht ~* volle Kraft voraus ❷ *van tevoren* vorher, zuvor, im Voraus **II** *tw* los ★ ~ *maar!* nur los!, nur zu!
vooruitbetalen voraus(be)zahlen
vooruitbetaling Vorauszahlung *v*, Vorauskasse *v*
vooruitblik Vorausblick *m*
vooruitdenken vorausdenken
vooruitgaan ❶ *voorop gaan* vorangehen ❷ *voorwaarts gaan* vorwärtsgehen, ⟨voertuig / schip⟩ vorwärtsfahren ❸ *vorderingen maken* aufwärtsgehen, Fortschritte machen ★ *het gaat vooruit* es geht aufwärts ★ *zij gaat met sprongen vooruit* sie macht Riesenfortschritte ❹ *van tevoren gaan* vorausgehen, ⟨voertuig / schip⟩ voran- / vorausfahren
vooruitgang *vordering* Fortschritt *m*
vooruithelpen weiterhelfen [+3], weiterbringen
vooruitkijken vorausblicken, vorausschauen
vooruitkomen ❶ *naar voren gaan* vorwärtskommen, weiterkommen ❷ *vorderen* vorwärtskommen, weiterkommen
vooruitlopen ❶ *voorop lopen* vorausgehen, vorauslaufen ❷ **op** vorwegnehmen [+4], vorgreifen [+3] ★ *op de dingen vooruit lopen* den Dingen vorgreifen ★ *op de gebeurtenissen ~* den Ereignissen vorgreifen
vooruitsteken vorstrecken, hervorstechen
vooruitstrevend progressiv, fortschrittlich
vooruitzicht Aussicht *v*, Perspektive *v* ★ *in het ~ stellen* in Aussicht stellen
vooruitzien *zien naar het toekomstige* voraussehen
vooruitziend vorausschauend ★ *zij heeft een ~e blik* sie hat Weitblick
voorvader Vorfahre *m*
voorval Vorfall *m*, ⟨van belang⟩ Ereignis *o*
voorvallen geschehen, sich ereignen, vorfallen
voorvechter Verfechter *m*, Vorkämpfer *m*
voorverkiezing pol Vorwahl *v*
voorverkoop Vorverkauf *m*
voorverpakt vorverpackt
voorvertoning Vorpremiere *v*
voorverwarmen vorwärmen, ⟨oven⟩ vorheizen
voorvoegsel Vorsilbe *v*, Präfix *o*
voorvoelen vorfühlen
voorwaarde Bedingung *v* ★ *huwelijkse ~n* Ehevertrag *m*, güterrechtliche Regelung *v* ★ *trouwen onder huwelijkse ~n* einen Ehevertrag schließen ★ *op ~ dat* unter der Bedingung, dass ★ *~n stellen* Bedingungen stellen
voorwaardelijk *onder bepaalde voorwaarde* bedingt ★ *~e veroordeling* Strafaussetzung zur Bewährung *v*
voorwaarts vorwärts
voorwas Vorwäsche *v*
voorwenden vorgeben, vortäuschen, fingieren, simulieren
voorwendsel Vorwand *m*
voorwerk ❶ *voorafgaand werk* Vorarbeit *v* ❷ *deel van boek* Titel *m* und Vorwort
voorwerp ❶ *ding* Gegenstand *m*, Objekt *o* ★ *gevonden ~en* Fundsache ★ *bureau van gevonden ~en* Fundbüro *o* ❷ fig *onderwerp* Gegenstand *m*, Objekt *o* ★ *het ~ van zijn liefde* das Objekt seiner Liebe ❸ taalk Objekt *o* ★ *meewerkend ~* Dativobjekt
voorwiel Vorderrad *o*
voorwielaandrijving Vorderradantrieb *m*
voorwoord Vorwort *o*
voorzanger Vorsänger *m*
voorzeggen *het antwoord geven* vorsagen

voorzeggen *voorspellen* vorsagen
voorzet ❶ *slag, worp, trap* Flanke v, Vorlage v ❷ *eerste zet in bord- of kaartspel* erste(r) Zug m
voorzetsel Präposition v, Verhältniswort o
voorzetten I ov ww ❶ *plaatsen voor* vorsetzen ❷ *vooruit zetten* vorsetzen, vorstellen II *on ww* sport flanken
voorzichtig vorsichtig ★ ~ *zijn* vorsichtig sein, sich vorsehen
voorzichtigheid Vorsicht v ▼ ~ *is de moeder van de porseleinkast* Vorsicht ist die Mutter der Porzellankiste
voorzichtigheidshalve vorsichtshalber
voorzien ❶ *zien aankomen* voraussehen ❷ ~ **in** *zorgen voor* vorsehen ★ *in een behoefte* ~ ein Bedürfnis befriedigen ★ *in de vacature is* ~ die Stelle ist vergeben ★ *hierin voorziet het contract niet* das ist im Vertrag nicht vorgesehen ★ *daarin heeft de wet niet* ~ das ist im Gesetz nicht vorgesehen ★ *in het onderhoud* ~ den Unterhalt bestreiten können ❸ *verschaffen* versehen (**van** mit) [+3], versorgen (**van** mit) [+3], ausstatten (**van** mit) [+3] ★ *van iedere luxe* ~ mit jeglichem Luxus ausgestattet ★ *iem. van iets* ~ jmdn. mit etw. versehen / versorgen ❹ BN *bepalen* festlegen, festsetzen, bestimmen ▼ *het op iem.* ~ *hebben* es auf jemanden abgesehen haben ▼ *het niet op iem.* ~ *hebben* jemanden nicht leiden können
voorzienigheid Vorsehung v
voorziening ❶ *het voorzien* Vorkehrung v ❷ *faciliteit* Versorgung v ★ *sociale ~en* soziale(n) Einrichtungen ❸ *maatregel* Maßnahme v ★ *~en treffen* Vorkehrungen treffen
voorzijde *voorkant* Vorderseite v, ⟨gebouw⟩ Vorderfront v
voorzitten vorsitzen ★ *een vergadering* ~ eine Versammlung leiten
voorzitter Vorsitzende(r) m [v: Vorsitzende]
voorzitterschap Vorsitz m
voorzorg Vorsorge v ★ *uit* ~ vorsorglich, zur Vorsorge ★ *~en nemen* Vorkehrungen treffen
voorzorgsmaatregel Vorsorge v, Vorkehrung v ★ *~en nemen* Vorkehrungen treffen
voos unmoralisch, verdorben
vorderen I *ov ww, opeisen* fordern, verlangen, ⟨in beslag nemen⟩ beschlagnahmen II *on ww, vorderingen maken* vorwärtskommen, vorangehen, Fortschritte machen ★ *het werk vordert* die Arbeit geht voran ★ *hoever ben je met het werk gevorderd?* wie weit bist du mit der Arbeit vorangekommen?
vordering ❶ *vooruitgang* Fortschritt m ★ *~en maken* Fortschritte machen ❷ *eis* Forderung v, jur Klage v ★ *een* ~ *indienen* eine Forderung anmelden
voren ❶ *eerder* vorn(e) ★ *van* ~ (von) vorn(e) ❷ *aan de voorkant* vorn(e), vor ★ *iets naar* ~ *brengen* etw. zur Sprache bringen ▼ *van* ~ *af aan* von Anfang an
vorig ❶ *direct voorafgaand* letzt ❷ *vroeger* vorig, früher
vork ❶ *deel van bestek* Gabel v ❷ *vorkvormig deel* Gabel v ▼ *weten hoe de vork in de steel zit* wissen, wie der Hase läuft
vorkheftruck Gabelstapler m
vorm ❶ *gedaante* Form v ★ *iets vorm geven* etw. gestalten ❷ *gietvorm* Form v ❸ *conditie* Form v
vormbehoud sport Formerhalt m
vormelijk förmlich, formell
vormen ❶ *vorm geven* formen, bilden ★ *een beeld uit klei* ~ aus Ton eine Plastik formen ★ *een kring* ~ einen Kreis bilden ❷ *doen ontstaan* bilden ❸ *zijn* bilden ❹ *opvoeden* bilden, ⟨door scholing⟩ ausbilden
vormfout Formfehler m
vormgever Formgestalter m
vormgeving Formgebung v, Gestaltung v
vorming ❶ *het vormen* Ausbildung v ❷ *geestelijke ontwikkeling* Bildung v
vormingscentrum ≈ Fortbildungszentrum o
vormingswerk ≈ Fortbildung v
vormingswerker jemand, der in der Bildungsarbeit tätig ist
vormleer Formenlehre v
vormsel rel ★ *het Vormsel* die Firmung
vormvast formbeständig
vorsen forschen ★ *naar iets* ~ nach etw. forschen
vorst ❶ *staatshoofd* Fürst m ❷ *het vriezen* Frost m ★ ~ *aan de grond* Bodenfrost m
vorstelijk ❶ *(als) van een vorst* fürstlich ❷ fig *groot* fürstlich
vorstendom Fürstentum o
vorstenhuis Fürstenhaus o
vorstschade Frostschaden m
vorstverlet Arbeitsausfall m durch Frostwetter
vorstvrij frostfrei
vos ❶ *roofdier* Fuchs m ★ *een vos verliest wel zijn haren maar niet zijn streken* der Fuchs ändert wohl den Balg, behält aber den Schalk ❷ *paard* Fuchs m ❸ *sluwe vent* Fuchs m
vossenjacht ❶ *jacht* Fuchsjagd v ❷ *spel* Fuchsjagd v
voucher *tegoedbon* Voucher m/o, Gutschein m
vousvoyeren siezen
vouw Falte v, ⟨papier⟩ Knick m, ⟨broek⟩ Bügelfalte v
vouwblad Faltblatt o
vouwcaravan Klappanhänger m, Faltwohnwagen m
vouwdeur Falttür v
vouwen falten, falzen
vouwfiets zusammenklappbare(s) Fahrrad o, Klapprad o
vouwstoel Klappstuhl m
voyeur Voyeur m, inform Spanner m
voyeurisme Voyeurismus m
vozen bumsen
vraag ❶ *onopgeloste kwestie* Frage v ❷ *kwestie* Problem o, Frage v ★ *dat is nog maar de* ~ das ist noch die Frage, das ist noch fraglich ★ BN *iets in* ~ *stellen* etw. bezweifeln, etw. in Zweifel ziehen ❸ *kooplust* Nachfrage v ★ ~ *en aanbod* Angebot und Nachfrage ★ *er is veel* ~ *naar dit artikel* dieser Artikel ist sehr gefragt
vraagbaak ❶ *boek* Nachschlagewerk o ❷ *persoon* Ratgeber m, ⟨gids⟩ Führer m
vraaggesprek Interview o
vraagprijs Angebotspreis m
vraagstelling Fragestellung v
vraagstuk ❶ *probleem* Problem o, Frage v ❷ *opgave* Aufgabe v

vraagteken *leesteken* Fragezeichen *o*
vraatzucht Gefräßigkeit *v*, inform Fressgier *v*
vraatzuchtig gefräßig, min verfressen
vracht ❶ *lading* Ladung *v*, Fracht *v*, ⟨wagen / kar⟩ Fuhre *v* ❷ *grote massa* Ladung *v* ❸ *vervoerprijs* Fracht *v*
vrachtauto Lastkraftwagen *m*, Lastwagen *m*
vrachtbrief Frachtbrief *m*, ⟨binnenscheepvaart⟩ Ladeschein *m*
vrachtgoed Frachtgut *o*
vrachtgoederen Frachtgüter *mv*
vrachtprijs Frachtpreis *m*
vrachtrijder Frachtführer *m*
vrachtruimte Laderaum *m*, Frachtraum *m*
vrachtschip Frachter *m*, Frachtschiff *o*, ⟨binnenschip⟩ Lastschiff *o*, ⟨binnenschip⟩ Fracht- / Lastkahn
vrachtvaart Frachtschifffahrt *v*
vrachtverkeer ❶ *verkeer* Frachtverkehr *m* ❷ *vervoer* Güterverkehr *m*
vrachtvervoer Fracht- / Güterbeförderung *v*, Fracht- / Gütertransport *m*
vrachtvliegtuig Frachtflugzeug *o*
vrachtwagen Last(kraft)wagen *m*, Lastauto *o*
vrachtwagenchauffeur Kraftfahrer *m*, ⟨op lange afstanden⟩ Fernfahrer *m*, Lkw-Fahrer *m*
vrachtwagencombinatie Sattelschlepper *m*
vragen I *ov ww* ❶ *vraag stellen* fragen, jur befragen ★ *daar vraag je me wat!* da bin ich überfragt!, da fragst du mich zu viel ❷ *verzoeken* bitten ★ *mij werd gevraagd ook te komen* ich wurde gebeten, auch zu kommen ❸ *verlangen* fordern, verlangen ★ *het onmogelijke van iem. ~* von jmdm. Unmögliches verlangen ★ *secretaris gevraagd* Sekretär gesucht ❹ *uitnodigen* bitten, einladen, auffordern ★ *iem. op een feestje ~* jmdn. zu einer Fete einladen **II** *on ww* ~ **naar** fragen nach, sich erkundigen nach ★ *naar iem. ~* sich nach jmdm. erkundigen
vragenderwijs fragend
vragenlijst Fragebogen *m*
vragenuurtje Fragestunde *v*
vrat [verl. td.] → **vreten**
vraten [verl. td.] → **vreten**
vrede ❶ *tijd zonder oorlog* Frieden *m* ❷ *rust* Frieden *m* ★ *ik heb er ~ mee,* BN *ik neem er ~ mee* ich kann mich damit abfinden ★ *~ hebben met iets,* BN *~ nemen met iets* sich mit etw. zufriedengeben / abgefunden haben ▾ *om de lieve ~* um des lieben Friedens willen ▾ *hij ruste in ~* er ruhe in Frieden
vredegerecht BN jur *laagste burgerlijke rechtbank* Amtsgericht *o*
vredelievend friedliebend, friedfertig
vrederechter BN jur *laagste burgerlijke rechter* Amtsrichter *m*
vredesactivist Friedensaktivist *m*
vredesakkoord Friedensvertrag *m*
vredesbeweging Friedensbewegung *v*
vredesdemonstratie Friedensdemonstration *v*, Friedenskundgebung *v*
vredesmacht Friedensmacht *v*
vredesnaam ▾ *in ~* um Himmels willen!, in Gottes Namen!
vredesoverleg Friedensgespräche *mv*
vredespijp Friedenspfeife *v*
vredestichter Friedensstifter *m*
vredestijd Friedenszeit *v* ★ *in ~* in Friedenszeiten
vredesverdrag Friedensvertrag *m*
vredig friedlich
vree [verl. td.] → **vrijen**
vreedzaam friedlich ★ *een vreedzame aanblik* ein friedlicher Anblick
vreeën [verl. td.] → **vrijen**
vreemd ❶ *uitheems* fremd, ausländisch ★ *een ~e taal* eine Fremdsprache ★ *~e valuta* ausländische(s) Geld ★ *~ woord* Fremdwort *o* ❷ *niet bekend* fremd ★ *ik ben hier ~* ich bin hier fremd ❸ *ongewoon* sonderbar, eigenartig, befremdlich, seltsam ★ *~ genoeg vond zij het wel leuk* eigenartigerweise gefiel es ihr ganz gut ★ *~ opkijken* verwundert aufblicken
vreemde Fremde(r) *m* ▾ *in den ~* in der Fremde
vreemdeling ❶ *onbekende* Fremde(r) *m* ❷ *buitenlander* Fremde(r) *m*
vreemdelingendienst Ausländerbehörde *v*
vreemdelingenhaat Fremdenfeindlichkeit *v*
vreemdelingenlegioen Fremdenlegion *v*
vreemdelingenpolitie Ausländerpolizei *v*, Fremdenpolizei *v*
vreemdelingenverkeer Fremdenverkehr *m* ★ *bureau voor ~* Fremdenverkehrsamt *o*
vreemdgaan fremdgehen
vreemdsoortig fremdartig, seltsam, ⟨ongewoon⟩ sonderbar
vrees *angst* Angst *v*, Furcht *v*, Befürchtung *v* ★ *uit ~ voor* aus Angst / Furcht vor [+3]
vreesachtig furchtsam, ängstlich
vreetzak Fresssack *m*, Vielfraß *m*
vrek Geizhals *m*
vrekkig geizig, inform knauserig
vreselijk *afschuwelijk* schrecklich, furchtbar
vreten I *ov ww* ❶ *gulzig eten* fressen ❷ *verbruiken* fressen **II** *on ww, knagen* fressen **III** *zn* [het] Fressen *o*, Fraß *m*
vreugde Freude *v* ★ *~ beleven aan iets* an etw. Freude haben
vreugdekreet Freudenruf *m*, Freudenschrei *m*
vreugdevuur Freudenfeuer *o*
vrezen I *ov ww, bang zijn voor* fürchten ★ *het ergste ~* das Schlimmste befürchten ★ *ik heb niets te ~* ich habe nichts zu befürchten ★ *ik vrees dat...* ich fürchte, dass... **II** *on ww* ~ **voor** fürchten um
vriend ❶ *kameraad* Freund *m* ❷ *geliefde* Freund *m* ▾ *even goeie ~en* nichts für ungut
vriendelijk freundlich
vriendelijkheid Freundlichkeit *v*
vriendendienst Freundschaftsdienst *m*, Freundesdienst *m* ★ *iem. een ~ bewijzen* jmdm. einen Freundschaftsdienst erweisen
vriendenkring Freundeskreis *m*
vriendenprijsje Freundschaftspreis *m*
vriendin ❶ *kameraad* Freundin *v* ❷ *geliefde* Freundin *v*
vriendjespolitiek Vetternwirtschaft *v*
vriendschap Freundschaft *v*
vriendschappelijk freundschaftlich ★ *~e wedstrijd* Freundschaftsspiel *o*
vriendschapsband Freundschaftsband *o*
vriesdrogen gefriertrocknen
vrieskast Gefrierschrank *m*
vrieskist Gefriertruhe *v*, Tiefkühltruhe *v*,

Kühltruhe *v*
vrieskou frostkalte(s) Wetter *v*
vriespunt Gefrierpunkt *m*
vriesvak Gefrierfach *o*
vriesweer Frostwetter *o*
vriezen frieren ▼ *het vriest dat het kraakt* es friert Stein und Bein ▼ *het kan ~ of dooien* es kann gut oder schlecht ausgehen
vriezer Tiefkühltruhe *v*
vrij I *bnw* ❶ *in vrijheid* frei ❷ *ongebonden, onbeperkt* frei ❸ *zonder werk / school* frei ❹ *onbezet* frei ❺ *stoutmoedig* frei ❻ *gratis* frei ❼ *niet getrouw* frei **II** *bijw, tamelijk* ziemlich ★ *vrij lange tijd* ziemlich lange, längere Zeit ★ *een vrij oude dame* eine ältere Dame
-vrij -frei ★ *loodvrij* bleifrei
vrijaf ★ *~ hebben* freihaben
vrijage Liebschaft *v* ★ *een korte ~* eine flüchtige Liebschaft, ein kurzes Liebesverhältnis
vrijblijvend freibleibend
vrijbrief lett Freibrief *m*
vrijbuiter ❶ *zeerover* Freibeuter *m* ❷ fig *avonturier* Freibeuter *m*
vrijdag Freitag *m* ★ *Goede Vrijdag* Karfreitag
vrijdagavond Freitagabend *m*
vrijdagmiddag Freitagnachmittag *m*
vrijdagmorgen, vrijdagochtend Freitagvormittag *m*, Freitagmorgen *m*
vrijdagnacht Freitagnacht *m*
vrijdags am Freitag
vrijde [verl. td.] → **vrijen**
vrijden [verl. td.] → **vrijen**
vrijdenker Freidenker *m*
vrijelijk frei
vrijen ❶ *liefkozen* schmusen ★ *zij zaten met elkaar te ~* sie schmusten miteinander ❷ *geslachtsgemeenschap hebben* schlafen (**met** mit)
vrijer Freund *m*, Liebhaber *m*
vrijetijdsbesteding Freizeitgestaltung *v*, Freizeitbeschäftigung *v*
vrijetijdskleding Freizeitkleidung *v*
vrijgeleide ❶ *escorte* Geleitschutz *m* ❷ *vrije doorgang* freie(s) / sichere(s) Geleit *o*
vrijgeven I *ov ww, niet meer blokkeren* freigeben **II** *on ww, vrijaf geven* freigeben
vrijgevig großzügig, freigebig
vrijgevochten unkonventionell
vrijgezel Junggeselle *m* ★ *~ zijn* ledig sein
vrijhandel Freihandel *m*
vrijhandelszone Freihandelszone *v*
vrijhaven Freihafen *m*
vrijheid Freiheit *v* ★ *~ van godsdienst* Religionsfreiheit ★ *zich vrijheden veroorloven* sich Rechte herausnehmen ★ *de vrijheden van de adel* die Privilegien des Adels ★ *~, blijheid* jeder soll nach seiner Fasson selig werden
vrijheidlievend freiheitsliebend
Vrijheidsbeeld Freiheitsstatue *v*
vrijheidsberoving Freiheitsberaubung *v*
vrijheidsbeweging Befreiungsbewegung *v*, Freiheitsbewegung *v*
vrijheidsstrijder Freiheitskämpfer *m*
vrijhouden ❶ *onbezet houden* freihalten ❷ *betalen voor* freihalten
vrijkaart Freikarte *v*
vrijkomen ❶ *vrijgelaten worden* freigelassen werden ❷ *beschikbaar komen* freikommen ❸ *zich afscheiden* frei werden ❹ *van iets afkomen* ★ *met de schrik ~* mit dem Schrecken davonkommen
vrijlaten ❶ *de vrijheid geven* freilassen ❷ *onbezet houden* freihalten ❸ *niet verplichten* freie Hand lassen ★ *iem. ~ in een keuze* jmdm. die freie Wahl lassen
vrijlating Freilassung *v*
vrijloop Leerlauf ★ *in de ~* im Leerlauf
vrijmaken ❶ *bevrijden van last of verplichting* befreien, inform frei machen ★ *zich ~ van* sich befreien von [+3] ★ *zich ~* sich frei machen ★ *een uurtje voor iem. ~* eine Stunde für jmdn. frei machen ❷ *leegmaken* frei machen
vrijmetselaar Freimaurer *m*
vrijmetselarij Freimaurerei *v*
vrijmoedig freimütig
vrijpartij Knutscherei *v*, ⟨stiekem⟩ Schäferstündchen *o*
vrijplaats Freistatt *v*
vrijpleiten freisprechen
vrijpostig frech, unverfroren, unverschämt, dreist
vrijschop BN sport *vrije schop* Freistoß *m*
vrijspraak Freispruch *m*
vrijspreken freisprechen
vrijstaan ❶ *geoorloofd zijn* freistehen ★ *dat staat u vrij* das bleibt Ihnen unbenommen ❷ *los staan* für sich (allein) stehen, frei stehen
vrijstaand für sich stehend, frei stehend ★ *een ~ huis* ein Einfamilien- / Einzelhaus *o*
vrijstaat Freistaat *m*
vrijstellen befreien, ⟨van werk, militaire dienst⟩ freistellen ★ *vrijgesteld van belasting* ohne Steuerpflicht
vrijstelling Freistellung *v*, Befreiung *v* ★ *~ van militaire dienst* Freistellung vom Wehrdienst
vrijster ▼ *een oude ~* eine alte Jungfer
vrijuit offen, freiheraus ★ *~ praten* offen / freiheraus sprechen ▼ *hij gaat ~* er ist ungestraft / ohne Strafe davongekommen
vrijwaren schützen, behüten, bewahren, form feien ★ *gevrijwaard tegen* geschützt gegen, form gefeit gegen
vrijwaring Gewährleistung *v*
vrijwel nahezu, ungefähr, fast
vrijwillig freiwillig
vrijwilliger Freiwillige(r) *m*
vrijwilligerswerk ehrenamtliche Arbeit *v*
vrijzinnig ❶ *vrijdenkend* liberal ❷ BN *ongelovig* ungläubig, atheistisch
vroedvrouw Hebamme *v*
vroeg I *bnw* ❶ *aan het begin* früh ★ *'s morgens ~* früh am Morgen ★ *in de ~e morgen* am frühen Morgen ❷ *eerder dan normaal* früh, zeitig ★ *een ~e Pasen* frühe Ostern **II** *bijw* ❶ *op vroeg tijdstip* früh ★ *op zijn ~st*, BN *ten ~ste* frühestens ★ *~ gaan slapen* früh schlafen gehen ★ *~ of laat* früher oder später ❷ *eerder dan normaal* früh **III** *ww* [verl. td.] → **vragen**
vroegen [verl. td.] → **vragen**
vroeger I *bnw* früher **II** *bijw* ❶ *eerder* früher ❷ *in het verleden* früher
vroegmis Frühmesse *v*
vroegrijp frühreif

vr

vroegte Frühe *v* ★ *in alle ~* in aller Frühe
vroegtijdig frühzeitig ★ *een ~e dood* ein früher Tod
vrolijk ❶ *blij* fröhlich, froh, heiter ❷ *aangenaam stemmend* lustig, lebendig, munter ★ *een ~e boel* ein lustiges Treiben ★ *een ~e drukte* ein lebhafter Betrieb *m*
vrolijkheid Fröhlichkeit *v*, Lustigkeit *v*, Heiterkeit *v*
vroom fromm
vroor [verl. td.] → **vriezen**
vroren [verl. td.] → **vriezen**
vrouw ❶ *vrouwelijk persoon* Frau *v*, Dame *v* ★ *de ~ des huizes* die Hausherrin, die Dame des Hauses ❷ *echtgenote* Frau *v*, Ehefrau *v* ❸ *speelkaart* Dame *v* → **vrouwtje**
vrouwelijk weiblich
vrouwenarts Frauenarzt *m*
vrouwenbesnijdenis Frauenbeschneidung *v*
vrouwenbeweging Frauenbewegung *v*
vrouwenblad Frauenblatt *o*
vrouwencondoom Frauenkondom *o*
vrouwenemancipatie Frauenemanzipation *v*
vrouwenhandel Frauenhandel *m*
vrouwenhater Frauenhasser *m*
vrouwenkiesrecht jur pol Frauenstimmrecht *o*, Frauenwahlrecht *o*
vrouwonvriendelijk frauenfeindlich
vrouwtje ❶ *(kleine) vrouw* Frauchen *o* ❷ *vrouwelijk dier* Weibchen *o* ❸ *bazin (van huisdier)* Frauchen *o*
vrouwvriendelijk frauenfreundlich
vrucht ❶ *van plant* Frucht *v* ❷ *ongeboren kind / jong* Frucht *v* ❸ fig *resultaat* Frucht *v* ★ *~(en) afwerpen* Früchte trägen
vruchtafdrijving Abtreibung *v*, Abort *m*
vruchtbaar ❶ *in staat tot voortplanting* fruchtbar ❷ *vruchten voortbrengend* fruchtbar ❸ *veel voortbrengend* fruchtbar
vruchtbaarheid Fruchtbarkeit *v*
vruchtbeginsel Fruchtknoten *m*
vruchtboom Obstbaum *m*
vruchtdragend biol fruchttragend, fruchtbringend
vruchteloos fruchtlos, vergeblich
vruchtensalade cul Obstsalat *m*
vruchtensap cul Obst- / Fruchtsaft *m*
vruchtenwijn cul Obst- / Fruchtwein *m*
vruchtgebruik Nießbrauch *m*
vruchtvlees Fruchtfleisch *o*
vruchtvlies Fruchthülle *v*
vruchtwater Fruchtwasser *o*
vruchtwaterpunctie Fruchtwasserpunktion *v*
VS USA *v*
VSA USA *v*
V-snaar Keilriemen *m*
V-teken V-Zeichen *o*
vuil I *zn* [het] ❶ *viezigheid* Schmutz *m*, Dreck *m* ❷ *afval* Abfall *m*, Müll *m*, Schutt *m* ★ *verboden vuil te storten* Schutt abladen verboten **II** *bnw* ❶ *niet schoon* schmutzig, dreckig ★ *witte kleren worden gauw vuil* weiße Kleider werden leicht schmutzig ★ *het vuile werk opknappen* die Dreck(s)arbeit machen ❷ *vulgair* schmutzig ★ *een vuile mop* ein dreckiger Witz ❸ *gemeen, oneerlijk* gemein, niederträchtig, giftig, faul, schmutzig ★ *een vuile streek* ein gemeiner Streich ★ *een vuil zaakje* eine schmutzige Sache, eine faule Geschichte, econ ein schmutziges Geschäft ★ *vuile leugenaar dat je bent!* du bist ein gemeiner Lügner! ★ *hij keek haar vuil aan* er sah sie giftig an
vuilak ❶ *viezerik* Ferkel *o* ❷ *gemenerik* Dreckskerl *m*, Sau- / Schweinehund *m*
vuilbekken Zoten reißen
vuilblik BN *stofblik* Kehrschaufel *v*
vuiligheid ❶ *gemeenheid* Schweinerei *v* ❷ *vuil* Schmutz *m*, Dreck *m*
vuilnis Müll *m*
vuilnisbak Mülleimer *m*
vuilnisbakkenras Promenadenmischung *v*
vuilnisbelt Müllhalde / -kippe *v*, Müllabladeplatz *m*, admin Mülldeponie *v*
vuilnisemmer Mülleimer *m*
vuilnisman Müllmann *m*
vuilniswagen Müllwagen *m*
vuilniszak Müllbeutel *m*, ⟨groter en steviger⟩ Mülltüte
vuilstortplaats Müllkippe *v*
vuiltje Stäubchen *o* ▼ *er is geen ~ aan de lucht* es ist kein Wölkchen am Himmel
vuilverbranding ❶ *proces* Müllverbrennung *v* ❷ *installatie* Müllverbrennung *v*
vuilverwerkingsbedrijf Müllverarbeitungsbetrieb *m*
vuist Faust *v* ▼ *in zijn ~je lachen* sich ins Fäustchen lachen ▼ *met ijzeren ~* mit eiserner Faust ▼ *uit het ~je eten* aus der Hand essen ▼ BN *recht voor de ~* geradeheraus ▼ *voor de ~ weg spreken* aus dem Stegreif sprechen
vuistregel Faustregel *v*
vuistslag Faustschlag *m*
vulgair vulgär
vulkaan Vulkan *m*
vulkanisch aardk vulkanisch
vullen *vol maken* ⟨gerechten, tanden e.d.⟩ füllen, ⟨in flessen⟩ abfüllen, ⟨leemte / tijd / open ruimte / vlak⟩ ausfüllen, ⟨kussen, pop⟩ ausstopfen ★ *dit eten vult niet* dieses Essen sättigt nicht
vulling ❶ *vulsel* Polster *o* ❷ *vulling in kies* Füllung *v* ❸ *penpatroon* Patrone *v*, ⟨van ballpoint, potlood⟩ Mine *v*
vulpen Füllfederhalter *m*, inform Füller *m*
vulpotlood Dreh- / Druckbleistift *m*
vulsel Füllung *v*, ⟨van worst, vlees⟩ Füllsel *o*
vulva Vulva *v*
vunzig dreckig, schweinisch, säuisch
vuren I *bnw* aus Fichtenholz, Fichten- **II** *on ww, schieten* feuern, schießen
vurenhout Fichtenholz *o*
vurig ❶ *gloeiend* feurig ❷ *hartstochtelijk* feurig, ⟨minnaar⟩ leidenschaftlich, ⟨gebed, hoop, verlangen⟩ inbrünstig, ⟨liefde, verlangen, wens enz.⟩ heiß, ⟨geloof⟩ fanatisch
VUT *Vervroegde Uittreding* Vorruhestand *m* ★ *met de VUT gaan* in den Vorruhestand gehen / treten
VUT-regeling Vorruhestandsregelung *v*
vuur ❶ *brand* Feuer *o* ★ *door het vuur gaan voor iem.* für jmdn. durchs Feuer gehen ★ *met vuur spelen* mit dem Feuer spielen ★ *iets te vuur en te zwaard verdedigen* etw. / jmdn. mit Feuereifer verteidigen ★ *iem. het vuur na aan de schenen*

leggen jmdm. die Hölle heißmachen ★ *haar ogen spuwden vuur* ihre Augen sprühten Feuer ★ fig BN *vuur vatten* sein Bestes tun ❷ *het schieten* ★ *het vuur openen* das Feuer eröffnen ❸ *hevigheid* Eifer *m* ★ *in het vuur van het spel* im Feuer des Spiels ★ *in het vuur van de strijd* im Eifer des Gefechts → **vuurtje**
vuurbol Feuerball *m*, ⟨meteoor⟩ Feuerkugel *v*
vuurdoop Feuertaufe *v*
vuurdoorn Feuerdorn *m*
vuurgevecht Feuergefecht *o*
vuurhaard *stookplaats* Brandherd *m*, Feuerherd *m*
Vuurland Feuerland *o*
vuurlinie Feuerlinie *v*
vuurmond ❶ *voorste deel van vuurwapen* Mündung *v* ❷ *kanon* Geschütz *o*
vuurpeloton Exekutionskommando *o*
vuurpijl Leuchtrakete *v*
vuurproef lett Feuerprobe *v*
vuurrood feuerrot
vuurspuwend Feuer speiend
vuursteen Feuerstein *m*
vuurtje *iets om mee aan te steken* kleine(s) Feuer *o* ★ *heb je een ~ voor mij?* hast du mal Feuer für mich? ▾ *als een lopend ~* wie ein Lauffeuer
vuurtoren ❶ *lichtbaken* Leuchtturm *m* ❷ *iemand met rood haar* Rotschopf *m*
vuurvast feuerfest
vuurvliegje Feuerfliege *v*
vuurvreter ❶ *circusartiest* Feuerfresser *m* ❷ *vechtjas* Feuerfresser *m*
vuurwapen Feuerwaffe *v*
vuurwerk ❶ *materiaal* Feuerwerk *o* ❷ *voorstelling* Feuerwerk *o*
vuurzee Flammen- / Feuermeer *o*
VVV *Vereniging voor Vreemdelingenverkeer* Fremdenverkehrsamt *o*, Fremdenverkehrsverein *m*, Verkehrsverein *m*
vwo *voorbereidend wetenschappelijk onderwijs* Gymnasium *o*
vzw BN econ *vereniging zonder winstoogmerk* VoG, Vereinigung *v* ohne Gewinnerzielabsicht

W

w W *o* ★ *de w van Willem* W wie Wilhelm
W *Watt* W *o*
WA *Wettelijke Aansprakelijkheid* Haftpflicht *v* ★ *WA verzekerd* haftpflichtversichert
waadvogel Watvogel *m*
waaghals Draufgänger *m*, waghalsige(r) Mensch *m*
waaghalzerij Waghalsigkeit *v*
waagschaal ▾ *in de ~ stellen* aufs Spiel setzen
waagstuk Wagnis *o*, Wagestück *o*
waaien I *onp ww* wehen **II** *on ww* ❶ *wapperen* wehen ★ *alles maar laten ~* sich um nichts kümmern ❷ *blazen* wehen
waaier Fächer *m*
waakhond Wachhund *m*
waaks wachsam
waakvlam Zündflamme *v*
waakzaam wachsam
waakzaamheid Aufmerksamkeit *v*, Wachsamkeit *v*
Waal *bewoner* Wallone *m*
Waals wallonisch
Waalse Wallonin *v*
waan Wahn *m* ★ *iem. in de waan laten* jmdn. in dem Wahn / Glauben lassen
waanidee Wahnidee *v*
waanvoorstelling Wahnvorstellung *v*
waanwereld Wahnwelt *v*
waanzin ❶ *krankzinnigheid* Irrsinn *m*, Wahnsinn *m* ❷ *onzin* Irrsinn *m*, Wahnsinn *m*
waanzinnig I *bnw* wahnsinnig **II** *bijw*, *verschrikkelijk* wahnsinnig
waar I *bnw* ❶ *niet gelogen* richtig ❷ ⟨versterkend⟩ *echt, groot* wahr ★ *zo waar ik hier sta* so wahr ich hier stehe **II** *bijw* ❶ *vragend* wo ★ *waar is hier ergens het station?* wo ist der Bahnhof? ★ *waar gaat hij zitten?* wohin setzt er sich? ❷ *betrekkelijk* wo **III** *zn* [de] Ware *v* ★ *waren* Waren, Güter
waaraan ❶ *vragend* woran, an was ★ *~ denk je?* woran denkst du?, an was denkst du? ★ *~ heeft hij dat te danken?* welchem Umstande hat er das zu verdanken? ❷ *betrekkelijk* woran ★ *de gevaren ~ hij zich blootstelt* die Gefahren, denen er sich aussetzt
waarachter *vragend* hinter wem, hinter was
waarachtig I *bnw* ❶ *waar* wahrhaftig ❷ *oprecht* wahrhaft, aufrichtig **II** *bijw* wahrhaft, wahrhaftig, wirklich ★ *het is ~ waar* es ist wirklich wahr
waarbij ❶ *vragend* wobei ❷ *betrekkelijk* wozu, bei [+3], zu [+3], wobei ★ *de partij ~ hij zich heeft aangesloten* die Partei, der er sich angeschlossen hat
waarborg ❶ BN *borgsom* Kaution *v*, Bürgschaft *v* ❷ *garantie* Gewähr *v*, Garantie *v*, jur Bürgschaft *v*
waarborgen bürgen, garantieren, verbürgen, gewährleisten
waarborgfonds Garantiefonds *m*
waarborgsom Kautionssumme *v*, Haftsumme *v*, ⟨m.b.t. borgtocht⟩ Bürgschaft *v*
waard I *bnw* ❶ *met een bepaalde waarde* wert

★ *het is de moeite niet* ~ es ist nicht der Mühe wert ❷ *dierbaar* verehrt, lieb ★ ~*e vriend* lieber Freund **II** *zn* [de], *herbergier* Wirt *m* ★ *buiten de* ~ *rekenen* die Rechnung ohne den Wirt machen ★ *zo de* ~ *is vertrouwt hij zijn gasten* wie der Wirt, so die Gäste

waarde ❶ *bezitswaarde* Wert *m* ★ *in* ~ *achteruitgaan* an Wert verlieren ★ *in* ~ *stijgen* im Wert steigen ★ *ter* ~ *van* im Wert von ❷ *belang* Wert *m* ★ *van weinig* ~ von geringem Wert ★ ~ *hechten aan* Wert legen auf

waardebepaling Wertbestimmung *v*

waardebon Gutschein *m*

waardedaling Wertminderung *v*, Wertverringerung *v*, Wertverlust *m*

waardeloos ❶ *zonder waarde* unnütz, wertlos ★ *waardeloze spullen / troep* unnütze(s) Zeug *o* ❷ *slecht* ★ *dit is* ~*!* so ein Mist!

waardeoordeel Werturteil *o*

waardepapier Wertpapier *o*

waarderen ❶ *op prijs stellen* schätzen, anerkennen, würdigen ❷ *waarde bepalen* bewerten, schätzen, taxieren

waardering ❶ *waardebepaling* Bewertung *v* ❷ *erkenning* Anerkennung *v*, Achtung *v*

waardestijging Wertzuwachs *m*, Wertsteigerung *v*, Wertzunahme *v*

waardevast wertbeständig

waardeverlies Wertverlust *m*, Wertminderung *v*, Wertverringerung *v*

waardevermeerdering Wertzuwachs *m*, Wertsteigerung *v*, Wertzunahme *v*

waardevermindering Wertminderung *v*, ⟨devaluatie⟩ Abwertung *v* ★ ~ *van het geld* Geldentwertung *v*

waardevol wertvoll

waardig ❶ *eerbiedwaardig* würdig ★ ~ *sterven* würdevoll sterben ❷ *waard* würdig

waardigheid *eigenwaarde* Würde *v* ★ *iets beneden zijn* ~ *achten* etw. für unter seiner Würde erachten

waardin Gastwirtin *v*, Wirtin *v*

waardoor ❶ *vragend* wodurch ❷ *betrekkelijk* durch [+4], wodurch

waarheen *vragend* wohin

waarheid Wahrheit *v* ★ *bezijden de* ~ nicht der Wahrheit entsprechend / gemäß ★ *de* ~ *spreken / zeggen* die Wahrheit sagen ★ *de* ~ *tekortdoen* der Wahrheit nicht gerecht werden ▼ *een* ~ *als een koe* eine Binsenweisheit ▼ *iem. flink de* ~ *zeggen* jemandem unverblümt / gehörig die Wahrheit sagen

waarheidsgehalte Wahrheitsgehalt *m*

waarheidsgetrouw wahrheitsgetreu, wahrheitsgemäß

waarin ❶ *vragend* ⟨beweging⟩ wohinein, ⟨statisch⟩ worin ❷ *betrekkelijk* in [+4]

waarlangs ❶ *vragend* wo entlang, ⟨voorbij⟩ wo vorbei ❷ *betrekkelijk* ★ *de rivier* ~ *we liepen* der Fluss, an dem wir entlanggingen

waarlijk wirklich, form wahrhaftig

waarmaken I *ov ww, verwezenlijken* verwirklichen, wahr machen **II** *wkd ww* [**zich** ~] *bewijzen* sich bewähren

waarmee ❶ *vragend* womit ❷ *betrekkelijk* womit

waarmerk Siegel *o*, Stempel *m*

waarmerken beglaubigen

waarna ❶ *vragend* wonach, worauf ❷ *betrekkelijk* nach [+3], wonach

waarnaar ❶ *vragend* wonach ❷ *betrekkelijk* nach [+3], zu [+3], wonach

waarnaast I *bijw* woneben **II** *vr vnw* woneben **III** *betr vnw* neben [+3], woneben

waarneembaar wahrnehmbar

waarnemen ❶ *opmerken* wahrnehmen ❷ *benutten* nützen, wahrnehmen ❸ *vervangen* wahrnehmen, ⟨plichten⟩ erfüllen, ⟨plichten⟩ beobachten, ⟨ambt / betrekking⟩ versehen, ⟨ambt / betrekking⟩ bekleiden, ⟨vervangen⟩ stellvertretend übernehmen ★ *voor iem.* ~ jmdn. vertreten, jmds. Stelle vertreten ★ *iemands ambt* ~ jmdn. in seinem Amt vertreten ★ *zijn zaken* ~ seinen Geschäften nachgehen

waarnemend stellvertretend

waarnemer ❶ *iem. die waarneemt* Beobachter *m*, Betrachter *m* ❷ *vervanger* Stellvertreter *m*

waarneming ❶ *perceptie* Wahrnehmung *v*, Beobachtung *v* ❷ *vervanging* Stellvertretung *v*, Vertretung *v*

waarnemingsfout Wahrnehmungsfehler *m*

waarnemingspost Beobachtungsposten *m*

waarnemingsvermogen Wahrnehmungsvermögen *o*

waarom ❶ ⟨vragend⟩ warum, weshalb ❷ ⟨betrekkelijk⟩ um [+4], worum

waaronder ❶ *vragend* worunter ❷ *betrekkelijk* unter [+3], unter [+4], worunter

waarop ❶ *betrekkelijk* auf [+4], worauf ★ *de dag* ~ der Tag, an dem ★ *de manier* ~ die Art und Weise, wie ❷ *vragend* worauf

waarover ❶ *betrekkelijk* über [+4], worüber, wovon ❷ *vragend* worüber, wovon

waarschijnlijk *vermoedelijk* wahrscheinlich

waarschijnlijkheid Wahrscheinlichkeit *v* ★ *naar alle* ~ aller Wahrscheinlichkeit nach

waarschuwen ❶ *vertellen, laten weten* ⟨inlichten⟩ verständigen, ⟨inlichten⟩ benachrichtigen, ⟨alarmeren⟩ alarmieren ★ *waarschuw me als ze er zijn* sag mir Bescheid, wenn sie da sind ❷ *vertellen dat iets gevaarlijk is* warnen (~ **voor** vor) [+3] ❸ *streng toespreken* mahnen, verwarnen

waarschuwing Warnung *v*, jur Verwarnung *v*, Mahnung *v* ★ *zonder voorafgaande* ~ ohne Vorwarnung

waarschuwingsbord Warntafel *v*, Warnschild *o*

waarschuwingsschot Warnschuss *m*, Schreckschuss *m*

waarschuwingsteken Warnsignal *o*

waartegen ❶ *vragend* wogegen ❷ *betrekkelijk* gegen [+4], wogegen

waartoe ❶ *vragend* wozu ❷ *betrekkelijk* zu [+3], wozu

waartussen I *bijw* wozwischen **II** *vr vnw* wozwischen **III** *betr vnw* wozwischen, zwischen [+3 / 4]

waaruit ❶ *vragend* woraus ❷ *betrekkelijk* aus [+3], woraus

waarvan ❶ *vragend* wovon, woraus ❷ *betrekkelijk* von, wovon, woraus ★ *de man* ~ *ik de moeder goed ken* der Mann, dessen Mutter ich gut kenne

waarvandaan woher

waarvoor ❶ *vragend* wofür, wovor, wozu

❷ *betrekkelijk* für den / die / das, wofür, wozu
waarzeggen wahrsagen
waarzegger Wahrsager *m*
waarzegster Wahrsagerin *v*
waas *nevelige sluier* Schleier *m*
wacht ❶ *het moeten waken* Wache *v* ★ *de ~ betrekken* Wache beziehen ★ *de ~ hebben,* BN *van ~ zijn* Wache schieben ❷ *één persoon* Wächter *m* ▼ *in de ~ slepen* ergattern, einheimsen ▼ *iem. de ~ aanzeggen* jemanden streng (ver)warnen
wachtdag Karenztag *m*
wachtdienst ❶ *waakdienst* Wache *v*, Wachdienst *m* ❷ BN *onregelmatige dienst* Bereitschaftsdienst *m* ★ *~ hebben* Bereitschaft haben
wachten ❶ *in afwachting zijn* erwarten ❷ *in het vooruitzicht staan* zu erwarten sein, bevorstehen ★ *dat staat me nog te ~* das steht mir noch bevor ★ *er staat hem wat te ~!* ihm blüht noch etw.! ❸ *nog niet beginnen* warten, ‹lang› harren
wachter Wache *v*, Wächter *m*
wachtgeld Wartegeld *o*
wachtgelder Wartegeldempfänger *m*, Wartegeldempfängerin *v*
wachthuisje ❶ *schildwachthuisje* Schilderhäuschen *o* ❷ *bus- / tramhokje* Wartehäuschen *o*
wachtkamer ‹station› Wartesaal *m*, ‹dokter› Wartezimmer *o*
wachtlijst Warteliste *v*
wachtmeester Wachtmeister *m*
wachtpost ❶ *persoon* Wachposten *m* ❷ *plaats* Wache *v*
wachtruimte ‹station› Wartesaal *m*, ‹dokter› Wartezimmer *o*
wachttijd Wartezeit *v*, ‹bij verzekering› Karenzzeit *v*
wachtwoord *herkenningswoord* Kennwort *o*, Losung *v*, Parole *v*
wachtzaal BN ‹station› Wartesaal *m*, ‹dokter› Wartezimmer *o*
wad Watt *o* ★ *de Wadden* das Watt
Waddeneiland Watteninsel *v*
Waddenzee Wattenmeer *o*
waden waten
wadjan, **wadjang** Wok *m*
wadlopen Wattlaufen gehen, Wattwandern gehen
wadloper Wattwanderer *m*, Wattläufer *m*
waf wau
wafel Waffel *v*
wafelijzer Waffeleisen *o*
wafelpatroon Waffelmuster *o*
waffel ▼ *houd je ~!* halt die Klappe
wagen I *zn* [de] ❶ *kar* Wagen *m* ★ BN *de ~ aan het rollen brengen* den Stein ins Rollen bringen ❷ *auto* Wagen *m* ❸ *wagon* Wagen *m* **II** *ov ww, durven, riskeren* sich getrauen, sich unterstehen, wagen ★ *waag het eens!* untersteh dich! ★ *wie waagt, die wint* frisch gewagt ist halb gewonnen
wagenpark Wagenpark *m*
wagenwijd sperrangelweit
wagenziek reisekrank
waggelen ❶ *wankelend lopen* watscheln ❷ *wiebelen* watscheln
wagon Waggon *m*, ‹nakeursspelling› Wagon *m*
wajangpop Wajangpuppe *v*

wak Wake *v*
wake Wache *v*
waken ❶ *wakker blijven* wachen ❷ *beschermend toezien* wachen ★ *over iem. ~* über jmdn. wachen, auf jmdn. aufpassen ★ *ervoor ~ dat...,* BN *erover ~ dat...* dafür sorgen, dass... ★ *daar waak ik wel voor* davor paß ich schon auf
waker Wächter *m*
wakker *niet slapend* wach ★ *~ worden* wach werden, erwachen ★ *~ maken* wecken ★ *~ schrikken* aus dem Schlaf aufschrecken ★ *iem. ~ houden* jmdn. wach halten
wal ❶ *waterkant* Ufer *o*, Land *o* ★ *van wal steken* abfahren, absegeln, loslegen ★ *van de wal in de sloot raken* vom Regen in die Traufe kommen ❷ *muur* Wall *m* ❸ *onder ogen* Wulst *m*, Sack *m*
waldhoorn Waldhorn *o*
Wales Wales *o*
walgelijk ekelhaft, widerlich, eklig
walgen sich ekeln ★ *ik walg ervan* mir ekelt davor, es ekelt mich an ★ *ik walg van dit eten* mir ekelt es vor diesem Essen
walging Abscheu *m*, Ekel *m*
Walhalla myth Walhall(a) *o*
walhalla fig Walhall(a) *o*
walkietalkie Walkie-Talkie *o*
wallingant BN pol *Waal die streeft naar autonomie voor Wallonië* wallonische(r) Separatist *m*
Wallonië Wallonien *o*
walm Qualm *m*
walmen qualmen
walnoot ❶ *vrucht* Walnuss *v* ❷ *boom* Walnussbaum *m*
walrus Walross *o*
wals ❶ *dans* Walzer *m* ❷ *pletmachine* Walze *v*
walsen I *ov ww, pletten* walzen **II** *on ww, dansen* Walzer tanzen
walserij Walzwerk *o*
walsmuziek Walzermusik *v*
walvis Wal *m*
walvisvaarder Walfangschiff *o*, Walfänger *m*
wanbedrijf BN jur *misdrijf of zware overtreding* ≈ Verbrechen *o*
wanbegrip Missverständnis *o*
wanbeheer Misswirtschaft *v*
wanbeleid Misswirtschaft *v* ★ *een ~ voeren* Misswirtschaft treiben
wanbetaler schlechte(r) Zahler *m*
wand *muur* Wand *v*
wandaad Untat *v*
wandbetimmering Wandtäfelung *v*
wandcontactdoos Steckdose *v*
wandel Spaziergang *m* ★ *aan de ~ zijn* einen Spaziergang machen ★ *de handel en ~ van* der Lebenswandel von [+3]
wandelaar Spaziergänger *m*, sport Wanderer *m*
wandelen spazieren, form wandeln ★ *gaan ~* spazieren gehen, einen Spaziergang machen ▼ BN *iem. ~ sturen* jemanden abwimmeln, jemanden abspeisen
wandelgang Wandelhalle *v*
wandeling Spaziergang *m* ▼ *in de ~* gewöhnlich, gemeinhin
wandelkaart Wanderkarte *v*
wandelpad Fußweg *m*, ‹voor wandelingen›

wa

Spazierweg *m*
wandelpas Spaziertempo *o*, Spazierschritt *m*
wandelroute Wanderroute *v*
wandelschoen Laufschuh *m*, ⟨voor tochten⟩ Wanderschuh *m*
wandelsport Wandersport *m*
wandelstok Spazierstock *m*
wandeltocht ⟨kort⟩ Spaziergang *m*, ⟨lang⟩ Wanderung *v*
wandelwagen Kinderwagen *m*
wandkleed Wandbehang *m*, Wandteppich *m*
wandluis Wanze *v*
wandmeubel Anbaumöbel *o*, Schrankwand *v*, Anbauschrank *m*
wandrek sport Sprossenwand *v*
wandschildering Wandmalerei *v*, Wandgemälde *o*
wanen wähnen, glauben ★ *zich ~* sich wähnen
wang Wange *v*
wangedrag schlechte(s) Benehmen *o*
wangedrocht Scheusal *o*, Missgeburt *v*, Ungeheuer *o*
wanhoop Verzweiflung *v* ★ *iem. tot ~ brengen* jmdn. zur Verzweiflung bringen ★ *de ~ nabij zijn* der Verzweiflung nahe sein
wanhoopsdaad Verzweiflungstat *v*
wanhoopskreet Verzweiflungsschrei *m*, Verzweiflungsruf *m*
wanhopen verzweifeln
wanhopig verzweifelt ★ *~ maken* zur Verzweiflung bringen ★ *het is om ~ van te worden* es ist zum Verzweifeln
wankel ❶ *onvast* wackelig ★ *~ evenwicht* labile(s) Gleichgewicht *o* ❷ *ongewis* schwankend, wankend
wankelen ❶ *onvast gaan / staan* schwanken, wanken ❷ fig *instabiel zijn* schwanken ★ *zijn troon wankelde al lang* sein Thron wackelte schon lange
wankelmoedig wankelmütig, unbeständig
wanklank lett Missklang *m*, Misston *m*
wanneer I *vr vnw* wann **II** *vw* ❶ *op het moment dat* wenn ❷ *in het geval dat* wenn
wanorde Unordnung *v*, Durcheinander *o* ★ *in ~ brengen* durcheinanderbringen
wanordelijk ungeordnet, unordentlich, inform schlampig
wanprestatie ❶ *slechte prestatie* Fehlleistung *v* ❷ jur Nichterfüllung *v*
wanproduct schlechte(s) Produkt *o*
wansmaak Geschmacklosigkeit *v*, üble(r) Geschmack *m*
wanstaltig missgestaltet
want I *zn* [de], *handschoen* Fäustling *m*, Fausthandschuh *m* **II** *zn* [het] ❶ *scheepstouwen* Tauwerk *o*, Want *v* ❷ *visnetten* Fischernetze *mv* ▾ *van wanten weten* seine Sache verstehen **III** *vw* denn
wantoestand Missstand *m*, Fausthandschuh *m*
wantrouwen I *zn* [het] Misstrauen *o* **II** *ov ww* misstrauen
wantrouwig misstrauisch
wants Wanze *v*
wanverhouding Missverhältnis *o*
WAO *Wet op de Arbeidsongeschiktheidsverzekering* Erwerbsunfähigkeitsversicherungsgesetz *o* ★ *in de WAO zitten* Erwerbsunfähigkeitsrente beziehen
wap comp *wireless application protocol* Wap *o*
wapen ❶ *strijdmiddel* Waffe *v* ★ *de ~s opnemen* zu den Waffen greifen ❷ *wapenschild* Wappen *o* ▾ *met gelijke ~en strijden* mit gleichen Waffen kämpfen ▾ *onder de ~en komen* (zum Dienst) eingezogen / einberufen werden
wapenarsenaal Waffenarsenal *o*
wapenbeheersing Rüstungskontrolle *v*
wapenbezit Waffenbesitz *m*
wapenembargo Waffenembargo *o*
wapenen ❶ *bewapenen* bewaffnen ★ *zich ~ tegen* sich bewaffnen gegen ❷ fig *versterken* wappnen
wapenfeit ❶ *oorlogsdaad* Kriegshandlung *v* ❷ *roemrijke daad* Heldentat *v*
wapengeweld Waffengewalt *v*
wapenhandel *handel* Waffenhandel *m*
wapenhandelaar Waffenhändler *m*
wapenleverantie Waffenlieferung *v*
wapenrusting Rüstung *v*
wapenschild Schild *m*
wapenschouw Truppenschau *v*
wapenspreuk Wappenspruch *m*
wapenstilstand Waffenstillstand *m*
wapenstok Gummiknüppel *m*
wapentuig Kriegsgerät *o*, Kriegsmaterial *o*
wapenvergunning Waffenschein *m*, Waffenerlaubnis *v*
wapenwedloop Wettrüsten *o*
wappen comp wappen
wapperen flattern
war ▾ psych *in de war zijn* verwirrt sein, in Verwirrung sein ▾ psych *iem. in de war brengen* jemanden verwirren, jemanden aus dem Konzept bringen, jemanden aus der Fassung bringen ▾ *in de war zijn* ⟨ongeordend⟩ durcheinander sein, in Unordnung sein
warboel Wirrwarr *m*, Durcheinander *o*
warempel richtig, leibhaftig
waren I *de mv* → **waar II** *ww* [verl. td.] → **wezen III** *ww* [verl. td.] → **zijn**
warenhuis Warenhaus *o*, Kaufhaus *o*
warenwet Lebensmittelgesetz *o*
warhoofd Wirrkopf *m*
warm ❶ *met hoge temperatuur* warm, ⟨heet⟩ heiß ❷ *hartelijk* warm ★ *een warm onthaal* ein herzlicher Empfang ❸ *enthousiast* warm ★ *een warm voorstander* ein eifriger Verfechter ★ *iem. warm maken voor iets* jmdn. für etw. begeistern
warmbloedig ❶ biol warmblütig ❷ *vurig* heißblütig
warmdraaien *op juiste temperatuur komen* warm laufen, sport sich aufwärmen
warmen *warm maken* (er)wärmen
warming-up sport Aufwärmen *o*
warmlopen ❶ sport sich warm laufen, sich einlaufen ❷ *warm worden* heißlaufen ❸ *enthousiast worden* sich erwärmen, sich begeistern
warmpjes warm ▾ *er ~ bij zitten* keine Not leiden, gut betucht sein
warmte ❶ *(hoge) temperatuur* Wärme *v* ❷ *hartelijkheid* Wärme *v*
warmtebesparing Energie(ein)sparung *v*
warmtebron Wärmequelle *v*

warmtegeleider Wärmeleiter *m*
warmwaterbron Thermalquelle *v*
warmwaterkraan Warmwasserhahn *m*
warrelen wirbeln ▾ *gedachten ~ door haar hoofd* Gedanken schwirren ihr durch den Kopf
warrig verwirrt, ⟨onduidelijk⟩ verworren
wars ~ van *afkerig van* abgeneigt
Warschau Warschau *o*
Warschaus Warschauer
wartaal verworrene(s) Zeug *o* ★ *~ uitslaan* verworrenes Zeug / Unsinn reden
warwinkel Wirrwarr *m*, Durcheinander *o*
was I *zn* [de] ❶ *het wassen* Wäsche *v* ★ *de was doen* waschen ❷ *wasgoed* ★ *bonte was* Buntwäsche *v* ★ *de vuile was buiten hangen* seine schmutzige Wäsche (vor anderen) waschen **II** *zn* [de/het], *vettige stof* Wachs *o* ★ *met was bestrijken* wachsen ★ *goed in de slappe was zitten* gut bei Kasse sein **III** *ww* [verl. td.] → **wezen IV** *ww* [verl. td.] → **zijn**
wasautomaat Waschautomat *m*, ⟨volautomatisch⟩ Waschvollautomat *m*
wasbak Waschbecken *o*
wasbeer Waschbär *m*
wasbenzine Waschbenzin *o*
wasbeurt ★ *iemand / iets een ~ geven* jmdn. / etw. gründlich waschen
wasbord ❶ *wasplank* Waschbrett *o* ❷ fig *platte buik* Waschbrettbauch *m*
wasdag Waschtag *m*
wasdom Wachstum *o*
wasdroger Wäschetrockner *m*
wasecht waschecht, ⟨in de wasmachine⟩ waschmaschinenfest
wasem Dunst *m*, Dampf *m*
wasemen ausdunsten, dampfen
wasemkap Dunstabzugshaube *v*
wasgelegenheid Waschgelegenheit *v*
wasgoed Wäsche *v*
washandje Waschlappen *m*
wasinrichting Wäscherei *v*
wasknijper Wäscheklammer *v*
waskrijt Wachs(mal)kreide *v*
waslijn Wäscheleine *v*
waslijst *lange lijst* Auflistung *v*, (lange) Liste *v*
wasmachine Waschmaschine *v*
wasmand Wäschekorb *m*
wasmiddel Waschmittel *o*
waspeen (gewaschene) Möhre *v*, Karotte *v*
waspoeder Waschpulver *o*
wasprogramma Waschprogramm *o*
wassen I *ov ww, reinigen* waschen ★ *borden ~* Teller spülen ★ *zijn handen ~* sich die Hände waschen **II** *on ww, toenemen* zunehmen, im Zunehmen sein, ⟨groeien⟩ wachsen ★ *~d water* das wachsende / steigende Wasser **III** *bnw, van was* wächsern, Wachs-
wassenbeeldenmuseum Wachsfigurenkabinett *o*
wasserette Waschsalon *m*
wasserij Wäscherei *v*, ⟨stomerij⟩ (chemische) Reinigung *v*
wasstraat Waschstraße *v*
wastafel Waschbecken *o*
waste [verl. td.] → **wassen**
wasten [verl. td.] → **wassen**
wastobbe Waschzuber *m*, Waschtrog *m*
wasverzachter Weichspüler *m*
wasvoorschrift Waschanleitung *v*
wat I *bijw* ❶ *een beetje* etwas ★ *wel wat laat* schon etw. spät ★ *het gaat wat langzaam* es geht etw. langsam ★ *heel wat gehoord* sehr viel gehört ★ *nogal wat* ziemlich viel, nicht wenig ★ *vrij wat* bedeutend viel ★ *ik heb wat moois* ich habe etw. / was Schönes ❷ *erg* sehr ★ *je deed het maar wat graag!* du tatest es nur zu gern! ★ *ze zijn wat blij!* sie sind vielleicht glücklich! **II** *vr vnw* ❶ was, welch ★ *wat nu weer?* was ist jetzt wieder? ★ *wat is er?* was ist (los)? ★ *wat zal het zijn?* was darf es sein? ★ *van wat voor boeken houd je?* welche Bücher magst du? ★ *wat is hij voor een man?* was für ein Mann ist er? ★ *wat lach je?* was lachst du? ❷ *bijvoeglijk* was ★ *wat voor boek is dat?* was für ein Buch ist das? ❸ *welk(e) ding(en)* was ★ *wat zeg je?* wie bitte? ★ *wat doe je?* was machst du? ★ *wát dan?* was denn? ★ *wat dán?* was dann? ★ *wat is dat?* was ist das? ★ *wat zou dat?* was sollte das? ❹ *indirect vragend* was ★ *ik weet niet wat ik zeggen moet* ich weiß nicht, was ich sagen soll ❺ *uitroep* ★ *wat mooi!* wie schön! ★ *wat een boeken!* so viele Bücher! ★ *wat een mensen!* so viele Leute! ★ *wat een pech!* was für ein Pech!, so ein Pech! ★ *och wat!* ach was! ★ *wat heeft hij geschreeuwd!* wie er geschrien hat! ★ *wat zijn ze goed geweest!* wie gut sie gewesen sind! **III** *betr vnw* was ★ *doe wat ik je zeg* mach, was ich sage ★ *dat is alles wat ik nodig heb* das ist alles, was ich brauche ★ *het ergste wat je kan overkomen* das Schlimmste, was dir passieren kann ★ *hij zegt dat hij ziek is, wat ik niet geloof* er sagt, dass er krank ist, was ich nicht glaube ★ *wat hij ook doet* was er auch macht ★ *wat mij betreft* was mich betrifft **IV** *onb vnw* ❶ was, etwas ★ *er zit wat in* da ist was Wahres dran ★ *geef haar ook wat* gib ihr auch was ★ *neem nog wat druiven* nimm noch ein paar Trauben ★ *blijf nog wat* bleib noch etw. ★ *wat er ook gebeurt* was auch geschehen mag ❷ *een beetje* was, etwas ★ *wat zout* etw. Salz ★ *wat voor voorwaarden hij ook stelt* welche Bedingungen er auch stellt ★ *heel wat werk* ganz schön viel Arbeit ★ *zo makkelijk als wat* so einfach wie sonst was ★ *het is me wat!* das ist vielleicht was! ★ *wat nieuws* etw. Neues ★ *wat geld / wijn* etw. Geld / Wein ❸ *enkele* ein paar ★ *ik heb wat aardbeien genomen* ich habe ein paar Erdbeeren genommen ❹ *iets* etwas ★ *dat is wat anders* das ist etw. Anderes ▾ *voor wat hoort wat* eine Hand wäscht die andere **V** *uitr vnw* ★ *wat leuk / mooi!* wie schön! ★ *wat ben ik blij!* was bin ich froh! ★ *wat een leven!* was für ein Leben! ★ *wat een fouten!* so viele Fehler! ★ *wat is je broer een geluksvogel!* ist dein Bruder aber ein Glückspilz!
water ❶ *vloeistof* Wasser *o* ★ *koolzuurhoudend ~*, BN *bruisend ~* Mineralwasser mit Kohlensäure, Sprudel *o* ★ BN *plat ~* stille(s) Mineralwasser ★ *op ~ en brood* bei Wasser und Brot ❷ *natuurlijke bedding met water* Wasser *o* ★ *te ~* auf dem Wasser ★ *te ~ laten* vom Stapel laufen lassen ★ *het verkeer te ~* der Wasserverkehr ★ *de ~en van Nederland* die Gewässer von den Niederlanden ▾ *stille ~s hebben diepe gronden*

stille Wasser sind tief ▾ *ik voel het aan mijn ~* das sagt mir mein Gefühl ▾ *weer boven ~ komen* wieder auftauchen ▾ *in het ~ vallen* ins Wasser fallen, in die Binsen gehen ▾ *~ bij de wijn doen* gelindere Saiten aufziehen ▾ *~ naar de zee dragen* Eulen nach Athen tragen ▾ *het ~ staat hem tot de lippen* das Wasser geht / steht ihm bis an den Hals ▾ BN *~ en bloed zweten* schwitzen wie ein Affe
waterachtig wäss(e)rig
waterafstotend Wasser abweisend, wasserfest, Wasser abstoßend
waterballet *ballet* Wasserballett *o*
waterbed Wasserbett *o*
waterbekken Wasserbecken *o*
waterbestendig wasserfest, wasserbeständig
waterbloem Wasserblume *v*
waterbouwkunde Wasserbau *m*
waterdamp Wasserdampf *m*
waterdicht ❶ *niet waterdoorlatend* wasserdicht, wasserfest, wasserundurchlässig ❷ *onweerlegbaar* einwandfrei, lückenlos
waterdier Wassertier *o*
waterdruk Wasserdruck *m*
waterdruppel Wassertropfen *m*
wateren ❶ *vocht afscheiden* wässern ❷ *urineren* sein Wasser abschlagen, urinieren
waterfiets Tretboot *o*
waterfietsen mit einem Tretboot fahren
watergekoeld wassergekühlt
waterglas *drinkglas* Wasserglas *o*
watergolf Wasserwelle *v*
watergolven Wasserwellen legen
watergruwel ≈ Nachspeise *v* aus Grütze mit Rosinen in Johannisbeersaft und Zucker
waterhardheid Wasserhärte *v*
waterhoen Teichhuhn *o*
waterhoofd med Wasserkopf *m*
waterhuishouding ⟨van gebied⟩ Wasserwirtschaft *v*, ⟨van organisme⟩ Wasserhaushalt *m*
waterig ❶ *als water* wässrig ❷ *met veel water* wässrig
waterijsje Wassereis *o*
watering BN *waterschap* ≈ Wasserverband *m*, ≈ Wasserwirtschaftsamt *o*
waterjuffer Libelle *v*, Wasserjungfer *v*
waterkanon Wasserwerfer *m*
waterkant Ufer *o*
waterkering Wehr *o*
waterkers Kresse *v*
waterkoeling Wasserkühlung *v*
waterkoker Wasserkocher *m*
waterkonijn BN cul Bisamratte *v*
waterkraan Wasserhahn *m*
waterkracht Wasserkraft *v*
waterkrachtcentrale Wasserkraftwerk *o*
waterlanders Tränen *mv*
waterleiding Wasserleitung *v*
waterleidingbedrijf Wasserwerk *o*
waterlelie Seerose *v*, Teichrose *v*
waterlijn *lijn van waterniveau* Wasserlinie *v*
waterloo ▾ *zijn ~ vinden* sein Waterloo erleben
Waterman *dierenriemteken* Wassermann *m*
watermeloen Wassermelone *v*
watermerk Wasserzeichen *o*
watermolen Wassermühle *v*
wateroppervlak Wasseroberfläche *v*
wateroverlast Schwierigkeiten *v mv* durch (Hoch)Wasser
waterpas I *bnw* waagerecht, horizontal **II** *zn* [het] Wasserwaage *v*
waterpeil Wasserstand *m*, Pegelstand *m*
waterpijp Wasserpfeife *v*
waterpistool Wasserpistole *v*
waterplaats *urinoir* Pissoir *o*, öffentliche Toilette *v*
waterplant Wasserpflanze *v*
waterpokken Wasserpocken *mv*, Windpocken *mv*
waterpolitie Wasserpolizei *v*
waterpolo Wasserball *m*
waterpomptang Rohrzange *v*
waterproof wasserdicht, wasserfest
waterput Brunnen *m*, ⟨opvang van regenwater⟩ Zisterne *v*
waterrad Wasserrad *o*
waterrat ❶ *dier* Wasserratte *v*, Schermaus *v* ❷ *persoon* Wasserratte *v*
waterreservoir Wasserreservoir *o*, Wasserbecken *o*, Wasserbehälter *m*
waterrijk wasserreich
waterschade Wasserschaden *m*
waterschap ≈ Wasserverband *m*, ≈ Wasserwirtschaftsamt *o*
waterschapsbelasting Wasserschutzgebühren *v mv*
waterscheiding Wasserscheide *v*
waterschildpad Wasserschildkröte *v*
waterschuw wasserscheu
waterscooter Wasserscooter *m*
waterskiën Wasserski fahren
waterslang ❶ *dier* Wasserschlange *v* ❷ *gereedschap* Wasserschlauch *m*
watersnip Bekassine *v*
watersnood Hochwasserkatastrophe *v*, ⟨overstroming⟩ Überschwemmung *v*
watersnoodramp Hochwasserkatastrophe *v*, Flutkatastrophe *v*
waterspiegel ❶ *oppervlakte* Wasserspiegel *m* ❷ *peil* Wasserspiegel *m*
watersport Wassersport *m*
waterstaat ❶ *watergesteldheid* Wasserwirtschaft *v* ❷ *dienst* Wasserwirtschaftsamt *o*
waterstand Wasserstand *m*
waterstof Wasserstoff *m*
waterstofbom Wasserstoffbombe *v*
waterstofperoxide Wasserstoffperoxid *o*
waterstraal Wasserstrahl *m*
watertanden sich alle zehn Finger lecken, begehren ★ *iem. doen ~* jmdm. den Mund wässrig machen ★ *het is om van te ~* da läuft einem das Wasser im Munde zusammen
watertaxi Wassertaxi *o*
watertoevoer Wasserzufuhr *v*, Wasserzufluss *m*
watertoren Wasserturm *m*
watertrappen, **watertrappelen** Wasser treten
waterval Wasserfall *m*
waterverf Wasserfarbe *v*
waterverontreiniging Wasserverunreinigung *v*, Wasserverschmutzung *v*
watervlak Wasserfläche *v*, ⟨oppervlak⟩

Wasseroberfläche *v*
watervliegtuig Wasserflugzeug *o*
watervlug wieselflink
watervogel Wasservogel *m*
watervoorziening Wasserversorgung *v*
watervrees Wasserscheu *v*
waterweg Wasserstraße *v*
waterwerk ❶ *geheel van fonteinen* Wasserspiele *mv* ❷ *bouwwerk in het water* Wasser(bau)werk *o*
waterwingebied Trinkwassergewinnungsgebiet *o*
waterzooi BN cul Hühnersuppe *v* mit Gemüse- und Geflügeleinlage
waterzuiveringsinstallatie Klärungsanlage *v*
watje ❶ *propje watten* Wattebausch *m* ❷ *persoon* Schlappschwanz *m*
watt Watt *o*
wattage Wattleistung *v*
watten Watte *v*
wattenstaafje Wattestäbchen *o*
watteren (aus)wattieren
wauw wau
wauwelen faseln, schwafeln
wave La-Ola-Welle *v*
WA-verzekering Haftpflichtversicherung *v*
waxen wachsen
waxinelichtje Teelicht *o*
wazig *vaag* verschwommen, neblig, dunstig ★ *~e omtrekken* verschwommene(n) Umrisse
wc Toilette *v*, WC *o*, inform Klo *o* ★ *ik moet naar de wc* ich muss auf die Toilette, ich muss aufs Klo ★ *naar de wc gaan* auf die Toilette gehen, inform aufs Klo gehen
wc-borstel Klobürste *v*
wc-bril Klosettsitz *m*, inform Klobrille *v*
wc-papier Toilettenpapier *o*, inform Klopapier *o*
wc-pot Kloschüssel *v*
wc-rol Klorolle *v*, Toilettenrolle *v*
we → **wij**
web ❶ *spinnenweb* Spinnennetz *o* ❷ *netwerk* Netz *o*
webadres comp Webadresse *v*
webcam comp Webcam *v*
webdesign Webdesign *o*
weblog comp Weblog *o*
webmaster comp Webmaster *m*
webpagina comp Webseite *v*
website comp Website *v*
wecken einmachen, einwecken
weckfles Einweckglas *o*
weckpot Einmachglas *o*, Einweckglas *o*
wedde BN *loon* Gehalt *o*
wedden wetten
weddenschap Wette *v*
wederdienst Gegendienst *m*, Gegenleistung *v*
wedergeboorte ❶ *reïncarnatie* Wiedergeburt *v* ❷ fig *herleving* Wiedergeburt *v*
wederhelft Ehegatte *m*, inform bessere Hälfte *v*
wederhoor → **hoor**
wederkerend rückbezüglich, taalk reflexiv
wederkerig wechselseitig, gegenseitig
wederom abermals, wiederum
wederopbouw Wiederaufbau *m*
wederopstanding rel Auferstehung *v*
wederrechtelijk jur widerrechtlich, rechtswidrig

wa

wederverkoper Wiederverkäufer *m*, Zwischenhändler *m*
wedervraag Gegenfrage *v*, Rückfrage *v*
wederzien → **weerzien**
wederzijds wechselseitig, gegenseitig, beiderseitig
wedijver Wetteifer *m*, ⟨concurrentie⟩ Konkurrenz *v*
wedijveren wetteifern
wedje Wette *v*
wedloop Wettlauf *m*
wedren Wettrennen *o*, Rennen *o*, ⟨paardenrace⟩ Hindernisrennen *o*
wedstrijd Wettkampf *m*, Rennen *o*, ⟨auto's / boten e.d.⟩ Wettfahrt *v*, ⟨voetbalmatch e.d.⟩ Spiel *o*, ⟨race⟩ Wettrennen *o*, ⟨concours⟩ Wettbewerb *m*
wedstrijdbeker Pokal *m*
wedstrijdleider Spielleiter *m*, Schiedsrichter *m*, Kampfrichter *m*
wedstrijdleiding Kampfgericht *m*, Kampfjury *v*
wedstrijdsport Leistungssport *m*
weduwe Witwe *v*
weduwepensioen Witwenrente
weduwnaar Witwer *m*
wee I *zn* [de/het] Wehe *v* **II** *bnw* ★ *wee van de honger* schwach vor Hunger ★ *weeë lucht* fade(r) / widerliche(r) Geruch
weefde [verl. td.] → **weven**
weefden [verl. td.] → **weven**
weefgetouw Webstuhl *m*
weefsel ❶ *stof* Gewebe *o* ❷ biol Gewebe *o*
weegbree plantk Wegerich *m*
weegbrug Brückenwaage *v*, ⟨treinwagons⟩ Gleiswaage *v*
weegs ▼ *zijns ~ gaan* seines Weges gehen
Weegschaal *dierenriemteken* Waage *v*
weegschaal Waage *v* ★ *zij legt elk woord op de ~* sie legt jedes Wort auf die Goldwaage
weeïg übel, schlecht
week I *zn* [de] ❶ *zeven dagen* Woche *v* ★ *de Goede / Stille Week* die Karwoche ★ *door de week* werktags, unter der Woche ❷ *het weken* Einweichen *o* ★ *in de week leggen / zetten* einweichen **II** *bnw* ❶ *zacht van materie* weich ❷ *zacht van karakter* ★ *iem. week maken* jmdn. erweichen **III** *ww* [verl. td.] → **wijken**
weekblad Wochenzeitschrift *v*, Wochenblatt *o*
weekdag BN *werkdag* Werktag *m*
weekdier Weichtier *o*
weekeinde, **weekend** Wochenende *o*
weekenddienst Notdienst *m*
weekendretour Sonntagsrückfahrkarte *v*
weekendtas ≈ Reisetasche *v*
weekhartig weichherzig
weeklagen wehklagen, inform jammern
weekloon Wochenlohn *m*
weekoverzicht Wochenschau *v*
weelde ❶ *overvloed* Überfluss *m*, Fülle *v*, Üppigkeit *v* ★ *een ~ aan kleuren* eine Farbenfülle ❷ *luxe* Luxus *m*, Pracht *v*
weelderig ❶ *overvloedig* aufwendig, aufwändig, ⟨groei⟩ üppig ❷ *luxueus* luxuriös
weemoed Wehmut *v* ★ *met ~ aan iets denken* mit Wehmut an etw. zurückdenken
weemoedig wehmütig

Weens Wiener, wienerisch
weer I *zn* [het] ❶ *weersgesteldheid* Wetter *o*, ⟨weertype over langere periode⟩ Witterung *v* ★ *zwaar weer* böse(s) / schwere(s) Wetter ★ *weer of geen weer* wie das Wetter auch ist ★ *mooi weer spelen* gut Wetter machen ★ BN *het mooie weer maken* ⟨populair zijn⟩ populär sein, beliebt sein ❷ *verwering* Verwitterung *v* ★ *het weer zit in de spiegel* der Spiegel ist blind **II** *bijw, opnieuw* wieder, aufs Neue ★ *hoe heet hij ook weer?* wie heißt er doch / denn gleich?
weerbaar wehrhaft
weerballon Wetterballon *m*
weerbarstig ❶ *koppig* störrisch, aufsässig, widerspenstig ❷ *stijf en stug* starr, steif
weerbericht Wetterbericht *m*, Wettervorhersage *v*
weerga seines- / ihresgleichen ▾ *om de ~ niet* beileibe nicht
weergalmen widerhallen, schallen
weergaloos unvergleichlich, beispiellos
weergave ❶ *representatie* Wiedergabe *v* ❷ *vertolking* Wiedergabe *v*
weergeven ❶ *reproduceren* wiedergeben ❷ *vertolken* wiedergeben
weerhaak Widerhaken *m*
weerhaan lett Wetterfahne *v*, Wetterhahn *m*
weerhouden ❶ *beletten* verhindern ❷ BN *bezighouden* beschäftigen ❸ BN *in overweging nemen* in Erwägung ziehen
weerhuisje Wetterhäuschen *o*
weerkaart Wetterkarte *v*
weerkaatsen I *ov ww, terugkaatsen* zurückwerfen, zurückstrahlen, reflektieren **II** *on ww, teruggekaatst worden* zurückprallen, ⟨licht⟩ zurückstrahlen, ⟨geluid⟩ widerhallen
weerklank ❶ *echo* Widerhall *m* ❷ *instemming* Anerkennung *v*, Beifall *m*, Anklang *m*
weerklinken ertönen, erschallen
weerkunde Wetterkunde *v*, Meteorologie *v*
weerkundige Meteorologe *m* [v: Meteorologin]
weerleggen widerlegen
weerlegging Widerlegung *v*
weerlicht Wetterleuchten *o*
weerlichten wetterleuchten, ⟨bliksemen⟩ blitzen
weerloos wehrlos
weermacht Wehrmacht *v*
weerman Präsentator *m* der Wettervorhersage im Fernsehen, humor Wetterfrosch *m*
weerom zurück, ⟨opnieuw⟩ wieder
weeromstuit ▾ *van de ~ lachen* vom Lachen angesteckt werden
weeroverzicht Wetterbericht *m*
weersatelliet Wettersatellit *m*
weerschijn Widerschein *m*, Glanz *v*, ⟨zeer lichte reflectie⟩ Schimmer *m*
weerschijnen widerspiegeln
weersgesteldheid Witterung *v*, ⟨situatie⟩ Wetterlage *v*
weerskanten beide(n) Seiten *mv* ★ *aan ~* auf beiden Seiten ★ *van ~* von beiden Seiten, beiderseits
weerslag *reactie* Rückwirkung *v*
weersomstandigheden Wetterverhältnisse *mv*, Witterungsverhältnisse *mv*
weerspannig widerspenstig, form renitent
weerspiegelen *een spiegelbeeld geven van* widerspiegeln
weerspiegeling Widerspieg(e)lung *v*, ⟨afspiegeling⟩ Spiegelbild *o*
weerspreken widersprechen [+3]
weerspreuk Wetterregel *v*, Bauernregel *v*
weerstaan widerstehen
weerstand ❶ *tegenstand* Widerstand *m* ★ *~ bieden* Widerstand leisten ★ *de weg van de minste ~ kiezen* den Weg des geringsten Widerstandes wählen ❷ *deel van stroomkring* Widerstand *m*
weerstandsvermogen Widerstandsfähigkeit *v*
weerstation Wetterstation *v*
weersverandering Wetter(ver)änderung *v*, Wetterumschlag *m*, Wetterwechsel *m*
weersverbetering Wetterbesserung *v*
weersverschijnsel Wettererscheinung *v*, Witterungserscheinung *v*
weersverwachting Wetteraussichten *mv*
weersvoorspeller Wetterprophet *m*
weersvoorspelling Wettervorhersage *v*
weerszijden ▾ *aan ~* an beiden Seiten, beidseitig ▾ *van ~* von beiden Seiten, beiderseitig zu beiden Seiten [+2]
weertoestand Wetterlage *v*
weertype Wettertyp *m*
weerwil ▾ *in ~ van* trotz [+2] ungeachtet [+2] ohne Rücksicht auf [+4]
weerwolf Werwolf *m*
weerwoord Erwiderung *v*, Entgegnung *v*, ⟨tegenspraak⟩ Widerwort *o*, ⟨tegenspraak⟩ Widerrede *v*
weerzien I *zn* [het] Wiedersehen *o* ★ *tot ~s* auf Wiedersehen **II** *ov ww* wiedersehen
weerzin Widerwille *m*
weerzinwekkend widerlich
wees I *zn* [de] Waise *v* **II** *ww* [verl. td.] → **wijzen**
Weesgegroet Ave-Maria *o*
weeshuis Waisenhaus *o*
weeskind Waisenkind *o*
weet I *zn* [de] ▾ *aan de weet komen* erfahren, ausfindig machen ▾ *ergens weet van hebben* etwas wissen ▾ *nergens weet van hebben* nichts wissen ▾ *het is maar een weet* man muss es nur wissen **II** *ww* [verl. td.] → **wijten**
weetal Alleswisser *m*
weetgierig wissbegierig
weetje Wissenswerte(s) *o* ▾ *zijn ~ wel weten* gut Bescheid wissen
weg I *zn* [de] ❶ *straat* Weg *m*, Straße *v* ★ *de grote weg* die Hauptstraße ★ *op de openbare weg* auf öffentlicher Straße ★ *altijd op de weg zitten* immer auf der Straße liegen ★ *aan de weg timmeren* seinen Weg gehen / machen ❷ *traject* Strecke *v*, Route *v* ★ *de weg kwijtraken* sich verfahren / verlaufen ★ *iem. de weg vragen* jmdn. nach dem Weg fragen ★ *op weg gaan* sich auf den Weg machen ❸ fig *(levens)loop* ★ *zijn eigen weg gaan* seinen eigenen Weg gehen ★ *zijn weg vinden* seinen Weg machen ★ *iem. op weg helpen* jmdm. auf die Sprünge helfen ★ *goed op weg zijn* auf dem besten Wege sein ★ *op de goede weg zijn* auf dem rechten Weg sein, auf dem richtigen Weg sein ★ *hij zal zijn weg wel vinden* er wird seinen Weg schon machen ❹ *doortocht* Weg *m* ★ *de weg effenen voor iets / iemand* etw. / jmdm.

den Weg ebnen ★ *als niets in de weg komt* wenn nichts in die Quere kommt ★ *uit de weg ruimen* aus dem Weg räumen / schaffen ❺ *manier, middel* Weg *m* ★ *langs de officiële weg* auf dem Dienstweg ★ *de weg van de minste weerstand kiezen* den Weg des geringsten Widerstandes wählen **II** *bijw* ❶ *afwezig* weg, fort ★ *weg met X!* fort / nieder mit X! ★ *weg ermee!* fort / weg damit! ★ *ik durf niet weg* ich wage mich nicht wegzugehen ❷ *zoek* verschwunden, weg ❸ **~ van** hingerissen von, weg von ▼ *veel van iem. weg hebben* jemandem ähnlich sehen ▼ *het heeft er veel van weg dat...* es sieht sehr danach aus, dass...

wegaanduiding ⟨bewegwijzering⟩ Wegmarkierung *v*, ⟨routebeschrijving⟩ Wegbeschreibung *v*

wegbenen wegstiefeln

wegbereider Wegbereiter *m*

wegbergen wegräumen, ⟨opsluiten⟩ wegschließen, ⟨leggen⟩ weglegen

wegblazen wegblasen

wegblijven ❶ *niet komen* wegbleiben ❷ *niet terugkomen* fernbleiben

wegbonjouren hinauskomplimentieren

wegbranden I *ov ww, verbranden* wegbrennen ★ *weefsel ~* Gewebe wegätzen **II** *on ww, verbrand worden* wegbrennen ▼ *ze is er niet weg te branden* sie ist dort nicht wegzukriegen

wegbreken abreißen

wegbrengen ❶ *elders brengen* fortbringen, ⟨arrestant e.d.⟩ abführen ❷ *vergezellen* wegbringen

wegcijferen *wegredeneren* außer Acht lassen

wegcircuit Rennstrecke *v*

wegcode BN *verkeersreglement* Straßenverkehrsordnung *v*

wegdek Fahrbahndecke *v*, Straßendecke *v*

wegdenken fortdenken, wegdenken

wegdoen ❶ *niet langer houden* abschaffen ❷ *opbergen* wegschließen, weglegen, wegstecken, wegtun

wegdoezelen einnicken

wegdommelen eindämmern, einduseln, in Halbschlaf versinken

wegdraaien I *ov ww* ausblenden **II** *on ww* wegdrehen

wegdragen ❶ *naar elders dragen* forttragen ❷ *verwerven* wegtragen

wegdrijven I *ov ww, verdrijven* wegtreiben ★ *het vee werd weggedreven* das Vieh wurde weggetrieben **II** *on ww, zich drijvend verwijderen* wegtreiben, davontreiben

wegdrukken wegdrücken, zur Seite drücken

wegduiken sich (weg)ducken, ⟨in water⟩ untertauchen, ⟨zich in veiligheid brengen⟩ von der Bildfläche verschwinden

we

wegduwen wegschieben ★ *gedachten ~* Gedanken verdrängen

wegebben langsam verschwinden, ⟨geluid⟩ verebben

wegen I *ov ww, gewicht bepalen* wiegen, ⟨overdenken⟩ wägen ★ *na lang wikken en ~* nach reiflicher Erwägung, nach langem Hin und Her **II** *on ww, genoemde gewicht hebben* wiegen, ⟨van belang zijn⟩ ins Gewicht fallen

wegenaanleg Straßenbau *m*

wegenatlas Straßenatlas *m*

wegenbelasting Kraftfahrzeugsteuer *v*

wegenbouw Straßenbau *m*

wegenkaart Straßenkarte *v*

wegennet Straßennetz *o*

wegens wegen [+2], aufgrund von [+3], auf Grund von [+3]

wegenwacht ❶ *dienst* ADAC *m* ❷ *persoon* Straßenwacht *v*

weg- en waterbouw Straßen- und Wasserbau *m*

weggaan weggehen

weggebruiker Verkehrsteilnehmer *m*

weggeven ❶ *cadeau doen* wegschenken, verschenken ❷ *ten beste geven* weggeben ★ *een show ~* eine Show zum Besten geben

weggevertje Kleinigkeit *v*, ⟨cadeautje⟩ kleine(s) Geschenk *o*, ⟨tentamenvraag⟩ leichte Examensfrage *v*

wegglippen wegschlüpfen

weggooiartikel Wegwerfartikel *m*, Einwegartikel *m*

weggooien *wegdoen* wegwerfen

weggooiverpakking Einwegverpackung *v*

weggrissen weggrapschen

weghalen ❶ *wegnemen* wegnehmen ❷ *wegvoeren* ★ *een gevangene ~* einen Gefangenen abführen

weghelft Straßenseite *v*, ⟨rijstrook⟩ Fahrspur *v* ★ *op de verkeerde ~ komen* auf die Gegenfahrbahn geraten

wegjagen wegjagen, fortjagen

wegkapen wegnehmen, inform stibitzen

wegkomen wegkommen, fortkommen ★ *maken dat men wegkomt* sich davonmachen ★ *maak dat je wegkomt!* scher dich weg!

wegkruipen ❶ *weggaan* wegkriechen, fortkriechen ❷ *zich verstoppen* sich verstecken, sich verkriechen

wegkwijnen verkümmern, ⟨door verdriet⟩ (ver)schmachten, ⟨door ziekte⟩ (da)hinsiechen

weglaten weglassen, fortlassen, ⟨woord e.d.⟩ auslassen

wegleggen ❶ *terzijde leggen* weglegen ❷ *sparen* aufbewahren, aufheben ▼ *dat is niet voor iedereen weggelegd* das wird nicht jedem zuteil

wegleiden wegführen

wegligging Straßenlage *v*

weglokken weglocken, fortlocken

wegloophuis Weglaufhaus *o*

weglopen ❶ *weggaan* fortlaufen, weglaufen ❷ *wegstromen* abfließen ❸ *van huis wegvluchten* ausreißen ❹ **~ met** *dol zijn op* ★ *niet met iem. ~* sich nicht viel aus jmdm. machen

wegloper Ausreißer *m*

wegmaken ❶ *zoekmaken* wegmachen, verlegen ❷ *onder narcose brengen* betäuben

wegmarkering Fahrbahnmarkierung *v*

wegmoffelen verschwinden lassen

wegnemen ❶ *weghalen* fortnehmen, wegnehmen ❷ *doen verdwijnen* beseitigen ★ *dat neemt niet weg dat...* das ändert nichts daran, dass...

wegomlegging Umleitung *v*

wegpesten wegärgern, wegekeln

wegpinken *wegnemen* wischen

wegpiraat Verkehrsrowdy *m*
wegpromoveren wegloben, fortloben
wegraken *zoek raken* wegkommen, abhandenkommen, verloren gehen
wegrennen wegrennen
wegrestaurant Raststätte *v*
wegrijden *weggaan* ‹voertuig› wegfahren, ‹rijdier› wegreiten, ‹rijdier› fortreiten, ‹vertrekken van bus / trein› abfahren
wegroepen wegrufen, abrufen
wegrotten verfaulen, wegfaulen, ‹kadaver› verwesen
wegrukken fortreißen
wegscheren I *ov ww, scherend verwijderen* abrasieren, wegrasieren **II** *wkd ww* [**zich ~**] *opkrassen* sich wegscheren ★ *scheer je weg!* mach, dass du wegkommst!
wegschieten wegschnellen
wegschrijven *gegevens opslaan* speichern
wegslaan I *ov ww, verwijderen* wegschlagen, abschlagen ★ *hij is niet bij haar weg te slaan* man kann ihn nicht von ihr loseisen **II** *on ww, verwijderd worden* wegschlagen, wegreißen ★ *de dijk werd weggeslagen* der Deich wurde weggespült / weggerissen
wegslepen fortschleppen, wegschleppen, ‹auto› abschleppen
wegslikken ❶ *doorslikken* hinunterschlucken ❷ fig *verwerken* hinunterschlucken
wegsluipen (sich) wegschleichen, (sich) fortschleichen
wegsmelten wegschmelzen, schmelzen ★ *de sneeuw is weggesmolten* der Schnee ist weggeschmolzen
wegsmijten wegschmeißen, fortschmeißen
wegspoelen I *ov ww, verwijderen* hinunterspülen **II** *on ww, meegevoerd worden* weggespült werden, weggeschwemmt werden
wegstemmen abwählen, ‹met meerderheid› überstimmen
wegsterven *gaandeweg onhoorbaar worden* ausklingen, verhallen
wegstoppen ❶ *verbergen* wegstecken ❷ psych *verdringen* wegstecken
wegstrepen streichen, durchstreichen, wegstreichen
wegsturen ❶ *wegzenden* wegschicken, fortschicken ❷ *verzenden* wegschicken, fortschicken
wegteren dahinsiechen ★ *doen ~* zehren
wegtoveren fortzaubern, wegzaubern
wegtransport Straßentransport *m*
wegtreiteren hinausekeln
wegtrekken I *ov ww* wegziehen, fortziehen **II** *on ww* ❶ *weggaan* ★ *het onweer trekt weg* das Gewitter verzieht sich ❷ *verdwijnen* ★ *mijn hoofdpijn trekt weg* meine Kopfschmerzen lassen nach
wegvagen auslöschen, wegfegen ★ *de huizen werden door de storm weggevaagd* die Häuser wurden vom Sturm weggefegt ★ *herinneringen ~* Erinnerungen (aus)löschen ★ *hij had zijn concurrenten weggevaagd* er hatte seine Konkurrenten ausgeschaltet
wegvallen ❶ *onbedoeld wegraken* wegfallen ❷ *niet meer beschikbaar zijn* entfallen, ausfallen ❸ *niet meer doorkomen* ausfallen, wegfallen
wegverkeer Straßenverkehr *m*
wegversmalling Straßenverengung *v*
wegversperring *barricade* Straßensperre *v*
wegvervoer Transport *m* auf der Straße
wegvliegen ❶ *vliegend weggaan* wegfliegen ❷ *snel heengaan* fortfliegen
wegvoeren wegführen, ‹gevangenen› abführen
wegwaaien I *ov ww, wegvoeren* wegwehen, fortwehen, verwehen **II** *on ww, weggevoerd worden* wegwehen, fortwehen
wegwerken wegschaffen, ‹achterstand› aufarbeiten, ‹eten› verputzen
wegwerker Straßenarbeiter *m*
wegwerp- Wegwerf- ★ *wegwerpverpakking* Wegwerfverpackung *v*, Einwegverpackung *v*
wegwerpen wegwerfen
wegwerpmaatschappij Wegwerfgesellschaft *v*
wegwezen abhauen ★ *~ jullie!* verschwindet! ▼ *terug van weggeweest* wieder da
wegwijs im Bilde, auf der Höhe
wegwijzer ❶ *wegaanduiding* Wegweiser *m* ❷ *gids* Anleitung *v*, Führer *m*
wegwuiven beiseiteschieben, bagatellisieren
wegzakken ❶ *verdwijnen* versinken, einsinken, ‹geluid› abklingen ❷ *versuffen* wegtreten, eindämmern ★ *haar krachten zakten weg* ihr schwanden die Kräfte
wegzetten ❶ *terzijde zetten* wegsetzen ❷ *wegbergen* wegstellen
wei ❶ *weiland* ‹om te grazen› Weide *v*, ‹om te hooien› Wiese *v* ❷ *melkwei* Molke *v* ❸ med *bloedwei* Blutserum *o*
weiachtig molkig
Weichsel Weichsel *v*
weide ‹hooiland› Wiese *v*, ‹grasland› Weide *v*
weidebloem Wiesenblume *v*
weidegrond Weideland *o*
weiden I *ov ww, laten grazen* weiden lassen, hüten **II** *on ww, grazen* weiden, grasen
weidevogel Wiesenvogel *m*
weids großartig, imposant, ‹statig› stattlich
weifelaar Zauderer *m*, unentschlossene(r) Mensch *m*
weifelachtig unentschlossen, unschlüssig, ‹aarzelend› zögernd, ‹onzeker› wankelmütig
weifelen zögern, schwanken, unschlüssig sein
weifeling Zögern *o*, Schwanken *o*, Unschlüssigkeit *v*, Unentschlossenheit *v*
weigeraar Verweigerer *m*
weigeren I *ov ww, zeggen dat men iets niet wil* sich weigern, versagen, verweigern, ablehnen ★ *zij weigerde mij het boek te geven* sie weigerte sich, mir das Buch zu geben **II** *on ww, het niet doen* versagen ★ *het paard weigerde* das Pferd scheute
weigering Verweigerung *v*, Weigerung *v*
weiland Weide *v*, Weideland *o*
weinig wenig
wekdienst Weckdienst *m*
wekelijks wöchentlich, Wochen- ★ *zij verdient ~ 300 euro* sie verdient 300 Euro in der Woche ★ *~e termijn* Wochenrate *v* ★ *aantal ~e lesuren* Wochenstundenzahl *v*
weken I *ov ww* (auf)weichen, ‹wasgoed› einweichen **II** *ww* [verl. td.] → **wijken**

wekenlang I *bnw* wochenlang II *bijw* wochenlang
wekken ❶ *wakker maken* wecken ❷ *opwekken* erwecken, erregen, wachrufen ★ *bij iem. verwachtingen* ~ jmdm. Hoffnungen machen
wekker Wecker *m*
wekkerradio Radiowecker *m*
weksignaal Weckruf *m*, Wecksignal *o*
wel I *bijw* ❶ *goed* wohl ★ *als ik het wel heb* wenn ich (mich) nicht irre ★ *wel thuis!* komm gut nach Hause! ★ *moeder en kind maken het wel* Mutter und Kind sind wohlauf ❷ *tegenover niet* schon, ja ★ *zie je nu wel dat ik gelijk heb* siehst du wohl, dass ich recht habe ★ *dat wist je wel* das wusstest du schon ★ *zeg dat wel!* da hast du recht! ❸ *waarschijnlijk* wohl, schon ★ *hij zal wel geen tijd hebben* er wird wohl keine Zeit haben ★ *zij zal het wel weten* sie wird es schon wissen ★ *hij zal je wel helpen* er wird dir schon helfen ❹ *vragend* ★ *weet je wel wie ik ben?* weißt du eigentlich, mit wem du es zu tun hast? ★ *wat denk je wel?* wo denkst du hin? ❺ *minstens* ★ *hij kwam te laat en wel 'n heel uur* er kam zu spät und zwar eine ganze Stunde ❻ *versterkend* ★ *dank je wel* danke schön, vielen Dank ★ *wel nee!* nicht doch!, aber nein! ★ *wel ja* doch, das fehlte noch! ★ *wel zeker!* gewiss!, ja freilich! ★ *dat komt wel in orde* das findet sich schon ❼ *weliswaar* zwar, wohl ★ *hij is wel rijk, maar niet gelukkig* er ist zwar reich, aber nicht glücklich II *tw* na ★ *wel?* nun? ★ *wel, wel!* ei! ei! III *zn* [het], *voorspoed* Wohl *o* ★ *in wel en wee* in Freud und Leid ★ *het wel en wee* das Wohl und Weh
welbehagen ❶ *genoegen* Wohlbehagen *o*, Vergnügen *o* ★ *het gevoel van* ~ das Wohlgefühl ❷ *believen* Wohlgefallen *o*
welbekend wohlbekannt, allgemein bekannt
welbemind viel geliebt, sehr geliebt
welbeschouwd genau genommen, bei Licht besehen
welbespraakt sprachgewandt, redegewandt
welbesteed gut benutzt, gut angelegt
welbevinden Wohlbefinden *o*
welbewust ganz bewusst
weldaad ❶ *goede daad* Wohltat *v* ❷ *genot* Wohltat *v*
weldadig ❶ *heilzaam* wohltuend ❷ *aangenaam* angenehm
weldenkend redlich, rechtschaffen
weldoen Gutes tun, form Wohltaten erweisen ▼ *doe wel en zie niet om* tue recht und scheue niemand
weldoener Wohltäter *m*, form Gönner *m*
weldoordacht wohlüberlegt, wohlerwogen, wohldurchdacht
weldoorvoed wohlgenährt, wohlernährt
weldra bald
weleens (wohl) mal
weleer einst
weleerwaard hochehrwürdig, hochwürdig ★ *de ~e heer A.* Herrn Pfarrer A. ★ *Weleerwaarde Heer* Hoch(ehr)würdiger Herr! ★ *Weleerwaarde* Hochwürden
welfare Sozialhilfe *v*, Wohlfahrt *v*
welgemanierd manierlich, wohlerzogen, anständig
welgemeend *goed bedoeld* gut gemeint
welgemoed wohlgemut
welgesteld wohlhabend
welgeteld genau gezählt
welgevallen I *zn* [het] Wohlgefallen *o* ★ *naar* ~ nach Belieben II *onv ww* ★ *zich iets laten* ~ sich etw. gefallen lassen, put up with sth
welgevallig angenehm
welgezind gut gesinnt, wohlgesinnt ★ *iem. ~ zijn* jmdm. gewogen sein
welig I *bnw* üppig II *bijw* ★ ~ *tieren* üppig wachsen, wuchern
welingelicht wohlunterrichtet ★ *uit ~e bron* aus zuverlässiger Quelle
weliswaar zwar, freilich, allerdings
welk I *vr vnw* welch *m* II *betr vnw* der *m*, die *v*, das *o*, welch
welkom I *tw* willkommen II *bnw* ❶ *graag ontvangen* willkommen ★ *iem. ~ heten* willkommen heißen, begrüßen ★ *een ~e gast* ein willkommener Gast ❷ *prettig* willkommen III *zn* [het] Willkommen *o*, Begrüßung *v*
welkomstwoord Begrüßungswort *o*
wellen I *ov ww, weken* einweichen II *on ww, opborrelen* quellen
welles doch
welletjes ▼ *zo / nu is het* ~ jetzt reicht 's
wellevend wohlanständig
wellicht vielleicht, möglicherweise
welluidend wohllautend, wohlklingend
wellust Wollust *v*
wellustig wollüstig
welnee aber nein
welnemen Erlaubnis *v*, Billigung *v* ★ *met uw* ~ mit Ihrer Erlaubnis
welnu also, nun denn
welopgevoed wohlerzogen
weloverwogen wohlbedacht
welp ❶ *dier* Welpe *m* ❷ *padvinder* Wölfling *m*
welriekend wohl riechend
Welsh taalk Walisisch *o*
welslagen Gelingen *o*
welsprekend redegewandt, beredt, wortgewandt
welsprekendheid *vaardigheid* Beredsamkeit *v*, Redegewandtheit *v*
welstand ❶ *welvaart* Wohlstand *m* ❷ *gezondheid* Wohlbefinden *o* ★ *in blakende ~ verkeren* sich ausgezeichneten Wohlbefindens erfreuen
weltergewicht sport *klasse* Mittelgewicht *o*
welterusten gute Nacht
welteverstaan wohlgemerkt, wohlverstanden
weltevreden wohlzufrieden
welvaart Wohlstand *m*
welvaartsmaatschappij Konsumgesellschaft *v*, Wohlstandsgesellschaft *v*
welvaartsstaat Wohlfahrtsstaat *m*
welvaartsziekte Wohlstandskrankheit *v*, Zivilisationskrankheit *v*
welvaren Wohlbefinden *o*, Wohlsein *o* ▼ *eruitzien als Hollands* ~ aussehen wie die Gesundheit selbst
welvarend wohlhabend
welven I *ov ww, boogvormig maken* wölben II *wkd ww* [zich ~] *boogvormig zijn* sich wölben
welverdiend wohlverdient

welverzorgd gepflegt
welving Wölbung *v*
welwillend wohlwollend ★ *een ~ gehoor vinden* ein geneigtes Ohr finden ★ *met ~e medewerking* mit freundlicher Mitwirkung
welzijn ❶ *welbevinden* Wohlergehen *o*, Wohl *o* ★ *het algemeen ~* das öffentliche Wohl ❷ *gezondheid* Wohlbefinden *o*
welzijnssector Sozialwesen *o*, soziale(r) Bereich *m*
welzijnswerk Sozialarbeit *v*, Sozialwesen *o*
welzijnswerker Sozialarbeiter *m*
welzijnszorg Sozialfürsorge *v*, Sozialwesen *o*
wemelen van wimmeln von
wendbaar wendig
wenden I *ov ww, keren* wenden, (um)drehen **II** *wkd ww* [**zich ~**] **~ tot** sich wenden an ★ *voor inlichtingen kunt u zich ~ tot X* Auskunft erteilt X
wending Wendung *v*
Wenen Wien *o*
wenen weinen
wenk ❶ *gebaar* Wink *m* ❷ *aanwijzing* Wink *m*, Hinweis *m* ★ *iem. een wenk geven* jmdm. einen Hinweis / Wink geben ▼ *iem. op zijn wenken bedienen* jemandem auf den kleinsten Wink hin gehorchen
wenkbrauw Augenbraue *v* ★ *de ~en bijtekenen* die Augenbrauen nachziehen
wenkbrauwpotlood Augenbrauenstift *m*
wenken winken ★ *hij wenkte me naderbij* er winkte mich näher heran
wennen I *ov ww, vertrouwd maken (met)* gewöhnen **II** *on ww, vertrouwd raken (met)* sich gewöhnen, ⟨aarden⟩ sich einleben, ⟨aarden⟩ sich eingewöhnen ★ *dat went wel* daran gewöhnt man sich
wens ❶ *verlangen* Wunsch *m* ★ *is alles naar wens?* sind Sie zufrieden? ❷ *gelukwens* Wunsch *m* ★ *de beste wensen voor het nieuwe jaar* das Allerbeste zum neuen Jahr ▼ *de wens is de vader van de gedachte* der Wunsch ist der Vater des Gedankens ▼ *uw wens is mijn bevel* Ihr Wunsch ist mir Befehl
wensdroom Wunschtraum *o*
wenselijk ❶ *te wensen* wünschenswert ❷ *raadzaam* erwünscht
wensen ❶ *verlangen* wünschen ★ *niets te ~ overlaten* nichts zu wünschen übrig lassen ★ *het is gewenst* es ist erwünscht ❷ *toewensen* wünschen
wenskaart Glückwunschkarte *v*
wentelen I *ov ww, laten draaien* wälzen ★ *zich ~* sich wälzen **II** *on ww, draaien* ★ *de aarde wentelt om haar as* die Erde dreht sich um ihre Achse
wentelteefje arme(r) Ritter *m*
wenteltrap Wendeltreppe *v*
werd [verl. td.] → **worden**
werden [verl. td.] → **worden**
wereld ❶ *planeet aarde* Welt *v* ★ *geen land ter ~* kein Land der Welt ★ *ter ~ brengen* zur Welt bringen ★ *ter ~ komen* zur Welt kommen, er ist weit in der Welt herumgekommen ★ *een ~ van verschil* ein Unterschied wie Tag und Nacht ★ *voor niets ter ~* nicht um alles in der Welt ❷ *samenleving, mensen* Welt *v* ★ *de hele ~ bewondert deze daad* alle Welt bewundert diese Tat ★ *de derde ~* die Dritte Welt ★ *iem. naar de andere ~ helpen* jmdn. ins Jenseits befördern ★ *de zaak is uit de ~* die Sache hat sich erledigt ★ *moeilijkheden uit de ~ helpen* Schwierigkeiten aus der Welt schaffen ★ *weten wat er in de ~ te koop is* sich in der Welt zurechtfinden → **wereldje**
wereldatlas Weltatlas *m*
Wereldbank Weltbank *v*
wereldbeeld Weltbild *o*
wereldbeker Weltmeisterschaft *v*
wereldberoemd weltberühmt
wereldbeschouwing *wereldbeeld* Weltanschauung *v*
wereldbevolking Weltbevölkerungv, Erdbevölkerung *v*
wereldbol Erdball *m*, Erdkugel *v*, ⟨globe⟩ Globus *m*
wereldburger Weltbürger *m*
wereldcup Weltcup *m*, Weltpokal *m*
werelddeel Kontinent *m*, Erdteil *m*
wereldeconomie Weltwirtschaft *v*
wereldgeschiedenis Weltgeschichte *v*
wereldhandel Welthandel *m*
Wereldhandelsorganisatie Welthandelsorganisation *v*
wereldje Kreis *m*
wereldkaart Weltkarte *v*
wereldkampioen Weltmeister *m*
wereldkampioenschap Weltmeisterschaft *v*
wereldklok Weltzeituhr *v*
wereldkundig weltkundig ★ *~ worden* bekannt / ruchbar werden
wereldlijk weltlich, rel profan
wereldliteratuur Weltliteratur *v*
wereldmacht Weltmacht *v*
wereldnaam Weltruf *m*
Wereld Natuur Fonds ≈ Umweltstiftung *v* Deutschland
wereldnieuws Nachrichten *mv* aus aller Welt
Wereldomroep weltweite(r) Rundfunksender *m* der Niederlande
wereldontvanger Weltempfänger *m*
wereldoorlog Weltkrieg *m*
wereldorganisatie Weltorganisation *v*
wereldpremière Uraufführung *v*
wereldranglijst Weltrangliste *v*
wereldrecord Weltrekord *m*
wereldrecordhouder Weltrekordler *m*
wereldreis Weltreise *v*
wereldreiziger Weltreisende(r) *m*
wereldrijk Weltreich *o*
werelds ❶ *aards* weltlich, profan ★ *~e goederen* irdische(n) Güter ❷ *mondain* mondän
wereldschokkend weltbewegend, welterschütternd
wereldstad Weltstadt *v*
wereldtaal Weltsprache *v*
wereldtentoonstelling Weltausstellung *v*
wereldtitel Weltmeisterschaftstitel *m*
wereldverbeteraar Weltverbesserer *m*
wereldvrede Weltfrieden *m*
wereldvreemd weltfremd
wereldwijd weltweit
wereldwijs welterfahren, weltklug
wereldwinkel Dritte-Welt-Laden *m*

wereldwonder Weltwunder *o* ★ *de zeven ~en* die sieben Weltwunder
wereldzee Ozean *m*, Weltmeer *o*
weren I *ov ww, weghouden* abwehren, verhüten ★ *iem. ~* jmdn. nicht zulassen, jmdm. den Zutritt verweigern, jmdn. ausschließen **II** *wkd ww* [**zich ~**] ❶ *zich verdedigen* sich wehren ❷ *zich inspannen* sich anstrengen
werf ❶ scheepv Werft *v* ❷ BN *bouwterrein* Baugebiet *o*, Baustelle *v*
wering ❶ ⟨afweer⟩ Abwehren *o*, Bekämpfung *v* ❷ *voorkoming* Verhütung *v*
werk ❶ *arbeid* Arbeiten *o*, Beschäftigung *v*, Arbeit *v* ★ *maatschappelijk werk* Sozialarbeit *v* ★ *publieke werken* öffentliche Bauten ★ *aan het werk zijn* arbeiten, bei der Arbeit sein ★ *alles in het werk stellen om* alles aufbieten um ★ *dat kost veel werk* das macht viel Arbeit ★ *voorzichtig te werk gaan* vorsichtig vorgehen / verfahren ★ *er is werk aan de winkel* wir haben alle Hände voll zu tun, es gibt Arbeit ❷ *baan* ★ *tijdelijk werk* Zeitarbeit *v*, Leiharbeit *v* ★ *deze fabriek geeft aan 300 arbeiders werk* diese Fabrik beschäftigt 300 Arbeiter ★ *vast werk vinden* dauernde Beschäftigung finden ❸ *daad* Werk *o* → **werkje**
werkafspraak Arbeitstermin *m*
werkbalk comp Toolbar *v*, Symbolleiste *v*
werkbank Werkbank *v*
werkbespreking Arbeitsbesprechung *v*
werkbezoek pol Arbeitsbesuch *m*
werkbij Arbeitsbiene *v*
werkboek Arbeitsbuch *o*, Übungsbuch *o*
werkbriefje Laufzettel *m*
werkcollege Seminar *o*
werkcoupé Arbeitsabteil *o*
werkdag *dag dat men werkt* Wochentag *m*, Werktag *m*
werkdruk Arbeitsbelastung *v*
werkelijk I *bnw* wirklich, tatsächlich ★ *~e waarde* Realwert *m* ★ *~e uitgave* Istausgabe *v* ★ *~ inkomen* Realeinkommen *o* ★ *Nederlands ~e schuld* niederländische Staatsschuld *v* ★ *~e ontvangst* Isteinnahme *v* **II** *bijw* wirklich
werkelijkheid Wirklichkeit *v*, Realität *v* ★ *rekening houden met de ~* die Tatsachen berücksichtigen ★ *iets is in strijd met de ~* etw. entspricht nicht den Tatsachen
werkelijkheidszin Realitätssinn *m*, Wirklichkeitssinn *m*
werkeloos ❶ *inactief* untätig ★ *~ toezien* untätig zusehen ❷ → **werkloos**
werken I *on ww* ❶ *werk doen* arbeiten, schaffen ★ *bij een baas ~* bei einem Meister in Arbeit stehen / sein ★ *gaan ~* sich an die Arbeit machen, an die Arbeit gehen ❷ *functioneren* funktionieren ★ *de vulkaan werkt* der Vulkan ist tätig ★ *de machine werkt niet* die Maschine funktioniert / geht nicht ❸ *uitwerking hebben* wirken ❹ *beroep uitoefenen* berufstätig sein ❺ *van stoffen, materialen* ⟨hout, schip⟩ arbeiten, ⟨deeg⟩ gären, ⟨deeg⟩ aufgehen **II** *ov ww, in genoemde toestand brengen* bringen, führen
werker Arbeiter *m* ★ *maatschappelijk ~* Sozialarbeiter *m*
werkervaring Arbeitserfahrung *v*, Berufspraxis *v*
werkezel Arbeitstier *o*

we

werkgeheugen comp Arbeitsspeicher *m*
werkgelegenheid Arbeitsmöglichkeit *v*, Arbeitsplätze *mv* ★ *de verruiming van de ~* das Schaffen von mehr Arbeitsplätzen
werkgever Arbeitgeber *m*
werkgeversbijdrage Arbeitgeberanteil *m*
werkgeversorganisatie Arbeitgeberverband *m*
werkgroep Arbeitsgemeinschaft *v*, Arbeitsgruppe *v*
werkhanden Arbeitshände *v mv*, Arbeiterhände *v mv*
werkhandschoen Arbeitshandschuh *m*
werkhouding ❶ *houding v.h. lichaam* Haltung *v* ❷ *motivatie* Arbeitsauffassung *v*, Arbeitshaltung *v*
werking ❶ *het functioneren* Funktionieren *o*, Betrieb *m*, Tätigkeit *v* ★ *een wet buiten ~ stellen* ein Gesetz außer Kraft setzen ★ *in ~ stellen* ⟨machine⟩ einschalten ★ *in ~ treden* in Kraft treten ❷ *effect* Wirkung *v* ❸ BN *activiteiten* Aktivitäten *mv*
werkingskosten BN *exploitatiekosten* Betriebskosten *mv*
werkje ❶ *klusje* Kleinarbeit *v* ★ *geen gemakkelijk ~* keine leichte Aufgabe ❷ *dessin in textiel* Muster *o*
werkkamer Arbeitszimmer *o*
werkkamp *strafkamp* Arbeitslager *o*
werkkapitaal Betriebskapital *o*, Geschäftskapital *o*
werkkleding Arbeitskleidung *v*
werkklimaat Arbeitsatmosphäre *v*, Arbeitsklima *o*
werkkracht ❶ *werknemer* Arbeitskraft *v* ❷ *arbeidsvermogen* Leistungsfähigkeit *v*
werkkring ❶ *werkomgeving* Aufgabenkreis *m*, Geschäftskreis *m* ❷ *betrekking* Beschäftigung *v*, Tätigkeit *v*, Arbeitsbereich *m*
werkloos ❶ *zonder baan* arbeitslos ❷ → **werkeloos**
werkloosheid Arbeitslosigkeit *v*
werkloosheidscijfer Arbeitslosenzahl *v*
werkloosheidsuitkering Arbeitslosengeld *o*, Arbeitslosenhilfe *v*
werkloosheidswet Arbeitslosengesetz *o*
werkloze Arbeitslose(r) *m*
werklunch Arbeitsessen *o*
werklust Arbeitslust *v*
werkmaatschappij *onderdeel van maatschappij* Tochtergesellschaft *v*
werkman Arbeiter *m*
werknemer Arbeitnehmer *m*
werknemersbijdrage Arbeitnehmeranteil *m*
werknemersorganisatie Arbeitnehmerorganisation *v*
werkomstandigheden Arbeitsbedingungen *v mv*
werkonbekwaam BN arbeits- / berufsunfähig, erwerbsunfähig
werkonderbreking Arbeitsunterbrechung *v*, Arbeitsniederlegung *v*
werkoverleg Arbeitsbesprechung *v*
werkplaats Werkstatt *v*
werkplan Arbeitsplan *m*
werkplek Arbeitsecke *v*, Arbeitsplatz *m*
werkploeg Schicht *v*
werkrooster Arbeitsplan *m*

werkschuw arbeitsscheu
werksfeer Arbeitsatmosphäre *v*
werkslaaf ❶ *een werkverslaafde* Arbeitssüchtige(r) *m*, Workaholic *m* ❷ *uitgebuite arbeider* Arbeitssklave *m*
werkstaking Arbeitseinstellung *v*, (Arbeits)Streik *m*
werkster *schoonmaakster* Putzfrau *v*, Reinemachefrau *v*
werkstudent ≈ Student *m*, der nebenher arbeitet
werkstuk ❶ *vervaardigd stuk werk* Arbeit *v* ❷ *scriptie* Referat *o*, ⟨voor school⟩ Hausarbeit *v*
werktafel Schreibtisch *m*, Arbeitstisch *m*
werktekening Arbeitsvorlage *v*
werktempo Arbeitstempo *o*
werkterrein ❶ *werkplaats* Arbeitsfeld *o*, Arbeitsgebiet *o* ❷ fig *terrein van werkzaamheid* Arbeitsfeld *o*, Arbeitsgebiet *o*
werktijd Arbeitszeit *v*
werktijdverkorting Arbeitszeitverkürzung *v*
werktuig Werkzeug *o*, Gerät *o*, Instrument *o*
werktuigbouwkunde Maschinenbau *m*
werktuigbouwkundig Maschinenbau-, mechanisch
werktuiglijk mechanisch, automatisch
werkveld Arbeitsfeld *o*, Tätigkeitsfeld *o*
werkvergunning Arbeitsgenehmigung *v*, Arbeitserlaubnis *v*
werkverschaffing Arbeitsbeschaffung *v*, ⟨voor werklozen⟩ Notstandsarbeiten *mv*
werkverslaafde Workaholic *m*
werkvloer *werkplek* Arbeitsplatz *m*, Arbeitsstelle *v*
werkvrouw BN *schoonmaakster* Putzfrau *v*, Reinemachefrau *v*
werkweek ❶ *deel van de week* Arbeitswoche *v* ★ *een zesdaagse ~* eine Sechstagewoche ❷ *werkkamp voor scholieren* Projektwoche *v* für Schüler ★ *op ~ gaan* eine Projektwoche haben
werkwijze Arbeitsweise *v*, Arbeitsmethode *v*
werkwillige Arbeitswillige(r) *m*
werkwoord Verb(um) *o*, Zeitwort *o*
werkwoordsvorm Verbalform *v*
werkzaam ❶ *actief* arbeitsam ❷ *uitwerking hebbend* heilsam, wirksam ❸ *in dienst* tätig ★ *ergens ~ zijn* irgendwo tätig sein
werkzaamheden ❶ *werk* Arbeiten *mv* ★ *~ aan de brug* Bauarbeiten an der Brücke ❷ *verplichtingen* Verpflichtungen ★ *hij heeft ~ elders* er hat anderweitig Verpflichtungen
werkzoekende Arbeitssuchende(r) *m*
werpanker Wurfanker *m*
werpen ❶ *gooien* werfen, schleudern ★ *het anker ~* den Anker auswerfen ❷ *baren* werfen, gebären
werper Werfer *m*
werphengel Wurfangel *v*
wervel Wirbel *m*
wervelen wirbeln
wervelend wirbelnd
wervelkolom med Wirbelsäule *v*
wervelstorm Wirbelsturm *m*
wervelwind Wirbelwind *m* ★ *als een ~* wie ein Wirbelwind
werven ❶ *in dienst nemen* (an)werben ❷ *trachten te winnen* (an)werben
werving Werbung *v*
wervingsactie Werbungsaktion *v*
wesp Wespe *v*
wespennest Wespennest *o*
wespensteek Wespenstich *m*
wespentaille Wespentaille *v*
west I *bnw* westlich ★ *de wind is west* der Wind kommt von Westen II *zn* [de] Westen *m*
West-Duits westdeutsch
West-Duitse Westdeutsche *v*
West-Duitser Westdeutsche(r) *m*
West-Duitsland gesch Westdeutschland *o*
westelijk *uit / van het westen* westlich ★ *de ~e mogendheden* Westmächte *v*
Westelijke Jordaanoever Westjordanland *o*
Westelijke Sahara Westsahara *v*
Westen *gebied* Westen *m* ▼ *het Wilde ~* der Wilde Westen
westen *windstreek* Westen *m* ★ *ten ~ van* westlich [+2] ▼ *buiten ~ zijn* bewusstlos / ohnmächtig sein
westenwind Westwind *m*
westerbuur westliche(r) Nachbar *m*
westerlengte westliche Länge *v*
westerling Abendländer *m*
western Western *m*, Wildwestfilm *m*
westers abendländisch
westerstorm Sturm *m* aus dem Westen, Weststurm *m*
West-Europa Westeuropa *o*
West-Europeaan Westeuropäer
West-Europees westeuropäisch
West-Europese Westeuropäerin *v*
Westfaals westfälisch
Westfalen Westfalen *o*
westkant Westseite *v*
westkust Westküste *v*
West-Vlaams westflämisch
West-Vlaamse Westflämin *v*
West-Vlaanderen Westflandern *o*
West-Vlaming Westflame *m*
westwaarts westwärts
wet ❶ *strikte regel* Gesetz *o* ★ *bij de wet* durch das Gesetz ★ *bij de wet verboden* gesetzlich verboten ★ *zich buiten de wet stellen* sich außerhalb des Gesetzes stellen ★ *volgens / krachtens de wet* nach dem Gesetz, gesetzmäßig ★ *niet volgens de wet* nicht gesetzesgemäß ★ *de wet op...* das Gesetz zum... ★ *de wet op de echtscheiding* das Ehescheidungsgesetz ❷ *wetmatigheid* Gesetz *o* ▼ *iem. de wet voorschrijven* jemandem Vorschriften machen
wetboek Gesetzbuch *o* ★ *Burgerlijk Wetboek* Bürgerliche(s) Gesetzbuch (BGB) *o* ★ *Wetboek van Koophandel* Handelsgesetzbuch (HGB) *o* ★ *Wetboek van Strafrecht* Strafgesetzbuch (StGB) *o*
weten I *ov ww* ❶ *kennis / besef hebben van* wissen ★ *te ~...* nämlich... ★ *te ~ komen* ausfindig machen, erfahren ★ *iets ~ van computers* Computerkenntnisse haben, Computerkenntnisse haben ★ *ik weet er alles van* ich kenne das ★ *niet dat ik weet* nicht, dass ich wüsste ★ *ik weet er wat op* ich weiß einen Rat / Ausweg ★ *God mag het ~!* weiß Gott! ★ *wat niet weet, wat niet deert* was ich nicht weiß, macht mich nicht heiß ★ *weet ik veel!* was weiß ich!

★ *wie weet* wer weiß ❷ **~ te** ★ *~ te zwijgen* zu schweigen wissen **II** *zn* [het] Wissen *o* ★ *bij mijn ~* meines Wissens ★ *buiten mijn ~* ohne mein Wissen, ohne mein Mitwissen ★ *naar mijn beste ~* nach bestem Wissen **III** *ww* [verl. td.] → **wijten**
wetens → **willens**
wetenschap ❶ *het weten* Wissenschaft *v* ❷ *kennis en onderzoek van werkelijkheid* Wissenschaft *v*
wetenschappelijk wissenschaftlich
wetenschapper *geleerde* Wissenschaftler *m*
wetenswaardig wissenswert
wetenswaardigheid Wissenswerte(s) *o* ★ *veel wetenswaardigheden* viel Wissenswertes
wetgevend gesetzgebend
wetgever Gesetzgeber *m*
wetgeving Gesetzgebung *v*
wethouder ≈ Stadtrat *m*, ≈ Beigeordnete(r) *m*
wetlook Wet-Look *m*
wetmatig gesetzmäßig
wetmatigheid *regelmatigheid* Gesetzmäßigkeit *v*
wetsartikel Artikel *m*
wetsbepaling rechtliche Bestimmung *v*, jur Rechtsbestimmung *v*
wetsbesluit Gesetz(es)beschluss *m*
wetsherziening Gesetz(es)novelle *v*
wetskennis Gesetzeskenntnisse *v mv*
wetsontwerp Gesetzentwurf *m*, Gesetzesvorlage *v*
wetsovertreding Gesetzesübertretung *v*
wetsuit ⟨voor duikers⟩ Taucheranzug *m*, ⟨voor surfers⟩ Surfanzug *m*
wetsvoorstel Gesetzesvorlage *v*, Gesetzentwurf *m*
wetswinkel ≈ Rechtsberatung(sstelle) *v*
wettekst Gesetzestext *m*
wettelijk gesetzlich
wetten wetzen
wettig gesetzmäßig, gesetzlich ★ *~ betaalmiddel* gesetzliche(s) Zahlungsmittel *o* ★ *het ~ gezag* die gesetzmäßige Gewalt *v* ★ *~ kind* eheliche(s) Kind *o*
wettigen *wettig maken* für echt erklären, ⟨kind⟩ legitimieren
weven weben ★ *deze stof is met de hand ge~* dieser Stoff ist handgewebt
wever Weber *m*
weverij Weberei *v*
wezel Wiesel *o* ▼ *zo bang zijn als een ~* ein Angsthase sein
wezen I *zn* [het] ❶ *schepsel* Wesen *o* ★ *levend ~* lebendiges Wesen *o*, Lebewesen *o* ❷ *essentie* Wesen *o* **II** *on ww* sein ★ *bij wie moet u ~?* zu wem möchten Sie? ★ *zij is ~ vragen* sie hat sich erkundigt ★ *hij mag er ~* er kann sich sehen lassen **III** *ww* [verl. td.] → **wijzen**
wezenlijk ❶ *essentieel* wesentlich, wirklich, wahrhaftig ❷ *werkelijk bestaand* wirklich, wahrhaftig
wezenloos geistesabwesend, ⟨verbazing, schrik⟩ entgeistert ★ *iem. ~ aanstaren* jmdn. anstieren
WGO *Wereldgezondheidsorganisatie* WHO *v*, Weltgesundheitsorganisation *v* der Vereinten Nationen
whiplash med Schleudertrauma *o*
whisky cul Whisky *m*

we

whizzkid Senkrechtstarter *m*, Whizzkid *o*
whodunit Kriminalroman *m*
WIA *wet Werk en Inkomen naar Arbeidsvermogen* Gesetz *o* über Arbeit und Einkommen entsprechend der Erwerbsfähigkeit
wichelroede Wünschelrute *v*
wicht ❶ *meisje* Göre *v* ❷ *kind* Wicht *m*
wie I *vr vnw* wer ★ *wie z'n vrouw is dat?* wessen Frau ist das? ★ *wie waren dat?* wer war das? ★ *wie zijn dat?* wer sind die Leute? ★ *wie komen er vanavond?* wer kommt heute Abend? ★ *wie is die vrouw?* wer ist diese Frau? **II** *betr vnw* der *m*, die *v*, wer, ⟨met antecedent⟩ das *o*
wiebelen ❶ *schommelen* wippen ❷ *onvast staan* wackeln ★ *de tafel / de stoel wiebelt* der Tisch / Stuhl wackelt
wiebelig wacklig
wieden jäten
wiedes ▼ *dat is nogal ~!* das liegt ja auf der Hand! ▼ *nogal ~!* na klar!
wiedeweerga ▼ *als de ~* wie der geölte Blitz
wieg Wiege *v* ▼ *ik ben in de wieg gelegd voor leraar* ich bin zum Lehrer geboren
wiegelied Wiegenlied *o*, Schlaflied *o*
wiegen *schommelen* wiegen
wiegendood Wiegentod *m*
wiek ❶ *vleugel* Schwinge *v*, Fittich *m* ★ *in zijn wiek geschoten zijn* sich verletzt fühlen ❷ *molenwiek* Flügel *m* ❸ BN *kaarsenpit* Docht *m*
wiel Rad *o* ▼ *iem. in de wielen rijden* jemandem in die Quere kommen
wieldop Radkappe *v*
wieldruk Radlast *v*
wielerbaan Radrennbahn *v*
wielerklassieker sport Radklassiker *m*
wielerkoers Radrennen *o*
wielerploeg Radrennmannschaft *v*
wielerronde Radrennen *o*
wielersport Rad(fahr)sport *m*
wielewaal Pirol *m*, Goldamsel *v*
wielklem Radklemme *v*
wielophanging Radaufhängung *v*
wielrennen I *zn* [het] Radrennen *o* **II** *on ww* Radsport betreiben
wielrenner Radrennfahrer *m*
wielrijder Radfahrer *m*
wienerschnitzel Wiener Schnitzel *o*
wiens wessen
wier plantk Tang *m*, Seegras *o*
wierf [verl. td.] → **werven**
wierook Weihrauch *m*
wierookgeur Weihrauchduft *m*
wierookvat Weihrauchfass *o*
wierp [verl. td.] → **werpen**
wierpen [verl. td.] → **werpen**
wierven [verl. td.] → **werven**
wies [verl. td.] → **wassen**
wiesen [verl. td.] → **wassen**
wiet Gras *o*
wig Keil *m* ▼ *een wig drijven tussen* einen Keil treiben zwischen [+3]
wigwam Wigwam *m*
wij wir
wijd *ruim* weit
wijdbeens breitbeinig, mit gespreizten Beinen
wijden ❶ *inzegenen* weihen ❷ **~ aan** widmen,

weihen ★ *zijn leven aan de kunst* ~ der Kunst sein Leben widmen ★ *zich aan een taak* ~ sich einer Aufgabe widmen ★ *aandacht aan iets* ~ einer Sache Aufmerksamkeit schenken
wijdlopig weitläufig
wijdte Weite *v*
wijduit weit, gespreizt
wijdverbreid weitverbreitet
wijdverspreid weitverbreitet
wijdvertakt weit verzweigt
wijf Weib *o*
wijfje biol Weibchen *o*
wij-gevoel Wirgefühl *o*
wijk ❶ *stadsdeel* Stadtviertel *o*, Viertel *o* ❷ *rayon* Bezirk *m*, ⟨van postbode⟩ Zustellbezirk *m*, ⟨van politieagent⟩ Revier *o* ▾ *de wijk nemen naar* die Flucht ergreifen nach, sich absetzen nach
wijkagent Polizist *m* (in einem Revier)
wijkcentrum Bürgerhaus *o*, Gemeindezentrum *o*
wijken ❶ *verdwijnen* entweichen, fliehen ❷ *zich terugtrekken* weichen ★ *voor iem.* ~ jmdm. weichen
wijkgebouw Stadtteilzentrum *o*
wijkkrant Stadtteilzeitung *v*
wijkplaats Zufluchtsort *m*
wijkraad ≈ Rat *m* eines Wohnviertels
wijkvereniging *vereniging van buurtbewoners* ≈ Bürgerkomitee *o*, Bewohnerkomitee *o*
wijkverpleging Hauspflege *v*
wijkwinkel ≈ Eckladen *m*
wijkzuster Hauspflegerin *v*, ⟨kerkelijk⟩ Gemeindeschwester *v*
wijlen selig ★ ~ *X* der verstorbene X ★ ~ *mijn vader* mein seliger Vater
wijn ❶ cul Wein *m* ★ *rode wijn* Rotwein *m* ★ *witte wijn* Weißwein *m* ❷ → **wijntje** ▾ *goede wijn behoeft geen krans* gute Ware lobt sich selbst ▾ *iem. klare wijn schenken* jemandem reinen Wein einschenken
wijnazijn cul Weinessig *m*
wijnbes Weinbeere *v*
wijnboer Winzer *m*, Weinbauer *m*
wijnbouw Weinbau *m*
wijnbouwer Winzer *m*, Weinbauer *m*
wijnfeest *feest na wijnoogst* Weinfest *o*
wijnfles Weinflasche *v*
wijngaard Weingarten *m*, Weinberg *m*
wijnglas Weinglas *o*
wijnhandel ❶ *winkel* Weinhandlung *v* ❷ *bedrijfstak* Weinhandel *m*
wijnjaar Weinjahr *o*
wijnkaart Weinkarte *v*
wijnkelder Weinkeller *m*
wijnkenner Weinkenner *m*
wijnkoeler Weinkühler *m*
wijnlokaal Weinlokal *o*
wijnoogst Weinlese *v*, Weinernte *v*
wijnpers Kelter *v*
wijnproeverij Weinprobe *v*
wijnrank Weinranke *v*
wijnrek Wein(flaschen)regal *o*
wijnrood weinrot
wijnsaus cul Weinsoße *v*
wijnstok Weinrebe *v*, Weinstock *m*
wijnstreek Weingegend *v*
wijntje cul *glas wijn* Gläschen *o* Wein
wijnvat Weinfass *o*
wijnvlek ❶ *vlek door wijn* Weinfleck(en) *m* ❷ *huidvlek* Feuermal *o*
wijs I *bnw* weise ★ *de wijze vrouw* die weise Frau *v* ★ *ben je niet wijs?* spinnst du? ★ *er niet wijs uit worden* nicht durchblicken **II** *zn* [de] ❶ *melodie* Melodie *v* ★ *geen wijs kunnen houden* unrein singen ★ *van de wijs brengen* aus dem Konzept bringen ★ *van de wijs raken* aus dem Konzept kommen ❷ *manier* Art *v*, Weise *v* ❸ taalk Modus *m* ★ *aantonende wijs* Indikativ *m* ★ *aanvoegende wijs* Konjunktiv *m* ★ *gebiedende wijs* Befehlsform *v*, Imperativ *m* ★ *onbepaalde wijs* Infinitiv *m* ★ *voorwaardelijke wijs* Konditional *o*
wijsbegeerte Philosophie *v*
wijselijk wohlweislich
wijsgeer Philosoph *m*
wijsgerig philosophisch
wijsheid Weisheit *v* ▾ *hij denkt dat hij de* ~ *in pacht heeft* er glaubt, die Weisheit gepachtet zu haben
wijsheidstand BN *verstandskies* Weisheitszahn *m*
wijsmaken weismachen ★ *iem. iets* ~ jmdm. etw. weismachen
wijsneus Naseweis *m*
wijsvinger Zeigefinger *m*
wijten zuschreiben ★ *dat heb je aan jezelf te* ~ das hast du dir selbst zuzuschreiben ★ *dat heb je aan hem te* ~ das hast du ihm zu verdanken
wijting Wittling *m*, Merlan *m*
wijwater Weihwasser *o*
wijze ❶ *manier* Weise *v*, Art *v* ❷ *persoon* Weise(r) *m* ▾ *bij* ~ *van spreken* sozusagen
wijzelf wir selbst
wijzen I *ov ww* ❶ *laten zien* weisen, zeigen ★ *iem. de weg* ~ jmdm. den Weg zeigen ❷ *attenderen* zeigen, weisen ★ *iem. op iets* ~ jmdn. auf etw. hinweisen ❸ *uitspreken* fällen ★ *een vonnis* ~ ein Urteil sprechen **II** *on ww* ❶ *aanwijzen* zeigen auf [+4] ★ *met de vinger naar iets* ~ auf etw. zeigen / weisen ❷ *doen vermoeden* deuten auf [+4], hinweisen auf [+4] ★ *alles wijst erop* alles deutet darauf hin
wijzer Zeiger *m* ★ *kleine* ~ Stundenzeiger ★ *grote* ~ Minutenzeiger
wijzerplaat Zifferblatt *o*
wijzigen ändern, verändern ★ *de plannen* ~ die Pläne ändern ★ *onder de gewijzigde omstandigheden* unter den veränderten Umständen
wijziging Änderung *v*, ⟨kleine wijziging⟩ Abänderung *v* ★ *er is een* ~ *gekomen* es ist eine Veränderung eingetreten ★ ~*en aanbrengen* Änderungen vornehmen ★ *voorstel tot* ~ Änderungsvorschlag *m*
wijzigingsvoorstel Änderungsvorschlag *m*, Abänderungsvorschlag *m*
wikkel Wickel *m*
wikkelen ❶ *inwikkelen* (ein)wickeln ★ *in dekens gewikkeld* in Decken gehüllt ❷ *betrekken* verwickeln
wikkelrok Wickelrock *m*
wikken (er)wägen ★ ~ *en wegen* hin und her überlegen, wiegen und wägen
wil Wille *m* ★ *tegen wil en dank* wider Willen ▾

iem. ter wille zijn jemandem zu Willen sein ▾ *ter / om wille van...* ... wegen [+2] um... willen [+2] ... zuliebe [+3] ▾ *voor elk wat wils* jedem das Seine / das seine
wild **I** *bnw* ❶ *niet tam* wild ❷ *ongecultiveerd* wild ❸ *onbeheerst* wild ★ *wild om zich heen slaan* wild um sich schlagen ★ *in het wilde weg praten* ins Blaue hineinreden ❹ *dol, uitbundig* wild ★ *wild op* wild auf [+4] **II** *zn* [het] ❶ *dieren* Wild *o* ★ *groot wild* Hochwild ★ *klein wild* Niederwild ❷ *natuurstaat* ★ *in het wild opgroeien* wild aufwachsen
wildachtig wildähnlich, wie Wild
wildbaan Gehege *o*
wildbraad Wildbret *o*, Wildbraten *m*
wilde Wilde(r) *m*
wildebeest Gnu *o*
wildebras Wildfang *m*
wildernis *wilde natuur* Wildnis *v*
wildgroei *ongecontroleerde groei* Wildwuchs *m*
wildkamperen wild zelten
wildpark Wildpark *m*
wildplassen wildpinkeln
wildplasser Wildpinkler *m*
wildreservaat Wildreservat *o*
wildstand Wildbestand *m*
wildviaduct Wildtunnel *m*
wildvreemd wildfremd
wildwaterbaan Wildwasserbahn *v*
wildwaterkanoën Wildwasser(kanu)fahren *o*
wildwatervaren Wildwasser fahren
wildwestavontuur Westernabenteuer *o*
wildwestfilm Western *m*, Wildwestfilm *m*
wilg Weide *v*
wilgenkatje Weidenkätzchen *o*
Wilhelmus omschr niederländische Nationalhymne *v*
willekeur ❶ *goeddunken* Belieben *o* ★ *naar ~* nach Belieben ❷ *eigenmachtigheid* Willkür *v* ★ *dat is pure ~* das ist die reine Willkür
willekeurig ❶ *naar willekeur* willkürlich ❷ *onverschillig welk* zufällig, willkürlich, beliebig ★ *een ~e keuze* eine willkürliche Wahl
willen **I** *ov ww, bereid zijn* ★ *dat wil er bij mij niet in* das will mir nicht einleuchten, das kann ich nicht glauben, das geht / will mir nicht in den Kopf **II** *hww* wollen ★ *wil ik het raam voor u sluiten?* soll ich das Fenster für Sie schließen? ★ *het gerucht wil dat hier vroeger een burcht gestaan heeft* hier soll früher eine Burg gestanden haben ★ *dat wil zeggen* das heißt ★ *ik wil er het mijne van weten* ich will wissen, woran ich bin
willens willentlich ★ *~ zijn* beabsichtigen, die Absicht haben ★ *~ en wetens* wissentlich und willentlich ▾ BN *~ nillens* wider Willen
willig ❶ *bereid* willig, bereit ❷ *volgzaam* gefügig, fügsam
willoos willenlos
wilsbeschikking Willenserklärung *v* ★ *laatste ~* letztwillige Verfügung *v*
wilskracht Willenskraft *v*, Energie *v*
wilsonbekwaam willensunfähig
wilsovereenstemming Willensübereinstimmung *v*
wilsuiting Willensäußerung *v*
wimpel Wimpel *m*
wimper Wimper *v*
wind ❶ *luchtstroom* Wind *m* ★ *tegen de wind in* gegen den Wind ★ *de wind tegen hebben* Gegenwind haben ★ *wind tegen* Gegenwind *m* ★ *de wind is gedraaid* der Wind hat sich gedreht ❷ *scheet* Darmwind *m*, Furz *m* ★ *een wind laten* einen fahren lassen ▾ *in de wind slaan* in den Wind schlagen ▾ *wie wind zaait, zal storm oogsten* wer Wind sät, wird Sturm ernten ▾ *de wind van voren krijgen* sein Fett bekommen ▾ *van de wind leven* von der Luft leben ▾ *zoals de wind waait, waait zijn jasje* er hängt den Mantel nach dem Wind ▾ *met alle winden meewaaien* wetterwendisch sein
windbestuiving Windbestäubung *v*
windbuil Schaumschläger *m*, Aufschneider *m*
windbuks Luftgewehr *o*
winddicht winddicht, windgeschützt
windei ▾ *dat zal je geen ~eren leggen* das wird dir zum Vorteil gereichen
winden *wikkelen* winden, wickeln ★ *de klimop windt zich om de pilaar* der Efeu windet sich um den Pfeiler ★ *op een kluwen ~* auf ein Knäuel wickeln ▾ *iem. om zijn vinger ~* jemanden um den Finger wickeln
windenergie Windenergie *v*
winderig ❶ *met veel wind* windig ❷ *winden latend* windig
windhoek ❶ *streek vanwaar de wind komt* Windseite *v* ❷ *plek waar het vaak waait* windige Ecke *v*
windhond Windhund *m*
windhoos Windhose *v*
windjack Windjacke *v*
windkracht Windstärke *v*
windmolen Windmühle *v*
windrichting Windrichtung *v*
windroos Windrose *v*
windscherm Windschutz *m*, Windschirm *m*
windsnelheid Windgeschwindigkeit *v*
windstil windstill
windstilte Windstille *v*
windstoot Windstoß *m*, Bö *v*
windstreek Himmelsrichtung *v*
windsurfen (wind)surfen
windtunnel Windkanal *m*
windvaan Windfahne *v*, Wetterfahne *v*
windvlaag Windstoß *m*
windwijzer Windfahne *v*, Wetterfahne *v*
wingebied Rohstoffgebiet *o*
wingerd Wein *m*, ⟨wijnstok⟩ Weinstock *m* ★ *wilde ~* wilde(r) Wein
wingewest eroberte(s) Gebiet *o*
winkel Geschäft *o*, Laden *m*
winkelassortiment Ladensortiment *o*
winkelbediende Ladenangestellte(r) *m*, Verkäufer *m*
winkelbedrijf Ladengeschäft *o*
winkelcentrum Einkaufszentrum *o* [mv: Einkaufszentren]
winkeldief Ladendieb *m*
winkeldiefstal Ladendiebstahl *m*
winkelen einkaufen, ⟨statten⟩ einen Einkaufsbummel machen
winkelgalerij Passage *v*

winkelhaak ❶ *scheur* Dreieck *o* ❷ *gereedschap* Winkelmaß *o*, Winkel(haken) *m*
winkelier Ladenbesitzer *m*, Geschäftsinhaber *m*
winkeljuffrouw Ladenangestellte *v*, Verkäuferin *v*
winkelkarretje Einkaufswagen *m*
winkelketen Ladenkette *v*
winkelpand Geschäftshaus *o*
winkelpersoneel Verkäufer *mv*
winkelprijs Einzelhandelspreis *m*, Ladenpreis *m*
winkelpromenade Fußgängerzone *v*, Geschäftsstraße *v*
winkelruit Schaufensterscheibe *v*
winkelsluitingswet Ladenschlussgesetz *o*
winkelstraat Geschäftsstraße *v*
winkelwaarde Ladenpreis *m*
winkelwagen *boodschappenwagentje* Einkaufswagen *m*
winnaar Gewinner *m*, ⟨overwinnaar⟩ Sieger *m*, ⟨van prijs⟩ Preisträger *m*
winnen ❶ *de beste zijn* siegen, gewinnen ★ *het van iem.* ~ jmdm. überlegen sein ❷ *door inspanning krijgen* gewinnen ★ *voordeel* ~ Vorteil erzielen, Gewinn machen ❸ *ergens uithalen* gewinnen ❹ *toenemen in* gewinnen
winning Gewinnung *v*
winst Gewinn *m*, ⟨bij spel⟩ Sieg *m* ★ ~ *maken* Gewinn machen / erzielen
winstaandeel Gewinnanteil *m*
winstbejag Gewinnstreben *o*, min Gewinnsucht *v*
winstbelasting Gewinnsteuer *v*
winstberekening Gewinnberechnung *v*
winstdaling Gewinnabnahme *v*, Gewinnrückgang *m*
winstdeling Gewinnbeteiligung *v*
winstderving Gewinnausfall *m*
winst-en-verliesrekening Gewinn- und Verlustrechnung *v*
winstgevend einträglich, Gewinnbringend, rentabel ★ *een* ~ *zaakje* ein einträgliches Geschäft
winstmarge Gewinnspanne *v*
winstoogmerk Gewinnstreben *o*, Profitstreben *o* ★ *zonder* ~ ohne Erwerbszweck
winstpercentage ❶ *wat als winst overblijft* Gewinnspanne *v* ❷ *percentage v.d. winst* Gewinnanteil *m* in Prozenten
winstpunt ❶ *gewonnen punt* Punkt *m* ❷ *pluspunt* Gewinn *m*
winststijging Gewinnsteigerung *v*, Gewinnzunahme *v*
winstuitkering Gewinnausschüttung *v*
winstwaarschuwing econ Gewinnwarnung *v*
winter Winter *m* ★ *'s ~s* im Winter
winteravond Winterabend *m*
winterband Winterreifen *m*
wintercollectie Winterkollektion *v*
winterdag Wintertag *m*
winterdijk Winterdeich *m*
winteren wintern ★ *het wintert* es ist / wird Winter ★ *het wintert behoorlijk* es ist ein richtiger Winter
wintergast ❶ *vogel* Wintergast *m* ❷ *persoon* Winterferiengast *m*
wintergroente Wintergemüse *o*
winterhanden Frostbeulen an den Händen *mv*
winterhard winterhart, frostbeständig
winterjas Wintermantel *m*
winterkleding Winterkleidung *v*
winterkoninkje *vogel* Zaunkönig *m*
winterlandschap Winterlandschaft *v*
wintermaand Wintermonat *m*
winterpeen Möhre *v*
winters winterlich, winter-, Winter-
winterslaap Winterschlaf *m*, ⟨met onderbrekingen⟩ Winterruhe *v*
winterspelen Winterspiele *mv*
wintersport *sport* Wintersport *m* ★ *op* ~ *gaan* in den Wintersport fahren
wintersportcentrum Wintersportzentrum *o*
wintersportplaats Wintersportort *m*
wintersportvakantie Wintersporturlaub *m*
wintertenen Frostbeulen *mv* an den Zehen
wintertijd ❶ *tijdregeling* Normalzeit *v* ❷ *seizoen* Winterzeit *v*
winteruur BN *wintertijdregeling* Normalzeit *v*
wintervoeten Frostbeulen *mv* an den Füßen
winterweer Winterwetter *o*
winterwortel Mohrrübe *v*
win-winsituatie Win-win-Situation *v*
wip ❶ *sprongetje* Wippe *v*, Satz *m* ★ *in een wip* im Nu / Handumdrehen ❷ *speeltuig* Wippe *v* ★ fig *op de wip zitten* das Zünglein an der Waage sein ❸ inform *vrijpartij* Nummer *v*
wipkip Wippe *v*, Schaukel *m*
wipneus Stupsnase *v*
wippen I *ov ww, ontslaan, afzetten* rauswerfen, entlassen ★ *iem.* ~ jmdn. kippen / wippen, jmdn. ausschalten **II** *on ww* ❶ *met sprongetjes bewegen* hüpfen, schnellen ❷ *spelen op de wip* wippen, schaukeln ❸ *vrijen* bumsen
wipstaartje *winterkoninkje* Einfarb-Uferwipper *m*
wipstoel Schaukelstuhl *m* ▼ *op de* ~ *zitten* eine wack(e)lige Stellung haben
wipwap Wippe *v*, Schaukel *v*
wirwar Wirrwarr *m*, Gewirr *o*
wis ▼ *wis en waarachtig* fest und sicher
wisbaar löschbar
wisent Wisent *m*
wishful thinking Wunschdenken *o*
wiskunde Mathematik *v* ★ *zij heeft een 10 voor* ~ sie hat eine 1 in Mathe(matik)
wiskundeknobbel Begabung *v* für Mathematik
wiskundeleraar Mathematiklehrer *m*
wiskundig mathematisch ★ ~ *probleem* mathematische(s) Problem *o*
wiskundige Mathematiker *m* [v: Mathematikerin]
wispelturig wetterwendisch, launenhaft
wissel ❶ *spoorwissel* Weiche *v* ❷ econ Wechsel *m*
wisselautomaat Geldwechselautomat *m*
wisselbad Wechselbad *o*
wisselbeker Wanderpokal *m*
wisselen ❶ *veranderen* schwanken, wechseln ★ *van paarden* ~ die Pferde wechseln ★ *de trein wisselt van spoor* der Zug wechselt die Gleise ❷ *uitwisselen* wechseln, austauschen ★ *over iets van gedachten* ~ Gedanken über etw. austauschen ❸ *geld ruilen* tauschen, wechseln ★ *geld* ~ Geld wechseln ★ *heb je kleingeld? ik kan*

niet ~ hast du Kleingeld? ich kann nicht herausgeben
wisselgeld Wechselgeld *o*
wisselgesprek comm Call waiting *o*, Anklopfen *o*
wisseling ‹ruil› Wechsel *m*, ‹ruil› Austausch *m*, ‹variatie› Wechsel *m*, ‹variatie› Schwankung *v*
wisselkantoor Wechselstube *v*, Wechselstelle *v*
wisselkoers Wechselkurs *m*
wissellijst Wechselrahmen *m*
wisselmarkt Wechselmarkt *m*
wisseloplossing BN *alternatieve oplossing* Alternativlösung *v*
wisselslag Lage *v* ★ *kampioenschap 400 m* ~ Meisterschaft über 4 x 100 m Lagen *v*
wisselspeler Auswechselspieler *m*
wisselspoor Nebengleis *o*
wisselstroom Wechselstrom *m*
wisselstuk BN *reserveonderdeel* Ersatzteil *o*
wisseltruc ≈ betrügerische(s) Geldwechseln *o*
wisselvallig unbeständig, veränderlich, unstet
wisselwerking Wechselwirkung *v*
wisselwoning Übergangswohnung *v*
wissen wischen, ‹van computerbestanden e.d.› löschen
wisser Wischer *m*
wissewasje Bagatelle *v*, Lappalie *v*
wist [verl. td.] → **weten**
wisten [verl. td.] → **weten**
wit I *bnw, niet zwart* weiß **II** *zn* [het], *kleur* Weiß(e) *o* ★ *wit begint* Weiß eröffnet das Spiel ★ *in het wit gekleed* in Weiß gekleidet
witbier cul Weißbier *o*
witboek Weißbuch *o*
witbrood cul Weißbrot *o*
witgoed Haushaltsgeräte *mv*, weiße Ware *v*
witgoud Weißgold *o*, ‹platina› Platin *o*
witheet ❶ *witgloeiend* weißglühend ❷ fig *woedend* weißglühend
witjes blass ★ *zij ziet* ~ sie ist blass
witkalk weiße Tünche *v*
witlof Chicorée *m/v*, Schikoree
Wit-Rus Weißrusse *m*
Wit-Rusland Weißrussland *o*
Wit-Russisch weißrussisch
Wit-Russische Weißrussin *v*
witteboordencriminaliteit Wirtschaftskriminalität *v*
wittebrood cul Weißbrot *o*
wittebroodsweken Flitterwochen *mv*
witten *wit schilderen* tünchen, weißen
Witte Zee Weiße(s) Meer *o*
witvis Weißfisch *m*
witwassen (weiß)waschen ★ *het* ~ Weißwaschen
WK *Wereldkampioenschap* WM *v*
WNF *Wereld Natuur Fonds* WWF *m*
wo *wetenschappelijk onderwijs* Hochschulwesen *o*
wodka cul Wodka *m*
woede Wut *v*, Raserei *v* ★ *rood van* ~ *zijn* rot vor Zorn sein
woedeaanval Wutanfall *m*
woeden toben, rasen, wüten
woedend wütend
woede-uitbarsting Wutausbruch *m*
woef wau
woei [verl. td.] → **waaien**
woeien [verl. td.] → **waaien**
woekeraar Wucherer *m*
woekeren ❶ *woeker drijven* wuchern ❷ *wild groeien* wuchern
woekering *wildgroei* Wucherung *v*
woekerprijs Wucherpreis *m*
woekerrente Wucherzins *m*
woelen ❶ *onrustig bewegen* sich wälzen, wühlen ❷ *wroeten* wühlen, herumkramen
woelig unruhig ★ *een ~e straat* eine belebte Straße
woensdag Mittwoch *m*
woensdagavond Mittwochabend *m*
woensdagmiddag Mittwochnachmittag *m*
woensdagmorgen, **woensdagochtend** Mittwochvormittag *m*, Mittwochmorgen *m*
woensdagnacht Mittwochnacht *m*
woensdags am Mittwoch, mittwochs
woerd Enterich *m*
woest ❶ *woedend* wild, fuchsteufelswild ★ *hij was ~ op me* er war wütend auf mich ❷ *wild* wüst, wild, ‹van mensen› ungestüm ★ *de ~e zee* das wilde Meer ❸ *ongecultiveerd* wüst, öde ★ *~e grond* Ödland *o* ★ *de ~e streek* die wilde / wüste / öde Gegend
woesteling Wüterich *m*
woestenij Wüstenei *v*
woestijn Wüste *v* ▼ *een roepende in de* ~ ein Rufer in der Wüste
woestijnklimaat Wüstenklima *o*
woestijnrat Wüstenratte *v*
woestijnwind Wüstenwind *m*
woestijnzand Wüstensand *m*
wogen [verl. td.] → **wegen**
wok Wok *m*
wol Wolle *v* ▼ *door de wol geverfd zijn* mit allen Wassern gewaschen sein ▼ *onder de wol kruipen* unter die Decke kriechen
wolachtig wollig
wolf Wolf *m* ▼ *een wolf in schaapskleren* ein Wolf im Schafspelz ▼ BN fig *jonge wolf* aufstrebende(s) Talent *o*
wolfraam Wolfram *o*
wolfshond Wolfshund *m*
wolfskers Tollkirsche *v*
wolk Wolke *v* ▼ *in de wolken zijn* im siebten Himmel sein ▼ *een wolk van een baby* ein prächtiges Baby
wolkam Wollkamm *m*
wolkbreuk Wolkenbruch *m*
wolkeloos wolkenlos
wolkendek Wolkendecke *v*
wolkenhemel Wolkenhimmel *m*
wolkenkrabber Wolkenkratzer *m*
wolkenlucht wolkenbehangene(r) Himmel *m*
wolkenveld Wolkenfeld *o*
wollen wollen ★ ~ *goed* Wollwaren *mv*
wollig ❶ *als / van wol* wollig ❷ fig *vaag* wollig
wolvet ❶ *vette substantie in ruwe wol* Wollfett *o* ❷ *gezuiverd vet van schapenwol* Lanolin *o*
wolvin Wölfin *v*
wombat Wombat *m*
won [verl. td.] → **winnen**
wond I *zn* [de] Wunde *v* ★ *een open wond* eine offene Wunde **II** *ww* [verl. td.] → **winden**
wonden [verl. td.] → **winden**

wonder I *zn* [het] ❶ *iets buitengewoons* Wunder *o* ★ *geen ~* kein Wunder ★ *~ boven ~* Wunder über Wunder ❷ rel *mirakel* Wunder *o* **II** *bnw* wunderlich
wonderbaarlijk erstaunlich, wunderbar, wundersam
wonderdokter Wunderdoktor *m*
wonderkind Wunderkind *o*
wonderkruid Wunderkraut *o*
wonderlamp Wunderlampe *v*
wonderland Wunderland *o*
wonderlijk wunderlich, sonderbar
wondermiddel Wundermittel *o*
wonderschoon wunderschön
wonderwel vortrefflich, vorzüglich
wondkoorts Wundfieber *o*
wondzalf Wundsalbe *v*
wonen wohnen ★ *buiten ~* außerhalb der Stadt wohnen ★ *kleiner gaan ~* in eine kleinere Wohnung ziehen ★ *zij woont hier al jaren* sie wohnt hier schon seit Jahren ★ *in Utrecht gaan ~* nach Utrecht ziehen ★ *aan de achter- / voorkant ~* zum Hof / zur Straße hin wohnen
woning Wohnung *v*
woningaanbod Wohnungsangebot *o*
woningbouw Wohnungsbau *m*
woningbouwvereniging Wohnungsbaugenossenschaft *v*
woningcorporatie Wohnungs(bau)genossenschaft *v*
woninginrichting *het inrichten* Wohnungseinrichtung *v*
woninginspectie Bauaufsichtsbehörde *v*
woningnood Wohnungsnot *v*
woningruil Wohnungstausch *m*
woningtoezicht Bauaufsichtsbehörde *v*
woningwet Wohnungsbaugesetz *o*
woningzoekende Wohnungsuchende(r) *m*
wonnen [verl. td.] → **winnen**
woof [verl. td.] → **wuiven**
woofer Woofer *m*, Bass-Lautsprecher *m*
woog [verl. td.] → **wegen**
woonachtig wohnhaft
woonblok Wohnblock *m*
woonboot Hausboot *o*
wooneenheid ❶ *appartement* Wohneinheit *v*, Appartement *o* ❷ *geheel van woningen en winkels* Wohnanlage *v*, Wohnkomplex *m*
woonerf Wohnstraße *v*
woongemeenschap Wohngemeinschaft *v*
woongemeente Wohnort *m*
woongroep Wohngemeinschaft *v*
woonhuis Wohnhaus *o*
woonkamer Wohnzimmer *o*, Wohnstube *v*
woonkazerne Mietskaserne *v*
woonkern Wohnhäuser, die den Ortskern bilden *mv*
woonkeuken Wohnküche *v*
woonlaag Stockwerk *o*
woonlasten Wohnkosten *mv*
woonplaats Wohnort *m*, ⟨officieel⟩ Wohnsitz *m* ★ *geen vaste ~ hebben* keinen ständigen Wohnsitz haben
woonruimte *ruimte om te bewonen* Wohnraum *m*
woonvergunning Wohnberechtigung *v*
woonvorm Wohnform *v*
woonwagen Wohnwagen *m*
woonwagenbewoner Wohnwagenbewohner *m*
woonwagenkamp Wohnwagenlager *o*
woon-werkverkeer Pendelverkehr *m*
woonwijk Wohnviertel *o*
woord ❶ *taaleenheid* Wort *o* ★ *~en van deelneming* Beileidsworte ★ *~ voor ~* wortwörtlich ★ *onder ~en brengen* in Worte fassen, ausdrücken ★ *gevleugelde ~en* geflügelte Worte ★ *zij heeft aan een half ~ genoeg* ein Hinweis genügt ihr ★ *in één ~* mit einem Wort, geradezu ★ *met een half ~ aanduiden* etw. andeuten ★ BN *geen gebenedijd ~* kein einziges Wort ★ *~en met iem. hebben* sich mit jmdm. zanken ★ *je haalt me de ~en uit de mond* du nimmst mir das Wort aus dem Munde ❷ *erewoord* Wort *o* ★ *iem. aan zijn ~ houden* jmdn. beim Wort nehmen ★ *op mijn ~ (van eer)* Ehrenwort ★ *zijn ~ houden* sein Wort halten ❸ *het spreken* Wort *o* ★ *het ~ is aan u* Sie haben das Wort ★ *het ~ vragen* ums Wort bitten ★ *het ~ nemen* das Wort ergreifen / nehmen ★ *iem. te ~ staan* jmdm. Rede und Antwort stehen ★ *het hoogste ~ hebben* das große Wort führen ★ *een goed ~je doen voor* ein gutes Wort für jmdn. einlegen
woordbeeld Wortbild *o*
woordblind legasthenisch
woordbreuk Wortbruch *m*
woordelijk wörtlich
woordenboek Wörterbuch *o*
woordenlijst Vokabular *o*, Wortregister *o*, Wörterverzeichnis *o*, ⟨met verklaringen⟩ Glossar *o*
woordenschat Wortschatz *m*
woordenstrijd (Wort)Streit *m*, Wortgefecht *o*, Wortgeplänkel *o*
woordenvloed, **woordenstroom** Redeschwall *m*, Wortschwall *m*
woordenwisseling Wortwechsel *m*
woordgebruik Wortgebrauch *m*
woordgroep Wortgruppe *v*
woordkeus Wortwahl *v*
woordsoort Wortart *v*
woordspeling Wortspiel *o*
woordvoerder Wortführer *m*, ⟨van regering⟩ Regierungssprecher *m*, Pressesprecher *m*
woordvolgorde Wortfolge *v*
worden werden ★ *er wordt gebeld* es klingelt ★ *wat is er van hem ge~?* was ist aus ihm geworden? ★ *hij is ziek ge~* er ist krank geworden ★ *zijn wens werd vervuld* sein Wunsch wurde erfüllt
wording Entstehen *o*, Werden *o* ★ *in ~ zijn* im Entstehen begriffen sein
workaholic I *zn* [de] Workaholic *m* **II** *bnw* arbeitssüchtig
workmate zusammenlegbare Heimwerkerbank *v*
workshop Workshop *m*
worm ❶ *pier* Regenwurm *m*, Wurm *m* ❷ *made* Made *v*
wormenkuur med Wurmkur *v*
wormstekig wurmstichig

wormvirus comp Wurmvirus *m*
worp ❶ *gooi* Wurf *m*, ‹kegelen› Schub *m* ❷ *nest jongen* Wurf *m*
worst cul Wurst *v*
worstelaar Ringer *m*, Ringkämpfer *m*
worstelen sport ringen
worsteling Ringen *o*
worstenbroodje cul Bratwurst *v* im Schlafrock
wortel ❶ *plantenorgaan* Wurzel *v* ★ ~ *schieten* Wurzel schlagen / fassen ❷ *groente* Möhre *v*, Mohrrübe *v*, Karotte *v*, gelbe Rübe *v* ❸ *tandwortel* Wurzel *v* ❹ wisk Wurzel *v* ▼ *met ~ en tak uitroeien* mit Stumpf und Stiel ausrotten
wortelen ❶ *wortel schieten* wurzeln ❷ *oorsprong vinden* wurzeln
wortelkanaal Wurzelkanal *m*
wortelteken Wurzelzeichen *o*
worteltrekken Wurzelziehen
wou [verl. td.] → **willen**
woud Wald *m*
woudloper Waldläufer *m*
would-be Möchtegern-, möchtegern-
wouw ❶ *vogel* Milan *m* ★ *rode wouw* Rotmilan *m* ❷ *plant* Wau *m*, Reseda *v*
woven [verl. td.] → **wuiven**
wow I *tw* oh je! **II** *zn* [de], *laag vervormd geluid* Wimmern *o*
wraak Rache *v* ★ ~ *nemen op iem.* Rache an jmdm. nehmen ★ *dat roept om ~* das schreit nach Rache ▼ ~ *is zoet* Rache ist süß
wraakactie Vergeltungsaktion *v*, Racheakt *m*
wraakgevoel Rachegefühl *o*
wraakgodin Rachegöttin *v*
wraaklust Rachsucht *v*
wraakneming Rache *v*, Racheakt *m*
wraakoefening Vergeltung *v*, Racheakt *m*
wraakzuchtig rachsüchtig
wrak I *zn* [het] ❶ *resten* Wrack *o* ❷ *persoon* Wrack *o* **II** *bnw* wrack, schwach, ‹goederen› schadhaft, ‹meubels› wack(e)lig
wraken jur ★ *een clausule ~* eine Klausel verwerfen
wrakhout Treibholz *o*
wrakkig klapprig, ‹huis› baufällig
wrakstuk Wrackteil *o*
wrang ❶ *zuur* sauer, herb ❷ *bitter* bitter ▼ *een ~e ervaring* eine bittere Erfahrung
wrap cul Wrap *o*
wrat Warze *v*
wrattenzwijn Warzenschwein *o*
wreed ❶ *gruwelijk* grausam ❷ *ruw* rau, hart
wreedaard Unmensch *m*
wreedheid I *zn* [de] [gmv] *het wreed zijn* Grausamkeit *v* **II** *zn* [de] [mv: -heden] *wrede daad* Grausamkeit *v*
wreef I *zn* [de] Spann *m* **II** *ww* [verl. td.] → **wrijven**
wreken I *ov ww* rächen **II** *wkd ww* [**zich ~**] *wraak nemen* ★ *zich op iem. ~ over iets* sich an jmdm. für etw. rächen
wreker Rächer *m*
wrevel *wrok* Unwille *m*, Ärger *m*, Unmut *m*
wrevelig unwillig, ärgerlich, unmutig
wreven [verl. td.] → **wrijven**
wriemelen ❶ *peuteren* fummeln (**aan** an) ❷ *krioelen* kribbeln, wimmeln
wrijfpaal Scheuerpfahl *m*
wrijven *strijken* reiben
wrijving ❶ *het wrijven* Reibung *v* ❷ natk techn Friktion *v* ❸ *onenigheid* Reibereien *mv*
wrikken *heen en weer bewegen* rütteln
wringen I *ov ww, draaiend persen* winden, ringen, ‹wasgoed› wringen **II** *on ww, knellen* winden, ringen **III** *wkd ww* [**zich ~**] **~ door** sich zwängen durch
wroeging Gewissensbisse *mv*
wroeten ❶ *(zoekend) graven* wühlen, lett buddeln ❷ BN *zwoegen* sich plagen, inform schuften, inform sich abrackern
wrok Groll *m* ★ *een wrok koesteren tegen iem.* einen Groll gegen jmdn. hegen
wrokkig nachtragend
wrong I *zn* [de] Knoten *m* **II** *ww* [verl. td.] → **wringen**
wrongel Käseteig *m*, Bruch *m/o*
wrongen [verl. td.] → **wringen**
wuft leichtfertig, frivol, flatterhaft
wuifde [verl. td.] → **wuiven**
wuifden [verl. td.] → **wuiven**
wuiven ❶ *heen en weer bewegen* wiegen ❷ *groeten* winken ★ *naar iem. ~* jmdm. zuwinken
wulp (großer) Brachvogel *m* ★ *kleine wulp* Regenbrachvogel *m*
wulps sinnlich, lüstern
wurgcontract ≈ Vertrag *m* zu nachteiligen Bedingungen
wurgen würgen, erwürgen
wurggreep Würgegriff *m*
wurgslang Würgeschlange *v*, Boa *v*
wurm ❶ *worm* Wurm *m* ❷ *kind* Wurm *o*, Knirps *m*
wurmen drängen, zwängen ★ *zich ertussen ~* sich dazwischen zwängen / drängen
WW *werkloosheidswet* Arbeitslosenversicherungsgesetz *o* ★ *in de WW zitten* Arbeitslosengeld / -hilfe beziehen
www comp *world wide web* WWW *o*
wysiwyg *what you see is what you get* WYSIWYG

X

x *letter* X *o* ★ *de x van Xantippe* X wie Xantippe
x-as x-Achse *v*
X-benen X-Beine *mv*
X-chromosoom X-Chromosom *o*
xenofobie Xenophobie *v*
xenofoob xenophob
XL *extra large* XL
xtc Ecstasy *o*
xylofoon Xylofon *o*

Y

y Y *o* ★ *de y van Ypsilon* Y wie Ypsilon
yahtzee Yahtzee *m*
yahtzeeën Yahtzee spielen
yang Yang *o*
yankee Yankee *m*
y-as y-Achse *v*
Y-chromosoom Y-Chromosom *o*
yell Schrei *m*, ‹leus› Parole *v*
yen Yen *m*
yin Yin *o*
yoga Yoga *m/o*, Joga *m/o*
yoghurt cul Joghurt *m*, ‹nakeursspelling› Jogurt *m*
yogi Yogi *m*
ypsilon Ypsilon *o*
yucca Yucca *v*, Palmlilie *v*
yuppie Yuppie *m*

Z

z Z *o* ★ *de z van Zacharias* Z wie Zeppelin
zaad ❶ *kiem* Saat *v*, Saatgut *o* ❷ *sperma* Samen *m*, Samenflüssigkeit *v* ▼ *op zwart zaad zitten*, BN *op droog zaad zitten* knapp bei Kasse sein
zaadbal Hoden *m*
zaadbank *spermabank* Samenbank *v*
zaadcel Samenzelle *v*
zaaddodend Samen tötend
zaaddonor Samenspender *m*
zaaddoos plantk Samenkapsel *v*
zaadlob Keimblatt *o*
zaadlozing Ejakulation *v*, Samenerguss *m*
zaag *gereedschap* Säge *v*
zaagbank Sägebank *v*
zaagblad Sägeblatt *o*
zaagmachine Sägemaschine *v*
zaagmolen Sägemühle *v*
zaagsel Sägemehl *o*, Sägespäne *mv*
zaagsnede *snede door zaag* Sägeschnitt *m*
zaagvis Sägefisch *m*
zaaibed Saatbeet *o*
zaaien säen ★ *paniek ~* Panik heraufbeschwören ★ *tweedracht ~* Zwietracht säen ★ *dun gezaaid zijn* dünn gesät sein
zaaier Säer *m* [v: Säerin], Sämann *m*
zaaigoed Saat *v*, Saatgut *o*
zaaimachine Sämaschine *v*
zaak ❶ *ding, voorwerp* Sache *v* ❷ *handel, bedrijf, winkel* Geschäft *o*, Firma *v*, Unternehmen *o* ★ *voor zaken op reis gaan* geschäftlich auf Reisen gehen ★ *goede zaken doen* gute Geschäfte machen ★ *een zaak opzetten* eine Firma gründen ★ *ik ben op de zaak* ich bin in der Firma ❸ *onderwerp, kwestie, aangelegenheid* Angelegenheit *v*, Sache *v* ★ *bemoei je met je eigen zaken* kümmere dich um deine eigenen Angelegenheiten ★ *zeker van zijn zaak zijn* sich seiner Sache sicher sein, seiner Sache gewiss sein ★ *ter zake!* zur Sache! ★ *dat doet niets ter zake* das tut nichts zur Sache ★ *hoe de zaken er nu voor staan* wie die Dinge jetzt liegen ★ *het is zaak om snel te handelen* es ist Sache, schnell zu handeln ★ *gemene zaak met iem. maken* mit jmdm. gemeinsame Sache machen ★ *onverrichter zake terugkeren* unverrichteter Sache / Dinge zurückkehren ❹ *rechtszaak* Sache *v*
zaakgelastigde Bevollmächtigte(r) *m*, Geschäftsträger *m*
zaakje ❶ *winkeltje* Budike *v*, min Kramladen *m*, Kleinbetrieb *m* ❷ *mannelijk geslachtsdeel* inform Apparat *m*
zaakvoerder BN *bedrijfsleider* Geschäftsführer *m*, Betriebsleiter *m*
zaakwaarnemer Sachwalter *m*
zaal Saal *m*, sport Halle *v*, ⟨toeschouwersruimte⟩ Zuschauerraum *m* ★ *een lege zaal* ein leeres Haus
zaalsport Hallensport *m*
zaalvoetbal Hallenfußball *m*
zaalwachter Saalordner *m*, ⟨suppoost⟩ Museumsaufseher *m*
zacht I *bnw* ❶ *niet hard, week* weich ❷ *niet ruw* sanft, mild, weich ❸ *niet luid of fel* ⟨geluid⟩ leise, ⟨kleur⟩ zart ★ *~ gefluister* leises Geflüster ★ *met ~e stem* mit leiser Stimme ★ *~e kleuren* zarte Farben ❹ *zachtmoedig* sanft, zart ★ *hij heeft een ~ karakter* er hat einen weichen Charakter ❺ *gematigd* mild, sanft, leise ★ *een ~ verwijt* ein leiser Vorwurf ★ *met ~e middelen* mit sanften Mitteln ★ *met ~e hand* mit sanfter Hand ★ *op een ~ vuurtje* bei niedriger Temperatur **II** *bijw* ❶ *niet luid* leise ❷ *niet snel* langsam ❸ *gematigd* sanft ★ *op z'n ~st genomen / gezegd* gelinde gesagt
zachtaardig sanft(mütig), milde ★ *een ~ karakter hebben* einen milden Charakter haben
zachtboard Holzfaserdämmplatte *v*
zachtgroen zartgrün
zachtheid Weichheit *v*, Sanftheit *v*
zachtjes ❶ *niet luid* ★ *~!* leise! ★ *de deur ~ dichtmaken* die Tür leise schließen ❷ *niet snel* ★ *~ lopen* schleichen ❸ *gematigd* ★ *~ schommelen* sanft schwanken → **zacht**
zachtjesaan vorsichtig
zachtmoedig sanftmütig, sanft
zachtzinnig sanftmütig, sanft
zadel Sattel *m* ★ *iem. in het ~ helpen* jmdm. in den Sattel helfen ★ *vast in het ~ zitten* fest im Sattel sitzen ★ *iem. uit het ~ lichten* jmdn. aus dem Sattel stoßen / heben
zadeldek Satteldecke *v*
zadelen satteln
zadelpijn Sattelschmerzen *mv*
zadeltas Satteltasche *v*
zag [verl. td.] → **zien**
zagen I *ov ww* sägen **II** *ww* [verl. td.] → **zien**
zagerij Sägerei *v*, Sägewerk *o*
Zagreb Zagreb *o*, oud Agram *o*
Zagrebs Zagreber
Zaïre Zaire *o*
zak ❶ *verpakking* Tüte *v*, Sack *m* ★ *een plastic zak* eine Plastiktüte ★ *een zak aardappelen* ein Sack Kartoffeln ★ *een zak suiker* eine Tüte Zucker ★ *het kan me geen zak schelen* es ist mir völlig egal ★ *dat gaat je geen zak aan* das geht dich einen Dreck an ★ *daar geloof ik geen zak van* den Bären kannst du einem anderen erzählen ★ *in zak en as zitten* in Sack und Asche gehen ★ BN *in het zakje blazen* ⟨alcoholtest⟩ blasen müssen ❷ *bergplek in kleding* ★ *ik heb geen cent op zak* ich habe keinen Pfennig dabei ★ *diep in zijn zak tasten* tief in den Beutel greifen ★ *op iemands zak leven* jmdm. auf der Tasche liegen ★ *iem. in zijn zak hebben* jmdn. um den Finger gewickelt haben ★ *die kan je in je zak steken!* schreib dir das hinter die Ohren! ★ *heb je soms je ogen in je zak?* hast du denn Tomaten auf den Augen? ❸ min *persoon* Sack *m* ★ *een oude zak* ein alter Knacker
zakagenda Taschenkalender *m*
zakbijbel Taschenbibel *v*
zakboekje Notizbuch *o*
zakcentje Taschengeld *o*
zakdoek Taschentuch *o* ▼ *~je leggen* Plumpsack spielen
zakelijk ❶ *betrekking hebbende op een zaak of zaken* dienstlich, geschäftlich ★ *een goed ~ inzicht hebben* einen guten Geschäftssinn haben ❷ *zich tot de zaken, de feiten bepalend* nüchtern, sachlich
zakelijkheid Sachlichkeit *v*
zakenadres Geschäftsadresse *v*

zakenbespreking Geschäftsbesprechung *v*
zakencentrum Geschäftszentrum *o*, ⟨wijk⟩ Geschäftsviertel *o*
zakencijfer BN *omzetcijfer* Umsatzzahl *v*
zakendiner Geschäftsessen *o*
zakendoen Geschäfte machen ★ ~ *met een bedrijf* mit einer Firma Geschäfte machen ★ ~ *met iem.* mit jmdm. Geschäfte machen
zakenleven Geschäftsleben *o*
zakenlunch Arbeitsessen *o*
zakenman Geschäftsmann *m*
zakenreis Geschäftsreise *v*
zakenrelatie Geschäftsverbindung *v*, ⟨persoonlijke handelsrelatie⟩ Geschäftsbeziehung *v*
zakenvrouw Geschäftsfrau *v*, Kauffrau *v*
zakenwereld Geschäftsleben *o*
zakformaat Taschenformat *o*
zakgeld Taschengeld *o*
zakken ❶ *dalen, lager of minder worden* sinken, fallen ★ *zich aan een touw laten* ~ sich an einem Seil herunterlassen ★ *door het ijs* ~ auf dem Eis einbrechen ★ *het doek laten* ~ den Vorhang herunterlassen ★ *het water in de rivier zakt* das Wasser im Fluss fällt ★ *de prijzen zijn gezakt* die Preise sind gesunken ★ *de dollar is gezakt* der Dollar ist gefallen ★ *de temperatuur is gezakt* die Temperatur ist gesunken ★ *de pijn is wat gezakt* der Schmerz hat etw. nachgelassen ❷ onderw *niet slagen* durchfallen
zakkenrollen Taschendiebstahl begehen
zakkenroller Taschendieb *m* ★ *pas op voor ~s!* Achtung, Taschendiebe!
zakkenvuller Profitmacher *m*
zaklamp Taschenlampe *v*
zaklantaarn Taschenlampe *v*
zaklopen sackhüpfen
zakmes Taschenmesser *o*
zalf Salbe *v*
zalig ❶ rel *eeuwig gelukkig* selig ★ ~ *verklaren* seligsprechen ❷ *heerlijk* herrlich, himmlisch
zaligheid ❶ rel Seligkeit *v* ▼ BN *iem. zijn ~ geven* jemandem unverblümt / gehörig die Wahrheit sagen ❷ *hoogste geluk* Glückseligkeit *v* ❸ *iets heerlijks* Wonne *v*
zaligmakend selig machend
zaligverklaring rel Seligsprechung *v*
zalm Lachs *m*
zalmforel Lachsforelle *v*
zalmkleurig lachsfarben
zalmsalade cul Lachssalat *m*
zalven ❶ *met zalf bestrijken* einsalben ❷ *wijden* salben
zalvend salbungsvoll ★ *~e woorden* tröstende(n) Worte
Zambia Sambia *o*
zand Sand *m* ★ *zand erover!* Schwamm drüber! ★ *iem. zand in de ogen strooien* jmdm. Sand in die Augen streuen ★ *in het zand bijten* ins Gras beißen ★ *als los zand aan elkaar hangen* ohne jeden Zusammenhang sein, keinen Zusammenhang haben
zandafgraving ❶ *plaats* Sandgrube *v* ❷ *het afgraven* Sandabbau *m*
zandbak Sandkiste *v*, Sandkasten *m*
zandbank Sandbank *v*
zandbodem Sandboden *m*
zanderig sandig, sandartig
zandgebak Sandgebäck *o*
zandgeel sandfarben, sandfarbig
zandgrond Sandboden *m* ★ ⟨gebied⟩ *~en* Sandgebiet *o*
zandkasteel Sandburg *v*
zandkleurig sandfarben, sandfarbig
zandkoekje cul ≈ Plätzchen *o* ★ *~s* Sablés, Sandgebäck *o*
zandloper Sanduhr *v*
zandpad Sandweg *m*, Sandpfad *m*
zandplaat Sandriff *o*
zandsteen Sandstein *m*
zandstorm Sandsturm *m*
zandstralen sandstrahlen
zandstrand Sandstrand *m*
zandverstuiving Wanderdüne *v*, Sandverwehung *v*
zandvlakte Sandfläche *v*
zandweg Sandweg *m*
zandzak Sandsack *m*
zang *het zingen* Gesang *m*
zangbundel Liederbuch *o*
zanger *iem. die zingt* Sänger *m*
zangeres Sängerin *v*
zangerig melodisch
zangkoor Chor *m*, Sängerchor *m*
zangles Gesangstunde *v*
zanglijster Singdrossel *v*
zangstem *stem* Singstimme *v*
zangvereniging Gesangverein *m*
zangvogel Singvogel *m*
zanik Nörgler *m*
zaniken nörgeln ★ *om iets* ~ um etw. betteln
zappen *tv-zenders bekijken* zappen
zat I *bnw* ❶ *dronken* besoffen, voll ❷ *verzadigd* satt ❸ *beu* satt ★ *ik ben het zat* ich habe / bin es satt, ich habe die Nase voll davon **II** *bijw, in overvloed* massig, massenweise ★ *hij heeft geld zat* er hat massenhaft Geld **III** *ww* [verl. td.] → **zitten**
zaten [verl. td.] → **zitten**
zaterdag Samstag *m*, Sonnabend *m* ★ *'s ~s* samstags, sonnabends ★ *Stille Zaterdag* Karsamstag *m*
zaterdagavond Samstagabend *m*, Sonnabendabend *m*
zaterdagmiddag Samstagnachmittag *m*, Sonnabendnachmittag *m*
zaterdagmorgen, zaterdagochtend Samstagvormittag *m*, Samstagmorgen *m*
zaterdagnacht Samstagnacht *m*, Sonnabendnacht *m*
zaterdags samstags, am Sonnabend
zatlap Trunkenbold *m*
ze ❶ *onderwerp* sie ❷ *onbepaald voornaamwoord* man, die Leute ★ *zoals ze zeggen* wie man sagt ❸ *lijdend voorwerp* ⟨ev + mv⟩ sie ❹ *meewerkend voorwerp* ⟨ev⟩ ihr, ⟨mv⟩ ihnen
zebra *dier* Zebra *o*
zebrapad Zebrastreifen *m*
zede ❶ *zedelijk gedrag* Sitten *mv*, Moral *v* ★ *een vrouw van lichte zeden* eine leichtlebige Frau ★ *strijdig met de goede zeden zijn* gegen die guten Sitten verstoßen ❷ *gewoonte* Sitte *v*, Brauch *m*

★ *zeden en gewoonten* Sitten und Gebräuche
zedelijk sittlich, moralisch
zedelijkheid Sittlichkeit *v*, Moralität *v*
zedeloos sittenlos
zedendelict Sittlichkeitsdelikt *o*, Sexualstraftat *v*
zedendelinquent Sittlichkeitsverbrecher *m*, Sexualverbrecher *m*
zedenleer BN onderw *schoolvak* Ethik *v*
zedenmeester Sittenlehrer *m*, ⟨moraliserend criticus⟩ Sittenrichter *m*
zedenmisdrijf Sittlichkeitsverbrechen *o*, Sexualverbrechen *o*
zedenpolitie Sittenpolizei *v*
zedenpreek Moralpredigt *v*
zedenschandaal Sittenskandal *m*
zedenwet Sittengesetz *o*
zedig sittsam
zee ❶ *zoutwatermassa* See *v*, Meer *o* ★ *in open / volle zee* auf hoher / offener See ★ *zee kiezen* in See stechen ★ *in zee gaan met iem.* sich mit jmdm. einlassen ❷ *grote hoeveelheid* Meer *o*, Sturzflut *v*
zeeaal Seeaal *m*
zeeanemoon Seeanemone *v*, Seerose *v*
zeearend Seeadler *m*
zeearm Bucht *v*, Meeresarm *m*
zeebaars Seebarsch *m*
zeebanket *vis en schaaldieren* Meeresfrüchte *mv*
zeebenen ★ fig ~ *hebben* ≈ seefest sein
zeebeving Seebeben *o*
zeebodem Meeresboden *m*, Meeresgrund *m*
zeebonk Seebär *m*
zeeduivel dierk Seeteufel *m*, Anglerfisch *m*
zee-egel Seeigel *m*
zee-engte Meeresstraße *v*, Meerenge *v*
zeef Sieb *o* ★ fig *zo lek als een zeef zijn* so leck wie ein Sieb sein
zeefauna Meeresfauna *v*
zeefdruk Siebdruck *m*
zeegang Seegang *m*
zeegat Mündung *v* ★ *het ~ uitgaan* in See stechen
zeegevecht Seeschlacht *v*
zeegezicht ❶ *uitzicht* Meeresblick *m* ❷ *schilderij* Seestück *o*
zeegras Seegras *o*
zeegroen meergrün
zeehaven Seehafen *m*
zeehond Seehund *m*, Robbe *v*
zeehondencrèche Seehundaufzuchtstation *v*
zeehoofd Mole *v*, ⟨bij haven⟩ Hafenmole *v*
zeek [verl. td.] → **zeiken**
zeekaart Seekarte *v*
zeeklas BN onderw Seeklasse *v*
zeeklimaat Seeklima *o*, Meeresklima *o*
zeekoe Seekuh *v*
zeekreeft Hummer *m*
zeel ▼ BN *aan één / hetzelfde zeel trekken* an einem Strang ziehen
Zeeland Zeeland *o*
zeeleeuw Seelöwe *m*
zeelucht Seeluft *v*, Meeresluft *v*
zeem **I** *zn* [de] Lederlappen *m*, Fensterleder *o* **II** *zn* [het] Sämischleder *o*
zeemacht *marine* Marine *v*
zeeman Seemann *m* ★ *zeelieden* Seeleute *mv*
zeemeermin Meerjungfrau *v*, Seejungfrau *v*
zeemeeuw Seemöwe *v*
zeemijl Seemeile *v*
zeemlap Fensterleder *o*
zeemleer Sämischleder *o*
zeemleren sämischledern
zeemogendheid Seemacht *v*
zeen Sehne *v*
zeeniveau Meeresniveau *o*
zeeolifant Seeelefant *m*, Elefantenrobbe *v*
zeeoorlog Seekrieg *m*
zeep Seife *v* ★ *groene zeep*, BN *bruine zeep* Neutralseife *v* ▼ *iem. om zeep helpen* jemandem den Garaus machen ▼ *iets om zeep helpen* etwas vermasseln
zeepaardje Seepferdchen *o*
zeepbakje Seifenschale *v*
zeepbel Seifenblase *v*
zeepdoos Seifendose *v*
zeeppoeder Seifenpulver *o*
zeepsop Abwaschwasser *o*
zeer **I** *bijw* sehr ★ *dat is zeer modern* das ist hochmodern ★ *maar al te zeer* nur allzu sehr ★ *Dank u zeer!* besten Dank! **II** *bnw* schmerzhaft ★ *zere vinger* schmerzende(r) Finger ★ *de wond doet zeer* die Wunde tut weh **III** *zn* [het], *pijn* Schmerz *m* ★ *oud zeer* ein altes Übel
zeeramp Schiffbruch *m*
zeerecht jur Seerecht *o*
zeereis Seereise *v*
zeerob ❶ *dier* Seehund *m* ❷ *persoon* Seebär *m*
zeerover Seeräuber *m*
zeeschip Hochseeschiff *o*
zeeschuim Gischt *m*
zeeslag Seeschlacht *v*
zeeslang Seeschlange *v*
zeesleper Bergungsschiff *o*, Hochseeschlepper *m*
zeespiegel Meeresspiegel *m*
zeester Seestern *m*
zeestraat Meeresstraße *v*, Meerenge *v*
zeestroming Meeresströmung *v*
zeetong Seezunge *v*
Zeeuw Zeeländer *m*
Zeeuws zeeländisch
Zeeuwse Zeeländerin *v*
zeevaarder Seemann *m*
zeevaart Seefahrt *v*, Seeschifffahrt
zeevaartschool onderw Seefahrtschule *v*
zeevarend seefahrend
zeeverkenner Seeaufklärer *m*
zeevis Seefisch *m*
zeevisserij Seefischerei *v*
zeevruchten Meeresfrüchte *v mv*
zeewaardig seetüchtig
zeewaarts seewärts
zeewater Meerwasser *o*, Seewasser *o* ★ *schade door* ~ Seewasserschaden *m*
zeeweg Seeweg *m*
zeewering Küstenbefestigung *v*
zeewier Meeresalge *v*
zeewind Seewind *m*
zeezeilen Hochseesegeln *o*
zeeziek seekrank
zeeziekte Seekrankheit *v*
zeezout Meersalz *o*, Seesalz *o*
zege Sieg *m*
zegekrans Siegeskranz *m*

zegel I *zn* [de], *plakzegel* Marke *v* **II** *zn* [het] ❶ *zegelafdruk* Siegel *o*, Amtssiegel *o* ★ *het ~ verbreken* das Siegel brechen ❷ *stempel* Siegelstempel *m*
zegelring Siegelring *m*
zegen ❶ rel Segen *m* ❷ *weldaad* Segen *m*
zegenen rel *de zegen geven* segnen
zegening *het zegenen* Segnung *v*
zegenrijk segensreich
zegepalm Siegespalme *v*
zegepraal Sieg *m*, Triumph *m*, ⟨intocht⟩ Triumphzug *m*
zegeteken Siegeszeichen *o*
zegetocht Triumphzug *m*, Siegeszug *m*
zegevieren siegen, triumphieren
zeggen I *ov ww* ❶ *in woorden uitspreken* sprechen, erzählen, sagen ★ *zo gezegd, zo gedaan* gesagt, getan ★ *zeg dat wel!* das kann man wohl sagen! ★ *eens gezegd, blijft gezegd* versprochen ist versprochen ★ *om zo te ~* sozusagen ❷ *oordelen, menen* sagen ❸ *bevelen, inbrengen* zu sagen haben ❹ *aanmerken, verwijten* aussetzen ★ *tegen het voorstel valt niets te ~* gegen den Vorschlag ist nichts einzuwenden ★ *er is veel voor te ~* das hat viel für sich ★ *hij heeft op alles wat te ~* er hat an allem was auszusetzen ❺ *betekenen* heißen, besagen ★ *dat wil ~* das heißt ★ *dat zegt niets* das braucht noch nichts zu heißen ❻ *veronderstellen* annehmen ★ *zeg dat ik een uur weg was* nehmen wir mal an, ich war eine Stunde weg **II** *zn* [het] ★ *als ik het voor het ~ had...* wenn es nach mir ginge... ★ *ik heb het hier voor het ~* ich habe hier das Sagen
zeggenschap Verfügungsgewalt *v*, Verfügungsrecht *o*
zeggingskracht Überzeugungskraft *v*
zegje ★ *zijn ~ zeggen / doen* seinen Senf dazu geben
zegsman Gewährsmann *m*
zegswijze Redensart *v*
zei [verl. td.] → **zeggen**
zeiden [verl. td.] → **zeggen**
zeiken ❶ *plassen* pissen ❷ *zeuren* quengeln, meckern, nörgeln
zeikerd Meckerer *m*, Meckerarsch *m*, Meckerfritze *m*
zeiknat klatschnass
zeil [mv: +en] ❶ scheepv Segel *o* ★ *de zeilen hijsen* die Segel hissen ★ *de zeilen strijken* die Segel streichen ★ *alle zeilen bijzetten* alle Segel setzen, fig alle Kräfte anstrengen ❷ *dekzeil* Abdeckplane *v*, Plane *v* ❸ *vloerbedekking* Linoleum *o*
zeilboot Segelboot *o*
zeildoek Segeltuch *o*
zeilen *varen* segeln
zeiler Segler *m*
zeiljacht Segeljacht *v*
zeilkamp Segelkurs *m*
zeilmaker Segelmacher *m*
zeilplank Surfbrett *o*
zeilschip Segelschiff *o*, ⟨groot⟩ Segler *m*
zeilschool Segelschule *v*
zeilsport Segelsport *m*
zeilvliegen drachenfliegen
zeilwedstrijd Segelregatta *v* [mv: Segelregatten]
zeis Sense *v*
zeken [verl. td.] → **zeiken**
zeker I *bnw* ❶ *veilig* sicher ★ *het ~e voor het on~e nemen* auf Nummer sicher gehen ❷ *vaststaand* zuverlässig, sicher ★ *één ding is ~* eins ist sicher ★ *van hem ben je nooit ~* auf ihn kann man sich nicht verlassen ★ BN *~ en vast* ganz gewiss, ganz bestimmt, sicher und gewiss, todsicher ❸ *overtuigd* sicher, gewiss **II** *bijw* ❶ *stellig* sicher, bestimmt, entschieden, gewiss ★ *ik weet het ~* ich bin mir (völlig) sicher ★ *~ weten!* hundert Prozent!, sicher! ❷ *denkelijk* bestimmt, gewiss ★ *zij wil ~ niet meedoen?* sie will wohl nicht mitmachen? **III** *onb vnw, niet nader genoemd* gewiss
zekeren ⟨beveiligen, borgen⟩ sichern
zekerheid ❶ *het zeker zijn* Gewissheit *v* ❷ *veiligheid* Sicherheit *v* ❸ *waarborg* Sicherheit *v*
zekerheidshalve sicherheitshalber
zekering Sicherung *v*
zelden selten
zeldzaam ❶ *schaars* selten, rar, seltsam, eigenartig ❷ *uitzonderlijk* außergewöhnlich
zeldzaamheid I *zn* [de] [gmv] *het zeldzaam zijn* Seltenheit *v* **II** *zn* [de] [mv: -heden] *iets zeldzaams* Seltenheit *v*, Rarität *v*
zelf selbst
zelfanalyse Selbstanalyse *v*
zelfbediening Selbstbedienung *v*
zelfbedrog Selbstbetrug *m*
zelfbeeld Selbstbild *o*
zelfbeheersing Selbstbeherrschung *v*
zelfbehoud Selbsterhaltung *v* ★ *drang tot ~* Selbsterhaltungstrieb *m*
zelfbeklag Selbstmitleid *o*
zelfbeschikking Selbstbestimmung *v*
zelfbeschikkingsrecht jur Selbstbestimmungsrecht *o*
zelfbestuiving Selbstbestäubung *v*
zelfbestuur Selbstverwaltung *v*
zelfbevrediging *masturbatie* Selbstbefriedigung *v*
zelfbewust selbstbewusst
zelfbewustzijn Selbstbewusstsein *o*
zelfcensuur Selbstzensur *v*
zelfde selb, gleich, ähnlich ★ *deze ~ man* derselbe Mann ★ *een ~ geval* ein ähnlicher Fall
zelfdiscipline Selbstdisziplin *v*
zelfdoding Selbsttötung *v*
zelfgekozen selbst gewählt
zelfgemaakt selbst gemacht, ⟨eten ook⟩ hausgemacht, ⟨producten ook⟩ handgemacht
zelfgenoegzaam selbstgenügsam, selbstzufrieden
zelfhulp Selbsthilfe *v*
zelfhulpgroep Selbsthilfegruppe *v*
zelfingenomen selbstgefällig
zelfkant ❶ *buitenkant van stof* Salkante *v* ❷ *dubieus grensgebied* Rand *m* ★ *aan de ~ van de samenleving* am Rande der Gesellschaft
zelfkastijding Selbstkasteiung *v*
zelfkennis Selbsterkenntnis *v*
zelfklevend selbstklebend, selbsthaftend
zelfklever BN *sticker* Sticker *m*, Aufkleber *m*
zelfkritiek Selbstkritik *v*
zelfmedelijden Selbstmitleid *o*
zelfmedicatie Selbstmedikation *v*

zelfmoord Selbstmord *m*
zelfmoordactie Selbstmordaktion *v*
zelfmoordenaar Selbstmörder *m*
zelfmoordneiging Selbstmordgedanken *mv*
zelfmoordpoging Selbstmordversuch *m*
zelfontbranding Selbstentzündung *v*
zelfontplooiing Selbstentfaltung *v*
zelfontspanner Selbstauslöser *m*
zelfopoffering Selbstaufopferung *v*
zelfoverschatting Selbstüberschätzung *v*
zelfoverwinning Selbstüberwindung *v*
zelfportret Selbstbildnis *o*, Selbstporträt *o*
zelfredzaam ★ ~ *zijn* für sich selbst aufkommen können
zelfredzaamheid Vermögen *o*, für sich selbst aufkommen zu können
zelfreinigend selbstreinigend, pflegeleicht
zelfrespect Selbstachtung *v*
zelfrijzend ★ ~ *bakmeel* Mehl mit Backpulver
zelfs selbst, sogar
zelfspot Selbstspott *m*
zelfstandig selbstständig
zelfstandige ★ *kleine* ~ kleine(r) Selbstständige(r) *m/v* ★ ~ *zonder personeel* ≈ Ich-AG *v*
zelfstandigheid *onafhankelijkheid* Selbstständigkeit *v*
zelfstudie Selbststudium *o*
zelfverdediging Selbstverteidigung *v*
zelfverloochening Selbstverleugnung *v*
zelfverminking Selbstverstümmelung *v*
zelfvernietiging Selbstzerstörung *v*
zelfvertrouwen Selbstvertrauen *o*
zelfverwijt Gewissensbisse *mv*
zelfverzekerd selbstsicher
zelfvoldaan selbstzufrieden
zelfwerkzaam selbstwirkend
zelfwerkzaamheid Selbsttätigkeit *v*
zelfzucht Selbstsucht *v*
zelfzuchtig selbstsüchtig
zelve → **zelf**
zemel *vlies van graankorrel* Kleie *v*
zemelaar Nörgler *m*
zemelen nörgeln
zemen I *bnw* sämischledern ★ ~ *lap* Fensterleder *o* **II** *ov ww* mit einem Fensterleder putzen
zen Zen *o*
zenboeddhisme Zen-Buddhismus *o*
zendamateur Funkamateur *m*
zendapparatuur Sendegerät *o*, Sendeanlage *v*
zendeling Missionar *m*
zenden senden, schicken
zender ❶ *persoon* Absender *m* ❷ *apparaat* Sendegerät *o* ❸ *zendstation* Sender *m*
zendgemachtigde Sendebevollmächtigte(r) *m*
zending ❶ *het zenden* Sendung *v* ❷ rel *missie* Mission *v*
zendingswerk Arbeit *v* der Mission
zendinstallatie Sendeanlage *v*
zendmast Sendemast *m*
zendpiraat Schwarzsender *m*, Piratensender *m*
zendstation Sender *m*, Sendestation *v*
zendtijd Sendezeit *v*
zendvergunning Sendelizenz *v*
zenuw ❶ *zenuwvezel* Nerv *m* ❷ *gesteldheid* [als mv] Nerv *m* ★ *in de ~en zitten* sehr angespannt sein ★ *jij werkt me op de ~en!* du gehst mir auf die Nerven! ★ *daarvan krijg je het op je ~en* das geht einem auf die Nerven
zenuwaandoening Nervenkrankheit *v*, Nervenleiden *o*
zenuwachtig nervös
zenuwarts Nervenarzt *m*
zenuwbehandeling Wurzelbehandlung *v*
zenuwcel Nervenzelle *v*
zenuwcentrum Nervenzentrum *o*
zenuwenoorlog Nervenkrieg *m*
zenuwgas Nervengas *o*
zenuwgestel *zenuwstelsel* Nervensystem *o*
zenuwinzinking Nervenzusammenbruch *m*
zenuwlijder ❶ *zenuwpatiënt* Nervenkranke(r) *m* ❷ *zenuwachtig persoon* Nervenbündel *o*, min Nervensäge *v*
zenuwontsteking Nervenentzündung *v*
zenuwpees fig Nervenbündel *o*
zenuwpijn Nervenschmerzen *m mv*
zenuwslopend nervenaufreibend
zenuwstelsel Nervensystem *o*
zenuwtoeval Nervenzusammenbruch *m*
zenuwtrekje Tic(k) *m*, nervöse(s) Zucken *o*
zenuwziek nervenkrank
zenuwziekte Nervenkrankheit *v*, Nervenleiden *o*
zepig seifig
zeppelin Zeppelin *m*
zerk Grabplatte *v*
zes I *telw* sechs → **vier II** *zn* [de] ❶ *getal* Sechs *v* ❷ onderw *schoolcijfer* ≈ Vier *v*
zesdaags sechstägig
zesde ❶ sechst ❷ → **vierde**
zeshoek Sechseck *o*
zestien ❶ sechzehn ❷ → **vier**
zestiende ❶ sechzehnte(r) ❷ → **vierde**
zestig ❶ sechzig ❷ → **vier, veertig**
zestiger Sechziger *m*
zestigste ❶ sechzigste(r) ❷ → **vierde, veertigste**
zet ❶ *zet in spel* Zug *m* ★ *jij bent aan zet* du bist dran ❷ *duw* Stoß *m*, Ruck *m* ★ *iem. een zetje geven* jmdn. anschubsen, fig jmdm. auf die Sprünge helfen ❸ *daad* Einfall *m* ★ *een domme zet* kein guter Einfall → **strijk-en-zet**
zetbaas ❶ *leidinggevende* Geschäftsführer *m* ❷ *stroman* Strohmann *m*
zetel ❶ BN *stoel* Sitz *m*, Sessel *m* ❷ *vestigingsplaats* Sitz *m* ★ BN *maatschappelijke* ~ Zentrale *v*, Hauptsitz *m* ❸ pol Sitz *m*
zetelen ❶ *gevestigd zijn* seinen Sitz haben, residieren ❷ ~ **in** BN *deel uitmaken van* Teil sein [+2]
zetelverdeling Mandatsverteilung *v*
zetelwinst Mandatsgewinn *m*
zetfout Setzfehler *m*
zetmachine Setzmaschine *v*
zetmeel Stärkemehl *o*, Stärke *v* ★ *het ~ van aardappelen* Kartoffelstärke *v*
zetpil Zäpfchen *o*
zetsel Schriftsatz *m*, Satz *m*
zetten I *ov ww* ❶ *plaatsen* setzen, ⟨neerzetten⟩ stellen ★ *zijn handtekening* ~ unterschreiben ★ *een diamant* ~ einen Diamanten fassen ★ *de wekker* ~ den Wecker stellen ★ *iem. gevangen* ~ jmdn. einsperren ★ *iets op de grond* ~ etw. hinstellen ★ *zich op een lijst laten* ~ sich in einer Liste eintragen lassen ★ *alles ~ op...* alles setzen

ze

auf [+4] ★ *op zijn kop* ~ auf den Kopf stellen ★ *iem. uit het land* ~ jmdn. ausweisen ★ *de bloemen in een vaas* ~ die Blumen in eine Vase stellen ❷ med richten ❸ *bereiden* kochen ★ *koffie* ~ Kaffee kochen / machen ❹ *gereedmaken voor druk* ★ *een artikel* ~ einen Artikel setzen ❺ *arrangeren* setzen ❻ *beginnen te* ★ *het op een lopen* ~ davon laufen **II** *wkd ww* [**zich** ~] *beginnen met* sich an etwas machen ▼ *zich over iets heen* ~ sich über etwas hinwegsetzen

zetter Setzer *m*

zetterij Setzerei *v*

zetwerk Satz *m*

zeug Sau *v*

zeulen schleppen

zeur Nörgler *m*, Quengler *m*

zeurderig nörgelig, ⟨dreinerig⟩ quengelig

zeuren *zaniken* nörgeln, quengeln

zeurkous, zeurpiet Nörgler *m*, Quengler *m*

zeurpiet Nörgler *m*, ⟨vrouw⟩ Quengelsuse *v*

zeven I *telw* sieben → **vier II** *zn* [de] ❶ *getal* Sieben *v* ❷ onderw *schoolcijfer* ≈ Drei *v* **III** *ov ww* sieben

zevende ❶ siebt ❷ → **vierde**

zevenklapper Knallfrosch *m*

zeventien ❶ siebzehn ❷ → **vier**

zeventiende ❶ siebzehnte ❷ → **vierde**

zeventig ❶ siebzig ❷ → **vier, veertig**

zeventiger Siebziger *m*

zeventigste ❶ siebzigste(r) ❷ → **vierde, veertigste**

zeveren BN *kwijlen* geifern, sabbern

zich sich ★ *op zich* an sich, für sich

zicht ❶ *het zien* Sicht *v*, Sicht *v* ★ *het* ~ *is minder dan 50 meter* die Sicht(weite) beträgt weniger als 50 Meter ★ *het* ~ *belemmeren* die Sicht versperren ★ *in* ~ *komen* in Sicht kommen ★ *het einde is in* ~ das Ende ist abzusehen ❷ *inzicht* Sicht *v* ★ *daar heb ik geen* ~ *op* darein habe ich keinen Einblick ❸ *beoordeling* Sicht *v* ★ *boeken op* ~ *hebben* Bücher zur Ansicht haben

zichtbaar I *bnw* sichtbar ★ ~ *worden* sichtbar werden **II** *bijw* ★ *hij was* ~ *verrast* er war sichtbar überrascht

zichtrekening BN *rekening-courant* Kontoauszug *m*

zichzelf sich selbst ★ *in* ~ *praten* Selbstgespräche führen ★ *met* ~ *ingenomen zijn* selbstzufrieden sein ★ *op* ~ *wonen* einen eigenständigen Haushalt führen ★ *van* ~ *heet zij De Vries* sie ist eine geborene de Vries ★ *voor* ~ *beginnen* sich selbstständig machen

ziedaar siehe!, sieh da!, sieh mal einer an!

zieden I *ov ww, laten koken* sieden **II** *on ww, koken* sieden

ziedend fig *woedend* ★ ~ *zijn* schäumend vor Wut sein, kochen vor Wut

ziehier sieh, sehen Sie

ziek *niet gezond* krank ★ *ernstig ziek zijn* schwer krank sein ★ *zich ziek melden* sich krankschreiben lassen

ziekbed *bed van een zieke* Krankenbett *o*, Krankenlager *o*

zieke Kranke(r) *m*, Patient *m*

ziekelijk ❶ *telkens ziek* kränklich, kränkelnd ❷ *abnormaal* krankhaft ★ *~e gewoontes hebben* krankhafte Gewohnheiten haben

zieken stänkern

ziekenauto Krankenwagen *m*

ziekenbezoek Krankenbesuch *m*

ziekenboeg Krankenzimmer *o*

ziekenfonds Krankenkasse *v*

ziekenfondsverzekering Krankenversicherung *v*

ziekenhuis Krankenhaus *o* ★ *academisch* ~, BN *universitair* ~ Universitätsklinik *v*

ziekenhuisbacterie med Krankenhausbakterien *mv*

ziekenhuisopname Krankenhauseinweisung *v*

ziekenomroep Krankenhausrundfunk *m*

ziekenverpleger Krankenpfleger *m* [v: Krankenschwester]

ziekenverzorger ≈ Schwesternhelfer *m*

ziekenwagen Krankenwagen *m*

ziekenzaal Krankensaal *m*

ziekenzorg Krankenbetreuung *v*, Krankenpflege *v*

ziekjes krank, kränklich

ziekmakend ❶ *ziekte veroorzakend* krankheitserregend ❷ *walging inboezemend* ekelhaft, ekelerregend

ziekmelding Krankmeldung *v*

ziekte Erkrankung *v*, Krankheit *v* ★ *vallende* ~ Fallsucht *v* ★ *besmettelijke* ~ ansteckende Krankheit, grassierende Krankheit ★ ~ *van Creutzfeldt-Jakob* Creutzfeld-Jakob-Krankheit *v* ★ ~ *van Lyme* Lymekrankheit *v* ★ ~ *van Pfeiffer* Pfeiffersche(s) Drüsenfieber *o* ★ *wegens* ~ krankheitshalber ★ *een* ~ *oplopen* sich eine Krankheit zuziehen

ziektebeeld Krankheitsbild *o*, Syndrom *o*

ziektegeschiedenis Krankengeschichte *v*

ziektekiem Krankheitskeim *m*

ziektekosten Krankheitskosten *mv*

ziektekostenverzekering Krankenversicherung *v*

ziekteleer Pathologie *v*

ziekteverlof Erholungsurlaub *m*

ziekteverschijnsel Krankheitserscheinung *v*

ziekteverwekkend krankheitserregend

ziekteverwekker Krankheitserreger *m*

ziekteverzuim Krankheitsausfall *m*

ziektewet Krankenversicherungsgesetz *o* ★ *in de* ~ *lopen* Krankengeld beziehen

ziel ❶ *geest* Seele *v* ★ *iem. op zijn ziel trappen* jmdm. in die Seele schneiden ★ *ter ziele zijn* gestorben sein ★ *met zijn ziel onder de arm lopen* nichts mit sich selbst anzufangen wissen ❷ *persoon* Seele *v* ★ *hoe meer zielen, hoe meer vreugd* je größer die Gesellschaft, je größer die Freude ❸ *bezieling* Seele *v*

zielenheil Seelenheil *o*

zielenpiet arme(r) Tropf *m*

zielenpoot arme(r) Tropf *m*, arme(r) Schlucker *m*, arme(s) Schwein *o*

zielenroerselen Seelenregungen *mv*

zielenrust Seelenruhe *v*

zielig bedauernswert, jämmerlich, kläglich, bedauerlich ★ *het is* ~ *voor hem* es ist bedauernswert für ihn ★ *zo met dieren omgaan, is* ~ Tiere so zu behandeln, ist Quälerei

zielloos ❶ *zonder innerlijke waarde* unbeseelt,

seelenlos ❷ *levenloos* entseelt
zielsbedroefd tief betrübt
zielsblij heilfroh
zielsgelukkig überglücklich, selig
zielsgraag herzlich gern, gar zu gern, von Herzen gern
zielsveel von ganzem Herzen, innig
zielsverlangen innige(s) Verlangen *o*, (tiefe) Sehnsucht *v*
zielsverwant I *zn* [de] seelenverwandt, wahlverwandt **II** *bnw* seelenverwandt
zieltogen im Sterben liegen
zielzorg Seelsorge *v*
zien I *ov ww* ❶ *waarnemen* sehen ★ *moet je dat zien!* sieh dir das an! ★ *te zien krijgen* zu sehen bekommen ★ *laten zien* zeigen ★ *tot ziens* auf wiedersehen ★ *ik zie niets in het voorstel* ich halte nichts von dem Vorschlag ★ *het niet meer zien zitten* schwarzsehen ★ *het voor gezien houden* genug davon haben ★ *veel van de wereld gezien hebben* viel herumgekommen sein ★ BN *dat zie je van hier* das versteht sich ❷ *nadenken, overwegen* sehen ★ *dat zullen we wel eens zien* das werden wir ja noch sehen ★ *we zullen zien!* wir werden sehen! ★ *wettelijk gezien* juristisch gesehen ❸ *inzien* verstehen, sehen ❹ *proberen* zusehen ★ *zie maar dat je het voor elkaar krijgt* sieh zu, dass du es schaffst ❺ *uitstaan* ★ BN *ik zie u graag* ich mag dich **II** *on ww* ❶ *kunnen zien* sehen, gucken ❷ *eruitzien* aussehen ★ *hij ziet bleek* er sieht blass aus ★ *wat zie jij eruit!* wie du aber aussiehst!
zienderogen zusehends
ziener Seher *m*, Prophet *m*
ziens ★ *tot ~* auf Wiedersehen, tschüs
zienswijze Betrachtungsweise *v*, Sicht *v*, Ansicht *v* ★ *naar haar ~* aus ihrer Sicht
zier ★ *het kan me geen zier schelen* das ist mir völlig egal
ziezo so!
ziften I *ov ww, zeven* sieben **II** *on ww, vitten* herummäkeln an
zigeuner min Zigeuner
zigeunerbestaan ook fig Zigeunerleben *o*
zigeunerkamp Zigeunerlager *o*, Zigeunersiedlung *v*
zigeunerkoning Zigeunerkönig *m*
zigeunermuziek Zigeunermusik *v*
zigeunerorkest Zigeunerorchester *o*
zigzag I *zn* [de] Zickzack *m* **II** *bijw* zickzack, im Zickzack
zigzaggen zickzacken, im Zickzack gehen / fahren
zigzagsteek Zickzackstich *m*
zij I *zn* [de] ❶ *kant* Seite *v* ❷ *vrouwelijk wezen* Sie *v* ★ *is het een hij of een zij?* ist es ein Er oder eine Sie? **II** *pers vnw* ❶ *enkelvoud* sie ❷ *meervoud* sie ★ *zij die* diejenigen, die
zijaanzicht Seitenansicht *v*, techn Seitenriss *m*
zijbeuk Seitenschiff *o*
zijde I *zn* [de] [mv: +s, +n] ❶ *zijkant* Seite *v* ★ *de schuine ~ van een driehoek* die Hypotenuse ★ *niet van iemands ~ wijken* jmdm. nicht von der Seite weichen ❷ *kant, partij* Seite *v* **II** *zn* [de] [gmv] *stof* Seide *v*
zijdeachtig seidenartig, seidig, seidenähnlich
zijdeglans Seidenglanz *m*
zijdelings ❶ *van de zijkant* indirekt, seitlich ★ *~e blik* Seitenblick *m* ❷ fig *indirect* ★ *een ~e toespeling* eine indirekte Mitteilung
zijden *van zijde* seiden
zijderups Seidenraupe *v*
zijdeur Seitentür *v*
zijdevlinder Seidenspinner *m*
zijgang ⟨naar één zijde⟩ Seitengang *m*, ⟨afsplitsing⟩ Nebengang *m*
zijgebouw Nebengebäude *o*, Seitengebäude *o*
zijgevel Seitenfront *v*
zijingang Seiteneingang *m*, Nebeneingang *m*
zijinstromer onderw *beginnend leraar* Quereinsteiger *m*
zijkamer Nebenzimmer *o*
zijkant Seite *v*
zijligging Seitenlage *v*, seitliche Lage *v*
zijlijn ❶ *vertakking* Nebenlinie *v* ❷ sport Seitenlinie *v*
zijlinie Seitenlinie *v*
zijn I *on ww* ❶ *bestaan* sein, leben, betragen, machen ★ *hoe het ook zij* wie dem auch sei ★ *wat is er?* was ist los? ★ *er is wat met de auto* etw. stimmt nicht mit dem Wagen ★ *zij mag er zijn* sie kann sich sehen lassen ★ *er was eens een koning* es war einmal ein König ★ *dat is dan 10 euro* das macht zehn Euro ❷ *zich bevinden* sich befinden, sein ★ *er is nog wat brood* es gibt noch etw. Brot ❸ *gebeuren, plaatsvinden* sein ★ *het was in 1960* das war im Jahre 1960 ★ *wat is er?* was ist los? ★ *het zij zo* dann ist es so ❹ *behoren tot* gehören ★ *van wie is die auto?* wem gehört dieses Auto? ★ *van welke componist is deze sonate?* von welchem Komponisten ist diese Sonate? ★ *dat is van mij* das gehört ihr ❺ *schelen aan* ★ *wat is er dan toch, jongen?* was fehlt dir denn, mein Junge? **II** *hww* sein ★ *zij is gekomen* sie ist gekommen **III** *kww, in hoedanigheid / toestand zijn* sein **IV** *bez vnw* sein ★ *zijn handen wassen* sich die Hände waschen ★ *zijn arm breken* sich den Arm brechen ★ *men moet zijn plicht doen* man muss seine Pflicht tun ★ *mijn kamer is groter dan de zijne* mein Zimmer ist größer als seines ★ *ieder het zijne geven* jedem das Seine / seine geben ★ *de zijnen* die Seinen ★ *hij is met de zijnen vertrokken* er ist mit den Seinen / seinen abgefahren **V** *zn* [het] Sein *o*
zijnerzijds seinerseits
zijpad ★ fig *~en bewandelen* vom Thema abkommen
zijrivier Nebenfluss *m*
zijspan Beiwagen *m* ★ *motor met ~* Motorrad *o* mit Beiwagen
zijspiegel Seitenspiegel *m*
zijspoor Nebengleis *o* ★ fig *iem. op een ~ brengen* jmdn. ausrangieren
zijsprong lett Seitensprung *m*
zijstraat Seitenstraße *v*
zijtak *aftakking* Verzweigung *v*, ⟨van rivier⟩ Seitenarm *m*
zijvleugel Nebenflügel *m*, ⟨zijpaneel⟩ Seitenflügel *m*, ⟨deel v. gebouw⟩ Seitenbau *m*
zijwaarts seitlich, seitwärts ★ *~e beweging* Seitenbewegung *v*
zijweg lett Seitenweg *m*

zijwind Seitenwind *m*
zijzelf ❶ [enkelvoud] sie selbst ❷ [meervoud] sie selbst
zilt salzig
ziltig salzig
zilver ❶ *metaal* Silber *o* ❷ *zilverwerk* Silber *o* ▼ *spreken is ~, zwijgen is goud* Reden ist Silber, Schweigen ist Gold
zilverachtig silbrig
zilverberk Silberbirke *v*
zilveren ❶ *van zilver* aus Silber, silbern, Silber- ❷ *als van zilver* silbern
zilverkleurig silberfarben, silbern, silberfarbig, Silber-
zilvermeeuw Silbermöwe *v*
zilverpapier Silberpapier *o*
zilverpopulier Silberpappel *v*
zilverreiger Silberreiher *m*
zilversmid Silberschmied *m*
zilverspar Silbertanne *v*, Edeltanne *v*
zilveruitje Silberzwiebel *v*
zilververf Silberfarbe *v*
zilvervliesrijst ungeschälte(r) Reis *m*
zilvervos *dier* Silberfuchs *m*
zilverwerk Silberarbeit *v*
Zimbabwe Simbabwe *o*
zin ❶ *betekenis, nut, doel* Sinn *m*, Zweck *m* ★ *in de ruimste zin van het woord* im weitesten Sinne des Wortes ★ *in zekere zin* in gewissem Sinne ★ *het heeft geen zin* das hat keinen Zweck ❷ *wil* Lust *v*, Sinn *m* ★ *ik heb er geen zin in* ich habe keine Lust dazu ★ *het iem. naar de zin maken* es jmdm. recht machen ★ *iets tegen zijn zin doen* etw. gegen seinen Willen tun ★ *zijn zin doordrijven* seinen Willen durchsetzen ❸ *zintuig, geestelijke vermogens* Sinn *m* ★ *zin voor het schone* Sinn für das Schöne ★ *dit prikkelt de zinnen* dies reizt die Sinne ★ *bij zinnen zijn* bei Sinnen sein ★ *niet bij zinnen zijn* nicht bei Sinnen sein ★ *buiten zinnen zijn* außer sich sein ★ *weer bij zinnen komen* wieder zu Bewusstsein kommen ★ *zijn zinnen op iets zetten* sich etw. in den Kopf setzen ★ *zijn zinnen verzetten* seine Gedanken ablenken, Zerstreuung suchen ❹ taalk *volzin* Satz *m* ★ *nevenschikkende zin* nebengeordnete(r) Satz ★ *samengestelde zin* Satzgefüge *o*
zindelijk ❶ *het toilet gebruikend* ⟨dieren⟩ stubenrein, ⟨kinderen⟩ sauber ❷ *schoon* sauber, rein(lich)
zinderen flimmern ★ *de lucht zindert van de hitte* die Luft flimmert vor Hitze
zingen singen
zingeving Sinngebung *v*
zink Zink *o*
zinken I *on ww* untergehen, (ver)sinken ★ *een schip tot ~ brengen* ein Schiff versenken II *bnw, van zink* Zink- ★ *~ dak* Zinkdach *o*
zinklood *lood aan visnet* Senkblei *o*
zinkput Sickergrube *v*
zinkstuk Senkblei *o*, Senkgewicht *o*
zinkzalf Zinksalbe *v*
zinloos sinnlos
zinnebeeld Sinnbild *o*, Symbol *o*
zinnebeeldig sinnbildlich, symbolisch
zinnelijk sinnlich
zinnen ❶ *bevallen* gefallen, zusagen ★ *dat zint mij niet!* das passt mir nicht! ❷ *~ op* sinnen auf
zinnenprikkelend sinnlich
zinnens ★ BN *van ~ zijn om...* die Absicht haben..., ... beabsichtigen
zinnig vernünftig
zinsbegoocheling Sinnestäuschung *v*
zinsbouw Satzbau *m*
zinsconstructie Satzkonstruktion *v*, Satzbau *m*
zinsdeel Satzglied *o*, Satzteil *m*
zinsnede Satzteil *m*
zinsontleding Satzanalyse *v*
zinspelen ★ *~ op* Anspielungen machen auf [+4], anspielen auf
zinspeling Anspielung *v*
zinspreuk Sinnspruch *m*, ⟨devies⟩ Wahlspruch *m*
zinsverband Zusammenhang *m*, Kontext *m*, Satzrelation *v*, Satzzusammenhang *m*
zinswending Redewendung *v*
zintuig Sinn *m*, Sinnesorgan *o*
zintuiglijk sinnlich ★ *~e waarneming* sinnliche Wahrnehmung
zinvol sinnvoll
zionisme Zionismus *m*
zionist Zionist *m*, Zionistin *v*
zionistisch zionistisch
zippen comp zippen
zirkonium Zirkonium *o*
zirkoon Zirkon *m*
zit ★ *het is een hele zit* es dauert lange ★ BN onderw *tweede zit* Wiederholungsprüfung *v*
zitbad Sitzbad *o*
zitbank Sofa *o*, Couch *v*, ⟨buiten⟩ Sitzbank *v*
zitdag BN ≈ *spreekuur* Sprechstunde *v*
zitelement Sitzelement *o*
zithoek Sitzecke *v*
zitje ❶ *(kinder)stoeltje* kleine(r) Sitz *m* ❷ BN pol *zetel* Sitz *m*
zitkamer Wohnzimmer *o*
zitkuil Sitzgrube *v*, ⟨v. dieren⟩ Sitzkuhle *v*, ⟨in woonkamer⟩ vertiefte Sitzgelegenheit *v*
zitkussen Sitzkissen *o*
zitplaats Sitzplatz *m* ★ *voertuig met twee ~en* Zweisitzer *m*
zitstaking BN Sit-in *o*, Sitzstreik *m*
zitten ❶ *gezeten zijn* sitzen ★ *gaat u ~* setzen Sie sich ★ *blijft u ~* bleiben Sie sitzen ★ *hij kwam bij me ~* er setzte sich zu mir ★ *iem. laten ~* jmdn. sitzen lassen ★ *hij zal het daarbij niet laten ~* er wird es nicht dabei bewenden lassen ★ *dat laat ik niet op mij ~* das lasse ich mir nicht bieten ★ *de leerling bleef ~* der Schüler blieb sitzen ★ *daar zit je dan!* da hast du die Bescherung! ★ *hij zat in de kamer te lezen* er saß im Zimmer und las ★ *ik zit te lezen* ich bin am Lesen ★ *~ te wachten* warten ★ *hij zit zich weer te vervelen* er langweilt sich mal wieder ❷ *zich bevinden, zijn* sein, sitzen ★ *thuis ~* zu Hause sitzen ★ *in de gevangenis ~* im Gefängnis sitzen ★ *aan tafel ~* am Tisch sitzen ★ *vol met vliegen ~* voller Fliegen sein ★ *onder de vlekken ~* völlig bekleckert sein ★ *de sleutel in het slot laten ~* den Schlüssel im Schloss lassen ★ *hoe zit dat?* wie ist das? ★ *de woordjes ~ er goed in* die Vokabeln sitzen gut ★ *het zit er helaas niet in* das ist leider nicht drin ★ *het zit hem hier in* es liegt daran ★ *waar zit hij nu weer?* wo steckt er jetzt schon wieder? ★ *de*

sleutel zit in de deur der Schlüssel steckt in der Tür ★ *op school* ~ in die Schule gehen ★ *hij zit in de 3e klas* er geht in die 3. Klasse ★ *het zit in de familie* es liegt in der Familie ★ *in de schulden* ~ in Schulden stecken ★ *als je eens in de moeilijkheden zit* wenn du mal in Schwierigkeiten steckst ★ *hij zit met problemen* er hat Probleme ★ *ik zie het niet meer* ~ ich kann das nicht mehr ★ *hij zat er mee* es beschäftigte ihn ★ *daar zit ik niet mee* das ist mir egal ★ *iets laten* ~ es dabei belassen ★ *laat maar* ~ lass es ★ *laat het wisselgeld maar* ~ der Rest ist für Sie ★ *in het bestuur* ~ im Vorstand sein ★ *in het parlement* ~ im Parlament sitzen ★ *die zit!* sport der ist drin! fig das hat gesessen! ★ *het zit me tot hier!* das steht mir bis hier! ★ *daar zit iets achter* da steckt etw. dahinter ★ *ziezo, dat zit erop!* gut, das hätten wir geschafft ★ *het zit eraan te komen* es nähert sich ❸ *bevestigd zijn* sitzen ★ *het blijft niet* ~ es hält nicht ★ *mijn haar wil niet blijven* ~ meine Haare halten nicht ★ *los* ~ lose sein ★ *de knoop zit los* der Knopf ist lose ★ *stevig in elkaar* ~ gut gebaut sein ★ *dat verhaal zit goed in elkaar* die Geschichte ist gut gemacht ★ *dat zit goed in elkaar* das hat Hand und Fuß ❹ *gevangen zitten* sitzen ★ *hij moet 5 jaar* ~ er muss 5 Jahre sitzen ❺ ⟨van kleding⟩ *passen* sitzen ★ *de jurk zit je goed* das Kleid sitzt gut ❻ ~ **op** *beoefenen* machen ★ *op ballet* ~ Ballett machen ★ *op voetbal* ~ Fußball spielen ❼ ~ **aan** *aanraken* ★ *overal aan* ~ alles anfassen

zittenblijver Sitzenbleiber *m*

zittend ❶ *waarbij men veel zit* sitzend ❷ *die nu in functie is* amtierend

zittijd BN onderw *examenperiode* Prüfungszeit *v*

zitting ❶ *deel van stoel* Sitz *m* ❷ *vergadering* Sitzung *v*, ⟨langer dan één dag⟩ Tagung *v* ★ *hij heeft* ~ *in het bestuur* er ist Mitglied des Vorstandes

zitvlak Gesäß *o*

zitvlees Sitzfleisch *o*

zitzak Sitzsack *m*

zo I *bijw* ❶ *op deze wijze* so ❷ *in die mate* genauso, ebenso, so ❸ *dadelijk, onmiddellijk* so ★ *ik kom zo* ich komme gleich / sofort **II** *tw* so ★ *hoe zo?* wieso? ★ *o zo* ach so ★ *zo, zo* soso **III** *vw* ❶ *indien, als* wenn ❷ *zoals* wie

zoab *zeer open asfaltbeton* Flüsterbelag *m*

zoal eigentlich ★ *waar ben je zoal mee bezig?* was machst du zurzeit? ★ *wie komen er zoal?* wer kommt denn alles?

zoals (gleich)wie

zocht [verl. td.] → **zoeken**

zochten [verl. td.] → **zoeken**

zodanig I *bijw* in solchem Maße, in solcher Weise, derart ★ *zij heeft mij* ~ *beledigd dat...* sie hat mich dermaßen beleidigt, dass... **II** *aanw vnw* solch, derartig ★ *als* ~ als solcher, an sich

zodat sodass, so dass

zode Sode *v*, Rasenstück *o*, Plagge *v* ★ fig *zij ligt onder de groene zoden* sie deckt der grüne / kühle Rasen

zodiak Tierkreis *m*, Zodiakus *m*

zodoende also, somit, ⟨dientengevolge⟩ folglich, ⟨dientengevolge⟩ deshalb

zodra sobald

zoef ssst

zoek fort, weg ★ *er is een kind zoek* es wird ein Kind vermisst ★ *op zoek gaan* auf die Suche gehen ★ *zoekraken* verloren gehen, abhandenkommen

zoekactie Suchaktion *v*

zoekbrengen verschwenden

zoeken *trachten te vinden* suchen ★ *overal iets achter* ~ hinter allem etw. suchen / vermuten ★ *dat had ik niet achter hem gezocht* das hätte ich ihm nicht zugetraut

zoeker ❶ *persoon* Sucher *m* ❷ *venster van camera* Sucher *m*

zoekertje BN *kleine advertentie* kleine Annonce *v*

zoeklicht Scheinwerfer *m*

zoekmachine, **zoekengine** www Suchmaschine *v*

zoekmaken verkramen, verlegen

zoekopdracht comp Suche *v*

zoekplaatje Suchbild *o*, Vexierbild *o*

zoektocht Suche *v*

zoel *aangenaam warm* lind

Zoeloe *bewoner* Zulu *m*

zoemen summen

zoemer Summer *m*

zoemtoon Summton *m*

zoen Kuss *m*

zoenen küssen ★ *dat is om te* ~ das ist zum Anbeißen

zoenlippen Kussmund *m*

zoenoffer Sühneopfer *o*

zoet I *bnw* ❶ *zoet smakend* süß ❷ *braaf* artig **II** *zn* [het] Süße(s) *o*

zoetekauw Süßmaul *o*

zoeten süßen

zoethoudertje humor Beruhigungspille *v*

zoethout Süßholz *o*

zoetig süßlich

zoetigheid *snoep* Süßigkeit *v*, ⟨snoep⟩ Süßigkeiten *mv*

zoetje Süßstoff *m*, Süßstofftablette *v*

zoetjesaan langsam, allmählich

zoetmiddel Süßstoff *m*

zoetsappig *zonder pit* süß, süßlich

zoetstof Süßstoff *m*

zoetwaren Süßwaren *mv*

zoetwateraquarium Süßwasseraquarium *o*

zoetwaterfauna Süßwasserfauna *v*

zoetwaterflora Süßwasserflora *v*

zoetwatervis Süßwasserfisch *m*

zoetzuur I *zn* [het] ≈ Mixed Pickles *mv* ★ *in* ~ *ingelegd* süßsauer eingemacht **II** *bnw* süßsauer ★ *zoetzure augurken* süßsaure(n) Gurken

zoeven schwirren

zo-even (so)eben, vorhin, gerade

zog ❶ *kielzog* Kielwasser *o* ❷ *moedermelk* Muttermilch *v*

zogeheten sogenannt

zogen I *ov ww* säugen, ⟨bij mensen⟩ stillen **II** *ww* [verl. td.] → **zuigen**

zogenaamd ❶ *zogeheten* sogenannt ❷ *quasi* sogenannt, angeblich

zogenoemd sogenannt

zogezegd ❶ *om zo te zeggen* gewissermaßen, sozusagen ❷ *nagenoeg* praktisch, so gut wie

zoiets so etwas, so ungefähr

zi

zojuist gerade, (so)eben
zolang I *bijw* unterdessen, inzwischen, einstweilen **II** *vw* solang(e) ★ *voor ~ het duurt* solang es dauert
zolder Dachboden *m*, Boden *m*, Speicher *m*, ⟨als woonruimte⟩ Dachgeschoss *o* ★ *op ~* ⟨opslagruimte⟩ auf dem Dachboden, ⟨woonruimte⟩ im Dachgeschoss ★ fig *met het haar op ~* mit den Haaren hochgesteckt
zolderetage Dachgeschoss *o*
zoldering Decke *v*
zolderkamer Dachkammer *v*, Bodenkammer *v*
zolderluik Dachluke *v*
zoldertrap Bodentreppe *v*
zolderverdieping Dachgeschoss *o*
zomaar ❶ *zonder aanleiding* nur so, unvermittelt **❷** *zonder beperkingen* ohne Weiteres ★ *mag dat ~?* geht das so ohne Weiteres?
zombie Zombie *m*
zomen säumen
zomer Sommer *m* ★ *hartje ~* mitten im Sommer
zomerachtig sommerlich
zomeravond Sommerabend *m*
zomerbed aardk Sommerbett *o*
zomerdienstregeling ⟨boot, trein⟩ Sommerfahrplan *m*, ⟨vliegtuig⟩ Sommerflugplan *m*
zomerdijk Sommerdeich *m*
zomeren sommern, Sommer werden ★ *het wil maar niet ~* es wird und wird kein Sommer
zomerfeest Sommerfest *o*
zomergast ❶ biol *vogel* Sommergast *m* **❷** recr *persoon* Sommergast *m*
zomerjas Sommermantel *m*
zomerjurk Sommerkleid *o*
zomerkleding Sommerkleidung *v*
zomerkleed *van dieren* Sommerkleid *o*
zomermaand Sommermonat *m*
zomerreces pol Parlamentsferien *mv*, Sommerpause *v*
zomers sommerlich
zomerseizoen Sommersaison *v*
zomerspelen Sommerspiele *o mv*
zomersport Sommersport *m*
zomersproet Sommersprosse *v*
zomertijd *tijdregeling* Sommerzeit *v*
zomeruur BN *zomertijdregeling* Sommerzeit *v*
zomervakantie onderw Sommerferien *mv*
zomerweer Sommerwetter *o*
zomerzon Sommersonne *v*
zomin ebenso wenig ★ *(net) ~ als* genauso / ebenso wenig wie
zompig sumpfig
zon I *zn* [de] Sonne *v* ★ fig *er is niets nieuws onder de zon* es gibt nichts Neues unter der Sonne ★ fig *voor niets gaat de zon op* umsonst ist nur der Tod ★ fig *een plek onder de zon hebben* einen Platz an der Sonne haben ★ fig *de zon opzoeken* eine fröhliche Natur sein → **zonnetje II** *ww* [verl. td.] → **zinnen**
zo'n ❶ *zo één* so ein, solch ein **❷** *ongeveer* so in etwa, so an / um
zonaanbidder Sonnenanbeter *m*
zond [verl. td.] → **zenden**
zondaar Sünder *m* ★ *een verstokte ~* ein unverbesserlicher Sünder
zondag Sonntag *m* ★ *op zon- en feestdagen* Sonn- und Feiertage ★ *'s ~s* sonntags, am Sonntag
zondagavond Sonntagabend *m*
zondagmiddag Sonntagnachmittag *m*
zondagmorgen, zondagochtend Sonntagvormittag *m*, Sonntagmorgen *m*
zondagnacht Sonntagnacht *m*
zondags I *bnw* sonntäglich, Sonntags- ★ *op zijn ~ gekleed* sonntäglich angezogen sein **II** *bijw* sonntags, am Sonntag, sonntags, am Sonntag
zondagsdienst *kerkdienst* Sonntagsdienst *m*
zondagskind ❶ *kind geboren op zondag* Sonntagskind *o* **❷** *gelukskind* Sonntagskind *o*, Glückskind *o*
zondagskleren Sonntagskleidung *v*, ⟨voor vrouwen⟩ Sonntagskleid *o*, ⟨voor mannen⟩ Sonntagsanzug *m*
zondagskrant Sonntagszeitung *v*
zondagsrijder Sonntagsfahrer *m*
zondagsrust Sonntagsruhe *v*
zondagsschilder Sonntagsmaler *m*
zondagsschool rel Kindergottesdienst *m*
zondagviering Sonntagsgottesdienst *m*
zonde ❶ *slechte daad* Sünde *v* **❷** *betreurenswaardigheid* ★ *het is ~ van het geld* es ist schade um das Geld ★ *het is eeuwig ~* es ist jammerschade ★ *wat ~!* wie schade!
zondebok fig Sündenbock *m* ★ *iem. als ~ aanwijzen* jmdm. den schwarzen Peter zuschieben
zonden [verl. td.] → **zenden**
zonder ❶ *niet met* ohne [+4] ★ *een cd ~ een doosje* eine CD ohne Schachtel ★ *zij kunnen niet ~ elkaar* sie können nicht ohne einander sein ★ *~ geld zitten* kein Geld haben **❷ ~ te** ohne zu ★ *hij stak de straat over ~ te kijken* er überquerte die Straße ohne zu gucken ★ *~ iets te zeggen* ohne etw. zu sagen **❸ ~ dat** ohne dass ★ *~ dat hij het wist* ohne dass er es wusste
zonderling I *bnw* sonderbar, merkwürdig, seltsam **II** *zn* [de] Sonderling *m*
zondeval rel Sündenfall *m*
zondig sündhaft, sündig
zondigen sündigen ★ *tegen de regels ~* gegen die Regeln verstoßen
zondvloed Sintflut *v* ★ fig *na ons de ~* nach uns die Sintflut
zone Zone *v* ★ BN *groene zone* Landschaftsschutzgebiet *o*
zoneclips Sonneneklipse *v*, Sonnenfinsternis *v*
zonet (so)eben, gerade
zong [verl. td.] → **zingen**
zongen [verl. td.] → **zingen**
zonk [verl. td.] → **zinken**
zonkant Sonnenseite *v*
zonken [verl. td.] → **zinken**
zonlicht Sonnenlicht *o*
zonnebad ❶ *het zonnebaden* Sonnenbad *o* **❷** *plaats* Solarium *o*
zonnebaden sich sonnen
zonnebank Sonnenbank *v*
zonnebloem Sonnenblume *v*
zonnebloemolie Sonnenblumenöl *o*
zonnebrand Sonnenbrand *m*
zonnebrandcrème Sonnenbrandcreme Sonnenbrandmilch *v*

zonnebrandolie Sonnenöl *o*
zonnebril Sonnenbrille *v*
zonnecel Sonnenzelle *v*, Solarzelle *v*
zonnecollector Sonnenkollektor *m*, ⟨apparaat dat zonnestraling in stroom omzet⟩ Sonnenofen *m*
zonnedek Sonnendeck *o*
zonne-energie Sonnenenergie *v*, Solarenergie *v*
zonnehoed Sonnenhut *m*
zonneklaar sonnenklar
zonneklep ❶ *klep van pet* Schirm *m* ❷ *klep in auto* Sonnenblende *v*
zonneklopper BN *zonnebader* Sonnenanbeter *m*
Zonnekoning gesch Sonnenkönig *m*
zonnen I *on ww* sich sonnen II *ww* [verl. td.] → **zinnen**
zonnepaneel Sonnenkollektoren *mv*
zonnescherm *markies* Markise *v*
zonneschijn Sonnenschein *m*
zonnesteek, BN **zonneslag** Sonnenstich *m*
zonnestelsel Sonnensystem *o*
zonnestraal Sonnenstrahl *m*
zonnestudio Sonnenstudio *o*
zonneterras Liegeterrasse *v*, Sonnenterrasse *v*
zonnetje *zon* Sonne *v* ★ fig *iem. in het ~ zetten* jmdn. ins rechte Licht rücken / setzen ★ fig *zij is het ~ in huis* sie ist der Sonnenschein der Familie
zonnevlek Sonnenfleck *m*
zonnewijzer Sonnenuhr *v*
zonnig *met veel zon* sonnig
zonovergoten sonnenüberflutet
zonsondergang Sonnenuntergang *m*
zonsopgang Sonnenaufgang *m*
zonsverduistering Sonnenfinsternis *v*
zonvakantie Sonnenurlaub *m*
zonwering Sonnenschutz *m*, Sonnenschirm *m*
zonzijde *zonkant* Sonnenseite *v*
zoo Zoo *m*
zoöfobie Zoophobie *v*
zoog [verl. td.] → **zuigen**
zoogdier Säugetier *o*
zooi ❶ *flinke hoeveelheid* Masse *v*, Menge *v* ★ *de hele zooi* die ganze Bande, der ganze Kram ❷ *troep* Kram *m*, Plunder *m* ★ *het is daar een zooi* dort herrscht eine Sauwirtschaft ★ *bijeengeraapte zooi* aller mögliche Plunder ★ *zo'n zooi!* so'n Schlamassel!
zool Sohle *v* ▼ *halve zool* Idiot *m*
zoölogie Zoologie *v*
zoöloog Zoologe *m*
zoom ❶ *omgenaaide rand* Saum *m* ❷ *buitenrand* Rand *m*
zoomen zoomen
zoomlens Zoomlinse *v*, Gummilinse *v*
zoomnaad Saumnaht *v*
zoomobjectief Zoomobjektiv *o*
zoon Sohn *m* ★ *de verloren zoon* der verlorene

ZO

m, iron Sohnemann *m*
ipen
am *m*, Chaos *o* ★ *een ~*
(s) Durcheinander
e
uipen
orge *v* ★ *onder zorgen gebukt*
r Sorgen haben ★ *het zal mij een zorg zijn* das ist nicht mein Bier ❷ *verzorging* Sorge *v* ★ *zorg dragen voor* dafür sorgen, dass... ★ *zorg besteden aan* Sorgfalt verwenden auf ★ BN med *eerste zorgen* Erste Hilfe *v* ★ BN med *intensieve zorgen* Intensivpflege *v*
zorgelijk ❶ *vol ongerustheid* sorgenvoll, besorgt ❷ *onrustbarend* besorgniserregend, beängstigend
zorgeloos sorglos, unbeschwert
zorgen ❶ *doen wat nodig is* sorgen für [+4], sich kümmern um [+4], bewirken ❷ *voor verzorging geven* sorgen für ★ *hij zorgt voor zijn zieke moeder* für jmdn. sorgen, er kümmert sich um seine kranke Mutter, jmdn. versorgen
zorgenkind *kind* Sorgenkind *o*
zorgsector Gesundheitswesen *o*
zorgverlener ❶ *zorginstelling* Pflegeeinrichtung *v* ❷ *persoon* Pfleger *m* [v: Pflegerin]
zorgverlof Pflegeurlaub *m*
zorgverzekeraar Krankenversicherung(sgesellschaft) *v*
zorgvuldig sorgfältig, gewissenhaft
zorgwekkend besorgniserregend, beunruhigend
zorgzaam I *bnw* fürsorglich, sorgsam II *bijw* pfleglich
zot I *zn* [de] Narr *m*, Tor *m* II *bnw* verrückt, irre, ⟨onverstandig⟩ dumm
zou [verl. td.] → **zullen**
zouden [verl. td.] → **zullen**
zout I *bnw* salzig, ⟨gezouten⟩ gesalzen ★ *zoute haring* Salzhering *m* ★ *het eten te zout maken* das Essen versalzen ★ fig *heb je het ooit zo zout gegeten?* so etw. hast du noch nicht erlebt II *zn* [het], *keukenzout* Salz *o* ★ *in het zout leggen* einpökeln
zoutachtig salzartig
zoutarm salzarm
zouten ❶ *zout maken* salzen ❷ *inzouten* pökeln ★ *ge~ vlees* Salzfleisch *o*, Pökelfleisch *o*
zoutig salzig
zoutje Salzgebäck *o*
zoutkoepel Salzstock *m*
zoutkorrel Salzkorn *o*
zoutloos salzlos, salzfrei
zoutoplossing Salzlösung *v*
zoutpan aardk Salzgarten *m*
zoutvaatje Salzstreuer *m*, Salzfässchen *o*
zoutvlakte Salzwüste *v*
zoutwateraquarium Meerwasseraquarium *o*
zoutzak ❶ *zak* Salzsack *m* ❷ *persoon* Schlappschwanz *m*
zoutzuur Salzsäure *v*
zoveel I *bijw* so viel ★ *~ beter* umso besser, desto besser II *onb vnw* ★ *~ (als) mogelijk* so viel wie möglich ★ *net ~ als* genauso viel wie ★ *tweemaal ~* doppelt so viel
zoveelste soundsovielste ★ *de ~ keer* das soundsovielste Mal ★ *het is de ~ juni* es ist der soundsovielste Juni
zover so weit ★ *in ~re* insoweit ★ *voor ~ ik weet* soviel ich weiß ★ *voor ~ zij daartoe in staat is* sofern sie dazu in der Lage ist
zoverre → **zover**
zowaar tatsächlich, wahrhaftig
zowat ungefähr, etwa

zowel sowohl
z.o.z. *zie ommezijde* b.w., bitte wenden
zozeer so, so sehr ★ *ben je moe? dat niet ~* bist du müde? das nicht gerade ★ *het gaat niet ~ daarom* es geht nicht so sehr darum
zozo leidlich, so lala ★ *ik vind het maar zozo* ich finde es nur so lala
zucht ❶ *uitademing* Seufzer *m* ❷ *drang* Begierde *v*, Sucht *v* ★ *de ~ om te behagen* die Gefallsucht *v*
zuchten ❶ *uitademen* seufzen ★ fig *het volk zucht onder het juk van de vijand* das Volk ächzt unter dem Joch des Feindes ❷ *smachten* schmachten nach
zuchtje ‹zacht briesje› Hauch *m*, Lüftchen *o*
zuid südlich ★ *de wind is zuid* der Wind kommt von Süden
Zuid-Afrika Südafrika *o*
Zuid-Afrikaan Südafrikaner *m*
Zuid-Afrikaans südafrikanisch
Zuid-Afrikaanse Südafrikanerin *v*
Zuid-Amerika Südamerika *o*
Zuid-Amerikaan Südamerikaner *m*
Zuid-Amerikaans südamerikanisch
Zuid-Amerikaanse Südamerikanerin *v*
Zuid-Chinese Zee Südchinesisches Meer *o*
zuidelijk I *bnw, uit / van het zuiden* südlich **II** *bijw, naar het zuiden* südwärts
Zuidelijke IJszee Südliches Eismeer *o*
zuiden *windstreek* Süden *m* ★ *kamers op het ~ hebben* Zimmer nach Süden haben ★ *ten ~ van* südlich [+2]
zuidenwind Südwind *o*
zuiderbreedte südliche Breite *v*
zuiderbuur südliche Nachbarn *mv*
zuiderkeerkring südliche(r) Wendekreis *m*
zuiderlicht Südlicht *o*
zuiderling Südländer *m*
zuiders BN *zuidelijk* südlich
Zuid-Europa Südeuropa *o*
Zuid-Europees südeuropäisch
Zuid-Holland Südholland *o*
Zuid-Hollander Südholländer *m*
Zuid-Hollands südholländisch
Zuid-Hollandse Südholländerin *v*
Zuid-Korea Südkorea *o*
Zuid-Koreaans südkoreanisch
zuidkust Südküste *v*
Zuid-Molukken Südmolukken *mv*
Zuid-Molukker Südmolukker *m*
Zuid-Moluks südmolukkisch
zuidoost Südost-
Zuidoost-Aziatisch südostasiatisch
Zuidoost-Azië Südostasien *o*
zuidoosten Südosten *m*
Zuidpool Südpol *m*
zuidpool *zuidelijke streken van een planeet* Südpol *m*
zuidpoolcirkel südliche(r) Polarkreis *m*
Zuidpoolexpeditie Südpolexpedition *v*
zuidpoolgebied Südpolargebiet *o*, Antarktis *v*
zuidvrucht Südfrucht *v*
zuidwaarts südwärts
zuidwest südwestlich
zuidwesten Südwesten *m*
zuidwester ❶ *wind* Südwestwind *m* ❷ *hoed* Südwester *m*
Zuidzee → **Stille Oceaan**
zuigeling Säugling *m*
zuigelingenzorg Säuglingspflege *v*
zuigen I *ov ww* ❶ *opzuigen* aufsaugen ❷ *stofzuigen* saugen, staubsaugen, Staub saugen **II** *on ww, sabbelen* saugen
zuiger *deel van motor* Kolben *m*
zuigfles Saugflasche *v*
zuigkracht *zuigvermogen* Saugfähigkeit *v*
zuignap Saugnapf *m*
zuigtablet Lutschtablette *v*
zuigzoen Knutscher *m*
zuil *pilaar* Säule *v*
zuilengalerij Säulengang *m*
zuinig I *bnw* ❶ *die weinig geld uitgeeft of weinig gebruikt* bedächtig, behutsam ★ *~ met woorden* wortkarg ★ *zij is ~ op haar nieuwe fiets* sie geht schonend mit ihrem neuen Fahrrad um ★ fig *een ~ lachje* ein sparsames Lachen ❷ *die niet veel verbruikt* sparsam, wirtschaftlich ★ *~ in het gebruik* sparsam im Gebrauch **II** *bijw* ❶ *weinig geld gebruikend* sparsam ★ *~ leven* sparsam leben ★ fig *~ kijken* verdrießlich dreinschauen ❷ *niet veel verbruikend* ★ *deze auto rijdt ~* dieses Auto fährt sparsam
zuinigheid Sparsamkeit *v* ★ fig *~ met vlijt bouwt huizen als kastelen* Sparsamkeit führt zu Reichtum
zuipen I *ov ww, onmatig drinken* saufen **II** *on ww, veel alcohol drinken* sich besaufen
zuiplap Säufer *m*
zuipschuit Säufer *m*, Saufbruder *m*, Saufbold *m*
zuivel Milcherzeugnisse *mv*, Molkereiprodukte *mv*
zuivelfabriek Molkerei *v*
zuivelindustrie Milchwirtschaft *v*
zuivelproduct Milchprodukt *o*
zuiver I *bnw* ❶ *ongemengd* sauber, rein ★ *~ goud* reine(s) Gold *o* ❷ *oprecht* rein ★ *een ~ geweten hebben* ein reines Gewissen haben ★ *~e bedoelingen* lautere(n) Absichten ❸ *louter* rein ❹ *netto* rein ★ *de ~e winst* der Netto- / Reingewinn ★ *het ~e inkomen* das Nettoeinkommen **II** *bijw* ❶ *ongemengd* rein, pur ❷ *louter* ★ *~ en alleen* einzig und allein ★ *dat is ~ gelogen* das ist pur gelogen
zuiveren *zuiver maken, reinigen* säubern, befreien ★ *iem. van alle blaam ~* jmds. Ehre wiederherstellen
zuivering ❶ *het reinigen* Reinigung *v*, Säuberung *v* ❷ euf *eliminatie van tegenstanders* Säuberung *v*
zuiveringsactie Säuberungsaktion *v*
zuiveringsinstallatie Aufbereitungsanlage *v*, Kläranlage *v*
zuiveringszout Natron *o*
zulk I *bijw, dermate* so, solch **II** *aanw vnw* ❶ *zodanig* solch ❷ *zo groot* solch
zulks solches, so (et)was
zullen ❶ *toekomst uitdrukkend* werden ★ *ik zal het je zeggen* ich werde es dir sagen ★ *we ~ wel zien* wir werden sehen ❷ *houding van de spreker uitdrukkend* werden ★ *hij zal zich wel vergist hebben* er wird sich wohl geirrt haben ★ *het zal wel waar zijn* es wird wohl stimmen ★ *het zal je maar gebeuren!* wenn einem das passiert! ★ *wat zou jij in mijn plaats doen?* was würdest du an

meiner Stelle tun? ★ *ik zou het doen als ik jou was* ich würde es tun, wenn ich du wäre ★ *hier zou ik wel willen wonen* hier würde ich gerne wohnen ★ *hij zou een moord gepleegd hebben* er hätte einen Mord begangen ❸ *mogen / moeten* sollen ★ *gij zult niet doden* du sollst nicht töten
zult Sülze *v*
zurig säuerlich
zuring Sauerampfer *m*
zus I *zn* [de], inform *zuster* Schwester *v* II *bijw* so ★ *zus en zo* so und so
zuster ❶ *zus* Schwester *v* ★ inform *je ~!* Pustekuchen!, denkste!, das könnte dir so passen! ❷ *verpleegster* Schwester *v* ★ *een ~ van het Rode Kruis* eine Rotkreuzschwester ❸ rel *non* Schwester *v*
zusterlijk schwesterlich
zustermaatschappij Schwestergesellschaft *v*
zusterorganisatie Schwesterorganisation *v*
zusterstad Partnerstadt *v*
zustervereniging Schwesterverein *m*
zuur I *bnw* ❶ scheik sauer ❷ *smaak of geur* sauer ★ *zure melk* saure Milch ★ *een zure smaak* ein bitterer Geschmack ❸ *onvriendelijk, onaangenaam* sauer II *bijw, onvriendelijk, onaangenaam* ★ *zuur kijken* sauer dreinblicken ★ *dat zal hem zuur opbreken* das wird ihm teuer zu stehen kommen III *zn* [het] ❶ scheik Säure *v* ★ *bestand tegen zuren* säurebeständig ❷ cul Saure(s) *o* ★ *augurken in het zuur* saure(n) Gurken
zuurdesem Sauerteig *v*
zuurdesembrood Sauerteigbrot *o*
zuurgraad Säuregrad *m*
zuurkool Sauerkraut *o*
zuurpruim Griesgram *m*
zuurstof Sauerstoff *m*
zuurstofapparaat Sauerstoffgerät *o*
zuurstofcilinder Sauerstoffflasche *v*
zuurstoffles Sauerstoffflasche *v*
zuurstofgebrek Sauerstoffmangel *m*
zuurstofmasker Sauerstoffmaske *v*
zuurstofopname Sauerstoffaufnahme *v*
zuurstoftekort Sauerstoffmangel *o*
zuurstok Zuckerstange *v*
zuurtje Drops *m*
zuurverdiend sauer verdient ★ *~ geld* sauer verdiente(s) Geld *o*
zuurwaren in Essig eingelegte(s) Gemüse
zuurzoet sauersüß
zwaai Schwung *m*, Schwenk *m* ★ *met één ~* mit einem Schwung ★ *een ~ naar rechts maken* einen Schwung / Schwenk nach rechts machen
zwaaideur Pendeltür *v*, Schwingtür *v*
zwaaien ❶ *heen en weer bewegen* schwingen ★ *de takken ~ in de wind* die Äste wiegen sich im Wind ★ fig *er zwaait wat* es setzt was ❷ *groeten* winken ❸ *zwenken, slingeren* schwenken, torkeln ★ *de hoek om ~* um die Ecke schwenken
zwaailicht Blaulicht *o*
zwaan Schwan *m* ★ *wilde ~* Singschwan *m*
zwaantje BN Motorradpolizist *m*
zwaar I *bnw* ❶ *veel wegend* schwer ❷ *omvangrijk* schwer ★ *de zware industrie* die Schwerindustrie ❸ *moeilijk* schwer ❹ *ernstig* schwer ❺ *krachtig van smaak of substantie* stark II *bijw, hevig* stark, schwer
zwaarbeladen schwer beladen
zwaarbewapend schwer bewaffnet
zwaarbewolkt stark bewölkt
zwaard *wapen* Schwert *o*
zwaardvechter Schwertkämpfer *m*, Gladiator *m*
zwaardvis Schwertfisch *m*
zwaargebouwd stämmig, kräftig gebaut
zwaargeschapen ❶ *van man* mit schwerem Gerät / Kaliber ❷ *van vrouw* mit großer Oberweite
zwaargewapend schwer bewaffnet
zwaargewicht I *zn* [de/het], *sporter* Schwergewicht *o*, Schwergewichtler *m* II *zn* [het], sport *gewichtsklasse* Schwergewicht *o*
zwaargewond schwerverletzt
zwaargewonde Schwerverletzte(r) *m/v*
zwaarlijvig beleibt, korpulent
zwaarmoedig schwermütig
zwaarte ❶ *gewicht* Gewicht *o*, Schwere *v* ❷ fig *graad, ernst* Schwere *v* ★ *de ~ van het ongeval* die Schwere des Unfalls
zwaartekracht Schwerkraft *v*, Gravitation *v*
zwaartelijn Seitenhalbierende *v*
zwaartepunt ❶ natk Schwerpunkt *m* ❷ fig *hoofdzaak* Schwerpunkt *m*
zwaartillend grüblerisch
zwaarwegend schwerwiegend
zwaarwichtig schwerwiegend, gewichtig
zwabber Mopp *m*
zwabberen *schoonmaken* moppen, scheepv schwabbern
zwachtel Binde *v*
zwachtelen eine Binde wickeln um, verbinden
zwager Schwager *m*
zwak I *bnw* ❶ *niet krachtig* schwach ❷ taalk ★ *zwakke werkwoorden* schwache Verben II *zn* [het] ❶ *imperfectie* Schwäche *v* ❷ *voorliefde* Faible *o* ★ *een zwak hebben voor* eine Schwäche haben für [+4]
zwakbegaafd minderbegabt, schwach begabt
zwakheid Schwachheit *v*, Schwäche *v*
zwakjes ziemlich schwach, ‹zonder kracht› matt
zwakkeling Schwächling *m*
zwakstroom Schwachstrom *m*
zwakte Schwäche *v*
zwaktebod Zeichen *o* von Schwäche
zwakzinnig schwachsinnig
zwakzinnigenzorg Schwachsinnigenfürsorge *v*
zwalken, BN **zwalpen** herumtreiben, umhertreiben
zwaluw Schwalbe *v*
zwaluwstaart ❶ *staart van zwaluw* Schwalbenschwanz *m* ❷ *houtverbinding* Schwalbenschwanz *m*
zwam Pilz *m*, Schwämme *mv*
zwammen quatschen, faseln
zwanenhals Schwanenhals *m*
zwanenzang Schwanengesang *m*
zwang ★ *in ~ zijn* im Schwange sein ★ *in ~ komen* in Schwang kommen
zwanger schwanger
zwangerschap Schwangerschaft *v*
zwangerschapsafbreking Schwangerschaftsabbruch *m*
zwangerschapscontrole

Schwangerschaftskontrolle *v*
zwangerschapsgymnastiek Schwangerschaftsgymnastik *v*
zwangerschapsstriemen Schwangerschaftsstreifen *m mv*
zwangerschapstest Schwangerschaftstest *m*
zwangerschapsverlof Mutterschaftsurlaub *m*
zwanzen BN inform *onzin kletsen* schwatzen, schwafeln
zwart I *bnw* ❶ *niet wit* schwarz ★ *het staat ~ op wit* es steht hier schwarz auf weiß ❷ *somber* schwarz ★ *een ~e bladzijde in de geschiedenis* eine dunklee Seite der Geschichte ❸ *clandestien* schwarz ★ *~ geld* Schwarzgeld *o* ★ *~e handel* Schwarzhandel *m* **II** *zn* [het] Schwarz *o* ★ *in het ~ gekleed* in Schwarz gekleidet **III** *bijw* ❶ *somber* ★ *alles ~ inzien* pessimistisch sein ❷ *clandestien* ★ *~ bijverdienen* schwarz dazuverdienen ★ *~ betalen* schwarz bezahlen
zwartboek schwarze Liste *v*
zwartbont schwarzbunt
zwartbruin schwarzbraun
zwarte Schwarze(r) *m*
zwartekousenkerk strenggläubige protestantische Glaubensgemeinschaft *v*
zwartepiet ❶ *kaart* Pikbube ❷ *houder van die kaart* schwarze(r) Peter *m*
zwartepieten *kaartspel spelen* Schwarzer Peter spielen
Zwarte Woud Schwarzwald *m*
Zwarte Zee Schwarzes Meer *o*
zwartgallig pessimistisch, schwermütig
zwartgeldcircuit Schwarzgeldumlauf *m*, Schwarzgeldverkehr *m*
zwarthandelaar Schwarzhändler *m*
zwartkijken *pessimistisch zijn* schwarzsehen, einen finsteren Blick haben
zwartkijker *pessimist* Pessimist *m*
zwartmaken *belasteren* ★ *iem. ~* jmdn. schwarzmachen
zwartrijden *reizen zonder betalen* schwarzfahren
zwartrijder Schwarzfahrer *m*
zwartwerken schwarzarbeiten
zwartwerker Schwarzarbeiter *m*
zwart-wit I *bnw, ongenuanceerd* schwarz-weiß **II** *bijw* ❶ *met beeld in zwart en wit* schwarz-weiß ❷ *ongenuanceerd* ★ *~ denken* schwarz-weiß denken
zwart-wit- ❶ *met beeld in zwart en wit* schwarz-weiß ❷ *ongenuanceerd* schwarz-weiß
zwart-witafdruk Schwarz-Weiß-Abzug *m*
zwart-witfilm Schwarz-Weiß-Film *m*
zwart-witfoto Schwarz-Weiß-Foto *o*, Schwarz-Weiß-Aufnahme *v*
zwavel Schwefel *m*
zwaveldioxide Schwefeldioxid *o*
zwavelstokje Schwefelholz *o*
zwavelzuur I *zn* [het] Schwefelsäure *v* **II** *bnw* schwefelsauer
Zweden Schweden *o*
Zweed Schwede *m*
Zweeds I *bnw, m.b.t. Zweden* schwedisch **II** *zn* [het], *taal* Schwedisch(e) *o*
Zweedse Schwedin *v*
zweefbrug Hängebrücke *v*
zweefclub Segelflugklub *m*
zweefmolen Kettenkarussell *o*
zweefsport Segelflugsport *m*
zweeftrein Schwebebahn *v*
zweefvliegen segelfliegen
zweefvliegtuig Segelflugzeug *o*
zweefvlucht ⟨met stopgezette motor⟩ Gleitflug *m*, ⟨vogel / zweefvliegtuig⟩ Segelflug *m*
zweeg [verl. td.] → **zwijgen**
zweem Schimmer *m*, Hauch *m* ★ *zonder een ~ van berouw* ohne einen Schimmer von Reue
zweep Peitsche *v* ★ fig *het klappen van de ~ kennen* wissen, wie der Hase läuft
zweepslag ❶ *slag met zweep* Peitschenhieb *m* ❷ med *in kuitspier* Wadenmuskelriss *m*
zweer Geschwür *o*
zweerde [verl. td.] → **zweren**
zweerden [verl. td.] → **zweren**
zweet *transpiratie* Schweiß *m* ★ *badend in het ~* schweißnass, schweißgebadet ★ *zich in het ~ werken* ins Schwitzen kommen / geraten ★ *het koude ~ brak me uit* mir brach der Angstschweiß aus
zweetband Schweißband *o*
zweetdruppel Schweißtropfen *m*
zweethanden Schweißhände *v mv*, Schwitzhände *v mv*
zweetkakkies inform Schweißquanten *mv*
zweetklier Schweißdrüse *v*
zweetlucht Schweißgeruch *m*
zweetvlek Schweißfleck *m*, Schwitzfleck *m*
zweetvoeten Schweißfüße *mv*
zwegen [verl. td.] → **zwijgen**
zwelgen I *ov ww, gulzig eten / drinken* schlingen **II** *on ww* **~ in** schwelgen in
zwellen *in volume toenemen* ★ *bonen laten ~* Bohnen aufquellen lassen ★ fig *~ van trots* schwillen vor Stolz
zwellichaam Schwellkörper *m*
zwelling ❶ *het zwellen* Schwellen *o* ❷ *gezwollen plek* Schwellung *v*
zwemabonnement Jahreskarte *v*, ⟨voor 1 jaar⟩ Zehnerkarte *v*
zwembad Schwimmbad *o*, ⟨onoverdekt⟩ Freibad *o*, ⟨overdekt⟩ Hallenbad *o*
zwembandje scherts *vetrolletje* Fettpolster *o*
zwembroek Badehose *v*
zwemdiploma Schwimmabzeichen *o* ★ *~ A* ≈ Zeugnis für Freischwimmer *o* ★ *~ B / C* ≈ Zeugnis für Fahrtenschwimmer *o* ★ *~ D* ≈ Jugendschwimmschein *m*
zwemen ★ *naar rood ~* ins Rötliche spielen
zwemleraar Schwimmlehrer *m*, Bademeister *m*
zwemmen schwimmen ★ fig *iem. laten ~* sich nicht mehr um jmdn. kümmern
zwemmer Schwimmer *m*
zwemmerseczeem Fußpilz *m*
zwempak Badeanzug *m*
zwemsport Schwimmsport *m*
zwemtas Badetasche *v*
zwemvest Schwimmweste *v*
zwemvin Schwimmflosse *v*
zwemvlies ❶ *vlies* Schwimmhaut *v* ❷ *schoeisel* Schwimmflosse *v*
zwemvogel Schwimmvogel *m*
zwemwedstrijd Wettschwimmen *o*, Schwimmwettkampf *m*, Schwimmwettbewerb *m*

zwendel Betrug *m*, Schwindel *m*
zwendelaar Schwindler *m*, ⟨gentleman-oplichter⟩ Hochstapler *m*
zwendelarij Schwindel *m*, inform Schiebung *v*
zwendelen form betrügen, schwindeln
zwengel *slinger* Schwengel *m*, ⟨van een motor⟩ Kurbel *v*, ⟨van een klok⟩ Pendel *o*
zwenken *van richting veranderen* schwenken
zwenkwiel Rolle *v*
zwepen peitschen
zweren I *ov ww* ❶ *eed doen* schwören ★ *~ bij alles wat heilig is* schwören beim Bart des Propheten ★ *ik heb gezworen dat nooit meer te kopen* ich habe mir geschworen, das nie mehr zu kaufen ★ *ik zou toch ~ dat...* ich könnte / möchte schwören, dass... ❷ fig **~ bij** *vertrouwen op* ★ *ik zweer bij dat middel* ich schwöre auf dieses Mittel **II** *on ww, ontstoken zijn* eitern
zwerfafval Straßenabfall *m*, Straßenunrat *m*
zwerfhond streunende(r) Hund *m*, Straßenhund *m*
zwerfkat streunende Katze *v*
zwerfkei Findling *m*
zwerfster Stadtstreicherin *v*
zwerftocht Streifzug *m*, ⟨dwaaltocht⟩ Irrfahrt *v*
zwerm *troep* Schwarm *m*
zwermen *rondvliegen* schwärmen
zwerven ❶ *ronddwalen* herumstreunen, umherstreifen, herum- / umherirren, herum- / umherziehen ★ *langs de straat ~* sich auf der Straße herumtreiben ★ *een ~d bestaan* ein Wanderleben *o* ❷ *rondslingeren* herumliegen, herumfliegen
zwerver *landloper* Streuner *m*, Landstreicher *m*
zweten ❶ *transpireren* schwitzen ❷ *vocht uitslaan* schwitzen
zweterig schweißig, verschwitzt ★ *~ zijn* verschwitzt sein
zwetsen *dom kletsen* labern
zweven ❶ *vrij hangen* schweben ★ *er zweeft mij iets van voor de geest* es schwebt mir vor ❷ *licht lopen* schweben
zweverig ❶ *vaag* vage, verschwommen ★ *een ~ boek* ein weltfremdes Buch *o* ❷ *duizelig* schwindlig, ⟨bedwelmd⟩ benommen
zwezerik Brieschen *o*, Bries *o*
zwichten weichen, ⟨toegeven⟩ nachgeben, ⟨bezwijken⟩ erliegen ★ *voor de overmacht ~* der Übermacht weichen ★ *voor de verleiding ~* den Verlockungen erliegen
zwiepen ❶ *doorbuigen* federn ❷ *krachtig raken* schwingen
zwier ❶ *zwaai* Schwung *m* ★ fig *aan de ~ gaan*, BN *op de ~ gaan* einen draufmachen ❷ *gratie* Eleganz *v*
zwieren *slingerend draaien* schweben, gleiten ★ *over het ijs ~* über das Eis gleiten ★ *dronken over straat ~* über die Straße torkeln
zwierf [verl. td.] → **zwerven**
zwierig schwungvoll
zwierven [verl. td.] → **zwerven**
zwijgen I *on ww* ❶ *niet spreken* schweigen ★ *om maar te ~ van...* ganz zu schweigen von... ★ *iem. tot ~ brengen* jmdn. zum Schweigen bringen ★ *~ als het graf* / BN *als vermoord* schweigen wie ein Grab ❷ fig *niet weerklinken* schweigen **II** *zn* [het] Schweigen *o* ★ *iem. het ~ opleggen* jmdn. zum Schweigen bringen ★ *er het ~ toe doen* dazu schweigen
zwijggeld Schweigegeld *o*
zwijgplicht Schweigepflicht *v*
zwijgzaam schweigsam, verschwiegen
zwijm ★ *in ~ liggen* ohnmächtig sein ★ *in ~ vallen* in Ohnmacht fallen, ohnmächtig werden
zwijmelen berauscht sein (von) [+3]
zwijn ❶ *dier* Schwein *o* ★ *wild ~* Wildschwein *o* ❷ *persoon* Schweinehund *m*
zwijnen Schwein haben
zwijnenstal ❶ lett Schweinestall *m*, Saustall *m* ❷ fig Schweinestall *m*
zwijnerij *vuiligheid* Schweinerei *v*
zwik Kram *m*, Plunder *m* ★ *de hele zwik* der ganze Plunder / Kram, die ganze Bande
zwikken *verstuikt raken* verstauchen, verrenken
Zwitser Schweizer *m*
Zwitserland Schweiz *v*
Zwitsers I *bnw, m.b.t. Zwitserland* schweizerisch **II** *zn* [het], *taal* Schweizerdeutsch(e) *o*
Zwitserse Schweizerin *v*
zwoegen sich plagen, inform schuften, inform sich abrackern
zwoeger Arbeitspferd *o*, inform Malocher *m*
zwoel ❶ *drukkend warm* schwül ❷ *sensueel* schwül
zwoer [verl. td.] → **zweren**
zwoerd Speckschwarte *v*
zwoeren [verl. td.] → **zweren**
zwol [verl. td.] → **zwellen**
zwolg [verl. td.] → **zwelgen**
zwolgen [verl. td.] → **zwelgen**
zwollen [verl. td.] → **zwellen**
zwom [verl. td.] → **zwemmen**
zwommen [verl. td.] → **zwemmen**
zwoor [verl. td.] → **zweren**
zworen [verl. td.] → **zweren**
zzp'er *zelfstandige zonder personeel* ≈ Ich-AG *v*, Selbstständige(r) *m*

Grammatica

Waar doe je het voor?

Grammatica is een verzameling taalregels. Die regels vertellen je niet hoe je een taal *moet* gebruiken. Ze vertellen je *hoe een taal in elkaar* Meestal houden mensen zich ook aan die regels en dat maakt het gemakkelijker elkaar te begrijpen.
Je kunt zeggen

Hun heb er uit der eigen niks an gedaan!

en dan begrijpen de meeste mensen wel wat je bedoelt, ook al is het niet volgens alle regels.
Maar als je zegt

Gisteren zal ik waarschuwen hun te meer doen wat.

dan kloppen er zoveel regels niet dat waarschijnlijk niemand begrijpt wat je bedoelt.
Dus als je weet hoe een taal in elkaar zit, kun je ook duidelijker vertellen wat je bedoelt en beter begrijpen wat een ander jou vertelt.

Twee soorten regels

Je hebt twee manieren om te vertellen hoe een taal in elkaar zit. Daardoor zijn er ook twee soorten regels. Gelukkig zijn die regels niet moeilijk, want ze vertellen eigenlijk alleen maar hoe de meeste mensen de taal gebruiken. Kortom, ze zitten in het alledaagse taalgebruik.

1 zinsontleden

Je kijkt naar een zin en snijdt hem in stukjes om te zien hoe hij in elkaar zit. Welke rol speelt elk stukje in die zin? Elk verschillend stukje geef je een andere naam.
Zinsontleden wordt ook wel 'redekundig ontleden' genoemd.

2 woordbenoemen

Je begint met de losse woorden van een zin. Bij elk woord bekijk je wat voor soort woord het is. Elke soort geef je een andere naam. Er zijn tien woordsoorten:
Woordbenoemen wordt ook wel 'taalkundig ontleden' genoemd.

zinsontleden

onderwerp	gezegde	meewerkend voorwerp	lijdend voorwerp
Ik	*gaf*	*mijn vriendin*	*een schitterende bos bloemen*
Mijn buurman	*vertelde*		*een mooi verhaal*

woordbenoemen

1	zelfstandige naamwoorden	Mijn *computer* is kapotgegaan.
2	lidwoorden	Alle gegevens op *de* harde schijf zijn verdwenen.
3	bijvoeglijke naamwoorden	Wat een *afgrijselijke* situatie!
4	telwoorden	En ik had juist *twee* documenten opgeslagen.
5	voornaamwoorden	Dus *je* begrijpt, *ik* baal verschrikkelijk.
6	werkwoorden	Voortaan *maak* ik overal een back-up van.
7	bijwoorden	Dat werkt *beter*.
8	voorzetsels	Maar doe dat dan niet *op* de harde schijf.
9	voegwoorden	Zo dom ben ik niet, *want* dan kan het weer misgaan.
10	tussenwerpsels	*Ach*, wat een ramp is zo'n computer eigenlijk.

Prisma basisgrammatica

In deze grammatica leer je op beide manieren naar de Duitse taal te kijken. Je begint met de naamvallen, dan volgen de voornaamste woordsoorten en de werkwoordstijden. Tussendoor worden de zinsdelen behandeld.

1 De naamvallen (*die Fälle*)

Het Duits gebruikt vier naamvallen. Vroeger speelden die naamvallen ook in het Nederlands een belangrijke rol. Je vindt dat nog terug in uitdrukkingen als 'de heer des huizes' of in teksten op oude gebouwen. Bijvoorbeeld: 'Gebouwd in het jaar onzes Heren 1645'. In het Nederlands van nu vind je vrijwel niets meer van die naamvallen terug, maar in het Duits zijn ze nog steeds heel belangrijk. Zelfstandige naamwoorden, voornaamwoorden, lidwoorden staan steeds in een bepaalde naamval. De naamval bepaalt welke vorm deze woorden krijgen. Vaak verandert zo'n woord omdat er sprake is van een andere naamval. Het is dus heel belangrijk om te weten in welke naamval een woord of een zinsdeel in het Duits staat.

Naamvallen

Eerste naamval

In de eerste naamval staan:

A. het onderwerp.

Het onderwerp is dat deel van de zin, dat zelf iets doet/is/heeft of waarmee iets gedaan wordt. Als je het onderwerp verandert, dan verandert de persoonsvorm van het werkwoord ook. Daaraan kun je het onderwerp herkennen. Maak van 'ik' in de zin 'Ik eet het brood.' maar 'wij'. Dan moet 'eet' veranderen in 'eten'.

Voorbeelden:

Zij pakt het boek. – *Sie nimmt das Buch.*

De hond wordt geslagen. – *Der Hund wird geschlagen.*

De man is oud. – *Der Mann* ist alt.

B. het naamwoordelijke deel van het gezegde.

Het naamwoordelijk gezegde zegt steeds iets over het onderwerp.

Voorbeelden:

Het meisje is mooi. – *Das Mädchen ist schön.*

Hij is een goede dokter. – *Er ist ein guter Arzt.*

Tweede naamval

In de tweede naamval staan bepalingen van bezit.

Een bepaling van bezit geeft aan, dat iets (of iemand) van iemand is of bij iemand hoort. Voorbeeld:

Het geld van de man is weg. –*Das Geld des Mannes ist weg.*

Derde naamval

In de derde naamval staan:

A. het meewerkend voorwerp

Het meewerkend voorwerp is dat zinsdeel waar je 'aan' voor kunt zetten. Of waar je 'aan' kunt weglaten zonder dat de betekenis van de zin verandert.

Voorbeelden:

Ik schrijf de man morgen een brief. – *Ich schreibe dem Mann morgen einen Brief.*

Hij heeft het aan ons verteld. – *Er hat es uns erzählt.*

Let op: In het Duits krijg je nooit *an* voor het meewerkend voorwerp.

B. het zinsdeel dat volgt op een voorzetsel met de derde naamval.

Voorzetsels zijn woorden als 'aan', 'met', 'naar'. Voorzetsels worden steeds met een bepaalde naamval verbonden. Voorbeeld:

Na het eten slaapt hij altijd. – *Nach dem Essen schläft er immer.*

C. Let op: na sommige voorzetsels kan de derde of de vierde naamval komen.

Meer hierover in hoofdstuk 5c. Voorbeeld:

Woont hij niet in de stad? – *Wohnt er nicht in der Stadt?*

Vierde naamval

In de vierde naamval staan:

A. het lijdend voorwerp

Het lijdend voorwerp vind je door te vragen: Wat doet, schrijft, kent het onderwerp?

Voorbeelden:

Hij doet alles. – *Er tut alles.*

Zij schrijft een brief. – *Sie schreibt einen Brief.*

Wij kennen **hem**. - *Wir kennen **ihn**.*

B. het zinsdeel dat volgt op een voorzetsel met de vierde naamval.

Voorbeeld:

Wij spelen morgen **tegen deze club**. - *Wir spielen morgen **gegen diesen Klub**.*

C. Let op: na sommige voorzetsels kan de derde of de vierde naamval komen. Meer hierover in hoofdstuk 5c. Voorbeeld:

Hij ging **voor de man** zitten. - *Er setzte sich **vor den Mann**.*

D. bepalingen van tijd zonder voorzetsel. Bepalingen van tijd zijn bijvoorbeeld: Deze morgen, die avond, alle dinsdagen.

Voorbeeld:

Deze dinsdag blijven we thuis. - ***Diesen Dienstag** bleiben wir zu Hause.*

2 Het zelfstandig naamwoord (*Das Substantiv*)

We worden omringd door mensen, dieren, planten en dingen. De woorden die deze mensen, dieren, planten en dingen aanduiden noemen we zelfstandige naamwoorden. Enkele voorbeelden: man, vrouw, Duitser, kind, hond, boom, boek. Ook zaken die je niet kunt zien, horen daarbij: overtuiging, fantasie, waarheid. Je kunt er een lidwoord voor zetten, bijvoorbeeld: de man, de vrouw, het kind, een hond, de waarheid.
Ook eigennamen zijn zelfstandige naamwoorden: *Karl, Berlin, Müller.*

a Het geslacht van het zelfstandig naamwoord

Zelfstandige naamwoorden zijn mannelijk, vrouwelijk of onzijdig. Dat is ook in het Nederlands zo, maar wij gebruiken bij mannelijk en vrouwelijk altijd 'de': de man, de vrouw. In het Duits gebruikt men daarvoor verschillende woorden: der *Mann*, die *Frau*, das *Kind*.
De meeste woorden die in het Nederlands onzijdig zijn en dus met 'het' worden verbonden, krijgen in het Duits das.
Voorbeelden:
het boek – *das Buch*
het kind – *das Kind*
het geld – *das Geld*
het paard – *das Pferd*
het haar – *das Haar*
het veulen – *das Fohlen*
Bij veel woorden moet je er gewoon bij leren of ze mannelijk, vrouwelijk of onzijdig zijn.

Bij een aantal woorden kun je zien of ze mannelijk, vrouwelijk of onzijdig zijn:

1	Onzijdig zijn altijd	Voorbeelden
	woorden die eindigen op *-chen* en *-lein*	*das Mädchen, das Fräulein*
	woorden die beginnen met *Ge*-en eindigen op *-e*	*das Gebäude, das Gebirge*
	woorden die eindigen op *-nis* en *-tum*	*das Gefängnis, das Eigentum*
2	Mannelijk zijn altijd	
	de namen van mannelijke personen en dieren	*der Vater, der Löwe, der Sohn*
	stammen van werkwoorden	*der Lauf, der Beginn, der Fall*
	de namen van dagen, maanden, jaargetijden	*der Dienstag, der Mai, der Herbst*
	de namen van auto's	*der Volvo, der Skoda, der Fiat*
3	Vrouwelijk zijn altijd	
	de namen van vrouwelijke personen en dieren	*die Mutter, die Löwin, die Tochter*
	woorden op *-heit, -keit, -ung, -schaft*	*die Freiheit, die Zeitung, die Eigenschaft*
	de meeste namen van zaken op een *-e*	*die Straße, die Bohne, die Lampe*

b De verbuiging van het zelfstandig naamwoord in de vier naamvallen

Naamval	Mannelijk	Vrouwelijk	Onzijdig	Meervoud
1	*der Mann*	*die Frau*	*das Kind*	*die Hunde*
2	*des Mannes*	*der Frau*	*des Kindes*	*der Hunde*
3	*dem Mann*	*der Frau*	*dem Kind*	*den Hunden*
4	*den Mann*	*die Frau*	*das Kind*	*die Hunde*

1 Zelfstandige naamwoorden worden in het Duits steeds met een hoofdletter geschreven.

2 In de tweede naamval mannelijk en onzijdig krijgt het zelfstandig naamwoord de uitgang *-es* of *-s*. Wanneer het woord uit één lettergreep bestaat, dan krijg je *-es*. Als het woord uit meer lettergrepen bestaat, krijg je *-s*. Voorbeelden:
der Ball – des Balles (de bal)
der Lehrer – des Lehrers (de leraar)
das Föhlen – des Föhlens (het veulen)
das Pferd – des Pferdes (het paard)

3 In de derde naamval meervoud krijgt het zelfstandig naamwoord een extra *-n*. Dat gebeurt alleen wanneer het woord in het meervoud eindigt op *-e*, *-el* of *-er*. Voorbeelden:
Wir haben den Hunden das Fleisch gegeben. (We hebben de honden het vlees gegeven.)
Warum sagst du es den Männern nicht? (Waarom zeg jij het de mannen niet?)
Mit den Kindern war er nach Fantasialand gefahren. (Met de kinderen was hij naar Fantasialand gegaan.)

c Het zelfstandig naamwoord in het meervoud

Het Duits kent verschillende manieren om een zelfstandig naamwoord in het meervoud te zetten. Soms komt er alleen een *-e* achter, soms *-en*, soms schrijf je er een *-e* achter en zet je een *Umlaut* op de klinker. Een *Umlaut* zijn twee puntjes (als je met de hand schrijft twee verticale streepjes) die er voor zorgen dat de uitspraak verandert. In een woord als '*Baum – Bäume*' zeg je in het meervoud niet meer [au], maar [oi].

Om een zelfstandig naamwoord in het meervoud te zetten zijn er de volgende regels:

	Regels	Voorbeelden
1	Mannelijke woorden krijgen *der Baum – die Bäume, der Arzt –* **-e + Umlaut** *die Ärzte* De *Umlaut* komt steeds op de eerste klinker van de laatste lettergreep. Mannelijke woorden op *-el, -er, -en* krijgen geen uitgang.	*der Ausflug – die Ausflüge* *der Apfelbaum – die Apfelbäume* *der Esel – die Esel* *der Tiger – die Tiger* *der Lehrer – die Lehrer* *der Besen –* *die Besen*
2	**Vrouwelijke woorden** krijgen ***-en, -n* of *-nen*.** Woorden eindigend op *-e, -el, -er* krijgen een *-n*. Eindigen zij op *-in* dan komt er *-nen* achter. Anders komt er *-en* achter.	*die Tante – die Tanten* *die Freundin – die Freundinnen* *die Frau – die Frauen*
3	Onzijdige woorden krijgen **-e** Onzijdige woorden op *-el, -er, -en, -chen* en *-lein* krijgen geen uitgang.	das Fest – die Feste das Mädchen – die Mädchen das Fenster – die Fenster das Föhlen – die Föhlen
4	Woorden die uit vreemde talen zijn overgenomen krijgen vaak een *-s*.	das Auto – die Autos, der Park – die Parks
5	Woorden met een dubbele klinker houden die in het meervoud.	das Boot – die Boote das Haar – die Haare
6	Woorden op *-um* krijgen *-en*	das Museum – die Museen

Veel zelfstandige naamwoorden vormen hun meervoud niet volgens de regels hierboven. Zij zijn onregelmatig. De belangrijkste vind je in bijlage 1 achter in dit boek.

3 Het lidwoord (*Der Artikel*) en de woorden van de *Der*-groep en de *Ein*-groep

De meeste zelfstandige naamwoorden worden in het Nederlands óf met de óf met het gecombineerd: de man, het hol. De en het zijn lidwoorden. Daarnaast kennen we nog een lidwoord: een. Een is een onbepaald lidwoord. We gebruiken een als nog niet bepaald is over wie/ waarover het gaat. Het en de zijn bepaalde lidwoorden. Die gebruiken we als duidelijk is over wie of wat het gaat.

In het Duits heb je mannelijke (m), vrouwelijke (v) en onzijdige (o) zelfstandige naamwoorden. En natuurlijk woorden in het meervoud (mv). Daarvoor heb je dan ook verschillende lidwoorden. In het Duits gebruiken we *der* voor mannelijke woorden *(der Mann)*, *die* voor vrouwelijke woorden *(die Frau)* en *das* voor onzijdige woorden *(das Kind)*. In het meervoud krijgen we steeds *die (die Frauen)*. Lidwoorden worden steeds samen met zelfstandig naamwoorden gebruikt, bv. 'de man', 'een arts'.

De lidwoorden kunnen verschillende vormen aannemen, afhankelijk van de naamval waarin het zelfstandig naamwoord staat. Zo zeggen we *Der Mann ist hier,* maar daarnaast *Ich kenne den Mann.* Dat komt, omdat *Der Mann* onderwerp, 1e naamval is. *Den Mann* is lijdend voorwerp en 4e naamval.

De woorden van de *Der-groep* zijn *aller, beider, dieser, jeder, jener, mancher, solcher, welcher.* Deze woorden krijgen steeds dezelfde uitgangen als het bepaald lidwoord. (zie 3c)
De woorden van de *Ein-groep* zijn *kein, mein, dein, sein, ihr, unser, euer, ihr* en *Ihr.* Deze woorden krijgen steeds dezelfde uitgangen als het onbepaald lidwoord. (zie 3d)

a Het bepaald lidwoord

De vormen van het bepaald lidwoord zijn:

Naamval	Mannelijk	Vrouwelijk	Onzijdig	Meervoud
1	*der Mann*	*die Frau*	*das Kind*	*die Hunde*
2	*des Mannes*	*der Frau*	*des Kindes*	*der Hunde*
3	*dem Mann*	*der Frau*	*dem Kind*	*den Hunden*
4	*den Mann*	*die Frau*	*das Kind*	*die Hunde*

De vormen van de tweede naamval betekenen steeds 'van het' of 'van de': *Das Geld des Mannes* – Het geld van de man.
Om de juiste vorm te vinden, moet je een zin steeds goed ontleden.

Voorbeeld:
De man geeft alles aan het kind. = *Der Mann gibt dem Kind alles.*
De man = onderwerp/mannelijk en eerste naamval: *Der Mann*
Aan het kind = meewerkend voorwerp/ onzijdig en derde naamval: *dem Kind*

b Het onbepaald lidwoord

Van het onbepaalde lidwoord hebben we alleen vormen voor het mannelijk, vrouwelijk en onzijdig. In het meervoud heb je geen onbepaald lidwoord.

De vormen van het onbepaald lidwoord zijn:

Naamval	Mannelijk	Vrouwelijk	Onzijdig
1	*ein*	*eine*	*ein*
2	*eines*	*einer*	*eines*
3	*einem*	*einer*	*einem*
4	*einen*	*eine*	*ein*

De vormen van de tweede naamval betekenen steeds 'van een'. Voorbeelden:
Das Geld ***eines*** *Mannes* – Het geld **van een** man.
Die Augen ***einer*** *Frau* – De ogen **van een** vrouw.

Voorbeeld:
Een vrouw kan een man meestal goed begrijpen.
Een vrouw = onderwerp = eerste naamval: *Eine Frau*
Een man = lijdend voorwerp = vierde naamval: *einen Mann*
Eine *Frau kann* ***einen*** *Mann meistens gut begreifen.*

c De woorden van de *Der*-groep

Een aantal aanwijzende voornaamwoorden en één vragend voornaamwoord vormen de zogenaamde *Der*-groep. Bij aanwijzende voornaamwoorden zou je je vinger kunnen uitsteken om te laten zien wie of wat je bedoelt: Deze auto is van die mensen daar. In het Nederlands heb je de aanwijzende voornaamwoorden 'dit, dat, deze, die'. Voor de vragende voornaamwoorden verwijzen we naar bladzijde 88.

De woorden van de *Der*-groep zijn:

alle	alle
beider	beide
dieser	deze, dit
jeder	iedere, elk
jener	die, dat
mancher	menige
solcher	zulk, zo'n
welcher	welk, welke

We spreken van de *Der*-groep omdat deze woorden steeds dezelfde uitgangen krijgen als het bepaald lidwoord. Voorbeelden:

Der Mann hier ist sehr nett.
Dieser Mann hier ist sehr nett.
Ich kenne das Kind nicht.
Ich kenne jenes Kind nicht.
Waren die Leute gekommen?
Waren alle Leute gekommen?

De vormen van de woorden van de *Der*-groep zijn:

Naamval	Mannelijk	Vrouwelijk	Onzijdig	Meervoud
1	*dieser*	*diese*	*dieses*	*diese*
2	*dieses*	*dieser*	*dieses*	*dieser*
3	*diesem*	*dieser*	*diesem*	*diesen*
4	*diesen*	*diese*	*dieses*	*diese*

Voorbeeld:

Deze man geeft alles aan dat kind.
Deze man = onderwerp/mannelijk = eerste naamval: *Dieser Mann*
Aan dat kind = meewerkend voorwerp/onzijdig = derde naamval: *jenem Kind*
Dieser Mann gibt jenem Kind alles.

d De woorden van de *Ein*-groep

De bezittelijke voornaamwoorden en het woord *kein* (geen) vormen de zogenaamde *Ein*-groep. Bezittelijke voornaamwoorden geven aan wie de bezitter is van de zaak of de persoon die erachter staat: Dat is jouw tas.

De woorden van de *Ein*-groep zijn:

kein	geen
mein	mijn
dein	jouw
sein	zijn
ihr	haar
unser	ons,onze
euer	jullie
ihr	hun
Ihr	uw

We spreken van de *Ein*-groep omdat deze woorden steeds dezelfde uitgangen krijgen als het onbepaald lidwoord. Voorbeelden:

Ich habe einen Hund gekauft.
Ich habe keinen Hund gekauft.
Ist das ein neues Buch?
Ist das ihr neues Buch?
Hast du einen Hund gekauft?
Hast du seinen Hund gekauft?

De vormen van de woorden van de *Ein*-groep zijn:

Naamval	Mannelijk	Vrouwelijk	Onzijdig	Meervoud
1	*mein*	*meine*	*mein*	*meine*
2	*meines*	*meiner*	*meines*	*meiner*
3	*meinem*	*meiner*	*meinem*	*meinen*
4	*meinen*	*meine*	*mein*	*meine*

Voorbeeld:
Haar man geeft alles aan ons kind.
Haar man = onderwerp/mannelijk = eerste naamval: *Ihr Mann*
Aan ons kind = meewerkend voorwerp/ onzijdig = derde naamval: *unserem Kind*
Ihr Mann gibt unserem Kind alles.

4 Het bijvoeglijk naamwoord (*Das Adjektiv*)

Vaak staat tussen een lidwoord en een zelfstandig naamwoord een woord, dat een kenmerk noemt van de persoon, het dier of het ding, bijvoorbeeld: de fraaie hoes van een mooie cd.
De woorden fraai en mooi zijn bijvoeglijke naamwoorden. Ze 'voegen' iets 'bij' aan de betekenis van personen, dieren, planten en dingen.

a Het bijvoeglijk naamwoord na een woord van de Der-groep

De uitgangen zijn:

Naamval	Mannelijk	Vrouwelijk	Onzijdig	Meervoud
1	*der reiche Mann*	*die alte Frau*	*das kleine Kind*	*die armen Menschen*
2	*des reichen Mannes*	*der alten Frau*	*des kleinen Kindes*	*der armen Menschen*
3	*dem reichen Mann*	*der alten Frau*	*dem kleinen Kind*	*den armen Menschen*
4	*den reichen Mann*	*die alte Frau*	*das kleine Kind*	*die armen Menschen*

1 Na alle woorden van de *Der*-groep (zie 3c) krijgt het bijvoeglijk naamwoord deze uitgangen. Voorbeelden:
1e naamval mannelijk: *dieser reiche Mann*
3e naamval vrouwelijk: *welcher alten Frau*
4e naamval onzijdig: *jenes kleine Kind*
1e naamval meervoud: *welche armen Menschen.*

2 Als er twee (of meer) bijvoeglijke naamwoorden achter elkaar staan, dan krijgen ze dezelfde uitgang. Voorbeeld: *Dieser gemeine, alte Mann!* (Deze gemene, oude man!)

b Het bijvoeglijk naamwoord na een woord van de *Ein*-groep

De uitgangen zijn:

Naamval	Mannelijk	Vrouwelijk	Onzijdig	Meervoud
1	*ein reicher Mann*	*eine alte Frau*	*ein kleines Kind*	*meine armen Eltern*
2	*eines reichen Mannes*	*einer alten Frau*	*eines kleinen Kindes*	*meiner armen Eltern*
3	*einem reichen Mann*	*einer alten Frau*	*einem kleinen Kind*	*meinen armen Eltern*
4	*einen reichen Mann*	*eine alte Frau*	*ein kleines Kind*	*meine armen Eltern*

1 Na alle woorden van de *Ein*-groep (zie 3d) krijgt het bijvoeglijk naamwoord deze uitgangen.
Voorbeelden:
1e naamval mannelijk: *kein reicher Mann*
3e naamval vrouwelijk: *seiner alten Frau*
4e naamval onzijdig: *euer kleine Kind*
1e naamval meervoud: *keine armen Menschen.*

2 Als er twee (of meer) bijvoeglijke naamwoorden achter elkaar staan, dan krijgen ze dezelfde uitgang. Voorbeeld: *Ein gemeiner, alter Mann!* (Een gemene, oude man!)

3 De bijvoeglijke naamwoorden die zijn afgeleid van landennamen worden met een kleine letter geschreven. Voorbeelden: *spanisch, deutsch, italienisch, griechisch, niederländisch, Die spanischen Städte* (De Spaanse steden.)

c Het bijvoeglijk naamwoord zonder woord van de *Der*-groep of de *Ein*-groep ervoor

De uitgangen zijn:

Naamval	Mannelijk	Vrouwelijk	Onzijdig	Meervoud
1	*guter Wein*	*alte Butter*	*kaltes Bier*	*arme Menschen*
2	*guten Weines*	*alter Butter*	*kalten Bieres*	*armer Menschen*
3	*gutem Wein*	*alter Butter*	*kaltem Bier*	*armen Menschen*
4	*guten Wein*	*alte Butter*	*kaltes Bier*	*arme Menschen*

De uitgangen van het bijvoeglijk naamwoord zijn hier hetzelfde als de uitgangen van de woorden van de *Der*-groep.

Uitzondering zijn de tweede naamval mannelijk en onzijdig. In plaats van *–es* krijg je daar *–en.* Voorbeeld: *Der Preis guten Bieres* (De prijs van goed bier.)

d De trappen van vergelijking

Met het bijvoeglijk naamwoord kun je ook aangeven dat iets of iemand groter, kleiner, dunner is dan iemand of iets anders. Bijvoorbeeld in zinnen als 'Jan is groter dan Piet.' of 'Hij woont in het duurdere huis.' We spreken dan over de vergrotende trap.
Als je aangeeft dat iets of iemand het grootst, het kleinst, het dunst is, dan spreek je over de overtreffende trap. Denk maar aan zinnen als 'Wij hebben het kleinste ijsje gekregen.' of 'Zijn auto is het mooist.'

1 De vergrotende en overtreffende trap vorm je door *-er* en *-st* achter het bijvoeglijk naamwoord te plaatsen.
Voorbeelden:

schön	*schöner*	*schönst*
fein	*feiner*	*feinst*

2 Bijvoeglijke naamwoorden die eindigen op *-d*, *-t*, een sisklank of een klinker krijgen *-er* en *-est*.
Voorbeelden:

rund	*runder*	*rundest*
breit	*breiter*	*rundest*
neu	*neuer*	*neuest*
süß	*süßer*	*süßest*

3 De vergrotende en de overtreffende trap krijgen dezelfde uitgangen als het 'gewone' bijvoeglijke naamwoord.
Voorbeeld:
der kleine Hund
der kleinere Hund
der kleinste Hund

4 Een aantal bijvoeglijke naamwoorden krijgt in de vergrotende en overtreffende trap een Umlaut. Het zijn:

koud	*kalt*	*kälter*	*kältest*
warm	*warm*	*wärmer*	*wärmst*
oud	*alt*	*älter*	*ältest*
jong	*jung*	*jünger*	*jüngst*
kort	*kurz*	*kürzer*	*kürzest*
lang	*lang*	*länger*	*längst*
dom	*dumm*	*dümmer*	*dümmst*
verstandig	*klug*	*klüger*	*klügst*
zwak	*schwach*	*schwächer*	*schwächst*
sterk	*stark*	*stärker*	*stärkst*
hard	*hart*	*härter*	*härtest*
zwart	*schwarz*	*schwärzer*	*schwärzest*

5 Van een aantal bijvoeglijke naamwoorden zijn de vergrotende en overtreffende trap onregelmatig. Het zijn:

groot	*groß*	*größer*	*größt*
hoog	*hoch*	*höher*	*höchst*
veel	*viel*	*mehr*	*meist*
goed	*gut*	*besser*	*best*
dichtbij	*nah*	*näher*	*nächst*
weinig	*wenig*	*weniger/ minder*	*wenigst/ mindest*

6 Na een vergrotende trap gebruik je in het Duits *als.* Voorbeelden:
Er ist größer ***als*** *ich.* (Hij is groter dan ik.)
Sie ist kleiner ***als*** *du.* (Zij is kleiner dan jij.)
Sie hat bessere Noten ***als*** *ich.* (Zij heeft betere cijfers dan ik.)

7 De overtreffende trap van het bijwoord – zoals in de zin 'Dat doet hij het **liefst.**' – vorm je in het Duits door er ***am*** voor en ***-en*** achter te zetten: *Das tut er* ***am*** *liebst****en***. Voorbeeld:
Er redet am meisten. (Hij praat het meest.)

8 Bij de vergelijking 'even groot als' vertaal je 'als' met ***wie***. Voorbeeld:
Er ist ebenso schlau ***wie*** *ich.* (Hij is net zo slim als ik.)
Maar een zin als 'Peter en ik zijn even groot.' vertaal je met *Peter und ich sind gleich groß.*

5 Voorzetsels (*Präpositionen*)

Voorzetsels zijn woorden als 'naast', 'bij', 'over'. Je vindt ze dikwijls voor zelfstandige naamwoorden en namen. Bijvoorbeeld in zinnen als: 'Hij woont naast de school.' of 'Zij vertelt iets over haar moeder.'

In het Duits worden de voorzetsels met een vaste of een wisselende naamval verbonden. Zo zijn er voorzetsels die altijd een derde naamval achter zich krijgen.

Andere voorzetsels worden steeds met de vierde naamval verbonden. Maar er zijn ook voorzetsels die soms een derde en soms met een vierde naamval krijgen. Ten slotte is er een kleine groep voorzetsels met een tweede naamval achter zich.

a Voorzetsels met de derde naamval

De volgende voorzetsels krijgen steeds een derde naamval achter zich.
In de volgende paragraaf worden enkele van deze voorzetsels nader toegelicht.

Voorzetsel	Betekenis	Voorbeeldzin
aus	uit	*Er kommt aus einer Stadt in Deutschland.* (Hij komt uit een stad in Duitsland.)
außer	behalve	*Außer seinem Vater war niemand gekommen.* (Behalve zijn vader was niemand gekomen.)
bei	bij	*Steht sein Haus da bei der Kirche?* (Staat zijn huis daar bij de kerk?)
mit	met	*Mit seinen Eltern war er hier.* (Met zijn ouders was hij hier.)
von	van, door	*Das habe ich von seinem Vater gehört.* (Dat heb ik van zijn vader gehoord.) *Er wurde von einem Mann geschlagen.* (Hij werd door een man geslagen.)
zu	bij, naar	*Gehst du morgen zu ihm?* (*Ga* je morgen naar hem toe?) *Kommst du morgen zu mir?* (Kom je morgen bij me?)
nach	na, naar	*Nach dem Essen ruht er sich aus.* (Na het eten rust hij uit.) *Will er noch nach Madrid?* (Wil hij nog naar Madrid?)
gegenüber	tegenover	*Er wohnte der Schule gegenüber.* (Hij woont tegenover de school.)
seit	sinds	*Seit einem Jahr wohnt er da.* (Sinds een jaar woont hij daar.)

1 Je vertaalt 'door' met *von* in lijdende zinnen, dat wil zeggen zinnen, waarin er iets met het onderwerp gedaan wordt. In andere gevallen wordt 'door' met *durch* vertaald. Zie voor lijdende zinnen 6q. Voorbeeld: *Das Brot wurde von uns aufgegessen* (Het brood werd door ons opgegeten.)

2 Je vertaalt 'bij' met *zu* als er sprake is van een beweging, maar met *bei* als er sprake is van een toestand. Ook gebruik je *zu*, wanneer er iets bij komt, iets toegevoegd wordt. Voorbeelden:
Gestern ist er zu mir gekommen. (Gisteren is hij bij me gekomen.)
Möchten Sie Reis zu ihrem Fleisch? (Wilt u rijst bij uw vlees?)
Maar: *Sie ist den ganzen Tag bei mir gewesen.* (Zij is de hele dag bij me geweest.)

3 Het voorzetsel *gegenüber* staat meestal achter het woord waarop het invloed heeft. Voorbeeld: *Der Kirche gegenüber steht ein großer Baum.* (Tegenover de kerk staat een grote boom.)

4 'Naar' kent drie vertalingen in het Duits: *zu, nach* en *in.*

'naar'	gebruik je	Voorbeeldzin
zu	1 voor personen	*Morgen fahren wir zu Anna.* *Er ging zum Bäcker, um Brot zu kaufen.*
	2 voor namen van dingen, waar een lidwoord, of een woord van de *Der*-groep of *Ein*-groep voor staat.	*Sie ging zur Post, um Briefmarken* (postzegels) *zu kaufen.* *Willst du noch zum Markt heute?*
nach	1 voor aardrijkskundige namen zonder woord van de *Der*-groep of de *Ein*-groep er voor.	*Wir fliegen morgen nach Berlin.* *Dieses Jahr wollen wir nach Deutschland.*
	2 voor personen, als het niet gaat om komen of gaan.	*Er winkte* (zwaaide) *nach seiner Mutter.* *Er rief laut nach Peter, dass er kommen sollte.*

Let op:
thuis zijn = *zu Hause sein*
thuis komen = *nach Hause kommen*

Wanneer je 'naar' moet vertalen met *in* wordt uitgelegd in 5c.

Enkele voorzetsels worden vaak met het lidwoord erachter samengetrokken. Het zijn
bei dem = beim
von dem = vom
zu dem = zum

b Voorzetsels met de vierde naamval

De volgende voorzetsels krijgen steeds een vierde naamval achter zich.

Voorzetsel	Betekenis	Voorbeeld
durch	door	*Er kam auch* durch **unsere** *Straße.* (Hij kwam ook door onze straat.)
für	voor	*Das ist ein Geschenk für* **deine** *Mutter.* (Dat is een cadeau voor je moeder.)
ohne	zonder	*Ohne* **diesen** *Mann kann ich das nicht.* (Zonder deze man kan ik dat niet.)
um	om	*Plötzlich kam er um* **die** *Ecke.* (Plotseling kwam hij om de hoek.)
entlang	langs	*Wir fuhren* **den** *Kanal entlang.* (We reden langs het kanaal.)
bis	tot	*Wir warten noch bis* **den** *31. März.* (We wachten nog tot 31 maart.)
gegen	tegen	*Hat er schon gegen* **diese** *Mannschaft gespielt?* (Heeft hij al tegen dit team gespeeld?)

1 *Durch* betekent 'door', maar je mag *durch* nooit in lijdende zinnen gebruiken. Zie hiervoor de lijdende vorm in 6q.
2 Für betekent 'bestemd voor'. Voorbeeld: *Das Buch ist für deinen Vater.* (Het boek is voor je vader.)
'Voor' wordt ook wel met *vor* vertaald. Zie hiervoor 5c.
3 *Um* + *das* worden soms samengetrokken tot *ums.* Voorbeeld: *Er kam ums Leben.* (Hij kwam om het leven.)
4 *Entlang* staat altijd achter het woord waarop het invloed heeft: *Wir gingen zehn Minuten den Fluss entlang.* (We liepen tien minuten langs de rivier.)
5 *Bis* wordt vaak met een ander voorzetsel verbonden, bijvoorbeeld *bis vor, bis an.* Het heeft dan niet altijd meer de vierde naamval, maar de naamval van het voorzetsel dat na *bis* komt.
6 Let op: Ik zei dat tegen mijn vader. – *Ich sagte das* **zu** *meinem Vater.*

c Voorzetsels met de derde of de vierde naamval

Deze voorzetsels krijgen derde, vierde naamval achter zich. Welk naamval? Dat hangt af van de inhoud van de zin. Zie 5c voor toelichting.

Voorzetsel	Betekenis	Voorbeeldzin
an	aan	*An* **einem** *schönen Tag kam er.* (Hij kwam op een mooie dag.) *Er lief bis* **ans** *Meer.* (Hij liep tot aan de zee.)
auf	op	*Auf* **dem** *Tisch steht ein Kessel.* (Op de tafel staat een ketel.) *Er stellt den Kessel auf* **den** *Tisch.* (Hij zet de ketel op de tafel.)
hinter	achter	*Hinter* **seinem** *Haus liegt ein Garten.* (Achter zijn huis ligt een tuin.) *Kann er das hinter* **die** *Steine legen?* (Kan hij het achter de stenen leggen?)
neben	naast	*Er wohnt neben* **einer** *kleinen Kirche.* (Hij woont naast een kleine kerk.) *Kann er sich neben* **den** *Mann setzen?* (Kan hij naast de man gaan zitten?)
in	in, naar	*Er wohnt in* **einem** *kleinen Haus.* (Hij woont in een klein huis.) *Plötzlich kam er* **ins** *Zimmer.* (Plotseling kwam hij de kamer in.)
über	over, boven	*Ja ich will über* **den** *Krieg erzählen.* (Ja, ik wil over de oorlog vertellen.) *Über* **dem** *Tisch hängt eine Lampe.* (Boven de tafel hangt een lamp.) *Er hängt das Bild über* **den** *Tisch.* (Hij hangt de foto boven de tafel.)
unter	onder	*Der Hund liegt jetzt unter* **dem** *Tisch.* (De hond ligt nu onder de tafel.) *Ich lege den Teppich unter* **den** *Tisch.* (Ik leg het kleed onder de tafel.)
vor	voor, geleden	*Das Auto steht vor* **seinem** *Haus.* (De auto staat voor zijn huis.) *Vor* **einem** *Jahr wohnte er noch da.* (Een jaar geleden woonde hij nog daar.) *Stellst du das Auto vor* **das** *Haus?* (Zet jij de auto voor het huis?)
zwischen	tussen	*Das Geld lag zwischen* **den** *Zeitungen.* (Het geld lag tussen de kranten.) *Ich stelle den Tisch zwischen* **die** *Stühle.* (Ik zet de tafel tussen de stoelen.)

1 Deze voorzetsels krijgen een derde naamval achter zich als er in de zin sprake is van **zijn, zich bevinden.** Voorbeelden:

Der Mann ist in dem Zimmer. (De man is in de kamer.)

Das Buch liegt auf dem Tisch. (Het boek ligt op de tafel.)

Sie rennt auf dem Strand hin und her. (Ze rent heen en weer op het strand.)

Als je kunt vragen: Waar is de man, het boek, de vrouw?, dan volgt een derde naamval.

2 Deze voorzetsels krijgen een vierde naamval, als er sprake is van een **doelgerichte beweging, ergens komen of heen gaan**. Voorbeelden:

Der Mann kommt in sein Zimmer. (De man komt zijn kamer in.)

Ich lege das Geld auf den Tisch. (Ik leg het geld op de tafel.)

Die Frau kommt hier auf den Strand. (De vrouw komt hier op het strand.)

Als je kunt vragen: Waarheen gaat de man, het geld, de vrouw?, dan krijg je een vierde naamval.

3 Deze voorzetsels krijgen steeds een derde naamval wanneer je in verbinding hiermee de vraag **wanneer?** kunt stellen. Voorbeelden:

In diesem Monat fahren wir nach Schweden. (In deze maand gaan we naar Zweden.)

Vor einer Woche war er in der Stadt. (Een week geleden was hij in de stad.)

4 Soms is er **geen sprake** van **zijn, zich bevinden** of van **komen/gaan.** Dat is bijvoorbeeld het geval in een zin als: 'Ik heb kritiek op jou.' Bij zulke zinnen kun je niet met de 'waar'- of 'waarheen'-vraag werken. In dat geval krijgen deze voorzetsels een derde naamval achter zich. Voorbeelden:

Er hat heftige Kritik an seinem Vater. (Hij heeft stevige kritiek op zijn vader.)

Warum hast du Angst vor dem Mann? (Waarom ben je bang voor de man?)

Hüte dich vor Taschendieben! (Let op voor zakkenrollers!)

Maar: na *auf* en *über* in de betekenis van 'over' krijg je dan een vierde naamval. Voorbeelden:

Hier hat man eine schöne Aussicht auf das Meer. (Hier heb je een mooi uitzicht op de zee.)

Ich will etwas über den Mann erzählen. (Ik wil iets over de man vertellen.)

5 Denk eraan dat bij een **beweging 'binnen een bepaalde ruimte'** na deze voorzetsels steeds **een derde naamval** volgt. Er is dan immers sprake van een 'waar' en niet van een 'waarheen'. Voorbeelden: *Er rannte auf dem Strand hin und her.* (Hij rende op het strand heen en weer.) *Er fuhr unter der Brücke hindurch.* (Hij voer onder de brug door.) *Er fuhr hinter dem Bus her.* (Hij reed achter de bus aan.) In geen van de voorbeelden is er sprake van dat men ergens heen gaat.

6 In een aantal vaste uitdrukkingen wordt 'naar' vertaald met *in.* Voorbeelden: *ins Kino gehen, in die Schule gehen, ins Theater gehen, in die Ferien* (vakantie) *fahren, ins Schwimmbad gehen.*

7 Als *bis* wordt verbonden met een voorzetsel met derde of vierde naamval dan worden de regels van de voorzetsels met derde of vierde naamval gevolgd. Voorbeelden: *Bis vor einem Jahr wohnte er noch hier.* (Tot een jaar geleden woonde hij nog hier.) *Er fuhr das Auto bis vor unser Haus.* (Hij reed de auto tot voor het huis.) *Er kam bis an die Grenze.* (Hij kwam tot aan de grens.)

8 *über* betekent 'over' of 'boven'. Betekent het 'over', dan volgt een vierde naamval. Voorbeeld:
Was sagte er über den Mann? (Wat zei hij over de man?)
Betekent *über* 'boven', dan volgt de derde of de vierde naamval volgens de regel die in 2 en 3 hierboven staat. Voorbeelden:
Er wohnt über meiner Tante. (Hij woont boven mijn tante.)
Er erzählte allerhand Lügen über meine Tante. (Hij vertelde allerlei leugens over mijn tante.)

9 *An* en *in* worden vaak met het lidwoord erna samengetrokken. *In dem* wordt dan *im*, *in das* wordt *ins*. Hetzelfde gebeurt bij *an dem (am)* en *an das (ans)*. Voorbeeld:
Er ist im Haus. (Hij is in het huis.)

d Voorzetsels met de tweede naamval

Deze voorzetsels krijgen steeds een tweede naamval achter zich. Zij komen minder voor dan de andere voorzetsels die hiervoor besproken werden. Het zijn:

Voorzetsel	Betekenis	Voorbeeldzin
während	tijdens	*Während des Sommers ist er oft in Italien.* (Tijdens de zomer is hij vaak in Italië.)
wegen	wegens, vanwege	*Wegen seiner Krankheit bleibt er zu Hause.* (Wegens zijn ziekte blijft hij thuis.)
innerhalb	binnen	*Innerhalb einer Woche bekommen Sie Antwort.* (Binnen een week krijgt u antwoord.)
außerhalb	buiten	*Sein Haus liegt außerhalb der Stadt.* (Zijn huis ligt buiten de stad.)
statt	in plaats van	*Statt seines Vaters war er selbst gekommen.* (In plaats van zijn vader was hij zelf gekomen.)
trotz	ondanks	*Trotz der Hitze ging er spazieren.* (Ondanks de hitte ging hij wandelen.)
infolge	als gevolg van	*Infolge eines Unfalls war die Autobahn gesperrt.* (Als gevolg van een ongeluk was de snelweg afgesloten.)

6 Het werkwoord (*Das Verb*)

In elke zin gebeurt wel iets. De woorden die de gebeurtenis uitdrukken, zijn werkwoorden. Zoals: *kopen, fietsen, moeten, vallen* en *opstaan.*
Wanneer die gebeurtenis plaatsvindt zie je aan de tijd van het werkwoord:
Hij reist veel. (heden)
Zij reisde naar Hamburg. (verleden)
Elke tijd heeft zijn eigen vorm. Daaraan kun je vaak zien of iets nu gebeurt, in het verleden is gebeurd of in de toekomst gaat gebeuren. De onvoltooid tegenwoordige tijd geeft aan dat iets nu gebeurt. De onvoltooid verleden tijd geeft aan dat iets al eerder is gebeurd.
De uitgang van een werkwoord zegt je vaak wie iets doet, bijvoorbeeld 'kijkt' hoort bij 'hij/zij/het'.

In het Duits (en in het Nederlands) onderscheiden we zwakke en sterke werkwoorden. Zwakke werkwoorden krijgen in de onvoltooid verleden tijd (o.v.t.) steeds een uitgang. Daaraan kun je zien dat het o.v.t. is. Voorbeelden: *spielen – ich spielte* (spelen – ik speelde), *antworten – ich antwortete* (antwoorden – ik antwoordde) Sterke werkwoorden krijgen die uitgang in de o.v.t. niet, maar zij veranderen daar hun klinker. Voorbeelden: *laufen – ich lief* (lopen – ik liep), *graben – ich grub* (graven – ik groef)

a Het zwakke werkwoord in de onvoltooid tegenwoordige tijd

spielen	antworten	reisen
ich spiel-e (ik speel)	*ich antwort-e*	*ich reis-e*
du spiel -st (jij speelt)	*du antwort-est*	*du reis-t*
er spiel-t (hij speelt)	*er antwort-et*	*er reis-t*
sie spiel-t (zij speelt)	*sie antwort-et*	*sie reis-t*
es spiel-t (het speelt)	*es antwort-et*	*es reis-t*
wir spiel-en (wij spelen)	*wir antwort-en*	*wir reis-en*
ihr spiel- t (jullie spelen)	*ihr antwort-et*	*ihr reis-t*
sie spiel-en (zij spelen)	*sie antwort-en*	*sie reis-en*
Sie spiel-en (u speelt)	*Sie antwort-en*	*Sie reis-en*

1 De standaardvervoeging heeft de uitgangen *-e, -st, -t, -en, -t, -en.*
2 Werkwoorden met stam op *-d* of *-t* krijgen de uitgangen *-e, -est, -et, -en, -et, -en.* Dat geldt ook voor werkwoorden met een stam op *-m* of *-n,* zoals *atmen* en *rechnen.* Voorbeeld: *atmen* (ademen): *ich atme, du atmest, er/sie/es atmet, wir atmen, ihr atmet, sie/Sie atmen.*
3 Werkwoorden met de stam op *-s, -ss* en *-ß* krijgen de uitgangen *-e, -t, -t, -en, -t, -en.* Voorbeeld: *hassen* (haten): *ich hasse, du hasst, er/sie/es hasst, wir hassen, ihr hasst, sie/Sie hassen.* Dat is niet zo als de stam op *-sche* eindigt. Dan gaat de vervoeging als bij *spielen.* Dus: *naschen* (snoepen) *ich nasche, du naschst, er/sie/es nascht.*
4 Een aantal werkwoorden eindigt op *-ln* of *-rn*, bijvoorbeeld *zweifeln* (twijfelen) en *erinnern* (herinneren). Hun vervoeging is: *ich zweifle, du zweifelst, er zweifelt, wir zweifeln, ihr zweifelt, sie zweifeln.*
ich erinnere, du erinnerst, er erinnert, wir erinnern, ihr erinnert, sie erinnern.

b De werkwoorden *haben*, *sein* en *werden* in de onvoltooid tegenwoordige tijd

haben	sein	werden
ich habe	*ich bin*	*ich werde*
du hast	*du bist*	*du wirst*
er hat	*er ist*	*er wird*
sie hat	*sie ist*	*sie wird*
es hat	*es ist*	*es wird*
wir haben	*wir sind*	*wir werden*
ihr habt	*ihr seid*	*ihr werdet*
sie haben	*sie sind*	*sie werden*
Sie haben	*Sie sind*	*Sie werden*

Het werkwoord *werden* heeft twee betekenissen, namelijk 'zullen' en 'worden'. Voorbeelden:
Wir werden Oma morgen besuchen. (We zullen oma morgen bezoeken.)
Warum werdet ihr so rot? (Waarom worden jullie zo rood?)

c De hulpwerkwoorden van wijze en *wissen* in de onvoltooid tegenwoordige tijd

Een werkwoord dat in z'n eentje de gebeurtenis uitdrukt is een zelfstandig werkwoord: Ik werk.
Daarnaast heb je hulpwerkwoorden. Als het goed is doen die precies wat ze moeten doen: ze helpen. Waarmee helpen ze? Samen met het zelfstandig werkwoord maken ze duidelijk wanneer iets gebeurt: We zullen zien. / Ik had het al lang gezien.
Daarnaast zijn er hulpwerkwoorden die aangeven of iets kan / mag / moet gebeuren. Ze vertellen dus niet dat iets gebeurt en wanneer dan wel. Ze vertellen hoe je tegen de (on)mogelijkheid van de gebeurtenis aankijkt: Ik mag / moet / kan hier geen antwoord op geven. Ze worden wel hulpwerkwoorden van wijze of hulpwerkwoorden van modaliteit genoemd.
Hulpwerkwoorden treden vrijwel altijd op in combinatie met een ander werkwoord. Als je zegt: 'Ik zal', weet niemand wat je 'zult'. Maar in de zin 'Ik zal komen.' is precies duidelijk wat je bedoelt.

In het Duits heten deze hulpwerkwoorden *modale Hilfsverben*. Het zijn *können, mögen, müssen, sollen, wollen, dürfen.*
Hieronder vind je de vervoeging van deze werkwoorden. Daaraan is *wissen* toegevoegd. Niet omdat het ook een hulpwerkwoord van wijze is, maar omdat het op soortgelijke manier vervoegd wordt als die werkwoorden.

können	mögen	müssen	sollen	wollen	dürfen	wissen
ich kann	*ich mag*	*ich muss*	*ich soll*	*ich will*	*ich darf*	*ich weiß*
du kannst	*du magst*	*du musst*	*du sollst*	*du willst*	*du darfst*	*du weißt*
er kann	*er mag*	*er muss*	*er soll*	*er will*	*er darf*	*er weiß*
sie kann	*sie mag*	*sie muss*	*sie soll*	*sie will*	*sie darf*	*sie weiß*
es kann	*es mag*	*es muss*	*es soll*	*es will*	*es darf*	*es weiß*
wir können	*wir mögen*	*wir müssen*	*wir sollen*	*wir wollen*	*wir dürfen*	*wir wissen*
ihr könnt	*ihr mögt*	*ihr müsst*	*ihr sollt*	*ihr wollt*	*ihr dürft*	*ihr wisst*
sie können	*sie mögen*	*sie müssen*	*sie sollen*	*sie wollen*	*sie dürfen*	*sie wissen*
Sie können	*Sie mögen*	*Sie müssen*	*Sie sollen*	*Sie wollen*	*Sie dürfen*	*Sie wissen*

De betekenis van de werkwoorden:

werkwoord	betekenis	voorbeeld
können	a. in staat zijn tot	*Er kann gut kochen.* (Hij kan goed koken.)
	b. mogelijk zijn	*Das kann so sein.* (Dat kan zo zijn.)
	c. geleerd hebben, beheersen	*Ich kann meine Hausaufgaben.* Ik ken mijn huiswerk.)
mögen	a. houden van, mogen	*Ich mag dieses Land sehr.* (Ik houd erg van dit land.)
	b. wel eens kunnen	*Was er sagt, mag wahr sein.* (Wat hij zegt, zou wel eens waar kunnen zijn.)
müssen	a. moeten als iets onvermijdelijks	*Jedermann muss sterben.* (Iedereen moet sterven.)
	b. een goede raad	*Du musst etwas besser arbeiten.* (Je moet wat beter werken.)
sollen	a. moeten als bevel	*Du sollst den Mund halten.* (Je moet je mond houden.)
	b. vragen naar de wil van een ander	*Soll ich die Tür öffnen?* (Moet/zal ik de deur open doen?)
wollen	willen, in de zin van per se willen	*Ich will, dass du das jetzt machst!* (Ik wil dat je dat nu doet!)
	Maar: Als je iets beleefd wilt vragen, gebruik je *möchte*	*Ich möchte einen Kaffee.* (Ik zou graag een koffie willen.)
dürfen	mogen, toestemming hebben	*Du darfst hier nicht rauchen.* (Je mag hier niet roken.)
wissen	weten	*Du weißt, dass ich Recht habe.* (Je weet dat ik gelijk heb.)

d Sterke werkwoorden in de onvoltooid tegenwoordige tijd: *e-i-Wechsel*

Bij sommige sterke werkwoorden verandert de klinker niet alleen in de verleden tijd, maar ook in de onvoltooid tegenwoordige tijd. Dat gebeurt alleen bij werkwoorden met een *–e* of een *–a* in de stam. Het gebeurt ook niet in alle vormen van het werkwoord, maar alleen bij *du* en bij *er/sie/es.* We noemen deze veranderingen *e-i Wechsel* en *a-Umlaut.*

1 *E-i-Wechsel*: sterke werkwoorden met een *–e* in de stam, bijvoorbeeld *befehlen* (bevelen), *vergessen,* (vergeten) *helfen* (helpen), *lesen* (lezen), *messen* (meten), *treffen* (treffen/ontmoeten), krijgen bij ***du*** en bij ***er, sie*** en ***es*** een ***–i*** of een ***–ie*** . Wanneer de *–e* in de stam lang is (bijvoorbeeld bij *befehlen* en *lesen)*, dan krijg je *–ie;* wanneer de *–e* in de stam kort is (bijvoorbeeld bij *helfen* en *messen)*, krijg je een *–i* . Denk er aan dat je geen *e-i-Wechsel* bij zwakke werkwoorden (zoals bijvoorbeeld *ablehnen* (afwijzen) en *sich sehnen* (verlangen) en *schenken)* krijgt. Voorbeelden:

lesen	**helfen**
ich lese	*ich helfe*
*du l**ie**st*	*du h**i**lfst*
*er l**ie**st*	*er h**i**lft*
*sie l**ie**st*	*sie h**i**lft*
*es l**ie**st*	*es h**i**lft*
wir lesen	*wir helfen*
ihr lest	*ihr helft*
sie lesen	*sie helfen*
sie lesen	*Sie helfen*

2 Drie werkwoorden hebben een lange *–e* in de stam, maar krijgen toch een *–i.* Het zijn:

geben	du gibst	er/sie/es gibt
nehmen	du nimmst	er/sie/es nimmt
treten	du trittst	er/sie/es tritt

3 Drie werkwoorden zijn sterk, hebben een lange *–e-* in de stam, maar krijgen toch geen *e-i Wechsel.* Het zijn *gehen* (gaan), *stehen* (staan), *bewegen.* We krijgen daar dus: *du gehst, er/sie/es geht; du stehst, er/sie/es steht* en *du bewegst, er/sie/es bewegt.*

e Sterke werkwoorden in de onvoltooid tegenwoordige tijd: *a-Umlaut*

1 *A-Umlaut*:sterke werkwoorden met een *–a* in de stam krijgen bij *du* en bij *er/sie/es* een Umlaut op de *–a* Het gaat dan om werkwoorden als *lassen* (laten), *blasen* (blazen), *fallen* (vallen), *waschen* (wassen), *laden* (laden), *halten* (houden), *braten* (braden).
Denk er aan dat je de Umlaut niet krijgt bij werkwoorden die zwak zijn zoals *rasen* (razen), *passen* en *machen* (maken/doen).
Voorbeelden:

lassen	blasen
ich lasse	*ich blase*
du lässt	*du bläst*
er lässt	*er bläst*
sie lässt	*sie bläst*
es lässt	*es bläst*
wir lassen	*wir blasen*
ihr lasst	*ihr blast*
sie lassen	*sie blasen*
Sie lassen	*Sie blasen*

2 Ook de werkwoorden *stoßen* (stoten) en *laufen* (hard lopen) krijgen in de tweede en derde persoon enkelvoud een Umlaut.
Du stößt, er/sie/es stößt; du läufst, er/sie/es läuft.

3 Werkwoorden met een stam op *–d* of *–t* en met *a-Umlaut* krijgen bij *du* en bij *er/sie/es* geen *–e* in de uitgang.
Voorbeelden: *halten* (houden) *du hältst, er/sie/es hält, du lädst, er/sie/es lädt.*

f De gebiedende wijs

Met de gebiedende wijs geef je mensen een bevel, zeg je mensen dat ze iets moeten doen. Denk maar aan zinnen als: Piet, ga daar eens zitten! Jongens, wees nu eens stil!
We onderscheiden drie vormen van de gebiedende wijs:

1 Je gebruikt de enkelvoudsvorm, wanneer je tegen één persoon spreekt, die je met jij aanspreekt.
2 Je gebruikt de meervoudsvorm, wanneer je tegen meer personen spreekt, die je met jij/jullie aanspreekt.
3 Je gebruikt de beleefdheidsvorm, wanneer je tegen één of meer personen spreekt, die je met u aanspreekt.

1 De gebiedende wijs vorm je in het Duits als volgt.

	gebruik	vorm	voorbeeld
Enkelvoud	tegen één persoon die je met jij aanspreekt	stam *(+–e)*	*Spiel(e) nicht damit, Jan!*
Meervoud	tegen twee personen die je met jullie aanspreekt	stam + *–t*	*Spielt nicht damit, Kinder!*
Beleefdheidsvorm	tegen één of meer personen die je met u aanspreekt	hele werkwoord + *Sie*	*Spielen Sie nicht damit, Herr Müller!*

2 Bij werkwoorden met een stam op *–d, –t, –m* of *–n* krijg je de volgende vormen: *–e, –et, –en + Sie.*
Voorbeeld: *warten* (wachten) *warte, wartet, warten Sie; reden* (praten) *rede, redet, reden Sie; rechnen* (rekenen) *rechne, rechnet, rechnen Sie.*
3 Werkwoorden die *e-i-Wechsel* hebben, krijgen die ook in het enkelvoud van de gebiedende wijs.
Voorbeelden: *sprich, sprecht, sprechen Sie* en *nimm, nehmt, nehmen Sie.*
4 Werkwoorden met *a-Umlaut* krijgen in de gebiedende wijs geen Umlaut.
Voorbeeld: *lauf(e), lauft, laufen Sie; halte, haltet, halten Sie.*

g Het zwakke werkwoord in de onvoltooid verleden tijd

spielen	antworten
ich spiel – te	*ich antwort – ete*
du spiel – test	*du antwort – etest*
er spiel – te	*er antwort– ete*
sie spiel – te	*sie antwort– ete*
es spiel – te	*es antwort– ete*
wir spiel – ten	*wir antwort – eten*
ihr spiel –tet	*ihr antwort – etet*
sie spiel – ten	*sie antwort– eten*
Sie spiel – ten	*Sie antwort – eten*

1 De standaardvervoeging heeft de uitgangen *–te, –test, –te, –ten, –tet, –ten*.
2 Werkwoorden met de stam op *–d of –t* krijgen de uitgangen *–ete, –etest, –ete, –eten, –etet, –eten.*
Dat geldt ook voor werkwoorden met een stam op *–m* of *–n*, zoals *atmen* (ademen) en *rechnen* (rekenen):
ich atmete, du atmetest, er/sie/es atmete, wir atmeten, ihr atmetet, sie/Sie atmeten.
3 Werkwoorden met de stam op een sisklank krijgen dezelfde uitgangen als *spielen: ich reiste, du reistest, er/sie/es reiste, wir reisten, ihr reistet, sie/Sie reisten.*

h De werkwoorden *haben*, *sein* en *werden* in de onvoltooid verleden tijd en hun voltooid deelwoord

Voltooide deelwoorden zijn in het Nederlands woorden als 'gevonden', 'getekend', 'gehad', 'gegraven', 'geweest' en 'berekend'. Ze worden steeds in combinatie met een vorm van 'hebben', 'zijn' of 'worden' gebruikt. Een combinatie als 'Ik heb het gisteren gezien.' geeft aan dat iets in het verleden is gebeurd.

De vormen van de onvoltooide verleden tijd (o.v.t.) en voltooid deelwoord (v.d.) zijn:

haben	sein	werden = worden	werden = zullen
ich hatte	*ich war*	*ich wurde* (= ik werd)	*ich würde* (= ik zou)
du hattest	*du warst*	*du wurdest*	*du würdest*
er hatte	*er war*	*er wurde*	*er würde*
sie hatte	*sie war*	*sie wurde*	*sie würde*
es hatte	*es war*	*es wurde*	*es würde*
wir hatten	*wir waren*	*wir wurden*	*wir würden*
ihr hattet	*ihr wart*	*ihr wurdet*	*ihr würde*
sie hatten	*sie waren*	*sie wurden*	*sie würden*
Sie hatten	*Sie waren*	*Sie wurden*	*Sie würden*

v.d.	v.d.	v.d.	v.d.
gehabt	*gewesen*	*geworden*	—

i De hulpwerkwoorden van wijze en *wissen* in de onvoltooid verleden tijd en hun voltooid deelwoord

De hulpwerkwoorden van wijze zijn *können, mögen, müssen, sollen, wollen, dürfen.* Hun vormen (en die van *wissen)* in de onvoltooid verleden tijd en hun voltooide deelwoorden zijn:

können	mögen	müssen	sollen	wollen	dürfen	wissen
ich konnte	*ich mochte*	*ich musste*	*ich sollte*	*ich wollte*	*ich durfte*	*ich wusste*
du konntest	*du mochtest*	*du musstest*	*du solltest*	*du wolltest*	*du durftest*	*du wusstest*
er konnte	*er mochte*	*er musste*	*er sollte*	*er wollte*	*er durfte*	*er wusste*
sie konnte	*sie mochte*	*sie musste*	*sie sollte*	*sie wollte*	*sie durfte*	*sie wusste*
es konnte	*es mochte*	*es musste*	*es sollte*	*es wollte*	*es durfte*	*es wusste*
wir konnten	*wir mochten*	*wir mussten*	*wir sollten*	*wir wollten*	*wir durften*	*wir wussten*
ihr konntet	*ihr mochtet*	*ihr musstet*	*ihr solltet*	*ihr wolltet*	*ihr durftet*	*ihr wusstet*
sie konnten	*sie mochten*	*sie mussten*	*sie sollten*	*sie wollten*	*sie durften*	*sie wussten*
Sie konnten	*Sie mochten*	*Sie mussten*	*Sie sollten*	*Sie wollten*	*Sie durften*	*Sie wussten*

v.d.	v.d	v.d	v.d.	v.d.	v.d.	v.d.
gekonnt	*gemocht*	—	—	*gewollt*	*gedurft*	*gewusst*

j De sterke werkwoorden in de onvoltooid verleden tijd

De vervoeging van het sterke werkwoord in de onvoltooid verleden tijd:

laufen	binden	essen
ich lief	*ich band*	*ich aß*
du lief-st	*du band-st*	*du aß-t*
er lief	*er band*	*er aß*
sie lief	*sie band*	*sie aß*
es lief	*es band*	*es aß*
wir lief-en	*wir band-en*	*wir aß-en*
ihr lief-t	*ihr band-et*	*ihr aß-t*
sie lief-en	*sie band-en*	*sie aß-en*
Sie lief-en	*Sie band-en*	*Sie aß-en*

1 Standaard zijn de uitgangen van de sterke werkwoorden in de onvoltooid verleden tijd: *–, -st, –, -en, -t, -en.*
2 Wanneer de stam van het werkwoord eindigt op een *-d* of een *-t* krijg je bij *ihr* de uitgang *-et*: *ihr bandet.*
3 Wanneer de stam van het werkwoord eindigt op een sisklank *(s, ss, ß)* zijn de uitgangen *–, -t, –, -en, -t, -en.*
4 Wanneer de stam van het werkwoord eindigt op *-sch* dan krijg je bij *du* de uitgang *-st*: *du wuschst.*

k Het voltooid deelwoord

a. Zwakke werkwoorden

1 Het voltooid deelwoord van zwakke werkwoorden krijgt *ge–* voor en *–t* achter de stam. Voorbeelden: *spielen: ge–spiel–t* (gespeeld), *tanzen: ge–tanz–t* (gedanst), *fegen: ge–feg–t* (geveegd).

2 Wanneer de stam eindigt op *–d, –t, –m* of *–n* komt er *–et* achter de stam. Voorbeelden: *ge–red–et* (gepraat), *ge–antwort–et* (geantwoord), *ge–atm–et* (geademd), *ge–regn–et* (geregend).

3 Werkwoorden die eindigen op *–ieren* krijgen geen *ge–* voor de stam. Voorbeelden: *studier–t* (gestudeerd), *regier–t* (geregeerd).

4 Ook werkwoorden met voorvoegsels als *be–, er–, ent–, emp–* krijgen geen *ge–*- voor de stam. Voorbeelden: *erzählt* (verteld), *bezahlt* (betaald), *begegnet* (ontmoet).

b. Sterke werkwoorden

Het voltooid deelwoord van sterke werkwoorden krijgt als voorvoegsel *ge–* en aan het eind *–en*. Daartussen vind je vaak een andere klinker dan in de stam. Voorbeelden: *singen: ge–sung–en, treffen: ge–troff–en.*

l Vervoeging en voltooid deelwoord van de sterke werkwoorden: de lijst van sterke werkwoorden.

Als je de onvoltooid verleden tijd en het voltooid deelwoord van de belangrijkste sterke werkwoorden wilt weten, dan zul je die moeten leren. Omdat dat natuurlijk niet zo maar gedaan is, heb je in deze grammatica ook de mogelijkheid om de juiste vormen op te zoeken. Dat kun je doen in de lijst van sterke werkwoorden, waar zo'n 100 van de belangrijkste en meest voorkomende sterke werkwoorden te vinden zijn. Deze lijst vind je in bijlage 2. De lijst bestaat uit vier kolommen:

In de eerste kolom vind je het hele werkwoord in het Duits (bijvoorbeeld: *treffen).*
In de tweede kolom staat de vorm van de onvoltooid verleden tijd, waar de verschillende uitgangen achter kunnen komen (bijvoorbeeld: *traf).*
In de derde kolom staat het voltooid deelwoord (bijvoorbeeld: *getroffen).*
In de laatste kolom vind je de Nederlandse betekenis van de genoemde werkwoorden (bijvoorbeeld: getroffen).

m De werkwoorden *brennen, nennen, kennen, rennen, bringen, denken, senden, wenden* in de onvoltooid verleden tijd en hun voltooid deelwoord

Deze werkwoorden hebben in de onvoltooid verleden tijd dezelfde uitgangen als de zwakke werkwoorden. Maar tegelijkertijd verandert in de o.v.t. ook hun klinker. Net zoals dat bij de sterke werkwoorden gebeurt. Voorbeeld: *nennen – ich nannte, du nanntest, er/sie/es nannte, wir nannten, ihr nanntet, sie/Sie nannten.*

De vormen zijn:

brennen	*brannte*	*gebrannt*	branden
kennen	*kannte*	*gekannt*	kennen
rennen	*rannte*	*gerannt*	rennen
bringen	*brachte*	*gebracht*	brengen
denken	*dachte*	*gedacht*	denken
senden	*sandte*	*gesandt*	zenden, sturen
wenden	*wandte*	*gewandt*	wenden, richten

n Werkwoorden met een afwijkende naamval

1 Sommige werkwoorden worden met een vaste derde naamval verbonden. In het Nederlands krijg je na deze werkwoorden een lijdend voorwerp. Bijvoorbeeld: Ik help de man. In het Duits krijg je bij deze werkwoorden echter een derde naamval. Dus: *Ich helfe* **dem** *Mann.*
Deze werkwoorden zijn: *begegnen* (ontmoeten), *danken, dienen, folgen* (volgen), *glauben* (geloven), *helfen, gratulieren* (feliciteren) en *kondolieren.*
Voorbeelden:
Ich dankte **dem** *Mann für das Geschenk.* (Ik dankte de man voor het cadeau.)
Er gratulierte **seiner** *Mutter zu ihrem Geburtstag.* (Hij feliciteerde zijn moeder met haar verjaardag.)

2 Sommige werkwoorden hebben een vaste vierde naamval achter zich. In het Nederlands krijg je hier een meewerkend voorwerp. Het zijn: *bitten* (vragen/verzoeken), *fragen* (vragen), *kosten, es gibt* (er is, er zijn.)
Voorbeelden:
Die Ferien hier kosten **mich** *tausend Euro.* (De vakantie hier kost me 1000 Euro.)
Es gibt hier **einen** *Mann, der das kann.* (Er is hier een man die dat kan.)
Sie bittet **ihren** *Vater um etwas Geld.* (Zij vraagt haar vader om wat geld.)

o Werkwoorden met een afwijkend hulpwerkwoord

1 Sommige werkwoorden worden – anders dan in het Nederlands – met *haben* verbonden. In het Nederlands worden deze werkwoorden met 'zijn' verbonden. Voorbeeld: Hij **is** begonnen – *Er* ***hat*** *angefangen.*
De werkwoorden zijn: *anfangen* (beginnen), *beginnen, fortfahren* (doorgaan), *zunehmen* (toenemen), *abnehmen* (afnemen), *nachlassen* (afnemen, minder worden), *aufhören* (ophouden), *enden* (eindigen), *gefallen* (bevallen), *promovieren* (promoveren) en *heiraten* (trouwen). Voorbeelden:
Er ***hat*** *um drei Uhr damit begonnen.* (Hij **is** daar om drie uur mee begonnen.)
Sie ***haben*** *um zwölf Uhr damit aufgehört.* (Zij **zijn** er om twaalf uur mee opgehouden.)
Das ***hat*** *mir überhaupt nicht gefallen.* (Dat **is** me helemaal niet bevallen.)
Plötzlich ***hat*** *es geendet.* (Plotseling **is** het opgehouden.)

2 Sommige werkwoorden worden – anders dan in het Nederlands – met *sein* verbonden. In het Nederlands worden deze werkwoorden met 'hebben' verbonden. Het zijn: *begegnen* (ontmoeten) en *erröten* (blozen.)
Voorbeeld:
Ich ***bin*** *dem Mann um vier Uhr begegnet.* (Ik **heb** de man om vier uur ontmoet.)

p Woordvolgorde; positie van het werkwoord

1 Een hoofdzin kan op zichzelf staan, bijvoorbeeld: Ik kan nu geen cd's kopen. In het Duits (en in het Nederlands) volgt in de hoofdzin de persoonsvorm direct na het onderwerp. Daar kan niets tussen staan. Voorbeeld: *Wir* ***wollen*** *die Stadt morgen besuchen.* (Wij *willen* de stad morgen bezoeken.)
Je ziet dat het een hoofdzin is omdat er tussen het onderwerp en de persoonsvorm niets kan staan. In een hoofdzin staan in het Duits verder het hele werkwoord of het voltooid deelwoord zo ver mogelijk achteraan in de zin.
Voorbeeld: Ik kan je iets vertellen over Hans – *Ich kann dir etwas über Hans* ***erzählen.***

2 Een bijzin heeft altijd een hoofdzin nodig om goed te lopen. Dat betekent dat iedere zin in ieder geval uit een hoofdzin bestaat, nooit alleen uit een bijzin. Een bijzin is dus altijd een onderdeel van de totale zin. Voorbeeld: Ik kan nu geen cd's kopen (= hoofdzin) — omdat ik zo stom ben geweest mijn pasje thuis te laten liggen. (= bijzin)
De bijzin herken je doordat er tussen onderwerp en persoonsvorm ook andere zinsdelen kunnen staan.
In het Duits staat in de bijzin de persoonsvorm zo ver mogelijk achteraan.
Voorbeeld: Ik weet, dat hij morgen kampioen *kan worden.* – *Ich weiß, dass er morgen Meister werden* ***kann****.*

q De lijdende vorm

Als het onderwerp doet wat in het gezegde staat, noemt men dat **bedrijvend**: Hij laat zijn hond altijd om zes uur uit.
Als het onderwerp ondergáát wat in het gezegde staat, noemt men dat **lijdend**: Zijn hond wordt altijd om zes uur uitgelaten.
Omdat de lijdende vorm in het Duits niet makkelijk is, kun je er beter maar weinig gebruik van maken. Vrijwel alles kun je ook in de bedrijvende vorm zeggen/schrijven.
In plaats van 'De hond is deze keer om vijf uur uitgelaten.' zeg je dan 'Hij heeft de hond deze keer om vijf uur uitgelaten.'

1 We spreken bij de lijdende vorm over een onvoltooide tijd, wanneer er een vorm van *werden* en een voltooid deelwoord in voorkomen. Voorbeelden:
De hond wordt vaak geslagen.
Der Hund ***wird*** *oft* ***geschlagen.***
De man werd daarvoor bestraft.
Der Mann ***wurde*** *dafür* ***bestraft***

2 We spreken bij de lijdende vorm van een voltooide tijd, wanneer er een vorm van *sein* en een voltooid deelwoord in voorkomen. In dat geval wordt in het Duits aan het 'gewone' voltooid deelwoord de vorm *worden* nog toegevoegd. Voorbeelden:
De hond is vaak geslagen.
Der Hund ***ist*** *oft* ***geschlagen worden.***
De man is daarvoor bestraft.
Der Mann ***ist*** *dafür* ***bestraft worden.***

3 Je voegt *worden* alleen toe, als duidelijk is, dat het om een handeling gaat. Als het om een toestand gaat, laat je het weg. Voorbeelden:
Das Haus ist in den letzten Monaten gebaut worden. (Het huis is in de laatste maanden gebouwd.)
Das Haus ist im Jahre 1786 gebaut. (Het huis is in 1786 gebouwd.)
In de eerste zin gaat het om de handeling van het bouwen. In de tweede zin gaat het niet om de handeling maar wordt alleen aangegeven dat het om een oud huis gaat.

4 Het Nederlandse 'door' wordt in lijdende zinnen met *von* vertaald. Voorbeelden:
De hond wordt vaak door hem geslagen.
Der Hund wird oft ***von*** *ihm geschlagen.*
De man is door ons daarvoor bestraft.
Der Mann ist dafür ***von*** *uns bestraft worden.*

5 Als 'door' op een zelfstandig naamwoord volgt, vertaal je het steeds met *durch*. Voorbeeld:
Die Eroberung der Stadt durch die Dänen. (De verovering van de stad door de Denen.)

r De conjunctief (*Der Konjunktiv*): vormen

'Als ik geld had, vloog ik naar Amerika.' Je ziet en hoort onmiddellijk dat dit geen werkelijkheid is. Je weet zeker dat de 'ik' geen geld heeft en dus ook niet van dat geld een verre reis gaat maken.
In het Duits gebruik je dan een conjunctief. In het Nederlands kun je, bijvoorbeeld, een verleden tijd gebruiken om te laten merken dat het niet echt zo is. De conjunctief is een aparte en lastige vorm van het werkwoord met in het Duits een heel eigen vervoeging. Deze speciale werkwoordsvormen worden nog regelmatig in de Duitse taal gebruikt, want ook in Duitssprekende landen dromen ze wel eens van een wereldreis. In het Duits zou het deze zin worden: *Wenn ich Geld hätte, flöge ich nach Amerika.* Daarbij worden – zoals je ziet – andere werkwoordsvormen dan 'normaal' gebruikt.
Daarnaast gebruik je de conjunctief wanneer je indirect weergeeft wat iemand heeft gezegd of geschreven. Dat zie je in een zin als: 'Hij vertelde me, dat hij op wereldreis was geweest.' We spreken hier over 'indirect', omdat de woorden van iemand niet letterlijk worden weergegeven. In dat geval zou je zeggen: Hij vertelde me: 'Ik ben op wereldreis geweest.'
Ook bij de conjunctief hebben we vormen in de onvoltooid tegenwoordige tijd en in de onvoltooid verleden tijd.

Conjunctief: onvoltooid tegenwoordige tijd

ich nehme	*wir nehmen*
du nehmest	*ihr nehmet*
er nehme	*sie nehmen*
sie nehme	*Sie nehmen*
es nehme	

Bij alle werkwoorden wordt de onvoltooid tegenwoordige tijd van de conjunctief gevormd door de uitgangen *–e, –est, –e, –en, –et* of *–en* achter de stam van het werkwoord te plaatsen. De enige uitzondering hierop vormen de *ich-* en *er/sie/es*-vormen van *sein.* Daar krijgen we: *ich sei, du seiest, er/sie/es sei, wir seien, ihr seiet, sie/Sie seien.*
E-i-Wechsel of *a-Umlaut* komt in de o.t.t. van de conjunctief nooit voor.

Conjunctief: onvoltooid verleden tijd

Zwakke werkwoorden	Sterke werkwoorden	
ich spielte	*ich hielte*	*ich nähme*
du spieltest	*du hieltest*	*du nähmest*
er spielte	*er hielte*	*er nähme*
sie spielte	*sie hielte*	*sie nähme*
es spielte	*es hielte*	*es nähme*
wir spielten	*wir hielten*	*wir nähmen*
ihr spieltet	*ihr hieltet*	*ihr nähmet*
sie spielten	*sie hielten*	*sie nähmen*
Sie spielten	*Sie hielten*	*Sie nähmen*

1 De o.v.t.-vormen van het zwakke werkwoord zijn gelijk aan die van de 'gewone' onvoltooid verleden tijd.

2 De conjunctiefvormen van het sterke werkwoord vorm je door achter de verleden tijdsvorm de uitgangen *-e, -est, -e, -en, -et* en *-en* te plaatsen. Werkwoorden die in de 'gewone' verleden tijdsvorm de klinker *-a, -o* of *-u* hebben krijgen in de o.v.t. conjunctief een Umlaut op die klinker. Voorbeelden:

werkwoord	verleden tijdsvorm	o.v.t. conjunctief
nehmen	nahm	nähme
frieren	*fror*	*fröre*
tragen	*trug*	*trüge*

3 Bij sommige werkwoorden hebben we onregelmatige vormen bij de o.v.t. conjunctief. Dit zijn:

werkwoord	o.v.t. conjunctief	werkwoord	o.v.t. conjunctief	werkwoord	o.v.t. conjunctief
brennen	*brennte*	*können*	*könnte*	*sollen*	*sollte*
bringen	*brächte*	*mögen*	*möchte*	*wenden*	*wendete*
denken	*dächte*	*nennen*	*nennte*	*werden*	*würde*
dürfen	*dürfte*	*rennen*	*rennte*	*wissen*	*wüsste*
haben	*hätte*	*senden*	*sendete*	*wollen*	*wollte*
kennen	*kennte*				

s De conjunctief (*Der Konjunktiv*): toepassing

1 Met de conjunctief in de onvoltooid verleden tijd kun je een **onwerkelijkheid** uitdrukken. Je gebruikt daarvoor steeds de o.v.t. – vorm van de conjunctief.
Dat zie je vaak in **voorwaardelijke zinnen** (zinnen met 'als' of 'indien'). Voorbeeld:
Als/indien ik geld had, vloog ik naar Amerika. *Wenn ich Geld hätte, flöge ich nach Amerika.*
Het is duidelijk, je hebt helaas geen geld.
Vaak wordt hier ook de werkwoordsvorm *würde* gebruikt. Maar doe dat liever niet in combinatie met *sein* of *haben.* De bovenstaande zin zou dus ook zo kunnen: *Wenn ich Geld hätte, würde ich nach Amerika fliegen.*

2 Ook bij **verzuchtingen, onvervulbare wensen** zie je deze conjunctiefvorm.
Hätte ich doch mehr Geld! (Had ik maar meer geld!)
Hätte ich doch bessere Noten! (Had ik maar betere cijfers!)

3 Een belangrijke toepassing is die in de **indirecte rede**. In de indirecte rede worden iemands woorden niet letterlijk weergegeven. Anders dus dan in de directe rede, waar precies staat wat er gezegd of geschreven wordt. Voorbeelden van indirecte rede:
Hij heeft me gezegd, dat hij geen geld had. *Er hat mir gesagt, dass er kein Geld* ***habe/hätte.***
Zij schreef me, dat ze alles al wist. *Sie schrieb mir, dass sie alles schon* ***wisse/wüsste.***
Het kind vertelde me, dat het niet waar was. *Das Kind erzählte mir, dass es nicht wahr* ***sei/wäre.***

4 De onvoltooid verleden tijd van de conjunctief wordt ook gebruikt om iets beleefd of voorzichtig naar voren te brengen.
Das könnte wahr sein. (Dat zou wel eens waar kunnen zijn.)
Dürfte ich Sie bitten, das Fenster zu öffnen? (Zou ik u mogen vragen om het raam te openen?)

Het is moeilijk om de conjunctief goed toe te passen. Het is wel belangrijk om de conjunctief-vormen te kunnen herkennen en om te weten waarom ze gebruikt worden.

7 Het persoonlijk voornaamwoord (*Das Personalpronomen*)

Woorden als **zij**, **jullie** en **hem** noemen niet zelf iemand of iets. Ze staan in de plaats van wie of wat al eerder genoemd is of al bekend is.

Deze voornaamwoorden noemen we **persoonlijke voornaamwoorden**, omdat ze meestal personen aanduiden. Alleen **het** duidt meestal niet op personen, maar op dingen. In het Duits kan het persoonlijk voornaamwoord verschillende vormen hebben, omdat het in verschillende naamvallen kan staan.

De vormen van het persoonlijk voornaamwoord in het Duits zijn:

Enkelvoud

naamval	ik, mij	jij, jou	hij, hem	zij, haar	het, hem
1	*ich*	*du*	*er*	*sie*	*es*
3	*mir*	*dir*	*ihm*	*ihr*	*ihm*
4	*mich*	*dich*	*ihn*	*sie*	*es*

Meervoud

naamval	wij, ons	jullie	zij, hun	U, hen
1	*wir*	*ihr*	*sie*	*Sie*
3	*uns*	*euch*	*ihnen*	*Ihnen*
4	*uns*	*euch*	*sie*	*Sie*

Voorbeelden:
Ich gebe ihr das Buch. (Ik geef haar het boek.)
Ich sage Ihnen, dass er wohl kommt. (Ik zeg u dat hij wel komt.)
Mit ihnen mache ich immer viel Spaß. (Met hen heb ik altijd veel plezier.)
Er hat mich nicht gesehen. (Hij heeft mij niet gezien.)
Für ihn will ich das gerne machen. (Voor hem wil ik dat graag doen.)

8 Het vragende voornaamwoord (*Das Interrogativpronomen*)

Met wie vraag je in het Nederlands naar mensen, met wat naar dingen. Met welk(e) kun je naar allebei vragen: Van wie heb je dat gehoord? Wat hebben ze precies verteld? En over welke zaken/ mensen hebben ze het nog meer gehad?

Naamval	Vormen	Voorbeelden
1	*wer*	*Wer hat das getan?* (Wie heeft/hebben het gedaan?)
2	*wessen*	*Wessen Buch ist das?* (Wiens boek is dat?)
3	*wem*	*Wem hast du eine E-Mail geschrieben?* (Aan wie heb je een e-mail geschreven?)
4	*wen*	*Wen habt ihr in Amsterdam gesehen?* (Wie hebben jullie in Amsterdam gezien?)

1 Het vragend voornaamwoord 'wie' in het Duits:
Als *wer* het onderwerp van de zin is, krijg je na dat woord altijd een enkelvoudsvorm van het werkwoord. Ook als het om meer personen gaat. *Wer ist gestern gekommen?* kan dus betekenen 'Wie is er gisteren gekomen?' of 'Wie zijn er gisteren gekomen?' Als er een ander onderwerp in de zin staat, volgt het werkwoord dat onderwerp. Voorbeeld: *Wer ist dieser Mann?* naast *Wer sind diese Menschen?*

2 De vragende voornaamwoorden 'wat' en 'welke' in het Duits. (zie ook hoofdstuk 3)

Woord	Vormen	Voorbeelden
was	wat	*Was hast du gesehen?* (Wat heb je gezien?)
welcher	welk	*Welches Kind wohnt da?* (Welk kind woont daar?) *Welchem Lehrer hast du das erzählt ?* (Aan welke leraar heb je dat verteld?)

Welcher hoort bij de *Der-groep* en heeft dus die uitgangen.

3 Verder heeft het Duits nog een aantal andere vraagwoorden. Het zijn:

Woord	Betekenis	Voorbeelden
wo	waar	*Wo bist du gewesen?* (Waar ben je geweest?)
wohin	waarheen	*Wohin fährst du morgen?* (Waar ga je morgen heen?)
woher	waar vandaan	*Woher kommt er?* (Waar komt hij vandaan?)
wie	hoe	*Wie hat er das gemacht?* (Hoe heeft hij dat gedaan?)
wann	wanneer	*Wann will er dich besuchen?* (Wanneer wil hij je bezoeken?)
warum	waarom	*Warum hast du das getan?* (Waarom heb je dat gedaan?)
wozu	waarvoor	*Wozu willst du das gebrauchen?* (Waarvoor wil je dat gebruiken?)

9 Het wederkerend voornaamwoord (*Das Reflexivpronomen*)

Wederkerende voornaamwoorden slaan vrijwel altijd terug op het onderwerp, bijvoorbeeld: Ik vergis me nooit. In het Nederlands heb je de volgende wederkerende voornaamwoorden: me, je, zich, ons, je, zich.
Het wederkerend voornaamwoord in het Duits is het woordje *sich* bij wederkerende werkwoorden als *sich schämen* – zich schamen, *sich irren* – zich vergissen, *sich langweilen* – zich vervelen.

De vervoeging van het wederkerend voornaamwoord is als volgt:

ich schäme **mich**
du schämst **dich**
er schämt **sich**
sie schämt **sich**
es schämt **sich**
wir schämen **uns**
ihr schämt **euch**
sie schämen **sich**
Sie schämen **sich**

1 In de gebiedende wijs krijgen we hier de vormen:
Peter, schäm(e) dich!
Kinder, schämt euch!
Herr Aust, schämen Sie sich!

2 Het Nederlandse 'zijn handen wassen' vertaal je met *sich die Hände waschen.*
De vervoeging daarvan is:
ich wasche mir die Hände.
du wäschst dir die Hände.
er wäscht sich die Hände.
sie wäscht sich die Hände.
es wäscht sich die Hände.
wir waschen uns die Hände.
ihr wascht euch die Hände.
sie waschen sich die Hände.
Sie waschen sich die Hände.

Dat gaat ook zo met, bijvoorbeeld:
zijn haar kammen
sich die Haare kämmen
zijn tanden poetsen
sich die Zähne putzen
zijn arm breken
sich den Arm brechen
zijn neus snuiten
sich die Nase putzen

3 Het Nederlandse elkaar wordt in het Duits meestal vertaald met het wederkerend voornaamwoord.
Voorbeeld:
Wij ontmoetten elkaar. – *Wir trafen uns.*
Maar na een voorzetsel vertaal je 'elkaar' met *einander.* Voorbeelden:
Wir sitzen gern neben einander. (We zitten graag naast elkaar.)
Das haben wir für einander gemacht. (Dat hebben we voor elkaar gedaan.)
Beim Tennis spielen wir gern gegen einander. (Met tennissen spelen we graag tegen elkaar.)
Wir haben lange mit einander geredet. (Wij hebben lang met elkaar gepraat.)

10 Het betrekkelijk voornaamwoord (*das Relativpronomen*)

In 'De jongen **die** daar loopt, ken ik' is 'die daar loopt' een bijzin bij de hoofdzin 'De jongen ken ik.'
In 'Maar het meisje met **wie** hij hand in hand loopt, ken ik niet' is 'met wie hij hand in hand loopt' ook zo'n bijzin.

Dit zijn bijzinnen zonder voegwoord die altijd beginnen met een woord (of met twee woordjes zoals 'met wie') dat terugslaat op een woord in de hoofdzin. De woorden waarop het begin van de bijzinnen terugslaat, zijn zelfstandige naamwoorden. Daarom noemen we ze betrekkelijke voornaamwoorden want ze hebben betrekking op het voorafgaande zelfstandige naamwoord.

De vormen van het betrekkelijke voornaamwoord in het Duits zijn:

Naamval	Mannelijk	Vrouwelijk	Onzijdig	Meervoud
1	*der*	*die*	*das*	*die*
2	*dessen*	*deren*	*dessen*	*deren*
3	*dem*	*der*	*dem*	*denen*
4	*den*	*die*	*das*	*die*

1 Hoe kun je nu bepalen, welke vorm van het betrekkelijk voornaamwoord je moet kiezen? Bijvoorbeeld bij de zin 'Die leraar, **die** ik al zo lang ken, is een aardige man'? Je doet dat als volgt.
Je kunt de juiste vorm bepalen door:
a eerst te kijken op welk woord het betrekkelijk voornaamwoord terugslaat. Dat woord noemen we het antecedent. Als je dat weet, dan weet je ook het geslacht van het betrekkelijk voornaamwoord.
b daarna te kijken **welke functie** het betrekkelijk voornaamwoord heeft in de bijzin; als je dat weet, dan weet je ook in **welke naamval** het staat.
Voorbeeld:
a Het betrekkelijk voornaamwoord in de voorbeeldzin hierboven is 'die' en dat woord slaat terug op 'leraar'. In het Duits *der Lehrer*. Dat is mannelijk; we krijgen dus een mannelijke vorm van het betrekkelijk voornaamwoord. Dus één van de vormen *der, dessen, dem, den.*
b In de bijzin 'die ik al zo lang ken' is het woord 'die' lijdend voorwerp → het betrekkelijk voornaamwoord staat in de vierde naamval. De vorm die we krijgen is dus die van 4e naamval mannelijk: *den.*
De zin wordt: *Der Lehrer,* ***den*** *ich schon so lange kenne, ist ein netter Mann.*

2 De vormen van de tweede naamval betekenen 'wiens', 'waarvan de/het', 'van wie de/het'. Voorbeelden:
Der Mann, dessen Haus verkauft wurde, wohnt jetzt hier. (De man, wiens/van wie het huis verkocht werd, ...)
Die Frau, deren Kind hier ist, ist meine Tante. (De vrouw, van wie het kind hier is, ...)

3 Het Nederlands gebruikt – eigenlijk niet correct – vaak de vorm 'waaraan', waar het Duits de derde naamval van het betrekkelijk voornaamwoord heeft. Uiteraard moet hier de vorm 'aan wie' gebruikt worden. Voorbeeld:

Dat is de man aan wie/waaraan ik alles gaf.
Das ist der Mann, dem ich alles gab.

4 Waar het Nederlands vormen als 'met wie', 'waarmee', 'waarvoor', 'waarvan' gebruikt, gebruikt het Duits voor personen een voorzetsel + betrekkelijk voornaamwoord. Voorbeelden:

Dat is de man met wie/waarmee zij getrouwd is.
Das ist der Mann, mit dem sie verheiratet ist.

Waar is de vrouw voor wie/waarvoor hij alles deed?
Wo ist die Frau, für die er alles tat?

Als het over een ding gaat mag je deze woorden ook letterlijke vertalen, dus *womit, wofür, wovon* gebruiken. Voorbeeld:

Is dat de auto waarmee je gekomen bent?
Ist das das Auto, womit du gekommen bist?

5 Je gebruikt in het Duits het betrekkelijk voornaamwoord *was*, als het betrekking heeft op:

- een hele zin
  Er kann nicht kommen, was ich schlimm finde.
- het woord *alles*
  Alles, was er sagt, ist gelogen.
- een bijvoeglijk naamwoord in de overtreffende trap
  Das ist das Dümmste, was du machen kannst.

11 Het telwoord (*Das Zahlwort*)

a Het telwoord

Bij het telwoord gaat het om woorden als 'twee', 'zestien', 'honderd', 'een miljoen'. De telwoorden in het Duits zijn:

1 *eins*	11 *elf*	21 *einundzwanzig*	40 *vierzig*
2 *zwei*	12 *zwölf*	22 *zweiundzwanzig*	50 *fünfzig*
3 *drei*	13 *dreizehn*	23 *dreiundzwanzig*	60 *sechzig*
4 *vier*	14 *vierzehn*	24 *vierundzwanzig*	70 *siebzig*
5 *fünf*	15 *fünfzehn*	25 *fünfundzwanzig*	80 *achtzig*
6 *sechs*	16 *sechzehn*	26 *sechsundzwanzig*	90 *neunzig*
7 *sieben*	17 *siebzehn*	27 *siebenundzwanzig*	100 *hundert*
8 *acht*	18 *achtzehn*	28 *achtundzwanzig*	1000 *tausend*
9 *neun*	19 *neunzehn*	29 *neunundzwanzig*	
10 *zehn*	20 *zwanzig*	30 *dreißig*	

een miljoen	*eine Million*	een miljard	*eine Milliarde*

Eins wordt gebruikt als het telwoord alleenstaand voorkomt, bijvoorbeeld: *sechs und eins ist sieben* (zes en een is zeven). In alle andere gevallen wordt ***ein*** gebruikt. Als *ein* wordt gevolgd door een zelfstandig naamwoord, wordt het verbogen als het onbepaald lidwoord: *Er hat nicht einen Tag gefehlt* (Hij is niet één dag afwezig geweest).

b Het rangtelwoord

Bij het rangtelwoord gaat het om woorden als 'tweede', 'zestiende', 'honderdste', 'miljoenste'.
De rangtelwoorden vorm je in het Duits door achter het telwoord *-te* of *-ste* te plaatsen. Tot en met 19 is dat *-te*, vanaf 20 is dat *-ste*. Let op de vormen van *eins/erste, drei/dritte, sieben/siebte, acht/achte.*

eerste - *erste*	elfde - *elfte*	eenentwintigste - *einundzwanzigste*
tweede - *zweite*	twaalfde - *zwölfte*	tweeëntwintigste - *zweiundzwanzigste*
derde - *dritte*	dertiende - *dreizehnte*	enz.
vierde - *vierte*	veertiende - *vierzehnte*	
vijfde - *fünfte*	vijftiende - *fünfzehnte*	
zesde - *sechste*	zestiende - *sechzehte*	
zevende - *siebte*	zeventiende - *siebzehnte*	
achtste - *achte*	achttiende - *achtzehnte*	
negende - *neunte*	negentiende - *neunzehnte*	
tiende - *zehnte*	twintigste - *zwanzigste*	

12 Het voegwoord (*Die Konjunktion*)

Woorden als ‘en’, ‘want’ en ‘maar’ voegen twee zinnen samen tot één zin. Daarom heten ‘en’, ‘want’ en ‘maar’ voegwoorden. De belangrijkste voegwoorden zijn:

	Nederlands	Duits	Voorbeeldzin
1	omdat, daar	*weil*	*Er kann nicht kommen, weil er krank ist.*
		da	*Da ich arbeiten muss, kann ich nicht kommen.*
2	want	*denn*	*Er kann nicht kommen, denn er ist krank.*
3	nadat	*nachdem*	*Er kam nach Hause, nachdem er gegessen hatte.*
4	voordat	*bevor*	*Bevor er gegessen hat, will er das nicht machen.*
5	wanneer, als	*wenn*	*Wenn du anrufst, komme ich gleich.*
6	toen	*als*	*Als er das hörte, ist er wütend geworden.*
7	maar	*aber*	*Er kann das wohl machen, aber er will es nicht.*
		sondern	*Er heißt nicht Peter, sondern Hans.*
8	hoewel	*obwohl*	*Obwohl er schon 80 ist, liest er noch ohne Brille.*
9	terwijl	*während*	*Sie liest die Zeitung, während er das Essen zubereitet.*
		indem	*Indem er das Essen kochte, las er auch noch ein Buch.*
10	of	*oder*	*Er reist nach Deutschland, oder er bleibt zu Hause.*
		ob	*Ich weiß nicht, ob er nach Holland kommt.*
11	en	*und*	*Er will morgen nach Köln, und seine Mutter besuchen.*

1 Denk eraan dat *weil* nooit ‘terwijl’ betekent.

2 *Wenn* mag je niet verwarren met *wann*. Het voegwoord *wenn* kan ‘als’ en ‘wanneer’ betekenen. Het vraagwoord *wann* betekent alleen ‘wanneer’ en nooit ‘als’. Voorbeelden:

Ich mache nicht mit, wenn er nicht kommt. (Ik doe niet mee, wanneer/als hij niet komt.)

Ich weiß nicht, wann er kommt. (Ik weet niet wanneer hij komt.)

3 ‘Maar’ vertaal je met *sondern*, als er sprake is van een tegenstelling. Het gaat dan om twee zaken die elkaar uitsluiten. Voorbeelden:

Er ist nicht klein, sondern groß. (Hij is niet klein, maar groot.)

Sie wohnt nicht in Amsterdam, sondern in Berlin. (Zij woont niet in Amsterdam, maar in Berlijn.)

In de andere gevallen gebruik je *aber* voor ‘maar’. Voorbeelden:

Er ist nicht groß, aber doch sehr stark. (Hij is niet groot, maar toch heel sterk.)

Er wohnt jetzt noch in Berlin, aber er will nächstes Jahr eine Weltreise machen. (Hij woont nog in Berlijn, maar hij wil volgend jaar een wereldreis maken.)

Hier gaat het steeds om twee dingen die elkaar niet uitsluiten.

4 'Terwijl' vertaal je met *während*, als er voor en na dat woord twee verschillende onderwerpen staan. Voorbeeld:
Während ***er*** *die Zeitung las, kochte* ***seine Frau*** *Kaffee.* (Terwijl hij de krant las, zette zijn vrouw koffie.)
Je vertaalt 'terwijl' met *indem*, als het twee keer om hetzelfde onderwerp gaat. Voorbeeld:
Indem er das Essen kochte, telefonierte er mit seiner Mutter. (Terwijl hij het eten kookte, telefoneerde hij met zijn moeder.)

5 'Of' vertaal je met *oder*, als het gaat om het één **of** het ander. Voorbeeld:
Willst du Kaffee oder Tee? (Wil je koffie of thee?)
Om twee zinnen te verbinden, gebruik je *ob.* Voorbeeld:
Ich weiß nicht, ob er das kann. (Ik weet niet, of hij dat kan.)
Als de keuze tussen twee dingen nadruk heeft (het Nederlands heeft dan 'of ... of') gebruik je in het Duits *entweder ... oder.* Voorbeeld:
Entweder du hältst den Mund, oder du gehst hier weg. (Of je houdt je mond, of je gaat hier weg.)

BIJLAGE 1 - Lijst van onregelmatige meervouden

	enkelvoud	meervoud		enkelvoud	meervoud
de avond	*der Abend*	*die Abende*	**de letter**	*der Buchstabe*	*die Buchstaben*
de appel	*der Apfel*	*die Äpfel*	**het licht**	*das Licht*	*die Lichter*
de arm	*der Arm*	*die Arme*	**de maand**	*der Monat*	*die Monate*
de avond	*der Abend*	*die Abende*	**de man**	*der Mann*	*die Männer*
het bad	*das Bad*	*die Bäder*	**het meer**	*der See*	*die Seen*
de bank	*die Bank*	*die Bänke*	**de muis**	*die Maus*	*die Mäuse*
het bed	*das Bett*	*die Betten*	**de muur**	*die Wand*	*die Wände*
het beroep	*der Beruf*	*die Berufe*	**de naam**	*der Name*	*die Namen*
het bezoek	*der Besuch*	*die Besuche*	**de nacht**	*die Nacht*	*die Nächte*
het blad	*das Blatt*	*die BLätter*	**het nest**	*das Nest*	*die Nester*
het boek	*das Buch*	*die Bücher*	**de noot**	*die Nuss*	*die Nüsse*
het bos	*der Wald*	*die Wälder*	**het oog**	*das Auge*	*die Augen*
de broer	*der Bruder*	*die Brüder*	**het oor**	*das Ohr*	*die Ohren*
de bruid	*die Braut*	*die Bräute*	**het pad**	*der Pfad*	*die Pfade*
de buurman	*der Nachbar*	*die Nachbarn*	**de plaats**	*der Ort*	*die Orte*
het dak	*das Dach*	*die Dächer*	**de plank**	*das Brett*	*die Bretter*
het dal	*das Tal*	*die Täler*	**de poging**	*der Versuch*	*die Versuche*
de dochter	*die Tochter*	*die Töchter*	**de punt**	*der Punkt*	*die Punkte*
het dorp	*das Dorf*	*die Dörfer*	**de rand**	*der Rand*	*die Ränder*
het ei	*das Ei*	*die Eier*	**de schoen**	*der Schuh*	*die Schuhe*
de foto	*das Bild*	*die Bilder*	**de staat**	*der Staat*	*die Staaten*
het glas	*das Glas*	*die Gläser*	**de stad**	*die Stadt*	*die Städte*
de hand	*die Hand*	*die Hände*	**de stof**	*der Stoff*	*die Stoffe*
het hart	*das Herz*	*die Herzen*	**de tuin**	*der Garten*	*die Gärten*
de heer	*der Herr*	*die Herren*	**het vak**	*das Fach*	*die Fächer*
de hond	*der Hund*	*die Hunde*	**het vat**	*das Fass*	*die Fässer*
de huid	*die Haut*	*die Häute*	**het veld**	*das Feld*	*die Felder*
het huis	*das Haus*	*die Häuser*	**het volk**	*das Volk*	*die Völker*
de jas	*der Mantel*	*die Mäntel*	**de vrucht**	*die Frucht*	*die Früchte*
de jongen	*der Junge*	*die Jungen*	**de vuist**	*die Faust*	*die Fäuste*
de jurk	*das Kleid*	*die Kleider*	**het wiel**	*das Rad*	*die Räder*
het kind	*das Kind*	*die Kinder*	**de winkel**	*der Laden*	*die Läden*
de koe	*die Kuh*	*die Kühe*	**het woord**	*das Wort*	*die Wörter*
het land	*das Land*	*die Länder*	**de zaal**	*der Saal*	*die Säle*

BIJLAGE 2 - Lijst van sterke werkwoorden			
Werkwoord	**o.v.t**	**voltooid deelwoord**	**betekenis**
befehlen	*befahl*	*befohlen*	bevelen
beginnen	*begann*	*begonnen*	beginnen
beißen	*biss*	*gebissen*	bijten
bewegen	*bewog*	*bewogen*	bewegen
bieten	*bot*	*geboten*	bieden
binden	*band*	*gebunden*	binden
bitten	*bat*	*gebeten*	vragen, verzoeken
blasen	*blies*	*geblasen*	blazen
braten	*briet*	*gebraten*	braden
brechen	*brach*	*gebrochen*	breken
essen	*aß*	*gegessen*	eten
fahren	*fuhr*	*gefahren*	rijden, varen
fallen	*fiel*	*gefallen*	vallen
fangen	*fing*	*gefangen*	vangen
finden	*fand*	*gefunden*	vinden
fliegen	*flog*	*geflogen*	vliegen
fliehen	*floh*	*geflohen*	vluchten
fließen	*floss*	*geflossen*	stromen
fressen	*fraß*	*gefressen*	vreten
frieren	*fror*	*gefroren*	bevriezen, koud hebben
geben	*gab*	*gegeben*	geven
gehen	*ging*	*gegangen*	gaan, lopen
gelingen	*gelang*	*gelungen*	lukken
gelten	*galt*	*gegolten*	gelden
genesen	*genas*	*genesen*	genezen
genießen	*genoss*	*genossen*	genieten
geschehen	*geschah*	*geschehen*	gebeuren
gewinnen	*gewann*	*gewonnen*	winnen
gleichen	*glich*	*geglichen*	lijken op
gleiten	*glitt*	*geglitten*	glijden
graben	*grub*	*gegraben*	graven
greifen	*griff*	*gegriffen*	grijpen

Werkwoord	o.v.t	voltooid deelwoord	betekenis
halten	*hielt*	*gehalten*	houden, stoppen
hängen	*hing*	*gehangen*	hangen
heißen	*hieß*	*geheißen*	heten
helfen	*half*	*geholfen*	helpen
kommen	*kam*	*gekommen*	komen
laden	*lud*	*geladen*	laden
lassen	*ließ*	*gelassen*	laten
laufen	*lief*	*gelaufen*	(hard) lopen
leiden	*litt*	*gelitten*	lijden
leihen	*lieh*	*geliehen*	lenen
lesen	*las*	*gelesen*	lezen
liegen	*lag*	*gelegen*	liggen
lügen	*log*	*gelogen*	liegen
messen	*maß*	*gemessen*	meten
nehmen	*nahm*	*genommen*	nemen
pfeifen	*pfiff*	*gepfiffen*	fluiten
raten	*riet*	*geraten*	raden
reißen	*riss*	*gerissen*	scheuren
reiten	*ritt*	*geritten*	(paard) tijden
ringen	*rang*	*gerungen*	worstelen
rufen	*rief*	*gerufen*	roepen
saufen	*soff*	*gesoffen*	zuipen
schaffen	*schuf*	*geschaffen*	scheppen
scheiden	*schied*	*geschieden*	scheiden
scheinen	*schien*	*geschienen*	schijnen
schelten	*schalt*	*gescholten*	schelden
schieben	*schob*	*geschoben*	schuiven
schießen	*schoss*	*geschossen*	schieten
schlafen	*schlief*	*geschlafen*	slapen
schlagen	*schlug*	*geschlagen*	slaan
schließen	*schloss*	*geschlossen*	sluiten
schmeißen	*schmiss*	*geschmissen*	smijten

Werkwoord	o.v.t	voltooid deelwoord	betekenis
schmelzen	*schmolz*	*geschmolzen*	smelten
schneiden	*schnitt*	*geschitten*	snijden
schreiben	*schrieb*	*geschrieben*	schrijven
schreiten	*schritt*	*geschritten*	schrijden
schweigen	*schwieg*	*geschwiegen*	zwijgen
schwimmen	*schwamm*	*geschwommen*	zwemmen
sehen	*sah*	*gesehen*	zien
singen	*sang*	*gesungen*	zingen
sinken	*sank*	*gesunken*	zonken
sitzen	*saß*	*gesessen*	zitten
sprechen	*sprach*	*gesprochen*	spreken
springen	*sprang*	*gesprungen*	springen
stehen	*stand*	*gestanden*	staan
stehlen	*stahl*	*gestohlen*	stelen
steigen	*stieg*	*gestiegen*	stijgen
sterben	*starb*	*gestorben*	sterven
stinken	*stank*	*gestunken*	stinken
stoßen	*stieß*	*gestoßen*	stoten
streiten	*stritt*	*gestritten*	ruziemaken
tragen	*trug*	*getragen*	dragen
treffen	*traf*	*getroffen*	treffen, ontmoeten
treten	*trat*	*getreten*	treden, trappen
trinken	*trank*	*getrunken*	drinken
tun	*tat*	*getan*	doen
verderben	*verdarb*	*verdorben*	bederven
vergessen	*vergaß*	*vergessen*	vergeten
verlieren	*verlor*	*verloren*	verliezen
wachsen	*wuchs*	*gewachsen*	groeien
waschen	*wusch*	*gewaschen*	wassen
weisen	*wies*	*gewiesen*	wijzen
werfen	*warf*	*geworfen*	werpen, gooien
ziehen	*zog*	*gezogen*	trekken